先知三部曲　　[波] 伊萨克·多伊彻——著　　王国龙——译
01/03
　　　　　　　施用勤　张以童——校　　特别策划——郑超麟

武装的先知
托洛茨基（1879—1921）

中央编译出版社
Central Compilation & Translation Press

图书在版编目（CIP）数据

武装的先知：托洛茨基.1879—1921／（波）伊萨克·多伊彻著；施用勤等译. —北京：中央编译出版社，2023.12

（先知三部曲）

书名原文：The Prophet Armed：Trotsky 1879－1921

ISBN 978－7－5117－4386－2

Ⅰ.①武… Ⅱ.①伊…②施… Ⅲ.①托洛茨基（Trotsky, Leon 1879－1940）–传记 Ⅳ.①K835.127＝5

中国国家版本馆 CIP 数据核字（2023）第 051902 号

武装的先知：托洛茨基 1879—1921

责任编辑	李小燕
责任印制	李 颖
出版发行	中央编译出版社
网　　址	www.cctpcm.com
地　　址	北京市海淀区北四环西路 69 号（100080）
电　　话	（010）55627391（总编室）　（010）55627301（编辑室）
	（010）55627320（发行部）　（010）55627377（新技术部）
经　　销	全国新华书店
印　　刷	佳兴达印刷（天津）有限公司
开　　本	710 毫米×1000 毫米　1/16
字　　数	581 千字
印　　张	34.5
版　　次	2023 年 12 月第 1 版
印　　次	2023 年 12 月第 1 次印刷
定　　价	298.00 元（全三册）

新浪微博：@中央编译出版社　　微　信：中央编译出版社（ID：cctphome）

淘宝店铺：中央编译出版社直销店（http://shop108367160.taobao.com）　（010）55627331

本社常年法律顾问：北京市吴栾赵阎律师事务所律师　　闫军　梁勤

凡有印装质量问题，本社负责调换，电话：（010）55627320

目 录

第三版译者前言 ··· 1
再版译者前言 ·· 1
译者前言 ·· 1
前　言 ·· 1
致　谢 ·· 5

第一章　家庭和学校 ··· 1
第二章　追求理想 ··· 21
第三章　在历史的大门口 ··· 54
第四章　智力合作关系 ·· 92
第五章　1905年的托洛茨基 ·· 110
第六章　"不断革命论" ··· 132
第七章　沉闷的年代：1907—1914 ··· 157
第八章　大战与国际 ·· 189
第九章　十月革命中的托洛茨基 ·· 223
第十章　人民委员 ··· 289
第十一章　布列斯特 - 里托夫斯克的戏剧性事件 ························· 308
第十二章　武装共和国 ·· 356
第十三章　革命与征服 ·· 399

托洛茨基军事思想评论 …………………………………… 430
　第十四章　胜利中的失败 ……………………………………… 439

参考书目 ………………………………………………………… 468
人名索引 ………………………………………………………… 477

第三版译者前言

从 2010 年 10 月《炎黄春秋》刊登一篇标题为《一部颠覆性的著作:〈20 世纪俄国史〉》的访谈以来,十月革命是列宁、布尔什维克与德皇、德国总参谋部合谋的产物的说法甚嚣尘上。虽然该文说此书在俄国出版后反响热烈,几年时间内数次再版,但我在网上查了查,除了一篇该书主编祖博夫关于此书的自吹自擂的长文外,有关此书的评论并不多,且多数是批评性的反响。看来,所谓的该书出版后在俄国反响热烈,一版再版,纯属受访者为抬高此书的身价而制造的谎言。因文中说列宁拿德皇的资助、布尔什维克破坏家庭、斯大林和希特勒一起发动第二次世界大战等纯属无稽之谈、极端荒谬,又看到了此书在俄国国内的反响,笔者认为这些说法不值一驳,故在本书再版前言中没有对此发表看法。

令笔者没有想到的是,该访谈会产生如此大的影响。据说该杂志刊登此文后,杂志社的电话被打爆,读者纷纷询问该书是否已被译成中文。国内多家出版社争相购买此书的版权,准备翻译出版。如果在网上搜索"列宁、德皇","列宁是德奸""列宁靠德皇资助发动十月革命"之类的标题铺天盖地,这些文章虽然标题各异,表达方式不同,情绪激烈程度有别,但基本内容是一样的,即列宁接受德皇资助,乘德国总参谋部提供的铅封车回国,并由此得出列宁是德奸,没有德国资助,就没有十月革命,没有共产主义运动的崛起,同时也发泄对"德奸",对"德皇资助的革命"的强烈仇恨。列宁接受德皇资助,背叛祖国,似乎已是如山铁案,而且引经据典、言之凿凿。其实依据的只是《20 世纪俄国史》一书中披露的材料以及德国 2007 年的《明镜》周刊上刊登的一篇标题为"德皇陛下的革命家",副标题是"被收买的革命"的文章。

乍一看,令人觉得是找到了新材料,因而对革命家列宁和他领导的革命产生了新看法。当年，由于布尔什维克的保密工作做得好，欺骗了人民群众，才赢得了他们的支持，成功地夺取了政权。其实不然，这些爆料并非什么新鲜事，早在七月事件时，临时政府通缉"德奸"列宁，宣布布尔什维克为反革命政党并将其取缔，依据的就是列宁接受德国总参谋部的资助，乘德国总参谋部提供的铅封车回国。在通缉列宁，捣毁了布尔什维克的报社及党的机关，并将它的一批领袖投入监狱，布尔什维克党员遭到"爱国"民众的殴打和残杀后，彼得格勒苏维埃多数派——孟什维克和社会革命党人——的领袖宣布，"卖国"的布尔什维克党已经被彻底搞臭，被消灭了。然而事与愿违，仅仅两个月后，这个被"彻底搞臭，被消灭了"的党就在彼得格勒苏维埃的选举中成了多数（在全俄多数城市的苏维埃中也一样），而一直把持彼得格勒执委会主席团的孟什维克和社会革命党人因拒绝与新的多数派布尔什维克和左派社会革命党人合作，退出了主席团。一个月后，布尔什维克发动十月革命，推翻了临时政府。某些反对布尔什维克党革命的党派领袖，如克伦斯基，在为推翻布尔什维克政权而发动的内战失败后，就在他的回忆录中再次把十月革命的胜利与德国总参谋部的资助联系起来。当时英法两国的政治家也都持此说。也就是说，今天对列宁和布尔什维克党的指控，并不是什么新鲜东西，而是在重弹当年的老调。

当年的俄国人怎么啦，居然听任"德奸"列宁的党夺取政权，听凭他签订卖国的《布列斯特-里托夫斯克和约》，而且在内战中为保卫这个政权英勇战斗，反对那些爱国的政治家和将军们？

今天的上述文章的作者和当年的俄国百姓不同，前者仅仅是依据这两件事就义愤填膺地对列宁和十月革命做出了判决，而后者除了听到这些指控外，还有他们对战争的仇恨，对和平及新生活的向往，他们不想再为本国和外国资本家继续流血，承受战争的苦难和牺牲。当他们经过对比，发现只有布尔什维克才能使他们实现和平和土地的愿望时，他们就不再相信对该党领袖的卖国指控，选择了布尔什维克。

今天的人若想研究这段历史，也不能只把眼睛盯在这些指控上，而要回到当年的历史中，至少要回到第一次世界大战中。

从第一次世界大战看列宁与德国的"联盟"

列宁称 20 世纪是战争与革命的世纪，从第一次世界大战来说，是正确的。

没有第一次世界大战，别说是十月革命，就连二月革命也未必会发生。

第一次世界大战是帝国主义战争，是帝国主义国家之间争夺殖民地的战争，大概是不能否认的。而且这不仅是布尔什维克的结论，还是第二国际的结论。在战争迫近时，它开了三次国际会议，谴责帝国主义战争，发表充满国际主义精神的反战宣言。但在战争真的来临时，它就放弃了国际主义，支持本国帝国主义政府的战争。仅从这一点来看，说第二国际背叛马克思主义，应该是毫无疑义的事。列宁和他领导的布尔什维克党始终坚持国际主义，主张"革命失败主义"，"把帝国主义战争变成国内战争"。因而应该承认，列宁反对帝国主义战争，坚持国际主义，是符合马克思主义的。那些鼓吹"民主社会主义"的人硬说背叛马克思主义的不是第二国际的社会民主党，而是列宁的布尔什维克党，真是颠倒黑白。

在战争开始阶段，在各国政府掀起的沙文主义狂潮中，持反战立场的人是很困难的。不要说他们反对的各国资产阶级，就是他们昔日的同志，也与他们反目为仇。他们不仅在盟国（英法两国）中受排斥，就是在敌对国家中也一样。托洛茨基就因为反战宣传在一家德国法院被缺席判刑。在那段时间中，列宁和托洛茨基在反战的齐美尔瓦尔德会议和稍后的昆塔尔会议上，为坚持国际主义，坚决地为反对帝国主义战争和沙文主义而斗争。随着战争的持续，它带来的苦难日益深重，反战的国际主义者才逐渐获得人民群众的同情和支持。

"变帝国主义战争为国内战争"是列宁一贯的立场，而不是他与德国"勾结"的产物。因为在战争开始阶段，德国帝国主义未必会想到利用列宁和他的党，一是因为它知道列宁不仅是本国资产阶级政府的死敌，也同样是所有帝国主义国家的死敌；二是它清楚，在当时的爱国主义情绪高涨的情况下，反战的布尔什维克党在俄国是没有市场的。随着战争陷入僵局，东西两线作战的德军很难取得进展；另外，在军队和群众中厌战情绪的增长和布尔什维克因坚持反战而影响日益增强，德国总参谋部才有可能把目光投向列宁和他领导的布尔什维克党。所以列宁的反战立场不可能是德国资助的产物。

如果说确有列宁和德国为实现推翻继续战争的临时政府而共同行动的话，唯一的"实例"就是列宁等俄国侨民乘德国总参谋部提供的铅封车回国一事。列宁回国是为了实现他的"变帝国主义战争为内战"，让本国政府在战争中失败，推翻它，建立工农民主专政的政权。因为受到了协约国的阻拦，他无法通过正常渠道回国，所以只能铤而走险。另一位反战领袖托洛茨基虽然取得了临时政府驻美国领馆出具的回国护照,但在途中被英国海军非法扣下,在哈利法克斯战俘营羁押了一个月。德方同意为列宁等人回国提供方便,当然是有他们的打算,他们知道这些人是反战的,并主张推翻进行战争的俄国临时政府,而这也是当时身陷两线作战的德国所需要的。历史提供的答案是,在这场"交易"中,列宁和他的党所承担的只是"变帝国主义战争为国内战争",推翻了临时政府。即他实际所做的,没有超越他的一贯立场。他的目的不仅是推翻本国政府,还要以自己的革命为表率,引领欧洲先进国家的无产阶级起而效法,彻底推翻各国的统治阶级,实现社会主义革命在世界先进国家中的胜利。德方所追求的目的是要减少一个敌人,摆脱两线作战的困境,最终赢得战争的胜利,在重新瓜分世界中占据更加有利的位置。

当时的人当然会质疑列宁等人取道德国返回俄国的事,尤其是想继续进行战争的当政者。列宁回国后,受从瑞士回国的侨民的委托,对在4月4日举行的彼得格勒苏维埃执行委员会作了《我们是如何回国的》报告。他在报告中详细地叙述了事情的全部过程。因通过正常渠道回国无望,尔·马尔托夫提出建议,以遣返在俄国的德奥侨民作为交换条件,让侨民取道德国回国。为此,他们曾向俄国发了若干份电报,并通过瑞士社会党人弗里茨·普拉滕实施这个计划。后者与德国驻瑞士大使签订了一份书面协议,该协议的要点是:所有侨民不管对战争的看法如何,均可回国;侨民所乘车厢享有治外法权,护照和行李不受检查;回国侨民必须在俄国宣传回国侨民要与数量相等的德奥被拘留人员交换。① 这三条中,只有第三条可以算得上是对德国允许他们回国的回报。参与谈判并在这份协议书上签字的还有法国、德国、瑞士、波兰、瑞典社会党人。② 事情说得很清楚了。虽然流言诽谤并没有停止,但临时政府在6月18日(俄历)进攻失败之前,没有再以此为借口,对列宁和他的党发难。因为英法两国政府阻止列宁等反战人物回国,即使不是应临时政府之请,至少也是得到它的默许。现在想利用此事指控列宁,它没有底气。另一方面,在民众普遍反战情绪的压力下,它不敢贸然用通敌罪指控列宁。至于孟什维克和社会革命党人,他们不欢迎列宁回国,是毫无疑义的,但他们克制自己,没有就此事做文章,其原因在于虽然他们与列宁及他领导的布尔什维克党现在是对立的两方,但在之前反对沙皇专制制度的长期斗争中,他们毕竟曾是革命战友,他们知道

---

① 参见《列宁全集》中文第2版第29卷,第119—120页。
② 同上,第120页。

无产阶级革命家不仅是本国剥削阶级的敌人，也与世界上所有剥削阶级势不两立，更知道像列宁这样的革命家是绝对不会为德皇效力的。值得玩味的是，就是那个时任司法部长，后来指责列宁是"德奸"最起劲的克伦斯基，为抗议第一届临时政府外交部长米留可夫因列宁等乘德国总参谋部提供的铅封车回国一事指控他们为"德奸"而以辞职相要挟，认为这个指控是对革命家的恶毒诬蔑。

6月进攻的失败使群众的反战情绪强烈到了极点，临时政府和执政党为给失败找替罪羊，才开始拿"德奸"说事，但收效甚微。7月在彼得格勒市爆发了声势浩大的抗议游行，参加者有民众，还有武装士兵，打出的标语，所喊的口号，都是布尔什维克的。这次示威游行并不是布尔什维克组织的，相反，由于他们认为推翻临时政府的时机还不成熟，因而力劝游行群众保持克制。临时政府调动军队镇压示威群众后，以列宁是德奸为借口，宣布布尔什维克党为非法，通缉逮捕它的领袖。孟什维克和社会革命党人此时之所以昧着良心做以前他们克制自己不做的事，无非是为了自保。

决定十月结局的是德皇的金马克，还是民心向背？

至于德方对列宁和反战的国际主义者的资助，当时也是临时政府关注的要点。在这方面早就编造了不少谣言。在托洛茨基等人离开美国回国前的欢送会上，德裔美国人为他们募捐了300多美元。在俄国报纸上则被说成是1万美元。托洛茨基在反驳时除了说出真实数字外，还对此大加讽刺，说在德方眼中，临时政府只值1万美元。在七月事件后，临时政府的司法部门也对布尔什维克的经费进行了调查，但一无所获。在克伦斯基于1928年出版的回忆录中，关于资助"德奸"一事，也只说了德国对一个名叫叶尔莫连科的准尉提供了1500卢布的活动经费。而在《明镜》周刊的《德皇陛下的革命家》一文中，资助费用竟有2600万马克，并断言没有这笔经费，就没有十月革命，没有德国的支持，布尔什维克政权就挺不过它的第一年。据说，这些金马克相当于9吨黄金，是一笔不小的数目。但对于推翻像俄国这样一个大国政府，并把它变敌为友来说，又不能不说这对德国来说是太划算了。

在临时政府发动6月进攻前，执政党的领袖对布尔什维克说，你们是微不足道的一小撮。布尔什维克在彼得格勒苏维埃执委会主席团中没有一个席位,在七月事件后又遭到镇压,宣布已经被彻底消灭。它真的能仅凭2600万马克就起死回生,而且迅速壮大并战胜执政的孟什维克和社会革命党人吗?①

何况英法两国也为自己的盟友提供了不少援助。即使没有,临时政府在财源上也不会处于劣势,因为执政的社会革命党人和孟什维克无论从宣传资金还是武装上,他们只会比布尔什维克党强。仅沙皇政府在战争初期转移到喀山国库的黄金,就有500吨。这些都在临时政府的掌握中。就算是布尔什维克得到德国资助的9吨黄金,也只是这批黄金的1/50弱。

托洛茨基在其《俄国革命史》中有一段话,说的是执政党和临时政府的报纸成捆成捆地送到前线,扔在角落里没人看。布尔什维克的报纸、传单,士兵们则争相传看、朗诵、传抄,二者形成鲜明对比。

根据托洛茨基的话可以推断,执政党的失败不是因为没有资金办报纸和搞宣传,而是他们办的报纸没人看。2600万马克可以办报,搞宣传,也可以假定布尔什维克办报和搞宣传靠的就是这2600万马克。但是,他们可以用钱印报纸,可以组织演讲,但不可能用钱去贿赂读者和听众去看他们的报纸和听他们的演讲,更不可能让群众追随他们行动。

看来,关键不在于钱的多少,而在于印的报纸群众爱不爱看,说的东西群众爱不爱听。为什么布尔什维克的报纸读者爱读,临时政府和执政党的报纸群众就不爱看呢?

看看二月革命的口号就清楚了。二月革命是群众自发的革命,它既不是孟什维克和社会革命党人领导的,也不是布尔什维克领导的。二月革命的口号是:"和平、土地、面包"。应该说,在苏维埃的政党中,唯一一个真正为这三个口号而斗争的政党就是布尔什维克党。那个把"把土地分给农民"写进自己的党章的社会革命党在它掌权的6个月里,甚至没有为实现它的这个目的做过一件事。

十月革命的胜利是德国资助、阴谋的结果,还是得民心者得天下?请读者自己判断吧。

---

① 华东师大教授吕新雨在她的《列宁"德奸"案的前世今生》一文中,以翔实的史料和严谨的逻辑证明列宁被德国收买纯属子虚乌有,并彻底揭穿了德国《明镜》周刊的《德皇陛下的革命家》和俄国《二十世纪俄国史》作者假专家、假学者、假教授的面貌,暴露出他们仇恨革命的真嘴脸。

第三版译者前言

《布列斯特和约》，坐地分赃，还是城下之盟？

《明镜》周刊上的《德皇陛下的革命家》一文是这样评价《布列斯特和约》的："很快，新成立的苏维埃国家就跟德意志帝国缔结了和平条约，和平带给德国在东线的安宁，让德国对东欧产生了巨大的影响力。威廉二世曾经梦想过，与苏俄建立一个对抗西方的同盟关系或者友好结盟关系，就像二十多年之后希特勒和斯大林的勾结一样。尽管这个同盟的两方信誓旦旦，但是从来没有忘记想要把对方送上绞刑架。受德国皇帝支持的列宁帮助德国的同志们去进行反对帝制的革命，而威廉二世则不仅支持布尔什维克，同时又去支持他们的反对派。1918年11月4日基尔德的水兵起义导致德皇政府中断了与俄国新政权的外交关系，双方相互利用的阴谋关系告一段落。"

结合德皇资助革命一事，"很快"两字让人觉得，《布列斯特和约》是德皇与布尔什维克的阴谋得逞之后，双方的坐地分赃，是布尔什维克报答德国当初对它的资助，而且双方建立了良好的合作关系，用文中的话，即是"双方相互利用的阴谋关系"。

苏俄与德国的谈判从1917年12月9日开始，到1918年3月3日签订和约，历时两个多月，说快也快，说慢也慢。但在这个"很快"的两个月中发生了太多的事，不知是此文的作者不知道，还是知道了不说。不管是出于哪种原因，笔者不得不替他来重温这段历史。

列宁在十月革命胜利后起草的第一个法令是《和平法令》。这个法令呼吁所有交战国的人民和政府——不单单是对德国和奥匈帝国政府——立即签订不割地不赔款的公正的和平条约。正是因为英法两国政府拒绝参加和平谈判，苏维埃政府才不得不与德国单独媾和，而且就是在这种情况下，它也力求让谈判为英法两国的加入敞开大门。《和平法令》体现的是革命外交原则。

因为同盟国是与原俄国交战的一方，因此和平要以消弭这两方的战事为基础。11月22日，苏俄与同盟国签署了全线中止军事行动的协定。和谈从12月9日开始。苏俄代表团从一开始就提出了关于民主和平的声明。同盟国于12月25日做出答复，同意了民主和平方式。但在12月28日，德方提出了苛刻的和约条件。托洛茨基是俄德布列斯特和谈苏俄代表团第二任团长。列宁之所以让他去主导谈判，是因为"为了拖延谈判，必须有能拖延的人"。为什么要拖延谈判，拖延到什么时候？列宁根本不想签署这个屈辱的条约，也就是说，他根本不想"酬谢"帮助过他的德国帝国主义。拖延能解决问题吗？但对当时的布尔什维克领袖来说，拖延不仅仅是缓兵之计，他们认为世界革命即将全面爆发，十月革命的成功只不过是它的前奏。在拖延的几周甚至几个月时间内，不仅德国，甚至英法两国的资产阶级政府都将被无产阶级起义推翻。

对布尔什维克来说，《布列斯特和约》是城下之盟，是他们不得不接受的耻辱条约。不是布尔什维克不想保卫国家，而是他们没有军队保卫国家。当然，这也是他们的反战宣传的后果，这种宣传激起的士兵的厌战情绪瓦解了军队。在十月革命前，各部队的士兵委员会就向彼得格勒苏维埃表示，如果在第一场雪之前还不能停战，他们就自主撤离阵地。托洛茨基在其自传《我的生平》一书中谈到他第一次穿过俄军前方阵地前往布列斯特－里托夫斯克时，看到战壕几乎已经空了。他曾劝一位全俄中央执行委员会驻前线代表，要求他用有力的语言支持他们代表团的谈判。后者回答说："根本不行，我们不可能再回战壕里，他们不会理解我们，还会说我们像克伦斯基一样继续欺骗他们。"① 在这种情况下，是没法打仗的。虽然列宁说过，革命胜利后，他成了爱国主义者，但在战场上，保卫国家不能仅凭领袖是否爱国，而是靠能够战斗的军队。

后来，苏俄不战不降的态度激怒了德国，德军在最后通牒到期后发起了进攻。霍夫曼将军认为，这是他所经历过的一场最可笑的战争。战争几乎全在列车和汽车上进行。列车载上几名携带机枪的步兵和一门大炮，冲向下一车站，夺取了那个车站，逮捕了布尔什维克，另一支分遣队乘火车继续前进。② 他的回忆证明了托洛茨基所言不虚。

看来，此文作者对谈判过程，对列宁和托洛茨基在和谈中的分歧也不甚了了。

在没有武装力量支持的情况下，进行并拖延谈判，其难度是可想而知的。在苏俄代表团的坚持下，布列斯特和谈是公开进行的。在谈判中，托洛茨基为唤醒西方无产阶级，与同盟国的外交官和军人展开唇枪舌剑的斗争。在苏俄主动中止谈判的会议上，托洛茨基发表了挑战式的演说："我们拒不签署德国和奥匈帝国主义用刺刀写在现存各民族肌体上的条件。我们不能以俄国革命的名

---

① 《托洛茨基自传》，国际文化出版公司1996年版，第331页。
② 《霍夫曼少将笔记》，第187页。

义在给千百万人带来压迫、不幸和灾难的和约上签字。"① 之后，他就带领苏俄代表团退场。这场斗争的效果，当时被关在德国监狱中的李卜克内西做了如下评价："即使到了以屈辱的投降谋得和平的地步，布列斯特的结果也不会等于零。由于俄国代表团，布列斯特成了声闻遐迩的革命讲坛。它揭穿了同盟国，揭露了德国的贪婪、欺骗、狡诈和伪善。它对德国（社会民主党）大多数的和平政策宣判了死刑，它有力量解放各个国家的群众运动。"②

托洛茨基主张"不战不和"，即停战，但不签署和约，这是出于下述考虑：（1）霍亨索伦王朝不缺乏与俄国作战的意愿，但它是否有足够的力量，是否能调动军队反对要求和平的革命？（2）十月革命对德国军队有什么影响？它是否很快能显现？拖延谈判是为了寻找这些问题的答案，并让欧洲工人有时间来领会苏维埃革命以及它的和平政策。如果不让欧洲工人看到革命的俄国是德国统治阶级的死对头的无可辩驳的证据的话，则会减轻协约国日后对俄国进行武装干涉的困难。③

他与列宁在和谈中的分歧也在于此。列宁同意他的"不战不和"的方针，但主张一旦德方提出最后通牒，就立即签约。托洛茨基则认为，必须等德国人重开战事后再签约，德军的军事行动不仅可以提供苏维埃革命是德国统治阶级的死对头的充分证据，也能最雄辩地驳斥说列宁是德奸的诬陷。在德军发动进攻后，托洛茨基以弃权的方式保证了列宁主和立场取得多数。但苏俄不得不为此接受更加苛刻的条件。为此，托洛茨基在后来的党内斗争中备遭诟病。

值得一提的还有一点，即布尔什维克不想让自己与德国停火和单独媾和有损于英法两国。在停火协议谈判过程中，托洛茨基指示苏维埃政府谈判代表：如果同盟国国家不同意不把它们的军队从俄国前线调往西线，就拒绝签署休战协定。这一条件开始遭到德国将军霍夫曼的拒绝，尔后被接受。托洛茨基在全俄农民代表大会上作报告时，讲述了此事，并说："如果我们不得以单独与德国签订停战协议，那么我们就有权对德国说，不许把军队从俄国战线调往其他战线……因为英、法不应被压倒。我们有自己的代表跟德军人员一起，监督这些条件是否得到遵守。"④ 有人会说，一个革命政府，会为与之并不友好的英

---

① 《布列斯特－里托夫斯克和平谈判》，第207—208页。
② 《托洛茨基自传》，第329页。
③ 同上，第331页。
④ 《托洛茨基全集》第3卷第2册，第185—189页。

法资本主义政府着想吗？不过是说说漂亮话而已。

韦勒－本奈特在其关于布列斯特和谈的著作中对此是这样说的："但胜利者的和约也是有代价的，100万人的军队滞留在东线不能调动是德国扩张的代价，而在西线激烈进行的列强之战，用50万人的军队可能就足以在它的前几个阶段扭转局面。"① 需要提一下的是，作者并非亲苏俄人士，他是站在协约国的立场上叙述此事的。

"和平给德国在东线的安宁，让德国对东欧产生了巨大的影响力。威廉二世曾经梦想过，与苏俄建立一个对抗西方的同盟关系或者友好的结盟关系"。苏俄退出战争，德国在东线自然安宁，苏俄无力在东欧与它抗衡，也不能通过谈判让它退出东欧，它对东欧的影响也是理所当然的事。但它想利用东线的安宁而抽调兵力加强西线的如意算盘落空了。连这都做不到，哪里还谈得上威廉二世的梦想——德俄对抗西方的同盟呢？

布尔什维克党为签署这个和约，付出了沉重的代价。党内发生了几乎导致党的分裂的主战派（左派共产主义者）和主和派之间的激烈争论，它与左派社会革命党人的执政联盟因后者反对和约而破裂，说列宁和布尔什维克是德奸的流言再度抬头，加速了内战的到来。

布尔什维克破坏家庭，共产共妻？

这一说法也是出自那篇访谈。但我所阅读过的相关俄国历史、文学著作，没有一本提到过布尔什维克破坏家庭，或以新的男女关系来取代夫妻关系。只知道直到苏联解体，苏联社会的基本单位或细胞仍是家庭，也没有看到过十月革命后家庭曾被布尔什维克破坏，什么时候恢复的记录和描写。十月革命后，列宁是人民委员会主席，是政府首脑。在他那个时期的著作中，根本没有鼓吹破坏家庭和共妻的文章和法令。在布尔什维克那个时期的代表大会和代表会议的决议中，也看不到这样的文件。至于共产共妻，对中国读者来说并不陌生，那是国民党对共产党的诬蔑。共产共妻的说法，骨子里是封建主义的，把女人看作是财产（在卦书中，妻财是并列的），资本主义也没有摆脱这一封建遗产。只要对马克思主义有最基本的了解，就知道这纯属诽谤，共产主义要解放

---

① 韦勒－本奈特：《被遗忘了的和平》，第327页。

全人类，首先要解放的是女性。女性获得尊严，与男性一样参与社会生活，同工同酬，是在十月革命后的苏俄。托洛茨基曾说过，革命如果不能首先解放备受压迫的妇女，就不配称为革命。如果在俄国的历史、文学作品中有过对布尔什维克这样的咒骂，那也只能是被推翻的统治阶级对布尔什维克的诽谤和诬蔑，正如当初中国的国民党对共产党的诽谤和诬蔑一样。这对在阶级斗争的战场上敌对双方来说，是很正常的事。

笔者正好看了《托洛茨基全集》第 21 卷中的一篇题为《从旧家庭到新家庭》的文章。此文曾刊发在 1923 年 6 月 13 日的《真理报》上。该文是对当时举行的莫斯科积极分子座谈会上的一个重要议题——家庭解体——发表的看法。文章是针对与会人员对旧家庭解体和新家庭轻率建立的忧虑的。在此，我们可以看到"布尔什维克破坏家庭，共产共妻"的指责纯属子虚乌有。如果破坏家庭、共产共妻真的是布尔什维克的国策的话，莫斯科的积极分子座谈会就应该对旧家庭的解体欢呼雀跃，而不是感到忧虑了。另外值得注意的一点是，整个这句话说的是他们对旧家庭的解体和新家庭轻率建立感到忧虑，也就是说，旧家庭的解体和新家庭的建立是同一个过程的两个方面，整个社会仍然以家庭为单位，并非家庭解体后，整个社会就群居群宿——共妻，而是旧家庭解体后，又组成了新的家庭。

也许有人会问，这篇文章是在 1923 年 6 月写的，距 1917 年十月革命已经 5 年多了，共产共妻是否发生在这段时间内？上面已经说过，在列宁这段时间的著作和俄共当时的代表大会和代表会议的决议中，都找不到相关证据。而且，无论是在彼得格勒的斯莫尔尼宫内，还是在后来莫斯科的克里姆林宫中，布尔什维克的领袖们都还是以家庭为单位，并没有关于他们是群居群宿的记录。如果布尔什维克真的主张破坏家庭，共产共妻的话，领袖应该以身作则，率先垂范。他们保持自己的家庭，却让整个俄国社会破坏家庭，是不可能的。他们自己不共妻，却让整个社会共妻，也同样不可能。另外，十月革命以后到 1921 年，布尔什维克一直在为新政权的生存全力以赴地斗争，无暇他顾。十月革命后的当务之急，是停止战争，争取和平，布列斯特和约的签订虽然为布尔什维克政权赢得了喘息时机，但也激化了社会矛盾，此前与布尔什维克联盟的左派社会革命党人退出了政府，发动了反布尔什维克的暴动，从而推动了内战的爆发。此后是长达 3 年的内战。虽然布尔什维克赢得了内战的胜利，但经历了帝国主义战争、革命和随之而来的内战，俄国经济已经到了崩溃的边缘。

铁路运输即将瘫痪，粮食产量降到了战前（即1913年）的30%—40%，生铁产量为战前的2%，食糖产量为战前的4%。在布尔什维克的领导下，工人阶级和整个社会为拯救濒临崩溃的经济进行了艰苦卓绝的努力。在这种情况下，无论是布尔什维克的领袖，还是工人阶级和社会，都不会把主要精力放在家庭上。1922年，经济形势稍有改观，家庭危机逐渐露头，到1923年引发了社会忧虑。

托洛茨基作为布尔什维克的领袖（虽然当时已经遭到政治局中的多数派的排挤，但毕竟还是7人政治局中的一员），当然不会在这种社会现象中只看到消极的一面，陷入道德说教或哀伤的感叹，而是深入分析它的原因，阐发其中蕴涵的积极意义。

他认为，旧家庭的解体，是巨大的事件——战争和革命——冲击着家庭生活方式的结果。巨大事件的机械力量与觉醒的思想的批判力量结合在一起，在家庭领域中产生了当前这个正在经历的破坏阶段。只是在夺取政权后，俄国工人才在自己生活的各个领域中开始自觉地迈出文化的最初几步。在强大的震荡的影响下，个性刚刚挣脱了日常生活方式、传统、宗教形式和关系，那么他的个人抗议、他对旧风俗的造反在开始时采取了无政府主义的形式，或是肆无忌惮的形式，就没有什么可奇怪的了。其中表现的是觉醒的个性，他想按照新方式而不是按旧风俗建立自己的生活。

接下来，托洛茨基列举了导致离婚的几个主要原因：丈夫因征兵脱离了习惯的条件，在内战战线上成了一位革命者。他经历了最伟大的内在变化。他的视野扩展了。他的精神需求提高了，复杂了。这已经是一个完全不同的人了。他回到了家中，看到一切或几乎是所有一切都还停留在老地方。夫妻双方的惊讶转变成相互不满，不满又变成了愤恨，愤恨导致了分手。

丈夫是共产党员，过着积极的社会生活，和它一起成长，并在其中找到了自己个人生活的意义。但妻子，女共产党员也力求参加社会工作，参加会议，在苏维埃或工会里工作。家庭或是不知不觉地化为乌有，或是由于缺乏家庭舒适产生了冲突，引起了彼此仇恨，于是就离婚了。

丈夫是共产党员，妻子是非党人士。丈夫全身心地投入社会工作，妻子仍封闭在家庭圈子里。支部决定，共产党员应摘去家里的圣像。丈夫认为这是理所当然的。妻子认为这是灾难。在这个实质上是偶然的事情上，暴露出丈夫和妻子之间精神上的鸿沟。夫妻关系日益紧张，最后是离婚。

一个有10年、15年共同生活的家庭,丈夫是一位好工人,关爱家庭,妻子忠于自己的家,把自己的全部精力都用于自己的家中。但偶然的机会使她加入了妇女组织。一个崭新的世界在她面前展现。她的精力有了新的广泛的应用之地。家庭生活大不如前。丈夫生气。妻子觉得自己觉醒的公民尊严受到侮辱。离婚。

他得出的结论是:在旧的婚姻中越是缺少个人关系,外在的连接——包括仪式、宗教方面在内的习俗——起的作用就越大。因而对这个后者的打击,就是对家庭的打击。在旧家庭本身之中没有内在联系,如果它本身在很大程度上靠惯性力量维系,那么每一个外在的推动都能导致它的解体。而在这个革命的时代中,这样的推动比任何时候都要多得多。家庭动摇、破裂、瓦解,再次产生,再次破裂的原因,就在这里。

接着,托洛茨基还谈了建立新家庭的文化和物质两方面的条件。在苏俄进行的全部文化工作,都是为了提高公民的文化水平,不提高男女公民的文化水平,就不可能建立新家庭。除此之外,还需要改善人们的物质生活条件,使家务劳动、孩子的抚养、教育社会化。

虽然托洛茨基在为旧解体家庭辩护,但从中可以看到,他否定的是缺乏内在联系的、靠惯性力量维系的旧家庭。然而他否定(破坏)旧家庭不是为了共妻,而是为了建立男女双方志趣相投的、更加和谐的新家庭。这种家庭比维系在习俗上的家庭更加合理,更加进步,更加符合时代潮流,大概是不能否定的。

笔者曾读到一篇题为"1918年苏联伪造'共妻令'的风波"的文章,讲述了在布尔什维克统治下的苏俄曾经出现过的"共妻"现象。但这个标题中有两个毛病。1918年还没有苏联,十月革命后建立的是苏维埃俄国,简称苏俄。苏联于1922年12月建立。虽然1922年前的苏俄和1922年后的苏联在政权制度上没有本质的差别,但苏联这个名称在1922年前是不存在的。另外,这篇文章的标题不大规范,苏联伪造"共妻令"的说法容易引起误解,似乎"共妻令"是苏联伪造的。从文章内容看,伪造"共妻令"完全是个人行为,因而应该加"在苏俄发生的"几个字,这样就不会造成任何误解了。文中介绍了在苏俄发生的几件与"共妻"有关的事。第一件事是莫斯科的一家布店小老板赫瓦托夫编撰《俄国少女及妇女公有法令》,并擅自在莫斯科大街小巷粘贴。该"法令"称,从1918年5月1日起,所有17—32岁的女性应摆脱个人控制的束缚，成为人民公共财产；将由莫斯科无政府主义者委员会负责对已经收归公有的妇女进行分配。据该"法令"，男人有权享用一名妇女，但每周不得超过三次，每次不超过三小时。此案受到苏维埃执法机构的高度重视，1918年6月底，在莫斯科对此案进行了法庭审判。当时地位很高的柯伦泰为被告做辩护，认为被告的荒诞做法是整个资产阶级社会道德沦丧的结果，要求法庭对赫瓦托夫法外开恩，将其无罪释放。但在获释后的第二天，他就被一群无政府主义者杀死了。应该说，这个"共妻令"与布尔什维克和它的苏俄政府没有关系。它是一个无政府主义者突发奇想的个人行为。

* * *

这几年，有些人以不同的方式做着同样的事。他们想用文字和语言重塑斯大林的金身，实现其靠权力、镇压、谎言、假案、大清洗（血腥镇压）未能实现的事。在这些人中，美国蒙特克莱尔州立大学所谓的"左派"教授格雷弗·弗尔（Grover Furr）相当突出。

2016年10月，笔者应一些年轻朋友之邀，在北京一家民营书社听过他的一次讲座。

虽然讲座场所比较简陋，面积不大，主室的条案两边坐了20来个人，就把屋子挤得满满的，讲座主办方还是做足了准备工作，把格雷弗·弗尔教授的讲座内容翻译、打印出来，发给听众。但讲稿的题目与通知的不同，成了《托洛茨基——1920年代的争论，1930年代的谎言》。

我浏览了一下弗尔教授的讲稿，它留给我的印象是：水平不高，立论随意，没有一项他说的托洛茨基的谎言是能够站住脚的。

讲座主持人首先对弗尔教授做了简单的介绍，说他是马克思主义者、美国左翼，一直进行俄国革命史的研究，揭露各类对革命、对斯大林的歪曲诽谤，或是揭穿那些反对他的人的谎言。他已经撰写并出版了《苏共二十大："秘密报告"与赫鲁晓夫的谎言》，此书的中译本和俄译本也分别在中国和俄国出版，据说在俄国的销售还不错。主持人还说，因教授的左派观点，他的很多著作在美国很难出版，为此深感惋惜。他强调说，弗尔教授精通20多国语言，他对托洛茨基谎言的揭示是看了大量第一手资料得出的。他对弗尔教授为揭示真理不辞劳苦的精神大加赞扬，说教授今天下午2点抵达首都机场，马不停蹄地去了一所大学，之后只有 20 分钟的用餐时间，就来这里给大家讲座。听了这番介绍，所有在场的人都为教授热烈鼓掌。最后他说，今天的讲座先由弗尔教授演讲，然后大家提问题。

在弗尔教授宣读完他的讲稿之后，开始讨论。我率先发言："弗尔教授说的是托洛茨基的谎言。不同的人，不同的时代对这个人物有大量不同的说法，判断他的言论是真话还是谎言，取决于你占有的资料，还取决于你的立场、观点和利益。要澄清历史、证伪、揭穿谎言，需要依据靠得住的史料和文献，否则，不仅达不到目的，反而会造成新的伪造和谎言。教授讲稿中对'列宁遗嘱'的看法，说它是托洛茨基为了达到夺权的目的，伙同列宁夫人克鲁普斯卡娅一起伪造的结论，依据的是推测和流言，是站不住脚的。"

弗尔教授不直接回答我的问题，说了一通他不是对托洛茨基做好坏判断，只是揭示托洛茨基的前后不一致和自相矛盾。而他说托洛茨基伙同克鲁普斯卡娅伪造遗嘱，只是说有这种可能性，并非一定如此，等等。

我本想在这个问题上继续穷追猛打，这时有人出面制止我。我知道在这种场合是争论不出什么来的，于是承诺不再发言。而本书的出版，有助于驱散对托洛茨基的诬蔑，还原这个历史人物的本来面目。

列宁遗嘱

弗尔教授宣称："我们发现，所谓的'列宁遗嘱'可以确定并非他本人写的，因此，这份遗嘱也许并不能反映列宁的思想。"说可以确定"列宁遗嘱"不是列宁写的，这不是什么新发现，因为所有相关材料都说：列宁中风第二次发作后，他失去了书写能力，后来的著作都是他口授的。但推断"遗嘱"不能反映列宁的思想，仅凭这一点是不够的。

而使教授得出这个结论的，是莫斯科州立大学的历史学者瓦连廷·萨哈罗夫的相关研究。他说，萨哈罗夫的研究，依据的是 20 世纪 90 年代苏共首次公开的档案，他的研究结果写成了长达 700 多页的论文，专著由莫斯科州立大学出版。教授把萨哈罗夫的结论概括如下：所谓"列宁遗嘱"主要是列宁的妻子克鲁普斯卡娅炮制的，帮助她的是列宁的秘书，尤其是首席秘书玛莉娅·沃洛季切娃和利迪娅·福季耶娃。这里并没有现存的来自列宁本人的原始文档。（甚至没有"遗嘱"之类的标题，事实上最开始连标题都没有，）它们的真实性从未得到过证实。……

首先来分析一下萨哈罗夫说这份文件并没有"遗嘱"的标题的说法。列宁本来写的就不是遗嘱,而是他希望党的第十二次代表大会解决的紧迫问题,他一度还希望能亲自在这次代表大会上讲话。在《列宁全集》中文第二版第43卷中,一般被称为"列宁遗嘱"的文章被放在《最后的书信和文章》中,它的标题是《给代表大会的信》。在对这封信的注释中说,这是病中的列宁为党的第十二次代表大会做准备。1月23日口授的《我们怎样改组工农检查院(向党的第十二次代表大会提出的建议)》,在括弧中也明确地标出了它是对党的第十二次代表大会提出的建议。所以,"甚至没有'遗嘱'之类的标题"云云,不仅不能给弗尔教授加分,还能让人产生他们对这段历史了解有限的印象。他说的没有标题,也不能说明问题。在《列宁全集》的目录中,凡是标题前面标有星号的,都表明标题是编者加的。如果以没有标题来认定文章是别人伪造的话,那《列宁全集》中的伪造就太多了。《给代表大会的信》这个标题确实是编者加的,因为前面有星号。但编者用这个标题是有根据的。列宁的秘书玛·阿·沃洛季切娃在1922年12月23日的日志中是这么记的:"8点过后弗拉基米尔·伊里奇叫去住所。口授了4分钟。觉得身体不好。医生来过。口授前说:'我想向您口授一封给代表大会的信,请记吧!'"[①] 由此可见,这个标题完全符合列宁的本意。

把明明为第十二次代表大会准备的这些文件说成遗嘱,本身就是有问题的。而文件矛头所指的对象,同时又是列宁治疗的中央监护人的斯大林在其中起了多大的作用,读者不难想象。

弗尔教授由此推断——实际上也是萨哈罗夫的推断:文件的第一段声明据说是列宁于1922年12月22日做出的,第二段据说是于1923年1月4日做出的。但是没有记录显示列宁的秘书记录了这两段口述。这两段声明于1924年5月或者6月才出现。……除了列宁的秘书们,列宁的妻子娜捷施达·克鲁普斯卡娅也显然与两份文件的制作和延迟发表有关联。托洛茨基也许也参与其中。实际上,托洛茨基和克鲁普斯卡娅可能一起通过伪造文件的方式来攻击斯大林。

萨哈罗夫的研究确实是挺重视史料的。因为除了上述这封信,他还研究

[①] 《列宁全集》中文第2版第43卷,第463页。

了列宁值班秘书日志，指出日志不全，缺了1922年12月24—29日的记录，而且杂乱无章。他还对照了列宁值班医生日志，发现秘书日志关于列宁口述的记录是值得怀疑的，因为医生记录的病人的身体情况根本就不允许他口述。

他还以一定的篇幅描述了克鲁普斯卡娅与斯大林的关系。从而得出结论，由于克鲁普斯卡娅与斯大林关系不好，所以她不希望他上台，因此她要帮助托洛茨基，打击斯大林。但这不是列宁的意愿，所以她就只能求助于伪造。于是，一个伪造列宁遗嘱的完整的证据链就形成了。

笔者没有条件像他一样去俄国核实他所说的一切，也无意这样做。我在此只想说，即使上述一切都是真的，他的结论仍只能说是推断。因为萨哈罗夫指出的种种可疑现象，完全可以做相反的推断。如值班秘书日志的阙如，不少研究者就认为这是斯大林所为。有更多的证据表明，斯大林以中央对列宁的医疗监护人的身份，严密地控制了列宁的秘书，列宁最后口述的文件，虽然他一再强调保密，但都被他的秘书在第一时间交给了斯大林。

我在此只想问一个问题：莫非斯大林他们没发现《值班秘书日志》中的混乱和关键几天的缺失，莫非他们没有把它和《值班医生日志》加以对比并从中得出"列宁遗嘱"是伪造的结论？为什么这些问题要在几十年后由萨哈罗夫来发现呢？斯大林对列宁晚年的言行是如此关注，他怎么会忽略这两份重要的日志呢？怎么会发现不了萨哈罗夫发现的问题呢？而最希望发现这些文件是伪造的人，莫过于斯大林了。因为它们会直接影响他的政治生命。如果他不是没有发现，却对此闭口不谈，那结论只有一个，即这些缺失和混乱的出现，是和他有直接关系的。

在后来的党内斗争中，斯大林的多数派怎么会容忍这份对他极为不利的伪造的遗嘱呢？为什么不当时就揭穿呢？答案只有一个，那就是它们的真实性在当时是不能否认的。

另外，历史人物在历史环境中行动，必然受到历史环境的制约，他们不能单凭主观愿望行事。拿"列宁遗嘱"来说，当时帮列宁记录"遗嘱"的秘书们还在，为列宁治病的医生还在，克鲁普斯卡娅还在。显然，知道此事的人还要更多些。所以对此事不是想怎么说就能怎么说的，说什么别人都会相信的。另外，当时的许多人对列宁、他的工作、他的夫人克鲁普斯卡娅的了解，当然比后来人更清楚，当年的当事人显然比几十年后的萨哈罗夫更清楚地知道，说病中的列宁会受制于他的夫人克鲁普斯卡娅，他口授的文件是他夫人伪造的，是不会有人相信的。斯大林就是再想否定遗嘱，也只能在党的第十二次代表大会的小型领导人会议上以他特有的风格，说列宁的信是处在"娘们"（即克鲁普斯卡娅和两个秘书）的影响下的病人的文件，但不敢说是"娘们"伪造的。并在必须搞清楚列宁的真实意愿的借口下，决定把信封存起来。① 弗尔教授引用的皮达可夫对列宁最后信件的看法，也只说它们是在列宁承受着难以忍受和令人无比沮丧的病情所带来的压力下写出来的。皮达可夫在说此话时，已向斯大林投降，在当时事关重大的"遗嘱"问题上，他当然要按照当权派的口径说。

不过，他们不能做、不敢做的事，成就了萨哈罗夫，让他有机会根据对《值班秘书日志》和《值班医生日志》的研究，写出700多页的博士论文，得出骇人听闻的结论："列宁遗嘱"是克鲁普斯卡娅和秘书伙同托洛茨基伪造的。

我还想从另一个角度阐述这个问题。与这些文件利益攸关的、包括斯大林在内的政治局多数没有人否定过它们的存在，也没有人否认过它们的真实性。

1923年，政治局委员和中央主席团成员在对季诺维也夫关于公布"列宁遗嘱"的建议进行讨论时，托洛茨基、加米涅夫、季诺维也夫、斯大林等人的意见分别如下：

1. 我认为，这篇文章应该公布，如果没有妨碍公布的正式理由的话。在公布（在公布的情况下）这篇文章和其他文章（《论合作社》、《论苏汉诺夫》）是否要有些区别。

托洛茨基

2. 不能公布：这是没有讲的政治局讲话。仅此而已。文章的基础和内容是个人鉴定。

加米涅夫

3. 娜·康·克（鲁普斯卡娅）也持这种看法，只应该转交给中央委员会。关于公布的问题我没有问，因为我当时认为（现在仍认为）这个问题不存在。可以提出这个问题。在公布的情况下就没有区别。只是这份

---

① 引自托洛茨基的《列宁遗嘱》。

记录（《论国家计划委员会》）稍晚些时候转交给我——在几天前。

季诺维也夫

4. 我认为没有刊登的必要性，况且没有得到伊里奇对公布文章的批准。

斯大林

5. 而季诺维也夫的建议只是让中央委员了解此事。不予公布，因为从对广大群众的公布中谁也不会搞清任何东西。

托姆斯基

6. 弗·伊的意见不是写给广大群众的，而是给中央委员会的，所以把这么多篇幅用于个人鉴定。论合作社的文章就与之不同。不应该发表。

索尔兹

7. 布哈林同志、鲁祖塔克同志、莫洛托夫同志和古比雪夫同志——同意季诺维也夫的建议。

斯洛瓦廷斯卡娅①

上引文件是一份绝密文件，标题是《政治局委员和主席团成员对季诺维也夫公布"列宁遗嘱"建议的意见汇总》，记录者是斯洛瓦廷斯卡娅，时间是1923年6月初。而季诺维也夫的相关建议是6月2日提出的。

这份文件的日期，证明弗尔教授"这两段声明1924年5月或者6月才出现"的断言是错误的。

我引这份文件有两个目的。一是证明文件中提到的几个人最迟在1923年6月初就知道所谓列宁"遗嘱"的内容了。二是想请读者注意，在当时，除托洛茨基外，都只是反对公布列宁"遗嘱"，但没有一个人对它的真实性表示怀疑。

斯大林承认"遗嘱"存在，并用它来打击政敌，还有多次。在季诺维也夫和加米涅夫成为反对派后，他用了其中对这两人的界定："季诺维也夫和加米涅夫在十月的那件事当然不是偶然的。"后来，在布哈林成为反对派后，他又用了列宁在遗嘱中对他的界定："但是他的理论观点能不能说是完全马克思主义的，很值得怀疑，因为其中有某种烦琐哲学的东西（他从来没有学过辩

---

① *Коммунистическая оппозиция в СССР* (1923–1927) том 1, стр. 56. 另参见《天鹅之歌》，第125页。

证法，因而——我想——他从来没有完全理解辩证法）。"

1927年10月，在同反对派斗争的高潮中斯大林在中央全会上声明："列宁'遗嘱'是给党的第十三次代表大会的，这个'遗嘱'已在代表大会上宣读过。"①

至于为了防止"遗嘱"扩散，对宣读过程做的种种限制，媒体也都有介绍，而且证据确凿。

在《斯大林全集》第10卷中，还有一段他为自己的粗暴辩解的名言："我对那些粗暴而阴险地破坏并分裂党的人是粗暴的。……值得注意的是，'遗嘱'中没有一个字、没有一句话暗示斯大林有错误。那里只说斯大林粗暴，但粗暴并不是也不可能是斯大林的政治路线或立场上的缺点。"②

上述文件和斯大林本人的文章证明，当时联共（布）高层都知道"遗嘱"的存在。可斯大林和多数派在公开场合仍竭力否认它的存在。如果说上面列举的那份文件教授看不到的话，斯大林文章中的相关说法他是应该也能够看得到的。这正是以揭谎言为己任的弗尔教授揭穿斯大林在列宁"遗嘱"问题上制造谎言，证明自己客观公正立场的好机会。他不仅不这么做，却以托洛茨基在1925年曾撰文否认美国同情者伊斯特曼在其著作《列宁死后》中公布的列宁"遗嘱"的真实性和他后来流放时再度承认"遗嘱"的真实性，来揭露托洛茨基在这个问题上的前后不一，出尔反尔，连对他曾引证过的科特金称托洛茨基否定伊斯特曼著作引用的列宁"遗嘱"的真实性的文章是斯大林口述的说法，他也反对。这一切只能表明弗尔教授揭露谎言是有倾向性的，他的谎言揭露本身就是谎言。

更重要的是从哪个角度来判断列宁"遗嘱"的真伪。列宁是否口授了"遗嘱"，主要应该根据他的政治活动来判断，而不是《值班秘书日志》中的混乱和它与《值班医生日志》，克鲁普斯卡娅与斯大林的关系。通过本三部曲，中国读者可以了解相关内容。

"不断革命论"对"一国社会主义论"

看了这个标题，我简直有点儿不敢相信自己的眼睛，"不断革命论"对

---

① 《斯大林全集》第10卷，人民出版社1954年版，第149页。
② 同上，第151—153页。

"一国社会主义论"是对不上的。我怀疑是译文出了问题。我看了原文——"Permanent Revolution" versus "Socialism in One Country",确实是"不断革命论"对"一国社会主义论"。而且明确地说,托洛茨基的"不断革命论"与斯大林的"一国社会主义"是完全对立的。教授把当年党内斗争中两场理论争论各一半"versus"在了一起,再次证明了教授对当年联共(布)党内斗争的理论之争缺乏起码的了解。

更可笑的是,弗尔教授直接从中得出了结论:"在我看来,托洛茨基是被自己的谎言所强迫,不得不串通谋杀,并且在苏联内部搞蓄意破坏,同德国与日本合作,因为他拒绝承认在他的所有理论立场上都是错误的。"

由于理论破产和拒绝承认理论错误,被迫铤而走险,走上谋杀、破坏,与德、日军国主义合作颠覆苏联,把理论错误和密谋颠覆活动结合起来,确实是弗尔教授的一大发现。但是,如果"不断革命论"对不上"一国社会主义论"呢?弗尔教授的努力岂不白费了?

在此笔者不得不简单介绍一下"不断革命论"之争和"一国社会主义"之争到底是怎么回事。

"不断革命论"对的是俄国革命的三阶段论。简单地说,"不断革命论"认为俄国的资产阶级革命可以直接过渡到无产阶级革命。而之前的俄国革命三阶段论则认为,俄国先要经历资产阶级革命,然后在资产阶级制度下发展生产力,待生产力发展到一定的水平,再进行社会主义革命。由于本书中对这两个理论有详细的介绍,读者在阅读到相关段落时加以注意就行了,在此无须赘述。只说一下,没有"不断革命论",就没有十月革命,也没有后来俄共把国际共运的工作重心向落后国家革命的转移,也就不会有1925—1927年轰轰烈烈的中国革命,以及20世纪五六十年代波澜壮阔的殖民地、半殖民地国家的民族解放运动。在社会主义从理论到现实的过程中,托洛茨基的"不断革命论"起了桥梁和助产士的作用。

因为"不断革命论"是在1904年底提出的,那时世界上还没有一个无产阶级革命成功的国家,哪里谈得上什么在一个国家中建设社会主义呢?所以它不可能是针对"一国社会主义论"的。而"一国社会主义论"说的是在单独一个国家里能够建成社会主义。如果非要说二者有联系,只能在这一点上,即没有无产阶级革命的成功,就谈不上建设社会主义。这样一来,二者之间就有了因果关系，而不是 versus 了。当然，这是个不恰当的比喻。

"不断革命论"是托洛茨基对落后国家中资产阶级民主革命与无产阶级革命之间的关系的设想，它的对错应该由实践来检验，而不是由另一个理论"阶段论"来定它的正确与否，更不是与它没有关系的"一国社会主义论"。客观地说，它已得到十月革命和后来的中国革命的验证。在中国是得到了正反两个方面的验证。在1925—1927年的大革命中，因当政的斯大林、布哈林恪守阶段论，拱手把革命的领导权让给资产阶级，并让无产阶级在运动中为资产阶级做苦力，不允许中国共产党退出国民党，独立领导运动，致使革命半途而废。后来中国革命的成功，再次证明了"不断革命论"：资产阶级民主革命成功的标志之一——土地革命——是在无产阶级夺取了政权之后才完成的，此后革命继续发展，进入了社会主义革命。

"一国社会主义"versus 的不是"不断革命论"，上面已经说清楚了，它实际上 versus 的是"世界革命论"。

弗尔教授认为，社会主义在一个国家内建设是可能的。斯大林领导的苏联建设证明了它的真实性（之后中国也再一次证明了这一点）。

弗尔教授的说法，根本没有触及当年"一国社会主义"之争的核心。"社会主义在一个国家内建设是可能的"，其实是争论双方都没有异议的。俄国革命已经爆发，但它并没有引发世界革命，甚至是几个先进资本主义国家的革命，因此，它只能在一个国家内进行建设。由于革命建立的是无产阶级专政，破除了私有制，对生产资料和土地实行了国有化，在这种条件下进行的只能是社会主义建设。

斯大林、布哈林在1924年底炮制"一国社会主义"理论，强调能在俄国这样一个落后的农业国家中**建成**社会主义，违背了布尔什维克的世界革命的传统，引起了轩然大波。它首先遭到季诺维也夫和加米涅夫的批评，从而导致多数派的第一次分裂和季托联合反对派的诞生。双方争论的焦点不是在一个国家能不能进行社会主义建设，而是在一个国家能不能**建成**社会主义。季诺维也夫和加米涅夫不仅不是不断革命论者，而且是该理论的主要批评者。这也证明了对"一国社会主义论"的不是"不断革命论"。

"一国社会主义论"的提出针对的是世界革命论。这可以用斯大林本人在争论中说过的话来证明："谁否认社会主义在一个国家内**建成**（黑体是我加的——笔者)的可能性,谁也就一定要否认十月革命的合理性。"① 他的这句话与他本人在1924年说过的话截然不同:"没有几个先进国家中的无产者的共同努力,能不能解决这个任务(指建成社会主义——笔者),能不能在一个国家内获得社会主义的最后胜利呢?不,不能。为了推翻资产阶级,一个国家的努力就够了,这是我国革命的历史给我们说明了的。为了获得社会主义的最后胜利,为了组织社会主义生产,单靠一个国家的努力,特别是像俄国这样一个农民国家的努力就不够了,——为了达到这个目的,就必须有几个先进国家中的无产者的共同努力。"②

上述两段斯大林本人的话中的第一段证明,"一国社会主义论"强调的是在一个国家中建成社会主义,而不仅仅是建设社会主义。斯大林的第二段话,是斯大林在成为"一国社会主义论"者之前,即他还是一个世界革命论者时说的,引文中的"为了获得社会主义的最后胜利……为了达到这个目的,就必须有几个先进国家中的无产者的共同努力",意思是社会主义的建成要通过世界革命。而且,世界革命对应的不是在一个国家中建设社会主义,而是社会主义的最后胜利,即建成社会主义。

在澄清了这两个理论之争后,还有必要再分析弗尔教授对托洛茨基在"一国社会主义论"上前后矛盾的指控,还有他对列宁后来赞成这个理论的断言吗?

* * *

苏联解体、国际共运的衰落,并不像国内某些人说的那样,是赫鲁晓夫和戈尔巴乔夫背叛的结果。根子在斯大林,他破坏党内民主,对联共(布)的残酷清洗,不是出于革命的需要、党的需要、无产阶级的需要,而是出于维护他个人专权的需要,而且他使这一切制度化,形成了斯大林体制。今天国际共运的低迷,证明的是斯大林主义的失败,而不是马克思主义的失败。弗尔之流为斯大林主义涂脂抹粉,旨在让共产主义运动万劫不复。有志革命的青年一定要搞清楚这一点,千万别上他们的当!

---

① 《斯大林全集》第7卷,第99页。
② 《斯大林全集》第6卷,第94页。

***

承蒙中央编译出版社支持，读者厚爱，本书出了第三版，为进一步完善译文质量提供了机会。笔者根据英文原文参照俄译本再次对全书进行了校对，发现了不少问题，深感"译"无止境。

本书责编李小燕女士为这次再版做了大量工作，在此对她表示深深的谢意。

我的年轻朋友，中国社会科学院马克思主义研究院助理研究员王游先生指出了译文中的一些问题，还发现了两处作者的错误，如说盖得是国防部长，托洛茨基长女去世时是 30 岁，据他的建议，以译注的形式对此加以改正。中译本是根据此书英文第一版译的。在该版本中，《流亡的先知》在一处误把斯米尔诺夫写成斯米尔加，王先生根据名字前的限定语"战胜了高尔察克的"判定斯米尔加应是斯米尔诺夫，足见他的史学功力。他在对我指出这个错误时，还用英文本（后来的版本）和俄译本中此处均是斯米尔诺夫来证明他的推断，展示出他的严谨学风。我谨代表全体译者对他表示诚挚的感谢。

施用勤
2022 年 8 月 14 日

再版译者前言

十月革命的暴力和不够暴力

此书再版与初版虽然只相隔了13年，但在这13年里，中国学界对十月革命的看法却发生了翻天覆地的变化。记得1999年底或2000年初，席殊书屋在评1999年十大好书时，评委之一、经常在《人民日报》上发表大块理论文章的中共理论家龚育之对某些学者提议把《先知三部曲》列入1999年十大好书提出异议，说如果这样的话，就要对联共（布）党史重新评价。

2007年2月，《炎黄春秋》杂志刊登的一篇标题为"民主社会主义与中国前途"的文章，说的就不是联共（布）各派人物的是非对错的问题了，而是彻底否定十月革命和苏联共产党，从它的领袖列宁开始。文章说，十月革命一声炮响，送来的不是马克思主义，而是列宁主义。列宁主义是搞密谋策划的布朗基主义，搞的是暴力革命。而暴力革命是马克思的早期思想，不是他晚年更加成熟的思想——民主革命。据此，作者不仅把斯大林的专制暴政，甚至连中国的"反右"、"文化大革命"都算到十月革命的账上。这已经不是如何评价联共（布）党史了，而是在否定暴力革命下彻底否定传统意义上的革命了。大概只有在这种情况下，托洛茨基重归革命家行列才不会引起异议。因为此时，革命家已被视为洪水猛兽、罪恶渊薮。这使笔者想起1991年在参观莫斯科的一个庄园时看到的一个挂盘，上面画着一条俄国民间故事中的多头恶龙，这条恶龙最大的一颗头是列宁，在他的两边是托洛茨基和斯大林，季诺维也夫、加米涅夫和布哈林也在其中。当年用屠刀划出的"革命"与"反革命"的鸿沟，在时隔50多年后，在革命不再神圣时，消弭了，让人感到当年的屠杀者枉费心机，牺牲者的血则白流了。

2007年是十月革命90周年。按以往的惯例，每年11月7日，中央电视台总要播放俄共举行的庆祝十月革命周年的游行，游行者举着红旗和列宁肖像的新闻，还要播一个专题片。然而这一年不知什么原因，央视不仅没有播放专题片，连相关的新闻报导都没有。想必不是因为俄罗斯在这一天没有人或政党再为纪念十月革命而游行了。正式刊物除了《炎黄春秋》在11月号上又刊登了一篇否定十月革命的文章外，也几乎没有一家刊物刊登相关文章。

这段时间内，在民间网络上却形成了关注十月革命的一个小高潮，与此形成了鲜明的对照。某个"知道分子"称十月革命时并没有发生像样的战斗，因此不能算是革命。有人借题发挥，指责媒体把华南虎照片的真假炒得沸沸扬扬，却对十月革命的真假缄口不言。这些人同样是要否定十月革命，但与上面提到的那位作者不同，不是因为它是暴力革命，而是因为它不够暴力。革命在后革命时代的尴尬，在这两种声讨声中尽显无遗。

笔者根据近年来对十月革命的研究，写了《解读十月革命》一文，指出第二国际在第一次世界大战中背叛马克思主义是铁案如山，根据是马克思一直号召"全世界无产者联合起来"，没有给它加任何限定，说在和平时期联合，而在战争期间就应该为各自国家的资产阶级的利益而相互厮杀。另外证明，十月革命并非像以往所宣传的那样，是一场暴力革命，更不像《民主社会主义》一文的作者所说的那样，是布朗基式的密谋策划的阴谋活动，而是一场苏维埃民主革命。布尔什维克靠的是公开的宣传鼓动工作，赢得了苏维埃的多数，其中没有任何阴谋可言。在二月革命后建立的彼得格勒苏维埃中，布尔什维克是微不足道的少数，孟什维克和社会革命党人是绝大多数，临时政府也是由它们组成，倒是它们在政治斗争中使用了阴谋手段，如串通帝国主义盟国阻止流亡国外的反战的国际主义者回国。列宁等布尔什维克领袖正是因此不得已而乘德国总参谋部提供的铅封车返回俄国。持合法手续回国的托洛茨基更是在旅途中被英国海军截下，在战俘营中拘押了一个月。在6月18日为帝国主义盟国和本国资产阶级利益而发动的进攻失败后，克伦斯基政府和苏维埃多数派把失败的责任推给反战的布尔什维克，借列宁乘德国铅封车回国一事把布尔什维克领袖诬陷为德国特务，宣布布尔什维克为反革命政党，捣毁布尔什维克的机关，查封它的报纸，通缉列宁等布尔什维克领袖，把托洛茨基等人投入监狱。然而，这些阴谋再加上权力，也未能阻止革命的进程。原因并不是布尔什维克阴险，而是他们严格遵循革命的内在逻辑，并把这一逻辑贯彻到底。

革命本是社会矛盾极度激化的产物。二月革命也不例外。二月革命的口号是"和平、土地、面包"，其中的阶级内容是显而易见的。和平就是停止战争，反对资产阶级扩张和争夺市场的野心，土地就是农民要求把大地主和贵族的土地分给农民。第一次世界大战是帝国主义争夺市场和殖民地的战争，大概是不能否定的。这不是布尔什维克下的定义。在大战爆发前，第二国际开过三次大会，谴责战争。而市场和殖民地是各国资产阶级的利益所要求的。要停止战争，就要反对那些挑起战争或要发战争财的人。二月革命后组建的立宪民主党和进步集团的政府虽然不是发动战争的政府，但它坚持把战争进行到底，是为了俄国资本家的利益：控制达达尼尔海峡，占领君士坦丁堡。新政府继续参战，除了盟国的胁迫，也出于想在帝国主义战争中分一杯羹的本国资产阶级的要求。

"和平、土地、面包"是普通群众的要求，而不是资产阶级的要求。社会革命党人和孟什维克是胜利的二月革命后组建的人民革命机构——彼得格勒苏维埃——的多数和领导党，他们面临着两种选择，或是履行革命党的职责，满足群众在二月革命中提出的要求，将革命进行到底，因为二月革命只是推翻了沙皇，并没有实现人民对"和平、土地、面包"的要求；或是干脆把政权交给资产阶级，让它把战争进行到底，实现其扩张野心。但他们既不领导群众完成革命，也没有把政权完全交给资产阶级。他们只是请杜马临时委员会出来组阁，而自己仍作为苏维埃的领导党，在第一届资产阶级政府垮台后，他们坚持要建立联合政府，即社会主义者与资本家的联合政府，企图充当革命人民与资产阶级之间的协调者的角色。这是任何一个政党在革命中都无法扮演的角色。人民要求和平，而资产阶级要求把战争进行到底，这二者之间是不能调和的；人民要求土地，而与大地主和贵族有着千丝万缕联系的俄国资产阶级是不可能满足人民的这个要求的，这也同样是不可调和的。妄图调和不可调和的矛盾，从一开始就决定了他们的必然失败。他们既不能让资产阶级、地主贵族放弃扩张野心，把土地分给人民，也不能让经过革命洗礼的人民群众继续像以前一样地为前者当牛做马，为他们的利益而流血牺牲。因此，在二月革命到十月革命前的八个月中，社会革命党和孟什维克没有为解决这两个关键问题——和平和土地——向前迈出一步，倒是在这两个问题上迎合资产阶级的要求，现在他们打着保卫俄国革命的旗号继续战争，打着维护革命秩序的旗号镇压农民自发夺取地主土地的斗争。但他们毕竟是苏维埃的多数党，承受着这个革命机构的压力，不能完全无视人民的要求，彻底站到资产阶级一边。就这样，他们迅速地耗尽了他们在二月革命中赢得的资本，灰溜溜地退出了彼得格勒苏维埃。在6月举行的全俄第一届苏维埃代表大会上，他们能得到5/6的选票，而在科尔尼洛夫暴乱后，他们在彼得格勒市杜马的选举中就已落败，在9月举行的苏维埃执行委员会的选举中，两党的席位加在一起还比布尔什维克少4席。在10月召开的第二届全俄苏维埃代表大会上，布尔什维克和左派社会革命党人的代表占压倒多数。

托洛茨基后来总结说，如果社会革命党人和孟什维克在他们当权时，能够解决和平和土地问题，就不会有十月革命。其实，社会革命党人和孟什维克的失败之处，就是布尔什维克的成功之处。他们从一开始就旗帜鲜明地支持人民的和平与土地的要求，反对社会革命党人和孟什维克把权力交给资产阶级或与资产阶级联合组阁。他们对人民耐心地解释，只有建立人民政权——全部政权归苏维埃，才能给人民带来和平和土地，而资产阶级政权（联合政权也一样），只能让人民继续为英法美交易所老板和本国资产阶级的利益流血牺牲。当人民的希望一次次地破灭，布尔什维克的预言和对临时政府及苏维埃的多数党的批评一次次地被现实所证实时，人民转向了布尔什维克，把他们对和平和土地的希望寄托在这个党的身上。而布尔什维克也没有欺骗人民。它以大无畏的精神与本国和盟国的资产阶级决裂，在它的《和平宣言》遭到盟国拒绝的情况下，毅然与德国和奥匈帝国单独媾和，并把土地分给农民。满足了人民的这两个基本要求。这就是谴责十月革命是暴力革命站不住脚的原因，也是它不够暴力的原因。因为它是一场名副其实的苏维埃民主革命。

解散立宪会议

当然，现在国内学界对十月革命的批评不仅仅局限于十月革命的本身，它是暴力的或不够暴力上，对十月革命的否定扩展到对布尔什维克党、它的领袖列宁和它的策略上。在这方面最为人所诟病的一是全部政权归苏维埃的口号，二是解散立宪会议。

前者说布尔什维克在它成为彼得格勒苏维埃的多数后，才提出这个口号，足见它的阴险。这显然是对相关史料缺乏了解。在列宁回国前，斯大林、加米涅夫等布尔什维克领袖主张支持临时政府。在列宁回国并使党走上社会主义革命的道路后，它就一直坚决反对联合政府，主张没有资产阶级代表的苏维埃掌权。当时在俄国已经形成了双重政权——一方面是孟什维克和社会革命党人与资产阶级组成的临时政府，另一方面是二月革命后组成的没有资产阶级的苏维埃。当时列宁的立场是通过民主斗争争取赢得苏维埃的多数，即进行苏维埃民主革命。全部政权归苏维埃的口号是反对临时政府的斗争的口号。据笔者所掌握的资料，这个口号可以追溯到5月初。托洛茨基早在5月7日（俄历）举行的统一社会民主党全市代表会议上，就提到了这个口号："我们给自己提出了明确的任务，即全部政权归苏维埃。对我们来说，这个问题不是今天的问题。我们知道，夺取政权是一个长期的过程，它取决于事件发展的速度。我们不说绕开苏维埃夺取政权，因为它是整个革命民主派政体的代表制的形式。我们只应该力求在苏维埃中形成自己的多数，用真正革命的内容去充实它，围绕着我们的口号把广大人民群众组织起来。"说得十分清楚了。需要指出的是，当时托洛茨基刚刚回国不久，他还没有加入布尔什维克，甚至还没有与列宁商谈他领导的区联派组织与布尔什维克合并的问题。但可以肯定的是，这个口号在那时就是包括布尔什维克（以它为主）在内的苏维埃左翼的口号了。至少，在第一次全俄苏维埃代表大会期间，布尔什维克组织的工人游行队伍就打出了这个口号。而在当时，在孟什维克和社会革命党人在苏维埃中占多数时，全部政权归苏维埃，意味着全部政权归孟什维克和社会革命党人。

对解散立宪会议的指责更为严厉，有学者撰写长文，说布尔什维克以允诺召开立宪会议夺取了政权，一朝政权在手，在立宪会议选举失败后，不是顺应民意交出政权，而是背信弃义地解散了立宪会议。还说约翰·里德的《震撼世界的十天》一书的书名名不副实，因为十月革命并没有发生什么像样的战斗（即不够暴力），只不过是当时政府频频更替中的又一次而已（其实这并不是什么新观点，苏汉诺夫在其《革命札记》中就是这么说的），而布尔什维克悍然解散立宪会议才是真正震撼世界的日子。这种说法只能表达作者对革命的蔑视和对立宪会议的尊崇，无论如何都不是当时亲历这两个事件的人民、各阶级、各政党和各个国家对它的感受的真实写照。

约翰·里德亲历了十月革命，他的感受是符合实际的。事实是，自从布尔什维克成为彼得格勒的多数，托洛茨基成为它的主席后，右派社会革命党人、孟什维克以及资产阶级就一直惶惶不可终日，在他们千方百计地拖延的全俄第二届苏维埃代表大会日益临近时，他们的焦虑达到了极点。这在当时的报刊上都能反映出来。至于十月革命是否震撼，并不取决于夺取政权时是否进行了大规模的流血战斗，而取决于政权的性质是否发生了根本变化以及方针政策有无变化和变化的大小，更取决于它的后果。从这个角度来看，它无疑是十分震撼的。它将私人企业国有化，把土地分给农民，不仅退出帝国主义战争，而且还要公布各盟国与沙俄政府签订的秘密条约。当初颂扬它是人类历史上的新纪元，并不夸张。这是人类历史上第一个为穷人的利益剥夺富人的政权；它完全不遵守外交游戏规则，公布秘密条约，以揭露帝国主义战争是为了满足各国资产阶级的贪婪的胃口；它越过各交战国政府直接向它们的人民呼吁，把帝国主义战争变为内战，以革命战争来消灭帝国主义战争。不仅是面临被剥夺的俄国资产阶级被这次"政变"所震撼，就是各交战国的政府在面对十月革命和布尔什维克的宣传在厌战的士兵中引起的反响时，能不胆战心惊吗？

笔者无意否认立宪会议即民主形式带来的好处，也不否认斯大林个人独裁与一党专政形成的局面有一定的联系。但如上面那位学者那样，说布尔什维克就是凭着许诺召开立宪会议才获得政权，而得到政权后就过河拆桥，解散了立宪会议，则是笔者不能苟同的，这种说法至少是不全面的。

如上面所说，十月革命的成功，布尔什维克夺取政权，主要靠的并不是许诺立即召开立宪会议，而是要满足人民群众对和平和土地的要求。和平和土地是人民的要求，是自发发动二月革命的人民的口号。立宪会议是政党的口号，它的提出要早得多，是反对沙皇专制制度的各政党提出的口号和目标。俄国社会民主工党最早提出这个口号，是在1903年召开的第二次代表大会上，次年，社会革命党也提出了同样的口号。但在俄国当时的条件下，更为紧迫的是解决和平与土地的问题。在那时的俄国政党中，唯一一个要认真地解决和平和土地这两个问题的，就是布尔什维克党。即使把立宪会议的口号看成与和平与土地一样重要的口号，它在布尔什维克夺取政权的过程中所起的作用与和平和土地一样重要，那也不能据此指责布尔什维克背信弃义，因为它至少真正地落实了两个口号，即和平与土地。而孟什维克、社会革命党人和立宪民主党在它们执政的八个月的过程中，没有为解决这三个问题中的任何一个采取过一项严肃的措施。

而且在立宪会议的问题上，应该受到指责的不仅仅是布尔什维克一个党。时任临时政府办公厅主任的纳博科夫说过，天真的人在理论上可以认为，政府召开立宪会议就是为了制定基本法，然后根据选举结果把政权交给选出的多数党，然后就自动解散，实际绝非如此。一语泄露天机。社会革命党人和孟什维克也根本不想召开立宪会议。立宪会议在他们的手中，成了拒不解决和平与土地问题的挡箭牌。所有与群众利益相关的措施，他们都说自己无权决定，推给立宪会议，而对资产阶级有利的措施，则立即拍板，也用不着等立宪会议了。群众对他们的不满，部分就是由此而来的。

立宪会议的选举在多大程度上反映了真实的民意，也是值得怀疑的。原因有二。一是社会革命党人在立宪会议的选举中，得到2100万张选票，占总票数的60%。但他们的票源主要是来自农村和少数民族地区。在城市里，他们的得票不仅大大落后于布尔什维克，还少于立宪民主党。

在不久前举行的第二届全俄苏维埃代表大会表明，社会革命党作为执政党在2—10月间的表现，以及社会革命党人任总理的政府在后来几个月中的所作所为，已经使它声誉扫地。工人阶级和它的武装——赤卫队——对它深恶痛绝，军队的绝大多数也支持布尔什维克，在10月中旬，当布尔什维克成为全国各主要苏维埃的多数时，右派社会革命党人已经退出苏维埃。一个仅靠农村人口庞大的基数而成为多数的党，甚至支持它的农民也主要来自边远地区，而在城市和军队中都得不到支持的党，在主要行政资源都来自城市的现代社会中，能组建一个什么政府呢？肯定不会是该党一直叫嚷要建立的强硬政府，而是一个软弱无力的政府。指望这个政府来解决和平和土地问题，肯定是不行的。一个执政几个月的政党，连它的基本纲领——把土地分给农民——都不能实施，甚至连为实施它的准备都不做，只是一味地把它推给立宪会议。这样的党即使让它再次组阁，它又能做什么呢？在它过去为苏维埃的多数派和执政党的六个月中已经给出了答案。这个事实不会因为这个党在立宪会议的选举中获得多数而改变，何况这个多数本身也是有疑问的。

十月革命前，社会革命党分裂为两派，一个是右派社会革命党人，另一个是左派社会革命党人。左派社会革命党人与右派社会革命党人之间的矛盾十分尖锐，右派社会革命党人的政府官员克伦斯基、阿夫克森齐耶夫逮捕主张把土地分给农民——实施社会革命党的基本纲领——的左派社会革命党人。由于立宪会议各党派代表的名单还是在7、8月间定的，在9、10月间已经是水火不相容的左派、右派社会革命党人交替出现在同一个党的名单中，而且其中右派社会革命党人占全部社会革命党代表的3/4，完全不能反映十月革命前后这两派在群众中的实际影响。因为在不久前举行的第二届苏维埃代表大会选举中，左派社会革命党人获得70个席位，而右派社会革命党人只有16席，中派社会革命党人36席，少数民族社会革命党人7席。即使中派和少数民族社会革命党人都与右派社会革命党人一致，他们所得的全部选票也要少于左派社会革命党人。变化的原因可能在于下面的事实，即十月革命后，电报邮局系统对苏维埃政权的消极怠工，临时政府被推翻、社会革命党分裂的消息迟迟不能传到外省，更不用说是边远地区了。大多数农民本来是想把票投给主张把土地分给农民、在土地委员会工作的左派社会革命党人，实际上却把票投给了作为政府代表逮捕他们的右派社会革命党人。

谁应该对一党专政负责

当然，有人会说，如果立宪会议得到尊重，肯定能避免由一党专政演变成的斯大林个人专制制度，以及由此给国家和人民带来的深重灾难。

其实，解散立宪会议并不意味着民主制的终结。在公认的民主国家中，解散议会和重新选举之事也屡见不鲜。而当初布尔什维克和左派社会革命党人解散了立宪会议之后，再也没有召开，确实也有客观历史原因。

右派社会革命党人和孟什维克就应对此负一定的责任。

当社会革命党人和孟什维克是苏维埃的多数时，他们千方百计地不让一个布尔什维克进入主席团，当布尔什维克已占苏维埃的1/3席位时，也是如此。当布尔什维克在苏维埃中占了一半的席位后，在9月进行了主席团改选，结果是布尔什维克在主席团中成了多数，托洛茨基成为苏维埃主席。当布尔什维克党团建议按各党派在苏维埃的席位建立联合主席团时，遭到从苏维埃多数沦为少数的孟什维克和右派社会革命党人的断然拒绝。策列铁里说："我们在六个月的时间里领导彼得格勒苏维埃，使它从一个胜利走向另一个胜利，我们希望你们在你们现在准备占据的位置上哪怕只维持这个时间的一半。"对一个他们认为连三个月都维持不了的党派，他们当然不会认真对待，更不会以少数派的身份充当合作伙伴。实际上，在这种对对手的轻蔑和强硬的态度之后，隐藏着极度的失落和绝望。他们曾是苏维埃绝大多数，他们还掌握着政权，在这种情况下，让"微不足道的一小撮"、在七月事件中已经被彻底消灭的布尔什维克打败，留在他们心中的绝不仅仅是苦涩。其实他们心里早就明白，他们在苏维埃中的失败是不可避免的，所以他们人为地拼凑一个"全俄民主会议"，筹备

"预备议会"，就是为了绕开苏维埃，这也表明他们实际上对靠民主斗争重新赢得多数没有任何信心。

在十月革命后，布尔什维克曾对社会革命党人和孟什维克提出联合组建政府的建议，并与他们进行相关的谈判。在谈判中，被击败的少数却对胜利的多数提出了根本不能接受的条件：列宁和托洛茨基不能加入联合政府。这是连最温和的布尔什维克都不能接受的，最最温和的加米涅夫也说，没有列宁和托洛茨基，就是"砍了党的头"。

与此同时，布尔什维克也允许孟什维克和社会革命党人作为苏维埃的少数在苏维埃制度下有充分活动的自由。但由于曾经的多数没有勇气正视自己的失败，不愿意承认政权的更迭是布尔什维克赢得苏维埃的多数的必然结果，更不愿意在苏维埃中履行自己少数派的职责，他们把十月革命斥责为阴谋政变，不予承认。也就是说，在右派社会革命党人和孟什维克失去了在苏维埃中的多数和对主席团的控制后，他们的所作所为就使得在苏维埃民主框架内的多党合作与斗争失去了前提。在十月革命后，他们更是与"阴谋政变"直接对抗，进入战争状态。虽然他们在作为执政党的六个月里，没有表现出任何魄力和果断，但在失去了执政党和多数的地位后，却一反常态，立即行动起来。苏维埃政权建立后面临的怠工抵制，就是右派社会革命党人和孟什维克与资产阶级一起组织的。新生的工农政权遭到了强有力的挑战，不仅各部职员、邮局、电报局和铁路工会不为新政权服务，政府部门连翻译和缮写员都找不到。后来他们参与和组织了反苏维埃政权的暴动，在内战中，他们和资产阶级一起组织白卫军，不少人加入了形形色色的反苏维埃政权。在战争形势下，禁止敌对政党的存在，查封它们的报纸，应属正常措施，并不能说明布尔什维克的暴虐。

在革命中，左派社会革命党人与布尔什维克并肩战斗，一起推翻了临时政府，后来又与布尔什维克一起组成联合政府。但在布尔什维克签署了他们认为是卖国的《布列斯特和约》后，他们又走上了恐怖主义的老路，为了挑起与德国的战争，他们刺杀了德国驻俄大使米尔巴赫伯爵，同时发起反苏维埃政权的暴动。联合的破裂和对它的镇压也同样是不可避免的。布尔什维克的一党专政就是这样历史地形成的，它并不完全是布尔什维克意志的产物。

* * *

对重大历史事件有不同看法，本是十分正常的，何况是十月革命这样一场天翻地覆的革命。可现在看到的，无论是过去对它的顶礼膜拜，还是今天对它的否定，都缺乏史料支撑，情绪多于理性。《先知三部曲》的出版为重新研究、认识这场革命提供了一个新的视角和参照系，因为重新评价托洛茨基，绝不是简单地为一个冤假错案的牺牲者平反，而是事关对整个无产阶级革命或国际共产主义运动的再认识。托洛茨基在列宁因病退出政坛之后，直到他被斯大林派的杀手刺杀之前，对斯大林在理论、内政外交乃至社会生活领域推行的政策的批判中，提出了一条与斯大林完全不同的社会主义建设的方针路线。在世界革命和反法西斯斗争的舞台上，他是当时唯一一个在希特勒上台之前就洞悉纳粹本质和它将给人类带来的灾难的人，并提出一条能战胜纳粹，阻止它掌权的切实可行战略——以自下而上的革命战胜自下而上的反革命。同时，他严厉地批判了斯大林推行的导致德国共产党不战而降的自杀性的"第三时期理论"和后来右倾投降的"人民阵线"政策。正如俄国历史学家瓦迪姆·罗高文在倾其最后15年精力完成的7卷本巨著——《是否有另一种选择》——中所说的那样，托洛茨基的理论、方针、路线是斯大林社会主义模式之外的"另一种选择"，而且这一选择很可能是对人类社会进行符合人类发展进程的社会主义改造的切实可行的道路。遗憾的是，《先知三部曲》于1999年出版后，在国内只引起了一股小小的托洛茨基热，但很快又复归平寂，远不如20世纪80年代以来的布哈林热。直到90年代，国内仍有研究布哈林的文章和专著出版。然而，无论是在革命、内战还是后来的党内斗争中，布哈林所起的作用都不能与托洛茨基相比。对他来说，幸运的是，他的平反是在革命后期，而托洛茨基是在后革命时期才重归革命家行列的。《先知三部曲》引起的兴趣没有后续。笔者在近几年内翻译了托洛茨基在党内斗争时期的文集3卷，流亡海外时期的文集3卷，至今没有联系到愿意出版这些文集的出版社。笔者还曾向多家出版社推荐托洛茨基的专题文集，如在1905年革命100周年时出版托洛茨基的文集《1905年革命》，在反法西斯斗争胜利60周年时出版《托洛茨基论反法西斯斗争》，以及《托洛茨基论中国问题》、《托洛茨基论文化》、《托洛茨基论文学》等，均无结果。从2008年开始，托洛茨基的三本专题文集——《托洛茨基亲述十月革命》、《托洛茨基论中国革命》、《托洛茨基论反法西斯斗争》——才由陕西人民出版社先后出版。

几十年的诬陷、禁锢，仅凭一套《先知三部曲》是无法打破和消除的。读者难以全面认识托洛茨基的另一个原因是此人著述甚丰，据西方学者统计，托洛茨基的全集可达150卷之多，另一种说法是80多卷。译成中文的只有10多卷，其中包括1949年以前出版的中国托派翻译的《托洛茨基论中国革命》和托洛茨基的《俄国革命史》。后两个译本只能在图书馆找到，读者非常有限。1949年以后出版的托洛茨基著作都是内部读物，发行和读者面均很窄。1992年外国文学出版社出版的《文学与革命》一书，大概是解放后国内第一部非内部出版的托洛茨基著作。因而，国内至今对这位百科全书式的人物的了解十分有限。虽然如此，对这个在联共（布）党史研究中绕不开的人物又好像谁都能说上几句，而且言之凿凿。过去，托洛茨基和托派是混入革命队伍中的反革命分子的代名词，托洛茨基是列宁主义的最凶恶的敌人。如今则给他扣上"革命狂人"和"左"的帽子，不是革命时代"左"比右好的左，而是现在令国人深恶痛绝的极"左"。因而这个堪称革命经典的真正的思想宝库对中国读者来说，仍继续被尘封。

托洛茨基和列宁一样，是马克思主义从理论走向实践——以革命的方式改造世界——的开拓者，是领导革命走向胜利的领袖，十月革命和内战的胜利就是证明。列宁因病于1923年初就退出了政坛因而无缘领导或提出他对社会主义建设问题的观点和防止执政的革命政党的官僚退化的斗争方法。托洛茨基在这场斗争中虽然失败，但他参与领导了这场斗争，其间写下了大量文章，不仅仅是对对手破坏民主的官僚退化的批判，还有对这个现象的历史理论思考。这是他留给国际无产阶级运动的一笔巨大的财富，可惜的是各国共产党把它视为异端邪说，完全忽略了它，致使斯大林体制的弊端几乎成了后来所有执政的共产党的通病。

在托洛茨基的著作中，深刻思想、远见卓识、辩证法的娴熟运用，俯拾皆是。在此只举几个例子。例如，他对各社会主义国家普遍推行的党委制的批评，十分经典。众所周知，党委制起源于内战时期普遍推行的政委制。其原因是当时不得不起用旧军官。为了监督并不十分情愿为革命作战的旧军官，防止他们叛变倒戈，设立了政委制。后来，这一本是临时的措施被制度化，而且从军队推广到所有领域中。托洛茨基在其《斯大林评传》中说，政委制就像盖楼房时搭的脚手架，一旦楼房盖好后，就应该拆除它。

本书中提到的他为弗洛伊德心理分析辩护，亲自给巴甫洛夫院士写信，调和心理分析与条件反射学说之间的对立，表明了对人类文化科学创造的真正的马克思主义态度：以博大开放胸怀对待人类文明。在此只想提一下，中国和苏联都是在20世纪80年代才开始对心理分析解禁的。再回想一下斯大林时代对摩尔根遗传学和基因说的态度，其印记在我国于20世纪60—70年代出版的词典中还能看到。当时曾无限抬高米丘林，贬抑瓦维洛夫院士的遗传学研究，称后者为反动的摩尔根遗传学的徒子徒孙，直至将他迫害致死。二者对比，高下优劣自然分明。这说明对人类文明的狭隘的仇恨和批判，是官僚无知和宗派主义的产物，而不是马克思主义的立场。

当然，托洛茨基与斯大林之间最大的差异表现在国外阶级斗争和革命之中。斯大林的宫廷阴谋和背后搞小动作的伎俩，是不能保证在这些战场上赢得胜利的，实践证明，在这方面，斯大林的记录中是一连串的败绩：1923年的德国革命、1926年的英国总罢工、1927年的中国革命，尤其是30年代的德国反纳粹斗争和欧洲的反法西斯斗争，都充分证明"英明伟大"、"永远正确"的斯大林根本没有能力在世界革命和阶级斗争的舞台上、在自下而上的革命和自下而上的反革命（法西斯）之间的斗争中成为胜利的领袖。他所擅长的在特殊条件下的党内斗争中使他得到胜利的宫廷倾轧、幕后搞小动作的伎俩在这里是没有用武之地的。它们在国际舞台上的运用，结果只能是《苏德和平友好条约》及它的秘密协议。这虽然能使斯大林为所谓"赢得时间"和与德国一起瓜分波兰而得意一时，但在面临德方"背信弃义"地撕毁条约大举进攻苏联时，他竟"失踪"了好几天，才缓过神来。斯大林在1943年解散共产国际，主要原因大概就是他发现，对他来说，领导外国共产党进行夺取政权的革命，远不如在"一个国家中进行社会主义建设"那样得心应手。这里的一切都在他的控制之中，但在国外，他能够控制的只是共产党，他无力让他控制下的共产党领导各国无产阶级战胜资产阶级，更不用说法西斯了。既然如此，不如把它解散，踏踏实实地在"一个国家中建设社会主义"。

威廉·夏伊勒在其《第三帝国的兴亡》一书中有这样的话，当时各国政治家一直搞不清楚希特勒是不是疯子，在巨大的灾难降临之后才确认他是疯子，但为时已晚，几千万生灵已经涂炭。作者指的是希特勒上台之后，第二次世界大战爆发之前，直到那时欧洲各国政治家仍未能清醒地意识到他是一个能给人类带来如此之大的灾难的疯子，各打着自己的如意算盘，想利用他来达到自己的目的。最著名的例子就是想把祸水东引的《慕尼黑协定》和《苏德和平友好条约》以及其中的秘密协议了。而托洛茨基早在希特勒上台之前就洞穿了纳粹的本质和它将给人类带来的灾难。两相比较，差距是何等之大啊。90

年代末,德国重新出版了托洛茨基当年反法西斯文章的文集——《纳粹肖像》。书中收入了托洛茨基于1930—1934年间写的十篇文章。编者前言写道:绝大多数研究者都认为纳粹上台是不可避免的、命里注定的。但托洛茨基的文章表明,如果共产国际和德国共产党能够接受他对德国形势和法西斯的分析、判断,对它们在与纳粹斗争中错误理论和路线的批判,以及他提出的正确斗争方法,是完全有可能阻止纳粹上台的,而且他当时提出的以自下而上的革命来对抗自下而上的反革命,确实是战胜纳粹的切实可行的战略。

托洛茨基对德国形势发展的准确判断和预见来自于他对纳粹党性质的科学认识和剖析,来自于他对德国主要政治力量对比的准确把握。"第三时期"理论把社会民主党定性为法西斯政党,而且认为德国共产党应该集中力量打击社会法西斯党,这样就把法西斯这个反革命阵营中的特殊的党与一般的资产阶级政党混为一谈。针对这点,托洛茨基对纳粹进行了科学定性。他把纳粹定性为代表小资产阶级绝望的党,纳粹运动与历史上一般都是自上而下的反革命运动不同,它是一场自下而上的反革命运动。① 俄国革命史和欧洲工人运动史证明,小资产阶级不能成为独立的政治角色。在政治斗争中,他们往往追随表现得更自信、更勇敢、更有能力与国家面临的困境作斗争的一方。俄国布尔什维克之所以能在十月革命中获得胜利,就是因为追随它的除了工人阶级之外,还有大量动摇不定、分散孤立的城乡小资产阶级。因此,在德国当时极端严重的社会危机下,小资产阶级并不是注定要追随希特勒的,它也有转向革命的可能。但这要求德国无产阶级先锋队——共产党——站在时局的至高点上,表现出它的力量以及能够扭转乾坤,使整个民族走上一条新的发展道路的能力。为此,它首先需要把工人阶级团结在自己的周围。在1929—1933年间,托洛茨基始终坚持德国局势的钥匙在德国共产党手中,依据的就是他对小资产阶级和无产阶级的政治、历史、心理的准确把握。因此他相信,只要德国共产党能够制定并推行合理的政策,工人阶级表现出它的力量和必胜的信心,就可以把中产阶级下层中的大部分吸引到自己一边来,使来源于工人阶级软弱和小资产阶级过于膨胀的虚荣心的纳粹力量化为乌有。② 至于希特勒是不是疯子,托洛茨基的观点显然要高明得多。他认为,德国的危机使小资产阶级夸大了它对阶级斗争的恐惧,产生了狂热的民族主义的自豪感,这是数百万沦为赤贫的小资产

---

① Бюллетень оппозиции,No 17–18,стр. 46.
② См. Бюллетень оппозиции,No 29–30,стр. 24,сентябрь 1932 г.

阶级患上的政治神经官能症,希特勒是身患这种病症的典型人物。

如今,由于极左滥用,人们对于马克思主义的阶级分析已经不以为然了。不过,看了托洛茨基对当年德国纳粹所作的阶级分析并在此基础上制定的斗争策略,足以证明在政治斗争和阶级斗争中,真正的马克思主义的阶级分析比所有其他方法更高明。

* * *

三部曲的意义和价值在第一版的《译者前言》中已经说过,这里不再赘述。在此只谈谈笔者对作者某些个别观点和说法的异议以及根据近来的研究和发现对他的叙述加以补充。

列宁抵达斯莫尔尼宫的时间

笔者管见所及,关于列宁于10月24日来到斯莫尔尼宫的时间以及他在十月革命中的作用,有两种说法。《联共(布)党史简明教程》说:"10月24日夜晚,列宁到了斯莫尔尼宫,直接领导起义。"《列宁全集》中文第2版在对列宁于10月24日夜晚致中央委员会要求立即举行起义的那封信的注中,说列宁写完这封信之后,就前往斯莫尔尼宫,于深夜抵达那里并领导了十月革命。伊萨克·多伊彻在其《武装的先知》一书中,也说列宁是10月24日夜晚(evening)乔装来到斯莫尔尼宫,但他补充了一句,"他从最近几天藏身的维堡区悄悄前往斯莫尔尼宫的路途中,他并不知道他经过的首都实际上已在他的党的手里了"。《教程》和《武装的先知》都说列宁是在10月24日夜晚来到斯莫尔尼宫的,但在对列宁与起义之间的关系各执一词。《教程》说列宁在抵达斯莫尔尼宫后亲自领导了起义。而伊萨克·多伊彻则说他抵达这里之前,起义已经开始,并控制了彼得格勒大部分地区。注释与斯大林的《教程》都说是列宁在抵达斯莫尔尼宫后领导了十月革命,不同之处是注释说的是深夜,《教程》说的是夜晚。深夜只能是在12点之后,而8至12点以前都可以称为"夜晚"。

列宁的那封信证明他根本不可能于10月24日夜晚来到斯莫尔尼宫。当时正在躲避临时政府通缉的列宁根本就不知道中央委员会在10月24日上午作出起义的决定。他在这封敦促各地区领袖立即发动武装起义的信中是这样写的："同志们：我写这封信是在24日晚上……我力劝同志们相信，现在正是千钧一发的关头，目前提上日程的问题决不是会议或代表大会（即使是苏维埃代表大会）所能解决的，而只有……武装起来的群众的斗争才能解决问题。"列宁在信中指出了他是在24日晚上写这封致中央委员会的信的，这同时也证明了他不可能在深夜之前抵达斯莫尔尼宫。因为列宁写信是在他的藏身处，而他的藏身处是在维堡区，在彼得堡郊区，据列宁夫人克鲁普斯卡娅的《回忆列宁》一书中说，那时电车已经停驶，因此即使像注释中所说的那样，列宁在写完此信后就立即起程前往斯莫尔尼宫的话，他到那里至少已是深夜了。因而《教程》和《武装的先知》所说的列宁于夜晚来到斯莫尔尼宫是根本不可能的。

笔者查阅过多种资料，都没有关于十月革命何时开始及列宁抵达斯莫尔尼宫的时间的确切记录。托洛茨基的《十月革命》（中译本书名为《托洛茨基亲述十月革命》）一书中提供的一个生动的细节可以帮助人们推测列宁到底是什么时候抵达斯莫尔尼宫的。

> 第二届苏维埃代表大会会议于25日开幕。当唐恩和斯柯别列夫来到斯莫尔尼宫时，正好经过了我和弗拉基米尔·伊里奇坐在里面的那个房间。他脸上扎着一块手绢，好像是患牙痛似的，戴着一副大眼镜，头戴一顶破便帽，样子很古怪。但唐恩的眼睛很老练，当他看到我们时，打量了几眼，用胳膊肘捅了一下斯柯别列夫，眨了眨眼睛，走了过去。弗拉基米尔·伊里奇也用胳膊肘捅了我一下，说："认出来了，恶棍。"

唐恩和斯柯别列夫是来参加代表大会的。我想时间最早也不会早于7、8点钟。根据正常推理，如果列宁是在24日深夜乃至凌晨抵达斯莫尔尼宫的话，他不会把他的这副装束一直保持到早上7、8点钟，更不要说以这副打扮指挥起义了。从而可以推断，列宁来到斯莫尔尼宫不会早于10月25日早上6点。即使同意伊萨克·多伊彻的说法，列宁一到斯莫尔尼宫，就对起义领袖提出一连串问题，顾不上卸装，给他留一个小时的时间也足够了吧。如果笔者的推理能够成立的话，那么《教程》、《列宁全集》的注释以及《武装的先知》在列宁到达斯莫尔尼宫的时间上都错了。

斯大林政权道路的尽头是资本主义复辟

托洛茨基在其1928年的文章中将斯大林统治定性为倒放的十月革命影片,是从左到右的克伦斯基反动政策。斯大林政权的终结,将会出现资本主义复辟。多伊彻不同意托洛茨基的这个观点,他指出在斯大林之后,俄国并没有发生资本主义复辟。相反,教育的普及和人民文化、生活水平的提高,为克服官僚专制制度提供了可能性;由于工业化的实现,苏联工人阶级的人数激增,因而削弱了资本主义复辟的因素。所以,斯大林之后出现的不是资本主义复辟,而是党内的改良。在作者看来,这更符合历史发展的逻辑,也使他认为托洛茨基对斯大林的批判是在严酷的党内斗争和30年代大清洗的影响下作出的,因而有失偏颇。

时至今日,可以在更大的历史时间跨度中对二者的观点进行检验。《先知三部曲》的最后一卷《流亡的先知》于1963年出版。此书出版28年后,经斯大林官僚集权制歪曲的工人国家就轰然倒塌,取代它的确确实实是资本主义。与托洛茨基断言不符的只是30多年的时间差距。资本主义复辟不是发生在斯大林死亡之时,而是在经历了赫鲁晓夫的改革,勃列日涅夫的停滞,短暂的安德罗波夫和契尔年科的统治以及最后戈尔巴乔夫的改革之后。

同样的问题也出现在作者对托洛茨基的《被背叛了的革命》和《斯大林评传》这两本著作的评价上。大概是因为作者在撰写此书时,苏联正处在赫鲁晓夫改革和非斯大林化时期。虽然作者怀疑这些本身也不干净的人能否洗干净斯大林的"脏衬衫",但他寄希望于后来人,指望这些历史清白者能将改革进行到底,使苏联共产党重新成为马列主义的政党,苏联成为真正的社会主义国家。其实,赫鲁晓夫的改革是非常有限的。他在苏共二十大上所做的报告揭露的斯大林迫害党的领导人,所涉及的仅仅是后来被清洗的斯大林派成员,更早的反对派季诺维也夫派、布哈林派根本就不在其内,更不用说托洛茨基反对派了。然而,就是对斯大林罪行的这样的初步清算,在法共总书记多列士飞到莫斯科,告诉他秘密报告被西方媒体披露后,导致半数法共党员退党之后,对斯大林的揭露也就停止了。主要的是总书记的绝对权威和永远正确保持了下来,对他的个人崇拜依然如故,在这种情况下党内民主也不可能得到恢复,党内监督和社会监督依然阙如,恰恰是这几点才是直接关系到一个政党和国家的生命力及活力的最重要因素。正所谓后人哀之而不鉴之,复使后人复哀后人也。赫鲁晓夫之后的勃列日涅夫停滞时期的出现，也就不足为奇也。更加可悲的是，戈尔巴乔夫搞政治改革，把改革与新思维吹得天花乱坠时，苏联社会和共产党已经病入膏肓、积重难返，历史不再给他机会。同样是共产党员的叶利钦推翻了戈尔巴乔夫，红色帝国轰然倒塌。在复辟的或新生的资本主义社会中，大部分高官都是前苏联共产党的党员，还有不少前共产党官僚或他们的子弟依仗他们的社会资源，摇身一变，成了财团的寡头，完满地兑现了托洛茨基的预言。

从一党专政到斯大林个人独裁的必然性和托洛茨基为什么会失败

对这两个问题，作者在书中对它们分别进行分析，对第一个问题得出的结论是，斯大林个人独裁是一党专政的必然结果。但这个结论是值得商榷的。列宁无疑是坚决主张一党专政的。他对布尔什维克赢得彼得格勒苏维埃主席团选举后，建议与社会革命党人和孟什维克一起组成联合主席团的做法不满，对十月革命后进行的与社会革命党人和孟什维克组建联合政府的谈判也不以为然。但列宁领导下的布尔什维克党是一个非常民主的党。列宁在布尔什维克党内享有崇高的威望，但他从来不是一个独裁者。重大问题都是集体决策，即使是在内战期间，所有决议也都经过政治局讨论决定，不是列宁个人独断专行。无论是在十月革命前还是在十月革命后，所有分歧都是通过民主程序解决的，列宁在其中的一票绝不比其他人的一票更有分量。他要使自己的方案成为决议，必须争取到多数。那时年年都要召开党的代表会议和代表大会，这是各派的各种不同意见真刀真枪地交锋的舞台，而不像后来那样是对幕后交易的正式认可，即橡皮图章。

破坏这个优良传统的是开始于1923年的反托洛茨基的斗争。这是出于当时的多数派把托洛茨基排除出列宁继承人的位置的需要。这也就是笔者把这两个问题合二而一的理由。为了达到这个目的，他们不择手段，除了结成"三驾马车"（后来扩展成"五人小组"、"七人小组"），控制内政外交大权，还要把无法表达自己意志的列宁拉到自己的一边，用列宁主义来反对所谓的托洛茨基主义。为此还需要进一步抬高列宁，制造列宁永远正确的神话，领袖永远正确论就是这样出笼的。列宁生前从来没有享用过的凌驾于党之上的领袖地位，就这样强加给了他，但这确实为斯大林成为凌驾于党之上的独断专行的独裁者制造了理论依据。但只要有党内民主，他们的这些阴谋就不能得逞，于是他们就毫不手软地破坏了党内民主。这些人被权力欲蒙蔽了心智，在他们因成功地排除了托洛茨基而得意时，根本意识不到他们所用的这些手段对党的败坏。除斯大林之外，这些人中的其他人当时何曾想到，他们自己有朝一日也会沦落为反对派，还要求助于党内民主，更想不到斯大林会实际成为"永远正确"的领袖，而他们自己会成为这个至高无上的领袖的祭坛上的牺牲。因此，个人独裁（开始时是以把列宁偶像化和列宁永远正确的形式出现）和党内民主的破坏，不是出于一党专政的需要，而是出于排挤托洛茨基的需要，后来则是出于维护斯大林个人独裁的需要。其实，苏联共产党和苏联由盛而衰，与当初仅仅为排挤托洛茨基而使用的伎俩有很大关系。就是领袖永远正确，使斯大林能够凌驾于党之上，使布尔什维克党最终沦为斯大林个人独裁的工具。领袖永远正确英明伟大，实际上破坏了党内民主的基础，从而失去了对领袖监督的可能，同样也失去了纠正错误的可能。在斯大林个人专制制度下，维护领袖的威望，证明他英明伟大，掩盖他所犯的错误，成了党的最重要的工作。一个领袖犯的错误甚至罪行，要等下一任领袖来纠正：如斯大林的错误要由赫鲁晓夫来纠正，赫鲁晓夫的错误要由勃列日涅夫来纠正。这样的党怎么能有生命力呢？怎么能不垮台呢？

多伊彻把托洛茨基的失败称为"失败中的胜利"，同理，斯大林的胜利就应该称为"胜利中的失败"。不过更为严重的是，它不仅是斯大林一人的失败，而几乎是整个苏联共产党和国际社会主义运动的失败。记得一次我与朋友聊起联共（布）20年代党内斗争，我说在这场斗争中，斯大林从一个失败走向一个失败。朋友吃惊地说，不对，斯大林从一个胜利走向一个胜利，从一个失败走向一个失败的是托洛茨基和反对派。我对他说，你说的是政治斗争的一个方面，即权力斗争的结果，而我说的是政治斗争的另一方面，即思想、观点、方针政策斗争的结果。单纯从谁赢得权力，搞垮了对手来说，斯大林是大赢家，但从思想观点、方针政策的斗争来说，赢家就不是他了，而是托洛茨基。如果存在党内民主的话，政治斗争的这两方面的结果应该是统一的，即使有背离，也是暂时的。在党员和民众还无法分辨方针政策、路线的对错时，错误的一方可能获得胜利，正确的一方可能暂时失利。一旦实践作出了裁决之后，广大党员和民众为了党和国家以及自身的利益，肯定会回过头来支持正确的一方。然而在布尔什维克党内、苏维埃俄国中，在列宁病重和逝世后的特殊条件下，由于党内民主被破坏，政治斗争的这两个方面出现了长期严重的背离。这种背离就是胜利者的代价。它使胜利者只能享受胜利的果实，却根本体会不到胜利带来的强者的优越感和自信，以及由此而产生的宽宏大量。宽宏大量是强者的品质，凭着卑鄙伎俩搬倒巨人的侏儒是绝不会这么做的。他深知他的所谓的胜利是怎么得到的。当他（曾经是他们）一次次地看到他（和他们）开始时大肆嘲弄和疯狂攻击的托洛茨基的批评和预见成为事实，不得不匆匆放弃他（和他们）自诩为稳健正确的方针政策，改用后者建议的方法和策略时，他（和他们）心中充满了苦涩和仇恨。虽然他凭着手中的权力和对党的垄断而赢得了胜利，但他可以感觉到失败者对他的轻蔑和睥睨的目光，甚至在那些已经投降的反对派的领导人身上，他也可以看到他们道义上的优越感和对他的不屑。这大概就是30年代大屠杀的原因之一。

上面提到的两个原因是布尔什维克党失去党内民主和沦为个人独裁工具的党的主要原因，也是托洛茨基失败的主要因素。

后一个问题是很多中国读者最感兴趣的问题之一，外国读者也一样。也是所有研究托洛茨基的人都要解答的问题之一。它同样也受到俄国学界的关注，沃尔科戈诺夫在其《托洛茨基政治肖像》一书中用了不少篇幅对此加以分析。2005年在俄国出版了B.西罗特金的专著，其书名就是《托洛茨基为什么会失败?》。从现在所能接触到的材料来看，多伊彻在三部曲中对当时斗争双方力量对比的描述不够充分，有必要在此加以补充。作者在《被解除武装的先知》中只提到反对托洛茨基而结成的"三驾马车"，没有介绍它在1923年10月就扩展为"五人小组"，即在"三驾马车"的基础上增加了布哈林、李可夫，此后又形成"七人小组"，这七人是斯大林、季诺维也夫、加米涅夫、布哈林、李可夫、托姆斯基、古比雪夫，即除托洛茨基之外的全部政治局委员再加上中央监察委员会主席。斯大林在给莫洛托夫的信中对此毫不避讳，多次直接用"七人小组"这个称呼。① 更可怕的是"七人小组"代表的是一批有实权的中央委员。1924年召开的八月全会期间，季诺维也夫等人召开了一次秘密会议，参加者有斯大林、布哈林、李可夫、加米涅夫、托姆斯基、鲁祖塔克、伏罗西洛夫、米高扬、卡冈诺维奇、奥尔忠尼启则、彼得罗夫斯基、古比雪夫、乌格拉诺夫等人，"七人小组"就是这次会议选出的执行机构，其候补人员有捷尔任

---

① 参见《斯大林研究》1993年第2辑，第1—16页。

斯基、加里宁、莫洛托夫、乌格拉诺夫、伏龙芝。会议对新建的领导集体的活动制定了严格的章程，其中一条是严守纪律，即"七人小组"在内部调解本身的矛盾，以便更好地对付托洛茨基。从这些材料可以看出，双方力量对比的悬殊远比作者说的要大。

此外，称当年的斗争为党内斗争，这仅仅是从形式上来说的，因为斗争的双方都在同一个党内。而实际上，多数派从一开始就把托洛茨基当成敌人。托洛茨基在一次会议上就革命军事委员会人事变动一事指责古比雪夫，说变动的真正理由与公开宣布的理由毫无共同之处时，后者毫不掩饰地说："我们认为必须与您斗争，但又不能宣布您为敌人，这就是我们不得不采取这种办法的原因。"[①] 时任乌克兰基辅省委员会书记的约·米·雷瓦斯基在给斯大林的信中，更加直言不讳地说什么"托洛茨基的黑窝"[②]。这使得托洛茨基在这场所谓的党内斗争中，除了实力上的劣势外，还有斗争方式的劣势。对敌斗争，无所不用其极。党内斗争是同志之间不同观点和立场的斗争，其方法只能是摆事实讲道理。

作者说托洛茨基在党内斗争开始阶段过于消极，没有投出列宁让他投向斯大林的"炸弹"，贻误了战机。这种说法也不够准确。托洛茨基并非不打算履行列宁的委托，他曾在民族问题委员会会议上宣布，他要在讲话中履行他对列宁承担的义务，即为格鲁吉亚人辩护，反对斯大林的少数民族政策。但在大会还没有讨论民族问题之前，斯大林就攻击他，说他对政治局隐瞒列宁的文件。[③] 1923年4月18日，在《政治局和中央委员会主席团成员对季诺维也夫关于公布"列宁遗嘱"建议的意见汇编》——这份标着"绝密"字样的文件中，托洛茨基和与会其他人的意见分别如下：

1. 我认为，这篇文章应该公布，如果没有妨碍公布的正式理由的话。在公布（在公布的情况下）这篇文章和其他文章（《论合作社》、《论苏汉诺夫》）是否要有些区别。

托洛茨基

[①]《马克思恩格斯列宁斯大林研究》1998年第3辑，第133页。
[②] 同上，1999年第1辑，第1919页。
[③] 郑异凡：《天鹅之歌》，辽宁教育出版社1996年版，第87页。

2. 不能公布：这是没有讲的政治局讲话。仅此而已。文章的基础和内容是个人鉴定。

加米涅夫

3. 娜·康·克（鲁普斯卡娅）也持这种看法，只应该转交给中央委员会。关于公布的问题我没有问，因为我当时认为（现在仍认为）这个问题不存在。可以提出这个问题。在公布的情况下就没有区别。只是这份记录（《论国家计划委员会》）稍晚些时候转交给我——在几天前。

季诺维也夫

4. 我认为没有刊登的必要性，况且没有得到伊里奇对公布文章的批准。

斯大林

5. 而季诺维也夫的建议只是让中央委员了解此事。不予公布，因为从对广大群众的公布中谁也不会搞清任何东西。

托姆斯基

6. 弗·伊的意见不是写给广大群众的，而是给中央委员会的，所以把这么多篇幅用于个人鉴定。论合作社的文章就与之不同。不应该发表。

索尔兹

7. 布哈林同志、鲁祖塔克同志、莫洛托夫同志和古比雪夫同志——同意季诺维也夫的建议。

斯洛瓦廷斯卡娅[①]

引这么长的一段引言，是为了表明托洛茨基当时在党的最高层是多么孤立，他不仅失去了进攻能力，而且失去了自卫能力。正如季诺维也夫得意地说的那样，他"被箍住了"。

现在有学者认为，列宁"遗嘱"的说法不准确。原因如下：一是列宁是党的领袖，而不是其遗愿必须执行的家长。列宁把他对党的高层领导人的看法告诉党，是为了给党在选择未来的领导班子时作参考。二是如果是遗嘱的话，那只能在列宁逝世后才有意义，而上述讨论是在1923年4月，列宁当时还健

---

① *Коммунистическая оппозиция в СССР* (1923－1927) том 1, стр. 56. 另参见《天鹅之歌》，第125页。

在。三是包括"遗嘱"在内的列宁晚年口述的所有文件涉及的都是他认为亟需解决的紧迫问题,是应该在党的第十二次代表大会上解决的问题。如《我们应该怎样改组工农检查院》一文的副标题就是"向党的第十二次代表大会提出的建议"。而且根据列宁的秘书等人的说法以及一系列内外在证据,这批文件都应该是交给党的第十二次代表大会的。这份文件是交给党的第十三次代表大会的说法,出自斯大林。斯大林的说法是不足为凭的,因为他在病中的列宁问题上和党内斗争中使用了太多的手腕和诡计,无法令人相信。他甚至利用他是患病的列宁的监护人身份,收买列宁的秘书。列宁晚年口授的绝密文件,几乎都在第一时间就交到了斯大林的手中。因而说列宁嘱咐这些文件在他死后启封的秘书的说法,也是不可信的。所有这些说法,其实都是"三驾马车"的缓兵之计。因为当时他们还没有力量一边神话列宁一边公开与他对抗,他们需要时间来加强他们的阵地。

　　后来揭示的"三驾马车"与列宁的对抗,远远超过了多伊彻在书中的描述。早在列宁发病后,季诺维也夫对列宁的攻击就变得剑拔弩张,不再掩饰。2000年才发现的档案表明,1922年3月23日的政治局会议决议确认了谢苗诺夫案的审判方案,决议中有一条是对谢苗诺夫的起诉书由普列奥布拉任斯基和雅罗斯拉夫斯基主笔,而有关文章的性质和语调则应与托洛茨基同志商量。这点让季诺维也夫怒不可遏,他从中看到了列宁越来越倾向于让托洛茨基做他的接班人。于是,他在党的第十一次代表大会上以抨击被告谢苗诺夫为名,不点名地攻击列宁。从此以后,他就再也没有停止过对列宁的含沙射影的攻击。在同年8月召开的党的第十二次代表会议上,季诺维也夫继续攻击列宁的"路标转换派"的新经济政策。① 一直自称是列宁的忠诚学生的斯大林在得知列宁第二次中风时,竟抑制不住内心的喜悦,喊了声"列宁完蛋了!"（俄文是Ленин капут）。看了这些材料,大概会令人更加感到这些自命为列宁的学生的人的虚伪和歹毒,把他们与托洛茨基的斗争称为捍卫列宁主义、反对托洛茨基主义的居心叵测,和这么多年来一直把斯大林尊崇为列宁和列宁主义的捍卫者的荒诞。

---

① В. Сироткин, *Почему проиграл Троцкий*, стр. 196 – 197.

再版译者前言

托洛茨基对斯大林工业化和农业集体化的批判

国内一些学者仅仅根据斯大林推行的工业化和农业集体化方针是托洛茨基最早提出的，就指责托洛茨基"无疑是赞成斯大林以消灭富农为起点的农业集体化的方针的"，因而说托洛茨基对斯大林工业化和农业集体化的批判是五十步笑百步。我怀疑，说这些话的学者未曾读过托洛茨基的相关批判文章。笔者读过托洛茨基于1930年2月13日写的一篇文章，标题是"经济上的冒险主义及其危险"，从这篇文章的标题就可以看出，托洛茨基把斯大林的第一个五年计划定性为冒险主义，并断言它会带来危险。文章对五年计划中的工业化和集体化政策作了全面批判，这种充满了理性和历史主义的精彩批判，至今读来仍令人赞叹。为了避免转述的讹误，让读者更好地领略作者的风采，将整段文字摘录于此：

> 土地耕作生产集体化要求以一定的技术基础为前提。集体经济首先是大型经济。但是，经济的合理规模由它使用的工具和方法的性质所决定。虽然把农民的木犁和农民的驽马联合起来，不能从中创立大型农业经济，正如不能用大量小渔船制造轮船一样。农业经济集体化只能是其机械化的结果。由此得出结论：国家工业化的总规模预先决定了农业经济集体化的规模。
>
> 但现在，这两个过程事实上是完全分离的。苏联工业的发展无论多么迅速，它仍是十分落后的，这种情况还要持续很久。高增长系数是对总体低水平而言的。一分钟也不能忘记，工业即便在完成拟定计划的情况下，在五年计划末，顶多能为20%—25%的农业经济提供拖拉机和所需要的农机具。这是集体化的实际限制。由于苏联仍是孤立的，农业经济的工业化（机械化、电气化等）只能在连续几个五年计划的前景中来考虑。
>
> 十分清楚，今天集体化的速度不是由生产力因素而是行政因素决定的……农民是小商品生产者，它本身没有市场是无法生存的。消灭新经济政策使中农——商品生产者面临抉择：或是回到自然的消费经济，即走向灭亡，或是为市场而展开内战，或是在集体经济的新路上碰运气。[①]

[①] Бюллетень оппозиции, № 9 февраль-март, стр. 3–4.

武装的先知：托洛茨基 1879—1921

这段引文不仅驳斥了斯大林的集体化走的是托洛茨基指引的道路的说法，也驳斥了他消灭新经济政策实行的是托洛茨基的主张。

至于消灭富农，托洛茨基的文章是这样说的：

> 在实践中，消灭富农导致用纯行政的方式消灭富农：没收财产，剥夺土地，最后把他们流放。这项政策是如此贯彻，好像富农在与农村的关系上完全是异物，就像是来自异体的肝脏或是波洛伏齐人①。事实上，富农只是中农发展中的一个阶段②。单独消灭每一个富农，在两位民警（全副武装的）的帮助下就可以了。阻止富农的产生，哪怕是在集体农庄内部，要困难得多。为此需要的是工业和文化革命。③

> 反对派从未提倡过"在短期内赶上并超过"资本主义世界。我们要求加快工业化，是因为只有通过这种方式才能保证城市对农村的领导角色。

> 我们对工业化的可能性的评价比官僚分子在1928年以前要广泛和大胆得多。但我们从不认为，工业化的资源是无穷尽的，它的速度只取决于官僚的鞭子。我们永远把系统地改善工人阶级的状况作为工业化的主要条件。我们永远让集体化取决于工业化。我们总是把农业经济的社会主义改造放在几十年的远景中考虑的。……因此，我们从未要求在斯大林—克尔日扎诺夫斯基的五年计划的框框内消灭阶级。我们要求限制富农的剥削倾向，为工业化而有计划地削减富农的积累。④

托洛茨基对斯大林的工业化方针始终采取有批判地支持的态度：在斯大林的第一个五年计划草案（1927年）出台时，他批判它太保守，当它后来变成冒险主义时（1929年底），他批判它的冒进。笔者上引文字所出文章，托洛茨基写于1930年2月13日，由于当时他流亡土耳其，很可能是在得到这个计划的第一时间写的。单纯从工业化和农业集体化来说，斯大林的五年计划和左派反对派的计划"本质上是相同的"。但"本质上相同的工业化和农业集体化"

---

① 波洛伏齐人系11—13世纪欧洲南部的突厥系游牧民族。
② 重点号是本前言作者加的。——译者注
③ *Бюллетень оппозиции*，№ 9 февраль-март，стр. 4.
④ *Бюллетень оппозиции*，№ 9 февраль-март，стр. 6.

在托洛茨基的批判中却分为保守的和冒险主义的。在这个层面上，它们又有本质的不同。托洛茨基套用列宁的话来说明二者之间的区别：不仅要看干什么，还要看是什么人和怎么干。

这些引言足以驳斥对托洛茨基赞成以消灭富农为起点的农业集体化，托洛茨基的工业化与斯大林实施的工业化是五十步笑百步的论断了。另外，我还想到，如果领导苏联和共产国际的是托洛茨基的话，他的著作也像马克思恩格斯列宁的著作一样被译成中文，作为干部必读书目的话，他关于集体化、工业化的睿智论述大概可以让我国人民避免"大跃进"的灾难吧。

* * *

看到已经出版的倾注心血的书有瑕疵，对作者和译者来说是一件非常无奈的事。出过书的人大概都有这种体验。本书的译校者虽然尽了极大的努力，此书的译文质量也得到了读者的认可，但书中仍难免有一些毛病。中央编译出版社再版此书，使这部书的译校者有机会来弥补这个遗憾。再版校对工作是笔者完成的。除了改正个别字，对行文以及不够准确的译文作修正之外，最主要的是根据笔者近几年找到的书中俄文引文的原文重译初版时根据书中英译译出的译文。此外为了便于读者查阅，还补译了该书的索引。

笔者在此书初版前校对时，一位权威人士建议把"战时共产主义"改为"军事共产主义"，并说推行这种制度并不仅仅是因为战时的缘故。"战时"一词的俄文是"военный"，译为"战时"和"军事"都可以。笔者当时对这段历史并不清楚，就采纳了他的意见。后来发现他的这个观点来自布哈林的一段话："战时共产主义在我们想来并不是'战时的'，也就是并不只适合于内战的某个阶段，而是万能的、普遍适用的，也就是胜利了的无产阶级的经济政策的'正常'形式。"[①] 从20世纪80年代以来，国内外不少学者把布哈林吹捧为列宁身后联共（布）领袖中最好地掌握了辩证法的人，他捍卫列宁的新经济政策是"建设社会主义唯一正确的模式"。而且似乎斯大林专制、破坏党内民主，都是在斯大林和布哈林反目之后才开始的。这是不符合历史事实的。读者在此书中可以看到，破坏党内民主，是包括布哈林在内的多数派的共同工

---

① 郑异凡：《布哈林论稿》，中央编译出版社1997年版，第227页。

作。事实是他辜负了列宁的希望,不仅没有学会辩证法,还在派别斗争的泥潭里沾染了不少坏习气。当布哈林与斯大林反目后,他曾对斯大林说他一直献身于为革命服务,现在内务部却诬陷他。斯大林以他特有的无耻回答说:"怎么,你想谈自己过去的功绩,谁也没有把它们从你的身上剥夺去。不过,这种功绩托洛茨基也有。很少有人像托洛茨基那样有这么多的革命功绩。这仅在我们之间说说,我们之间说说。"① 想必布哈林对此无言以对。斯大林的回答有两重意思:一是提醒布哈林别装糊涂,托洛茨基是咱们用同样的方法搞垮的;二是告诉他你的命运已经决定了,你对革命的贡献怎么能和托洛茨基相比,托洛茨基都能整,怎么就不能整你。上面引用的布哈林的那句话表明,列宁说他不懂辩证法的评价非常准确。的确也只有根本不懂辩证法的布哈林才用不着考虑现实的需要以及理论和实践相结合的问题,而去设想在当时的俄国经济条件下、在内战和帝国主义干涉的情况下,布尔什维克会推行"并不只适合于内战的某个阶段,而是万能的、普遍适用的……经济政策的'正常'形式"。因此,在这次校对中,沿用《列宁全集》对这个术语的译法,把它改为战时共产主义。

本书再版,是对十年前逝世的组织本书选题和翻译的郑超麟老先生和2004年逝世的《被解除武装的先知》译者周任辛先生和2010年逝世的《武装的先知》译者王国龙的最好的纪念。

中央编译出版社和龚社长和邢艳琦副社长对此书的再版给予极大的支持,责编贾宇琰、侯天保为此书付出了大量辛勤的工作,在此笔者代表三部曲的所有译者对他们表示由衷的谢意。

施用勤
2008年4月16日初稿
2012年11月7日定稿

---

① 郑异凡:《布哈林论稿》,中央编译出版社1997年版,第482页。

译者前言

摆在读者面前的这部《先知三部曲》是托洛茨基的传记，是迄今为止同类出版物中最全面、最详尽的一种，也是在托洛茨基研究中最有影响的经典之作。它由三卷组成：第一卷《武装的先知：托洛茨基1879—1921》（1954年出版）、第二卷《被解除武装的先知：托洛茨基1921—1929》（1959年出版）、第三卷《流亡的先知：托洛茨基1929—1940》（1963年出版）。英文版三卷，均由英国牛津大学出版社出版。

本书作者伊萨克·多伊彻（Issac Deutscher，1906—1967），生于当时处于奥地利统治下的波兰克拉科夫附近的赫让诺夫的一个犹太人家庭。1926年参加波兰共产党，1932年因参加波兰共产党内的托洛茨基反对派被开除出党。1939年德国占领波兰后，侨居伦敦，成为一名自由职业者，从事历史学和社会学的研究工作，并出版了多部著作。除本书外，他的主要著作还有：《斯大林政治传记》、《未完成的革命：俄国1917—1967》等。作者撰写本书所依据的资料有：《托洛茨基全集》及未收入全集的零散文章、小册子和著作，存放于美国哈佛大学霍顿图书馆和斯坦福大学胡佛图书馆中的托洛茨基档案，俄共会议记录，《真理报》等俄文报刊，托洛茨基同时代人的著作、文章、书信及回忆录以及作者对当事人的采访记录等。作者依据这些丰富、可靠和翔实的资料，并结合作者参加共产主义运动的亲身体会，按照时间顺序，详尽地介绍了托洛茨基作为革命家、理论家、流亡者，直到在异国他乡被刺杀的一生，为读者描绘出了一个鲜活而带有悲剧色彩的托洛茨基。

本书出版后，在学术界和读书界产生了广泛的影响。英国《每日电讯》将其誉为"本世纪重要的政治传记之一"。英国著名历史学家格拉汉姆·格林（Graham Greene）在《观察家》上说："对我来说，伊萨克·多伊彻三卷本的托洛茨基生平是这一年最激动人心的读物。这部传记肯定会列入用英语写成的最优秀的传记之列。"另一位学者 A. J. P. 泰勒（Taylor）在权威刊物《新政治家》上评论道："他（伊萨克·多伊彻）比以往任何一本书都更准确、更详尽地讲述了这个故事。他的这部传记对任何一个对苏俄和国际共产主义历史感兴趣的人都是必读书。"在本书出版以后的三四十年中，它一直是国际共产主义运动史、苏联史和托洛茨基研究领域中的一部重要参考文献。直到 90 年代，包括苏联国防部军史研究所所长、著名历史学家德·安·沃尔科戈诺夫（Д. А. Волкогонов）在内的许多历史学家仍然认为，还没有一部关于托洛茨基的著作在资料的占有和分析的广度与深度方面能超过多伊彻的这部权威性的托洛茨基传记。

本书第一卷追述了托洛茨基早年的求学经历和革命活动，从孟什维克转变为布尔什维克的过程，在 1905 年革命中的作用和对俄国革命所作的理论思考，参加和领导 1917 年十月革命的历史和在十月革命后为保卫新生的布尔什维克政权在国内和国际政治舞台上所进行的一系列斗争，间或叙述和分析了托洛茨基"不断革命论"的起源和形成的过程。第二卷详尽地介绍了当时包括托洛茨基在内的苏俄领袖们在保卫和建设社会主义、党内民主、民族问题、"一国社会主义理论"和世界革命等问题上的理论分歧与争论，全面、系统地介绍了 20 年代俄共党内错综复杂的、激烈的和残酷的派别斗争，也介绍了托洛茨基在阿拉木图最初的流放生活，特别突出地评价了托洛茨基对上述一些问题的理论思考。第三卷着重叙述了托洛茨基在土耳其、法国、挪威和墨西哥颠沛流离的流亡生活和托洛茨基一家人的悲惨命运；以 30 年代欧洲政治地图和苏联国内政治形势为背景，介绍和分析了托洛茨基在流亡过程中对俄国和世界革命等问题的理论著述；描述了他在墨西哥被刺杀身亡的悲惨结局。

总的来说，本书依据的史料极为丰富，叙述详尽而有层次，因此有重要的史料价值和参考价值。

作者在本书第二卷前言中强调，他力图客观地描述出一个真正的托洛茨基，尽可能避免因主观感情或因注重一时情况而作出错误的判断，以使他的这部传记能够经得起历史的考验。从全书史料的取舍、观点的评述、主要的侧重等方面来看，作者的确是在向这一目标努力，因而才能使这部传记具有较高的学术价值。但是正如英国著名历史学家爱·霍·卡尔（E. H. Carr）在回答"历史是什么"这一问题时所言：历史不可能"以纯粹的形式存在着"，"它们总是通过记载历史事实的人的头脑折射出来的"，因为"记载历史事实的人"总是"现在的人"，所以历史实际上是"现在跟过去之间的永无休止的问答交谈"。从这个意义上说，历史的书写不可能是纯粹客观的，它必然带着历史学家个人的印记。托洛茨基的这部传记也不例外。作者在写这部传记的时候，不可能不受到他自己当时的政治思想状况和他所处的历史环境的影响，而这种影响是不可能不反映到这部传记中来的。在这部传记中，这种影响至少表现在两个方面：第一，作者本人是托洛茨基反对派成员，尽管在被波共开除出党后，并没有参加托派的"第四国际"，但他对托洛茨基是崇敬的，甚至可以说是崇拜的，在很多理论问题上与托洛茨基的观点是一致的。从全书来看，作者几乎把托洛茨基当成"无所不能预言"的先知，就连作者都承认已被历史证明是错误的那些预言，他也试图从中找出"合理的因素"来，比如，读者可以从作者对托洛茨基关于世界革命和第二次世界大战结局的预言的分析中明显地看出这一点。第二，本书写作时间较早，作者必然受当时历史条件和国际政治环境以及历史资料的限制，因此，在今天看来作者对托洛茨基关于社会主义革命和建设与世界革命等问题的理论的分析和评价都是值得重新研究的。我们希望，在苏联解体、东欧社会主义国家转轨后的今天，本书的出版能引起我国国际共运史、苏联史和托洛茨基研究等领域的专家学者的注意，有助于深入总结和认识苏联解体的教训，推动上述领域的研究。

在本书翻译中，译者对全书译文作了一些技术处理：

（1）为避免行文累赘，书中大量的法、德、西班牙、拉丁文单词或词组均直接译成中文，没有采用在正文中保留外文单词再加注的方式。

（2）原书中俄文著作引文的英译文错误较多，凡能找到俄文原文者，均直接按俄文原文译出，不再作注加以说明。

（3）原书中的里程和距离均以英里为单位，这对英语读者比较方便，却让中国读者费解。所以，我们或是参照俄文原文改为俄里，或是折合成公里。

（4）为了便于读者核查参考，本书中的列宁著作的引文均以《列宁全集》（中文版）人民出版社第2版的译文为准，所标卷数及页码均系中文版第2版的卷数和页码，不再另加注明。

（5）由于中文版《斯大林全集》所根据的俄文版本与本书作者所根据的俄文版本不同，因此有些引文在中译本中没有。凡在中译本中能查到的引文，我们在注中均标出"中文版"字样，未标"中文版"字样的，其卷数、页码即是指俄文版的，不再另加注明。

本书根据牛津大学出版社英文版译出，原由郑超麟先生组织王国龙、周任辛、喻守一翻译：王国龙译第一部，周任辛译第二部，喻守一译第三部。喻守一不幸去世后，家属将其译稿带回家乡留作纪念。现用的第三部译稿是由施用勤、张冰、刘虎合译的；施用勤译前言和第一章；张冰译第二章、第三章、第四章；刘虎译第五章和跋。全书的译校情况如下：《武装的先知：托洛茨基1879—1921》，王国龙译，施用勤、张以童校；《被解除武装的先知：托洛茨基1921—1929》，周任辛译，刘虎、施用勤、张以童校；《流亡的先知：托洛茨基1929—1940》，施用勤、张冰、刘虎译，施用勤、张以童校。郑超麟先生虽然没有参加翻译工作，但原著中俄文、德文、西班牙文及拉丁文引文及参考著作名称的翻译，都是经他审定的。遗憾的是郑超麟先生不幸于今年8月1日逝世，未能看到本书的出版。

中共中央编译局世界社会主义研究所研究员郑异凡同志通读了全书的译稿，并提出了宝贵意见；本书责任编辑刘庸安同志为本书的出版做了许多工作，付出了极大的心血，他严把译文质量关，弥补了译校者的一些疏漏并根据《列宁全集》中文第2版对人名和术语进行了统一；在此一并表示感谢。

在本书版权的联系过程中，得到英国汉学家、利兹大学教授格雷戈尔·本顿（Gregor Benton）博士的帮助，在此我们向他表示诚挚的谢意。

中共中央编译局图书馆是有关国际共运著作的专业图书馆，在这方面的藏书在国内首屈一指。我们在该馆工作人员阎虹女士的帮助下找到了本书部分俄文参考书并据此纠正了原书中英译俄文著作引文的一些讹误，从而提高了中译文的质量；另外，在核对中文版《列宁全集》、《斯大林全集》引文的工作中，阎虹女士的帮助也是不可或缺的。我们在此谨向她表示深深的感谢。

最后需要说明的是，本书的英文原著各卷的书名是独立的，并没有总书名。中文版根据各卷书名和作者的写作意图将其定名为《先知三部曲》。

本书的翻译工作工程较大，且延宕数年，尽管全体译校者和有关人员通力合作，尽心尽力，但译者才疏学浅，能力不逮，疏漏之处，恐怕难免。敬请专家学者和读者予以指正。

译　者

1998年11月28日

于北京西单西斜街

前　　言

我最初打算撰写俄国革命领袖传记三部曲时，只想研究流亡中的托洛茨基，而不是他的生平。托洛茨基的晚年及其悲剧性的结局较之他早期的辉煌经历更能激起我深刻的想象。但当我再次思考时，我开始怀疑，如果不叙述托洛茨基的前期经历，能否使人完全理解流亡中的托洛茨基。而后我研究了史料及传记的原始资料，其中有些是我刚刚见到的，我才比以前更清楚地认识到，托洛茨基最后几年的戏剧性事件早在他的前期，甚至在他最早期的生涯中已扎下了多么深的根子。因此，我决定为他写两卷既彼此独立又彼此关联的传记：《武装的先知》和《被解除武装的先知》。第一卷叙述的或许可以说是托洛茨基的"崛起"；第二卷则可以说是他的"垮台"。我尽量避免使用这两个传统术语。因为我认为，一个人的崛起当权未必是他一生中的巅峰，失去权力也不等于是他的失败。

这两卷书的书名是受了马基雅维里（Machiavelli）那本书中的一段文字的启发，这段文字即在本书的卷首语页上。本书的研究阐明了这段文字所说的真理，但它对此也作了多少有些令人啼笑皆非的解释，马基雅维里认为"凡是武装的先知都获得胜利，而被解除武装的先知总是遭到毁灭"，这话当然符合实际。也许可怀疑的是：武装的先知与被解除武装的先知的不同以及胜利与毁灭的区别是否总像《君主论》一书的作者看到的那样清楚。我们在本书中首先看到，托洛茨基在我们这个时代最伟大的革命中没有武装而获胜，以后我们看到，他武装起来，所向披靡，却又在甲胄的重压下被压弯了腰，因此，叙述他达到权力的巅峰的那一章题为"胜利中的失败"。而后在构思《被解除武装的先知》一书时又出现了一个问题，即他获胜的重要因素是否就隐藏在他的失败之中。

我叙述托洛茨基在俄国革命中的作用，会使某些人感到惊讶。因为，为了把托洛茨基的名字从革命编年史上一笔勾销或即使留着他的名字也只为使其成为大叛徒的同义词，斯大林的宣传机器已疯狂地工作近30年了。对苏联目前这一代人来说（而且不仅是这一代人），托洛茨基的一生经历已经像一座埃及古墓，人们都知道墓中埋葬着一位伟大人物的遗体和用金字镌刻的有关死者生前功绩的记录；但经过盗墓及盗尸之徒的洗劫，剩下的只是一座荒芜凄凉、一无所有的空穴，再也找不到过去藏有记录的痕迹。照目前这种情况来看，盗墓之徒持续不断的反复洗劫甚至对有独立见解的西方学者和史学家也产生了严重的影响。

尽管如此，托洛茨基一生经历的记录还是完整地保存在他那卷帙浩繁、现在大多已被人遗忘的著作和他的档案中，保存在友善或敌对的同代人的大量回忆录中，保存在革命前、革命期间和革命以后出版的俄国期刊的合订本中，保存在中央委员会的会议记录中，保存在党和苏维埃代表大会上的逐字逐句记录的报告中，而且几乎所有这些文件资料都可以在西方的公共图书馆里找到，虽然其中少数资料只能在私人图书馆中找到。所有这些资料我都利用了。我的妻子除了与我共同分担查寻资料的工作，还在其他方面对这一研究工作作出重大贡献，我们一起专门研究了收藏在加利福尼亚州斯坦福大学胡佛图书馆中的俄国革命前的期刊。我在那里发现了俄国革命运动史学家很少用过的史料，我和我妻子还一起研究了哈佛大学霍顿图书馆里的托洛茨基档案。迄今为止，这个档案是苏联境外有关苏联历史最重要的原始文件收藏库（在本卷末的参考书目中对这个档案作了简要说明）。

因此，我在这里没有理由再像在《斯大林政治传记》的序言中那样为缺少传记史料而抱怨了。这主要是因为我写的这两个人物截然不同：托洛茨基对自己的生平及活动毫不隐讳，不像斯大林那样守口如瓶。他让完全陌生的人都能自由地探究他生活的几乎每个方面；他写了一部自传，而更重要的是有他的几十卷已出版的著作和难以计数的没有以单行本再版的论文、文章以及若干尚未发表的著作，这些都是不自觉地留下的可靠的自传线索。他所到之处都留下了坚实的足迹，使后人无法抹杀或篡改，甚至连他本人在个别情况下想这样做也办不到。

一般来说，人们不会要求传记作家为记述一个已写下自传的政治领袖的生平而进行辩解。我觉得本书情况对这一惯例也许是个例外。我经过批判性的认真考察后仍认为托洛茨基的《我的生平》像所有这类著作一样完全是真实的，然而它也留有作者对其反对斯大林的失败斗争所作自我辩解的痕迹。托洛茨基生前在《我的生平》的每一页中与盗墓之徒搏斗，他用带有自我赞扬味道的自卫行动回击斯大林派的全部诋毁。他对革命气候的变化没有作出，也不可能作出令人满意的说明，而革命气候的变化不仅可能，而且不可避免地使他失败；但他却说是心胸狭隘、歹毒的篡权官僚集团阴谋剥夺了他的权力，这种说法显然不恰当。引起传记作者关注的问题是：托洛茨基本人对自己的失败究竟起了多少作用？究竟在多大程度上是严酷的环境以及他的性格迫使他为斯大林铺平了道路的？这些问题的答案显示出托洛茨基的一生是真正的典型悲剧，或毋宁说是古典悲剧在当代政治现实中的重演；如果托洛茨基能揭示这一点的话，他确实是超人了。另一方面，传记作者看到，托洛茨基在处于成功的巅峰时像希腊戏剧中的主角一样感到内疚，一样天真无邪，而且也一样一心要赎愆。我相信，对这种带有同情和理解的态度，既无须辩解，也不该谴责。

托洛茨基在《我的生平》中试图按照斯大林及20世纪20年代整个布尔什维主义的思想状况——即对列宁的个人崇拜——强加给他的观点为自己辩解。斯大林指责他是列宁的死敌，因而托洛茨基急于证明自己完全忠于列宁并与列宁完全一致。1917年以后，他忠于列宁是无可置疑的；他们之间一致的观点确实不少，而且还都是在重大问题上。然而托洛茨基却抹杀了1903—1917年间他与列宁辩论的激烈程度和重要性，还抹杀了他与列宁后来的分歧。由于托洛茨基按崇拜列宁的观点进行辩解，因而出现了不可思议的结果，这就是与列宁相比而贬低他本人在关键时刻的作用，这主要指的是缩小他本人在十月起义和创建红军中所起的重要作用，为了不使自己被看做是贬低列宁的人，他才贬低自己在这两件事上的功绩。这在自传文学中是极为罕见的手法。因为我不受忠于任何偶像的束缚，所以我试图恢复历史天平的原样。

最后，我总是特别注意作为作家、小册子作者、军事著作作者和记者的托洛茨基。他的大多数作品现在已都被广大读者遗忘了，而且也无处可寻，萧伯纳（Bernard Shaw）只凭不高明的译本就能判断托洛茨基的写作才能，他说这是"胜过朱纽斯（Junius）及伯克（Burke）"的作家。萧伯纳这样评述托洛茨基："像莱辛（Lessing）所说的那样，当他砍下对手的头时，把它举起来，让人看到头颅里没有脑子，但他却不伤害他的牺牲者的人格。……他使他的牺牲者的政治声誉扫地,却让此人保全面子。"① 考虑到本卷的篇幅和结构,不允许我更详尽地展示托洛茨基这方面的品格,对此我只能表示遗憾;但我希望能在《被解除武装的先知》中对此加以弥补。

伊萨克·多伊彻
1952 年 10 月

---

① 《民族》(伦敦)杂志 1922 年 1 月 7 日。

致　　谢

我非常感谢爱·霍·卡尔教授和巴巴拉·沃德-杰克逊夫人的批评及友好的鼓励，他们读过本书几章的手稿；感谢唐纳德·泰尔曼，他读过本书的全文。伯纳德·辛格谙熟俄国生活，他这方面的知识对我大有裨益。我非常感谢D. M. 达文先生和牛津大学出版社编辑部成员，他们对本书文体的改进提出不少建议。雨果·迪尤尔和乔恩·基姆彻先生热情地帮助我，给我提供资料及有关著作，其中有些是现在罕见的传记资料。我要感谢哈佛大学霍顿图书馆的Wm. A. 杰克逊教授及其助手，他们帮助我和我的妻子找到查阅托洛茨基档案材料的门路，我同样感谢胡佛图书馆、伦敦图书馆、大英博物馆和国家中央图书馆的工作人员。

牛津大学出版社及洛克菲勒基金会人文科学部的慷慨资助，使我和我的妻子能在美国住上几个月并完成我们研究计划中的一部分，这部分工作的完成完全取决于能够进入上述美国图书馆。

我欠其他作者的人情债，将以在本书的脚注中表示谢意来偿还。卷首语摘自马基雅维里的《君主论》一书的英译本，该译本为《人人书库》中的一本，译者是 W. K. 马里奥特，摘录征得 J. M. 登特父子图书有限公司的许可。

伊萨克·多伊彻

……再也没有比着手率先采取新制度更困难的了，再也没有比此事的成败更加不确定、执行起来更危险的了。这是因为革新者的敌人不但有在旧条件下干得一帆风顺的人，而且还有那些在新条件下可以干得不错却并不热心捍卫它的人……

因此，如果我们想透彻地探讨这个问题，就必须研究这些革新者是依靠自己还是依靠他人；也就是说，为实现其宏图大略，他们必须恳求他人，抑或使用武力。在第一种情况下，他们总是很少成功，而且总是一无所获；但当他们依靠自己并使用武力时，他们就很少遭受危险。因而，凡是武装的先知都获得胜利，而被解除武装的先知总是遭到毁灭。因为除了上述原因外，人们的天性反复无常，尽管说服他们并不困难，但要使他们坚信说服的意见却不容易。因此必须采取措施：当人们不再信仰时，就依靠武力迫使他们就范。

如果摩西、居鲁士、提修斯及罗慕洛不曾拿起武器，他们就不能长期坚持实施他们的法典，正如我们这个时代的季罗拉莫·萨沃纳罗拉修道士的遭遇一样：一旦群众不再相信他时，他就随同他的新制度一起毁灭了，因为他既无法使曾经信仰过他的人们坚定信仰，也无法使不信仰他的人们信仰他。

——马基雅维里：《君主论》第6章

第一章　家庭和学校

沙皇亚历山大二世（1855—1881）的统治已逐渐接近阴暗的末日。这个统治者的继位及其早年的改革曾在俄国社会上，甚至在流亡的革命者中引起非常乐观的希望。事实上是，他把俄国农民从农奴制下解放出来，因而赢得了"解放者"的称号。但他却在绝望的洞穴里度过其最后的岁月——像一只被革命者追捕的野兽，躲在皇宫里，以避开革命者的手枪和炸弹的袭击。

沙皇正在为他自己激起的希望落空而受惩罚：他几乎使社会上的每个阶级都失望了。在不少地主看来，沙皇仍然头戴皇冠、身穿皇袍在颠覆自己，地主们绝不原谅沙皇1861年的改革，这一改革剥夺了他们对农民的封建统治。在农民看来，沙皇解除了农奴制的重负只是为了让他们受贫困和债务的压榨：农奴在解放时不得不把他们耕种的许多土地还给贵族，而对留下的土地则要长期偿付大笔赎金。他们仍然尊重沙皇，把他当做他们的恩人和朋友，并且相信，是贵族违反沙皇的意愿骗走了解放给他们带来的利益。但是，在农民中已经激

亚历山大二世肖像　　一幅刻画亚历山大二世宣读废除农奴制法令情景的图片

起了对土地的渴望,这一对土地的巨大渴望在半个多世纪中震撼着俄罗斯,并使它的身心都陷于狂热之中。

俄国社会的主要阶级仍是贵族和农民。城市中产阶级发展缓慢。但这个阶级和欧洲的资产阶级不同,它没有社会渊源,没有传统,没有本阶级的思想,没有自信,没有势力。小部分农民从农村中分离出来,开始形成产业工人阶级。在亚历山大统治的最后十年中,虽曾发生过最早的工业大罢工,但城市工人仍只被看做是背井离乡的农民。

这些阶级对皇位都不能构成威胁。每个阶级都希望君主本人会满足他们的要求、昭雪他们的冤屈。总之,没有一个阶级能表达自己的不满或使自己的要求广为人知;没有一个阶级能集合本阶级的成员,积聚力量,组成一个代表本阶级的组织或政党。这样的阶级根本不存在。只有国家和教会有全国性的组织;但这两者的职能,即决定其形式及结构的职能,是压制而不是表达社会的不满。

只有一个集团,即知识分子集团起而向王朝挑战。各界受过教育的人,特别是那些一直没有进入官员行列中的人,对沙皇——解放者——不满的理由不亚于农民。沙皇先是激起他们对自由的渴望,继而使他们的希望落空,正如他激起农民对土地的渴望之后使他们失望一样。亚历山大跟他的前任尼古拉一世一样,他虽没有用蝎尾鞭抽打知识分子,但还是用鞭子惩罚他们。他在教育和新闻出版方面的改革纯属敷衍,十分吝啬;全国的精神生活仍在警察、书刊检查制度和圣教公会的监控之下。沙皇给知识分子披上自由的外衣,因此,他拒绝给他们真正的自由,就使他们更痛苦、更屈辱。知识分子的自由被人玩弄了,他们企图报复;沙皇竭力驯服他们的倔强精神,所以他放弃了半自由主义的改良,代之以镇压来压制不断增强的反抗。

就数量而言,知识分子很弱。他们中积极革命的只是极少数。如果把他们反对拥有9000万臣民的统治者的斗争说成是大卫与歌利亚的决斗,还是夸大了他们的力量。整个19世纪70年代是知识分子反抗的典型的十年。在民粹派的和平的"教育及宣传"运动阶段所卷入的知识分子至多只有几千人;最后,在恐怖主义运动阶段,直接参加的男女斗士不到40人。但就是这40来人使沙皇在自己的国土中成为流亡者,并且牵制了整个帝国的力量。只有在一个人民敢怒而不敢言的国家里,一个如此之小的集团的形象才能变得如此高大。知识分子与社会上的主要阶级不同,他们长于语言表达,而且都受过教育,这对分析危害国家的种种罪恶来说是必不可少的。他们制订出人们认为能医治这些罪恶的纲领。如果他们只想为自己说话,他们根本就不会对政权进行挑战了。起初鼓舞他们的是巨大的幻想，幻想他们自己是全国的、特别是农民的代言人。他们想把自己对自由的渴望同农民对土地的渴望结合起来，把自己的革命组织称为"土地和自由社"。他们渴望汲取欧洲的社会主义思想，努力使之适合俄国的情况。他们梦想的新社会的支柱不是产业工人而是农民。那个社会的基本细胞不是公有制的工厂而是集体所有制的农村公社——在俄国残留的古老的农村公社。

"19世纪70年代的人物"注定是革命的先驱。其实，并没有一个社会阶级支持他们。在这十年中他们逐渐发现了自己的孤立，他们丢掉一些幻想也只是为了拾起另一些幻想。他们力图解决困境中的难题，有些难题是他们的国家和他们这一代人所特有的，有些则是每一场革命运动都要遇到的。起初，他们试图推动农民起来行动，像拉甫罗夫（Лавров）的追随者那样启发俄国农民认识独裁的罪恶，或像巴枯宁那样竭尽全力鼓动农民反对沙皇。在这十年中，男女知识分子曾两次抛弃家庭和职业，为了接近农民的思想，他们力图作为农民生活在农民之中。一位负责监视这些男女知识分子的宪兵队将军曾写道："大批的社会主义者以自我牺牲的精神及干劲从事这一运动，这在欧洲所有秘密社团的历史上是绝无仅有的。"因为农民和知识分子的目的相反，所以知识分子的自我牺牲毫无结果。俄国农民仍相信沙皇——解放者，他们以冷漠、怀疑或赤裸裸的敌意对待民粹党人启发和鼓动他们的话。宪兵队和警察围捕"到民间去"的理想主义者；法庭判处他们长期监禁、苦役或流放。

由人民进行革命的思想逐渐被知识分子中的少数中坚分子密谋策划的思想所取代，运动方式随之改变了。先前知识分子离家出走到农村去这种运动始终是自发的，并没有得到任何核心的领导。而新的秘密团体必须是一个严格保密、联系紧密、纪律森严并具有强有力的领导的组织。其领导人热里雅鲍夫（Желябов）、基巴利契奇（Кибальчич）、索菲亚·佩罗夫斯卡娅（Софья Перовская）、维拉·菲格涅尔（Вера Фигнер）及其他领导人开始并不想进行恐怖行动；但他们的处境和事变的逻辑迫使他们走上这条道路。1878年1月，青年妇女维拉·查苏利奇（Вера Засулич）——她后来影响了本书的主人公——开枪刺杀彼得堡宪兵头子特列波夫（Трепов）将军①，以抗议他对政治犯的虐待和侮辱。在受审时，她揭露警察当局滥施酷刑的可怕罪行。被告的揭发使陪审团十分震惊，她的诚挚的理想主义又使他们深受感动，因此他们宣告她无罪。警察

---

① 此处原文有误，特列波夫当时是彼得堡市长。——译者注

局企图在法庭外逮捕她，同情她的群众救了她，使她得以逃脱。沙皇命令：今后政治犯一律送交军事法庭，不再由陪审团审理。

查苏利奇的心血来潮之举及这一行动引起的反响给密谋分子指出了一条路。1879年，即本书记述的第一年，"土地和自由社"分裂了。其中一派成员一心要从事恐怖活动直到推翻专制统治为止。他们成立了一个新团体：民意党，或称自由党①。他们的新纲领强调公民自由远远超过强调土地改革。另一个团体影响较小，它不重视恐怖主义的秘密活动，分裂后他们成立了"土地平分社"，主张平分土地。这个团体以普列汉诺夫为首，当时他流亡瑞士。俄国的第一个马克思主义者就是从这个团体中产生的，而且社会民主主义组织的信件也是由这个团体带给俄国国内的革命者的。

1879年，在短短时间内连续发生了多起震惊全国的恐怖事件。2月，哈尔科夫省省长克罗泡特金（Кропоткин）亲王遭枪杀。3月，政治警察头子德林特恩将军遇刺。这一年中，沙皇曾两次死里逃生：3月间，一个革命党人向他开了五枪；夏天，沙皇从克里木的行宫归来时，几枚地雷在他的专列下面爆炸。接着是大规模的逮捕、绞刑及流放。但在1881年3月1日，密谋者刺杀沙皇终于成功。

1881年古斯塔夫·布罗林的画作《刺杀亚历山大二世》

---

① Народная воля 常译为"民意"，其实 воля 一词有意志和自由的双重含义，因此两种译法都可以。——译者注

沙皇统治向全世界展示着其威严和权力的辉煌外观。然而，卡尔·马克思1879年4月在从伦敦写给一位俄国朋友的信中就已指出：这一外观掩盖着俄国社会的解体。他把亚历山大统治结束时的俄国情况与路易十五统治下的法国情况作了对比。① 的确，领导俄国革命的大多数人正是在亚历山大统治的最后10年中诞生的。

* * *

1879年，在远离这些激烈斗争场面的南乌克兰赫尔松省的阳光明媚、平静的草原上，大卫·列昂季耶维奇·勃朗施坦（Давид Леонтьевич Бронштейн）搬到靠近博布里涅兹小镇的一个庄园里住了下来。这块地产是他刚从亚诺夫斯基上校那里买来的，农庄因此得名为亚诺夫卡。沙皇把这500俄亩土地赐给上校作为对他服役的奖赏，但他经营农庄一直不成功，因而愿意把100俄亩土地卖给勃朗施坦，还另外租给后者200俄亩。这笔买卖在这年年初谈成。夏天，新农庄主和他的一家从邻近的村庄搬到庄园的茅屋里，这几间茅屋是连同土地一起买下来的。

勃朗施坦是犹太人，犹太人经营农业颇为罕见；但也有40来个犹太人农垦区散落在赫尔松草原上，他们都是从拥挤的犹太人聚居"区"里被排挤出来的过剩人口。在俄国，不许犹太人在聚居区以外居住，也就是说，不许在主要位于从波兰吞并来的西部各省的城镇以外居住，但允许他们自由定居在邻近黑海的南方草原上。18世纪末，那里的人烟稀少的肥沃土地已属于俄国，因此，沙皇急于向那里移民。正如移民史上常见的那样，这里的拓荒者也是外国移民及被流放的人。沙皇鼓励塞尔维亚人、保加利亚人、希腊人和犹太人去征服那里的荒原。定居的犹太人改善自己命运的时机到了。他们扎根乡间，享有某些优惠，而且避开了在犹太人聚居区经常面临的被驱逐及遭受暴行的危险。犹太人聚居区究竟能扩展多远，从来就不清楚。亚历山大一世曾准许稍加扩大，但尼古拉一世登上王位后不久就命令把犹太人赶回去。到19世纪中叶又把他们从尼古拉耶夫、塞瓦斯托波尔、波尔塔瓦和基辅周围的城镇里赶出，被赶出来的人大多数又回到了范围缩小了的拥挤的聚居区，而少数人则到草原上

---

① 《马克思恩格斯与俄国革命家书信集》，第84页。

去谋生。①

大概在19世纪50年代初，在这几次驱逐犹太人中的某一次，亚诺夫卡农庄新主人的父亲列夫·勃朗施坦及其一家离开第聂伯河东岸波尔塔瓦附近的一个犹太人居住的小镇，在赫尔松省定居下来，他的子女长大后都没有离开这个地方，但只有大卫一个人富裕起来，可以离开犹太人聚居区在亚诺夫卡作为一个独立的农民建立家业。

通常，移民都出自犹太居民中的最下层。几个世纪以来，犹太人一直是小镇的居民；他们的生活方式与农业格格不入，因此只有极少数在小镇中难以糊口的人才愿去从事农业。商人、工匠、放债人、经纪人、犹太教法典的虔诚信徒都宁愿住在犹太人聚居区，哪怕是生活悲惨的既定犹太人聚居区也行。他们极其蔑视农村生活，他们习惯称农民为"Am Haaret"（即乡下佬），这个词还有一层意思，指对圣经一无所知的穷人和俗人。那些到草原上去谋生的都是一无所有的人，他们不怕艰苦而又陌生的劳动，而且他们与犹太教联系很少或全无联系。

亚诺夫卡的新主人肯定会被他的教友称为"乡下佬"的：他是文盲，不关心宗教，甚至还有些蔑视犹太教。尽管他只是第二代庄稼汉，但他已使自己成为十足的农民、自然之子，几乎让人看不出是犹太人了。在他家里，不讲依地语（即古日耳曼语、希伯来语和斯拉夫语的混合语），而是俄语和乌克兰语混在一起说。但勃朗施坦一家跟大多数俄国农民不同，他们根本就记不得农奴制了，在这空旷的草原上从未确立过牢固的农奴制。大卫·勃朗施坦是一个雄心勃勃、吃苦耐劳的边远地区的自由农，他决心使他的农庄兴旺发达，他无情地驱赶自己和他的雇工去辛勤劳动。他面前还有许多机会：因为他搬到亚诺夫卡时才30岁左右。

他妻子安娜（Анна）的身世不同。她不是在乡村而是在敖德萨或南方别的城镇长大的。她受过一定的教育，可以从图书馆借阅图书，偶尔也读读俄国小说，这在当时的俄国犹太妇女中是很少见的。她在娘家接受正统的犹太教传统教育，比丈夫更遵守教规，在安息日她不外出，不做针线活。她的中等阶级出身使她潜移默化地染上一点儿宗教的伪善。如果必要的话，她在安息日也干点儿针线活，但非常小心，不让人看到。她怎么会嫁给庄稼汉勃朗施坦，却不

---

① С.М.杜勃诺夫：《俄国、波兰犹太人史》第2卷，第30—34页及同书各处。

第一章　家庭和学校

左图，大卫·勃朗施坦，托洛茨基的父亲
右图，安娜·勃朗施坦，托洛茨基的母亲

清楚。她儿子说，勃朗施坦年轻时仪表堂堂，她因此爱上了他。这使她娘家人不满，因为他们看不起乡下人。然而，这并非是一桩不幸的婚姻。年轻的勃朗施坦夫人起初对农村生活并不喜欢，但后来她尽力摆脱她的城市习惯，逐渐变成了一个农村妇女。在搬到亚诺夫卡之前她已生了四个孩子，来到亚诺夫卡之后的几个月，即1879年10月26日，她生了第五个孩子，是个男婴。按祖父的名字给他取名为列夫，他的祖父就是那个离开波尔塔瓦附近犹太人城镇到草原来谋生的人。①

由于命运的巧合，这个男孩生于10月26日（或新历11月7日），正是38年后列夫·托洛茨基领导彼得格勒布尔什维克起义的日子。②

*　　*　　*

这个男孩在亚诺夫卡度过了他一生中头一个九年。他的童年正如他自己所说的那样，既不像"洒满阳光的林间空地"，也不像"饥饿、挨打受骂的阴暗深渊"。勃朗施坦一家过着勤劳节俭的暴发户的严苛生活，"每块肌肉都绷得紧紧的，全部心思都想着劳动和积累"。"亚诺夫卡的生活完全受田间劳动的

---

① 托洛茨基：《我的生平》第1卷，第2章。
② 同年的两个多月后，约瑟夫·朱加施维里·斯大林生于格鲁吉亚的某个小镇里。

节奏调整。除世界市场的粮价外，别无其他紧要问题";① 当时世界市场的粮价正在迅速下跌。尽管如此，勃朗施坦夫妇并不比大多数庄园主更看重钱财；为子女花钱他们并不吝啬，而是竭尽全力使子女们的一生有一个美好的开端。廖瓦②出生时，大孩子已在城里上学；家里给婴儿雇了个保姆，很少有农民能享受到这样的奢侈。后来，亚诺夫卡大概还请过一位音乐教师，还打算把男孩们送到大学读书。但他的父母全身心地投入劳动，未能给这个最小的孩子很多体贴，两个姊妹和保姆的深情钟爱却弥补了这一不足。廖瓦逐渐长大，长成一个健康活泼的孩子。他聪明伶俐，性情和善，深受父母、姊妹、佣人及农场雇工的喜爱。

廖瓦（托洛茨基）9 岁时的照片

按他那时所处的环境的标准来说，他的童年是幸福的。勃朗施坦一家的农舍用泥土垛成，有五个房间，其中几间矮小阴暗，泥土的地面没铺地板，下大雨时顶棚漏雨；但当时的农民都住在这样泥垛的小房子里。此外还有一两间棚

---

① 托洛茨基：《我的生平》第 1 卷，第 2 章。
② 廖瓦是列夫或列昂的爱称。

屋。廖瓦童年时，他家渐渐富裕起来，声望也越来越高，农作物的收成和牲畜都在增加；小屋附近建起了新的建筑物，紧靠着住房建了个大工棚，其中有作坊、厨房以及几间佣人住房，后面是一串大大小小的谷仓、马厩、牛棚、猪圈，等等；更远处，在水塘对岸的小丘下建了座大磨坊。显然，这是那片草原上唯一一座磨坊。夏天，附近及远处乡村的农民都来这里加工他们的谷物。他们要排队等上几个星期。天晴时，他们就露宿，雨天则睡在磨坊里面。他们用实物支付脱壳及磨粉费用，把1/10的谷物留给磨坊主。大卫·勃朗施坦起初把粮食卖给当地商人，但富裕起来之后，他在黑海岸边迅速发展起来的粮食港口尼古拉耶夫有了自己的代理批发商，通过后者出售他的粮食。几年后，若不是因为1881年颁布了新法令（该法令甚至禁止犹太人购买草原上的土地）的话，凭他的财力就不难在亚诺夫卡购买比他原有土地更多的土地。于是，他只能向邻居们租地，而且是大规模地租地。邻近的土地都属于"开始没落"的波兰及俄国地主，他们满不在乎地挥霍财产，一个个债台高筑。即便如此，他们仍住在豪华的乡村宅邸里。

这个男孩在这里第一次注意到一个腐朽的社会阶级。格尔托潘诺夫家族是破落贵族的典型。过去，一个大村庄及整个一个乡都是以他们家的姓命名的，整个地区曾一度归他们所有。但这时，老格尔托潘诺夫已只剩400俄亩土地了，而且还都抵押或再抵押了。"我爸爸租了这些土地，向银行支付租金。格尔托潘诺夫靠给农民写请愿书、诉讼状和书信为生。他来我家做客时总把烟和糖往袖子里藏。他老婆也这么干，还唾沫星子横飞地给我们讲她的青春、她那众多的女仆、钢琴、绸缎和香水。他们的两个儿子几乎是文盲。小儿子维克多在我家作坊里当过学徒。"① 不难想象，当勃朗施坦夫妇把自己和这样的邻居相比时会为自己的富有和高贵而自豪。他们把自信、乐观、勤劳几乎都遗传给了他们的孩子。

父母和姊妹们都尽力想把小廖瓦留在家里或农舍附近，但农庄的忙碌和混乱对他的诱惑力太大，只有在冬季的那几个平静单调的月份里，全家的生活才集中在餐室里。隔壁作坊的魅力吸引着小廖瓦：机工头伊万·瓦西里耶维奇·格列比翁开始教他使用工具和材料。伊万·瓦西里耶维奇又是全家的知心朋友，他在农舍里和东家同桌吃中饭和晚餐。这在一般犹太人家里简直是难以

---

① 托洛茨基：《我的生平》第1卷，第46—47页。

想象的事。机械师的技巧、玩笑及愉快的性格迷住了小廖瓦,他在《我的生平》中回忆这位机械师时,称其为在他童年时代对他影响最大的人。不过,在作坊里,这个孩子不时会碰到其他雇工古怪脾气的发作。他多次偷听到他们用粗暴刺耳的话骂他的父母。这些话使他震惊,使他思考,令他难忘。

他从作坊溜到谷仓和牛棚,常常躲在阴凉的粮仓里玩捉迷藏。就这样,他逐渐熟悉了周围的人、牲畜及草原的广阔的空间。他跟姐姐学字母。当他注意到农民们为粮食及钱的事跟他父母在磨坊里发生争执时,他初步了解到数字的重要性。他注意到贫穷、苛刻和由此引起的软弱无力的反抗情景,他注视着半饥饿的雇工们在收获季节的罢工。"雇工们离开田地,聚集在主人的院子里,趴在仓房下的阴凉处等着,晃动着两只被麦秸划得伤痕累累的光脚。主人给他们送来了酸奶、西瓜或半袋干海鱼,他们就重新回去干活,往往还唱着歌。"①他还记得另一个场景:黄昏时,一群从地里回来的雇工双手前伸着,慢慢地挪动脚步,他们由于营养不良已患了夜盲症。一个卫生检查员来到亚诺夫卡,但没有查出是什么病。勃朗施坦夫妇对待雇工并不比别的雇主更坏,食物、汤及粥的供给也不比其他庄园更差。这一切给孩子留下的印象是无需夸张的。不少人在童年时也都目睹过这类情景,甚至还有比这更悲惨的,可他们后来并没有成为革命家。使廖瓦心中点燃反对社会不公平的怒火并使他的思想转向反对现存制度还需要其他更复杂的影响。而当这些影响出现时,便会使他清晰地想起还储存在他记忆里的这些形象和情景,因而它们在他的感受及意识里起到更强烈的作用。这个孩子平时认为他周围的环境是合理的,可一旦看到他父亲极端苛刻的事例时,他就不知所措,把脸埋在餐室沙发的靠垫上忘情地哭起来。

他7岁时,父母送他到格罗莫克列亚的一所小学去上学。格罗莫克列亚离亚诺夫卡只有4俄里路,是德国人和犹太人的聚居区。他在那里住在亲戚家中。他上的这所学校也许可称之为犹太小学,是一所私立犹太教会学校,使用依地语教学。学校教孩子学《圣经》,把《圣经》从希伯来文译成依地语。课程表上还有作为附修课的俄语课和几节数学课。他不懂依地语,所以既听不懂老师的讲解,也跟不上同学。学校对他来说简直就是一个肮脏发臭的洞穴,这个习惯在田野上游玩的孩子在那里一定会闷得要死。成人们的作风也使他迷惑不解。有一次他看到,格罗莫克列亚的犹太人在村子里的街道上拖着一个放荡

---

① 托洛茨基:《我的生平》第1卷,第42页。

的女人走，无情地凌辱她，大声地辱骂她；还有一次看到移民们严厉地惩罚一个盗马贼。他还注意到一种鲜明的对比：村子的一边是犹太移民的肮脏茅舍，另一边是德国人居住的结实整齐的农舍。吸引他的当然不是犹太人的茅舍。

他在格罗莫克列亚住的时间不长。因为几个月后，勃朗施坦夫妇看到这个孩子闷闷不乐，决定领他回家。因而他与《圣经》告别，与那些愿意继续用古怪、单调的节奏把难懂的希伯来语短诗译成难懂的依地语的同学们告别。①但他在格罗莫克列亚的几个月中学会了读写俄文，回到亚诺夫卡后，他不倦地抄写手头几本书中的段落，后来写作文，背诵诗歌，还自己作诗。他开始帮父亲算账、记账。家人常拿他向前来做客的邻居炫耀。父母要他朗诵他写的诗歌，让他画画儿。起初他总是难为情地逃走，但不久就习惯于接受人家的称赞，而且期待着受人称赞。

他离开犹太学校后一年左右，一位客人来到亚诺夫卡，此人对他的童年和青少年时期有着决定性的影响。这个人就是莫伊塞·菲利波维奇·施宾策尔（Моисей Филипович Шпинцер），他是勃朗施坦夫人的远房侄子，属城市中产阶级。"他既做点儿新闻工作，也兼做点儿统计工作"，他住在敖德萨，已接触到激进的自由思想。因为政治上有过小小的过失不准他进大学。他来亚诺夫卡养病，在这里住了整整一个夏天。在此期间，他对这一家中聪明纯朴的宠儿下了不少工夫。他还自愿要带这个孩子去敖德萨并负责这个孩子的教育。勃朗施坦夫妇同意了。于是在1888年秋天，廖瓦带着准备好的崭新的校服，包里还装着亚诺夫卡农庄厨房里所能做出的一切好吃的东西，含着既有离愁也有欢乐的泪水告别了家人。

黑海岸边的港口城市敖德萨是俄国的马赛。不过，它的历史不如马赛那么悠久。这是一座阳光灿烂、欢快的多民族城市，它向多种风尚和影响敞开大门。敖德萨人气质中的主要成分是南方人的奔放、对富丽堂皇的场面的喜爱以及富有温情。然而，廖瓦在敖德萨住了七年左右，这座城市及其气质远不及施宾策尔家对他的思想及个性产生的影响大。他以前从未进入过一个与他自己的家反差如此鲜明的家庭。起初，施宾策尔夫妇生活不大好，施宾策尔因进不了大学而处境不佳，她妻子当时是非教会办的犹太女子学校校长，是家庭的支柱。后来，施宾策尔成为有名的自由派出版家。美国作家马克斯·伊斯特曼

---

① 后来他在敖德萨时再次学希伯来语，但成绩也好不了多少。

（Max Eastman）40年后结识了这对夫妇，说他们是"镇定沉着、和蔼可亲的知识分子"。① 夫妇俩着手教这个孩子讲标准俄语，而不讲乌克兰语和俄语混在一起的家乡土话，他们使他的言谈举止优雅大方。他容易接受这种影响，也急于使自己从乡下顽童变成像样的学生。新的兴趣和欢乐在他面前展现出来。晚上，施宾策尔夫妇朗读俄国古典诗歌——普希金、莱蒙托夫及他们喜爱的平民诗人涅克拉索夫的作品，后者的诗是对沙皇制度造成的苦难的抗议。廖瓦听得入迷，如果催他从诗歌的金色云彩上降下来去上床睡觉时，他总要表示异议。他从施宾策尔口中第一次听到浮士德和格蕾芩的故事；《奥列维·特维斯特》使他感动得流泪；他还偷偷地读了托尔斯泰震撼人心而又阴沉的剧本《黑暗势力》，这个剧本刚被检查机构查禁，是成年人暗中谈论的主要话题。

施宾策尔为廖瓦选择了一所学校，可是他的年龄太小。但家乡的人口注册员填写出生证明时把他的出生日期提前了一年，解决了这个难题。更大的障碍是，前一年，即1887年，政府颁布的臭名昭著的限制入学人数的法令对犹太人入学作了十分严格的规定：即不得超过入学总人数的10%，有些地方不得超过5%或3%。犹太新生还要参加入学考试。廖瓦没读过小学，因此没考好。他被送入这所学校的预备班读了一年，预备班的犹太学生比外边申请入学的犹太学生享有优先入学权。

圣保罗实科中学是这所学校的校名，它不教希腊文、拉丁文。但学生在理科、数学及德、法现代语言方面比在古典中学能打下更好的基础。在进步知识分子看来，这种课程安排是合理的，可以使他们的孩子受到合理而实用的教育。圣保罗实科中学是敖德萨的德国路德派新教团体创办的，但也免不了俄国化，廖瓦进入这所学校时，这里已用俄语教学。但是，在学生和教师中有德国人、俄国人、波兰人和瑞士人，他们分别信奉希腊东正教、路德教、罗马天主教及犹太教。如此之多的民族和宗教造成一定程度的自由主义，这在俄国学校中是少见的。没有一个民族占优势，也没有偏袒某一个教派，甚至对希腊东正教也没有特殊的偏爱。最糟糕的事也仅是一个俄国教师经常拐弯抹角地找波兰学生的麻烦，或是东正教神父一贯用不那么露骨的蔑视凌辱犹太学生。但除此以外没有公开的歧视和迫害，因此非俄罗斯族的学生并没有自卑感。无疑，歧视是内在固有的，它存在于把俄语作为官方语言这一事实中，但对此始终不满

---

① 马·伊斯特曼：《托洛茨基青年时代的肖像》，第14页。

的可能只有德籍学生及其家长。犹太学生尽管入学时受人数的限制，不过一旦入了学就能得到公平待遇。在某种意义上说，圣保罗学校使廖瓦第一次尝到世界主义的滋味。他立刻成为班上最出色的学生，"他无须别人为培养他而操心，也无须别人为他的功课担心，他的所作所为总是超过别人对他的期望"①。很快，他的老师们都承认他的天赋和勤奋，而且没多久他还博得了高年级同学的喜爱。但他拒不参加体育运动。他在黑海边度过的七年时间里从未钓过鱼、划过船或游过泳。他远离学校体育场，也许是因为早年一次模仿他人的体操动作时发生过事故，当时他从直梯上摔下来，摔得很重，"像蛆一样在地上蠕动"；也许还因为他觉得户外活动在亚诺夫卡更为适宜："城市是学习和工作的地方"。他在班上的优异成绩足以巩固他的自信心。

在实科中学的七年中，他曾卷入过几次与校方的冲突，每次的结局都不算太糟。他曾编过一本校园杂志，其中所有文章几乎都是他写的。但因为教育部禁止这样的刊物，所以当他把杂志交给老师时，老师警告他不要再编下去。廖瓦没有把警告当耳旁风。二年级时，包括廖瓦在内的一批同学用嚎叫声把一个讨厌的老师哄出教室。校长把几个有领头闹事嫌疑的学生留下来，而把他这个全班第一名学生放走了，认为他是无可怀疑的。被留下来的学生中有人"出卖"了廖瓦。那个被冒犯的老师指着这个他一向引以自豪的孩子说："最优秀的学生原来却是个道德畸形儿。"这个"道德畸形儿"因而被开除。他受到的这一打击后来得以缓和，是因为施宾策尔夫妇对自己所监护的孩子的理解和同情，也由于父亲的溺爱，被开除一事与其说使父亲生气，不如说使他觉得有趣。

翌年，廖瓦经考试复学后又成为学校引以自豪的宠儿，他也小心避免再出麻烦。不过，在高年级时他还是因作文之事跟其他同学一起与懒惰的老师发生了一场冲突，因为后者从不批改也不发还作文本；但这次他却没有受到惩罚。他在自传中用满足的语气描写他那次被开除的后果："可以说，这是我经受的第一次政治考验。围绕这一事件全班形成了三个小集团：一极是告密和好忌妒的人；另一极是胸怀坦荡而勇敢的同学；处于这两极之间的是摇摆不定的一群。在以后的几年中，这三种类型的集团也没有完全消散。在我后来的生活中，我不只一次地遇到过这类的集团……"② 在这段回忆中，敖德萨实科中学

---

① 马·伊斯特曼：《托洛茨基青年时代的肖像》，第17页。
② 托洛茨基：《我的生平》第1卷，第94页。

二年级看来确实像20年代因支持或反对托洛茨基而分裂的共产党的原型。

这时期,这个孩子的外貌和性格正在形成之中。他相貌英俊,面部肤色黝黑,脸形轮廓鲜明,五官端正。眼镜后面那双近视眼炯炯有神、异常灵活,满头乌黑发亮的头发梳得整整齐齐。他非常注重仪表:穿着整洁、讲究,甚至有点儿时髦。他的模样像"高等布尔乔亚"①。他活泼、朝气蓬勃,而且彬彬有礼、落落大方。像许多有天资的青年人一样,他的自我中心及渴望超群出众的思想也很强烈。用他自己的话说,他"觉得可以希冀更多的东西。那些和他要好的男孩都管他叫首领,这不能不对他的性格产生影响"②。对他不无批评但也十分欣赏的伊斯特曼曾讲到他早年表现出的强烈的好胜本能,并把它与众所周知的赛马的本能相提并论:"这种本能使赛马甚至在慢步溜达时至少也要用一只眼睛不断向后扫视跑道,看看赛场上有没有自认堪称对手的马。这种本能使它保持警惕,总之,这是一种非常讨厌的性格——特别是在那些生来不好争快慢的马的眼中。"③虽有不少同学追随廖瓦,但没有一个成为他的知己。

他在学校中没有受过重大的影响。他在自传中十分生动地描写了他的老师们的性格。他们良莠不齐:有些明智善良,有些脾气古怪或有受贿的劣迹;就是最好的老师也很平庸,对他起不了促进作用。他的性格和想象力都是在施宾策尔家中形成的。他深受他们的宠爱和称赞,而他则报以诚挚的爱和感激。他居住在他们家期间,从最初几个星期欣喜地照看着施宾策尔夫妇的新生儿并看到婴儿最初的微笑起,直到最后离开,他们之间的良好关系从未蒙上过阴影。许多年后,他的这两位良师益友才讲出他们和他之间唯一一件不愉快的事:他初到这里时把他们珍爱的几本书卖了,用这钱给自己买糖果。随着年龄的增长,他越来越意识到自己运气好,遇上了这样了不起的导师,使他与他们之间有越来越多的共同的智力兴趣。他们家的常客都是当地自由派报纸的编辑和文人。客人的来访及他们的谈话都使他着迷。在他看来,"作家、记者、演员的世界始终是最迷人的世界,只有最优秀的人才能进入这个世界"④;当他开始跟这些人以及跟他注定要从事的职业接触时,他看这个世界时的激动心情,只有天生的文人才能理解。

---

① 马·伊斯特曼:《托洛茨基青年时代的肖像》,第15、31页。
② 托洛茨基:《我的生平》第1卷,第111页。
③ 马·伊斯特曼:《托洛茨基青年时代的肖像》,第19页。
④ 托洛茨基:《我的生平》第1卷,第86页。

第一章　家庭和学校

敖德萨不是主要的，或者说不是最活跃的文学中心，在施宾策尔夫妇的朋友中没有俄国文学的巨子。尽管如此，这个十五六岁的小伙子还是毕恭毕敬地肃立在这座神殿的门口，虽然他并没有看到这个祭坛上的最高祭司。当地的自由派报纸深受新闻检查制度之苦，这些报纸拥有大胆而老练的作家，如 B. M. 多罗舍维奇（Дорошевич），他是写那种半文学半新闻报导文章的大师。有朝一日勃朗施坦自己也要在这方面大显身手。多罗舍维奇的小品是廖瓦及其表哥、表嫂最喜爱的读物。施宾策尔建立出版社后，屋里总是堆满书籍、手稿和校样，廖瓦怀着极大的好奇心仔细地阅读它们。看到印刷中的书籍，他感到兴奋，他喜欢闻新印出来的书籍散发的油墨芬芳。甚至在他后来领导波澜壮阔的革命和指挥重大战役的岁月中他仍保留着这一爱好。他是在这里爱上文字的，也是在这里初次听到他的作文由一位权威作家，当地的莎士比亚专家朗读。作家对小伙子的遣词造句手法赞不绝口，欣喜若狂。

剧院也使他着迷。"……我又迷上了敖德萨引为自豪的意大利歌剧……我甚至为赚钱买歌剧院的门票去当家庭教师。好几个月来，我悄悄地爱上了一位花腔女高音，她有一个神秘的名字：朱泽皮娜·乌盖特（Джузеппина Угет）。我觉得她是仙女下凡，暂时降临到敖德萨的舞台上。"① 对剧院及聚光灯、服装及面具、歌剧中的激情及冲突的陶醉，对一个将要用强烈的戏剧感扮演其角色的人物来说，这是符合他青年时代的特点的。此人一生本身就具有古典悲剧的力量，堪称古典悲剧的典型。

廖瓦从敖德萨回到亚诺夫卡度暑假及圣诞节，有时回家养病。每次回来他都看到亚诺夫卡日益兴旺的明显迹象。他离开时，他家还是普通的富裕农民，他回来时，他家越来越像地主庄园。勃朗施坦夫妇已为他们自己及孩子们造起了乡间大宅邸，但他们仍像过去那样生活、劳动。父亲每天还是在磨坊里跟农民为几袋面粉讨价还价，检查牛棚，在收割时节监督雇工干活，偶尔也亲自拿起钐刀割麦子。离家最近的邮局和火车站仍然有 20 多公里远。这里没有一个人订阅报纸，只有他母亲用经常劳作的手指指着一行行的字母吃力地读旧小说。

这几次回家使廖瓦充满复杂的感情。他还保留着不少乡下人的感情，使他感到在城里所受的压抑和在广袤无垠的草原上的乐趣。他在这里无拘无束，整

---

① 托洛茨基：《我的生平》第 1 卷，第 85 页。

天玩耍、散步、骑马。但他每次回来都觉得亚诺夫卡变得越来越陌生。他父母的追求狭隘得令他不能忍受，他们举止粗野，他们的生活道路毫无意义。他开始发现：农场主要多么冷酷无情地对待雇工和农民才能使自己兴旺发达；即使像在亚诺夫卡看到的那样，冷酷无情被家长式的乐善好施所缓和，也是大同小异。廖瓦在度假时经常帮他父亲记账和计算工资。有时，特别是老勃朗施坦认为工资的计算对挣工资的雇工过分有利时，父子之间就会发生争执。争执不免会引起雇工们的注意，这使农场主十分恼火。小伙子却不想审慎行事，而优越感更加深了他的抵触情绪。一个出身于文盲农民家庭的有知识的儿子有这种优越感并不奇怪。此时，整个农村生活都使他感到厌恶，无法容忍。一次，一个警察来到这里，因两名雇工的身份证已经过期，就要驱逐他们出境。他竭力抗议警察的粗暴，却毫无效果。他还看到穷人彼此之间也以野蛮粗暴相待。他对被压迫的人有朦胧的同情感，甚至对自己的特权地位也有更加朦胧的自责感。同样严重，也许甚至是更加严重的伤害是他的自尊心受到的伤害。伤害他的正是因为他明白自己是一个农村守财奴、文盲暴发户的儿子，用现在的话来说，则是富农的儿子。

他在敖德萨一直住到1896年。按规定，实科中学应有七个年级，但圣保罗实科中学只有六个年级。因此，他不得不到尼古拉耶夫市去读七年级，然后再准备报考大学。这时他已快满17岁了。但直到那时为止还没有一种政治思想能够吸引他。一年前弗·恩格斯逝世这一事件没有在这个未来革命家的心上留下印象，甚至卡尔·马克思这个名字他都不知道。用他自己的话来说，他"在政治上几乎没有什么准备，即使对自己的17岁年龄来说也是如此"。他感兴趣的是文学，他还准备进大学学纯数学。吸引他的是想象和抽象的两条人生道路，后来，他努力在他的著作中把两者结合起来。政治活动暂时还没有吸引他。使他父亲失望的是他考虑步入学术生涯的前景，而他父亲宁愿他有一个务实的职业。他自己并没有想到他会成为一个革命家。

这里无疑体现出时代精神。其他时期，青年人往往在学校就直接投身到秘密革命团体之中。这种情况通常发生在一些组织由于新思想而行动起来、由于强烈的愿望而活跃起来，而且理所当然地膨胀起来的时候。19世纪80年代到90年代初期，革命运动处于低潮。民意党暗杀亚历山大二世这一事件本身就是自杀行为。这一派的领袖指望他们的行动会成为全国起义的信号，但是它没有引起任何反响，全国仍然继续沉默。那些直接、间接参与这一谋杀案的人都死于绞刑。没有直接继承人挺身而出继续行动。这再一次表明，农民尽管不满，但还没有革命的情绪。在农民看来，暗杀亚历山大二世是贵族对农民的恩人进行报复。

新沙皇亚历山大三世废除了他的前任的大部分半自由派的改革。他的主要的教唆人是他的宫廷教师，正教院总监波别多诺斯采夫（Победоносцев）。统治阶级对革命的全部恐惧都集中在波别多诺斯采夫的精明而阴沉的头脑中。他怂恿沙皇恢复尚未削弱的"父亲对全家的统治、地主对农村的统治、君主对全俄的统治"。颂扬前沙皇废除农奴制就是犯法。贵族对农民的司法权已经恢复。大学不准下层阶级的子弟入学；激进的文学期刊被查禁；包括知识分子在内，全国不得不重新回到沉默的屈从之中。

沙皇亚历山大三世

革命恐怖主义本身证明了自己的软弱无力，民粹派的又一幻想也破灭了。暗杀亚历山大三世的企图失败了，列宁的哥哥亚历山大·乌里扬诺夫（Александр Ульянов）也参加了这一密谋。民意派的幸存者在监狱里和流放地冥思苦想，他们追忆往事，陷于混乱。民粹派的领导人之一吉霍米罗夫（Тихомиров）的忏悔正是那个时期的特征，他逃亡西欧，发表了题为"我为什么不再做革命者"的忏悔书。有些以前的反抗者在工商业方面为自己的精力和才智找到了出路。这种情况当时以比过去更快的速度扩展。不少人发现列夫·托尔斯泰是他们的先知,虽然托尔斯泰对专制制度的罪恶深恶痛绝,却规劝他们不要用暴力来反抗。看来,托尔斯泰的哲学是在道义上批准了知识分子幻灭后的消沉。

列宁的哥哥亚历山大·乌里扬诺夫(1866—1887)

托洛茨基在《我的生平》中把他那时对政治的冷淡归结于当时的普遍情绪。这一解释只对了一部分。事实是,早在1896年,即在他离开敖德萨的那年之前,秘密的革命活动已开始恢复。马克思主义者阐明新的纲领和行动方法,自认为是社会民主党人的学生和工人团体迅速破土而出。我们从当时的俄国团体致社会党国际的报告中得知:在这十年的中期,这种团体已在敖德萨积极地活动起来。① 年轻的勃朗施坦却不知道有这样的团体。显然,在圣保罗实科中学的学生中还没有社会主义团体,否则,总会设法吸收这个在学校中最孚

---

① 俄国社会民主主义团体致第二国际的俄文报告(1896年日内瓦)说这类团体在敖德萨比在南俄其他地方更活跃。另见 П. А. 加尔维:《一个社会民主党人的回忆》,第20—21页。

众望、最有才能的学生。新运动的兴起也没有在施宾策尔夫妇富裕的安乐窝里引起什么反响。民粹派的崩溃给这对夫妇留下了深刻的印象。他们避而不谈确实有危险的话题，或者压低声音谈论它们。他们的激进主义逐渐变成兼容并蓄而又谨小慎微的自由主义，当然，这样的自由主义反对沙皇统治时总是拐弯抹角。这样微不足道的反抗无法给他们的被监护人留下印象。只有大胆明确地讲出来的主张才能使年轻人心潮澎湃、热血沸腾。1895年，当尼古拉二世登基时，他直截了当地告诉温和的"自由派"地方自治局的工作者放弃无稽的幻想，当时，廖瓦在心里是跟"幻想者"站在一起的；不过他像施宾策尔夫妇一样，也认为争取现存政体作任何改革的尝试都是堂吉诃德式的想法。

在这种难以界定、模糊的自由派情绪中可以强烈感觉到的一种思想感情是：对欧洲及其文明的渴望和向往，对整个西方及其自由的向往。这个"西方"可能就是那个希望之乡的幻想，它给俄国悲惨而不公平的现实提供补偿和慰藉，对犹太知识分子更是有无限的魅力：他们认为世界的那部分地区没有集体迫害、没有国界、没有入学人数的限制。在大部分非犹太知识分子看来，西方也同国内所有可憎的一切——正教院、出版检查制度、鞭笞及苦役——形成对照。不少有教养的俄国人起初都以崇敬的心情仰望西方，年轻时的赫尔岑在资产阶级自由主义出现之前也曾对西方满怀希望，但经深入了解之后，他的希望破灭了。在以后的几年中，廖瓦作为一名社会民主党人也逐渐认识到自由欧洲的局限性，转而开始对其持反对态度。但他仍保留了他年轻时对"西方"的某种热情，而且这始终是他的一个思想特征。

这就是他离开敖德萨时的情绪，因为"敖德萨是警察横行的俄国的最标准的警察城市"。他对这座城市唯一生动的政治回忆是这一场景：敖德萨市市长，退休海军少将泽列诺伊（Зеленой）统治着这座城市，他是一个"掌握无限权力、性格专横霸道"的人。"我只见过他一次，而且当时只看到他的背影。这对我来说已经够了。市长挺直身躯站在他的四轮马车上，挥动着拳头声嘶力竭地叫骂，声音响彻整条街道。在他面前是立正敬礼的警察和几个手里拿着帽子的仆役。一张张惊恐的脸躲在窗帘后面往外瞧。我拉紧书包带，加快脚步走回家去。"①

---

① 托洛茨基：《我的生平》第1卷，第79页。

那时，在这个注视市长的年轻人的心中还没有点燃反抗的火花，他只是极其厌恶地躲开统治强权，走他自己的路，似乎就是处于托尔斯泰的不抵抗的情绪中。

第二章　追求理想

最初,是偶然的影响使年轻的勃朗施坦走上革命道路的。1896年夏,他来到尼古拉耶夫市以便读完中学。他寄居在一个人家里,这家的几个儿子已接触到社会主义思想。他们引他辩论,试图使他接受他们观点的影响。看来,他们花了好几个月时间都没有取得进展。他傲慢地否定他们的"社会主义乌托邦"。他摆出一副老成持重的青年人的架势,毅然应付辩论,他并非不同情人民,但怀疑"群氓的思想意识"及"群氓统治"。他爱好纯数学,对政治既无兴趣也无时间过问。他的女房东因儿子们的危险观点而感到担心,倒很喜欢他有这样高的辨别力,而且试图劝她的儿子们以他为榜样。这种情况没有持续多久。有关社会上普遍的不公正和必须改变国内全部生活方式的论点已开始在他的思想中酝酿。社会民主党人的论据已经提出,并且集中在贫困和剥削的景象上,而这些景象自从童年以来就一直藏在他的心中;使他感到他呼吸的空气是那么窒息;他们新颖无畏的高尚品格让他受到强烈的感染。但他还是继续抵制。新思想的吸引力越强,他越是不顾一切地坚持他装出来的保守主义和不关心政治的态度。他爱唱反调的精神和在争论中取胜的渴望使他难以让步。但他不能不放弃他的防守和自负。在那一学年中,他突然承认自己的"失败",并立即开始热烈地为赞成社会主义而辩论,这使那些要他改变意见的人吃了一惊。[①]

我们将反复看到这种心理机制在他身上所起的作用:他跟新思想一直对抗到他决定响应的时刻,而起初总是由于执拗的自负而抵制它。他的抵制随着吸引力的增强而加强,后来他克服了起初的怀疑和犹豫。于是,他内心的防线开始崩溃,他的自信心开始消失。可他的自尊心还是太重,或者说,还不足以使他信服到要作出一点儿让步的表示,他那内心斗争也没有外在标志。后来,新

---

① 托洛茨基:《我的生平》第1卷,第120页。

的信念在他心中增强，好像一下子克服了他的爱唱反调的精神和自负。使原来的争论对手们吃惊的不仅是他完全彻底地放弃了原有观点，还有他接受他们为之奋斗的事业的热情，更有他不时从他们的论据中得出的意想不到而有深远意义的结论。

他刚刚加入的事业在他内心还不明确。与其说他接受了一种思想，毋宁说是接受了一种情绪。他总是站在受压迫者一边，但受压迫者是谁？他如何加入他们中去？应该要干什么？没有人能给他以指导。在尼古拉耶夫市没有重要的社会民主党团体或组织。他转向社会主义立即表现在他对社会政治问题刚刚觉醒的关心与他对数学爱好相应的削弱上。他开始寻找志同道合者。他这样做时马上就脱离了童年和青少年时期的受人保护的环境。

勃朗施坦通过跟他同住的人结识了一个名叫弗朗茨·什维戈夫斯基（Франц Швиговский）的人，是个在城郊租种果园的穷园丁，这人居住的果园里的茅屋是思想激进的学生和工人的小型讨论俱乐部。什维戈夫斯基原籍捷克，性格非同寻常。他读了不少语种的书刊，精通俄国及德国的古典文学，订阅外国报刊，总是乐于拿被禁的政治书籍或小册子满足朋友的要求。住在城里处于警察监视之下的老民粹派分子有时也参加这个果园里的小组活动。在这些民粹派分子中没有杰出人物，他们没有建立组织；但他们把自己的一些浪漫主义的革命观点传给什维戈夫斯基小组。几乎所有的小组成员都自认为是民粹派分子。正如一个参加者所说的，这些集会"性质无害"。人们到果园来是因为在这里感到痛快，可以畅所欲言。不久，什维戈夫斯基的果园在城里就"声名狼藉……说它是各种最可怕的阴谋中心"。派去暗中监视的警察假扮成在果园里劳动的工人；但这些密探也只能报告说，什维戈夫斯基总是用苹果和大量的茶水款待他的客人，跟他们进行古怪但却无害的讨论。①

我们知道，那几年正是革命复兴的年头。1895年3月，内务大臣杜尔诺沃（Дурново）致函波别多诺斯采夫说，新的倾向，尤其是大学生中作有关各种社会问题演讲的热情和无私使他震惊。在这位大臣看来，这种理想主义的无私不是吉兆。前几年所有的镇压法规并没有使中学和大学免受颠覆分子的影响。多年来，一直由部里任命教授，解聘可疑分子，提升唯命是从但无足轻重的人，根本不征求院长的意见。世界著名学者如化学家 Д. 门捷列夫（Д. Менделев）、生物学家 И. 梅

---

① Г. А. 齐夫：《我记忆中的托洛茨基的特点》，第8页。

奇尼科夫（И. Мечников）及社会学家 М. 科瓦列夫斯基（М. Ковалевский）一直被认为不忠诚，遂遭到解聘或被迫辞职。杰出的历史学家克柳切夫斯基（Ключевский）不得不宣布放弃他的自由派观点。约翰·斯图尔特·穆勒、赫伯特·斯宾塞和卡尔·马克思的著作都是禁书。学生图书馆和俱乐部都被封闭，在课堂里安插了告密者。为了不让穷人子弟接受大学教育，学费提高了5倍。尽管如此，复苏的反抗仍在各大学里蓬勃兴起。1895年底及1896年初，当要求学生宣誓效忠新沙皇尼古拉二世时，彼得堡、莫斯科和基辅的大多数学生都拒绝宣誓。继沙皇加冕典礼（那期间在警察造成的人群混乱奔逃中遭到践踏而死伤的旁观者达数千人之多）之后是1896年5月彼得堡3万工人的罢工，规模如此之大的罢工还是第一次。① 在这些事件中，可以觉察到新近由列宁、马尔托夫（Мартов）和波特列索夫（Потресов）创立的"工人阶级解放

俄国画家欧内斯特·利普加尔特创作的末代沙皇尼古拉二世·亚历山德罗维奇（1894—1917年在位）肖像

---

① 西伯利亚克：《俄国的学生运动》。

斗争协会"的影响。重新兴起的运动完全受马克思主义者的影响,民粹派很少参加。新的社会主义运动主要依靠产业工人,它否定恐怖主义,承认俄国必须进一步资本主义工业化,认为这样才能使工人阶级在数量和实力上壮大起来。但其直接目的是要为争取公民的自由权,促使工人采取政治经济行动和建立组织而斗争。

这些发展远离尼古拉耶夫这潭死水,在这里只引起了点儿涟漪。当勃朗施坦加入什维戈夫斯基小组时(1896年的晚秋或初冬),小组成员一定因那年年初发生的事件而受到鼓舞。他们搜集消息,进行讨论。但也仅此而已,他们都估计不出新运动的重要性。关于马克思主义者对民粹派学说的批评,恐怖他们还只有一个模糊的概念。他们继续自称是民粹派。只有一个小组成员例外,就是女青年亚历山德拉·索科洛夫斯卡娅(Александра Сокловская),她本人是民粹派分子的女儿,但以马克思主义者自居,力图使小组相信无产阶级的社

亚历山德拉·索科洛夫斯卡娅,左边是她的弟弟格里高里·索科洛夫斯基,右边是年轻的勃朗施坦,前面坐者是 Г. А. 齐夫,医学院学生。摄于1897年

主义给他们提供真正的哲学和革命的科学。起初她没有取得效果，但不久后果园的茅屋里响起了热烈的辩论声。当勃朗施坦来到这里时，立刻发现自己已置身于热烈的辩论中，并迫使他迅速地作出抉择。他当即自称是民粹派，并几乎马上就对那位孤立的马克思主义者进行攻击。Г. А. 齐夫（Г. А. Зив）是他青年时代的朋友，后来的敌人，他在其回忆录中生动地描绘了当时的情况：他（齐夫）在1896年冬天初到果园时，勃朗施坦还不满18岁，"他由于杰出天资和才能已经引起弗朗茨所有客人的注意"；他已经是小组中最大胆、最坚决的争论者，对女青年所阐述的卡尔·马克思的理论进行"无情的挖苦讽刺"。

他对争论双方的学说所知甚少，只是向什维戈夫斯基借过几本过时的秘密小册子（这还是他第一次读到的）和几本激进派期刊的合订本；他紧张急躁地浏览了这些刊物，恨不得一眼就能掌握其中包含的论据。能激起他热情的作者有约翰·斯图亚特·穆勒、边沁和车尔尼雪夫斯基，尽管他们的著作与新的争论并无直接关系。勃朗施坦一度曾自豪地称自己是边沁主义者。而他一点儿也不知道他这种迷恋心态跟革命家，无论是民粹派革命家或马克思主义革命家都是格格不入的。他甚至对马克思本人及马克思主义学派中稍逊一筹的人一无所知。一个更谨慎或更能思考的青年肯定会耐心地坐下来倾听双方的论据，也许还要弄清辩论的根源，斟酌正反两方面的理由，然后再表态（列宁最初接触马克思的学说时采用的就是这种方式）。勃朗施坦早熟而且头脑灵活，兼收并蓄。他"知识丰富，思维敏捷，具有非凡惊人的天赋，他能迅速地抓住对手思想的要旨及其内涵。因此单凭知识是很难压倒他的"[①]。他从学校里就已养成优秀生的自信心和出人头地的习惯。如果他的新伙伴强留他讨论并强求他表态时，他最不愿干的事就是以不了解情况为借口而拒绝。他一旦表了态，就不能是半心半意或有所保留，而是全力以赴地进行辩论。

他本能地作出抉择。民粹派的观点引起他的注意，正是因为民粹派把他们的观点与马克思主义加以区别。马克思主义者认为：一切社会现象都直接或间接取决于社会的经济条件。民粹派分子并不完全拒绝这一观点——他们早在20年前就已是俄国历史唯物主义的前驱了，但他们在论述这点时不像马克思主义者那样始终加以强调；而且他们有不少人还接受所谓主观主义哲学，这种哲学强调"批判精神"和个人意志至高无上。这种哲学与民粹派的传统及其

---

① 马·伊斯特曼：《托洛茨基青年时代的肖像》，第68页；Г. А. 齐夫：《我记忆中的托洛茨基的特点》，第9—12页；托洛茨基：《我的生平》，第6—7章。

传奇十分契合,这个派别在经济条件未"成熟"、人民群众未觉醒时没有推迟对沙皇统治的袭击,而是派出孤立无援的战士、义士去活动。这些思想坚定、意志坚定的密谋者手持炸弹,追踪沙皇和他的大臣及省长。在年轻的勃朗施坦看来,马克思主义狭隘、枯燥无味——侵犯人的尊严、把人看成社会经济环境的囚徒和没有个性特征的生产力的玩物。后来他自己说,这是把马克思主义简单化了,是对它的讽刺性模拟;但无论如何,现代其他的政治信条都不像马克思主义那样能吸引和鼓舞这么多的人坚定不移地为他们的事业战斗、赴汤蹈火在所不辞。① 而拙劣的模拟也并非完全虚构,不少以马克思主义者自居的人确实以枯燥的"寂静教教徒式的"拙劣模拟作为他们的信条。年轻的勃朗施坦碰到的第一批马克思主义者大概就是这类人。与此相反,民粹派浪漫主义传统的吸引力是不可抗拒的。这种传统展示鼓舞人心的效仿榜样,保持对英雄的怀念。对烈士的缅怀给未来许下朴素无华的诺言,它赞美过去,似乎也赞美未来,不过仅仅是似乎而已。民粹派运动在衰落时再不能重演它过去的英勇壮举,无论如何不能用旧时单纯的英雄幻想去重演了。但尽管这一伟大的浪漫主义运动已经日薄西山,却在俄罗斯的天空布满紫红色的余辉。年轻的勃朗施坦眼中看到的全是这种余辉。

在投入辩论时,他是索科洛夫斯卡娅最厉害的对手,但在他们的关系中却产生了一种既爱又恨的矛盾感情,而这在两个异性青年兼接近的政治对手之间几乎是不可避免的,因为他们在一个小组中经常见面,相互吸引,相互排斥但不能彼此摆脱。索科洛夫斯卡娅比勃朗施坦大好几岁——有人说大6岁,还有人说大10岁,当然比这个实科中学的尖子生有更丰富、更严肃的政治经历。她谦虚、信心坚定、毫不自大,就是在她的年轻对手嘲弄她时,她也仍心平气和坚持说明她的观点。想不到情况起了喜剧式的转折。果园里的每个人对这个女孩子都有点儿迷恋,有些小伙子还写了情诗。伟大的"主义"和问题,萌发的爱情和押韵诗都混杂在一起——讨论变得愈来愈反常。勃朗施坦取笑她说:"你仍然认为你是一个马克思主义者吗?""一个充满活力的年轻姑娘居然能坚持这种枯燥、狭隘而不切实际的废话!"索科洛夫斯卡娅回敬说:"一个自以为有逻辑头脑的人居然能满足于一点点含糊的理想主义情感?"或者,勃

---

① 托洛茨基在其晚年经常把马克思主义与加尔文主义相比较,前者的决定论和后者的前定论学说远非削弱或否定人的意志,而是加强它。对其行动与最高需要协调一致的信念鼓舞着马克思主义者和加尔文主义者去尽最大的努力和牺牲。

朗施坦会因为她少女的多愁善感与她坚持的马克思主义水火不相容而挖苦说："这是小店主及商人的学说。"①

然而，她的论据却开始灌进他的头脑。他内在的自信心在降低。他在辩论中越是"顽强"，他的嘲弄就越发粗野。1896年12月的最后一天小组聚会讨论并庆祝新年，勃朗施坦一到就宣称他已被争取到马克思主义方面去了。索科洛夫斯卡娅兴高采烈。大家为工人阶级的迅速解放、为沙皇暴政的垮台等等而干杯。轮到勃朗施坦祝酒时，他站起身来举杯转向索科洛夫斯卡娅，无缘无故地突然大声说："马克思主义者都该死，那些要把枯燥和冷酷带进全部生活关系中的人都该死！"这个女青年离开果园时发誓再也不跟这个蛮横的人握手。不久以后她离开了这座城市。②

新的一年开始了，而小组仍然仅限于谈论，勃朗施坦写了一篇论战性的文章攻击马克思主义，其中"格言、引文和恶毒的语言多于内容"，并把它寄给有民粹派倾向的期刊。这篇文章没有发表。他和索科洛夫斯卡娅的哥哥合写一个关于马克思主义者与民粹派分子斗争的剧本，但写了第一幕或第二幕以后就写不下去了。写剧本的人原打算把民粹派分子塑造成正面人物并将其与马克思主义者对比。但当剧本的情节展开时作者吃惊地注意到：被塑造成具有吸引力的人物的却是马克思主义者，几乎可以肯定，这个人物具有索科洛夫斯卡娅的某些特点。小组还发动了一场"反抗"当地公共图书馆的斗争。公共图书馆的管理委员会打算提高阅览费，"果园派"召集"群众"介绍新的读者，在年会上推翻了管理委员会——在这座死气沉沉的城市里，这可不是一件小事。③

勃朗施坦此时已不顾他的学业，但他学到的知识足以让他在1897年夏以优等成绩毕业。然而他的父亲已觉察到有些不对头，廖瓦在亚诺夫卡度假期时谈论自由、推翻沙皇时，农场主（他的父亲）回答说："听着吧，孩子，这是绝不会有的事，再过300年也实现不了！"他想知道他儿子的这些思想是从哪儿来的，很快，他就找到了廖瓦新结交的伙伴，于是严厉地命令儿子离开什维戈夫斯基的果园。廖瓦当即维护他的"批判精神"和"自由意志"。他说，选择自己的朋友是他的自由。但他既然不愿服从家长的权威，也就不能继续依靠

---

① Г. А. 齐夫：《我记忆中的托洛茨基的特点》，第15页；马·伊斯特曼：《托洛茨基青年时代的肖像》，第46页。
② 伊斯特曼和齐夫两人都讲述了这些事件。托洛茨基在《我的生平》中没有提；但他给伊斯特曼那本书写的序言中肯定了书中所述事实的准确性，因而也证实了那些源于齐夫书中的故事的真实性。
③ 托洛茨基：《我的生平》第1卷，第6、7章。

父亲的钱生活。他放弃父亲给他的生活费而去担任家庭教师,从舒适的住宅搬进了什维戈夫斯基的茅屋,这时已有六个学生住在那里了,其中还有一个结核病患者。这一变化使他振奋,终于自由了!那个穿着整洁而听话的中产阶级儿子——为其他孩子的父母所赞美和羡慕的对象已不复存在,取而代之的是一个真正的民粹派分子,像老一辈先驱一样,"到民间去",成为人民中的一分子,生活在一个小公社里,在那里每个人都穿着得像一个农场的雇工,都把自己的几个戈比拿出来共享,喝同样的稀汤,喝盛在公用马口铁粗碗里的粥。

老勃朗施坦有时从亚诺夫卡来看看廖瓦是否因耐不住贫穷和困难而改过自新。但没有丝毫迹象。一位后来成了著名的共产党编辑的当年什维戈夫斯基的房客还记得这个"留着连鬓胡子的高大农场主……拂晓时走进茅屋,挑衅性地、气势汹汹地站在他身旁,用洪钟般的声音吼道:'喂!你连你爸爸都躲着不见?!'"① 愤怒的场面往往和并非由衷的和解交替出现。父亲看到自己寄予廖瓦的厚望已经破灭,气急败坏;儿子在同志面前丢了脸,因为他立志要在同志中成为领导人物,所以反应激烈而无礼。两人一样暴躁,一样觉得自己正当,一样固执,一样自大,声音也一样都像洪钟。当廖瓦进敖德萨大学读数学时,情况大有好转,在他的父亲看来,与其和他那帮不三不四的朋友干什么推翻沙皇的把戏,还不如搞纯数学。廖瓦在大学里开始显示出对所学科目的非凡才能。② 但是大学的吸引力却比不上什维戈夫斯基的果园,微积分也不能胜过革命。他住在敖德萨的时间虽短,但也足以让他去跟革命家建立联系,从他们那里取得地下刊物和小册子,他带着这些刊物在胜利的喜悦中回到尼古拉耶夫市。

继之而来的是1897年骚乱的春季,3月间,一个因政治罪名关在圣彼得堡的彼得保罗要塞中的女大学生在牢房中自焚而死。这一事件在大学中激起抗议示威的风暴。当局用放逐大批大学生来报复。这又激起了新的抗议与示威,连警察横行的敖德萨也轰动起来了。从基辅来的大学生给什维戈夫斯基的果园带来新的刺激和愤慨。勃朗施坦和他的朋友们感觉到,从语言转入行动的时候到了。

当时刚从基辅来的医科大学生齐夫写道:"勃朗施坦突然把我叫到一边,

---

① 马·伊斯特曼:《托洛茨基青年时代的肖像》,第55页。
② 伊斯特曼引用了托洛茨基的一个大学同学,俄国著名的技术专家的话,他甚至在革命以后还惋惜地说,有如此非凡的数学天资的人不搞数学,这是科学的损失。参见《托洛茨基青年时代的肖像》,第59页。

极其秘密地提出要我参加他本人组织的工人协会。勃朗施坦说,民粹派的思想已被抛弃,他打算使组织成为社会民主主义组织。不过勃朗施坦避免用这个专门名词……提议称它为南俄工人协会。"齐夫继续写道:"当我参加这个组织时,一切都已筹备就绪。勃朗施坦已经跟工人有接触,而且跟敖德萨、叶卡捷琳诺斯拉夫以及其他城市的革命团体也已有联系……"①

尼古拉耶夫市的造船厂和工厂约雇用有1万多工人,大多数是报酬高的技术工人,他们有足够的余暇读书看报。然而直到那时还没有建立组织,连工会也没有。工人阶级居住区充满反对东正教教会的各种教派,勃朗施坦跟这些教派的教徒打交道,并很快看出,其中哪些人主要关心的是教义,哪些人更关注他们反对希腊东正教活动中的政治意义。他在后者中吸收南俄工人协会的第一批会员,把他们组成小组,定期集会讨论时事、阅读非法出版物。这一年年底以前,协会已共计约有200个会员了。我们根据当时一份在他们被捕后发表的俄文报告对这个组织有了详细的了解。这个协会的会员中有锁匠、细木工人、电工、女裁缝及学生,其中大多数人的年龄在20—25岁之间,但也有40岁左右的人。②索科洛夫斯卡娅也是该组织的奠基人之一。她一得知这一新的开端,就忘记了新年前夜的事,回到果园。

这个组织的名称显然是借用25年前曾存在过、其中心设在敖德萨的另一个组织的名称。旧南俄工人协会是大学生 E. O. 扎斯拉夫斯基(E. O. Заславский)创建的,就其性质来说是民粹派组织,遵循拉甫罗夫的宣传教育路线。据查,旧协会与新协会的规模大致相同。1875年警察破获了这个组织,它的领导人在大理院受审,多数成员被判处苦役。扎斯拉夫斯基和几个会员死在狱中,协会创建人之一 Н. П. 谢德林(Н. П. Щедрин)曾被两次宣判死刑,两次减刑判处终生苦役。这个因犯好多年都被镣铐铐在手推车上,直到他神经错乱;尔后又被转押到施吕瑟尔堡要塞。他在那里又受了15年的折磨,也许只有陀思妥耶夫斯基的《死屋手记》才能提供那种折磨的概念。关于这种折磨的传说仍在南俄流传,勃朗施坦之所以称他的组织为南俄工人协会,大概是表示对殉难者的敬意。他本人用的第一个化名是利沃夫(Львов)。

---

① Г. А. 齐夫:《我记忆中的托洛茨基的特点》,第18页。约在这时社会民主主义团体正在南方的大多数城市恢复,或正在建立。参见 М. Н. 利亚多夫:《俄国共产党的起源》,第310页及以后各页。

② 俄国社会民主工党机关报《工人事业报》于1899年4月1日在日内瓦出版,第150—152页载有一份协会被捕会员详细的长名单,其中有年龄、职业等有关资料。

这个小伙子一年前似乎还是一个寻常的富人子弟，一变而成为秘密组织的创始人，自愿走革命家的艰难道路，转变的迅速是惊人的。他那显然是天生的旺盛精力、饱满的热情和丰富的想象力在一般的追求中只能发挥极小一部分或根本发挥不出来。他需要为一种事业服务，而且是为一种需要付出极大牺牲的事业服务。一旦找到了这种事业，他那富有青春活力的热烈性格就充分展现出来。他的朋友和敌人都一致承认他是推动事业的灵魂、代言人和组织家，而且还是协会中精力最旺盛、最忠诚的工作者。齐夫甚至在其带有往昔敌意色彩的回忆录中也说："在尼古拉耶夫，我们的团体是第一个社会民主主义组织。我们的成就使我们十分振奋，因此我们长期处于热情积极的状态。无疑，我们应把这些成就归功于勃朗施坦，他的精力无穷，而且他多方面的创造性与不倦的干劲永不衰竭。"齐夫接下去说："许多年后这个组织的成员还自豪地回想起它的全盛时期，那时它受这个18岁小伙子的领导。他用自己的信仰、雄辩和本人的表率倾倒了所有的成员，引导他们忘记个人的所有爱好、成见，把他们自己、他们的思想、精力与时间都毫无保留地奉献给事业。勃朗施坦离开后，

青年勃朗施坦，摄于1897年

这个组织的神经突然崩断,协会再也不能恢复它开始时的热情了。"①

当然,与正规的政党或组织比较起来,协会还是一个小团体。对于它要坚决反对的那个政权来说,它正像细菌进攻巨大而衰弱的人体一样,事实上这个团体正是刚刚行动起来的大约20余个革命细菌中的一个。

在造船厂和工厂中建立起来的团体散发传单以及一份叫做《我们的事业》的刊物。传单中评论当地关心的问题、工厂和造船厂的情况、雇主及官吏的横行霸道。这些揭露产生了影响,迫使那些被揭露的人作出答复,尔后协会又用新的传单予以还击。"当从工厂和车间传来消息说工人们如饥似渴地传阅这些用淡紫色油墨印出来的神秘传单时,又给我带来多大的满足啊!他们认为传单的作者是一个强大神秘的人物,他深入到所有工厂之中,知道每一个车间发生的事,而且在24小时内就能用新传单对事件加以评论。"② 协会的机关刊物《我们的事业》也得到令人鼓舞的反响。这个团体太穷,无力出版秘密报纸。据说勃朗施坦曾提出在敖德萨施宾策尔的印刷所里秘密印刷出版报纸——他在热情澎湃之时根本不考虑这样做可能会给他的亲戚造成危害——但是他的同志说服他不要这样做。当时有一个多少有点儿古怪的好心人带着一个革命"计划",他说,推翻沙皇必须有10万卢布,用以在全俄罗斯建立1000个地下小印刷所,使反沙皇的宣言能在工人阶级的居住区里到处传播。作为开端,这个好心人赠送给小组一架油印机,勃朗施坦就此开始工作。他亲自撰写刊物上的文章和传单;亲自用紫色油墨油印(为的是使工人们阅读时眼睛不致吃力);亲自给文章加漫画插图;亲自在一个瞎眼同志的破旧住所里刻蜡版,每期印刷好几百份;他还亲自照管散发。③ 每刻一页蜡纸往往要用去他两个小时的时间。他说:"有时我连续伏案抄写一个星期,连腰都不伸一下,只有开会和小组讨论时才暂时中断。"

政治上,协会是一个地方性的反抗者兄弟会,它很单纯,并不老练。其中有些成员仍自称为民粹派,其他人则自称为马克思主义者,但是这种分歧并不妨碍他们的工作,因为他们在一个狭小的基础上活动,所以能够共同行动。他们号召工人们为增加工资、缩短工时而斗争,而在这方面,民粹派和马克思主

---

① Г. А. 齐夫:《我记忆中的托洛茨基的特点》,第21页及同书各处。
② 托洛茨基:《我的生平》第1卷,第133—134页。
③ "所有重要的技术工作,更不用说文字写作部分,都是勃朗施坦完成的。"Г. А. 齐夫:《我记忆中的托洛茨基的特点》,第21页及同书各处。

义者之间并没有出现分歧。他们避免对工人讲那些在果园中争论的政治问题。这类活动在当时是大多数秘密团体的主要活动。后来，它却因为片面强调"面包与奶油问题"而被称为"经济派"。但是使这个组织迅速成功的却正是它的片面性。如果两个团体各自提倡各自的"主义"，并因此在争取工人上展开竞争，其结果只能是混乱和失败。只有在更广泛、更坚定的运动中才能以严肃的斗争解决分歧。尽管尼古拉耶夫的协会已为其他中心区更先进的团体领导人所了解——那些领导人正准备召开代表大会建立社会民主工党，但他们不知道是否应邀请尼古拉耶夫的团体派代表出席大会，他们考虑：他的年龄太轻，是否会有损于建党大业的庄严性。这个疑问还没有解决，尼古拉耶夫的这个团体的成员就都已被捕入狱了。①

初次冒险的成功向这位青年革命家证明"书面语言的威力"，城里流言蜂起，无论是赞赏还是害怕协会的人都认为它是一个需要认真对待的因素。敌人和朋友都把它想象得比实际强大得多。所有这一切都是他——勃朗施坦的书面语言的成果。对语言威力的信任他将永远保持，直到生命结束。他在各种形势下都始终求助于他的这一得心应手的手段，他一生始终运用这种威力，有时取得震撼世界的效果，有时惨败。他在这个反抗者的小小兄弟会里曾初试他的演讲口才，但初次尝试却以窘困和流泪告终。在辩论中发言尖刻辛辣是一回事，作事先准备好的演说完全是另一回事。"他引用贡普洛维兹和……约翰·斯图亚特·穆勒……的话，但他不知不觉使自己深深陷入了一张变幻不定的网之中，其中，充斥着难以理解的夸张之词，而对思想的希望渐趋减小，使坐着听他演说的听众因为同情他而浑身出汗，不知天底下还有没有办法能阻止他讲下去。当他最后停止发言并就这个题目展开一般性辩论时，却没有一个人发言。因为谁都不知道题目究竟是什么。"这位演说者"在室内走来走去，尔后把他的脸埋在长沙发的靠垫上，浑身浸透汗水，羞愧得两肩起伏耸动，而每个人无不痛爱他"。②

勃朗施坦的品质无论优劣，在这个小团体中都逃不过同志们的眼睛，他们写下来的观察记录除了侧重点不同外，几乎在所有的事实上都是一致的。后来

---

① 托洛茨基：《十月的一代人》，第20页；M. H. 利亚多夫：《俄国共产党的起源》，第324页；阿基莫夫：《俄国社会民主工党发展特征史料》。

② 马·伊斯特曼：《托洛茨基青年时代的肖像》，第70页，齐夫说勃朗施坦仔细研究过叔本华的《辩论术》中的论战技术与诀窍。

成为他妻子又被他抛弃的索科洛夫斯卡娅约在 30 年后回忆说,他很体贴人并有同情心,但也很武断、傲慢,他只在一件事上始终不渝,即对革命的忠诚,她说:"在我一生的经历中,从来没有遇见过有这样彻底献身精神的人。"贬低他的人更加强调他的自我中心主义和盛气凌人的作风。齐夫写道:"勃朗施坦的'自我'支配了他的全部行为。"但是,他接着写道:"革命却支配着他的'自我',他热爱工人,热爱他的同志……正是为了他们,他爱护他自己。"他既然心甘情愿地放弃舒适安定的生活与美好前途,就认为别人也应这样做。当齐夫急欲读完大学的课程而开始忽视团体时,勃朗施坦给了他有力而得体的劝告。他送给齐夫一幅画,在画上题词说:"没有行动的信仰是死的信仰。"①

鼓舞他的英雄人物莫过于斐迪南·拉萨尔,德国社会主义最早的群众运动创始人。当时,拉萨尔对欧洲社会主义的影响很大——后来因他跟俾斯麦暧昧的政治交易暴露而失去光彩。年轻的勃朗施坦之所以受拉萨尔这样大的影响是由于他们有明确无疑的相似之处。拉萨尔也是有钱的犹太人子弟,背叛了他的阶级,为争取工人的解放而奋斗。他曾是他那个时代最伟大的演说家,最丰富多彩的浪漫人物之一,其昙花一现的生涯以悲剧结束:死于一场爱情决斗。拉萨尔作为第一个现代工人政党的创始人——不仅是德国的第一个——写下了历史新篇章。这样崇高、辉煌而富于戏剧性的一生能激起年轻的勃朗施坦的想象。他讲到这位心目中的英雄人物时心醉神迷,赞叹不已,立誓要步英雄的后尘,如果我们相信齐夫的话,勃朗施坦还夸口要成为俄国的拉萨尔。这个青年人并不过分讲求谦虚,无论是真诚的还是虚伪的。他既不隐瞒他的缺点也不掩盖他的自负。他惯于思索和梦想,并且沉浸在他那并不讳言的抱负之中。

* * *

他的秘密活动的第一阶段从 1897 年春天延续到同年年底。警察开始不相信在工厂和造船厂里的所有宣传鼓动都出自什维戈夫斯基果园里的几个青少年狂热分子之手,他们要追查出更有经验的领导人。这样,直到警察醒悟过来,怀疑并开始监视与勃朗施坦往来的人及其朋友们的行踪之前,协会赢得了扩大影响的时间。到年底时,协会的领导人预料到镇压即将开始,一致同意暂且疏

---

① 马·伊斯特曼:《托洛茨基青年时代的肖像》,第 87 页;Г. A. 齐夫:《我记忆中的托洛茨基的特点》,第 12、19—21 页。

散，商定隔一段时间后再恢复活动。但他们决定：如果他们不在时警察逮捕协会的工人，他们就回到城中，绝不给警察口实，使后者不能对会员群众说协会领导人把他们抛弃了。

  1898年初的几个星期，勃朗施坦离开尼古拉耶夫准备躲到乡间的一个庄园里。因为什维戈夫斯基刚在那个庄园里得到一份新工作。他到那里没多久就和什维戈夫斯基双双被警察逮捕。协会的大多数成员都在尼古拉耶夫及其附近被捕。勃朗施坦从乡间被押送到尼古拉耶夫的监狱，尔后被转送到赫尔松监狱，在那里关了好几个月。警察毫不怀疑他是这个团体的鼓动者。整个严寒的冬季，他们都把他严格隔离，关在一间不供暖、空气不流通、虱子横行的小牢房里。晚上送来一张稻草垫子，天亮拿走。这样，他在白天既无靠垫，也没有座位。不给他放风，不准他在狱中的院子里锻炼身体，也不准收受一份报纸、一本书、一块肥皂或换洗的内衣；他整天挨饿，身上肮脏，满身是虱子；他在牢房里踱步，敲敲墙壁，看隔壁牢房里是不是有人——没有，他重新踱步，数着踱了多少步，设法驱除寄生虫。这几个月的单调生活甚至没有让一次提审打断过，甚至连指控的罪名也没有告诉这个囚犯。这种旨在在精神上搞垮他的待遇比起其他几个协会成员所受的刑讯来说还是轻的，有些成员在拷问下自杀，还有些人被折磨得精神错乱或被搞垮，更有甚者竟同意充当告密者。他承认说，"有时我也被孤寂……折磨得无法忍受"。但他对自己的牺牲感到精神上的满足，他写了革命的五行诗，后来成为十分流行的革命歌曲。当他将近离开这座监狱时，警察发了慈悲，他母亲贿赂看守成功，送进几包食物、肥皂、麻布内衣以及水果之类的"奢侈品"。

  为了审讯查证，他终于被转解到敖德萨监狱，在那里又被关押了一年半，直到1899年年底。他在那里也是关在单人牢房里，但是他却能与朋友们进行秘密联系。① 监狱人满为患，但却由于不断有活动、密谋策划和恶作剧而充满生机。他兴致勃勃地取笑负责侦查此案的宪兵中校。为使自己作好应付审讯官的准备，他必须摸清宪兵对协会的情况究竟掌握了多少，并且把摸清的情况通知其他牢房中的同伴，"他的任务……并不容易。……他必须告诉我他被捕的全部经过以及随之发生的情况。扼要地叙述他自己的供词。……这一切既要表

---

  ① 就是在这个监狱里，协会的成员得知有关社会民主工党成立"代表大会"的消息，那次代表大会刚刚在明斯克举行。他们激动地把这一消息从一个窗口传到另一个窗口。托洛茨基：《十月的一代人》，第20页。

达明确，使我对发生的一切有尽可能充分的了解，还要做到，即使信件万一被截获，其中也不至于有对他自己不利的线索。他把这些事做得天衣无缝。他写了一篇才气横溢、冷嘲热讽的文章，这是一本出色的小册子"①。他开始把自己的经历转化为文学作品。

因为得不到罪证，审问拖延下来。这期间勃朗施坦贪婪地阅读他所能搞到的书刊。起先只读在监狱图书馆里可借到的书籍和期刊，但后来也阅读从外边送进来的书，监狱图书馆里只有宗教著作和教会的期刊。为学习语言，他同时读德文、法文、英文和意大利文的《圣经》。后来他拿到希腊东正教期刊的合订本，其中充满对不可知论者、无神论者，特别是对共济会会员的攻击，他后来写道："有学问的东正教作家们对伏尔泰、康德和达尔文的攻击把我引入以前从未接触过的神学思想领域，原先我根本想象不到倾泻这些思想的形式是多么荒谬、迂腐、离奇。""对妖魔鬼怪、撒旦以及它们的黑暗的鬼怪王国的研究使我震惊……对天堂内部结构的热情探索总以忧郁的调子结束：'没有确切地标明天堂的位置'；我在吃饭、饮茶和散步时都反复说这句话：极乐世界的地理经纬度也没有标明。"② 跟固执的监狱看守进行神学争论是他最爱好的消遣。一般来说，对宗教作理性主义的否定，是当时有教养的俄国人的特点，不论他是激进派还是社会主义者，抑或只是温和的自由派，也不论他出身于希腊东正教或犹太教的家庭。犹太教信条在勃朗施坦的教养方面完全没有起过作用，而了解希腊东正教也只是在牢房里才开始的。犹太教教徒和希腊东正教教徒都是这样蒙昧，都是这样顽固，拒不理睬任何新思想——在这方面，他们远远落后于新教徒，甚至落后于天主教教徒——因而蛮横地排斥有教养的甚至有点儿教养的人。他不能和宗教妥协，因为宗教本身拒绝向人类头脑中任何现代倾向妥协。

当他饶有兴味地钻研这些宗教著作时，他还力图从这些书里争论的概括以及歪曲中摘取他原先所不了解的那些受教会谴责的哲学和社会制度的主要内容。他探求线索，使他能重新建立自己对这些恶毒理论的见解，尔后按照他的见解和用马克思主义方法加以评价。他收到从狱外送来的几本对他更有直接帮助的书。他读了达尔文的著作，这些著作坚定了他天生的无神论。25 年后他

---

① 齐夫：《我记忆中的托洛茨基的特点》，第 28 页。
② 参见伊斯特曼的《托洛茨基青年时代的肖像》中所引托洛茨基致伊斯特曼的信，第 113 页；托洛茨基：《我的生平》第 1 卷，第 141 页。

回想起，达尔文对孔雀羽毛的花纹自然形成的叙述是如何永远消除了他心中的上帝概念的，而他在得知达尔文本人不是一个无神论者时又是何等震惊。① 后来，意大利马克思主义者安东尼奥·拉布里奥拉（Andonio Labriola）的哲学论文使他和目标更接近一些：拉布里奥拉的思想和文风不带教条气息，明晰而且优美，给他留下难忘的印象。此时他对拉布里奥拉书中的论题虽只是一知半解，但已得到研究马克思主义更可靠的线索。

他当时根据这种不可靠的观点加上用从希腊东正教原始资料中引出的不严密的论据就试图撰写一部唯物主义的共济会史，在这一具体的历史分析中，对他关于马克思主义的粗浅看法加以检验。这是他的第一部大部头著作，也是他终生难舍的著作：在早期的一次流亡中将它丢失后，他总是为此感到伤心。我们固然不必对他早期作品怀有他那样的深情，但我们可以设想这些文章是他撰写马克思主义历史著作的最初尝试。他的许多文章常常放在监狱厕所的隐蔽处供他的朋友们阅读，其中有一篇是论述个人在历史上的作用的，这是一直引起马克思主义者和民粹党人争论的问题。"我没有揭示任何新东西，我得出的所有结论都是别人早已得出的。……但在某种程度上是我独立地摸索出来的。我认为这对我的整个发展过程很有益处。至于那些我在狱中觉得是我自己的还有待检验和论证的推测，后来我在马克思、恩格斯、普列汉诺夫和梅林的著作中得到了证实。……历史唯物主义不是以教条的形式一下子灌输进我的头脑的。"②

在狱中的第二年将近结束时，这些努力占据了他的头脑并使他保持精神愉快。他在心智方面已从青少年期进入成年期。在监牢里，除了思考和反思外，便没有其他的事了，因而他的这一过渡期被缩短了。

* * *

1899年年底，囚犯们收到行政判决，也就是说未经审理的判决。判处勃

---

① 1923年他在对莫斯科斯维尔德洛夫大学学生的讲话中说："我终生不会明白达尔文在这方面是否真诚，抑或只是他为传统信仰尽义务。"《十月的一代人》，第55—56页。
② 托洛茨基：《我的生平》第1卷，第147页，据齐夫说，勃朗施坦在敖德萨监狱里还写过一篇论工资的论文，他在文中论证说计件工资比计时工资更可取，因为更有助于提高生产率。在那时候他会这样具体论述一个经济问题，看来几乎是不可能的。1906—1907年齐夫又跟勃朗施坦一起被关在圣彼得堡监狱，大概他把他的朋友几年以后写的文章说成是在敖德萨时写的了。

朗施坦和三个会员流放西伯利亚四年；其他人短期流放，还有几个人获释。不久后流放犯开始了艰苦跋涉。先把他们押解到莫斯科，他们在羁押解送犯人的监狱里等候了六个月，不但没有对他们进行公正的审讯，而且两年半的关押期也没有从刑期中扣除掉。

勃朗施坦在莫斯科的监狱里结识了来自俄国各地的更有经验的年长的革命家，他们也在等待最终流放。这里有新的面孔、新的推动力、新的思想，他在这里第一次听到关于列宁的情况，读到刚出版的列宁的力作《俄国资本主义的发展》。他在这里第一次知道俄国北方的秘密运动已发展到更高的阶段。在西欧进行的思想斗争甚至在这个监狱的围墙内也会立即引起反响。在一个个囚室间传递的许多书籍中，有爱德华·伯恩斯坦的著名著作《社会主义的前提和社会民主党的任务》，这是一个著名的德国社会民主党人首次公然试图使工人运动脱离马克思主义革命观而赋之以渐进与改良主义性质的论著。伯恩斯坦的这本著作在欧洲社会主义的两翼——"正统马克思主义者"和"修正主义者"之间引起了一场在当时看来是重大的斗争。而这在"羁押解送监狱"里的囚犯中并没有引起慌张，没有一个人愿意为和平长入社会主义而放弃革命道路。

勃朗施坦在这种新环境里没有丧失自信，他继续读书、辩论，不断写出一篇篇论文和一本本小册子。他计划在监狱里，就在警察的鼻子底下建立一个印刷所。但在他的同志们看来这样太冒险，所以他不得不满足于人们传阅他的手稿。他的伙伴已经觉得：他的想象力有时看来太大胆，向当局挑战的意愿太轻率。他在赫尔松时曾不顾阻力说服他的同志发动绝食来抗议警察的提议，那提议内容是：可以释放青少年犯人，但条件是，他们的父母要好好地揍他们一顿，管束他们不要参与政治——这是对"青少年革命者的自尊心的侮辱"。在莫斯科监狱里，他又一次勇气十足地捍卫犯人的尊严。一个犯人没有向典狱长脱帽而被罚关入单人牢房，勃朗施坦马上发动一场团结一致的示威：

> 在简短的会议上决定：我们都要戴着帽子出去，要看守给典狱长报警。当然，典狱长来时，我们都不脱帽。情况会决定我们下一步怎么办。看守……拒绝发警报，我们拥上去围住他，勃朗施坦站在我们前头，拿出他的表，极有信心地说："我给你两分钟去作决定。"……尔后他把这个惊慌失措的狱辛推在一边，自己用优美的戏剧性动作按下信号钮。我们戴

上帽子向院子走去。典狱长在一大队武装看守的簇拥下跑进院子。"你们为什么不脱帽?"他大叫起来,朝勃朗施坦扑去。勃朗施坦站在我们前头,用极蔑视的态度傲慢地回答说:"您呢,您为什么不脱帽?"①

几个魁梧的看守把这位战斗不息的反抗者架走,关进单人囚室。

对当局,或像他自己所说的,对阶级敌人要严厉、轻蔑,而他对同志及其亲属则很热情。甚至有些感情用事。监狱允许囚犯每周两次会见亲属,勃朗施坦在会见时"不但对他自己的女朋友、即未来的妻子……而且对所有来探望丈夫和兄弟的妇女都表示出感人的体贴;他的骑士风度使她们都为之倾倒"。②这些妇女常常把(关在牢里的)男人们的内衣拿回家去洗;但勃朗施坦却不愿享受这类慰藉,自己洗、补他的内衣,并且嘲笑革命家们上了资产阶级习气和偏见的当,以致用这样的家务工作去加重妇女的负担。他从会见室回到牢房后"常把他过多的体贴都用到我们身上,爱抚我们,吻我们并拥抱我们"。他的温暖的友情使人铭心刻骨,以致在数年之后他原来的朋友们(那时已经成为他的敌人)都因他在革命和内战中的无情感到迷惑。

在莫斯科监狱中的这段时间,即 1900 年的春季或夏季,他跟亚历山德拉·索科洛夫斯卡娅结了婚,一位犹太籍的监狱牧师在牢房里主持了婚礼,新郎向一个监狱看守借来一枚结婚戒指。这桩婚事有点暧昧之处。流放政治犯安排假结婚是常有的事,因为一对已婚夫妇有权利流放到同一个地方,这样就可以避免完全与世隔绝。假结合往往发展成为真结合。勃朗施坦和索科洛夫斯卡娅最初是如何看待他们的婚姻的,我们并不清楚。但他在《我的生平》中对这场婚姻只用一种超然而冷淡得出奇的措辞一带而过,使人认为这意味着结婚是假的。他说:"共同的工作把我们紧密联系在一起。为了不被分别流放到不同的地方,我们举行了婚礼……"③ 然而目击者的叙述却否定了这一结合的性质是平淡的这种说法,它描写了在这两个以前争论对手之间既恨又爱的矛盾感情是如何转变为恋爱的。在狱里以及在莫斯科到西伯利亚途中,勃朗施坦心中充满爱情,在军队押解下持续两周的路程中他沉溺在爱情中,完全忘了他的朋友,忘了讨论。据内在证据,目击者的叙述看来是真实的。顺便说一句,结婚

---

① 齐夫:《我记忆中的托洛茨基的特点》,第 39 页。
② 同上,第 36 页。
③ 托洛茨基:《我的生平》第 1 卷,第 148 页。

并非儿戏。勃朗施坦在赫尔松监狱里第一次想到结婚。但不必取得父母许可的时代尚未来临,他父亲反对,不许儿子娶一个年龄大这么多的姑娘,娶一个会把儿子引上邪路——老勃朗施坦对此深信不疑——的姑娘。齐夫曾写道:"廖瓦大发雷霆,并竭尽全力地抗争,而且极其顽强。但是老头子也同样固执,并占有在监狱铁窗外面的优势,老头子胜利了。"廖瓦在莫斯科再次作努力,这一次他成功了,如果是假结婚的话,他大概用不到那样"大发雷霆"。

1900 年,勃朗施坦在东西伯利亚流放地

从莫斯科到流放地的路程因在几个羁押解送监狱"作短期羁留"而断续,以致从夏天一直拖到晚秋。整批流放犯乘火车到伊尔库茨克,他们在那里被分别押解到不同的目的地。勃朗施坦夫妇则乘一艘大驳船沿勒拿河顺流而下,大驳船上挤满穿白衣的阉割派①,他们唱祈祷歌,狂热地跳舞。命令勃朗施坦夫

---

① 阉割派是受迫害的狂热教派,他们自行阉割,过圣洁("阉割圣人")的生活。他们在公社中生活,大多数是园丁,穿着白色衣服,用祈祷来消磨晚上的时间。这个教派以《以赛亚书》为根据:"耶和华如此说:那些谨守我的安息日,选择我所喜欢的事,持守我约的阉人,我必使他们在我的官殿中,在我的室内有位置,比有子女的更美。"(第56章第4、5节)据说,有几个沙皇(如亚历山大一世)也属于这一教派。

妇在乌斯季库特村上岸，这个村在勒拿河淘金热期间曾是东西伯利亚的一个移民基地。此时淘金者已去到更远的东部和北部地区，乌斯季库特成了一个被上帝遗弃的凄凉地方，约有100家肮脏的农舍，小咬肆虐。苦于发财梦没有实现的居民发狂地沉溺于伏特加烈酒之中。勃朗施坦夫妇在这里逗留了一段时间。他在这段时间里研究了马克思的《资本论》，阅读时不停地把蟑螂从书页上掸走。后来他们获准迁到东边250俄里远的地方，他在那里替一个不识字的百万富翁记账。他的雇主在广大的区域内经商，是通古斯居民的无冕帝王。勃朗施坦注视着在这个西伯利亚处女地上发展起来的巨大的资本主义企业——将来他要以此为例来说明落后性与资本主义发展相结合这一俄罗斯特点。社会观察与聚精会神地记账不能兼顾，勃朗施坦由于记错了一笔账而丢掉了工作。在严寒的冬季，在华氏零下90°的严寒中，勃朗施坦夫妇乘雪橇回到乌斯季库特。他们带着他们那出生刚刚十个月的女婴，用厚皮袄把她裹着。每到一站，婴孩的双亲都要打开厚皮袄，看看是否他们为使婴儿不至于冻死而把她闷死了。

他们从乌斯季库特迁到高耸在贝加尔湖之上的高山中的韦尔霍连斯克，这地方位于去伊尔库茨克的途中，他们在那里住进一栋小房子，比较舒服地定居下来。韦尔霍连斯克是东西伯利亚最老的居民点之一——35年前，波兰起义者曾被流放到这里筑路，而现在这个地方已有一个不小的流放犯人居住区了，它和伊尔库茨克通邮很方便，成为西伯利亚这一带最重要的城镇。勃朗施坦在这里有充分机会继续他的研究，发展他的思想，建立有效的联系以及用不止一种途径作自我介绍。不久，他就深深陷入流放区里正在进行的辩论中，而且发挥日益增长的影响。他通过演讲、辩论和写作阐明他的立场：拥护社会主义，反对无政府主义，赞成群众斗争，反对恐怖主义，拥护马克思主义哲学，反对主观主义哲学。前几年，他已接受了马克思主义哲学的主要内容，此刻，他在西伯利亚终于坚决认同了社会民主主义思潮。当时社会民主工党西伯利亚协会刚刚壮大起来，正在流放犯人及修建横跨西伯利亚铁路的工人中征集会员。协会跟勃朗施坦接近，要求他写传单，他欣然同意。很快，这个组织就把他看做是他们的领袖及发言人。两年后，他参加在布鲁塞尔和伦敦召开的党的重要代表大会时，就是代表这个西伯利亚协会的。而党也就是在那次大会期间分裂为布尔什维克和孟什维克的。

第二章 追求理想

1901年春天发生的一次突然的骚动是沙皇帝国国内舆论起落的一个标志。大学和工厂里又爆发了暴风雨般的示威和罢工,几千名大学生被捕,许多人被征召入伍——这是1899年颁布的一项新惩治法,许多人被流放,圣教公会开除了列夫·托尔斯泰的教籍。1901年2月,一个姓卡尔波维奇(Карпович)的大学生枪杀教育大臣博戈列波夫(Боголепов)。作家协会抗议警察当局对学术生活的粗暴控制。社会党国际发表庄严的声明谴责沙皇。秘密组织又得到了新鲜血液,新来的流放犯把清新的空气带进西伯利亚的各流放区。勃朗施坦根据新来者的叙述估计反沙皇者的力量,他得出的结论是:政治骚动尽管激烈,但因为秘密组织不懂得如何对此加以利用,也不懂怎样引导它反对独裁政府,终归会彻底失败的。地下组织如雨后春笋,但只能各自为战,每个组织都只全神贯注于当地事件,而且各有其抱负,这就需要有全国性的协作和领导。首先提出这一观点的人并不是勃朗施坦。在国外的老一辈马克思主义者普列汉诺夫、列宁、马尔托夫及其他人在新创办的《火星报》上都在阐述这一观点,但《火星报》的第一期是几个月前在德国出版的,还没有到达在维尔霍勒恩

1900年12月24日在莱比锡正式出版的第一期《火星报》

斯克的流放犯手中。勃朗施坦在一篇文章中阐述了他的这一观点，这篇文章在西伯利亚的流放区中广泛传播，引起热烈的争论。这篇现在鲜为人知的文章之所以引起传记作家的注意，是因为在文章中明确地阐述了关于党的组织与纪律的观点，这些观点与后来成为布尔什维克特点的东西是相同的，但在当时却遭到尖刻恶毒的批评。①

1901年，他的论点是：革命如果不受一个坚强的中央委员会的支配，如果这个中央委员会没有权力去解散无纪律的组织或开除不守纪律的组织或个人时，革命运动就必定会成为弗兰肯斯泰因所创造的恶魔。"中央委员会要与它（无纪律的组织）断绝关系，因而也要切断该组织和世界革命的关系。中央委员会将停止为该组织提供文件资料，停止供给资助，要派自己的小分队……到现场参加斗争并给它必要的资助，中央委员会要宣布这支小分队就是地方委员会。"对此，人们可能会说：概括起来，这就是清洗、开除、革出教门的全部步骤，他自己最后也被人用这些步骤切断了他和世界革命的联系。然而在当时，俄国的革命运动如果没有全国的一体化和纪律，确实不能前进一步；而全国性的领导有时必然要坚决地把这种纪律强加给那些不愿服从的团体。② 勃朗施坦最初系统地提出这种观点时，就给自己招来了指控，而这也正是他后来有一天用来指控列宁的罪名。有些流放犯论证说，勃朗施坦的观点从马克思主义退到了民粹派的观点；社会民主党人寄希望于工人群众，而不是少数领导分子，因此他们无需授予中央委员会那种在褊狭的阴谋集团中不可或缺的独裁权力。现在我们且不去深入地研究这场争论所涉及的事，因为在其更高的发展阶段上，它将成为本书叙述的主题。但重要的是，要注意争论的开端一直可追溯到1901年。

然而我们对这些活动远不如对勃朗施坦在西伯利亚那些年的文学成就那样熟悉。他到达西伯利亚后很快就开始为在伊尔库茨克出版的进步报纸《东方评论》写文章，稿子署名是安季特·奥托（Antid Oto），这个源于意大利文

---

① 参见托洛茨基：《俄国社会民主工党第二次代表大会（西伯利亚代表团的汇报）》，第32页。他给西伯利亚协会作关于党的第二次代表大会的报告，在报告的附录中引用了他1903年在西伯利亚写的文章，他试图解释为什么他不顾他在西伯利亚所主张的观点而站在孟什维克一边反对布尔什维克的原因。起初，西伯利亚协会像南俄协会一样，其性质是"经济派"的。1902年时，它才承认革命的政治对经济有至高无上的权威，它在勃朗施坦的影响下加入火星派组织，后来，这个联合会被孟什维克吸收。

② 尔·马尔托夫：《俄国社会民主工党党史》，第62—72页。

"antidoto"的笔名很适合充溢其文章的反抗精神。他以"安季特·奥托"这个笔名在西伯利亚的流放区声名鹊起，而且他的名声通过从流放地回到俄罗斯的流放者传到彼得堡、基辅的革命圈子里，甚至传到流亡西欧的人士当中。[①] 他当时的文章后来重刊在他的全集第4卷和第20卷中，都是些介于文学和报刊文章之间的作品——按照20世纪中叶简短扼要的报刊文章的标准，当然应把这些文章归入文学类。他撰写社会通讯及文学评论，前一类主要包括关于西伯利亚农民生活的文章，其风格是从容描写与尖刻讽刺兼而有之。他的这些文章深受天才的悲剧性民粹党人格列勃·乌斯宾斯基（Глеб Успенский）的影响。格列勃·乌斯宾斯基对农民、手工业工人及小官吏生活的现实主义但又极度伤感的描写暴露了沙皇帝国的伤疤，揭示了它的苦难，为"暴露文学"树立了很高的标准。

"自从这位老作家对当时情况进行评述以来，已经过去约1/4个世纪了，现在是要看看从那时以来俄国的农村和小城镇究竟起了多少变化的时候了。"安季特·奥托直接乞灵于乌斯宾斯基，步他的后尘。他论述同类人物，如农民和小官吏、受害者和心灰意冷的人，以同样的同情和怜悯对待他们——只是他的愤激更尖锐、更强烈。因为他的文章必须受检查官的审查，所以他并不直接攻击政府。但是这种约束使他那种克制的愤怒与嘲弄给人的印象甚至更深。他的语言流畅易懂，尽管文风有些造作——往往堆砌辞藻，有时有些夸张并过于雕琢，但丰富多彩而意味深长；他的全面而深入的观察、生动的描写以及意想不到的对比和形象弥补了由造作的文风形成的缺憾。"我们的乡村在经济上受富农的掠夺，在肉体方面受梅毒及各种流行病的摧残，精神上则生活在暗无天日中……"，他在一篇文章中这样描写西伯利亚乡村不卫生的情况以及乡村医生的命运，"我们的乡村在沉默中因疾病而濒于死亡。"他还写道，把精神病人关在监狱里进行观察，因为没有医院，监狱就成了"当地卫生局的精神病科"。有一个例子：两个无家的病人，一个是老起义者，一个是老宪兵——就是这个老宪兵曾押送这个起义者到流放地——因为没有其他收容所，他们就住在同一间囚室里。医生们也都与世隔绝，孤立无援，情绪低落。或许地区医务人员会议能使他们摆脱冷漠状态。[②] 另外一次，他再次要求建立西伯利亚的当

[①] 作者本人认识一些老一辈的前流放者，他们在本世纪20年代和30年代时在谈话中还是用安季特·奥托来指称托洛茨基，例如，他们常问："安季特·奥托对时局有什么看法？"

[②] 《托洛茨基全集》第4卷，第17—42页。

地政府，他写道，在欧洲部分的俄国，地方自治机构在当地问题方面至少还有些发言权，但在乌拉尔以东，行政机关觉得每个地方自治机构都要造反，因而，即使当地政府基层机构遍布各地，农民在其中也不过充当"沉默的象征"，贵族收入3000卢布的就可派一个代表，而农民却要收入43000卢布才可派一个代表。

他用描绘西伯利亚乡公所（包括管理几个乡村的行政区）的一个办事员的人物素描来说明行政机关不合时代的性质。一名办事员担负着多得惊人的工作：他负担着内务部的工作，为陆军部征兵，为财政部收捐税，为农业部准备统计数字，他还是司法部、教育部和宗教各教派的地方代理人。只有海军部和外交部没有让他办事；但连这点也不能保证。这个办事员集财税代理人、统计员、农艺师、筑路工程师、建筑师、公证人、法官的所有工作于一身，而他甚至连薪俸都不能定期领到。结果呢？他呈送上级机关的半真半假的统计数字都是他在那里编出来的，而这些又作为许多官方调查研究的根据，于是成为负责鉴定的头头们激烈争论的对象。① 勃朗施坦有一系列文章主要描写"家庭妇女的苦难"：俄国农民残酷鞭打他们的老婆，西伯利亚的富商也是这样对待其妻子的。

这些文章在半个世纪以后仍有文献价值，可以想象得到文章在当时产生的影响。书报检查官在审读这些文章时疑心越来越多，越来越频繁地删掉某几节或整段。这不断迫使作者采取规避的新手段，用暗示及隐喻表达他的用意。当他那"无防护的手"再也不能冒险去抓住棘手问题时，他只好抱歉地把要写的文章转化成半小说的文体。

有反抗性的作家往往在文学批评中找寻避难所，以防审查制度的袭击，勃朗施坦也是如此，然而就他来说，文学批评远不仅是用来当做阐明政治观点的一种合适的依托。他把文学批评作为使命来做。即使在他开始试图从马克思主义的角度探讨文学时也没有沾染那种狭隘的政治功利主义，而所谓马克思主义的批评却往往以功利主义为主要特点。他的探讨是分析而不是说教，而他对审美价值的生动评价和欣赏使他的探讨内容更丰富。他是一个不知魇足的读者。在西伯利亚的两年中他写过论尼采、左拉、豪普特曼（Hauptman）、易卜生、邓南遮（D'Annunzio）、鲁斯金（Ruskin）、莫泊桑、果戈理、赫尔岑、别林斯

---

① 《托洛茨基全集》第4卷，第3—7页及同书各处。

基、杜勃罗留波夫、乌斯宾斯基、高尔基以及其他作家的文章。他在历史和文学方面的联想及引喻范围极广,尽管其中有些纯属年轻人卖弄学问因而必须加以摒弃之处。像马克思主义者必然会做的那样,他首先注意的是隐藏在文学作品后面的社会动力、道德伦理和政治气候,对此,诗人和小说家给予个性化的表现,而文学作品反过来也对那种气候发生影响。

但在这些文章中没有丝毫庸俗马克思主义的东西,后者声称在每首诗、每个剧本和每本小说中都能发现隐藏着经济的或政治的阶级利益。勃朗施坦没有宗派观念,这是难能可贵的,对一个20—22岁的人来说就更难得了。宗派观念会使一个革命家把任何不合他自己观念的、对他是无用的精神价值都加以谴责。在年轻的马克思主义者身上,这种态度通常是内心不稳定的一个症候:表明他没有真正消化他新找到的哲学;他所信奉的原则对他的思想来说是外在之物;与其说他是出于真诚信仰而成为历史唯物主义者,莫如说是出于责任。任何看来同他没有完全消化的哲学相矛盾的东西,他对之痛斥得越猛烈,就越是心安理得,他的责任感就越能得到满足。所以,在年轻的勃朗施坦身上,没有宗派观念是一个迹象,表明他多么真诚地想使马克思主义的思想方法成为他自己的思想方法,而且也是一个测量他对之确信程度的尺度,因而他才能摆脱唯命是从的宗派主义。对那些思想背离或直接反对社会主义学说的作家,他往往对他们的天资或才华大加称赞。他这样做不但出于公正,而且也由于确信"人的精神财产如此丰富,而又这样千差万别",只有"站在伟大前驱者肩上"的人才能讲出确实崭新而有分量的话。这位21岁的作家坚定地认为,革命的社会主义是要去完善而并非抛弃伟大的文化传统,它所否定的只是守旧的、因袭的传统观念。他并不害怕去发现社会主义和非社会主义观点可能有部分重叠或相符之点,也不害怕承认在总体上为他所拒绝的任何观念中也有不容怀疑的真理的坚实核心,或者说有一点儿真理的东西。①

在到达西伯利亚后的一两个月中,他的第一篇文学论文是一篇悼念尼采的批评性文章,从1900年12月开始分几期在《东方评论》上连载。在他能选取的主题中没有比尼采的作品更使他为难的了,因为尼采仇恨社会主义已恶名昭

---

① 他在一篇论"俄国小说奠基者"果戈理的文章中得出如下结论:"如果果戈理试图削弱他自己作品中的社会意义……我们就不要抓住这一点反对他吧,如果他在其政论文章中诱惑了小人物中的某些人——我们就原谅他这一点吧!为了他无可估量的伟大文艺功绩,为了他创造性作品的崇高人道的影响——愿万古流芳的光荣归于他!"《托洛茨基全集》第20卷,第20页。

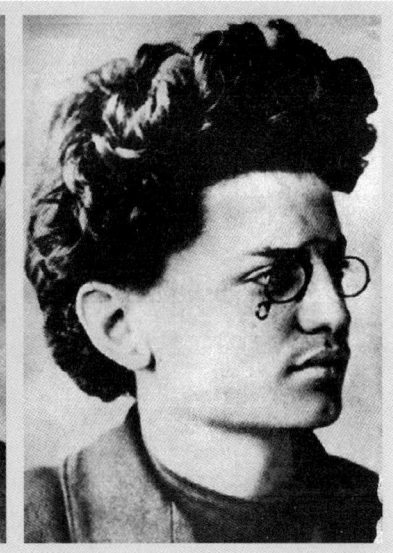

青年时代的托洛茨基，摄于1900年，存于沙俄警察局档案

著，而其对超人的崇拜更使社会主义者厌恶。勃朗施坦在论文的开头为文章的批评语调致歉说："我们应心平气和地对待……敌手的人格，我们应……赞扬他们的真挚及个人的其他优点。但是一个敌手，不论他真挚与否、活着或已去世，仍然还是敌手，尤其当他是一个还有作品垂世的作家……"他指出超人的思想如何从标准的资产阶级道德中产生，又怎样与那种道德对立。他认为，尼采总结并得出极不合逻辑的，或更确切说是缺乏逻辑的结论——蔑视群众，这在标准资产阶级思想中根深蒂固。为了证明这一点，这个批评家说明了尼采有多少观点在维多利亚时代中产阶级代表性的哲学家和社会学家赫伯特·斯宾塞的著作中不是已暗示过就是已明白说过的。超人思想和资产阶级道德的对立只不过像超标准与标准的对立而已。不道德的超人与正直的中产阶级的关系正如中世纪晚期的强盗骑士（其准则是：在本乡本土上抢劫同宗同胞并不可耻）与封建主的关系一样。尼采的超人理想就是不受约束、剥光伪装的贪婪的资产阶级。尽管如此，社会民主党人对尼采指出的中产阶级乏味的伦理标准如何脆弱这一点，只能赞赏他的精彩和独创性。[1]

勃朗施坦在一篇评易卜生的文章中又回到这个问题上，他在易卜生身上看

---

[1] 《托洛茨基全集》第20卷，第147—162页。

到这位不朽的剧作家同伪善者的斗争。①"欧洲社会思想史学家永远不会忘记易卜生给市侩那头发梳得整整齐齐、洗得干干净净、自鸣得意的面孔所掴的几记耳光,那几记确实令人痛快的耳光。"例如,易卜生在《人民公敌》中揭示了资产阶级民主是如何无需施加一点儿暴行就能阴险地孤立并消灭一个异端者的(像把他流放到西伯利亚一样有效)。但是这位社会民主党人却不能赞同易卜生剧本中主人翁的超人态度:不信赖人民,蔑视多数人的政府。这位社会民主党人认为,人民、多数人并不是包罗一切智慧的源泉:"如果讲的是要求'群众'对科学理论或哲学体系的正确性作出判断……易卜生大概会正确一千倍。……一位达尔文派的学者关于生物学问题的观点比起十万人大会上发表的集体意见要重要十万倍。"(作者想象不到,50年后,在他的国家里在群众大会上告发"不忠诚"的生物学家或语言学家会成为惯例。)"但在利益严重对立的社会实践领域中,问题就完全不同了。……在这一领域,多数镇压少数,只要它符合真正的社会力量的对比,而不是用人为的手段临时搞出来的,它就比往往是在黑暗掩盖下的少数镇压多数优越得多。"然而,易卜生的不信赖"人民"却是表示一个艺术家对资产阶级社会的反抗,马克思主义者应对此表示理解和同情,尽管他们自己反对资产阶级社会是从不同的前提出发的,而且所用的方法也不相同。

勃朗施坦作为一个马克思主义者并没有受为艺术而艺术这一主张的影响。"(这种艺术)像一只风筝能飞上高空,地上的万物都淹没在灰暗平淡中,但是即使它飞到云端以后,这种可怜的'自由'艺术仍然还是系在一根结实的线上,而在地上的那一端紧紧掌握在市侩的手里。"② 他对另一位作家写道:"没有伟大综合能力的文学是社会疲惫无力的征兆,是急剧过渡时期的特点。"③ 因此他用批判眼光看当时流行的象征主义潮流。但是他这样看并不是因为他喜爱狭隘的现实主义。相反,他说:"文学不论如何逼真,仍然总是象征性的。……艺术的目的不是在经验细节上复制现实,而是找出普遍典型特征,用以揭示生活的复杂内容。……从广义上讲,每一个艺术典型都是象征,更不用说像梅菲斯特、浮士德、哈姆雷特、奥赛罗这样高度象征性的形象,它们是人类灵魂'特定时刻'的艺术体现……"然而他认为象征派实际上是试

---

① 《托洛茨基全集》第20卷,第181—195页。
② 参见论霍普特曼一文,见《托洛茨基全集》第20卷,第170—181页。
③ 论巴尔蒙特一文,见《托洛茨基全集》第20卷,第167—170页。

图把手段抬高为目的，这样，就把象征从加强表现人的感受的手段降低成为逃避感受的手段。

他对欧洲文学的兴趣正像他反对俄国官员及部分民粹党人的民族自大狂一样强烈。他奚落斯拉夫文化优越论者的自我吹嘘：不必向西方学习，俄国人自己已经作出一切伟大的创造发明——"俄罗斯土地能培养出自己的柏拉图和机智的牛顿"①。这种"西方化"思想在当时是所有马克思主义者和自由派所共有的，它并不意味着对19世纪俄罗斯精神遗产的否定——俄国伟大的文学传统不能追溯到更远。大多数俄国思想家及作家都是反抗者，而革命的知识分子都钻研他们的著作。因为在勃朗施坦的童年及青年时期，可能使他成为革命家的经历很少，所以促成他自行切断他与童年及青年时期的联系的正是反抗文学的影响。我们知道他深受格列勃·乌斯宾斯基的影响。1902年乌斯宾斯基发疯而死时，勃朗施坦曾引用乌斯宾斯基的话来自我表白，说他成年时的反抗者的生活和他的童年及青年时期的生活几乎毫无联系，并说他在形成新的个性之前已经忘记了他的过去。当然，这话对悼文的作者来说更为确切。他写道："乌斯宾斯基以危及自己生命的极高的洞察力理解了现实生活，在对应有的生活的渴望中消耗殆尽。他追求真理而得到的是谎言；他追求美而得到的是丑；他追求理性而得到的是疯狂。"②

对反抗文学的其他领导人物如别林斯基、杜勃罗留波夫，其次对赫尔岑，勃朗施坦钦佩他们与被压迫者打成一片、不计较世俗的成就、出淤泥而不染的品格以及为追求真理而彻底献身的精神。他认为乌斯宾斯基虽是民粹党人，但没有民粹党人的偏见和幻想："在众多为自己的无畏思想而殉难的人中，唯有他那痛苦的洞察秋毫的目光超越他同时代人及其同志的头脑……直视未来。"他说，别林斯基"这位现代俄国文学的教父认为，一露头而马上成功而且得到无条件赞扬的绝不可能是重要的或伟大的——只有意见纷纭……经过真正斗争而发展成熟的，只有反对生存障碍、维护自己的权利的，才是有意义或伟大的"。批评家高度评价杜勃罗留波夫，称赞他对任何虚伪音符都极为敏感，对即使是无害的陈词滥调也不能容忍。使杜勃罗留波夫最为苦恼的是不得不听一

---

① 《托洛茨基全集》第20卷，第116—118页，1901年11月发表的关于《俄国的达尔文》的讽刺文章。

② 关于乌斯宾斯基，勃朗施坦写过两篇悼文，一篇写给《东方评论》，另一篇写给《科学评论》，见《托洛茨基全集》第20卷，第33—40、41—67页。

个人热烈论证同类相食的不人道或教育的益处。勃朗施坦断言说:"只要伟大的英雄主义还为区区琐事而趾高气扬……只要还认为宣扬廉价的自由主义入门是社会功绩,杜勃罗留波夫的讽刺仍是重要的题目。"①

对勃朗施坦的文学批评的这种概括经过不可避免的压缩,因而对他的文章的成熟性说得可能有点儿过头。他的过于精雕细琢、过于堆砌辞藻、过于才气横溢的文风仍然是青年人的文风;但就整体说,他的判断力是成熟的。在传记作者看来,作者含蓄的自我分析和自画像中的不少精彩之处提高了这些文章的价值。然而,年轻的勃朗施坦更直接地把自己的观点集中体现在对20世纪的祈求上(早在1901年写的题为"论乐观主义与悲观主义,20世纪及其他许多问题"的文章)。② 在文章中他分析了形形色色的乐观主义和悲观主义,声明他偏爱那种对目前悲观但对将来乐观的观点,勃朗施坦认为,为人类精神开辟新的前景、创造历史的人正是持有这种观点的人。这个罕见的乐观主义者曾不止一次地不得不去勇敢地面对神圣宗教法庭。"集体的'托克马达(Torquemada)'③曾不止一次地专心对付他。"然而他这个乐观主义者不止一次地从灰烬中站起来,"和以前一样热情,一样充满信心和战斗精神,大胆地去叩历史的大门"。他在路上遇到的是市侩,市侩的力量在于人数众多和彻头彻尾的庸俗,他们用阅历把自己武装到牙齿,而他们的阅历则不外乎柜台、办公桌及双人卧室的阅历。面向未来的乐观主义者对市侩的嘲笑及其冒充现实主义的保守主义("月亮底下没有新东西")作了如下的回答:

> 一息尚存,希望不止!……如果我是一个天体,我会以完全超然的态度来看待这个由尘土构成的可怜的星球。……我会对善与恶都同样地投之以光辉。……但我是一个人。对你们这些冷冰冰的科学祭司,对你们这些永恒的簿记员来说,世界史在时间的天平上只是微不足道的一瞬,但它对我来说就是一切!只要我一息尚存,我将为未来,光辉灿烂的未来而斗争,强大而又美好的人将成为人类历史自发潮流的主宰,并引导这股潮流走向美好愉快和幸福无垠的地平线!……

---

① 关于乌斯宾斯基,勃朗施坦写过两篇悼文,一篇写给《东方评论》,另一篇写给《科学评论》,见《托洛茨基全集》第20卷,第12、29—31页。

② 同上,第74—79页。

③ 托克马达系西班牙最早的宗教裁判所所长,以冷酷而出名。——译者注

19世纪曾在多方面满足了乐观主义者的希望,但在更多方面则是对他的希望的欺骗,迫使他把大部分希望转寄予20世纪。当碰到残酷的事实时,乐观主义者惊呼:什么?在即将踏入20世纪的门槛时竟还会出现这样的事!过去他描绘和谐未来的美妙图景时,总把它们放在20世纪……

而现在,这个世纪来了!它在其开端时遇到的是什么呢?

在法国——种族仇恨的毒涎;在奥地利——民族主义的冲突……;在南非——一个小民族在庞然大国的屠刀下痛苦挣扎;在"自由"岛国本身——为贪婪、侵略成性的股票经济大获全胜而高歌;在东方是戏剧性的"麻烦纠纷";在意大利、保加利亚、罗马尼亚是饥饿群众的暴乱……仇恨、屠杀、饥饿和流血……

看来,新的世纪,这个新来的巨人,似乎刚一出现就把乐观主义者推进绝对的悲观主义,推进市民的天堂。

——乌托邦见鬼去吧!信仰见鬼去吧!爱见鬼去吧!希望见鬼去吧!20世纪的雷鸣是由隆隆的炮响和排排火枪齐发构成的。

——投降吧,你这可怜的梦想者。现在我来临了,我就是你等待已久的20世纪,你的"未来"。

——不,——毫不屈服的乐观主义者回答说,——你只不过是"现在"。

* * *

勃朗施坦经过四年半的坐牢与流放生活以后,渴望着有比西伯利亚流放区更广阔的战斗舞台。1902年夏,地下邮递员给他送来一本列宁的《怎么办》和一本《火星报》的合订本。他读这些文件时感慨万千。他从中看到一些关于党的模式和特点的概念,而这些概念早已在他的思想中成熟,现在由那些流亡国外的杰出作者以极大的信心阐述出来。他在死水般的环境里独立得出同样的结论,这一事实只能使他激动,而且使他更加自信。但是他也感到极度不安,他再也不能忍受韦尔霍连斯克那鹅卵石铺的狭窄泥泞的街道了。甚至流放区内的争论和他为《东方评论》所写文章的成功也使他不胜厌烦。他只要能逃到莫斯科或彼得堡……尔后就有可能去日内瓦、慕尼黑或伦敦这些锻造革命理性武器的中心去……

他把他的急躁情绪和内心的抱负告诉了妻子。亚历山德拉毫不怀疑她的丈

第二章 追求理想

托洛茨基和第一任夫人索科洛夫斯卡娅,摄于1902年夏

夫注定会成为伟人,而23岁正是他干不朽事业的时候。她让他设法逃出西伯利亚,她要承担起自我牺牲的重担。当时她刚生下第二个女儿,她将为自己和孩子的生存而挣扎,孤苦伶仃、无依无靠,而重新团圆不知要等到何日。她深信,作为他的妻子而且作为一个革命者,她不过是做了自己应做的事,她认为尽自己的职责是理所当然的事,丝毫没有想到这是戏剧性的传奇行为。①

1902年的一个夏夜,勃朗施坦躲在一辆农民运干草的大车里,大车沿着西伯利亚坑洼不平的原野辘辘地走在通往伊尔库茨克的道路上。在韦尔霍连斯克屋子的阁楼里他的床上躺着一个假人。第二天傍晚,警官照例来检查,看看勃朗施坦是不是在这里。他爬上楼梯,登上阁楼,向床上瞧了一眼,一切正常,满意地走了。与此同时,逃亡者却换上了他在伊尔库茨克的朋友给他的体面的新服装,乘上了穿越西伯利亚的火车。

离开伊尔库茨克之前,他的同志给了他一张假护照。他必须赶紧填上他要假冒的姓氏,他草草写上敖德萨监狱中他的一个看守的姓名。在这次危险的逃

---

① 托洛茨基:《我的生平》第1卷,第157页;《我记忆中的托洛茨基的特点》,第42页;《托洛茨基青年时代的肖像》,第142—143页。

托洛茨基逃出流放地西伯利亚后,摄于1902年

索科洛夫斯卡娅(左三)抱着托洛茨基的二女儿尼娜,右边的女人抱着他们的大女儿季娜,摄于1902年

第二章　追求理想

在托洛茨基逃跑后，索科洛夫斯卡娅和其他政治流放犯合影

亡中，以看守他的狱卒自居，是否是为了满足这个逃犯对安全的潜意识的渴望？可能就是这样。确凿无疑的是，这个本来名不见经传的看守的姓氏将在革命史册上赫然出现：这就是托洛茨基。①

这次西行意外地平静。这位旅客阅读用六音步诗形式翻译的荷马史诗的俄译本，以此消磨时间。他在伏尔加河边的萨马拉下车，《火星报》组织在这里设有国内总部。他受到杰出的工程师，列宁的朋友，未来苏维埃国家计划委员会主席克尔日扎诺夫斯基－克莱尔（Кржижановский-Клэр）的热情欢迎，勃朗施坦的文学声誉先于他本人传到这里。克尔日扎诺夫斯基－克莱尔已经给他取了个绰号："笔杆子（Перо）"，并向伦敦的《火星报》总部送了一篇关于他的才华和活动的热情洋溢的报告。他们立刻派勃朗施坦到哈尔科夫、波尔塔瓦和基辅去视察各社会主义团体。他看到大多数团体坚持地方主义、不肯互相合作或拒不服从中央的权威，他带着有关这种情况的报告回到萨马拉。那里已有一封列宁的急信在等待他：要"笔杆子"尽快到《火星报》的国外总部汇报。

---

① 《我记忆中的托洛茨基的特点》，第25—26页；《托洛茨基青年时代的肖像》，第143页。托洛茨基在自传中没有说他假名的奇怪来源，他似乎是不好意思，只说他想象不到托洛茨基会成为他以后一生的姓氏。

第三章 在历史的大门口

1902年10月的一个早上，几乎可以说在拂晓时，这个从西伯利亚逃出的人在伦敦国王十字火车站附近猛敲着霍福特广场10号住宅的门。弗拉基米尔·伊里奇·列宁和他的妻子娜捷施达·康斯坦丁诺夫娜·克鲁普斯卡娅——他们的下层中产阶级邻居称他们为里克特先生和里克特夫人——在这栋房子里住的是带厨房的一居室。清早的时间不宜拜访和做客。但是这位来访者太急切、太自信，他的使命感太重大，无暇考虑这些细小礼节。他心情极其激动地从伊尔库茨克来到伦敦，他曾偷越国境，在旅途中克服了重重困难。他在维也纳也曾把奥地利社会民主党创建人、著名的维克多·阿德勒（Victor Adler）在星期天的休息中唤醒，得到了他的帮助及自己此行其余路程所需的钱。在苏黎世，他曾在午夜敲俄国马克思主义前辈巴维尔·阿克雪里罗得（Павел Аксельрод）的门，向他作自我介绍和为最后一段路程作准备。此时他已到达最终目的地。他孑然一身，在伦敦拂晓的灰色晨雾中，身后只有等候他付车钱的马车夫——乘车人没有钱；他用力叩门，表明他内心的激动。他确实是在敲历史的大门。

克鲁普斯卡娅猜到大清早就来大声叩门的来客是同胞，她有点儿担心邻居英国人可能会因为陌生人在房子里这样过分的举动——这已不是第一次——而生气，就赶紧出来迎接客人。她在门口就叫起来："笔杆子到啦！"她后来回忆说："列宁刚刚醒来，还坐在床上，我让他们在一起，我去打发马车夫，准备咖啡。我回来时看见弗拉基米尔·伊里奇还在床上，跟托洛茨基就某个颇为抽象的问题进行热烈的谈话。"也许是对"雏鹰"的热忱介绍和这第一次的谈话使弗拉基米尔·伊里奇对这个新来的客人特别注意。① 客人忘不了"列宁脸上流露出的欢迎……和理所当然的不解的表情"。

---

① 娜·康·克鲁普斯卡娅：《回忆列宁》，第60页。

第三章 在历史的大门口

左图，弗拉基米尔·伊里奇·列宁

右图，列宁夫人娜捷施达·康斯坦丁诺夫娜·克鲁普斯卡娅

客人一口气汇报了西伯利亚流放犯中的政治倾向与情绪和他新近的基辅、哈尔科夫与波尔塔瓦之行的印象；汇报了当地的团体对于自身应是全国整体运动的一部分所持的抵触态度，萨马拉总机关的工作，秘密接头地点的可靠程度，非法偷越国境准备工作方面的缺点以及其他许多问题。列宁因最近从俄国地下通道送来的信混乱与没有条理而生气，所以，得到这个青年人报告的非常丰富确切的信息，听到这个青年人"清晰而深刻的"汇报以及发现他是一个对党的集中制思想的坚定拥护者，列宁十分高兴。①

列宁急于进一步考察他，带他长时间地散步和谈话，在此过程中给他指点伦敦的历史及建筑文物。但是托洛茨基——从此开始要这样称呼他了——心里装的都是俄国的秘密斗争，因此，凡是与此没有直接关系的事都不能使他产生兴趣。他注意到列宁在试图使他熟悉某些历史文物时所用的独特方式："这是'他们的'威斯敏斯特"，或"这是'他们的'大英博物馆"，列宁总是这么说，他用语气的变化和暗示既表达他赞赏体现在雄伟庄严建筑物中的天才，又表达他和统治阶级的对抗，因为那些建筑物都是统治阶级的精神与权力的纪念

---

① 克鲁普斯卡娅：《回忆列宁》；托洛茨基：《我的生平》第1卷，第11章。

碑。托洛茨基热切希望言归正传，希望谈话回到他所关心的问题上：《火星报》的编辑们建议用什么方法把分散的团体结合成一个紧密集中的党？他们反对经济派——这些人试图使运动保持在非政治性的工联主义界限以内——的斗争进展如何？而他们如何去反击另一些人开始复活民粹派式恐怖主义党的企图呢？他们打算采取什么行动反对彼得·司徒卢威（Петр Струве）背离革命马克思主义的"合法马克思主义者"呢？列宁带着谨慎的满意倾听了托洛茨基叙述他本人和其他人在狱中如何研究过他的《俄国资本主义的发展》，听他说该书中引用的大量统计材料给他们留下了如何深刻的印象：这些材料表明资本主义工业已使俄国社会起了根本变化，它已使农业社会主义的一切希望都已破灭，从而为无产阶级运动准备了舞台。而最重要的问题是：为什么这样迫切地要求托洛茨基来伦敦汇报以及他在这里的工作是什么。

　　实际上，并没有特别指定的任务在等待他。列宁往往急于要会见每一个在地下工作中脱颖而出的人。仅仅几个星期前，他曾写过："为了使党中央不仅能够提出建议、进行说服和争辩……而且能够实际指挥乐队，党中央必须确切知道，什么人在什么地方拉什么提琴，过去和现在在什么地方学过什么乐器，学得如何；什么人在什么地方走了调，为什么走了调……为了纠正不和谐音，需要调谁去，怎样调和调到什么地方。"① 列宁有关党的集中制的思想里包括对那些正在现场为党进行战斗的生气勃勃的人们的密切关注，这是真正领袖的重要特点。他知道托洛茨基在西伯利亚已"演奏过第一提琴"，因此，他想会见托洛茨基，要弄清楚"他在哪里以及如何学会演奏他的乐器的"。此时，列宁（在给朋友的信中）正在抱怨《火星报》编辑部人员不足，他必定考虑过是否把"笔杆子"留在《火星报》工作。列宁在托洛茨基到达的当天就安排他在邻近的一栋房子里膳宿。《火星报》的其他编辑马尔托夫和查苏利奇都住在那栋房子里。托洛茨基搬进去后不久，就为该报写了第一篇稿子，这篇稿子发表在他到达后出版的那一期报纸上，日期是1902年11月1日。②

　　《火星报》编辑部由六人组成：普列汉诺夫、维拉·查苏利奇、阿克雪里罗得（这三个流亡者是社会民主工党的先驱），以及年轻得多的列宁、马尔托夫和刚刚从俄国来的波特列索夫（Потресов）。大多数编辑住在伦敦的圣·潘克拉斯区，普列汉诺夫和阿克雪里罗得住在瑞士，但普列汉诺夫常到伦敦来。所有与俄国地下运动联系的线索都集中在这个团体里，特别是集中到列宁的

---

① 《列宁全集》第7卷，第16页。
② 《火星报》第27期。

家，秘密人员把信件带到霍福特广场来，把指示带回去。年轻的托洛茨基就是这样从韦尔霍连斯克直接来到俄国社会主义的指导中心，并且处于那些杰出而彼此对立人物的不断影响之下。

查苏利奇和马尔托夫跟托洛茨基同住、同吃，而且有共同思想。在托洛茨基出生前的那年，向特列波夫将军开枪的就是维拉·查苏利奇，她无意中鼓舞了民意派学习她的榜样。她在陪审团宣告其无罪后逃到国外，曾与卡尔·马克思保持接触，她虽然接受马克思的教导时思想上不无保留，却是俄国马克思主义派的创立者之一。她是不顾马克思的疑虑而最早宣布马克思为西欧提出的无产阶级社会主义同样适用于俄国的人之一。① 她不只是一个英雄人物。由于熟读历史和哲学，她本质上是一个有聪慧智力的异端者，她凭直觉的冲动和机智而不是凭论证进行工作。在她同时代人对她所作的所有生动的描写中，我们还看到老式的俄国豪放不羁的艺术家的喜剧特性。"她的写作很慢，确实备受写作折磨之苦"；她在写作或辩论时反复思考，在房间里来回踱步，拖鞋在脚下趿拉趿拉地响，卷烟一支接一支地抽，喷云吐雾，窗台上和桌子上丢满烟蒂，烟灰落在她的宽大军衣上、手臂上、手稿上，或散落在她的茶杯里，有时

维拉·查苏利奇，俄国社会民主工党的先驱之一

---

① 《马克思恩格斯与俄国政治活动家通信集》，第240—242页。

还落到与她交谈者的身上。在青年托洛茨基的眼中,她是壮丽史诗般的女主人公,现在他与活生生的革命传奇人物生活在同一屋檐下。

马尔托夫比托洛茨基只大几岁,也是犹太人。他是一个古老的希伯来伟大学者家族的后裔,真名是策杰尔包姆。他是崩得①,即犹太社会党的创始人之一,但后来他放弃了成立一个独立的犹太工党的想法,跟列宁一道在彼得堡建立了工人解放斗争协会。他继列宁之后流亡,并与他一起和老一辈流亡者携手创办了《火星报》。马尔托夫是《火星报》撰稿人中的骨干,是敏锐的分析家,是有挖苦癖的作家,又是一位文笔流畅而多产的时事评论员。而列宁是《火星报》的政治鼓动者和组织者。马尔托夫和查苏利奇都属于浪漫的叛逆者,对于社会的不公正,他们的反应与其说受理论原则的指导,不如说受道德义愤的支配。他们富有魅力,慷慨、谦虚,就气质来说与其说他们是政治家不如说是艺术家。

马尔托夫,犹太社会党的创始人之一

---

① 崩得(依地语 Bund)即立陶宛、波兰和俄国犹太工人总联盟,是小资产阶级民族主义政党。1897 年建于维尔诺,1898—1903 年和 1906—1912 年为俄国社会民主工党的组织,1921 年自行解散。——译者注

列宁是用不同材料铸成的。他也不是完全没有浪漫主义——当革命还只是思想和幻想的时候,没有浪漫主义气质的人是不能成为革命家的。但是列宁抑制了自己的浪漫气质,对俄国叛逆者常有的脱离现实抱之以轻蔑。列宁是民粹派烈士的弟弟,深知革命党人曾为脱离现实付出鲜血和挫折的代价。他认为,他的任务就是要给革命党人灌输现实主义精神,使冷静和热情相融合,并用准确有效的工作方法训练他们。因此,他珍惜精力和时间,自我约束,专心致力于研究和工作,在流亡者的聚会上很少看得见他,他也很少参加他们漫无止境而往往没有结果的争论。他欣赏为行动作准备的讨论而不喜欢为讨论而讨论。在某种意义上说,他的思想只沿着一条轨道活动,但这条轨道如同社会本身一样广阔,它通向社会的改造。

托洛茨基跟查苏利奇和马尔托夫更接近一些,这几乎是不可避免的。他跟他们住在同一个屋檐下,他们不断对他施加影响,而列宁对他的影响只是断断续续的。他仍处于性格形成期,需要密切的社会交往以及能促进他思想发展的辩论。充分满足这一需要的是查苏利奇和马尔托夫,而不是列宁。他们还拨动了他的心弦,他最初加入什维戈夫斯基的团体时,民粹派分子也曾拨动过他的心弦。列宁的行为尽管引起他的好奇心和敬重,但在托洛茨基看来,它只是枯燥而平凡的。还要经过若干年以后他才能发现这位平凡人物的伟大。

他到达伦敦后不久也结识了普列汉诺夫,跟查苏利奇一样,普列汉诺夫在托洛茨基心目中也是一位传奇式的人物。普列汉诺夫还是俄国马克思主义的前辈奠基者之一,一度与恩格斯交往密切。他是新学派的哲学家和理论家,是这一派伟大的、学识渊博的文体家和雄辩家,在欧洲享有声望。但普列汉诺夫陶醉在自己的声望和辉煌之中,因而冷漠无情且目中无人。他第一次见到托洛茨基时就对《火星报》的这个新撰稿者表示出本能的不悦,这种不悦渐渐发展成为强烈的反感。这两个人具有不少类似的才能和特性:两个人都是富于想象力的作家,而且都是机敏的辩论家,两个人的言谈和举止都有舞台效果,两个人都充满自信,坚信自己的观点和自己的所作所为。但是当这个后起之秀初露头角时,那个前辈的光芒已经开始衰退。托洛茨基充满着未成熟的但感染力很强的热情,普列汉诺夫则逐渐变成怀疑论者,而且过于成熟了。卢那察尔斯基讲了一段在流亡者中间流传的轶事,尽管这段轶事显然并不真实,但的确能多少说明普列汉诺夫的态度。据说,当他到达伦敦时,查苏利奇在他面前兴高采烈地称赞托洛茨基的才干。她大声说:"这个小伙子无疑是个天才。"普列汉诺夫绷着脸，转到一旁说："我永远不会饶恕他这一点。"①

普列汉诺夫，俄国马克思主义的理论家和先驱

《火星报》这班人虽然还是用一个声音说话，但是已有了意见分歧，托洛茨基不久就意识到了这点，而且不知不觉地也被卷了进去。编辑部里成为势均力敌的两方，三个年长的编辑为一方，三个较年轻的编辑为一方。有争论的问题都用投票来表决，由于每一方都一致投票反对另一方，因而产生了僵局。方针问题的争端往往悬而不决。列宁急于要打破僵局，因而想给编辑部增加一个新成员，即第七个成员。早在1903年3月，即托洛茨基到伦敦四个月后，列宁在送给各编辑的一份备忘录中竭力推荐他。列宁事前先驳倒了关于托洛茨基的年龄及资格的种种反对意见，他强调托洛茨基"是难得的人才"、"信念坚定、精力充沛"，还说他投的稿子"不仅非常有益，而且是必不可少的"。② 查苏利奇和马尔托夫都同意。马尔托夫在致阿克雪里罗得的信中写道："他（托洛茨基）的作品显示出无可怀疑的才华……由于他的非凡的演说才能，他在

---

① 阿·卢那察尔斯基：《革命家剪影》，第19—22页。某些回忆录作者（如泽利克森－博博罗夫斯卡娅）说，当《火星报》发表托洛茨基的第一批不署名文章时，读者以为是普列汉诺夫写的。

② 克鲁普斯卡娅：《回忆列宁》，第65页；托洛茨基：《我的生平》第1卷，第12章。

这里已经产生重大的影响。他长于辞令,到了登峰造极的地步,我和弗拉基米尔·伊里奇(列宁)都对此深信不疑。他知识丰富,而且还在孜孜不倦地为丰富知识而工作。我毫无保留地赞同列宁的提议。"① 阿克雪里罗得也认可这个候选人的资格。至少在这一点上,年长的一方和另一方之间并无分歧。《火星报》编辑部全班人员都热切地欢迎托洛茨基,只有一个人例外,这就是普列汉诺夫。他激烈反对的理由是:托洛茨基投的稿子过于雕琢,降低了《火星报》的标准。托洛茨基的文风华丽、辞藻堆砌,这是事实,列宁曾设法委婉地加以删节,他在推荐托洛茨基时曾写道,如果托洛茨基成为编辑部的正式成员,会使他更容易注意到文风朴实的必要性,尔后他会明白这是全体编辑的意见而并非只是列宁一人特别喜欢文字简朴。但是使所有同事愤慨的是,普列汉诺夫无动于衷。在多次争吵以后,查苏利奇便把对此一无所知的托洛茨基带到编辑会议上来,希望普列汉诺夫会让步。普列汉诺夫冷冰冰地拒绝这个"闯入者",固执地坚持他的否决票。

阿克雪里罗德,俄国社会民主工党的先驱

---

① 《阿克雪里罗得与马尔托夫书信集》,第79—80页。

托洛茨基在《我的生平》中说,普列汉诺夫怀疑他会同列宁联合起来反对年长的编辑们。这简直不可能是普列汉诺夫的主要动机。其他年长的编辑几乎都以父辈的自豪和体贴对待托洛茨基,他已成为这班人的宠儿,而他也对他们表示充满深情的敬爱。他不但对查苏利奇的态度如此,对阿克雪里罗得更是如此,阿克雪里罗得在苏黎世的家是托洛茨基来欧洲大陆期间最喜爱的隐蔽所。普列汉诺夫和阿克雪里罗得的性格大相径庭,他们的友谊深厚,已共同工作了近25年。阿克雪里罗得像托洛茨基一样是南乌克兰犹太人。他起初是第一个南俄工人协会中的民粹党人,托洛茨基曾借用过他的第一个组织的名称。后来阿克雪里罗得移居国外成为俄国马克思主义的先驱,他没有普列汉诺夫那样的天赋,作为一个作家是蹩脚的,作为演说家就更糟了。有许多思想本是他首先提出的,倒被他的朋友阐述得很出色。如果说普列汉诺夫的社会主义是知识分子的社会主义,那么阿克雪里罗得的社会主义则源于绝对相信工人阶级。他狂热地相信工人会找到通向社会主义和解放的道路,而且他本能地怀疑知识分子领导工人的抱负——这就是后来他坚决反对布尔什维主义的主要动因。普列汉诺夫在外表上是一个文雅的欧洲人、贵族,过着颇为布尔乔亚式的生活,而阿克雪里罗得则靠当工人过活,他在家里制一种特别的奶油供给他的主顾。从俄国逃出来的人以他家为避难所,他供他们吃,还常供他们穿,在牛奶罐间跟他们辩论。他那不加修饰的大胡子使他看起来更像圣徒似的俄国犹太教教士,而不像革命的政治家。然而包括新近崛起的列宁在内的革命领导人,都视他为他们的导师和鼓舞者。对这个人,年轻的托洛茨基怀有深厚的感情,而这一深厚的感情甚至影响到他的政治命运。[①]

共同友谊的纽带也把他和另一位先驱列夫·捷依奇(Лев Дейч)联系起来,捷依奇也曾是南俄民粹党人,他经过13年的苦役之后,新近从西伯利亚逃出来,作了一次环球旅行。尽管捷依奇的声望达到巅峰,他的勇敢逃亡使他赢得了全世界的钦佩,但他也用厌倦而又有点儿不理解的眼光看待新时代、新时代的问题和新时代的人物。对托洛茨基生气勃勃的激进主义和乐观主义尽管有点儿不安,但他也深情地喜爱这个出色的"宠儿",仿佛就是他自己年轻时

[①] 托洛茨基:《我的生平》第1卷,第12章,《列宁传》,第9—60页;阿·卢那察尔斯基:《革命家剪影》,第35—40页;唐恩:《布尔什维主义的起源》,第191—194、288—289页;H. 阿列克谢耶夫在1924年第3期《无产阶级革命》上的文章;H. 梅谢里亚科夫在《报刊与革命》1924年第2期中的文章;《梅杰姆自传》第2卷第1章;约翰·密勒:《先驱与建设者》第1卷,第205—207页。

希望的化身，他赞赏地注视托洛茨基在国外迈出的最初步伐，竭尽全力地帮助托洛茨基并使之更上一层楼。

《火星报》编辑部内部的意见分歧还未具有政治意义。正如我们所知道的，不久以前列宁和马尔托夫也是怀有此刻激励托洛茨基同样的感情师事这些老战士的。但是他们的学徒期已告结束，而且如同经常发生的那样，徒弟总是比师傅更加敏锐地意识到这一点。当时全部工作以《火星报》为中心，而老战士们既做编辑又是撰稿人，在这方面除普列汉诺夫以外，其他人都起不了多少作用。他们写得很少，又不大好；在组织俄国的秘密运动方面，他们很少介入或根本不参加。列宁与马尔托夫分担日常的编辑工作。而列宁在克鲁普斯卡娅协助下承担着保持和发展同俄国国内联系的主要的艰辛工作。① 老战士们不可避免地觉得自己已被人超越。

种种猜疑集中在普列汉诺夫与列宁之间的对抗上，双方都是各自一班人中最自信的人。这样的对抗在《火星报》创办时已经出现，而且愈演愈烈。列宁已对自己的观点及工作方法产生信心，而且他对此并不隐瞒。普列汉诺夫则傲慢地嘲讽列宁或者像老师训斥学生一样地训斥列宁。1902年5月，托洛茨基到达的前几个月，列宁曾在给普列汉诺夫的信中说："收到了附有您的意见的文章。……您甚至不惜选用最轻蔑的言词。……如果您的目的是使我们的共同工作无法进行，那么您所选择的方法很快就会使您达到这个目的。……至于……私人关系，那已经被您完全破坏了，或者更确切些说，您已经使这种关系完全中断了。"② 自那以后查苏利奇与马尔托夫曾经弥合了这一裂痕。但是争吵又一再发生，最近一次的争吵与托洛茨基进《火星报》工作有关。克鲁普斯卡娅写道："有一次（列宁）从编辑会议上回来，极其震怒地说，太不像话了，竟然没有一个人敢回击普列汉诺夫。瞧瞧维拉·伊万诺夫娜（查苏利奇）吧！普列汉诺夫呵斥托洛茨基，而维拉只说：'瞧我们的乔治，他只会大喊大叫。'列宁大声喊道：'我再也不能忍受了。'"③

这种分歧正在不知不觉地被由此产生的另一分歧所代替。列宁、马尔托夫

---

① 波特列索夫在1927年写的带有敌意的回忆录中承认："然而……我们所有和工作关系最密切的人……不但尊重列宁的学识、智力和工作才能，而且尊重他矢忠于事业，尊重他随时作好献身准备、超负荷承担种种极不愉快的职责，而且必定极其自觉地履行这种的职责。"A. H. 波特列索夫：《遗作集》，第299页。
② 《列宁全集》第44卷，第219页。
③ 克鲁普斯卡娅：《回忆列宁》，第65页。

波特列索夫，俄国第一代马克思主义者

和波特列索夫（起初后者的作用是重要的，现在则微不足道了）一直共同行动，一致投票反对老一辈。但是随着争论的发展，列宁与同辈人，特别是同马尔托夫也开始疏远了。他确信自己是正确的，不愿回头，而且完全不顾老一辈的感情，继续反对他们。马尔托夫的观点不大明确，而且他对自己观点的坚持也不大坚决，因而企图和解。通常，他的意见往往和列宁的意见相同，但当他企图把意见付诸实施而遇到阻力时就开始犹豫，重新考虑之后，他就动摇甚至退却。不仅跟老一辈的争论是这样，在其他问题上也是这样。他往往开头和列宁一致，为某一目标进行"不妥协的斗争"，尔后面对列宁的不妥协态度，他又畏缩不前，最后干脆放弃目标。就气质来说，他是"温和的"，列宁的"强硬"使他反感。在会议上，"列宁常用略带怀疑的批评眼光看着马尔托夫，尽管仍然十分器重他，马尔托夫察觉到这种目光，感到不大好受并神经质地耸耸肩膀……列宁讲话时不看马尔托夫，马尔托夫眼睛在下垂的、从来不擦的夹鼻眼镜后面就会变得呆板无神"。[①]

[①] 托洛茨基：《我的生平》第1卷，第176页。

托洛茨基当时就处于这些影响之下。列宁维护他，力图提拔他，抵制普列汉诺夫的反对，这一事实本应使他接近列宁而反对老一辈，但是并没有出现这种情况。首先，正如我们所知道的，老一辈在这一点上并不支持普列汉诺夫——他们也尽力支持并鼓励托洛茨基。其次，他比列宁约小10岁，而对老一辈浪漫的号召却十分敏感。他与他们接触的时间太短，对他们的幻想还没有破灭，而且也没有注意到：尽管他们都有优点，但在日常工作中他们并不起作用。他觉得列宁反对他们是粗暴的，而且认为列宁的动机是个人的、自私的。

　　然而，他认为这种不和仅仅是光荣而重大的冒险事业中的次要方面。内部的争吵并不妨碍《火星报》成为新生政党的伟大核心——单单它的名称就是对革命者的激动人心的号召。没有人比托洛茨基更热情地相信《火星报》的使命，这种信心在他写的文章中跃然纸上。他最初给《火星报》撰写的文章的明显标志是贯穿于其中的汹涌澎湃的感情力量，是他呼唤革命的热情，是对俄国统治者以及社会主义的敌人的猛烈抨击，而不是他的独到的思想。这时他写文章不受检查官的约束，可以尽情发泄，但这一事实无助于提高他的文章质量——他为《火星报》写的文章往往不如他在西伯利亚写的文章。

　　他给《火星报》撰写的第一篇文章是为彼得大帝在首都附近建造恶名昭著的施吕瑟尔堡监狱200周年而作，标题是《他的欧洲窗口，他的最重要的监狱》。作者召唤在这座监狱的围墙里惨遭杀害以及被逼得发疯的烈士们的英魂，其中有列宁的哥哥亚历山大·乌里扬诺夫。他在文章结尾对沙皇及其仆从们发出响亮的挑战："你们仍可沉溺于你们爱国的狂欢中！——今天你们仍然是施吕瑟尔堡的主人。"他在同一期的《火星报》上痛斥半自由派的绅士们，这些绅士在地方自治会上连低声说一个反对当局的字都不敢。他写道："要使地方自治会的自由派们挺直他们温顺弯下的腰杆，还需要什么埃及的惩罚、俄国的蝎尾鞭吗？"[①] 就沙皇发起斯拉夫人反土耳其的示威一事，他在《斯拉夫主义的骗子》的短评中写道："俄国公民们，这是又一个打开官方斯拉夫主义的安全阀的企图，给你们过剩的市民激情准备一个出口。还是25年前（即1878年俄土战争期间）的老把戏，当时，爱国主义的办报人从他们的档案室里抽出……泛斯拉夫兄弟关系这个概念，并紧锣密鼓地加以传播。"然而，沙

---

① 《火星报》1902年11月1日第27期。

皇政府对待自己的人民并不比苏丹对待他的非穆斯林臣民好。作者问："我们自己的牢狱难道比土耳其的牢狱好吗？……我们镇压叛乱的讨伐军士兵没有强奸过波尔塔瓦农民的妻子和女儿吗？没有抢掠过他们的财产吗？"那么，所谓的自由派对沙皇在土耳其的"文明使命"为什么给予支持呢？"为什么他们不要求发动反对野蛮的沙皇制度的……十字军远征呢？"半自由派的这种反对方式，亦即"用合法方式去反对无法无天的政府"，已经是，而且在许多年中一直是他特别喜爱嘲弄的对象。① 地方自治会的职能本应当是裁决行政机关的活动，但在其中"被告实际上承担着裁判长的角色，并且僭取法庭随时休庭的权利"。沙皇统治赐给地方自治会"包上《大宪章》羊皮纸的皮鞭"，地方自治会就感到满足。他们懂得自由是什么吗？是"政治自由的自由吗"？"人们可以确信地说：如果俄国的自由要由充当反对派的地方自治会产生，那就根本不会有自由。幸而俄国的自由另有可靠的根源：一个是革命的无产阶级，另一个是俄国专制主义内在自我毁灭的逻辑。""会有不少政治潮流彼此接踵而来，许多'政党'将会出现，也会消失，每个政党都自称要改良社会民主的纲领和策略，但是未来的历史学家会说：这些政治潮流、这些政党在觉醒的工人阶级的伟大斗争中只不过是微不足道的次要的插曲而已。……工人阶级已经在政治和社会解放的道路上大踏步地前进了，他们的步伐虽不优雅，但却信心十足。"②

他用同样的笔调写到沙皇企图把俄语强加给芬兰人并破坏芬兰人的自主权，写到马克西姆·高尔基被开除出帝国科学院，写到倒退到民粹党恐怖主义的新成立的社会革命党的无能，还写到警察机关企图建立假秘密组织旨在与真正的地下组织较量。他攻击社会革命党人的恐怖主义，特别是在青年大学生巴尔马绍夫（Балмашёв）因刺杀内务大臣西皮亚金（Сипягин）而被判处死刑之后他写的那篇攻击文章引起了自由派和社会主义者的愤怒抗议。自由派知识分子对恐怖主义分子的同情大大超过对马克思主义者的同情。但是就连社会主义者也认为托洛茨基的攻击太激烈，说他提到这个被判处死刑的社会革命党人

---

① 《火星报》1902年11月15日第28期和12月1日第29期。值得注意的是早在1901年3月托洛茨基曾在《东方评论》上写道："带着所有曼彻斯特标记的纯自由主义在我国没有开过花就已枯萎了；它本身在俄国没有任何社会基础。曼彻斯特思想的输入是可能的……但是要输入产生这些思想的社会环境却不可能。"《托洛茨基全集》第20卷，第85—86页。

② 《火星报》1902年12月1日第29期。

时应多些敬意和热情。①

从他到达伦敦到召开俄国社会民主工党第二次代表大会,其间只有九个月,在这短短的时间里,他的声誉已经确立,以致这位 23 岁的年轻人能在布尔什维克和孟什维克严重分裂的大会上担任领导角色。这与其说是取决于他的文章,不如说是取决于他的演说和发言。他一到伦敦,列宁和马尔托夫就让他去白会堂与可敬的老民粹派及无政府主义流亡者辩论。这个新手与胡子花白的对手辩论,轻易取得了全胜,这使他自己都感到惊喜。此后,他到西欧的俄国侨民区作巡回报告。他的同时代人描写过初次听他演说时受到的意外、难以抗拒的冲击,他那雄辩、干劲、激情、机智与洪钟般的声音使听众振奋,因而所向披靡。由于不过几年前他在为数不多熟悉的听众面前说话还只能结结巴巴、窘得脸红,而且此后的时间大多是在单人牢房和流放中度过的,因而他的胜利就越发令人注目了。他的雄辩完全不是教出来的:他过去几乎从没有听过一个值得仿效的演说家的演说。这是出乎意料的潜在天赋突然迸发出充沛的活力而使目睹者惊奇与喜悦的例子之一。他的演讲以罕见的思想、想象力、感情和表达方式的力度而著称,甚至比他的文章还好。他那往往有损于其文章效果的修辞技巧却使他的演说更加动人。他带着似乎是他本身具有的戏剧性和对所加入的这场冲突的意识出现在讲坛上,他意识到,参加这场斗争的队伍和重要角色比荷马史诗中的战斗规模更大,都是堪称为半人半神的顶尖人物。② 他高高地站在讲台之上,感觉到下面有千万双眼睛集中到他身上,自己正使千万人的心受到强烈的感染。一个与他同时代的人描写说,这个瘦瘦的高个子,有一对热烈的大眼睛和一张感性的但并不端正的大嘴,像一只"猛禽"一样屹立在讲坛上。③

---

① 1902 年夏,立宪民主党的未来领袖米留可夫拜访过伦敦的《火星报》编辑们,赞扬了《火星报》,但反对它开展反恐怖主义的运动。他说:"为什么呢? 再给沙皇的大臣们来这么两三次刺杀,我们就会有一部宪法。"温和的立宪民主党人往往把恐怖主义者看做是对沙皇施加压力的有效的代理人。参见 H. 阿列克谢耶夫在《无产阶级革命》1924 年第 3 期上的文章。

② 1902 年 8 月,在他逃离西伯利亚前,他在《东方评论》上正好曾写过:"体现在社会生活的法则和党的原则中的意识,就其庄严性来说,是一种不次于古代命运之神的威力。社会原则,就其无情的强制性来说,并不亚于埃斯库罗斯(Aeschylus)的命运女神,如果与之冲突则能把每个人的灵魂碾磨成齑粉。"《托洛茨基全集》第 20 卷,第 241 页。

③《梅杰姆自传》第 2 卷,第 7—9 页;П. A. 加尔维:《一个社会民主党人的回忆》,第 385 页。

* * *

正如他自己所说的，受人称赞的演说家和作家就要坚持靠"自卫本能的野蛮斗争"生存下去。他觉得自己既已处于运动的精英分子之中，就必须靠自己的力量提高自己的知识水平。他孜孜不倦地研究马克思主义，而处于黄金时期的马克思主义使他这个能手具有可靠的思想武器，他从西伯利亚逃出前刚刚探索过"资本主义流通过程"的错综复杂及其周期性危机，如同《资本论》第2卷中对这些问题的分析一样，看似枯燥，然而却有激动人心的效果。在国外，他重新进行这一研究。对马克思主义的入迷使他不理睬任何无关的思想或现象。他到达伦敦后，列宁设法使他对英国历史建筑感兴趣时，他觉得很奇怪。他初到巴黎时也同样自我戒备，以免受新奇印象的冲击。他荒诞地总结对巴黎的最初看法说："非常像敖德萨，但不如敖德萨。"卢浮宫的艺术宝库使他厌烦。在法国使他最兴奋的是茹尔·盖得（Jules Guesde）领导的正统马克思主义者与追随饶勒斯（Jaures）的改良主义者之间的论战。他投身在巴黎工人示威群众中，反对米勒兰（Millerand）这个第一位当上资产阶级政府部长、随后又介入镇压罢工行动的社会党人，他在游行队伍中高喊"米勒兰是一切坏事的罪魁祸首"。

他在巴黎结识了他未来的第二个妻子，娜塔利娅·谢多娃（Наталия Седова），那时她是一个女大学生。她带他到卢浮宫，力图让他对绘画和雕刻开开眼界。她也是一个革命者，比他的第一个妻子小几岁。她原先在哈尔科夫的一所贵族女子寄宿学校读书，由于她劝说同学不去祈祷、不读《圣经》而读俄国的激进文学作品，所以被开除了。① 这时她正在巴黎大学学习美术史。后来，她在他的有生之年始终陪伴他，分享他的全部胜利和失败。但索科洛夫斯卡娅仍然是他的合法妻子，还使用着他原来的姓氏。他们之间的法律关系的细微区别对他们三人说来都完全无关紧要——像其他革命家一样，他们原则上不理睬中产阶级社会的那种习俗准则。也许，托洛茨基对他跟索科洛夫斯卡娅分手的方式始终感到内疚，这一点可以说明为什么他在自传中对全部事情不过只用了一句话，而不只是出于不愿详述他的私生活。他自己是流亡者，不能为

---

① 马·伊斯特曼：《托洛茨基青年时代的肖像》，第153页。

妻子和两个孩子尽义务。他的父母（在 1903 年曾到巴黎跟他和好）照管他的孩子，帮助养育她们。就我们所知，托洛茨基和他的第一个妻子之间从来没有出现过是否重新团聚的问题。他和谢多娃回到俄国后也没有细微的不和迹象。互相尊重和品格高尚的友谊纽带把他们三人一直联结到底，最后，他的政治命运使两个妇女和双方的孩子们都受到同等程度的悲惨影响。

娜塔利娅·谢多娃，托洛茨基的第二任夫人，摄于 1902 年

* * *

他在法国、瑞士和比利时工作和讲演时，俄国国内的地下组织总部坚持要求让他回国。俄国地下组织和国外流亡中心为他展开了激烈的争夺。托洛茨基对这些要求一无所知。当老列夫·捷依奇得知时，运用他的所有影响阻止托洛茨基回国。他自己在西伯利亚 13 年的苦役至今仍然重压在他的心上，他恳求《火星报》的编辑们让这个"便雅悯"留在国外，使他可受更多的教育、见见世面并发展他的才智。捷依奇发现列宁是一个同盟者，因为列宁也不愿失去他的撰稿人。列宁给俄国写回信说，托洛茨基没有表示过希望回国。这是一个托

词,列宁希望借此打消俄国总部的原来意图,而且克鲁普斯卡娅毫不怀疑,决定反对送托洛茨基回国的正是列宁。就这样,暂时决定了托洛茨基的命运:他要为即将召开的党的代表大会留在国外。①

* * *

1903年7月,代表大会终于在布鲁塞尔召开。实际上这是一个建党大会——1898年的所谓第一次代表大会在明斯克举行,只有八个人出席,他们不久都被捕了,除了彼得·司徒卢威写的一份激动人心的宣言以外,什么也没有留下。只有这时,1903年,秘密组织网络已变得足够严密,与《火星报》的联系也已足够密切,因此每个人都觉得建立一个有明确党章、由选举产生领导的正规政党的时机已经成熟。《火星报》编辑部将仍是党的领导,这点不成问题,因为只有它能给各组织提供政治思想,只有它能协调各组织之间的活动。这次大会对整个《火星报》编辑部来说,是一个庄严的时刻。对老一辈革命家来说,这是他们在牢狱中、在流放地长期梦想的实现。

由于《火星报》成员在思想目标以及领导抱负方面团结一致,他们在大会上将像一个人一样,这是理所当然的。而在大会之前,在起草纲领问题上曾有过分歧,但已然顺利解决。预计下面两个集团将提出反对意见:用打防卫战来反对革命政治胜利推进的经济派和为自己在党内争得特殊地位的崩得。这两个集团都处于少数,而《火星报》所有的人都将团结一致反对他们。在大会开幕前,《火星报》的编辑们在党的领导机构应如何建立的方式问题上发生过争论,但这似乎只是细小的组织问题。

7月初,44个有表决权的代表和14个只有发言权的代表在布鲁塞尔社会民主党的人民之家举行大会,托洛茨基代表社会民主工党西伯利亚协会,和另一名代表一起从日内瓦到布鲁塞尔参加大会。② 代表们坐在人民之家后面的黄

---

① 娜·克鲁普斯卡娅:《回忆列宁》,第60页;《列宁全集》第44卷,第312页。
② 他在《我的生平》中幽默地叙述说,他和列宁的弟弟乌里扬诺夫大夫如何在日内瓦附近的一个小车站匆匆扒上一辆开往布鲁塞尔的火车,人还没上去,车已启动,火车站站长使火车停下来,把这两个古怪的乘客从减震器上拉上车。托洛茨基此行用的是保加利亚假护照,护照上填的是萨莫科夫利耶夫先生。这些预防措施都是为了蒙蔽俄国密探的。但是代表中已有保安局的特务,因而比利时警察紧密监视着大会及其参加者。托洛茨基用精彩的电影脚本笔法描写了他半夜在布鲁塞尔空荡荡的街道里,穿街过巷,与一个密探赛跑。最后,大会转移到伦敦。

褐色的仓库里面兴奋地倾听普列汉诺夫致开幕词。他们觉得，他们出席的大会是正在为被湮没的俄国建立一座历史里程碑，它与沙皇的斗争已进行了约80年之久，而现在正朝着最后的决战前进。在参加大会的人看来，尽管大会的场地简陋，尽管大会没有引起世界的注目，但都不能抹杀大会的历史重要性。

发言时的第一个争论问题与崩得有关。犹太组织要求在党内有自治权，有权选举它自己的中央委员会，在有关犹太居民的问题上有权制定它自己的政策。它还进一步要求：党应承认崩得是犹太籍工人的唯一机构。它极力要求党不仅像已经做到的那样提倡给犹太人以平等的权利，而且还应承认犹太人的文化自治权，也就是承认他们管理自己的文化事务以及在他们自己的学校里坚持用犹太（依地）语的权利。曾经是崩得创建人之一的马尔托夫代表《火星报》成员愤然拒绝这些要求。托洛茨基甚至更加激烈地重申这个拒绝。这场争论是在基什尼奥夫市对犹太人洗劫蹂躏之后不过几个月时发生的。这就激起了犹太人的感情冲动和猜疑，并在崩得的立场上直接反映出来。[①]《火星报》中非犹太籍的发言人为了避免引起那些人的感情冲动而不出面，所以，都是由犹太籍发言人来断然拒绝崩得的要求。马尔托夫提出反对崩得的动议，在动议上签名的也只有犹太籍的代表。托洛茨基本人代表《火星报》中犹太籍的工作人员发言，他充分利用这一情况，痛斥崩得的代表，使他们大怒。他们强烈抗议他的发言，认为他蓄意侮辱犹太人，并要求主席保护他们。在主席认为托洛茨基的话无可指摘时，崩得派代表提出对主席不信任的动议。

这是大会上最激烈的场面之一，也是托洛茨基以犹太人身份专就犹太人问题发言的极少有的机会之一。他仅仅为了反驳犹太人的要求才这样发言，这必然使极其敏感的崩得代表觉得他近乎粗暴。然而他辩解说，危险的不只是一个犹太人问题。崩得要求在党内有自主权并有选举自己的中央委员会的权利，实际上就是为其他派别开一先例：如果党同意给崩得这样的特权，以后就不能拒绝给其他派别以同样的特权了。那就不得不放弃团结一致的组织观念而把党自身变成了一个若干党派的松散联盟。总之，崩得派正是试图用狡猾的手法诱

[①] 未来的苏维埃主席雅·米·斯维尔德洛夫的一篇通信中对遭洗劫蹂躏后犹太籍社会民主党人中的情绪作了解释性的报道，载《报刊与革命》1924年第2期，另见《梅杰姆自传》第2卷，第29—32页。

使《火星报》的人放弃他们的指导原则以及为使之付诸实施而进行的实际工作。另外一个要求即承认崩得是党在犹太工人中的唯一机构,这等于要求只有犹太人才有权利把社会民主党的信件带给犹太人和组织犹太工人。托洛茨基指出:这表示不信任非犹太籍的党员,是对国际主义者的信仰及感情的挑战。托洛茨基在一阵激烈的抗议声中大声说:"崩得有不信任党的自由,但不能指望党投不信任自己的票。"[①] 党作为一个整体,只要放弃向犹太劳苦群众发言的权利,就是对犹太分裂主义让步。崩得要求"文化自治"同样是出自分裂主义,它提出这个要求,首先是与党,以后是与国家和民族相对立。社会主义所关心的是要扫除种族、宗教和各民族之间的障碍——社会主义绝不能试图去构筑这类障碍。他同意犹太人有权使用自己的语言办学校,如果他们有这样做的愿望的话。他接下去说,但是不应超出全国教育制度的范围,而且整个犹太文化生活不应以自身为中心,不应闭关自守。他提出一项动议,以便补充马尔托夫的总议案。两项决议都以压倒的多数获得通过。[②]

托洛茨基像马尔托夫、阿克雪里罗得、捷依奇及其他犹太籍的社会民主党人一样,持所谓同化的观点,认为犹太人作为一个独立的团体是没有前途的。保持犹太人彼此结合在一起的纽带不是宗教纽带就是半虚构的民族主义纽带,但根据社会民主党人的普遍信念,宗教纽带必定要断裂,民族主义的纽带最终必然成为犹太复国主义。崩得坚决反对犹太复国主义,因为它认为犹太人的前途取决于犹太人聚居的那些国家。但是托洛茨基论证道:崩得在反对犹太复国主义时却吸收了犹太复国主义中的民族主义实质。[③] 他认为解决犹太人的问题不在于建立犹太国,更不是在非犹太人的国家里建立犹太国,而是坚持对社会进行国际主义的改造。其前提是,犹太人和非犹太人之间无论在党内还是在国家中都应无保留地相互信任。这种态度,他终生不渝——只有纳粹主义的冲击

---

① 《俄国社会民主工党第二次代表大会》,第52—55页。
② 同上,第198页。
③ 托洛茨基在大会之后不久在《火星报》曾发表一篇激烈抨击犹太复国主义的文章。起因是西奥多·赫兹尔领导的原犹太复国主义者们以马克斯·诺道领导的那些犹太复国主义者之间的一场争论,后者准备放弃巴勒斯坦而要乌干达作为犹太人的祖国。赫兹尔试图向苏丹购买巴勒斯坦的土地,而诺道则进行一场取得乌干达的运动。赫兹尔的一个狂热追随者图谋杀害诺道。在这一点上,托洛茨基说赫兹尔是"无耻的冒险家",并说这是"犹太复国主义者中浪漫主义者的歇斯底里的啜泣";而且他在这场冲突中看到犹太复国主义的破产。(《火星报》1904年1月1日第56期)

曾使他对犹太复国主义的敌视稍有缓和。他不承认犹太人对居住国环境的猜疑中含有悲剧性的真实。① 他和其他任何社会民主党人甚至在噩梦中也都想象不到，倾听了国际团结宣传达几代之久的欧洲工人阶级在40年后竟不能或不愿去防止和制止在希特勒的毒气室里屠杀600万犹太男女和儿童。对这个问题，崩得的方案当然没有提供答案。托洛茨基作为犹太人站出来反对犹太分裂主义，因为他想象中的未来与本世纪中叶的欧洲"文明"有天壤之别。

《火星报》成员和经济派分子之间的争论是大会上的第二个争论。党认为革命政策高于工联主义和改良主义的斗争，经济派分子反对这点。他们还反对集中制组织，因为在这样的组织中，经济派分子会丧失战斗力。他们的发言人马尔丁诺夫（Мартынов）和阿基莫夫（Акимов）谴责《火星报》的"雅各宾式"的独断态度。② 应当注意的是在记录上出现这样的指责还是第一次。《火星报》成员一致反驳批评者。托洛茨基猛烈地抨击经济派，使他赢得"列宁的棍子"称号。③ 他说，争取微小经济利益及争取改良的斗争，只有在有助于工人阶级积聚革命力量时才有意义。"当社会民主工党为改革而斗争时，也是对党本身进行根本的改革——无产阶级头脑中的改革，使它为革命的专政作好准备"。无论如何，统治阶级只有当他们面临革命的威胁时才同意改革，因此，即使是改良斗争也应受革命政策的支配。④ 他捍卫集中制的组织方式，申明说，党必须有严格的党章，使领导人员能抵制不相宜的思想的影响。他在奚落他们扣雅各宾主义的帽子时说：党章应表明"领导对党员的合理的怀疑"，这种怀疑体现在自上而下地对党进行警惕的监督上。⑤

这一思想不久就成为列宁的专有特性，成为布尔什维主义的标志。我们记得，早在1901年托洛茨基就已经提倡这一思想了；而这一思想更是《火星报》的共同特征。引用最有权威的孟什维克历史学家的话来说，这一思想总

---

① 托洛茨基在接受美国犹太报纸《前进报》（1937年1月28日）采访时说，经历过纳粹主义以后，难以再相信他希望过的犹太人的"同化"了。他接下去说，单凭犹太复国主义本身解决不了问题，但就是在社会主义制度下，也许仍有必要给犹太人安排个单独的居住区。
② 《俄国社会民主工党第二次代表大会》，第137页。
③ 娜·克鲁普斯卡娅：《回忆列宁》，第70页。
④ 《俄国社会民主工党第二次代表大会》，第136—137页。
⑤ 同上，第168页。

结了所有向前看的社会民主党人对运动的"紊乱与松散联盟"的反应。①《火星报》所有的成员,包括未来的孟什维克在内,在捍卫这一思想时完全一致,但这是最后一次了,尽管他们中也许没有人像托洛茨基那样强有力地为这一思想辩护。如果有人告诉托洛茨基,在以后的几次会议上他竟会生气地放弃自己说过的话,他们之中谁都不会比他本人更吃惊。总的说来,在这次大会上对纲领进行辩论时,不是列宁,而是未来的孟什维克领袖们,特别是普列汉诺夫,最坚决地赞成无产阶级专政。普列汉诺夫极力要求代表们通过方案,这一方案使人们对下述情况没有怀疑的余地:他们在革命局势中将不惜摧毁议会制度并限制公民的自由。普列汉诺夫论证说,如果推翻沙皇统治后,选举出来的是同革命政府敌对的立宪议会,革命政府应仿效克伦威尔的做法,解散议会,普列汉诺夫发言时用"革命利益至上"这几个字作为他发言的题目。列宁和托洛茨基在1918年就是根据这一原则行动的,而且没有因老迈衰病的普列汉诺夫的谩骂而动摇。此时,普列汉诺夫还申明说革命政府不应废除死刑——为了推翻沙皇可能有此必要。这些意见曾引起一个不引人注目的代表的反对,并在其他几个代表中引起微弱的怀疑。但它们在欢呼声中被一致通过。

然而在幕后,《火星报》的团结一致正在开始消失。起初出现的不和并不是什么政策问题,甚至也不在党章中著名的第一条上(虽然他们最后是为这一条分裂的),而是在无关政策或组织原则的问题上。列宁提议把《火星报》的编辑人数从六人减为三人。三个编辑是:普列汉诺夫、马尔托夫和列宁自己。阿克雪里罗得、查苏利奇及波特列索夫都被排除了。对立两派的历史学家们在回顾中都极欲把列宁的这一提议理解为是用意深远的;按照观点的不同,有人认为他居心险恶,有人认为他用心良苦。就实际背景看,列宁的目的很简单,他试图使《火星报》的编辑工作比近期的工作有更高的效率。因为六个人的编辑部易于分成势均力敌的两方。为了打破僵局,他曾提议任用托洛茨基;但因为普列汉诺夫反对,他放弃了这一提议;所以他此时企图用减少而不

---

① 尔·马尔托夫:《俄国社会民主工党史》,第62—72页。马尔托夫叙述集中制的组织思想当时是极不"成熟的"。最初详细提出这一思想的不是列宁,而是彼得堡的一名地下工作者,他曾给列宁写过一封信阐述这一思想,党分裂后他加入孟什维克派。大会前的那一年,萨温科夫曾向《火星报》提出一个和列宁的计划相似的组织计划。他后来脱离社会民主党而建立社会革命党。马尔托夫即使在党分裂后还写道:"在组织问题上,我们首先是集中制的拥护者,作为革命的社会民主党人,我们必须是集中制的拥护者。"同上,第11页。另见《列宁全集》第7卷,第1—18页和马尔托夫为切列瓦宁的《组织问题》一书撰写的序言和阿基莫夫:《俄国社会民主工党发展特征史料》,第104页。

第三章 在历史的大门口

是用增加编辑人数的办法来达到他的目的。他提议留任的三个人一直都是《火星报》的真正台柱子。查苏利奇、阿克雪里罗得和波特列索夫都很少供稿——他们都不是文笔流畅的作家，而且在管理和组织工作方面甚至做得更少。① 单以效率为理由来说，列宁的提议也是正当的。但是对效率的考虑往往与既有的权利及情感发生冲突。列宁在决定这一步骤前曾有过疑虑，而普列汉诺夫则很少或无所顾忌。在托洛茨基看来，把阿克雪里罗得和查苏利奇排除出《火星报》这一企图简直是"亵渎神圣"，因为他们二人是《火星报》的创办人。列宁的无情使托洛茨基震惊。

这个小问题立刻同其他较大的问题纠缠起来。《火星报》编辑部正如以前一样，必须仍是党的真正领导。大会选出的中央委员会必须在俄国国内工作。但由于进行地下活动有遭受逮捕的危险而不能保证中央委员会领导的连续性，只有像编辑部这样流亡国外的中心才能做到这点。列宁又进一步提议选出一个委员会，它将充当中央委员会和编辑部之间的仲裁。该委员会由5名委员组成：《火星报》成员两名，中央委员会两名，而另外一名是主席，将由大会选举产生。普列汉诺夫应该是主席，这是预料中的必然结果。因而《火星报》编辑部肯定会对委员会施加决定性影响。正是因为这个方案，列宁给自己招来指责，说他企图统治党。然而正如事情表明的那样，这个方案本身并没有使列宁享有比在旧体制下更大的权力。如果这一方案势必会给某一个人以特权地位，那么，这个人就是普列汉诺夫，即列宁未来的敌人。该方案所要实现的目标无非是要把这支旧队伍中战斗力最差的成员去掉，首先是去掉阿克雪里罗得和查苏利奇。列宁是乐于向这两位老战士表示敬意的，而这种敬意他们是当之无愧的，但他不愿意以会对事务的有效处理有干扰的方式向他们致敬，而这些事务的主要压力无论如何都将由他本人承担，所以他不准备这样做。这两位老战士对此感到震惊，是很自然的。马尔托夫一心要安慰他们。托洛茨基对这支队伍的内部活动情况知之甚少，他无法理解列宁的动机。他觉得这是一个险恶的阴谋。

当"家丑"已私下传开之时，党章已提交大会辩论。《火星报》小组在大会前已讨论过党章，并已注意到列宁和马尔托夫之间的分歧。列宁的草案如

---

① 列宁在给追随者的一封信中说明他自己的动机，他说在45期"旧"《火星报》中，马尔托夫写过39篇文章，列宁写过32篇，普列汉诺夫写过24篇，查苏利奇只写过6篇，阿克雪里罗得写过4篇，波特列索夫写过8篇。《列宁全集》第44卷，第393页。

下:"凡承认党纲,在物质上帮助党并亲自参加党的一个组织的人,都是党员。"除了列宁要求党员应"亲自参加"党的一个组织这一点外,马尔托夫的草案与列宁的草案是一致的。马尔托夫的提法比较含糊,要求党员"在一个组织的指导下经常亲自协助党"。其间的差别似乎是难以捉摸的。列宁的公式强调党是一个只由参加秘密组织的人组成的紧密团结的党。马尔托夫的公式强调党是一个包含那些仅仅帮助地下组织而不属于这个组织的人在内的涣散团体。当这两个公式初次对比时,分歧似乎并不重大,而且马尔托夫也准备撤回他的草案。① 党竟然只因党章中一条的两个词而闹分裂,似乎没有道理。

在此同时,与列宁的编辑部方案有关的个人冲突在背后形成了恶感和怀恨,使领导人都有无礼之举、猜疑日增。② 马尔托夫、托洛茨基及其他人愤然责备列宁粗暴与贪求权力,而列宁不明白为什么这样的辱骂会泼到他的头上来,当时他所做的一切只是为《火星报》的改组提出一项切实可行、不言自明的计划。每一方都开始怀疑对方的每一行动怀有阴谋诡计。每一方都在警惕对方设下的圈套。每一方都开始改头换面地重复早已忘却的往日分歧;而这些分歧在昨天看来还是微不足道的,今天就仿佛有了深远意义,预兆不祥。在大会进入到审查党章时,对立双方都怀着这种心情彼此相对。现在无疑应该弥合这两个公式的分歧,只提出一份草案。但事与愿违,每一份草案的作者都极力要说明他的条文中隐藏极深的含义,尽可能要使之清楚明确,要使不知所措的代表们产生一种印象,即所供抉择的两个草案之间有条不可逾越的鸿沟;要强调而且过分强调采纳这段条文或那段条文就要承担的某种实际后果。马尔托夫和列宁这两个朋友和同志,像敌人一样相互对抗。每个人的发言好像都恍惚迷离;每个人对自己的奇怪行为都感到惊奇;每个人都因此感到吃惊和迷惑;然而他们两人都不能停止自己的步伐或从原路回头。③

两个主要对手的情绪传染给代表们,大会分裂了。不是建立一个党而是产生两个党。当时,布尔什维克革命不可调和的未来的敌人普列汉诺夫却是列宁

---

① 巴甫洛维奇:《就第二次代表大会告同志书》,第5页。
② 《火星报》成员在大会外举行秘密会议。当分裂初露端倪时,一次秘密会议由托洛茨基主持,因为任何其他人担任主席,对立双方都不同意。托洛茨基:《我的生平》第1卷,第12章。
③ 列宁在大会后不久写给波特列索夫的一封信中说:"现在我常问自己:究竟为什么我们要各奔东西,成为永远不共戴天的敌人呢?我反复回想代表大会上的所有事件和印象,感到自己的行动常常过于激动'狂热'。如果说应当把当时的气氛、反应、责备和斗争等等自然引起的那些东西叫做过错,那我愿意向任何人认错。"《列宁全集》第44卷,第360页。

最紧密的同盟；而托洛茨基则是反对派中公然抨击列宁最激烈的一个。他指责列宁企图建立一个阴谋家的秘密组织，不是建立一个工人阶级的党。社会主义是以对工人的阶级本能的信任以及他们有能力理解自己的历史使命为基础的——那么党为什么不应像马尔托夫提议的那样向工人阶级敞开大门呢？列宁看见自己的"棍子"转过来打自己，感到吃惊，他曾多次试图把托洛茨基与马尔托夫拆开。他在全会上温和而有说服力地争取托洛茨基，说托洛茨基由于缺乏经验而混淆了争论的问题，把分歧解释错了。他接着说，在工人阶级中也有混乱、摇摆和机会主义；如果党像马尔托夫所竭力要求的那样把门完全敞开，那么就会把所有那些软弱分子都吸收进自己的队伍里来。党应该组织的只是"无产阶级先锋队"，最有阶级觉悟和最英勇的分子。党必须领导工人阶级，因此，党不能像阶级本身那样广泛。

这一论据没有说服托洛茨基。于是列宁在会议礼堂外面和托洛茨基交谈。花了几个小时答复对方的指责并解释自己的行为。后来列宁还派他的追随者以及他的弟弟去"争取托洛茨基"。① 但一切都落空了，托洛茨基的敌意反而变得更强。

列宁的弟弟德米特里·乌里扬诺夫（1874—1943）

---

① 托洛茨基：《我的生平》第 1 卷，第 12 章。

大会以多数通过马尔托夫的党章草案。但这个多数包括"崩得"和经济派代表在内,而这两派的代表因《火星报》全体一致的表决而失败,正打算退出大会,下一步就是退党。在他们退出以后,列宁提出改组《火星报》编辑部的方案。托洛茨基以提议进一步加强旧《火星报》编辑部的职权来反对这一方案。① 这一次列宁仅以两票的多数获胜。大会以同样的多数选举列宁提议的候选人进入中央委员会,对方弃权。因此,称追随列宁的人为布尔什维克(多数派),而称反对列宁的人为孟什维克(少数派)。少数派的领导人因列宁蛮横剥夺阿克雪里罗得和查苏利奇在党内的地位而感到震惊,而且几乎是被激怒,他们宣称要联合起来抵制新选出来的中央委员会和《火星报》。马尔托夫立即辞去编辑部的职务。列宁谴责说这是不可容忍的无政府主义行为,他决心要加强新选出来的机关的权威。尽管是微弱的多数使他们当选,但列宁坚持他们要组成合法的领导机关:在任何民主的团体中,多数派尽管是非常微弱的多数,但也拥有合法的权力。大会在一片混乱的吵闹声中结束。

俄罗斯著名画家鲍里斯·库斯托季耶夫的代表作《布尔什维克》,作于1920年

---

① 《俄国社会民主工党第二次代表大会》,第364页。

尽管从表面上看这一分裂有偶然性，但它是由来已久、不可逆转的分化过程造成的，在这一过程中，革命的党必定要与温和的党分道扬镳。西欧工人运动中的最温和分子已公然自称是反对革命的改良分子。在俄国也同样出现这样的分裂，这是很自然的。但在沙皇专制制度下，就是最温和的社会民主党人也不可能公然组成一个改良政党，因为缺乏议会民主的环境。他们在不同程度上真诚地继续承认革命的社会主义和正统的马克思主义。这一情况甚至比令人迷惑的分裂更能掩盖其实质。分裂呈现的形式复杂、无理性令人如堕五里云雾之中。在1903年，托洛茨基所看到的是两个团体承认同样的政策和组织原则，除了列宁冷酷对待同志，对待像阿克雪里罗得和查苏利奇这样享有崇高声望的同志之外，他看不到使他们渐趋分裂的任何理由。他认为这种不必要的分裂只能成为削弱党及工人阶级的根源。

就事情的表面看，这似乎是很确切的。迄今为止，主要领导人只因性格不同而分裂，尽管很快他们中的每一个人都力图使这一分歧合理化，把它说成是思想观念上的深刻争论。但性格不同这一点也并非无关紧要之事。列宁对老战士的"不尊重"表明，他让一切情感及所有其他考虑——不论它多么值得称颂——都服从政策和组织的最高要求。如果为了提高效率而不得不牺牲建党的奠基人，列宁就会牺牲他们。地下运动攻击沙皇统治堡垒，因而受到残酷迫害，所以它不能容忍把名誉性的闲职授给任何人，即便是开创运动的元老也不行。当然，这是一种狂热的，而在某种意义上甚至可以说是不近人情的态度。能做出这种事的人会为了他所认为的革命根本利益而毫不犹豫地牺牲其他人和其他考虑。但一个革命的政党不服用大量这类的狂热剂就不能行动。必须认真执行普列汉诺夫宣布的准则，即捍卫革命是革命的最高准则。反之，列宁的对手们把他们的私人感情的分量看得和这一最高准则的分量一样重，尽管他们曾许诺只应该看重后者。他们在将来也将同样重视各种其他的感情和考虑，这就不能不同他们所宣称的革命抱负相冲突。他们定会证明自己是调和者而不是革命者。

然而并不奇怪的是，在回顾中这种分歧所表现出来的意义虽是如此明显，但不少（如果不是绝大多数）当时登场的角色却察觉不到。托洛茨基并不理解在列宁本人的冷酷无情背后却是革命的心境。也许还有其他动机使他的立场如此坚定。他看到站在列宁一边的是目中无人、咄咄逼人的普列汉诺夫，而这位普列汉诺夫一有机会就显然毫无理由地冷落他。而在另一边，他所看到的是热情而不摆架子的男女革命家，他对他们十分感激。他的选择是明确的，但有

一天,他将会为这一选择而追悔莫及。

几乎在大会刚刚闭幕,"冲突的热度还没有冷却"时,他写了《西伯利亚代表团的汇报》,照他的话说,这是"写给将来历史学家的一份有人性的文件"。在这份报告中他夸张地表达了他的幻灭、他对列宁的新的敌意并暴露出他自己态度中的矛盾。

> 大会认为……它在创造,其实它只是在破坏。……谁能想象由《火星报》召集的大会竟会无情践踏刚刚被它承认为党的中央机关报的《火星报》编辑部?……有哪一个政治预言家能预卜到马尔托夫和列宁会……作为两个敌对派别的敌对领袖出场呢?所有这一切都无异于晴天霹雳。①……列宁以其特有的能力和才干扮演了瓦解党的角色。……列宁的后盾是新拼凑起来的《火星报》的"强硬"派的多数,他们反对《火星报》的"温和"派。我们西伯利亚协会的代表加入了"温和"派,而……我们并不认为因此我们已抹去了我们的革命记录。……肯定《火星报》的老编辑部,是理所当然的。……同志们,第二天我们就埋葬了《火星报》……同志们,今后再也没有《火星报》了……

为与马尔托夫相呼应,托洛茨基写道:列宁被权力欲所驱使,把"戒严状态"和他的"铁拳"强加给党;② "我们遭到失败,因为命运裁定(列宁的)自我中心获胜,而不是集中制获胜。"列宁像一个新的罗伯斯庇尔,试图"把党的最谦虚的委员会变成有无限权力的公安委员会";而且和罗伯斯庇尔一样正为"社会民主党的机会主义的热月党人准备基础"。③ 这是他第一次作这一意义深远的类比,在其一生中,在不同的场合和不同的情况下,他将一再重复这种类比。他当时所要表达的思想是这样的:罗伯斯庇尔的恐怖导致热月党人的反动,不但对雅各宾党人而且对整个法国大革命都是一个挫折。同样,列宁推行集中制原则过了头,他这样做不但使自己失去信誉,而且也引起对集中制原则的反动。这一反动将有利于运动中的机会主义者和联邦派分子。托洛

---

① 托洛茨基:《俄国社会民主工党第二次代表大会(西伯利亚代表团的汇报)》,第8—11页。
② 同上,第20—21页。
③ 同上,第30页。

茨基在文章的后记中嘲讽说,他根本不打算把列宁与罗伯斯庇尔相比,因为他认为,布尔什维克的领袖不过是对罗伯斯庇尔的拙劣模仿,而列宁与罗伯斯庇尔的相似程度犹如"庸俗的闹剧与历史悲剧一样"。① 一旦托洛茨基决定反对列宁时,他就直言不讳地对列宁加以指责,并以最强烈的义愤进行狂风暴雨般的抨击。

少数派,即孟什维克的领袖们威胁要抵制中央委员会及《火星报》。托洛茨基也和其他人一起停止为《火星报》撰稿。1903年9月,孟什维克在日内瓦聚会以便决定进一步行动的方式:他们的抵制应进行到什么程度为合适?他们有被开除的危险吗?如果被开除,是否应建立一个对立的党?或他们应当慎重行事,以便继续留在党内,设法在下次大会上剥夺列宁的地位?对这些问题众说纷纭。托洛茨基尽管激烈、公开地攻击列宁,却也主张节制。在他看来,抵制的目的是对列宁和普列汉诺夫施加压力,恢复老战士们的重要地位,重新确立党的团结。会议通过了由马尔托夫和托洛茨基合写的一项决议,决议中由托洛茨基写的那一部分说:"我们认为,我们自己在道义上和政治上有责任采取一切措施进行……斗争,我们采取的措施不致使我们置身于党外,也不致使党和党的集中制思想受到损害……(却使我们能)改变党的最高机构的成员,从而保证党有可能自由地从事思想上和组织上教育党的工作。"② 但是,孟什维克虽然没有突然彻底地分裂出去,他们却建立了一个影子中央委员会,它要反对列宁的中央委员会和《火星报》,而且,如果最后分裂了,它无疑会作为新党的领导机关出现。组成那个委员会或"局"的有阿克雪里罗得、马尔托夫、托洛茨基、唐恩(Дан)和波特列索夫。这些人中除了托洛茨基外,其余的人都始终领导孟什维克派直至最后。

其实,孟什维克派不必承担分裂党的恶名,他们大喊大叫进行的抵制已迅速产生结果。起初如此坚决同列宁站在一起的普列汉诺夫渴望要向对方让步,要消除对方的不满。他竭力劝说列宁应恢复老编辑部,列宁毫不动摇,他说他不能在非正式流亡团体的压力下推翻全国代表大会作出的正式决定。③ 从任何政党都要以常规程序为准则的观点来看,列宁的理由是无可反驳的。但普列汉诺夫却能不顾及这一准则。他是党的委员会主席,而且在《火星报》编辑部

---

① 托洛茨基:《俄国社会民主工党第二次代表大会(西伯利亚代表团的汇报)》,第33页。
② 《阿克雪里罗得与马尔托夫书信集》,第94页。
③ 《列宁全集》第44卷,第394页。

里仍然是最有权威的人,当马尔托夫辞职后,编辑部里就只有他自己和列宁。普列汉诺夫决定邀请阿克雪里罗得、查苏利奇、马尔托夫和波特列索夫重返编辑部。列宁提出辞职。这样,孟什维克接收了仍是最有影响的《火星报》,不久,就是列宁自己的追随者也怀疑起来,列宁是否已走得太远了,是否与对手谋和要更加明智。列宁被打败,被孤立,然而他甚至比以前更确信自己立场的正确,因而决定加以捍卫。

使普列汉诺夫非常烦恼的是,托洛茨基与孟什维克一起回到《火星报》。但普列汉诺夫既然已使老战士胜利地归来,他就不能直接排斥他们的这个最热心的卫士和被保护人。起初他只是力劝当时的实际主编马尔托夫让托洛茨基接受低于他在老《火星报》中曾占有的位置或者马尔托夫打算给他的位置。显然,托洛茨基只限于评论无关紧要的问题①,尤其在俄国国内的读者反对托洛茨基攻击列宁的那种冒犯性语调之后。普列汉诺夫本人当时攻击列宁虽然也很尖锐,却不愿支持托洛茨基的这种语调。最后他终于要求《火星报》应停止发表托洛茨基撰写的稿子;而且威胁说:如果拒绝他的要求,他就要辞去《火星报》的职务。他说,担任托洛茨基为之撰稿的报纸的编辑,使他"内心感到厌恶"。

引起这一"最后通牒"的是托洛茨基写的一篇评论刚刚爆发的日俄战争的文章。这篇文章发表于1904年3月中旬的《火星报》上,在内容和风格方面都很杂乱——普列汉诺夫反对这篇文章不是没有理由的,但文章中也含有一些重要思想。主要是专门揭露俄国自由主义的"半吊子、模棱两可、优柔寡断和背叛倾向"。中产阶级的这一态度必然有害于民主事业,但这也有一个补偿性的后果:自由主义不能置身于革命的领导地位,而且由于它的行为会加速"无产阶级的自决"。然而,文章主要是对党的立场进行批评,它的立场与托洛茨基对自由派的抨击不太吻合。他针对党委宣传的粗陋方式而攻击"多数党委会",因为这种宣传断定正在进行的对日战争是为了俄国资产阶级的利益并得到俄国资产阶级支持的。托洛茨基争辩说,这不是事实,沙皇是为独裁政府的自身利益进行战争的,而笼罩资产阶级自由派的是"反护国主义的情绪"。他反对在党内泛滥的"假马克思主义的陈词滥调",写道:"极其重要的阶级利害准则正失去光彩,变成僵死的陈词滥调。它们被放到普洛克儒斯忒斯

---

① 可参见《火星报》第60期上的《特维尔党委的抗议》。

的床上,这里的任务不是分析,而是为了无产阶级的使用而砍削它。"这一批评如果不是专门也是主要针对布尔什维克的。①

普列汉诺夫的"最后通牒"使孟什维克的《火星报》小组左右为难。一方面,他们都同意这篇被人控告的文章的论点,他们不愿免除托洛茨基的工作:托洛茨基是他们的主要喉舌之一,是他们的影子中央委员会的一员。另一方面,多亏有普列汉诺夫,他们才把《火星报》重新夺回来,正如普列汉诺夫不断提醒他们的那样,他们新赢得的优势都应归功于他,归功于作为委员会主席的普列汉诺夫。他们起初拒绝他的要求,并对他那"有失尊严的行径"、"勒索"和"泄私愤"深表恼火。然而,托洛茨基提出辞呈,表示希望回俄国从事地下工作。马尔托夫和其他孟什维克劝说他不必计较侮辱、继续为《火星报》工作。但普列汉诺夫既然把自己的声望作为赌注押在这一仇恨上,对此就不能容忍,他于是以辞职相要挟。最后,孟什维克害怕失去他们最重要的同盟者,因为能使他们打败列宁、羞辱列宁的正是这个同盟者,他们对普列汉诺夫让了步。从此托洛茨基的名字就从《火星报》上消失了。②

托洛茨基开始疏远孟什维克。虽然他本人原是为避免使朋友为难而提出辞呈,但他们跟普列汉诺夫的交易只能使他厌恶。他愤然离开日内瓦,几个月没有出现在孟什维克分子的圈子里。个人恩怨与早期的政治分歧混在一起。孟什维克因为力图使其与布尔什维克长期不和的动机合理化,他们开始放弃分裂以前曾作过承诺的观点。其倒退从组织问题上一直扩展到政策问题上。查苏利奇大谈其社会主义和中产阶级自由主义联盟的梦想,而当时声望正在提高的费多尔·唐恩则直截了当地鼓吹这种联盟。即使在现在,当唐恩和托洛茨基是同一派别的领袖时,他们也是在本能上彼此互不相容的。唐恩的性格坚定而平凡,而托洛茨基的性格似火焰般热烈。一个能在政治妥协的气候下如鱼得水,就像他1917年在克伦斯基内阁中扮演的角色所表明的那样;而另一个则是天生的革命家。当孟什维克开始摸索更温和的公式时,唐恩在他们中的影响自然上升,而托洛茨基的影响则逐渐下降。马尔托夫本人预先就注意到追随他的人在追求温和道路,但他被自己所开创的过程压倒了。他们反对"老"《火星报》

---

① 《火星报》1904年3月15日第62期,另见1904年6月《火星报》增刊上托洛茨基的半辩解性的评论。

② 这件事的叙述系根据《普列汉诺夫与阿克雪里罗得书信集》第2卷,第198—201页、《阿克雪里罗得与马尔托夫书信集》,第101—105页和《火星报》。

精神，托洛茨基对此不能无动于衷。而体现那种精神的只能是托洛茨基反对的列宁。此时，托洛茨基发现，老《火星报》一直没有摆脱类似民粹派那样的密谋态度，它对待经济派不公正，而且错误地宣称组织优于自发工人运动。这些都是大多数孟什维克在回顾自己最近的过去时得出的基本结论，在这些问题上，托洛茨基跟他们步调一致。① 但当他们试图架桥沟通社会主义与自由主义间的鸿沟时，他停住了脚步，而且在这点上永不越雷池一步。他坚持反对自由派的立场，总体上看，这一立场在老《火星报》里占优势。他在和孟什维克的长期争论中认识到，在这一决定性问题上，他和孟什维克的分歧是如此之大，而与列宁的距离是如此之小。

然而，托洛茨基在跟孟什维克分手之前又一次用最伤感情的话劈头盖脸地抨击列宁，使他跟列宁几乎不可能和解。1904年4月，托洛茨基离开《火星报》，8月，他在日内瓦出版了《我们的政治任务》这本小册子，扉页上的题词是"献给我亲爱的导师巴维尔·阿克雪里罗得"。这本小册子的历史与传记意义在于，在以往所有社会民主党人写的抨击列宁的文章中，这是最刺耳的一篇；在于它独到的思维进程和散见于一百多页印得密密的谩骂文字上那惊人的历史直觉的闪光。

讲到日俄战争时，托洛茨基是这样开始的："当全世界的革命无产阶级都满怀希望地看着我们的党时，历史赋予它的宏伟任务是一举砍断世界反动势力之结。而俄国社会民主工党却似乎不懂得除了进行褊狭的党内争吵外还有其他任务……这是一出多么令人心碎的悲剧……我们在这种梦魇般的气氛中生活了整整一年……几乎每个人都意识到分裂的罪恶，但却没有一个人能从历史的铁腕下解脱出来。"分裂的深刻原因在于党无法调和其民主任务与社会主义任务。俄国还没有经历资产阶级民主革命，而党目前最关心的是推翻沙皇的专制统治。然而党的更长远的目标是社会主义。党在这两个目标之间不断分裂。每当党的队伍中发生争论，每一方都指控对方放弃无产阶级的阶级利益、支持资产阶级民主。"每个代表新倾向的集团都把它的前辈革出教门。在那些提出新思想的人看来，前一时期似乎只是对正确道路赤裸裸的背离，是历史的误会……"②

他继续写道，因此列宁和老《火星报》应该全面地看待经济派，尽管后

---

① 在这方面，托洛茨基（在《我们的政治任务》中）与极右翼孟什维克切列瓦宁（在《组织问题》中）并无二致。

② 托洛茨基：《我们的政治任务》，第4页。

者有其局限性,但是他们唤醒了俄国的工人阶级。孟什维克是"党内新思潮代表试图在它前辈的肩头而不是在其断骨上自我确立的首例",单这一点就是成熟的标志。经济派"向无产阶级呼吁,但他们并不是以社会民主的精神"而是以非政治的工联主义精神去做的。相反,《火星报》则向知识分子而不向工人发出社会民主的号召。列宁强迫革命知识分子接受正统马克思主义并向马克思的权威无条件投降,希望用这样的方法训练知识分子,使他们可以胜任尚未成熟而且缺乏自信力的工人运动的可靠领导。但列宁不过是在试图加速历史的步伐;因为"无产阶级学说并不能取代政治上已经成熟的无产阶级"。① 列宁不信赖群众,居高临下地看待群众没经验的行动,认为工人本身不能独立从工联主义上升到革命的社会主义,认为社会主义思想意识是由革命知识分子"从外面"灌输到工人运动中去的。托洛茨基写道,这是一种"正统的神权政治"的理论,列宁的组织体制就是适应"将以自身取代工人阶级"的党,这个党不顾工人的感受和思想,却以工人的名义并且代表工人发挥其代理人的作用。

他用阿克雪里罗得设想的模仿欧洲社会民主党建立"有广泛基础的党"的概念来反对这个党的"取代主义"(托洛茨基这样称呼它),它以充当无产阶级临时代理人而行动。② 他说:"党内政策中的这些方法(列宁的方法)导致党组织以自身取代全党;尔后是中央委员会以自己取代党组织;最后是一个独裁者以自己取代中央委员会……"③ "党必须在自己的基层,在积极而自信的无产阶级中而不是在上层核心小组中去寻求稳定的保证,因为革命在展翅奋飞之时可能会一下子扫除这个小组……"托洛茨基在挖苦了列宁写的"骇人听闻、肆无忌惮的煽动的几行字"④,并针对列宁建立党的纪律的企图加以讽刺之后问道:"任何严肃的团体……当其面临是应根据纪律观而默默地自我消灭还是应不顾纪律为生存而斗争这二者择一的情况时,毫无疑义要选择后一条道路,并会说:应当消灭那种压制运动的根本利益的'纪律'。难道懂得这一道理就这样困难吗?历史绝不会说:即令世界必须毁灭也应使纪律生效。胜利最终会在那些对革命事业理解得更深刻、更全面的人的一边。"⑤

---

① 托洛茨基:《我们的政治任务》,第23页。
② 同上,第50页。
③ 同上,第54页。
④ 同上,第75页。
⑤ 同上,第72页。

小册子中最难以理解的部分是最后一章"雅各宾主义与社会民主党"①。在大会上,当经济派拿雅各宾主义讽刺整个《火星报》时,托洛茨基曾反驳过对雅各宾主义的攻击。这时他却转而用雅各宾主义来指责列宁。面对这种指责,列宁几乎感到自豪,他回答说:"革命的社会民主党人正是雅各宾派,不过是和意识到自己的阶级利益的无产阶级的组织紧密联系在一起的。"正如小册子所表明的,托洛茨基显然是根据他近期对法国大革命的深入研究而精心炮制了这些指责,而他却言中了俄国革命未来的戏剧性事件。他说,雅各宾派与社会民主党的性质是相互排斥的。法国大革命因受时代的局限,只能建立以资产阶级财产为基础的资产阶级社会。雅各宾主义(资产阶级社会所能到达的激进主义的顶点)力求使类似平等主义的短暂革命高潮永远持续下去,而这一革命高潮却与时代的根本趋势是不相容的。这是一个注定要失败的乌托邦:历史如要挽救雅各宾主义,就不得不中断其进程。雅各宾主义及其与时代之间的矛盾说明了雅各宾派思想和行动方法的原因。罗伯斯庇尔及他的朋友们对真理,即他们的"真理",有他们的形而上学的看法,但是他们不相信他们的"真理"会赢得民心和民意。他们怀着病态的猜疑环顾周围,仿佛看见敌人从每条缝隙里爬出来。他们不得不在他们自己与其余世界之间划出一条鲜明的分界线,而且这条分界线是他们用断头台的刀刃划出来的。"凡是对雅各宾主义与其余世界之间的分界线,不管是原则性的抹杀,还是个人的抹杀,都有释放内部离心力的危险……"罗伯斯庇尔的政治本能暗示,他只有通过持久的戒严状态才能延长短命的革命高潮。"他们不惜大规模杀人,为他们的'真理'奠定基础。……他们对形而上学概念绝对信仰,与此相对应的是,他们绝对不信赖生气勃勃的人。"

托洛茨基继续写道,具有乐观前景的社会民主党与雅各宾派不一样,因为它和它的时代趋势融为一体。在20世纪初,随着现代工业增长和工人阶级的壮大,社会主义不再是乌托邦了。社会民主党和雅各宾派代表"有天壤之隔的两个世界、两种学说、两种策略、两种心理状态。……他们是空想主义,而我们想成为客观倾向的代表;他们是彻底的唯心主义者……而我们是彻底的唯物主义者……他们是唯理性主义者,而我们是辩证论者……他们砍掉人的头颅,而我们用阶级觉悟来启发他们。"

---

① 托洛茨基:《我们的政治任务》,第97—107页。

托洛茨基并不否认雅各宾派与社会民主党之间有类似点。他认为两者都是不妥协的：雅各宾派进行反对调和主义者的学说的斗争，社会民主党人反对改良派的机会主义。但是社会民主党用不着断头台。"假如在一个革命的法庭上指控国际工人运动的全部调和主义，那么马克思的狮子头会第一个掉在断头台下。"① "罗伯斯庇尔常说：'我只知道两个党，一个是好公民的党，一个是坏公民的党。'这句政治格言铭刻在他马克西米利安·列宁的心上"，他"这种恶意的、道德上令人厌恶的猜疑态度是对雅各宾派悲剧性褊狭态度的拙劣模仿……"（他在同一段里把列宁说成是"机敏的统计学家和马虎的律师"。）

必须在雅各宾主义与马克思主义之间作出明确的抉择——这是托洛茨基的结论。他认为，列宁试图把两者结合起来，实际上是放弃社会主义，自立为资产阶级民主主义革命派的领袖。托洛茨基指控的要点就是，列宁正从一个社会民主党人蜕变为一个激进的资产阶级政客，因为只有资产阶级政客才会像列宁那样极度地不信任工人阶级。② 列宁的追随者甚至走得更远，公然设想他们"对无产阶级实行专政"，当人们读到某些布尔什维克分子（托洛茨基在这里引用了所谓的乌拉尔宣言里的话）主张有必要建立一个绝对一致的党的论述时，"哪怕并非胆小的人也会感到透骨寒彻"。

托洛茨基以下面这段反对绝对一致性的说教结束：

> 新制度的任务一定是很复杂的，只能通过经济建设和政治建设的各种不同方法之间的竞争，通过长期的"争论"，通过不断的斗争，不仅仅是社会主义世界与资本主义世界之间的斗争，而且是社会主义内部的各种派别之间的相互斗争（当无产阶级专政提出无数新……问题时，必然会产生这些派别），这些任务才能完成。任何一个坚强有力的组织……都不能压制这些流派和意见分歧。……当无产阶级有能力对社会实行专政时，就绝不会再容许任何人对它自己实行专政。……在工人阶级之中……无疑会有不少政治残废……许多必将抛弃的、陈旧的思想包袱被吸收到自己的行列中。在专政时代，工人阶级绝对有必要使自己的思想意识摆脱错误理论

---

① 托洛茨基：《我们的政治任务》，第95页。
② 托洛茨基此处引阿克雪里罗得的话，阿克雪里罗得把列宁的演变与司徒卢威相比。托洛茨基在这本小册子中称颂孟什维克的领袖，特别是阿克雪里罗得和马尔托夫，他称前者是"伟大的马克思主义者，有透彻精辟的政治见解"，说后者是"他这一代的杜勃罗留波夫"。

和资产阶级残余,并把政治空谈家和思想陈旧的革命者从自己队伍中清除出去,正像它在今天绝对必须这样做一样。但是,不能通过把经过精心挑选的、拥有"解散"和降级的权力的几个人,或者更恰当地说把这样的一个人凌驾于群众之上来代替这一复杂的工作。①

在40年里由托洛茨基多产的笔写下的文章当中,这本小册子大概算是最令人惊异的文件了,这绝不只是因为它含有种种如此独到的重要思想、辩论中的小手段、敏锐的历史洞察力和夸张的华丽辞藻。任何一个孟什维克作家几乎都没有用这么多人身攻击的恶毒语言攻击过列宁。"丑陋的、肆无忌惮的、蛊惑的"、"马虎的律师"、"居心叵测的以及道德上令人厌恶的",托洛茨基把这些形容词一股脑倾泻到一个人的头上,而这个人在不久前曾向他伸出友谊之手,这个人使他到西欧来,这个人提拔他而且保护他免受普列汉诺夫的中伤。确实,马克思主义者,特别是俄国的马克思主义者都惯于无情坦率地说出他们的观点。但他们都能克制不对对手作人身攻击和诽谤,这是一条规矩。托洛茨基触犯了这一惯例,不能单用少年气盛来解释——其中表现出来的特点在他一生里都未能完全摆脱:他不能把人与思想分开。

托洛茨基也没有举出任何一个能在历史学家眼中可以增加他的指控分量的事实来支持他的种种指控。列宁至今没有把一个人开除出党。列宁所做的一切都是在坚持大会给他的授权的有效性,他警告反对派,如果他们坚持妨碍大会的正式决定,抵制当选的领导机关,他就不得不对他们采取行动。列宁的这一行为是任何政党的任何领袖在这种情况下都会有的。② 因为孟什维克通过一系列事件和人事调动首先夺回《火星报》,尔后实际上把列宁撵出领导机关,所以列宁正式占优势只持续很短一段时间,在此期间内,他并没有做出什么事来贯彻对反对派的警告。反对派一旦得手,领袖们也会对列宁发出同样的警告,

---

① 托洛茨基:《我们的政治任务》,第105页。
② 当时罗莎·卢森堡在《新时代》上,尔后在《火星报》(1904年7月第69期)上攻击列宁,她批评他把欧洲的,即德国和英国(费边社)的组织模式移植到俄国来。在德国社会民主党内,温和派领袖高举集中主义旗帜反对革命派。卡尔·考茨基(在1904年5月第66期《火星报》上)以同样的理由批评列宁说,对欧洲来说是可口的肉,对俄国来说却是鸩毒。布尔什维克的未来敌人俄国社会革命党曾热烈赞同列宁的立场(参见《俄国革命导报》第3期的《俄国社会思想的发展》一文)。由此可见,布尔什维克和不少批评布尔什维克的人都认为列宁在1903年所表述的集中主义这个标志是布尔什维克专有的特点、专有的品质或它的原罪,但这一观点是多么不符合历史事实。

不过，因为他们在大会上未曾当选，所以他们没有权利这么做。①

托洛茨基知道这一切，在他的小册子里对此也直言不讳。所以，他对列宁的指控只是根据推论，而在一点上则是根据理论。列宁曾认为，在历史上，革命知识分子在工人运动中曾发挥过特殊作用，即给工人运动灌输马克思主义观点；而工人本身不会自发获得这种观点。托洛茨基根据列宁的这一论点而认为，这是否定工人阶级的革命智慧，是以列宁为喉舌的知识分子渴望使工人运动始终受他们的监护。他认为其中蕴含着雅各宾式的专政，用我们今天的话说则是集权主义专政。已经有不少社会党人作者强调知识分子在工人运动中的特殊作用，其实列宁的这一观点是从公认的马克思主义理论权威考茨基那里引来的。② 孟什维克和布尔什维克两派都受知识分子的领导：在最近的一次代表大会上，几十个代表中只有三个工人。所以，毫无理由把"知识分子的抱负"这个恶名只加到列宁一个人身上。列宁对革命政权的概念，如到那时为止他所阐述的，没有一点是托洛茨基能据以指控列宁的。当时及以后许多年，列宁都认为俄国的革命政府将由几个党联合组成，并且认为社会民主党人甚至不能希望在其中占有多数的席位。③ 他甚至没有想到过一党专政。当时托洛茨基本人倒比列宁更接近这种思想：不久，他就开始主张以无产阶级专政作为俄国革命的直接目标来反对列宁，这种说法未必一定就是一党专政的意思。但不可避免地已含有与之近似的意思了。简言之，托洛茨基过早地把列宁描绘成俄国的罗伯斯庇尔，说他把他的党和外界之间用断头台划了一条分界线，这在事实上或理论上都不能找到任何重要的依据。如果要用这样失真的镜子去照出他的对手，那就要求小册子的作者需要有反复无常而不负责任的想象力了。

然而对于未来而言，这却是一面准确的镜子，不过，镜子里照出的俄国罗伯斯庇尔与其说是列宁，倒不如说是他的继承者，此时，他的继承者还是一个不知名的高加索社会民主党人。这面照出未来影像的镜子确实很准确，使人们可从错综复杂的事物之中看到俄国革命的戏剧性事件的一切成分。首先有资产阶级民主与革命的社会主义目标之间的困境，这是一种经常出现的困境。此外还有布尔什维主义中的两种精神：马克思主义与雅各宾主义之间的冲突，这一

---

① 接近孟什维克超过接近布尔什维克的帕尔乌斯（参见下一章）批评孟什维克采用他们归咎于列宁的独裁组织方法。帕尔乌斯：《俄国与革命》，第182页以及以后各页。
② 《列宁全集》第6卷，第29页；另见卡尔·考茨基在《新时代》1901年第3期上的文章。
③ 《列宁全集》第10卷，第16页；参见下章。

冲突无论在列宁身上抑或整个布尔什维主义，甚至在托洛茨基本人身上都从未解决。虽然托洛茨基此时迫切地要求在马克思主义与雅各宾主义之间作明确的抉择，但是环境不会允许列宁或托洛茨基作出这一抉择。此外，镜子预先照出几个阶段，即革命政党将按"取代主义"的方式经历的这些阶段：党组织以自己取代党，尔后是中央委员会取代党组织；最后是一个独裁者取代中央委员会。其实，这些阶段在革命编年史上将要写好几章，而且是相隔很远的几章。再说这时，托洛茨基一点儿也想不到将来有朝一日他自己竟会在宣扬和赞美"取代主义"方面走得比列宁还远得多，直到它发展到极点他才因害怕而退缩。他重新描绘了它的实现的阴沉画面：那个"握有生杀予夺大权"、病态地猜疑的独裁者的形象，看到他的敌人从周围的每条缝隙里爬出来，为使革命的高潮永不衰退他奋力斗争，甚至不惜用大规模的屠杀使革命与其余世界完全隔绝。而且正像古典悲剧的序幕一样，这些预兆看来也预示托洛茨基自己的命运：他现在呼吁各种思想和倾向的自由竞争，20年后他在布尔什维克的法庭上几乎是用同样的话重复他的呼吁。他当时深信"有能力对社会实施专政的工人阶级绝不会容忍独裁者对自己专政"，而他没有意识到他提出了一个最重大的问题：如果革命后工人阶级不能对社会实施专政，将会发生什么情况？他相信历史最终会证明那些对他们时代的需要"了解最充分、最深入的"人的正确性，这是他终其一生、直到刺客的钝斧砍破他的头颅时为止始终不断阐述的一个信念。最后，好像预感到那个时刻似的，他一想到列宁的党将会变成什么样的党时，就感到"透骨寒彻"。

我们不能详细推测托洛茨基对未来得出这一见解的内心过程。他的结论缺乏可靠的事实依据，这种情况表明他的内心过程是凭直觉想象而不是凭理性认识的过程。我们只能探索出若干使他的想象力发生反应的外部促进因素。总的说来，某些孟什维克已经将布尔什维克与雅各宾派作过类比。普列汉诺夫甚至在他还是列宁的盟友时就曾这样说过后者："有这种禀赋的人能成为罗伯斯庇尔。"其他的人先是窃窃私语，后来公然重复这句脱口而出的名言。但几乎所有的人，就是这句话的原作者也没有把这话当真——人们都把这句话当做普列汉诺夫争论中的妙语。但托洛茨基则逐字地接受了这句话，至少是对它相当认真，因此他投入到雅各宾主义的历史中，并且用对比的眼光起劲地加以研究。由于受到雅各宾派悲剧的激发并充满了新吸收的形象，因此他的想象力把这一切都投射在他日常接触的团体和个人身上，并且投射到无限遥远的未来上。根据严格合理的分析，这种投射可能是怪诞的、没有道理的。更冷静、更加训练有素的人是不会屈从这种想象性的预测的。但托洛茨基具有第六感官，即历史的直觉，这点使他从同时代的政治思想家中脱颖而出，虽然有时几乎使他沦为笑柄，但是随着时间的推移则可以发现，在更多的情况下他的预测是成功的、正确的。

在他辩论和富有想象力的预测能力后面是被抑制的浪漫主义的革命情感，他自己虽然多次谈到需要一个紧密团结而有纪律的党，但一旦他面对这样一个党时，却突然以个人主义的态度反对这个党的现实。他的倾向、他的爱好、他的气质都使他厌恶列宁那平凡而有条不紊的决心，列宁打算用这样的决心把党从抽象的云端降到坚实的组织基础上。托洛茨基现在反对列宁，与他还是17岁的少年时并无两样，那时他对待索科洛夫斯卡娅，即他结识的第一个马克思主义者时，脾气也是这样粗暴，他向她泼去的话是："那些要把枯燥和冷酷带进全部生活关系的人都该死！"1898年的最后一天夜晚他在什维戈夫斯基的果园里突然发出的这个叫喊声，也同样在1904年他对列宁的猛烈抨击中回荡。

第四章　智力合作关系

1904年8月,当《我们的政治任务》在日内瓦发表时,党内情况和一年前刚刚分裂后的情况已大不相同。孟什维克的《火星报》不断干扰列宁,列宁一度甚至不能对这种攻击进行反击。差不多过了六个月之后,列宁才能出版他自己的报纸《前进报》。普列汉诺夫尽情讥笑他以前的盟友,并相信已一劳永逸地使列宁的声望扫地了。欧洲,特别是德国社会主义的权威们早已认识并且尊重普列汉诺夫及其他老战士,他们与后者一起谴责列宁,在他们眼里,列宁是个不知天高地厚的无名后生。就连布尔什维克的中央委员会也不顾列宁的立场而向孟什维克妥协。然而,在托洛茨基的小册子发表的当天,列宁在瑞士召集了那些准备追随他的布尔什维克,把一份召开有或没有孟什维克参加的新代表大会的计划摆到他们面前。

看来事情的发展使托洛茨基连珠炮似的攻击过时了,敌人在他极力主张的攻击之前就已经溃散了。因此经过事后的思考,他在《我们的政治任务》的序言中写道:党内危机已经过去,并说拥护团结的人可以满怀信心地放眼未来,因为布尔什维克与孟什维克两方的极端分子都已声望扫地并陷于孤立。一个较有经验的政治家或一位习惯于对自己的话是否有伤人后果进行三思的人,在当时情况下,或者会克制自己不发表小册子,或者至少会删去争论中过激的言词。但托洛茨基太迷恋于自己的话了,连这些都没有做到。不过,他在序言中力图考虑新的情况,他要求孟什维克结束他们自己的独立组织,即党内之党,托洛茨基自己也曾是它的秘密领袖之一。他强调写道:孟什维克应承认"派别组织的死亡",那就是说,要接受至今对立的两个派别的合并。[①] 然而他

[①] 托洛茨基:《我们的政治任务》,第8页。

的呼吁却无人理睬。分裂正开始愈演愈烈,双方"热衷分裂"的人都积极活动。在布尔什维克中间,列宁集团把从大会以来发生的变化都看做是孟什维克的篡权,新的代表大会将彻底结束这种势态。孟什维克既已重新夺得权力,也就不会去冒在新召开的大会上失去权力的危险,更不必说通过组织合并和对手分享权力地位了。托洛茨基曾经猛烈抨击列宁,指责后者是"瓦解党的人",因而当他在其孟什维克朋友中发现"瓦解党的人"时,他感到震惊。他开始很温和地向他们申明必须和解的理由。他过去同孟什维克联合是为了补偿列宁曾使缔造运动的前辈蒙受的损害以及使运动本身也受到的损失,损害总该彻底补偿。布尔什维克中央委员会本身就是急欲进行补偿的。为结束这令人痛苦的一幕,此时所需要的是放弃为打败列宁所必需的"特别"安排,而且党内两派的好心人一定要携起手来。但他并没有认识到那些"特别"安排早就木已成舟了。

像这样的争吵,调解人是不受欢迎的。他威胁要推翻安排好的计划,打乱所有的办法。他自己的朋友都用怀疑的眼光看待他,认为他比叛徒好不了多少。有些孟什维克当时的确是这样看待他的:说他的态度不坚定,简直跟布尔什维克的温和派没有区别,没有人敢说明天他会站在哪一边。确实,如果他没有对列宁进行过伤感情的攻击,如果列宁的追随者也没有使他跟所有的布尔什维克疏远,他可能不难成为一个布尔什维克的"调解人"。在布尔什维克眼里,他是一个最恶毒的孟什维克。因此,他虽与他的政治朋友绝交,但也没有多少机会跟他的敌手取得一致。

在这样的情况下,他受到一个人的影响,这个人就某种意义说是一个党外人士,而在党内事务上却起着卓越的无党籍者的作用。他就是俄裔犹太人亚·利·格尔方德(Гельфанд),他定居在德国,作为经济学家、政论家以及几本马克思主义学术著作的作者而闻名。[1] 他用帕尔乌斯(Parvus)的笔名给欧洲最重要的社会主义高级期刊——考茨基主编的《新时代》和其他许多社会主义报纸撰稿。他还出版他自己的评论性刊物《世界政治评论》,早在1895年,他就在该刊上预言日俄将发生战争,并且预见到战争将推动俄国革命,1904—1905年间,当这一预言成为事实时,有不少人引用过这一预言。帕尔乌

---

[1] 他的著作都译成俄文。列宁在1899年评论其中的《世界经济与农业危机》时,曾对此书大加赞赏,他写道:"帕尔乌斯以世界市场的发展为重点,首先描述了……这一发展随着英国工业霸权衰落所经历的各个阶段,我们极力推荐……帕尔乌斯的这本书"。《列宁全集》第4卷,第55—56页。

斯在德国党内站在极左翼，激烈地反对改良主义倾向，并且蔑视某些领导人，说他们以正统马克思主义者自居并以此来掩盖他们和现存秩序的妥协。他精明而又富于战斗性，寻求各种途径和方法以使德国社会主义革命精神得到新生。

改良主义的头头们对他则是既害怕又嘲弄（即专门对那些谋求纠正其侨居国家的不足与缺憾的侨民的那种嘲弄）。① 帕尔乌斯则以更辛辣的讽刺回敬，而他本人却也用以恩人自居的态度对待他本国的同胞。对流亡中的俄国人，他真切地指出他们那东方的落后和狭隘，力图教给他们西方的政治方式。尽管这种姿态可笑，但俄国人认为他在世界政治经济领域中还不失为是一位向导。他给《火星报》撰稿先是用莫洛托夫的笔名，后来改用帕尔乌斯。他的文章常发表在《火星报》的头版，《火星报》的编辑乐于给他腾出头版而把自己的文章放到其他版面上去。他们敬重他的渊博知识、才华和判断力。但是他们也担心他身上的某些不可靠的迹象。他身上确实有些类似卡冈都亚或福斯泰夫身上的东西，而且，用托洛茨基的话说，他长着一个像叭狗一样肥胖的大脑袋。但多年来，似乎并没有什么事情可以证明这种担心是正确的，帕尔乌斯没有犯过明显的过失，无论如何，他对社会主义的真诚和信念是无可指责的。他写的文章都是分期刊载的长文，但很少按时寄出，他是一个有点儿飘忽不定的投稿者，但他投寄的稿件还是很受欢迎。他的理财计划有点儿不牢靠：他曾力图建立一家社会民主党出版社，但没有成功；他计划要办一份社会民主党大型日报，并要同时用几种欧洲文字发行，他设想这份报纸会使欧洲的社会主义从改良主义的麻木中摆脱出来。但要创办这样一份报纸需要大笔资金，而他得不到，大概因为他尚未准备投入没有把握的经济冒险。由于某种原因，可以说他受到的重视中混杂有一点儿冷嘲及不信任感。他后来的发迹就表明，隐藏在他内心的是一个势利之徒，一个政治骗子。然而，他的政治头脑在他的同代人中是最大胆而且最深刻的。因而，他主要还是政治思想家，而骗子在他身上只居第二位。

在俄国人的争执中，帕尔乌斯先是表示同情孟什维克，但后来使自己远离两派，因为这样适合一个扮演调停角色的人。他曾试图使《火星报》的人与经济派和解，此时他又企图在前《火星报》的几个成员之间协调停战。总之，他和两派的关系始终未受损害。稍后当他开始批评双方时，对立的双方

---

① 一旦这位侨民开始适应环境，人们就不再对他冷嘲热讽，而是变得毕恭毕敬。帕尔乌斯直到去世前一直是魏玛共和国总统艾伯特的智囊。

虽未被说服，但还是乐意接受他的调停，并把他当成好意而可敬的局外人来对待。①

托洛茨基在被排挤出《火星报》后并跟每个人都不和时离开了日内瓦，前往慕尼黑，帕尔乌斯住在那里。他住在帕尔乌斯家，后来他的第二个妻子谢多娃也到那里和他住在一起。托洛茨基看出，帕尔乌斯是一个对俄国人内部各派持有超然见解的人物，他能够看清整个国际社会主义舞台，是一个能运用马克思主义进行分析的大师，对阶级斗争的广阔前景，托洛茨基本人及其他人的设想都没有超过这位人物。最后但并非最不重要的一点是：托洛茨基欣赏帕尔乌斯的雄浑有力的文风，甚至在他们决裂后很长时间里，托洛茨基还是念念不忘帕尔乌斯的文风。简言之，在博学方面、经验方面及文学鉴赏力方面，帕尔乌斯仍然高于托洛茨基。但是要确定帕尔乌斯究竟对托洛茨基影响到什么程度却不容易。时至今日，诋毁托洛茨基的人认为托洛茨基主义的标志——不断革命论的唯一原作者是帕尔乌斯，或是认为托洛茨基抄袭或剽窃了这一理论，或是认为这一理论的来源如此拼凑杂乱，必然毫无价值。托洛茨基自己从不否认他曾受惠于帕尔乌斯，尽管他对此人感谢的热情随着时间、环境的不同而起过变化。从他们交往最密切时所写的文章中可以看出，有多少最先由帕尔乌斯阐述的思想和见解在托洛茨基身上留下的深刻痕迹，又有多少托洛茨基终生反复阐述的思想和见解在形式上同他年长的朋友最初灌输的并无多大差别。

但是托洛茨基具有某些特点，这些特点能使他从一开始就不只是帕尔乌斯的门徒。托洛茨基有俄国的新经验，而且是地下斗争的新经验，帕尔乌斯却没有。托洛茨基有炽热的政治想象力，而帕尔乌斯的分析和预言则出自大胆而冷静的头脑。托洛茨基具有给自己的思想添翼腾飞的革命热情，而帕尔乌斯则是一个玩世不恭型的革命家。此外，对他们共有的丰富思想，托洛茨基也作出自己的个人贡献。正如大多数这样的合作一样，合作双方各自的份额是无法分清的，甚至连他们自己也分不清楚。思考是一起进行的，尽管有时可能说一种理论的某一部分是谁先在出版物中提出的，但是对合作双方之间无形的双向交流的启发和促进却查不出头绪来。关于帕尔乌斯与托洛茨基之间能够讲的只是，二人之中年长者起初暂居前列，在思想和提法方面都是主导；在下一阶段两人

---

① 帕尔乌斯：《革命与俄国》，第182页；《火星报》第111期（1905年9月24日）；第112期（1905年10月8日）。另见马尔托夫：《俄国社会民主工党党史》，第112页及以后各页。列宁用极尊重的语气评论帕尔乌斯的著作（《列宁全集》第8卷，第95页）。

似乎并驾齐驱了；最后，年纪较轻者由于作出贡献而一跃居前。这显然是他自己的贡献：他创立和完善了一种新的政治理论。他因完成这一理论便在波澜壮阔、错综复杂的革命舞台上异军突起。还应当指出的是：整个过程都异常迅速。这一理论创始于1904年夏，1906年在彼得堡监狱等待审判时达到顶点，托洛茨基以完美的书面形式对不断革命论作了阐述。他以帕尔乌斯为师的时间还是比较短的，仅到1905年初，即第一次革命开始时就结束了。这段时间是他的思想最凝练、最敏捷的时期，青年托洛茨基已把雅各宾主义形象投影到俄国革命中，他的确是一个学得很快的人。

* * *

日俄战争爆发后，帕尔乌斯在《火星报》发表过论"战争与革命"的系列文章。① 甚至在这以前，他署名莫洛托夫的文章就已使托洛茨基深受影响。但主要还是他在《战争与革命》一文中所提出的意见给托洛茨基留下了不可磨灭的印象。

帕尔乌斯的中心思想是：民族国家在资本主义下已经发展到了顶点，气数已尽。"这一观点过去一直属于马克思学说的一般原理"——马克思在《共产党宣言》中已经阐明过这一观点。但是在本世纪初，多数社会民主党作家都认为，它是一种适合在节日里重复讲述的大师言论，而跟晚近维多利亚式的、民族意识较强的和以帝国为自豪的欧洲现实却毫无关系。他们认为，只有在很远的将来民族国家才会黯然失色。帕尔乌斯则相反，已看出民族国家正在黯然失色。他指出其症候，预测出灾变的加剧，并据此迫切要求社会民主党人相应地调整他们的立场和政策。他格外强调诸民族和诸国家的相互依存，这一强调使他的论断具有广阔的世界性意义，而这在其他社会党民主人中是绝无仅有的。他把1904年的日俄冲突看做是一连串战争的开端，他认为，一些民族国家受资本主义竞争的驱使而定会进行战争以求生存，各大陆的命运已联结在一起了；美国西部的开发已使农业生产者之间的市场竞争尖锐起来；欧洲的特别是德国的农业界和工业界携手合作以求废除自由贸易，把保护贸易制强加给西欧。"关税壁垒已成为诸民族文化统一这一历史过程中的经济障碍，它增加了

---

① 该系列文章在《火星报》1904年2月第59期上开始刊载。

第四章 智力合作关系

一组关于日俄战争中双方海陆兵力调动和战况的图片

国家间的政治冲突……因而强化了诸国及政府的权力……政府的权力愈强大，各国之间愈容易发生武装冲突。"这些观点在托洛茨基看来已成为原则，他一生都根据这些原则进行辩论。

帕尔乌斯认为，俄国因在亚洲的扩张而与日本发生冲突，部分原因是由于国内压力造成的：沙皇统治企图通过对外征服而摆脱国内的弱点。但是俄国所受的外部压力却更大。在各资本主义民族国家之间的世界范围的斗争中，起独立作用的只有现代强国；就连沙俄这样庞大的帝国，因为工业落后，也只不过是"一个领取法国证券交易所津贴的国家"。"战争是在满洲和朝鲜开始的，但已发展成为争夺东亚统治权的冲突。在下一阶段，俄国在世界上的整个地位将岌岌可危，战争将以世界政治力量对比的改变而结束。"

帕尔乌斯的分析结论如下："资本主义在全世界的发展过程引起俄国的政治动乱，这一动乱反过来必定要冲击所有的资本主义国家的政治发展。俄国革命将动摇资产阶级世界……而俄国无产阶级就会充分发挥社会革命的先锋作用。"①

因此帕尔乌斯在1904年已经看到，日益迫近的革命并不单纯是俄国的事，而是世界范围的社会紧张局势在俄国的反应。他在即将到来的俄国动乱中看到世界革命的序幕。在这里已有不断革命论的主要成分了。然而到那时为止，帕尔乌斯还只讲到俄国的"政治动乱"，而没有讲"社会"革命或社会主义革命。当时所有的马克思主义者都公认，由于俄国的半封建和落后的状况，俄国革命本身的性质只能是资产阶级的。显然帕尔乌斯对此也持同样的看法。托洛茨基却认为，革命由于自身的冲力会从资产阶级阶段进入社会主义阶段，甚至在西方革命到来之前就在俄国建立无产阶级专政。他是第一个提出这一观点的人。

---

① 《火星报》1905年1月1日第82期。帕尔乌斯在这同一系列的文章中写道："无论这让人觉得多么怪诞，人们必定会得出下面的结论：历史发展中最杰出的主观因素不是政治上的智慧，而是政治上的愚蠢。人们还从来未能充分利用自己创造的社会条件，人们总以为自己远远地超越了客观历史进程，而其实他们远远落后于这一进程……历史往往牵着那些自以为能控制历史的人的鼻子走。""欧洲资本主义制度早就成了欧洲经济、政治和文化发展的障碍。欧洲资本主义制度之所以还能苟延残喘，只是因为人民群众还没有充分认识到他们的悲惨处境，无产阶级的政治力量还不够集中，各社会民主党还缺乏决心和勇气。可以设想，资本主义制度的继续存在会成为社会民主党的政治罪过。"同时代人都觉得这是牵强的预言。

帕尔乌斯，俄国犹太人，经济学家和政论家

成为托洛茨基思想的重要部分的，不只是帕尔乌斯的国际主义思想和革命观点；托洛茨基关于俄国历史的某些见解，特别是他关于俄罗斯国家的概念，都可以追溯到帕尔乌斯。① 帕尔乌斯阐述过他的看法：俄罗斯国家是亚洲专制与欧洲专制杂交的变种，建成的不是俄国社会中任何阶级的机构，而是主要为抵制文明程度比它高的西方的压力而设计的军事官僚机器。② 正是为了这个目的，沙皇统治曾把欧洲文明的一些要素引进俄国，特别是引进军队中。"这样就形成了俄罗斯国家的社会结构：靠欧洲式军队支持的亚洲专制国家。"他说，瞧瞧俄国边境要塞的防线就可以明白，沙皇想用一条类似中国长城的防线把俄国与西欧隔开。帕尔乌斯的一些理论经过托洛茨基阐述和加工，20 年后成为激烈的历史及政治辩论的题目。

帕尔乌斯对托洛茨基的影响还能在文风和表达方式上，特别是在典型的历史预测方面看出来。这不是说托洛茨基在写作上模仿帕尔乌斯，而是因为他和帕尔乌斯在智力上和文学方面的近似，自然而有机地接受了后者的影响，这一近似并未由于性格和气质的反差而减少。

---

① 不过，托洛茨基和帕尔乌斯两人对俄国历史所持的看法，其原始资料部分来自自由派历史学家帕·米留可夫。

② 《火星报》1904 年 3 月 5 日第 61 期。

武装的先知：托洛茨基 1879—1921

＊　＊　＊

托洛茨基第一次在慕尼黑居住一直住到 1904 年 9 月底，在此期间，他在《致同志们的公开信》中宣布同孟什维克绝交。这封信是寄给《火星报》发表的，但是从来没有刊载出来。我们只有孟什维克关于此信的摘要，摘要说托洛茨基用"傲慢夸张的语气"对"某些同志"大加指责并提出种种要求。指责的要点是：孟什维克集团企图将派别利益凌驾于党的利益之上。他在信中写道，此外孟什维克在一个重大问题上对列宁的立场作出了错误的反应：尽管列宁一心想使知识分子在党内有特许的统治地位，但孟什维克却在煽动工人反对知识分子社会主义者。托洛茨基在给马尔托夫和查苏利奇的私人信中解释说，他的批评是针对温和派政客费多尔·唐恩的，旨在促进建立一个"稳定的党的核心"，并与布尔什维克中央委员会取得谅解。他还抱怨说，"《火星报》不能吸收的"作者——暗指他被普列汉诺夫排挤出《火星报》——没有机会影响社会民主党公众。最后他正式宣布退出孟什维克集团。①

孟什维克的反应是又窘迫、又恼怒。托洛茨基同马尔托夫之间的通信"措辞非常激烈"，马尔托夫这样写道："我如果放任他不加控制，我同他的关系就会以完全断绝告终。"马尔托夫及其他孟什维克都渴望避免这一决裂，因为他们如果把这位反对布尔什维克发言最直率的争论者对他们的批评公开，可能会有损他们的集团的名誉。所以，他们安排在日内瓦举行秘密会议，在托洛茨基出席的情况下讨论他的"公开信"。会议正式同意孟什维克流亡组织的继续存在会成为"党内新冲突的根源"这一意见，并同意，在俄国国内孟什维克各团体的进一步指示到来以前，该组织应予解散。②

这一决定的用意是清楚的，旨在安慰托洛茨基，使他平静下来。但它并未产生更多的影响。尽管托洛茨基能以幻想自慰，以为孟什维克已接受他的劝告，但是孟什维克这个"党内之党"与布尔什维克一样仍照旧在活动。无论如何，解散孟什维克组织这一正式决定倒使他摆脱了一直束缚他的集团纪律。马尔托夫很快就通知阿克雪里罗得，说托洛茨基终于"平静下来"了，"软化"了，说托洛茨基已重新给《火星报》撰稿了——自托洛茨基跟普列汉诺

---

① 《阿克雪里罗得与马尔托夫书信集》，第 110—111 页。
② 同上，第 110—111 页。

第四章　智力合作关系

夫冲突以来的第一篇稿子确实不久在该报发表了。① 个人的不满、自负和政治动机总是交织在一起，根本无法分清。托洛茨基"平静下来"，其原因是孟什维克在原则上向他让了步，还是他们弥补了普列汉诺夫对他的断然拒绝从而使他得到了某种满足，或是二者兼而有之，我们无法确定。他现在不是《火星报》的制定政策者和编辑部的撰稿人了，他写的政治笔记刊载在报纸后几版上。但《火星报》仍然是孟什维克的战斗报纸，因此在局外人看来，托洛茨基也仍然是一个孟什维克。

* * *

托洛茨基与孟什维克的分歧并没有真正解决，而不久从俄国传来的消息又使分歧进一步扩大了。日俄战争已给俄国造成灾难，沙皇统治的大厦已出现裂口。7月，沙皇远东政策的鼓动者普列韦（Плеве）大臣被社会革命党人萨宗诺夫（Сазонов）刺杀。② 普列韦取缔并解散了地方自治会，因为地方自治会是自由派及半自由派士绅的大本营。他的继任者斯维亚托波尔克－米尔斯基

日俄战争结束后，两国代表在朴茨茅斯缔结《朴茨茅斯和约》

---

① 《火星报》1904 年 10 月 5 日第 75 期。（在这段时间内，托洛茨基的唯一一份投稿在 6 月份发表在作为《火星报》增刊的讨论版上。）

② 普列韦自己雇用的破坏秘密恐怖分子组织的奸细阿泽夫却帮助筹划刺杀事件。

（Святополк-Мирский）试图抚慰反对派，准许于1904年11月举行地方自治会的全国大会。大会后，不少城镇举行了许多政治宴会。自由派士绅和中产阶级的领袖们在宴会上提出他们的要求，但和他们并排出现的还有刚刚登上政治舞台的工人和社会民主党地下组织的成员。尽管他们所有的人在发言中还是一致地反对政府，但那些宴会也使人们发现反对派中的深刻分歧。工人们怀疑，自由派代言人的目的不是推翻沙皇，而是同他讨价还价、拍板成交。

在西欧的政治流亡者怀着希望和担心的双重心情注视着这场宴会运动。这场运动一直持续到年底。事变迫使社会民主党人阐明自己对自由主义的态度。在政治流亡者圈子中同样也存在社会主义与自由主义的分歧。彼得·司徒卢威的《解放》杂志先在斯图加特出版，后在巴黎出版，这份杂志最初鼓吹"合法马克思主义"，这是一个马克思主义学说的变种，旨在冲淡这一学说。它尤其强调马克思主义反对民粹派恐怖主义和农业社会主义的那部分论述，并坚持认为资本主义的工业化会给俄国带来社会进步。在这个时期，老《火星报》和《解放》杂志的对立还没有公开，但不久就明显起来：司徒卢威集团利用马克思主义的论点给社会主义安上一块标记——农业的，不再拥护无产阶级的社会主义了。《解放》杂志从"合法马克思主义"向自由主义的演变正值社会民主工党两派的分裂加深的时候，因此这一演变显得格外引人注目。孟什维克倾向于自由派，布尔什维克却反对他们。1904年秋，托洛茨基在这个问题上跟孟什维克闹翻了。①

在11月和12月间，他针对宴会运动提出的问题写了一本小册子，交给孟什维克的出版家。但他们不愿出版，百般拖延，据托洛茨基说是他们要把它封杀。这倒不是他们的既定意图，因为最后他们还是出版了这本小册子。由于孟什维克已经开始认为社会主义者与自由派联合反对沙皇是他们的机会，所以小册子中对自由派淋漓尽致的讽刺只能使他们感到忧虑。托洛茨基的论点的关键是：自由派害怕革命超过害怕沙皇，因而他们不会采取反对沙皇那样的行动。②

在小册子中，托洛茨基首先严厉批评了自由派在日俄战争中表现出的可怜而又虚伪的爱国主义。他写道，司徒卢威"不是为'爱国感情'，而是为虚假

---

① 马尔托夫：《俄国社会民主工党党史》，第102页；托洛茨基：《我的生平》第1卷，第13章。
② 这本小册子《1月9日之前》收入《托洛茨基全集》第2卷第1册。

的爱国去牺牲最后残留的一点儿反对派精神和政治尊严的"①。沙皇统治因为军事上的失败已陷于绝境。"反对派暴露沙皇统治和全国之间裂开的鸿沟……越是尖锐有力,它力图把全国真正的敌人——沙皇统治推入深渊的行动就会越坚决。而相反,自由派地方自治会……却把自己套在破战车上去搬运尸体、扫除血迹。"实际上,自由派祈求沙皇失败是因为这可能导致沙皇与反对派妥协。"但是自由派的报刊,这些含糊不清、奴颜婢膝、花言巧语、曲意逢迎、已经败坏而且仍在败坏下去的可悲的报刊究竟干了什么?……(它讲到)'我们的君主'热爱和平和'我们必将胜利'时,既不相信它自己的话,心中暗怀着对沙皇垮台时的奴才的渴望。""自由派这样的反对派只不过是在追求使自己赢得专制制度的承认与信赖,成为专制主义不可或缺的一部分,最后用人民的金钱来收买它。这样的手法和俄国的自由主义同岁,并没有随着岁月的流逝而变得更聪明、更体面些。"② 他指出,新任大臣斯维亚托波尔克-米尔斯基亲王(愚蠢而又傲慢地)借以表示他的政府信任人民的办法,开始了欺骗性让步的时期。"仿佛问题就是部长是否信任人民,而不是相反,是部长应该取决于人民的信任"。托洛茨基继续写道,但是地方自治会从他们的声明中删去了普选权及立宪政府的要求,这就够了。他们害怕"宪法"这个外国字眼儿,而"在害怕字眼儿后面隐藏的是害怕行动……","谁想得到群众了解并使群众站在他一边,就首先应该清晰确切地提出他的要求,就应直呼事物的真名,宪法就叫它宪法,共和国就叫它共和国,普选权就叫它普选权"。③ 自由派由于胆怯,不知不觉地在统治者和臣民中复活对专制主义前途的同样的信任。他们自称是民主主义政党,但他们出卖了自己的原则。"我们没有民主传统,必须创造这些传统,而只有革命能够做到这一点。民主主义政党只能是革命的党。"④ 除了工厂的社会民主党工人外,自由派知识分子和中产阶级都不能对沙皇统治进行决定性的打击。

整个小册子洋溢着革命迫近的胜利感。"律师们上街示威,政治流放犯在报纸上抗议流放……一个海军军官公开开展反对海军部的斗争。……不可思议的变成现实,不可能的变成可能。"⑤ 在其他流亡者的著作中几乎看不到对日

---

① 《托洛茨基全集》第2卷第1册,第6页。
② 同上,第9页。
③ 同上,第15页。
④ 同上,第30页。
⑤ 同上,第3页。

益迫近的事变有如此准确的预感。其他人都深深地陷在内部冲突的斗争中，他们那样全神贯注于在相互斗争中耍手腕，无疑是想使党在革命中尽可能占有优势地位，因此他们几乎都没有看到革命的到来。因为托洛茨基几乎是独立于各派的，只有他一心关注俄国国内形势的发展。正如卢那察尔斯基（Луначарский）说的，其他流亡的社会民主党人程度不同地与祖国失去联系，而托洛茨基是一个与他们大相径庭的流亡者。[1] 对他持怀疑态度的朋友听到他兴高采烈地预言起义的到来，只是轻蔑地耸耸肩，如同听到他猛烈地抨击自由主义时一样。

托洛茨基以总罢工为背景去看革命的发展。但这是一个新的概念，因为到那时为止俄国工人斗争的规模一直都还是地方性的，就连西欧工业国家连同它们的老工会也未曾有过真正的总罢工的经验。他在《我的生平》中说，从1903年起他就提出这一思想进行讨论，不过在1904年才最后决定采纳。[2] 他当时草拟过一个"行动计划"，他把这个计划概括如下：

> 鼓动工人离开机器和车间；率领他们走出工厂大门，走上大街；指挥他们到附近的工厂，在那里宣布罢工；尔后把新参加的群众带上街头。这样从工厂到工厂、从车间到车间，在行动中发展，扫除警察的障碍，以演讲和号召吸引过路的行人，与对面来的队伍汇合，堵塞街头，占领首批适合举行公众集会的建筑物，牢牢占领那些建筑物，利用那些建筑物举行听众不断变换的连续不断的革命集会。这样，你就可以使群众运动秩序井然，提高他们的信心，向他们说明事件的目的和意义；这样，你最终能把城市变为革命的营垒——这就是行动计划的大体内容。[3]

事实上这确实是在1905年10月和1917年2月实现的革命图景。这个"行动计划"的制订是没有任何先例可循的，因为法国大革命中还没有工业无产阶级这个成分。这幅革命图景出自炽热的革命想象。而浪漫主义和现实主义在这种想象中奇妙地融为一体。这本小册子中的某些部分读起来就像托洛茨基自己在1905年和1917年中的经历片段，只是这里的事件是用将来时态叙述

---

[1] 阿·卢那察尔斯基：《革命家剪影》，第20—25页。
[2] 《我的生平》第1卷，第13章；《托洛茨基全集》第2卷第1册，第521页。
[3] 《托洛茨基全集》第2卷第1册，第51页。

第四章 智力合作关系

的,甚至连口号也都是那些回荡于1905年及1917年的口号:"结束战争","召开立宪会议!"①

最后他概括地研究了投入战斗行动的社会力量:"城市必将是革命事变的主要舞台。"② 但是单凭城市无产阶级不能决定结局。农民是"革命潜在力量的巨大储藏库"。③ "一天也不能拖延,必须不失一切时机地在乡村进行宣传鼓动。"④ 他根本没有号召城市无产阶级单枪匹马跟沙皇统治拼命而招致失败,并不像后来批评他的人所说的那样;而是相反,他格外强调威胁工人阶级的孤立主义这一危险。⑤ 他分析由农民组成的军队的作用,并促使社会民主党人清醒地注意兵营中发生的情况:当士兵接到向群众开枪的命令时,他们宁可朝天开枪;军队的士气已经衰竭:

> 我们的舰只速度缓慢,我们的大炮射程不够远。我们的士兵都是文盲,我们的军士既无地图又无罗盘,我们的士兵赤足走路,衣不蔽体,食不果腹。我们的红十字会在偷窃,我们的军需部门在偷窃。这类传闻一传到军队中,都被士兵贪婪地吸收进去了。每条这样的传闻都像强酸一样腐蚀掉生了锈的机械的官方道德训条。我们多年的和平宣传起不到战争一天所起的作用。
>
> 需要让军官在决定性的日子中再也不能依靠士兵了。……昨天朝天开枪的同一个士兵,明天会把他的武器交给工人。一旦他坚信:人民不是简单的"造反",他们希望也能够马上,在马路上就争取到对自己的权利的承认时,他就一定会这样做。
>
> 我们必须在军队中开展最强有力的鼓动,以便在罢工时派去平息"造反者"的每个士兵都懂得在他面前的是要求召集立宪会议的人民!⑥

俄国革命序幕揭开的消息传来时,孟什维克的出版家仍然扣压着托洛茨基的小册子不予出版。1905年1月9日,彼得堡工人前往沙皇的冬宫进行声势

---

① 《托洛茨基全集》第2卷第1册,第52页及同书各处。
② 同上,第50页。
③ 同上,第20页及同书各处。
④ 同上,第52页。
⑤ 同上,第46页。
⑥ 同上,第50页。

浩大的和平请愿。领导工人队伍的是监狱神父加邦（Гапон），他的保护人是宪兵队队长祖巴托夫（Зубатов）。祖巴托夫建立了他自己的工人组织，用以反对地下的社会主义者。示威者举着沙皇画像、圣像和教堂的旗帜，希望向沙皇呈递请愿书，请愿书中卑躬屈膝地哀求沙皇为他们申冤。沙皇拒不接见请愿者，命令守卫冬宫的军队向群众开枪。这样一来他点燃了引爆革命的雷管。

托洛茨基是在日内瓦听到这一消息的，他刚刚作完巡回讲演回到那里。他费尽心机也未能出版的小册子中的预见已经成为事实。他怀着希望、充满激情地回到慕尼黑的帕尔乌斯家，口袋里装着小册子的校样。帕尔乌斯读了校样深受感动，决定利用他的权威和影响来加重托洛茨基观点的分量。他为小册子写了一篇序言，而且极力主张让孟什维克出版小册子。他在序言中提出了托洛茨基本人还踌躇着未敢作出的结论。帕尔乌斯写道："俄国的临时革命政府一定会是工人民主政府。……因为社会民主工党居革命运动的领导地位……这个政府一定会是社会民主工党的政府……是社会民主工党占多数的联合政府。"当小册子最终问世时，引起了不少争论，布尔什维克和孟什维克双方都就此提出他们自己的预见。争论的焦点集中在帕尔乌斯的结论上，而孟什维克和布尔什维克双方都反对这个结论。前者认为，因为革命的性质是资产阶级反对专制主义和封建残余，其目的不是社会主义，所以政权的合法继承者是资产阶级而非无产阶级。依照他们的意见，社会民主党人不能参加任何资产阶级政府，即使它是一个从革命中产生的政府。社会民主党人的任务是要站在反对派立场上捍卫工人阶级的利益。列宁承认，就革命的目的不是社会主义的来说，它是资产阶级性质的；但是他并不相信资产阶级能承担这一革命任务。他认为社会民主党人有义务参加革命政府。然而他也反驳帕尔乌斯关于这个政府有社会民主主义性质的预见。列宁写道："如果讲的不是瞬息即逝的偶然事件，而是在历史上多少能留点痕迹的时间比较长的革命专政，那么，这种情况是不可能有的。这种情况之所以不可能有，是因为只有依靠绝大多数人民的革命专政才可能是比较巩固的专政，而俄国无产阶级目前在俄国人口中占少数。"革命政府的组成不得不是有"小资产阶级和半无产者、甚至贫民群众"参加的联合体。……它"才能成为绝大多数"，列宁补充说，"对此无论抱有什么样的幻想都会极其有害！"①

---

① 《列宁全集》第10卷，第16页。

第四章　智力合作关系

　　代表俄国社会主义的集团或个人公开要求政权或在其中占主要位置，这是第一次。奇怪而反常的现象是，这一要求却是俄国革命的局外人帕尔乌斯首先提出的，而列宁几乎是极其厌恶地加以否定。在列宁本人看来，革命仿佛"在这远大的而又模糊的目标面前由于吃惊而后退了"。然而就是帕尔乌斯讲的也仅是"工人政府"，而不是无产阶级专政。托洛茨基也还未曾怀疑过大家认同的假定，认为这一革命只是资产阶级性质的，破坏了封建专制制度后，革命的任务也就完了。同时，在托洛茨基和帕尔乌斯看来，如果城市无产阶级是革命的主要动力，那么，如果革命胜利，无产阶级的代表必定能对临时政府施加重大的影响，这是无可辩驳的。没有一个在革命中首当其冲的社会阶级会愿意放弃革命的胜利果实。批评家们对这个论点都没有能力进行有效的反驳。但是布尔什维克和孟什维克两派都提出两个有关的问题：第一，这一前景怎能与革命的资产阶级性质不相冲突；第二，人们怎能设想一个占少数的无产阶级执政的政府却会不放弃民主政府的代议制原则，而这个原则是争执各方都不愿放弃的。对这两个问题。托洛茨基和帕尔乌斯都还没有答案。

　　1905年1月，托洛茨基在帕尔乌斯家里开始撰写一系列文章，后来用《彼得堡起义以后》的标题发表。这些系列文章是由颇不相干的几个部分组成的：其中有反对自由派的挖苦性的新论战，有充满激情迎接革命的篇章以及对革命方法非常清醒的看法。托洛茨基在其对自由派的责难中对这点曾详加论述：在彼得堡示威之前仅仅两天，司徒卢威还说"俄国不存在革命的人民"，他评论说：这句话应镌刻在司徒卢威的额头上，但愿他的额头没有刻字也像一块墓碑，在这块墓碑下面埋葬着那么多的计划、口号和思想——社会民主党人的、自由派的、"爱国的"、革命的、君主主义的，民主主义的及其他的。[①] 托洛茨基的结论是："我们为革命所作的斗争以及我们为革命所做的准备工作都要与为争取影响群众、争取无产阶级领导角色而作的反对自由派的无情斗争同时进行……"

　　我们从下面这些话中也许可以估量出他撰写的迎接革命的篇章中的要点：

　　　　是的，她来了，我们一直在期待她，我们从未怀疑过她。多年来，她只是从我们的"学说"中推导出来的结论，而形形色色的政治上无足轻

[①] 《托洛茨基全集》第2卷第1册，第55页及以后各页。

重的人物挖苦我们的"学说"。……她的第一次冲击已经使社会上升了几十个台阶。……1月9日以前，我们建立共和国的要求在所有自由派的聪明人看来都是死守教条的、荒谬的幻想。但只要一天的革命，只要人民和沙皇间一场壮丽的遭遇战就足以使立宪君主思想变成死守教条的、荒谬的幻想。神父加邦用他的君主思想反对现实的君主。但是因为站在他后边的不是君主制的自由派，而是革命的无产阶级，所以，这场有限的"骚动"立刻在街垒战中和在"打倒沙皇"的呐喊声中显示出造反内容。现实的君主摧毁了君主制的理念。……革命已然来了，她结束了我们政治的童年时代。①

在这一阶段，革命的方法问题"非常重要"。"彼得堡无产阶级表现出伟大的英雄主义。但那是群众手无寸铁的英雄主义，不能对付兵营里武装的白痴。"从今以后，力量分散会导致一事无成——运动必将在全俄起义中达到最高潮。革命必须武装自己。有些人认为起义者反对拥有现代武器装备的政府是毫无希望的，例如一位英国作家就认为，如果路易十六有几个机关枪连，就不会有法国大革命。托洛茨基说："用枪炮的口径去计算革命的历史机遇，这是多么狂妄的废话。仿佛指挥人的是枪炮，而不是人使用枪炮。"② 他承认：工人单凭自己，即使武装起来也不能在起义中取胜——他们还必须使军队转到自己这边来。但要能做到这一点，他们必须首先武装自己，而且要用自己的决心去影响动摇的沙皇士兵。他在教导工人应如何武装自己和形象地描述、具体地说明沙皇军队会转到起义人民一边来的过程的文章片断中阐述了这一思想。重读这些预期的场景，就像阅读在事变后撰写的历史篇章一样。他在结束语中仿效丹东的风格，向他的同志们呼吁说：为了奋起抓住良机，你们所需要的就是"一些很简单的素质：不受组织的陈规戒律的约束，不受地下活动可怜传统的影响，眼界开阔，敢于创新，有审时度势的才智。再说一遍：敢于创新"。

* * *

人们从这些文章的字里行间仍可能感觉得到作者当时炽烈的热情。他急不

---

① 《托洛茨基全集》第2卷第1册，第55页及以后各页。
② 同上，第60页。

可耐地要返回俄国投入革命旋涡。他无法忍受流亡者侨居地的沉闷空气，因为在这里他几乎与每个人都有矛盾。他也无法忍受流亡生活，因为从流亡地注视革命是看不清楚的，就像从遥远的海岸注视大海上的风暴一样。返回俄国要冒严重的危险。从西伯利亚逃出的流放犯如果被警察抓住，就要作为逃犯处置，被解送去服苦役，不管他原来是否被判处过苦役。但他还是下决心回国。谢多娃先于他而回国，以安排秘密的居所。1905年2月，托洛茨基自己动身回国，途中在维也纳停留时拜会了奥地利社会民主党领导人维克多·阿德勒，在他家中刮了胡须，使俄国警察不容易认出来。

当年托洛茨基在从西伯利亚去英国的途中，第一次请求帮助时也是在阿德勒家中。从那时以来，时间不过过了两年半，但这却是充满了预兆的两年半。

第五章 1905 年的托洛茨基

2月间，托洛茨基到达基辅，在那里他冒充退役海军准尉阿尔布佐夫躲了几个星期。当时基辅是秘密组织的中心，但那里警察的警觉性不如彼得堡和莫斯科警察的警觉性高。托洛茨基在基辅结识了列昂尼德·克拉辛（Леонид Красин），在当年的其余时间里，托洛茨基一直跟克拉辛关系密切。克拉辛是卓越的技术专家与成功的工业管理人员，他也是布尔什维克领导集团中仅次于列宁的中央委员会委员，而且是处于秘密组织负责地位的实际当家人。然而，他却是一个急欲克服党内分裂的"调解人"，因而跟列宁不和。这就使托洛茨基更容易与他合作。在克拉辛看来，托洛茨基是当时俄国国内唯一杰出的制订社会民主党政策的人，而且是著名作家，很快会成为不可或缺的人才。春天，克拉辛把托洛茨基带到彼得堡。

其他社会民主党领袖都留在西欧，一直到那一年年末。平时，事件进展缓慢，秘密组织能有充裕时间和国外流亡者商量，等待他们的指示。但此时，党的活动范围迅速扩大；党越来越频繁地迫于事变，不得不立即采取行动。因此，秘密组织与国外流亡者的常规联系就变得太慢而且太麻烦了。

托洛茨基回到俄国这样早，因而立刻发觉自己已处于秘密活动事务的中心。这使他在 1905 年革命中比年长的革命家们更加突出。然而他的形象之所以更突出，还有一个更主要的原因：党内的两种倾向尚未完全定型，没有变成两支独立的敌对势力。不过，争论已发展到足以吞噬领袖们全部精力的程度了。俄国的动乱来得太晚，党不能以单一的整体立即用其首创精神和巨大的活力采取行动；但也可以说是来得太早——在布尔什维克与孟什维克两派彻底分离以前和在它们尚未取得对运动的新的主动权时就来了。比起其他任何人来，托洛茨基更能代表那种踌躇不决以及非常讨厌分裂的情绪，而这样的情绪对当

第五章 1905年的托洛茨基

时的党内两派来说还是共有的。就某种意义说，托洛茨基是运动"未成熟"的化身，而"热衷于分裂的人"却更能代表运动的未来。托洛茨基表达出党的极强烈情绪以及反对运动发展的更为强大的逻辑。但是他又是运动迄今为止在更远大的革命抱负方面所达到的最高程度"成熟"的化身：在阐明革命的目标方面，托洛茨基无论比马尔托夫还是比列宁都更深远，因而使他在革命高潮时担当积极主动的角色有更好的准备。可靠的政治直觉使他及时置身于革命的敏感位置和焦点上并指导他的步伐。

他回国后最初几个月只不过写写文章，鼓动鼓动克拉辛，并通过他鼓动组织。一月份和二月份的动乱过去了，春季里工人运动陷入沉闷。罢工终于失败，警察的镇压和迫害威胁着工人们，政治主动权转到自由派的中产阶级一方。由工业家、商人、银行家、医生、律师及其他人士举行的一连串大会和会议呼吁成立立宪政府和进行改革。只是在这一年的晚些时候，在对马海峡的战事失败、"波将金号"战舰的水兵起义及日俄战争结束以后，政治主动权才从中产阶级手里转回到工人手中。

在此期间，托洛茨基不能公开露面，就是在彼得堡的秘密组织圈子里也是谨慎地用"彼得·彼得罗维奇"这一化名进行活动的。因为基础不牢靠——党组织里有保安局的密探。但他从躲藏的地方观察政治舞台，文章源源不断地从他的笔下倾泻而出，他研究社会问题，给《火星报》写信，撰写传单、小册子、犀利的辩论文章和论述革命战略战术的著作。他进一步肯定了他同帕尔乌斯共同阐述的观点，而且进一步加以发挥。他回国后马上在《火星报》上写道，除了社会民主工党之外，"再没有一个党能在革命战场"上组织全国性的起义：

> 城市居民中的其他集团和农民只有在追随无产阶级的情况下才能在革命中起到他们的作用。……农民、市民、知识分子无论如何都不能担当跟无产阶级角色相同的独立的革命角色。……因此，要组成临时政府主要依靠无产阶级。如果起义以决定性的胜利结束，在起义中领导无产阶级的那些人就会取得政权。①

---

① 《火星报》1905年3月17日第93期。

在国外的帕尔乌斯也主张武装起义。当然，列宁也这样主张。孟什维克企图等待时机，说武装起义和一般的革命一样不应人为地组织而是伴随人民反抗的发展自发地产生的。孟什维克这种观望态度正是由于它顽固相信俄国革命的领导权并不属于社会主义而是属于自由主义。就在刊登托洛茨基说"除社会民主工党之外，再没有一个党能在革命战场上"担当领导这话的那篇文章的同一期《火星报》上，马尔托夫坚持说中产阶级的历史使命正是实现俄国社会的彻底民主化。下面就是马尔托夫本人的话："我们有权认为，清醒的政治估计会促使我国的资产阶级民主起到和上一个世纪在革命浪漫主义鼓舞下的资产阶级民主在西欧所曾起过的同样作用。"①

托洛茨基通过批评自由派的立场来反对马尔托夫的观点，而莫斯科实业家协会、彼得堡钢铁工业、省银行、乌拉尔的雇主、乌克兰制糖厂厂主、医生、演员、犯罪学家的全国大会等团体当时所持的就是这种立场。他并不否认中产阶级受独裁统治的压制，也不否认经济发展和自由贸易同他们利害相关并因而促使他们要求政治自由。他甚至说："自由政体成为资本的阶级需要"，还说"城市商人已表明了他们的地位不低于'开明的地主'"。② 但是他补充说，中产阶级的要求只不过是工人要求的回声，而且对革命的恐惧使他们受到抑制。"因为无产阶级民主在任何情况下都是政治的需要，而对资产阶级来说，则只在某些情况下民主才是政治上不可或缺的东西。"③ 资产阶级的反抗姿态正在给中产阶级制造不无革命风险的政治声望。迄今为止，知识分子一直看不起实业家和商人，现在却在欢呼他们是人民事业的英雄。而在自由派的代言人看来，"他们自己的发言信心十足地宣称他们等待敌人（指沙皇）立即投降。……但耶利哥（Jericho）还在，而且正在策划罪恶的阴谋。"④

"耶利哥"确实在策划——根据沙皇大臣布里根（Булыгин）的倡议——召开所谓布里根杜马这一假议会。8月6日沙皇在一份诏书中宣布了这一计划。杜马将成为沙皇的咨询（议）会，而不是立法机关。每一等级在选举中分别投票，投票权取决于财产，沙皇保留对杜马的休会权或解散权。工人阶级实际上被剥夺了选举权。而这份诏书也使在野的反对派陷于某种紊乱中。大历

---

① 《火星报》1905 年 3 月 17 日第 93 期。
② 《托洛茨基全集》第 2 卷第 1 册，第 71、79 页。
③ 同上，第 91 页。
④ 同上，第 98—99 页。

史学家米留可夫当时以自由派的领导自居,他欢迎这份诏书,并把它说成是使举国渡过立宪政府的卢比孔河。① 自由派领袖愿意满足于沙皇的贿赂,这促使赞成抵制杜马的托洛茨基写了一封致帕·米留可夫教授的公开信。② 在他对自由主义的所有猛烈的抨击中,这封公开信是最辛辣、最尖锐的,这封信以半秘密方式广为流传。托洛茨基写道:"历史上的卢比孔河,只有当统治的物质手段从专制主义手中转到人民手中时才能真的渡过。教授先生,这样的事单凭签署一纸诏书是绝不能办到的;这样的事得在街上进行,通过斗争才能实现。"他回顾法国大革命,说它的伟大转折不在于宣布立宪原则,而在于政权的真正转移。他又进一步回顾了1848年的德国事件——中产阶级的自由派是如何满足于普鲁士国王许诺的自由和如何帮助独裁者镇压革命的,最后,独裁者又是如何在革命退潮时击败自由派、羞辱自由派的:

> 但历史学教授们没有从历史中得到任何教训。自由派的错误和罪恶都是国际性的。现在您重复您的前辈在半个世纪前在同样形势下的所作所为。……您害怕同杜马决裂,因为在您看来,干旱荒凉沙漠上的立宪海市蜃楼似乎是真实的,俄国自由派在这样的沙漠上徘徊并非是第一个十年了。……
>
> 您,教授先生不会把这些告诉人民。但我们要告诉他们。如果您不是在自由派的宴会上而是在群众面前打算跟我们辩论,我们将会让您看到,我们使用粗野刺耳的革命语言能够所向披靡,令人心悦诚服。……如要革命不退潮,官僚政治依靠您如同依靠堡垒,如果您真的试图成为官僚政治的堡垒,胜利的革命一定要抛弃您。……(反之,如果革命失败,专制统治也会抛弃自由派,因为用不着了)。您建议不要受来自左边和右边的呼声干扰。……但革命还没有说出它最后的裁决。革命以雷霆万钧之力把它的刀刃向专制主义的头上砍去。让自作聪明的自由主义者当心,别把他们的手伸到闪闪发光的钢刀下面。让他们当心吧。

这封"公开信"真可谓文如其人,既学识渊博、辞藻华丽而又毫不留情。

---

① 这一紊乱打乱了党的路线:许多自由派分子不同意米留可夫的观点,准备抵制杜马,孟什维克一度反对抵制,布尔什维克则赞成抵制。参见马尔托夫:《俄国社会民主工党党史》,第126页。

② 《托洛茨基全集》第2卷第1册,第196—205页。

他对自由派的态度类似列宁。但列宁不大想或不想用直接的思想对话与自由派交锋，而托洛茨基感到革命的社会主义与自由主义之间不断对抗是必须的。他当时进行这样的对话，而且终生都进行这样的对话，这并非因为他跟资产阶级自由派决裂的决心不如列宁，而部分原因是因为他更知道这种对话的吸引力。列宁指示并领导他的追随者，而且就某种意义说，还劝诫改变信仰的人。而托洛茨基则直接对自由派的代言人发言，而且在广大的犹豫未决的听众面前剖析自由派代言人的论点，反驳他们的论点。与敌手对话也最适合他的好辩性格和辩证的文风。他爱好"公开信"这种表现方式是不无理由的。

因此他酣畅淋漓、非常热忱地直接对各不相同的听众发言，用每个社会集团的习惯用语对他们讲话。在讽刺自由主义时，他对知识分子和先进的工人说话。他用《致米留可夫的公开信》向学术界说话。他回到俄国后不久写下的告农民书由克拉辛发表，却是用中央委员会的名义签署的。托洛茨基写这些告农民书时，他眼中看到的是粗野、目不识丁的农业劳动群众，正像他还能想起他父亲农庄里的那一群人一样，其中只有少数几个人能为其余的人朗读他写的文字。他用最简易的措辞、斯拉夫民间叙事体的韵律、特有的叠句和召唤写成他的号召书，他所用的语言和韵律仿佛都是为乡村中的半鼓动手、半吟唱手的吟唱和朗诵而设计的。然而他对俄国农民说话中的逻辑和气势却仍然和他对学术界敌手讲话时一样。在所有为农民或由农民写的革命文献中，就笔调通俗和呼吁的直截了当而论，很少能比得上托洛茨基论及彼得堡一月大屠杀时的告农民书的。他描写工人们如何手持沙皇画像、圣像及教会旗帜"和平、安静地"向沙皇皇宫进发的景象：

> 沙皇究竟怎么办？他怎样答复圣彼得堡的劳苦人？
> 听着，农民们注意听着……
> 这就是沙皇同他的人民讲话的方式……
> 彼得堡的全部军队都集结起来。……俄国沙皇就是这样准备与他的臣民讲话的……
> 20万工人向皇宫前进。
> 他们都穿着节日的盛装，有头发斑白的老人和年轻小伙子；妻子跟丈夫一起行进，父母牵着他们的小孩的手，人民就是这样向他们的沙皇走去。
> 听着，农民们注意听着！

第五章 1905年的托洛茨基

每一个字都要铭刻在你们的心上……

和平的工人要去的所有街道和关卡都早已被军队占领了。

"让我们去见沙皇!"工人们请求说。

老人跪下了。

妇女们请求,孩子们也请求。

"让我们去见沙皇!"

事情发生了!

响起了雷鸣般的枪声……工人的鲜血染红了白雪……

请告诉所有的人,沙皇是用什么手段对付圣彼得堡的劳苦人的!……

要记住,俄国农民们,每一个俄国沙皇是如何傲慢地反复说:"在朕的国家里,朕是朝廷之主,是头号地主。"

俄国的沙皇使农民变成了农奴,把农民像狗一样当做礼物赏给他们的忠实仆从……

农民们,在你们的大会上要告诉士兵,他们是靠人民的钱养活的人民的儿子——告诉他们不要向人民开枪!

他用的就是这样明白易懂的话,一刻也没有放松对农民想象力的掌握,他解释了党所追求的目的以及党应该使用的手段;而且也把"革命"这个外来语翻译成农民们习惯用的话:"农民们,让这把大火一举烧遍全俄罗斯吧,什么力量都扑灭不了。这样的一把全国性的大火就叫做'革命'。"①

他对城市工人又用另一种方式讲话——例如当城市工人不响应在五一节举行示威这个党的号召时,他说:"你们在沙皇士兵面前害怕了。……但是你们却不怕把你们的弟兄交给沙皇军队,使他们竟死于满洲那个无人哀悼的大墓场上。……你们昨天没有出来,但明天或后天你们一定会出来的。"② 革命报刊上登了他的一篇短小精悍的杰作《早安,彼得堡的扫院工》。③ 在那一年,沙皇在所谓《十月宣言》中已经许诺颁布宪法和公民自由权,他的这篇文章写

---

① 《火星报》1905年3月3日第90期;《托洛茨基全集》第2卷第1册,第217—224页。这篇告农民书的手稿是在1917年以后在基辅宪兵队的档案中发现的——手稿是在搜查克拉辛的印刷所时被没收的。

② 《托洛茨基全集》第2卷第1册,第246页。这篇由中央委员会签署的告工人书也是在1917年以后在基辅宪兵队的档案中发现的。

③ 《俄罗斯报》1905年11月15日;《托洛茨基全集》第2卷第1册,第300—301页。

于宣言颁布之后。扫院工一直是政治警察的眼线或奸细，但这时候却受到革命的感染。"彼得堡的扫院工从警察的噩梦中醒悟过来"，托洛茨基写道："2500名扫院工集会讨论他们的需要。扫院工们不愿再充当警察暴行的工具了。"他们提出他们的要求，拒绝在呈交沙皇的谢恩书上签名，因为沙皇的宣言中"许诺自由，但迄今没有兑现"。托洛茨基写道："许许多多的罪恶迫使彼得堡的扫院工们深感内疚。他们不止一次按照警察的命令殴打诚实的工人和学生。……警察强迫他们，人民憎恨他们。但是普遍觉醒的时刻来到了。彼得堡的扫院工正在睁开眼睛。早安，彼得堡的扫院工。"

他就是这样对社会上从地位最高到最低的各个阶级讲话的，用他们本阶级语言，却总是用他自己的声音讲话。俄国革命从未有过而且也不会有别的代言人能用这样种种不同的语调和口气讲话了。

* * *

他住在基辅期间从一个秘密居所搬到另一个居所，用"阿尔布佐夫准尉"的假名掩盖自己的身份，但也不安全。这位"准尉"仪表堂堂，温文尔雅。但他忙得惊人，接待一些古怪的来客，甚至关在小房间里跟这些客人密谈上几个小时，或者仔细研究大量报纸、书籍及手稿。这使他的某些房东害怕，他又不得不搬家。但也有敢于庇护他的好心人。他在《我的生平》中描写了他如何假装成病人在一家眼科医院里找到避难所的。负责病房的那位大夫和几个助手都是知道这个秘密的。但有一个不知情的护士认真而又体贴地同这个古怪的病人斗争，督促他滴眼药水，给他洗脚，不让他阅读和写作。

他迁到彼得堡后，克拉辛安排他住在炮兵学校的主任军医利特肯斯（Литкенс）上校的家里，那里也是克拉辛和地下党党员秘密开会的地方。上校的几个儿子都参加了秘密活动，上校本人是一个"同情者"。托洛茨基和谢多娃假称是地主维肯季耶夫夫妇，住在上校家中暂时躲避秘密警察的注意。但谢多娃在五一节示威中被捕，安插在秘密组织中的密探因而找到了托洛茨基的行踪。托洛茨基急忙动身去芬兰，当时芬兰虽是沙俄帝国的一部分，但享有的自由却比俄国多得多。他住在芬兰乡间一家名为"宁静"的旅馆里，在湖边和松林中思考、研究、写作，并同克拉辛保持联系，直到10月中旬彼得堡总罢工的消息"像一阵猛烈的风暴吹进了敞开的窗户"一样闯进那家静寂凄凉的旅馆。10月14日，至迟是15日，他回到了俄国首都。

* * *

罢工以印刷工人要求缩短工时及增加工资的口号开始，尔后迅速蔓延到其他行业，并从彼得堡蔓延到外省，呈现出明显的政治性质，这使社会民主工党地下组织的领袖们大为吃惊。工人们高喊着要求公民自由、提高工资、缩短工时等口号。随着罢工的发展，诞生了俄国革命必然要诞生的机构：第一个"工人代表委员会"，或称"工人苏维埃"。苏维埃不是布尔什维克的发明。相反，波格丹诺夫（Богданов）和克努尼扬茨-拉金（Кнунянц-Радин）领导的彼得堡布尔什维克就以怀疑的眼光看待苏维埃，认为它是党的对手。到11月的第一个星期（新历第三个星期），当苏维埃的力量和影响已处于高峰时，列宁才从斯德哥尔摩那边发来指示，竭力说服他的信徒以更合作的态度靠拢苏维埃。[①] 50个印刷厂的罢工工人构成了苏维埃的核心，他们选出代表并指示他们成立委员会。不久，其他行业的代表也加入了。说来也似乎矛盾，苏维埃这一概念本身却是沙皇间接或无意中建议的：在经历一月事变之后，沙皇曾任命杜马代表施德洛夫斯基（Шидловский）领导一个委员会调查动乱的原因。委员会命令工人们选出他们的工厂代表，以便倾诉苦衷。10月中，罢工工人遵循了这个先例。10月13日，苏维埃第一次开会时，只有一个区（涅瓦）的代表出席。需要有一种促进力量劝说其他区也参加。起这种促进作用的都是孟什维克，而他们在未来的某一天会激烈反对这一制度，但当时他们对这一制度却起了教父的作用。

苏维埃立即取得令人惊异的权力。这是第一个由选举产生的机构，它代表迄今被剥夺了公民权的工人阶级。在一个极端蔑视人民民主代表制原则的政府统治下，第一个体现这一原则的制度势必马上在精神上使现存政府相形见绌。苏维埃立即成为革命的头等重要因素。

10月15日，托洛茨基从芬兰回来的当天或第二天，他第一次在理工学院召开的苏维埃会议上露面。出席会议的有好几个区的代表——参加选举的约20万人，几乎占首都全体工人的50%。后来，经继续选举后，代表人数逐渐

---

① 列宁为此曾写过一封信给布尔什维克在彼得堡出版的《新生活报》，但该报没有发表这封信；35年后，即1940年11月5日，该信才在《真理报》上发表。

117

从400个增加到560个。苏维埃决定出版自己的报纸《消息报》，就跟市政会谈判为出版工作提供设备和方便条件。理工学院的大厅和走廊里是一片热烈激动的气氛：罢工者来来往往、商谈、等候指示——这情景简直就是1917年苏维埃的一场预演。

然而社会主义党派及团体对苏维埃的态度仍不一致。孟什维克和社会革命党人决定立即派出他们的代表。布尔什维克不愿跟着别人走，而要求苏维埃必须先接受党的指导——只有这样他们才准备参加。克拉辛邀请托洛茨基参加布什维克中央委员会的一次会议，托洛茨基力主布尔什维克中央委员会成员不提任何先决条件参加苏维埃，他申明任何党派或团体都不能追求独霸领导权。苏维埃应当是包括形形色色工人阶级意见的代表机构，只有这样，尔后才能在总罢工中以及由总罢工发展而来的革命形势中形成统一的领导。

直到10月17日沙皇因为害怕总罢工而被迫发表允许立宪、公民自由和普选权的宣言时，上述的争论还在继续。宣言是半自由派的首相维特伯爵草拟的。布里根杜马还没有诞生就被埋葬了，沙皇出面放弃同皇朝本身一样悠久的专制主义，彼得堡先是惊得目瞪口呆，接着便陶醉在欢乐之中。像在节日里一样，群众挤满了街头。他们惊奇地阅读宣言。然而在政府里，反对改革的人继续在动用实际的权力。内务大臣特列波夫（Трепов）将军给警察下命令："别吝惜子弹！"这一命令和沙皇的宣言并排张贴在墙上，仿佛是有意给"新纪元"提供居心不良的注解。警察恰恰在沙皇发表宣言之前逮捕了许多人。

17日早晨，托洛茨基和许多兴奋的群众向前两天苏维埃开会的理工学院走去。骑马的宪兵冲入人群之中。特列波夫的公告看来是警告每一个人的，让他们别得意得太早了。但是群众，包括工人及中产阶级还是沉浸在共同的喜悦之中。然而，唯有工人才是风云人物，正是工人的罢工才迫使沙皇答应立宪和自由。所有的房子都挂着皇朝的旗帜，即红白蓝三色国旗。但青年工人们扯去旗上的蓝色和白色的布条，随手扔在人行道上，举起扯剩的狭条红旗。队伍行进到理工学院，但在那里被警察和宪兵的路障挡住了。

人群继续向学院前进，要在那里举行集会。人数不断增加的、兴高采烈的队伍带来一位青年，他等待这一时刻已经很久了，他曾预测过这一时刻，此刻却充满疑虑，急不可耐地要警告群众不要高兴得太早。队伍涌进学院的院子里，演讲的人已经从阳台上向群众演讲了。托洛茨基因疑虑而紧张，怀着从队伍中感受到的激动感情，挤过密密麻麻的广大群众，上了阳台：这里才是他的位置！大会的组织者只知道他姓亚诺夫斯基（亚诺夫卡人），在苏维埃中代表孟什维克；有些则知道他就是《火星报》的托洛茨基。[①] 他望着人群，望着他过去从未看到过的这样的人群。他大声呼喊着，这声音仿佛连他自己也觉得陌生，仿佛不像他本人的声音。他说："公民们！因为我们完全制服了统治集团，他们才答应给我们自由。"

他停顿下来，似乎想知道他准备向群众的热情泼去的冷水会不会伤害他们；他在斟酌词句，既要让人们看到他跟他们一起兴高采烈，又要提醒他们谨防轻信。

他继续说道："正是这个坐在皇位上的杀人不倦的刽子手，我们已经逼迫他答应给我们自由，这是多么伟大的胜利！但是——不要急于庆祝胜利：因为还没有完全胜利。难道期票等于纯金？许诺自由就等于自由？……公民们，请察看一下，难道昨天以来有什么变化吗？监狱的大门打开了吗？……我们的弟兄已从西伯利亚荒原上回家了吗？……"

"大赦！大赦！"群众回答说。但这还不是他的用意所在。他继续提出以下的口号：

"……如果政府真心实意地决定要跟人民和解，他们首先应该答应实行大赦。但是，公民们，一切就是为了实行大赦吗？今天也许会放出几百名政治战士。但是明天就会有几千人被投入监狱。……'别吝惜子弹'的命令不是同自由宣言并排张贴着吗？……刽子手特列波夫不是彼得堡无可置疑的主人吗？"

"打倒特列波夫！"群众高呼。

"打倒特列波夫！"托洛茨基再继续说下去，"但是，单单打倒特列波夫吗？……他靠军队统治我们。他的权力和依靠是近卫军，就是那用1月9日的鲜血玷污了的近卫军。他现在命令他们对你们的肉体和脑袋别吝惜子弹。我们不能，我们不愿，而且我们也绝不会在枪口下生存。"

群众以要求军队调离彼得堡作为回答。这位演说者好像由于人民胜利的不现实而生气，又因群众经久不衰的响应以及他自己意外地掌握住群众而激动，他最后说：

"……公民们！我们的力量在于自己。我们必须手拿利剑捍卫自由。而沙皇的宣言……瞧吧！只不过是一张废纸。"

[①] 米留可夫：《1905年彼得堡第一次俄国革命》第1卷，第63页；第2卷，第68页。

他用戏剧性的姿态在群众面前晃动沙皇的宣言，愤怒地把它在手中揉成一团说：

"今天把宣言给了我们，明天就会拿走、撕成碎片，正像我现在把它——这纸上的自由在你们眼前撕成碎片一样。"①

俄国的首都就这样第一次听到这位革命演说家的讲话。

托洛茨基的这篇讲话是针对所有将使革命失败的致命弱点而发的。动摇了的是沙皇的自信，而不是政权的巨大机器。武装部队中，特别是海军中发生了骚动。但哥萨克、近卫军和不计其数的农民步兵仍受盲目服从的陈腐习惯束缚。军队身后是俄国农村，沉溺于冷漠和绝望中的整个广大的俄国农村。革命还完全是城市的事。甚至在城市里胜利也夹杂有惧怕。中产阶级及其代言人自由派极愿相信沙皇许诺的自由，因而一想到他们应把这一许诺归功于工人的总罢工时就感到不舒服，他们是急于停止革命的。他们对老百姓的"无政府"幽灵提心吊胆，总是害怕革命继续下去会使沙皇听从那些策划镇压而无意让步的顾问的意见。因此自由派与社会民主工党人争论说："如果你们不放弃斗争，我们新近得到的自由就会成为泡影。"社会民主党人反驳说："但这本来就是泡影。"《十月宣言》使工人阶级具有的胜利感并不像实力感那样强，工人阶级急欲运用那种实力继续进攻。每一阶级对运动都怀有各自不同的目的。中产阶级希望从君主立宪制度中得到最大的利益。而工人则拥护共和国。前者只要求政治自由，后者还提出与其说是针对沙皇专制制度的，还不如说是针对中产阶级的社会要求。

工人阶级的热情、激奋和冲动甚至超过社会民主工党的领袖们。领袖们统计队伍、拟订计划、制定时间表。他们原指望这场斗争在1906年1月9日，即在冬宫游行的周年纪念日那天达到高潮。② 但是所有阶段和日期都因群众的激烈情绪而意料不到地提前了，他们很容易被挑衅激怒而冲动行事。然而群众的无援正如他们的自信一样严重，因而其结果只能是灾难。工人阶级手无寸铁，在军队本身起义之前，工人阶级一直得不到足够数量的武器。即使革命是

---

① 托洛茨基：《1905年俄国革命》，第93—96页。

② 列宁从斯德哥尔摩的来信（这封在1940年才发表在《真理报》的信我们上面已经引述过）中写道："到1月9日一周年的时候，沙皇政权的机构都能被消灭干净。"《列宁全集》第12卷，第63页。别人几乎没有指望过这样迅速而彻底的成果。列宁在另外一篇文章中写道，起义最好推迟到1906年春天（同上，第311页）。

在理想的条件下,普遍的起义情绪也需要一定的时间才能渗透到兵营里去。俄国军队的情绪取决于农民的心态。俄国农村到了 1906 年才算是真正骚动起来。而到那时,城市的革命已化为灰烬,已被穿军装的农民子弟扑灭了,如果城市的运动不是那样性急,穿军装的农民子弟原是可能参加的。革命一点点地浪费了自己的后备力量。工人阶级缺乏揭竿而起的经验。社会主义党派太弱,不能控制工人的急躁情绪。所有这一切背后的首要事实是:旧秩序的实力还没有完全耗尽,还有能力分化那些本来可以集中起来打击它的力量。

彼得堡苏维埃这个注定的革命中心从一开始就已处于所有种种对立思潮的中心,它不断地在勇敢与谨慎之间、在周围火山般的狂热与政治判断力之间受折磨。10 月 7 日苏维埃选出它的执行委员会。出席执委会的有三个布尔什维克代表、三个孟什维克代表及三个社会革命党代表。布尔什维克的主要发言人是克努尼扬茨-拉金和斯维尔奇科夫(Сверчков)(后来他写过一部苏维埃史)。托洛茨基是孟什维克的主要代表,尽管在国外他已退出了这一派。与此同时,他逐渐支配首都的孟什维克组织并使之反对流亡国外的领袖。① 协助托洛茨基的是一个从尼古拉耶夫来到彼得堡的工人兹雷德涅夫(Злыднев),他在当年早些时候曾在施德洛夫斯基委员会里代表他的同志。根据托洛茨基的倡议,彼得堡的布尔什维克与孟什维克委员会组成联合委员会,准备重新统一两派,同时在苏维埃中协同行动。② 社会革命党人是由阿夫克森齐耶夫(Авксентьев)领导的,这个人后来在 1917 年充当克伦斯基政府的内务部长时下令监禁托洛茨基。但在 1905 年,三个党派的合作却是协调的。没有一个党派企图把自己的意志强加于其他党派,它们都一致推选赫鲁斯塔廖夫-诺萨尔(Хрусталёв-Нозарь)为苏维埃主席,此人是一名律师,置身党派之外,在劳资斗争中做工人的代理人,取得了工人的信任。③ 他对外界代表苏维埃,瞬息之间声名鹊起。然而,苏维埃的政策是由各党派,主要是由社会民主工党制订的,而赫鲁斯塔廖夫在革命中的作用只是一段插曲。正如参加者的记载和回忆所证明的,托洛茨基才是政治上原动力的灵魂。他在重大的场合既代表布尔什维克和孟什维克双方又代表整个苏维埃发言。大多数苏维埃的宣言和决议都是他起草的,他还编过《消息报》。这样,在有名无实的苏维埃主席和行使主持

---

① 尔·马尔托夫:《俄国社会民主工党党史》,第 141—142 页。
② 由托洛茨基签署的协定发表于《消息报》第 2 期,另见马尔托夫的上述引文。
③ 但后来赫鲁斯塔列夫-诺萨尔加入了社会民主工党(孟什维克派)。

权的灵魂之间在幕后形成了无声的对立。①

在沙皇发表宣言的两天之后,即10月19日,托洛茨基力主苏维埃停止总罢工。继续总罢工没有取得进一步胜利的希望,反而可能招致过多的流血。苏维埃一致同意他的意见,因而在10月21日结束了罢工。当时苏维埃宣布在10月23日将为在罢工中遭到杀害的工人举行隆重的葬礼。但在22日得知,特列波夫将军正在调动宪兵准备镇压这次示威运动,而且特务正在阴谋策划对犹太人进行洗劫蹂躏。当天晚上,托洛茨基要求苏维埃取消葬礼,他说:"苏维埃(通过他的提议)宣布:彼得堡无产阶级绝不按特列波夫选定的日子同沙皇政府进行最后的决战,而只有在有组织、有武装的无产阶级认为适合的时候才进行这一决战。"② 苏维埃忍辱吞声,取消了对烈士的葬礼。这样的屈辱是极为痛苦的:难道无产阶级只有把自己组织起来、武装起来后才能按自己选定的日子进行战斗吗?那么无产阶级应该如何武装起来?同一天,苏维埃决定组织战斗队,它的当务之急是防止大屠杀。后来在对苏维埃的审问中得到确凿证据证明,大屠杀确实是策划过,只是苏维埃的行动才防止了它。但这些战斗队,即令是保卫苏维埃的最好的战斗队,充其量也只不过是用左轮手枪武装起来的,绝大多数人都只有棍棒和铁器。然而就是这一进行武装的号召,都成了对苏维埃控告的一条主要罪状。③

但无论如何,苏维埃仍然保持朝气蓬勃的政治上的首创精神。《十月宣言》许诺过新闻自由;但是伪自由派首相维特却命令报刊审查机构照查不误。排字工人和印刷工人在苏维埃的鼓励下宣布不排、不印已呈送审查官审查过的书报,以此作为回敬,出版家和作家也迫使政府表态,使俄国第一次尝到新闻自由的滋味。于是要求八小时工作制的呼声高涨起来了,工人们在苏维埃的保护下自己开始在工厂中推行八小时工作制。到10月底,政府在波兰宣布戒严状态,使革命彼得堡的情绪受到伤害。11月1日苏维埃为"被压迫的波兰代表团"筹备隆重的欢迎会。使大会不安的是:看到来为波兰说话的人却是扎

---

① 赫鲁斯塔廖夫-诺萨尔作为一名流亡者被法国警察逮捕、被指控犯有金融罪时,他的传奇也就无情地烟消云散了。1917年他到彼得格勒苏维埃要求承认他是前苏维埃主席,遭到轻蔑的拒绝。1918—1919年内战期间,他作为所谓赫鲁斯塔廖夫共和国这样一个小共和国的头子在南俄的一个省份再次出现,不久以后被杀死。关于赫鲁斯塔廖夫和托洛茨基的对立,参见《托洛茨基全集》第8卷,第190—197页和第2卷第1册,第110—111、508—509页;H. 苏汉诺夫:《革命札记》第1卷,第126、129页。

② 《托洛茨基全集》第2卷第1册,第284页。

③ 参见本书第六章和斯维尔奇科夫:《革命的曙光》,第200页。

第五章 1905年的托洛茨基

莫伊斯基（Zamoyski）伯爵、克拉辛斯基（Kpasinski）伯爵、卢鲍米尔斯基（Lubomirski）亲王以及几位罗马天主教教士和商人，代表团中只有一个农民和一个工人。然而，托洛茨基仍然热情地欢迎代表团，庄严地宣告波兰有权决定自己的命运。苏维埃号召举行新的总罢工，以表示对波兰的同情。政府同时宣布凡参与过十月罢工的喀琅施塔得的水兵都要受到军事法庭的审判，于是，要求释放水兵的呼声和要求波兰自由的呼声结合在一起了。①

这样慷慨英勇的情绪并非没有挑衅的性质。维特首相向工人们发出呼吁："工人弟兄们，请听听一个同情你们、祝愿你们走运的人向你们提出的劝告吧！"这个呼吁传到暴风雨般热烈的苏维埃大会上，托洛茨基马上写出下面这篇答复②：

> 无产阶级根本不是维特伯爵的亲戚。……维特伯爵要求我们怜悯我们的妻儿。苏维埃……则号召……工人们数一数从维特就职以来工人阶级中增加了多少个寡妇和孤儿。维特伯爵讲到沙皇对劳动人民的仁慈和关注，苏维埃则提醒……别忘了1月9日那个流血的星期日。维特伯爵要求我们给他"时间"，并答应为工人"竭尽全力"。……苏维埃知道维特已找到时间把波兰交给军人刽子手们，而苏维埃毫不怀疑维特将"竭尽全力"地扼杀革命的无产阶级。维特伯爵……祝愿我们走运。苏维埃声明不需要沙皇宠臣的好意。苏维埃要求基于普遍、平等、不记名、直接选举权选出的人民政府。③

自由派们在他们的客厅里，大学生和教授们在课堂里，工人在茶馆里，他们都哄然大笑。据说，维特本人读到苏维埃的尖锐反驳时全身一阵痉挛。④ 11月5日，托洛茨基在苏维埃大会上代表全体执行委员发言，要求结束第二次总

---

① 托洛茨基欢迎波兰人的演说词发表于《消息报》第5期（11月3日）。
② 斯维尔奇科夫说苏维埃委托他（斯维尔奇科夫）起草答复，但是他因为不知怎么写就请求刚到达的托洛茨基写，托洛茨基当场写出答复，在一片掌声中宣读。斯维尔奇科夫：《革命的曙光》，第28页。
③ 《托洛茨基全集》第2卷第1册，第287页。
④ 米留可夫证实：托洛茨基对待维特伯爵并非不公平。大约就在这时候，米留可夫拜访维特并表了他的看法，他说，沙皇不必等到杜马召开，应立即颁布一部宪法。维特回答说，沙皇不要什么宪法，《十月宣言》是在"头脑发热"的情况下颁布的。维特本人也不要宪法——他感兴趣的只是虚伪的宪政。米留可夫：《第二次俄国革命史》第1卷第1册，第18—19页。

罢工。政府也刚刚被迫宣布喀琅施塔得的水兵该受普通军事法庭而不是受战时军事法庭的审判。苏维埃确实不是胜利地撤退而是光荣地撤退,然而也是不得已地撤退,尤其是因为外省的罢工者已日益厌倦。托洛茨基说:"事变为我们尽了力,我们不必强迫加速事变的步伐。我们一定要尽可能为决定性的行动延长准备的时间,也许要延长一两个月,直到我们能成为一支团结最紧密、最有组织的军队。"总罢工不能无限期进行下去。总罢工的后果应该是起义,但苏维埃对此并无准备。将来总有一天,当铁路工人和邮电工人已经加入时,他们定会"用铁路钢轨和电报线路把全国所有革命堡垒联结起来,成为一个整体。这样,在需要时才会使我们在24小时以内就能唤起整个俄罗斯"。

即使他在力图抑制狂烈的反抗成分时,他仍然像挑战本身一样热情而又忧郁地站立在苏维埃面前。他讲到他同一个力主克制的著名自由派分子的一场谈话:

> 我对他回忆起法国大革命中的一件事,当时国民议会要投票表决"法国人民绝不在自己的国境内同敌人谈判"。国民议会的一个议员打断说:"你们莫非已经与胜利签约了吗?"他们回答他说:"不,我们与死亡签了约。"同志们,当自由派资产阶级仿佛夸耀他们的背叛,对我们说:"在没有我们的情况下,你们想单独继续战斗下去吗?你们莫非已经与胜利签约了吗?"我们把这一答复甩到他们的脸上:"不,我们与死亡签了约。"①

几天以后,他不得不再使苏维埃记住本身的弱点,力主停止坚持八小时工作制;因为雇主的答复是否则不准十万多工人进厂。苏维埃发生了分裂,少数人要求总罢工,但是托洛茨基得到钢铁工人的拥护,占了优势。这些弱点表现得愈来愈频繁,但群众的冲动行事又使这些弱点不可避免。令人惊奇的是,苏维埃的弱点并没有带来更具灾难性的后果,特别是苏维埃的主要鼓动者是一个年轻人,而以前又从未领导过或参加过任何规模的群众运动。当考虑到这次革命是在一切不利条件下艰苦进行的,那么旨在扰乱敌人不让它开始总决战的苏维埃策略就几乎是无可指摘的了。而其结果是苏维埃保持着不衰的权威,并且

---

① 这篇演说词发表于《消息报》1905年11月7日第7期;《托洛茨基全集》第2卷第1册,第290—293页。

第五章 1905年的托洛茨基

努力争取到沙皇的让步。这样的结果肯定是令人难忘的。直到20年后，即在斯大林和托洛茨基斗争期间，才把托洛茨基在1905年的"温和态度"拿出来作为他的罪证。但在长达20年的期间内却从没有听到过这样的指责，布尔什维克把苏维埃的这项记录作为革命编年史上值得自豪的一章。① 当时布尔什维克从未向苏维埃建议过另一条指导路线。在这20年当中凡有关这个课题研究的政治文献都一致把1905年革命的失败归咎于国内"客观"力量对比过于悬殊，从来没有归咎于任何一个领导人，更没有归咎于托洛茨基。②

苏维埃瞬息之间成为革命的主要焦点，因此所有集团、党派连估量其意义或使自己适应这一新形势的时间都没有。到11月中旬，所有集团、党派的领导人终于都从西欧回国。他们担心而又迷惑地注视这个看起来很像俄国国民议会的论坛。但他们身上的流亡习气太重，不能在其中取得一个立足点——无论如何，苏维埃是在他们到达以前三四个星期已经自行组成了。这正是托洛茨基代表彼得堡的无产阶级在苏维埃歌颂老一辈流亡者的自我牺牲和英勇精神之时。③ 那年年初，当他向这些流亡者告别时，他们还像对待神童那样，用赞赏俯就兼有的态度对待他。此刻他们对他刮目相看，充满敬意，注视着他在讲坛上的那副高屋建瓴的姿态，在工人集会上的一张张粗鲁而又严肃的脸上觉察到他赢得的威望和信赖。卢那察尔斯基回忆说，11月8日（或10日）列宁回国后，当有人告诉他"苏维埃的强者是托洛茨基"时，他的脸色有点儿不快，但是他说："也好，托洛茨基是以其卓越和不倦的工作赢得这个地位的。"他脸色之所以不快，一定是因为托洛茨基曾用来攻击他的那些伤害感情的诨号闪过他的脑子。那些诨号激怒过列宁：刚在不久前，列宁不责骂帕尔乌斯同别人合伙，而偏偏责骂他同托洛茨基合伙，骂托洛茨基是"饶舌的人"、"空谈

---

① 但布尔什维克却以更强烈的情绪培植对1905年12月莫斯科起义的纪念，那次起义是由布尔什维克成员领导的。

② 《列宁全集》第28卷，第313—333页；《1905年彼得堡第一次俄国革命》第1卷及第2卷。在党的下一次大会上并没有出现对苏维埃策略问题的分歧，参见《俄国社会民主工党第五次代表大会》和斯维尔奇科夫：《革命的曙光》。大约到1926年党的历史学家（利亚多夫及波克洛夫斯基）才逐渐开始"修正"这种态度，直到斯大林的《联共（布）党史简明教程》（第79—80页）明确地说苏维埃在托洛茨基和其他孟什维克的影响下"反对准备起义"。

③ 参见《1905年彼得堡第一次俄国革命》第1卷，第128页上帕·米留可夫的回忆；托洛茨基：《我的生平》第1卷，第14章。

家"、"巴拉莱金"①。然而此刻他却公正地承认托洛茨基的优点和成就。

看来,托洛茨基另外还有更深刻的理由证明自己反对以前的政敌是正确的。现在列宁和马尔托夫两人都承认,他们的狂热争论只不过是流亡者的杯水风波,是小题大做。对中央委员会特权及党员条件的争论是与组织的秘密形式相关的。党已走出地下可以公开活动,党员第一次能投票选举他们的领导机关而无需害怕暗探局。列宁和马尔托夫一样急欲使党委自下而上地选举而不是由上边指定。② 另一方面,孟什维克对中产阶级革命使命的信心已经动摇,因为这一信心与事实难以相符。孟什维克的追随者在彼得堡受到托洛茨基激进主义的影响如此强烈,使流亡国外的领导人不得不对此加以容忍。因此所有的分歧似乎都已消失了,随着双方的中央委员会合并完成,两派可望在年终前重新统一。看来是这样:热衷于分裂的人已被证明是错误的,而鼓吹团结的人则是正确的。③

在那些日子里,托洛茨基的人格和思想力量的影响远不限于对苏维埃和各社会主义政党。1906年当革命早已衰退时,米留可夫受到来自右派的攻击,他在自卫时这样说:"那些现在指责我们党(立宪民主党)的人说我们当时没有反对……托洛茨基主义的革命幻想……他们简直不了解或是忘记了当时大会上所有民主公众中普遍的情绪。"米留可夫说,那些人在1905年要是试图反对"托洛茨基主义的幻想",只会使自己声望扫地。④ 这就越发意味深长,因为米留可夫心目中的"民主公众"都是专业人员、开明商人,他们并不在托洛茨基的直接活动范围以内。他只有很少几次离开平民苏维埃去对资产阶级公众讲话;而且即使如此,他也是作为苏维埃的使者。托洛茨基在他的1905年历史记述中说到在11月罢工期间他到尤赫库姆·冯·希利德勃朗特男爵夫人家里去参加一次重要的政治集会。"男管家等着我出示名片,哎!一个冒名顶替的人拿得出什么名片?……在接待室里出现的第一个人是大学生,接着是一个激进派的编外副教授,尔后是一位'严肃'期刊的主编,最后是男爵夫人本人。他们显然在期待着一个'从工人中'来的令人敬畏的人物。"顺便提一下,在这动乱的一年,托洛茨基的样子看起来非常布尔乔亚,穿着如此整洁,使他的

---

① 巴拉莱金是萨尔蒂科-谢德林作品中的一个讽刺人物,此人工于算计,是一个自鸣得意的饶舌者、律师。这是列宁为托洛茨基基用"蹩脚律师"这个诨号攻击他而作的针锋相对的回敬。
② 《列宁全集》第12卷,第78页。
③ 尔·马尔托夫:《俄国社会民主工党党史》,第141—151页。
④ 米留可夫:《第二届国家杜马选举是怎样进行的》,第91—92页。

一些社会民主党朋友都感到吃惊。① 无论如何，聚集在男爵夫人家的客人与一个粗野的革命煽动家来往却没有感到紧张。"我报了姓名，人们很客气地把我领进去。拉开帷幕，我看见有六七十人在一起的集会……走道的一边是30个军官，其中有戎装华丽的近卫军军官，另一边坐着夫人们。最前排是一班穿黑色燕尾服的自由派的主要人物。"前马克思主义者彼得·司徒卢威正怂恿近卫军军官捍卫沙皇的《十月宣言》，以防来自左派和右派的攻击；托洛茨基在听司徒卢威讲话时回想起仅在七年前司徒卢威本人写的话："在欧洲越是往东方，资产阶级在政治上就越胆怯、越卑鄙。"尔后轮到托洛茨基向军官们讲话，他告诉他们：工人阶级尽管要解放自己，但手无寸铁；而他们军官则握有国家军火库的钥匙；在决定性时刻，他们应把钥匙交给理应归其所有的人，即交给人民，这是他们军官的责任。② 近卫军高级军官们竟会听得下去这样的讲话，这也就衡量出政治不稳定的程度。但他的呼吁在他们听来必定仍然像天大的笑话。他把沙皇统治比做金字塔，认为如果从它的根基而不是从它的顶端去推是完全能推倒的。

每次会议后他都急匆匆赶回到他的编辑部，因为他主编的和与他人合编的报纸有三份。苏维埃的《消息报》不定期出版，这份报纸的出版纯属大胆冒险的举动。因为每期都要在另一家极右派报纸的印刷厂里排印，每次苏维埃都要派一个小队对这家印刷所发动突然袭击，临时征用它。除此以外，托洛茨基在已来到彼得堡的帕尔乌斯的帮助下设法控制了激进的自由派日报《俄罗斯报》，他把《俄罗斯报》改造成为受欢迎的社会主义的战斗报刊。稍后，他与帕尔乌斯和马尔托夫创办了一份严肃的大型日报《开端报》，名义上是孟什维克的喉舌，实际上主要是托洛茨基的报纸，因为他向孟什维克提出他的条件是：报纸要支持他和帕尔乌斯的"不断革命论"，而且不与立宪民主党（自由派）打交道。所以马尔托夫写信给阿克雪里罗得时这样说："我们不得不同意宣传一种简直是危险的思想，而我们却不能对它作任何批评。"③ 在这份报纸的撰稿人名单中有欧洲社会主义大名鼎鼎的人物：维克多·阿德勒、奥古斯特·倍倍尔、卡尔·考茨基、罗莎·卢森堡、弗兰茨·梅林、克拉拉·蔡特金；而且《开端报》的专栏也对普列汉诺夫开放，这正是托洛茨基的漂亮报

---

① 阿·卢那察尔斯基等：《革命家剪影》；A. 齐夫：《我记忆中的托洛茨基的特点》，第50—52页。
② 《托洛茨基全集》第2卷第2册，第73页。
③ 《阿克雪里罗得和马尔托夫书信集》，第145—146页。

复,因为刚刚在去年普列汉诺夫还认为在《火星报》与托洛茨基为伍"简直令人恶心"。托洛茨基编辑的几份报纸比布尔什维克那份由列宁、高尔基、卢那察尔斯基、波格丹诺夫编辑的《新生活报》成功得多。凡是从头到尾读过那些报纸合订本而加以比较的人都不会对此感到奇怪,因为托洛茨基编的报纸更有气势、更加辛辣。① 尽管两个编辑部的人互相对抗,但两家报纸在政治上却互相支持,而且共同支持苏维埃。

由苏维埃和各社会主义政党公开活动以及各派报刊的公开出版形成的这一开放的平民自由之花不久就被摧残了。政府成功地镇压了军队中的零星起义。工人阶级中一部分人经受不住考验;一部分人失去自制,一心要拿起武器。维特伯爵重新强行实施书报检查,苏维埃坚决反对。托洛茨基呼吁道:"捍卫言论自由!对工人来说,言论自由就是面包,就是空气。政府却对它怕得要命。"② 下一个打击落到苏维埃本身。11月22日,赫鲁斯塔廖夫-诺萨尔和其他几个领导人被捕。政府等着看苏维埃会怎么办。苏维埃又一次面临常见的两难抉择。社会革命党人力主对沙皇的大臣们进行报复。其他人则宁愿用总罢工予以反击。社会民主党人在原则上反对恐怖的报复行动,但也不愿号召再举行一次总罢工。再一次落到生气勃勃的托洛茨基身上的任务就是要求头脑冷静和再次推迟使用武力的最后尝试。他提出一项动议,建议"工人苏维埃代表临时推选一位新主席和继续作武装起义的准备"。苏维埃接受了托洛茨基的建议,选出由亚诺夫斯基(这是托洛茨基用的化名)、斯维尔奇科夫和兹雷德涅夫组成的三人主席团。托洛茨基所说的起义准备连初步都谈不上:只派出过两名代表同各省苏维埃建立联系,根本就没有起义的力量。政府决定不让苏维埃有继续准备的时间。一队警察很快在苏维埃举行会议的自由经济协会大门外布置了岗哨。

显然,苏维埃存在的时间已屈指可数,而且从此苏维埃的活动主要是示威性的,目的在于使人民铭记革命的原则和方法。托洛茨基向苏维埃提议停止强行实施八小时工作制时说:"我们还没有为工人阶级争取到八小时工作制,但

---

① 列宁本人后来承认了这一点。1917年5月,甚至在托洛茨基加入布尔什维克党之前,列宁就提议任命托洛茨基为布尔什维克的一份受欢迎的报纸的主编,他还回想起1905年托洛茨基主编的出色的《俄罗斯报》,不过,列宁的提议被否决了。载《红色年鉴》1923年第3(14)期。

② 《俄罗斯报》1905年11月17日;《托洛茨基全集》第2卷第1册,第301—303页。

第五章 1905年的托洛茨基

是我们已成功地争取到工人阶级去要求八小时工作制。"确实,在不久以前,要求八小时工作制对俄国工人来说似乎是幻想,甚至对西欧工人来说也一样。然而这一要求从当时直到1917年都居俄国工人要求中的首位。同样,在1905年,托洛茨基命中注定不是去争取无产阶级起义的胜利,而是争取无产阶级进行起义。在每一场合他都解释说:有些人指望总罢工能奇迹般地推翻沙皇的统治,但是,如果总罢工不导致起义,就不能完成对社会的根本改革;他还继续说明保证起义的成功需要的是什么。他后来甚至在被告席上也阐述了这一教训;而且,以后几个月及几年的事变使人理解了其中的道理。那些持革命只是巧妙策划的密谋这一观点的人认识不到在革命背后是人民心中长期、缓慢积累起来的不满、经验及策略思想,他们想不到这样的革命教育学,并可能把苏维埃的革命起义决定看做是空洞的威胁,而且仅仅是短暂的空洞威胁。但是苏维埃和托洛茨基的方法在将来才能得到验证。1917年的二月革命将1905年流传下来的思想付诸实施。它的第一幕是彼得格勒工人及其子弟将总罢工和武装起义结合起来,使它获得了胜利,而这些工人正是1905年聆听过托洛茨基演讲的工人。

苏维埃的最后姿态是宣布在财政上抵制沙皇。苏维埃号召人民停止纳税、只接受金币而不要钞票、从银行提取存款。① 帕尔乌斯写的《财政宣言》斥责政府的腐败、财政破产和伪造收支平衡,指明首要的问题是:政府的没有代表性。"害怕民众监督,怕因此把政府的财政破产暴露于全世界;害怕人民监督,促使政府把召集普选代议制会议束之高阁……政府从未得到人民的信任,因而也没有得到人民授予的权力。现在政府统治自己的国家正像统治被征服的国土一样。"《宣言》宣布俄国人民不会替沙皇还债,这是有朝一日苏维埃政府要对沙皇的西欧债主们重提的一个警告。《宣言》的论据在道义上、在政治上听起来都是令人信服的,然而作为实际政策,抵制只能加速苏维埃一直千方百计推迟的冲突。双方都认为这是以抵制取代起义,并非没有道理。苏维埃采取这一手段正是因为没有能力进行武装行动。《宣言》宣布"只有一条出路……推翻政府的路——就是不给政府……纳税",这显然同经常阐述的观点——武装起义是推翻沙皇统治的"唯一道路"——是矛盾的。而在另一方

---

① 抵制的倡议并非出自苏维埃,而是出自比较温和的全俄农民协会,苏维埃和这个农民协会紧密合作,《财政宣言》是由苏维埃全俄农民协会、社会民主工党的两派、社会革命党和波兰社会党共同签署的。

面,政府受到的纳税人拒绝纳税这种打击可能几乎和起义一样沉重。它不得不立即行动起来。①

12月3日下午,托洛茨基主持执行委员会会议,这次会议要准备将要召开的苏维埃全会的议程。他作了关于政府最近的行动情况的报告:政府已授权各省省长颁布戒严令,有些地方业已颁布了戒严令;罢工者受到重罚的威胁;刊登《财政宣言》的各报社已遭查封,内务大臣在准备强行取缔各社会主义政党并监禁它们的领袖。这次,布尔什维克和孟什维克双方都提议举行总罢工。在辩论中间传来消息说,警察对苏维埃的袭击迫在眉睫。执委会决定继续会议议程,但派几个执行委员离开会场,如果苏维埃成员遭到监禁,就由他们代表苏维埃继续行动。那几个推选出来的执行委员刚离开就又回来了,因为近卫军、哥萨克、宪兵和警察已包围了那栋房子。于是,执委会一致决定留下不动,在极为不利的条件下决定不进行武装抵抗。执委会继续商议,此时长筒靴的橐橐声和军刀的咔嗒声愈来愈近。从楼下大厅里(代表们因为要出席全体会议已在那里集合)传来愤怒的抗议声浪。托洛茨基从厢座上向下面的代表们大声喊:"同志们,不要进行抵抗。我们预先宣布在这里开枪的只有奸细或警察!"他还命令把枪机砸坏后再把手枪交给警察。然后他又回到执委会会议桌旁的主席席位上。

一位工会发言人正在声明他的工会准备参加总罢工,这时一队士兵和警察占领了过道。一个警官走进执委会正在开会的那个房间,准备宣读逮捕令。此时唯一的问题是:苏维埃是否能不失尊严地承受它的软弱和屈辱。抵抗这条路已被排除,但难道他们能没有一点儿反抗的表示就温顺地面带愁云地屈服吗?托洛茨基的自尊心及其舞台效果的意识不允许他主持这样泄气沮丧的场面。但因为他不能进行认真的对抗,就只能以幽默来缓和这暗淡、阴郁的形势,因此,他把这一场面的最后一幕变为对无耻行径的机智讽刺。当那个警官刚要对执委会宣读逮捕令时,托洛茨基严厉制止他说:"请不要打断这位发言者的话,如果你想要发言,必须先报姓名,我还要问问会议是否想要听你的话。"

困惑的警官因为不知道自己是否受了嘲弄或者是否会遇到武装抵抗,所以

---

① 七个月后,即当社会民主派失败以后,沙皇决定跟自由派算账,解散第一届杜马(原注为第二届杜马,有误。——译者注),因自由派在第一届杜马中占有优势。自由派在他们著名的《维堡宣言》中也要求财政抵制。他们要求的条件几乎和苏维埃宣布的抵制条件相同,但同样也没有效果。《维堡宣言》还要求人民拒绝应征参加沙皇军队。

等候那位工会代表发言完毕。然后,托洛茨基严肃地问执委会,他是否应准许这名警官"为介绍情况"而作陈述。那个警官宣读过逮捕令,托洛茨基提议执委会应承认收到这一通知,接着就继续进行议程中下一项的讨论,另一位发言者起立。

那个警官因这一前所未闻的举动而感到慌乱,朝托洛茨基结结巴巴地说"对不起",仿佛向托洛茨基求援似的。

"请不要妨碍发言",托洛茨基严厉地训斥他:"你已经发过言了,你已作过陈述;我们已收到通知,难道会议还需要跟警察打交道吗?"

"不!"

"那么,请离开会议厅。"

警官嘟哝了几句拖着两脚离开房间。托洛茨基指示执委会成员烧毁所有文件、不要对警察暴露自己的姓名。楼下大厅里响起了砸左轮枪枪机的声音——代表们正在执行托洛茨基的命令。

警官再次进来,这一次他率领了一排士兵。一位执委会成员站起来对士兵讲话,他说:沙皇恰恰在这一时刻撕毁了《十月宣言》的诺言,而他们士兵却容许沙皇利用他们充当反对人民的工具。警官怕这些话发生影响,赶紧带领士兵们到过道里去,随手关上大门。发言人提高嗓门说:"即使关上门,士兵们也会听到工人们兄弟般的号召。"

最后,一大队警察进来,托洛茨基宣布"执委会会议闭幕"。

历时 50 天后,历史上第一篇苏维埃史诗就这样结束了。[①]

[①] 斯维尔奇科夫:《革命的曙光》,第 163—165 页;托洛茨基:《1905 年俄国革命》,第 177—179 页。本章中的某些材料引自 B. 沃伊京斯基:《胜利与失败的年代》第 1 册,第 184、222—223 页及同书各处;加尔维:《一个社会民主党员的回忆》;《维特回忆录》第 2 卷。

第六章 "不断革命论"

苏维埃被消灭是头等重要的政治事件；苏维埃的主要发言人是国事要犯。空气中还弥漫着政治的不确定性。在监狱里——先是在十字架监狱，以后在彼得保罗要塞——苏维埃成员享受一切优待。名义上他们是单独监禁的，但是他们的囚室并不上锁。他们自由地相会，自由地在院子里散步，自由地接受书籍，而且稍加遮掩，还能自由地从事紧张的政治活动。①

1906年，托洛茨基与帕尔乌斯（左）和捷依奇（右）在监狱中

---

① 普通监狱的狱规十分松懈，刚从华沙监狱释放出来的卢森堡竟能到彼得保罗要塞"秘密"探望帕尔乌斯和捷依奇，看来她这次没有会见托洛茨基。

第六章 "不断革命论"

彼得保罗要塞内部

最初,对苏维埃的突然袭击是否过了头,政府自己还不清楚。彼得堡通过几次罢工表示抗议,莫斯科举行总罢工表示抗议,莫斯科的总罢工导致了10天的街垒战。在莫斯科,甚至在起义被镇压之后,革命看来也没有被彻底击败。整个12月和1月,在西伯利亚、波罗的海沿岸各省和高加索,叛乱风起云涌,惩罚队忙于镇压。3月,第一届杜马选举,社会民主工党进行抵制,政府受挫,立宪民主党获得显著的成功。对苏维埃的审判究竟举行与否还是一个疑问。但无论如何,当局是不会忙着确定它的日期的。后来计划在1906年6月10日开庭。可是,沙皇在夏季又恢复了自信,罢免了半自由派分子维特,停止了正在进行中的组织立宪民主党内阁的谈判,解散了杜马,任命斯托雷平(Столыпин)为首相。审判成了政府中激烈竞争的对象,拖延了一个月又一个月,一直拖到9月底。十足的专制主义者们计划利用这一案件向沙皇证明:维特的软弱政策挖了皇座的墙脚。而政府中的伪自由派则渴望利用这次审判达到相反的目的,借以表明:反动派的阴谋破坏了《十月宣言》的政策。

这期间,犯人们精心准备他们的辩护词。起初,他们对在被告席上应采取的行动方针上有分歧。马尔托夫代表(当时差不多要放弃独立存在的)孟什维克中央委员会致函各被告人说,他们应采取温和态度为自己辩护,要以《十月宣言》为依据,向法庭证明苏维埃的行动没有超出宣言允许的限度。苏维埃特别应否认自己有武装起义的目的来反驳这样的指控。托洛茨基愤慨地拒绝了他的建议。他通过他的律师从囚室里送出一份表示"震惊"的答复:"没有一个被告采取这种态度。《十月宣言》的纲领从来就不是苏维埃的纲领。"他说，苏维埃应以直截了当地肯定自己的共和国主张来对抗沙皇的诺言；中央委员会建议被告否认他们与起义有关，这是"一个严重的政治错误"；在法庭上他们可以而且应该否认的是他们参与过起义的技术准备，但是对政治准备必须承担责任。

这封信是当着那位等着将此信偷偷带出去的律师的面匆匆写成的，是怒气的爆发，是对侮辱的反击。托洛茨基坚定地认为：苏维埃人应该阐明自己的原则，解释自己的动机，公布他们的目的。他们一定要利用被告席作为政治讲坛，而不是为自己辩护。在这点上，布尔什维克中央委员会是支持托洛茨基的，用当时同他一起坐牢的老友齐夫的话来说，这也许就是为什么"托洛茨基的话充满对布尔什维克的强烈的好感，他在精神上跟他们类似；[1] 而他对他的盟友孟什维克则抱有几乎抑制不住的反感"。[2] 然而，托洛茨基成功地说服了所有的被告都采取同样的对抗态度，而且几乎全体都同意他致孟什维克中央委员会的信。唯一与其不一致的是赫鲁斯塔廖夫－诺萨尔这位苏维埃第一任主席，他在预审中态度暧昧。犯人们威胁说要在法庭上公开指斥他为叛徒。尽管赫鲁斯塔廖夫－诺萨尔过去是他的对手，但他却渴望避免出现有损这次审判的政治影响丑闻。他说服赫鲁斯塔廖夫－诺萨尔在法庭上和大家一致行动，并答应以不谴责后者作为交换条件。于是，主要被告们商定了他们在审判中各人的分工：赫鲁斯塔廖夫－诺萨尔谈他担任主席时的苏维埃工作，斯维尔奇科夫谈苏维埃最后那些日子的情况，克努尼扬茨谈社会民主工党的立场，阿夫克森齐耶夫谈社会革命党的立场，托洛茨基则对付最危险的题目：武装起义。

作好这些安排之后，他就专心致志地阅读和写作。即使是宪兵将军伊万诺夫主持的预审也不能使他分心。他拒绝作任何证词，他把要讲的一切都保留到公开审判时去讲。斯维尔奇科夫写道："托洛茨基的囚室很快就变成了图书馆。他收到所有值得一读的书；他通读了这些书籍，每天从早到晚不停地写作。他常说：'我感觉非常良好，我安安稳稳地坐在这里工作，而且绝对用不着担心会有人抓我——在沙皇俄国，这的确是一种颇不平常的感觉。'"[3] 齐夫

---

[1] 托洛茨基致马尔托夫的信后来在马尔托夫被捕时落入警察手中，并作为起诉证据之一出示。这封信见《托洛茨基全集》第2卷第1册，第459—460页。另见同书第639页上的注338。
[2] A. 齐夫：《我记忆中的托洛茨基的特点》，第53页。
[3] 斯维尔奇科夫：《革命的曙光》，第189页。

描写了托洛茨基如何热心地把他的书报传递给其他犯人和他怎样不倦、热情地促进他们智力的提高。

审判前,托洛茨基在囚室里拍了一张照片,照片上是一个英俊文雅的男子汉,"文质彬彬"的外貌引人注目,面庞显得比本人更端庄。一头浓密的黑发,下巴上蓄着一缕略微前翘的山羊胡子,脸上一副沉思的表情表明此人高度集中的精力与极强的自制力。面部表情尽管极其平静,仍反映出他内在的活力和强烈的感情与情绪活动。浓密的黑发、宽宽的前额、两道凸起的浓眉、黑色夹鼻镜、修剪得极好的唇髭和刚毅的下巴都从不同角度在这张脸上突出了这个人内在力量。这位身材中等、消瘦的犯人身着黑色服装。黑色西服套装、雪白的硬领、袖口稍稍露出一点儿雪白的衬衣袖口和擦得锃亮的皮鞋,给人留下了几乎是博学优雅的印象。这是19世纪末西欧成功的知识分子的形象,而不像是关押在彼得保罗要塞候审的革命家的肖像。只是光秃秃的墙壁和牢门上窥视孔造成的森严气氛才使人想到真实背景。

1905年,托洛茨基被关押在彼得保罗要塞牢房等候审判

他用了很多时间阅读欧洲古典文学作品。"我躺在监狱的床上,完全陶醉在这些名著之中,感到一种生理上的享受,其程度不亚于啜饮美酒或抽馥郁的

雪茄。这是最美好的时刻……正是在那时，我才通过原作真正了解法国小说的伟大作家。"① 终其一生，他都保留对法国古典与现代小说的爱好。当时他已精通德语和法语，而且都讲得很好，虽然在政治经济方面他运用德语更得心应手，但他更喜欢作为文学语言的法语。他在赫尔松和敖德萨的监狱里吃力地探索马克思主义理论的那些日子离现在已经久远。他不再是学习马克思主义，而是教授马克思主义了；但现在他的心灵则自由地翱翔于浩瀚的欧洲文学之中。

* * *

他在寂静的囚室里仔细思考过去几个月的暴风雨所给予的教训，他把结论写成若干论文和小册子，其中之一已成为特别重要的著作。他在这一时期写的文章，除了一篇论地租的因遗失而未问世以外，差不多都已收入全集中。他在自传中把那篇失去的文章说成是自己的一次"惨重的损失"。他的惋惜是否值得，我们无从判断。但他对经济学业已掌握是肯定无疑的。不过，他跟列宁和布哈林不同，不是以抽象经济理论知名于世，而且，对于像马克思主义地租理论这样高度专业化的题目他是否能作出独到的贡献，也许还难以确定。不论实情如何，这一年他写的一些政治论文大概比他关于地租的论文分量要重得多，而且更有独到之见。在他那本用 H. 塔霍茨基的笔名署名的曾经风行一时的小册子《政治舞台上的司徒卢威》中，对自由主义又是一阵连珠炮似的谴责，这谴责尖刻辛辣，击中对手要害。但其中除了熟知的老一套论据外没有增加什么新论据，我们姑且不谈它。更重要的著作是《苏维埃史》，这是一本由几个人合写而由托洛茨基主编的著作。入狱后牢门在他的身后刚一关上，他就有了撰写此书的打算。他为此书撰写了总结苏维埃作用的一章：

> [他得出如下结论] 俄罗斯城市过于狭小，不足以作为斗争基地。在全民族任务的名义下进行的无产阶级斗争需要全国规模的阶级组织。彼得堡苏维埃是一个地方组织。……毫无疑义，即将来临的下一次革命高潮将导致工人苏维埃这样的组织在全国各地建立起来，由全国工人代表大会组织的全俄工人苏维埃将承担领导责任……历史绝不会重演。新的苏维埃不

---

① 托洛茨基：《我的生平》第1卷，第216页。

必再次经历这样的50天,然而从这50天的经验中就一定能推导出整套行动纲领……与军队、农民和中产阶级的平民阶层建立革命的合作;废除专制制度;摧毁它的物质组织,立即解散部分军队;废除警察—官僚机关;实行八小时工作制;武装居民,首先是武装工人;使苏维埃成为革命的城市自治机构;成立农民代表苏维埃,作为负责进行当地土地革命的机构;组织立宪会议选举。……制订这样的计划容易,而实现这样的计划却困难。但如果革命注定要胜利,无产阶级别无选择,沿着这个纲领的道路前进。它将展开空前的革命工作。这50天的历史将成为无产阶级斗争与胜利的伟大篇章中的苍白的一页。①

这确实是1917年的纲领。然而,这些文章只是为他这个时期的主要著作《总结与展望——革命的种种动力》作准备的草稿和短文。这本著作作为"托洛茨基主义"的基本陈述,成了几十年激烈争论的对象。② 这是他为他的1905年论文与纪事的文集《我们的革命》而写的长篇总结。他在其中给不断革命理论作了完备的、几乎是数学公式般的简洁说明。他用正确观察俄国史上百年之久的各种趋势之间相互关系的眼力回顾新近发生的危机事件,然后转向国际舞台,明确了俄国革命在欧洲现代史中的地位,还概略地预测俄国革命对世界的影响和世界对俄国革命的影响。在这一框架中,他明确地把他的概念与当时在马克思主义者中流行的观点对立起来。这对马克思的《共产党宣言》之后,也就是说对1847年以来对社会主义革命的预测即便不是修正,也是最激进的重新阐述。仅仅为了这个理由,也值得对此略加详细地概述。

我们知道,马克思主义者普遍都认为,俄国革命是资产阶级革命,革命的目的是推翻沙皇制度,清除半封建遗产;只有完成这一阶段的革命以后,现代工业资本主义社会才能在俄国充分发展,而且只有在这样的社会里,只有在这个国家的财富增长、生产力充分发展了以后,革命的社会主义才会起而夺得政权,开始满足群众的平等愿望。马克思主义者想当然地认为,西方老牌资本主义国家里的社会主义革命的基础已经打好。他们认为,当东方还在进行资产阶

---

① 《托洛茨基全集》第2卷第2册,第206页。
② 概述和引文都根据1919年3月的莫斯科重印本。本书作者在华沙的藏书中有本现已成为珍本的1906年原印本,此书在第二次世界大战中遗失了。1919年版是原版的忠实再版本,书前有专为这个版本写的序言。

级革命时，社会主义就能在西方获胜。这是西欧社会民主党人和俄国的孟什维克、布尔什维克都公认的原理。后两者的争论集中在是哪个社会阶级，是资产阶级还是工人阶级在俄国"资产阶级"革命中起领导作用的这个问题上。

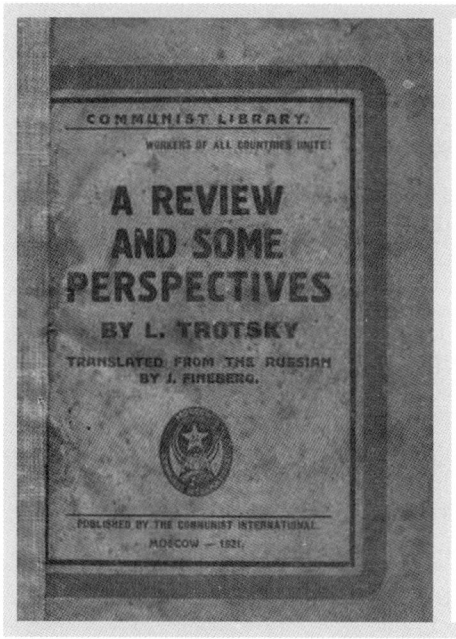

托洛茨基的重要著作《总结与展望——革命的种种动力》原是为其论文集《我们的革命》而写的长篇总结，并于1921年在莫斯科再版，其中首次较为全面阐释了"不断革命论"。图为《总结与展望》和《我们的革命》的初版书影

托洛茨基对这些假定中的大多数都作了分析。他同意布尔什维克的观点，认为俄国资产阶级不能领导革命，应由产业工人承担这个角色。他当时更深入地论证说：工人阶级由于自己在革命中至高无上的政治地位，甚至在西方社会主义高潮开始之前就不得不把俄国革命从资产阶级阶段推向社会主义阶段。这是革命"不断性"的一个方面——它不可能把剧变限定在资产阶级的范围以内。

究竟是什么使俄国注定会成为社会主义的前驱？为什么俄国中产阶级不能像18世纪法国中产阶级那样把他们的革命进行到底？答案在于俄国历史的特殊性。俄国是一个半亚洲式、半欧洲式的国家，是以发展缓慢、没有分化的原始社会为基础的。形成这样的国家不是由于俄国社会的推动，而是由于占优势的欧洲列强的军事压力。从很早的年代起，俄国先是反对鞑靼人统治的斗争，继而反抗波兰—立陶宛人和瑞典人的入侵，国家强迫俄罗斯人民尽了最大努力，耗费了社会生产的绝大部分财富，因此阻碍了本来就缓慢的特权阶级的形成过程，也阻碍了生产力，使它的增长更加缓慢。可是国家需要等级制，而要完成等级组织就必然促使社会分化。沙皇制度因此既抑制、同时又促进俄国社会的发展。根据这一事实，米留可夫说：在西方是等级创造了国家，相反，在俄国却是国家创造了等级。托洛茨基摒弃这种说法，认为它是片面的，因为"国家权力不能任意制造社会集团和阶级"。然而，统治者的主动权大得如此惊人，而俄罗斯社会又如此迟钝和麻木，以至于在俄国甚至连"资本主义都像是国家的产儿"。① 奠定现代工业基础的是国家，而不是私人企业。就连俄国的思想和舆论似乎也是国家的产物。在现时代，财政和军事保护主义和欧洲的金融援助保证了沙皇国家有一定程度的现代化，而这种现代化则进一步增强了国家统治社会的权力。自由派认为国家这一压倒的优势使革命成为不可能。但是正相反，它却使革命成为不可避免的。

这一趋势的后果之一是，俄国跨入20世纪时，它的城市中产阶级极端软弱。俄国城市本身也只是最近几十年的产物。彼得大帝在位的时候，城市居民只占全国人口的3%。拿破仑战争之后，城市人口占4.5%，一直到19世纪末也不过13%。旧俄城镇与欧洲的城镇不同，它一直不是工商业中心，只是某一军事行政单位或城堡（莫斯科是皇村）。俄国城镇和亚洲城镇一样，不生产、只消费；既不积累财富，也没有逐渐发展分工。俄国的严寒气候及辽阔的幅员强加给它的对文明发展的严重障碍使这一切更加恶化。19世纪中叶，在俄国看到的资本主义不是产生现代工业的那种城市手工业，而只有农村的家庭手工业。正如帕尔乌斯已经注意到的，这一事实有一个显著的政治后果：俄国没有一个可与集中的城市手工业群众类比的社会阶级，而正是集中的城市和工业群众构成了法国中产阶级的脊柱，完成了法国大革命。俄国的400万家庭手工业者则分散在农村里。

甚至现代工业的发展也没有使中产阶级的实力明显加强，因为培养俄国的工业主要靠外国投资。西方资产阶级在他们本国都聚集在自由主义的旗帜之下，而在俄国，他们主要关心的是投资的安全，而"强大的"亦即专制的政

---

① 托洛茨基：《总结与展望》，第16页。

府看来是最能保障安全的。这样,国家在经济上的优势,中产阶级在数量上的弱势,外国资本在俄国工业中占的支配地位,中产阶级传统的缺乏——所有这一切综合起来,使俄国的资产阶级自由主义成了死胎。然而,现代工业虽然没有明显加强中产阶级的实力,却把无产阶级推上了显著地位。俄国工业发展得越晚,就越乐意采用最先进的组织形式,而这在别的地方总是缓慢、艰难地发展起来的。俄国拥有的现代工厂数量不多,但比西欧,甚至比美国的企业都更大、更集中。因而俄国无产阶级的政治力量及其自我组织与集体行动的能力就更强。这样的社会阶级组合必然要彻底改变通常的革命模式。欧洲革命史经历过三个里程碑:1789年、1848年和1905年。强大而自信的法国资产阶级在1789年领导了反专制主义的斗争。确实,雅各宾平民派,即无套裤汉常常不得不把革命推向前进。但这些人都是不像样的乌合之众,他们自己没有一贯的纲领。他们只能偶尔对抗富有的资产阶级,而资产阶级在经过了罗伯斯庇尔的短暂专政之后又恢复了优势,当时没有现代工业无产阶级向资产阶级领导权的挑战。① 1848年,资产阶级革命的中心转移到德国和奥地利。但德国的中产阶级既没有法国中产阶级那样强大,也没有那样自信。反对专制主义所必需的勇气又因为害怕新兴的无产阶级而变为气馁。1848年的平民群众不再是与愤怒和偏激的赤贫者混杂在一起的下层中产阶级,而是工厂中的工人阶级了。他们探索着走向政治独立,不但反对君主,更直接反对雇主。工人阶级虽然强大到已使资产阶级感到害怕,但还是太软弱、缺乏自信,不能领导全国。资产阶级已经软弱无力,而无产阶级还不够强,二者都无力承担革命的领导,革命因此失败。

最后,在1905年的俄国,革命的车轮转了一整圈后回到原位。但革命再也不是没有领导的革命了。俄国的资产阶级既太软弱无力,又太害怕无产阶级,不能指挥对专制统治的斗争。这一历史使命就落到产业工人的肩上。他们已经比1848年的德国工人强大得多,而且如饥似渴地吸收了欧洲社会主义的最先进的思想。②

托洛茨基接着说,由此可以得出结论:革命如果成功,其结果必将是无产阶级夺得政权,"每一个名副其实的政党的目的都是夺取政权,使国家为它所

---

① 多年以后,托洛茨基认为他是从马克思那里接受的这一看法,即使在18世纪,也把法国资产阶级的革命作用夸大得过分了。

② 托洛茨基:《总结与展望》,第33页。

代表的那个阶级的利益服务"①。孟什维克认为,社会主义在落后的俄国还"未成熟",工人必须帮助资产阶级夺取政权。托洛茨基反对这种说法,勇敢地宣称:"在经济上落后的国家的无产阶级,有可能比先进资本主义国家的无产阶级更早夺取政权。……俄国革命创造了条件,在资产阶级自由派政治家们把革命彻底搞砸之前,政权就可能转到无产阶级手中。"②他抛开根据熟悉的马克思主义文本中那些论据得出的结论——资产阶级革命先于社会主义革命,声称:"马克思主义首先是分析社会关系的方法,而不是教科书。"

考虑到批评他的人会马上指责他要俄国"跳过"资产阶级的发展阶段而倡导一种会使居少数的产业工人和全国其他人相对立的政策,托洛茨基试图对这些批评来一个先发制人。他说,他并不否认俄国革命至少在这个意义上是资产阶级性质的:俄国革命的直接任务是使俄国从过去的封建制度的重负下解放出来,完成英、法资产阶级已经完成的任务。然而他和其他马克思主义者不同之处是:他坚持认为革命不会停止在这一点上。根除了封建制度之后,它要进而打断资产阶级的脊梁骨,建立无产阶级专政。③他并不排除社会民主党人和农民代表的联合政府的可能性,但他指定后者担任配角。工人代表"将决定政府政策的内容,并在政府中成为稳定的多数"④。

那么,这是一个少数人的专政吗?他含糊地而不是明确地设想革命本身实际上是工人单独实现的。在城市里,旧秩序必须推翻,产业工人要成为那里的主人。"只有在……城市无产阶级掌握了政权之后,才能吸引许多阶层的劳苦大众,特别是吸引乡村里的劳苦大众参加革命,并使他们第一次在政治上组织起来。"⑤虽然旧秩序的推翻和政权的夺取都将是少数人干的,但如果得不到多数人亦即农民的真正支持,革命不可能巩固,而且也不能幸存下去。"取得政权的无产阶级将以解放者的身份出现在农民面前。"⑥在诸多其他事中,要批准农民夺取大地产。法国农民会跟拿破仑走,因为拿破仑保障他们的土地所有权,对付逃亡的地主;俄国农民由于同一理由也会支持无产阶级政府。因此,这个政府既代表少数人的统治又不代表少数人的统治,无产阶级少数将构

---

① 托洛茨基:《总结与展望》,第34页。
② 同上,第34—35页。
③ 同上,第39—40页。
④ 同上,第40页。
⑤ 同上,第41页。
⑥ 同上,第42页。

成这个政府的核心,而且在一切重大问题上掌握主动权;但它总是为压倒多数的人的利益进行统治并享有他们的衷心拥戴。

他关于农民在革命中地位的观点在一定意义上可以说是"托洛茨基主义"的关键,成为不少争论的焦点。对托洛茨基的常见的攻讦是:他"低估"了俄国农民的革命潜力,否认农民和无产阶级"联盟"的可能性。这种指责在他本人的言论里是找不到根据的。我们已经看到他那样强调:"取得政权的无产阶级将以解放者的身份出现在农民面前。"他坚持认为社会民主党人不仅会剥夺地主的财产而且批准农民夺取地主的土地,在这点上他比已经走得很远的俄国大多数社会民主党人走得更远。孟什维克认为应由市政府接管乡绅的土地;大多数布尔什维克,特别是列宁,笼统地主张土地归国有,但没有提到分配土地。① 如果像布尔什维克在1917年及1917年以后所理解的那样去理解与农民"联盟"的话,那么,托洛茨基在1906年肯定已这样主张了。

然而他的确认为农民跟其他小业主、小资产阶级一样都不是独立的革命力量。他认为农民是无组织的群众、一盘散沙。他们关心的是狭隘的地方利益,不能在全国协同行动。农民起义即使侥幸获胜,也只是导致新的压迫王朝的兴起,或者被其他阶级利用,这就是农民的命运。现代社会里农民在政治上甚至比以前更软弱:"资本主义的历史是一部城市征服农村的历史。"② 城市里只有现实的或潜在的独立力量的两极:拥有集中财富的大资产阶级和拥有集中生产财富能力的无产阶级。农民尽管在人数上强大得多,但不得不或是追随这个或是追随另一个。在议会选举的天平上,农民一票的重量和工人一票的重量相等。在革命形势下,这种相等是虚幻的。在罢工中,1000个铁路工人比100万分散的村民在政治上作用更大。现代社会阶级的作用不取决于数量而取决于其社会功能和比重。无产阶级必须争取农民的支持,否则就不能掌握政权。但吸引农村小业主群众的唯一办法是,要在夺取政权的斗争中显示力量和决心。弱者总是被强者吸引的。

这一如此明白说出来的观点尽管在马克思本人的著作里已有了强有力的暗示,却标志着根本背离当时公认的马克思主义的概念(托洛茨基厌恶"教科

---

① 现在知道,布尔什维克领导人中只有斯大林在1906年主张过党应宣布赞成把大地产分配给农民。参见《斯大林全集》中文版第1卷,第195—207、209—213页;另见多伊彻:《斯大林政治传记》,第82—83页。

② 托洛茨基:《总结与展望》,第43页。

书式的分析",这使得他不去征引有用的引文)。工人阶级在成为国内的多数之前,不能而且也不应试图夺取政权,这是公认的马克思主义概念。在流行的社会主义中还有一个根深蒂固的幻想:在现代国家中,产业工人阶级会像在英国那样逐渐壮大成为多数。① 托洛茨基早已同这一幻想彻底决裂了,他写道,在全国的多数人成为无产阶级以前,革命早就胜利了。

他在对农民的评价上与流行的意见同样尖锐对立。孟什维克倾向于把农村的小业主看做是反革命的后盾。他们寄希望于工人阶级与资产阶级自由派之间的联合。列宁与他们相反,把俄国农民看做是革命力量,但又跟托洛茨基不同,对农民的潜力不作过早的预断。他耐心等待,看农民会不会建立自己的革命党,要是这样,社会民主党人就必须把它当做平等伙伴。1905年初,使普列汉诺夫、托洛茨基、马尔托夫觉得有趣的是,列宁抱着强烈的好奇心和极大的希望看待那个谜一样的人物加邦。② 他很想知道:这个神父,这个哥萨克的后代,这个率领首都工人走向冬宫从而帮助打开了革命闸门的人是否就是一个独立、激进的农民运动的先驱。③ 列宁的"工农民主专政"公式看来比托洛茨基的"无产阶级专政"更宽泛、更严谨,而且更适合社会民主党人与农村革命家的联合。1917年的俄国事件却肯定了托洛茨基的预见。然而到了20年代,这个问题在联系到中国共产党的政策时又被重新提了出来。在托洛茨基阐明他的观点之后约半个世纪,这个问题一次又一次地被亚洲革命提出来。在亚洲,城市成分与农村成分的关系比过去在俄国更错综复杂,更模糊难辨。

到此为止,我们讨论了革命的国内方面。按照托洛茨基的观点,革命的国内方面和国际方面是紧密地交织在一起的。虽然农民单凭他们自己不能"排挤工人",但这两个阶级的冲突迫在眉睫,这是一场使无产阶级可能失去领导全国的公认地位的冲突,只要革命是从事粉碎地主的统治及其政权的斗争时,全体农民都会站在革命一边。④ 但在此后,无产阶级政策的两个主要特征,即

---

① 斯大林在1946年给他的全集写的序言(《斯大林全集》中文版第1卷,第9页)中说:1905年时,他"当时所持的马克思主义者都熟悉的论点:社会主义革命胜利的主要条件之一是要无产阶级占人口的多数,因此在资本主义不够发达因而无产阶级尚未占人口的多数的国家里,社会主义的胜利是不可能的"。

② 托洛茨基:《总结与展望》,第55页。

③ 《列宁全集》第10卷,第175—180页;《托洛茨基全集》第2卷第1册,第54—57页;另见帕尔乌斯论加邦,载《火星报》第85期(1905年1月27日)。

④ 托洛茨基:《总结与展望》,第42页。

它的集体主义和它的国际主义就会遭到（农民的）反对。① 新政权尽管有其创始的力量，而一旦城市和农村的革命从资产阶级阶段推进到社会主义阶段时，就会发现它的力量不够强大。那时它不得不向世界革命寻求援助。俄国工业的贫乏和落后无论如何都是建设社会主义经济难以克服的障碍，只有在社会主义西方的援助下才能打破和清除这些障碍。而保守的欧洲的敌对最终会迫使俄国革命把斗争扩展到国境以外。

> 没有欧洲无产阶级直接的全力援助，俄国工人阶级就不能维持政权……西方的社会主义革命将使我们能够把工人阶级的暂时统治直接变成社会主义专政。②
>
> 这就使当前发展中的事件从一开始就具有国际性质，并展示了最广阔的前景：俄国工人阶级领导的政治解放斗争使领导人上升到历史上空前的高度，把巨大的力量和资源交到他的手中，使他成为全球范围内的消灭资本主义的首创者……③
>
> 就算俄国无产阶级暂时取得政权后，不主动把革命推进到欧洲去，在欧洲封建及资产阶级反动势力的逼迫下，也不得不这样做。④
>
> 正是由于害怕无产阶级起义，即使在投票赞成拨付巨额军费时，资产阶级政党也不得不庄严地宣布这是为了和平，梦想着国际仲裁法庭，甚至梦想组建欧洲联邦，当然，所有这类可怜的宣言既不能消除列强之间的对立，也不能消除武装冲突……欧洲战争必然意味着欧洲革命。⑤

他接着指责社会民主党各派"宣传上的保守主义"可能妨碍无产阶级夺取政权的斗争。他希望俄国革命能够激励国际社会主义，正如1905年的事变曾促进奥地利和普鲁士的无产阶级举行总罢工并要求普选权一样。"东方的革命用革命的理想感染西方的无产阶级，并使之也有用俄语和敌人讲话的欲望。"⑥ 他把自己的论点总结如下：

---

① 托洛茨基：《总结与展望》，第46页。
② 同上，第71页。
③ 同上，第73页（重点号是托洛茨基加的）。
④ 同上，第74页。
⑤ 同上，第77页。
⑥ 同上，第80页。

第六章 "不断革命论"

> 俄国无产阶级……将会遭到全世界反动势力有组织的反对,也会得到全世界无产阶级给予革命的有组织的支援。俄国工人阶级如果孤立无援的话,一旦农民背弃它时,它必然会被反革命击溃。工人只有把他们自己的政治统治命运,也把整个俄国革命的命运与欧洲社会主义革命的命运联结在一起,除此别无选择。既然俄国资产阶级革命形势把政权短暂地交到了俄国无产阶级的手中,后者将毫不犹豫地把手中这巨大的力量投到整个资本主义世界的阶级斗争中去。俄国工人阶级手中握有国家政权,背后有反革命,面前有欧洲反动派,它将向全世界的兄弟们发出那个熟悉的号召,这一次却是最后攻击的冲锋号:全世界无产者,联合起来!①

托洛茨基的论点要旨暗含着他把欧洲革命设想为一个连续不断的过程。因此,在他的预测中夹杂有致命的幻想,至少在关于全过程的发展速度方面抱有幻想。第二国际的精神导师卡尔·考茨基曾权威地宣布过一个信念:欧洲的经济与社会已经"成熟",可以进行社会主义革命了。当时,这一信念被欧洲社会民主党人共同接受,托洛茨基对这一信念大加称赞。可是,甚至在1906年,尽管他预测的要旨都是明确的,但关于革命会以什么方式从俄国扩展开来,是否会通过波兰冲进德奥两国或是否会向东转到亚洲,他对此却相当谨慎,所以说要作出预言是不可能的。②

托洛茨基无论如何一刻也未曾想到俄国革命能孤立地存活几十年,所以像斯大林20年后说的那样,托洛茨基"低估"了革命在俄罗斯内部蕴积的力量和活力。如果考虑到托洛茨基在1906年发表的这个观点在1917—1924年间竟成了包括斯大林在内的全体布尔什维克领导人的共有的理论财富的话,这个在回顾中十分明显的估计错误就不那么令人惊异了。自然,马后炮总是对预测中的局部错误猛攻,致使那个错误蒙蔽整个预测的光彩。托洛茨基没有预见到苏俄会孤立地存活几十年,这的确是事实。但是除了他以外,又有谁在1906年预见到苏维埃俄国的存在?而且,托洛茨基本人是在无意中间接地提供了他自己错误的思路的,这从他对农民的评价中可以看出。农民在政治上孤立无援和没有独立性这两点,是集体主义制度在个体农民占压倒多数的国家里存活的原因,同时也能令人信服地说明能够相当成功地把集体主义强加给农民的原因。

---

① 托洛茨基:《总结与展望》,第80页。
② 同上,第74—77页。

他当时说，一旦农民转而反对无产阶级，无产阶级的政治制度就会失败，这显然与他本人的观点相抵触。如果这一论断是一个错误的话，这个错误与他在1905—1906年的革命观密切相关。他没有想到：一个无产阶级政党会在与人民中的多数相对抗的情况下长期统治和管理一个巨大的国家。他没有预见到革命导致少数人的长期统治。这种统治的可能性在他的理论中原本存在，但成为现实时，仍然使他像几乎所有他的同时代人一样觉得这是与社会主义不相容的。尽管他写过关于列宁的"雅各宾主义"的文章，但未曾设想革命会因为设法摆脱孤立及弱点而成为集权主义的。

如果把他的种种思想倾向看做一个整体，那么，也许可以说几乎从未有过这样不同结果的政治预言：时而得到如此辉煌的应验，时而又被完全推翻，尔后，新的历史巨变的洪流又在某一点上给以肯定。托洛茨基的预测中讲到俄国会推动世界革命那部分尤其符合事实。几十年来发生的事变使人更清楚地看到这一点。在1917年以及其后，在王座倒塌和起义的霹雳声中，他的话似乎句句兑现，准确得不可思议。接着是，共产主义在欧洲的退潮，布尔什维克的俄国缩进自己的甲壳里。托洛茨基受到羞辱和嘲笑，被说成是完全荒谬的、"显然不可能应验的空头"预言家。但接着在第二次世界大战的余波中，他的声音仿佛在身后又回响在两个世界的冲突中。在西方看起来，俄国"上升到历史上空前的高度，手中积聚了巨大力量和手段，成为全球范围内消灭资本主义的首创者"。我们不能过多超前我们的叙述，不能在这里就探讨这是不是俄国的真正作用或起到什么程度的作用。我们只能在这里提示托洛茨基的想象与显然成为事实的部分之间的差别。他当时指望俄国的新政权成为国际革命的首创者和鼓舞者，而不是国际革命的主子；他认为在俄国以外"消灭资本主义"是西方工人阶级的真正成就，而不是俄国军队胜利进军的副产品。

然而尽管事变的行程偏离了他在1904—1906年制订出的路线，但到本世纪中叶，看起来他又一次正确掌握了"形势的主要机遇"。无论人们怀着恐怖还是怀着希望阅读他的预言，无论人们认为他以其成熟及伟大永垂青史，成为新时代鼓舞人心的先驱还是认为他是毁灭和苦难的先知，但对他那设想的胆略和气概都会留下深刻印象。他观测未来就像一个从耸立的峰顶眺望那不熟识的无垠的地平线的人一样，指点远处大量未经标出的里程碑。诚然，从他的制高点观察，他不能把下面的全景中那些被浓雾包围的部分尽收眼底，而距离所起的作用使远景看起来跟在低谷中看到的大不相同。他错误地判断了一条主要道路的准确方向；两个或更多的独立的里程碑在他的眼中融为一个；他可悲地看漏了一个将来有一天他自己会在那里摔得粉身碎骨的岩石深谷。但他的视野宏大无比,补偿了他的失误。与托洛茨基在彼得保罗要塞的囚室里勾画出的这个设想相比,他的同代人中最卓越、最聪明的人,包括列宁和普列汉诺夫,所作的政治预言都显得畏怯或含糊。

他的思想发挥在《总结与展望》中达到高峰。在狱中度过的几个月中,他深入思考并领悟了新近的经验,对他来说,这是从早期向成熟期的转变,这一转变像他从童年跃向青年、从青年跃向成年一样的突然和迅速。这本80页的小册子正是这个人的实质与精华。在他的有生之年,作为革命领袖,作为军队的创建者和统帅,作为新国际的创始人,然后作为被"追捕"的流亡者,他总是在捍卫和发挥他在1906年概括提出的思想。同样,马克思用其毕生的时间不断发展他在《共产党宣言》中提出的思想,并从中得出结论,而《宣言》正是他早年对自己学说的简要说明。

托洛茨基这本著作对于俄国社会民主工党,有如1848年以来《共产党宣言》对于欧洲社会主义一样,一直是主要的革命规划,是唤起行动的号召书。然而,托洛茨基这本著作尽管引起争论,但它的影响却几乎被忽视了。这部分是由于外在的原因,部分是由于作者观点的内在原因。1906年这本书刚出版就被警察查扣没收了,到读者手中的寥寥几本没有引起注意,尽管当时对苏维埃案的审判正在进行,作者正受到公众的瞩目。这本书的大部分是收录的旧文章,寻求新观点的读者不容易看到其中新的重要一章。① 例如,列宁在1919年前肯定从未读过这一著作,虽然他有一两次依据第二手的引文轻蔑地提到过它。② 到此书终于送到印刷所之时,革命失败了。社会民主党人从实用的观点出发不去仔细考虑革命胜利的前景,而更想要去掂量反动派的取胜机会。这样,《总结与展望》如要产生更强大的影响,出版得不是太早,就是太晚了。结果是,党内的两大主流都不愿认同这种挑战性的新预见。孟什维克已从1905年的激进主义中恢复过来,他们急于要摆脱托洛茨基的影响,他们认为这个"托洛茨基主义"的新提要是白日梦。布尔什维克则无意认真注意这个孟什维主义代言人绘制的革命前景。托洛茨基在自己的党内已成了孤军作战的人,这就判定他在该起最大作用的时候起不了作用。他的年龄太轻对此也有一定的影响。他在党员群众和非党员工人中已经很孚众望,但在积极的宣传家和

---

① 托洛茨基:《不断革命论》,第39—42页。
② 参见越飞写给托洛茨基的遗书(1927年11月16日),该信存于托洛茨基档案(哈佛大学)。

组织家（他的学说主要是给他们看的）看来，他还是年龄太轻，不能把他当做先知。①

尽管缺乏响应，但他已深刻意识到：他已进入了历史创造者的行列。1906年9月19日，他正是带着这一意识走上被告席的。

＊　　＊　　＊

审判充满战斗而且激烈。审判不像料想的那样在军事法庭上进行，因而被告席上并没有笼罩着死刑的阴影。但是被告们都有长期服劳役的准备。大批哥萨克骑兵和步兵围住法庭。在宣布处于戒严状态的区域内满是手持出鞘军刀的宪兵。准许旁听的只有百把人，其中有托洛茨基的父母。辩护律师共40人。250名来自各行各业的证人对苏维埃活动的每一细节提供了证词。从第一天起，由几万名工人签名反对这次审判的抗议书像潮水般涌到法庭。有一份典型的抗议书说："我们，奥布霍夫工厂的工人，宣布……苏维埃绝不是由一小撮阴谋家组成的，而是彼得堡无产阶级的真正代表……如果我们尊敬的 П. А. 兹雷德涅夫同志有罪，那么，我们大家都有罪，我们用签名来证实这一点。"②

1906年，彼得格勒苏维埃审判案的被告和他们的辩护律师。托洛茨基在前排站立者中间

---

① 卢那察尔斯基：《革命家剪影》。
② 《托洛茨基全集》第2卷第2册，第143—144页。

无数小插曲也表明公众反对沙皇的情绪。"在被告席上经常出现报纸、信件、糖果和鲜花。无数的鲜花！在被告的襟儿上，在被告的手中，在被告的膝上，在所有的被告席上——都是鲜花。审判长始终没有勇气消除这种扰乱秩序的芳香。结果，甚至连宪兵军官和执事人员也都因大厅内的气氛而士气低落下来，他们从听众手里接过鲜花送到被告席上。"① 一次，被告们起立为一个在审判前就被处决的人默哀。律师和听众都站了起来，尴尬的宪兵军官和警察也都站了起来。革命的余波仍在空中飘荡。

兹雷德涅夫代表全体被告在开庭时这样说："我们决定出席现在的非常法庭，只因为我们认为必须……公开说明苏维埃活动的真相及其意义。"被告们这样的表现有时引起羡慕和同情，甚至引起敌人的尊敬。警察控告苏维埃的某些成员——托洛茨基不在其中——侵吞从工人中征集的基金。这一控告在各工厂中引起一阵轰然抗议，而且在法庭上遭到那样有力的驳斥，以致连检察长本人也认为是诬陷，不予受理。证据如此明显：苏维埃号召的总罢工和示威游行都曾得到压倒多数的群众的拥护，因而检察长不能根据这两个行动立案，而只能集中于暴动这一罪状进行起诉。②

10月4日，托洛茨基就这个问题起来发言。他的发言以马克思和拉萨尔在1848年面对同样的指控时所作的辩护为范本，但这一次他也许更胜于他的两位老师。他首先声明：共和国和暴动问题从未提上苏维埃的议事日程，所以按照严格的法律观点说，这一控告毫无根据；而在这里论述它们只是因为苏维埃对这些问题持有自己的态度、认为它们是理所当然的而无需讨论的。尔后他无所畏惧地纵论政治暴力问题：

> 苏维埃是否认为有权……在一定情况下采用暴力和高压手段呢？对用这样概括的方式提出的这个问题，我的回答是：有。……政治总罢工的实质是使政府机构瘫痪，因此，在政治总罢工所造成的情况下，早已过时的、为罢工所直接反对的旧政权已经证明本身完全无能为力。即使采用唯一能用的野蛮手段也不可能维持控制公共秩序。同时，罢工已使千千万万

---

① 《托洛茨基全集》第2卷第2册，第140页。
② 《泰晤士报》载当时的彼得堡通讯说："（1905年10月的）革命集会，其值得注意的特点是组织周密完善……相反，'白党'的游行队伍却只是由店伙计、店主、教堂执事和少数狂热分子的乌合之众。"《泰晤士报》1905年11月1日。

的工人从工厂中出来冲上街头，已唤醒他们投身到公共政治生活中去。谁能领导他们，谁能使群众队伍遵守纪律？旧政府的哪一个机关？警察吗？宪兵吗？暗探局吗？我找到的答案只有一个：除工人代表苏维埃外，谁也不能！①

他说，苏维埃只能承担起准政府的职责。然而它不行使高压统治而宁愿进行说服。检察长提出的证据中只有几件微不足道的暴力事例，与其说它们是悲剧性的不如说是喜剧性的。被告当然可以抗辩说，苏维埃的所作所为无不在沙皇本人宣言允许的范围以内，但他宁可坦率宣布他的民主共和的信念。沙皇宣言许诺的自由是只给保皇党的呢，还是也给共和派和社会主义者的？这就让法庭去决定吧。"现在就让宣言通过法庭的裁决对我们宣布：你们总是否认我的现实性，可是我对你们、对全国来说都是存在的。"否则，被告们将是因为他们的信仰被定罪，而不是因为他们的行为了。

然后，托洛茨基继续论证说：法庭所认为合法的总罢工在某些情况下必然发展成为法庭认为是非法的暴动。暴动就某种意义说是与总罢工同时开始的。罢工既然已使现政府瘫痪，因而就需要有另一个政府取代它。类似双重政权的情况已经成为现实。检察长承认保卫现存秩序以防苏维埃的侵犯。可是这种秩序，按沙皇宣言中的表述而论，它本身就是总罢工的产物——正是为了对付十月罢工沙皇才公布这一宣言的。旧秩序合法的、现实的基础已经粉碎。事实上已经存在两个政府。两个政府都坚持自己的权力，都竭力争取军队支持自己。两个政府的冲突是不可避免的。"彼得堡的工人意识到这一点了吗？意识到了。无产阶级、苏维埃相信两个政权的公开冲突是不可避免的吗？相信。"而且，不但它们，中产阶级也知道这一点，并多次对苏维埃表示同情。体现无政府状态和嗜血的正是旧政府，并不是苏维埃。要求秩序就得推翻旧政府；只有暴动才能推翻它。

托洛茨基问：这种暴动是什么性质？历时已100年的俄国陈旧法典只知道一小撮造反者秘密进行反政府阴谋活动这样的概念。确实，这在过去时代是唯一可能的起义方式。但新的暴动是人民起义，是陈旧的法典万万想象不到的。法律已落后于时代，它甚至没有给检察长提供控告苏维埃的技术根据。

---

① 《托洛茨基全集》第2卷第2册，第163—164页。

第六章 "不断革命论"

而我们的行动是革命！而我们确实为武装起义作了准备！法官先生，群众的起义是制造不出来的，是主动自发的。它是社会关系和社会条件造成的结果，而不是策划的产物。群众暴动不能筹划，只可预见。由于种种原因，公开冲突已成为不可避免的了，而那些原因既不取决于我们，也不取决于沙皇制度。公开冲突一天一天在迫近。对我们来说，准备公开冲突就是要尽一切可能使这场不可避免的冲突的牺牲人数减少到最低限度。

苏维埃力图组织群众并向他们说明事件的意义：不是准备暴动，而是使自己对暴动有所准备。一点儿不假，群众没有武器。但是——"不管武器多么重要，法官先生们，伟大的力量不在于武器。不，不是群众有杀人的能耐，而是他们有准备赴汤蹈火的伟大决心；它最终将保证人民起义的胜利……"因为只有群众表示出准备战死在街垒的决心，才能把旧政权所依靠的军队争取过来。在革命中，街垒并不起堡垒在正规战争中所起的作用。街垒主要是人民与军队之间的物质和精神的会战场地。"它为起义服务，因为它阻挡了军队的调动，使之与人民密切接触。"就是在街垒上，士兵也是有生以来第一次听到诚挚勇敢的话语，这是兄弟般的呼吁，人民良知的呼声。士兵与市民在革命热情气氛中这样接触，其结果就是旧军队纪律的绳索突然绷断……

他这样说明了暴动在革命中的地位之后，就回过头来对政府进行抨击。他说，统治者试图用暗杀和大屠杀的手段延长他们的统治；黑色百人团的无赖们一直按警察和宪兵的指点行事；而沙皇本人一直都是他们的保护人。① 托洛茨基引证自由派亲王乌鲁索夫（Урусов）在第一届杜马上的揭露，这位亲王讲到一个宪兵头子曾这样夸口说："只要我们认为有必要，我们可以屠杀十个人，或者，如果我们愿意的话，可以屠杀一万个人。"

检察机关对这一切并不相信，因为它不能相信。否则，它就必须转而去控告它现在保护的那些人，而且必须承认用左轮手枪武装自己反抗警察的俄国公民进行的是正当防卫行动。……我们毫不怀疑：黑色百人团的门面背后是统治集团的强有力的拳头。法官先生，就是此刻，就在我们面

---

① 黑色百人团的纲领如下：1. 祖国利益在于坚决捍卫正教教会制度和权力无限的俄国专制制度。2. 基督教正教教会在国家中必须居支配的统治地位。3. 俄国专制制度出自人民的理智；一直得到教会的祝福，而且历史一直证明它是正确的。

前，也能看见这双邪恶的拳头。

　　检察长要你们承认：苏维埃武装工人为反对现存"统治形式"而进行直接斗争。如果明确问我"是这样的吗？"我会回答说：是的！……我准备承认这一指控。但只有一个条件，我不知道检察长和法庭是否同意这个条件。

　　我倒要请教：检察长所说的"统治形式"确切含义究竟是什么？难道我们当真有什么"统治形式"吗？这个政府早已和全国人民决裂了。……我们拥有的不是国家政权，而是一架大规模屠杀的自动机器。对这架把我们国家的躯体活生生地剁成碎块的政府机器，我找不出任何别的名称。要是你们告诉我杀人、放火、暴行……要是你们告诉我在特维尔、罗斯托夫、库尔斯克、谢德尔策发生的一切……要是你们告诉我基什涅奥夫、敖德萨、比亚韦斯托克（一直在进行洗劫和踩躏的地方）是俄罗斯帝国统治形式的代表，那么——是的，那么我就同检察长一起承认：我们在10月和11月里是直接在武装自己，反对这个俄罗斯帝国的统治形式。①

　　他就是这样面对着法官们，用洪钟般的声音对他们说话，而且向听众飞速地瞧了几眼。他的父母坐在听众中间。他父亲注视着他，感到自豪，跟儿子完全和解了。他母亲默然流泪。他的辩护词使听众情绪激动，以至于辩护律师要求暂时休庭，让情绪冷静下来，法庭批准了这个要求。在休庭时，律师和听众团团围住被告席向托洛茨基表示敬意。而托洛茨基则温情地尽力使他母亲对严厉的判决有所准备，因为在儿子周围争先致敬的骚动使她天真地以为没事了。重新开庭时，检察长兴高采烈宣称：被告已给了他所需的证词，不过他也对托洛茨基的正直和勇敢表示敬意。

　　对证人的质询彻底暴露了政府和警察的暴行和腐败。托洛茨基质问指挥侦察的宪兵将军伊凡诺夫（Иванов）一个问题时，逼得伊凡诺夫承认：在政治警察总部，他的一只装有文件的公文包被人偷走了，这在法庭上引起一阵哄堂大笑。将军解释说：确实是疏忽大意，任何个人的东西放在那里不加照看，哪怕只是一会儿工夫也总会被人偷走的。尔后，10月13日，一件事像炸弹一样在法庭上爆炸。一个辩护律师收到洛普辛（Лопусин）的一封信，要求召他作

---

① 《托洛茨基全集》第2卷第2册，第163—177页。

第六章 "不断革命论"

证。洛普辛是新近被免职的警察某部门的主管,是一个半自由派,他对自己部门的秘密活动进行了专门调查。他向法庭提交一份他呈送给新任内务大臣斯托雷平的报告副本。他要证明:去年由于苏维埃采取的措施才使彼得堡避免了一场血腥屠杀。他要证明:煽动大屠杀的传单是在政治警察总部一个办公室里印的,而刚才那个办公室的主任却向法庭作证说从未见过那些传单。他进一步揭发:政治警察自己一直都在组织黑色百人团的匪徒;指挥这些匪徒的实际上是特列波夫将军,宫廷卫队司令定期亲自向沙皇呈递有关这些活动的报告。被告要求传前首相维特、前内务大臣杜尔诺沃(Дурново)和洛普辛出庭作证。这个要求被拒绝,借口是质询业已结束。若允许警察部门的前主管为被告作证以及把帝国宫廷牵连进去,定会招致沙皇对法官的恼怒。然而,他们拒绝传唤证人实际上暴露了这次审讯的政治性质及不少其他情况。被告和律师决定抵制继续开庭。

11月2日,在空无一人的法庭上宣读了判决书。关于主要罪状即暴动,法庭宣告苏维埃成员无罪。但是判处托洛茨基和其他14人终身流放西伯利亚,褫夺他们的全部公民权利。

* * *

1907年1月5日黎明,这些犯人身穿灰色囚服上了路。关于他们动身的日期及目的地,事前都不让他们知道。他们"兴致勃勃地下棋"下到后半夜,刚刚躺下睡着,就被叫醒上路。不过,他们在动身前还是设法私下送出一封给彼得堡工人的"告别书",对工人群众与苏维埃的团结一致表示感谢,并重申了革命最终胜利的希望。

这批流放犯,有些带着妻子和小孩,在大队军人押送下经过空无一人的黑暗的街道,走到火车站。政府仍然害怕有人企图解救他们,因此预防措施十分严密,由于认为彼得堡卫戍部队的士兵不可靠,押送的军队是从莫斯科调来的。沿途各站都有密密麻麻的宪兵警戒线包围住犯人的车厢,直到押送行程快到终点的时候才告诉犯人流放的地方。尽管如此,犯人们仍受到尊重和照顾。押送士兵公开地表示同情。他们都读了审判报导,当他们得知要押送工人代表到流放地而不是押赴刑场处决时,感到宽慰。途中,犯人的邮件都是由他们秘密投寄的。亏得这种环境,我们才有托洛茨基致谢多娃的那些生动描写押解途中情况的信件。①

从彼得堡出发，途经沃洛格达、维亚特卡、彼尔姆，越过乌拉尔山脉，到达秋明。在这里让犯人下火车，而且更换了押送队。他们从这里起坐雪橇向北行驶到托博尔斯克。这支40辆马拉雪橇组成的押送队只在日出到日落之间赶路，因此马不停蹄地走一天也只不过赶20俄里。② 提防得很紧，黄昏前就不再赶路了，以防有人逃跑。途经乡间星罗棋布的流放犯定居点时，押送队伍总要受到革命歌声和红旗的欢迎致意。这批流放犯到来之前，西伯利亚本地农民中就已流传着传说了，这么强大的押送队伍使人想象这些流放犯是重要的大人物，如失宠的公爵、省长或被解散的第一届杜马的议员。农民们满怀敬畏地看待他们。

三个多星期后，犯人到达托博尔斯克，在当地监狱里羁押了几天。在这里告知他们，旅程的目的地是鄂毕多尔斯克的苦役场，位于鄂毕河河口湾边的群山中，正好在北极圈上，离铁路约1700俄里，离电报局850俄里。从托博尔斯克到鄂毕多尔斯克的路途是：向北沿鄂毕河，经萨马洛沃和别列佐沃，越过荒无人烟、冰封雪锁的冻土带和泰加森林。在那500俄里路程内，除寥寥几所奥斯佳克人的小屋和帐篷以外，没有定居的村落。部分道路还得用马，再向前走，就得换用驯鹿了。这时，这个判处流放的犯人突然震惊地感觉到，与文明世界隔绝已成定局。1月29日，他从托博尔斯克监狱写信给他的妻子，讲到了使他最难堪的是突然强烈地渴望"街上电灯的灯光，电车的叮当声"，特别是在"世界上能提供给他的最可爱的东西——新出版的报纸上的油墨香"。

虽然他在从彼得堡起程之前曾深谋远虑地把一份假护照和钱藏在靴底里，但到这时为止他还没有想到设法逃跑。一是因为政治犯们克制自己不在途中逃跑，以免牵累押送队，二是他考虑到，公众这样熟识他，作逃跑这样的尝试是否太冒险了：流放犯逃跑如果被捉住，就要受3年苦役的惩处。足以证明他这种考虑的是，当他写信给谢多娃讲到他流放的地方时，他表示仍希望她带着他俩的婴儿一同到那里去，这个婴儿是他在狱中候审时出生的。为了给谢多娃鼓劲儿，他在信中写道：鄂毕多尔斯克的气候有益于身体健康，有居民1000人，

---

① 托洛茨基后来把这些信收录进一本小册子《往返记》里，我们的引文都摘自德译本，它作为附录收入托洛茨基的《1905年俄国革命》一书中。

② 此处有误，应是每天90—100俄里，参见托洛茨基的《我的生平》一书的中译本（国际文化出版公司1996版），第166页。——译者注

第六章　"不断革命论"

而且他会有机会在那里谋生维持生活的。他还迫切要求她把书籍报刊随身带来或寄到鄂毕多尔斯克来，越多越好。他下决心在北极圈外长期等待，他在这不无抑郁的心情下从托博尔斯克动身到下两个羁留地——萨马罗沃和别列佐沃去。

押送队全速奔驰，经过伤寒流行的广大地区，这里的奥斯佳克人像苍蝇一样死在他们的小茅舍里。2月12日，犯人们被寄押在别列佐沃监狱，不过白天允许他们离开牢房走动。在冻土带，正是暴风雪的月份，警察认为不会有人企图逃跑。

但在别列佐沃，一系列有利条件使托洛茨基改变了主意，他准备逃跑。他遇上一个判处流放的医生，医生教他如何假装成坐骨神经痛患者，这样就可以逃避最后一段路程而留下来，留在监视宽松的当地医院。装病需要很大的意志力；但是如果装得好，就检查不出来。如果他继续上路后再设法从鄂毕多尔斯克脱逃，那就要越过北方的荒原，多走500俄里路。于是他下决心按医生教他的办法在别列佐沃留下来，并找到了一个同情而乐意帮忙的农民。他必须在三条路中选择一条。他来时走过的那条托博尔斯克的路就某些方面来说是最方便的，但走这条路容易被抓住；而越过乌拉尔山脉到阿尔汉格尔和芬兰那条最北的路既危险又困难；因而他选择了穿越没有道路的冻土带，沿索斯瓦河向西南直奔乌拉尔山脉中一个金矿区，那是一条与彼尔姆—维亚特卡铁路线连接的单窄轨小铁路的终点。他的农民朋友为他找到一个本地济良人酒鬼做向导，这个酒鬼认得冻土带的路，会讲俄语和本地土话。他们约定成交：托洛茨基出钱由向导购买路上必需的驯鹿和皮衣，旅程完毕后归向导所有。

日子临近时，托洛茨基假装坐骨神经痛发作已经复原。逃走前那天晚上，他去看了契诃夫剧本的业余演出。幕间休息时，他遇见当地的警察局长，告诉局长说，他已感觉良好，可以继续那段北上的最后路程了。警察局长非常高兴。午夜，托洛茨基不无担心地把自己托付给那个酒鬼向导，向南而去。

他们几乎是日夜兼程，走了一个星期才越过广袤的冻土带，其距离除了"天使长"米迦勒之外，没有人量过究竟有多远。那个向导在冻土带探路，对方向有像野兽一样本能的敏感。他几乎同所有的奥斯佳克人和济良人一样，总是不断地喝酒，喝醉了就睡。眼看雪橇冲进深深的雪堆，又怕后面有人追捕，使雪橇上的乘客恐慌不已。托洛茨基自己不吃、不喝、不睡，不断推搡那个驾雪橇的酒鬼，拉掉他的帽子让他挨冻，以此使他保持清醒。奥斯佳克人的小茅舍幸而寥寥无几，而且彼此相距很远，他们路过那些小茅舍时，驾雪橇的酒鬼总要停下来，人也不见了。这位乘雪橇的旅客找到酒鬼时，见到他总是同奥斯佳克人及其老婆孩子尽情狂饮，或者躺在地板上不省人事。途中，领头的驯鹿扭伤了腿，其余的驯鹿也都疲乏不堪，不得不把这些牲口留下而买新的。这样的事一再发生。因而，托洛茨基只同奥斯佳克人一起去围捕驯鹿。

尽管困苦和气恼，但活动身体还是使他感到愉快，他睁大眼睛看着白雪荒原惊心动魄的美以及奥斯佳克人小茅舍里生活的丑陋和可怜。大部分时间他都在竭力避免睡着，当他们在露天的荒野停下来生火、融雪煮茶的时候，他就坐在火堆边，把他观察到的事物草草记下来，后来收进一本书里。就连这次逃亡的紧张和冻土带的恐怖也未能使他放松调查和写作。他把沿途的地形景色、树木的形态、狼、狐狸、貂、麋鹿及其他野兽留在雪地上的足迹及他和驾橇人的谈话：关于土著的风俗习惯（他们最喜欢生吃活鱼，即吃那还能在他们手上蹦跳的鲜鱼）、土著妇女受到的悲惨奴役、猎捕麋鹿、猎人和猎物的动作及其他许许多多的问题都一一作了笔记。

当他们临近乌拉尔山脉时，居民点渐渐多起来了，人们爱打听，使他感到麻烦。他装扮成商人，或者装扮成回乡的北极探险队员。当遇到有人硬卖东西给他时或偶然碰上一个人说认识他所说的那个北极探险队中的一两个队员时，他就必须开动脑筋，找出一些听起来合理的回答。不过总算没有发生任何麻烦，最后他终于到达单轨铁路的终点博戈斯洛夫斯克。

过了一天，列车载着他从彼尔姆向西、经过维亚特卡和沃洛格达驶向彼得堡。他后来回忆说："在那几乎是空无一人的宽敞的车厢里，我却觉得又挤又闷，我走到车厢间的平台上，那里寒风呼啸，一片昏暗。我情不自禁地大喊一声，这是快乐和自由的呼声。"① 他欣喜若狂，干出凡是谨慎的人都要劝阻他别干的事：他朝着每个警察特务都认识他的彼得堡驶去。他打电报给妻子，告诉她他到了，要她去途中接他。谢多娃简直不敢相信自己的眼睛：电报送到时，彼得堡的报纸还在报导关于被判刑的苏维埃领袖们去北极圈的旅途情况。

---

① 托洛茨基：《我的生平》第 1 卷，第 227 页。

第七章 沉闷的年代:1907—1914

1907年是沙皇复仇的一年。6月3日事变完全恢复了专制政治,开始了斯托雷平的恐怖统治。他解散了第二届杜马,用一项新法律剥夺了大批人的公民权,尔后才选出新杜马。第二届杜马的社会民主党代表都被流放到西伯利亚去了。革命政党都被击溃,它们的俱乐部和报纸都被取缔,无数革命党人遭到屠杀。统治政治舞台的是军事法庭和绞刑架。甚至连新近还抱希望与沙皇达成协议的温和的自由派也都受到迫害和羞辱。米留可夫痛苦地抱怨说:"当人们认为我们身后有赤色力量支持的时候,就邀请我们担任官职……当认为我们是革命党人的时候,就尊敬我们。但自从弄清楚我们是十足的立宪民主党时,就发现我们毫无用处。"

不久前还占压倒优势的社会主义影响此刻已经黯然萎缩。在1905年,似乎每个人都同情社会主义;而在此时又几乎每个人都背离了它。支持社会主义的人只是寥寥少数,就连这些人也顶不住渗透人心的幻灭和混乱。曾经满怀希望崭露头角的社会民主党人此时又被赶回地下。1905年以前,他们结成秘密小团体比现在怀着失败情绪重返地下要容易得多。他们仿佛重新回到了起点,却没有了原来的信心和勇气。有些人勉勉强强地恢复了秘密斗争,却又希望在6月3日政权许可的范围内公开活动。另外一些人则蔑视对反革命胜利的让步,他们不顾一切地试图从地下继续进行一场殊死战斗,其中大部分人要抵制少数公开存在而又摇摇欲坠的社会政治机构。前一种人的立场,即所谓"取消派"立场在孟什维克中占优势,而有些孟什维克领导人,特别是普列汉诺夫和马尔托夫,则深信秘密组织的必要性。"召回派"则在布尔什维克中有强大的力量,但是他们遭到列宁的反对。列宁竭力要使秘密活动和公开活动结合起来。

武装的先知：托洛茨基 1879—1921

托洛茨基认为沙皇统治的复苏不过是两次革命之间的一个间歇而已。他与列宁一样坚持重建秘密组织的活动是必须的；他还极力主张，地下工作者要"渗透"进从杜马到工会等每一个公开的组织中去，以便在内部宣传他们的主张。所以，他既反对取消派也反对召回派。在那沉闷的几年中他仍抱着乐观主义并以非凡的热情继续阐述不断革命的思想。①

然而在1907—1914年间的几年，却是他的生命史上唯独没有政治成就的一章。他后来写道："在反动的几年中，我的大部分工作就在于解释1905年的革命以及通过理论研究为下次革命铺平道路。"② 他的确解释了1905年的革命，或毋宁说他不断地重复以前的解释。而新的理论研究在他的著作中却几乎找不到证据。那几年的著作全是才气横溢的新闻写作和文艺批评，但就是没有一篇政治理论方面的重要著作。然而就是在这种多少有点儿为自己辩护的回顾中，托洛茨基也没有任何实际的革命成就可归功于他自己。而在这几年中，列宁在他的信徒们的协助下锻造了他的党，如季诺维也夫、加米涅夫、布哈林以及后来的斯大林等人都增长了才干，使他们在1917年能在党内发挥领导作用。对托洛茨基在1904—1906年间曾经达到的高度，在这个时期他则很少有所增添或者说毫无增添。

斯大林在他还没开始中伤托洛茨基的那些日子里曾说过一段话，这段话给本章提供了一个佐证。斯大林说，当革命冲力增长因而前进时，托洛茨基的力量就显示出来；而当革命失败并必须退却时，他的弱点就变得突出了。③ 这话倒多少符合事实。托洛茨基具有的精神道德素质使他在现实巨变的紧张和压力下受到最强有力的推动并在巨变中出色地调动他的应变能力。他屹立在宏伟的舞台上是巍峨的巨人，使别人相形之下成了侏儒。他的声音在战斗的呼啸轰响中充分发挥力量；而当面对起义群众时，他汲取群众的希望，分担他们的失望，并把自己的热情和信心传给他们，这时，他的品格驾驭了人们，而且在一定范围内也驾驭了事变。然而一旦革命退潮，他就无所适从，失去了力量。他可以胜任任何最艰巨的任务，却难以承受其轻。

---

① 参见托洛茨基主编的维也纳《真理报》第1、4、5期编者声明；《致俄国工人书——紧急呼吁》，载维也纳《真理报》第6期；《今后怎么办》，载维也纳《真理报》增刊第17期。
② 托洛茨基：《我的生平》第1卷，第251页。
③ 《斯大林全集》第6卷，第329—331页。

第七章 沉闷的年代：1907—1914

* * *

托洛茨基从遥远的北方归来后，先在彼得堡停留了几天，尔后在警察发现他的踪迹之前就已越境进入芬兰。一批新的革命流亡者陆陆续续向西转移。芬兰是他们停留的第一站。赫尔辛基的警察局长是一位芬兰的爱国者，他很乐于给沙皇的敌人提供庇护所。列宁与马尔托夫已经到达那里。他们热烈欢迎托洛茨基，为他在被告席上的表现表示祝贺。他在芬兰寄居了几个星期，在这段时间，他为出版一本描写从冻土地带逃亡的书进行准备。4月底他要在伦敦出席党的代表大会。

这次大会就许多方面来说是一次奇特的大会。出席的代表约350人——差不多是1903年大会代表人数的十倍——这是统一的党的最后一次大会。代表们尽管是在斯托雷平政变的前夕集会，但都没有清楚地意识到革命已经失败，相反，在他们看来，党仿佛仍然处于力量的顶峰。党员人数表面上还是很多，不但布尔什维克和孟什维克一起进行工作，而且连波兰党和拉脱维亚党也参加了俄罗斯母党——他们迄今与两派都保持距离，不与任何一派接近。然而党很穷，穷到不得不向一个自由派英国企业家借钱才能在伦敦的兄弟会堂举行大会的地步。

大会对革命的重大问题——如经济趋势、阶级阵线及历史前景——都公开持久而充分地加以辩论，辩论持续了三个星期。"领袖们的发言长达数小时……简直成了学术讨论会……"[1] 托洛茨基第一次有机会在这种集会上阐明不断革命论。他猛烈批评孟什维克要跟立宪民主党联合的倾向，主张工农联盟。[2] 波兰社会民主党代表罗莎·卢森堡同意不断革命论。列宁两次强调承认：在主张工农联盟方面，托洛茨基和布尔什维克有共同基础。列宁又一次希望把托洛茨基争取过来，但又一次失败。因为当时托洛茨基与两派都保持距离，向双方宣扬团结。他说："马尔托夫出场……威胁要在布尔什维克与孟什维克之间竖起一道带可怕的炮楼的马克思主义高墙。"……布尔什维克则回答说："我们并不害怕……"，也威胁要用深沟高垒加强自卫。"马尔托夫同志，

---

[1] 安·巴拉巴诺娃：《我的造反者生涯》，第88页。
[2] 《俄国社会民主工党第五次代表大会》，第272—273、417—418、420—424页。

你的墙只不过是用你的争论文献纸糊的,你也没有其他的材料了。"① 在这一点上托洛茨基当然错了,分隔两派的"高墙"所用的材料比他想象的要坚固得多,列宁和马尔托夫对于他们的政治方法最终不能和解这一点都有先见之明。而托洛茨基继续争辩说:"如果你们认为分裂不可避免,至少也要等到让事变,而不只是让决议把你们分裂开来。你们不要超越事变进程。"

他对待党内两派的态度是以某种目空一切的理性为依据的,因为他是透过不断革命论这面三棱镜去看双方的。列宁和马尔托夫一致认定俄国革命只是资产阶级民主革命;因此在他看来,双方都是错误的,双方的观点都经不起事变的考验。② 按严格的理论说,这一点是完全正确的,但严格的理论观点未必是最现实的。无论如何,革命的党正是在列宁的鼓舞下组成的,而在马尔托夫鼓舞下的只可能是改良的党。托洛茨基的视线由于集中在广阔的地平线上,就看不到在他眼前发生的分裂了。他自己的理论本应促使他更接近布尔什维克,但个人友谊的纽带以及他跟列宁昔日争论留下的沉重包袱却使他比较接近孟什维克。

伦敦代表大会上的一个新问题使旧日的恶感又趋激化。在委员会上,代表们讨论布尔什维克战斗队一直在进行的活动,特别是在高加索进行的游击活动及"剥夺"活动。孟什维克愤怒抨击这些活动,说它们即使不是公然的盗匪行径也是在重蹈民粹派恐怖主义的覆辙;他们劝说大会对这类活动加以禁止,而列宁在这次大会的其他方面是拥有多数的。列宁在整个讨论过程中态度暧昧。他显然仍想利用战斗队在俄国国库运送现金时进行几次袭击,借以取得党在反革命恐怖下进行活动所需的经费。一个不知名的高加索代表(与布尔什维克战斗队有密切关系),名叫朱加施维里-伊万诺维奇——他还没有用斯大林这个化名——始终沉默地坐在那里,等待争论结果,等待列宁的指示。关于这场争论的过程,大会记录里没有一点儿记载,可以得到的只是许多年后写的一些片断回忆。但是尖锐责难布尔什维克的人中毫无疑问有托洛茨基和马尔托夫;在大会之后不久,托洛茨基甚至还在西欧社会民主党报纸的专栏上发表公开的指责。他一定在大会的休息室里或委员会上发泄过他的愤怒。这样,列宁

---

① 《俄国社会民主工党第五次代表大会》,第54—55页。
② 大会后不久,托洛茨基在罗莎·卢森堡主编的波兰报纸《社会民主党评论》杂志上写道:"孟什维克的反革命面貌早已彻底暴露,而布尔什维克的反革命特征则在革命胜利的情况下才会有暴露出来的可能。"然而,托洛茨基希望新的革命会迫使两派修正自己的观点,从而会像他们在1905年事变中一样更加紧密地团结起来。参见《1905年俄国革命》,第231页。

第七章 沉闷的年代:1907—1914

早些时候承认的他和托洛茨基在基本观点方面的修好和重新试图把托洛茨基争取过来的努力都落了空,而令人难受的诟骂一直持续到大会结束。托洛茨基仍然时而投票赞成布尔什维克的提议,时而赞成孟什维克的提议,但他有好几次带有恶感地突然大肆攻击列宁,大会记录对恶感并没有提供说明。①

继战斗队问题争论而起的是一场关于运动性质的更大争论。所谓的取消派分子力图为反对秘密工作进行辩解,说这是努力用欧洲精神改造俄国社会主义的一个组成部分。他们争辩说,欧洲的社会主义政党都是公开活动的,俄国组织也应如此。由于自从反对民粹派斗争的日子以来,所有的马克思主义者都把俄国革命的"欧洲化"视为自己的使命,因此这场争论诉诸党内各派都曾有过的这种强烈的情绪。但这时两派对"欧洲化"一词的意义各有不同的解释。取消派分子认为欧洲社会主义的实质在于民主的群众组织、日益发展的议会代表的公开活动、工会的和平谈判,简言之,即在于改良主义的实践。而"欧洲化"对布尔什维克的意义,如同它在开始时对全党来说的意义那样,就是把全部马克思主义的无产阶级社会主义,即德国哲学、法国社会主义和英国政治经济学相结合的产物移植到俄国。但他们并不知道如何才能超越它、如何才能仿效西方社会主义的公开合法方法;俄国这个警察国家,特别是在斯托雷平的统治下,连自由党都不准许公开存在,更不要说社会主义政党了。如果社会主义只在法律所许可的范围内行事,而法律则听命于胜利的专制统治,那么社会主义实际上就会自我取消。

托洛茨基用他特有的满腔浪漫热情赞扬地下斗争,赞扬地下斗争的英雄气概和牺牲精神。但是他对"欧洲化"这个口号也作出过热情的响应。在他看来,"欧洲化"是情感和文化态度的概括,而不是明确的政治概念。他对"欧洲化"的含义从未作过清楚的说明。正如列宁认为的那样,这明确地表明托洛茨基厌恶秘密组织的"严峻无情"。他知道,在沙皇统治下,有广泛基础的公开的工人运动纯属空中楼阁。但他渴求两全其美,希望看到西方社会主义的广泛民主及宽容精神能灌输到俄国的地下组织中来。他希望秘密组织给基层群众"自主活动"(主动精神)的余地,西方的工人党显然是能提供这种余地的。然而,任何秘密运动与公开活动的政党相比,必然是狭隘而严格的。说实

---

① 大会后不久,列宁写信给马克西姆·高尔基(高尔基曾出席大会并曾力图使列宁和托洛茨基和解)说,托洛茨基的行为"像一个装腔作势的人"。《列宁全集》第45卷,第176页。见《俄国社会民主工党第五次代表大会》,第506、602、619页和《梅杰姆自传》,第187—189页。

话，它不可能有广泛的基础，秘密运动确实不能放松领导施加于组织成员的纪律，不能听任群众也有如正常政党可能有的（或只是表面上看起来有的）首创与"自主活动"的自由。列宁有理由坚持认为：就是按托洛茨基所希望的，而不是按取消派所希望的意义上使俄国社会民主工党"欧洲化"，也意味着党的瓦解。

* * *

要求欧洲化的呼声最强烈的当然莫过于托洛茨基。比起任何其他流亡者来，他是最"欧洲化"的，大多数流亡者都在封闭的圈子里生活，他们热衷于俄国的事，不受居留国生活的影响。托洛茨基不是这样。由于具有犹太人对流浪生活的适应性和接受思想快的特点（尽管这些也绝不是犹太人独有的特点），他生活在大多数欧洲国家里都感到如在家中一样自在。他热情地关注那些国家的事务，用那些国家的语言讲话和写作，参加那里的工人运动。

1907年的夏天大会以后，托洛茨基从伦敦到达柏林，他的妻子谢多娃和他们的男孩已在柏林等待他了。在那里他受到德国社会主义的优秀知识分子的热烈欢迎。他已遐迩闻名：他在苏维埃、在被告席上的表现已经引起人们的赞赏，德国的期刊也已经译好并发表了他的文章。从西伯利亚逃出来的帕尔乌斯把他介绍给卡尔·考茨基，当时，考茨基作为欧洲社会主义的精神导师、马克思主义"教皇"，其影响正处于巅峰。托洛茨基常常回想起那次访问时他的欣喜之情以及"满头皓发、目光明亮"的考茨基留给他的非凡印象。他想不到有朝一日考茨基会成为最激烈地批评十月革命的人，会成为他本人毁灭性攻击的对象。尽管考茨基这位大师的思想"枯燥而生硬"、相当平庸、不会审时度势，不久就使托洛茨基感到失望，但在那几年中，托洛茨基和所有社会民主党人一样仍然拜倒在考茨基的脚下，考茨基的家是他在柏林时常去的地方，而且他参加了"教皇"核心圈子的亲密聚会，在那里他见到了倍倍尔，那是一位勇敢对抗俾斯麦的先驱，德国社会主义在其领导下经历过多年的迫害后似乎进入了黄金时代。他在那里还见到累德堡（Ledebour）、哈阿兹（Haase）及其他领导人，他使这些友谊和接触转化为有利于政治的优越条件，他在考茨基主编的月刊《新时代》和极有影响的社会民主党的日报《前进报》上经常介绍俄

第七章 沉闷的年代：1907—1914

国社会主义的实情，从他的角度说明其内部分歧。① 他置身于俄国争论的两派之外这一事实使他受到德国人的欢迎，这些德国人对俄国纠缠不清的争论莫名其妙，都不愿卷入。② 托洛茨基的文风灵活，有吸引力，是欧洲式的；他对德国读者的吸引力是俄国其他社会民主党人不可企及的。另一方面，他的德国朋友也不时地给他办的俄文流亡报纸写稿，这有助于抬高报纸的身价——因为德国社会民主党依然是所有俄国社会主义者的"母亲、导师和活的榜样"。

奇怪的是，与托洛茨基联系最紧密的并不是罗莎·卢森堡、卡尔·李卜克内西、弗兰茨·梅林这些未来的德国共产党创始人领导的德国社会民主党的激进派，而是保持马克思主义正统派外貌，实际上是把党引向屈从于霍亨索伦王朝的帝国主义野心的中间派。更奇怪的是，德国激进派绝不是俄国布尔什维克的对应党派。他们对大多数重大问题的态度和托洛茨基一致，他们对党的统一也十分珍惜，他们也是马克思主义的革命知识分子一翼的代表，他们反对德国工会散播的以经验为根据的改良主义。在所有欧洲社会主义人物中，在出身、气质、政治和写作才能方面跟托洛茨基相近的也莫过于罗莎·卢森堡了——1932年斯大林在她死后攻击她是"托洛茨基分子"，并非毫无理由。这两人在最近的伦敦大会上，尔后又在斯图加特国际大会上都发现他们是一致的，卢森堡在斯图加特国际大会上曾代表反对军国主义的左派发言。她和托洛茨基一样，反对孟什维克的整个革命观，但又以怀疑眼光看待布尔什维克的活动。她和托洛茨基一样希望看到俄国运动的"欧洲化"，而同时她本人又试图使德国社会民主党吸取一些俄国的革命理想主义。他们有时在考茨基家相遇，但相互之间十分冷淡，或许是因为他们太相似了，所以彼此就没什么可谈的了。卡尔·李卜克内西热情真挚，然而他单纯的理想主义也没有引起托洛茨基的注意，这在后来的岁月中一直使他感到遗憾。曾在第一次世界大战期间尽显其政治气质的弗兰茨·梅林此时却热衷于历史及哲学方面的研究工作，而这些工作却有点儿远离托洛茨基所关注的问题。

以后的七年，托洛茨基一直住在维也纳，直到第一次世界大战爆发为止。1912年曾在那里拜访过他的一位美籍俄国社会主义者曾写道："他在维也纳的

---

① 列宁给信徒们的一封信中曾抱怨说："托洛茨基之流这样写，德国人也就相信他们，总之，托洛茨基在《前进报》上可以随心所欲。"《列宁全集》第46卷，第90页。

② 这几乎是所有欧洲社会主义者的态度，例如饶勒斯曾告诫过《人道报》编辑部人员不要发表来自俄国党或和俄国党有关的任何东西，否则，来自对立双方极难搞清的无穷声明会使报纸难于应付。莫里茨：《列宁与托洛茨基》，第101页。

家是一个穷人的家,是一个比普通工人更穷的家。……他住在……近郊的工人居住区……他的三个房间里,家具简陋,根本谈不上舒适。他身着廉价服装,使他在中产阶级的维也纳人的眼中有失'体面'。我去他家拜访时,看到托洛茨基夫人在忙家务,而两个浅色头发的可爱男孩则得不到一点儿照顾。唯一使房间增色的东西是堆满角落的书籍。"① 这位客人对他贫穷的印象也许有些夸张,尽管托洛茨基一家生活非常节俭,正如我们看到的,有时深受贫穷之苦,但比起大多数流亡者来,他的境况还是不错的。整整这几年托洛茨基都用安季特·奥托这个旧笔名写作,同时他还担任读者众多的激进自由派报纸《基辅思想报》驻维也纳的记者,并且至少经常为六家俄国、德国及比利时的报纸写稿。② 他有钱的父母帮助养育他初婚生的两个女儿,而且曾几次到国外来看他,几乎可以肯定,他的父母帮助过他。那位美国客人所说的两个男孩,一个

托洛茨基与他的大女儿季娜,摄于1906年

---

① 参见 M. J. 奥尔京为托洛茨基著的《我们的革命》美国版所作的《传记注释》第18页。
② 他在这几年中,除《基辅思想报》外,还不定期地为下列各报写稿:《光明报》、《时报》、《敖德萨消息报》(这份报纸的发行人就是他表哥施宾策尔)、《新时代报》、《前进报》、布鲁塞尔的《人民报》。

第七章　沉闷的年代：1907—1914

是列夫（廖瓦），这是第二次结婚生的大儿子，生于 1906 年，当时托洛茨基正在狱中；另一个是 1908 年生于维也纳的谢尔盖（谢辽沙）。

无论如何，这个家庭过的是平静而愉快的生活。托洛茨基这位革命雄狮是一位挚爱妻子的丈夫，钟爱子女的爸爸。他一心帮助妻子既能追求她的艺术爱好又能介入俄国侨民的政治生活，在家务、带养孩子上，他也帮忙。后来孩子上学时，他又按时辅导孩子做作业，甚至在举家移居巴黎以后，在战争最激烈的年代里，他也抽时间帮助他们。① 至于谢多娃，她在维也纳重新开始对她丈夫进行艺术教育，这是她从 1902 年在巴黎时就已经开始的，当时连初步成就都未取得。夫妇俩一起在布格希洛斯和维也纳美术陈列馆收藏的丰富的美术作品中度过了不少日子。显而易见，他对艺术的兴趣正在增强：他常去巴黎、伦敦或慕尼黑，他会从秘密的政治集会上偷偷溜到卢浮宫、泰特美术陈列馆及其他收藏美术作品的地方；在这一时期他的著作中，特别是在为《基辅思想报》写的维也纳年度美术展览的评论中，表明他对欧洲美术思潮的评价较之美术爱好者已略胜一筹。由于政治和新闻写作只需用他的一部分时间，因而他还进一步扩大了他对法国、俄国小说以及德国诗歌的已然十分广泛的了解，这在他当时的文艺论文中也反映了出来。

德国警察局拒绝他定居柏林以后，他不得已住在维也纳。他渴望住在德国社会主义的活动区域以内，就这个意义来说，维也纳是仅次于柏林的地方。他在维也纳观察德国的冲突和斯拉夫人对巴尔干的雄心。维也纳虽然多少带点儿外省气，但直到弗朗西斯·约瑟夫的统治结束时仍然是一个欧洲的精神中心。在政治方面，维也纳以奥地利马克思主义自豪，奥地利马克思主义已打破了这个几乎是天主教帝国中的教权主义的绝对统治。在文学方面，有亚瑟·施尼茨勒（Arthur Schnitzler）、彼得·阿尔滕贝格（Peter Altenberg）、卡尔·克劳斯（Karl Krauss）及其他文学家，他们对 19 世纪末过敏的性意识及死亡意识倾向作过贡献。在艺术方面，直线派能适度地反抗学院派的保守主义和资产阶级的粗野。在维也纳的知识分子及其激进派中并不缺乏受过高等教育、具有可靠鉴赏力的人，尽管这些优点没有与之相称的坚强性格或目的性。也许当时维也纳只有心理学方面产生过划时代的东西：弗洛伊德的伟大思想正开始支配这一领域。至于其他方面，如法庭、议会、编辑部、社会民主党人的集会、文学艺术

---

① 阿·罗斯默：《第一次世界大战期间的托洛茨基》，载《新国际》1950 年第 9—10 期。

团体与派别的状况都可在维也纳舒适的咖啡馆生活和闲谈中反映出来，而且常常因为机智、诙谐、不着边际的空谈而轰动一时。

　　托洛茨基在《我的生平》中用轻蔑、嘲弄的语调描写过这种环境。但当时他写的文章强有力地表明，他非常欣赏维也纳适度兴奋的气氛。他投入当地的生活，加入了奥地利社会民主党，访问它的俱乐部，参加集会并给当地的社会民主党报刊撰稿。当地的文学艺术活动使他激动，他有时也顶不住咖啡馆的诱惑。几年后，作为革命胜利的领导人、改良主义不可调和的敌人，他给奥地利马克思主义的领袖们画了一幅置他们于死地的肖像。他住在维也纳期间，对他们还不算太严厉，而他们的友谊也还使他感到满意。他热烈赞赏过维克多·阿德勒这位奥地利社会民主党之父，因为他在阿德勒家里跟在柏林的考茨基家里一样受欢迎，他热忱、满怀爱戴之情地反复为俄国读者描写维克多·阿德勒。① 他喜爱维克多的儿子弗里德里希，这个叛逆成性的年轻人是党的宠儿，他担任《战斗报》的编辑，日后为抗议世界大战而杀死了奥地利首相斯裘尔克（Stürgkh）男爵。② 友谊的纽带还把托洛茨基与鲁道夫·希法亭（Rudolf Hilferding）联系起来。希法亭是奥地利马克思主义的精神领袖。当托洛茨基在维也纳郊区希特尔多夫住下时，希法亭正在撰写或完成他那不朽著作《金融资本》，这确实是从马克思逝世以来使《资本论》成为现代理论所作的唯一雄心勃勃的努力。（列宁曾利用希法亭的这一著作证明他的革命政策的正确，而作者本人却当上了魏玛共和国的财政部长。）正是希法亭把托洛茨基介绍给奥地利共和国未来的总理与总统卡尔·伦纳（Karl Renner），介绍给奥地利马克思主义主要理论家，少数民族专家，未来的外交部长奥托·鲍威尔（Otto Bauer），并介绍给几乎所有其他的奥地利马克思主义领袖。托洛茨基写道："他们都很有教养，在各自的领域中都比我学识渊博。在中心咖啡馆初见他们时，我怀着强烈的兴趣，几乎可以说是毕恭毕敬地聆听了他们的谈话。"③

　　但是托洛茨基也渐渐意识到，他们的马克思主义与他的不同；他们是学院式的、过于世故的怀疑论者，毫无气概；而且他感觉得到他们以彬彬有礼的外表掩盖他们内心的优越感，他们就是这样对待他的革命热情的。他看到在这些

---

① 《托洛茨基全集》第8卷，第10页及以后各页。
② 大战期间，托洛茨基曾把弗里德里希·阿德勒说成是他"思想上的同志和朋友"（《托洛茨基全集》第8卷，第33—36页）。1919年，列宁和托洛茨基曾提名弗·阿德勒为第三国际名誉书记。当阿德勒对他们掉头不顾时，使他们大失所望。后来，阿德勒成为第二国际书记。
③ 托洛茨基：《我的生平》第1卷，第237页。

第七章 沉闷的年代：1907—1914

思想家和领导人的后面有"一大群为同一目的集结在一起的奥地利青年政客。他们加入这个党是由于坚信：精通罗马法就会给人支配工人阶级命运的不可剥夺的权利"。① 但是他相信，在关键时刻社会主义的英勇精神会克服领导人的怀疑主义和党内人员的机会主义，并相信当革命到来时定会把奥地利马克思主义者卷入革命，就像曾把孟什维克卷入革命一样。显然，他把他的朋友错看成革命家，正像他的朋友喜欢认为他本质上是一个温和的改良派一样。②

托洛茨基仰仗这些友谊的支持，常常作为俄国社会主义的发言人出现在德国社会民主党和奥地利社会民主党的代表大会上。他成为第二国际集会上的常客，他在那些集会上结识的先驱人物有饶勒斯（Jaures）、盖得（Guesde）、凯尔·哈第（Keir Hardie）、麦克唐纳（MacDonald）、王德威尔得（Vandervelde）和屠拉梯（Turati）。饶勒斯的品格使他着迷，尽管饶勒斯是改良主义者，而使他着迷的是"饶勒斯的天赋的纯真和激情"，是"其如火山爆发般的道德激情和能集雷霆万钧之怒的天分"，此外他还着迷于其演说的才华——虽比起他自己的口才来典雅过之而昂扬不及，但却那么相似。在这些集欧洲社会主义所有人才于一处的集会上，托洛茨基比较过各种不同的演说风格。例如，他注意到他后来讥之为庸人的王德威尔得的"沉着冷静及其精雕细琢的风格和温文尔雅的姿态"，或者分析维克多·阿德勒强烈的演讲效果。他说阿德勒"从来不会控制他［颇为低弱］的声音，毫不吝惜地浪费嗓音，因此到演讲结束时，他总是咳嗽，而且嗓子也哑了"。但是无论在全会、委员会或公众集会上，饶勒斯的演讲使托洛茨基听起来"每次都像初次听他讲话一样"，因为"他（饶勒斯）能移山倒海般地发出惊天动地的声响，可他本人从不被震聋。他又像沉重的铁锤一样能锤碎岩石，或者能在极薄的金片上进行无限精密的加工"。③托洛茨基曾描写过这位伟大的法国人，发表了他独到的看法："有时，俄罗斯黑土草原上的人在饶勒斯身上只会看到做作的技巧训练和仿古的朗诵。但这样的评价不过暴露我们俄罗斯文化本身的贫乏而已。"

托洛茨基愈是沉浸于1914年前的欧洲气氛中，俄罗斯文化的"贫乏及粗

---

① 《托洛茨基全集》第8卷，第12—13页。
② 下列事件提供了一个有趣的说明：到1917年底，当奥地利外交部长切尔宁伯爵身前往布列斯特-里托夫斯克同托洛茨基进行停战谈判时，曾跟维克多·阿德勒谈过一次话。"阿德勒在维也纳对我说：'您肯定会同托洛茨基相处得很好。'而当我问他为什么认为会这样时，他回答说：'啊，您知道，您跟我一起相处得很好嘛。'"O. 切尔宁伯爵：《在世界大战中》，第234页。
③ 《托洛茨基全集》第8卷，第13、19、30—31页。

野"感就愈发使他难受，愈发使他断然坚持要把使用长柄大钐刀的俄国人改造成"十足的欧洲人"，这正是社会主义的部分使命，而且只有社会主义才能以此为使命。1912年他在给《基辅思想报》撰写的一篇论俄国知识分子的出色文章中淋漓尽致地阐述了这一思想，既展示了俄国知识分子的力量，也暴露了它的弱点。《基辅思想报》的主编在发表这篇文章前曾踌躇过好久，因为即使是激进的报纸也会认为这篇文章可能对俄罗斯人的自尊心伤害过重。这篇文章的起因是伊万·拉祖姆尼克（Иван Разумник）的一本名著，书中赞美了俄国知识分子的卓越品德及其历史作用，托洛茨基在对此书的批评中详细阐述了他早些时候提出的若干关于俄国历史的观点，努力说明俄国知识分子在广阔历史背景下的特殊作用。

他写道："由于一千多年积累的穷困，我们现在是全面贫乏。……历史把我们俄国人从她的袖管里抖落到艰难的环境里，使我们稀疏地分散在广漠的原野上。"只有像利维坦式的国家才能保卫这一广漠原野免遭亚洲人的入侵，才能顶得住富强的欧洲的压力。利维坦这只巨大海兽为喂饱自己而使全国挨饿，摧残了社会阶级与制度的生长，使文明衰退萎缩。"俄罗斯人民受贵族和教会的严重压迫并不亚于西欧人民，但是，在欧洲等级统治基础上那种成熟的复杂完美的生活方式，封建主义的哥特式精致建筑，在我们的土地上却不能成长。我们无力提供这样的生活方式，因为我们缺乏生活必需的物质基础。……我们在低矮的小木屋里住了上千年，木屋的壁缝里都长满了苔藓——难道我们会去梦想圆形拱顶和哥特式高耸的尖顶吗？"

他继续写道："我们的贵族的历史多么可怜，他们的城堡在哪里？他们的骑士比武大会又在哪里？他们的十字军、执戟郎、宫廷乐师和侍从呢？他们的骑士爱情呢？"俄罗斯的贵族粗鄙、野蛮、庸俗。俄罗斯没有经过宗教改革的净化经历，因此对西方"市民的人格一无所知，而市民的人格就是力争在自身和上帝之间建立更加密切的关系"。在中世纪的欧洲城镇——第三等级的石砌摇篮里，发展出了各种各样引人注目的文化类型，在那里孕育了一个崭新的时代。"手工作坊、行会、自治城市、大学、学术大会、选举、游行、庆祝会和辩论等都是自治的宝贵习惯的结晶；正是在那里形成了人格——当然是资产阶级的人格，但毕竟还是人格，而不是每个警察可以拳打脚踢的丑脸。"第三等级，随着本身的发展而需要做的一切就是把新的人际关系和自治习惯从市镇自治机关转变为整体的民族国家。与欧洲的不同，俄罗斯的城镇是生长在

"俄罗斯农村肌体上的军事—封建的赘疣",没有为资产阶级的发展创造一个起点。在彼得大帝统治下,手工作坊是警察栽培的,但由警察部门的监护是不会发展出真正的城市文化的。俄罗斯资产阶级民主的不幸境遇又增添了封建传统的残暴性。

然而,国家所需要的是受过教育的、欧洲化的人才,但又害怕他们。沙皇给知识分子以强制教育,但同时继续……用鞭子抽打他们。"旧特权集团中的青年分子……一旦进入阳光普照的欧洲思想意识领域,几乎都毫不踌躇、不可阻挡地冲破封建主义和所承袭的东正教的樊篱。"俄罗斯知识分子不得不用最极端而且最昂贵的手段捍卫自己最起码的权利。"要用钟表把钉子敲进墙里去……似乎就是他们的历史使命。"一个俄国人要证明按照自己的选择决定的婚姻是对的,就必须成为达尔文主义者;他要为渴求教育辩护,不能不引用革命思想;如果他要求的是一部宪法,他只有求助于社会主义。俄罗斯知识分子尽管都是激进主义者,但也只是仿效西方,采用西方的现成制度、学说和纲领。在托洛茨基写的一段话里,并不完全公道地把19世纪的俄罗斯思想和文学都说成是死水塘里的产物,他说:"我们的社会思想史迄今为止尚未能为自己开辟一条通道,甚至尚未在人类思想发展的道路上有一锥之地。难道这是对民族自尊心的些许安慰吗?……历史真实不是民族自豪感的侍女,我们宁可把我们的民族自尊心寄予将来,而不是过去。"

俄罗斯知识分子在他们艰苦斗争的全过程中没有得到社会主要阶级的支持,只是在国内孤军作战。这一点形成了他们的特点。他们"生活在可怕的道义压力下,生活在内在的苦行主义中……"他们以知识分子的自负、"思想的狂热、无情的自我约束和自我选择、不信任和怀疑以及对他们自身的纯洁性保持不懈的警惕"等作为代价,也就是说以造反的正统观念去反对钦定的正统观念为代价,去换取道义上的自信和坚定。因此,他们逐渐表现出"对文学的热情,也就是有时在我们的知识分子激进派中可以看到的那种热情"。知识分子往往不得不作为未成熟的、消极的社会力量的代理人,这正是他们的不幸。在这一点上,托洛茨基用长远的历史眼光看待这种"取代主义"现象,1904年他同列宁争论时曾第一次写到这个问题。[①] 他当时看到知识分子的"取代主义"现象像一条线索贯穿俄国的历史。首先,1825年起义的十二月党人

[①] 参见本书第三章。

是尚未诞生的中产阶级的思想代表,尔后是民粹派力图为默不作声的农民说话,最后是马克思主义知识分子自命为刚刚觉醒、尚未壮大的产业工人阶级的发言人。对所有这些人来说,阶级的概念比阶级本身更为重要。托洛茨基用更有希望的语气总结了这种悲观的观察,他说,1905—1906年的革命已使工人群众行动起来了,此后,没有人再能做他们的代理人:这是取代主义的结束。[①]

以后我们将会看到:这一乐观的结论是否被证明是正确的或者正确的成分有多少。取代主义在革命以后以无比强大的力量再度出现,而且不可抗拒,因而在很长的时间内阶级的概念比阶级本身更重要。托洛茨基在此如此精辟领会的俄国历史上一些其他长期的倾向,在革命以后同样也以压倒之势出现。与我们所说的这一时期更为有关的是:托洛茨基把"阳光普照的欧洲思想意识领域"——西方文明中的"圆形拱顶"和"哥特式高耸的尖顶和雕花门面"同俄国历史上的原始"小木屋"进行对比,差别就格外悬殊了。这一对比在其结论部分和有关当代部分说得太过分了,但从历史的眼光来看并未夸大,倒是很真实。1914年之前,欧洲文明中的雕花门面掩盖了自毁和内部衰败的过程,而这一过程现在则在连续两次的世界大战中、在法西斯与纳粹主义病症的发作中、在西欧工人运动软弱和退化中表现出来。另一方面,托洛茨基对使19世纪与当代俄国沸腾起来的创造性能量并不公平,而他的人格和能动性正是和这些能量结合在一起的。他有时似乎把俄国的过去和现在几乎看成真空。这就是他强调要求欧洲化时所显露出的弱点,也是他对布尔什维主义的态度方面的一个缺点。而列宁却如实地看待俄国的现实,同时着手改变现实,这正是列宁的力量所在。列宁的党深深扎根在俄罗斯的土地上,它在革命的力量和革命的无情中、在震撼世界的英勇中、在原始的残暴中去汲取这片土地所能生产的一切。布尔什维主义有其自己的思想家、自己的列宁和布哈林及其他人。他们从欧洲社会主义中汲取凡是能够移植到俄国来的所有内容;但党也有它顽固暴戾的中央委员,它的斯大林们,他们在半欧洲半亚洲的无产阶级的深处活动,欧洲化对他们来说毫无意义。

[①] 《托洛茨基全集》第20卷,第327—342页。

第七章 沉闷的年代：1907—1914

* * *

托洛茨基并没有而且也不能真正放弃俄罗斯简陋的"小木屋"。1908年10月，他开始主编那份被称为维也纳《真理报》的报纸。这原是一个名叫斯皮卡尔的乌克兰孟什维克小团体出版的一份微不足道的报纸，已经完全办不下去了，报纸的出版人希望托洛茨基能给报纸注入新的生命力。托洛茨基编的头几期仍然还有这个乌克兰团体的痕迹；但在1908年底，该团体自行解散，让托洛茨基做《真理报》的唯一主人。因为没有钱，《真理报》根本无法按期出版——他主编的第一年只出版了五期。① 但是要把报纸秘密运进俄国比出版还难。编者常常求助于读者，诉苦说"好几普特"的《真理报》因为缺少50个卢布而滞留在俄国边境上不能运进，或者诉说新的一期稿子堆在他的桌上而无法付印，或者诉说《真理报》因为无力付邮资而不得不停止与俄国国内的读者通信。② 托洛茨基从其他报纸所得的稿费都用做这份小报的经费；他卖掉自己的书，他的妻子拖着沉重的脚步上当铺，这样才使那几普特的《真理报》终于得以送过边境；幸有强大的德国社会民主党中央委员会借给他1000卢布，偿还了一些债务，才能使托洛茨基夫人赎回部分典当了的东西，使《真理报》有两三个月得以每两个星期出版一次。但后来两期之间的间隔又拉长了，双周刊变成月刊，再往后，几乎变成了季刊，直到拉脱维亚社会民主党人或是其他一些好心人提供了一笔数目不大的资助才使《真理报》捉襟见肘的财政得以暂时好转。1909年整整一年，托洛茨基力图争取得到以布尔什维克占多数的俄国社会民主工党中央委员会的资助，但都落了空。列宁同意资助，但唯一的条件是托洛茨基必须接纳中央委员会的一位代表共同编辑《真理报》。因为托洛茨基不愿接受这个条件，列宁不许他的追随者在日内瓦的布尔什维克印刷所里承印托洛茨基的《真理报》，除非它严格履行商务条款。③ 尽管《真理报》有这些困难，尽管出版不定期，但它在俄国还是引起了反响，而且不久，保安

---

① 这是当时所有流亡出版物的共同命运；其中大多数甚至出版得更少。参见 H. 波波夫：《苏共党史纲要》第1卷，第233页。托洛茨基编的《真理报》现在一般都称为维也纳《真理报》，以区别于很晚才开始出版的布尔什维克的《真理报》。维也纳《真理报》最初是在奥地利加利西亚的勒沃弗（Lvov）出版的，到1909年11月第6期时才迁到维也纳。

② 《真理报》第3、5期。

③ 《列宁全集》第45卷，第239页。

机关暗探的秘密报告中已注意到这份"销路极好"的报纸。[1]

《真理报》有一支不寻常的撰稿者队伍。青年大学生斯柯别列夫（Скобелев）当时是托洛茨基的得意学生，担任该报的秘书。后来斯柯别列夫作为第四届杜马的孟什维克派议员而驰名；1917 年他成为克伦斯基政府的劳动部长。托洛茨基的助手谢姆柯夫斯基（Семковский）也是一个孟什维克，当时党内争论中常出现此人的名字；梁赞诺夫（Рянзанов）是未来马恩研究院的创建人，他不向任何权势弯腰，是一个倔强的反抗者，他当时站在两派之外，是该报的固定撰稿人，也是托洛茨基的亲密朋友。负责为《真理报》同俄国地下活动联系的是乌里茨基（Урицкий），他以前是孟什维克，因在沙皇监狱中表现镇定勇敢而出名；1917 年，乌里茨基是十月暴动的主要组织者之一，当时他作为立宪会议人民委员解散了立宪会议。在这支队伍中有孟什维克维克多·科普（Виктор Копп），后来他显示出灵活而爱冒险的外交家特点：1922 年他在幕后准备苏德《拉帕洛条约》，而在 30 年代，他为斯大林秘密试探过与希特勒达成协定的可能性。

阿道夫·越飞

[1] 《保安处布尔什维克卷宗》第 1 卷，第 42 页。

第七章 沉闷的年代：1907—1914

这支小队伍中最有创见的人物是阿道夫·越飞（Адольф Иоффе）。他是一个年轻、有能力但神经过敏的犹太卡拉教①出身的知识分子，他的时间分别用于学术研究、给《真理报》写稿以及进行心理分析治疗等方面。托洛茨基通过越飞结识了阿尔弗雷德·阿德勒（越飞是阿德勒的病人），对心理分析学逐渐也发生了兴趣，并得出结论说，马克思与弗洛伊德之间具有的共同点比马克思主义者准备承认的要多得多。② 越飞在维也纳同精神崩溃的复发进行殊死斗争，而他在病痛中艰苦写成的稿子都需要编辑大加改写。托洛茨基尽力帮助他，使他增强自信心。1917年，越飞是十月起义及后来布列斯特－里托夫斯克停战谈判中的主要角色之一。（托洛茨基在他的私人文件上曾说，革命"对越飞所患综合征的治疗作用胜于心理分析"。）③ 越飞用最大的献身精神报答托洛茨基对他的友谊，1927年，他以自杀抗议布尔什维克党开除托洛茨基。

总的说来，《真理报》在托洛茨基所办的报纸中不是重要的一份。他要亲自对"普通工人"说话，而不是对有政治头脑的党员说话，而且，他是为他的读者服务，而不是领导他们。④《真理报》的平易语言和它对党的团结的宣传无疑使它享有一定的声望，但却没有产生持久的政治影响。那些为一个派别或集团说话的人，往往本人在不同程度上卷入复杂的争论，往往是对运动的中上层而不是对下层群众说话。另一方面，那些跟托洛茨基一样说党应紧密团结党员群众的人尽管其说法各有不同，但都言之有理并肯定有感染力。但这种感染力往往是表面的。他们的对手争取党的干部支持其更复杂的论点，毕竟也很可能会同样得到群众的倾听；干部们又用简单化的方法使那些论点更深入下去。托洛茨基关于所有社会民主党人团结起来的号召一时曾受到不少人的鼓掌欢呼——甚至连彼得堡的布尔什维克也翻印托洛茨基出版的《真理报》。但是当时鼓掌赞成的那些人最后却不顾团结的呼吁而去追随这一派或那一派，使呼吁团结的人陷于孤立。除此之外，托洛茨基博得群众欢迎的态度，他对语言平易的强调和他的"服务而非领导"的诺言并非仅仅是蛊惑性宣传的点缀，因为对于政治家特别是革命家来说，对其听众的最好的服务就是领导他们。

托洛茨基比其他任何人更能表达党内仍然普遍存在的一种情绪，把这种情

---

① 卡拉教是主张放弃犹太教义回到真本《福音书》的一个中世纪犹太教派。
② 革命后，托洛茨基要求布尔什维克学者对弗洛伊德学说中新揭示的内容采取虚心态度。《托洛茨基全集》第21卷，第423—432页。
③ 托洛茨基档案。
④《真理报》第1期。

绪称为对最终分裂的恐惧，是最恰当的了。1910年1月，两派的领导人在巴黎开会，最后一次试图弥合他们的分歧。两派中都有人决心要把事情闹到最后关头而分手。但双方的温和分子当时还占优势。在布尔什维克派内占优势的调停者是李可夫（Рыков）、索柯里尼柯夫（Сокольников）、洛佐夫斯基（Лозовский）及加米涅夫。① 另一方面，托洛茨基致力于统一，继续制止马尔托夫。马尔托夫后来承认，他之所以让步只是因为孟什维克还太软弱，因而不能去冒马上分裂的危险。② 协议达成了，但这即使从表面来看也是过于完美而不可能成真。两派都答应解散各自的组织而合并起来；双方都同意清除他们中间的"极端分子"：孟什维克开除他们的取消派，布尔什维克开除他们的召回派。双方还进一步同意停办各自的刊物，并把他们的资金放在两派共有的金库里，委托3位德国社会民主党人：卡尔·考茨基、弗兰茨·梅林和克拉拉·蔡特金保管。撮合成功的托洛茨基在这样庄严的时刻受到各方的赞扬。中央委员会正式承认托洛茨基的《真理报》"超越派别斗争"对全党所作的贡献，并决定以党的权威支持《真理报》，每月给托洛茨基150卢布的定期补助，另外还用其他一切方法支持他。委派托洛茨基的妹夫，布尔什维克派的加米涅夫为中央委员会驻《真理报》的联络员。估计这一任命是为使合作顺利，因为加米涅夫曾真诚地努力克服党内分歧。

不难想象托洛茨基在《真理报》上宣布这一切时的喜悦之情。③ 然而，几个星期后，他不得不表示，为调解所作的尝试已经失败了。因为——他自己是这样说的——孟什维克拒不解散他们的派别，这一点并没有使他大为吃惊，他一向知道他们向布尔什维克妥协是非常勉强的。而这时布尔什维克则已停办了他们自己的刊物。这本是托洛茨基这位统一战士不遗余力地指责违反统一的人的机会，然而他在《真理报》上却"迟迟不判"，只是温和地暗示不同意孟什维克的行径。④ 加米涅夫敦促他采取更坚决的态度，但也是徒然。托洛茨基却对此感到不满，认为这是侵犯他主编的独立性，是企图利用《真理报》达到布尔什维克的目的。接着是不可避免的争吵，转眼间，所有流亡侨民区都在大耍阴谋。

---

① H.波波夫：《苏共党史纲要》第1卷，第248页。
② 马尔托夫：《是救星还是灾星》，第16页。
③ 《真理报》第10期。
④ 同上，第12期。

第七章 沉闷的年代：1907—1914

巴黎会议决定：与党内的极端两翼——取消派和召回派，脱离关系。孟什维克答应不跟前者打交道，而布尔什维克则答应不跟后者来往。列宁不难遵守他那一方的诺言。无论如何，他已把主要的召回派分子卢那察尔斯基和波格丹诺夫开除出党；孟什维克则相反，简直不可能履行他们的义务。持取消派立场的人在孟什维克队伍里太多，使孟什维克无法认真地与之切断关系。如果他们把反对地下斗争的人都开除出去，只会削弱他们自己的势力而助长布尔什维克的优势。这是他们不肯干的。于是争论便以如下形式出现：布尔什维克认为，反对与党的前途利害攸关的秘密活动的人不能留在党内；而孟什维克——即其中反对取消派的人——则回答说，党内应该有持不同意见者的位置。列宁对可以允许不同意见存在这一总的原则并无怀疑，只是认为持这种不同意见是不能容忍的，因为反对秘密工作的人不可能是有效的秘密工作者。鉴于从某种角度可以把这一分歧看做是维护纪律者和捍卫持不同意见者的权利的人之间的分歧，那么托洛茨基采取的就是反对维护纪律者的立场。这样一来，他就陷于明显的自相矛盾中。他作为争取统一的战士，却为了持不同意见的自由而默许孟什维克在党内制造新的分裂。曾因满腔热情地赞扬地下活动而堪称为布尔什维克的他，却与那些视地下活动为危险畏途而急欲摆脱的人握手了。最后，资产阶级自由主义的死敌却同那些赞成与自由主义联盟的人联盟，一起反对那些激烈反对这一联盟的人。

持这样自相矛盾的立场只能导致托洛茨基失败。布尔什维克再次认为，托洛茨基不但是一个对手，而且是奸诈的敌人；而孟什维克尽管因有托洛茨基这样激进而有阅历的人物反对列宁而高兴，却也把他看做是一个不可靠的同盟者。他与马尔托夫长期密切的交往使他不只一次对令他非常反感的孟什维克的行动视而不见。他同列宁长期的激烈争吵竟使他对布尔什维克政策的每一个易受攻击的细节都吹毛求疵、抓住不放。他常用伤感情的挖苦讽刺公开地非难列宁主义，而他对孟什维克的厌烦大多数只在私下的争论或"抱怨的"通信中吐露出来，在这些场合下他才对马尔托夫和阿克雪里罗得加以痛斥。因此，他在公开和私下判若两人。这种情况持续愈久，他愈成为马尔托夫的政治俘虏。马尔托夫的书信说明了这点：

（马尔托夫有一次曾写道，）我曾在一封与其说是生气、不如说是讽刺的信中答复他（托洛茨基），虽然我承认我并非没有伤害过他的自尊心,但我在给他的信中曾写道:他逃避不了取消派和我们,因为迫使他维护取消派分子留在党内的权利,并不是因他的宽宏大量……而是正确估计到列宁要吞掉取消派分子和包括托洛茨基在内的所有独立的人。①

(马尔托夫在给另一通讯者的信中写道,)事物的逻辑迫使托洛茨基循着孟什维克的路子走,尽管违背了他为在历史布尔什维主义与历史孟什维主义之间进行某种"综合"想出的种种计划……但是他不但已发觉置身于"取消派阵营",而且还迫使他对列宁采取好战的态度。然而,这连他的门徒们……也都感到焦急不安。②

1910年夏,托洛茨基与中央委员会彻底决裂。在托洛茨基要求中央委员会必须另派联络员接替加米涅夫之后,加米涅夫离开了《真理报》;接着,中央委员会撤销了对《真理报》的资助。③ 这时,带头分裂统一运动的人不是马尔托夫而是列宁了;托洛茨基则谴责说"(布尔什维克)流亡集团阴谋反对俄国社会民主工党",还指责说"列宁集团要使自己凌驾于党之上,也就是自绝于党"。④ 他把争论带到德国社会民主党报纸上去,他写道,没有一个流亡的领袖代表俄国真正的革命运动,俄国的真正革命运动是渴求统一、憎恶阴谋的。其实,这是当时地下工作者中间的共同观点,就连斯大林在高加索也是用类似语气写文章的。⑤ 尽管如此,托洛茨基的文章还是在党的代表中引起争执,这些代表们是在1910年10月来到哥本哈根出席国际代表大会的。在俄国代表会议上,普列汉诺夫在列宁的支持下要求给托洛茨基以纪律处分,而卢那察尔斯基和梁赞诺夫则充当了他的辩护人。被告没有受处分——就连原告也一定认为在"兄弟的"德国报纸上发表意见是不便给予处分的。

长期的斗争并非没有喜剧性的插曲,至少其中之一也许在这里可以说一说。两派都设法收回存在德国托管人那里的经费,但因为某种原因,双方都不能提出一个正当的理由。1911年夏,阿克雪里罗得和托洛茨基前往耶拿,代表孟什维克去跟经费的托管人打交道,当时德国社会民主党正在那里举行代表

---

① 《阿克雪里罗得与马尔托夫书信集》,第230页。
② 同上,第233页。
③ 《真理报》第20期;《列宁全集》第19卷,第368页。
④ 同上,第21期。
⑤ 《斯大林全集》第2卷,第146—158页;伊·多伊彻:《斯大林政治传记》,第104—106页。

大会。① 托洛茨基当然希望：如果成功帮助孟什维克取回经费的话，则《真理报》的经费也可得以恢复。考茨基显然赞成这一计划，但其他两位托管人的态度并不可靠；其中，蔡特金是支持布尔什维克的。阿克雪里罗得和托洛茨基会见考茨基非常秘密。阿克雪里罗得向马尔托夫报告说："星期二 K（考茨基）才有机会向我和 T（托洛茨基）提出在什么地方见他并作一次初步的私人交谈……哈阿兹选定一家餐馆作为会见的地方，在那儿可望不致被其他代表，尤其是那些亲近蔡特金和卢森堡的代表察觉。……第二天，在 K 和 Z（蔡特金）商谈同我们共同见面时，他和哈阿兹要求我和 T 不要把我们的谈话告诉 Z……"② 令人啼笑皆非的是，大部分存款已被布尔什维克突然取走据为己有。托洛茨基和孟什维克对此非常愤怒，予以指责。孟什维克企图通过一位德国长辈托管人的帮助精心策划夺回布尔什维克拿走的那笔存款，但毫无结果，代表们拿不到"金羊毛"，空手离开德国。

　　1912 年初，分裂终成定局。列宁在布拉格会议上宣布尔什维克派为布尔什维克党。③ 孟什维克派和少数几个从布尔什维克分裂出来的小团体在所谓组织委员会的名义下联合反对列宁。托洛茨基在《真理报》上卷起一阵狂飙，攻击列宁的冒险行动。④ 4 月间，当布尔什维克在彼得堡新出版的一份日报也取名为《真理报》时，托洛茨基的愤怒达到极点。这是无耻的剽窃，显然是布尔什维克打算利用托洛茨基编的《真理报》的声誉。他猛烈攻击小集团的"盗用"和"篡夺行径"，而"这个小集团是与党的根本利益相冲突的，它只有在混乱中才能生存、兴旺"。他要求布尔什维克《真理报》编辑在指定时间内改换报名，并有意威胁说："我们在采取进一步措施之前，静候答复。"⑤ 显然，他直接给布尔什维克编辑部送过类似的最后通牒。但是他哪里知道，在彼得堡开办这份敌对报纸并发行第一期报纸的人原来就是那个不知名的布尔什维克分子——约瑟夫·朱加施维里，也就是这个人后来用类似的手法剥夺了托洛茨基的比《真理报》主编更高的荣誉——革命领袖及红军缔造者的称号。

---

　　① 托洛茨基在《我的生平》中说到他要就沙皇迫害芬兰人问题在大会上发言。大会期间，传来好细巴格罗夫在基辅刺死斯托雷平的消息，德国人害怕在他们的讲坛上出现一个俄国革命家，会引起外交上的复杂问题并招致镇压，所以倍倍尔说服托洛茨基放弃在大会上发言的打算。
　　② 《阿克雪里罗得与马尔托夫书信集》，第 217 页；《列宁全集》第 21 卷，第 452—453 页。
　　③ 除布尔什维克外，参加会议的还有一个普列汉诺夫领导的孟什维克小派别。
　　④ 《真理报》第 24 期。
　　⑤ 同上，第 25 期。（以下凡提到《真理报》，都指布尔什维克的《真理报》，否则另加说明。）

然而，把剽窃报纸名称的责任都推到斯大林一个人身上并不公平。列宁对此完全赞同，他在给彼得堡编辑部的一封信中写道："我建议在信箱栏给托洛茨基这样一个答复：'托洛茨基（维也纳）：对于无理取闹、造谣中伤的信件，我们一概不予回答。'"① 人们不难推想列宁本人是如何为剽窃辩护的：中央委员会资助过《真理报》，因此该报的名称和声誉属于党而不属于托洛茨基；因为党就是布尔什维克，因此有权占用这份报纸的名称。这个理由是没有说服力的，甚至在所有流亡者的团体中都发生对报纸名称权属谁的争论。托洛茨基威胁说要采取进一步措施，但看来他并没有采取，而且停止了出版他的《真理报》。这样，布尔什维克在盗用的名称下出版的《真理报》开始了漫长而又辉煌的历程。1922 年，当《真理报》庆祝出版十周年时，托洛茨基参加了庆祝会，并写了一篇文章，他在文中对这份报纸的起源甚至只字未提。

* * *

当时，在彼得堡的社会民主党人能公开出版日报（孟什维克出版《火炬报》，该报撰稿人中也有托洛茨基），这个事实表明俄国已发生了重大变化。多年的反动要结束了，恐怖已告无效；工人运动正在经历新的复兴；对此，不管愿意与否，沙皇统治都不能不容忍。一代新革命家正渐趋成熟，聚集到少数几个公开存在的工人俱乐部、工会和秘密组织中去。新形势为领袖们提供了新的论据。取消派指出：政府的日益宽容证明使党欧洲化以及使它从地下隐蔽处走出来已成为可能。在恐怖的年代里这一论据听起来是不现实的，而这时则有事实根据了。政治复兴也给秘密组织带来新的活力，这时加入秘密组织的青年革命家不满足于只在合法的俱乐部及工会中谨慎地表示警察能够容忍的那种反抗。政府方面愈倾向于容忍合法形式的反抗，它也就愈害怕非法的反抗。这使布尔什维克有了一个有力的理由，他们说，哪怕只是为了得到较多的公开活动的余地，我们也必须加强秘密工作。②

在这些情况下，托洛茨基又一次开始追求一厢情愿、渺茫的统一。他劝说组织委员会于 1912 年 8 月在维也纳举行所有社会民主党人的大会。他希望俄国革命情绪的高涨如同 1905 年一样能导致和解。但这种和解没有出现。1905

---

① 《列宁全集》第 46 卷，第 11 页。
② 费·唐恩：《布尔什维主义的起源》，第 440—442 页。

第七章 沉闷的年代：1907—1914

年革命事变的高潮还能中止或推迟刚刚开始的分裂，而在1912年，分裂已成鸿沟。因而新的政治复兴只能使之更加扩大。此外，列宁此时正在收获他的劳动果实：他手下的人领导着社会民主工党的地下组织，而孟什维克则是几个散漫、软弱的集团的大杂烩。列宁主义者拒绝出席维也纳会议；因此，孟什维克、布尔什维克极左派，召回派，崩得和托洛茨基聚合一起结成联盟，即俄国社会民主工党史上著名的"八月联盟"。托洛茨基是这个联盟的主要发言人，他不断地攻击列宁的"分裂活动"。托洛茨基在辩白中声明，他绝无意要使会议反对布尔什维克，只是因为列宁拒不出席会议或不赞成作重新统一的任何努力，才驱使他处于反布尔什维克的立场。这一辩白的真诚是无可怀疑的，孟什维克领袖们的私下通信充分证实了这一点；然而它也表明了托洛茨基对十年争论的后果的判断是完全错误的。

托洛茨基的孟什维克朋友却不像他那样抱有幻想。他们觉得在他的帮助下，再一次把分裂的恶名加到列宁头上是策略的；但是他们和列宁一样坚决要把分裂进行到底。两者之间主要的区别在于：列宁公开坦率地承认他的意图，几乎是大肆宣扬；而马尔托夫、阿克雪里罗得和唐恩则把他们的图谋隐藏起来，设法用狡猾的策略把戏使分裂实现。把列宁讲出来的话和孟什维克领袖们的秘密通信加以对比就可以看出，双方的角度相反，但在使分裂既不可避免又合于愿望这一点上是多么高度地一致；而且双方几乎是用同样的措辞讥笑托洛茨基为避免分裂或扭转分裂所作的努力。①

* * *

尽管（或许是正因为）托洛茨基代表八月联盟而表现出来的"好斗性"，八月联盟留给他的却是恼怒和心烦意乱。因此，当1912年9月《基辅思想报》要求他担任该报驻巴尔干的通讯记者时，他急切地抓住这个机会，从流亡者的政治生活中摆脱出来，从扮演不适意角色的演员变为注视世界政治风暴中心的观察家。10月初他离开维也纳；在去车站的马车上他得知第一次巴尔干战争

---

① 这时，托洛茨基与"极左的"布尔什维克各分裂的小派别，如召回派和造神派的关系极其友好。1914年夏，他在他们的博洛尼亚党校讲课，这所党校是卢那察尔斯基在高尔基的帮助下创立的。一个好细在给保安处的报告中对这所党校有生动的叙述。报告特别说到讲师们（卢那察尔斯基、明仁斯基、柯伦泰、波克罗夫斯基）用傲慢的主子态度对待他们的学生，即那些从俄国来的秘密工作者。托洛茨基则是例外，和他的学生是友好的个人关系。《保安处布尔什维克卷宗》第1卷，第40页。

爆发的消息,在这场战争中南部斯拉夫人联合起来,共同反抗土耳其帝国。

他在维也纳一直注意着巴尔干,并跟巴尔干社会民主党人建立了联系。两年前,即1910年7月,他曾前往索非亚揭露并斥责在米留可夫主持下所举行的泛斯拉夫大会。他还在一个保加利亚的社会民主工党"紧密派"会议上讲了话,这个会议与泛斯拉夫大会同时举行。未来斯大林派的保加利亚主席柯拉罗夫(Коларов)把托洛茨基作为彼得堡苏维埃的传奇英雄介绍给大会,介绍给街上和广场上的群众;托洛茨基受到热情的欢呼。他告诫南部斯拉夫人说,沙皇外交正在企图利用他们作为抵押品,并说,俄国自由派则培养泛斯拉夫主义,因为他们急于要在对外政策方面找出与沙皇制度的共同基础,而在国内则屈服于沙皇统治。① 从那以后,托洛茨基常去贝尔格莱德和索非亚作短期旅行,与那里的事变保持密切接触。早在1909年1月他就在《基辅思想报》上写道:巴尔干是欧洲的潘多拉女神的匣子。②

潘多拉的匣子此时已开始放出可怕的东西,这些可怕东西的景象使托洛茨基受到震动。他曾抽象地思索过战争问题;但此刻当他看到奥地利的探照灯射过边界照亮贝尔格莱德的城堡,当他注视着大队大队的预备役军人,当他得知他的许多朋友、政治家、报刊编辑、大学讲师都已在前线先杀人尔后又战死时,一种悲剧感压倒了他,一种"在命运面前无能为力的感受……和对被引向灭亡的人群的痛心"③ 压倒了他。"对历史过程来说,抽象的人道—道德观点是最无效的。这是我非常清楚的。但是这个我们称之为文明,由物欲掠夺、风俗习惯及偏见形成的大杂烩曾使我们所有的人都陷于催眠状态,使我们形成错觉:仿佛主要工作已经完成。战争的爆发才使我们明白,我们甚至还没有四肢着地从我们历史的野蛮时期爬出来。"④

他写的所有巴尔干通讯都带有这种悲剧感的色彩,这些通讯都具有新闻写作的宏伟风格,体现出革命前俄国的激进自由派报纸的特点。每一篇都是相当重要的文章。值得注意的是,文章的背景资料充实,印象鲜明且当地色彩丰富,描写与分析都很出色,最后但并非不重要的是其想象力及生动的语言。这

---

① 《托洛茨基全集》第2卷第1册,第207—223页;第6卷,第34、46页。

② 托洛茨基当时写道:"只要巴尔干所有民族按照瑞士或北美共和国的模式在民主联邦制的基础上建立一个统一的国家,就能给巴尔干带来内部和解并为生产力的大发展创造条件。"同上,第6卷,第10页。

③ 《托洛茨基全集》第6卷,第66页。

④ 同上,第141页。

第七章　沉闷的年代：1907—1914

些收集在他的全集里的文章至今还是 1914 年前巴尔干编年史的无价之宝。文章的作者又是精力充沛的记者，能独立而敏锐地观察事物，会见各界人物，给读者提供热门题材。他喜欢新闻采访的刺激和艰辛，他还自由自在地跟欧洲各家报纸派来的同行结合在一起——他和《法兰克福报》及《每日电讯报》的记者密切合作，一时间，雄心勃勃的政治家、革命的平民领袖仿佛消失在报人的身后了。① 他一到贝尔格莱德就几乎访问遍了塞尔维亚政府的每个成员；他以非凡的机智和才华写人物特写，表明这些人物如何反映出近代史和小农国家的精神状态的。他深入研究给养、军事训练及战术问题，揭露战争的暴行及其原始残忍性。无论在为宣传家们捏造的胜利举行感恩祈祷的索非亚教堂，还是在他与伤兵谈话的医院，无论在他获知土耳其步兵遭遇的那龌龊、拥挤的战俘囚牢，还是在充当土耳其被俘军官囚室的舒适旅馆，无论在貌似欧洲中心的那些巴尔干地区各国首都里的上流社会咖啡馆，还是在几近亚洲式的悲惨郊区——贫穷、恐怖和堕落的渊薮，他都以同样的热情进行采访并加以描写。

起初他对南部斯拉夫人反对土耳其帝国的战争抱有一定的同情，因为他看到巴尔干各国对土耳其人的压迫的记忆甚至比对俄国奴役的记忆还要清晰。② 斯拉夫人的起义在某些方面使他想起 1859 年意大利收复领土。但是他担心斯拉夫人的不满会被各大国，特别是被沙皇所滥用，担心它被利用去作为进行欧洲大战的借口。他在解释俾斯麦的一句话时写道："如果巴尔干的各主要政党……除欧洲的新干涉外，看不到解决巴尔干各国命运的其他出路……那么，他们的政治方案实在还比不上库尔斯克省一个步兵骸骨的价值。这话听起来也许刻薄，但每一个真诚的民主政治家必须提出这个悲剧性的问题。"③ 巴尔干的农民领袖们在青年时代曾受过俄国革命的影响，此时却荒谬地把希望寄托在沙皇身上。单凭这点就足以使托洛茨基对他们事业的同情变得心灰意懒了。当地奢侈和饥饿的鲜明对比、统治者的腐败、对土耳其士兵和平民施加的毫无必要的残暴、沙文主义的猖獗、宣传家们的恫吓和检查当局的愚蠢，这些都在托洛茨基的心里激起愤怒和厌恶。他保卫弱者，保卫战败者，他保卫的正是这样的土耳其人。

保加利亚的新闻检查当局对他突然袭击，没收他的文章，不准他上前线采

---

① 《托洛茨基全集》第 6 卷，第 283—292 页。
② 同上，第 142—143、187 页。
③ 同上，第 144 页。

访。奇怪的是，新闻检查长彼得科·托多罗夫（Петко Тодоров）竟是一个激进派诗人，仅在两年前他还同托洛茨基一起在索非亚的反对泛斯拉夫主义会议上发言。托洛茨基在他写的《致新闻检查官的公开信》中进行反击，无情地揭露战时新闻检查当局通常用以证明检查有理的诡辩和借口，并且雄辩地要求新闻自由。这封充满火药味儿的雷霆万钧之势的信对攻击的目标而言，未免有点儿杀鸡用牛刀的味道，但也曾造成相当大的轰动。① 不久，一个比较值得轰击的目标出现了。当时，作为泛斯拉夫主义使徒的米留可夫来到索非亚，他吹捧保加利亚人，而对他们的残暴行为则保持缄默，怕招来麻烦。托洛茨基又写了一封致米留可夫的"公开信"，这封信在彼得堡报纸上发表时引起一场争论②，在长达几个月的时间内，俄国报纸的专栏载满这场争论的文字。米留可夫怀疑托洛茨基所报导的残暴行为的真实性，而且具有泛斯拉夫倾向的俄国记者也加入了这场争论。但托洛茨基拿出文献作为证据，这是他本人以及《每日电讯报》、《法兰克福报》的记者所搜集的。当这些刻毒的互相攻击还在全力进行时，整个局势突然发生了变化：第一次巴尔干战争以斯拉夫人的胜利而结束；获胜一方的塞尔维亚人和保加利亚人却为争夺战利品而引起纠纷；俄国官方和自由派分子同情塞尔维亚人。尔后甚至在米留可夫自己的报纸上，一夜之间竟把保加利亚人从光荣的英雄一下子贬为残暴的恶棍。

　　这场论战的一部分是托洛茨基从维也纳策动的，他在维也纳还总结了第一次巴尔干战争的后果对欧洲政治的影响。他通过巴尔干这面三棱镜看到1914年将要出现的列强之间的结盟；而且他本来看得非常清楚，只是在他一厢情愿地相信法国、奥地利和德国的社会民主党人（因后者拥有"86家报刊和几百万读者"）定会把"反对沙文主义野蛮屠杀的和平和文明事业"③ 捍卫到底时，他才一度迷惑起来。

　　回到维也纳，他立刻又被党内阴谋小集团的行为所吸引，他在私人信件中提出抗议，反对他的孟什维克朋友要跟布尔什维克分裂这个不加掩饰的愿望，反对取消派在八月联盟中的优势。他悄悄地辞去一份孟什维克报纸的工作，又大声疾呼地反对另一份他常常为之撰稿的报纸。他和孟什维克过于接近，难以分手；但他又太倔强，不能与他们留在一起。马尔托夫在一封私人信件中嘲笑

---

① 《托洛茨基全集》第6卷，第263—273页。
② 《光明报》1913年1月13日；《托洛茨基全集》第6卷，第273—292页。
③ 《托洛茨基全集》第6卷，第302页。

第七章 沉闷的年代：1907—1914

说："托洛茨基在巴尔干时错过了使整个（八月）联盟进展的机会。"而在这段期间，孟什维克已经不再提什么统一，停止了"空洞的口头和解"；而在值得怀疑的八月联盟全盛时期，这些"和解"把戏曾流行一时。马尔托夫又补充说："我认为，我们应给他（托洛茨基）一点儿颜色看看（当然是用最温和、最客气的方式）。"① 此话他到处反复讲过多次。

因此，托洛茨基再次离开维也纳去观察第二次巴尔干战争时没有丝毫遗憾。这次战争的结局是塞尔维亚和希腊打败了保加利亚，而被人认为是保加利亚人的敌人的托洛茨基却变成保加利亚人的保卫者。他叙述新的胜利者犯下的掠夺与暴力的罪行；他前往战胜者吞并的领土进行采访，描述了政治的动荡、人类的悲惨命运以及"以三十年战争方式进行的"战争和改变人口和疆界所需要的那种种族歧视的荒谬行径。他写了本研究罗马尼亚的书，这是一篇描述性的报导杰作，1917年后曾多次再版。他总结说："保加利亚和塞尔维亚作为一个原始的农民民主国家摆脱了土耳其的统治，没有什么农奴制和等级制的残余，相反，罗马尼亚尽管有十年骗人的宪政，但直到现在它的农民还一直处在封建关系的严格控制下。"② 在这次战争中，罗马尼亚是"走狗"，未发一枪就分到战胜国的赃物，而且吞并了南多布鲁查地区。托洛茨基去过这个省份，当时该省的农村正流行着霍乱并常常受丘八们抢劫的折磨，而罗马尼亚的新统治者对此漠然不顾。他叙述道，整村整村的人因缺粮少药快要死光了，而地主家的医生用双筒望远镜从远处观望患霍乱病的农民，不屑走近他们。

他对这些情景的描写都是罕见的镜头，其中闪现着俄国人特有的乡愁。他坐在车子里走遍跟他故乡的草原很相似的地方。黑海的微风掠过多布鲁查的景色，草原上散落着的座座坟丘，旅途中炎热无比，令人昏昏欲睡的车速，这些都使他回想起在格罗莫克列亚和亚诺夫卡的童年，想起新近亡故的母亲的形象。

> 道路是那么像俄国的，和我们赫尔松的道路一样满是尘土。母鸡真有点儿俄国似地从马蹄下逃出来；俄国式的小马的脖子上套着俄国的缰绳；甚至马车夫的脊背也是俄国式的……呵，他的脊背多像俄国人的脊背……天色暗下来，闻得到青草和路上尘土的气味，马车夫的脊背看不清了，周围一片寂静。我们彼此相靠，打起盹来。吁！马车夫吆喝着使马停下来，

---

① 《阿克雪里罗得与马尔托夫书信集》，第262、274页及以后各页。
② 《托洛茨基全集》第6卷，第348页。

耐心等待，若有所思地对马吹着口哨。一片寂静。足部的血液发痒，仿佛是从新布格车站到亚诺夫卡去度假。①

当他访问散布在多布鲁查的俄国人居民点时，他的乡愁变得更浓。居民点住的是阉割派教徒。1901年他第一次被流放到西伯利亚时曾乘驳船沿勒拿河顺流而下，当时就是同这个奇怪的"圣阉人"教派的一些教徒一同走的。多布鲁查省的阉割派教徒的聚居地及其果园都整洁得刺眼；但托洛茨基写道："不知怎的，这里令人厌烦，单调而沉闷。缺乏一些什么东西。没有生气，没有孩子，没有母亲。这儿的人们尽管彬彬有礼，但令人不快。"他得到同意，把一位"医生朋友"写的一段话照抄如下："观察阉割派教徒的生活会使你确信……性是社会的起点，是利他主义和各种高贵人性的源泉。"② 这位医生朋友是引他走遍多布鲁查的向导。

这位"医生朋友"兼向导就是克里斯蒂安·拉柯夫斯基（Христиан Раковский），以前在西欧和在巴尔干时托洛茨基曾见过他多次。此时，他们已成为挚友，他们之间的亲密友谊经历了战争、革命、胜利、失败、流放甚至清洗的考验——这大概是托洛茨基一生中唯一持久而亲密的友谊。拉柯夫斯基比托洛茨基大六七岁，他在俄国革命中所起的作用使人联想到阿纳卡西斯·克洛斯（Anacharsis Cloots）在法国革命中的作用。他和克洛斯一样，也是贵族、思想家、世界公民；而且他也和克洛斯一样把革命的国家视为自己的国家，和革命中的激进派站在一起。甚至在此时，1913年，他的生涯就已不同凡响。他原是保加利亚人，北多布鲁查一个大地主家族的后裔，1878年当他的祖国被罗马尼亚并吞时，他成为罗马尼亚公民。他在15岁时因为是社会民主党人而被学校开除，而且保加利亚的所有学校都不准他入学。他家便送他出国学医。他毕业于法国蒙特彼利埃大学，其博士论文《论犯罪及堕落的原因》使他在医学界获得很高声誉。后来他在另一所法国大学学法律。1893年当他20岁时，他在苏黎世国际大会上代表保加利亚社会民主党人，在那里受到普列汉诺夫的影响，并成为法国著名马克思主义者；他还是茹尔·盖得和罗莎·卢森堡的朋友。翌年，他在柏林从事社会民主党的活动，当时柏林的社会民主党活动仍然处于俾斯麦的残酷的反社会民主党人法令的余波中，因而他被逐出德

---

① 《托洛茨基全集》第6卷，第415—420页。
② 同上，第415—420页。

第七章 沉闷的年代：1907—1914

国。此后，欧洲大陆上每次重要的工人集会他都曾出席。1905年他回到罗马尼亚。他因为是农民的保卫者而招来地主的痛恨，受到迫害，最终被驱逐到保加利亚的国土上当保加利亚公民，尽管他此时仍在罗马尼亚军队中担任军医。社会民主党和工会为争取他回国进行了五年的斗争。但政府拒不接纳他，不是攻击他是俄国总参谋部的间谍，就是说他是反对沙皇的危险阴谋家。

拉柯夫斯基在流放中出版过几本书。一本是《俄国在东方》，揭露沙皇在亚洲的扩张；还有一本是《贵族的罗马尼亚》。这位小册子作家、宣传家兼医生在业余时间致力于研究历史，《梅特涅及其时代》就是他的研究成果。他用保加利亚文、法文、俄文和罗马尼亚文写作都得心应手，他用所有这些国家的文字给政治、医学与历史期刊撰稿。他常回到布加勒斯特，但是每一次，尽管有国会的暴风雨般的抗议和街上的示威，政府还是如以往那样屡屡对他下驱逐令。有一次，由于饶勒斯的敦促，法国政府进行了干预才使他从巴尔干的一个监狱里释放出来，因为他还担任着饶勒斯的《人道报》驻巴尔干记者之职。就在第一次巴尔干战争前不久他获准回到布加勒斯特，成为罗马尼亚社会民主党公认的领袖，党报的主编，巴尔干联邦制思想的阐释者，而且是巴尔干反军国主义最有影响的发言人。同时他还管理他在多布鲁查的家产。他在那里把他的农民从封建劳役中解放出来，并且给农民看病。他在布加勒斯特的国会、党的总部及编辑部与家乡的地产之间不断地穿梭往来，为反对大大小小的不正义行为而不断进行斗争。他往往刚从首都回来，身上还穿着燕尾服就去察看耕作，在检查耕地时，大衣的燕尾随风摆动。他在跟农民聊天和给病人出诊的间隙中向托洛茨基介绍罗马尼亚政治经济的复杂情况。

托洛茨基此行还和罗马尼亚社会民主党的创始人、元老多布鲁查努·赫列阿（Dobrodjanu Gerea）建立了友谊。当时，拉柯夫斯基刚从赫列阿手里接管了党的领导职务。赫列阿是一位令人着迷、个性突出的人物。他是一个俄籍犹太人，原名叫卡茨，是早期民粹派分子，从俄国逃出来后定居罗马尼亚。他为罗马尼亚人发现他们本民族的历史而成为罗马尼亚最重要的历史学家、文艺批评家以及所谓罗马尼亚文艺复兴的鼓舞者。整整一代的罗马尼亚知识分子都是从他的著作《新农奴制》中学会政治思考的；后来领导保守党、自由党和社会民主党的人都是他的弟子。他在普洛耶斯蒂的火车站开有一家酒馆，这是罗马尼亚文人和政治家朝圣的场所。为汲取这个脾气古怪的老哲人的智慧，托洛

茨基在这家酒馆的柜台边消磨了不少时间。①

* * *

1913年1月底或2月初,在两次巴尔干战争之间,当托洛茨基在维也纳作短期逗留时,斯大林的形象仿佛影子掠过屏幕般地在他眼前闪过。奇怪的是,托洛茨基直到其生命的最后一年才详细叙述此事。② 有一天,他去拜访孟什维克斯柯别列夫,他的前《真理报》的助手,刚刚当选的杜马代表。他们坐在茶炊边谈话时,突然,一个中等身材、脸色灰暗憔悴、脸上有麻子的人推门而入。他住在别的房间,但进来之前并没有敲门。这个陌生人似乎因托洛茨基在场而诧异,在门口停了一下,喉头发出令人不快的声音,也许是打招呼。尔后,他手里拿着一只空杯子,走到茶炊边,接了一杯茶,没有说一句话就出去了。斯柯别列夫向托洛茨基解释道,这就是高加索人朱加施维里,刚成为布尔什维克的中央委员,看来在中央委员会里已经有了一定地位。据托洛茨基自己说,他对未来的对手的第一瞥以及斯大林当时留给他的令人不安的印象始终记忆犹新。他注意到这个高加索人的"阴沉而非一般的"外貌、集中在脸部的"乖僻"和"黄色"眼睛里凝聚着的敌意表情。正是此人的沉默和难以捉摸的眼神让这一偶然场面深深地刻在托洛茨基的记忆中,使他在过了27年之后叙述这件事时,仍不免有回顾往事不寒而栗的感觉。

按照内在的证据来看,托洛茨基的叙述是真实的,无需用事后的所知加以渲染。这个面容憔悴、残酷无情、工于心计并有点儿粗鲁的布尔什维克的形象,看来就是其真实性格的写照。他就是当时经历过多年秘密活动、潜藏在巴库的鞑靼石油工人中尔后又多次坐牢、流放与逃亡之后的斯大林。托洛茨基对斯大林眼神中凝聚的敌意表情的印象看来也并非没有根据,那种敌意反映了布尔什维克中央委员会委员对八月联盟鼓动者的态度。以前在伦敦兄弟会教堂举行的党的代表大会上,斯大林见过托洛茨基,但当时托洛茨基没有注意到他。斯大林当然还记得托洛茨基鼓动反对布尔什维克的袭击与剥夺行为一事,而斯大林

---

① 《托洛茨基全集》第6卷,第386—402页。
② 托洛茨基和斯大林见面的这一叙述,系根据托洛茨基本人的回忆录(写于1939年9月22日)写成,这篇回忆录是我在哈佛大学的档案里发现的。我在《斯大林政治传记》中误写成"托洛茨基和斯大林都未曾叙述过他们在维也纳的见面"。无论如何,托洛茨基在生前最后一年以前没有叙述过此事。

第七章　沉闷的年代：1907—1914

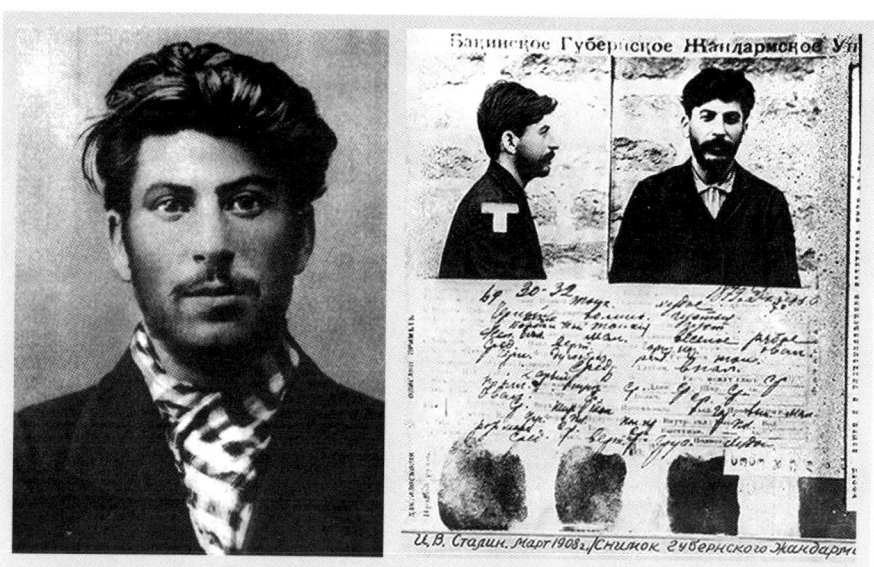

左图为 1902 年 4 月 5 日，斯大林因组织工人罢工和示威，在沙俄帝国巴统市被捕；右图为 1908 年 3 月斯大林的被捕记录

左图为 1912 年的斯大林在俄国社会民主工党第六次代表大会上，斯大林由列宁提名成为党中央委员；右图为 1913 年斯大林的被捕记录，存于沙俄警察局档案

和此事是有密切关系的；甚至在1907年，斯大林在代表大会上的报告里已经写到托洛茨基"华而不实"。托洛茨基并不知道是谁盗用他的《真理报》名称编出布尔什维克《真理报》的第一期，而斯大林是知道的。就在那次没有搭话的见面以前不过两个星期左右，斯大林在《社会民主党人报》中就已把托洛茨基描绘成"一个爱吵爱嚷的假装的大力士"，就是在这些话下面，他第一次签上了斯大林这个姓名。①

斯大林与托洛茨基见面时发出的粗暴刺耳的嚎声仿佛是从俄罗斯小木屋的深处传来的。

---

① 《斯大林全集》中文版第2卷，第269—281页；另见多伊彻：《斯大林政治传记》，第4章。

第八章 大战与国际

第一次世界大战的爆发使欧洲的自由资本主义、议会主义和改良社会主义的黄金时代突然终止,在近半个世纪的和平中,这些主义曾同时一起兴旺过,只受过殖民地和巴尔干半岛边缘的一些小规模战争的干扰。欧洲的两代人在乐观的信心中成长,他们乐观地相信人类的进步足以保证对大自然的支配,相信通过辩论、和解与多数表决的方式就能改变并完善社会环境。他们总是把战争看做是野蛮历史的遗迹,人类当然不会再回到那个时期去了。总体来说,欧洲财富的积累这样惊人、这样迅速,因此看来能保证社会各阶级财产的不断增长并排除社会的暴力冲突。

在工人运动中,尤其是在第二国际中,这些幻想比在任何其他地方更加根深蒂固。第二国际继承了在过去一个世纪中的几个革命时期——1848年的起义、1871年的巴黎公社和德国社会主义反对俾斯麦的地下斗争——所提出的思想口号及其信条。这些口号和信条表明了工人的国际团结和他们以推翻资产阶级政府为目标的不可调和的阶级斗争。但各国社会民主党的实际活动早已和这些传统大不相同了。不可调和的阶级斗争已经让位于和平交易和议会改良主义。这些方法愈成功,以从前非法的社会民主党和工会为一方与政府、雇主协会为另一方之间的关系就变得愈密切;而民族利益和民族观点就更实际地胜过继承下来的国际主义的口号。直到1914年,各国社会民主党基本上仍设法用惯用的革命词句为他们的改良主义活动进行解释和辩护。各社会民主党的领袖们仍然承认马克思主义、国际主义及反军国主义,直至大战爆发的第一天第二国际瓦解为止。

在欧洲大国中,俄国是在前一阶段的和平发展中唯一分享不到什么的国家。俄国的经济进步尽管不容置疑,但同西欧的财富积累相比却是微不足道的。无论如何，它不足以把和平交易和妥协作用移植到俄国的民族习惯中去，也不足以培养起经济逐渐进步能使各阶级都会从中受益这样的信心。议会制度以及围绕其周围的所有社会调解与仲裁制度在俄国土壤中没有生根。方式最激烈而又毫不掩饰的阶级斗争从帝国的一端疯狂地蔓延到另一端；而沙皇统治甚至不让工人和农民存有允许他们对国家命运施加影响的幻想。在社会党国际中，俄国社会民主工党几乎是唯一一个热烈而认真地对待革命传统和革命口号且不仅仅把它们当做礼仪的党。

1914年的俄国流亡者，除少数几个例外，都恐惧地注视着吞没国际的大灾变；当他们看到欧洲社会主义领袖们完全不顾他们所有庄严的反军国主义决议和国际主义的誓言，反而号召工人阶级为他们的皇帝作战、仇恨"敌人"、杀死"敌人"时，他们简直不能相信自己的眼睛。起初，大多数俄国流亡者——布尔什维克、孟什维克、社会革命党人都一样斥责这种行径是对社会主义的背叛。后来有许多人对此重新考虑，但也有不少人走得更远，因为他们看到：随后几年的大屠杀为了争夺敌人的几码土地使成百万人付出生命，这场大屠杀教导他们要蔑视和仇恨欧洲国家装出人道主义的外貌和虚伪。他们得出结论，如果文明政府认为为追求本国强权政治就可以屠杀几百万人和使几千万人伤残，那么，在为建立能使人类摆脱这种愚蠢行径的新社会制度的斗争中不惜牺牲，无疑是社会民主党人的职责。旧制度正在给他们一个残酷无情的教训。欧洲文明的"哥特式花边"已被扯成碎片，而且正被踏入战壕里的泥浆和血污中。

* * *

大战爆发时，托洛茨基正在维也纳——他刚从布鲁塞尔回来。在布鲁塞尔他与马尔托夫和普列汉诺夫一起向国际局作了最后呼吁，要求调停俄国党内的长期斗争。8月3日上午，他到维也纳《劳动报》编辑部去。法国沙文主义者杀害饶勒斯的消息刚传到维也纳；外交大臣们在交换最后照会，目的在于把战争的责任推给敌方；总动员正在进行。托洛茨基在去社会民主党报刊编辑部的路上注意到，广大群众被好战的歇斯底里冲昏了头脑，正在这个城市的繁华中心举行示威。他在《劳动报》编辑部里看到的是混乱。有些编辑准备拥护战争。他的朋友弗里德里希·阿德勒厌恶地谈论正在兴起的沙文主义暗流。阿德勒的办公桌上放着一堆宣扬憎恨外国人的小册子，紧靠这堆小册子的是另一堆为8月15日在维也纳举行社会党国际代表大会而准备的会徽——国际要庆祝其成立25周年。而此时大会已经取消了，奥地利党的金库掌管人正痛惜他为准备庆典而花费了的两万克朗。老维克多·阿德勒虽然蔑视正侵袭他自己周围人的沙文主义情绪，但是他不够坚决，未加以反对。他把托洛茨基带到政治警察局长那里去询问，在奥匈帝国和俄国之间的战争状态迫在眉睫之际，警方打算如何对待俄国的流亡者。警察局长回答说他准备拘押他们，托洛茨基和他的一家在几个小时后就乘火车前往苏黎世。

中立的瑞士是侨居德国和奥地利的俄国革命家的避难所。卡尔·拉狄克因为反军国主义宣传而被德国驱逐，遂来到苏黎世；曾在维也纳遭到短期拘留的布哈林也来到这里；而列宁当时仍被奥地利人囚禁在加利西亚，稍迟一些也到达苏黎世。瑞士是中立国家，它容许瑞士社会民主党用容忍甚至友好的态度对待俄国人的国际主义宣传。在一个工人教育协会里，托洛茨基看到听众热切地倾听他谴责战争、谴责拥护战争的社会民主党人。一位知名的瑞士作家回忆说："由于托洛茨基到达苏黎世，工人运动，至少是一个地区的工人运动就恢复了生气。他带来的信念是……这场战争定会引起革命。……对托洛茨基而言，这绝不是说说而已，而是他内心最深处的信念。"[①] 他对新听众的影响这样强烈，因此他几乎立刻便当选为瑞士社会民主党全国代表大会的代表。这样做使该党的领导人向党员群众解释时会有些麻烦，因为把大会的表决权给予一个外国人，而且是一个参战国的公民，这不大妥当。

托洛茨基在苏黎世停留的时间只不过两个月多一点儿，他写下了《战争与国际》一书，这是由俄国社会民主党人全面陈述反战政策的第一篇文章。论战的锋芒主要指向德国社会民主党人，因为他们强辩说：霍亨索伦的德国跟"欧洲宪兵"沙皇统治作战是在完成一项进步的历史使命。托洛茨基反驳说："我们反对沙皇统治的斗争从来没有停止过，但我们过去未曾寻求过，而且现在也不寻求哈布斯堡王朝和霍亨索伦王朝的军国主义的援助。……我们对德国社会民主党非常感激。我们大家都受过它的教育，都从它的成功和错误中吸取过教训。对我们来说，这样一个党不是国际中一般的党，而是享有特殊地位的党。"正是为此，他现在就越发尖锐、越发义愤填膺地表示与德国社会民主党

---

① F. 布鲁普巴彻：《持不同政见六十年》，第188—189页。

的立场决裂。他坚决认为：社会民主党人的职责是支持和平，但不是支持意味着恢复现状或恢复帝国主义强国间新均衡的那种和平。社会民主党人的目标必须是民主的和平，是不兼并、不赔款的而且是容许从属民族有自决权的和平。只有交战国人民起来反对各自的统治者才能得到这样的和平。他的论点中的这一部分在时间上比威尔逊总统的"十四点"和平纲领还要早三年多；托洛茨基的这本小册子在美国发表时对威尔逊产生了直接的影响。然而托洛茨基提倡的"民族自决"与威尔逊的解释几乎没有共同之处。"民族自决"的目的并不是要建立新的民族国家——我们知道，托洛茨基早已认为民族国家是不合时代的东西，他认为，应当使被压迫的弱小民族能够取得独立，以便他们按自己的自由意志参与建立国际社会主义的国家。他写道："在目前的历史条件下，欧洲无产阶级对捍卫不合时代的民族'祖国'并不关心，因为它已成为经济发展的主要障碍，而是创立一个更强大而稳定的新祖国，即作为世界联邦基础的共和主义的欧洲联邦。无产阶级只能以社会主义的世界经济组织作为切实可行的现代方案去跟帝国主义者的资本主义死胡同相对抗。"① 这一大胆的结论对许多人来说似乎是不现实的。托洛茨基说，拉狄克在当时批评过这一结论，其理由是：世界的，甚至欧洲的"生产力"尚未充分发展，因此不允许以国际社会主义为基础建立世界或欧洲经济组织。列宁到达瑞士时也批评过"欧洲联邦"这个用语，因为这个用语使列宁认为托洛茨基把俄国革命只设想为全欧洲同时起义的组成部分。关于这场争论我们下面还要讲到。

1914年11月，这本小册子的德译本出版，并在瑞士社会民主党人的帮助下送到德国。散发这本小册子的德国反军国主义者都受到了迫害，托洛茨基本人因"叛逆罪"受到缺席控告并由德国法庭判处几个月的监禁——这是他从法国报纸的报导中得知的。德国社会民主党人含沙射影地批评说托洛茨基是为俄国及其盟国的利益写这本小册子的。但是，因为托洛茨基毫不迟疑地批评拥护战争的协约国社会民主党人，他们也转过来指控他为德国的"社会护国者"涂脂抹粉。②

11月下旬，托洛茨基离开瑞士去法国。《基辅思想报》任命他为驻巴黎的记者，他热切地抓住这个机会，以便从非常有利的地点观察战争。马尔托夫当

---

① 《战争与国际》最初用俄文在巴黎的《呼声报》上发表，从1914年11月该报第59期起开始连载。

② 《呼声报》1914年11月25日第63期。

时正以纯粹反战的态度主编巴黎的一份俄文报纸《呼声报》，托洛茨基急于与他合作。此前他最后一次见到马尔托夫是7月中旬在布鲁塞尔时，当时他们在那里一起去取国际执行局对列宁分裂活动的裁决；他们还同普列汉诺夫共同起草了一份告俄国社会民主党人的宣言。只不过几个月后，所有这一切好像那么久远，那么不相干！由于国际的领袖们是社会主义的最高权威，马尔托夫和托洛茨基曾请求过他们对列宁进行干预，但此刻马尔托夫和托洛茨基都和列宁一样指责他们是"社会沙文主义者"和"叛徒"。而在此期间，普列汉诺夫却以进步和社会主义的主要敌人是霍亨索伦王朝和哈布斯堡王朝而非罗曼诺夫王朝为理由，对战争进行护国的颂扬。看来，消除了旧的分裂，却又有了新的分裂，马尔托夫是列宁青年时代的朋友，列宁从未放弃过再同马尔托夫进行政治联合的内心渴望，列宁说："正如现在欧洲一家最好的社会党人报纸——巴黎的《呼声报》正确指出的：《前进报》已经死亡。过去我同马尔托夫经常发生尖锐的意见分歧，正因为如此，我现在就愈是应当肯定地说，这位著作家现在所做的，正是一个社会民主党人应该做的。"① 这个孟什维克的创始人热情地回报说，他欢迎列宁的《社会民主党人报》的出版，而且同意，旧的争论已经失去意义。② 事变表明情况并非如此，重新联合终究是不可能的。但托洛茨基当时对重新联合的前景感到高兴。

在巴黎，他把时间分别用于为马尔托夫的报纸和《基辅思想报》工作，并同法国社会党和工会内反对军国主义的小组接触。差不多从到达的那一天起，他不得不为指控他为亲日耳曼主义而进行自卫，这种指控主要来自阿列克辛斯基（Алексинский），此人以前是杜马的布尔什维克代表，现在是一个疯狂反对布尔什维克、拥护战争的人（就是这同一个前布尔什维克在1917年散布指控列宁是德国间谍的谣言）。一个巧合竟使这一含沙射影的指责显得可信：一个名叫尼古拉·托洛茨基的人领导着奥地利人发起的乌克兰解放联盟，这个联盟就是德国后来建立的乌克兰特务组织的原型。把一个托洛茨基的亲奥和亲德言论归到另一个托洛茨基身上并不困难，即使在《战争与国际》的作者被德国法庭缺席判决有罪而已公然表明这是张冠李戴之后。

托洛茨基到达巴黎后，《呼声报》仅继续出版了六七个星期。该报由于审查制度的干扰在1915年1月中旬停止出版。在这几个星期中，托洛茨基表达

---

① 《列宁全集》第26卷，第37页；《呼声报》1914年10月27日第38期。
② 《呼声报》1914年11月12日第52期。

的意见甚至更为明确。他写道,"或是不断的战争或是无产阶级革命",未来只能在这二者中择其一。战争是欧洲过度发展的生产力对资本主义民族国家严格控制的框架的盲目反抗。资本帝国主义只能用武力打破国家疆界而不能一劳永逸地把它们彻底推倒;因此,只要资本帝国主义统治这个世界,它就会把人类投入连绵不绝的战争、接二连三的屠杀中去,因而使文明走向毁灭。社会民主党的改良主义没有前途,因为这种改良主义已成为旧秩序不可或缺的组成部分,成为它的罪恶的同谋。① 那些希望重建旧国际的人,那些设想它的领袖们用相互赦免的办法就能使他们对国际主义的背叛一笔勾销的人,都是工人运动复兴的障碍。②

他在《呼声报》的最后几期中的一期上把他的论点甚至推得更远,他说,反对"沙文主义者篡改马克思主义"的斗争只不过是今后任务的消极一面,而积极的建设性一面是"积聚第三国际的力量"。这一思想倾向是同列宁的思想倾向平行发展的,而且几乎可以肯定是得到了列宁思想的鼓舞而引发的,因为列宁在稍早一些时候已经阐述了同样的思想。③

马尔托夫起初曾热烈赞同过这些观点。可是,甚至在《呼声报》停刊之前,他已经因为他的怀疑和重新考虑而感到困惑。那些流亡的孟什维克像他自己一样是反对过战争的,但他们不愿得出这样彻底的结论。他们认为拥护战争的各国社会主义政党犯了严重的错误,但认为他们还会改正错误;并且认为工人阶级差不多都跟他们的领袖一样已被社会护国主义的情绪冲昏了头脑。一个"清一色的"新国际绝没有团结工人阶级的可能,它定将是无力取代老组织的一个宗派而已。有些孟什维克反对战争是出于和平主义的信念,而不是出于革命的信念。大多数人曾经反对代表他们国家进行战争的沙皇,而不是反对战争本身。而且在俄国国内,一些孟什维克持更加强烈的护国立场。所有这一切不能不影响到马尔托夫。他夹在自己的信念与他创立的党派施加于他的拉力之间而感到左右为难。他悄悄地进进退退,试图弥合分歧,从进退两难中脱身出来躲进巴黎咖啡馆的氛围里。

在1914年这一年结束之前,战前的分歧又开始重新强加到新近的"国际

---

① 《呼声报》1914年11月24日、25日第62期和63期,顺便说一下,列夫·托洛茨基在1903—1904年间曾用 H. 托洛茨基做文章的署名。
② 同上,1914年11月28日第66期;1914年12月13日第79期。
③ 同上,1915年1月8日第100期;《列宁全集》第26卷,第18页。

第八章　大战与国际

主义的团结"上来。列宁坚定地认为，他的党整个来说是始终忠于国际主义的，而孟什维克中那些忠于国际主义的人，如马尔托夫和阿克雪里罗得，跟他们的门徒并不一致。不久，马尔托夫向阿克雪里罗得透露说，托洛茨基指责他马尔托夫，说他用马基雅维里式手段别有用心地磨砺孟什维克的斧头。马尔托夫的回敬则是采取屡试不爽的策略：他试图"恐吓"托洛茨基（马尔托夫自己这样说的），他说，如果他（指托）要与孟什维克决裂，就会置身于布尔什维克的支配之下，就会落入格里沙·季诺维也夫的手中（因那时候季诺维也夫在瑞士，是列宁的主要助手）。但是这种恐吓小孩子的鬼把戏却不像过去那样有效，马尔托夫说，他不得不用圆滑的外交手腕跟托洛茨基打交道，不得不像对待"玲珑小巧的瓷雕像一样"对待托洛茨基。①

托洛茨基尽管那时还不愿"落到格里沙·季诺维也夫的手中"，然而他渴望自己最终能摆脱这个可以追溯到八月联盟的旧联盟。1915年2月14日，他在《我们的言论报》（这份报纸已取代了《呼声报》）上发表声明，第一次公开叙述他与孟什维克不一致的内情，并透露，他甚至在两年前已拒绝给孟什维克的报纸撰稿，在社会党国际局上他拒绝代表孟什维克讲话；而且还透露说当时就拒绝计划在伦敦召开社会主义者同盟的会议上代表孟什维克。托洛茨基这样与八月联盟断绝关系，是他在走向布尔什维克的道路上迈出的有决定意义的第一步。②

其他政治老关系及友谊的纽带也同样突然断了。使托洛茨基个人最痛苦的是同帕尔乌斯绝交。帕尔乌斯刚刚宣布站在拥护战争的官方德国社会民主党领袖们一边，并且正在巴尔干地区为自己、也为德国政府的利益做大生意。这个马克思主义作家过去曾如此精辟地分析民族国家的过时和阐述国际主义，此时却蜕变成为"霍亨索伦王朝的社会民主党人"，蜕变成一个庸俗的、谋取战争暴利的市侩，这在当时确实是人们经历过的一个最令人震惊的变化。这对托洛茨基是一个沉重的打击：作为"不断革命论"的共同创立者，托洛茨基和帕尔乌斯的名字是并列在一起的；从1904年以来，帕尔乌斯参与了托洛茨基在报刊和政治方面的大部分活动。托洛茨基对帕尔乌斯总是寄予天真的期待，希

---

① 《阿克雪里罗得与马尔托夫书信集》，第309页，马尔托夫致阿克雪里罗得的这封信写于1915年1月9日。

② 《我们的言论报》1915年2月14日第13期；《阿克雪里罗得与马尔托夫书信集》，第315—317页。引起托洛茨基发表这一声明的原因是拉林在瑞士社会民主党全国大会上的一篇发言，拉林当时还是一个孟什维克。拉林称托洛茨基、普列汉诺夫和马尔托夫为组织委员会的三个领导人。

望他会与罗莎·卢森堡和卡尔·李卜克内西并肩作战反抗沙文主义在德国社会民主党内的胜利。

与其说托洛茨基感到愤怒不如说是感到伤心,他写了一篇《为尚健在的朋友而发的讣告》。在这篇文章中,尽管当时在他们之间已横亘了一条鸿沟,他还是为帕尔乌斯那浪费了的巨大才华而表示伤心和敬意。

> 且不谈这个现在以如此赫赫的笔名出现在巴尔干的人物,写下这几行文字的作者认为,给予此人以应有的评价,是事关作者本人荣誉的问题,因为在他本人的思想和智力的发展上得益于此人之处超过得益于所有其他老一代欧洲社会民主党人之处。……就是现在,我也看不出比以前有更多理由去否定那些主要由帕尔乌斯作出的判断和预见。

托洛茨基宽宏大量地回忆起他和其他人向帕尔乌斯学到的知识如何多以及他们为后者而感到如何自豪。特别是他感谢帕尔乌斯教导他"用清晰的语言表达清晰的思想"。但是"现在帕尔乌斯再也不是以前的帕尔乌斯了。此时他已成为正在巴尔干漫游的一个政治上的福斯塔夫,而且还诽谤他自己已死亡的幽灵"。① 不久,当帕尔乌斯在哥本哈根开办有德国宣传代理机关嫌疑的"社会学研究所"时,托洛茨基公开警告社会民主党人不要同它进行任何接触。② 当帕尔乌斯以致编者函的形式发出辩护信时,托洛茨基先打算予以发表,但后来改变了主意。③ 他断然同这个原先的朋友断绝关系;革命后,帕尔乌斯曾力图接近托洛茨基并主动提出要为苏维埃政府服务,托洛茨基对这些接近的表示置之不理。尽管如此,但这种交往的阴影不止一次地作祟:在1917年7月,即那个"大诬蔑的七月"作过祟,尔后又在托洛茨基反对斯大林斗争期间,在那些大诬蔑的年月中再次作祟。④

---

① 《我们的言论报》1915 年 2 月 14 日第 15 期。

② 同上,1915 年 10 月 5 日第 208 期。然而,当阿列克辛斯基利用托洛茨基的警告而诬称帕尔乌斯为德国特务时,托洛茨基写信给《人道报》,说明他指责过帕尔乌斯为社会护国主义,但他并不相信帕尔乌斯是特务,见同报。

③ 马尔托夫在自动辞去《我们的言论报》的职务时曾透露过这一点。马尔托夫:《致编辑的信》,载《我们的言论报》1915 年 11 月 9 日第 235 期。

④ 帕尔乌斯有钱,而且在魏玛共和国有不小影响,但却感到灰心,因而一再靠拢布尔什维克,直至列宁干脆不予考虑为止。列宁说:"苏维埃当然需要聪明的头脑,但首先需要干净的双手。"参见 M. 比尔(Beer):《国际社会主义五十年》,第 197 页。

1915年1月29日,《我们的言论报》开始出版。这是一份仅有两个版面的小报,偶尔出过四个版面。版面上满是新闻检查官删除后留下的"天窗"标志,然而仍有不少新闻和评论。这份报纸经常处于被检查官勒令停刊或由于本身的拮据而被迫处于停刊的危险中。编辑和撰稿者没有工资或稿费。排印工人的工资往往拖欠好几个月,但是半饥半饱的工人和担任编辑的政治流亡者都毫无怨言,继续工作,他们还常在流亡者集中的那些简陋的场所,如戈培林大街的俄国图书馆、蒙特玛特的俄国流亡者俱乐部或腓迪南·杜伐尔路的犹太工人图书馆中进行募捐。捐款都是几生丁、几苏而不是几个法郎,募捐所得全部都用来支付供应不足的纸张费用。然而《我们的言论报》却有一批出色的撰稿人,几乎每个人都将名垂革命史册;它作为报刊事业远胜于维也纳《真理报》,影响也大得多。如果有人对一位巴黎记者或政治家说,这份名不见经传的俄文日报在政治上的分量比所有法国林荫大道上的报纸更重,他定会认为这话是开玩笑。然而不出三年,在《我们的言论报》上阐述的思想会从彼得格勒和布列斯特-里托夫斯克传遍全世界。

这份报纸的主要创建人是安东诺夫-奥弗申柯(Антонов-Овсеенко),他是个党龄很长的孟什维克,前沙皇军队的军官,1905年曾率领一支部队起义,被判处死刑,但他逃脱了,加入了地下斗争的行列。1917年10月他率领赤卫队进攻冬宫,逮捕了克伦斯基的部长们,使布尔什维克的暴动取得胜利。这位未来的政治部主任身材瘦小,眼睛近视,秉性活跃而富有想象力,他当时运用他的创造力在种种不利条件下使这份报纸得以存在下去。他"显示出来的坚强和乐观,甚至使并不缺乏这些品质的托洛茨基都为之吃惊"。① 他是托洛茨基一生中用以取代旧友情的一位新交朋友:1923—1925年间,安东诺夫-奥弗申柯是托洛茨基反对派的领袖之一。

邀请托洛茨基和马尔托夫共同担任《我们的言论报》的编辑的人显然是安东诺夫-奥弗申柯。起初托洛茨基没有答应,因为他怀疑这份报纸的用意只是为孟什维克的狭隘目的服务。② 但他最后承担起共同编辑的职责,而且,在他同马尔托夫的不断争论中,他自己的观点对《我们的言论报》所起的影响如此强大,以至于人们都认为这份报纸是他个人的领地。造神派的布尔什维克卢那察尔斯基一度曾背离过列宁,后来成为革命的杰出的教育人民委员,他当

---

① 阿·罗斯默:《大战期间的工人运动》,第244—249页。
② 《阿克雪里罗得与马尔托夫书信集》,第319页。

时也曾为这份日报工作过,有时还在托洛茨基与马尔托夫之间充当调解人。梁赞诺夫也从维也纳来到巴黎,是《我们的言论报》的台柱子之一。洛佐夫斯基是未来的红色工会国际领袖,当时是巴黎的一个犹太制帽工人小工会的领袖,他全面了解法国的政治和工团主义的发展。布尔什维克的召回派分子曼努伊尔斯基(Мануильский),未来斯大林主义的共产国际领袖和乌克兰的外交部长,当时用别兹拉波特尼埃——"失业者"这个笔名写稿,他的唯一"职业"就是《我们的言论报》的发行人,挂名的主编,在法律上对当局负责。他用第一流喜剧角色的激情讲述他编造的诙谐轶事,使编辑部人员十分开心。安热利卡·巴拉巴诺娃是半俄罗斯半意大利的社会主义者,她在《我们的言论报》上揭露她的老朋友兼门徒墨索里尼,是她使墨索里尼脱离贫民区成了意大利党的显要的,而墨索里尼当时却力主中立的意大利参加战争。巴拉巴诺娃还把比较重要的托洛茨基的文章翻译成多种语言,特别是译成意大利文,从而帮助意大利社会党中的大多数人坚持反对战争。《我们的言论报》的编辑队伍还包括以下诸人:后来十月暴动的主要组织者之一索柯里尼柯夫,《布列斯特-里托夫斯克和约》的签署者、财政人民委员及外交家、历史学家波克罗夫斯基,还有几个著名的波兰社会民主党人。

  在编辑部以外的撰稿人中,首先应当提及的是驻伦敦记者契切林(Чичерин),他是俄国头号贵族家族的后裔、前沙皇大使馆秘书,他放弃外交生涯,暗中培养他一生对革命、音乐及历史的伟大激情。多年来,他是巴黎法国社会党蒙特派纳斯支部所熟悉的人物。他常常裹着一件西班牙式的大斗篷,午夜前在那里出现,斗篷的衣袋里装得鼓鼓的是书籍、小册子及期刊,数量惊人,而且他还常在那里花上一小时的时间从容不迫地对那些愿意倾听他的人发表他的观点,并把他从衣袋里的参考文库中摘引的引文作为论据。他在后来担任苏维埃共和国的外交人民委员时仍保留着这种像蝙蝠一样夜间活动的习惯和对尖锐而又从容不迫地辩论的爱好。契切林在巴黎时还是一个孟什维克,但是他太孤僻、太倔强,没有使自己卷入流亡者的政治旋涡中去,因此甚至没有人猜测得出隐藏在他身上的才能。战争使他留在伦敦。托洛茨基在一篇看来未曾发表过的回忆录中说,契切林从伦敦写来的通讯是用一种并不明确的社会护国主义精神写的,但却是这样罕见的敏锐和有创见,以至于托洛茨基乐意把它发表在报上。① 大战后期，契切林在英国因其反战宣传而遭拘捕。

亚历山德拉·柯伦泰（Александра Коллонтай）和莫伊谢·乌里茨基两人以前都是孟什维克，但厌恶"社会护国主义"并迅速接受了布尔什维主义，他们程度不同地经常从瑞典和丹麦来稿，柯伦泰后来是列宁的初期政府中的国家救济人民委员，而乌里茨基——他曾在维也纳《真理报》工作过——后来成为1917年最重要的布尔什维克领导人之一。撰稿人名单中还包括有：费多尔·罗特施坦（Фёдор Ротштейн）（英国宪章运动史家，未来的苏联驻波斯大使）、拉狄克、拉柯夫斯基和未来的苏联驻伦敦大使马伊斯基（Майский）。拥有这样一群杰出撰稿人的报纸是罕见的。

编辑部的成员都一致反对大战和"社会护国主义"；不过，除此以外，他们却代表各种各样的不同意见。每天上午在印刷所里举行的编辑会议最后都发展成为热烈的辩论，这些辩论也在报纸的各专栏中反映出来。情况往往是：对外的一致实际上掩盖着思想观点和方法的分歧，争论所涉及的问题表面看来并不相干；而辩论往往变成激烈的争吵。如果这些争吵并不显示出即将成为大党及群众运动的领导集团与个人的重新组合，我们尽可不予理睬。在此关键时刻，托洛茨基的这份报纸仅次于列宁的《社会民主党人报》，成为最重要的革命实验室。报上热烈争论的问题关系到如何划清国际主义者与社会护国主义者之间的分界线。这条界线应划在什么地方？如何坚决地划分？以划到什么程度为定局？那些集团和个人企图答复这类问题时不是彼此接近起来，就是分道扬镳；其中有些人开始时似乎意见一致，但到最后，却发现自己已站在那条界线的这一边或那一边了。

一般说来，有三个集团设法影响《我们的言论报》。马尔托夫尽力要把他忠于社会主义的国际主义与忠于孟什维克调和起来；然而他逐渐把对布尔什维克的旧日怀疑转为怀疑列宁倡导的单一"生硬"的国际主义。在另一极端的是布尔什维克主义的回头浪子曼努伊尔斯基和洛佐夫斯基，其次还有卢那察尔斯基，战争的冲击正把他们推回到列宁身边来。托洛茨基处于中间位置，他试图约束亲布尔什维克集团，又要说服马尔托夫应与孟什维克的社会护国主义者割断关系。卢那察尔斯基说："编辑部会议在长时间的争论中拖延下去，在这一过程中，马尔托夫的意见的灵活性令人吃惊，而且他总是用躲躲闪闪的狡猾

---

① 托洛茨基档案。

手法避而不作明确的答复。……托洛茨基常常非常生气地攻击马尔托夫。"① 其实，马尔托夫在第一期报纸上曾斥责过他的一些追随者;② 但几个星期后他却争辩说，指责"社会护国主义者"背叛了社会主义，这是错误的。③ 于是亲布尔什维克集团愤然转而反对马尔托夫；托洛茨基尽管在争论中很生气，但仍然避免同马尔托夫决裂。

然而最近的事变及欧洲社会主义的不断瓦解迫使托洛茨基在思想上回顾过去的争论，用他自己的话来说，是"用新眼光去看列宁"。这一改正尽管是渐进式的，其间也有微小的迂回曲折，但也可以在《我们的言论报》上他所写的文章中找到蛛丝马迹。例如，1915 年 7 月，他曾承认说：战前俄国党内的分裂和当前的争论有密切的关系，并且承认布尔什维克在俄国社会主义中已成为国际主义部分的核心。但是他仍然怕他们一心要支配非布尔什维克的国际主义者。④ 马尔托夫反对这种言论以及类似的说法，对托洛茨基在报上提出的方向拒绝承担责任，而且以辞职相威胁。同时，列宁则无情地批判托洛茨基，说他的国际主义纯粹是口头上的，因为这并不妨碍他和孟什维克的社会护国主义者合作。

在这场争论中，发生过一件当时的重要事件，托洛茨基在其中起过主导作用。1915 年 9 月 5 日，在瑞士伯尔尼市郊外山间的齐美尔瓦尔德村举行了社会民主党人的国际会议，这是战争爆发以来举行的第一次国际会议。举行国际会议的倡议是由意大利社会党人提出来的，他们过去一直蔑视战前的国际，不想召集会议。这一年早些时候，意大利社会党代表奥迪诺·莫尔加利（Ordino Morgari）去巴黎要求国际主席比利时社会党人王德威尔得召开执行局会议，王德威尔得回答说："只要德国士兵奉命居住在比利时工人的家里，就谈不上什么召开执行局会议。"莫尔加利问道："那么，国际岂不成了协约国手中的人质了吗？"王德威尔得回答说："不错，是人质！"当时莫尔加利要求至少召开一次中立国社会民主党的大会。当王德威尔得对这一建议也加以拒绝时，这位意大利代表向马尔托夫、托洛茨基及瑞士社会民主党人提出建议，要召开一次独立于老国际的大会。成为第三国际先驱的运动就这样产生了。⑤

---

① 阿·卢那察尔斯基：《革命家剪影》，第 23—26、68 页。
② 《我们的言论报》1915 年 1 月 29 日第 1 期。马尔托夫在该期上表示跟彼得格勒出版的孟什维克期刊《我们的曙光》断交。
③ 同上，1915 年 3 月 5 日第 31 期。
④ 同上，1915 年 7 月 23 日第 146 期。
⑤ 托洛茨基在《我们的言论报》1916 年 5 月 10 日第 109 期上叙述过齐美尔瓦尔德大会的准备工作。

第八章　大战与国际

托洛茨基从法国前往瑞士齐美尔瓦尔德时用的护照

来自交战国和中立国的 11 个国家的 38 位代表在齐美尔瓦尔德集会，重申他们的国际团结。① 以几位在德国国会中有影响的议员为首的德国代表团带来身陷囹圄的卡尔·李卜克内西狱中的贺信。法国代表团给人的印象不太深，因为法国党内的反军国主义的团体力量薄弱，到会的只有几个工团主义领袖。列宁代表布尔什维克，阿克雪里罗得代表孟什维克，拉柯夫斯基和柯拉罗夫（Коларов）来自巴尔干，还有从波兰、瑞士、荷兰、意大利及其他国家来的代表。在正常时期不会认为这样的集会具有很大的代表性，但在那些连交战国公民间相互接触都是犯罪的日子里，只要著名的工人领袖们隔着有刺铁丝网和流血的战壕"握起手来"，对所有交战国的政府就是空前的挑战。

然而，大会的参加者在目的方面并不像他们的决议所表明的那样一致。大会的多数派是和平主义者，热衷于重申他们的信仰，而不想走得更远。以列宁

---

① 大会开幕前，俄国人开会讨论他们的代表问题。《我们的言论报》派出三个代表：马尔托夫、托洛茨基和曼努伊尔斯基，他们代表编辑部人员中的三种立场。列宁质疑他们的证书，因而马尔托夫和曼努伊尔斯基弃权，支持托洛茨基。大会在只有列宁一人反对的情况下通过允许托洛茨基出席并给予他完全的表决权的决定。托洛茨基在《我们的言论报》1915 年 10 月 9 日第 212 期上讲到这一点时稍含不满。

为首的少数派第一次作为国际的,而不只是作为俄国社会主义潮流的主角站出来,它力主大会要对所有交战国政府采取失败主义的立场,号召人民"变帝国主义战争为国内战争",宣布需要一个新的国际。对此,多数派加以拒绝。托洛茨基虽不愿赞同列宁的革命失败主义(他写道:为了社会主义的利益,战争应以没有胜利者与被征服者而告终),但在大多数观点上他是和少数派一致的。此外他认为,为了使大会能一致谴责战争,应当越过这些分歧。对此每个人都赞同,因而要求托洛茨基起草一份原则性的声明,这份声明不久就成为闻名于世的《齐美尔瓦尔德宣言》。他在这份《宣言》中激动人心地描绘了使欧洲对垒的困境,指出责任在资本主义制度、各国资本主义政府以及自动叛变的社会民主党;他号召劳动人民从沙文主义的陶醉中清醒过来,结束屠杀。声明尽管振奋人心,但结论并不明确。它没有要求用国内战争来结束帝国主义大战,也未对一个新的国际作出展望。大会一致通过了这个《宣言》,但列宁集团在记录中留下它对此有所保留的声明。最后选出国际委员会,虽还没有指明反对第二国际。这个国际委员会后来成为第三国际的核心。

全凭运气不错,托洛茨基才能安全回到法国。在边界上他的行李被打开检查,他在行李里带有齐美尔瓦尔德大会的全部文件。一个检查人员把文章拿起来,但是看到最上面的一页上有引人注目的一行护国标题《沙皇万岁!》,他就不耐烦再检查下去了。在齐美尔瓦尔德会议期间,托洛茨基已给文件做了伪装的封面,同时复制了从法国半无政府主义转变为护国者的古斯塔夫·埃尔韦(Gustave Herve)的文章中摘出的那些字句。在巴黎,新闻检查机关查禁了关于大会的报导。托洛茨基在《我们的言论报》上写道:"大会还是举行了,检查官先生,而且这是一个重要的事实,法国报纸不只一次写道,卡尔·李卜克内西挽救了德国的荣誉。齐美尔瓦尔德大会挽救了欧洲的荣誉。"托洛茨基继续写道:"一位迟钝的教授在《辩论报》上曾写道,大会并无意义,这给了德国以安慰;莱茵河对岸的一位同样迟钝的教授却写道,大会并无意义,这给了协约国以安慰。如果大会这样不中用,这样没有意义,为什么每逢说到大会,你们的上司就禁止呢?为什么你们自己不顾所有禁令,不得不开始讨论这次大会呢?先生们,你们还会讨论这次大会的。……根本没有任何力量能把这次大会从欧洲的政治生活中抹掉。"① 这篇文章被新闻检查官大肆删节,报纸上开

---

① 《我们的言论报》1915年10月19日第218期。

天窗的空白所占的篇幅比印出来的内容还多。

托洛茨基来到巴黎以后几乎从一开始就和法国的一些反军国主义团体保持着联系，先和马尔托夫一起，后来独自一人，这些团体主要是以阿尔弗雷德·罗斯默（Alfred Rosmer）、皮埃尔·莫纳特（Pierre Monatte）、布尔德隆（Bourderon）及梅尔黑姆（Merrheim）为首的工团主义者团体，他们后来建立了法国共产党。托洛茨基按时出席这些团体的每周会议，这些团体受到警察严密的监视。他的政治经验使他们获益匪浅；他对他们说明战争背景及外国工人运动的发展；他激励他们提出自己的政策方针，使他们投入齐美尔瓦尔德运动。因此他起了法国共产党的"教父"作用，在以后的岁月中，他同法国共产党保持着密切的联系。

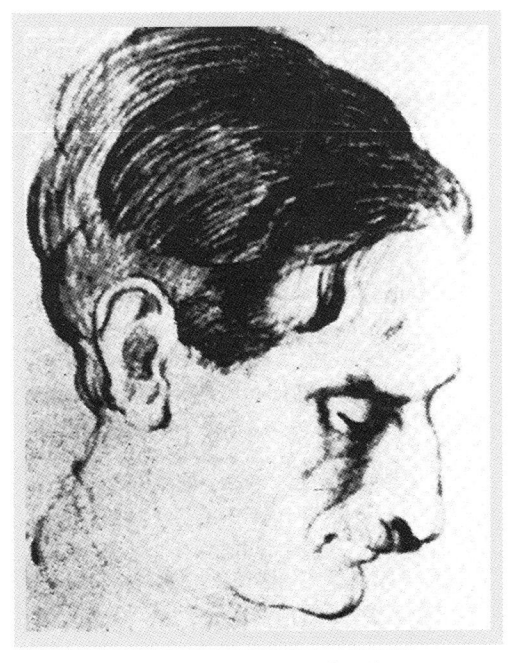

阿尔弗雷德·罗斯默画像

除了这些活动外，他继续为《基辅思想报》写通讯，以此谋生。《基辅思想报》拥护战争，因此他在文章中不得不小心地看风使舵，避免与该报关系破裂。《基辅思想报》的编辑非常乐于发表巴黎通讯中对德国帝国主义的谴责，但对协约国的批评则不欢迎。托洛茨基能告诉俄国国内读者的真相只是他见到的一半，即用某种方式设法使之适合俄国官方政策的那一半真相。遇到机会时，他就设法用某种方式使机灵的读者会推测到另一半遭到封锁的事实。对《齐美尔瓦尔德宣言》的作者来说，这种处境是很难堪的；因此他越来越局限于写报导和严格的军事述评。

这个齐美尔瓦尔德分子公然蔑视世界上的强权，而他写的宣言传遍了全欧洲，但他并没有摒弃报纸的工作。他到法国南方和英吉利海峡的港口去搜集种种现象，测定战线后方的情绪。他像曾在巴尔干战争中干过的一样，访问医院，跟伤员交谈，在法国小城镇的咖啡馆和市场上跟英、法士兵混在一起。他怀着永不衰退的好奇心倾听着战时难民——比利时人、法国人和塞尔维亚人的惨痛陈述，他们的经历记满了他的笔记本。回到巴黎，他在罗通德咖啡馆里一天总要读20来份欧洲的报纸，在一天中的几乎任何时候他都可以在这家咖啡馆里找到马尔托夫。从罗通德出来后，他奔到图书馆去研究重要的英、法、意、德、奥和瑞士的军事期刊和著作。他在这些旅行和研究中得到了放松，并恢复了精力，也为他日后将负的重任预先作了准备。如同汉普夏掷弹兵团上尉的经历对罗马帝国史学家吉本（Gibbon）不无用处一样，认真严肃的军事记者的经历后来对这位红军的缔造者是很有用的。

自从他后来在政治上的声望失色以来，他《全集》中重版的军事通讯也被人们一起忘掉了；然而它们和他在内战年代的著作合在一起，应能为他在军事思想史上赢得一席之地。同几乎所有认真探究军事问题的马克思主义者一样，他也深受克劳塞维茨的经典战略思想的影响。尽管他不是职业军事家，但是他具有超过当代克劳塞维茨派和反克劳塞维茨派的军事专家的优点，这一优点就是，他看到武装冲突的背后还有经济实力和政治制度的较量，此外他对交战各国的士气具有更为敏锐的眼光。

几乎从战争的头几个星期起他就跟专家的普遍意见相反，他预见到壕堑战是持久流血的对峙，嘲笑德国那些把希望寄托在他们军队的进攻力量上的克劳塞维茨的追随者。① 但他也不同意法国人特有的对纯防御战略和消耗战的幻想。他指出，他们的防御观会一再迫使法国人进行代价沉重而无功效的进攻，消耗战只会比常规战流血更多，而不会更少。他说明军事的对峙是两个敌对联盟双方经济资源的均势造成的结果。我们在这里只能直截了当地总结说，这种分析方法使他在大战的头三年里能以罕见的准确性预见到连续军事行动的进

---

① 《托洛茨基全集》第9卷，第7—15页。

程。他把无情的战略僵局的前途和革命的前景联系起来,因为他认为,壕堑战的对峙几乎会无限期地拖延下去,会逐渐削弱旧社会的基础,终将促使人民失望和造反。他的确也有时指望战略和科技的发展会打破僵局,但战争不到最后是不会打破僵局的;他差不多预见到坦克的发明。① 然而,从整体来看,如此漫长而千真万确的势均力敌和不断自相残杀的噩梦给他的军事思想投下阴影;甚至在大战的最后一年也仍然如此,正如我们以后将看到的,这使他在那一年犯了重大的判断错误。

即使在他独立观察战争的进程、渴望吸收军事理论的时候,流血和发狂的欧洲悲剧仍在支配他的思想。这样全神贯注于战争中"人的因素",使他的军事著作远在内行人的水平以上。例如他的文章《带刺铁丝网与剪刀》就是一篇对壕堑战进行技术性研究的论文,其中同时又直观而富于想象地设想它对卷入壕堑战的庞大军队的心理影响。几乎令人难以置信的是,这篇文章的作者甚至连战壕也没有见过——他竟能这样详细地洞悉战壕的陌生环境,使雷马克(Remarque)、茨威格(Zweig)、哈塞克(Hasek)、谢里夫(Sheriff)、巴比塞(Barbusse)、格拉塞(Glaser)及其他作家在战后写的自传体小说和剧本都大受启发。

我们曾反复提到,托洛茨基著作的命运以及人们阅读或忽视他的著作的程度,如果同他的政治命运或同仅仅因他的姓名引起的同情和反感没有那么密切的关系的话,那么单凭他这些文章的力量也会使他在文坛上流芳百世。他的叙事作品尤其如此。在这些作品中,他常常记述一个士兵的冒险经历,借此揭示战争的某些重要方面。例如,1915年2月他在加来写的《比利时史诗中的第七步兵团》中,他描写了鲁汶大学一个法律系学生德·巴埃的经历,他把被入侵并被占领的比利时的全部戏剧性都集中表现在德·巴埃这一人物身上了。他从大战爆发起就注意这个青年律师,通过对动员的混乱、战斗、退却、包围、脱逃这一连串不可思议然而却十分普通的场面的描写,使人们看到和感到被侵略人民那自然高涨的爱国主义、他们的苦难、惊慌失措和偶发的英雄主义——那种悲剧与喜剧交织在一起的英雄主义。但最触目惊心的还是战争中那

---

① 他曾预测战后军事领导人会忘记或者忽视这种决定战争结局的新武器,其实他也就几乎是断言在第二次世界大战前夕英法总参谋部对坦克的忽视。参见《托洛茨基全集》第9卷,第190页。当源于法国在第一次世界大战的经验的马其诺防线开始出现时,他事先就用讽刺挖苦的话驳斥这一幻想。"法国(防御)的胜利如此明显,不但使军事专家,而且使……和平主义者都心悦诚服,其中有一个……得出妙不可言的结论:如果用连续不断的战壕加固并用强大的电流划分国界,就会完全消灭战争,这是一个可怜、堕落的和平主义者,他竟然要在战壕里寻找避难所。"同上引书。

些无穷无尽的荒唐行为。大学生德·巴埃在战壕中经历过骇人听闻的折磨,后来他被选派到军事法庭为士兵伙伴们充当辩护律师;他回到战壕,无意中立了战功,人们以隆重的仪式给他授勋。以后,他的连队被围困,几乎只有他一个人安然无恙地活了下来,只是在紧张中丢了眼镜。他被送到法国的一家医院。因发现他是高度近视而不宜当兵,就让他退了伍。他在外国被军事机构抛弃后根本找不到工作;作者遇到他时,他正处于食不果腹、衣衫褴褛的境地。因为故事非常现实、朴素,读起来就像现代化了的《战争与和平》一书中的断片。作者没有进行宣传,他的主人公也不是无产阶级,被侵略的比利时人的爱国感情和作家的政治观点似乎矛盾,但他用如此强烈的同情去描写,使故事也许非常适合列入沦亡的比利时的爱国文选;给人印象最深刻的是他暴露了战争的荒唐。

《一个塞尔维亚人的笔记》是用同样风格写的。文章把另一个小国史诗的焦点集中于托多尔·托多罗维奇这一人物的历险上。这个小国先是受到列强的奉承,尔后被列强利用、剥削,再往后遭到列强的蹂躏。托多尔·托多罗维奇是受奥地利统治的巴拿特的塞尔维亚农民,他从奥军中开小差逃出来,拖着沉重的步伐随同撤退的塞尔维亚军队走过正在燃烧的乡村和冰封的大山。他经常处于危险中:不是被奥地利人当做逃兵或塞尔维亚叛徒,就是被塞尔维亚人当做奥地利奸细,总有被枪决的危险。他每次都悲喜剧式地逃脱掉,继续跋涉,盯着但丁式的恐怖情景,直到他几乎成为在这冲破文明薄壳的原始野蛮的暴行中绝望之人的象征。[①]

托洛茨基在他的其他文章中,例如在《战争的心理困惑》中努力探索欧洲人在大屠杀中的内心状态。他推想战壕里的人不容易使自己适应"正常"的社会:

> ……目前的灾难将会在几年、几十年、几百年中喷发出血腥的辐射,未来的几代人将据此看待他们自己的命运,正如欧洲迄今一直感到法国大革命和拿破仑战争的辐射一样。然而那些遥远的事变……同我们现在正进行或经历的事变,特别是同我们面临的事变比起来是多么渺小。人的精神

[①] 《托洛茨基全集》第9卷,第87—112页。托洛茨基在《我们的言论报》(1916年5月16日)上问:"把讽刺的镜子放在资产阶级欧洲面前的现代斯威夫特在什么地方?"他讽刺地描写了德国和法国的大使、总参谋长和学究们如何各自为自己护国的目的力图利用塞万提斯的诞辰纪念。

倾向平庸，只是慢慢而勉强地向这些巨大事变的高峰攀登……这种精神本身不知不觉力求要缩小事变的意义，以便能比较容易吸收。……并不是我们的头脑动机产生重大的事变；相反，是从客观历史的巨大力量的结合、联系及相互作用中产生的事变，迫使我们呆滞而懒散的头脑慢吞吞地蹒跚着自我调整，以适应事变。对这个已经成为我们的第二天性的妄自尊大是如此不幸的事实，文明各国当前的命运用全部枪炮武器的轰鸣声大声抱怨。①

* * *

到1915年年底，齐美尔瓦尔德运动的裂痕已经加深。以列宁为首的少数派愈来愈强调要与和平主义的社会民主党人以及试图保持中立的那些"中间派"分子断绝关系。各交战国得到"社会护国主义者"的支持，着手镇压齐美尔瓦尔德运动，把这一运动的领导人及其拥护者关起来或送往战壕，争论因而渐渐激烈起来。杜马中孟什维克代表的行径——对布尔什维克代表进行审判

1915年，流亡西伯利亚的布尔什维克派合照。站立者左起第二人为斯潘达梁，第三人为斯大林，第四人为加米涅夫，第五人为彼得罗夫斯基，第六人为斯维尔德洛夫。坐者左起第二人为斯潘达梁夫人

① 《托洛茨基全集》第9卷，第244—248页。这段话写于1915年9月。

并把他们流放到西伯利亚,激怒了俄国流亡者的感情。孟什维克代表的领袖,格鲁吉亚人齐赫泽（Чхеидзе）曾在杜马讲到齐美尔瓦尔德的情况,他为齐美尔瓦尔德运动作辩护时态度如此敷衍塞责、模棱两可,以至于他的辩护等于否定。列宁立即斥责齐赫泽,并且坚持认为齐美尔瓦尔德运动的每一个俄籍成员都应当对之加以斥责。

当俄国国内的维拉·查苏利奇和波特列索夫像普列汉诺夫一样出来拥护战争时,使争论变得更加激烈。这对托洛茨基是一个新的打击,使其幻想破灭。当初,由于忠于这些党的老战士,他和列宁产生纠纷;此时,他虽已比老战士更成熟而且也跟他们发生过分歧,但他仍然没有减少对他们的忠诚。这时他看到他们（除流亡国外的阿克雪里罗得以外）都在"背离事业"。他在战前和齐赫泽在政治方面也一直有联系：他在1913年写的一封信中说"列宁是吵架大师……是利用俄国工人运动落后性的行家……"①。这封信就是写给齐赫泽的。当时托洛茨基还是试图为齐赫泽的行为开脱；但是他与维拉·查苏利奇绝交时和他与帕尔乌斯绝交时的心情一样沉重。②他不只一次地不得不自问,是什么使老近卫队员放弃了他们的原则？列宁摒弃他们而走自己的路是否始终是不对的？

托洛茨基在自传中陈述说他向布尔什维主义的演化是一个主动向列宁愈来愈靠拢的过程,而对若干为《我们的言论报》撰稿的人给他的影响并未作任何公正的评价。《我们的言论报》的文章表明的真实情况是：编辑部中的亲布尔什维克的人员促使他向这条道路迈进。尽管这些人员与他相差甚远,但是他们在掌握改组分化的趋势方面却比较敏捷,而且力劝他放弃旧时的忠诚而从新形势中得出结论。③

　　(他们中的一个写道) 一个人不应也不必同样抱有列宁集团的宗派偏见……但是不能否认……在俄国,在政治行动最激烈时,所谓列宁主义本身是没有宗派特征的……而且与《社会民主党人报》(列宁的报纸)有关

---

① 这封致齐赫泽的信是在1921年俄国内务部的档案中发现的。主管党的档案工作的奥里明斯基致函托洛茨基,询问该信是否应该发表。托洛茨基建议不要公布该信,他说,重提以往的争执是不明智的,尤其是他并不认为他所写的反布尔什维克的文章书信都是错误的。参见托洛茨基1921年12月6日致奥里明斯基的信,托洛茨基档案。
② 《我们的言论报》1916年3月9日第58期。
③ 当1929年托洛茨基写他的自传时,前《我们的言论报》撰稿者中的大多数亲布尔什维克的人都站在斯大林一边反对托洛茨基。

的工人团体现在在俄国是唯一积极的、一贯的国际主义力量。……那些游离于派别之外的国际主义者，除了同列宁主义者结合外别无出路，在大多数情况下就是加入列宁的组织。……当然，经过这样的合并，我们会失去某些宝贵的特点，但是阶级斗争精神并不生活在书本的实验室里，而是在群众政治斗争的动乱和紧张中，只有在这里它才能振奋起来、勇往直前。①

另一个撰稿人以前是孟什维克，他力图说明为什么创立俄国社会主义的前辈会变为"社会护国主义的机会主义者"。这些前辈以批判民粹派唯意志论的空想社会主义开始他们的政治与写作生涯，这给他们的观点留下持久的影响。他们和民粹派争论时把全部注意力集中在"客观条件"上，即从历史角度来看，什么在俄国是可能的，什么是不可能的，这样就使他们成为自己的宿命论的奴隶。孟什维克在分析俄国的社会条件和试图使运动欧洲化方面无疑是有功的（这些功劳——作者补充说——是托洛茨基的《真理报》和孟什维克所共有的）。但是孟什维克完全忽略了培养革命意志，即在其活动的社会条件范围内改变该社会条件的革命决心。决心和行动的原则对马克思主义学说来说是和社会条件决定论同样重要的；而这一原则（作者这样总结说）已在列宁集团中具体化。这就是为什么事变的潮流使孟什维克漂到社会护国主义的下场，而使布尔什维克有力量抗拒潮流的原因。②

曼努伊尔斯基和洛佐夫斯基，特别是前者仍按同样的方式争论，仍然拒不承认列宁主义是"新国际主义者意识形态的既成的、圆满的形式"，仍然批评列宁主义的"狭隘的民族偏见和生硬、粗暴"；然而曼努伊尔斯基却坚决认为，由于布尔什维主义强调决心和行动，它理所当然地成为俄国革命运动的核心。他写道："在革命主动性方面，历史已把俄国工人阶级摆在比西方无产阶级更为有利位置上。历史赋予我们的使命和义务比赋予欧洲工人的更为崇高。"尤其迫切地是要找到和列宁集团的共同语言。曼努伊尔斯基谨慎地、不点名地批评托洛茨基试图为齐赫泽及其他孟什维克代表的模棱两可的行为辩解。③

所有这些影响对托洛茨基的作用是显而易见的。如果说就连像曼努伊尔斯

---

① 《我们的言论报》1916年1月19日第15期。
② 这篇文章的作者是波兰社会党人K. 扎列夫斯基，他在战前和孟什维克取消派站在一起。《我们的言论报》1916年2月11、12日第35、36期。
③ 《我们的言论报》1916年3月29日至4月1日第75—78期。在这几期中托洛茨基继续在不署名的社论中为齐赫泽辩护。

基这样的人都对布尔什维克的"宗派主义"及其特有的俄国性怀有厌恶感，那么这种厌恶感在托洛茨基心里就更为强烈了。但是他也宣传要和"积极而有影响的列宁集团"密切合作，尽管他仍然怕和他们单独在一起。① 当他把跟布尔什维克建立友好关系作为编辑方针的原则时，马尔托夫在经过多次的"最后通牒和反最后通牒"之后，终于不满地退出了《我们的言论报》。② 托洛茨基就是这样又断绝了他与一个老朋友的友谊，就是这样再向列宁和第三国际靠近了一步。

然而，不仅是托洛茨基，甚至连列宁还都没有下决心立即退出第二国际。1916年春，第二国际的领袖们因齐美尔瓦尔德运动引起的反响而惊恐起来，他们终于在海牙召开国际局会议。洛佐夫斯基在《我们的言论报》上强烈要求俄国社会民主党人抵制这次会议，或者参加会议也只是为了示威性地宣布：不再参加战前的国际组织。托洛茨基在答复中要求采取比较谨慎的态度，这一答复对第三国际的历史学家相当重要，托洛茨基说："……我们左派身后如果有群众，也许可能采取抵制海牙会议的立场。或者像洛佐夫斯基过早对结局下判断因而片面地劝我们做的那样，我们到海牙去只是为了进行示威……但是工人运动的内部调整迫使我们在他们的国际（第二国际）中暂时采取左派的立场也是有可能的。"③ 托洛茨基回忆说齐美尔瓦尔德运动的产生并非是因为明确试图要建立一个新的国际。托洛茨基在这个问题上的态度不及列宁那样明确。1916年4月底，列宁获准参加在瑞士昆塔尔召开的齐美尔瓦尔德运动第二次大会。托洛茨基没有出席——因为当时法国当局不许他过境。但是他不顾猖獗的检查制度，在《我们的言论报》上声明他和昆塔尔决议一致。④

仍然使托洛茨基与列宁有隔阂的是在一些更大问题上的分歧。首先是对革命失败主义的看法不一致。托洛茨基写道："革命并不关心什么积累更多的失败。"而列宁则阐明了俄国的军事失败有利于革命这一观点。从表面上判断，在这里似乎是两种截然对立、彼此冲突的观点；未来的斯大林派的历史学家就把事情说成这样。实际上这是宣传的重点不同，而不是方针政策的分歧。列宁和托洛茨基两人都力主社会民主党人要把战争转变为革命并要在工人和武装部

---

① 《我们的言论报》1916年4月14日第89期。

② 同上，1916年4月19日第93期。

③ 同上，1916年4月23日第97期。托洛茨基为维护自己的立场引用布哈林主编的布尔什维克杂志《共产党人》所表示的相同意见。

④ 同上，1916年5月12日第111期和5月17日第115期。另见1916年9月2日出版的那一期。

队中传播他们的思想观点,即使这样会在军事上削弱他们的国家。双方一致认为对本国失败的担心不应使社会民主党人不履行自己的职责。尽管列宁对其失败主义观点的强调带有刺激性,但他并不要求追随者去进行或者鼓励别人去进行破坏、开小差或其他严格意义上的失败主义活动。他不过是在论证:虽然革命的鼓动会削弱俄国的军事力量,但俄国社会民主党人从职责和道义上必须进行这种冒险,以期德国革命家会同样行动,从而最后使所有帝国主义政府由于国际主义者的共同努力而遭到失败。在革命从一个国家向另一个国家推进的过程中,任何一个国家的战败都将是一件微不足道的小事而已。托洛茨基,和他一起的还有列宁的不少追随者,绝不把革命的命运完全与战争失败联系在一起。① 托洛茨基论证说,无论军事形势如何,都要充分宣传和准备革命。以各人所持的观点来看,双方的态度都各有其优点与不足。托洛茨基的非失败主义并不会事先招致别人指责说,这位国际主义者是在帮助敌人,使敌人舒服。列宁的态度尽管在策略上有其明显的不便之处,但能更有利于使革命家对好战的护国主义产生免疫力,更有利于在他与他的对立面之间筑起一道难以逾越的障碍。而在1917年,反战态度的这两方面互相融合时,在布尔什维克的政策上并没有引起争论或不和。

另一场争论是关于"欧洲联邦"问题。"欧洲联邦"虽然被视为托洛茨基主义的标志,但列宁早在1914年9月在他自己论社会民主党人的战争政策的文章中已经包含了这一点。"欧洲联邦"集中体现了列宁和托洛茨基两人不可动摇的希望,他们希望大战结束时无产阶级革命会席卷整个欧洲。但列宁却反对托洛茨基提出这一思想的方式,因为托洛茨基有时似乎暗示说,只有在欧洲起义的同时俄国才能爆发革命。列宁指出,这一观点可能会成为消极无为的借口,因而可能会引导任何国家的社会民主党人消极地等待"别的国家开始革命";或者它可能含有和平主义的幻想,幻想欧洲联邦能在资本主义而不是在社会主义基础上建立。列宁写道,社会主义革命可能首先在少数甚至在单独一个资本主义国家内获得胜利,因为政治、经济发展的不平衡是资本主义的绝对规律。② 托洛茨基曾给这种批评提供过某些依据,当时他由于展望一个统一的社会主义大陆的壮丽远景而难以自制,曾争辩说,大战瓦解了民族国家,也破

---

① 《我们的言论报》1916年3月21日第68期;《社会民主党人报》第50期。
② 《列宁全集》第26卷,第367页。

坏了革命的国家基础。① 如果没有忘记托洛茨基全部论据的倾向，那么，列宁对这些话所作的解释显然是不正确的，因为托洛茨基一贯论证说，俄国革命会首先胜利，而俄国革命的胜利会促进其他国家的革命。

对列宁的批评，托洛茨基回答说："任何一个国家在斗争中绝不应该袖手等待别的国家先动手，这是一个首要的思想，反复阐明这一首要思想是有益的。……我们不等待别人，而是必须在我们国家领土上开始斗争，完全确信我们的首创性对别的国家……会有促进作用。"② 他继续发挥一个论点，而这一论点包含着不是与列宁，而是与列宁的继承者争论的萌芽。托洛茨基写道：确实，资本主义的发展是"不平衡"的；所以革命可能先在一个国家内取胜。然而，发展不平衡本身就是不平衡的，某些欧洲国家在经济、文化上比其他欧洲国家先进；但欧洲作为整体比亚洲或非洲更进步，因而社会主义革命也更成熟。所以不必去仔细考虑革命会不断或长期孤立在一个国家中的前景。没有必要陷入"民族革命救世主这种情绪中去，即那种促使人们把自己的民族国家看做是注定要把人类引导到社会主义的情绪。如果革命在一个……国家的范围内取得胜利是可能的话，那么，这种救世论就会有其相对的历史依据了"。"用破坏无产阶级的国际联系的办法来为保存革命的国家基地而斗争，这实际上就意味着挖革命的墙脚；革命虽然不能不在国家基地上开始，但是在欧洲各国经济、军事和政治上的相互依赖像在目前这场战争中这么明显的情况下，革命是不可能在国家基地上完成的。"③

列宁与这种立场并无争论。④ 在托洛茨基的有关言论中现在给我们留下深刻印象的是，他对其持否定态度的正是他预见的那种"民族革命救世主的情绪"，它把"自己的民族国家"看做是"注定要把人类引导到社会主义的国家"。斯大林在后来的岁月中就成为这种"情绪"的代表。

---

① 《我们的言论报》1915 年 2 月 24 日第 23 期。
② 同上，1916 年 4 月 12 日第 87 期。
③ 同上，1916 年 4 月 12 日第 87 期。
④ 当然，托洛茨基认为指望资本主义的欧洲联邦是乌托邦，这是毫无疑问的。他写道，德国军国主义力图在它的统治下统一这个旧大陆，但是它即使成功了，也只会是强制性的军事同盟和关税联盟，是德国军国主义用火和剑写成的嘲弄欧洲联邦的讽刺性摹拟作品。只有社会主义革命才能实现人民的自愿联邦。同上，1916 年 1 月 4 日第 29 期。

第八章　大战与国际

* * *

托洛茨基在巴黎逗留将满两年时，1916年9月15日，法国警方取缔了《我们的言论报》，第二天就命令托洛茨基本人离开法国。议会中的社会党代表向总理阿里斯蒂德·白里安（Aristide Briand）提出抗议，命令才得以推迟执行。驱逐根本没有法律依据，《我们的言论报》不可能说超过检查制度所准许说的话；尽管托洛茨基常同检查官争论，嘲弄检查官，但他还是审慎地遵守自己的办报方针，法国政府也没有把托洛茨基与力量尚薄弱的法国反战团体的接触当回事。但既然沙皇大使馆阴谋反对革命流亡者，法国政府也只能无可奈何地遵从其盟国的愿望。一件意外事件助长了沙皇大使馆的阴谋。由于一个俄国警察局特务的挑拨，在马赛登陆的俄国士兵中发生了兵变；据称兵变者是受《我们的言论报》的影响所致。托洛茨基唯恐法国要把他引渡给俄国，为获准能进入瑞士、意大利或经过英国去斯堪的纳维亚半岛，他努力了六个星期，但没有成功，10月30日两个警察局特务拘留了他，把他押往西班牙边境。

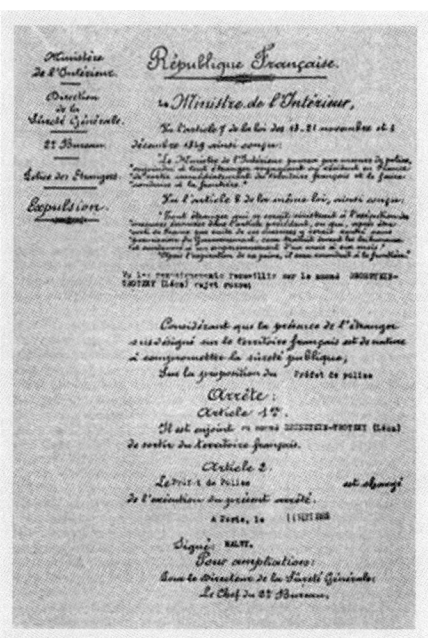

1916年9月16日，将托洛茨基驱逐出法国的命令

他在被驱逐前给法国马克思主义的先驱，当时任国防部长的茹尔·盖得①写了一封"公开信"：

> 一个忠诚的社会党人可能不反对您吗？当资产阶级社会——你，茹尔·盖得曾是这个社会的死敌——的真实性质已愈来愈彻底暴露出来的时候，你却把社会党变成温顺服帖的合唱团，为资产阶级的罪恶活动领头人伴奏。……巴贝夫、圣西蒙、傅立叶、布朗基、巴黎公社、饶勒斯和茹尔·盖得——是的，也有你茹尔·盖得——的社会主义终于找到了艾伯特·托马斯（Abert Thomas）跟沙皇商议夺取君士坦丁堡最有把握的办法。……茹尔·盖得，请你从军用汽车上走下来，从资产阶级政府把你关闭起来的笼子中飞出来，稍稍向周围环顾一下吧。命运也许会再一次，也许是最后一次，怜悯你可悲的晚年，你会听到即将来临的事变无言的声音。我们等待事变，我们呼唤事变，我们酝酿事变。②

他进入西班牙，希望从那里去意大利和瑞士——他的意大利朋友还在设法为他争取得到入境许可。但是当法国人强迫他越过西班牙边境时却已警告西班牙警察局说，有一个"危险的无政府主义者"已潜入他们的国家了。他在圣塞瓦斯蒂安逗留了一天，在旅馆里，他怀着悲凉、嘲讽的心情凝视挂在床头的一幅《罪人之死》的画。他从圣塞瓦斯蒂安去马德里，期待着从意大利来的消息。在那儿他跟欢乐喧闹的群众混在一起，观看了几场别致的典礼并记下笔记，一共消磨了十天。他不懂西班牙语，除了在法国保险公司西班牙分公司担任经理的一名法国社会党人之外，他在马德里没有其他熟人。11月7日这一天——翌年的同一天，他将领导布尔什维克起义了——他在普拉多度过，他在笔记本上草草记下对西班牙古典绘画不朽成分的回顾，并把它与虽庄重不足，但更加令人感到亲切且精巧的法国印象派艺术的感染力相比。

两天后，他在观看体育比赛时被警察局特务发现，并被逮捕。他唯恐西班牙警方会把他送上开往俄国的轮船，就往四处发电报、写抗议信。他在致西班牙内务部长的信中以其惯用的华丽辞藻和嘲弄口吻声明他不懂西班牙语，不认识

---

① 盖得担任的是国务部长，不是国防部长。——译者注
② 转引自1950年9—10月号《新国际》上阿尔弗雷德·罗斯默的《第一次世界大战期间的托洛茨基》。

第八章 大战与国际

任何一个西班牙公民，没有发表过一行用西班牙文写的文字，只不过参观了博物馆和教堂。马德里警察局局长向他说明，逮捕他的唯一理由是"他的观点对西班牙来说有点儿太进步了"。社会主义工人党和共和党的报纸开始纷纷要求释放他。三天后，命令将他押往加的斯，准许他在警方并不严格而且几乎是喜剧性的监视下逍遥自在地留在那里，等待第一艘可载他离开西班牙的船只的到来。①

托洛茨基在加的斯度过了六个星期。在此期间，他用连珠炮似的抗议轰击西班牙政府。他在警方一个特务的陪同下在一所古老的图书馆里消磨时间，图书馆里静得"使人能听得见蛀虫咬穿书页的声音"。他钻研英、法文的古籍，记笔记，摘录的内容是关于西班牙的革命与反革命，关于斗牛的印象，关于西班牙自由主义的失败，关于列强在伊比利亚半岛上的阴谋，等等。② 一艘开往古巴的船只终于进了港。他拒绝上船，经过抗议，又过了一些焦灼不安的时刻以后，才准许他留下等待开往美国船只的到达。他的意大利朋友写信告诉他说，他们希望不久能为他搞到意大利和瑞士的签证。"当我已在加的斯时，"他说，"整个欧洲都对我变得殷勤好客起来。"12月20日，他获准在警察的押解下前往巴塞罗那，他的妻子和两个儿子已从巴黎到达那里。他同家人从巴塞罗那乘一艘破旧的西班牙轮船航行，船上挤满了从欧洲各国逃离的有钱人和被欧洲各国"抛弃的"穷人。这艘船挂着中立国旗号，至少可以免遭德国潜艇的袭击。轮船在那年的最后一天驶过直布罗陀海峡。

托洛茨基写信给阿尔弗雷德·罗斯默说："这是我向那个卑鄙下流的旧欧洲投下的最后一瞥。"

* * *

1917年1月13日，一个阴雨寒冷的星期天早晨，他在纽约港上了岸。俄国社会民主工党的侨民热情欢迎这位《齐美尔瓦尔德宣言》的作者，响起了

---

① 在马德里牢狱中，他在日记中作过长篇记述，幽默地描写了这个牢狱以及牢狱的管理当局和狱中的囚犯，还描述了他与看守的争论。其中一个犯人是曾偷遍半个世界的"贼王"，犯人和看守都敬重他。"贼王"想要从托洛茨基那里知道加拿大能给一个大胆窃贼提供什么机会——确实，一个懂多种语言的和平主义者和无政府主义者应该可以回答这个问题的。"'加拿大吗？'我含糊地回答说，'你知道，那里有很多农民和一个新兴的资产阶级，他们像瑞士人一样，私有财产意识相当强！'"

② 他在访问过加的斯这个老港口以后（他在那里目睹了野蛮的吵架），在日记中记下："为了提高群众的文化素质，需要巨大的螺旋千斤顶。"

215

不断的问候声和欢呼声。①

五年前在维也纳拜访过托洛茨基的俄裔美籍共产主义者 M. 奥尔京（Ольгин）说：托洛茨基"显得憔悴，老了一些，脸上有劳累之色，他的谈话紧扣社会党国际瓦解这一话题"。这也是他到达美国后不久在纽约、费城及其他城市向俄国、芬兰、拉脱维亚、德国和犹太裔的社会民主党人发表演讲的主题。

他和家人在布朗克斯第 164 大街租下的住所里住下（租金每月 18 美元）。这套租金便宜的公寓给这个家庭提供了并不习惯的舒适环境：这位未来的革命领袖平生第一次家中有了电话机。形形色色的美国作者对托洛茨基在纽约的生活作过大肆渲染的描述：有的回忆说他做过食不果腹的裁缝，有人说他当过餐馆的洗碟工，甚至还有人说他当过电影演员。托洛茨基否认这些传说；而像齐夫和奥尔京这些当时和托洛茨基接近的人的回忆录并没有给那些传说提供依据。他靠为报刊撰稿以及演讲的收入维持生活。②

俄国流亡者在纽约出版了由布哈林、柯伦泰和沃洛达尔斯基（Володарский）编辑的日报《新世界报》。托洛茨基立刻成为这份报纸的骨干。这是他第一次和布尔什维克集团的密切合作。托洛茨基在维也纳主编他的《真理报》时，布哈林也在维也纳，但是那时激烈的派别斗争使他们分开。此时他们结下了动人的友谊，但这种友好关系仅仅持续了八年，尔后，即在布哈林成为斯大林的搭档以后就破裂了，当然并不彻底。原先是孟什维克的柯伦泰成为列宁的狂热信徒。自称"出身及生活方式都是一个美国工人"的美籍俄国人沃洛达尔斯基也深受布尔什维主义的影响，他把美国人的干劲和组织带入布尔什维克革命中来。托洛茨基虽然还未参加布尔什维克党，但已跟这些人打成一片了。

他在美国的居留时间持续了不过两个多月，他几乎没有机会了解美国的生活，而且正如他自己所说的，他"只不过窥视了一下将在其中锻造人类命运的铸造厂而已"。纽约使他入迷，大战以来，美国财富迅速增长的统计资料的证据给他留下深刻印象。但他心里想的还是那个"卑鄙下流的旧欧洲"，他在一次集会上说："意义最大的经济事实是：欧洲经济基础破产之时，美国却富强起来。我仍感到我是一个欧洲人，我羡慕地看着纽约，不禁担心地问自己：

---

① A. 齐夫：《我记忆中的托洛茨基的特点》，第 68—69 页。
② 《纽约先驱论坛报》1932 年 2 月 14 日发表的一篇有趣的"报导"描述说，托洛茨基在《我的正式妻子》影片中扮演火车站站长的角色。作者说，托洛茨基作为一个演员是失败的，没有个性，没有性感，是一个从不谈政治或社会主义的"胆怯而缄默的人"。

'欧洲能承受得住这一切吗？它不会变成墓地吗？世界经济文化的重心是否会转移到美国来？'"① 从此以后他一直梦想美国该会对马克思主义和社会主义作出崭新的、伟大的贡献，这种贡献不论在规模上或能量上都超过它对资本主义的发展已经并正在作出的贡献。但此时在他看来，美国的社会主义派别暂时还缺乏自信、眼光短浅、荒唐可笑，而且受巴比特式社会主义者的离奇变种所领导。这种人物"平常从事商业，到礼拜天则无精打采地对人类的未来作一番思索"。例如，他把"巴比特中的巴比特"——希尔奎特（Hillquit）说成是"极其成功的牙医的社会民主党的理想代言人"。唯一的例外是尤金·德布兹（Eugene Debs），尽管他不是一个高明的马克思主义者，但却是一个勇于赴汤蹈火的先驱、殉道者，"社会主义理想的内在火焰尚未熄灭……每当我们见面时，他都和我拥抱亲吻……"。②

* * *

1917年3月中旬之前，首次传来俄国首都发生动乱的混乱消息。因为通讯中断，电报局还只报告是"抢购面包的骚动"。但托洛茨基于3月13日就已经在《新世界报》上写道："我们是俄国第二次革命开始的目击者，我们希望我们许多人都会成为这次革命的参加者。"激动的热潮席卷着俄国侨民区，那里连续不断地举行集会。当时的孟什维克，"社会护国主义者"齐夫博士写道："在所有这些集会上，主要的大事和理所当然的高潮就是托洛茨基的演讲。有时，大会延迟了几个小时，因为托洛茨基须参加同时召开的许多集会。……但是公众耐心等候他，渴望听他的讲话，因为他能把俄国发生的重大事件阐述清楚。"③ 齐夫显然是不满地说：托洛茨基从一开始就攻击李沃夫（Львов）亲王刚刚组成的临时政府。托洛茨基在那些集会上大声疾呼，革命的第一任外交部长竟会是米留可夫，这个人曾把红旗叫做红色破布，第一任国防部长竟是曾向斯托雷平卑躬屈膝的古契柯夫（Гучков），难道这不是耻辱吗？这个政府中唯一的左派是克伦斯基（Керенский），他只不过是它的人质。齐夫的朋友们惊愕地问："托洛茨基怎么啦？他到底要什么？"

---

① 托洛茨基：《我的生平》第1卷，第308页。
② 同上，第313页。
③ A. 齐夫：《我记忆中的托洛茨基的特点》，第80页。

从托洛茨基在《新世界报》上发表的文章中可以看到他是如何接受革命的和他对革命的期望是什么。从彼得格勒"抢购面包骚动"的最初消息传来到他离开纽约时的两个星期中，他已充分而清楚地说明了他在这一年中要阐述的主要思想。当李沃夫亲王政府的组成和这个政府要求恢复秩序已为公众所知时，托洛茨基写道："革命的岩浆已经沸腾，任何人间的力量都不能阻挡它。"自由派分子害怕赋予他们权力的群众运动会使他们陷入灭顶之灾，因此他们都在要求结束这场革命。"似乎革命的铁扫帚已经彻底清除了数百年来在罗曼诺夫王朝周围积聚的反革命污秽似的"。"现在……国家中所有遭受沙皇制度和统治阶级压迫的、被掠夺一空的一贫如洗者将一个阶层跟着一个阶层地站起来。领导俄国人民群众革命的无产阶级将完成其历史工作：它将把君主主义者和贵族反革命赶走；把自己的手伸给德国及全欧洲的无产阶级。因为必须消灭的不仅是沙皇统治，还有战争。"①

他指责第一个革命政府继承了沙皇俄国的帝国主义及其对巴尔干半岛和达达尼尔海峡的图谋，他满怀希望地迎接彼得格勒苏维埃的出现，以为这个潜在的政府一定会表现自己和反对当时以立宪民主党人为首的旧政府。当得知这个被孟什维克操纵、由齐赫泽主持的苏维埃明确支持李沃夫亲王的政府并认可政府的外交政策时，托洛茨基便激烈指斥齐赫泽。曾几何时，他还保护过齐赫泽，使其免遭布尔什维克的指责。他也激烈指责克伦斯基，说"这个萨拉托夫的青年律师……在革命的天平上并无多大分量"。孟什维克和社会革命党人正在召唤农民的护国主义，为他们拥护战争辩解。托洛茨基写道，然而真正重要的不是所谓的农民的护国主义，而是农民对土地的渴望。沙皇统治、地主和资产阶级已竭其所能使农民离开土地革命，参加帝国主义战争，引导农民从战争回到土地革命则是社会主义的任务。这样，无产阶级士兵会对农民士兵说："要地主的土地，不要君士坦丁堡。"② 托洛茨基在为美籍犹太人的社会主义月刊《前进》写的一篇文章中把这一点甚至说得更加明确："农民群众不等立宪会议的决定，就会在农村揭竿而起，把大地主们从他们的庄园里赶走，一切……要终止阶级斗争的努力都是徒劳的。庸人认为是革命家制造了革命，他们也可以根据自己的愿望在任何一点上把它停下来。"③

---

① 《托洛茨基全集》第3卷第1册，第5—7页。
② 同上，第17—20页。
③ 同上，第27—28页。

第八章　大战与国际

综上所述，虽和事变的现场相隔一个大洋和一个大陆，但托洛茨基透过混乱与矛盾的消息的迷雾牢牢地掌握事物运动的方向，提出革命的种种问题，断然指明他当时认为是革命敌人的人，尽管那些人昨天还是他的朋友。他还必须答复的问题是：哪一个党是真正的革命党，是他的党吗？

他十分准确地预见并描绘了革命的图景，但他给这一图景蒙上一层梦幻。他对欧洲无产阶级的起义天真地怀着希望，而且他认为彼得格勒的起义只是前者的序曲，这种希望奠定了他所有思想的基础；在他顺利时，这种希望会使他如虎添翼；而希望的落空马上会使他粉身碎骨。我们从《新世界报》的文章中可以看到他第一次对这一幻想所作的深入思考，这种思考他以后还作过多次。他正好在离开纽约之前力图答复某些批评者，这些人狂热地认为：即使在李沃夫亲王政府的统治下，也必须保卫俄国，反对德国皇帝军队的入侵。即便是在此时，托洛茨基也坚持反对战争，他说：

俄国革命［他如此答复批评家们］对霍亨索伦王朝的危险比起帝国主义俄国的贪婪和种种图谋来，不知要大多少。革命越快抛弃古契柯夫和米留可夫的沙文主义面具，揭开自己无产阶级的真面貌，它在德国引起的反响就越加强烈，而霍亨索伦王朝扼杀俄国革命的希望和可能性就越少，因为它自己国内的麻烦就够多的了。

（批评家问）但如果德国无产阶级未能举行起义，将会怎么样？那我们该怎么办？

那么，您认为俄国革命的爆发可能不影响德国吗？但须知这是根本不可能的。

如果真的出现了这种情况呢？

我们实在不必为这样难以置信的假设大伤脑筋。战争已把整个欧洲变成社会革命的火药库。俄国无产阶级现在正把燃烧着的火炬投入这座火药库。认为这不会引起爆炸的假设是违反历史逻辑和心理规律的。如果真的出现了这种不可思议的情况，如果保守的社会护国主义组织确实会在最近的将来阻止德国工人阶级反对统治阶级的起义，那时俄国工人阶级就会手执武器捍卫革命……进行反对霍亨索伦王朝的战争，并号召兄弟的德国无产阶级起来反对共同的敌人。……事情关系到的不是保卫祖国，而是保卫革命,并把它扩展到其他国家中去。①

因此,他每一次力图答复"万一德国没有爆发革命又会怎么样?"这个问题时,实际上都在躲避这个问题。看来,他要摆脱他的梦想只是要再钻回到梦想中去,放弃他的希望也只是为了要再抱住这个希望。除了欧洲革命以外,他再也看不到前景,看不到希望,看不到生机了。

* * *

3月27日,托洛茨基和他的家人以及一小批其他流亡者乘挪威轮船克里斯蒂安尼亚峡湾号从纽约起航,前一天,社会民主党人在用多种语言发言的集会上兴高采烈地与他们告别。这是他平生第一次进行"体面的"旅行,因为顺利地得到了所有必需的证件:俄国的入境许可证及英国的过境签证;他以为会一帆风顺。大出意外的是,4月3日,当挪威客轮在新斯科舍省的哈利法克斯抛锚时,英国海上警察强迫他和家人一起下船,把他送往阿默斯特的德国战俘集中营,同时对他的妻子和孩子进行严密监视。和他同行的其他流亡者也被拘禁,不能继续航行。他们都拒不向英国审讯官说明他们的政治观点以及他们在俄国打算干什么,他们声称这不关英国海上警察的事。

托洛茨基从集中营打电报向俄国政府和英国首相抗议,但是他的电报在当地被没收了,永远到不了接收人的手中。尽管这样,扣留还是成为政治丑闻。彼得格勒苏维埃的孟什维克执行委员会要求释放托洛茨基,它说:"俄国的革命民主政权正急切等待它的争取自由的战士归来,号召那些一生奋斗、为推翻沙皇统治而进行准备的人团结到它的旗帜下面。然而,英国当局许可一些流亡者过境,却阻挡了另外一些流亡者。……因此,是英国政府对俄国的内政进行了难以容忍的干涉,以非法扣留革命最忠诚的儿女来破坏俄国革命。"全俄罗斯都举行了抗议集会,外交部长米留可夫这才要求英国大使释放托洛茨基。但两天后,他又取消了这项要求,因为他深知除了敌意之外,他从托洛茨基那里什么也得不到。② 与此同时,由于扣留已延续了将近一个月,托洛茨基怒不可

---

① 《托洛茨基全集》第3卷第1册,第17—20页。
② 乔治·布坎南爵士:《我的驻俄使命》第2卷,第121页;《托洛茨基全集》第3卷第1册,第35页以及以后各页。

遏，向集中营管理当局提出抗议并且进行猛烈指责。阿默斯特集中营关押着800名德国战俘，他们都是被击沉的潜艇上的水兵，托洛茨基对他们讲话，向他们解释齐美尔瓦尔德运动的思想，告诉他们说卡尔·李卜克内西在德国一直进行着反对德国皇帝及大战的斗争。托洛茨基的讲话在集中营里回荡，集中营的生活变成了"不断的集会"。① 集中营长官在德国军官的坚持下禁止托洛茨基对战俘讲话。托洛茨基挖苦说："英国上校马上站到霍亨索伦王朝的军官一边。"在反对禁令的抗议书上签名的有500多名水兵。最后，米留可夫在搞了不少拙劣把戏和阴谋诡计之后被迫重新要求释放托洛茨基。4月29日，托洛茨基离开阿默斯特集中营，德国水兵在他们的管弦乐队演奏的《国际歌》乐曲伴随下欢呼着一直把他送到集中营大门口。

大约经过三个星期的海上航行之后，他于5月17日（俄国旧历5月4日）乘火车经过芬兰抵达彼得格勒。第二国际主席王德威尔得和另一个比利时著名社会党人德·曼（De Man）与他乘同一列火车，并在同一隔间里，这两个人

1917年5月4日，托洛茨基乘火车到达彼得格勒

---

① 托洛茨基在小册子《当英国人的俘虏》里描述了他的经历，他回到彼得格勒后立即出版了这本小册子（《托洛茨基全集》第3卷）。

都急于要给俄国同志灌输好战的护国主义精神。对这次会面,托洛茨基和王德威尔得作过不同的叙述,前者声称自己拒绝与这个"社会护国主义者"交谈,后者则说他们进行了彬彬有礼但颇不友好的长谈。① 无论真实情况如何,第二国际与第三国际之间的鸿沟恰巧横亘在那节火车车厢的隔间里长达几个小时。

从彼得格勒来的国际主义者代表团在俄国边界迎候托洛茨基。布尔什维克中央委员会也来迎接他,但不无保留:到边界的布尔什维克代表团中没有一个布尔什维克的知名领导人。在彼得格勒,一群高举红旗示威的群众从火车上把托洛茨基抬到肩上;他当即向这批群众发出进行一次新的革命的号召。

---

① 托洛茨基:《我的生平》第2卷,第5—6页;埃·王德威尔得:《一位社会主义战士的回忆录》,第230页。

第九章 十月革命中的托洛茨基

5月4日,托洛茨基到达彼得格勒。当时革命已历时十个星期,在那十个星期中,事变纷至沓来,而且这样迅速,即使对这个从1905年以来一直怀念首都街道和群众的人来说,首都呈现的也是一幅如梦一样的景象。[①] 革命虽然是在1905年终止的地方开始,但是革命已经把最近的起点远远抛在后面了。沙皇及其大臣们虽然还活在政府的监狱里,但对他们以前的大多数臣民来说,他们已经成为遥远的过去的幽灵了。君主政体那年深岁久的显赫与臣民对它的恐怖和偶像崇拜,看来已经随同去年冬天的白雪一起消逝了。

列宁正好比托洛茨基早一个月回国,他把他看到的俄国说成是世界上最自由的国家。[②] 当然,俄国的自由还只是言论自由;但人们要充分利用这种自由,似乎希望通过充满激情的争论发现一种新的生存方式,因为旧的生存方式已经到了深渊的边缘。对社会生活的新原则、新方式和新内容的紧张的探索,亦即备受蹂躏的下层群众庄严感人地参与的这一探索,就是1917年春天彼得格勒精神趋势的特点。权威和真理都不是想当然的事。普遍流行的只有一种不明确的信念,即认为凡是促进革命、有助于为被压迫者伸张正义的就是好的。甚至就是城市的外貌也反映出大动荡的社会性质。繁华中心的街道和广场上都不断聚集着从郊区贫民窟来的居民;成群结队的工人和士兵参加各种集会,这些集会在工厂和郊区兵营中日夜召开。不久以前还被禁止的反抗标记——红旗,现在已在涅瓦河畔的新古典派的建筑物上高高地飘扬。从街上的每一个偶然场景、每一个事件上都可推想得到工人和士兵在革命中占据着优势。这位新来的人只要看一眼首都就明白,李沃夫亲王竟然仍是革命政府的总理,这是多么不协调啊。

---

① 托洛茨基:《我的生平》第2卷,第7页。
② 《列宁全集》第29卷,第114页。

1917年春，即将回国的列宁在斯德哥尔摩中央火车站

1917年，成群结队的人们聚集在彼得格勒的沙皇宫殿外

第九章 十月革命中的托洛茨基

托洛茨基几乎还没有把家人和少数几件行李在住所里安顿好，就来到彼得格勒苏维埃的所在地斯莫尔尼宫。苏维埃执行委员会正在开会，它是1905年以托洛茨基为精神领袖的那个机关的继承机构。此时任执行委员会主席的是齐赫泽，此人曾是托洛茨基的副手，托洛茨基刚刚在《新世界报》上对他进行过攻击。齐赫泽站起来欢迎托洛茨基，但并不热情。[①] 接下来是一阵窘困。在苏维埃执委会里居多数的孟什维克和社会革命党人不知道这位新来的人是他们的朋友还是敌人——看来他要从长期的朋友变成敌人了。执委会中的布尔什维克委员指出：应该邀请1905年苏维埃的领袖在现今的苏维埃执委会中占有一席。孟什维克和社会革命党人为难地窃窃私语。他们同意托洛茨基作为没有表决权的候补委员进入执委会。他也并不想再要什么了，在他看来，要紧的并不是表决权，而是使自己有机会在这个革命的首要论坛上发表意见。

然而冷淡的接纳只能使他恼火，齐美尔瓦尔德运动的书记安热利卡·巴拉巴诺娃写道，他甚至怀疑党的领袖们根本不曾为他从英国人的拘留中获释施加过充分有效的压力，因为他们并不渴望在讲台上看到他。"孟什维克和布尔什维克双方对待他都是充满怨恨和怀疑……部分出于害怕竞争……"[②] 无论真相如何，事实是，2月到5月之间，政治阵线已经分明，各党和各团体已组成他们各自的队伍，并且明确地表明了他们各自的立场，领袖们都已担当各自的角色，占有职位。1905年时托洛茨基是流亡者中第一个回国的，而现在却最后一个回来。看来没有一个适当的空缺留给像他这样有才能而雄心勃勃的人物了。

当时正是这样的时刻，即除了布尔什维克之外，所有党派都有理由害怕任何难以估量的新影响。二月起义中诞生的政权第一次失去了不稳定的平衡，它正在试图通过精心策划和联合来重新取得那种平衡。李沃夫亲王的第一届政府已不存在，参加那届政府的只有贵族老爷和上层中产阶级的代表，前者以追随古契柯夫的保守派为代表，后者以米留可夫的立宪民主党为代表。在苏维埃里占多数的孟什维克和社会革命党人保证支持政府，但没有加入政府。然而，没有苏维埃的支持，这个政府一天也不能生存，因为苏维埃是由革命建立的事实上的政权。目前已到了这样的关头，苏维埃里的那些温和的社会主义政党如果不加入政府，就再也不能支撑政府了。

---

① 托洛茨基：《我的生平》第2卷，第7页；H. 苏汉诺夫：《革命札记》第3卷，第440—441页。
② 安·巴拉巴诺娃：《我的造反者生涯》，第176页。

组成李沃夫亲王第一届政府的党派力争使革命只限于推翻沙皇尼古拉二世，如果可能的话，还要挽救君主政体；力争继续战争，并要恢复社会秩序和军队纪律，因为没有这些，战争就不能继续。追随苏维埃的工人和士兵则相反，希望"深化"革命并且及早实现"不割地、不赔款的民主和平"。温和派社会民主党人试图调和这些矛盾的政策和要求，他们自己也不可避免地陷入这一截然对立的矛盾之中；他们试图帮助政府继续进行战争，同时又要抚慰人民对和平的渴望；[①] 他们对其追随者说：政府已抛弃了沙皇贪婪的战争目的——俄国统治巴尔干、征服加利西亚和君士坦丁堡，它寻求的正是取得公正民主的和平。[②] 李沃夫亲王试图使从沙皇统治继承下来的旧行政机器运转起来，而工人和士兵则认为苏维埃才是真正的政府。孟什维克和社会革命党人希望新政府的制度会把旧行政机构和苏维埃结合起来。政府竭力要在厌战而革命化的军队中重新建立纪律，而军队中的士兵们拒不服从他们的长官，只听由他们选举出来的士兵委员会的话。温和派社会民主党人保证帮助政府恢复纪律；然而他们还号召士兵保卫他们刚刚争取到的权利，它们体现在反对沙皇将军及其军官的苏维埃著名的第一号法令中。政府想为土地财产建立安全保障，而农民则大声疾呼要求分配贵族庄园的土地。孟什维克和社会革命党人试图把这个生死攸关的问题推迟到召开立宪会议时解决，但立宪会议的召开时间却无限期地拖延下去。[③]

这座用闪烁其词、欺骗手段建立起来的高大建筑物不可避免地总有一天在建立它的那些人的头上崩溃。4月里的首次震颤已经使之动摇。古契柯夫未能恢复军队纪律，因而辞去国防部长的职务。此后不久，米留可夫也不得不辞去外交部长的职务。他曾在一份致西方盟国的照会中宣称新政府忠诚遵循前沙皇政府的战争目的。这份照会激起一阵爆炸性的普遍愤怒，使李沃夫亲王的第一届政府再也不能继续统治下去了。

革命的无情逻辑开始展现。在两个月中，革命利用了第一届政府及组成这届政府的党派，并使它们声望扫地。刚刚不久前，即在沙皇政权那些最后的日子里，未来的法国总统杜梅尔格（Doumergue）对彼得格勒进行国事访问时曾

---

① 米留可夫：《俄国革命史》第1卷第1册，第54—76页及同书各处。
② 英国驻俄大使乔治·布坎南爵士在《我的驻俄使命》第2卷，第108页上写道："米留可夫……认为取得君士坦丁堡对俄国说来是至关重要的事。"
③ 米留可夫：《俄国革命史》第1卷第1册，第101—115、125—138页及同书各处；托洛茨基：《俄国革命史》第1卷，第11—13章。

第九章 十月革命中的托洛茨基

劝过立宪民主党的领袖们耐心调解与沙皇的分歧。"米留可夫和马克拉柯夫（Маклаков）一听到'耐心'这个词就跳了起来，说：'够耐心的啦！我们已经耗尽了我们的全部耐心了。无论如何，如果我们不立刻行动，群众就再也不会听我们的话啦……'"① 这些话后来成为革命最时兴的叠句；而这些话当时就报应在米留可夫身上了。苏维埃中温和派社会主义者的大多数虽无意剥夺他的席位，但当他公然要求政府和国家遵循沙皇的战争目的时，孟什维克和社会革命党人也跳起来说："够耐心的啦！我们已经耗尽了我们的全部耐心了。无论如何，如果我们不立刻行动，群众就再也不会听我们的话啦！"如果他们把政府的全部事务继续留给那些只是利用而未曾发动二月革命的阶级的领袖们，群众就不会再听他们的话了。

这样，就出现立宪党人和温和派社会主义者的第一个联合政府。托洛茨基在苏维埃执委会会议上出现时，新搭档们正好分配完政府的各部席位。有"十个资本家部长和六个社会主义者部长"。立宪民主党人是资深的搭档，因此新政府的纲领和前一届政府的纲领基本上难以区别。让六个社会主义者任部长不过是为冲淡政府，使之比较合苏维埃的口味。跟社会革命党有联系的克伦斯基继古契柯夫为国防部长；策列铁里（Церетели）是这一时期最著名的孟什维克领袖，前杜马代表、苦役犯，此时出任邮电部长；切尔诺夫，社会革命党党魁，齐美尔瓦尔德会议的参加者，被任命为农业部长；斯柯别列夫以前是托洛茨基的学生和编辑助手，此时是劳动部长。

5月5日，即托洛茨基到达后的那一天，这些社会主义者部长站在苏维埃面前，要求苏维埃支持联合政府。托洛茨基到场时，受到热烈的鼓掌欢迎，斯柯别列夫称他为"亲爱的老师"。苏维埃代表席上有人要求托洛茨基对当前的事变阐明他的观点。"在一批不相识的群众的注视下和……在'社会叛徒'的敌意眼光之下初次露面，他显然有些紧张。"② 他小心谨慎地摸索。开头时他赞美革命的伟大，用同样的语言说明革命对世界的影响，接下来他立即用含蓄的话对当时的事变作了中肯的分析。他说：只要他们能像他在国外那样，观察并估计革命对世界的影响，他们就会认识到俄国"已经开辟了一个新纪元，一个铁与血的纪元。但不再是一个国家反对另一个国家斗争的纪元，而是被压迫的受苦阶级反对统治者斗争的新纪元！"这些话使社会主义者部长们觉得刺

---

① M. 帕列奥洛格：《大战期间的沙俄》第3卷，第188页。
② 苏汉诺夫：《革命札记》第3卷，第440—442页。

耳，因为他们现在正委身于继续战争、平息革命风暴之任。托洛茨基接着说下去："但我不能隐瞒，对现在发生的许多事我并不同意。我认为，参加政府是危险的。……联合政府不会使我们摆脱双重政权，而只是把它带到政府中去。"这话跟布尔什维克当时的说法并无区别——布尔什维克也在仔细研究权力在苏维埃和政府之间的分配。托洛茨基似乎又唯恐伤害他的老朋友，用比较缓和的口气说："革命不会由于联合政府而消亡。但我们务必记住三条诫律：不相信资产阶级；监督我们自己的领袖；依靠我们自己的革命力量……"他用复数的第一人称——"我们务必"、"我们的力量"——说话，用这种方式表明，仿佛他认为自己与以前的同志完全一致。但是就讲话的实质来说，他是持不可和解的立场的："我认为我们下一步将把全部政权交到苏维埃手中，只有单一政权才能挽救俄国。"这话听起来又像列宁的口号一样。他高呼"世界革命的序幕——俄国革命万岁"，以此结束他才气横溢的长篇辩论。[①] 听众即使不是被他的思想迷住，也是被他向他们表露的真挚态度和滔滔辩才所折服。[②]

部长们一个接一个起来作答。切尔诺夫答应说，社会主义者会使政府受到他们的影响，但为此他们需要苏维埃全心全意的支持。策列铁里详细谈到如果他们拒不和资产阶级分掌政权就会给苏维埃招来危险。斯柯别列夫则劝告他"亲爱的老师"说：在革命中，"冷静的理智与热烈的感情同样非常重要"。苏维埃对新内阁投信任票。投反对票的只有极左的少数派。

把托洛茨基作为自己的领袖来欢迎的政治组织是"社会民主党人区联组织"，简称"区联派"。从1913年这个组织成立以来，托洛茨基一直从国外激励这个组织并为它的出版物撰稿。这个组织并不想组成一个政党。它是一个既非布尔什维克又非孟什维克的临时联盟。他们坚持反对战争，反对李沃夫亲王以及"社会护国主义"。这个组织的影响只限于彼得格勒的几个工人区；而且就是在那里也由于布尔什维克的迅速发展而受到干扰。但是依附这个小组织的人，过去无论是孟什维克还是布尔什维克，都是著名人物，现在他们都又重新崛起。他们中的大多数人，如卢那察尔斯基、梁赞诺夫、曼努伊尔斯基、波克罗夫斯基、越飞、乌里茨基和沃洛达尔斯基，都曾为托洛茨基的报纸写过文章。还有几个人，如卡拉汉（Карахан）和尤列涅夫（Юренев）后来成为苏联重要的外交家。他们一起形成了一个才华横溢的杰出政治人物团体，但他们

[①]《托洛茨基全集》第3卷第1册，第45—46页。
[②] 苏汉诺夫：《革命札记》第3卷，第440—442页。

的组织太弱，太狭隘，不能作为独立行动的基础。托洛茨基到达时，他们正在讨论这个组织的前途，正在考虑与布尔什维克及其他左派组织合并。在公众集会上，人们一再质问这个组织的鼓动家：他们与布尔什维克究竟有什么不同，为什么不跟布尔什维克携手联合。对这个问题，他们实在没有一个令人满意的答复。他们与布尔什维克分手，是由于过去曾卷入旧党中的长期不和，这种长期不和反映的是过去的分歧，而不是现在的分歧。①

5月7日，布尔什维克和区联派安排了一次特别欢迎会，欢迎托洛茨基；5月10日，他们开会讨论建议中的合并。列宁由季诺维也夫和加米涅夫陪同到会；自从托洛茨基在齐美尔瓦尔德同列宁不很友好的会面以来，这是他第一次见到列宁。关于这次会议，我们只有列宁私人笔记中的资料丰富的片断记录。托洛茨基重复了几天前他在迎接他的欢迎会上说过的话：他已放弃他的旧日立场，不再主张布尔什维克和孟什维克的统一了。现在，只有那些完全和社会护国主义决裂的人将在新国际的旗帜下团结起来。当时他明确地问列宁，是否仍认为俄国革命性质只是资产阶级的，仍认为革命的结果是"工农民主专政"而不是无产阶级专政。②看来他显然不知道列宁在布尔什维克党内刚刚完成的方向性的根本转变。列宁在托洛茨基到达以前用了整整一个月的时间跟党内以加米涅夫为首的右翼进行激烈的辩论；他已经说服党放弃关于革命前景的"布尔什维克的"旧观点。可以设想，对这一问题他当场就向托洛茨基作了解释。如果没有别人，那么托洛茨基的妹夫加米涅夫后来也肯定会告诉托洛茨基，布尔什维克中反对列宁的人其实就是加米涅夫本人，他曾责备列宁把"不断革命论"一股脑儿都接收过来并为接受托洛茨基主义而放弃布尔什维主义。

列宁与托洛茨基的路线分歧历时这样长，但现在确实已经弥合了。他们两人都得出了明确的结论，其中的一个得出这些结论早得多，而另一个却为这些结论作了长时间艰苦的辩论。但是两个人都不是有意识地采纳对方的观点。他们的思想从不同的出发点，通过不同的过程向前发展走向他们此刻的会合点。我们明白，是战争的事变逐渐促使托洛茨基看到工人运动中的裂口已无法弥合，而且他认为试图弥合是错误而且有害的，因而革命的国际主义者的使命是

---

① 苏汉诺夫：《革命札记》第3卷，第365页；《托洛茨基全集》第3卷第1册，第47页；另见尤列涅夫在俄国社会民主工党第六次代表大会上的报告。

② 《列宁文集》第4卷，第300—303页。

建立新党。早在大战前，列宁已得出这一结论，不过只是就俄国党而言。大战使他把这一结论推广并应用到国际工人运动中去。列宁的俄国经验是他在思考和本能反应中的主要因素，尽管单单这一点并不能决定他的态度。反之，托洛茨基则从国际概念出发，转而把这一原则应用于俄国。无论他们得出共同结论的过程如何，其实际的内涵都是相同的。

在他们对前景估计的演变中，我们能看出结论的一致和处理方法方面的类似区别。1905—1906年时，托洛茨基已预见到俄国反封建革命与反资本主义革命的结合，并说明俄国的起义是国际社会主义革命的序幕。列宁其时拒不认为俄国是国际社会主义的先驱。他根据俄国所处的历史发展阶段及俄国社会结构来推断革命的性质及其前景，而俄国社会结构中的最大成分是个体农民。但在大战期间他开始认真考虑欧洲先进国家的社会主义革命，并把俄国革命放到国际远景之中。看来，现在对他起决定性作用的不是俄国的社会主义是否成熟，而是俄国是欧洲的一部分，而他认为欧洲的社会主义已经成熟了。因而他再也看不到有任何理由把俄国革命局限于所谓资产阶级革命的目标中。二月政权的经验进一步向他指明，不同时打垮并最后剥夺资产阶级，就不可能打垮地主政权。而这就意味着"无产阶级专政"。①

列宁和托洛茨基之间的旧分歧虽已消失，但两人的地位很不相同。列宁是一个大党公认的领袖，尽管这个大党在苏维埃中是少数，但它已成为团结整个无产阶级反对二月政权的基础。托洛茨基和他的朋友们加起来也不过是六七个没有军队的杰出将军，托洛茨基作为个人虽然能在革命的讲坛上发表他的意见，但是现在只有纪律严明的强大政党才能使言论变为持久的行动。每一方都需要对方的配合，尽管程度不同。最使列宁满意的事莫过于能把以托洛茨基为首的这六七个杰出的宣传家、鼓动家、策略家和雄辩家引入党的"总参谋部"。列宁以他建立的党而自豪，并且知道它所具有的优点。他决定让托洛茨基及其朋友加入他的党。在党内，他愿意给他们种种民主权利，使他们分享他的影响，而且像记录所表明的一样，在重要的事情上他允许对方通过投票压倒自己。但他也并不准备废弃他的党而去和一些小组织合并成一个新党。如果这样做，他不是过分做作，就是向别人的自负作不必要的恭维。

列宁在5月10日的会议上要求托洛茨基和他的朋友立即参加布尔什维克

---

① 《列宁全集》第32卷，第142—147页。

党。他给他们提供领导机关及《真理报》编辑部的职位。① 他没有向他们提出条件。他并不要求托洛茨基放弃他过去的一切；他甚至不提过去的争论。他自己已经不把那些事放在心上了，并期待托洛茨基也同样如此——他是如此渴望同凡能促进共同事业的人携手合作。当时，他甚至希望同马尔托夫再度联合，因为马尔托夫已经脱离孟什维克，仍然忠于齐美尔瓦尔德纲领，反对联合政府。②

托洛茨基只有进一步摆脱他的自尊心，才能马上接受列宁的建议。他还不得不考虑他的几个朋友提出过的反对意见，他们说到列宁的党缺乏民主，还提到布尔什维克委员会及其会议的宗派作风。长期以来，托洛茨基也用同样的语言批评列宁的党，此时，他看不出这些疑虑有什么实质性的东西。他在给列宁的答复中详述了布尔什维克党内的最近变化，他说，布尔什维克"已经学到了国际主义的观点"，已经"非布尔什维克化了"。因此，在政治上他已同列宁完全一致；而且他还接受了列宁为立即合作而提出的大部分技术性建议。但是，正是因为布尔什维克党已有如此显著的变化而且变得如此之好，所以不应要求他和他的朋友自称为布尔什维克。托洛茨基说："我不能说自己是一个布尔什维克。坚持旧称号是令人不快的。"③ 他们应当在一个新党里用一个新的党名，在他们组织的联合大会上携手联合。托洛茨基想必已意识到，无论如何布尔什维克在这个大会上会占有绝对优势，这样，全部分歧本身缩小为"称号"问题。这是个太微不足道的问题，无法证明他和他的朋友坚持他们的政治孤立是正当的。但这个问题却暂时被搁置起来了。

大约在这时，当有人问列宁：尽管他们一致，仍然使他与托洛茨基分开的究竟是什么，列宁回答说："难道您不明白吗？野心，野心，野心嘛。"④ 就托洛茨基看来，自称为布尔什维克，不言而喻是投降；不是向现在的列宁，而是向过去的列宁投降；他因而对此畏缩不前。然而，投降在某些方面说是不可避免的，因为正是过去的列宁，流亡中的列宁一直是那个如今成为革命党的派别

---

① 甚至更早些，列宁就已建议布尔什维克中央委员会邀请托洛茨基主编党的大型日报。但是这一建议被中央委员会否决。《红色年鉴》1923 年第 3 期。
② 卢那察尔斯基在《革命家剪影》第 69 页上写道："1917 年 5、6 月间，列宁希望跟马尔托夫联盟。"卢那察尔斯基本人后来甚至很希望马尔托夫仍然可能成为布尔什维克的右翼领袖。他在 1923 年出版的这本书中表示过这一希望。同书，第 70 页。
③ 《列宁文集》第 4 卷，第 300—303 页。
④ 安·巴拉巴诺娃：《我的造反者生涯》，第 175—176 页。

的总设计师。另一方面，这个党目前的纲领与其说体现的是列宁的观点，不如说体现的是托洛茨基一贯的观点。对此没有人承认，也没有人感谢托洛茨基。这一切可能给托洛茨基造成极大的伤害，列宁肯定没有注意到；即使列宁乐意承认它是托洛茨基的观点，实际上他也没有可能以任何方式去承认。一个革命的党在革命中没有时间对政治思想的所有权问题去详加考察。这年晚些时候，列宁对托洛茨基大加赞扬，说托洛茨基自从和孟什维克决裂以来，再没有比托洛茨基更好的布尔什维克了。① 在托洛茨基方面，政治见识太多，不至于不明白在这样的时候仍坚持表示自己有高明的远见是多么可笑。对他来说，革命的实际政策也比昔日的理论预见重要得多。他的踌躇不决不过是他反对列宁的最后闪现而已。

托洛茨基当时仍然是一个政治上的自由骑士。他到处寻找门路，曾在马克西姆·高尔基的《新生活报》编辑部歇脚。他同高尔基早已认识，在很长一段时间内他们彼此仰慕。他们的年龄、性格、思想方法如此不同，以致妨碍了他们之间的亲密友谊；但他们偶尔也有过合作，特别是当高尔基离开列宁的时候。现在，高尔基站在布尔什维克和孟什维克之间，他在他的那份大型日报上规劝双方，向双方进行革命道德的说教。他希望接近托洛茨基，以为托洛茨基会像他自己一样力图调停社会主义者阵营中两派的对立。托洛茨基在彼得格勒的第一次发言使他产生不祥的预感，而他的撰稿人则窃窃私语："托洛茨基甚至比列宁更坏。"尽管如此，高尔基还是安排了一次他的编辑人员与托洛茨基见面。双方立刻明白：他们的目的截然相反。除此以外，高尔基的影响严格说来是在文学方面。他的报纸尽管有其新闻方面的优点，但同革命的主要组织及舆论方面却没有认真的联系。这位伟大的小说家在马克思主义政治方面却像小孩子般的天真。然而他缺乏靠自我奋斗成功的著名人物的谦虚性格，摆出政治预言家的姿态，要是托洛茨基同高尔基联合，就再没有比这更不谐和的了，更不用说承认高尔基是政治上的指导。托洛茨基要在革命的现实中寻求一个坚定的组织结构，寻求可靠的依托；而高尔基不可能给托洛茨基这样的组织和依托。他们之间的意见交换使托洛茨基大失所望，因而他得出结论：除了同列宁携手联合外，他已别无出路。②

与此同时，他创办了区联派刊物《前进》杂志。尽管《前进》杂志有不

---

① 托洛茨基：《斯大林伪造学派》，第105页。
② 苏汉诺夫：《革命札记》第4卷，第191页；托洛茨基：《俄国革命史》第1卷，第486—487页。

少才华横溢的撰稿者,但是这份杂志并无成就。在这样的时候,只有依靠强大财力的支持或依靠分布很广的组织网的无私帮助,杂志才能得到广泛的传播。但《前进》杂志二者都不具备。它开始是一份周刊,但也不能按期出版,在区联派加入布尔什维克党之前总共只出版过 16 期。

托洛茨基对首都政治生活发挥的影响与其说是通过他写的文章,不如说是通过他的演讲。他常和卢那察尔斯基一起在无数的集会上讲话。在他到达首都仅仅两三个星期中,他和卢那察尔斯基两人就被视为苏维埃左派中最有口才的鼓动家而大受欢迎。① 位于首都郊区的喀琅施塔得海军基地是托洛茨基最喜欢去作政治演说的场所,喀琅施塔得对他往后的政治命运举足轻重。海军全部参加了起义。海军基地成为一个类似不向统治当局屈服的红色共和国。水兵们激烈反对把军纪再强加给他们的企图。部里任命的委员中有几个因跟旧政权甚至跟黑色百人团有联系而名声扫地,水兵们拒不允许他们登上军舰,而且对他们之中的某些人十分粗暴。托洛茨基力劝水兵们克制情绪,不要报复;但是他也尽其所能点燃他们的革命热情。

5 月底,社会主义者部长们向苏维埃控告水兵,托洛茨基出面为他们辩护。他并没有宽恕水兵们的过火行为,但他为水兵们申辩说:如果政府没有任命那些名声扫地、令人憎恶的人担任委员,这些过火行为原是可以避免的。他大声说:"我们的社会主义者部长们拒不反对黑色百人团的威胁,相反,他们却向喀琅施塔得的水兵与战士宣战。如果反革命得胜的话,黑色百人团委员一定会给我们准备绞索,而喀琅施塔得的水兵们却会同我们一起进行殊死战斗。"② 后来,当喀琅施塔得的水兵们真的去保卫克伦斯基政府、抵御科尼洛夫将军的叛军时,这几句话被广为引用。托洛茨基还为喀琅施塔得的水兵们写了激烈的宣言,在宣言中他们呼吁全国反对陆海军部长——从克伦斯基当上陆海军部长以来,这是他第一次受挫。从此,水兵们忠诚地追随托洛茨基并保卫他,几乎把他当做偶像崇拜,而且不管他号召他们行动还是告诫他们要克制情绪,他们都言听计从。③

当时他还在摩登马戏场建立了他的讲坛,几乎每天晚上他都在那里向广大群众讲话。摩登马戏场挤得水泄不通,因而托洛茨基常常被举起,越过听众头

---

① 苏汉诺夫:《革命札记》第 4 卷,第 164—167 页。
② 《托洛茨基全集》第 3 卷第 1 册,第 52 页及以后各页。
③ 费·费·拉斯科尔尼科夫:《1917 年的喀琅施塔得和彼得格勒》,第 77 页。

顶被传送到讲台上,他从高处总能看见参加大会的他的前妻生的女儿兴奋的目光。他以惯用的精辟逻辑讲到当时的问题及革命的目标;他也汲取群众的精神气质和严厉的正义感,注意他们对以敏锐深刻的目光观察事物的愿望以及他们的不安和巨大的期待。他后来回忆说,一看到广大群众,他事先已准备好的词语和论点不知怎么全都烟消云散了,另外的词语和论点又不知怎么地好像从下意识中冲出来,这出乎他本人的意料,但却是听众所需要的。此时他听自己的说话声好像是听别人的声音,尽力跟自己脱口而出的思想和措辞保持同步,唯恐像个梦游者的他会突然惊醒或跌入深渊。此时他的政治活动不再是提炼个人的见解或在职业政治家的小圈子里辩论了。他在感情上同他面前的热情、无知的大众融为一体,并成为群众的宣传工具。他同摩登马戏场的听众如此一致,以至于回到苏维埃所在地塔夫利达宫或斯莫尔尼宫后,在他指责他的对手们或与其辩论时,他们就对他吼叫说:"别用这种语言跟我们说话,这里不是你的摩登马戏场。"①

* * *

6月初在彼得格勒召开了第一次全俄苏维埃代表大会,大会开了三个星期。各政党及其领袖们第一次在一个全国性讲坛上互相对抗,这个讲坛是当时俄国仅有的由全国选举的机构。温和派社会主义者约控制5/6的票数。他们以平民知识分子为主,但在他们队伍中最惹人注目的是穿军装和农民衬衫的人。在代表激进左派的120名反对派成员中,占主导地位的是来自大工业中心的工人。大会反映出外省军队和农村成分与大城市无产阶级成分之间的分歧。几天前,彼得格勒的市政选举已透露出重要的转变:在政府中占优势的立宪民主党在他们"最保险的"选区遭到惨败。孟什维克得到一半票数。工人阶级居住的郊区则一致投布尔什维克的票。孟什维克是以当时很有胜利希望的派别参加大会的。布尔什维克则对自己未来的胜利怀有新的信心。②

左派反对派的发言人利用多数派本身的胜利对付多数派。他们说,李沃夫亲王和立宪民主党人的追随者已微不足道。温和派社会主义者代表着全国的压倒多数。那么,他们为什么甘心为立宪民主党人充当苦力的部长角色呢?他们

---

① 托洛茨基:《我的生平》第2卷,第15—16页;约翰·里德:《震撼世界的十天》,第17页。
② 苏汉诺夫:《革命札记》第4卷,第204—205页。

第九章　十月革命中的托洛茨基

为什么不组成自己的政府？何况他们有这样做的民主权利和责任，为什么不这样做呢？这正是列宁发言的大意。① 这也就是托洛茨基的主题。② 托洛茨基的论据在若干部分虽比列宁的尖锐有力，但他用比较友好的语调向多数派呼吁，诉诸共同的利益和命运。托洛茨基试图使孟什维克和社会革命党人看到他们自己的屈辱地位，并试图说服他们与资产阶级政党散伙。他说，企望把政府变成社会各阶级间的调解委员会是徒劳的。"在革命时期，调解委员会是不能行使权力的。"李沃夫亲王及其朋友们代表的是习惯于控制及统治的阶级；而社会主义者部长们由于他们的自卑感，则太容易使自己甘受欺侮。尽管如此，当他谈到最不知名的社会主义者部长佩舍霍诺夫（Пешехонов）时，他说的几句友好的话却赢得了多数派代表席上的掌声。他在辩论中说，只有由佩舍霍诺夫这样的人组成的政府才会"认真前进一步"。"同志们，你们看到，我在这个问题上不是从某个党团或政党的立场……而是从……更广阔的视野出发的。"他同意社会主义者部长们所说的工人阶级应当有纪律，但声明，不能由资产阶级内阁让他们遵守纪律，他们也不能为资本家的政策遵守纪律。这就是激进左派方面所有的鼓动源泉，而多数派的抱怨也正是为此。

他申辩说："所谓左派鼓动家在为俄国革命的明天作准备，我敢说我们不是以自己的工作损害你们的权威，我们是为明天作准备的不可或缺的因素。""同志们，我们不希望今天就改变你们，因为这种希望太冒昧了。今天我们所想做到的是要使你们认识到，如果我们反对你们，我们这样做不是出于敌意的或自私的派别动机，而是因为我们和你们一样，为革命所经受的全部苦难和创伤而痛心。但是，我们看到了你们看不到的其他答案。如果你们是在确立俄国革命的今天的话，我们则是为你们筹备它的明天。"③ 列宁在这个阶段再不给敌方以托洛茨基仍给他们的那种信任，尽管他也赞同托洛茨基说的"12个佩舍霍诺夫先生们的内阁"对目前的联合政府来说总是前进了一步。

这些辩论因"格里姆（Grimm）事件"而变得更激烈，格里姆是瑞士国会议员、社会民主党人、和平主义者。他也参加过齐美尔瓦尔德会议，在那次会上属于"中间派"，不赞同列宁的革命策略；后来他帮助安排列宁从瑞士经德

---

① 《列宁全集》第30卷，第237—250页。
② 《全俄苏维埃第一次代表大会》第1卷，第142—149页。这里的托洛茨基发言的摘要根据的就是这一原始资料；后来再版时，谈到孟什维克的友好话语已都被修改过了。
③ 《全俄苏维埃第一次代表大会》第1卷，第149页。

国返回俄国的旅程。5月间他把德国政府试探俄国关于议和的可能性的信件送给彼得格勒当权党派的领袖们。俄国政府把他当做德国间谍驱逐出去,但是并没有公布原因。

严格说来,格里姆并不是德国间谍。作为一个头脑并不复杂的和平主义者,他认为设法担当调停人的任务是很自然的事。他对俄国革命政治的错综复杂性不甚了解,他不明白,那些俄国社会民主党人,不论是大声疾呼和平的布尔什维克或托洛茨基还是反复许诺尽早实现和平的孟什维克,为什么都反对他的行动。① 有关他的活动,列宁和托洛茨基都不知道。但是政府已指责格里姆为德国间谍一事却马上被利用来使人怀疑参加齐美尔瓦尔德运动的俄国人。据说米留可夫在一次有关的讲话中诬蔑列宁和托洛茨基也是德国奸细。托洛茨基在大会上挺身为格里姆辩护。他认为政府驱逐格里姆是不正当的,并说他从这一事件中看出米留可夫的险恶阴谋。在讲到米留可夫诬控列宁和托洛茨基本人时,他转身向记者席说:"我从这个革命民主的讲坛上请求正直的俄国新闻界刊登我的这句原话:只要米留可夫不收回他的指控,造谣诽谤之徒的印记就永远留在他的额头上。"②

高尔基的报纸这样报导当时的情景:"托洛茨基的声明铿锵有力,庄严慎重,受到与会者的一致欢呼。整个代表大会不分党派都热烈鼓掌,掌声持续达数分钟之久。"③ 翌日,米留可夫宣称,他没有说过列宁或托洛茨基是德国奸细——他只说过,因为他们进行颠覆性活动,政府应把他们关起来。④

大会这样一致地对托洛茨基欢呼,可以说是最后一次了。随着争论的继续,各政党之间的分歧已经固定下来,难以弥合。在有关最后一届杜马的争论中掀起一场波澜。那届杜马是在1912年按有限选举权选举出来的;它所起的作用只相当于沙皇的咨询会议,而不是真正的议会;而且杜马的大多数议员是由沙皇的大臣组成的。立宪民主党人迫切要求恢复杜马,他们希望利用杜马作为支持他们政府的准议会式的基础。孟什维克和社会革命党人向苏维埃提出一项含糊的决议案,马尔托夫对这项决议案用巧妙的措辞作如下解释:"杜马再也不会存在下去,但却因此对消灭杜马的任何企图发出了警告。"⑤ 卢那察尔

---

① 安·巴拉巴诺娃:《我的造反者生涯》,第178页。
② 《全俄苏维埃第一次代表大会》,第158页。
③ 《新生活报》1917年6月6日。
④ 1917年6月7日米留可夫的发言。
⑤ 《全俄苏维埃第一次代表大会》,第295—298页。

斯基提议：应当把杜马当做可耻的过去的遗物埋葬掉。托洛茨基用一篇尖刻的发言支持卢那察尔斯基。而当托洛茨基在接着召开的一次会议上站起来照常用"同志"这个词开始他的演说时，他的话被喊叫声打断："我们是你的什么同志？""住嘴，别称我们为同志！"托洛茨基再也不称他们为同志了，他同布尔什维克因而靠得更近了。①

大会的主要议题是军队的状况问题。自从推翻沙皇统治以来，俄国的前线没有军事行动。俄国政府及其总参谋部在西方盟国的压力下正在准备重新进攻，为此他们急切要得到苏维埃的批准。总参谋部还迫切要求修改著名的第一号法令，即《士兵自由基本法》。托洛茨基在这场辩论中作了重要发言，他在发言中警告政府：军队遭受重大损失以后，而且由于无能、发战争财和腐败而破坏了军队的后勤给养以后，军队已不能继续作战。进攻的结局只能是灾难；试图再把旧的军队纪律强加给士兵也无济于事。"对俄国全部历史来说，幸运的是我们的革命一劳永逸地破除了旧俄国军队过去的心理——蝗虫或海狸的心理……几十万人消极地、不理智地死去……也未曾给自己提出他们牺牲的目的的问题。现在……就让被我们抛到后面去的这个历史时期见鬼去吧！此刻我们尊重的不是群众性的、不自觉的英雄主义，而是能够通过每个人的意识的英雄主义。"② 目前，军队不明白为什么而作战。"我再说一遍，就是这支经过革命洗礼的军队……就会有而且将来也会有能够促进我们的农民和工人的军队在一致的热情下团结起来的思想、口号和目的。法国大革命的军队就是……自觉地响应进攻的号召的。问题的关键是什么？关键在于：现在不存在能使军队团结起来的目标……每一名会思考的士兵都问自己：在我今天将流的每五滴血中，难道为俄国革命利益流的不是只有一滴，而为法国证券交易所和英帝国主义流的却是四滴吗？"③ 只要俄国脱离帝国主义同盟，只要摧毁旧统治阶级的政权，只要由苏维埃建立一个民主新政府，那么，"我们就能以这支军队的名义对欧洲各国人民呼吁，现在一座革命堡垒已经在欧洲版图上屹立起来了"④。

然后他用他特有的对话体方式回答那些持怀疑态度——"不相信革命会扩展、不相信俄国的革命军队和俄国的民主政治在欧洲会找到盟友"——的

---

① 《全俄苏维埃第一次代表大会》，第352页。
② 同上，第353页。
③ 同上，第354页。
④ 同上，第356页及以后各页。

人，他说："我的回答是：历史不会给我们、也不会给俄国革命打保票，保证我们不会被彻底击溃，我们的革命不会被世界资本的大联合扼杀，我们不会被钉死在世界帝国主义的十字架上。"俄国革命对各国的有产阶级来说是这样大的危险，因而他们要力图破坏俄国革命，把俄国变为欧洲资本的殖民地，或者更可能的是变成美国资本的殖民地。但对这一力量的考验还在前面，苏维埃有责任为此作好准备。"如果……（革命的）德国没有崛起，或者说，如果德国革命虽爆发但力量太弱，那我们应调动我们的军队……不是为了防御，而是为了进攻。"这时，代表席上一个不知姓名的人说："那时就太迟了"，这声音打断了这篇讲话的有力结论。这个不知姓名的人的话未到年终就已被证明是正确的。但是就在这位向大会讲话的托洛茨基身上可以清楚看出此人的特色：他没有武装力量做后盾，却不但要和霍亨索伦王朝和哈布斯堡王朝的外交手段当面较量，而且还要创立红军。

  托洛茨基在这次大会上和普列汉诺夫发生了最后的冲突。他们在讲话中彼此冷淡地称对方"公民"而不称"同志"。普列汉诺夫的好战情绪已达到极端的程度，他爆发出来的沙文主义甚至使孟什维克也感到发窘，因而他们与他保持距离。大会热烈赞扬了普列汉诺夫过去的功绩，但托洛茨基认为那全是陈腐的护国说教所致。他敢于为此指责普列汉诺夫，而普列汉诺夫的答复则目中无人，一会儿把自己比做丹东（Danton），一会儿又比做拉萨尔（Lassalle），并把对俄国革命失去信心、士气低落的军队比做克伦威尔（Cromwell）和雅各宾派的军队，说他们的"士气在喝下革命的血液时才会高涨起来"。这位对革命厌倦了的老战士想不到，正是他的年纪较轻而常受他斥责的对手注定要担当俄国的丹东的角色，注定要使俄国的革命军队"喝下革命的血液"。

  多数派在大会的大部分活动中始终对布尔什维克及其伙伴们等闲视之。当策列铁里为联合政府辩护时，他向代表们挑战，让他们回答俄国有没有一个派别准备单独肩负政府的职责，列宁从代表席上打断他说：他的党已经准备肩负这一职责。多数派哄堂大笑，淹没了列宁的话。外省来的代表不知道，反对派在彼得格勒的影响已如排山倒海之势一样在增长。列宁一心要使他们牢记并使他们看到，彼得格勒人要求结束联合政府并组成社会主义者的政府，而且是只由温和派社会主义者组成的政府。列宁在大会代表席上的声明所宣布的是原则而不是直接的目的，他当时的目的还不是推翻政府，他更不赞成温和派社会主义者和他的党组成联合政府。只要布尔什维克在苏维埃还是少数，他就力促他的追随者不要在夺取政权上开玩笑，而要"耐心向群众说明他们的立场"，直到他们取得多数。这就是他的苏维埃立宪主义的关键所在。当时，布尔什维克的口号不是"打倒政府"，而是"打倒十个资本家部长！"，列宁为克服在他的中央委员会中出现的不良倾向，非常秘密地为6月10日用这个口号举行规模惊人的大示威作准备。托洛茨基消除他的朋友们的疑虑，引导区联派参加示威。但在6月9日，当《真理报》公开号召工人、驻军举行示威时，大会执委会却禁止示威。

列宁和托洛茨基都不想公然反抗禁令。他们决定服从多数，取消示威，并专门发表一篇宣言说明他们的态度。这是一个令人不安的时刻。工人和士兵会注意到示威的取消吗？如果注意到了，会不会误解党的立场？迫切要求行动的他们会不会感到寒心？列宁起草了一篇解释性的声明，但因为他本人和追随者都不满意这篇声明，所以他乐于采用那篇由托洛茨基撰写的声明；这篇声明以全部反对派的名义在大会上宣读。当时尚不是布尔什维克成员的托洛茨基还为布尔什维克中央委员会起草了一份有关这个问题的宣言书。①

6月10日，彼得格勒仍然平静。但苏维埃中多数派的领袖们决定在6月18日另外举行一次大示威，希望把这次示威变为支持他们的政策的一次具体表现。到了指定日期，50万工人和士兵的队伍经过大会代表聚集于其上的检阅台。使温和派社会主义者惊慌的是，在游行队伍中的所有旗帜都写着布尔什维克的口号："打倒十个资本家部长！"，"打倒战争！"及"全部政权归苏维埃！"游行终于和平地结束，没有骚乱，没有冲突，可是反布尔什维克的党派第一次估量出，布尔什维克的政策和口号已深入人心。

托洛茨基回俄国后仅仅一个月，就在这一段早期活动中，他的个人品格已经大放异彩。卢那察尔斯基写道："在托洛茨基令人眼花缭乱的成功的影响下，并在他那伟大的人格的影响下，不少接近托洛茨基的人们都有认为他是俄国革命的头号真正领袖的倾向。乌里茨基……曾对我，好像也对曼努伊尔斯基说过：'好啦，大革命来了，你看，列宁虽然智慧超人，但与托洛茨基的天才相比，却日益逊色。'"卢那察尔斯基接着说，这种意见之所以是不正确的，并不是因为对托洛茨基的才能和力量过分推崇，而是因为列宁的政治才能的规模还没有显露出来。"列宁在这段时间……确实稍逊一筹，因为他不经常公开

---

① 《列宁全集》第30卷，第300—301页；《托洛茨基全集》第3卷第1册，第137页；托洛茨基：《列宁传》，第66—69页。

讲话，而且写作也不很多。他主要是在布尔什维克阵营内指挥组织工作，而托洛茨基则在各种集会上慷慨激昂。"然而在1917年，革命既在群众大会上进行，同样也在党内比较狭小的圈子里进行。①

* * *

7月初，布尔什维克举行党的第六届全国代表大会。这是区联派加入布尔什维克队伍的机会。没有人再谈什么改变党的"名称"的问题了。区联派的多数人一度反对合并；代表这些人的尤列涅夫仍在警告区联派成员说：布尔什维克的"组织作风不好"，布尔什维克有通过狭小的秘密干部会议进行工作的倾向。区联派中急切要求合并的少数成员以托洛茨基为首。他辩解说：由于布尔什维克已从秘密活动的晨昏蒙影中浮现出来，由于大规模的群众运动的复苏，布尔什维克已基本上摆脱了他们的旧习；余下的问题将在一个公开活动的党内彻底解决。② 由于卢那察尔斯基的协助说服，区联派的多数人接受了上述观点。但就在合并之前，七月事件的危机震动了全国。

这是每次革命中都会突然意外发生的激烈痉挛之一，它打乱了所有领袖们的计划，加速了事变的节奏，迫使敌对力量的两极分化达到顶点。彼得格勒的驻军和劳动人民已忍无可忍。买面包的长队越排越长，没有尽头。发行的货币量是战前的十倍，货币已经贬值。投机活动猖獗。群众看到自从革命以来他们日常生活状况日益恶化，他们觉得受骗了。除此以外，现在仍在进行着代价很大的军事进攻。但首都和外省的情绪还有差别：在彼得格勒，人们大声疾呼，要求立刻改变局面，要求李沃夫亲王的第二届政府辞职；而在外省，二月政权的名声并未扫地。

托洛茨基和列宁因为全面考察过全国的力量对比而知道他们的进攻时机还没有到来。但在首都的追随他们的人却按捺不住，开始用不信任的眼光看待他们的策略。如同布尔什维克曾斥责过孟什维克和社会革命党人的踌躇不决和背叛一样，此时无政府主义者也斥责布尔什维克在玩弄等待把戏和背叛。最后，不少团队为迫使布尔什维克指挥部面对既成事实而号召7月3日举行武装示威。喀琅施塔得的水兵和首都的工人受了布尔什维克普通党员鼓动家的鼓动，

---

① 卢那察尔斯基：《革命家剪影》，第25—28页。
② 《托洛茨基全集》第3卷第1册，第145—149页。

热烈响应号召。正如大多数这样的情况一样,当冒险的政治首创精神直接来自群众的冲动激怒时,这种主动精神的目的是模糊不清的;号召示威的人并不明白是要彻底推翻政府还是只以和平的方式示威。布尔什维克指挥部力图像6月10日做过的那样取消示威,但这时群众的激情已无法阻挡。

1917年7月5日,彼得格勒涅夫斯基大街的一次群众集会被临时政府军队开枪驱散时的场景

列宁当时力图把他的党置于运动的前列,以便使运动保持在和平示威的限度以内,和平示威的目的是要再一次敦促温和派社会主义者成立以苏维埃为基础的自己的政府。广大群众带着这个要求来到市中心,两天两夜间,他们挤满街头游行集会。包括列宁在内的布尔什维克演说家对他们演讲,痛斥当权的联合政府,但又呼吁群众要保持冷静、遵守纪律。

最愤怒而人数又最多的群众包围了苏维埃执委会办公处所在地塔夫利达宫。群众派代表到塔夫利达宫宣称:如果温和派社会主义者不结束跟立宪民主党人联合,他们的队伍就不解散。这使某些孟什维克分子和社会革命党人深信:必是列宁在现场策划而打算使之成为武装暴动。的确,作为一场暴动的领袖,布尔什维克的表现确实令人不可思议:他们对群众发表长篇演讲,但又遏制群众,警告群众不要有暴力举动。不过,布尔什维克也有一些深思熟虑的举动。据闻,参加游行队伍的布尔什维克带头鼓动,而且喀琅施塔得的水兵在动乱中表现最突出。① 被困在宫中的温和派社会主义者害怕丢了性命，他们向司令部求援。② 因为全部卫戍部队几乎都站在布尔什维克一边，所以要从前线召来可靠的部队。当孟什维克和社会革命党人等待救兵的时候，听说宫外的群众已经逮捕了农业部长切尔诺夫，并要把他处死。托洛茨基已在宫里工作了整整一夜和一个上午，时而劝说宫外的示威者，时而劝说宫内的执委会。此时他冲到骚动的现场。

对以后发生的事人们有过多次描述，但都没有像苏汉诺夫在《革命札记》中写的那样生动：

> 目力所及，都是狂怒的人群。一群水兵围住一辆汽车，脸色十分可怕，举动非常粗暴。切尔诺夫坐在那辆汽车的后座上，看得出来，他已完全失去自制。整个喀琅施塔得都知道托洛茨基，看来也信任他。但是当托洛茨基开始演说时，群众还是不能冷静下来。如果这时候有一颗挑衅的子弹从附近任何地方射出来，马上就会发生一场可怕的血腥屠杀：他们会把我们，包括托洛茨基在内的所有人都撕成碎片。托洛茨基因为激动，一时竟不知道该说什么……他只是设法引起那些站得离他最近的人的注意（他开始赞扬喀琅施塔得水兵的革命美德，在苏汉诺夫看来，这种赞扬有点儿过分奉承的味道。）"你们，喀琅施塔得的红色水兵们，你们一听到有威胁革命的危险就来到这里……红色喀琅施塔得万岁，革命的光荣和骄傲万岁！"
>
> 但是他们在听托洛茨基说话时心情闷闷不乐。当他试图向他们谈到切尔诺夫时，围在汽车周围的人们又暴怒起来。
>
> （托洛茨基接着说）"你们到这里来表示你们的决心，要向苏维埃表明工人阶级绝不想看见当权的是资产阶级。但是你们为什么要损害自己的

---

① 托洛茨基：《俄国革命史》第2卷，第1—3章。《季诺维也夫全集》第15卷，第41页；《列宁全集》第25卷，第142—143页。斯大林在七月事件的开头阶段很活跃，他向党的六大作过详尽的说明。《斯大林全集》中文版第3卷，第102—107页（他的说明的摘要在多伊彻著的《斯大林政治传记》第148—149页上）。拉斯科尔尼科夫：《1917年的喀琅施塔得和彼得格勒》，第116页及以后各页。

② 事变过后35年，孟什维克领袖P. 阿布拉莫维奇写道："注定要倒霉的六月进攻之后，对使在群众心目中已经死亡的战争死灰复燃的企图的仇恨如此强烈，使我自己当时感到：如果列宁和他的朋友表示更大的决心，在七月事件中布尔什维克通过半政变就可以夺取政权。"（《社会主义导报》1952年3月号的《一场延误了的革命的悲剧》。）但事变期间及事变以后，阿布拉莫维奇指责布尔什维克以彻头彻尾的阴谋方式夺取政权。托洛茨基：《俄国革命史》第2卷，第39页。

事业?你们为什么要任意对个人施加暴力,玷污你们的记录,使你们的记录黯然失色?……你们每个人都表明自己忠于革命,你们每个人都准备为革命抛头颅洒热血。我知道这一点。……同志们,请答应我吧!……答应我吧,我的兄弟们……"

托洛茨基把手伸向一个激烈反对他的话的水兵,这名水兵一手紧握着枪,另一只手躲开托洛茨基。在我看起来,这名水兵一定不止一次在喀琅施塔得听过托洛茨基演讲,他这时当真认为托洛茨基出卖了事业。①

最后,托洛茨基不理会群众,只要求那些同意对切尔诺夫施加暴力的人举手。没有一个人举手。在寂然无声中,托洛茨基挽住当时已半昏厥的切尔诺夫,把他领进宫里去。托洛茨基和被他救出来的敌人一起回来时,他脸色惨白,满脸冷汗。

在城里的各个地方都发生了小规模骚乱和小规模的闹事,如果未被布尔什维克的影响所约束的话,它们必将引起流血和杀戮。示威的群众终于渐感疲劳,他们的劲头也松懈了。当前线来的军队开到时,他们正要散开。凶暴的反对势力马上猖獗起来。迄今一直潜藏着的秘密与半秘密的右翼组织突然走上街头。经过几次冲突后,渴望睡眠和休息的亲布尔什维克群众散开了。正在这时,报纸上突然发表了前线进攻溃败的消息。这就等于给反布尔什维克的反动气焰火上浇油。右翼党派、将军们及军官团责备说,正是布尔什维克的煽动破坏了军队的士气,导致了失败。②

单单这种指控就足以给布尔什维克党的领导层带来一场风暴。除此以外,甚至还有更具挑拨性的指控。一份右翼的通俗报纸发表的"文件"声称列宁曾接受德国总参谋部津贴;还公布了逮捕列宁、季诺维也夫和加米涅夫的命令。那些文件一看就可知道是拙劣的虚构。提出指控的证人姓叶尔莫连科,原

---

① 苏汉诺夫:《革命札记》第4卷,第423—425页;维·切尔诺夫:《俄国大革命》,第422—426页。托洛茨基后来说,那些把切尔诺夫抓起来的人是好细,和水兵毫不相干。(《托洛茨基全集》第3卷第1册,第193页及以后各页。) 根据内证,苏汉诺夫的说法显然更可信,而且和喀琅施塔得的领袖拉斯科尔尼科夫的看法相同 (上引书,第128—130页)。

② 6月28日,即这些事件前的一个星期,托洛茨基在《前进》杂志上写道:"如果在三年战争经验和四个月的革命经验之后,如果(批准进攻的苏维埃)代表大会做的闪烁其词、小心翼翼的决议或半社会主义者半部长们廉价的夸夸其谈还不能说服所有的士兵的话,那么'忠心耿耿'的报刊总会求助于屡试不爽的伎俩:它会号召'社会'进行反对全体革命的社会民主党人,特别是布尔什维克的十字军讨伐。"

是密探，此时为军事反谍报机关服务。① 但指控最初造成的影响是破坏性的。这一表象对列宁不利；而且在当时，这一表象具有决定性作用。不懂政治、对革命党的历史及行为习惯方面一无所知的公民问道：列宁不是确实是由于同德国政府达成协议而经由德国回国的吗？难道不是他鼓动反对战争的吗？不是他煽起动乱的吗？如果答复说，列宁要经过法国、英国的其他所有路线都遭到拒绝以后他才决定取道德国返俄的，而且他的许多孟什维克政敌跟他一起或稍后都是经过同一条路线回国的，这也毫无用处。② 如果指出列宁希望革命会像摧毁罗曼诺夫王朝一样摧毁霍亨索伦王朝和哈布斯堡王朝，那也没有用。在继七月事件之后的一片混乱中，这样的微妙关系谁也不会加以注意。上层阶级对革命害怕得要死，仇恨得发狂，中产阶级因绝望而看不见一切。总参谋部需要对最近的军事溃败作保全面子的解释。温和派社会主义者感到脚下的土地裂开了。找替罪羊和骇人听闻的罪恶祭品是压倒一切的需要。

在混乱之中，托洛茨基见到列宁，列宁说："现在他们要把我们一个个全都枪毙。这正是他们下手的时机。"③ 他在慎重考虑反革命是否可能胜利；他认为被孟什维克和社会革命党人阉割了的苏维埃已扮演完了它的角色；他在为党作回到秘密活动中去的准备。他稍经踌躇后，决定不让自己束手待毙，而要同季诺维也夫一起躲起来。托洛茨基认为情况没有这么严重，列宁的决定令他遗憾；这样的举动与托洛茨基自己的习性完全相反。他认为列宁不必躲起来，相反，列宁若把自己的经历公之于众反而会发生充分影响，会比逃跑能更好地为他的事业服务——逃跑只会增加不利的表象，人们可能会凭这种不利表象来判断他。④ 加米涅夫和托洛茨基的看法相同，并决定去坐牢。但列宁坚持自己的决定，他预料政府不会公正地审判他，因为正是这个政府把一大堆虚构的指控加到他的头上并在报刊上散布伪造的文件的。气氛相当紧张，布尔什维克党实际上已被取缔，《真理报》已被禁止出版，报社也被捣毁，好几个区的布尔什维克领导机关遭到破坏。如若仍然盘踞在警察局的旧近卫军的刺客或反革命

---

① 在我著的《列宁评传》中对这件事将作详细的叙述和分析。克伦斯基的说法在其《自由的苦难》一书中第285—294页上；M. H. 波克罗夫斯基在对克伦茨基说法的反驳在该书中第115—136页。另见托洛茨基：《俄国革命史》第2卷，第96—123页。
② 官方在对七月事件的调查期间查明，约有500名俄国流亡者从瑞士经德国回国，其中400名是反布尔什维克者和"社会护国主义"分子，波克罗夫斯基：《十月革命》，第123页。
③ 托洛茨基：《列宁传》，第69页。
④ 参见托洛茨基后来在狱中的证词，见《托洛茨基全集》第3卷第1册，第193页及同书各处；《俄国革命史》第2卷，第240—241页。

第九章　十月革命中的托洛茨基

的狂热之徒在把他们所仇恨的革命领袖押往监狱或从监狱里押出来的途中行刺，真是易如反掌。列宁对自己在党内的重要性知道得太清楚了，因此他不能去冒这种危险，他不顾常规的考虑而躲藏起来。①

在政府的攻击中，托洛茨基的名字最常和列宁的名字连在一起，但这次没有发出逮捕他的命令。原因很明显：他在名义上不是布尔什维克党的党员；他回俄国的情况与列宁回国的情况如此不同，因而难以给他加上德奸的罪名；另外，托洛茨基英勇地救出其政敌切尔诺夫一事在每个人的心里都记忆犹新。但宽容他的时间并不长。米留可夫的《言论报》发表一篇报导说，托洛茨基离开纽约前接受过美籍德国人的 1 万美元，要他用这笔钱在俄国鼓动失败主义。在一些更不严肃的报纸上则揣测这笔钱来自德国总参谋部。托洛茨基马上用公开信答复，这封公开信刊登在高尔基的报纸上，以富有喜剧性的效果戳穿了米留可夫的揭露。托洛茨基挖苦说，美籍德国人或德国总参谋部显然认为只花 1 万美元就能推翻敌国政权是件最廉价的事。他追究这篇报导的来源，说它出自英国大使乔治·布坎南爵士。大使否认这一指控，但这并不妨碍米留可夫声明他的消息就是来自后者。于是托洛茨基叙述了他离开纽约前发生的真实情况：俄、美、拉脱维亚、犹太、芬兰和德裔的美国社会民主党人为他和另外三个要跟他一起动身的俄国流亡者安排了一个告别会。当场进行募捐，收到 310 美元，其中 100 美元是听众中的德裔美国人捐献的。捐款都交给了托洛茨基，他平均分给一起回国的流亡者。美国报纸报导过那次告别会与募捐的消息。他以愉快的心情"供认"事实真相，作出结论说，正如他所了解的，这样的"供认"事实在资产阶级公众面前甚至比接受德国总参谋部的津贴更会使他丢脸，他写道：因为他平生从未同时支配过 1 万美元，甚至连这个数目的 1/10 也未曾见过。②

他在另一封公开信中讲到他与帕尔乌斯的友谊和绝交的经过，因为有人又重提这一关系来反对他。他揭露阿列克辛斯基（Алексинский）是造谣中伤的主谋，此人以前是布尔什维克，后来成为叛徒。他写道：阿列克辛斯基因是个造谣诬陷者曾被巴黎的记者组织开除，而且孟什维克也曾以道德为理由拒绝接

---

① 这一步骤使列宁的某些追随者十分为难，只是过了很久，在德国革命期间，罗莎·卢森堡和卡尔·李卜克内西都这样被人刺杀时，才使当初为列宁的决定而感到不安的人认识到列宁是完全正当的。

② 《托洛茨基全集》第 3 卷第 1 册，第 150—158 页。

纳他加入彼得格勒苏维埃。正是这个人此时却高升为护国主义者道德的捍卫者。①

因为把托洛茨基牵连进去这个企图遭到失败,阴谋又改从相反角度开始了。报上载满报导,扬言托洛茨基已跟德奸列宁分裂。7月10日,即在列宁躲藏起来四天之后,托洛茨基因此致临时政府如下的一封公开信:

> 部长公民们——我得知……你们已签发逮捕列宁同志、季诺维也夫同志、加米涅夫同志的命令,但没有签发逮捕我的命令。所以我认为有必要提请你们注意以下事实:1. 我跟列宁、季诺维也夫、加米涅夫的立场和原则完全一致,而且我在《前进》杂志上以及我的所有公开演讲中阐明了我的立场。2. 我对7月3日及4日事件的态度跟上述同志们的态度是一致的。②

他叙述了那些事件,并说明:他过去不属于布尔什维克组织,是由于意见分歧,但这些分歧已经过时,而且已毫无意义。

> 你们签发了逮捕列宁、季诺维也夫和加米涅夫的命令,你们没有理由把我排除在外。我和上述同志一样是临时政府所有政策的不可调和的敌人,对此你们是没有怀疑余地的。你们不逮捕我,只会使你们对他们采取的举动的蛮横、反动性质更加鲜明突出而已。③

对布尔什维克实施恐怖的高峰达两三天之久,托洛茨基没有在苏维埃露面。他在拉林(Ларин)家里过夜。拉林以前是孟什维克,现在正要加入布尔什维克。但在《致临时政府的公开信》发表后,托洛茨基以大无畏气概挑战式地重新露面了。他在苏维埃里、在苏维埃执委会上、在农民苏维埃执委会上捍卫列宁和布尔什维克党。他在不间断的喧嚣声中发表演说,大声疾呼:"列

---

① 《托洛茨基全集》第3卷第1册,第155—159页。
② 同上,第165—166页。
③ 同上,第155—159页。托洛茨基同时给高尔基写过一封信,高尔基是列宁的亲密朋友,这次,(与捍卫列宁的马尔托夫相对而言)高尔基的表现颇为暧昧,托洛茨基原想促使高尔基出面大力捍卫列宁,提醒高尔基去想想左拉在德雷福斯事件中的作用。这封信托洛茨基没有投邮,见《托洛茨基全集》第3卷第1册,第346—347页。

宁为革命战斗了30年，我为反对压迫人民群众战斗了20年。我们只能仇恨德国军国主义。只有不识革命为何物的人才会断言相反的事实。……在这个大厅里绝不许任何人说我们是德国的雇佣，因为这不是坚定的革命者的声音，而是卑鄙的喉舌。"① 他警告说，对这件事作壁上观的孟什维克分子定将使他们自己毁灭。切尔诺夫这个"社会护国主义者"因为参加过齐美尔瓦尔德运动，已被迫辞去部长职务。反革命已挑选布尔什维克作为第一个靶子，温和派社会主义者将是下一个受害者。

就是在那些惊慌失措、歇斯底里的日子里，人们也都专注而恭敬地倾听托洛茨基讲话。尽管如此，他的呼吁收效甚少，甚至毫无效果。温和派社会主义者知道，指控列宁和季诺维也夫为德奸是荒谬的，但他们都认为布尔什维克在反战鼓动上走得太远；他们怀疑：列宁，或是列宁与托洛茨基一起在七月事件中曾试图夺取政权；他们不肯为恢复列宁的名誉帮忙，只有马尔托夫捍卫老政敌的荣誉。②

又过了两个星期，托洛茨基仍未被捕，他的挑战使内阁感到麻烦。下令逮捕他是没有理由的，除非宣布指导整个苏维埃（包括温和的多数派在内）的原则为非法，因为托洛茨基正是按照这些原则制定他自己的行动计划的。另一方面，内阁又不能让他继续逍遥在外，否则就等于嘲弄它的反对布尔什维克的举动。7月23日夜，托洛茨基和卢那察尔斯基被捕，被解送到十字架监狱。苏汉诺夫后来叙述了这件事在彼得格勒造成的影响，因在事发的第二天，苏汉诺夫本人曾到摩登马戏场的孟什维克集会上讲话。"当我报告关于托洛茨基和卢那察尔斯基被逮捕一事时……立刻掀起了一阵长达一刻钟之久的愤怒的风暴，集会无法继续进行下去。叫喊声响成一片，数以千计的群众当即要举行游行，向当局表示抗议。马尔托夫好不容易才设法使事态转化为通过一项当场草拟的抗议决议。"③

这样，在革命中，托洛茨基以前的朋友和以前的学生都崛起当权；而他自己却被关在1905年沙皇政府曾把他关在其中的同一所监狱里。这时狱内的条件更坏，牢房极其拥挤：不断逮捕嫌疑分子，每天都有大批人被送进来。政治

---

① 苏汉诺夫：《革命札记》第5卷，第52、59—62页。
② 对七月事件的不少说法中，有一种说法是，曾有一个由列宁、托洛茨基和卢那察尔斯基组成的三巨头专政的计划，甚至连苏汉诺夫也有信以为真的倾向。从这一情况可以判断相信这一说法的人多么广泛。苏汉诺夫《革命札记》第4卷，第511页。
③ 苏汉诺夫：《革命札记》第5卷，第121页。

犯和刑事犯关在一起，而在旧政权统治下，政治犯反而都能享受分开监禁的特权。所有人都饥肠辘辘。人们唆使刑事犯反对"德奸"，抢走政治犯的食物，粗暴地对待他们。公诉人、审判人员和狱卒都跟沙皇统治下的一模一样。新统治者的矫饰与司法机关的内幕形成鲜明的对照。当托洛茨基注意到这些情况时，他认识到列宁决定躲藏起来并没有什么大错。在这样疯狂的混乱中，有时连囚犯的生命也是有危险的。但正像在旧政权统治下一样，因犯却还是有政治活动以及写作活动的足够自由的。因有加米涅夫、卢那察尔斯基、安东诺夫－奥弗申柯和克雷连科（Крыленко）这样的辩论家，政治辩论倒是十分热烈。囚犯中还有德边科（Дыбенко）和拉斯科尔尼科夫，他们都是喀琅施塔得的领袖。十月起义的全部主要角色和第一批布尔什维克的军事人民委员部的成员几乎全部聚集在这里。

托洛茨基自己开始拿起笔写作，他的文章和小册子再次像潮水般地涌向狱外的世界。有些文章详细描写狱中的生活，它们用 П. 塔纳斯这个笔名发表在布尔什维克的报纸上；其他文章发表在高尔基办的日报上。托洛茨基在另一封信——《致临时政府的公开信》中把司法程序奚落一番，他揭露说：指控他的罪名是，他同列宁一起经由德国回到俄国以及他是布尔什维克的中央委员。这些控告证明检察当局如此蛮不讲理和怠惰无能。① 顺便要说到的是，托洛茨基被捕几个星期后，区联派才最终加入了布尔什维克党，此后托洛茨基才成为布尔什维克的中央委员。他对司法程序的揭露所产生的后果是使他的检察官被免职。但司法程序却继续进行下去。"德雷福斯案及贝利斯案，与今天在共和国司法旗号下对政治家进行的蓄意谋杀相比，都相形见绌。"托洛茨基向司法部长扎鲁德内（Зарудный）这样抗议说。由于不可思议的巧合，此人竟是1906 年苏维埃审判案中的被告辩护律师。②

过了几个星期，事情发生了意想不到的转折，它使被告及其案件变得更有希望，同时也给他们带来了更大的威胁。对七月"起义"的反动已扩大成为反对由二月革命产生的整个制度和条件的激烈行动：反对苏维埃士兵委员会、土地委员会、工厂委员会以及那些有意或无意地抵抗旧行政机构职权的类似组织。反动派此时集中打击温和派社会主义者。右翼的头头不无理由地争辩说：布尔什维

---

① 《新生活报》1917 年 7 月 30 日。
② 《托洛茨基全集》第 3 卷第 1 册，第 203 页；拉斯科尔尼科夫：《1917 年的喀琅施塔得和彼得格勒》，170—179 页。

第九章　十月革命中的托洛茨基

克只是当前事态的最坚定的鼓吹者,而温和派社会主义者则要为捍卫这种事态承担程度不同的责任。① 只要苏维埃还存在,布尔什维克的"全部政权归苏维埃"这一口号就不会停止,而孟什维克和社会革命党人与苏维埃的存在利害相关。如果布尔什维克竭力鼓动士兵反对军官,那么这种对抗的最早的喉舌——温和派社会主义者至少在防止军官团重新得到他们的旧地位方面有既得利益。中产阶级的领导人此前一直希望借助温和派社会主义者去驯服革命;但此时他们到处寻求一个能驯服或击溃温和派社会主义者与布尔什维克的军事独裁者。只有这样,包括前自由派在内的右翼才能希望结束他们认为是俄国历史上最可耻的一页。

七月事件表明:如果反布尔什维克的俄国还剩有什么力量的话,这种力量就在军官团内。当时被困在塔夫利达宫里的温和派头头们因害怕丧命而发抖,祈求忠心的军队把他们从布尔什维克的群众中救出来。这一场面人们并没有忘记。然而,二月政权的机构如此不合逻辑,以致此时越发要用政治门面去掩饰政权内部关系的真相了。紧接七月事件之后,组成了以克伦斯基为总理的第二

1917年7月,亚历山大·克伦斯基出任临时政府总理,图为他在自己的办公室中

---

① 米留可夫:《俄国革命史》第1卷第2册,第58—72页;A. H. 邓尼金:《俄国混乱时期笔记》第1卷第2册,第232—238页。

届联合政府，温和派社会主义者在其中担任有名无实的领导职位。他们在其全盛时期在联合政府中是低级搭档；只有在他们的弱点都已经暴露无遗之后，他们才充当高级搭档的角色，至少在外表上是这样。这样的怪事是不会持久的。

保守势力和反革命势力寄希望于科尔尼洛夫（Корнилов）将军。克伦斯基已任命科尔尼洛夫为总司令。科尔尼洛夫受到上流社会及中产阶级的拥戴和支持，他便以上帝的选民自居，骄横跋扈。他对克伦斯基先是态度暧昧，后来则咄咄逼人，最后于8月24日对政府公开宣战，命令军队向首都进军。由于对胜利充满信心，他事前就夸下海口要彻底消灭革命。

关在十字架监狱中的托洛茨基和他的朋友们接到这一消息时有一种复杂的预感。克伦斯基继续把他们关在牢房里，如果科尔尼洛夫胜利，他会把他们作为有效的人质交给得胜的军人。他们必定会遭到屠杀，这肯定不是由恐慌引起的虚构想象。但这一情况又带来新希望。温和派社会主义者如果没有布尔什维克的帮助，不可能从科尔尼洛夫手里救出自己，正如在七月事件中他们没有将军们的帮助就不能从布尔什维克手里救出自己一样。政府很快就主动把枪杆子塞到刚被解除武装的赤卫队手中。政府刚把全部军事灾难归咎于布尔什维克鼓动家的破坏性的影响，现在却乞求他们用这一影响去影响科尔尼洛夫的军队，并说服士兵不服从甚至抛弃他们的指挥官。而且最后，克伦斯基还乞求七月事件的首恶者们，即喀琅施塔得的水兵团结起来保护他自己。

在托洛茨基的牢房里发生了一个简直是不可思议的场面。喀琅施塔得的水兵派一个代表团去问他：是否应响应克伦斯基的号召，是保护克伦斯基反对科尔尼洛夫还是索性与科尔尼洛夫和克伦斯基两人一起算账。急性子的水兵更愿意走后一条路。托洛茨基劝阻他们，提醒他们，5月间他在苏维埃捍卫他们时曾说过："如果一个反革命的将军试图把绞索套在革命的脖子上，那时喀琅施塔得的水兵会同我们一起进行殊死战斗。"此时他们必须履行这一诺言，暂缓跟克伦斯基算账，跟克伦斯基算账无论如何为时不会太远。水兵接受了他的劝告。尽管发生了这样的变化，检察当局仍旧机械地继续它的工作。调查拖延下去，托洛茨基必须答复关于他与德国总参谋部及布尔什维克的关系问题。安东诺夫-奥弗申柯和克雷连科被关了六个星期还没有被指明罪证，因此威胁要绝食，但托洛茨基竭力劝阻他们。最后他决定不再继续参与这场审判闹剧。他拒绝回答审讯官的问题，在致苏维埃执委会的信中阐明理由。三天后，9月4日，他得到保释。

第九章　十月革命中的托洛茨基

他从监狱出来直接前往斯莫尔尼宫，参加反对反革命斗争委员会会议，这个斗争委员会是经克伦斯基同意由苏维埃建立的。这个机关是领导十月起义的军事革命委员会的原型。

击败科尔尼洛夫的并不是武装部队，而是布尔什维克的宣传鼓动。科尔尼洛夫的军队不放一枪就抛弃了科尔尼洛夫。科尔尼洛夫的失败引发了一连串直接走向十月起义的新事件，正如7月3—4日流产的革命使力量的对比转向有利于反革命一样，这次流产的反革命则更加强有力地使它倒向相反的方向。第二届联合政府垮台了。立宪民主党人部长们辞职，因为他们不赞成克伦斯基反对科尔尼洛夫的斗争。社会主义者部长们退出，因为他们疑心克伦斯基曾与科尔尼洛夫合谋反对苏维埃并助长了后者的野心。一个月来，克伦斯基由于不能把联合政府的碎片捏合在一起，便通过一个所谓指导委员会来统治，这是个完全没有代表性的小委员会。

托洛茨基和加米涅夫在苏维埃中要求调查导致科尔尼洛夫政变的事件以及克伦斯基在开始时所起的作用。他们更加坚决地敦促温和派社会主义者同立宪民主党人彻底决裂，不少立宪民主党人都曾支持过科尔尼洛夫。听起来，在科尔尼洛夫事件之后赞成清一色的社会主义者政府的论据是无可反驳的，但当孟什维克和社会革命党人仍继续试图复活联合政府时，追随他们的人便把他们完全抛弃了。苏维埃中的温和多数派在几天之内就瓦解了。9月9日，托洛茨基作了一次令人振奋的发言，要求明确为他本人及其他布尔什维克领袖们恢复名誉。他要求政府提交早该提交的关于七月事件的报告，他还提出对苏维埃的孟什维克"主席团"的不信任案。使所有人都惊异万分的是，这一动议居然通过了。布尔什维克的提议在苏维埃中获得多数票，这是第一次。革命建立了一座新的里程碑。①

当孟什维克及其合伙者在苏维埃里失去地盘时，他们企图在苏维埃之外重振旗鼓。9月14日他们召开所谓民主会议。这个会议就任何意义来说都不是选举出来的会议。会议的成员是事先为保证反布尔什维克者占多数而拼凑起来的。这是形形色色的非政治组织，如合作社与革命前地方自治会代表团拼凑的大杂烩，却要对所有正在热烈争论的政治问题发表意见。情况就是这样荒谬，

---

① 在同一次会议上，托洛茨基提议根据代表比例选举新的主席团，这一提议招致列宁愤怒的批评，列宁辩驳说：当孟什维克和社会革命党人居多数时，他们不采用比例代表制——布尔什维克为什么要给他们这种特权？但托洛茨基的这种和解姿态也遭到孟什维克的拒绝：他们拒绝跟布尔什维克一起坐在主席团里。

不管以后将要发生什么事情,但在现阶段看来,只有布尔什维克坚持了选举产生的代议制政府的原则,而温和派社会主义者则企图否定这一原则。在工厂和兵营中选出来的苏维埃不代表资产阶级,却完全代表工人阶级、军队和农民中的主要阶层。它们的权威和对群众的号召力部分应归结到由于没有任何真正的全国性的议会体制。看起来,创立这样的体制可能与反布尔什维克的党派生死攸关。然而联合政府还在继续拖延已经许诺的立宪会议选举;而布尔什维克则大声要求选举,但他们自己心里对立宪会议与苏维埃的未来的关系也不清楚。他们并未预见到通过全部政权归苏维埃就会使立宪会议成为不可能的事;也未预见到他们召集立宪会议只是为了解散立宪会议。另一方面,温和派社会主义者迎合立宪民主党的愿望,同意一再推迟选举,而立宪民主党人则害怕此时举行全国投票会产生一个过激的立法机关。[①] 同时,温和派社会主义者试图策划用民主会议形式以及由此产生的所谓"预备议会"来取代议会。

  会议使统治集团出现不和的局面。温和派社会主义者热衷于辛辣地对立宪民主党人反唇相讥。克伦斯基自己的追随者公开表示不信任他,说他在科尔尼洛夫事件中扮演的角色是暧昧的,说他把自己凌驾于使他得以执政的党的头上并建立他的个人统治。克伦斯基企图反驳这些指控和说服会议必须恢复联合政府,但是他的表演如此荒唐无稽,以至使他的朋友们大失所望,而他的目的什么都没有达到。正是在这一时刻,托洛茨基首次作为布尔什维克的主要发言人出现在会议的讲坛上。孟什维克的革命史学家是这样描写托洛茨基这次演说给人留下的印象的:[②]

  这无疑是这位令人惊异的演说家的一篇最杰出的演说,我抑制不住自己心头的愿望几乎全文转录了这篇了不起的演说,使我这部书更加生色。如果将来我的书也有读者,就像拉马丁(Lamartine)的并非富于想象力的书至今仍有读者一样,那就让该读者从这一页来评判我们时代的演说艺术及其政治思想吧。他一定会得出结论说:在过去的这一个半世纪中人类没有白活,我们的革命英雄已使1789年的著名领袖黯然失色。

  亚历山大剧院里的听众一听到托洛茨基的名字,就像触电似的。……

---

 ① 米留可夫:《俄国革命史》第1卷第2册,第91—92页。
 ② 苏汉诺夫:《革命札记》第5卷,第125—126页;另见切尔诺夫:《俄国大革命》,第306—307页。

第九章 十月革命中的托洛茨基

托洛茨基自己作了充分准备。在台上我站在他后面几步远的地方，看见他面前的讲坛上有一张写得密密麻麻的纸，纸上有的措辞下面划了线并有脚注，还有用蓝色铅笔画的箭头。……他说话十分平易，没有用修辞技巧（尽管需要时他的修辞技巧可以达到炉火纯青的地步），丝毫没有装腔作势或耍什么花招，这次是他跟听众进行对话，有时往前走一两步把他的胳膊肘靠在讲坛上。声如洪钟和措辞优美本来是托洛茨基演讲的特点，但在这次演说中都没有。

我们不必概括这篇重述布尔什维克政策主要路线的演说，只要例举几点说明他的论战方式就足够了。他以非常平静的语调开始说："同志们，公民们，社会主义者部长们刚对你们讲过话。原以为部长们出席代表机构的会议是要作工作报告。而我们没有听到工作报告，听到的却是劝告。对劝告，我们表示感谢，但我们还是要求作工作报告。部长公民们，我们要的不是提意见，而是工作报告。"演说家非常平静地重复他的话。轻轻地敲着讲坛，他总结了以前的争论并指出，没有一个发言的人替克伦斯基辩护过，因此总理处于受他自己的朋友和追随者谴责的境地。这一下击中了对立阵营的最致命的弱点，因而激起代表席上一阵暴跳如雷的叫嚷。争论最激烈的一个问题是关于一项最近重新推行死刑的法令。克伦斯基急于平息他自己的追随者的不满，在会上宣称："如果我曾签署过一次死刑令，你们就诅咒我好了。"对此，托洛茨基反驳说："如果死刑是必要的，克伦斯基怎么可能承诺说他不用死刑？如果他认为他能在整个民主的舆论面前表态，说他在任何情况下都不会实施死刑，那么，我告诉你们，他正把重新推行死刑看成与犯罪无关的轻率举动。"

支持联合政府的人曾说过不应因为科尔尼洛夫的叛变而责怪整个立宪民主党，并且还说：布尔什维克在自己的党受到指控要对七月事件负责时还提出抗议，他们怎么反倒率先指责全部立宪民主党人呢。托洛茨基就此问题回答说："这样相比有一个小小的错误，当指控布尔什维克……制造或煽动了7月3—5日的运动时，说的不是请他们入阁，而是把他们请进十字架监狱……同志们，在这里确实有所区别……我们说：如果因科尔尼洛夫政变案你们要把立宪民主党人关进监狱里去，那么请不要不分青红皂白地一起抓，而是对每一个立宪民主党人进行全面的个案侦察！"就连带有敌意的听众都为此话笑得前仰后合，甚至讲台上最自负的部长与各党的领袖们也都忍俊不禁。但这样的欢笑声很快就被一个令他们生畏的重要声明所打断，整个会场变得鸦雀无声。托洛茨基力主赤卫队武装起来。这时从孟什维克席位上发出喊叫:"为什么?为什么?"托洛茨基回答说:"首先,为了使我们可以建立一座对付反革命的真正堡垒,反抗新的、更加强大的科尔尼洛夫叛乱。其次,如果成立真正的革命民主派的专政,如果这个新政府将提议的公正的和平遭到拒绝的话,那么,我现在代表我们党……奉告你们,彼得格勒及全俄的武装工人一定会以俄国历史上空前的英勇捍卫这个革命的国家,抵抗帝国主义的军队。"他以指斥这个会议毫无代表性而结束发言,接着就率领布尔什维克代表团退出了会场。①

即使在布尔什维克退场以后,会议还是不能满足克伦斯基的期望。会议在混乱中结束,像在开幕时一样。以微弱的多数票通过成立新的联合政府;但当时团结一致的多数断然决定不再迁就立宪民主党人,而联合政府中唯一可能的搭档就是这个党。9月21日,克伦斯基不顾他本人的假议会观点,和立宪民主党人成立了一个新政府,但这个政府从一开始就被架空了。这是七个月来组成的第五届内阁。托洛茨基和列宁留给这届内阁的寿命只有一个月。

布尔什维克在苏维埃里的力量越来越壮大。9月初,他们在彼得格勒、莫斯科及其他工业城市都成了多数。他们满怀信心地指望,在即将召开的苏维埃全国代表大会上作为多数党出场。授权召开全国苏维埃大会的机关是苏维埃中央执委会,这个在6月中选出的执委会还是由温和派社会主义者控制的。凡是对温和派社会主义者来说是冒险的行动,他们都竭力拖延,而布尔什维克当然迫切要求尽早召开大会。托洛茨基跟温和派领袖抗辩而且警告他们说:"不要玩弄代表大会。地方的苏维埃,首先是彼得格勒和莫斯科的苏维埃都要求召开代表大会;如果你们不按宪法规定的方式召开,我们就会用革命方式召开大会。"②

9月23日,彼得格勒苏维埃选举托洛茨基为主席。托洛茨基登上讲台时,会场"爆发出暴风雨般的掌声……苏维埃发生了根本的变化!"与七月事件中的令人沮丧的会议相比,"现在这又是一支革命队伍了。……现在,它是托洛茨基的近卫军,已作好准备,只等他一声号令,就直捣联合政府、冬宫以及资产阶级的所有堡垒。……唯一的问题是托洛茨基要率领他们冲向哪里。"③ 他在就职演说中回顾了1905年,并表示,希望这一次他将领导苏维埃走向不同的命运。他作了庄严有力的保证,后来的事件却给这项保证投下令人伤心的阴

---

① 《托洛茨基全集》第3卷第1册,第287—293页。
② 同上,第320页。
③ 苏汉诺夫:《革命札记》第6卷,第188页及以后各页。

影，他的保证说："我们都是忠于各自政党的人，将来我们还会不止一次地彼此冲突。但是我将要按照合法的、所有党派都享有充分自由的精神进行彼得格勒苏维埃的工作。主席团绝不帮助压制少数。"① 他代表苏维埃发出第一个号召：举行第二次革命，要求克伦斯基辞职，政府权力移交给苏维埃代表大会。他像以往一样尖锐地与孟什维克和社会革命党人辩论，但他并无敌意，没有丝毫渴望报复之意，而对一个新近被取缔过的政党的领袖，人们总会以为他会渴望报复的。②

尽管列宁反对，但所有的党派仍按人数比例推出代表参加新的主席团。③这样一丝不苟地尊重少数派的权利，是否仅仅是旨在麻痹少数派警惕性的策略手段？未必会这样。苏汉诺夫说，三年后，在布尔什维克取缔所有反对党以后，他提醒托洛茨基说，他曾保证绝不帮助压制任何少数派。托洛茨基陷入沉默，考虑了一会儿后若有所思地说："那些日子是美好的日子。"④ 那真是美好的日子。那时，革命仍在认真保证要扩大自由并使自由成为现实，而资产阶级的民主只许诺自由，或者只是吝啬地给予一点点自由。

彼得格勒苏维埃的代表们，托洛茨基坐在第二排左起第七的位置上

---

① 苏汉诺夫：《革命札记》第6卷，第188页及以后各页。
② 同上，第194页。
③ 甚至像高尔基那个人数很少、无权要求派代表的团体也分配到几个席位。
④ 苏汉诺夫：《革命札记》第6卷，第190页。

托洛茨基此时不再禁止自己当众自称是布尔什维克,他接受了这个他曾长时间内认为是玷污他名声的称号,他在狱中时已当选为党的中央委员,从他被释放到十月起义的七个星期中,他的名字不但已跟布尔什维主义同义,而且在外界看来,他的名字甚至比列宁的名字更有力地象征着布尔什维主义的抱负。因为当时公众见不到列宁。[1] 这几个星期充满了如此之多的历史大事,以至于把人们记忆里前几个月及前几年的事变全都挤掉了。列宁与托洛茨基之间近15年来的长期不和同今天他为布尔什维克党在15分钟内所做的事相比,看来是微不足道的。然而在党的核心集团里,当然有人不能从记忆里抹掉过去他们两人的长期纷争。他们怀着隐藏得很深的不满情绪看着托洛茨基在党内突然上升到支配地位。但他们也不得不承认:在最近的逆境中,托洛茨基在还不是党员的时候就以值得赞赏的英勇站在党的一边了。他们也不能否认,在列宁不在时,他们中没有一个人能像托洛茨基那样坚定、清晰和权威地为党说话;就是列宁本人担当党的喉舌,也未必能像托洛茨基那样卓越。

因此,托洛茨基在党内占支配地位是无可争议的。但是,要看出隐藏着的感情,只要查看一下中央委员会的记录就够了。这一年早些时候,列宁力图说服他的同事们在布尔什维克的报纸工作中给托洛茨基一个重要的职务,但没有成功。一直到8月4日,中央委员会推选布尔什维克报纸的总编委员会(这个编委会由斯大林、索柯里尼柯夫和米柳亭[Милютин]组成)时有一项提议:托洛茨基从监狱出来后应参加编委会。这项提议以11票对10票被否决。[2] 但在9月6日,即托洛茨基出狱两天后第一次出席中央委员会时,他被任命为党的主要编辑之一,没有人反对。[3] 当时组成中央委员会的是21名中央委员和8名候补委员。其中有几名是过去在流亡侨民中的知名人物,有几名是从区联派来的。其他人如米柳亭、诺根(Ногин)、斯维尔德洛夫、斯大林和邵武勉(Шаумян)都是国内土生土长中央委员。他们几乎不知道严格秘密的地下党以外的生活,他们自认为一直是真正的地下革命活动家,而且他们怀着本能的不信任看待以前流亡的人,特别是看待最自豪、最能吸引人而又最有辩才的那个人。但这种对抗性却几乎被压抑到下意识的深处。

---

[1] 雅克·沙杜尔后来是狂热的斯大林分子,但他当时曾写道:"托洛茨基在十月起义中居支配地位,是起义的钢铁灵魂,而列宁仍只是起义的理论家。"同上,第76页。

[2] 《中央委员会会议记录》,第5页。

[3] 同上,第56页。

第九章 十月革命中的托洛茨基

托洛茨基作为新人，开始时他在中央委员会的表现慎重而有分寸。在他第一次出席中央委员会那一天，老布尔什维克之间，在与党的根本立场直接有关的问题上的分歧就暴露出来了。这些分歧是对起义问题激烈争论的开端：列宁从其隐蔽所刚把这个问题提到中央委员会，跟列宁躲藏在一处的季诺维也夫就已向中央委员会申请准许他公开露面，离开列宁。中央委员会不肯批准；但也为两位领袖的继续躲藏问题感到不安；中央委员会允许加米涅夫和温和派社会主义者谈判，为两人的可能公开露面作好安排。在这场起义问题争论的序幕中以及其后的一段时间内，托洛茨基很少发表意见或不发表意见，尽管他有其坚定的见解。

列宁已开始敦促他的党举行起义。在他致中央委员会的信中详述了苏维埃里的情绪变化、农民反抗掀起的高潮以及军队的不耐烦，他因而极力主张党应当立即从革命的宣言和革命的许诺转到武装起义方面来；他深信如果党抓住时机就会取得绝大多数人民的支持。但历史提供的机会都是转瞬即逝的，如果布尔什维克失去这个机会，另一个科尔尼洛夫很快会准备好檄文，打垮苏维埃和革命。列宁写道，考虑到这种危险，值得关注的不是立宪会议，甚至也不是苏维埃宪政。党应该以自己的名义发动起义并承担责任。不一定非要在彼得格勒发动起义，可以在莫斯科甚至是芬兰开始，起义活动然后再从这里扩展到首都。① 9 月 15 日，中央委员会第一次讨论这些提议。加米涅夫出面断然反对，并且要求中央委员会警告所有的组织，不得有任何起义性质的行动。中央委员会不接受加米涅夫的意见，也不同意列宁的提议。②

与此同时，托洛茨基从他作为彼得格勒苏维埃主席这一新的优越角度处理这个问题。他在起义的时机及其紧迫性问题上同意列宁的意见。但在方法问题上，特别是在党应以自己的名义发动起义并独自承担起义的责任这两点上，他和列宁不一致。他不如列宁那样认真地看待迫在眉睫的反革命威胁。③ 与列宁不同，他深信在苏维埃占多数的布尔什维克的压力不容许旧的中央执委会把全俄代表大会拖延过久。他推论说，既然布尔什维克根据"全部政权归苏维埃"

---

① 《列宁全集》第 32 卷，第 233—234 页。
② 《中央委员会会议记录》，第 65 页。
③ 这种分歧可以追溯到七月事件。拉斯科尔尼科夫：《1917 年的喀琅施塔得和彼得格勒》，第 171 页；托洛茨基：《俄国革命史》第 2 卷，第 315—319 页。

的口号进行他们的全部鼓动,他们就应以这样方式举行起义,使每个人都把起义看做是这种鼓动的直接结论。所以,起义的时间要与苏维埃代表大会一致,或稍先于苏维埃代表大会,因为起义者应把政权交到苏维埃手中。此外,他要以彼得格勒苏维埃的名义并通过这个机构举行起义,因为这个机构的全部组成部分都在布尔什维克手中,而整个苏维埃机构正是他亲自指挥的。这样,起义在全世界的眼中就不仅仅是某个政党的事,而是广泛得多的事业。①

如果硬要把这种分歧理解为更深刻的原则性矛盾并由此推论说:托洛茨基要为苏维埃夺取政权,而列宁的目的在于把政权单独置于他的党的手中,这就错了。在某种意义上,两人都是苏维埃宪政主义者。列宁同样设想,起义者要召开全俄苏维埃代表大会,把政权交到苏维埃手中。但他拒绝把起义拖到代表大会召开之时,因为他深信孟什维克执委会定将把代表大会无限期地拖延下去,这样,如果让反革命抢先胜利,起义就绝不可能举行了。但他也把苏维埃代表大会看做是政权的宪法根源。相反,托洛茨基倒认为构成苏维埃中多数的布尔什维克事实上会成为当权的党。在这一阶段,他们两人都看不出苏维埃宪政与布尔什维克专政之间有什么矛盾,如果在细节上作些必要的变更的话,那么正像英国的民主派看不出议会统治与以多数党为基础的内阁制之间有什么矛盾一样。

列宁与托洛茨基之间的不同看法集中在一个更狭小得多的问题上:即起义本身应否用苏维埃宪政这个术语来表达。植根于托洛茨基的立场中的策略冒险性就在于,会因拖延时间而使整个行动计划受影响;而列宁的方式在政治上的不利之处则是可能会缩小起义对群众的吸引力。列宁一心所想的只是要达到的目的,托洛茨基则更注重起义的政治脉络关系、群众的情绪和争取踌躇分子的必要性这些方面,因为踌躇分子可能响应苏维埃的号召而不响应党的号召。摆在一个躲藏起来的人眼前的只有赤裸裸的、变化无常的政权现实性;而另一个人除此以外还考虑到无可估量的精神与政治影响,他这样做是由于他充满信心,他的信心来自他正处于事变的中心而且主宰着那些事变。

这种分歧相对于拥护起义和反对起义的人之间的主要争论来说,则是小事一桩。季诺维也夫和加米涅夫认为列宁和托洛茨基正在使党及革命陷入自杀性的冒险中去。这是一场甚至要使党分裂的最重大、最激动人心的争论;这场辩

---

① 托洛茨基:《俄国革命史》第3卷,第5、6章。

第九章　十月革命中的托洛茨基

论中的主要正反两方的意见将在后来无数次的论战中以不同组合方式重新出现；不管这场争论的直接结局如何，历史也许还未对它作出最后定论。在事变发生之后去评价说主张起义的人正确和反对起义的人错误，这是容易且很自然的。其实，双方陈述各自的理由时，正确的和错误的不可思议地交织在一起，而对历史前景所作的现实主义的估计则为严重的错误所抵消。列宁和托洛茨基以敏锐犀利的目光估计俄国全国的局势和国内的力量对比。他们察觉到赋予克伦斯基政权强大假象的只不过是这个政权的存在而已，他们对起义结果的乐观看法是基于对互相敌对的力量像数学一样精确的衡量。季诺维也夫和加米涅夫反对这种乐观的结论，在记录上有他们的下述警告："在历史面前，在国际无产阶级面前，在俄国革命和俄国工人阶级面前，我们无权把整个前途的赌注押在武装起义这张牌上。……历史上有过这样的情况，被压迫阶级必须承认：与其不战而降不如进攻而失败，难道俄国工人阶级目前正是处于这样的情况吗？不是！绝对不是！！！"①

季诺维也夫和加米涅夫看到的前途只有灾难；在他们悲剧生涯的余年中，每当回想起这些话时就羞愧难当。但主张起义的人，首先是列宁与托洛茨基，他们的论点不仅仅是根据，甚至主要不是根据他们对俄国内部力量对比的看法。他们更强调的是欧洲革命的迫近。正如托洛茨基自1905—1906年以来一直主张的那样，俄国革命会成为欧洲革命的序幕。列宁在10月10日向中央委员会提出的动议中所申明的起义的理由主要是："俄国革命的国际环境（德国海军的起义，这是世界社会主义革命在全欧洲发展的最激烈的表现）"。② 此后他在公开及私下的讲话中几乎每次都重复这一点："世界社会主义革命的成熟和必然性是不容置疑的。"③ "我们正站在世界无产阶级革命的门槛上。"④ 他在一封致党员的信中说："如果在这样的时刻，在这样有利的条件下，如果我们只是用……决议来响应德国革命者关于起义的号召，那么我们就是国际的真正叛徒。"⑤ 他在另一个场合中论证说："国际形势给我们提供不少客观材料，

---

① 《中央委员会会议记录》，第102—108页，这段叙述的英译本在《列宁文集》英文版第21卷第2册，第328—332页。
② 《列宁全集》第32卷，第385页。
③ 同上，第178页。
④ 同上，第268页。
⑤ 同上，第377页。

说明我们一旦发起行动，就能得到欧洲全体无产阶级的支持。"① 这种信心不但决定了托洛茨基的全部看法，而且也决定了列宁对形势的全部看法，列宁还坚持苏维埃政府应准备进行革命战争和帮助德国无产阶级的起义。

反之，季诺维也夫和加米涅夫却说："如果我们得出结论……必须进行革命战争，那么，士兵群众就一定会离开我们。"这对导致后来《布列斯特－里托夫斯克和约》的发展倒是确切的预见。他们进一步辩论说："这里我们要谈谈第二个断言——即国际无产阶级的多数据说已经跟我们站在一起。但不幸的是，事实并非如此。德国海军中的暴动具有巨大的象征意义……但离积极支持向整个资产阶级世界挑战的俄国无产阶级革命还很遥远，过高估计（我们的）力量是极其有害的。"

这样，那些在总结俄国形势时是伟大的现实主义者的人当转到更广阔的国际舞台时却成为幻想家；那些透过胆怯的怀疑主义迷雾悲观地看俄国的人却成为现实主义者。的确，主张起义的人体现了革命的活力及不屈不挠的勇气，而反对起义的人则表达出他们对革命力量的怀疑。然而，如果列宁和托洛茨基对国际革命进行更清醒的观察并预见到在几十年内任何其他国家都不会学他们榜样，人们也许会怀疑，他们是否会依然那样行动，或他们是否会以同样的决心行动，对这类纯属推测性的问题不可能作出回答。事实上是，俄国历史的全部动力推动着他们、他们的党和国家走向这次革命，而且他们需要以胸怀世界的希望去完成震撼世界的事业。当历史需要以幻想为动力并继续起它自己的作用时，历史就会产生伟大的幻想，并把它植入和培育在最清醒的现实主义领袖的脑子里，历史同样曾使法国革命领袖产生坚信融合各民族的世界共和国即将成为现实这一信念。

*　　*　　*

在中央委员会的争论没有结果时，党当然不能有首创性的行动。9月底克伦斯基召开预备议会，即取代经选举产生的议会的新替身。布尔什维克必须作出是否参加的决定。这个问题和起义问题有关。那些反对起义的人和犹豫不决的人都赞成参加；他们想让布尔什维克党在预备议会中充当正式的反对派，尽

---

① 《中央委员会会议记录》，第102—108页，这段叙述的英译本在《列宁文集》英文版第21卷第2册，第387页。

管事实上这个机构不能自称为代表全国的议会。主张起义的人认为他们的党充当反对派的时期已经过去了——否则,他们就不会考虑立即推翻现政权。他们论证说:倘若布尔什维克在苏维埃中还居少数,他们就只能敦促温和派多数把全部政权移交给苏维埃;因为他们自己不能实现移交。但他们既已成为多数;如果不想证明自己是只爱讲漂亮话的人,他们就必须使之实现。他们出席预备议会只会给后者装上真议会的门面,而使自己的精力脱离了直接行动。

在这场辩论中,托洛茨基和斯大林——这是他们第一次一起出席会议——一起发言抵制预备议会。加米涅夫和李可夫则主张赞成参加预备议会。从全国各地前来参加预备议会开幕式的布尔什维克代表多数人投票赞成参加。列宁坚决要求改变这种立场,他在一封致中央委员会的信中写道:"托洛茨基是主张抵制的。好极了,托洛茨基同志!在参加民主议会的布尔什维克党团中,抵制的主张失败了……不应当容忍参加的主张。"① 这一事件表明党在精神上还未具备领导起义的条件。

列宁写下"托洛茨基是主张抵制的。好极了,托洛茨基同志!"这几句话时显然感到欣慰。他曾不安地、甚至猜疑地看待托洛茨基在起义问题上的态度,不知道是否托洛茨基会因坚持起义应和苏维埃代表大会相联系这一点而不遵守列宁提出的时间,以致拖延了行动,直到使起义错过时机。如果情况真是这样,那么,根据列宁的观点,托洛茨基甚至是一个比加米涅夫和季诺维也夫更危险的反对者,那两个人的立场至少有反面价值:因为他们的态度毫不暧昧,他们直截了当地否认布尔什维克政策的整个趋向。托洛茨基的态度则相反,看起来是在遵循党的政策,因而对布尔什维克更有说服力;事实上,中央委员会是倾向于采纳他的意见的。因此在列宁的一些信中,有时反驳托洛茨基的意见几乎跟反驳季诺维也夫和加米涅夫的意见同样激烈,只不过没有点托洛茨基的名罢了。列宁写道,起义若等到苏维埃代表大会的召开,正如季诺维也夫和加米涅夫要等待克伦斯基召开立宪会议一样,都是背叛的行为。

过了很久托洛茨基才原谅列宁的做法,他写道:"如果列宁不这样担心,不施加这种压力,不提出这种批评,不这样紧张激烈地对一些人表示革命的不信任,那么党在关键时刻或许就不可能整顿好自己的阵线,因为当时党内上层的反对非常剧烈……"② 也许还要补充说,列宁"紧张激烈地对一些人表示革

---

① 《列宁全集》第 32 卷,第 256 页。
② 参见托洛茨基:《十月的教训》,见《托洛茨基全集》第 3 卷第 2 册,第 xlviii—xlix 页。

命的不信任",当然也包括不信任托洛茨基本人——这个好夸夸其谈、装腔作势的人,一面"敲不响的破锣"或过去的"巴拉莱金",以前的孟什维克伙伴,只不过刚刚成为一名布尔什维克,此时却要乘列宁不在的偶然机遇置身于党的领袖地位。确实,他在七月事件中表现出的尊严与勇敢给人留下深刻的印象。但列宁从未怀疑过托洛茨基的尊严和个人的勇敢,即使在他们争吵得最激烈的时候也是如此;马尔托夫在7月间也曾勇敢地保护过列宁。然而,保护捍卫一位受敌人折磨的同志(即使是一个政敌)是一回事,领导革命则完全是另一回事。托洛茨基能胜任领导革命之职吗?他知道什么时候该从长篇激烈的演说转变为行动吗?直到起义的时刻,甚至在起义期间,这种疑问一直折磨着列宁。

此时,托洛茨基正在从事起义的准备工作。他在进行这种准备工作时,心理上这样难以捉摸,策略上这样机智,以至于他虽然是在光天化日之下进行他的活动,但无论敌人或朋友都不能确切知道他的目的是什么。他并不企图从外部把起义计划强加给事变的进程。他根据形势的发展来部署起义,因此他根据当时的迫切需要,在某种意义说是真正的需要而采取行动,尽管这些需要表面上和起义无关。而且,他能够证明所采取的每一步骤都是正当的。他进行的每一项活动看来都光明正大;虽然他的这些活动在一个谋划中彼此相连,但这些联系也都伪装得天衣无缝。那些为政府、总参谋部、盟国大使馆及军事代表团监视情况的训练有素的政治、军事观察家没有一个能看穿他的伪装,甚至连列宁也在某些方面被他蒙骗了。

10月初,危机已达到新高峰:经济混乱在加剧;城市的供应已经中断;在广袤的乡村中,农民夺取地主的庄园,焚烧宅邸;军队又遭受新的失败;德国海军就在芬兰湾活动。彼得格勒本身似乎无法抵抗德国的进攻,政府各部门和军界、商界已讨论从首都撤离并把政府迁到莫斯科。但也出现了相反的态度,在战争史及革命史上可以看到类似的情况,那些渴望反革命而自己又太无力、不能实现反革命的人,尽管惯于自称爱国,却满怀喜悦地期望着入侵的敌军为他们效劳这种前景。杜马的前主席罗将柯十分轻率,公然说,如果德军重建彼得格勒的法律和秩序,他一定表示欢迎。沮丧情绪在工人阶级及"失败主义的"苏维埃里蔓延。10月6日,托洛茨基在驻防首都各团队的代表面前对苏维埃士兵讲话,并提出如下决议:"如果临时政府不能保卫首都,那么就应缔结和约或者让位给另一个政府。政府迁到莫斯科就是擅离职守、临阵脱逃。"① 这项决议案全票通过了。驻军接到通知：如果必要的话，他们有权在没有政府授权甚至违背政府意愿的情况下组建城市的防务。

第二天，托洛茨基在预备议会讲坛上敲响了警钟，他说："把革命首都放弃给德军的计划……把它作为全部政策中的一个应该有利于他们的反革命阴谋的自然环节。"② 一阵辱骂声潮水般地向演说者冲来，但这是他最后一次在预备议会上的发言——布尔什维克在列宁的坚持和催促下终于决定抵制这个预备议会。托洛茨基制服了大吵大闹之后，宣布布尔什维克退出会场："我们与背叛人民的政府，这个恶意反革命的议会没有任何共同之处。……我们退出这个临时议会，号召全俄工人、士兵和农民要提高警惕，要勇敢！彼得格勒在危险中！革命在危机中！人民在危机中！"从此以后，起义者每天都大踏步地向他们的目标迈进。

以克伦斯基及其总参谋部为一方，以托洛茨基和苏维埃为另一方，双方都在忙于一连串计划，部署内战舞台的演习；但双方都自称为更广泛的国防利益活动。克伦斯基正准备重新调动军队，表面上说是用以加强前线。最革命的团队在这一过程中都要被调出彼得格勒，作为跟苏维埃摊牌的前奏。托洛茨基必须挫败克伦斯基的计划，并要防止亲布尔什维克的团队被调走。他这样做根据的理由是：德军入侵绝非虚妄之言，把驻军全都调走将使首都面临德军入侵的危险。与此同时政府却否认它曾提议迁离彼得格勒。但政府的打算一直引起怀疑；在克伦斯基一心要调动军队的事情传出后，怀疑得到证实而且加深了。10月9日，苏维埃处于极度焦虑的状态。托洛茨基强烈要求苏维埃全体会议及其分组会议干涉军队调动问题。既然苏维埃已经承担起保卫彼得格勒的职责，就不能对驻军的撤离袖手旁观。托洛茨基还没有明确提出关于苏维埃应当否决克伦斯基的计划。他提出的第一步是，苏维埃应查明这个计划的用意并"控制"驻军的情况。但无疑他已提出谁该成为驻军主宰的问题了。③

同一天，在苏维埃执委会会议上成立了军事革命委员会。这个实际上是起义最高机关的委员会此时仅以代表苏维埃承担保卫首都之职的机构而出现。成立军事革命委员会的建议是一个姓叫拉济米尔（Лазимир）的左派社会革命党

---

① 《托洛茨基全集》第3卷第1册，第321页。
② 同上，第321—323页。
③ 同上，第324页及以后各页。

人提出的，他当时是个 18 岁的小伙子，他没有预感到此举的后果。执委会中的孟什维克成员反对过这一意见，但当向他们指出，这个委员会与他们自己在科尔尼洛夫政变时成立的机构不但一模一样，而且是它的延续时，他们作不出有力的反驳。在孟什维克居多数时期，苏维埃确实一再否决过政府打算采取的行动——这本来是二月"双重政权"体制下的惯例——而现在引用这些先例时却解除了对方的武装。托洛茨基是军事革命委员会的当然领袖，委员会的任务是：规定保卫首都所需要的驻军规模，同北方前线、波罗的海舰队、芬兰驻军的司令部保持联系，估计兵力和军火的库存，制订防御计划，维持城市居民的秩序。军事委员会成员中，除了其朝气蓬勃但缺乏理解力的发起人之外，还有波德沃伊斯基（Подвойский）、安东诺夫－奥弗申柯和拉舍维奇这些未来起义的作战指挥员。委员会分为七个处，分别负责防御、后勤、联络、情报、工人赤卫队等。委员会还按照先例任命政委，政委是该委员会派驻在所有团队中的代表。

当托洛茨基部分由于计划，部分由于重大事件和平常事件的推动而在建立起义机构时，党中央却仍然没有作出最后的决定。10 月 3 日，党中央听取莫斯科代表洛莫夫－奥波科夫（Ломов-Оппоков）的报告，他赞成起义，要求结束犹豫不决的状态。中央委员会的记录写道："决定不讨论该报告"①，但要求列宁来彼得格勒向中央委员会陈述他的论据。② 10 月 7 日，指定一个局去"收集有关对反革命进行斗争的信息"。这个局的成员有托洛茨基、斯维尔德洛夫和布勃诺夫（Бубнов）。③ 10 月 10 日，即军事革命委员会组成后的那一天，才举行了有列宁出席的那次历史性会议，会上，经过激烈的辩论之后，党的领袖们以 10 票赞成 2 票反对通过了起义决议。在这次会议上又选出第一届政治局——列宁、季诺维也夫、加米涅夫、托洛茨基、斯大林、索柯里尼柯夫和布勃诺夫——以便向党提供对起义的日常指导。④ 但第二天季诺维也夫和加米涅夫就要求下级组织反对中央委员会的决定，党的立场再次处于波动中。新选出来的政治局无论如何都不可能提供指导：列宁回到芬兰的隐蔽所；季诺维也夫和加米涅夫反对起义；斯大林几乎全身心地投入编辑工作；索柯里尼柯夫

---

① 参见《无产阶级革命》1922 年第 10 期发表的起义参加者在起义三周年时所作的回忆。
② 《中央委员会会议记录》，第 87 页。
③ 同上，第 94 页。
④ 同上，第 98—101 页。

的意见比托洛茨基的稍微谨慎些；而列宁还是不信任托洛茨基的计划，极力主张党独立倡导武装行动。政治局全体成员原则上并不反对这样的行动。但更赞同通过苏维埃来举行起义。

在此后的一个星期中，托洛茨基在最有力的鼓动家卢那察尔斯基、柯伦泰和沃洛达尔斯基的协助下集结革命力量。10月10日他对全市工厂委员会大会讲话，10月11日及12日他号召俄国北方区域苏维埃区域代表大会为伟大事件作好准备。他说："我们的政府可能会逃离彼得格勒。但革命人民绝不离开这个城市——它将誓死捍卫首都。"① 同时他竭力迫使孟什维克中央执委会成员召开第二届苏维埃代表大会。10月13日，他越过执委会的那些头头们，代表俄国北方区域苏维埃发出"致全体同志"的无线电报，他在电报中把"致全体同志"几个字连续重复三次，他号召所有苏维埃和军队派代表出席大会。苏汉诺夫写道："托洛茨基、卢那察尔斯基和沃洛达尔斯基在著名的摩登马戏场演讲，使巨大的圆形剧场都容纳不下的人群在外面排起了长长的队。……托洛茨基中断了他在革命总部的工作，从奥布霍夫工厂跑到制管厂，从普梯洛夫工厂跑到波罗的海舰队，从马戏场跑到兵营，好像他同时在各处讲话。彼得格勒的每个工人和士兵都认识他，倾听他的讲话。他对群众和领导人的影响都同样不可抗拒。他是当时的中心人物，是这一非凡的历史篇章中的主要人物。"②

10月16日，驻军的一些团队宣布，他们不服从克伦斯基的调令而要留在彼得格勒。正如托洛茨基后来说的，这是无声的起义，它预先决定了斗争的结果。③ 在这之前，托洛茨基自己一直为他把起义跟苏维埃代表大会联系在一起所冒的风险多少感到有点儿不安。现在使他消除疑虑的是：在短时间内，克伦斯基不能使力量的对比变得对他自己有利。同一天，托洛茨基签署命令，命令军火库发5000支枪给市民赤卫队。这是检验军事革命委员会的命令在驻军中是否有效的一种方式。命令的确是有效的。

在这"无声起义"期间，中央委员会又召开了一次有重要的布尔什维克地方领袖参加的会议。④ 列宁乔装到达会场，他提出会议应批准关于起义的决定，中央委员会应立即发出行动的号召。彼得格勒委员会的代表谈到群众中的

---

① 《托洛茨基全集》第3卷第2册，第5页。
② 苏汉诺夫：《革命札记》第7卷，第44、76页。
③ 《托洛茨基全集》第3卷第2册，第1页。
④ 《中央委员会会议记录》，第110—125页。

冷淡情况,但声称:如果起义的号召来自苏维埃而非来自布尔什维克,就会唤起群众并得到群众的响应。要实施列宁的计划就得完全依靠党的军事部,而党的军事部领导人克雷连科声称军事部只有少数人赞成起义,但即使是这样的少数也赞成起义由苏维埃发动而不赞成由党发动。沃洛达尔斯基讲话的口径也一样。季诺维也夫和加米涅夫断然重申反对任何方式的武装行动。斯大林谴责他们对欧洲革命缺乏信心,并且说在党的领导人陷于混乱的争论中时,苏维埃已经"走上起义之路"。莫斯科的代表米柳亭说话模棱两可。索柯里尼柯夫认为,起义应在苏维埃代表大会开幕之后开始。从四面八方传来有关群众冷淡、厌倦的忧虑的议论声。列宁扼要地重述了他的观点,但他向拥护托洛茨基计划的人作出让步,提出"中央和苏维埃会及时指出进攻的有利时机和适当的方法"①。暂定在10月20日起义。

中央委员会定下这个日期是因为这一天是苏维埃代表大会预期开幕的前夕。作准备的时间只有三四天了。然而中央委员会刚一批准起义的决定,季诺维也夫和加米涅夫就力图破坏。他们斥责这个计划,但这一次不是在布尔什维克的秘密决策会议上,而是在高尔基报纸的版面上进行攻击。外界就是这样从这两个被认为是起义总参谋部成员的人那里得到了迫在眉睫的危险警报的。列宁非常愤怒,要求立即开除"这两个破坏革命的工贼"出党。人们对他的要求充耳不闻。斯大林在布尔什维克报纸上力图跟敌手和解。尽管这是一个不可能和解的问题:因为起义只有举行或不举行,二者必居其一。②

托洛茨基甚至利用布尔什维克领导人之间的混乱推进他的计划。10月17日,他接到消息:孟什维克中央执委会又把苏维埃代表大会推延了几天,他心中暗暗感到宽慰。这样可使他有稍稍多一点儿的时间作最后准备。但对方阵营也能从推延中得到好处;季诺维也夫和加米涅夫泄露秘密有引起敌对阵营警惕的危险。10月18日,苏维埃向托洛茨基提出两个麻烦的问题,一个是广泛流传的关于起义的传闻,另一个是关于他命令军火库发放枪支给赤卫队的事。他的答复是外交辞令的杰作,他说:"彼得格勒苏维埃的所有决议都是公开公布

---

① 《中央委员会会议记录》;《列宁全集》第32卷,第389页。在这次会议上任命一个"军事总部",由斯维尔德洛夫、斯大林、布勃诺夫、乌里茨基和捷尔任斯基组成。这个核心要"成为苏维埃军事革命委员会的组成部分",也就是说,要在托洛茨基属下工作,后来斯大林及斯大林派史学家根据斯大林是这个"总部"的成员,就说斯大林一直是起义的实际领导人,但这个"总部"在整个起义期间从未起到独立机构的作用。

② 《中央委员会会议记录》,第127—129页。

的，苏维埃是选举产生的机关，每个代表都要对选举他的工人和士兵负责。这个革命的议会……不会背着工人作出任何决定。我们没有任何隐瞒。我代表苏维埃宣布：我们没有任何武装行动的计划。"就字面上说，这些话都是正确的；因为苏维埃没有作出这类决定。他作为苏维埃的主席，人们只能要求他汇报苏维埃的工作。他没有义务公开承认像布尔什维党中央这样秘密机关所作的机密决定。

但他并不止于这样否认，因为这样会使朋友和敌人都会陷于混乱。然而他也绝不束缚自己的双手。他补充说："如果事变的进程迫使苏维埃决定武装行动，那时工人和士兵一定会像一个人似地响应苏维埃的号召。"他承认他曾命令给赤卫队发放枪支，但他用熟知的先例掩护自己：因为孟什维克的苏维埃也下过同样的命令。他用挑战的口吻补充说："彼得格勒苏维埃将继续组织并武装工人赤卫队……我们一定要作好准备，我们已进入更加激烈的斗争时期，我们必须作好准备，随时迎接反革命的进攻。但只要它开始企图破坏苏维埃代表大会，只要它开始企图进攻，我们定将予以严厉无情回击，而且我们必将把反击进行到底。"① 他以这种方式激励起义者及其朋友的战斗精神，同时却使他们的敌人不知所措。他小心谨慎地突出起义者活动的防御方面，而把攻势方面隐蔽起来。加米涅夫当场起来声称他跟托洛茨基完全一致，而季诺维也夫在一封致《工人之路报》编辑的信中也作了同样的声明。这两个反对起义的人希望他们的党受严格防御立场的约束并因而可以转弯抹角地放弃起义。但是他们表示跟托洛茨基完全一致却有完全相反的效果。反布尔什维克的党派看见这两个著名的反对起义的人声称跟托洛茨基一致，以为托洛茨基也跟他们一致。"那么，就不会有起义了，"孟什维克和社会革命党人这样自我安慰说。

事后，托洛茨基立即同列宁秘密会晤，看来，这是他们在这几个星期中的唯一一次会晤。他不知道列宁是否误解了他说的话以及他跟季诺维也夫及加米涅夫之间表面上的一致；他急于消除列宁的误会。② 但在这一点上他的担心并没有根据，列宁在刚给中央委员会写的信中说："加米涅夫在彼得格勒苏维埃会议上支吾搪塞的发言简直卑鄙到了极点，他说同托洛茨基意见完全一致。但是，托洛茨基除了已经讲的以外，不能、没有权利、也不应当在敌人面前说得

---

① 《托洛茨基全集》第 3 卷第 1 册，第 31—32 页。
② 托洛茨基：《列宁传》，第 86 页。

更多，这难道不容易理解吗？"① 托洛茨基后来写道：在这次会晤中列宁"更加冷静而且更加相信，我还可以说，他几乎没有任何怀疑。……尽管如此，他仍时不时地摇头提问：'他们会不会抢在我们前面？他们会不会抓住我们疏忽的地方？'我争辩说，今后一切几乎都会瓜熟蒂落，水到渠成"。②

列宁并没有完全消除疑虑。他反复提出立即开除季诺维也夫和加米涅夫的要求，但没有得到托洛茨基及中央委员会全体的响应，这使列宁充满怀疑。任何一个处于同样情况的党都会认为季诺维也夫和加米涅夫的轻举妄动是背叛行径。所以，列宁从中央委员会对他们二人的姑息中看出一个信号：说明中央委员会在起义问题的态度上犹豫不决。③

当苏维埃命令卫戍部队只许执行由军事革命委员会及其政委签署的正式命令之时，起义的准备工作即告结束。10月21日，托洛茨基向团队委员会全体会议发出这项指令，并呼吁哥萨克（即以前沙皇的近卫军）站到革命的一边来。团队委员会在正式通过托洛茨基的决定后，作出特别声明：

> 卫戍部队赞同彼得格勒苏维埃代表的一切政治决定，兹声明：说空话的时刻已经过去了，国家正处于生死存亡的关头。军队要和平、农民要土地，工人要就业和面包。联合政府反对人民，它已成为人民敌人手中的工具。说空话的时刻已经过去了，全俄苏维埃代表大会应把政权掌握在自己手中，保证人民得到和平，土地和面包。彼得格勒卫戍部队庄严保证……在为这些要求进行的斗争中，其所有部队都听候全俄苏维埃代表大会的调

---

① 《列宁全集》第32卷，第415页。
② 托洛茨基：《列宁传》，第86页。
③ 当时布尔什维克党内部关系的特点是，中央委员会里没有一个人表示支持列宁的这一要求。加米涅夫自动宣布辞去中央委员的职务。不过，列宁要求把他和季诺维也夫开除作为惩罚，以儆效尤，不是因为他们持不同意见，而是因为他们破坏纪律的行为是前所未闻的。读读10月20日中央委员会的会议记录是有教益的，捷尔任斯基发表意见说应劝加米涅夫退出政治活动，但他不赞成开除，他补充说，不值得为季诺维也夫费心，因为他躲藏在隐蔽处。斯大林和米柳亭建议待到中央全会再解决这个问题。斯大林在党报上为季诺维也夫和加米涅夫的动机辩护，此时斯大林本人也受到批评。乌里茨基赞成推迟解决这个问题的决定，斯维尔德洛夫的发言虽然强烈反对加米涅夫，但认为中央委员会无权开除任何人。托洛茨基赞成接受加米涅夫的辞职而不赞成开除。他攻击斯大林在编辑工作中的表现，说党报态度的模棱两可造成不可容忍的局面。越飞的发言相同。斯大林再一次为季诺维也夫和加米涅夫辩护，说他们应留在中央委员会："开除出党不是治病救人——必须保持团结。"加米涅夫的辞职以5票对3票通过。接着斯大林宣称他要辞去党报编辑的职务，但会议没有通过。此事及许多类似的事无法与下述观点吻合，即布尔什维克党从一开始就被独断或集权主义的一致所支配。《中央委员记录》，第127—129页。

第九章 十月革命中的托洛茨基

遣。信赖我们吧。……我们坚守自己的战斗岗位,誓死争取胜利。①

事变表明这一最后的保证不但真实,而且更庄严。工人事实上都"誓死争取胜利";但驻军拥护苏维埃是因为深信战胜克伦斯基易如反掌,并指望这一胜利会结束战争。无论动机如何,事实是驻军自动服从苏维埃的命令。

这不可避免地导致正规军司令部与军事革命委员会之间的冲突。托洛茨基甚至在这时仍未代表军事革命委员会宣布取代正规军总司令部。该委员会的政委们隶属于总参谋部,表面上是为了协调行动和消除摩擦;而在起义的当天,托洛茨基授意散布协商进行得令人满意的报导。② 托洛茨基在进行这些军事准备的同时,让赤卫队和市民组织处于戒备状态。10月22日,他在"人民之家"的大会上讲话。我们常常援用的那位见证人描写会场的情景是:"周围群众的情绪几乎是欣喜若狂。"托洛茨基要求他们跟他宣誓。"无数群众举起手来。托洛茨基铿锵有力地讲道:'让你们的表决作为你们全力以赴为支持苏维埃而献身的誓言吧,因为苏维埃已承担起使革命获得彻底胜利的伟大使命和给人民以土地、面包与和平的伟大责任。'无数群众一直举着手,他们一致同意。他们宣誓……托洛茨基讲完了,还有其他人要上台讲话,但这就不值得再费时间等着瞧了。"③

托洛茨基出场的戏剧性以及他的发言差不多像诗一般的崇高,恰好是他迷惑反布尔什维克领袖们的"作战策略"。那些领袖们太习惯于托洛茨基演讲的鲜明性及火药味了,并不觉得这次是真正开火了。在他们,而且不只是在他们看来,托洛茨基过于健谈,不能胜任成功的起义司令。但是这种革命的语言,伟大理想的语言实际上比数个师、团更为有效,而且鼓舞人心的长篇激烈演说确实起着激战的功效。到一定时刻,它们将使革命不战而胜,革命主要通过它们那巨大无比的说服力起作用,而且看来这种说服力的确已把其主要力量授予了一个人。

到10月23日,军事革命委员会已拟定了详细的作战计划。这个计划既简明又谨慎。计划规定,用精选的部队迅速占领首都的所有战略要地,确保起义总部与卫戍部队之间的联络工作正常运转。精选的队伍都处于随时待命状态。

---

① 《托洛茨基全集》第3卷第2册,第37页。
② 托洛茨基:《列宁传》,第87页。
③ 苏汉诺夫:《革命札记》第7卷,第91页。

当军事革命委员会的成员最后一次检查部队的部署时,他们都深信只要轻轻一推就能把政府推翻——因为支持苏维埃的部队占压倒优势。靠不住的只有一个重要阵地:涅瓦河上的彼得保罗要塞。据报告,那里的驻军拥护克伦斯基,至少对起义是犹豫不决、举棋不定的。安东诺夫-奥弗申柯制定了一个袭击要塞的计划,预料这是唯一一场重大的战斗。但托洛茨基决心设法用对话去攻占这座要塞。23日下午,他由苏维埃卫队的非布尔什维克指挥员陪同,坐卡车前往被设想为敌营的要塞去。他对要塞驻军讲话,劝他们跟他宣誓忠于苏维埃。①

此时,托洛茨基所要等待的是来自克伦斯基方面的挑衅,这样他就可以把发动起义作为防御战了。他毫不怀疑,克伦斯基必定会挑衅——他自己对克伦斯基的刺激足以使他进行挑衅。② 果然,23日,克伦斯基试图从他和他的政府所处的真空里发起攻击。他下令取缔《工人之路报》(从七月事件以来《真理报》都是用这个报名出版的),还下令封闭该报编辑部和印刷所。一个女工与一个男工从印刷所急匆匆地跑到军事革命委员会说,他们准备揭去《工人之路报》印刷所的封蜡,如果军事革命委员会给他们提供有效的军事保护,他们将继续出版报纸。那个无名女工气喘吁吁地提出的建议对托洛茨基来说像一道闪电。他后来写道:"布尔什维克党报编辑部门上的一小块官方封蜡作为军事措施——这并没有什么了不起。但却是一个多么壮丽的战斗信号!"③ 他当场签署命令,派一个步兵连和几个工兵排去保卫布尔什维克的编辑部和印刷所,这道命令立即执行。

这是尝试性的开场,它发生在10月24日破晓时分。第二天早晨,报纸上满载克伦斯基策划镇压苏维埃和布尔什维克党的报导。军事革命委员会正在制订起义的最后细节,现在看来很清楚,起义一天也不能拖延。一直都是警卫松懈疏忽的斯莫尔尼宫很快变成一座架满大炮和重机枪的要塞。清晨,党的中央委员会在决定性事件到来之前召开了最后一次会议。除了还没有公开出面活动的列宁和季诺维也夫以及斯大林原因不明的缺席以外,在彼得格勒的所有中央

---

① 《无产阶级革命》1992年第10期;苏汉诺夫:《革命札记》第7卷,第113页。

② 然而,无可怀疑,克伦斯基把苏维埃视为眼中钉,一心要把它除掉,甚至布尔什维克在苏维埃的势力尚还微小、他本人的地位也完全要依赖于苏维埃的时候也是如此。早在3月27日(新历4月9日),乔治·布坎南爵士在日记中记道:"昨天我和克伦斯基进行了一次长谈,他不赞成现在对苏维埃或对军队中的社会主义宣传采取强有力措施的意见。当我对他说,只要他们让自己听命于敌对组织,政府就绝不会成为局势的主宰。他说:苏维埃会寿终正寝……"乔治·布坎南爵士:《我的驻俄使命》第2卷,第11页。

③ 托洛茨基:《俄国革命史》第3卷,第205页。

第九章 十月革命中的托洛茨基

委员都出席了。① 已辞去中央委员职务并反对起义的加米涅夫自动表示：一旦开始行动，他将听候起义总部的吩咐；而且他表现出令人惊异的主动性。特别值得一提的是，不准任何中央委员在白天离开斯莫尔尼宫的建议就是他提出的。根据托洛茨基的倡议，给每个人都分派了联络和组织方面的专门任务。捷尔任斯基与邮电部门保持联系；布勃诺夫与铁路系统保持联系；诺根和洛莫夫与莫斯科保持联系；斯维尔德洛夫负责监视临时政府的活动；而米柳亭则负责首都的粮食供应；加米涅夫和别尔津要把脱离他们本党派的左派社会革命党人争取过来。最后，托洛茨基提议：如果布尔什维克在斯莫尔尼宫失败，起义总部应迁移到彼得保罗要塞。因为他刚刚把那里的驻军争取到革命事业方面来。②

对方已经进行这样的部署时，克伦斯基在向预备议会致词中还一味进行已经过时的威胁。他宣称已命令起诉整个军事革命委员会，重新搜捕列宁，逮捕保释的托洛茨基及其他布尔什维克领导人，并说正对喀琅施塔得的水兵采取行动。③ 托洛茨基召开彼得格勒苏维埃非常会议，报告军事革命委员会刚刚采取的步骤。即便在此时，他还是没有宣布起义：

> 我们不怕承担维持首都革命秩序的责任。……我们的口号是全部政权归苏维埃。……这一口号应当在即将召开的全俄苏维埃代表大会上成为现实。这是否会导致起义或其他方式的行动，不仅仅取决于苏维埃，或与其说取决于苏维埃，倒不如说取决于那些不顾人民一致的意志而仍然把持政权的人。（他报告了《工人之路报》事件，质问道：）这是起义吗？我们的政府是一个半破产的政府，人民不信任它，而这个政府也不相信自己，因为它的内部已经死亡，这个半破产的政权只有等待历史的扫帚把它扫出历史舞台……

---

① 《中央委员会会议记录》，第141—143页。
② 同上。加米涅夫提议，后备总部设在阿芙乐尔号巡洋舰上，他与舰上的人员及无线电台保持联络。
③ 前一天，英国武官陆军少将阿尔弗雷德·诺克斯爵士知道这个计划，他的笔记本上有一段记载："今天巴格拉季奥尼告诉我说，克伦斯基决定逮捕托洛茨基和军事革命委员会成员……我问我们是否有足以实现这一计划的强大力量，巴格拉季奥尼说我们有。波德雷洛夫说：'我们可以冒险。'"《与俄军在一起》第2卷，第705页。

他宣称已依法撤销克伦斯基对喀琅施塔得水兵采取行动的命令,并命令阿芙乐尔号巡洋舰停泊在涅瓦河待命:

> 明天将召开苏维埃代表大会,卫戍部队及无产阶级的任务是把他们积蓄的力量交由苏维埃调遣,在这一力量面前,政府的任何挑衅一定会失败。把这一力量不折不扣地交给大会正是我们的任务。如果这个虚假的政权疯狂地尝试复活自己的尸体,人民群众一定会给予更有力的反击。进攻愈猛烈,反击也就愈强有力。如果政府试图利用留给它的24或48小时来挫败革命的话,我们宣布,革命的先遣队一定会以进攻回击进攻,以钢回击铁。①

当市杜马代表团前来向他询问苏维埃的打算时,他含糊地回答说,苏维埃准备同市杜马合作,捍卫革命秩序。他还毫无诚意地邀请市杜马参加军事革命委员会。

深夜,孟什维克中央执委会召集为参加大会而聚在一起的代表们开会。唐恩最后一次代表苏维埃旧领导人发言。他警告代表们要反对流血事件,说:"反革命分子正在等待时机,只要布尔什维克一发动,他们就会开始暴乱并进行屠杀——这将成为革命的末日。……群众已经厌倦而且精疲力尽,他们对革命已不感兴趣了。……彼得格勒卫戍部队不服从总参谋部的命令……那是绝不允许的。……全部政权归苏维埃就是死亡。……我们不怕刺刀。……旧执委将用自己的血肉之躯捍卫革命……"② 在喧闹和大声嘲笑中,唐恩答应立即进行和平谈判和土地改革,因而不自觉地承认了布尔什维克的要求始终是正确的。(他宣称:"俄国再也无力继续进行战争了。")代表席上传来喊声:"太晚了!"

> 尔后,托洛茨基登上讲台,引起一阵暴风雨般的掌声和欢呼声……情绪高涨的大厅里掌声如雷。他消瘦而棱角分明的脸上带着蓄意的冷嘲热讽的表情,简直是十足的梅菲斯特。
>
> "唐恩的手法证明群众——这批迟钝、冷漠的广大群众——是绝对站

---

① 《托洛茨基全集》第3卷第2册,第51—53页。
② 约翰·里德:《震撼世界的十天》,第58—60页。

第九章　十月革命中的托洛茨基

在他一边的！"（哄然大笑）他像演戏般地转过身来对主席说："当我们提议把土地交农民时，你们反对。我们对农民说：'如果他们不给，你们就自己拿吧！'农民照我们的话做了。……现在你们又提出我们早在六个月前提出的主张。可能到时候唐恩会说革命的精英分子都参加了7月里的起义。……不，过去七个月的历史表明群众已离开了孟什维克。……唐恩会对你们说，你们无权举行起义。但起义是所有革命者的权利！被蹂躏的群众起来造反，是他们的权利。……只要你们保持充分的信心，就一定不会有内战。我们的敌人就会立刻投降。你们会取得理当属于你们的地位，即俄国土地的主人。"①

唐恩由于托洛茨基仍然是那样含糊地谈论起义而受了蒙蔽，也许还由于他希望布尔什维克不会取得代表大会的多数，他立刻跑到克伦斯基那里向他保证说不会有布尔什维克政变，并且恳求他不要采取高压手段。②

起义已在进行。托洛茨基颁发他著名的第一号命令："彼得格勒苏维埃处于迫在眉睫的危险之中。昨天夜里，反革命阴谋家们试图号召士官生和突击营进攻彼得格勒。因此命令你们的团队准备行动，等候下一步的命令。一切拖延、犹豫都将是对革命的背叛。"他的坚定语气鼓起起义者的信心。10月24—25日间的夜里，赤卫队和正规团队以闪电般的速度几乎一声不响地占领了塔夫利达宫、邮局及火车站、国家银行、电话局、发电厂及其他战略地点。2月间推翻沙皇统治的行动持续了一个星期，而推翻克伦斯基政府只用了几个小时。10月25日早晨，克伦斯基已乘一辆外国使馆的汽车逃离首都。他的部长们在冬宫里空等他，中午时，他们已被包围在那里，正如沙皇政府在二月革命的最后阶段被包围一样。布尔什维克没有流血就成为首都的主人。③ 中午，托洛茨基向满腹狐疑、十分震惊的彼得格勒苏维埃汇报事态的进一步发展：有几个部长已经被捕，预备议会已经解散，全城已在控制之中。当时敌人盘踞的只有冬宫，安东诺夫-奥弗申柯正准备攻打冬宫。

---

① 约翰·里德：《震撼世界的十天》，第58—60页。
② 克伦斯基：《来自远方》，第197—198页；《自由的苦难》，第346页。
③ 陆军少将阿尔弗雷德·诺克斯爵士是对布尔什维克的胜利怀有极大敌意的观察家，他说伤亡的总数约"十人"。《与俄军在一起》第2卷，第711页。

十月革命的指挥部——斯莫尔尼宫

十月革命的象征——阿芙乐尔号巡洋舰,作为世界历史上重要事件的见证,永远停靠在涅瓦河畔

第九章 十月革命中的托洛茨基

战士们准备攻占临时政府所在地的冬宫

11月7日下午,"阿芙乐尔"巡洋舰的炮声一响,成千上万的革命战士开始攻打冬宫

胜利后,在冬宫外集结的战士们

集结在彼得格勒的第一支赤卫队和冬宫里等待投降的最后一批临时政府的士兵

第九章 十月革命中的托洛茨基

1918年7月16日，俄国沙皇尼古拉二世及其家族被布尔什维克处决（油画）

24日夜，仍然乔装的列宁到达斯莫尔尼宫。报纸上报导的总参谋部和军事革命委员会的友好谈判又曾引起过他的怀疑。他仍然怀疑起义被延误了。在他从最近几天藏身的维堡郊区偷偷去斯莫尔尼宫的路途中，他并不知道他经过的首都实际上已在他的党的手里了。他连珠炮般地对托洛茨基及其他领导人提出问题：他们真的正在跟总参谋部谈判吗？为什么城里这样平静？[1] 但是当他仔细听了答复，当他注意到军事革命委员会房间里参谋人员正在紧张地工作、不断接到报告及发出指令，当他眼见起义领导人本身都几乎精疲力竭、没刮胡子、一身脏兮兮的，由于没有睡眠而眼睛红肿，但个个信心十足、从容镇定，他才意识到他们在他不在的情况下已经采取断然行动。他的怀疑因而冰释。他有点儿不好意思地抱歉说，当然，起义也可以按他们的方式进行——主要的事就是必须成功。

他的表现就像一位总司令从远处注视着决定性的战斗，并且了解到指挥战斗的司令在他不在的情况下跟他的主张不同；他有夸大分歧的严重性的倾向，

---

[1] 《无产阶级革命》1992年第10期。

而且担心没有他插手事情会办糟，于是在进行战斗时就冲到战场；他丝毫没有冒犯不得的虚荣，因而他使自己顺从已经采取的行动方针，承认晚辈的成就。托洛茨基虽然一直负责指挥起义而且完全按照他自己的见解作战，但列宁的影响是他成功的决定性因素。托洛茨基对广大工人、士兵群众思想的影响超过任何一个人，而事变的结局也正取决于广大工人、士兵群众的态度。然而，积极的起义者是来自布尔什维克的干部和党员队伍；列宁作为党的缔造者，无与伦比的领袖，尽管他在隐蔽所，也能从远处对他们的思想施加非常大的影响。没有他持续顽强的推动，没有他的警告，他们不可能像已经做到的那样听从托洛茨基的命令和指挥。他在他们执行托洛茨基的起义计划以前已用起义思想鼓舞他们了。但只有当他实际看到起义在进展中时，他才终于毫无保留地承认托洛茨基在这场不朽的斗争中是他的不朽伙伴。

身穿戎装的托洛茨基照片

10月25日夜，两人躺在斯莫尔尼宫大厅旁的一间黑暗的空房间的地板上休息，苏维埃代表大会即将在斯莫尔尼宫的这个大厅里召开。昨天夜里托洛茨基因疲劳曾一度昏厥，此时他想稍睡一会儿。但还是睡不了，隔壁屋里的电话铃声不断吵醒他，助手和通信员不断地敲门。一个消息报告说攻打冬宫受阻；托洛茨基命令阿芙乐尔号巡洋舰开始行动，让他们用空弹轰击冬宫——这样的轰击就足以促使政府投降。他回来躺在列宁身边的地板上。尔后这里又是短暂

第九章 十月革命中的托洛茨基

的瞌睡，不断传来的新消息和一阵阵急促的低声耳语。他们马上就要到灯火通明的大厅去面对苏维埃代表大会了。当然，他们要宣布：大会是政权的唯一来源，土地属于农民；他们要向俄国及全世界提议立即实现和平；明天他们会向全世界展示一个崭新的政府。他或他的任何同志，即职业革命家们要接受部长的职位——这跟列宁的想法是格格不入的。片段的历史回忆，通常是对法国大革命的回忆，飘过托洛茨基困倦的头脑；也许他们该称自己为委员，人民委员——人民委员会，行吗？①

苏维埃代表大会在阿芙乐尔号巡洋舰用空炮袭击冬宫的隆隆声的伴随下开幕，布尔什维克单独掌握着近2/3的多数；他们跟左派社会革命党一起约占3/4的票数。14名布尔什维克，7名左派及右派社会革命党人，3名孟什维克及1名高尔基集团的代表在新"主席"台上就座。失败的党派立刻提高嗓门抗议起义，抗议攻打冬宫。欣楚克（Хинчук）（未来斯大林政府驻柏林的大使）以孟什维克中最不可调和一派的名义宣布他们退出大会。这一派在一片"逃兵！到科尔尼洛夫那里去吧！"的喊叫声中离开了会议大厅。中间派和左派孟什维克留下来，要求成立由布尔什维克、孟什维克和社会革命党人组成的联合政府。当布尔什维克拒绝这一要求时，这几个集团也宣称抵制大会及其决议。当托洛茨基看着他们在马尔托夫和阿布拉莫维奇（Абрамович）带领下离开时，脑子里忽然闪过1903年党的第二次代表大会的情景，当时马尔托夫宣布抵制布尔什维克中央委员会，托洛茨基自己那时也在抵制分子之中。这两个情景看起来何等相似：领导人都是同一批人，是"温和派"和"强硬派"；马尔托夫刚才的宣言是1903年大多数反指责的回声；就连"阴谋"、"篡夺"、"围攻"这些措词也重新出现。但场面的规模与斗争的激烈程度又是多么不同啊。而托洛茨基自己在其中的位置又是多么不同，经过这些年的偏离和迷误之后，他回到了列宁身边。

当托洛茨基站起来答复马尔托夫时，尽管后者仍然在讲台上，就站在他对面，但他发现自己对失败者并不心软，没有怜悯甚至没有仁慈——只有严厉、愤怒与轻蔑。他说："人民群众的起义不需要辩解。既成事实是起义而不是阴谋。我们锻炼了彼得格勒工人和士兵的革命干劲。我们公开锤炼了群众的起义意志，而不是搞阴谋……"在政治上确实如此，尽管在军事上起义的指挥事

---

① 托洛茨基在翌日的中央委员会上提出这些称号。《我的生平》第2卷，第48—49、59—60页。

实上像一个阴谋。但不能用其他方法指挥。他接下去说:"我们的起义胜利了。现在他们却对我们说:放弃胜利吧,妥协吧。跟谁?我要问:我们跟谁妥协?跟那些残留的可怜小集团或那些提出这些建议的人吗?但是他们的精神境界我们已彻底看透了。整个俄国没有人再追随他们了。千百万工农难道像跟平等的伙伴一样跟他们……缔结协议吗?……你们是些可怜虫,是孤家寡人。你们是破产者,你们的戏已经演完了。到你们应去的地方:到历史的垃圾堆里去吧!"① 当马尔托夫及其追随者走出会议大厅时,这种"败者该遭殃!"的话刺进了他们耳朵,当他们穿过密集的士兵与工人的队伍时,士兵和工人们都愤愤然,他们想起了临时政府的一切罪行,想起了人民的饥寒,想起了毫无意义的血腥进攻,想起了七月事件,想起了对布尔什维克的迫害,想起了农民对土地的渴望。胜利者爆发出被压抑的情感。

复仇女神昂首阔步地走向斯莫尔尼宫会议大厅。这位女神的工作才刚刚开始。

* * *

以前从来没有哪一批夺取政权的人像布尔什维克的领袖们这样承担如此巨大的责任,他们对苏维埃代表大会宣读第一批匆匆写就的法令,答应给人民和平、土地及面包。从诺言到实现诺言的距离难以计算。和平应是公正、民主的。和平将是不兼并领土、不赔款、胜利者不凌辱和伤害失败者的和平。列宁和托洛茨基反复说,不能指望从专制主义政府甚至资产阶级议会政府那里得到这样的和平——只有通过交战国的无产阶级革命才能得到。然而霍亨索伦王朝和哈布斯堡王朝的军队还占领着从俄罗斯帝国夺去的土地;只要他们还没有抛弃他们的皇帝和他们的统治者,只要他们还没有放弃他们的贪婪野心,在某种意义上说,布尔什维克就有责任继续进行战争,即为争取实现公正的和平进行革命战争。但是他们也有责任立即实现和平,而且,在群众心中这种要求甚至更加强烈,但这种和平可能是既不公正又不民主的和平。这是他们首次陷于进退两难的境地。解决的办法大概要由疲惫不堪的农民士兵来支配了,农民士兵更渴望的是变枪为犁,因为现在所有待耕种的土地终将属于他们了。但是在他

---

① 苏汉诺夫:《革命札记》第7卷,第202—204页;约翰·里德:《震撼世界的十天》,第79页。

们的压力下取得的脆弱和平不能使俄国避免外国干涉和内战的长期苦难。

布尔什维克把土地分给农民，或者毋宁说，他们批准农民自己已经完成的土地均分。任何一个大国在进行规模如此之大、如此猛烈的土地革命时，必将导致它的整个经济动摇和削弱，即便是暂时的。城乡间旧的联系已经松散或已经中断，旧的交换渠道已经缩小或已经阻塞；已过时而不适用的，然而却自动运作且在某种程度上又是有效的国家管理方式已不可能再起作用的了。在最有利的情况下，即使没有内战，也总要花费一段时间后才能以新的联系、新的渠道和新的处理国家生存的方法取代旧的。但在这一切尚未实现之前，就连像把粮食从乡村源源运往城镇这样一个最起码的过程——现代文明的前提——也遭到了破坏。对土地和面包的要求并不完全协调。在分了大庄园以后，城市工人买到的面包不是多了而是少了。土地革命起初对农民是有利的，这不仅给了他们土地，免除了他们负担了百年之久的赋税与债务的重负。但对全国来说，前景并不乐观。俄国农村此时已分散成 2500 万个个体农户，其中大多数都是小农户，用古老的农具耕作。布尔什维克的领袖们知道，从长远看这意味着社会和经济的停滞。他们不得不鼓励，尔后又不得不批准均分土地，因为这比旧的半封建占有制更可取，因为不这样他们就会遭到与前一届政府同样的命运。但他们从一开始就明确表示要鼓励土地的集体所有制，把 2500 万个个体农户重新组合，建成几个规模巨大、现代化、有效率的农场。他们还不能说在什么时候、如何或靠什么工业资源才能做到这点。他们只知道他们已着手开辟一条复杂、矛盾重重而且危险的道路：他们进行过一次土地革命，但同时公然宣称他们的目的是要用其他手段来消除土地革命。

"面包"对产业工人和广大的城市居民来说意味着工业的增长和发达。对 1917 年的俄国工人来说还意味着私有制和私人控制工业的消灭。在革命领袖们从年轻时起就已接受的社会主义理论概念中，生产、分配的统一规划在国有制、最终是国际所有制中占决定性位置。布尔什维克所看到的俄国工业即便没有经过内战的进一步破坏，其规模也太小、太可怜，不能成为社会主义的物质基础。它只能为向社会主义发展的革命提供一个起点。尽管事实上布尔什维克宣布他们的目的是社会主义，但他们不可能使俄国工业立即转变为公有制或国营制。没有现成可用的资源、管理人员、技术人员和必需的技术。他们希望通过不断的摸索能找出从容解决问题的办法。起初，他们如同急于剥夺地主一样去勉强剥夺工厂主和商人。

但在1917年期间，事态的发展是顺利奏效的，在这种形势的影响下已经被剥夺的工厂主超过一半。正如兵营里选举出来的士兵委员会在扯去现役军官的肩章以前甚至就剥夺了那些军官的所有职权一样；在工矿企业中，选举出来的工厂委员会甚至在厂主和经理没有被剥夺资产或免职时就已夺走了他们的大半权利和特权。从2月到10月间，全俄政府体制中政权的两重性也贯穿在俄国的工业中，甚至在10月以后也是这样。群众的本能是无政府主义与社会主义的混合物，部分是出于天性，部分是因为普遍的混乱，它必将会破坏全国工业的凝聚力，没有工业的凝聚力就不能向社会主义发展。每个工厂委员会都有成为闭关自守的团体和独断专行的倾向。不但资本家的资产，而且国家本身的工业资源也有被剥夺的危险。

这样的事态迫使布尔什维克行动。代表工人阶级夺取政权的革命政府不能重新树立老工业家的权威，尽管出于经济理由应该这么做。这样使它不得不用在其他方面结束双重政权时的同样方法——即摧毁旧政权来结束工业中的两重政权。只有结束双重政权以后才能争取克服国民经济方面的离心倾向。已被剥夺了一半资产的资产阶级知道不可能指望得到革命的好处，不得不用自己唯一能直接掌握的手段进行自卫：即在经济方面进行抵制和怠工。这又迫使布尔什维克把剥夺政策坚决推行到底。当政治斗争和经济斗争终于达到高潮而成为内战时，所有这些倾向都集中在1918年6月颁布的法令上，该法令旨在使全部工业突然实行过早的国有化。据本书主要人物的预见，革命是不断的。托洛茨基比布尔什维克其他领袖更认真地考虑过这一前景。但它的实现意味着俄国革命从一开始就不得不建立在极其虚弱的经济基础上。结果是在随后许多年中，经济结构时而在这一部分、时而在那一部分上必然发生俄国人民难以理解的崩溃或者陷于窘迫恐慌。

但布尔什维克相信他们能够实现起码的三大诺言——和平、土地和面包，他们的胜利应归功于这三个许诺。他们满心相信，流血、受难的欧洲人民会很快学习俄国人的榜样，并帮助俄国革命解决种种不堪的难题；尔后俄国将会进入国际社会主义共同体，在这个共同体中，西欧的财富和文明会战胜俄国的贫穷和落后，正如文明、进步的德国、法国，也许还有英国的千百万无产阶级，虽然人数不及俄国农民，肯定会胜过千百万愚昧的俄国农民一样；俄国给西方打开通向社会主义革命的道路后，西方就会沿着这条道路牵引俄国，帮助它到达真正的文明福地。在布尔什维克讲的每句话里都洋溢着这一热情的、几乎是

第九章　十月革命中的托洛茨基

救世主的信念。在他们眼中，这一伟大远见的令人目眩的光辉，甚至把他们接收过来的遗产中最黑暗的方面都涂上了一层亮丽的色彩。

在他们打算建立的政体的思想中，类似的希望也大放异彩。他们想建立的将是没有常备军、没有警察、没有官僚的政府。历史上第一次使政务不再是高居于社会之上的几个小集团的职业机密和特权，而要成为普通公民的日常事务。在七月事件以后，列宁被当做德奸遭搜捕而且随时都可能被暗杀时，他写了《国家与革命》一书作为他的政治遗言。他在该书中复活了大半已被人忘记的马克思关于国家消亡的思想。这是有关在无阶级社会中的政府的思想，在这样的社会里，政府不再是政府，因为它将管理"物"而不是统治人，因此再不会使用强迫的工具（如监狱、法庭等）。无疑，这是未来的理想国家，而不是1917年的俄国。但在革命中诞生的苏维埃共和国应该和这一理想直接有关。托洛茨基的国家概念不如列宁的那样具体，但这并不妨碍在他熟悉了列宁的观点后接受列宁的观点。在苏维埃共和国这一更直接、更重要的问题上，他们的思想并无不同。

在苏维埃中，有产阶级没有代表：因为他们被褫夺了公民权，其方式与任何一次革命中旧统治阶级被褫夺公民权一样（但这并不意味着也应剥夺他们的言论自由）。苏维埃要把立法权和行政权结合起来，由政府负责实施。选民随时都有权撤换代表，不仅是在投票阶段；而苏维埃在任何时候都可通过投不信任票罢免政府。苏维埃内部有反对派的存在以及允许党派之间不断争论，这都是理所当然的事。认为只有执政党才有造舆论的权利，这在当时谁都没有想过。当然，苏维埃共和国应该是"无产阶级专政"的国家。这是指工人阶级占社会政治优势而言；但要确立这一优势的方法并非是预先决定的。布尔什维克以及其他各派的社会主义者也一样，都惯于把西方的议会民主制说成是"资产阶级专政"，这指的是它体现资产阶级占社会优势，而不是说它真是用专政方式进行统治。开始时，布尔什维克广义地说自己的政府体制是专政，完全真诚地希望苏维埃共和国会给全国大多数人民带来比资产阶级民主制更多的而不是更少的自由权，更多的而不是更少的言论与结社的自由。

苏维埃的平民民主制起初并没有把自己看做是一个专制独断或集权主义的政体，因为领袖们都深信广大俄国人民跟自己有共同的愿望。那时他们还无需考虑：如果这种希望的假定被证明是错的，他们该怎么办。他们认为理所当然的是：如果他们跟全国大多数人发生冲突，那么他们、他们的党以及他们的革命就会注定灭亡，而留给他们的只有光荣的牺牲。但在1917年对他们来说，这种危险性看来跟宇宙灾变的威胁一样不现实。

俄国人民怎样看待布尔什维克及其目的呢？直接参加十月起义的只是少数人——托洛茨基说："很难超过25000人，最多也就30000人。"① 在这个意义上，这场革命只是极少数人的成果，它不像二月起义，在二月起义期间广大群众在没有人指导之下就精力充沛、干劲十足地扫清了君主政体。但在十月起义前的最后两个星期，只有在彼得格勒"有1/10的工人及士兵采取直接行动，其形式是防御，而实质是进攻"。② 由于许多人采取了主动或被动的友好态度，促成了布尔什维克的胜利；而其他许多人则采取各种各样可能的中立态度，也促成了布尔什维克的胜利。苏维埃第二次代表大会约代表了2000万选民，也许更少些。其中大多数投了布尔什维克的票。就是在革命后举行的立宪会议的选举中，不算布尔什维克的伙伴左派社会革命党人，单投布尔什维克的票数就有

十月革命数周后，托洛茨基站在莫斯科红场边的长椅上向革命队伍发表演说，要求他们保持最大的信心，彻底击败反革命势力

---

① 托洛茨基：《俄国革命史》第3卷，第290页。
② 同上。

1000万张。这1000万张票包括城市工人阶级中的大多数、无产阶级化了的农民分子和军队中的很大部分——总而言之是国内的最活跃分子。革命依靠他们的不断积极支持才得以幸存下来。但立宪会议所代表的全体选民比苏维埃全体选民多一倍；在投票选举立宪会议代表中，布尔什维克所得的票数只是少数中的多数。

俄国幅员辽阔的、蒙昧的农村在叛乱和复仇中沸腾，那里的人们不理解城市党派之间的复杂争论，所以，试图要把那部分俄国人的态度具体化为明确的公式是徒劳的：因为它混乱、变化不定、自相矛盾。历史学家描述的下列情况可更鲜明地刻画出它的特点：在一个农村地区，一大批农民用宗教誓词结束会议，他们发誓不再等待什么土地改革；他们要立刻夺取土地，赶走地主；他们把任何试图劝阻的人都看做是他们的死敌。农民进一步发誓说，如果政府不立即缔结和约，不把他们的儿子从军队里放回来，"那个罪恶的德奸"列宁不受到惩处，他们绝不罢休。在立宪会议的选举中，这些农民无疑要投社会革命党人的票。他们之所以这样投票是因为他们认为，社会革命党扎根在乡村，是坚决实行其纲领的党；但实际上决心实现这个纲领的只有布尔什维克。这就是为什么在立宪民主党和孟什维克垮台以后成为这场广泛运动的硕果仅存的这两个政党且各有理由能自称得到农民拥护的原因。社会革命党人自信地说："难道农民不憎恨德奸列宁？"布尔什维克怀着胜利的喜悦反驳说："难道他们没有宣布像你们这些拖延剥夺地主、延长战争的人是他们的死敌吗？"

不少农民憎恨布尔什维克，是由于布尔什维克公然宣称是私有财产的敌人。一旦布尔什维克作为执政党在乡间出现并宣布结束战争、批准或规定均分土地时，这种感情就大都消除了，农民在内战中进一步发现：总的说来，只有红军跟他们站在一起同心协力地抵抗地主回来。布尔什维克作为唯一坚决反对复辟、捍卫土地革命的革命党人，事实上得到国内压倒多数的人的拥护。但是在乡间，这种拥护往往是勉强的，特别是当回来的地主再也不能有所作为以及当布尔什维克的小分队继续在农村搜缴粮食时，农民对他们的拥护就变成了反对。即使当布尔什维克的声望处于顶峰时，也只有城市无产阶级的少数人全身心地投入到革命事业中。布尔什维克每当处于困境时都要向这个少数呼吁求援。他们向这个少数宣传超越经验的理想，他们从这个队伍中提拔新的行政人员、指挥员和领导人。

1917年的俄国工人阶级是历史的奇迹之一。他们虽然人数少、年轻幼稚、没有经验、未受教育，但富有政治热情、慷慨大方，具有理想主义以及罕见的英雄品质。这个工人阶级具有对未来伟大美景抱有幻想的天赋，对死亡则抱有如同斯多葛派甘愿战死疆场那样的视死如归的思想。他们的思想尽管是半文盲的思想，却信奉哲学家们的共和国理想，这种共和国理想不是博学者对老百姓进行寡头统治的柏拉图式共和国的翻版，而是财富和智慧都足以使每个公民成为哲学家而又是工人的共和国的理想。俄国工人阶级在他们悲惨的深渊里着手建立这样的共和国。

但与理想主义者和英雄并存的还有奴隶式的工人，他们是懒散、怨天尤人、对昔日的耻辱逆来顺受的可怜奴隶。革命领袖们只向理想主义者和英雄讲话，但奴隶则粗鲁地提醒他们眼前还有奴隶存在。在内战期间，尤其在内战以后，托洛茨基在他的军事演说中一再抱怨说，俄国共产党员和红军士兵宁可为革命牺牲生命，而不愿擦枪或擦亮皮靴。这种古怪的现象反映了俄国人民缺乏那数不清的自我约束以及文明生活的细小习惯，而社会主义却把希望建立在那样的生活习惯的基础上。这就是布尔什维克着手建立他们的无产阶级民主新国家的人力资源，而在新国家里，"每个厨师"都应该能够处理政府的公务。因此，这也许是革命不得不与之斗争的所有严重矛盾中最严重的矛盾。

历史刚对布尔什维克的领袖们露出仁慈的微笑，几乎紧接着就给他们提出了第一次警告；历史这样做是由于它对其经常展示的突降法的特别爱好。十月起义的荒诞后果是历史学家很少注意到的，即那场惊人的、真正的酗酒狂欢，已得到解放的受苦人用这种狂欢来庆祝胜利。狂欢持续了好几个星期，一度曾有使革命停顿和瘫痪的危险，正当新政府面临着全部文职官员的抵制和内战初起时，当政府还没建立自己的行政机关时，当政府的命运尚完全取决于支持者的警惕、纪律与干劲时，群众的酗酒却达到高潮。狂欢对构成布列斯特－里托夫斯克和平谈判背景的事件也有重大的影响，因为在和平谈判过程中不少旧俄军队几乎化为乌有。当时描写这些奇特的纵情狂欢的原始资料很多。安东诺夫－奥弗申柯的回忆录中有最引人注目的叙述。他当时是军队中两个主要政委之一，并兼任彼得格勒卫戍区司令：

> 卫戍部队开始完全涣散，这给我个人造成的麻烦比拥护立宪会议的人给我造成的麻烦严重得多。……空前荒唐的狂欢遍及彼得格勒；这是否是由于有人暗中挑唆？至今一直没有近乎合理的解释。成群流氓时而在这儿

第九章 十月革命中的托洛茨基

时而在那儿出现，大部分士兵闯入酒窖，有时抢劫酒店。只剩少数几个守纪律的士兵及赤卫队员值勤，他们都已疲惫不堪。劝阻根本没有用。

冬宫（以前沙皇的宫殿）的酒窖里出现非常棘手的问题。……普列奥布拉任斯基团一直都很遵守纪律，现在却在宫中值勤时喝得烂醉。帕夫洛夫斯基团是我们的革命堡垒，连它也经不起狂欢的引诱。从不同部队中挑选出来的混合警卫队被派到那里，他们也喝醉了。于是委派团队委员会的委员们（即驻军的革命领导人）去值勤警卫。这些委员们也屈服了。武装士兵受命驱散人群——他们来回巡逻了几次后就开始摇摇晃晃、步履踉跄。

薄暮时，狂欢作乐进一步蔓延。"让我们喝光这些沙皇留下的东西吧！"这个放荡的口号抓住了人群。我们竭力堵塞入口，阻止他们。人们用力拔掉窗栅，从窗口挤进去抢陈酒。我们试图用水冲酒窖，而派来冲水的消防队员们也喝醉了。

只有来自赫尔辛福斯号舰的水兵设法使冬宫的酒窖免遭祸害。这也是一场重大的斗争。水兵们的立场坚定，因为他们严守同志式的誓言："破坏誓言者死。"尽管他们自己平时也是好饮之徒，但他们举着飘扬的军旗执行任务……

斗争仍未终止。酒疯感染着全市。最后，人民委员会任命一个特派人民委员，授予他紧急处置权，而且给他一支强有力的警卫队。但事实证明这个人民委员也不可靠。……在瓦西列夫斯基岛上进行着一场激烈的斗争。无政府主义—工团主义倾向者率领的芬兰团宣布岛上戒严，并声称他们要炸毁酒窖，凡看到有抢夺酒窖者格杀勿论。经过紧张的努力之后才克服了这场酗酒狂潮……①

托洛茨基在苏维埃中反复谈到这个问题，第一次是10月27日，即起义后的第四天；最后一次是12月2日。他说："伏特加和词汇一样，都是政治因素：革命的词汇使人们清醒，鼓舞他们为反对压迫者而斗争；而伏特加……又使人们沉睡过去……"②托洛茨基比任何人都更倚重工人中的理想主义者和英雄，而且在他们眼前展示出社会主义的宏伟远景；而此时这一远景被酒精气弄

---

① 安东诺夫－奥弗申柯：《内战札记》第1卷，第19—20页。
② 《托洛茨基全集》第3卷第2册，第139—140页。

得模糊不清。最后,人民委员会命令把酒窖里的酒都倾倒到涅瓦河里去。

伟大的彼得格勒卫戍部队在二月革命和十月革命中都起过极其重要的作用,而却在纵酒狂欢的过程中彻底瓦解、不复存在了。紧接着彼得格勒之后轮到外省,安东诺夫-奥弗申柯在回忆录中继续写道:"别尔津同志(一名众所周知的中央委员)报告他的重大困难,他还注意到铁路上大批托运的果酒和烈性酒。……成队的士兵闯入货运车厢喝得烂醉。特遣部队涣散了。抢酒活动在继续进行……"①

苏维埃共和国在这种荒诞的预兆下开始了它的第一年,看来这种荒唐的预兆是对共和国崇高抱负的嘲弄。

漫画杂志《红辣椒》向读者介绍苏维埃足球联队,前排(从左到右):拉狄克、索斯诺夫斯基、托洛茨基、梁赞诺夫、布哈林;后排(从左到右):季诺维也夫、列宁、马克思、加米涅夫、洛佐夫斯基、契切林

---

① 安东诺夫-奥弗申柯:《内战札记》第1卷,第31页。一位亲布尔什维克的外国目击者对纵酒狂欢及其悲喜剧性的后果作了生动描写,参见贝西·比蒂:《俄国的红色心脏》,第329—334页。

第十章 人民委员

就其组成人员说,第一届苏维埃政府是清一色的布尔什维克。那些拒绝承认苏维埃代表大会是宪法规定的唯一权力来源并宣布抵制大会的党派完全不可能参加政府。只有一个非布尔什维克组织,即脱离社会革命党的左派社会革命党人想跟布尔什维克共同分担政府的职责。列宁给他们人民委员会的席位。但左派社会革命党人只是希望在布尔什维克与对手之间进行调解,而且为了不失去进行调解的机会,他们宁可留在政府外面。

托洛茨基说过,最初讨论政府的构成时,列宁曾提议:既然诞生这个政府的起义是托洛茨基领导的,托洛茨基就应担任这个政府的首脑。① 出于对列宁的政治资历的敬意,托洛茨基拒绝列宁的提议。② 任何原始资料都没有否定过这一说法,而且它可从这个政府的成员卢那察尔斯基对他的亲密朋友苏汉诺夫说的话里间接得到证实。卢那察尔斯基说,列宁不愿主持人民委员会,甚至不愿参加政府;他宁可集中精力管理党务。但是那些曾反对起义以及对起义踌躇不决的布尔什维克领导人,包括卢那察尔斯基本人在内,却认为列宁的意图是规避职责,因而坚持由他主持政府。列宁绝不是逃避自己行动后果的人,他同意主持人民委员会(Совнарком)。③

于是他提议任命托洛茨基为内务人民委员。④ 内务人民委员部指挥对反革命的斗争,需要意志坚决的人。托洛茨基也拒绝接受这一任命,部分理由是因最近几个月的紧张工作使他感到疲劳,另一部分理由是他担心他的犹太血统对这一职位也许是一个不利条件:因为反革命会煽动反犹情绪并利用它来反对布

---

① 约翰·里德:《震撼世界的十天》,第116页。
② 托洛茨基:《我的生平》第2卷。
③ 苏汉诺夫:《革命札记》第7卷,第266页。
④ 托洛茨基:《我的生平》第2卷,第62—63页。

尔什维克。看来,列宁对这种考虑不以为然。但布尔什维克领导人中另一个犹太人斯维尔德洛夫却和托洛茨基有共同的顾虑,因而列宁让步了。

这是一段有趣的、难以理解的插曲,在社会主义政党和苏维埃之中还从未察觉到有民族偏见;即使有,也不会有人支持。在所有激进的革命运动中,犹太人、波兰人和格鲁吉亚人是很杰出的,原因很简单,因为他们属于被压迫的少数民族。在孟什维克和社会革命党人中,犹太人甚至比在布尔什维克中更多。托洛茨基尽管有犹太血统,却是起义的领袖。然而到目前为止革命还只是城市里的事,而且俄国最先进的城市是革命的主要舞台。当时布尔什维克不得不摸索着去适应新任务,充当新的角色,比如去担任俄国农村的统治者;而俄国农村仍然被希腊东正教对城市的怀疑和民族偏见蒙蔽着。几个月后托洛茨基就会号召那部分俄罗斯的儿子奔赴十多条前线去捍卫革命;他的犹太血统不会妨碍他。而在那几个月中苏维埃政权有了些稳定感,所以可以向根深蒂固的偏见公开挑战。但在起义后的那一天,托洛茨基也许已感觉到胜利者的挑战如果太强烈,那就未免轻率了。

1918年,W. A. 罗杰斯在红色恐怖(1917—1919)时期出版的名为"一份医院案例"的反共产主义漫画:盟国(日本、英国、美国和捷克斯洛伐克)抬着一只受伤的熊(俄罗斯),而列宁和托洛茨基正从一座沙丘上观看着这一切

第十章 人民委员

　　但可能他还有另外不能明说的动机。革命的警察首脑职务可能不适合他的口味与爱好。无疑，他不久会成为初期对反革命实行镇压的最有力的提倡者之一；而且时间一到，他不会回避红色恐怖。然而，在最富有戏剧性的内战气氛中为红色恐怖辩护甚至指挥红色恐怖是一回事；而在革命的日子里接受警察首脑的职务却完全是另一回事。这个职务也许在他看来过于平淡，对国际主义者不会有吸引力，因为如果接受这个职务，他就不得不把他的心思主要用在国内的紧急事务上。

　　无论实际情况如何，他欣然同意担任革命的第一任外交人民委员。提议他担任这一职务的是斯维尔德洛夫。这是仅次于政府首脑的最重要的任命。托洛茨基本人却贬低这项任命。他说革命不需要外交，"我将对世界各国发表几篇革命宣言，然后就关门大吉"。在他的谦卑姿态里有一点儿做作。斯维尔德洛夫提议这项任命的理由是，托洛茨基是代表革命"对付欧洲"的合适人选；而且这项任命对托洛茨基不但是相宜的，同样也是重要的。然而，他确实不想用传统的外交方法"对付欧洲"①。

　　政府成立了，但很少有人相信它会持久。在反布尔什维克的人以及许多布尔什维克看来，起义及其后果不完全是真实的。其中大多数人预料将有一场血腥的镇压。政府成立后的那一天，首都谣言四起，说列宁和托洛茨基已经逃走了。② 克伦斯基在离首都西南30多公里的加契纳自信地宣称，他即将率领克拉斯诺夫（Краснов）将军的忠诚的哥萨克重返彼得格勒。重新担任起军事革命委员会主席职务的外交人民委员为了阻止克伦斯基军队的前进，必须集合一支武装部队。事实表明这在某些方面要比举行起义更加困难。卫戍部队现处于兵无斗志的精神状态。以前在克伦斯基威胁说要把造反团队派往前线时，卫戍部队曾经乐于帮助托洛茨基推翻克伦斯基；但现在，托洛茨基命令这些团队离开兵营去占据首都外围制高点的阵地时，同样是这些团队，却对执行他的命令非常不满，怨声载道。他们再不想打仗了，现在突然看到自己置身在炮火之下，他们的情绪消沉。工人赤卫队是唯一可用的战斗力量；像任何民兵一样，只要是在城墙以内作战，他们就能靠自己的力量勇敢作战——因为他们熟悉城内每条大街、过道和隐蔽的地方，然而他们并不适合在开阔地迎击敌人。③

---

① 托洛茨基：《我的生平》第2卷，第62—63页。《无产阶级革命》1922年第10期。
② 沙杜尔：《革命札记》，第63页。
③ 《托洛茨基全集》第3卷第2册，第86—90页。

这时如果克伦斯基能召集几支训练有素的可靠部队，也许可能重返彼得格勒，尽管难以预料他是否能够再维持他的权力。但克伦斯基的哥萨克也不愿意流血牺牲，正像托洛茨基派去打克伦斯基的军队一样。他们已接到通知，他们的任务是去镇压由一小撮德奸策划的叛乱；而使他们吃惊的是，他们发现抵抗他们的是首都驻军和赤卫队。在这一瞬间，一个大国的命运，当然也是世界的命运竟取决于两支垂头丧气的小部队进行的遭遇战。哪一方若能唤起军队中闪现一丝战斗精神而且其行动的决心大、速度快，那一方必定取胜。胜利就在于微小的优势，正如有时当人数众多、装备精良、战斗顽强、势均力敌的两支军队在相持不下时也取决于微小的优势一样。

托洛茨基深信，在击溃克拉斯诺夫的哥萨克的战斗中，劝说比子弹更有效。但布尔什维克的宣传家们在接近哥萨克以前还必须用武器动摇他们的自信心。托洛茨基在这一阶段不得不寻找有经验的熟练指挥员。在起义后的那一天，托洛茨基和列宁就向迄今为止一直是布尔什维克攻击的靶子的正规军军官求教，但是经说服到斯莫尔尼宫来的军官却谨慎地拒绝合作。只有少数几个亡命之徒和野心家准备在"非法"政府下工作。其中一个姓穆拉维约夫（Муравьёв）的人被选中指挥普尔科沃高地的战斗；后来他在内战的最初阶段起过引人注目的作用。看来，这个自称是左派社会革命党人的吹牛大王采取行动的动机与其说是由于同情布尔什维克，不如说是由于对克伦斯基的怨恨。托洛茨基在任命他时就有怀疑。但是，中校精神饱满，足智多谋，渴望在这项看来没有什么希望的任务中赢得奖赏；因此他的首创精神和勇敢迷住了托洛茨基。这一小批人中的另一名军官瓦尔登上校（Вальден）指挥炮兵部队，这决定了普尔科沃战斗的结局是布尔什维克获胜。①

雇用这些军官，在苏维埃里引起很大愤慨。布尔什维克和左派社会革命党人按照他们的理解，认为这是把革命的命运交付给声名狼藉的野心家掌握，这使他们感到震惊，据说穆拉维约夫在7月间镇压布尔什维克特别热心。然而，布尔什维克因受到整个军官团的抵制就不能过于细究那几个愿意工作的军官的可信程度了。党的军事部里也有精于起义技术的人，但几乎没有一个人能胜任指挥正规战争。卫戍部队已经乱作一团，托洛茨基甚至查不出武器弹药和给养的库存情况。那时假如他能用手枪对着魔鬼的脑袋并能监视它的去向的话，他

---

① 沙杜尔：《革命札记》，第68—69页。

第十章 人民委员

甚至愿意雇用魔鬼。人们从这些即兴的措施中可以看出托洛茨基在内战中军事政策主要部分的缩影。

10月28日，托洛茨基来到设在加契纳的赤卫队总部，一场争夺通向首都道路的战斗在那里打响了。克伦斯基的军队在加契纳首次受挫；托洛茨基希望把这个前总理作为苏维埃的囚犯押回首都，但克伦斯基从托洛茨基手中逃跑了。①

当战斗仍在彼得格勒城外进行时，城内军官学校的士官生发动叛乱。他们曾一度得手，在他们抓获的战俘中有军事人民委员安东诺夫－奥弗申柯。托洛茨基向苏维埃讲到为镇压这场叛乱所采取的措施时，宣布：

> 我们抓获的俘虏是我们手中的人质。如果我们的敌人偶尔从我们这里抓去俘虏，就让他们知道，我们的每个工人、农民要交换五个士官生。……我们今天已向他们表明我们已经不再犹豫。当工农的根本利益处于危险时，我们绝不开玩笑。我们知道地主和资本家怎样打仗……他们怎样镇压起义的战士、工人及农民，他们欠下了多少血债，他们断送了多少人的生命……②

这些话有可能被认为是任意判处死刑的信号，因此引起愤怒的抗议。③ 托洛茨基在后来的会议上利用代表席上向他提出某一个问题的机会解释他这几句话的意思。他说："出于人道，而且还因为对我们来说，生比死更有价值，战俘的生命不可侵犯是理所当然的事。"他以前说到过"交换"，但没有说枪毙战俘。④ 然而事变已预示内战的残忍。就在这次会议上，当托洛茨基谈到赤卫队后勤补给困难时，宣称苏维埃将不再尊重私有财产的神圣不可侵犯："工人和士兵组织可以从军事革命委员会得到征用必需品的授权。"他还报告说，政府正在准备一项法令，授权禁止在内战中支持对方的报纸。

---

① 苏汉诺夫：《革命札记》第7卷，第305页。笼罩着苏维埃的气氛已由约翰·里德描写的一个场面充分表达出来（《震撼世界的十天》，第178—179页）：托洛茨基在作战斗进程的报告，他说："奥列格号、阿芙乐尔号及共和国号驱逐舰停泊在涅瓦河上，舰上的大炮瞄准通向首都的道路……"

"你为什么不到那里去，跟赤卫队在一起？"一个人粗鲁地喊道。

"我现在就去！"托洛茨基回答后即离开讲台，群众甚至对革命领袖也一样粗暴地发泄愤怒，而且往往支配着他们的行动。

② 《托洛茨基全集》第3卷第2册，第71页。

③ 例如洛佐夫斯基指责托洛茨基"模仿兴登堡的方法"。

④ 《托洛茨基全集》第3卷第2册，第71页。

10月31日，克伦斯基的哥萨克在普尔科沃投降。他们的指挥官克拉斯诺夫将军被俘，但克伦斯基又一次逃跑了。托洛茨基从战地用动人的电文向苏维埃报告胜利。他凭誓言释放了克拉斯诺夫，但这并没有阻止这位将军在不久后拿起武器反对苏维埃。同时，布尔什维克经过持久而残酷的战斗后取得了对莫斯科的控制。其他大多数城市同样也报告了苏维埃占支配地位的消息。在彼得格勒的列宁政府不再孤立，再过些时候内战才全面爆发。

列宁政府最初受到的武装威胁几乎是不能抵挡的，当时政府由于本身成员的顾虑和瞻前顾后而处于毁灭的危险中。温和派布尔什维克渴望要跟孟什维克和社会革命党人和解，邀请他们参加政府。铁路工人联合会的领导人威胁说，如果不成立所有社会主义党派的联合政府，就中断铁路交通。10月29日，布尔什维克中央委员会在列宁、托洛茨基和斯大林缺席的情况下决定进行谈判。① 孟什维克和社会革命党人提出他们加入联合政府的条件是：新政府不对苏维埃负责而要对广大的革命民主界负责；新政府要解除布什维克部队的武装；列宁和托洛茨基不得加入联合政府。② 这些条件等于要求布尔什维克宣布十月革命无效，让他们在敌人面前解除自己的武装、自行排除起义的领袖及鼓动家。在革命中被打败的党派竟向寻求和解的胜利者提出这样无礼的要求。布尔什维克的谈判代表加米涅夫、梁赞诺夫和索柯里尼柯夫，特别是前两人，站在党的右翼，一心希望能给党带回列宁和托洛茨基将难以拒绝的、切实可行的妥协方案。布尔什维克的谈判代表如此急于迁就孟什维克及社会革命党人，甚至普尔科沃的战斗还未定局时他们就签署了一份关于停火的联合呼吁，这份呼吁无疑是针对他们自己的党和政府的。然而就连最温和的布尔什维克也不能接受孟什维克的条件，他们不能给党带回党应自杀的建议。

托洛茨基从普尔科沃战斗前线直接奔到会场，这次会议是中央委员会和彼得格勒委员会以及军事方面的领导人为了决定是否谈判而召开的。他第一个攻击加米涅夫和梁赞诺夫，他说："如果我们在政府中得不到多数，我们就不必举行起义。……我们应得到全部席位的3/4。"他补充说，在任何情况下，列宁必须继续主持政府。③ 列宁甚至更进一步要求，谈判必须中断。站在另一极端的是梁赞诺夫（还有卢那察尔斯基），他们倾向于同意把列宁和托洛茨基排

---

① 《中央委员会会议记录》，第144—147页。
② 同上，第156页。
③ 同上，第149页。

除在政府之外，他们说党应坚持的是原则而不应是人事。会议决定继续进行谈判，但只能以保证党在建议成立的联合政府中占优势为条件。

这场争论是起义前争论的延续。从外表判断，所有的布尔什维克都赞同苏维埃应成为政府的宪法基础和基本构架。看来大家也都同意，跟准备赞同这一原则的政党或团体组成联合政府是可取的。11月2日，中央委员会庄严地重申：布尔什维克仍然愿意跟那些宣布过抵制苏维埃的党派成立联合政府，只要那些党派能够回头，接受苏维埃宪政。孟什维克和社会革命党人对此不能同意，否则他们就等于否认了2月以来他们所干的一切。如果说孟什维克和社会革命党人规定的条件明确要求布尔什维克必须进行政治自杀，那么，列宁的党也要如法炮制，请它的所谓合作者去干道义上自我毁灭的事。列宁料定他们不会同意，因此他认为再谈判下去毫无用处，说它充其量只能作为蒙蔽对手的一种策略，即在反对克伦斯基的战斗持续进行时用以打乱拥护克伦斯基的人的阵脚。

列宁和托洛茨基看不到有任何理由可以妨碍他们的党单独由自己的党员组成政府。他们认为没有力量能阻止苏维埃的多数单独肩负职责。在民主制中少数派没有要求参加政府的权利；少数派的切身问题是，它作为反对派，其活动不应受到阻碍，但该活动应在政府和反对派双方都接受的宪法框架的范围之内。十月革命后并没有这样共同接受的宪法框架。一个党宣布新宪法原则，而所有其他的党派却认为那个新宪法原则本来就是违反宪法的。孟什维克及其同伙断然否认苏维埃的统治权，他们甚至不能成为苏维埃内忠诚的反对派（即使它们中某些团体偶尔试图这样做），更不必说他们能成为布尔什维克的合作者了。名义上反对党都是社会主义党派，然而此时把他们联系起来的只是对共同过去的淡淡的回忆而已。

由仍然寻求为鸿沟搭桥的布尔什维克领导人组成了一个人数众多、有影响的团体，其中一部分人正是被这些回忆所推动的。布尔什维克中有不少主张和解的人感到，他们的党已经走进死胡同里了，如要走出来，应该抓住对方伸来的援助之手。加米涅夫、李可夫、季诺维也夫和其他人惊恐不安地争辩说，彼得格勒已没有粮食供应了，如果铁路运输停顿，布尔什维克就不能统治国家，在持久的内战中绝不可能幸存。列宁和托洛茨基得到斯维尔德洛夫和捷尔任斯基的坚决支持。他们并不否认有种种危险，但他们相信，只要他们有决心行动，就能坚守阵地。请求联合就是示弱；这个所谓合作者伸出手来不是为了援助，而是要扼死人。

11月2日，苏维埃中央执委会讨论这一问题时，布尔什维克中主张和解的人跟反布尔什维克分子一起投票反对自己的党。这种公然分裂是最令人苦恼的事；尤其是，这些"和解者"以加米涅夫为首，尽管他最近跟党产生过争执，但还是当选为苏维埃中央执委会主席，这是一个相当于共和国主席的职位。不久以后，这个布尔什维克主席公然要求解散布尔什维克政府，而且要求代之以联合政府。加米涅夫背后还有政府的最重要成员：内务人民委员李可夫；农业人民委员米柳亭；工商业人民委员诺根；教育人民委员卢那察尔斯基，供应人民委员泰奥多罗维奇（Теодорович），另外还有未在政府任职的季诺维也夫、洛佐夫斯基、梁赞诺夫和尤列涅夫等人，这里提到的只是最有影响的人物。

政府及党内的危机是再严重不过了。一个参加政府工作的党员应按党的指示进行活动并受党纪约束，这一规定不但为布尔什维克接受，而且也为大多数俄国的，实际上也为欧洲的党所普遍接受，尽管这一规定实际上往往是违反的多而遵守的少。列宁和托洛茨基宣布要加强纪律。他们说服中央委员会重申这一观点："向苏维埃里少数派的最后通牒和威胁屈服，就等于（我们）不但完全放弃以苏维埃为基础的政府，而且还完全放弃民主的立场。这样的屈服证明苏维埃的多数派害怕运用多数，就等于向无政府状态屈服，等于鼓励任何少数派不断用新的最后通牒跟我们对抗。"① 11月3日，中央委员会的多数向"和解者"提出自己的"最后通牒"，要求他们遵守纪律，并威胁要召开党的非常大会，非常大会抑或认可"和解者"的政策，抑或要求开除他们。② "和解者"则以向中央委员会和政府集体辞职作答复。他们用措辞强硬的抗议为自己的手段辩护，反对党坚持清一色的布尔什维克政府。诺根代表他们宣称：这样的政府"只能靠政治恐怖才能维持"，它会导致"不负责任的政权"；会"在政治生活中把无产阶级群众组织排除出领导位置"。③

正如1904年托洛茨基和列宁的争论，也正如不久前关于起义的争论一样，这次争论中的是非也错综复杂地混在一起，难以辨析。根据布尔什维克的观点，列宁和托洛茨基用来为自己政策辩护的种种考虑是无可反驳的。为广泛的联合政府进行谈判则是枉费心机，孟什维克和右派社会革命党人试图用迂回的办法从布尔什维克手里夺取政权，而不是共同掌权。加米涅夫尽管渴望跟孟什

---

① 《中央委员会会议记录》，第161页。
② 同上，第162—164页。
③ 同上，第169—170页。

维克达成协定,但也不能接受他们的条件。事实上在同一次苏维埃中央执委会会议上他要求过列宁的政府辞职,但他也宣称过没有列宁和托洛茨基就是"砍了党的头"。① 另一方则坚持"砍头",因为不先打破布尔什维克的自信心就不能把他们排除出政府。要求布尔什维克党让党外人指定谁代表政府并坚持它应否定自己的两个领袖,是达到这一目的的最好的办法。

同在10月间一样,列宁此时也并不否认加米涅夫及其朋友有持不同意见的权利。但他否定他们有权在党外来反对党已宣布的政策。当他们示威性地辞职时,他又一次称他们为"逃兵"。加米涅夫及其朋友终于像10月间一样屈服了。在几个对立的政党都无意和解这点已然清楚之时,加米涅夫及其朋友的角色也扮演完了。季诺维也夫第一个改变立场,宣称孟什维克使和解成为不可能。② 他呼吁他的朋友们说:"我们还是跟党留在一起;我们宁可同千百万工人一起犯错误,和他们同牺牲,也不能在这个决定性的历史时刻袖手旁观。"他的话预示着他将来更悲惨的屈服。这些"和解者"几天之内都垮了。加米涅夫被罢免了苏维埃执委会的最高职务;托洛茨基在一次执委会上提议斯维尔德洛夫继加米涅夫之后任执委会主席。谈判的唯一积极结果是,左派社会革命党人因不满反布尔什维克党派的立场而加入了列宁政府。

然而列宁和托洛茨基在党内的反对者并不像现在他们自己所承认的那样完全错了。他们所预言的:"清一色的布尔什维克政府只能靠政治恐怖才能维持"并会导致"不负责任的政府"这句话最终应验了。当时,列宁和托洛茨基以真挚的愤怒否定这一预言,他们反复保证,苏维埃只要有简单的多数票就能推翻政府。③ 但是历史将证明这个警告性的预言是正确的,尽管作此预言时显然并无根据。列宁和托洛茨基以及其他布尔什维克领导人无疑都本着对苏维埃全体选民负责的精神兢兢业业地治理这个国家。但事实表明:他们单独一个党全心全意信奉苏维埃宪政,这只能使他们把自己党的政策和宪政视为一体,然后以党的意志取代宪政的原则,最后将彻底抛弃那些原则。说得更明白些,布尔什维克是革命党这一情况促使他们首先把革命跟他们自己等同起来,尔后使革命成为他们党独占的事。11年后,布哈林在研究一系列导致对苏维埃民主的歪曲、导致斯大林的支配地位事件的后果时,把这些"祸害"追溯到

---

① 《中央委员会会议记录》,第166页。
② 同上,第177页。
③ 同上,第171—175页。

"一个错误"：即把党与政府等同起来。① 在革命的第一周内，形势的力量就已开始把党推上这条道路；温和派布尔什维克对这条道路本能地害怕。没有人想象得出这条路的行程的长短、方向及其悲剧性。

托洛茨基仅次于列宁，是最直言不讳而且坚持主张清一色布尔什维克的或以布尔什维克为主的政府的人。他引为自豪的是能把孟什维克和社会革命党人送入"历史垃圾堆"；他不想回忆他们曾是伙伴和盟友。然而他和他的任何同事都不想镇压这两个党派。在孟什维克退出苏维埃大会后的那一天，马尔托夫回来为被捕的社会党人部长一事找布尔什维克说情——正如7月间为被捕的布尔什维克找这些部长说情一样。当时，布尔什维克心软了，托洛茨基释放部长们出狱，先把他们软禁，尔后把他们统统放了。比起这些部长们不久前对待他本人和列宁的方式来，无论如何是更宽宏大量的。② 在苏维埃，布尔什维克为孟什维克和社会革命党人的回转敞开大门；在中央执委会，他们按对方在代表大会的代表人数保留了相应的空席位。尽管列宁和托洛茨基两人都不希望与孟什维克和社会革命党人分掌政府，但希望看到这两个党在"无产阶级议会"及其一些机构中有人数公平的代表出席。

托洛茨基在反对布尔什维克的"和解者"时没有表示出任何犹豫不决的迹象。但我们却有可靠的证据证明他内心有过忧虑。沙杜尔说，起义后的第三天，托洛茨基曾向他透露自己为孟什维克担心：由于他们的自命不凡以及故意阻挠，可能会迫使布尔什维克粗暴地对待他们，这样就会扩大两党之间的鸿沟。托洛茨基说，这比起有关克拉斯诺夫的哥萨克进军和成立白卫军的消息更使他忧虑。③ 稍后，他向沙杜尔表达他的希望：布尔什维克在实现纲领中最基本的要点后，是会邀请孟什维克参加政府的。

关于联合政府的谈判于11月3日突然终止。当时马尔托夫和阿布拉莫维奇声称：只要继续发生逮捕以及不允许刚被查禁的报纸复刊，他们就不会参加谈判。④ 布尔什维克已逮捕了几个右派政治家，查封了几家公开号召武装反抗的报纸。因此，托洛茨基在苏维埃为这些措施辩护说："在内战期间要求停止镇压，等于要求我们停止内战。……我们的敌人一直没有向我们提议和平。

---

① 这话引自布哈林和加米涅夫在1928年的谈话，托洛茨基档案中有这次谈话的最完整的摘要。
② 苏汉诺夫：《革命札记》第7卷，第243页。
③ 沙杜尔：《革命札记》，第68—69页。
④ 《中央委员会会议记录》，第174页。

第十章 人民委员

……在内战情况下查封几家敌对的报纸，是合法措施。"① 他断然向苏维埃保证：政府并不想建立自己的新闻垄断。但有责任必须摧毁有产阶级的新闻垄断，因为每个社会主义政党都同意这样做。印刷厂和造纸厂应该国有化；然后政府按选举中人数的比例给所有党派及团体分配纸张和印刷设备，这样就会在历史上第一次确立真正的出版自由。人民传播他们观点的能量的大小将取决于他们在社会、政治生活中的真正影响如何，而不取决于财政来源的多寡。②

革命后一个月，科尔尼洛夫、卡列金（Каледин）、阿列克谢耶夫（Алексеев）和邓尼金（Деникин）指挥的第一批白卫军已在顿河开始行动；奥伦堡的哥萨克在其首领杜托夫（Дутов）的率领下起而叛乱。白卫军的将军们甚至不打为恢复克伦斯基政府而战的旗号；他们公然宣称他们的目的是复辟沙皇统治，或是建立他们自己的独裁。与此同时，随着遥远省份的内战已实际开始，立宪民主党人和一些右派社会革命党人在首都发动了小规模叛乱。11月28日，托洛茨基宣布立宪民主党为非法。他说，这个党的中央委员会是白卫军的政治总部；它指挥着为科尔尼洛夫和卡列金招募军官的活动③，因此应该把立宪民主党人排斥出政府将要召开的立宪会议。托洛茨基又补充说，"我们已有了一个并不过分的开端，我们逮捕了立宪民主党头头，并命令监视他们在外省的追随者。法国大革命时，比他们更正直的人因反抗人民的意志而被雅各宾党人送上断头台。我们没有把人处死。我们也不打算这样做。但现在是群情激愤的时刻，而立宪民主党人却在自找麻烦。"④

"我们有了一个并不过分的开端"，这话听起来有点儿不祥。布尔什维克既然已经完成了一场革命，就不能放弃革命的恐怖；而恐怖有它自己的势头。每一个革命党最初都把他们的任务估计得过于简单：它必须镇压的只是"一小撮"暴君或剥削者。确实，暴君及剥削者通常只构成微不足道的少数。但是旧统治阶级并非脱离社会的其余部分而孤立存在。旧统治阶级在长期的统治

---

① 《托洛茨基全集》第3卷第2册，第104—105页。
② 过了些时候，托洛茨基就同一问题对掷弹兵团讲话说："为资产阶级辩护的人如何理解出版自由呢？他们的理解与他们对贸易自由的理解一样。凡是有资本的人就有权，因为他们有按个人爱好办工厂、开商店、妓院或者办报的财力……但千百万农民、工人及士兵难道能享有出版自由吗？他们并没有自由的必需条件，没有财力，出版报纸的真实财力。"这一次他还为按比例分配印报设备及其他设备给各政党的原则作了辩护。同上，第125—127页。
③ 这段话的每个字都是真实的，可以根据像邓尼金那样可靠的消息来源来印证。邓尼金曾详细地叙述白卫军同立宪民主党总部的关系。参见《俄国混乱时期笔记》第2卷，第35、186—194页。
④ 《托洛茨基全集》第3卷第2册，第138页。

安东·邓尼金

过程中在其周围围织起了一张统治机关的网，笼络了各阶级的团体和个人；它产生了许多连革命都不能完全摧毁的依附和忠诚。解剖社会绝不像外科手术给人体截肢那么简单。每一个社会阶级与它的最接近的阶级都是通过许多几乎觉察不出层次的阶层而联系起来的。贵族渐渐变成上层中产阶级；以后又渐渐变成下层资产阶级；下层中产阶级分裂出工人阶级；而无产阶级，特别是在俄国，必然跟农民有千丝万缕的联系。政党之间也有类似的相互关系。革命如果要给最凶恶、最危险的政党以致命的打击，就不能不迫使那个党，而且还迫使跟它关系密切的党以反击来作回答。因此，革命像对待敌人一样对待跟敌人关系密切的党。当革命打击第二号敌人时，与这第二号敌人关系密切的党也会被激起而卷入斗争。这一过程像连锁反应一样地继续下去，直到这个革命党不得不奋起镇压所有直到不久前还挤满政治舞台的党派。

率领白卫军的将军不过是些拥护君主制之徒而已，他们被培养为沙皇专制制度的奴仆；他们怀有刻骨的仇恨和渴望复仇的心理观察了革命的各个阶段——布尔什维克革命时期和布尔什维克革命之前的时期。立宪民主党人是君主立宪主义者。在沙皇统治下，捍卫专制制度的主要集团和君主立宪主义者的主要集团曾经彼此敌对,互相轻蔑。但这两个党也有部分的一致性。自从君主政体垮台以来,他们之间的分歧变得无足轻重——他们都希望推翻社会主义共和国。十月革命后,他们终于摒弃分歧而在同一面旗帜下战斗。但大部分君主立宪主义者都紧跟二月政权的支柱——准社会主义的共和党人。在孟什维克及社会革命党内可以发现从资产阶级共和主义到准革命社会主义的形形色色的观点;而这些党的极左派又跟布尔什维克有部分的一致性。如果布尔什维克曾有可能孤立白卫军,即孤立他们之中的最猖狂、最危险的敌人,并以他们为唯一的进攻目标,也许革命和内战的发展道路就将大相径庭。君主立宪主义者与白卫军之间的天然同盟使这个目标不可能实现。布尔什维克为了剥夺白卫军的政治代理机关而不得不宣布立宪民主党为非法。孟什维克和社会革命党人的主要集团绝不想保卫科尔尼洛夫、邓尼金或高尔察克。但当宣布立宪民主党为"人民公敌"时,他们就不可能无动于衷了。这只是因为他们的右翼在政治上与立宪民主党人有相互依赖的关系并与之共同策划政治阴谋。像马尔托夫这样的左派孟什维克是绝不会单单捍卫立宪民主党人的。但他深知,在立宪民主党人之后,革命的鞭子就会抽打到社会革命党和他自己的党的右翼;而这正是他急于要防止的事。

托洛茨基保证布尔什维克不想设置断头台,证明他已意识到恐怖行为可能与革命一起失去控制。急于防止恐怖的愿望在布尔什维克中是普遍的。他们在起义后的当天废除死刑;只有列宁一个人反对。① 但甚至列宁在同温和派布尔什维克争论时也说:"在巴黎,他们(雅各宾党人)使用断头台,而我们只拿走那些不能从工会得到的粮食卡的人的粮食卡。"② 整个党部分出于本能,部分出于自觉,都力图避免重蹈血淋淋的滑坡,雅各宾党人就是从这个斜坡上坠入深渊的。党被形势所迫,一只脚踏在斜坡顶上,只得费力持久地抵制向下滑的引力。政府宣布立宪民主党人为非法,却没有宣布11月28日参与过小规模叛乱的社会革命党的右翼为非法。政府颁布推举立宪会议代表的命令时,还没有完全觉察到由苏维埃产生的政府与立宪会议之间不可避免的冲突。到11月底,布哈林仍在力促中央委员会把清算立宪民主党人的问题推迟到立宪会议开幕时解决。他引用英、法历史的先例提议,应从立宪会议中开除立宪民主党人,然后那个残余议会应宣告自己是革命的议会。他希望布尔什维克和左派社

---

① 托洛茨基:《列宁传》,第116—117页。
② 托洛茨基:《斯大林伪造学派》,第110页。

会革命党人会控制这个会议中的压倒多数,给革命以更加合法的形式。托洛茨基显然支持布哈林的行动计划。看来,唯独斯大林在这一阶段对事变的动向有比较清醒的看法,大概因为他并不相信布尔什维克和左派社会革命党人能控制国内的多数。他声称,布哈林的提议来得太迟了;镇压立宪民主党人已经开始,不能拖延。他预料会议要分裂及两个敌对会议之间的斗争。到那时为止还没有人提出解散立宪会议。就连在最可信的讨论记录中也找不到任何镇压其他党派的建议。①

* * *

托洛茨基加入布尔什维克党只不过两个月多一点儿的时间,而他在党的核心讨论会议上的领导地位已经牢固确立起来。起义前选出的第一届政治局从未恢复工作,取代它的是一个较小的机构:"中央局",即常设执行委员会,由四人组成:列宁、托洛茨基、斯大林和斯维尔德洛夫。② 当和左派社会革命党人的联合成功时,人民委员会选出一个核心内阁,在内阁中代表布尔什维克的也是这几个人,只是没有斯维尔德洛夫——他不担任政府职位。人们一般都认为,列宁和托洛茨基是党的主要的决策人,而且在理论方面是最高权威,斯大林和斯维尔德洛夫则是主要的组织者。

尽管列宁与托洛茨基之间的私人关系并不亲密,但他们互相信任,彼此真诚尊重。在起义前,特别在起义后,他们为反对布尔什维克温和派而共同斗争,敌人对他们两人的仇恨致使要求把两人都排除出任何联合政府这件事所给二人带来的荣誉,还有他们在所有主要问题上的一致——这一切形成了最结实的纽带,把这两位人物结合在一起。在这样的协调一致下面,还存在着气质和习惯方面的不一致。列宁态度谦逊,几乎不受个人感情的影响,甚至在行使权力方面也如此。他不相信那种花哨的姿态、华美的言词。近 20 年来,围绕在他周围的是许多忠诚的追随者,他纯粹用品质与才智的力量领导他们。他学会了精于判断同事和下属的优缺点,并为党的最高利益使用他们。他在重要的争论中态度生硬,甚至无情,而在另一方面他又含蓄、有分寸、审慎、宽容同志们的敏感及弱点,而且对他们的意见及建议虚怀若谷。

---

① 《中央委员会会议记录》,第 180—191 页。
② 同上,第 189 页。

第十章 人民委员

1918年11月7日，列宁和斯维尔德洛夫在莫斯科马克思恩格斯纪念碑的揭幕典礼上

托洛茨基火山般的热情与有力的语言打动着每个人的心灵，这是列宁深刻的说教和平铺直叙的文章绝不能做到的。此时，当他们为共同事业再次团结起来时，列宁以赞同甚至欣赏的神态倾听托洛茨基滔滔不绝的长篇激烈讲话，但多少也有点儿不安，正如俄国农民听城里人夸夸其谈时一样。他们的气质大不相同，其他特点也不一样，形成鲜明对照。多年来自由政治骑士式的活动在托洛茨基身上留下痕迹。他没有得心应手地与他人协力配合的习惯，而这种习惯却是使人成为真正领袖的力量。卢那察尔斯基即令在还是非常钦佩和尊重托洛茨基时也着重评述过托洛茨基的这一特点，他说：托洛茨基要把追随他的人组织成一个稳定的团体是永远不能成功的。[1] 托洛茨基态度傲慢、独断专行。更值得注意的是，在以后几年中他证明自己是如此伟大而杰出的行政官员，但是他在行政方面取得成就不是由于对人的管理，而是由于他的计划的清晰与严密，由于他的干劲、意志力以及有条不紊的工作方法。在有条不紊的工作能力

---

[1] 卢那察尔斯基：《革命家剪影》，第25—30页。

方面他超过列宁，这在一个人们不珍视时间和不重视坚定不移的努力的国家里是罕见的。他现在与列宁的紧密合作是建立在他们个人的某些互相适应以及共同目标的基础上的。他以无可置疑的真诚承认列宁的领导能力。他的这种承认毫无吹捧之意，也没有放弃他自己的独立性，而是明显地懊悔他过去错误地低估了作为革命家和领袖的列宁。而列宁则竭力使托洛茨基在党内感到自己似乎过去始终在党内而且一直是党的一员一样。在他们六年合作的过程中也曾发生过不少新的争论，列宁没有一次提过他们之间以前的争论，只是私下说托洛茨基过去有些方面是对的；并告诫党说，他希望不应抓住托洛茨基过去不是布尔什维克这一点来反对他。

"中央局"里的另外两个人有着性质完全不同的品质。作为党的总书记，斯维尔德洛夫实际上是斯大林的前任，但名义上，总书记这个职位当时还没有创立。斯维尔德洛夫像斯大林一样，全部政治生涯都是在地下活动中度过的；而且他同样具有组织才能，在用人方面同样具有鉴别力，而且同样具有经验型的头脑和坚强的性格。① 但他比斯大林更能胜任组织家的任务，他没有充当理论权威的野心。如果人们根据他为数不多的著作和演讲来评判，就可看出他比斯大林学识更渊博，更有教养而且更灵活；他的口头表达能力要强得多。② 列宁不在时，提议托洛茨基参加党的内部生活的人正是他，他使托洛茨基熟悉党的军事组织，使之便于跟各级布尔什维克核心小组合作。我们知道，斯维尔德洛夫还提议任命托洛茨基为外交人民委员。托洛茨基与斯维尔德洛夫的关系是融洽的同志友谊关系，相比之下，他最初同斯大林更密切地接触时却完全不同。他自己后来写道，直到十月革命之后，他几乎察觉不到斯大林的存在。③ 然而斯大林一直是党报的编辑，而且是中央委员会最重要的成员之一。如果真是托洛茨基忽视了斯大林，这也不会全像托洛茨基一心要证实的那样是因为斯大林的作用不重要，而是因为托洛茨基对斯大林在党内工作中获得的个人影响没有兴趣。斯大林不是一个出众的人物。他沉默寡言，没有口才，有时粗俗卑下，引不起托洛茨基的注意。因为托洛茨基十分注意别人是否具有他那样杰出的品质，这使他更容易重犯过去对列宁所犯过的错误：斯大林的暗淡无光使他看不到斯大林的力量。甚至在斯大林已成为处理党及政府事务的那个最小型机

---

① 沙杜尔说布尔什维克给斯维尔德洛夫取的绰号是"守口如瓶"，《革命札记》，第266页。
② 这在斯维尔德洛夫的私人通信中明显地表现出来，通信发表在1924年《报刊与革命》第2辑。
③ 托洛茨基：《斯大林》，第242—243页及同书各处。

第十章 人民委员

构中的同僚以后,他仍继续用虽非故意但更有害的轻蔑来对待这个未来的政敌。因此他刺伤了斯大林的自尊心,这点是用不着惊奇的。

1917年,正在行军礼的托洛茨基和斯大林

然而个人感情以及刚刚出现的忌妒心理到那时为止还是无关紧要的。布尔什维克的领袖们在这几个月的狂喜和骚乱中仿佛生活在心醉神迷的梦幻中,而这种梦幻会突然悲惨地消失。他们坚持并力图巩固执政地位,即使处于这种地位看来暂时毫无权力可言;然而他们在一定程度上已预料到,他们自己在这一过程中可能失败,而革命车轮会碾过他们的尸体驶向最后胜利。列宁曾对托洛茨基说过:"如果白卫军把我们两人都打死了,斯维尔德洛夫和布哈林能把这副担子担起来吗?"① 同时,他们发表宣言,颁布法令,这与其说是为了立即实行,倒不如说是为了留下历史记录。他们考虑到:如果发生最坏的情况,他们至少会给后来者留下一整套思想、一系列革命政策,这些思想与政策会鼓舞其他人,正如巴黎公社的启示曾鼓舞两代社会民主党人一样。布尔什维克的领袖们竟然用这种似乎不切实际的方式奠定了苏维埃共和国的基础。

他们实现这一任务所处的外部环境是符合理想家的目的的。如果说新国家的这些奠基人身边既没有办公设备,也没有可以炫耀的权势,这还远远不够。他们甚至连在最简朴的办公室中都能找到的办公设备也没有。在斯莫尔尼宫里,打字机是稀有之物,速记机是神话,而电话则是令人欣喜若狂的技术设备

---

① 托洛茨基:《我的生平》第2卷,第60页。

了。新的统治者起草重要宣言、法令还是用他们自己的手来写。他们要经过迷宫似的走廊才能跑到彼此的办公室。他们在斯莫尔尼宫的食堂里吃的是黑面包,喝的是白菜汤。他们大多数人都在他们小小的办公室里住宿,生活在无休止的嘈杂声中,生活在通信员及鼓动人员来来去去的脚步声、士兵皮靴的沉重橐橐声、警铃声、惊慌与狂热和垂死世界与新生世界的一片混杂声中。他们的办公室已由赤卫队的志愿人员担任警卫;但是他们总是平易近人地对待地位最低的工人、水兵及记者。我们认为,托洛茨基在斯莫尔尼时期撰写的无数文章应归功于这种环境。以下是一名美国记者所写的一篇有代表性的印象记:

上图:托洛茨基在斯莫尔尼宫工作
下图:两位赤卫队员在他的办公室门前担任警卫

在布尔什维克暴动的最初几天,我基本上每天早晨都去斯莫尔尼宫采访最新消息。托洛茨基和他娇小的妻子住在最高一层的一个房间里,他们

（对外国记者）只说法语，几乎从未用过别的语言。房间被隔开，像穷画家的顶楼画室。房间的一头是两张行军床，一个廉价的小梳妆台，另一头是一张书桌及两三把廉价的木椅子。……托洛茨基担任外交人民委员期间一直占用这间办公室，不少显要人物知道必须在这里拜访他。……世界上每一个小小的困难都要由托洛茨基来处理。他工作勤奋，往往濒于精神崩溃：他变得烦躁，动辄大怒。①

起义前，托洛茨基在中产阶级居住区租了一套房子，住在那里，他及其家人的周围笼罩着强烈的仇恨。沙杜尔写道："托洛茨基显得疲劳、神经质。……从10月20日以来，他一直不在家。他的妻子和蔼可亲，身材不高，富有战斗精神，精力充沛，生机勃勃，可爱动人，她说他们的邻居威胁说要杀死她的丈夫。……想想这个无情的专政者……这个全俄的主人因为害怕看门人的扫帚而不敢在家里睡觉，岂不是很有趣吗？"②

1917年，托洛茨基与二女儿尼娜分别十多年后在彼得格勒重逢

① 路易斯·布赖恩特：《俄国的六个红色之月》，第145页。
② 沙杜尔：《革命札记》，第94页。

第十一章　布列斯特－里托夫斯克的戏剧性事件

"本政府认为，各富强民族为了如何瓜分它们所侵占的弱小民族而继续进行战争，是反人类的滔天罪行。并郑重声明……对所有民族都无一例外是公正的条件，立即签订和约，终止这场战争。"① 10月26日，苏维埃代表大会正式通过列宁的《和平法令》，列宁的话阐明了布尔什维克对外政策的实质：只有这样的和约才是公正的，因为它能让在欧洲或其他大陆所有被占领受支配的民族在占领军全部撤退以后进行自由投票决定它们自己的命运。列宁提出这一富有胆识的和平目标只有推翻所有的殖民帝国才能实现。他又谨慎地补充说，即使他们的和平纲领不被接受，苏维埃也准备参加和平谈判，他们愿意考虑任何可供选择的条件。至于布尔什维克政府本身则赞成通过公开的谈判签订公开的和约；因此它将公布俄国以前历届政府签订的帝国主义秘密条约，并宣布它们无效。正如列宁向大会解释的，这一电文既向各国政府呼吁，也向各交战国人民呼吁。无疑，这是号召各国人民起来反对交战国的现政府，这是明确要求各国人民迫使他们的政府准备立即停战。布尔什维克对外政策的主要的两难境地及布列斯特－里托夫斯克悲剧的起源就在于这种双重性的要求。

厌战的俄国松了口气，接受了和平法令，英法两国政府和护国派舆论则以愤怒的吼叫来回答。协约国大使及驻俄国军事代表团团长或多或少了解到俄国没有能力进行战争。② 正如一个美国观察家说的，布尔什维克的和平宣传"确

---

① 《列宁全集》第33卷，第9—10页。
② M. 帕列奥洛格：《沙皇俄国》第3卷，第265、280页及同书各处。乔治·布坎南：《我的驻俄使命》第2卷，第228页及同书各处。早在1917年4月1日，即列宁抵达俄国前，帕列奥洛格看到一场只有革命化程度最小的军队参加的游行，他在日记中写道：即令是这些最忠诚的部队也都不愿打仗，甚至更早些时候，即1917年3月间，帕列奥洛格曾致法国外长里博一份报告，他用以下意味深长的话结束报告："在俄国革命的现阶段，既不能战也不能和。"法国大使用这一公式比托洛茨基早了将近一年。

第十一章 布列斯特-里托夫斯克的戏剧性事件

实是迫切而积极的,但是情况却很像一个人朝着势不可挡的龙卷风的同一方向吹一口气而已"。① 然而,想防止俄国"不履行义务"的协约国外交使节们却要迫使自己相信:只要布尔什维克停止吹气,龙卷风就会平息。英法两国大使差不多从二月革命开始就力促李沃夫亲王、米留可夫和克伦斯基镇压列宁的党。② 两国军事代表团的头头满怀希望地怂恿科尔尼洛夫发动政变以反对克伦斯基和孟什维克的苏维埃。③ 十月起义前两天,英国大使用全无外交礼节的语言强迫俄国的部长们立即逮捕托洛茨基。④ 现在布尔什维克既已当权,他们的革命呼吁无视外交礼节,威胁要公布并废除秘密条约,使俄国退出战争,这一切使协约国恨得咬牙切齿。协约国的使节们因目睹这一剧变一下子不知所措,无法说明剧变的原因,他们因而易于接受任何旨在提供解释的罪恶谎言。他们对列宁和托洛茨基是否真的是德国收买的奸细以及对有效而成功地指挥十月起义的人竟是德国军官的说法都将信将疑。⑤ 他们还有一个安慰,即布尔什维克不久会被推翻;而加速这一时刻的到来则是协约国的职责。⑥

布尔什维克尽管已发出革命呼吁,但也急欲同协约国进行外交接触。托洛茨基一打败克伦斯基的军队就提出同英法两国恢复正常关系。⑦ 布尔什维克,特别是托洛茨基估计到德国人可能会提出难以接受的和平条件而以此迫使俄国重新开战并回到协约国中。人们对托洛茨基的建议充耳不闻。协约国的大使们不理睬他。只有比利时的大臣到斯莫尔尼宫他那个用隔板隔开的小房间进行过一次试探性的拜访。托洛茨基向这位并不轻信的使节说明政府的和平目的时,方式"稍稍有点儿生硬,有些傲慢",但彬彬有礼。比利时大臣离开时被托洛茨基的人格与真诚深深打动,而且相信,这位革命的外交部长是理论家也是空

---

① W. 哈德:《雷蒙·罗宾自传》,第 29 页。后来,大多数反布尔什维克党派的头头们在流亡中都同意这一看法。
② 帕列奥洛格:《沙皇俄国》第 3 卷,第 245—247 页及同书各处。布坎南:《我的驻俄使命》第 2 卷,第 11、119 页及同书各处。
③ 陆军少将阿尔弗雷德·诺克斯爵士:《与俄军在一起——1914—1917》第 2 卷,第 692 页;A. 克伦斯基:《自由的苦难》,第 295—319 页。
④ 布坎南:《我的驻俄使命》第 2 卷,第 203 页。
⑤ 乔治·布坎南爵士在他的日记中写道:"我刚刚得到一个情报,不过我不能保证其准确性,大意是在斯莫尔尼宫的列宁参谋人员中有他们的六个军官(即德国军官)。"同上,第 232 页;诺克斯:《与俄军在一起——1914—1917》第 2 卷,第 718 页。
⑥ 沙杜尔说,孟什维克是在协约国外交界的授意下以排斥列宁和托洛茨基作为成立联合政府的条件的。沙杜尔:《布尔什维克革命札记》,第 74 页。
⑦ 同上,第 77 页。

想家，用不着认真对付；他对他的同行就是这样描绘托洛茨基的。①

不仅外国大使，而且连俄国外交部的人员都抵制托洛茨基。他被任命一个星期后才在喀琅施塔得水兵马尔金（Маркин）的陪同下第一次到外交部，因为那个星期他正跟克伦斯基的军队打仗。首先他急于掌握前任留下的秘密条约和外交信函。但外交部的办公室及走廊里空无一人——没有一个人回答他的问题。最后，他的水兵朋友找到外交部的常务首脑，外交世家的后代塔季谢夫（Татищев）伯爵。伯爵声称外交部的雇用人员不再来部里办公了。托洛茨基用威胁的口吻命令伯爵立即召集全体人员，一群外交部官员马上前来报到。托洛茨基作了简短的自我介绍，说自己就是新任领导，告诉他们世界上没有任何力量能破坏革命，并说那些真正想要为新政府服务的人都应该为新政府工作。但是那些官员拒不移交秘密文件和存放秘密文件的保险箱钥匙。托洛茨基离开了外交部办公楼。过了一会儿，他的水兵朋友回来，命令塔季谢夫及司长们跟他到斯莫尔尼宫去——在那里将他们逮捕。两天后，伯爵引导托洛茨基视察了外交部，打开所有的保险箱，分类移交秘密条约和外交信函。不久，秘密条约就开始印刷公布，这使外交使臣们惊慌失措，这些秘密条约非常清楚地证实了布尔什维克的全部指控：俄国一直是为征服加里西亚及君士坦丁堡和统治巴尔干半岛而进行战争的。②

11月7日，列宁、斯大林和克雷连科命令克伦斯基的最后一任总参谋长杜鹤宁（Духонин）将军向德军司令部提议立即停火。托洛茨基向协约国大使发出第一封正式公函，要求他们考虑随函附送的和平法令，该法令作为立即召开和平谈判的正式建议。他在该函结尾处说："大使先生，请接受苏维埃政府对贵国人民真挚的深深敬意，贵国人民同所有其他各国人民一样，都由于空前的屠杀而流尽鲜血、精疲力竭，因而也力求和平。"③ 同一天，他第一次在苏维埃中央执委会上评论外交形势。受陈腐思想支配的资产阶级欧洲因和平法令而惊慌，把和平法令看做是党的政策声明，而不是国务活动家的行动。对此德国人的最初反应是矛盾的：作为德国人他们对和平建议感到高兴；作为保守派他们害怕革命，而提出和平建议的正是革命。英国官方的敌意是明确无疑的；法国人厌战，但"法国的小资产阶级分子则认为我们是跟德国皇帝结盟的政

---

① 沙杜尔：《布尔什维克革命札记》，第77—80页。
② 《托洛茨基全集》第3卷第2册，第97—99页。
③ 同上，第157页。

府";意大利热情地响应;美国则容忍。托洛茨基远不是把外国所有形形色色的意见都混为一谈,而是细心准确地将它们分开。然后他宣布将秘密条约公之于众。他承认同盟国将试图从揭发出来的事实得到好处,而苏维埃国家必须给别的国家,特别要给德国工人阶级做榜样,在如何对待他们的统治阶级的秘密交易和协定方面作出示范。他希望德国社会民主党人有机会得到他们政府的外交保险箱,在公布他们的秘密条约时,全世界就会明白"德帝国主义在其无耻与强盗行径方面绝不亚于协约国"①。第二天,他在公布秘密条约的仪式上这样说:"欧洲各国人民为了取得知道这个真相的权利,付出了无数牺牲、普遍贫困的代价。消除秘密外交是真正民主的、大众的、可靠的对外政策的首要条件。"②

协约国大使们举行会议,会上他们决定不理睬托洛茨基的信函,并向他们各自的政府建议,以苏维埃政权非法为借口而不予答复。协约国政府同意这一建议,而且决定只同俄国军队的最高司令建立正式关系,也就是同司令部设在莫吉廖夫的杜鹤宁将军建立正式关系。他们这样做可以说就是把军队的最高司令部提高到政府的地位。他们还警告杜鹤宁,让他反对任何停火谈判;而且他们明确地暗示说:如果俄国退出战争,他们会利用日本进攻西伯利亚进行报复。③托洛茨基对这些行动马上提出抗议并威胁要逮捕任何试图离开彼得格勒去依附外省反布尔什维克势力的协约国外交人员;他呼吁中立国外交家运用他们的影响争取和平。同一天,杜鹤宁将军被免去职务,因为他无论如何不肯执行停火的命令。后来,他的士兵得知他决心要继续战争时,残暴地把他杀害了。布尔什维克党员克雷连科被任命为总司令,他曾是沙皇军队的少尉,是党的军事部的领导人之一。

俄国与协约国的关系立即恶化,这是干涉战争的前兆。但这是不可避免的。如果协约国决定继续战争,协约国大使们只能运用他们的影响反对这个威胁要让俄国退出战争的政府。单单这一点,不可避免要导致对俄国内政的干涉。老派外交家和军人对革命的无法调和的仇恨使这场干涉显得穷凶极恶、肆无忌惮。在这种情况下,协约国大使和军事代表团从一开始就成为俄国内战的

---

① 《托洛茨基全集》第3卷第2册,第161页。
② 同上,第164页。
③ J. 努兰斯:《我任驻苏俄大使》第1卷,第145页;约翰·W. 韦勒-本奈特:《被遗忘了的和平》,第71页。

参与者。① 托洛茨基竭力对这一趋势进行反击，并防止英、法和美国完全投入战斗。他得到列宁的同意后，竭其所能地提醒他们：不使俄国觉得自己被完全抛弃而被迫与德国签订不管条件如何的和约，对协约国是有利的。但协约国对这一考虑很少或根本不予理睬。协约国大使通过其低级工作人员——法国军事代表团沙杜尔上尉和英国大使馆的布鲁斯·洛克哈特与托洛茨基保持非正式的接触。托洛茨基的建议和抗议都是向这些官员以及美国红十字协会的罗宾上校提出的；通过他们使协约国随时了解停战预备谈判的情况。同托洛茨基接触的协约国的每一位官员都转而相信他的观点，满怀希望地要去改变他们上司的观点，但是一无所获。所以，当时还是一个并未悔悟的"社会护国主义者"的沙杜尔写信给法国"社会护国主义"的主要代表阿尔伯特·托马斯（Albert Thomas）说："我们坚持否认大地会翻转，我们继续断言布尔什维克政府并不存在。"伦敦申斥布鲁斯·洛克哈特，因为他这样认真对待托洛茨基，好像后者是"又一个塔列朗（拿破仑的外交大臣）一样"。②

11月14日，德国统帅部同意举行停战谈判。克雷连科命令停火和"前线双方士兵联欢"，希望德军通过同俄国军队的接触会受到革命影响。同一天，托洛茨基通知西方国家：

> 共和国军队最高司令克雷连科少尉已建议将停战谈判推迟5天，到11月18日即公历12月1日开始举行，以便再一次让协约国政府确定其对和平谈判的态度。……我们人民委员会将这一问题提交给我们的盟国政府……我们现在当着协约国各国人民的面，当着全世界的面问它们：是否同意在12月1日和我们一起参加和平谈判？我们……向协约国人民，首先向它们的劳工大众呼吁：他们是否同意使这场无意义、无目的的屠杀继续拖延下去？是否愿意盲目地走向欧洲文明的毁灭？……现在应该用行动而不是用语言作出回答。俄国军队及俄国人民既不能也绝不愿再等待下

---

① 第二次世界大战中，西方大国因法国不履行义务也曾干涉过法国内政。而俄国在1917—1918年退出战争是由于革命因素导致的，1940年法国则是在保守的右翼领导下退出的。对这两件事中协约国（同盟国）的政策进行比较研究可以揭示出令人触目的类似与区别，还会清楚地表明，协约国的反布尔什维克政策在多大程度上是对盟国不履行义务的反应，在多大程度上是阶级对抗所致，而阶级对抗又促使它反动到什么程度。

② 沙杜尔：《布尔什维克革命札记》，第127页；洛克哈特：《一个英国代表的回忆》，第197、226—231页。

第十一章 布列斯特-里托夫斯克的戏剧性事件

去。……如果协约国各国人民不派出代表，我们就单独跟德国人谈判。我们希望全面和平，但如果协约国各国的资产阶级迫使我们同德国单独媾和，这一责任完全由它们（资产阶级）承担。最后，我们向协约国各国的士兵呼吁……要不失时机地立刻行动起来：打倒冬季战役！打倒战争！①

托洛茨基在向彼得格勒苏维埃汇报时补充说："我们绝不允许俄国革命宣布的全面和平的原则遭到歪曲。……德、奥政府在群众的压力下已经同意置身于被告席。你们尽可放心，以俄国革命谈判代表团为代表的公诉人一定能胜任这一职责，它会在适当时候宣布所有帝国主义外交的滔天罪行。"②

他把这种崭新的风格引入外交之中。即令是作为一位外交人民委员，他仍然是革命的头号鼓动家。他几乎使一切都取决于统治者与被统治者之间潜在的或现实的对抗；他对统治者讲话，为的是使被统治者可以听到他声音。但是，因为他并没有排除同各国现政府达成谅解的可能性，所以他把革命的呼吁同极度灵活巧妙的外交手段结合起来。他在面临敌对势力时毫不妥协、辛辣尖刻、咄咄逼人，而机智和彬彬有礼地对待任何和解的姿态。当美国军事代表团团长贾德森（Judson）将军冲破协约国的抵制来拜访他并表示希望协约国对苏维埃国家不致再使用威胁手段时，托洛茨基答复说，他并不想为过去的事争吵，他对将军的这一声明感到满意；他重申他的保证，即公开地进行和平谈判，使协约国能够密切注视，如果他们愿意的话，以后还可参加谈判。法国军事代表团团长尼塞尔（Niessel）将军惯于在宫殿般的办公室里居高临下地对俄国部长和将军们讲话——法国一直是俄国的头号债权人和政治操纵者。③ 当他来到斯莫尔尼宫的那间"穷画家的顶楼"，自以为他在这里可以更加目中无人地讲话时，托洛茨基毫不客气地把他赶了出去。他命令法国大使馆关闭军事使团的情报处，因为它发表公报攻击苏维埃政府。④ 当法国大使努兰斯到斯莫尔尼宫来缓和冲突时，托洛茨基则彬彬有礼，而且愿意协作。他跟英国交涉的第一件事是：要求立即释放因反战宣传而被囚禁在英国的《我们的言论报》前记者契切林及其他俄国革命者。然而英国继续囚禁契切林，他就通知英国大使说，他

---

① 《托洛茨基全集》第3卷第2册，第173—175页。
② 同上，第179页。
③ 同上，第185页。
④ 努兰斯：《我任驻苏俄大使》第2卷，第27页。

的要求没有得到满足之前将不允许英国公民离开俄国。① 托洛茨基以近几届俄国政府从未有过的坚决和庄重坚持俄国同其他列强之间的平等地位，而且针锋相对、寸步不让，不过他采取的反击方式仍是合理的，论据是令人信服的。

1917年11月7日（俄历），托洛茨基组织的大规模群众游行

11月19日，停战谈判的双方代表团开会，而德国人马上建议初步休战一个月。苏维埃政府代表团拒绝这一建议，只要求延长停火一个星期，以便使西方国家有时间考虑这一局面。托洛茨基再一次转向协约国大使，却再一次遇到冷冰冰的沉默。但他仍指令苏维埃政府的谈判代表：如果同盟国国家同意不把军队从俄国调往西线，而且如果他们不明确地表示允许苏维埃政府在德、奥军人中进行革命鼓励——这是一个很不寻常的条件——就不要签署休战协定。俄国前线的德国最高司令霍夫曼（Hoffmann）将军拒绝这两点要求，一时看来，谈判要中断，俄国将重返战场。托洛茨基再一次面对摩登马戏场的老听众时宣称苏维埃要继续要求全线停战。"但如果我们不得已单独签字停战，那么我们

---

① 英国大使在日记中写道："托洛茨基的论据中毕竟有些道理，如果我们认为有权逮捕在一个要求继续战争的国家里进行和平宣传的俄国人，他也同样有权逮捕在一个要求和平的国家里进行战争宣传的英国臣民。"布坎南：《我的驻俄使命》第2卷，第228页。

第十一章 布列斯特－里托夫斯克的戏剧性事件

要对德国说，不许把军队从俄国战线调往其他战线。因为我们提议的是真诚的停战，英、法不应该因此而被打垮。……如果德国皇帝面对这些公开、直接而真诚的声明而拒不签订和约……各国人民就会明白谁是对的，而且……我们一定会感到我们是胜利者而不是被征服者，因为除了军事胜利之外，还有其他胜利。……如果法国和德国……不和我们一道参加和平谈判，两国人民一定会驱使他们的政府同我们一起参加谈判，他们一定会用棍棒驱使他们的政府参加谈判。"①

同一天，12月3日，他向全俄农民苏维埃代表大会报告说："引起严重冲突的还有一点：即军队不应调往西线这个条件。霍夫曼将军宣称这个条件不能接受。和平问题处于十分危急的关头。我们连夜指示我们的代表：不作让步。啊，我永远忘不了那一夜！尔后德国作了让步，并保证除已经在途中的部队以外，不再调动军队。……我们有自己的代表跟德军人员一起，监督这些条件是否得到遵守。"他展开标明革命前两个月里德军运动情况的地图，接着说："假若克伦斯基还在当权并把战争拖延下去，德国总参谋部就有调动部队的充分能力……现在，多亏我们，协约国已处于更有利的形势。"② 德军司令无疑是把这一条当做虚设，无意遵守；但事变表明托洛茨基的话并非放空炮。③

到目前为止，由停战引起的一切重大问题都还悬而未决。布尔什维克和左派社会革命党人决心支持单独进行和平谈判，而非单独媾和。像列宁那样早已倾向于单独媾和的人也还没有准备为此不惜任何代价。苏维埃政府的主要目的是争取时间，在前线突然出现的平静中大声宣告它的和平目的；测定欧洲革命风潮的强度；并且试探协约国及敌国政府的态度。

布尔什维克对于欧洲社会剧变即将到来是毫不怀疑的。但他们首先要知道，通向和平的道路是否要经过革命，或者相反，通向革命的道路是否不经过和平。在第一种情况下，战争将由各革命政府结束。在第二种情况下，俄国政府眼下不得不跟资产阶级统治者达成协议。只有时间才能表明事件如何发展以及俄国革命的冲力能在多大程度上决定或不能决定它们的方向。到目前为止，

---

① 《托洛茨基全集》第3卷第2册，第185—189页。
② 同上，第199页。
③ 韦勒－本奈特先生在从协约国观点写的关于布列斯特－里托夫斯克和谈历史事件的优秀著作中这样总结其结果："但胜利者的和约也是有代价的，100万人的军队滞留在东线不能调动是德国扩张的代价，而在西线激烈进行的列强之战，用50万人的军队可能就足以在它的前几个阶段扭转局面。"《被遗忘的和平》，第327页。

试探还没有得到明确的结果。德、奥工人阶级无疑是不安定的；但不能说这是预示敌人将立即崩溃还是预示更遥远的将来的危机。同盟国各国的和平谈判代表已出人意料地表示准备让步。他们的态度可能反映出同盟国各国的绝望形势；但也可能隐藏着圈套。另一方面，协约国的敌意似乎暂时缓和。尽管协约国仍然拒不承认苏维埃政权，但在12月初答应相互给予对方某些外交特权，这些特权通常都是给予已被它们承认的政府的。它们准许苏维埃政府的外交信使在俄国与西欧之间来往；彼此承认外交护照；契切林终于获释，回到俄国；而且托洛茨基已与某些西方使节进行了外交互访。难道协约国也正在改变对和谈的看法吗？托洛茨基在《真理报》上满怀希望地评论这些事件，认为这是"表示全面停战与全面和平可能性的征兆"①。

他竟然从外交把戏的细节中得出如此牵强附会的最后结论。这个事实应该用他对战略前景预测中的一个基本错误来解释。在战争初期，当时各国政府及其总参谋部认为战争及早结束是理所当然的事，而托洛茨基已正确地预测到壕堑战将长时间对峙。② 他总是相信双方阵营由于势均力敌都不能打破对峙的局面。三年多的事变惊人地证实了这一预测，因此甚至在前提条件正要消失的现在，他对这个预测仍然坚持不放。美国参战了。但这并没有使托洛茨基改变看法；革命后，他如同以前一样重申敌对双方都不可能有取胜的希望，从这个僵化不变的假设中得出结论说，交战国双方最终会认识到继续打下去是无益的，他们会承认僵局而同意开始和平谈判。这种断定在表面上看来是合逻辑的，正是这一推理使他匆匆作出关于"全面停战和全面和平"可能即将到来的结论。

但同时布尔什维克担心，协约国可能与德、奥单独媾和，联合打击俄国革命。列宁比任何人都更多地在公开的和私下的场合流露出这种担心。已被揭露出来的战争内情表明，这种担心并非是完全没有根据的。德、奥已经多次或联合或单独地向西方敌国进行秘密的和平试探。③ 英、法统治阶级日益害怕革命，因而不可能预先排除协约国和同盟国之间因害怕革命而促成调解的可能性。这虽然还只是一个潜在威胁，但这足以促使列宁得出结论：只有在东线单独媾和才能先发制人，防止西线的单独媾和。

概括起来说，布尔什维克已陷入下述重重困境之中：他们必须决定他们是

---

① 《托洛茨基全集》第3卷第2册，第210—212页。
② 参见本书第八章。
③ D.劳合·乔治：《战争回忆录》第2卷，第70章；《屈尔曼回忆录》，第475—487页。

第十一章 布列斯特－里托夫斯克的戏剧性事件

否能坚持到革命扩展之后再签和约，或者他们是否要力图通过缔结和约来扩展革命。如果通向欧洲革命的道路要经过媾和，那么是共同的还是单独的媾和？如果证明单独媾和的条件过于苛刻，令其感到屈辱而难以接受，他们能对德国进行革命战争吗？如果不得已进行战争，就原则说，他们能接受协约国的援助吗？而协约国会愿意答应给他们援助吗？如果不愿给援助，他们是否应不惜任何代价力争单独媾和？或许还有什么摆脱这些困境的其他办法？

12月8日，即布列斯特－里托夫斯克和平谈判实际开始的前一天，托洛茨基在政府、苏维埃中央执委会、彼得格勒苏维埃和彼得格勒市政会与工会领导人的联席会议上讲话。这是一篇最值得注意的演说，不仅因为它修辞优美和激昂的革命人道主义的精神，而且还因为这篇演说回荡着他自己的思想探索：

> 确实，这场战争展示了人类多么强大，他能承受如此之多的前所未闻的苦难，但也表明当代人仍然保存了多么多的残暴。……人是大自然的主宰，却屈辱地蹲到壕堑里去，在那里从狭小的洞孔里像从牢房里一样向外窥探；他在那里埋伏着，窥视另一个大自然的主宰——他未来的牺牲品。……人类在这场战争中堕落到何等地步……经历过这么多文明阶段——基督教、专制主义及议会民主——的人们，培育了社会主义思想的人们，却在统治阶级的鞭子下像悲惨的奴隶一样互相残杀，一想到这点，就会为人，为他的血肉，为他的灵魂感到羞耻。如果战争落得的后果只是使人们回到牲畜栏里去拾取有产阶级餐桌上丢下来的可怜的面包屑，如果这场战争以帝国主义的胜利而结束的话，就表明几千年来一直经受的苦难以及自己思想上的惊人努力都是徒劳无益的。但这样的结果绝不会出现，也绝不能出现。
>
> 在过去的欧洲宪兵国家里爆发了起义，俄国人民宣告要求用劳动者国际团结的语言而不是枪炮的语言向所有国家服兵役的兄弟说话。……这一事实在……所有国家人民群众的心中是抹不掉的。他们迟早一定会听到我们的呼声，他们一定会走向我们，向我们伸出援助之手。即令……人民的敌人将征服我们，我们将夭折……但人们对我们的怀念仍然会一代代传下去，并且会唤醒我们的后代去进行新的斗争。如果欧洲各国人民跟我们一起起来反抗，如果我们不得不与之谈判的不是霍夫曼将军及切尔宁（Czernin）伯爵，而是卡尔·李卜克内西、克拉拉·蔡特金及罗莎·卢森堡，

我们的处境当然就会好得多。但这种情况并没有出现。这不能怪我们。我们的德国弟兄不能责备我们背着他们跟他们不共戴天的死敌德国皇帝谈判,我们跟他谈判是跟敌人的谈判,我们始终保持着对暴君的不可调和的敌对。

休战使战争暂停一段时间。枪炮声已经沉寂,每个人都在焦急地等待着倾听苏维埃政府将用什么声音同霍亨索伦王朝及哈布斯堡王朝的人们谈判。我们同他们的谈判是同自由的敌人的谈判……而且我们不会向帝国主义出卖丝毫自由。对此你们一定要支持我们,只有那时,我们的努力和目的的真正意义才会深入到德、奥人民的良知中去。

在这样呼吁之后紧接着的是一段难以理解的话,这段话是他在广大听众面前大声说出的他的想法,在讲话中他控制不住地表现出其犹豫不决的心态,他突然说:"如果德国工人阶级的呼声……并不能发挥强有力的决定性影响……就不可能有和平。"接着他又说出第二种想法:"但如果事件证明我们错了,如果这样的沉寂气氛还要在欧洲长期地笼罩下去,如果这种沉寂将使德国皇帝有进攻我们的时机,并提出有损我国革命尊严的条件,那时,我们不知道——由于战争和国内的灾变所引起的经济崩溃与普遍的混乱——我们是否能继续进行战争。"他似乎是悟到他的这一绝望呼声会使他的听众吃惊,便突然改口高声说:"是的,我们能继续战争。"这句话激起暴风雨般的掌声。因受到听众响应的鼓励,他补充说:"为了我们的生存,为了我们的革命荣誉,我们将战斗到最后一滴血。"在原报告的记录上,这段话之后记有"又爆发出一阵热烈的掌声",由两个执政党领导集团组成的听众以此表示对单独媾和的强烈反对。

托洛茨基继续说:"厌倦了的人和衰老的人会靠边站……而我们会建立一支由士兵与赤卫队组成的富有革命积极性的强大军队。……我们推翻了沙皇和资产阶级不是为了跪倒在德皇面前。"如果德国人要提出不公正、不民主的媾和条件,那么"我们应该把这样的条件提交立宪会议,我们应该对立宪会议说:你们下决心吧。如果立宪会议接受那样的条件,布尔什维克党将靠边站,我们还应该说:去找另外一个愿意签署这样条件的党吧。我们布尔什维克号召,而且我希望左派社会革命党人也一样会号召全体人民进行反对各国军国主义的圣战"。他简直想不到,有朝一日左派社会革命党人会高呼着进行这场"圣战"起而反对布尔什维克,而且也想不到他本人那时竟会镇压他们。他最后说:"如果由于经济混乱使我们不能进行战争……斗争也不会结束,它只会

第十一章 布列斯特-里托夫斯克的戏剧性事件

延期,像1905年一样。当时沙皇政府把我们镇压下去,但我们没有停止与沙皇的斗争,只是把它延期了。这就是我们参加和平谈判时不悲观、思想不消沉的原因……"① 他的演说使听众意气风发、斗志昂扬,像起义前彼得格勒的群众跟他重复革命誓言时的情况一样。

12月9日,谈判在布列斯特-里托夫斯克开始。同盟国各国的代表让公众知道他们"同意立即签订一项不割地、不赔款的全面和约"。② 苏维埃政府代表团团长越飞要求将谈判再停十天,使西方各国再有一次交换意见的时间,在休会期间只举行和谈委员会的会议,而他们的工作进行得出奇的顺利。实际谈判在12月27日托洛茨基到达后才开始。与此同时,人民委员会采取若干示威性步骤:加紧反对德国帝国主义的宣传;托洛茨基在刚回到俄国的卡尔·拉狄克的协助下主编《火炬报》,该报往德国战壕里散发。12月13日政府拨款200万卢布供国外革命宣传之用,并公布了这一事实。19日俄国军队开始复员。俄国政府还解除了德、奥战俘的强制性劳动,准许他们离开战俘营并像自由公民那样组织起来从事劳动。政府宣布1907年英俄条约无效,根据该条约,波斯由两国瓜分;12月23日,政府命令俄国部队撤离波斯北部。最后,托格茨基指令越飞要求把和平谈判地点从布列斯特-里托夫斯克移到斯德哥尔摩或中立国的任何地方。

12月24日或25日,即起义后整整两个月,托洛茨基出发前往布列斯特-里托夫斯克。途中,特别是在前线地区,托洛茨基受到当地苏维埃和工会代表的欢迎。他们强烈要求他加速谈判,带回和约。使托洛茨基震惊的是,他发现前线俄方战壕里几乎空无一人,驻守的士兵都已走光。引导他越过前线的德国联络官注意到这一情况,向上级汇报说,托洛茨基"越来越抑郁"。③ 他确实已敏锐而痛苦地意识到他不得不在没有任何武装力量做后盾的情况下与敌人对抗。他越发下决心要使用他的"批判的武器"。跟他同行的卡尔·拉狄克的行李包里装满革命小册子和传单,他们的列车在布列斯特-里托夫斯克一停下来,当着聚集在月台上迎接他们的外交家和官员们的面,拉狄克就公然开始在德国士兵中散发小册子。拉狄克是波籍犹太人,名义上是奥匈帝国臣民,在德国社会民主党中以机智、激进的小册子作家而闻名。他作为俄国代表团的一

---

① 《托洛茨基全集》第3卷第2册,第211—217页。
② 《布列斯特-里托夫斯克和平谈判》,第9页。
③ 奥托卡·切尔宁伯爵:《世界大战》,第232页。

个成员到布列斯特只能使德、奥外交官震惊。这是有意表明革命是维护一个阶级的事业,而不是支持民族国家的事业,并表明单纯的"民族敌人"的概念是与此不相容的。托洛茨基要拉狄克陪同他来,像他对沙杜尔说的那样,是因为他确信拉狄克学识渊博、政治上忠诚,而且他还确信这个精力旺盛、热情洋溢、干劲十足的人的行动对越飞、加米涅夫及其他比较软弱的俄国代表能起强心剂的作用。①

1917年12月,波克罗夫斯基、海军司令阿尔特法特、越飞和托洛茨基(从左到右)在前往布列斯特-里托夫斯克的途中

会谈地点荒凉而又可憎。布列斯特-里托夫斯克城在战争初期已被撤退的俄军夷为平地了。只有陈旧的军事要塞没有损坏;东线德军总指挥部设在这个要塞里。和平谈判代表团都住在围墙内简单粗陋的营房里。军官食堂充当会议厅。这里一派普鲁士兵营的景象,四周则是波兰—乌克兰旷野。营房封闭在铁丝网之中,四周都是警卫的哨兵,在军事机关的例行忙碌中,俄国代表可能有一种战俘营里的战俘的感受。德国人坚持谈判要在这里举行,部分原因是为他们自己的方便,另一个目的是为了要羞辱苏维埃政府的使节。但是他们表面上还是装出温和的样子。在托洛茨基到达以前,双方代表团吃饭喝茶都在一起,并互相作其他种种礼节性应酬;他们由挂名总司令,巴伐利亚的利奥波德(Leopold)皇太子接待。令人啼笑皆非的是:互相作礼节应酬的人,一方是那些有爵位的德、奥贵族;另一方是职业鼓动家,他们不久以前还是囚犯,其中

---

① 沙杜尔:《布尔什维克革命札记》,第176页。

第十一章 布列斯特－里托夫斯克的戏剧性事件

有左派社会革命党女恐怖主义者毕岑柯（Биценко），她刺杀过沙皇的海陆军大臣，被判处服劳役。德、奥人员殷勤的社交姿态甚至使布尔什维克的主要代表也不无窘困之感。越飞、加米涅夫、波克罗夫斯基（Покровский）、卡拉汉都是饱经风霜、训练有素的革命家，但在谈判桌上却是外交新手，自然显得有些尴尬。在谈判第一阶段越飞担任苏俄方首席代表时，会议完全被德国外交大臣屈尔曼所支配。

1918年3月，参加布列斯特－里托夫斯克和平谈判的苏俄代表团，第一排（从左到右）：加米涅夫，越飞和比岑柯；第二排：利普斯基，斯图契卡，托洛茨基和卡拉罕

托洛茨基到达后，对这一状况不满。他在列宁的坚持下担负起这一使命，旨在使和谈会议面貌彻底改观。开头，托洛茨基冷淡地拒绝会见利奥波德皇太子的邀请，而且停止了所有的聚会。霍夫曼将军指出："托洛茨基到了这里，会议厅以外的轻松社交活动停止了。托洛茨基要求代表团在自己的住处进餐，而且一般不允许私人往来。"[①] "这次风向似乎与上次明显不同。"奥国外交大臣切尔宁在日记中这样写道。[②] 对方的外交官只要用轻快的恭维话或亲近的姿态去接近托洛茨基，就会使他板起面孔甚至发怒。[③] 外表必须和实质相符：他

---

① 《霍夫曼少将笔记》第2卷，第206—207页。
② 切尔宁：《世界大战》，第232页。
③ 《布列斯特－里托夫斯克和平谈判》，第45页。

来是与敌人而不是与朋友谈判的。

12月27日举行第一次会议，在这次会议上他取代越飞作为俄国代表团的首席代表。屈尔曼在会议开幕时声明说，同盟国业已同意的原则——不割地、不赔款的媾和——是只为全面媾和而定的。由于西方国家拒不参加谈判，因而议程上只有单独媾和这一项，德国及同盟国就不再受该原则的束缚。他拒绝苏俄在中立国进行谈判的要求；并指责苏俄的反对德国帝国主义的宣传，他说，这使人怀疑苏俄希望和平的诚意；但他还是以和解的语气结束他的话。霍夫曼将军的面前放着一叠苏维埃政府对德国士兵的宣言，他代表德军最高司令部再次提出抗议。奥地利、土耳其和保加利亚外交官的发言用的是同样腔调。托洛茨基脸上挂着一丝冷笑听他们发言，他在估量对手；尔后，他对指责不予答复，要求休会一天。

对手中有三个突出人物。屈尔曼是巴伐利亚天主教徒，因循守旧，是日耳曼帝国最精明的外交家之一，本人不无可爱之处，为人还算坦率果敢。他比德皇的其他臣仆更早料到德国同时在两条战线作战的战争中的失败；他急切地要在东线取得有利于德国而又不是太明显地强加于俄国的和约。也许在德国统治集团中只有他认识到，按单方旨意写下的和约等于德国的失败；而德国总是预先一再告诫其他国家说他们只能指望德国的胜利，以此加强他们的抵抗意志。最高司令部强烈地反对屈尔曼的政策。在兴登堡（Hindenburg）和鲁登道夫（Ludendorff）看来，他简直就是卖国贼；他们竭尽所能地贬低他的声誉，所以，他在加入与托洛茨基的公开决斗之时不得不在幕后反对军方来保卫自己。军方和他都要求德皇做最高仲裁人。德皇时而支持他的外交家，时而支持他的将军们，但心里却同后者站在一起，准许他们去制服他的政府文官。屈尔曼不但敢于公然反抗鲁登道夫，有一次甚至对德皇中断谈判的生硬命令也置若罔闻。不过他与军方的不同之处在于方式而不是实质：他也要为德国把波兰及波罗的海国家从俄国手中夺走，在这一点上他跟军方是一致的。但他急于得到俄国表面上的同意；正如后来所揭示的，他的地位如此虚弱使他不能如愿以偿。他还希望把德国要并吞掉那些国家说成是解放它们。将军们却没有时间也没有耐心要这样微妙的外交手腕。

霍夫曼将军在会议桌上显然是最高司令部的耳目，而且大权在握。他的职责就是尽快使谈判缔结条约，以便把腾出来的同盟国的东线军队调到西线去作最后的全力进攻。他对屈尔曼的方式常常表示不耐烦和恼火。但是他越是比上级老练就越是受到革命的冲击；他不能不承认屈尔曼的办法有其优点。他有时对屈尔曼让步，因而招致鲁登道夫雷鸣般的怒斥。①

切尔宁伯爵是奥地利外交大臣，是屈尔曼的卓越副手，甚至比他的德国同僚更敏锐，他已意识到灾难正笼罩在同盟国国家的头上，从托洛茨基业已公布的秘密条约中他知道协约国已经要肢解奥匈帝国了。随着维也纳的饥饿和各从属国中的骚乱，帝国已开始瓦解；现在全靠消耗德国的实力苟延残喘。所以，每当切尔宁觉得霍夫曼生硬的干涉减少了媾和机会时，他确实感到惊恐，起初他用单独媾和威胁他的德国同僚，但是，他的政府日益依赖德国援助这一境况迫使他放弃这种威胁。尽管他有点儿害怕这个"聪明而非常危险的对手（他这样形容托洛茨基）……我几乎从未见过像他那样才华非凡、反驳机敏迅速的人"，但他仍然力图去充当态度温和的调解人。切尔宁在空闲时间阅读有关法国大革命的回忆录，试图为这个危险对手找到历史的尺度；他想知道俄国的夏洛特·科尔黛（Charlott Corday）是否已在窥视托洛茨基。

看来沉溺于这样的调解并寻求历史类比的只有切尔宁一人。他的同僚起初把托洛茨基及俄国其他代表看做是小小冒险家、出身微贱的暴发户，充其量是一些堂吉诃德式的人物：命运的嘲弄把他们推上舞台，在世界戏剧中表演非常短暂的荒唐插曲；而他们这两个显赫王朝的臣仆才是这出戏剧中的主角。他们确信，只要用小恩小惠就能收买俄国代表，但首先得让他们安分，不得越轨。他们在第一次会谈时就试图这样对付托洛茨基，在第二次会议上他们也采用同样策略。他们让乌克兰人反对苏维埃政府代表团，否认彼得格勒有权做全俄的代言人。

12月28日，托洛茨基在会议上第一次发言时，他介入其间的正是这样的利害关系、人物性格与勃勃野心的相互作用的局面。他对乌克兰的阴谋置之不理。② 他宣称：苏维埃政府不反对乌克兰参加谈判，他们已经宣告过一切民族都有自决权，他们就是要尊重这种自决权。他也并不怀疑代表拉达的乌克兰代表们的证书是克伦斯基政权的地方性复制品，或毋宁说是拙劣的模仿。屈尔曼又一次试图挑起俄国人与乌克兰人公开争吵，以便从中渔利。但托洛茨基又一次避开这个圈套，把话题转到前一天对方的指责和抗议上，他拒绝为苏维埃政

---

① 托洛茨基误把霍夫曼当做德国最高统帅部的真正权威发言人，这导致他后来低估德国重新对俄作战的准备。

② 切尔宁：《世界大战》，第234—235页。

府在德国军队中进行革命宣传而作任何道歉。他说：他来这里是为讨论和平的条件，而不是为限制本国政府表示意见的自由；苏维埃政府并没有反对德国人在俄国公民中散布反革命宣传，革命对自己的事业、对自己理想的感召力很有信心，因此欢迎公开辩论；这一点不能给德国人提供怀疑俄国希望和平的根据；特别是当德国代表团声称不再受不割地、不赔款的和约原则束缚时，应该怀疑的倒是德国的诚意。"我方认为必须声明，我们宣布的民主和平的原则，在我们看来，十天后并未化为乌有……对我们来说，这些原则是各国人民合作共存的唯一可靠的基础。"

他又重新提出另一个抗议，即反对在布列斯特要塞这种人为造成的孤立气氛中举行会议。德国首相曾对德意志帝国国会说过，会议在中立国举行容易中协约国的圈套。托洛茨基评论说："保护俄国政府免遭敌国阴谋诡计的职责绝对属于俄国政府。我们现在面对的是一份最后通牒：或者是在布列斯特－里托夫斯克谈判，或者根本别谈。"这个最后通牒是德国感到自己强大并深信俄国虚弱的产物。"我们不能否认也无意试图否认，我们国家被最近才被推翻的统治阶级的政策搞得虚弱不堪。但是一个国家在世界上的地位不仅由目前技术设备的条件制约，而且还由这个国家内在的潜力决定。"他并不打算根据德国目前的粮食储备情况，即它的人民正在挨饿来衡量德国的经济实力。他指出同盟国各国企图以所谓军事地图作为媾和基础而不是以"各国人民之间的协议作为基础。这种倾向对德国人民和俄国人民同样都是有害的，因为军事地图不断变化，而人民是恒久的"。然而，"我们留在这里，留在布列斯特－里托夫斯克……是为了不放过实现和平的一线希望……是为了在这里——东线的总司令部清楚准确地知道……现在是否可能在不侵犯波兰人、立陶宛人、拉脱维亚人、爱沙尼亚人、亚美尼亚人以及其他民族的情况下实现和平，俄国革命已保证这些民族享有充分的自决权"。但会议能否继续，只能取决于一个条件，即谈判的举行应完全公开。托洛茨基拒绝参加屈尔曼要求的秘密会谈，而后者以为托洛茨基挑战性的声明只不过是为了保全面子。①

两天后，代表们讨论德国的和约草案。开头，一件小事好像使同盟国各国的严肃稳重的外交家们进入萧伯纳式的喜剧气氛之中。和约的序言内容都是体面的陈词滥调，说什么缔约各方都希望和平友好地生活下去。草案的作者们想

---

① 《布列斯特－里托夫斯克和平谈判》，第52—60页。

第十一章 布列斯特-里托夫斯克的戏剧性事件

不到这会引起反对。他们都错了。托洛茨基说:"我冒昧提议:把第二个词(缔约各方间的友好)删去。这种彻头彻尾因袭的冠冕堂皇的装饰风格(如其所示)看来跟文件的不加渲染的务实感并不吻合。"① 这些职业外交家感到既有趣又震惊,却看不出他的目的所在,他们心生疑惑:托洛茨基是在认真地说话吗?他怎么能把这一崇高的声明轻率地说成是因袭的装饰风格?托洛茨基痛快淋漓地继续说:"但是这样的声明是一份份外交文件辗转相抄而成的,从不能展示两国之间真实关系的特点。"他只希望今后能用更严肃的因素来体现这样的关系。一时间,这些外交家们感到,仿佛人们告诉他们,他们的皇帝和他们自己都是赤条条一丝不挂。那些"更严肃的因素"是什么?托洛茨基会提出什么方案?托洛茨基说,他可以给他们提出方案,但他们无论如何是不会接受的。喜剧性的争论持续了一会儿后,草案上有关友好的词语便被删去了。

接下来是以自决原则和以如何对待位于俄、德两国间各国的命运问题为中心的戏剧性辩论。主要在托洛茨基与屈尔曼之间进行的这场辩论占用了多次会议的时间,形式上是对自决的两种不同解释的冲突。看来双方都用平静的语调对法律社会学和历史主题进行学术式的辩论;但是在这些主题的后面隐隐呈现出战争、革命、占领和割地的现实。屈尔曼以为托洛茨基不过是想给俄国的投降乔装打扮一番,看来他急于给托洛茨基,更急于给他自己提供遮人耳目的方案,把德国并吞波兰及波罗的海国家说成是这些国家的自决。使屈尔曼茫然不解的是,托洛茨基对保全面子的一切企图都不屑一顾,他坚持兼并领土的事实。屈尔曼用系统、无情而微妙的逻辑说明他的理由,唯一的缺点是让人一眼就能看出这是保守派政治家面临不能控制的革命现象时的机巧。托洛茨基作为这种革命现象的化身站在会议面前,他甚至有更无情、更微妙的逻辑和敏捷而击中要害的智慧,使人无从逃避。他本人显然为自己的讽刺挖苦与幽默而得意,它们却使霍夫曼将军怒吼咆哮、暴跳如雷,而其余代表则因强忍不笑而颤抖。托洛茨基曾要求这位将军记住,他们的意见分歧是由于观点的深刻差异而形成的:他,俄国代表团团长,德国一个法院因他的反战宣传而判他坐牢。将军突然发现自己是与囚犯为伍的角色,感到好像胸前的所有勋章都被扯掉了,他退出会场,当屈尔曼问霍夫曼是否还有什么要说的,他生气地厉声回答道:"够了,没什么可说的了。"

---

① 《布列斯特-里托夫斯克和平谈判》,第66页。

和约草案几乎每一段里都有崇高的原则声明，也有对其否定的意见。开头的一节中有撤离被占领土的规定。但这并不妨碍屈尔曼声称德国要占领在全面和平前从俄国手中夺走的领土，甚至在全面和平以后还要无限期占领。屈尔曼还争辩说，波兰和被德国占领地的其他国家已取得自决权，因为德国人已在各地建立了当地政府。托洛茨基反驳说，一个国家在被外国军队占领时，绝不能决定自己的命运——"作为先决条件，外国军队应该撤离有争议的地区"。他说这话时彬彬有礼，也没有直呼其名，他说得显然很清楚，德国人建立的正是傀儡政府。

当辩论变得复杂起来而且显然抽象化时，托洛茨基就把辩论的话题从俄国转到德国。使用外交法律套语，屈尔曼是行家，他厚颜无耻地借此挑起进一步的争论。他问："按照俄国代表团团长的意见，什么时候一个国家才作为单一实体开始存在？"如果在外国占领下这个国家就不存在，那么，什么时候以及如何才会有诞生的时刻？托洛茨基很高兴能有再次陈述理由的机会，他开始用排除法回答这个难题：无疑，一个国家只要被占领，只要有一个其统治权依赖外国军队的存在的行政机构，这个国家就不是独立的。最后的标准是人民的意愿，即在全民公决中能自由地、民主地表示的意愿。俄军已经撤离的芬兰就是一个恰当的例子。在乌克兰，"自决的进程还在进行中"。但屈尔曼指出，这样建立起来的政府就是中断了法律的连续性；而按保守派的思想方法，法律连续性就是从始至终的连续。托洛茨基提醒这位德国大臣：任何占领国都会中断法律的连续性，而且这样做是毫无理由的；但革命中断法律的连续性是有正当理由的。屈尔曼巧妙地反驳说，如果革命要求权利，这本身就没有法律根据，那么只能依靠暴力和既成事实。这话似乎驳倒了托洛茨基的论据，如果承认这一点，就没有理由反对德国并吞领土的既成事实。托洛茨基答复的要点在于如何划清这二者之间的区别：即是一国内部出现的决定自己命运的暴力还是外部来的把其意志强加给它的暴力。

争论就是这样发展成为世界观的冲突，发展成对立的道德哲学与历史哲学之间的争论。关于这场辩论的每一阶段，全世界都有报导，也有歪曲的报导。前途危若累卵的被占领国屏息倾听报导。加米涅夫促使托洛茨基在某一点上要加以说明：当他如此强烈地否认德国有权使那些被占领国家处于屈从地位时，他没有为俄国要求这种权利，而以往的俄国外交家都是这样干的。托洛茨基声称："我们承担有义务，绝不直接或间接地强迫那些国家接受这种或那种形式的政府,绝不凭任何惯例或军事协定侵犯它们的独立。……我倒想知道,德国和奥匈帝国的代表是否能够发表同样效果的声明……?"

这样又使辩论回到最关键的问题上。屈尔曼回答说,德国占领地的各国政府有权签订它们愿意签订的协定;它们甚至有权割让领土给占领国。这话在屈尔曼方面是一段自我暴露的表演,这是托洛茨基巧妙地诱他入彀的。托洛茨基抓住这一论点说:"德国代表团团长说,那些民族(傀儡政府)有权签订条约与协定,有权割让领土;这一断言对自决原则是完全彻底的否定。"同盟国各国一直未邀请被占领国的代表来布列斯特;单这一点就暴露出他们把那些国家当成没有自己意志的附属国。"如果我们用惯用的语言来称呼这里所描述的情况,那就不是各民族的自决,而是完全不同的措辞:……并吞……"①

托洛茨基在辩论中无疑已战胜对手。然而论证在某些方面还不能令人信服。正是因为论证过于微妙,对德方舆论的影响不如托洛茨基所相信的那样大。至少不能强有力地吸引他一心要使其革命化的德国工人与士兵;因而构成他工作成绩的美中不足之处。只有当霍夫曼将军渴望使自己披上希腊神话中的阿喀琉斯掠夺的外衣去进行干预时,这场辩论才一下子变得更为通俗,而且从布尔什维克观点看来,才会富有政治成果。这位将军摆脱了屈尔曼的约束,突然发作起来,说:"俄国代表团这样说话,仿佛它是侵略我国的胜利者的代表。我倒愿意提醒该代表团的代表们,事实恰恰相反:在俄国国土上获胜的是德军。我还应当进一步说,俄国代表团要求我们应当按照我们本国政府并不承认的形式和标准来承认自决权。……德国最高统帅部认为必须拒绝对其占领地区事务的干涉。"霍夫曼拒绝参加关于撤军问题的任何讨论。

这是托洛茨基特别得意的时刻。他挖苦地质问霍夫曼是代表最高统帅部还是代表德国政府;屈尔曼和切尔宁以幸灾乐祸的心情来接受这一提示。如果按照将军的主张,最重要的事实是谁的军队驻在什么地方的问题,那么,占领奥地利和土耳其领土的俄国人应当用跟德国人谈判不同的语气去跟奥地利人和土耳其人会谈;但是俄国人不打算这样做。托洛茨基欢迎霍夫曼对布尔什维克的内政发表他的蛮横议论,因为他本人早已请他在这方面不必拘束。"当这位将军说我国政府以暴力为基础时,他说得非常正确。我们知道迄今为止历史上没有一个政府不需要暴力。……然而我必须坚决反对彻头彻尾的谎言,说我们把

---

① 《布列斯特-里托夫斯克和平谈判》,第84—85页;《屈尔曼回忆录》,第524—532页。

所有跟我们想法不同的人都宣布为非法。如果我得知，德国社会民主党报刊享有如同我们的政敌和反革命报刊在我国享有的那种自由的话，我将非常高兴。"（在这一阶段作这样的对比事实上仍有利于苏维埃政府。）"在我们的活动中，使其他国家政府害怕并反感的是，我们逮捕的不是举行罢工的工人，而是那些搞联合停业使大量工人失业的资本家。还有一个事实是，我们不是枪毙那些要求土地的农民，而是逮捕那些试图枪杀农民的地主和军官。"① 他指出屈尔曼和霍夫曼的论据之间的矛盾。前者声称德国占领的国家已有独立程度不同的政府，而后者则以那些国家没有自己政府这一事实证明德国无限期占领是正当的。然而，将军与大臣从不同的论据得出相同的结论，这个结论等于表明，在他们决定现存的各民族的命运时，法律原理完全处于从属地位。②

这样的揭露具有毁灭性的效果。霍夫曼在日记中记道："我的发言所起的影响比我预期的小。"③ 屈尔曼大发脾气，懊悔让自己被人诱入了公开外交。④ 后来，他力图消除霍夫曼干预所留下的苦味，并且以后者的"军人的率直"来开脱。托洛茨基指出并证实了敌人营垒里军人与文官的分歧只是形式上的而不是实质性的。"我们俄国代表团的成员都不属于外交学派，算做革命战士更恰当些。我们更喜欢——我坦率地承认这一点——在各方面都是明确清楚的声明。"⑤

1月5日，托洛茨基要求休会，以便把德方的要求通知他的政府。会议已经持续了近一个月，赢得了不少时间；此时党和政府必须作出决定。托洛茨基在返回彼得格勒的途中又认真地巡视了俄方的战壕，战壕里照样是空无一人，仿佛在大声呼喊和平。但此刻他比以前更懂得，和平的代价将是俄国和革命的完全屈服和耻辱。他在布列斯特读到德奥两国社会民主党的报纸时，惊奇地发现有些报纸把媾和会议看做是演戏，说其结局早已安排好了。有些德国社会民主党人相信布尔什维克事实上是德皇的奸细，甚至那些并不怀疑列宁和托洛茨基正直品质的人也认为他们的政策是一种"心理疑团"。支配托洛茨基在谈判桌上行动最重要的动机之一就是希望为党除去这一污名。⑥ 此时看起来，他的

---

① 《布列斯特－里托夫斯克和平谈判》，第102页。
② 在一段离题的话中，在屈尔曼引述独立战争时期美国最高法院的判决来支持他自己的论点时，托洛茨基转向他说，大臣阁下如果从乔治三世的裁判权而不是从乔治·华盛顿的裁判权中汲取灵感，就更忠于本性。
③ 《霍夫曼少将笔记》，第209页。
④ 《布列斯特－里托夫斯克和平谈判》，第100—104页。
⑤ 同上，第133—134页。
⑥ 参见托洛茨基为《布列斯特－里托夫斯克和平谈判》一书撰写的序言。

第十一章 布列斯特－里托夫斯克的戏剧性事件

努力好像并非全无成效。在各敌国中，要求和平的示威和罢工终于开始了。柏林和维也纳都大声抗议霍夫曼授意和约条件的企图。托洛茨基得出的结论是，苏维埃政府绝不会接受这些条件。他们必须争取时间，力图在他们自己与同盟国各国之间造成不战不和的状态。他带着这一结论来到斯莫尔尼宫，那里一直在焦急紧张地等待他的到来。

他归来时正值苏维埃政府与终于召开的立宪会议之间发生冲突之际。跟布尔什维克及其伙伴们所预期的相反，右派社会革命党人却拥有多数。布尔什维克和左派社会革命党人决定解散立宪会议；而他们是在立宪会议拒不批准列宁的土地法令、和平法令和政权归苏维埃的法令之后才如此决定的。起初证明解散立宪会议合法的根据是，认为立宪会议的选举是根据一项过时的法律举行的，这项法律在克伦斯基统治下制定的，给予少数富农过大的比重。布尔什维克在苏维埃选举中拥有多数票，而在立宪会议的选票中却占少数，使这一现象成为可能的矛盾状况在前一章中已经论述过了。解散的真正原因在于立宪会议统治与苏维埃统治是互不相容的。要么取消立宪会议，要么否定十月革命。托洛茨基全心全意赞成解散立宪会议，在他的演说和文章中反复捍卫这一行动，并为此承担全部道义责任。① 从1905—1906年以来，他一直主张以苏维埃形式出现的无产阶级专政，当他必须在专政与议会制之间进行抉择时，他毫不踌躇。不过，就事件本身说，他并没有出场。立宪会议于1月6日解散，是在他回到彼得格勒之前。7日他到达时，他与列宁都曾一度担心过，因为拥护立宪会议的人似乎要组织一次反对解散立宪会议的声势浩大的群众抗议。不过抗议不成气候，终于失败——只是在好久后，即在内战中，才在伏尔加地区发起过一场"立宪运动"②。

1月8日，即立宪会议解散的第三天，中央委员会全神贯注于关于战争与和平的辩论；为探测情绪，中央委员会在外省来出席第三次苏维埃代表大会的布尔什维克代表面前进行辩论。托洛茨基作有关他此行任务的报告，并提出他

---

① 参见《保卫恐怖主义》中论立宪会议的一章，第41—45页；另见《全俄苏维埃第三次代表大会》，第17、69—70页。

② 安东诺夫－奥弗申柯几乎幽默地描写了这一事件。列宁接到报告：右派社会革命党人率领10万人的大规模示威游行队伍前往塔夫利达宫。托洛茨基夫人看见了示威者，估计人数有2万人。列宁和托洛茨基紧张不安地命令安东诺夫－奥弗申柯，如果有必要的话，就驱散示威游行。安东诺夫率领一团人赶到塔夫利达宫，但没有看到任何应驱散的人，"拥护立宪会议的人来了，乱哄哄地吵闹了一阵，像中国的幽灵一样不见了。示威的人数总共不过5000人。"安东诺夫－奥弗申柯：《内战回忆录》第1卷，第18—19页。

的结论：不战不和。列宁力主接受德国的条件。布哈林发言要求用"革命战争"去反对霍亨索伦王朝和哈布斯堡王朝。表决结果是拥护革命战争的人取得令人瞩目的胜利，他们被称为左派共产主义者。列宁提议立即媾和，只得15票。托洛茨基的决议案获得16票。投赞成号召战争的布哈林的有32票。①但因为有非代表，即局外人参加，表决对中央委员会没有约束力。

布尔什维克全党不久分裂为主和的与主战的两派。支持后者的是庞杂混乱的多数，一致反对媾和的左派社会革命党人给了他们有力的支持。但主战派对自己的情况也并没有把握。反对媾和的呼声比力主恢复战争行动的呼声更强大。

1月11日，在中央委员会第二次会议上，主战派激烈攻击列宁。捷尔任斯基指责他胆怯地放弃全部革命纲领——正像季诺维也夫和加米涅夫在十月中放弃革命一样。布哈林争辩说，接受德皇的指令就是在德、奥无产阶级的背后捅上一刀——一场反对战争的总罢工正在维也纳进行。乌里茨基认为列宁"从狭隘的俄国立场而不是从国际立场"处理问题，说这是他过去曾经犯过的错误。柯秀尔（Косиор）代表彼得格勒组织拒不接受列宁的意见。最坚决主和的人是季诺维也夫、斯大林和索柯里尼柯夫。季诺维也夫此时如同在十月一样，看不出有指望西方革命的理由；他认为托洛茨基在布列斯特是浪费时间；而且他还警告中央委员会：以后德国甚至会提出更苛刻的条件。斯大林比较谨慎地表示相同的意见，索柯里尼柯夫在辩论中说挽救俄国革命是压倒一切的主要考虑，他用古怪的警句预示党的观点在遥远的将来的变化。他说："历史清楚表明：世界的中心正在逐渐向东转移。18世纪的世界中心在法国，19世纪——在德国，现在的世界中心在俄国。"②

列宁对奥地利总罢工的结果如何是怀疑的，托洛茨基和主战派则对此非常重视；他描绘了一幅说明俄国军队毫无战斗力的图景。他承认他赞成的是一种"耻辱"的和平，暗指出卖波兰。但他相信：如果他的政府拒绝那样的和平而试图进行战争，就会被彻底消灭，而另一个政府就要接受甚至更坏的条件。但他无论如何不承认斯大林和季诺维也夫有关俄国革命神圣的利己主义这种更赤裸裸的论点。他并不忽视西方革命的可能性，但他相信和平会加速西方革命的发展。西方还只在孕育着革命，而俄国革命已经是"大声啼哭的健康婴儿"，

---

① 《中央委员会会议记录》，第200页。
② 同上，第206页。

第十一章 布列斯特－里托夫斯克的戏剧性事件

必须保护婴儿的生命。

眼下，托洛茨基的方案给对立的两派提供了一个交合点，尽管每一方内心所能接受的只是方案中适合自己一方目的的那部分。主战派之所以采纳它，是因为它使媾和成为不可能，而列宁和他那派人认为这一方案会使主战派陷入绝境。列宁愿意让托洛茨基再次为争取拖延时间试试身手，特别是因为托洛茨基正尽力对左派共产主义者证明革命战争的不现实性。中央委员会根据列宁的提议授权托洛茨基用一切可能的办法拖延签署和约，只有季诺维也夫一票反对。于是托洛茨基提出自己的决议案："我们中断战争而不签署和约——我们复员军队。"9人投票赞成7人反对，这样党正式授权托洛茨基在布列斯特推行他的政策。①

在此期间，托洛茨基还在苏维埃第三次代表大会上宣读他的报告。大会的情绪以压倒之势赞成战争，列宁对此也无可奈何。甚至托洛茨基在演说中也更加强调他反对媾和甚于他反对战争。一位英国目击者写道："托洛茨基的发言是那天晚上重要的发言，（代表们）都凝神……倾听他的报告。所有的眼睛都望着他，因为他的影响正处于巅峰。……这位正在向外部世界讲话的人体现了俄国革命的意志。……托洛茨基结束他的重要发言时，参加会议的无数俄国工人、士兵和农民起立……庄严地高唱《国际歌》，激情的爆发是自发的，和笔者一样的目击者也都精神为之振奋……"② 苏维埃代表大会一致通过托洛茨基的报告，但没有作出决议，以免束缚政府。

托洛茨基在动身回布列斯特前同列宁私下商定，对中央委员会和政府的决定作了一些必要的修改。他答应在一定情况下会放弃自己的政策，以便支持列宁的主张。只要德国人愿意让他避免在战争与和平之间作抉择，托洛茨基的策略就是有意义的，列宁追问说：如果他们选择恢复战争行动，会怎么样？列宁确信，这是一定要发生的。托洛茨基对这一危险有些忽视，但如果证明列宁的担心是对的，他就同意签署和约。他和列宁认为，应该允许违反中央委员会和政府的那项正式决定，因为那项决定模棱两可、不明确，对"不战不和"的表决没有给列宁考虑到的极其重要的意外情况作出规定。但他们私下商定的策略正如后来所证明的那样，也是模棱两可的。列宁以为托洛茨基答应过：只要他接到最后通牒或面临德国重新进攻的威胁时就签订和约。托洛茨基则认为只

---

① 《中央委员会会议记录》，第199—207页。
② M. 菲列普斯·普赖斯：《俄国革命回忆录》，第224—225页。

有德国实际发动新的进攻后他才答应接受和约的条件；而且即使在那时，他也只能接受同盟国各国迄今为止提出的那些条件，而不是他们后来提出的更为不利的条件。

1月中旬，托洛茨基回到布列斯特的谈判桌前。此时，德国和奥地利国内的罢工与要求和平的示威已被镇压或已停止了；因而他的对手在与他谈判时怀有新的自信。他打破常规，要求邀请德奥两国的社会民主党人到布列斯特来，但无结果；① 他要求准许他本人去维也纳同曾在奥地利国会反对霍夫曼将军在布列斯特所作所为的维克多·阿德勒接触，也无结果；不过，准许他去华沙作短暂访问；他因捍卫波兰的独立而在那里受到热烈的欢呼。

1918年1月，德国军人在车站迎接抵达布列斯特-里托夫斯克的苏维埃俄国代表团

在这部分讨论中，乌克兰和波兰的问题特别引人注目。屈尔曼和切尔宁在幕后准备同乌克兰拉达单独媾和。同时，布尔什维克全力在乌克兰促进苏维埃革命：拉达的命令在基辅仍然有效，但哈尔科夫已在苏维埃政府的统治下了；而且哈尔科夫的一个代表陪同托洛茨基一起回到布列斯特。乌克兰各党派的政治态度出现了令人惊奇的180度的转变。那些在沙皇、克伦斯基统治下主张同俄国建立联盟或联邦的人这时却一心要分离出去，而那些曾经鼓励分离主义的布尔什维克这时却要求联邦制。分离主义者变成联邦主义者，反过来，联邦主

---

① 德国政府刚刚拒绝社会民主党领袖前往斯德哥尔摩，因为他们想在那里与俄国革命领袖接触。

第十一章　布列斯特－里托夫斯克的戏剧性事件

义者变成分离主义者,这并非出于乌克兰人或俄国人的爱国主义动机,而是因为他们希望同俄国现行的政府体制脱离或联合。同盟国各国希望从这种政治立场的反向变化中得到好处。他们装扮成乌克兰分离主义的保护者,是希望从乌克兰攫取他们急需的粮食与原料,还希望把关于自决的辩论引到对俄国不利的方向。虚弱无力、缺乏自信、濒于崩溃的拉达不顾曾向协约国宣誓过的忠诚而试图依靠同盟国。拉达代表团由几个十分年轻、浅薄的政客组成——用屈尔曼的话说是"初出茅庐的小伙子"①,他们刚从边远落后地区浮现出来,陶醉于在这场重大的外交把戏中指派给他们的角色。

即令在这一阶段,托洛茨基也并不反对让拉达参加会议。但他正式宣布,俄国不会承认它和同盟国各国的单独协定。他还警告屈尔曼和切尔宁,说他们过高估计了乌克兰分离主义的力量。于是拉达代表卢宾斯基(Лубинский)对托洛茨基及苏维埃政府发动狂暴的攻击,指责他们践踏乌克兰的权利、用暴力建立他们自己的哈尔科夫和基辅政府。切尔宁在日记中记道:"托洛茨基如此惊慌失措,真是惨不忍睹,他脸色苍白,目不转睛地看着正前方。……额头渗出滴滴冷汗。显然是因为他的同胞当着敌人的面辱骂他而深深感到耻辱。"②托洛茨基后来否认他曾这样狼狈,不过切尔宁的话看来是可信的。托洛茨基肯定已认识到他的对手在搅乱自决权问题这一点上成功了。他心里可能疑惑,拉达的发言人声称乌克兰苏维埃并不代表乌克兰人民是否不无道理。③ 这并不是说托洛茨基本人对把苏维埃的统治强加给乌克兰有什么顾忌,如果革命不扩展到乌克兰,俄国的革命就不能巩固,因为乌克兰深深地楔入俄国南北两部分中间。然而在这一问题上,革命利益第一次同自决权的原则发生冲突;因而托洛茨基再也不能像以前那样完全问心无愧地呼吁自决权原则。

他用波兰问题进行回击,他质问,为什么布列斯特至今还没有波兰代表。屈尔曼认为波兰代表团的出席问题要取决于俄国是否先行承认波兰的现政府。托洛茨基说:"你们还一再问我们是否承认波兰的独立。……这样提出问题是不明确的。我们承认爱尔兰的独立吗?我国政府承认……只是在眼下爱尔兰仍在英国占领之下。我们承认每个人都有吃饭的权利……这并不等于承认挨饿的

---

① 《屈尔曼回忆录》,第531页。
② 切尔宁:《世界大战》,第246页。
③ 这是从哈佛大学托洛茨基档案中发现的,从托洛茨基在内战即将结束时写给列宁的一封私人信件中推论出来。托洛茨基直率地说,乌克兰的苏维埃政府开始时是以俄国派去的人而不是以当地人为基础的。他当时要求彻底放弃这种行政方法。

人已经吃撑了。"① 承认波兰有权独立并不等于承认它在德、奥的监护下已经独立。然后，拉狄克站出来控诉德奥两国对他祖国的统治：他讲到把几十万波兰劳工押解到德国，押解的情况骇人听闻；还讲到政治压迫、关押或拘留波兰所有政党的领袖，包括拘留拉狄克的老政敌毕苏斯基（Pilsudski），当时毕苏斯基曾是站在德、奥一方作战的波兰地区司令，是波兰未来的独裁者。

在唇枪舌剑的交手期间，1月21日托洛茨基接到列宁关于拉达垮台的来电和全乌克兰苏维埃政府宣言。② 他亲自同基辅联系，查问事实，尔后通知同盟国各国，他不再承认拉达有权出席会议。

这些天是他在布列斯特的最后日子。相互指责、相互控诉已达到使谈判毫无结果、不能长时间拖延下去的地步。他在会议间歇时间里撰写《从二月至布列斯特-里托夫斯克》的小册子，用以恢复精神，这是他的一篇比较次要的作品，是15年后他流亡王子群岛期间写成的不朽名著《俄国革命史》的初稿。最后，他在一封致列宁的信中写道："我们应宣布结束（谈判）而不签订和约。他们不能对我们发动进攻。即使他们进攻我们，我们的形势也不会比现在恶化。……我们必须得到您的决定。我们还能拖延谈判一两天或三四天。以后他们一定会停止谈判。"③ 事变不允许他等候彼得格勒的新决定；而在他离开彼得格勒之前表决的结果无论如何给他计划中的行动留下了足够的自由。切尔宁伯爵仍然表示要做调停人，甚至到托洛茨基住处拜访，他警告托洛茨基说德国新的进攻迫在眉睫，请求托洛茨基说明最后的条件。托洛茨基回答说，他准备屈从武力，但绝不会证明德国人的行为是道德高尚之举，如果他们想要并吞，就让他们去并吞外国吧！但他们不要指望俄国革命会饶恕或粉饰他们的暴行。

谈判中止前最后一天，同盟国各国制造既成事实：他们同拉达单独签订和约。托洛茨基抗议说："我们曾正式通知过对方拉达已被推翻的消息，但他们却跟一个并不存在的政府继续谈判。在通知之后，我们曾向奥匈帝国代表团建议——我们是在私下谈话中提出这个建议的，但是以相当正式的方式——他们应派一个代表去乌克兰，该代表会亲自看到拉达的垮台……但我们已被告知，

---

① 《布列斯特-里托夫斯克和平谈判》，第162页。
② 《列宁全集》第26卷，第464页。
③ 托洛茨基向韦勒-本奈特先生证实这封信的真实性。参见《被遗忘了的和平》，第185—186页。

第十一章 布列斯特－里托夫斯克的戏剧性事件

条约的签署不能推迟。"① 霍夫曼将军在日记中写道：托洛茨基说他们是在同一个领土没有超过其在布列斯特－里托夫斯克的房间大的政府签订和约。屈尔曼自诩公正地声称，德国报告的"可靠性无可怀疑，但它和这个信息截然相反"。② 这并不妨碍霍夫曼将军在日记中写道："据摆在我面前的报告来看……不幸的是，认为托洛茨基的话不无根据是有理由的。"③ 同乌克兰单独媾和，不过是同盟国各国加强控制乌克兰的一个借口；所以，对他们来说，这与他们的乌克兰合伙者的信任状是不相干的。正是出于这个原因，托洛茨基认为不能继续谈判下去，因为继续谈判就等于默许这一花招和默许这一花招所带来的一切遗患，即推翻乌克兰苏维埃并导致乌克兰分离。

第二天，在分组委员会上发生了驰名遐迩的场面：霍夫曼将军展示一幅大地图，上面标明德国想要兼并的全部领土。因为托洛茨基说过，他"准备屈服于武力"，但不会帮助德国人维持他们的面子。将军显然相信，直率地声明德国索取领土的要求也许是实现媾和的捷径。同一天，1月28日，即公历2月10日政治委员会重新召开会议时，托洛茨基起来作最后声明：

> 委员会分会的任务……是要说明对方提出的国境线在多大程度上能够最低限度地保证俄国人民的自决。我们听过我国代表们的报告，因而……决定的时刻到了，各国人民焦急地等待着布列斯特－里托夫斯克和平谈判的结果。他们问，由统治阶级的自私和权力欲挑起的空前的人类自我毁灭什么时候才能结束？如果说，两个阵营中的任何一方曾是为自己而战的话，那么这话早已过时了。英国夺取非洲殖民地、巴格达及耶路撒冷时，它进行的不是自卫战。德国占领塞尔维亚、比利时、波兰、立陶宛、罗马尼亚和夺取蒙松群岛时，也不是自卫战。这是一场瓜分世界的斗争，现在这点已很清楚，而且比以往任何时候都更清楚。
>
> 我们再也不愿参加这场纯粹的帝国主义战争了，在这场战争中，各国有产阶级公然以人类的鲜血为代价来实现自己的野心。……
>
> 在期待各国工人阶级近期将会夺取政权时……我们正使我国军队和人民退出战争，我们的农民士兵今年春天都要回到他们的土地上耕种，这些

---

① 《布列斯特－里托夫斯克和平谈判》，第178—181页。
② 同上，第182页。
③ 《霍夫曼少将笔记》第2卷，第213页。

土地是革命从地主那里夺来并分给他们的。我们的工人士兵要回到工厂，不是制造破坏性的武器，而要制造建设工具，跟耕地的农民一起建设社会主义新经济。

当同盟国各国的代表们仔细听着托洛茨基这些富有激情的话语时，本来还准备用"吼吧！狮子"向他欢呼，他们甚至这时还希望这是他最后的吼声，吼声之后就会听到投降者的啜泣。看来，他们逐渐才明白了托洛茨基声明的含义，当他们突然意识到，他们现在目睹的是一幕令人痛苦的历史上罕见的悲剧时，紧张得连气都透不过来了。①

托洛茨基继续说：

我们正退出战争。我们向各国人民和政府宣布这件事。我们命令我们的军队全部复员。……同时我们宣布，德国和奥匈帝国向我们提出的条件同各国人民的利益是根本对立的。包括德国、奥匈帝国在内的各国劳动群众都否认这些条件，波兰、乌克兰、立陶宛、库尔兰和爱沙尼亚等国人民认为这些条件是对他们的意志的粗暴践踏。这些条件对俄国人民是不断的威胁。全世界人民大众在政治觉悟或道德本能的指引下都一致拒绝这些条件。……我们拒不签署德国和奥匈帝国主义用刀剑写在现存各国人民肌体上的条件。我们不能以俄国革命的名义在给千百万人带来压迫、不幸和灾难的和约上签字。②

一位研究布列斯特－里托夫斯克的历史学家写道："当托洛茨基洪亮的声音的回响静止下来时，没有一个人说话。整个会场寂然无声，在这一戏剧性的无畏精神面前，人们惊呆了，坐在那里一动不动。霍夫曼一声突然的喊叫打破了令人惊异的沉寂，他怒不可遏地喊道：'恬不知耻！'屈尔曼说必须召开全体会议，但托洛茨基予以拒绝，说没有什么可讨论的了。接着，布尔什维克就离开了会议室。在沮丧的缄默中，不知所措的同盟国各国代表们简直难以相信

---

① 第二天，德国首席法律专家克吕格尔告诉越飞说，他找过历史先例，只找到了一个，即在远古波斯—希腊战争中的先例。参见《布列斯特－里托夫斯克和平谈判》一书附录——越飞的回忆，第262页。

② 《布列斯特－里托夫斯克和平谈判》，第207—208页。

第十一章 布列斯特-里托夫斯克的戏剧性事件

他们听到的话,于是也散了。"①

然而,在代表们散开前又发生了一些情况,而托洛茨基没有觉察到其全部意义,它们却证实了列宁所最担心的事。屈尔曼声称:鉴于已发生的情况,定要恢复战争行动,因为俄国军队的复员并无任何法律上的意义——关系重大的只是拒绝签署和约。托洛茨基把屈尔曼的这些话看做是空洞的威胁;他回答说,他认为德奥两国人民不会让它们的政府去继续打这场显然找不到任何自卫借口的战争。当屈尔曼询问苏维埃政府是否至少要准备与同盟国建立法律、贸易关系以及他们通过什么途径跟俄国保持接触时,这是他本人给托洛茨基提供了不理睬威胁的某些理由。按照托洛茨基自己的观点,他应该这样答复这一询问:这该由同盟国承担尊重"不战不和"状态的义务。但他没有答复,却轻蔑地拒绝讨论。

他在布列斯特又逗留了一天,听到霍夫曼和职业外交家们之间争吵的风声,霍夫曼坚持恢复战争行动,而文职外交家们则宁可接受不战不和状态。看来,文职外交家们已当场得胜。因此,托洛茨基带着对自己成功的坚信和自豪回到了彼得格勒。这时候,我们眼前这个人物展现了他的全部力量和弱点。"(他)单枪匹马,在没有任何后盾的情况下去挽救一个混乱中的国家,一个刚刚建立的政权……而他在一年之前还是一个流亡纽约的并不显眼的记者,此时却战胜了半个欧洲的所有外交能手。"② 他给人类第一次上了一堂真正公开外交的重要课程。同时却让乐观主义冲昏了自己的头脑。他过低地估计了敌人,竟至不肯听听敌人的警告。尽管他是伟大的艺术家,他竟然这样故步自封,这样迷恋自己的理想,这样陶醉于自己工作的惊人的感染力,以致轻率地忽略了它的不足之处。当托洛茨基还在回彼得格勒的途中时,霍夫曼将军得到鲁登道夫、兴登堡和德皇的支持,已经向德军发出进军的命令了。

2月17日③,德国开始进攻,没有遇到抵抗。霍夫曼写道:"这是我所经历过的一场最好笑的战争。战争几乎全在列车和汽车上进行。列车载上几名携带机枪的步兵和一门大炮,冲向下一车站,夺取了那个车站,逮捕了布尔什维克,另一支分遣队乘火车继续前进。"④ 当德国进攻的消息传到斯莫尔尼宫时,

---

① 韦勒-本奈特:《被遗忘的和平》,第227—228页。
② 同上,第166页。
③ 1918年2月14日俄国开始采用公历,从此以后,本书所有日期都用公历。
④ 《霍夫曼少将笔记》,第187页。

党中央委员会经过8次投票表决也未能对摆脱困境的出路问题取得一致。中央委员会中主和派与主战派势均力敌。托洛茨基的一票可以打破僵局。的确,在这一天和第二天,即2月17日和18日,他,而且只有他能作出重大的决定,可是他不肯加入任何一派。

他的立场非常复杂。他的表现和讲话使许多人认为他就是主战派;在政治上和道义上,他实际上更接近的是主战派而不是列宁派。但是他也曾私下答应过列宁:一旦德国恢复军事行动,他会支持媾和。但他仍然不相信这一时刻已经临头,2月17日,他同主战派一起投票反对列宁要求立即重新进行和平谈判的提议。尔后他又同主和派一起投票反对革命战争。最后他提出自己的动议:建议政府在德国进攻的政治结果和军事结果变得确凿无疑后再开始谈判。他的动议因为主战派投票赞成以一票之差的多数得以通过,而这一票就是托洛茨基自己的一票。于是列宁提出问题:如果证明德国进攻是事实,如果在德奥两国国内反对进攻的革命没有发展,和约应否签订,中央委员会对这个问题作了肯定的回答。①

次日一早,托洛茨基召开中央委员会会议,研究最近的事件。巴伐利亚的利奥波德皇太子刚刚向全世界广播说,德国保卫所有国家,包括使它的西方国家敌人免受布尔什维主义的传染。据报告,几个师的德国军队已从西线开到俄国。德军飞机已在德文斯克上空活动,预料会进攻雷瓦尔。所有这一切都说明这将是一场全面的进攻,但是这些情况都尚未证实。利奥波德皇太子的广播讲话表明德国与协约国之间有勾结的可能性,但也不过是可能性而已。列宁急切地重提立即同德国接触的建议。他说:"我们必须行动,我们不要丧失时间。不是战争,革命战争,就是和平,二者必居其一。"托洛茨基因为不知道"进攻是否会在德国引起严重的爆炸性事件",仍然认为求和为时过早。列宁的提议又一次以一票之差被多数否决。

2月18日,这一天的早晚之间发生了戏剧性的变化。当托洛茨基召开中央委员会晚间会议时,他报告说,德国人已夺取德文斯克,而进攻乌克兰迫在眉睫这一说法正广为流传。他仍在犹豫,提议要试探同盟国的要求,但不要求和平谈判。列宁回答说:"人民对此绝不理解,如果是战争,就应该停止复员……我们在这里写公文,而德国人却在抢劫仓库和车厢……如果我们把战争

---

① 《中央委员会会议记录》,第226—229页。

第十一章 布列斯特-里托夫斯克的戏剧性事件

当儿戏,就会使革命断送在德国人手里。历史将告诉人们,是你们断送了革命。我们本来可以签订对革命毫无威胁的和约。"斯维尔德洛夫和斯大林的发言语气跟列宁相同。斯大林说:"如果他们像飓风一样猛烈地开火5分钟,我们在前线的士兵就无一生还……我不同意托洛茨基的提议,像他那样提出问题,在文学上倒是不错的。"然而主和的极端派季诺维也夫此刻却疑虑不安起来。列宁的态度是:即使失去乌克兰也要争取和平,而季诺维也夫却不想走这么远。①

托洛茨基三次发言反对求和,三次提议只进行试探。但当列宁再一次提出他自己的动议时,使每个人都吃惊的是,托洛茨基没有投票赞成自己的提议而是赞成了列宁的提议,主和派以一票的多数获胜。新的多数一方要求托洛茨基和列宁起草致敌方各国政府的电文。当天深夜,布尔什维克和左派社会革命党这两个执政党的中央委员会开会;主战派在会上再一次占了上风。但在政府里,布尔什维克在票数上压倒他们的盟友;第二天,2月19日,政府正式求和。

忐忑不安、不知所措地过了四天后,德国的答复才到达彼得格勒,那四天中,没有一个人能说同盟国各国政府是否会同意重新谈判或按什么条件重新谈判。它们的军队仍在进攻,彼得格勒已暴露在德军面前,城里成立了一个以托洛茨基为首的革命防御委员会。尽管他们正在求和,但苏维埃不得不准备战争。托洛茨基转而询问协约国大使和军事使团:如果苏维埃政府重新进入战争,西方政府是否会援助他们。他以前作过这样的试探,但没有结果。② 可是这一次,英国和法国的反应似乎积极了一些。托洛茨基发出求和电文的三天后,向中央委员会(列宁没有出席)报告说,英法两国建议进行军事合作。使他感到屈辱的是,中央委员会对此立即拒绝并指责他的行动。两派都反对他:主和派反对他——因为他们担心接受协约国的援助会损害单独媾和的可能性,而主战派反对他是出于同一个革命道德动机,他们既反对同德国签约,也

---

① 关于这次会议现有两份记录。根据一份记录,季诺维也夫为媾和争辩说:俾斯麦同俄国合作的传统在德国尚未废弃,并说媾和对德国利害攸关,如同对俄国一样。看一看在这几次仓促的辩论中未来苏维埃外交政策中有多少中心思想在此时初步闪现,是很有意思的。《中央委员会会议记录》,第242页。

② 罗宾上校说,托洛茨基在1月间曾提议美国军官应到前线去堵塞俄国货物被偷运到德国的漏洞,并把原料库搬到内地。托洛茨基当时说,即使他们单独签订和约,苏维埃政府也并无意加强德国。哈德:《雷蒙德·罗宾自述》,第64—65页。罗宾的评述是这样的:"协约国各国政府及美国政府与其容忍托洛茨基存在,不如让德国人在俄国边境抢光俄国的原料。"同上引书,第70—71页。

反对跟"英、法帝国主义者"合作。托洛茨基立即声明他辞去外交人民委员的职务，说如果党不认为社会主义政府在保持完全独立的情况下有权接受资产阶级国家的援助，那么他就不能留任。① 最后他使中央委员会转而赞成他的意见，列宁坚决支持他。

当德国的答复终于到来时，它无异于一个晴天霹雳。复电只给苏维埃政府48小时考虑答复的时间，而且谈判只有三天。条件比在布列斯特提出的苛刻得多：俄国要实施全面复员；割让拉脱维亚和爱沙尼亚；退出乌克兰和芬兰。2月23日，中央委员会开会时，离作出决定的最后期限只不到一天了。但其结果再次要取决于托洛茨基的一票。在重新求和这一点上他虽已向列宁让步，但并没有答应接受苛刻得多的新条件。他并不同意列宁所认为的苏维埃完全没有自卫能力。相反，他此时比以前更明显地倾向于主战派。他说："列宁的论据完全不能使人信服，只要我们同仇敌忾，我们能够肩负起组织防御的任务，我们能够对付这一任务。即使我们被迫放弃彼得格勒和莫斯科，我们也绝不当孬种。我们会使全世界继续处于紧张局势中。如果我们今天屈服于德国这份最后通牒，可能明天又要面临另一份最后通牒。……我们可以取得和平，但我们将会失去无产阶级中先进分子的支持。总之我们将使无产阶级分崩离析。"②

然而，尽管他预感到和平面临着凶兆，尽管相信苏维埃有自卫能力，他却再一次用他的一票保证了主和派的优势。

如果不对双方的组合和他们的论据以及动机作更仔细的观察，就不能解释托洛茨基使人大惑不解的表现。列宁力求为苏维埃赢得一个"喘息时间"，使他们能整顿内部并建立一支新的军队。为赢得喘息时间，他几乎不惜任何代价：退出乌克兰和波罗的海沿岸各国并清偿赔款，他并不把接受这一"耻辱"的和约看做是最后的定局。他也认为革命战争不可避免；他不止一次援引1807年拿破仑向普鲁士口授的《蒂尔西特和约》，普鲁士的进步政治家冯·施泰因（Von Stein）和格奈泽诺（Gneisenau）曾利用该条约使他们的国家和军队趋于现代化，准备复仇。列宁正在学习他们的榜样；他也希望在喘息时间内德国革命可能成熟并因而摒弃和废除德皇的占领。

主战派与此相反，他们争辩说，同盟国不会容许列宁利用这一喘息时间的，他们会切断俄国与乌克兰、高加索之间的交通线，使它不能得到这两个地

---

① 《中央委员会会议记录》，第243—246页。
② 同上，第248页。

第十一章 布列斯特-里托夫斯克的戏剧性事件

方供应的粮食、煤炭和石油；他们会使俄国一半的人民受他们控制；会发动并支持反革命运动，扼杀革命。苏维埃在喘息时间里也建立不起一支新军队，他们不得不在战斗的过程中创立自己的武装力量；而且也只有这样才能建立军队。不错，苏维埃政府也许会被迫退出彼得格勒，甚至退出莫斯科；但他们有足够的空间可以退却并集结力量。即使人民将表明他们不愿为革命而战，就像他们不愿为旧政权而战一样——主战派的领袖们不肯承认这是当然的事，那么德国每前进一步，随之而来的恐怖与掠夺也会使人民摆脱厌倦和麻木，迫使他们起而进行抵抗，最后引起普遍、广泛、真正的群众革命战争的热情。一支令人生畏的新军队会在这一热情的潮流中诞生，革命不被悲惨的屈服玷污，定会得到复兴；革命会到处激起工人阶级的热情，会最终驱散帝国主义梦魇。

两派都认为对方提出的政策是有害的，辩论充满紧张激动的情绪。看来只有托洛茨基一人认为，从现实主义观点出发，赞成和反对每一方提出的行动方针都可以说出很多道理，但根据原则和革命道德，这些方针则都不可取。

从那以后，说列宁的政策具有现实主义的一切优点，说主战派代表布尔什维主义中十足的堂吉诃德式的一面，就成了历史学家的老生常谈。托洛茨基本人在事件后对这些老生常谈大力加以确认。但这种看法对主战派的领袖们并不完全公正。确实，列宁的政治创见及果敢精神当时已发展到天才的巅峰，而事变——霍亨索伦王朝和哈布斯堡王朝的灭亡以及年底之前废除《布列斯特和约》——都证明列宁是正确的。而主战派往往在混乱的情绪冲动下行事，又没有提出一贯的政策，这也是事实。但是主战派领袖们竭尽全力为他们的理由作了强有力的、而且是现实主义的论证；他们的不少论点也为事变所证实。列宁取得的"喘息时间"事实上也有不少幻想的成分。德皇政府在和约签署之后尽其全力要扼杀苏维埃政府，只是由于它陷入西线的大规模战争而力不从心罢了。如果西方国家不与德国单独媾和，即使苏维埃政府不接受强加的、条件苛刻的《布列斯特和约》，德国也不能有更多的作为。布哈林和拉狄克提出论据反对俄国的屈服时，指出当时的情况已严重束缚德国行动自由。在这方面，当战争内情透露出来时，证明他们的判断比列宁的判断更为正确。仅占领乌克兰及南俄一些地方就拴住了100万德、奥军队。如果俄国拒不签署和约，德国充其量只能夺取彼得格勒。他们几乎不可能冒进军莫斯科的风险。[①] 如果他们

[①] 鲁登道夫说，德国的纵深进攻"根本谈不上"，已策划好的只是"一次强有力的突袭"。《我的战争回忆录》，第447页。

占领了彼得格勒和莫斯科,那么主要力量都在这两个首都的苏维埃政府就会发现自己突然处于极端危险、也许就是致命的危机中。① 但这不是列宁与主战派争论的焦点,因为列宁也抱着极大的信心反复说,失去一个或两个首都对革命不会是致命的打击。

主战派领袖们提出的另一个论据说:苏维埃政府不得不在战争过程中、在战场上,而不是在平静的喘息时间内的军营里建立一支新军队,这既是奇谈怪论,但又是现实问题。这就是红军究竟如何才能建立的问题;对于这一点,布哈林和拉狄克在党的七大上的发言中已预见到托洛茨基和列宁在今后几年中所要采取并推行的军事政策。② 正是因为俄国极端厌战,它不可能在相对平静的时期内建立一支新军队。只有剧烈的震荡,只有不可避免的作战必要而且是即刻作战的必要才能激发苏维埃政权中潜在的能量,并使之发挥作用,正因如此,这个在沙皇、李沃夫亲王和克伦斯基统治下精疲力竭、不能作战的国家,在列宁和托洛茨基领导下才能在内战和帝国主义干涉战争中持续作战几乎达三年之久。

主战派的弱点与其说在于他们的论据不足,还不如说在于缺乏领袖。它的主要人物是布哈林、捷尔任斯基、拉狄克、越飞、乌里茨基、洛莫夫-奥波科夫、布勃诺夫、皮达可夫(Пятаков)、斯米尔诺夫和梁赞诺夫,他们都是党内的出色党员,其中一些人才智超群,而且是杰出的演说家和小册子作家,另外一些人是果敢的活动家。但在他们中却没有一个人具有革命战争所需要的不屈不挠的意志、道义权威、政治战略才能、策略灵活性和行政能力。只要主战派没有这样的领袖,这一派别就不是代表一项政策,而只不过是代表一种精神状态、道义的激动、文人的绝望呼声,即便这绝望的呼声在开始时曾引起党内多数人的激动而产生共鸣。主战派没有领袖,因而看中托洛茨基,请求他领导。顺便说一句,主战派中的许多人都是他的老朋友,他们都是同他一起加入布尔什维克党的。乍看起来并没有什么事妨碍他满足他们的期望。尽管他认为列宁的政策与主战派的政策同样有其正当的理由,但他并不隐瞒内心对它的反感。使人尤为震惊的是,他在那些最关键时刻却运用他的影响支持列宁。

他不承担领导主战派的责任是因为意识到,这会使布尔什维克党内的裂痕

---

① 只有斯大林一个人认为无论哪一个首都屈服都意味着革命的"衰败"和革命的"衰亡";就这一点说,作为主和派成员,他在某种程度上比列宁更为坚定。《中央委员会会议记录》,第248页。

② 《俄共第七次代表大会》,第32—50、69—73页及同书各处。

第十一章　布列斯特-里托夫斯克的戏剧性事件

激化为无可挽回的分裂，也许还会造成流血的冲突。那时他跟列宁就会成为两个敌对派别的领导人而彼此对立，而且不是在一般分歧问题上，而是在生死攸关的问题上的分裂。列宁已经警告过中央委员会说：如果他们再次在和平问题的投票表决中压倒他，他就辞去中央委员会和政府的职务，要求党员群众反对他们。① 那时托洛茨基会是列宁唯一可能的继任人，成为政府首脑。但作为政府首脑，他要承担责任，在无望的情况下进行一场很危险的战争时他就不得不镇压反对战争的人，而且几乎可以肯定会对列宁采取镇压措施。两派都意识到这些潜在的后果，都克制着不去公然威胁对方。但在争论的话语中，这种威胁是不言而喻的。托洛茨基在关键时刻投票赞成列宁，正是为了防止党的队伍中发生内战的倾向。②

如果托洛茨基不这样做，也许看到的可能是类似法国大革命中巴黎公社派、丹东与罗伯斯庇尔之间发生的三角斗争。在1793年，公社派和阿纳卡西斯·克洛斯（Anacharsis Cloots）像布哈林和左派共产主义者一样是主战派，主张反对欧洲所有反革命政府的战争，丹东主张对普鲁士作战而同英国签约。他希望福克斯（Fox）会在英国取代皮特（Pitt）当权。罗伯斯庇尔力促国民议会对英作战，而力主同普鲁士签约。丹东和罗伯斯庇尔联合反对公社派。但是他们在镇压公社派以后自己又闹翻了，断头台解决了他们的争端。

托洛茨基常常通过法国这面三棱镜来看俄国革命，他一定已意识到这个类似点。他不会忘记恩格斯致维克多·阿德勒的那封著名的信，其中用战争的命运以及由此引起的争执来说明法国大革命的全部"脉搏的跳动"③。想必他会认为，自己扮演的角色可能使人联想到丹东，而列宁扮演的角色则类似罗伯斯庇尔。一时间，仿佛断头台的阴影已经插到他与列宁之间。但这不是说，如果

---

① 《中央委员会会议记录》，第247—248页。

② 20年后，在肃反审判期间，指控布哈林在布列斯特危机期间企图发动政变、反对列宁并逮捕列宁。这一说法旨在使对布哈林阴谋反对斯大林的指控变得可信而已，无须当真。不过，主战派领袖们一定考虑过，如果他们在中央委员会中获得多数后将会干什么。那时他们将不得不成立一个没有列宁的政府。如果列宁坚持反对战争，他们将不得不逮捕列宁。1923年季诺维也夫说过：布哈林、拉狄克和左派社会革命党人认真讨论过这一点。拉狄克否认这种断言，说关于逮捕列宁的说法仅仅是开玩笑而已。罗宾上校是一个完全没有偏见的目击者，他与布尔什维克的领导人保持密切接触，他早在1920年就叙述过拉狄克同列宁之间一次对话的场面。他说拉狄克讲过，如果彼得格勒有500个有胆量的人，他们会把列宁关起来，便有可能进行革命战争。列宁回答说，他会先把跟他对话的人关起来（哈德：《雷蒙德·罗宾自述》，第94页）。如果当真有反对列宁的阴谋在进行，拉狄克也不致急于事先给列宁报信，尽管这段对话事实上是开玩笑，但局势的逻辑却使这段对话具有严肃的含义。

③ 《马克思恩格斯书信集》，第457—458页。

冲突进一步激化，托洛茨基会像丹东一样干出明知无望的蠢事来，或列宁会像罗伯斯庇尔一样想用断头台解决党内争端。类比就到此为止。显然，主战派如果胜利就将不得不镇压反对战争的人——否则它就不能应付它的任务。和平解决党内这次危机只有在主和派的统治下才有可能，因为他们比较能宽容反对派。在托洛茨基看来这是有决定意义的考虑。为了消除断头台的阴影，他对原则与个人雄心作出非凡的牺牲。

他在答复列宁提出辞职威胁时所说的话与其说是讲给列宁听的，不如说是讲给主战派听的："我们不能在党分裂的情况下进行革命战争。……我们党在这样的情况下是不能进行战争的，特别是在那些主张战争的人不想接受进行战争所需的物资（即来自西方国家的援助）的情况下。"①"我将不承担投票赞成战争的责任。"他后来补充说，"列宁的看法中有不少主观成分，我不能肯定他是对的，但我绝不愿做妨碍党的团结的事。相反，我将尽我所能维护党的团结。但我不能继续留任，不能承担处理外交事务的个人职责。"②

主战派的领袖们并没有托洛茨基的那种担心。已经担任契卡首脑的捷尔任斯基认为，党是强有力的，可以承受分裂及列宁的辞职。莫斯科布尔什维克领袖洛莫夫－奥波科夫要求托洛茨基不要被列宁的最后通牒"所吓倒"，说没有列宁他们也能执掌政权。③ 然而在辩论过程中，托洛茨基论点的严肃和急迫使主战派中有些人，如捷尔任斯基和越飞受到影响，因而他们让步了。列宁得到赞成媾和的7票，仍居于中央委员会中的少数。但因为托洛茨基和主战派的三个领袖弃权，反对列宁的就只有4票，和约条件才得以通过。主战派弃权的三个领袖越飞、捷尔任斯基和克列斯廷斯基发表郑重声明，说他们不希望"进行一场同时反对德国帝国主义、俄国资产阶级和以列宁为首的一部分无产阶级的战争"；并且说分裂纯粹是一场灾难，相比之下宁愿接受最苛刻的和约。④ 但毫不调和的主战派分子布哈林、乌里茨基、洛莫夫、布勃诺夫（以及出席会议的皮达可夫和斯米尔诺夫）指责赞成和约的决定是少数人的意见；他们辞去党和政府中的一切职务，以示抗议。列宁试图劝阻他们不要采取这一步骤，但也无效。托洛茨基打败了左派共产主义者后，此时则对他们表示同情和

---

① 《中央委员会会议记录》，第248页。
② 同上，第251页。
③ 同上，第250页。
④ 同上，第253页。

第十一章 布列斯特－里托夫斯克的戏剧性事件

安抚,他若有所思地说,他若知道他们要辞职的话,他是不会这样投票的。①

主和派虽然获胜,但受到良心折磨。2月23日,当中央委员会一经决定接受德国的条件,随即一致赞同立即开始备战。在任命去布列斯特－里托夫斯克的新代表团时,又发生悲喜剧的场面:中央委员会每位成员都躲避这份苦涩的荣誉;没有一个成员愿在和约上签字,甚至包括最强烈的主和派成员在内。最后,索柯里尼柯夫就任新代表团团长,但被提名为候选人时却威胁说要退出中央委员会;只是经过列宁的耐心劝说他才让步。② 这件事解决后,托洛茨基——在斯大林的嘲笑中,斯大林后来曾为此道歉——要求中央委员会接受他辞去外交人民委员的辞呈,外交事务实际上已由契切林管理。中央委员会请他留任到和约签署之后。他只同意到那时以前不公开他的辞职,并声称他不会再在任何政府机关露面。中央委员会由于列宁的敦促责成托洛茨基至少要出席不辩论外交事务的政府会议。③

托洛茨基最近这一时期的努力、成功和挫败毕竟使他神经过于紧张。看起来,仿佛他在布列斯特所做的工作纯属徒劳;确实,不少人就是这样想、这样说的。由于托洛茨基一再断言德国人不敢进攻,因而说他使党产生虚假的安全感,这种指责不能说毫无理由。他本是被崇拜的对象,一夜之间却变成罪犯。M.菲利普斯·普赖斯写道:"2月27日晚上,苏维埃中央执委会在塔夫利达宫开会,托洛茨基对他们讲话。……他已经几天没露面了,看来人们都不知道他发生了什么事。然而那天晚上,他来到塔夫利达宫……像连珠炮似地向同盟国和协约国帝国主义倾泻其雄辩的嘲弄,说俄国革命是帝国主义祭坛上的牺牲品。他讲完后又不露面了。传闻说,屈辱感压倒了他,使他痛哭失声。"④

* * *

3月3日,索柯里尼柯夫非常清楚地表明,苏维埃政府是在不得已的情况

---

① 在同一次会议上发生了一个有趣的场面。列宁向已被打败的对手保证:他们有一切权利进行反对和约的鼓动,对此斯大林反对说,既然他们目无组织纪律,胆敢辞职,他们就是自绝于党。列宁和托洛茨基两人都强烈反对斯大林的话,斯大林不得不收回他的话。同上,第254—255页。
② 《中央委员会会议记录》,第259—266页。
③ 同上,第268页。
④ 参见 M. 菲利普斯·普赖斯:《俄国革命回忆录》,第251页。另见 И. 施泰因贝格:《在我当军事人民委员的时候》,第208—213页。

下才在《布列斯特－里托夫斯克和约》上签字的。不到两周时间，德国人占领了基辅及乌克兰广大地区，奥地利人进入敖德萨，土耳其人开进特列比崇得。占领军在乌克兰推翻苏维埃，重建拉达，只是在不久以后为了制服拉达才让哥萨克头目斯科罗帕茨基（Скоропадский）当他们傀儡政府的首脑。暂时得胜的敌人向列宁政府头上倾泻他们的要求和最后通牒，每次的要求和最后通牒都比前一次更使人感到屈辱。最使人感到屈辱的最后通牒是要求苏维埃政府同"独立的乌克兰"立即签订和约。在乌克兰，人民，特别是农民奋起拼死反抗占领军及其乌克兰傀儡政权。苏维埃政府如果同后者签订单独和约，就只能拒绝支持全乌克兰人的反抗活动。托洛茨基在中央委员会上要求拒绝德国的最后通牒。列宁因为抱定来日复仇的思想，决定喝干这杯屈辱的苦酒。而每当德国挑衅时，党内和苏维埃内就又有人起来反对和约。《布列斯特和约》迄今未获批准，而且能否得到批准仍然悬而未决。

1918年3月3日，签订《布列斯特－里托夫斯克和约》的现场

3月6日，在塔夫利达宫举行党的非常代表大会，决定是否将和约提请即将召开的苏维埃大会批准。会议进程严格保密，会议记录直到1925年才公布。会议气氛沉重而沮丧。外省来的代表发现政府机关因预料德国要进攻而正准备撤离彼得格勒，而这是克伦斯基政府都不曾采取的行动。人民委员们全都已在准备行囊——只有托洛茨基留下来负责断后，组织防务。代表们报告说党的声

第十一章 布列斯特-里托夫斯克的戏剧性事件

望普遍降低。① 不久前，要求和平的呼声如此强大，才使二月政权垮台，并使布尔什维克得到政权。而此刻，当和平已经到来时，负责争取和平的党却第一个受到指责。

在大会上，托洛茨基的活动不可避免地是争论的中心点，列宁在一篇最尖锐的演说中力促批准和约。他争论的主要点是反对主战派，但也严厉批评托洛茨基的"重大错误"：他一厢情愿地相信德国人不会进攻，"不战不和"就是以这样的信念为基础的。② 主战派跳起来为托洛茨基辩护。拉狄克说："就连德国沙文主义报纸也不得不承认，德国无产阶级反对兴登堡，赞成托洛茨基。我们在布列斯特-里托夫斯克的政策没有失败；这并非幻想，而是革命的现实主义政策。"③ 在德进攻之后才签订和约，对苏维埃政府来说要好得多，因为没有人能怀疑，他们是受外力的强迫才不得已而为之的。但接下来拉狄克却表达了主战派对托洛茨基的失望："单为这一点人们就可以谴责托洛茨基，因为他在布列斯特取得这么多的成就，后来他却加入另一方去了。……因此我们有权谴责他；而且我们也是这么做的。"④

托洛茨基又一次而且更清楚地为自己的行为辩护。他说，布哈林、拉狄克及其朋友们认为只有在战争中才能得救，因此他们现在"不得不违反党的正式决定，这就必然会使争端更加激化。……做我们后盾的国家虚弱无力，农民消极被动，无产阶级情绪沮丧，而我们自己队伍的分裂又进一步威胁着我们。……我的一票举足轻重。……我承担不起分裂的责任。我曾认为，应（在德军面前）撤退而不应为虚幻的喘息时间而签署和约。但我本人不能承担党的领导职责……"⑤。

就记录表明的情况看，这是托洛茨基唯一一次公开说他不敢取代列宁做党的领袖。他又补充说："如果欧洲革命再继续推迟下去，分裂的危险既不会消失，也不会减少。"⑥ 他承认他对德国意图的判断是错误的，但是他提醒列宁，他们俩曾同意中止和约谈判。他说，他非常尊重列宁的政策，但并不赞成列宁

---

① 官方记载："地方组织软弱涣散，大会反映了我们全党、整个工人阶级和全俄罗斯的情况。"《俄共第七次代表大会》，第4—5页。
② 同上，第22页。
③ 同上，第71页。
④ 同上，第72页。
⑤ 同上，第83页。
⑥ 《俄共第七次代表大会》，第84页。

派把情况摆到全国面前的方式。它们助长了冷漠无情和失败主义,使工人阶级丧失斗志,要在丧失斗志的工人阶级中建立他们全都同意建立的新军队是极其困难的。他并不敦促大会拒绝批准和约,但屈服应该有限度:不应该再对列宁让步去跟德国的乌克兰傀儡政府签订条约。① 他的这几句话暗指最不祥的意外事件。他说,如果党软弱无力,因而不得不辜负乌克兰工农的希望,那么党就有责任宣布:"……我们来得过早了,我们退入地下,就让切尔诺夫、古契柯夫、米留可夫去和乌克兰……结账吧。但我认为即使我们被迫撤退,我们仍须像一个革命党那样行动,为保卫每个阵地都要战斗到流尽最后一滴血。"② 这是他直到那时为止最强烈的暗示,认为俄国的革命也许是一次不合时宜的跳跃;在马克思主义者听来,他的话含有最不祥的内涵:马克思和恩格斯一再写到"来得过早"的革命家的悲剧命运。③ 最后,他提起捷尔任斯基、越飞、克列斯廷斯基以及他自己"自我克制的伟大壮举"和在"布尔什维克团结的祭坛上"的"自我牺牲",他对列宁说,按列宁的政策,有不少良机,同样也有不少危险,并说主和派"牺牲生命的唯一目的也许只是为了生存"。④

列宁再一次用辞职作要挟,他说,如果大会限制他在乌克兰问题上的行动自由,他就辞职。他辩解说,既然是士兵们知道自己的力量太弱而不能救援被围困中的同志,而且也明白试图去援救则自己也要被消灭,那么拒绝援救那些被围困的战友就不算是背叛行为。苏维埃政府和乌克兰关系的处境就是如此。这一次同意列宁意见的人占绝大的多数。

不过,托洛茨基对列宁肯定和约是"必要的"这一动议提出修正——他提议用"可以容许的"这一说法来代替"必要的"。他在大会的讲台上不能充分说明为什么要修正的原因,他在为促成列宁的政策所做的一切之后,却又犹豫起来。他和列宁在幕后完全一致,他们再一次向协约国进行试探:如果拒不

---

① 梁赞诺夫在辩论中说:"纵然托洛茨基试图抓住列宁的衣角去制止他,但列宁心里清楚:屈从和退却是无止境的。"同上,第9页。

② 同上,第85页。

③ "这是一个极端党派的领袖所难于应付的最糟的事情了。如果这样一个领袖在自己所代表的阶级进行统治的时机还未成熟,为了这个阶级统治必须贯彻一些措施的时机还未成熟时被迫出来掌握政权。……于是他就不可避免地陷入一种无可救药的进退维谷之境:他所能做的事是和他一向的整个主张、他的原则,他的党的直接利益不相容的;他所应做的事,则是无法实行的。……任何人陷入这样的困境都是无可救药,注定要失败的。"恩格斯:《德国农民战争》,见《马克思恩格斯全集》中文版第7卷,第468—469页。

④《俄共第七次代表大会》,第86页。

第十一章 布列斯特-里托夫斯克的戏剧性事件

批准和约,他们是否会得到协约国的援助。列宁为期待协约国的回答,甚至推迟了对批准和约问题进行表决的苏维埃大会。他差不多快要向威尔逊总统表态:如果总统答应作出具有约束力的援助许诺,他就拒绝承认《布列斯特和约》。① 列宁在党的代表大会上用含义隐晦的话说,形势的变化如此迅速,可能两天后他自己也要反对批准和约。② 因此托洛茨基希望大会不要用太僵硬的措辞起草决议。不过,列宁心里并没有指望协约国会有什么令人鼓舞的答复;他又一次被证明是正确的。在托洛茨基鼓动下,他同意试探,旨在对事态有一个清醒的认识。但同时他希望大会毫无保留地批准和约。这一点大会做到了。

托洛茨基在辩论中重提到自己的"自我克制的伟大壮举"和"自我压抑"。这些话使人想到他年轻时一个朋友的话:"托洛茨基的全部行为受他的自我支配,而他的自我则受革命支配。"③ 在这位38岁的伟大著名人物身上仍然保留着他是18岁小伙子时的这一特点。他在这一戏剧性事件期间的表现证明他使个人雄心与爱好服从党的利益。但此时,当列宁完全胜利时,托洛茨基的自我却急躁不安起来;在这个冷酷无情的大会讲坛上,他的自我大声疾呼要求补偿。继和约问题的大辩论之后,却是一场关于托洛茨基功过的荒唐争吵。托洛茨基的朋友和追随者克列斯廷斯基、越飞、梁赞诺夫提出一项正式动议,为他在布列斯特的政策辩护。无论从哪个角度来看,在这一时刻提这样一项动议都是荒唐的。大会刚刚决定和平是绝对必要的,绝不能期望会在这时对"不战不和"作回顾式的赞美。为托洛茨基辩护的人来自主战派,他们所处的环境使得这次示威性的辩解看起来仿佛是被打败的少数派的一次最后的突围。大会对托洛茨基在布列斯特做过的工作本无断然否定之意,但大会宁可不提这件过去的事。然而既已明白提出要求要大会表态,大会只能予以拒绝。大会否认了这项动议;这一否决伤害了托洛茨基的自尊和雄心。他声称,他已成为同盟国各国帝国主义者最痛恨的人,成为因要继续战争而受指责的人;而此刻党却有意或无意地为敌人对他的指责提供证据。因此他辞去党委托给他的所有职务。

这时,托洛茨基被任命为军事人民委员,这项任命如果说不是党的核心委员会提出的,那么就是由它决定的;大会力求希望至少要使托洛茨基感到部分

---

① 哈德:《雷蒙德·罗宾自述》,第135—139页;韦勒-本奈特:《被遗忘了的和平》,第290—301页。
② 《俄共第七次代表大会》,第140页。
③ 参见本书第二章。

的满意。在十分混乱的吵闹声中提出几项议案，进行过多次表决，但其结果都不明朗。列宁在这种有损庄严的争吵中始终默不作声。季诺维也夫代表列宁派向托洛茨基保证说：全党热烈感谢他通过布列斯特谈判为唤醒德国工人阶级所做的卓越工作，并认为他这部分活动是"完全正确的"，但托洛茨基应该意识到党已改变态度，再对"不战不和"这个公式进行辩论已没有任何意义。大会首先通过季诺维也夫的议案。尔后投票赞成拉狄克与此相反的动议，接下去又通过另一个和拉狄克动议相反的提案。托洛茨基抱怨说："党竟然当着敌人的面否定自己代表的政策，这是历史上闻所未闻的事。"他赌气地提出一项狠狠谴责自己政策的挖苦性议案。大会当然予以否决，他就退出了争论。到了选举中央委员会时，他和列宁得到的票数最多。党抛弃他的政策，却仍然毫无保留地信任他。

* * *

自从苏维埃批准和约以来已过了纷繁多事的四个月。人民委员会已迁离彼得格勒，移到莫斯科的克里姆林宫。协约国的外交使团也离开彼得格勒；但因反对和约，他们到外省的一个小城沃洛格达去了。托洛茨基已就任军事人民委员，着手"武装革命"的工作。日本人进攻西伯利亚，占领了海参崴。德国人镇压了芬兰革命，迫使俄国海军撤离芬兰湾。他们还占领了整个乌克兰、克里木及黑海和亚速海沿岸的地区。英、法军队在摩尔曼斯克登陆。捷克军团发动反苏维埃叛乱。俄国反革命势力在外国干涉者怂恿下不顾一切原则、肆无忌惮地重新开始生死斗争。不少不久前还指控布尔什维克为德奸的人，首先是米留可夫及其追随者，都已依靠德国的援助对布尔什维克作战了。[①] 饥饿已降临莫斯科及俄国北方的几个城市，从产粮区来的粮食来源均被切断。列宁下令全部工业国有化，号召贫农委员会征用富农的粮食，用以供应城市工人。几起真正的动乱和几起可怕的阴谋都已经被镇压下去。

至今还未有过什么和约能像布列斯特"和约"那样给俄国带来这么可怕的痛苦和屈辱。但列宁在经历这一切磨难和失望之中终于养育了革命这个"婴儿"。他不会拒绝承认《布列斯特条约》；尽管他对和约的规定漠视不顾的

---

① 邓尼金：《俄国混乱时期笔记》第3卷，第72—90页。

第十一章 布列斯特－里托夫斯克的戏剧性事件

不只是某一方面。他不断号召德国和奥地利的工人起来造反。和约中虽有解除俄国武装的条款，然而他却授权建立红军。但他绝不许追随他的人武装反抗德国。他把指导乌克兰苏维埃和企图秘密袭击占领军的布尔什维克召回莫斯科。① 德国的战争机器已摧毁了乌克兰的所有反德游击队。俄国赤卫队隔着边界看着他们痛苦挣扎，想过去援救他们，但列宁坚决制止。

托洛茨基早已不再反对和约了。他接受党的最后决定及其后果。人民委员会的团结及党的纪律同样都使他有义务支持列宁的政策。他这样做完全出于忠诚和献身精神，尽管为了忠诚他想必已付出过不少内心矛盾与不少剧烈苦恼的代价。布尔什维克的主战派群龙无首，一片混乱，陷入沉默。而左派社会革命党人反对和约的叫喊越来越不耐烦，越来越响。3月间，在批准和约后，他们立即退出人民委员会，但仍留在包括契卡在内的几乎所有政府部门和苏维埃执行机构中。然而已经发生的一切使他们恼怒，他们不能长期地保持这种既反对政府而又对它负责的态度。

"布列斯特－里托夫斯克和谈"时期的西方政治漫画《淘气男孩托洛茨基》（1917）

———————
① 安东诺夫－奥弗申柯：《内战回忆录》第1卷，第294—295页。

1918年7月初在莫斯科召开的第五次苏维埃代表大会时，情况就是如此。左派社会革命党人决定把事态闹大，并与布尔什维克决裂。反对和约的叫嚣又一次升温。乌克兰代表登上讲台陈述乌克兰游击队正在拼死斗争，要求援助。左派社会革命党人卡姆柯夫（Камков）和斯皮里多诺娃（Спиридонова）斥责"布尔什维克的叛卖行径"，叫嚣要进行解放战争。

卡姆柯夫和斯皮里多诺娃两人都是老民粹派型的著名革命家。他们曾手执炸弹跟沙皇体制斗争，他们为自己的英勇所付的代价是多年的单独囚禁和苦役。他们的发言与其说具有领袖与政治家的权威，不如说具有英雄殉道者的权威。他们拒不掂量正反双方的意见。他们要求胜利的革命具有他们自己已经树立起来的英雄气概和殉难精神。布尔什维克作为一个党组织是完全没有这样盲目冲动的激情的。然而斯皮里多诺娃和卡姆柯夫的呼吁仍然激起许多布尔什维克的共鸣，当然也激起托洛茨基的共鸣。在大会上，当卡姆柯夫走过讲台，走到德国大使米尔巴赫（Mirbach）伯爵旁听辩论的外交家包厢时，他指着大使倾泻他对德皇及德国帝国主义的憎恶。大会对他的果敢大声鼓掌，托洛茨基心里一定也在为他鼓掌。卡姆柯夫毕竟只是重复托洛茨基在布列斯特的所作所为，通过卡姆柯夫和斯皮里多诺娃，他似乎又听到了他自己讲话的回声。他曾公开庄严而且信心十足地宣誓：布尔什维克为维护革命的荣誉要战斗到流尽"最后一滴血"，并希望左派社会革命党人也会这样做，自从那时以来仅仅过了几个月，而从他要求他的同志宁可宣告他们过早登台而在力量悬殊的斗争中失败也不要对乌克兰的命运撒手不管以来，时间就更短了。与此同时他又追随列宁，希望这可能是一条挽救革命的出路。但在内心深处，他却不能谴责那些不听从列宁的人。

所以，在他7月4日要求大会批准他作为军事人民委员颁发的紧急命令时，他扮演的是极其自相矛盾的角色。[①] 这项命令旨在对俄国的游击分队颁布严格纪律，因为他们任性地对德军进行攻击有破坏和平的危险。命令原文如下："兹命令：自本命令公布之日起，凡煽动继续反抗苏维埃政府者一律予以逮捕，解送到莫斯科接受特别法庭审判。对所有号召进攻（德国）和试图武装反抗苏维埃当局的外国帝国主义代理人一律枪决。"

他完全合乎逻辑地论证这项命令的必要性。他说，他不打算讨论究竟是主

---

① 托洛茨基：《革命是怎样被武装起来的》第1卷，第266—274页。

第十一章 布列斯特－里托夫斯克的戏剧性事件

战还是主和政策正确的问题。关于这个问题，宪法规定的国家最高权力机构——刚刚闭幕的苏维埃代表大会已有定论。他所要说明的是任何人都无权僭越政府职能，自行决定战争问题。在赤卫队及游击队中煽动反对和约的行动采取了危险的方式：主和的政委已遭杀害；莫斯科派去的调查团遭到枪击，他的朋友拉柯夫斯基——度是同拉达谈判的代表团团长，也受到炸弹的威吓。"同志们，你们懂得这样的事是不能开玩笑的。目前他们是负责指挥红军的人……"

这时，卡姆柯夫打断托洛茨基的话，高喊道："克伦斯基！"另一个左派社会革命党人也大声喊叫"你自认为是新拿破仑"，托洛茨基回答说："克伦斯基！克伦斯基服从资产阶级，而我在这里是对你们，即对俄国工人和农民的代表负责。如果你们通过对我不信任案作出并执行不同的决定，不管这一决定我会不会同意，我作为革命战士将服从你们的决定。"他就是这样清楚地表明他的行动是为了和政府团结一致，因为他是政府的一员，而不是由于根本不同意反对派的意见。但他也警告反对派说，在这一阶段破坏和约只能有利于协约国或者只能有利于德国的极端军国主义者，因为他们甚至对强迫签订的《布列斯特和约》也不满意。尽管左派社会革命党人激烈地攻击他，但他向他们讲话时还是采取温和的劝说态度，并未指责他们应对煽动进行战争负任何责任。① 当斯皮里多诺娃骂他是"波拿巴式的军国主义者"时，他略带歉意地说："同志们，我本人绝不是军人作风的爱好者。我已习惯于用新闻记者的语言，我喜欢这种语言胜过其他任何文体。但各种活动都有其后果，文体也不例外。作为军事人民委员，我不能不制止流氓恶棍们枪杀我们的代表，现在我不是新闻记者了，我在这里发言时，不能像斯皮里多诺娃那样用那种抒情调子表达自己的感情。"

至此，斯皮里多诺娃也放弃了"抒情调子"。这个身材矮小、身体虚弱的女人登上讲台指责列宁和托洛茨基是在叛卖，而且大声威胁他们说："我要像过去那样手握左轮枪与炸弹。"这是仅仅两天之后的一场暴乱的预告，关于列宁和托洛茨基对这一威胁的不同反应及当时的情景，沙杜尔留下生动的描写。

> 列宁站起来，他那张不可思议的罗马牧神似的脸像往常一样沉着冷静

---

① 到争论结束时，托洛茨基才谴责左派社会革命党人，但就是在那时，他也清楚表明，他的谴责是针对个人而非针对整个左派社会革命党的。其实，整个左派社会革命党都已孤注一掷地投入到破坏和平的图谋中。托洛茨基：《革命是怎样被武装起来的》，第275页。

而略带讥笑,当凌辱、攻击和直接威胁向他倾泻而来时,他从未停止过发笑,也不会不笑。在这悲剧性的境遇中,当他知道他的工作、思想、生命都危若累卵时,这样开怀爽朗的大笑令某些人觉得不合时宜,却使我感到他具有非常惊人的力量。常常是……甚至更尖刻的当众凌辱也只能使这种笑声暂且停一下,这使他的对手感到受辱和恼怒之至……

托洛茨基站在列宁身旁,他也力图要笑,但愤怒、激动、焦急却使他的笑意一下子变成了痛苦的怪相,他那生气勃勃、富有表情的脸庞便黯然失色了……而且那副梅菲斯特式的可怕面具也消失不见了。他确实没有当家做主的统治意志、冷静的头脑和绝对的自制力。然而他……却是一位比较宽容的人。①

当然,就列宁来说,满怀自信地面对反对者是比较容易的,他始终坚信只有媾和才能拯救革命。托洛茨基异常的脸色则反映了他内心的矛盾。

这些激动的争论因7月6日德国大使米尔巴赫被暗杀事件而中断。暗杀者是两个左派社会革命党人布柳姆金(Блюмкин)和安德列耶夫(Андреев),都是契卡高级工作人员,他们执行的是斯皮里多诺娃的命令,希望挑起俄德战争。② 紧接着,左派社会革命党人发动了反布尔什维克的暴乱。他们逮捕了捷尔任斯基以及契卡的其他主要领导人,是在后者没带警卫来到暴乱者总部时得手的。暴乱者占领了邮电局,向全国宣布列宁的政府已被推翻。但是他们既无领导,又无行动计划,经过两天小规模战斗后,他们就投降了。

7月9日,苏维埃代表大会复会,托洛茨基作关于镇压暴乱的报告。他说这次袭击使政府感到意外,在此前它把保卫首都的仅有的几支可靠的部队派到东线去攻打捷克斯洛伐克军团了。政府本身的安全主要依靠的就是由左派社会革命党人组成的赤卫队,但正是他们发动了暴乱。托洛茨基能用来对付暴乱部队的只是由瓦采季斯(Вацетис)指挥的拉脱维亚步兵团,瓦采季斯是前总参谋部的上校,其时已成为红军总司令;还有一支由革命化的奥匈战俘组成的部队,率领这支部队的库恩·贝拉(Bela Kun)是未来匈牙利共产党的创始人。

---

① 沙杜尔:《布尔什维克革命札记》,第396页。
② 布柳姆金后来为他的行动感到后悔,加入了布尔什维克党,在内战中十分出名,重新参加契卡。20年代他同情托洛茨基主义反对派,但接受托洛茨基的劝告,继续为格别乌工作。托洛茨基流亡王子群岛时,布柳姆金秘密到那里去拜见过他,把他致反对派的信件带回莫斯科,但在他设法把信件交出前,他就被捕并被处决(哈佛大学托洛茨基档案)。

第十一章 布列斯特－里托夫斯克的戏剧性事件

但这场暴乱的性质如果不从政治观点而从军事观点去看，几乎是滑稽的。暴乱者是一帮大胆而没有受过训练的游击队员，他们的进攻彼此不能配合协调。他们最后不是屈服于武力，而是屈服于布尔什维克的说服。托洛茨基当时正着手把赤卫队和游击队训练成一支集中化的红军，他利用这场暴乱作为示范教学的实例，证明他的军事政策的正确性。即使在此时，讲到暴乱者时，他也是半带怜惜地说，他和其他同志在政府里曾为他们辩解，称之为"胡作非为的孩子";[①] 但他补充说："不能再给这样的孩子有胡闹的余地。"暴乱的头头被逮捕了，但几个月后又赦免了他们。处死的只有几个滥用契卡内部信任的人。

随着托洛茨基大力反击由他自己激情地反对和约所引起固执的余波，有关《布列斯特－里托夫斯克和约》的重大争论就这样收场了。

[①] 托洛茨基:《革命是怎样被武装起来的》第1卷，第276页及以后各页。

第十二章　武装共和国

"战争是政治的手段；它必然带有政治的特点，必须用政治的尺度来衡量，所以，指挥战争，就其所表现的主要特色来说，本身就是拿刀代笔的政治，但并不因此就不再按照战争本身的规律进行思考。"克劳塞维茨这段话说明，在国与国之间的战争中，战略与政治的一致性往往模糊不清，远非显而易见。在内战中这却是直截了当、毫不掩饰的。政治规律支配着战争的各个阶段，支配着交战双方9/10的行动，并在战场上作出最后的裁决。1918年3月中旬，托洛茨基受命担当军事人民委员和最高军事委员会主席之职时，他并没有为拿刀而放下他的笔来——他是刀笔兼用的。

他承担的工作显然是要凭空变出一支军队来。旧政权的武装部队已经被消灭。旧军队中几支亲布尔什维克的队伍仍在顿河和北高加索与刚刚组建的白卫军作战。但从军事上看，他们太不中用，政府宁可将他们解散也不愿设法把他们改造成为新的军队；政府生怕旧军队残部的无政府恶习可能传染给新军队，过去的军事大国就是这样分崩离析的。残存下来还堪作战的只有瓦采季斯上校指挥的拉脱维亚步兵团；除此以外，还有工人赤卫队和几支游击队，他们在热情的鼓舞下有时也不乏自我约束力，但很少或没有受过训练，且往往缺乏组织性。他们的人数微乎其微，1917年10月，彼得格勒赤卫队不过4000人，莫斯科赤卫队也不过3000人；但都是训练有素的武装人员。[①] 从10月以来，他们的人数实力并没有明显增加。红军就是在这样微弱的基础上开始成长壮大起来的，两年半后，其兵力已达500万人了。

---

① 《苏维埃政权五年》，第154—155页。

第十二章 武装共和国

红军缔造者托洛茨基,摄于约1920年

单凭人数还远不能说明当时的困难。最大的障碍是士气和政治方面的。当托洛茨基开始建立红军时,看来他对信奉过的一切都要憎恨,而对憎恨过的一切则要信奉。布尔什维克斥责军国主义,鼓励士兵憎恶纪律,视军官为敌人。他们这样做并不是出于仇视军队本身,而是因为他们视那支军队为敌对利益的工具。他们的鼓动如此成功、势不可挡,最终致使他们自食其果。因此他们被迫先要打破自己形成的思想框架,尔后才能建立视为保存自己的条件的军队。群众的情绪是各种不同倾向的大杂烩:和平主义者对战争深恶痛绝,深信革命可以依靠赤卫队及游击队而无需建立正规军,认为选举指挥官和士兵委员会是士兵不可剥夺的权利。现在托洛茨基首次站出来说,士兵委员会不可能率领军队作战。在说到军队需要集中化和规范的纪律时,他的话听起来无异是对革命戒律的亵渎。

此外,所有政府机器都已完全垮掉,因而试图创立一支新军队看来毫无希望,也不现实。他从三个委员——波德沃伊斯基(Подвойский)、安东诺夫-奥弗申柯、德边科——手中接管了他们主持的效率不高的陆海军事务委员会。自从11月以来他名义上主持全俄军事委员会,但布列斯特危机使他不能多关心这个机关。这个委员会在 1918 年 1 月 15 日已拟订了有关创立义务兵军队的法令，这项法令也同这一期间大多数法令、条例一样，仅是政府尚不能执行的一项原则性声明。没有征兵、送新兵入军营、供应他们军装和粮食的机构，没有军士、军官训练新兵。到了 4 月，即托洛茨基就任新职后一个月，他才开始成立他的人民委员部的地方机关，也就是征兵站；但是法令与执行之间仍然隔着一道鸿沟。十月起义后的五个月中，所取得的成就只是在少数几个城市里开始对几百名赤卫队成员进行指挥职务的培训。

在托洛茨基就任新职时发表的第一个声明中含有他军事政策的主要成分。① 他首先向党和苏维埃的成员呼吁说，只有得到他们的支持他才能有完成任务的希望。他要他们牢牢记住，革命必须从第一个破坏阶段过渡到第二个建设阶段。照他的原话说："工作、纪律和秩序将会拯救苏维埃共和国。"这一过渡不得不首先在战场进行，因为革命能否生存取决于战场上的胜败。他并非像机会主义者那样贬低破坏性的第一阶段，他说，第一阶段的破坏促使"俄罗斯个性的伟大觉醒"。革命第一阶段的历史意义和伟大就在于此。但"觉醒了的个性"在反抗以前的压迫的同时却暴露出以自我为中心的反社会的特点："昨天作为大众中的一员还无足轻重，仅仅是沙皇、贵族、官僚的奴隶，是……机器……的依附物，是驮重的牲畜。……这时既经解放，就格外敏锐地认识到自己的身份，开始认为自己是……世界的中心。"② 使觉醒了的人能习惯于自觉的社会新纪律，这是党的职责。因此党本身必须克服自己对军事专家的偏见，党员中有不少的人仍然把任何军队都看做是反革命的工具。创立一支羽翼丰满的军队还不是近期的任务，倒不如先为此积聚成一个核心。政府颁布法令，原则上是进行普遍的义务军事训练；但立即征召受训的大概只有志愿人员。党还必须克服支持选举指挥官和士兵委员会的粗鲁偏见，因为指挥人员和士兵委员会的选举并不是革命民主的本质。民主原则只要求政府应由群众选举和监督，并不要求群众僭取政府的职能和剥夺政府任命工作人员的权力，红军应该利用前沙皇军官来为自己服务。在防御中，仅有英勇、革命热情和不怕牺牲是不够的。"正如工业需要工程师，农业需要合格的农学家一样，军事专家

---

① 参见托洛茨基 3 月 19 日对莫斯科苏维埃的发言，3 月 21 日的声明及 3 月 28 日在莫斯科党的会议上的讲话。托洛茨基：《革命是怎样被武装起来的》第 1 卷。
② 托洛茨基：《革命是怎样被武装起来的》第 1 卷，第 39 页。

是防御所不可缺少的。"①

当那些干革命的人很不愿意执行旧政权的将军和上校们的命令时,将军和上校们也一样不愿把他们的技能与经验交给布尔什维克去使用。只有少数几个例外。第一个自愿要求服务的有名望的军人是前北线司令邦奇-布鲁耶维奇(Бонч-Бруевич)将军,他是被他的兄弟,一位著名布尔什维克作家争取过来的。托洛茨基委托这位将军组织总参谋部,这项任务根本不是革命头几天被任命为总司令的克雷连柯少尉所能胜任的。但是效法邦奇-布鲁耶维奇的军官很少。那些用正规军的思想习惯对待任务、惯于在正规军的刻板而秩序井然的框框中工作的人对革命的气候很不适应。拉狄克描写过1918年4月托洛茨基和这些军官的第一次会议。在会议过程中,这些军官连续几天提出并讨论他们的意见,托洛茨基则洗耳恭听。他们提出的各种激励旧军队的计划都没有考虑到最近发生的心理剧变。尔后托洛茨基提出他的征募义务兵的计划,但他得到的回答只是耸肩和一片令人窘困的沉默而已。这些军官把旧军队瓦解的原因归咎于缺乏纪律,他们深信义务兵绝不会遵守纪律。托洛茨基的计划给他们的印象只是一个革命的业余军事爱好者的幻想。②

但托洛茨基所计划的是用政治目标支配军事行动的方针。他必须首先征募热心革命的人,因为只有他们才会完全自律地在军队中服役,并且以后还能依靠他们使其他人也遵守纪律。但即使征募义务兵也非易事。群集到征兵站来的人中混杂了些冒险家和唯利是图之徒,因而必须仔细把他们剔除出去。到1918年夏末托洛茨基才开始试行征兵,他征召到了彼得格勒和莫斯科的少数产业工人。当头一批征募人数达到1万名时,人们曾欢呼这是个功绩。随着征兵的扩大,应征的人也逐渐多了起来,而工人不愿入伍的情况开始暴露出来了。但进行劝说和呼吁阶级团结多半还是有效的。只有当军队的无产阶级核心确立起来时,托洛茨基才开始征召农民,首先征召贫农,尔后再征召中农。这些人在内战中往往大批地开小差,他们的士气上下波动得很厉害。③

随着苏维埃控制地区频繁而突然的扩大和缩小,军队状况也周期性地时起时伏,这一过程在各省之中、在不同的时间内曾反复出现。因此,一直到内战

---

① 托洛茨基:《革命是怎样被武装起来的》第1卷,第29页。
② 卡·拉狄克:《肖像和抨击性小册子》,第31—32页。
③ 富农跟城市资产阶级一样只能在辅助部队和劳动部队服役,因宗教原因拒服兵役的人被免除兵役。

的最后阶段,红军队伍都参差不齐。红军组建过程的各个不同阶段经常是重叠的。千锤百炼、纪律严明的师团同那些仅比武器装备极差的乌合之众好不了多少的部队并肩作战。这一情况使在全面动乱中建立起来的革命军队特有的紧张与不稳定更加严重了。尽管如此,尽管经常短缺军火、制服、皮靴,也尽管还有饥饿和流行病,红军仍能经受得住种种考验,其原因就在于这一事实:红军是建立在若干围绕同一个核心、逐渐扩大的集团之上的,每个集团来自不同的社会阶层,对革命所表现的忠诚各不相同。在每个师团中的布尔什维克内部核心领导着无产阶级分子,并通过他们领导动摇不定的农民群众。

1918年4月22日,托洛茨基向苏维埃中央执委会提交了他的计划。① 当他讲到雇用军官这件事时,孟什维克高声抗议。唐恩叫道:"拿破仑之流露面了!"马尔托夫斥责托洛茨基为新的科尔尼洛夫铺平道路。这些指责因出于一个几乎把革命断送给科尔尼洛夫的党之口,是不会使人相信的。② 更严重的是左派社会革命党人的反对,对他们来说,这不仅仅是争论的题目。但布尔什维克党自身内部出现的反对是最持久而且最有影响的。驱使他们反对的动机很不一样。大多数反对过《布列斯特和约》的左派共产主义者以革命的自由主义精神的名义否定托洛茨基的政策。他们拒绝支持一支集中制的常备军,更不必说是一支由沙皇的将校指挥的军队了。这一派人在 И. Н. 斯米尔诺夫、布哈林、皮达可夫和布勃诺夫率领下跳出来反对托洛茨基,正像在布列斯特问题上争论时反对列宁那样直率激烈;他们认为目前的反对活动是他们以前斗争的继续,因此拒不同意与旧政权的势力妥协,无论是在对外政策还是国内政策

---

① 托洛茨基提交执委会的法令是以如下的话开始的:"必须使人类摆脱军国主义,摆脱各民族间野蛮的流血战争,这是社会主义的基本任务之一。社会主义的目的是普遍裁军、持久和平、实现地球上各民族的兄弟般的合作。"(《革命是怎样被武装起来的》第1卷,第123—124页。)同时,执委会还批准了托洛茨基起草的红军誓词:

我是劳动人民子弟。苏维埃共和国公民,我接受工农军队战士的称号。
我向俄国和全世界工人阶级宣誓,我保证不辜负这一光荣称号,认真学会使用武器。……
我保证严格不懈地遵守革命纪律……
我保证力戒并制止其他同志可能损害并降低苏维埃共和国公民尊严的行为,保证全心全意为解放全体劳动人民这一伟大目标而斗争。
我时刻准备响应工农政府保卫苏维埃共和国的号召……在为俄罗斯苏维埃共和国、为社会主义事业、为各民族兄弟般关系而进行的斗争中,我将不遗余力,不惜牺牲自己的生命。
如果我心怀叵测,违背这一庄严的保证,我甘愿遭受全体人民的唾弃,甘受革命法律的严厉制裁。(同上,第125页。)

② 同上,第117页。

方面。

反对派的其他成分是由布尔什维克内部领导集团中的人组成的。这些人通常支持权力集中与纪律严明,把左派共产主义者看成是不负责任的制造麻烦之徒。他们并不从根本上反对托洛茨基创建新军队的主意,但用怀疑的眼光看待他请求前军官团军官应征。他们疑心军官们应征是为了从内部出卖红军,这点不是全无道理的;有些人则是因为现在要求他们把自己刚刚得到的军队中的权力地位与昔日的敌人分享而感到不满。疑心和不满交融成为在中央委员会上表现出来的那种强烈的情绪。就连那些同意雇用旧军官的布尔什维克内心也有强烈的保留思想;他们抑制的感情也常常发泄出来,拐弯抹角地反对托洛茨基的政策,但攻击的不是原则问题而是细节和做法问题。

这两种反对倾向交错在一起,形成暧昧的联盟。他们谋求赤卫队游击队的政委与指挥员、普通工人、军士的支持,因这些人在革命高潮最初几个星期曾大显身手并被英雄主义的光环围绕着,他们对服从前沙皇的将军或其他任何军事权威极为不满。

在当前的争论中还包含有一个范围更广泛的问题,这就是有关新政府对待革命前的文明和知识分子的积极作用的态度问题,而文明和知识分子是旧制度遗留下来的思想、知识与高级技能的总体现。这个问题在军事领域里最为尖锐;而它对苏维埃生活的每个方面来说都是生死攸关的大事。布尔什维克和普通工人对专家极为厌恶,因为当革命家在流放和监狱中度过一生中的大好岁月时,专家们却享有自由和特权。当他们听说革命要恢复沙皇"走狗"和"资产阶级市侩"的社会地位及势力时,他们大为吃惊。然而这是革命开始要做的事,因为革命如果对知识分子进行报复,就不能不毁掉革命未来的基础。如果没有医生、科学家、研究人员和技术人员(而这些知识分子绝不是太多),如果没有作家、艺术家,国家最后会沉沦到原始野蛮的境地,无论如何,到这样的境地是危险可怕的结局。因此有关"专家"问题的争论蕴涵着社会主义建设据以开始的文化水平的斗争问题。托洛茨基反复在这一更广阔的背景中提出这个问题,并不仅仅把它当成军事方面的权宜之计。他论证说,对革命占有的"文化遗产"一定要加以拯救、培育并发展;只要革命还不得不进行自卫时,就必须把军事技能和知识视为文化遗产的组成部分。他这方面的主张在他的军事著作中占有很大篇幅,这些著作既属于苏维埃政权的文化史,也属于苏维埃政权的军事史。

反对托洛茨基政策的几个集团的结合之所以越发可怕，是因为列宁对雇用军官问题迟迟未作决断，尽管他自己非常强调坚持要体贴、策略地对待文职"专家"。依靠党的军事部的合作是非常重要的，但军事部坚决反对托洛茨基的政策。当该部的领导人、中央委员、季诺维也夫的亲密朋友拉舍维奇狂妄地扬言说，党使用旧将军只是为要"像柠檬一样榨干他们后把他们扔到一边"时，冲突便公开化了。季诺维也夫说话的腔调也一样，好像就是要伤害军官们的自尊心、破坏托洛茨基征召他们的尝试。① 有一位姓诺维茨基（Новицкий）的将军曾主动声称愿意为布尔什维克服务，但后来他给托洛茨基写了一封公开信，信中说他拒绝合作，说他不希望"像一只柠檬一样被榨干，然后被扔到一边"。托洛茨基利用此事断然回击对军官们的攻击，他写道："这些旧军官在目前的困难条件下认真工作，即便他们的观点都是保守的，但比起搞阴谋的假社会主义者更值得受到工人阶级的无限尊重……"②

托洛茨基这样说并不只是急于要消除军官们的疑虑，他对季诺维也夫和拉舍维奇粗鲁无礼的语言感到由衷的愤慨。尽管在内战以后当雇用旧军官的必要性不那么迫切时，他仍然要求应对他们加以照顾。他认为，即令在新的军官团建立起来以后，仍应雇用他们，因为文明的、合理管理的社会不能浪费有技能、有知识、有长处的人才。他还出于自己对革命的伟大精神力量的信念而断定，就连受保守教育的人也一定会受革命的影响；他激烈地指责某些布尔什维克的胆怯无能以及他们那种狭隘的观念；一个人一旦当过沙皇军官，就一定会对社会主义的号召力永远麻木不仁。

他自己力求使军官们牢记革命的精神伟力，虽然这伟力被革命的艰难所遮盖。因而他为军官们所作的某些辩解也是为革命辩护的最激动人心的话。下面这段摘自1918年他在军事科学院开学典礼上的讲话就是例子。这篇讲话主要讲学院的课程，但也有一些军事学院墙内几乎从未听到过的话：

> 不习惯于革命及革命心理的人们……当然会以恐惧心情来看……革命事变表面出现的那种放纵、无政府的恣意妄为。然而，在这种放纵中，在

---

① Ф. 伊林－杰尼夫斯基：《当权的布尔什维克》，第87—89页。
② 托洛茨基：《革命是怎样被武装起来的》第1卷，第135页；伊林－杰尼夫斯基：《当权的布尔什维克》，第89—90页。托洛茨基的话表面上是对非布尔什维克的反对派说的，实际上则针对季诺维也夫和拉舍维奇说的。他明确否认党有"像榨柠檬一样把他们榨干"的想法。

这些最消极的现象中，是士兵，昨天的奴隶突然进入火车头等车厢，就撕下天鹅绒座套给自己做绑腿，就连这样的野蛮行为本身表现的也是人的个性的觉醒。受虐待、被践踏的俄国农民习惯于被人扇耳光、受人辱骂。也许是有生以来第一次进入头等车厢，看见天鹅绒座套；而他自己的靴子里却是发臭的裹脚布；他撕下一块天鹅绒，说他也有权捞一块好呢子或天鹅绒。两三天后，一个月后，一年后——不，只一个月后，他已懂得他的行为的丑恶。而他觉醒了的个性……人的个性，将会永远活在他身上。我们的任务就是要使这种个性适应社会，使他感到自己不像以前那样觉得自己就是一个号码、一个奴隶，也不仅仅是某个伊万诺夫或某个彼得洛夫，而是伊万诺夫这个人的个性。①

托洛茨基对自己的智能极为自信，他也经常严厉批评应征入伍的将军们，批评他们依恋常规、目光短浅并有时表现出的无知。在坚持雇用旧军官的必要性的同时，他在为把以前的军士和普通工人培养成为新的军官团的工作中表现出极大的魄力和首创精神。他向军士们——今后"苏维埃共和国军官团的牢不可破的干部核心"——呼吁，告诉他们：在俄国革命中如同在法国大革命中一样，在背包里携带元帅杖的就是他们。② 到内战结束时，"沙皇"军官只占指挥人员中的1/3，其余的2/3都是从普通士兵中提拔起来的；在这样提拔起来的人中，后来有不少在第二次世界大战中荣升元帅。但在1918年，3/4以上的红军指挥官和行政人员是由旧政权的军官构成的；而在最高指挥层中所占的比例甚至更大。③

当然在军官中也有叛徒和准叛徒。有些军官等候时机投靠白卫军；还有些军官在调动部队时使之暴露，结果部队被消灭或打败；还有些军官给敌人总部传递重要的机密。托洛茨基担任军事人民委员后不久曾在指控海军上将夏斯特内阴谋破坏案的审判中作为主要证人出庭，根据他的有力证词判处这个海军司令死刑。这一审判案的目的在于使初建军队的军人头脑里牢固地树立起任何一支军队都认为是理所当然的思想：某些行动必须视为背叛而必将严惩不贷；即

---

① 托洛茨基：《革命是怎样被武装起来的》第1卷，第165页。
② 同上，第174—185页。
③ 托洛茨基：《斯大林》，第279页。另见《历史问题》1952年第2期；IO. H. 彼得洛夫：《军事人民委员》。

旨在威胁那些同情白卫军的军官。在内战中，任何轻于死刑的惩罚都很难产生威慑效果；坐牢吓不倒那些想要背叛的军官，因为他无论如何希望对方胜利，认定对方一定会释放他、给他荣誉、奖赏他；或者他至少可以希望内战结束后得到赦免。托洛茨基的日程里充满了对白卫军代理人的严酷威胁。但是就连死刑威胁对前线军官也不是严重的威慑。托洛茨基命令将他们的家属注册，使那些想要背叛的军官懂得，如果他跑到敌人那边去，他的妻子和子女就会被留做人质。这是残酷的措施，而托洛茨基运用他那激动人心的雄辩使威胁产生最大的效果。他证明威胁是正当的，理由是：如果不这样，革命就会失败，支持革命的阶级就会遭到白卫军的报复。在内战的恐慌、强烈的猜疑和激烈的情绪中，有不少人成为无辜的牺牲者；这使托洛茨基不得不时时刻刻提醒其狂热的部下：恐怖的目的不是摧毁潜在的敌人，而是驱使他们为革命政府服务。

他在军官身边设置政委。这项制度和许多其他制度一样都能在法国大革命中找到先例，而且克伦斯基也曾任命过军队的政委。但在此以前，政委隶属于最高司令，其角色并不明确。托洛次基把他们安插在每一级上，即从连长到总司令身边都设置政委。他还力图划清指挥官和政委的职责：前者负责军事训练和指挥作战，后者负责指挥官的行为的忠诚及部队的士气。① 军事命令未经双方签署一律无效。不论在理论上已把职责分得如何清楚，但军权却被分裂了。对立与猜忌是难以避免的。军官们不满政委的监督；政委则拒不听从一个上校或一个将军的安排，他们在政治上是他的下属而在军事上则是他的上司。托洛茨基力图保持两个集团的平衡，但有时在政委眼里他是军官们的保护人，而在军官看来，他又是政委的主要唆使者，加之他做事独断专行，所以树敌过多。不过他在军官中获得不少忠实的拥护者，他们感激他为他们恢复名誉；在政委中也有人认为红军的实力和政治凝聚力应归功于他的计划。这种体制虽然不无摩擦，但总的来说是起作用的；而且也设想不出其他的取代办法。若对旧军官的领导不加监督，红军在政治上就会瓦解。在布尔什维克的外行指挥下，红军就会在战场上注定被消灭。对这一体制的作用作过虽然勉强却是最充分赞扬的人，恰是这一制度的手下败将邓尼金，他说："苏维埃政府应以其巧妙手段自豪，它用巧妙手段制服俄国将军和军官们的意志和头脑，使他们成为虽不情愿

---

① 参见托洛茨基1918年6月在莫斯科第一次政委大会上的发言，见《革命是怎样被武装起来的》第1卷，第130页及以后各页。

但却唯命是从的工具……"①

建立集中制的红军和确立统一指挥的任务尚有待完成。托洛茨基继续解散赤卫队和游击队。乌合的游击队伍不能令人满意,因为"游击作风"会传染正规部队。② 最后,托洛茨基要求彻底解散游击队,并威胁要严厉惩罚那些愿意收编游击队的指挥官和政委。他坚持把全军组织成编制统一的师团。这就引起同游击队的冲突,尤其引起同由马赫诺率领的无政府主义游击队的数不清的冲突。但就连布尔什维克领导的师团也只是口头拥护集中领导和统一编制。集中制又必须服从"沙皇"的将军,许多布尔什维克对实施集中制就越发憎恶。左派共产主义者不断公然表示反对。一个不大公开但却更加有力量的反对派核心是伏罗希洛夫(Ворошилов)指挥的第十军,该军驻扎在察里津,该市后来改名为斯大林格勒。

涅斯托尔·马赫诺及其领导下的无政府主义游击队员

---

① 邓尼金:《俄国混乱时期笔记》第3卷,第146页。
② 为争取与马赫诺和解,曾作过几次尝试,但都没有结果。托洛茨基在一次这样的尝试中公开说,指控马赫诺和白卫军勾结不是事实,但他根据军事和政治理由断然谴责马赫诺游击队的行径。最后,布琼尼的骑兵击溃并消灭了马赫诺的部队。参见《革命是怎样被武装起来的》第2卷,第210—212、216—217页;另见 P. 阿斯契诺夫:《马赫诺运动史》。

*　　*　　*

到 1918 年年中时，苏维埃共和国实际上仍然还没有一支军队，如果当时外国干涉已发展到后来的规模，或者如果白卫军已准备就绪，苏维埃的形势就危急了，但事变的进程不知怎么却有利于布尔什维克：双方阵营用以集结布置武装力量所作努力的节奏和速度大致相同。白卫军与红军一样也是刚刚开始建立。德国的推进仅限于南方的边缘地区，而协约国的军队只在摩尔曼斯克、阿尔汉格尔斯克和海参崴等遥远的边境地区登陆。布尔什维克在俄国中部相对安全地巩固了他们的政权。这种情况是他们到那时为止在军事上进展相对缓慢的部分原因。要加速这一过程就需要有紧迫而致命的威胁。而这种威胁突然从捷克斯洛伐克军团那里来了，该军团是在战争初期因急欲对奥匈作战而由战俘组成的。

根据《布列斯特和约》，苏维埃政府被迫解除了这个军团的武装。但解除武装是很勉强的，而且是马马虎虎执行的，因此这个军团仍然拥有大部分武器。英法两国开头提议把这个团从俄国的一个港口撤出，苏维埃政府同意这一提议。但后来因协约国无法供给船只才决定让这个军团留在俄国，这样既可以用它来对付布尔什维克，也可以用它来反对德国人，或者同时对付两者。托洛茨基保证这个军团享有充分安全；他甚至给军团的成员在俄国定居、工作的权利，如果他们有这种愿望的话。当这个军团无目的地穿越乌拉尔和西伯利亚时，谣言四起，说布尔什维克要把他们引渡给德国人，这个谣言使该军团发起叛乱。他们拿起武器，在俄国亚洲部分的军事真空地带很快占领了广大地区，推翻苏维埃，并跟高尔察克（Колчак）的白卫军联合起来。①

在捷克人占领了伏尔加河上的萨马拉时，托洛茨基发出了第一道征召工人服义务兵役的命令。他匆匆把这支应征队伍从莫斯科派去攻打捷克人。其中大多数人几乎还没有受过最基本的训练，在开赴前线的途中才刚刚武装起来。左派社会革命党人在捷克人挺进时发动了反对布尔什维克的暴乱。我们知道，在莫斯科可供布尔什维克调动的只有瓦采季斯指挥的拉脱维亚团以及库恩·贝拉

---

① R. H. 布鲁斯·洛克哈特写道："……我可以肯定地保证托洛茨基的好意，倘若不是法国人愚蠢，我深信捷克人不会出事而且能安全撤出。"《马赫诺运动史》，第 272、285 页。

第十二章　武装共和国

领导的革命化战俘组成的部队，拉脱维亚军队在莫斯科镇压了暴乱后也被派去去打捷克人。穆拉维约夫上校的背叛（对此尚有争议）使伏尔加流域的形势更加恶化。穆拉维约夫上校曾挫败克伦斯基重新夺取彼得格勒的企图，在南方作战时大显身手，被任命为东线司令。穆拉维约夫是同情或自称是同情左派社会革命党人的；而布尔什维克则指控他同捷克人及高尔察克有勾结。有一种说法是，当他的假面具被戳穿后他自杀了，而按照另一种说法，他则是被处决了。与此同时，捷克人占领了乌法、辛比尔斯克及叶卡捷琳堡。

布尔什维克把沙皇及其全家拘留在叶卡捷琳堡，他们打算像审判查理一世和路易十六一样让革命法庭审判沙皇；托洛茨基为自己选择了向沙皇提起诉讼的首席检察官这一角色。但捷克人和高尔察克的挺进使当地的布尔什维克感到十分意外，他们声称已没有时间去安排沙皇及其全家的安全撤离。他们担心，沙皇可能被白卫军救走并将把所有反革命军队纠集起来，由于没有公认的权威，直到那时为止所有的反革命军队都是四分五裂的。因为记住了大概是马拉的名言："可悲的是革命没有足够的勇气砍去旧制度的象征"，布尔什维克在匆匆撤退之前把沙皇及其全家处死了。布尔什维克官方的说法称，就地处决是当地布尔什维克决定的，事后才由莫斯科批准。但怀疑这种说法的真实性是有理由的。看来是当地布尔什维克先要求政治局作出决定，托洛茨基则仍建议把沙皇押送到后方，以便把沙皇送上被告席；但政治局拒绝冒险，命令执行死刑。这样，世人便没有看到托洛茨基与沙皇面对面进行的最富有戏剧性的审判场面。

捷克人和白卫军仍在继续前进。8月6日，红军仓惶撤离喀山，这是伏尔加河上游东岸的最后一个重要城市。如果这时捷克人渡河成功，他们就能穿过开阔的平原而像潮水般地涌向莫斯科，而且一路畅通无阻。

苏维埃中央执委会宣布共和国在危险之中。托洛茨基发出第一道征召军官及军士义务服役的命令，并对军中玩忽职守或追求特权的共产党员采取严厉措施。① 喀山沦陷后两天，他乘专列亲赴前线，在此后的两年半中，列车就是他的住所和移动总指挥部。他在出发前当天颁布的命令中写道：

  在奔赴抗击捷克斯洛伐克军团的前线之际，我向所有……忠诚、英勇

---

① 托洛茨基：《革命是怎样被武装起来的》第1卷，第174—185页。

捍卫工人阶级的自由与独立的战士致敬……

光荣属于英勇的战士!

同时我告诫如下:绝不宽恕人民的敌人、外国帝国主义特务、资产阶级雇佣军。我在军事人民委员的专列里起草这道命令时,革命军事法庭正在列车上开庭……(它)在这条铁路沿线地区范围内拥有无限权力。已宣布这个地区进入戒严状态。我已责成卡缅希科夫(Каменщиков)同志防御莫斯科—喀山战线,他已命令在穆罗姆、阿尔扎马斯、斯维亚日斯克设立集中营……兹告诫在所有军事作战区域内的苏维埃负责人员:我们对他们提出加倍要求。苏维埃共和国对玩忽职守、犯罪的政府人员的惩处将像对敌人一样严厉。……共和国在危险中,对所有直接间接加剧危险处境的人都将严惩不贷。①

托洛茨基抵达斯维亚日斯克,这是位于伏尔加河西岸,喀山对面的一个小城镇,是红军渡河退却后最前沿的阵地。他看到前线实际上处于崩溃状态:大批士兵开小差,指挥官和政委疲惫沮丧。托洛茨基的列车停在敌人炮火射程之内,他从列车上下来,走进惊慌失措的士兵群中,他那滔滔不绝、热情雄辩的话语灌输到他们耳中,他把他们召集起来,有时还要亲自把他们领回前线去。在一次特别危急的时刻,连他自己的警卫队都加入了战斗,几乎只把他一个人留在车上。当地的政委们建议他转移到更安全的地方——到停泊在伏尔加河上的一艘汽艇上去;但他担心这样做可能影响军心,因此拒绝了。喀琅施塔得的水兵把一支小鱼雷艇队带到伏尔加河上,他和水兵们登上一艘破旧的鱼雷艇,对喀山进行冒险夜袭。小舰队大部分被摧毁,但却把沿岸敌人的炮兵阵地打哑了,托洛茨基安然回到他的基地。

参加这场战斗的部队微不足道。② 正如在每一场内战的开头时一样,在这里,这场大革命的命运也取决于规模微小的战斗。在这类战斗中,领袖始终都是身先士卒:他的信仰、他的镇定沉着、他的英勇可以创造奇迹。他还要以个人表率来确立他的军事权威,很难指望一般军队的领导人会这样做。另一方面,当地指挥官在这样的战斗中始终在他的眼中;他们在现场取得的荣誉帮助

---

① 托洛茨基:《革命是怎样被武装起来的》第1卷,第233页。
② 即使胜利后他们的队伍已大大增加时,红军人数也只有25000人,在托洛茨基到达前线之时,红军的人数肯定要少得多。

他们得到梦想不到的提升和名望。托洛茨基和瓦采季斯的友谊就是从斯维亚日斯克开始的，不久，他提升瓦采季斯为红军总司令。他在那里还注意到年轻的图哈切夫斯基（Тухачевский）。也是在那里，他与喀琅施塔得水兵司令拉斯科尔尼科夫，政委 И. Н. 斯米尔诺夫及阿尔卡季·罗森戈尔兹（Аркадий Розенгольц）的友谊联系越发密切起来。他在斯维亚日斯克时对 В. 梅日劳克（Межлаук）的组织才干很重视，而且在整个内战期间都在提拔他。后来，梅日劳克变成他的敌人，当上了斯大林的部长会议副主席。在内战期间，这些人——第五军的老战士——跟托洛茨基的关系始终十分密切：他们形成一个与斯大林亲信的察里津集团针锋相对的集团。

托洛茨基对那些以英勇和才干著称的人大事赞扬，而对那些失职的人毫不宽容。他把一个团的团长和政委——政委名叫潘捷列耶夫（Пантелеев）——送上军事法庭，因为他们在战斗最危急的关头擅自带着部下逃离前线。团长和政委二人都被枪决了。托洛茨基评论该事件时说："红军士兵不是懦夫，不是损人利己者。他们要为工人阶级的解放战斗。如果他们后退或作战不力，罪责在指挥员和政委。我预先警告过：任何部队擅自后退，首先要枪毙该部队的政委，其次是部队指挥员……懦夫、损人利己者和叛徒一律处决。我将亲自监督本命令的实施，特此告示全军。"①

在托洛茨基与列宁之间未发表的通信中可看出，他对战争的细节多么关注。在一封信里，他坚持要求增援；在另一封信中，他要求派服从命令且"视死如归"的共产党员到伏尔加河去——"这里不需要浅薄的宣传员"。还有一封信，他要求供应手枪和组织一支优秀的军乐队。他急于引发士兵的想象力与自豪感，因此要求派群众喜爱的讽刺诗人杰米扬·别德内（Демьян Бедный）到前线去，并要求政府设立勇敢勋章。布尔什维克既已废除一切勋章，因此对这最后一项建议感到迟疑，这从托洛茨基等得越来越不耐烦、三次反复要求中可以推想得到。这些书信还透露了可以说明托洛茨基无情的难以理解的例子。8月17日列宁写信告诉他说，由法国、美国领事支持的红十字会要求准许通过布尔什维克控制下的下诺夫哥罗德把食物运到白军占领的萨马拉。列宁认为没有理由反对。但托洛茨基拒不准许红十字会越过战线。他回答

---

① 托洛茨基：《革命是怎样被武装起来的》第1卷，第235页。

列宁说"只有傻子和骗子"才会谈论与白军和解的可能性。他补充说，他不想让红十字会成为喀山的"资产阶级总部"被炮击（焚烧成焦土）的见证人。不过托洛茨基在炮击前曾向喀山的劳动人民公开发出警告："我们的炮兵……尽力避免损坏穷人的居所和生活区，但在残酷的战斗中可能发生意外事故，我预先通知你们迫在眉睫的危险。……把你们的孩子从城里迁出……在苏维埃地区找寻避难所——我们给予所有劳苦人民兄弟般的款待。"①

9月10日，红军进攻并占领了喀山。两天后，图哈切夫斯基率部队占领了辛比尔斯克，他在一封简短的电报中向托洛茨基汇报："命令已经执行。辛比尔斯克业已收复。"10月初，整个伏尔加河流域已重新在苏维埃统治之下了。

这一胜利令人振奋，特别是因为这一胜利恰好和严重的政治危机同时发生。一个叫范·卡普兰（Ф. Каплан）的社会革命党人在莫斯科对列宁行刺。另一个社会革命党人在彼得格勒暗杀了乌里茨基。布尔什维克以宣布红色恐怖和命令枪毙人质来回击。在这些事件期间，托洛茨基应召回莫斯科。他看到列宁的伤势正在康复，他在使列宁和苏维埃执委会对战局前途放心之后便重返前

1918年10月17日，列宁在克里姆林宫主持人民委员会会议

① 托洛茨基：《革命是怎样被武装起来的》，第244页；列宁关于红十字会的信发表在《列宁全集》第18卷，第186页；托洛茨基的复信现存于托洛茨基档案之中。

第十二章 武装共和国

线。大约与此同时，右派社会革命党人试图重新召开已被解散的立宪会议，并在捷克人和高尔察克的庇护下在萨马拉成立了一个敌对政府。社会革命党人在伏尔加河流域的农民中有相当的影响；哪怕只是象征性地恢复立宪会议，也是给布尔什维克带来麻烦的一种危险。红军夺回伏尔加河流域才消除了这种危险。切断了农民对立宪运动的追随，就使这个运动变得无足轻重了。社会革命党人后来发现自己在受高尔察克的任意摆布，不久，高尔察克宣布自己为独裁者（"最高执政者"），解散了这个残余议会，处决了它的几个头头，迫使其他人到苏维埃地区寻求避难。拥护立宪会议分子就这样在苏维埃与白卫军这两片磨盘之间被碾得粉碎。①

最后，伏尔加河上的胜利强有力地促进了红军的成长。严重的危险使苏维埃摆脱了自满和懒散；胜利使得他们坚信自己的力量。军事人民委员部进行的初步组织工作已开始见效：指挥参谋部已建立起来，征兵站已发挥作用，军队的基本构架业已成型。

9月底，托洛茨基回到莫斯科，把最高军事委员会改组为共和国革命军事委员会。这个机构负责决定军事政策问题。② 这个机构下设14个军的革命军事委员会，每个委员会由军长和两三个政委组成。托洛茨基本人任共和国革命军事委员会主席，当他视察前线时，由他的副手埃·马·斯克良斯基（Склянский）处理委员会的日常工作。托洛茨基本人对其副手的才能、干劲和勤奋大加赞扬，称他为俄国革命的卡诺（Carnot）。斯大林时期写的内战史中几乎从未提到过斯克良斯基，尽管他从未卷入过托洛茨基与斯大林之间的斗争，死于1925年。但在已发表的列宁书信中，尤其是未发表的记录中对斯克良斯基处理军务的决定性作用给予了充分的肯定。他的经历是当时的非凡经历之一。他是基辅医学院年轻的毕业生，革命前应征入伍当军医，不久在布尔什维克的秘密军事组织中成为杰出人才。托洛茨基到1917年秋天才结识他；斯克良斯基的创造性、热情奔放以及他对细节十分关注的特点给托洛茨基留下深刻印象，因此任命他为副主席。③

---

① 维·切尔诺夫：《我在苏维埃俄国的苦难》。
② 革命军事委员会不应跟以列宁为主席、托洛茨基为副主席的工农国防委员会混同，后者是协调军事政策和国家政策的。
③ 《托洛茨基全集》第8卷，第272—281页。

托洛茨基在与他的副手 E. M. 斯克良斯基和 C. 加米涅夫将军交谈

委员会的其他成员是：刚就任总司令的瓦采季斯，与瓦采季斯一起在伏尔加河地区工作的政委伊·尼·斯米尔诺夫和 A. 罗森戈尔兹，在喀山指挥红色小舰队的拉斯科尔尼科夫，还有穆拉洛夫和尤列涅夫。这样，喀山之役的胜利者此时都身居军事要职。

托洛茨基在他们的帮助下开始整顿南方战线，并使之接受集中领导。这时白卫军的主要据点在南方。南方布尔什维克最强大的部队是伏罗希洛夫的第十军。但伏罗希洛夫拒不按照托洛茨基的统一方案彻底整顿他的部队。矛盾酝酿了一段时间。斯大林在察里津的伏罗希洛夫司令部里度过了大半个夏季，一直支持伏罗希洛夫。稍后，9 月里，斯大林担任了整个南方战线的总政委；前线同莫斯科的总部经常发生摩擦。托洛茨基决定结束这种局面。10 月初，他任命旧军队的一位将军瑟京（Сытин）为南方战线司令，并且要求伏罗希洛夫服从命令。他还任命南方战线新的革命军事委员会，以著名的布尔什维克成员施略普尼柯夫取代斯大林为政委。在公布这些任命时，托洛茨基威胁说："指挥员和政委中胆敢违反纪律者，不管过去功劳大小，立即送交南方战线革命军事法庭审判。"① 同时，托洛茨基提议任命斯大林为共和国革命军事委员会委员，想以此平息他的不满或缚住他的手脚；因为斯大林早已反复向列宁抗议，反对托洛茨基对南方战线的处理。

1918年，斯大林在察里津的照片

斯大林返回莫斯科，对立双方表面上和解了。但是，伏罗希洛夫自恃有斯大林的保护，继续蔑视上级的权威，无视新任司令的命令。以后不久，斯大林回到察里津。然而因为矛盾越来越激化，列宁用外交手腕把斯大林召回莫斯科，于是托洛茨基出发视察前线。关于托洛茨基亲赴察里津的事，托洛茨基本人及其他人曾多次描述过。他威胁要把伏罗希洛夫送交军事法庭，在他当时颁布的命令中，严厉批评伏罗希洛夫的司令部把自己的野心置于整个战线的利害关系之上。② 伏罗希洛夫面对这一威胁同意服从他；因而托洛茨基除了派他信任的奥库洛夫（Окулов）任第十军司令去控制伏罗希洛夫以外③，没有采取进

---

① 托洛茨基：《革命是怎样被武装起来的》第1卷，第347—348页。
② 参见托洛茨基当时颁布的命令，日期为1918年11月5日，地点是察里津。《革命是怎样被武装起来的》第1卷，第250—251页。
③ 1918年12月14日托洛茨基致列宁的电报，存于托洛茨基档案。

一步措施。在十月革命一周年纪念日时,他向苏维埃代表大会报告军事形势,进一步公开了那场矛盾,并不惜给第十军抹黑。托洛茨基这样羞辱察里津集团,他们是绝不会原谅的。①

那个秋季的剩余时间和初冬托洛茨基都是在南线度过的。而此时他在莫斯科的对手,特别是斯大林和季诺维也夫,力图进行反对他的活动,并且不无成功地影响了列宁。托洛茨基后来说过,他在前线时,后来的格别乌首脑明仁斯基(Менжинский)警告过他这个"阴谋"。明仁斯基说,斯大林力图让列宁相信托洛茨基把敌视列宁的人网罗在他的周围。托洛茨基向列宁坦率提出这个问题;他后来说,当时列宁感到为难,但不否认阴谋这一事实,然而列宁向托洛茨基保证自己完全相信他的忠诚。尽管如此,列宁拒绝介入这场纠纷并力求平息它。不久,他建议召回留在察里津负责监视伏罗希洛夫的奥库洛夫。托洛茨基拒绝召回他,而且这次要求免去伏罗希洛夫的司令职务,将其调往乌克兰,并给第十军任命新政委。列宁让步了,伏罗希洛夫不得不走。

察里津集团企图报复,私下说:托洛茨基是沙皇将军们的朋友,在军队里迫害布尔什维克。这种控告在布哈林主编的《真理报》专栏上出现。1918年12月25日,《真理报》发表伏罗希洛夫的一个下属对托洛茨基的猛烈攻击。②这件事和左派共产主义者为达到修改军事政策而进行的新尝试恰好同时发生。左派共产主义者反对雇用旧军官失败后,遂改变主张,要求政委应垄断指挥权,并建议军官只能作为顾问在政委领导下工作。这场暗中进行的反对托洛茨基的斗争甚至变得更加恶毒:竟有人传说托洛茨基把共产党员和政委交给行刑队。中央委员会的两个成员斯米尔加和拉舍维奇在军中身居重要的政治职务,他们向政治局及中央委员会提出这样的指控(不要忘记拉舍维奇因为"把军官像柠檬一样榨干"的话曾与托洛茨基发生冲突)。政委潘捷列耶夫被军事法庭判处死刑,在斯维亚日斯克执行,还有两个政委,即扎卢茨基(Залуцкий)和巴卡耶夫(Бакаев)险些被处决,这些案件引起中央委员会的注意。

---

① 托洛茨基在十月革命周年纪念日的报告(这篇报告主要反驳对军队集中制的批评)中故意夸大红军的实力,他说:伦敦《泰晤士报》估计红军编制为50万人,是大大低估了。其实编制只有35万人。《革命是怎样被武装起来的》第1卷,第332—341页;《苏维埃政权五年》,第156页。

② 这篇文章的标题是"非常时刻",署名是卡门斯基。

第十二章 武装共和国

1918年10月16日,列宁在其克里姆林宫的办公室中阅读《真理报》

托洛茨基在致中央委员会的一封机密信中答复了这些指控。① 对枪决潘捷列耶夫一事他不予道歉,因为潘捷列耶夫是由于擅离职守而被军事法庭判处死刑的;不过他补充说,就他所知这类事件仅此一起。他曾命令政委保存军官家属的户口登记册,以便使军官们知道,他们胆敢背叛,其亲属将成为牺牲品;对这一威胁手段最近有一种误解。有一次几个军官跑到白卫军那边去了,而结果证明政委们根本没有保存他们家属的户口登记册。托洛茨基接着写道,共产党员犯了如此玩忽职守的罪,理应枪毙。斯米尔加和拉舍维奇显然以为托洛茨基的威胁是针对他们的。托洛茨基解释说这样的理解是十分荒唐的。斯米尔加和拉舍维奇都知道他评价他们是红军中最优秀的政委。他的威胁"是泛泛而谈",并不针对某个个人。

根据内在证据看来,托洛茨基的解释是真实的。他的对手除了潘捷列耶夫案之外举不出任何具体例证来支持他们的指控。然而,托洛茨基的命令确实充满令人胆战心惊的威胁;尽管他的命令可能只是要警告他的部下,却玷污了

---

① 这封信没署日期,但根据内在证据显然是1918年12月底前写的,这封信没有发表过。存于托洛茨基档案。

他的声誉；内战后好久，斯大林的追随者仍用与之相关的指控来反对托洛茨基。

托洛茨基要求中央委员会对他的军事政策明确表态，并抗议《真理报》不经事先调查就发表了那一指控。他亲自在《真理报》上对那些散布不信任、敌视军官的"自高自大、一知半解的党内假行家"进行抨击，他答复说："广大读者几乎知道每一起背叛案件……即令是在党内比较狭小的圈子里，人们对那些为工农俄国的事业忠诚而心甘情愿地献出生命的专业军官也几乎一无所知。"① 当然，应该使读者知道背叛的事例，但还应该使他们知道，有多少次整团整团的兵力被消灭，就是因为指挥那些团的都是读不懂命令、看不懂地图的业余军官造成的。他坚决拒绝军官只应充当政委们的顾问这个新建议，说这种思想"旨在满足报复的渴望"，而在军事上毫无价值。他认为，实行红色恐怖的目的不是要消灭或贬低知识分子，充其量只不过是吓吓他们，目的是让他们为工人国家服务。

他在一封致友人的信中提出这个问题，这封信发表在1919年2月号的《军事杂志》上。信中透露出争论的激烈。他这样轻蔑地写到"苏维埃新官僚""在他们的任务面前发抖"；他们妒忌、仇恨每一个比他们有教养或比他们有技术的人；这类新官僚不愿学习，从来不愿在自己身上找失败的原因，总是寻找替罪羊，总是乐于大叫背叛；他们保守、懒散，对所有提醒他应该学习的人表示不满；这种官僚已成为新国家具有破坏性的绊脚石。"这是对共产主义革命事业的真正威胁。这些人即使不搞阴谋犯罪，也是反革命的真正帮凶。"如果革命的结果只是使几千个工人得到政府的职务而成为统治者，那么革命就会成为荒唐的事。"只有当每一个劳苦的男女都感觉到他或她的生活都已变得更富裕、更自由、更美好而且更有尊严时，才会充分证明我们的革命是正确的。现在还没有达到这一步。横在我们与这个基本的、唯一的目标之间还有一段艰难的路程。"②

概括地说来，这就是托洛茨基后来反对斯大林斗争的主题；而且它早在十月起义的一年之后就首次出现了。

---

① 《真理报》1918年12月31日；《革命是怎样被武装起来的》第1卷，第154—161页。
② 托洛茨基：《革命是怎样被武装起来的》第1卷，第170—172页。

第十二章 武装共和国

* * *

1918年11月，奥匈帝国和德国帝国在失败和革命的影响下灭亡。宣告废除《布列斯特和约》。同盟国部队撤出俄国和乌克兰，留下一个军事真空地带。托洛茨基急于把红军开进真空地带。但是大部分军队却已被乌拉尔的高尔察克和在南俄、顿河流域的邓尼金与克拉斯诺夫（Краснов）钳制住。西线和西南战线的形势同革命后不久其他战线的形势很相似，那里的布尔什维克只能依靠赤卫队和游击队。但就连这些部队的弹药也极端匮乏；他们的枪炮因得不到润滑油而生锈，马匹因没有饲料而饿死；铁路的军运列车一小时只走15公里。布尔什维克严酷的农村政策——征用粮食——对军队的情绪产生了不良的影响。①

在这样的情况下，列宁并不十分急于占领乌克兰。他对肃清顿河和北高加索的反布尔什维克部队更为重视。托洛茨基倾向于首先占领乌克兰。他预料协约国远征军要在黑海沿岸登陆；他想使乌克兰在苏维埃的控制下，借此使协约国军队尽可能远离莫斯科。同时，高尔察克的白卫军再一次进攻乌法和彼尔姆，并且占领了这两个地方。列宁担心高尔察克、邓尼金和克拉斯诺夫可能在伏尔加河会合，所以告诫托洛茨基不要被他的乌克兰计划吸引住而牺牲其他战线。然而，不久后高尔察克的进军被遏止，列宁最担心的危险并未发生。另一方面，法国人却正如托洛茨基所担心的那样在敖德萨和尼古拉耶夫登陆了。乌克兰的布尔什维克游击队终于证明有足够的实力可以打败彼得留拉（Петлюра）、占领哈尔科夫并使革命推进到乌克兰的大部分地区。但同时邓尼金正在北高加索草原聚集军队。

随着冬季到来，战斗也暂时停息；眼下看来这种暂停可能最终成为正式休战。法国的干涉正在瓦解。法国在敖德萨的驻军受布尔什维克的鼓动而叛乱；不久以后，全部法国远征军退出俄国，使白卫军大失所望。但克列孟梭（Clemenceau）和福煦（Foch）并未放弃干涉政策。威尔逊总统反对他们干涉，建议俄国交战各方与政府休战，并在王子群岛会谈。苏维埃政府接受了这一建议。1919年1月24日，列宁电告托洛茨基："很抱歉，但是你必须去见威尔逊。"② 他力主托洛茨基再占领几个城市，借以加强在王子群岛谈判中讨价还

---

① 这段叙述根据列宁与托洛茨基在11月、12月和1月间的往来信函。在整个这段时间里，托洛茨基一直就乌克兰的主要情况向莫斯科发出警报，并力主放宽党对农民的政策。托洛茨基档案。

② 托洛茨基档案。

价的地位，这表明列宁认真考虑过停战。托洛茨基同意加速军事行动，但不肯接受外交任务，也许因为对《布列斯特和约》的痛苦回味迄今记忆犹新；他建议派契切林和拉柯夫斯基去。但这件事没有结果，白卫军的头目们在法国人的怂恿下拒不与布尔什维克会谈。因而威尔逊总统的调解企图失败了。

新的战斗季节到来了，但就是到此时，即托洛茨基担任军事人民委员一年之后，他的军事政策尚未得到党的同意——他推行他的军事政策似乎是由他个人负责似的。他的对手们狂热地准备在3月间召开的党的八大上向他的政策挑战。列宁至少同托洛茨基一样，坚决主张集中制和严格的纪律，但在雇用军官问题上还没有下定决心。叛变发生得太频繁了；反对派则尽力加以利用。大会召开前不久，列宁向托洛茨基建议把军官全部解雇，任命曾在沙皇军队中当过军士的拉舍维奇为总司令。当托洛茨基告诉列宁说在红军中服役的军官有3万多人时，列宁大感意外，直到这时列宁才认识到问题的重大意义，因而承认：与雇用的军官人数相比，叛变的事例只是少数；他终于也认为解雇军官是不可能的事；他在公开演讲中赞赏托洛茨基的首创精神，说托洛茨基在用被摧毁的旧制度大厦上留下的砖瓦"建设共产主义"①。

列宁的支持使托洛茨基感到放心，他满怀信心地期待辩论的到来。反对派召集军队中的追随者，尽可能多地使他们出席大会并能够当选。然而，在大会召开前，高尔察克重新发动全面进攻。东线再次吃紧。在这样的时刻，军事部门的首脑为给自己的政策辩护而把时间浪费在长时间的辩论上，而且一大批政委竟然离开战线去参加大会，这显然十分荒谬。所以中央委员会决定，托洛茨基应立即出发赶赴东线，军人代表应返回前线。反对派抗议说，这是托洛茨基在利用紧急形势迫使反对派的追随者沉默，逃避对他的政策的批评和监督。于是中央委员会又撤销决定，准许反对派的军事代表留在莫斯科。但托洛茨基本人及其军中的拥护者立即奔赴前线。他留下解释他的政策要点的"提纲"，由索柯里尼柯夫代表他提交大会。

---

① 《列宁全集》（1920—1926年第1版第16卷，第73页）第36卷，第49页。争论开始一年后，列宁仍不知道应征入伍的军官人数，这一事实表明列宁因专心注意处理政治经济事务，只是一般间接地过问军事方针。在托洛茨基向他透露的情况给他留下新的印象下，他同他力图争取使其回到布尔什维主义的高尔基辩论时这样说"请告诉我还有哪个人能在一年之内建立起一支堪称楷模的军队而且赢得军事专家的尊重；我们有这样的人，就有了一切，我们将创造出奇迹。"高尔基：《列宁和俄国农民》，第95—96页。高尔基是在列宁逝世后撰写此书的，当时反托运动已在全力进行。在把托洛茨基放逐后出版的新版本中，高尔基把这些赞扬托洛茨基的话降调，只是肯定第一版所说的是事实。参见高尔基：《与列宁相处的日子》，第56—57页；在后来出版的列宁著作中，列宁赞扬托洛茨基的话都被删掉了。

第十二章　武装共和国

高尔察克

1919年，高尔察克在检阅军队

关于军事问题的主要辩论在大会军事小组的秘密会议上进行。我们没有得到有关的记录，但辩论的要点及其结果从政治局的文件和从托洛茨基、季诺维也夫、斯大林之间的来往书信中可以看清。① 左派共产主义者和伏罗希洛夫对托洛茨基提出严厉的批评；甚至又重提关于枪决政委的指控。列宁为托洛茨基作了强有力的抗辩后，离开会场去处理其他事情。于是辩论由季诺维也夫和斯大林主持进行。经列宁干涉后，反对派的失败已成定局。季诺维也夫和斯大林两人小心翼翼地给人们造成他们的观点与列宁的观点一致的印象；但他们对托洛茨基政策的支持却是言不由衷，他们向反对派作了几点足以使托洛茨基的胜利黯然失色的小让步。反对派得到大约 1/3 的票数；按照季诺维也夫后来向政治局的汇报所说的，也许这些让步有助于减弱反对派的力量。大会公开表决时，以全票批准了托洛茨基的活动，并通过了他的"提纲"。但军事小组秘密通过的一项命令限制了这项批准，命令要求托洛茨基多注意军队中共产党员的意见以及要跟主要政委每月定期举行会议，等等。这样，尽管一般公众知道党已经完全赞成托洛茨基的政策，但在布尔什维克领导集团中，他的对手却感到满意，因为他们对托洛茨基的所有指控并没有被明确地驳回。而且有些指控，如托洛茨基是穿军装的党员的敌人，的确是缠住他不放。②

托洛茨基先是从斯大林签署的电报里得知，大会已全票批准了他的政策，这份电报是3月22日或23日他在前线收到的。不久后，他收到季诺维也夫起草的中央委员会的信函，通知他向反对派让步的事，并极力劝他要把此事看做是一个"告诫"。托洛茨基拒不接受这一"告诫"。他书面答复说，他不能每个月都把政委从前线召回来同他们开会。总之，这一"告诫"是受"可耻、粗暴、卑鄙的偏见"所支配，渗透着伏罗希洛夫的所有非难。他责备自己对待伏罗希洛夫太宽厚，因为"军中的每一个不满都是武装起来的不满"。他写道：就是在布尔什维克的文职机构内，在党从辩论转到行动的时刻起，容许用于争论的时间跨度都是很小的。军队中争论的时间跨度必然更小，他必须要求严格的纪律。然后他非常激动地列举他跟指挥员及政委的几次冲突，他不得不

---

① 托洛茨基档案，另见《俄共第八次代表大会》，第337—338页。
② 在后来的争论中托洛茨基提到的是大会的公开投票，而斯大林派的资料说的是大会秘密地作出有利于它否决托洛茨基意见的决定。两种说法都符合事实，只是两种说法都只是说了事实的不同部分。

因他们破坏纪律而逮捕并惩处他们,但是他希望他们会认识到这样做的必要性,而在将来不至于对他怀恨。最后,他要求正式调查关于枪决政委的指控。[①] 他的意思是说列宁和季诺维也夫并不完全知道前线骇人听闻的情况。反对派的态度是由他们的厌倦与神经紧张造成的;他担心党的领导也会屈服于这种情绪。

事情暂告结束。在大会上失败的左派共产主义者不能重新进行挑战,他们的不满仍在酝酿,但是,在内战造成的危机中需要纪律、集中制及军事专家的领导,这一点理所当然地得到普遍同意。然而,党内领导集团中由斯大林和季诺维也夫率领的反对派像过去一样强有力——只是把涉及的范围从一直争论的问题转到战略战术方面来了。

* * *

内战的战略是由红军在周长8000多公里的战线上作战这一事实决定的。就连人数众多、装备精良及训练有素的军队也不能同时控制所有这些战线。构成这一战争的是一系列的推进与反推进,即外缘的白军时而从这里、时而从那里向内地纵深挺进和红军相应的反挺进,甚至是更纵深的反挺进。打败捷克军团以后,三个重大战役构成了1919年内战的顶峰:春季,高尔察克从西伯利亚基地向伏尔加河流域和莫斯科进攻;夏季,邓尼金从南方推进,目标也是莫斯科;秋季,尤登尼奇企图夺取彼得格勒。如果所有这些攻势都同时围攻苏维埃政权的中心,反革命就可能取得胜利。但白卫军在"外线"作战,而且他们彼此相隔数千公里。每支白卫军都以不同的速度各自为战,每支白军的司令都渴望为自己赢得胜利的桂冠。与此相反,在"内线"作战对红军有利。红军把兵力从一条战线转移到另一条战线,保证局部优势。红军的作战毕竟是有计划的,资源由一个中心控制,但在确定战略重点时自然会引起摩擦与争论,特别是当每一项决策几乎都关系到政策和战略的取舍抉择时。

---

① 调查团成立了,但除了众所周知的潘捷列耶夫案件外再提不出任何支持指控的证据。看来调查团的裁决曾公布过,但我一直未能找到。

尤登尼奇，1919年7月任西北线白军司令

1919年和1920年反布尔什维克军队占领的地区图

第十二章 武装共和国

3月和4月间,高尔察克的军队又一次在广阔的战线上向伏尔加河流域推进,重新威胁去年夏季险些沦陷的莫斯科。东线的红军耗损殆尽:最好的部队都已被派往南方去打邓尼金。托洛茨基在东线度过了两个月的时间,在此期间他使后退的军队重新振作起来准备反攻。比起与捷克人作战时,这次他展望前景时信心更足。他已有50多万人的大军;而且由于50%的工会会员已应征,到这一战役结束之前,军队编制已增到150万人。① 将近4月底时,东线司令C. 加米涅夫——他以前是沙皇总参谋部的上校——对高尔察克南线的侧翼实施大胆的侧翼包围,袭击敌人拉得过长的战线。不久,白军就开始溃不成军地败退到乌拉尔。

这时,在总司令瓦采季斯与东线司令加米涅夫之间发生了争论。后者极想乘胜挺进西伯利亚,追击高尔察克。他深信,只需用他的一部分部队就能彻底击溃高尔察克,其余的部队可调去增援南线,然而瓦采季斯否定了加米涅夫的计划。他认为高尔察克在西伯利亚有强大的后备,而且认为纵深追击危险太大,他命令加米涅夫在乌拉尔停止追击。托洛茨基支持总司令,他也生怕东线部队可能进入高尔察克为他们设下的陷阱。② 托洛茨基那时更急于肃清俄国欧洲部分的白卫军,而不想先把苏维埃政权扩展到西伯利亚。这时又出现了新的任务:匈牙利和巴伐利亚刚宣告成立苏维埃共和国,列宁力主红军同苏维埃匈牙利建立联系,尽管东加利西亚的波兰军队挡住了通往匈牙利的道路。③ 出于这些理由,托洛茨基急于减轻东线所承担的任务。因为加米涅夫不愿放弃追击高尔察克的计划,托洛茨基撤了他的司令职务。当时东线的拉舍维奇、斯米尔加和古谢夫(Гусев)声称他们和被撤了职的司令一致,并要求恢复他的职务,让他放手干。政委们的话先是引起了斯大林的注意,而后引起了列宁的注意;他们推翻了托洛茨基和瓦采季斯的决定。加米涅夫加强追击,越过乌拉尔,不久就摧毁了高尔察克,终于证明在西伯利亚并没有其战略后备军队。这一回合,托洛茨基的对手取得了明显的优势。

---

① 《苏维埃政权五年》,第156—157页。
② 《托洛茨基全集》第17卷第2册,第587页。
③ 1919年4月21、22日瓦采季斯与列宁的来往书信,存于托洛茨基档案。

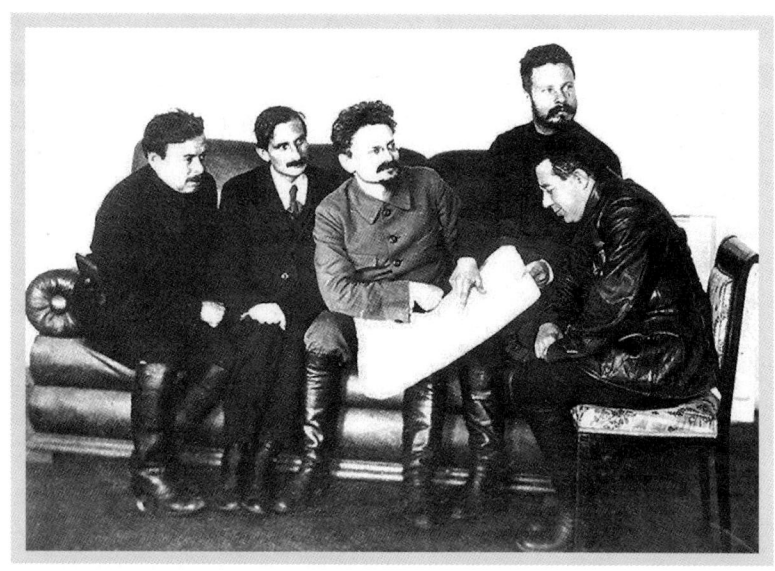

1919年，托洛茨基和库恩·贝拉、阿尔弗雷德·罗斯默、伏龙芝和古谢夫在内战期间

与此同时托洛茨基到了南线，他在那里度过了夏季的大部分时间。正当高尔察克开始败退时，邓尼金已推进到乌克兰，只遇到微不足道的抵抗。乌克兰只在新近才受苏维埃的控制，而且徒有其表，没有正规军。赤卫队和游击队在乡间游荡，抢劫，散布无政府主义。马赫诺的无政府主义部队占领并统治着这个国家的部分地区。在俄国已失败的左派共产主义者在乌克兰前线找到了他们的避难所，那里处于早期的革命骚动阶段，对他们却是相宜的地盘。是托洛茨基亲自任命安东诺夫－奥弗申柯、波德沃伊斯基和布勃诺夫负责乌克兰的军务的，但布勃诺夫是左派共产主义者的领导人之一，而安东诺夫－奥弗申柯也倾向于放松对赤卫队和游击队的约束。托洛茨基从一开始就提出采取坚决措施，并向莫斯科建议：把三个政委调离乌克兰，代之以确信能执行纪律的人。他甚至抱怨他的朋友拉柯夫斯基"太软弱"，因为乌克兰苏维埃政府是以拉柯夫斯基为首的；他要求任命 C. 加米涅夫或者伏罗希洛夫为乌克兰前线司令，明确指定要他们担当起制服游击队的任务。①

起先莫斯科没有答复。然而，托洛茨基留在乌克兰的时间愈久，他愈感到

---

① 托洛茨基相信，伏罗希洛夫这时已经悔悟，成了拥护他的政策的人（参见5月7日从哈尔科夫发给中央委员会的电报。托洛茨基档案）。而此时痛斥伏罗希洛夫"盗窃"军库等行为的人却是列宁（参见6月2日列宁给托洛茨基的电报）。

第十二章 武装共和国

1919年5月25日，列宁在莫斯科红场的一次阅兵式上发表演讲

普遍的混乱使自己不知所措。他开始考虑到，当国内经济政治状况还没有恢复正常时，就不可能克服军事上的混乱。他向莫斯科报告，他无法使军队接受集中领导、服从纪律，因为他无法为军队供应粮食、军装以及武器。"鼓动和镇压都不能使赤脚、衣不蔽体、饥饿、满身虱子的军队"成为骁勇善战的军队。① 他向俄国要求供应军需，但落空了。此外，乌克兰农民十分仇视苏维埃；当地的布尔什维克领袖对失败几乎采取听天由命的态度。他本人提出的撤换司令也不能改善这些情况。与此同时，列宁开始更加不耐烦地力劝托洛茨基实行他所提议的更换乌克兰司令。

　　7月初，托洛茨基回到莫斯科。这是他在内战期间的命运的最低点。他承认对东线形势判断错误，当时他反对追击高尔察克。此刻他必须答复对他处理乌克兰战线的责难。此外，他提升并支持的总司令成了严厉抨击的牺牲品。斯大林坚持要求解除瓦采季斯的职务，甚至指控他叛变。他提议任命战胜高尔察克却新近被托洛茨基降级的加米涅夫为总司令。顺便一提，斯大林本人刚刚成功地指挥了抗击尤登尼奇、保卫彼得格勒的战斗；因而他挟着这一新胜利的光辉而自鸣得意。7月3日，中央委员会根据斯大林的建议决定：将瓦采季斯在

---

① 1919年7月1日的信。

顾全其面子的情况下予以免职，任命加米涅夫为总司令。托洛茨基抵制这一人事变动，而且十分气愤；他本人后来写道：加米涅夫"在东线的胜利赢得了列宁，使我的反对失败"①。这样的失败已很痛苦，但是祸不单行，中央委员会还决定彻底整顿共和国革命军事委员会。托洛茨基留任主席，但他的朋友（斯米尔诺夫、罗森戈尔兹和拉斯科尔尼科夫）都被免职，他们的职位由斯米尔加和古谢夫接替，这两个政委曾保护过新任总司令，反对托洛茨基，而对他们提名是斯大林所赞成的。

双重的谴责严重地伤害了托洛茨基，他当场辞去政治局委员、军事人民委员和革命军事委员会主席的职务。但政治局不许这场冲突公开化。不管托洛茨基在克里姆林宫的内部会议中受过什么奚落，对全国来说他仍然是十月革命的领导人、红军的缔造者、胜利的旗手。他在新的非常时刻辞职会使党和军队震惊。无论如何，列宁真正关心的是他的政府不能失去托洛茨基。政治局根据列宁的提议拒绝了托洛茨基辞职，并一致通过一项决议，庄严保证政治局对托洛茨基的深深敬意与完全信任，力劝他继续负起南线的"极其困难、危险而且重要的工作"。也正是在这时，列宁显然因此事感到不安，他交给托洛茨基可以签发任何命令的空白信任状，作为他信任托洛茨基的表示。② 在这些条件下，托洛茨基答应继续留任。

紧接着，在抗击邓尼金的战役问题上又发生了另一场激烈争论；在这场争论中，托洛茨基的对手们又打败了他。当时，邓尼金已经占领了察里津、顿涅茨煤田和哈尔科夫。反布尔什维克的战线从伏尔加河与顿河流域扩展到乌克兰西部草原。顿河哥萨克占据着伏尔加河和顿河间的东部防区，而白军本部则在中部及西部防区推进。要解决的问题是，红军应对哪一部分防区进行反击。新任总司令提议对东部防区、沿顿河流域向察里津以及邓尼金在北高加索的根据地进行反击。根据严格的军事理由，这是一个正确可靠的计划。这个计划的目的是从侧翼包围邓尼金的军队，并要切断他们与主要根据地的联系。计划还打算把邓尼金的军队与高尔察克的军队分开，这样，高尔察克即使要重新取得主动而再一次挺进，他也不能和邓尼金会师。这场进攻要由从乌拉尔撤下来的军

---

① 托洛茨基：《斯大林》，第313页。
② 这一信任状盖有人员委员会主席列宁的章，其内容如下："鉴于托洛茨基同志的命令的严肃性，我完全相信并绝对相信托洛茨基同志的命令的正确性、合理性、对革命事业胜利的必要性，因此我完全支持这一命令。"托洛茨基档案。

队进行；把这些军队投入攻打邓尼金的东线侧翼的战斗比把他们调到更远的西线容易得多。

托洛茨基反对这个计划。他的论据是：由于白卫军本部与顿河哥萨克之间不和，邓尼金的力量已削弱了。白卫军主要由俄国军官组成，它迫不及待地要推翻莫斯科和彼得格勒的布尔什维克政权；沉溺在本位主义中的哥萨克一心只想拒布尔什维克于哥萨克村镇之外，不愿把自己的头探到顿河流域以外去。他们对邓尼金进攻莫斯科的计划并不热心。托洛茨基认为，如果红军把主力部队投入顿河流域，就会激怒哥萨克，迫使他们起而作困兽斗，因而会无意中帮助弥合敌人阵营的裂痕。即使在初战胜利以后，红军也不得不在交通工具缺乏的情况下穿越怀有敌意的居民住地。同时，邓尼金定会对力量薄弱的中部防区发起袭击，因为从那里到莫斯科路程最短。托洛茨基提议，红军主力应调到中部防线，以哈尔科夫和顿涅茨煤田为主攻方向。红军沿着这条路线前进，可以切断邓尼金的军队，把哥萨克和白卫军隔开，使前者中立。进攻的部队会享有在高度工业化地区作战的有利条件，那里的人民拥护苏维埃；还有密集的公路网及铁路网供他们使用。因此，应视国家的社会和政治情况来决定进攻的方向。加米涅夫的计划虽然从抽象的战略角度看是正确的，但没有考虑到内战中政治与战略密切的相互影响。

军事人民委员和总司令之间的争论提交政治局时，总司令的论据获胜。政治局批准对东部防区进行主攻。

托洛茨基本人接二连三地受挫竟还有一点儿奇怪的余波。托洛茨基多少有些闷闷不乐地回到南方战线。他刚到达设在科兹洛夫的战地司令部就收到一封莫名其妙的信，上面有捷尔任斯基、克列斯廷斯基、列宁和斯克良斯基的签名，信上通知他，前总司令（即瓦采季斯）已被控犯有叛国罪，并已被关押起来。信中并没有详细说明指控的罪状——只说是根据另一个被捕军官的证词。这个打击是致命的。这是斯大林的创作。他指控瓦采季斯是叛徒，而且这无疑是针对托洛茨基的。我们并不确切知道托洛茨基对这一打击如何反应。但几乎可以肯定：他坚决为关押起来的人辩护并亲自担保其人的正直、忠诚，因为在类似情况下，即便职务相对较低的军官受牵连时他也一直是这么做的。[①]

---

① 例如那年早些时候托洛茨基断然反对逮捕扎京将军一事，他写道，扎京帮助苏维埃所做的工作比那些关押他的人还多，蛮横地对待这样的人会对军官的士气具有灾难性的影响。他要求释放将军，并愿在法庭给他定罪前亲自为他作保。托洛茨基档案（1919年1月的通信）。

幸而几天后瓦采季斯就获释了，并且被恢复了名誉。托洛茨基本人后来对这一指控有两种说法：第一种说法是，瓦采季斯对他身边的反革命军官警惕性不高；另一种说法是，瓦采季斯希望将来能像拿破仑那样大展宏图。① 但警惕性不高或怀有个人野心都不等于是叛国，也不等于证明把他关押起来是正当的；瓦采季斯被释放后仍继续担任军队高级职务，直到斯大林时代的后期。所以说，1919年逮捕瓦采季斯是有意给已经遭受挫折的托洛茨基添加耻辱。

正如托洛茨基与列宁的通信中所证明的，这几个星期是他们之间关系非常紧张的几个星期。究其原因，部分是由于在战略问题上意见不一致，部分是由于下述相关的事实：托洛茨基抗击邓尼金、保卫乌克兰的任务是西绪福斯式的苦工。列宁也怀疑托洛茨基试图使新任总司令在南方战线军官的心目中丧失信誉。托洛茨基从南线报告说，前线司令叶戈里耶夫（Егорьев）对加米涅夫的进攻计划持严厉批评的看法；并说他对执行加米涅夫的命令没有信心。托洛茨基写道：不管问题的是非如何，这种事态是反常的；因而他提议任命一个和总司令意见相同的人担任前线司令。这一提议实际上证明托洛茨基的忠诚，但却引起克里姆林宫的猜疑。政治局更换了前线司令，却又选派跟托洛茨基不和的斯米尔加和拉舍维奇到乌克兰去；而且还进一步意味深长地提醒托洛茨基要尽力加强新任总司令的权威。托洛茨基对这种含沙射影的暗示表示强烈抗议。他一再告诫列宁和政治局，他们对他的信的答复是毫无道理的，而列宁答复时对他提出一大堆的告诫和责备：为什么他几乎没有汇报成绩呢？究竟要在乌克兰的什么地点发动进攻？

事实上，乌克兰的普遍混乱使托洛茨基很少有或根本没有军事行动的余地。红军已把主力投在战线的东部防区，而让构成中部及西部防区的乌克兰自行防卫。托洛茨基向莫斯科不断告急：乌克兰兵力不足，仍然是一盘散沙；他要求增援，要求军需供应。政治局几乎毫不怀疑，托洛茨基提出这些要求旨在用迂回的手法达到修改加米涅夫的作战计划以及对军队另作部署的目的。

从托洛茨基8月11日致政治局的那封愤然抨击的信中可以看出当地的形势。他写道，乌克兰的红军士兵正在挨饿，其中有一半既无靴子又无衬衣，有大衣的更少；枪支弹药也一样缺乏；除了士兵，每个人都已武装起来，富农们

---

① 托洛茨基：《斯大林》，第310—316页。

存有大量向逃兵买来的武器;红军士兵食不果腹,又没有武器;当他们跟吃得脑满肠肥的农村高利贷者们对峙时就失去了信心。他还写道,必须严厉申斥富农,解除他们的武装;如有两三千名装备精良的可靠的共产党员,就能巩固前线;但是莫斯科却拒不派遣。乌克兰的布尔什维克都怀有失败主义的情绪,他们认为让乌克兰经受短时间的白军统治可能不是一个坏主意——因为这样会消除人民的幻想,使他们回到布尔什维克方面来。他向政治局保证,他坚决反对这种情绪。但是他认为乌克兰的师团必须有短暂的喘息,必须有机会"洗澡和穿起军装,准备进攻"。①

然而邓尼金不容许他们有短暂的喘息,两星期后他占领了基辅和几乎全部乌克兰;尔后他攻打红军薄弱的中部防区,向沃罗涅日和库尔斯克推进,直逼莫斯科。

这时,托洛茨基要求修改作战计划,他力主最高司令部的后备部队从东线防区调往沃罗涅日和库尔斯克。他一次又一次提出要求,而政治局及总参谋部一次又一次予以拒绝。与此同时,红军在顿河区域却不能取得决定性的进展,邓尼金夺取了库尔斯克、沃罗涅日和奥廖尔。10月初,直到对莫斯科的威胁迫在眉睫时,总司令才改变主意,开始在中央防区集结后备部队。但此时邓尼金的部队已突破防区冲到图拉,这是通往莫斯科的最后一座重镇。同时,由英国武装并由英国海军支持的尤登尼奇从爱沙尼亚迅速向彼得格勒推进,并抵达彼得格勒郊区。

事件的发展证明托洛茨基完全正确,他的所有对手都转而接受他的意见,如果不是形势的极端严重,这可能会使他感到高兴。就连斯大林也迫切要求彻底放弃加米涅夫的作战计划,他还不惜凌辱加米涅夫,逐字重复托洛茨基的论点。②

---

① 托洛茨基档案。
② 现代苏联历史学家就是据此把托洛茨基进攻计划的原创权归到斯大林的名下的,但斯大林给列宁的那封力主把进攻力量集中到中部防区的信,日期是1919年10月15日(《斯大林全集》中文版第4卷,第244—246页),而托洛茨基关于这个问题的备忘录却是在9月写的(托洛茨基在8月3日写给中央委员会的信中,就批评了总司令的南线作战计划,并提出了他自己的作战计划,那时,错误的作战计划尚未实施,在该计划遭初创后,托洛茨基于9月20日再次致函中央要求改变作战方案。作者说的这份备忘录,是托洛茨基在9月写的,比第一封信几乎晚了两个月。——译者注)《托洛茨基全集》第17卷第2册,第556—559页;伏罗希洛夫:《斯大林与红军》,第21—22页。

武装的先知：托洛茨基 1879—1921

有关俄国内战期间的一组图片，从上到下从左至右依次为：1919 年，顿河的哥萨克士兵；1920 年 3 月，行进中的一支白俄步兵师；第一骑兵部队的士兵；托洛茨基在检阅红军；1918 年，托洛茨基在莫斯科对红军发表演说

第十二章 武装共和国

在普遍沮丧的时刻里,托洛茨基的乐观与活力却是无限的。他确信最终被接受的军队的重新部署很快就会产生成果。战线事实上也进行了彻底整顿,组织起后备部队;由于交通路线大大缩短,充裕的军需品迅速到达部队。敌人战线延伸过长,而红军的力量则像准备反冲的压缩弹簧一样。托洛茨基颇有信心地估计着苏维埃政府还能调集的物资和精神资源。他与政治局的其他成员不同,他始终注视着内战中的悲惨景象。半裸的士兵在冰天雪地中瑟瑟发抖,大批伤兵因缺医少药而生命垂危,这种画面经常浮现在他的眼前。他还充分估计到军队精神状态的不稳定。但在士气低落的时刻,他相信军队有突然爆发积极性的活力,相信军队有牺牲的准备,相信军队指挥员和士兵生气勃勃的首创精神,所有这一切最终能战胜那些使革命似乎周期性地走向衰退的混乱局面。

这时,他不但作为军队的主要当家人和组织者达到了巅峰,而且作为军队的鼓舞者和思想的先知也达到了巅峰。他大胆挖掘革命的潜在精神资源。他那感召力可以从他的一次演讲中测定出来,那是在白卫军逼近莫斯科和彼得格勒时召开的共产主义青年团大会上作的演讲。他对青少年们讲到在"留给红军大为缩小的地区内"他们必须履行的职责;他们应协助动员;他们应帮助保持战斗部队间的联络;他们应潜入敌方战线侦察敌人的军事部署等等,但是在他们执行危险的任务之前,他们应该知道自身在世界事务中所占的位置。他用明晰简单的语言纵论国际形势,其中没有丝毫屈尊降贵的痕迹。他说,他们应看到自己在世界历史背景中的角色,即在人类那缓慢得让人生厌、同时又令人鼓舞地从"黑暗的动物王国"进步到梦想不到的文明之顶峰这一远景的过程中,社会主义正在引导他们登上这座文明的顶峰,他们应在这样的远景中看到自己的作用。他使他的听众们想到远古的原始人:他们"步履维艰地彷徨在茂密的森林中,他们受迷信支配,给自己创造众多小神、小沙皇和小君王";尔后"用唯一的上帝取代诸神,用唯一的沙皇取代众多小沙皇和小君王";但人类并不到此就停步,他们抛弃了沙皇和神,试图成为自己生活的自由的主人。他说……我们都是这个历史上空前的尝试的参与者,"如果我们不能到达……新社会,人类几十万年来的发展和斗争都将沦为笑柄。在新社会里所有人的关系都将以……合作为基础,人和人都将是弟兄,而不是敌人"。他然后讲到"历史洪炉",说俄罗斯民族性格将在这座洪炉里重铸,从而摆脱懒散消沉。"这座洪炉是残酷的……火舌将我们吞没、烧焦,但也……铸成了我们这个民族的钢铁性格。"托洛茨基高声说道:"一个能在内心感触到我们这个伟大时代的电流的人,他就是幸福的人。"①

10月15日,政治局会议在极其阴郁的气氛中召开。奥廖尔的战斗胜负仍然未定;而莫斯科的命运将取决于这场战斗的结果。保卫彼得格勒看来已没有希望。列宁觉得形势无望,因此建议放弃彼得格勒而把所有能集中的力量集中到莫斯科周围。他甚至估计:莫斯科可能陷落,布尔什维克将撤退到乌拉尔。

托洛茨基坚决反对这一建议,表示绝不能把彼得格勒这个革命的摇篮拱手让给白卫军。他认为彼得格勒的屈服对国内其余地方将产生灾难性的影响。他提议亲自前往彼得格勒、担起保卫该城市的责任。他提交给政治局一系列旨在进行总动员的紧急法令;让他们解散莫斯科此时已毫无用处的众多的政府机关部门,号召每个人都武装起来。他将从前线的尽头处白海沿岸及波兰边境地区紧急调兵增援彼得格勒。

这一次,他毕生的对手也支持了他。斯大林也要求保卫两首都。② 他们态

1919年,托洛茨基、列宁和加米涅夫(从左至右)在一次集会上

---

① 托洛茨基:《十月革命的一代人》,第157—167页。
② 这是根据托洛茨基自己的叙述。根据记录,斯大林显然没有出席这次政治局会议。10月15日他从南方战线给列宁寄了一封信。他大概是在动身前表达了他的意见。

度中的一致如同在一艘正在下沉的船上大家都一心要救这条船时可以使敌人联合起来的那种一致。当托洛茨基自愿前往彼得格勒时,斯大林代替他去南方战线。政治局通过了托洛茨基提交的法令,选出一个实施法令的四人委员会(列宁、托洛茨基、加米涅夫、克列斯廷斯基)。政治局还授权托洛茨基出发前往彼得格勒,但对他提出的保卫城市的计划仍然保留判断权。

10月16日在驰往彼得格勒的列车上,托洛茨基口授他对形势的思考。他嘲弄丘吉尔最近宣称的14国反苏十字军。他写道,这不过是"14个地理概念"——如果能给高尔察克和邓尼金派遣14个师的英法援军来,他们会更高兴一些。资产阶级西方对苏维埃即将覆灭而发出的喜悦的喧嚣尚为时过早。即使红军未能成功地把尤登尼奇挡在彼得格勒城外,也会在城墙之内粉碎他。他为彼得格勒城内战斗草拟了一份类似计划的东西,这份计划与第二次世界大战期间斯大林格勒战役中使用的战术却是出奇的相似。

> 白卫军突破这座大城市之后,却会迷失在这座石砌的迷宫里,对他们来说,这里每一栋房子都是不可思议的,是威胁或者是致命的危险。他们能料得到打击从哪里来吗?从窗口来?从阁楼上来?从地窖中来?从拐角后面来?打击来自四面八方!……我们可用铁丝网把几条街道包围起来,而让其他街道敞开着,构成陷阱。所需的只是几千个坚决不投降的人。……这样的巷战进行两三天,就会使入侵者变成一群吓得胆战心惊的怕死鬼,他们会成群地或个别地向手无寸铁的过路男女举手投降。……但巷战会造成意外伤亡,并造成文物的破坏。这就是为什么战地司令有义务采取一切措施不许敌人接近彼得格勒的原因之一。①

此刻在彼得格勒,坏消息已在等待他:尤登尼奇已夺取了通向城市入口的"红村"。由于军队调往南方战线,使得城防空虚,又由于参谋部高级军官中的背叛而使城防瓦解。"北区"的主要负责人季诺维也夫心情沮丧;他的犹豫不决感染到他的下属。列宁从莫斯科发来的通知说,政治局同意托洛茨基的计划,授权他在必要时可在城内进行战斗。列宁仍然慎重地坚持让托洛茨基准备撤退:转移官方文件,安排炸毁发电厂,凿沉波罗的海舰队的军舰。托洛茨基

---

① 《托洛茨基全集》第17卷第2册,第266—267页。

用一份满怀信心的报告作答;他仿佛要证明他有对形势将出现惊人的、令人难以置信的转折的把握,他问是否准许他追击尤登尼奇进入爱沙尼亚——尤登尼奇的老巢。①

他再一次向他曾在1905年和1917年领导过的彼得格勒苏维埃讲话。他坦率地说明可能临头的灾难,号召人们作出最大的努力,并抒发了他个人对这座城市的感情:

> 在这些阴暗、寒冷、饥饿、焦虑、恶劣的秋日里,彼得格勒再一次向我们呈现出一幅壮丽的图景:恢复了的自信心、热情和英雄主义。这座城市遭受过这么多的苦难,点燃过这么旺盛的内心火焰,冒过这么多的危险。这座城市一向严格要求自己,却遭受过这么多的蹂躏,但这个壮丽的红色彼得格勒仍然像以往一样——是一支革命的火炬……②

关于托洛茨基干预的效果,我们有不少目击者的记录。下面一段话摘自拉舍维奇的记述。据我们所知,拉舍维奇当时对托洛茨基并不友好,而且他本人在那些反对托洛茨基的事件中起过突出作用。他写道:

> 像新的援军到达一样……托洛茨基一到现场立刻出现了新气象:严格的纪律恢复了,军事机关和行政机关又能胜任工作了。凡办事效率低的人都被降职,高、中级指挥人员均已撤换。托洛茨基的命令清晰明确,对每个人都严格要求,要求每个人都发挥最大作用并能准确而迅速执行战斗命令,这一切立刻表明这里有了强有力的指挥员。……内心的振作已经开始。参谋部的工作开始正常运转。一直不行的联络工作现在也变得令人满意了。后勤供应部门开始发挥职能,没有任何故障。前线开小差的事显著减少。所有部队的战地法庭都在开庭办公。……每个人都开始意识到只有

---

① 这个问题引起列宁、托洛茨基与契切林之间长时间的交换意见,外交人民委员害怕国际纠纷,坚决反对追击进入爱沙尼亚。托洛茨基那时仅满足于威胁一下,说如果爱沙尼亚政府不能解除退入该国境内白卫军的武装,红军就要越过边境。波罗的海沿岸各国家的态度使政治局和托洛茨基有些担心。托洛茨基公开威胁芬兰政府说,如果芬兰人胆敢对彼得格勒采取行动,他会派出巴什基尔骑兵师进攻赫尔辛基。协约国政府秘密怂恿波罗的海各国政府加入尤登尼奇的进攻;但波罗的海国家受托洛茨基威胁的影响,采取等待观望的态度。

② 《托洛茨基全集》第17卷第2册,第287页。

一条路——前进。所有后退的路都被堵死了。托洛茨基明察秋毫,深入到每一个细节,把他沸腾不息的干劲和惊人的毅力应用到每一项工作上。①

尤登尼奇继续推进了几天。城外出现英国坦克,引起了恐慌。托洛茨基骑在马上,把因害怕而后退的士兵集合起来,率领他们回到战场。临时拼凑建成的工厂拼命努力,在尤登尼奇大炮的射程范围内进行生产,开始制造出像坦克样的车辆;恐慌因而结束。正如尤登尼奇所说的那样,正规部队和匆匆建立起来的赤卫队,甚至妇女队都"蛮勇"地进行反击。托洛茨基到达后一个星期,防御部队转入进攻。十月革命两周年时,也是他40岁生日,托洛茨基回到莫斯科向苏维埃执委会报告胜利。

这张内战时期的宣传画把托洛茨基描绘成与反革命恶龙搏杀的俄国勇士圣格奥尔格

① 《为彼得格勒而战》,第52—53页。

内战最后一幕开始了。南方战线上的白卫军早已后退而且溃不成军。① 红军向哈尔科夫、基辅和波尔塔瓦推进。高尔察克在西伯利亚已彻底失败。形势变得这样快,在严重关头召开的会议上政治局成员还忧心忡忡,笼罩着失败的阴影,但只过了三个星期,红色莫斯科就因胜利而得意洋洋。在苏维埃执委会庆祝十月革命两周年的纪念会上,人们称呼托洛茨基为胜利之父,授予他红旗勋章。②

1919年11月7日,托洛茨基和列宁在红场庆祝十月革命两周年的仪式上

---

① 白军溃败的原因没有人比邓尼金本人说得更直率、更符合事实的了:"我们解放的广大地区应该振奋民心,让所有跟苏维埃政权敌对的分子都起来暴动。……问题只是广大群众是否已忘了布尔什维主义的灾难?……人民是否跟我们一起走?……生活给予的答复先是模棱两可的,尔后是否定的。"参见邓尼金:《俄国混乱时期笔记》第5卷,第118页。"南方的军队免不了普遍的社会弊病,他们对犹太人的集体迫害玷污了他们的声誉。……在仇恨的气氛中,内心的仇恨愈来愈严重。集体迫害使犹太人蒙受痛苦,但也影响了军队的士气,扭曲了他们的心灵,破坏了军纪……"同上,第146页。弗兰格尔就是这样对战争作道义方面的对比的:"志愿军因抢劫和暴行而丧失信誉,因此我们丧失了一切,我们甚至不能试图沿同样的道路,打着同样的旗帜再一次进军。"同上,第263页。写到他的部队腐败时,邓尼金继续说:"在瘟疫流行的时候,这里举行的盛宴引起外国观察家的愤怒和憎恶……"他最后说:"英国的军火和库班面包仍从我们的军需供应基地送到。但道义基地已被摧毁。"同上,第314页。

② 授给彼得格勒和斯大林同样的勋章。斯大林连纪念会也没有出席,托洛茨基后来说,参加纪念会的人都对授予斯大林荣誉感到意外,还说没有人为此鼓掌。如果情况是这样,托洛茨基肯定是不满的,因为以后不久,他写道:"授给彼得格勒红旗勋章,彼得格勒确实当之无愧,奖状授给个人时,往往可能授错,可能是偶然的幸运,但把荣誉授予彼得格勒,没有错误也没有偏向。"《托洛茨基全集》第17卷第2册,第310页。

第十二章 武装共和国

此时他处于政治军事成就的高峰。他领导了革命，创立了一支伟大的军队，并率领这支军队取得了胜利，他赢得了对革命心怀良好祝愿的广大群众的敬爱和革命的敌人的钦佩与刻骨仇恨。他同布尔什维克其他领导人一样希望，内战的恐怖即将结束，社会主义和平建设时期即将开始。他希望在社会主义和平建设时期他也能起到像在军事上已经起过的那样的杰出作用。1919年12月，他在苏维埃第七次代表大会上提出内战的困难和成就对比表；因为战争虽然还在进行，但内战的大局已定。① 他赞扬那些在过去两年中承担千钧重负的人的高尚品格。他称赞了政委——而他曾被怀疑为政委的敌人，他说："我们的政委……就是一个共产党人的军官团体，这个团体的成员并未享有社会等级特权，他们甘愿为工人阶级事业献身，并教育别人为这一事业而献身。"他更高度地称赞获胜部队的指挥员，在这些人中有昔日的沙皇的将军，有从普通士兵提拔起来的人，也有人曾是钢铁工人或理发师，他特别热情地讲到三个部队指挥员——工人伏龙芝，近卫军官图哈切夫斯基和革命记者索柯里尼柯夫的成就。尔后他提纲挈领地概述废除常备军而过渡到由社会主义理想产生的民主民兵（即饶勒斯曾梦想过的民兵）的前景。② 他甚至为在过去非常时刻应征入伍捍卫苏维埃并出席这次大会的孟什维克说了几句友好的话。他说："我们非常感谢其他党派，虽然它们属于反对派。……他们动员了一定人数的工人参军。他们在这里受到弟兄般的接待。"早几个月前，他曾威胁孟什维克说，如果他们破坏防御就会被"碾得粉碎"。但此时他亲自向马尔托夫致意，因为马尔托夫祝贺布尔什维克的军事与外交的胜利。他表示"由衷的喜悦……绝非别有用意，没有一点儿嘲讽的痕迹"，因为"马尔托夫说到我们的军队和我们的国际斗争——他用了'我们'这个词，他这样说，增强了我们事业的政治力量和道义力量"。

托洛茨基像其他布尔什维克一样盼望，国内政策将会宽松，让各党派，至少是社会主义反对派恢复公开活动。1920年1月，削减契卡的权力、废除死刑，就是朝这个方向努力的初步措施。但是这些乐观的希望并没有成为事实。

---

① 《托洛茨基全集》第17卷第2册，第325—355页。
② 参见本书第十三章后的《托洛茨基军事思想评论》。

1920年4月，一幅纪念十月革命的图画描绘了主要的布尔什维克革命家。上面从左到右依次为：李可夫，拉狄克，波克罗夫斯基，加米涅夫；中间从左到右：托洛茨基，列宁，斯维尔德洛夫；下面从左至右：布哈林，季诺维也夫，克雷连科，柯伦泰，卢那察尔斯基

战争的恐怖尚未随着往事一起消逝。①

---

① 本章和下一章的资料除已注明的以外，都引自布勃诺夫、加米涅夫和埃德曼的《内战》第1—3卷；卡库林：《革命血战实录》第1—2卷；《伏龙芝全集》第1—3卷。

第十三章 革命与征服

这几年，布尔什维克的领袖们始终焦急地注视着欧洲革命的兆头。欧洲每一阶段的社会斗争和政治斗争对内战进程都有着直接影响。霍亨索伦王朝和哈布斯堡王朝的覆灭使苏维埃国家重新得到由于《布列斯特和约》而丧失的领土。但不久以后，胜利的协约国宣布封锁俄国，继之而来的是"14 国十字军"的干涉。单单协约国军事干涉的威胁就对俄国局势产生了巨大的影响。自从革命以来，旧统治阶级的精神状态十分沮丧，把他们和人民群众隔开的深渊使他们感到恐惧。他们没有组织，对自己的事业缺乏信心；他们彼此分裂，而且不能制订出任何行动计划。① 军事干涉的诺言给他们壮了胆。只是在协约国许诺之后，在英、法、美的联络官到达白卫军将军们的司令部及第一批运载着外国枪炮、军火的船只抵达俄国海岸之后，白卫军的队伍才开始扩充，内战的火焰才真正燃烧起来。布尔什维克认为，只有国外激烈的革命骚动才能使军事干涉瘫痪。他们不得不把斗争扩展到敌人阵营中去；而使他们越发要这样做的原因是他们不断地预言：欧洲统治阶级不会跟俄国革命和解，而革命为了自卫，不得不攻击欧洲资本主义制度，这个制度在欧洲工人阶级的打击下已然摇摇欲坠了。该预言的一半已经实现：协约国的统治阶级已经对布尔什维主义宣战；预示欧洲无产阶级起义的另一半预言似乎马上也会实现。

自 1918 年 11 月以来，德国和大多数中欧国家已处于剧变的阵痛中。在柏林、维也纳和华沙，工人苏维埃和社会民主党政府一起并存。布尔什维克通过自己最近的经验这面三棱镜注视着形势，他们认为这正是二月革命产生的俄国

---

① 白卫军第一批头目之一卡列金将军在 1918 年初自杀前说："我们的情况没有希望，人民不但不支持我们，而且肯定仇恨我们。我们没有实力，抵抗也没用。"邓尼金：《俄国混乱时期笔记》第 2 卷，第 220 页。

"双重政权"的翻版,他们谈论"德国的二月";他们希望双重政权迅速解体,希望工人苏维埃占有优势,即"德国的十月"。

认为历史会这样迅速、准确地一国接一国地重演,这是一种头脑极其简单的想法。不过,所有典型的人民革命的机制都有很多共同点:每次革命都从旧政府既定体制的部分垮台开始,都经过双重政权的过渡阶段;每次革命中保守的、温和的以及调和的党派互相争吵,不断地消耗自己,使自己精疲力竭、信誉扫地。布尔什维克所指望的恰好是在其他国家也能重演这些主要系列阶段。他们的预料错误不只在于革命事变的日程,而在于他们说欧洲资本主义已经山穷水尽的那个根本假设。他们对资本主义的持久力、资本主义的适应性以及它能得到工人阶级的支持都严重估计不足。欧洲革命骚动的强烈程度仅仅使工人阶级中的少数决定追随布尔什维克,而多数都是尽力向政府和有产阶级争取改良。但就是在他们表示同情俄国革命的时候,也无意踏上革命道路和在本国进行内战,无意在这一过程中牺牲他们的生活水平、个人安全和他们已经取得的或他们希望取得的改良成果。

布尔什维克在其英雄时期的历史悲剧在于,不但拒不接受事实,而且甚至拒不充分考虑这点。布尔什维克领导人把欧洲工人的相对保守性看做是政治的外表假象。他们以为,这层外表下面潜伏着无产阶级的全部革命本能,而所需要的是突破这层薄薄的外壳,使它释放出反对资本主义的潜能。这样描绘世界,不仅仅是由政治判断的错误造成的,它也反映出早期布尔什维主义在心理上没有能力承受自己在世界上的孤立,这种心理上的无能是所有革命领袖的通病,但在托洛茨基身上最严重。他的整个生命、他的头脑,他的心灵都浸透着对革命孤立的本能的恐惧。那时尚没有任何一个布尔什维克领袖对"一国社会主义"有哪怕是一种模糊的预感。而对托洛茨基来说,布尔什维主义的孤立早已是一个可怕的梦魇,因为这就意味着,建设社会主义的第一次尝试,而且直到那时为止还是唯一一次的尝试,就不得不在极端恶劣的条件下——在没有加强国际分工的有利条件、没有古老复杂文化传统的深远影响、物质与文化如此惊人贫乏和如此原始简陋的环境里进行,这就势必会损害或歪曲为社会主义所作努力的本身。这种对孤立的恐惧迟早必定会同现实相冲突,而冲突将迫使布尔什维主义与自己心目中的世界图像作紧张的斗争。

在布列斯特谈判之后,当这种进退两难的窘境第一次打乱托洛茨基内在信心时,他在内战的艰巨努力中却找到一条逃脱窘境的出路。眼下,他对孤立的

第十三章 革命与征服

这些图片展现了不知疲倦地奔走在内战各条战线上的托洛茨基

恐惧却逆向发展，表现为对革命迅猛扩展的信心的急剧膨胀。1919年1月，当柏林街头布满街垒时，他写道："不再是在欧洲徘徊的共产主义幽灵……——而是现在在欧洲大陆上昂首阔步的有血有肉的共产主义了。"在他看来，资产阶级思想和希望才是彻头彻尾的虚幻。他把威尔逊总统在欧洲露面看成是鬼魂一样的东西。"这个伪君子是依靠'教友会'教徒斋戒日的食物长大的，他以道德的至高无上代表、美元救世主的身份在流血的欧洲漫游，惩罚这些国家，宽恕那些国家，决定它们的命运。"[1] 欧洲不能不看到拯救欧洲的只有全大陆的苏维埃共和国联邦；一旦德国加入这个联邦，"苏维埃意大利和苏维埃法国也都会加入，只不过是早一个月或迟一个月罢了"[2]。

　　1919年3月的第一个星期，克里姆林宫的宫墙内发生了一件重大的事件。列宁在古老的帝国法院召开外国各左派社会主义团体的会议，约有40名代表参加。这些代表能够到达这里，就某种意义来说是第一次突破封锁。其中大多数不得不偷越国境：有几个预期要来的代表被他们的政府阻止不能出国，还有几个在途中被捕。布尔什维克跟西方完全断绝关系已有很长一段时间了，所以急于想听听代表们关于国外情况的报告。报告混杂而互相矛盾；但总的来说，它们似乎都证明对早日爆发革命的期望是有根据的。

　　会议的目的不很清楚。或者是要宣告成立第三国际，或者是为此作初步准备。布尔什维克打算在当时就地成立新的国际，但他们等待听取外国代表的意见。其中最重要的是德国代表的意见，他们认为，除了俄国共产党之外，其他派代表出席会议的组织力量都太薄弱，还不能使自己组成一个羽翼丰满的国际。然而这时，一位奥地利代表经过冒险的旅程后在会议辩论之中到达会场，他陈述说欧洲革命正在沸腾，这话使人为之震惊。他满怀激情地要求大会立刻树起新国际的旗帜。会议响应这一要求：会议自称为共产国际成立大会。这个伟大的组织就这样在混乱和希望这对父母的孕育下，在突然事件的推动下诞生了。

　　共产国际的诞生恰与欧洲革命的退潮同时并行。柏林的一月起义已被镇压；勉强领导起义的领袖罗莎·卢森堡和卡尔·李卜克内西已遭杀害。这是欧洲历史的一个转折点，以后几年中出现的革命浪潮没有任何一次能在动力与效

---

[1] 《托洛茨基全集》第13卷，第6—14页。
[2] 同上。

第十三章 革命与征服

1919年3月4日,列宁在共产国际成立大会上

果方面跟1918年的革命浪潮相比。布尔什维克的领袖们均未能认识到这一转折的走向。他们认为,柏林一月起义的失败是暂时的倒退,很像他们自己在1917年7月的挫折,随之而来的应该是社会斗争的加剧。列宁在克里姆林宫欢迎外国代表,他告诉他们:"因为不仅在俄国,而且在欧洲最发达的资本主义国家,例如德国,国内战争已经成为事实。……革命在全世界已经开始并正加紧进行。……苏维埃制度不仅在落后的俄国胜利了,而且在欧洲最发达的国家德国和最古老的资本主义国家英国也取得了胜利。"[①] 列宁对这种幻想的喜爱不亚于托洛茨基,不过,托洛茨基由于沉溺于作激动人心的预言的癖好,使他的错误甚至显得更为惊人。

如果列宁和托洛茨基对欧洲情况有更清楚的洞察力,他们是否会在那一阶段创立国际则令人置疑。无论如何,他们会像1914年以来一直所做的那样继续鼓吹新国际的思想。但提出一种思想和认为这一思想已成为现实是完全不同的事。在齐美尔瓦尔德和昆塔尔时期,列宁和托洛茨基所期望的新国际并不是

[①]《列宁全集》第35卷,第483—484页。

代表革命的少数与"社会护国主义"的旧国际对抗的实体，而是领导工人中的多数、取代旧国际的组织。托洛茨基曾明确论证：如果革命的马克思主义者仍然处于少数，他们可能不得不回到旧国际里发挥左翼作用。① 企图给形形色色的政治小派别贴上国际这个响亮的标签，这与他和列宁的思想是格格不入的。

然而这却正是他们在1919年3月所做的。大多数自命为共产国际缔造之父的代表们所代表的是栖息在欧洲工人运动偏僻角落里的马克思主义或和平主义的小派别。这在真正革命的形势下可能关系不大，因为在那样的形势中，激进"派别"通常会迅速崛起成为举足轻重的领导。布尔什维克没有完全认识到他们的外国伙伴的软弱。即便他们认识到这点，他们仍可以寄希望于这些伙伴随着国际革命的进展也会获得力量，正如布尔什维克过去获得力量一样，他们自己在1917年初的实力也不比一个"小派别"大多少。当第二国际已经声望扫地、看来定将死亡且万劫不复时，这种希望就越有其道理。然而，工人普遍反对旧国际并非出于什么积极的革命态度，而只是出于厌恶战争与社会护国主义。当然，布尔什维克把动机混淆了。尽管如此，他们的期待并非完全没有理由：事实上，新国际在一年内已牢牢地掌握了欧洲的工人运动。

托洛茨基在共产国际成立大会上只露了一下面。那时高尔察克的春季攻势刚刚开始，托洛茨基中断了对战场的视察，下了火车就径直来到大会的会议厅；他全身戎装，带来了内战的气息。凡知道他是齐美尔瓦尔德运动代言人的代表都激动而好奇地看着这位曾激烈地反对军国主义、现在却已变成红军领袖的人物。② 他匆匆对大会说明了他的军事政策要点，尔后宣读他已草拟好的向全世界介绍新国际的宣言。宣言的开头对资本主义最近经历的变化作了简短透辟的评述。他说，战争已带来了自由放任的曙光。此时国家倾向于支配经济生活。而支配经济生活的应该是哪一种国家？资产阶级国家还是无产阶级国家？这是问题所在。改良主义者或社会护国主义者回避问题，宣扬和解。"如果这些说教在工人阶级中得到认可，那么资本主义新的、更集中得多的畸形发展可能在几代人的尸骨上复兴，而新的世界大战前景则不可避免。人类还算有幸，因为这是不可能的。"③ 如果社会主义在欧洲取胜，还会解放殖民地国家，并

---

① 参见本书第八章。
② 阿瑟·伦塞姆：《在俄国的六个星期》，第143页。
③ 《托洛茨基全集》第13卷，第38—49页。

第十三章 革命与征服

内战期间,全身戎装的托洛茨基

用自己的技术、组织和思想影响援助它们,以此来加速它们向有组织的社会主义经济过渡。"非洲和亚洲殖民地的奴隶们!欧洲无产阶级专政建立之日,将是你们敲响你们自己解放自己的钟声之时。"宣言与早期马克思主义方针的经典论述的主要不同之处在于,把重点放在无产阶级专政、革命政党的作用以及它们敢于向资产阶级民主的挑战上。但如果说这些只是重点的不同而不是原则的不同的话,那么,西方社会主义革命和东方殖民地民族联合的思想则完全是新的,是具有第三国际的特点的。然而,宣言的主要对象是欧洲:

> 整个资产阶级世界指责共产党人破坏自由和政治民主。这一指责不符合事实。掌握了政权的无产阶级只不过发现资产阶级民主完全不适用,于是,它为新的更高的工人民主创造条件及形式……资产阶级世界对内战及红色恐怖的哀号是历史上所知的最惊人的伪善。……如果把人类送到毁灭边缘的剥削阶级不反对劳苦人民前进的每一步,如果他们不组织阴谋和暗杀,不从境外纠集武装援助,那就根本不会发生内战。……共产党从未人为地挑起内战,而是力图尽可能地缩短这种战争的时间。……使战争受害

的人数尽可能减少,首先要保证工人阶级的胜利。

共产国际引以自豪的绝不是成立阴谋家组织或放弃欧洲社会主义遗产,而是"继承从巴贝夫到卡尔·李卜克内西和罗莎·卢森堡等几代人中的一大批革命家的英勇努力与牺牲精神"①。

这篇宣言发表后不到一个月,革命就在中欧取得重要的立足点:匈牙利和巴伐利亚都宣告建立苏维埃共和国。布尔什维克的希望直线上升:革命肯定会从慕尼黑和布达佩斯立刻扩展到柏林和维也纳。消息传来时,托洛茨基正在乌拉尔地区的丘陵地带发动攻势;他用向亚洲的进军欢迎来自西方的拯救革命的许诺。他在事变产生的新鲜印象下写成的《无产阶级革命路线的反思》一文中说:"从前教会常说:光明来自东方。……确实,在我们的时代,革命已在东方开始了";但是"我们经历的革命是无产阶级革命,而最强大、最有组织、最有觉悟的无产阶级是在老牌资本主义国家中"。但他对事变的异常过程却有预感。匈牙利是奥匈帝国中最落后的国家,巴伐利亚是德国最落后的省份,这两个地方占主导地位的是农民,而不是工人;二者一向都被视为反动堡垒。为什么革命却在那里而不是在无产阶级社会主义中心获得立足点?

他回答自己的问题说,虽然落后国家的无产阶级力量弱,但统治阶级的力量更弱。"历史沿着阻力最小的路线前进,革命时代是从障碍最少的大门闯入的。"启发性的比喻比托洛茨基本来想要启发的更多。他没有怀疑过革命定要向堡垒中心挺进:"今天莫斯科是第三国际的中心,明天,中心将向西移到柏林、巴黎、伦敦,我们对此深信不疑。俄国无产阶级高兴地在克里姆林宫内欢迎世界工人阶级的使者。它将怀着更大的喜悦派出自己的代表去参加共产国际在西欧的某个首都召开的第二次代表大会。在柏林或巴黎召开国际大会就意味着无产阶级革命在欧洲,因而也是在全世界的全面胜利。……在这样的时代里生活和战斗是多么幸福!"②

仅仅三个月后,宏伟的前景和希望都化为泡影。巴伐利亚苏维埃向托洛茨基在布列斯特的对手霍夫曼将军的军队投降了。白色恐怖笼罩着苏维埃匈牙利的废墟。柏林和维也纳的工人冷漠地看着对两个公社的镇压。看来,根据刚签订的《凡尔赛和约》,德奥两国,更确切地说整个欧洲正处于一种保守的新均

---

① 《托洛茨基全集》第13卷,第38—49页。
② 同上,第14—30页。

势中，这些事变恰和内战最困难的关头是在同一时间：英、法的干涉达到最高峰，邓尼金占领乌克兰并向莫斯科挺进。

这在布尔什维主义历史上是一个非常的时刻。不但反对苏维埃的军事干涉已集结了力量，而且只是偶尔遇到西方工人阶级小规模或无效的反击，革命不但在中欧失去立足点，甚至在俄国，革命也处于最严重的危险中，即失去比较富有、文明的西部和中部的省份，不得不退到东部荒凉地区，因为只有在那里进行战争才对红军有利。尽管命运之神不赞许布尔什维克向西发展，但它却用东方的新机会怂恿他们，不但乌拉尔的荒凉山脉对苏维埃表示殷勤并提供安全屏障，而且乌拉尔山脉和西伯利亚以外的亚洲也奋起反抗资产阶级西方。这时在印度发生了阿姆利泽惨案，使甘地的非暴力反抗运动差不多变成全国性的反英起义。这一系列相互联系的事变激发了托洛茨基的政治想象力，而且驱使它向难以理解的方向发展。

1919年8月5日，托洛茨基从前线给中央委员会寄了一份秘密备忘录，力主根本"改变"国际事务的方向。他认为革命已被迫回到东方——因此它必须面向东方。他还假定欧洲革命只会推迟一年至五年，他不相信邓尼金能巩固对乌克兰的控制。他写道，眼下红军在欧洲的作用还有限，不管是进攻还是防御。而通向亚洲的大门却对红军敞开着！红军在那里只需跟日本军队作战，相对于西伯利亚广袤的空间来说，日军兵力太少，而且会由于美国对日本扩张的戒备而受牵制。① 苏维埃政权在亚洲举足轻重，这使布尔什维克不但可以在那里等待欧洲的新发展，还可在东部进行紧张积极的活动。

托洛茨基对最近成立的国际却不抱有什么幻想，他清醒地提出：指导亚洲革命的机构不久可能成为比共产国际执行局更重要得多的机构。红军找到通往印度的路比通往苏维埃匈牙利的路可能近得多，方便得多。一个"严肃的军人"曾向他提出一个计划：成立一支远征骑兵军团开赴印度。托洛茨基一再说，革命传输到巴黎和伦敦的路可能要通过喀布尔、加尔各答和孟买。他极其迫切地提出下列建议：应在乌拉尔建立工业基地，使苏维埃政府不再依赖战略上易受攻击的顿涅茨煤田；应在乌拉尔或突厥斯坦开办革命学院，训练在亚洲指挥斗争的政治军事人员；应动员技术人员、计划工作者、懂各国语言的语言

---

① 托洛茨基说，美国对日本在西伯利亚占优势很害怕，以至于"华盛顿的可怜虫"（虽然他们仍在利用高尔察克作他们的代理人）可能还要下决心支持苏维埃反对日本。不久以后，列宁同样重视日美间的对立。《列宁全集》第40卷，第95—118页。

学家及其他专家从事这项工作，特别要动员乌克兰共产党员，他们已经失去了乌克兰，现在应帮助革命在西伯利亚立足。①

这些建议和为防止军事崩溃所能够或必须立即做的事并无直接关系。与这份备忘录一起，托洛茨基还提交了另外两份文件，其中详细建议如何对南方战线进行彻底整顿。据我们推测，当时政治局马上密切关注的是这后两个文件中的建议，而不是他所提的"以亚洲为方向的建议"②。这一连串的思想在托洛茨基自己头脑中里也并非根深蒂固，只是他自己的头脑对一连串特殊情况的冲动式反应的产物；而他的反应跟他欧洲式的主要思想方向是相反的。然而作为对今后的探索它却富有启发。产生这些建议的特殊情况——俄国与西方断交以及欧洲革命中断，在军事干涉和内战结束以后还会以比较缓和的方式持续下去；对这些情况的反应大致会循着托洛茨基所提议的路线进行。苏维埃政权重心得向东转移，转移到乌拉尔和乌拉尔以外。不过，成为这一大转移的主要代表和执行者的是斯大林而非托洛茨基，大转移不能不使革命的心理因素和政治思潮"东方化"，而托洛茨基却不可能和东方同化。现在已经证明的是，革命通往北京和上海（即便不是通往加尔各答和孟买）比通往巴黎和伦敦的路近，并且肯定比通往柏林甚至布达佩斯的路方便。如果说他单凭瞬间的闪念便能揭示未来的远景并远远超过大多数同代人的理解，这不失为对托洛茨基丰富思想的颂辞。

1919年岁末以前，布尔什维克又满怀希望地面向西方了。乌克兰和俄国欧洲部分的南方数省又重新处在他们的控制之下。等待白军的是致命的打击。西欧工人的反对终于牵制了英、法的军事干涉。只有跟波兰的关系还悬而未决，波兰受法国的煽动充当了反苏维埃十字军的矛头。已统治波兰但尚未成为独裁者的毕苏斯基采取模棱两可的态度。他怀有征服乌克兰的野心，波兰的地主豪绅在乌克兰拥有广大领地，并在那里建立起在波兰人庇护下的波—乌联邦。但只要布尔什维克军队还在跟白卫军作战，他就暂不开火，因为他知道邓尼金或尤登尼奇的胜利意味着波兰独立的末日。由于法国人正在武装和装备他的军队，因此他对法国人严格保密，不让他们知道他同布尔什维克订立了非正

---

① 托洛茨基档案。
② 当然，从共产国际第二次代表大会的工作中以及一年后在巴库召开的东方各民族代表大会上可以看到托洛茨基思想的影响。

式的停火协定。眼下看来,停火会导致停战并签订和约。1919年11月,政治局仔细考虑了波兰人提出的和约条件,认为条件可以接受,就委托托洛茨基和契切林拟订细节。①

布尔什维克领导人对和平的来临如此有信心,他们按平时的编制把那些不参加战斗的部队改编为劳动军。1920年1月16日,协约国解除了对俄国的封锁;苏维埃中央执委会立即发布命令实施已提到的改革——废除死刑和削减契卡的权力。但几天后,即1月22日,托洛茨基告知政治局:他担心毕苏斯基在准备打仗。② 他在列宁的鼓励下继续加强波兰战线的红军。③

3月初,波兰人开始进攻。托洛茨基中断了对乌拉尔劳动军的视察,匆匆赶回莫斯科。和平改革停止或被取消了。国家又一次处于尚武精神之中。

1919年,这张白俄宣传画把托洛茨基描绘成克里姆林宫中的恶魔,上面写着:"工农代表苏维埃的和平与自由",其中还流露出反亚洲的种族主义倾向

---

① 参见政治局1919年11月14日会议记录摘要,存于托洛茨基档案中。
② 托洛茨基档案中托洛茨基致季诺维也夫、列宁和克列斯廷斯基的电报。
③ 托洛茨基档案中托洛茨基从2月下半月以来的信件。

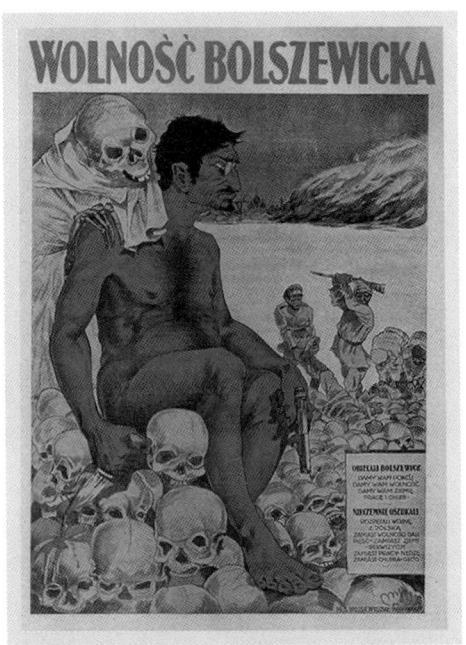

波兰反犹主义者讽刺托洛茨基和布尔什维克违背诺言，用战争、镇压和饥饿取代和平、自由和面包的漫画

1919年的一张宣传画，画中把托洛茨基描绘成一名红军战士

按照后来发生的情况看,应该着重指出,托洛茨基在这一重大关头是主张对波兰采取强有力的武力政策的。在几个月中契切林频频向华沙提出秘密和平建议,力主用对波兰极有利的条件来解决边境争端,但都徒劳。毕苏斯基不顾这些友好表示,并使波兰舆论对这些有利条件一无所知。契切林甚至在波兰进攻开始以后还继续提出和解的建议。但他的政策在外交人民委员部内部引起反对,特别是他的副手李维诺夫的反对。托洛茨基介入这一冲突,坚决站在李维诺夫一边。他极力要求政治局制止那些提议,因为毕苏斯基把那些提议只看做是苏维埃软弱的表示;由于提议是秘密提出的,所以无从推动波兰要求和平的舆论。托洛茨基要求恢复公开外交,使波兰人民能明白谁应对爆发战争负责。毕苏斯基结束了这场争论,因为不久以后他就找借口中断谈判并入侵乌克兰,占领了基辅。1920年5月1日,托洛茨基号召红军给入侵者以严厉的打击,"这一打击将响彻华沙的每一条街道,传遍全世界"。

1920年5月5日,列宁在斯维尔德洛夫广场向游行群众发表演说,这幅照片当时很快传遍世界,照片中托洛茨基和他后面的加米涅夫正站在讲台边的台阶上等候发言

1920年5月5日,托洛茨基在斯维尔德洛夫广场发表演说

波兰的入侵使俄国深为激动。这时布尔什维克第一次号召进行民族战争而不是内战。诚然,在他们看来这是一场反对"波兰地主及资本家"的斗争,一场在民族战争掩盖下的内战。但不管他们的动机如何,这场冲突释放了爱国本能和沙文主义情绪,使他们难以控制。在俄国保守派分子看来这是一场反对宿敌的战争,他们不能容忍它再度作为独立国家出现——尽管这场战争是在布尔什维克国际主义者领导下进行的,但却是一场真正的俄国战争。对希腊东正教来说,这是一场反对固执地效忠罗马天主教的民族的战争,尽管率领基督教十字军的是不信神的共产党人。有些保守派分子心里同情白卫军,但此时白卫军已经垮台,他们正在寻找一个借口,好让他们也赶上苏维埃的浪头,又不至于丢了爱国的希腊东正教的"面子"。波兰的入侵给他们提供了这个借口。旧政权下的总司令布鲁西洛夫(Брусилов)将军领头搞归顺运动。他自愿为托洛茨基效力,并号召所有善良的俄国人追随他。这样,这场战争除了革命的泛音之外,还掺杂有民族主义的低音。毕苏斯基的部队做了大量激起俄国人的反波情绪的事,他们占领乌克兰的行为十分蛮横;他们开始使波兰地主重新回到他们原来的领地上;他们用枪杀战俘和大屠杀来庆祝他们的胜利。

对布尔什维克来说,被卷入民族团结的浪潮是麻烦的新经历。托洛茨基努力坚持党的国际主义观点。他欢迎布鲁西洛夫与红军团结一致的表示,但他又公开否定布鲁西洛夫的沙文主义和反天主教的腔调。① 当谣言流传说布鲁西洛夫将率领红军攻打波兰人时,托洛茨基对此加以否定,而且强调说,波兰战线是由图哈切夫斯基和叶戈罗夫指挥的,他们对革命的国际主义思想的忠诚在内战中经受过考验。他在战争激烈时公开命令取缔总参谋部的期刊《军事杂志》,因为该刊上一篇论毕苏斯基的文章用了"伤害波兰人民民族尊严"的言词。他还进一步命令调查这件事,为的是"永远不再录用肇事者做任何能使他们影响红军思想的工作"。②(战争期间,"文明"的政客和文人毫无顾忌地给敌对的民族性格打上像匈奴和野兽或低级人种之类的印记,在这样的时代中,上述事件像是某种高尚的怪癖。)他到前线视察,抑制了有关波兰人枪杀战俘事件的报导在军中引起的愤怒情绪。在前线士兵集会上声明,即使是敌人也不应该加以诽谤。他断然禁止对波兰战俘进行报复,他在当天颁布的命令中写道:对凡杀害战俘和杀害已经解除武装、有病与受伤战俘的红军士兵,必将严惩不贷。战斗尽管无情,但红军对俘虏和已无反抗能力的敌人必须表示宽宏大量。③

革命军事委员会主席托洛茨基在前线检阅即将投入战斗的部队

---

① 《托洛茨基全集》第 17 卷第 2 册,第 407—408 页。
② 《革命是怎样被武装起来的》第 2 卷第 2 册,第 153 页。
③ 《托洛茨基全集》第 17 卷第 2 册,第 403—405 页。

毕苏斯基在乌克兰的胜利是短命的。波兰人几个星期的占领足以激起乌克兰农民反对入侵者。前线北部防区的图哈切夫斯基的军队和南部防区的叶戈罗夫军队得到从与邓尼金及高尔察克作战部队中"抽"出来的几个师的增援。红军虽然装备很差,此时的实力却达到顶峰——战役结束前,在红军军旗下作战者已达500万人了。6月12日,布尔什维克夺回基辅;毕苏斯基的军队一下子溃不成军地退到波兰边境。

此时,重大政治问题的介入使战争进程复杂化了。其中有些问题涉及英俄关系;另外有些问题关系到俄国对波兰的态度;两组问题在某几点上又互相关联。

英国工党对军事干涉的反对以及白卫军的失败削弱了以温斯顿·丘吉尔为首的力主干涉的一派。政府本身分裂,首相(劳合·乔治)打算退出军事干涉,同俄国恢复贸易。1920年5月底,以克拉辛为首的苏维埃贸易代表团离开莫斯科前往伦敦。但与此同时,毕苏斯基的胜利暂时加强了主张干涉派的力量。政治局深信英国政府跟法国政府一样全心全意支持毕苏斯基。外交人民委员部和共产国际试图打击英国在亚洲的阵地,特别是在波斯及阿富汗的阵地,

最后一条反革命战线的司令弗兰格尔,摄于1920年

第十三章 革命与征服

正如前一年托洛茨基所提议的那样。但不久英国官方政策又摇摆起来：工党反对军事干涉非常激烈；红军追击波兰军队，无论如何已再一次暴露军事干涉毫无用处。7月11日，英国外交大臣寇松（Curzon）勋爵提议他的政府在苏波间以及在苏维埃与邓尼金的残部间进行调解，邓尼金残部在弗兰格尔（Врангель）男爵率领下盘踞在克里木。

在整个6月和7月里，政治局和外交人民委员部力图掌握英国政策的动向。托洛茨基几度介入辩论，他发现自己跟多数人的意见相反。关于这场争论，在托洛茨基给契切林、列宁及其他政治局委员的机密信件中以及在托洛茨基档案中发现的列宁亲笔写的简短备注中都有生动的说明。在6月4日的备忘录里，托洛茨基坚决主张对英国采取和解态度。他认为，英国政策绝不是只遵循决心进行军事干涉这一条路线，因而若使英国政策保持举棋不定则对苏维埃有利。如果苏维埃发动中东的反英暴动，更不用说苏维埃远征中东，都只会促使英国加强它极端敌视苏维埃的政策。去年8月，他自己极其重视亚洲的革命运动，但此时他根据最新的情报认为：这些运动在中东无论如何是缺乏内在力量的；① 布尔什维克应该继续进行革命宣传和组织秘密组织，而避免采取可能使自己卷入军事冒险的步骤；布尔什维克最好是利用中东革命来进行威胁，把它作为与英国外交交易中讨价还价的筹码；但布尔什维克应利用一切机会促使英国希望在东方达成协议。

列宁在这份文件的边上带有几分讽刺地评论说，托洛茨基像克拉辛一样，对英国政策的看法是错误的；英国的政策坚定不移；英国过去援助波兰人和弗兰格尔，今后还会继续援助他们。②

7月，在寇松勋爵提议调解之后，对这个问题又一次进行讨论。列宁把这个提议送给在前线的托洛茨基。同一天，即7月13日，托洛茨基用两封信回答，力求政治局和契切林接受英国在苏波间进行调解的提议，以便实现停战的目的，而停战会导致与协约国和波兰议和。③ 他再一次向政治局建议：要更细心地注意英国的舆论与政策倾向之间的分歧。④

---

① 托洛茨基补充说，甚至在有众多产业无产阶级、而且与俄国联系悠久的苏维埃阿塞拜疆、高加索，苏维埃政权也不能在那里站住自己的脚跟。
② 日期也是6月4日的政治局决议表明，政治局认为毕苏斯基跟德国政府也有勾结。
③ 但托洛茨基反对调解苏维埃与弗兰格尔之间的战争，因为这是俄国的内政。
④ 此外托洛茨基要求，关于英国舆论的情况应请教著名的马克思主义者，旅英俄侨费多尔·罗特施坦。

政治局拒绝了托洛茨基的建议,当然也拒绝了英国的提议。十分奇怪的是,政治局竟要求托洛茨基给寇松勋爵以断然的拒绝。出于内部团结一致的原则驱使,他照做了。竟没有任何人能在他那篇才气横溢、充满挖苦讽刺的声明中稍稍猜出他思想中的保留。他在声明中解释说,根据军事干涉的记录,英国政府是冲突的一方,无权奢望作为不偏不倚的调解人而效劳。①

这一分歧毕竟只涉及外交策略,却和另一场十分重大的争论有关。列宁拒绝了寇松的建议,要求"火速进攻波兰"。托洛茨基对此也表示反对。到这时候,红军已重新占领乌克兰和白俄罗斯全境,坚守在一条大致与寇松提议的俄波边界线一致的防线上,那时寇松勋爵还指望邓尼金能获胜呢。托洛茨基想让红军停在这条线上,并公开提出媾和建议。列宁同政治局的多数一心要乘胜追击波兰军队,追到华沙及华沙以外的地方。

政治和战略的相互作用又一次成为这场争论的主题。托洛茨基的建议有军事上的冒险性。毕苏斯基不可能接受"寇松线"作为边界线,他可能要利用停战的喘息时间准备卷土重来。托洛茨基乐意冒这一风险。他考虑的是他所主张的行动方针中政治和道义上的有利条件以及列宁的政策可能导致的危险。他认为,提出直截了当的、公开的媾和建议会使人一目了然:苏维埃对波兰的独立并无阴谋,它并无觊觎波兰领土的野心;这样的提议会给波兰人民留下良好的印象;如果毕苏斯基接受这一提议,那再好不过了;但如果他不接受,波兰人民及全世界人民就会知道谁要负继续战争的罪责。托洛茨基认为,如果不预先提出媾和建议就命令红军向华沙挺进,就会破坏俄国革命与波兰人民的友好关系,就是在干对毕苏斯基有利的事。约一个半世纪以来,波兰的大部分领土一直在沙皇统治之下,自从波兰重新获得独立并得到俄国革命对他们作出的庄严保证以来,时间还不到两年;尽管入侵波兰国土的俄国军队是在红旗下进军的,尽管入侵是毕苏斯基挑起的,但在他们看来入侵者却是一直奴役他们、他们的父辈及祖先的沙皇军队的直接继承者;波兰人因而会奋起拼命捍卫自己的国土。

列宁并没有托洛茨基那种顾虑和预感。当列宁竭尽全力防止战争时,毕苏斯基正大张旗鼓地蓄意扮演侵略者的角色。此时当战争的命运有利于红军的时候,列宁认为抓住胜利果实是红军的权利和职责——在胜利凯歌引导下的军队

---

① 《托洛茨基全集》第17卷第2册,第426页及以后各页。

不会在追击几乎溃不成军的敌人时半途而止；而且也没有任何道德上、政治上或战略上的原则会禁止一支军队在追击途中侵入侵略者的领土。

这还不是问题的全部。列宁相信波兰工人和农民会像欢迎他们的解放者一样欢迎入侵的军队。所有布尔什维克的领袖们，包括托洛茨基在内，对局势的实际情况只有一个模糊的概念。因为封锁的结果，他们完全与波兰失去联系，好像这个国家远在千里之外。① 他们知道波兰曾建立苏维埃，共产党员在苏维埃中曾产生过很大影响；他们相信这些人还存在。事实上，他们的这一消息已过时一年多了。此时，像在中欧其他国家一样，波兰形势已彻底改变。毕苏斯基已经解散了苏维埃，严厉镇压了共产党。② 一批参加了布尔什维克的著名波兰社会主义者现在都住在莫斯科；政治局向他们征求意见，想不到他们之间也有分歧：拉狄克、马赫列夫斯基（Markhlevsky）和（似乎是）捷尔任斯基，他们属于波兰社会主义的国际主义派，他们不相信波兰会作为一个民族国家而复兴。这时他们警告政治局说：红军的入侵会因波兰的爱国情绪急剧高涨而被挫败。托洛茨基所持的看法在一定程度上是这一警告所起的作用，列宁显然对拉平斯基（Lapinski）的报告印象更深，拉品斯基来自波兰社会主义偏于护国的一派，他过于夸大了波兰共产主义的力量。列宁受乐观主义的鼓舞，相信红军的挺进会成为在波兰爆发革命的信号，他的意见支配了政治局。就连本来清醒地不考虑进军华沙这一意见的斯大林也改变了立场；因而持反对意见的只有托洛茨基一人了。

列宁下的赌注甚至更大。波兰是俄国与德国之间的桥梁；列宁希望通过这座桥梁跟德国建立联系。列宁设想德国也处于剧烈的革命骚动中。在幻想的烟雾后面确实也有火种。1920年3月，一部分德军在柏林发动政变，想要推翻议会制、建立军事独裁。这场被称为卡普暴动的政变在两天内就因德国工人的总罢工而破产。这是德国工人显示力量的信号。罢工是工会而不是共产党人发动的；但后来不久，德国共产主义运动就取得强有力的进展，尽管还不能带动工人阶级的大多数。足以使列宁为之辩护的理由是：红军出现在德国边境可能刺激并强化革命进程。他想"用红军的刺刀对欧洲进行试探"。在攻势处于高

---

① 波罗的海各小国的感情都是一样的。托洛茨基在整整一年中都力促政治局同那里的所有小国签订和约。这件事得以实施（托洛茨基档案）。

② 甚至在1920年托洛茨基还在谈论波兰苏维埃的意义，设想波兰苏维埃依然存在。参见《托洛茨基全集》第15卷，第301页。

潮时举行的一次革命军事委员会会议上，列宁在递给斯克良斯基的一张便笺上说，"务必在三五天内不惜任何代价拿下华沙"。他一再问：已进入波美拉尼亚"走廊"的红军能否切断这条走廊，使波兰人不能接近但泽港？但泽是波兰接受西方军火的港口，也是与德国的连接点。①

托洛茨基尽管对灾难有预感，但仍服从多数的决定。他继续尽职，发布进军命令，执行例行公事——看来只是停止了视察前线。当攻势进展时，任命了一个波兰革命军事委员会，实际上这是临时政府，以那些反对冒险的波兰布尔什维克为首。红军挺进越远，波兰革命军事委员会给莫斯科的报告就越是令人担心。波兰的工人和农民并不认为入侵的军队是解放者，而认为他们是征服者。但此时红军凭自己的一股冲力势如破竹地向前推进，延长了运输线，消耗了自己。北线、南线部队之间又发生危险的裂痕。图哈切夫斯基率领的北线军队向华沙挺进，叶戈罗夫与布琼尼率领下的南线军队却转向西南，攻打利沃夫。根据托洛茨基的坚决要求而任命的南线部队总政委是斯大林。② 斯大林渴望胜过图哈切夫斯基，想抢在图哈切夫斯基进入华沙之前攻下利沃夫为自己夺得头功。毕苏斯基此时很可能会冲入中间的这个缺口袭击图哈切夫斯基的侧翼及后卫。这个缺口一度曾使列宁感到担忧；③ 这天稍晚些时候，参谋部开始催促南线军队的指挥官堵住缺口。然而红军还是滚滚向前，莫斯科全城欢欣鼓舞。

在战争的这一阶段，即从7月中旬到8月7日，共产国际在彼得格勒和莫斯科召开第二次代表大会。在过去的一年中，欧洲工人运动已转向共产国际：几乎当时所有社会主义老党、大党的领袖们都毕恭毕敬地来叩共产国际的大门。大会讨论了共产国际成员的条件，即列宁和季诺维也夫拟订的著名的"二十一条"，并讨论了共产党的任务、殖民地国家的命运等等问题。但把讨论对波兰的军事结局激动人心的期待作为主题，因为预计它会给欧洲革命新的有力的推动。列宁每天都站在大幅军事地图前给外国代表们作关于图哈切夫斯基挺进的乐观评论。

---

① 该便笺存于托洛茨基档案。
② 托洛茨基致中央委员会，1920年5月11日。托洛茨基档案。
③ 托洛茨基档案中存有列宁给斯克良斯基未署日期的便笺，列宁在便笺中表示他的担忧。

第十三章 革命与征服

1920年，列宁与出席共产国际第二次代表大会的部分代表合影。列宁后面的是高尔基，其右边是季诺维也夫

1920年，托洛茨基在共产国际第二次代表大会上讲话

1920年，共产国际召开第二次代表大会期间，苏俄出版了一本照片集，其中包括这幅革命领袖群像，列宁和托洛茨基居中

第十三章 革命与征服

托洛茨基为了表示赞同讨论中的"二十一条",在大会开始时短暂地露过一面,到大会结束前才又回来——这时红军已兵临华沙城下——他代表共产国际起草宣言。代表们以雷鸣般的掌声欢迎他。他用最强有力的措词和比喻对《凡尔赛和约》签订后第一年的国际局势作了全面评述。他愤怒痛斥"巴比伦

1920年,刊登在《生活》杂志上的托洛茨基肖像

式"的腐朽的资本主义,并撕去了它的"民主面具"。他说:"德国的议会民主制只不过是两个独裁制之间的空当儿。"① 代表们怀着憧憬屏息倾听他的讲话;他那用语和比喻具有的魔力因战斗达到高潮而加强,这使他们认为他是这场战争的鼓动者。然而他抑制住自豪,在宣言中并不提及红军的胜利。代表们甚至未注意到他没有畅所欲言,也没有猜到隐藏在他充满自信的外表和使人共鸣的语言后面是多么强烈的担忧。在这次大会上即使是最慎重的人也因为激动而无法自制,唯独他不愿庆祝胜利,而人们却在欢呼他是这一胜利的缔造者。②

一个星期后,维斯图拉战斗开始。这场战斗只打了三天。同时代人认为这一战役没有改变历史进程——不过使它延迟了1/4世纪而已。但这场战斗以红军彻底失败而告终。在战斗最激烈时,政治局要求托洛茨基去前线设法挽回局势。他拒绝了。他回答说,他不会自我欺骗,在这个时候凭他个人到现场进行任何积极的干预也不能避免败局。③

一时间,灾难甚至显得比实际上还要严重。弗兰格尔的白卫军看到红军已被波兰牵制,于是冲出克里木,侵入高加索。维斯图拉战斗结束后的第二天,即8月19日,托洛茨基和斯大林联名向政治局汇报军事局势;政治局显然承认在波兰的失败,决定首先着重对弗兰格尔作战。斯大林和托洛茨基两人共同负责对党员作新的动员。动员起来的人大多数都被派往克里木;大部分布琼尼骑兵也要调离波兰前线。斯大林还接到要他制定措施的指示。然而,弗兰格尔的部队尽管装备优良,但人数太少、士气沮丧,不能造成严重的威胁。他们很快退入克里木,企图在彼列科普地峡设有防御工事的隘口后面坚持下去。在伏龙芝和斯大林指挥的一场英勇猛烈的战斗之后,红军突破地峡,把弗兰格尔赶到了海上,这就是内战的尾声。④

10月12日,苏维埃和波兰签署临时和约,但一时间战争仍没有结束。在波兰,执政的党派分裂了,农民党——政府以这个党的领袖维托斯(Vitos)

---

① 托洛茨基:《共产国际五年》,第89页。
② 参见托洛茨基对军事科学院党支部及其他院校的讲话,战后不久,他说从未相信过红军会占领华沙——他甚至没有料到红军会挺进到那么远,他在这一场合和其他场合中都坦率地谈到他不同意向华沙进军,他的这一说法跟任何资料都不矛盾(《革命是怎样被武装起来的》第3卷第1册,第91页)。
③ 托洛茨基8月17日致政治局的电报(托洛茨基档案)。这场战斗从8月14日打到17日。
④ 托洛茨基档案。

第十三章 革命与征服

为首——迫切要求媾和,而毕苏斯基的军人集团则竭力破坏同俄国的谈判。①在莫斯科,意见也有分歧。政治局的多数赞成重新开战。有些人这么做是因为他们预料毕苏斯基无论如何不会遵守和约;其他人则出于渴望复仇。总参谋部讨论新的进攻。图哈切夫斯基深信下一次他会在华沙举行胜利阅兵式。托洛茨基说,列宁开头倾向于战争,但并不坚决。而托洛茨基无论如何都坚持媾和,坚持忠实履行同波兰签订的临时和约;他又一次觉得自己面临被多数票压倒并被迫顺从地执行他所憎恶的政策的危险,终于决定不再退让。他声称,分歧如

1919—1920年内战和反对干涉者的战争的主要战线。在托洛茨基的军事领导下,年轻的苏维埃共和国粉碎了14国的武装干涉

---

① J. 达布斯基在他的回忆录中对这场激烈争论作过权威性的叙述,达布斯基是在里加举行的和约谈判的波兰代表团团长。

此深刻，因而这一次他不会受任何多数决定或政治局团结一致的约束，如果以多数票压他，他就要呼吁全党去反对党的领导。他利用类似于列宁在《布列斯特和约》问题的争论中用过而且取得极大效果的威胁，而且他也达到了目的。与那场争论对比，这次双方担任的角色颠倒了，这实在令人难以理解。但结局在某种程度上却相似，因为这一回列宁离弃了主战派，而转过去用他的影响支持托洛茨基。和平得救了。①

分歧继续深化。但值得怀疑的是，任何一个布尔什维克领袖，包括托洛茨基在内，是否意识到或能否意识到这些分歧的全部历史意义。只有到本世纪中叶发生的事变才尖锐而又明白地说明了这些分歧的全部历史意义。

不能而且也不应该用刺刀输出革命，这始终是马克思主义政治的准则，这一准则基于法国大革命的经验——那场革命是在拿破仑征服外国中完成的，也是在其中毁灭的。这一准则也由马克思主义的基本观点而来，该观点认为各国工人阶级是社会主义的独立自主力量，当然不指望从外部把社会主义强加给各国人民。布尔什维克和托洛茨基常说，红军可能干预邻国，但只作为真正的人民革命的助手而不作为独立的决定力量，例如，列宁所希望的红军帮助匈牙利苏维埃革命就起这种助手作用。红军或赤卫队小规模地进入芬兰和拉脱维亚援助真正的苏维埃革命，所起的也是这种作用，这两国的革命得到人民的支持，而遭到失败主要是因为外国的，首先是德国的军事干涉。在这些事例中，红军并没有输出革命，布尔什维克在对波兰的战争中走远了一步。尽管这样，列宁也没有成为完全靠征服输出革命的人。他看到波兰工人阶级可能起义，因而希望红军的挺进会起催化剂作用。但这跟援助一场实际的革命并不相同。无论列宁个人的信念和动机如何，波兰战争是布尔什维主义第一次靠征服输出革命的重大尝试。确实，政治局是在战争狂热中多次受挑衅、不了解自己决定的全部含义的情况下进行战争的。但这正是历史上发生重大的、命运攸关的转折的方式：那些开创重大转变的人往往意识不到他们所开创的究竟是什么。革命政党就是以这种方式开始抛弃神圣原则而改变了自己的性质。如果红军占领了华沙，就会进而担当社会剧变的主要执行人，可以说，变成波兰工人阶级的取代者。不要忘记，托洛茨基在年轻时写的文章中指责过列宁的"取代主义"，即指责列宁倾向于把党看做是工人阶级的临时代理人。② 这确实是在国际舞台上

---

① 托洛茨基：《我的生平》第2卷，第193—194页。
② 参见本书第三章。

策划取代主义的一个突出例子，所不同的只是，充当外国无产阶级代理人的是军队而不是党。

更加令人惊异的是，列宁在长达20年的时间内始终热情地把尊重各国权利，尤其是把波兰的充分自决权几乎像教义一样灌输给他的学生及追随他的人。他跟在这一点上不那么教条的同志和朋友分了手。他写过大量文章，用深刻的论据反对罗莎·卢森堡、拉狄克和捷尔任斯基这些波兰人的观点，这些人都是国际主义者，在波兰仍然被分割的时候仍拒绝提倡波兰民族国家的概念。看来，列宁这时要抹杀自己的努力成果和宽恕侵害民族独立的行为，只不过是以革命的名义罢了。

列宁越来越认识到这不符合他的角色。他承认了自己的错误。① 他大声疾呼反对用刺刀输出革命。他跟托洛茨基携手合作，奋力争取和平。在他身上，伟大的革命家战胜了革命冒险家。

然而，"错误"并非偶然发生，也不是微不足道的，错误的根源就在于布尔什维克害怕在世界上孤立；党的所有领袖同样都对此感到害怕，但这对他们行动的影响各有不同。向华沙进军是孤注一掷，试图打破孤立；虽然失败了，但对党的观点却有深刻影响。靠征服进行革命的思想已注入布尔什维克的头脑，继续发酵，溃烂化脓。某些布尔什维克根据经验进行反思，自然得出结论说，可悲的不是靠武力输出革命这一尝试本身，而只是尝试的失败；只要红军占领华沙，不管波兰工人愿意与否，都可以在那里建立无产阶级专政；认为只有那种符合人民意愿和希望的革命才是基础牢固的革命，这是小资产阶级的成见；主要问题是，下次再进行这类冒险时要有更精良的武装，要作更充分的准备。②

我们将在下一章论述助长这种思想倾向的布尔什维克的国内经验，在这里只要谈一谈那些赞成恢复对波兰作战的政治局成员的态度中表现出来的倾向就够了。在当时，老布尔什维克只能私下试探性地提出这上述看法；他们不能用更正式的方式阐述它们或把它们提高到原则上来。正是这些看法的性质使他们

---

① 克拉拉·蔡特金：《回忆列宁》，第19—21页。
② 党史学家H. 波波夫写道："托洛茨基反对向华沙挺进，并不是出于他认为我们的武力不够……而是出于社会民主党的成见，认为从外部把革命输入到一个国家是错误的。托洛茨基出于同样的理由反对红军援助1921年2月格鲁吉亚的起义，中央委员会在1920年7月的波兰问题和1921年2月的……格鲁吉亚问题上，两次都断然拒绝托洛茨基的反布尔什维主义的考茨基主义的理由。"（《苏共党史纲要》第2卷，第101页。）

不宜于公开陈述,因为马克思主义的传统是不容公然蔑视的。这一传统在所有布尔什维克领导人的头脑中都根深蒂固,约束着他们自己的思想活动,防止他们追求以新的思想方法得出他们的结论。甚至在 30 年后,斯大林也绝不承认他赞成过靠征服进行革命,尽管他已经大规模地实施了!

然而这一有争议的概念不久就找到了一个代言人。波兰战争后不久,图哈切夫斯基作为靠征服进行革命的拥护者站了出来。他没有忘却维斯图拉的失败,这是他一帆风顺、直线上升的军旅生涯中唯一的挫折——然而又是那么重大的挫折。他到 1918 年才接受布尔什维主义,那时他是一个青年军官,而此时他才 26 岁,是红军最杰出、最著名的将军。毫无疑问,他忠于苏维埃,但他只是革命战士而不是革命家。他不受党的传统束缚;他是从拿破仑身上而不是从马克思身上汲取鼓舞他的力量的。他不明白为什么布尔什维克要继续口头诅咒用刺刀输出革命。他在军事科学院用文章和演讲阐述他的观点时争辩说,红军"从外部"把革命施加给一个资本主义国家是可能的,也是合理的。稍后,他甚至提出成立国际红军总参谋部,以便指导所有国家的革命军事活动。他头脑冲动,见解独特,而且敢作敢为,甚至公开攻击党的戒律。但他以如此极端的形式提出他的理由,所以得不到很多人的支持。内战中的其他领袖倾向于接受他那已适当冲淡了的论点。① 无论如何,图哈切夫斯基的观点与他们坚持的红军应采取明确的进攻性军事学说有着逻辑联系。②

托洛茨基与这种新的情绪作斗争。他在谈到波兰战争的后果时提出警告,反对用武力输出革命。这种警告像一条红线般地贯穿在他这一时期的文章和演说中。③ 他对靠征服进行革命的合理反对,在某种意义上说只是他渴望西方工人阶级革命以及他们有能力进行革命这种几乎不合理的信念的对应面。他毫不动摇地确信欧洲、美洲无产阶级由于自身处境的驱使而将追随布尔什维主义,因此他坚信,任何代替他们革命或用刺刀试探和促使他们革命的企图都是绝对有害的。他看到世界孕育着社会主义,相信怀孕期不会太长,但他担心揠苗助长会导致流产。他坚持认为,俄国革命同其他国家工人阶级的团结应主要表现在帮助他们了解并解释他们的社会和政治经验、他们的任务,而不是试图代替

---

① M. 图哈切夫斯基:《阶级战争》,特别是他的论文《从外部输入革命》,第 50—60 页。
② 参见本书第十三章后面的《托洛茨基军事思想评论》。
③ 《革命是怎样被武装起来的》第 3 卷第 2 册,第 114、124、142—143、206、225—277 页及以后各页。

他们去解决那些任务。在一次辩论中他愤怒地指出，有谁想靠红军作战取代国外的革命，那么最好就让这个人给自己在脖子挂上磨盘投到海里去。①

然而，布尔什维克的新癖好如此强烈，不可能被彻底地压制下去，它不久又在红军入侵格鲁吉亚中表现出来。

格鲁吉亚在1921年2月前一直受孟什维克政府统治。在波兰战争期间，苏维埃跟孟什维克政府签订过一项条约。高加索几乎全部在苏维埃的控制下，孟什维克统治下的格鲁吉亚就成了眼中钉。格鲁吉亚的孟什维克对让格鲁吉亚成为独立国家这一要求是前后矛盾的、带欺骗性的；因为在十月革命之前，他们自己热烈提倡格鲁吉亚与俄国统一，只要求有一定程度的地方自治。他们现在提出分离主义，只是一个方便的借口。只要有孟什维克统治的格鲁吉亚存在，布尔什维克就更难在高加索的其余地方巩固政权；布尔什维克没有忘记，格鲁吉亚的孟什维克曾俯首帖耳地甘愿让德英两国相继占领他们的国家，而且还严厉镇压格鲁吉亚的布尔什维克。然而苏维埃政府还是庄严地承诺尊重格鲁吉亚的独立，并承认孟什维克政府。政治局希望格鲁吉亚最终会发现苏维埃高加索的吸引力是不可抗拒的，格鲁吉亚的孟什维克总不能在与所有邻居对立的情况下统治他们的国家；当地革命力量推翻他们的一幕即将出现。因而政治局想耐心等待这一试验自然发展下去。

所以，在1921年2月中旬当托洛茨基在乌拉尔视察期间得知红军进军格鲁吉亚时，他大感意外。当时，他正要动身去莫斯科参加中央委员会会议；在动身前他和斯克良斯基联系，问是谁和为什么要发进军令。原来，这次入侵对总司令也是晴天霹雳。托洛茨基猜疑这一冒险行动是背着总参谋部和政治局不负责任地发动的；他要把"这件事提到中央全会上去"，并要法办那个擅自冒险的人。②但是进军令是经政治局批准，由高加索革命军事委员会发出的。奥尔忠尼启则（Орджоникидзе）是该委员会的总政委，此人是斯大林的朋友，也是格鲁吉亚人。政治局是在托洛茨基不在时考虑这个问题的。斯大林和奥尔忠尼启则报告说，格鲁吉亚爆发布尔什维克起义得到了人民的大力支持，起义的后果是毫无疑义的；红军只会缩短斗争。政治局把斯大林和奥尔忠尼启则看做是格鲁吉亚事务的专家，接受了他们的意见。

然而格鲁吉亚起义并没有得到所谓人民的支持；红军苦战了两个星期才进

---

① 《革命是怎样被武装起来的》第3卷第2册，第225页。
② 托洛茨基档案。

入格鲁吉亚首府梯弗里斯。格鲁吉亚人也像其他边境小国一样，始终没有忘记沙皇的压迫；此时再次用暴力兼并激起了他们强烈的不满。不满和怨恨久久难平，它间接地反映在格鲁吉亚的布尔什维克反对莫斯科集中制的政策上。这一事件在列宁领导的最后一年中成为斯大林和托洛茨基争论的主要问题。不过在当时托洛茨基接受了既成事实，他认为，入侵行为不能下令取消，现在唯一可能的是努力缓和入侵引起的震动。列宁亲自处理这一工作。他告诫奥尔忠尼启则和高加索的其他政委"对待格鲁吉亚人民要特别注意和谨慎"，请他们"向格鲁吉亚革命委员会转达我的热烈敬意"。他要求把凡是违反他的这一指示的事例以及和格鲁吉亚人发生的最细微的摩擦都告诉他。他进一步力促奥尔忠尼启则努力同孟什维克，甚至同孟什维克政府的首脑饶尔丹尼亚（Жордания）和解，因为后者并不完全敌视苏维埃政权。① 在这件事上，托洛茨基本人当时已没有什么回旋的余地了。然而，列宁的指令几乎没有产生效果。因为入侵者既已侵犯了格鲁吉亚的主权，就无意再在细节上去尊重它了。但这一情况过一段时间后才会清楚。

托洛茨基继续全面否定并斥责靠征服进行革命的思想。但他并不认为有理由在格鲁吉亚问题上公开地讨论那些具体的分歧，并且感到他没有道理再一次轻视政治局的集体负责制。因此当西方社会民主党领袖考茨基、麦克唐纳、韩德森及其他人叫嚣让红军退出格鲁吉亚时，他也照样加以驳斥：他写了一本小册子，其中只用一段简短的文字谈到入侵问题。他重申援助外国已完全成熟的革命是红军的权利，但回避了这个问题：在格鲁吉亚发生的是否是这样的革命。他只集中全力尖锐地揭露社会民主党批评者们对俄国革命以及殖民地各民族的命运等问题的态度前后矛盾。② 不管怎样，他义愤填膺地捍卫的是苏维埃，反对他们的敌人和半心半意的朋友。因此在世人看来，他也要为入侵格鲁吉亚承担主要责任。

托洛茨基认为政治局在波兰和格鲁吉亚问题上所表现的错误仿佛是党在无意中犯下的大错误。他抵制过这两次错误，但他没有看到两者之间的内部的联系，看不到其中更深刻的意义。就某一点来说他是正确的，因为整个党走上革命征服的路既不自觉，也非故意。入侵格鲁吉亚是踏上这条路的唯一成功的一步，而且是情有可原的。格鲁吉亚毕竟一直是俄国的一部分；它不能在苏维埃

---

① 参见《列宁全集》第40卷，第378—379页。
② 托洛茨基：《红白之间》。

高加索内作为一个小小的"资产阶级孤岛"而残存下去。然而在波兰的冒险与在格鲁吉亚的冒险之间有着内在的联系，因为两者标志着布尔什维主义中的一种新倾向的开端。

　　第一次世界大战推动的革命周期将要结束。布尔什维主义在这一周期开始时登上真正革命的顶峰，到周期结束时则开始靠征服扩展革命。持续约 1/4 世纪的长期间隔把这一革命周期与由第二次世界大战推动的下一周期隔开。布尔什维主义在这一间隔期间没有扩展。当第二个革命周期开始时，它以第一个周期的终点为起点，即靠征服进行革命。一次战争的结束阶段和下次战争的开始阶段之间有连续性，这是军事史上司空见惯的事：在一次武装冲突结束时所发明的作战武器和所形成的作战思想支配着下一次冲突的最初阶段。在两个革命周期之间也可以看出有相似的连续性。在 1945—1946 年，甚至部分地在 1939—1940 年斯大林所开始干的事，就是托洛茨基本人，而且在某种意义上说是他和列宁共同在 1920—1921 年所留下的事。托洛茨基死得太早，没能目睹后来被载入现代史的斯大林的革命征服这重要的一章。他对这一倾向的早期征兆的反对并不坚决。他赞成革命，反对征服；但当革命导致征服或征服促进革命时，他就面临进退两难的困境了，从他的观点来看，这种困境不可能有令人满意的解决办法。他并没有把他反对革命的征服推到公开决裂的程度。另一方面，他却留下那句有启发性的、半警告半诅咒的话："谁要想靠刺刀输出革命，那么最好就让这个人给自己在脖子挂上磨盘投到海里去。"

托洛茨基军事思想评论

不了解托洛茨基的军事著作，就不能对他的军事活动作出扼要的结论。尽管他是红军的缔造者，红军的领袖，但仍然是一个文人，即使在硝烟弥漫中也极力要表现和反映他的经验和他的思想。他那数卷军事论文、演讲和军令都以反差强烈的特点而著称：浪漫的激情和实际的现实主义态度有时几乎像哲学一样深奥。

拉狄克说过，托洛茨基任军事人民委员之前只读过几本军事著作：饶勒斯的《新军队》，奥地利社会民主党人舒尔茨（Schulz）的巨著《战争史》以及弗兰茨·梅林论腓特烈大帝的著作。拉狄克无疑是为了更有力地强调托洛茨基的成就而贬低了托洛茨基在军事方面的理论素养。托洛茨基在巴尔干半岛战争期间和第一次世界大战的头几年早已研究了当时流行的军事文献。他当然像列宁那样熟知克劳塞维茨的著作，他常引用克劳塞维茨的著作并以克劳塞维茨的精神处理他自己的问题；但拉狄克认为托洛茨基受饶勒斯的《新军队》一书的影响更大。这一看法是正确的，《新军队》一书是一位伟大历史学家、社会党人的著作，而不是军事专家的著作。

饶勒斯试图把他自己政策的两个方面调和起来：一方面反对反动军官团的斗争，因为法国反动军官团对国内政策的影响已在德雷福斯事件中表现出来；另一方面是他的爱国主义的愿望，他要看到法兰西共和国武装起来，准备防御。他抱有改革军队的主张，设想配合政治和经济改革对军队进行的改革，将把资产阶级的法国改造为"社会共和国"。他主张以民兵代替常备军，认为被限制在兵营的严格体制内受训练的常备军会人为地脱离平民社会甚至成为反对平民社会的潜在力量，因此，它始终是军官团政治力量的主要源泉。民兵组织建立在生产单位、工厂和乡村公社的基础上；民兵队员在当地接受军事训练并继续像普通市民一样生活和工作，只在业余时间里或间歇性地投入军事技术训练。这样，民兵将与平民社会有机地打成一片，因此有野心的将军或军人集团就不能利用民兵作为政治工具。①

托洛茨基借用了饶勒斯的观点，但把它们运用于不同的场合。饶勒斯相信，即使在资本主义制度下也有可能使军队民主化和改成民兵制。但在托洛茨基看来这是改良主义的幻想。按照托洛茨基的观点，常备军和平民社会在实质上或事实上的相互对立，反映了军队最终保卫的有产阶级利益与工人阶级利益之间的利害冲突。托洛茨基认为，只有在工人阶级的利益成为最高利益以后，军队才会淹没在人民的汪洋大海中而跟人民一致。常备军的废除和国家将会逐渐消亡是一致的，因为据预料，无产阶级国家是要逐渐消亡的。

然而，托洛茨基建立的红军却是常备军。他论证说：民兵组织只有以高度工业化、组织化的文明社会为背景才能充分发挥作用。俄国的环境决定了红军的组织原则，这些原则跟沙皇军队的组织原则非常相似。这两支军队之间的不同在于它们的社会和政治观点，而不在于它们的严格的军事特征。

托洛茨基以暂时的必要来为此辩解，并坚持要求党和政府应把民兵制作为终极目标。他在向1919年3月党的第八次代表大会提出的"提纲"中为自己的意见作过辩解，而且索柯里尼柯夫在托洛茨基没有出席的这次大会上为此作过辩护。② 他期待有朝一日人们将在近似工人、农民日常生活的条件下而不在军营中接受军事训练。在工业恢复之前不可能认真地开始这样的过渡；但托洛茨基坚持，即使在目前也必须使军营成为类似军校或普通学校，而不只是训练场所。虽然红军的指挥人员是任命的而不是选举的；但托洛茨基设想将来要恢复选举原则。党的第八次代表大会采纳了托洛茨基的"提纲"，第九次代表大会再次予以批准。

这一纲领在内战接近结束时招致了严厉的批评，当时托洛茨基正要初次尝试把它付诸实施。使职业旧军官惊异的是：曾经严格使军队集中化并且根除游击作风的托洛茨基竟会提倡一种在他们心目中看起来好像是令人猜疑为老赤卫队那样的军事组织。他们不可能认真接受这种观点，即在兵营以外能够建立训练有素，军纪严明并能习惯于集体行动的军队。斯韦钦（Свечин）将军就是

---

① 与饶勒斯观点完全对立的观点是利用一支完全职业化的军队作为内战的决定武器，戴高乐将军在1939年前写的《论职业化军队》中阐述过这一观点。

② 托洛茨基：《革命是怎样被武装起来的》第1卷，第185—195页。

1919年3月23日，斯大林、列宁和加里宁（坐在正中间从左到右）在俄国共产党第八次代表大会上与部分参会者合影

批评托洛茨基的人中的一个，他是军事科学院教授，权威的战略著作的作者。托洛茨基反对这位批评家，捍卫"幻想家饶勒斯"。他说：

> 如果斯韦钦教授以为共产党夺取政权只是为了用红旗兵营取代（沙皇的）的三色旗兵营，那他就大错特错了。……如果反对的理由认为民兵制下的指挥官不会享有固有的权威，那么这种反对给人们的印象就是政治上的盲目无知。难道红军现任领导的权威是在兵营里树立起来的吗？……红军现领导的权威并非由于兵营中有治疗作用的催眠术产生的，而是由于苏维埃政权和共产党的感染力建立起来的。斯韦钦教授完全忽略了革命以及革命所引起的精神方面的巨变。……酗酒成性、梅毒流行、被天主教麻痹、在华伦施坦兵营服役的无知雇佣军和在新闻记者和律师领导下攻破巴士底狱的巴黎手工学徒，1914—1918年萨克森工人和社会民主党党员以及在世界史上第一个夺取政权的俄国无产阶级——所有这些人在他眼中都是在兵营里可以精细加工出来的同样的炮灰。这岂不是对历史的嘲弄吗？

> 共产主义制度随着广大人民群众精神境界的提高而同步发展。凡是

党迄今为止主要给予先进工人的东西,新社会一定会不断给予全体人民。……迄今为止,对党员来说,党在某种意义上一直是"取代"兵营的:党给了党员必需的党内团结,使党员能自我牺牲并能进行集体斗争。共产主义社会一定能以大得无法比拟的规模做到这一点。……最广义的合作精神就是集体主义精神。这种精神不但可在兵营里培养,而且可在安排完善的学校里,特别是教育和体力劳动相结合的学校里培养,可以协助对劳动原则的培养,还可用广泛有益的体育活动来培养。如果民兵以新社会的自然的生产职业组织,如农村公社、城市集体企业和产业社团为基础……由学校、体育社团及劳动环境使之内心思想统一,那么,民兵在"集体"精神方面就会比兵营里培养的军团丰富得多,他们就会有更高尚的精神品质。①

在党内,民兵这一概念也受到批评,而且要求修改党已通过的决议。1920年底,斯米尔加在全军政委大会上提出反对民兵制的令人信服的理由。他认为,根据民兵制,大多数团队差不多全由农民组成;而产业无产阶级部队就会为数很少,在红军其余部队中处于孤立。这样可能给无产阶级专政带来危险。把无产阶级成分分布在全军对布尔什维克至关重要;但这与民兵组织的地区性生产原则却不相容。斯米尔加认为,出于军事上的考虑,民兵制也是不适用的。俄国由于铁路少而又不完善,一旦战争爆发,无法及时动员民兵并把他们集结到战略要地去。在民兵制下,俄国不可能在入侵敌人到达伏尔加河流域之前进行战斗。民兵是防御性的。饶勒斯对民兵偏爱是因为他总是从防御战与进攻战的不现实的区别出发。民兵制要取胜,必须有非常高度的工业化和人数众多、技术先进而且受过相当教育的无产阶级和密集的交通网。因此,俄国不能没有常备军。②

托洛茨基承认这种批评中有不少是正确的,但他还是继续指出民兵制是军事政策的终极目标。1921年,他在彼得格勒、莫斯科及乌拉尔建立了三个民兵师作为试验。但他本人也力主谨慎。那是在困难重重、群情不满的时期,他说:"如果乌拉尔的工人挨饿,这一试验就会失败。"人们不能抽象地说哪种体制比较好,不应企图像解答数学难题那样解决这个问题,必须按照当时普遍

---

① 托洛茨基:《革命是怎样被武装起来的》第2卷第1册,第115—121页。
② 斯米尔加:《当前红军建设的首要问题》,第8—12页。

环境把这个问题作为一个社会政治任务加以解决。① 然而在后来几年中，约3/4的红军都改编成地区部队，只有1/4仍属常备军编制。这一试验走得太远，俄国已无力承受。30年代中期，在第二次世界大战的威胁下，红军全军作了大整顿，全部恢复为常备军。斯大林和图哈切夫斯基实行这一反改革的理由都是斯米尔加在1920年已经说过的话。反改革同当时普遍的独裁倾向也是相符合的。

在托洛茨基的著作中军事思想问题占有重要位置。他自称在这一方面并无创见。但是他却给问题的讨论带来了广阔的历史视野和方法，而这样的视野和方法，如果说还不足以构成新的军事哲学的话，也有力地防止了红军落入片面学说的圈套。他一方面不得不跟旧将军们作斗争，而另一方面还必须同年轻的革命军官作斗争。他作为革新家对前者说话，攻击他们的保守的思想习惯；而在后者看来，他几乎是一个拥护正统军事观念的人。

他是主管莫斯科军事科学院的灵魂，该院的教授和讲师都是旧将军。他力求科学院的课程现代化、摆脱学究气，使之密切联系战争的新经验。例如，他曾规劝军事科学院的那些军事作家抛弃毫无生气的伪历史风格，敦促他们努力赶超法国的同行。他说，法国的军事作家懂得如何把历史研究同对当代战争的兴趣及其社会问题的背景结合起来。院士们相当轻视内战，认为它不符合大规模战争的兵法。托洛茨基激动地反驳说：

> 据说在你们中间有人认为军事科学对目前的内战或小规模战争……无论如何不起作用。我现在奉告各位军事专家先生们，这完全是一种无知的说法。……具有高度机动和灵活战线的内战为真正的创造精神和军事艺术提供了无数的机会。这里的任务同其他任何战争的任务完全一样：用最少的兵力消耗取得最大的战果。……正是上次（世界）大战……几乎没有给战略艺术留有余地。从比利时海岸到瑞士的宏大战线确定以后，战争就变成机械的了。战略艺术降到最低程度，一切都取决于互相消耗的结果。相反，我们的战争充满着可让最伟大的天才大显身手的灵活性和机动性……②

---

① 托洛茨基：《革命是怎样被武装起来的》第3卷第1册，第12页。
② 同上，第156页。

第十三章 革命与征服

当旧将军们拒绝研究内战的教训时，年轻的将军们则往往什么也不愿学。他们的雄心是要建立一种崭新的"无产阶级军事学说"。他们认为，这种新学说能满足革命阶级的需要并适合革命阶级的心理，它必然不屑于防御和阵地战而赞成机动性和进攻，只有在所有战场上退却的腐朽阶级才赞成防守。"无产阶级的战争风格"对行伍出身的指挥官有感染力。阐明这一学说的最天才的指挥员就是图哈切夫斯基和伏龙芝，而伏罗希洛夫和布琼尼也可算在拥护者之列。在图哈切夫斯基看来，进攻论合逻辑地补充了"从外部输入革命"；他支持的这两种主张仍还停留在拿破仑的传统范围之内。不过，他的观点比他的同僚们更现代化些，他认为未来的攻势战争将由在空军配合下的坦克、装甲车集团军进行（他还是伞兵部队的创始人，他要把空降部队投到被卷入内战中的那些远离前线的地区）。

托洛茨基对这派军事思想的驳斥可能是他的军事著作中最有启发性的部分。他对"无产阶级战略"不予考虑，正如在其他方面否认"无产阶级文化"和"无产阶级文学"一样。他写道："战争以多门科学为根据。但战争本身不是科学而是实用艺术，是技巧……是残酷流血的艺术。……试图借助马克思主义创立新的军事学说如同试图借助马克思主义创立新的建筑理论或新的兽医教科书一样。"① 他常用辛辣的讽刺反对把马克思主义的辩证法当成点金术，要求尊重经验和文化传统的一定连续性。他看出"无产阶级"革新掩盖着头脑浅薄和妄自尊大。他不断引导他的军事理论的读者注意到红军的野蛮、贫乏、粗野和不文明，只是由于苦干和服从命令听指挥，上述弱点才得到缓和，而俄国人终于落入抽象理论的王国也正是由于太想摆脱贫乏、粗野和不文明。

拥护"无产阶级进攻论"的人是根据他们自己在以迅速机动为主的内战经验而建立这个理论的。托洛茨基答复说：红军向白卫军学会了据说是叛乱阶级独有的优点——机动性，正如白卫军向红军借用宣传方法一样。在军事问题方面，红军和白军一直在彼此同化："在彼此长期交战中，敌对双方相互学习。"② 托洛茨基亲自发出著名的命令："无产阶级，上马！"这是成立布琼尼

---

① 引自在党的第十一次代表大会上对军队代表的演说，见《革命是怎样被武装起来的》第3卷第2册，第244页。

② 同上，第61—62页。

骑兵部队的信号，是在邓尼金的攻势达到高潮，马蒙托夫率领的白卫军骑兵纵深而迅速地袭击布尔什维克战线后方，从而构成有瓦解布尔什维克腹地的危险时才发出的。①

但内战特有的高度机动性却反映出（按照托洛茨基的说法）在人口稀少的广大地区作战的原始条件。他指出美国内战和俄国内战的相似处。在这两场内战中，敌对双方都是在人口稀少的大陆作战，交通线和运输工具都极端匮乏；骑兵的活动范围都特别大。这两场内战中，美国南方军队和俄国白军都是传统的骑兵；而美国北方各州和苏维埃军队都不得不夺取主动权和建立自己的骑兵部队。但并不能由此得出结论，说高度的机动性就是所有内战的普遍"方式"，在斯凯尔特河、塞纳河或泰晤士河流域地区进行的内战总比在大平原或大草原上固定得多。②

俄国的内战是以准拿破仑的作战方式进行的，因为这个国家的文明水平低。但托洛茨基论证说，像图哈切夫斯基企图的那样要红军采用拿破仑式的进攻论，却是愚蠢的、反历史的。托洛茨基把革命的法国在欧洲的地位和革命的俄国的地位作了鲜明的对比。法国在 19 世纪初是欧洲大陆上最文明、技术最先进的国家——这使拿破仑能实施进攻战略。俄国在欧洲是技术上最落后的国家之一；拿破仑的战略与俄国社会和军事的潜力无论怎样说都很不相称。他指出：法国总参谋部，特别是福煦曾想发展拿破仑的战略，却总是枉费心机——法国在 1914—1918 年间在欧洲的地位使它不可能而且也绝不容许它运用这一战略。托洛茨基还取笑说，更仔细地考察这一崭新的"无产阶级学说"，它不过是对 1914 年以前法国教科书的抄袭。

试图给一般战争的本质，特别是无产阶级战争的"本质"下定义，按照

---

① 托洛茨基开始时反对布琼尼的骑兵部队计划，部分是因为典型的骑兵都是反动的哥萨克，部分是因为托洛茨基从西方的技术角度思考问题的特点，他认为骑兵的时代已经过去。1919 年 9 月，当他最终改变想法时写道："这支最保守的、生气基本消失的部队仿佛又突然恢复了生机，成了最保守、最腐朽阶级手中的最重要的攻防手段，我们必须从他们手中把这一武器夺过来，使之成为我们自己的武器。"《革命是怎样被武装起来的》第 2 卷第 1 册，第 287—288 页。布琼尼对托洛茨基最初轻视地不考虑建立骑兵部队的主张表示不满是有理由的。

② 为了以实例解释他的理由，托洛茨基曾探讨过假设的"无产阶级的英国"在遇到侵犯的危险时不得不解决的防御问题。他对这一防御图景作过富有想象力的概括描写：设防的海岸、滩头防御、战壕、地堡、铁丝网及在通往海岛腹地道路上的道路封锁及其他等等，这幅图景与 1940—1941 年间的英国惊人地相似。《革命是怎样被武装起来的》第 3 卷第 2 册，第 268 页。

托洛茨基的话说都是贩卖形而上学的教条。① 他本人的见解是，在军事理论方面需要某种折衷主义。他赞许地引用克劳塞维茨的话："人们在实用艺术方面不应把理论的鲜花和绿叶抬得太高——宁可使之接近经验的土壤"，在讲到英帝国主义者的经验主义方法时，他怀着有保留的重视，认为"他们思考的是几个世纪和几个大陆"的经验，而他对克劳塞维茨的德国追随者则毫无敬意。任何一个国家的军事理论没有而且也不能给战争提供"终极真理"。各种思想流派只不过反映民族国家存在的当时条件。英国的均势说、海军霸权论和俾斯麦德国的审慎军事思想都是与侵略性外交携手并行的，加上已被自己的冲力冲昏头脑而把审慎抛到九霄云外的德国近代帝国主义的绝对进攻论和1914年前法国波拿巴主义者的进攻论（人们还可能要加上1940年前以马其诺基调的形式表现出来的对这一进攻论的反动），所有这些思想流派都只是把某时期和某方面的军事经验孤立起来并加以夸大。马克思主义的思想方法与任何军事教条主义都截然相反。"只有叛徒才拒绝任何进攻，只有蠢才会把所有的战略都归结为进攻。"②

  散见于这些文章和演讲中的都是在争论过程中提出的值得注意的意见和预见，这里引证的只能是其中的少数几点。这样，几乎在第二次世界大战爆发前20年，托洛茨基在论述它的战略时就已说过，无论在西欧还是在俄国都会与第一次大战中的战略大不相同。在西欧，壕堑战会变得不大重要或会彻底消失；而在俄国则相反，会比内战中有更多的阵地战。③ 他在与伏龙芝和伏罗希洛夫争论时论证说，如果一个在技术上更强大的资本主义国家从西面进攻俄国，红军作战第一阶段的任务不应是进攻而应是防御，因为俄国在动员方面会比较缓慢，而防御战会使它有完成动员的时间。因此，在军中一再灌输那种认为进攻军队的士气永远占优势的想法是绝对错误的。"我方既有空间又有数量，可以镇定而有信心地标定界线，在界线的这一边，由于我们的顽强防守而得到保证的总动员使我们能集结足够的进攻部队转入反攻。"④ 红军也许不得

---

① "如果我们核查一下军事科学'永恒真理'的清单，我们所得到的只不过几条逻辑法则和欧几里德假设：侧翼防守、确保交通线和退路的安全、对敌方最薄弱的防御点进攻，如此等等。这样的原则就连对那些远离战争艺术的问题也完全适用。从袋子的破洞口偷食燕麦（即'敌方'最薄弱的防御点）的驴子警惕地把屁股对着危险来源的方向，它肯定也是依照军事科学的永恒原则行动的。"《革命是怎样被武装起来的》第3卷第2册中的论文《军事学说及伪军事理论》。
② 《革命是怎样被武装起来的》第3卷第2册，第222页。
③ 同上，第268页。
④ 同上，第256页。

不后撤，但后撤到什么程度只应取决于动员的需要。

（然而）如果我军首先进攻，而进攻又得不到动员的充分支持而被迫后撤，我军就失去进展速度，而且会无可挽回地输掉战争。反之，如果我军的计划已预想到准备撤退，如果高级指挥人员都清楚这个计划，如果他们对不久的将来都抱有信心并把这种信心传达下去，如果这种信心并没有因有人认定应始终不变的是首先进攻这样的偏见而丧失掉——那么，我军就有一切机会重新取得速度，赢得战争。①

托洛茨基当然不欣赏图哈切夫斯基的国际总参谋部。他坚持认为，只有在国外发生真正的革命和出现新的红军时，建立这种参谋部的时机才会到来。但他自己仍然坚持必须有内战法规和规章，认为在内战中各国革命和起义的经验总是可以利用和加以评价的；他草拟了这类法规和规章的纲要。

由于内战带来的后果，托洛茨基更加关注军队教育问题，技术的复杂情况及其与政治的更密切的关系。他写道："要教育我们的红军指挥员，他们对各种现代武器配合作战以及相互作用的综合评估能力的提高，应和取得正确的社会—政治方向相结合……"② 他在军事科学院里力主指挥员学习外语，使他们借以从民族国家的小天地里摆脱出来，扩大视野和"分享世界性的人类经验"。

---

① 《革命是怎样被武装起来的》第3卷第2册，第256页。
② 《革命是怎样被武装起来的》第1卷，第xi页。

第十四章　胜利中的失败

托洛茨基就像古典悲剧中的主人翁一样，是在权力的巅峰上被绊倒的。他违反自己的原则，而且是在置最庄严地承担的道义责任于不顾的情况下违反的。形势、捍卫革命以及他的自豪感使他陷入这样的困境。就他的处境来说，他的悲剧命运几乎是无可避免的。同样几乎不可避免的是，他还要沿着以前已经走过的路继续走下去。而此时他那荣誉的顶峰和不幸的低谷之间只有一步之隔了——即使他在否定原则时，他仍然受原则的支配，然而在那样行动时他毁掉了他的立足点。

内战结束时，他开始倡导新的行动路线。他和布尔什维克党只有克服那些参加过或支持过革命的社会阶级的反抗才能贯彻这些行动路线。布尔什维克斥责过资产阶级民主是掩盖社会阶级不平等与资产阶级统治的遮羞布。他们自己则保证坚持无产阶级民主，保证工人阶级与贫农的言论、结社自由。在布尔什维克的领导中，没有一个像托洛茨基那样热烈而一再地作出这类保证；而此时也没有一个人像他那样坦率地加以否定。因为同时他仍一如既往地反对靠刺刀输出革命的观点，他的自相矛盾就越发惊人了。这种观点是符合无产阶级民主的原则的。如果任何一个国家的工人阶级成为自己国家的主人，那么，试图"从外部"把任何一种社会制度强加给这个国家就是荒谬的，甚至是罪恶的。但这一论点更有理由适用于俄国工人阶级，他们也理所当然地成为本国的主人。然而托洛茨基当时制订的政策却同工人阶级的首创精神和政治自决权是互不相容的，而对这种精神和权利他已孜孜不倦地宣传了20年，而且今后在他与斯大林进行公开斗争的17年中还要继续宣传。

他提出的新政策在开始时曾得到列宁的赞同。但他继续推行下去时，却发现列宁和大多数布尔什维克都一致起来反对他，而且援引的就是无产阶级民主的原则。这时他自己的思想却具有那种"取代主义"的明显标志,而他本人过去曾否定"取代主义",认为它是布尔什维主义的主要缺陷,当然也是俄国革命政治的宿疾。因为按照他的意见,党由于正确理解"时代的任务"和自己的"历史使命",就要用它的理解、它的使命去代替它在革命中领导的广大社会力量的愿望和斗争。这样,托洛茨基此时变得与他自己过去给列宁画的那幅讽刺画一样了。①

造成这样不寻常的变化的原因究竟是什么?是什么原因使武装的、而且是胜利的革命先知与他自己预言的要旨相矛盾呢?在试图回答这一问题之前,必须对俄国的社会和经济情况作一简要的概述,因为当时的戏剧性情节的转变是基于这些层面发生的。

* * *

从1919年底起,托洛茨基只用少部分精力关注军事。内战的结局已经明朗;1920年下半年,他因为在波兰战争问题上跟政治局有意见分歧而对所执行的军事政策已不大过问,甚至更早些时候,他就已专注于经济恢复的问题了。他进入这一新领域怀有极大的自信心;他在军事人民委员任内的成就使他具有这样的自信心,而且他还打算把在军事方面制订和检验过的方法和决定应用到新领域之中。1919年12月16日,他向中央委员会提交关于从战争转向和平的整套经济过渡的建议("提纲")。他建议的办法中最重要的是劳动军事化。他专为中央委员会成员写了这个文件,希望先在他们的小圈子里开始讨论。布哈林出于误会,马上把这个文件刊登在《真理报》上。这一轻率举动引起一场极为激烈的公开辩论,它一直持续到1921年春天。②

几年的世界大战、革命、内战以及军事干涉的结果使俄国经济完全崩溃和社会结构解体。布尔什维克不得不向已崩溃的经济索取内战所需的物资。到1919年,红军已经耗尽全部积存的军火和其他军需品。苏维埃管理下的工业能补充的只不过是一小部分。在正常情况下,南俄为俄国中部及北部的工业提供燃料、钢铁和原料。但南俄先是被德国、继而被邓尼金占领,苏维埃对它的控制断断续续,而且每次的时间都不长。最后,在1919年年底,布尔什维克

---

① 参见本书第三章。
② 《托洛茨基全集》第15卷,第10—14、36页。

永远地回到那里,他们看到,顿涅茨流域的煤矿被水淹没,其他工业也都遭到破坏。全国其余地方的工业中心由于缺乏燃料与原料也都陷于瘫痪。甚至到1920年,煤产量不到战前产量的1/10;钢铁产量不到战前的1/20;消费品的产量约为正常产量的1/4;交通运输受到的破坏使灾难变得更加严重,全国的铁路路轨和桥梁都被炸毁,自从1914年以来,铁路公路的车辆从来没有更新,保持正常维修的只有少数,不可或缺的交通运输濒于停顿。(顺便提一下,这是导致红军在波兰失败的原因之一。苏维埃军队有500万人,但其中实际参加波兰战争最后阶段的不到30万人。随着军队的迅速推进,前后方距离日益延长,铁路运送增援部队和军需品的能力则越来越低。)农业也已崩溃,农民已经六年没有更新农业设备了,后退或前进的军队践踏他们的农田,征用他们的马匹。然而,由于技术上的原始性,农业比工业容易恢复。农民用木犁耕作,这种木犁他们自己能够制造、能够修理。

布尔什维克力图对匮乏的物资实行最严格的控制;他们的战时共产主义就是从这种斗争中发展起来的。他们把全部工业国有化,禁止私人贸易。他们派出工人征粮队到乡间为军队和城市居民征粮。政府不能征税,也没有征税机关。为了支付政府开支,印刷机日夜印制纸币,纸币这样不值钱,因而不得不以实物支付工资。用不足的粮食配给作为基本工资,也用工人自己制造的部分产品,如一双鞋、几件衣服作为工资付给工人,工人往往再用这些东西去换粮食。

在党看来,这套非常措施与权宜之计好像是其纲领的出乎预料的迅速实现。如果没有内战,工业社会化的实施将会更缓慢、更谨慎;但无论如何,这是革命的一个主要目的。征用粮食,禁止私人贸易,用实物付工资,货币已失去意义,政府渴望要控制全国的经济资源,所有这一切表面上看起来好像废除了滋生资本主义的温床——市场经济。马克思主义教科书设想的充分发展的共产主义经济应该是一种自然经济,在那种经济中,社会化的计划生产分配应取代为市场而生产和以货币为媒介的分配。因此,布尔什维克倾向于认为,在1919—1920年的战时经济体现的是羽翼丰满的共产主义的基本特征。党宣传并严格实行的平均主义使布尔什维克更肯定这一倾向,而这种平均主义使战时共产主义具有浪漫的、史诗般的形象。

事实上,战时共产主义是对马克思主义憧憬的未来社会的可悲的效颦。那种社会应该以高度发达和高度组织的生产力、极为丰富的物质和服务为背景。

资本主义充其量只能间歇性地组织并发展社会财富，而且不能合理管理、分配和促进社会财富的增长。共产主义要通过提高生活水平来永远废除社会的不平等。而战时共产主义则相反，是社会解体、生产力的破坏与崩溃、产品与服务奇缺的产物。战时共产主义确实试图要废除不平等，但它是出于不得已，这必然要靠降低生活水平、使贫困普遍化。①

　　这种制度不可能长期推行下去。征用粮食和禁止私人经商只能暂时帮助政府克服最可怕的紧急情况。但从长远观点来看，这些政策加剧而且加速了经济的萎缩和崩溃。农民开始只耕种能维持一家活命所必需的部分土地。他们不愿多生产粮食，因为征粮队正在搜寻余粮。当农村拒绝为城市生产粮食时，就连城市文明的基础都分崩离析了。俄国的城市人口减少了。许多工人都到农村去逃避饥荒；留下来的人在工厂的工作台上也是饥饿无力，生产不出多少东西，而且常常把他们的产品偷出去换粮食。旧的正常市场确实已经废除，但它的私生子——黑市在全国趁火打劫，报复性地败坏、腐蚀着人与人的关系。这样的情况可能会再维持一年左右；但不可避免的结果将是政府垮台和社会瓦解。

　　这就是1919年底托洛茨基所关注的形势。为应付这种形势必须采取两条行动路线中的一条。政府可以停止向农民征用余粮，改为推行实物税或用货币缴纳农业税。农民在纳税后就可以获准随意处理他的谷物：消费和出售粮食或以粮食换取别的东西。这样会使他为城市多种粮食。只有恢复农村对城市源源不断的粮食供应，才能指望国有工业恢复生产，这确实是唯一真正的解决办法，但这种改革也意味着恢复私人贸易；恢复私人贸易就只能炸毁战时共产主义的整座大厦，而布尔什维克曾为建立这座大厦感到十分自豪。

　　另一种选择就是在战时共产主义的错误圈子里寻求解决办法。如果政府要继续征用余粮和强制禁止私人贸易，就不能不对农民增加压力，首先使他们多产粮食，尔后征用余粮。也可以对种粮食的农民发给特别奖励——衣服、鞋袜、农具。然而这要在挨饿的工人先把被破坏得面目全非的工厂修复好，使机器开动并开始生产出农民急需的货物之后才能做到。所以政府不得不极力要求增加工业生产。但政府没有能力给工人提供物质鼓励，不得不像对农民一样对工人采用更加强制的办法。战时共产主义继续不顾现实，直到把自己逼入绝境，唯有依靠日益增加的暴力来维持其存在，这就是其乌托邦性质的毋庸置疑

---

　　① 在爱·霍·卡尔著的《布尔什维克革命》第2卷中，读者可以看到关于战时共产主义的富有启发性的详细叙述。

的症状。

起初托洛茨基并没有超越公认的政策框架。他关注于采取措施使涣散了的工人阶级能重新集合起来并使之回到工业生产中。工人中有的逃往农村；有的为粮食而放弃技术工作去干非技术的工作；有的脱离本阶级，完全卷入黑市，把工业忘到脑后。怎样才能使他们都回到正常的环境里重新组成国家的生产机构呢？托洛茨基总结说：因为改善生活的诺言不能吸引工人，就必须像征召士兵一样把工人征召到工厂去。托洛茨基根据经验得出劳动军事化的概念。革命曾大声宣布工作是每个公民的职责，并且声明过"不劳动者不得食"。托洛茨基认为现在正是加强公民职责的时刻。革命中曾有数十万人战死沙场。无疑，革命有道义上的权利把人送进工厂、矿山，因为那里必须发动一场新的为生存而战的战斗。

1919年12月17日，托洛茨基在《真理报》过早发表的那些"提纲"中别出心裁地把这一计划跟他设想的军事改革——即从常备军过渡到民兵制联系起来。他建议应利用军事动员机构去动员工人。他有在军队中实行最民主的改革的愿望，但不可思议的是，他的这一愿望是怎么与采用强制劳动的极端方式的企图结合起来的。这支生产部队还要渗透着平民公民的权利与义务的精神，它的编制以生产单位为基础。另一方面，工人应服从军事纪律；军事机关要给工业单位提供人力。军事人民委员部要承担劳动人民委员部的职能。①

列宁全心全意支持托洛茨基的政策。他坚持战时共产主义，并认为，要想让战时共产主义能完全发挥作用，唯一的条件是使托洛茨基所建议的措施推行成功。列宁也不反对由军事人民委员部负责供应工业劳动力这一设想。列宁曾不得不从零开始筹建其政府中的非军事部门；而经过几年内战后，这些部门大部分仍然处于雏形阶段。军事人民委员部已经吸收了最优秀的人员，在政府物资分配上享有优先权；它由头脑最清楚的行政人员领导，其机构令人生畏，但效率很高，是列宁的政府中最可靠的部门，真正的核心。看来，让军事人民委员部转而从事民用工作，是便于行政管理的。

这些建议刚一公布就激起了抗议的狂潮。在党员、行政人员以及工会会员的会议上，托洛茨基的声音被称其为"新阿拉克切耶夫"（Аракчеев）这一咒骂声所压倒，人们说他效法臭名昭著的将军，亚历山大一世和尼古拉一世统治

---

① 1919年12月27日宣布，政府已成立劳动义务委员会，由托洛茨基主持。

时的陆军大臣阿拉克切耶夫；阿拉克切耶夫曾建立军屯，用棍棒统治农垦士兵。从那时以来，阿拉克切耶夫这个姓一直是军事官僚在经济和社会政策方面荒唐幻想的代名词。在布尔什维克的报纸上也掀起了抗议的喊叫，它是由托洛茨基的老搭档梁赞诺夫、拉林（Ларин）以及杰出的布尔什维克李可夫、诺根、戈尔茨曼等人掀起来的。对内战的厌倦以及对这位胜利的缔造者的无法忍受，所有这些情绪都跟这抗议的喧嚣混在一起。正如在从战争的极度紧张与牺牲中恢复原状时所发生的那样，人民都愿意给胜利的缔造者戴上桂冠。但他们更渴望的是摆脱战时严厉的纪律；他们寻求性格不那么暴躁、才华不大出众而愿意实行比较温和的行动路线的人来领导。据说经受战争锻炼的老布尔什维克都宣称，他们已受够军队的强制了；军事人民委员部使国家处于恐怖之下，吸吮国家的血的时间够久了；并说他们不愿支持托洛茨基的新抱负。

1920年1月12日，当列宁和托洛茨基出现在布尔什维克的工会领袖面前并力促他们接受军事化时；问题到了严重关头。托洛茨基为自己的活动辩护，他说，如果说他的军事人民委员部"掠夺过"自己的国家、强求过严厉的纪律，这样做都是为了争取战争的胜利；而此时竟以此来反对他，竟煽动工人阶级反对军队，这是可耻的，是"反对革命精神的犯罪行为"。他的对手们以国内的经济情况自鸣得意。报纸掩盖了真实情况。"我们的经济情况比我们过去的军事形势最糟糕时还要坏一百倍，我们必须公开坦率说出来，使全国都听见……正如我们过去下令'无产阶级，上马！'一样，现在我也要高喊：'无产阶级，回到工厂的工作台去！无产阶级，回去生产！'"① 全国劳动力继续减少而且蜕化变质。如不采用强制办法就不可救药，就不能重建和恢复元气。列宁发言的意向也相同，然而会议几乎一致反对他和托洛茨基联袂提交的决议。60多名布尔什维克领袖中只有两名投赞成票。以前托洛茨基或列宁从未遭到过这样惊人的挫败。

托洛茨基指责批评他的人自鸣得意，不是没有理由的。批评他的人提不出也不能提出任何切实可供选择的建议。他们也都坚持战时共产主义，只是不承认托洛茨基由此得出的结论。所以他揭露他们的前后矛盾并不困难。然而就是在他们缺乏一贯性的本身中却有某种现实主义的、值得考虑的地方。托洛茨基的对手不相信凭军事命令就能使经济的车轮转动，他们深信一个工人国家充当

---

① 《托洛茨基全集》第15卷，第27—52页。

第十四章 胜利中的失败

自己工人阶级的抓丁队是错误的。①

与此同时,第一支劳动军成立了,它不是由普通工人军事化而是由把正规军变成劳动力所组成的。这一倡议是由驻在乌拉尔的第三军革命军事委员会提出的。这支军队在战胜高尔察克之后,闲着没事干,浪费了时间与精力。它未能遣送士兵回家主要是因为没有运输工具。该军的革命军事委员会当时曾建议利用军队伐木、种田和做其他工作。列宁和托洛茨基欢迎这一建议,这个建议使他们有机会把他们的政策付诸实施而不至于遭到反对:工会并不反对用闲置的军团进行生产。②

托洛茨基希望利用这一试验作为征集并管理普通工人的起点。军队在遣散士兵之前应先进行士兵生产技能的调查,在每个士兵的服役册上注明他的行业,尔后指示他从复员站直接前往需要他的工作岗位,没有比这样的事更简单了。托洛茨基计划把士兵的服役册同工人的劳动册结合起来,这个计划也方便了以生产单位为基础来建立民兵。这是一个富有想象力的主意。它的缺点是:遣散的士兵急于同家人团聚或寻求较好的生活,因而很可能放弃指定他去的那个工作岗位。托洛茨基绘出可以吸引工人的公社食堂的蓝图,但这一计划在当时饥荒、混乱的情况下不能付诸实施。他发挥其惊人的创造力,但是他的丰富想象力却是在真空中狂热地活动,他的思想和现实是脱节的。

继乌拉尔军队之后,高加索及乌克兰的军队也在矿山、森林及农田里劳动。托洛茨基主持整个组织工作,邦奇-布鲁耶维奇将军是他的参谋长;皮达可夫是他驻乌拉尔的代表;斯大林是乌克兰劳动军的总政委。这个组织保持军事纪律,每支劳动军都定期报告生产"战线"的成绩。(托洛茨基是第一个系统地把军事术语、符号和比喻用于民用经济问题的,因而给俄国语言引进一种清新活泼的风格,这种风格后来僵化为官僚的习惯用语,并扩展到其他语言中。)对劳动大军经济效益的看法是有分歧的,但无论如何,它不会低于当时普通工人的经济效益。布尔什维克赞扬劳动大军,特别在托洛茨基作了一定程度的努力平息了工会的非议并要求劳动大军跟他们友好合作之后。

他把自己在道义上的激情和戏剧性的热忱带到他的工作中去,但这也使他夸大了所干工作的意义,赋予充其量也不过是黯淡的权宜之计以迷人的假象。例如,他给劳动大军发的一道命令是这样写的:

---

① 1920年1月的《真理报》和《经济生活报》的版面都载满了这场争论。
② 托洛茨基档案。

> 在工作中，要发挥不倦的干劲，就像你们在进军或在战斗中一样……司令员和政委在工作中像在战斗中一样，对他们的部队负责。……政治部门必须在士兵中培养工人精神，在工人身上保持战士的作风。……劳动时开小差跟战场上开小差一样，都是卑鄙可耻的，两者都要从严惩处！……只要有可能，都要和着社会主义赞歌的歌声开始并完成你们工作。你们的工作不是奴隶劳动，而是为社会主义祖国的崇高服务。①

2月8日，他在参谋们陪同下出发前往乌拉尔对劳动大军进行了第一次视察。在他的专列上出版的报纸《路途报》上，他对全体人员这样致辞：

> 建立在资本主义基础上旧劳动组织已被摧毁，一去不复返了。新的社会主义劳动组织才刚刚开始形成。我们必须成为有自我牺牲精神的、自觉的社会主义经济的建设者。我们只有在这条道路上才能找到出路，找到拯救、温暖和满足。我们必须从基础开始……我们的列车正驶向北乌拉尔，我们将在那里把我们的全部力量奉献给劳动组织，乌拉尔的工人、乌拉尔的农民和第一劳动大军的红军士兵将携手参加这个组织。给挨饿的人以面包！给受冻的人以燃料！这就是我们的列车这次提出的口号。②

午夜时分，他刚写完这些话，就被猛烈的冲击震动了。一场严重的暴风雪使他的列车出轨。在离小车站几乎是目力所及的距离内，列车在雪堆里躺了整整一夜和翌日的全天。没有一个人来查询出了什么事。站长已停止给过往列车打信号，甚至连最高革命军事委员会主席的列车经过也无人理睬。尽管有受军法审判的危险，但没有人操心清扫轨道上的雪堆。意外事件出人意料地向托洛茨基暴露出，越来越大的真空带围绕着政府的政策和计划，人民陷入了深不可测的冷漠之中。托洛茨基愤慨之极，当场进行调查，命令军事法庭开庭。但他不能不考虑，单凭镇压不能医治人民的麻木不仁与冷酷无情之症。他在乌拉尔乡间逗留期间预感到情况愈来愈暗淡。他深刻意识到国家的元气和活力根源——农村——已经枯竭了。

这时他开始探索战时共产主义之外的补救办法。他带着应给农民恢复经济

---

① 《真理报》1920年1月16日。
② 《托洛茨基全集》第15卷，第324—325页。

自由的措施这一结论回到莫斯科。他用清晰的措辞概括地论述了唯一能使国家摆脱绝境的改革方案：必须停止征用谷物，必须鼓励农民多种粮食、出售余粮，还要使农民有利可图。政府和党没有认识到灾难的严重程度，因为看到最近强制征集的粮食比以前征集的还要多；但他认为这是因为白卫军撤退后实施征粮的地区比以前大得多。"然而总的说来，存粮有枯竭之虞。对此，靠改善征粮机构是无济于事的。"那条路会导致进一步的破坏和瓦解，进一步使劳动力减少，最终走向经济和政治的衰退。①

托洛茨基的论据并没有说服中央委员会。列宁不准备停止征集粮食，托洛茨基所建议的改革在他看来是轻举妄动。他认为政府已经表明它太急于准备向和平时期过渡了：托洛茨基本人刚刚警告过中央委员会说波兰即将发动进攻。看来，与其在军粮供应办法上胡来，还不如坚持既定的政策比较安全，因为征粮毕竟保证了军粮的供应。事情还不仅止于此。列宁和中央委员会还忘不了对战时共产主义的幻想。他们仍然希望在战争中作过巨大贡献的战时共产主义这一体制在和平时期甚至会更有用，认为托洛茨基的建议会引发使经济回到自由市场的危险潮流。而这正是孟什维克所要求的。托洛茨基难道和他们一致？他是否已变成了自由贸易者？有人这样质问他。② 他被告知，党已向有组织、有控制的经济前进，绝不会被拖曳回去。

中央委员会拒绝他的建议。一年多以后，即战时共产主义失败的悲惨结局已昭示后，列宁才采用这一建议，作为新经济政策付诸实施。当时而且至今仍然把新经济政策称为是列宁的天才的重大措施，看做是他果敢而不教条的政治家才能的一个空前的功绩。根据事实来看，这一功绩至少是被夸大了；而且当托洛茨基后来指责列宁和中央委员会在延迟了一年之后才开始在经济政策上作出极重要的改变时，这一指责并不完全是空口无凭的。③ 这一事件也表明，斯大林派硬说列宁是农民的朋友而托洛茨基是农民的敌人，是多么不符合事实：列宁获得农民的恩人的声誉，主要是靠新经济政策。

---

① 《托洛茨基全集》第17卷第2册，第543—544页。然而还不清楚托洛茨基是否意识到，如果他的建议被接受了，必然要结束战时共产主义政策，包括他本人主张的政策。他在以后几年中辩论说，他只是在战时共产主义背景下主张劳动军事化。然而当党的十大推行新经济政策时，他却坚持说他的劳动政策仍然有效，并说劳动政策同战时共产主义没有必然的联系，参见《俄共第十次代表大会》第191页和《我的生平》第2卷，第38章。

② 《俄共第十次代表大会》，第191页。

③ 参见1921年8月7日和1922年8月22日托洛茨基致中央委员会和政治局的信。托洛茨基档案。

我们知道，越飞是托洛茨基的亲密朋友，1927年越飞在自杀前写的遗书中说，托洛茨基的主要弱点在于不坚持自己的明智，特别是当唯有他一个人是明智的时候。① 人们可能要补充说，在这一次，托洛茨基因他的明智而遭非难，他又回头陷入那为众人认可的愚蠢之中，并且还顽固坚持，就连蠢人也认为这样太蠢了。在中央委员会拒绝他的建议之后，他就再不谈这个问题了。一个月后，即1920年3月底举行的党的第九次代表大会上，他也没再提出这个问题，甚至连暗示也没有。相反，他却作为政府主要的经济政策制订者出席大会，阐述下一阶段战时共产主义的总计划。难道他也相信他提出的修改政策是不合时宜的吗？难道他认为他主张的改革因孟什维克也大喊大叫地表示赞成就是失策吗？难道他担心整个党还处于没有接受能力的精神状态吗？很可能，所有这些动机都是促使他这样干的原因。

国家经济继续衰退下去，采取激进行动的必要性变得更加迫切。党拒绝缓和战时共产主义政策的严厉性，就不得不强化这些政策。托洛茨基同意承担这一任务的责任与耻辱。政治局迫切要求他负责日益损坏的运输系统，并将完全支持他可能采取的措施，不管这措施多么严厉。托洛茨基推说不能胜任，但同意除了军事部门以外暂时接管运输部门。② 随着信心的增加，他又回到劳动军事化问题上来。他在大会上说，在统一计划经济体制下，劳动军事化对国家资源一体化并使之发展来说是必不可少的。计划经济还很遥远；但党和国家不应指望单凭小心谨慎的措施、得力的步骤就能实现计划经济。过去，俄国总是迅猛地飞跃前进；它将继续这样跃进下去。当然，在充分成熟的社会主义条件下，强制劳动是不可思议的，但"在从资本主义向社会主义的过渡时期内，强制劳动会达到极高的强度"。他力促大会批准纪律措施，说"措施的严厉程度必须同我们经济形势的悲惨性质相适应"，"应把开小差的工人组成惩罚营直至把他们关进集中营"。③ 他主张给工作效率高的工人发鼓励工资及开展"社会主义竞赛"；他还讲到，有必要采取"泰罗制"的进步精华，即美国的科学管理和劳动组织概念，资本主义一直滥用它，工人有理由痛恨它；但社会主义却能够并应当合理地利用它。这些意见当时使人吃惊。大会上有少数人指责这些思想，他们愤怒地反对托洛茨基政策中的惩戒性倾向。构成这个少数的

---

① 参见托洛茨基档案。
② 参见列宁与托洛茨基的通信（1920年2月1日和3月9日），存于托洛茨基档案。
③ 《托洛茨基全集》第15卷，第126页。

是"自由派"、"极左派"、"民主集中派",它们由奥新斯基(Осинский)、萨普龙诺夫(Сапронов)和普列奥布拉任斯基(Преображенский)领导。将来有一天他会跟这些人联合起来反对斯大林;但此时他却是他们的主要对头,而且他支配着大会。①

不久以后,他又一次在工会代表大会上详细阐述了他的政策。他要求工会训练工人,要求它教导他们把生产利益置于他们自己的需求之上。工会中央委员会已经分裂为两个集团:一个支持托洛茨基的"生产主义者"立场;另一个由托姆斯基领导,认为工会不能不维护工人提出"消费主义者"要求的权利。托洛茨基争辩说,工人首先应生产出能满足他们要求的物资,他们不应忘记他们是在为工人国家劳动而不是在为旧的有产阶级劳动。大多数布尔什维克的工会工作者从经验中懂得,这样的主张不能影响挨饿的工人。但党既然批准了托洛茨基的政策,他们就不能公开反对他。孟什维克在大会上成为不满分子的代言人。他们攻击劳动军,否认政府有权征召工人并剥夺他们保卫自己利益的自由。他们争辩说强制劳动是没有工作效率的。孟什维克阿布拉莫维奇宣称:"你不能用法老建造金字塔的办法建立计划经济。"② 阿布拉莫维奇创造的这一警句几年以后在托洛茨基反对斯大林时曾一再重复。孟什维克处于有利地位,他们在革命中的经历固然可悲,甚至可恶,但不能因此否定他们的论点合乎逻辑和事实。他们论证说,只要不许农民自由出售粮食就不能阻止工业劳动力的浪费,这时,托洛茨基本人在心里对这一点是无从反驳的。③

他对批评的回答只不过是一篇才气横溢的诡辩之词。这一回答的历史意义在于,这也许是现代唯一一次坦率地企图为强制劳动作逻辑上的辩护——现实中的监工们和手拿鞭子的人绝不会费脑筋去制造这种辩护。托洛茨基论据的要点是,在任何社会制度下"人为了生存都必须劳动",因此劳动总是强制性的;共产党人在处理这个问题时无需说假话,因为他们是第一个为全社会的利益而组织劳动的。他含蓄地否认劳动固有的强制性在不同的社会制度中的表现形式和程度不同有什么意义。人类做过奴隶、农奴、自由工匠、独立农民和挣工资的自由劳动者。社会关系使劳动固有的强制性或者加强或者减弱。人类为

---

① 《俄共第九次代表大会》,第81—84、123—136页。
② 《全俄工会第三次代表大会》,第97页。
③ 孟什维克达林在大会上列举了这个预示着新经济政策的政策改变的例子。《全俄工会第三次代表大会》,第8页。

减轻劳动的强制程度而与奴隶制、农奴制和资本主义制度作过斗争。俄国革命曾许诺要通过合理的经济组织手段从根本上减轻劳动的强制性。诺言不能兑现,这不是革命的过错,而是因为固有的贫困、几次战争和封锁的破坏。然而布尔什维克不必特意否定这一许诺。看来这就是他要做的,当时托洛茨基对工会说,强制劳动、严密组织劳动和使劳动军事化都不只是紧急措施,并说工人国家按常规有权强制任何公民在国家选定的地方完成任何工作。

（他说）我们现在朝着这样一种类型的劳动前进,这是根据经济计划进行社会调控的劳动,它对全国来说是必须履行的,对每个工人来说是强制性的。这是社会主义的基础。……在我所说的这一根本意义上,劳动军事化对组织我们的劳动力是必需的基本方法。……说强制劳动总是没有效果的,难道这是真的吗?……这是最可怜、最不幸的自由派的偏见,奴隶劳动同样有生产成效。……农奴的强制劳动不是封建地主恶意的产物,(当时)它是一种进步现象。①

他因希望为自己倡议的措施作辩护而难以自制,这个杰出的叛逆者,不断革命的阐明者,他的讲话竟非常近似于一个为过去的强迫剥削制度作辩护的辩护士。

波兰战争一度减弱了这场论战的锋芒。外来的危险又一次使人们毫无怨言地接受以前曾激起过极大反感的政策。在战争最激烈的时期,托洛茨基身边围着一群技术人员,他决心努力使铁路运转起来。当时现有的机车几乎完全损坏了。工程人员预测出俄国铁路全部瘫痪的确切时间就在几个月之后,托洛茨基置铁路工人和修理厂人员于军法管制之下,系统而迅速地组织所有机车的修复工作。他走进修理厂对工人说,国家因为他们的懈怠而付出血的代价,运输瘫痪助长了波兰人的攻势。他声称:"工人的情况在各方面都很艰难……空前艰难,我要是说明天情况就会好起来,就是欺骗你们。不,我们面临着几个月的严峻斗争,直到我们能把国家从可怕的贫穷和彻底的衰竭中解救出来,直到我们能再不在药剂师的天平上称我们的面包配额为止。"② 当铁路工会起来反对

---

① 《全俄工会第三次代表大会》,第87—96页。
② 参见1920年6月21日托洛茨基在穆罗姆斯克工厂的讲话,见《托洛茨基全集》第15卷,第368页。

他的行动时，他免去了工会领袖们的职务，任命其他愿意执行他的命令的人。他在其他运输工会中反复采取这一步骤。9月初，他建立了中央运输委员会，通过这个委员会控制整个运输领域。政治局履行诺言完全支持他。看来，在那个时候要在工会里履行选举权和投票程序就像在一个感染瘟疫的城市里进行选举一样荒谬。他创造了出乎预料的成绩：铁路运输提前恢复——经济机体已恢复血液循环——人们欢呼他的功绩。①

但波兰战争刚刚结束不久，不满和争论又重新爆发了，而且其势头比以前更大。他自己就是激起这场爆炸的肇事者。他因成功而兴奋，威胁着要"改组"各种工会，像他"改组"运输工会一样。也就是说，他威胁要免去工会的当选的领袖而代之以任命的领袖，这些任命的领袖会把国家的经济利益放在工人的局部利益之上。他的做法严重地超越了限度。这时列宁直截了当地拒绝了托洛茨基的做法，并劝说中央委员会也拒绝。中央委员会公开号召党奋力抵制"军事化与官僚式的劳动方式"，并严厉批评堕落了的集权制，说这种集权制粗暴压制经选举产生的工人代表。中央委员会还号召党要重建工会中的无产阶级民主，其他一切需要考虑的问题都要服从这一任务；② 并且成立了一个特别委员会监督这些决定的实施。季诺维也夫主持这个委员会，托洛茨基虽也在这个委员会中，但几乎所有的成员都是反对他的。③ 中央委员会禁止托洛茨基公开谈论工会与国家关系的问题，以此作为最后致命的一击。

托洛茨基并不想改悔，只是含怒不语。12月初，他在中央运输委员会的闭幕会议上对工会主义者进行还击。照他所说，这些人善于指挥过去的罢工，但对社会主义经济的需要却知之甚少。他为自己实施压制和蔑视工会选举要求的做法进行辩护，并严厉批评那些人大声叫喊的"新官僚正在恢复沙皇政府的办法"之说。他回答说："官僚……不是沙皇统治的一个发现，而是代表着人类发展中的整个一个时期"，这个时期并没有结束。按等级制度组成的、能胜任的文职人员有其功绩；俄国吃的苦头不是由于有工作效率的官僚过多，而

---

① 《托洛茨基全集》第15卷，第345—347页关于铁路的著名的1042号命令。同年稍晚些时候，任命托洛茨基为特别委员会主席，该委员会采取紧急行动恢复顿涅茨煤田和乌拉尔的工业。

② 参见《俄共中央委员会通知》1920年第26号和《季诺维也夫全集》第6卷，第600页及以后各页。

③ 特别委员会由季诺维也夫、托姆斯基、鲁祖塔克、李可夫和托洛茨基组成。后来，增选施略普尼柯夫、卢托维诺夫、洛佐夫斯基和安德列耶夫。其中只有安德列耶夫同意托洛茨基的观点，也只有他在30年之后仍是斯大林最后一届政治局的成员。

是由于缺乏有能力的官僚。他反复说明这个论点，争辩说，为了工作效率，必须给官僚以若干有限特权。他就这样使自己成了管理集团的代言人，这一点使斯大林后来似乎能有理由用"官僚的族长"来奚落托洛茨基。① 托洛茨基说，他深信他能争取群众支持他的政策；但经济与社会的崩溃没有留给他们应用民主程序的时间，因为俄国群众文化和政治水平的低下使民主进程慢得令人难以忍受。"所谓的命令和任命，它跟群众的启蒙教育、文化水平、政治觉悟以及我们行政机关的力量恰好成反比。"②

中央委员会再一次断然地拒绝了他的论点。托洛茨基烦躁地提醒列宁及其他委员，他们过去何等频繁地私下催促他这个"解决困难问题的能手"要无情地行动起来、无需考虑民主，但在公开场合他们却又假装捍卫民主原则而反对他，这是他们言行不一的表现。③

折磨整个政府体制的更深层的灾难在于，由革命引起的人民的希望落空了，而这场激烈的争论只不过是一个征兆而已。1917 年来，工人阶级的多数，更不用说农民，第一次明确无误地反对布尔什维克。一种孤立感开始萦绕在领导集团的心头。工人阶级确实没有抱怨过革命，而是继续参加革命，他们满怀强烈的敌意对待任何反革命的公然骚动。十月革命如此深入人心，以至于孟什维克和社会革命党人此时不能不在批评政府之前先要明确表示承认"十月的成就"作为开场白。然而对布尔什维克现行政策的抵制却是激烈和普遍的。孟什维克和社会革命党人在前三年中一直黯然失色，几乎连头都不敢抬；这时又得到一些群众的支持。人们听到无政府主义煽动家猛烈谴责布尔什维克政权时甚至还表示同情。如果当时布尔什维克容许苏维埃自由选举，几乎可以肯定，他们会被赶下台的。④

布尔什维克决定无论如何也不让事情发展到那种地步。如果认为他们是为自己抓住政权不放，那就错了。革命理想主义至今仍使整个党生气勃勃，地下斗争和内战都为这一点提供了大量的证明。党紧握政权是因为它把共和国的命

---

① 《斯大林全集》中文版第 6 卷，第 26 页。
② 《托洛茨基全集》第 15 卷，第 422 页。
③ 《俄共第十次代表大会》，第 215 页。
④ 不少布尔什维克领袖明确或含蓄地承认了这一点。参见《列宁全集》第 32 卷，第 160、176、230 页及同书各处；《俄共第十次代表大会》第 190 页上的季诺维也夫的讲话。在托洛茨基致卢那察尔斯基的一封私人信件（1926 年 4 月 14 日）中把工人阶级的"威胁性的不满"说成是 1920—1921 年那场争论的背景。托洛茨基档案。

第十四章 胜利中的失败

运跟它自身的命运等同起来,而且认为自己是唯一能够捍卫革命的力量。布尔什维克的这一信条已被证明是完全正确的,这是革命的幸运,但也是革命的不幸。如果没有像布尔什维克那样狂热地献身于革命的党,革命简直不可能生存下去。然而假如还有一个党在行动中有同样的献身精神和冲天干劲的话,那么,这个党由于选举的结果可能取代列宁的政府而不会使新生的共和国受到震动,但这样的党却并不存在。如果让孟什维克和社会革命党人卷土重来,就会破坏十月革命,至少它们会怂恿白卫军再一次碰碰运气,进行武装叛乱。布尔什维克纯粹出于自卫以及更广泛的动机,不可能愿意出现这样的前景。他们一旦退却,就会在刚刚结束了一场内战之后又使国家再投入一场新的内战;他们不可能认为这就是民主的需要。

在苏维埃的自由选举中无论如何产生不了明显的多数。1917 年曾支持过克伦斯基的人尚未真正从声望扫地中恢复元气。无政府主义者和无政府工团主义者宣传"第三次革命",好像在工人阶级中很有市场;但他们没有把注意力有效地集中在进行反对派的活动上,而且他们也绝不想夺取权力。他们的批评虽然激烈,却没有积极的政治纲领,没有重要的全国性的组织,甚至连地方性的组织也没有,更没有统治一个大国的真正愿望。他们的队伍里有真诚的革命家,有狂热之徒,也有十足的歹徒,鱼龙混杂。布尔什维克政权一旦垮台,继之而来的只能是一片混乱,然后就是公然的反革命。布尔什维克绝不允许饥饿而情绪失常的国家去投票表决,否则会使他们的党丧失政权并使国家陷入流血的混乱中。

布尔什维克对他们在胜利之后会碰到这样一种奇怪的后果完全没有思想准备。他们往往心照不宣地设想,在革命中支持过他们的工人阶级的大多数肯定会毫不动摇地继续支持他们,直到他们实现全部社会主义纲领。尽管这种设想是天真的,但它起源于下述观念,即社会主义是无产阶级的杰出思想,无产阶级一旦接受了这一思想,就永远不会再放弃它。这一观念是构成欧洲各种社会主义思想流派论据的基础。那些派别在其创作出来的大量政治文献中对如果执政的社会民主党人失去工人的信任时该怎么办的问题,几乎都未考虑到。不顾工人阶级的意志试图建立社会主义,这是否有可能或者是否允许,马克思主义者从来没有考虑过。他们简单地以为工人阶级的意志是没有问题的。根据同样的理由,在布尔什维克看来,无产阶级专政和无产阶级(或苏维埃)民主不过是同一件事的互相补充,而且是不可分割的两个方面,这是毋庸置疑的。专政是为了镇压有产阶级的反抗,而专政的力量及其历史的合法性来自工人阶级自由民主地表达意见。现在,在苏维埃制度的两个方面之间就发生了矛盾。如果允许工人阶级自由地发表意见、投票表决,他们就会破坏专政;反之,如果专政公然取消无产阶级民主,那么,就是照它自己看来也是自行剥夺了专政的历史合法性。按严格意义来说,这也就不再是无产阶级专政了。因此今后使用无产阶级专政这个称号根据的是这样的要求,即专政实行的政策是工人阶级根据本身的利益应当实行而且最终一定会得到认可的政策;但迄今为止它还没有被认可,所以,专政充其量只是代表阶级的思想,而不是代表阶级本身。

此刻革命已到了马基雅维里所熟悉的十字路口,这时它才发现不容易,或不可能使人民在十字路口坚持他们的革命信仰,因而不得不"采取措施:当人民不再信仰时就依靠武力迫使他们就范"。对布尔什维克来说,这个问题涉及一场是否忠诚的冲突,冲突的某些方面比迄今所知的冲突都更深刻。因为这场冲突播下了以后数十年所有的激烈争论和血腥清洗的种子。

布尔什维主义在这个十字路口受尽精神的痛苦,在历史上很难找到比这更激烈、更紧张的类似的运动了。后来列宁回想起在1920—1921年冬季那场把党的实力消耗殆尽的激烈争论,把它称为一场"狂热病"和"致命之症"。辩论的题目是工会在国家中的地位。这个问题尽管重要,毕竟还是从属问题。在有关国家性质本身的根本问题没有得到解答以前,这个问题是无法解决的。全党都专注于次要问题的争论,因为党没有完全清楚地意识到什么是主要问题,而且无人敢按照自己的想法坦率地把主要问题提出来。但在参加辩论的首要人物继续辩论下去的过程中,他们却再三接触到这个根本的大问题,并且被迫表明他们的态度。

在这里不必深入探究工会问题的某些复杂的、技术上的分歧,尽管革命的戏剧性事件本身会在这场貌似枯燥、但其意义是符合时代精神的经济问题的争论中表现出来。① 概括地说来,只要举出三种具体化的立场就够了。以托洛茨基为领导(后来由托洛茨基和布哈林共同领导)的一派主张剥夺工会的自主权,把工会并入国家机关。这是托洛茨基从他与工会的冲突中得出的最后结论。在新的制度下,工会领袖作为国家公仆,代表国家对工人说话,而不是代表工人对国家说话。他们要提高生产率、维护劳动纪律;他们要为产业管理部

---

① 在多伊彻的《苏维埃工会(工会在苏维埃劳动政策中的地位)》中可看到对这次争论的详细叙述,参见该书第42—59页。

门训练工人；他们还要参与管理国家经济。

另一个极端是施略普尼柯夫和柯伦泰领导的工人反对派，他们反对政府和党对工会的指导。他们指责托洛茨基和列宁是劳动军事化的首创者、不平等的提倡者。他们按照准工团主义者的方式要求工会、工厂委员会和全国生产者代表大会要对全部经济承担监督职责。当托洛茨基论证说工会维护工人而反对工人国家这种概念不合逻辑时，施略普尼科和柯伦泰已经给苏维埃国家打上新特权官僚堡垒的印记了。

列宁、季诺维也夫和加米涅夫介于这两个极端派之间，代表着布尔什维克主体意见说话，并试图保持平衡。他们也坚持认为，约束工人和培养工人对国家、对国有化经济的责任心是工会应尽的义务。他们强调党有权监督工会；但他们也希望保持工会作为自主的群众团体的地位，使它能对政府和产业管理部门施加压力。

在这些立场中含有对国家、社会的不同概念。工人反对派和所谓的民主集中派是反对专政、坚定地捍卫"无产阶级民主"的卫士。这些人是布尔什维克中最早的持不同政见者，他们反对政府企图"强迫工人信仰"的方法，要求党把自己的命运托付给使党获得政权的工人阶级。他们所用的语言是全党在1917年早已说过的语言。他们是这次革命中的真正"平等派"，是品德高尚的乌托邦梦想家。党如果不准备高尚而又不可原谅地自取灭亡，是不能听他们的话的。党不能把自己的命运和共和国的命运托付给由于内战、饥饿与黑市而变得力量削弱、精疲力竭、士气低落的工人阶级。在工人反对派的经济要求中显然有堂吉诃德精神。工人反对派大声疾呼，要求立即满足工人的需要，要求给全体工人同等的工资和报酬，要求无偿供给工人衣食住，要求免费医疗、免费提供交通工具和免费教育。① 他们想要看到的绝非别的，而是充分实现的真正的共产主义纲领，然而这一纲领在理论上是为物质非常丰富的经济设计的。他们甚至不想说明当时的政府如何才能满足他们的要求。他们力促党再一次把工业，或者说是工业的残余置于工厂委员会的监督之下，而那些工厂委员会在十月革命后不久已经表明只会挥霍浪费国家的财富。沉湎在这样空想氛围中的人几乎是唯一拥护完全恢复无产阶级民主的人，这是不幸的兆头。

托洛茨基跟他们不同，他敦促党暂时停止鼓吹和实施无产阶级民主，代之

---

① 《俄共第十次代表大会》，第363页；A. M. 柯伦泰：《俄国的工人反对派》。

以全力以赴地建设生产者民主。说得更明白些,党将拒绝工人们的政治权利,而用给工人在经济建议中有发挥能力的机会以及管理的职责来作为补偿。在1921年3月党的第十次代表大会上,当这场争论达到高潮时,托洛茨基争辩说:

> 工人反对派提出危险的口号,他们使民主原则成了偶像崇拜。他们把工人选举代表的权利凌驾于党之上,仿佛党没有权利维护它的专政,即令这一专政只是暂时同工人民主的一时情绪相抵触。……在我们中间必须确立党有革命历史继承权的认识。不管群众的自发情绪有何种暂时的波动,甚至在工人阶级中有何种暂时的动摇,党始终有责任维护它的专政。对我们来说,这一认识是一元的、不可或缺的要素。专政并不是在每一特定时刻都以工人民主的刻板原则为依据,尽管工人民主无疑是使群众能愈来愈深入政治生活的唯一方法。①

1921年3月,列宁和托洛茨基与党的第十次代表大会的代表合影

---

① 《俄共第十次代表大会》,第192、215页。

第十四章 胜利中的失败

很久以前托洛茨基曾论证说，苏维埃政府体制优于资产阶级议会制，因为在苏维埃体制下，选举人除了别的权利外，还享有在任何时候而不仅是在规定的选举期间再选代表的权利，这样能使苏维埃准确、及时地反映群众思想情绪的变化；并说这是任何议会制都做不到的。他这些对无产阶级民主的信心的一般声明此时听起来好像不过是些保留条款而已，其中最必要的是"党的历史继承权"以及党的这一认识是"一元的、不可或缺的要素"。面对国内人民的敌意或冷漠情绪，他委婉而又有说服力地称颂和宣扬领导集团的集体团结。

列宁拒不言明专政与无产阶级民主之间的背离。他同样认识到政府和党是与人民有矛盾的；但他担心托洛茨基的政策会使这种矛盾持续化。党不得不制服工会和解除工会中难以管束的领袖的职务，不得不打破或消除群众的反抗，并制止在苏维埃内自由地形成舆论。列宁认为，只有这样才能拯救革命。但他希望这些实际做法会使他的政府有喘息的时间——他的全部政策成了单纯为赢得喘息时间而作的斗争，党在喘息时间内可以修改自己的政策，加速国家的复兴，减轻劳动人民的困苦，争取他们重新支持布尔什维主义，那时专政就能逐渐恢复为无产阶级民主。如果这就是目标，像托洛茨基所赞同的那样，那么党就必须立刻重申无产阶级民主思想而不能没有限度地一味提议放弃它。列宁说，尽管现政权曾经常求助于强制，但强制必须是不得已的手段，而说服则是首先求助的办法。① 所以，工会不应变成国家的附属机关。工会必须保持一定程度的自主，在有必要反对政府时，工会应该代表工人说话，工会应当成为共产主义的学校而不应当成为训练机构。行政管理人员——托洛茨基正是从行政管理人员的角度看这一问题的——对工会的要求可能会感到烦恼和不便；他们也许在反对工会的某些具体要求方面是对的；但总的来说，使他们感到不便和受到真正的社会压力和社会影响，这是正常的。如果对工人说不应反对工人国家，这没有用。国家是抽象的概念。列宁指出，实际上，他领导的政府必须考虑工人的利益，也要考虑农民的利益；由于混乱，由于"官僚"的严重"歪曲"以及行使权力的专横，政府的工作搞得很糟。所以，工人阶级尽管自我克制，但也应该自卫和坚持对政府提出自己的要求。按照列宁的看法，国家必须为多种利害关系和多种势力或影响提供发挥的机会。托洛茨基的国家概念则含有一元化的意思。

---

① 《俄共第十次代表大会》，第208页及以后各页。

第十次代表大会以压倒的多数通过列宁的决议案,布尔什维主义现在已离开无产阶级民主;但它还没有准备接受它的替代物——一元化的国家。

* * *

在会议期间,在喀琅施塔得海军要塞爆发了在所有俄国暴动中最意外的暴动。用列宁的话说,这场暴动像闪电一样照亮了现实。

暴动者是红色海军的水兵,他们受无政府主义者的领导。自从2月底以来,他们一直极不安定。彼得格勒附近发生过罢工,而且预料会有一场总罢工;喀琅施塔得由于听信彼得格勒工人与军队发生冲突的谣传而骚动起来。军舰上的水兵被与1917年时的热情相近的政治狂热所支配。他们在集会上通过决议,要求给工人自由、对农民实施新政策和苏维埃实行自由选举。随之要求"第三次革命"的呼声开始在会上占优势,这是旨在推翻布尔什维克、建立苏维埃民主的革命。苏维埃共和国主席加里宁果断地到达海军基地;他斥责水兵"不忠诚、不负责任",要求他们服从。派到彼得格勒的一个水兵代表团在那里被捕。

喀琅施塔得顿时到处响起了"打倒布尔什维克暴政"的喊声。当地的布尔什维克政委被撤职,并被关押起来。一个无政府主义委员会僭取了指挥权,在水兵的狂热中升起造反的大旗。一位参加过这场暴动的无政府主义史学家写道:"英勇、慷慨激昂的喀琅施塔得水兵的理想是解放俄国……他们没有提出明确的纲领。他们的口号是:自由和全世界人民皆兄弟。他们视'第三次革命'为向最后解放的逐渐过渡;把建立自由选举独立的苏维埃看做是朝这一方向迈出的第一步。苏维埃当然不受任何政治党派的支配——它自由地表达人民的意志及利益。"①

布尔什维克斥责喀琅施塔得水兵是受白卫军将军领导的反革命叛乱者。这一斥责看来并无根据。布尔什维克长期以来一场接一场地与白卫军策动及怂恿的叛乱进行斗争,不能不使自己相信白卫军也插手了喀琅施塔得的这场叛乱。在事发之前,一家流亡白俄的报纸确实隐晦地暗示过喀琅施塔得正在酝酿一场动乱;这使怀疑显得可信。政治局在开始时想要进行谈判,最后决定镇压叛

---

① 亚历山大·伯克曼:《喀琅施塔得暴动》,第10—11页。

第十四章 胜利中的失败

乱。政治局不能容忍海军的挑战,担心即使叛乱没有发展成为革命的可能也会加剧普遍的混乱。就是在白卫军失败之后,仍有不少叛军和匪帮在北部海岸到里海一带到处游荡、袭击劫掠城镇、杀害政府机关人员。伏尔加河流域的饥饿农民队伍高喊着进行一场新的革命的口号横行于萨拉托夫省。同年晚些时候,图哈切夫斯基不得不用27个步兵师去征服他们。① 在如此混乱的情况下如果宽大地处理喀琅施塔得的叛乱,肯定会被视为软弱的表示,终将使局势进一步恶化。

3月5日,托洛茨基到达彼得格勒,命令叛乱者无条件投降。他说:"只有投降的人才能指望得到苏维埃共和国的宽恕。我在发出这一警告的同时正在颁布命令,用武力镇压叛乱的一切准备业已就绪……这是最后的警告。"② 托洛茨基对水兵们说这样的话,该是又一个历史的讽刺落到他的头上。因为这曾是他的喀琅施塔得,是被他称为"革命的光荣与骄傲"的喀琅施塔得。在1917年的骚动的日子里,他曾多少次在这个海军基地上发表政治演说!水兵们曾多少次把他抬在肩上狂呼他是他们的朋友、他们的领袖!他们多么忠诚地追随他到塔夫利达宫,到十字架监狱他的牢房,到伏尔加河畔的喀山城下,对他言听计从,几乎到盲从他的命令的地步!他们共同分担过多少忧患,一起冒过多少风险!的确,老战士中活下来的已寥寥无几,而仍留在喀琅施塔得的则为数更少。这时"阿芙乐尔号"和"彼得罗巴甫洛夫斯克号"以及其他著名战舰上的水兵都是从乌克兰农民中招来的新兵。他们缺乏——托洛茨基这样对自己说——老一辈无私的革命精神。但即便这点也在某种程度上说明了革命的处境,进行过革命的普通男女已不再是以前的他们了,或者已不再在原来的地方了。其中最优秀的已经牺牲,其他的专心致力于行政管理;更有些人意志消沉了,变得心灰意懒、怨天尤人。而喀琅施塔得叛乱者提出的要求不过是托洛茨基答应过他们的兄长的许诺,但他和党一直未能兑现。正如布列斯特和谈以后一样,他自己说过的话竟以讽刺而带有敌意的回声又一次从别人的嘴里传回到他的耳中,他不得不再一次压制它。

---

① 参见 C. 加米涅夫、沙波什尼科夫和斯米多维奇与萨拉托夫地区司令的通信和1921年7月16日图哈切夫斯基给列宁的报告,存于托洛茨基档案。这里还有一封1921年3月25日近北极地区的共产党员给列宁的有特色的电报:"北方托波尔斯克地区的共产党员的鲜血将要流尽,我们向战无不胜的俄国共产党、向我们亲爱的同志和我们的领袖列宁致以临别的赤诚敬意。我们对最后胜利坚信不疑,我们对党和共和国尽了我们的职责,在这里殉职。"托洛茨基档案。

② 《托洛茨基全集》第17卷第2册,第518页。

叛乱者不理睬他的警告，希望争取时间。当时正是3月中旬，芬兰湾仍然冰封未解。但几天后可能开始解冻；而那时，由全部波罗的海红色海军守卫着并确保能得到芬兰以及其他波罗的海沿岸国家的军需供应的、大炮林立的喀琅施塔得将成为攻不进去的要塞，几乎可以说是不可战胜的。与此同时，甚至加入叛乱的共产党员也宣称他们已脱离"刽子手托洛茨基的党"。因此托洛茨基（或者是图哈切夫斯基？）决定在浮冰阻挡进路以前必须夺取要塞。紧急调遣精选的师团和突击部队增援彼得格勒卫戍部队。当叛乱的消息传到第十次代表大会时，引起十分强烈的震惊和愤怒，大多数体格健壮的代表们都直接跑出克里姆林宫的会议厅，主动担当将越过芬兰湾攻击要塞的突击队的先锋。就连工人反对派和民主集中派的头头们也投入了战斗，尽管他们在大会上刚刚提出的要求同叛乱者的要求大同小异，但他们也认为，水兵即使要求正当也无权手扣扳机发号施令。

布尔什维克部队在军服上披上白布，在图哈切夫斯基的指挥下跨越芬兰湾向前挺进。他们遇上从喀琅施塔得阵地上射来的暴风雨般猛烈的火力。冰层在他们脚下破碎；披着白色伪装的进攻队伍一批接一批地进入冰冷的英烈祠，向死亡的进军仍在继续。新到的几个纵队从三个方向进攻，他们在光滑如镜的冰面上滑动、匍匐前进，直到他们也消失在炮火、冰块和海水中。当密密麻麻、成排成排的进攻队伍前仆后继地被淹死时，在喀琅施塔得的水兵看来，仿佛走上邪路的布尔什维克革命也同时被淹死了，仿佛他们自己的纯真的革命的胜利即将来临。这些叛乱者是这样的一批人，他们责骂布尔什维克的暴虐，其唯一目的就是要让革命吸吮人类仁慈的乳汁，他们就是这样为自己的生存而战，战斗的残酷在整个内战中都是绝无仅有的。进攻部队的怨恨与愤慨也因而增加。3月17日，布尔什维克在暴风雪中通宵挺进之后，终于成功地登上城墙，当他们冲入要塞时，就像复仇女神一样满腔怒火地砍杀防御要塞的水兵。

4月3日，托洛茨基检阅胜利的部队。他说："我们曾尽可能久地等待我们盲目的水兵同志，以便让他们亲眼看到叛乱走向何方。但我们面临的威胁是冰将融化，因而我们不得不开始……进攻。"① 他称被击败了的叛乱者为"同志"，无意中表明他所庆祝的胜利在道义上说来是一次代价惨重的胜利。几个月后，访问莫斯科的外国共产党人认为，喀琅施塔得叛乱是内战中常见事件之

---

① 《托洛茨基全集》第17卷第2册，第523页。

第十四章 胜利中的失败

一,但使他们惊异和困惑的是,他们发现布尔什维克领导人讲到叛乱者时,没有像过去对白卫军和外国干涉者那样的愤怒与仇恨,他们的话里充满了"同情和保留"以及像谜一样的悲惨暗示,对外人暴露了党在良心上内疚。①

* * *

3月15日,当时这场暴动还未被打败,列宁向第十次代表大会提出新经济政策。大会几乎未经辩论就通过了。布尔什维克心情沉重、默默地跟战时共产主义的梦想分了手。像列宁说的,退却是为了能更好地前进。有关工会及根本问题的争论也马上平息下来。芬兰湾上的炮击以及彼得格勒和其他地方的罢工毫无疑义地证明了托洛茨基的计划是不现实的,因为根据随后几年推行的比较温和的混合经济政策来看,无论如何是没有劳动军事化的余地的。

但尽管如此,那场争论并非仅仅是一时的大吵大闹。争论对未来的意义比参加辩论双方所能料想的更大。斯大林在1920—1921年时支持过列宁的"自由"政策,但十年后,除了名称之外,他把托洛茨基的意见全部端了过来。斯大林、托洛茨基以及拥护他们的人当时都不承认这一事实:斯大林——他不能承认他为了接受托洛茨基的立场而放弃列宁的立场;托洛茨基——他看到自己的意见已被他的敌人以残暴的方式付诸实施,因而畏缩、不敢承认。对托洛茨基1920—1921年纲领中的每个要点,斯大林在30年代的工业革命中几乎都利用了。斯大林推行征召劳役政策,指挥劳动;他坚持让工会采纳"生产者"政策以取代对工人消费利益的维护;他剥夺工会最后一点点自主权,变工会为政府工具,他使自己成为管理集团的保护人。他给管理集团的特权是托洛茨基做梦都想不到的。他命令在工厂、矿山进行"社会主义竞赛";他这样干时都是任意使用托洛茨基的话,而且连字眼儿都是从托洛茨基那里拿过来的。托洛茨基提倡过"苏维埃泰罗制",斯大林则把自己残酷无情的"苏维埃泰罗制"翻版付诸实施。最后,他把托洛茨基为强制劳动辩护的论据用于实施大规模的强制劳动,而托洛茨基只是从理性和历史的角度模棱两可地证明强制劳动是合理的。

---

① 安得烈·莫里札特:《在列宁和托洛茨基的国家里》,第78—84页;V. 塞尔日:《革命回忆录》,第4章,根据在俄国的外国共产党人的立场叙述喀琅施塔得事件,这两位作者尽管都同情叛乱者,但都同意党陈述的理由。

在前一章中我们探索过不自觉的历史延续性的线索,即开始于列宁关于靠征服进行革命的迟疑而羞怯的文章到斯大林这个征服者制造革命这一线索。另一条微妙的类似线索把托洛茨基那几年的国内政策与后来他的对手所实施的政策连接起来。托洛茨基和列宁各自在不同领域都曾不自觉地充当了斯大林的鼓舞者和敦促者。两个人都受他们无法控制的环境和他们自己的幻想所驱使而形成了某些看法,而环境和他们自己的顾虑又不容许他们坚持这些看法——这些看法超越了他们的时代,跟当时布尔什维克的思想不协调,跟他们自己生活的主旋律也不协调。①

只是在革命和国家受到彻底解体的威胁时,托洛茨基才提出由国家对工人阶级实行全面管理的思想。他的警觉、不安定、不断探索的头脑在相互矛盾的方向中大胆寻求出路,在各个方向都走向极端,而布尔什维克却踏步不前。他提出新经济政策的时候,党还在固执地实行战时共产主义。接着,他的思想转到完全相反的方向,探索到底并得出另一个结论:医治战时共产主义的弊病只有靠铸成铁的劳动纪律。到这时候布尔什维克的主导意见才刚慢慢地趋向新经济政策,迫使他放弃自己的结论。使托洛茨基失败的正是他那清晰、前后一贯、敏捷迅速的逻辑——即不能忍受混乱与贻误工作这种真正行政管理者的逻辑。他心里牢记的是他的目标,他轻率而仓促地投入争论,急躁地提出他的论点并从中引出概括性的结论,而且不顾舆论的动向,直到他由于好高骛远而失败,最终引起愤怒和不满。如果在他身上自信的行政管理者战胜了敏感的政治思想家,就会使他看不到自己计划的复杂性。在托洛茨基试验性思想中的仅仅一个方面,到了斯大林的思想中却要成为全部。②

托洛茨基在其失误中仍保持其理性的真挚——真挚到于事无补的地步。他不想隐瞒他的政策,总是直言不讳,不管如何令人不快。因为惯于用论据的力量支配人民并诉诸理性,所以在最不合理的事情上他仍然诉诸理性。他公开鼓吹高压统治的政府;而对这样的政府绝不能公开鼓吹,只能在暗中实施。他希望让人民相信,他们不需要一个依靠说服的政府。他告诉他们工人国家有权使用强制劳动;而当他们不愿争先恐后地到劳动营报到时,他感到由衷的失

---

① 1929年初,即托洛茨基被驱逐出俄国之后几个星期,党的十六大宣布"社会主义竞赛",全文引用的是1920年党已通过的由托洛茨基起草的决议案,当然没提作者的姓名。
② 列宁在遗嘱里说托洛茨基"过于自信,过分热衷于事情的纯粹行政方面",大概指的是这些事。

望。① 他的表现这样荒唐是因为，在他的心目中并没有残酷而缓慢折磨人类肉体的无情强制的机器，只有那不朽而又短暂的"无产阶级斯巴达"的主要原则，而这些原则的严肃性却是社会主义开拓和冒险的组成部分。他的行为表现出的荒唐性本身就含有解毒剂。他的坦率使人们能充分注意到威胁他们的危险。他指明了他准备要达到的界限，并把他的政策置于公众监督之下。他亲自做了他有权做的一切，激起了导致他失败的反抗。他要在政治上保持活力，需要的是正大光明。反之，斯大林要使其思想付诸实施，需要的则是蝙蝠般的性格。

布尔什维克仍然捍卫无产阶级民主，反对托洛茨基；但在实际行动上却继续背离无产阶级民主。

只是到了1921年时，列宁政府才开始禁止苏维埃内的一切反对派组织。整个内战期间，布尔什维克折磨过孟什维克和社会革命党人，一会儿宣布他们为非法，一会儿又准许他们公开活动，接着再镇压他们。严厉的路线和温和的路线都是由于环境和那些党派的摇摆不定所决定的。在那些党派中，有些集团倾向布尔什维克，另一些倾向白卫军。不过在内战结束前，这几个党派应该受到镇压这一思想原则上并未深深扎根。反对派集团即使在被压制期间也没有明确要求武装反抗布尔什维克，他们仍然进行各种公开和秘密的活动。布尔什维克常用暴力或计谋把他们排除出苏维埃或者减少他们的代表人数。列宁的政府正是通过苏维埃这个机构组织进行内战的，它并不准备支持在这个机构里的敌对分子或中立分子。但政府仍然盼望结束敌对状态，到那时候苏维埃就能尊重苏维埃宪制的法规，重新承认合法的反对派。布尔什维克认为此时他们还做不到这一点。所有的反对派都曾为喀琅施塔得的叛乱欢呼过；因此布尔什维克明白他们能期望于反对派的是什么。他们在国家中越孤立，就越害怕他们的反对派。他们没有彻底镇压反对派是为了争取内战的胜利；内战既已胜利，就要对反对派进行一劳永逸的镇压了。

说也矛盾，正是因为布尔什维克放宽了经济政策这一事实才使他们确立自

---

① 他把欧洲标准用于俄国的习惯使他误入歧途到什么程度，这是一个可供讨论的问题。在一个工业化国家里政府指挥劳动力，例如把工人从曼彻斯特调到伯明翰或从斯图加特调到埃森是一回事，而指挥乌克兰农民或彼得格勒的工人转到乌拉尔和西伯利亚或极北部的工矿则完全是另一回事。在大致相同的工业环境中调动劳动力涉及强制性的问题可能性很小，而在俄国则需要极大的强制性。

己的政治垄断。新经济政策使个体农民和城市资产阶级的利益有了自由活动的余地。这些人在其利益开始发挥作用时,就会设法创造表达政见的手段或试图利用反布尔什维克的现存组织,这是可以预料得到的。布尔什维克决定不允许这样的组织存在。"我们也许有两党制,但两党中一个当权,另一个入狱"——这句由布哈林创造的名言表达了党内普遍的看法。有些布尔什维克对他们自己的政治垄断感到不安,但更加害怕另谋抉择。托洛茨基后来写道,他和列宁曾商定,只要国内的社会和经济情况更趋稳定,就取消对反对派的禁令。这可能是事实,然而当时布尔什维克深信不疑,任何反对派不可避免地都会成为反革命的工具,这一信念在斯大林时代的斗争中将要发挥更大的作用。他们总是害怕城市的新生资产阶级(它在新经济政策下很快兴旺起来)、知识分子和农民联合起来结成有压倒实力的联盟而共同反对他们;因而他们为防止这种联盟不惜采取任何措施。所以,在内战胜利后,革命为摆脱虚弱而开始陷入集权主义。

与此同时,镇压布尔什维克队伍内部的反对派也势在必行。工人反对派,在某种程度上还有民主集中派表达了强烈的失望和不满,就是这些失望和不满导致了喀琅施塔得叛乱。分裂的趋势已定;对立斗争的集团都想像党内之党那样行动。既要建立一党统治,又允许党分裂为几个派别,这本身就是十分荒谬的事。如果布尔什维主义像老社会民主党一样分裂成为两个或两个以上的彼此敌对的运动,那么试问其中会不会有一派成为反革命的工具呢?

在1921年党的代表大会的情绪中确有某种貌似没有道理的紧张,而这种紧张情绪也曾是1903年代表大会的特点。分裂同样给前途投下阴影——只是真正的分歧比1903年的更不成熟、更加模糊而已。这时托洛茨基也像当年一样,在争论中并没有站到他最后所属的那一方。这时他也像当年一样,急于要阻止分裂。因此,当列宁建议大会禁止党内有组织的派别时,他没有表示反对;而且他还自动解散了在最近争论中形成的他的小集团。① 这还不是严格禁止党内的反对派。列宁鼓励持不同见解的人发表不同意见。他胸怀博大地邀请他们在布尔什维克报纸上,特别是在争论专版和争论专栏上陈述见解。他要求大会把各个反对派的领导人选进新的中央委员会。但他坚决主张反对派仍应是分散的,主张持不同意见的人不应组成紧密的联盟。他提出一项决议案,其中

---

① 在小集团的领导人中除托洛茨基和布哈林外,还有捷尔任斯基、安德列耶夫、克列斯廷斯基、普列奥布拉任斯基、拉柯夫斯基、谢列布里亚科夫、皮达可夫和索柯里尼柯夫。

一条（保密）授权中央委员会开除违反这条规定的人，不管违纪者在党内的地位有多高。托洛茨基支持这一条，至少他没有反对这一条；大会通过了列宁的决议案。这一惩罚性的条款本是针对托洛茨基最不可调和的对手施略普尼柯夫的，是用来反对他的。托洛茨基没有料到，有朝一日人们竟会用这一条来反对他自己。

这一协议规定，只要反对派保持分散状态，就允许它们存在。而这样的协议只有在党员对次要或临时性问题有不同意见时才是有效的。然而，当分歧严重并持续下去时，思想相同的党员就会联合起来，这是不可避免的。像工人反对派那样的人，他们指控领导集团是靠"资产阶级和官僚敌视群众的态度"而生存的，他们必然要同心协力地反对他们认为是党内凶恶可怕的组织势力。因此，禁止党内派别活动开始时虽可推迟分裂，但最终只能加速分裂。

仅仅在两年之后托洛茨基就接受工人反对派和民主集中派的那些表达能力稍差的头头们所提出的不少批评和要求了，并发出强有力的共鸣，他也要大声疾呼地要求恢复无产阶级民主。然而此刻他却帮助党打败了他们。

* * *

自从托洛茨基在维也纳作为流亡者描写俄国过去令人难忘的往事以来，不过才过了几年。他那时指出：历史如何把俄国人民投入"严峻的环境"，使他们受到有钱有势的欧洲的压力，受到来自四面八方的侵略，任凭"海中怪兽"似的集权国家摆布他们的命运。他接着写道，这"怪兽"为了喂饱自己，使全国挨饿，它既要阻止又要加速社会各阶级的发展，而且使文明衰退。① 革命就其一个方面来说是人民征服"海中怪兽"的胜利。看来这是彻底的胜利，因为旧国家已化为灰烬。

然而革命也必须从这同一个"严峻的环境"里汲取营养和活力，它也从中汲取了环境的全部严峻性。新共和国富有胸怀世界的思想和抱负，但穷于"一千多年积累的贫困"。新共和国非常痛恨贫困，但贫困却深入到共和国的血肉和呼吸中。

---

① 参见本书第七章。

托洛茨基曾把西欧封建主义的"塔尖拱顶和哥特式的花饰"跟只能使小木屋的缝隙中长满苔藓的俄国封建主义的粗陋、庸俗和野蛮作对比。他曾把欧洲第三等级丰富而复杂的发展同俄国警察监护下的手工作坊，把西方的自由而有教养的"资产阶级人格"同"每个警察都可拳打脚踢的丑脸"摆在一起，使之形成鲜明的对照。然而他和布尔什维克正是从被革命和战争震碎了的小木屋里开始率先倡导社会主义的。出乎预料的是，"先进文明的"西方却背弃了革命；几十年来，布尔什维主义为了改变自己的自然环境不得不扎根于这个环境中。当时打出的社会主义这块牌子只能是展示历史遗产的标志。这个崛起的社会主义没有社会主义者所梦想的拱顶和花饰，而是粗陋的、原始的、没有修饰的，这个社会主义被占优势的敌对势力所包围，不久就把自己交给新的怪兽国家——它好像是旧怪兽国家的死灰复燃。这个新国家像旧国家一样，既要保护国家，又要使国家挨饿；既要阻止国家的发展，又要加速国家的发展，而且要抹去人的个性，革命无产阶级的个性。痛恨怪兽国家的托洛茨基竟然成为复兴怪兽国家的第一个先驱，这又是一个历史的讽刺。

当托洛茨基还在他事业的起点时就曾写道："有能力对全社会实施专政的工人阶级绝不能容忍有一个支配自身的独裁者。"[①] 到了1921年，俄国工人阶级已证明自己没有能力实施专政，甚至不能对那些借它的名义进行统治的人实施监督。工人阶级在革命和内战中消耗殆尽，几乎不能作为一个政治因素而存在了。托洛茨基当时宣布了党的"历史继承权"，声称党有权对无产阶级及社会的其他阶层建立托管制度。这是昔日的"雅各宾"思想：正直而开明的少数人有理由以自己"取代"未成熟的人民并把理性和幸福带给人民，这是托洛茨基曾发誓要放弃的曾使十二月党人、民粹派和布尔什维克连续几代迷恋的思想。托洛茨基本人曾论证说，这一"使人着迷的思想"反映了当时俄国所有社会阶级的衰退或麻木。他深信，随着现代社会主义的工人阶级的出现，这种衰退一定会被克服。革命证明他是正确的。然而，俄国社会各阶级经历了1917—1921年间能量的突然爆发和艰巨无比的斗争之后，看来已深深陷入麻木状态。近几年来如此拥挤的政治舞台变得冷清了，只有一个集团留在舞台上兴高采烈地代表人民讲话，甚至这个集团本身的圈子也愈来愈狭窄了。

---

① 参见本书第三章。

第十四章　胜利中的失败

英国雕塑家克莱尔·谢里丹（首相温斯顿·丘吉尔的表妹）和她雕塑的托洛茨基头像

当托洛茨基力主布尔什维克党以自己"取代"工人阶级时，他在繁忙的工作和频繁的争论中并没有考虑历史进程的下一阶段，尽管他早已以令人震惊的锐利目光预言过这一阶段。他说过："首先是党组织以自己取代全党；尔后是中央委员会以自己取代党组织；最后是一个独裁者以自己取代中央委员会。"

那个独裁者已经在一旁等待了。

参考书目

(本索引中所录书目仅仅是作者摘引或者直接提到的原始资料)

Akimov, V. L. (Акимов, В. Л.), ***Материалы для характеристики развития РСДРП***. Geneva, 1905.

Antonov-Ovseenko, V. A. (Антонов-Овсеенко, В. А.), ***Заииски о гражданской войне***, т. 1. Москва, 1924.

Arschinoff, P., ***Geschichte der Machno-Bewegung, 1918 – 1921***. Berlin, no date.

Avdeev, N. (Авдеев, Н.), и другие, ***Революция 1917*** (***Хроника событий***), т. 1 –5. Москва, 1923 –1926.

Axelrod, P. B. (Аксельрод, П. Б.), ***Письма П. Б. Аксельрода и Ю. О. Мартова***. Berlin, 1924.

——Переписка Г. В. Плеханова и П. Б. Аксельрода, Москва, 1925.

Badaev, A. E. (Бадаев, А. Е.), ***Большевики в государственной думе***. Москва, 1930.

Balabanoff, A., ***My life as a Rebel***. London, 1938.

Beatty, Bessie, ***The Red Heart of Russia***. New York, 1918.

Beer, M., ***Fifty Years of International Socialism***. London, 1937.

Berkman, A., ***Der Aufstand von Kronstadt***, Reprint, ***Der Monat***. Berlin, no date.

——***The Bolshevik Myth***. London, 1925.

Большевики, документы охранного отделения (Докутеты ло истории большевизма с 1903 по 1916г. Бывшего московского охранного отделения), Сост. М. А. Цявловский. Москва, 1918.

Борьба За петроград, 15 Октября – 6 Ноября 1919, с предисловием Г. Зиновьева. Петроград, 1920.

Brupbacher, F., *60 Jahre Ketzer.* Zürich, 1935.

Bryant, Louise, *Six Red Months in Russia.* London, 1919.

Bubnov, A. and others (Бубнов, А. и другие), *Гражданская война, 1918 – 1921*, т. 1 – 3. Москва, 1928.

Buchanan, Sir George, *My Mission to Russia.* London, 1923.

Cherevanin, N. (Череванин, Н.), *Организационный вопрос*, с предисловием Мартова. Geneva, 1904.

Chernov, V., *The Great Russian Revolution.* New Haven, 1936.

—— (Tchernov) *Mes Tribulations en Russie Soviétique.* Paris, 1921.

Czernin, Count Ottokar, *In the World War.* London, 1919.

Dan, F. (Дан, Ф.), *Происхождение большевизма.* New York, 1946.

Dabski, Jan, *Pokój Ryski.* Warsaw, 1931. (The second edition of J. Dabski's memoirs published in Polish at a later date, contains much more information about the background to the Russo-Polish peace treaty of 1921. It was not available during the writing of this book.)

Denikin, A. I. (Деникин, А. И.), Генерал, *Очерки русской смуты, т. 1 – 5. Paris-Berlin, 1921 –1926.*

Доклад русских социал-демократов Второму интернационалу. Geneva,

Dubnov, S. M., *History of the Jews in Russia and Poland.* Philadelphia, 1918.

Eastman, M., *Leon Trotsky: The Portrait of a Youth.* New York, 1925.

Egorov. A. (Егоров, А.), *Львов-Варшава.* Москва, 1929.

Engels, F., *The Peasant War in Germany.* London, 1927.

Frunze, M. V. (Фрунзе, М. В.) *Собрание сочинений.* т. 1 – 3, с предисловием Бубнова. Москва, 1929.

Garvi, L. A. (Гарви, Л. А.), *Воспоминания социал-демократа.* New York, 1946.

Gorky, M., *Lénine et le paysan Russe.* Paris, 1924.

——*Days with Lenin.* London, 1931.

Hard, William, *Raymond Robins' Own Story.* New York, 1920.

History of the Communist Party of the Soviet Union (Bolsheviks); Short Course. Moscow, 1943.

Hoffmann, Max, *Die Aufzeichnungen des Generalmajors Max Hoffmann.* Berlin, 1929.

Ilin-Zhenevskii, A. F. (Илин-Женевский, А. Ф.), *Большевики у власти.* Ленинград, 1929.

Jaurès, J., *L'Armée Nouvelle.* Paris, 1911.

Kakurin, N. (Какурин, Н.) *Как сражалась революция*, т. 1 – 2. Москва, 1925.

Kerensky, Alxander (Керенский, Александр), *Издалека, сборник статей.* Paris, 1922.

——*The Crucifixion of Liberty.* London, 1934.

Knox, Sir Alfred, Major General, *With the Russian Army 1914 – 1917.* London, 1921.

Kollontai, A. M., *The Workers' Opposition in Russia.* London, 1923.

Krupskaya, N. K., *Memories of Lenin.* London, 1942.

Kühlmann, Richard von, *Erinnerungen.* Heidelberg, 1948.

Latsis (Sudbars), *Чрезвычайные Коммисии по борьбе с контрреволюцией.* Москва, 1921.

Lenin, V. I. (Ленин, В. И.), *Сочинения*, т. 1 – 35. Москва, 1941 – 1950. All quotations from Lenin's Works are from this, the fourth edition, unless otherwise stated.

——*Собрание сочинений.* This is the first edition of Lenin's Works published between 1920 – 1926, of which occasional use has been made for quotation of passages omitted from later editions.

——*Letters of Lenin.* London, 1937.

Ленинский сборник, т. 4 – 20. Москва, 1925 – 1932.

Lenin's correspondence with Trotsky and other party leaders and military commanders, some of it hitherto unpublished, has been quoted from ***The Trotsky Archives.*** Harvard.

Lloyd George, D., ***War Memoirs.*** London, 1938.

Lockhart Bruce, R. H., ***Memoirs of a British Agent.*** London, 1932.

Ludendorff, E., ***Meine Kriegserinnerungen 1914 – 1918.*** Berlin, 1919.

Lunacharsky, A. (Луначарский, А.), ***Революционные силуэты.*** Москва, 1923.

Lyadov, M. N. (Лядов, М. Н.), ***Как начала складываться РКП*** Москва, 1925.

——*Из жизни партии.* Москва, 1926.

——*Material zur Erläuterung der Parteikrise in der SD Arbeiterpartei Rußlands.* Geneva, 1904.

Martov, L. (Мартов, Л.), Maslov, P. (Маслов, П.), Potresov, A. (Потресов, А.), ***Отечественное движение в России в начале xx-века***, т. 1 – 2. Петербург, 1909 – 1910.

Martov, L. (Мартов, Л.), ***Письма Аксельрода и Мартова.*** Berlin, 1924.

История Российской социал-демократии. Москва, 1923.

Спаситель или упразднитель. Paris, 1911.

Marx, K. and Engels, F., ***Selected Correspondence.*** London, 1941.

——*Переписка Маркса и Энгельса с Русскими политическими деятелями.* Москва, 1947.

Medem, Vladimir, ***Von Mein Leben***, vols. i – ii (Yiddish). New York, 1923.

Miliukov, P. N. (Милюков, П. Н.), ***История Второй русской революций.*** Sofia, 1921.

——*Как прошли выборы во вторую Гос. думу.* Петербург, 1907.

Mill John, ***Pioneers and Builders***, vols. i – ii (Yiddish). New York, 1946.

Мирные переговоры в Брест-Литовске, Сост. А. А. Йоффе, с предисловием Троцкого. Москва, 1920.

Morizet, A., *Chez Lénine et Trotski*. Paris, 1922.

Noulens, Joseph, *Mon Ambassade en Russie Soviétique*, vols. i – ii. Paris, 1932.

Olgin, M. J., 'Biographical Notes' in the American edition of Trotsky's *Our Revolution*. New York, 1918.

Paléologue, Maurice, *La Russie des Tsars pendant la Grande Guerre*, vols. i – iii. Pairs, 1922.

Parvus (Helphand, A. L.), *Россия и революция.* Петербург, 1906.

Pavlovich (Павлович), *Письмо к товарищам о Втором Съезде РСДРП.* Geneva, 1904.

Plekhanov, G. V. (Плеханов, Г. В.), *Год на Родине*, Т. 1 – 2. Paris, 1921.

——*Переписка плеханова и Аксельрода.* Москва, 1925.

Pokrovsky, M. N. (Покровский М. Н.), *Октябрьская революция.* Москва, 1929.

——*Очерки по Истории Октябрьской революции*, т. 1 – 2. Москва, 1927.

Popov, N., *Outline History of the C. P. S. U. (b)*, vols. i – ii. (English translation from 16th Russian edition). London, no date.

Potresov, A. N (Потресов, А. Н.), *Посмертный сборник произведений.* Pairs, 1937.

Price Philips, M., *My Reminiscences of the Russian Revolution.* London, 1921.

——*Пять лет власти Советов.* Москва, 1922.

Radek, K. (Радек, К.), *Портреты и памфлеты.* Москва, 1927.

——*Пять лет Коминтерна.* Москва, 1924.

Ransome, Arthur, *Six Weeks in Russia in 1919.* London, 1919.

Раскол на Втором съезде РСДРП и Второй Интернационал (Сборник документов). Москва, 1933.

Raskolnikov, F. F. (Раскольников, Ф. Ф.), *Кронштадт и Питер в 1917г.* Москва, 1925.

Reed, John, ***Ten Days that Shook the World.*** London, 1934.

Rosmer, A., ***Le Mouvement Ouvrier pendant la Guerre.*** Paris, 1936.

Sadoul, Jacques, ***Notes sur la Révolution Bolchevique.*** Paris, 1919.

Serge, V., ***Mémoires d'un Révolutionnaire.*** Pairs, 1951.

Sibiryak (Сибиряк), ***Студенческое движение в России.*** Geneva, 1899.

Slepkov, A. (Слепков, А.), ***Кронштадтский мятеж.*** Москва, 1928.

Smilga, I. (Смилга, И.), ***Очередные вопросы строительства Красной Армии.*** Москва, 1921.

Stalin, J. V. (Сталин, И. В.), ***Сочинения***, т. 1–13. Москва, 1946–1951.

Stalin's correspondence with Lenin, Trostsky, and other members of the Politbureau, some of it unpublished, is quoted from ***The Trotsky Archives.***

Steinberg, I., ***Als ich Volkskommissar war.*** München, 1929.

Sukhanov, N. (Суханов, Н.), ***Записки о революции***, т. 1–7. Москва, 1922.

Sverchkov, D. (Сверчков, Д.), ***На заре революции.*** Ленинград, 1925.

Trotsky, L. D. (Троцкий, Л. Д.)

——***The Trotsky Archives*** (Houghton Library, Harvard University). The earliest document in this collection is dated Brest Litovsk 31 January 1918; the last bears the date 17 August 1940, three days before the assassination of Trotsky. The Archives consist of four parts:

Section A: contains about 800 letters and messages exchanged between Trotsky, Lenin, and other Soviet leaders (1918–1922), and various other unpublished documents;

Section B: contains, in twenty-five dossiers, Trotsky's manuscripts and correspondence up to 1929;

Section C: contains, also in twenty-five dossiers, letters and memoranda from Zinoviev, Yoffe, Lunacharsky, Radek, Rakovsky, Preobrazhensky, Sosnovsky, and many others. Most of this correspondence belongs to the period of Trotsky's exile at Alma Ata. This section also includes many documents relating to the work of the Trotskyist opposition within the Soviet Union;

Section D: contains Trotsky's correspondence with groups and members of the

Fourth International in various countries. This section is sealed and is not to be made available for research before 1980.

The references to **The Archives**, which occur in this volume are mainly to Section A. Only in a few instances are documents belonging to Sections B and C referred to. Extensive use of Sections B and C is made by the author in **The Prophet Unarmed**, the next volume in this series.

Сочинения. (This was planned to be the complete edition of Trotsky's Works, but its publication was discontinued in 1927, at the time of Trotsky's expulsion from the party. The following volumes, published in 1925 – 1927, were available to the author:

T. Ⅱ (часть 1-ая и чясть 2-ая) *Наша первая революция*;

T. Ⅲ: (часть 1-ая) *От февраля до октября*; (частъ 2-ая) *От октября до Бреста*;

T. Ⅳ: *Политическая хроника*;

T. Ⅵ: *Балканы и Балканская война*;

T. Ⅷ: *Политические силуэты*;

T. Ⅸ: *Европа в войне*;

T. Ⅻ: *Основные вопросы пролетарской революции*;

T. ⅩⅢ: *Коммунистический интернационал*;

T. ⅩⅤ: *Хозяйственное строительство в Советской России*;

T. ⅩⅦ: (частъ 2-ая) *Советская республика и капиталистический мир*;

T. ⅩⅩ: *Культура старого мира*;

T. ⅩⅪ: *Культура переходного времени.*

Троцкий Л. Д., *Как вооружалась революция*, т. 1-3. Москва, 1923 – 1925. (The collection of Trotsky's military writings, orders of the day and speeches.)

——*Второй съезд РСДРП* (*Отчет Сибирской делегации*). Geneva, 1930 (In the signature over this and the next work Trotsky used the initial N., not L.)

——*Наши политические Задачи*. Geneva, 1904.

——*История революции 1905 –1906*. Петроград, 1917.

——*Our Revolution*. New York, 1918.

——*Итоги и перспективы*. Москва, 1919.

——*Терроризм и коммунизм.* Петербург, 1920.
——*Between Red and White.* London, 1922.
——*Die Russische Revolution 1905.* Berlin, 1923.
——*Пять лет коминтерна.* Москва, 1924.
——*Lénine.* Paris, 1924.
——*Поколение октября.* Москва, 1924.
——*Моя жизнь*, т. 1 – 2. Berlin, 1930.
——*Перманентная революция.* Berlin, 1930.
——*History of the Russian Revolution*, Vols. i-iii. London, 1932 – 1933.
——*Vie de Lénine*, *Jeunesse.* Paris, 1936.
——*The Stalin School of Falsification.* New York, 1937.
——*Stalin.* New York, 1946.
(Apart from the sources listed above, the author has quoted extensively from Trotsky's speeches printed in many published records of party and Soviet congresses and in the proceedings of the Central Committee. For Trotsky's early writings the author has drawn **inter alia** on the files of **Iskra**, **Nachalo**, the 'Viennes' **Pravda**, **Golos**, **Nashe Slove**, & c., sources rarely, if ever, used by previous writers on the history of Russian revolutionary movements. These papers are in the Hoover Library, Stanford University, California.)

Tukhachevsky, M. (Тухачевский, М.), *Война классов.* Москва, 1921.

Vandervelde, E., *Souvenirs d'un Militant Socialiste.* Paris, 1939.

Voitinsky, V. (Войтинский, В.), *Годы побед и поражений.* Berlin, 1923.

Voroshilov, K. (Ворошилов, К.), *Сталин и Красная армия.* Москва, 1929.

Wheeler-Bennett, John W., *Brest Litovsk. The Forgotten Peace.* London, 1938.

Witte. S. Yи. (Витте, С. Ю.), *Воспоминания*, т. 1 – 3. Петроград, 1923 – 1924.

Zelikson-Bobrovskaya, Ts. (Зеликсон-Бобровская, Ц.), *Первая русская Революция в Петербурге 1905*, т. 1 – 2. Москва, 1925.

Zetkin, Klara, *Reminiscences of Lenin.* London, 1929.

Zinoviev, G. (Зиновьев, Г.), *Сочинения*, т. 1 – 16. Москва, 1924 – 1929.

Ziv, G. A. (Зив, Г. А.), *Троцкий. Характеристика по личным воспоминаниям.* New York, 1921.

The following editions of protocols and verbatim reports have been quoted:

Протоколы Центрального комитета РСДРП (август 1917 – февраль 1918). Москва, 1929

2-ой съезд РСДРП. Москва, 1932.

5-ый съезд РСДРП. Москва.

6-ой съезд РСДРП. Москва, 1934.

7-ой съезд РКП (б). Москва, 1923.

8-ой съезд РКП (б). Москва, 1933.

9-ый съезд РКП (б). Москва, 1934.

10-ый съезд РКП (б). Москва, 1921.

1-ый всероссийский съезд Советов, Москва, 1930.

3-ий всероссийский съезд Советов. Петербург, 1918.

5-ый всероссийский съезд Советов. Москва, 1918.

3-ий всероссийский съезд Профсоюзов. Москва, 1920.

2-ой конгресс коммунистического интернационала. Петроград, 1921.

Newspapers and periodicals:

Forward-Vorwärts (New York), The New International, Neue Zeit, Przeglad Socjal-Demakratyczny, The Times,

Экономическая жизнь, Голос (Paris), Искра ('old' and 'new'), Известия, Известия Центрального комитета РКП (б), Красная Летопись, Луч, Начало, Наше слово (Paris), Наша заря, Новая жизнь, Печать и революция, Правда (Viennese), Правда, Пролетарская революция, Рабочее дело (Geneva, 1899), Русская газета, Рабочий путь, Речь Социал-демократов, Социалистический вестник, Вестник русской Революции, Вопросы истории.

人名索引

A

阿布拉莫维奇，242，279，298，449

阿德勒，阿尔弗雷德，173

阿德勒，弗里德里希，166，190

阿德勒，维克多，54，109，127，166，167，191，332，343

阿夫克森齐耶夫，121，134

阿基莫夫，32，73，74

阿克雪里罗得，P. B.，54，56，60，61，62，72，74，75，78，79，81，82，83，84，85，87，100，127，175，176，177，179，183，195，197，201，208

阿拉克切耶夫将军，443，444

阿列克谢耶夫将军，62，67，299

阿列克辛斯基，Г. A.，193，196，245

阿泽夫，101

埃尔韦，G.，202

艾伯特，F.，94

安德列耶夫，A.，354，451，464

安东诺夫 – 奥弗申柯，B. A.，197，248，250，264，270，273，286，287，288，293，329，351，357，384

奥尔京，M.，164，216

奥尔忠尼启则，C.，427，428

奥库洛夫，373，374

奥新斯基，B.，449

B

巴贝夫，G.，214，406

巴卡耶夫，И，374

巴枯宁，M.，3

巴拉巴诺娃，A.，159，198，225，231，236

巴尔马绍夫，66

巴比塞，H.，205

邦奇 – 布鲁耶维奇将军，359，445

鲍威尔，奥托，166

倍倍尔，A.，127，162，177

彼得大帝，65，139，169

彼得留拉，C.，377

毕岑柯，321

毕苏斯基，J.，334，334，408，409，411，412，413，414，415，416，417，418，423

别林斯基，B. Г.，48

边沁，J.，25

伯克曼，亚历山大，458

伯恩斯坦，E.，37

别尔津，З.，271，288

波格丹诺夫，A.，117，128，175

布尔德隆，203

布柳姆金，J.，354

勃朗施坦，安娜，6，7

勃朗施坦，大卫，6，7，9

勃朗施坦，列夫，见托洛茨基，6

布鲁西洛夫将军，412，413

布勃诺夫，A. C.，264，266，271，342，344，360，384，398

布坎南，220，226，245，270，308，309，314

布哈林，H.，136，158，170，191，210，216，288，297，298，301，302，305，330，341，342，343，344，347，360，374，398，440，454，464

布里根，112，118

布琼尼，C. M.，365，418，422，435，436

C

查苏利奇，B.，3，4，56，57，58，59，60，61，62，63，74，75，78，79，82，83，100，208

蔡特金，K.，127，174，177，317，425

车尔尼雪夫斯基，25

策列铁里，Л. 227，228，238

茨威格，A.，205

D

达尔文，35，36，47，48，169

达林，449

丹东，108，238，343，344

德边科，248，357

德布兹，217

德林特恩将军，4

德·曼，221

邓南遮，G.，44

邓尼金将军，249，299，300，301，350，364，365，377，381，383，384，386，387，388，389，393，396，399，407，408，414，415，416，436，440

杜勃罗留波夫，45，48，49，87

杜尔诺沃，内务部长，22，153

杜鹤宁，310，311

杜梅尔格总统，226

杜托夫，哥萨克首领，120，130，143，148，268，291，292，294，298，299，346，386，387，390，436

多罗舍维奇，15

E

恩格斯，5，16，36，57，59，303，343，348

F

菲利普斯亲王，M.，345

弗兰格尔，П.，将军，396，414，415，422

伏龙芝，M.，384，397，398，422，435，437

伏罗希洛夫，K.；365，372，373，374，380，384，389，435，437

福煦元帅，377，436

G

盖得，J.，68，167，184，214

甘地，407

高尔基，马克西姆，45，66，128，161，179，232，236，245，246，248，255，266，279，378，419

高尔察克，海军上将，301，366，367，371，

377, 378, 379, 381, 383, 384, 385, 386, 393, 396, 404, 407, 414, 445

戈尔茨曼，E., 444

格拉塞, 205

格里姆, 235, 236

古契柯夫, 217, 219, 225, 226, 227, 348

果戈理, 44, 45

H

哈阿兹, 162, 177

哈第, 凯尔, 167

哈塞克, J., 205

韩德森, A., 428

豪普特曼, G., 44

赫尔岑, A., 19, 44, 48

赫列阿, 多布鲁查努, 185

赫鲁斯塔廖夫－诺萨尔, 121, 122, 128, 134

赫兹尔, T., 72

霍夫曼, M., 将军, 314, 315, 317, 321, 322, 323, 325, 327, 328, 329, 332, 335, 336, 337, 406

J

基巴利契奇, 3

吉本, E., 204

吉霍米罗夫, 17

季诺维也夫, G., 158, 195, 229, 242, 243, 244, 246, 247, 257, 258, 259, 260, 261, 264, 266, 267, 268, 270, 288, 295, 296, 297, 330, 331, 339, 343, 350, 362, 374, 380, 381, 393, 398, 409, 418, 419, 451, 452, 455

季娜, Б., 托洛茨基的长女, 52, 164

加邦神父, 106, 108, 143

加里宁, M., 432, 458

加米涅夫, Б., 158, 174, 176, 207, 229, 243, 244, 246, 248, 251, 257, 258, 259, 260, 261, 264, 266, 267, 268, 271, 288, 294, 295, 296, 297, 320, 321, 326, 330, 385, 386, 387, 388, 389, 392, 393, 398, 411, 455

加米涅夫, C., 将军, 372, 383, 384, 459

贾德森将军, 313

捷尔任斯基, 266, 268, 271, 295, 330, 342, 344, 348, 354, 387, 417, 425, 464

捷依奇, 62, 69, 72, 132

K

卡列金将军, 299, 399

卡姆柯夫, Б., 352, 353

卡普兰, F., 370

康德, I., 35

考茨基, 卡尔, 88, 89, 127, 145, 162, 174

科尔尼洛夫将军, 250, 251, 252, 253, 254, 257, 264, 279, 299, 301, 309, 360

科普, B., 172, 422

柯拉罗夫, B., 180, 201

柯伦泰, 亚历山德拉, 179, 199, 216, 265, 398, 455

柯秀尔, 330

克尔日扎诺夫斯基－克莱尔, 53

克拉辛, Л., 110, 111, 114, 115, 116, 118, 123, 414, 415

克拉斯诺夫将军, 291, 292, 294, 298, 377

克劳塞维茨, K., 204, 356, 430, 437

克列斯廷斯基, H., 344, 348, 349, 387, 393, 409, 464

479

克雷连科，H.，总司令，248，250，266，310，311，312，398

克列孟梭，377

克伦斯基，亚历山大，83，121，172，197，217，218，227，233，244，249，250，251，252，253，254，255，259，260，261，263，265，269，270，271，272，273，291，292，293，294，295，299，309，310，315，329，332，342，346，353，364，367，453

克伦威尔，74，238

克柳切夫斯基，B. O.，23

克鲁普斯卡娅，H.，54，55，60，63，70，73

克罗泡特金亲王，4

克洛斯，阿纳卡西斯，184，343

克努尼扬茨－拉金，117，121

库恩·贝拉，354，366，384

L

拉狄克，卡尔，191，319

拉甫罗夫，3，29

拉济米尔，263

拉柯夫斯基，赫里斯蒂安，184，185，199，201，353，378，384，464

拉林，Ю.，195，246，444

拉平斯基，417

拉萨尔，F.，33，54，149，238

拉舍维奇，M.，15，264，362，374，375，378，383，388，394

拉斯科尔尼科夫，ф.，233，242，243，248，257，369，372，386

拉祖姆尼克，伊万，168

雷马克，E. M.，205

累德堡，G.，162

李卜克内西，卡尔；被杀害，163，196，201，202，221，245，317，402，406

李可夫，A.，174，261，295，296，398，444，451

李维诺夫，M.，411

李沃夫亲王，217，218，219，223，225，226，228，234，235，240，309，342

里博，308

利奥波德，巴伐利亚皇太子，320，321，338

梁赞诺夫，Д.，172，176，198，228，288，294，296，342，348，349，444

列宁，И. B.，17，18，23，25，37，41，42，50，53，54，55，56，58，59，60，61，62，63，64，65，67，68，69，70，73，74，75，76，77，78，79，80，81，82，83，84，85，86，87，88，89，90，91，92，93，95，100，106，107，110，111，112，114，117，120，125，126，128，136，142，143，146，147，157，158，159，160，161，162，163，166，169，170，171，175，176，177，178，179，187，191，192，193，194，195，196，197，199，200，201，202，207，208，209，210，211，212，216，223，224，228，229，230，231，232，235，236，238，239，240，241，242，243，244，245，246，247，248，251，254，255，256，257，258，259，260，261，262，263，264，265，266，267，268，269，270，271，277，278，279，280，283，285，288，289，290，291，292，294，295，296，297，298，301，302，303，304，305，308，309，310，312，315，316，321，328，329，330，331，

333, 334, 337, 338, 339, 340, 341, 342, 343, 344, 345, 346, 347, 348, 349, 350, 351, 352, 353, 354, 360, 362, 369, 370, 371, 373, 374, 375, 377, 378, 380, 381, 383, 384, 385, 386, 387, 388, 389, 392, 393, 394, 396, 398, 402, 403, 404, 407, 409, 411, 415, 416, 417, 418, 419, 420, 423, 424, 425, 428, 429, 430, 432, 439, 440, 443, 444, 445, 447, 448, 451, 452, 453, 454, 455, 456, 457, 458, 459, 461, 462, 463, 464, 465

卢那察尔斯基，A.，59, 60, 62, 104, 125, 127, 128, 148, 175, 176, 179, 197, 199, 228, 231, 233, 237, 239, 240, 247, 248, 265, 289, 294, 296, 303, 398, 452

卢森堡，罗莎，88, 127, 159, 160, 163, 177, 184, 196, 245, 317, 402, 406, 425

卢托维诺夫，Ю.，451

鲁登道夫，E.，322, 323, 337, 341

鲁斯金，约翰，44

鲁祖塔克，Ян.，451

伦纳，卡尔，166

罗宾，R.，309, 312, 339, 343, 349

罗伯斯庇尔，80, 81, 86, 87, 89, 90, 140, 343, 344

罗将柯，M.，262

罗森戈尔兹，A.，369, 372, 386

罗斯默，A.，165, 197, 203, 214, 215, 384

罗特施坦，Th.，199, 415

洛克哈特，布鲁斯，R. H.，312, 366

洛莫夫–奥波科夫，Г.，264, 342, 344

洛普辛，152, 153

洛佐夫斯基，174, 198, 199, 209, 210, 288, 293, 296, 451

M

马尔金，H.，310

马尔托夫，Ю.，23, 41, 42, 56, 57, 58, 59, 60, 61, 63, 64, 67, 71, 72, 73, 74, 75, 76, 77, 78, 80, 81, 82, 83, 87, 95, 100, 102, 111, 112, 113, 121, 126, 127, 133, 134, 143, 157, 159, 160, 174, 175, 176, 177, 179, 182, 183, 190, 192, 193, 194, 195, 196, 197, 198, 199, 200, 201, 203, 204, 210, 231, 236, 246, 247, 262, 279, 280, 298, 301, 360, 397

马尔丁诺夫，73

马基雅维里，195, 454

马赫列夫斯基，J.，417

马赫诺，首领，365, 366, 384

马克思，卡尔，5, 16, 23, 25, 57

马蒙托夫，436

马伊斯基，И.，199

麦克唐纳，拉姆塞，167, 428

曼努伊尔斯基，Д.，198, 199, 201, 209, 228, 239

梅尔黑姆，203

梅林，弗朗茨，127, 163, 174, 430

梅日劳克，B.，369

米留可夫，П.，67, 99, 113, 114, 119, 123, 125, 126, 132, 139, 157, 180, 182, 217, 219, 220, 221, 225, 226, 227, 236, 245, 249, 252, 309, 348, 350

米尔巴赫伯爵，352, 354

米勒兰，68

米柳亭，B.，256，266，268，271，296

明仁斯基，B.，179，374

莫泊桑，居，44

莫尔加利，O.，200

莫洛托夫，见帕尔乌斯，94，96

莫纳特，皮埃尔，203

墨索里尼，B.，198

穆拉洛夫，H.，372

穆拉维约夫上校，367

穆勒，约翰·斯图亚特，23，25，32

N

拿破仑一世，139，141，206，340，360，388，424，426，435，436

尼采，F.，44，45，46

尼古拉二世，19，23，226，277

尼娜，Б.，托洛茨基的次女，52，307

尼塞尔将军，313

努兰斯，J.，311，313

诺道，M.，72

诺根，B.，256，271，296，444

诺克斯爵士，阿尔弗雷德，271，273，309

诺维茨基将军，362

P

帕尔乌斯（格尔方德，A.L.；另一个笔名是莫洛托夫），89，93，94，95，96，98，99，106，107，111，112，125，127，129，132，139，143，162，195，196，208，245

帕列奥洛格，M.，227，308，309

潘捷列耶夫，政委，369，374，375，381

佩罗夫斯卡娅，C.，3

佩舍霍诺夫，235

皮达可夫，Ю.，342，344，360，445，464

波别多诺斯采夫，C.，17，22

波德沃伊斯基，H.，264，357，384

波克罗夫斯基，M.，179，198，228，244，320，321，398

波特列索夫，A.H.，23，56，63，64，74，75，76，81，82，208

普列奥布拉任斯基，E.，287，449，464

普列汉诺夫，Г.B.，4，36，41，56，59，60，61，62，63，65，71，74，75，76，79，81，82，83，88，90，92，100，101，127，128，143，147，157，176，177，184，190，193，195，208，238

普列韦，内务部长，101

Q

齐夫，Г.，22，24，25，27，28，29，30，31，32，33，35，36，38，39，127，134，216，217

齐赫泽，208，209，218，225

契切林，Г.，198，199，288，313，316，345，378，394，409，411，415

切尔宁，167，317，319，321，323，327，332，333，334

切尔诺夫，B.，227，228，242，243，245，247，252，348，371

丘吉尔，温斯顿，414，467

屈尔曼，理查德·冯，316，321，322，323，324，325，326，327，328，332，333，334，336，337

R

饶尔丹尼亚，H.，428

饶勒斯，J.，68，163，167，185，190，214，397，430，431，432，433

热里雅鲍夫，А.，3

S

瑟京将军，372

沙杜尔，J.，256，291，292，298，304，307，309，310，312，320，353，354

萨普龙诺夫，Т.，449

萨宗诺夫，社会革命党人，101

塞万提斯，206

施宾策尔，М. ф.，11，12，13，14，15，19，164

施德洛夫斯基，杜马代表，117，121

施略普尼柯夫，Г.，372，451，455，465

什维戈夫斯基，弗朗茨，22

叔本华，А.，32

舒尔茨，430

斯克良斯基，Е. М.，371，372，387，418，427

斯柯别列夫，172，186，227，228

斯科罗帕茨基，哥萨克头目，346

斯米尔加，И.，374，375，383，386，388，433，434

斯米尔诺夫，И. Н.，342，344，360，369，372，386

斯宾塞，赫伯特，23，46

斯大林，И. В.，7，125，142，143，145，158，160，163，170，172，176，178，180，186，187，188，196，198，207，208，210，212，216，232，242，256，261，264，266，268，270，279，294，297，301，302，304，305，310，330，339，342，343，344，345，363，365，369，371，372，373，374，376，380，381，383，385，386，387，388，389，392，393，396，408，417，422，426，427，428，432，434，439，445，447，449，451，452，461，462，463，464

斯托雷平，П.，首相，133，153，157，159，161，177，217

司徒卢威，П.，56，70，87，102，107，127，136

斯维亚托波尔克-米尔斯基，101，103

斯韦钦将军，431，432

斯维尔奇科夫，Д.，121，122，123，125，128，131，134

斯维尔德洛夫，Я. М.，36，71，207，256，264，266，268，271，290，291，295，297，302，303，304，305，339，398，411，412

斯威夫特，206

苏汉诺夫，Н.，122，225，227，228，229，232，233，234，242，243，247，252，254，255，265，269，270，280，289，293，298

索柯里尼柯夫，Г.，174，198，256，264，266，294，330，345，378，397，431，464

索科洛夫斯卡娅，亚历山德拉，托洛茨基的第一位夫人，24，26，27，33，38，51，52，53，68，91

T

塔季谢夫伯爵，310

泰奥多罗维奇，И.，296

唐恩，Т.，62，81，83，100，178，179，272，273，360

特列波夫将军，内务部副大臣，3，57，118，119，122，153

图哈切夫斯基，М.，369，370，397，413，414，418，423，426，434，435，436，438，459，460

屠拉梯，Ph.，167

托尔斯泰，Л.，12，18，20，41

托洛茨基，列夫·达维多维奇，7，8，9，10，12，13，14，15，18，19，21，22，25，26，27，28，29，31，32，33，34，35，36，38，42，43，44，45，46，47，48，49，51，52，53，54，55，56，57，58，59，60，61，62，63，64，65，66，67，68，69，70，71，72，73，74，75，76，77，78，79，80，81，82，83，84，85，86，87，88，89，90，91，92，93，94，95，96，98，99，100，101，102，103，104，105，106，107，108，109，110，111，112，113，114，115，116，117，118，119，120，121，122，123，124，125，126，127，128，129，130，131，132，133，134，135，136，137，138，139，140，141，142，143，144，145，146，147，148，149，150，151，152，153，154，155，156，158，159，160，161，162，163，164，165，166，167，168，169，170，171，172，173，174，175，176，177，178，179，180，181，182，183，184，185，186，188，190，191，192，193，194，195，196，197，198，199，200，201，202，203，204，205，206，207，208，209，210，211，212，213，214，215，216，217，218，219，220，221，222，223，225，226，227，228，229，230，231，232，233，234，235，236，237，238，239，240，241，242，243，244，245，246，247，248，250，251，252，253，254，255，256，257，258，259，260，261，262，263，264，265，266，267，268，269，270，271，272，273，277，278，279，280，282，283，284，286，287，288，289，290，291，292，293，294，295，296，297，298，299，301，302，303，304，305，306，307，308，309，310，311，312，313，314，315，316，317，318，319，320，321，322，323，324，325，326，327，328，329，330，331，332，333，334，335，336，337，338，339，340，341，342，343，344，345，346，347，348，349，350，351，352，353，354，355，356，357，358，359，360，361，362，363，364，365，366，367，368，369，370，371，372，373，374，375，376，377，378，380，383，384，385，386，387，388，389，390，391，392，393，394，395，396，397，398，400，401，402，403，404，405，406，407，408，409，410，411，412，413，415，416，417，418，419，420，421，422，423，424，425，426，427，428，429，430，431，432，433，434，435，436，437，438，439，440，442，443，444，445，446，447，448，449，450，451，452，454，455，456，457，459，460，461，462，463，464，465，466，467

托洛茨基的笔名和化名：利沃夫，29，418；安季特·奥托，42，43，164；笔杆子，53，54，56；萨莫科夫利耶夫，70；阿尔布佐夫，110，116；彼得·彼得罗维奇，111；维肯季耶夫，116；亚诺夫斯基，5，119，128；Н. 塔霍茨基，136；П. 塔纳斯，248

托洛茨基，尼古拉，193
托马斯，阿尔伯特，312
托姆斯基，М.，449，451

W

瓦采季斯，И.，354，356，366，369，372，383，385，387，388
瓦尔登，上校，292
王德威尔得，Е.，167，200，221，222
维托斯，W.，422
维特伯爵，谢尔盖，首相，118，123，128
韦勒－本奈特，311，315，334，337，349
沃洛达尔斯基，В.，216，228，265，266
乌里茨基，М.，172，199，228，239，266，268，330，342，344，370
乌里扬诺夫，亚历山大，列宁的哥哥，17，18，65
乌里扬诺夫，德米特里，列宁的弟弟，70，77
乌斯宾斯基，格列勃，43，45，48，49

X

希法亭，R.，166
希尔奎特，M.，217
希特勒，А.，73，172
夏斯特内，海军上将，363
谢德林，Н.П.，29，126
谢多夫，列夫，托洛茨基的长子
谢多夫，谢尔盖，托洛茨基的次子，165
谢多娃，娜塔利娅，托洛茨基的第二位夫人，68，69

谢里夫，R.C.，205
谢列布里亚科夫，Л.，464
谢姆柯夫斯基，172
欣楚克，279
兴登堡，费尔德，元帅，293，322，337，347

Y

亚历山大二世，1，4，16，17
亚历山大三世，17
叶尔莫连科，243
叶戈罗夫，А.，413，414，418
伊斯特曼，马克斯，11，12，13，14，25，27，28，32，33，35，68
易卜生，H.，44，46，47
尤登尼奇，H.，将军，381，382，385，389，393，394，395，408
尤列涅夫，К.，228，229，240，296，372
越飞，А.，147，172，173，228，268，319，320，321，322，336，342，344，348，349，448

Z

扎列夫斯基，K.，209
扎卢茨基，374
扎鲁德内，248
扎斯拉夫斯基，Е.О.，29
兹雷德涅夫，П.，121，128，148，149
祖巴托夫，宪兵上校，106
左拉，Е.，44，246

先知三部曲　　[波] 伊萨克·多伊彻——著　　周任辛——译
02/03　　　　刘虎 施用勤 张以童——校　　特别策划——郑超麟

被解除武装的先知
托洛茨基（1921—1929）

图书在版编目（CIP）数据

被解除武装的先知：托洛茨基.1921—1929／（波）伊萨克·多伊彻著；施用勤等译. —北京：中央编译出版社，2023.12

（先知三部曲）

书名原文：The Prophet Unarmed：Trotsky 1921–1929

ISBN 978-7-5117-4386-2

Ⅰ.①被… Ⅱ.①伊… ②施… Ⅲ.①托洛茨基（Trotsky，Leon 1879–1940）–传记 Ⅳ.①K835.127=5

中国国家版本馆CIP数据核字（2023）第051901号

被解除武装的先知：托洛茨基 1921—1929

责任编辑	李小燕
责任印制	李　颖
出版发行	中央编译出版社
网　　址	www.cctpcm.com
地　　址	北京市海淀区北四环西路69号（100080）
电　　话	（010）55627391（总编室）　（010）55627301（编辑室） （010）55627320（发行部）　（010）55627377（新技术部）
经　　销	全国新华书店
印　　刷	佳兴达印刷（天津）有限公司
开　　本	710毫米×1000毫米　1/16
字　　数	476千字
印　　张	28.25
版　　次	2023年12月第1版
印　　次	2023年12月第1次印刷
定　　价	298.00元（全三册）

新浪微博：@中央编译出版社　　微　信：中央编译出版社（ID：cctphome）
淘宝店铺：中央编译出版社直销店（http://shop108367160.taobao.com）　（010）55627331

本社常年法律顾问：北京市吴栾赵阎律师事务所律师　闫军　梁勤
凡有印装质量问题，本社负责调换，电话：（010）55627320

目录

前　言 ··· 1

第一章　权力与梦想 ··· 1

第二章　革出教门 ·· 68

第三章　"生活不仅仅是政治……" ······································ 156

第四章　战斗间隙 ·· 193

第五章　决战阶段：1926—1927 年 ······································ 255

第六章　阿拉木图一年 ·· 357

参考书目 ·· 421

人名索引 ·· 431

前　言

卡莱尔（Carlyle）曾写道，他作为克伦威尔传记的作者，首先得把这位英国摄政者从压在他身上的垃圾大山与大量的诽谤和诬蔑下拖出来。作为托洛茨基传记的作者，我也要做同样的事。不同的只是：当我要向我面前的垃圾大山进攻时，巨大的历史事变已经以雷霆万钧之势冲击着它了。在我写完作为我的托洛茨基研究第一部分的《武装的先知》时，斯大林还活着，而且对他的"个人迷信"看似仍然不可动摇，堆砌在托洛茨基头上的诬蔑之词也似乎是不可消除的。然而，读过《武装的先知》的多数评论家都赞同一位英国批评家的意见："一本书抹去了斯大林分子30年来的污言恶语。"不过，无论是对于这本书还是对于它所引用的文献资料，苏联历史学家和批评家们自然是连一个字的评论也没有，他们往往十分关注出现于西方的"苏联学"的每一块碎片，哪怕只是垃圾也罢。后来，斯大林死了，二十大开过了，赫鲁晓夫作了秘密报告。一场地震震塌了这座垃圾山，它的一半已经崩塌、散落；看来过不了多久，那另一半也将会荡然无存。30年来，在苏联刊物上第一次可以历史地、如实地叙述托洛茨基在俄国革命中的作用。尽管这些叙述是贫乏不堪的、羞羞答答的，但毕竟揭示出历史与政治之间的联系在这里是何等密切，而问题本身又是何等微妙！

当斯大林这个偶像被打碎和斯大林对历史的歪曲受到公开、断然的谴责时，斯大林主要敌手的幽灵不可避免地会唤起人们的好奇，这种好奇尽管是困惑不解的，却是新鲜生动的。不论是在莫斯科还是在北京，不论是在华沙还是在东柏林，人们又一次想知道：托洛茨基与斯大林斗争的意义和价值究竟是什么？原来所有的历史档案对于年轻的历史学家还都是尘封着的，现在却突然对他们开放了，他们贪婪地从陌生的布尔什维主义的记录中去寻找答案。当赫鲁晓夫宣布斯大林伪造莫须有的罪名以消灭他的党内批评者时，历史学家们自然期待着为大清洗中的被害者明确地恢复名誉。普天之下都认为给受害者恢复名誉是理所当然的事。例如在波兰，人们就引用并出版了托洛茨基、布哈林、拉柯夫斯基和拉狄克的著作，以便提供急需的资料来解开斯大林时期的谜（我自己的著作和文章的目的也是如此）。

然而，对"垃圾山"进攻的前进道路很快又被堵塞了。到了1956年底或1957年初，由于匈牙利骚乱事件所引起的反应，莫斯科下令中断了对历史真相的甄别。现行政策的进退两难、动摇不定的尴尬局面再一次反映在对历史的论述中，仿佛再一次集中在如何对待托洛茨基的问题上。自那时以来，斯大林那本臭名昭著的《联共（布）党史简明教程》已被官方新的党史纲要所取代。这本新党史尽管改头换面，语调有所缓和，但仍力图把诅咒重新泼到托洛茨基头上；而在苏联期刊上那些蓄意含沙射影诋毁托洛茨基的论著，其数量甚至比斯大林时期的最后十年中还要多。

但是，原先曾作为一出正剧的东西现在却变成了不折不扣的闹剧了。斯大林派的恶毒咒骂尽管荒唐无稽，但毕竟有它自己的"逻辑性"和"一贯性"：因为斯大林懂得，如果不全面、系统、不择手段地篡改过去的历史，他就无法使人们相信这种恶毒咒骂。赫鲁晓夫则试图不求助于赤裸裸篡改历史的手法而禁止托洛茨基的真相大白于天下——他只满足于一帖"温性药方"，即歪曲事实；但仅此一点，他就把咒骂变得荒唐可笑了。这样，新版党史的作者在颂扬1917年军事革命委员会与内战时期陆海军人民委员部的工作时，却只字不提托洛茨基是这两个机构的首脑；然而与此同时，当他们必须指出这个委员会或这个人民委员部的工作失误时，却又不忘提到这一事实。（这就好比一个人看到一个孩子，这个孩子还没有学会捉迷藏游戏，他拉着母亲的裙子高声叫道："我在这儿，你来找吧！"）赫鲁晓夫式的历史学家显然以为苏联读者还没有聪明到足以看出，无论是颂扬还是责难都是针对同一个人的。斯大林尽管使用了他独有的卑劣手段，却能深刻觉察到他手下臣民的悟性。因此，他宁可不提任何事实，以免为异端分子提供推测的根据，也不给这种推测留下余地。新版党史同样片面夸大了列宁与托洛茨基之间的分歧。但是，随着久被隐瞒的列宁著作的发表和档案材料的公开，党的新领袖们事实上已直接做好了为托洛茨基恢复名誉所需要做的一切事情。今天，想再一次把托洛茨基从俄国革命史册中抹掉的一切企图都已经是枉费心机了。

前　言

*　　*　　*

托洛茨基的幽灵显然一直在困扰着斯大林的继承者。我相信，读者起码可以从下列叙述中找到对这件咄咄怪事的部分解释。尽管自从20世纪20年代以来苏联社会已经发生巨大变化，或者正是由于这种变化，斯大林与托洛茨基之间所争论的一些关键问题在今天仍同过去一样活跃。托洛茨基曾揭露工人国家的"官僚堕落"，还使斯大林对党的"坚如磐石"、"永远正确"的领导面临着言论自由、争论自由、批评自由等迫切要求的挑战，并相信真正自愿遵守共产党的纪律只能也只应该建立在这些要求的基础上。他的声音在20年代的苏联社会里被淹没了，但是随着苏联工业、教育和社会多方面的进步，他的声音又重新恢复了生命力，赢得了不少共产党员的心。赫鲁晓夫与米高扬、哥穆尔卡、卡达尔与陶里亚蒂，更不用说铁托与纳吉了，在他们说实话的短暂时刻里都不得不对此说出他们的颂辞。他们每一个人对"非斯大林化"所作的贡献不管是多么三心二意、支离破碎，其中都包含着"托洛茨基主义"的基础。诚然，在说实话的时刻里，托洛茨基是作为这些人的前辈巨人而出现的，因为他们中的任何一个人在对斯大林主义探讨的深度、广度和思想批判的力度上都不能与托洛茨基媲美。自那以后，所有这些人都被自己的虚张声势唬住了，走了回头路；而苏联政权和共产党则每前进两步又后退一步，远远没有克服"官僚主义怪胎"。

迄今为止，托洛茨基提出来的问题充其量也不过解决了一半，这个事实足以说明，托洛茨基反斯大林主义的斗争历史现在具有更多而非更少的原则意义。在托洛茨基影响到我们时代的斗争中，他与斯大林的对抗不是唯一的方面。本书大部分叙述集中在托洛茨基的国际主义与以斯大林为代表的后期布尔什维主义的孤立自保政策之间的冲突上。甚至还在斯大林时代结束之前，这个冲突就已重新出现并且变得愈加尖锐；而自那以后，天平的一端就开始向国际主义一侧倾斜。这是与唤起了人们对20年代争论的新兴趣有关的另一个没有解决的问题。

斯大林的继承者对托洛茨基的幽灵之所以如此恐惧，是因为他们害怕触及托洛茨基大大超越他那个时代而千方百计地要解决的那些问题。他们的行为一部分可用客观环境来解释，另一部分则是由惰性所致，因为赫鲁晓夫及其一伙，即使在背叛斯大林主义的同时也仍然是斯大林的追随者。他们的行动同样是出于狭隘的自保动机。1957年6月，在中央委员会的一次会议上发生的一个插曲便足以说明他们的尴尬处境。在那次会议上，赫鲁晓夫回顾了大清洗运动，自斯大林死后这个问题在所有秘密辩论中一再被提出来。他提议开除莫洛托夫（Молотов）、卡冈诺维奇（Каганович）和马林科夫（Маленков）。赫鲁晓夫指着莫洛托夫和卡冈诺维奇的鼻子大声说："你们的双手沾满我党领袖以及无数无辜布尔什维克的鲜血。"莫洛托夫和卡冈诺维奇也向他嚷道："你的双手也不例外。"赫鲁晓夫回答说："不错，我也不例外，我承认这一点。但是大清洗期间我不是政治局委员，我只是执行你们的命令，对政治局作出的决议，我不负责，应负责的只是你们。"后来，当米高扬向莫斯科共产主义青年团报告这件事时，人们质问他为什么不把斯大林罪行的同谋者送上法庭受审，据说米高扬回答说："我们不能审判他们。因为一旦我们把这帮人送上法庭被告席，那就谁也不知道该怎样收场了。我们所有人在大清洗中都有份儿。"这样一来，斯大林的继承者们单只是为了保护他们自身免受追究就必须把斯大林的某些受害者的幽灵紧锁在法庭的被告席上。至于托洛茨基，与其将他供奉在革命的万神殿上，还不如就让他照旧躺在那座用诽谤堆起来、已半倾圮的金字塔下，那不是更保险吗？

* * *

我不相信并且从未相信过，托洛茨基的名声需要依赖统治者或党的领袖来为他恢复。（我认为，恰恰是他们才需要为自己洗刷罪名，只要他们能做得到！）不过，我绝没有纵容对托洛茨基的任何个人迷信的意思。

我确实认为托洛茨基是有史以来最杰出的革命领袖之一。不论作为战士、思想家或殉道者，他都是最卓越的。但是我不想在这里刻意杜撰一个没有丝毫缺陷或污点的光辉形象。我力图将托洛茨基按其真实才干、真正力量，连同他的一切弱点如实地描述出来；我力图显示他非凡的才能、丰富的想象力和思维的创造性，但也绝不放过他的失误。在讨论他对马克思主义和当代思想作出独特贡献的那些思想时，我力图将我认为是客观的、经得起考验并很可能要长期保留的东西从仅仅反映一时情况、主观感情和判断错误的东西中剥离出来。我

前　言

尽可能地对托洛茨基的英雄个性持公正态度，而我发现他的英雄个性在历史上只有少数人能与其媲美。但是，我也展示出他在不少关键时刻所表现出来的优柔寡断和踌躇不决：当优柔寡断时，他像巨人泰坦那样摆开阵势，却不去攻城掠地；当踌躇不决时，他则躺倒下来听凭命运摆布。我将他看做是斯大林主义之前共产主义的代表人物和斯大林以后共产主义的开路先锋。但我并不认为共产主义的前途将维系于托洛茨基主义。我倾向于认为，历史的发展正在超越斯大林主义和托洛茨基主义，正在展现出比托洛茨基主义和斯大林主义二者中的任何一个都更为广阔的前途。但二者可能将以不同方式被"超越"。苏联和共产主义从斯大林主义那里继承下来的主要是其实际成就；而在其他方面，诸如行政方式、政治活动、原则、理想和"道德风尚"等，斯大林时代的这一类遗产可说是糟糕透顶，把它消除得越快越好。而恰恰就在这些方面，托洛茨基作出了巨大的贡献；而且政治的发展几乎不可能超越他了，只能是汲取他思想中的精华并运用于超出他想象的更先进、更变幻莫测、更错综复杂的现实中。

*　　*　　*

早在《武装的先知》一书的前言中我曾表示过，将用单独一卷《被解除武装的先知》介绍1921年以来托洛茨基的生平及其工作的全部历史。有一位评论家在《泰晤士报文学副刊》上写道：他怀疑是否能以相应的规模在单独的一卷中写出这一阶段的全部历史。他的怀疑被证明是有充分根据的。《被解除武装的先知》一卷只能写到1929年1月托洛茨基被逐出苏联国境为止。此后12年里，托洛茨基风风雨雨的流亡生活及其最后的盖棺定论，只好让给另外一卷《流亡的先知》去承担了。这三卷本是规模更大的三部曲的一部分，三部曲还包括1949年问世的《斯大林政治传记》和尚在准备中的《列宁生平》两卷本（如果能掌握足够的历史资料，我打算再写一本《斯大林的最后岁月》作为斯大林传的补充）。

这三卷本理所当然是互相关联的。如果放宽一点儿来看，就是整个三部曲的组成部分。但我在安排这三卷本时，尽可能使每卷各自独立，让读者把它们作为单独著作来读。本卷的叙述在许多方面涵盖了苏联形成时期的那些年代。本卷从1921年内战余波开始，此时托洛茨基仍处于权力之巅；到1929年结束，此时托洛茨基已被驱逐出国，流亡君士坦丁堡，而苏联正进入强力推行工业化和集体化的历史时期。布尔什维克党内的戏剧性斗争就是在这几年中展开的。自列宁逝世后,这个党突然被投进了政治争论的漩涡中去。这场争论是现代史上声势最为浩大、程度最为激烈的争论。布尔什维克党的政策摇摆不定,方向难以捉摸,陷进了异常紧张的社会与政治局势中,陷进了一党专政的逻辑泥潭中,终于屈服于斯大林的个人独裁。托洛茨基作为斯大林的主要对手、布尔什维克党领袖的另一个可供选择的候选人、工业化和计划经济"过早"的倡导人、一国建成社会主义论的批判者、维护无产阶级民主的先锋,自始至终都处于斗争的中心。

作为本书论述基础的大量文献迄今尚未为人知晓。我充分利用了托洛茨基档案,从多方面深入考察政治局和中央委员会的活动,考察布尔什维克党内各派别的工作;利用了已经披露的托洛茨基、拉狄克、拉柯夫斯基、普列奥布拉任斯基、索斯诺夫斯基以及许多其他杰出的布尔什维克之间往来的浩繁信件;利用了党的代表大会和代表会议记录;也利用了当时的俄文和非俄文报纸以及期刊;还利用了已发表过或未发表的目击者的报告。我也从私人接触中获益不浅,其中包括托洛茨基的遗孀娜塔利娅·谢多娃、亨利希·布兰德勒、阿尔弗雷德·罗斯默、马克斯·伊斯特曼以及这场斗争的其他参与者和幸存者,他们都以极友好的态度回答了我的提问,有时还乐意接受长时间的反复询问;至于我试图重现那个时代的背景和"气候",我本人的经历或许也起到了一定作用。从20世纪20年代中期起,我就积极参加了波兰党内的活动,它比其他任何党都更接近布尔什维主义;不久,我成为深受托洛茨基影响的党内反对派的主要发言人。1932年,我获得了因反对斯大林主义而被波兰共产党开除出党的第一名党员的殊荣。

我认为,由于我能接触到一些尚未公开的资料来源,这使我有可能对许多重大事件和历史情节提出全新或部分新颖的看法。比如:列宁在其晚期与托洛茨基之间的关系;列宁身后斗争的变迁;托洛茨基、布哈林、季诺维也夫、加米涅夫、拉狄克以及其他领导人之间的关系;反斯大林主义的各反对派的形成及其失败;托洛茨基流放于中苏边境第一年的事件,特别是早已存在于托洛茨基主义反对派内部的分歧,在几次莫斯科审判的许多年以前就已预示了这个派别的瓦解——对所有这些重大事件几乎都是根据迄今尚未为人所知的事实加以论述和分析的。如同在第一卷中一样,我也特别注意作为文人的托洛茨基,并以很大篇幅论述他对科学、文学和艺术的看法,尤其是论述他在20年代初期作为俄国主要文学批评家时的著作。这些著作以托洛茨基博大精深的见解、抛弃党对科学与艺术的任何干涉的明确观点而著称,因而对于当前局势也具有特殊的现实意义:在斯大林主义之后的"解冻"时期,苏联在这些领域所取得的进展都是沿着托洛茨基思想所指明的方向演变的,尽管像托洛茨基那样大胆而又非教条主义的观点还需要很长时间才能在苏联再度出现。

我很想恢复这出历史剧的各种特点和细节,但我从未从思想中排除悲剧性主题,这主题自始至终贯穿全书,并且笼罩着几乎每个有关人物。这是托洛茨基本人曾界定过的那种现代悲剧(参阅第三章)。他说:"只要人类还没有成为他的社会组织的主人,这个组织就会像厄运那样凌驾于人类之上。……我们时代的悲剧就是个人与集体之间或者以个人为代表的两大敌对集体之间的冲突。"托洛茨基认为"很难预见革命艺术能否来得及创造出'崇高的'悲剧"。苏联的剧作家当然还没有把它创作出来;但是什么样的现代索福克勒斯或埃斯库罗斯能创造出跟托洛茨基本人的一生那样崇高的悲剧呢?但这毕竟是一种"乐观主义的悲剧",其中的人所承受的一切痛苦和牺牲并非都是枉然的,难道这是过分的奢望吗?

* * *

我十分感激唐纳德·泰尔曼先生。他不但读了我以前的作品,而且也读了本卷手稿,并始终是我永不衰竭的鼓舞源泉。我还应该对丹·达文先生、约翰·贝尔先生给我提出最珍贵的文体批评和建议表示由衷的感谢。我的妻子一如既往是我唯一的研究助手,是最严格的、也是最不受拘束的第一个批评者。

伊萨克·多伊彻

第一章 权力与梦想

布尔什维克进行 1917 年十月革命时深信：他们已经开始的事业是人类"从必然王国向自由王国的飞跃"。他们看到，不仅在俄国，而且在全世界，资本主义秩序正在土崩瓦解，阶级社会正在分崩离析。他们坚信，全世界各民族终于起来了，不甘做无组织社会生产力的玩物，不能容忍无政府状态的生活方式。他们设想：全世界人民已经完全准备好，要把自己从为谋生而不得不做牛做马、流血流汗的苦难命运下解放出来——并准备好去结束人统治人的时代。他们欢呼新世纪曙光的到来，在这新世纪中，全人类及其解放出来的活力和能量一定能得到自我满足。他们以自己能为人类"开辟了从史前时期进入历史的道路"而感到自豪。

这个辉煌灿烂的前景使布尔什维主义的领袖们、思想家和梦想家振奋起精神和勇气。它同样也点燃了他们的广大追随者们的希望和热情。他们在内战中英勇搏斗，对敌人毫不怜悯，对自己也不宽容。他们深信，只有这样才能为俄国、为全世界赢得机会去完成从必然王国到自由王国的伟大飞跃。

当胜利终于属于他们的时候，他们却突然发现，革命的俄国因好高骛远而失败，被抛进了一个可怕的深渊中。没有任何别的国家仿效它的革命榜样。俄国处在周围世界的一派敌意、起码是冷漠无情的包围之中，它孑然一身、鲜血流尽、饥寒交迫、浑身颤栗，因疾病流行而憔悴，因情绪忧郁而沉痛。在流血与死亡的腥风血雨中，俄国人民疯狂争夺那一口新鲜的空气、一线微弱的灯光、一片可怜的面包。人们不禁要问："这就是自由王国吗？这就是伟大的飞跃要把我们带向的那个地方吗？"

领袖们是怎样回答的呢？他们的回答是：先前的那些伟大辉煌的革命也同样遭受过无情的挫折，但无论如何，在后人眼里他们自身和他们的事业仍然被证明是正确的；俄国革命也必将以胜利者的面目出现。在谈论这个问题时，谁也不能比本书主人翁所提供的论点更具有说服力了。面对彼得格勒和莫斯科的饥饿大军,托洛茨基回顾了革命的法国在巴士底狱被攻破以后许多年中所忍受的艰难困苦,并且告诉他们,共和国第一个执政府的执政者每天清晨都躬临巴黎市政府,忧心忡忡地眺望着少数农民用手推车把粮食从乡村运进城市,而每天上午当他离开市政府时深知巴黎市民依然还要挨饿。① 这个类比是何等真实;然而,不管这个类比是多么真实贴切,用历史的相似性来宽慰自己是绝不能填饱俄国人民的辘辘饥肠的。

谁也无法估计这个国家陷得到底有多深。在深渊中,无数双手脚一起在暗中摸索,在寻找坚实的支点,在寻找什么可依靠的东西,想牢牢地抓住点儿什么——这一切都是为了爬上去。革命的俄国如果一旦爬上去了,那肯定无疑地将重新从必然王国飞跃到自由王国。但怎样才能爬上去呢?怎样才能把深渊底层的一片喧嚣平静下去呢?又怎样去组织这些绝望的群众,并领导他们往上爬呢?苏维埃共和国怎样才能克服这骇人听闻的苦难和混乱,然后继续去实现社会主义的诺言呢?

布尔什维克领袖们最初并不打算掩饰或美化其困境,也不想欺骗他们的追随者。他们试图用真话来鼓舞他们的士气和希望。但朴素的真理却是非常严酷的,难以减轻苦难和消除失望。因此,真理开始让位于带有安慰性的谎言。开始时谎言只不过为了掩盖梦境与现实之间的裂口,但不久以后谎言硬要说:我们早已到达自由王国了——自由王国就在陷坑的深处。"当人们不再信仰时,就依靠武力迫使他们就范。"谎言逐渐扩展开来,显得更巧妙、更复杂、更大——犹如它本来要掩盖的裂口那样宽广。谎言在布尔什维克领袖们中找到了代言人和忠实的支持者。这些人感到:没有了谎言和支持谎言的暴力,这个国家就无法从泥潭中自拔出来。但是,有利的谎言毕竟有悖于革命的初衷。当谎言扩散开来后,它的辩护人也无法与十月革命的真正领袖面对面、肩并肩地站在一起,因为对于十月革命的真正领袖来说,革命的使命过去是、现在仍然是不可侵犯的。

后者并未立即发出抗议的呼声。他们甚至未能马上认识到谎言的实质,因为谎言本身是缓慢地、悄悄地潜入的。革命领袖们在开始时也不免被这谎言迷惑住了;直到后来,他们终于一个接一个地、犹犹豫豫地挺身而出揭露和谴责谎言,援用已被破坏的革命诺言来反对它。但在这深渊深处,他们那一度曾是强有力的、鼓舞人心的声音只不过成了空谷足音,没有激起饥饿的、疲乏的、

---

① 《托洛茨基全集》第 12 卷,第 318—329 页。

已被吓倒了的广大群众任何响应。在所有这些呼声中，没有一个能像托洛茨基的呼声那样充满了深沉的愤懑，那样令人信服。此时，托洛茨基作为被解除武装的革命先知开始向他的顶点攀登，他无法依靠武力来推广信念，相反，只能依赖于信念的力量了。

* * *

1921年，布尔什维克俄国终于出现了和平局面。内战战场上最后的枪声沉寂下来。白军已经瓦解并且消失了。干涉军队也已经撤退了。俄波之间签订了和平协定。苏俄的欧洲边界线划定了。

在笼罩着昔日战场的一片沉静气氛中，布尔什维克俄国开始注意倾听外部世界的声音，并强烈地意识到她自身的孤立。自从1920年夏季红军兵败华沙城外以来，欧洲革命热潮已经消退。那里的旧秩序正处于某种平衡之中；尽管是不稳定的，但足以使保守势力从混乱不堪和惊慌失措中恢复过来。共产党人不能指望革命获得迅猛的发展；任何人为地刺激这种革命发展的尝试只能带来代价惨重的失败。1921年3月，在德国中部爆发的毫无希望的、准备仓促的共产党人暴动就是很好的证明。这场暴动得到共产国际主席季诺维也夫和1919年匈牙利革命不走运的领袖库恩·贝拉的鼓励，并在一定程度上是由他们煽动起来的。他们认为这场暴动定会"激励"冷漠的德国工人阶级，并促使他们行动。① 然而工人群众没有响应；德国政府不费吹灰之力就把暴动镇压下去了。这次惨败使德国共产党人陷于混乱。德国共产党领袖保罗·列维（Paul Levy）经过一番痛苦的反思、自责后便与共产国际决裂了。三月暴动进一步削弱了欧洲的共产主义力量，加深了布尔什维克俄国的孤立之感。

列宁的党所领导的国家正处于崩溃边缘。它生存的物质基础受到极大的动摇。只消回忆一下内战结束时的情况就足够了。那时俄国国民收入仅仅等于1913年的1/3，工业生产不到战前的1/10，煤的产量不到战前的1/10，铸铁产量仅为正常产量的1/40，铁路遭到破坏，任何经济工作赖以开展的库存储备全部耗尽，城乡产品交换趋于停顿，俄国城镇人口急剧下降，以致到1921年时莫斯科人口只剩下一半，彼得格勒剩下1/3；两首都居民好几个月来每天只能依

---

① 托洛茨基：《共产国际五年》，第284—287页；拉狄克：《共产国际五年》第2卷，第464—465页；《共产国际第三次代表大会》，第58页及以后各页、308页及以后各页；《列宁全集》第42卷，第27—38页及同书各处。

靠定量供应的两盎司面包和少量冻土豆来维持生活,住宅取暖也只能劈家具当柴烧——这使我们可以多少了解这个国家进入其革命的第四个年头的状况。①

布尔什维克无心庆祝胜利。喀琅施塔得暴动终于迫使他们放弃战时共产主义,转而颁布新经济政策,简称"耐普"(НЭП)。他们的直接目的是说服农民出售粮食,说服私商把粮食从乡村运往城镇,从生产者手中送到消费者手中。这是对私营农业和商业作出一系列让步的开端,这是"被迫撤退"的开端,正如列宁向他的政府公开承认的一样,是不得不对在全国处于优势地位的小有产者无政府主义分子的让步认输。

1921年3月,喀琅施塔得暴动

不久以后,灾害袭击了全国。历史上最严重的一次饥荒降临到人口稠密的伏尔加河流域的农业区。就在1921年春,在喀琅施塔得暴动之后不久,关于干旱、大风沙、大批蝗虫侵袭南方及东南方各省份的报告震动了莫斯科。政府只好收起自尊心,向国外资产阶级慈善机构呼吁援助。7月间,政府担心将有1000万农民受到饥荒影响。该年年底,受灾人数已高达3600万。② 无数群众

---

① 克里茨曼:《伟大俄国革命的英雄时代》,第150页及以后各页;《全俄工会第三次代表大会》,第79—86页;米柳亭的报告,见《全俄工会第四次代表大会》,第72—77页。

② 参见加里宁在全俄苏维埃第九次代表大会上的报告,见《全俄苏维埃第九次代表大会》,第23—26页。

在风沙和蝗虫袭来之前已四处逃亡,绝望、盲目地流浪在广袤的平原上。在俄国国土上再次出现人吃人的惨象,而从各个大都市里则传来了对社会主义宏伟理想和崇高愿望的不堪入耳的嘲笑挖苦声。

与喀琅施塔得暴动水兵对峙中的红军士兵

世界大战、革命、内战、外来干涉和战时共产主义在七年时间内已使整个社会发生了巨大变化;平常听惯了的政治概念、思想和口号几乎都变成了毫无意义的东西。俄国社会结构不单是被翻了个儿,而且是被彻底摧毁了。社会各阶级在内战中疯狂地、毫不留情地彼此搏斗,如今除了农民之外,所有的阶级不是精疲力尽、软弱无力,便是在搏斗中被碾成齑粉了。地主贵族已毁于宅邸的熊熊大火之中或者战死在内战战场上,幸存者也随着望风而逃的白军残部逃亡到国外。一向人数不多并在政治上缺乏信心的资产阶级大部分死的死、逃的逃,能够保住性命且留在俄国力图适应新政权的那些人,也只不过是这个阶级中的残余分子罢了。旧知识分子以及少数旧官僚也分享着资产阶级本身的命运:一些人跑到西方去啃那流亡者的面包,另一些人则以"专家"身份替俄国的新主人服务。随着私营商业的恢复,一批新的中产阶级暴发户出现了。其成员被人轻蔑地称为"新经济政策分子"(耐普曼),他们迅即利用新经济政策提供给他们的机会大发一笔横财,并且怀着在前后两道洪水夹击下随时都有灭顶之灾的感觉及时行乐。连旧资产阶级余孽也瞧不起的这个新兴中产阶级甚至都不渴望形成他们自己的政治意识。苏哈列夫卡——莫斯科藏污纳垢的黑市，就是它的社会存在和伦理道德的象征。

产业工人阶级原是被指望去实现其专政的，现在也被彻底摧垮了，这就是这场斗争所带来的冷酷无情和自相矛盾的结果。最勇敢、最有政治头脑的产业工人不是在内战中献出生命，就是在新的行政机关、军队、警察、企业管理和大批新建社会机构与公共团体中担任要职。这些从无产者中来的人民委员由于意识到自己的出身而引以为荣，但事实上他们已不再属于工人阶级了。随着时间的消逝，他们当中的多数人逐渐成为工人的陌路人并被官僚的环境所同化。大部分无产阶级也失去了其社会地位。在饥荒年代里，大批工人群众从城镇逃亡到乡村；他们原来大都是第一代城镇居民，还没有丢掉乡村的根子，因此很容易重新被农民阶层所吸收。在新经济政策初期，相反方向的人口迁移开始了，人们离开农村涌向城市。一些老工人又回到城市，但大多数新来者都是未经训练的、没有文化的农民。他们没有政治传统，更不必说文化传统了。不过，1921—1922年，人口从乡村向城市的迁移只不过是涓涓细流而已。

1921年3月，俄共（布）开始实施列宁制定的新经济政策，为别于国内战争时期的战时共产主义政策而得名，据俄文缩写首字母的读音而简称"耐普"。图为新经济政策时期的一幅宣传画

老的工人阶级的涣散给城市俄国造成了一个真空地带。独立自主、有阶级觉悟的昔日的工人运动（连同它的许多社会机构、组织、工会、合作社和教育俱乐部）过去总是回响着情绪高昂的论争，沸腾着政治活动——现在，这个运动只剩下一个空壳了。一小部分参加过阶级斗争的老战士时而在不同地方相聚，讨论着革命的前途。他们曾经组成了工人阶级真正的"先锋队"。而现在他们只是一小撮人；他们看不到自己背后的那支阶级主力，这支阶级主力过去总是听取他们的意见，接受他们的指示，跟随他们投入到最激烈的社会斗争中去。①

无产阶级专政取得了胜利，但无产阶级本身却差不多消失了。无产阶级从来只占这个国家人口的微不足道的少数，而它却在三次革命中都起着决定性作用，这不是由于它的数量，而是由于它的政治思想、首创精神和组织性所具有的非凡力量。在最好的时候，俄国大型工业的雇佣工人也超不过300万。到了内战结束时，大约只有半数工人还被雇用。实际上，就是这些工人大部分也由于工厂开工不足而无所事事。政府只是为一个社会政策问题才把他们保留在企业的工资册上，以便将来可以保留工人阶级的核心力量。这些工人实际上是领取救济金的穷人。如果一个工人领工资的话，那么他的工资由于卢布灾难性的贬值实际上已值不了多少钱。工人要活下去，哪怕活得很差，也必须去打零工，到黑市做买卖，或者跑到乡下去搜寻粮食。如果这个工人领到的是实物工资，特别是工厂里的产品，他就会急忙从工作台边冲到黑市上去，用一双鞋或一块布换点儿面包和土豆。到了无物可换时，他就跑回工厂偷出一件工具、一些螺丝钉或一袋煤，然后再回到黑市上去。工厂失窃普遍。据估计，有半数工人经常盗窃他们自己生产的产品。② 可以想象，饥饿、寒冷、工厂里骇人听闻的怠工、猖獗的黑市、欺诈和盗窃——这些为了苟延残喘而进行的形同动物般的生存搏斗，对于这些人的道德会产生何等严重的影响，而他们原来却被认为是这个新兴国家的统治阶级。

唯独农民作为一个社会阶级完整无损地保留下来。世界大战、内战、饥荒等当然曾使他们损失惨重，却没有损伤农民的元气，没有削弱农民复原和再生的力量。甚至最严重的自然灾害也未能使人数众多的农民消散。因为农民几乎

---

① 参见《全俄工会第四次代表大会》中布哈林、洛佐夫斯基和米柳亭的报告。
② 洛佐夫斯基宣称有些工厂50%的产品被盗；据估计，工资部分仅是一个人生活费用的1/5。《全俄工会第四次代表大会》，第119页。

像自然界一样是不可摧毁的,为了继续生存,他们只需要与自然界保持接触;而产业工人则不同,一旦他们赖以生存的人造工业机构崩溃了,产业工人也就流散了。农民保存了他们的社会特点和社会地位,并牺牲地主贵族来增强自己。现在,农民可以从从容容地来清点革命在带给他们的损失之外又带来的收益了。余粮收集制已经停止,农民指望最后能从他们增长的财富中获得完全的补偿。诚然,农民生活在赤贫中,但是贫困以及伴随贫困而来的落后都是他们的社会遗产的一部分。农民被从封建领主的庄园制度下解放出来后,却宁愿选择在他们自己的一小块土地上的贫穷生活,也不要城市鼓动分子在他们眼前展示出来的、不被他们所理解的共产主义制度下那种富裕生活的远景。俄国农夫不再经常受到城市鼓动分子演说的打扰了。他们发现,近来这些人尽量避免得罪他们,甚至力图亲近和奉承他们。俄国农民一时成了急于重建城乡之间"联系"和"工农联盟"的布尔什维克政府的宠儿。由于工人阶级不能显示出举足重轻的地位,农民的分量也就愈重了。每月每周都可举出成千上万的新例证来证明农民新的重要性;农民的自信心因而也相应提高了。

然而,这个唯一能保存其社会特点和地位的社会阶级,在政治上却是天生的低能儿。马克思曾用极其生动的形象将其比做"来自农村社会的白痴",100年前它阻碍过法国农民用自己的名义来维护他们的阶级利益。这形象完全可以适用于20世纪20年代的俄国农民:

> 小农人数众多,他们的生活条件相同,但是彼此间并没有发生多种多样的关系。他们的生产方式不是使他们互相交往,而是使他们互相隔离。这种隔离状态由于法国的交通不便和农民的贫困而更加强了。在他们进行生产的地盘,即小块土地上,不容许在耕作时进行任何分工和应用任何科学,因而也就没有任何多种多样的发展,没有任何不同的才能,没有任何丰富的社会关系。每一个农户差不多都是自给自足的,都是直接生产自己的大部分消费品,因而他们取得生活资料多半是靠与自然交换,而不是靠与社会交往。一小块土地,一个农民和一个家庭;旁边是另一小块土地和另一个家庭。一批这样的单位就形成了一个村子;一批这样的村子就形成了一个省。这样,法国国民的广大群众便是由一些同名数相加形成了,好

像一袋马铃薯是由袋中的一个个马铃薯所集成的那样。①

俄国农村也是这样的一大袋马铃薯,它也证明它同样不能"以自己的名义"保护自己的利益。过去,民粹派亦即社会革命党知识分子代表过它的利益,做过它的代言人。但是社会革命党因其拒不支持土地革命而声誉扫地,后来被布尔什维克赶到地下并被消灭,完全失去了作用。这袋马铃薯体积庞大,形象可怕,一声不响地躺着。没有人能离开它、忽视它或者任意践踏它而不受惩罚。它曾经击中俄国城市的要害,布尔什维克统治者不得不向它低头。然而,这袋马铃薯对于这个四分五裂、溃不成形的社会却不能提供任何支柱、结构、意志,也提不出任何建议或要求。

* * *

就是这样,俄国在革命后数年中不能通过自己的真正代表去管理自己的事务、维护自己的利益。老的统治阶级已经被摧毁了;而新的统治阶级——无产阶级只不过是它以前自身的影子而已。没有一个政党可以宣称自己代表已经涣散的工人阶级;而工人阶级也不能支配那个自称替它说话,并依靠它而统治国家的政党。

布尔什维克究竟代表谁呢?它只能代表它自己,也就是说,只能代表它过去与工人阶级的联系和现在它作为维护无产阶级利益的先锋队去行动的抱负以及在经济改造过程中重新集合起新的工人阶级的愿望,这个工人阶级在一定的时候能把国家命运掌握在自己的手中。但同时,布尔什维克却又采用篡权手段保持着政权。不仅它的敌人视它为篡权者,甚至按照它自己的标准和它关于革命国家的概念本身来看,它也是篡权者。

我们还记得,布尔什维主义的敌人从一开始就把十月革命以及后来1918年解散立宪会议一概指责为篡权行为。布尔什维克对此嗤之以鼻,他们回答说:他们在十月革命中从其手中夺取政权的那个政府并不是建立在任何选举出来的代议机构的基础上的;而那场被赋予政府权力的革命则得到了占压倒多数、经过选举产生、有代表性的"工兵代表苏维埃"的支持。各级苏维埃具

---

① 《马克思恩格斯选集》中文版第1卷,第693页。

有阶级的代表性，而且按其定义是无产阶级的专政机关。苏维埃不是在普选制基础上选举出来的。地主贵族和资产阶级已经被剥夺了选举权，农民代表所占的比例不能影响城市工人的优势地位。工人并非是以个人身份在传统选区里投票，而是作为构成他们这个阶级的生产单位的成员在工厂或车间里投票。自1917年以来，只有这种阶级代表性才被布尔什维克确认是有效的和合法的。[①]

然而，按照布尔什维克关于工人国家的严格概念来看，列宁政府已经逐渐失去了代表性。名义上，它仍然是以苏维埃为基础的。但是跟1917年的苏维埃不同，1921—1922年的苏维埃没有也不可能具有这种代表性——它们不可能代表实际上并不存在的工人阶级。苏维埃只是布尔什维克的工具。因此，当列宁政府宣称它的特权是从苏维埃手中得到的时候，实际上是从它自身得到的。

布尔什维克已经把篡权者角色强加在自己身上。工人阶级一旦瓦解了，党就不可能再实行它的原则了。在这样的情况下，布尔什维克能做些什么呢？或应该做些什么呢？难道它应该认输，拱手交出政权吗？一个进行过一场残酷而具有毁灭性的内战的革命政府是不会在胜利后的日子里放弃权力的，也不会向已被击败的敌人屈膝投降，听任敌人雪耻报仇，哪怕它发现不能按照自己的理想进行统治和不再能赢得它在内战期间所赢得的支持。布尔什维克失去那种支持，并不是因为原来的追随者的思想发生了截然变化，而是因为追随者的队伍涣散了。他们心中明白：他们统治共和国的那张委任状没有获得工人阶级——更不必说农民了——的及时延期。他们同样明白：他们处在真空的包围中，这种真空只有在若干年内才能慢慢填实；暂时还没有谁能够给他们的委任状延期，也没有谁废止他们的委任状。这是一种社会灾难，亦即一种不可抗拒的力量把他们变成了篡权者；因此，他们拒不承认自己是篡权者。

一个富有活力的、战斗的社会阶级在很短的时间内就从政治舞台上消失了，而且内战所导致的社会衰退构成了一种不可思议的而又并非唯一的历史现象。在以前的历次伟大革命中也是如此，社会被拖得精疲力竭，革命政府发生了类似转变。英国清教徒革命和法国大革命最初都是倡导代议制政府的新原则，反对旧政权的。清教徒派维护议会权利，反对王室。当法国第三等级的领袖们建立国民议会时，也是同样反对王室的。骚动和内讧接踵而至，结果是，

---

① 《列宁全集》第33卷，第242—246页；托洛茨基：《共产主义和恐怖主义》。

旧政权的势力再也不能统治社会，而支持革命的各个阶级由于彼此间严重分歧被搞得精疲力尽，也无法执掌政权。因此，没有一个代议制政府有可能存在下去。唯有军队是具有统一意志、统一组织和统一纪律的实体，足以制止一切混乱。军队自称是社会保护者，建立起武力统治，这是赤裸裸地篡夺权力的政府形式。英国革命的两个主要时期都体现在同一个人，即克伦威尔身上。他首先率领英国下议院反对王室，然后以摄政者护国公的身份同时篡夺了王室和下议院的大权。在法国，革命的两个时期之间有一个明显的中断期。每一个革命时期内都有不同的人物跑到前台来，篡权者波拿巴在革命的最初阶段并未起重要作用。

而在俄国，布尔什维克所提供的是受一个意志所激励、紧密团结和严守纪律的组织，它有能力来管理并统一这个四分五裂的国家。先前的历次革命并不存在这样的党。清教徒的主要力量集中于克伦威尔的军队，因此他们不得不受军队的控制。雅各宾党只是在骚乱过程中诞生的，它是波涛汹涌的革命浪潮的一个组成部分。随着革命浪潮的衰退，雅各宾党也就随之衰落，乃至消失。与此相反，布尔什维克早在1917年之前很久就已经成为一个坚强而集中的党，这使它能在革命高潮中掌握领导权，在革命退潮后，能在数十年中起到了革命的英国和法国军队所能起的作用，能保持稳定的政府，能统一并改造整个国民生活。

如果按照思想传统和政治传统来判断，布尔什维克对于篡权者的角色有着充分准备，然而却极不适应。列宁曾经将他的信徒训练成为工人运动的"先锋"和精英。布尔什维克从来不满足于反映工人阶级的现实情绪和现实愿望，他们还把激发工人阶级的情绪、激励和发展工人阶级的抱负视为自身的使命。他们把自己看成是工人阶级的政治导师，并且坚信，他们作为坚定不移的马克思主义者要比被压迫的、无知的工人阶级更懂得什么是工人阶级的真正的历史利益以及怎样来促进这种利益。我们应记住，正是因为这一点，年轻时的托洛茨基曾经指责他们想要用自己的党来"取代"工人阶级并漠视工人阶级的真正愿望和要求。① 托洛茨基在1904年第一次公开提出的这个指责，远远地走在了事实的前头。1917年，如同在1905年一样，布尔什维克参与了一场革命。这场革命完全取决于他们可能呼唤起来的无产阶级群众的支持程度。列宁及其

---

① 参见《武装的先知》，第三章。

全体干部用冷静而清醒的目光仔细观察了工人政治情绪上哪怕是最微小的波动,小心翼翼地使自己的政策适应这些波动。那时他们根本就没有这样的念头:没有工人的大多数或工人农民的大多数的批准,他们也能夺取政权。直到革命前、革命中以及革命后的若干时期内,他们仍然始终自愿地让自己的政策服从于"无产阶级民主裁定",亦即服从于工人阶级的表决。

然而,到了内战结束时,"无产阶级民主裁定"已成为一句毫无意义的空话。当工人阶级已经涣散并失去其阶级地位时,这个裁定又怎能表现自身呢?难道是通过苏维埃选举吗?或是通过苏维埃民主的"正常"程序吗?布尔什维克认为,若是他们的行动服从意气沮丧的工人阶级残余分子的表决或服从在影子般的苏维埃内形成的偶然多数的情绪,那么对他们来说是极其可笑的。最后,他们——托洛茨基也一样——事实上以自己的党取代了工人阶级。他们把自身的意志和思想等同于他们相信是属于朝气蓬勃的工人阶级——如果这样的工人阶级还存在的话——的那种意志和思想。他们惯于把自己视为无产阶级阶级利益的代言人的作风使这种包办更加轻而易举。作为一个老先锋队,这个党认为对于它很自然的事是:在这种奇怪的和它希望是短暂的时期内,即无产阶级处于瘫痪状态的时期,它应该充当无产阶级利益的代理牧师。这样一来,不但从自身传统中,而且也从现实的社会环境中,布尔什维克就为自己扮演篡权者角色找到了道义上的辩护词。

但是布尔什维克传统是多种因素的微妙结合。党的道义上的自信、优越感、革命使命感、自律和对权威是与无产阶级革命不可分割的这种根深蒂固的信念——所有这些素质构成了布尔什维主义的独裁部分。然而,由于党同现实的而不仅是理论上的工人阶级亲密无间,由于党真诚地献身于这个阶级,由于党怀有被剥削者和被压迫者的幸福就是革命的出发点和革命的目的以及工人阶级最终将是新国家的真正主人这样炽热的信念,上述这些素质受到了抑制。这是因为,历史最终会通过自己的口对所有的政党,包括布尔什维克及其整个事业作出严肃公正的判决。无产阶级民主这个概念是同这种态度分不开的。只要布尔什维克涉及这个问题,它就会对形式上的、具有欺骗性的资产阶级民主表示轻蔑,如有必要,它就准备践踏所有不属于无产阶级的各个阶级;同时,它还感到在责任上理应尊重工人阶级的意志,即使它暂时与此意志相悖。

在革命初期,无产阶级民主成分在布尔什维克的特性中还居主导地位。而现在,独裁的领导倾向已经成为它的主要特点。即便在没有处于正常状态下的工人阶级做后盾的情况下采取行动,布尔什维克根据其长期习惯仍会祈灵于这个阶级的意志,以便为自己所做的一切进行辩护。但是它之所以祈灵于工人阶级的意志,仅仅是将其作为一种理论上的推断和行动上的思想准则,一句话,当做了某种神话。它在自己的党内开始看到了宝库,其中不仅有抽象的社会主义理想,而且还有工人阶级的具体要求。每当一个布尔什维克,不论是政治局委员还是支部的普通成员宣告说"无产阶级坚持"、"要求"或者"绝不同意"这样那样时,就意味着是他的党或者党的领袖"坚持"、"要求"或者"绝不同意"这样或那样。没有这种半自觉的神秘色彩,布尔什维克的头脑就会失灵。党甚至不能向自己承认,党已不再有任何无产阶级民主的基础。诚然,每当布尔什维克的领袖们正视现实时,他们自己也会坦率地谈到他们的困境。但他们总是希望时间、经济复兴和工人阶级的重建会解决这一困难。他们继续不断地谈论着、行动着,仿佛这困境从来没有发生过似的,仿佛他们仍然按照工人阶级明确而有效的指令而行事似的。①

* * *

现在,布尔什维克终于把所有其他政党镇压下去,并建立了自己的政治独裁。他们很清楚,倘若他们允许自己的反对派自由发表意见并诉诸苏维埃选民,那就会使自己和革命冒极大的风险。一支有组织的反对派能够轻而易举地把混乱和不满转变为对自己有利的局面,因为布尔什维克无法调动工人阶级的力量。他们是绝不肯让自己和革命冒这种风险的。由于党以自己的名义代替了无产阶级,因此党同时也用自己的专政代替了无产阶级专政。"无产阶级专

---

① 在1921年12月召开的苏维埃代表大会上,列宁同那些一再自称为"无产阶级代表"的人们争论时说道:"对不起,请问什么叫无产阶级?无产阶级是在大工业中从事劳动的阶级。可是大工业在哪里呢?你们的工业在哪里呢?它为什么停工了呢?"(《列宁全集》第42卷,第350页。)1922年3月,在第十一次党代表大会上,列宁又一次地争论道:"从战争开始以来,我们这里进工厂的根本不是无产者,而是逃避打仗的人。难道在我国目前的社会经济条件下,能说进工厂的是真正的无产者吗?这样说是不对的。这符合马克思的说法,但是马克思说的不是俄国,而是15世纪以来的整个资本主义。对过去的600年,这是正确的,而对现在的俄国不适用。"(同上,第43卷,104页。)施略普尼柯夫在代表工人反对派发言时这样回答列宁:"弗拉基米尔·伊里奇昨天说,无产者作为一个马克思主义意义上的阶级,并不存在(于俄国)。请允许我向你们祝贺,你们是不存在的阶级的先锋队。"《俄共(布)第十一次代表大会》,第109页。这番嘲弄的话表达了一个痛苦的真理。参见季诺维也夫的讲话。同上,第408—409页。

政"不再是工人阶级的统治了,成为苏维埃有机成分的工人阶级已经把权力委托给布尔什维克,尽管在宪法上他们仍有权罢免布尔什维克或者把他们从政府机关里召回。无产阶级专政现已变成了布尔什维克独占统治的同义语了。无产阶级不能"召回"或罢免布尔什维克,如同不能"召回"或罢免它自身一样。

　　布尔什维克在取缔了所有其他政党的同时也引起自身政治环境的根本变化,因此他们自身不可能不受影响。布尔什维克是在沙皇政权统治下,在半公开半秘密的多党制下,在激烈的争论和政治角逐的气氛中成长起来的。虽然布尔什维克作为革命家的战斗团体拥有使他们有别于所有其他政党的自己的信条和纪律,但毕竟布尔什维克呼吸着的是他们周围的同一空气;而多党制则决定了他们党的内部生活。在同自己的对手不断展开论战的同时,布尔什维克也在他们自己的队伍内部养成了辩论的风气。一个党员在发表反对立宪民主党人或孟什维克的演讲之前,首先要在他自己的党支部或委员会内部反复探讨他要谈的问题,探讨对手的情况、对敌方的答复以及党的立场和策略步骤等等。如果他认定党在某一点上观点有错误或领导不当,他可以直言不讳地说出来,并且还可以设法说服他的同志转到他自己的观点上来。只要党是为了工人的民主权利而战斗,党就不能拒绝自己的成员享有那些权利。[①]

　　布尔什维克摧毁了多党制,却对其后果一无所知。在他们的想象中,没有多党制,他们也仍然一如既往是一个纪律严明但又自由的战斗的马克思主义者同盟。他们想当然地以为,通过例行的意见交流和理论上与政治上的相互争论,党的集体意志定能不断地形成。他们不懂得当他们禁绝党外的一切争论时,就不可能保持党内的生动活泼局面;他们也不懂得,当他们任意废弃全社会的民主权利时,就不能单独为他们自己保留民主权利。

　　一党制是一个自相矛盾的名词。一党本身已不再是普遍意义上的党了。它的党内生活必然凋残枯萎、停顿熄灭。布尔什维克的基本组织原则——"民主集中制",如今只剩下集中了。党保留下来的只是它的纪律而不是它的民主自由。不可能有另外的选择。如果布尔什维克现在可以自由展开争论,如果他

[①] 即使在革命后的第五个年头,一党制与布尔什维克仍是难以调和的,这从季诺维也夫在第十一次代表大会上发言的这段话中可以清楚地看出:"……我们是唯一合法存在的党……可以说,我们垄断了一切。……宗法制同我们党是格格不入的……我们已经取消了我们对手的政治自由……但是我们没有别的办法。"《俄共(布)第十一次代表大会》,第412—413页。(着重号是我加的——多伊彻)

们的领袖可以公开阐明分歧,如果基层组织都可以批判其领袖及其政策,那么,他们就会为那些不肯放弃争论和批评的非布尔什维克带了一个头。如果一个执政党允许它的党员结成派系和小集团并在党内形成特殊观点,又怎能禁止党外人士去成立他们自己的组织并制订他们自己的政纲呢?还没有一个国家能够只让 1/10 的人有发言权而让 9/10 的人缄口无言。列宁的党既然把沉默加到了非布尔什维克俄国的头上,到头来也就把沉默加到了自己的头上。

党不可能轻易屈从于这种沉默。那些从不盲从权威、惯于怀疑公认真理并且以批判的眼光去审查自己的党的革命者是绝不可能在转眼之间就毫无异议地、服服帖帖地向权威俯首就范的。即使表示服从,他们仍然继续提出质疑。1921 年第十次代表大会宣布禁止党内派别活动之后,布尔什维克党内仍然传来了争论的声音。思想相同的布尔什维克建立了联盟,提出政纲,发表文章,对其领袖进行严厉的抨击,同时还威胁着要挖掉一党制的根基。在镇压了它所有的敌人和对手之后,布尔什维克现在除了不断地自我镇压之外是不能继续存在下去的。

布尔什维克的成长和取得成功的环境驱使它走上了这条道路。早在 1917 年,在整个俄国它还不到 23000 名党员。在革命期间,党员增至三四倍。1919 年,当内战最激烈的时候,有 25 万人加入这个党。党员人数的增长反映了这个党对于工人阶级具有真正的吸引力。1919—1922 年之间,党员人数又一次增至 3 倍,即从 25 万人增至 78 万人。但是,大部分新增加的党员的动机不纯。现在布尔什维克是胜利者,赶浪头的热潮正在高涨中。不论在政府机关、工业部门、工会以及其他方面,党必须填补无数的岗位空缺;而且把那些接受党纪的人们填补进去是有利的。在广大的新党员中,真正可靠的布尔什维克已经变成了很小的少数了。① 他们感到已被异己分子所淹没了;他们忧心忡忡,焦急地要求去伪存真。

但是该怎么办呢?要把那些抱着无私目的入党的人与那些叛徒和贪图名利者区别开来是异常困难的事。但更困难的是难以确定那些并无可耻动机的入党者是否坚持党的宗旨和党的愿望并准备为此而奋斗。只要有若干个政党同时存在,阐述政纲、吸收党员,这种不断的竞争就能确保人才的适当挑选及其在各党之间的分配。那样,刚刚跨入政治领域的新来者就有机会去比较各种竞争着

---

① 根据季诺维也夫的说法,在 1922 年,1917 年 2 月前战斗在地下的布尔什维克只占党员总数的 2%。《俄共(布)第十一次代表大会》,第 420 页。

的纲领、行动方法和政治口号。如果他决定加入布尔什维克，那么他这样做就是出于自觉的选择。但是，那些在1921—1922年间跨入政治领域的人们却没有这样的选择机会，他们所知道的仅仅是布尔什维克党。如果在另外一种环境下，他们的意向也许会引导他们加入孟什维克、社会革命党或者别的集团。现在，他们参与政治活动的渴求只能引导他们加入那个唯一存在的党，唯一能够为他们的活力和热忱提供出路的党。正如季诺维也夫所称呼的那样，多数真诚地把自己设想为"优秀的布尔什维克"的新党员都是"不自觉的孟什维克"或者"不自觉的社会革命党人"。① 这些成分的大量涌入有改变党的性质、削弱党的传统的危险。其实，在1922年党的第十一次代表大会上，季诺维也夫就宣告说：在布尔什维克组织内部早就存在着两个或更多的潜在的党了，这是由那些诚心诚意、错把自己当做布尔什维克的人所组成的。就凭党是单一的党这个事实，这个党就在失去单一的意志；它所禁止的各党派，其替代的雏形开始在它自己中间出现。社会背景以及所有受到压制的各种不同利益与各种不同政治心理重新表现出来，向唯一现存的政治组织施加压力，并从四面八方渗透到其中。

党的领袖决心维护党而反对渗透。他们发动了一场清洗。清洗的要求是在党的第十次代表大会上由工人反对派提出来的；并在1921年进行了第一次清洗。警察、法庭没有介入清洗。监察委员会，亦即党的法庭，在公开会议上对每个党员的历史和品行进行审查，不论其职务高低。听众中不论男女人人都可以站出来为受调查者作证，赞成他或反对他，然后监察委员会宣布受调查者是否有资格保留党籍。不保留党籍的人并不受到惩处，但丧失了执政党的党籍，就等于被剥夺了晋升和担任重要职务的机会。

在很短的时间内，约占党员总数1/3的20万党员被开除了。监察委员会把那些被开除出党的人划分为好几类：庸俗野心家，反布尔什维克的各政党的前党员，特别是在内战结束之后入党的前孟什维克，受权力和特权腐蚀变质的布尔什维克，最后还有政治上不成熟、对党的原则缺乏基本认识的人。② 其过失仅仅是批评党的政策和党的领袖的人，看来还没有被开除出党。但很快就清楚了，这场虽是必要的清洗运动变成了双刃剑，给那些不择手段的无耻之徒以

---

① 《俄共（布）第十一次代表大会》，第413—414页。
② 1921年11月15日《中央委员会通报》（第34期）；H. 波波夫：《联共（布）党史纲要》第2卷，第150页。

威胁他人的机会和公报私仇的口实。基层群众一方面为叛徒、腐化分子受到清除而欢呼,另一方面却为清洗扩大化而迷惑不解。大家知道,清洗将定期反复进行。人们不禁要问:如果说一年内有 1/3 的党员被开除出党,那么下一年,或者今后若干年又会发生什么事呢?在敢于冒险进言,或敢于采取任何在下一次清洗中将被扣上政治幼稚、意识落后等帽子的步骤之前,态度谦恭和行为慎重是人们不得不三思而行的结果。清洗的初衷是作为纯洁党和捍卫党性的手段,但现在它却注定要变成最致命的自我镇压的工具了。

我们已经看到,当工人阶级作为一种有效的社会力量而消失时,党便会在一切重大现实生活中用它自己来取代阶级。但此刻党也仿佛变成了跟它所取代的那个东西一样捉摸不定的、幽灵般的实体。一个党,仅在一年间就宣布 1/3 的党员不合格而把他们开除出党,在这样的党内还会有什么实质内容和自主生活呢?看来,20 万已被清洗出去的男女党员此前都曾正常地参加党内生活程序,投票赞成决议,选举党代表大会的代表,并且大部分都正式参与党的政策的决定。不过,他们被清除出党并没有使党的政策发生任何明显的改变。党的机体通过一次大的外科手术被切除了 1/3,而党的外貌甚至连丝毫的变化都没有。仅仅这个事实就证明,广大党员群众在过去的一段时间里对于党内事务的决定没有任何影响。布尔什维克的政策是由党内一小部分人所决定的,他们以自己取代了整个的党。

这一小部分人是由谁构成的呢?列宁本人就毫不含糊地回答了这个问题。1922 年,他写信给当时担任中央委员会书记的莫洛托夫说:"只要不无视现实,那就应当承认目前党的无产阶级政策不是取决于党员成分,而是取决于堪称党的老近卫军的那一层为数不多的党员所独有的巨大威信。"① 列宁当时将这个近卫军看做是社会主义思想的唯一宝库、党的委托人,最后是工人阶级的代理牧师。整个近卫军是由几千名真正的革命老战士所组成。按照列宁的看法,像雨后春笋般地成长起来的庞大的党正受到混乱不堪、无政府主义社会的侵蚀。即使是对最有出息的年轻党员也需要进行耐心的培养和政治教育,才能使他们成为"真正的布尔什维克"。这样一来,党与无产阶级的等同就变为老近卫军与无产阶级的更狭义的等同了。

甚至这个近卫军也不容易在它所达到的令人目眩的高峰上站稳;它也不可

---

① 《列宁全集》第 43 卷,第 19 页。

能抗拒时间、疲劳、权力腐蚀以及社会环境压力等的恶劣影响。在这个老近卫军的统一体中已经出现了裂痕。列宁在致莫洛托夫的那封信中又写道，"只要这层党员中间发生小小的内部斗争，其威信即使不毁掉，也必定会削弱到不再起决定作用的地步"，以至于无法控制事态的发展。因此，必须不惜任何代价保持老近卫军的团结一致，坚持它对自身崇高使命的意识，并保证它在政治上的至尊地位。党进行定期清洗是不够的。还要对吸收新党员加以严格限制；新党员要经受最严格的考验。最后列宁建议道：在党内需要建立一种特殊的等级制度，以功勋和为革命服务期限为基础。某些重要职务只能由最迟在内战时就已入党的人来担任。另一些责任更为重大的岗位只向革命初期就已为党工作的人敞开；至于最高位置，只能留给参加过反对沙皇专制的地下斗争的老革命家。①

但这些规定并没有庸俗庇护的气味。老近卫军仍然生活在严格自律的革命道德准则里。按照最高限额的规定，即使担任最高职务的党员也不得领取高于工厂里熟练工人的工资。诚然，某些权贵早已利用各种各样的遁词和漏洞，通过名目繁多的津贴来弥补菲薄的收入。但这样的漏洞毕竟是例外。职位分配的新规定并不是刻意要向老近卫军行贿，而是要确保党和国家在他们手里是建设社会主义的可靠工具。

老近卫军是令人敬畏的团体。把他们紧密结合在一起的是对英勇豪迈的共同斗争的回忆，是对社会主义毫不动摇的信念，是那样一种确信：在这普遍的崩溃和麻木中，社会主义的希望寄托在他们身上，甚至仅仅寄托在他们的身上。他们行动时，既富有权威性又十分傲慢；他们既忘我无私又野心勃勃；他们既具有最崇高的情操又能干出无法无天的恶行。他们把自己与革命的历史命运等同起来，也把革命的历史命运与他们自己等同起来。他们对社会主义事业忠心耿耿，以至于把为社会主义而奋斗看成是他们独占的事，甚至是私人事务；而且他们习惯用社会主义的理论术语为他们的行为甚至个人野心进行辩护。

在这些年的艰难困苦中，老近卫军的精神力量是布尔什维克的无价之宝。私人贸易的重新出现和财产权的部分恢复使党的队伍中弥漫着一种沮丧心理。不少共产党人焦急、疑虑，不知列宁命令的"退却"到底要把革命带向何处——看来列宁准备竭尽全力去鼓励商人和私有农民。由于农民不愿为了一文不值的纸票而出售粮食，于是在战时共产主义制度下曾被当做旧社会遗物而加

---

① 参见《苏联共产党代表大会、代表会议和中央全会决议汇编》中党的第十一次会议和第十一次代表大会决议，第1卷，第595—596、612、628—630页。

以鄙视的钱"复活了",并且十分坚挺。没有它什么也干不成。政府砍掉了付给国营公司的补贴;在最艰苦的年月里始终坚持在工厂做工的工人现在失业了。国家银行用仅有的一点儿财源以信贷方式来鼓励私人企业。然而中央委员会向党保证道,只要我们掌握大型工业的"制高点",国家不论在什么情况下都能控制国民经济。但是,这些"制高点"呈现出来的是一片可悲的毫无希望的景象:国营工业停滞不前,而私人贸易则开始欣欣向荣。当时,列宁曾邀请过去的租让权获得者和外国投资者重回俄国做生意;只是因为这些投资者没有做出任何反应,才使资本主义重要因素没有再度出现。布尔什维克怀疑:如果过去的租让权获得者果真作出反应,将会发生什么事呢?同时耐普曼越来越自信了,他们在饥饿的城镇里纵饮狂欢并嘲笑革命。乡村中的富农分子企图把雇农再一次置于他的支配之下,富农及其仆从开始到处操纵乡村苏维埃,而他们的儿子们则成为共产主义青年团地方支部的领头人了。大学师生们发动反共示威和罢课,而共产党人被操纵着去高唱革命圣歌——国际歌。哪儿是退却的终点?在中央委员会会议期间,在公众集会上,工人反对派向列宁抛出这个问题。列宁一次次许诺要停止退却;而事变进程却一次次迫使他退却得更远。理想主义者惊慌失措了,"背叛"的叫喊声从他们的队伍里发出来。常常可以看到,一个工人——赤卫队的老战士——出现在党委会前,憎恶地撕掉党证,把它抛在党委书记的脸上。像这类具有时代色彩的事件是如此之多,以至于可以在许多当时的小说中找到对这类现象的描写,而党的领袖则怀着毫不掩饰的忧虑神情谈到这种情况。①

看来,在所有这些令人气馁沮丧的气氛的包围中,革命只能依靠老近卫军,依靠他们的坚定信念和钢铁般的意志了。但是,这可能吗?

* * *

内战结束了,托洛茨基走出了他的军用专列。这辆军用专列曾经是他的战地指挥部。在那决定命运的三年里,他乘坐这辆专列沿着8000公里的前线行

---

① 例如,曼努伊尔斯基在党的第十一次代表大会上抗议以下事实:一位内战时期的老战士撕掉他的党证,竟然还被罩上了英雄主义的光环,其实应该把他当做叛徒来处理。他还比较了1849年和1907年革命失败后人们对待革命低潮的那种基本心情。《俄共(布)第十一次代表大会》,第461—463页。

被解除武装的先知：托洛茨基 1921—1929

1921 年内战结束后，托洛茨基站在作为他战地指挥部的军用专列旁

进，哪里危险就冲向哪里，只有短暂的磋商或者出席莫斯科的公众集会才暂时打断他的行程。这辆军用专列被放进了博物馆；它的机组人员，包括司机、机械师、机枪手和秘书等也都一一遣散了；托洛茨基享受着自革命以来的第一次假期。他在莫斯科附近的乡间度假——狩猎、钓鱼、写作、准备谱写他生平事业的新篇章。当他回到这些年来他一直作为其代言人的莫斯科时，他几乎成了一个陌生人。他首次瞥见这座古都是在新旧世纪交替的时候，当时他被遣送到羁押解送监狱等候流放到西伯利亚；正是在囚车的铁栅栏后面他首次看到了这座与他未来成败命运相系的城市。直到 20 年后，即 1918 年 3 月，他才又回到了莫斯科。这时正值布列斯特-里托夫斯克危机时期，也正是布尔什维克政府撤出彼得格勒搬进克里姆林宫以后。不久，他又离开莫斯科到前线去了。每逢他回到莫斯科，那不规则的"皇村"——斯拉夫主义者的第三罗马、其拜占庭式的教堂、亚细亚式的集市和没精打采的东方宿命论似乎总让他感到很别扭。无论是在 1905 年还是在 1917 年，他的革命生涯都是跟彼得格勒联系在一起的，它是莫斯科的对手、俄国的欧洲之窗；他总觉得同彼得格勒的工程师、造船工人、电气工人在一起，比与莫斯科的工人相处更自在，因为莫斯科工人大半是

纺织厂的,他们的外表和行为与其说是像城市居民,倒不如说更像俄国农夫。

那克里姆林宫四周的城墙和塔楼,那古堡中弯弯曲曲的小径,那回响着古钟声的城垛的荫蔽处,那大教堂、军火库、大兵营、监狱和钟楼的幽森处,那金碧辉煌的古王宫大厅——四周装点着由历代沙皇从各征服地劫掠到的数不清的神奇圣像,他生活于其中的这一切尤其让他感到别扭。托洛茨基和妻子、孩子们一起住在前宫廷官吏居住的骑士大厦里,占用了四个小房间。在走廊的另一头住着列宁与克鲁普斯卡娅;两家共用一个餐厅和一间浴室——人们经常看到列宁在走廊上或浴室里跟托洛茨基的孩子们一起做游戏。有时,某一位老朋友,如拉柯夫斯基、曼努伊尔斯基等人因公从外省而来,便会同这家人住在一起。托洛茨基的家庭生活一如当年流亡中他住在巴黎的阁楼上或维也纳的租用套间里一样简朴。也许是因为穷困吧,即使在克里姆林宫,食物也很缺乏。①1921年时,托洛茨基的孩子廖瓦和谢尔盖,一个15岁,一个13岁,他们几乎没有享受到父母的照顾;他们见到妈妈的时间甚至都有限;因为她的时间都用在教育人民委员部和该委员部下属的艺术部门的领导工作上了。

克里姆林宫富丽堂皇的气派跟它新住户的生活方式形成了奇特的对照。托洛茨基曾描写过生活中这样一个滑稽的尴尬场面:一位老宫廷管家在开始服侍他们时,总把饭菜放在绘有沙皇盾形纹章的盘子中端上来,在大人和孩子们面前摆放盘子时十分小心,唯恐把沙皇的鹰徽颠倒了——但愿不会!②"莫斯科的阴沉和野蛮"从各个角落盯着布尔什维克的领袖,每当古老的钟声闯进他们的谈话时,托洛茨基和列宁就"彼此相视,似乎有同样的感受:过去的幽灵在角落里偷听我们的谈话……"过去的历史不仅仅是在窃听他们的谈话,而且还在抗拒他们。正如托洛茨基自己所坦率承认的那样,无论如何习惯不了克里姆林宫的摆设。他与它保持着一定的距离;唯有他的历史嘲讽感才因革命闯入了莫斯科的神圣殿堂而得到满足。

他有一种苦恼的心情:内战结束之日就是他的厄运来临之时。他力图用自觉的乐观主义把这种苦恼的心情压下去,一个革命者是永远不应抛弃乐观主义的;他期待着事业和他个人的新胜利。然而,在他的演说和文章中,弥漫的净

---

① 亚瑟·兰塞姆谈到,1917年他送给布哈林少量沏茶用的糖精,这就是很厚的礼物了;而在季诺维也夫的指挥部里,一餐饭只有"碎马肉汤……一点儿粥……茶和一块糖"。《俄国六周》,第13、56页。

② 《我的生平》第2卷,第77页。

是那些对业已结束了的革命与内战的英雄时代的怀旧之情。但这并不是他把那个时代理想化了,如同他指出的那样,在那个时代里,农民的棍棒是革命的"最好的工具",过去俄国农民就是凭着这一原始武器才把拿破仑赶出去的,而现在他们也是凭着它才把地主驱逐出了俄国。他也没有忽视那个时代的沉重遗产——农民由内战而释放出来的破坏性的怒火,现在它却反过来向转入建设任务的苏维埃共和国复仇泄恨了。尽管有这一切苦难、贫困和残酷,但破坏的年代毕竟也是创业的年代;因此托洛茨基又重温了他们当年的所向披靡、英勇无畏和凌云壮志;他意识到在他们身后留下的裂缝。①

一组俄国革命和内战期间托洛茨基检阅军队的照片(一)

---

① 参见托洛茨基10月25日对莫斯科卫戍部队的指挥员和政委们的讲话和1921年9月在部队演习结束时的演说词。《革命是怎样被武装起来的》第3卷第1册。

第一章 权力与梦想

一组俄国内战期间托洛茨基检阅军队的照片（二）

托洛茨基的头脑和精力现在只使用了一半。陆海军人民委员部不再是政府的轴心了，军队大部分已复员，到了1922年初，它的编制被减少到原来的1/3，也失去了革命理想与激情。内战时期的老兵早已离去，军营里新动员来的一批年龄相同的士兵似乎跟沙皇时代来到军营里的农民儿子一样没精打采和冷漠麻木。环境迫使陆海军人民委员把他将军队改造成社会主义现代化、民主的民兵的夙愿搁置下来了，强加在他头上的是枯燥无味的日常管理工作和训练工作。他的时间都消耗在发动部队灭虱、擦靴子、擦枪等杂务上了，再则就是用于请求最优秀的司令员和政委留在他们的工作岗位上。他力促中央委员会制止共产党员从部队大批流走，而中央委员会也正式发布了禁令；但所有这一切都没有效果。托洛茨基在全国会议上一再呼吁政委抵制"传染病式的和平主义情绪"，他为红军士气低落而痛惜哀叹。他力图保持部队不受"苏哈列夫卡精神"的污染，并想利用部队作为马克思主义文化斗争的工具去反对道德败坏、文化落后、对所谓俄罗斯母亲的迷信，总之，他要保持部队内那种生气勃勃的革命传统和国际主义自觉性。[①]

当时正值内战时期的年轻指挥员（其中有些人后来在第二次世界大战中成为元帅）已经受过严格的训练，而且红军本身也有了自己的法令规章。托洛茨基是所有这些积极因素的鼓舞者和重要部分的缔造者。比如说，若是注意一下托洛茨基的《步兵细则》和克伦威尔的《士兵手册》之间的近似性，那是很有趣的事情。《步兵细则》教导红军士兵说："你们都是平等的同志"，"你们的上级是你们的更有经验、更加训练有素的兄弟。在战斗中，在训练时，在兵营里，在工作上，你们必须服从他们。一旦离开了军营，你们就是绝对自由的。""如果有人问你用什么战斗，你应回答说，我们用步枪、刺刀、机关枪战斗，但我也用真理的语言去战斗。我把这些话对敌军士兵讲，他们本身也都是工人和农民，所以他们应能懂得我的确是他们的兄弟而不是他们的敌人。"

他娴于辞令，不论是用质朴的语言还是用华丽的辞藻都得心应手；他的形式感和色彩感交织成了一种绚丽多姿的新风格。他力图用这种新风格去唤起新兵的想象力，在部队中形成一种意识，即部队绝不是有严密组织的炮灰。在五一劳动节和革命周年纪念日，托洛茨基在莫斯科卫戍部队司令的陪同下，骑在马上，通过克里姆林宫的救世主门，前往红场去检阅已经集合起来的卫戍部队。回应他那"向同志们致敬！"的节日问候，部队中响起了"为革命服务"

[①] 参见《俄共（布）第十一次代表大会》附录中的中央委员会年度报告，第637—664页；《苏维埃政权五年》；《革命是怎样被武装起来的》第3卷各处。

的回声。这回声震动着瓦西里大教堂的塔尖，荡漾在克里姆林宫墙边革命烈士墓的上空。那时还没有一成不变的浮夸仪式。检阅后，陆海军人民委员同那些从摇晃的木制看台上或从拥挤的军车上下来的其他中央委员一起加入士兵和工人的游行行列。①

托洛茨基的露面和演说仍然能激动群众。但是他似乎再也找不到他在内战中准确无误地找到过的那种与听众之间亲密无间的联系了，而这种联系，列宁总是能通过他那平易近人的外表和纯朴自然的表情恒久地建立起来。站在讲坛上的托洛茨基比他本人的形象高大得多；他的演说回荡着昔日英雄的基调。然而这个国家已倦于英雄主义、远大憧憬、崇高理想和激烈的姿态了；更何况托洛茨基由于他最近企图要将劳动军事化而名望有所下降。尽管这样，他的雄辩才能仍能对任何集会的听众具有吸引力，但是这种吸引力已经蒙上一层怀疑甚至反感的阴影了。他的伟大形象和革命功勋是谁也不会怀疑的；然而他不也过于出风头、过于张扬或者过于野心勃勃了吗？

他那舞台式的做派和那英雄式的风度不再使人感到当年由于与时代悲剧相吻合而具有的那种奇妙之处了。现在人们只把他的这种做派和风度看做是舞台做戏。但是他的举止一如既往，因为他不可能有别的举止。不是他故作姿态地想要表现出比他自己更高的形象，而是因为他不可能不这样。他说那种紧张而戏剧化的语言，不是因为喜欢或追求什么舞台效果，而是因为这就是他最自然的语言，最适宜于表达他那激动人心的思想和热烈的情感。人们尽可以把黑兹利特（Hazlitt）那句形容与他不一样的人——伯克（Burke）——的话应用到托洛茨基身上：这个人"想制服他的敌手时，总是把感情、想象和说理交融在一起"，而"人们由于不习惯于政治领域中的这种情况而受到蒙骗，分不清春华与秋实……"；"世人"总是"排斥任何华而不实的东西"；然而"他这块金子若做成优雅的式样也并不会减少其价值"；而"对一个人的认识能力的评价并不是总能如他希望的那样。但他的认识能力丝毫不失其真实可靠性，因为这并不是他所仅有的能力"。

---

① 莫里兹：《在列宁与托洛茨基的时代》，第108—111页。塞尔日和罗斯默在他们的著作中对这几年中的托洛茨基作了生动而善意的描写。对大量善意的或者恶意的目击记和人物素描，这里只能提到很少一部分：L-O. 弗罗萨尔：《在饶勒斯的影响下》和《从饶勒斯到列宁》；B. 巴扎诺夫：《在克里姆林宫与斯大林在一起》；路特·费舍：《斯大林与德国共产主义》；F. 布鲁普巴赫：《持不同政见六十年》；克莱尔·谢里登：《俄国画像》；拉狄克、布哈林、萨杜尔、伊斯特曼、霍利彻、路易·费舍等人的早期作品。

一组有关托洛茨基在不同场合露面和演说的照片

托洛茨基和伯克一样"健谈、滔滔不绝、辞藻华丽"。他跟包括他的家人和亲友在内的人私下交谈时也如同在公众场合演说一样,运用的是他通常在讲坛上和文章里所用的同样的形象、同样的妙语,甚至同样的旋律和同样的节奏。如果他是一个演员,那么他就是一个无论幕前、幕后甚至自己的家都对他毫无区别的演员——一个把舞台和生活融为一体的演员。他在历史活动中确实是一位英雄人物;但正因为如此,他在这平庸褊狭的一代人眼中就显得是如此不真实、不自然;也正因为如此,在早期新经济政策的非英雄化气氛中,他似乎就成了一个格格不入的局外人了。

不过,不必对托洛茨基性格中这浪漫主义的一面花费太多的笔墨。他一如既往保持着坚定的现实主义。不管怎么说,他并不是一个"赖在舞台上不肯下来"的老演员。他满腔热情地投身到新经济政策所提出来的新的经济问题和社会问题中去;他绝不用革命原教旨主义的三棱镜来透视新经济政策。他在专心致志地钻研财政、工业、贸易、农业问题的同时,还在政治局和中央委员会里提出有关政策性的专门建议,关于这些专门建议,后面还将详加阐述。他运用他那振奋人心、滔滔不绝的辩才为那并不令人欢欣鼓舞的"退却"进行辩护,并在1921年、1922年共产国际的第三次、第四次代表大会上以新经济政策阐释者的身份出现。① 他用了比过去多得多的时间和精力从事共产国际的活动,并在共产国际执行委员会上抵制季诺维也夫和布哈林的倾向,后两者鼓励不合时宜的、轻举妄动的国外起义,例如德国的三月行动。他负责共产国际法国委员会的工作,并参与制定共产国际每一重要部门的行动。

然而,陆海军人民委员部的例行公事,国内经济紧急问题和共产国际的活动仍然未能耗尽他的全部精力。他还要忙于许许多多其他任务,而其中每一项对于一个精力较差、能力较低的人来说都是要占用其全部时间的。比如说,他领导着后来由雅罗斯拉夫斯基(Ярославский)接管的无神论者协会。他以哲学启蒙精神来领导它,从而基本避免了伤害宗教信徒的过火行为,而这种过火行为却是雅罗斯拉夫斯基领导下的无神论者协会工作的特点(他甚至还领导着一个没收和搜集教会财产的秘密委员会,这笔财产预定用来支付为减轻伏尔加河流域的饥荒灾情而从国外进口的粮食)。② 此时,他还是俄国知识界的主

---

① 见《共产国际第四次代表大会》,第74—111页;托洛茨基:《共产国际五年》,第233—240、460—510页。

② 托洛茨基档案。

要精神鼓舞者和主要的文学批评家。他时常与之谈话的人中包括科学家、医生、图书馆馆员、新闻记者以及其他专业人员，他向他们解释他们所从事的课题中的马克思主义立场。与此同时，他反对党内日趋明显的倾向——强使国家的文化生活趋向僵死的千篇一律。① 他在许多文章和演说中以更加通俗平易的语调坚持自己的观点：必须使粗野的俄国生活方式文明化，培养良好的习惯，讲究卫生，提高自从革命以来已经受到贬损的口头语言和书写语言的规范化，扩展和陶冶党员的情趣，等等。在列宁时代的最后几年里，由于列宁早已很少在公众中露面，托洛茨基在这些方面已经成为党内首要的、最有权威的发言人了。

迄今为止，他的浪漫主义气质尚未使他去反叛使党或毋宁说老近卫军得以建立并巩固其政治垄断权的那种严酷的现实主义。在新经济政策宣布前后，他确是一个严峻的纪律执行者，尽管他号召守纪律是以令人信服的论点为基础并诉诸理智的。他大加赞扬的仍然是党的"历史继承权"②；他争论道：无产阶级的民主程序不可能在社会的动荡与混乱中得以遵守；革命的命运绝不能依赖于人数减少并士气低落的工人阶级的不稳定情绪；布尔什维克对社会主义的责任就是通过他们所能掌握的一切手段来保持"钢铁般的专政"。他曾经表示过，党的政治垄断权只是一种紧急措施，一旦紧急局面结束，就要撤销它；但这并不是他现在要说的话了。在喀琅施塔得暴动一年多之后，他就经济复苏的征兆以及各方面引人注目的"上升运动"在《真理报》上撰文时提出了这样一个问题：结束一党制或者至少应对孟什维克取消禁令的时机是否到来了呢？他的回答是坚决否定的。③ 他现在为政治垄断辩护的理由与其说是因共和国的内部困难，倒不如说是因这样的事实：共和国是个处于四面围困中的堡垒，在这样的堡垒内是绝不能容许任何反对派存在的，哪怕只是一个弱小的反对派。他呼吁在俄国处于国际孤立的整个时期内强化一党制，但却没有料到它竟然持续了如此漫长的时间。当他回忆过去自己曾一度嘲笑各式各样政府企图镇压政治反对派但最终却显出无能时，便以下列理由为自己今日态度的明显改变进行辩护（这些理由有朝一日还会调转头来反对他自己）："如果一个犯了时代错误的政府或政权想要用镇压措施来反对新的、具有历史进步意义的势力，那是达不到目的的。但是在具有历史进步性的政府手中，这种镇压措施却可能成为

---

① 参见本书第三章。
② 参见《武装的先知》，第十三章。
③ 《真理报》1922 年 5 月 10 日；《共产国际五年》，第 373—374 页。

有效的工具，把那些早该退出历史舞台的势力迅速地清扫出竞技场。"

1922年6月，在对社会革命党人的著名审判中，他又重申了这个观点。他对被告的揭露既才气横溢又激烈，他判定他们对多拉·卡普兰刺杀列宁以及其他恐怖行为负有政治责任。这次审判是与在柏林召开的"三个国际协商会议"同时举行的。布哈林和拉狄克代表布尔什维克出席了这次旨在建立共产党人与西方社会党人之间的"联合战线"的大会。西方社会民主党的领袖们抗议这次审判；布哈林和拉狄克为使谈判顺利进行，答应不对被告处以死刑。但列宁对布哈林和拉狄克"向敲诈勒索行为屈膝投降"并"容许欧洲改良主义者干涉苏维埃内政"极为愤慨。托洛茨基与列宁一样愤怒。但为了避免谈判破裂，托洛茨基提出折衷的审判方案：判处被告死刑，缓期执行，其明确的条件是：社会革命党今后不得再从事恐怖活动和鼓动恐怖主义的图谋。①

托洛茨基严格执行纪律的态度也同样在党内表现出来。他代表中央委员会向党和共产国际指控工人反对派。在第十次党代表大会上，工人反对派的行为和观点已受到谴责，但此后它对党的领导的攻击的激烈程度更是无以复加。施略普尼柯夫和柯伦泰攻击政府助长新生资产阶级分子和富农的利益，践踏工人权利，粗暴背叛革命。他们既在党内受到挫败，又受到列宁驱逐出党的警告，于是向共产国际控诉列宁。托洛茨基在国际执行委员会上提出了反驳他们的理由，因而他们的申诉未予受理。② 1922年春天，俄国党召开了第十一次代表大会，再次对这个问题进行判决，而托洛茨基再次担任了起诉人。③ 他的讲话不带任何恶意和怨恨，甚至对工人反对派抱有一定的同情；但是他仍然铁面无私地确认指控。他说：工人反对派采取向国际控告俄国党这种空前的举动，这是它的权利。而他反对施略普尼柯夫和柯伦泰的是他们在其抗辩中所使用的那种令人无法容忍的狂妄语调以及谈到自己与党的时候使用"我们"与"他们"这样的词语，仿佛施略普尼柯夫与柯伦泰已经筹建了另外一个党。他说，这种态度会导致分裂，并给革命的敌人提供一切有利的机会。他为政府的农业政策和对私有财产的让步进行了辩护，也为它的受到同样强烈攻击的观点——将"长期与资产阶级国家和平共处和有效合作"——进行了辩护。④

---

① 《真理报》1922年5月16日、18日，6月18日；《列宁全集》第43卷，第135—139页；《第二国际、第三国际和维也纳联盟》；托洛茨基：《我的生平》第2卷，第211—212页。
② 《俄共（布）第十一次代表大会附录》。
③ 同上，第138—157页。
④ 同上，第144页。

工人反对派并不是唯一泼冷水者。在列宁最后一次出席的党的第十一次党代表大会上，托洛茨基亲眼看到他自己和列宁遭到最亲密的老朋友的攻击：安东诺夫－奥弗申柯也说党向富农和外国资本主义屈膝投降①，梁赞诺夫则大声谴责普遍流行的政治腐败和政治局统治党的随心所欲的专横态度；② 乌克兰人民委员洛佐夫斯基与斯克雷普尼克（Скрыпник）抗议政府的权力过分集中，认为这与那个"统一而不可分割的"旧俄国别无二致；③ 始终是民主集中派的布勃诺夫谈到了党的"小资产阶级堕落"的危险；④ 此外，还有普列奥布拉任斯基，他是主要的经济理论家之一，也是前中央委员会书记。⑤ 谁能想到，这些批评者绝大多数有一天会成为"托洛茨基反对派"的头面人物；谁能想到，托洛茨基自己有一天会像施略普尼柯夫和柯伦泰一样也向共产国际控诉俄共中央委员会。但在目前，托洛茨基还受到列宁的由衷赞扬，他作为布尔什维克、老近卫军的喉舌，加之于反对派的是纪律、纪律、还是纪律。

但是，他仍然只是老近卫军中的外人——在近卫军之中，却不属于近卫军。即使在1922年这次代表大会上，那时还是亚美尼亚一位年轻代表的米高扬（Микоян）就在讲台上公然表达了这个意思而没有受到任何驳斥。在辩论过程中，列宁、季诺维也夫和托洛茨基都对党政不分表示关切和不安，并谈到有必要在一定程度上把它们各自的职能分开。当时米高扬说，从托洛茨基的嘴里听到这类看法，他并不感到惊奇，因为托洛茨基是"政府成员，而不是党的成员"；但是列宁和季诺维也夫怎么也能有这样的想法呢？⑥ 米高扬并不是一时心血来潮说出这番话的。他不过说出了许多老近卫军心里想说但没有公开说出的话而已：在他们眼里，托洛茨基是政府成员，而不是党的成员。

现在，当老近卫军突然发现自己上升到未曾梦想的高峰，高居于人民、工人阶级和党之上时，便开始精心编造它自己的历史，甚至是关于它的神话；他们这样做的时候怀着一种虔诚，这种虔诚对任何一群老近卫军战士来说都是不会缺少的，是植根于他们对那些共同进行的伟大战斗、共同赢得的伟大胜利的记忆中的。整个国家对于那些从隐蔽的地下活动中崛起、站在它的前列的那些

---

① 《俄共（布）第十一次代表大会附录》，第80—83页。
② 同上，第83—87页。
③ 同上，第77—79页。
④ 同上，第458—460页。
⑤ 同上，第89—90页。
⑥ 同上，第453—457页。

人，可以说知之甚少，或者一无所知。现在是时候了，要告诉人民，他们是什么样的人，有什么样的业绩。党的历史学家们去挖掘档案，着手再创造他们那史诗般的故事。历史学家们的故事所讲述的几乎都是超人的大智大勇和对事业的忠诚。这些故事并非是他们蓄意编造的。其中大多数是真实的；连并不完全真实的事，他们也真诚地相信。当老近卫军的成员们从往事的灰暗镜子里看自己时，他们理所当然地看到镜子变得明亮了，而他们在镜子里的形象则在所追忆的胜利的革命光焰照耀下膨胀起来。但是，当他们再仔细往镜子里看时，却不可避免地在托洛茨基身上看到了他们的对头：孟什维克、孟什维克盟友、八月联盟领袖、尖锐辛辣的论战者，而这位论战者即使单枪匹马也是他们的危险敌人。于是，他们就重温托洛茨基与列宁在公开争论中互赠的那些辛辣绰号；此外，所保存的不为人知的手稿与信件的档案也提供了两人加诸对方的许多其他尖刻评论的证据。每一份与党的历史有关的文件不管多么微不足道，都受到毕恭毕敬的对待和公布。问题发生了：托洛茨基昔日反布尔什维克的那些激烈言论是否应从公布的文件中撤出来？当托洛茨基于1912年写给齐赫泽的一封信在沙皇宪兵队的档案里被发现后，主管党的档案的奥里明斯基（Олиминский）就向他提出这个问题。托洛茨基在信中称列宁是"阴谋家"、"瓦解组织的能手"、"利用俄国的落后谋求私利的行家"①。托洛茨基反对公布，他说纠缠于旧账是很愚蠢的；更何况他并不认为过去反对布尔什维克的意见全都错了，只是他不想让有关历史的辩驳牵住鼻子。这份攻击性的文件没有印出来，但是它的内容很有刺激性，其复印件在忠诚的老党员中传抄开了。他们议论道，瞧，托洛茨基在信中是怎样诽谤列宁的。给谁写的？齐赫泽，一个老叛徒；而他竟然还说他并非全错！当然，自那以后，托洛茨基只要有必要就作大量纠正；1920年当列宁50诞辰时，托洛茨基赞颂列宁，他写了一篇短文概括介绍列宁的性格，既有透彻的心理真实性，又充满着崇敬之情。② 尽管这样，过去的零星插曲仍然在提醒那些对党的缔造者除了崇拜别无他想的人们：托洛茨基皈依布尔什维主义只不过是最近的事。

不仅仅是对昔日纠纷的回忆妨碍着老近卫军承认托洛茨基是自己人。他的坚强个性没有湮没在老近卫军中，也没有披上它的保护色。托洛茨基以其敏锐的思维能力和坚定不移的意志超越了老"列宁主义者"。他得出的结论哪怕与

---

① 托洛茨基档案。托洛茨基致奥里明斯基，1921年12月6日。
② 《真理报》1920年4月23日。

别人相吻合，也总是通过独立思考而不是根据党的传统所确立的公式得出的。他阐述自己思想时的轻松自由，与列宁的多数门徒囿于正统公式来表达思想的那种拘谨风格形成了鲜明的对照。不像那些抄写员，他说话是有权威的。他的智力兴趣之广博丰富，让一些人心中暗生猜忌，他们或出于需要，或出于克制，或出于嗜好，惯于把自己狭隘地局限在政治和组织方面，并且将他们的狭隘当做美德而沾沾自喜。

因此，几乎他所具备的一切，诸如丰富的内心世界、雄浑奔放的辩才、文字上的独创性、行政才能和魄力、完善的工作方法、对同事和部属的严格要求、超然的态度、不拘小节，甚至不擅聊天——所有这一切都在老近卫军成员中引起了一种自卑感。他一向讨厌向这些人卑躬屈膝，而且从来就没有这样的念头。他不但不能容忍这些蠢人，而且总是让他们感到自己是蠢人。老近卫军们同列宁相处则要自在得多，因为他们一直接受列宁的领导，而列宁也总是不伤他们的尊严。例如，当列宁抨击某种政治立场而且又知道其信徒中也有人持这种立场时，就小心翼翼地不把这种立场归咎于他们，而希望他们能从中摆脱出来；因此，他总能让他们不失体面地退却。每当列宁着意要把某个人争取到自己的观点方面来时，他总是采取一种巧妙的谈话方法，使这个人离开时深信他是通过自己的思考而非列宁的压力而得出这种新观点的。而在托洛茨基身上，这样的巧妙艺术却几乎一点儿也没有，他总是情不自禁地去提醒别人犯了错误，而坚持自己高人一筹和有先见之明。

他的先见之明并不因其炫耀而失去真实性，然而却是得罪人的。他那活跃的、富有创见的头脑永远令人震惊，令人不安，令人恼怒。他不容许他的同事和部属沉沦于环境惰性和思想惰性之中。党刚刚决定一项新政策，他就马上揭示它的那些"辩证的矛盾"，抓住它的后果，预言新的问题和新的困难，力促作出新的决议。他天生就是一个爱找麻烦的人。他的判断即使在大多数情况下被证明是正确的，也多半会引起抵制。他的头脑运转得如此之快，搞得别人气都喘不过来、精疲力竭、牢骚满腹，结果是对他敬而远之。

然而，尽管他在莫斯科城里、克里姆林宫内、老近卫军中几乎是一个陌路人，但在列宁的支持下，他仍占据着革命舞台的中心。

*　　*　　*

1922年4月发生了一起意外事件，给列宁与托洛茨基的关系投下了一道阴影。4月11日，在一次政治局会议上，列宁建议任命托洛茨基为人民委员会副主席。托洛茨基断然地并且多少傲慢地拒绝接受这项任命。托洛茨基的拒绝及其拒绝方式颇使列宁恼怒，于是，一场新的争论中的许多麻烦都因此引起。新怨加上旧恨导致了政治局的分裂。①

列宁希望托洛茨基会同意作为他的代理人领导政府。列宁是在斯大林已经成为党的总书记一星期之后提出这项建议的。尽管总书记只是被指定去执行政治局和中央委员会的决定，但是对斯大林的任命却使人猜测是为了加强组织纪律。正如大家所了解的，列宁早就要求把工人反对派的领袖们驱逐出党；但他在中央委员会中仅以一票之差未能获得必要的2/3多数。② 他指望斯大林能强制执行在第十次代表大会秘密会议上所宣布的严禁党内组织反对派的命令。在这样的环境条件下，总书记窃取更广泛的任意决定权，几乎是无法避免的事了。

列宁对任命斯大林忧虑重重；但是局面既已形成，显然是为了抵消斯大林的影响，他才要把托洛茨基安排到人民委员会内，使之拥有可与之匹敌的权势和责任。列宁也许早有打算，想把斯大林与托洛茨基之间的职位分配作为一种手段，实现党政分开，他在党的代表大会上历来坚持这种必要性。为使党政分开有效地实现，看来需要找一个跟管理党的机关的人同样意志坚强的人去指挥国家机关的工作。

但是，在列宁的计划中，托洛茨基并不是唯一的副主席。曾任最高国民经济委员会主席的李可夫、曾任粮食人民委员的瞿鲁巴（Цюрупа）都已获得同样的资格。列宁后来还建议加米涅夫也应担任同样的职务。③ 每位副主席主管某几个行政部门或某几个人民委员部。托洛茨基名义上虽然只是三位或四位副主席中的一位，但有一点是没有疑问的：在列宁的意图中，他实际上是名副其实的第二把手。但即使没有任何正式名分，托洛茨基无论怎样也都已尽了这一职责，将其卓越的首创精神运用到了政府各个部门的工作中；列宁的这个建议是有意将托洛茨基的地位合法化并且使之得到加强。

列宁期望托洛茨基占据这个位置的迫切心情可以从下述这件事实看出：他

---

① 托洛茨基档案。

② 此事发生在1921年8月9日——这个事实在党的第十一次代表大会上被一再提到。《俄共（布）第十一次代表大会》，第605—608页及同书各页。

③ 《列宁全集》第43卷，第147—155、181—183页。

反复提到这个问题，在九个月里多次提出同一建议。当他在4月间第一次提出这个建议时，他还没有病倒，因此，他也许还没有想到关于他的领导地位的继承问题。但他工作过度劳累，心力交瘁。他长期患有失眠症，被迫减轻他自己的公务重担。5月底，他第一次中风，到了10月才恢复工作。9月11日，列宁仍在病中，医生还警告他要绝对休息，他就打电话给斯大林，请他把托洛茨基的任命问题以最正式、最紧急的方式再一次对政治局提出来。最后，在12月初，继承问题已使列宁极为焦虑，他又一次提出这个问题，而这一次他是直接跟托洛茨基私下商谈的。

1922年夏，列宁与斯大林在一起

托洛茨基为什么要拒绝呢？这也许是因为在形式上把他安排在与其他副主席同样的地位上有损他的自尊心，而他们只是列宁的下级助手。他说看不出有什么理由要设立这么多副主席；他带着挖苦的口吻提了意见，认为这是职能重叠、分工不明确。① 同时，他还对政治权势作了"虚"与"实"的区分，认为列宁给他的只是虚名。各级政府都掌握在党的书记处的手中，也就是掌握在斯大林手中。他与斯大林之间的对立在内战后仍然存在。即使是现在，这种对立也在政治局里继续着，表现在关于政策的分歧和关于任命的争执中。托洛茨基

---

① 参见托洛茨基档案中托洛茨基在1922年4月18日政治局会议上的讲话。

毫不怀疑，即使作为列宁的代理人，他的每一步也都得取决于总书记处的决定。而总书记处可选派布尔什维克到政府的各个不同部门去，单凭这一点就能有效地控制这些部门。在这一点上，他的态度跟列宁的态度一样是自我矛盾的；他需要党，更确切地说，是需要老近卫军去绝对控制政府；但是他又想防止党的机关干涉政府工作。只要老近卫军与党的机关基本平行，即使不完全平行，这两件事就不可能同时做到。托洛茨基在拒绝了列宁的建议之后，首先推行他自己的对行政机构大检查计划；但后来他又确信，只要党的总书记处（以及组织局）的权力不被削弱，这样的计划就不可能产生预期效果。

个人间的敌对和行政上的争执通常是与政策上更广泛的分歧交织在一起的。

现在，政治局所关心的主要问题是经济问题。新经济政策的基本纲领没有引起争论。大家一致同意，战时共产主义已经失败了，必须代之以一种混合型经济，其中私人"成分"与社会主义"成分"（即国营经济）可以彼此共存，并在某种意义上互相竞争。大家看到，新经济政策不仅是权宜之计，而且是长期政策，这个政策为逐步过渡到社会主义奠定基础。大家都认为新经济政策理应有双重目标：当前目标是借助私营企业的帮助复兴经济；而基本目标则是促进社会主义成分，并保证其逐步扩大到整个经济领域。如果说在这些一般原则政策上可以取得共识，那么，当一般原则落实到具体措施时，意见分歧便产生了。一些布尔什维克领导人首先认为有必要鼓励私营企业，而另一些领导人虽然并不否认这种必要性，却迫切希望促进社会主义成分。

在执行新经济政策的头几年里，普遍的情绪是对战时共产主义的强烈抵触。布尔什维克急于要说服国人不必担心倒退到战时共产主义去；他们自己也深信这样的倒退是绝不允许的（除非发生战争）。再没有比把经济从废墟中抢救出来更重要的事了；而他们看到唯有农民和私有商人才有可能开始这种抢救。因此，他们绝不认为对农民和商人的鼓励是太放任了。其后果不久便显示出来了。1922年，农民的收获量大约达到战前正常年份收成的3/4。这使全国形势发生了根本变化，因为在一个落后的农业国家里，一次好收成就会产生奇迹。饥荒和瘟疫得到了控制。新经济政策的初步成就立刻缓和了危急的形势。但工业复兴的步伐仍然很慢。1922年，工业产值仅为战前的1/4。即使最初这几年有一些进展，主要也是发生在轻工业部门，特别是纺织业。重工业仍然处于瘫痪状态。国家没有钢铁、煤和机器，这再一次使轻工业受到生产停顿的威胁，因为机器得不到修理或更换，并且缺乏燃料。工业品价格已猛涨到用户不能承担的地步了。价格猛涨是由于需求远未得到满足，工厂开工率低，原材料奇缺。形势日趋恶化的另一个原因是布尔什维克在工业管理中缺乏经验以及官僚的无能。工业停滞对农业产生有害的作用，并且使城乡之间本来已脆弱的"联系"再一次受到了中断的威胁。如果农民有钱买不到工业品，他也就不愿意出卖粮食了。对个体农业和私人商业让步尽管是必要的，但这些让步还不能解决问题。也不能指望把问题扔给"市场"，通过供求关系的自发作用使它得到迅速解决，同时又无损于政府的社会主义初衷。

政府看不清楚该如何去应付这个局面。它只能得过且过。它采取的是治标办法，而治标办法的选择则是受对战时共产主义的普遍抵触所支配。布尔什维克领袖们由于鲁莽地废除一切市场经济而烧伤了手指，因此现在涉足市场时就格外小心。在战时共产主义时期，他们根本不想阻止向农民索取粮食和原料；而现在他们却迫不及待去安抚农民。他们希望对消费品日趋强烈的需求会驱动工业车轮的运转，同时也希望重工业能蹒跚着走向恢复。同样的态度也在财政政策上显示出来。在战时共产主义期间，货币与信贷被当做旧秩序的遗物受到唾弃，并被认为是正处在消亡之中的东西。现在财政人民委员部和国家银行重新发现了货币与信贷的重要性，宁愿把资金投放于获利见效快的企业，而不愿投放于关系到国家命脉的企业里。他们把信贷倾注到轻工业部门，而忽视了重工业部门。就某种意义来说，这种对战时共产主义的抵触是自然的，甚至是有益的。但是像负责经济和财政部门的李可夫和索柯里尼柯夫之类的党的领袖，则把这种抵触推向了极端。

应该记住，就新经济政策的颁布来说，托洛茨基与党的其他领袖没有什么分歧。甚至早在中央委员会最终接受它的一年之前，他本人就已提倡新经济政策的基本原则了；也正因为这样，他因政府竟把紧急的经济问题拖延了两年或一年半之后才去解决而私下指责列宁，就不是无缘无故的了。[①] 然而，尽管托洛茨基是拥护新经济政策的第一人，但他绝不向抵触战时共产主义的极端倾向让步。他并不像他的政治局的同志们那样相信对农民和商人进一步退让就能保证经济恢复，也不相信发挥市场的自发作用能恢复工农业之间以及重工业与轻工业之间的平衡。他也不像索柯里尼柯夫和李可夫那样对重新发现的正统财政

[①] 托洛茨基档案，1921年8月7日和1922年8月22日托洛茨基对政治局所作的声明。

观念价值抱有新的热情。

在1921年和1922年初,这些意见分歧几乎是无关紧要的,因为当时农业和私营贸易尚未迈开大步。但不久之后,严重的争论便展开了。托洛茨基认为:新经济政策的初步成就要求对工业政策作出紧急修改,而加快工业复兴的步伐已经刻不容缓。轻工业的"繁荣景象"只是一种表面现象,其基础是狭窄的;除非轻工业部门的生产机器有可能得到修理和更新,否则持续不了很久(农业同样需要农机具来保持发展)。因此,必须集中力量冲出重工业的死胡同;政府应当从全局出发,制订出工业上的"全面计划",而不是依赖市场和供求的自发作用。经济发展孰先孰后的次序应该是固定的,而且必须优先考虑重工业。资源和人力必须合理地集中在那些对国民经济起着根本作用的国营公司,而那些不能有效迅速地促进经济复苏的企业应当关闭;即令这会使这些企业的工人暂时失业也应在所不惜。财政政策必须服从工业政策的需要,接受国家利益的指导,而不是受利润率的支配。信贷应当面向重工业,国家银行应当对重工业设备的更新进行长期投资。托洛茨基主张,由于私有经济与社会主义经济之间的不平衡,迫切需要对政策作这样的方向性调整。现在,一方面,私人企业已是有利可图,而且积累资本和不断扩大;而另一方面,大批国营工业则处于亏损状态。两种经济成分之间的对比,威胁着政府政策的社会主义目标。

在30—40年代之后,托洛茨基的这些见解已经成为起码的常识,而当初看起来却似乎是牵强附会的。而更牵强附会的看来是托洛茨基坚持计划的必要性。计划性之于社会主义经济是本质的东西,这是马克思主义者不言而喻的原则,当然也为布尔什维克所熟悉并作为基本原则而接受。在战时共产主义时期,他们以为已经处在可以立即建立羽翼丰满的计划经济这样一个阶段了;当托洛茨基提出需要"统一计划"来确保经济重建的平衡时,他没有遇到任何反对意见。① 1921年2月22日,正当战时共产主义结束的前夜,政府决定建立国家计划委员会。但是,自从新经济政策实施以来,由于全力转向活跃市场经济,计划经济这个概念便黯然失色了。在俄国人民心目中,计划经济这个概

---

① 《托洛茨基全集》第15卷,第215—232页。但甚至那时列宁就在写给克尔日扎诺夫斯基的一张短小而意味深长的便条中说道:"我们穷得像叫花子,像食不果腹、囊空如洗的叫花子。……完整的、完善的、真正的计划,目前对我们来说 = '官僚主义的乌托邦'。"《列宁全集》第50卷,第103页。

念同战时共产主义是如此紧密地联系在一起,以至于跟它沾边的东西都似乎是不合时宜的。不错,1921年4月1日,在新经济政策刚颁布不久后,国家计划委员会成立了,克尔日扎诺夫斯基(Кржнжановский)任主席。实际上这个新机构有名无实。它的职权界限模糊不清;也没有人想搞清楚。它无权制定长期政策和计划,也无权将计划付诸实施。它只能就日常发生的行政忙乱现象向工业管理部门提出一些建议罢了。①

托洛茨基几乎从一开始就对这种状况提出了批评。他认为,随着向新经济政策的过渡,对计划的需求不是降低了,而是越来越迫切了;如果政府仅仅将它看做是次要的纯理论问题,那就大错特错了。托洛茨基主张说,正因为人们又一次生活在市场经济条件下,政府才必须设法控制市场,并且增强自身的控制能力。他重申"统一计划"的必要性,他说,如果没有统一计划,就不可能使生产合理化,不可能把资源集中到重工业,不可能重新达到各经济成分之间的平衡。最后,他要求明确地规定国家计划委员会的权限,使它成为一个具有充分资格的权威性计划机构,使它有权审定生产能力、人力和原材料储存,从而能提前几年确定生产指标,确保国民经济各部门之间的"必不可少的比例平衡"。早在1921年5月3日,托洛茨基就已写信给列宁说:"不幸的是,我们的工作在毫无计划并且也不懂得计划必要性的情况下进行着。国家计划委员会在一定程度上表现出有意否定这种必要性——即为最近的将来制定出一个切实有效的经济计划。"②

他在政治局里得不到响应。列宁反对他。列宁根据经典马克思主义学说,认为计划性只有在经济高度发达和高度集中的国家里才是有效的,而不是在拥有2000多万个分散的小农户、涣散的工业、私人商业的野蛮落后的国家里。列宁并不是否定长期发展计划的必要性,他本人就同克尔日扎诺夫斯基提出了一个俄国电气化的计划,并把它概括为一个著名公式——"苏维埃政权加电气化等于社会主义"。但列宁认为涵盖整个国有化工业的"全面计划"这种想法是不成熟的、无益的。托洛茨基则主张说,若不是建立在全面计划的基础上,列宁的电气化计划就会成为空中楼阁。他质问道:假如缺乏用来建设电力厂的工业产品,何来电气化计划呢?他也意识到,在现有条件下,经典马克思

---

① 《苏维埃政权五年》,第150—152页。
② 托洛茨基致列宁的这封信(事关伊·沙图诺夫斯基的一本小册子)存于托洛茨基档案。另见《列宁全集》第50卷,第300页。列宁在写给季诺维也夫的便笺中说"托洛茨基火气极大"。

主义学说所预期的那种计划类型是不切实际的,因为它预先假定有一个生产力高度发达并且充分社会化了的现代社会的存在。但他所要求的全面计划只包括国有工业,而不包括私有成分,因此他并不认为现在实施计划经济为时过早。他看到了在国家所有制这一事实与政府有意允许多种多样的国营企业各行其是之间的矛盾。他说,全民所有制已把整个工业转变为一家康采恩,如果没有统一计划,这家康采恩的经营管理就不可能是卓有成效的。①

这在当时是一个大胆的见解。而更为大胆的是托洛茨基在1922年就开始阐明的"社会主义原始积累"②的想法。这是托洛茨基在一个不发达国家内进行社会主义革命的条件下对马克思的一个历史观点的运用。当正常的资本原始积累几乎还没有开始或者还很弱小,不能容许工业根据它自身资源也就是自身利润来发展时,现代资本主义的这种发展初期就被马克思称做原始积累时期。早期的资产阶级毫不犹豫地采用一切暴力的和超经济的手段,努力把生产资料集中到自己手中;并且继续不断地采用这些办法,直到资本主义工业强大起来,能够获取利润,足以把巨额利润重新投入到生产中并在它自身结构内获得自我生存和自我扩展为止。对自耕农的剥削,对殖民地的掠夺,海盗行为以及后来的低工资制,都曾是这种原始积累的主要来源。这种原始积累在典型的资本主义国家——英国——曾经持续了好几百年。只有当这个过程向前推进到一定程度时,正常的资本积累时期方才到来,而"合法的"利润为大规模投资及持续工业化构成了主要基础,尽管不是唯一的基础。

那么,社会主义原始积累究竟是怎么一回事呢?马克思主义者从来没有设想过,社会主义也必须经过一个与资本主义原始积累相类似的发展阶段。他们总是想当然地认为,社会主义经济必将在资产阶级社会所积累起来的并且国有化了的现代工业财富的基础上兴起。但在俄国还不存在足够的那种财富;而且经过这些年的破坏和蹂躏,留下的财富就更少了。布尔什维克在宣布以社会主义作为自己的目标之后,却发现俄国缺少的正是建设社会主义所需要的物质基础。他们必须首先奠定这个基础。托洛茨基主张他们必须进行原始积累,但这是跟他们的先驱者不同的原始积累,这种原始积累应当在社会公有制的基础上

---

① 托洛茨基甚至在新经济政策颁布前夜就已对这些问题进行过论证。参见《托洛茨基全集》第15卷,第215—232、233—235页。

② 参见1922年10月11托洛茨基在共产主义青年团第五次代表大会上的讲话,(《托洛茨基全集》第21卷,第294—317页)。

实现。

托洛茨基当然无意暗示社会主义政府应该或者可以采取那种"血腥可耻"的掠夺和剥削的办法,那是马克思将之与资本主义原始积累联系在一起的;他也无意暗示社会主义来到世上也同资本主义一样"从头到脚,每个毛孔都滴着血和肮脏的东西"。但加强和加速资本的形成则是必要的。俄国工业的发展不能按照把利润重新投入到生产中去的正常过程来进行。大部分俄国工业仍然亏损,即使不亏损,也仍然产生不出巨额的剩余部分来维持社会主义建设的必不可少的条件——加速工业化。国家公积金的增加既可以用牺牲私营商业和农业年收益为代价,也可以用牺牲全国工资总额为代价。只是在一段时间以后托洛茨基才开始力促对耐普曼和富裕农民课以重税。而眼下,即1922年,他仅仅着重指出,唯有牺牲工人利益,经济机体才能得以运转、重建和发展。例如,10月间他在共产主义青年团代表大会上说:"我们接管的是一个千疮百孔的国家。我们国家的统治阶级——无产阶级,已被推向这样一个阶段,可以把它叫做社会主义原始积累。我们不能满足于使用1914年以前的工厂。它们已被破坏殆尽,我们必须付出巨大的劳动力才能把它们一步一步地重新建设起来。"他又说:工人阶级"唯有作出重大牺牲、竭尽全力、鼓足勇气、不惜流血,才能走向社会主义"①。

他的呼吁立即招致了反对。工人反对派早已说过,新经济政策允许对无产阶级进行新型剥削;而这种讽刺挖苦的话变成了某种意义上的政治口号。托洛茨基的论点仿佛是对这种责难真实性的注解并为它提供依据。难道他实际上不是说服工人屈从于这种新型剥削吗?他反驳道,只有当一个社会阶级被迫为另一个阶级的利益而流血流汗、做牛做马的时候才谈得上剥削。而现在他要求的是工人为他们自己的利益流血流汗。他说,即使在最坏的情况下,他也只能被指责为让工人"自我剥削",因为他号召工人为自己的无产阶级国家、为自己的社会主义工业作出"牺牲"和不惜"流血奋斗"。②

这已不是托洛茨基第一次把他的论点建立在将工人阶级与国家等同的基础上了。在1920年和1921年间,他说过同样的话来反对工会自治。他说,工人阶级并无自己的利益需要保护以免受到它自己的国家的侵犯。列宁当时回答说,托洛茨基所求助的无产阶级国家仍然是一个抽象物;它还不是严格意义上

---

① 《托洛茨基全集》第21卷。
② 同上。

的工人国家,它还必须维持工农之间的平衡,更糟的是,它已受到官僚歪曲。工人当然有义务保护自己的国家,但他们也应该保护自己的利益免受这个国家的侵犯。① 当托洛茨基此刻再次声称工人阶级与其国家利益相一致时,他就使自己面临着同样的批判。他不正是借这个抽象观念的名义来敦促工人肩负起社会主义原始积累这副重担吗?官僚阶层、富农分子和耐普曼不正是主要的受益者吗?如果工人阶级拒不承担这副重担,那么,社会主义原始积累如何才能实现呢?这些问题在随后几年里愈益突出。托洛茨基立即回答道,他所提倡的政策不能、也不应强加在工人头上——只有取得工人的同意,政策才能得以推行。因此,主要困难是属于"教育性质的问题":应当使工人们认识到,什么是必需的,对他们提出的要求是什么,因为没有他们的自愿和社会主义热情就什么事也办不成。② 他又一次试图拨动工人阶级英雄主义的心弦,就像他以前曾做过的那样:在 1919 年白军威胁着莫斯科和彼得格勒时他做得极其成功;在 1920 年与 1921 年之交冬天的喀琅施塔得骚乱前,他又一次尝试却遭到彻底失败。应当补充说,他所提倡的社会主义原始积累在此阶段内并没有遇到政治局内的反对,尽管政治局的大多数成员不愿意自己的声誉受到连累,也不愿把不惜"流血奋斗"的坦率要求摆到工人们面前。

这些就是托洛茨基在新经济政策早期所阐明的主要经济思想,他当时实际上是苏联计划经济的先驱之一。但他并不是这些思想唯一的首创者。他的言论代表了一小部分接近托洛茨基的理论家和行政人员的集体思想,尽管其中有些人不赞同他那拘泥于纪律的态度。根据托洛茨基自己的说法,最早发明"社会主义原始积累"这个新词的人是曾在最高国民经济委员会任职的民主集中派领袖弗拉基米尔·斯米尔诺夫(Владимир Смирнов)。③ 叶甫根尼·普列奥布拉任斯基应当被看做是这个思想的主要理论家,他在 1925 年问世的著作《新经济学》有别于托洛茨基的论述,他所阐明的理论根据更深刻、更严密;无疑,他在 1922—1923 年间就提出了他的这些思想。尤里·皮达可夫是国民经济委员会的灵魂,他也主张统一计划经济,为当时重工业的形势而忧虑,批评财政人民委员部和国家银行的信贷政策。④ 毫无疑问,托洛茨基从这些人,

---

① 《俄共(布)第十次代表大会》,第 208 页及以后各页;《武装的先知》,第十四章。
② 《托洛茨基全集》第 21 卷。
③ 《俄共(布)第十二次代表大会》,第 321 页;叶·阿·普列奥布拉任斯基:《新经济学》,第 1 卷,第 1 部分,第 57 页。
④ 参见托洛茨基档案。

或许还从其他人那里借用了某些观点。但是，所有这些人不是拘泥于理论上的探讨，就是沉溺于行政工作，不可能提出比抽象议论或者经验主义的局部结论更为深刻的东西了。唯独托洛茨基能把他们的思想和结论转化为政策纲领，并在政治局里为其辩护，在全国听众面前为其解释。

列宁仍然对"统一计划"和"扩大国家计划委员会的权力"没有多少兴趣。他把他的电气化计划描绘为"争论中唯一严肃的工作"，并把"全面计划"斥为"空谈"。斯大林也持相同的态度；而且他还不遗余力地扩大列宁与托洛茨基之间的裂痕。① 那些二流的领导人，诸如李可夫和索柯里尼柯夫，则视托洛茨基的政策侵犯了他们的职责。他们怀疑计划性，反对授予国家计划委员会更大的权力。他们曾在自己的小圈子里散布过流言蜚语，眼下则公开指责：托洛茨基之所以要求扩大国家计划委员会的权力，只是因为他觊觎它的领导权；当他不再是国家军事独裁者之后就一心想当国家经济的老板。我们不知道托洛茨基是否真想成为国家计划委员会的首脑。即使如此，这愿望也无可厚非。他曾严厉批评国家计划委员会的现任主席克尔日扎诺夫斯基，说此人不称职②，但他从未提议他本人作为候补者，他完全是就事论事。然而，个人野心和本位主义的忌妒总是一而再、再而三地纠缠进来。因此，他的敌手们认定，一个权力加强了的国家计划委员会必然会同以列宁为主席、以托洛茨基为副主席的劳动国防委员会相抗衡。1921年8月7日，在一次中央委员会会议上，托洛茨基反驳道，在他看来，劳动国防委员会仍应掌管重大政策，而国家计划委员会则应把政策化为具体的经济计划，并监督执行。他没能说服中央委员会采纳他的意见。③

与这些争论同时，又发生了有关工农检查院的冲突。斯大林从1919年起就一直任工农检查院的首脑，直到1922年春他被任命为党的总书记时为止；但即使在此后他也对工农检查院施加了强大影响。工农检查院拥有广泛多样的职能：它有权审查全体公务员的道德品质问题而无须事先警告，它可以检查任何一个人民委员部的工作；它可以监视整个行政系统的工作效率，并且有权制

---

① 参见《斯大林全集》中文版第5卷，第40页，他在致列宁的信中把托洛茨基关于计划性的观点说成是"一位中世纪的手工业者，一个自命为负有用古代传说'拯救'俄国的使命的易卜生剧作的英雄……"的观点。

② 列宁在1922年5月5日致政治局的信中提到这个批评，参见《列宁全集》第43卷，第181—183页。

③ 托洛茨基档案。

订提高效率的措施。按照列宁的意图，工农检查院应当发挥相当于超级人民委员部的作用，有了这样的人民委员部，可使尚未实现民主管理的行政机构自己监督自己，并且保持严格的自律。实际上，斯大林却把工农检查院变成了他在政府内部的私人警察机关。早在1920年，托洛茨基就抨击工农检查院，宣称它的检查办法是浪费时间、毫无效益；而它所干的一切也只不过是扰乱政府机器的正常运转。他说："你不可能创造一个特殊部门，能够集政府智慧于一身，并真正能够……监督、检查所有其他部门。每个政府部门都知道，每当需要改变政策或者需要在组织上进行重大改革时，若期望工农检查院的指导，那是徒劳的。工农检查院本身就是政府法令与政府机制之间缺乏协调性的惊人例证，它本身正成为因循拖拉和独断专行的一个强大因素。"无论如何，工农检查院这样的机构所需要的正是"广阔的视野，是关于国家事务和经济事务方面的广阔视野，是比执行这类工作的机构所具有的要更加广阔的视野"①。他把工农检查院比做灰心丧气的不称职者的庇护所和避风港，这些人被所有其他人民委员部踢了出来，"同真正的、创造性和建设性的工作完全断绝了关系"。托洛茨基甚至不止一次提到他认为斯大林是一个爬上高位的超级不称职者。

列宁为斯大林和工农检查院辩护。他因政府公务员的无能和腐化而恼怒，因而寄很大希望于工农检查院。他认为托洛茨基是在泄私愤，所以感到气愤。② 托洛茨基争辩道，起码在经济部门里，那种因循拖拉是组织不完善的后果，而这种组织不完善反过来又反映了经济政策中缺乏任何指导性原则。依靠工农检查院的检查不可能改变这种局面——医治的办法只能在计划性和改组了的国家计划委员会中找到。"无能"这种病症也不可能用突击处理和通过斯大林的人民委员部对政府公务人员施加威胁恫吓而得到根治。托洛茨基说，在一个有着政府历来野蛮腐化这种糟糕传统的落后国家里，主要的任务是要去系统地教育政府工作人员，并且用文明的工作方法去培训他们。

考虑到这种种分歧，托洛茨基不肯当人民委员会副主席，就没有什么可奇怪的了。他不能违心地接受这样一个职位，因为如果接受了，他就不得不去执行他认为缺乏中心思想的经济政策，不得不去指挥他认为结构不合理的行政机构。1922年夏天，当列宁敦促他利用这个职位发动一场反官僚主义滥用权力的运动时，托洛茨基回答道：最糟糕的滥用职权根子就在党的最高领导层。他

---

① 参见《托洛茨基全集》第15卷，第222—224页。
② 参见《列宁全集》第43卷，第181—183页，上述引文及同书各处。

抱怨说，政治局和组织局粗暴地干涉政府事务，已经到了不可容忍的地步，他们甚至没有征得各人民委员部领导的同意，就擅自作出有关各人民委员部的决议，因此，只要这种罪恶行径还在党内到处泛滥，通行无阻，那么与行政机构中的因循拖拉作斗争就是徒劳的。① 但列宁没有领会托洛茨基的意思。他信赖作为党的总书记的斯大林不亚于他信赖作为工农检查人民委员的斯大林。

1922年夏天，围绕着莫斯科对非俄罗斯共和国和苏俄各州的控制方式发生了进一步的分歧。布尔什维克曾保证让这些共和国拥有自决权，其中明确包括退出联邦的权利；这个保证已载入1918年的宪法。同时，他们又坚持严格的集中制政府，并在实际上践踏了非俄罗斯共和国的自治权。人们记得，托洛茨基早在1921年就抗议过对格鲁吉亚的征服和占领，而斯大林则是这一行动的主要鼓动者。后来托洛茨基接受了这个既成事实，甚至还专门写了一本小册子为这次征服辩护。② 更晚一些时候，即于1922年春，在党召开的第十一次代表大会上，当一些著名的布尔什维克指控列宁政府抛弃自决权原则，恢复"统一而不可分的"旧式俄国时，托洛茨基则保持沉默。但很快他本人就在政治局秘密会议上提出了同样的指控，仍然是针对格鲁吉亚问题以及斯大林在那里的所作所为，结果使冲突极度激化。

斯大林作为民族人民委员，正是他下令镇压格鲁吉亚的孟什维克党的。当格鲁吉亚的一些布尔什维克领导人如姆季瓦尼（Мдивани）和马哈拉泽（Махарадзе）对此提出抗议时，斯大林企图恐吓他们并压制他们的抗议。③ 他的行为在某种程度上是符合布尔什维克政策的根本趋向的，因为若是在莫斯科取缔孟什维克党是对的，那当然没有什么明显理由说在梯弗里斯就不能做同样的事。托洛茨基签署过俄罗斯的禁令，但抨击它在格鲁吉亚的延伸。他指出，俄罗斯的孟什维克党人由于其反革命立场已经名声扫地，但格鲁吉亚的孟什维克党人仍然拥有强大而普遍的支持。这是十分正确的。但是，他的论点要令人信服，唯有布尔什维克的统治仍然建立在无产阶级民主的基础上。不过，既然托洛茨基也接受下述观点——布尔什维克为了革命利益有权保持他们的政治垄

---

① 参见托洛茨基档案中1922年8月22日和1923年1月15、20、25日托洛茨基致政治局的信件，另见《我的生平》第2卷，第216页。

② 《武装的先知》，第十三章。

③ 姆季瓦尼、马哈拉泽、奥尔忠尼启则、叶努基泽、斯大林和布哈林对这次冲突的报告，见《俄共（布）第十二次代表大会》，第150—176、540—565页。另见本书作者：《斯大林政治传记》，第236—246页。

断而不管他们是否拥有人民的普遍支持，那么他的攻击就有些虚伪了。从一党制的实现到迫害反一党制的格鲁吉亚布尔什维克，其间只是一步之差，尽管这是从言行一致到荒诞不经的一步之差。当斯大林企图恫吓姆季瓦尼和马哈拉泽时，这是他第一次把镇压的措施应用到布尔什维克身上去。他也严重损害了布尔什维克对待非俄罗斯民族的政策原则性，斯大林自己曾是这个政策的提倡者，而布尔什维克也曾因这个政策的宽宏而自豪。

姆季瓦尼和马哈拉泽在自我辩护中转而反对斯大林政策中极端的中央集权主义原则。他们质问道，莫斯科人民委员会有什么权力可以决定梯弗里斯的政治生活呢？民族自决权跑到哪里去了？难道说弱小民族非得被迫回到那个"统一而不可分的"俄罗斯帝国不可吗？这都是击中要害的问题。与此同时，斯大林却变本加厉地准备一部新宪法，它比原1918年宪法具有更加强烈的中央集权主义色彩，它打算剥夺和废除非俄罗斯民族的权利，变苏维埃联邦为苏维埃联盟。因此，格鲁吉亚、乌克兰以及其他共和国一致起来反对这部新宪法。

当所有这些抗议提到政治局面前时，托洛茨基支持它们。现在证实他的担忧是不无道理的，正是这种担忧使他最先提出反对兼并格鲁吉亚。他在斯大林的行为中觉察到对权力的丑恶的、公然的滥用，它把中央集权制推到一种无限危险的境地，亵渎了非俄罗斯民族的尊严，使它们警觉到"民族自决权"只不过是一个骗局。斯大林与奥尔忠尼启则准备了一份对姆季瓦尼和马哈拉泽的诉状，断言这些"民族分裂主义者"反对苏维埃货币在格鲁吉亚流通，拒不与相邻的高加索各共和国合作，拒不与它们共享仅有的食品，而且他们在根本上是受民族利己主义的精神所驱使，不利于苏维埃联邦的整体利益。如果说这种指控是真实的，那么这样的行为在党员中是不能容许的。托洛茨基不相信这种指控是真实的。列宁与大多数政治局成员则把这场冲突视为格鲁吉亚布尔什维克两派之间的内部纠纷；而从他们的考虑来说，政治局最慎重的方针就是接受斯大林的观点。斯大林是政治局里有关这些问题的专家；列宁看不出有什么理由可以相信斯大林竟会如此恶毒地触犯自己同胞的民族尊严，因为在所有的人当中，后者是著名论著《马克思主义与民族问题》的作者，而且这部论著恰恰就是党对自决权的经典解释。列宁再次感到，托洛茨基是从个人意气或个人主义出发行事的，而这点导致托洛茨基在许多其他问题上反对政治局。1922年10月，列宁恢复办公之后的第一件事就是谴责姆季瓦尼和马哈拉泽，支持了斯大林的权威。

＊　＊　＊

当我们的思维一直跟随着政治局内的意见分歧并考虑托洛茨基在这些分歧争论中的作用时，我们就会为大约一年后在托洛茨基身上所发生的变化而感到吃惊。1922年上半年，托洛茨基仍是作为布尔什维克的一位守纪律者说话；下半年，他已与守纪律者们发生了冲突。这种对比在他对许多事情的态度上表现出来；当人们回忆起他在这一年的年初代表政治局在党和共产国际面前指控工人反对派时，这种对比就更明显了。然而到这一年的年底，看来他自己提出的意见正是工人反对派（以及民主集中派）此前所提出过的意见。正是这个工人反对派最早而又杂乱无章地表达了布尔什维克基层群众对新经济政策的不满，并且主张需要赋予新经济政策以社会主义方向。正是这个工人反对派最早抨击新官僚，抗议滥用职权，斥责新特权。也正是这个工人反对派和民主集中派起来反对党的机关的权力过分集中，大声疾呼要重建党内民主。起初，托洛茨基严厉地批评他们，警告他们说，布尔什维克在任何情况下都不应该用诸如"我们"和"他们"的措词把自己与党的领袖对立起来。但在1922年一年中，看来他接受了他们的大多数思想，采取了他们那种立场，这种立场也必然使他用"我们"和"他们"的措词同政治局的大多数委员展开论争。这真像是在驯服工人反对派的过程中他自己反而转到了它的观点上去，并成为它的最杰出的生力军。

事实上，在这段时间里他同整个党一直在与两难困境搏斗着，只是他比其他任何人搏斗得更为紧张。这就是自由与权威之间的两难困境。托洛茨基对这两者的要求几乎同样敏感。只要革命还仅仅是为了纯粹的生存而奋斗，他就主张权威第一。他使红军实行集中制，主张劳动军事化，力图把全国工会组织起来，鼓吹一个强力而文明的官僚机构的必要性，压制无产阶级民主，压制党内反对派。然而，即使在这个时期里，他的思想深处仍然活跃着一位社会主义"自由的鼓吹者"。在他严格要求遵守纪律的全过程中回响着它的对应旋律——社会主义自由的最强音。在他那最严厉无情的言行中仍流露出人性的温暖，这就是他区别于其他大多数鼓吹纪律者的鲜明特色。在革命的最初阶段，他就已把讨伐的手指向没教养、多疑和妄自尊大的"新官僚"：他们是致命的

"压舱物","共产主义革命事业的真正威胁";这个事业只有当每一个男女劳动者都深感他或她的生活比以前更舒适、更自由、更美好和更富有尊严时,才能充分证明它本身的正确。①

武装斗争的结束加剧了布尔什维主义内部权威与自由之间的紧张对立;同时也加剧了托洛茨基内心的紧张对立。工人反对派以及接近于它的那些政治集团是反对权威的。托洛茨基之所以不同意他们,只是因为他深刻把握着局势的现实性。他不能轻易放弃扎根于现实的权威要求。但当他眼看到自由——社会主义自由——被连根拔去的时候,他又无法保持心境的平静。他是在真正的两难困境中搏斗,而工人反对派只抓着了其中的一端死不松手。托洛茨基力图在布尔什维克的纪律和无产阶级民主之间保持平衡。天平的一端越是倾向于布尔什维克的权威,他就越是支持无产阶级民主。1921—1923年之间发生了平衡倾覆的决定性转变;在这几年中,他愈益用党内民主的要求去对抗纪律的要求。

然而,他并没有成为一个对权威的侵害表示愤慨的单纯的"自由鼓吹者"。他仍然是一位布尔什维克政治家,一如既往地坚信集权制国家和强大的党的领导的必要性,也一如既往地注意到他们的特权。他攻击的不是原则而是对这些特权的滥用。当他义愤填膺地对官僚主义发动排炮式的攻击时,当他以饱满的激情为党内民主进行辩护时,在他身上仍然响彻着纪律鼓吹者的对应旋律。当他意识到"在人类发展中,官僚主义代表着一个尚未结束的整个时代"时,当他意识到官僚主义的罪孽同"人民群众的开明程度、文化水平和政治觉悟成反比地出现"②时,他小心翼翼地不去引发人们的幻想:以为这些罪孽可以一扫而空。迄今为止,他甚至还没有笼统地反对官僚主义——他宁可呼吁其中进步的开明者去反对落后的专横者,并且希望前者同进步的工人一起去制裁、去再教育后者,如果有必要就淘汰他们。他的确改变了自己的立场,愈加靠近工人反对派及其他与之类似的政治集团,隐约认识到它们反对权威的合理一面。但是与它们不一样,他不是一个反对狂,不是简单地"拒绝"官僚主义。他仍然在真正的两难困境中徘徊着,但是现在他的立场跟以前不同了,而且跟反对派一方也不同。

正由于这个原因,不可能准确描述托洛茨基在立场上的改变,也不可能更

---

① 《武装的先知》,第十二章。
② 《托洛茨基全集》第15卷,第218—221页;《武装的先知》,第十三章。

确切地说明是什么事件在什么时间导致了这种改变。导致改变的既不是唯一的事件，也不是某个特定的时间。政治局的政策在许多重大问题上都在工人民主和集权国家之间摇摆不定。托洛茨基的观点也随着布尔什维克政策的摇摆而摇摆——只不过是朝着相反的方向。他开始反对初露端倪的过分的中央集权主义，开始维护那些已经受到侵犯的弱小民族的权利。他同党的"机关"发生了冲突，因为这个机关已独立于党而膨胀起来并凌驾于党和国家之上。由于他所抗议的这个过程是潜移默化地发展着的，因而他的抗议反应也是潜移默化的。他并不觉得自己的观点现在有什么地方需要作重大的修正，因为他现在在反官僚主义阶段所说的话同时也就是他在鼓吹纪律阶段早已说过的话，尽管当时并没有加以强调，而且是在不同的场合下。他几乎不知不觉地从一个阶段进入了另一个阶段。

在政策的摇摆不定之中，有一个相对稳定的问题突出出来——这就是斯大林与托洛茨基之间的对抗。我们记得，甚至在内战进行期间，这种对抗就已产生了。这几乎是从气质、出身、政治倾向和个人抱负的本能对立中发展起来的对抗。在这个对抗中，斯大林扮演的是主动进攻的角色——他由于处在较低的职位而感到屈辱。托洛茨基迟迟才意识到这个对抗，并且也只是无可奈何地对此作出反应，被卷进了这个对抗的旋涡。迄今为止，这个对抗仍然停留在受列宁的强大个人作用所左右的背景范围之内；它还不具有更大的重要性，因为它尚未跟任何明显的政策和利害冲突相一致。到了1922年，这种一致开始出现了。斯大林作为党的机关的总管，并且还暂时得到列宁的支持，就把权威推向极点，强制提出要求，迫使他人服从。政策和利害方面的一种深刻冲突开始形成，把个人的敌对情绪糅合进去，甚至把焦点集中于个人的敌对，直到个人的敌对被一次更大的冲突所遮蔽并加强时为止。

* * *

将托洛茨基与列宁、斯大林和大多数政治局成员的争执列一份清单，可以给我们留下他在布尔什维克领导层中所处实际地位的一个方面的印象。本传记作者应该突出这些事件和局势，因为托洛茨基此后与斯大林的斗争都是从这之中发展起来的，因而同他的命运有着极其重大的关系。但在当代人眼里，这些事件和局势却并非同样突出。在决定托洛茨基在布尔什维克领袖中所处地位，特别是他同列宁的关系方面，这些分歧也并非起着最重要的作用。争论局限在政治局里，全党和全国毫不知情。公众的舆论仍把托洛茨基的名字同列宁的名字并列在一起；在全世界人民眼中，他仍是布尔什维克政策的主要鼓舞者之一。老实说，如果把他跟列宁之间的不和与他们的共同工作，特别是与他们在无比广阔的国内外重大问题上的团结一致和紧密合作相比较，实在是微不足道。

托洛茨基作为陆海军人民委员继续得到列宁的充分支持。甚至在内战结束之后他还必须同"军事反对派"作斗争，而他们在前几年就向他的政策提出过挑战。图哈切夫斯基仍想争取党支持他的建立红军国际总参谋部的得意之作。受到季诺维也夫和斯大林鼓励的伏龙芝和伏罗希洛夫仍力图使他们的"无产阶级战略"和"进攻性军事学说"获得正式批准。这些问题是如此重要，以至于在党的第十一次代表大会秘密举行的专门会议上进行了详细讨论。① 托洛茨基最后否决了他的对手的要求；有个事实帮助了他，即他背后有列宁的权威。列宁历来高度重视他的军事工作，差不多是主动地接受他在这个领域中的判断。可以举出一件有趣的事加以说明。当喀琅施塔得暴动之后，列宁曾向托洛茨基建议解散或"关闭"波罗的海舰队。他认为，水兵们是不可靠的，海军是无用的，它只会消耗全国最缺乏的煤、粮食和服装，因此解散波罗的海舰队有百利而无一弊。但托洛茨基反对。他坚决要求保存海军并深信他能重建海军、转变舰队的思想风貌。这件事就这样以极不正规的方式解决了——通过托洛茨基和列宁在一次政治局会议上彼此私下传递的潦草便笺。列宁接受了托洛茨基的保证，海军因此便被保住了。②

列宁也曾不止一次向党和共产国际表明，他认为托洛茨基是一位马克思主义的阐释者；他全心全意地支持托洛茨基在俄国文化生活中所起到的杰出影响（关于托洛茨基在这方面的活动，将在后面讨论）。列宁和托洛茨基一致反对那帮吵吵嚷嚷的作家和艺术家，特别是倡议"无产阶级文化"和"无产阶级文学"的"无产阶级文化派"的野心。在内战后他们视为头等大事的教育事业以及一切有关倡导马克思主义的问题上，两人都主张要耐心和宽容；两人都

---

① 托洛茨基在那次会议上所发表的演说，收进《革命是怎样被武装起来的》第3卷第2册，第244页。参见《武装的先知》，第十三章。
② 这件事发生在1921年3月27日会议上。参见托洛茨基档案。数月后，托洛茨基在一次公开讲话中又提到了这件事。参见《革命是怎样被武装起来的》第3卷第1册，第81页。

坚决制止生硬作风、骄傲自负和狂热，这些苗头在许多有影响的党员身上已开始表现出来。

在外交方面，托洛茨基同样表现出高度的积极性和恒久的创造性。重要的外交问题是由一个小型委员会决定的，它由列宁、托洛茨基和加米涅夫组成，并邀请外交人民委员契切林，常常还有拉狄克参加协商。当时苏维埃外交应致力于巩固和平，并同资产阶级欧洲建立国际关系。我们应当记得，托洛茨基曾利用他的一切影响终于在1921年同波兰签订了和平协议，而列宁对这个和平协议却并不是那么热心。他同样想尽办法争取到政治局的同意，与波罗的海沿岸几个小共和国划定边界，签订了和平协议。① 早在1920年，托洛茨基就敦促列宁同英帝国和解；只是经过一段时间之后他的这个建议才付诸实现。但是他在外交领域最重要的创举则完成于1921年，当时他进行了一系列大胆而又极巧妙的活动，终于促成了与德国签订《拉帕洛条约》，在从《布列斯特－里托夫斯克和约》到1939年《德苏条约》的20年中，这是苏联外交史上最重大的功绩。

作为陆海军人民委员，托洛茨基渴望用现代武器装备红军。但原始落后的苏维埃军事工业无法满足供应。他通过在国外的代理人到处采购军火，甚至远到美国去买。但这种购买远水不解近渴，而且，红军依赖国外的军火供应是危险的。因此，托洛茨基想利用国外援助建立起俄国的现代军事工业。然而问题发生了：从哪里能得到这种援助呢？有哪一国资产阶级乐意援助一个共产党政府建设自己的军事力量呢？他能够寄托成功希望的国家只有一个，这就是德国。《凡尔赛条约》禁止德国制造军火，欧洲最现代化的德国军火工业便闲置不用。倘若这笔生意有足够的吸引力，那么这些企业主是否愿意提供设备和技术指导呢？1921年初，曾在维也纳《真理报》工作过的前孟什维克维克多·科普（Виктор Копп）代表托洛茨基，与克虏伯、布鲁姆—沃斯和阿尔巴特劳斯等大公司进行了秘密接触。1921年4月7日，他报告说，这些公司同意合作，愿意提供在俄国制造飞机、潜艇、大炮以及其他军需品所需的装备和技术援助。整整一年中，双方使者穿梭来往于莫斯科和柏林；而托洛茨基则向列宁和契切林通报谈判的每一步发展。政治局授权他在严格保密的情况下进行谈判；在所有这些准备阶段内，他已掌握了通向《拉帕洛条约》的各种线索，

---

① 参见《武装的先知》，第十三章。

就等着外交家们出面了。①

随着谈判的进行，交易的范围扩大了。在德国，闲置的并非只是军火工业，旧日出色的军官们也都赋闲在家。因此，他们乐意承担训练俄国士兵和飞行员的任务。作为交换，他们可以在俄国境内秘密训练德国军官，而这是在他们国内办不到的。这样，德国国防军与苏联红军之间长期合作的基础奠定了，这项合作在托洛茨基被免职后还持续了整整十年，并为第二次世界大战前苏联军事力量的现代化作出了重大贡献。

但是直到1922年春天，所有这些活动仍在试探进行中，莫斯科和柏林双方都踌躇不决，因为两国外交界一直希望在即将召开的日内瓦会议上谋求同协约国各国和解，这是第一次准备邀请德国和苏俄参加的国际会议，它们至今还是外交界的弃儿。只有当所有这些希望落空之后，《拉帕洛条约》才得以签订。这个条约与其说是真心诚意的同盟，倒不如说是一笔"认真务实的"交易。布尔什维克急于想通过互相让步为自己尽可能多地获取利益，因此照例小心地不去鼓励德国修改条约和进行复仇运动，尽管他们出于原则，一开始便谴责了《凡尔赛条约》，当时他们的政府甚至还没有被德国承认，对《布列斯特－里托夫斯克和约》也还记忆犹新。

托洛茨基格外小心不让苏俄的政策同德国的民族主义纠缠在一起。后来在《拉帕洛条约》签订之前，他力图改善俄法关系。1922年秋，他在克里姆林宫接见了爱德华·赫里欧（Edouard Herriot），原左翼联盟的领袖，当时的法国总理。赫里欧后来详细地描述了这次访问，并回顾了托洛茨基为改善两国关系所提出的充分理由。托洛茨基使赫里欧确信，只因为协约国的盲目敌意才迫使苏俄跟德国先是在布列斯特－里托夫斯克、尔后在拉帕洛签订了协议；但《拉帕洛条约》中没有一款是针对法国的。他重温法国雅各宾党的传统，呼吁法国政治家和舆论界更广泛地理解俄国革命。赫里欧回忆道，当托洛茨基谈到雅各宾主义与布尔什维主义的密切关系时，一队红军士兵用法语唱着《马赛曲》走过来了，"我们为自由而死"的歌词通过敞开的窗户，飘入会议厅。②

---

① 科普的报告、托洛茨基和列宁的便条均收入托洛茨基档案。
② E. 赫里欧：《新俄罗斯》，第157—158页。

被解除武装的先知：托洛茨基 1921—1929

爱德华·赫里欧，法国学者兼政治家，原左翼联盟领袖，曾三次组阁任总理

外交活动此刻在苏维埃事务中所表现出来的重要性是与俄国境外共产主义运动的失败直接相联系的。欧洲的革命浪潮已经消退，共产国际已经搁浅。共产国际所属的各党只能领导欧洲工人阶级中的少数，他们若向资产阶级制度发动正面攻击，没有任何成功的希望。然而，大多数共产党拒不承认失败，想要依靠他们自己的力量继续举行暴动、政变，他们希望，只要坚持下去就能将工人阶级的大多数争取到他们一边来。重新确定共产国际的方针已是刻不容缓的事，而这也正是列宁和托洛茨基的共同工作。在共产国际的问题上，他们两人之间的合作关系是亲密无间的，这种关系一经确立起来，就不会因为任何微小的意见分歧而受到干扰。①

不论托洛茨基还是列宁都从来没有放弃他们的根本信念，即俄国的十月起义开辟了国际无产阶级革命的新时代，而托洛茨基则在此后的整整 20 年里直到生命结束都坚守这个信念。但此刻他终于认识到，俄国以外的阶级斗争比他本人及其他人最初所设想的要更复杂、更漫长。他不再想当然地断言阶级斗争的结果。他所关心的是要消除这种自满情绪和共产国际内的"极左"幻想。

---

① 列宁和托洛茨基是在共产国际第三次代表大会上当选为名誉主席的仅有的两位苏联领导人。参见《共产国际第三次代表大会》，第 16 页。

1921年7月，他对那些坚持社会主义的到来是"不可避免"的共产党人提出了尖锐的批评。① 他说，预先决定社会发展进程的这种信念是对马克思主义历史观念的"机械的"曲解。

> 人类并不总是永远不变地向上发展。……人类历史上曾有过长期停滞，也有过向野蛮阶段的倒退。历史上有过这样的事例……当一个社会已经达到一定的发展高度，是不可能使自己停留在那个高度上的。……人类永远不可能停滞不前。任何均衡由于是阶级斗争和民族斗争的结果，本质上都是不稳定的。如果一个社会不再上升，那就必定后退。一个社会，若没有任何一个阶级能确保其优势，那么这个社会就必定崩溃。于是，通向野蛮之路便敞开了。

古代文明崩溃的主要原因正是如此：罗马和希腊的上层阶级已经腐朽不堪了，而被剥削阶级——广大奴隶——又天生没有能力进行革命和发挥政治领导作用。这种情况可做我们这个时代的殷鉴。资本主义制度的腐朽已是不可否认的了。的确，美国的资本主义仍然是一支生气勃勃的、扩张性的力量，尽管社会主义在美国已经能够比资本主义更合理地开发国家资源而更能促进社会的福祉。但是欧洲的资本主义在其历史意义上已经到了穷途末路。它不能有效地推动生产力的发展，不起任何进步作用，也不可能开辟任何新的远景了。如果情况不是这样，那么我们这个时代一切有关无产阶级革命的思想就都不过是堂吉诃德式的梦想。然而，尽管欧洲资本主义正在继续衰退，但资本主义制度过去不会、将来也不会自行崩溃。资本主义制度必须被推翻，而唯有工人阶级才能通过革命行动推翻它。如果工人阶级不能做到这一点，那么奥斯瓦尔德·斯宾格勒（Oswald Spengler）在其著作《西方的没落》中所做的可悲预言就将成为现实。历史已向工人阶级提出挑战，似乎在对他们说："你们应当懂得，如果你们不去推翻资产阶级，你们将在文明的衰落中毁灭。努力吧，去完成你们的使命！"②

与此同时，西方资本主义经受住了世界大战和战后危机的冲击。西欧有产阶级已从俄国革命中汲取教训：他们不会让自己再像沙皇帝国那样被打个措手

---

① 《共产国际五年》，第266—305页。
② 同上。

不及。他们已经动员了所有的资源和战略思想。法西斯主义的出现便是这个总动员的信号——托洛茨基是在1922年说这番话的，这一年正是墨索里尼向罗马进军的那一年。他又补充说，存在着"一位德国的墨索里尼"攫取权力的危险。①

1922年10月，墨索里尼（前排正中间者）在向罗马进军途中

所有这一切对于社会主义革命的未来发展都是不祥之兆。这整个发展进程以及早期马克思主义者所未曾预见到的一系列特殊现象可能使社会主义处于不利地位。无产阶级革命如果首先发生在以高度发达的生产力为背景的美国，就会产生最佳的结果，如果发生在英国，则会产生次佳的结果。与此相反，革命却首先在俄国赢得胜利，而它在那儿展示其优越性的余地却很有限。如果革命发生在比俄国更加落后的亚、非国家，那么它将发现自己的处境最为不妙。这使托洛茨基作出了忧郁的评论："历史似乎是从相反的一端来解它的结的。"也就是说，从最不成熟的国家开始。②

托洛茨基并没有抛弃他的希望，即"结"也会从西方一端，亦即欧洲一端解开。在他看来，革命的延迟、反革命的动员、阶级斗争的暗淡前途和欧洲文明衰退的可能性都并非是命定的必然；而是必须去反抗和阻止的一种危险。

---

① 《共产国际五年》，第563页。
② 同上，第429—430页。

时机仍然以压倒之势有利于革命；但这在相当大的程度上取决于各国共产党的态度。共产党的使命就是要把欧洲社会引出死胡同。他们必须去夺取领导权。他们若想成功，只有成为战斗的、自觉的党，只有通晓革命的战略和策略并且习惯于在严格的国际纪律下协同作战。如果他们仍然只是旧的社会民主党的一个激进变种，如果他们仍对资产阶级议会制度抱有幻想，并且只在本国政治的框架内行动，他们就非失败不可。但是，如果他们在反对社会民主党的传统时却使自己成为狭隘、自我中心、思想与策略僵化的宗派集团；如果他们仅仅满足于对资产阶级社会制度采取纯粹消极的、无力的抵制，而不是从这些制度内部去促进革命思想；如果他们总是尝试着去袭击资本主义堡垒，而不给予环境条件和力量平衡以应有的注意，那么他们也肯定会失败的。

各国共产党所面临的不是直接的革命时机。他们的任务是积聚力量并赢得工人阶级的大多数，没有它的支持，任何革命都不可能取得胜利。

托洛茨基与列宁一起制订了"统一战线"①的策略。这个策略的要点是：各国共产党由于仍然弱小，还不足以推翻现行社会体制，因此他们必须成为工人"日常斗争"——要求增加工资、缩短工时、争取民主自由——的最积极的参与者。他们不应把社会主义思想变成工联主义和议会改良的一枚小银币，而应当把他们的革命精神和革命目标引入实现"局部要求"的斗争中去。他们必须使工人们认识到，在资本主义条件下可能赢得的一切利益是微不足道的；因此，要通过争取这类利益的斗争把他们团结起来作最后的斗争。社会民主党是通过将工人的战斗力局限在资本主义框架中这种方式去领导工人为实现"局部要求"而斗争的；而他们惯于用改良去转移革命目标。共产党人则恰恰相反，应当利用改良作为革命的跳板。

既然共产党人不得不为局部利益和局部改良而战斗，那么他们与社会民主党人和温和的工联主义者就有了共同的基础，不管这个基础是多么狭窄。共产党人应当努力争取同他们在统一战线内协调行动。这样至少可以防止改良主义与共产主义之间不可弥合的根本裂痕所可能导致的危险后果：克服工人阶级的分裂，防止力量的分散。当共产党人和改良主义者在分别行动时，每当受到资产阶级的威胁或者可以从资产阶级手中争取让步时，他们就应当联合起来去反

---

① 1921年6月13日，托洛茨基向共产国际第三次代表大会第二次会议作了《关于世界危机和国际任务的报告》，拉狄克代替季诺维也夫作了《关于策略的报告》，当时季诺维也夫倾向于"极左"反对派。参见《共产国际第三次代表大会》。

对它。联合行动还应当扩大到议会和选举中去，共产党人应当做好准备在议会选举中支持社会民主党人。但统一战线的主要战场是在议会外，在工会中，在产业部门里，在"街头"。共产党人应当追求双重目标：他们要尽力夺取统一战线的直接胜利，同时在统一战线内申明自己的观点，旨在使社会民主党工人从改良主义的思想惰性中摆脱出来，助长他们的革命自觉性。

列宁早在1920年在《共产主义运动中的"左派"幼稚病》一书中就已经详细阐述了这些观点，他强调指出，不可理喻、极端激进派的宗派主义给共产主义运动带来了无比危害。在1921年德国的三月暴动之后，对极端激进主义正式进行严厉谴责的必要性变得格外迫切了。就在那时，列宁在共产国际执行委员会上提出了新政策的建议。他遭到季诺维也夫、布哈林、库恩·贝拉等人的强烈反对。一时间，极端激进派似乎不可一世。经过一场激烈的辩论，列宁和托洛茨基联合对抗反对派之后，才说服了执行委员会批准"积聚力量"的政策，同时授权列宁与托洛茨基在即将召开的共产国际代表大会上阐明这个政策。①

在1921年7月的共产国际代表大会上，极端激进派负隅顽抗。他们对德国党、意大利党、荷兰党施加了强有力的影响，它们从充塞整个国际的那股高涨情绪中汲取了力量。各国共产党是在同老牌社会民主党领袖们进行你死我活的斗争中才得以生存下来的，他们指责这些老牌社会民主党人支持1914—1918年的"帝国主义大屠杀"、随后对欧洲革命的镇压、对卢森堡和卡尔·李卜克内西的谋杀，指责他们对欧洲干涉俄国革命所采取的暧昧态度。因此毫不奇怪，当许多共产党人现在听到列宁和托洛茨基力促他们承认失败——哪怕是暂时的失败，而且还要他们同那些可憎的"社会帝国主义分子"和"社会民主党叛徒"合作时，他们大为惊愕，甚至义愤填膺。在极端激进派看来，这种行为无异于投降，甚至是背叛。在共产国际代表大会上，如同早先在执行委

---

① 在《列宁领导下的莫斯科》一书的第172—188页中，阿尔弗雷德·罗斯默对这几天的情况提供了资料丰富的报告。另见拉狄克：《共产国际五年》第2卷，序言。列宁在这次执行委员会上的讲话中声明完全同意托洛茨基的意见，并严厉抨击极左派发言人库恩·贝拉，多次将库恩称为"傻瓜"。列宁讲话的全文，我多年前就已读过，但在写作本书时却未在手头。托洛茨基在他的《反对派通报》（1932年12月出版）中刊登了列宁讲话的摘要。列宁说："我到这里来，是为了抗议库恩·贝拉的演说，库恩是反对托洛茨基的，而不是维护托洛茨基的——如果他希望做一个真正的马克思主义者，他就应该这样做……托洛茨基同志是一千倍地正确……我认为，在一切基本问题上支持托洛茨基同志已经说过的话，是我义不容辞的责任……"列宁也支持托洛茨基反对加香和弗洛萨尔，他们在大会上代表极右派。参见《共产国际第三次代表大会》。

员会上一样,列宁和托洛茨基不得不运用他们的影响和辩才去阻止反对派占据上风——他们甚至威胁说不惜分裂国际,如果共产国际支持极端激进派的话。

1921年7月,托洛茨基在共产国际第三次代表大会上

代表大会投票通过了新政策,但是,仍有思想保留,对所涉及的问题还没有明确理解。列宁和托洛茨基向各国共产党提出双重任务,即同改良主义者并肩战斗去反对资产阶级,同时要把工人阶级从改良主义者的影响下争取过来。统一战线的观点体现了布尔什维克党的整个策略经验,布尔什维克的确曾以某种形式的统一战线同孟什维克和社会革命党人一道首先反对沙皇帝国,然后反对立宪民主党和科尔尼洛夫,直到最终战胜了孟什维克和社会革命党人。布尔什维克之所以胜利,不仅仅是由于党的领袖们智勇双全,而且还由于整个社会秩序的崩溃和继之而来的整个阶级革命典型的从右向左的转变。这样的策略——从共产党的观点看来,没有任何其他的策略是现实可行的——能否运用到俄国境外而取得同样的胜利呢? 在欧洲,旧秩序已经重新恢复了某种程度的稳定,出现了一种既混乱而又明显的从左向右的转变。仅此一点就确立了改良主义者在任何统一战线内的优势。欧洲的共产党还没有一位领袖能像列宁或托洛茨基那样善于运用策略。因此,欧洲共产党被证明不善于兼顾统一战线的两个方面。有的共产党人只记住他们的任务是真诚地同社会民主党合作,有的则一心要搞臭社会民主党。有人将统一战线视为不遗余力地团结工人阶级去为局部要求奋斗,还有人仅仅把它看成是一种巧妙的计谋,更有人摇摆于两种对立

的观点之间。这样，国际便开始分裂为右翼和左翼，中间分子和过激集团，"稳健派"和"极左派"。

在代表大会上，托洛茨基和列宁主要是跟极端激进派的反对意见进行争论，这使他们有时像是在鼓励右翼分子。特别是托洛茨基，一谈到极端激进派，便流露出尖刻辛辣、鄙弃轻蔑的表情来。例如对柏林共产党组织领导人阿尔卡季·马斯洛（Arkadi Maslow）和路特·费舍（Ruth Fischer），托洛茨基把他们描绘为感情冲动、没有头脑的人，认为他们的观点与马克思主义毫无共同之点并且很有可能转变为最无原则的机会主义。① 托洛茨基博得了大会全体温和派的热烈掌声；当著名的德国共产主义老战士克拉拉·蔡特金代表与会的大多数代表们向他致以庄严而激动人心的颂词时，大会掌声雷动，爆发出热烈的欢呼声。②

1921年夏，列宁在共产国际第三次代表大会上作记录

在下一次亦即共产国际第四次代表大会上，列宁已经病魔缠身，发言简短而又吃力；托洛茨基则作为共产国际的战略战术的主要阐述者而引人注目。他再一次倡导统一战线。他进一步敦促各国共产党有条件地支持社会民主党政

---

① 托洛茨基：《共产国际五年》，第288页及以后各页。
② 《共产国际第三次代表大会》，第58页。

府,在特殊的条件下,即在革命即将爆发的形势下,如果这种联合能为无产阶级专政铺平道路,甚至可以加入他们的政府。① 这使反对派勃然大怒。共产国际自从它存在的第一天起就声明了其政策的一条原则——任何一个共产党绝不加入任何联合政府;它的任务就是要摧毁资产阶级国家机构,而绝不试图从其内部来夺取它。但是大会接受了战术策略革新;各国共产党受命等候时机与社会民主党一起组织联合政府。这个决定在1923年秋天德国共产主义运动的转折点上具有关键性的重要意义。

托洛茨基(以及列宁)所推行的策略就是如此,他们始终希望能从"正端"来"解开革命之结",也就是说从欧洲一端解开。

* * *

1922年,列宁和克鲁普斯卡娅在莫斯科郊外哥尔克村休养,身旁有一架望远镜

1922年整个夏天,政治局内关于国内问题的意见分歧仍毫无结果地延续下去。列宁与托洛茨基之间的不同意见仍然存在。9月11日,列宁从莫斯科

---

① 参见托洛茨基在共产国际第四次代表大会上的报告,见《共产国际五年》。

郊外哥尔克村休养回来后与斯大林进行了接触,责成他再次以最迫切的形式对政治局提出动议,任命托洛茨基为副主席。斯大林用电话把动议通知在莫斯科的政治局委员和候补委员,他本人和李可夫投票赞成任命;加里宁表示无异议,而托姆斯基和加米涅夫弃权。没有人投反对票。托洛茨基再次拒绝接受这个职务。① 列宁坚持这项任命是迫不及待的,因为李可夫即将调离。托洛茨基回答说,他自己也该去休假了,而且手头还堆满了即将召开的共产国际代表大会的工作。所有这些借口都不相干,因为列宁本来就没有打算把这项任命仅仅用来延续因休假而中断的工作。但托洛茨基未等政治局作出决定便离开了莫斯科。9月14日,政治局召开会议,斯大林在会上提出了极不利于托洛茨基的决议案。这个决议案斥责托洛茨基擅离职守。② 各方面情况表明,肯定是列宁促使斯大林作出这个决议案的,或至少斯大林是得到他的同意的。

不到一个月的时间,一件意外事件结束了列宁和托洛茨基之间的争论。10月初,中央委员会通过有关外贸垄断权的几项决议。苏维埃政府为自己保留着对外贸易的垄断权,把所有对外商务交易集中在手里。这就是"社会主义保护主义"的决定性措施——该术语是托洛茨基新创造的。③ 其意图是保护基础薄弱的苏维埃经济免受世界市场的敌对压力以及未可预料的经济波动的影响。垄断权还可防止私人商业挤进外贸,防止它输出必需品并输入非必需品或进一步打乱全国的经济平衡。中央委员会在托洛茨基和列宁缺席之际通过的这几项新决议,虽然还没有走得太远,尚不至于允许私人商业打入外贸,但它们确实使中央对国外的苏俄贸易机构的监督放松了。这就有可能使在国外经营的个别国营公司纯粹为了局部利益而独立活动并以此破坏"社会主义保护主义"。迟早总有一天,私人商业可能从这种破坏中捞到好处。④

列宁马上表示反对这些决定,认为这是对苏维埃经济的严重威胁。他震惊、愤怒,因而加重了病情。他在医生与护士监护下偷空口授通知、备忘录、抗议和警告,但他已不可能亲自干预中央委员会了。后来,当他得知托洛茨基所持观点与他一致时才松了一口气。在将近两个月过程中,问题一直悬而未决。12月13日,列宁写信给托洛茨基说:"恳请您在即将召开的(中央委员

---

① 托洛茨基档案。
② 同上。
③ 普列奥布拉任斯基:《新经济学》,第79页。
④ 《列宁全集》第43卷,第220—223页。

会）全会上出面维护我们的共同观点,即保留和加强对外贸易垄断是绝对必要的。"托洛茨基欣然同意。至今他已多次警告过列宁和政治局,说他们的政策只会鼓励政府消极地屈从于不受控制的市场经济力量,他指出,中央委员会最近的决定证明他的所有警告都是对的。他再次强调协调和计划以及赋予国家计划委员会更广泛权力的必要性。列宁仍然想把国家计划委员会的问题搁置起来,请求托洛茨基集中处理对外贸易垄断制的问题。列宁再次写信给托洛茨基说:"我认为我们已经完全谈妥了。请您在全会上声明我们两人意见一致。"如果他们两人在全会上不能取得多数票,那么托洛茨基就要声明,他们两人将不惜任何代价反对投票结果:他们将公开谴责中央委员会。①

事实上,无需采取这样激烈的行动。同列宁所担心的恰好相反,12月下半月,当中央委员会重新审定这个问题时,托洛茨基轻易说服全会推翻了这些决议。列宁非常高兴。"在福斯特教授②的同意下"他给托洛茨基写了一张便笺:"看来我们仅仅调动了一下兵力,就一枪不发拿下了阵地……我建议不要停顿,要继续进攻……"③

这次意外事件使列宁与托洛茨基之间的关系比前一段更加密切了。几天以后,列宁进一步地回顾了最近两年来托洛茨基对经济政策所作的批评,他在12月27日的信中把回顾的结果通知了政治局:

(关于国家计划委员会的优先地位)这个思想是托洛茨基同志提出来的,大概已经很久了。我当时反对这个思想……但是经过仔细研究,我发现这里实质上也有合理的思想,即国家计划委员会……虽然实质上掌握着正确判断事物所需的大量材料,却有点被置于我们的立法机关之外。……我想,可以而且应当赞同托洛茨基同志的是这一方面……④

---

① 参见1922年12月12—27日间列宁与托洛茨基的通信;托洛茨基档案;托洛茨基:《斯大林伪造学派》,第58—63页。

② 福斯特教授是列宁的医生之一。

③ 1954年时我写下本卷的头两章主要是根据托洛茨基档案的文件。仅仅两年后,在赫鲁晓夫于苏共第二十次代表大会上进行揭露后,上述一些重要文件第一次在莫斯科得以公布,以后这些文件被收入专门一卷(即第36卷),增补到列宁全集第4版中。对照这些文本,我无需把托洛茨基档案中的引文改动一个标点符号。但是,托洛茨基档案中所存的列宁通信即使现在也不过发表了一部分,更不必提其他文件了。

④ 托洛茨基档案;《列宁全集》第43卷,第344—345页。实际上,列宁已完全接受了托洛茨基的基本思想,除克尔日扎诺夫斯基不胜任国家计划委员会主席这一断言之外。

列宁意识到，由于这封信中有潜在的认错意味，它会令政治局委员们失望。果然，政治局由于列宁的突然转变而感到困惑，不顾托洛茨基的抗议，决定不发表列宁的意见。①

在这一年最后几周的日子里，在其他一些使他们两人产生分歧的问题上，列宁也为与"托洛茨基同志一致"而采取主动。12月初，他再次力促托洛茨基接受副主席的职位。② 这次是列宁与托洛茨基私下谈的，而不是在政治局会议上正式提出的。继承问题在列宁头脑里已成为头等大事——他就要写他的遗嘱了。但是他对托洛茨基毫无暗示。相反，他以忧心忡忡的口气谈到了他认为越来越严重的滥用职权以及抑制这种恶习的必要。托洛茨基这次并没有完全拒绝列宁的动议。他只是反复强调，只要党的领导机构中仍然容忍这种歪风邪气，那么在政府部门中发动反官僚主义恶习的斗争就不会产生任何效果。列宁的回答是，他愿意与托洛茨基结成"联盟"，联合起来反对官僚主义，不仅在政府部门里，而且也在党的机构里。他们两人心照不宣，不需指名道姓。这次行动的矛头所向的唯一目标就是斯大林。但是他们没来得及继续研究和讨论任何行动计划。几天以后，列宁又一次中风。

在他们最后一次谈话中，列宁并没有告诉托洛茨基他又仔细思考了他们有过分歧的另一个重大问题，即斯大林处理格鲁吉亚的政策问题。这一次他最终也打算与"托洛茨基同志一致"了。此刻他的心情犹如一个一只脚已跨进坟墓的人那样，不安地回顾自己一生的工作，强烈意识到其工作上的缺陷。早在几个月以前，即在党的第十一次代表大会上他曾经说过，他总有一种不可思议的感觉，仿佛一名汽车司机突然发觉他的汽车不是按照他所操纵的方向开去。有几股强大的势力正把苏维埃国家从正确的道路上推开：半野蛮的俄罗斯农民的个人主义，资本主义包围的压力，特别是不文明的俄国专制政府这种根深蒂固的民族传统。③ 每当疾病发作之后回头重新审视国家机构的动向时，列宁就更为警觉，他怀着感伤却又坚定的信心，力图把方向盘抓到自己已经瘫痪了的手中。

他察觉到"这辆汽车"又陷入了——噢，多么熟悉的——大俄罗斯沙文

---

① 托洛茨基档案。斯大林支支吾吾地说："我认为没有任何必要印发列宁的评论，特别是我们没有得到列宁的批准。"
② 托洛茨基：《我的生平》第2卷，第215—217页。
③ 参见《列宁全集》第43卷，第85页。

主义的老轨道。12月下半月，列宁重新审查了与格鲁吉亚布尔什维克这次冲突的前因后果，在这次冲突中他曾站在斯大林一边。他仔细地搜集、筛选、清理与核对事实。他终于明白了斯大林及其副手奥尔忠尼启则在梯弗里斯的粗暴举动。他发现他们加诸格鲁吉亚"分裂主义者"的指控都是虚假的，他很生自己的气，因为他允许斯大林滥用他的信任并蒙蔽他的理智。

12月23—25日，列宁就是在这种心情下口授了那封给他的追随者的信，这封信实际上成了他最后的遗愿与遗嘱。① 他要让党了解那些将受命领导党的人。他扼要地概括了领导核心每个人的特点，让党知道每一个领导人在他心中的功与过。列宁抛开个人的好恶，斟酌着每一句话，使其判断建立在多年观察的基础上而不是出自一时的冲动。

他写道，党应当注意到分裂的危险，即斯大林与托洛茨基"现时中央两位杰出的领袖"在其中将作为主要的敌手而彼此对峙。迄今为止，他们的对抗还没有表现为根本的阶级利益或原则性的冲突：他认为还仅仅是个人意气之争。托洛茨基是"中央委员会中最有才能的人"；但他"过分自信，过分热衷于事情的纯粹行政方面"，有一种使他与中央委员会对立起来的个人主义倾向。作为一个布尔什维克领导人，这些当然都是重大缺点，会削弱他的合作能力和判断力。但列宁又补充说，党不应该纠缠于他在革命前与布尔什维主义的分歧。他通过这告诫暗示先前的那些分歧都早已过时了；但列宁有一种预感：他的意思不一定能为他的信徒们所接受。

关于斯大林，他只是说了这样一番话："斯大林当了总书记，掌握了无限的权力，他能不能永远十分谨慎地使用这一权力，我没有把握。"这个警告只是一种暗示，还不是断言。列宁尽量避免提出直截了当的意见，也不表明个人的爱憎态度。如果说只是因为他关于托洛茨基的品质谈得更多一些，那么看起来他更强调的是托洛茨基的缺点，而不是斯大林的缺点。但不久他又有了新的想法。1923年1月4日，他又写了那份简要而意味深长的补充。他说斯大林的粗暴"在总书记的职位上便是不可容忍的了"，他建议他的追随者们"把斯

---

① 有学者考证，所谓的列宁遗嘱是列宁写给即将召开的党的十二次代表大会的。列宁知道自己因病不可能出席代表大会并亲自在会议上解决他认为是急需解决的事关党和革命命运的问题，因此，以书信的方式建议党的第十二次代表大会讨论和解决这些问题。这些书信对"三驾马车"十分不利，他们极力阻止公布这些文件，并通过种种手法伪造事实，说什么列宁吩咐在他死后再把这些文件交给党的代表大会。因而才被误认为"遗嘱"。参见郑异凡：《天鹅之歌》，第118—140页，辽宁教育出版社1996年版。——译者注

大林从这个位置上调开",任命"另一个人……较为耐心、较为谦恭、较有礼貌、较能关心同志,而较少任性等等……",如果不这样做,那么斯大林与托洛茨基之间的冲突必将发展得更尖锐,最终危及全党。① 列宁毫不怀疑他的"调开斯大林"的建议只能确立托洛茨基的领导地位。

由于列宁的遗嘱写得很含蓄,甚至其补充也同样,因此没有清楚表明列宁新近对斯大林的愤怒以及他要一劳永逸地使斯大林身败名裂的毅然决心。在12月25日至1月1日这几天中,列宁下定了这个决心。当时苏维埃全国代表大会刚刚召开,斯大林在会上宣布用苏维埃社会主义共和国联盟来取代根据1918年宪法而制定的联邦。② 列宁原先一直支持对宪法作这样的修改,但他现在却怀疑,这将会完全取消非俄罗斯共和国的自治权,并且必然会重新建立起"统一而不可分"的俄国。他又形成了这样一种看法:斯大林利用建立中央集权政府的必要性来掩盖对弱小民族的镇压。当列宁再一次地深入观察斯大林的个性时,这种怀疑就转变为断然的肯定:在他看来,斯大林是一个粗鄙、狡猾、虚伪的家伙。12月30日,正当斯大林宣布苏维埃社会主义共和国联盟时,列宁再次谎报病情,哄骗医生,开始口授一系列有关对待弱小民族政策的评论。这实际上是列宁有关这个问题的最后遗训了,其中充满内心的反省、噬心的懊悔与神圣的愤慨。③

列宁写道,他深感"对不起俄国工人,因为我没有十分坚决果断地过问有名的自治化问题"。病魔妨碍他这样做,尽管他已把忧虑和猜疑透露给季诺维也夫。但是,只有现在,当他听到捷尔任斯基关于格鲁吉亚的报告之后,他才完全明白这个党已经掉进"什么样的泥潭里去了"。在格鲁吉亚以及别的地方所发生的一切都是根据这样的主张,即政府必须拥有统一而不可分的行政机关。列宁问道:"这种主张来自何处呢?""还不是来自俄罗斯机关本身……是我们从沙皇制度那里接收过来的,不过稍微涂上了一点苏维埃色彩罢了。"对于弱小民族来说,退出联盟的"自由"只是一纸空文。他们事实上已遭受到"典型的俄罗斯官僚这样的真正俄罗斯人、大俄罗斯沙文主义者、实质上是恶棍和暴徒的侵害"。现在正是时候,要保护非俄罗斯各民族免遭"真正俄罗斯

---

① 《列宁全集》第43卷,第338—340页。
② 《斯大林全集》中文版第5卷,第40页。
③ 《列宁全集》第43卷,第352—353页。另见《苏共历史问题》(1957年第4期)中 Л. А. 福季耶娃的回忆。

的杰尔席莫尔达①之流侵害……斯大林的急躁和喜欢采取行政措施以及他对有名的'社会民族主义'的愤恨,在这件事上起了决定性的作用。……我还担心……捷尔任斯基同志,在这件事情上也只是突出表现了他的真正俄罗斯人的情绪(大家知道,俄罗斯化了的异族人在表现真正俄罗斯人的情绪方面总是做得过火)。"

斯大林与捷尔任斯基

列宁在新年前夜继续写道:

> ……所谓伟大民族(虽然只不过是因为施行暴力而伟大,只不过是像杰尔席莫尔达那样的伟大)的国际主义,应当不仅表现在尊重形式上的民族平等,而且表现在压迫民族即大民族要处于不平等地位,以抵偿在生活中事实上形成的不平等。……一个格鲁吉亚人对事情的这一方面掉以轻心,满不在乎地随便给人加上"社会民族主义"的罪名(其实他自己不仅是真正地道的"社会民族主义分子",而且是粗暴的大俄罗斯的杰尔

---

① 杰尔席莫尔达系果戈理《钦差大臣》里的一个粗暴野蛮的警察,动辄打人。——译者注

席莫尔达），那么这个格鲁吉亚人实质上就破坏了无产阶级团结的利益……因此，在这种情况下，在对少数民族让步和宽容这方面做得过些比做得不够要好。①

斯大林为了替"对待被压迫民族的准帝国主义态度"辩护，就鼓吹集权制政府的必要，但是格鲁吉亚人、乌克兰人以及其他少数民族的权利比这种必要更为重要。列宁的结论是，如有必要的话，在斯大林主持下通过的新宪法必须连同新集权制政府一起废弃掉。

列宁本人如此痛苦和无情地表明自己的观点后，显然他想在心里将这个问题考虑得更成熟一些，想出应该采取的行动步骤。两个多月的时间里，他没有向任何一位政治局委员出示过他的便笺。

*　*　*

使列宁改变了对许多重大政策问题的看法的思想波动比1921年和1922年间在托洛茨基身上所发生的变化更为惊人和突然。这也是革命理想与革命权力之间的尖锐冲突，这冲突发生在列宁身上，但又不仅仅发生在列宁一个人身上。按照布尔什维克党的理想，它本应是严守纪律而又具有内部自由和献身精神的革命者团体，不会受到权力的腐蚀。党本身承担着遵循无产阶级民主、尊重弱小民族自由权利的责任，如果不是这样，就不可能真正走向社会主义。在追求革命理想的过程中，布尔什维克建立了强大而又集中的权力机构，然后他们逐渐将他们的理想——无产阶级民主、弱小民族的权利、最后还有他们自己的自由——都一点点地交给了这个权力机构。如果他们要实现理想，他们就不能放弃权力；但是现在权力却压制蒙蔽着他们的理想。最严重的两难困境出现了；而在坚信理想者与死抱住权力者之间的深刻裂痕也出现了。

这裂痕的界限还不那么明确，因为理想与权力在某种程度上还是不可分割的。布尔什维克由于献身革命而驾驭了权力机构，但权力机构却按照自己的规律、根据自己的动能发挥作用，要求所有的布尔什维克全心全意地依附于它。因此，坚信理想者不再想打碎权力机构，而是将自己等同于权力者，但也并不

---

① 《列宁全集》第43卷，第352—353页。

全然放弃理想。同一些人，也许此一时倡导布尔什维主义的这一面，而彼一时却跑去拥抱它的另一面。1920—1921 年间，谁也没有像托洛茨基那样走得更远，他要求一切利益、一切愿望都必须完全服从"铁的专政"。但当这专政开始吞没理想时，托洛茨基又是布尔什维克领袖中第一个转而反对这专政机构的人。后来，当托洛茨基卷入继承列宁这场斗争时，许多人听到他呼唤着革命理想，就怀疑他的诚意，怀疑他仅仅是利用革命理想作为争夺权力的借口。唯独列宁超越于任何猜疑之上。列宁是党的无可争议的领袖。他在自己一生活动的最后几周以内疚的心情承认，他没有充分抵制强者对弱者的新压迫，并且在他已用尽了最后一点儿力气去打击过分集中的权力机构的时候，他没有也不可能有任何不可告人的动机。列宁以深沉、无私和带有自责的献身革命的精神出发，为革命本身呼唤革命目标。在最后时刻，列宁，一个临终的人——但思想依然敏锐——还在为把革命从沉重的枷锁下解救出来而行动。此刻，列宁向其求助的盟友不是别人，正是托洛茨基。

第二章 革出教门

自从内战开始以来,政治局便起着党的头脑和最高权威的作用,尽管党章条文里没有规定它的存在。每年一次党的代表大会只选出中央委员会,并授予它最广泛的权力去决定政策、掌管组织、负责召开下一次代表大会。中央委员会选出政治局。最初,政治局只在两次中央委员会会议之间每隔一周或两周对所发生的紧急问题作出决定。后来,随着中央委员会必须处理的事务范围扩大,其中包括越来越多的政府工作,以及随着中央委员所承担的各部门职责日益增多,加上他们常常离开莫斯科,中央委员会便逐渐把它的特权非正式地委托给政治局。中央委员会原先只由十多个委员组成,但后来规模变大,机构臃肿,行动效率不高。1922年,中央委员会两个月内只开会一次,而政治局委员天天接触,联系密切。在工作中,他们严格遵守民主程序;如有意见分歧,则采用多数决定这一简单方式。正是在这个组织内,列宁以其德高望重而执掌着最高权力。①

从1922年12月起,关于列宁的接班人问题在政治局议程中占据了首要位置。但实质上这个问题尚不成其为问题。不论列宁在或不在,大家都认为中央委员会、政治局是统治全党的代理机构;政治局的意志就是其多数人的意志。因此,问题不是谁接列宁的班,而是当列宁不在时政治局应如何调整和形成怎样的多数才能保证领导的稳定性。迄今为止,领导的稳定性仍至少部分地依赖于列宁的无可争议的权威,依靠他的说服力和策略艺术,这使他能在每一个问题上确保自己的建议获得多数票。列宁无须为此在政治局内形成自己的特殊派别。1922年12月或1923年1月,当列宁终于不能参加政治局工作时,变化发

---

① 《苏联共产党代表大会、代表会议和中央全会决议汇编》第1卷,第525、576—577、657—658页。

生了，一个特殊派别形成了，其唯一目的就是防止托洛茨基掌握多数，使他不能取代列宁的位置。这个特殊派别就是斯大林、季诺维也夫和加米涅夫这三驾马车。

驱使斯大林反对托洛茨基的动机是十分清楚的。他们之间的对抗一直可以追溯到早在1918年的察里津战役时。① 而当前托洛茨基对工农检查院与总书记的尖刻批评更加深了对抗。1922年12月前后，斯大林可能还没有意识到有一个由列宁与托洛茨基酝酿好的反对他的"联盟"，还不知道列宁决心要解除他的总书记职务，还不知道列宁准备抨击他在格鲁吉亚的政策以及他的"大俄罗斯沙文主义"。但是他已意识到危险了。② 先是在外贸垄断制问题上，尔后在国家计划委员会问题上，他发现列宁与托洛茨基行动一致。他又听到列宁猛烈抨击官僚主义恶劣作风。他大概从季诺维也夫那里得知列宁对格鲁吉亚事件感到不安。③ 斯大林作为总书记已经攫取了巨大的权力：书记处（以及组织局）从政治局手中接过绝大部分行政职权，只给它剩下最高政策决定权了。但在名义上，政治局还控制着书记处和组织局；而政治局有权延长或者不予延长斯大林的任期。斯大林深信，他不能指望从托洛茨基所支配的政治局得到好处。在这个阶段，斯大林所操心的仅仅是保住已获得的势力，而不是取代列宁的位置。他懂得，党只是将他看做是党的机关的一名高级技术员和操作者，而不是党的决策者和马克思主义的阐释者，而党要求列宁的接班人正是具备这后两个条件的人。无疑，由于没有得到这种评价，斯大林的野心深受伤害；但是他的谨慎使他保持着克制。

季诺维也夫是仅次于列宁和托洛茨基的深孚众望的政治局委员。他是共产国际主席。这几年，由于俄国共产党尚未把共产国际纯粹当做一件工具来利用，而是自居于其道义权威之下，因此共产国际主席一职就成了每一个布尔什维克都想占据的最崇高的位置。季诺维也夫同时是北方区彼得格勒苏维埃主席，是力量惊人的鼓动家和演说家；在党的眼中，他几乎永远是革命巨人之一，是一往无前、战无不胜的布尔什维克美德的化身。但是他的这种颇受欢迎爱戴的个性形象与他复杂而摇摆不定的真实性格并不相符。他的情绪变幻无常；

---

① 《武装的先知》，第十二章。
② 参见《苏共历史问题》第4期中福季耶娃的《忆列宁》。
③ 史料表明，所有这些标有绝密字样的列宁口授文件，第一时间就被列宁的秘书福季耶娃透露给斯大林等政治局委员，甚至还有部分中央委员。参见郑异凡：《天鹅之歌》，第121页。——译者注

季诺维也夫，他与斯大林、加米涅夫并称为"三驾马车"

热一阵冷一阵；一会儿信心十足，一会儿垂头丧气。他总是醉心于大胆的设想和大胆的策略，而这却需要最大勇气和坚定毅力去追求。然而，他意志薄弱、优柔寡断，甚至懦弱无能。① 他最善于抓住列宁的思想，而且是列宁声音的洪亮而富有感染力的代言人；而他本人却没有自己的主见。他善于表现崇高的情操。他在最得意的时候以一位理想主义者的气质给他的听众留下了强烈的印象，他可以在持续三小时之久的用外语发表的演说中批驳最出色、最有权威的欧洲社会主义理论家，说服分裂的、踌躇不决的德国独立社会民主党代表大会加入共产国际。② 他能牢牢抓住俄国群众的想象力，以至于被目击者形容为"神通广大，法力无边"③。然而，他却能从这种崇高情操的境界之中转脸就去搞最卑鄙无耻的诡计，说最廉价的蛊惑人心的空话。在西欧陪伴列宁多年，他

---

① 在致伊万·斯米尔诺夫的信中（1928年写于阿拉木图），托洛茨基谈到了十月革命后不久他同列宁的一次"简短谈话"："我告诉列宁，让我惊讶的是季诺维也夫。至于加米涅夫，我非常了解他，知道在他身上革命者在哪儿结束，而机会主义者在哪儿开始。但我不了解季诺维也夫的性格（1917年前）；而根据他的言行举止来看，我猜他是一个什么都干得出来、什么也不怕的人。"弗拉基米尔·伊里奇对此回答道："如果说他什么也不怕，那只是说根本没有什么可怕的事……"参见托洛茨基档案。

② 参见《在哈勒举行的党的非常代表大会决议记录》和季诺维也夫：《在德国十二天》。

③ 此外，海因里希·布兰德勒及安热利卡·巴拉巴诺娃也有过同样的描述。

敏捷的头脑汲取了大量世界知识，但这些知识是芜杂粗糙的。他的性格既温和、富有感情，又粗野、残酷。他既是一个真诚地忠实于国际主义原则、具有"国际视野"的人，但同时又是一个心胸狭隘的政客，爱用讨价还价、耍弄小花招来处理重大问题。他已攀登上一个梦想不到的高位，但被野心所驱使，他还想爬得更高。可就在往上爬的时候，他又为心中没底和不自信所苦恼。

季诺维也夫的一生中最引以自豪的是1907—1917年这十年，他当时是列宁最亲密的学生；这十年是反动的十年，孤立的十年，失望的十年。那时候，他和列宁一起为党的生存并为党准备那伟大日子的到来而奋斗；也正是齐美尔瓦尔德代表大会和昆塔尔代表大会召开的时期，他与列宁一起向全世界提出了第三国际的概念。季诺维也夫的最大耻辱是经不住1917年十月革命的考验，他本人及其同志或许都是这么想的。列宁因他反对起义而斥之为"危害革命的工贼"。他的政治生涯就在这耻辱和自豪之间几乎全部毁掉了。他力图抹去1917年的回忆；列宁在这方面帮助了他，列宁甚至主动要求全党不要向季诺维也夫和加米涅夫再提起"历史的错误"。1923年，大多数党员几乎已经忘掉了这一严重的事件，不想再纠缠旧账。老近卫军也乐于既往不咎，只要十月革命前夕的裂痕能因此弥合。何况不少党员现在都站到季诺维也夫一边。老近卫军中的历史学家和传奇编造者们更加起劲地把聚光灯转向季诺维也夫最引为自豪的早期。如果说有谁能在列宁不在的时候代表老近卫军说话，那么这个人肯定就是季诺维也夫。

现在要季诺维也夫接受托洛茨基的领导，那是不可想象的。这不仅是因为他的记忆里还充塞着那些革命前的往事：当时他得到列宁的鼓励，时常在争论中痛贬托洛茨基。[①] 也不仅是因为他那最大的耻辱与托洛茨基最大的光荣所在——十月起义——息息相连。自从1917年起，他几乎在一切关键时刻都是反对托洛茨基的。他是布列斯特-里托夫斯克和谈的最热烈的拥护者；在内战时期他暗中怂恿反托洛茨基的军事反对派。1919年春，托洛茨基到达彼得格勒并组织防御力量抵抗尤登尼奇的进攻，这恰恰是在季诺维也夫这位在任的市政领导于惊慌失措中撒手不干的时候。在喀琅施塔得暴动时期，托洛茨基责备季诺维也夫毫无必要地挑起这次事变。另一方面，在关于劳动军事化和工会问题的争论中，季诺维也夫是反对托洛茨基的人中叫得最响的批评者之一。[②] 后来在政治局里，他在经

---

① 《季诺维也夫全集》第1、2、5卷；季诺维也夫：《反潮流》。
② 《武装的先知》，第十章至第十三章。

济政策和国家计划委员会的问题上投票反对托洛茨基,只是当列宁"转向"托洛茨基之后,他才发现自己被击败了。甚至在共产国际执行委员会里他也被托洛茨基再次击败了,因为后者与列宁一起迫使国际通过了统一战线政策。毫不奇怪,季诺维也夫对待托洛茨基的态度是:暗自钦佩,却又掺杂着忌妒和自卑感。而这种自卑感正是托洛茨基在众多老近卫军心中所引起的感觉。

  季诺维也夫的态度照例也就是加米涅夫的态度。这两个人在政治上的伙伴关系如此密切,以至于布尔什维克管他们叫卡斯托尔和波鲁克斯。① 然而令人迷惑不解的是,使他们在政治上结合成为一对孪生兄弟的却不是他们精神气质上的相似,而是他们的差异。加米涅夫虽然只是莫斯科市党组织的首脑,远不如季诺维也夫出名,但在领导人圈子内部却更受尊敬。在公众讲坛上,他缺乏自信,缺乏演说家的华丽辞藻和勃勃英姿,但他更坚强,更有文化修养,性格更坚定。不过,他没有季诺维也夫那样的激情和想象力。他是一个思想家而不是一个宣传家。与季诺维也夫不一样,他往往容易接受折衷观点和折衷策略,但他坚定的马克思主义信念却制止他走向折衷主义——他的理论主张与他的政治倾向相矛盾。他那妥协性格使他很适合担任谈判角色:早年列宁就时常起用他作为党的主要代表去同其他党派接触,特别是当列宁渴望达成妥协的时候。(在党内争论中,加米涅夫也是一个磨掉棱角的人,总是在两种互相对立的观点之间寻求共同点。)但是他的折衷倾向也一再使他与列宁发生矛盾。早在第一次世界大战时,当杜马中的布尔什维克代表受到所谓"叛国"审讯时,加米涅夫从被告席上站起来声明,他不是列宁的"革命的失败主义"的支持者;1917年3—4月间,在列宁回到俄国之前,他领导党与孟什维克妥协;10月,他是起义的反对者。这并不是因为他缺乏勇气。他也不全然是一个看风使舵的人物。他冷静、克制,没有过分的虚荣心和个人野心,在他不动感情的外表后面隐藏着对党的无限忠诚。正是在十月革命的那天,他的性格充分地表现出来:他曾公开反对起义,但起义一旦开始,他便出现在起义指挥部里,甘受驱使,全心全意地与他们合作,就这样承担起自己所反对过的那个方针的担子,承受着一切有关的政治风险和个人风险。②

---

  ① 卡斯托尔和波鲁克斯:希腊神话中的孪生兄弟,当一个战死后,另一个不愿独生,请求宙斯赐死,于是宙斯将一个的永生权分给另一个一半。据说宙斯由于感动,就使他们成为双子星座(即天文学上的北河二和北河三)。卡斯托尔和波鲁克斯后来成为难兄难弟的代名词。——译者注
  ② 《中央委员会会议记录》,第141—143页;参见《武装的先知》,第九章。

第二章 革出教门

加米涅夫

　　把加米涅夫强烈地吸引到季诺维也夫这边来的因素或许正是他们性格上的不同。他们各自身上都有着相互排斥的冲动，然而同时又有着强烈的克制力，抑制了他们相互排斥的冲动，使他们在两个对立极端之间彼此吸引在一起。

　　加米涅夫对待他的前妻舅托洛茨基没有季诺维也夫和斯大林那样强烈的敌意，他比他们两人更能容忍托洛茨基的领导。他转而反对托洛茨基，纯粹是由于对老近卫军的绝对忠诚和与季诺维也夫的友谊。不管他个人的倾向和情趣如何，他对老布尔什维克中的主导情绪却非常敏感，并受这种情绪的支配。当这种情绪表现为反对托洛茨基时，加米涅夫尽管很悲哀伤心，但仍站在它一边。他加入三驾马车，并没有也不可能有什么个人的企图，他没有要成为列宁接班人的野心。但他还是支持和鼓励那个野心勃勃的政治孪生兄弟，部分原因是他深信这样做不管怎样都是无害的，季诺维也夫不可能取代列宁的位置，三驾马车实际上将集体领导党；另一部分原因则是由于他的温和性格。加米涅夫确实害怕托洛茨基的居高临下、孤高傲慢的个性，害怕他的冒险主张和冒险策略。

　　季诺维也夫、斯大林和加米涅夫，尽管他们的性格、动机各不相同，却是老近卫军的血与肉；他们三人似乎体现出党的生活和党的传统的各个方面。在季诺维也夫身上可以找到布尔什维主义的活力和普遍号召力；在加米涅夫身上则是它更为严肃的理论建设的抱负和成熟；在斯大林身上则可以找到它的自信

加米涅夫和他的妻子奥莉加（托洛茨基的妹妹）在一起，摄于约1930年

心以及牢固的、经过战斗锻炼的秘密小组的实干意识。当他们携手将托洛茨基排挤出领导层时，他们表达的是多数老近卫军对托洛茨基的不信任和下意识的反感。但是他们无意将托洛茨基驱逐出党，甚至也不想把他赶出领导核心。他们承认托洛茨基的功勋。他们只愿意让他在政治局里占据显要地位，但并不认为他有资格占据列宁的位置。然而让他们感到恐惧的是，如果不采取任何行动来反对他，那么他就确有可能接替列宁。

三驾马车彼此约定要步骤协调、行动一致。① 这样他们便自然而然地控制了政治局。当列宁不在时，政治局仅由六人组成，即三驾马车、托洛茨基、托姆斯基和布哈林。即使托洛茨基把托姆斯基和布哈林争取过来，票数仍然持平。但既然托洛茨基、布哈林和托姆斯基并没有形成一个派别，并且是按照各自意志投票，那么只要他们中有一个投票赞成三驾马车或弃权，就足以使三驾马车获得多数票了。三驾马车早就知道托姆斯基与托洛茨基不和。托姆斯基作为一个正直的工人、老布尔什维克、早期的工会领袖，是最谦虚的政治局委员。他在一定限度内谨慎地坚决维护工人的要求和工资权益。1920年，他第

---

① 1923年4月，在第十二次党代表大会上，斯大林首次公开承认三驾马车的存在。参见《斯大林全集》中文版第5卷，第184页和《斯大林政治传记》，第257—258页。

一个反对托洛茨基提出的劳动军事化,而当托洛茨基威胁要"整刷"工会时,又是他第一个掀起风暴。托洛茨基严厉批评他是一个旧式工会主义者,说他只会根据革命前的老习惯鼓励工人队伍中"消费者型"的观点,而毫不理解社会主义国家中"生产者型"的远大理想。有一段时间,托姆斯基实际上领导工会造了党的反。他被免去中央委员的职务,被派到土耳其斯坦,那不过是变相的流放。新经济政策颁布后,他又回到克里姆林宫,并被提升为政治局委员。但是烙在他身上的伤痕是不可磨灭的。他的态度反映出他对劳动军事化的首创者托洛茨基的敌意,这是自1920年以来许多布尔什维克工会会员的共同点。

托姆斯基(图中前排个子最矮者),老布尔什维克,早期工会领袖

布哈林是唯一能与托洛茨基保持友谊的政治局委员。他还在30岁时就已经是一位"老"布尔什维克了,而且是党的主要理论家,他才能出众,学识渊博。列宁批评他的思想带有烦琐哲学和执著不化的教条主义的倾向。然而布哈林的这些思想甚至对列宁也产生过强烈的影响,因此列宁经常采纳他的思想,同时赋予这些思想更现实、更灵活的表达方式。① 布哈林的头脑确实是执著不化的,他更迷恋的是抽象命题的严谨逻辑,而不是毫无规则的混乱现实。

---

① 关于布哈林同列宁在理论上的相互关系,可参见本书作者写的《列宁生平》一书。

然而，智力上的执著在他身上是与艺术的敏感及冲动、个性上的纤雅、有时几近小学生般的快乐和幽默感结合在一起的。他对严格推理的逻辑和对抽象与对称的追求导致他采取极端立场：多年来他曾是"左派共产主义者"的领袖，但经过一个急剧转变过程，他又成了党内右翼的领袖了。

布哈林

布哈林常常与托洛茨基发生冲突，也常常与托洛茨基意见一致。在布列斯特-里托夫斯克危机时期，他领导主战派反对"可耻的和平"。在内战时期，他同情那些反对托洛茨基在红军中加强纪律和集中组织的人。后来，在工会问题的辩论中，他又靠拢托洛茨基。他跟托洛茨基一样，甚至比托洛茨基更加热情地维护非俄罗斯民族的权益，坚决站在所谓格鲁吉亚"分裂主义者"一边。但不管他是否与托洛茨基完全一致，他总是深情地敬慕托洛茨基，并且被托洛茨基的人格所打动。[①] 托洛茨基曾描写过这样一件事：1922年，当托洛茨基因染微恙卧床时，布哈林来看望他，告诉他关于列宁第一次中风的事。

那时候，布哈林是以纯布哈林的方式对待我，即半歇斯底里、半孩子

[①] "托洛茨基是十月起义中杰出的、英勇的领袖，是热烈的、不知疲倦的革命宣传家……"布哈林在他有关1917年事件的报告中这样写道。

气地依恋着我。布哈林对我讲完了列宁的病情,倒在我的床上隔着被子抱住我,拖着哭腔说:"您可不能生病,求求您,千万别生病。……只有两个人的死最叫我害怕……这就是伊里奇和您。"

还有一次,他双手抱住托洛茨基大声哭诉:"我们搞的是什么名堂啊!我们把党搞成了一堆臭大粪,简直把党毁了。"① 在政治局里只有这一个朋友,托洛茨基不可能有所作为:在他面对三驾马车的时候,布哈林的哭泣和叹气毫无用处。

除了这些正式的政治局委员之外,还有两名政治局候补委员,即最高国民经济委员会主席李可夫和国家名义首脑加里宁。两人都是"温和的"布尔什维克。两人都是农民出身,都保留着更多俄罗斯农民的习性和眼光。对俄国农村的情绪、对农民的希望和恐惧,甚至对他们的某些偏见,这两个人比任何其他领导人都敏感得多。他们两人代表着党内的本地人——"真正的俄罗斯人",而这意味着本能的反知识分子偏向、对欧洲因素的不信任、对其社会出身的骄傲和一定程度的视野狭隘,所有这一切都为他们两人反对托洛茨基铺好了道路。谁都知道,农民最珍惜的是他们重新得到的私有财产和私人贸易的自由,而最害怕的莫过于退回到战时共产主义去。李可夫和加里宁就是党内这种害怕情绪的代言人。谁也没有像他们两人那样强烈地感到,在托洛茨基关于计划经济的设想中存在着这种倒退的危险。托洛茨基每次谈到最高国民经济委员会缺乏指导思想,谈到自由放任主义会使苏维埃变质这种倾向时,他指的就是李可夫。而在李可夫这方面,他从托洛茨基提出的计划委员会新方案中看到的则是对他本人特权的侵犯,尤其是对新经济政策基本原则的侵犯。李可夫于是成了第一个指控托洛茨基敌视农民的人,这种指控在未来几年反托洛茨基运动中将反复响起。②

---

① 托洛茨基:《我的生平》第2卷,第207页。
② 《俄共(布)第十三次代表会议》,第6—7页;《全俄苏维埃第八次代表大会》,第100—102页。

李可夫，时任最高国民经济委员会主席

加里宁，名义上的国家首脑

加里宁则相反，他对托洛茨基怀着深深的尊敬和友好的感情，即使在反托洛茨基主义运动高潮的顶点时，他仍然流露出这种感情。这也许同下述这一事实有关，即在1919年时正是托洛茨基大力支持加里宁作为国家首脑候选人，理由是加里宁对农民具有特殊的吸引力。① 但是当李可夫谈到托洛茨基对农民的敌视时，加里宁无疑受到了影响。他本来对托洛茨基的政策建议并无特别的看法，事实上也了解得不多，但是他的结论（并不怀有恶意）是：最安全最可靠的办法莫过于遏制托洛茨基的影响，因为这种影响可能危及"工农联盟"。

此外还有两个人，即捷尔任斯基和莫洛托夫，尽管此时他们还不是政治局委员，但与政治局关系密切。捷尔任斯基是契卡和格别乌的首脑，同时也是这批领导人中唯一不属于老近卫军的一员。他原先属于由罗莎·卢森堡创建的波兰与立陶宛王国的社会民主党；只是在1917年才加入了布尔什维克，大约跟托洛茨基同时。他原先的党在罗莎·卢森堡的指导和鼓励下对布尔什维克党所采取的态度与托洛茨基并无不同：往往既批判孟什维克，也批判布尔什维克；这个党在社会党国际内是唯一赞同托洛茨基不断革命论的党。捷尔任斯基虽然参加了布尔什维克党，但仍然反对列宁关于非俄罗斯民族自决权的主张。他仍然追随卢森堡，主张社会主义应当克服而不是鼓励弱小民族的分裂倾向。不难理解，这种国际主义的逻辑推理使这位贵族出身的波兰人去支持斯大林的极端集权主义政策，使他作为新的"统一不可分的"俄国的发言人去面对格鲁吉亚人。

捷尔任斯基，契卡（全俄肃反委员会，1917年12月成立）和格别乌（国家政治保卫总局，1922年7月成立）首脑

---

① 《托洛茨基全集》第17卷第2册，第542页。

然而，捷尔任斯基的意见迄今并未受到党的重视。尽管作为革命安全工作的领导，其地位相当重要，但他毕竟不是一位政治领袖。当布尔什维克决定要建立非常委员会去与反革命作斗争时，首先要征召的是政治警察，因此他们需要找到一个人，这个人要有一双绝对干净的手去干这种"不干净的工作"。结果他们在捷尔任斯基身上找着了他们所需要的人。他廉洁奉公、坦荡无私。他又是一个具有诗人般浓烈感情的人，弱者和不幸者永远能激起他的同情心。①同时，他对事业的无限忠诚使他成为一个狂热的信徒，只要他深信这是事业需要，就不惜采用任何恐怖手段。捷尔任斯基生活在持久的精神紧张状态中，一方面，他富有崇高的理想主义，另一方面，他的日常工作却是高度紧张的屠杀；他的生命力就像火焰一样燃烧，无怪乎他的同志们管他叫萨沃纳罗拉②型的不可思议的"革命圣者"。他的不幸在于其廉洁奉公的个性与他那坚定敏锐的头脑不协调。他需要为事业服务；但他把事业等同于他所选择的党，又把党等同于党的领袖列宁，尔后等同于托洛茨基，而现在又把党等同于三驾马车，他在他们背后看到了老近卫军。他本人并非老近卫军的一员，但他比谁都更坚决地维护老近卫军的利益。这样，他就变成了比老布尔什维克还要布尔什维克的人，照列宁的说法，比俄罗斯人更甚的大俄罗斯主义者。

莫洛托夫则全然缺乏特色，与捷尔任斯基形成了鲜明的对照。他不到30岁时就已在领导集团中占据高位了：当斯大林成为总书记之前，他就已是中央委员会书记了。后来他在斯大林手下成了后者的主要助手。甚至在这个时期内，他的狭隘和迟钝就已在布尔什维克圈子里传为笑谈。他似乎缺乏任何政治才能和创造性。在党的代表大会上，他通常以第二流或第三流报告人的身份出场讲话，而他的发言总是那样枯燥乏味，令人厌烦。他是一个知识分子家族的后裔，伟大的作曲家斯克里亚宾的亲戚。但他根本不像是一位知识分子，而是一个没有主见的人。他并非完全没有一点闪光——这闪光曾在1917年闪耀过一阵——可现在已完全熄灭了。

---

① 捷尔任斯基私人信件曾在《波兰战地》及其他波兰刊物上发表，从这些信件中可以洞察捷尔任斯基的性格。

② G. 萨沃纳罗拉系15世纪意大利教士，因要求废黜罪恶荒淫的教皇亚历山大六世而被革出教门、处以死刑。——译者注

第二章 革出教门

莫洛托夫

　　莫洛托夫几乎是从革命者转变为官僚的十足典型；而他的地位上升就在于他转变得十分彻底。他一贯得益于他所具有的几点特别的长处：无限的耐心、冷静沉着、对上级卑躬屈膝，而在上级眼里，他那不知疲倦的机械般劳作恰好弥补了他的庸碌无能。他很早以来就像影子一般依附于斯大林，也是很早以来就对托洛茨基怀有一种交织着恐惧的强烈反感。有一则轶事说，托洛茨基有一次来到书记处，对那儿的什么事情不满意，就指着莫洛托夫的鼻尖奚落书记处里那些愚蠢的官僚；莫洛托夫结结巴巴地叫道：托洛茨基同志，托洛茨基同志，并非每个人都是天才啊！[①]

＊　　＊　　＊

　　因此，在接班人问题的斗争开始之前，托洛茨基在政治局里几乎已是孑然一身。1923年初的头几个星期——距列宁逝世还有整整一年，托洛茨基在政

[①] 巴扎诺夫：《在克里姆林宫与斯大林一起》，第139页。

治局会议上发现斯大林以过去少有的凶暴和恶毒对他进行攻击，他才第一次模糊地意识到政治局里存在着一股串通起来反对他的力量。① 斯大林攻击他顽固拒绝担任人民委员会副主席。他质问托洛茨基的动机，并影射说托洛茨基拒不接受职位的调动是因为他觊觎权力而不满足于担任列宁的副手。然后，斯大林把莫须有的罪名都堆在托洛茨基头上，什么悲观主义、信念不坚定乃至"失败主义"等等。为了证实托洛茨基的"失败主义"，斯大林在托洛茨基一次私下里对列宁说过的一句话上大作文章，即托洛茨基说的"杜鹃鸟将会为苏维埃共和国唱丧歌了"这句话。②

斯大林心里有各种各样的盘算。他一直认为列宁有恢复工作的可能性，因此他抓住列宁所建议的任命问题，指望在列宁与托洛茨基之间敲进一根楔子。他深知，要置托洛茨基于绝地，莫过于暗示托洛茨基觊觎列宁的位置。这种算计很精明，触到了托洛茨基的痛处。他比斯大林有更充分的理由盼望列宁恢复工作，以使他们两人的"联盟"活动起来。即使抛开这点不说，托洛茨基对于自己在党和国家中的地位、自己比对手更占优势这点也有着充分的自信，因此，他无意为接班问题而斗争。他甚至不试图寻找伙伴和合作者；他甚至根本就没有想到为谋求地位而耍手腕。然而斯大林的攻击和影射却使托洛茨基左右为难：驳斥吧，对他来说荒唐可笑；不理睬吧，又有危险。他们的目的就是要搞垮托洛茨基，就是要从托洛茨基口里挤出否认或辩解的话来，这正所谓"为自己辩护等于承认错误"。一个处于与托洛茨基相同处境的人，一旦受到觊觎权力的指控，那么无论他怎样否认和辩解，都无法驱散已经引起的猜疑，除非他立即辞掉一切职务，跑到荒无人烟的地方去，甚至停止发表一切意见。托洛茨基当然不会这样做。他反复说明，他看不出他作为这样一个职能重叠的人民委员会副主席能有什么用：政府中分工不合理，因为"每一个人民委员要干太多的工作，而每一件工作又有太多的人民委员去干"。他又补充说，如果作为人民委员会副主席，他将没有工作机构，也不会产生真正的影响。"我认为，任命我担任这项工作，将从政治上把我抹掉。"他否认了关于悲观主义和失败主义等罪名。诚然，他说过"杜鹃鸟将会为苏维埃共和国唱丧歌"。但当时他只不过是想让列宁对经济浪费和官僚作风带来的毁灭性后果留下深刻印

---

① 托洛茨基档案。
② 在斯拉夫民间文学中，杜鹃鸟是预兆之鸟。

第二章 革出教门

象。他的目的——这还用说吗——在于医治那些弊端,而不是散布恐慌。① 政治局陷入这类捕风捉影的争吵之中,而且持续了好几个星期,托洛茨基控制着自己,没有反击,他等待着列宁回来。

他的等待是有理由的。有关列宁健康的医疗报告是令人鼓舞的。列宁甚至在病床上也给了斯大林一次又一次打击。对列宁那样坚定不移、毫不留情地反

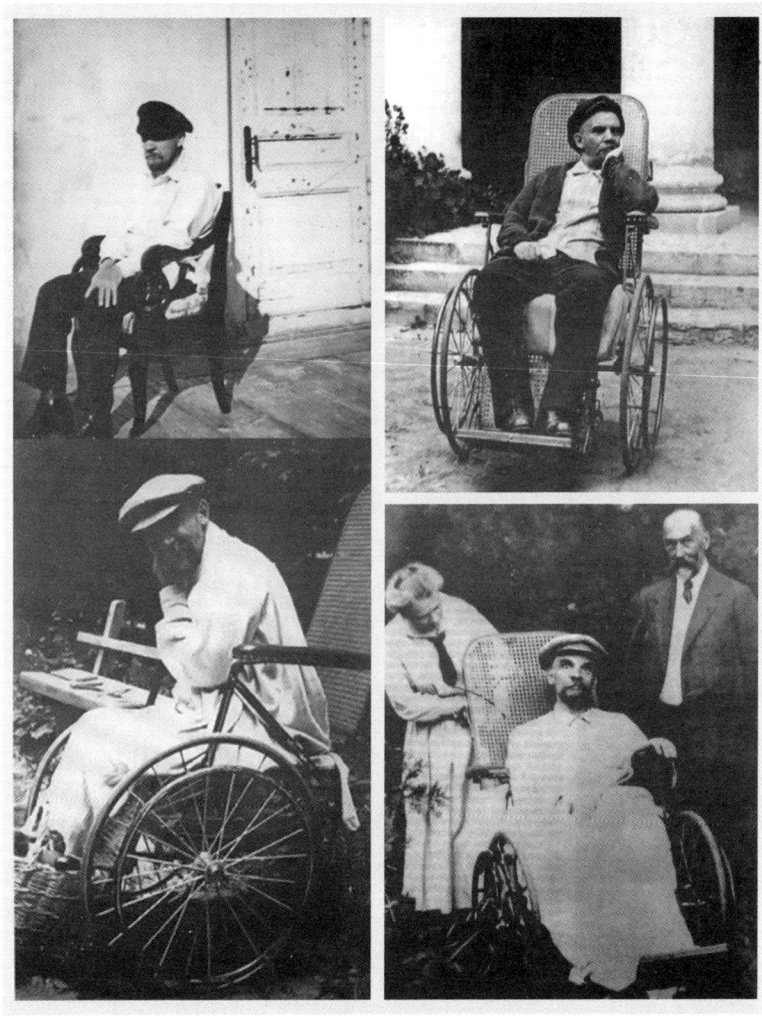

1923年时的列宁

---

① 参见托洛茨基档案中1923年1月的文件。

被解除武装的先知：托洛茨基 1921—1929

对斯大林的态度，连托洛茨基也深感诧异。托洛茨基认为，在这个问题上把主动权留给列宁是唯一合适的做法。2月初，列宁首先严厉批评了工农检查院，并将此事通知政治局。尽管斯大林早已退出工农检查院，但列宁的抨击对斯大林个人影响很大。因为列宁认为该院在斯大林任职期间彻底失败了，而且让人对此没有怀疑的余地。他谈到该院的缺点时所使用的措辞几乎同托洛茨基曾经使用过的一模一样，如"没有文化"、"糟糕透顶"、"官僚主义恶劣作风"、"反复无常"等等；而且他还插进同样要反对"党内官僚主义"等尖刻的话。列宁最后决定，要对工农检查院本身进行一次大检查，缩减人员编制，设立中央监察委员会来执行工农检查院的多数职能。好几个星期以来，托洛茨基要求公布列宁的批评，但政治局拒绝了。①

与此同时，托洛茨基提出了对中央委员会及其所属机构进行大改组的计划。为了提出这个计划，他对党的状况进行过详细考察。他强调指出，中央委员会已失去了同下层群众的联系而成了傲慢的官僚机构。这就是第二年秋天爆发为公开争论的问题。但在1月和2月间，托洛茨基在政治局里提出这个问题时，比他后来在公开论争中还要坦率得多。在某些具体细节上，比如中央委员会的规模、它与中央监察委员会的关系等，托洛茨基的方案与列宁的方案有所不同。三驾马车则尽力夸大这些不同，说什么托洛茨基不仅蔑视列宁，拒不担任副主席，而且还力图使党偏离列宁的组织思想路线。在这个阶段，领导集团内的高层成员也被引入了政治局中的争论，而在他们的眼里，若要毁掉托洛茨基作为假定的列宁接班人的地位，莫过于搞一场流言攻势，说他不论在什么问题上都是反对列宁的。三驾马车的言论都是为了挑起这样一场战斗。他们的指控都被写入政治局会议的记录，然后借口要进行审查而向全体中央委员公开，而中央委员们则很快就将这些秘密泄露给他们的朋友和下级。

当托洛茨基首次对流言蜚语作出反应时，运动早已进行一段时间了。1923年2月23日，托洛茨基在致中央委员会的信中写道："有些委员……提出一种看法，说列宁同志的方案旨在维护党的团结，而我的方案则是制造分裂。"他指出，这种含沙射影的说法是由一个小集团酝酿炮制出来的，而这个小集团实际上向全体党员隐瞒了列宁的信件。他揭露了在政治局中所发生的事："当政治局多数人……甚至连列宁的信件都不同意发表时，我……不但坚持要发表，

---

① 《列宁全集》第43卷，第373页及以后各页；托洛茨基致中央委员会全体委员，1923年2月23日，托洛茨基档案。(另见《苏共历史问题》1957年第4期中福季耶娃的回忆。)

而且捍卫了信件的基本思想，更确切地说，捍卫那些我所认为是基本的思想。"他最后说："如有必要，我保留在全党面前揭露事实真相的权利，驳斥这种含沙射影的攻击。（耍弄这种伎俩的人）如此肆无忌惮，只因为我一直没有对此作出反应。"① 揭发的时机将在4月召开的党的第十二次代表大会上。托洛茨基的一个特点是只会采用威胁态度。他认为，根据党内忠诚这个不成文法，若他要发动一场运动来反对他的对手的话，就不能不预先通知他们。但这样他就失去了出奇制胜的有利条件，反而给了他的对手们避开打击的时间。这与斯大林的策略正好相反。托洛茨基甚至连威胁也不想付诸实施。他的目的仅仅是抑制一下斯大林，争得时间，等待列宁恢复健康。他争取到的直接的后果是：3月4日的《真理报》终于刊登了列宁抨击工农检查院的文章。

3月5日，当托洛茨基也因病卧床时，他接到列宁一封极其重要、紧急的短信。② 列宁请求他在即将举行的中央委员会上旗帜鲜明地为所谓格鲁吉亚"分裂主义者"辩护。自从12月间他们谈到"联盟"以来，这是托洛茨基第一次与列宁联系，也是他第一次得知列宁在格鲁吉亚事件上改变了立场。列宁写道："这一事件现在正由斯大林和捷尔任斯基'审理'，但是我不能指望他们秉公处理，甚至完全相反。如果您同意为这一事件进行辩护，那我就放心了。"列宁还附了一份对斯大林民族政策的评论的副本（这在前面一章中已概括地说过了）。这些评论使托洛茨基第一次充分了解了列宁主张进攻的坚决态度——相比之下，列宁对工农检查院的批评就似乎是温和的了。列宁的秘书补充道，用列宁自己的话说，他已准备好在党代表大会上向斯大林投一颗"炸弹"。此外，在脑力和意志因紧张而衰竭的最后时刻，列宁敦促托洛茨基不可有任何软弱和动摇的表现，不要相信斯大林可能作出的"靠不住的妥协"，最后一点，但并不是最次要的一点，就是要不发出警告就向斯大林及其同伙进攻。第二天，他本人又给所谓格鲁吉亚"分裂主义者"送去一封短信，表示热烈的同情并答应要为他们讲话。与此同时，托洛茨基从加米涅夫处得知，列宁已经写信给斯大林，威胁要与他"断绝一切私人关系"。③ 斯大林曾以极其粗暴的态度对待克鲁普斯卡娅，只是因为她为列宁收集了有关格鲁吉亚事件的

---

① 托洛茨基档案。
② 《我的生平》第2卷，第220—221页；《斯大林伪造学派》，第69—70页。
③ 这封信由赫鲁晓夫在苏共第二十次代表大会上宣读过，并收在由美国与英国公布的赫鲁晓夫演说辞中，但没有刊在《列宁全集》第36卷中，也没有刊在1956年的《共产党人》第9期中。福季耶娃仅仅暗示此信的存在。

材料。当列宁知道此事后,再也抑制不住自己的愤怒。据克鲁普斯卡娅告诉加米涅夫说,列宁已经决定"要从政治上搞垮斯大林"。

列宁夫人克鲁普斯卡娅

这真是托洛茨基在道义上获得满足和胜利的时刻!如同先前许多场合中所表明的一样,列宁最终还是承认了托洛茨基是正确的。也如同以前常有的情形一样,托洛茨基的大胆远见曾注定他在政治上的暂时孤立,导致他与列宁之间的意见分歧;然而事变进程恰恰证明了他的正确,使列宁最后得出跟他同样的结论:先是关于国家计划委员会的问题,尔后是关于工农检查院和"党的官僚主义"问题,而现在事实本身又证明他在格鲁吉亚问题上也是正确的。托洛茨基坚信,三驾马车必将垮台,斯大林必将失败。他是胜利者,可以提出自己的条件了。他的敌手们也是这样想的。3月6日,加米涅夫代表三驾马车前来看望托洛茨基,他显得垂头丧气,准备接受惩罚,并急于安抚托洛茨基。①

---

① 托洛茨基:《我的生平》第2卷,第223—224页。

1923年，托洛茨基和他的战时秘书班子成员布托夫、格拉兹曼、波兹南斯基和涅恰耶夫等在一起

但并不需要什么安抚。托洛茨基的报复就是以德报怨。他忘了列宁的告诫，竟欣然接受了最"靠不住的妥协"。列宁原先打算把斯大林和捷尔任斯基撤职，并因奥尔忠尼启则（曾是他最得意的学生）在梯弗里斯的暴行而打算把他驱逐出党"至少两年"。托洛茨基立即向加米涅夫作了保证，他本人不会建议采取如此严厉的报复举动。他说："我反对清除斯大林，反对开除奥尔忠尼启则，反对解除捷尔任斯基的职务……但我实质上是同意列宁的意见的。"①他对斯大林的一切要求仅仅是他应该改正自己的行为方式：让他忠诚地对待同事；让他向克鲁普斯卡娅道歉；让他停止侮辱格鲁吉亚人。斯大林刚刚准备好有关非俄罗斯民族政策问题的"文章"，将向代表大会提出——他将以中央委员会报告人身份就该议题向代表大会作报告。斯大林急于为自己的行为辩护，就把重点放在对"地方民族主义"的谴责上。托洛茨基建议，斯大林应该重新修改决议案，需要插入一段文字，谴责大俄罗斯沙文主义和"统一而不可分的"俄罗斯集权主义，并向格鲁吉亚人和乌克兰人坚决保证，今后一定尊重他们的民族权利。这就是托洛茨基对斯大林的一切要求——既没有严厉谴责，也无须亲

---

① 托洛茨基：《我的生平》第2卷，第223—224页。

自道歉。基于这些条件，托洛茨基准备让斯大林继续担任总书记。

面对这些条件，斯大林当然准备屈服，或至少伪装屈服。他发现自己正面临着政治毁灭的威胁，感到列宁的雷霆之怒将倾泻在他头上。而在这千钧一发之际，他眼看着托洛茨基向他伸出宽恕的手，这简直是幸运的奇迹，对此他唯有感激涕零。他立刻接受了托洛茨基的条件，重新修改了他的"文章"，将托洛茨基为他所作的一切修正统统加了进去。至于其他一些"情况"，比如说，他对托洛茨基的冒犯和伤害，据他自己的解释都是出于误会，而他十分渴望加以澄清。

就在加米涅夫一直充当中间人的这段时间，列宁又一次中风了。此后他又活了10个月，但已经全身瘫痪，大部分时间不能说话，周期性地昏迷不醒；而使他最痛苦的则是：在昏迷的间隔中苏醒时，他清醒地意识到幕后正在进行阴谋勾当，但他却对此无能为力。列宁再次中风的消息让三驾马车大大松了一口气。他们谦卑地屈服于托洛茨基才仅仅几天，便再一次行动起来，以加倍的努力而又格外小心地要把他从接班问题上连根排除出去。而他还一直以为自己占了上风。他并没有放弃列宁可能复原的希望。不管怎样，他手中握有列宁的亲笔信。倘若他将这些信件，特别是关于格鲁吉亚事件的笔记拿到党的代表大会上，那么列宁究竟站在谁一边，党是绝不会有丝毫怀疑的。他坚信，三驾马车无疑也明白这一点，他们害怕揭露而必然会坚守承诺。

托洛茨基曾答应过列宁要他出面处理所谓格鲁吉亚"分裂主义者"的事件并将列宁的意见通报党的代表大会的要求，这些情况三驾马车是了解的（加米涅夫读过有关格鲁吉亚事件的笔记）。此刻斯大林的当务之急是劝托洛茨基不要履行这个诺言。难道斯大林没有做到托洛茨基所要求他做的一切吗？不错，他都做到了；因此，托洛茨基同意把列宁的信件只提交到政治局，并让政治局决定是否或者用哪种方式把信件传达给代表大会。政治局决定：在任何情况下都不公布列宁的信件，只有经过挑选的代表才可以在严格保密的条件下了解信件的内容。这可不是列宁所期望于托洛茨基的，列宁敦促他要坚定不移地、毫无保留地向党的代表大会通报且不得掩盖任何分歧。但是这些敦促、告诫在托洛茨基身上全都落了空，他反而宽宏大量地帮助三驾马车向世界隐瞒了列宁的临终忏悔——列宁为沙皇专制精神在布尔什维克国家里复活而感到羞愧和内疚。于是，在长达33年的时间里，党对列宁关于对非俄罗斯民族政策的信件一无所知。①

---

① 列宁的信件于1956年6月首次在《共产党人》杂志上发表。

托洛茨基在其陆海军人民委员部办公室中

事后看来，托洛茨基的行为真是愚蠢得不可想象。此刻正是他的政敌们占据要津的关键时刻；而他的每一步都似乎是在为他们铺平道路。若干年以后，托洛茨基感慨地说道，在第十二次代表大会上，如果他借助列宁的权威把话说出来，他很有可能在当时击败斯大林，但从长远的角度来看，可能仍是斯大林赢得胜利。① 事实在于，托洛茨基太过于自信而高枕无忧了，所以克制着没有去进攻斯大林。当时没有一个人——更不用说托洛茨基了——能在1923年的斯大林身上看出他日后竟会成为一个可怕的大人物。在托洛茨基看来，这是天大的笑话：斯大林，这个躲在幕后的猥琐狡猾而又卑劣笨拙的家伙会成为他的对手。托洛茨基并未将斯大林放在眼里，也不想向斯大林乃至季诺维也夫卑躬屈膝。而最主要的是，他不想给党留下一个印象，即他也参与了列宁的信徒们围着列宁尚未入殓的空棺材玩的那种不光彩的争权把戏。托洛茨基的行为就像一个刚扮演完高雅戏剧的角色又突然卷入滑稽剧的演员行为一样笨拙可笑。

至于滑稽剧，那倒是不少。当政治局在党的代表大会前夕召开会议时，斯大林提议让托洛茨基代表中央委员会在党的代表大会上作政治报告，而这个角色历来是为列宁保留的。托洛茨基拒绝了，说斯大林作为党的总书记理应是政

---

① 托洛茨基：《我的生平》第2卷，第219页。

治报告人。斯大林十分谦卑地说:"不,党不会理解的……这个报告必须由中央委员会中最有声望的委员来作。"① 这位"最有声望的委员"仅在几星期之前还被指控为觊觎权力,此刻为了证明斯大林的攻击毫无根据而不肯出头。就这样,他让三驾马车轻而易举地把自己征服了。最后政治局决定,照惯例过去这个由列宁向全党作的政治报告由季诺维也夫来作。

4月中旬,党的第十二次代表大会终于召开了。在开幕式上就出现了自发地向托洛茨基致敬的场面。如同往常一样,大会主席宣读了从全国各地涌来的党组织、工会、工人和学生团体致的贺词,几乎所有的贺词都是给列宁和托洛茨基的。只是偶尔有给季诺维也夫和加米涅夫的贺词,而斯大林的名字几乎没有提到。贺词的宣读贯穿在好几次会议中,如果此时向全党提出选谁做列宁接班人的问题,那么还会有什么疑问呢?②

1923年4月,托洛茨基和参加党的第十二次代表大会的成员们在克里姆林宫的合影

三驾马车感到震惊和恼怒,但他们没感到有什么可怕的。因为列宁并没有到大会来投出他的"炸弹",而托洛茨基也答应过不去引爆它,他恪守着他的

---

① 托洛茨基:《斯大林》,第366页。
② 《俄共(布)第十二次代表大会》,第89、496、502—503页。

第二章　革出教门

诺言。他甚至丝毫没有向党代表大会透露他与三驾马车有任何分歧，他安然地呆在不惹人注目的地方。而与此同时，三驾马车却在幕后加紧活动。他们的代理人在代表中间散布领导危机的舆论，甚至连大会刚刚向托洛茨基表示敬意一事也被他们利用来反对他。他们竭尽全力使各省代表感到有一种危机，而他们断言危机就在于托洛茨基那非凡的威望：难道法国革命的"掘墓人"波拿巴不正是在一片欢呼声中登上了权力的巅峰吗？谁能相信这个专横跋扈的、野心勃勃的托洛茨基不会滥用他的威望呢？当列宁不在时，由党所了解和信任的稍逊一筹的人物组成的"集体领导"难道不比他的卓越才能更可取吗？所有这样的问题都是在令人不安的窃窃私语声中提出来的，足以引起代表的警觉。布尔什维克一向习惯于回顾伟大的法国革命先例，并以历史类比来思考问题。他们不时地在自己的领导人中寻找那个无法预言的人物，即可能会给革命带来意外危险的丹东或准波拿巴。在所有的领导人中，看来没有人比托洛茨基更与丹东相似的了，也没有人比托洛茨基更适合这副波拿巴面具的了。在许多老布尔什维克的眼里，托洛茨基的卓越才能是一种不利的条件；权衡之下，似乎最保险的莫过于由一群不那么杰出但更为可靠的同志来领导党。①

三驾马车的行动十分小心谨慎，他们声称，他们要求党给予信任的唯一权利是因为他们三人是列宁的忠诚的、久经考验的学生。就在这次代表大会上，季诺维也夫和加米涅夫带头颂扬列宁的丰功伟绩，而这种举动后来发展成为全国性的个人崇拜。② 这种颂扬无疑有一定的诚意；因为这是第一次列宁没有出席的布尔什维克代表大会，而党已感到要失去列宁了。三驾马车正是要利用人们的这种心情，因为他们知道，对列宁的颂扬也会使全党公认的他的最早的学生得到

---

① 对于我在《斯大林政治传记》一书中谈到的这个流言蜚语运动（第257页），一位评论家是这样写的："他（托洛茨基）被某些共产党人视为潜在的波拿巴，这是最近以来像多伊彻先生那样的作家的一大发现。……这种说法在当时并未被认可。"（G. L. 阿诺德：《二十世纪》，1951年7月版）并非每一个作家都能为这个"流言蜚语运动"找出确切的出处；我在《斯大林政治传记》中谈到这个特殊运动时，是根据我在莫斯科所听到的情况，写书的当时我对此事还记忆犹新。另外，阿尔弗雷德·罗斯默已经发表了他的回忆录。1923年时，他作为共产国际执行委员会委员正在莫斯科，对托洛茨基本人的情况非常熟悉。他写道："但现在（即1923年），人们到处可以听到的一种谣言，证实了存在着一个已经准备就绪的大阴谋……'托洛茨基是波拿巴'，'托洛茨基想当波拿巴'。这谣言散布到全国各个角落。来到莫斯科的共产党人前来把这个谣言告诉我；他们意识到正在酝酿着某种反托洛茨基的事情，并催促我说：'你应当去提醒他'。"罗斯默：《列宁领导下的莫斯科》，第283页。有关这个"流言蜚语"的资料还可以在现代文献中找到。伊斯特曼：《列宁逝世以后》一书中有整整一章是叙述这个特殊运动的，题为"反波拿巴派"。

② 参见加米涅夫和季诺维也夫在俄共（布）第十二次代表大会开幕式上的致词。

荣光。但他们还得努力使代表大会相信，他们是以列宁的声音说话的。代表们深感不安。当季诺维也夫以报告人身份出现时，他们用忧郁和沉默来迎接他。季诺维也夫那夸张的甚至可笑的颂辞只能引起那些明智的人和富有批判精神的人的厌恶，可惜这些人只占少数，而且他们也没有提出抗议，唯恐会被别人误解。

三驾马车乘胜追击，呼吁加强纪律和团结一致。当党失去领袖的时候，它一定要使自己的队伍团结得更加紧密。季诺维也夫宣称："对党的路线的任何批评，即使是所谓'左'的批评，目前在客观上都是孟什维克式的批评。"①他向柯伦泰、施略普尼柯夫及其追随者发出这个警告，并且慷慨激昂地对他们说，他们甚至比孟什维克还要危险。他的话表面上看似乎只是针对工人反对派的，而实际上却包含着更广泛的暗示：它们指的是他所能遇到的任何一种谴责性批评。这种将每一种批评预先视为孟什维克异端的准则倒是一种新货色——类似的东西以前还从来没有提出过。然而，这种准则却可以从季诺维也夫在上次党代表大会上提出的论点中推导出来，当时他说，由于政治垄断的结果，布尔什维克发现党内已经存在两个以上潜在的党，而其中一个是由"不自觉的孟什维克"组成的。只关心夺权的直接条件、踌躇满志的季诺维也夫此刻走得更远，又把领导集团中的每一个反对者说成是那些不自觉的、没有发言权的孟什维克的实际代言人。这就是说，每个领导人——不管他们是谁——都有权甚至有责任去镇压党内的反对派，如同他们过去镇压真正的孟什维克一样。这样，季诺维也夫就炮制出了布尔什维克自我镇压的法规。

这种对纪律的号召和关于团结的新观点在大会通过时并不是没有遇到挑战。工人反对派的成员和其他持异议者登上讲台谴责三驾马车，要求解散它。卢托维诺夫这位出色的党的工作者抗议这种"教皇式的一贯正确性"，并反对季诺维也夫代表政治局所要求的批评豁免权。② 另一位老布尔什维克柯秀尔指出，党正被一个小集团统治着，总书记处迫害批评者，斯大林在其任职的第一年中就对乌拉尔和彼得格勒这样重要的组织的领导人降职的降职，杀害的杀害；他还指出，集体领导的说法是一个骗局。在一片喧闹声中，柯秀尔提请代表大会撤销1921年关于禁止党内派别活动的禁令。③

---

① 参见加米涅夫和季诺维也夫在俄共（布）第十二次代表大会开幕式上的致词，第46—47页。
② 《俄共（布）第十二次代表大会》，第105—106页。
③ 同上，第92—95页。另一位发言者谈到在代表大会期间流传着一份匿名传单，它要求把三驾马车开除出中央委员会。他猜想这份传单是工人反对派散发的。同上，第136页。

第二章　革出教门

然而，三驾马车支配着整个党代表大会：加米涅夫是会议主持者，季诺维也夫阐明政策，斯大林操纵着党的机关。他们不再掩饰三个人的伙伴关系；在回答工人反对派提出的挑战时，竟挑战式地承认三人执政的存在。① 但是在三驾马车内部出现了位置的变动：季诺维也夫正在失去车老大的地位。他自己弄巧成拙，与许多代表对着干，把来自下面的大多数攻击招惹到自己身上。斯大林则以较为谨慎的举动为自己赢得了信任。当颇有影响的、温和的老中央委员诺根开始歌功颂德——颂扬总书记做出的虽不引人注目但却是关键性的指导工作时，代表们把钦佩的目光转向了斯大林。诺根说："中央委员会从本质上来说是个最基本的政治机构，它开展全国所有的政治活动，而书记处则是这个机构中最重要的组成部分。"② 有些不满者讨厌趾高气扬、造谣生事的季诺维也夫，反而觉得斯大林更平易近人。

斯大林的地位在关于对非俄罗斯民族政策的辩论中得到了加强，这场辩论本来是会使他声誉扫地的。格鲁吉亚人来到莫斯科，原指望得到列宁允诺给他们的强大支持。③ 但是他们一无所获。拉柯夫斯基负责处理这件事，他是乌克兰人民委员会主席，在莫斯科却没有足够的影响。莫非莫斯科要像沙皇时代的宪兵那样使弱小民族俄罗斯化吗？他问道。④ 但是，当格鲁吉亚人听到斯大林本人义愤填膺地抨击对非俄罗斯民族的欺凌时和发现他们自己对大俄罗斯沙文主义的谴责被写进斯大林的"纲领"时，感到大惑不解。由于托洛茨基对斯大林妥协的结果，这个尴尬局面成了对他们所有的抱怨和抗议的嘲弄。他们要求至少要当众宣读列宁的几个短笺，但是徒劳，政治局委员们保持着奇怪的沉默。他们中唯有布哈林挺身而出，打破严守秘密的约定，作了激动人心的长篇讲话，捍卫了弱小民族的利益，揭露了斯大林的假仁假义——这是布哈林作为左派共产主义者领袖的天鹅绝唱。他指出，斯大林对大俄罗斯沙文主义的否定是彻头彻尾虚伪的，这一点可由这次集中了全党精华的代表大会的气氛得到证实：从讲台上发出的反格鲁吉亚和乌克兰民族主义的每一句话都激起暴风雨般的掌声，而对大俄罗斯沙文主义哪怕是最微弱的暗示也会遭到嘲讽，受到冰霜般的冷遇。⑤ 代表们正是用这种冰霜般的沉默对待布哈林的演说的。斯大林被

---

① 《斯大林全集》中文版第 5 卷，第 184 页。
② 《俄共（布）第十二次代表大会》，第 63 页。
③ 同上，第 150—151 页。
④ 同上，第 528—534 页。
⑤ 同上，第 561—565 页。

代表大会的气氛壮了胆,现在他可以肆意掩盖列宁对其政策的攻击所具有的意义及其重要性了,可以挖掉"异端分子"了。

托洛茨基和拉柯夫斯基,摄于1924年

托洛茨基对会议进程抱着冷淡的态度,有时故意缺席。他严守同三驾马车的君子协定和政治局的"内部团结"这一原则。但这一原则却没有阻止季诺维也夫连讽带刺地说他"迷恋计划经济"。① 托洛茨基对此不予理睬。当工人反对派的演说家们要求解散三驾马车并抨击总书记时,他的脸上没有任何表情。他没有给伤心的格鲁吉亚人以任何鼓励,正当民族问题辩论开始时,他离开了会场,借口说他忙于准备将要在党的代表大会上作的报告。②

最后,4月20日,当托洛茨基在党代表大会讲话时,他故意避开这个吵

---

① 《俄共(布)第十二次代表大会》,第45—46页。
② 同上,第577页。但仅在一个月之后,托洛茨基就在《真理报》上再一次不指名地攻击斯大林在格鲁吉亚的政策。他写道,如果大俄罗斯沙文主义者在高加索一意孤行,那么苏维埃侵犯高加索将被证明是犯下了"滔天罪行"。《托洛茨基全集》第21卷,第317—326页。

到白热化的问题，而把他的讲话严格限制在经济政策的问题中。① 经济政策无疑是一个十分重大的问题，他认为这是解决所有其他问题的关键，而他终于有机会面向全国听众全面地阐述他的观点，这观点迄今为止还只是在少数领导者的小圈子里泛泛地提出过。作为他与三驾马车君子协定的一部分，他有权将他的观点作为正式政策来陈诉，尽管政治局赞同他的意见的程度不超过他赞同斯大林的对非俄罗斯民族政策的程度。他非常重视能把他的经济政策作为党的正式"路线"提出来；在他的眼里，这也许部分地证明了他向三驾马车作出让步是对的。实际上，在讨论他的报告时，没有一位政治局委员表示公开反对。

他向全党发出呼吁，要掌握国家经济命脉，要解决伟大而艰巨的社会主义原始积累任务。他回顾了新经济政策实施以来两年的经验，并且重新阐发了它的原则。他指出，新经济政策的两大目标就是开发俄国的经济资源并将其引导到社会主义轨道上去。工业生产的增长仍然很慢，远远落后于私人农业经济的恢复。因此，这两大经济成分之间的差别变得突出起来，并且反映在工业产品价格高与农产品价格低而形成的"剪刀差"上（托洛茨基创造的这个比喻术语不久之后就被全世界经济学家所沿用）。② 由于农民买不起工业品，又没有真正的物质利益刺激他们出卖产品，因而"剪刀差"又一次造成切断城乡经济纽带与破坏工农政治联盟的威胁。缩小"剪刀差"，只应是降低工业产品价格而不是提高农产品价格。这样，工业就必须合理化、现代化、集中化，而这就要求实行计划经济方针。

计划经济是他的主要命题。他并没有像他的反对者们后来宣称的那样鼓吹为了计划经济而放弃新经济政策。他力促全党在新经济政策的限度内从"后退"过渡到社会主义的进攻。他说："新经济政策是我们自己在同私人资本的斗争中建立起来的阵地。我们建立了这个阵地，使之合法化；我们就要在这个阵地上进行严肃长期的斗争。"③ 列宁曾经说过，新经济政策应当"认真地、长期地"予以实行；而计划经济的反对者最爱引用这段话。托洛茨基反驳说："不错，认真地、长期地，但并不是永远地。我们推行新经济政策是为了在它自己的基础上，更主要是用它自己的办法来击败它。怎么办？在灵活地运用市场的有效规则，依靠这些规则的情况下，把国营生产机构引入它的竞争中和系

---

① 《俄共（布）第十二次代表大会》，第282—322页。
② 同上，第292—293页。
③ 同上，第285页。

统地扩大计划经济的因素。我们最终就能将计划因素扩展到整个市场，从而吃掉并消灭市场。"①

布尔什维克对于计划经济与市场经济之间关系的认识仍然极其模糊。多数布尔什维克都认为新经济政策与计划经济几乎是无法相容的。他们把新经济政策看做是对私有制的让步，而这是他们迫于自身的薄弱不得已而为之。他们认为，这种让步还需要持续多年，因此有必要强调新经济政策的稳定性和加强农民和商人对这种稳定性的信心。只有在相对遥远的将来党才能取消对私有财产已经作出的让步，也只有在那时才可能确立计划经济。这种认识在以后十年之内将始终是斯大林政策的基础，在此过程中，斯大林先是以新经济政策的名义抵制计划经济，然后再以计划经济的名义下令"废除"新经济政策，"消灭"私人贸易，摧毁个体农业。

根据托洛茨基的概念，新经济政策的提出并不仅仅是为了满足私有制。它建立了社会主义公有制与私有制两种经济成分之间长期合作、竞赛、斗争的框架。合作和斗争在他看来是辩证的，是同一个过程的两个对立面。因此，他号召全党要保护和扩展社会主义成分，哪怕是在社会主义经济成分向私有制妥协和帮助它发展的时候。社会主义计划经济不会在一天之内突然取代新经济政策。社会主义计划经济应当在这种混合经济的范围里发展壮大，直到社会主义成分通过它不断增长的优越性而逐渐吸收、改造或消灭私有成分，乃至冲破新经济政策的框架。因此，在托洛茨基的日程表上没有给任何突然"废除"新经济政策、下令禁止私人贸易以及用暴力摧毁个体农业留有余地，恰如没有给任何用行政命令宣布"过渡到社会主义"留有余地一样。托洛茨基与斯大林之间的这种立场差别只是到了20年代末30年代初才鲜明地表现出来。但是，眼下因为托洛茨基坚持进攻性社会主义政策的必要性，许多人就觉得他似乎是从根本上反对新经济政策的。

在此没有必要详细探讨托洛茨基的经济论点或他提出的社会主义原始积累的问题——有关他的这些思想在前面一章里已经扼要论述过了。只需要提到下面几点也就足够了：托洛茨基所作的报告和所提交的"提纲"是苏联经济史上最关键的文件；他在其中描绘了今后几十年的苏联经济远景，在这几十年里，苏联的演化取决于在一个不发达的，但却是大规模国有化的经济中强制形

---

① 《俄共（布）第十二次代表大会》，第331页。

成资本的过程。马克思主义历史学家的确可以把那几十年——斯大林主义统治的几十年——当做社会主义原始积累时期来加以分析或描述；而且他这样做的时候可以借用托洛茨基在1923年所阐述的观点中的那些术语。①

但是，不管托洛茨基在第十二次代表大会上做出了多么巨大的历史功绩，也不管它对于马克思主义的研究有多么巨大的意义，这都无助于改善他在所面临的那一场斗争中的地位。整个说来，他的中心思想已经超越了他的听众的理解力。他像往常一样给代表大会留下了印象，但这次留下的印象与其说是由于讲话的内容，倒不如说是由于它的热情奔放。他的讲话中的一些言外之意使广大代表不禁竖起耳朵，甚至产生了疑心。有些人甚至在琢磨，他原来是要号召全党放弃新经济政策，回到令人谈虎色变的战时共产主义。当他要求必须把工业生产集中在少数规模大、效率高的康采恩的手里时，问题便发生了：那些效率不高的工厂关闭后，失业工人怎么办呢？当他申辩说工人阶级队伍必须挑起重建工业这副重担时，他根本就没想到怎样把他的话说得更委婉些。相反，他对他的思想强调到这般地步，以致令许多工人感到惊骇。他说："可能会有这样的时刻：国家不付给你们工资，或者只付给一半工资，而你们，工人们，得（将另一半）借给国家。"② 斯大林后来正是通过这种方式，即"拿走工人的一半工资"，加速了社会主义原始积累，但是那时他却告诉工人说，国家付给他们的工资是他们以前所得的2倍或3倍。然而，当托洛茨基以他特有的坦率和无情的真诚在代表大会上谈到这个问题时，使工人们惊骇的却只是他的冷酷无情而不是他的真诚。他们不由地反问，难道他又要像他当时组织劳动军时所告诉我们的那样，要我们必须持生产者的观点，而不是消费者的观点吗？三驾马车的代理人要证实工人这方面的猜疑，那是再容易不过的了。

另一些人问，托洛茨基的政策对农民会有什么影响呢？会驱使党跟农民发生冲突吗？李可夫和索柯里尼柯夫两人在政治局和中央委员会里早就给了肯定的回答。在代表大会上发生的一件重要插曲更使这个问题加重了分量。托洛茨基的一位老同志克拉辛直接向他提问：他是否充分思考过社会主义原始积累的含义？克拉辛指出：早期资本主义不仅仅只是克扣工人工资或依赖于企业主的"节约"来加速原始积累，它还剥削殖民地，掠夺整个大陆，毁灭英格兰的自耕农，摧毁了印度农家的织布工，而正是在"印度平原白茫茫"一片尸骨之

---

① 在以后的几年中，托洛茨基本人即便不是绝口不提，也很少再谈到"社会主义原始积累"。
② 《俄共（布）第十二次代表大会》，第315页。

上，现代纺织工业才得以兴起。难道托洛茨基要将这种相似推向其必然的结果吗？①

克拉辛提出这个问题并不怀有任何敌意。他是从特定的角度出发提出这个问题的：他作为对外贸易人民委员试图说服中央委员会：需要更多的对外贸易——需要对国外资本作出更大让步。他希望代表大会特别考虑到，他们是布尔什维克，绝不能去剥削农民、掠夺殖民地——谁都认为这是理所当然的事，他们必须设法吸引外资，外资可以帮助俄国进行原始积累并避免在西方伴随积累而来的恐怖。但是布尔什维克现在却发觉，以可接受的条件吸引国外贷款的机会微乎其微；因此克拉辛提出的问题非常有力：为加速积累所需的资金将从哪儿来？当克拉辛谈到对农民的掠夺和印度农村织布工人的"一片白茫茫尸骨"时，托洛茨基跳起来抗议说，他的"建议根本不是这个意思"。②这当然不错。但不管怎样，他的立场的逻辑发展不就是将导致"对农民的掠夺"吗？托洛茨基跳起来否认这一点，说明他已感觉到有一片疑云正在他头顶上聚拢来，虽然还不到巴掌那么大。

这样说，不仅可能把自己与工人对立起来，也可能在党内引起害怕与农民发生冲突的恐惧，而且托洛茨基还招致了工业界经理和行政官员的敌意。但是，他深信他所说的话是极其重要的，并认为他的责任就是把它说出来，所以他就不能不说出这些最不受欢迎的事。另外，他以这样暗淡的色调描述了工业情况，这样无情地揭露了新经济官僚主义者的骄横自满、独断专行、颟顸无能，以至于官僚主义者为他的鞭挞所激怒并力图发泄怨恨。工业界经理们回答说，托洛茨基以如此暗淡的色调描述工业情况，对他们的工作如此不满，只因为他以计划经济的乌托邦而沾沾自喜。③

于是，最终导致托洛茨基失败的各种条件就慢慢地，但不可抗拒地展开并结合起来了。他错过了挫败三驾马车并使斯大林名声扫地的机会。他令其盟友们失望。他辜负了列宁对他的期望，未能坚定地成为列宁的代言人。他没有在全党面前支持他曾在政治局里支持过的格鲁吉亚人和乌克兰人。当党内民主的呼声从底层发出时，他却保持沉默。他所阐释的经济思想和历史的警告吓跑了他的听众，却使他的政敌们易如反掌地加以歪曲，以致立刻在工人、农民和官

---

① 《俄共（布）第十二次代表大会》，第351—352页。
② 同上，第351—352页。
③ 同上，第322—354页及各处。

僚层之中产生了这样一个印象：托洛茨基并不是他们所能寄予希望的人；各社会阶级和社会集团一想到他可能成为列宁的接班人就感到不安。与此同时，三驾马车则百般殷勤地讨好每一个人，允诺各个社会阶层和社会集团都能得到好处，迎合形形色色的骄傲自满、吹牛拍马的人。

而当托洛茨基声明"毫不动摇地"与政治局及中央委员会保持团结一致并号召党员群众在此"紧急关头"要保持严格的自我约束和最大的警惕性时，他终于亲手直接加强了三驾马车的地位。当谈到列宁不在时有关呼吁团结和纪律的运动时，他宣称："在我们当中，我绝不是最后一个去捍卫并促进（这个运动）的人，也不是最后一个无情地反对所有企图破坏运动的人。"① 他继续说："如果说，党在目前特定情况下就某些可能危及党的问题而断然警告你们，即使这警告是夸张的，那么这是因为这些问题在其他的情况下也许没有危险，而在当前情况下则会两倍或三倍的危险。"三驾马车当然会发觉，这种人心惶惶、猜疑重重的时刻对于他们来说真是表现自己并镇压反对派的天赐良机。托洛茨基和他们同样感到不安，担心列宁死后党将遭到的冲击；但是他迫切要加强党的地位，却削弱了他自己在党内的地位。无疑，他信赖三驾马车的忠诚。尽管他瞧不起三驾马车，但始终以同志般的情谊对待他们，也期望他们能投桃报李。托洛茨基没有料到，他们竟然利用他的无私胸怀去捞取可马上兑现的个人好处。

* * *

在党的第十二次代表大会上选举出来的扩大的中央委员会重新任命斯大林为总书记。托洛茨基无意阻止这件事——总之，他没有提出任何别的候选人，但他知道列宁会怎样做。若列宁不在，无论如何他是没有机会罢免斯大林的。三驾马车像以前一样指挥着政治局，并通过政治局指挥着中央委员会。他们同时还支配着新的中央监察委员会，这个委员会被选举出来作为党的最高法庭。被指定主持该委员会的人是斯大林的亲密伙伴古比雪夫。

三驾马车还没有理由向托洛茨基摊牌。因为他并没有向他们挑衅；同时三驾马车也拿不准若使冲突公开化，党内会有什么反应。不过，斯大林却是分秒

---

① 《俄共（布）第十二次代表大会》，第320页。

必争地操纵局势，他利用手中广泛的任命权，把可能追随托洛茨基的人从中央到各省的重要位置上清除掉，并用三驾马车的追随者或他自己的亲信来填补空缺。他精心为每一例提升或降级寻找说得过去的功过理由；而列宁规定的原则这时大大帮了斯大林的忙，即任命时须考虑党员为党工作的年限。这项原则自然有利于老近卫军，特别是它的核心集团。

就在1923年这一年当中，斯大林充分利用他的这一庇护体系，神不知鬼不觉地成了党的主宰。那些由他任命为地区或地方书记的官僚们很清楚，他们在官场中的地位及其巩固并不依赖于当地组织的成员，而是依赖于总书记处。他们自然会愈加俯首帖耳地听命于总书记的驱使，而对当地组织的意见却置之不理。这个由书记们组成的群体逐渐以它自己"取代"了党，甚至取代了他们组成其中重要部分的老近卫军。他们愈习惯于在总书记的命令下一致行动，这个总书记就愈有可能直接取代党。从理论上说，党仍然是受中央委员会和党的代表大会决议的支配。但后来党的代表大会仅仅成了一块骗人的招牌：照例只有总书记处任命的人才有机会当选为代表。

托洛茨基目睹着党内的这种变动，意识到了它的严重性，却一筹莫展。他唯一可以采取的办法就是公开号召党的基层组织起来抵制总书记处的强迫命令。但是由于斯大林得到政治局和中央委员会多数的支持，这个办法只会将矛头指向新选出的、通过正常途径建成的领导层。没有一个政治局委员——甚至是享有最高威信的人——敢冒险走这一步，更不必说此时的托洛茨基了。他向全党隐瞒了他与三驾马车的分歧，信誓旦旦地保证同他们完全一致，发誓做一个最热烈、最警惕的纪律捍卫者。如果他试图鼓动全党反对三驾马车，他必然被看做是一个伪君子——仅仅为了报私仇，为了满足取代列宁地位的野心。

他只能暂时在政治局和中央委员会内部反对斯大林。但他十分孤立，他的意见不被理睬。甚至布哈林也更倾向于三驾马车了（在40个新中央委员中，托洛茨基的政治盟友不超过三个人：拉柯夫斯基、拉狄克和皮达可夫）。有他出席的政治局会议愈益成为一种例行公事，他被置于一种尴尬的境地；而真正的政治局却只是在他缺席时才工作。因此，党的第十二次代表大会刚过不久，他就开始尝到自己贻误战机的苦果了。他已经成为三驾马车的政治俘虏。他既不可能在党的领导集团内部去反对他们，也不可能在外部采取任何反对行动，他只能等待时机，指望柳暗花明那一刻的到来。

第二章 革出教门

* * *

1923年夏,莫斯科和彼得格勒突然受到一股政治热潮的冲击。从7月初直到8月末,工业部门异常动荡。工人们感到被压上了过分沉重的工业复兴的重担。他们只能领到微薄的工资,就是这一点儿工资甚至还经常领不到。工业界经理们由于经营亏损而被剥夺了国家对企业的补助和贷款,没有钱支付职工工资,甚至一连拖欠他们好几个月,只得靠不光彩的欺骗手段克扣工资。工会既不想干扰工业复兴,也不肯压制民意。终于,"疾风暴雨般"的罢工在许多工厂发生了,并到处蔓延,还伴随着不满情绪的大爆发。工会惊慌失措,党的领导也都如此。一次总罢工的威胁迫在眉睫;而运动似乎正处于转变为政治骚乱的关头。自从喀琅施塔得暴动以来,工人阶级还从没有如此紧张过,领导集团也从没有如此震惊过。

这场冲击由于其出乎意料而愈益严重。领导集团一直对经济形势沾沾自喜,夸耀着不断的进步。他们没有及时收到灾难逼近的信号,或者即使得到了警告也置若罔闻。在突然惊醒之后,他们就去追查煽动工人的嫌疑犯。在基层,在党支部,骚乱使人们更认真地探究这个问题:为什么在新经济政策公布两年以后不满情绪仍然如此强烈。他们质问道:官方关于进步的报告到底有什么价值?党的领袖们不是过于骄傲自满吗?他们不是脱离了工人阶级吗?如果这些问题得不到解答,追查嫌疑犯是没有什么用的。

嫌疑犯很难追查出来。对于罢工骚乱查不到任何根源,诸如反布尔什维克政党的残余等——因为这些政党经过彻底镇压早已销声匿迹了。官方的怀疑转向工人反对派。然而他们的领袖们也为罢工所震惊;工人反对派因为慑于被放逐的不断威胁而已然偃旗息鼓,并且四分五裂了。不过,那些分离出来的小集团倒是在某种程度上卷入了罢工骚乱,但罢工主要是自发的。在这些人中最重要的是工人集团,由三位工人领导,他们是米亚斯尼科夫(Мясников)、库兹涅佐夫(Кузнезов)和莫伊谢耶夫(Моисеев),都是至少1905年前入党的布尔什维克。在4月和5月,党的第十二次代表大会刚刚闭幕,他们就散发宣言,谴责对无产阶级的新剥削,并敦促工人为苏维埃民主而战斗。[①] 5月末,

---

[①] 1924年,工人集团的德国同情者在柏林发表了这份宣言,题为"俄国共产党工人集团宣言书"。

米亚斯尼科夫被逮捕了,但他的追随者仍继续宣传他的观点。当罢工爆发时,他们还在琢磨着是不是应当跑到工厂去号召总罢工。当格别乌把他们抓起来时(总数约20人),他们仍就这个问题争论不休。①

党的领导发现诸如工人真理派之类的团体在工厂活动,不禁十分惊恐,其惊恐程度跟罢工骚乱的成因似乎很不相称。但是,这些集团尽管规模很小,他们在党内和工会内却有不少联系。基层布尔什维克抱着或明或暗的同情倾听他们的观点。对于工人的抱怨,工会没有表态,而党又不予理睬,因此力量弱小的政治派别只要不停止活动,就有可能迅速地获得广泛影响,成为不满情绪的代表。喀琅施塔得暴动中的煽动分子本来人数不多,影响不大;但那里堆满可燃物,一点火星就可能形成燎原大火。党的领导竭尽全力要扑灭火星。他们决心镇压工人集团和工人真理派,借口是,这些组织的成员不再认为自己应受党纪约束,并且半公开地煽动骚乱、反对政府。捷尔任斯基被委以镇压之责。但是他调查这些假设嫌疑犯的活动时发现,甚至绝对忠诚的党员也把那些人视为自己的同志,并且拒绝作证去反对他们。于是他转向政治局,请它宣布任何党员都有责任向格别乌揭发那些在党内对公认领袖有攻击行为的人。

当问题提到政治局时,托洛茨基刚与三驾马车发生过几次冲突,他们的关系因此恶化;而捷尔任斯基提出的要求则是他无法忍受的。他丝毫无意为工人集团以及类似的持不同政见者辩护。当他们的追随者被投入监狱时,他也没有提出抗议。尽管他认为他们的不满大多是合理的,他们的许多批评也是有道理的,但他并不同情他们粗暴的、无政府主义式的宣传鼓动。他也不支持工业部门的动乱。他看不出政府怎么能满足工人的要求,如果工业产量仍是这样低;倘若工资买不到商品,提高工资又有什么用?他明白由于工业复兴的延迟所导致的罢工只会使问题更加严重;但他不肯沽名钓誉,不肯乱许不负责任的诺言或者去利用工人的不满情绪。相反,他一再力促实现已经太迟的经济政策的转变。他也无意去支持工人反对派及其分散的小集团以极端形式提出的苏维埃民主的要求。但是,他抗议三驾马车和捷尔任斯基所建议的处理骚乱问题的方式,抗议他们的顽冥不灵:只盯住不满情绪的表面现象而忽视其潜在原因。政治局命令党员们互相监视和告发这种做法令他非常厌恶。

捷尔任斯基的上述要求提出了一个很微妙的问题,因为布尔什维克对待格

---

① 维·桑林:《工人集团》,第97—112页。这个集团在莫斯科约为200人。

别乌的态度中丝毫没有正直的资产阶级民主派通常看待任何政治警察的那种高傲的轻蔑。格别乌是一柄"革命的利剑",每个布尔什维克都以帮助它完成反对革命敌人的工作而引以为荣。但在内战之后,当人们开始厌恶恐怖行径时,许多曾自愿在格别乌中服务的人们都巴不得离开这支队伍。难怪此时捷尔任斯基对拉狄克和布兰德勒诉苦说:"唯有圣徒和流氓能在格别乌中工作。但现在圣者离我而去,只剩下我与流氓为伍。"① 然而这个被人瞧不起的格别乌却仍然是布尔什维克独裁政权的捍卫者。迄今为止,它一直捍卫这个政权,而反对的只是外部敌人,如白卫军、孟什维克、社会革命党人和无政府主义者。现在问题在于:为了捍卫独裁政权,格别乌是否还应该反对假想的布尔什维克的敌人呢? 如果是这样,那么除了在党自身内部大动干戈之外别无选择。

  托洛茨基并没有明确告诉政治局应当拒绝捷尔任斯基的要求。他避开这个问题而强调其内在的原因。1923年7月8日,他在致中央委员会的信中写道:"向党组织报告某些支部正受到敌对分子的利用这样的事实,这本来就是党员的基本义务,因此在十月革命胜利六周年之后,还要为此通过一个专门决议,看来是毫无必要的。要求通过这样一种决议的要求以及其他类似明显的要求,是一种令人极为惊讶的迹象。"② 这表明现在有一道鸿沟正把领袖和党员群众分隔开来,这道鸿沟自从党的十二大以来已变得特别宽,斯大林的庇护网使它变得更深了。

  当托洛茨基这样陈述时,三驾马车提醒他,在战时共产主义时期,他正是通过自己的提名者去统治工会的。托洛茨基回答说:即使在内战最紧张时期,"党内任命制度的规模也不及现在的1/10。现在州委书记的任命成了一种制度。这就为州委书记创造了基本独立于地方组织的地位⋯⋯"。托洛茨基并没有明确地向总书记的特权提出质疑,他只是要求总书记谨慎节制地使用这些特权。托洛茨基承认,在上一次党的代表大会上,当他听取对无产阶级民主的呼吁时,其中许多"在我看来似乎都是夸大了的,并在相当程度上带有蛊惑性,因为充分发展的工人民主与独裁政权是无法相容的"。然而,党不应当继续生活在内战时期纪律的高压下。这种状况"应当让位于更活跃、更广泛的政党责任制。现在的政权⋯⋯比战时共产主义高潮时期的政权更远离任何工人民主"。"书记的选拔"就是造成"党的机关空前官僚化"的原因。书记集团

---

① 此事是布兰德勒告诉本书作者的。
② 马克斯·伊斯特曼:《列宁逝世之后》,第142—143页。

"炮制了党的观点"，压制党员发表意见的自由，甚至不许他们有独立见解，仅仅用命令和号召口吻向党员群众说话。因此毫不奇怪，不满情绪"无法通过在党的会议上公开交换意见或者通过党员群众向党组织施加影响而得以消除……于是就在私下里不断积累起来，形成剑拔弩张的局面"。①

　　托洛茨基再次抨击了三驾马车的经济政策。他说，工业的动荡加剧了党内的动乱；而工业的动荡则是因为缺乏经济远见。他此刻才发现，他在第十二次代表大会上作出了那样多的让步才使三驾马车允诺给他的唯一果实也是一场空：代表大会通过了他的工业政策决议，但这些决议至今仍不过是一纸空文。经济管理仍像从前一样一塌糊涂。他们没有为使国家计划委员会成为经济领导中心做任何工作。政治局建立了一些委员会，但只是调查危机的表象，而不是去挖掘其根源。托洛茨基本人曾被邀请参加一个调查物价的委员会的工作，但是他拒绝了。他声明说，他无意参加这样一种旨在搪塞问题、拖延解决的活动。

　　就在托洛茨基作出这些批评之前，他刚跟三驾马车发生了冲突，这在上面已经提到过了。有些冲突跟审议德国局势有关；托洛茨基认为，在德国，因法军占领鲁尔地区而引起的动乱为德国共产党提供了千载难逢的机会。另一些冲突是由三驾马车建议改组托洛茨基所主持的革命军事委员会所引起的。季诺维也夫一心想把斯大林本人或者至少是伏罗希洛夫和拉舍维奇安插进革命军事委员会。但不清楚是什么原因导致季诺维也夫提出这个建议的。或许他与斯大林商量好，要为三驾马车在控制军队方面争得一份决定权，或许他策划了一条反斯大林的狡计，要把他从总书记处赶出去。② 但当季诺维也夫将其动议提交讨论时，托洛茨基受到刺伤，十分愤怒，他声明说，作为抗议他要辞去所有的职务，如陆海军人民委员部、革命军事委员会、政治局和中央委员会等部门的职务。他要求作为一名"革命战士"被派往国外协助德国共产党进行革命准备工作。这个想法并非事出无因。德国共产党领袖海因里希·布兰德勒刚抵达莫斯科，他对他本人及其同志们能否胜任领导一场革命起义没有把握，就热切地询问托洛茨基和季诺维也夫的意见，问托洛茨基能不能化名前往柏林或萨克森负责革命军事行动。③ 这个主意打动了托洛茨基，使命的危险性更是激起了他

---

① 马克斯·伊斯特曼：《列宁逝世之后》，第142—143页，
② 参见本书第四章。
③ 消息来源于布兰德勒。

的勇气。俄国政事的转变令他失望，政治局的阴谋活动令他厌恶，而且可能也使他十分厌倦了，他便请命到德国去。与其去啃革命胜利的腐烂果实，不如再次为革命斗争夺取胜利，这更加符合托洛茨基的本色。

海因里希·布兰德勒，德国共产党领袖

三驾马车不能放他走。他在德国对他们会更加危险。如果他去了，一旦成功并且胜利归来，那么他将作为俄国革命和德国革命的公认领袖睥睨他们。倘若他发生了不幸，比如落在阶级敌人手里或战死沙场，则全党必将猜疑他们是为了铲除他才派他去担负一项毫无希望的使命的；而无论是斯大林还是他的同伙都不能冒这种猜疑的险。他们不能让托洛茨基去摘取新的革命胜利的桂冠，也不能让他去享受烈士的哀荣。为了摆脱困境，三驾马车把这痛苦的一幕变成了一出滑稽剧。季诺维也夫回答说，他本人作为共产国际的主席，愿意作为一名"革命战士"代替托洛茨基前往德国。这时斯大林插进来，做出一副和蔼可亲、通情达理的样子说，政治局不可能免掉这两位最杰出、最受爱戴的政治局委员的职务。政治局也不可能让托洛茨基辞去陆海军人民委员和中央委员之职，因为这将给党带来莫大的耻辱。至于他，斯大林本人，只要革命军事委员会能平安无事，他宁愿呆在外面。政治局接受了斯大林的解决办法；而托洛茨基感到这十分荒唐,便在会议中途离开了会场,并"把门重重地关上"。①

在捷尔任斯基提出建议或托洛茨基写下10月8日信件之前,政治局的事态就是这样。托洛茨基在信中向三驾马车提出了明确的挑战。但三驾马车不大在乎,因为托洛茨基没有使争论公开化:他的信件只向有权了解政治局内部秘密的中央委员宣布。

然而,一星期之后,即在10月15日,46位资深党员联名发出庄严声明,矛头直指官方领导,批评它的政策,他们所使用的词语几乎与托洛茨基所使用过的词语完全一样。他们声明说,国家正处于经济崩溃的危险之中,因为"政治局里的多数派"拿不出政策,看不到对工业实行有目的的指导和计划性的必要。他们并没有要求对领导层作任何明确的人事变动;他们只是敦促政治局警醒起来认清自己的目标。他们也抗议书记集团的统治以及对言论的扼杀,声称正常的党代表大会和代表会议由于安插私人亲信已经失去了代表性。46人甚至比托洛茨基走得更远,要求取消或放宽禁止党内派别活动的禁令,因为该禁令只有利于一个小宗派,成为它对党实行独裁统治的掩护,驱使不满的党员结成秘密团体,并滥用他们对党的忠诚。"党内斗争越是不公开,斗争也就越激烈。"最后,声明签名者要求中央委员会召集紧急会议讨论局势。②

46人如此忠实地反映了托洛茨基的批评,以至于三驾马车不能不怀疑,他即使不是抗议声明的组织者,那么也是他们的直接鼓舞者。③ 三驾马车以为46人已经结成了一个牢固的派别。实际上,托洛茨基的态度比三驾马车所想象的有更多的保留。不错,在46人中有他亲密的政治盟友:尤里·皮达可夫,一位最能干、最开明的工业管理者;叶甫根尼·普列奥布拉任斯基,经济学家、前中央委员会书记;列夫·索斯诺夫斯基,《真理报》的天才撰稿人;伊万·斯米尔诺夫,征服高尔察克的胜利者;安东诺夫-奥弗申柯,十月起义的英雄,现为红军第一政委;穆拉洛夫,莫斯科卫戍部队司令员,等等。托洛茨基曾把自己的思想和忧虑对这些人吐露过,甚至把他和列宁的

---

① 斯大林的前秘书这样强调这个插曲的荒唐:"这一幕发生在皇宫会议厅。大厅的门很厚重。托洛茨基朝门跑过去,使尽全力去拉门,但门很慢很慢才打开。有些门是无法砰然作响的。但托洛茨基在盛怒之下并未注意到这一点;他又使尽全力去关门。遗憾的是,门仍然只能慢慢地关上,就像它开时那样。因此,我们看到不是表明历史突变的戏剧性姿态,而是一位可悲的、无助的人物与大门的格斗……"巴扎诺夫:《在克里姆林官与斯大林一起》,第76—77页。

② 托洛茨基档案。

③ 托洛茨基应否对46人的行动负责,这是1924年1月召开的党的第十三次代表会议所争论的中心议题。

私人谈话都告诉过他们。① 他们组成了所谓1923年反对派的领导核心，代表着其中"托洛茨基主义"的成分。但46人并不是一个完全一致的派别。他们当中也有工人反对派和民主集中派的拥护者，例如弗拉基米尔·斯米尔诺夫、萨普龙诺夫、柯秀尔、布勃诺夫和奥新斯基等，他们的观点与托洛茨基主义者并不一样。许多签名者在共同声明中对一些特定问题有明显的保留意见或坦述自己的异议。共同声明同等地强调了两个问题：经济计划性和党内民主。但有些签名者主要对前者感兴趣，而另一些则更关心后者。普列奥布拉任斯基和皮达可夫等人要求批评自由和争论自由，这主要是因为他们反对特定的经济政策，希望通过争论使别人转变到他们方面来；而萨普龙诺夫和索斯诺夫斯基等人加入反对派主要是因为他们为了党内自由而要求党内自由。前者反映了布尔什维克官僚层中先进的、受过良好教育的精英分子的愿望，而后者则只是表达了对整个官僚层的反感。这46人远不是铁板一块，而只是不同群体和个人结成的一个松散联合体，将他们团结在一起的只是一种共同的、朦胧的不满和抗议。

很难说托洛茨基是否以及在多大程度上应被视为这次联合的直接发起人。托洛茨基本人否认这种说法，而他的政敌则断言，他的否认只是一种花招，好使他逃避组织宗派的罪名。② 但反对者并未提出具体证据；而46位签名者也不像是一个具有确定路线和纪律性的统一派别。甚至在托洛茨基死后许多年，那些紧密追随他的人也声称，他严格遵守党纪，不可能充当这一次特定抗议示威的发起人。根据所有已知的有关托洛茨基在这些事态中的行为来看，这种说法是可靠的。然而值得怀疑的是他是否像他声明的那样事前对46人的行动一无所知或者他对这次事件是否感到意外。毫无疑问，普列奥布拉任斯基、穆拉洛夫或安东诺夫－奥弗申柯一直向他通报他们的所作所为，而且做这些事时也不会没有他的某种鼓励。因此可以说，即使托洛茨基对他们的行动并没有正式的责任，他也应被视为他们实际鼓舞者。

46人将其抗议提交给中央委员会时附带请求：中央委员会应按早已确立的惯例让全党知道此事。三驾马车拒绝了这个请求，并且威胁说，若是签名者自己在党员中散发该文件，就要对他们进行纪律制裁。与此同时，中央委员会

---

① 托洛茨基：《我的生平》第2卷，第215页。
② 《俄共（布）第十三次代表会议》，第46、92—102、104—113页；《俄共（布）第十三次代表大会》，第156页及以后各页。

的代理人被派到各支部去谴责尚未公布的抗议书的作者们。尔后中央委员会召开了一次特别扩大会议来处理《46人声明》和托洛茨基10月8日的信件。①三驾马车在答复托洛茨基时一再重复了斯大林1月和2月在政治局会议上对他的指责。他们断言,托洛茨基被权力欲所驱使,坚持"孤注一掷"的方针,不但拒不担任列宁的副手,甚至放弃了正常的职责。然后他们列举了近年来他与列宁有分歧的所有问题,但在一件事上他们却装聋作哑,即在几乎所有这些问题上列宁最终发现自己是与托洛茨基一致的。中央委员会肯定了这些指责,并批评了托洛茨基。中央委员会同时还申斥46人,把他们的联合抗议书称做是对1921年禁止派别活动禁令的破坏。至于对托洛茨基,中央委员会并没有明确指责他组织小宗派,但是认定他应对46人犯下的过错负有道义上的责任。

这种谴责更加突出了一个怪圈,其中任何反对派刚一露头便被置于1921年禁令的纪律约束之下。46人是为了要求取消或者放宽这些条令挺身而出的,但是,他们仅仅要求修正这些条令就足以使他们遭到已经违反条令的指控。禁止党内派别活动的禁令是自我永恒的、不可磨灭的,任何修正的企图在其中都无立足之地。禁令在党内确立了军营纪律,这也许有利于军队,却是政治组织的祸害。这纪律无异于"只准州官放火,不许百姓点灯"。

三驾马车很难把这次特殊的"造反"镇压下去,因为这些造反者不是普通的小兵,而是46位革命将军。他们每个人在政府和党内的地位都很重要。多数人都有一部内战英雄史。许多人是中央委员。有些人是在1917年与托洛茨基一起加入布尔什维克的,还有一些人则早在1904年就已入党。他们的抗议是抹不掉的。三驾马车在各支部中声讨它,并号召各支部参与声讨,但又不肯公开抗议声明,于是引起了强烈的猜疑。全党因危言耸听的谣传而骚动起来。三驾马车不得不稍稍打开安全阀门。在11月7日,十月革命六周年纪念日,季诺维也夫发表庄严声明,答应恢复党内民主。以此为信号,《真理报》以及其他报纸开辟争论版面,并邀请党员坦率写出使他们感到困惑的所有问题。

"沉默三年"之后重新发动争论是一桩冒险的事。② 三驾马车对这一点是心中有数的。因此,他们允许在莫斯科公开争论,而在其他省份则按兵不动。

---

① 《苏联共产党代表大会、代表会议和中央全会决议汇编》第10卷,第766—768页。
② 在党的第十三次代表会议上,拉狄克谈到了争论之前的"三年沉默"。参见《俄共(布)第十三次代表会议》,第135—137页。

第二章 革出教门

但是，他们刚一打开安全阀，就立刻遭受到意想不到的压力的攻击。莫斯科的党支部造了反。他们对官方领导人报以敌意，而向反对派发言人报以欢呼。在大工厂的某些会议上，三驾马车遭到嘲笑，票数明显下降。① 讨论的焦点马上集中到《46人声明》上，现在他们可以自由地向基层群众阐释他们的观点了。皮达可夫是他们当中最激进、最能打动听众的发言人；他无论走到哪里，都能轻易赢得绝大多数群众支持他们的直言不讳的决议。安东诺夫－奥弗申柯在卫戍部队的各个党组织里发表演说；在争论开始后不久，至少有1/3这样的组织已经站在反对派一边了。共产主义青年团中央委员会以及莫斯科多数共青团支部也都站在反对派一边。大学里则是群情激奋；绝大多数学生支部都宣布热烈支持46人。反对派领袖们踌躇满志。有这样一种说法，他们如此得意，居然私下讨论在分享三驾马车对党的机关的控制时什么样的比例是他们可以接受的。

三驾马车大为震惊。当他们发现各卫戍部队支部将以何种方式投票时，便决定不让这些支部进行投票，立即解除了安东诺夫－奥弗申柯的红军政治部主任职务，借口是：他威胁中央委员会说，武装部队将"像一个人一样地"支持"革命胜利的领袖、组织者和鼓舞者"托洛茨基。② 实际上，安东诺夫－奥弗申柯并没有用任何军事造反之词相威胁。他所指的和说的只是军队各支部"像一个人一样地"做托洛茨基的后盾。这无疑是一种过火的说法，但距真相并不很远。何况，安东诺夫－奥弗申柯也并非违法地要把争论带到军队支部中去。这些支部同地方支部一样，同样有权参加任何争论，投票表决政策。而他们的这种权利以前也从没有被否认过。但是，不管安东诺夫的行动是否无可非议——托洛茨基认为，他处在这种微妙的局面下还应当更慎重些，三驾马车还是决定不能再让安东诺夫－奥弗申柯留在红军政治部主任的位置上。紧接着是对其他批评者的处分。书记处违反党章，解散了共青团中央委员会，任命新人来取代它。③ 纪律处分也同时落在反对派的其他支持者身上，一切可以想得出来的手段都被用来阻挠争论的深入。

然而，所有这一切并未能缓和紧张局面。三驾马车决定用模仿反对派的办

---

① 这是拉狄克所述。《俄共（布）第十三次代表会议》，第83—91页。另见普列奥布拉任斯基有关党内危机的描述。同上，第104—113页。
② 同上，第124页。
③ 同上，第459页。

法来挫败反对派。他们拟定了一份专门的决议，直截了当谴责"党内官僚集团"，其用词听起来就像是从托洛茨基和46人那里剽窃来的；他们宣称要公布一项新方针以保证党员享有充分的发表意见的自由和批评自由。

11月里，整个莫斯科群情激动，但托洛茨基却未能参加公开争论。一次偶然的害病迫使他沉默。10月下旬的一个周末，在一次去莫斯科郊外沼泽地狩猎的途中，他患了流感，继而发起了高烧；就在这具有决定性意义的几个月中，他因发烧而卧床不起。如果稍微留心一下，那些由更为固定的形势因素所决定的事态的发展趋势是怎样受到这种意外生病——先是列宁，后来是托洛茨基——的影响，那是十分奇妙的。托洛茨基在《我的生平》一书中评论道："我能够预见革命和战争，却不能预见秋季猎鸭之行的后果。"① 毫无疑问，这对托洛茨基极为不利，因为值此关键时刻，他不能运用他那强有力的呼声去直接打动听众了。

> （他妻子写道）这是非常沉重的日子，这是列·达·在政治局与它的成员作紧张斗争的日子。他单枪匹马抱病与所有其他人作斗争。因为列·达·有病，会议就在我们家开。我坐在隔壁卧室里听他的发言。他在用他全部身心说话，我感到这样的话他每讲一次都会失去一部分力量。他对他们肝胆相照，推心置腹。但我听到的却是对此报以冷漠的回答。……在每一次这样的会议之后，列·达·的体温总要急剧上升。他从书房出来时浑身湿透。脱衣服睡进被子，内衣和外衣都像淋透雨一样，必须烤干。②

当三驾马车决定通过新方针声明的传播来挫败反对派时，他们一心想让托洛茨基在声明上签字。他们要求托洛茨基在这份从他那里剽窃来的文本上、在三驾马车的后面签上自己的名字。他不能拒绝，否则就会给全党造成一个印象，即正是他本人阻挠了自由之路；何况他也希望在公开争论正式开始后至少能把他在政治局秘密会议上与三驾马车较量过的那些问题公开出去。然而他又充满了这样的疑虑：要求他签署的会不会是一个空洞的诺言。仅在几个星期之后，反对派的一位领袖就将此声明比做1905年的《十月宣言》，当时末代沙

---

① 《我的生平》第2卷，第234页及以后各页。
② 同上，第240页。

皇在其衰弱时作出了立宪自由的许诺,但是一旦重新强大时便将它收回。①1905 年 10 月,年轻的托洛茨基在第一次出现在彼得堡革命群众面前时曾亲手把沙皇的宣言撕得粉碎,并且警告群众说:"今天,他把这纸上的自由给了我们,而明天他就会收回去,撕得粉碎,如同我现在当着你们的面将它撕得粉碎一样。"② 现在已是 1923 年了,他再也不可能走到群众中间并当着群众的面把"新十月宣言"撕得粉碎。因为这宣言是以他作为其中一员的政治局的名义发布的;而且他力求的是改组而非推翻现行政府。因此,当政治局把新方针动议带到他床头时,他只能设法提出修正意见,旨在使党内自由的诺言尽可能明确有力,以此来约束三驾马车。政治局接受了他提出的所有修正意见,并于 12 月 5 日一致投票通过了动议。③ 然而,尽管托洛茨基投了赞成票,却不能不在某种程度上重复他在 1905 年的姿态。

为此,他给《真理报》写了若干短文,这些短文后来都收进他的小册子《新方针》中。④ 这些短文扼要概括了他的主要思想,这些思想立刻成为"托洛茨基主义"的标志。政治局投票决定新方针的前一天,即 12 月 4 日,他发表了第一篇文章。这是在一定程度上对他自己的部门——军队——以及"所有别的地方"的"官僚作风"所进行的潜在的抨击。他写道,"如果人们习惯于一种形式而不考虑其内容,洋洋得意地使用现成的词语而不考虑其含义,习以为常地下达命令而不问其是否适当,或更有甚者,害怕每一个新鲜词语,害怕批评,害怕主动精神,害怕独立自主精神,那么这就是说,最危险的因循守旧顽症已侵蚀到各个方面了。"⑤ 那种"胜利之雷震天响"的谎言是因循守旧习气的每日口粮。这种情况能在红军史和内战史中找到,在那里,真实情况已成了因循守旧的神话的牺牲品。"我们看到的……往往是英勇的传奇故事。你看:在我们的队伍里,人人都是英雄,个个勇往直前,敌人总是在数量上占优势,我们所有的命令都是高明的,执行得都很圆满,如此等等。"这种神话的教育效果本身也是一种神话。红军战士聆听这种神话正如"他父辈听圣徒传一样,听起来很有教益、很壮丽,但对实际生活却不适用"。

---

① 参见萨普龙诺夫的讲话,见《俄共(布)第十三次代表会议》,第 131—133 页。
② 《武装的先知》,第五章。
③ 正文刊于 1923 年 12 月 7 日的《真理报》上。
④ 以下各页中的引文均引自这本小册子的美国版,但个别地方译文与原文有出入。(中译本根据俄文原文校对。——译者注)
⑤ 托洛茨基:《新方针》,第 99—105 页。

在军事上如同在革命事业上一样，最伟大的英勇精神是老实和负责的英勇精神。在这里，我们谈论老实并不是从某种抽象的道德观点出发的：什么一个人在任何时候都不应该说谎和欺骗自己亲近的人。在存在着利害冲突、斗争和战争的阶级社会里，这种理想主义的原则纯粹是伪善。尤其在军事上，如果不用诡计、伪装和出其不意这些手段，即不进行欺骗，那是不可思议的。但是，为了人们为之献身的事业而有意识地、预谋地欺骗敌人是一回事，而由于虚伪的自尊心或者为了讨好和献媚……而散布有害的"一切顺利"的谎报则是另一回事。

然后，他将军队与党作了比较，特别是将他们对待传统的态度作了比较。年轻的共产党员与老近卫军的关系正如军队中的下属与他们上级的关系一样。不论在党或军队里，年轻人跨进的现成组织是他们的长者不得不从零开始创建起来的。因此，传统关系到处成了"绝顶重要"的东西——没有它，就休想稳步前进。

但是，传统不是死的教条或因循守旧的浪漫精神。把传统背得烂熟是不行的，像领悟《福音书》那样去领会它也不行，单纯相信老一辈的"真话"也是不行的，传统需要通过深刻的内心修养来获得，需要独立地、批判地去研究，需要积极地去掌握。否则，整个房子就等于建立在沙滩上。我曾经描绘过那些"老近卫军战士"……他们仿照法穆索夫①的榜样给青年人灌输传统，说什么"你们最好跟老年人学习，比如我，或已故的大叔"。而无论是向这位大叔或者是向他的侄子学，都是什么好东西也学不到的。

毫无疑问，我们老一代指挥人员为革命事业确实立下了不朽的功绩，在部队青年的心目中享有很高的威望。这很好，因为这保证了高级与低级指挥员之间牢不可破的联系——既保证了指挥员之间的联系，也保证了指挥员与红军士兵群众之间的联系。但这里有一个不可缺少和极端重要的条件：老一代的威望无论如何也不应使年青一代失去个性，更不应使他们感到恐惧。……只知道说"是"的那种指挥员以及一般的人，是毫无用处

---

① 法穆索夫是俄国古典喜剧《智慧的痛苦》（旧译《聪明误》）中的一个人物。——译者注

的。老讽刺作家萨尔蒂柯夫形容这种人说,他们"说来说去只会说是、是、是,搞得你一筹莫展"。①

这是托洛茨基第一次抨击老近卫军。但是他的措词如此笼统隐晦,以致极少有人懂得它的意思。全党和全国对他与政治局的分歧仍然一无所知,还以为他对官方政策负有责任。情况正是如此,当46人向各支部发表演说,声称他们得到托洛茨基的支持时,斯大林回答说,他们没有这种权利,因为托洛茨基跟反对派远非一致,他是所有领袖中最坚定的纪律维护者。② 这最后的一击使托洛茨基忍无可忍。12月8日,他写了一封致全党的公开信,明确阐明他的立场。③ 他把新方针称为历史的转折点;但是他警告全党基层群众:党内某些领导人口是心非,试图在实际上废除新方针。他说,党的任务和职责就在于把党自身从其领导机关的暴虐中摆脱出来。党员群众必须并且只能依靠他们自己,依靠他们自己的理解力、自身的主动性和勇气。诚然,党不能没有它的机关,机关也不能不以集中方式工作。但它必须是党的工具,而不是党的主人;对集中的需要必须同民主的要求相协调和平衡。"在最近一段时期,这样的平衡丧失了。"

"大家都了解或至少感觉到党的官僚主义几乎到处横行,有使党陷入绝境的危险。警告的呼声高涨起来了。关于新方针的决议就是党内发生转变的第一个十分重要的正式的表现。这个决议能够在多大程度上实现,就要看全党40万党员愿意和能够实现的程度。"有些领导人害怕这一点,就诡称党员群众还没有充分成熟到使党能采用民主方式管理自己的程度。但恰恰是官僚式的包办阻碍了群众在政治上成熟起来。"对每个愿意加入党并留在党内的人,都可以提出严格要求"是对的;但是一经接纳了他们,他们就可以自由地运用党员所应享有的一切权利。他又明确呼吁,年轻人应维护自身权利,切不可把老近卫军的权威绝对化。"只有老一代和年青一代在党内民主的范围内经常相互影响,才能保持老近卫军这一革命因素"。否则,它就会僵化并堕落为官僚主义。

这是托洛茨基第一次但十分有力地向老近卫军提出"官僚主义的堕落"的谴责。他运用历史类比法支持这种谴责;他回顾了那个历史过程,即第二国

---

① 托洛茨基:《新方针》,第104页。
② 《斯大林全集》第5卷,第369—370页。
③ 托洛茨基:《新方针》,第89—98页。

际的老近卫军从一支革命力量蜕变为改良主义势力并把它的伟大和历史使命拱手交给它的党的机关。但是布尔什维主义不仅受到两代人疏远的威胁。更大的威胁是党脱离工人阶级。产业工人仅占全体党员的13%或16%。他要求"应有大量的不断增加的工人阶级成分涌入党内"。他以热烈的战斗呼号结束了公开信:

> 消极而机械地服从首长、毫无个性、阿谀逢迎、升官发财——所有这些现象都应当被清除!布尔什维克并不只是守纪律的人,不,他是这样一种人,他埋头钻研,在任何问题上都有自己的坚定不移的见解,勇敢地、独立地捍卫自己的观点,不但在对敌作战时如此,而且在自己的党内也是如此。今天他也许处于少数地位……他就服从……但这并非意味着他总是错的。他可能比别人更早地发现并理解新的任务或者转变的必要性。他将坚持不懈地再次、三次乃至十次地提出问题。他以此对党作出贡献,帮助党在迎接新的任务或实现必要的转变的时候能够充分武装起来,避免组织上的震动和派别痉挛。①

这就是问题的症结。他提出一种观点,即党应允许党内各种不同思想倾向的自由存在,只要这些思想倾向与党的纲领相容。他用这个概念来对抗铁板一块的党的概念,后者是三驾马车视做布尔什维主义的精髓而提出来的。当然,党不应该被"切割成为小宗派",但"宗派主义"不过是对过分的集中主义和官僚集团的专横态度的一种极端的、病态的反应。只要这个根源继续存在,宗派就无法根除。因此,必须"更新党的机关","要用与党的整体生活紧密相关的生力军去取代僵化的官僚主义者",而最重要的是,要把"那些一听到批评、反对或者抗议就挥舞起惩罚雷电的人从领导岗位上拉下来……新方针必须一开始就使每个人感觉到,从今以后再没有人敢威吓党了"。

延迟了将近九个月之后,他终于单枪匹马地扔出了这颗本想在第十二次代表大会上与列宁一道投出的炸弹。但这一延迟是致命的。斯大林早已完成了党的机关的大换班,把他自己的亲信和季诺维也夫的少数下属提拔到最敏感的岗位上,安插到所有组织部门中去。他已通过暗示、呵斥或大声私语等手段使他

---

① 托洛茨基:《新方针》,第94页。

第二章 革出教门

们做好将与托洛茨基发生冲突的充分准备。现在,他要调动他的书记方阵投入行动了。

当托洛茨基的公开信在党的会议上宣读之后,引起了轩然大波。不少人把公开信看做是他们期待已久的信息,是伟大的革命家发出的鼓舞人心的号召;这位伟大的革命家终于横眉冷对法利赛人①,重又站到卑贱者和被侮辱者的前头来领导他们了。甚至不久前托洛茨基曾以原告辩护人的身份反对过的反对派成员们也热烈响应他,他们意识到,尽管他曾以严厉的态度对待他们,但他是出于纯洁的、崇高的动机。一位反对派成员写道:"托洛茨基同志,我们向您——俄国共产党和共产国际的领袖致敬,您的革命思想始终是与那种等级特权和心胸狭窄的思想格格不入的。"另一位反对派成员写道:"托洛茨基同志,我将您看做是苏维埃俄国的领袖之一,像您这样的领袖绝不会有政治报复的想法的。"② 但是许多布尔什维克也因为他把党描绘得那样阴暗并使用那样生硬的词语而震惊;而有些布尔什维克则被激怒,认为这是对党的无端攻击——如果不说是在背后捅了一刀的话。各级书记到处引导和组织这后一部分布尔什维克的意见,添油加醋,将其推至极端,并赋予了不符合其实际程度的重要性,把所有可供发表的手段,把预定用于会议争论的大部分时间以及把在各州形成意见中起巨大作用的主要报纸、地方简报和书刊都交给这一部分布尔什维克去自由支配。

在党支部会议上,不论在数量方面还是思想表达方面,反对派的支持者对党的机关往往都占有压倒的优势。但是充满了他们的声音和愤怒的支部会议一旦开过,毕竟是书记们代表支部说话,他们玩弄通过的决议,决定是否要把决议压制下去,若压制不了,那么就限制其传播范围。如果这次会议让一个书记感到十分棘手,他便精心策划下一次会议,把自己的心腹塞进去,把反对派排除出去,再不然就迫使他们默不作声。

争论预定在党的第十三次代表会议开幕前结束。会议的筹备工作同样操纵在书记们的手里。代表的选举是间接的,需要通过好几级选举才能产生。而在每一级,书记们都盯着有多少反对派的同情者当选;然后他们想方设法在高一

---

① 法利赛人系古代犹太教的上层祭司,耶稣基督的迫害者,后被基督徒当做伪善者的代称。参见《新约·福音书》。——译者注
② 雅罗斯拉夫斯基在党的第十三次代表会议上引用了这批信件,其用意是要败坏托洛茨基的声誉。《俄共(布)第十三次代表会议》,第125页。

级选举中使其落选。莫斯科基层支部选举中投票赞同反对派的选票究竟有多少，从来没有公布过。46人声称：在比基层支部高一级的地区会议上，他们获得的选票不少于36%；而在更高一级的州会议上的获选比例减为18%。这个说法没有被否认。反对派的结论是：如果它的代表人数从基层支部到最后选举一直按照相同比例减少，反对派仍拥有莫斯科组织的最大多数。① 差不多可以肯定这是真实的，不过，高居于这最大多数之上的却是书记们。

三驾马车急于给这次争论做出结论。他们以震耳欲聋的反控告炮火回答托洛茨基的公开信。他们说：托洛茨基与全体政治局委员一起投票赞成新方针，然后又对政治局的意图进行诬蔑，这是他的不忠诚；煽动年轻人反对革命美德与革命传统的体现者——老近卫军，这是一种犯罪行为；力图发动全党广大群众反对党的领导机关，这是他的邪恶伎俩，因为每一个优秀的老布尔什维克深知，党一贯多么重视其机关，党对其机关又是何等关怀和爱护；他对禁止派别活动的禁令态度暧昧，明知禁令对于党的团结至关重要，因而不敢明目张胆地主张取消它，但是他力图在暗中破坏它；当他把党的政权描绘为官僚主义时，他在制造谎言；当他在群众中激起过分的、危险的民主欲望时，他在玩火；他假装代表工人阶级说话，实际上却是在讨好学生和知识分子，也就是迎合小资产阶级的低级趣味。他谈到党员群众的权利和责任，只是为了掩盖自己的不负责任、权力欲和被挫败的独裁的野心；他对党的领导机关的仇视，他对老近卫军的轻蔑，他那狂妄的个人主义，对布尔什维克传统的冒渎不敬，是的，还有他那臭名昭著的对农民的"轻视"——这一切都清楚表明，他在内心深处始终是党的陌路人，与列宁主义格格不入，是一个不知悔改的半孟什维克；他同意充当形形色色反对派集团的喉舌，把自己树为所有小资产阶级分子的主要代表，哪怕这是不自觉的；这些小资产阶级分子从四面八方向党进攻，力图破坏它的团结，把他们自己的情绪、偏见和倾向注入党内。②

* * *

在党内反对派的漫长历史上，与1923年的反对派相比，还从来没有一个反对派承受过如此严厉的谴责，受到党的机关如此无情的镇压。比较起来，工

---

① 《俄共（布）第十三次代表会议》，第131—133页。
② 参见斯大林的答复，见《斯大林全集》中文版第5卷，第313—316页；第6卷，第7—24页。

人反对派所受到的待遇还更公平宽大些；1921年以前积极活动的反对派在表达思想和组织方面还照例享受着不受限制的自由。那么现在怎样解释党的机关在压制它的主要批评者时的那种猛烈和狂怒呢？

三驾马车不能在这场论战中与托洛茨基公平争论。他的抨击实在太危险了：他的公开信和关于新方针的几篇论文像强劲的钟声，发出警报，倾泻愤怒，充满了战斗精神。而三驾马车不仅仅是采取歪曲和镇压的手段，他们还揭出和制造托洛茨基立场中的许多弱点和矛盾，有真的也有假的。他完全支持布尔什维克对权力的垄断；他比三驾马车更有说服力地号召全党将这种权力作为革命果实的唯一保证去加以捍卫；他重申了自己捍卫和巩固这种权力的愿望。他所反对的只是老近卫军从党内攫取并通过机关而保持的那种权力垄断。但是托洛茨基的政敌不难证明：后者是前者的必然结果，而党只有授权给老近卫军，才能保住垄断地位。托洛茨基反驳说，应当信任40万党员运用他们自己的判断，允许他们参与制定政策。他的政敌质问道，那么为什么最近几年来，在列宁的鼓励下并得到托洛茨基的同意，党没有给党员群众以这种信任呢？难道不正是因为党内已经渗透了异己分子、前孟什维克、叛徒甚至耐普曼吗？难道不正是因为某些真正的布尔什维克已经脱离了自己的同志并被权力和特权所侵蚀腐化了吗？托洛茨基曾经说过，将数以万计的党员开除出党的清洗将足以使党纯洁化，恢复党的统一。但是列宁及中央委员会不是反复强调情况并非如此吗？难道他们不是预定了新的、周期性的清洗吗？难道他们不是全都不同意季诺维也夫的这种意见：由于党对权力的垄断，因此不可避免理应容纳"不自觉的孟什维克"和"不自觉的社会革命党人"吗？只靠一次清洗是不能清除掉这些异己分子的，更不必说那些思想不成熟的人了。这类人被开除出党，但还会重新出现：在每群新入党的党员中都是真诚者和钻营者兼而有之。如果在一年之内就得开除1/3的党员，那么"这个党"又怎么能信任群众的判断力，怎么能允许他们行使充分的权利呢？

托洛茨基抗议布尔什维克这种荒唐透顶的自我镇压，但是这种自我镇压却是布尔什维克镇压其一切敌人的不可避免的结果。如果党内各种政治倾向的自由竞争是可以容忍的话，为什么就不能允许"不自觉的孟什维克"畅所欲言，结成确定的舆论实体并分化党呢？垄断体制使参差不齐的群众忘掉了自身的"参差不齐"，迫使他们噤若寒蝉；这样一来，党只能机械地保持其统一。三驾马车的某些高明的追随者也意识到托洛茨基指出的危险是充分现实的：老近卫军有可能蜕化变质；垄断体制会滋生出不满，引起同样会导致分裂的零星骚乱。但是，党不得不面对选择某条道路的危险。在垄断体制的控制下，至少分裂运动不像在以民主方式管理的组织中那样容易蔓延。党的机关可以及时发现这种分裂，将其消灭于萌芽状态中，使党的其余部分或多或少保持免疫力。

换言之，党正处在丧失无产阶级—社会主义未来的危险中，正处在"蜕化变质"的危险中，而且，不管它是将未来交托给广大党员还是交托给老近卫军都一样。困境来源于以下事实：全国大多数人看不到社会主义方向；工人阶级仍然四分五裂；革命既然没有传播到西方去，俄国就只好在物质上和精神上退守到自己的资源上。这种情形必然具有"蜕化变质"的可能性；有待判定的只是它的主要根源是来自意见分歧的党员群众还是老近卫军。自然，老近卫军，或者毋宁说它的大多数，信赖自己的社会主义传统和特点要远胜过信赖40万名义上党员的判断力和政治本能。诚然，托洛茨基并没有要求老近卫军抹掉它自己——他只是敦促老近卫军用民主方法保持它的权威。但老近卫军感到——也许它是对的——它不可能做到这一点。因为它害怕承担风险；而且它的既得利益要求它把持住已经获得的政治特权。

托洛茨基所拥护的党内改革可以被看做是恢复党在1917年力求建立的那种苏维埃自由制度的第一步；也就是说，作为回到工人民主和逐步废除一党制的开端。这个观念与托洛茨基的思想相去不远；① 但是托洛茨基并没有把它提出来——这或者是因为他认为这是不言而喻的事，但又不相信怀疑与削弱一党制的时机已经成熟；或者是因为他不想将自己暴露在危险的攻击火力之下而无益地使争论复杂化。很可能两种动机都有。但他实际上主张的是布尔什维克享有双重性的特权：既垄断自由又垄断权力。这两种特权是互不相容的。如果布尔什维克希望保存他们的权力，就不能不牺牲他们的自由。

在托洛茨基的看法中还有另一处破绽。他要求党坚持无产阶级—社会主义方向。同时他又指出，来自生产第一线的工人只占党员总数的很小部分——1/6。多数党员都是工业界经理、公务员、部队军官、政委、党务人员等等（其中

---

① 参见托洛茨基关于苏联无记名投票的评论，见《致友人的一封信》1928年10月21日，存于托洛茨基档案。

有些人出身于无产阶级,但已愈益同化为苏维埃从沙皇制度中继承下来的那种职业官僚)。这样一来,恰恰是在党内民主的支配下,工人阶级的影响必然微不足道,而官僚集团必然会占上风。因此,托洛茨基力促党要补充更多的工人,为的是"强化其无产阶级细胞"。但是他又坚持说,党应该谨慎行事,认真控制从工人阶级中吸收新党员的工作,以免被政治上不成熟的、文化不高的党员所淹没。① 这种状况不论从哪一个角度来看都显得极其悖谬。运用民主管理并不能使党民主化,因为这只能加强其官僚主义;而如果党把大门向工人阶级敞开,党也不会更开明和更具有社会主义性。

那么,党的无产阶级方向是什么呢?很容易得出这样的结论:布尔什维克领袖们,包括托洛茨基在内,谈到的只是一种与党的社会成分及其对工人阶级的真正态度不相干的神话而已。布尔什维克的内部争论是不折不扣以准神话的术语进行着的,至少部分是如此,其中反映出一种包办主义,它使党(然后是老近卫军)自封为工人阶级的代理牧师。争论双方都不能坦率和彻底地承认这种包办。双方谁都不说,倘若他们追求无产阶级的社会主义理想而没有无产阶级支持的话,他们就应受到谴责,而这样的供认不符合马克思主义和布尔什维主义的整个传统。他们必须精心炮制出某些论据和具有自身规定的一套独特的花哨说辞,以便对这种可悲的状况自圆其说。三驾马车在这方面是最恶劣的罪人:这种包办主义的神话最终凝结为日后对斯大林主义的僵硬迷信。甚至托洛茨基本人,当他试图部分地扭转这种包办主义进程和奋力要撕碎新神话的这块厚厚的遮羞布时,也不免感到棘手。②

事实上,布尔什维克官僚集团无论对于社会还是国家都已是唯一有组织的、积极的政治力量。它窃取了从工人阶级手中失落的政权;它凌驾于社会各阶级之上,并在政治上独立于它们之外。然而党的社会主义世界观并非是一个纯粹的神话。这不仅在于布尔什维克官僚集团主观上将自己看成是社会主义的倡导者并以自己的模式培育无产阶级革命传统,还在于客观上——由于环境的

---

① 托洛茨基:《新方针》,第20—21页。
② 孟什维克和自由党人将布尔什维主义比做雅各宾主义,托洛茨基斥之为"肤浅的、自相矛盾的"。他写道,雅各宾党的垮台是由他们的追随者的社会经验不足所导致的,但在这方面,布尔什维克的地位却有"无可比拟的优越性"。"无产阶级组成(俄国)革命的核心力量和左翼。……无产阶级在政治上是如此强大以至于在一定限度内允许新兴资产阶级的形成……它使农民可以……直接参与……行使国家权力。"托洛茨基:《新方针》,第40页。(重点号是我加的——伊萨克·多伊彻)

力量，它不得不成为国家向集体主义发展的主要代表和推动者。从根本上支配着官僚集团的行动和政策的是这一事实，即它对苏俄公有工业资源的掌握。它代表着经济上与"私有成分"的利益相对立的"社会主义成分"的利益，而不是代表任何阶级的特定利益。只有"社会主义成分"的总利益在一定范围内与工人阶级的总利益或"历史"利益相一致时，布尔什维克官僚主义者才能宣称代表该阶级的利益。

"社会主义成分"有其自身的要求和发展逻辑。它的第一个要求是：必须确保避免资本主义的全面复辟，甚至避免私人企业局部的但是大规模的重新侵入。它的发展逻辑要求计划性、一切公有经济部门之间的协调和迅速的扩展。否则就会收缩与衰退。扩展只能通过至少部分地兼并"私有成分"的资源和以牺牲"私有成分"为代价而进行。这就引起了公有制与私有制之间的冲突。在这个冲突中，布尔什维克官僚集团只能断然站在"社会主义成分"一边。当然，即使这样也不能算实现了社会主义；因为社会主义的前提是：经济繁荣，人民生活水平、教育程度和总的文明程度高，消灭明显的社会差距，废除人对人的统治，精神风貌与社会总变革相一致。但是，对于马克思主义者来说，国有经济是社会主义的基本前提，是它的主要基础。完全可以想到，即便在这个基础上，社会主义大厦也未必能够建起；但若说没有这个基础也能建起这个大厦，那是绝对不可想象的。布尔什维克官僚集团不得不去捍卫的正是这个社会主义基础。

在本书这里写到的这个时期，即1923—1924年间，布尔什维克官僚集团才仅仅模糊意识到他们所依附的那种利益的性质。可以说，它为自己前所未有地控制着全国的工业资源而感到困惑和惊愕；而它又不十分清楚怎样去运用这种权力。它不安地甚至担心地看待财迷的农民；它一度甚至更倾向于满足后者的要求，而不是"社会主义成分"的要求。只是经过一系列冲击和内部斗争之后，布尔什维克官僚集团才被推动着将其自身跟"社会主义成分"及其需要绝对地、不可改变地等同起来。

托洛茨基的不幸恰恰在于，当他向官僚集团政治上的野心和傲慢宣战时，他又必须试图唤醒它身上的"历史使命"。他主张社会主义的原始积累，也正是针对着这一点。然而，在其得以进行的环境下，这样的积累差不多是无法同工人民主相容的。不能指望工人会自愿地把"一半工资"奉献给国家，如同托洛茨基为了促进国民投资而要求他们做的那样。国家只能用强迫方式拿走这"一半工资";但要做到这一点,就不能不剥夺工人的一切抗议手段和消灭工人民主的最后残余。托洛茨基在1923年所阐述的这一计划的两个方面被证明在最近的将来是无法相容的;这就是托洛茨基处境的基本薄弱点。官僚集团愠怒地反对他的计划的一部分,即要求工人民主的部分;而经过多次抵制、犹豫和拖延之后,它被迫去实现该计划的另一部分,即社会主义原始积累部分了。

* * *

在这一年的年底,当党的第十三次代表会议准备工作以及打击反对派运动正在紧锣密鼓地进行时,托洛茨基的健康恶化了。他持续发烧,体力衰竭,精神不振。他快要被一种失败的意识压垮了。他仍然感到反对他的运动及其谴责、诽谤、阴谋的无情炮火不像是真的;而这更在他心底引起一种孤独感。他只能去辩明自己的清白,而他的辩解被淹没在一片喧嚣声中。(甚至《新方针》的出版也被出版当局借故推迟了,以至于这本小册子在党的第十三次代表会议开幕之前还未送达各支部。)他的心情时而紧张,时而麻木。因此,当他的医生们劝他离开这冰天雪地的莫斯科——那一年的冬天格外寒冷——到黑海边上的高加索海滨养病时,这给了他一个逃脱首都沉闷气氛的机会。①

1924年1月16日,正当托洛茨基准备好外出旅行时,党的第十三次代表会议开幕了。三驾马车早已准备好了一份决议,气势汹汹地给托洛茨基和46位签名者横加上一个"偏离列宁主义的小资产阶级派性"的罪名。会议进程几乎全被这个问题占据了。在托洛茨基缺席的情况下,皮达可夫、普列奥布拉任斯基、弗拉基米尔·斯米尔诺夫和拉狄克起而为反对派辩护。三驾马车及其追随者用极为恶毒的语言进行答复;而且他们的答复充斥了各种报刊。结局当然在预料之中。由于投票完全被书记处操纵,因此只有3票反对谴责托洛茨基的动议。即使是根据季诺维也夫以及斯大林追随者们在会议上对反对派影响的

---

① 由卫生人民委员谢马什科和克里姆林宫五位医生署名的托洛茨基健康简报上谈到,托洛茨基患有流行性感冒、上呼吸道感染、支气管扩张,持续发烧(未超过38°C),体重减轻,食欲不振,工作能力降低。医生们认为病人必须免除一切操劳,劝他离开莫斯科去进行"起码两个月的气候治疗"。简报是1923年12月21签发的,刊于1924年1月8日《真理报》。

估计，这次投票也是虚伪荒唐的，导致它只能成为粗暴可耻的笑料。① 但三驾马车蓄意违反所有正常政治行为的规范。他们的目的在于让全党知道，什么也阻挡不住他们，任何抵制或抗议都是徒劳的。各支部现在明白，不管他们多么愤怒或抗议，都不会对正式决议产生任何影响。仅此一点就足以显示出反对派的软弱无力，并使消极情绪在其队伍中弥漫开来。

  1月18日，托洛茨基不等会议的裁决便出发到南方作缓慢的旅行了。三天之后，他乘坐的火车暂时停在梯弗里斯。就在那里，当火车还在调轨时，他收到斯大林发来的一封密码电报，通知他关于列宁逝世的消息。这个打击对托洛茨基来说简直是晴天霹雳。直到最后一刻，列宁的医生们还相信他们能够挽救列宁的生命，托洛茨基甚至比他们还坚信这一点。托洛茨基吃力地向各大报匆匆发了简短电文，哀悼已故领袖。他写道："列宁不在了。这几个字落在我们心坎上，如同巨石掉落在大海中一样沉重。"② 希望列宁还能回来制止三驾马车的阴谋活动、撕碎他们那恐吓性的决议这最后一点火花也已经熄灭了。

  托洛茨基一时拿不定主意，不知是否应当返回莫斯科。③ 他立即跟斯大林联系，征求他的意见。斯大林告诉他，已来不及赶回来参加次日的葬礼，并劝他留在南方继续治病。事实上，列宁的葬礼是在数天之后即1月27日才举行的。无疑，斯大林居心叵测，他让托洛茨基在他们精心策划的葬礼期间继续留在南方，而三驾马车则通过葬礼向全世界表明，他们自己才是列宁的接班人。托洛茨基因发烧而感到头晕，因而从梯弗里斯继续前往黑海海滨疗养地苏呼米。在半热带的阳光底下，在棕榈树丛间，在这儿的含羞草和山茶花盛开时节，他每天久久地躺在疗养所的阳台上，独自回忆着他与列宁相联系的奇特命运：1902年列宁与他在伦敦第一次会面时的友谊，他们之间随后的尖锐的意见分歧和最终的和解，以及在那狂风暴雨般的胜利年代里他同列宁并肩站在一起掌握着革命航船的舵轮。现在，仿佛他身上那胜利的一部分也随着列宁进了坟墓。

---

  ① 根据李可夫的说法，皮达可夫在向莫斯科各党支部发表演说时获得了赞成反对派动议的多数票[参见《俄共（布）第十三次代表会议》，第83—91页]。雅罗斯拉夫斯基宣称，在首都卫戍部队小组讨论会结束之前，约有1/3军队党支部投票赞成反对派，绝大多数学生支部也是这样。同上，第123—146页。

  ② 托洛茨基：《论列宁》，第166—168页。

  ③ 托洛茨基：《我的生平》第2卷，第250页。

1924年1月,托洛茨基在黑海海滨疗养地苏呼米散步

1924年3月29日,托洛茨基和妻子娜塔利娅在黑海海滨疗养地苏呼米

数不尽的往日回忆,降不下的热度,眼前一片阴暗,无限孤寂。此时,只有那疲惫不堪、抑郁忧伤的列宁遗孀发来的一份温暖的电文给这个曾以他无比的英勇和才华震惊当今世界的人带来些许慰藉。她写道:列宁就在逝世之前还

重读了托洛茨基已经写好的《论列宁》，显然深受感动，特别是对托洛茨基将列宁与马克思所作的比较；她希望托洛茨基知道，列宁直到最后一刻还保持着他们在伦敦第一次会面时对他形成的友好感情。①

不久，忧思又来咬噬他的心；病人的想象交织着昔日的回忆，直到他儿子廖瓦来信，才把他拉回到现实的苦恼中。廖瓦描述了在莫斯科举行的富有戏剧性的宏大葬礼，无数群众列队走向列宁的灵柩；而他对父亲的缺席感到痛苦和惊讶。

看来，只在此时，当他读了年轻儿子的伤心沮丧的来信后才意识到，这次没有回莫斯科去也许铸成了大错。送葬的群众通过列宁的灵前，密切注视着守灵的政治局委员，却发现托洛茨基缺席。富有象征意义的葬礼激起了广大群众的各种想象；他们怀着这种心情猜想托洛茨基没有参加守灵的原因。是不是真的像三驾马车所说的那样，意见分歧使他与已故领袖闹翻了，或是因为他那"偏离列宁主义的小资产阶级派性"呢？

斯大林主持列宁的追悼会

---

① 过了好多年，当托洛茨基被流放之后，克鲁普斯卡娅告诉米·卡罗雷依伯爵夫妇："他（托洛茨基）深深地爱着弗拉基米尔·伊里奇，当他得知列宁逝世的消息时，他昏厥过去了，失去知觉达两个小时之久。"参见《米歇尔·卡罗雷依回忆录》，第265页。

士兵们守卫着列宁的灵柩

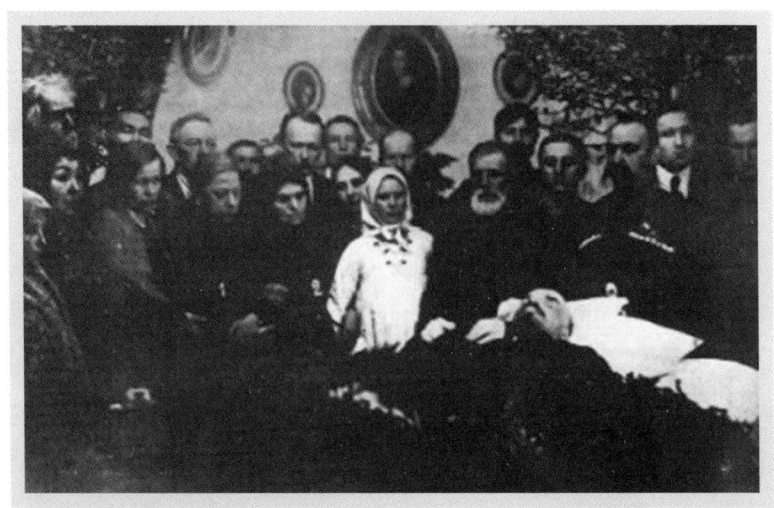

莫斯科各界人士瞻仰列宁遗容

斯大林、加米涅夫、萨普龙诺夫、鲁祖塔克、莫洛托夫、加里宁和布哈林（从左至右）抬送列宁的灵柩。摄于1924年1月27日

第二章 革出教门

一组列宁葬礼的现场照片（一）

一组列宁葬礼的现场照片和图画(二)

列宁画像

第二章 革出教门

托洛茨基的缺席不仅仅在莫斯科滋生了流言蜚语，还给他的政敌们留下了自由活动的余地。现在正是在克里姆林宫里积极活动并作出重要决定的紧要关头。政府内及党内接列宁班的问题正以最正式的方式决定下来。李可夫占据了列宁的人民委员会主席的职位；而李可夫在最高国民经济委员会中的职务由捷尔任斯基担任（李可夫之所以被指定担任人民委员会主席是因为他一直是列宁的副手——倘若托洛茨基接受了副手这个位置，就很难把李可夫提到托洛茨基之上）。三驾马车然后实施了更坚决的新图谋来控制陆海军人民委员部。他们撤销了托洛茨基的忠诚助手斯克良斯基在陆海军人民委员部中的职务，并派了一个代表团专门去苏呼米通知托洛茨基：季诺维也夫的追随者伏龙芝将接替斯克良斯基的位置——而一年之后正是这个伏龙芝接替了托洛茨基本人继任陆海军人民委员。政治局和中央委员会也在落实党的第十三次代表会议反对反对派的决议：越来越多的反对派拥护者被开除、降级或受到惩罚。宣传部门开足马力确立对列宁的个人崇拜，在此名义下，列宁著作被当做《福音书》来引证，用以反对所有持不同政见者和批评者，这种个人崇拜从一开始就是作为一种"思想武器"来反对托洛茨基主义的。

最后但并非最不重要的是，三驾马车还窃取并实施了托洛茨基的观点。托洛茨基曾强调"无产阶级支部"的薄弱是党的官僚主义怪胎的主要根源，并力促党从工人阶级中吸收更多党员。无疑，他的这个要求为他在工人当中赢得了同情。三驾马车决定立即在工厂中发动一次轰轰烈烈的征集新党员运动。但与托洛茨基建议的要小心选择所不同的是，他们却决定大规模地接受一切要求入党的工人，取消一切考察和各种条件。在党的第十三次代表会议上，他们建议一举接受10万名工人入党。在列宁逝世后，他们把党的大门开得更大：仅在1924年2—5月间，就有24万工人登记入党。① 这无异是对布尔什维克组织原则的嘲弄，这个原则要求，作为无产阶级优秀分子和先锋队的党只应接受在政治上成熟的并且经过战斗考验的人入党。在大量吸收进来的新党员中，政治上不成熟者、落后分子、思想麻木者、唯唯诺诺者、往上爬者和钻营私利者占了很大比例。三驾马车热热闹闹地用乐队、花车来欢迎新党员，鼓励他们，恭维他们，吹捧他们是带着敏锐和一贯正确的阶级本能和政治意识入党的。

这次征集新党员——"为纪念列宁征集新党员"——似乎体现了工人阶

---

① 参见莫托夫的《为纪念列宁征集新党员》报告，见《俄共（布）第十三次代表大会》，第516页及以后各页。

级对列宁的自发忠诚,体现出党的年轻化。而事实上三驾马车正要以此向托洛茨基表示:"你鼓动工人反对官僚主义,鼓吹必须加强党内无产阶级成分,你以为这样你就能博得工人阶级的欢心。但我们已经加强它了,我们用不着你的操心也做到了——我们已经把 25 万工人输送到党内来了。结果如何呢?党不是更光彩、更民主、更具有无产阶级社会主义方向了吗?官僚主义不是已经削弱了吗?""为纪念列宁征集新党员"在实际上给三驾马车输送了一批俯首帖耳的追随者,他们很快就要驱使这批人去与反对派斗争了。托洛茨基深知对他观点的这种蛊惑人心的利用意味着什么;但他对"为纪念列宁征集新党员"却有苦难言。如果他说不同意,那就会引起一片鼓噪,被说成是工人阶级的敌人、伪君子:他起初假装渴望看到党内有更多的无产者,而现在却暴露出对他们的恐惧和自己真正的小资产阶级本性。因此,他只得对这种恶毒手法笑脸相迎,甚至不得不附和着公开颂扬为纪念列宁而征集新党员。①

在这样一个对他的命运和党的命运如此关键的时刻,托洛茨基忧郁地回避,当然在一定程度上是因他的患病引起的。但更削弱他的是有一股潮流正逆他而动这种感觉。这是一股深不可测的潮流,他力图以马克思主义的观点对它进行探测和评估。他的结论是:革命处于退潮,他与他的朋友们正遭受着反动风暴的袭击。反动的性质是混乱的,而且还在继续混乱下去:它在一定程度上看起来似乎是革命的延伸。他深信反抗是他的责任,但是他看不清用什么方法反抗,而反抗的前景又会如何。正是这股污浊肮脏的潮流使他后退了。他们在政治局里曾较量过的那些重大问题没有一个有明确的结果,一切都含含糊糊,最严重的问题也被降低到卑鄙肮脏的阴谋诡计的水平上。如果真像他的政敌们所断言的那样他贪图个人权力,那么他的行为无疑会截然不同。但是纵观他的一生,他总是躲避权力的争夺;也许他是半自觉地愿意摆脱出来,躲进他在高加索的忧郁和孤寂的生活中。

---

① 托洛茨基于 1924 年 4 月 11 日在梯弗里斯的一次演讲中说道:"最近几个月来,政治上最重要的事件……是工厂工人大批涌进我们党的行列。这是(工人阶级)……表现自己的意志、投票信任俄国共产党的最好形式。……这是一场真正的、可靠的、完美的考验……远比任何议会选举真诚得多。"(引自托洛茨基:《西方与东方》,第 27 页。)12 年之后,托洛茨基回顾这场"考验"时写道:"统治集团利用列宁逝世宣布'为纪念列宁征集新党员'……是一个政治花招,其目的是利用不成熟的、俯首帖耳的人来摧毁革命先锋队。……这场阴谋成功了……'为纪念列宁征集新党员'给了列宁的党以致命的打击。"《被背叛了的革命》,第 97—98 页。

第二章 革出教门

托洛茨基在黑海边上的高加索海滨养病中,摄于1924年冬

托洛茨基在高加索狩猎

春天，他的健康有了起色，回到了莫斯科。党正在筹备预定在5月召开的第十三次代表大会。全体中央委员以及资深代表在5月22日集会，听取一直由克鲁普斯卡娅保存的列宁遗嘱。列宁遗嘱的宣读犹如一个晴天霹雳。到会的人们极为困惑地听取遗嘱原文。遗嘱严厉批评了斯大林的粗暴和不忠诚，并敦促党把他从总书记的位置上调开。斯大林似乎要完蛋了。他的命运又一次面临着毁灭。在悼念列宁的庄严气氛里，在无限敬佩和宣誓"坚持列宁神圣遗言"的旗帜下，党若违背列宁的告诫是不可想象的。

但是，由于他未来的牺牲者的信任，斯大林又一次得救了。掌握着他的命运的季诺维也夫和加米涅夫急忙跑来搭救他。他们恳求同志们保留斯大林的原职。他们用尽一切热诚与表演的才能来说服同志们。他们说，不管列宁怎样归罪于斯大林，但错误并不严重，而斯大林已经有了很大的改正。季诺维也夫解释道，列宁遗嘱是神圣不可侵犯的，但是，如果列宁本人能够像他们大家一样亲眼看到斯大林是怎样真诚努力地改正错误，他也就不会要求党调离斯大林了（其实斯大林的窘境正合季诺维也夫的心意，因为他早就防着斯大林，只是不敢撕破他们的伙伴关系。季诺维也夫一心希望斯大林感恩图报，使他仍能稳当三驾马车的车老大）。

所有的眼睛都盯住了托洛茨基：他会不会挺身而出揭穿这出闹剧而要求必须尊重列宁的遗嘱呢？然而，他一言不发，只是用皱眉、耸肩这样的表情来表示对这种滑稽场面的轻蔑和厌恶。他不肯在这个显然涉及他个人地位的问题上明确表态。于是，列宁关于斯大林问题的建议终于未被采纳。但是这样做，列宁遗嘱就不能公布，否则会暴露出为了对列宁个人崇拜而举行的所有仪式的荒唐可笑。尽管克鲁普斯卡娅提出抗议，中央委员会仍然以绝对多数票通过，将遗嘱扣起来不予公布。托洛茨基仿佛由于憎恶而麻木，僵坐在那里，始终保持沉默。①

5月的最后一个星期，第十三次代表大会召开了。三驾马车要求代表大会用革出教门的威胁口吻再次诅咒托洛茨基。而早在1月间举行的权威性较小的代表会议上就已发出了这种诅咒。这次代表大会变成了恣意声讨托洛茨基的大

---

① 担任会议秘书的巴扎诺夫曾对他目击的现场情况作了描述（《在克里姆林宫和斯大林在一起》，第43—47页）。托洛茨基确认过巴扎诺夫记录的真实性（参见托洛茨基：《斯大林》，第376页）。在《被隐瞒了的列宁遗嘱》的小册子中，托洛茨基又补充了这一细节："在宣读列宁遗嘱时……拉狄克坐在我身边……他凑近我说：'现在他们不敢反对您了。'我回答说：'恰好相反，他们必然要开足马力来反对我，并且越快越好……'"（第17页）。

会。季诺维也夫怒气冲天地声称:"党现在比以往任何时候都更要千倍地坚如磐石。"① 几个月前,他就催促他的同伴把托洛茨基开除出党,甚至逮捕他;但斯大林冷静地拒绝了,反而急忙在《真理报》上声明说,不存在任何反托洛茨基的行动意图,党的领导集体没有托洛茨基是不可想象的。② 在这次党代表大会上,季诺维也夫再次跳了出来;在此生死攸关、孤注一掷的时刻,他要求托洛茨基不但要"放下武器",而且要在大会上公开改变观点。他声称,只要托洛茨基没有做到这一点,党内就不会有和平。③ 要求一个党员公开改变观点,这在党的历史上还是第一次。尽管这次代表大会是狂热诅咒托洛茨基的大会,但它也不能不感到震惊。克鲁普斯卡娅并不支持托洛茨基,但她仍提出强烈严正的抗议,反对季诺维也夫的"精神上难以忍受的要求",广大代表起立向她鼓掌。④

  托洛茨基只为自己辩护了一次。⑤ 他的发言平静而有说服力,他含蓄地承认失败,但他坚决拒绝收回他的任何批评。他小心翼翼地不去火上加油,也不破釜沉舟。他答辩说,他的一切批评都是根据政治局关于新方针的决议,并且他说过的和写过的一切没有不是他的政敌们用这样或那样的方式说过或写过的。他甚至同46人中要求党内派别活动自由的某些人拉开距离。他说:"关于我支持派别活动这一指控是不正确的。的确,我错在关键时刻生了病,因而没有机会……否认这项及其他指控。……要想把派别和小集团区别开来,这是不可能的。"但是他又重复说,正是由于错误的政策、错误的党内制度,才使得本来只应是暂时的不同观点固定和强化了,从而导致"宗派主义"。对于季诺维也夫让他公开承认错误的要求,他回答道:

  一个人在自己的党的面前承认错误,不论在道义上或政治上来说,都是再简单、再容易不过的事了。……做到这一点并不需要了不起的道德上的英雄气概。……同志们,我们当中没有一个人希望反对党是对的,或者可以是对的。最终说来,党永远是正确的,因为党是工人阶级为解决基本任务所掌握的唯一历史工具。我已经说过,最简单、最方便的事莫过于在

---

① 《俄共(布)第十三次代表大会》,第112页。
② 《真理报》1923年12月8日。
③ 《俄共(布)第十三次代表大会》,第113页。
④ 同上,第235—237页。
⑤ 同上,第153—168页。

党面前声明所有的批评、宣言、警告和抗议从头到尾都是错的。但是我不能这样说,同志们,因为我不是这样想的。我知道一个人反对党不可能是正确的。只有紧跟党并通过党才可能是正确的,因为历史还没有创造出任何其他方法来实现人的权利。英国有一句名言"不管对与错都是我的祖国"。我们有更多的理由说:不管对与错——也许在特定时刻、在某些局部的特定问题上错了——都是我的党。……在这里进行任何个人的申辩只能是可笑的、极不合适的,但是我希望,在必要时我会证明我绝不是布尔什维克最差的街垒中的一名最差的士兵。①

他结束辩解时说,他愿意接受党的裁决,即使这裁决是不公正的。但是接受裁决对他来说只意味着在行动上服从纪律,而不是在思想上。"我不能这样说,同志们,因为我不是这样想的。"在他那充满巧妙推理、犀利论据和动人呼吁的发言中,这些话以其极度质朴和坚定不屈而显得格外突出。托洛茨基的平静和克制激怒了党的书记们。服从而不屈服,遵守纪律而不忏悔,反而更冒犯了他们。他的声音在他们的耳朵里鸣响,仿佛就是他们自己不安的良心发出来的呼声;他们企图以辱骂来压倒他的声音。他们没有从他那儿得到任何答辩。只是当党代表大会闭幕时,他才前往红场向莫斯科的"共产主义"儿童——"少先队员"——的集会发表演说。他向这些"新的接班人"致意说,他们总有一天会来到革命的阵地上,取代那些年迈力衰、蜕化变质的人们。②

* * *

这时,整个共产国际都被卷入了论战。三驾马车不得不向外国共产党解释,并为他们自己的态度辩护。他们迫切希望从外国共产党那里得到对托洛茨基谴责的明确认可,以便将其带到俄国共产党中去。但是欧洲共产党——这些年里的国际影响实质上仍只局限在欧洲——因莫斯科所发生的一切而担心,对

---

① 《俄共(布)第十三次代表大会》,第165—166页。(重点号是我加的——伊萨克·多伊彻)
② 这篇演说辞附在党代表大会的记录上。同上。马克斯·伊斯特曼出席了党代表大会,他回忆说,他曾敦促托洛茨基采取更富战斗性的态度,在主席台上宣读列宁的遗嘱,但托洛茨基不肯听从他的意见。托洛茨基于1928年从流放地阿拉木图致穆拉洛夫的信中证实了伊斯特曼的记载(托洛茨基档案)。

托洛茨基的猛烈攻击使他们震惊。对欧洲共产党来说,托洛茨基一直都是俄国革命的化身,是革命英雄史诗的体现,是国际共产主义的代表人物。由于他那欧洲化的言谈举止,他比其他任何俄国领导人对他们都更有吸引力。他曾经是轰动世界的共产国际宣言的作者,这篇宣言在思想上、语言上、风格上都使人们想起马克思和恩格斯的《共产党宣言》。他既是共产国际的鼓舞者,也是它的战略家和策略家。欧洲共产党无法理解季诺维也夫这位共产国际的主席以及其他俄国领导人为什么要反对托洛茨基;他们担心冲突会给俄国和国际共产主义运动带来严重后果。因此,他们的第一个冲动就是去捍卫托洛茨基。

1923年年底之前,两个重要的共产党即法国共产党和波兰共产党中央委员会抗议莫斯科对托洛茨基的诽谤,呼吁敌对双方以同志式态度解决意见分歧。① 此前不久,布兰德勒刚刚代表他的党要求托洛茨基负责领导德国共产党计划中的起义。三驾马车厌恶这些抗议,并担心在俄国党内失败的托洛茨基会使共产国际转而反对他们。季诺维也夫从欧洲这三个党的行动中看到了对他的主席权威的挑战。

恰好在此时,共产国际因在德国刚刚遭到失败而不安。同失败联系在一起的许多问题,如导致失败的危机以及德国党的政策这些问题已为争论提供了充足的理由,因而立即同俄国党内的争论纠缠在一起。②

德国的危机早在1923年法国人占领鲁尔地区时便开始了。德国人的抵抗烽火燃遍了鲁尔地区;很快,抗议《凡尔赛条约》及其后果的强大的民族运动席卷了整个德意志帝国。最初领导这个运动的是各资产阶级政党;而共产党则被撇在一边。但这些资产阶级政党因对运动的后果并无把握而开始摇摆起来,甚至退缩了,特别是当社会斗争预示着将加深政治动乱的时候。德国经济失去平衡,货币以灾难性的速度贬值。工人的工资因通货膨胀而不值钱,他们愤怒了,急切地要采取行动。自从1921年3月起义以来一直处于地下状态的

---

① 苏瓦林代表法国共产党在俄共第十三次代表大会上提出抗议。[《俄共(布)第十三次代表大会》,第371—373页]。波兰党的抗议载入波兰共产党档案(多伊彻:《两次大战期间波兰共产主义的悲剧》,载《现代报》1958年3月)。

② 关于德国危机的记载,其资料来源有:托洛茨基写的若干论文;布兰德勒写给本书作者的回忆和说明;路特·费舍:《斯大林与德国共产主义》;塔尔海默:《1923年,一次错误的革命吗?》;拉狄克、季诺维也夫和布哈林的分析;库西宁的论文《德国事件的教训》(共产国际执行委员会于1924年1月讨论德国问题会议的记录),见《捍卫列宁主义》;共产国际以及苏联和德国共产党历次代表大会和代表会议的记录。在上述历次会议中,这个问题经过反复多次讨论,最后,从1924年起,在国际共产党报刊上范围更广泛的讨论继续进行了十年。

共产党人感到他们的革命风帆已经鼓满劲风。7月，德共中央委员会号召工人阶级做好发动一场革命的准备。然而，它对于自己领导革命行动的实力和能力缺乏信心；而所有关心其政策的人也不尽赞同行动。拉狄克作为共产国际执行委员会驻德国的代表警告莫斯科，德国共产党的看法过于乐观了，很可能会导致另一次流产起义。季诺维也夫和布哈林则积极策动德国人举行起义，但又提不出任何明确的行动方针。在7月这一阶段，托洛茨基说，他对德国局势没有充分了解，无法发表意见。

托洛茨基很快得出这样的结论：德国确实面临一触即发的革命形势，不仅应当鼓励德国共产党采取一条大胆路线，而且应当协助它制订出一个以武装起义为高潮的明确的革命行动计划。起义日期应该提前确定，以便使德国共产党能在初级阶段就引导斗争，使工人阶级有所准备并根据最后决战的要求来部署其力量。但执行委员会举棋不定。不仅拉狄克，而且斯大林也同样怀疑"革命形势"的现实性，认为应该阻止德国人。① 季诺维也夫继续鼓动他们，但面对起义计划时却犹豫起来。政治局埋头于国内事务之中，讨论这个问题时草率随便；季诺维也夫将政治局的泛泛的意见通报给共产国际领袖们。国际多少有些敷衍地决定给予德国共产党关于革命的指示，协助它做好军事准备，最后，甚至连举事的日期也确定下来了。这个日期要尽可能接近布尔什维克起义的纪念日——它要成为"德国的十月"。

9月，德国共产党领袖海因里希·布兰德勒到达莫斯科，征求国际执行委员会的意见。他早年当过瓦工，是罗莎·卢森堡的信徒，一位聪明谨慎的策略家和干练的组织者，他不相信形势对革命有利。当他向季诺维也夫吐露自己的疑虑时——季诺维也夫在十月革命前夕也正是怀着同样的疑虑，季诺维也夫此时正在犹豫彷徨与渴望革命行动这两端之间无所适从，于是他虚张声势，甚至大拍桌子来压制布兰德勒反对起义的意见。布兰德勒屈服了。在他的党内，特别是在路特·费舍和阿尔卡季·马斯洛领导下的柏林支部中，对行动的渴望和信心已经发展到了顶点。他认为他在莫斯科找到了同样的信心，因为他以为季诺维也夫是代表整个政治局说话的。他迟疑地得出结论：如果说唯一胜利了的共产党领导人同柏林人想到了一块儿，都认为时机已经成熟，那么他就应当撤回自己的反对意见。

---

① 参见《斯大林政治传记》，第393—394页。

正如布兰德勒本人所述,在这关键时刻,他深感自己不是"德国的列宁",就要求政治局委派托洛茨基领导起义。但政治局却授权给拉狄克和皮达可夫代替托洛茨基。行动计划制订出来了,将以布兰德勒的家乡萨克森州为中心,那里共产党的势力强大,社会民主党人领导着州政府,他们与共产党已结成统一战线。布兰德勒及他的几位同志加入了萨克森州政府,利用他们的影响去武装工人。起义将从萨克森蔓延至柏林、汉堡、德国中部和鲁尔地区。根据布兰德勒的说法——他在这个问题上的证词得到其他资料的证实,季诺维也夫和托洛茨基把这个计划压在他的肩上。① 此外,季诺维也夫通过其在德国的代理人加快了事变的步伐,以至于萨克森州的联合政府都是根据莫斯科发来的指示组成的;在布兰德勒返回德国途中,他从在华沙火车站买到的一份报纸上得悉,他已是一名部长了。②

即使德国的局势对革命有利,但牵强草率的行动计划以及远距离的指挥控制也足以导致失败。何况局势并不像以前所想象的那么有利,德国的社会危机也不像以前所想象的那么深刻。自从夏季以来,经济已开始复苏,马克币值稳定,政治气氛显得平静得多。中央委员会未能唤起广大工人群众准备好起义。武装工人的计划也失败了:共产党发现萨克森州的武器库里空空如也。中央政府从柏林派来一支远征军讨伐这个红色的州。因此,当起义的时刻到来时,在拉狄克和皮达可夫的支持下,布兰德勒取消了战斗命令。只是因为联络上的错误,汉堡的起义者才投入战斗。他们孤军作战,经过持续几天无望的战斗之后,起义军溃败了。

这些事件对苏联是一次强烈的冲击。它们破坏了此后许多年中德国和欧洲的革命机会。它们使德国共产党士气消沉、四分五裂,并与波兰和保加利亚的类似挫折相呼应,影响到整个国际。它们造成俄国共产主义的一种深刻而明确的孤立感,一种对欧洲工人阶级革命力量的怀疑——甚至貌视。从这种情绪中逐渐发展出俄国革命的孤芳自赏与自我中心的倾向,它在一国建成社会主义这一学说中体现出来。德国革命的溃败成为俄国人争权夺利的一个缺口。俄国和德国共产党着手追查失败的原因,并急于追究责任。在政治局中,三驾马车和

---

① 路特·费舍:《斯大林与德国共产主义》,第311—318页;季诺维也夫演说辞收入《德国事件的教训》一书中,第36—37页及以后各页、《俄共(布)第十三次代表会议》,第158—178页和托洛茨基:《十月的教训》。

② 这是布兰德勒本人对本书作者讲述的。

托洛茨基则互相指责。

表面上看来，德国革命的失败与俄国党内争论之间没有联系。分歧的方向是不同的，甚至是互相抵触的。两位"托洛茨基主义者"拉狄克和皮达可夫一开始至少跟斯大林同样怀疑德国革命的可能性；正是他们支持布兰德勒取消起义命令。另一方面，季诺维也夫经过一番踌躇还是批准了以托洛茨基为其倡导者的起义计划；但是他也批准了撤销起义的命令。托洛茨基坚信德国党和共产国际错过了唯一的革命时机，而且认为季诺维也夫和斯大林起码负有跟布兰德勒一样的责任。三驾马车则回答说，现场葬送起义的是两个托洛茨基分子；他们抓住布兰德勒的"机会主义"，坚持要撤掉他德国共产党领导人的职务。

面对布兰德勒，三驾马车的动机是复杂的。德国共产党的基层组织激烈反对他，柏林的组织嚷着要开除他。季诺维也夫急于平息吵闹，挽回他本人及共产国际的声誉，就想把布兰德勒当做替罪羊而撤掉他，任命费舍和马斯洛为德国共产党的领导人，季诺维也夫便把德国共产党变成了他自己的封邑。他想用布兰德勒杀一儆百还有一个原因，即他怀疑布兰德勒及其在德国共产党中央委员会中的朋友同情托洛茨基。在指责布兰德勒为托洛茨基的追随者时，季诺维也夫还企图让托洛茨基承担布兰德勒的"投降主义"的罪责。最后，对这场龃龉实在莫名其妙的布兰德勒急于使德国问题从俄国争论中摆脱出来，并且力图挽回自己的地位，就声明支持俄国正式领导，即三驾马车。但是这样做也没能救得了他。

这就是1924年1月的形势，当时共产国际执行委员会开会对德国起义失败进行正式调查。会议召开之前首先作了各种幕后策划，在外国各共产党的中央委员会内进行大换班，旨在预先确保执行委员会对季诺维也夫的支持。当执行委员会开会时，托洛茨基正在离莫斯科不远的一个乡村里养病。他没有表明自己的观点，但他请求拉狄克转达他们两人对布兰德勒的降级处分以及德国共产党中央委员会内的人事变动的联名抗议。拉狄克虽然转达了抗议，但他主要感兴趣的是捍卫他本人及布兰德勒的政策，他的转达给执行委员会留下的印象是：托洛茨基本人与德国共产党的政策是一致的；这使三驾马车再一次把托洛茨基与德国共产党的"右翼"绑在了一起。① 事实上，托洛茨基从来没有停止

---

① 《德国事件的教训》，第14页。另见托洛茨基就该事件于1931年和1932年写给A.特伦特和A.努伊拉斯的信，发表于1938年2月《新国际》。

对布兰德勒行为的批判;而且布兰德勒声明支持三驾马车这件事也没有给托洛茨基留下好印象。无论如何,托洛茨基从根本上是反对在莫斯科为外国共产党领袖设置"断头台"的。他认为,应当允许外国共产党从他们自己的经验和错误中学习,允许他们管理自己的事务,选举他们自己的领袖。对布兰德勒的处分开启了一个有害的先例。

因此,托洛茨基向共产国际提出他曾向俄国党提出过的内部自由的同样要求;但结果也是同样的。季诺维也夫现在已经完全控制了国际。好几位曾呼吁政治局克制对托洛茨基的疯狂攻击的外国共产党领袖被他免去了职务。另一些领袖则乖乖就范,并为自己的舛误悔过。结果,虽然执行委员会对德国问题未能调查出明确结果,却使季诺维也夫的声誉完好无损;而且它还批准了由季诺维也夫提出的降级和晋升命令。这使他很快得到了国际对三驾马车反对托洛茨基与46人的行动的批准。

5月,在俄共第十三次代表大会上,所有的欧洲各党的新老领导人都在主席台上就座,响应对托洛茨基的挞伐。只有一位外国代表,即《人道报》编辑,半俄国血统半法国血统的鲍里斯·苏瓦林(Boris Souvarine)发出了反对的声音。他声明说,法国共产党中央委员会以22票对2票决定抗议对托洛茨

鲍里斯·苏瓦林,法国《人道报》编辑

基的攻击，因而不需要声明法国党与反对派一致。但是苏瓦林声明他本人同意托洛茨基的观点并且不会放弃它们。苏瓦林孤零零的声音只突出了托洛茨基的失败。①

一个月后，共产国际第五次代表大会——即所谓的"布尔什维克化的代表大会"——在莫斯科召开，为将托洛茨基革出教门盖上最后印记，附带对拉狄克和布兰德勒的谴责。路特·费舍的演说表达了这次代表大会的典型情绪。这位巧舌如簧的年轻女人虽然缺乏任何革命经验和革命功勋，却是柏林共产党盲目崇拜的偶像。她攻击托洛茨基、拉狄克和布兰德勒是什么孟什维克、机会主义者以及"对德国和欧洲革命失去信心"的"革命原则的取消主义者"。她号召建设一个以俄共为榜样的坚如磐石的国际，在这个国际中，一切思想分歧和争论都必须排除干净。"这次世界代表大会绝不允许把国际转变为各种倾向的大杂烩，它必须奋勇前进，踏上一条通向唯一的世界布尔什维克党的道路。"② 法国、英国和美国代表团的发言人也跟着鹦鹉学舌；而且在肆意咒骂和凌辱时，他们向托洛茨基提出挑战，要他向代表大会陈述他的观点。③ 托洛茨基拒绝介入任何争论。一方面，他感到一切争论都是无济于事的；另一方面，他已经受到若再卷入任何争论将被开除出党的威胁，这使他怀疑挑战是个陷阱。因此，他声明愿意接受俄国共产党的裁决，而无意就此向国际申诉。然而，他的沉默却被认为是其邪恶的证明：代表们充当了季诺维也夫的应声虫，穷追不舍地要求托洛茨基低头认罪。④ 他置之不理。在整整三个星期的会议期间，代表大会听不到别的，只有对这一个人的肆意诋毁，而在以前的四次代表大会上人们曾怀着深深的敬慕倾听这个人的讲话。这一次没有一个声音敢于为他辩护了（苏瓦林由于翻译并出版了托洛茨基的《新方针》，现已被开除出法国共产党）。⑤ 但托洛茨基仍然为这次代表大会写下了宣言——他那几篇伟大的共产国际宣言中的最后一篇。他没有再当选为执行委员会的正式委员；斯大林取代了他的位置。

怎样解释发生在共产国际中的这种变化呢？仅仅几个月前，它的三个最大的党还有足够的勇气和尊严去谴责三驾马车。而现在一切都让位于屈服与自

---

① 《俄共（布）第十三次代表大会》，第371—373页。
② 《共产国际第五次代表大会》第1卷，第175—192页。
③ 同上，第550—559页。
④ 同上，第2卷，第156—157页。
⑤ 同上，第1卷，第181页。

卑。同时，我们知道，季诺维也夫任意撤换、改组和分解了德国、法国和波兰共产党的中央委员会。但是这三个中央委员会以及站在它们背后的党为什么会受他的摆布呢？大多数被撤掉的领导人从建党之日起就领导着党，并享有极高的道德威望；但是无论在哪儿都没有基层组织支持他们、拒绝接受执行委员会的命令和拒绝承认季诺维也夫所任命的领导人。季诺维也夫仅用了几个星期，至多不过几个月，就使整个共产主义运动发生了看来是全面的剧变。而他能轻而易举地做到这一点，说明了国际内存在着根深蒂固的弱点。唯有病残之体才如此不堪一击。

当列宁和托洛茨基创建国际时，他们期望起码是欧洲工人运动的多数很快都会集合于它的旗帜之下。① 他们期望国际的是它应确实名符其实：一个国际的党，超越了民族界限和民族利益的党，而不是像第二国际那样成为各民族政党客客气气的柏拉图式大联合。他们相信全世界革命进程的基本共性；这个共性构成了他们观点中的核心，即这个新组织应该具有强大的国际领导和国际纪律。在1920年第二次代表大会上通过的加入共产国际的"二十一条"旨在给国际提供一个符合其目的的章程，此外也旨在以执行委员会建立一个集中的、强大的领导核心。托洛茨基全心全意地支持这个章程。② 章程本身并非有意确保俄国共产党在国际中的优势地位。执行委员会以民主方式代表着所有的党。它的少数俄国执行委员在原则上并不享有特权。顾名思义，国际主义即民族国家的观点要服从整个运动的更广泛的利益，而肯定不是服从什么俄国的民族观点。如果革命在任何重要的欧洲国家里取得胜利，或者至少欧洲共产党在力量和信心方面有所增长，那么这样的国际领导和国际纪律就会变成现实。但是，欧洲革命的衰退使国际成了俄国共产党的附属物，欧洲各国共产党的自信心削弱了，而且年复一年地削弱下去。失败了的党逐渐形成了一种自卑感；它们最终指望布尔什维克这个唯一胜利了的革命实践者替他们解决问题，为它们排忧解难，给它们作出决定。布尔什维克承担起这份责任，起初是出于团结一致的愿望，尔后是出于习惯，最后是出于自私，直至热衷于操纵各党的"领导之弦"，而外国各党则心甘情愿把他们自己套在这根弦上。国际领导和国际纪律事实上已成为俄国领导和俄国纪律。"二十一条"曾经授予列宁和托洛茨基寄予厚望的国际执行委员会以广泛的权力，现在所有这些权力都几乎不知不觉地

---

① 《武装的先知》，第十三章。

② 同上。

转到了执行委员会中的俄国委员手里。

列宁曾被这种情况所困扰。他提到恩格斯关于第二国际内德国社会民主党优势地位的预感，指出俄国共产党优越感的危害性也许同样严重。① 他试图给予外国共产党人更大的自主权，甚至建议把执行委员会从莫斯科迁到柏林或欧洲其他国家的首都，以便排除来自俄国的利益和偏见的不断压力。然而，大多数外国共产党人宁愿看到他们的国际中枢留在安全的红都莫斯科，而不愿意让它暴露在资产阶级首都警察的迫害和袭击下。

结果证明列宁的担心是非常正确的。随着岁月的推移，执行委员会中俄国委员对外国共产党事务的干涉愈益频繁。季诺维也夫统治着国际，他只凭个人好恶，趾高气扬，既不老练，也不三思。但即使托洛茨基本人也察觉到，他作为执行委员会中的一名成员也不免行使监护人的权力，这是当时的情况所造成的。他作为共产国际法国委员会主席，有全权监督法国共产党人的日常事务。德、意、西以及英国共产党不论在重大问题上或其行动的细节上都渴望得到他的建议；而他也就无拘无束地提了意见。

这使他不断发表声明，进行大量通信，而这些信件本身构成了对这些严酷年头的历史的连续评论，它们富于深刻的思想，闪耀着智慧之光，而且常常是惊人的远见。② 但其中部分信件也反映了包办倾向。例如，他时而断然号召法国共产党的领导人弗罗萨尔（Frossard）去对抗在莫斯科的国际巡回法庭虽然严厉但并非不合理的指控，时而批评共产党员编辑，并为之规定策略路线，甚至规定报纸标题和语言风格。他还时而指责《人道报》发表可疑撰稿者的文章，时而又为法国共产党限定一个必须开除所有共济会会员及"一切野心家"——就像它以前做过的那样——的日期。有好几次，他还充当了对立派别之间的仲裁人并给他们制订规则。③ 诚然，这只不过是少有的几个特殊例子。托洛茨基从未像季诺维也夫以及后来斯大林那样对他在国际组织中的副手们进行过恐吓拉拢。他总是希望他们能对俄国党内事务坦率地谈出心里话，如同他对他们党内事务也坦率地发表意见一样。如果说外国共产党人缺乏足够的自信谈出他们的心里话，那么这不是他的错。他始终把执行委员会当做一个真

---

① 《列宁全集》第43卷，第286—288页。列宁关于这方面更明确的评论在列宁在国际执行委员会上所作的声明中，未发表。

② 参见托洛茨基：《共产国际五年》（英文版标题为"共产国际第一个五年"）第1卷和第2卷。

③ 同上，第124—184页；罗斯默：《列宁领导时代的莫斯科》，第236—260页；弗罗萨尔：《同列宁相处的日子里》。

正的国际组织，从共产主义的根本原则而不是从任何特殊的俄国角度出发去代表国际行动。他正是本着这种精神去行使"二十一条"授予执行委员会的广泛权力的。

然而，俄国共产党轻而易举地利用自己的实际优越地位，以"二十一条"作为组织框架建立起事实上的俄国专政。这就是季诺维也夫在1923年以前干的事，即使那时他仍然受到列宁和托洛茨基的约束。以后所有的约束都消失得无影无踪了。尤其是，内部民主在俄国共产党内凋零之后也不可能在共产国际内残存下去。"包办主义"的习惯渗透了整个运动；布尔什维克老近卫军的首领们不但把他们自己看做是俄国工人阶级的监护人，而且也看做是世界工人阶级的监护人。

1923—1924年间，季诺维也夫和斯大林果然着手按照新的俄国形象重塑欧洲运动，他们不能容忍共产国际内的反对派，一心想将其扑灭在他们自己党内。正如他们曾经利用俄国1921年禁止党内派别活动的禁令摧毁托洛茨基在国内的影响一样，现在他们也在"二十一条"的名义下利用手中掌握的广泛权力摧毁他在国外的影响。无论是1921年的禁令，还是"二十一条"，托洛茨基都曾签过字。他的政敌们对其行动的策划，每一步看起来都完全是在运用托洛茨基的原则和惯例，这些原则即便不是他首创的，起码也是经他同意的。他们是在用托洛茨基自己的武器来打倒他——而他却从来没有用这些武器来达到任何类似的目的，从来不具有类似的残暴。他只是偶尔用纪律制裁来吓唬一下外国共产党人，他的政敌们却整批整批地把他们降级、开除乃至指控他们。托洛茨基曾经要求共产国际应按其纲领不得宽容资产阶级和平主义、共济会和"社会护国主义"。但他的政敌们则从中清除了迄今为止几乎就是共产主义同义语的"托洛茨基主义"。

* * *

5月，俄国共产党的第十三次代表大会结束了随着新方针的宣布而开始的争论。托洛茨基如果重开争论，就不能不招致破坏纪律的指责；而且他也无意重开争论。他曾以赞赏的口吻描述过饶勒斯的自我纪律约束——一旦需要就会把"他的牛脖子套在党的纪律的牛轭下"。他现在就是把自己的脖子套在更坚硬的牛轭下，克制着不去公开讨论已宣布为禁区的党的经济政策和内部体制。

但他不甘被打上"偏离列宁主义的小资产阶级"的半孟什维克这种罪名的烙印。既然不准讨论重大的、原则性的政策问题，他便转向历史来为自己辩护。这个机会自动来到了，国家出版局为了贯彻中央委员会原先关于出版托洛茨基全集的决定，正准备付印全集第3卷，该卷收录了托洛茨基1917年的演说和文章。他自己写了长篇序言，题为"十月的教训"。全集第3卷于1924年秋一问世，立刻掀起了一场风暴。

托洛茨基在1917年发表的演说和文章对把他丑化为不肯悔改的孟什维克是一个强有力的回击，因为它们使党重新记起他在革命时期的作用和他用以对抗孟什维克的坚定的战斗意志。这一提醒是必要的。因为人们对于国家、各社会阶级和各政党的历史记忆总是短暂的，特别是在大动乱时期更是如此。在这样的时期，一年里各种让人透不过气来的事件会从人们头脑中挤掉先前多年的事件；在政治生活中一代又一代人会以飞快的步伐相互交替；参加早期斗争的老战士在人数上迅速减少、分散或精疲力竭；而年轻人投入新斗争时对过去所发生的事都不太了解。到1924年时，那些从1917年早期就已加入布尔什维克党的人已不足党员人数的1%。对于广大年轻党员来说，革命已成为一种神话：革命的壮丽和革命的朦胧仿佛是水天一色。早期政治斗争及其所有那些纠缠不清的结盟显得愈益遥远和缥缈了。比如说，年轻的共产党员总是想当然地以为，布尔什维克和孟什维克就像在他们记忆里那样总是彼此敌对、势不两立。对他们来说几乎不可思议的是，多年里双方竟然在同一个党里形成两个派别，援引着共同的原则，却又彼此争吵，彼此分裂，同时又不断地试图调和。更不可思议的是，许多布尔什维克领导人居然直到1917年还想方设法同孟什维克和好。

因此，当年轻人得知陆海军人民委员曾是一个孟什维克或半孟什维克时，不免大吃一惊；当三驾马车坚持说，一个人一旦成了孟什维克就永远是一个孟什维克时，许多人就不由得相信了他们。人们要想从根本上动摇这种相信，唯有仔细阅读托洛茨基在1917年的演说和文章，它们揭示出最近反托洛茨基的运动只是弥天大谎。托洛茨基就是这样仅仅靠重版他的旧文章向他的政敌提出了挑战；但是，他的直接挑战还是长篇序言《十月的教训》。

在这篇文章中，托洛茨基对党的历史和传统提出了他自己的解释。这个解释不仅为他自己申辩，而且也批判了他的多数政敌的历史。他写道，党的历史可以划分为三个泾渭分明的时期：为1917年作准备的革命前年代；1917年的决定性考验；革命后时期。每个时期都有其各自的问题、特点及其重大意义。但唯有在第二时期布尔什维主义才达到最高峰。一个革命党在实际革命中接受考验正如一支军队在实际战斗中接受考验一样。对其领袖和成员的判断应当根据他们在这场考验中的行为；相比之下，他们在革命准备时期的行为就不那么重要了。对一名布尔什维克的判断，不应当根据他在1917年革命前混乱的、部分说来是"毫不相干的政治流亡活动"中的言行，而应根据他在1917年革命时期的言行。托洛茨基的这个论据尽管具有不带个人色彩的历史叙述方式，但确实是为自己辩护：他在革命前与孟什维克的结合是毫不相干的政治流亡活动，而他作为十月起义领袖的地位却是不可动摇的。根据同一标准，他的政敌们的历史活动却是不利于他们的。他们在革命准备年代里也许是优秀的"列宁主义者"，但在1917年革命时期，他们则成了无能之辈。

  托洛茨基谈到了党在1917年经历过的两大危机：第一次是在4月间，列宁不得不克服来自党内右翼亦即列宁本人称之为"老布尔什维克"的阻力，才说服全党制定社会主义革命路线；第二次是在十月革命前夜，同样是这帮右翼分子阻挠起义。托洛茨基指出，某些领导人的踌躇和失误并没有阻挡住布尔什维克的伟大胜利。党是富有生命力的有机体，尽管也存在着阻力和意见分歧。然而，布尔什维克应当认清这个事实：即使一个革命的党也会不可避免地出现保守分子，他们阻挡党的前进，特别是党面临急剧转变关头并且必须采取大胆决定的时候。托洛茨基在第一个例子中提出的论据，其锋芒不仅直接指向季诺维也夫和加米涅夫这两名"破坏革命的工贼"，而且还指向反对列宁在1917年的革命政策的李可夫、加里宁以及其他老近卫军的领导人。实际上，托洛茨基唤起了对三驾马车作为布尔什维克原则的唯一真正阐释者这种权利的怀疑，更广泛地说，是对老近卫军自诩纯而又纯地代表列宁主义传统的怀疑。他的叙述所包含的意思既含蓄又明白，即这个传统绝非人们所以为的那样简单和一成不变：老近卫军所代表的是列宁已放弃了的那个"老布尔什维主义"，因为它固守着过时的口号和离题的回忆，而托洛茨基的立场则与1917年党在其旗帜下取得胜利的那个布尔什维主义是完全一致的。

  托洛茨基从历史与时局分析又谈到最近的重大事件，即共产主义在德国的失败。他的《十月的教训》一文中的主题是关于党对革命形势的领导以及起义的战略和策略。他说，任何一个共产党都不可能随心所欲地创造革命时机，因为革命时机只能是社会制度相对缓慢衰朽的结果；但是一个党可能会因为缺乏坚强有力的领导而错失良机。在革命事业中也会有高潮到来，那就必须"充分利用"；一旦错过，也许几十年内它不会再来。任何社会都不可能长久生存于尖锐紧张的社会危机中。如果这个社会不能通过革命摆脱那种紧张局面，那么它就将趋向反革命。至于是转向这个方向还是那个方向，很可能仅仅取决于几个星期或者几天。如果在这几个星期或几天内共产党人在革命起义面前畏缩不前，拖延行动，如果以为革命形势可以延长，还会给他们提供新的时机，那么，"他们的生命航船必将悲惨地搁浅触礁。"如果十月起义的反对者得逞，布尔什维克的航程也必然遭此同样下场；而德国共产主义航船正是这样在1923年悲惨地搁浅触礁的。革命领导所起到的决定作用，俄国为之提供了正面的证明，而德国提供了反面的证明。与布尔什维克右翼分子在1917年所表现出来的保守心态相同的心态就是德国革命失败的根源。托洛茨基的结论刺向什么人，那是不言而喻的：就是曾在1917年十月革命时充当布尔什维克右翼分子的代言人，而现在任共产国际主席的那个人。

三驾马车以大规模的反扑来作答；他们号召大批宣传家、历史学家甚至外国的共产党作家进行反击。① 在整个秋冬两季，国家的政治生活完全被这场论战所淹没了，但它却以"文字辩论"这一古怪的名称载入布尔什维克的史册。由于无法断然否定托洛茨基对季诺维也夫和加米涅夫在1917年的态度所作的陈述，他们的辩护者就回答说，他无限夸张了他们的错误，他们与列宁之间的分歧只不过是偶然的、表面的，党内从未存在过什么特殊的右翼或保守的意见倾向。他们说，托洛茨基这种蓄意编造的目的就是不仅要诋毁老近卫军的声誉，而且要诋毁整个列宁主义传统，并且要将整个臆想出来的功绩都归于自己和托洛茨基主义。

为了证明这一点，三驾马车及其历史学家们不得不以他们自己对1917年事件的看法来对抗托洛茨基的解释，意在提高自己的威望，贬低托洛茨基所起的作用。他们这样做时开始还是羞羞答答的，但很快就肆无忌惮地任意歪曲事实真相。托洛茨基所起过的卓越作用起初还未被一概否定；但是据说它并没有超过他现在的政敌们所起的作用。然后斯大林本人又插进他自己的看法。他声称，托洛茨基所主持的彼得格勒苏维埃军事革命委员会根本不是十月起义总

---

① 答复托洛茨基的最重要的文章被汇编成篇幅浩大的一卷《捍卫列宁主义》——它的撰稿人有斯大林、季诺维也夫、加米涅夫、布哈林、李可夫、索柯里尼柯夫、克鲁普斯卡娅、莫洛托夫、布勃诺夫、安德列耶夫、克维林、斯捷潘诺夫、库西宁、科拉罗夫、古谢夫和梅利尼昌斯基。

部，并不像迄今为止所有的历史记载毫无例外地所肯定的那样。斯大林还断言，指挥起义的是他斯大林坐镇之下的那个多少是虚构的"总部"，托洛茨基甚至连它的成员也不是。① 这一说法是如此荒唐，以致连斯大林派成员开始时也只是把它当做令人困窘的一个讽刺。但是这个故事一经抛出，便开始固执地挤进新的历史记载，直到写进教科书里，在那里被当做唯一权威性的定论，一直延续了30年。对历史的天方夜谭式的篡改就这样开始了，它顷刻间以排山倒海之势淹没了俄国理性的地平线：最初这只不过是为了支撑季诺维也夫和加米涅夫的声誉，但最后，他们两人连同布哈林、李可夫、托姆斯基以及其他许多布尔什维克领导人也都被打成为十月革命的怠工者、叛徒和外国间谍了。而在1924年，这个篡改阴谋的大多数未来受害者却抱成一团，丧心病狂地要给托洛茨基抹黑。

然而，只要托洛茨基站立在1917年事件的基础上，他的地位就是无法动摇的。因此，三驾马车竭力要把他从这个基础上推回到革命前时期，即他反布尔什维克主义时期。他们确立了两条准则：一条是党的政策具有严格的连续性，另一条是党的政策在实际上的一贯正确性。他们断言，不论是谁，只要像托洛茨基那样在一个很长时期内一贯反对布尔什维主义，那就从根本上犯了错误；这种错误在他以后的态度中也会表现出来。这两条准则的发明者拙劣地模仿宿命论，向党的头脑里灌输了一种思想，即任何政治上的错误或偏离，不论是集体的或个人的，都不能视做是偶然现象（当然，这条规律不适于三驾马车自己的错误）；在任何一个特定集团或特定个人的特定表现中，如小资产阶级等，每一个错误都有其深刻的原因或"根源"：一个人若犯了严重错误，就会背上致命的原罪重负；因而托洛茨基的堕落可以追溯到他早先的孟什维克时期，不仅仅在于"流亡时期的政治活动"，而且还在于他对当时重大问题的基本立场。在十月革命那段时间里，他那小资产阶级灵魂在拼命邀宠；党希望帮助他，"同化"他。但是他那顽固的孟什维克劣根性却一再发作。

据此而论，托洛茨基自革命以来同列宁的不和就获得了前所未有的邪恶意义。他与列宁有过两次重大分歧：一次是关于《布列斯特－里托夫斯克和约》，另一次是关于工会政策（其他的意见分歧由于列宁自己承认了错误而被忽略不提）。无数的小册子和论文发表了，抓住这两件事大作文章，重新加以

---

① 《斯大林全集》中文版第6卷，第284—287页。

发挥，以证明托洛茨基在这两件事上都表现出根深蒂固的反列宁主义倾向，并将他同列宁的龃龉跟他对列宁继承者的攻击直接联系起来。昔日争论的来龙去脉、实际的结盟、动机、踌躇不决、自我矛盾以及人的素质和论战者各自的缺点，在重新解释时都一概不予考虑。呈现在党面前的只是党自身和党的领袖们的画像，它们就像中世纪初以"最后的审判"为主题的那些壁画一样：圣者满脸虔诚的表情径直攀向天堂，而罪人则负载着一切罪恶的象征被抛进地狱。

争论的问题时前时后，最后又回到1905—1906年，托洛茨基所有的错误和背离的基础终于在他的不断革命论中找到了。这被判为他的主要异端邪说。但是自从1917年以来，党对于这个理论一直未持什么异议；托洛茨基这方面的早期论文作为对共产主义的权威论述都已经以原文重版并译成了许多文字。甚至直到现在，它的两个主要原则——俄国革命必须从资产阶级阶段向社会主义阶段过渡，这将是世界革命的序幕——还仍然是党的看家思想；对这两个原则是不能公开驳斥的。政敌们就把列宁在1906年时作过的些许尖刻评论挖掘了出来：列宁本人一直坚持俄国革命只具有资产阶级性质，并且说，托洛茨基谈到社会主义是其顶点，这是因为他"跳过了"资产阶级阶段，"低估了"农民的重要性。从1917年所发生的一切来看，这些评论已失去了现实意义。但是这并不能阻止他的政敌们轮番地重复说，托洛茨基的主要倾向是"跳过必要的中间阶段"和"低估农民"。不错，很难使这个指控同另外一个罪名协调一致，即托洛茨基是一名不肯悔改的孟什维克——因为孟什维克远没有"跳过"革命的资产阶级阶段，也不肯超越这个阶段，而要解决这个逻辑困难，就必须拿出大量纯学术的论据来。然而，如同所有这类争论一样，重要的不是论据的逻辑性和历史真实，而是它的言外之意，是它对当前政策的影响和它给不明真相者所造成的印象。

强调托洛茨基的"低估农民"的倾向对当前政策的影响是个重点：三驾马车和李可夫甚至一年前就给托洛茨基贴上了"农民之敌"的标签。现在他们更是赋予这个标签以追溯的合法性和历史的色彩。但是更重要的是那意味深长的言外之意。在一般人的理解中，不断革命就是意味着连续不断的动乱和永无止境的斗争，意味着俄国革命不可能安定下来并获得稳定的局面。三驾马车对不断革命论的谴责显然迎合了渴望和平与稳定的普遍心理。

的确，托洛茨基的理论称布尔什维克俄国的命运在根本上取决于革命向国外的扩展。然而，扩展革命的希望已经多次落空，最近又在德国遭到最严重的挫折。布尔什维克从未感到这样孤立过。他们对俄国革命能够自我满足的得意感遂成为他们的心理防御。托洛茨基的理论冒犯和嘲弄了这种意识。因此，只要一提到不断革命论，就会在布尔什维克的干部中激起强烈的反感。他们在感情上巴不得让托洛茨基的理论思想声望扫地。1924年秋，斯大林将自己早先的观点加以修正，形成了一国建成社会主义的学说，与不断革命论相对抗，这绝不是偶然的。斯大林颂扬俄国革命的自足性，并以此给党提供理论上的安慰，补偿了它那受到挫折的国际主义愿望。①

不难看出，"文字辩论"为什么和怎样前所未有地削弱了托洛茨基的地位。它在公众心目中竖立了一个矛盾的托洛茨基形象，一方面是个顽固的半孟什维克，另一方面又是个同样顽固的"超级激进派"和极端分子，力图把党拖进国内外的冒险事业中去。据说，在国内，他拼命在布尔什维克党与他从不理解的农民之间挑起纠纷。在国外，他总是在并不存在革命时机的地方看到革命时机。同样的错乱导致他反对《布列斯特-里托夫斯克和平条约》，并因为德国革命的失败而谴责季诺维也夫。至于托洛茨基曾批评季诺维也夫鼓励国外的流产起义，他曾反对1920年向华沙的进军，他一贯坚持同资本主义国家关系正常化，他第一个拥护新经济政策以便安抚农民，所有这些以及与此类似的跟超级激进派冒险分子形象格格不入的事实全都被抛到了一边。于是，事实、虚构、学术上狡辩遁词凑成了一锅大杂烩，使托洛茨基成了一位共产主义的堂吉诃德，也许他是可怜的，但也是危险的，唯有三驾马车的英明机智和政治家的才干才能抑制他、使他无害。

不少党员，甚至托洛茨基自己的一些追随者也都认为他的《十月的教训》一文选错了作战阵地。② 他们说，托洛茨基应该抓住重要的问题，而不是纠缠季诺维也夫和加米涅夫在1917年的错误。诚然，他这样做是出于自卫，因为三驾马车巨细无遗地罗织有关他与列宁不和的那些久已淡忘的往事以阻挠他讨论当前问题。但是，多数人很快就忘了"谁发动了这一切"，而且他们谴责托洛茨基时也并没有捐弃前嫌。官方作家们利用被扣压的列宁遗嘱来对付他，列宁在遗嘱中请求党不要揪住季诺维也夫和加米涅夫的"历史错误"不放。甚至没有忘记这一告诫的克鲁普斯卡娅也被说服出面指责托洛茨基过分夸张了列宁与其学生们之间的意见分歧，理由是革命的命运取决于党和工人阶级作为一

---

① 参见《斯大林政治传记》，第281—293页。
② 托洛茨基：《斯大林伪造学派》，第90页。

个整体的立场，而不是领导人小圈子里的分歧。① 这是一个有力的批评，它被用来反对托洛茨基提倡的党内民主。布尔什维克的自尊心不管怎样都已被托洛茨基挫伤了，在他看来，党的领导集团只不过是一帮懒惰迟钝的家伙，若没有列宁的鞭策和推动，他们是绝不去履行自己的职责的。

争论的另外一个后果也极大地困扰着托洛茨基。被驱散了的反布尔什维克的反对派的一些人，虽然一直对托洛茨基恨得要死，现在却把希望寄托在他身上。② 这是无法避免的。在一党制下，一些被政府镇压的敌人无法打出自己的旗帜进行斗争，总要向任何一个持不同政见的重要人物暗送秋波，哪怕他属于执政党，也不管他持的是什么不同政见。被统治集团诬称为自己危险敌人的每一个人都被他们视为自己的英雄。托洛茨基所要求的言论自由的环境即使只限于党内，也使他受到至少某些反布尔什维克分子的赞扬，他们由于没有言论自由而感到前途暗淡。但在反布尔什维克分子中，这绝不是主流态度。他们中的许多人，或者绝大多数人是以幸灾乐祸的心情看待应为他们在内战的失败承担罪责的那个人垮台的。三驾马车则尽可能利用在党外所能察觉到的对托洛茨基的任何同情迹象，不管是真是假；而托洛茨基则愈加谨慎地不说不做任何可能鼓励这种同情的事。他的这种态度大体上说明了他为什么要自我克制和保持长期沉默，面对共同敌人时他为什么一再强调他与三驾马车的一致。

最后，"文字辩论"对三驾马车本身也产生了重大影响。其结果是所有主要的论战者都身败名裂，唯一例外的是斯大林，他的声望反而增强了。托洛茨基集中攻击的是季诺维也夫和加米涅夫，他们曾明确反对十月起义，并被载入史册。而斯大林在1917年时态度更不明朗、更加含糊，因而现在也就更难抓住他的把柄。诚然，季诺维也夫和加米涅夫眼下正需要斯大林的精神支持；而且他们满意地从斯大林那里得到了优秀"布尔什维克"的褒奖。③ 这使斯大林当仁不让地成了三驾马车的车老大。托洛茨基就这样无意中帮助打败了自己未来的盟友，提高了他最主要、最危险的敌人的地位。

---

① 克鲁普斯卡娅：《评〈十月的教训〉》，见《捍卫列宁主义》，第152—156页。
② 马·伊斯特曼：《列宁逝世之后》，第128—129页；巴扎诺夫：《在克里姆林宫与斯大林在一起》，第86页。
③ 《斯大林全集》中文版第6卷，第283页。[斯大林捍卫季诺维也夫和加米涅夫，说他们是"优秀的老布尔什维克"的声明文本，在他著作中多少降低了调子（可对照原载《捍卫列宁主义》中的声明，第88—89页），但仍说得十分清楚。]

第二章 革出教门

* * *

《十月的教训》一文所掀起的这场风暴使托洛茨基的陆海军人民委员再也当不下去了。三驾马车声色俱厉地说,他们不能让他承担这个国家军事防务的重任,尽管一年前他们还害怕接受他的辞呈。他们现在公然要把他撵出陆海军人民委员部了。

无论在斗争的哪一个阶段,托洛茨基根本就没有生过动用军队来反对他们的念头,他甚至制止自己的追随者们去干这种事,例如安东诺夫-奥弗申柯就曾试图把军队支部拖进论战,而根据党的规定和条例,军队支部是有发言权的。应该补充的是,官方发言人也从来没有拿比这更严重的过失来指责安东诺夫-奥弗申柯——不存在任何准备政变的阴谋,这点没有丝毫疑问;而且他们不止一次承认托洛茨基的缓冲影响。① 如果有人暗指他怀有波拿巴式的野心,那也不过是在私下里的流言蜚语而已。托洛茨基没有受到这类指责:即利用他的陆海军人民委员的地位策划什么活动来为自己捞取政治上的好处。托洛茨基承认政治局理所当然地具有统辖军队的权力。因此,尽管他不无抗议,但仍然接受了他的追随者从他的陆海军人民委员部最重要的岗位上被免职与调离,而他的敌手被任命来取代他们。②

倘若托洛茨基策动军事政变,他是否会成功呢?这种设想是无稽之谈。在冲突初起之时,即在总书记动手调换并清洗军队中的党务人员之前,他成功的机会还是很大的,以后就很渺茫了。他也从未试图利用这些机会。他深信任何军事起义宣言对于革命都是无可挽回的失败,即使它涉及他自己。他在党的第十三次代表大会上声明,他将党看做是"工人阶级为解决其基本任务而拥有的唯一历史工具";而他不能尝试用军队的手来打碎这个工具。他认为,在与党的任何冲突中,军队只能依靠反革命势力的支持,这就判定了它将起到反革命的作用。不错,他看到党的"蜕化变质"。但这仅仅在于领袖与基层群众间存在着裂痕,在于党失去了民主基础。在他看来,任务在于重建那个基础,在于弥合领袖与群众之间的裂痕。归根结底,革命的得救只能是"自下而上"

---

① 在党的第十三次代表会议上,甚至官方发言人也提到托洛茨基的缓冲影响,参见罗明纳兹的演说,见《俄共(布)第十三次代表会议》,第113页。
② 托洛茨基:《我的生平》第2卷,第253—254页。

的政治复兴,只能存在于社会深处。"自上而下"的军事行动却只能引来一个比现政府更背离工人民主的政权。这就是"事物本身的逻辑";他不相信他能对抗这个逻辑。他把个人的命运和行动置于能决定事变进程的那些社会力量的框架之中;他认为自己的作用从属于这些社会力量。他的目标,亦即复兴无产阶级民主,支配了他对手段的选择。

1924年,托洛茨基在莫斯科与俄罗斯军事科学院毕业的红色指挥官们在一起

在1924年整整一年里,陆海军人民委员部的领导权一点点地从他手中失去了。三驾马车通过伏龙芝和温什利赫特(Уншлихт)逐渐控制了军队的全体政委;现在他们对将武装力量拖进党内冲突里来已经毫无顾忌了。他们把谴责托洛茨基发表《十月的教训》的决议送到军队支部去讨论,同时还召开全国政治委员代表会议,将解除托洛茨基的陆海军人民委员职务的动议提交给他们。这时托洛茨基又一次害上了疟疾病,看来他甚至都没有向政治委员们说明他的情况。代表会议正式通过了解除托洛茨基职务的动议。不久,他又遭到来自革命军事委员会党支部的同样攻击,这个委员会自从创建时起就一直是在他的主持之下的。更有甚者,1925年1月17日召开的中央委员会全体会议将"托洛茨基事件"列为会议议程的首项。

第二章 革出教门

1924年，托洛茨基在莫斯科红场

1月15日，托洛茨基致信中央委员会，为因病不能参加即将召开的全会表示歉意；但是他声明他已推迟了预定离开莫斯科的日期——他打算再赴高加索休养——以便在需要的时候回答询问，作出解释。他抑制着愤懑，简明扼要地答复了给他罗织的一些主要罪名——这是他对《十月的教训》批评家们的唯一答复。然后，他要求立即解除他作为革命军事委员会主席的职务，并声明说：“我随时准备完成中央委员会指派给我的任何工作、接受任何职位，或没有职位都可以，当然是在党的任何监督条件下。"①

季诺维也夫和加米涅夫在政治局里建议把托洛茨基开除出政治局和中央委员会。但斯大林又一次拒不答应，这使他们大为光火；季诺维也夫和加米涅夫不禁疑心他是要牺牲他们而跟托洛茨基讲和。中央委员会决定，托洛茨基可以继续留在中央委员会和政治局里；但是又一次以开除来威胁他，如果他再挑动新的争论的话。② 然后中央委员会正式宣告"文字辩论"结束；但同时又指示，所有的宣传机构继续开展一个宣传运动，"使全党都能了解……从1903年开始直到《十月的教训》为止的托洛茨基主义的反布尔什维克性质"。另一个

---

① 托洛茨基致中央委员会信的全文，参见伊斯特曼：《列宁逝世之后》，第155—158页。
② 波波夫：《联共（布）党史纲要》第2卷，第216页；《苏联共产党代表大会、代表会议和中央全会决议汇编》第1卷，第913—921页。

1924年11月7日，陆海军人民委员托洛茨基在红场检阅部队

托洛茨基及其妻子娜塔利娅·谢多娃，约摄于1925年1月

宣传运动是让全国——不仅仅是党员群众——都知道托洛茨基主义对"工农联盟"的危险性。因为不准托洛茨基申辩,这就成了"单方面的争论"。中央委员会最后宣布,托洛茨基不能继续留在陆海军人民委员部里工作。

就这样,带着被涂满耻辱的一世英名,伴随着震耳欲聋的叫骂声,甚至都不许为自己申辩,他离开了他在漫长而又关键的七年里所领导的陆海军人民委员部和苏联红军。

第三章 "生活不仅仅是政治……"

"生活不仅仅是政治……",这是托洛茨基1923年夏发表于《真理报》上的一篇短文的标题。① 尤其是对他本人,生活更不可能仅仅是政治。即使在为权力而斗争的最紧要关头,文学和文化活动仍然占去了他的大部分精力;当他离开陆海军人民委员部以及党内争论暂时停息下来后,他更是深深沉浸于其中。这并不是他想逃避政治。他在文学、艺术和教育方面的兴趣在更广泛的意义上说来仍然是他政治活动的延续。但是他不肯停留在公共事务的表面现象上,他要把为争取权力而斗争转为为革命的"灵魂"而斗争;从而他把自己卷入其中的冲突推向了新的广度和深度。

从以下几个事实中可以看出,在政治局里的冲突最严重的时刻他还是多么专注于文学工作。1922年夏,当他拒绝担任列宁的副手——人民委员会副主席职务——并因为继续告假而招来政治局的谴责时,他仍把大部分假期都投入在文学批评上。国家出版社收集了他在革命前有关文学的论文,要把它们放在他的全集中作为专门一卷重版,他打算写一篇序言回顾革命以来俄国文学的状况。这篇"序言"的篇幅越来越大,终于成为一部独立的著作。他几乎把他所有的余暇都投入进去了,但仍然没有写完。他在1923年他第二个夏季休假期间又继续写下去,当时他跟三驾马车的冲突已因对德国革命前途的估计不同而复杂化,并发展到了高峰;而这次他带着一本新书的手稿《文学与革命》回到了莫斯科,准备将它付印。

---

① 《真理报》1923年7月10日;《托洛茨基全集》第21卷,第3—12页。

立体未来派画家尤里·安年科夫所作的托洛茨基肖像

同年夏天,他还撰写了一系列有关俄国革命后的生活方式和伦理道德的文章,这些文章后来结集为《日常生活问题》一书。其中讨论的题目有:新政权下的家庭生活,有文化的与没文化的官僚,文明与礼貌,伏特加、教堂、电影院,俄语中的骂人话,等等。他曾在教育工作者、图书管理员、鼓动员、新闻记者以及工人通讯员的许多会议上发表演说;他在演说中痛贬充斥于出版物上的枯燥、庸俗和沉闷,并力主恢复被党的行话和陈词滥调所淹没了的俄罗斯语言的纯洁与活力。同年夏天及随后的秋天,他探讨了多种多样的主题,如19世纪和20世纪贸易周期的比较分析(他在《社会主义科学院通报》上就这个问题发表了简短而颇有影响的论文)[①] 以及心理学上巴甫洛夫与弗洛伊德两大学派之间的论争。他早就熟悉弗洛伊德的学说;他还研究了巴甫洛夫的著作,并打算出面调停这场争论,呼吁研究自由和实验自由及对弗洛伊德学派的宽容。1924年,他还撰写了有关列宁的生平传略,并成书出版。他在其中展现了这位布尔什维主义奠基人所有人性的方面,因而含蓄地对官方塑造的列宁"圣像"和刚露头的对列宁的个人崇拜提出批评。

---

① 《托洛茨基全集》第12卷,第357—363页。

在这些论著中,他力图从根本上打击困扰革命的社会邪恶,而不仅仅攻击它的表面现象,他认为俄罗斯母亲精神上落后的严重性并不亚于她的经济落后。他谈到"文化原始积累"的必要性至少是同工业积累的必要性同样紧迫。他揭示了斯大林主义借以生长的土壤,并力图改变它得以繁荣的气候。所以,他强调生活方式、伦理道德以及日常生活"小节"的重要性,指出了这些方面是如何影响国家大事的。他对这些问题的出色论述体现在他对俄罗斯特有的骂人习惯的议论中:

> 粗话和骂人都是奴隶地位和蒙受耻辱的遗产,是对人的尊严——自己的尊严和别人的尊严——的侮辱。……我很想知道,我们的语文学家、语言学家和民俗学家是否了解在任何其他语言中有无像俄语中这样粗俗的、肮脏的、低级的骂人字眼儿。据我所知,在国外不存在或者几乎不存在这一类玩意儿。我国下层阶级的污言秽语是失望、冷酷的结果,尤其是毫无希望和出路的奴隶地位的结果。我们上层阶级的污言秽语,出自达官贵人和政府官员之口的污言秽语乃是等级优越感、奴隶主们的骄奢淫逸和不可动摇的权力的直接后果。……俄语中这两股骂人的语流——脑满肠肥的老爷、官吏和警察的骂人语流和人民大众的饥饿、绝望和备受凌辱的骂人语流——将整个俄国生活涂上了一层可鄙的色彩。
>
> 然而,革命的主要目的在于唤醒被认为没有个性的那些群众的人的个性。尽管革命有时也有残酷的行为,也偶然采取血腥无情的手段,但革命首先和最大程度地唤醒人的个性……对自己和他人的尊严的日益尊重,对弱者和最弱者的日益关怀。如果革命不以其所有的力量和所掌握的一切手段来帮助遭受双重和三重奴役的妇女走上个性解放和社会进步的道路,那么这个革命就不配称为革命。如果革命不尽一切可能来关怀儿童,那么这个革命就不配称为革命……它是为了儿童的利益而进行的。但是,在被老爷们和奴隶们那不放过一个人和一件事的咆哮、清脆洪亮、刺耳的骂声毒化了的气氛下,人们怎么能创造……一种基于互相尊重、自尊自重、男女之间真正的平等……真正关爱照顾儿童的……新生活呢?为反对"下流话"而斗争是心理卫生的必要条件,正如为反对肮脏和寄生虫而斗争是

生理卫生的必要条件一样。

……代代相传并且渗透整个生活环境的心理习惯是极端顽固的。我们在俄国经常是竭尽全力地向前猛冲一下，然后就放弃了，一切又回到老样子。说这些话的不仅是没有文化的群众，往往还有先进分子，有时甚至是地位很高的"负责人"先进分子。无可否认，革命前的旧式下流话直到十月革命后六年的今天还在使用，甚至在所谓的"上流"社会也十分流行。

……我们的生活在其经济基础上和文化形式中都是极端矛盾的。①

在跟这样一种植根于农奴制、顽固而又复活了的生活方式的传统进行斗争中，托洛茨基必然遭受到如同在政治领域所遭受到的同样惨重的失败。但他已经深刻、历史地洞见了自己将被其毁灭的那些力量的性质。"俄语中这两股骂人语流"将融合在斯大林主义里，并把它们的"可鄙的模式"强加于革命本身。在15年之后的大清洗运动中，这两股语流汇合膨胀成了一股洪水：首席检察官竟然对担任过党与国家最崇高职务的被告使用这样的语言："你这笨牛、蠢猪养的！"而最高法庭庭长在结束他偏执的演说时则咆哮着："枪毙这批疯狗！"脏话滚滚地从法庭流向工厂、农庄、编辑部和大学礼堂；它的喧嚣声在全俄罗斯大地上震耳欲聋地响了好几年。几百年来的下流骂人话仿佛在片刻间凝聚起来，借斯大林主义而还魂，突然间袭击了整个世界。

*　　*　　*

十月革命给文化生活带来了新动力；但同时又彻底地摧垮了它，造成了巨大的困难。这是任何革命的必然后果，即使革命处在最顺利的环境下，即使这个国家受过教育的人同革命站在一起；但当革命的主要动力是被压迫的、无产的因而必然是未受教育的阶级时，这个后果便会极大地恶化。诚然，布尔什维克领袖们都来自知识阶层，有些人还受过广泛而又高深的教育，但他们仅仅是少数人。"干部"主要是由自学的工人和出身于小资产阶级、受过一些教育的

---

① 《真理报》1923年5月16日；《托洛茨基全集》第21卷，第26—31页。

人所组成。他们在政治、组织方面,有时在一般的马克思主义哲学方面接受过党的训练。然而,他们对文化事务的介入常常仅仅证明了这一点:一知半解比一无所知更糟糕。

大多数知识分子对十月革命抱有敌意,有的死于内战,不少人移居国外。在活下来而又留居俄国国内的知识分子中,许多人是以"专家"身份为新政权服务的。少数人甚至满腔热情地转到革命立场上来,并且尽一切力量来提高国民的文化水平。但是大多数知识分子不是过于坚持保守的思想习惯,就是过分胆怯或过分平庸和奴颜婢膝,不能产生广泛而成果显著的知识影响。他们由于屈身于自学的或只受过一些教育的人民委员之下而感到委屈。另一方面,人民委员却常常缺乏自信,疑心重重,并往往通过恐吓威胁来掩饰内心的不自信。他们狂热地坚信其事业的正义性,并且断定他们从马克思主义里找到了一把万能钥匙,可以解决所有的社会问题,科学和艺术也包括在内,实际上他们对马克思主义也是一知半解。而知识分子阶层则更强烈地固执于他们所特有的成见,并傲慢地认为,马克思主义没有什么东西可教给他们,其世界观仅仅是"半真半假"的大杂烩。因此,在他们与新统治集团之间横亘着一条鸿沟。

托洛茨基像列宁、布哈林、卢那察尔斯基、克拉辛及其他少数人一样竭力要在这道鸿沟上架起一座桥梁。他恳求人民委员和党的书记们要关心和尊重知识分子;对知识分子,则敦促他们尽量适应时代的需要并加深对马克思主义的理解。这些恳求有其效果,但是鸿沟尽管缩小了,却仍然存在,以后又变得更宽了。当党的领导集团开始摆脱各种形式的舆论监督并习惯于专制统治时,它就愈益将其命令强加在科学家、文学工作者和艺术家的头上。它开始形成自己的野心,并鼓励"文化"上的狂热,这满足了它的暴发户的虚荣心,而且看起来是在建立一种革命功勋。于是,"无产阶级文化"、"无产阶级艺术"、"无产阶级文学"等新口号出笼了,很快就获得了"无产阶级战略学说"不久前在军队中所享有的同样声誉。①

---

① 参见《武装的先知》,第十三章。

第三章 "生活不仅仅是政治……"

1924年，苏联画家伊萨克·布罗茨基创作完成的一幅名为"第三国际第二次代表大会开幕典礼"巨画（350x550厘米）。画中描绘了来自67个政党218名代表中的125位人像，其中包括托洛茨基、斯大林、季诺维也夫、加米涅夫和布哈林等

托洛茨基认为自己有责任去抑制偏执狂并揭露这类关于无产阶级文化和艺术的口号的浮夸。但这是不容易的。无产阶级文化这个概念迎合了某些布尔什维克知识分子，也迎合了年轻工人，革命在他们身上唤起了对教育的渴望，但也释放出他们身上那种破坏偶像的本能。在其背景中还有农民对所有涉及贵族生活方式包括其"文化价值"的一切事物所抱的无政府主义的敌意（农民放火焚烧地主的庄园时，也常常将图书和绘画付之一炬——他们认为这都是地主财产的一部分）。热衷理论的布尔什维克们将这种破坏偶像的情绪合理化，使之成为否定、清除旧的"阶级文化"的伪马克思主义。"无产阶级文化派"则宣布无产阶级科学与艺术的到来。这个作家与艺术家团体的教条主义者似是而非地争辩道：正因为文明史上曾经有过封建时代和资产阶级时代，因此，无产阶级专政也应当创造自己的文化，这种文化将贯穿着马克思主义阶级意识、战斗的国际主义、唯物主义、无神论等等。还有些人说马克思主义本身就构成了这种新文化。这类观点的发明者和追随者努力争取党支持他们，并据此制定教育政策的指导原则。

列宁与托洛茨基两人都驳斥了"无产阶级文化派"的理论。但是列宁只

161

限于发表若干篇短小严厉的声明,而把这个领域留给更适合它的托洛茨基。我们马上就会看到托洛茨基是怎样与"无产阶级文化派"进行论战的。但是,"无产阶级文化派"的主张无非是一种倾向的最为极端的表现,这种倾向的传播已经远远超出了"无产阶级文化派"小圈子,特别是在负责教育和文化事务的党员中产生了影响——就是通过立法和用行政命令来管理教育和文化事务,并恫吓那些受过良好教育、智力很高并能独立思考因而不肯苟从的人。正是从这样的思想框框中冒出了斯大林主义的文化政策,这也正是托洛茨基要不懈地去克服的。他向教育工作者演说时说:"国家是强制性的组织,因此,执政的马克思主义者可能面临诱惑,根据下述方式简化在劳苦大众中进行的文化工作和教育工作:'真理就在你们面前——向它下跪吧。'当然,国家是严峻的东西。工人国家有权力和责任对工人阶级的敌人采取强制政策。但是,在教育工人阶级的问题上,这种'向真理下跪'的方法……是与马克思主义的基本原则相矛盾的。"①

《托洛茨基全集》第 21 卷《过渡时期的文化》中充满了这样的劝勉和告诫。托洛茨基认为:"将行政命令施加于科学家并对其学说横加禁止,除了灾难和耻辱之外,不会给我们带来任何好处。"他预见到了斯大林对语言学和生物学——更不用说社会学中的异端了——的表态所带来的危害和耻辱。应该补充的是,托洛茨基并不是在被逼到反对派的立场之后才以这样的精神来谈论这个问题的。例如,早在 1919 年 1 月他就写道:

> 我们的党过去从来不是、现在也不是工人阶级简单的颂扬者。……夺取政权本身并没有改造工人阶级,也不可能赋予它所应具备的全部尊严和素质;夺取政权只是为工人阶级开辟了学习、精神发展和摆脱自身历史不足的机会。俄国工人阶级的领导集团通过紧张的努力已经完成了具有重大历史意义的任务。但即使在这些领导集团中也仍然大量存在着一知半解、能力不足的现象。②

他不断地向"一知半解"与"能力不足"宣战。列宁提出新经济政策时

---

① 托洛茨基发表这次演说是在 1924 年 6 月,正是党的第十三次党代表大会谴责他"背离列宁主义"之后。《托洛茨基全集》第 21 卷,第 134 页。
② 同上,第 97—98 页。

第三章 "生活不仅仅是政治……"

曾经告诫布尔什维克"必须学会做生意"。而托洛茨基补充道，同样重要的是，他们应当"学会怎样学习"。①

托洛茨基反复强调，用虚无主义的轻蔑态度对待过去的"文化遗产"是最有害不过的了。工人阶级必须继承这份遗产并保卫它。马克思主义者绝不应不加区别地接受它；他应当辩证地看待这份遗产并注意到它在历史上形成的各种矛盾。文明的成就迄今为止都是为双重目的服务的：它一方面帮助人类获得知识，控制自然，发展人类自身的能力；另一方面又永久地使社会分裂为阶级并导致人对人的剥削。因此，文化遗产的某些因素具有普遍意义和真实性，而另一些因素则是与已经过时的或即将过时的社会制度联系在一起的。② 共产主义者对待文化遗产应该是有选择的。一般来说，历史上严格的科学思维的主要部分尽管成长于阶级社会，但它相对来说受到的歪曲较少。其中能够最直接地反映人对人的剥削的，是在意识形态的创造中，特别是在关于社会本身的见解中。但即使如此，反映阶级压迫并使之永久化的那些因素也总是跟这样一些因素——它们使人能够认识自身，深化思想，提高智力，洞察感情，学会控制自己，因而在一定程度上超越了人的社会环境的局限——错综复杂地结合在一起的。这就是为什么上百年前甚至上千年前创造出来的艺术作品还能令现代人陶醉并一直不断地扣动人们的心弦，即使他们正从事着无产阶级革命或者社会主义建设。不错，社会主义建设者应当运用辩证唯物主义的标准批判地重新评价所有继承下来的文化价值；但是这与全盘否定和冒牌马克思主义骗子毫无共同之处。当历史上的文化价值在受到批判之前，它们必须首先经过彻底的吸收和消化；而当马克思主义者决定从他自己的角度来修订任何知识领域时，他必须先"从内部"掌握它。

* * *

跟老知识分子交谈时，托洛茨基则从相反角度来探讨这个问题：他力图说服他们，切不可单凭文化遗产生活，他们应当接受再教育，在苏联社会里找到

---

① 托洛茨基发表这次演说是在1924年6月，正是党的第十三次党代表大会谴责他"背离列宁主义"之后。《托洛茨基全集》第21卷，第260页。

② 托洛茨基谈到机器的双重作用：它提高了工人的生产力，但是在资本主义制度下，它也是剥削的工具。然而，社会主义不能也不会抛弃对机器的使用。这是人所皆知的道理，同样的推理也适用于大多数文明成就。

自己的位置。他尤其关心科学家和技术人员的世界观，向他们反复阐明马克思主义与科学之间的关系。当他离开陆海军人民委员部并成为电气技术管理局和工业科技管理局的领导人之后，他自己对这个学科的兴趣也被激发起来了。一个新的研究领域在他面前展开——这是在他的青年时代就吸引过他，尔后由于革命活动而放弃了的领域。现在他"一半是行政官员，一半是大学生"。他写道："我对科学技术研究所最感兴趣。由于工业的集中性，这些研究所在我国可以有广阔的发展前途。我热心地参观了很多实验室，怀着极大的兴趣观看实验、聆听著名学者的解说，在空闲时间钻研化学、流体力学教材……"[1] 这些兴趣在他写于1925—1926年的著作中得到了鲜明的反映。他拜科学家们为师，同时也是他们在社会学和马克思主义科学哲学方面的导师。1925年，恩格斯的《自然辩证法》德文版和俄文版在莫斯科首次问世，托洛茨基很可能受到了这本著作的影响。虽然他没有十分明显地谈及这本著作，但若说他没有读过则是不可能的；因为在某些论点上，他是紧紧追随着恩格斯的思路的。

这里值得一提的是，托洛茨基至少有三次侧重于科学哲学的讲话：1925年9月，在为纪念伟大的化学家门捷列夫而举行的全俄科学家代表大会上，他发表了关于门捷列夫的演说；1926年2月，他在红场俱乐部作了《文化与社会主义》的报告；在同年3月举行的为推广无线电的代表大会上，他又作了《无线电、科学、技术与社会》的讲话。

托洛茨基算不上一位专业哲学家。他在认识论方面从未达到列宁在《唯物主义和经验批判主义》一书中所达到的深度。他无意于系统阐述辩证法的原理；他更多的是将辩证法运用于政治和历史的分析，而不是作抽象的解说。然而，读他的著作时，若不熟悉隐藏于其后的完美哲学，不熟悉他对方法论问题进行的深刻思考，不理解他那不算系统但却十分渊博的学问，读起来是相当困难的。他轻松地运用着他的博学，没有权威的冗长叙述，而是仿佛十分巧妙地使用着业余爱好者的语言。因为这一切，或因为这一点，他关于科学辩证法的若干论文都是关于这门学科最清晰、最透彻的马克思主义的阐述。

把政治强加给科学的任何企图都是与托洛茨基的思想格格不入的。他主张，科学家有权利甚至有责任在科学研究过程中对政治采取超然态度，但这不应当妨碍科学家认清科学在社会中的地位。个别科学家的超然态度与把科学作

---

[1] 托洛茨基：《我的生平》第2卷，第262页。

为整体而深刻介入该时代的社会冲突这两点并不矛盾。同样，个别战士或个别革命家可以不为私利而战斗和自我牺牲，但一支军队，一个党，就必须捍卫明确的利益和理想。

超然的态度和严格的客观性在科学研究中是必要的，但还不够。科学本身最重大的利益就在于，一位科学家应该具有广阔的和符合时代的哲学观点；然而他通常并不具备这一点，因此科学家表现出一种特殊的思维分裂。在他的专业领域里或者在他的实验室中，他无疑是一位唯物主义者，然而一旦走到外面来，他的思想却往往是混乱的、非科学的、倾向于唯心主义甚至明显的反动观点。在伟大的思想家中，这种思维分裂再没有比门捷列夫更明显的了。作为一位科学家，他是所有时代里最伟大的唯物主义者之一；然而他却是他那个时代所有保守观念和偏见的俘虏，并效忠于腐朽的沙皇政府。当他系统地阐述他的周期律时，他验证了占据马克思主义思想核心地位的辩证法原理的真理性，并声明量变在某一点上就会转化为质变，不论是在自然过程还是在社会过程中。根据门捷列夫的周期律，原子的量变将导致化学元素之间质的差异。但是门捷列夫却未能预见到在俄国社会中一种伟大质变——革命的到来。

"知就是为了能够预见和行动。"这就是这位伟大发现者的座右铭。他把科学创造比做把一座铁桥扔过深渊。门捷列夫说，没有必要下到深渊底部去为铁桥寻找支点，只要在深渊这一边找到一个支点，然后把精确计算好长度的拱形桥扔过去，并在另一边牢牢固定下来，这就够了。

> 这个道理同样适用于整个科学思维。科学思维必须将自身建立在坚实的经验基础上；但是正像桥的拱顶一样，它的概括将自身从事实世界中分离出来，是为了能在另一个精确预测的点上与之相交。当概括自身转化为预测，而预测又通过实验得到成功的验证……科学创造的这种时刻，必然会让人类思想感到无比自豪和理所当然的满足。①

然而，公民门捷列夫却躲开一切社会学概括和政治预测。他对马克思主义思想学派在俄国的出现完全缺乏理解，而这个学派是在同民粹派就预测俄国社会发展道路的论战过程中形成的。

---

① 《托洛茨基全集》第21卷，第272页。

门捷列夫,摄于 1897 年

门捷列夫的例子是现代科学家困境的证明:他对世界甚至对科学缺乏一种综合的观点。科学工作必然是经验主义的;科学进步伴随着知识的专业化和狭隘化。知识越是专业化和狭隘化,就越是迫切需要对世界的整体观——否则,思想家的头脑在他的专业领域便会受到限制,甚至他在其中的进步也会受到阻碍。缺乏哲学洞察力,怀疑思想的概括,曾是许多本来可以避免的科学混乱与在黑暗中摸索的根源。马克思主义给科学家提供了一种观察自然与人类社会的整体观。这个整体观远不是一种随心所欲的臆测或形而上学的虚构,而是同各种以实验为根据的科学经验一致的。①

---

① 恩格斯在《自然辩证法》一书中指出:约在 200 年前,笛卡尔在断言宇宙中运动质量不会改变时就预示了能量守恒的科学发现。如果科学家掌握了笛卡尔的思想,他们有可能更早地得到这个发现。这个推理可以更确凿地适用于康德的"星云假说"。"如果大多数自然科学家对于(哲学)思维不像牛顿在'物理学,当心形而上学啊!'这个警告中所表现的那样厌恶,那么他们一定会从康德的这个天才发现中得出结论,免得走无穷无尽的弯路……康德的发现中包含着一切继续进步(即克服僵化的自然观,而采取将自然作为一个整体的动态自然观)的起点。……如果立即沿着这个方向坚决地继续研究下去,那么自然科学现在就会进步得多。但是哲学能够产生什么成果呢?康德的著作没有产生直接的结果,直到很多年以后拉普拉斯和赫舍尔……作出了更详细的论证。"恩格斯:《自然辩证法》,《马克思恩格斯全集》中文第一版第 20 卷,第 366—367 页。

人的思维的统一性及其多样性是托洛茨基的重大主题。他再次以门捷列夫的著作为起点，考察了现代科学的结构。门捷列夫已经发现，化学的基础是物理学，而化学反应是由粒子的物理性能和机械性能引起的。托洛茨基接着继续说，生理学之于化学的关系如同化学之于物理学的关系一样，因此，把生理学称做"生命有机体的应用化学"是不无道理的。"科学的亦即唯物主义的生理学不需要任何特殊的超化学的生命力（如同活力论者及新活力论者所设想的那样）来解释与它有关的一切过程。心理学反过来又是以生理学为其基础的。由于生理学家在其严格探索过程中不能采用生命力这个概念，因此他不能参照'灵魂'说来解决任何一个具体问题。他必须把心理体验同生理存在的现象联系起来。"弗洛伊德学派就是这样做的，它揭示出人的无数心理状态是以人的性欲冲动为基础的；而巴甫洛夫学派更是如此，它将人类灵魂看做是心理条件反射的一个复杂系统。最后，现代社会科学是与人类在探究支配自然的法则中所获得的洞察力分不开的；它把社会视为自然的一个特殊部分。

因此，现代科学的庞大结构就是在力学和物理学所奠定的基础上兴起的，它所有不同的分支互相关联，并且形成了一个统一的整体。但是统一性并不等于单一性。支配一门科学的法则不能用来代替支配其他科学的法则。即使门捷列夫已经证明化学过程归根结底是物理过程或机械过程，但化学却不能直接纳入物理学，而生理学更不能完全纳入化学，心理学、生物学也不能完全纳入生理学。支配人类社会发展的法则也同样不能简单地从自然法则中推导出来。在某种意义上说来，用少数带普遍性的基本法则来解释自然现象和社会现象的无穷变化仍然是科学的最终目标。① 但是，科学思维朝向那个目标发展的道路看来愈益远离了那个目标，也就是说，通过知识的分割和专门化，通过形成和产生不断更新的、特殊的和详细的法则而远离了那个目标。比如，化学反应最终取决于粒子的物理性能这个概念是一切化学知识的起点；但它本身并不能给任何一种化学反应提供什么线索。"化学有自己的钥匙，只有在自己的实验室里通过实验经验以及归纳、化学假设，化学理论才能找到合适的钥匙。"尽管生理学通过有机化学和生理化学的固定渠道与普通化学相联系，但它仍然有自己的方法和法则。心理学如此，生物学也是如此。每一门科学只是"归根结底"时才能在另一门科学的规律中找到支持；而每门科学又将自身应用于如此特定

---

① 恩格斯在上述著作中表达了这样的观点：至少在人类现阶段所掌握的知识范围内，这些带普遍性的基本法则只能以哲学术语亦即辩证法的术语来表达，而不能用自然科学的术语来表达。

的领域中,以至于其基本现象在其中以极其复杂的组合体出现,而每一个这样的领域都需要有自己的探索途径、研究方法和只适用于它的假设。科学的统一性是通过多样化来表现自己的。

在探索自然的过程中,每一个研究领域的独立性是理所当然的;没有一个认真的学生会允许自己把支配一个领域的法则同支配其他领域的法则混淆起来。这种方法的混淆和任意使用是在关于社会、历史、经济和政治的研究中所特有的。在这里,任何法则都不需要得到认可;更有甚者,自然科学的法则被生搬硬套到社会问题的研究中,如涉猎社会学的达尔文主义者和新马尔萨斯主义者那样。①

然后,托洛茨基广泛回顾了"最近几十年"科学技术的进步及其在哲学上的含义。他断言,这种进步构成了辩证唯物主义几乎从未间断的胜利,但令人不解的是,这种胜利却是哲学家甚至科学家不情愿承认的。"相反,科学在征服物质方面的成功却伴随着哲学上反对唯物主义的斗争。"尤其是放射性的发现鼓励了哲学家们得出反唯物主义的结论。但是,他们的论点只是在批判旧物理学以及与它相联系的机械论时才是有效的,而这种机械论只是哲学唯物主义的变种。辩证唯物主义从未受到旧物理学的约束——事实上,辩证唯物主义早在19世纪中叶就已经在哲学上超越了旧物理学而远远地跑到了科学家的前头。在存在与思维的关系中,唯有坚持存在——"物质"——的第一性,辩证唯物主义才不会将其自身与物质结构的特定概念等同起来,才会看到每一种这样的概念只具有相对的有效性——即只是经验知识发展的一个阶段。另一方面,科学家们却感到很难把哲学上的唯物主义同他们对物质性质的探索中这一或那一阶段分别开来。但是,只要他们学会以更大的勇气来处理这些问题,把演绎推理与归纳推理结合起来,把经验思维与抽象思维结合起来,他们就能更透彻地看清自己的发现,避免赋予它们抽象的哲学重要性,甚至能更清楚地预见到从这一科学阶段向另一科学阶段的过渡。不少科学家固执于放射性具有所

---

① 托洛茨基引证约翰·梅纳德·凯恩斯的话来说明这个问题。凯恩斯于1925年访问了莫斯科,他在最高国民经济委员会发表的演说中用英国人口增长率来说明大不列颠帝国的失业问题。凯恩斯继续说:"我认为,战前俄国的贫困主要是由于人口增长太快而引起的。现在也是这样,出生率远远超过死亡率,这令人担忧。这是俄国经济发展前途的最大危机。"(引自1925年9月15日苏联《经济生活》的报道)那时俄国还有失业问题。但三年以后,计划经济确立了,而在随后的几十年中,"最大危机"之一倒是劳动力的缺乏和人口增长太慢。这个事实突出证明了把马尔萨斯或新马尔萨斯的"人口增长对生存手段的压力"这个概念应用到工业不断发展的社会里是很不适当的。

谓反唯物主义的意义，甚至都看不到放射性的发现会把他们引到哪里去；而且他们以怀疑的态度看待原子分裂的可能性。托洛茨基在批判这种态度时，公开宣布了他的预言：

> 放射性现象直接将我们引向释放原子内部能量的问题。……当代物理学最重大的任务就是从原子里提取潜能——拔掉塞子，让潜能以万钧之力喷涌而出。到那时，用原子能来取代燃煤和石油已成为可能，并最终变成人类的主要动力。

他在反驳怀疑论者时宣称：

> 这绝不是无望的任务，这个任务的解决将在我们面前展现出多么光辉灿烂的前景啊！……科学技术的思维正逼近伟大变革的重要关头；我们时代的社会革命将与人类探索物质性质并征服物质领域内的革命同步。[①]

托洛茨基作这番预言是在 1926 年 3 月 1 日。他未能活着看到它的实现；而他与世长辞时几乎正好是它实现的前夕。

他的科学哲学中的旅程有一次特别值得怀念，就是他呼吁保护弗洛伊德的心理分析学说。早在 20 世纪 20 年代初期，弗洛伊德思想学派就遭受到蛮横的围剿，它被扫出苏联达数十年之久。对于那些对弗洛伊德学说几乎没有丝毫第一手知识的有权势的党员来说，这个过分强调性欲的学派看起来很值得怀疑，它似乎与马克思主义格格不入。然而，不能容忍弗洛伊德主义的并非只是布尔什维克，至少在政治保守的学术界，在巴甫洛夫的那些一心要确立其学说的实际垄断地位的追随者中间，这种态度一样强烈。他们对弗洛伊德主义占有压倒性的优势，因为他们的学派是在俄国土生土长的，而对于马克思主义知识分子来说，在二者之间，巴甫洛夫学派似乎更像是唯物主义的。于是，党员和科学家们结成了反心理分析学派的奇妙联盟。

[①] 《托洛茨基全集》第 21 卷，第 415 页。(重点号是我加的。——伊萨克·多伊彻)

被解除武装的先知：托洛茨基 1921—1929

巴甫洛夫，生理学家，1904 年获诺贝尔生理学和医学奖。摄于约 1900 年

我们知道，托洛茨基早在 1922 年就为此深感不安了。他在这一年致函巴甫洛夫，试图为弗洛伊德主义辩护，并委婉地请求巴甫洛夫施加影响以利于研究上的宽容和自由。不清楚他是否寄出了这封信，但他把这封信收入了全集第 21 卷。巴甫洛夫似乎没有理睬他的请求。在紧接着发生的政治危机高潮中，托洛茨基无暇继续过问这件事。但在 1926 年他又重新提出这个问题；而这一次，他则公开抗议围绕着巴甫洛夫学派的那股谄媚歪风了。他以适度的尊敬和赞赏评论巴甫洛夫本人的学说"与辩证唯物主义完全一致"，并且"打破了生理学与心理学之间的分界线"。巴甫洛夫把"基本反射看做是生理作用，把反射系统看做是意识的结果"。他也看到了"生理学上量的积累能产生新的'心理学'上的质"。但是托洛茨基以嘲讽的口吻谈到巴甫洛夫学派的自命不凡和浮夸作风，特别是它自我吹嘘能解释最微妙的人类思想活动，说甚至连诗歌创作都仅仅是条件反射的产物。托洛茨基评论说，不错，巴甫洛夫的方法是"实验的和耐心细致的，它的概括是一步步地赢得的：从狗的唾液出发，向诗歌进军"；但是，"通向诗歌的道路还看不到"。

他更强烈地抗议对弗洛伊德主义的诋毁，因为他认为，弗洛伊德学说跟巴甫洛夫学说一样，本质上都属于唯物主义。他争辩说，两种理论的区别在于它们的研究方法，而不在于哲学方面。① 巴甫洛夫采取严格的经验方法，实际是从生理学前进到了心理学。而弗洛伊德则预先断定生理冲动在心理过程之后；他的方法更带臆测性。可以争论的是，弗洛伊德学派过分强调性欲而忽略了其他因素；但是这样的争论仍然处在唯物主义哲学的范围之内。心理分析学家"并不是从最低级的（生理）现象攀升到最高级的（心理）现象，不是从基本反射攀升到复杂反射。相反，他力图一跃跳过所有的中间阶段，这是自上而下的一跃，从宗教神话、抒情诗或者梦想一下子就跳到了人类心理现象的生理基础上"。托洛茨基以生动鲜明的形象作了这样的对比：

> 唯心主义者告诉我们……"灵魂"是一口深不可测的井。巴甫洛夫与弗洛伊德都认为生理学是这口井的底。巴甫洛夫像一个潜水员，潜到了最深处，耐心细致地向上查看这口井。弗洛伊德则站在井的上面，全神贯注地凝视着井底，力图透过它那永远动荡不宁的、浑浊的、厚厚的水层，探测或猜测着井底景物的轮廓。

当然，巴甫洛夫这个以实验为基础的方法对弗洛伊德部分臆测式的方法占有一定的优势，后者有时会引导心理分析学家得出荒唐的假说。但是，

> 断言心理分析与马克思主义不相容并对它置之不理，那就未免过于简单了，更确切地说，是太幼稚了。当然，我们也并非必须接受弗洛伊德主义。弗洛伊德主义是一种工作假说。它能产生并且也必将产生与唯物主义心理学并行不悖的结论和推测。实验会在适当的时候提供验证。同时，我们既没有理由也没有权利禁止这样一种方法，即使它不太可靠，它试图预言结果，而靠实验方法得到这些结果要慢得多。②

---

① 在致巴甫洛夫的信中，托洛茨基就两派学说的密切关系作了如下评论："在我看来，您的条件反射学说已把弗洛伊德学说作为一个特殊例子包括进去了。性欲的升华……并非别的什么，只不过是在性欲基础上形成的 n+1，n+2 以及更高次的条件反射。"《托洛茨基全集》第21卷，第260页。
② 《托洛茨基全集》第21卷，第430—431页。托洛茨基说巴甫洛夫的方法取得结果比弗洛伊德的方法更慢。这话是否正确，可以让专家们来判断。但他强调指出，他对弗洛伊德主义的捍卫不应该被误解为对资产阶级公众中流行的"庸俗的伪弗洛伊德主义"的纵容。

托洛茨基的呼吁无人理睬。不久之后,心理分析学便从大学里被赶出去了。他还捍卫了爱因斯坦的相对论,虽然不是专门但却更为坚决;① 但是,由于斯大林时代的"唯物主义"教派,相对论也受到了诅咒;只是在斯大林死后它才被"恢复名誉"。

* * *

尽管托洛茨基博学多才,有时也颇富灵感,但是他写的科学哲学论文毕竟多少带有业余爱好者的色彩。他的文学批评则完全没有业余性质了。他是近年来俄国主要的文艺评论家。他的《文学与革命》深刻地影响着当时主要的知识分子杂志《红色处女地》的作家们,特别是该杂志主编、杰出的散文家 A. 沃龙斯基(Воронский),公然声明自己是托洛茨基主义者。甚至在今天,托洛茨基写成这本书将近 40 年之后,它仍然是无与伦比的,它不仅是对俄国文学史上革命狂飙时代的回顾,而且也是预先声讨斯大林体制扼杀艺术创造的檄文,但最主要的是,它是马克思主义文学批评的典范。这本书字里行间洋溢着他对艺术和文学的亲切感情、独到的观察、令人陶醉的神韵和妙语,而且在书的结束语中想象力达到罕有的崇高诗意的境界。

在文学方面,托洛茨基还向破坏传统的态度和假革命的自负与傲慢宣战。他主张一切艺术和文学派别都有发展的自由,至少是,只要它们没有把这权利滥用于明显的或确定无疑的反革命目的时。当时这种破坏传统和褊狭排外的态度不仅在党员中十分明显,甚至主要不在党员中,而在各种青年作家与艺术家团体中更是典型特点。新的叛逆派别在艺术和文学领域中繁殖起来。在正常环境下,这些派别富有创新精神,敢于向公认的艺术权威挑战,并在比较狭小的范围内激起好奇心和掀起风暴,就这样从默默无闻到出人头地,像他们的前辈那样闯出一条自己的路来,无需在前进中挥舞政治旗帜。但在他们目前所处的环境之下,各艺术派别的竞争及其论战则逸出了正常界限。一些新派别标榜自身的重大政治意义,自诩为革命先锋,并力图搞臭那些老派别,称它们在艺术意义上是过时的、在社会意义上是反动的。

---

① 《在马克思主义的旗帜下》第 1 期。

第三章 "生活不仅仅是政治……"

大家知道,"无产阶级文化派"吵吵嚷嚷地要求正式承认它的"思想派别",甚至垄断地位。它的作家,包括李别进斯基（Либединский）、普列特涅夫（Плетнёв）、特列季亚科夫（Третьяков）以及其他作家等,在《煅冶场》与《十月》两个刊物上开辟了他们的论坛,随后又创建了他们自己的战斗阵地《在岗位上》。由于《真理报》主编布哈林和教育人民委员卢那察尔斯基支持无产阶级文化派,使列宁不得不发表声明指责它的野心。因受到指责而不安的无产阶级文化派作家们便转向托洛茨基,请求他的保护,他回答说,他在任何情况下都会捍卫他们自由表达自己观点的权利,但是对于所有那些关于无产阶级文学与艺术的口号,他却完全赞同列宁的意见,那些口号是有害的和无知的。即使是比较温和的老生常谈,如"新的社会主义艺术时代"或"文学中新的革命复兴",也都不可取,他说:"在每一伟大时代的开端,艺术总是显得极为软弱无力。……就像智慧之鸟猫头鹰那样,诗的歌唱之鸟也只有在日落之后才会受到欣赏。白天人们有许多事要做,只有当黄昏来临,人们的感情和理智才能消化吸收所发生的一切。"

因为艺术家的悲惨命运而责备革命是错误的。"诗的歌唱之鸟"在反革命阵营中更少受到欣赏。托洛茨基在对流亡文学的一次尖锐评述中指出,尽管大多数著名的俄国作家跑到国外去了,但他们在那里也并没有拿出一部像样的作品来。"国内的流亡作家"——那些留在俄国但思想和感情跟流亡作家一样的作家——也没有很多值得夸耀的东西,这些作家有季娜伊达·吉皮乌斯（Зинаида Гиппиус）、叶甫根尼·扎米亚京（Евгений Замятин）①,甚至安德烈·别雷（Андрей Белый）。这些作家尽管具有毋庸置疑的才能,但因沉溺于麻木不仁的利己主义,不可能对他们时代的悲剧作出任何反应——至多是躲进神秘主义里面去了。甚至他们当中最杰出的人物别雷,也是"总想用自己代替整个世界,从自己出发并通过自己建造一切,在自己身上重新发现一切"。②吉皮乌斯孕育的则是一种超然的、彼岸的、神秘的却又是色情的基督教精神;然而,"当一只钉靴踩着了她那抒情的小脚趾时,这位贵妇立刻现出了原形,原来在那颓废的、色情的、基督教的外壳下藏着的是一位不折不扣的私有者的女巫。"（但是由于她并不缺乏才能,因此她那女巫般的叫声倒还确实有点儿

---

① 这些作家中有些人后来成为流亡作家。乔治·奥威尔模仿扎米亚京在流亡中写成的小说《岛民》写了他的《一九八四》。

② 托洛茨基:《文学与革命》,第36页。

诗情画意哩!) 他们还留恋着被推翻的社会制度的虚假价值, 跟自己的时代精神格格不入, 因而在托洛茨基看来, 这些作家都是又可恨又可笑的人物。他在他们身上看到了旧知识阶层中毫无价值的一切。他为这个知识阶层中的一种类型——最典型的"国内流亡者"——画了一幅简略的速写:

> 某位立宪民主党人美学家乘加温货车作了一次长途旅行, 然后他咬牙切齿地谈起了这趟旅行: 他这位受过最好教育的欧洲人镶着最好的假牙, 精通埃及芭蕾舞技, 然而这次乡下人的革命却逼得他只好与满身虱子的背袋小贩相伴旅行。听到他的这番话, 对他那副假牙、芭蕾舞技、对这一切从欧洲市肆里扒窃得来的"文化", 你就会感到一阵令人作呕的生理上的厌恶涌上喉头, 并且坚信, 对于历史的构成来说, 我们最粗野的小贩身上的最小的虱子也比这位彻头彻尾"文化的", 但在各方面都很贫乏的孤芳自赏者更为重要, 也就是说, 更为需要。①

比较扼要地揭露了"国内流亡者"后, 托洛茨基进一步探讨更有创造性的文学倾向。他既批判"同路人", 又为"同路人"辩护。他创造出这个专门名词去说明, 这些作家可以"与革命共走一程路", 但又不信仰共产主义, 很容易同革命分手, 走他们自己的路。例如意象派就是这样。叶赛宁(Есенин)与克留耶夫(Клюев)是这一文学流派中最杰出的诗人。他们把俄国农民的个性和想象带到诗中来——托洛茨基揭示了他们是怎样用农民装扮自己小茅屋的那种手法创作出诗中那些色彩艳丽而杂乱无章的形象的。在他们的诗里既可以感到吸引人的一面, 也可以感到讨厌的一面, 那是革命对农民产生的影响。他们用这种模棱两可的态度, 同时把艺术张力和社会重要性赋予了他们的作品。他们是"十月革命时期的民粹派诗人"。这种精神状态必须要找到激烈的表现形式, 这在一个农民国家里是理所当然的事——而且也不仅仅能在意象派作家中找到。其才华得到托洛茨基高度评价的鲍里斯·皮利尼亚克(Борис Пильняк)跟他们一样留恋被革命摧毁了的、俄罗斯最古老的原始主义。因此, 他"接受"了布尔什维主义而"反对"共产主义。他把布尔什维主义设

---

① "背袋小贩"指内战和饥荒时期背着袋子走遍全国搜罗食品的商人。有时, 一些黑市小商人也被叫做背袋小贩。由于客车被破坏, 人们主要依靠货车旅行。托洛茨基:《文学与革命》, 第26—27页。

想为基本上是"俄罗斯的特殊形式",而且部分是亚细亚式的革命;而把共产主义设想为现代的、城市的、无产阶级的东西,主要是欧洲的东西。托洛茨基更严厉地谈到了另一位女诗人玛丽埃塔·莎吉娘(Мариэтта Шагинян),她之所以"顺从革命",仅仅是出于一种宿命论的基督教精神,以及一种——比方说——对"她的私人画室"以外的任何事情所抱着的纯艺术式的冷漠态度。(莎吉娘是斯大林大清洗后该团体中极少数幸存者之一,后来又成为斯大林奖金获得者。)

叶赛宁,摄于1924年

克留耶夫,摄于约1915年

鲍里斯·皮利尼亚克,摄于1937年之前

年轻时的玛丽埃塔·莎吉娘,著名女诗人和翻译家,也是唯一一位参加过第一至第七次苏联作家代表大会的作家

第三章 "生活不仅仅是政治……"

托洛茨基把亚历山大·勃洛克（Александр Блок）也看做是"同路人"，但使他自成一类。勃洛克的诗从1905年革命中汲取了最初的强大动力，但不幸的是，他创作的全盛时期却偏偏落在1907年和1917年两次革命之间的沉闷时期；他从不肯同那些年的空虚和平相处。因此，他的诗是

> 浪漫的、象征的、神秘的、不拘形式的、非现实的；但在诗的深处却蕴藏着十分真实的生活。……只有在对日常生活的具体性、个人特点和真实姓名加以抽象这种意义上，浪漫的象征主义才是对日常生活的脱离；……在本质上，象征主义是改造生活和提高生活的方法。勃洛克写星光和白雪的抒情诗不拘形式，它反映了特定的环境和时代……如果超出这个时代，他的诗就会像残云碎片般地悬浮起来。它不会比它的时代和作者活得更长久。

1917年再一次震撼了勃洛克，使他"感到了运动、目的和意义。他并不是革命诗人。但是，在革命前生活和艺术的阴暗绝境中奄奄一息之后，现在他用自己的手抓住了革命的车轮。这个碰撞就产生了《十二个》，他所有诗篇中

亚历山大·勃洛克，诗人和戏剧家，象征主义流派的领军人物，摄于20世纪初

最重要的、唯一流芳百世的作品"。托洛茨基与后来的大多数批评家不同，他并没有把《第十二个》视为神化革命的礼赞，而是视为"试图加入革命行列的个人主义艺术的天鹅之歌"。"从根本上说来，这是对即将消失的过去的绝望悲鸣；但是这悲鸣是如此伟大，这绝望是如此凝重，因而诗也就升华为对未来希望的呐喊。"

未来主义者是这些年里最热闹、嗓门最高的文学团体。他们叫嚷着要同一切过时的东西决裂，坚持所谓艺术与技术的根本融合，要把工业技术术语引进诗的语言，并把自身跟布尔什维主义和国际主义等同起来。① 托洛茨基对这种倾向作了一番详细的鉴别考察。他将未来主义者对技术的狂热斥为俄罗斯落后面的反映。

> 除了建筑之外，艺术对技术的依赖……只是在最根本的意义上，即技术是整个文化建设的基础。艺术，特别是语言艺术，对物质技术的实际依赖是微不足道的。一个人即使生活在落后的梁赞省林区里，也能写出关于摩天大楼、飞船和潜艇的诗；一个人可以用铅笔头在粗糙不平的包装纸上写出这样的诗。只要美国有摩天大楼、飞船和潜艇，就足以激发梁赞省诗人的活跃想象力——在一切物质中，人的语言是最轻盈的。

将未来主义与无产阶级革命等同起来也是值得怀疑的。在意大利，同样的诗歌流派与法西斯主义的合流并不是偶然的。② 在意、俄两个国家里，未来主义第一次出现时还都是艺术的叛逆者，并没有明确的政治倾向。如果在它们来得及成熟之前没有被狂风暴雨般的政治浪潮所裹挟，那么它们有可能在文学上丰满起来，通过斗争赢得赏识和获得尊敬。然而，他们在文学上的叛逆性被围绕着它们的政治浪潮赋予了政治色彩，在意大利是法西斯主义，在俄国则是布尔什维主义。当法西斯主义与布尔什维主义各自从相反的角度攻击资产阶级的

---

① 1918年艺术公社集团的"理论家"H. 阿特曼写道："唯有'未来主义的艺术'是建立在集体主义基础上的。唯有未来主义艺术代表着我们时代的无产阶级艺术。"

② 托洛茨基在《文学与革命》的附录里公布了一份关于意大利未来主义的起源及其与法西斯主义之间关系的备忘录，这是应意大利共产党理论家，《新秩序》的创办人安东尼奥·葛兰西的请求而写的。葛兰西回到意大利后不久就被捕，在墨索里尼的监狱中度过余生。他在莫斯科逗留期间深受托洛茨基信任。

政治复古主义时，自然就更是这样了。俄国的未来主义者毫无疑义被十月革命的动力所吸引；因此，他们误将他们那波希米亚式的叛逆当做革命的不折不扣的艺术副本。他们由于自己已同某些艺术传统割裂，便神气活现地藐视历史，并以为革命、工人阶级、党也跟他们一道在所有领域内与"几千年的传统"决裂。托洛茨基评论道，他们把"这几千年看得太廉价了"。只要是面对文学界的读者反对既定风格与形式的惰性，那么反传统的呼声自有其合理性。但是，这呼声将是空洞的，"如果是面对工人阶级的话，工人阶级不需要，也不能同任何文学传统决裂，因为工人阶级从来就没有被任何这类传统束缚过"。对复古主义的不遗余力的讨伐只不过是知识分子阶层的杯中风暴，是放荡艺术家的虚无主义的大发作。"我们马克思主义者历来是生活在传统中的，但我们并没有因此而不是革命者。"

未来主义者进一步声称，他们的艺术是集体主义的、富有进取性的、无神论的，因而也就是无产阶级的。托洛茨基反驳道："想通过推导方式从无产阶级的本性中，从它的集体主义、积极性、无神论等等之中归纳出一种艺术风格的任何企图，都是纯粹的唯心主义，只能产生独出心裁的编造，随心所欲的类比，以及……浅薄的业余嗜好。"

> 我们被告知，艺术不是一面镜子，而是一把铁锤：它不是反映事物，而是改造事物。现在人们常借助"镜子"，即一张摄下运动全过程的感光胶片来学习或教别人使用锤子。……如果不照一照文学的"镜子"，我们又如何改造我们自己和我们的生活呢？

托洛茨基对未来主义者的批评看法并不妨碍他承认他们在文学上的功绩；而且由于那些有权势的党员横眉冷对他们在实验上的暧昧性和离心性，他反而更加宽容地承认这些功绩。他警告共产党人谨防"轻率、不宽容"和动辄将实验性艺术看成是欺骗行为或堕落文人的哗众取宠。

> 反对旧的诗歌语汇与句法的斗争，尽管……乖张，但仍是一种进步的叛逆，它反对的是那种封闭式的语汇……反对通过一根麦秆啜吸生活的印象主义，也反对惯于在天国的虚空中撒谎的印象主义。……未来主义在语言领域里的创作是生动的、进步的……它从诗歌中清除了许多已没有意义

的词汇和习语,又使另外一些词汇与习语起死回生;而在某些场合,它成功地创造出了新词汇、新习语。……不仅对于个别词汇是这样,而且对于每一个词汇相对于其他词汇中的位置即句法也是这样。

的确,未来主义者在创新方面走过头了;但是,"甚至我们的革命也会有这样的事:这就是所有生命运动的'罪过'。过火行为不论现在或将来都是要被抛弃的,然而,从根本上净化诗歌语言并使之不容置疑地革命化将具有持久的功效"。同样道理也可用来辩护音韵和旋律方面的新技巧。不能以狭隘的理性精神来对待它们;人对音韵和旋律的需要是非理性的;而"词的音调是词义的音响伴奏"。"当然,工人阶级的绝大多数跟这些问题还不相干,即使它的先锋队也还无暇操心它们——因为还有更多紧迫的任务要完成。但是在我们的面前还有一个未来。这就要求我们对待语言——文化的基本手段——有更认真、更准确、更高明的艺术态度,不仅在诗歌中是这样,甚至在散文中也应是这样。"在运用和斟酌词汇、词义、色彩和音调时,"显微镜"是需要的。否则,粗陋的陈词滥调和例行套话就会泛滥成灾。"在它的这一方面即较好的一方面,未来主义是反对粗制滥造的一份抗议书,这是最强大的文学流派,它在每一个领域里都有其影响深远的代表人物。"从这个观点出发,托洛茨基觉得甚至应该为"形式主义"流派及其理论的主要阐释者维克多·什克洛夫斯基(Виктор Шкловский)说几句公道话,尽管他也批判他们对形式的过分强调。形式主义者认为语言是第一位的,而马克思主义者则认为行动是第一位的——"语言跟随行动,犹如影之随形"。

在《文学与革命》中专门有一篇文章谈到了马雅可夫斯基,这位最有才华的未来主义者后来被尊崇为共产主义的抒情诗人。托洛茨基认为,凡是马雅可夫斯基作为一名共产党人最好的地方,就是他作为一位艺术家最差的地方。这并不奇怪:马雅可夫斯基一心要做一个共产主义者;而诗人的看法却并不取决于他有意识的思想与行为,而是取决于他的半意识的接受和下意识的感觉,取决于诗人早在童年时期就已摄取下来的大量形象和印象。革命对于马雅可夫斯基是一次"真实的、深刻的经验",因为革命以其雷霆万钧之力扫荡着旧社

第三章 "生活不仅仅是政治……"

马雅可夫斯基，抒情诗人，未来主义者，摄于1914年

会的愚钝和惰性，而那个旧社会，正是马雅可夫斯基以他自己的方式憎恨着的，并且从未有一刻与之妥协过的。他热烈地追随着革命，但却没有、也不能跟它融合。他的诗歌风格证明了这一点：

> 与革命英雄主义的群众性和革命事业及革命工作和体验的集体主义相比，革命的活力及其刚毅豪迈的精神对马雅可夫斯基更有吸引力。就像持拟人观的古希腊人幼稚地把自然力比做自我一样，我们的马雅可夫斯基化的诗人也用自我占据革命的广场、街道和原野。……在他那里，激情常常达到极度的紧张，而极度紧张的背后却并不总是蕴藏着力量。诗人太出风头了——他给事件与事实留下的余地太少了。与障碍角力的不是革命，而是马雅可夫斯基，他在语言的竞技场中炫耀他的技艺，他的表演有时也的确是真正的奇迹，但通常他以顽强的努力举起来的却分明是空心的哑铃。……马雅可夫斯基谈到自己时历来用的是第一人称或第三人称。……他要抬高一个人，便把这个人抬高为马雅可夫斯基。他对最伟大的历史现象用

的是亲昵的语调。……他一只脚踩着勃朗峰①，另一只脚踩着厄尔布鲁士山②。他的声音如雷声轰鸣。这有什么可奇怪的呢……地上万物之间的比例消失了，大与小也就没有了区别。因此，他在谈到自己的爱情亦即最隐秘的感情时，也仿佛在谈民族大迁徙。……毋庸置疑，这种夸张风格在一定程度上反映出我们时代的疯狂。但是这并没有给它提供充分的辩护。大叫大嚷并不能盖过战争与革命，却很容易把嗓子喊破。……在应该说话的地方，马雅可夫斯基却总是在叫喊；因此在需要叫喊的地方，他的叫喊却有气无力了。

马雅可夫斯基笔下的沉重形象本身往往是优美的，但也经常破坏整体的统一，阻碍运动。

急剧的形象过多就会导致静止……每个句子、每个短语、每个形象都想成为至大的东西，达到最大的界限、最高峰。这就是为什么整个"事物"没有成为至大……诗也没有高峰……

* * *

对"无产阶级文化"思想的反驳是《文学与革命》的中心部分，也是最有争议的部分。托洛茨基在序言里对自己的论点作了简明扼要的概括：

> 用无产阶级的文化与艺术去对抗资产阶级的文化与艺术，这是根本错误的。无产阶级的文化与艺术一般来说是不会存在的，因为无产阶级政权是暂时的、过渡的。无产阶级革命的历史意义和道德的崇高就在于它为无阶级社会、为第一次真正的全人类文化奠定基础。

因此，人们不应当从历史类比中推导出这样的结论：因为资产阶级创造了它自己的文化与艺术，无产阶级也应该创造它自己的文化与艺术。这并不完全是无产阶级革命的"目标"——它的目标是为无阶级文化而斗争，这就使这

---

① 勃朗峰属于阿尔卑斯山脉。——译者注
② 厄尔布鲁士山在苏联境内。——译者注

种历史类比不能成立。① 这两大阶级的历史命运的根本区别尤其不允许作这种类比。资产阶级生活方式是在几百年过程中有机地发展起来的，而无产阶级专政也许只能持续若干年或者几十年，不会更久了；而它的生命期充斥着残酷的阶级斗争，没有给新文化的有机成长留下多少余地，或者说根本没有留下余地。

> 我们仍然是行军中的士兵。我们要有喘息的日子，我们必须洗衣、理发，首先是必须擦枪上油。我们当前的一切经济、文化工作仅仅是在两次战役与行军之间的稍事休整。……我们的时代不是新文化的时代，还只是它的前夜。我们首先需要对旧文化最重要的因素实行国家占有……

资产阶级之所以能够创造出自己的文化，是因为它在封建主义和专制主义统治下，甚至在取得政权之前就已获得了财富、社会权力、教育以及能参与几乎一切领域的精神活动。工人阶级在资本主义社会里至多只能获得推翻那个社会的能力；而作为一个无产的、受剥削的、未受教育的阶级，它摆脱资产阶级统治时在文化上还是一贫如洗；因此，它在人类精神的发展过程中无法创造一个新的重要阶段。② 实际上，意欲建立无产阶级文化的并不是工人阶级，而是少数共产党员和知识分子（他们在这个领域里也用他们自己"取代"了工人阶级）。然而，任何"阶级文化都不能背着该阶级被创造出来"，它也不能在共产主义实验室里制造出来。那些坚持说他们已为无产阶级文化在马克思主义里找到了根据的人们并不懂得，马克思主义既是对资产阶级思想的否定，也是它的产物；而且它一直主要是将辩证法运用于对经济和政治的研究，而文化却是"知识与技术的总和，它体现出整个社会的特点或至少它的统治阶级的特点"。

工人阶级对文学艺术的贡献是无足轻重的。如果只根据少数天才工人诗人的作品就大谈什么无产阶级诗歌，那是荒诞无稽的。这样的艺术成就就像这样的诗人一样，都是拜"资产阶级"甚至前资产阶级的诗人为师的产物。他们

---

① "无产阶级夺取政权完全是为了永远结束阶级文化，并为普遍的全人类文化铺平道路。我们切不可须臾忘记这一点。"

② "资产阶级取得政权时已被它的时代文化充分武装起来。而无产阶级取得政权时，用来武装自己的只是掌握文化的迫切要求。"

的作品即使低劣也仍有作为人类文献和社会文献的价值。但若把这样的作品捧为崭新的、划时代的艺术，那就是对无产阶级的侮辱，是"一种民粹派式的蛊惑"。"无产阶级艺术不可能是二流的。无产阶级文化派作家们津津乐道什么'崭新的、里程碑式的、能动的'文学和绘画。但是，同志们，'伟大的绘画和伟大的风格'的艺术在哪儿？'里程碑式'的艺术在哪儿？它们究竟在哪儿？在哪儿？"这都不过是一些大话，用来自我吹嘘和欺负无产阶级文化派的对手们——意象派、未来派、形式主义者以及同路人；但若没有他们的作品，苏维埃文学就是一片不毛之地，只剩下无产阶级文化派难以兑现的"空头支票"。

正如可以想到的一样，托洛茨基被指控为折衷主义、跪倒在资产阶级文化面前和鼓励资产阶级个人主义、否定党有权利和责任"领导"文学艺术。托洛茨基反驳道：

> 艺术必须用自己的双腿走自己的道路。马克思主义的方法并非艺术的方法。党能领导工人阶级，但不能领导（整个）历史进程。在某些领域，党可以实行直接的绝对的领导。在另一些领域，党只能监督与合作。还有一些领域，党只能协作。最后还有一些领域，党只能帮助确立方向。艺术不是党可以任意指挥的领域。

过分反对个人主义会适得其反；个人主义起到的是双重作用：它有其反动的一面，但也有进步的和革命的一面。工人阶级不患个人主义过剩，而患其不足。工人的个性尚未形成，也不够充分多样化；而个性的形成和发展跟培训工人掌握产业技能同样重要。担心资产阶级个人主义艺术会削弱工人的阶级团结意识，那是荒唐可笑的。"工人从莎士比亚、普希金、歌德和陀思妥耶夫斯基那里摄取的正是……关于人的个性、激情及其感受的更为复杂的意念。"[①]

在书的最后一章，托洛茨基谈到了关于前途的"必然性及其假设"。"必然性"涉及的只是"革命的艺术"；至于对唯有在无阶级社会中才会产生的"社会主义艺术"，人们只能作出各种猜测。革命的艺术由于与该时代的阶级冲突和政治激情一同搏动，因此只属于过渡时期——即属于"必然王国"，而

---

① 托洛茨基：《文学与革命》，第166页。

不属于"自由王国"。唯有在无阶级社会里，人类的团结才会充分实现；也唯有那时，"那些情感，由于已被伪君子和庸人糟蹋得不像样子而使我们革命者羞于称呼其名的那些感情——无私的友谊、对亲人的爱、发自内心的同情，将作为强有力的和弦响彻社会主义的诗篇。"①

革命的文学仍然在摸索着表现形式。它被认为应当是现实主义的。这在广泛的哲学意义上是对的：如果不能深刻地感受到社会现实，那么我们时代的艺术就不可能取得伟大的成就。但是在狭义上，若把现实主义作为一个文学流派来扶植，那就愚蠢可笑了。绝不能说这样一个流派天生就是"进步的"：现实主义本身既不是革命的，也不是反动的。在俄国，它的黄金时代还在贵族文学时期就已经衰落了。作为对它的反动，兴起了民粹派作家的倾向性风格，尔后它又让位于悲观的象征主义，然后又轮到未来主义反抗它。各种风格的依次更迭是在一定的社会背景下发生的，它反映出政治气候的变化；但它又遵循着自身的艺术逻辑和艺术法则。任何新的艺术风格都是从旧风格中作为对它的辩证否定而脱胎出来的，它再现并发展了旧风格中的一些因素，并抛弃了另一些因素。

> 每一种文学流派都潜藏于过去，并与过去决裂而得到发展。语言和内容之间的关系……取决于以下的事实：即新形式是在内在需要以及集体心理要求的压力下得以发现、宣告存在并发展起来的。这种集体心理要求正像人类整个心理一样，有着自己的社会根源。这说明了每一种文学流派的双重性：一方面，任何流派都会给艺术的创作技巧贡献出某种新的东西……另一方面，它又表达了特定的、归根结底是阶级的要求。……阶级的也即个人的，其阶级的声音是通过个人表达出来的。这也意味着民族的，因为民族的精神是由统治它并以此使文学服从它的那个阶级所决定的。②

文学作为一种手段为社会愿望服务这一不容置疑的事实，并不能给予任何人以理由去忽视或者歪曲其艺术逻辑和去企图抬高一种风格而禁止另一种风格。有些批评家粗暴地反对象征主义。然而，"并不是俄国的象征主义发明了

---

① 托洛茨基：《文学与革命》，第170页。
② 同上，第172—173页。

象征。它仅仅把象征吸收到现代的俄国语言中。未来的艺术当然不会抛弃象征主义对形式的贡献"。它也不会抛弃传统的风格和形式,即使有些批评家把它们当做陈旧的东西加以唾弃,说讽刺与喜剧早已过时了,悲剧因为与唯物主义、无神论的生活哲学不相容而已经死亡了。埋葬旧风格的葬礼起码现在还为时过早,"苏维埃的果戈理"、"苏维埃的冈察洛夫"还有存在的空间,他们将无情地揭露"旧的与新的垃圾"、旧的与新的罪恶以及能在苏维埃社会里找到的阴暗思想。[1]

那些谈及取消悲剧的人们断言:宗教、命运、罪恶、忏悔是悲剧主题的核心。相反,托洛茨基却指出,悲剧的精华在于人的意识觉醒跟他所处的压抑环境之间的广泛冲突,这种冲突与人的生存不可分离,并以不同的形式在不同的历史阶段表现出来。宗教神话并没有创造悲剧,只是以"人类童年时期的幻想语言"来表现它。在宗教改革时期的艺术产物——莎士比亚的戏剧中,找不到如古人所想象的那种命运,也找不到中世纪基督教的耶稣受难。因此,莎士比亚标志着对古希腊悲剧的重大超越,"他的艺术更富有人性",它表现了人超越其自身的尘世激情并将它转化为某种命运。歌德的戏剧也同样如此。然而,悲剧甚至还可以上升得更高。它的主人公可以是这样的人:他并非被狂妄自大、神明甚至他自己的感情所击败,而是被社会所击败:

> 只要人类还没有成为他的社会组织的主人,这个组织就会像厄运那样凌驾于人类之上。……在一个不成熟的社会里,像巴贝夫那样发动为时过早的共产主义斗争,就如同古典时代的英雄反对厄运的斗争一样。……个人激情被压抑的悲剧对于我们的时代太平淡无奇了,因为我们生活在充满社会激情的时代里。我们时代的悲剧就是个人与集体之间或者以个人为代表的两大敌对集体之间的冲突。我们的时代再一次成为具有伟大目标的时代……人类正要将自身从一切神秘的和意识形态的迷雾中解放出来,并且按照他自己制定的计划改造社会和自身。……这远远超过了古人的幼稚游戏……或中世纪的僧侣呓语,或某种个人主义的傲慢,那种个人主义使个性脱离集体,然后很快耗尽了它,再把它抛到悲观主义的虚无中……[2]

---

[1] 新的讽刺作家还不得不同苏维埃的书刊检查制度作斗争。托洛茨基许下诺言,只要这位作家的讽刺作品击中社会弊端,有利于革命,他在这场斗争中就一定会助其一臂之力。

[2] 托洛茨基:《文学与革命》,第180—181页。

(新的艺术家今天应)把伟大的目标编织进艺术中。很难预见革命艺术能否来得及创造出"崇高的"悲剧。但社会主义艺术肯定会给悲剧带来新生……它也将给喜剧带来新生,因为新一代人需要欢笑。它将赋予小说以新生;它将赋予抒情诗以一切权利,因为新人类将爱得更美好、更奔放……并重新考虑生与死的问题。……这些形式的解体和衰落绝不具有绝对的意义,也就是说,它们并非是与新时代精神绝对不相容的。需要的只是新时代的诗人应该以新的方式思考人类的思想和感受人类的情感。①

尽管一切关于社会主义艺术的预见都不过是假设,但托洛茨基认为,人们能分辨清楚朝着这个方向的那些奇特的指针,就表现在这些年里充满苏联艺术的那些混乱的、有时甚至毫无意义的创新中。在戏剧方面,梅耶霍德(Мейерхольд)探索着能将戏剧、旋律、音响与色彩综合起来的新的"生物医学";泰罗夫(Таиров)力图"突破"舞台与观众、戏剧与生活之间的"壁垒"。绘画和雕刻在努力摆脱它们由于表现风格的衰落而陷入的那个死胡同。在建筑方面,塔特林(Татлин)的"结构"学派否定装饰性形式,主张"功能主义",并为适用于社会主义社会的花园城市和公共建筑物绘制了雄心勃勃的蓝图。不幸的是,这些规划没有考虑到物质上的可能性;但在托洛茨基看来,这些蓝图包含了合理成分以及有价值的直观前兆:

毫不奇怪,这些年我们还无暇考虑建筑,这是所有艺术中最雄伟的艺术……大规模建设仍须推迟……这些雄伟工程的设计者不由自主地获得了喘息时间,可以进行新的思考。……但塔特林无疑是对的,他要抛弃民族风格的局限性:寓意式雕塑、浮雕、花体字、涡形装饰和多余的东西,力图让整个设计服从于建筑材料在结构上的正确使用。……至于那些似乎是他个人心血来潮的东西,如旋转型六面体、金字塔形和圆柱形的玻璃体等等是否同样正确,他还需要去证实。……毫无疑问,将来,诸如花园城市、标准住宅、铁路、港口的宏伟规划不仅会强烈吸引建筑师……也会吸引广大的人民群众。那些像蚂蚁般将一砖一瓦、一代一代不被察觉地建设市区和街道的做法将被按照地图和使用圆规的大规模的城乡建设所代替。

---

① 托洛茨基:《文学与革命》,第181—182页。

不仅艺术与生产之间的这道墙将被推倒,艺术与自然之间的这道墙同样也将被推倒。但这并非是像卢梭所说的那样让艺术接近自然状态,而是相反,要使自然更加"人工化"。现在的山川河流、田野草原、森林海岸的位置绝不能看成是最后的。人类已经改变了自然地貌,这种改变远不是微不足道的。但跟未来的改变相比较,这些改变只等于小学生的习作。如果说信仰只给了移山的诺言,那么跟"信仰"不相干的技术就真能移山填海。迄今为止,这仅仅是出于工业的目的(如矿井)或交通的目的(如隧道);而在将来,这一切将要根据综合性的生产—艺术规划以无可比拟的宏伟规模来实现。人类将重新编制一份山川河流的清单,并且认真反复地纠正自然。最终,人类将重塑地球,即使不是按照自己的形象,那也是按照自己的趣味。我们没有任何理由担心人类的趣味是低劣的。

最后,托洛茨基为我们展示了一幅人类自由王国的远景,一幅马克思主义的最新远景:

可憎的假面具终于落下,人类啊!
你将自由自在,无拘无束,谁也不称霸。
人人平等,还分什么阶级、种族、国家,
冲破那门第、宗教崇拜,更何必疑惧畏怕;
命运自己掌握:正直,聪慧,文雅,
再没有什么激情吗?——不,还要摆脱一切罪恶和惩罚。

有一些人(用尼采的观点)争辩说,如果无阶级社会真正实现了,它就会产生过分团结一致的弊病,导致一种消极的畜群般的存在,人类就会因其竞争本能和斗争本能的消失而退化。但是,社会主义远非压抑人的竞争本能,而是将其导向更高的目的以恢复它。在一个摆脱了阶级对抗的社会里,不会有谋取利润的竞争,也不会有夺取政权的斗争;人的精力和激情将集中于科学、技术、艺术等领域里的创造性竞争。新的"党派"会涌现出来,它们彼此之间的竞争将会围绕着思想意识、人类住宅区规划、教育趋势、戏剧、音乐和体育运动的风格、巨大的运河工程、改造沙漠、调节气候、新的化学假说等等。"激动人心的、戏剧性的、热烈的"种种竞赛将会席卷整个社会,而不仅仅局限于"传教士般的小圈子"。"因此,艺术将不乏各种强健的力量,不乏各种集体心理的刺激因素",它们会产生新的思想和新的形象。人们将按气质和趣味分成相互竞争的艺术"党派"。人的个性将不断成长,自我完善,并发展其中固有的无价品质——"从不满足已经取得的成就这种品质"。

毋庸置疑,所有这一切还都是遥远的憧憬。当前还是一个充满着激烈的阶级斗争和内战的时期,人类在这个时期还生活在匮乏和贫困中。战胜各种形式的匮乏和贫困可能需要几十年时间——而在此期间,新生的社会主义社会还会"渴求今日美国方式中好的一面",即工业的发展、破纪录的生产率和舒适的物质生活。但是这个时期同样会过去的;那时,甚至今天都无法想象的美好前景就将展现出来。

> 某些热心人今天怀抱着的……梦想——生活的戏剧化和人类本身的节律化正被完美紧密地编织进这一美好的前景中。……对饮食和教育的操心将不再纠缠家庭……妇女将彻底摆脱半奴隶的状态。……社会教育经验……将获得目前难以想象的规模。共产主义的生活方式不会像海底的珊瑚礁那样盲目地形成,它将被自觉地建立起来,并受到思维的检验、指导和纠正。……人类将学会改天换地,在勃朗山的最高峰上和在大西洋的最深处建造人民的宫殿;而他将不仅用富裕、鲜艳的色彩和戏剧性来充实自身的存在,而且还把高度的能动性赋予它。一层外壳在人类生活表面刚刚开始形成,就会在新的……发明和成就的压力下破裂。
>
> 不但如此,最后,人终将认真地使自己变得协调起来。他将给自己提出这样的任务:赋予自己在劳动、行走、娱乐时的身体动作以高度的准确性、自觉性、经济有效性,因而优美动人。他还将力求主宰自己的有机体在呼吸、血液循环、消化和生殖功能这样一些方面的半意识和无意识过程;而且在必要的范围内尽量运用理智和意志来控制它们。……人类——目前尚停滞不前——将把自己当成最复杂的人工选择和心理生理训练的对象……
>
> 这一切都在人类的发展过程之中。人类首先要把蒙昧的自发性从生产过程和意识形态领域中驱逐出去——依靠技术手段打破野蛮落后的劳动常规,依靠科学技术取代野蛮的陈规陋习,用科学取代宗教。……盲目的自发性在经济关系中根深蒂固,而人类也将依靠社会主义的经济组织把它从

这方面驱逐出去。……最后，在最深邃、最幽暗的无意识……底层蕴藏着人类本性。人类也将在这方面集中自己研究思维与创造主动性的最大努力，这难道不是显而易见的吗？人类将不会仅仅为了屈服于遗传与盲目的性选择这种黑暗法则而匍匐在上帝、沙皇或资本面前！……人类将力图控制自己的感情，把本能提高到理智的高度，并使其清晰透明，把意志的导线引到无意识的深处；这样，人类将把自己提升到一个新的高峰，成长为一种更高级的社会生物类型——超人，如果你愿意这样说的话。

要事前说出未来人类的自我控制能达到多大程度，犹如预测人类在技术上能走多远一样困难。社会建设与心理的自我教育将成为同一过程的两个侧面。一切艺术——文学、戏剧、绘画、雕刻、音乐和建筑——将赋予这个过程以优美的形式。……人类将长得更健壮、更聪明、更灵巧；他的体态将更匀称；他的动作将更富有节奏性；他的声音将更富有音乐性；生活方式将获得一种能动的戏剧性。普通人也都可以达到亚里士多德、歌德、马克思的水平。而在这些山峦之上又会矗立起许多新的山峰。

不清楚托洛茨基是否知道杰斐逊也同样预见到了这种"体力上和智力上的……进步——直到每个人都可能在身体上成为运动员，而在智力上成为亚里士多德"。他更多的是受到从孔多塞（Condorcet）到圣西门等法国乌托邦主义者的影响。他跟孔多塞一样在对未来社会的冥想中找到了"一种庇护所，在那里面，人不再一想到他的迫害者就恐惧战栗，他一心一意地同恢复了权利与尊严的人一起生活，并且忘了因贪婪、畏惧或忌妒而苦恼和堕落的人"。自然，他对无阶级社会的憧憬也隐含在整个马克思主义思想中，也像后者一样受到法国空想社会主义的影响。但是，在托洛茨基之前或之后，还从来没有一位马克思主义作家像他这样以如此现实的眼光和如此灿烂的想象看待这伟大的人类远景。

* * *

"托洛茨基主义"的整个文艺观念立即掀起了轩然大波。它因其广泛性与复杂性而使文化程度不高的共产党员心怀芥蒂。它触怒了官僚集团，因为它否认后者有控制和统治知识生活的权力。它也激怒了那些极端革命的文学团体，因为它拒绝接受其野心。这样，一个相当广泛的反托洛茨基主义"阵线"在文化领域内形成了；它继续发展与加强，最终融进政治阵线。一场反对文学批评家托洛茨基的斗争成为摧毁他的政治权威的行动的组成部分；他的政敌们宣称他的艺术观点是更广泛的托洛茨基主义异端邪说的重要组成部分。① 他们的攻击集中于他对无产阶级文化可能性的否定，在这个问题上他对自发形成的既得利益集团提出了挑战；他被谴责为在为各种资产阶级自由主义辩护。与此相联系而产生的大量教条主义论点只有极少一部分至今还有影响，其中大部分都被它们自己的提出者，特别是斯大林本人所推翻了，斯大林在不久之后就冷酷地否认了"无产阶级文化派"作家和艺术家的全部要求，解散了他们的组织并无情地迫害他们。然而在 20 年代中期，斯大林还在奉承文学与文化上的每一种浅薄的野心，以便将知识分子和半知识分子拉到自己一边来。

在反对托洛茨基的各种观点中，有几种观点应在这里提及。例如，卢那察尔斯基批判托洛茨基时根据的是，托洛茨基一方面只承认历史上伟大的封建文化和资本主义文化以及只有未来才能产生的社会主义文化，另一方面他把无产阶级专政看做是文化真空，认为现阶段只是创造性的过去与创造性的未来之间的一片不毛之地。在 1925 年 2 月中央委员会召开的有关文学政策的代表会议上，这个观点也成为布哈林所作的更具体批判的主要内容。② 布哈林承认，托洛茨基提出的观点使人产生了极深刻的印象。列宁也极其严厉地批判了"无产阶级文化"，他认为，革命的工人阶级能实现政治领导，但不能实现文化领导。然而布哈林坚持说，无产阶级能及时取得文化上的优势，并把自身特性赋予阶级社会最后一个时期的精神创造。布哈林指出：托洛茨基的错误在于他想象无产阶级专政和向社会主义的过渡将是一个异常短暂的时期，因而不允许独特的无产阶级文化的崛起，他没有考虑到不同国家社会发展和政治发展的

---

① 在《文学与革命》发表 35 年之后，反对托洛茨基对苏联文学批评的影响的斗争仍在继续。在 50 年代中期的"非斯大林化"运动中，许多被控与托洛茨基主义有牵连并在 30 年代大清洗时被消灭了的作家都被恢复了名誉；而正统派的卫道士们很快就面临着在文学中为"托洛茨基主义"恢复名誉的问题。1958 年 5 月，《旗帜报》的一位作家说："《红色处女地》的文学批评家和主编 A. 沃龙斯基在那些年代里（20 年代）非常有名，他受到托洛茨基文学观点的一定影响。不错，现在事实已经表明他与托洛茨基主义的地下活动毫无牵连，而且他同遭到诬告的其他作家一样也已经被恢复名誉；但不管怎样，他的……理论原则仍是借自资产阶级和唯心主义美学的，并与托洛茨基的观点相融合。"这位作家用了好几页篇幅专门讨论托洛茨基本人所阐释的文学观点，旨在重新反驳它们，只是没有采取斯大林主义者那种篡改和捏造的极端手法。

② 《红色处女地》1925 年 5 月。

"不平衡步调",没有考虑到将国际革命进程分成许多个别阶段的可能性甚至是必然性,它们将大大延长无产阶级专政时期,因而有时间形成它所特有的一种文化和艺术。

布哈林的观点是有一定道理的(它形成了他和斯大林提出的一国建成社会主义学说的组成部分)。当托洛茨基说"我们仍然是行军中的士兵。我们有一日的休整,我们必须洗衣、理发,首先是必须擦枪,给它上油。我们当前一切经济、文化工作仅仅是要在两次战役与行军之间的稍事休整"时,他确实指望会迅速出现一系列国际革命的主要"战斗",它们将极大地缩短无产阶级专政以及向社会主义的过渡。这个期望曾存在于他的政治预言中,也存在于他用以阐述其不断革命论的那种强调语气中,尽管这个期望对于不断革命论本身并不是实质性的。然而,1917—1920年布尔什维克的突然进攻同下一次伟大的革命"战斗"之间的"喘息的日子"一直持续了1/4世纪以上;而马克思主义者也许会感到诧异,中国革命胜利之后,这"喘息日子"到底还要持续多久。毫无疑问,托洛茨基低估了无产阶级专政的持续时间,同时也低估了在此期间这个专政获得官僚主义特点的程度。

不过,托洛茨基在这个问题上最明显的错误并没有使他反对"无产阶级文化"的论点失去时效,相反,却给了这个论点以更大的生命力。无产阶级专政和向社会主义的过渡远比他预期的要长久,这一事实并没有使这个过渡时期在文化上结出硕果和更有创造力。事情远非如此。斯大林主义并没有产生任何无产阶级文化。它反而致力于"文化原始积累",也就是说,异常迅速广泛地普及群众教育和吸收西方技术。这种情况发生于革命所创造出来的社会关系框架之内,这个事实说明了进程的速度和强度,并给予这个进程以巨大的历史意义。但是这种成就仍然差不多是整个来自苏联对资产阶级和前资产阶级文明遗产的吸收,而不是来自新文化的创造。即使是这种成就,也是与斯大林个人迷信及其武断的专制主义、盲目崇拜、厌恶任何国外影响、害怕独立的首创精神结合在一起的。"文化积累"在不止一种意义上是"原始的",它伴随着对那些更优美、更复杂的文化价值的抑制和歪曲,而那些文化价值正是托洛茨基一心要在无产阶级专政下加以保存和发展的。当托洛茨基断言"我们的时代不是新文化的时代,我们只能强行为它打开一扇门"时,他已无意中概括了整个斯大林时期的文化史及其后果。在那整个时期,苏联只能对新文化的大门胡打乱轰,弄得浑身血迹斑斑,直到今天,这扇大门仍然是半开半掩着的。

第四章 战斗间隙

托洛茨基离开陆海军人民委员部之后,随之而来的是党内斗争的暂时停止,它持续了1925年整整一年,一直到1926年夏天。在此期间,托洛茨基本人没有就1923—1924年争论中的那些焦点问题再公开发表过任何争论性的意见。甚至在中央委员会和政治局关紧的大门里,他也不想挑起争论。他承认失败,并服从中央委员会加在其身上的种种限制。

在这期间,"1923年的反对派"不再以任何组织形式存在。托洛茨基实际上解散了它。他劝告困惑不解的追随者说:"此刻我们不应做任何事情,我们无论如何不能公开站出来。我们只应当保持联系,保存'1923年反对派'的干部实力,耐心等到季诺维也夫自我消耗殆尽为止。"[1] 如果他不这样做,而是策动反对派进行新一轮抗议或游行示威,他及其追随者马上就会大难临头,被开除出党,至少是被开除出领导机关。他有种种理由相信,三驾马车报复起来是绝不会手软的。

托洛茨基及其追随者多么渴望避免一场新斗争,可以从下面这件事中看出:1925年,美国作家马克斯·伊斯特曼发表了《列宁逝世之后》一书,他在书中首次披露了围绕着继承列宁的问题而展开斗争的真相,并在书中引用了列宁遗嘱的内容。曾为托洛茨基写过《托洛茨基青年时代的肖像》这本人物特写的伊斯特曼当时正在莫斯科,并成为反对派的支持者,他从托洛茨基本人那里得知了有关列宁遗嘱及继承问题之争的内幕;他还请求托洛茨基采取更积极的行动,在党的第十三次代表大会上宣读列宁遗嘱。他把《列宁逝世之后》

---

[1] V. 塞尔日:《阴暗的转折》,第97页;《一个革命者的回忆》,第229页。塞尔日曾经把"指示"归于托洛茨基本人,第二次又归于托洛茨基的助手B.埃尔津。不管怎样,埃尔津在这个问题上表达的应是托洛茨基的观点。

的手稿交给在巴黎的拉柯夫斯基，并得到表示完全赞同的间接答复。因此，他有充分理由认为这本著作也得到了托洛茨基的同意。① 托洛茨基是由衷感激伊斯特曼的，他们的友好关系一直保持到十年之后伊斯特曼转而反对共产主义的时候。然而，他发现伊斯特曼好心却帮了倒忙：三驾马车指责托洛茨基的行为极为轻率，逼迫他声明否认伊斯特曼的揭露，并且威胁说，假若他拒绝的话，将对他实行纪律制裁。托洛茨基与他最亲密的盟友们协商，他们不愿在伊斯特曼事件上卷入战斗，于是敦促托洛茨基否认对此负有任何责任。但是政治局对此并不满足。它要求直接否认伊斯特曼关于列宁遗嘱的谎言；它甚至规定了否认的措词。正如托洛茨基所指出的，"反对派领导小组"再一次请求他为了和平而屈服。② 因此，1925年9月1日，《布尔什维克》杂志刊登了一篇由托洛茨基署名的声明，声明说："一切关于所谓被扣压或践踏的'列宁遗嘱'的说法，

青年时期的马克斯·伊斯特曼，美国作家

---

① 伊斯特曼在写给作者的一封信里说："我把手稿给拉柯夫斯基看了，并告诉他是否发表由他决定。拉柯夫斯基夫人将手稿寄回，并给予热情赞扬。我认为这就是在这样的环境下所能得到的'授权'。"

② 托洛茨基在致穆拉洛夫的信中谈到了这些情况，该信写于1928年9月11日，即他被流放阿拉木图期间，存于托洛茨基档案。

都是恶意的捏造，都是完全违反列宁的真正意志和列宁作为其奠基者的党的利益的。"这篇声明被所有外国的共产党报纸转载，后来成为斯大林热衷引证的根据。① 尽管这一类出于策略考虑的否认在政治中并不罕见，却使托洛茨基格外难堪。因为在他对列宁的遗嘱——这是他继承身份的有效契约——被扣压一事采取差不多是消极的态度之后，现在却又不得不站出来作为见证人提出假证据来反对自己、支持斯大林——而这一切都只是为了拖延一场党内新斗争的爆发。

《列宁逝世之后》一书的扉页

在这样的条件下，要"保持联系，保存1923年反对派的干部实力"是不容易的。对于任何一个政治集团来说，不管其策略考虑怎样正当，停止活动仍然是最痛苦的体验。一小部分知识分子和先进工人或许能在自己的小圈子里以研究和探讨来填补空隙。但是任何一个大的政治集团，特别是由工厂工人组成的集团，停止活动往往等于政治自杀。这会使他们丧失对自己事业的信心，降低政治热情，滋长冷漠或绝望情绪。这就是等待着大多数反对派小组的后果：

---

① 《斯大林全集》中文版第10卷，第49页。

他们退缩了，解体了。例如，到 1926 年初，列宁格勒的托洛茨基主义者不超过 30 人，他们聚集在托洛茨基的前妻亚历山德拉·勃朗施坦－索科洛夫斯卡娅的周围，彼此保持着联系，并定期集会。而先前有组织的数以百计的反对派成员则消失在政治真空里。在莫斯科，托洛茨基主义的"干部"人数较多而且更活跃；但是在外省大城镇，例如哈尔科夫、基辅、敖德萨以及其他城镇中，如同在列宁格勒一样，反对派的实力也已大大衰落了。

以政治和个人友谊为纽带结合在一起的反对派领袖们在托洛茨基周围形成了一个紧密的小圈子，他们经常碰头和探讨问题。其中有一些是布尔什维克党内智力最出众、性格最坚强的人物。在政治才能、经验阅历和革命功绩方面，这个小圈子无疑超过了领导斯大林派及统治全党的那帮人。拉柯夫斯基、拉狄克、普列奥布拉任斯基、越飞、安东诺夫－奥弗申柯、皮达可夫、谢列布里亚科夫、克列斯廷斯基、伊万·斯米尔诺夫、穆拉洛夫、姆拉奇科夫斯基和索斯诺夫斯基等人都是早年革命与内战时期的杰出人物，并担任着非常重要的职

左派反对派领导人，第一排（从左到右）：列昂尼德·谢列布里亚科夫、卡尔·拉狄克、托洛茨基、米哈伊尔·博古斯拉夫斯基和叶夫根尼·普列奥布拉任斯基；第二排（从左到右）：克里斯蒂安·拉柯夫斯基、雅可夫·德罗布尼斯、亚历山大·别洛博罗多夫和列夫·索斯诺夫斯基，摄于 1927 年

务。① 作为目光远大、才华出众、学识渊博、充满激情的马克思主义者，他们代表着党内最先进的、最具有国际主义精神的成分。

拉狄克在这些人中尽管不是最重要的人物，名气却最大。他仅次于托洛茨基，是才智最为杰出的布尔什维克小册子作家。他性格开朗，是一位精明、现实的研究者与政治学者，对最不同的社会环境的动向有着不可思议的敏感，因此在外交和共产国际方面激发过列宁的一些最重要的动议。欧洲是他的故乡。他同捷尔任斯基一样，是从波兰与立陶宛王国的社会民主党转而加入布尔什维克的，这个党就是深受托洛茨基观点影响的罗莎·卢森堡的党。② 他有过多年德国社会主义极左派的急风暴雨般的活动经历，是共产国际的先驱者和奠基人之一。十月革命之后不久他来到俄国，立即被纳入了领导核心的内层；他陪同托洛茨基前往布列斯特－里托夫斯克，并且同布哈林、捷尔任斯基一道领导左派共产主义者反对签订和约。当霍亨索伦王朝崩溃之后，他作为密使被列宁派往德国，协助建设刚刚成立的共产党。他越过包围俄国的边界封锁线，作了一次大胆而又冒险的旅行，在罗莎·卢森堡和卡尔·李卜克内西被谋杀之前化装到达柏林，但旋即被警察逮捕、投入监狱。正当柏林笼罩着一片白色恐怖、他的生命危在旦夕时，他却立下了一个极其重大的功劳：他设法同德国的主要外交家、工业家和将军们取得了联系；并在自己的牢房里同他们，特别是拉帕洛时期的外交大臣瓦尔特·拉特瑙（Walter Rathenau）保持接触，商谈在边界封锁线上打开第一个缺口。③ 他还从他的牢房里与德国共产党进行秘密联络，帮助它确立自己的政策方针。

拉狄克是革命社会主义的开路先锋，但在他身上也多少有些赌徒的成分。他在自己的活动范围里编织着外交密谋，就如同他曾像一只革命鼹鼠在地下穿梭一样。他具有锐利的眼光和开放的头脑，比其他布尔什维克领导人更早地看到了欧洲革命的退潮；他鼓吹建立统一阵线。1923年当他回到德国时，仍然看不到革命的涨潮，于是制止布兰德勒盲目冲向他认为无望的革命。然而他那

---

① 拉柯夫斯基、越飞和克列斯廷斯基此时任苏联驻伦敦、巴黎、东京、柏林的大使；但他们仍然与托洛茨基保持密切联系。

② 但是在德国社会民主党中，拉狄克和捷尔任斯基是卢森堡的反对者，比党内其他成员更接近布尔什维克。

③ 参见拉狄克的回忆录，载《红色处女地》1926年10月第10期；路特·费舍：《斯大林与德国共产主义》，第203—211页。

政治赌博的嗜好也使他陷入歧途；他在其"轰动一时演说"中向绝望挣扎的德国民族主义极端分子发出模棱两可的号召。当他返回莫斯科后则被迫承担德国革命失败和与托洛茨基结盟的责任。被解除共产国际欧洲分部的职务后，他于1925年又被任命为莫斯科中山大学校长，中国革命的隆隆雷声此时已清晰可闻——而他的工作是为中国年幼的共产主义运动培养宣传家和鼓动家。① 他不知疲倦、愤世嫉俗、外貌豪放不羁、语言尖刻，也有点儿玩世不恭，因此被不少人视为怪癖的甚至是可疑的人物。但他也是其政敌大加诟病的对象，这些人讨厌他那无礼的凝视和冷嘲热讽。这个人的品质无疑远比他的外表更为坚定，尽管以后那些年他在斯大林恐怖的压力下可怕地堕落了。在他那豪放不羁的外表和玩世不恭的举止背后潜藏着一向不愿外露的炽烈信念；甚至他的嬉笑怒骂也充满着活力，燃烧着革命激情。

拉狄克进入反对派的领导核心后迸发出了智慧和幽默的火花。他对托洛茨基极为崇敬，两人在国际经验方面有着非常多的共同点。这种崇敬的证明就是他于1923年写的《托洛茨基，胜利的组织者》一文。② 托洛茨基多少有点儿头疼拉狄克那种心血来潮的政治即兴发挥，但对拉狄克其人却怀着一种深情，并且很欣赏他的才华。③ 如果说他不相信作为赌徒的拉狄克，那么起码对他的观察和思想是感兴趣的，并很赏识这位杰出的诙谐大师和辛辣的讽刺家。

普列奥布拉任斯基的性格却与拉狄克截然相反。他是一位理论家，而且可能是最早的布尔什维克经济学家。他在1904年就已成为一名列宁主义者；他与布哈林合著的《共产主义ABC》一度是对布尔什维克学说的出色概括；他曾是列宁的中央委员会书记处书记。当党的纪律愈益令他无法忍受时，他离开了书记处，把位子让给了莫洛托夫。作为党的纪律的批评者，他是托洛茨基的前驱——的确，他在1922年初党的第十一次代表大会上就批评了托洛茨基恪守纪律的态度。但在下半年两人又走到了一起；普列奥布拉任斯基是托洛茨基的少数密友之一，托洛茨基只对他们才肯托出自己的计划，吐露他与列宁之间的私下谈话和他们建立反斯大林"联盟"的约定。普列奥布拉任斯基是一系

---

① 1914年之前，拉狄克曾在罗莎·卢森堡的理论机关报波兰《社会民主评论报》上分析过殖民地和半殖民地东方的革命发展。

② 卡·拉狄克：《肖像与诽谤》，第29—34页。

③ 参见托洛茨基档案中托洛茨基与拉狄克的通信和《拉狄克与反对派》，见《托洛茨基文集》第1卷，第160—163页。

列重要经济史著作的作者，他的博学多才与擅长分析是少见的，他基本上是一位学者，追寻着自己的思路，不管这会使他得出多么惊世骇俗的结论，也不管这会怎样破坏他与党的一致。他根据大量缜密的公理进行思维；他在《新经济学》一书中作出了首次重大的和至今无与伦比的努力，把马克思《资本论》的各种"范畴"运用于苏联经济。但是此书仅有导言一册获准出版，即使这一册也很快遭到查禁而湮灭。然而《新经济学》毕竟是马克思主义思想史上的一个里程碑。世界上只要还存在着不发达国家，只要这些国家还想在社会主义基础上实现工业化，《新经济学》对于社会主义原始积累过程所作的预见性分析就仍然是一个重大话题。许多人认为，反对派经济纲领的创始人与其说是托洛茨基，毋宁说是普列奥布拉任斯基——无论如何，是普列奥布拉任斯基奠定了它的理论基础。但是他与托洛茨基两人在观点上也隐含着分歧；然而直到1928年之前，即他们两人都被从莫斯科流放出去的那一年，分歧仍没有明朗化，也没有导致严重的政治冲突。

皮达可夫是布尔什维克中最杰出的工业管理领导人。如果说普列奥布拉任斯基为反对派提供理论，皮达可夫则把这些理论置于实践经验的坚实基础上。列宁在遗嘱中评价皮达可夫时说：他是年青一代中两位最优秀的领导人之一——另一位是布哈林——和具有超常才能与魄力的行政管理者，但也是一个缺少政治判断力的人。这种片面性也是这位反对派成员的特点：皮达可夫在经济政策方面与反对派观点完全一致，但远离其"思想战场"，并在它挞伐党的领导时畏缩不前。但是他远非一个胆怯懦弱的人。仅在几年前，当乌克兰被邓尼金占领时，他与他的兄弟还领导着乌克兰的布尔什维克；在那里，在敌人的后方组织怠工，建立游击支队，指挥战斗。白军逮住他们兄弟两人，并将他们跟其他红军战士一道绑到了行刑队前面。就在死刑执行过程中他的兄弟已被枪杀时，红军占领了城镇，并向大屠杀现场冲来，白军不得不慌忙逃走。皮达可夫就在他兄弟和最亲密的同志们的尸体旁边直接担负起指挥赤卫队的责任。这个人的经历就是如此：不论在反对派之内或之外，他都是策划者，他担任苏联工业化的主要组织者达15年之久；但是在法庭的被告席上，他却以"供认"自己是个破坏者、卖国贼、外国间谍而结束了其一生。

被解除武装的先知：托洛茨基 1921—1929

皮达可夫，托洛茨基反对派的重要成员之一

其他反对派领导人也大都是具有英雄气质的人物。普列奥布拉任斯基在反革命统治的年代里在乌拉尔领导布尔什维克的地下活动，赴汤蹈火，出生入死。有一次，他被沙皇警察逮捕并受到拷问，他要克伦斯基充当他的辩护律师。克伦斯基一心想救出他的诉讼委托人，就在法庭上宣称普列奥布拉任斯基从未参与任何革命活动。被告在法庭上站起来推翻律师的辩词，当众宣布他的革命信念。他在 1917 年和内战初期领导着乌拉尔的布尔什维克。拉柯夫斯基，关于他在 1914 年前的长期英勇斗争已在《武装的先知》一书叙述过①，内战期间他又在比萨拉比亚指挥共产党武装，白军悬赏要他的脑袋。他回到俄国后成为乌克兰人民委员会主席。安东诺夫－奥弗申柯在十月起义和内战时期所起的作用无须在这里重述了。② 穆拉洛夫跟安东诺夫一样是 1905 年革命中的传奇人物之一；在 1917 年十月革命中，他率领赤卫队攻打克里姆林宫。后来，他

---

① 《武装的先知》，第七章。
② 同上，第八、九、十二章。

担任莫斯科军区司令员和武装部队监察员。托洛茨基评价穆拉洛夫是"一位卓越的巨人，既无所畏惧，又和蔼可亲"。按所受教育来看，他是一位农业专家，每当战斗间隙他就为农民提出农业方面的建议以及"对人畜的医疗方法"。伊万·斯米尔诺夫曾经领导武装部队在西伯利亚打败了高尔察克。谢列布里亚科夫在内战前线是一位精力最充沛的政委。索斯诺夫斯基在前线既以鼓动家又以警醒的观察者和道德风尚的批评者而著称——在布尔什维克新闻事业中，他是最优秀的笔杆子之一。

这些人尽管具有卓越的才能和过人的智慧，但一时也感到前途茫然。他们最渴望的是留在党内；而要留在党内就必须忍辱负重。他们密切注视着事变和他们对手的举动，等待时机再展宏图。

* * *

托洛茨基尽管遭受重挫，但并没有放下他的武器。他继续隐晦地批判官方体制及其政策。即使小心地不去冒犯其政敌们，他所谈到的每一件事仍能反映出他们所干的一切，甚至所想的一切——不管他谈到的是俄国官僚集团的野蛮、报纸格调的低下，还是谈到党在文化事务中鲁莽的做法。而且他从来没有把注意力从那些重大的国内外政策问题上转移开，未来争论的材料正在其中积累起来。

1925年5月，在他离开陆海军人民委员部将近五个月后，他被指派到捷尔任斯基手下的最高国民经济委员会工作。这一指派是一个莫大的讽刺：捷尔任斯基既不是经济学家，也不是决策人；三驾马车把他派到捷尔任斯基手下无非是为了侮辱他。他们甚至没有征求托洛茨基的意见；而他却很难拒绝。他辞去陆海军人民委员部工作时曾声明他"准备……接受任何职位，当然是在党的任何监督条件下"；他不能收回这个诺言。他能够拒绝担任列宁副手的日子已经一去不复返了。

在最高国民经济委员会内，托洛茨基担任三个部门的领导：租让委员会主席、电业技术管理局局长和工业科技管理局局长。租让委员会早在新经济政策初期就已建立了，当时列宁希望能重新吸引前租让制的承租人和其他外国投资者来帮助俄国的经济复兴。但这些希望都成了泡影。布尔什维克对外国资本过于恐惧而难以吸收它；而外国投资者则对布尔什维克过于恐惧而难与之合作。租让委员会成了空中楼阁。托洛茨基的办公室在克里姆林宫外一座两层楼的小旅馆里，他在那里只偶然接待过一位外国来访者，这位来访者询问在西伯利亚开采金矿或在俄国制造铅笔的可行性。

但是托洛茨基很快就把幽禁他的小小樊笼变成了他的活动据点。在那些内战时在他的军用专列上工作过的秘书们的帮助下，他展开了对租让权和俄国对外贸易等问题的研究。为此他去调查国内外工业生产的成本，并对俄国和西方的劳动生产率进行比较研究。这次调查研究鲜明地反映出俄国工业的落后——其劳动生产率仅及美国的1/10。他用图表来说明俄国工业设备的贫乏。例如，美国拥有电话机1400万部，英国有100万部，而苏联仅有19万部。苏联铁路全长只有69000公里，而美国则有405000公里。苏联人均电力消耗仅20千瓦，而美国则为500千瓦。①

尽管这些事实都是显而易见的，但一经特别指出却令人震惊。官方发言人津津乐道内战以来俄国工业的进步，事实上产量的提高接近于零；要不然他们就拿目前的生产来与1913年相比；并以此而沾沾自喜。托洛茨基则争辩道，应该运用一个新的比较尺度，最近几年的发展应该以工业化西方的标准来衡量，而不是用本国落后的标准来衡量。②如果不能无情地意识到自己的起点水平还十分低下，这个国家就不可能崛起。"人们常说我们干得'差不多'像德国人一样，或像法国人一样。我要向'差不多'这个字眼儿宣布一场圣战。'差不多'实际上等于空话。……我们必须比较生产成本，我们必须弄清楚国内和国外生产一双鞋子的成本是多少，我们必须比较产品的质量以及生产这些产品所需的时间——只有这样，才能与外国比较。"③他得出结论说："我们不能跟在别人后面爬行。我们首要的基本口号是……不要在后面爬行！是的，我们远远落后于先进的资本主义国家……"

提出"我们不要在后面爬行"这个口号——托洛茨基比斯大林早了好多年；但与斯大林不同，他要努力擦亮俄国人的眼睛，让他们去看一看已经形成的差距有多大。他意识到这是在冒政治风险——一旦人们清醒地看到了俄国的贫穷落后并揭示它的苦难是如何深重，可能会悲观颓丧。而斯大林在发动工业

---

① 《托洛茨基全集》第21卷，第419—420页。
② 同上，第44—45页。参见1925年10月7日托洛茨基的演说。在斯大林统治时期的大多数年代里，官方宣传都避免在俄国与西方之间进行对比。
③ 同上，第397—405页。

第四章 战斗间隙

化时却宁可让广大群众蒙在鼓里,不知道攀登的艰巨以及要求他们付出的非人的代价。托洛茨基所依靠的是人民的勇气和成熟。"同志们,我们既不要愚弄自己,也不要害怕。但要牢牢记住这些数字:我们必须进行这样的估计和比较,以便不惜任何代价赶上西方,超过西方。"① 他就是这样从三驾马车意欲借以埋葬他的那些琐碎的管理技术工作中又浮现出来;他找到了返回核心政策问题的道路,并且提出他在1922—1923年就已提出过的工业化号召。

作为电气技术管理局局长,托洛茨基一心扑在电气化上。他走遍全国城乡,调查资源,审查发电厂的设计方案,选定厂址,提出报告。他从一次调查旅行归来时便敦促政治局采纳一项利用第聂伯河急流的工程,这就是著名的第聂伯河水电工程,未来十年里工业建设的伟大业绩之一。当他在1926年初第一次提出这个想法时,政治局置之不理。斯大林说,拟议中的水电站对俄国的用处就像一台电唱机对一个连一头耕牛还没有的农夫的作用一样。② 于是托洛

第聂伯河水电工程,苏联工业建设的伟大业绩之一,是当时世界上最大的水电站,1927年开始动工建设,"二战"中为使纳粹不能获得电力,苏联最高统帅部下令炸毁电站,1944年和1950年之后分别进行恢复建设和扩建。图为建设中的第聂伯河水电工程

---

① 《托洛茨基全集》第21卷,第419页。
② 托洛茨基根据中央委员会1926年4月会议记录逐字引用了斯大林的声明。参见托洛茨基1927年4月14日的"个人声明",存于托洛茨基档案。

茨基诉诸青年人的热情和想象力。他在对共产主义青年团的一次演说中说：

> 最近，我们开发了萨图拉电站，这是在泥炭区建立的我国最好的工业设施之一。从莫斯科到萨图拉只有100多公里。不过一箭之遥；但是两地的条件却有天渊之别！莫斯科是共产国际的都城。但你走出几十公里，就会出现荒原、积雪、冷杉、冻土、野兽。黑木小屋的村庄沉睡在积雪之中。从火车车窗中有时能瞥见雪地上的狼迹。不过几年以前，萨图拉水电站所在的地方还是麋鹿出没之处。而现在，结构精密的高压电缆铁塔布满了从莫斯科来的整条路上……就在这些铁塔下面，今年春天母狐、母狼会领出它们的幼崽。这就是我们的由极端的矛盾所构成的整个文明：一方面是技术和综合思维的高度成就，另一方面是西伯利亚的原始荒野。
>
> 萨图拉矗立在泥炭地上；我们有很多泥炭地，比电站要多得多。我们还有许多其他燃料来源正等待着我们将它转变为电力。在南方，第聂伯河流经最富裕的工业区；但它却白白浪费掉大量的水压和古老的急流，而且还在浪费下去，直到我们给它的湍流套上笼头，用堤坝驾驭它，强迫它给城市照明，开动工厂机器，肥沃耕地。我们将驯服它！①

当然，工业化本身不是目的；它是"为跟我们整个文明的未来不可分割地联系在一起的社会主义而斗争的一个组成部分"。另外，与多年以后的斯大林相反，托洛茨基坚持认为，在争取赶上西方的同时，苏维埃社会主义共和国联盟绝不能使自己孤立于西方以外。他是对外贸易垄断制的坚定不移的辩护人，并且首先提出"社会主义保护主义"的思想；但是他争辩说，这个保护主义的目的不是切断社会主义工业同世界经济的联系，而是相反，要使其与世界经济之间建立起密切的多方面的联系。毫无疑问，"世界市场"必然会向俄国的社会主义经济咄咄进逼，迫使它接受严峻的甚至危险的考验。但这些考验是无法避免的，应当勇敢地面对这些考验。俄国由于与更先进的资本主义经济接触而面临的危险，可以用从国际劳动分工和吸收西方先进技术中所获得的重大利益来补偿。在孤立状态中，俄国的经济发展必然会萎缩和停滞不前。在

---

① 《托洛茨基全集》第21卷，第436—437页。

作这个论证时,托洛茨基又一次与官方经济思想发生了潜在的冲突,官方经济思想奠定在民族自给自足这个概念之上:一国建成社会主义是以闭关自守的苏联经济为前提的。甚至在关于斯大林学说的争论还没有开始之前,托洛茨基的论证就已有效地反驳了它的基本前提。

* * *

在1923年的德国革命溃败之后,托洛茨基力图重新估计国际形势和共产主义前途。共产国际急于挽回自己的面子,对这次挫折的重要性轻描淡写;它预言德国会出现一次新的革命形势,并鼓励"极左政策"。[1] 当1924年初英国成立了拉姆齐·麦克唐纳领导的第一届工党政府和领导左派联盟的爱德华·赫里欧成为法国内阁总理时,某些共产党领袖把这些政府视为要为革命铺平道路的"克伦斯基政权"。相反,托洛茨基却指出,需要"分清革命的涨潮与退潮",现在德国工人阶级还需要时间才能从失败中恢复过来,不能指望英国和法国的革命会迅速发展。

但他仍然认为资本主义世界不可能重获任何持久的平衡。他看到导致它不稳定的唯一最大因素以及整个世界政治的核心问题在于美国的上升。1924—1925年,他一次又一次地分析美国经济的崛起及其对世界的冲击。他强调地预言说,美国作为领导世界的力量必然会卷入各大洲的事务,并使其军事网络和海军基地遍及全球。他在表述其结论时用了如此强烈的措词,以至于他大部分的话在20年代听起来简直是匪夷所思。其时正是实行"道斯计划"的美国相对胆怯地、仅仅试探性地干涉欧洲事务的时代;而在1929年以后,继这种干涉而来的是向持续十多年的孤立主义的倒退。托洛茨基所预示的美国在全球范围内的势力扩张,即使完全处于胚胎状态也仍然可以看得出来。他在胚胎中看到了发育完全的小生命,如同他经常看到的那样。扩张的经济基础在于:美国的国民收入已是英、法、德、日四国全部国民收入的两倍半。美国经济的上升伴随着欧洲的贫困化、"巴尔干化"和衰退。因此他得出结论:跟美国对包括英国在内的整个世界所占的优势相比,英国在其全盛期对欧洲取得的优势不

---

[1] 参见季诺维也夫在共产国际第五次代表大会上的讲话,见《共产国际第五次代表大会》,第64页以下各处;路·费舍的声明,同上,第175—192页。

值一提。①

当然，美国和欧洲的统治阶级迟迟不能理解这个转变的全部分量——他们的思想落后于事变。"美国人才刚开始意识到它在国际上的重要性。……美国还没有学会怎样将其优势变为现实。但它很快就会学会的，而且将在欧洲人的尸骨上学会。"② 植根于地理和历史的美国孤立主义与和平主义传统是扩张主义的制动器；但是这些传统必然会让位于新事件的动力。美国将发现它被推动着去肩负领导资本主义世界的责任。扩张的冲动是其经济本身所固有的；而且由于欧洲资本主义必须依赖美国帮助才能维持其生存这一事实而得到强化。对此，托洛茨基提出了他那引起激烈争论的著名预言：美国"将对欧洲实行美国定额配给"并将其意志强加于欧洲。美国既然取代英国而成了世界工场和世界银行，也就取代英国而成了世界上最大的海上强国和帝国。③ 它用不着为此去占领殖民地而使自己背上包袱——殖民地对于英帝国主义的国力和财富资源经常是一种负担。"美国在整个世界总能找得到足够的盟友和帮手——最强大的国家总能找到它们，有了这些盟友，所需要的海军基地也能找到。"④ 因此，"我们正进入一个美国军国主义侵略本性开始露头的时代"⑤。

对那些被美国孤立主义与和平主义所强烈打动因而怀疑这个前景的人们，托洛茨基回答，美国正仿效德国的榜样。它跟德国一样在工业大国中是一个后来者，但要比德国强大得无法比拟。"德国人被看做是耽于幻想的梦想家和德国被看做'诗人与思想家的国度'已经多久了？"但不过数十年资本主义的发展就足以把德国资产阶级转变为最残酷的帝国主义的拥护者。在美国，同样的转变所需要的时间要少得多。英国统治者徒劳地安慰自己，他们可以充当没有经验的美国人的政治导师和外交导师。他们会做到这一点，但只需短短的瞬间，美国马上就能学会帝国主义艺术并获得自信。美国的强大实力最终能说明一切。即使现在，"没有经验的美国佬"对精于世故、老练狡诈的英帝国主义者也仍具有确切无疑的优势：它足以充当亚、非殖民地人民的解放者，帮助印度人、埃及人和阿拉伯人摆脱英国的压迫；而且使世界相信它的和平主义和侠肝义胆。

---

① 托洛茨基：《欧洲与美国》，第 22 页。
② 同上，第 36 页。
③ 在 1922 年的华盛顿海军会议上，英国事实上放弃了传统形式的英国海上霸权。
④ 托洛茨基：《欧洲与美国》，第 42 页。
⑤ 参见托洛茨基 1925 年 10 月 25 日的讲话，载《真理报》1925 年 11 月 5 日。

第四章 战斗间隙

但是美国的力量不足以制止资产阶级的欧洲走向没落。美国的优势本身正是德、法、英三国不稳定的根源，美国的势力扩张是以牺牲它们为代价的。欧美之间的经济不平衡将会一次又一次地反映在它们的贸易、支付平衡、财政危机以及整个资本主义体系的动荡中。美国也没有免疫力：世界愈依赖美国，大西洋彼岸的合众国也愈依赖世界，并被卷入险恶的世界混乱之中。

结论是什么呢？"布尔什维主义最根本的、最不可调和的敌人莫过于美国资本主义了。"① 这就是"我们时代两个根本的敌对力量"。共产主义不论推进到哪里，它都将碰到美国资本主义所建立起来的壁垒；反之，不论美国想向世界的哪一部分扩张，它也将面对无产阶级革命的威胁。"……如果美国资本渗透到中国，它将在中国人民中间发现，被译成中文的不是美国式的宗教，而是布尔什维主义的政治纲领。"

在两大巨人的决斗中，美国资本主义占据了所有物质上的优势。但是，布尔什维主义将向美国学习，并吸收它的先进技术。布尔什维克做到这一点会比美国资产阶级把世界置于美国支配之下更容易。"美国化的布尔什维主义将击败并粉碎美帝国主义。"② 美国可以扮演殖民地各民族的"解放者"的角色，因而促成大英帝国的瓦解；但是它不可能成功地确立自己对各有色人种的霸权；它也不能最终成功地把共产主义驱逐出欧洲。

> 但是我们无论如何不能低估美国的力量。在估量革命前途时，我们的出发点应是对现实透彻的认识。……但是我们认为，美国力量本身……是欧洲革命最强大的杠杆。我们不可忽视这个事实：这根杠杆不论在政治上或军事上都会以千钧之力转而反对欧洲革命。……我们知道，一旦美国资本发现自己处于生死存亡的关头，将会释放出无法估量的战斗力。从历史和自身经验中我们所知道的特权阶级争夺权力的一切斗争，比起美国资本为了对付革命的欧洲而发泄出来的暴力，都会黯然失色，不值一提。③

---

① 托洛茨基：《欧洲与美国》，第47页。托洛茨基在十月革命后不久曾提及这点，他半开玩笑地对列宁说，列宁与威尔逊这两个名字是我们时代的"启示录中的两个对立的极点"。
② 《欧洲与美国》，第49页。
③ 同上，第91页。

托洛茨基问道，那么共产主义怎样去坚守自己的阵地呢？只要共产主义仍然局限在欧洲的东边和亚洲部分，他就不指望这两大基本对抗力量之间的冲突会继续发展。他仍然寄希望于西欧的革命；而且他坚信，要经受得住美国的进攻和封锁，欧洲大陆诸民族就必须组成"社会主义欧洲联邦"。

> 我们沙皇俄国各族人民顶住了多年的封锁和内战。我们曾被迫忍受苦难、不幸、贫穷和瘟疫。……我们的落后本身转化为我们的优越性。革命得以存在下去，正因为它有广阔的农村腹地可以依靠。……工业化欧洲的前途……将会不同。一个分裂的欧洲不可能坚持下去。……无产阶级革命就意味着欧洲的联合。资产阶级经济学家、和平主义者、暴发户、异想天开者和饶舌者喋喋不休地谈什么欧洲联邦，但是自身对立的资产阶级是无法创造它的。唯有胜利的工人阶级才有可能将欧洲联合起来。……我们将为社会主义欧洲充当通向亚洲的桥梁。……社会主义欧洲联邦连同我们苏联将像巨大的磁铁吸引着亚洲各族人民。……欧洲和亚洲各民族的巨大集团那时就会不可动摇地确立起来，昂首面对美国。①

对全球阶级斗争最后决战的这种描绘不久就被当做纯粹的奇谈怪论而受到猛烈攻讦。② 无疑，托洛茨基只是夸张地呈现了影响当时世界政治的诸趋势中的一种趋势。在以后的20年里其他趋势跑上了前台：美国与苏联重新陷入相对的孤立状态；随着第三帝国的崛起，欧洲再一次成为世界暴风雨的中心；希特勒的征服与统治的威胁使美国与苏联结成暂时的联盟。然而，托洛茨基在《凡尔赛和约》签订后的最初几年就作出了他的预言，那时德国尚是一个战败国，希特勒只不过是一个锋芒未露的外省冒险家，而德国的军事力量还不足以自夸。两大集团之间只是在第二次世界大战后才展开的冲突，此时不过才上演了一出暧昧的序幕。而托洛茨基从这出序幕中猜到了实际戏剧的轮廓、情节和主题。他远远超越了自己的时代，以至于他的很多预言在30多年后仍未被事件所证实；但是其中大部分的真实性后来却已被证明，因此几乎没人敢把他的

---

① 《欧洲与美国》，第90—91页。

② 人们还能记得，列宁和托洛茨基早在第一次世界大战初期就主张过社会主义欧洲联邦（参见《武装的先知》，第八章）。这个口号还被载入托洛茨基1924年写的共产国际第五次代表大会的宣言中。然而不久之后，社会主义欧洲联邦这个口号和概念就被共产国际斥为托洛茨基式的白日梦。

第四章 战斗间隙

预言统统当做梦呓而等闲视之。

在《大英帝国向何处去?》这本书里,托洛茨基根据欧美关系已经发生变化的总背景详尽展望了这个国家的未来命运。这本书是他在1925年初写的,当时莫斯科正开始重视苏联与英国工会新建立起来的联系。在上一年的11月,由英国工会代表大会主席A. A. 珀塞尔(Purcell)率领的工会代表团访问了苏联首都,并且作出与俄国革命保持友谊和团结的庄严保证。苏联领导人热烈

首版《大英帝国向何处去?》(1925年俄文版、1925年德文版和1926年英文版)封面

响应，希望能在珀塞尔、库克（Cook）以及英国工会其他新当选的左派领导人中找到可靠的盟友；而且由于英国共产党力量弱小、无足轻重，他们更乐意培养一种新的"友谊"。共产国际的极左政策正走向死胡同，它将被比较温和的策略所代替。这样一个问题被提出来讨论：革命是否可以"通过工会的康庄大道进入英国"，而不是通过"狭窄的共产党小路"。5月——托洛茨基刚完成《大英帝国向何处去？》——托姆斯基率领苏联代表团参加英国工会的年会，并在政治局授权下成立了英俄工会委员会，这个英俄工会委员会成为次年党内争论中的一个重要问题。

托洛茨基在他的书中指出，英国最重大的社会危机已经逼近。美国的优势、英国工业设备的陈旧、帝国的紧张压力和沉重负担交织在一起来孕育着这场危机。英国尽管是第一次世界大战的胜利者，却已精疲力竭。胜利掩盖了它的虚弱，但这是不会长久的。英国政府努力保持同美国平稳友好的合作，但在这合作的幌子下却存在着不可调和的矛盾。英国人正在"和平地"交出他们的财政支配权、商业特权和海上优势；但是——在托洛茨基看来——他们不可能无限地这样下去——最终将爆发武装冲突。大英帝国由于其海上霸权的丧失和殖民地人民的崛起而面临不可避免的瓦解趋势，这点已无法掩盖。不列颠已经失去了岛国的战略优势。最后，1918年以来凡尔赛体制和德国经济的崩溃掩盖了英国对德国的工业劣势。但是，德国在美国扶植下已经迅速恢复了元气，并且重新作为英国最直接、最危险的竞争者出现在世界市场上，颠覆它的贸易和打破它的收支平衡，激化它所有的弱点。托洛茨基得出结论：所有这一切都证明了英、美之间充满斗争的危险的紧张关系；证明了阶级斗争的炽烈，的确，也证明了英伦三岛的革命形势。

在这番回顾中，他的分析所具有的现实性以及对前途瞻望中的错误都是显而易见的。尽管托洛茨基本人令人信服地证明与美国的军事冲突对资产阶级英国来说无异于愚蠢的自杀，但他却料想不到英国能够避免这种冲突。虽说他也许是抓住了美国新优势的所有内在意义的第一位分析者，但他对大英帝国的看法仍然带有某种几乎是维多利亚时代或者爱德华时代的特点：他无法设想英国会"最终""和平地"拱手将其霸权让给美国。而且他将英国势力的衰落看做是一种大崩溃的灾变，而不是像实际上那样是一种缓慢、长期的过程。

尽管预言有错误，但在所有对英国无产阶级革命和共产主义所作的分析中，《大英帝国向何处去？》一书仍不失为最有说服力的，也可以说是唯一有说服力的分析。这是托洛茨基与费边社会主义及其"不可避免的渐进"学说的一次遭遇战;而费边主义很长时间未能从这个打击中恢复其理论元气。① 托洛茨基以其敏锐的和辛辣的讥刺剥去费边社会主义的伪装,揭露它对保守党与自由党传统的依附,揭露它的陈腐、保守、狭隘、标新立异、目光短浅的经验主义、虚伪的和平主义与民族自大,揭露它对既定观念的奴颜与媚骨和对待宗教、王室与帝国的盲目崇拜——总之一句话,揭露出所有那些品质,这些品质表明麦克唐纳、托马斯、斯诺登以及当时其他工党领袖都不适宜领导战斗的社会主义运动,而是将他们转变为革命的对立面,他们愿意坐享过去斗争的果实,但在新的冲突和动荡中只会惊慌失措、畏缩不前。托洛茨基毫不怀疑,在即将到来的危机中,他们视为己任的将是使工人阶级在思想上迷失方向,在精神上解除武装,在行动上失去战斗能力。

托洛茨基无情的论证因其运用幽默而充满生气,却不减其锋芒:

> 英国的养鸽人通过人工选择获得了一个特殊品种,它的喙可以不断地缩短下去。不过这样的时刻终于来到了,新种鸽子的喙如此之短,以致这个可怜的小生物无法啄破它的蛋壳,于是幼鸽便死在里面,这就是强迫限制革命行动的牺牲品,是短喙品种进化的终止。如果我们没有记错,麦克唐纳先生可以从达尔文的著作里读到这个故事。如果将麦克唐纳心爱的路线与有机界作一类比,那么可以说,英国资产阶级的政治艺术就在于缩短无产阶级的革命之喙,不允许它啄破资本主义国家的外壳。无产阶级的喙就是它的政党。如果我们看看麦克唐纳、托马斯、斯诺登先生夫妇,我们就不得不承认,资产阶级选择短喙和软喙的工作已经取得了惊人的成就……②

费边社以其特殊的英国传统而自豪,拒绝把这个传统与外国马克思主义掺杂起来。托洛茨基反驳道,费边派培养的只是他们民族传统的保守类型,无视或压制其进步成分。

---

① 一位美国批评者在《巴尔的摩太阳报》上评论道:世界自马丁·路德以来,还从来没有听到像托洛茨基这样激烈的痛诋。
② 《大英帝国向何处去?》,第67页。

麦克唐纳先生们从清教徒那里继承来的不是它的革命动力,而是它的宗教偏见。他们从欧文主义者那里得到的不是它的共产主义激情,而是乌托邦主义者对阶级斗争的敌意。费边派从过去的英国政治史上借用的仅仅是无产阶级在思想上对资产阶级的依附。历史转过身去,背对着这些绅士;而他们从那里读到的东西则变成了他们的纲领。①

托洛茨基为年轻的马克思主义者扼要重述了英国两大革命传统,即克伦威尔传统和宪章派传统。他认为,清教徒虽然披着圣经外衣,但主要是政治革新者、斗士和一定阶级利益的捍卫者,他们站在具有宗教哲学思想的德国改革派和具有世俗观念的法国革命者之间。路德与罗伯斯庇尔在克伦威尔的个性中相遇。②尽管克伦威尔身上有许多东西已经陈腐了——特别是他的刚愎自用,但他仍不失为一位伟大的革命导师,英国共产党人应当老老实实地拜他为师。托洛茨基对这位铁甲军司令的赞赏中含有英雄所见略同之意:"……不能不对那些使克伦威尔军队的存在和特点同红军的特点紧密相连的特征感到惊讶。……克伦威尔的勇士首先把自己看做是清教徒,然后才看做是士兵,正如我们的勇士首先承认自己是革命者和共产党人,然后才是士兵一样。"③尽管克伦威尔缺乏对议会的尊重,但他毕竟为英国的议会制度和民主制度奠定了基础。与费边驯狗场的许多活狗相比,这位"早已死去了的17世纪雄狮",这位新社会的缔造者,至今仍有更强的政治生命力。战斗的宪章派也同样如此,一旦英国劳工运动摆脱了渐进主义巫术,它就会使其遗产重新焕发青春。宪章派的口号和行动方法始终远胜过"麦克唐纳甜腻腻的折中主义和韦伯夫妇愚蠢的经济思想"。宪章派运动失败了,因为它超越了自己的时代,是"一首历史前奏曲",但它将在"一个无比广阔的新的历史基础上复活"。④

托洛茨基视共产党为这些传统的唯一合法继承者,尽管它还很弱小。希望左派费边主义者或工会领袖能承担起革命的领导这种企望被他斥为"痴心妄想"。英国共产党的规模微不足道,而费边主义看来是强大和不可动摇的,这都是事实。但是,英国自由主义作为一个党在崩溃之前不也显得强大无敌吗?

---

① 《大英帝国向何处去?》,第47页。
② 同上,第127页。
③ 同上,第126页。
④ 同上,第130—131页。

当工党占据了自由主义者退出来的位置时,领导它的是独立于工党的人,而这个党原来不过是一个小集团而已。伟大事变的冲击使那些老的、貌似稳固的政治组织土崩瓦解,使新的政治组织崭露头角。这种现象在第一次世界大战冲击之后曾经发生过,而且还会再度发生。费边主义的兴起"只不过是工人阶级革命发展的一个短暂阶段",而"麦克唐纳的宝座比劳合·乔治的宝座更加动摇不稳"。

托洛茨基以抑郁的心情问道,英国共产党人能否证明可胜任自己的任务呢?但是革命的乐观主义再次使他误入歧途,如同有时也使马克思误入歧途一样。托洛茨基写道:"我们无意去预测(英国革命)会有什么样的进展速度,但无论如何,它可以用年来计算,至多五年,而绝不会是几十年。"① 多年以后托洛茨基论证说:在1926年的关键时刻,是斯大林和布哈林的策略指令和英俄委员会的政策削弱了英国共产主义运动。历史学家可能会怀疑:这些命令尽管是愚蠢的,但是否就是英国共产主义运动长期以来软弱无力以及它在30年之后仍然只是徘徊于英国政治运动外围的一个派别的主要原因呢?不过托洛茨基所预言的巨大社会危机的确以英国煤矿工人大罢工为标志而爆发了,这是工业史上最长、最顽强的一次斗争;而英国则在总罢工期间濒临革命的边缘。

托洛茨基的著作在英国引起激烈的争论。H. N. 布雷斯福德在《大英帝国向何处去?》一书英文版序言中首先发难。在承认托洛茨基作为一位分析者与一位作家的卓越成就和熟悉英国历史与政治的同时,布雷斯福德写道,不管怎样,托洛茨基并不懂得英国工人运动中民主的和非国教的宗教传统,也不懂得"深深刻在英国人心里的服从多数的本能"。拉姆齐·麦克唐纳②、乔治·兰斯伯里③以及其他人将托洛茨基的观点斥之为外国人的误解。相反,伯特兰·罗素则认为"托洛茨基对英国工人运动的特点了如指掌";而且他也同意社会主义是跟教会、王室势不两立的。然而罗素不能理解,一个并非英国人民敌人的人怎么能煽动他们革命,而革命的后果可能是美国人的封锁和战争,英国在这

---

① 《大英帝国向何处去?》,第14页。托洛茨基补充道:"此刻革命的蜂巢里已挤满了群蜂!"同上,第52页。
② 《民族》1926年3月10日。
③ 兰斯伯里主编:《劳动周刊》1926年2月27日。

场战争中注定是要失败的。① 另一些作家则嫌恶托洛茨基对麦克唐纳的冒渎不敬，尽管其中多数批评者在几年后麦克唐纳与工党决裂时要把这个"叛徒"撕得粉碎。

托洛茨基对他的批评者们多次作出答复。② 在一次对罗素的答复中，他否认任何出于俄国利益而煽动英国革命的企图。他写道，任何国家的工人都不应当为了苏联利益去采取任何步骤，何况苏联并不追求它自己的利益。但他仍未被罗素理性的和平主义说服：

> 革命照例是不能随心所欲地制造出来的。如果能够按照理性方式事先规划好革命道路，那么也完全可以避免革命。革命表明用理性主义方法改造阶级社会已是不可能的了。逻辑推理——即使罗素能把它们转变为数学公式——是没有力量对抗物质利益的。统治阶级宁愿让文明跟数学一起毁灭，也不肯放弃他们的特权。……你不可能摆脱非理性因素。如同在数学上我们应用无理数是为了得出完全理性的结果一样，在革命的政治中同样如此……人们要将一种社会制度转变成合理的秩序，唯有坦率承认社会本身所固有的各种矛盾，这才有可能通过革命手段去克服它们……③

英国共产党最初欣然热情地接受了托洛茨基的著作，认为这位巨人要来加强他们软弱的队伍了。④ 但在下半年，在英俄委员会的羽翼下他们又有了别的想法，并开始为托洛茨基对左翼工会领袖的抨击而感到尴尬［甚至更早一些时候，即 1925 年 11 月，他就在这一点上遭到俄裔美籍共产党人 M. 奥尔京（Ольгин）的批评，此人直到不久前还是托洛茨基的热烈崇拜者］。⑤ 到了 1926 年春天，英国共产党就向联共政治局指控托洛茨基对它的"敌视"了；而托洛茨基不得不去反驳这种责难。⑥

---

① 《新领袖》1926 年 2 月 26 日。
② 《真理报》1926 年 2 月 11 日，3 月 14 日。
③ 《大英帝国向何处去？》第 2 版，第 59 页。
④ 可参见 R. 帕姆·杜特的评论，载《劳动月刊》1926 年 4 月。
⑤ 《自由》杂志 1925 年 11 月 15 日。
⑥ 托洛茨基档案，1926 年 6 月召开的政治局会议头几天会议摘要。

第四章 战斗间隙

* * *

就在托洛茨基与其政敌斗争的间隙中,布尔什维克党内发生了人事上与思想上一次重大的重新组合,在它的领导和队伍中间出现了新的根本的分裂——这个分裂构成了此后 15 年的政治历史背景。

20 年代中期常被称为新经济政策的太平年代是 1917 年与本世纪中叶之间苏联人民得以休养生息、享受和平生活并尝到幸福滋味的唯一时期。对这幅美景不能只看表面。这个时期呈现出来的仿佛田园牧歌式的景象在于它同前一个时期与后一个时期的对比。20 年代中期没有经历任何类似 20 年代初期和 30 年代初期那样的血腥斗争、社会动乱和饥荒匮乏。时间的流逝正在治愈这个民族所遭受的创伤。经济正在复苏。农民耕种他们的土地并获得收成。工业的车轮不再停滞不前。被破坏了的桥梁铁路、烧毁的房屋、炸毁的学校都在重建之中。曾被洪水淹没的煤矿已经恢复生产。城乡联系重又确立。私人贸易繁荣昌盛。商人再也不用携带满袋不值钱的纸币了;卢布的币值尽管还有些浮动,但已重新获得了金钱的神秘尊严。在城市的通衢大道和中心广场上还出现了熙熙攘攘的热闹景象。

但是,这种繁荣景象在很大程度上是虚假的。这个从波兰和波罗的海边界延伸并覆盖了前沙皇帝国整个领土的庞大且统一的苏维埃共和国仍然陷于极度贫穷和社会紧张局势的震荡中。全国人口只有 1/6 生活在城镇;工业中就业劳动力甚至还不到全国劳动力的 1/10。复兴的步伐缓慢得惊人。矿山和工厂的总产量还未达到战前的 3/4;它们生产不出任何引擎、机床、机动车辆、化工产品、肥料、现代农业机械。苏联国家至今还不具备现代社会应有的大多数工业要素。大多极为原始野蛮、充满欺诈的繁荣的私人贸易就像泡沫一般掩盖着民族苦难。

当然,现在农民可以享用他们扩大了的耕地上的产物,多年来第一次放开肚皮吃上了自己的面包。但这不过是文明最底层的"繁荣"。还缺乏更高层次的需求和舒适,到处是肮脏、黑暗和原始的乡村愚昧。大约 1/3 自己不种粮食的农村人口甚至被排除在这样的"幸福生活"之外。因为农民比以前吃得多,城镇居民就不得不比以前吃得少;与他们在沙皇统治下相比,他们消耗的粮食只有原来的 2/3,肉类只有原来的一半。也没有更多的产品可供出口:俄国销往国外的谷物总量仅及过去出口量的1/4。大多数俄国人民仍跟在旧社会一样衣衫褴褛,赤足而行。似乎只在两个重要方面有显著的进步:卫生和教育。俄国人使用的肥皂比从前更多了,有了更多的学校。

在社会紧张关系中,城乡之间的慢性对抗是最危险的,城镇居民感到他们的贫寒是农民造成的,农民无疑是革命的主要受益者。相反,农民却认为他们受到城镇居民的掠夺。双方的感觉都有一定的道理。城镇工人挣的钱远远少于革命前;而且失业工人高达200万,几乎等于大型工业企业中的就业人数。工人常拿自己的匮乏对照农村中粮食的富足。农民则愤愤不平:他们必须为工业品支付高于1914年以前两倍的价格,而他们的产品价格却没有比战前高多少。这两个阶级都认为受到对方的剥削。实际上,双方都是由于国家贫穷而受"剥削"的。

但是不管城镇还是乡村,都没有体现出任何自身一致的利益。每一方都疲于自身的矛盾。工人知道耐普曼、掮客和官僚集团骗取了他的劳动果实。他付出高价购买粮食,而农民售粮却所得甚微——因为掮客控制了9/10的零售贸易,从差价中大发横财。在工厂里,工人面对着的是代表国家雇主的经理,他们剥夺了工人参与工厂管理的那份权益,压低工资,迫使工人干更多更重的活儿。① 工会官员和党支部书记站在经理一边,他们离工人越来越远,而且常常充当工业纠纷的仲裁人。国家雇主实际上极少愿意满足工人的要求。国民收入少,生产效率低,急需增加资本投入。当经理、党的书记或工会官员催促工人生产更多产品时,工人就咒骂他们的新"老板";但他既不敢表达他的要求,也不敢放下生产工具。在工厂大门外,急于找工作的人们已经排成了长队。正如在资本主义制度下一样,"失业后备军"再一次有利于压低工资与就业条件。

农民的分化虽然不那么显著,却并非不是现实。农民从土地革命和新经济政策中得到了不同的好处。农民的中间阶层壮大了。出现了更多的小土地所有者、更多的中农,他们靠自己土地上的农产品为生,既不必为更富裕的农民种地,也不在自有土地上雇工。每十个农民中就有三个或四个人属于这个阶层。有一个或两个人属于富农,他们雇工、扩大耕地,跟城镇做生意。每十个农民中约有五人属于贫农,他们从地主财产中分到了一点儿土地,但几乎既没有

---

① 每五六个工人中,仅有一个受雇于私有企业。

马，也没有农具。他们向富农租用马和农具，也向富农买种子、粮食，并向富农借钱。为了还债，贫农只好在富农的土地上干活，或者把自己的小块土地出租一部分给富农。

农村现实生活的每一步都与布尔什维克的政策发生矛盾。列宁的政府在剥夺地主的同时颁布了土地国有化的命令。在理论上和法律上，农民只能使用土地，但并不拥有土地。禁止他们出卖或出租土地。布尔什维克希望通过这种办法抑制不平等现象，防止农村资本主义的发展。但是现实生活却慢慢地、不可避免地越出了这些樊篱。在行政权力无法顾及到的无数日常交易中，土地在转手之间便卖出去了；资本主义关系逐渐形成，富者更富，穷者更穷。当然，这仅仅是一种最原始、最粗糙的农村资本主义形式：根据任何先进的资本主义社会的标准，即使俄国的富农也只是贫穷的农场主。但是这种标准不适用于俄国。农民中新的阶级分化是在极端低下的经济水平上发展起来的，这一点并未使冲突缓和，而是使它变得更加尖锐。只拥有少数马匹和农具、拥有少量粮食储存和现金，所给予一个人直接支配另一个人的权力，比富裕的资产阶级社会里拥有更多资本所给予人支配人的权力要大得多。革命后十年，无地农村雇工（不能与贫农混淆）的工资还不到革命前贵族地主付给他们的工资的40%。他们的工作日太长；而他们的生活条件却比奴隶好不了多少。旧式地主在他的庄园里有很多雇工，而富农雇工却少得多；因此雇工们不能像他们过去组织起来反对地主那样有效地组织起来反对富农和保护自己。贫农有时甚至比雇工更受剥削，更加孤立无援。

在这些关系中潜伏着剧烈的社会冲突因素；但这种冲突不会自动展开和表现出来。尽管穷苦农民可能憎恨富农的掠夺，但他们完全依赖于富农，几乎不敢挺身与之对抗。富农领导着一个百依百顺的农村公社这种情况屡见不鲜，他们把农民的仇恨转移，把它转向城镇、工人、党的鼓动员和政委。

在城镇和乡村之中以及它们之间的所有这些紧张关系为苏联各主要民族之间的不和播下了祸根。我们从战时共产主义到新经济政策的过渡中看到了这种不和的存在，也听到了列宁将卑劣的俄国官僚集团视做罪犯而加以的挞伐。随着岁月流逝，问题愈益严重。更严格的政府集权化，其本身自然而然地有利于俄罗斯人，而不是有利于乌克兰人、白俄罗斯人和格鲁吉亚人，更不必说苏联亚洲部分那些更不开化的少数民族和氏族了。来自莫斯科的大俄罗斯沙文主义激怒并加深了边远地区共和国人民的地方民族主义。富农和耐普曼天生就是民族主义者。在俄罗斯,他们是大俄罗斯民族主义者;而在其他共和国,他们则是反俄罗斯的民族主义者。知识分子极易受流行情绪的影响。产业工人中的国际主义日益淡薄。工人阶级通过吸收农村的新成分而正在重新组成和成长,这些新的成分把农民的所有政治倾向——排斥外国事物和强烈的地方主义的忠诚——都带进了工厂。

紧张局势不时地失控。1924年秋,农民暴动席卷了整个格鲁吉亚,但遭到了血腥镇压。农民的不那么暴烈但更顽强地反抗政府的迹象随处可见。在1925年3月举行的苏维埃代表选举中,许多农村地区有2/3以上的选民弃权;政府只得重新布置选举。出现了一些零星的鼓动,要求成立独立的农民苏维埃。强悍的、具有政治头脑的富农到处通过现行苏维埃甚至农村党支部实现他们的利益和野心。农村中还出现了不少零散的恐怖行为。那些从城镇里派下来的党的鼓动员被棍棒活活打死。在报纸上报导对雇农剥削的"工人通讯员"被私刑处死。富农先前曾利用了新经济政策向他们提供的一切机会,而现在却感到受到了限制,因此千方百计要公开或秘密地取消它。他们要求提高粮价、允许出卖或租赁土地,要求有无限自由的雇工权,总之一句话,要求"新的新经济政策"。

所有这些都预示着一场国家危机的到来,这场危机或许可以拖延两三年,但结果只会更危险。执政党必须找到出路。然而,党本身也愈来愈感染上了使国家支离破碎的分裂症。1925年布尔什维克党内形成了三大思潮。党及其老近卫军分裂为右派、左派和中间派。这次分裂在许多方面都有新的特点,它与早期多次派别斗争没有任何相似之处。早期派别斗争从未有过如此明确稳定的界线划分。派别和集团随着导致它们对峙的那些问题一同冒出来,又一同消失。结盟关系随着争论而变化着。这次争论中的对手在下次争论中携起手来变成了朋友,反之亦然。各派别和集团并不在意使自己永存,它们没有自己严格的组织,也没有它们自己的纪律。这种局面的改变自从喀琅施塔得暴动以来就开始了,但只是现在才完全彻底地形成。从政治局、中央委员会直到各基层组织,党都被撕裂了,尽管愈往下分化愈不明显。不仅导致分裂的问题大都是新的,而且它的后果更是新的和致命的。

有时让人吃惊的倒是人们重新组合和采取新立场的方式。如同在任何政治运动中一样,布尔什维克中的某些人物历来倾向于温和立场;另一些人则表现出激进倾向,还有些人一贯是机会主义者。在当前这次重新组合中,许多人的

第四章 战斗间隙

行为仍然符合其性格。例如，李可夫和托姆斯基一贯远离左派共产主义者，因而十分自然地在新右派的领导行列中找到了他们的位置；大多数机会主义者，特别是党的机关的职业管理者，采取了中间立场；在一贯坚定的激进派中，有些人已经加入了工人反对派、民主集中派或托洛茨基派；其他人仍在考虑应该站在哪一边。但是出人意料的惊人转变也出现了。有些布尔什维克，其中有一些最出色的领导人在新环境和困难的压力下并经过苦苦思索后抛弃了原有的态度和立场，转而采取似乎否定他们至今所赞同的一切的新态度和立场。人们毁掉了他们崇拜过的事物而崇拜他们毁掉了的事物。

产生新的分歧的部分原因是：某些集团和个人行使着权力，而另一些没有。不少掌权七八年间一直发挥着重大作用并享受着政治特权的左派共产主义者是从统治者的观点而不是被统治者的观点去对待公众事务的。而在另一方面，"温和"的布尔什维克这些年来都是生活于群众之中，与群众有着共同的经历，不论是自觉的还是不自觉的，他们都表达了群众的幻灭，说话也像个"极左分子"。重新组合还有其他一些原因。我们刚刚概述过的那种更广泛的阶级对抗由于在一党制下找不到合法的政治表现方式，因而就找到了在党内不合法的和间接的表现方式。富农不可能把他们的代表派到莫斯科在任何全国性大会上提出自己的权利要求，不可能形成压力集团。工人也不能指望他们名义上的代表能自由充分地表达他们的不满。但是每一个社会阶级和集团都会以非政治的形式施加它的压力。富农控制着城镇人口供应所依赖的粮食储备：6%—10%的农民生产出市场销售粮食量的一半以上。这就给了他们一种强大的武器：他们通过抑制供应而周期性地制造城镇中的粮食短缺。再不然他们就拒不购买价格过高的工业品；大量卖不出去的工业品因而积压在工厂的院子和仓库里。生产过剩的症状就这样出现在这个真正患了生产不足之疾的国家里。工人意志消沉，出工不出力，借伏特加浇愁。疯狂而又普遍的酗酒严重摧残了人民的身体健康和精神面貌。尽管党要竭力冲淡这些互相冲突的社会压力并使自己从中摆脱出来，但是它并没有免疫力。粮食短缺和无销路的工业品积压惊醒了党员们，使他们看清了现实。某些布尔什维克更能感受到工人的要求；另一些则对农民的压力更为敏感。城乡之间的巨大裂痕也使党内及其领导集团内产生了巨大裂痕。

自从季诺维也夫谈到"不自觉的孟什维克"以来，已经过去了好几年。在布尔什维克党内"真正的"列宁主义者身边就能找到这些"不自觉的孟什维克",他们在党的队伍中形成了自己潜在的党。而现在却发现,更重要的是"不自觉的社会革命党"这样潜在的党。真正的社会革命党人,如他们的政治前辈——民粹派一样,其最突出的特征就是偏爱农民,他们不肯对农民作任何阶级区分,既不把他们看做富农,也不把他们看做贫农,而是一概美化为农业劳动者。他们拒不让农民将其利益服从于产业工人的利益,而且也不认为农民争取私有财产的努力跟社会主义有丝毫相悖。理论上模糊并热衷于感情化的概括,社会革命党代表着城市无产阶级集体主义的对立面——农业,一种社会主义变体——准重农学派。很自然,在一个有4/5人口生活在土地上并依靠土地为生的国家里,这样一种思想体系会产生重大的影响。布尔什维克曾经镇压了主张这种思想体系的党,但是他们却无法摧毁赋予它生气的那些利益、感情和情绪。现在那种感情和情绪已经渗透到他们自己的队伍中来了。在一个一贯敌视民粹派观点的环境里,这种情绪是不可能用通常的语言表达出来的,但是通过马克思主义传统的三棱镜折射,它最终用布尔什维克的声音说出来了。这一种倾向在反托洛茨基主义运动中吸取了强大动力,三驾马车在这个运动中竭力要把托洛茨基诬蔑为俄国农民的敌人。这个指控部分是冷血动物的一种创造,但是它也概括了一种现实的情绪。新民粹派倾向不久就获得了强大实力,直到目前在反托洛茨基主义斗争的暂时休止期导致党内新右派集团的诞生。

出来充当右派集团的鼓舞者、理论家和思想家的人是布哈林。他担任这个角色多少令人不解。自从签订《布列斯特-里托夫斯克和约》以来,他一直是坚持"严格的无产阶级"观点的左派共产主义者的主要代言人。他曾激烈谴责列宁的"机会主义",反对托洛茨基的军队纪律,维护非俄罗斯民族而反对斯大林。后来,在1923年初他曾同情过托洛茨基的激进思想。然而到了1924—1925年,他的名字却成了温和、"机会主义"和偏向富农的象征。这个变化不是偶然的。布哈林的左派共产主义思想是建立在他对欧洲尽早发生革命的期待上的,所有的布尔什维克领导人都对这个前途下了大赌注,但恐怕没有一个人像布哈林那样执著。大家都将欧洲革命看做是俄国摆脱贫穷落后的出路。谁也不相信一个弱小的工人阶级在千百万财迷的农民包围下能实现社会主义目标。布哈林更不相信。他热烈地渴望西方工人能崛起,推翻他们的资产阶级,向俄国伸出援助之手。他给西方工人头上绕上一团革命理想化的光环,过分夸大了他们的阶级意识和战斗精神。他愤激地反对布列斯特-里托夫斯克和谈,因为他担心布尔什维克俄国向霍亨索伦王室低头的情景会让西方工人阶级泄气沮丧，而且还担心布尔什维主义与后者中断了来往，孤零零地同俄国农民呆在一起，那它就只有死路一条了。

现在，布哈林发觉布尔什维主义真是孤零零地同俄国农民呆在了一起。他对西方革命不再抱希望了。他伙同斯大林一起宣布"一国建成社会主义"。在此以前，布哈林曾充满信心地谈到世界资本主义迫在眉睫的崩溃，现在他又以同样的信心断定它是"稳定"的。从这个新的角度出发，他对国内形势有了新的看法。他在感情上无法接受原先全部推理所指向的那个结论：俄国革命走上了一条死路。相反，他却得出结论，因为西方工人无法成为同盟者，因此布尔什维主义必须承认俄国农民是它唯一真正的朋友。就跟以前他期望于欧洲无产阶级那样，他又以同样的热诚、同样的希望转向农民，用同样的能量把它理想化。不错，党在列宁的鼓励下一直在培植"工农联盟"。但是自从1917年以来，布尔什维克从未跟富农建立友谊；而列宁始终把中农甚至贫农看成是"摇摆不定的同盟者"，他们受私有财产的诱惑很可能会变成敌人。这种如此困难和动摇的联盟现在已经不能使布哈林安心了。他希望把这个联盟建立在一种看来更广泛、更坚实的基础上。他希望说服他的同志们：必须迎合全体农民，停止挑唆贫农去反对富农，甚至应该将希望寄托在"富有的农民"身上。这就意味着在俄国农村放弃阶级斗争。或者是囿于旧的思维习惯，或者是出于策略考虑，布哈林还不敢公然推出这些结论；但是这些结论却被他的学生马列茨基（Марецкий）、斯捷茨基（Стецкий）以及其他"红色教授"毫不隐讳地替他提出来了，他们在大学、宣传部门和报纸上到处宣传新民粹派思想。

布哈林还有一些更实际的考虑。在新经济政策的体制内，布尔什维克与贫农共同对付富农的"联盟"即使不是一点儿效果也没有的话，那么也是没有多少积极效果。贫农甚至中农无法养活城镇。他们在最好的情况下也只是勉强养活他们自己。城市工人的福利乃至生存都依赖于少数富农。这些富农当然很想卖出他们的粮食；但是他们卖粮是为了致富，并不仅仅是为了生存。他们的卖主地位是极其稳固的。的确，从前城镇对乡村的依赖还从未像现在这样一边倒，这样严重，这样露骨。政府和党要改善这种境况，是不可能采取骚扰、刁难富农以及挑动贫农反对富农的办法的。富农苦于征集、索取和价格控制，受到销售、租赁土地和雇工等方面限制的困扰，因而他们地种得更少，收成更少，卖出的也更少。政府必须作出抉择：或者是摧毁其实力，或者是允许他们积累财富。党内没有一个集团建议剥夺富农的财产——对任何集团来说，剥夺数百万农民的财产是不可设想的，根据马克思主义的观点也是不允许的。①

因此，布哈林的结论——党必须允许富农更富——就有了一种特殊的现实性和连贯性。他争辩道，新经济政策的目的就在于利用私人企业重建俄国经济；但是私人企业如果得不到酬报，就不能指望它会发挥作用。社会主义压倒一切的利益在于增加国家财富；如果群体和个人能同国家一起富裕起来，那么国家利益便不会受到损害——反过来，如果他们的钱柜装满了，他们也会使整个国家富裕起来。正是出于这种考虑，布哈林向农民发出了他那著名的呼吁："发财吧！"

布哈林没有看到的问题是，富农竭力牺牲其他阶级的利益而使自己富裕起来：他们付给雇工低工资，压榨贫苦农民，收购他们的土地，试图向他们和城市工人索取更高的粮价。他们逃避税收并把负担转移到贫民身上。② 他们竭力牺牲国家利益来积累自己的资本，因而延缓了社会主义经济成分内的积累。布哈林津津乐道的是社会画面中的那个部分，其中不同阶级和群体的利益、各种"成分"的利益是相互补充、彼此一致的，以至于富农、贫农、工人、工厂经理甚至耐普曼，显得亲如手足、十分幸福。社会画面的这一方面是完全真实的，但它仅仅构成其中的一个部分。他忽视了另一部分，其中大家互相倾轧和勾心斗角，自家兄弟却变成了敌人，都想割断对方的喉咙。这个布尔什维克的巴师夏（Bastiat）③，他颂扬新经济政策下苏联社会的"和谐的经济"，并祈求不要出什么事扰乱这种和谐。他打心底发出这个祈求，因为他有一种强烈的预感，"消灭富农阶级"的凶相将降临大地。

第一次重大争论是托洛茨基主义者普列奥布拉任斯基成为他的论敌的那次争论，布哈林在争论中进一步发展了他的思想。托洛茨基主义根据纯粹的马克思主义观点强调阶级冲突和阶级对抗，强调社会主义利益对私有利益的优先地位，这与新民粹派的态度形成了鲜明的对立；而在他们各自集团的内部，这两位原是《共产主义ABC》一书的合作者，现在却分别代表着布尔什维克思想

---

① 由于2000多万农户至少有10%属于富农，实施财产剥夺将马上影响到200万—300万的农户，即使中农不受损害，但中农的上层难以同富农区别开来，因此受影响的数字必然远不止于此。

② 那时强制推行的单一农业税有利于富农。那些把自己的一部分土地出让给富农的贫农为了获得马匹和农具以便在剩下的那部分土地上耕作，照例得为让给富农的那块土地支付土地税。间接税在苏联预算中越来越重要，一般加于贫农身上的负担远比富农身上的重。

③ 巴师夏，克劳德·弗雷德里克（1801—1850），法国经济学家。鼓吹劳资调和论，否认资本家对工人的剥削。——译者注

中相反的两极。1924年底，在普列奥布拉任斯基的《新经济学》第一卷出版时，这场争论随即展开。

普列奥布拉任斯基将他的全部论点都建立在迫切需要加速工业化这一基础上——俄国社会主义政权的整个前途都系于此。由于俄国的落后，苏联只能通过社会主义原始积累的手段来实现工业化。与布哈林的假定相反，社会主义原始积累肯定会与私人积累发生冲突。在国际上，社会主义与资本主义之间的竞争将取决于这两个制度的相对财富、效率和文化实力。俄国是带着一种陈旧的、基本还是前工业化的结构进入竞争时代的。它无法承受同西方"垄断资本主义"的"自由竞争"。俄国不得不采取和坚持"社会主义垄断制"，只要它的生产力还没有达到最强大的资本主义国家如美国所达到的水平。① （普列奥布拉任斯基争辩说，即使俄国已经不再孤立，即使全欧洲已经推翻了资本主义统治，但全欧洲仍要进行社会主义原始积累，尽管更少强迫、时间更短，因为它的生产资源还赶不上美国的资本主义。)

普列奥布拉任斯基问道：社会主义原始积累的实质是什么呢？在不发达国家里，社会主义工业化自身不能产生快速工业化的资源。它的利润和剩余价值只能构成所需积累资金的一部分，而且是很小的一部分，其余部分应当从可能成为工资基金的部分和私有经济成分所赚得的利润和收入中得到（用凯恩斯主义的话来说，国有化工业的节余与投资需要相比实在少得可怜，因此私有企业的节余应当为国有化工业提供大部分投资资本）。为了社会主义经济成分的积累需要，只能给私有成分的积累规定严格的限制；而政府应该强迫实施这个限制。在某种意义上，工人国家在这一过渡时期内不得不"剥削"农民。它不能迎合消费者的利益；它必须优先发展重工业。由此形成的消费品相对短缺意味着不同社会集团的不同消费水平，意味着管理者、技术员、科学家、熟练工人等人的物质特权。这种不平等尽管讨厌，却不会产生新的阶级对抗。享有特权的官僚集团不会形成新的社会阶级。官僚集团与工人之间在收入上的差别，不论就其性质或社会意义来说，跟熟练工人与非熟练工人之间的"正常"差别并没有什么不同。他们只是同一阶级内部的不平等，而非两个敌对阶级之间的对抗。这样的不平等必须、并且只能随着社会财富的增长和教育的普及而消除，财富的增长和教育的普及会使熟练劳动与非熟练劳动、脑力劳动与体力

---

① 叶·阿·普列奥布拉任斯基：《新经济学》第1卷，第1章，第101—140页。

劳动之间的差别逐渐模糊并最终被消除。同时,"我们应当采取生产者而非消费者的观点。……我们还不是生活在生产为了消费的社会主义社会,我们只是处在社会主义原始积累时期——我们生活在积累规律的铁蹄下。"①

在这个过渡时期,工人国家失去了资本主义所特有的优越性,却还没有从社会主义优越性中获得好处。这是"社会主义国家生活中最严酷的时刻……对于我们来说,这是一个生死攸关的问题,我们必须尽可能快地通过这个过渡阶段,到达社会主义制度可以充分发挥其优越性的那一点"②。普列奥布拉任斯基并没有主张产业工人的工资和农民的收入在这个过渡时期实际上要被压低(如同斯大林时期那样)。他所指的和所说的是:国民收入将会由于加大积累而迅速增长,与此同时,工人和农民的收入也会增长;但是因为国民收入的大部分用于投资,他们的收入可能增长得不那么快。

他强调说,积累"规律"宣告自己是一种"客观力量",在某些方面相当于资本主义的那些"规律"。资本主义的那些规律决定人们的经济行为,不管他们是否意识到那些规律,也不管他们自己的思想和意图如何。社会主义原始积累的规律将最终推动国有化工业的经理即党的领导者着手去加强工业化,而不管他们是否愿意这样做。其中许多人暂时还会以忧虑甚至反感的心情接受这个建议,即国有工业为了扩展就必须吸收私有经济成分的资源;逐步使之社会化,并把数百万分散、小型、没有效益的农庄改造为大规模、机械化的生产者合作社。然而,负责经济事务的那些人的"主观看法"并不一定具有重要的决定意义:"我们国有经济的现有结构经常证明它自身比我们整个经济领导体制更为进步。"③ 新的官僚集团也许会抵制过渡时期的逻辑;但它不得不按照这个逻辑而行动。普列奥布拉任斯基始终认为革命在不太遥远的将来会传播到西欧去。但即使这样,原始积累的问题"至少 20 年内还会是我们注意的焦点"④。差不多 40 年过去了,这个问题依然存在,并且仍旧这样处理。

托洛茨基并不完全同意普列奥布拉任斯基的观点,虽然在基本思想上他们两人是一致的。但他回避对这些分歧进行任何公开讨论。他不想为难很快就要遭到猛烈抨击的普列奥布拉任斯基。当时他们的分歧没有产生任何政治后

---

① 普列奥布拉任斯基:《新经济学》,第 240 页。
② 同上,第 63 页。
③ 同上,第 184 页。
④ 同上,第 254 页。

果——只是四年之后，当托洛茨基和普列奥布拉任斯基都被放逐出莫斯科之后，这种分歧才变得严重起来，并导致了痛苦的绝交。

普列奥布拉任斯基提出其论点的那种纯粹抽象的方式很不合托洛茨基的口味。他本人对待同样的问题更多的是从经验出发，当然在方法上也不那么严密。作为一个学者，普列奥布拉任斯基在强调"剥削"农民的必要性时根本不讲策略，这就让反托洛茨基主义的宣传家抓住了把柄。当然，他是在严格理论的意义上谈剥削的，马克思主义者正是在这样的意义上谈到资本主义对哪怕工资最高的工人的剥削的，因为他们创造出来的价值要大于他们的工资所体现出来的价值。他证明说，在两大经济成分之间的交换中，社会主义成分对私有成分会是获取大于给予，尽管随着国民收入的增长，私有成分中的价值总量也同样会增长。但是官方批评家抓住了剥削这一刺激性的字眼儿，赋予它庸俗的含义，歪曲它的原意，使人们以为普列奥布拉任斯基是说使农民贫困化及削弱是积累的必要前提。他试图纠正自己并"收回"那种刺激性的字眼儿。但事与愿违：这等于承认那帮批评家一点儿没错。

读者还会记得，在党的第十二次代表大会上，当托洛茨基谈到社会主义原始积累时，克拉辛问这是否意味着对农民的剥削；托洛茨基当时跳起来否认这一点。① 现在普列奥布拉任斯基又提出同样的问题并作了肯定的回答。据内部证据，这个答复在托洛茨基看来太直率、太生硬。他无论如何不肯承认这种观点：农民照例会从始至终为原始积累付账。② 托洛茨基也不主张让工业化的步伐像普列奥布拉任斯基所希望的那样是强制的。他们之间甚至还有更深刻的分歧。虽然普列奥布拉任斯基以世界革命为基点，但他构成他的原理的方式意味着，社会主义原始积累可以由苏联单独完成，或可能由苏联同其他不发达国家联合起来完成。这种瞻望在托洛茨基看来是不现实的，他看不出苏联怎么能单独地把它的工业水平提高到西方国家所达到的水平；而且正是这种瞻望为在理性上同"一国建成社会主义"妥协打开了缺口。托洛茨基也不能同意，普列奥布拉任斯基所谓"客观力量"或原始积累的逻辑会将自身强加到党的领导人头上，把他们变成它的代理人，而不管他们怎样想和打算。这种观点在托洛茨基看来无疑是太僵硬的决定论，甚至是宿命论，它过分依赖社会主义的自动

---

① 参见本书第二章。
② 布哈林在争论中强调了托洛茨基与普列奥布拉任斯基之间的这种分歧。布哈林：《反对派经济纲领批判》，第56页。

发展而不是依赖战斗者的意识、毅力和行动。

但是，这仍是理论性的分歧，仅仅包含着政治不和的种子。即使托洛茨基认为普列奥布拉任斯基夸大了工业化的理由，但这毕竟是他们两人共同捍卫的理由。如果他觉得普列奥布拉任斯基在政治上对待农民不够策略的话，那么他自己也正像普列奥布拉任斯基一样批判官方对富农的迎合政策。在理论上，《新经济学》的原理设想可在单独一个工业不发达的国家实现向社会主义的过渡；但在政治上，普列奥布拉任斯基并不相信在一国能建成社会主义。最后，尽管普列奥布拉任斯基确信积累法则能够压倒党的领导人的经济保守主义，但他并不仅仅依赖那些法则的作用——他始终是一位斗士，号召布尔什维克履行自己的责任，不要坐等必要性来推动他们。因此托洛茨基同情地注视着普列奥布拉任斯基的论点，即使对其有所保留。

布哈林将普列奥布拉任斯基的全部概念斥为"奇谈怪论"[1]。他抨击最猛烈的是剥削农民的这个论断。他声称，如果布尔什维克根据普列奥布拉任斯基的思想行动，就会破坏工农联盟，并表明无产阶级（或以它的名义进行统治的那些人）成为新的剥削阶级而竭力将其专政永久化。国有工业不能也不应靠"吞没"私有经济成分而发展——相反，只有依靠它才能取得重大进步。[2] 按照普列奥布拉任斯基的设想，农民市场只起到从属作用；他认为国有工业产品的主要出路在于工业本身，在于它对生产者产品的不断扩大的需求。布哈林反驳说，在俄国这样的国家里，农民市场必须成为工业化的基础。正是乡村对商品的需求首先支配着工业发展的步伐。正如他自己所说，他所担心和恐惧的是国有经济的"寄生性垄断倾向"；而他从农民放任的经济活动中看到了对这种倾向的主要制衡，如果说不是唯一制衡的话。

然而，布哈林正是在这里陷入了根本的困境。因为他的论点反对的正是社会主义的根本。他问道，如果不是从农民市场中，那么国有工业从哪儿能找到"这样的刺激——它能推动我们前进、保证我们的发展并取代私有经济刺激即利润刺激呢？"[3] 按照马克思主义的观点，农民所有权是与充分成熟的社会主义根本对立的，因此，布哈林实际上给整个马克思主义的社会主义打上了一个

---

[1] 布哈林：《反对派经济纲领批判》，第 21 页。
[2] 同上，第 16 页。
[3] 普列奥布拉任斯基回答说，工人捍卫其消费利益的压力能从根本上抵消官僚化管理经济的寄生特点。这样的压力只有当工人阶级自由地面对国家捍卫自身利益时才能感到，那是在工人民主制条件下才能做到的。

第四章 战斗间隙

问号。他暗示，社会主义成分不能在自身中找到任何有效替代物来替代利润的推动力，因而它最终只能从私有成分中活跃的利润动力中获得刺激。① 布哈林以准民粹派的方式指望农民把国家从国有经济的垄断掌握下搭救出来。他主张，不但应当允许农民在自己的土地上繁荣起来，而且农民的需求应该决定国家迈向社会主义的步伐。在这样的条件下，进步将是缓慢的，甚至是很慢的；但这是没有办法的事："……我们将一寸寸地向前挪动，在我们身后拖着一辆笨重的农民大车。"② 关于俄国发展的这种想法更像是托尔斯泰式的而不是马克思式的。再没有比普列奥布拉任斯基的想法更与它对立的了，他认为"我们必须尽可能快地通过这个过渡阶段。……我们生活在积累规律的铁蹄下。"这是两个格格不入的纲领。

只要这两位理论家一直以一定程度的专业语言进行争论，就不会在小圈子外引起太大的激动。但这些争论的问题不可避免地会采取更通俗的形式，成为更广泛的政治辩论的中心。然而并不是被迫沉默并已涣散的托洛茨基反对派首先挑起争论的。对布哈林的新民粹主义、他与富农的"调情"和他对俄国工业落后实际上的容忍，最强烈的反应来自列宁格勒。主要在由季诺维也夫领导的该市党组织内，形成了一个与新右派对立的新左派。在苏联各城市中，列宁格勒一直是最无产阶级化的一个城市。它具有最强大的马克思列宁主义的革命传统。它的工人比任何人都更痛感到实行大胆的工业政策的必要。这个城市的机械厂和船坞由于钢铁供应断绝而停工。列宁格勒人比任何人都更不同意俄国农民应该决定工业重建的步伐；他们也比任何人都更不能忍受这种前途：他们只能慢吞吞地爬行，并懒洋洋地拖着笨重的农民大车。俄国城市对俄国农村这种惰性和保守主义的所有对抗都集中于这个古都。尽管它的党组织是以官僚主义方式运转的，而且长期以来已不再能代表工人了，但也不能不在某种程度上反映出这种普遍的不满。它的组织者和鼓动者不得不与大量的失业者打交道，并受到他们愤懑和焦躁情绪的影响。普遍流行的情绪立刻感染了党的各级领导集团，并推动他们去反对新右派。季诺维也夫在1925年的大部分时间里领导着对布哈林派的挞伐。整个北方局都动起来了。共青团也斗志高昂地投入了这

---

① 全党包括布哈林仍然恪守着列宁发展农村合作社的纲领。但是这种恪守并不影响实际政策。普列奥布拉任斯基争辩说，即使是列宁的纲领也不适合，因为它强调的不是生产者的合作社，而是另一种较次要的合作形式。

② 布哈林：《反对派经济纲领批判》，第9页。

场斗争；列宁格勒的新闻界开始了猛攻。

新的裂痕也同时在政治局里出现了。三驾马车一旦击败托洛茨基并把他从陆海军人民委员部排挤出去，他们团结的纽带就断裂了。莫洛托夫后来回忆说，他们之间的不和在1925年1月就开始了，当时加米涅夫提议斯大林接替托洛茨基在陆海军人民委员部的位置。根据莫洛托夫的说法，加米涅夫和季诺维也夫希望借此把斯大林从总书记处撵走。①（相当早的时候，即在1923年10月，季诺维也夫和加米涅夫就有了这种打算，甚至试探过托洛茨基。但是托洛茨基当时感到同季诺维也夫携手没有什么好处，他认为季诺维也夫是他最邪恶的政敌。）② 斯大林本人把这次冲突的开始一直追溯到1924年末，当时季诺维也夫提议把托洛茨基开除出党，而斯大林回答说他反对"割除和流血"③。托洛茨基离开陆海军人民委员部之后，季诺维也夫建议让他去做管理皮革业的低级工作；而斯大林则说服政治局作出了侮辱性相对小些的任命。季诺维也夫一怒之下就发动列宁格勒党组织攻击斯大林及其他政治局委员倾向于托洛茨基，把他们斥为"半托派分子"。

但是在这些小花招中还没有暴露出任何关于政策问题的分歧。只是在1925年4月最后一周，中央委员们才注意到三驾马车之间出现了政治破裂的迹象。在为即将到来的党的代表会议准备的决议文本中，斯大林打算宣布在一国单独建成社会主义。这一思想他早在几个月前就已经形成了，但现在他才第一次企图使它得到正式承认，并要把它纳入党的学说中。季诺维也夫和加米涅夫表示反对。不过，三驾马车谁也不想在向托洛茨基摊牌之后这样快就暴露出他们的不和去惊动全党。他们把问题掩盖起来，同意提出一种含糊的决议，在开头部分让全党知道列宁从来就不相信一国建成社会主义，而在结尾部分却谴责托洛茨基不相信一国建成社会主义。④ 手里拿着这份自相矛盾的决议文本，三驾马车仍以共同阵线的姿态出现在代表大会面前，在作出各种具有紧迫现实意义的决定时他们继续保持一致。代表大会投票赞成扩大私有农业和私有贸易

---

① 参见《联共（布）第十四次代表大会》，第484页。
② 这是伏罗希洛夫在托洛茨基在场时所作的揭露，托洛茨基没有否认。同上，第388—389页，季诺维也夫基本肯定了揭露的内容。同上，第454—456页。
③ "今天割除一个人，明天割除另一个人，后天再割除第三个人——那在我们党内还会留下什么人呢？"《斯大林全集》中文版第7卷，第317页。
④ 《苏联共产党代表大会、代表会议和中央全会决议汇编》第2卷，第46—50页。波波夫：《联共（布）党史纲要》第2卷，第239页。

的自由、降低农业税、废除对土地出租与雇工的种种限制。这些决定显示出布哈林思想学派的显著影响。但是没有一个领导人反对这些决定,部分原因是因为大家都因歉收而震惊,并且都承认有必要给予农民新的刺激;部分原因则是因为所有这些决定都是暧昧不清的,致使每个解释者都能从中找到他所希望的东西。

又过去了四五个月,在整个夏天,三驾马车之间的分歧仍未公开化。季诺维也夫和列宁格勒人发动运动仅仅是反对布哈林和李可夫,反对新民粹派的"红色教授"。他们这样做等于帮助斯大林巩固自己的地位。政治局一直是由以下七个委员组成的:斯大林、托洛茨基、季诺维也夫、加米涅夫、布哈林、李可夫和托姆斯基。新右派的领袖布哈林、李可夫和托姆斯基同斯大林联手并同他一起构成了多数。政治局里的投票算术一目了然,季诺维也夫和加米涅夫若只是急着把斯大林撵走,就必须设法与布哈林合作而不是攻击他。他们之所以攻击布哈林,是因为在这种形势下,信念和根本分歧问题对于他们来说远比打个人算盘重要得多。

同时,国内危机加深了。对富农所作的种种让步并不能满足他们。夏季,谷物上缴远远未达到预期之数。政府被迫紧急停止谷物输出,取消在国外购买机器和原材料的订单,因为这些订货要用输出谷物所得金额来偿付。哪怕是暂时的拖延,工业复兴也会遭到严重的挫折。城镇粮食短缺,面包价格上涨。党的领袖们不得不重新考虑该做什么才能缓和城乡之间的紧张关系。布哈林敦促政治局向农民作出进一步的让步以给予新的刺激——正是在这样的时候,布哈林加紧向农民呼吁,号召"发财吧!"他坚持有必要最终取消那些妨碍农业资本积累的限制。对那些被他的要求所激怒并害怕富农的人,布哈林回答说:"只要我们仍然衣衫褴褛……富农就会在经济上打败我们。但若是我们让他们把余款存在我们的银行里,他们就不会这样干了。我们将帮助他们,他们也将帮助我们。到了最后,富农的孙子将会因为我们用这种方式对待他们的祖父而感激我们。"① 布哈林的信徒们又锦上添花地谈到新的新经济政策的到来;并且炮制出这样的观点,即有可能使富农和平长入社会主义。其中一位姓博古舍夫斯基(Богушевский)的人在中央委员会的政论刊物《布尔什维克》杂志上争辩说:富农已不再是值得考虑的一种社会力量——它只不过是一个怪物,"一个幽灵",或一种"老朽的只剩下个把标本的社会类型"。②

---

① 《布尔什维克》1925 年第 8 期。
② 同上,第 9—10 期。

列宁格勒人则报以愤怒的叫喊。它那里的工人们每天都能找到新证据来证明富农的富有及其惊人的力量——在他们的面包房中。在莫斯科委员会上,加米涅夫举出新的统计数字说明缺乏生活必需品的城镇是如何依赖少数农民,并对中央委员会容忍当前事态,甚至进一步姑息支持新的新经济政策的叫嚣这种倾向提出警告。列宁格勒人要求党向贫农发出新的呼吁去反对富农。他们指出,由于向富农讨好,党已站到了广大贫农、中农的对立面,并使富农成为俄国农村的实际领袖。这种批评无疑是正确的。① 但是批评论点中的弱点正是在于贫农甚至中农没有生产出城镇所需要的余粮。因此,党的领导集团比以前任何时候都更担心"挑起农村阶级斗争"和激起富农的敌意。农村苏维埃对组织农村雇工并支持他们的要求之事十分谨慎。人们纷纷议论着即将把国有土地归还给私人。在格鲁吉亚,农业委员按这个意思公布了"纲领",即法令草案;类似的法令在高加索及西伯利亚其他地区的公布也指日可待。斯大林本人则看不出有什么理由不该把地契还给农民"40年或更长的时间"。他也坚决制止"在农村挑起阶级斗争"。②

现在争论的焦点从当前政策转向了更广泛的基本问题。列宁格勒人质问道:我们要不要把无产阶级革命进行到底?难道我们为了富农的利益就应该牺牲工人阶级的根本利益吗?是什么使我们的党放弃了农村阶级斗争,并把它变成了农村资本主义的鼓励者?是什么驱使我们的主要理论家高喊"发财吧"的口号?为什么我们这么多领袖都心甘情愿地对俄国的落后表示逆来顺受?我们早年的革命激情到哪儿去了?列宁格勒人得出结论:他们曾经为之奋斗的一切正处于危险中,党的理想正遭到歪曲,列宁主义的原则正被抛弃。他们想知道,革命是否达到了一个衰落点,就像当年其他革命——特别是法国革命那样。既不是季诺维也夫也不是托洛茨基或其他杰出的知识分子,而是一位自学的工人,列宁格勒党组织书记彼得·扎鲁茨基(Петер Залуцкий)第一个挺身而出,在公开讲话中将布尔什维克的现状跟衰退中的雅各宾主义作了重要的对比,第一个提出了威胁革命的"热月政变"危险的警告——我们马上就会发现这种想法正是托洛茨基对斯大林主义的所有谴责的核心。③

---

① 在下半年的第十四次党代表大会上,斯大林派的发言人承认了这些事实。例如,米高扬声明:"我们正在做巨大的努力争取中农,他们已成了富农的政治俘虏。"《联共(布)第十四次代表大会》,第188—189页。莫洛托夫更委婉地说:"当前我们还没有真正领导起中农。"同上,第476页。

② 《斯大林全集》中文版第7卷,第105、144—148页及同书各处。

③ 《联共(布)第十四次代表大会》,第150—152页。

第四章 战斗间隙

法国大革命中的"热月政变"

1794年7月28日,罗伯斯庇尔及其支持者被送上断头台

扎鲁茨基说，布尔什维主义可能因为自身的消沉而没落。它的毁灭者可能就来自它的内部，来自它那些姑息反动情绪的领袖。为恢复革命声誉的呼喊已从列宁格勒发出。让我们的领袖们永远忠实于工人阶级和社会主义理想！让平等永远是我们的理想！"工人国家"也许穷得使我们平等的梦想还不能实现，但是不要嘲弄这个梦想！

季诺维也夫本人成为这种情绪的代言人。早在9月间，他写了一篇题为"时代的哲学"的文章，只是在他删去了最有刺激性的部分之后，政治局才允许他发表。其中一段充满着谴责："你们可想知道我们这个时代的广大群众向往的是什么吗？"

> 他们向往的是平等。……如果我们希望成为人民群众的真诚喉舌，我们就应该站在人民群众为争取平等而斗争的队伍前列。……工人阶级，还有站在他们身后的广大人民群众，在十月革命的伟大日子里是以什么名义起来斗争的？他们以什么名义追随列宁赴汤蹈火？他们又以什么名义……在最初的艰难岁月里站到了列宁的旗帜下？……以平等的名义……①

大约与此同时，季诺维也夫还出版了他的《列宁主义》一书，其中对党的学说的阐述同对苏联社会的批判性考察结合起来。他揭示出私有成分与社会主义成分之间的矛盾及其紧张关系，并指出即使在社会主义成分中也存在着强大的"国家资本主义"因素。工业国有化在其中代表着社会主义因素，但国家雇主与工人之间的关系、官僚管理、工资差别却标志着资本主义。季诺维也夫在这里首次公开出面批判一国社会主义理论。他始终认为，即使苏联处于无限期的孤立状态，也能在社会主义建设中取得巨大进步；但由于贫穷、落后以及置身于国内外各种危险中，它不能指望不折不扣地实现社会主义。它不可能在经济和文化上超过资本主义的西方，不可能消灭阶级差别并使国家消亡。一国建成社会主义的前途是不现实的；布尔什维克没有必要把这样一种空中楼阁摆在人民面前，特别是一国社会主义意味着放弃国外革命的希望并与列宁的国际主义决裂。这就是新的分裂的症结所在。新右派在民族与孤立主义的严格框

---

① 乌格拉诺夫在党的第十四次代表大会上引用过这段严词责问的话。《联共（布）第十四次代表大会》，第195页。

架内形成它的政策。左派则不顾国际共产主义所遭到的各种失败，仍然恪守党的国际主义传统。

在此阶段，即1925年夏季，斯大林及其追随者的态度属于中间派。这部分是出于信念，部分是出于机会主义的考虑——因为斯大林要依靠布哈林和李可夫的支持，因此他支持亲富农的政策。但是他抑制着他的右派盟友，否定他们最露骨的声明，如布哈林的"发财吧"①。他小心谨慎，狡猾老练，对逻辑和理论细节都毫不关心，他的思想和口号都是借自右派和左派，并常常自相矛盾地把它们糅合在一起。他的力量主要就在于此。他竭力模糊一切问题，混淆一切争论。如果有人批评他的某一次声明，他总是能够提出另一个刚好相反的声明。对于官僚作风与骑墙派习惯来说，他那折中主义的套话大有妙用；但也能吸引不少诚实而胆怯或头脑糊涂的人。如同任何"中间派"一样，在斯大林派中，一些人倾向左派，另一些人则倒向右派。加里宁和伏罗希洛夫接近布哈林和李可夫，而莫洛托夫、安德列耶夫和卡冈诺维奇则是"左派斯大林主义者"。他自己的支持者中间的这种分歧也导致斯大林本人与右派保持一定距离。唯有在一国社会主义这个问题上，他与布哈林是完全一致的。

10月初，中央委员会为在年底召开的党的第十四次代表大会考虑各项筹备工作。四位中央委员季诺维也夫、加米涅夫、索柯里尼柯夫和克鲁普斯卡娅提出联合声明，要求自由争论，所有党员对任何争论问题都可以畅所欲言。三驾马车中的两巨头想借此让基层党员群众注意到他们呼吁反斯大林和布哈林的意图。

索柯里尼柯夫并不完全赞同季诺维也夫和加米涅夫的观点。在最近几年，他作为财政人民委员不遗余力地鼓励私人企业，不少人因而把他看成右派集团的台柱子。但是他也对政策的倾向和斯大林日益膨胀的权力感到不安，因此他在要求争论的联合声明上签了字。克鲁普斯卡娅则坚定地站在季诺维也夫和加米涅夫一边，鼓励他们把政治局里的意见分歧向全党公开，而且要直言不讳。她无法接受蔑视她丈夫的遗愿而让斯大林留在总书记的位置上这件事；她也反感地注视着布哈林思想学派影响的日益增长。她曾试图说出自己的反对意见，但是政治局不许她这样做。她的呼声对党员群众颇有分量，他们知道，她与列宁的合作是那么长久和紧密，不仅是作为列宁的夫人，而且还作为列宁的秘书

---

① 《斯大林全集》中文版第7卷，第146页。

和思想合作者。现在她急于声明支持季诺维也夫对列宁主义的解释，反对一国社会主义。

这四位中央委员要求公开争论是符合规则和惯例的：党至今还从来没有不经过预先讨论而召开党的代表大会的先例。但是，中央委员会无论如何也不肯同意公开争论，并且责成季诺维也夫和加米涅夫克制对官方政策的任何公开批评。现在两巨头也掉进了他们从前使托洛茨基陷入的那种两难的窘境。如果公开讲话，则违背了内阁一致的原则，他们作为中央委员和政治局委员要受其约束。若不讲话则违反了他们自己的政治良心和政治利益。在他们保持沉默而他们的追随者只攻击布哈林分子的时候，斯大林却不断地剥夺着他们的权力。迄今为止，加米涅夫对莫斯科委员会还具有绝对的影响。但在整个夏季里，总书记已经悄悄地把加米涅夫的下属从其岗位上调走，用新多数派的可靠支持者填补空缺。但是列宁格勒还被季诺维也夫及其追随者牢牢盘踞着，斯大林暂时还对他们无可奈何。季诺维也夫本人不得不装装中央委员会团结一致的门面，而他的追随者说话却肆无忌惮。他们个个义愤填膺，准备将他们对官方政策的抨击带到全会上去。

从10月到12月，莫斯科与列宁格勒之间展开了紧张激烈、赤裸裸的鏖战。两个首都与会代表的选举都是被操纵的。莫斯科只选斯大林与布哈林的提名者，而列宁格勒的代表则是清一色的季诺维也夫信徒。一场公开冲突显然是无法避免了。季诺维也夫和加米涅夫决定公开向官方的政策报告挑战，同时提出他们自己的反报告。12月18日，在代表大会开幕的那天，季诺维也夫开火了，并在《列宁格勒真理报》上对他的政敌大加鞭挞：

> 他们高谈什么国际革命；但是他们把列宁描绘成局限于民族范围的社会主义革命的鼓舞者。他们向富农宣战；却又提出"发财吧"的口号。他们高喊社会主义；却宣布新经济政策的俄国是一个社会主义国家。他们"坚信"工人阶级；却向富农伸手要救济。

* * *

布哈林派和季诺维也夫派之间的交锋已经进行了好几个月，三驾马车之间的冲突也酝酿了将近一年。看来，这正是托洛茨基期待已久的重新组合行动的

第四章 战斗间隙

良机。但是在这整个时期里他却置身事外,对导致党分裂的那些问题保持沉默,仿佛对它们一无所知。13年后,当他在墨西哥站在杜威委员会面前时,他承认,在党的第十四次代表大会上,季诺维也夫、加米涅夫与斯大林之间如同敌人般的互相厮杀把他惊呆了。他说:"冲突的爆发完全出乎我的意料。在代表大会期间,我疑惑地等待着,因为整个形势改变了。我完全不懂到底是怎么回事。"①

事过多年之后,这样的回忆似乎相当不可信;但它却被托洛茨基在代表大会期间所写的尚未发表的日记摘要完全证实了。② 他向杜威委员会解释道,他之所以感到惊异,是因为他虽然是政治局委员,但三驾马车小心翼翼地向他隐瞒他们之间的分歧,并趁他缺席时在起着真正政治局作用的秘密核心小组会上挑明了分歧。这个解释尽管是符合实际的,却没有说明什么。首先,围绕着一国社会主义问题的重大争论是公开进行的。只要他留心事态的进展,就不可能无视它的重要意义。显然他没有这样做。其次,季诺维也夫、加米涅夫、克鲁普斯卡娅和索柯里尼柯夫不是在秘密核心小组会上而是在10月召开的中央委员会全体会议上提出公开争论的要求的。但即使季诺维也夫等人不这样做,即使围绕一国社会主义问题的公开争论没有显示新分裂的迹象,像托洛茨基这样一位思维严谨、兴趣广泛、目光锐利的观察家怎么会意识不到这种倾向,怎么会对许多征兆视而不见,这多少是一个谜。他怎么会对好几个月里来自列宁格勒的沸沸扬扬的议论听而不闻呢?

我们可以得出这样的结论:托洛茨基的惊异在于他并未去观察、思考和分析。若说拉狄克、普列奥布拉任斯基、伊万·斯米尔诺夫以及他的其他好友没有注意到发生的事,或说他们中间没人想引导他注意这一问题,这都是不可能的。显然,他的心灵之窗是关闭着的。他仿佛生活在另一个世界上,深埋在自我天地和自我意识之中。他全神贯注于科学、工业和文学工作上,这在一定程度上使他免受周围环境的打扰。他躲避着党内事务。他充满优越感,蔑视他的政敌,厌恶那些争论的方式和各种阴谋诡计,他对他们的所作所为不感兴趣。他服从政敌们捆绑住他的纪律,但是他昂着头不看他们一眼。几年后在莫斯科有人告诉本书作者,在中央委员会会议上,他看上去总是那样安分守己,一坐

---

① 《列夫·托洛茨基案》,第322—323页。
② 参见托洛茨基日记摘要,第255—256页。全文存于托洛茨基档案。

下就打开书——通常是法国小说，全神贯注地读起来，根本不理会会议的讨论。这种轶事即使是编造出来的，也编得很不错：它比较符合这个人的性格。他可以将他的背转向其政敌，却未能冷静地看待他们。他离他们太近了：他视他们为小人、无赖，有时还视他们为骗子；但他忘记了：他们也是一个伟大的国家和一个伟大的党的领袖，他们的言行具有重大的历史意义。

假如托洛茨基注意了列宁格勒人在说些什么，他就不能不马上意识到，列宁格勒人所捍卫的正是他自己所捍卫的事业，所抨击的正是他自己所抨击的立场。作为反对派，他们开始于他停止的地方。他们根据他的前提进行争论，他们接过他的论点并把它们推得更远。他曾批判政治局缺乏创新精神、忽视工业、过分迷恋私有成分。列宁格勒人正是这样做的。他曾怀着不安的心情注视着狭隘的民族精神，正是这种精神促使党的领导集团按照自给自足精神来制订未来的政策，设计未来的蓝图。同样是出于对"狭隘的民族精神"的对抗，季诺维也夫和加米涅夫首先站出来批判一国建成社会主义的提法。在托洛茨基的眼里，斯大林和布哈林关于这个问题的所有念头首先只能是枯燥无味的学究式教条主义的贩卖，几乎不值他一哂；因此将近一年半的时间他未置一词，在此期间，一国社会主义的概念却愈益成了布尔什维克的新正统，而他以后将和这个正统斗争到生命最后一息。季诺维也夫和加米涅夫对新学说的征兆则更为敏感。他不能不同意他们对这个学说提出的反对论点，因为这是他们从经典马克思主义的国际主义武器库里拿来的。列宁格勒日益高涨的要求平等的呼声也不会不拨动他的心弦。当季诺维也夫、加米涅夫、索柯里尼柯夫和克鲁普卡娅声明抗议压制党内舆论时，他们只不过是托洛茨基的回声。他们跟他一样谈到了耐普曼、富农和官僚集团的邪恶同盟；他们跟他一样号召恢复无产阶级民主。他曾警告党防止其领导集团的"堕落"，而现在同样的警告在列宁格勒人反对"热月政变"危险的呼声中回响得更强烈、更惊心动魄。这都是他很快就要提出来并在今后多年中加以阐释的思想和口号。然而，当他从他昔日的政敌口中听到对它们的阐释时，他却"疑惑地等待"了好几个月；而在这危急的好几个月里，他的支持者们也跟他一起等待着。

第四章　战斗间隙

小册子《不值一哂》封面

　　使他和他的追随者措手不及的原因是他们一贯把季诺维也夫和加米涅夫看成党的右派领袖。托洛茨基在散布这类的看法上做得最多。在《十月的教训》一文中，他提醒党不要忘记季诺维也夫和加米涅夫反对过十月革命。他证明说，1923年季诺维也夫之所以带领德国共产党"投降"，正是因为他的思想状态还停留在1917年。当他告诉党说它的老近卫军像第二国际的领导集团一样已经蜕化成保守的官僚的"工具"时，他的矛头所向差不多就是季诺维也夫和加米涅夫。毫不奇怪，当他们以新左派的代言人出现时，他会不信任地看着他们。他怀疑这是在蛊惑人心。尽管这种怀疑并非毫无根据，却使他难以理解，这种角色的转化竟会是真实的，而且是这个国家极其危急的形势所导致的人与思想重新组合的一部分。季诺维也夫和加米涅夫的转化并不比布哈林的转化更不真实、更不惊人；布哈林这位左派共产主义者的前领导人成了新右派的理论家——当然，这两种转化是互相补充的。当前布尔什维克的官方政策严重地倾向于右派，这使得昨天还领导着右派的一些人担心其后果，并发现自己正急剧地转向左派。

　　当然，个人野心和嫉妒也起到一定的作用：季诺维也夫和加米涅夫竭力要剥夺斯大林的权力。如果他们选择跟布哈林合作的道路，登上正在高涨的孤立主义和新民粹主义的浪峰，也许他们能有更好的机会。相反，他们却立足于列宁主义的无产阶级和国际主义的传统，这是不受那些操纵党的机关的人物欢迎的，而这次争论的结果却直接取决于他们。季诺维也夫和加米涅夫的世界观和性格及其追随者的情绪限制了他们的自我追求。不管他们在重要关头表现得怎样胆小怕事和机会主义，他们毕竟是列宁最亲近的学生；他们在本质上不可能摆脱铸就他们的那种影响。别人可以对欧洲工人阶级掉转身去并且美化富农，不管是否由衷；但是他们却做不出。别人可以为俄国的自给自足的社会主义高唱赞歌，对于他们来说这种思想却是荒谬的、令人厌恶的。对这些问题的态度竟已形成了一个分水岭，把布尔什维主义中各种不同的思潮区别开来。

　　角色的转化还有另一个方面。与以前托洛茨基和列宁一样，季诺维也夫和加米涅夫挣扎于权威与自由、党的纪律与无产阶级民主的两难处境中。他们也感到权力与革命理想之间的紧张关系。他们一直恪守纪律。现在他们也被他们所强化的机械僵硬的纪律搞得厌倦、疲惫不堪。季诺维也夫在政治舞台上多年来趾高气扬、颐指气使、呼风唤雨，操控着升贬大权，为革命也为自己攫取着权力；他仿佛为权威所陶醉了。现在他清醒了，感到不堪回首，渴望找到一条路回到那已无法寻觅的革命清泉。还有不少老近卫军跟他一道在同样的荆棘丛中跋涉，同样狼狈不堪地清醒过来，终于不知不觉地采取了跟刚刚被他们打败了的托洛茨基主义者没有区别的立场。每一件事都驱使着他们与1923年的反对派携起手来。

　　如果托洛茨基要与季诺维也夫、加米涅夫携手合作，现在正是时候。列宁格勒人行动的根基仍旧岿然不动。该市和该省的行政机构还掌握在季诺维也夫的手中。在那里他拥有大批热忱的信徒，并控制着颇具影响的报纸，还掌握着进行长期持久的政治斗争的物质手段。一句话，尽管斯大林在季诺维也夫的司令部里大挖其墙角，但他仍是他的北方区强大堡垒的主宰者，是共产国际的主席。在某些方面，季诺维也夫在与斯大林较量时的地位要远比托洛茨基原先的地位强大得多。托洛茨基从不为染指个人权力之争费心；因此，在他那震撼世界的业绩之后，他差不多是赤手空拳地同三驾马车斗争。他们发现很容易给他打上布尔什维克异己分子的烙印。但是斯大林和布哈林若想把季诺维也夫、加米涅夫和克鲁普斯卡娅斥为顽固的孟什维克则相当困难。布尔什维克老近卫军中两派之间的冲突现在已经明朗了。托洛茨基与季诺维也夫的联合若在季诺维也夫失败之前形成，将是战无不胜的。然而无论他们个人还是两派都还没有准

第四章 战斗间隙

备好。他们对彼此的怨恨以及给予对方的打击和伤害都还记忆犹新，这使他们无法结合在一起。

托洛茨基政治生涯中最难解的一个时刻来临了。12月18日，托洛茨基最后一次出席的党的代表大会——第十四次代表大会——开幕了。它自始至终都是政治风暴肆虐的舞台，这样的政治风暴，党在其疾风暴雨般的漫长历史上还从来没有遭遇过。新政敌们就在全国人民面前扭打在一起，相互施以重拳。这场风暴关系到党和革命的命运。几乎所有占据托洛茨基后半生的重大问题都在这次大会上提出来了。新政敌的每一方都盯住了托洛茨基，猜测他将加入哪一方，并且屏住呼吸等待他说话。但在大会进行的整整两个星期里，托洛茨基始终一言不发。当季诺维也夫面对震惊而激动的听众提及列宁的遗嘱及其对斯大林滥用权力的警告时，或者当他大谈来自富农、耐普曼以及官僚集团的威胁着社会主义的危险时，托洛茨基还是一言不发。在加米涅夫大声抗议凌驾于党之上建立的独裁统治后，那些经过精心挑选的代表中的多数唾沫横飞地大骂发言者，而且第一次把斯大林捧为"列宁主义中央委员会团结在其周围的"领袖；面对这重大的一幕，托洛茨基仍然无动于衷。

图为李可夫、尼古拉·斯克雷普尼克和斯大林（前排）在1927年党的第十五次代表大会上投票

当克鲁普斯卡娅谈到了对列宁个人崇拜的荒谬可笑的后果,请求代表们讨论当前的问题时就事论事,不要使争论淹没在对她丈夫著作毫无意义的引证中,最后警告地回顾反托洛茨基运动已经堕落为诽谤和迫害时,他都没有站起来宣布同克鲁普卡娅的一致。他仿佛漠然地听着本世纪最重大的争论之一,即关于一国社会主义的争论。当布哈林根据党先前对托洛茨基不断革命论的反对而为一国社会主义辩解并继续讲到以"蜗牛爬的速度"建设社会主义时,仍然没有激起托洛茨基任何抗议或异议的表示。三驾马车揭开了他们龃龉的内幕,其中总是晃动着托洛茨基的巨大幻影:斯大林讲到季诺维也夫和加米涅夫怎样想要托洛茨基的脑袋而他本人又是怎样抵制他们的。季诺维也夫则描绘了他和斯大林如何违反党章解散了以压倒多数声明支持托洛茨基的共青团中央。各派发言人都颂扬托洛茨基,表示友好。克鲁普斯卡娅发言时,会场里响起了一声叫喊:"列夫·达维多维奇,你已经赢得了新伙伴。"至今还是他积怨最深的政敌之一的拉舍维奇承认,托洛茨基在1923年并非完全是错的。斯大林派成员和布哈林派成员也不吝捧场:米高扬向新反对派举出托洛茨基的光辉榜样,说他在失败之后仍然一丝不苟地遵守党的纪律。雅罗斯拉夫斯基谴责列宁格勒人狂热的、至今不衰的反托洛茨基主义。托姆斯基则把"托洛茨基观点水晶般的清澈透明"和行为的正直与季诺维也夫和加米涅夫的糊涂与畏葸加以对比。加里宁则谈到他对他们打倒托洛茨基的企图一贯感到愤慨和厌恶。当季诺维也夫声明有权对官方政策持不同观点并抱怨没有一个反对派曾受到如此粗暴的对待时,斯大林派成员和布哈林派成员极尽嘲讽地将他过去对托洛茨基所做的事一股脑儿地抖落出来。后来,季诺维也夫在结束他那长篇发言时,劝说代表大会应既往不咎、重新改组党的领导机关、使布尔什维克各派意见得以合作和统一起来。全会所有的目光都集中到了托洛茨基身上:这位雄辩的伟人要说什么?但他紧闭双唇。甚至当安德列耶夫要求中央委员会享有使它更有效地对付持不同政见者的特权时——也就是说,打断新反对派的脊梁时,他仍保持沉默。新反对派在投票中遭到严重挫败;但是在闭幕之前,大会接到一则报告而陷入一片骚动和愤怒:列宁格勒正在发生反对其决议的声势浩大的示威游行——列宁格勒人继续在自己的堡垒里战斗。直到大会结束,托洛茨基始终一

第四章 战斗间隙

言不发。①

托洛茨基的私人文件使我们能窥探到他当时的内心活动。12月22日，代表大会的第四天，他在潦草的笔记中评论道，在某些人表达的观点——列宁格勒人正在继续托洛茨基反对派的工作——中有一点儿真实性，但并不太多。1923年掀起的所谓托洛茨基主义敌视农民的叫嚣为新民粹主义铺平了道路，这个主义现在已经成熟并激起列宁格勒人的反抗。这是自然的，他们必须这样做，尽管他们曾带头大反托洛茨基主义。代表大会对季诺维也夫派的强烈敌意实质上反映了乡村对城市的敌意。人们可能会想，这个看法应当促使托洛茨基立刻与列宁格勒携起手来。但是在他看来，这些问题和分歧还不像在他个人的分析中那样明朗；因此，他怀有某种希望，还要再等一等。

他感到奇怪，像索柯里尼柯夫这种在所有人当中最温和的人本应站到布哈林一边，为什么会加入列宁格勒人的行列。莫斯科和列宁格勒之间的分裂使他惊愕。他注意到他们之间人为制造出来的对抗掩盖着更深刻的根本冲突。他希望两首都的党组织团结起来，共同捍卫无产阶级社会主义的理想，反对亲富农的右派势力。他断定，只要所有"真正的布尔什维克"起来反对官僚集团——就一定能使莫斯科的党组织摆脱斯大林的压制。局势还一直在波动。他指望会出现一种类似政治上大获全胜的事件——而三驾马车之间的分裂仅仅是开始——震撼全党，最终导致各种力量形成更广阔、更重大的重新组合。那时，政治分界线将不再那么意外，将与城乡之间、工农之间、社会主义与私有制之间的基本矛盾相符。同时，他一点儿也不急于同那些"吵闹的、庸俗的而且当然不可信任的"列宁格勒反对派领袖们同呼吸共命运。看到季诺维也夫和加米涅夫处于如此狼狈的处境，他所写下的日记未免有些幸灾乐祸——仿佛在说：罪有应得，罪有应得！

但是他不能老是这样幸灾乐祸下去，这样做不符合他的天性。虽然是违心的，但他仍得挺身出来搭救这些落水者。还不等代表大会散会，中央委员会就

---

① 他在争论中只有过一次插话。当时季诺维也夫解释道，在他要求把托洛茨基开除出政治局的前一年，鉴于他们泼到托洛茨基身上的所有罪名，再把他选进政治局就自相矛盾了。托洛茨基突然插话说："对！"在代表大会期间，路特·费舍正在莫斯科，但未获允与会，而是由斯大林的手下博格里宾斯基每日给她送报告，她写道："博格里宾斯基对托洛茨基特别感兴趣……两大集团都畏惧他……而此刻双方都希望争取他；托洛茨基的态度对各州摇摆不定的代表将具有决定作用。博格里宾斯基每天都注意托洛茨基表情的阴晴，他同谁谈过话。'我今天看见托洛茨基站在走廊里。他同某些代表谈过话，我仅能听到一点儿谈话内容。他闭口不谈重要问题。他不支持反对派，甚至连暗示也没有。好极了，列宁格勒的那些狗崽子们必将彻底失败。'"路特·费舍：《斯大林与德国共产主义》，第494页。

开会研究驯服列宁格勒的措施。斯大林提议：首先解散《列宁格勒真理报》编辑部，把报纸变成官方政策的喉舌，下一步是将季诺维也夫免职，以基洛夫取代他担任北方区党的首脑。鞭子将要抽打在列宁格勒人的身上了。正在这个关键时刻，托洛茨基打破了沉默——他反对报复。① 他并不打算与季诺维也夫和加米涅夫结盟，但由于想保护他们而触怒了一直围着他转并小心安抚他的斯大林。

在中央全会上出现了一幕奇怪的场面。布哈林发言赞成斯大林的提议。加米涅夫反对。他说：奇怪的是，一贯反对严厉报复托洛茨基分子的布哈林现在居然号召挥舞鞭子了。托洛茨基插话道："啊！他终于欣赏起鞭子来了。"布哈林仿佛猝不及防挨了一下打击般地叫喊起来："你以为我终于欣赏起鞭子了吗？但这种欣赏使我全身不寒而栗。"② 这一声痛苦的叫喊突然显露出一种不祥的预兆，布哈林将怀着这种感情支持斯大林。从这件偶然的事件开始，托洛茨基"经过长时期的中断"又恢复了与布哈林的"个人接触"——这是非常友好但政治上却毫无结果的昙花一现的接触，它的蛛丝马迹可以从他们的通讯中找到。③ 还在"全身不寒而栗"的布哈林竭力说服托洛茨基不要帮助季诺维也夫。他试图给托洛茨基造成一种印象，即此事与党内自由的存亡无关，不能容忍反对派的季诺维也夫并不是党内民主的捍卫者。托洛茨基并不否认这一点，但他争辩说：斯大林绝不会比他更好；罪过就在于斯大林和季诺维也夫强制推行的铁板一块的纪律和全体一致的投票——这就使莫斯科和列宁格勒这两个最大的党组织在代表大会前夕以"百分之百的一致性"各自推行其决议成为可能。他丝毫不为列宁格勒人辩护；但是他必须反对虚伪的纪律；他呼吁布哈林与他携手共同努力恢复"健康的党内体制"。但是布哈林担心：要求的自由愈多，则自由愈少；他得出结论：那些要求党内民主的人正是它最坏的敌人，而挽救遗留下来的民主和自由的唯一办法就是不要去动用它。

当这些感情上"推心置腹"的交流还在进行时，斯大林已对挑动托洛茨基反对季诺维也夫和加米涅夫不抱希望了。斯大林或许比托洛茨基更早意识到两个反对派将携手结盟。他因此发出了新的反托洛茨基运动的信号。他竭尽全力不让托洛茨基在工人区召开的共产党集会上发表讲话。这件事就由乌格拉诺

---

① Н. 波波夫：《联共（布）党史纲要》第2卷，第255页。
② 托洛茨基档案。
③ 同上。

夫负责,他已取代加米涅夫成了莫斯科党组织的首脑。他们以各种借口拒不准许托洛茨基到基层去。当他向科学家和其他知识分子演讲时,无产阶级支部成员就被告知说,托洛茨基只愿对资产阶级分子而不愿对工人讲话。官方的鼓动员不再把托洛茨基派与季诺维也夫派区分开来,煽动基层党员群众反对这两者,并且暧昧地暗示说:两者的领袖都是犹太人,这绝不是偶然的——他们扬言说,这是俄国本民族的真正的社会主义同力图颠覆它的异己分子之间的一场斗争。

在标明3月4日写给布哈林的另一封信中,托洛茨基描绘了他心中的不安和又一次向他泼来的指责。他不情愿地探讨了鼓动员话中的反犹主义的言外之意。他希望引起布哈林的注意,写道:"我认为,能把我们两个政治局委员联结在一起的一切仍足以让我们平静而自觉地去考虑和检验这些事实:在我们党内,在莫斯科,在工人支部中,反犹主义的煽动莫非真可以逍遥法外?!"① 两周之后,在政治局会议上,他再次提出了这个令人震惊和愤慨的问题。政治局委员们耸耸肩,表示一无所知,或者是对这个问题鄙夷不屑。布哈林则因窘困和羞愧而涨红了脸;但他不能再转而反对他的那些同伙和盟友了。总之,到了这个阶段,他同托洛茨基的"个人接触"已走到了终点。

鼓动员们奏响反犹主义调子并不是偶然的:他们受乌格拉诺夫的指使,而乌格拉诺夫则受不择手段的斯大林的暗示。然而有些手段放在一两年前他也是不敢采用的;挑动反犹偏见就是其中之一。这一直是最凶恶的沙皇反动派的拿手好戏;即使在1923—1924年,党及其老近卫军由于还沉浸在深厚的国际主义之中,因而不会赞同这种偏见,更谈不上利用它了。但形势正在发生变化。新右派暧昧地诉诸民族情绪;当这种情绪高涨起来后,政治气候发生了如此剧烈的改变,连共产党对自身中的反犹主义的暗示或表示也不再反感了。说穿了,对于"异端分子"的排斥只不过是俄国自我中心的反映,一国社会主义则是它在意识形态上的抽象化。

在反对派当中,犹太人实际上是十分突出的,尽管他们同非犹太知识分子和工人中的精英人物们混在一起。托洛茨基、季诺维也夫、加米涅夫、索柯里

---

① 托洛茨基档案。

尼柯夫、拉狄克都是犹太人①（另一方面，斯大林派中只有极少数犹太人，布哈林派中的犹太人则更少）。虽然他们已完全"同化"和俄国化了，并且如同敌视任何其他宗教一样敌视摩西，敌视犹太复国主义，但仍然有显著的"犹太性"，即以其现代性、进步性、精力充沛和偏激而表现出来的城市生活方式要素。当然，关于他们在政治上仇视俄国农民的断言是错误的和虚假的，尽管不是出于布哈林之口而是出自斯大林之口。但是犹太血统的布尔什维克绝对不会把原始野蛮的农村俄国理想化，不会赞同以"蜗牛爬的速度"拖着本国农民的大车前进。在某种意义上，他们都是"无根基的世界主义者"，斯大林在其晚年意欲公然向他们倾泻自己的怒火。一国社会主义也不是他们的理想。通常，在多种不同的宗教和民族文化的边缘成长起来的进步的或革命的犹太人，不论是斯宾诺莎还是马克思、不论是海涅还是弗洛伊德，也不论是罗莎·卢森堡还是托洛茨基，都特别易于在精神上超越宗教的和民族的界限，并将自己跟普遍的人类观等同起来。因此，每当一种宗教狂热或者民族主义情绪膨胀时，他们也最容易受到伤害。斯宾诺莎和马克思、海涅和弗洛伊德、罗莎·卢森堡和托洛茨基，全都被革出教门，流亡国外，在精神上或肉体上受尽摧残；而他们的著作都被付之一炬。

* * *

1926年的头几周里，列宁格勒反对派的势力被粉碎了。②列宁格勒人不得

---

① 1918年，当乌克兰处于德军占领下并被斯柯洛巴茨基统治时，敖德萨的教士们把托洛茨基和季诺维也夫革出教门（《季诺维也夫全集》第16卷，第224页）。另一方面，白卫军则大谈托洛茨基的犹太血统，并断言列宁也是犹太人。有意思的回声还可以在20年代的苏联民间传说和小说中找到。在谢芙林娜的一篇小说中，一个农夫说："托洛茨基是我们自己人，是俄国人和布尔什维克。列宁是犹太人、共产党。"在巴别尔的短篇小说《盐》中，一个农妇对一名红军士兵说："你不必为俄罗斯人伤脑筋了，你还是去救救那两个肮脏的犹太佬列宁和托洛茨基吧！"这位红军士兵回答她道："现在我们不谈犹太人，你这个坏公民。犹太人并不是与此毫无关系。顺便说说，对于列宁，我不想说什么，我只想说，托洛茨基原是唐波夫总督不可救药的儿子，他转到工人阶级方面来了……列宁和托洛茨基为革命辛勤工作着，带领我们走向自由解放的道路……"

② 在党的第十四次代表大会之后，布哈林派和斯大林派在中央委员会里的多数不断增长。新的政治局由九人而不是七人组成；斯大林、托洛茨基、季诺维也夫、布哈林、李可夫、托姆斯基、加里宁、莫洛托夫和伏罗希洛夫。由于加里宁和伏罗希洛夫在右派和中间派之间摇摆不定，斯大林派在人数上要比布哈林派稍弱些。现在加米涅夫仅是政治局的候补委员。其他候补委员是乌格拉诺夫、鲁祖塔克、捷尔任斯基和彼得罗夫斯基。

不屈从于斯大林的命令。反抗他的命令就等于向支持斯大林的中央委员会的权威和选出中央委员会的代表大会的合法性挑战。季诺维也夫和加米涅夫并不打算这样干,他们与托洛茨基一样还是中央委员会的委员。他们曾公开声明,斯大林操纵了党代表大会的选举,中央委员会只代表党的机关,并不代表党。但是这样说说是一回事,公开宣称代表大会和中央委员会的决议无效而拒不服从则完全是另一回事了。特别是对于季诺维也夫和加米涅夫来说,怀疑上一届代表大会的合法性将是一桩很危险的事:他们不是跟斯大林一起操纵和包办了第十三次代表大会,并且用的是跟斯大林包办第十四次代表大会一样的手段吗?若向中央委员会的权威挑战,列宁格勒人实际上就是将自身组成了一个独立的党,成了官方的全苏共产党的一个敌手。不能想象他们会这样干。他们都已接受一党制作为一种必要条件。谁也没有比季诺维也夫更狂热地捍卫这个原则并从中引申出更极端、更荒谬的结论了。列宁格勒人如要反抗莫斯科,那无异于宣布内战。

因此,当基洛夫(Киров)作为斯大林的全权特使出现在列宁格勒并被授权控制北方区时,季诺维也夫除了投降别无他路可走。几乎一夜之间,党的所有地方支部、编辑部门、五花八门的组织和反对派至今凭借的人力物力都转到斯大林和基洛夫任命的人的手中。季诺维也夫的两位副手曾控制着列宁格勒的武装力量:拉舍维奇是卫戍部队和军区的政委,巴卡耶夫(Бакаев)是格别乌的首脑。两人都交出了他们的权力,尽管拉舍维奇作为副国防人民委员仍是中央政府的成员。随之而来的是精神上的大溃败。只要这些领导人还大权在握,他们似乎就能使整个列宁格勒做他们的后盾。而现在,这个伟大的无产阶级城市却对他们的命运无动于衷。布尔什维克的昔日根据地维堡的工人首先抛弃了他们。季诺维也夫多年以来一直欺压凌辱他们;因此他们并没有为他代表工人提出的最新请求和他对平等的呼喊而感动,而几年以后他们将留恋地回忆起这些请求和呼喊,但那时就已经太迟了。谦卑的人把这场动乱看成是两大巨人的争斗,不关自己的事。即使那些更少犬儒主义看法并且同情反对派的人也尽量收敛起他们的同情,因为失业现象非常严重,对"不忠"的惩罚将是丧失工作和忍饥挨饿。因此,列宁格勒反对派中的积极分子只剩下几百个革命老战士——紧密抱成团的少数人,他们忠于自己的理想和领袖,但是他们将慢慢发现一切大门都对他们关上了。

被解除武装的先知：托洛茨基 1921—1929

33 岁时的基洛夫

斯大林轻而易举地碾碎了列宁格勒人，这表明托洛茨基在第十四次代表大会期间所抱的希望是没有基础的。没有任何进一步重新组合的迹象，没有他所期待的党员工人奋起反对官僚主义的迹象。列宁格勒人的斗争没有在莫斯科基层支部中激起任何同情运动，甚至连一丝涟漪也没有。党的机关发挥了空前未有的高效率，哪里出现反抗，就在哪里粉碎它，甚至在它还未来得及形成时就将其扼杀。这件事本身也说明了反抗的脆弱性。工人阶级不再像它早些年那样四分五裂，但是它缺乏政治意识、活力和表现自身的能力。而托洛茨基断言莫斯科与列宁格勒将采取共同立场时，他指望的却正是它自身的政治复兴。季诺维也夫和加米涅夫也同样寄希望于此。在第十四次代表大会上，他们号召回到无产阶级民主上来，并说，工人阶级已不再像 20 年代初期那样四分五裂和萎靡不振，那时党的领袖们不能依靠工人阶级健全的政治本能和判断能力。布哈林反驳说，季诺维也夫和加米涅夫是自欺欺人；工人阶级通过吸收新成员而在数量上壮大了，但这些新成员是来自农村的未受教育的年轻人；因此，工人阶级在政治上仍是不成熟的，回到无产阶级民主上去的时机尚未到来。列宁格勒反对派现在发现自己被空虚所包围着，这表明布哈林比季诺维也夫和加米涅夫

第四章 战斗间隙

更接近事实。工人阶级是麻木的和冷漠的,它的麻木不仅是由于内在的不成熟,也是由于官僚的威吓,而后一点正是布哈林要为之辩护的。不论这是否真实,对于托洛茨基来说现在已经很清楚了,他的等待一无所获。代表大会结束后已经过去了三个多月,但在此期间,托洛茨基派与季诺维也夫派却没有彼此接近一步。自从1923年以来,托洛茨基与季诺维也夫、加米涅夫的关系一直不好;他们之间始终一句话也不说。

只是到了1926年4月,坚冰才被打破。在一次中央委员会全会上,李可夫作了经济政策的报告。加米涅夫提交一项修正案,敦促中央委员会注意日益尖锐的农民的社会分化并限制资本主义农业的发展。托洛茨基提交了另一项修正案:他赞同加米涅夫对农村形势的评价,但补充道,工业发展的迟缓使政府失去了它所需要的对农业施加足够强大影响的手段。在讨论中,作为劳动国防委员会前主席的加米涅夫感到对托洛茨基所批评的工业政策有一定责任,就说了几句挖苦托洛茨基的话。中央委员会否决了托洛茨基的修正案,加米涅夫和季诺维也夫大概弃权了。后来当加米涅夫的修正案交付表决时,托洛茨基投了赞成票。这是一个转折点。当会议继续进行下去时,他们发现又站在同一边了。他们之间的关系缓和了,彼此开始接近,到会议结束时,他们实际上已成了政治伙伴。

只是到了现在,这三个人才在多年里第一次私下会晤。这是一次非同寻常的会晤,充满着内心的反省、惊人的忏悔、悔恨与欣慰的叹息、预感、悚然的警惕和充满希望的计划。季诺维也夫和加米涅夫急于把往事说明白。他们悲叹那引导他们指控托洛茨基为列宁主义首敌的盲目性。他们承认给他捏造了罪名以便把他踢出领导层。但是他就没有错吗?他不是也攻击过他们,提醒党记住他们在1917年时与列宁之间的冲突吗?而且他败坏他们的声誉不是更甚于斯大林吗?他们感到宽慰的是,他们终于摆脱了他们自己亲手编织的稀奇古怪的阴谋网,又回到了严肃和真诚的政治思想和行动上。

当叙述那些五花八门的阴谋事件时,他们揶揄着斯大林,模仿着斯大林的动作和口音——这让托洛茨基有些反感;但后来他回想起与斯大林的交往时却感到不寒而栗,仿佛经历了一场梦魇。他们描绘了斯大林的狡诈、刚愎自用和残酷。他们说,他们两人都写了这样的信,信中说,若是他们突然莫名其妙地死亡,那么全世界都应该知道这是斯大林干的;他们把信放到了一个安全的地方。他们还劝托洛茨基也这样做。① 他们坚持认为,斯大林在 1923—1924 年没有干掉托洛茨基,仅仅是因为害怕一些年轻狂热的托洛茨基派成员进行报复。毋庸置疑,季诺维也夫和加米涅夫急于给斯大林抹黑并向托洛茨基标榜自己对他的抑制作用。托洛茨基当时对他们的揭露并未十分当真,直到多年以后的大清洗运动才又在他心中唤醒它们。这些听起来就像是早期几位沙皇的克里姆林宫里血腥的宫廷倾轧的故事一样,很难把它们同其中回响着充满马克思主义词句的思想争论的第三国际的克里姆林宫联系起来。难道沙皇旧堡垒把它的邪恶精灵注进了列宁的门徒中?季诺维也夫和加米涅夫继续说,斯大林对思想争论不感兴趣——他孜孜以求的只是权力。如果他们所说的这一切都是真的,他们就无法解释他们怎么会跟他合作这么长时间。

这两个人从这些令人发指的叙述和阴暗的揭示中又转向未来的蓝图。他们充满了不切实际的幻想。他们毫不怀疑一切都可以转眼之间改变。他们说,只要他们三个人一同出现在公众面前,重新和解,重新团结起来,就足以唤起布尔什维克的激情,引导党回到正确的道路上来。但是最阴沉的忧郁很难轻易让位给最欢乐的天真。

怎样解释他们的这种乐观情绪呢?才不过几个月前,他们两人还拥有充分的权力。季诺维也夫失去他在列宁格勒的封邑也才不过几个星期,但他仍是共产国际的主席。他们的垮台如此迅速和突然,以致他们不肯相信这是真的。他们已经习惯于看到,他俩之中不论谁点点头就会推动党和国家的巨轮。人民雷鸣般的喝彩声仍然在他们的耳畔回响,但这是虚假的喝彩声,它不是发自人民肺腑,而是由党的机关人为制造出来的。而突然之间,死一般的寂静笼罩了他们。在他们看来,这就像是幻象、误会或者匆匆一现的偶发事件。之所以这样,只是因为他们与斯大林的决裂,而这个人是他们亲手扶上台去指挥党的,至少他们自己认为如此。但斯大林是什么人?一个下流、没有教养、笨拙的机关操纵者,一个不称职者,他们曾多次把他从毁灭中拯救出来,只因为他们认为他在他们反托洛茨基的把戏中还有用。他们从来没有怀疑过,无论是作为人、领袖还是布尔什维克,斯大林还没有托洛茨基的脚踝骨高。他们现在既然又与托洛茨基携手合作,那么把斯大林从他们的路上一脚踢开并把党重新置于

---

① 托洛茨基:《斯大林》,第 417 页。

第四章 战斗间隙

他们的共同领导之下,则是再容易不过的事了。①

托洛茨基摇摇头。他对他们的乐观情绪很不以为然。他比他们更了解失败的滋味。这些年来当党的机关开足马力反对他、把他赶下野的时候,他已感受到了它的全部重量。他更深刻地洞察到使党扭曲的那个过程,洞察到他自1922年以来就无可奈何地注视着其发展的"官僚集团的堕落"。他比他们更透彻地看到了党的机关后面旧俄罗斯母亲尚未被驱走的深不可测的野蛮。他还担心他的新盟友的反复无常和不负责任。他无法忘记他们之间所发生的一切。但是他慷慨地宽恕了他们,而且尽量鼓舞他们去进行一场长期而又艰苦的斗争。

他本人并不是不抱什么希望。他也相信他们的和解将使党受到鼓舞。季诺维也夫和加米涅夫愿意公开承认:在托洛茨基警告党要反对自身的官僚集团这点上,他一直是正确的。作为回报,托洛茨基也准备承认,他错在不该抨击他们是那个官僚集团的领袖,他其实应把火力集中到斯大林身上。他也希望,两个反对派通过携手合作不仅能将他们各自的追随者联合在一起,而且能使他们成倍地增加。毕竟老近卫军一直唯季诺维也夫和加米涅夫的马首是瞻。谁都知道列宁的遗孀是同情他们的。列宁格勒反对派的领导精英虽然还比不上托洛茨基身边的那些人,但仍有这样一些杰出人物,如当时仍是副国防人民委员的拉舍维奇,他是内战时期最干练的政委之一,还有著名的经济学家斯米尔加、索柯里尼柯夫、巴卡耶夫、叶夫多基莫夫(Евдокимов)等人。再加上普列奥布拉任斯基、拉狄克、拉柯夫斯基、安东诺夫-奥弗申柯、伊万·斯米尔诺夫、穆拉洛夫、克列斯廷斯基、谢列布里亚科夫和越飞,只需举出这些人就可以看出,联合反对派所拥有的人才和声誉卓著者比斯大林派和布哈林派所拥有的多得多。而除此之外,工人阶级的政治复苏尽管推迟了,但也必将到来,它将为反对派的航船鼓满劲风。

这些伙伴们没有来得及制订出精确的计划,甚至也来不及确定他们协议的

---

① 路特·费舍描述了季诺维也夫在一次跟她谈话时怎样"难为情地首次提到"他同托洛茨基结盟的问题。"他说,这是一场争夺国家权力的斗争。我们需要托洛茨基,不仅是因为没有他卓越的头脑和全面的支持,我们就不会赢得国家权力,还因为胜利后我们仍然需要一只强有力的手引导俄国和共产国际回到社会主义的道路上来。尤其是,除他之外没有别人能够组织军队。斯大林反对我们,并不是用宣言书,而是用实力,但他将遭到更强大的实力而不是宣言书的回击。拉舍维奇站在我们这一边,如果托洛茨基再同我们携起手来,我们一定会赢得胜利。"路特·费舍:《斯大林与德国共产主义》,第547—548页。

1924年，托洛茨基在高加索出席内战老战士聚会

要点。就在他们第一次私下会晤的一两天后，托洛茨基就不得不离开俄国出国治病了。他在最近几年患下的恶性热症非常顽固，体温经常上升到华氏100度以上，使他在最严重的斗争关头失去作战能力，并迫使他在高加索度过好几个月（他在那里度过了1924—1925年的冬天及初春几个月）。俄国医生无法确诊，就催促他找德国专家就医。政治局没有对他的国外之行提出异议，但坚持要他自己承担责任。4月中旬，他剃光胡子，隐姓埋名，在妻子和一位年轻警卫员的陪同下来到柏林，他化名库兹缅柯，自称是乌克兰的教育工作者。他大部分时间是在一家私人诊所里接受治疗并动了一个小手术；但在治疗间隙他可以到处走动，因而能观察那几年一派萧条的柏林市，这座城市跟他所熟悉的帝国时期的首都已大不相同了。他还参加了五一节游行，观看柏林市郊的饮酒节，等等。他心情激动，因为自从1917年以来这是他第一次能"在人群里走动而不引起任何人注意，并感到自己是这无名整体中的普通一分子，只是听和看"①。但后来不知因为什么，他化装就医被发现了，德国警察当局警告诊所医生：一些白俄流亡者打算谋杀他的病人。托洛茨基在戒备森严的护送下迁往

---

① "只有一次陪伴我们的同事（在五一游行中）小心地对我说：'这里正卖您的照片呢。'但是凭这些照片是没人能认出教育人民委员部成员库兹缅柯是谁的。"《我的生平》第2卷，第269页。

第四章 战斗间隙

苏联大使馆居住，不久就回国了，而他的体温仍像过去一样高。关于谋杀他的警告是否确有根据，至今没有查明。①

1924 年 5 月，一位亚美尼亚艺术家正在编织一块挂毯上的托洛茨基肖像

在他逗留柏林的大约六个星期里，两件重要性各不相同的政治事件吸引了他。在波兰，得到共产党支持的毕苏斯基元帅发动政变，确立了他的独裁者地位。在英国，煤矿工人的持久罢工导向大规模的总罢工。波兰共产党的荒唐行为部分是由于这个国家的错综复杂的形势，部分是由于共产国际内反托洛茨基运动所产生的混乱：波兰共产党在一定范围内执行了共产国际的政策，这种政策同时也导致中国共产党支持蒋介石将军和国民党。英国总罢工证实了托洛茨基在《大英帝国向何处去？》一书中所作的预言；② 而且立即使共产国际处于新的紧张关系之中。英俄委员会中的英国领袖们竭尽全力在总罢工还没有演变

---

① 他在柏林大使馆时花了不少时间跟大使克列斯廷斯基以及共产国际著名经济学家 E. 瓦尔加讨论问题。他与瓦尔加讨论的主题是一国社会主义。瓦尔加承认，斯大林的学说作为经济理论毫无价值，一国社会主义是梦话。但是它在政治上毕竟是有用的，作为一个口号它能鼓舞落后群众。托洛茨基在私人文件中记录下了这次讨论，并且评论道："瓦尔加是共产国际中的波洛纽斯。"（波洛纽斯系莎士比亚剧作《哈姆雷特》中的著名形象，御前大臣，王子哈姆雷特的恋人我菲莉娅的父亲，因偷听王子与母后的谈话而被误杀，其性格圆滑世故。——译者注）托洛茨基档案。

② 托洛茨基在他的自传中说，他的预言得到证实比他预料的还要早。《我的生平》第 2 卷，第 272 页。

251

成为革命之前就结束它；而且因为急于挽回面子，他们拒绝接受苏联工会向罢工者提供的经济援助。英俄委员会的反应就是如此荒唐。但是英国工会的领袖们仍从它的存在中捞到了某些好处：在总罢工的危急关头，共产党唯恐得罪英俄委员会，于是保持极度沉默，不肯批判英国工会的行动。托洛茨基甚至在回到莫斯科之前就已在《真理报》上抨击斯大林与布哈林寄予厚望的英俄委员会的政策。①

只是在托洛茨基回国之后，他才同两位前三驾马车成员开始认真统一两派。但这是不容易的。一方面，托洛茨基派已被驱散，必须重新集结，它的力量已远不如1923年了。另一方面，两派成员并不都是热心统一的。他们的昔日怨恨并未烟消云散，他们仍然彼此猜疑。在托洛茨基的盟友中，有些人赞成联合；但另一些人如安东诺夫－奥弗申柯和拉狄克则宁愿与斯大林而不是与季诺维也夫联合。还有些人则讨厌这两伙人。姆拉奇科夫斯基说："斯大林会欺骗，季诺维也夫会临阵逃脱。"列宁格勒的基层托洛茨基主义者起初不肯向季诺维也夫派暴露自己，他们正是在季诺维也夫派手中遭受迫害的，而且他们惯于对季诺维也夫派隐瞒自己的行踪，正像他们对沙皇密探隐瞒自己的行踪一样。他们质问道：如果季诺维也夫派改变主意，又同斯大林言归于好，那时怎么办呢？那时我们就会自投罗网。托洛茨基不得不派普列奥布拉任斯基到列宁格勒去消除顾虑和说服那些倔强的追随者接受合作。季诺维也夫派的困惑也不更少。当建议合作的消息刚传到列宁格勒时，他们冲到莫斯科，抗议他们的领袖"向托洛茨基主义投降"。季诺维也夫和拉舍维奇不得不解释道，所谓托洛茨基主义是他们自己编造出来的一个怪物；他们再也用不着它了。这个招认不禁使这些不幸的列宁格勒人大为震惊，他们一直认真地看待季诺维也夫指控托洛茨基的罪名，并且跟在他后面重复着。但是，即使两派相互间的嫌隙已经克服了或者清除了，即使两派融合了，双方成员仍然感到他们的合作是不协调的。②

几位首脑最初的兴奋也冷却下来了。季诺维也夫和加米涅夫开始向后看。

---

① 《真理报》1926年5月26日。与此同时，斯大林把季诺维也夫的追随者从共产国际执行委员会中都清除出去了。在5月的一次会议上，共产国际执行委员会投票把费舍、马斯洛、特伦特、多莫斯基和来自德国、法国与波兰的其他季诺维也夫派领导人降了职。

② V. 塞尔日：《阴暗的转折》，第102页。

第四章 战斗间隙

他们不想把同领导集团的分裂推到无法挽救的那一步。关于他们"向托洛茨基主义投降"的责难使他们很不舒服。他们在承认冤枉了托洛茨基的同时仍要为他们的过去辩护；他们急于挽回自己那半真半假的"纯列宁主义"的一份光荣，那是他们赖以生存的资本。托洛茨基在回国旅程中考察了最近几周来的事件后，开始论证说，波兰共产党支持毕苏茨基的政变，是因为共产国际指示他们去争取实现列宁早在 1905 年鼓吹的"工农民主专政"，而不是去实现无产阶级专政。季诺维也夫和加米涅夫不同意这种看法。"民主专政"这个口号是他们"老布尔什维主义"的戒律；尽管它在波兰事件中并不很重要①，后来却一再出现在次年关于中国问题的争论中。托洛茨基直率地抨击英俄委员会，说它从未服务于有用的目的，应当解散；这也使他们吓了一跳。季诺维也夫倒是愿意批判政治局和英国共产党同英国工会领导人打得"火热"；但他不肯"破坏"他帮助发起的英俄委员会。尤其是他唯恐疏远了那些老近卫军成员，他们或是有保留地支持斯大林，或是动摇于各派之间，并呼吁各派克制。简言之，这两位前三驾马车成员虽说愿意同托洛茨基携手合作，但在全面向斯大林和布哈林开战问题上先就退缩了。因此，托洛茨基刚一跟他们联盟，就不得不弥合分歧意见，并作出让步。他向季诺维也夫和加米涅夫承诺，尊重"工农民主专政"这条戒律，并把解散英俄委员会的要求先放到一边。这样才使他与他们在其他方面达成了比较广泛的一致。

在 6 月的头几天，联合战斗打响了，这部分是由于斯大林首先发动。托洛茨基刚回国，斯大林立即在政治局里以两项新指控来迎接他，这两条指控是荒谬的，然而又是危险的：托洛茨基无谓地表现出"对英国共产党的敌意"，这是不能允许的；在国内问题上，当他声称"害怕丰收"时，证明了他的居心叵测和邪恶的失败主义。②托洛茨基尽力驳斥这些指控。6 月 6 日，他向政治局发出一封挑战信，他说，除非党进行彻底、真诚的改革，否则总有一天会惊醒过来发现，自己正处在一位独裁者的赤裸裸的统治之下。

就这样，他再一次公开与斯大林进行较量。然而时机的选择却并不完全由他——列宁格勒反对派的行动和它悲惨的处境再次将他推进了此刻的争论。不

---

① 连布哈林和斯大林也都否定了波兰共产党的行动。参见多伊彻：《波兰共产主义的悲剧》，载《新时代月刊》1958 年 3 月。

② 第一项指控根据的是英国共产党的抱怨；第二项指控根据的是托洛茨基的声明。他在声明中说，不管今年是丰收还是歉收，城乡之间的关系问题仍然是尖锐的。若收成不好，粮食必然短缺；若收成好，富农必然更强大、更自信、更有讨价还价的能力。存于托洛茨基档案。

管怎样,这几年来他在沉默或保留中的等待结束了。他知道等待一无所获:同斯大林"靠不住的妥协"到头来都是一场空,而这是列宁曾经警告过他的。他愿同季诺维也夫和加米涅夫妥协,为的是让他们和自己一同对抗斯大林;但是他也作好准备,即使没有他们,他也要把斗争进行到底。他已经了解了他的死敌,而且知道没有退路可走。他度过最近这几年正是为了来日的战斗。现在这一天已经到来,骰子已经掷出。

第五章　决战阶段：1926—1927年

联合反对派与斯大林派和布哈林派进行了约18个月的争论。在此期间，托洛茨基投入这场政治战斗是如此紧张，以至于相比之下，他原先与三驾马车的遭遇只能算是儿戏。不知疲倦、不屈不挠、绷紧每一根神经，调动起他那无可匹敌的雄辩力和说服力，涉足于极其广阔的思想领域和政治领域，并最终赢得了一直唾弃他的老近卫军中的很大一部分甚至是大多数的支持，他作出了惊人的努力去唤醒布尔什维克党，去影响未来的革命进程。在子孙后代的心目里，他在1926—1927年作为一名战士的形象也许并不低于他在1917年的形象——甚至还要高大。他的精神一如既往地坚强。他身上燃烧的革命激情的火焰一如既往地炽烈明亮。他证明了他的性格力量超过了他在1917年所需要并拥有的性格力量。他现在与之斗争的是革命阵营里的对手，而不是阶级敌人；要进行这样一场斗争，不但需要更大的勇气，而且需要不同性质的勇气。若干年后，甚至他的政敌们在私下里谈到这场斗争中的插曲并描述他在痛击之下的巨大冲力和行动时，也传达出一位失败了的泰坦巨人的形象——在欢呼他的失败的同时，他们仍然怀着敬畏回忆他们所击败的这位伟人。①

当然，其他领袖们也在这次争论中注入了高昂的激情、他们那浸透马克思主义的卓越智力、策略匠心及其能力和毅力，其中最弱之处也仍然超过了一般水平。他们所争论的问题是人们从未争论过的最重大、最严肃的问题：一亿六千万人民的命运；欧亚两洲共产主义的命运。

但是这场重大的争论却是在一片可怕的寂静中发生的。双方都只有一小部分人卷入争论。整个国家都是沉默的。谁也不知道或能够知道它在想什么；甚

---

① 这里根据的是1931年在莫斯科许多党员对本书作者所作的关于这场斗争的叙述。

至连猜测人民同情哪一方都很困难。斗争关系到这个国家的生死存亡，却不被它理解。单从事情的表面来看，不论它感到和想到什么，都不会影响斗争的结局——人民群众发表政治意见的一切手段都被剥夺了。然而对抗的双方一刻也未曾将自己的视线从工人和农民的身上移开过，他们尽管哑口无言，但最终决定问题的仍是他们的态度。为取得胜利，当权派需要的只是群众的消极情绪，而反对派则需要群众的政治觉醒和政治行动。因此，前者是更为容易的任务：搅乱群众的思想并培育他们的冷漠要比冒险使他们认清问题和唤醒他们的精神简单得多。尤其是反对派在试图诉诸群众时，从一开始就受到自身禁忌的掣肘。由于意识到自身是执政党的一部分并一直承认党对革命负有至高无上的责任，反对派不可能理直气壮地呼吁大多数党外的工人阶级反对它的政敌。但当斗争继续下去并且愈益激化时，反对派被迫试图明确地在工人群众中寻求支持。而那时就发现最沉重的包袱正是普通群众的驯服和麻木。再没有谁像托洛茨基那样痛感到这一点了：他的雷鸣电闪都虚掷了。

并非所有这些争论问题在历史回顾中出现时都如当事人亲身感受得那样真实。随着争论事过境迁，有些重要问题已经变形并褪色了；一些原先似乎是深刻而不可弥合的分歧也随之模糊或消失了。斯大林冷酷粗暴地将托洛茨基斥为农民的敌人，而托洛茨基则指控斯大林是富农的朋友。而这种反诉的余音还飘荡在空中，斯大林就开始消灭富农了。同样，斯大林曾警告国家防止托洛茨基荒谬坚持的"超级工业化"；然而后来正是他自己匆匆忙忙地实行他刚刚还斥之为致命的行动方针。

随着斗争的推进，一片迷雾也笼罩了几乎所有的人。如果我们跟随叙述的过程留心注意降临于季诺维也夫、加米涅夫、布哈林、李可夫以及许多其他领袖身上的最后命运的话，我们不能不为他们行为的反复无常和轻率鲁莽而感到震惊，哪怕我们能理解他们的动机。他们全都淹没在每日每时的琐事中，根本无法探出头来预见明天的危险。不仅仅是斯大林和事变本身将他们驱向灭亡——他们彼此都在驱赶着对方；他们每时每刻都着魔似的狂怒地驱赶着对方，这种狂怒扭曲着他们的性格，蒙蔽着他们的心智。这些领袖的雄伟形象在渐渐萎缩和消失。他们成了环境的可怜牺牲品。巨人变成了飞蛾，彼此疯狂地追逐，盲目地冲向火焰。似乎只有两个人物是在真正对抗着，并自始至终保持着这种敌对——这就是托洛茨基和斯大林。

第五章　决战阶段：1926—1927年

*　　*　　*

1926年夏，联合反对派狂热地组织起他们的支持者。它向莫斯科和列宁格勒的党支部派遣密使，去同已知对官方政策持批判观点的党员接触，旨在把他们组成反对派的小组，引导他们以反对派的声音在他们的支部里说话。联合反对派急于扩展其组织网，还向许多省城派遣了密使，给他们提供指示、文件和各种"论点"，并且交代了反对派的立场。

密使的穿梭往来很快引起了总书记处的注意，它一直在盯着那些有同情反对派嫌疑的人的动向。托洛茨基派成员和季诺维也夫派成员被召到党总部去解释他们的行为。各个党委一经获悉反对派进行集会，就把自己的人派到现场以非法罪名遣散集会。当这一招无效时，他们又派出一队队的狂徒和流氓去捣乱会场。反对派只好在某种程度上秘密地进行组织活动。它的拥护者在郊外公寓区的贫寒工人家里悄悄聚会。当捣乱分子又跟踪到那里把他们驱散时，他们就以更小的小组在郊区墓地、森林等地聚会；并且设置岗哨，派出巡逻队保护集会。但总书记处的手特别长，也伸到了这些偏僻的集会地点。当然也不乏许多荒谬的事。例如有一次，莫斯科党委的密探们发现了在城外森林里召开的秘密会议。这次会议是由共产国际执行委员会的一位高级官员主持的，此人是季诺维也夫的副手；而在会上讲话的不是别人，正是陆海军副人民委员拉舍维奇。作为共产国际的主席，季诺维也夫利用职务之便散发反对派文件，联络各个小组。可以说，共产国际的总部已变成了反对派的总枢纽；而这件事也很快引起了斯大林的注意。

反对派就是在这样的环境下尽力吸收和组织起几千名正式成员。它的实际成员将近一半是托洛茨基派，另一半则是季诺维也夫派，总数估计有4000—8000人。① 工人反对派的残余分子至多只有几百人，他们也声明参加。联合反对派渴望将所有愿意参加的人都团结在一起，不管他们过去有过什么分歧；他们决心成为布尔什维克持不同政见者的最大实体。因此可以认为，他们若不能成功地吸收更多的拥护者，在一开始就会遭到彻底惨败。当时全党党员的总数达75万人，相比之下，几千名反对派只构成了微弱的少数。

---

① 低的数字根据斯大林派的材料，高的数字则来自托洛茨基派。

但是各派的实力不应该只根据这些数字来判断。党内的绝大多数是没有主心骨的群众；这个多数是由缺乏独立思想和独立意志的温顺服从的人组成的。四年多前列宁就曾宣称，党实际上已失去了作为决策实体的价值，唯有其成员不超过几千人的"一层"老近卫军是布尔什维克的传统和原则的宝库。① 反对派招募活动的结果应当按照这个声明的角度来判断。反对派所获得的支持并不是来自麻木迟钝的群众，而是来自富有思想、活跃和精力充沛的成员，大多数是老近卫军，部分是年轻的共产党人。机会主义者与个人野心家则躲得远远的。目睹集会被驱散，耳闻斯大林派和布哈林派的狂徒们威胁反对派支持者的叫嚣，胆小怕事的人和谨小慎微的人都给吓跑了。1923年押错赌注自称是托洛茨基主义者的少数看风使舵者现在趁机改弦更张，投奔当权派去了。几千名托洛茨基派成员和季诺维也夫派成员不分男女都像老一辈职业革命家一样探索着重大的问题，甘冒巨大的个人危险。他们大多数人在最危急关头都是布尔什维克干部中表现最突出的人，并且同工人阶级有着密切的政治联系。当权派的核心是否在数量上比反对派的核心更强大，是值得怀疑的。暂时看来，当一个布哈林派成员要比当一个斯大林派成员更时髦；然而两年之后，他们将比联合反对派败得更惨，尽管他们的领袖中有一个掌管着人民委员会，另一个掌管着工会，还有一个掌管着共产国际。至于斯大林派，它的实力并不在于其规模，而在于它的领袖完全控制了党的机关。这使他可以垄断全党的财力与物力，操纵选举，制造多数和掩盖其政策的派别性与个人性——总之，将他自己的派别等同于党。总的来看，只有约20000人出于自己的选择直接积极地卷入了这场重大的党内斗争。

联合反对派正式宣布自己的存在是在7月中旬的一次中央全会上。② 在会议开幕不久，托洛茨基宣读了联合反对派的政治声明，托洛茨基、季诺维也夫和加米涅夫在声明中对他们过去的分歧表示遗憾，并宣布他们的共同目标是把党从其"机关"的暴君手中解放出来并争取恢复党内民主。反对派将自己的立场确定为布尔什维克左派的立场，要捍卫工人阶级的利益，反对富农、新经济政策产生的资产阶级、官僚集团。它当前最迫切的要求是提高产业工人的工

---

① 参见本书第一章。
② 这是中央委员会和中央监察委员会共同召开的一次联席会议；会议从7月14日开到23日。托洛茨基档案，《苏联共产党代表大会、代表会议和中央全会决议汇编》第2卷，第148—169页。H. 波波夫：《联共（布）党史纲要》第2卷，第274页及以后各页。托洛茨基：《我的生平》第2卷，第260—275页。E. 雅罗斯拉夫斯基：《苏共党史》第2卷，第394页及以后各页。

资。政府已经下令停止增加工资,不批准提高工人收入,除非能以生产率的提高作为保证。相反,反对派却认为工人阶级的处境是如此悲惨——工资甚至比革命前还低,因此若要提高生产率,首先必须改善工人的命运。他们应该享有自由,可以通过工会提出要求和与工业管理部门进行谈判,而不是被迫服从命令、目睹工会变成国家的驯服工具。反对派还要求实行税制改革。政府不断地从间接税中获得财政收入,其负担照例是落在穷人身上。反对派争辩道,这个负担应当减轻,应让新经济政策产生的资产阶级根据利润交纳高额税。[①] 反对派从同样的观点出发对待农业问题。它在这方面也要求实行税制改革,宣称正在执行的农业单一税有利于富农。它主张对大多数贫农和30%—40%的小土地所有者免税,让其余农民缴纳累进税,这将使富农承受最重的负担。反对派又进一步要求实现农业集体化。它并不是提倡强制性的或全盘"集体化",或者"把富农作为一个阶级加以消灭"。它设想的是,在农民自愿的情况下逐步实现长期改革,并通过政府信贷政策及利用工业资源使改革深化。反对派没有一项建议超越了以下要求:对富农提高税率50%;发行实际强制性的粮食公债——这样可使政府扩大出口;继续进口工业机器。面对官方强烈的反对,反对派坚持认为,尽管提高工资和减免贫农纳税,但实行新税率和发行粮食公债能使政府增加工业投资基金。

反对派政纲的最高要求是加速工业化。在季诺维也夫和加米涅夫的支持下,托洛茨基现在再次指责政府在预见与计划方面的无能。官方政策裹足不前,安于"蜗牛速度",因而工业发展照例远远超过了官方的预计。1925年,钢铁工业和运输业所达到的指标是最高国民经济委员会认为在1930年前根本不能达到的。有远见、有魄力的指导能给予国民经济多么大的推动啊!第十四次代表大会宣布同意提高指标与加快速度的提议。但这些决议没有任何实际效果:它们被沉溺于例行公事的官僚完全忽视了。要打破这种惰性,再没有什么能比提前制定出一个综合具体的五年计划甚至八年计划更有效的了。"给我们

---

① 反对派认为,政府从国家垄断伏特加酒经营中获得高额收入,它从群众酗酒中获得利益,这是十分丢脸的事。由于工厂中酗酒工人的缺勤和频繁的事故,政府作为伏特加酒的生产者所得到的一切,作为工业雇主来说都将失去。政府为伏特加酒的垄断辩解道,这样可以有效地防止更糟糕的私酿酒精饮料的消费。这是一个公认的困难问题。反对派建议,政府应当做一种试验,尝试停止垄断伏特加酒一至两年。大多数人反对这个建议。我们还记得,从十月革命后的第一周起,布尔什维克就不得不同大规模的酗酒灾难作斗争,这是俄罗斯母亲遗留下来的传统(《武装的先知》,第九章)。十年以后,灾难依然存在;它被统治者当做了一个财源并且能让群众在政治上烂醉不醒。

一个真正的五年计划",这就是反对派的口号。

反对派越是坚决要求发展社会主义经济成分,就越是无条件地反对一国社会主义。这成了核心的"意识形态"问题。反对派否定民族自给自足的社会主义,认为这是根本违背列宁主义传统和马克思主义原理的。它认为,尽管世界革命的扩展迟了,但是党没有任何理由以为苏联的前途就在于孤立并事先否定国外革命发展的前景。社会主义建设无论如何要进行几十年而不是仅仅几年——那么为什么要断定苏联在这段时间始终是作为唯——个工人国家而单独存在呢?这正是斯大林派和布哈林派所主张的,否则他们就不会顽固地坚持党必须把一国社会主义作为信条接受下来。

党的整个国际路线的危险就在于此。若事先断定苏联只能始终单独建设社会主义,那无异于放弃国际革命的前途;而放弃这个前途就是拒绝为它奋斗,甚至会妨碍它。反对派坚持认为,通过在理论观念上"取消"国际革命,斯大林和布哈林还企图将它从他们的实际政策中取消。共产国际的战略方针早就涂上了布哈林关于"资本主义的稳定性"这种观点的浓厚色彩;因此托洛茨基和季诺维也夫指出,斯大林和布哈林两人正操纵着欧洲共产主义运动,如果不是将它引向自我毁灭,那么起码也是引导它迁就第二国际各党和改良主义工会。其形式就是"机会主义的"统一战线,各国共产党在这统一战线中追随着社会民主党的领导,适应改良主义的立场。这种策略的突出例子就是英俄委员会,这种消极的策略在共产国际最初几次代表大会上就已露头。它产生于两国工会领袖的协议。不论在哪一方面,它都没有也不能使共产党人同改良主义者群众进行密切接触并影响后者。因此无论在哪一方面,这种协议都没有也不能推动英国的阶级斗争。反对派争辩道,当英国工会领袖压制产业工人骚动甚至破坏总罢工时,苏联共产党却在培育与他们的友谊,这只能造成英国工人的思想混乱,使他们分不清敌友。托洛茨基以及季诺维也夫和加米涅夫(程度差一些)都集中抨击英俄委员会正是默许放弃革命目标的缩影,他们认为放弃革命目标正是一国社会主义的前提和必然结果。

托洛茨基在7月全会上所宣读的声明内容几乎没有他或他的伙伴们未曾说过的话。但是他们把这些批评和建议一起写进一份全面的政治声明并联合起来向当权派挑战,这还是第一次。反应十分强烈。争论达到了白热化;而一次不祥的意外事件更加剧了这种气氛。捷尔任斯基撑着病体在会上极度亢奋地发表了激烈的长篇演说,谴责反对派领袖特别是加米涅夫。他那高分贝的叫喊折磨

第五章 决战阶段：1926—1927 年

听众的耳朵长达两个小时之久。当他离开讲台时，心脏病突然发作，就在全体委员的眼前倒在了走廊上，当天就死去了。

托洛茨基和斯大林等人抬送捷尔任斯基的灵柩。这是托洛茨基最后一次作为党的领导人露面

中央委员会断然拒绝了反对派关于提高工资的要求。多数派领袖们坚持认为，现在商品短缺，如果不根据生产率而提高工资，就会造成通货膨胀，使工

人的命运更加恶化，而不是得到改善。中央委员会拒绝免除贫农的税，并将重税强加到其他农民身上。它抵制加速工业化的要求。最后，它重申支持斯大林和布哈林的共产国际政策，特别是英俄委员会。但是，在所有这些问题上，当权派处境狼狈，只有招架之功，没有还手之力；因此斯大林不是依据党的政策，而是依据党的纪律进行反击。

斯大林指控反对派领袖在党内形成一个正式派别，因而违反了已有五年之久的列宁禁令。他将打击目标瞄准反对派的薄弱环节季诺维也夫派。他指责季诺维也夫滥用作为共产国际主席的职权从自己的总部内推进反对派活动；他指控拉舍维奇和一部分基层反对派成员在莫斯科郊外森林里举行"秘密"集会；最后他扯上了某位奥索夫斯基的事件，此人表达了这样一种观点：反对派应当使自身形成一种独立的政治运动，在党外与斯大林和布哈林的党公开敌对，而不是在党内作为忠诚的反对派去行动。托洛茨基将自己和反对派与这个观点划清界限；但是他指出，如果有些党员对党失去了信心，看不到从内部改革党的希望，那么应受谴责的则是竭力压制各种改革意图的领袖们。中央委员会决定把奥索夫斯基开除出党，把拉舍维奇开除出中央委员会和陆海军人民委员部，免去季诺维也夫的政治局委员的职务。①

联合反对派就这样在第一次正式接火中遭到了严重挫败。把它的一个支持者开除出党不过是杀鸡给猴看罢了，尽管他仅是个无足轻重的"极端分子"。拉舍维奇的降级使反对派失去了陆海军人民委员部。当然，最严重的打击是季诺维也夫被排除出政治局。由于第十四次代表大会后加米涅夫只是一名候补委员，因此在政治局里前三驾马车中的两位都失去了投票权；反对派的主要领袖中唯有托洛茨基还保留着其席位。正是由于季诺维也夫在政治局里所起的作用，他才能掌管共产国际；而现在他要继续掌管共产国际是不可能的了。斯大林敢将不久前在许多人心目中还是三驾马车车老大的季诺维也夫罢官，是他格外强大和自信的一个信号。他的行动迅雷不及掩耳，但又刻板地遵守一切法令细节。将季诺维也夫降级的建议被正当地提到唯一有权任命和罢免政治局委员的中央委员会上讨论，并以绝大多数票通过。

在这一阶段，从理论上看再没有什么能阻止斯大林褫夺托洛茨基的政治局

---

① 参见 H. 波波夫：《联共（布）党史纲要》第 2 卷，第 279—292 页；E. 雅罗斯拉夫斯基：《苏共党史》第 2 卷，第 2 部分，第 10 章；托洛茨基档案；《斯大林全集》中文版第 7 卷，第 187—190 页；《苏联共产党代表大会、代表会议和中央全会决议汇编》第 2 卷，第 160—166 页。

席位了。但是他还拿不准进一步报复能否同样获得绝大多数票。他意识到表现温和一点儿只能加强他的力量。他通过对反对派零打碎敲逐步培植起一种党内舆论，以便施行那最后致命的一击。同时，他也不在乎反对派的原则宣言和政治声明或它在中央委员会和政治局内进行的抗议。反对派领袖所说的话很少能够渗透到党的基层支部去，更难在报刊上披露。只要这种局面不改变而且执政联盟能保持团结，那么政治局和中央委员会里的纸上谈兵就不会给反对派任何取胜的机会。

因此，反对派现在只剩下最后一条路可走，即呼吁基层群众起来反对政治局和中央委员会。1926年夏，托洛茨基和季诺维也夫指示他们的支持者：要使全党注意到他们的共同观点，散发政治声明、传单和"提纲"，并在支部里站出来讲话。反对派领袖们亲自下到工厂和车间向集会群众演说。托洛茨基也出人意料地出现在莫斯科机车厂和铁路工场举行的大型集会上。但是，反对派领袖从基层造成党内舆论的努力并不比他们从上层影响党的政策的企图更走运。党的机关跑在了他们的前头。它的奸细、狂热分子和挑衅者到处用嘲弄轻蔑迎接他们，用可怕的嘈杂声音淹没他们的演讲，恐吓听众，破坏会场，使听众根本听不清演讲者的话。托洛茨基发现自己面对群众束手无策，这还是30年来的第一次，是他开始他那革命演说家生涯以来的第一次。面对辱弄鼓噪、偏执的嘘声和起哄，他那出类拔萃的辩才、天赋非凡的说服力和高亢洪亮的声音都无用武之地了。而其他演讲者的遭遇甚至更可怕。显然，反对派第一次同心协力诉诸党内舆论的行动遭到了失败。

斯大林马上夸耀说，正是优秀忠诚的基层布尔什维克给了反对派以应有的反击。反对派反驳说，斯大林煽动起来反对他们的人都是一帮坏家伙、流氓无产者以及暴徒无赖，他们不能容忍正直的党员群众接受反对派的观点。斯大林的确是毫无顾忌的；他的奸细用以对付托洛茨基、季诺维也夫及其朋友们而发出的叫嚣几乎不可能被误解为"人民的声音"。然而，这并不能充分解释反对派的屈辱遭遇。这批流氓无赖之所以能够破坏大型集会，是因为多数人即使不是赞同他们这样做，起码也是漠不关心的。若是有兴趣的和能自我克制的听众，一般都知道怎样撵走或制止那些企图阻挠他们集中精力听讲的捣乱分子。在那些流氓无赖及其嘘声的背后站着的是沉默的人群，他们是那样驯服和冷淡，因此并不认为值得花力气去维持秩序。归根结底，正是基层群众的麻木才使反对派遭到了惨败。

然而，反对派代表工人利益所提出的如增加工资的要求本来就是为了消除这种冷漠的。但为什么没有激起反应呢？当权派在工资问题上作出了让步的表示。7月，他们还断然拒绝考虑这个要求，扬言增加工资将严重损害国民经济。但到了9月，斯大林和布哈林看到他们的政敌正要向基层群众发出呼吁，就抢先允诺为那些收入最低、最为不满的工人群众增加工资。为政策转变而辩护的理由是经济形势有了根本好转，其实在两个月里并没有也不可能出现这种好转。反对派取得了部分胜利，但眼睁睁地看着最有力的论据被剥夺了。斯大林开始盗用托洛茨基关于工业化政策的思想时，进一步混淆这个问题。他到那时为止还丝毫没准备去实现全面工业化；但在形成他的决议和声明时，他却从托洛茨基那里抄袭了大量的提法甚至是整段整段的文章。

党的农村政策的主旨也同样是模糊不清的。斯大林硬说当权派和反对派之间的分歧不是对待富农的问题，而是对待中农的问题。反富农的呼声在第十四次代表大会上已经产生了作用，在干部中激起了对新民粹派的潜在疑虑。布哈林也不再能公开谈论向富农让步的必要。布尔什维克的舆论气候发生了变化：富农再一次被当做社会主义的敌人。虽然政府一直小心地避免激怒富农，不肯对它课以重税，但也无意作出新的让步。现在不存在提出任何新的新经济政策的问题。但是情况也并没有改进。官方政策被夹在各种冲突着的压力之间，进退两难，动弹不得。它欲生不能，欲死不得：它既不能指望因对富农让步而得到好处，也无法指望严格的社会与财政措施产生好处。反对派仍然有强大的基础。但是斯大林成功地将人们的注意力从这个问题上转移开了，他指责托洛茨基和季诺维也夫企图把党推入与几百万中农的冲突之中，这些典型的俄国农民并不是剥削者，因而他们对私有财产的迷恋是无害的，他们的善意是无产阶级与农民联盟的基本因素。

反对派事实上并没有与中农反目①，也没有要求党对他们施加财政压力——依靠小块自有土地仅足糊口的广大中农不能对解决全国粮食问题作出多少贡献。但是，关于反对派力图牺牲中农的指控却对它的事业造成了损害。如同1923年和1924年时一样，一帮宣传家再一次把托洛茨基描绘为农民的主要敌人；而且他们补充说，季诺维也夫和加米涅夫也感染了托洛茨基对农民的敌意。在党的基层支部中，人们对于指控与反指控无所适从。他们意识到布哈林

---

① 但是反对派声称，斯大林派和布哈林派经常把富农划为中农，因而低估了资本主义农业的势力。

第五章 决战阶段：1926—1927年

在向富农讨好，但他们同时至少也不相信托洛茨基和季诺维也夫的诚意。大多数曾扎根于乡村的工人最不愿意与农民发生冲突。他们首先希望的是安全。因为这是斯大林似乎可以提供给他们的，因此他们小心提防着不要把脖子伸给反对派。

斯大林的力量就在于他的呼吁符合了对和平、安全和稳定的普遍渴望。托洛茨基似乎又一次站在了这种渴望的反面并冒犯了它。群众的消极和对冒险试验的恐惧构成了这场斗争的固定背景。斯大林在为其对外政策辩护时更是变本加厉地玩弄这种消极和恐惧。他再次把托洛茨基丑化为共产主义的堂吉诃德，说他将把党拖进最可怕的冒险事业中去。

> （斯大林在捍卫英俄委员会时说）托洛茨基的虚张声势的政策所根据的不是具体的人，不是……进行斗争的具体的活的工人，而是一种从头到脚都革命的、理想的、没有血肉的人。……我们都记得，托洛茨基第一次运用这种政策是在签订《布列斯特和约》的时候，当时他不签订德俄和约而虚张声势地反对和约，以为虚张声势就可以把全世界的无产者发动起来反对帝国主义。……这种虚张声势使我们付出了多大的代价，同志们，你们都知道得很清楚。这种虚张声势帮助了谁呢？帮助了……那些力图扼杀当时还不巩固的苏维埃政权的人。……不，同志们，我们不同意采取这种虚张声势的政策，我们今天不同意，正如我们在签订《布列斯特和约》的时候不同意一样。我们不同意，因为我们不愿意使我们党变成我们敌人手中的玩具。①

把《布列斯特-里托夫斯克和约》同英俄委员会相提并论，完全是牛头不对马嘴：即使苏联与英国工会的关系直接破裂——由于季诺维也夫的反对，反对派才没有坚持要求这样做——那也不能想象苏联会遭到它在布列斯特-里托夫斯克危机时期所面临的那种危险，二者根本无法相提并论。布哈林提出的指责听起来更是匪夷所思：1918年他领导的主战派之所以失败，就因为当问题取决于托洛茨基那一票时，托洛茨基投票赞成和约。② 但是谁知道、谁记得那出伟大戏剧的来龙去脉呢？布尔什维克党的记忆是很差的；但要引起它对托

---
① 《斯大林全集》中文版第8卷，第71—72页。
② 参见《武装的先知》，第十一章。

洛茨基"英雄主义姿态"的担忧，则是太容易了。

一个普通的布尔什维克正是以这样的心情倾听关于一国社会主义的辩论的。要他按照事实的本来面目去判断问题是十分困难的。争论——只要没有陷入歪曲和诡辩的泥塘——是在两派经济学家之间展开的，一派设想能在一个民族自给自足的体系内"建成社会主义"，另一派则认为只有在更广泛的国际分工的环境中才能做到这一点。只有文化水平最高的党员才能在这一层次上领会双方论点。基层党员不理解季诺维也夫和加米涅夫为什么坚持认为俄国的国内资源即使丰富得足以取得很大进步，仍然不足以建成充分成熟的社会主义。他们更不能领悟托洛茨基扎根于马克思主义思想的更深层的论断。他证明说，尽管社会主义革命暂时可以局限在一国国界之内，但社会主义却不能在任何一个民族国家的范围内实现，即使在苏联和美国这样领土辽阔的民族国家之内也不能实现。马克思主义始终把社会主义设想为一种国际共同体，因为它认为，从历史上看，社会总是以更大的规模向一体化发展。从封建社会向资产阶级社会过渡时，欧洲克服了它的中世纪的排他主义。资产阶级创造了国家市场；现代民族国家就是在这一基础上形成的。但是先进国家的生产力和经济活力不能局限于民族国家的界限之内；即使在具有其国际分工的资本主义制度下，它们也超越了这些界限，这是资产阶级西方所取得的卓越的进步成果。① 在这一点上，作为斯密和李嘉图忠实信徒的马克思在《共产党宣言》上写道：

> 大工业建立了……世界市场。世界市场使商业、航海业和陆路交通得到巨大的发展。……不断扩大产品销路的需要，驱使资产阶级奔走于全球各地。……资产阶级……使一切国家的生产和消费都成为世界性的了。不管反动派怎样惋惜，资产阶级还是挖掉了工业脚下的民族基础。……过去那种地方的民族的自给自足和闭关自守状态，被各民族的各方面的相互往来和各方面的相互依赖所代替了。②

托洛茨基问道：我们怎么能认为社会主义只能建立在闭关自守的和自给自足的民族基础上呢？社会主义所预期的超过资本主义所达到的高技术、高效

---

① 在30年代，托洛茨基从资产阶级西方向经济民族主义的倒退中（特别是在第三帝国专制时期）看到了它衰退的确凿迹象。

② 重点号是我加的。伊萨克·多伊彻

率、高产量不能通过一种封闭落后的经济实现。社会主义比资本主义更依赖"各民族的各方面的相互往来"。它必须将国际分工推向纵深,远远超过资本主义对国际分工的梦想;资产阶级只是断续、无意识地发展它,社会主义则是系统合理地给它作出规划。因此,一国社会主义这个概念不仅是不现实的,而且也是反动的:它无视历史发展的逻辑和现代世界的结构。托洛茨基比过去任何时候都更强调欧洲联邦这个概念,认为这是社会主义世界共同体的初级阶段。

不管这个论断的价值如何,它已超过了反对派力图争取其支持的布尔什维克基层群众的认识水平。两年后,拉狄克在流放中反省了反对派失败的原因,致信托洛茨基说,他们是作为宣传家来实现自己的目标的,只拘泥于重大的但又抽象的理论,却没有作为政治鼓动家尽量提出一些普遍而实际的想法以激起反响。① 无疑,拉狄克此时是在失败主义者的情绪下写这封信的——他很快就向斯大林投降了,而且他的结论对反对派是不公正的。反对派已经提出过一些实际想法(关于工资、税收、工业政策、无产阶级民主等等的建议),同样没有激起普通党员的反应。但是拉狄克的评论毕竟有某些道理。基层群众感到疲惫、幻灭,并倾向孤立主义。托洛茨基所展示的透彻的历史前途同样不为他们所关心。正如瓦尔加指出的,他们渴望的是一种安慰的学说,它能补偿他们已经作出的和号召他们作出的牺牲。一国社会主义理论是神话创造的杰作,标志着斯大林主义的整个发展,并且旨在掩盖布尔什维克的诺言和兑现之间的鸿沟。在托洛茨基看来,这种神话创造是给人民的新鸦片,党应该拒绝向人民提供。

> (他写道)在它的英雄时代,我们的党无条件期待着的是国际革命,而不是一国社会主义。站在这面旗帜之下并在纲领上公开声明落后的俄国不可能……单独建成社会主义,我们年轻的共产党人经历了最严酷的内战年代,忍受着饥饿、寒冷和瘟疫,自愿开展周末重体力劳动(星期六义务劳动),勤奋学习,每前进一步都付出了无数的牺牲。共产党员和共青团员在前线战斗并(在他们的休息日)自愿到车站装卸木材,并不是因为他们希望用这些木材来建设民族社会主义——他们是为国际革命事业服

---

① 参见拉狄克信函《想好了再做》,1928年(未注明确切日期),存于托洛茨基档案。

务的，苏联堡垒屹然矗立是这个事业的根本；每一根木头都要用来加强这个堡垒。……时代已经改变了……但是原则仍然保留着它全部的力量。工人、贫农、游击队员和青年共产党员用他们直到1925年的全部行动表明，他们不需要新福音书。只有那些看不起群众的官吏、不愿受到打扰的小管家和党的机关里的寄生虫……才需要新福音书。正是他们以为……没有一种安慰的学说就无法跟人民打交道。……工人们懂得，在世界资本主义的地狱里是不可能建成一个绿洲般的社会主义乐园的；他们意识到，苏维埃共和国和他们自身的命运完全取决于世界革命——比起那些被告知并相信我们已有了"90%的社会主义"的人，工人们将精神更旺盛地履行对苏联的义务。①

反对派和托洛茨基的不幸是，不仅"小官吏和寄生虫"，而且还有疲惫、幻灭的群众更愿响应安慰的学说，而不愿响应不断革命的英雄主义号召。他们欺骗自己，相信斯大林会给他们提供一条更安全、更容易和没有痛苦的道路。

一国社会主义也激起了人民的民族自豪感，而托洛茨基的国际主义号召则让头脑简单的人感到，他妄称俄国不能依靠自己并因此认为它的得救最终只能来自革命的西方。这不能不伤害那个已经赢得最伟大革命的人民的自信心——尽管日常生活是那样悲惨，但这种自信心却是相当真实的，哪怕可笑地掺杂着政治上的冷漠。托洛茨基强调古老的俄国观念是通向社会主义的可怕障碍。布尔什维克领导下的广大群众已意识到自身的落后；而十月革命则是他们对这种落后的反抗。但是正像个人一样，民族、阶级、政党也不能永远安于对他们自身落后的尖锐意识。他们迟早要努力压下这种自卑感。若是过于经常地向他们提醒这一点就会冒犯他们；若是故意向他们提醒这一点就会激怒他们。一国建成社会主义的辩护士们淡化俄国的落后，为之巧辩，或者干脆否认它。② 他们告诉人民，没有别人帮助他们也能实现历史上最伟大的奇迹——社会主义。斯大林似乎要开辟的那条道路不仅是更容易、更安全的道路——还是一条社会主义特选子民的道路，是几代民粹派所梦想的俄国特殊革命使命的道路。的确，

---

① 托洛茨基：《列宁以后的第三国际》，第67页，英译本作了部分改动。
② 这一点甚至反映在布尔什维克的历史著作中，特别是在波克罗夫斯基关于资本主义发展和俄国状况的观点中。波克罗夫斯基当时是正统的斯大林派历史学家。

这两种相互竞争的准摩西式的信念似乎是在彼此对抗：托洛茨基主义坚信西方无产阶级的革命使命；斯大林主义则美化俄国一国建成社会主义的前途。由于西方共产主义运动的衰弱一次次地显示出来，这两种信念哪个能赢得更普遍的同情就是不言而喻的了。

尽管对西方革命抱着充满希望的信念，但是一般来说，托洛茨基比他的政敌更能以清醒的头脑观察当前国际时事。他的革命理想主义并没有妨碍他以严肃的现实主义态度去探讨外交领域或共产主义运动的特定形势。但是就其本质来说，他这方面的活动和他对国际事件所作的权威性的观察与分析并不能打动基层群众，他们愈益（或被引导着）以一种冷嘲热讽的态度来看待围绕着他的革命浪漫主义光环。

问题被争论所采取的那种特有的学究式的方式搞得更混乱了。作为比较，我们不妨回顾一下中世纪文献中神学家关于一个针尖上究竟能站多少天使的争论，或者回顾一下犹太法典中关于先有蛋还是先有鸡的争论。一个普通的布尔什维克听到托洛茨基说，推进俄国社会主义的最好方法是促进国际革命，而又听到斯大林回答说促进国际革命的最好方法是在俄国建成社会主义，这其中微妙的差别简直让他摸不着头脑。双方争论时都是根据列宁主义的正统原则，那些用以压倒托洛茨基的正统原则是三驾马车首先确立的，他们也确实成功地将之强加于他了。从那时以来，这种正统愈益周密、严格和精微了。如同许多种正统一样，这种正统为了当权派的利益而利用所继承学说的道义权威，用以掩盖这个学说并未给新问题提供明确答案这一事实并重新解释它的教义，它还被用来扼杀各种异议或怀疑以及训练信徒。如果试图从列宁著作中寻求对当代问题的解答，那是徒劳的。这些问题在几年以前还大都没有出现或仅仅初露端倪；即使对于列宁本人曾经处理过的问题，也只能找到互相矛盾的解答，因为列宁是在不同的条件和互相矛盾的环境下处理那些问题的。但这并没有妨碍党的领袖们利用列宁权当政治表达方式的那些词句并把它们当做神学教条。他们还引用列宁在争论中给同志们起的生动绰号，把它们当做教皇的诅咒。一位布尔什维克领导人愈是善于独立思考，愈是富有创新精神，就愈可能从列宁的著作和通信中拣出给他起的绰号——唯有那些看风使舵者和溜须拍马者用不着担心这类争论。列宁的影子就这样被召来，被用于迫害他那些现在领导着反对派的朋友和学生。反对派也竭力用列宁的影子回敬当权派。反对派断言，篡改列宁学说是它的政敌的罪过，而反对派则努力要把党带"回到列宁主义"。

不错，争论的中心问题是一国社会主义——反对派强烈要求回到列宁主义的正统：列宁曾经反复讲过一国建成社会主义是不可能的，在1924年以前，斯大林和布哈林甚至也是这样说的。① 如果斯大林和布哈林能自由坦率地证明自己的观点，那么他们就应该说：在列宁生前，问题还没有以现在这种方式提出来，他去世后俄国革命的孤立更加明显了，因此列宁对这个问题的论述已经过时了，他们有权抛开神圣经文而提出他们的新学说。但是斯大林和布哈林没有这样坦率地提出问题。他们也被自己制造出来的正统束缚着。他们不愿以列宁主义的"修正主义分子"的面目出现，虽然他们的确是。他们提出一国建成社会主义时不得不把它说成是从列宁学说中合法推导出来的，而且还说它是列宁本人所发展的思想。由于列宁著作毕竟包含着大量有利于反对派的证据，布哈林和斯大林就必须将党的视线从这些证据上转移开，把争论变成没完没了的、稀奇古怪的狡辩和吹毛求疵，使基层群众迷惑不解，恼火透顶，最后厌烦得要死。要通过对历史的叙述来表达这种执迷的啰唆和无法形容的单调，几乎是不可能的。然而争论所具有的这种风格却是事件的精髓：啰唆和单调在这出政治戏剧里具有明确的作用。它们扼杀了每一个布尔什维克和工人对争论问题的兴趣，使他们感到，这些问题只跟那些故弄玄虚的教条主义者有关，却跟老百姓不相干。这样就剥夺了反对派的听众，而使当权派能借"使徒式的打击证明他们学说的正统"。

当反对派提醒党记住它在列宁时代讨论问题和处理问题的那种自由空气时，反对派"回到列宁主义！"的号召同样是对牛弹琴。这种提醒是双重性的，因为尽管布尔什维克几乎直到列宁时代的末期确实一直享有充分表达意见的自由，但同样确实的是，列宁在晚期也宣布了对派别集团的禁令，严重剥夺了这种自由。看来，反对派为了自卫就应当谴责这条禁令是有害的，或至少是过时的，并要求取消它。但是此时的反对派也被正统的罗网缠住了，不敢大声

---

① 对列宁立场的详细说明和分析可参阅本书作者所著《列宁生平》一书。这里只简单举出列宁的几句话就够了："……我们在开始我们的事业时，就把全部希望都寄托在世界革命上……而这在当时无疑是正确的……我们一向强调我们是从国际的观点来看问题的，在单独一个国家内是不可能完成像社会主义革命这样的任务的。"列宁是在十月起义三周年纪念大会上说这番话的。参见《列宁全集》第40卷，第2页（1928年俄文版——但在后来的版本中，加重点的几行被删去了）。在内战最终结束后，他又一次宣告："我们一贯并反复给工人讲……我们取得胜利的基本条件在于革命向至少几个更先进国家的传播。"他在第六次苏维埃代表大会上说："社会主义革命要在一个国家内取得完全胜利是不可思议的，它至少需要几个先进国家（我们俄国还算不上先进国家）最积极的合作……"《列宁全集》第35卷，第150页。

第五章 决战阶段：1926—1927 年

反对禁令，因为在禁令的背后有列宁的权威。1924 年，托洛茨基甚至与他的朋友们反目，只因其中有几人鼓吹党内结派自由。① 两年后，尽管他指出，这条禁令是为一个享有表达自由的党制定的，而在一个噤若寒蝉的党内，不满情绪和不同政见必然会趋向采取宗派形式；但是他仍然视禁令有效。因此，联合反对派虽然将自身组成一个固定派别，却没有勇气捍卫其行动；这种三心二意使它变得加倍脆弱。斯大林反驳说，唯有伪君子才会一方面号召回到列宁主义而另一方面又藐视派别禁令和作为列宁主义基本原则的铁的纪律。他得出结论，中央委员会绝不允许派别活动不受惩罚：对于反对列宁主义党性观念的人，在布尔什维克队伍内不能有他们的位置。

反对派在支部里遭到的挫败和斯大林高悬在它头顶上的开除威胁在它内部造成了混乱。幻想轻易取胜的季诺维也夫和加米涅夫现在泄了气。他们的失败意识因悔恨而加深。他们后悔不该发动支部去反对中央委员会，因而急于撤退以取得敌人的谅解。他们同时还对流行于反对派激进边缘的思潮感到不安，那些人断定，党已完全掌握在斯大林和布哈林手中而不能接受任何独立观点，它已经僵化、无可救药了，反对派应该吸取失败的教训，最终建立一个独立的党。这原来是那些来自工人反对派和民主集中派的人的普遍观点，现在也开始在托洛茨基派中间传播开来——据托洛茨基说，拉狄克也倾向于这种观点。②"新党"的鼓吹者力图在更广泛的基础上为其立场辩护，他们争辩说：旧党正处于"后热月政变"阶段，已经"背叛了革命"，不再代表工人阶级说话，变成了官僚分子、富农和新经济政策产生的资产阶级的先锋。有些人认为，苏维埃共和国不再是工人国家了，因为它的官僚集团已成为一个新的统治阶级和剥削阶级，抛弃了穷苦人，窃取了十月革命的成果，和 1794 年及以后的法国资产阶级所干的一样。因此，反对派必须努力推翻官僚集团，正如巴贝夫及其平等会密谋推翻后热月政变的法国资产阶级一样。

无论是季诺维也夫、加米涅夫还是托洛茨基，都不同意这种观点。在他们看来，"苏联热月政变"是应该防止的危机，而不是既成的事实；革命尚未结束，官僚集团并不是新的统治阶级或占有阶级，也不是一种独立的社会力量，而只是长在工人国家躯体上的寄生物。由于其社会成分和政治成分的驳杂，动摇于社会主义与财产权之间，官僚集团最终可能屈服于新经济政策下产生的资

---

① 参见本书第二章。
② 《托洛茨基文集》第 1 卷，第 160—163 页。

产阶级和新富农，并跟这些力量联合起来，摧毁公有制，恢复资本主义。但是只要这一切还没有发生，十月革命的基本胜利果实还完整无损，苏联在本质上就仍然是一个工人国家，旧党就仍然与过去一样是革命的保卫者。因此，反对派不应当与它决裂，而应当认为自己仍属于这个党，并以无限的忠诚和决心捍卫布尔什维克对权力的垄断。

照此推论，反对派是不能在党外寻求支持的。但是又不允许它在党内寻求支持。这就是无法解决的两难处境。一眼就能看出，反对派为了保全自己在党内进一步行动的机会而不得不让出阵地，特别是在斯大林暗示开除之后。但是托洛茨基派和季诺维也夫派对此并不完全一致。季诺维也夫和加米涅夫把忠于旧党看得高于一切。他们绞尽脑汁地想怎样在斯大林完全控制了党的机关的情况下继续进行斗争。他们要求休战，愿意声明从今以后遵守派别禁令。他们已准备解散他们所建立的组织派别，也就是解散作为一个派别的反对派。他们急于跟"新党"的拥护者划清界限，并将与那些怀疑布尔什维克权力垄断的人断绝往来。的确，他们准备将他们与斯大林和布哈林之间的主要问题搁置起来，至少是暂时搁置起来。他们的大多数支持者看来也同样急于打退堂鼓。托洛茨基派则具有更强的战斗精神，其中的激进分子同情地倾听着为新党辩护的主张。

托洛茨基力图将反对派从这股逆流中挽救出来。为了阻止季诺维也夫和加米涅夫跪倒在斯大林面前，他愿意在让出阵地这个问题上多少迁就他们。他们达成协议，他们将联合声明愿意解散作为一个派别的反对派，并与"新党"的鼓吹者划清界限；但是他们也坚决重申反对派的原则和批判；他们将继续反对当权派，无论是在中央委员会还是在他们所在的其他委员会里。

1926年10月4日，托洛茨基和季诺维也夫向政治局提出休战建议。斯大林答应休战，撤回开除威胁；但又提出了一些条件。只是经过反复讨价还价后各方才接受了反对派提出的声明。的确，反对派是在没有撤回它的任何批评并明确重申它们之后才宣告它承认中央委员会决议对它的约束力、停止一切派别活动并与前工人反对领袖施略普尼柯夫和梅德维捷夫以及所有主张建立"新党"的人划清界限的。在斯大林的坚持下，托洛茨基和季诺维也夫又进一步与那些宣布与俄国反对派团结一致而被本国共产党开除的外国团体和个人断绝

第五章 决战阶段：1926—1927 年

了关系。①

反对派心情沉重地接受了这些条件。他们心中明白这无异于屈膝投降。尽管它重申了它的批判，挽回了面子，但已是前途渺茫，没有希望了。托洛茨基和季诺维也夫实际上放弃了他们再次向基层党员呼吁的权利。他们承诺只在党的领导集团里讲自己的观点，而且也预先知道照例会被否决，他们的声音能传到基层的只是微乎其微，甚至毫无可能。他们用自己的手造了一个恶性循环的怪圈。正是因为他们不能对中央委员会施加影响才试图向支部呼吁的，也正是因为不能对基层支部产生影响他们才又回到中央委员会；他们已经中了圈套。不管是什么理由，他们因为与施略普尼柯夫和梅德维捷夫集团划清界限并与他们在国外的某些支持者断绝关系而削弱了反对派。他们宣布解散自己的组织，就是默认斯大林和布哈林最初指责他们是对的；他们承认派别禁令是有效的和必要的，就是赞美斯大林抽在他们身上的皮鞭。

把这一切沉重的责任背在自己身上并暴露了反对派的弱点之后，他们就无法再保住他们所提出的休战了。他们的声明是 10 月 16 日登在《真理报》上的。但只过了一个星期，在 10 月 23 日，休战就不剩丝毫踪影了。中央委员会在这一天开会讨论即将召开党的第十五次代表会议议程。一个多少非争论性的议程已经准备就绪；但是，无疑是在斯大林的煽动下，中央委员会突然决定增加一个关于反对派的特别报告，由斯大林来作。这就不能不重揭旧疮疤。托洛茨基提出抗议，要求多数派中央委员遵守休战条件。但中央委员会仍然执意要斯大林准备他的报告。

为什么斯大林刚同意休战就来破坏它呢？他显然是想利用他的优势，趁反对派撤退时击溃它。也可能是宣布休战两天后所发生的某件事激怒了他。10 月 18 日，一位"托洛茨基主义者"马克斯·伊斯特曼在《纽约时报》上发表了列宁遗嘱——这是列宁遗嘱完整而真实可靠的文本的首次披露。一年前他在《列宁逝世之后》一书中曾公布过摘要；我们记得，托洛茨基与他断绝了关系，并在政治局指示下否认了遗嘱的真实性。斯大林现在不可能再次否认，但他肯定疑心伊斯特曼的行为直接或间接受到托洛茨基的鼓励。这种疑心并非毫无根据。年初，反对派一位密使确实将列宁遗嘱的文本带到了巴黎，交给苏瓦林，苏瓦林则鼓励伊斯特曼把它发表出来。伊斯特曼写道："我认为这不仅是

---

① 《斯大林全集》中文版第 8 卷，第 187—190 页。尤其是托洛茨基和季诺维也夫与德国的路特·费舍和阿尔卡季·马斯洛以及法国的鲍里斯·苏瓦林断绝了关系。

苏瓦林个人的决定,而且也是整个反对派的想法——我应该是发表遗嘱的人。一个理由是,我作为托洛茨基的朋友是众所周知的,另一个理由是,莫斯科无数有良知的人因为托洛茨基否认我的著作而不安。"①

伊斯特曼的猜测无疑是正确的。在"莫斯科那些不安的有良知者"中,没有人能比托洛茨基更不安的了。托洛茨基曾否认过列宁遗嘱的真实性并与伊斯特曼断绝了关系,是因为当时无论是他还是他的朋友们都不想被重新卷入斗争旋涡并由此招来报复。但是在他组成联合反对派重启争端后,他有一切理由想弥补那走错的一步。季诺维也夫和加米涅夫只能亦步亦趋地跟着他。正是他们两人在第十四次代表大会上重新要求公布列宁的遗嘱并利用以后的一切机会不断重申这一点。他们跟托洛茨基一样宁愿列宁遗嘱在《真理报》上公布。但这是连想也不用想的,因此他们就几乎毫不犹豫地设法让国外一家重要的资产阶级报纸把遗嘱登出来——不管怎样,列宁遗嘱既非国家机密,也非"反苏文件"。当然,他们必须谨慎行事,因为在形式上他们犯了破坏纪律的错误。文件副本是联合反对派在最得意的时候送到国外的,旨在通过遗嘱的公布获得外国共产党的帮助,同时也在苏联国内造成有利的影响。然而,遗嘱公布时形势却发生了变化:反对派已遭到惨败和要求休战,并与国外的支持者断绝了关系。10月23日中央委员会召开会议时,这一轰动一时的揭露已充斥着世界各国的报纸;这无疑恶化了中央委员会内的气氛。多数派决定不顾休战而痛挞反对派。

两天后,在政治局里掀起了一场风暴。斯大林正提出他要在第十五次代表会议作的关于反对派的报告"提纲"。他攻击反对派是"社会民主主义倾向",要求它的领袖承认观点错误并且将其撤回。②托洛茨基又一次抗议斯大林破坏休战,指责他背信弃义,并警告多数派说,不管他们是否愿意,他们正在采取的行动路线必将以遭到全面排斥而告终。他愤怒地指出,继之而来的必将是自相残杀的倾轧,是党的最终毁灭,并给革命带来致命的危机。然后他面对斯大林,指着他斥责说:"你这个第一书记已经使自己成为革命掘墓人的候选人了!"斯大林脸色铁青,站起身来,起初努力控制着自己,继而冲出会场,砰地把门撞上了。会场立即大乱,这次会议有许多中央委员是偶尔出席的。次日

---

① 引自伊斯特曼致本书作者的信。
② 斯大林的报告"提纲"刊登在10月22日的《真理报》上,即代表会议开幕那天。《斯大林全集》中文版第8卷,第205页。

第五章 决战阶段：1926—1927 年

早晨中央委员会就褫夺了托洛茨基政治局委员的职务，并宣布季诺维也夫不再是苏联共产党在共产国际执行委员会的代表，就这样，实际上而非名义上免去了他的共产国际主席之职。这一切事件像阴影一样笼罩着同一天开幕的代表会议。

反对派陷入了一片极度的混乱中。它已经让出这么多的阵地，结果一无所获。它曾抛弃了思想同情者和盟友，承认自己违反1921年禁令的错误，号召它的组织解散——这一切都是为了避免斗争的激化。而它的所得却是被卷入了更残酷的斗争，并且由于绑住了自己的手脚而遭到新的打击。它内部的不和在加深。季诺维也夫和加米涅夫埋怨托洛茨基毫无必要去招惹斯大林，激怒多数派，而且恰恰是在反对派力图平息风波的时刻。连一些托洛茨基派成员也对托洛茨基如此猛烈地抨击斯大林感到惊恐。托洛茨基的妻子就此事描写道：

> 一天下午，穆拉洛夫、伊万·斯米尔诺夫，还有其他一些人来到克里姆林宫我们的家里，等候列夫·达维多维奇从政治局开会回来。皮达可夫先回来了。他脸色苍白，哆嗦着，端起一杯水一饮而尽，然后说道："你们知道我是闻惯火药味的，但我还从来没有见过这样的事！简直是糟透了！列夫·达维多维奇为什么，为什么要这样说呢？斯大林永生永世也不会饶恕他！"皮达可夫心烦意乱，以致说不清究竟发生了什么事。列夫·达维多维奇终于走进了餐厅，皮达可夫向他冲去，问道："您为什么，为什么要这样说呢？"列夫·达维多维奇摆了摆手，没有理会这个问题。他当时精疲力竭，但仍很镇静。他已经向斯大林喊出了"革命的掘墓人"……我们都清楚这个裂痕是无可弥补了。①

这一幕是以后那些事件的预兆：一年之后，皮达可夫、季诺维也夫和加米涅夫就抛弃了反对派。谢多娃肯定地说，即使是那时托洛茨基就已深信，俄国国内外"一个漫长的反动时期来临了"，工人阶级在政治上精疲力尽，党被窒息了，反对派失败了。他始终坚持反对斯大林，但他这样做主要是出于尊严和

---

① 引自塞尔日《托洛茨基的生与死》，第180—181页。其中有不少重要片段是谢多娃执笔的。她描述这次事件发生在1927年；但是她把日期弄错了。1926年10月，布哈林在第十五次代表会议上提到了这次事件；而且引述了托洛茨基关于"革命的掘墓人"的词句。《联共（布）第十五次党的代表会议》，第578页。

与他的同志们保持一致,而不是出于信念。

　　由于反对派领袖中有些人消沉失望,他们决定再作一次挽救休战的尝试:他们在党的代表会议上将不再攻击当权派,只限于自卫发言。在会议进行的九天里,他们整整七天对敌人没有回敬一个字,而敌人们则自始至终为他们的失败而兴高采烈,挖苦他们,并力图把他们拖进争论。在第七天,斯大林终于发动了长达好几小时不折不扣的攻击。他为斗争定下了自己的调子,回顾了季诺维也夫关于托洛茨基是列宁主义首敌的所有讲话和托洛茨基关于季诺维也夫和加米涅夫是"十月革命的工贼"的苛评,并以此揶揄他们给予对方的"彼此大赦"。他兴高采烈地描绘反对派的失败,并说它只是因为失败才谋求休战以赢得时间拖延覆灭。但是党绝不能给反对派以喘息的机会:"党的任务是,对反对派仍保留的错误观点进行坚决的思想斗争……不管它们用什么'革命的'词句掩饰着",直到反对派放弃它们为止。斯大林还不厌其烦地罗列托洛茨基的生平事实来证明托洛茨基至今一直顽固地对抗列宁思想,并奚落季诺维也夫和加米涅夫"转向托洛茨基主义"。最后,他谴责反对派煽动党反对农民,谴责反对派的超级工业化主张将使"千百万工农群众贫穷化",因而并不比资本主义的工业化方式更好。斯大林及其同伙们——强迫推行工业化和农业集体化的未来发起者——宣称,他们只赞同这样的经济发展形式,即能够立即促进人民的幸福,使国家免除社会动乱;他以此名义号召代表会议"团结一致地回击反对派"。①

　　当反对派领袖们终于站到讲台上时,代表们发现他们回答斯大林时的调子各不相同。第一个发言的是加米涅夫,他句斟字酌并且语气谦卑地阐释自己的观点,徒劳地想磨钝争论的锋芒。他抱怨斯大林的背信弃义,休战还不到两星期就发动粗暴的攻击。他试图把自己和季诺维也夫从"向托洛茨基主义投降"的罪名中开脱出来。他说,他们与托洛茨基的联合只是出于一定的和有限的目的,如同列宁经常做的一样。他再次提到列宁的遗嘱以及列宁对党内分裂的担忧;但是他的话只能在听众席上引起一阵哄笑。于是他半是警告半是自我安慰地脱口而出:"同志们,随便你们怎么指责我们吧,我们毕竟不是生活在中世纪!绝不能让宗教法庭重演!你们不能指责(我们)……我们呼吁对富农实施高税率,希望帮助农民并同他们一起建设社会主义——你们也不能用企图掠

---

① 《斯大林全集》中文版第 8 卷,第 280—320 页。

夺贫农的罪名来指控（我们）。你们不能把我们烧死在火刑柱上。"① 正好十年之后，加米涅夫就坐到了宗教法庭的被告席上。

接着，托洛茨基站起来作了他生平最精彩的演说之一。他语调温和，但内容却是深刻犀利的，层次结构的逻辑性和艺术性达到了纯熟境界，充满着幽默——但同时也暴露出他当前弱点的主要根源：坚定不移地信赖欧洲革命。他为整个反对派辩护，但是也为自己辩护，仿佛一举就掀掉了在代表会议上向他劈头盖脸压过来的歪曲和侮辱的大山。他受到过各种指控，如制造恐慌、悲观主义、失败主义以及"社会民主主义倾向"。但是他的论据只是从事实和数字出发的；而"算术从来不分乐观主义和悲观主义"。如果提到工业品短缺就是制造恐慌，那么难道不能关注本年度工业只完成计划的75%的事实吗？斯大林给托洛茨基扣上失败主义的帽子并抓住所谓他"害怕丰收"这一条不放，理由是，他曾经说过：只要国家的工业品短缺，城乡之间的紧张关系必然存在，而不管是丰收或歉收。不幸的是，最近一次收成比预料的还要糟糕。农民的社会分化迅速扩大。所有这些困难暂时还不是灾难性的，但是这种兆头必须及时加以注意。反对派曾要求对富农课以重税而贫农可以免税。这个要求不管是对是错，但"里面有什么社会民主主义呢？"反对派不同意有利于富农的信贷政策——这也是社会民主主义吗？它赞成适度提高工资——这也是社会民主主义吗？它不接受布哈林关于资本主义重新获得稳定的观点——这也是社会民主主义吗？也许，反对派批评英俄委员会就是"社会民主主义"吧？

他回顾了他在共产国际的工作、他同列宁的亲密合作，特别是向新经济政策过渡时给予列宁的支持，而人们硬说他希望终止这个新经济政策。他被指责为"不相信"能建成社会主义。但是难道他没有写过这样的话吗？——"我们所拥有的对资本主义的全部优势，使我们在未来几年中不但有可能把工业发展系数提高到战前每年6%的两倍或三倍，甚至还可以提得更高，如果我们正确地利用这优势的话。"② 的确，他不相信一国建成社会主义，他是不断革命论的倡导者。但是不断革命论被人为地夸大了：应对这个理论负责的只是他一个人，而不是整个反对派。作为对季诺维也夫和加米涅夫的让步，他补充说：

---

① 《联共（布）第十五次代表会议》，第486页。
② 这的确是后来在五年计划期间苏联工业的增长率（托洛茨基在这里引用的是他在1925年出版的小册子《走向社会主义还是资本主义？》里的一段）。到了1930年，斯大林竟然要求每年增长率为50%！参见《斯大林政治传记》，第321页。

"我个人认为,这个问题早已进了档案馆了。"可是他的批评者说什么呢?他们抓住这个理论不放,说他在 1906 年时就预言革命后城市集体主义将不可避免地与农民个人主义发生冲突。难道他们没有活着亲眼看到这个预言被证实了吗?难道不正是因为这个冲突他们才宣布新经济政策的吗?1921 年在喀琅施塔得以及其他地方,"中农不正是用海军大炮跟苏维埃政府对话"的吗?批评者抓住这个理论不放,说他预言革命的俄国会与保守的欧洲发生冲突。难道他们睡过了那些干涉的年头吗?"同志们,如果说我们现在还活着,正是因为欧洲毕竟不是以前的欧洲了。"

但是,革命幸存下来这件事实并不能保证它同农民和资产阶级西方的冲突不再重演;这也不能成为一国建成社会主义的根据。的确,他们将不得不面对新的冲突,而若是他们仅以"蜗牛爬的速度"前进并且背弃世界革命,那么就将在更恶劣的条件下面对这些冲突。布哈林写道:"争论围绕着这个问题:如果我们撇开国际事务,我们是否能建设社会主义并建成社会主义……?"托洛茨基反驳道:"如果我们撇开国际事务,我们也能建成社会主义;但撇开是办不到的,全部关键就在这里(笑声)。你可以在一月的天气里赤身裸体地走在莫斯科的大街上,如果你撇开气候和民警的话(笑声)。但是我担心,气候或民警却不会撇开你……我们的革命从什么时候起具有了……独立的性质呢?"

托洛茨基在这里抓住了"问题的核心":俄国正在建设社会主义的时候,欧洲将会发生什么事?迄今为止他们全都同意列宁的这种看法,即俄国"最低限度需要 30 到 50 年时间"才能实现社会主义。① 欧洲在这些年里会变成什么样子呢?如果在此期间革命在西方取得胜利,那么他们所争论的问题就没有意义了。一国建成社会主义的支持者确认这是不可能的。那么他们就必然从以下三种可能的假设之一出发:第一个假设是,欧洲在经济上和社会上停滞不前,资产阶级与无产阶级彼此保持着一种不稳定的均势。但这样的局面几乎不可能保持 40 年,甚至连 20 年也保持不了。另一个假设是,欧洲资本主义可能有一个新的上升时期。在那种情况下,"如果资本主义还能繁荣昌盛,如果它的经济和文化还能欣欣向荣,那就意味着我们来得太早了",也就是说,俄国革命将在劫难逃。"……一个上升的资本主义将……具有相当强大的军事、技术和其他手段,可以窒息、扼杀我们。在我看来,这种暗淡的前途会被整个世

---

① 斯大林否认这是列宁的观点(《斯大林全集》中文版第 9 卷,第 6 页),但是他拿不出任何否认的根据。

界经济形势所排除。"人们无论如何也不会把俄国社会主义的前途建立在这种假设上。

最后，人们还可以假定，在这30年到50年过程中欧洲资本主义可能走向衰落，但是工人阶级却表明没有能力推翻它。托洛茨基问："你们能这样设想吗？"

> 请问，我为什么要接受这个只能被称为对欧洲无产阶级的毫无根据的极端悲观心理的前提呢？同时对靠我们一国孤立无援的力量就能建设社会主义抱有盲目的乐观主义呢？我作为共产党员的理论职责和政治职责在什么意义上使我必须接受欧洲工人阶级在今后40年或50年内不能夺取政权的前提呢？……我看不出有任何理论上或政治上的理由可以设想，我们和我国农民一道实现社会主义比欧洲无产阶级夺取政权更加容易。……我至今仍然坚信，只有欧洲无产阶级革命获得胜利，我国社会主义的胜利才有保障。这并不是说，我们建设的不是社会主义，也不是说我们不能或不应全力以赴地推进社会主义建设。……假如我们不认为我们的国家是工人国家，尽管有官僚歪曲……假如我们不相信我们的建设是社会主义建设；假如我们不相信我国有足够的资源推进社会主义经济，假如我们不坚信能取得完全的和最后的胜利，那么我们显然不配留在共产党的行列中……

他还谈到有关反对派要建立另一个党并力图唤起工人阶级去反对现行国家的谣言。但这并不是它的目的。这不过是要人们警醒：斯大林的背信弃义和不择手段的方法——新近的例子就是他撕毁休战协议的方式——必然会在党内造成真正的分裂，导致两个党的斗争……①

会议代表的敌意中混杂着崇敬，他们屏息静气地听着他的话，即使他在最戏剧性的时刻几次被打断，他请求允许他继续讲下的时候也是如此。大会一再延长了他的发言时间。他态度克制而又有说服力，没有表示出丝毫的动摇或软弱。紧接着托洛茨基之后走上讲台的是拉林，他说出了大多数代表的心声：

---

① 《联共（布）第十五次代表会议》，第505—535页。

"这是我们的革命富有戏剧性的插曲之一……革命正在超越它的某些领袖。"①

在听取季诺维也夫发言时,代表们的情绪就大不一样了,他进行了一番哀怨的辩解,竭力讨好他们。代表们对他报之以粗鲁的蔑视和敌意,把他哄下讲台,甚至不让他谈论他所主持的共产国际的事务,根本不管他们还须投票决定"撤销"他在共产国际执行委员会的职务这一点。②

一个人若回过头来看看这些大小会议和比较一下其中的争论趋向,就会为当权派对待反对派的那种恶毒和粗暴而震惊;他几乎能亲身体验到那卑鄙而残暴的手段是如何随着一次次会议而不断升级,发展到疯狂的地步。有些事件事实更是具有极荒诞的效果:对反对派的一些最粗俗的和报复性的攻击和对斯大林的一些最肉麻的吹捧正是出自这样一些人之口,他们要不了几年就会憎恨他,成为他的过迟的批评者,并成为他的可怜的牺牲者而被消灭掉。那些在这次代表会议上以其狂热行为而大出风头的人中有加马尔尼克(Гамарник),他是未来的红军政治部主任,在图哈切夫斯基审判案前夕被指控为叛徒而自杀了;还有瑟尔佐夫(Сырцов)、丘巴尔(Чубарь)、乌格拉诺夫,他们全都死于"破坏者和阴谋家"的罪名之下;甚至还有前民主集中派的奥新斯基,他现在宣称信仰一国社会主义,但照样作为"破坏者和人民的敌人"而结束了他的一生。但是,在这方面的表演上没有一个人能胜过布哈林。不过数月之前他还同托洛茨基友好来往。现在他如同季诺维也夫两年前一样站到了斯大林的身边,肆无忌惮地恶毒攻击反对派,为其失败而雀跃、自吹自擂、威胁恫吓、煽风点火、冷嘲热讽,为党内那些最坏的家伙推波助澜。可亲的学者仿佛突然变了个样子,思想家变成了流氓无赖,哲学家变成了凶手,丧尽了他的良知和远见。他颂扬斯大林是自耕农的真正朋友和列宁主义的捍卫者;他向托洛茨基

---

① 《联共(布)第十五次代表会议》,第535页。拉林直到1914年都属于孟什维克的极右翼,1917年夏他加入了布尔什维克,然后与托洛茨基保持友好关系。他对1923年反对派的态度是暧昧的;后来他加入了斯大林派。

② 以下逐字引用的季诺维也夫发言的最后部分:"同志们,我想就这个集团(即联合反对派)说几句。我想说几句(听众打断他的话:你已经说够了……够了!嘈杂声)。我想就这个集团和共产国际说几句话……(嘈杂声:够了,够了!你早就该说这件事,而不该说别的事!)这是不对的。难道你们说一国社会主义问题(季诺维也夫刚谈过这个问题)不是重要的问题吗?那么为什么斯大林就这个问题要讲3个钟头呢?……(嘈杂声、抗议声)现在我只要求10到15分钟,使我可以谈一谈这个集团和共产国际的问题。(嘈杂声,叫喊声:够了!)同志们,你们知道,党决定停止我在共产国际的工作,(会场上一片叫喊声:这事早已决定了!)在目前这种情况下,这样的决定是绝对无法避免的。但是不给我5分钟时间谈谈共产国际的问题,你们难道是公正的吗?(嘈杂声,叫喊声:够了!会议主席摇铃。)同志们,我请求你们再给我10到15分钟讲完这两个问题。"(主席要求表决,压倒多数的人反对给季诺维也夫延长10分钟。)同上,第577页。

第五章　决战阶段：1926—1927 年

挑衅，要他当着会议代表的面重复他在政治局里说过的关于斯大林是"革命的掘墓人"的话。① 他嘲笑托洛茨基在代表会议上发言时的自我克制，这种自我克制仅仅是由于党"扼住了反对派的喉咙"。他说，反对派呼吁他们防止因分裂而造成的"悲剧"，而这个警告只会让他，布哈林，感到滑稽。他在一片笑声中高声说："才三个人离开党——这就是整个分裂了！""这是闹剧而不是悲剧。"他这样对加米涅夫的自我辩解嘲讽说：

> 加米涅夫走过来……说："我，加米涅夫，与托洛茨基携起手来，正像列宁曾与他携起手来并信赖他一样。"人们只能用捧腹大笑来回答他：他们找到了一个什么样的列宁！我们看得很清楚，加米涅夫和季诺维也夫是用一种很古怪的方式信赖托洛茨基的（长时间的笑声，鼓掌声）。他们是这样"信赖"他的，就是让他骑在他们的头上（哈哈大笑，鼓掌声），而且加米涅夫……尖叫着："我信赖托洛茨基。"（大笑）不错，完全像列宁一样！（笑声）。

用不了两年，布哈林就要"依赖"被斗败了的、屈服了的加米涅夫，在他耳边恐惧地窃窃私语说：斯大林是新的成吉思汗。② 而此刻布哈林却踌躇满志、洋洋自得、断章取义和哗众取宠地引用列宁的话，又攻击不断革命论、托洛茨基的"英雄主义姿态"与对农民的敌意，攻击他的"建设社会主义的财政理论"；而且再三颂扬他和斯大林的政策是稳定、可靠和审慎的，并能确保同农民的联盟。他说反对派"惊呼"富农的强大、农民暴动和城镇饥荒的危险，它无非是想用怪物来吓唬人民。党不能原谅他们"关于苏联热月政变的废话"，除非他们低头忏悔、承认错误并且恳求道："请原谅我们反对列宁主义的精神、形式和实质的罪孽吧！"他在一片疯狂的喝彩声中继续讲下去：

> 说吧，坦率地说吧：托洛茨基错了，他竟然宣称我们的国家不是一个充分的无产阶级国家！为什么你没有勇气站出来痛痛快快地这样说呢？……季诺维也夫在这里告诉我们列宁对待反对派如何宽大。……列宁没有驱逐反对派，正是因为在中央委员会里只有两票赞成他。……是的，列宁懂得他的工作。当一个人只能凑足两票时，谁还试图去驱逐反对派呢？

---

① 《联共（布）第十五次代表会议》，第 578—601 页。
② 参见本书第六章。

(笑声) 但是当你获得全票支持,只有两个人反对你,而且这两个人还嚷着什么热月政变时,你就得好好考虑驱逐的问题了。

与会者为这种犬儒主义的表演而兴高采烈,一片欢腾。斯大林在会场中喊道:"干得好啊,布哈林,干得好,干得好。他不是在同他们争论,而是在宰他们!"①

怎样解释布哈林这种奇怪的、几乎是可怕的表演呢?无疑,他打心底恐惧反对派所鼓吹的政策。他害怕他们会挑起与农民的冲突;他没有看到,正是他本人和斯大林的政策才会导致这种冲突。尽管反对派力量软弱,无法取代当权派,但是它的力量仍然足以迫使斯大林派改变立场。确实,在这次会议上,看来是布哈林派在当权派联盟中占了上风:布哈林、李可夫和托姆斯基代表中央委员会作了三个主要报告。然而,即使是他们也不敢对反对派掉以轻心。布哈林本人现在在农村政策问题上不得不十分谨慎——他不再公开向富农呼吁了。他看到斯大林派对托洛茨基和季诺维也夫的批评愈益敏感并乐于整页整页地剽窃他们的著作。斯大林已向加速工业化的要求让步;这在代表会议所通过的决议中也可以看出来。布哈林宁愿当权派联盟站稳立场击败反对派,而不必借用他们的观点把问题搞乱。他担心反对派的压力把党推得太远。他一想到这会把党驱向同农民的血腥冲突就"浑身不寒而栗"。因此,他在此时甚至比斯大林更渴望使官方政策从反对派的间接影响下摆脱出来。他拼命缠住斯大林,不让他作出更多的让步;他不惜纵容、唆使斯大林使用暴力和阴谋,希冀反对派的失败能确保国内和平。对于他来说,为了这一点,即使是以牺牲一切才智、风格和面子为代价也在所不惜。

攻击之凶猛也是由于处境的为难和复杂。斯大林犹豫不定是否应该采取他两年以后将采取的那种罪恶措施。斯大林派发言人也在指责托洛茨基和季诺维也夫唆使党强迫推行农业集体化。例如,在摧毁私有农业中将起到非常重大作用的卡冈诺维奇声称:"他们的道路是掠夺农民之路,是一条罪恶之路,不管托洛茨基和季诺维也夫多么强烈地抗议这一点——这就是他们的口号。"② 反对派又一次撞到了一党制的墙上。当它要求一党制内的自由时,便受到危及一党制本身的指控:布哈林和斯大林断言它要另建新党。莫洛托夫的发言虽然词不达意,却能击中要害。在抗议高压政策时反对派发言人重提那段历史,即甚

---

① 《联共(布)第十五次代表会议》,第 601 页。
② 同上,第 637 页。

第五章 决战阶段：1926—1927年

至在布列斯特-里托夫斯克危机时期列宁仍然允许左派共产主义者出版毫无顾忌地攻击自己的报纸。对此莫洛托夫回答说："在1918年……孟什维克和社会革命党人也有他们自己的报纸，甚至立宪民主党人也有。但是当前形势根本不同。"① 这话是要再次证明，布尔什维克不准别人享有自由，他们自己也无法享有自由。卡冈诺维奇重新提起托洛茨基在第十一次代表大会上为反对工人反对派而说过的话。托洛茨基当时说，党员谈及自己的同志和领袖时用"你们"和"我们"是不能允许的，因为不管动机如何，他们这样做就是把自己置于同党对立的地位上，企图利用党的困难帮助那些竖起喀琅施塔得旗帜的人。卡冈诺维奇质问道，"那么，托洛茨基同志，为什么您当时有权利对犯了错误的梅德维捷夫和施略普尼柯夫说这些话（而且这些同志都是老布尔什维克），为什么我们今天就不能告诉您，你们正踏上喀琅施塔得之路呢？……"②

被拖进对托洛茨基的猛攻中的不仅是喀琅施塔得和工人反对派的幽灵，施略普尼柯夫和梅德维捷夫也亲自加入进来。反对派曾由于斯大林的坚持而声明跟他们断绝关系，斯大林又竭力以威逼利诱使施略普尼柯夫和梅德维捷夫承认错误、表示忏悔和谴责反对派。然后中央委员会兴高采烈地广播了他们的悔过书，并且宣布饶恕他们。这两个人曾劝联合反对派抛弃对一党制的忠诚，以旧党内的一个派别自行组建新党。但是，面对他们自身被开除出旧党的威胁，又受到联合反对派跟他们划清界限的刺激，他们便向斯大林投降了。他们的悔过是斯大林第一次成功的威逼的结果，这为后来其他多次忏悔投降开了一个先例。在代表会议结束之前，斯大林又给了反对派另一个沉重打击：他宣布克鲁普斯卡娅已与托洛茨基和季诺维也夫断绝关系。③ 莫斯科出现了一些流言蜚语，说斯大林以暗示列宁私生活上的丑闻向克鲁普斯卡娅讹诈，据说他声称"我要指定另一个人做列宁的遗孀"。但更合情理的原因在于，克鲁普斯卡娅之所以退出反对派，是因为她害怕看到她丈夫所创建的党陷入四分五裂。由于克鲁普斯卡娅曾是斯大林和布哈林最直率的批评者之一，她的变节给反对派造成的损害更大。

最后，斯大林挑拨外国共产党领袖反对托洛茨基和季诺维也夫。德国共产党老战士克拉拉·蔡特金曾在共产国际第四次代表大会上以整个国际的名义向

---

① 《联共（布）第十五次代表会议》，第671页。
② 同上，第638页。
③ 同上，第754—755页。

1927年十月革命十周年庆典期间,克鲁普斯卡娅(正中间坐者)与代表们在一起

1921年8月,克拉拉·蔡特金在柏林的一次集会上

第五章 决战阶段：1926—1927年

托洛茨基表达过崇高的敬意，列宁当时已经病重。现在，她代表外国共产党领袖与托洛茨基和季诺维也夫划清界限，谴责他们给共产国际带来了危机和为共产主义的一切敌人效劳。她做出一本正经的样子："……即使笼罩在反对派领袖名字上的光环也不足以赎救他们。……这些同志的功勋……是不可磨灭的。他们不会被人忘记。他们的事业和功绩已载入革命史册。我不会忘记他们。但是……还有比个人事业和功绩更伟大的东西。"①

反对派一败涂地。代表会议批准将反对派的三位领袖开除出政治局，并且威胁说，倘若他们敢再挑起争论的话，就对他们采取进一步的制裁。

此时联合反对派所面临的处境和1923年反对派失败后所面临的处境很类似。正式裁决对他们不利，他们必须决定下一步怎么办：是继续斗争下去，冒着最终全部被开除出党的危险呢，还是承认失败，哪怕是暂时的失败呢？反对派的两班人马反应各不相同。季诺维也夫派准备忍气吞声。但这并非易事，因为争论尽管在形式上已经结束，但是官方对他们的攻击仍然有增无减。各家报纸一面声称只谈代表会议的决议，一面又以最恶毒的攻击充斥着版面，不给被攻击者以任何答辩的机会。反对派的基层群众因勇于坚持自己的信念而付出代价：他们或者失业，或者被流放，待遇比流放犯好不了多少。季诺维也夫和加米涅夫只好采取最温和的消极抵抗方式。他急于保护自己的追随者，就建议他们实行韬晦之计，必要时甚至可以否认他们跟反对派的关系。这样的建议只能使反对派丢脸，并使接受建议者丧失斗志；他们开始变节和悔过。

相反，经过类似考验的托洛茨基派却清楚，无所作为是什么也得不到的，忍气吞声是毫无指望的。托洛茨基本人在11月底写的日记摘录中重温了这次考验。② 他比在公开场合或中央委员会里更加坦率地为自己分析了反对派的困境。他接受失败。他把它不仅归因于斯大林的背信弃义、官僚集团的威胁恐吓，而且也归因于群众的消极与幻灭，他们原来对革命期望过高，现在感到自己的希望破灭了，于是就对早期布尔什维主义的精神和理想产生了抵触。年轻人一踏上政治舞台，就发现自己处于监护之下，发挥不出任何批判才能和政治判断力。当权派利用普遍的消极和对安全的渴望，拿不断革命的怪物来吓唬人民。托洛茨基在正式讲话中总是强调领导集团与基层群众之间的对抗，但私下里承认，领导集团的思想和口号迎合了基层群众的感情需要，掩盖了他们之间

---

① 《联共（布）第十五次代表会议》，第698—707页。
② 参见1926年11月26日写的札记，存于托洛茨基档案。

的对抗，而反对派却与普遍的情绪背道而驰。

那么该怎么办呢？托洛茨基在沉思。屈从于群众的反动情绪不是马克思主义革命者的做法。只要他们的阶级自觉性还是模糊的，革命者就应当做好在群众中陷于孤立的准备。但这种孤立不会很久，因为现在正是过渡与危机时期；而在苏联国内外，革命力量还会高涨。无论如何，现在还没有到反对派竖白旗投降或动摇不定的时候，尽管形势对反对派不利。革命者必须战斗下去，不管他的命运是像列宁那样结束——活着看到他的事业胜利，还是注定遭受李卜克内西那样的命运——以生命去殉革命事业。托洛茨基在个人笔记里和与友人谈话中都暗示过这两者必居其一。尽管他没有放弃"像列宁那样结束"的希望，但看来他内心深处早已准备承受"李卜克内西那样的命运"了。

（维克多·塞尔日回忆道）我不相信我们会胜利，而在心里我更确信必败。当我被派到莫斯科，向列夫·达维多维奇转交我们小组的信件时，我就是这样跟他说的。我们坐在租让委员会宽大的办公室里谈话……那时他的疟疾正在发作；他皮肤蜡黄，嘴唇苍白。我告诉他，我们太弱小了，在列宁格勒召集的成员不超过数百人，而我们的观点在工人群众中唤起的只是冷漠。我感到他对这一切比我知道得更清楚。但是他作为一名领袖，不能不尽到他自己的责任。而我们作为革命者也不能不尽到我们的责任。如果失败是不可避免的，我们除了鼓起勇气去迎接失败……之外，还能干什么呢？①

* * *

1926—1927年的冬天过得比较平静。反对派因内部不和而更削弱了。托洛茨基竭力避免使他与季诺维也夫的伙伴关系破裂；由于季诺维也夫的惊慌失措，联合反对派正在为这种动摇不定的统一付出代价。12月，反对派领袖们甚至抗议斯大林企图在莫斯科党支部中把他们拖进新一轮争论。② 当月，共产国际执行委员会讨论了俄国党内的局势，反对派只好重申它的立场。托洛茨基不得不为他的过去辩护，他抗议把"传记方法"应用于党内争论，并展示了

---

① V. 塞尔日：《阴暗的转折》，第116页。
② 托洛茨基和季诺维也夫致斯大林和政治局，1926年12月13日，存于托洛茨基案。

第五章 决战阶段：1926—1927 年

他与列宁的关系史，旨在向头脑闭塞的听众证明"托洛茨基主义与列宁主义不可调和的对抗只不过是神话"。① 执行委员会批准把托洛茨基派和季诺维也夫派从外国共产党中清除出去，其理由是他们否定苏联国家的无产阶级性质。托洛茨基声明说，反对派一贯反对它的任何持有这种观点的外国支持者。苏瓦林被开除出党，他一半是听之任之的；他为罗斯默和莫纳特辩护，这两人自第一次世界大战以来就是他的政治盟友，创建并领导了法国共产党，现在却被驱逐出了这个党。② 但是除了这些次要的政治干扰外，他默默度过了冬天，一面编辑他的全集，一面"对许多问题进行更深入的理论探讨"。

除了进行反对一国建成社会主义的经济论证外，他主要关心的"理论问题"就是"苏联热月政变"了。在反对派队伍内部以及它的国外同情者中间，对这个问题的认识是十分混乱的。有些人争辩说，苏联革命已过渡到热月政变阶段。持这种观点的人同时将官僚集团看做是已经摧毁了无产阶级专政并剥削和压迫工人阶级的一个新阶级。另外一些人，特别是托洛茨基，则强烈反对这种观点。常有这种情形，当某种历史类比成为一种政治行话时，争论各方对他们所援引的先例都是一知半解；托洛茨基自己也在不断地修改他对这一问题的阐释。在现阶段，他将"苏联热月政变"定义为根本性的"向右转"，在对革命普遍的冷漠和幻灭这种背景上，它可能出现在布尔什维克党内，导致布尔什维主义的毁灭和资本主义的复辟。托洛茨基根据这个定义得出结论，起码现在谈苏联热月政变还为时过早，但是反对派提出警告却是有理由的。"热月政变的形势"已经十分明显：群众已经厌倦并感到幻灭。不过，导致复辟的根本性的"向右转"还没有出现，尽管趋向它的"热月政变力量"已经积聚了巨大的能量。

倘若不是托洛茨基现在形成的观点部分地决定了今后几年他自己的行为和反对派的命运的话，倘若不是关于这个问题的争论激起了各派一种莫名其妙的

---

① 托洛茨基借此机会颇有启发性地说明了他直到 1917 年时对列宁的态度。他谈到了"内心抵抗"，正是这种"抵抗"使他越来越靠拢列宁。他最终格外真诚和彻底地接受了列宁主义。他把自己的情况同弗兰茨·梅林作了对比。梅林只是在作为自由派领导人与马克思主义斗争之后才接受马克思主义的。尽管这样，或者说正因为这样，梅林的信仰才是不可动摇的，并在晚年为此献出了他的自由和生命，而考茨基和伯恩斯坦以及其他马克思主义"老近卫军"却抛弃了这面旗帜。参见托洛茨基档案12 月 9 日声明。另见《斯大林伪造学派》，第 85 页。

② 除此之外，托洛茨基还问了政治局的一项决定，当时政治局准备派皮达可夫去加拿大完成一项贸易使命。托洛茨基指出，皮达可夫在内战时曾领导过乌克兰的布尔什维克，这项使命对于他是危险的，因为加拿大有不少乌克兰移民。皮达可夫因为"曾是被判死刑的俄国可敬公民"而刚刚被拒绝赴美国。托洛茨基致奥尔忠尼启则，1927 年 2 月 21 日。参见托洛茨基档案。

狂热的话，本来是没有多大的必要在这里探讨这场颇为深奥的争论的。这的确是这场斗争中似乎最无理性的现象之一。一个反对派成员只要在随便什么党的会议上说出"热月政变"这个字眼儿，马上就会点燃愤怒的火焰，听众立刻就群情激愤，尽管多数人对它仅有极为模糊的认识。他们只知道，热月政变者是雅各宾主义的"掘墓人"，反对派以此攻击当权派正在进行反对革命的某种密谋。这个微妙的历史口号甚至触怒了有教养的布哈林派成员和斯大林派成员，他们明白，它的含义远不那么简单。反对派争辩说，搞热月政变的人并没有故意去破坏雅各宾主义和葬送第一共和国——他们只是出于消极和迷惑而无意识地做出这种事的。同样，苏联的热月政变者在干同样的事时也不知道他们在干什么。这种比喻折磨着许多布哈林派成员和斯大林派成员的思想，损害了他们的信心。这使他们想到了革命中无法控制的因素，他们不断地却又是模糊地意识到这些因素；这使他们感到他们已经或可能成为各种广泛的、敌对的、无法控制的社会力量手中的玩物。

许多布尔什维克很不舒服地感到这大概是真的。他们不论属于哪一派，都被反对派变出来的幽灵吓坏了。这就是所谓的"死人抓住活人"。当一个布哈林派成员或斯大林派成员矢口否认自己与热月政变有任何相似之处时，他并不坦然自信，而是怀着一种怨恨，受着内心彷徨的折磨，布哈林正是以这种心态在第十五次代表会议上谈到反对派"关于热月政变的不可饶恕的废话"的。他对反对派的狂怒有助于他抑制自己的恐惧。在反对派眼里，热月政变的幽灵正在莫斯科街头游荡，在克里姆林宫上空翱翔，或在国庆纪念集会上和游行时站在列宁陵墓上的政治局委员中间。这种书呆子式的历史回忆所勾起来的狂热激情就从孕育并发展着一党制的荒谬的政治气候中喷发出来。布尔什维克感到与自己的工作——革命——已经疏远。他自己的国家和他自己的党凌驾于他之上。它们仿佛有自己的思想和意志，跟他的思想和意志没有多大关系，而他必须服从它们。国家和党对于他来说就像一股盲目的力量，它是突发的、无法预测的。当布尔什维克将苏维埃变成"政权机构"时，他们，包括托洛茨基在内，全都曾经坚信他们已经建成世界上前所未有的"最清澈透明的政治体制"，在这种体制下，统治者和被统治者之间的关系空前地密切，人民群众在这种体制下可以前所未有地畅所欲言，直接行使自己的意志。但是几年过去了，再没有比一党制更不透明的了。整个社会丧失了它的全部透明度。没有一个社会阶级能够自由表达自己的意志。任何阶级的意志都成了未知数。统治者

第五章 决战阶段:1926—1927年

和政治理论家们不得不去猜测它,并愈益经常地受到猜错事件的教训。因此,当社会各阶级看来要行动时,并且在关键时刻真正作为巨大的力量行动起来时,就出乎意料地从各方面压迫着党。党内集团与个人不知不觉地被推向最意外的方向。在人们的(关于他们自己的以及别人的)思想、意志与他们的所作所为之间到处都出现了或重新出现了断裂——政治行动的"主观"与"客观"方面之间的断裂。现在再没有比确定谁是革命的敌人、谁是革命的朋友更困难的了。当权派和反对派都在黑暗中摸索,既与现实的危险作斗争,又与想象的危险作斗争;既追逐彼此的实体,又追逐着彼此的影子。他们不再实事求是地看对方,而都将对方看做是神秘的社会实体和隐蔽与邪恶的潜在力量,必须加以译解并使之无害。正是这种与社会的脱离和彼此间的疏远使当权派宣称反对派是社会异己分子的代理人,使反对派声言当权派背后站着热月政变的各种势力。

那么都是哪些势力呢?托洛茨基回答:富农、耐普曼、官僚集团——总之,所有对资本主义复辟感兴趣的阶级和集团。工人阶级仍然依恋"十月革命的成果",无疑是反对热月政变的。至于官僚集团,托洛茨基期待着它在危机时刻发生分化:一部分支持反革命,另一部分捍卫革命。他把党内分裂看做是这种分化的间接反映。右派与热月分子靠得最紧;但还不必把二者等同起来。布哈林为私有者的辩护体现了热月分子的愿望;但布哈林派是真正的热月分子抑或仅仅是他们不自觉的帮手——他们在危机时刻会不会重新站到革命一边来,这一点还不清楚。根据这种看法,只有左派即联合反对派才在党内代表着无产阶级利益和纯粹的社会主义纲领;它是反热月分子的先锋队。中间派亦即斯大林派还没有任何纲领;尽管它控制着党的机关,却没有广泛的社会基础。它只在左派和右派之间搞平衡,并寄生在两者的纲领上面。一旦中间派与右派联合起来,就会为热月政变铺平道路。但中间派将在必遭灭亡的热月政变中一无所获;因此,面临反革命的威胁,中间派或它的大部分将依附于左派,在左派的领导下反对苏联热月政变。

不必超越我们的叙述去指出事变在多大程度上证实或否定了这种观点。①在这里只要指出托洛茨基从中得出的一个重要的实际结论就够了。简单地说,在任何情况下他和他的同志们都不应该与布哈林派结盟反对斯大林。托洛茨基

---

① 有关这个问题的进一步分析可参见本书第六章和《流亡的先知》。

证明说,在一定环境和一定条件下,反对派甚至必须准备同斯大林结成联合阵线反对布哈林。在任何联合阵线中都要坚持下述条件:反对派绝不能放弃它的独立、它的批评权利,必须坚持党内自由。按照那条著名的策略公式,左派和中间派应当分进,合击。当然,反对派暂时还没有机会实施这条原则:斯大林派和布哈林派还分享着政权,保持着统一。但是托洛茨基毫不怀疑他们很快就会散伙。他的策略原则就是在他们之间打进一个楔子,以便形成新的组合,使反对派能够指挥所有的"反热月政变者",包括斯大林派。在后来的几年里,反对派的所有行动都是服从这条原则的:"同斯大林联手反对布哈林吗?——是的。同布哈林联手反对斯大林吗?——绝不。"

若从降临在所有反斯大林主义的派别和集团身上的不祥命运来看,这个由托洛茨基负主要责任的策略决定显然只能是一种愚蠢的自杀行为。托洛茨基以为由无能的布哈林体现的这个热月政变的幽灵,看来不过是对历史过度想象的虚构。如果一个对后来事件了如指掌的人思索到托洛茨基关于"危险来自右派"(即布哈林派)这一含有诸多焦虑的警告以及他对斯大林力量的明显低估时,很可能会为这个素以先知式远见著称的人在这个事例中所表现出来的短视和盲目而惊愕。然而,单以成败论英雄的观点是片面的。托洛茨基的决定也必须被放在他所处的环境背景上来认识。新经济政策正处于高潮,对资本主义复辟感兴趣的各种势力愈益活跃,到那时为止谁也想不到将对新经济政策下产生的资本主义采取暴力镇压和"富农作为一个阶级被消灭"。托洛茨基不可能想当然地知道苏联社会里敌对势力之间的斗争会有这样的结局。他所看到的热月政变的幽灵毕竟有一半现实性。1917年之后过了八年甚至十年,复辟的可能性仍不能被排除。作为马克思主义者和布尔什维克,托洛茨基自然感到他的首要责任是绷紧全部神经,动员一切力量去反对复辟。这就决定了他的党内策略。如果说有什么东西能为复辟铺平道路,那么这肯定出于布哈林的政策,而不是出于斯大林的。在这样的情况下,托洛茨基只能得出结论:反对派必须有条件地支持后者,反对前者。这样的结论是符合马克思主义传统的,这个传统认可左派和中间派结盟反对右派,而认为左派与右派针对中间派的任何联合都是不符合原则的、不能允许的。因此,鉴于当时的历史背景,根据马克思主义概念来判断,托洛茨基的立场有它的逻辑性。他的不幸就在于,后来事变超越了这个逻辑,并且证明这是反对派自我毁灭的逻辑。这的确是托洛茨基的悲剧,他捍卫革命的过程也正是他政治自杀的过程。

第五章 决战阶段：1926—1927年

*　　*　　*

1927年春天，党内斗争的火焰又一次燃烧起来。这次斗争是同到那时之前从未提出过的一个问题相联系的，但从此以后这个问题却自始至终都是斗争的中心，直到联合反对派最终被开除出党并解体为止。

这就是中国革命问题。

大约在这个时期，中国革命进入最严重的危机时刻，该危机是自从列宁时代结束以来发展形成的。布尔什维克很早就把眼睛盯在殖民地半殖民地国家的反帝运动上，相信这些运动能构成欧洲无产阶级革命的主要"战略后备力量"。列宁与托洛茨基都确信，如果切断西方资本主义世界与为它提供廉价劳动力、原料并使它能获得额外利润的投资机会的殖民腹地的关系，那么，西方资本主义必将从根本上遭到削弱。1920年，共产国际声明把西方共产主义运动与东方解放运动结合起来。但是它只限于提出原则声明，而结合的形式以及促进结合的方法却付诸阙如。它承认亚洲各国的独立斗争跟欧洲资产阶级革命具有同样的历史意义；也承认那些国家的农民，甚至在一定程度上承认资产阶级都是工人阶级的同盟军。但列宁主义的共产国际却不想明确界定亚洲反帝运动与其自身社会主义斗争之间的关系或中国共产党和印度共产党对待本国反帝资产阶级的立场。

要解决这些问题为时尚早。十月革命对东方的影响刚刚开始。它的力量和深度还无法衡量。在亚洲最重要的国家中，共产党刚刚开始建立；工人阶级数量很少，而且缺乏政治斗争传统；甚至资产阶级的反帝运动也仍然处于形成阶段。只是在1921年，以几个宣传小团体为基础的中国共产党才召开了第一次代表大会。但在大会刚一开过、纲领刚刚制定、组织初具规模时，莫斯科就催着它设法跟国民党友好合作。国民党正沐浴着孙逸仙如日中天的道义权威。孙逸仙本人渴望通过联俄加强他的力量以反对西方帝国主义；他也准备在笼统的、"超阶级的"民粹派社会主义基础上同中国共产党合作，但要求后者必须无条件地接受他的领导并支持国民党。他同列宁的政府签订了友好条约，但他发现更困难的是让中国共产党按他的条件同他合作。①

---

① 这几页里的叙述主要根据的是布伦特、舒瓦茨、费尔班克：《中国共产党历史资料》；《毛泽东选集》；M. N. 罗易：《中国的革命与反革命》；陈独秀：《致党的一封公开信》（《战斗报》1930年）；《斯大林全集》；托洛茨基：《中国革命问题》；艾萨克斯：《中国革命的悲剧》；唐灵黎：《中国革命内幕》；《布尔什维克》合订本、《国外通讯》和《革命的东方》等文件。

被解除武装的先知：托洛茨基 1921—1929

中国共产党是由陈独秀领导的，他是亚洲的马克思主义知识分子先驱，中国第一批最伟大的马克思主义宣传家之一，毛泽东出山之前中国革命最杰出的人物；他作为策略家、实际工作领导人或组织家要比毛泽东逊色，而作为一名思想家和理论家却胜过了毛泽东。陈独秀是那场反对西方列强在中国的特权的伟大运动的发起者。这个运动发轫于他身为其教授的北京大学，它的强大压力使北京政府拒绝在承认西方列强特权的《凡尔赛和约》上签字。主要是在陈独秀的影响下，那些马克思主义宣传小团体得以发展，并建立了中国共产党。从党的创建之日起，直到 1927 年末革命的整个危急时刻，他都是党的无可争议的领袖。他从一开始就对他的党从莫斯科得到的政治建议抱有疑虑。他承认共产党与国民党的合作是必要的，但又担心过分密切的联盟将妨碍共产党形成自己的特性；他宁愿他的党首先站稳脚跟后再同国民党携手并进。但是莫斯科固执地要他打消顾虑；而他既没有毛泽东那种强烈个性，也没有毛泽东的灵活；毛泽东在同样情况下从不对莫斯科的政治建议表示反对，总是假装接受，然后不予理睬、我行我素，从不跟莫斯科真正闹翻。陈独秀坦率、软弱、缺乏自信；这些品质注定他是一个悲剧式的人物。他在每一关头都能坦率地表示他对莫斯科政策的反对；但是他不能坚持下去。一旦受到否决，他就屈从于共产国际的权威，违背自己更合理的看法，去执行莫斯科的政策。

早在 1922—1923 年，有两个人对于幼年的中国共产党与国民党的联合以及为斯大林和布哈林所遵循的政策奠定基础起了决定性作用，他们后来成为托洛茨基反对派中的重要人物，这就是越飞和马林 – 斯内夫利特（Maring – Sneevliet）。① 越飞曾作为列宁政府的特派使者与孙逸仙谈判并签订友好条约。他因急于完成使命而向孙中山保证说，布尔什维克无意于推动中国的共产主义运动，他们将利用自己的影响确保中国共产党按照孙逸仙的条件与国民党合作。他这样做无疑越出了他的权限。马林作为共产国际的代表参加了 1922 年召开的中国共产党第二次代表大会。在他的倡议下，共产党同国民党进行了接触，开始讨论加入国民党的条件。但孙逸仙的条件是僵硬的，谈判因而破裂。

---

① 马林 – 斯内夫利特是荷兰马克思主义者，印尼共产主义运动的兴起与他密切相关，他还是荷兰共产党驻莫斯科代表。在以后的年代里，特别是在 30 年代，他成为托洛茨基的热忱信徒。在第二次世界大战中，他在荷兰被占领区领导一个抗战小组，后被纳粹枪杀。

第五章　决战阶段：1926—1927 年

越飞与托洛茨基

马林－斯内夫利特和托洛茨基（最高处两人）在一次集会上

这一年晚些时候，马林回到中国，告诉陈独秀及其同志们，共产国际坚决指示他们加入国民党，不论条件如何。陈独秀不愿执行这个指示，但当马林抬出国际共产主义的纪律原则时，他和他的同志们就屈服了。孙逸仙——后来的蒋介石也一样——坚持共产党不得公开批评国民党的政策，必须遵守它的纪律——否则他就要把共产党开除出国民党，并视他与俄国的联盟为无效。1924年初，共产党加入国民党。但开始时，共产党并没有把孙逸仙的条件放在心上：它保持着独立性，本能地执行共产党政策，因而招致了国民党的不满。

共产党的影响迅速壮大起来。1925年，伟大的"五卅运动"席卷华南，共产党站在运动的最前列，发动了对西方租界和商行的抵制，领导了中国历史上迄今为止规模最大的广州总罢工。运动势如破竹，国民党的领袖们惊慌失措，力图扑灭它，遂同共产党发生了冲突。后者意识到内战即将来临，渴望放手大干，于是向莫斯科请示。1925年10月，陈独秀建议让他的党退出国民党。但是共产国际执行委员会否决了这个计划，警告中国共产党要尽量避免内战。苏联军事顾问和外交顾问鲍罗廷（Бородин）、布柳赫尔（Блюхер）①等人在蒋介石的总司令部里工作，负责装备和训练他的军队。当时实际指导着苏联外交事务的布哈林和斯大林都不相信中国共产党在不久的将来有夺取政权的可能；他们两人都急于保持苏联与国民党的联盟。共产党影响的日益壮大威胁着造成这个联盟的破裂，因此他们坚决要求中国共产党保持现状。

莫斯科因此催促陈独秀及其中央委员会放弃对"爱国"资产阶级的阶级斗争，放弃革命农民运动，放弃对孙逸仙主义的批判，这个主义自孙中山死后就被奉为国民党的意识形态。为了用马克思主义词句为他们的立场辩护，布哈林和斯大林又引申出一套理论，即在中国开始的革命是资产阶级性质的，不能以社会主义为其目标；国民党所依赖的反帝资产阶级还起着革命作用；因此共产党的责任是同它一致，不能做任何冒犯它的事。为了进一步证实他们的政策具有理论上的根据，他们引证了列宁在1905年阐述过的观点：在直接反对沙皇专制的俄国"资产阶级"革命中，社会主义者的目标应是"工农民主专政"，而不是无产阶级专政。举这个例证不太适合或并不适合中国的局势：列宁和他的党在1905年并没有试图联合资产阶级自由派去反对沙皇专制——相

---

① 布柳赫尔，瓦西里·康斯坦丁诺维奇（1890—1938），苏联元帅，苏共党员，历任师长、远东共和国陆军部长兼人民革命军总司令、远东特遣军司令等职，1924—1927年任广州政府军事顾问，化名加伦。——译者注

反，列宁不厌其烦地申明，俄国资产阶级革命要取得胜利，只有在工人阶级领导下，毫不妥协地反对资产阶级自由派；即使是试图联合资产阶级的孟什维克也没有幻想去接受由资产阶级支配的某一个组织的领导和纪律。正如托洛茨基后来指出的一样，布哈林和斯大林的政策不仅是对1905年布尔什维克立场的拙劣模仿，甚至是对孟什维克立场的拙劣模仿。

然而所有这些理论上的诡辩只有一个目的：从思想上美化莫斯科的政策，并安抚对此深感不安的那些共产党人的良心。这个政策的机会主义到了1926年初表现得愈加触目惊心：共产国际将国民党吸收为它的准会员党，共产国际执行委员会将飞黄腾达的蒋介石将军选为名誉委员。斯大林和布哈林以这种姿态表明他们对国民党的"友好"，逼迫中国共产党就范。3月20日，蒋介石在"世界革命总参谋部"选举他为名誉委员之后仅仅几个星期就发动了他的第一次反共政变。他把共产党员从国民党司令部的各个岗位上清除出去，禁止他们批评孙逸仙的政治哲学，并要求中国共产党中央委员会交出其加入国民党的全部党员名单。陈独秀和他的同志们在苏联顾问们的压力下只得同意了。但是，由于坚信蒋介石正在策划反对他们的内战，他们急于组建起由共产党领导的武装力量去对抗他的军事力量，倘若有必要的话；他们请求苏联援助。广州的苏联代表们断然否决了这个计划，拒绝一切援助。陈独秀又一次屈服于共产国际的权威。① 莫斯科各大报纸对蒋介石的政变未加只字评论——甚至连事件本身也没有报导。政治局唯恐事态复杂化，就派了"前民主集中派"布勃诺夫（Бубнов）到中国强制推行它的政策，并让中国共产党相信：它的革命义务就是为国民党提供"苦力服务"。②

在这些事件的过程中，中国问题似乎一直处于俄国党内争论之外。这个事实值得加以强调是因为：它澄清了庸俗托洛茨基主义的一个说法，即反对派从一开始就对斯大林和布哈林"出卖中国革命"进行了坚持不懈的抵制。不错，托洛茨基早在1924年初就对这个问题抱有疑虑了。他曾就中国共产党依附于国民党这一点在政治局里阐述了他的批判观点；在后来的两年中，他又在某些场合重申过他的观点。但是他这样做几乎是偶然的。他并没有专门探讨过这个问题，也没有深入它的核心。他发现他在政治局里是孤立的——所有其他的政

---

① 陈独秀说，中国共产党中央委员会请求广州的苏联军事顾问从已经运到的支援蒋介石的弹药中至少提供5000支步枪给共产党，使他们能武装广东的暴动农民。这个请求遭到了拒绝。

② 引自陈独秀的公开信。

治局委员都支持现行的中国政策,因此他没有试图在中央委员会这个更广泛的讲坛上重申他的反对意见。在1924—1926年的三年中,看来他没有一次在共产国际执行委员会或共产国际委员会上谈到过中国问题。不管怎样,他一次也没有公开暗示过关于这个问题的任何分歧。似乎他对这个问题的注意和重视远远不如他对英国问题甚至波兰问题上的政策的注意和重视。他显然没有清楚意识到席卷中国的这场风暴的力量和中国共产党政策上所面临的危机的规模及严重性。

早在1926年时,托洛茨基更关注的是苏联对中国的外交动向问题,而不是对中国共产党的指导方针问题。他主持一个专门委员会——契切林、捷尔任斯基和伏罗希洛夫都是这个委员会的委员,该委员会的工作是及时向政治局提出建议,以供苏联外交使团在中国采用。除了托洛茨基在1926年3月25日向政治局提交的报告外,这个委员会的工作很少为人所知。[①] 由于他对这个报告没有提出不同意见,可以断定他基本上是同意的。委员会严格按照外交要求提供它的建议,没有涉及中国共产党的任务问题。当中国共产党在与国民党合作中力图打破中国现状时,委员会指示苏联外交部门在此现状中他们所应持的立场。共产党和国民党都在号召全国政治统一,即推翻盘踞北方的张作霖政府,并把革命从南方推向北方。托洛茨基委员会估计中国将会继续分裂;它的建议似乎是让分裂延续下去。这时蒋介石已准备开始他的伟大的北伐战争。在笼罩着苏联远东边境线的一片混乱中,托洛茨基的委员会并不是着眼于推进革命,而是想确保苏联政府的一切可能的利益。因此委员会建议,苏联外交使节应该谋求使南方的蒋介石政府与北方的张作霖政府之间暂时的妥协和势力范围的划分。

托洛茨基后来强调说,在政治局讨论该报告时,斯大林提出了一项修正案,即苏联军事顾问应该劝阻蒋介石进行北伐。委员会拒绝了这个修正建议,但以更笼统的措词建议苏联驻中国使节劝蒋介石"保持克制"。政治局主要关心的是确保苏联在满洲抗衡日本侵略这一地位。因此委员会建议,苏联驻华北特使应鼓励张作霖采取一种在俄日两国之间搞平衡的政策。莫斯科还无力消除日本在满洲的影响,又不相信国民党能做到这一点,因此它愿意接受日本在南满的优势,只要苏联继续保有它在中国东北的铁路权并能控制北满地区。对于

---

① 托洛茨基档案。

第五章 决战阶段：1926—1927年

这项极可能挫伤中国人爱国热情的安排，委员会敦促苏联特使要"谨慎巧妙"地作舆论准备。政治局的动机是错综复杂的。它既关心满洲，又担心蒋介石的北伐招致西方列强空前大规模地干预中国事务。它同时怀疑，蒋介石准备北伐是转移革命目标，是吞并和驱散南方革命力量的手段。

4月，政治局同意了托洛茨基的委员会所提交的报告。但是就在此刻，托洛茨基提出了一个完全是关于中国共产党的政策问题。他坚持认为，这个问题必须独立于苏联外交方面的考虑：同现存的资产阶级政府——甚至旧军阀政府——打交道是外交界的事；但是革命者的职业却是推翻它们。他抗议将国民党吸收到共产国际中来。他说，孙逸仙主义是歌颂阶级调和的，与主张阶级斗争的马克思主义是不相容的。共产国际执行委员会选举蒋介石为名誉委员，是开了一个荒唐透顶的玩笑。最后，他重申了他原先对共产党加入国民党一事的反对。① 政治局里的所有委员，包括正着手组织联合反对派的季诺维也夫和加米涅夫，又一次为有关中国共产党事务上的官方行为辩护。这次交锋也是偶然的。它发生在大门紧闭的政治局里，而且没有任何结果。

此后，在1926年4月直到1927年3月底的整整一年里，不论托洛茨基还是其他反对派领导人都没再提起这个问题（只有拉狄克除外，他自从1925年3月担任莫斯科中山大学校长以来不得不向困惑的中国学生解释党的政策，因请求指示而令政治局不胜"厌烦"。然而他只是徒劳一场，因而表露了些微不满）。② 而这正是中国革命史上最重要最关键性的一年。7月26日，即政治局讨论托洛茨基的委员会的报告四个月之后，蒋介石不理睬"克制的劝告"，发布了北伐进军令。他的军队推进的神速大出莫斯科的意料，他们挺进华中极大地激发了全国范围的革命运动。华北及华中各省纷纷起义，反对张作霖政府以及支持这个政府的堕落腐朽的军阀。城市工人是这场政治运动中最积极的因素。共产党占据着优势地位，它领导并鼓舞了各地的暴动起义。共产党员站在如雨后春笋般纷纷萌生出来的工会的最前列，在解放了的城镇里得到群众的热情支持。蒋介石的队伍推进所到之处，受到沿线农民的欢迎，他们指望在军队的支持下起来反抗军阀、地主、高利贷者，准备剥夺他们的财产。

蒋介石被革命浪潮吓住了，企图遏制它。他禁止罢工和示威游行，镇压工

---

① 《斯大林全集》中文版第10卷，第133页。
② 在此期间，托洛茨基至少两次提到中国问题。他于1926年8月30日致函拉狄克，专门讨论中国问题。他于同年9月27日还写过一份题为"中国共产党和国民党"的文件。——译者注

会，派出讨伐队镇压农民，征集粮食。在他的司令部与共产党之间形成了强烈的敌对情绪。陈独秀在向莫斯科报告这些事件时，要求让他的党最终有权退出国民党。他仍然赞成国共两党反对北方军阀和西方列强代理人的联合阵线；但是他坚持说对于他的党最迫切的事是：摆脱国民党的纪律束缚，恢复行动自由，鼓动城市无产阶级运动，支持农民要求土地的斗争，做好跟蒋介石公开冲突的准备。陈独秀从国际执行委员会得到的答复仍然是拒绝。布哈林把他的要求斥为危险的"极左"异端。在1月的代表会议上，布哈林以中央委员会报告人的身份重申在中国只能"维持唯一的民族革命阵线"，因为中国的"工商业资产阶级当前客观上正起着革命的作用……"。① 他继续说，在当前条件下，共产党很难满足农民的土地要求。中国共产党必须在农民利益与反对农村暴动的反帝资产阶级利益之间保持平衡。共产党压倒一切的任务是保证一切反帝力量的团结一致；他们必须抛弃分裂国民党的任何尝试。② 耐心、慎重，这就是口号——特别是当革命气氛也感染着国民党、导致它的"激进倾向"、"削弱它的右翼"的时候。

不久之后，斯大林在共产国际中国委员会上讲话时也赞扬蒋介石的"革命军队"，要求共产党完全服从国民党，并且警告他们不要在"资产阶级革命"高潮时期有任何建立苏维埃的企图。③

表面看来，斯大林和布哈林关于"国民党向左转"的预言很快实现了。11月，国民党政府改组，建立起更广泛的联盟，蒋介石的对手汪精卫所领导的左派集团登上前台，还有两名共产党人任农运部长和劳工部长。新政府从广州迁到了武汉。但是国民党的右派远远没有被"削弱"。蒋介石仍然握有武装部队的最高指挥权，并且加紧为他的独裁作准备。在新政府里真正被削弱的倒是共产党。农运部长在竭力遏制农村暴动的浪潮，而劳工部长则不得不忍受着蒋介石的反劳工法令。④ 从莫斯科来的每一位新特使都安抚中国共产党：在布勃诺夫离去之后，1926年底，杰出的印度共产党领袖M. N. 罗易也带着这项使命来到武汉。

---

① 《联共（布）第十五次代表会议》，第27页。
② 同上，第28—29页。
③ 《斯大林全集》中文版第8卷，第321—334页。
④ M. N. 罗易：《中国的革命与反革命》，第413页及以后各页。哈罗尔德·艾萨克斯：《中国革命的悲剧》，第十四、十五章。

第五章　决战阶段：1926—1927 年

印度共产党领袖 M. N. 罗易

1927 年春天，仍是共产国际执行委员会名誉委员的蒋介石又发动了另一次政变，从此开始明目张胆地反对革命，而这时政治局却还在鼓吹同国民党的联合。政变发生在上海，这是中国最大的城市和商业中心，是在西方列强及其停泊在港口的军舰控制下的国中之国。蒋介石的军队进入上海前不久，上海工人起义推翻了旧政权，控制着整个城市。孤立无援的陈独秀再一次向共产国际司令部呼吁，极力让他们明白事变的重大意义——这是亚洲从未有过的最伟大的无产阶级起义，并要求把他的党从国民党约束下解脱出来。然而他和他的同志再一次被迫重申效忠于国民党，同时把上海的控制权让给了蒋介石。困惑而又遵守纪律的共产党放弃了蒋介石嫡系部队给予他们的援助，接受了这些指示，放下武器投降了。4 月 12 日，就在他们起义胜利后仅仅三个星期，蒋介石下令大屠杀，成千上万的共产党人和追随他们的上海工人倒在了血泊中。

就这样，中国共产党人被迫在第一个工人国家的神圣利己主义的祭坛上献上了他们的一份祭品，这种利己主义被一国社会主义学说提到了原则的高度。这学说的潜藏含义是用上海街头工人的鲜血揭示和写就的。斯大林和布哈林认为他们有权牺牲中国革命,因为他们相信这是为了巩固苏联的利益。他们竭力避免采取任何可能刺激资本主义列强反对苏联,破坏它得来不易的脆弱的和平与安宁的行动方针。他们对其中国政策的设想是出于他们形成其国内政策同样的心理,即相信明智的第一信条是,处理一切国家事务时太平无事,一步步小心地向前走。他们在国内安抚"富农",同样的逻辑也促使他们在中国极力讨好国民党。的确,他们指望中国革命也以蜗牛速度发展,正如布哈林所想象的社会主义在苏联的发展一样。

犹如历史上常见的那样,这种令人厌恶的、似乎可行的现实主义只不过是一场黄粱美梦。既然跨上了革命和反革命的龙骑,又想用蜗牛速度爬行,那是根本办不到的事。但布尔什维克花了多年时间好不容易才为苏联赢得了喘息机会,机会一经赢得,他们又想竭力让它无限期延长下去;因此他们切齿痛恨一切可能中断或缩短这个喘息期的事情。在国内,凡冒与农民冲突危险的政策都有可能中断它;在国外,激进的共产党政策也可能中断它。当权派决心不让这样的事发生;因此,他们几乎无动于衷地以牺牲中国革命来延长第一个工人国家的喘息时机。①

只是到了 1927 年 3 月 31 日,即上海大屠杀之前的两星期,沉默了一年的托洛茨基才抨击了政治局的中国政策。② 他曾含蓄地反对过这个政策及其前提,这是不容怀疑的。他原先反对让中国共产党加入国民党和反对共产国际授予蒋介石以名誉委员,就证明了这一点。他本人 20 多年来一贯坚持和发展起来的思想观念使他片刻也不能接受斯大林和布哈林力图为他们的政治战略辩护的理论依据。他们的观点是,由于中国的造反在性质上是资产阶级的,因此中国共产党就必须放弃它的社会主义理想而与国民党资产阶级结盟。再没有比斯大林和布哈林的这种观点更远离他所倡导的不断革命论了。托洛茨基的整个思想体系使他必然持这样的观点:中国革命的资产阶级阶段和社会主义阶段是合而为一的,犹如它们在俄国是合而为一的那样;工人阶级自始至终都是革命的主要动力;或是革命作为一场无产阶级运动而迎来无产阶级专政,或是革命完全失败。

那么他为什么在那重大的一年里保持沉默呢?当然,大部分时间他在生

---

① 斯大林曾试图用同样的方法来对待下一次中国革命(1947—1949),但是那场革命声势浩大,使他无可奈何;而且毛泽东也从陈独秀的经验中得到了教训。

② 参见托洛茨基致政治局和中央委员会的信,存于托洛茨基档案。

第五章 决战阶段：1926—1927年

病；他深深地陷入一大堆国内问题和欧洲共产主义事务中；他被卷入一场寡不敌众的斗争中，必须精心策划反对派的策略；在1927年头两个月之前，他的注意力并没有集中在中国问题上——他的私人文件说明了这一点。他并未意识到政治局的机会主义和犬儒主义已经发展到什么地步。他不知道中国共产党是多么勉强地执行政治局的指示。他对陈独秀提出的许多呼吁和抗议一无所知——斯大林和布哈林将它们作为秘密文件封锁了起来；他也得不到在莫斯科与广州或武汉之间来往的其他机密通讯。当他终于掌握了比一般新闻更多的消息时，他不禁震惊了，并在反对派的领导核心内提出这个问题，然而他发现即使在那里他也是孤立的。

直到1926年底，季诺维也夫和加米涅夫还没有什么谴责官方政策的意思。他们拘泥于1905年"老布尔什维克"的观点，也认为中国革命不可避免地要将自身局限在资产阶级的任务和反帝任务之内。他们赞同中国共产党加入国民党。季诺维也夫在共产国际中最得意的时候，肯定在推行这个政策以及压制陈独秀的抗议等方面起了作用。但当托洛茨基将不断革命论运用于中国问题时，即使是最重要的托洛茨基主义者，如普列奥布拉任斯基和拉狄克，看来还有皮达可夫和拉柯夫斯基，也都退缩了。① 他们全都认为在社会发展比俄国更迟缓的一个国家里，是不可能建立无产阶级专政的，共产党是不可能夺取政权的。只是当托洛茨基威胁以个人名义提出问题并不惜为此造成反对派的实际分裂时，而且只是当工人实际上是中国革命的"主要动力"这一点愈益明显之后，以及当斯大林和布哈林阻碍中国革命早已远超过"老布尔什维克"的理论和学说的范围时，反对派领袖们才同意在中央委员会里展开关于中国问题的论争。即使这样，他们也只准备反对官方政策，而不是反对它的基本前提。他们只愿意抨击斯大林和布哈林使中国共产党成为国民党镇压罢工、游行示威和农民起义的同谋犯所持的那种过分热衷的态度；但是他们却仍然坚持要共产党员留在国民党内，坚持认为这场"资产阶级"革命在中国不可能导向无产阶级专政。这是一种自相矛盾、自趋失败的态度，因为一旦承认了共产党员必须留在国民党内，那么指望他们不为此付出代价就等于打自己的嘴巴了。

只要季诺维也夫、加米涅夫、拉狄克、普列奥布拉任斯基和皮达可夫愿意进行这场新的论争，托洛茨基就感到心满意足了。在1927年头几个月里，反

---

① 参见托洛茨基在1928年致拉狄克和普列奥布拉任斯基的信，存于托洛茨基档案。

对派主要领导人仍须设法调解他们的分歧;直到3月底,他们才确定了进攻的共同立场。他们现在进行的是一场新的危险的冒险。托洛茨基已经意识到了它的暗淡前途。3月22日,即上海工人拿起武器、蒋介石军队开进上海的那一天,他在私人文件里写道:"中央委员会里存在着这样的危险,他们将把问题化为派系斗争,而不是认真讨论它。"不管怎样,问题必须提出来,因为"当中国无产阶级的头颅危在旦夕时,怎么能保持沉默呢?"①

事实是,反对派着眼关注中国革命问题,不但为时太晚,而且还有许多思想保留,这从一开始就削弱了反对派的基础。在未来几周内将导致大崩溃的那种政策至少已经执行了三年之久,现在想在两三个星期里把它扭转过来是办不到的。即使托洛茨基决心"当中国无产阶级的头颅危在旦夕时"不再沉默,但那颗"头颅"已经受到蒋介石的铁锤打击了。当反对派指责斯大林和布哈林应对此负责时,他们却反问道,在这漫长的三年里,反对派到哪儿去了?它为什么一声不吭?② 他们振振有词地指出,这些批评家们的义愤是假的,反对派一直在寻找争论时机,现在抓住了中国问题,"就像一个要淹死的人抓住了一根救命稻草"。这些反驳的话倒并非是完全冤枉他们的。斯大林进一步揭示出反对派态度的抵牾,并尽量利用托洛茨基与他的同志之间的分歧。但是这并没有改变这件事实:反对派的批判即使是迟到的、半心半意的,但毕竟是合理的。至于托洛茨基本人——在这命定的几周内,他每天都以他全部的勇气和毅力为在紧急关头扭转政策而斗争。他对局势的分析像水晶般清澈透明;他的预言准确无误;他的警告犹如震撼人心的警钟。

后人只能惊异于这几个星期以及这一年剩余的日子里堵塞当权派视听的那种固执的恶意与刚愎自用,就在这一期间,中国正发生着急剧的变化,托洛茨基苦口婆心地劝告他们起码要挽救中国共产主义事业以使之免遭灭顶之灾。但在每一个阶段,他们都蔑视他的建议,这部分是出于政治考虑,部分是由于他们想证明托洛茨基是错的。当事变证明他是正确的并导致了新的灾难时,他们就慌乱而又半心半意地转向他所赞成的方向,但那时已经太晚了;于是又如同以往那样,他们千方百计地把指控诬蔑之词泼向托洛茨基主义,以便为自己辩解。

在这里有必要考察一下托洛茨基的某些干预。在他3月31日致政治局的

---

① 托洛茨基档案。
② 《斯大林全集》第10卷,第17、21、25页。

第五章 决战阶段：1926—1927年

信中，他一方面抱怨得不到苏联顾问和共产国际特使的报告，一方面指出工人运动和共产主义在中国的高涨正是这一阶段革命的主要特点。他质问道，起码在上海和汉口这样主要的工业中心，为什么党不号召工人去选举苏维埃？为什么不鼓励农民革命？为什么不建立起义的工人与农民的最紧密的合作？他坚持说，唯有这样才能挽救革命免遭反革命军事政变的危险。

三天以后，即4月3日，他出面驳斥《共产国际》杂志的社论，这篇社论强调当前的迫切问题是"进一步发展国民党的势力"①。托洛茨基回答，这恰恰不是迫切的问题。国民党不可能领导革命取得胜利。必须立即把工人和农民组织到工农委员会里。他每天都在抗议加里宁、鲁祖塔克以及其他人的讲话，他们在讲话里断言，中国社会各阶级都"把国民党看做是他们自己的党并愿意全心全意地支持国民党政府"。4月5日，即在上海危机前一星期，他强调指出，蒋介石正在酝酿一场准波拿巴式的或法西斯式的政变，只有工人委员会才能挫败他。这样的工人委员会亦即工人苏维埃，首先应该作为对国民党政府的制衡，然后经过"双重政权"阶段，成为起义机关和革命政府。4月12日，即在上海大屠杀那一天，他还在撰文严厉驳斥《真理报》上的一篇颂扬国民党的文章——作者马尔丁诺夫曾是20多年的孟什维克极右分子，只是在内战过后几年才加入共产党，现在却成了共产国际中的一个人物。几天之后，托洛茨基写信给斯大林，再一次要求让他看到来自中国的机密报告，然而只是一番徒劳。令人啼笑皆非的是，4月18日，即上海大屠杀之后一星期，共产国际东方书记局请他跟其他苏联领导人一样在送给蒋介石的相片上亲笔签名，作为友谊的象征。他轻蔑地拒绝了，并痛斥了共产国际官员及其指使者。②

就在这时，有关上海大屠杀的报告送到了莫斯科。至今每个人对斯大林和布哈林的辩解仍记忆犹新。对他们来说，幸运的是反对派的批判还不为公众所知——仅有某些党的干部、共产国际官员和莫斯科的中国留学生知道这次论争。斯大林和布哈林两人竭力缩小事态，把它们说成是中国革命的一个偶然挫折。③ 但是他们不得不去修改他们的政策。同蒋介石的"联盟"已经破裂，于是他们指示中国共产党更紧密地依附于"国民党左派"，即汪精卫领导的武汉政府。国民党左派暂时与蒋介石不和，他们急于得到共产党的支持。莫斯科则

---

① 《共产国际》1927年3月18日。
② 这里所引用的往来信件均引自托洛茨基档案。
③ 《斯大林全集》中文版第9卷，第233—234页及以后各页。

欣然承诺，并让陈独秀及其同志保证一如既往地阻止"挑衅性"的革命行动和服从汪精卫的纪律。①

　　托洛茨基断言新政策必将重蹈覆辙，只不过是规模较小罢了。他指出，必须鼓励中国共产党最终采取激进政策，组成工农委员会和全力支持华南的起义农民，因为在那儿蒋介石鞭长莫及，他们仍可以有所作为。当然，他看到了革命行动的机会已经急剧减少：尽管官方竭力轻描淡写，蒋介石的政变毕竟是从革命向反革命的"根本转折"，是对城市革命力量的一次"毁灭性的打击"。但是他又认定，蒋介石并没有将分散而又捉摸不定的农民运动镇压下去。农民将继续进行要求土地的斗争，这迟早会再次推动城市革命的复兴。② 共产党必须全力投入农民运动。但要做到这一点，他们必须最终与国民党——不管它是"左"的还是"右"的——决裂，奉行自己的方针路线。季诺维也夫派不同意这一点。他们宁愿让中国共产党一直留在国民党左派里；只是希望他们在那里执行一种独立的政策，与汪精卫对抗。反对派根据这些方针在许多声明中论述自己的主张，但没有一次公诸于世。

　　反对派重新抨击中国政策使当权派大为光火。他们的处境相当狼狈，因为他们政策的无用从未被揭露得如此淋漓尽致，他们的领导人从未如此可耻和荒唐地丢尽了脸。大约这时，另一个较轻的挫折使他们更加尴尬。英俄委员会破裂了：英国工会领袖撕毁了协议。在外交领域，英国与苏联的关系十分紧张。官方政策上另一个巨大希望也烟消云散了。但是，当权派却尽量利用这种情况转移人们对中国问题的注意力，压制所有讨论。他们发出关于战争危险和军事干预的叫嚣，制造公众恐慌和民族危急的气氛，以便混水摸鱼地指责反对派不爱国。斯大林挥动着鞭子，重新抛出开除出党的威胁，利用各种精神压力的手段迫使他的批评者们缄默。在他的指使下，克鲁普斯卡娅恳求季诺维也夫和加米涅夫不要"为中国争吵"，并提醒他们将发现自己只能"从外面批评党"。反对派希望避免"争吵"。托洛茨基和季诺维也夫建议召开中央委员会会议，私下澄清分歧，讨论即使在中央委员会发给"积极分子"的机密公报上也不公布。但是斯大林甚至连非正式的讨论都不准许进行，因此政治局拒绝召开中

---

　　① 参见《斯大林全集》中文版第9卷，有关"提纲"，第199页。中国共产党在它4月底召开的代表大会上勉强接受了这种立场。参见陈独秀的公开信。

　　② 参见《蒋介石政变后中国的局势和前途》一文（写于1927年4月19日），存于托洛茨基档案。

央委员会会议。①

于是，在5月最后一个星期，托洛茨基在共产国际执行委员会的一次会议上强行挑起争论。他是从苏联党内部向国际呼吁的。他这样做是行使他的权利。共产国际执行委员会在名义上是上诉法庭，任何共产党员都有权向它提出对本国共产党的控诉。但是《真理报》抢先谴责这是一种背叛和破坏纪律。不管怎样，反对派还是利用这个提出控诉的机会去批判官方的全部政策，无论是国内政策还是国际政策、是亚洲政策还是欧洲政策。为了加强它的实力，免遭报复，或者像托洛茨基所说"让许多肩膀共同承担预料的打击"，反对派策动了一次类似于1923年46人行动的政治示威：在会议前夕，一个由84名杰出党员组成的团体公开宣布他们与托洛茨基和季诺维也夫的观点一致。② 当然，斯大林不可能只对托洛茨基和季诺维也夫进行纪律制裁而不对在联合声明上签字的84人以及后来的300人进行制裁。但是，他们的联合行动却使斯大林有可能宣布反对派破坏诺言、重组派别。③

5月24日，托洛茨基在共产国际执行委员会上发言。具有讽刺意味的是，他不得不首先抗议执行委员会对季诺维也夫的处理；这位共产国际前主席不久前是在同一个执行委员会面前指控过托洛茨基的，而现在季诺维也夫甚至都没有获准出席这次会议。托洛茨基指出，"智力贫乏和犹豫彷徨"导致斯大林和布哈林向共产国际隐瞒中国问题的真相并指责反对派的上诉是犯罪行为。执行委员会应当公布它的记录——"中国革命问题是不可能塞在瓶子里并贴上封条的"。它必须谨防隐藏在以俄国党为模式的国际"体制"内的严重危险。某

---

① 5月7日，托洛茨基给克鲁普斯卡娅写了一封信。她的"为中国而争吵"这番话刺伤了他。他请求她不要回避这个重大问题。"谁是对的？我们还是斯大林？"他详述反对派为争得一次非正式讨论所做的一切，并且提醒克鲁普斯卡娅，她直到最近都是和反对派一道反对斯大林的"残酷和背叛"的。但是斯大林政权现在是否更好了呢？他写给列宁遗孀的信既有悲伤、失望也有热情——这是他向她告别的方式——他为信怎样结尾而踌躇不决："我衷心祝愿您健康幸福……坚信路线的完整……"他删去，再写，又删去最后两行。信的草稿存于托洛茨基档案。

② 这份文件有时称为83人声明，有时称为84人声明。文件在5月23日与26日之间递交中央委员会。后来签名人数增加到300人。

③ 参见1927年7月12日托洛茨基写给反对派一位领袖的信，这位反对派领袖是派驻国外的大使（可能是克列斯廷斯基，或者是安东诺夫-奥弗申柯）。他的通信者认为，84人的联合行动毫无必要地使斗争恶化了。托洛茨基承认莫斯科的反对派也有同样的疑虑，但是他说，当时决定是把联合行动当做自卫措施的。他不相信事态的恶化是由于反对派的公开表态。他认为，他的通信者由于长期在国外，与俄国中断了联系，因此，托洛茨基请他回莫斯科一趟，以便感受一下那里的实际情况，存于托洛茨基档案。

些外国共产党领导人不能忍受反对派的行为,他们以为,一旦把托洛茨基和季诺维也夫排除出去,俄国党和共产国际就能恢复正常生活。他们正在欺骗自己。"相反的事将会发生。……在这条路上只会遇到更大的困难和进一步的动乱。"共产国际里无人肯让他讲话,他们担心批评会给苏联带来危害。但是,再没有比缺乏批评更有害的了。中国革命的大崩溃证明了这一点。斯大林和布哈林念念不忘的只是维护自己的面子和掩饰他们那灾难性的错误。他们声称,他们早已预见到了这一切,并且做好了一切准备。然而,就在上海危机爆发前仅仅一星期,斯大林还在党的会议上夸口地说:"我们应该利用中国的资产阶级,然后把它像榨干了的柠檬一样扔掉。""这次讲话从来没有公布,因为几天后这只'榨干了的柠檬'就攫取了政权。"苏联顾问和共产国际特使,特别是鲍罗廷,其行为"仿佛代表某个国民党国际":

> 他们妨碍了无产阶级的独立政策、它的独立组织,特别是妨害了工人的武装斗争。……绝不会有这样的事:手持武器的工人会吓跑将拥抱中国社会各阶级的民族革命这位伟大的喀迈拉①,她将掌握中国社会各阶级……中国共产党是戴上手铐的党……为什么它没有自己的日报,为什么直到今天也没有?因为国民党不准它有。……但是,工人阶级正是这样在政治上被解除了武装。②

共产国际执行委员会开会时,英国与苏联之间的紧张关系达到了危急关头:英国警察查抄了苏联驻伦敦贸易使团的办事处,英国政府与苏联断绝了外交关系。斯大林利用了这种情况。他在结束讲话时告诉执行委员会说:"同志们,我应当说,托洛茨基所选择的……时机太不恰当了。我刚刚得到了英国保守党政府决定和苏联绝交的消息。用不着证明,现在到处都会展开对共产党人的进攻。这种进攻已经开始了。有些是以战争和干涉来威胁联共(布)。另一些则是以分裂来威胁联共(布)。正在建立一种从张伯伦到托洛茨基的统一战线之类的东西。……不用怀疑,我们也能够粉碎这种新的'战线'。"③ 斯大林把赌注全都押在了国民党左派一边,如同他先前把赌注押在国民党右派一边那

---

① 喀迈拉(Chimera)系希腊神话中的吐火女怪,狮头、羊身、龙尾。——译者注
② 托洛茨基:《中国革命问题》,第91—92页。
③ 《斯大林全集》中文版第9卷,第282页。

第五章 决战阶段：1926—1927年

样坚决："只有瞎子才会否认国民党左派有革命斗争机关的作用、有反对中国封建残余和帝国主义的起义机关的作用。"① 斯大林实际上是要求反对派保持缄默，若违反则控之以资敌、通敌之罪。

斯大林暗示存在着"从张伯伦到托洛茨基的统一战线"，这已经不是第一次了。《真理报》早在几个月前就曾不点名地说过这点。② 不过，用直接的指控取代含糊的、不点名的暗示，这倒是第一次。托洛茨基的回答如下：

> 若相信反对派会抛弃自己的观点，那是极其荒唐的。……斯大林说反对派跟张伯伦和墨索里尼站在同一条战线上……对此我的答复是：帮张伯伦忙的莫过于斯大林的错误政策，特别是在中国问题上。……没有一个正直的工人会相信存在着一条从张伯伦到托洛茨基的联合战线这一无耻谰言。

在回答斯大林支持国民党左派的呼吁时，托洛茨基说：

> 斯大林应为国民党和武汉政府的政策承担责任并要共产国际也承担这份责任，正如他不止一次应为……蒋介石的政策……承担责任一样。我们与此毫无共同之处。我们不想为武汉政府和国民党领导的行为承担丝毫责任；我们紧急建议共产国际拒绝这份责任。我们要直接对中国农民说，如果你们不建立起自己的苏维埃，而是追随国民党左派的领袖的话，他们……必将背叛你们……（他们）将十倍地同蒋介石联合起来反对工人和农民。③

当克里姆林宫里还在进行这些交锋的时候，托洛茨基的预言却在遥远的中国南方应验了。5月发生了所谓的马日事变。这次轮到武汉政府去镇压工会，派出军队扑灭农民暴动并且袭击共产党人了。几乎整整一个月，苏联报纸对这些事变保持沉默。④ 执行委员会根据斯大林和布哈林的指示通过的决议甚至在

---

① 《斯大林全集》中文版第9卷，第274页。
② 托洛茨基档案里保存着就此向政治局提出的严正抗议的草稿，写于1927年1月6日。季诺维也夫反对抗议所用的严厉语气，提出了另一个草稿，恳求政治局保护反对派免受诽谤。
③ 托洛茨基档案；托洛茨基：《中国革命问题》，第102—111页。
④ 反对派领袖是从苏联通讯社的机密简报中获知这些事变的。

其出笼之前就可笑地过时了；于是斯大林又急忙为中国共产党炮制出一套新指示。他仍然命令它留在国民党左派内继续支持武汉政府；只是指示它应抗议动用军队反对农民并建议武汉政府不要诉诸武力，而要设法取得农民委员会的协助来限制农民运动，然而这时国民党左派正在把共产党人从自己的队伍中驱逐出去。从6月到7月整整两个月里，它们之间的裂痕进一步加深了；而为国民党左派与蒋介石和解的舞台却已经搭好。

在莫斯科立刻响起了回音。托洛茨基差不多每天都在抗议对消息的封锁。季诺维也夫要求成立一个党内法庭审判布哈林，他作为《真理报》主编要为封锁消息负责。季诺维也夫和拉狄克最终同意跟托洛茨基一起要求中国共产党退出国民党。但是这个要求现在已经没有意义了，国民党左派已与共产党决裂，连斯大林也只能建议共产党……与国民党决裂了。

实际上斯大林已准备好来一次政策上的急转弯，转到"极左"路线上来。1927年底，这条"极左"路线指引中国共产党发动了无谓流血的广州暴动。7月，他把鲍罗廷和罗易从中国召回来，派去苏联共青团书记罗明纳兹（Ломинадзе）和德国共产党人海因茨·诺伊曼（Heinz Neumann）。这两个人对中国情况一窍不通，却都有"盲动主义"倾向，他们在中国共产党内发动了一场政变。他们给不情愿但忠实执行斯大林和布哈林命令的陈独秀扣上一顶"机会主义"坏分子的帽子，使他成为一切失败的替罪羊。

斯大林在国内继续大肆宣扬战争和反共十字军的危险，加紧迫害反对派。他借口各种外交使命的需要把许多反对派领袖送往国外。皮达可夫、普列奥布拉任斯基和弗拉基米尔·柯秀尔被派往巴黎大使馆与拉柯夫斯基会合。加米涅夫被派到墨索里尼那儿当大使——对于这位前政治局主席来说，没有比这项任命更屈辱更丢脸的了。安东诺夫－奥弗申柯被派往布拉格；共青团的季诺维也夫派领导人萨法罗夫（Сафаров）被派往君士坦丁堡；其他人被派往奥地利、德国、波斯及拉丁美洲。反对派的领导集团就这样基本上被驱散了。84人一个接一个地被降级受罚，或者借口行政任命需要被发配到边远的省份。愈到基层，镇压就愈少伪装，愈加赤裸裸：基层群众甚至无须何借口就被开除或发配到穷乡僻壤去。

反对派被激怒了，起而自卫，抗议那些变相的驱逐和流放。但毫无用处。当权派将反对派的每一种自卫意图都视为新的冒犯，作为新一轮报复的理由。每一次抱怨都被当做是又一次恶意反抗的信号；每一次抗议的呼声甚至窃窃私语都被当做是造反的号召。斯大林派和布哈林派就是如此顽固地歪曲反对派的意图,甚至它最谦恭的姿态也被当做前所未有的挑衅行为。结果,每一种这样的姿态就真变成了挑衅行为,反对派不得不以满腔愤懑倔强地发出不平的呼声,甚至一声不满的私语声也像是号召叛乱的嘹亮号角。任何事件,不管它多么琐碎,现在都可能煽起各派的狂热,使他们热血沸腾,震撼着党和政府。

"雅罗斯拉夫尔车站集会"就是这样一次事件。大约6月中旬,斯米尔加接到命令,要他离开莫斯科前往满洲边境线上的哈巴罗夫斯克(伯力)任职。斯米尔加是十月革命时波罗的海舰队的领导人、内战时期杰出的政委、经济学家,是季诺维也夫派中最受尊敬和欢迎的一位领袖。在他即将离开莫斯科的当

斯米尔加,季诺维也夫派的领袖之一

天,数千名反对派成员及其朋友聚集在雅罗斯拉夫尔火车站为他送行,并举行示威,反对这种遮遮掩掩的迫害。人们群情激愤。示威的声势是空前的。它发生在公共场所,正值这个重要的铁路中转站的交通高峰期。旅客、行人、非党人士混在示威者中间,无意中听到了他们对党的领导人毫不客气的评论,听到了他们激动的呼喊。他们也听到了托洛茨基和季诺维也夫的演说。正因为这些情况,为斯米尔加送行就变成了反对派针对当权派的第一次公开的示威,尽管

它不完全是预先策划的。托洛茨基意识到形势的微妙,向群众讲话时态度十分克制。他丝毫未提及党内冲突。看来,他甚至也没有暗示这次示威的原因。相反,他却严肃地谈到了国际紧张局势和战争的威胁以及每一个优秀的布尔什维克和苏联公民对党所应具有的忠诚。

当权派依然指控托洛茨基和季诺维也夫企图把党内争论带到党外去。谦卑恭顺的反对派成员一经被发现去过雅罗斯拉夫尔车站就立即被开除出党。在不断的战争恐吓导致冲击粮站的背景下,因这一事件而引起的骚动一直持续了整个夏天。

6月27日,托洛茨基在致中央委员会的信中声称:"这是自革命以来最严重的危机。"① 他指的是战争恐吓及其相反的效果;他指出,如果中央委员会相信战争危险真是如同它的鼓吹者所宣扬的那样迫在眉睫,那么中央委员会更有理由回顾它的政策和恢复正常的党内关系,即"列宁体制"。他指出机会就在眼前:中央委员会正着手筹备新一届党代表大会——那么就开展一次会前的争论,召回实际上被开除的反对派支持者,并允许他们参加争论吧!但是,他的请求还来不及达到它的目标,报界就又在大谈反对派与外国帝国主义勾结。次日,托洛茨基在中央委员会上再次发言时首先指出,斯大林的居心显然是要从肉体上消灭反对派:"斯大林集团下一步要走的路已自动确定好了。今天,他们可以伪造我们的言论,明天,他们就可以伪造我们的行为事实。""这个集团将被迫,而且是很快地被迫采取阶级敌人在1917年7月用以反布尔什维克的所有手段打击反对派",在列宁不得不逃出彼得格勒的"那诽谤蜂起的一个月里"——他们会提起"铅封车厢"、"外国黄金"、阴谋策划等等。"斯大林路线的目的就在于此,以及由此引起的一切结果。只有瞎子才看不出这一点;只有法利赛人②才不承认这一点。"③

斯大林愤愤不平地否认他要消灭他的批评者。然而不久之后,斯大林就决心把反对派的领袖们送到中央委员会和中央监察委员会面前受审——这两个机构共同充当党的最高法庭。把季诺维也夫和托洛茨基开除出中央委员会的要求提到了它们面前——这是将他们开除出党之前最后一道纪律程序。在原则上,

---

① 托洛茨基档案。
② 《圣经·新约》福音书中的犹太教上层祭司,他们将耶稣出卖给了罗马当局,后来"法利赛人"成为"伪善者"的代名词。——译者注
③ 托洛茨基档案。季诺维也夫派一想到会把他们押上断头台就不禁毛骨悚然,充满疑虑,以至于请求托洛茨基降低警告的调子。

第五章 决战阶段：1926—1927 年

唯有选举中央委员的党代表大会才能罢免他们的职务；但是 1921 年颁布的派别禁令将这个权力赋予了这个最高法庭，使它在两次代表大会的间隔期有权处置违反禁令的委员。大约在 6 月底，提出了雅罗斯拉夫斯基和什基里亚托夫起草的对两位反对派领袖的起诉书。起诉书仅有两条罪状：托洛茨基和季诺维也夫越过俄国党向共产国际执行委员会上诉；雅罗斯拉夫尔车站的群众示威。这两项指控是如此薄弱，以致最高法庭——狂热的斯大林分子和布哈林分子几乎全都一样——在四个月里也没有找到判决的充足理由。

随着诉讼程序的拖延，斯大林越来越不耐烦。他很想在他召开党的第十五次代表大会以前就作出开除的裁决。只要反对派领袖们还坐在中央委员会里，他们当然有权向代表大会提出对官方政策的全面批判，甚至是正式的副报告，如同季诺维也夫和加米涅夫在上次代表大会上所做的一样。这样，他们就可以揭露有关中国问题的全部真相，并使之成为公开争论的中心，让全国和全世界都能听到。斯大林不能冒这个险。由于这个原因或其他原因——事变本身迫使他在国内政策上再次改变立场，含蓄地承认失败——斯大林必须竭尽全力阻止托洛茨基和季诺维也夫登上代表大会的主席台。为此，他首先要把他们撵出中央委员会。只要他能做到这一点，就有把握让代表大会的兴奋点集中到党内阴谋组织上来而不是停留在中国革命的大崩溃或其他政策问题上；那时反对派领袖即使出现在代表大会上，充其量也只能以被告身份抗议撤职裁决罢了。代表大会定于 11 月召开。斯大林必须只争朝夕。

7 月 24 日，托洛茨基第一次站在中央监察委员会主席团面前回答指控。自从他本人在这同一机构面前指控工人反对派以来已经过去了五年。此时担任主席的人——索尔茨（Сольц）是一位深受尊敬的老布尔什维克，在列宁时代有人称他是"党的良心"——现在他作为一个斯大林派成员跻身于托洛茨基的审判者中。主持起诉程序的是奥尔忠尼启则，他性格暴躁，但也有他真诚甚至宽宏大量的一面；他是斯大林的同乡和朋友，1922 年时，由于他在格鲁吉亚时的行为，列宁坚持要把他开除出党，而托洛茨基表示反对。① 托洛茨基的起诉者雅罗斯拉夫斯基和什基里亚托夫也是主席团成员。还有一个叫做扬松（Янсон）的审判员，过去监察委员会曾由于他狂热地反对托洛茨基主义而谴责过他。其余的人都是清一色当权派的忠实追随者。托洛茨基不能指望他们会

---
① 参见本书第二章。

公正地考虑他的案情。的确,他是以指责他们的偏向并要求至少取消扬松的资格开始他的答辩的。然而这些人即使在行将着手这件工作时也是意气沮丧、胆战心惊。他们和被告都想到了法国大革命,并被关于雅各宾党清洗运动的回忆所折磨着。130年过去了,但被判罪的丹东的凄厉呼喊仍回响在他们耳畔:"在我之后就轮到你了,罗伯斯庇尔!"

米高扬、斯大林和奥尔忠尼启则(从左至右)在第比利斯,摄于1925年

在开庭前不久,索尔茨跟托洛茨基的一位盟友谈话,想向他表明反对派所起的作用是多么邪恶,说:"这会有什么结果?你知道法国大革命的历史吧——结果就是:逮捕和断头台。"这位反对派反问道:"把我们送上断头台不正是你们想干的事吗?"索尔茨对此回答说:"你以为罗伯斯庇尔把丹东送上断头台时没有怜悯他吗?不久罗伯斯庇尔本人也被迫走上了断头台。……你以为他没有怜悯吗?他确实怜悯他,但他不得不这样做……"① 审判者和被告都同样看见了高悬于他们头顶之上的那柄巨大的滴着鲜血的利剑;但是,就像被噩运攫住了一样,他们无法改变将要发生的事;每个人都是惴惴不安地甚至战栗着去做他命定要做的事,亲手加速了噩运的降临。

托洛茨基简要回答了对他提出的两大正式罪状,他否认法庭有权因他在共

---

① 托洛茨基档案;托洛茨基:《斯大林伪造学派》,第126—148页。

产国际执行委员会的讲话而审判他。他同样否认任何"地区性委员会"有权因他在中央委员会上说过的话而审判他——他的审判者，即党的领导机关承认自己应服从共产国际。至于第二条罪状，即为斯米尔加送行时的示威，当权派否认它有意加罪于斯米尔加。但是，"倘若斯米尔加到哈巴罗夫斯克的任职只是日常行政事务的问题，那么你们怎么敢说我们对他的集体送行就是反对中央委员会的集体示威呢？"然而，如果说任命是一种变相的流放，那么"你们就是在耍两面派"。这些琐屑的指控都不过是借口而已。当权派已决心"迫害反对派，并准备从肉体上消灭他们"。因此，战争恫吓无非是为了恐吓批评者，迫使他们缄默。"我们声明，只要你们没有从肉体上封住我们的口，我们将继续批判斯大林政权。"这个政权具有"要把十月革命的胜利果实连根拔掉"的危险性。反对派跟那些把沙皇当成祖国的旧日"爱国者"毫无共同之处。尽管他们被指控为向英国保守党人献媚求爱，但是他们有充分权利把这种控告掷还给指控者。斯大林和布哈林对英俄委员会的支持倒是真正间接帮了张伯伦的忙；他们的"盟友"即英国工会领袖们在根本问题上是支持张伯伦的外交政策的，其中就包括同苏联断交。在党支部里，官方鼓动员提出许多含有煽动意味的问题，如关于反对派用于其活动的财源的问题，"你们和黑色百人团是一路货色"。"如果你们真是中央监察委员会，你们就应该义不容辞地终止这种卑鄙下流的典型斯大林主义的运动……"如果当权派真的以国家安全为重，他们就不应该只因为斯米尔加、姆拉奇科夫斯基、拉舍维奇、巴卡耶夫和穆拉洛夫这些最优秀的军事将领是反对派成员就罢免他们。现在正是缓和党内矛盾而不是加深矛盾的时候。打击反对派的运动正是扎根于不断高涨的反动浪潮。

回顾了重大的争论问题之后，托洛茨基颇有说服力地引证了法国大革命史。他首先提到了上面所说的索尔茨与那位反对派成员的谈话。托洛茨基说，他同意索尔茨的观点，即他们都应当重新温习法国大革命的历史；但必须正确地运用历史类比。

> 在法国大革命期间，许多人被送上断头台。我们也把许多人交行刑队处决。但是法国大革命经历过两个伟大阶段：一个阶段就像那样（说话者向上指）；另一个阶段就像这样（他向下指）。……在第一阶段，革命还在上升，那个时代的布尔什维克——雅各宾党人把保皇党人和吉隆特派

推上了断头台。我们也经历过同样的伟大阶段，我们——反对派——和你们一起枪决了白卫军，流放了我们的吉隆特派。然后，当法国的……右翼雅各宾党人中的热月分子和波拿巴分子开始流放和枪杀左翼雅各宾党人的时候，法国革命的另一个阶段开始了。……我请索尔茨同志把他的历史对比推到底，首先向自己提出这样一个问题：索尔茨准备枪决我们的这个阶段属于哪个阶段呢？（会场里议论纷纷。）这不是开玩笑，革命是严肃的事业。我们谁也不会被行刑队所吓倒。我们全都是老革命家。但我们必须知道，被枪杀的人是什么样的人，我们正处在哪个阶段。当我们枪决人的时候，我们是毫不含糊地知道我们处在哪个阶段的。但是，索尔茨同志，您是否清楚您准备枪决我们的这个阶段属于哪个阶段呢？我担心，你们……这样做，正是处于……热月阶段。

他接着解释说，如果他的对手认为他在骂人，那就错了。热月分子还不是自觉的反革命——他们仍然是雅各宾党人，但已经是"滑向右翼"的雅各宾党人。

你们以为热月九日的第二天他们会对自己说：我们现在已经把政权转到资产阶级的手中了吗？没有这回事。看看当时的报纸吧。他们说：我们消灭了一小撮破坏党内和平的人，把他们消灭之后，革命就会取得彻底的胜利。如果索尔茨同志对此有所怀疑的话……

（索尔茨插话说：你确实是在重复我本人的话）。

（托洛茨基说）……我给你们读一段布里瓦尔在国民公会上作报告时说的话，他是右翼雅各宾党人和热月分子，这次会议决定把罗伯斯庇尔及其同志移交给革命法庭。布里瓦尔说："阴谋家和反革命分子披着'爱国主义'外衣拼命破坏自由；国民公会下令逮捕了他们。他们是罗伯斯庇尔、库通、勒巴、圣朱斯特、小罗伯斯庇尔。主席问我有什么看法，我回答说：那些历来按山岳派原则投票的人……投票赞成逮捕。我更是极力赞成，因为我是提出这项措施的人之一。此外，我作为秘书，立即签署了国民公会的这项法令，并将它移交给你们。"这就是那个时代的……索尔茨所作的报告。罗伯斯庇尔及其同伙都成了反革命分子。"那些历来按山岳派原则投票的人"，在当时的语言中就是指"那些历来是布尔什维克的

第五章 决战阶段：1926—1927 年

人"。布里瓦尔认为自己是一个老布尔什维克。"我作为秘书，立即签署了国民公会的这项法令，并将它移交给你们。"今天也有立即"签署和移交"的秘书。今天也有这样的秘书……①

托洛茨基接着说，热月政变分子也是在"祖国处于危险中"的一片叫喊声中不断打击左派雅各宾党人的。他们坚信罗伯斯庇尔及其朋友们只不过是"孤立的个人"，却不了解他们所打击的正是"那个时代最深刻的革命力量"，是反对雅各宾中的"新耐普曼"和波拿巴主义的力量。他们给罗伯斯庇尔及其朋友们扣上一顶贵族帽子——"今天我们不是也从扬松的嘴里听到他对我喊出'贵族'这个同样的字眼儿吗？"他们诬蔑左派雅各宾为皮特的代理人，正像斯大林分子谴责反对派为"当代皮特的缩影"——张伯伦的代理人一样。

> 现在，人们的鼻子已经闻到了"法国革命第二阶段"的气味……党的制度压制每一个反对热月政变的人。……在党内，工人群众已经受到压制。基层组织噤若寒蝉（雅各宾俱乐部衰落时的情形正是如此）。反常的恐怖建立起来；被迫沉默者百分之百地投赞成票，并且要求放弃一切批评；按照上头的强制命令思考；人们被迫忘记一切，不敢思考：党是活生生的独立的有机体，而不是满足私欲的权力机关。……雅各宾俱乐部，这个革命的熔炉，变成了拿破仑未来官僚的温床。我们应当向法国大革命学习。但是，有必要重演这段历史吗？（叫喊声）

但是并非一切都已绝望了。尽管分歧严重，但分裂仍可以避免。"我们党内仍蕴藏着巨大的革命能量"以及继承下来的列宁的丰富的思想和传统。"你们已经大量挥霍了这种资本，你们用廉价的次品代替了这种资本……但是仍有不少纯金留存下来。"这个时代充满着急剧转变、重大事件和人人都能够并且必须学习的严重教训。"但是你们绝不能隐瞒这些。"只有允许党来衡量事实，并自由地形成它的意见，当前的危机才能被克服。因此，当权派不要作出任何轻率的、无法挽回的决定。"当心你们别事后再说：我们抛开了应该保护的

---

① 托洛茨基：《斯大林伪造学派》。

人，而保护了应该抛开的人。"

读到这些话不能不使人想起托洛茨基在1904年所说的"令人毛骨悚然"的话，当时年轻的托洛茨基刚踏上人生的旅途，他想到列宁党的未来，并把它同雅各宾党的命运相比较。23年之后，他也同样感到毛骨悚然。他在1904年写下了这样的话："如果在一个革命法庭上控告无产阶级国际运动的全部调和主义，那么马克思的狮子头就会第一个掉在断头台下。"此刻在布尔什维克的法庭前面，他自己也在以狮子般的勇猛为他自己的头颅而战。1904年他还讨厌列宁这种"心怀叵测的和道德上令人厌恶的猜疑态度"，而此刻，他本人也求助于列宁的思想，反对列宁继任者的狭隘胸怀和"心怀叵测的和道德上令人厌恶的猜疑态度"。然而他现在对雅各宾主义的看法却同他年轻时的看法几乎完全相反。那时他认为雅各宾主义是同马克思主义的社会主义格格不入的——这是"两种对立的世界、学说、策略、思想"……因为雅各宾主义意味

这幅漫画由丹尼所作，展现了战胜反革命的托洛茨基（图中，托洛茨基被描绘成一头发怒的狮子），十字架上写着"反革命"。这幅画刊登在1922年4月的《青年近卫军》上。在列宁生前，苏联宣传部和布尔什维克党经常用此图来象征内战中革命的胜利

第五章 决战阶段：1926—1927 年

着"绝对信仰形而上学思想和绝对不相信现实生活中的人民"，而马克思主义则首先诉诸劳动群众的阶级意识。因此，他在 1904 年要求在两者之间作出明确的选择，因为雅各宾党的方式一旦复活，必然会"把少数特选人物……或一个被赋予生杀予夺大权的人置于无产阶级之上"。现在他面对着的正是这少数特选人物或一个正握着生杀予夺大权的人。然而他对这些人的主要抨击却不是因为他们按照雅各宾精神行事，而相反是因为他们摧毁了这种精神。他现在强调的是马克思主义与雅各宾主义的类似之处；而且他将自己及其追随者等同于罗伯斯庇尔集团；也正是他将"调和主义"的罪名转过来指控斯大林和布哈林。

因此，"布尔什维主义的两个灵魂——马克思主义和雅各宾主义之间的冲突"，我们最早在 1904 年看到的这个冲突①，在这些年里构成了布尔什维克党内所有事件的基础，现在却使托洛茨基从另一个与他最初完全不同的角度来看待雅各宾主义了。这个冲突在不同程度上是布尔什维克所有派别的共同特点。有意思的是，所有派别都把自己等同于雅各宾主义的同一方面。托洛茨基把自己的态度与罗伯斯庇尔的态度相比，并将其政敌视做"调和主义者"，而索尔茨与他的同伙则视斯大林为新的罗伯斯庇尔，视托洛茨基为新的丹东。其实正如事变所表明的那样，这种类似和差别要远为复杂和混乱。雅各宾主义和布尔什维主义有一个共同点——取代主义。这两个党都自居于社会的领导地位，却不能依靠社会的自愿支持实现它们的政纲。如同雅各宾党人一样，布尔什维克"不相信他们的真理能赢得人民的心和情感"。他们同样怀着病态的猜疑看待周围，并且"看到敌人从每一个裂缝中爬出来"。他们同样必须在自己与世界其余部分之间划出一条鲜明的分界线，因为"每一种模糊这条分界线的企图都威胁着释放出内在的离心力"；而且他们是用"断头台的利刃"来划分界线的，一旦消灭了队伍外面的敌人之后，就开始在自己队伍里寻找敌人了。而托洛茨基现在作为一个马克思主义者重申他最初在 1904 年说过的话："党必须在自己的基层，在积极而自信的无产阶级中而不是在上层核心小组中去寻求稳定的保证，因为革命在展翅奋飞之时可能会一下子扫除这个小组……"他又一次大声疾呼："任何严肃的团体……当其面临是应根据纪律观而默默地自我消灭还是应不顾纪律为生存而斗争这二者择一的情况

---

① 参见《武装的先知》，第三章。

时,毫无疑义要选择后一条道路,并会说:应当消灭那种压制运动的根本利益的'纪律'。"

*　　*　　*

7月底前,党的法庭未对托洛茨基和季诺维也夫作出任何裁决就解散了。大多数审判者自始至终都表现出对他们两人的怜悯,正如"罗伯斯庇尔怜悯丹东"一样。但是斯大林硬要作出裁决。他的"重大失误"的后果一天比一天明显。中国革命的最终惨败使他有身败名裂的危险。英俄委员会终于呜呼哀哉了:它的英国成员对英俄外交关系的破裂竟然没有发出一声抗议。在国内,战争的恫吓和抢购又导致新一轮的商品匮乏。农民感到不安。人们有理由担心秋天没有足够的粮食供应城镇。斯大林至此为止都能掩饰他的过失;他竭力把他的政敌们提出的所有警告和预言都压制下去。托洛茨基最近几乎每一次讲话都有可能把他惨淡经营起来但仍动摇不定的权威炸得粉碎;只是他从不让托洛茨基的声音穿透克里姆林宫的厚墙引起墙外的回响。但是党的第十五次代表大会的日期一天天临近了;在会上,托洛茨基与季诺维也夫也许就会有机会阐述他们的主张。全国都会听见。要捂住中央委员会上的那些批评之口是能做到的,但若用同样的方法压制代表大会上的发言,是不可能的。因此,斯大林不惜任何代价也要剥夺他们的这种机会。

他焦急还有另一个原因。他不得不为领导集团联盟内部的紧张关系而担心。最近几年,右倾政策已经到了山穷水尽的地步。在国外,在共产国际内继续推行这种政策已经越来越困难了。在国内,每一种迹象都表明有转变政策的必要;尽管应在多大范围里转变政策还不太清楚,但是很显然,转变政策需要党以更激进的态度对待农民和实行更大胆的工业路线。对于这些重大问题,斯大林派和布哈林派至今还掩盖着他们之间的分歧,以便结成共同战线对付反对派。但是掩盖分歧已愈益困难,摊牌的时刻正步步逼近。只要斯大林还没有结束反托洛茨基和季诺维也夫的斗争,他就不能转身反对布哈林、李可夫和托姆斯基。他不能同时对付两个反对派,特别是由于政策的转变会让许多人感到这证明了托洛茨基和季诺维也夫观点是正确的。他必须粉碎联合反对派,尽快腾出手来。

第五章 决战阶段:1926—1927年

当托洛茨基发表了他的所谓克列孟梭声明之后,斯大林终于以加倍的狂怒发作了。托洛茨基这个声明首先出现在7月11日致奥尔忠尼启则的信中,在7月底交给《真理报》的一篇文章中再次出现。托洛茨基在谈到战争恫吓时一再声称,一旦战争来临,人们就会看到当权派领袖的无能,他们是不能胜任他们的工作的,而反对派将为了国防利益继续反对他们,并尽量承担起指挥战争的责任。这些话给托洛茨基招致了背叛祖国和失败主义的攻击。他在反驳时解释说,反对派主张"无条件保卫"苏联,而它在战争中努力取代当权派完全是为了以更饱满的精神和更清醒的头脑把战争进行下去;而这是不能指望现在领导党的那些人的。唯有"那些蠢货和恶棍"才会从"他们的垃圾堆中"指责这种态度是失败主义的。正相反,这是出于真正关心国防的态度——"胜利不能从垃圾堆里得到"。下面是颇多争议的"克列孟梭声明":

> 在其他阶级的历史上也可以找到一些极有教益的事例。我们只举一个例子。在帝国主义战争(指第一次世界大战。——作者注)开始时,领导法国资产阶级的是个既没有舵又没有帆的政府。克列孟梭集团当时是这个政府的反对派。不顾战争和战时的书报检查,甚至不顾德国人已经离巴黎只有80公里(克列孟梭说:"正是这个缘故"),他激烈地反对政府的小资产阶级的优柔寡断,拥护以真正的帝国主义者的暴戾残忍进行战争。克列孟梭没有背叛自己的阶级——资产阶级,相反的,他比维维安尼、庞勒维及其伙伴更忠实、更坚定、更坚决、更聪明地为资产阶级服务。后来事变的进程证明了这一点。克列孟梭集团登台执政后,就用更彻底、更带掠夺性的帝国主义政策保证了法国资产阶级的胜利。当时法国报界有没有人称克列孟梭集团为失败主义呢?大概是有的,因为在一切阶级的队伍里总会有一些糊涂虫和诽谤者拖在后边的。但他们并不总是能扮演同样重要的角色。①

这就是托洛茨基声称要效法的实例;还可以补充说,这也是第二次世界大

---

① 在《斯大林全集》中文版第10卷,第49页上,斯大林全文引用了这份声明。

战初期丘吉尔为了反对张伯伦①而效法的实例。顿时挞伐之声四起。斯大林派和布哈林派发出叫嚣：托洛茨基威胁要在战争中当敌人距克里姆林宫不到80公里的时候实行军事政变——他的叛国之心不是昭然若揭了吗？大约与此同时，一批军队领袖送交政治局一份秘密声明，表示与反对派一致，并批评陆海军人民委员伏罗希洛夫在军事上的无能。在签名者中，除了直到当时仍担任军队监察长的穆拉洛夫外，还有普特纳（Путна）、亚基尔（Якир）以及其他将军们，十年之后在对图哈切夫斯基的清洗中他们都被消灭了。② 当权派把这次军队行动看做是反对派意图的预兆。

围绕着所谓克列孟梭声明的吵嚷一直持续到年底，直到托洛茨基被驱逐；而且多年以后它的余音仍未停息：它总是被用来证明托洛茨基的叛逆。能知道克列孟梭式声明究竟是什么意思的党员简直是凤毛麟角；实际上，在多数人的理解中，这即使不是一场政变的实际序幕的话，那么也是托洛茨基要把下一次战争转变为内战的威胁。尽管他的话里并没有包含这样的威胁，他举的这个先例也没有这样的含义，但那都无所谓。极少有布尔什维克能够搞清法国"老虎总理"干的是什么事，他采取什么手段才夺取的政权。托洛茨基提到克列孟梭是十分自然的——因为十年前他在巴黎亲眼目睹了克列孟梭的这场斗争。但是这个先例太生疏、太含混了，因而对于公众、对于大多数中央委员甚至新的政治局委员（在新的政治局委员中，除布哈林之外，几乎没有一个人是懂得法国历史的）来说是邪恶的。无怪乎托洛茨基以讽刺的笔触描绘了这无知的惶惑，中央委员会正是以此对待他的历史类比的：

> 从我的文章中……莫洛托夫第一个学会了许多东西，然后他把它们作为这些叛乱阴谋的惊人的第一手证据向中央委员会作了汇报。莫洛托夫因此知道了在战争时期法国还有一位政治家叫做克列孟梭，这位政治家发动一场斗争去反对当时的法国政府，旨在强迫它推行更坚决、更无情的帝国主义政策。……后来斯大林给莫洛托夫解释，而莫洛托夫又给我们解释了那个先例的真实意义：根据克列孟梭集团所创立的先例，反对派竭力争取

---

① N. 张伯伦（1869—1940）：英国首相（1937—1940），《慕尼黑协定》的签订者。与前张伯伦（Austen Chamberlain, 1863—1937）不是同一人，而是同父异母兄弟。斯大林提出"从托洛茨基到张伯伦的统一战线"指的是 A. 张伯伦，他在斯坦利·鲍德温内阁时期曾任外交大臣（1924—1929），促成英国与苏联断交。——译者注

② 图哈切夫斯基本人没有在声明上签名，而且他从未与联合反对派沾过边儿。

第五章 决战阶段：1926—1927年

另一种社会主义国防政策——就是说左派社会革命党人（1918年）所采取的那样的叛乱政策。①

用这种神秘的谜语倒是很容易吓唬住基层支部，于是，先是在莫斯科，尔后在外省，激起了一片叫喊：该是制止反对派为害的时候了。

8月1日，中央监察委员会、中央委员会重新考虑号召开除反对派的动议。斯大林、布哈林以及其他人再次借助于陈词滥调来嘲骂托洛茨基，并宣读了冗长的起诉书，逐一翻出托洛茨基自1903年起的政治经历，将之描绘得漆黑一团。甚至1919年军事反对派曾经提出的那些指控也重被捡起，比如说，在内战时期，托洛茨基与军队中的共产党员为敌，下令枪决一些无辜的英勇政委。② 然而在现在这个时刻，克列孟梭声明正好为起诉提供了理由，起诉书宣称不能信赖反对派在战争中有献身于保卫苏联的忠诚。

托洛茨基在答复中回顾了他过去多年来在制定党的国防政策以及形成共产国际关于战争与和平的观点时承担的最高责任。他抨击斯大林和布哈林把国防政策寄托在折断的芦苇上，或者如他所说，寄托在"烂绳"或"腐朽的支柱上"。难道说他们不曾欢呼英俄委员会是抵挡干涉和战争的屏障，而它不正是变成了一根"烂绳"吗？难道他们没有以破坏中国革命来削弱苏联吗？伏罗希洛夫曾声称"（中国的）农民革命会妨碍将军们的北伐"。但这恰恰与蒋介石对这个问题的看法一样。"为了北伐，你们就制止革命……但须知革命本身就是……被压迫者反对压迫者的一次北伐。""你们公然反对在'军队的后方'建立苏维埃——仿佛革命就是军队的后方！——你们这样做就是为了不去瓦解这些将军们的腹地，而两天之后他们则在自己的后方摧毁了工农革命。"国防人民委员兼政治局委员的伏罗希洛夫的此类讲话本身就是"灾难——这等于战争失败"。在战争中，"这些烂绳将会在你们手里断成碎片"——正因为这样，反对派不能不批判斯大林派的领导。

但是批判会不会削弱苏联的道义基础呢？这样提出问题正好"赢得了教廷和封建将军的赞赏"。天主教会要求它的信徒无条件地确认它的权威。革命

---

① 参见托洛茨基的笔记"克列孟梭"，日期是1927年8月2日，存于托洛茨基档案。
② 这一特别指控是雅罗斯拉夫斯基提出来的，但是这甚至让斯大林派也感到震惊，奥尔忠尼启则明确表示与此事无关，参见托洛茨基档案。雅罗斯拉夫斯基属于1919年军事反对派。反托洛茨基指控当时被斯米尔加、拉舍维奇送交政治局，所谓遭到托洛茨基迫害的政委是扎鲁斯基和巴卡耶夫——这四人现在都是反对派的中坚。此事详情，可参见《武装的先知》，第十二章。

者既提供支持，也进行批判；他的批评权利越有保障，那么，在斗争中他作为一名直接参与者就越能热心于创造性地发展和增强战斗力量。"我们需要的不是虚伪的神圣同盟，而是最真诚的革命团结。"战争的胜利并非主要取决于武器。士兵不能不拿起武器，但还必须用思想来鼓舞士兵。奠定布尔什维克国际政策基础的思想是什么呢？很可能由两种方式之一保障胜利：要么如反对派所建议的以革命国际主义精神进行战争，要么以热月政变者的方式进行战争——而这就意味着富农的胜利，对工人的进一步镇压或"分期付款式的资本主义"。斯大林的国际政策既非前者，也非后者；他在两者之间摇摆不定。但战争容不得半点儿犹豫。它将迫使斯大林集团作出选择。不管怎样，斯大林集团由于连自己都不知道往哪儿去，因此它无法保证胜利。

当托洛茨基讲到这儿时，（会议记录上记着）季诺维也夫发出一声赞叹，但托洛茨基又停下来纠正他自己的说法，他不说"斯大林的领导不能保证胜利"，而说"赢得胜利将是困难的。"莫洛托夫突然插嘴说："但是党在哪里呢？""你们早把党扼杀了"——托洛茨基怒斥道；他又字斟句酌地强调了一遍：在斯大林的领导下，胜利将被证明是"更为困难的"。因此，反对派不能把保卫苏联与保卫斯大林主义等同起来。"没有一个反对派会在战争前夕或战争期间放弃争取纠正党的路线的权利与义务……胜利的最重要的前提就在其中。一句话：保卫社会主义祖国吗？是的！保卫斯大林的路线吗？不！"①

第二次世界大战后，在斯大林的胜利光焰中，托洛茨基的这些预言似乎黯然失色了。斯大林毕竟保证了俄国的胜利；此后的事件也表明没有出现类似的"分期付款式的资本主义"。但是，托洛茨基是在新经济政策高潮时期说这番话的，那时俄国仍然是工业最落后的国家之一；私有农业还在全国占据优势；富农势力还在不断增强；党还是一个各种敌对倾向的旋涡；而且他是视当时的条件而谈到当权派所宣扬的迫在眉睫的战争危险的。人们只能在这种背景下推测战争可能遵循的方向以及斯大林将怎样进行这场战争。不管怎么说，托洛茨基在这种背景下对战争前途的估计要比把它挪到1941—1945年时的苏联似乎更有道理。而且，即使在第二次世界大战结束之后，为了尽量克服苏联国内的紧张关系，斯大林主义也强行将其统治扩张到东欧和中欧。可能有争议的是，扩张是否完全就是托洛茨基所谓的苏联国内的"分期付款式的资本主义的替

---

① 托洛茨基档案；《斯大林伪造学派》，第161—177页。

第五章 决战阶段：1926—1927年

换"。就算站在胜利的角度来看，托洛茨基对斯大林和伏罗希洛夫无能的苛评也不是完全没有根据。1941年，在德苏冲突的最初几个月里，伏罗希洛夫手忙脚乱，丑态百出，他作为一个将军再也抬不起头来了。至于斯大林，这位1927年的总书记还没有多少他在下一时期作为一个独裁者经过多年绝对专制积累起来的军事实践知识和经验。斯大林在第二次世界大战中起到了什么作用，这在现在以及将来很长时间都是一个历史争论的课题，但不管怎样，可以肯定的是：苏联"在斯大林统治下取得胜利的困难"远比可能遭到的困难要大得多；如果在比斯大林更有远见的人的领导下，苏联也许就不会遭到1941—1942年那样严重的初期失败；大概它也不会为最后胜利付出如它实际所付出的那样巨大的生命与财富的代价。①

托洛茨基立场的薄弱之处并不在于他对他的政敌说了些什么，而是在别的方面——即他对反对派在战争中的行为进行展望的方式。其中显然没有丝毫的失败主义。但是他怎么能把自己想象为苏联的克列孟梭呢？在中央委员会和中央监察委员会继续讨论开除他的动议的8月6日，他又回到这个问题上。他说，指控他煽动叛乱是荒谬的：克列孟梭从来没有策动任何叛乱或政变，也没有采取任何违反宪法的行事方式；他通过最合法的方式推翻他所反对的政府，自己上台，他为此目的而利用了议会机构。或许有人说，但是苏联并没有这样的议会机构呀！托洛茨基回答说，"是的，幸好我们没有。"那么反对派怎样根据宪法推翻政府呢？托洛茨基继续说："但是我们确实也有，我们有党的机构。"换言之，反对派将在党章规定范围内行事，并努力通过在中央委员会，或者有可能的话，在党的代表大会上进行投票推翻斯大林。但是，难道托洛茨基本人不是一再论证说有名无实的党章只不过是摆设，而真正的党章是斯大林的官僚专制主义吗？托洛茨基回答说，这就是反对派努力改革党内体制的根本原因："……在战争情况下也同样，党应该保护，或毋宁说恢复一种更灵活、更合理、更健康的党内体制，使党有可能得到及时的批判、及时的警告、及时的政策转变。"然而当权派对此是毫不踌躇的：他们不能容忍这样的改革，不允许以任何合法方式更换领导。他们正是以这种心态看待托洛茨基的声明的；他们得出结论：如果托洛茨基不能通过任何议会程序或投票方式推翻斯大林，他必将发动一场军事政变。从这种看法出发，他们在某种意义上一致认为他的

---

① 参见《斯大林政治传记》一书中对斯大林在战争期间作用的评价，第456—460页和第十二至十四章各处。

克列孟梭声明就是宣称反对派有权策动叛乱。即使他实际上没有宣布这种权利——但他在流放八九年之后还是要宣布这种权利的；而且当权派意识到，他宣布这种权利，正是他们所造成的这种局面的必然结果。

托洛茨基以更强的逻辑力量抨击道，正是他们自己威胁着要永远把持党并采取内战方式保持他们的权力；他们正准备使用这种手段来对付反对派。毫无疑问，当斯大林掀起反对克列孟梭声明的一片鼓噪时，他竭力想迂回地建立起一种布尔什维克传统不容许他公开宣布的原则，即他的统治是神圣不可侵犯的、不能分割的，任何想取代他的统治的企图都将以反革命论处。这就是问题之所在。围绕克列孟梭声明的风暴揭示出当权派与反对派之间鸿沟的广度、深度和不可逾越性；在环境的驱使下，两派对话使用的语言已经是内战的语言了。

但即使就开除托洛茨基一事考虑了已有两个月之久，党的法庭仍然迟迟不能作出裁决。斯大林这一回又跑到了他的同伙和盟友的前头。他们还没有完全准备好去执行他的命令。他们身上仍然留存着少许旧日的忠诚，仍然把他们的政敌当成同志，仍然拘泥于党章，并且一心想维护布尔什维克的表面礼仪，因而再次寻求同反对派达成协议；而后者也非常乐意迎合他们；于是，托洛茨基和季诺维也夫试图平息克列孟梭声明激起的情绪，宣布反对派忠于党和国家，承诺在任何紧急情况下都无条件地捍卫苏联。新"休战协定"达成了；8月8日，中央委员会和中央监察委员会结束了讨论，不再提开除出党的动议，而只满足于通过一项批评反对派领袖的决议。

此刻看来，反对派有可能参加党的第十五次代表大会并在会上再次向党呼吁了。领袖们准备了一份全面系统的政策声明，即《反对派政纲》，这是他们此前从未能提出过的。《政纲》在反对派集团内经过了反复讨论、详细修改和补充。① 但是问题早已超出了"正常化"有可能实现的界限。这是最后一次"休战"；它甚至比上一次休战更短命。当权派勉强同意休战，不言而喻地以为，反对派领袖们好不容易逃过惩罚，肯定会收敛他们的气焰。但后者却并非如此理解他们的义务。他们感到有权继续进行他们认为是正常的发表意见和提出批评的活动，特别是在数月后将召开的党的代表大会上——这是进行全党大辩论的时机。斯大林及其心腹千方百计要撕毁休战协定。不管有没有借口，他

---

① 该《政纲》标题为"苏联当前形势"。托洛茨基后来在流亡中以此标题公布了这份政纲。

以继续惩罚和流放反对派成员来刺激反对派。他把责任推到反对派身上，扬言说，它已经破坏了休战，因为它准备了自己的《政纲》，拒不参与谴责它在德国的同情者，等等。斯大林看到他这方的行动还没有准备好，就把第十五次代表大会推迟了一个月。

9月6日，托洛茨基和他的朋友们与中央政治局和中央委员会交涉并指出，总书记处正在推行它自己的一套政策，这套政策甚至违背了斯大林—布哈林派大多数人的意愿。他们针对新一轮迫害提出了一份详尽的报告，并抗议推迟代表大会的召开。托洛茨基再一次要求在大会召开之前进行一次允许被驱逐的反对派成员参加的坦诚的争论。他还要求中央委员会按照过去的光荣传统将《反对派政纲》随同其他一切官方文件予以公布，使之在党的选举人中间传阅。由于斯大林粗暴无情的干涉，中央委员会否决了反对派的申诉，拒绝把《反对派政纲》作为讨论文件的一部分予以公布。此外，它也禁止反对派以自己的方式扩散这份文件。

无疑，这成了挑起新争端的原因。对于反对派来说，遵守这个最新禁令就是可耻的投降，甚至可能是永远的投降。然而蔑视它也是冒险，这样，《反对派政纲》就只得秘密或半秘密地印刷和散发了。反对派决定冒险。为了保护自身免受报复——再次被"分散打击"——也为了给代表大会留下强烈印象，托洛茨基和季诺维也夫号召他们的追随者在《政纲》上集体签名。签名的征集将显示出反对派所得到的支持的规模；这样，这场运动从一开始就成为对反对派自身实力的检验，其形式是它以前从不敢采取的。

斯大林不能允许这种情况不受干扰地进行下去。9月12—13日晚，格别乌袭击了反对派的"印刷厂"，逮捕了几个正在印刷《政纲》的人，并且大肆宣扬破获了一个阴谋集团。格别乌硬说，他们当场抓住了正与臭名昭著的反革命分子勾结的反对派分子，一个前弗兰格尔白卫军军官为反对派创办了印刷厂。在袭击当天，托洛茨基已经离开莫斯科前往高加索；但反对派的几个领袖，如普列奥布拉任斯基、姆拉奇科夫斯基和谢列布里亚科夫，站出来予以驳斥，并且声明他们对"印刷厂"以及印刷《政纲》事宜承担全部责任。这三人当即被开除出党，其中姆拉奇科夫斯基则被投进监狱。把这种惩罚手段加之于反对派头面人物，这还是第一次。

这次事件预示着十年后作为大清洗基础的"大杂烩"。格别乌的揭露是为了说服所有对斯大林关于"从张伯伦到托洛茨基的联合战线"的断言半信半疑的人。如果说这些人曾在良心上感到不安,怀疑"联合战线"是斯大林想象力的一种虚构,那么现在揭发出来的阴谋故事将打消他们的疑惑。"弗兰格尔军官"这个土生土长的人物是作为反对派和世界帝国主义黑暗势力之间的一个环节而出现的。怀疑者和困惑者受到一次断然警告,并对他们展示了天罗地网,一旦他们从事或仅仅是以任何变相形式进行把矛头直接指向官方领袖的活动的话,而且不管这行动初看起来是多么无辜,肯定在劫难逃。

这次打击是精心策划的。当反对派力图指出格别乌的揭露只不过是一种捏造时,损害已经造成了。季诺维也夫、加米涅夫和托洛茨基——他中断在高加索的逗留回到了莫斯科——跟捷尔任斯基死后继任格别乌首脑的明仁斯基交涉,以澄清这场阴谋的荒唐细节。格别乌抓住了几个正在复制《政纲》打印文本的反对派成员。这表明反对派甚至连沙皇时代所有地下组织都有的那种秘密印刷所也没有一个。几个青年自告奋勇做打印工作和复制工作。不错,其中几人还不是党员;但这是他们自己的唯一过错——斯大林后来也无法给他们找到比"资产阶级知识分子"更严重的罪名了。那个前弗兰格尔军官确实在这件事上帮了忙,并且答应协助散发《反对派政纲》;但明仁斯基承认——先是向托洛茨基和加米涅夫、后来又向中央委员会承认:这个军官是雇来做内奸的,他的特殊任务是刺探反对派。斯大林本人也证实了这个揭露,并说:"但是,假如这个前弗兰格尔的军官帮助苏维埃政权揭穿反革命阴谋,那又有什么不好呢?谁能否认苏维埃政权有权把旧军官争取过来,以便利用他们破获反革命组织呢?"① 这样,斯大林首先把弗兰格尔军官作为一个人证,用以证明反对派的行动具有反革命性质,然后他又说他看不出有什么理由不应该利用前军官来提供证据。反对派高声叫喊道:"我们的敌人、迫害者、诽谤者!"但是它已经无法消除诽谤的后果了。

托洛茨基匆忙赶回莫斯科并不仅是为了这件事。当他还在高加索时,共产国际主席团出人意料地宣布将在9月底前召开会议,并把开除托洛茨基出国际执行委员会这一提案列入议程。9月27日,他站在共产国际执行委员会面前,最后一次——怀着藐视和激愤的心情——向所有到会的各国共产党代表讲话。这是荒诞的审判。那些审判这位共产国际奠基人之一并将其革命功绩全盘否定的外国共产党人作为革命者几乎是清一色可悲的失败者:流产起义的鼓动者,

---

① 《斯大林全集》中文版第10卷,第162页。

革命的职业输家，或是坐享十月革命荣耀的那些琐屑派别的领导，而被指控的这个人却在那次革命中发挥过卓越的作用。他们当中有：马赛尔·加香（Marcel Cachin），在第一次世界大战中托洛茨基作为《齐美尔瓦尔德宣言》的起草者被逐出法国时，他作为法国政府驻意大利使节支持墨索里尼的鼓吹战争的运动；多里奥（Doriot），未来的法西斯分子、希特勒的傀儡；① 台尔曼（Thälmann），于1933年领导德国共产党向希特勒投降，后来死在希特勒的集中营里；还有罗易，他刚从中国回来，他在那里使出吃奶的力气引导中国共产党舐蒋介石脚下的尘土；J. T. 墨菲（Murphy），这个英国人是外国共产党中最无足轻重的一个党的小小代表，被推选出来主持讨论开除动议。托洛茨基向这次会议投去的轻蔑与他们加在他身上的侮辱适成正比。

托洛茨基告诉执行委员会："你们指控我破坏纪律。我毫不怀疑，你们的裁决甚至都是早已准备好了的。"② 执行委员中没有一个人敢自作主张——他们全都是听命而已。他们就是这样奴性十足，俄国党的总书记居然能傲慢地指使一位外国共产党的代表到俄国的边远省份去担任卑微的官职——这是指南斯拉夫驻共产国际代表武约维奇，他是季诺维也夫派成员，现在也被开除了。他，托洛茨基，被召来说明为什么越过俄国党向共产国际提出申诉——"正如沙皇时代一样，现在的执行官也要鞭挞任何一个敢于向他的更高长官控告他的人。"国际共产主义运动中的所谓领袖们无耻到甚至都不想装装门面的地步：他们只顾奉承拍马，竟忘了把蒋介石和汪精卫开除出他们的执行委员会，国民党仍然是共产国际的成员；但是他们却高高在上地审判那些是俄国革命的血与肉的人物。③

托洛茨基继续说，在关键的四年里，共产国际没有召开一次代表大会；而在列宁时代，代表大会则每年都要召开一次，即使是在内战和军事封锁时期也是如此。现时出现的任何重大问题从来没有讨论过，因为所有这些问题都是禁区——斯大林的政策在所有这些问题上都遭到了破产。"共产党的报纸为什么一声不响？共产国际的报纸为什么一声不响？"执行委员会几乎每天都在践踏他们的组织章程；他们却指控俄国反对派破坏纪律。他承认说："反对派

---

① 多里奥似乎并未参加这次会议；但他是执行委员会的候补委员，是托洛茨基最激烈的指控者之一。
② 托洛茨基档案。
③ 托洛茨基说，《人道报》曾欢呼蒋介石是"上海公社的英雄"。

的……唯一罪过是太顺从斯大林书记处的方针了,而那些方针对于革命则是灾难。""俄国党代表大会的筹备工作的方式是一种自我嘲弄……斯大林心爱的武器就是诽谤。""懂得历史的人都会懂得,篡权者路上的每一步都是由这些杜撰出来的指控标志着的。"反对派不能放弃公开反对这种对革命有最致命危险的体制的权利:"当士兵的双手被捆住的时候,主要的危险不是来自敌人,而是来自捆住士兵双手的那根绳索。"

"开除动议"的起草人墨菲回忆道:"他以他全部的气魄和力量发动进攻了。他从最近三年来付诸讨论的那些问题的各个方面向我们提出挑战……唯有他才具有这样的辩才";然后他向这个他曾寄予最大希望的组织的执行委员会背转身来,"昂首阔步走出会场"。[①] 一直困扰俄共中央委员会的犹豫不决丝毫也没有让执行委员会为难——一点儿不错,执行委员会的裁决书是早已准备好了的!

正当这个节骨眼上,莫斯科的斗争导致了一场外交事件,激起了一阵国际骚动。自从英俄关系破裂以来,法苏关系也急剧恶化。法国政府和法国报界再一次弹起所谓未还贷款的老调,这种叫嚣自从列宁政府宣布废除沙皇对外一切债务之后还是第一次听到。政治局和中央委员会对这个问题断断续续地进行过讨论。1926 年,托洛茨基主张安抚法国。那时英国正处于工业动荡的挣扎之中;中国革命正趋向高潮;法国在通货膨胀的影响下颠簸不定;而苏联地位稳固,这使他认为向法国人让步是可取的,可以消除那些小债主的不满。托洛茨基说,但是当时斯大林过分自信,听不进任何建议。1927 年秋,当这些问题又被提出来时,斯大林又急于在某种程度上迎合法国的要求。然而这时托洛茨基和他的朋友们却反对这样做。他指出,自从中国革命失败、英俄委员会破产、苏英关系破裂以后,苏联政府的地位已经虚弱得经不起让步了;在它这方面的任何让步都会被看做是进一步示弱的表现。

对于反对派来说,局面由于以下这个事实而更加复杂化了:担任大使的拉柯夫斯基正在巴黎进行谈判,成为法国人攻击的靶子。早在 8 月,法国驻莫斯

[①] J. T. 墨菲:《新地平线》,第 274—277 页。墨菲回忆了开会前他在走廊上遇到托洛茨基的情景。"每个人都有自己厚厚的大衣和皮帽,会议大厅里衣帽架都已挂满了。托洛茨基环顾四周……(墨菲的秘书)问道:'托洛茨基同志,需要我帮忙吗?'托洛茨基想也没有想就机敏地回答:'恐怕不需要吧!我正在寻找两样东西——忠诚的共产党员以及挂大衣的地方。但这里是找不到他们的。'"会议从下午 9 点 30 分一直开到次日早晨 5 点。

第五章　决战阶段：1926—1927年

科的使节就因拉柯夫斯基与托洛茨基反对派有联系而表达了法国政府的不满。① 另一方面，斯大林在中央委员会上竭力嘲弄拉柯夫斯基，以此反对托洛茨基：他断言正是这个"忠实的反对派分子"拉柯夫斯基敦促莫斯科向法国投降。托洛茨基致信拉柯夫斯基，请他记住他在巴黎所起的作用已成了党内斗争的重大问题。② 拉柯夫斯基个人对反对派和托洛茨基是无比忠诚的，以至于这个提醒使他十分惊愕。不过，还在收到此信之前他已经采取了一个步骤，造成当时外交界一场重大的风波。他在一份宣言上签字，号召资本主义国家的工人、士兵在战争期间起来保卫苏联。在与资产阶级政府的外交关系方面"稳定"和"正常"的这几年，发出这样的革命呼吁是违反苏联外交的惯例的。法国报界舆论哗然。法国政府则宣布拉柯夫斯基为不受欢迎的人。法国外交部长阿里斯蒂德·白里安（Aristide Briand）声明说，苏联政府应该更自觉地召回它不受约束的大使，因为一位反对派追随者在巴黎代表它无论如何是很不适宜的。

莫斯科的答复含糊其辞。外交人民委员契切林为他的大使辩护。但法国外交部有理由认为它对拉柯夫斯基的指责并非完全不为契切林的上级所欢迎。托洛茨基认为，斯大林在拉柯夫斯基的召回问题上玩弄外交游戏，苏联外交部必须直率地告诉白里安，不容许它干涉布尔什维克党的内部事务。但因法国政府已经宣布拉柯夫斯基为不受欢迎的人，莫斯科别无选择，只好把他召回。尽管拉柯夫斯基是一位杰出的外交官，但他对于外交工作已感到腻烦了，在间断了四年之后，他渴望重新投入国内斗争。托洛茨基也非常高兴老朋友回到自己身边。反对派从拉柯夫斯基被召回这一事件中挽回了一定声誉；一位反对派领袖由于呼吁国际工人和士兵保卫苏联而遭到资产阶级政府的敌视，这件事有力地驳斥了有关反对派的失败主义以及"从张伯伦到托洛茨基的联合战线"的无稽之谈。

斯大林意识到仅把罪名推到其政敌身上还是不够的，于是更加努力从正面加强他自己的威望。反对派在其政纲中重申一年前提出的那些要求，当时当权派假装要实现它。《政纲》要求给低工资工人增加工资，严格执行八小时工作制，给贫苦农民减轻赋税负担，等等。《政纲》声称当权派许下的诺言连一个也没有兑现；无产阶级和半无产阶级群众生活的穷困化反而变本加厉。为了回

---

① 参见德格拉斯（编）：《苏联外交政策文件》第2卷，第247—255页。
② 托洛茨基1927年9月30日致拉柯夫斯基的信存于托洛茨基档案。

答这一点，斯大林迈出了惊人的一步：他宣布政府很快要实行七小时工作制和每周工作五天，而工人领取的工资仍与以前一样。公布这一改革的时机是即将来临的十月革命十周年纪念日，政治局届时将以庄严的宣言形式向全国宣布，欢呼七小时工作制是迄今最伟大的社会主义成就——是革命第一个十年的圆满总结。

这是纯粹的欺骗。苏联还十分穷困，它无力承受这种改革——即使30年之后它已经成为世界第二大工业国，工人仍然要每天工作八小时，每周工作六天。① 但斯大林不管这种办法在经济上有无可行性。他炮制这个耸人听闻的立法时事先并没有在工会、国家计划委员会甚至中央委员会里讨论过。布哈林派感到沮丧。领导工会的托姆斯基掩盖不住对这一惊人做法的不满。然而斯大林无论如何要强行通过它；到了10月中旬，苏联中央执行委员会在列宁格勒召开特别会议，给予它正式和庄严的批准。

在10月15日会议上，在基洛夫提出正式报告后，托洛茨基当场揭穿了这个方案的欺骗性。他回忆说，当反对派要求适当增加工资时，这个要求竟被愤怒地看做是破坏国民经济资源的一种威胁而遭到否决。那么目前的经济状况怎能承受得了七小时工作制呢？反对派坚持认为，就连八小时工作制在国有工业中也难以认真执行——为什么斯大林却突然抛出这项堂皇的改革方案呢？如果给工人增加某些更低的但更实际的好处岂不是更诚实吗？用这种变戏法般的诡计庆祝十月革命是一种可耻的行为。托洛茨基指出，在经过好几年准备才设计完成的第一个五年计划的蓝图中丝毫没有缩短工作日的设想。他们在几年前订的计划就是以更长的工作日为基础的，他们怎能真正缩短工作日呢？托洛茨基得出结论，整个改革方案的唯一目的就是：在当权派与反对派作最后的较量时为前者增加筹码。

在这次争论中，理由、真理、诚实都在托洛茨基这一边；但是他们又马上让他掉进陷阱，这不是第一次，也不是最后一次。再没有什么比托洛茨基的抗议更中斯大林的下怀了。斯大林派成员成群结队地跑到工厂告诉工人托洛茨基最近对他们的侮辱。他们说，他要剥夺党恩赐给工人的福利，阻挠让每一个人都能看到社会主义曙光的划时代改革；他关于布尔什维克忠诚的那些漂亮话、他作为工人阶级捍卫者的那些姿态有什么用处呢？然而对托洛茨基的观点，工

---

① 七小时工作制和每周工作五天名义上实施了13年左右，但实际上并没有兑现。第二次世界大战初期，政府下令又回到了正常工作周，回到了每日八小时工作制，这些规定强制保持了20年。只是从1958年开始，才逐步转到了七小时工作制（但仍没有实施每周工作五天）。

第五章 决战阶段：1926—1927年

厂工人并不知道。头脑冷静的老工人也许能猜到它们，并且对斯大林这种可疑的恩赐会有他们自己的想法。但大多数容易轻信受骗的工人群众为改革方案欢呼而讨厌批评者。反对派所争论的大多数问题远远超出了工人们的理解力：国民党、英俄委员会、不断革命论、热月政变、克列孟梭声明等等。反对派的语言中唯一不深奥的是它改善工人命运的要求。这个要求曾经赢得了对反对派的广泛同情，尽管这种同情是消极的。但是现在，这种同情大部分都烟消云散了。在反对派的周围筑起了一堵冷漠而敌意的墙。

然而——在人们心里常常会强烈渴望"那只有一线微弱希望的事物"——恰恰在这样的时刻，一次奇特的事件给反对派领袖带来了安慰和鼓励。就在七小时工作制提交辩论的那次会议期间，在列宁格勒举行了一次庆祝胜利的官方游行。游行照例有隆重的仪式和盛大的场面，党的领袖们检阅军队和群众游行队伍。然而在领袖行列中人们却看不到托洛茨基和季诺维也夫。或许是巧合，或许是有意安排，仿佛显示他们两人已经脱离官场。这时他们两人站在离政府官员的检阅台不远的一辆卡车上，而这里却是游行队伍接受检阅后出来时的必经之路。托洛茨基的背后正是塔夫利达宫，十年前他就在这里怒斥克伦斯基，点燃首都工人的激情，鼓动他们去行动去造反。通过官方检阅台之后的游行队伍走近卡车时，人们认出了反对派的这两位领袖，停了一下，再往前走，又停了下来，默默注视着他们，向他们举手致意，挥动着帽子、手帕，又往前走，终于停下来。卡车周围的人群越聚越多，交通阻塞了；而政府官员检阅台周围的场地上则空无一人。这仿佛是1917年群众热情的喝彩和欢呼的回声。其实，站在托洛茨基和季诺维也夫面前的群众尽管表现出明显的激动，但却是克制和胆怯的。他们的行为是含糊的。即使群众是想表达他们对反对派的同情，那么这次游行也只不过是一幕哑剧。它表达的只是群众对于失败者的尊敬和同情，绝没有同他们并肩战斗的意思。

但是反对派领袖们却误解了游行者的情绪。一位目击者这样描述当时的情景："这是一种沉默的、抑制的、骚动不安的欢呼。"但是"季诺维也夫和托洛茨基却无限欣慰地把它作为力量的表现"。他们在当天晚上说："群众是与我们站在一起的。"① 但事件的后果远远超出了事件本身的重要性。主要是在

---

① 维克多·塞尔日：《一个革命者的回忆》，第239页。托洛茨基在他的《我的生平》中对同样情景也作了详细描述，参见该书第2卷，第278页。这描述似乎反映了他最初看待游行时所怀着的某种希望。

但愿群众终于真的同他们站到了一起这种想法支配下，反对派领袖们决定三周后在十月革命周年纪念时直接"向群众发出呼吁"。在另一方面，当权派却从群众的暧昧行动中感到了警告，他们意识到绝不能拿人民的情绪去冒险。

斯大林当即转入进攻。10月23日，他再一次要求把托洛茨基与季诺维也夫开除出中央委员会。经过四个月之久，他已经粉碎了组成党的最高法庭的那些人心中的彷徨和抵制。他们终于准备执行他的命令了。但是恐惧和沮丧仍然缠住他们不放，并表现为诉讼过程中格外突出的神经质和狂暴。到处弥漫着病态的紧张气氛，就像在执行死刑中可感到的那样，刽子手及其帮凶看待他们的牺牲者时，既怀着深深的仇恨又怀着深深的敬畏，被有关其行为的正义性及其后果噬心的疑虑所折磨着。不管牺牲者说什么或做什么，都会在他们心里激起这些上升为狂怒的矛盾感情。他们全都坚信，如果他们要活着，牺牲者就得死；而且他们一想到可能随之而来的恐怖就不寒而栗。他们竭力想驱散自己心头的愧惧，就催促刽子手，要他们快点儿动手，自己也把无耻的辱骂和沉重的石头投向犯人。这就是斯大林派和布哈林派在这次会议上的表现。他们不时打断托洛茨基的最后申辩，爆发出仇恨的和粗俗的辱骂。他们塞住耳朵不听他的答辩，并且催促主席阻止他讲话。在托洛茨基讲话时，墨水瓶、笨重的书册和玻璃杯从主席台向他头上飞来。雅罗斯拉夫斯基、什维尔尼克、乌克兰主席彼得罗夫斯基和其他人大声煽动斯大林，怂恿他将这项工作进行下去。威胁、嘲笑、咒骂没完没了，使这次大会看起来就像是一次魔鬼的聚会。①

在当权派当中只有斯大林讲话时沉着自制、粗暴而又冷酷，没有丝毫愧疚。他列举了人们早已熟知的一长串罪状；他的讲话——正是在这次讲话中他为利用奸细（弗兰格尔军官）反对党员一事进行辩护——即使对他本人来说也是犬儒主义的杰作了。② 唯有托洛茨基一人在讲话时同样地沉着自制。他的声音超越了在他离开之前对他最后一次挑战的那种狂谵错乱。他警告各派说，斯大林的目的就是要消灭所有的反对派；而且，在一片嘲笑叫骂声中他预言将有一系列血腥清洗，说其中不仅他自己的支持者，而且多数布哈林分子甚至斯大林分子都将遭到灭顶之灾。他还表达了充满希望的自信，即斯大林的胜利是短命的，而斯大林体制将会突然垮台，彻底崩溃。他说，眼前的胜利者过分依

---

① 第二天托洛茨基在致中央书记处的信中抗议正式记录中没有完整地记下他的讲话原文，并抗议对当时的所有情景都略而不记，存于托洛茨基档案。

② 《斯大林全集》中文版第10卷，第148—177页。

赖暴力。当然，布尔什维克取得"巨大的成就"也是依靠暴力实现的，它打败了全都是站在过时的或反动的事业一边的旧统治阶级、孟什维克和社会革命党人。但是他们不可能用这种办法摧毁维护历史进步的反对派。"开除我们——你们仍然不能阻止我们的胜利。"这就是党的最高委员会从托洛茨基口中听到的最后的话。

* * *

接着是几个星期的紧张活动。反对派一直在为其《政纲》征集签名者，希望以支持者的数量影响党的舆论。季诺维也夫坚信，他们可征集到20000或30000个签名，斯大林面对如此大量支持的证据也许会停止进一步的报复，而反对派甚至可以东山再起。反对派领袖们决定在十月革命周年纪念日"向群众呼吁"；这种想法自从列宁格勒游行以来就吸引着他们了。但是采取什么样的呼吁形式，却颇费斟酌。呼吁的目的在于使群众了解反对派的要求，并鼓动群众反对官方领导，但又不给后者攻击反对派破坏党的纪律的口实。这两件事差不多是无法同时做到的；反对派夜以继日地进行讨论，准备去迎接实力的检验。

托洛茨基跟他的同志们一样，现在大部分时间都在郊区贫寒工人家里度过，犹如他还是一个年轻的、不出名的革命者时所做的一样；他争论着，解释着原则和观点，并对热烈而急不可耐的各支持者小组加以指导。他这时跟热月政变前夕的罗伯斯庇尔已经判若两人，而他曾将自己比做罗伯斯庇尔。在他身上仿佛混合了两种不同的性格——丹东与巴贝夫。但此刻他更像被追捕的平等会密谋的领袖巴贝夫。他呼唤着革命的再生，蔑视着新的利维坦国家的那些缔造者；但历史潮流却像当年反对巴贝夫一样凶猛地反对他。

（维克多·塞尔日这样描述一次典型的集会）大约50个人挤在一间简陋的餐厅里，听着季诺维也夫说话，他已经发福了，脸色苍白，头发蓬松，说话声音低沉；在他身上有某种软弱的东西，也有某种有强大吸引力的东西……桌子另一头坐着托洛茨基，我们眼看着他变老，头发灰白，身材高大，脊背微驼，外貌惹人注目，态度和蔼可亲，始终能找到正确的回答。一位女工盘腿坐在地板上，突然问他："如果我们被开除出党怎么办?"托洛茨基回答说:"没有任何力量能阻止一个共产主义无产者成为共产党员。""也没有任何力量真能割断我们同自己的党的关系。"季诺维也夫半带笑容地解释道,我们正进入这样一个时期,在党周围,许多被开除的和半被开除的人们要比挂着布尔什维克之名的党委书记更值得尊敬。这真是纯朴动人的一幕:无产阶级专政时代的那些人,昨天还是强大的,今天就这样转到了贫民区,与工人们推心置腹地谈话,寻找支持,寻找自己的同志。楼梯的外面,志愿者在站岗放哨,瞭望着来往通路和出入口,因为格别乌在任何时候都可能袭击我们。

有一次在一幢破败寒酸的住宅里举行会议,当我陪同托洛茨基离开会场走在街上时,列夫·达维多维奇高高竖起衣领,把帽子压到眼睛上,不让人认出他来。此刻,他像一位老知识分子,经过20年的风风雨雨仍然坚贞不屈。我们走近一个车夫。列夫·达维多维奇对我说:"请你向车夫讨个便宜价格吧,我身上钱不多了。"这车夫是留着胡子的老式农民,凑近他说:"您不用付钱,快上来吧,同志。您不是托洛茨基吗?"帽子遮不住这位曾在斯维亚日斯克、喀山、普尔科沃和察里津战斗过的人。托洛茨基的脸上浮现出一抹淡淡的而又欢乐的笑意:"不要把这事告诉任何人。谁都知道车夫属于小资产阶级,他的好意只会使我们倒霉。"①

当他对盘腿坐在地板上的女工说"没有任何力量真能割断我们同自己的党的关系"时,托洛茨基并不是在对她进行空洞的安慰。他与季诺维也夫一样考虑到了大规模开除的可能,然而他仍然抱有一线希望,认为这会是有益健康的一次休克;党的良知将被唤起;人民将希望见到《反对派政纲》,以便亲自看看反对派拥护的是什么;到那时,反对派曾经多次徒劳地要求的大争论将从此能够展开了。他设想斯大林会搬起石头砸自己的脚:如果成千上万的党员都被当做反革命分子而开除出党,他们也将免不了被投进监狱。这必然会"使党震惊",并使它意识到这样的镇压行动很可能意味着"无产阶级专政的终结"。确实,当时许多斯大林派成员和布哈林派成员一想到自己将成为自己同志和战友的迫害者和狱卒就感到不安。斯大林和莫洛托夫不得不向他们保证说,事情不会闹到这个地步,而且也没有大规模开除的必要,因为政治局会控

---

① 维克多·塞尔日:《阴暗的转折》,第113—114页。

第五章 决战阶段：1926—1927年

制住反对派，在不太晚的时候就让它刹车投降。12月2日，托洛茨基引用这些保证向反对派呼吁：要一如既往地采取攻势——唯有那时，当广大的斯大林分子和布哈林分子看清他们领袖的自吹自擂都不过是欺骗时，才会挺身而出制止迫害，并迫使迫害者畏惧和投降。① 然而斯大林和莫洛托夫的自吹自擂并非毫无根据：他们抓住了反对派的弱点，并且预见到在关键时刻至少季诺维也夫派会动摇。同时，所谓不必大规模开除的保证也平息了不安和惊慌，使党消极地等待事变并因此与即将到来的事实妥协。

另一方面，对反对派指控和威胁的浪潮也阻碍了反对派的努力。很少有人敢在日复一日地被谴责为颠覆性文件的《政纲》上签名。与季诺维也夫所希望的20000—30000个签名相反，反对派好不容易才征集到最多5000—6000个签名。② 由于担心可能给签名者带来严重后果，因此，为了保护他们的支持者，反对派领袖只披露了几百个姓名。围绕《政纲》的这场运动就这样再次显示了反对派的弱点。

* * *

借用谢多娃的话来说，托洛茨基这时"疲劳过度、精神紧张、健康恶化，经常发烧、失眠"。他对敌人横眉冷对，而对同志他则是自我控制和英雄气概的典范。但在家庭生活中，人的固有脆弱性却占了上风。他徒劳地同失眠斗争，药物毫无用处。他越来越频繁地抱怨头痛与眩晕。他消沉、厌倦。他的敏锐感受力常因从四面八方像洪水般涌来的大量恶毒诽谤而迟钝。他的妻子写道："早饭时，我们会看见他翻开报纸……瞥了一眼又无动于衷地扔到桌上。所有报纸上登的全都是荒诞无稽的谎言、最明显不过的歪曲、最不堪入耳的咒骂、骇人听闻的威胁以及来自世界各地狂热地、奴性十足地重复着同样无耻谎言的电报……'他们对革命、对党、对马克思主义和共产国际都干了些什么事啊！'"③

---

① 托洛茨基档案。
② 这个数字是反对派提供的。维克多·塞尔日：《一个革命者的回忆》，第243页。斯大林派的资料称反对派征集到4000个签名者。按斯大林派历史学家 H. 波波夫的说法，在代表大会选举中，反对派在总数725000票中只得到6000票。《苏共党史纲要》第2卷，第323页。
③ 《托洛茨基的生与死》，第180—181页。

被解除武装的先知：托洛茨基 1921—1929

　　托洛茨基最亲近的人与他一道喝干了这杯失败的苦酒。由于紧张并且期待着最不幸的事到来，全家人都患上了失眠症，在多少个不眠之夜中等待着第二天的打击——但当天色破晓，朋友们进来时，大家又都露出坚毅的表情，继续斗争下去。谢多娃本人并不是一个很有政治头脑的人，她在博物馆和艺术画廊的四墙之内比置身于那些雄辩的、足智多谋的、斗志昂扬的党员中要更为轻松自如；但在女性的爱心和忠贞的驱动下，她也全身心地投入到了这场残酷的戏剧中。她抛弃了个人兴趣，与丈夫形影相随；全心全意地以丈夫的生活为生活，想丈夫之所想，为丈夫的愤怒而震惊，为丈夫的苦恼和焦虑而战栗。

　　他们的大儿子廖瓦现在 21 岁，在他父亲的高尚精神熏陶下度过了他的童年和少年时期，他还将这样地度过他短暂一生的其余岁月。作为托洛茨基的儿子，分享父亲的思想，沿着父亲的足迹前进，这不仅对于少年廖瓦而且对于青年廖瓦都是最大幸福的源泉。他还未到法定年龄就虚报岁数加入了共青团，而且还想办法参加了红军。他离开父母在克里姆林宫的家，住进公寓里，生活在那些忍饥挨饿、衣衫褴褛的工人和学生中；反对派刚一成立，他就加入了。现在他看到共青团在挑唆下转而反对托洛茨基，这对他真是一种痛苦的经验，而不久前，他父亲对于共青团员来说还是一位活生生的传奇人物和鼓舞者。既出于孝心，也出于革命激情，他憎恨那些被父亲斥之为被权力腐蚀了的官僚分子。他多年来一直参加争论，组织反对派小组，在党支部中穿梭式地发表演说，并且跟一些公认的反对派领袖，如皮达可夫和普列奥布拉任斯基一起到外州甚至远至乌拉尔的集会上并肩讲话。蓬勃的朝气使他充满了乐观与自信；但是在最近几个星期里，目睹不断滋长的苦难和暴力，他对父亲的生命忧心如焚，因此他作为助手和保镖须臾不离父亲左右，随时准备扑过去扼住袭击者的喉咙。

　　谢尔盖比廖瓦小两岁，他跟廖瓦不一样，在整个少年时代就开始反抗父母的权威，拒绝托庇于伟大的父母的阴影里。他的叛逆形式就是厌恶政治。他不参加共青团，对党内事务漠不关心，跟反对派毫不沾边。他强健、勇敢，喜欢冒险，或者如他的父亲和哥哥所想象的——思想轻浮，整日沉溺于娱乐、运动和艺术爱好之中。他迷恋上了马戏（它在当时的俄国正渴望获得作为一门艺术所应享有的尊严），他似乎还被马戏团的一个姑娘迷住了，因此离开了克里姆林宫的家，随同一个马戏表演剧团过了一两年。经过一段放浪不羁的生活之后，这位浪子终于回家了。但他仍然坚持他的独立，怀疑政治，却热衷于数学

第五章 决战阶段：1926—1927 年

和科学，在这两个领域里，他跟父亲在相同年龄时一样也表现出了卓越的才能。然而，一种新的情感开始打破他与父亲和政治之间的对立。这个年轻人被父母的勇敢和牺牲精神所感动，并为父亲及其志同道合者的遭遇所激怒，因而焦虑地关注着时局的变化和危险。

这个家庭的另一支系，即起源于托洛茨基第一次婚姻的那一支系，现在也深深地卷了进来。亚历山德拉·索科洛夫斯卡娅虽然年纪不轻，但信念坚定，仍然如同她在19世纪90年代在尼古拉耶夫作为唯一一位马克思主义者时那样，毫不畏惧地向一切人宣布她的信念，仍然是列宁格勒托洛茨基主义者的核心人物。她的两个女儿季娜和尼娜都已20多岁了，住在莫斯科，而且都是热心的反对派成员。她们两人作为她们爸爸的女儿，如同1917年看到他处于上升期时一样感到紧张激动，也感到心碎欲裂。两个女儿都已经结婚，各有两个孩子；各自的丈夫都是积极的托洛茨基主义者，而且都已丧失了工作和生计，被开除或将被开除出党并被放逐到西伯利亚去。这两位妇女陷入了贫穷、无援之境，并为孩子、丈夫、父母而心力交瘁，都得了肺结核病，她们注定是被毁灭的托洛茨基所有子女的同一悲剧命运的第一批牺牲者。

* * *

当十月革命十周年纪念日到来时，反对派已做好准备向"群众呼吁"。它指示它的支持者参加11月7日官方的庆祝大会，但是要以这样的方式，即让反对派的观点和要求引起挤满街头广场的千百万群众的注意。这里没有丝毫煽动叛乱甚至违抗的迹象。反对派成员所要做的一切只不过是以密集的队形和醒目的组织行进在官方的游行队伍中间，打出自己的旗帜，喊出自己的口号。这些口号表面上没有任何挑战的意思，其中针对当权派的口号都以暗示形式出现，唯有政治上最敏感的旁观者才能从中区分出反对派口号与当权派口号的不同。

"为反对富农、耐普曼和官僚集团而罢工！""打倒机会主义！""执行列宁遗嘱！""防止党的分裂！""捍卫布尔什维克党的团结！"——这就是反对派的口号。制定这些口号的目的只是要引起党员群众以及那些密切并同情地关注着布尔什维克党内政策动向的局外人的注意。因此，人们不能认真地把反对派的行动说成是真正的"向群众呼吁"——它在本质上是向党呼吁。但由于他们被驱逐出党，禁止他们接触基层支部，他们只好从党外、在全世界和全国人民眼前发出呼吁了。这次行动的弱点就在于此。反对派试图公开抗议官方的党务活动，同时表明它的自我纪律约束和对党的忠诚。但这个抗议从它提出的那一刻起就几乎不可能被听到；它的自我纪律约束的表现没有效果。按照对党纪的教条主义的严格解释——公开反对党的领袖的游行示威就构成破坏党纪的行为，不能指望斯大林会作出另外的解释。一句话，反对派既走得太远了，但又走得不够远。而它的态度和它的处境就是这样：它只能走到它现在这么远，并且无法走得更远了。

11月7日使反对派遭受了一次致命的打击。这对斯大林倒不是什么意外的事。他已严令：任何示威企图一旦露头就立即镇压下去，不管它如何无害。在他看来，这样的企图不可能是无害的，倘若这次他的政敌成功了，那就很难说他们是否迟早会唤起那些犹豫、不满而又胆怯的群众。斯大林明白，即使他马上就要登上峰顶，也仍有可能滑下去而丧失一切；他也明白，尽管他已经给了敌人以致命的打击，但只要留给他们一点儿行动自由，他们仍然可能推翻他。因此，在11月7日，一队队拥护当权派的积极分子和警察扑向凡是企图打出旗帜、高举托洛茨基或季诺维也夫的画像或者喊出未经批准的口号的反对派群体。反对派的队伍被驱散，遭到凌辱与殴打。他们赤手空拳地试图自卫，重新集合，继续游行。街头和广场大乱，到处是一片混战和警察的袭击，人群聚而又散，直到参加节日纪念会的无数旁观者中最缺乏政治头脑的人也意识到，他或她正目睹一场严重的危机事件，党内斗争已从支部转移到了街头，现在争论者在某种意义上呼唤着一切人的支持。的确，镇压把反对派的行动转变为类似向广大群众呼吁的行动，把它笼罩在丑恶的气氛中，使它显得是一场半暴乱。

维克多·塞尔日给我们留下了对列宁格勒那些日子的生动描写。① 自从10月15日以来，反对派对列宁格勒人满怀希望，季诺维也夫跑到那儿去，坚信会得到他们的响应。但是10月15日事件已引起当地党的机关的警觉，因而他们早有提防。反对派各小组一开始是同所有其他游行者一起行进通过官方领导人检阅台的；接着打出了自己的旗帜和标语，但没有引起注意。然后，警察悄悄包围了反对派，并把他们隔绝开来。塞尔日叙述了他本人当时的经历：他因

---

① 塞尔日：《一个革命者的回忆》，第246—247页。

第五章 决战阶段：1926—1927 年

警察设置的障碍而无法加入到游行行列中，只好停下来望着工人队伍举着红旗向市中心走去。那些当权派的积极分子不时转向行进中的男女工人的方向，高呼口号。男女工人们对此无动于衷。塞尔日向游行队伍走近几步，呼喊着"托洛茨基、季诺维也夫万岁！"或者类似的口号。但游行者的唯一回答是异乎寻常的沉默。于是一个积极分子醒过神来，以充满威胁和激怒的声调回喊道："把他们扔进垃圾箱！"行进中的工人们仍然默不作声。塞尔日感到自己暴露了并"将被撕成碎片"。突然一片空寂笼罩了他——他发现他正孤零零地面对着游行队伍，只有一个妇女和一个儿童站在他身后几步远的地方。在这空寂中，一个学生向他冲过来，凑近他耳边低声说："我们走吧！情况也许会变得更糟。我和您一块走，这样别人就不会从背后袭击您。"

在城市的另一个地方，埃尔米塔日外面，"几百个反对派成员情绪高涨地与民兵扭打在一起"。一个身着军服的高个子——他是列宁格勒前格别乌首脑巴卡耶夫——率领着一股"人浪"对抗着前来阻挠他们的骑警。"人浪"每一次被击退，就又一次卷土重来。在另一个地方，一群工人跟在一个矮胖墩实的男人后面进攻骑警。这个矮胖子把一个警察从马鞍上拖下来，把他打倒在地，然后又把他扶起来，以"指挥官惯用的"威严口吻大声向他喊道："你们应该感到害臊。你们应该为攻击列宁格勒的工人而感到害臊。"这个发泄着同志式怒火的人是拉舍维奇，前陆海军副人民委员，"曾经指挥过千军万马"。类似的混战出现在全城各处，持续了好几个小时。一群群旁观者"惊呆了，默默地"目睹着这一切。晚上在反对派召开的会议上，塞尔日又见到了巴卡耶夫和拉舍维奇——他们穿着撕碎的军服来讨论白天发生的事件。

莫斯科的骚乱和斗争远不像那般"情绪高涨"和"同志式的"。一队队积极分子和警察冷酷无情地、十分残暴地进行着攻击。全城处于紧张和危机中，一片恐慌。"在纪念日前夕谣言纷起，说什么聚集在红场准备一年一度的阅兵典礼的军队将举行示威游行反对斯大林。一些大胆的红军官兵将高喊'打倒斯大林'，而其他人则响应这口号。"① 一位过于相信官方渠道的流言的目击者这样写道。这位作者指出，根本没有这样的事。起初，一队队反对派从各处向列宁陵墓行进，奋力打出几面旗帜，但还没等他们到达红场，积极分子和警察就把他们包围起来，撕碎他们的旗帜，强迫他们同官方游行队伍一起前进。就

---

① 路易·费舍：《人与政治》，第 92 页。

这样，反对派在对立者的裹挟下难堪地沉默着，与游行队伍中其他部分踏着同一步伐通过聚集在红场上的官方领袖和外国来宾的面前。唯有"莫斯科中山大学的中国留学生……形成了一条蜿蜒的长龙。他们走到红场中心，把托洛茨基的宣言书撒向空中。"红场外的反对派成员被从普通群众行列中撵出来，受到警棍的殴打，被驱散或被逮捕。在许多地方，反对派在飘扬着红旗的窗口外挂出了列宁和托洛茨基的肖像。但是这些肖像都被扯了下来，挂出肖像的人遭到虐待。在苏维埃大厦里，刚从哈巴罗夫斯克回来的斯米尔加用列宁和托洛茨基的肖像装饰起他的阳台，并贴出"执行列宁遗嘱！"的标语。一群暴徒闯进他的家，撕碎肖像和旗帜，捣毁他的住宅，并对他横加侮辱；而10年前，正是这个人率领波罗的海舰队驶入彼得格勒的涅瓦河，参加了十月起义——而他的罪名就是挂出这次起义的领袖的肖像。此外还有谢多娃，她置身于游行者中间，也遭到了殴打。

托洛茨基在加米涅夫和穆拉洛夫陪同下，这一天乘车巡视全市。车到革命广场时，他停下来想对正向列宁陵墓前进的一队工人发表长篇演讲，警察和积极分子马上就向他冲过来。响起了枪声。响起了一片喊声："打倒犹太佬、卖国贼托洛茨基！"汽车的挡风玻璃被打得粉碎。行进队伍惊恐地注视着这一幕，但仍然继续前进。

聚集在节日街头的群众心里究竟在想些什么？谁也不知道，谁也猜不到。他们驯服地沿着指定的路线前进，喊着指定的口号，机械地服从着指定的纪律，既没有流露出他们的真实想法，也没有一点儿本能情感的迸发。他们跟1917年那些饥肠辘辘、举止粗鲁、心肠火热、慷慨无私、热情洋溢而醉醺醺的群众形成了多么鲜明的对照！当前各城市的情景与今天要纪念的十年前革命情景之间形成了多么鲜明的对照！领袖们的命运形成了多么鲜明的对照！十年前，只要托洛茨基一声令下，两首都的工人就甘心献出他们的生命。而今天他说话时，他们甚至连头也不肯转过去。十年前，当托洛茨基看到马尔托夫带领孟什维克退出苏维埃时曾豪迈地向他喊道："滚吧，滚到历史的垃圾堆里去吧！"布尔什维克雷鸣般的掌声淹没了他的声音。而今，当一位反对派成员试图称颂托洛茨基这个名字时，"把他扔进垃圾箱！"——这些话就像嘲弄的回音在列宁格勒广场上回响着。反对派百思不得其解，难道历史的车轮向后倒转了，或者被打碎了吗？难道这就是俄罗斯的热月吗？

这些问题也同样在托洛茨基的脑海里盘旋。他看到有这么多曾经领导过布尔什维克革命的人现在仍然与他站在一条战线上。倘若断言他和他们的失败与屈辱没有更深刻的历史意义,不标志着革命"走下坡路",也不标志着他几个月前在中央委员会所谈到的革命发展的"第二阶段",那似乎就太荒谬了。但是他也看到,尽管革命的景象——它的气候与色调——发生了变化,但它本来的总轮廓却像过去一样鲜明突出,一样不可动摇和改变。统治这个共和国的仍然是反对派将永远忠于的布尔什维克党。他仍然将这个共和国看成是无产阶级专政的国家,尽管出现了"官僚集团的退化";而且他仍然坚决使自己和反对派跟所有那些人——他们诬蔑这个共和国是由一个跟工人阶级和社会主义断绝关系的新阶级统治着的新的警察国家——划清界限。他不认为官僚集团就是新的剥削阶级——他只把官僚集团看成是工人阶级躯体上的"赘疣"。在所有的地方,布尔什维克所建立起来的公有制仍然完整无损。富农和耐普曼还没有胜利。第一个工人国家与世界资本主义之间的对抗并没有减弱,尽管还没有表现为任何军事冲突。变化是如此之大,但又是如此之小。就好像一场飓风席卷舞台,把所有的演员抛向相反的方向,改变它所能改变的一切,忽左忽右地摇撼着舞台,但是舞台的框架却依然岿然不动、坚如磐石。这不可能就是末日——飓风真的就是地震的预兆吗?托洛茨基得出结论,11月7日"这还不是苏联的热月政变",但肯定是"热月政变的前夜"。①

塞尔日写道:11月7日晚,列宁格勒的反对派成员开会时能听到两种不同的声音。一种声音倔强地反复说:"豁出去了,我们只有继续战斗下去。"另一种声音苦恼地问:"我们将反对谁呢?反对自己的人民吗?"凡是反对派聚会时都能听到这两种同样的声音。照例是托洛茨基派主张继续战斗下去,而季诺维也夫派又提出那个苦恼的问题。季诺维也夫从列宁格勒回来时垂头丧气;他和加米涅夫开始为"向人民呼吁"的倒霉尝试而后悔,而他们原先对此曾是那样充满信心。托洛茨基则毫不后悔,认为反对派做了它必须做的事;他一再说:不管怎样,去做你应该做的事。在那命定的第二天,托洛茨基要求政治局和中央监察委员会主席团正式调查那场事件;而且他仍然抱着一种相当乐观的看法。他告诉他的追随者说,示威游行的结局并不是那样糟糕:反对派在它的旗帜上写上"捍卫布尔什维克党的团结"的口号,因而表明了它的立场,终于把斯大林据以谋私的这个口号从他那里夺了过来。季诺维也夫和加米

---

① 参见托洛茨基的《纪念日的分析》一文,写于11月8日,存于托洛茨基档案。

涅夫则回答说，11月7日把他们带到了分裂的边缘，如果反对派希望捍卫布尔什维克党的团结一致，它就必须后退。

他们为下一步怎么办争论了好几天。托洛茨基很快又放弃了关于11月7日结局的看法。在他写下他为反对派把"团结一致的口号"从斯大林手里夺过来而感到满意这话之后过了五天，他又指出"现在谈团结一致为时已晚"，因为党的机关已经丧失了自己的意志，变成了"热月力量的工具"，为了富农和耐普曼的利益而一心要把反对派驱逐出去。① 季诺维也夫和加米涅夫则对此不以为然，他们谈到斯大林政策重心的转移，说他已经转而反对富农与耐普曼了。不管怎样，他们两人不同意"现在谈团结一致为时已晚"。

11月14日，中央委员会和中央监察委员会召开非常会议，把托洛茨基和季诺维也夫开除出党，他们的罪名是：挑起反革命示威游行和实际上煽动叛乱。② 拉柯夫斯基、加米涅夫、斯米尔加、叶夫多基莫夫被开除出中央委员会；巴卡耶夫、穆拉洛夫等人被开除出中央监察委员会。成百上千的反对派成员被撵出了党的基层支部。此后，在若干月和若干年之内，党内各派别或者是动摇不定或者是重新组合，有的前进，有的后退，并且继续彼此对抗，总之，党的分裂已经造成。

* * *

11月7日晚上，托洛茨基回到家中告诉家人说：他们必须搬出克里姆林宫。他自己当即就搬了出来；他感到住在克里姆林宫外比较安全，搬到当权派住宅以外的地方就更安全了。他临时在格拉诺夫斯基大街3号别洛博罗多夫的家借用了一间小屋子，别洛博罗多夫属于反对派，还担任着俄罗斯联邦共和国内务人民委员，1918年时就是他下令在叶卡捷琳堡处死沙皇尼古拉二世的。托洛茨基的踪迹消失了几天。当权派多少有点儿惊慌失措，不知道他想干什么，是否转移到地下去了。其实他根本没有这种打算，因为像他这样一个遐迩闻名的人是不可能藏起来的。他在被开除出党的当天，就把新住址通知了苏维

---

① 参见托洛茨基11月13日"札记"，托洛茨基档案。
② 托洛茨基档案；《苏联共产党代表大会、代表会议和中央全会决议汇编》第2卷，第368—370页。

第五章 决战阶段：1926—1927 年

埃中央执行委员会秘书处，他在名义上仍是它的成员。①他主动离开克里姆林宫使自己免掉了一番凌辱：11 月 16 日，其他反对派领袖全都被逐出了克里姆林宫。一位朋友描述了他们被逐出克里姆林宫时的狼狈情景。季诺维也夫离开时只在腋下挟着列宁逝世时遗容的蜡制模型，这模型是这样沮丧消沉，以至于审查当局从来不允许出版它的复制品，于是它就成了季诺维也夫的个人财产。然后是加米涅夫搬出来，他的年龄刚过 40，却突然变得白发苍苍，看起来就像一个"有一双明亮眼睛的温文尔雅的老人"。拉狄克在捆扎他的书籍，想把它们卖了；他从中抽出几卷德国诗集送给他周围的那些人作纪念品，一边不无自嘲地嘀咕着："我们真是一群傻瓜！我们穷得身无分文，而我们本来是能准备好一笔可观的战备基金的。没有钱就要了我们的命。我们有着出名的革命忠诚，却只是优柔寡断不中用的知识分子……"②

　　同时，另一个人以一种与众不同的方式离去。11 月 16 日夜晚，一声左轮枪响撕破了克里姆林宫上空的沉静。阿道夫·阿布拉莫维奇·越飞自杀了。他留给托洛茨基一封信，解释说这是他唯一可以采取的方式，他以此抗议把托洛茨基和季诺维也夫开除出党，以此表达他对党麻木无情地接受这件事的痛恨。从 1910 年起他就是托洛茨基的学生和朋友，那时他还是一个神经质的学生，帮助托洛茨基编辑维也纳《真理报》。1917 年，他与托洛茨基一起参加了布尔什维克党，并在十月起义时期成为中央委员。他心地宽厚，和蔼可亲，语调柔和，却是十月起义最坚定的拥护者和组织者之一。他很快就成了一位了不起的布尔什维克外交家。他率领第一个苏俄代表团前往布列斯特－里托夫斯克，是苏维埃第一任驻柏林大使；1921 年，他签署了同波兰的和平条约，一年以后，又签署了《孙文越飞联合宣言》；他还先后出任苏联驻维也纳和东京的全权代表。1927 年初，他从东京回来，患了严重的结核病和多种神经炎，后来被任命为托洛茨基在租让委员会中的代表。莫斯科的医生对他的病束手无策，催促他到国外去就医。托洛茨基为他向卫生人民委员和政治局交涉③，但政治局拒绝送他到国外去，理由是医疗费用太贵——约共 1000 美元。有一位美国出版商刚提出要用 20000 美元购买越飞的回忆录；而越飞要求允许他自费出国就

---

① 他还通知执行委员会说：他的妻子和一个儿子因病不能立刻搬出，但他们在几天之内必定搬出来，存于托洛茨基档案。
② 塞尔日：《阴暗的转折点》，第 140 页。
③ 托洛茨基致卫生人民委员谢马什科的信（1927 年 1 月 20 日）和政治局的信均存于托洛茨基档案。

医。但是斯大林禁止他发表回忆录,拒不发给出境许可证,剥夺了他的一切医疗帮助,用种种麻烦的事来折磨他。由于长期卧床不起、痛苦不堪、穷困潦倒,尤其是由于反对派所遭受的野蛮攻击对他的精神刺激,他开枪打穿了自己的脑袋。①

阿道夫·越飞

越飞的遗书之所以重要,不仅在于它表明了他对托洛茨基的态度,而且作为人性的和政治性的文件以及革命家的道德宣言,也同样是无与伦比的。

越飞在遗书的开头首先为他的自杀辩解,这种行为一般是要受到革命伦理学的谴责的。他回忆道,他在年轻时就曾反对倍倍尔而替马克思的女婿女儿保罗·拉法格、劳拉·拉法格辩护,他们夫妇就是因为年迈体衰再也不能作为一名革命战士而自杀的。

> 我毕生坚信,一个革命的政治家必须懂得什么时候应该离开人世,必

---

① 甚至就在越飞写这封致托洛茨基的信时,他的妻子还跑来告诉他,政治局已经拒绝了允许他出国一两个月的最后请求。

须懂得及时离开人世……当他一旦明白对所献身的事业不再有用的时候。30多年来我一直怀有这种看法,即人的生命只有在为永恒的事业服务中度过才有意义——对于我们来说,人类是永恒的。为任何有限的事业服务——而且其他一切也都是有限的——生命就是没有意义的。即使人类生命迟早会有终止的时候,但这无论如何是发生在非常遥远的未来,我们仍然可以把人类看做是绝对永恒的。假如一个人跟我一样相信进步,那么他就可以承认,当我们星球毁灭的时候,人类早已找到移民定居在别的更年轻的星球上的办法了。……因此,在我们这个时代为人类利益所做的任何事情都将在某种程度上留传到未来的世纪;我们的存在就是通过这个途径获得它可能拥有的唯一意义。

越飞用马克思主义的语言和无神论的精神表达了自古以来人类对不朽——人类及其天才的不朽——的渴望后,继续写道,27年来,他的生命已经显示出充分的意义:他为社会主义而生;他没有浪费过哪怕一天的生命,即使在监狱中他也充分利用每一天进行学习,准备未来的战斗。但现在他的生命已经毫无意义了;他的责任就是离开人世。托洛茨基被开除出党以及党对此麻木不仁是对他的最后打击。倘若他身体健康,他一定站在反对派行列中继续斗争下去。但是,也许他的自杀"与你们被开除出党相比只是小事一桩"(而且是"对那些人的一种抗议姿态,他们使党陷于如此境地,使它不能对这类畸形事情作出任何反应")。——也许他的自杀有助于唤醒党注意热月政变的危险。他担心党觉醒的时刻尚未到来——然而,他的死毕竟要比他的生更有用。

越飞极为谦虚地回忆了他跟托洛茨基的长期友谊和共同工作,请求原谅他"借此悲剧发生之际"告诉托洛茨基他所看到的托洛茨基的弱点所在。他早就想告诉他这一点了,但总下不了决心。他从未怀疑过托洛茨基从1905年以来在政治上一直是正确的。他曾听到列宁亲口说起这一点,列宁还承认,在当年争论不断革命论时,对的不是列宁自己,而是托洛茨基。"人之将死,其言也真,现在我再一次重提这件事。"① "但我总觉得您缺少列宁那种在原则问题上

---

① 托洛茨基在自传里写道,越飞多次打算公布他同列宁的谈话和列宁的自责,但托洛茨基劝阻了他,因为他唯恐越飞会遭到攻击,那将会完全毁了他的健康。越飞的这封信证实了这一点。信的全文存放在托洛茨基档案中。

不屈不挠、寸步不让的精神。只要列宁认定是正确的路线，即使只剩下他一个人他也要坚持下去。但是您往往为了满足您所过高评价的协议、妥协的需要而放弃您的正确立场。"因此，在他的最后遗言中，他希望托洛茨基能在自己身上找到那股"百折不挠的力量"，这力量将有助于他们的共同事业取得最后的胜利，哪怕这胜利会被拖延。

这番批评发自一位临终友人心底的忠诚和热爱，不能不使托洛茨基深受感动：在他的余生中，他将几乎完全孤军奋战，"百折不挠，坚定不移"。但是，越飞的自杀在政治上并没有产生丝毫作用。他的信没有公布——格别乌甚至曾想把这封信瞒过托洛茨基，而托洛茨基几乎是把信从他们手里夺过来的。越飞自杀这件事在反对派队伍里引起了消极情绪；它被看做是一桩绝望的行为。托洛茨基担心越飞的例子会有传染性。自1923年反对派失败后，它的好几个支持者已经付出了生命——尤金·博什，乌克兰内战时期的传奇式女英雄；卢托维诺夫，杰出的工会工作者和工人反对派中的老战士；格拉兹曼，托洛茨基的一位秘书。值此反对派正遭到空前残酷的打击并且看不清前途的时候，此事更可能引发一场惊慌。只是当越飞的信在反对派内部流传开后，他当初意欲赋予他自杀的那种意义才更为人们所理解；这件事也就被看做是忠诚而不是绝望的行为了。①

11月19日，以托洛茨基、拉柯夫斯基和伊万·斯米尔诺夫为前导的长长的送葬行伍护送着越飞的灵柩，穿过莫斯科的大街和广场向市郊新圣母修道院的墓地进发。这天恰好是普通工作日的午后——当局有意将葬礼安排在这个时候，以便不引人注意；但是好几千人加入到送葬行列中，唱着挽歌和革命歌曲行进。中央委员会和外交人民委员部的代表同反对派成员混在一起——他们急于掩盖丑闻，只得前来向他们死去了的敌人表示官方的悼念。当送葬队伍到达新圣母修道院（彼得大帝就把他的姐姐索菲娅软禁在这里，并下令把她数百个亲信杀死在牢房的窗户下面）时，警察和格别乌竭力要将送葬队伍挡在墓地外面。人群强行闯进了墓地小径，并聚集在墓穴四周。他们对站出来致辞的官方代表报以愤怒的低声抗议。接着是托洛茨基和拉柯夫斯基讲话。托洛茨基说："越飞离开我们了，并不是因为他不想战斗下去了，而是因为他已经没有战斗下去的体力了。他害怕使自己成为那些进行斗争的人们的负担。他的一

---

① 根据越飞的授权，托洛茨基在散发的传阅文本中删去了对反对派当前前途表现出一定的悲观主义的一些段落。

生——并非他的自杀——为后来的人树立了一个榜样。斗争还在继续。人人都要坚守自己的岗位。谁也不得离开。"

这次集会是在被俄国可怕的历史幽灵缠住的墓地举行的；这是反对派最后一次公开集会和示威。这也是托洛茨基在俄国最后一次公开露面——他那在墓地上回响、号召勇敢斗争的声音也是他最后一次公开演说。①

*　　*　　*

"人人都要坚守自己的岗位！谁也不得离开！"——在最艰难的内战岁月里，这样的话多少次出现在托洛茨基的军令里；这样的话多少次使那溃不成军、士气低落的师团重新投入战斗，直到取得最后的胜利！而现在这些话已经失去了威力。季诺维也夫、加米涅夫以及他们的追随者正在"离开自己的岗位"，并已绝望地筹划撤退的后路了。还在越飞葬礼的前夕，莫斯科就盛传着他们要向斯大林投降的流言蜚语。在标明写于11月18日的笔记里，托洛茨基否定了这些谣传，声明说斯大林抛出这些谣言是为了造成反对派的混乱。托洛茨基再一次坚持认为，镇压只会有利于反对派；他警告他的追随者，他们必须继续将自己看做是党的一员，哪怕开除和坐牢也不能成为他们另组新党的理由。季诺维也夫和加米涅夫回答说，如若反对派接受开除，那就不可避免地，甚至不以它的意志为转移地将自己组成一个新党了。因此，他们必须不惜一切地达到撤销开除的目的。他们说："列夫·达维多维奇，我们必须具有投降勇气的时刻来到了。"托洛茨基回答："如果这种勇气——投降的勇气就是所需要的一切，那么世界革命早就胜利了。"② 但不管怎样，他们仍然同意给即将于12月初召开的代表大会递交一份联合声明。在这份由121名反对派成员签署的声明书中，他们宣称不能放弃自己的观点，但也认识到，这种分裂将导致两个党之间的斗争，是"对列宁事业最严重的威胁"；对于已经发生的事情，

---

① 悼念越飞的演说和讣告均存于托洛茨基档案。目睹了这一幕的路易·费舍写道，葬礼结束后，"所有的人都涌向托洛茨基，向他欢呼。他呼吁群众各自回家，但他们不肯走，托洛茨基久久不能离开墓地。最后，一批年轻人手臂挽着手臂相向而立，组成两堵人墙，留下一条狭窄的走廊，好让托洛茨基走向出口。"但是蜂拥的人群挤进了那条走廊，而这时托洛茨基独自一人在墓地的一个小棚里等待着；"……他没有一刻静静地站着，而是像一只踱步的老虎来回走动着。……我站得很近，明确感到他在担心暗杀。"路易·费舍：《人与政治》，第94页。

② 塞尔日：《阴暗的转折》，第149页。

反对派愿意承担自己的一份责任,但不是主要的责任;党内争论的方式必须改变;反对派准备再次解散自己的组织,并呼吁代表大会让被开除和被逮捕的反对派成员复出。

很显然,代表大会将断然拒绝这个呼吁,也不会同意撤销开除。联合反对派必将由此解体,它的两个组成部分将分道扬镳。

大会进行了三个星期;而且完全集中于分裂问题。反对派的代表一概没有投票权。托洛茨基没有出席大会,甚至都没有邀请他到会为他个人被开除申辩。代表大会一致宣布,反对派所表达的观点跟党员的身份不相容。拉柯夫斯基试图解释反对派的立场;但是他被赶下了主席台。然后,代表们既惊讶又好笑地听着加米涅夫感伤地描述反对派的窘境。他说,他和同志们现在进退两难;要么他们必须组成第二个党——但这样将"损害革命事业"并导致"政治上的堕落",要么他们必须"在激烈而又顽强的斗争之后"宣告"完全彻底地向党投降"。他们选择了投降——就是说,他们同意不再对官方政策发表任何批评意见——因为他们"深信正确的列宁主义政策只能在党内并通过党才能得到保证,而不是在党外或撇开党才能得到保证"。因此,他们愿意服从和执行代表大会的一切决议,不管这些决议如何严厉。①

在将自己和同志们交付给代表大会的仁慈宽厚并且跪下之后,加米涅夫又想在半路停下来。他说,投降的反对派是作为布尔什维克那样行动的;但若要他们也放弃自己的观点,他们就不是作为布尔什维克那样行动了。他断言,以前党内没有任何一个人被要求这样做;但他忘记了,他和季诺维也夫在1924年就曾要求托洛茨基这样做。"如果我们必须放弃一两个星期前我们所拥护的主张,那么在我们这方面来说就是虚伪的,你们也不会相信我们。"他又作了一次绝望的尝试,想要挽回投降者的尊严,于是他请求释放被关押的托洛茨基主义者,他说:"如果像姆拉奇科夫斯基这样的人还在狱中,而我们却是自由的,这种情况是无法忍受的。我们曾和这些同志并肩战斗。我们为他们的一切言行负责。"因此,他乞求党的代表大会给所有的反对派成员一次机会,使他们能对所发生的事情有所补救。"我们恳求你们,如果你们希望这次大会……作为一次妥协的大会载入史册:那就向我们伸出你们的援助之手吧。"②

一星期之后,联合反对派就解体了。12月10日,季诺维也夫派和托洛茨

---

① 《联共(布)第十五次代表大会》,第245—246页。
② 同上,第248页。

第五章 决战阶段：1926—1927年

基派分道扬镳，用不同的声音说话了。加米涅夫、巴卡耶夫和叶夫多基莫夫代表前者宣布接受代表大会通过的所有决议。同一天，拉柯夫斯基、拉狄克和穆拉洛夫声明说，尽管他们也同意季诺维也夫派所谓"保持一党制的绝对必要"，但不管怎样，他们拒绝服从代表大会通过的决议；"对我们来说，如果我们不再在党内坚持自己的观点，就等于宣布放弃这些观点。"如果同意这样做，"我们就是放弃自己对党、对工人阶级最起码的责任"。①

季诺维也夫及其追随者实际上在重复托洛茨基1924年说过的话——党是"保障十月革命成果"的唯一力量，是"历史进步的唯一工具"，以及"没有人反对党而会是正确的"。正是这种信念把他们引向投降。相反，托洛茨基和他的追随者现在却坚信他们"反对党这一行为是正确的"；但是当他们决定斗争下去时，却认为他们的斗争并不是反对党，而是为了党——为了把党从它自身或毋宁说从它的官僚集团下挽救出来。实际上，托洛茨基和季诺维也夫两人都是在做办不到的事，只是各人所采取的方法不同而已。季诺维也夫派希望留在党内，这样一俟条件许可他们就能把党"改造"过来；而托洛茨基派则坚信这只有在党外才能做到。双方都重复着同样的话：任何一种建立新党的企图对革命来说都是一场灾难；双方都含蓄地承认，在他们看来，工人阶级在政治上还不成熟，不可能依赖它支持两个共产党；因此，号召工人阶级反对党的官僚集团目前是徒劳的，官僚集团尽管有其错误和罪恶，但仍然是无产阶级利益的捍卫者、革命的受托人、社会主义的代表。若说他们以前不是这样想的，那么托洛茨基和季诺维也夫一谈到"另一个党"就会感到的那种恐惧就无法解释了，甚至是荒唐可笑的了。相反，在那种情况下他们就会认为建立另一个党对于他们来说是义不容辞的。由于反对派承认——即使是含糊的并有重大保留——自己的敌人是无产阶级专政的捍卫者和受托人，因此与他们发生冲突，反对派就陷入了矛盾之中。季诺维也夫听凭自己的良心，企图以接受当权派的专政来解决这个矛盾。而托洛茨基则坚信当权派充当革命捍卫者不会太久了，他也听凭自己良心的驱使，认为自我否定将一无所获。

就在他的周围，联合反对派分崩离析了，被开除者成倍增长，好几千反对派成员投降了；但托洛茨基仍然刚毅不屈，对这两个"死魂灵"——季诺维也夫和加米涅夫——充满蔑视，并预言说，他们必将从投降走向投降，从耻辱

---

① 《联共（布）第十五次代表大会》，第1286—1287页。

走向耻辱,而且一次比一次更糟糕。当权派现在沉浸在胜利的狂欢中。他们欣喜若狂,因为直到最后一刻他们还不敢肯定斯大林是否真能诱使反对派投降。当季诺维也夫和加米涅夫刚一宣布投降,当权派立即宣称不接受投降,投降者必须彻底批驳自己的观点并认错。季诺维也夫和加米涅夫起初深信不疑,只要他们同意不再提出自己的观点就可以官复原职。而现在他们同意这样做后却又被告知他们的沉默是对党的侮辱和挑战。加里宁在代表大会上说:"同志们,对于那种一面宣布不再鼓吹自己的观点、一面仍坚持这种观点是正确的人……工人阶级会怎么想呢?……要么这是存心欺骗……要么这些反对派变成了市侩庸人,把观点隐瞒起来不捍卫它们。"① 说实在的,当权派担心,如果季诺维也夫和加米涅夫刚一宣布投降他们就接受,那就太没有面子了。人民将奇怪,这是一个什么样的党,允许党员坚持某种观点而又不允许他们表达出来?胜利者不能在半途停下来。为了保住刚夺得的阵地,他们必须乘胜追击,把失败了的敌人驱赶得更远。代表大会在禁止反对派发表异端邪说之后,还必须禁止他们哪怕以沉默来表明立场;剥夺了他们的声音之后,还必须剥夺他们的思想;而且还得再将声音还给他们一次,好让他们用来宣布抛弃自己的思想。

下一周尽是在条件问题上讨价还价,这也是季诺维也夫派在陷阱里越陷越深而拼命挣扎的一周。他们的第一次投降不能半途而废。为了保住投降的意义和得到他们所希望得到的东西,他们又跌向新的投降。12月18日,季诺维也夫和加米涅夫回来敲代表大会的大门,说他们宣告自己的意见是"错误的、反列宁主义的"。据说,布哈林用这样一些话来款待他们:"很好,你们终于下了决心——这是最后的时刻——历史的铁幕正徐徐落下。"——我们可以补充说,这历史的铁幕也将把布哈林压成齑粉。布哈林看到季诺维也夫和加米涅夫回头并屈服,无疑是十分欣慰的,因为他曾跟当权派中某些成员一样忧心忡忡:假如季诺维也夫、加米涅夫不肯悔过,重又跟托洛茨基携起手来,那怎么办?甚至代表中央监察委员会提出报告并推出开除动议的奥尔忠尼启则也表示了不安,他说,镇压措施所打击的人"曾为我们的党作出很大贡献,在我们的队伍内战斗了许多年"。但是斯大林和多数派陶醉于胜利的狂欢中,继续痛打落水狗,甚至在他们悔过之后也拒绝恢复他们的党籍。历史最喜欢捉弄人,正是李可夫——有一天他也将遭受到和季诺维也夫与加米涅夫同样的命运——

---

① 《联共(布)第十五次代表大会》,第1211页。

出来看到他们等在门口，就当着他们的面把门砰地关上了。他告诉他们，恢复党籍是不可能的，至少要留党察看六个月后，中央委员会才能决定是否恢复他们的党籍。

季诺维也夫派的投降变节使托洛茨基及其追随者陷入了孤立。这使许多良心麻木的斯大林派成员和布哈林派成员大感宽慰，他们从中看到了斯大林的做法最终被证明是正确的。他们回顾道，无疑托洛茨基是绝对错误的，连他以前的同盟者都背转身来抛弃了他。全党和全国人民的目光都在注视着代表大会和在那里发生的惊人的投降景象；他们并不十分关心哪部分反对派没有卷入这一幕。托洛茨基派自己也懵了。他们最终与党决裂了这种意识压倒了他们。他们不相信地看着在他们与季诺维也夫派之间展开的那条鸿沟。他们在思索他们的行动是否太鲁莽了：他们应该进行那种半秘密的宣传吗？他们应该在11月7日"向群众呼吁"吗？他们应该加速分裂吗？这些疑虑促使他们接受了开除裁决，同时又无休止地和亢奋地宣称他们对党始终如一的忠诚。少数人在步季诺维也夫派的后尘；另一些人在动摇。多数人仍然面对迫害坚持战斗。但是谁也不知道到底谁是"投降者"。代表大会之后，当即有1500名反对派成员被开除出党，2500名在悔过书上签了名。① 但是，在那些签名者中，有少数人因为看到一次投降导致了另一次投降而又退出了；而在拒绝签名者中，也有些人因为遭受到进一步的威胁、利诱和劝说而动摇了。这一部分人把另一部分人看做是工贼或叛徒。由于这两部分人混杂在一起，没有泾渭分明的界限，因而混乱和猜疑笼罩着原先的整个联合反对派。

托洛茨基看出季诺维也夫的投降是徒劳的，从而更坚信他选择的道路是正确的。他狂热地工作着，把自己的信念灌输给气馁的追随者们。他向他们指出，任何谨小慎微、因循拖延的行为都不能挽救他们，斯大林总会找到开除他们的借口。重要的问题是把立场坚定的人集合起来，在他们与变节者之间划一道鲜明的分界线，要避免模棱两可的态度，要把分裂的原因向当代人和后代人讲清楚。尤其是反对派再也不能像以前那样工作了——它从此必须"进入地下"，去探索它的各小组之间新的接触形式，寻找新的工作方法，建立跟国外志同道合者的联系。

这些事都来不及做了。还在1927年末，斯大林就开始策划将反对派驱逐

---

① 波波夫：《联共（布）党史纲要》第2卷，第327页。

出境。但这位未来冷酷无情的血腥清洗大师当时还十分在乎自己的声誉,不愿被人抓住把柄,以便为自己塑造良好的形象。他竭力避免因公开使用暴力流放而引起的麻烦,所以他把放逐政敌安排得好像是他们主动离开似的。斯大林通过中央委员会建议让托洛茨基派的主要成员担任这一幅员辽阔国家边远地区的行政机构的次要职务:托洛茨基将"自愿"前往阿斯特拉罕。1928年1月初,拉柯夫斯基和拉狄克受反对派的委托,就这些建议与奥尔忠尼启则进行了激烈的交涉。拉狄克和拉柯夫斯基反对把托洛茨基派往阿斯特拉罕的任命,说托洛茨基饱受疟疾折磨的身体经受不住里海港口潮湿炎热的气候。这场游戏最后以托洛茨基及其朋友的声明而结束,他们声称,他们准备接受外省的任何职务,只要这不只是流放的借口,而且,只要这些任命能确保被任命者及其家属的健康与安全,反对派将同意接受任何任命。①

1月3日,当争论还在继续中,格别乌传讯托洛茨基。他对传讯没有理睬。闹剧就要收场了。几天以后,即1月12日,格别乌通知托洛茨基,根据有关惩罚反革命活动的刑法第58条,他将被流放到离中国边境不远的哈萨克斯坦的阿拉木图。定于1月16日起程将他押往流放地。

有两位作者叙述了托洛茨基在莫斯科最后几天的情况,其中一位是旁观者,而另一位是托洛茨基主义者。1月15日,《柏林日报》记者保罗·舍费尔采访了托洛茨基。据他"粗略的观察",没有发现任何迹象表明托洛茨基处于警察的监视之下(可以断定,这位德国记者在观察这类事情上没有经验)。他在托洛茨基的住宅里察觉到激动不安的情绪,那儿往来的人不断,被发往流放地的人行期将近,他们正在为这次远行整理行装。"在所有的走廊和过道里都放着一堆堆的书籍,这无数的书籍是革命者的食粮,正如公牛血是斯巴达人的食粮一样。"在这样的背景下他描绘了托洛茨基本人,"此人中等偏下身材,皮肤细腻,面色略微发黄,一双不大的蓝眼睛时而非常友好,时而放射出火一样的光芒,显示出他'心灵的力量'。生动的大脸庞'反映出他的精神力量及崇高的精神境界',嘴小得与脸不成比例。他的手像女人的手那样纤细柔软。""这个人,他创建了军队,把自己的热情灌输到阶级意识尚不够强的工人农民之中,把他们提高到一个远远高于他们原来的水平之上。……但乍一看,他

---

① 关于这次"交涉"的说明,可参阅托洛茨基本人或他的一位朋友1928年初给中央监察委员会和政治局的一封信。

却显得腼腆，甚至还有几分茫然失措……也许正因为如此，他的魅力才如此之大。"

在整个谈话过程中，托洛茨基尽管彬彬有礼，却始终十分谨慎。面对这位资产阶级记者，他在谈到国内问题时非常克制。他对自己的政敌一字未提，没有一句怨言，也没有一条争论性的意见。在交谈中，涉及内政方面的话题仅有一次，当时这位记者指出了劳合·乔治的预言——"托洛茨基的拿破仑之路"。这是舍费尔对托洛茨基被驱逐和对他的未来的计划等方面最明确的暗示了。但是，托洛茨基抓住了这一比喻的另一面。他冷笑着回答说："我竟然成了结束革命的人，这个看法真荒唐，这不是劳合·乔治的第一个错误。"值得注意的是，与拿破仑的比较使托洛茨基想到的不是他们两人都被流放的命运之间显而易见的表面的相似，而是他极力反对的热月政变继承者波拿巴主义的政治思想。对他来说，一般问题要高于个人问题。（舍费尔指出："你要永远记住，这个人首先并主要是位战士。"）他主要讲了欧洲资本主义的没落及欧洲的革命前途，和以往一样，他总是把布尔什维克俄国与欧洲革命的前途紧密联系在一起。"在交谈中，托洛茨基很快放弃了交谈时用的声调，变成了演讲者，并提高了嗓门"，他以"优美潇洒的手势"描绘世界革命曲线的起落。谈话被一位正巧当夜将赴流放地的同志打断，他来问他是否能为托洛茨基做点儿什么。"托洛茨基那张蓄着短唇须的脸上现出愉快的皱纹：'您今天晚上就要踏上旅途，不是吗？'这个喜欢辩论和嘲讽的人不放过可以展示这些特点的机会。……这个坚定不移的人始终保持着他的幽默感。"在分手时，他邀请舍费尔到阿拉木图去拜访他。①

与舍费尔不同，塞尔日描绘了处于包围中的托洛茨基，"他被同志们白日黑夜地守护着，而他们自己又受到特务们的监视"。骑着摩托车的格别乌特务们记下了出入这里的每一辆汽车。

> 我从后楼梯上楼。……他坐在一间屋子里工作，窗户对着院子，屋子里只有一张折叠床和一张桌子。我们满怀尊重和热爱之心称他为"老头儿"，就像我们当初称呼列宁一样。……他身穿一件旧毛衣，朝气蓬勃、庄重威严，一头几乎全然灰白的浓密头发，虽面带病容，但他在这间小笼

---

① P. 舍费尔：《苏联七年》，第158—161页。

子里却十分活跃。在隔壁房间里,人们正在打印他刚刚口授的电报。他在餐厅里接待全国各地来的同志。他在频繁的电话铃声中与他们匆匆交谈。所有的人都可能随时被捕——但到底是什么时候?谁也不知道……所有的人都抓紧利用这最后时刻,因为这无疑是最后的时刻。①

1月16日,托洛茨基忙着开会、发指示并作临行前的最后准备。辞行的人络绎不绝,这是忙乱不堪的一天。起程的时间定于当晚10点。傍晚,疲惫不堪的全家人坐在一起,紧张地等待着格别乌特务的到来。指定的时间已过,他们却没来。大家纷纷猜测,但谁也猜不出所以然来。最后,格别乌电话通知托洛茨基推迟两天出发,没有说明原因。拉柯夫斯基及其他朋友的到来打断了新的猜测。他们都十分激动。他们是从车站来的。那里聚集了几千人来与托洛茨基道别,在他应乘坐的列车旁边发起了一场声势浩大的示威。许多人跑到了机车前,发誓不让列车开动。警察企图把他们从铁轨上拉开并驱散人群,但当局看到示威的矛头所向,因而下令推迟放逐。反对派庆贺胜利,决定两天后再次示威。但是格别乌决定对反对派进行突然袭击:悄悄地把它的领袖逐出莫斯科。它计划先把他带到另一个车站,从那里再送到莫斯科附近的一个小站,然后让他换乘开往中亚的火车。格别乌通知托洛茨基,让他做好1月18日启程的准备,但1月17日格别乌的特务就来押解托洛茨基了。奇怪的是,这一天托洛茨基一派的人并没有守护这所住宅。因此在格别乌的工作人员到来时这里只有托洛茨基和他的妻子、两个儿子,还有两位妇女,其中一位是越飞的遗孀。②

接下来的场面极具悲喜剧性。托洛茨基把自己反锁在屋里,不让格别乌工作人员入内。这是消极反抗的标志,以前他总是以这种方法对付企图逮捕他的各类警察。托洛茨基隔着紧闭的门与指挥这支队伍的军官谈判。最后,军官命令破门,特务们闯进屋里。由于种种机缘的巧合,奉命逮捕托洛茨基的军官竟是内战时期托洛茨基的军用专列上的一名警卫。在过去的首长面前,他失去了自制力,绝望地嘟哝着:"打死我吧,托洛茨基同志,打死我吧。"托洛茨基尽一切可能来安慰逮捕他的人,并劝他执行命令。然后,托洛茨基再次采取不服从的姿态,拒绝穿戴。武装特务脱下了他的便鞋,给他穿上衣服。由于他拒

---

① 塞尔日:《阴暗的转折》,第155页。
② 托洛茨基:《我的生平》第2卷,第287页。

绝跟他们走,于是在跟在后面的家人和越飞遗孀的哭喊声中被他们架下了楼梯。除了几位身居高位的邻居及他们的妻子之外,这一场面没有其他见证人。这些邻居听到了楼梯上的喧闹声,便打开门,瞅了一眼就马上害怕地缩了回去。

1928年,拥有众多读者的法国画刊《小报》(*Le Petit Journal*)头版刊登了一幅托洛茨基流放阿拉木图的漫画,标题为"在红色天国里"

流放者及其一家人被扔进一辆警察局的卡车,于是它载着十月革命的领导人、红军的奠基人,神不知鬼不觉地在光天化日之下疾驰过莫斯科的街道,把他带到喀山火车站。由于托洛茨基拒绝上火车,押送人员便把他拖上一节孤零零地停在备用线上的车厢里,车站被团团包围,所有的旅客都被赶走了,附近只有几个铁路工人。被驱逐者的家属跟在押送人员后面。小儿子谢尔盖和格别乌的一个工作人员动手厮打起来,长子廖瓦试图打动铁路工人,他高声喊道:"同志们,看啊,看啊,他们要抓走托洛茨基同志!"工人们却冷眼看着这一场面。没有一声惊叫,连低声抗议也听不到。

* * *

从年轻的托洛茨基第一次见到莫斯科的城墙与钟楼至今,已有 30 年了。那是在他从敖德萨监狱被押往西伯利亚流放地的路上,他隔着囚车的铁栅栏看了这座"历代沙皇的庄园、未来的共产国际的首都"第一眼。现在他隔着同样的铁栅栏又看了莫斯科——这座他胜利和失败的城市——最后一眼,他再也不能回到这里了。他初次来到莫斯科时是一位受迫害的革命者,离开时仍是如此。

第六章 阿拉木图一年

在离莫斯科约有50公里的一个小站上，托洛茨基及其家人乘坐的那节车厢被挂到开往中亚的列车上，载着他们离开了首都。谢尔盖想继续学习，就下了火车返回莫斯科。患病的妻子谢多娃和廖瓦陪伴着托洛茨基前往流放地。押送他们的12名押送人员在车厢过道里通过半掩着的包厢门监视他们。托洛茨基和妻子躺在包厢的木制长凳上，包厢昏暗，烛光摇曳。押送队的长官就是逮捕托洛茨基的那位军官，他在这辆列车上出现，好像是对另一辆名满天下列车的荒谬提示，那就是作为野战司令部的革命军事委员会主席专列，这位军官当年曾在那辆专列上当过托洛茨基的警卫员。谢多娃回忆说："近几天来的种种意外、动荡不安和紧张使我们疲惫不堪，现在正好休息。"托洛茨基躺在阴暗的包厢中，看着广漠无垠的白茫茫的原野，列车正穿过它驶向东方，他开始使自己的思想去适应新环境。他就这样从那活生生的世界及其种种诱惑中被连根拔出，脱离了他的工作和斗争，与他的战友们彻底隔绝。今后还会出现什么情况？怎么办？他试图在日记中写下简短的札记或抗议信，但他发现手边没有"文具"，这使他多少有些吃惊。这种情况他以前从来没有遇到过，甚至在1907年那次极其危险的从遥远的北方逃亡时也不例外。现在他身边危机四伏，他甚至都不知道是否真的把他流放到阿拉木图。危险是对他的挑战，激起了他的反抗精神。他对妻子说，现在对他来说，在克里姆林宫舒适床上的庸人之死的威胁至少不存在了。

第二天，列车在萨马拉停车时，托洛茨基给加里宁和明仁斯基发了一份电报表示抗议，他说，在其漫长的革命活动生涯中还没有一个资本主义国家的警察像格别乌这样狡猾和不守信义地对待过他，格别乌绑架他，却不告诉他要把他押往何方，迫使他在没有换洗衬衫、没有最必需的生活用品、没有为患病的妻子带药的情况下上了路。① 押送人员对他倒很客气，甚至还很友好，正如1907年押送这位被判处流放的彼得堡苏维埃领导人的沙俄士兵一样。在途中，他们为托洛茨基一家买了毛巾、肥皂等物，并为他们从车站小卖部买饭。他们的囚徒仍能唤起他们的敬畏之情，正如旧制度下一个被驱逐出境的大公也可能受到押送人员的礼遇一样，因为他们拿不准他是否还会很快东山再起。当列车进入哈萨克斯坦境内时，押送队的长官请犯人给他一份受到礼遇的证明。② 在途中，托洛茨基的两位忠诚的秘书谢尔穆克斯（Сермукс）和波兹南斯基（Поцнанский）乘上了这趟列车，希望能瞒过格别乌。这些插曲为单调的旅途生活增添了某些乐趣。

乘火车的旅途到皮什佩克—伏龙芝市③为止，离阿拉木图大约还有250公里。这段路只能乘汽车、卡车、雪橇，有时还要徒步翻过冰封雪盖、狂风怒号的山口，穿过高高的雪堆形成的深沟，在荒原上无人居住的简陋的破房子里过夜。经过一个星期的行程，托洛茨基一家终于在1月25日凌晨3点到达了阿拉木图。流放者及其家属被安排住进了果戈理大街的"七河旅馆"。这家旅馆可以追溯到"果戈理时代"，那位伟大讽刺作家的精神仍主宰着这家旅馆，托洛茨基对阿拉木图的许多观察描述和他写的抗议书信、电报的风格显然是受了它的影响。

在20年代末，阿拉木图还是一座纯东方式的小城镇。虽然它以其茂盛的果园和葡萄园而著称，但仍是贫穷、闭塞的吉尔吉斯④草原上的一个死气沉沉的地方。这里经常遭受地震、水灾之害，冬天狂风怒号，夏天酷热难忍，文明的足迹还未来到这里。热浪吹得飞沙走石，疟疾和牲畜瘟疫肆虐。这座小城镇将要发展成哈萨克斯坦的首府，但在当时，加盟共和国的行政机构刚刚兴建，官员们征用了所有的好房子，而贫民居住区人满为患。"在市中心的集市上，吉尔吉斯人在泥泞中和商店的台阶上晒太阳，抓虱子。"⑤ 这里还有麻风病。托洛茨基在阿拉木图度过的那一年夏天，牲畜瘟疫流行，疯狗满街乱跑。

---

① 托洛茨基档案。
② 证明文本，见托洛茨基档案。
③ 皮什佩克市刚被命名为伏龙芝市，伏龙芝继托洛茨基之后任陆海军人民委员。
④ 参照俄译本，此处应是哈萨克草原。——译者注
⑤ 托洛茨基：《我的生平》第2卷，第296页。

第六章 阿拉木图一年

1928年,初到阿拉木图的托洛茨基

这一年阿拉木图经常闹粮荒,生活更加艰难。在托洛茨基到达这里后的头几个月中,面包价格涨了3倍。市里有数的几家面包店外面排起了长队,其他食物更少。对阿拉木图的供给还未走上正轨,邮政工作更不正常,当地苏维埃机构试图借助私人力量来改善邮政传递工作。在从托洛茨基信中摘取的下述片断中把该市阴暗的局面、地方当局的软弱无力、愚昧无知刻画得淋漓尽致:"不久前当地一家报纸报道:'在粮食源源不断地运往本市时,断粮的流言却在城里流传。'正如报上报道的那样,粮食确实在源源运来,可流言仍在散布。疟疾横行,粮食却不能发挥作用。"

这就是托洛茨基要呆的地方。斯大林千方百计使他远离莫斯科,让他听天由命。托洛茨基的两位秘书都被逮捕了:一个是在从莫斯科赴阿拉木图的途中,另一个是在阿拉木图,然后他们被流放到别的地方。不过,看来斯大林对其政敌暂时还没有新的打算,格别乌对托洛茨基仍十分尊重,这在后来是不可思议的。格别乌费了不少劲儿把托洛茨基那些数量可观的藏书和档案材料从莫斯科给他运来,其中有许多重要的国家和党的文献。书籍和档案装了满满一卡车运到了阿拉木图。托洛茨基因居住条件不好而向加里宁、奥尔忠尼启则和明仁斯基提出抗议,要求给他更好的住宅,要求给他打猎的权利,甚至要求把他的爱犬从莫斯科送来。他抱怨说,让他住在果戈理大街的旅馆中只是为了格别乌的方便,流放实际上变成了监禁。"你们同样可以把我关在莫斯科的监狱里,用不着把我发配到4000俄里之遥的地方。"① 抗议起了作用,他在到达阿拉木图三个星期后,在市中心的克拉辛大街75号楼中得到了一套四居室的住宅。街道的名称是为了纪念他那位已逝的朋友。他还获得了打猎的权利。他仍不断地往莫斯科打去冷嘲热讽的电报,提出种种要求,其中有些是严肃的,有些是鸡毛蒜皮的小事。他把原则性的辩论与琐碎的纠缠混在一起,在给朋友的信中写道:"我那亲爱的玛雅(他的爱犬)根本想不到,它现在正处于重大的政治斗争的中心。"他拒不承认自己是犯人,所以迫害他的人不得不在形式上对他客气些。

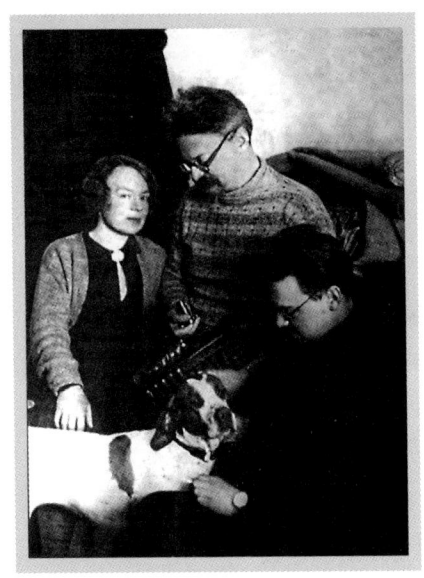

托洛茨基与娜塔利娅和廖瓦在流放阿拉木图期间

在多年不倦的工作和长期的紧张之后,托洛茨基在这里得到了休息。因此他到达阿拉木图的头几个月居然具有意想不到的奇异的田园诗般的情调。草原、群山、河流、湖泊像在童年时那样深深地吸引了他。在他的许多信中,政

---

① 摘自2月初发出的抗议信,存于托洛茨基档案。

治论点和建议往往与对风景的诗意描写以及对打猎奇遇的幽默叙述掺杂在一起。开始时，托洛茨基被禁止离开阿拉木图。后来，允许他打猎，但离开城市不得超过 25 俄里。托洛茨基给明仁斯基打电报说，他不理睬这种限制，因为在所允许的活动范围内没有适合打猎的地方，他不想打那些可怜的小动物，至少应在离开城市 70 俄里的地方狩猎。他请莫斯科据此通知当地格别乌，以免发生麻烦。他去那里狩猎了，并没有遇到麻烦。然后，他又向当地格别乌领导抗议特务们对他的明目张胆的盯梢，并声明，如果这种监视形式不是莫斯科直接规定的话，他将"怠工"，并停止打猎；如果是莫斯科的指示，在这种情况下他理解格别乌的处境，将撤回他的抗议。这样一来，对他的监视变得客气和隐蔽一些了。

托洛茨基来到这里后不久就开始狩猎，在春季野生动物沿伊犁河迁徙时期，他的狩猎始终未断。有几次狩猎活动长达十天，尽管这样的打猎极为艰苦，却给了他休息的机会。在写给朋友的信中，他不无骄傲地讲述了他打猎的成果。起初他在当地人的粘土茅舍的地上或蚊蝇乱飞的帐篷里与十几个哈萨克人一起过夜，强忍着恶心，把不干净的水煮开沏茶。他写道："下次我将露宿，并强迫我的随行人员也露宿。"[1] 在下一次打猎时，他真是这么做的。那是在 3 月末，猎人们连续九个夜晚在严寒中露宿。有一次骑马过河时，托洛茨基还掉到了河里。收获不大，"总共只有 40 只鸭子"。他在给朋友的信中写道："诚然，在远处巴尔拉什湖狩猎更好，那里不仅有豹，甚至还有老虎，但我决定与老虎签订互不侵犯条约。""我全身心地享受着这短暂的野蛮生活……连续九晚露宿，没有洗涮、穿衣脱衣的必要，吃在水桶里煮的羊肉，从马上掉进河里（那是这些天中唯一一次脱了衣服），在水中的圆木上，在乱石中，在芦苇丛中度过几个白天和黑夜，这也是难得经历的。"[2] 狩猎季节过去了，渔汛来临。后来，连娜塔利娅都加入了捕鱼者的行列。但他们捕鱼与当地人在周末懒洋洋地用渔具捕鱼的消遣完全不同，因为每次捕鱼之行都是一项长期艰苦的工作，需要几只大船，而且要重载，还要精心策划。

---

[1] 摘自托洛茨基档案。
[2] 摘自托洛茨基档案中一封写于 1928 年 4 月 1 日的信，未注明收信人。

被解除武装的先知：托洛茨基 1921—1929

托洛茨基展示他捕到的鱼

6月初，阿拉木图刮起了热风，托洛茨基一家搬到了离城市不远的山脚下的一座别墅中。他们在一个大苹果园里租了一栋苇顶小房子。从这个小房子里可以居高临下地眺望城市。城市的一边是广袤的草原，另一边是终年积雪的连绵山峰。下大雨时，房顶哗哗地漏雨，所有的人都匆匆跑上顶楼，用水桶、罐子和煎锅接雨水。在苹果园里用木头建造了一间陋室，这是托洛茨基的办公室和工作间。很快，这里面就堆满了书籍、报纸和手稿，一台旧打字机的嗒嗒声响彻了整个苹果园。托洛茨基坐在办公桌前，看到一棵从地板缝中长出的灌木，这株灌木很快就长到了齐膝盖高。这一切都表明他在这里的"临时性"，不过，总算找到了摆脱城市喧闹的避难所。在城里，人们正在追赶射杀疯狗，扬起漫天尘土。在头几个月里托洛茨基和谢多娃一直饱受疟疾的折磨，靠吃"奎宁"维持生命，现在热病的发作已经停止。①

流放者不得不自己挣钱谋生。诚然，他享有官方的津贴，然而毕竟数额有限。尽管家里人口不多，家庭消费也十分简单，但津贴连购买食物都不够。国

---

① 参见托洛茨基7月14日致拉柯夫斯基的信，存于托洛茨基档案。

家出版社刚刚停止出版《托洛茨基全集》，问世的仅有13卷，还都被从书店及公共图书馆中收回了。托洛茨基却又酝酿着新的写作计划。他打算撰写有关亚洲革命的研究著作，搜集了大量有关中国和印度的参考书籍。在另一本著作中他试图总结十月革命之后俄国和世界的发展。抵达阿拉木图之后他马上起草有关反对派原则的详尽声明，该声明将提交给定于夏季召开的共产国际第六次代表大会。他的朋友们，特别是普列奥布拉任斯基，坚持要托洛茨基撰写回忆录。他于4月就开始了这一工作。他借助于南俄报纸、尼古拉耶夫市和敖德萨市的城市地图再现他的少年及青年时代，他的回忆录《我的生平》就是从回忆少年和青年时代开始的。

不过，写这些东西赚不到一分钱，因为这些著作根本不可能出版。但是，根据刑法第58条，即使是因"从事反革命活动"被流放的人仍可靠翻译、助理编辑或校对工作谋生。当他得知允许他翻译、校对马克思恩格斯著作时，他迫不及待地投入了这项工作。他的老朋友梁赞诺夫现任位于莫斯科的马克思恩格斯研究院院长，准备出版俄文版《马克思恩格斯全集》，他请托洛茨基翻译《福格特先生》一书。在这部篇幅巨大却鲜有人知的论战性著作中，马克思回

马克思恩格斯研究院院长梁赞诺夫

击了卡尔·福格特对他的诽谤和诬蔑，后来查明，这位福格特是拿破仑三世的密探。初次读到这种排炮般回击的文字，托洛茨基评论道，马克思用了几百页的篇幅来反驳福格特的指责，而现在，他这个马克思著作的译者却要用"整整一套百科全书"的篇幅来驳斥斯大林对他的诽谤和诬陷。后来，梁赞诺夫又请他校订其他译文，并请他看《马克思恩格斯全集》其他几卷校样，这些工作他也完成了。①

从托洛茨基写给梁赞诺夫的书信中可以看出他谦虚谨慎的工作态度：其中有对译文风格的详尽得近乎迂腐的批评，还有关于译文质量的详尽建议。这些书信不带丝毫政治色彩，完全是业务性的。托洛茨基在这些信中对他在苏联所能找到的唯一一项可给他带来收入的工作也没有丝毫嘲讽。梁赞诺夫付给他的稿酬保证了他一家的生活开支，也支付了他大量通信的费用。②

* * *

托洛茨基抵达阿拉木图后就努力与朋友和支持者建立联系，当时他们都与世隔绝，默默无闻地散居在全国各处。开始时这一工作只能通过正常的邮政渠道。他所处的环境也极其原始落后，能在当地搞到一支钢笔、铅笔或几张粗糙的纸或几根蜡烛，几乎都可称为功绩。廖瓦成了他的"外交部长和邮电部长"、警卫、研究助手、秘书、狩猎的组织者。在廖瓦的帮助下，信件和通告源源不断地从阿拉木图寄往全国各地。残疾的邮递员每周骑马来两到三次，每次都送来满满一袋信件和剪报，后来甚至还有国外的书籍和报纸。这些往来信件无疑都经过了格别乌的书刊检查机构的审查。绝大部分信函往来是在他与下述几个人之间进行的：流放到阿斯特拉罕的拉柯夫斯基，在托博尔斯克的拉狄克，流放到乌拉尔的普列奥布拉任斯基，住在纳雷姆的斯米尔加，流放到北至科米共和国乌斯季库洛姆的别洛博罗多夫，住在中亚地区谢米巴拉廷斯克的谢列布里亚科夫，在塔拉的穆拉洛夫，在亚美尼亚新巴泽塔的伊万·斯米尔诺夫和在沃罗涅日的姆拉奇科夫斯基。托洛茨基还与其他流放者通信，但不如与上

---

① 托洛茨基在一封信中提到，他还翻译了托马斯·霍奇金的《英国的乌托邦社会主义》。
② 自1928年4月到10月间，托洛茨基共发出800多封政治信函，其中许多封的篇幅如同论文，还发出550封电报，收到1000封来信、700封电报，私人信件还不算在内。

述这些人频繁。就在这一年的晚些时候，他告诉索斯诺夫斯基①说，他与西伯利亚和中亚的主要流放区都保持着不同程度的定期联系，如巴尔瑙尔、卡缅斯克、米努辛斯克、托姆斯克、卡巴尔舍夫、叶尼塞斯克、新西伯利亚、坎斯克、阿钦斯基、阿克纠宾斯克、塔什干、撒马尔罕等等，他通过拉柯夫斯基与俄国欧洲部分的流放地保持联系，后者在阿斯特拉罕负责伏尔加河南部流域的反对派中心的工作；他通过在沃罗涅日的姆拉奇科夫斯基与北方流放点联系。通讯和通报在主要的流放地复制，再转寄到次要的流放地。从4月起，在阿拉木图与莫斯科之间建立了秘密的邮递联系，每隔两三个星期传送或转交一次信件。

通过这种方式，人数和规模不断壮大的反对派建立起了自己的有其紧张政治生活的共同体。托洛茨基是被流放的反对派的鼓舞者、组织者和象征。流放者的情绪很不平衡，其中一些人对所发生的一切感到震惊，另一些人则把他们遭受的迫害看成是恶作剧。显然，大多数人起初都坚信：斯大林的胜利不会长久，而且事件很快就会证明反对派的正确，它的成员将会从流放地返回，他们的远见、勇气和对马克思列宁主义的忠诚将受到赞扬。

他们的生活条件尽管是艰苦的、屈辱的，但还不那么可怕。反对派成员又恢复了他们所熟悉的革命前的生活。这些政治犯和流放犯的工作就是利用被迫赋闲期间的时间去清理自己的思想、进行学习，为有朝一日重挑直接斗争的重担或执政的职责作准备。这种环境似乎很适合于这种工作。在许多流放地都不乏有教养的人、杰出的理论家和有天分的作家。同志们就是他们精选的听众。紧张的思想交流有助于保持自律和自尊。托洛茨基从阿拉木图密切关注着这种思想交流，不断地给它鼓劲。他在写给同志们的信中援引了歌德的语录：在精神和道德方面，为保持已有的东西必须不断地重新赢得它。于是，流放地成了重要的精神活动和文字—政治活动的中心。那些有关当前事件的札记和"提纲"因其数量太大就不用说了，许多人还撰写长篇著作；拉狄克着手撰写研究列宁生平及学说的鸿篇巨作；拉柯夫斯基为圣西门作传，并研究乌托邦社会主义的起源；普列奥布拉任斯基完成了几部有关苏联经济和中世纪欧洲经济的著作；斯米尔加则著书论述布哈林及其学派；丁格尔施泰特完成了有关印度社会结构的论文；等等，等等。但是，无论这些精神活动本身多么有价值，都无

---

① 托洛茨基档案中11月7日的信。

法直接回答在流放者头脑里这个压倒一切的问题,这个问题也是事件将会重新提出的问题:下一步怎么办?

* * *

尽管是在西伯利亚或中亚这样的边远地区,冬末之前就已经感到了新的社会危机的震荡。其实危机蕴蓄已久,尚在秋季时就已到达了临界点,那时正值放逐反对派的前夕。国家的大粮库有一半已见了底,城市居民面临着饥饿的威胁,连军队的给养都不充足。面包店外排着长队,面包价格不断上涨。托洛茨基在阿拉木图看到的这种现象,在整个苏联都能看到。

但是乍看起来,农业的状况还不错。耕作的土地面积与年景最好的那些年一样多,而且连续三年丰收。但城乡"结合"再次遭到破坏,农民拒绝上缴粮食,也不愿按固定价格出售粮食。征收粮食引起骚乱,征粮人员被赶出村庄,两手空空地回到城里。农民完全没有或很少有上缴或出售自己产品的积极性,因为现在和从前一样,他们不能以此换来衣服、鞋子、农具和其他工业产品。农民要求大幅度提高粮食价格;他们为此吵闹不休,比以往任何时候都更明确地追随着富农的领导。

布哈林派与斯大林派正是在他们联手开除了托洛茨基派成员的党籍并粉碎了季诺维也夫派之时就上述问题在政治局里吵翻了脸。布哈林派主张对农村采取让步政策以安抚农民;可那时斯大林派已倾向于采取暴力对待农民,尽管还有些犹豫。在1月的第一个星期,即在放逐托洛茨基的十天前,政治局不得不对下一步粮食征购工作作出决议;无疑,正是局势引起的恐慌迫使他们急忙将托洛茨基流放。1月6日,政治局密令各级党组织要严惩那些妨碍征收粮食的农民,强行"借粮",坚决抵制提高粮价,并警惕地监视富农。指令没有取得效果,五个星期后,政治局不得不更坚决地重申这一指令,并扩大传达范围。

2月中旬,《真理报》敲起警钟:"富农抬头了!"4月下旬,中央委员会终于毫不讳言地宣称,国家正受到一场严重危机的威胁,这一威胁是由于政府财经政策未能监控的富农经济力量的增长造成的。这些术语似乎都是从托洛茨基派和季诺维也夫派那里抄来的。"由于农村进一步分化,由于富农经济比重的增长……使富农获得了对整个市场行情施加重大影响的力量。"① 然而——中央委员会宣称——党却一直对富农抑制不力。非常措施颁布了,其中规定对富农强行征税,以便降低他们的购买力;规定征收多余的谷物;规定固定粮价;最后,那些一贯对富农采取迁就态度的官员及党员要被罢免职务。但这些决议并不是对既定方针的偏离,而是为了应付突发困难而采取的非常措施。中央委员会的几个决议根本没有提到"全盘集体化",不仅没有提到,而且坚决否定了这种思想。但是,中央委员会对紧急状况的解释和对坚持危险来自富农而党未能加以抵制的说法,其实都已经表明了政策的根本改变。斯大林派在中央委员会中占了上风。在获得权力强化党的反富农措施的同时,斯大林也增强了他反对布哈林派的力量;他肆无忌惮地把他们从行政机构和党的机关的许多中下层岗位上撤掉。

被流放的托洛茨基派对这些事件的最初反应是高兴、吃惊、嘲讽,甚至欢欣鼓舞。他们问道:反对派的预言不是兑现了吗?斯大林不是被迫采取反对派捍卫的左倾方针了吗?党还不明白在过去几年的大争论中谁对谁错了吗?大多数反对派成员都庆幸万分,他们更加信心百倍地等待着把他们召回并请他们在克服当前非常局面和使布尔什维克的政策纳入新轨道的工作之中大显身手。托洛茨基在他本人的书信里也谈到了反对派的这种预见,而且表达了一种乐观的情绪,尽管他并不赞成其追随者过于乐观的期待。②

好几个星期过去了,左倾方针虽有发展,但当局对待反对派的态度却依然如故。流放地欢欣鼓舞的情绪逐渐消失,代之而起的是不安和担心。事件的转折使人对反对派的几个主要前提和预言,特别是对它对党内政治倾向的估计产生了疑问。某些托洛茨基派成员开始怀疑:我们指责斯大林为富农的保护人,在这点上我们是否正确?我们曾声称,在粉碎左派反对派之后党内平衡将受到破坏,布哈林的右派将得到加强,它将除掉斯大林中间派。我们这个预言是否正确?我们是否对党内保守分子估计过高?斯大林派不仅没有失败,而且在与右派的斗争中占了上风,那么我们对热月政变的危险所作的卡珊德拉式预言③是否有些危言耸听了?因而总的说来,我们在反对斯大林的斗争中是否走得太

---

① 《苏联共产党代表大会、代表会议和中央全会决议汇编》第2卷,第373页。
② 参见托洛茨基1928年3月5日的信,存于托洛茨基档案。他在其中谈到强加于他的失败主义的指控,因为他曾说过,在斯大林和布哈林的政策下,无论丰收和歉收都会巩固富农的地位。现在,《真理报》突然发现了富农的力量,讲到连续三年丰收时"好像在描述三次地震一样"。
③ 卡珊德拉:希腊神话中特洛亚王普里阿摩斯的女儿,预言家。——译者注

远了？

　　大多数流放者甚至不允许对他们的思想产生这种怀疑，但少数人更加固执地提出这些问题，而且每一个问题又引发了许多其他的问题，其结果导致严肃地反省反对派的纲领和行为。答案取决于反对派对待斯大林的左倾方针的严肃性的看法。斯大林的反富农行动可以看成是应急的策略性举措，它并不妨碍他重新推行亲富农政策。大多数反对派成员正是这样想的。但也有一些人相信左倾方针的严肃性，把它看成是重大转折的前奏，并对反对派的前途产生了忧虑。他们说，当党在进行反对派所号召进行的反对国内资产阶级和准资产阶级分子的危险斗争时，反对派怎能消极地袖手旁观呢？

　　反对派过去一直认为，在所有重大问题上右派都起着领导作用。软弱的、优柔寡断的斯大林派简直就像影子一样追随着右派。反对派的所有活动都建立在这一观点上，因此，斯大林对富农的第一次或初步打击就动摇了它的基础。甚至在12月里党的第十五次代表大会期间，季诺维也夫和加米涅夫就是以斯大林打算推行左倾政策为理由而宣布投降的。此后不久，皮达可夫和安东诺夫－奥弗申柯这两位重要的托洛茨基派成员步他们的后尘，宣布与托洛茨基决裂。1923年时他们是反对派最勇敢、最得力的领导人，但在后来几年的斗争中却十分消极，现在又以斯大林实施反对派的纲领为由来为自己投降辩解。开始时，流放者们轻蔑地嘲讽皮达可夫和安东诺夫－奥弗申柯的背叛行径，这是人们通常对待变节者的态度。尽管如此，他们变节的论点却给人留下印象，并激起人们的怀疑。

　　5月初，托洛茨基对流放者当中人心动摇的状况尚知之甚少，甚至一无所知；他仍旧在给他们的一封信中阐述自己的观点，即宣称斯大林的左倾方针标志着一次重大转变的开始。① 他指出，反对派完全有根据骄傲地认为自己是新政策的鼓舞者和首创者。不错，当反对派想到他们自己为别人摘走的成果所付出的代价时，在他们的骄傲中必然掺杂着难言的苦涩。但是，革命者的命运就是这样，他们不止一次用沉重和悲壮的自我牺牲为代价，迫使其他人乃至自己的敌人完成他们革命纲领中的一部分。巴黎公社就是这样被浸在血泊中的，但它战胜了扼杀它的刽子手，因为就是这些刽子手不得不实施它的部分纲领。尽管作为一场无产阶级革命的公社遭到了失败，但它使君主政体无法在法国复

---

① 参见托洛茨基5月9日的信，存于托洛茨基档案。

辟，最起码它保证了议会共和国的建立。反对派与斯大林的左倾方针的相互关系可能也是这样：反对派可能被粉碎，可能看不到它的纲领完全实现，但它的斗争最起码使当权派无法在资本主义因素面前继续退却和倡导新的新经济政策。

反对派应该怎么办？托洛茨基回答说，反对派有责任批判地支持斯大林的左倾方针。我们在任何情况下都不应该联合布哈林和李可夫去反对这个方针。相反，我们应该鼓励摇摆不定的斯大林中间派与右派一刀两断，促使它与左派联合起来。反对派与它的迫害者——斯大林派——结盟共同反对富农的庇护者，这一可能性不应排除，尽管它是渺茫的。反对派应比以往任何时候都更加强烈地要求党内民主，而"左倾方针有助于争取无产阶级民主的斗争"。托洛茨基这样推理在逻辑上是与他自己前后一致的：他从1923年起就坚持认为，斯大林体制的主要"作用"就是保护党内官僚免遭工人的反对，党内官僚又在保护富农和耐普曼。对他来说，得出下述结论是理所当然的：一旦官僚集团不再保护富农和耐普曼，那么它将向工人阶级靠拢，并将力求与其代言人和解，恢复他们的言论自由。因此，反对派虽然支持斯大林的左倾方针，但应当更坚决地抵制他的压制，并应警告党，只要镇压还在继续，就无法保证斯大林会推行新政策、不再次向富农让步。托洛茨基承认他建议的是一种很难遵循的"双重立场"；但是他宣称局势将会证明只有它是正确的。皮达可夫认为托洛茨基的观点是自相矛盾的。托洛茨基驳斥说："但是对一个投河自尽的人（类似皮达可夫这样的人）来说，一切矛盾都会荡然无存。"

托洛茨基的观点具有辩证的灵活性，这种灵活性是不确定的局面所要求于他的。他把斯大林对富农的进攻看成是重大的、使人产生希望的事件，所以他更加坚定地坚持批评自由和言论自由的必要性，把它看成是新政策得以巩固的重要保证。他所建议反对派的不是另起炉灶，而只是应该捍卫的原则。当托洛茨基的敌人又从他的书中摘出一页时，他承认这是他自己的观点，并敦促他的追随者们在这件他们认为是必须的事情上支持自己的敌人。但在托洛茨基的书中还有许多他不打算放弃的其他篇章。至于反对派的前途，托洛茨基既不赞成极端的乐观主义，也不支持极端的悲观主义。他认为，事件可能会迫使斯大林派与反对派和解。在这种情况下，反对派会重获道义和政治领导权，但是它也应做好分担巴黎公社命运的准备，以其牺牲推动社会主义和进步事业。

托洛茨基对斯大林的左倾方针持一种相对赞赏的看法，承认它的积极意义。这一事实使托洛茨基派产生了深刻的印象,甚至把他们搞糊涂了。这增强了他们当中的那些在开始时批评反对派的人的论据。他们声称,如果托洛茨基现在是正确的,那么他过去敲响反对热月政变危险的警钟是否是错误的呢?他当初对斯大林政策的评价莫非是错误的?历史将证明反对派是正确的,正如它曾证明巴黎公社是正确的一样,反对派以这种想法自慰难道是明智的吗?托洛茨基主义者若参加反对在国家中产生私有财产这一重大斗争以此来帮助创造历史,难道不比消极等待预期的历史裁决更好吗?后代可以赞扬巴黎公社社员的殉难精神,但公社社员浴血奋战并非是为了殉难者的荣誉,而是为了他们认为是实际的、可以实现的目的。

这种推理反映了托洛茨基派立场中固有的两难矛盾;而失望又引起了仇恨。流放、迫不得已的无所作为和沉重的疑虑折磨着这些精力充沛、智慧超群的人,正是他们使革命获胜,正是他们在国内战争中浴血奋战,正是他们建设着新的国家。他们为党奉献自己的一切,为了党,他们曾在沙皇的监狱中受尽折磨,而且仍认为党是人类的最高希望,现在他们却被党所抛弃,这本身就是最沉重的负担。当他们意识到,使他们和斯大林派敌对的某些重大分歧正在消失,党开始做那些他们一心要做的事时,这个负担就难以承受了。当一位政治斗士清楚地意识到他捍卫的是什么并感到他的事业完全取决于他和他的同志们为事业所作的努力时,他承受失败和屈辱并不困难。但是,即便是久经考验的战士在这种荒谬的情况下也难免气馁:当他看到他的事业或其最重要的那部分正在由他的迫害者来完成,看到他的事业不再取决于他是否为它奋斗,于是斗争忽然失去了目标,他所遭受的迫害也变得毫无意义。他开始怀疑过去把他的迫害者看成敌人是否正确。

斯大林冷静、准确地看到了反对派的思想波动,但他也有他自己的两难之处。托洛茨基派对左倾方针的任何称赞都是对斯大林的帮助,但是他又害怕他们的帮助。在局势的压力下,他犹豫不决、步履蹒跚地走上了一条他不熟悉的危险道路。他冒着与农民发生重大冲突的危险,没有也不可能估计到他所面临的反抗的规模及强度。他谨慎地反对自己昔日的盟友布哈林派,因为他并没有低估它的声望与影响。他不知道这场新的斗争会把他带到多远以及会给他带来什么危险。像托洛茨基一样,他不排除在极端危机的形势下与左派反对派结盟的可能。但是他也意识到这将是托洛茨基的胜利,所以他决心在不与托洛茨基妥协的情况下竭尽自己的全力击败布哈林派。但他有理由担心,他那一派的力量不足以担当此任,光凭他的支持者还不能管理国家机构,不能应付在这困难的新阶段中迅速发展国有化工业和管理财政。斯大林的支持者主要是党务工作人员,而理论家,政治家,经济学家,管理工业、财政和农业的专家和有政治才干的人都在托洛茨基派、布哈林派、季诺维也夫派当中。斯大林需要那些坚定而热情地推行反富农政策的人的帮助。他可以在左派反对派中找到这样的人。因此,他急于尽可能地把托洛茨基派和季诺维也夫派中有才干的人争取到自己一边来,但对托洛茨基和季诺维也夫却寸步不让。他背着托洛茨基向托洛茨基派发出呼吁。他通过自己的代理人以左倾方针诱惑他们,竭力说服他们相信:反对他已经没有任何意义。开始时,流放者几乎一致拒绝这种呼吁,但是呼吁已经落在肥沃的土壤之中。这些呼吁加强了某些托洛茨基支持者的怀疑和以幻灭的眼光重新审视反对派的过去的倾向。

直到5月中旬,托洛茨基才对这些事情有所了解。别洛博罗多夫在一份寄给他的报告中谈到了流放地的争论。另一名尚在斯大林外交机构工作的托洛茨基主义者从柏林把斯大林拟定的行动计划通知了他。据此人提供的情报说,斯大林企图诱使有影响的反对派流放犯忏悔——指望凭借他们的帮助实施左倾方针并彻底打垮托洛茨基,期望以此来改善他的困境;在对许多重要的托洛茨基派成员投降还没有把握之前,他甚至推迟了全力推行左倾方针的日期。现在,一切都取决于他在这点上能否成功;如果反对派使他的计划落空,如果它没有被变节所削弱,如果它起码能支持到秋天,那时斯大林就会看出他那一派是渡不过难关的,反对派就将有一切机会赢得主动权并重新得到权力。但是,如果斯大林成功地摧毁反对派的士气,如果变节的托洛茨基派成员变为他的救助者,那么他就能保住权力以粉碎布哈林集团和推行他的左倾方针,而无须与托洛茨基及其不肯悔改的追随者和解。通报人担心斯大林可能获得成功,因为反对派的士气已经处于崩溃的边缘,许多反对派成员都准备放弃斗争了。①

托洛茨基似乎不相信反对派的士气会如此低落。目前流放者中投降的仅是个别人。声名狼藉的投降例子只有前共青团领导人萨法罗夫(Сафаров),他签署了悔过声明而被召回莫斯科。但是,萨法罗夫一事只能看做是例外,因为他不是托洛茨基派成员。他本属于季诺维也夫集团,起初他拒绝和他的领袖一

---

① 这封重要的匿名信写于1928年5月8日,寄自柏林。托洛茨基知道写信人是谁,但他在晚年整理档案材料时已想不起他的姓名。1928年时,该写信人在将被召回国时询问托洛茨基是否应该拒绝回国,托洛茨基似乎劝他回国。

起投降而与托洛茨基派成员一起被流放,只是后来经过一番思考之后便投降了。他的行为显然与托洛茨基派的情绪无关。不过,萨法罗夫为自己的行为辩护时表达的情绪却打动了托洛茨基派成员的心弦。他大声疾呼:"现在一切都将在没有我们参与的情况下完成!""一切"指的是反对富农与耐普曼、扩大经济中的社会主义成分、加速工业化的进程和可能实施的农业集体化,因为左倾方针囊括了所有这些方面。托洛茨基派成员一想到在没有他们参与的情况下完成这些巨大的转变,即"二次革命",都痛苦万分。托洛茨基越是客观地强调斯大林近期的措施是必要的、进步的,并坚决主张反对派有责任支持这些措施,他们就越是感到失望,越是进一步考虑反对派的政策是否正确,因而就更加为这一事实而痛心疾首:他们已被开除党籍,在这边远地区,他们无法对左倾方针给予任何实际的支持。

在5月底之前,托洛茨基给自己的支持者发了几封信。[①] 他为反对派的过去辩护,并试图指出新的前途。托洛茨基的论点主要概括为以下三点:

第一,有人认为他高估了布哈林右派的力量,其实并非如此。这一派的力量仍很强大。反对派号召党反对热月危险,不能说是错误的。由于反对派的行动,热月力量才被遏制。反对派的行动和工人阶级的压力迫使斯大林派与布哈林派一刀两断,否则,当前的粮食危机会使他们在对农业中资本主义因素让步的路上走得更远,这样一来就不会有左倾方针了,而是更急剧地向右转。托洛茨基担心,那些断言反对派夸大了来自右的方面的危险的人最终会向斯大林投降。

第二,反对派没有丝毫根据谴责自己在斗争中走得太远。相反,由于季诺维也夫和加米涅夫的怯懦,它走得还不够远。"我们的全部活动都是宣传性的,而且也仅仅是宣传性的。"反对派从未以足够的勇气坚决向党的普通党员发出呼吁。当它终于在11月7日准备这样做的时候,斯大林则企图把它推向内战;于是它只好退让。

最后一点,斯大林抄袭反对派的纲领这一事实不应使反对派沮丧。斯大林派在走投无路的情况下开始实施左倾政策,但它不可能把这一政策推行到底。因而托洛茨基对自己的支持者保证说:"党还会需要我们的。"

这些论点和保证并不能使许多托洛茨基支持者们感到满意。他没有给他们

---

① 参见托洛茨基致别洛博罗多夫(5月23日)和尤金(5月25日)的信,存于托洛茨基档案。

指出明确的前途。他们继续问，斯大林反对富农是长期的呢，还是他的左倾方针仅仅是装模作样？他们希望得到一个清楚的答案。这个答案托洛茨基也不知道；而且很可能连斯大林自己也闹不清自己立足于何处。托洛茨基也没有告诉其支持者们，在他们当时的处境下应如何贯彻他的建议以及他们怎样做才能同时既支持斯大林又与他对抗。

1928年春天，在托洛茨基派流放地中已经形成两种泾渭分明的观点。一部分人认为他们的责任主要是支持斯大林的左倾方针，这是托洛茨基反复向他们交代的责任；而另一些人则倾向于首先继续反对斯大林，这也是托洛茨基敦促他们做的。这样一来，在托—季反对派联盟中的矛盾就再现于托洛茨基派的队伍之中了，它被划分为妥协派和不妥协派。妥协派离向斯大林投降的想法还很遥远，但是他们希望反对派缓和对斯大林派的敌意，并准备在左倾方针的基础上与它达成妥协。他们断言，诚实和反对派本身的利益要求他们批判地分析反对派的观点并根据事态的发展改变他们的观点。赞成这一立场的是老一代反对派，他们都是比较稳健的人，在这类人中有思想家和对老党十分怀念的人，还有那些"有教养的官僚"，即经济学家和行政人员，他们所感兴趣的是反对派纲领中的工业化和经济计划，而不是它对党内自由和无产阶级民主的要求。赞同妥协的还有一种人，他们继续反对执政派的意志已被他们承受的磨难所削弱。作为个人，指导他们的动机往往是混杂的，在许多情况下，几乎无法确切地指出到底是哪个动机占了上风。

不肯妥协的托洛茨基派成员主要是年轻人，对他们来说，被开除出党的打击全然不像对老一代那么严重。他们加入反对派是响应它所提出的无产阶级民主的号召，而不是考虑它的经济愿望和社会愿望。他们是最忠诚的反对派成员，官僚集团的死敌，狂热的反斯大林主义者。这一派人的个人动机也同样难以确定。对大多数年轻人来说，被开除出党并没有产生巨大的道义上的震撼，他们对复杂的经济问题和社会问题相对来说也不那么关心，但对反对派关于言论自由这一呼吁却热烈拥护，对官僚集团深恶痛绝，这种憎恶情绪由于迫害和流放而变得更为强烈。

托洛茨基反对派中这两翼都倾向于与该派之外的其他集团联合。妥协派越来越接近从前他们蔑视的季诺维也夫派。他们开始重新评价季诺维也夫派，尽管还不想追随他们，但开始对他们的投降论调表示理解，注意倾听他们的论点，同情地注视着他们的行动。另一方面，最极端的不妥协派发现他们与一块儿被流放的那些坚持到底、拒不悔改的工人反对派和以萨普龙诺夫、弗拉基米尔·斯米尔诺夫为首的民主集中派成员有不少共同之处。工人反对派的最后残余和民主集中派在仇恨官僚集团方面远比托洛茨基的拥护者们走得更远。他们在不同程度上公然声明与现存国家和党决裂。他们断言，革命和布尔什维主义已经死亡，工人阶级应该从头开始进行一场新的革命斗争，以此把自己从"国家资本主义"和"新经济政策"中产生的资本主义势力和富农的剥削中解放出来。在许多年轻的托洛茨基拥护者看来，这两派的目标明确、旗帜鲜明的纲领比托洛茨基煞费苦心、面面俱到的分析和他那"双重政策"更有说服力。他们的纲领更容易理解：是就是是，非就是非，没有那些复杂的辩证分析。民主集中派评论说，像托洛茨基那样既指责斯大林是革命的掘墓人又强调其左倾方针具有进步含义，这样做是十分荒谬的。与斯大林斗争，就意味着反对他而不是支持他。

　　托洛茨基的支持者中的两派都在等待托洛茨基给他们指明方向，尽管两派都只准备接受其建议中符合各自胃口的部分。两派都大谈反对派的主要原则和共同利益，但随着分歧的加深，同志间的友谊逐渐减弱，彼此产生了猜疑。现在，这两派之间除了彼此仇恨的目光和辱骂之外，已一无所有。在不妥协派看来，他们那些更温和的同志即使不是逃兵，起码也是懦夫。温和派则蔑视不妥协派，认为他们是极左分子或赤裸裸的无政府主义者，缺乏马克思主义的理性的纪律观，对革命的命运没有责任感。不妥协派在怀疑妥协派有意或无意地为斯大林效劳，而妥协派却断言，正是教条的托洛茨基主义者和狂热分子的过激言行更严重地败坏了反对派的声誉，更有效地帮助了斯大林。

　　这两派的发言人都是有影响的反对派成员，都是托洛茨基忠实可敬的朋友。普列奥布拉任斯基是第一个讲必须与斯大林主义进一步妥协的人。作为反对派成员，他从未动摇过，在他的性格中没有丝毫自私的或机会主义的痕迹。他的弱点（如果可以称之为弱点的话）在于他根本不管什么策略和通俗性，在于他的观点所具有的理论彻底性上。他开始颇为自信地鼓吹妥协的观点，可追溯到1924—1925年间他撰写的著作。我们知道，普列奥布拉任斯基是社会主义原始积累的主要理论家。他在《新经济学》一书中写道："社会主义原始积累阶段是内战结束后社会主义国家生活中最危机的时期。……尽快地渡过这个时期，尽快进入社会主义体制并充分发挥其对资本主义的优势，对社会主义经济来说是生死攸关的大事。"在这一时期中，社会主义国家不得不承受两种体制的灾难，它既不能从资本主义的优势中获益，也不能从社会主义体制的优势中得到好处。它只得"剥削"农民，为社会主义经济成分提供资金和积累。我们还应记得，正是在这个问题上，普列奥布拉任斯基与布哈林及新民粹派发生了冲突，他把后者定性为"我们苏联的曼彻斯特学派"。他当时论证说："（以美国为首的外国）垄断资本的压力只能以社会主义垄断来对抗。"这种垄断主义应当利用财政政策和通过国家调节价格的机制使经济中的私人经济成分，特别是农村经济服从自己。对布哈林的愤怒叫喊，普列奥布拉任斯基回答说："但是，哪里还有其他出路呢？用最简单的话来说：能把发展国有化工业的重担……只扔到我们300万产业工人的肩上吗？难道我们的2200万小农不也应该献出他们的一份力量吗？"但是就连他也不赞成剥夺小农和强迫农民集体化；不过他比任何人都更清楚，在"社会主义原始积累规律的铁蹄下"，国家与农民之间的剧烈冲突是必然的。①

普列奥布拉任斯基热切地响应斯大林的左倾方针，这并不足为奇。他把它看做是对自己理论的肯定，并认为它是不可避免的而且完全符合需要的发展。他从一开始就比托洛茨基更坚信新方针的巨大意义。在此之前，他与托洛茨基之间的分歧仅仅流露在他们的理论著作中而不曾表现在实践中，现在却影响到他们各自的立场。托洛茨基从来没有同意过工人国家理应"剥削"农民的观点，起码他从未像普列奥布拉任斯基那样公然地阐述过这种观点。他也不赞成普列奥布拉任斯基预言的那种强制性的工业化步伐。普列奥布拉任斯基的《新经济学》中的定理并不排斥一国建成社会主义这个概念——他的定理暗示，原始积累这一从资本主义到社会主义最困难的过渡阶段可以在一个国家、而且是工业不发达的国家中完成。最后，与托洛茨基不同的是，他强调向社会主义过渡规律的"客观力量"是不可抗拒的，它将迫使党和领导人违背他们的意志成为社会主义的领路人。他指出，所有大型工业的国有化必然会导致计划经济和高速工业化。斯大林派和布哈林派反对这一理论就是反对历史必然性本身——只有反对派及时看到了这种必然性并力图使所有布尔什维克都能理解它。让斯大林和布哈林粉碎反对派好了，但是"他们不可能骗过历史规律"。"我们国家的经济结构往往比我们的经济领导体制更进步"，它最终将迫使他们去实现反对派的纲领。

---

① 参见本书第五章。

在普列奥布拉任斯基的早期著作中，这些思想还仅仅是一些旁白和暗示，而现在却支配了他整个的思维。在他看来，斯大林因向富农宣战而不自觉地成了这一必然性的违心执行者。托洛茨基多少有些怀疑地看待左倾方针，并琢磨它会不会只是一时的权宜之计，而普列奥布拉任斯基则没有任何疑虑，他相信，斯大林绝不是在开玩笑，绝不会从左倾方针后退，而且将被迫愈益无情地与富农斗争下去。其结果是将造成一种全新的形势，不但对于整个国家是如此，而且对于反对派尤其是如此。他坚持说国家正站在重大革命剧变的门槛上，并指出：富农将继续拒绝出售粮食，并用饥饿威胁城市；中农和贫农不能提供足够的粮食，但政府对富农的进攻也将把他们推到对立面，从而导致政府与基本农民群众的大规模冲突。普列奥布拉任斯基在他写于1928年春天的一篇文章中断言，斯大林的威胁和非常措施已经在全国掀起如此猛烈的风暴，为了平息这场风暴，政府将不得不对资本主义作出重大危险的让步，以至于不仅斯大林，甚至布哈林和李可夫也会退缩，拒绝执行这些让步。[1] 只有极右或极左政策可以防止灾难，而所有的迹象表明，斯大林将进一步向左转。

那么反对派在这场剧变中应该起什么作用呢？普列奥布拉任斯基指出，反对派一直是历史必然性的自觉阐释者，它表现出卓越的预见能力。它的思想"反映在斯大林的新政策中就像反映在哈哈镜中一样"。如果党早些听取反对派的劝告，今天的危机就不会如此严重。反对派应该一如既往地提倡加速工业化，并同样坚持不懈地号召实现无产阶级民主。但是，尽管反对派正确地解释了时代的需要，它却没有致力于在实践中满足这些需要。斯大林及其支持者正承担着实践的任务。他们是历史必然性的实施者，虽然他们并不理解它并长期与之对抗。反对派的行为也有失误之处：它夸大了来自右派的危险以及斯大林派对富农的放纵；它对党内各种倾向及它们与党外社会各阶级之间的相互关系作出了错误的判断，对于马克思主义者来说，这是一个重大的失误。因此，反对派应当坚决改变自己的态度并努力与斯大林派接近。

普列奥布拉任斯基建议，为达到这一目的，反对派应该请求当局允许召开反对派成员会议，让所有流放地都派代表参加，以便讨论当前的新局势以及反对派的行动。托洛茨基曾谈及左派与中间派联盟反对右派的可能性及合理性，但他没有提出实现这种联盟的任何措施。普列奥布拉任斯基对此感到不满足。

---

[1] 参见普列奥布拉任斯基：《农村左倾方针和前途》，存于托洛茨基档案。

他指出，如果应该建立这种联盟的话，那么现在就是最好的时机，因为斯大林正在打击右派；反对派的责任在于行动起来而不是坐等事件产生现成的联盟，因为事件也许任何时候都不可能导致结成这种联盟。

托洛茨基断然反对普列奥布拉任斯基的建议。他断言，尽管中间派与左派联合在理论上是可行的，但反对派不可能在实现联合上有所作为。看守和囚徒不能成为同盟者。他担心普列奥布拉任斯基对左倾方针评价过高，但即使不是这样，斯大林派与反对派之间的鸿沟也依然如故。迫害仍在继续。党内仍没有民主自由，党内体制越来越糟糕。领袖绝对正确的教条已经建立；它不但被运用于过去，也被运用于现在。为适应这一教条，党的整个历史已被篡改。在这种情况下，反对派不能采取任何步骤主动迎合执政派。请求迫害者允许召开会议，这本身就是奇耻大辱——请求本身就带有投降的色彩。①

5月，所有流放地都讨论了普列奥布拉任斯基的建议。这是对流放者对左倾方针反应的第一次检验。建议被断然否定。绝大多数人的情绪都是反对妥协的，特别是对左倾方针，他们仍像以前一样倾向于认为斯大林是富农的保护人和热月分子的同谋犯；他们对反对派的事业充满信心，不愿意考虑对它的政策作任何更改。

普列奥布拉任斯基虽然没有成功，但他的思想却在许多人的心中播下了种子。看来拉狄克是第一个受其影响的反对派领袖。他从前可并不属于那些瞻前顾后者之列。1927年整整一年他都极力主张反对派更大胆地向执政派进攻，发动党外的产业工人，更积极地表达他们的愤懑，而且认为他们不应当满足于"顾全声誉的姿态"和自诩高深的理论。他没有在建立新党的想法面前退缩，而且赞成支持这一思想的民主集中派加入反对派。他在被流放后更加斗志昂扬，在文章中充满蔑视地谈到季诺维也夫和皮达可夫的悔过以及他们所散布的陀思妥耶夫斯基的主人公式的病态气息。"他们背弃了自己的信念，并对工人阶级撒谎。谎言是不能帮助工人阶级的。"② 甚至在5月里当普列奥布拉任斯基主张召开会议时，拉狄克还显然是反对的，最起码他对普列奥布拉任斯基的妥协立场持批评态度。

才不过一个月，这个人就似乎完全变了个样。他本人也以其全部特有的机

---

① 参见托洛茨基：《致友人书》1928年6月24日，存于托洛茨基档案。
② 参见拉狄克1928年5月10日自托博尔斯克致其夫人的信和5月25日致普列奥布拉任斯基的信，存于托洛茨基档案。

智、热情和聪慧鼓吹妥协了。他的改弦易辙极大地加强了妥协派，因为拉狄克和普列奥布拉任斯基在流放地反对派中是仅次于托洛茨基和拉柯夫斯基的最权威的领导人。正如拉狄克的大量书简所表明的那样，此后他反斯大林主义的意志每个星期都在衰退，尽管从这时到他彻底投降还要经过几乎整整一年的时间。

如果把拉狄克的变化归咎于生性好变和怯懦，那就太简单了。他的动机要复杂得多。无疑，他没有像别人那样在地下斗争中、在沙皇的监狱中和在西伯利亚的流放中锤炼出的"布尔什维克的坚定性"。拉狄克地下工作的经验不多。1917年之前，他的政治生涯主要是在奥匈帝国和德国合法的社会主义运动中度过的。拉狄克基本上是个西欧人，豪放不羁，爱交际，习惯于呼吸大都市的气息，习惯于它的骚动，习惯于处在公众事务的中心。在长达25年多的时间内，他的观点和机智迷住了各个著名的社会主义政党的中央委员会和各大报纸的编辑部。他担任布尔什维克党和共产国际的领导人已达十年之久。只要他被活跃而忙碌的政治生活包围着，他的信念和勇气就不会抛弃他——即使是1919年身陷柏林莫阿比特监狱时，他也保持了他的勇敢、活跃，始终处于事件的中心。而一旦突然被抛到严酷、阴沉、蛮荒的西伯利亚的北部旷野上，他的精神就开始沉沦了。孤独压迫着他。他感到自己仿佛已被逐出生活本身。他的现实感已动摇：他曾作为列宁可敬的同志和顾问，协助后者领导国际运动，莫非与列宁共同度过的岁月仅仅是一场梦？就连精神比他坚定得多的人都受到了这类感受的冲击，例如，国内战争的英雄伊万·斯米尔诺夫从南亚美尼亚写给西伯利亚的拉狄克的信就是这样：

> 亲爱的卡尔卢沙①，你为我们被开除出党而痛苦。的确这对我和其他人也都是极大的痛苦。起初噩梦折磨着我，深夜我常常突然醒来，我不能相信我是个流放犯。从1899年起我就为党工作，没有间断过一天，不像老布尔什维克团体中的那帮恶棍，他们在1906年以后脱党竟长达整整十年之久。②

但是折磨拉狄克及其朋友们的并不仅仅是这种困境。他们还忧虑着革命的

---

① 卡尔和查利的爱称。
② 此信写于1928年，没有标明日期，存于托洛茨基档案。

命运。他们已习惯于把自己看做是"十月成果"的真正捍卫者,是马克思列宁主义的唯一真正代表,而这一理论已被斯大林派和布哈林派所冲淡和篡改。他们习惯于相信,凡是对马克思主义和革命有益的东西必然对反对派有益,反对派的失败就是革命的失败。现在他们看到,反对派变成了一个小团体,几乎成了一个软弱无力的小宗派,跟这个伟大的国家和党隔绝了;而它一贯把自己等同于它们。他们在思考,力图完成最崇高使命的运动竟陷于如此可怜的境地,这是怎么回事?他们面临着非此即彼的抉择:如果他们真是十月革命唯一可靠、合法的捍卫者,则他们的悲惨失败只能给革命带来无法弥补的灾难,十月革命的遗产也会丧失殆尽;如果情况不是这样,如果"十月成果"在某种程度上保留下来,尽管发生了上述一切,苏联仍是一个工人国家,那么就可能是反对派错了,它认为自己是马克思列宁主义的唯一代表,否定了它的对手们的一切革命美德,这难道不是狂妄自大?难道这场伟大的、震撼世界的布尔什维克运动留下来的一切仅仅是几千个反对派成员?难道革命的大山就只生了一只小老鼠?拉狄克在给索斯诺夫斯基的信中写道:"我不能相信,列宁的全部工作和革命的全部工作只给整个俄国留下了 5000 名共产党人。"① 但是,如果拘泥于字面去理解反对派的某些声明,如果相信布尔什维克的其他派别无非是为反革命铺平道路,那么这个远离现实、背离马克思对历史的理解的结论就是不可避免的。当然,充满了英雄主义、牺牲、希望、流血和历尽艰辛的布尔什维克的史诗不可能仅仅是毫无意义的夸夸其谈。只要斯大林派和布哈林派共同保护富农,反对派的声明和指责就是有道理的。但是,左倾方针使斯大林派与私有财产发生了殊死的对抗,它表明:列宁的事业和十月革命给整个俄国留下的东西绝非几个圣徒和"5000 名共产党人",革命的火山不仅不是只生了一只小老鼠就熄灭了,而是仍在喷发。

普列奥布拉任斯基评论说,正是公有制的"客观力量"推动着俄国深入的社会主义革命改造。"客观力量"通过人——它的主观代表——体现出来。斯大林派是历史必然性的代表。尽管他们思想混乱,犯了许多错误甚至还有罪行,但他们仍是十月革命的捍卫者,是忠于社会主义的人。拉狄克认为,斯大林派证明了他们自己远比反对派所想象的更有价值,反对派应该而且有必要承认这一点,这无损于它的威望;在新的社会主义运动中,反对派是先锋,斯大

---

① 1928 年 7 月 14 日托姆斯克来信,存于托洛茨基档案。

林派是后卫；这两派之间的矛盾不是敌对阶级的利益冲突，而是同一阶级两支队伍之间的分歧，因为先锋和后卫属于同一个营垒；所以消除分歧的时候到了。许多反对派成员一想到斯大林派会与托洛茨基派和解就感到震惊，而拉狄克指出，这样的重新组合并不比以往党内联盟中的转化更奇怪。"我们一度认为，斯大林是杰出的革命者，而季诺维也夫则无可救药。但后来情况发生了变化——它们还可能再次变化。"

在上述议论中无疑可以听出绝望的音调，但这是力图摆脱自身并转变为希望的绝望。妥协者的情绪是由布尔什维克俄国日益加深的孤立主义所孕育出来的。拉狄克、普列奥布拉任斯基以及其他一些人都是在苏联国内而不是在它之外去寻找共产主义命运中伟大的、充满希望的变化的。这一事实可以在很大程度上解释后来发生的事件。

那一事件是中国革命失败的结果。1927年12月，广州的共产党起义被镇压下去了。这次起义是1925—1927年悲剧的最后一幕，或更确切地说是它的尾声。失败使整个布尔什维克的思维方式本身受到震动；它甚至更深地侵蚀着并淹没了列宁主义的国际主义传统，加强了俄国的自我中心论的倾向。一国社会主义比以往任何时候都更显示出是唯一的出路和安慰。但是这一次，孤立主义的浪潮也席卷了反对派，它波及最边远的流放地，影响到妥协派的思想。最近的这次失败如同斯大林的向左转一样，使普列奥布拉任斯基和拉狄克有了新理由对反对派的过去感到失望。他与普列奥布拉任斯基说，反对派对俄国国内事件的估计部分是错误的——它对国际前途的估计就没有错误了吗？托洛茨基关于苏联热月政变的看法是错误的——他的不断革命论会不会也同样是错误的呢？

在流放仅仅几星期后，托洛茨基和普列奥布拉任斯基就开始通信交换对广州起义的看法了。托洛茨基由于对真实情况知之甚少，他试图根据《真理报》过时的、少得可怜的报道形成自己的看法，他们就这一问题重新恢复了始于莫斯科时的意见交流。同反对派中的许多老布尔什维克一样，普列奥布拉任斯基不接受不断革命论及其有关中国革命的结论，即中国革命的胜利只能是建立无产阶级专政。与季诺维也夫和加米涅夫一样，他认为中国革命不能超越资产阶级革命阶段。托洛茨基和普列奥布拉任斯基在各自的流放地在这种分歧的基础上讨论了广州起义的意义。《真理报》曾报道说，起义者在广州建立了工人代表苏维埃,并着手实施工业社会化。托洛茨基在3月2日致普列奥布拉任斯基的信中写道,尽管广州起义失败了,但是它为下一次中国革命留下了启示和一个重要的指导方针,即中国的下一次革命不能停留在资产阶级阶段,它应该建立苏维埃并向社会主义迈进。普列奥布拉任斯基回答道,斯大林策划起义仅仅是为了在向国民党一连串的投降之后挽回面子,起义是一次鲁莽的冒险,广州市"苏维埃"及其"社会主义"口号并不是群众运动的有机产物,并未反映出真正革命过程的内在逻辑。① 普列奥布拉任斯基当然比托洛茨基更接近事实,托洛茨基这次是根据不可靠的证据推导出关于中国下一次革命性质的结论的。尽管如此,他的结论仍是正确的:1948—1949年的革命就超越了资产阶级的局限;在这点上,它注定要成为"不断的革命",尽管它的发展道路和社会各阶级在革命中的地位与托洛茨基主义,实际上也与马克思主义和列宁主义革命理论的预见大相径庭。

普列奥布拉任斯基声称:"我们这些反对派中的老布尔什维克必须在不断革命论这个问题上与托洛茨基划清界限。"这个声明本身对托洛茨基来说并不新鲜,使他感到意外的是它那特别强调的语气。托洛茨基的对手们经常提到他过去不是布尔什维克一事,甚至季诺维也夫和加米涅夫不久前还重提过,对此他已经习以为常了,但此话出自从1922年起就是他亲密的同志普列奥布拉任斯基之口,就另当别论了。他知道旧账重提不是无缘无故的。更让他吃惊的是拉狄克也对不断革命论加以批评了,拉狄克并不是老布尔什维克,而且迄今为止一直在忠诚地捍卫着这一理论。就是现在,拉狄克也依然承认1906年托洛茨基对俄国革命进程的预见比列宁的更准确;但他补充说,绝不能由此得出结论,不断革命的公式对其他国家也适用。拉狄克断言说,列宁提倡的"无产阶级和农民的民主专政"更适合中国,因为它允许在资产阶级革命和社会主义革命之间可以有一个间歇。

显然,这些分歧跟当前争论的问题没有直接关系,托洛茨基被卷进来是很不情愿的。他回答说,中国为下述结论提供了最新证明,即任何一场当代革命,如果它不能在一场社会主义剧变中达到自己的高潮,它就注定会失败,哪怕资产阶级革命也不例外。不论争论双方谁是谁非,这两个妥协者攻击不断革命论这一事实就很能说明问题,因为托洛茨基并不想把这一理论变成反对派的

---

① 普列奥布拉任斯基的复信(没有标明日期),存于托洛茨基档案。

经典。国外共产主义的失败所引起的失望和孤立主义的倾向使布尔什维克转而反对这一理论，这已经不是第一次了，单是它的名称就是对他们的孤立主义的挑战。从1924年开始的就不断革命论而展开的教条主义的斗争，其结果是使这一理论在党的眼中变成了托洛茨基主义的象征，变成了托洛茨基主要的异端邪说，成了他所有政治罪名的理性根源。对斯大林派和布哈林派来说，不断革命论成了引起恐惧的禁忌。深受怀疑和思考困扰的反对派成员在寻找着重返党内、回到他们失去的乐园的道路，因而他们本能地想离这一禁忌越远越好。不应忘记，托洛茨基因渴望更易于使季诺维也夫和加米涅夫与他建立统一阵线而曾经宣称，他过去写的有关不断革命论的著作现在应该放到历史档案馆中，他不会再在每个问题上捍卫它们，尽管他深信他的思想经受住了时间的检验。但是他却无法把它们放进历史档案馆。不仅他的敌人不断把它们翻出来，迫使他来捍卫它们，而且他的同盟者也一再这么干。这是他的政治同盟或政治联合体濒临崩溃边缘的又一个确凿的标志。

不久，分歧在一个更具有现实意义而较少理论性的问题上变得公开化了。1928年夏天，在莫斯科举行共产国际第六次代表大会。按照共产国际章程，反对派有权就他们被开除出俄国共产党一事向大会申诉，它也准备这样做。然而，反对派的申诉被认真听取或反对派领袖被允许出席大会阐述此案的机会几乎等于零。托洛茨基写道："代表大会将会以最权威的方式给我们压上最沉重的墓碑，值得庆幸的是，马克思主义将会从这座纸做的坟墓中重新站起来，像不屈的鼓手那样发出警报！"① 托洛茨基原打算写一篇简洁、直率地批评共产国际政策的文章和一篇简略陈述反对派目的的声明，把它们寄给代表大会。但这一声明在他手中变成了长篇论文，为写这篇论文他用了整个春天和夏天。② 可以预料，大会一定会通过主要由布哈林撰写的一项纲领，其草案业已发表，中心是一国社会主义的问题。托洛茨基的声明采取了批判这个新纲领的形式。他6月份写完了声明，然后在7月写了一封致代表大会的信，其标题为"何去何从"。他"没有任何保留、含糊，没用任何外交辞令"，总结了"五年来共产国际的失败"和"五年来反对派的工作"，打算明确划出反对派与其对手之间的鸿沟。在共产国际会议开幕前夕，托洛茨基把这一文件的文本寄到所有的流放地，请反对派成员以集体或个人名义给共产国际大会寄信，以此来支

---

① 1928年6月17日托洛茨基写的传阅信，存于托洛茨基档案。
② 该文的英译本标题为"列宁之后的第三国际"。

持他。

同时，拉狄克和普列奥布拉任斯基也准备好了自己的声明，他们的声明无论在内容上还是在语调上都更倾向于妥协。诚然，普列奥布拉任斯基为共产国际近几年的政策画出了一张一塌糊涂的资产负债表；他还说出了使各类托洛茨基主义者与斯大林主义和共产国际对立的分歧。但是他在结论中声称："由于共产国际政策已改变，这些分歧很多已经不复存在"，因为共产国际追随俄国共产党也已"向左转了"。① 拉狄克表达了类似的观点，并当即把自己的声明寄往莫斯科。他写道："如果历史表明，我们昨天还与之唇枪舌战的某些党的领导人比他们所捍卫的观点要好得多，那么，没有人对此比我们更满意的了。"②

托洛茨基和拉狄克分别给共产国际会议写了信，而且其中部分内容彼此矛盾，这件事只能给反对派的事业造成损害。反对派未能展示出团结一致，反而以两种声音说话。当托洛茨基得知此事时，他给反对派主要流放地打了电报，要求全体流放者公开与拉狄克划清界限。各流放地都义愤填膺，一致谴责拉狄克，并把有关的声明寄往莫斯科。最后，拉狄克本人通知大会，撤回自己的信件，表示完全赞成托洛茨基的观点。拉狄克为自己的错误行为向同志们道歉，并辩解说，这是因为与托洛茨基联系困难，托洛茨基对共产国际的批评到达他手中太迟。托洛茨基接受了他的道歉，事情到此暂告一段落。托洛茨基宣称，反对派"调整了阵容"。但是，深刻的分歧并未消除，它只不过是暂时平息了而已。

* * *

一个重大事件帮助托洛茨基把流放者团结了起来。7月召开了中央全会，在这次全会上布哈林派对斯大林派占了上风。最主要的争论问题仍是粮食危机和俄国各城市面临的粮荒威胁。年初采取的非常措施没能遏制威胁，由于乌克兰、北高加索等局部地区冬小麦歉收，使局势变得更为严重。农民极度不满。

---

① 普列奥布拉任斯基：《致共产国际代表大会的意见书》，存于托洛茨基档案。
② 拉狄克致大会的信是1928年6月在托姆斯克写的，存于托洛茨基档案。托洛茨基肯定看过上面所引的"心理分析"段落：在拉狄克论及党的领袖的那句话"我们昨天还与之唇枪舌战的某些党的领导人"中，他用红笔在"昨天"一词下划了着重记号。

他们交售的粮食总额只达到革命前总量的50%。一切谷物出口只得停止。① 征收粮食中采取的粗暴手段足以激怒农民,却不足以吓倒他们。中央委员会注意到"农民的不满情绪……表现为对随心所欲的行政措施的抗议",承认"这类措施有助于资产阶级分子利用农民的不满而唆使他们反对苏维埃政权,并为(即将)取消新经济政策的说法提供了口实"。②

在中央委员会全体会议上,在米高扬作过报告之后,布哈林派呼吁停止实行左倾方针。李可夫要求废除反对富农的政策。财政人民委员弗鲁姆金(Фрумкин)走得更远,他要求彻底修正第十五次代表大会通过的对农民的政策(在那次代表大会上,斯大林为了造成托洛茨基派和季诺维也夫派的混乱,接受了他们的某些思想),并且要求回到上一届代表大会的主要是布哈林的政策上来。中央委员会宣布仍坚持第十五次代表大会的决议,但废除了它的"反富农"非常措施。中央委员会宣布,今后必须"遵守法律",禁止搜查和袭击各种粮仓和农庄,停止征收粮食和强行借粮。最后但并非最不重要的是,中央委员会批准将粮价提高20%,而这是仅在三个月前还被它断然禁止的。③ 事后看来,这是过渡到镇压私人农业之前中央委员会安抚农民的最后一次尝试。这一回合看起来仿佛是富农赢了,仿佛斯大林放弃了左倾方针,仿佛布哈林和李可夫在决定着政策。

不难设想流放中的托洛茨基派将如何对待这一消息。他们又回到了熟悉的战场。他们习惯于在其框架中思考和辩论的旧公式又恢复了。他们看到,"富农的保卫者"在重申自己的主张,动摇不定的斯大林中间派像以往一样再次让步。中央委员会批准了更高的粮价,从而打击了产业工人,迎合了富农的利益。但这绝不算完。斗争仍在继续:右派还要重新进攻;而斯大林派将继续退却。热月政变的危险比以往任何时候都更加迫近,热月分子在进军。托洛茨基正是这样想的,他宣称:"李可夫的发言……是右派对十月革命的挑战。……应该接受挑战。"提高粮价仅仅是新的新经济政策的开始;为了安抚富农,右派很快就会坚决试图破坏对外贸易的国家垄断。他认为李可夫和布哈林作为胜利者很快就会"把斯大林当成托洛茨基主义者来迫害,就像斯大林当初迫害季诺维也夫一样"。李可夫在中央委员会会议上说"托洛茨基派认为它的主要

---

① 《苏联共产党代表大会、代表会议和中央全会决议汇编》第2卷,第392页。
② 同上,第395页。
③ 同上,第396页。

任务是防止右派获胜"。托洛茨基回答说,这的确是反对派的主要任务。①

妥协派一时间在托洛茨基派中完全孤立了。流放者兴高采烈,他们质问拉狄克和普列奥布拉任斯基:"斯大林的左倾方针在哪儿?它不过是昙花一现罢了。这居然使你们妄图把我们久经考验的原有思想观点抛到九霄云外并鼓动我们与斯大林派妥协!"他们又一次把斯大林的优势看做是他们与布哈林派的主要斗争中的一个小插曲;他们比以往任何时候都更加坚信,所有忠于革命的布尔什维克很快就会从这个角度看问题,即这基本上是右派和左派之间的一场斗争,而且必将选择左派。斯大林表面上的失败激起了他们巨大的希望。杰出的托洛茨基主义者索斯诺夫斯基(Сосновский)这样写道:"召回托洛茨基将轰动整个世界,这一天就要来到了。"②

* * *

当这场政治风潮正在进行之中,悲剧降临到了托洛茨基家中。托洛茨基的两个女儿季娜和尼娜都患有结核病。小女儿尼娜当时26岁,她丈夫涅韦尔松(Невельсон)的被捕和流放彻底摧垮了她的健康。托洛茨基是在春天捕鱼时得知这一消息的,他当时没有充分意识到尼娜病情的严重性,但在其后的几个星期他一直忧心忡忡,痛苦万分。他得知他的两个女儿及她们的孩子们在贫困线上挣扎,不能指望朋友们的帮助,季娜本人因患肺结核发着烧,但她还得昼夜守护在尼娜的床前。他在给女儿的电报中说:"我不能同尼纽什卡在一起,不能照料她,感到十分痛心。把她的健康状况告诉我。吻你们两人。爸爸。"他一再打听消息,但杳无音信。他致函拉柯夫斯基,恳求他了解一下莫斯科的情况。最后,他得知尼娜已于6月9日去世。过了很久,托洛茨基才收到女儿寄给他的最后一封信。此信在途中被检查机关扣压了十个星期以上。托洛茨基一想到女儿在死神的门槛上枉然地企盼着他的复信,就心如刀绞。他哀悼她,因为她不仅是他的女儿,还是火一样热情的革命者和反对派成员。他把在她病重和去世期间他所撰写的《共产国际纲领草案批判》一文献给她。

许多流放者表示同情安慰的信陆续寄到了阿拉木图。这时,又一个打击使托洛茨基深感忧伤和痛苦。尼娜去世后,季娜准备前往阿拉木图。她丈夫也被

---

① 《七月全会和右倾危险》,存于托洛茨基档案。
② 参见索斯诺夫斯基8月24日致拉菲尔的信,存于托洛茨基档案。

流放,她为照料妹妹耗尽了自己的全部力量。她的行程一个星期一个星期地拖下去,最后,阿拉木图等来的是她病重不能成行的消息。长期严重的精神失常使季娜的病情变得更为复杂。她只是在她父亲被驱逐出俄国之前才得以和他见面。

不过,他的一家人还是在阿拉木图城郊的别墅里团聚了一次,那是在谢尔盖来这里度假的时候。廖瓦的妻子和孩子也随他一起前来。他们在这里只呆了几星期。这是这一家人的惶惶不安、悲悲戚戚的一次团聚。

* * *

在官方政策"向右转"之后,极端不妥协的托洛茨基主义者几乎在所有的反对派中心都占了上风。大部分流放者对缩小他们与斯大林派之间鸿沟的任何意图连听都不要听。但是,极端不妥协派中却没有一个发言人能具有普列奥布拉任斯基和拉狄克那样的威信与能力。他们的观点是由索斯诺夫斯基、丁格尔施泰特(Дингельштедт)、埃尔津(Элзин)及其他几个人所形成的,他们表达的与其说是明确的政治思想,不如说是一种情绪。

在这一派中,最有才干、最雄辩的是索斯诺夫斯基。当他信心十足地宣称"召回托洛茨基将轰动整个世界"时,他表达了其他许多同志的渴望。索斯诺夫斯基是托洛茨基的挚友,是最出色的布尔什维克记者之一,他的声望远远超出了反对派的范围。但他既不是政治领袖,也不是理论家。他以布尔什维克俄国的新闻专栏作家和关于道德风俗方面目光敏锐的批评家而著称。他生来就是个叛逆者,发自内心地仇恨不平等、不公正,他愤怒地注视着工人国家里特权官僚的步步高升,尖锐地揭露它的贪婪和腐化(《后宫因素加轿车》)、它的势利和它欲与旧官僚和贵族同化并联姻的暴发户的野心。对那些哪怕稍有与执政派妥协念头的人他也唯有轻蔑。在这一点上,他与拉狄克形成了两个极端。拉狄克说他不相信列宁的党剩下的仅仅是极少的正直的反对派这句话,就是在他写给索斯诺夫斯基的那封信中说的——对索斯诺夫斯基来说,反对派确实是十月遗产的唯一捍卫者。索斯诺夫斯基写给瓦尔金的一封信最鲜明地反映出他的性格。瓦尔金是他的老同志,与萨法罗夫一起抛弃了反对派并向执政派"投降"。为表达无情的蔑视,索斯诺夫斯基提到犹太人葬礼的一个旧风俗:当死者被抬到墓地时,前来送葬的犹太教徒便冲着死者的耳朵高喊:"某某,是某人的儿子,要知道你已经死了!"他,索斯诺夫斯基,现在正是这样冲着他的老同志的耳朵喊道,并准备对每个投降分子的耳朵这样大喝一声。他猜疑地注视着拉狄克的转变,琢磨着是不是也该冲着拉狄克的耳朵喊出这些话。①

反对派这一翼的其他领导人都是些羽翼未丰的年轻人。丁格尔施泰特是个前程远大的学者、社会学家和经济学家,1910年加入布尔什维克,1917年时就已在波罗的海舰队中以宣传鼓动员而出名,那时他刚30岁出头。埃尔津曾是托洛茨基手下最有才华的秘书之一。这些人对托洛茨基本人是否有动摇的苗头都表示怀疑。因此丁格尔施泰特在给托洛茨基的信中说,他的有关斯大林的左倾方针"无疑向我们又迈近了一步"以及反对派应该"无条件地支持这一方针"的意见"使某些同志极为不安"。② 他们也指责托洛茨基"纵容"拉狄克和普列奥布拉任斯基。他们同样不赞成托洛茨基对党内改革和恢复党内无产阶级民主抱有希望。

因此,如果说反对派的一个极端包括了那些越来越急于跟迫害者达成协议的人的话,那么它的另一极端则几乎跟民主集中派弗拉基米尔·斯米尔诺夫和萨普龙诺夫的追随者以及工人反对派的残余没有区别了。我们还记得,这些"极左"集团1926年就加入了联合反对派,但后来退出或被开除了。在流放中,他们和托洛茨基派成员混杂在一起,并与后者进行着永无休止的争论。他们从托洛茨基派的思想中推出极端的结论,有时是合乎逻辑的,有时是荒谬的,有时则又合逻辑又荒谬。即使托洛茨基的许多理论超出了他们的理解力,他们仍以夸张的形式表达了托洛茨基主义者内心的各种感情。因此,他们偶尔也说出了托洛茨基起初愤慨地反对,只是后来才接受并表述出来的东西。他们批评托洛茨基优柔寡断,并指出对实行党内民主改革的希望是徒劳的(托洛茨基还需五六年才能得出这个结论)。斯米尔诺夫在1928年写道,斯大林领导下的党是一具"散发着臭味的僵尸"。他和他的追随者坚持认为,斯大林是1923年就已经露头的俄国热月政变获胜的领袖,是全体富农和私有者的真正领导人。他们把斯大林体制斥为一种"资产阶级民主"或"农民民主",认为只有一场新的无产阶级革命才能推翻它。斯米尔诺夫写道:"1923年党内民主

---

① 几乎同时,拉狄克也给瓦尔金写了一封信,此信与索斯诺夫斯基的信形成了有趣的对照。当时是5月,拉狄克刚刚开始产生妥协情绪。他也指责瓦尔金,但语气和缓,并且抱着同情的态度,远没有认为投降是"道义上的死亡"。拉狄克和索斯诺夫斯基的信存于托洛茨基档案。

② 参见丁格尔施泰特1928年7月8日致托洛茨基的信,存于托洛茨基档案;另见他在8月22日致拉狄克的信。

和整个无产阶级民主的消灭已被证明仅仅是农民—富农民主发展的序幕。"① 萨普龙诺夫认为,"各资产阶级政党在俄国已经合法地建立起来了",而说这话是在 1928 年!② 他们这样指控斯大林复辟资本主义,恰恰是在他打算消灭农村私有经济这个俄国资本主义主要的潜在温床之时;他们指控斯大林赞成资产阶级多党制,也恰恰是在他把一党制推向极端并把自己确定为它的唯一领袖之时。这是不折不扣的堂吉诃德式的做法。在托洛茨基身上也能找到这样的因素,只不过他的现实主义和自律制约着它罢了。但是,弗拉基米尔·斯米尔诺夫和萨普龙诺夫和他们的追随者却丝毫不受这样的限制,狂热地与斯大林的"富农民主"这架风车搏斗;而托洛茨基的某些不理智的年轻追随者却也被吸引加入其中,尤其是在 7 月里"左倾方针破产"之后,一时给这架风车造成敌人进攻这一极其虚幻的假象。③

在反对派面临歧路之时,托洛茨基尽一切可能防止它的崩溃。他认为这些分歧是反对派中两代人之间的冲突,即"父与子"之间的矛盾,前者过于成熟并承受着知识和经验的重负,后者却充满了纯真的热忱和勇猛。他本人对二者都表示同情,对二者都很理解,同时又为他们担心。他对拉狄克和普列奥布拉任斯基有种预感;他在他们的情绪和论证中发现了可能把他们引向投降的苗头。但是他小心地不去疏远他们。他准许他们怀疑,保护他们免遭狂热的托洛茨基主义者的攻击。托洛茨基耐心地、但却坚定地与他们两人辩论。他承认,他们对左倾方针与国内形势变化的评价有道理,但请求他们不要得出过于轻率的结论和夸大与斯大林主义真正妥协的机会。同时,托洛茨基竭力约束另一方面的极端分子,告诉他们,他们对反对派的前途过于乐观最终将导致失望;他们不要以为安抚富农的最新尝试是"斯大林的遗言",不要相信继之而来的只能是斯大林体制的"不可避免的垮台"。托洛茨基认为前景要复杂得多:要想断定目前沸腾局面的结局是不可能的。虽然他也说过"党还会需要我们的",但他远不如索斯诺夫斯基那样深信"召回托洛茨基将轰动整个世界,这一天

---

① 摘自一篇民主集中派的文章《在列宁的旗帜下》,托洛茨基认为作者是斯米尔诺夫,托洛茨基档案。
② 参见萨普龙诺夫 6 月 18 日致其一位不知名朋友的信中的陈述,存于托洛茨基档案。
③ 托洛茨基把赞成弗拉基米尔·斯米尔诺夫及萨普龙诺夫的观点的人描述为反斯大林主义的无知狂人,但是他赞成与拉法伊尔、柯秀尔、德罗布尼斯和鲍古斯拉夫斯基这类更温和的民主集中派合作。参见他于 1928 年 9 月 22 日写的那封有关民主集中派的传阅信,存于托洛茨基档案。

就要到了"。①

他力图在"为党内改革进行持久而不调和的斗争"这种基础上保持反对派的统一。他坚决拒绝"与斯大林主义接近的幻想"这一立场受到年轻的不妥协者的欢迎,另一方面,他对党内改革的强调又使他与妥协派建立起联系。他反对民主集中派对党的"完全消极否定的立场",同时尽量抵制老一代反对派沉湎于其中的对党的怀旧迷恋、潜在的孤立感和自暴自弃。他试图重新唤醒他们的使命感,使他们坚信:即使在流放之中,他们也仍代表着沉默的工人阶级,他们所说的一切也是有意义的,工人阶级和党迟早会听到他们的话。他补充说,这种信心不应该导致反对派自吹自擂、狂妄自大,尽管只有反对派始终不渝地捍卫马克思列宁主义的立场,但它绝不能忽视它的对手而把他们看成废物,它也绝不能以为列宁的党所遗留下来的仅仅是几个反对派成员。反对派揭露党的"官僚蜕化"虽是正确的,但同时要有分寸感,因为有"各种程度的蜕化",何况党内仍有许多未腐化的和坚定的党员。"斯大林的地位不仅仅有赖于党的机关的恐怖措施,还取决于部分布尔什维克工人对他的信赖和半信赖。"反对派不应与这些工人失去联系——它必须做他们的工作。②

托洛茨基煞费苦心的调停并不总是能被很好地接受。极端分子继续就他对妥协派的宽容而吹毛求疵,同时,普列奥布拉任斯基和拉狄克却指责他纵容那些托洛茨基主义者的"民主集中派立场",后者把反对派看做是一个新党而不是旧党的一派。派别间的隔阂逐渐增长。但只要托洛茨基仍在阿拉木图并从那里施加影响,只要斯大林因其政策仍摇摆不定而没有进一步加深反对派的困境,托洛茨基就能成功地防止其各派支持者的分歧扩大和反对派的崩溃。

在这样艰难的条件下,托洛茨基得到了拉柯夫斯基有力的精神支持。他们之间久经考验、坚如磐石的友谊愈加牢固,他们之间感情更加深厚,更加亲密无间,在思想上更加一致。拉柯夫斯基也曾身居要职,曾是乌克兰布尔什维克政府首脑和外交官,现在被放逐到阿斯特拉罕,在地方计委任低级行政官员。在拉柯夫斯基与托洛茨基之间的书信往来以及一些目击报告中所表现出的他那坦然平静地承受着命运考验的态度和他在流放中的脑力工作的紧张程度与宏大

---

① 参见托洛茨基1928年8月30日致"B. Д."(埃尔津?)的信。
② 参见他论反对派与民主集中派分歧的传阅信(1928年11月11日)以及讨论同一问题的其他信件(7月15日、8月20日、10月2日、11月10日)。

的规模给人们留下了深刻印象。① 他把圣西门和安凡泰（Enfantin）的著作、许多法国历史学家论述法国大革命的著作、马克思恩格斯著作、狄更斯的小说和俄国文学经典作家的作品放在手提箱里带到阿斯特拉罕。在他被流放的头几个星期中，他特别喜欢阅读塞万提斯的作品。他在给托洛茨基的信中写道："在目前这种情况下，我重读了《堂吉诃德》，它使我感到巨大的满足。"他在怀念故乡多布罗加时就重读奥维德的作品。他关心阿斯特拉罕地区的经济规划工作，因此勤奋地研究里海草原的"地理剖面图"。在对托洛茨基叙述自己的工作时，他大量引用了但丁、亚里士多德的名言。但他最热衷于从事的是重新研究法国革命史②，他还撰写了一本书《圣西门传》。他向托洛茨基讲述自己工作的进展情况，并向后者复述圣西门有关俄国和美国是未来的两个敌对的巨人这一预言［这个预言不如托克维尔（Tocqueville）后来做的同类预言那样知名，但更独特］。他虽然抱怨年龄不饶人，记忆力和想象力都逐渐衰退（拉柯夫斯基被流放时已年满55岁），但仍"十分勤勉地工作！"他以慈父般的温情劝告托洛茨基不要把精力和才干仅仅浪费在眼前的事务上："对你极为重要的是，你也应该选定一个类似我的圣西门那样的宏大课题，它能促使你以一种新眼光看待许多问题，从一定的角度重读许多东西。"③ 拉柯夫斯基为托洛茨基搞到了一些阿拉木图所没有的书刊杂志。他与托洛茨基在莫斯科的孩子们保持联系，分担着这个家庭的不幸。托洛茨基反对妥协派和激进派的斗争都得到了他在政治上的支持，在反对派的所有领导人之中，赫里斯季安·格奥尔吉耶维奇·拉柯夫斯基是托洛茨基最依恋的一个。④

　　拉柯夫斯基的政治品质在很多方面与托洛茨基的政治品质不同。当然，拉柯夫斯基不具备托洛茨基那样的思想力量、热情、雄辩才能和蓬勃的精力，但他头脑清醒，思想深刻，或许还更擅长哲学抽象思维。尽管拉柯夫斯基忠于反对派，但并不是它的狂热分子，因为他看事物的视野更开阔，超越了反对派的

---

① 路易·费舍曾在阿斯特拉罕拜访过拉柯夫斯基，他说，他看到地方当局让拉柯夫斯基为一个美国旅游团当翻译。拉柯夫斯基面容憔悴，疲惫不堪。当翻译结束时，一位美国游客想给他小费，他以礼貌的手势半正经半幽默地拒绝了。

② 拉柯夫斯基任驻法国大使时，为鼓励苏联历史学家研究法国大革命的档案材料做了很多工作，他本人对法国大革命十分感兴趣，在他带到流放地并且十分珍爱的书籍中有奥拉尔的著作《法国革命政治史》，此书是作者赠给他的。

③ 参见拉柯夫斯基1928年2月17日致托洛茨基的信，载《反对派通报》第35号。

④ 托洛茨基将其著作《文学与革命》一书献给"赫里斯季安·格奥尔吉耶维奇·拉柯夫斯基，战士、人和朋友"。

第六章 阿拉木图一年

当前目标和策略的框架。他坚信反对派的正确，坚信它的正确性最终会得到证明，但对它获得政治成功的机会却没有多大信心。他站在远处打量着革命的宏大画面，清楚地领悟到贯穿其中并影响所有敌对派别的那个悲剧旋律。这旋律就是："革命胜利后，革命政党的瓦解是不可避免的。"

拉柯夫斯基在《致瓦连廷诺夫的信》中发挥了这一思想。1928年夏天，这篇随笔在托洛茨基派成员的流放地引起了骚动。① 拉柯夫斯基问道，如何解释在布尔什维克党中出现的深不可测的邪恶与道德沦丧？而这个党却是由最正直、最忠诚和最勇敢的革命家组成的，仅仅指责执政派和官僚集团是不够的。更深刻的原因在于"革命后群众的冷淡和获胜的工人阶级的麻木"。托洛茨基曾指出，俄国的落后、工人阶级人数不多、孤立以及资本主义的包围是造成国家和党的"官僚主义蜕化"的主要因素。在拉柯夫斯基看来，这个解释是正确的，但不充分。他争辩说，即使在最先进的和全面工业化的国家，甚至在由清一色工人组成的并且只被社会主义国家环绕的国家，群众在革命后也会陷入消沉而冷漠起来，放弃缔造自己生活的权利，使专横武断的官僚得以篡权。他宣称，这是任何获胜的革命所固有的危险，它是执政的"职业风险"。

通常，在革命和内战之后继之而来的是革命阶级的社会分化。法国第三等级在战胜旧制度后解体了。它自身内部的阶级对抗，即资产者和无产者的冲突破坏了它的统一。由于其成员的"职能专业划分"，其中一部分人成了新的统治者，另一些仍是被统治者，因此，即使由同一阶级组成的集团也会解体。"职能调整其机构使之适应自己并改变它。"由于第三等级的解体，革命的社会基础缩小了，权力掌握在更少数人的手里。任命制取代了选举制。甚至在热月政变之前这一过程就发展得很远了。罗伯斯庇尔加速了这一过程，尔后又成了它的牺牲品。最初，处于饥饿和贫穷中的人民的愤激使雅各宾党不能把革命的命运交付于全民表决，后来，雅各宾党的专政和恐怖统治把人民驱向政治上的冷漠，这使热月分子得以消灭罗伯斯庇尔和雅各宾党。在俄国，在工人阶级的"机体和生理中"也出现了类似的变化，并导致了类似的结果：选举制被取消，权力集中在少数人手中，任命制、等级制代替了代表机构。布尔什维克党也分解为统治者和被统治者；它解体了；其性质发生了极大的变化，因此，"1917年的布尔什维克到1928年时已变得面目全非了"。

---

① 指1928年8月2日的信件文本，存于托洛茨基档案。瓦连廷诺夫曾任《劳动报》主编，后来被打成托派分子而遭流放。

极度深重的冷漠仍在麻痹着工人阶级。与托洛茨基的观点不同，拉柯夫斯基并不认为是工人的压力迫使斯大林推行左倾方针的。这是一种从上面推行的官僚操作。基层党员没有表现出丝毫首创精神，并不怎么热衷于捍卫自己的自由。拉柯夫斯基提到巴贝夫于1794年说过的一句名言："教育人民热爱自由比赢得自由更困难。"巴贝夫发出战斗的号召是："自由加普选制的公社！"但是他的号召根本没人理睬。法国人"忘记"了自由。还需要从1793年到1830年长达37年的时间，法国人才重新学会要求自由、抛弃冷漠并投入新的革命。拉柯夫斯基没有明确提出藏在他心中的问题：俄国群众恢复他们的政治生命力和能量还需要多久？但是他的论据却暗示，俄国的政治复兴只能出现在相对遥远的未来，要经历许多重大的社会变化，要等工人阶级成长壮大、重新团结一致、从无数的打击和失望中恢复过来之后。他"承认"他从未指望反对派会迅速获得政治上的胜利，他总结说，反对派应把自己的力量主要集中在对工人阶级的长期政治教育上。拉柯夫斯基说，在这方面反对派做得不多，也不想做得太多，尽管它比执政派做得要多，应当记住，"政治教育果实的成熟期是极其漫长的"。

其言外之意是：反对派即便有对当代事件进程施加影响的机会，那也是微乎其微的，尽管它可以满怀信心地等待最后的平反，可能是死后的平反。拉柯夫斯基形象生动地描绘出反对派的主要困境：它被夹在道德败坏、背信弃义、专横残暴的官僚与无动于衷、消极冷漠的工人阶级之间。他强调说："我以为，指望在官僚集团统治基础上进行任何党内改革都是极不实际的。"他预言在今后许多年里也不会出现来自群众的复兴运动。由此可以得出结论（虽然拉柯夫斯基没有说出此话），可能在几十年里，现有的官僚集团依靠人民的支持有效地反对反对派集团。因而，它不可能在党和国家的进化过程中起任何实际作用，它已被过早地从当今苏联社会改造的伟大历史进程中排除出去了。它只有指望主要在思想领域中为未来工作。

拉柯夫斯基《致瓦连廷诺夫的信》所隐含的这一结论在一定场合可以满足狭小圈子中的理论家和思想家，但它对任何政治运动都意味着死刑判决。拉柯夫斯基以其冷静、深邃的洞察力沉着地看待革命的进程和反对派的前途。对于读过《致瓦连廷诺夫的信》的几千名反对派成员来说，是不能期望他们也具有这份超然与沉着的。不管他们是工人还是知识分子，他们都是革命实干家

第六章 阿拉木图一年

和斗士,都热切地关注着自己斗争的直接结果,关注着震撼并塑造他们国家的剧变。他们加入反对派就是参加政治运动,而不是参加哲学家和思想家的聚会,而且他们希望反对派在一场政治运动中获得胜利。甚至最英勇、最忘我的叛逆者和革命者也往往是为了他们相信自己这一代就能在某种程度上实现的目标而战斗的,只有极少数杰出人物和思想家才能为自己身后的历史嘉奖而斗争。

大多数反对派成员曾努力为巩固苏联经济中的社会主义成分、促进工业化、复兴国际主义精神和在一定程度上恢复党内自由进行过斗争。他们不肯相信这些目的对他们来说是不能实现的。他们已经发现仅凭自己的努力无法实现这些目标,他们必须或是求助于群众,或是求助于官僚集团。但他们不能接受那种观点,即求助哪一方都同样枉然。为了谋求政治上的存在,他们不得不相信:或是群众迟早会起而反对官僚集团,或是官僚集团出于其本身的需要而完成反对派坚持的许多改革。那些激进的托洛茨基主义者把目光转向群众,而妥协派则把目光转向执政派或它的某一部分。这两个希望都是幻想,只不过程度不同。在这个国家中没有任何有利于反对派目标的自发群众运动的迹象。不过,官僚集团显然处于动荡之中,它在诸如工业化和农民政策等问题上产生了对立。妥协派看到,在这些问题上,毕竟斯大林派更接近反对派,而这一点鼓励了他们,他们指望斯大林派在其他方面也会更接近他们。官僚集团是唯一表现出有效的社会首创精神的力量这一事实使人产生这样一种希望:官僚集团或许还会恢复党内民主。但这一可能性是如此渺茫、难以指望,因为总的来说,党内自由和无产阶级民主在很长一段时间内都将是空想。

托洛茨基对拉柯夫斯基的观点产生了深刻的印象,并把这些观点介绍给反对派。但是,他似乎没有意识到其中某些更深刻但比较悲观的含义。在托洛茨基身上,超然的思想家和积极的政治领袖现在正处于冲突之中。思想家同意这种分析的结论,即反对派作为一种政治运动实际上已经失败;领袖则对这一结论不屑一顾,更谈不上接受它了。理论家能够承认,俄国如同当年的法国一样"忘记了自由",而且很可能直到新一代登上政治舞台后才能重新学会要求自由。实干家则必须从自己的头脑里赶走这种前景,并力图给自己的支持者们指出一个实际目标。思想家可以超越自己的时代并为后代的裁决而工作。反对派的领袖则必须回到自己的时代并生活在其中,还要和自己的支持者一起相信,他们在这个时代中起着伟大的建设性作用。身兼思想家和政治领袖的托洛茨基不愿脱离世界而去孤立地考虑他的国家。他始终坚信，布尔什维克最糟糕的困境在于他们的孤立，革命向其他国家的传播有助于苏联各民族人民比他们在其他情况下更早地重新学会要求自由。

* * *

1928年夏末，莫斯科的托洛茨基派秘密组织把令人吃惊的消息传送到阿拉木图。消息中的详细证据表明斯大林准备恢复左倾方针，斯大林派与布哈林派已经决裂，而且不可挽回。此外，来自莫斯科的消息还证实，无论是布哈林派还是斯大林派都在考虑与反对派结盟，两派已经开始为获得托洛茨基派和季诺维也夫派的支持而竞争。召回托洛茨基的时候似乎终于就要到来了。

莫斯科的托洛茨基派与加米涅夫保持着紧密的联系，后者将自己与索柯里尼柯夫在中央委员会7月全会上的谈话告诉了他们。索柯里尼柯夫当时还是中央委员，他算是半布哈林派成员半季诺维也夫派成员。看来他对建立反斯大林中间派的左右翼联盟抱有希望，而他本人愿意充当中间人。他对加米涅夫讲述道，斯大林在中央委员会的会议上夸口说，他在反对布哈林派的斗争中很快就会得到托洛茨基派和季诺维也夫派的支持，他们"已是他的囊中之物"。布哈林惊恐万分，他通过索柯里尼柯夫恳求左派反对派不要帮助斯大林，甚至建议进行反斯大林的联合行动。但是在7月中央全会结束时，布哈林取得了表面的胜利，或毋宁说他与斯大林达成了和解。不过他们很快又发生了冲突；于是布哈林与加米涅夫秘密会面，索柯里尼柯夫也在场。布哈林对加米涅夫说，他和斯大林都将被迫求助于左派反对派，试图与它结盟。布哈林派和斯大林派对于向宿敌求援尚存畏惧，但两派都知道，这一进程"在两个月之内将是不可避免的"。布哈林说，无论如何可以肯定，被开除和流放的反对派很快就会被召回莫斯科并恢复党籍。①

---

① 莫斯科的托洛茨基派的报告存放在托洛茨基档案中。有关索柯里尼柯夫与加米涅夫谈话的叙述写于1928年7月11日，有关布哈林与加米涅夫会见的叙述写于1928年8月11日。有关托洛茨基派与加米涅夫会见的叙述写于9月22日。几个月后，关于加米涅夫与布哈林谈话的叙述在莫斯科的托洛茨基派中秘密传开时，正值托洛茨基被驱逐出俄国。

第六章 阿拉木图一年

　　加米涅夫将他与布哈林会晤一事详细告诉了季诺维也夫，季诺维也夫当时正在沃罗涅日处于半流放中。这番叙述向我们再现了当时的场面及其特有的情调和气氛。与加米涅夫和索柯里尼柯夫秘密会晤的布哈林和仅七个月前在党的第十五次代表大会上帮助扼杀反对派的那个布哈林已判若两人。在他身上，昔日的自信和自鸣得意已踪迹皆无，当时他曾嘲笑加米涅夫"投靠托洛茨基"，斯大林对他大加赞赏，说他不是在与反对派领袖"争论"，而是"宰杀"他们。如今，他悄悄地来到加米涅夫的住宅，胆战心惊、面色苍白、浑身颤抖、东张西望，连说话都压低了嗓门。谈话开始时他请求加米涅夫不要对任何人讲他们会面的事，甚至在信函和电话中也不要提起，因为他们两人都在格别乌的监视之下。他来"投靠"昔日的政敌时精神已经崩溃，而后者自己的士气也已经垮了。布哈林由于惊慌失措而语无伦次。他不提斯大林这个姓，只是像疯了似的一个劲儿地说："他会杀死我们"，"他是新成吉思汗"，"他会把我们都掐死"。布哈林留给加米涅夫的印象是"注定要毁灭的人"。

　　布哈林断定领导层的危机是政府与农民之间的冲突所导致的。他说，仅上半年，格别乌就不得不镇压了150起遍布全国的自发农民暴动，这是斯大林的非常措施把农民逼上了绝路。7月，中央委员会万分恐慌，斯大林只好假装退让：他暂时取消了非常措施，但他这样做只是为了麻痹布哈林派，从而更好地准备新的进攻。从那以后，他成功地把同情布哈林派的伏罗希洛夫和加里宁争取到了自己一边，这使他在政治局中成了多数。布哈林说，现在斯大林准备对私有农业发起总攻，他接受普列奥布拉任斯基的思想，证明社会主义只有靠"剥削"农民才能在俄国进行原始积累，因为与早期资本主义不同，它不能靠剥削殖民地和借助外国贷款而发展。斯大林由此得出结论（即布哈林称之为"愚蠢无知"的结论）：随着社会主义的发展，民众的反抗也愈强，只有"坚强的领导"才能粉碎这种反抗。布哈林评论说，"这意味着警察国家"，但"斯大林将无所不用其极"，"他的政策正把我们推向内战，他必将把反叛淹没在血泊中"，"他将指控我们是富农的保护者"；党正面临着深渊；如果斯大林赢了，那就没有丝毫自由可言。然后又是："他会杀死我们"，"他会掐死我们"，"罪恶的根源就在于党政不分"。

　　正是在这种情况下布哈林决定求助于左派反对派，他认为昔日的分歧大部分都已经失去了意义。他对加米涅夫说："我们与斯大林的分歧比起与你们的分歧要远为严重。"现在生死攸关的问题已不是一般的政策分歧，而是捍卫党和国家的问题，是所有反斯大林者起而自卫的问题。布哈林知道，虽然左派反对派支持反富农的政策，但它并不愿意采取斯大林所采取的那种轻率的、血腥的手段。在任何情况下，思想对斯大林来说都是无所谓的，"他是个无原则的阴谋家，使一切都服从于他的权力欲……他一心只想报复……背后下毒手……"因此，斯大林的反对者们不能再让昔日的思想分歧妨碍他们携手自卫。

布哈林急于鼓励潜在的伙伴，就列举了他认为准备反对斯大林的所有组织和有影响的人物。他说，工人对斯大林的仇恨已经公开化了：有一次，喝醉了的托姆斯基附在斯大林的耳边低声说："我们的工人很快就会朝您开枪，肯定会的。"基层党员对斯大林无原则这点十分不满，当推行左倾方针时，他们问："为什么李可夫仍是人民委员会主席，而托洛茨基却被流放到阿拉木图？"布哈林断定，罢免斯大林的"心理条件"尚未成熟，但正在成熟。确实，斯大林把伏罗希洛夫和加里宁争取过去了；奥尔忠尼启则开始仇恨斯大林，可惜他不够勇敢；但是安德列耶夫、列宁格勒的那些领导人（基洛夫是否在其中？）和亚戈达（Ягода）与特里利谢尔（Трилиссер）这两位格别乌的主要副手加上其他一些人都准备转而反对斯大林。尽管布哈林断言这两位格别乌领导人都站在他一边，但他说到格别乌时仍不免谈虎色变，因此他那番关于他可以调动起反斯大林力量的话并不能让他的对话者信服。

几个星期后，莫斯科的托洛茨基派将他们与加米涅夫最后一次会晤通报给阿拉木图。"斯大林要跟左派反对派讲和了"，加米涅夫对此深信不疑，因此他告诫季诺维也夫不要急于响应斯大林的呼吁，以免损害他们的地位。他坚信圆满的结局即将实现；他"与托洛茨基一致"认为，斯大林的政策不仅激起了富农的反抗，也激起了所有农民的反抗，局势紧张到了爆炸的边缘。因此，党的领导层的人事变动是不可避免的，"甚至在今年年底就会出现"。但是，加米涅夫恳求托洛茨基采取行动，使他回到党内更容易些。"列夫·达维多维奇现在就应当发表声明说：'让我们回来，让我们共同工作。'但是列夫·达维多维奇太固执，他不会发表这样的声明。若不派专列去接他，他会一直呆在阿拉木图。然而，到了他们真正下决心派出专列的时候，局势就将不可收拾

第六章　阿拉木图一年

了，克伦斯基就会站在大门口了。"①

但是，斯大林并没有像加米涅夫预料的那样直接提出建议。相反，他多次意味深长地暗示和解的可能，而且他确信这些暗示会以迂回的方式传到托洛茨基的耳中。他对一位亚洲国家的共产党人这样说，他承认，即使在流放中，托洛茨基及其追随者也与民主集中派不同，仍坚持"布尔什维克的思想立场"；而他，斯大林，他一心想的就是一有机会就让他们回来。斯大林的亲信们，特别是奥尔忠尼启则，已公然谈论托洛茨基复出之事。在共产国际第六次代表大会上，外国代表团被告知，应该认为斯大林与托洛茨基联盟是可能的甚至是必然的。②

危机感这时已从俄国共产党传染到了共产国际。尽管有表面上全体一致和形式上的热情，共产国际第六次代表大会对斯大林和布哈林共同主管的共产国际事务仍感到失望。经审查删改过的托洛茨基针对新纲领写的批判书在大会上传阅开来，按托洛茨基的通信人的说法，它对大会产生了影响。③ 甚至外国共产党领导人中那些公认的狂热的斯大林主义者在私下交谈时，也对斯大林强加给共产主义运动的教条和仪轨表示十分厌恶。有人告发陶里亚蒂 - 埃尔科利（Togliatti - Ercoli），说他抱怨大会工作不切实际、是"无聊、可悲的炫示忠诚的表演"和他对俄国领导人的傲慢态度的不满。据说他这样讲："绝望得真想上吊。悲剧在于你在当前最重要的问题上不能说真话。我们不敢说话……"陶里亚蒂发现托洛茨基的批判书"非常有意思……对一国社会主义作出了非常敏锐的分析。"法共领导人多列士（Thorez）描述这次代表大会的情绪是"不安、不满和怀疑的"；他也非常赞成托洛茨基对一国社会主义理论的批判中的许多观点。他问道："为什么要强迫我们接受这个理论？"即使俄国共产党需要与托洛茨基主义作斗争，它也不应接受斯大林的教条。他称共产国际的蜕化到了"令人忍无可忍的地步"。对大会隐瞒斯大林与布哈林之间的冲突是不可能的，因此，那些受信任的外国代表预先得到通告，在与布哈林彻底决裂的情况下，斯大林可能认为与托洛茨基建立联盟是可取的或必要的。

---

① 加米涅夫对托洛茨基攻击投降派不满；尽管如此，他和季诺维也夫仍为托洛茨基的利益与布哈林和莫洛托夫交涉，抗议他们仍把托洛茨基留在其条件有损于他健康的流放地。

② 参见托洛茨基档案中一封没有标明日期、题为"大会的筹备工作"的信及其他寄自莫斯科的没有标明日期的信。

③ 美国共产党从俄国带出来的批判书正是这个版本，于1928年在美国发表。

多列士,法国共产党领导人,曾当选共产国际执行委员会委员和主席团委员

在8—9月间,类似的消息通过许多渠道陆续传到阿拉木图。无疑,斯大林本人一直有意让人相信,他赞成马上召回托洛茨基。其中部分是欺骗,是兵不厌诈。斯大林暗示与托洛茨基讲和,主要是为了恫吓布哈林和李可夫,迷惑托洛茨基派,使其中的妥协派更急于妥协。但是,斯大林并不仅仅是在虚张声势。对于他与布哈林、李可夫和托姆斯基最后较量的结果和他在国内危机的压力下同时对付左、右两个反对派的能力,他还没有十分的把握。为使两个反对派屈服,他不厌其烦地做工作;但只要他还没有完全获得成功,他就不能不把门留出一条缝隙,以便和其中一派联合。由于他的地位已经远比布哈林的牢固得多,所以他用不着提出直接的建议。但他继续放他的试探气球,观察托洛茨基及其同志们的反应。

托洛茨基对其中某些事件早有思想准备。但是有一些事件也出乎他的意料。城乡冲突重新爆发,而且到了如此危险的程度,斯大林与布哈林决裂,他的某些对手和投降派重新把目光投向他,这些都在托洛茨基的预料之中。他当时仍倾向于认为,斯大林集团不可能自救,而且将被迫求助于左派反对派。他曾一再非常正式地庄重声明,在目前这种情况下反对派将"履行自己的职责",不拒绝合作。他现在再次重申这一保证。但是他补充说,他蔑视任何"与官僚主义的同流合污":他不愿为他在政治局的地位而作幕后交易,也不会满足于陷入困境的斯大林在对党的机关的控制上分给他一杯羹。他声明,他和他的同志只能是在完全恢复言论自由和批评自由的无产阶级民主的条件下重回党内,而且是在这样的情况下,即党的领导的产生应该通过普通党员不具名投票选举的方式,而不是通过秘密会议上派别斗争的狡诈手段。①

斯大林的处境尽管困难,但还没有绝望到只能接受托洛茨基的条件的地步。托洛茨基却在等待斯大林的处境进一步恶化,那时,斯大林派的大多数人可能会或者和领导一起或者在甩掉领导的情况下按他的条件寻求联合。由于事关原则和自身利益,他不考虑其他任何条件,根据他的全部经验,他不相信"机关"的仁慈。

况且,托洛茨基正面临着出乎预料的事件转折。他几年来从未停止谈论"来自右派的危险",警告党应提防富农的保护人和热月分子。他准备与斯大林结成"统一战线"反对布哈林。但现在,正是布哈林恳求左派反对派与他联合反对共同的敌人和迫害者——斯大林。当布哈林胆战心惊地嗫嚅着"他会掐死我们","他会杀死我们"时,托洛茨基不能把它仅看成是吓破胆的人的病态想象而不屑一顾。他本人也反复谈到"革命的掘墓人"正策划对党的一场屠杀。当然,布哈林的转变太晚了,因为他已经帮助斯大林镇压了反对派,消灭了党内自由。但在斯大林的对手中,他并不是第一个这样做的人。季诺维也夫和加米涅夫的行径同他如出一辙,而这并没有妨碍托洛茨基与他们联合。那么,他要不要推开布哈林伸过来的手呢?如果说斯大林从托洛茨基的书中剽窃了一页,即左倾方针,那么布哈林则拿了另一页,他以无产阶级民主的名义求助于左派反对派。托洛茨基进退维谷:如果他对布哈林的求援充耳不闻,那就否定了他本人的一个原则;如果他同意布哈林的请求,则破坏或使人觉得他在破坏他的另一个原则,而正是出于这一原则,他有责任支持左倾方针。

为了寻找出路,他对斯大林的左倾方针采取了更慎重的立场,而且也不那么强调反对派对它的支持了。这除了布哈林的靠拢外,他还有自己的理由。他在苏联各地的追随者在给他的信中都谈到了斯大林在春天和夏初在全国搞的恐

---

① 参见托洛茨基致 C.A. 的信(1928年8月20日)。

怖活动和对待中农甚至贫农的"骇人听闻的残忍行为"。官方试图推卸责任，对人民说是托洛茨基派和季诺维也夫派的压力促成了反农民运动。所有迹象表明，斯大林一旦重新推行左倾方针，必将导致血腥的灾难。托洛茨基预先拒绝对此承担任何责任。1928年8月，距开始"消灭富农"约有一年，他给其追随者写信说，尽管反对派决定支持左倾方针，但他从未建议采取斯大林那种方式对待农民。反对派赞成对富农征收更高的税、国家对贫农的扶持、公正地对待中农、鼓励自愿的集体化，但不赞成那种主要靠行政力量和残酷打击的左倾方针。在判断斯大林的政策时，"不但必须注意他在干什么，还要注意他怎么干"①。托洛茨基没有建议反对派不要支持左倾方针，但他比任何时候都更强调把支持与严厉的批评结合起来。他坚决反对那些看到斯大林与布哈林决裂和斯大林将要再次攻击富农这一迹象而情绪再度高涨的妥协者。托洛茨基轻蔑地驳回了加米涅夫的试探。他声明，他不会为了"更容易"回到党内而采取任何行动，绝不会乞求迫害者把他召回莫斯科。如果他们愿意这么做的话，那是他们的事。但即使那样，他也不会停止抨击他们，也不会停止抨击投降派。②

这不仅是托洛茨基对加米涅夫建议的答复，也是对斯大林模棱两可、遮遮掩掩的讨好而作的答复。他们之间的和解是不可能的。对布哈林的呼吁，他的反应要友好得多，他在9月12日《与一位善良党员的坦率谈话》的传阅信中表明了这一点。"善良党员"指的是一位布哈林派成员，他给托洛茨基写信询问后者对右翼、今日的右派反对派的态度。托洛茨基回答说，在工业政策和社会政策的重大问题上，他们之间的鸿沟依然存在。但是他补充说，他愿为达到一个目的与右派合作，即恢复党内民主。如果李可夫和布哈林愿意与左派共同努力，旨在筹备通过公正选举的、真正民主的代表大会，他就赞成与他们合作。

这一声明在各流放地的托洛茨基主义者中引起惊讶甚至愤怒。除了妥协派，还有许多其他流放者表示反对，他们提醒托洛茨基：他本人曾多少次将右派与左派以反对中间派为目的的联合称为是无原则的、毁灭性的，说它不只一次导致了革命的失败。难道热月分子不正是雅各宾党中反对罗伯斯庇尔中间派的这种左派与右派的罪恶联盟吗？反对派的全部政策迄今为止难道不都是以在

---

① 参见托洛茨基8月30日致流放到阿克秋宾斯克的"红色教授"兼经济学家帕拉特尼科夫的信。在7月13日致拉狄夫斯基的信中托洛茨基写道，拉狄克和普列奥布拉任斯基认为，斯大林已经向左转，只不过还拖着一条"右倾尾巴"，应劝他丢掉这条"尾巴"。托洛茨基指出，即使真是如此，那也没有意义："猴子就是没有尾巴也不是人。"托洛茨基档案。

② 《致友人书》10月21日。

适当条件下准备与斯大林派结盟反对布哈林派为前提而决定的,而并非相反吗?难道不是托洛茨基本人刚刚不久前还再次庄严地肯定了这一原则并向共产国际保证,左派反对派永远都不会与从右面攻击斯大林的人结盟吗?

托洛茨基回答说,他仍像从前一样认为主要敌人是以布哈林为首的右派而不是以斯大林为首的中间派。他没有在政治问题上建议与布哈林结盟。但他不知道为什么不能为实现一个十分明确的目标——恢复党内自由——而与右派联合。他准备与布哈林谈判,"像决斗者通过助手就他们所应服从的规则和条件进行谈判一样"①。左派所希望的只是在党内民主的原则下与右派辩论,如果右派也愿意的话,那么,为党内民主原则的胜利而与他们合作,将是再自然不过的事了。

这一声明对托洛茨基的追随者来说并没有说服力,他们已经习惯于把布哈林派看成是主要敌人,所以根本不会考虑与后者合作。他们长期以来一直不懈地攻击斯大林派的两面三刀,并视其为右派的同谋,以至于现在一想到他们自己也要成为右派的同谋就惊慌不安。他们同样也不同意托洛茨基的解释,即他向布哈林派建议的仅仅是技术性的合作,就像决斗双方商定决斗规则一样。从一方面来说,这不是决斗,而是一场有三派参加的斗争,在这场斗争中,任何一种两派联合自然是针对第三派的;从另一方面来说,党内民主是政治课题,它本身对所有争论的问题都有影响。左派与右派的联盟尽管其目标有限,但它如果获得成功,必将导致斯大林派的垮台,而且这将是在它开始推行左倾方针之后。左倾方针那时必然会废止,后果将取决于左右两派斗争的难以预料的结局。如果右派获胜,他们肯定会提倡新的新经济政策,而这正是托洛茨基派极为担心的。能进行这种冒险吗?当国家濒临经济灾变和农民骚动时,他们能否让党经受这种考验?在这一过程中,斯大林派可能垮台,但是布哈林派和托洛茨基派却不可能通过民主途径解决他们之间的矛盾,哪里还谈得上什么联合执政。这样,他们可能无意中毁了党,为反布尔什维克力量开辟道路。那时就会真正出现典型的热月政变局面,因为正是备受恐怖折磨的左派与右派结成这样的同盟而导致了罗伯斯庇尔的失败。现在托洛茨基不是正在玩热月政变之火吗?而这些年来不正是他一直在孜孜不倦地告诫人们要警惕这种危险吗?

托洛茨基和反对派陷入了绝境。若说他们还有自救的机会的话,就是应与

---

① 参见《当务之急》(没有标明确切日期),这是托洛茨基对批评者的答复,存于托洛茨基档案。

所有反斯大林的布尔什维克结成最广泛的联盟。但是，他们很难指望通过这种联盟获救，他们有理由担心这种联盟会葬送布尔什维克党。无论托洛茨基还是布哈林都是出于自卫的瞬间反应而考虑暂时联合的，但他们之中谁都无法在这一反应基础下走得更远。两派更关注的不是保护自己而是保护党，再不然就是他们并没有认清他们面临的走不出来的怪圈。无疑，某些领导人还是意识到这点了。加米涅夫在叙述他与布哈林的会晤时说了这样一些不祥的话："有时我对叶菲姆说：'难道我们的处境还不令人绝望吗？如果我们的国家毁了，我们也将跟着完蛋；但若它得救了，可斯大林最终又改变了方针，我们仍难逃脱毁灭的命运。'"在致同志们的一封信中，拉狄克描述他们所面临着的抉择是在"两类政治自杀之间"的抉择：或是彻底与党隔绝，或是放弃自己的信念重回党内。①

　　布哈林在走投无路的情况下提议的结盟和托洛茨基试探性的答复因此而不了了之。布哈林派成员抵制其领袖的建议，正如托洛茨基派成员抵制其领袖的答复一样。他们认为托洛茨基派和季诺维也夫派是主要敌人，而且他们在不久前还指责斯大林是变相的托洛茨基分子（或像布哈林所说的那样，斯大林接受了普列奥布拉任斯基的思想）。在这种情况下，他们怎么能考虑与托洛茨基派结盟呢？他们知道托洛茨基派和季诺维也夫派都暗中对左倾方针抱有好感。布哈林从他与加米涅夫的谈话中肯定猜到了这一点。如果说连在流放中的托洛茨基派都惧怕党会因左右派的联盟而受到打击，那么与执政派有着千丝万缕关系并一直置身其中的布哈林派对这种前景就更加担心了。斯大林暗示，如果他们不老实的话，他本人就将与托洛茨基联合。这使他们胆战心惊，他们决定要老老实实。他们甚至都没有尝试把反对斯大林的斗争公开化——像托洛茨基派和季诺维也夫派当时所做的那样。要是他们这么做的话，他们就会发现，他们当初剥夺了托洛茨基派发表自己意见的自由，同时也剥夺了自己的这种自由。因此，布哈林不能继续靠拢托洛茨基派或响应托洛茨基"有限合作"的想法。

　　这些事件加强了托洛茨基派中妥协者的力量。现在，被流放的反对派领袖中威信最高的三个人——斯米尔加、谢列布里亚科夫和伊万·斯米尔诺夫站到了拉狄克和普列奥布拉任斯基一边。他们争辩说，看来斯大林在7月间要向富农让步时显然并没有做出"他最后的决定"，左倾方针仍在继续。托洛茨基含蓄地承认，左派反对派不应执著于自己光荣的孤立，它应当寻找同盟者；它理

---

① 此信所标日期是9月16日，存于托洛茨基档案。

所当然的同盟者是斯大林派,而不是布哈林派;但这并不表明妥协派应该因斯大林整右翼反对派的方式而欢欣鼓舞。斯米尔加写道:"今天政权打击布哈林就像它当初打击列宁反对派一样,扼杀(布哈林派)也是背着党和工人阶级干的。"但是"列宁反对派并没有因此而在政治上同情右派",它的口号仍是"打倒右派!"① 这是托洛茨基在夏季提出的口号,但并不是秋季的。他与妥协派之间的关系开始变得紧张和敌对起来。他几乎中断了与普列奥布拉任斯基的联系,与拉狄克的通信也已剧减,而且充满了谴责。拉狄克抗议托洛茨基对季诺维也夫、加米涅夫和其他投降者的讽刺攻击。拉狄克写道:"认为他们仅仅是出于怯懦而投降,那是十分可笑的。今天反对投降但第二天就同意投降的人一批接一批,而且这种情况接二连三地发生。这一事实表明,我们遇到的是原则的冲突而不是单纯对镇压的恐惧。"② 无疑,投降者的所作所为是政治自杀,但拒绝投降同样也是政治自杀。剩下的唯一希望是,党内进一步变动以及朝左的进一步演化会净化空气,使左派反对派体面地回到党内。

拉狄克对季诺维也夫和加米涅夫的动机表示谅解,同时在他的同志们中散发旨在反对不断革命论的长篇文章。③ 但是他没有把文章寄给托洛茨基,后者是通过别人从莫斯科搞来的。托洛茨基在致拉狄克的充满讽刺意味的答复信中附上了拉狄克本人过去捍卫托洛茨基主义的作品,说他(拉狄克)可以在其中找到对他自己最新论点的最好答辩。④ 托洛茨基当时并没有猜疑拉狄克想投降,而是相信拉狄克的幽默感和他那欧洲马克思主义者的思维习惯会使他无法接受"拜占庭"式的忏悔仪式。托洛茨基仍然喜欢和欣赏这个人,他把拉狄克的行为归结为"情绪",并继续在那些年轻多疑的不妥协派面前保护拉狄克和普列奥布拉任斯基。⑤

---

① 摘自斯米尔加的《联共(布)右派的立场》(1942年10月23日),此文旨在评论布哈林的文章《一位经济学家的札记》,该文刊登在10月23日的《真理报》上(这是布哈林反对左倾方针的唯一公开声明)。斯米尔加同时还在写一部论布哈林及布哈林主义的著作,但不知完成没有。
② 参见拉狄克10月16日致同志们的传阅信。
③ 文章题为"无产阶级专政口号的发展及意义"(该文至今未公开发表),存于托洛茨基档案中。托洛茨基撰写了《不断革命论》一文作为回答,这是他从思想与历史的角度为他的思想所作的最详尽的辩护。
④ 参见托洛茨基10月20日致拉狄克的信,存于托洛茨基档案。
⑤ 甚至在几个月后,1929年5月底,已被驱逐到王子群岛上的托洛茨基在初次得到拉狄克投降的消息时根本不相信。他写道:"拉狄克干了25年的马克思主义革命工作……他能否加入斯大林派是很值得怀疑的。起码他无法和他们站在一起,因为他毕竟是个马克思主义者、国际主义者。"存于托洛茨基档案。

被解除武装的先知：托洛茨基 1921—1929

即使在这时，所有的反对派成员不论是妥协派还是不妥协派都仍然认为托洛茨基是他们无可争议的领袖。他们对他的感情最充分地体现在一封抗议信中，此信恰是拉狄克本人在10月份寄给中央委员会的，当时流放者们得知托洛茨基健康恶化的消息都感到极度不安。

（拉狄克写道：）托洛茨基的疾病使我们忍无可忍。当疟疾摧毁这支十月革命的利剑、这个将其一生献给工人阶级的战士的力量时，我们不能再对此保持沉默。如果派别利益消除了你们对共同战斗的记忆的话，那么听听理智与平易的事实之声吧。苏维埃共和国与之斗争的危险与日俱增。……只有不理解为战胜这些危险需要什么的人，才会对列·达·托洛茨基战斗的心脏这样慢慢地死去而无动于衷。但我相信，在你们之中有不少人为明天而感到恐惧……奉劝你们停止对托洛茨基同志的健康和生命玩弄这种毫无人性的把戏吧！①

* * *

自夏季以来，托洛茨基的健康确实恶化了。他再次受到疟疾、剧烈的头痛和终身折磨着他的慢性胃病之苦。得到有关托洛茨基健康恶化的消息，流放者的大批信件和电报纷纷涌来，对他进行慰问并对莫斯科表示抗议。某些流放者急于采取更激烈的保卫托洛茨基的行动，并计划进行集体绝食。托洛茨基费了不少力气才说服他们放弃这种极端的决定。他在发往各流放地的信中写道，没有任何必要为他的健康担心，它还没有坏到影响他工作的地步；更广泛地推广反对派已经进行的抗议是可取的，但如果采取极端措施则太冒失了，因为它只能使参与者的命运更加恶化。②

秋天，在托洛茨基的头上聚起了新的乌云。从10月开始，他再也收不到朋友和支持者的来信了。他只能收到那些准备背叛反对派的人的信件。检查机

---

① 引自《战斗报》1929年1月1日。
② 例如，在1928年10月14日拍往叶尼赛斯克的电文中写道："坚决反对你们建议采取的抗议形式……我的病不是直接危及生命的疾病。请遵循总的（行动）路线。此致兄弟般的问候。托洛茨基。"存于托洛茨基档案。

第六章 阿拉木图一年

关对他的往来信件加以筛选。他本人的信函和电报也不能达到接收者的手中。连他询问季娜健康的电报也没得到答复，而她的病情总是令他十分担忧。托洛茨基在孤独和不安中度过了十月革命庆祝日，他连一封普通的祝贺信也没有收到。此后，不祥的征兆越来越多。一位当地工作人员一直暗中支持反对派，与托洛茨基保持联系，却突然被投入监狱。一位反对派成员大老远地从莫斯科跑到阿拉木图找了一份司机的工作，并经常与托洛茨基在浴池秘密接头，他可能是莫斯科与阿拉木图之间的秘密联络的负责人，可是也突然失踪了。此时，他的一家人已从果园里花坛环绕的别墅中搬回沉闷的城里。谢多娃在给朋友的信中写道："从10月底，我们就再没有收到亲属的一封来信，我们拍出的电报也没有回音。我们陷入通讯封锁之中。当然，事情不会到此为止。我们等待着更糟糕的事情发生。……这里正值严寒，室内冷得叫人受不了。这里的住宅建筑抵挡不住当地的严寒。劈柴贵得不得了。"

最后，有流言通过种种渠道传到托洛茨基耳中：当局不让他再住在阿拉木图，很快就要把他流放到更远的地方，更严酷地将他与世隔绝。他起初对这些传闻不屑一顾，10月2日，他在给埃尔津的信中写道："我不认为会有这种事。他们还能把我流放到地球上的什么地方？"他仍在考虑冬季在阿拉木图紧张的研究及写作工作，当然还有在邻近地区的打猎。但是，流言不断地传来，通讯封锁及其他征兆表明"更糟糕的事情"真的要发生了。

这是一个古怪的秋天。在十月革命11周年庆祝日，从莫斯科红场上传出的官方口号是："警惕右倾危险！""打击富农！""抑制耐普曼！""加速工业化！"这些口号响彻了整个国家，扩散到了最边远的角落，甚至也传到了阿拉木图。这正是托洛茨基长期以来试图说服党采取的政策！仅仅一年前，即在十月革命十周年纪念日那天，他的拥护者还由于在莫斯科和列宁格勒举着写有同样标语的标语牌走上街头而被驱散、遭到殴打，并被指责为反革命。可以这样认为，执政派现在被迫抄袭托洛茨基派的思想，这一事实就是为反对派所作的最好辩解。每个对社会问题哪怕稍有兴趣的人都能发现这点。对托洛茨基的猛烈攻击，例如说他是"超级工业化者"、"农民的敌人"等，至今言犹在耳。如今这些攻击都被证明是弥天大谎，它们的无耻和欺骗性昭然若揭。很多布尔什维克这样想：斯大林自己不是也变成了超级工业化者，变成了农民的敌人了吗？但这一年和前一年一样，几百万公民参加了官方组织的游行，按着指定的路线，喊着指定的口号，似乎没有发生任何异常的事情，他们似乎都不会思考，不会反省，不会行动。

人民的冷漠使斯大林可以毫无顾忌地偷偷穿起托洛茨基的衣服。托洛茨基暂时只能以这一想法自慰：斯大林穿不了他的衣服，因为它们不合他的身。托洛茨基仍认为斯大林派单凭自己的力量无法战胜日益加深的国内危机。危机确实进一步加深了。由于农民暴动，城市笼罩在对饥荒的恐怖之中，全国极度紧张。气氛是神经质的，其中充满了危机感和担忧感。党的机关果断地集中全部力量，号召所有的人准备应付这种沉重的、当前尚不明了的非常情况。然而，它没有任何召回被流放的反对派的意思。

年底，斯大林的地位比夏天更为牢固。他已不那么害怕同时对付两个反对派了。右派被镇服下去，他们士气低落，已经投降。左派内部矛盾重重，已经瘫痪。斯大林注视着托洛茨基、拉狄克、普列奥布拉任斯基、不妥协派与民主集中派之间的争论，断定时间对他有利。他仍在加紧着手准备推行工业化和集体化的总路线，而托洛茨基派中的妥协派感到他们不应袖手旁观。一旦他从准备工作转入实际操作时，这一感觉将会增强到什么地步呢？诚然，他们还没想投降，但已越来越接近这一阶段，他们达到这一阶段所需要的不过是时间和一点点鼓励。斯大林通过他的代理人用所有可能的手段鼓励他们：时而以革命的最高利益为借口，时而诉诸布尔什维克的忠诚。他恩威并施，对不妥协的托洛茨基派、民主集中派惩罚得更加严厉。① 斯大林希望以此实现他那为时过早的夸耀，即左派反对派已是他的"囊中之物"。其实，他正需要左派的帮助来推行他的新政策，但他决心在不与左派联合的情况下得到这一帮助，他要让对方分裂，使其中大部分人服从自己，并利用他们反对托洛茨基。他希望对托洛茨基进行一次远比以往更严酷的打击。

尽管斯大林羽翼已经丰满，但他对能否达到目的仍没有把握。他即将开始的巨大计划是前无古人的。斯大林打算一举剥夺2000万农民的财产并把他们及他们的家属赶进集体农庄。他打算强迫俄国城市实施工业化，在这一进程中，原始积累的恐怖将被浓缩在极短的时间之内，以极大的规模再现。他尚不知道人民对此持何种看法，绝望、愤怒、胡作非为和骚乱可能会引起剧变，他本人也可能会被卷入其中，在这种情况下，他的对手们能不尝试利用出现的各种机会吗？如果他们抓住了这样的机会，他们必然要把托洛茨基扶上台。甚至

---

① 秋天，警方对流放者的监视突然加强了，许多流放者被逮捕。弗拉基米尔·斯米尔诺夫因去地方格别乌作定期汇报迟到5分钟而被捕。托洛茨基的秘书布托夫在狱中绝食50天后去世。

第六章 阿拉木图一年

在阿拉木图，托洛茨基的思想和人格仍然环绕着无畏的殉道者的光环，吸引着布尔什维克的精华。尽管在流放者中也有骚动和绝望，但托洛茨基主义在党的基层组织中不断赢得新的追随者。1928年底，格别乌不得不对付多达6000—8000名左派反对派成员，他们或被关押或被流放，而在年初时，托洛茨基派和季诺维也夫派的力量估计只有4000—5000千人。加米涅夫认为党在紧急情况下将不得不派"专列"接回托洛茨基，持这种看法的不只是他一个人。在悔过者中，甚至在斯大林派成员中也有不少动摇的人，其中有些人暗自这样想：既然左倾方针已被证明是正确的，那么托洛茨基不就始终是正确的吗？对托洛茨基的诬陷诽谤和残酷打击已令他们厌倦。斯大林知道，在那6000—8000名反对派成员中，几乎每人都宁愿被捕或流放也不愿放弃自己的观点，至少有一两成的投降者在内心深处赞同其更坚定的同志，他本人这一派中也有一两成的怀疑者或是妥协派（他称他们为两面派）。现在他们都老老实实，但若形势转向，他们会不会起而反对他呢？

同样，斯大林对托洛茨基与布哈林结盟的威胁也不能掉以轻心。尽管这个联盟没有结成，但只要托洛茨基仍是左派反对派无可争议的领袖，只要存在着派"专列"接他回来的可能性，这种威胁就仍然存在。因此，斯大林加倍努力去摧毁反对派的意志。他的代理人对拉狄克、普列奥布拉任斯基及其朋友们又是许愿，又是提出诱人的建议，答应为他们恢复名誉，大谈共同的目标，说他们可以为党和社会主义完成光荣伟大、硕果累累的工作。但是所有这些努力都遇到了强烈的抵制，这是由于来自阿拉木图的托洛茨基的影响所致，它至今防止着反对派的崩溃。斯大林决心把这一障碍从自己的道路上清除掉。

但怎么做呢？他克制着自己而没有派杀手，也不敢把对手投入监狱。因为这样做的后果过于严重，虽然发生了那么多的事，然而人民对托洛茨基在革命中所起的作用仍记忆犹新。因此，斯大林决定把托洛茨基驱逐出俄国。他深知，即使这样也会引起震动，因此他煞费苦心地制造舆论。首先，他散布有关驱逐的消息。随后又下令加以驳斥，最后重新散布这一消息。他用这种方法来麻痹舆论。只有通过散布、驳斥、再散布，才能使人们习惯于将托洛茨基驱逐出苏联的想法，只有那时斯大林才能实施这一意图而不至于引起太大的震动。

1929年12月21日,奥尔忠尼启则、伏罗希洛夫、古比雪夫、斯大林、加里宁、卡冈诺维奇和基洛夫(从左至右)在克里姆林宫庆祝斯大林50岁生日的庆典上

* * *

在对自己的未来没有把握的时候,托洛茨基再次提出"革命向何处去?"这一重大而又令人困惑的问题。现在,苏联正处于两个时代——即新经济政策和斯大林的"二次革命"① 之间的暗淡的空隙时期。未来事件的轮廓尚不清晰,在最好的情况下看它们也只能像隔着毛玻璃看东西一样。托洛茨基开始意识到:近几年来他所阐述的某些思想即将被事变超越。他试图超越这些思想,但是它们却牢牢地拉住他使他难以自拔。他想勾画出新的前途,但他那形成于新经济政策时期并适应当时现实的思维习惯和对法国大革命的历史回忆仍妨碍着他的视线。

例如,他意识到,他有关苏联热月政变的看法是站不住脚的。现在再断言

---

① 我在《斯大林政治传记》第294页中第一次使用了"二次革命"这一术语,我为此遭到了批评。批评者声称,集体化和工业化并不是革命。但是,一举剥夺两千多万农民财产所导致的所有制关系的改变,这不是经济革命和社会革命又是什么呢?

布哈林和李可夫是私有财产的捍卫者，斯大林是他们不情愿的帮手，他们是斯大林政策的最后受益者，那就荒谬了。因此，托洛茨基实际上已经放弃了他关于苏联热月政变的看法。① 在写于 1928 年 10 月的他在阿拉木图时期最著名的随笔之一（虽然是用反对派特有的文风写的）《致友人书》② 中，托洛茨基指出，布哈林和布哈林派是不成功的热月党人，他们没有勇气按自己的信念去行动。他对他们的行为作了一番生动的讽刺描写："（在捍卫富农和耐普曼的利益上）在所有的右派领袖中布哈林走得最远，李可夫和托姆斯基则站在一段适当距离外观望。但每当布哈林进入（热月政变的）冷水中时，便浑身打战，冻得直哆嗦，赶紧跳回岸上，托姆斯基和李可夫则躲进树丛。"因而，富农、耐普曼和保守官僚对布尔什维克右派的领导大失所望，于是他们就转向别处寻找更强有力的领导，特别是在军队中寻找。托洛茨基根据法国的先例指出"波拿巴危险"的临近，意指俄国革命有可能越过热月政变的阶段而直接从布尔什维克阶段进入波拿巴阶段。

他接着说，波拿巴式的危险可能以两种不同的形式出现：可能是典型的军事政变，即俄国的雾月十八日，或是斯大林的个人独裁。他认为，很可能军队会直接向拥有私有财产的农民呼吁，在他们的支持下企图推翻斯大林并彻底埋葬布尔什维克制度。至于军队首脑中谁能充当这次运动的领导，对他来说则是次要的问题。如果条件有利，连伏罗希洛夫和布琼尼之类的庸才都能把握主动，获得成功。（托洛茨基引用了一条谚语："一步登天"，据他说斯大林喜欢这条谚语。）有利于政变的条件都已具备。农民对斯大林领导的党充满了仇恨，而工人阶级却大失所望，心灰意懒。如果建立军人独裁，它理所当然地会获得广泛的支持。就其性质和后果来说它是反动的。它将力图保障私有经济成分的安全、稳定和扩展，摧毁或削弱社会主义成分。它将导致资本主义复辟。托洛茨基得出结论：面临这种危险，所有渴望捍卫社会主义的布尔什维克都应该联合起来，而左派反对派不得不与斯大林及其派别合作，因为斯大林代表的不是私有者，而是"无产阶级新贵"，而且他始终避免与工人阶级公开决裂。

另一方面，斯大林本人有可能成为苏联的波拿巴。这将会给国家和反对派造成完全不同的局面。斯大林只能通过党的机器而不是军队实现其个人独裁。

---

① 但是，他在被驱逐到土耳其之后又回过头来捍卫这一观点；然而在其后的数年中他对该观点只修正了一次。

② 10 月 21 日《致友人书》，存于托洛茨基档案。

他的专政不会立即导致随一般军事政变接踵而来的反动结果。但是它的基础十分狭窄,并将是极其脆弱的。斯大林将与社会各阶级处于长期冲突之中。他将今天镇压这个阶级,明天镇压那个阶级,挑动它们彼此敌对。为了使党的机关、国家官僚集团和军队服从自己,他将不得不与它们进行永无休止的斗争。他将在它们任何一方的反抗中时刻胆战心惊地维持统治。他将压制所有自发的社会积极性和政治积极性以及所有的言论自由。在这种条件下,左派反对派与斯大林派的"统一战线"几乎是不可能的,他们之间只能是不可调和的斗争。

在这方面,托洛茨基以其非凡的预见力简明扼要地分析了斯大林执政的社会基础、机制、形态和前景,而它在其后的20年中果然就是如此发展的。托洛茨基预先描绘了这位总书记将变成羽翼丰满的专制独裁者。但是作了这一预言后,他又带着不信任的目光看着他本人所描绘的肖像。他认为,总的来看,存在纯军人独裁的危险更现实一些。他觉得伏罗希洛夫、布琼尼或任何一个将军指挥军队反对斯大林的可能性更大,而那时托洛茨基派将与斯大林派在"同一街垒后边"共同战斗。他补充说,至于斯大林和伏罗希洛夫之中谁"跨上白马",谁被踩在马蹄下面,从长远的历史角度来看是无关紧要的。但目前这一差别却很重要,因为这是两种情况之间的区别,即反社会主义力量在军人独裁下公然、迅速的胜利和在斯大林统治下更复杂、更混乱、更缓慢的发展。托洛茨基断言,斯大林专政归根结底对社会主义是有害的,他甚至在斯大林道路的尽头看到了获胜的富农和耐普曼。"革命的影片正在倒播,斯大林在其中扮演的角色与克伦斯基扮演的角色恰恰相反。"克伦斯基主义集中体现了俄国从资本主义到布尔什维主义的过渡阶段,而获胜的斯大林主义则标志着向后转。

事后看来,很容易发现这些结论的错误;但是,更容易忽视隐藏在其中的真理的内核。托洛茨基想象伏罗希洛夫或布琼尼可能成为波拿巴,这近乎荒谬,这样的人是不能"一步登天"的。但是,作为一位政治分析家,托洛茨基不能不考虑到各种可能性和现实性,而军事政变的可能性当时确实存在。尽管这一可能性没有变为现实,但至少在其后30年中,政变的威胁不断出现,先是折磨着斯大林,然后折磨着他的继承人,1937年斯大林与图哈切夫斯基及其他将军的冲突、1946年与朱可夫的冲突以及1957年赫鲁晓夫与朱可夫的矛盾就是明证。在这里,托洛茨基触及了苏联政治的内在趋势,但显然过高地估计了它的力量。他同样过高地估计了这一趋势蕴涵的、马克思主义理论称之为社会脉搏的力量：即农民捍卫自己私有财产的坚决性与力量和他们通过军队捍卫自己利益并对抗城市的能力。托洛茨基本人于1906年曾写道："资本主义的历史是强迫农村服从城市的历史。"他以此为背景分析了旧制度下俄国农民的无组织状态和他们在政治上的软弱无力。① 苏联历史最主要的特点也是强迫农村服从城市。斯大林的铁锤很快就以骇人听闻的力量打击农村私有经济并打垮了农民，但这并不能防止农民反抗集体化，无形的、零星的同时又是长期的反抗使集体农庄长期以来一直处于低效率和落后状态之中；但反抗不能以任何全国规模的有效政治运动的形式出现。而正是眷恋私有财产的农民的失败解答了军人候选人为何没能成为苏联的波拿巴这个谜。

  农民的软弱和沉默是革命后整个社会的政治昏睡的不可分割的一部分；而这一点形成了执政的官僚集团异常活跃和表面上有无限权力的基础。托洛茨基不断试图把局势中这一方面分析清楚，但总是半途而废。克鲁普斯卡娅曾指出，托洛茨基对群众消极的一面总是估计不足。她的看法极可能是从列宁那儿来的。② 在这方面，托洛茨基始终忠于自己，他的性格是革命家的性格。当整个社会活跃起来、展示出它的全部活力时，当社会各阶级都竭尽全力地追求各自的抱负时，革命家就如鱼得水。这时他的感受力最敏锐，他的理解最深刻，他的目光最迅速、犀利。但当社会陷入麻痹状态时，当各阶级昏昏欲睡时，即使像托洛茨基或马克思这样伟大的革命理论家也会丧失预见和理解事件的某些能力。这种社会状态对他来说是最为陌生的，他无法从思想上适应它。这就是托洛茨基判断失误的原因。即使他对革命后群众的疲惫作了最大限度的假定，但他始终不敢测量一下它的全部深度。他在思想上仍超越现实，仍然想象各个社会阶级与集团——富农与工人、军事首脑与各个布尔什维克集团——在行动、在活动，相信它们充满自信、生气勃勃、随时准备扑向另一方展开一场巨人间的殊死搏斗。而当他发现这些巨人却是萎靡不振，被官僚集团驯服和捆住手脚时，不禁大惑不解。

  因为他最终总是把革命过程与劳动群众的社会理解力和积极性等同起来，因此，他从社会理解力和积极性的缺乏中得出结论：随着斯大林主义的获胜，"革命的影片正在倒播"，斯大林在这部影片中的角色与克伦斯基的角色正好相反。这里的判断失误也是显而易见的，但是不应该忽略这一判断中的正确成

---

① 参见《武装的先知》，第六章。
② 克鲁普斯卡娅：《评〈十月的教训〉》，见《捍卫列宁主义》，第155页。

分。电影情节的发展出乎革命先驱和革命组织者们的预料，它部分地进入了其他方向，却没有向后倒转。斯大林在其中的角色也并不与克伦斯基相反。影片在继续向前播放，显然，对它盖棺论定为时尚早。从理论上可以设想，影片以革命失败告终，而且这一失败是与前几次大革命，如法国革命和英国革命同样严重的失败。但是，这一可能性看来却十分遥远。当托洛茨基说影片正在倒播时，他指的是革命正朝资本主义复辟方向发展下去。实际上，影片正朝着计划经济、工业发展和普及教育的方向发展，而它们正是托洛茨基本人称之为社会主义的基本前提，是最终完全实现革命承诺的必不可少的条件，尽管它们遭到了官僚集团的歪曲和偷换。但无可否认的是，这些先决条件并没有实现，50年代的苏联有充分理由用悲观失望的目光回顾斯大林主义的政绩，至少是在它的某些方面。然而在斯大林道路的尽头，在苏联并没有见到获胜的富农和耐普曼。①

斯大林的顶点是否是波拿巴主义？托洛茨基并没有在通用的意义上使用这个术语，只是用它来指"暴政"和个人独裁。马克思主义对波拿巴主义更广义的界定指的是由国家机器或整个官僚集团实施的专政，而军人独裁只是其中一种特殊形式。根据马克思主义者的观点，波拿巴主义最主要的特征是：国家和执政者在政治上凌驾于社会各阶级之上，建立起对社会的绝对统治。在这个意义上，斯大林独裁当然与波拿巴主义有许多共同之处。但是，这一等式只是为理解复杂矛盾的现象提供了一种笼统模糊的思路。与其说斯大林是通过"独立"的国家机器实现其个人的统治，还不如说他是通过"独立"的党的机器控制了国家。这一区别给苏联的革命进程和政治气候带来重大后果。党的机关认为自己是布尔什维克思想和传统的唯一合法捍卫者和解释者。因此，它的统治意味着，在苏联，布尔什维克的思想和传统虽然经过连续不断的实用性的和教义式的改造，但仍是苏联的统治思想和主要传统。这之所以是可能的，只是因为布尔什维克的思想和传统牢牢植根于苏联的社会结构之中，首先植根于国有化的城市经济之中。如果能从法国大革命中找到任何与这一情况有局部相似之处，都是不可思议的。我们只能想象，倘若罗伯斯庇尔没有被热月政变分子推翻，如果在那些如今被历史定性为督政府时代、执政府时代和帝国时代的年代中他一直能以残缺不全、俯首帖耳的雅各宾党的名义统治下去的话，那么

---

① 可是在斯大林时代末期，东欧（匈牙利、波兰、东德）却几乎到了资本主义复辟的边缘，是苏联武装力量（或其威慑力量）防止了它们的资本主义复辟。

革命的法国会是什么样子——总之，如果拿破仑根本没有出现，革命始终在雅各宾的旗帜下进行的话，法国会是什么样子。①

我们已经看到，党的机关的统治事实上在列宁时代末期就已开始了。它是一党统治所固有的，列宁本人把它看成主要是布尔什维克老近卫军的统治。因此，在列宁时代的最后几年中，列宁政府的性质可用托洛茨基的术语"波拿巴主义"来说明，尽管没有达到波拿巴主义的最高体现——个人独裁。因此，1928年托洛茨基提到波拿巴主义的危险时，他是将多年以前就已大体上完成的一个发展阶段看成是正在逼近的阶段。当然，列宁逝世后党的机关专制变得更有侵略性、更残暴。然而，狂风暴雨般的1921—1929年的政治历史的特定内容并不单单或主要在这里，而是在从一党统治到一派统治的转变中。这是布尔什维主义政治垄断能生存下来并得以加强的唯一形式。正如我们在本卷开头所指出的那样，一党制就其定义来说是矛盾的，布尔什维克中各派、各集团和各学派在一党之内形成某种类似于影子多党制的东西。一党制的逻辑毋庸置疑地要求取消所有这些派别。斯大林成了这一逻辑的代言人，他声称，布尔什维克必须团结得坚如磐石，否则它就不再成其为布尔什维克党了。（当然，从另一方面来说，党若团结得坚如磐石，它也就不再成其为布尔什维克党了。）

如果闭塞孤立、长期陷于贫穷和落后的苏联全部历史不是充满着几乎威胁民族生存本身的连绵不断的灾难、紧急状态和危机的话，那么一党制的逻辑就不会表现得如此强烈，它也不会如此残酷，它的潜伏的本质也可能始终不会明朗起来；甚至这一体制都可能因工人民主的成长壮大而解体。几乎每一次紧张状态和危机都把所有有关全国政策的重要问题放到了刀刃上，驱使着布尔什维克各派和各集团相互敌对，将他们之间的斗争变得空前残酷、紧张，以致导致一派统治取代一党统治。在我们现在所描述的那个时刻，即在斯大林派与布哈林派搏斗之时，这一过程已接近尾声，剩下的只是准波拿巴主义的最后完成：在30年代初，个人独裁取代了一派统治。尽管托洛茨基在其他方面说错了，但他却明确预见到了这一过程的顶点——斯大林的个人独裁。

---

① 当斯塔尔夫人称第一执政官是"骑马的罗伯斯庇尔"时，奥古斯特·布朗基认为罗伯斯庇尔是"生不逢时的拿破仑"（参见丹尼尔·盖兰：《第一共和国中的阶级斗争》第2卷，第301—304页。书中对这个问题有许多有趣的见解）。但是，"骑马的罗伯斯庇尔"身后的社会力量与雅各宾党领袖身后的那些社会力量并不一样。他主要依靠军队，而不是小资产阶级，而且他不受雅各宾思想的限制。米什尔提到罗伯斯庇尔时说："他的心与其说是帝王的心，不如说是神父的心。"但拿破仑仅仅是帝王，而不是神父。而斯大林既是教皇又是沙皇。

但是，即使到了这时，托洛茨基也不认为斯大林主义登基加冕是布尔什维克权力垄断的必然结果，相反，他认为这实质上是布尔什维克执政的末日。因此，当斯大林将他那一派独掌政权说成是对一党统治的最终肯定时，托洛茨基则认为这是对一党统治的否定。事实上，对于列宁和托洛茨基建立的布尔什维克权力垄断来说，斯大林的政治垄断既是对它的肯定，同时也是对它的否定。而这两位政敌各自专注的是同一问题的不同方面。我们已经展示了从一党统治到一派统治的转变，正是在这一转变过程中，斯大林主义取代了列宁主义。我们看到，在这一演化过程中开始阶段隐含的东西在结束阶段变得更加明确，而且以极端的和夸张的形式表现出来。斯大林宣称他在处理党务上遵循的是列宁制定的路线，这是符合事实的。但是，托洛茨基对这点的断然否定同样是以事实为依据的。一派统治确实既是对一党统治的滥用，又是一党统治的结果。托洛茨基和继他之后的其他布尔什维克领袖相继进行抗议，他们指出，在列宁时代，他们建立的是布尔什维克的政治垄断，他们力图把它与工人阶级民主结合起来，不仅不想把铁的纪律强加于党，而且认为党内自由是理所当然的，并也确实捍卫了它。只有聋子和瞎子才发现不了斯大林主义和列宁主义的区别。这一区别在布尔什维主义的思想领域、道德和智力气候上的反映比在组织工作和纪律问题上更强烈。在上述领域中，革命的影片确实在倒播，至少在这个意义上是如此，即斯大林主义是把马克思主义同俄国原始、古老、半亚洲式的东西——一方面是农民的无知、野蛮，另一方面是旧统治集团的专制传统——混合而成的大杂烩。与此相反，托洛茨基捍卫的是纯正的经典马克思主义，包括它的全部理性力量和道义力量，也包括它的全部政治上的弱点——这弱点在于，它本身无法适应俄国的落后和社会主义在西方的失败。斯大林驱逐了托洛茨基，也就是把经典马克思主义驱逐出了俄国。

但是，这两个对手的命运就是这样古怪，当托洛茨基被驱逐出俄国之时，斯大林却着手以野蛮的方式消灭俄国的落后和野蛮，仿佛是要经典马克思主义回流，而斯大林主义官僚集团将要实现托洛茨基社会主义原始积累的纲领。托洛茨基是二次革命的真正鼓吹者和倡导人，但在其后的十年中，斯大林却是它的执行者。如果要问：托洛茨基会把这次革命引向何方？他是否既能使广大苏联人民免遭斯大林统治下所受的损失、贫困和压迫，同时也能以相同的速度和规模实现工业化？或者他能否说服而不是强迫农民合作经营农业？进行这样的推测毫无意义，这些问题是不可能回答的。历史学家在分析现实发生的事件和形势时就够忙的了，他没有时间考虑可能会发生的事件和形势。事实上，20年代的政治演变已事先决定了30年代苏联社会改造得以完成的道路。这一演变导致独裁和铁的纪律，进而导致了强行的工业化和集体化。为社会主义原始积累所需的政治工具在20年代就早已造好了，现在可以使用了。它们不是在为完成未来任务的准备过程中被有意识地、自觉地锻造出来的，而是在导致布尔什维克专政转变为斯大林个人独裁的自发的党内斗争进程中锻造出来的。但是，如果独裁和铁的纪律能构成马克思主义者所说的那种社会主义原始积累的政治上层建筑，那么它们也能从中推导出自我辩护的手段。斯大林的支持者可能争辩说，没有独裁和铁的纪律，进行如此大规模的积累是完全不可能的。简言之，经过长期的布尔什维克派别斗争，产生了斯大林的"铁腕领导"，而他本人则可能把它当成目标本身。一旦他掌握了这一权力，他就用它来实现苏联的工业化、农业集体化并改造国家的整个面貌，然后他又以炫耀他的"铁腕领导"的成绩来为它辩护。

托洛茨基并不接受斯大林强词夺理的自我辩解，他继续把对手指责为篡位的波拿巴。不过，他开始认识到斯大林的二次革命中的"积极和进步"的方面，认为它们是他本人纲领的部分实现。我们记得，托洛茨基曾把他本人和反对派的命运与巴黎公社的命运相比较，尽管巴黎公社社员在1871年作为无产阶级革命家失败了，他们仍切断了君主专制复辟的道路。这就是他们失败中的胜利，而20世纪30年代苏联的伟大改造则是托洛茨基失败中的胜利。但巴黎公社社员并没有与第三共和国即资产阶级共和国妥协，而没有他们，它根本不能取胜。他们始终是它的敌人。同样，托洛茨基永远是官僚集团的二次革命的不可调和的敌人；为了进行反对它的斗争，他呼吁工人阶级在工人国家中维护自己的权利和社会主义制度下的思想自由。踏上这条道路，注定了他在政治上的孤立，因为他的许多最亲密的同志部分由于失望和疲惫，部分由于信念改变而被斯大林的二次革命争取过去或被收买。那些被流放的反对派事实上到了自我灭亡的边缘。

这样，托洛茨基岂不是陷入与其时代的冲突之中？他不是在进行"反历史潮流"的绝望斗争吗？尼采对我们说：

> 如果你们需要传记，不要看那些传奇传记："某某先生如何如何，他所处的时代如何如何"，而要找这样的传记，其扉页上写着："反时代的

斗士"。……如果历史仅仅是"种种激情和错误的包罗万象的体系"的话,就应当这样去读它,像歌德希望人们读他的《少年维特之烦恼》那样,其寓意在于:"做个堂堂的男子,不要步我的后尘!"但幸运的是,历史为我们保留了对"反历史潮流的伟大斗士",即反对盲目的现实力量的斗士的生动记忆……并赞扬人的真正的历史品格,他们很少关心"这如何",而是怀着更大的喜悦和更大的自豪走在"这应该如何"的道路上。不把自己那个时代的人引入坟墓而是想造就一代新人,这一动机永远推动他们前进……

这些话尽管浸透着主观浪漫主义的精神,但确实精彩。对于"反时代潮流的斗士"之称,托洛茨基当之无愧,但不是尼采想象的那种。作为一个马克思主义者,他非常关心"这如何",但他知道,"这应该如何"是从"这如何"中派生出来的。但他拒绝对"盲目的现实力量"俯首称臣,拒绝为"这如何"的利益而放弃"这应该如何"。

他不是作为堂吉诃德或尼采式的超人,而是作为先驱者与他的时代搏斗;他是为了未来而不是为了过去搏斗。诚然,当我们认真研究任何一位伟大的先驱者的性格时,我们都可以在其中找到堂吉诃德的特征,但是先驱者既不是堂吉诃德也不是乌托邦主义者。历史上,只有屈指可数的几个人能像托洛茨基在1917年和其后的几年中那样如鱼得水般地与其时代交融在一起。尔后他与时代发生冲突并非是由于他天生与他这一代人的现实生活格格不入所造成,而是因他固有的先知的性格与气质所致。在1905年,他就是1917年革命和苏维埃的先驱;在1917年,苏维埃领袖无人能超过他;从20年代初起,他就是计划经济和工业化的倡导者;而且他始终是未来某些革命民族再觉醒的伟大预言家,尽管不是没有失误的预言家(1953—1956年笼罩全苏的克服斯大林主义的愿望就是这种政治再觉醒的重要标志,虽然它还十分微弱,却是肯定无疑的)。他以历史本身的名义"反对历史"。在反对那些往往使人压抑沮丧的既成事实时,他坚信最美好的、使人获得自由的那些成就总有一天会变为现实。

* * *

12月初,托洛茨基就他受到的"通讯封锁"向加里宁和明仁斯基提出抗议，两个星期中他一直在等待答复。12月16日，一位格别乌的高级官员来到阿拉木图，递交给他一份"最后通牒"：他必须立即停止"反革命活动"，否则"将把他完全排除出政治生活"并"强制改变他的居住地"。托洛茨基当天就给党和共产国际的领导人写了一封挑战的复信：

> 要求我放弃政治活动，意味着要求我放弃为全世界工人阶级利益而进行的斗争，而这一斗争我已孜孜不倦地进行了32年之久，也就是我自觉生命的全部时间。……只有腐朽透顶的官僚集团才会要求作出这种放弃，只有卑鄙的叛徒才能作出这种承诺。我无须对这些话作任何补充！①

此后，托洛茨基一家人在阿拉木图度过了难眠、不安、焦虑等待的一个月。格别乌的使者没有返回莫斯科，而是就地等待新的命令。这命令还得取决于政治局的决议，可政治局尚未下定决心。当斯大林请求政治局批准驱逐命令时，布哈林、李可夫和托姆斯基激烈地反对。布哈林为自己从前对托洛茨基的做法感到后悔，同时又比任何时候都更加惧怕"新成吉思汗"，他在会议上大喊大叫，声泪俱下，号啕大哭。但大多数人都按斯大林的意愿投了赞成票。于是在1929年1月20日，正好是托洛茨基被驱逐出莫斯科整整一年之后，一群武装人员包围并闯入他在阿拉木图的住宅，格别乌官员向托洛茨基出示了新的驱逐令，这次是"驱逐出苏联国境"。他在回执上写道："1929年1月20日格别乌对我宣读了判决，此判决在实质上是犯罪的，在形式上是非法的。"②

类似于他在莫斯科被捕时的那种悲喜剧场面再度出现了。他的看守们因接到这一命令而陷入窘境，他们在执行交给他们的任务时战战兢兢，因为他们不知道是否应该逮捕他。他们对托洛茨基的家属十分关心，并向托洛茨基暗示关心和友好。但命令是严厉的：解除托洛茨基的武装，在24小时内把他押解出阿拉木图。命令还声称，他只有在途中才能得知他被驱逐到何地。

---

① 托洛茨基档案。
② 同上。

被解除武装的先知：托洛茨基 1921—1929

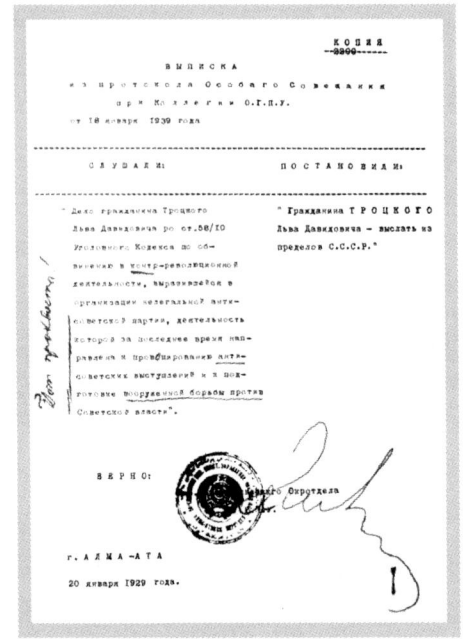

1929年1月20日，国家政治保卫总局特别会议上作出将托洛茨基驱逐出苏联国境这一命令的纪要摘录

1月22日黎明，囚犯和家属们在大队押解人员的押解下离开阿拉木图，前往伏龙芝。他们穿过空旷的山地和库达依山口，走的是去年来时的同一条路，冒着同样的暴风雪，但现在的旅行显然更艰难，因为这是个百年不遇的严冬。"拖我们翻越库达依山口的大马力拖拉机和它拖的七辆汽车一起深深地陷入积雪之中。翻越山口时，冻坏了七个人和不少马匹，只好把行李都搬到雪橇上。用了七个多小时才走了30公里的山路。"①

在伏龙芝，托洛茨基及其家人被押上开往苏联欧洲部分的专列。途中得到通知，他将被驱逐到君士坦丁堡。他当即向莫斯科提出抗议，声明在没有征得他同意的情况下政府无权将他驱逐出国；君士坦丁堡是从克里木逃亡的弗兰格尔残部的聚集地，政治局难道要冒天下之大不韪听任他受到白卫军的报复吗？政治局难道不能至少为他搞到去德国或其他国家的签证吗？他要求允许他与生活在莫斯科的亲人会面。他的最后一个要求得到了满足。谢尔盖和廖瓦的妻子被从莫斯科送来，在这辆专列上与被驱逐者团聚。托洛茨基再次拒绝前往君士

---

① 托洛茨基：《我的生平》第2卷，第314页。

第六章 阿拉木图一年

坦丁堡，与他们同行的格别乌特使转达了托洛茨基的抗议并等待指示。此时，列车调转方向——

> 在一个空荡荡的小站旁边的岔道上，停在两行小树间不动了。这样过了一天又一天，列车两旁的空罐头盒越来越多，大群大群的乌鸦和喜鹊聚到这里来找食。一片荒凉，渺无人烟。这里连野兔都没有，秋季一场严重的瘟疫把它们一扫而光。不过，狐狸的诡秘行踪一直到了列车近旁。火车头每天都带着三节车厢到火车站去置办午餐和报纸。我们车厢里的人都得了流感。我们翻来覆去地阅读阿纳托尔·法朗士的作品和克柳切夫斯基的俄国史教科书。气温降到列氏零下38度。我们的车头缓慢地在铁轨上来回开动，以免冻住……我们自己也不知道我们到底在什么地方。①

这样过了12个昼夜。在这期间，任何人都不许离开车厢。报纸带来的只是外部世界的回声——它们充满了针对托洛茨基主义的最激烈的威胁和谩骂，以及新的"托派核心"被揭露、数百名反对派分子被捕的消息。②

12天后，他们再次启程。列车开足马力，穿过熟悉的乌克兰大草原，驶向南方。莫斯科方面声称，由于德国政府拒绝给托洛茨基入境签证，因此只能把他驱逐到君士坦丁堡。谢尔盖渴望继续读书，他和廖瓦的妻子返回莫斯科。他们希望今后能在国外重新团聚，父母对此充满了不祥的预感，但因为他们对自己的未来一无所知，所以不敢让孩子们一起分担流亡的命运，只能与他们拥抱而别。不料这一别竟成永诀。

在夜色中，托洛茨基从车窗口最后一次眺望俄国大地。列车驶过敖德萨的街道和港湾，他在这座城市里度过了他的童年，在这里产生了他早期的雄心和对世界的最初的幻想。帝俄时期敖德萨市长的形象深深地铭刻在他的记忆中，此人"大权在握，专横跋扈"，"挺直身躯站在轻便马车上，挥着拳头声嘶力竭地叫骂，声音响彻整个街道"。现在，另一个声嘶力竭的声音，另一只拳头，（是同样的吗？）仍在他童年时代走过的街道上追逐着这位50岁的人。当时那个暴君曾把他吓得缩成一团，他"拉紧书包带，急忙走回家"。现在，囚

---

① 托洛茨基：《我的生平》第2卷，第315页。
② 被捕者中有《红色处女地》的主编沃隆斯基，有布杜·姆季瓦尼和从1921年起反对斯大林的其他格鲁吉亚共产党员，还有140位散发上面提到的托洛茨基《致友人书》的莫斯科反对派成员。

车匆匆疾驰向港口,他将在那里登船,船将载着他驶向陌生之地,现在,他只能思考他乖戾的命运。港口的码头被军队团团包围住,这支军队仅在四年前还由他统率着。好像是专门为了嘲弄他似的,那艘等着载送托洛茨基的空客轮竟是以列宁的名字命名的"伊里奇号"!在死寂的深夜,客轮在怒吼的狂风中起锚离港。那年连黑海也结了冰,一艘破冰船在前方开出约60海里的海路。当"伊里奇号"起锚后,托洛茨基回首眺望渐渐远去的海岸,他一定会感觉到,似乎留在他身后的那整片国土都变成了冰雪的荒原,似乎革命本身都被冻僵了。

地球上没有任何力量、任何人造的破冰船能为他打开一条回国之路。

这幅画描绘了在托洛茨基被驱逐出国之后,斯大林在党的第十六次代表大会上讲话的情景

参考书目

(同见《武装的先知》参考书目)

Bajanov, B., ***Avec Staline dans le Kremlin.*** Paris, 1930.

Balabanoff, A., ***My Life as Rebel.*** London, 1938.

Beloborodov, Unpublished Correspondence with Trotsky, quoted from ***The Archives.***

Brandt, Schwartz, Fairbank, ***A Documentary History of Chinese Communism.*** London, 1952.

Brupbacher, F., ***60 Jahre Ketzer***, 1935.

Bubnov, A. (Бубнов, А.), 'Урок октября и троцкизм', в ***За ленинцзм***, 1925.

Партия и оппозиция, 1925г. Москва, 1926.

ВКП (б). Москва-Ленинград, 1931.

Bukharin, N. (Бухарин, Н.), ***Пролетарская революция и культура***, Петроград, 1923.

Критика экономической платформы оппозиций. Ленинград, no date.

К вопросу о троцкизме. Москва, 1925.

'Теория перманентной революции' в ***За ленинзм***.

В защиту пролетарской диктатуры. Москва, 1928.

(co-author with Preobrazhensky, E.) ***The ABC of Communism.*** London, 1922.

Chen Tu-Hsiu, 'Open Letter to Members of the Chiness Communist Party'. The American translation under the title 'How Stalin-Bukharin destroyed The Chinese Revolution' was Published in ***The Militant***, November 1930.

Degras, J. (ed.), ***Soviet Documents on Foreign Policy.*** London, 1952.

Dingelstedt, I., Unpublished essays, articiles, and letters to Trotsky, Radek, and others, quoted from *The Trotsky Archives.*

Dzerzhinsky, F. (Дзержинский, Ф.), *Избранные Статьи и Речи.* Москва, 1947.

Eastman, M., *Since Lenin Died.* London, 1925.

Engels, F., *Dialektik der Natur.* Berlin, 1955.

Fischer, L., *Men and Politics.* New York, 1946.
The Soviets in World Affairs, vols. i-ii. London, 1930.

Fischer, R., *Stalin and German Communist.* London, 1948.

Fotieva, L. A. (Фотиева, Л. А), 'Из Воспоминании о Ленине', в *Вопросы истории КПСС, Ио. 4*, 1957.

Frossard, L-O., *De Jaurès à Lénine.* Paris, 1930.
Sous le Signe de Jaurès, 1943.

Guèrin, D., *La Lutte de Classes sous la Première République*, vols. i-ii. Paris, 1946.

Herriot, E., *La Russie Nowelle.* Paris, 1922.

Holitscher, A., *Drei Monate in Sowjet Rußland.* Berlin, 1921.

Issacs, H., *The Tragedy of the Chinese Revolution.* London, 1938.

Kamegulov, A. A. (Камегулов, А. А.), *Троцкизм в литературоведении.* Москва, 1932.

Kamenev, L. (Каменев, Л.), 'Партия и Троцкизм' and 'Был-ли Действительно Ленин Вождем Пролетариата и Революции', в *За ленинзм.*
His letter about his meeting with Bukharin in the summer of 1928 is quoted from *The Trotsky Archives*, as are also other documents of which he was co-author.
His speeches are quoted from the records of party congresses and conferences.

Karolyi, M., *Memoirs.* London, 1956.

Khrushchev, N., *The Dethronement of Stalin* (this is the *Manchester Guardian* edition of the 'secret' speech at the XX Congress), 1956.

Kollontai, A., *The Workers' Opposition in Russia.* London, 1923.

КПСС в резолюциях, т. i-ii. Москва, 1953.

Kritsman, L. (Кричман, Л.), *Героический период великой русской рево-*

люций. Москв, 1924 (?).

Krupskaya, N. (Крупская, Н.), 'К Вопросу о Уроках Октября', в *За ленинзм*.

Speeches, quoted from party records.

Kuusinen, O. (Куусинен, О.), 'Неудавшееся Изображение "Немецкого Октября"', в *За ленинзм*.

Latsis (Sudbars), **Чрезвычайные комиссии по борьбе с контрреволюцией**. Москва, 1921.

Lenin, V. (Ленин, В.), **Сочинения**, т. i-xxx. Москва, 1941—1950.

All quotations are from this, the fourth, edition of Lenin's works, except in one case, indicated in a footnote, where the 1928 edition (vol. xxv) is quoted.

Сочинения, т. xxxvi. Москва, 1957. (The first of the additional volums of the fourth edition, published after the XX Congress and containing Lenin's previously suppressed or unknown writings.)

Still unpublished parts of Lenin's correspondence with Trotsky and others are quoted from **The Trotsky Archives**.

Ленинский сборник, т. xx. Москва, 1932.

Manifest der Arbeitergruppe der Russischen Kommunistischen Partei. Berlin, 1924.

Mao Tse-tung, **Избранные произведения**, т. i-ii. Москва, 1952—1953.

Marx, K., ***Das Kapital***.

Das Kommunistische Manifest.

Das* 18 *Brumaire des Louis Bonaparte.

Herr Vogt.

Molotov, V. (Молотов, в.), 'Об Уроках Троцкизма', в *За ленинизм*. Speeches quoted from records of party congress and conferences.

Morizet, A., ***Chez Lénine et Trotski***. Paris, 1922.

Muralov, N., Unpublished correspondence with Trotsky and others in **The Trotsky Archives**.

Murphy, J. T., ***New Horizon***. London. 1941.

Pokrosky, M. N. （Покровский, М. Н.）, *Октябрьская революция*. Москва, 1929.

Очерки по истории октябрьской революций, т. i-ii. Москва, 1927.

Popov, N., *Outline History of the C. P. S. U. （b）*, vols. i-ii （English translation from 16th Russian edition）. London, no date.

Preobrazhensky, E. （Преображенский, Е.）, *Новая экономика*, т. i, часть 1. Москва, 1926.

Essays, memoranda （'Левый Курс в Деревне и Перспективы' 'Что Надо Сказать Конгресу Коминтерна', и. т. д.,） and his correspondence with Trotsky, Radek, and others, quoted from *The Trotsky Archives*.

（co-author with Bukharin）, *The ABC of Communism*.

Пять лет советской власти. Москва, 1922.

Radek, K., *In den Reihen der Deutschen Revolution*. Munich, 1921.

'Ноябрь, из Воспоминании', *Красная новь*, No 10, 1926.

Пять лет коминтерна, т. i-ii. Москва, 1924.

Портреты и памфлеты. Москва, 1927. （This edition includes the essay, omitted from later editions, 'Лев Троцкий, Организатор Победы' （Trotsky, the Organizer of Victory）, which originally appeared in *Правда*, 14 March 1923.）

Китай в огне войны. Москва, 1924.

Развитие и значение лозунга пролетарской диктатуры.

（This is Radek's long, unpublished, treatise about Trotsky's theory of permanent revolution, written in exile in 1928 and availabli in *The Trotsky Archives*. It was in reply to this treatise that Trotsky wrote his book *The Permanent Revolution*.）

Unpublished correspondence with Trotsky, K. Zetkin, Dingelstedt, Sosnovsky, Preobrazhensky, Ter-Vaganyan, and others, *The Trotsky Archives*.

Speeches quoted from party and Comintern records.

Rakovsky, Ch. （Раковский, Х.）, 'Letter to Valentinov', Unpublished memoranda and correspondence with Trotsky and others, *The Trotsky Archives*. A French translation of the 'Letter to Valentinov' is in *Les Bolcheviks contre Staline*. Paris, 1957.

Ransome, A., *Six Weeks in Russia in* 1919. London, 1919.

Rosmer, A., *Moscou sous Lénine*. Paris, 1953.

Roy, M. N., *Revolution und Kontrrevolution in China*. Berlin, 1930.

Rykov, A. (Рыков, А.), 'Новая Дискуссия' в *За ленинизм*.
Speeches quoted from records of party congresses and conferences.

Sapronov, T. (Сапронов, Т.), Memoranda and Correspondence in *The Trotsky Archives*.

Scheffer, P., *Sieben Jahre Sowjet Union*. Leipzig, 1930.

Sedova, N. (part author with V. Serge) (Седова, Н.), *Vie et Mort de Trotsky*. Paris, 1951.

Serge, V., *Le Tournant Obscur*. Paris, 1951.
Mémoires d'un Revolutionnaire. Paris, 1951.
Vie et Mort de Trotsky. Paris, 1951.

Sheridan, G., *Russian Portraits*. London, 1921.

Smilga, I. (Смилга, И.), Correspondence and essays ('Платформа правого крыла ВКП (б)') are quoted from *The Trotsky Archives*.

Smirnov, I. (Смирнов, И.), Unpublished correspondence with Trotsky, Radek, and others. Ibid.

Smirnov, V. (Смирнов, В.), Под Знамя Ленина (an unpublished essay expounding the Decemist viewpoint in 1928. Trotsky attributes its authorship to V. Smirnov, but is not certain of it.)

Sokolnikov, G. (Сокольников, Г.), 'Теория тов. Троцкого и практика нашей революции' И 'Как подходит к истории октября', в *За Ленинизм*.

Sorin, V. (Сорин, В.), *Рабочая группа*. Москва, 1924.

Sosnovsky, L. (Сосновский, Л.), *Дела и люди*, т. i-iv. Москва, 1924 – 1927.
Unpublished correspondence with Trotsky and others quoted from *The Archives*.

Stalin, J. (Сталин, И.), *Сочинения*, т. v-x. Москва, 1947 – 1949.

Tang Leang-Li, *The Inner History of the Chinese Revolution*. London. 1930.

Thalheimer, A., 1923, *Eine Verpasste Revolution*?. Berlin, 1931.

Trotsky, L. (Троцкий, Л.), *Сочинения*. Москва, 1925 – 1927. The following volumes of this edition of Trotsky's collected writings are quoted or referred to in this work:

Т. Ⅲ: (часть 1) *От Февраля до октября*; (часть 2) *От октября до Бреста*. It is as a preface to this volume that the much debated 'Уроки Октября' (The Lessons of October) first appeared.

Т. Ⅻ: *Основные вопросы пролетарской революций*.

Т. ⅩⅢ: *Коммунистический интернационал*.

Т. ⅩⅤ: *Хозяйственное строительство в советской России*.

Т. ⅩⅦ: *Советская республика и капиталистичетский* мир.

Т. ⅩⅩ: *Культура старого мира*.

Т. ⅩⅪ: *Культура переходного времени*.

Как вооружалась революция, т. i-iii. Москва, 1923 – 1925.

Пять лет коминтерна, т. i-ii. Москва, 1924 – 1925. An American edition under the title **The First Five Year of the Communist International**, vols. i-ii, appeared in New York, 1945 and 1953.

Моя жизнь, т. i-ii. Berlin, 1930. The English edition **My Life**. London, 1930.

Терроризм и коммунизм. Петербург, 1920.

Война и революция. Москва, 1922.

Литература и революция. Москва, 1923. An American edition **Literature and Revolution** appeared in New York, 1957.

Вопросы быта. Москва, 1923. The English edition **Problems of Life**. London, 1924.

Между империализмом и революцией. Москва, 1922.

Новый курс. Москва, 1924. The American edition **The New Course**. New York, 1943.

О Ленине. Москва, 1924.

Запад и восток. Москва, 1924.

Куда идет англия? Москва, 1925. The English edition **Where is Britain Going**?, with a preface by H. N. Brailsfod, appeared in London. 1926.

Куда идет англия? (Второй Выпуск). Москва, 1926. This is not, as the title may suggest, a second edition of the previous work, but a collection of criticisms by British authors, Bertrand Russell, Ramsay MacDonald, H. N. Brailsford, George Lansbury, and others, and of Trotsky's replies to his critics.

Europa und Amerika. Berlin, 1926.

Towards Socialism or Capitalism. London, 1926.

The Real Situation in Russia. London, no date. The English version of the 'Platform' of the Joint Opposition of which Trotsky and Zinoviev were the co-authors.

Problems of the Chinese Revolution. New York, 1932.

The Third International After Lenin. New York, 1936. The American edition of the *Critique* of the Programme of the Third International, written in 1928.

Что и как пройзошло?. Paris, 1929.

Перманенмная революция. Berlin, 1930.

Сталинская школа фальсификации. Berlin, 1932. The American edition *The Stalin School of Falsification*. New York, 1937.

The Supprresed Testament of Lenin. New York, 1935.

Écrits, vol. i. Paris, 1955.

The Revolution Betrayed. London, 1937.

Stalin. New York, 1946.

The Case of Leon Trotsky. London, 1937. Trotsky's depositions and cross-examination before the Dewey Commission in Mexico in 1937. This list of Trotsky's published works includes only books and pamphlets quoted or referred to in this volume.

The Trotsky Archives, Houghton Library, Harvard University. A description of *The Archives* was given in the bibliography of *The Prophet Armed*.

Speeches and statements by Trotsky are quoted either from *The Archives or from published records of party congresses and conferences*, as indicated in footnotes.

Yaroslavsky, E. (Ярославский, Е.), *Рабочая оппозиция*. Москва, no date.

Против оппозиции. Москва, 1928.

Вчерашний и завтрашний день троцкистов. Москва, 1929.

Aus der Geschichte der Kommunistischen Partei d. Sowjetunion, vols. i-ii. Hamburg-Berlin, 1931.

Очерки по истории ВКП（б）. Москва, 1936.

Yoffe, A. (Ñоффе, А.), 'Farewell letter to Trotsky'. The full text is in *The Trotsky Archives*.

За ленинизм, Ленинград, 1925. A collection of the most important contributions by Stalin, Zinoviev, Kamenev, Rykov, Bukharin, Sokolnikov, Krupskaya, and others to the discussion on Trotsky's *Lessons of October*. It includes also *The Lessons of October*.

Заявление о внутрипартийном положении. The statement of the 'Forty Six', of 15 October 1923, is in *The Trotsky Archives*.

Zinoviev, G. (Зиновьев, Г.), *Сочинения*, т. i, ii, v, xvi. Москва, 1924—1929.

Двенадцать дней в Германии. Петербург, 1920.

'Большевизм или троцкизм', в *За ленинизм*.

История РКП（б）. Москва, 1924.

Ленин. Ленинград, 1925.

Ленинизм. Ленинград, 1926.

Memoranda, essays, and other unpublished documents are quoted form *The Trotsky Archives*, and speeches from the published party records.

The following editions of protocols and verbatim reports have been quoted:

Congresses and conferences of The Communist Party of the Soviet Union:

10—ый създ РКП（б）. Мосσква, 1921.

11—ая конференция РКП（б）. Москва, 1921.

11—ый създ РКП（б）. Москва, 1936.

12—ый създ РКП（б）. Москва, 1923.

13—ая конференция РКП（б）. Москва, 1924.

13—ый създ РКП（б）. Москва, 1924.

14—ый създ ВКП（б）. Москва, 1926.

15—ая конференция ВКП（б）. Москва, 1927.

15—ый създ ВКП（б）, т. i-ii. Москва, 1935.

Протоколы центрального комитета РСДРП. Москва, 1929.

Congresses of Soviet trade unions:

3—ий създ профсоюзов. Москва, 1920.

4—ый създ профсоюзов. Москва, 1921.

5—ый създ профсоюзов. Москва, 1922.

6—ой създ профсоюзов. Москва, 1925.

7—ой създ профсоюзов. Москва, 1927.

Congresses of Soviets:

8—ой всероссийский създ советов. Москва, 1921.

9—ый всероссийский създ советов. Москва, 1922.

The Communist International:

International Congresses:

3—ий всемирный конгресс коминтерна. Петроград, 1922.

4—ый всемирный конгресс коминтерна. Москва, 1923.

5—ый всемирный конгресс коминтерна. т. i-ii. Москва, 1925.

Sessions of the Executive:

Расширенный пленум ИККИ. Москва, 1923.

Расширенный пленум ИККИ. Москва, 1925.

Шестой расширенный пленум ИККИ. Москва, 1927.

Путь мировой революций (session of November-December 1926), т. i-ii. Москва, 1927.

Расширенный пленум ИККИ. т. i-xii. Москва, 1930 –.

The Lessons of the German Events. London (?), 1924.

(Report on the discussion at the Praesidium of Executive on the 'German Crisis' of 1923.)

Varia:

The Second and Third International and the Vienna Union (reports of the 1922 conference of the Three Internationals in Berlin), no date.

Newspapers and periodicals:

Die Freiheit, **L'Humnté**, **Internationale Presse Korrespondenz**, **Kommunist**, **Labour Weekly**, **Labour Monthly**, **The Militant**, **The New International**, **The Nation**, **The New Leader**, **The New York Times**, **Przeglad Socjal-Demokraty-**

czny, *Z Pola Walki*.

Большевик, Бюллетень Оппозиций, Экономическая жизнь, известия Ц. К. РКП (б), искусство коттуны, Коммунистический интернационал, Красная летопись, Красная новь, Кузница, На Посту, Октябрь, Печать и революция, Под знаменем марксизма, Правда, Пролетарская Революция, Революционный восток, Труд, Вопросы истории КПСС, Знамя.

人名索引

A

埃尔津，В.，193，386，387，389，405

爱因斯坦，А.，172

安德列耶夫，А.，146，233，240，396

安东诺夫–奥弗申柯，В. А.，30，106，107，109，151，196，200，249，252，305，308，368

奥尔京，М.，214

奥尔忠尼启则，С.，44，45，63，87，287，311，312，319，321，350，352，360，396，397，408

奥拉尔，А.，390

奥里明斯基，М.，31

奥索夫斯基，262

奥新斯基，В.，107，280

B

巴别尔，И.，244

巴贝夫，G.，186，271，333，392

巴甫洛夫，И.，157，167，169，170，171

巴卡耶夫，И.，245，249，313，321，339，342，349

巴拉巴诺娃，А.，70

巴扎诺夫，Б.，25，81，106，132，150

白里安，А.，329

鲍罗廷，М.，294，306，308

倍倍尔，А.，344

彼得罗夫斯基，Г.，244，332

毕苏茨基，J.，253

别雷，А.，173

别洛博罗多夫，196，342，364，371，372

波克罗夫斯基，М.，268

波兹南斯基，87，358

伯恩斯坦，Е.，287

博格里宾斯基，241

博古舍夫斯基，М.，229

博古斯拉夫斯基，М.，196

布柳赫尔，Б.，294

勃朗施坦，А.（索科洛夫斯卡娅），196，337

勃朗施坦，Н.（托洛茨基的次女），337，385

勃朗施坦 З.，（托洛茨基的长女），337，385，405

勃洛克，А.，177

伯克，Е.，25，27

博什，Е.，346

布勃诺夫，A.，30，107，146，295，298

布哈林，H.，7，21，25，27，29，44，56，74，75，76，77，93，100，126，135，136，146，147，160，161，173，191，192，197，198，199，213，220，221，222，223，225，226，227，229，233，234，236，237，238，240，241，242，243，244，246，247，249，252，253，255，256，258，260，262，264，265，270，271，272，273，275，277，278，280，281，282，283，288，289，290，292，294，295，298，299，300，301，302，303，305，306，307，308，309，311，313，317，318，320，321，325，330，332，334，335，350，351，365，366，367，369，370，371，372，375，376，379，382，383，384，385，394，395，396，397，398，399，400，401，402，403，407，409，413，417

布兰德勒，H.，70，103，104，105，135，136，137，138，139，140，197

布朗基，A.，413

布雷斯福德，H. N.，213

布琼尼，C.，409，410

布托夫，T.，87，406

C

蔡特金，K.，58，283，284

陈独秀，291，292，294，295，298，299，300，301，304，308

成吉思汗，281，395，417

D

丹东，G.，91，312，317，318，333

德罗布尼斯，Y.，196，388

笛卡尔，166

丁格尔施泰特，И.，365，386，387

多里奥，J.，327

多列士，M.，397，398

多莫斯基，H.，252

E

恩格斯，F.，9，135，142，164，166，167，363，364，390

F

费舍，路特，25，58，135，136，137，140，197，241，249，273

弗洛伊德，S.，157，167，169，170，171，244

弗鲁姆金，M.，348

弗罗萨尔，L.-O.，25，142

伏龙芝，M.，49，129，152，358，418

伏罗希洛夫，K.，49，104，228，233，244，296，320，321，323，395，396，408，409，410

福斯特教授，61

G

盖兰，D.，413

歌德，W.，184，186，190，365，416

格拉兹曼，87，346

葛兰西，A.，178

古比雪夫，B.，99，408

果戈理，H.，65，186，358，360

H

黑兹利特，W.，25

海涅，H.，244

赫里欧，E.，51，52，205

赫鲁晓夫，H.，61，85，410

J

吉皮乌斯，3.，173

基洛夫，C.，242，245，246，330，396，408

季诺维也夫，Г.3，13，14，15，16，21，27，30，38，49，55，56，64，69，70，71，72，73，89，90，91，92，93，94，104，105，108，114，117，121，129，132，133，135，136，137，138，139，140，141，142，143，145，146，147，149，150，153，161，193，205，219，227，228，229，230，232，233，234，235，236，237，238，239，240，241，242，243，244，245，246，247，248，249，252，253，254，256，257，258，259，260，262，263，264，265，266，271，272，273，274，275，276，277，280，281，282，283，285，286，287，297，301，304，305，306，307，308，309，310，311，318，319，322，324，325，326，327，331，332，333，334，335，338，339，341，342，343，347，348，349，350，351，366，368，371，372，373，377，380，381，382，384，394，395，396，397，399，400，402，403，407

加里宁，M.，4，60，77，78，79，126，145，233，240，244，303，350，357，360，395，396，408，416

加马尔尼克，Л.，280

加米涅夫，Л.，33，50，60，69，70，71，72，73，74，85，86，87，88，90，91，92，93，126，132，145，146，147，149，150，153，161，228，229，230，233，234，235，236，237，238，239，240，241，242，243，244，245，246，247，248，249，252，253，254，256，258，259，260，262，264，266，271，272，274，275，276，277，281，285，297，301，304，308，311，326，340，341，342，343，347，348，349，350，368，372，380，381，382，394，395，396，397，399，400，402，403，407

加香，M.，56，327

蒋介石，251，294，295，296，297，298，299，300，302，303，304，307，308，321，327

杰斐逊，T.，190

捷尔任斯基，F.，64，65，79，80，85，87，102，103，106，129，197，201，244，260，261，296，326

K

卡冈诺维奇，Л.，233，282，283，408

卡普兰，Д.（or F.），29

凯恩斯，J. M.，168，223

康德，I.，166

考茨基，K.，287

科尔尼洛夫，Л.，57

科普，B.，50，51

柯伦泰，A.，29，30，92

柯秀尔，B.，92，107，308，388

克尔日扎诺夫斯基，Г.，37，38，42，61

克拉辛，Л.，97，98，160，225，360

克列孟梭，G.，319，320，321，323，324，331

克列斯廷斯基，H.，196，197，249，251，305

克留耶夫，174，175

克鲁普斯卡娅，H.，21，59，85，86，87，124，132，133，146，149，150，233，235，238，240，283，284，304，305，411

克伦斯基，200，205，331，397，410，411，412

克伦威尔，O.，11，24，212

孔多塞，A. N.，190

库恩·贝拉，3，56

库克，A. J.，210

库兹缅科（托洛茨基的化名），250

库兹涅佐夫，101

L

拉狄克，K.，3，25，29，50，55，56，100，103，108，109，121，132，135，136，137，138，140，196，197，198，235，243，249，252，267，271，297，301，308，343，349，352，364，365，377，378，379，380，381，383，385，386，387，388，389，400，402，403，404，406，407

拉法格（劳拉和保罗），344

拉菲尔，385

拉柯夫斯基，Ch.，21，93，94，100，194，196，197，200，249，301，308，328，329，342，346，348，349，352，354，362，364，365，378，385，389，390，391，392，393，400

拉林，Ю.，279，280

拉普拉斯，P. S.，166

拉舍维奇，M.，104，240，245，248，249，252，257，262，313，321，339

兰斯伯里，G.，213

劳合·乔治，D. 213，353

李嘉图，D. 266

李可夫，A.，33，36，42，60，77，78，79，97，122，129，145，146，147，148，219，229，233，239，244，247，256，282，318，350，369，376，384，396，398，400，409，417

李卜克内西，K.，56，197，286

李别进斯基，Ю.，173

梁赞诺夫，Д.，30，363，364

列宁，B.，3，4，6，10，11，13，15，17，18，19，21，25，28，29，30，31，32，33，34，35，36，37，38，40，42，43，44，45，48，49，50，51，52，55，56，57，58，59，60，61，62，63，64，65，66，67，68，69，70，71，72，73，74，75，76，77，79，80，81，82，83，84，85，86，87，88，89，90，91，92，93，94，95，98，99，100，103，104，106，108，110，114，116，117，121，122，123，124，125，126，127，128，129，130，132，134，135，137，141，142，143，144，145，146，147，148，149，150，153，156，157，160，161，162，163，164，173，191，193，194，195，196，197，198，199，201，207，208，217，219，220，221，227，228，229，230，232，233，234，235，236，238，239，240，241，242，244，245，246，247，248，249，252，253，254，257，258，260，262，268，269，270，271，273，274，276，277，278，280，281，283，285，286，287，288，291，292，294，295，305，310，311，315，316，

327，328，330，331，333，337，338，
339，340，341，343，345，346，347，
348，350，353，365，378，379，380，
381，382，386，388，389，396，403，
405，411，413，414，420

列维，Р.，3

卢那察尔斯基，А.，160，173，191

卢托维诺夫，Ю.，92，346

卢森堡，R.，56，79，136，197，198，244

鲁祖塔克，И. 126，244，303

路德，М.，211，212

罗伯斯庇尔，М.，212，231，312，314，
315，317，318，333，391，400，401，
412，413

罗素，В.，213，214

罗斯默，А.，25，56，91，142，287

罗易，M. N.，291，298，299，308，327

罗明纳兹，Е.，151，308

洛佐夫斯基，А.，7，30

M

马尔丁诺夫，А.，303

马尔托夫，Ю.，340

马哈拉泽，Ф.，44，45

马克思，К.，8，11，13，14，24，28，37，
38，39，40，45，49，53，54，56，58，
69，72，97，119，120，124，130，135，
160，161，162，163，164，165，166，
169，171，172，179，180，183，184，
188，190，192，197，199，211，212，
213，220，221，222，225，226，227，
236，244，248，255，260，266，286，
287，290，292，294，297，316，317，
335，337，344，345，363，364，365，

374，376，379，381，382，389，390，
403，410，411，412，414，415，416

马列茨基，221

马林－斯内夫利特，Н.，292，293，294

马斯洛，А.，58，136，138，252，273

马雅可夫斯基，В.，180，181，182

麦克唐纳，R.，205，211，212，213，214

曼努伊尔斯基，Д.，19，21

毛泽东，291，292，300

梅德维捷夫，С.，272，273，283

梅林，F.，287

梅耶霍德，В.，187

门捷列夫，Д.，164，165，166，167

米高扬，А.，30，230，240，312，384

米柳亭，4，7

米什尔，J.，413

米亚斯尼科夫，Г.，101，102

明仁斯基，В.，326，357，360，361，416

莫洛托夫，В.，17，18，79，80，81，126，
146，198，228，230，233，244，282，
283，320，322，334，335，397

莫纳特，Р.，287

莫伊谢耶夫，101

墨菲，J. T.，327，328

墨索里尼，В.，54，178，307，308，327

姆季瓦尼，Б.，44，45，419

姆拉奇科夫斯基，С.，196，252，313，325，
348，364，365

穆拉洛夫，Н.，106，107，134，194，196，
200，201，249，275，313，320，340，
342，349，364

N

诺伊曼，Н.，308

尼采，F.，188，415，416
涅韦尔松，385

P

帕姆·杜特，R.，214
珀塞尔，A. A.，209，210
皮利尼亚克，Б.，174，176
普列特涅夫，173
普列奥布拉任斯基，E.，30，41，60，106，107，109，121，196，198，199，200，222，223，224，225，226，227，235，249，252，301，308，325，336，363，364，365，374，375，376，377，378，379，380，381，383，385，386，387，388，389，395，400，402，403，406，407
普希金，A.，184
普特纳，B.，320
皮达可夫，Ю.，41，100，106，107，109，121，122，137，138，196，199，200，275，287，301，308，336，368，369，377

Q

齐赫泽，H.，31
契切林，Г.，50，296，329
丘巴尔，B.，280
丘吉尔，W.，320
瞿鲁巴，A.，33

R

饶勒斯，J.，25，143

S

塞尔日，V.，25，193，252，275，286，331，333，334，335，338，339，341，343，347，353，354
莎吉娘，M.，175，176
莎士比亚，W.，184，186，251
萨法罗夫，Г.，308，371，372，386
沙图诺夫斯基，И.，38
瑟尔佐夫，C.，280
萨普龙诺夫，T.，107，111，126，374，387，388
舍费尔，P.，352，353
圣西门，C. H.，190，365，390
施略普尼柯夫，Г.，13，29，30，92，272，273，283
什基里亚托夫，M.，311
什克洛夫斯基，B.，180
什维尔尼克，H.，332
斯宾格勒，O.，53
斯宾诺莎，B.，244
斯塔尔夫人，413
斯大林，И.，25，33，34，42，43，44，45，46，48，49，60，61，62，63，64，65，66，69，70，73，74，79，80，81，82，83，84，85，86，87，88，89，90，91，92，93，94，95，96，97，98，99，100，103，104，105，106，108，113，114，116，119，121，122，124，126，132，133，135，136，137，138，140，142，143，146，147，149，150，153，158，159，161，162，172，175，191，192，195，196，197，198，202，203，204，205，213，220，221，224，228，229，230，233，234，235，236，238，239，240，241，242，243，244，245，246，247，248，249，251，252，253，254，

255, 256, 257, 258, 260, 261, 262,
263, 264, 265, 267, 268, 269, 270,
271, 272, 273, 274, 275, 276, 277,
278, 279, 280, 281, 282, 283, 285,
286, 287, 288, 289, 290, 291, 292,
294, 295, 296, 297, 298, 299, 300,
301, 302, 303, 304, 305, 306, 307,
308, 309, 310, 311, 312, 313, 315,
317, 318, 319, 320, 321, 322, 323,
324, 325, 326, 327, 328, 329, 330,
331, 332, 333, 334, 335, 338, 339,
341, 342, 344, 347, 350, 351, 352,
359, 364, 365, 366, 367, 368, 369,
370, 371, 372, 373, 374, 375, 376,
377, 378, 379, 380, 381, 382, 383,
384, 385, 386, 387, 388, 389, 392,
393, 394, 395, 396, 397, 398, 399,
400, 401, 402, 403, 405, 406, 407,
408, 409, 410, 411, 412, 413, 414,
415, 416, 417, 419, 420

斯捷茨基, 221

斯克良斯基, Е., 129

斯克雷普尼克, Н., 30, 239

斯米尔加, И., 249, 309, 313, 321, 340, 342, 364, 365, 402, 403

斯米尔诺夫, И., 70, 106, 196, 201, 235, 249, 275, 346, 364, 378, 402

斯米尔诺夫, В., 41, 107, 121, 374, 387, 388, 406

斯密, А., 266

斯诺登, E. and P., 夫妇, 211

苏瓦林, Б., 135, 139, 139, 140, 273, 274, 287

索柯里尼柯夫, Г., 36, 42, 97, 146, 233,
235, 236, 241, 243, 249, 394, 395

索尔茨, А., 311, 312, 313, 314, 317

索斯诺夫斯基, Л., 106, 107, 196, 201, 365, 379, 385, 386, 387, 388

孙逸仙, 291, 292, 294, 295, 297

T

塔特林, В., 187

台尔曼, Е., 327

泰罗夫, А., 187

陶里亚蒂, P., 397

特里利谢尔, М., 396

特列季亚科夫, 173

特伦特, А., 138, 252

图哈切夫斯基, М., 49, 280, 320, 410

托马斯, J. H., 211, 364

托克维尔, А., 390

托尔斯泰, Л., 227

托洛茨基, Л., 2, 3, 10, 11, 12, 19, 20, 21, 22, 23, 24, 25, 26, 27, 28, 29, 30, 31, 32, 33, 34, 35, 36, 37, 38, 39, 40, 41, 42, 43, 44, 45, 46, 47, 48, 49, 50, 51, 52, 54, 55, 56, 57, 58, 59, 60, 61, 62, 63, 64, 66, 67, 69, 70, 71, 72, 73, 74, 75, 76, 77, 78, 79, 80, 81, 82, 83, 84, 85, 86, 87, 88, 89, 90, 91, 93, 94, 95, 96, 97, 98, 99, 100, 102, 103, 104, 105, 106, 107, 108, 109, 110, 111, 113, 114, 115, 116, 117, 118, 119, 120, 121, 122, 123, 124, 129, 130, 131, 132, 133, 134, 135, 136, 137, 138, 139, 140, 141, 142, 143, 144, 145, 146, 147, 148, 149, 150, 151, 152,

153，154，155，156，157，159，160，
161，162，163，164，165，167，168，
169，170，171，172，173，174，175，
177，178，179，180，182，184，185，
186，187，188，190，191，192，193，
194，195，196，197，198，199，200，
201，202，203，204，205，206，207，
208，209，210，211，212，213，214，
215，219，220，222，224，225，226，
227，228，229，230，234，235，236，
237，238，239，240，241，242，243，
244，245，246，247，248，249，250，
251，252，253，255，256，257，258，
259，260，261，262，263，264，265，
266，267，268，269，271，272，273，
274，275，276，277，278，279，280，
281，282，283，285，286，287，288，
289，290，291，292，293，295，296，
297，300，301，302，303，304，305，
306，307，308，309，310，311，312，
313，314，315，316，317，318，319，
320，321，322，323，324，325，326，
327，328，329，330，331，332，333，
334，335，336，337，338，339，340，
341，342，343，344，345，346，347，
348，349，350，351，352，353，354，
355，356，357，358，359，360，361，
362，363，364，365，366，367，368，
369，370，371，372，373，374，375，
376，377，378，379，380，381，382，
383，384，385，386，387，388，389，
390，391，392，393，394，395，396，
397，398，399，400，401，402，403，
404，405，406，407，408，409，410，
411，412，413，414，415，416，417，
418，419，420

托姆斯基，M.，60，74，75，147，210，
219，229，240，244，282，318，330，
396，398，409，417

陀思妥耶夫斯基，Ф.，184，377

W

瓦尔加，E.，251，267

瓦尔金，M.，386，387

瓦连廷诺夫，391，392

汪精卫，298，303，304，327

威尔逊，W.，207

韦伯夫妇（西德尼和比阿特丽斯），212

乌格拉诺夫，H.，232，243，244，280

温什利赫特，И.，152

沃龙斯基，A.，172，191

武约维奇，B.，327

X

希特勒，A.，208，327

谢多夫，列夫，（廖瓦，托洛茨基的长子），
21，124，336，355，357，360，364，
386，418，419

谢多夫，谢尔盖（谢辽沙，托洛茨基的次子），21，336，355，357，386，418，419

谢多娃，H.，154，275，335，336，340，357，362，405

谢马什科，H.，121，343

谢列布里亚科夫，Л.，196，201，249，325，364，402

谢尔穆克斯，358

谢芙林娜，B.，244

Y

亚戈达，Г.，396

亚基尔，И.，320

亚里士多德，190，390

雅罗斯拉夫斯基，Е.，27，115，122，240，258，262，311，321，332

扬松，311，312，315

叶赛宁，С.，174，175

伊斯特曼，М.，25，91，103，104，134，150，153，193，194，273，274

越飞，А.，196，197，249，292，293，343，344，345，346，347，354，355

Z

扎鲁斯基，П.，321

扎米亚京，Е.，173

张伯伦，А.，306，307，313，315，320，325，329

张伯伦，N.，320

张作霖，296，297

朱可夫，Г.，410

先知三部曲　[波] 伊萨克·多伊彻——著　　施用勤 张冰 刘虎——译
03/03　　　　　　　　　　　施用勤 张以童——校　　特别策划——郑超麟

流亡的先知
托洛茨基（1929—1940）

中央编译出版社
Central Compilation & Translation Press

图书在版编目（CIP）数据

流亡的先知：托洛茨基.1929—1940 /（波）伊萨克·多伊彻著；施用勤等译. —北京：中央编译出版社，2023.12

（先知三部曲）

书名原文：The Prophet Outcast：Trotsky 1929-1940

ISBN 978-7-5117-4386-2

Ⅰ.①流… Ⅱ.①伊…②施… Ⅲ.①托洛茨基（Trotsky, Leon 1879-1940）-传记 Ⅳ.①K835.127=5

中国国家版本馆 CIP 数据核字（2023）第 051900 号

流亡的先知：托洛茨基 1929—1940

责任编辑	李小燕
责任印制	李　颖
出版发行	中央编译出版社
网　　址	www.cctpcm.com
地　　址	北京市海淀区北四环西路 69 号（100080）
电　　话	（010）55627391（总编室）　　（010）55627301（编辑室）
	（010）55627320（发行部）　　（010）55627377（新技术部）
经　　销	全国新华书店
印　　刷	佳兴达印刷（天津）有限公司
开　　本	710 毫米×1000 毫米　1/16
字　　数	531 千字
印　　张	31.5
版　　次	2023 年 12 月第 1 版
印　　次	2023 年 12 月第 1 次印刷
定　　价	298.00 元（全三册）

新浪微博：@中央编译出版社　　　微　信：中央编译出版社（ID：cctphome）
淘宝店铺：中央编译出版社直销店（http://shop108367160.taobao.com）　（010）55627331

本社常年法律顾问：北京市吴栾赵阎律师事务所律师　闫军　梁勤
凡有印装质量问题，本社负责调换，电话：（010）55627320

Contents
目 录

前 言 ··· 1

第一章　在王子群岛 ··· 1
第二章　理性与疯狂 ··· 98
第三章　革命家兼史学家 ····································· 180
第四章　"人民公敌" ··· 217
第五章　地狱之夜 ··· 312
跋：失败中的胜利 ··· 462

参考书目 ··· 473
人名索引 ··· 484

前　言

在我著的先知三部曲的最后一部中叙述了托洛茨基人生悲剧的悲惨结局。在悲剧的结局中，主角往往是被动的而不是主动的。但是，托洛茨基始终与斯大林进行积极的针锋相对的斗争，直至生命的最后一息，而且他是后者唯一公开的敌人。在1929—1940年这12年中，在苏联听不到任何反对斯大林的抗议，除了许多斯大林的反对者被迫屈辱地承认自己有罪之外，甚至连昔日紧张激烈的斗争的余音也已经沉寂。于是，托洛茨基在反对斯大林独裁的斗争中只能孤军作战。由此造成这样一种印象，巨大的历史冲突似乎集中在这两个人之间的矛盾和斗争之中。传记作者应该指出这一切是怎么发生的，并分析各种错综复杂的情况和关系的巧合，正是这些情况和相互关系使斯大林成为"冒牌英雄"，使托洛茨基成为反斯大林主义的反对派的唯一代言人。

因此，除了托洛茨基的生平之外，我还应该叙述这一时期震撼人心的社会与政治事件：苏联狂热的工业化和集体化、大清洗、德国和欧洲的工人运动在纳粹的猛攻下溃败和第二次世界大战的开始。所有这些事件都影响到托洛茨基的命运，他在所有这些事件上的立场都与斯大林针锋相对。我不得不回顾当时的主要争论，因为在托洛茨基的一生中，意识形态的辩论所起的作用与莎士比亚悲剧中战斗的场面同样重要：在通往悲惨结局的途中，这些场面展现出主角的性格。

在本卷中，有关托洛茨基的私生活，特别是托洛茨基一家命运的叙述比重比前两卷要大。读者应不时地把注意力从政治叙述转到通常所谓的"个人故事"（似乎社会事件不是由所有我们的私事构成的，好像政治本身不是个人的杰出活动似的）。在这一阶段中，托洛茨基的家庭生活与其政治命运是不可分离的。从另一个视角来看，他的家庭生活使人们认识这一悲剧，使它变得更为

流亡的先知:托洛茨基1929—1940

深刻。这一不同寻常、感人至深的故事由本书首次披露,它以托洛茨基与其妻子及子女的私人书信为依据。由于已作古的娜塔利娅·谢多娃的好意,我能自由阅读、使用这些信件。娜塔利娅·谢多娃在其逝世前两年曾请求哈佛大学图书馆对我开放其夫档案的保密部分,即据托洛茨基遗嘱应保密到1980年的那部分档案。

* * *

我想扼要介绍一下我撰写这部传记时的政治背景。我于1949年底着手这项工作时,正值莫斯科官方庆祝斯大林70寿辰,庆典上人们对斯大林的奴颜婢膝,在现代史上是绝无仅有的。而托洛茨基的姓名似乎已被重重的诬蔑和遗忘永远埋葬了。1956年底,我已经出版了《武装的先知》,在准备修改《被解除武装的先知》和《流亡的先知》的初稿时,苏共二十大的后果、波兰的十月动荡和匈牙利的斗争迫使我中断了这一工作,把我的全部注意力集中到当时的事件上去。在布达佩斯,狂怒的人群推倒了斯大林的塑像,但在莫斯科,亵渎这一偶像的事仍是秘密地进行,统治集团把它当做不可外扬的家丑。赫鲁晓夫警告二十大上的听众:"我们不能让此事传到党外,绝对不能让它传到新闻界。我们不能在(敌人)面前洗我们的脏内衣。"我那时评论道:"很难长久地背着苏联人民洗脏内衣。现在就应该当着他们的面在光天化日之下洗。无论如何,这件'脏内衣'是用他们的血汗浸泡出来的。洗脏内衣将需要很长时间,能把它彻底洗干净的大概是更年轻、更干净的人的手,而不是那些开始做此事的人的手。"

《流亡的先知》问世时,某些"洗脏内衣"的行动早已公开,斯大林的遗体也已被迁出红场陵墓。一位敏感的西方漫画家对后一事件的反应是想到,把斯大林的遗体从陵墓里搬出来,可能要把托洛茨基的遗体放到刚刚腾出来的紧挨着列宁的墓穴里。这位漫画家所表达的想法可能有不少苏联人也想到了(虽然人们希望给托洛茨基平反将以完全没有个人崇拜、宗教仪式和原始巫术的方式进行)。但是,赫鲁晓夫及其朋友仍竭尽全力保持斯大林派对托洛茨基的诅咒。在赫鲁晓夫与毛泽东的争论中,他们每个人都指责对方的托洛茨基主义,好像他们都竭力为托洛茨基及其思想提出的那些有生命力的问题提供至少是反面证明似的。

前　言

　　所有这些事使我更加坚信我的研究题目的现实意义和历史重要性。但是，我对我的某些批评家表示歉意，他们未能有效地影响我撰写这套书的方法及构思。诚然，这部传记在规模上超过了我最初的设想，我原计划只写一卷或两卷，结果却写了三卷。不过，在这么做时我只是服从——最初是勉强服从——这项工作的写作逻辑和我这项研究本身的逻辑，它们在广度和深度上的扩展是我始料不及的。我手中的传记材料为其成形及各自的比例而斗争，并向我提出了它们的要求（我知道，无论我怎么辩解，我都不能在我的一位批评者的眼中开脱自己，他是前英国驻莫斯科大使，他说，他"一直认为俄国革命从未发生过"，他想知道我怎么能用这么多的篇幅来描写这一纯属子虚乌有的事情）。就我对托洛茨基的政治态度来说，它始终如一，没有改变。1952年，三部曲的第一卷脱稿，它的最后一章题为"胜利中的失败"，在这一章中，我描绘了处于权力巅峰时的托洛茨基。在该卷的前言中我写道，为了更完整地叙述他的生平，我要考虑"一个问题，他的胜利的重要因素是否就隐藏在他的失败之中"。我在《流亡的先知》的最后几页，即题为"失败中的胜利"的跋中，讨论的就是这个问题。

资料来源及致谢

　　本卷的叙述比前两卷更多地依据托洛茨基档案，特别是他与其家庭成员的通信。当我在注释中只写"托洛茨基档案"时，我指的是它的开放部分，它们存放在哈佛大学的霍顿图书馆中，大学生都可以借阅。当我利用档案的"封闭"部分时，我加上"保密部分"这几个字。托洛茨基档案的公开部分的总目录附在《武装的先知》一书的参考书目索引中，保密部分的目录附在本卷的参考书目索引中。

　　在保密部分的两万多份文件中，绝大多数都是托洛茨基与其追随者、朋友之间的政治通信，他要求把这部分封存，是由于他把这些文件转移到哈佛大学时（1940年夏），整个欧洲几乎都被纳粹和斯大林主义者占领，欧洲之外的许多国家的前途难卜，因此，他觉得他必须保护与他通信的人。但在这些信函的政治内容中很少有或完全没有严格来说是机密或隐私的东西。其中许多我在30年代就已看到过（我马上就会解释通过什么途径），因此，在1959年重读它们时，我发现其中很难有什么东西能使我感到惊讶。另一部分是托洛茨基家人之间的通信，甚至有关家务的通信也放在保密部分之中，这些信件为我揭示了他的纯个人的经历和感情，大大地丰富了他在我心目中的人格形象。

前两卷的某些评论家抱怨我对档案的注释不够详细。我只能指出，我所引用的任何一份托洛茨基档案中的文件均在正文或脚注中注明它出自谁的手笔，写于何时，寄给何人。这对于任何一个研究人员来说都已经足够了。过于详尽的注解固然可以大大增强我这部著作的"旁征博引"，但对那些接触不到托洛茨基档案的一般读者及那些很难得到我提到的任何一份文件的学者来说，则没有丝毫用处。此外，在我撰写了前两卷之后，托洛茨基档案已被重新整理，因而，即便我作了更为详尽的注释，现在也都毫无价值（例如，某份文件原在B部分17号文件夹中，但现在A、B、C部已不复存在了）。现在，文件完全按照年代顺序排列，我一般都标出了所引文件的日期，在霍顿图书馆提供的编印极好的两卷本《托洛茨基档案索引》中，学者据此能迅速找到该文件。

个别批评家想知道托洛茨基档案的可信程度有多大，托洛茨基或其追随者是否"篡改过文件"。我认为，内在证据和其他消息来源相互映证，都证明托洛茨基档案是可信的，托洛茨基的批评者和辩护者都能从这个档案中找到他们需要的材料，这一事实也证明了它的可信性。托洛茨基不屑于干伪造或销毁文件的事。他的追随者们或是没有兴趣，或是忙于其他事情，未必会去窥视其导师的档案。1950年，我夫人和我开始接触托洛茨基档案，我们是最早利用这些档案进行研究工作的学者。

有关20世纪30年代的思想状况和对卷入当时党内斗争的党派、团体和个人的描述，我特别着重利用我作为反对斯大林派的波兰共产主义代言人的亲身经历。我参加的那个团体后来与托洛茨基联系密切。他的国际书记处为我们提供了大量的文件，其中部分是机密的，还有供传阅的托洛茨基书信的拷贝，等等。作为一个作家和争论参与者，我深深地卷入了本卷所描述的所有争论。在争论的过程中，我了解了大量的政治文献，其中有斯大林派的、社会民主党的、托洛茨基派的、布兰德勒派的，还有各国出版的其他小册子、书籍、期刊和传单。当然，在撰写此书时我能利用的只是这些文件中的一小部分，但对于我验证我的印象与记忆的准确程度、核实日期及引文来说，它们足够了。我的参考书目和脚注并没有穷尽该题材所有文献的奢望。

我十分幸运，能从下述诸位那里得到信息以补充从托洛茨基档案（以及其他印刷资料）中得到的材料，他们是托洛茨基的遗孀、托洛茨基流亡岁月中最亲密的朋友罗斯默夫妇和让娜·马尔金·德·帕莱尔，后者把托洛茨基的长子——列夫·谢多夫的文件和通信交给我；托洛茨基在王子群岛时期的秘书皮埃尔·弗兰克；科约坎普的秘书兼贴身警卫约瑟夫·汉森，他是托洛茨基生命的最后几天和最后时刻的见证人；还有许多在某一阶段追随过托洛茨基的其他人（在上述这些人中，娜塔利娅·谢多娃、玛格丽特·罗斯默和让娜·马尔金在本卷脱稿之前就已不幸去世）。

在托洛茨基的家庭和追随者圈子之外的人中，我要感谢康拉德·克努德森和他的夫人，托洛茨基流亡挪威时曾住在他们家中；还有赫尔杰·克罗格先生和戴尔夫妇，感谢他们提供这么多有关托洛茨基被拘留和驱逐出挪威的事件的信息和生动回忆。我采访了特利格威·赖伊，当年的司法大臣，允许托洛茨基入境以及将他拘留都是他一手包办的；赖伊先生与我进行了详细的长谈，而且不乏自我曝光，事后他请我不要引用他的谈话，一是因为他的记忆力衰退，二是他与一位美国出版商签订了协议，协议规定他只能在他本人的回忆录中披露有关信息。赖伊先生好意地将他于1937年提交挪威议会的政府有关托洛茨基案件的报告寄给我。我还有幸采访了H.库特教授，托洛茨基逗留挪威期间，他任挪威外交大臣，他特别渴望能详尽无遗地揭示此案的真相。

在调查研究托洛茨基生平中的另一重要章节时，我曾请教过新近去世的约翰·杜威，他对我阐明了墨西哥反审判的缘由，畅谈了托洛茨基留给他的印象，我感谢S.拉特纳博士，他是杜威的朋友兼秘书，感谢他为我提供了有关这位老教授决定主持这次反审判的背景材料。在许多其他信息提供者中，我还应提及约瑟夫·贝格尔先生，他曾是莫斯科共产国际的成员，后来被投入斯大林的集中营关押了25年，贝格尔先生对我讲述了他于1937年在莫斯科布提尔基监狱中与托洛茨基的次子谢尔盖·谢多夫相遇的情况。

我还应感谢俄国研究中心、哈佛大学，特别是M.劳索德和M.D.舒尔曼教授，感谢他们为我提供的方便；还有亚当斯馆馆长R.A.布劳尔博士及其夫人，当我在1959年研究托洛茨基档案的保密部分时，曾受到他们的热情招待；我十分感谢霍顿图书馆的威廉·杰克逊教授和C.E.杰克曼小姐，感谢他们极其耐心的帮助；我还应感谢叶莲娜·扎鲁德娜娅－列文女士帮我阅读了托洛茨基档案中的某些文件。

约翰·贝尔先生，丹先生，M.达文先生及唐纳·泰尔曼先生阅读了我的手稿及校样，提出了批评和许多修改意见，我对他们感激不尽。

我夫人不仅作为一位可靠的助手及批评者对本卷作出了她的贡献,从1950年我们开始一起研究托洛茨基档案以来的许多年中,她全身心地进入这出悲剧的气氛之中,她对这出悲剧的人物极为同情,因而在描绘他们的性格和叙述他们的命运时,她的帮助是不可取代的。

伊萨克·多伊彻

第一章　在王子群岛

将托洛茨基驱逐出俄国的局面预先决定了他的未来岁月。人们用不可思议、粗暴无礼的方式将他驱逐出国。当托洛茨基用无数抗议信轰炸政治局，宣称驱逐他的决议非法之时，斯大林将驱逐之事延缓了一个星期。似乎是斯大林尚未作出最后决定或者仍在与政治局商议。最后，猫和老鼠的游戏突然结束：1929年2月10日深夜，托洛茨基及其夫人、长子被押送到敖德萨码头，被带上了"伊里奇号"客轮，之后，客轮立即起航。负责押送托洛茨基的人员和港口当局接到了最严厉的命令，尽管时间已晚，海上风暴猖狂，海面封冻，该命令也必须立即执行。现在，斯大林容不得半点儿拖延。"伊里奇号"客轮和业已启动的破冰船是专门派来执行这一任务的。在这艘客轮之上，只有托洛茨基、他的家属以及两位格别乌的官员，此外没有其他乘客，也没有货物。这样，斯大林最终使政治局面对既成事实，以这种方式结束了一切动摇，也避免了他第一次请求政治局批准驱逐托洛茨基时发生的场面重演。那时，布哈林提出抗议，朝他挥动双拳，在会议上痛哭流涕，并和李可夫、托姆斯基共同投票反对驱逐托洛茨基。[①]

驱逐一事在极度保密中进行。直到托洛茨基被驱逐后，驱逐的决议才予以公布。斯大林惧怕发生骚动。军队调到码头是为了防止示威和大规模的群众性告别场面，一年前，当托洛茨基被流放而离开莫斯科时，反对派曾组织过这种活动。[②] 这次一个见证人也不能有，也不能有任何一个目击者的证词。不能让托洛茨基和大群乘客一起出海，因为那样，他会在乘客的众目睽睽之下进行消

[①] 参见《被解除武装的先知》，第六章。李可夫当时仍是人民委员会主席，继列宁之后担当苏联总理之职。

[②] 同上，第五章。

极反抗；甚至命令船上的工作人员不得离开各自的工作岗位，禁止他们与他接触。整个旅途都处在令人不安的保密之中。斯大林不愿承担此举的全部责任，他还想等待、观望：外国共产党是否会对此事感到震惊，因为他不知道，今后事态的发展是否会迫使他把对手请回来。他一心想把这次驱逐安排得模棱两可，以便在必要时能够作出体面的解释或彻底否认。在此事发生了几天之后，国外一家共产党报刊作出推测，托洛茨基前往土耳其是为了执行官方或半官方的使命，他自愿来到这里，并带着大批随从。

就这样，托洛茨基突然来到阴暗、空荡荡的客轮上，这艘船将在惊涛骇浪中驶向浩渺无际的天边。甚至在阿拉木图度过了一年的流放生活之后，周围的空旷仍使他惶恐不安，而格别乌的两名军官使它变得更具威胁。它意味着什么？其中隐藏着什么？他身边只有娜达莎和廖瓦，他在他们的眼中可以看到同样的问题。为了躲避狂风和空旷，他们下到了船舱之中，在整个旅途中一直没再离开那里。空旷似乎在追逐着他们。它意味着什么？旅途将如何结束？

托洛茨基作了最坏的准备。他认为，斯大林不会满足于仅仅把他赶到黑海对岸就这么放过他。他怀疑，斯大林与土耳其独裁者基马尔·帕沙合谋反对他，或是基马尔的警察会在轮船上逮捕他、拘留他，或是会秘密地把他交给聚集在君士坦丁堡的白俄侨民，让他听凭他们的报复。格别乌背信弃义的做法证明这种担心并非捕风捉影：他曾多次请求格别乌释放他的两个秘书兼警卫——谢尔穆克斯和波兹南斯基，并允许他们随他一起乘船出国。格别乌不止一次地允诺，但没有兑现。看来，格别乌决定让他独自上路，不让任何一个朋友陪伴他，充当他的警卫。H. 谢多娃写道，最后，在一个车站上，格别乌的全权代表布兰诺夫"得意洋洋地拿来了专线传来的答复：格别乌即政治局同意了。列夫·达维多维奇冷笑着对他说：'反正你们会食言……斯大林会食言。'"①

在慌乱和绝望中，他和妻子、儿子一起回忆起他们的最后一次海上旅行，那时他们刚刚从一个位于加拿大的英国集中营中被释放出来，乘一艘挪威客轮返回俄国。托洛茨基在其自传中写道："当时我们家也是这么多人（尽管他的次子谢尔盖当年和他在一起，而现在却不在'伊里奇号'上），但我们都比现在年轻12岁。"比年龄差别更重要的是环境的反差，可他却对此未置一词。1917年，革命召唤他返回俄国进行伟大的斗争；现在，他被一个以革命的名

---

① 托洛茨基致中央委员会、共产国际执委会和《致格别乌全权代表——公民福金书》1929年2月7—12日，存于托洛茨基档案。托洛茨基：《我的生平》第2卷，第318页。

义进行统治的政府驱逐出俄国。1917年，在英国集中营度过的那一个月，他天天都要在铁丝网包围的集中营内对大批德国水兵演讲，告诉他们卡尔·李卜克内西在国会、监狱及在战壕中所进行的反对德国皇帝和帝国主义战争的斗争，激起他们对社会主义的热情。当他被释放时，水兵们把他扛在肩上抬到集中营大门口，高唱《国际歌》欢送他。① 现在，周围是一片空旷和呼啸的风暴。"斯巴达克同盟"的失败和李卜克内西遇害已过了十年，托洛茨基不止一次地想过，他的结局莫非注定要像李卜克内西一样。一件无意义的小事描绘出这一反差的荒诞，当"伊里奇号"驶入博斯普鲁斯海峡时，一位格别乌军官交给他1500美元，这是苏联政府送给前国防人民委员的礼物，以便"他能在国外生活"。托洛茨基似乎看到了斯大林嘲弄的冷笑，但他一文不名，只能忍辱把钱收下。这是国家最后一次付给这位共和国之父、它的缔造者的工资。

如果托洛茨基沉湎在对这些悲惨事件的思索之中的话，他就不成其为托洛茨基了。无论环境将会如何，他都毅然面对未来，坚定不移，搏击不已。他不允许自己在虚空中消失。在虚空之后就是尚不知晓的斗争和希望的地平线。过去进入到现在之中，未来中含有过去和现在。黑格尔说过：历史人物一旦完成其"历史使命"，他们将精疲力尽，像空壳般地倒下。② 托洛茨基与这类历史人物毫无共同之处。斯大林及事件把他囚禁在真空之中，他将为挣脱这一真空而搏斗。但目前，托洛茨基只能写下他反对驱逐的最后一封抗议信。在旅途结束之前，他把他写给联共中央委员会和苏维埃中央执委会的信件交给押送人员。他在这封信中谴责斯大林与基马尔·帕沙以及基马尔的"法西斯国家"警察的"阴谋"，并警告迫害者，他们迟早要为他们的"叛卖和无耻勾当"负责。当"伊里奇号"抛锚后土耳其海关人员登上船舷时，他将一封致基马尔的正式抗议信交给他们。仇恨与嘲讽从该文件克制的公函语调中流露出来："我有幸在君士坦丁堡大门口通知阁下，我之所以来到土耳其，实非出自本人选择。我是在暴力胁迫下跨越这条疆界的。敬请总统阁下接受我的敬意。"③

托洛茨基根本没有指望基马尔会对这一抗议有所反应，他明白，莫斯科那些迫害他的人始终担心有朝一日不得不对他们的所作所为负责。即便那时表明为公正而求助于历史是徒劳的，他也仍将这样做。托洛茨基坚信，他不仅在代

---

① 《武装的先知》，第八章。
② 黑格尔：《世界史哲学》，第78页。
③ 托洛茨基档案；托洛茨基：《我的生平》第2卷，第317页。

表他本人，而且还代表那些被关押或遭流放而被迫沉默的朋友和战友大声疾呼，坚信那个使他成为牺牲品的暴政会使整个布尔什维克党及革命本身也遭到损害。托洛茨基深知，不论他个人命运如何，他与斯大林之间的争论仍会继续下去，并在整个20世纪中引起反响。如果斯大林力图压制所有可能的抗议或见证人的话，那么被驱逐的托洛茨基就会挺身出来抗议，并声明他就是见证人。

* * *

下船后，几乎发生了一场闹剧。托洛茨基及其家人被径直从码头送到苏联驻君士坦丁堡领事馆中。尽管托洛茨基背着政治犯和反革命的罪名，人们仍怀着对十月革命领袖与红军缔造者的敬意迎接他。领事馆腾出一侧的房屋供托洛茨基居住。领事馆的官员中有不少人在内战时期曾在他麾下作战，他们显然力图使他有宾至如归之感。格别乌工作人员表现得似乎他们把保卫他的生命安全视为自己的光荣一样。他们满足托洛茨基的一切愿望，完成他的所有委托。当他留在领事馆中时，他们陪伴娜塔利娅和廖瓦进城。他们关心从阿拉木图运来的托洛茨基的大量档案材料，监督它的装卸并运到领事馆的事宜，根本就没想到检查一下它的内容。殊不知这些文件和材料就是托洛茨基日后反对斯大林的政治弹药。显然，莫斯科仍试图掩盖驱逐的真相，以减轻其在共产党人眼中的后果。布哈林曾提起斯大林循序渐进、锲而不舍的天才能力，这绝非偶然。以厘米为单位的缓慢行动达到目的，是斯大林独有的天赋，它甚至也表现在刚刚提到的那类细枝末节中。

在斯大林如何得到基马尔·帕沙的配合上，也能看到这一特点。托洛茨基抵达这里后不久，土耳其政府通知他说，当初并不知道他被驱逐之事，苏联政府只请求出于"健康考虑"为托洛茨基签发入境签证，而出于重视与北方邻邦的友好关系，土耳其政府在不能细究申请动机的情况下发了签证。尽管如此，基马尔·帕沙仍感到难堪，因为人们把他看成斯大林的同谋，他急忙向托洛茨基保证，"在土耳其境内，他永远不会被拘留，也不会成为任何暴力的牺牲品"。他随时可以离开土耳其，愿意留在这里的话，想逗留多久就逗留多久，土耳其政府将尽东道主之职责并保证他的安全。[①] 虽然基马尔对托洛茨基

[①] 摘自1929年2月18日君士坦丁堡省长奉基马尔之命致托洛茨基的信，存于托洛茨基档案保密部分。

如此尊重并怀有好感,但托洛茨基仍坚信,基马尔与斯大林之间有协议,至少,在斯大林提出新要求时基马尔将如何表现是个未知数。他会为一个政治流亡者而冒与强大的"北方邻邦"闹翻的危险吗?

托洛茨基住在苏联领事馆这一微妙的局面也不会长久,斯大林只等一有借口就将它结束。这种状况对托洛茨基来说也是无法忍受的。在格别乌的"保护"下,托洛茨基实际上仍是囚犯,他不知道应该更怕谁:是领事馆外面的白俄侨民还是领事馆内的警卫。他失去了流亡能给政治斗士带来的唯一好处:活动和发表意见的自由。他想要阐述他的事业、揭示导致他被驱逐的事件,与他的各国支持者建立联系并为今后的活动制订计划。但在领事馆中他不能做任何这类事情。此外,托洛茨基与其妻子都在患病,他应该挣钱谋生,而他只能靠写作谋生。他应该住到别的地方,以便能与出版商和报界建立联系并开始工作。托洛茨基一到这里便给他的西欧的——主要是法国的朋友和同情者写信,很快就收到了他们的回信。托洛茨基在抵达君士坦丁堡三天之后便收到了阿尔弗雷德·罗斯默、玛格丽特·罗斯默夫妇二人的回信①,他们写道:"我们无须对您说,您完全可以指望我们,忠于您、热爱您的罗斯默。"在第一次世界大战期间,罗斯默夫妇就与托洛茨基一家人成了朋友,他们都参加了齐美尔瓦尔德运动。20年代初,罗斯默曾任法共驻莫斯科共产国际执委会代表,后因与托洛茨基观点一致而被法共开除。罗斯默夫妇信中的"忠于您的罗斯默"之语,并非泛泛之谈。在托洛茨基的流亡岁月中,他们始终是他最亲密的朋友,尽管后来在他们之间也一度有过分歧和争论。鲍里斯·苏瓦林是法国共产党理论报刊的前主编,1924年5月,在所有驻莫斯科的外国共产党代表中他是唯一一个为托洛茨基辩护的人,现在,他也给托洛茨基回信,表示愿意帮助他,与他合作。② 其他同情者还有莫里斯·帕兹(Maurice Paz)夫妇,丈夫是法学家,妻子是记者,他们二人都被法共开除,后来,他们成了著名的社会党议员。他们在信中称他为"伟大的朋友",并对他在土耳其的复杂处境深感不安,他们千方百计为他争取其他国家的入境签证,并答应马上前往君士坦丁堡。③

通过罗斯默夫妇和帕兹夫妇,托洛茨基与西方报界建立起联系:2月下半月,当时他还住在领事馆,他的系列文章就已在《纽约时报》、《每日快报》

---

① 罗斯默夫妇与托洛茨基的通信,存于托洛茨基档案保密部分。
② 苏瓦林致托洛茨基,1929年2月15日;同上。
③ 莫里斯·帕兹致托洛茨基,1929年2月18日,存于托洛茨基档案保密部分。

和其他报纸上发表。该系列文章是首次公开发表的托洛茨基有关近年来及近几个月来党内斗争的论述；论述简洁有力，充满进攻精神。托洛茨基对其新老敌人和对手毫不留情，其中首当其冲的就是斯大林，现在他像以前在政治局那样在世人面前指责后者，称其为"革命的掘墓人"①。在这些文章问世之前，领事馆的头头们找托洛茨基的麻烦，逼他离开领事馆的办公用房，搬到领事馆工作人员居住的地区，在那里他仍将处于格别乌的"保护"之下。托洛茨基拒绝搬出，这一问题就一直悬而未决，直到文章发表。此事发生了变化。现在，斯大林有了公开宣布将托洛茨基驱逐出国的必要借口。苏联报刊纷纷指责托洛茨基"投靠国际资产阶级、策划反苏阴谋"。苏联漫画家们丑化、嘲讽他为"托洛茨基先生"，画他抱着一个内装 25000 美元的口袋。格别乌宣布，不再负责他的安全，并准备把他赶出领事馆。②

娜塔利娅和廖瓦连续几天在格别乌工作人员的严密监视下四处奔走，以便在君士坦丁堡郊区找一处较为安全的单独住宅。最后，他们终于找到了一栋房子，但不是在城内，也不是在郊区，而是在位于马尔马拉海中的王子群岛上。

1929 年，托洛茨基和妻子娜塔利娅到达王子群岛后不久的留影

---

① 原文所标日期为 1929 年 2 月 25 日，存于托洛茨基档案。
② 托洛茨基与格别乌驻君士坦丁堡代表之间的通信，3 月 5 日和 8 日；同上。

第一章 在王子群岛

客轮从君士坦丁堡驶到这里要用一个半小时。匆忙中恰恰在这里选定住宅带有几分可笑的色彩,因为王子群岛当年曾是拜占庭皇帝流放有皇族血统的竞争对手的地方。托洛茨基于3月7日来到这里。当他登上王子群岛最大的村庄——比尤克·阿达村的海岸时,他认为他不会久居此地。谁知在充满了种种事件的漫长的四年多的时间内,王子群岛一直是他的家。

* * *

托洛茨基经常把他一生中的这一时期称为第三次侨居。这一不很确切的界定很能说明他来到王子群岛时的情绪。他是第三次被政府驱逐并不得不侨居国外,这是事实。但在1902年和1907年时,他是从西伯利亚和靠近北极圈的流放地区潜逃到西方避难的。那时,不论他在哪里,他都属于一个巨大、积极、富有生命力的团体,它是处于流亡中的革命俄国的代表。这次,他被迫侨居国外,而在国外没有俄国流亡团体把他当做自己的一员来迎接他和为他日后的政治活动提供经费,创造条件。也有许多新的政治侨民聚居点,但它们构成了处于流亡中的反革命俄国。内战的鲜血把托洛茨基与它们隔开。而在那场战争中曾在他麾下英勇奋战的人中,却没有一个人能与他联合起来。

因此,托洛茨基的第三次侨居与前两次有明显的不同。这次侨居可谓史无前例,因为在漫长广阔的政治侨居史中,难得有人注定要陷于孤军奋战的状况之中,只有拿破仑除外,但他是战俘。托洛茨基把这次流亡与战前那两次流亡相提并论,是下意识地为自己和家人减轻它的严酷性。有关的回忆使他感到安慰。托洛茨基侨居的第一阶段延续了不到三年,它被创造奇迹的1905年打断,第二阶段要长得多,它长达十年之久,但接踵而来的是1917年的盛大凯旋。每次,历史都对革命者在国外不安的期待给予慷慨的奖赏。期待历史的重演难道不对吗?但他深知,这次的前景可能不那么光明,他可能永远不能返回俄国。但是,比这种认识更强烈的是他对鼓舞人心的清晰前景的需要和战士的乐观主义,他甚至在失败或注定失败的斗争中仍期待着胜利。

这种乐观主义始终未离开过托洛茨基。如果说他在生命的最后几年中仍坚信自己的事业将取得最后的胜利——虽然他可能活不到那一天,那么在流亡的头几年中他的乐观主义更具富有个性特征的色彩。他确实期望很快就会宣告他无罪并请他返回俄国。他不认为那里的政治局面是稳定的,他在那摧毁一切的集体化和工业化的激变中期待国家的剧变会引起执政党中的重大变动。他不相信斯大林主义会坚如磐石。斯大林主义不过是各种互不相容的思想的大杂烩、官僚主义的夸夸其谈，它并不敢解决它所面临的课题。他深信，斯大林上升的"间奏曲"必将结束，其结果不是革命精神或布尔什维主义复苏，就是反革命或资本主义复辟。如此刻板的非此即彼的选择主宰着托洛茨基的思想，尽管有时他也考虑过其他可能性。他认为他自己及其志同道合者是斯大林的唯一严肃的反对派，它植根于十月革命的土壤之中，能提出社会主义建设的纲领并组成另一个布尔什维克政府。他没有料到斯大林能够消灭反对派或迫使它长期沉默。在这方面，革命前的经验支持着他的希望。虽然沙皇政府将革命者投入监狱、流放、处决，但它未能将反对派扼杀。斯大林毕竟还没有处决他的对手，那么他怎么能在沙皇失败的地方获得成功呢？当然，反对派在斗争中有得有失，但是，由于它与社会实践紧密相连，是无产阶级利益的代言人，所以它是消灭不了的。身为公认的反对派领袖，他有责任在国外指导它的活动，就像当初列宁和他本人在流亡中领导俄国国内的同志们一样。现在，只有他一人能够相对自由地以反对派的名义讲话，只有通过他，它的声音才能传到人们的耳中。

但在其他方面，托洛茨基的处境与革命之前迥然不同。那时，他还默默无闻，只有圈内人才知道他是一位俄国革命者。现在的情况截然不同。这次，他不是从隐蔽幽暗的地下活动中再露峥嵘。他是举世公认的十月起义的领袖、红军的缔造者、其胜利的设计师，是共产国际的鼓舞者。他登上了顶峰而且不该再从那里下来。他在历史照明灯光下的国际舞台上演完了自己的角色，但他不能下台。他的过去支配着他的现在。他不能重温革命前的侨居生活，那时，他因尚未出名而没有危险。如今，托洛茨基的事业震撼了整个世界，无论他本人还是这个世界都将对此永志不忘。

同样，托洛茨基也不能仅仅局限于俄国的事务之中。他牢记自己的"共产国际义务"。前几年的大部分斗争都与德国、中国和英国的共产主义运动的战略、策略相关，与莫斯科使用的方法相关，斯大林一伙为自己的私利利用这些方法阉割共产国际。很难设想他会停止这一斗争。乍看起来，被驱逐出国有利于他完成这一任务。如果托洛茨基作为一个国际主义者和斯大林派、布哈林派的"狭隘民族性"的批评者而在俄国不得人心，那他有充分理由指望这会引起外国共产党人的强烈反响，因为他们最关心他能否继续进行他的工作，赞成国际主义世界观高于一国社会主义概念，与他们利害攸关。在莫斯科和阿拉木图，托洛茨基都不能直接与外国共产党员接触，斯大林千方百计地使他们对他的观点一无所知或让他们得到的是经曲解的他的观点。现在，强行把他驱逐出国，使他有可能直接对他们阐述自己的立场。

托洛茨基仍像以前一样认为先进的西方工业国家，特别是西欧国家是国际阶级斗争的主要战场。在这方面，他始终忠于自己和高纯度的经典马克思主义传统。事实上，工人运动中的任何一个流派，甚至连斯大林派也不敢公开地拒绝这一传统。无论对于第三国际还是第二国际，西欧始终都是主要活动区域。德国共产党和法国共产党拥有大量支持者，而苏联的工业还很落后、弱小，中国革命离胜利还有20年之遥。按照斯大林的观念，即便处在衰落阶段的资本主义欧洲仍是国际政治中心，西欧工人阶级在无产阶级革命中是仅次于苏联的最重要的力量。而在托洛茨基的概念中，它理当起着重要得多的潜在作用。

当然，托洛茨基不相信欧洲资本主义制度的稳定性。当他来到王子群岛时，西方20年代末的"繁荣"已接近尾声。但是保守党人、自由党人和社会民主党人仍在民主主义、和平主义和阶级合作的阳光下悠然自得，仿佛永无止境的繁荣已有了充分保障似的。看来，议会制政府已经站稳了脚跟，而笼罩着意大利的法西斯主义仅仅是欧洲政治中的例外。但是，在来到君士坦丁堡的头几天，托洛茨基就声称这种虚幻的和平已接近尾声，在谈到资产阶级民主的衰落和法西斯主义的日益强大时，他说："在欧洲政治发展中的上述战后趋势不是偶然的，它们是通向新时代的血腥序幕。……第一次世界大战把我们推进到极其紧张和伟大的斗争的时代。新的大规模战争已经投下了阴影。……我们这个时代不能用19世纪的标准来衡量，19世纪是资产阶级民主不断扩展的典型的时期。20世纪与19世纪大相径庭，其差异程度较之我们这个时代与中世纪的差别更甚。"[①] 他意识到，他在历史重大转折的前夕回到了欧洲，这时，只有社会主义革命能为西欧人民提供一个可以与法西斯主义抗衡的积极选择。托洛茨基相信，西方的革命同样也能使苏联摆脱孤立，并能强有力地对抗压抑着俄国革命的落后的重负。这个希望并非纯属幻想。西方工人运动保存了它的群众组织，虽然它的士气低落，但并未丧失斗志，而且仍可以进行战斗。欧洲各国共产党尽管有种种失误和缺点，但在它们的队伍中仍不乏工人阶级的先锋。

[①] 《托洛茨基文集》第1卷，第47页。

托洛茨基总结说,必须使先锋擦亮眼睛,让他们看到危险和机会,激励他们勇于承担责任,震撼他们的良心,推动他们参加革命工作。

这种观点既针对现实,也针对他本人的过去,它决定了流亡中的托洛茨基的特殊角色。他扮演着经典马克思主义与列宁主义继承人的角色,斯大林把这二者降低为教条堆砌和官僚集团的神话。托洛茨基给自己制订任务:恢复马克思主义,用它的批判精神鼓舞党员群众,以此作为有效的革命活动的基本先决条件。除列宁之外,任何一个马克思主义者的讲话都不具有托洛茨基讲话的道义权威,他是作为理论家和战无不胜的革命统帅获得这种权威的。目前,托洛茨基陷入不可调和的敌意的重围之中,又与由革命诞生的国家处于冲突之中,他的活动条件的艰苦卓绝是无以伦比的。

托洛茨基有足够的甚至是绰绰有余的勇气和精力,而这些是他扮演这个角色和与这样的困难作斗争所不可少的。他所遭受的所有惨重失败不仅没有压抑他那战士的天性,反而使它发展到顶点。他那巨大的理性和心灵的激情总是那么强烈,现在变成了悲剧性的精力,它与米开朗琪罗作品中鼓舞先知和立法者的精力同样强大、同样崇高。这种道德精神保护着他,使他不至于沉湎于个人悲剧之中。迄今为止,我们还没有看到他有自怜的暗示。在流亡国外的第一年中,他在其自传的结尾处写道"我不知道什么是个人悲剧",他说的是实话。他在自己的命运中看到的只是波澜壮阔的革命和反革命的潮起潮落,至于他是在权力的巅峰抑或作为流亡者战斗,对他并不起作用,这一差别不能摧毁他对其事业和对他本人的信心。某位批评家意味深长地指出,尽管他的地位一落千丈,但昔日的陆海军人民委员仍保持其思维的清晰和全部力量,听到这种说法,托洛茨基只是对在"判断力和政府职务之间建立联系"的庸俗企图加以嘲笑而已。① 只要他能集中自己的力量,用它们为自己的思想服务,他就能感到生活的充实。现在,虽然身处逆境,他仍准备这样做。他对革命和国内战争的胜利比对其后遭到的失败记得更清楚,这有助于他保持自信心。他深知这些胜利是永恒的,他的生活使他升华到如此的高度,他的衰败也不能使它失去光彩,任何人间的力量也不能使他离开这个高度。尽管如此,悲剧还是冷酷地、一步步地向他逼来。

---

① 托洛茨基:《我的生平》第2卷,第336页。

第一章 在王子群岛

* * *

古时候，被流放到王子群岛的历代拜占庭皇帝们的失宠的兄弟或表兄弟们在群岛的沿岸区域过着悲惨的生活。30年代初，这里可能仍像古代那样荒凉。它似乎是天造地设的囚禁王公的场所。群岛由清一色的红色岩石构成，它浮在暗蓝色的海面上。"比尤克·阿达村紧挨着大海，像一只正在饮水的史前野兽"①。在夕阳的余辉中，岛屿的红颜色愉快地闪烁，好像在宁静的天空上熊熊燃烧的火焰。后来，颜色变了，变成了愤怒的深红色，这种色彩是抛向遥远、看不见的世界的孤独的挑战，直到岛屿最后悄然地沉浸在黑暗之中。岛上的居民不多，都是渔民和牧人，他们像他们千年前的祖先一样，生活在红色土地和蓝天之间，"村中的墓地似乎比村庄本身更有活力"②。岛上的宁静从未受到过汽车喇叭声的惊扰。只有驴叫声从岩石和田间传到主要的街道上。群岛每年中只有几个星期遭到喧闹凡俗的人群的践踏，到这里来消夏的君士坦丁堡商人及他们的家属布满了海滩和陋室。然后，宁静重返这里，只有驴叫声欢迎着美好秋天的悄然来临。

1929—1933年，托洛茨基在比尤克·阿达村的住所

在比尤克·阿达村外，坐落着托洛茨基的新避难所，它被围在高高的栅栏与海洋之间，与村庄完全隔绝，与之没有任何往来，正如该村与外部世界不相往来一样。这是从一位破产的帕夏（土耳其高级官衔）手里租来的一栋无人

---

① 马·伊斯特曼：《伟大的同事》，第117页。
② 摘自1933年7月的托洛茨基日记（未发表），存于托洛茨基档案。

居住的大别墅。当新房客来到别墅中时,里面布满了灰尘和蜘蛛网。许多年之后,托洛茨基回忆起当年的情况:娜塔利娅挽着袖子,兴致勃勃、起劲地打扫卫生,并迫使丈夫、儿子和她一起干。他们清除了垃圾,把墙刷白,然后用一种价格低廉的涂料刷了地板,几个月之内,鞋底总往地板上粘。房子中央是一个大厅,穿过大厅的门可以走上对着大海的凉台。托洛茨基的办公室在二楼,

托洛茨基在比尤克·阿达村的别墅中工作。就是在这张桌子上,写下了他的重要著作《我的生平》和《俄国革命史》。摄于1931年初

很快,办公室的四壁都摆满了从欧美寄来的书籍和报刊。在一楼有廖瓦领导的秘书处。一位来访的英国人这样描写这栋房子:"熏黑的大理石、可怜的青铜孔雀、黯然失色的镏金暴露了那位土耳其房主的社会追求,也揭示了他的没落。"这些旨在保持退休帕夏的舒适和体面的褪色装饰与现在主宰这栋建筑物的斯巴达精神形成喜剧性的对比。① 马克斯·伊斯特曼来到这里时,别墅中已满是秘书、警卫和来访者。他因它缺少舒适的家具和装饰而把它比做一无所有的军营。"在几间巨大的房屋里和阳台上,没有任何家具,甚至连把椅子也没有,它们充其量只能说是过道,房门都是内外加锁。在每个房间中或是摆着办公桌,或是摆着床,或是二者都有,但人进去时都要带着椅子。一楼有一间四

---

① 《曼彻斯特卫报》1931年3月17日,另见阿尔弗雷德·罗斯默为托洛茨基的《我的生平》(巴黎1953年版)撰写的前言和附录。

方的屋子,四壁刷得雪白,里面勉强能放下一张桌子和几把椅子,这是饭厅。"这位有享乐主义倾向的美国访问者暗想,"只有对审美完全无动于衷的男女"才能在这样严酷的环境中生活,"虽然花不了几个美元他们就能把这栋别墅变成赏心悦目的住宅"。① 当然,在这所住宅中没有美国中产阶层住宅中的舒适。即便在正常情况下,托洛茨基和娜塔利娅也未必会想到"花几个美元"买几张画来使他们的住宅变得"赏心悦目",而他们在王子群岛上的生活从来就不正常。他们滞留在这里的那几年,似乎一直是在码头上的旅客休息室中寻找将载他们离开此地的轮船。别墅周围的花园杂草丛生,一派荒芜景象;无人管理侍弄它,这是为了"节省开支",娜塔利娅对一位来访者这样解释说。而后者似乎期望托洛茨基会着手开垦他那块小小的土地。为了进行殊死斗争,人力和资金都应该节省,在这一斗争过程中,比尤克·阿达村的住宅是临时司令部,宅邸的整洁和极端严肃的气氛正符合它的使命。

* * *

托洛茨基从抵达海岛之日起就一直不能容忍这种与世隔绝的状况,他担心自己会成为格别乌和白俄侨民的囊中之物。别墅大门口有两位土耳其警察站岗。但他未必能把自己的安全托付给他们。他几乎一到这里就开始为获得前往其他国家的签证而忙碌,在其自传的最后几页中,对这些活动作了部分描写。②

在离开敖德萨之前,托洛茨基请求政治局帮他申请去德国的签证。政治局答复说,赫尔曼·米勒(Hermann Mueller)领导的社会民主党政府拒绝签证。托洛茨基几乎认定这是斯大林在欺骗他,因此,在得知德国国会议长——社会民主党人保罗·赖柏(Paul Loebe)宣布德国将为托洛茨基提供避难权后,他立即申请签证。"社会民主党报刊不无幸灾乐祸地大肆渲染这一情况,即拥护革命专政的人被迫在民主国家中寻找避难所",这也不能使他放弃在欧洲寻找避难所的尝试。报刊纷纷写道,这一课将教会他"更高地评价民主制"。但这一课没上成。德国政府先是问他是否同意接受某些行动限制。托洛茨基回答说,他打算"完全与世隔绝",住在柏林之外,不参加任何群众活动,只从事写作。然后又问他是否能满足于只在德国接受短期治疗。托洛茨基回答说,由于他别无选择,

---

① 马·伊斯特曼:《伟大的同事》,第117页。
② 托洛茨基:《我的生平》第2卷,第318—333页,存于托洛茨基档案。

只能同意。这时，德方又通知他，政府认为他尚未病到非要德国医生治疗不可的地步。"请问，赖柏给我的是避难权还是入墓权？……在几个星期内，民主原则打了三次折扣。避难权先是变成了特殊情况下的居留权，后来变成就医权，最后变成入墓权。但这意味着，我只有在死后才能充分评价民主的优越性。"

1929年2月，英国下院就允许托洛茨基入境一事进行了辩论。政府指示不允许他入境。英国大选在即，工党可望重新执政。4月底，费边社的两位主要领导人西德尼·韦伯（Sidney Webb）先生和比阿特丽斯·韦伯（Beatrice Webb）夫人来到君士坦丁堡，毕恭毕敬地求见托洛茨基，托洛茨基尽管过去与他们在政治上敌对，但仍客气地接见了他们，并如饥似渴地向他们了解英国的经济政治状况。韦伯夫妇坚信，工党将在选举中获胜。托洛茨基指出，届时他将申请赴英国的签证。西德尼·韦伯表示遗憾说，工党政府在下院尚有赖于自由党的支持，而自由党人是不会同意托洛茨基入境的。几星期后，拉姆齐·麦克唐纳（Ramsay MacDonald）果然组成了他的第二个内阁，西德尼·韦伯作为大臣入阁，此后改称帕斯菲尔德勋爵。

6月初，托洛茨基致电英国驻君士坦丁堡领事馆，正式申请麦克唐纳内阁的签证。他还给比阿特丽斯·韦伯夫人写了信，该信文风优雅，风趣地提到了他们在王子群岛上有关英国特别是大英博物馆如何使他着迷的谈话。托洛茨基还致函财政大臣菲利浦·斯诺登（Philip Snowden），声明说，政治上的分歧不应妨碍他访英，就如当年他在台上时它们未曾妨碍斯诺登访俄一样。托洛茨基还致电乔治·兰伯里（George Lansbury）："我希望很快能对您在基斯洛沃斯克对我的拜会进行回访。"① 但这一切都是徒劳。不过，反对他入境的根本不是自由党人。恰恰相反，他们反对工党内阁大臣们的立场，劳合·乔治和赫伯特·塞缪尔（Herbert Samuel）曾多次亲自为托洛茨基斡旋。② 托洛茨基评论说："韦伯先生未料到事情会变成这样。几乎在长达两年的时间内，这一问题经常在上下两院中和报刊上提起。"威尔斯和萧伯纳分别发表声明，反对不允许

---

① 申请、电报和信件的拷贝均存于托洛茨基档案的保密部分中。他致韦伯夫人的信是在"罗斯默的帮助下"用法文写的，信中谈道："我常满意地回忆起你们的来访，它使我惊喜，虽然我们都知道我们的观点不同，但与韦伯夫妇的交谈告诉我，即便研究过工联主义经典历史的人，在与它的作者会晤中仍能受益匪浅。"

② 在谈及英国对他的魅力时，托洛茨基提到"他昔日对大英博物馆之恋"。托洛茨基的英国通讯员使他对这些事件了如指掌，后者是赫伯特·塞缪尔的堂兄弟，他直接从塞缪尔那里得到消息，存于托洛茨基档案保密部分英国卷宗。

托洛茨基入境。J. M. 凯恩斯（J. M. Keynes）、C. P. 斯科特（C. P. Scott）、阿诺德·本奈特（Arnold Bennett）、哈罗德·拉斯基（Harold Laski）、爱伦·威尔金森（Ellen Wilkinson）、D. L. 加文（D. L. Garvin）、伯明翰主教，还有许多其他人都呼吁政府重新审查其决定。但政府对这些抗议和呼吁都置之不理。托洛茨基指出："这次以民主制及其原则为题的独幕喜剧……可能是萧伯纳写的，如果在他的血管里流动着的费边社血液中注入哪怕是5%的乔纳森·斯威夫特的血液。"

这次，萧伯纳虽然没有极尽其讽刺之能事，但也是尽力而为了。他向内务大臣克莱因（Clynes）指出，"工党的社会主义政府拒绝为杰出的社会主义者提供避难权，拱手把他送到最反动的对手手中，使自己沦为笑柄……如果政府不允许托洛茨基先生入境，那么，它最好也能迫使他沉默。……但谁也不能迫使托洛茨基先生沉默。他那杰出的文学才能和由其非凡的人生道路奠定的他在当今世界公众想象中的地位使他有可能利用任何一个迫害他的企图。……他会成为任何一国极左翼好斗分子的鼓舞者和英雄。"那些"对他像对关在笼子里的狮子那样怀有不理智的恐惧"的人，应允许他来英国，"哪怕只是为了把笼子钥匙拿在手里"。萧伯纳把基马尔·帕沙的行为与麦克唐纳的行为加以比较并得出结论："土耳其政府给英国政府做出自由的榜样，这一事实令人难堪。"①

欧洲其他政府对把"关他的笼子的钥匙拿到手中"也没有更大的热情。法国政府翻出了1916年驱逐托洛茨基出境的命令，声称它至今仍然有效。捷克斯洛伐克政府开始时表示准备接待托洛茨基，在马萨里克（Masaryk）政府中担任部长的社会主义者路德维格·捷赫博士称托洛茨基为"尊敬的同志"，他通知托洛茨基，贝奈斯（Benes）同意发放签证。但通信以冷淡地拒绝签证告终，也没有解释拒绝的原因，"同志"一词也换成了"先生"。② 荷兰当时正为威廉二世提供避难权，却拒绝了托洛茨基。托洛茨基在致玛德莱纳·帕兹（Magdeleine Paz）的信中嘲讽道，因为他对荷兰语一无所知，荷兰政府完全不必担心他会卷入荷兰内政，他愿意隐姓埋名住到最偏僻的村庄。③ 奥地利政府也不愿为其他政府"树立自由主义的榜样"。挪威政府宣布，它不允许托洛茨基入境是因为不能保证他的安全。托洛茨基的朋友们甚至还向卢森堡大公国政府提出申请。托洛茨基发现，"欧洲是没有签证的大陆"。他甚至没想向美国

---

① 摘自萧伯纳致内务大臣克莱因的信，存于托洛茨基档案。萧伯纳还与外交大臣汉森谈话，但后者"拒绝介入此事"。

② 托洛茨基与捷克斯洛伐克内政部长捷赫博士的通信存于托洛茨基档案保密部分。

③ 托洛茨基档案保密部分。

政府申请,因为"它不仅是最强大的国家,也是最胆怯的国家"。他得出结论,"欧洲和美洲都没有签证","但这两个大陆主宰着其他大陆,这就意味着这是一个没有签证的星球"。"人们从各个方面对我解释,说我不相信民主是我的主要罪孽。但当我提出申请,要求给我上一堂小小的民主实物教学课时,竟找不到一个愿意教课的人。"①

此事的底蕴在于,托洛茨基即便在流亡中仍使人感到恐惧。各国政府及各执政党要让他明白,领导一场伟大的革命、向各现存政府挑战、怀疑神圣的私有财产权是不能不受惩罚的。欧洲资产阶级惊喜地观看这场戏,自从拿破仑失败后,它还没有看到过类似的场面,从那时起,还没有这么多政府共同排斥一个人,或者说还没有一个人能引起如此巨大的敌意或恐惧。②保守主义者不能饶恕托洛茨基,因为他粉碎了"14个国家"反布尔什维克的"十字军远征"。这次十字军远征的鼓动者温斯顿·丘吉尔比任何人都更好地表达了这种感情,他在其一篇题为"欧洲的食人恶魔"的文章中幸灾乐祸地写道:"托洛茨基那张眉头紧锁的脸曾使数千人惨遭横死,现在,他像一块破抹布一样被抛到了黑海岸边。"经过思考之后,当他把这篇文章收入《当代伟人》一书时,用"歹毒的托洛茨基"代替了"一块破抹布"这几个字。托洛茨基在黑海岸边发表的头几个政治声明表明,他仍是现存制度不可调和的敌人,他仍像当年率领红军冲锋陷阵或在共产国际讲坛上向全世界演讲时那样具有挑战性,那样自信。他当然不是"一块破抹布",他是个"歹毒的人"。③

对使布尔什维克分裂的有争议问题的无知加剧了仇恨和恐惧。那些有影响的报刊迷惑不解,它们怀疑驱逐托洛茨基是苦肉计,认为他与斯大林达成秘密协议,出国搞革命。《泰晤士报》据"可靠消息"证明事情确实如此,它发现托洛茨基插手德国共产党人的示威游行。④《晨报》报导说斯大林与托洛茨基

---

① 托洛茨基:《我的生平》第2卷,第333页。
② 托洛茨基写道:"据报纸报道,奥斯汀·张伯伦先生表示,只要把托洛茨基枪毙,第二天就可以(在英国和苏联之间)建立正常关系。这一简洁的公式不久就会给这位保守党大臣带来荣誉……但我斗胆劝他别坚持这一条件。斯大林将我驱逐出苏联,已充分表明他是多么愿意迎合张伯伦。如果他没有走得更远,并不是因为他不愿意这么做。如果因为我的缘故而惩罚苏联经济和英国工业,确实不大理智。"《托洛茨基文集》第1卷,第27页。
③ 丘吉尔:《当代伟人》,第197页,丘吉尔撰写此文的初衷是为了答复托洛茨基为《伦敦周报》所写的文章。托洛茨基在评论丘吉尔的一篇描写列宁的传记性随笔时指出,丘吉尔把大部分日期都搞错了,这表明他对列宁的性格一无所知,因为丘吉尔与布尔什维主义创始人之间隔着一条鸿沟。"列宁用时代和大陆的术语思考问题,丘吉尔则用议会激情和小品文的词汇思考问题。"
④ 《泰晤士报》1929年5月10日。

之间进行过旨在使后者重任红军首脑的秘密谈判，还罗列出许多细节；并说该报得知，托洛茨基的妹妹为此在莫斯科、柏林和君士坦丁堡之间往来穿梭。①《每日快报》谈到"这只栖息在英国社会主义树杈上大乌鸦时"说："尽管它已爪断翅折，它也不是那类我们指望能在英国驯养的鸟。"②《曼彻斯特卫报》和《观察家报》带有几分同情地支持托洛茨基要求政治避难的申请，但它们势单力薄。美国报刊认为，托洛茨基是"煽动革命的人"，而斯大林则是美国可以与之搞贸易的"温和的国务活动家"。③ 德国右派和民族主义报刊由于狂怒而声嘶力竭，《柏林交易所报》声称："德国的灾难够多的了……我们认为无须为接待这位布尔什维主义最得力的鼓吹者而增加我们的灾难。"④ 希特勒的报纸《观察家报》写道："托洛茨基是苏联犹太人的密探，他想定居柏林，我们应密切注视这个犹太杀人犯的动向。"⑤

各国社会民主党，特别是执政的社会民主党，它们从其民主良心的角度虽都有几分不安，但恐惧更厉害。当乔治·兰伯里在内阁会议上就政府对托洛茨基的态度提出抗议时，首相、外交大臣和内务大臣异口同声地回答说："让他待在君士坦丁堡这个偏僻的地方吧，他要是到了其他地方，对谁都没好处，我们都怕他。"⑥ 比阿特丽斯·韦伯对托洛茨基的智力和"英雄性格"赞叹不已，在给后者的信中写道："我丈夫和我都因不允许您进入大不列颠而感到十分惋惜。但我担心，任何一个宣传不断革命的人，即把革命战争带入其他国家政治中的人，永远不能进入这些国家。"⑦ 从历史上看，并非完全如此：卡尔·马克思和弗里德里希·恩格斯两人一生中的大部分时光都侨居英国，"宣传不断革命论"。但时代不同了，此外，马克思和恩格斯没有从默默无闻的政治侨民一跃成为革命领袖，然后再被驱逐，这是他们的有幸和不幸之处。托洛茨基对

---

① 《晨报》1929年7月6—8日，许多欧洲报刊转载了这篇报导。
② 《每日快报》1929年6月19日。
③ 《纽约美洲报》和《纽约世界报》1929年7月27日。《纽约世界报》写道："斯大林是个明智的俄国人，他懂得政权没有金钱就一无所能，因此他看重金钱"；"保守的美国政府应对这点感兴趣"。
④ 《柏林交易所报》1929年2月1日。
⑤ 1929年2月9日。更有影响的《汉堡新闻》于1929年1月25日声称："斯大林没有把托洛茨基及托派匪帮送到另一个世界去，他将为这一错误吃尽苦头。"
⑥ 这一消息来自兰伯里本人。他把此事告诉托洛茨基的英国通讯员，并对后者保证说，他将反对内阁决议，"我将把我在幕后所做的一切都通知您。"托洛茨基档案保密部分。
⑦ 比阿特丽斯·韦伯于1930年4月30日写下这封信，感谢托洛茨基赠她《我的生平》一书，在此信的结尾处，她表示愿意为这位"富有爆炸性的鼓动家"提供书籍、杂志和文件。

于他所激起的这种感情并不十分惊讶。他再也不想像帕兹夫妇建议的那样通过外交途径得到签证了。但他也不愿意拐弯抹角或克制自己不发表公开声明。① 托洛茨基甚至在寻找避难所期间也仍继续进行思想斗争。他深知,各国政府和各执政阶级以其惧怕给了他应有的评价:他们不能把他当做普通的请求者,而把他看成战斗的革命法典及其体现。

* * *

托洛茨基没有坐等无数次签证申请的结果就着手工作了。在他来到王子群岛后的头几个星期,这里就变得热闹非凡:各大洲的记者蜂拥而至,对他进行采访,许多朋友专程前来看望。仅5月一个月中,从法国来了至少七人,他们之中有人在这里住了几周,有人住了几个月,年轻的托洛茨基主义者来到这里担当警卫和秘书。德国和美国的出版商也来了,他们来签订出版合同并预付稿酬。各国持不同政见的共产党员纷纷来信,就政治思想问题向他求教。托洛茨基系统详尽地回答每一个问题,用了无数的信纸。很快,他的通信就达到了极大的规模,此后,不论情况如何,他都坚持这一工作,直到生命结束。托洛茨基筹备出版第一期《反对派通报》。这是一本篇幅不大的期刊,它于6月份问

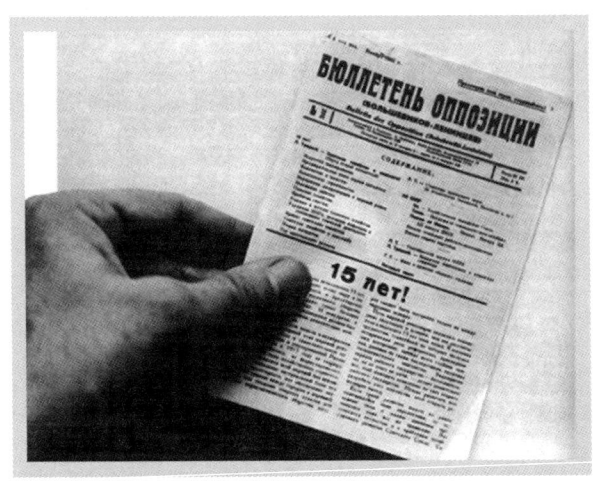

这是专为偷带进苏联制作的袖珍本《反对派通报》(1932年11月)

---

① 玛德莱娜·帕兹致托洛茨基,1929年6月14日,托洛茨基档案保密部分。

世。《反对派通报》成了托洛茨基评论党内事件的最主要的讲坛,也是他与苏联境内反对派联系的最主要的手段。在比尤克·阿达村搞出版是件难事,就连先是在巴黎后来在柏林找一个《反对派通报》的俄文排字员也不容易。与此同时,托洛茨基着手进行把各国支持者组织起来的工作。

此外,托洛茨基在来到王子群岛后的头几个月中就开始准备几本书的出版事宜。他想让世界了解1927年联合反对派的纲领,这本书以《俄国真相》为名出版。托洛茨基收集了在苏联被禁的文件,把它们编成《斯大林伪造学派》一书。在《列宁以后的第三国际》一书中,收入了托洛茨基的《第三国际纲领草案批判》一文,还有他从阿拉木图寄给共产国际第六次代表大会的那封信。上述材料的删节本当时已在国外问世,其中有不少歪曲之处;这也是托洛茨基急切要出版完整、准确的文献的另一个原因。《不断革命论》这本小册子也是在阿拉木图写成的,该书旨在在与拉狄克的争论中肯定并捍卫这一理论。

但这一时期写作工作的主要成就是回忆录《我的生平》。在普列奥布拉任斯基和其他请求他写自传的朋友的坚持下,他在阿拉木图时就完成了这部自传的前几章,叙述了自己的童年和青少年时代。而在王子群岛上,这项工作飞速进行,他把写好的章节寄给德国、法国、英国的译者。托洛茨基写作如此神速,以至于令人怀疑他在阿拉木图是否仅仅写了几章。在抵达比尤克·阿达村将近三个月时,托洛茨基给住在维也纳的俄国老革命家克利亚奇科夫(Клячков)一家写了封信,他们的友好关系始于1914年。他在信中写道:"我仍沉浸在撰写自传之中,不知如何摆脱它,我早就能把它写完,但讨厌的学究气使我无法结束这一工作。我反复修改,核对日期,这儿删去一些,那儿增加一些。我不止一次想把手稿付之一炬,以便着手进行更严肃的工作,可惜现在正值夏季,炉子里没有火,更何况这栋房子里根本就没有炉子。"[①] 5月,托洛茨基给德文译者亚历山德拉·拉姆(Александра Рамм)[②]寄去了该书的大部分手稿,几个星期后,她就收到了记述内战的章节。但在7月,"讨厌的学究气"再度支配了托洛茨基,他又动手重写回忆录的头几页。该书于初秋时脱稿,它的部分章节已在多家报刊上连载。当托洛茨基还在勤勉地修改德文

---

① 此信写于1929年6月1日,存于托洛茨基档案保密部分。
② 亚历山德拉·拉姆是俄国人,嫁给德国人弗兰茨·普菲姆菲尔特,后者是激进的《行动日报》的发行人。在共产国际第三次代表大会上,普菲姆菲尔特作为"极端激进分子"被开除出党。当时托洛茨基正处于权力的巅峰。尽管普菲姆菲尔特夫妇与托洛茨基有政治分歧,但仍是他终身不渝的挚友。

和法文译文时,他已着手准备撰写《俄国革命史》一书了,11月底,亚历山德拉·拉姆就已收到了该书的前几章。

甚至在写作工作最紧张的时刻,托洛茨基仍挂念着留在"国外"的子女、外孙及朋友们。当他对尼娜的弥留和死亡还记忆犹新时,他第一次婚姻所生的长女季娜的病又使他焦虑不安。托洛茨基通过巴黎打听季娜的情况,帕兹夫妇在那里通过苏联使馆工作人员中的同情者与托洛茨基留在莫斯科的亲人保持着联系。季娜身受肺结核病的折磨,妹妹之死,父亲遭迫害,丈夫普拉东·沃尔科夫被流放到西伯利亚,养活自己及两个孩子的艰辛,这些都损害了她的神经。她请求当局允许她出国与父亲团聚,但无结果。托洛茨基在经济上帮助她,他的同情者也为苏联政府批准她出国一事斡旋。季娜的母亲亚历山德拉·索科洛夫斯卡娅住在列宁格勒,还允许她在那里居住多久都无法预料。她照料着尼娜留下的两个孩子,他们的父亲曼-涅维尔松也遭流放,现在被关押在监狱之中。这还不是全部。廖瓦的妻子和孩子仍留在莫斯科听凭命运的摆布,如此算来,托洛茨基的亲人中至少有四家在残酷无情的政治斗争中家破人亡。每周都传来消息:朋友们遭迫害、闻所未闻的残酷折磨、监狱中的疾病、半饥半饱的生活、与看守的冲突、绝食、自杀和死亡时有所闻。托洛茨基全力以赴地对此提抗议,他特别反对对拉柯夫斯基的迫害,后者不久前还是在西方知名度最高、最受尊敬的苏联大使。拉柯夫斯基被从一个流放地转到另一个流放地,他患着严重的心脏病,托洛茨基已经好几个月没得到他的消息了。

托洛茨基顽强的生命力战胜了他的担忧、痛苦和疲劳。他以顽强的工作、与朋友和支持者的交往消除忧愁,用划船和在洒满阳光的马尔马拉海中捕鱼来缓解紧张的工作。即便休息时他也不能无所事事。他需要不断地消耗他的精力。像在阿拉木图时一样,托洛茨基每次出海打鱼时都兴师动众。他们驾驶几条大船出海,带着许多渔网和充当锚的石块。托洛茨基在两个土耳其渔民的陪伴下在海上漂流很久,这两人逐渐成为托洛茨基一家的朋友。他和他们一起干活:拉网、拉石块、提装鱼的篮子。(伊斯特曼对托洛茨基的"休息观"不以为然,他惊讶地说:"当他出海打鱼时,也是那么紧张、敏捷、有条不紊,为获得成功而运筹帷幄,正如同他当年前往喀山粉碎白军一样,这是否有点儿小题大做了。"①)托洛茨基不会节约他的体力和智力。显然,慢性病也不能摧毁

---

① 马·伊斯特曼:《伟大的同事》,第117页。

他的生命力。有时他独自一人出海,久久不归,引起家人和秘书的不安。他的一个忠实信徒有一次来到这里时正值这种时刻,他感到十分惊讶,为什么托洛茨基不怕格别乌,它可能在海上设下陷阱。托洛茨基以十足的宿命论的口吻回答说,格别乌如此强大,如果它想干掉他,那他在劫难逃,只能束手待毙。因此,他看不到有任何理由自我囚禁、剥夺自己本来就所剩无几的自由和生活的色彩及情趣。①

托洛茨基在捕鱼

托洛茨基初来土耳其时的担忧已部分消除。土耳其人彬彬有礼,乐于帮忙。基马尔·帕沙信守诺言,尽管托洛茨基目前仍不信任他。站在别墅大门口

---

① M. 巴黎冉宁生动地描绘了他在小亚细亚水域中与托洛茨基一起捕鱼的经历:"他力求捕到更多的鱼……可以感到他内心的满意……他对自然了如指掌。"深夜,他们遇到了猛烈的风暴,小船几乎沉没,陪伴他的土耳其宪兵吓得直哭。但托洛茨基镇定地划桨,精神抖擞地与海浪搏斗。他异常平静,对同伴关心备至而且十分幽默,巴黎冉宁不由得想到:"别害怕……凯撒与你在一起,他的命运就是你的命运。"他们在一个无人居住的小岛上找到一间陋室,躲了进去。第二天早晨,他们没有食物,打了两只野兔充饥。巴黎冉宁第一枪打伤了一只野兔,又补射一枪把它打死。托洛茨基说:"猎人是不会这么干的,不能打死受伤的动物。"这时,土耳其当局开始寻找他们,几个农民救了他们。托洛茨基接受了帮助,回忆起谢德林的故事来解嘲,故事讲的是两位俄国将军来到无人居住的荒岛上,连食物都不会找,其中一个叹了口气说:"唉,如果我们能在这里找到一个农夫就好了!"真是太巧了,很快就来了一个农夫,眨眼间就把一切该做的事都做好了。(巴黎冉宁:《托洛茨基或被驱逐的革命》,载《谦虚人杂志》1934 年 5—6 月合刊。)

担任警卫的警察对它的主人也十分友善,完成托付给他们的事情,还帮助做家务,好像成了这个家庭的成员似的。白俄侨民并未企图潜入到高高的栅栏之内。就连格别乌都似乎远在天边,对托洛茨基毫无兴趣。但是,这些表面现象都是欺骗性的。格别乌近在咫尺。格别乌的特务经常以托洛茨基的热忱支持者的面貌出现,以秘书或警卫的身份潜藏在他的身边。娜塔利娅写道:"拉脱维亚人弗朗克(Франк)在王子群岛上住了五个月,后来我们得知,他和另一个拉脱维亚人索博列维丘斯(Соболевичус)一样,都是苏联秘密警察的特务。索博列维丘斯在这里住了很短一段时间[他弟弟罗曼·威尔(Roman Well)是在巴黎和中欧反对派圈子里活动的奸细]。"① 灾难在于,被揭穿的奸细事实上并不总是真正的奸细,同时,最危险的特务却未被识破。例如,30年后,索博列维丘斯被指控为苏联特务,在美国受审,他供认当年曾在王子群岛对托洛茨基搞过特务活动。② 然而,他与托洛茨基的书信往来及他们之间关系破裂的情况给他这份供词上投下可疑的阴影。索博列维丘斯屡次公然表明他与托洛茨基之间存在着严重的政治分歧之后主动与后者决裂,而奸细是不会这么做的。托洛茨基指责他为斯大林分子,但始终不相信他是奸细。不论事实真相如何,在托洛茨基在王子群岛上度过的那三年中,他对索博列维丘斯兄弟无限信任。他们在托洛茨基主义者中不是新人。索博列维丘斯在俄国时曾是一家左倾马克思主义报纸《工人报》的记者,并于1927年在报社中参加了托洛茨基反对派。后来,他们兄弟两人不仅在法国、德国积极活动,还为托洛茨基提供重要情报和写书的参考资料。他们协助出版《反对派通报》,托洛茨基与苏联境内的秘密通讯大部分是经他们之手传递的,密码、用化学墨水写的信件及秘密通信处等等都在他们手中。③

不让奸细混入地下组织几乎是不可能的。因为任何一个地下组织都是特务的目标,如果过于疑神疑鬼是不行的,它与警惕性不高一样能使整个组织瘫痪。托洛茨基的工作在这方面特别糟糕。因为在他的西方支持者中,懂俄语并

---

① V. 塞尔日:《托洛茨基的生与死》,第201—202页。
② 《美国参议院调查国内安全机构的小组听证会》华盛顿1958年版,第4875—4876页。索博列维丘斯以"杰克·索博尔"这个化名在听证会上作证。他在与托洛茨基通信时用笔名谢宁。其弟索博尔医生也受到指控,他于1962年从美国逃往以色列,但那里拒绝为他提供避难权,于是被遣返美国,途经英国时,他两次自杀,在伦敦去世。
③ 在托洛茨基档案保密部分中,托洛茨基与索博列维丘斯及其弟弟索博尔医生的往来信件有满满两个文件夹之多。

了解俄国风俗的人屈指可数，因此他对这些人格外倚重。托洛茨基的工作如果没有廖瓦的帮助就几乎无法进行。不过，托洛茨基极不情愿接受儿子的自我牺牲，因为对一个20岁出头的年轻人来说，自愿在王子群岛上过这种与监狱生活相差无几的日子，确实是自我牺牲。因此，托洛茨基经常寻找俄国秘书，这为特务接近他提供了机会。朋友们的及时警告曾多次防止了灾难的发生。如在30年代初有个名叫瓦连廷·奥尔伯格（Валентин Ольберг）的人，他出生于俄国孟什维克家庭，装成托洛茨基的支持者，力图到王子群岛为托洛茨基当秘书。但是，弗兰茨·普菲姆菲尔特（Franz Pfemfert）和亚历山德拉·拉姆对他有怀疑，他们从柏林给托洛茨基写信，把他们的担心告诉他，于是奥尔伯格的秘书人选被否决了。1936年在莫斯科举行第一次公审时，他作为被告出庭，为法庭提供托洛茨基、季诺维也夫、加米涅夫的罪证。① 但这样及时的警告极为罕见，在后来的几年中，奸细的阴影像灾难一样对托洛茨基紧追不舍。

* * *

托洛茨基在王子群岛上的物质生活状况比他预料的要好得多。他得到巨额稿酬，岛上的生活十分便宜，而托洛茨基一家人的生活又极其简朴。随着工作的展开和秘书人数的增长，又总有客人长期居住，加之通信达到中等政府部门的规模，支出增至每年12000—15000美元。② 全世界大量读者保证了托洛茨基的丰厚稿酬。他在君士坦丁堡写的头几篇文章给他带来10000美元的收入，他把其中的6000美元用来出版《反对派通报》及法国甚至还有美国的托派报纸。在这一年的晚些时候，他收到了各国出版《我的生平》的预付款，数额十分可观。仅美国出版此书的预付款就达7000美元。1932年，《星期六晚报》为连载《俄国革命史》支付45000美元。③ 当托洛茨基离开君士坦丁堡的苏联领事馆时，他向莫里斯·帕兹借了20000法郎。一年后，他还清了债务，而且

---

① 普菲姆菲尔特致托洛茨基，1930年4月，托洛茨基档案保密部分。奥尔伯格曾是德国反对派的领导人，他因经常询问托洛茨基与其苏联支持者的联系而被怀疑（参见奥尔伯格与廖瓦的通信）。至于在1930年时他是否是奸细或在后来变成奸细，如同索博列维丘斯的情况一样，没有彻底搞清。1933—1934年纳粹上台后，奥尔伯格作为政治侨民来到捷克斯洛伐克，穷困潦倒。当然，他可能出于意识形态的原因无偿为斯大林当密探。在1936年季诺维也夫审判案中他是被告，同时又是指控的主要证人之一，也被判处死刑。

② 马·伊斯特曼：《伟大的同事》。

③ 数据来自托洛茨基的收据及他与出版商及出版代理人之间的通信，存于托洛茨基档案保密部分。

没有必要再借钱了。1929年5月，当帕兹询问他生活是否困难时，他回答说，他不仅不困难，而且能够为西方朋友们提供帮助。托洛茨基的书信和保留下来的文件表明，他帮助别人相当慷慨，某些受惠者则相当无耻地依赖他的帮助。

* * *

托洛茨基、季诺维也夫，甚至还有施略普尼柯夫早在失败前就力图把外国共产党中的支持者组织起来。开始时，尽管支持者受到开除出党和流放的威胁，这一努力仍获得了一定的成功。[①] 但是，俄国反对派的策略和退却使外国共产党员茫然若失，斯大林的镇压又使他们吓破了胆。季诺维也夫派的彻底投降使它的外国支持者士气涣散，但托洛茨基的失败和他被流亡国外却产生了相反的效果。部分外国共产党人尚未完全听任斯大林的操纵，在这些人的眼中，托洛茨基的道义声望仍像以前一样高，环绕着这个名字的传说是不可遏制的战斗力与胜利的传说，如今，它又增添了殉道的新音调。但是，共产国际已经如此猛烈诋毁托洛茨基主义，不遗余力地将它从各国组织中驱逐，因此，任何一个共产党员都别指望能从相信这一异端邪说中得到什么好处。甘愿在这条殉难道路上追随他的人屈指可数。

在王子群岛上，托洛茨基着手把他的新、老支持者团结起来。在他看来，他不能和他们分享权力这一事实并不表明这一活动是没有希望的，正因如此，它对他更有诱惑力。他深知沽名钓誉之徒、官僚主义者是不会响应他的呼吁的，他把目光转向那些有思想、不计利害的人。任何一个革命组织的力量难道不是在于其成员的信念和他们对事业的忠诚而是在于其数量吗？20年代末，斯大林对共产国际的统治徒有其表。从那几年过来的任何一国的共产党员都可以用亲身经历来证明，各国共产党的干部和党员在开始追随莫斯科加冕的新正统路线时是多么迷惑和勉强啊。在那并不深刻的调和主义之下隐藏着不信任和不安。昔日马克思主义思维习惯依然存在，托洛茨基的命运经常触动他们的良心。但由于优秀的共产党员都认为宣布与俄国革命生死与共是其最神圣的职责，因而他们不能与如今的莫斯科当权者发生冲突，而后者以革命的名义坚持

[①] 1929年11月4日，托洛茨基在其致索博列维丘斯兄弟的信中证实，德国"列宁主义者同盟"的活动经费是其领导人从皮达可夫那里领来的，直到后者投降为止。该组织活动规模极小，只要少量经费就能维持。

要求外国共产党员在中央和基层组织赞同谴责托洛茨基的决议。共产党员遵照旨意投了赞成票，但是"整个战役"对他们来说仍是可悲的谜。战役中的狠毒刺伤了他们，他们不了解其动机，有时暗自思量，来自远不可及之处的诅咒已够骇人听闻的了，为什么还要让他们再为它增加自己那微不足道的指责呢？在工人党员中，除年轻人和不知情者外，都还记得托洛茨基如日中天的日子，记得他对全世界资本主义的有力抨击，记得他那些言辞犀利、慷慨激昂的宣言，就是这些宣言使其中的一些人挺起了腰板，甚至还把一些人带进了党的队伍之中。这个人在他们的记忆中是列宁的最亲密的同志。如今，党却改变了对他的看法，这使他们匪夷所思，但他们对此无能为力。在各国共产党中，时而有少数人因看不惯"党的路线"中的种种花招而愤然退党，但大多数人认为不应过于关心领袖之间的斗争。无论如何，俄国远在天边，很难理解它，而本国的阶级敌人近在身旁，共产党坚定不移地进行着反对他们的英勇斗争。他们仍然支持党，但这不是遵循斯大林主义而是违背斯大林主义的结果。在一段时间内，当他们听到党的上层官员诬蔑托洛茨基是"叛徒、反革命分子"时，他们陷入困境。

托洛茨基对左倾激进知识分子的影响更大。萧伯纳曾这样描述他，说他重新成为"世界各国极左翼好斗分子的鼓舞者和英雄"，那时萧伯纳与事实真相的距离并不像后来人们认为的那样远。① 我们已经提到过，许多著名英国激进活动家为捍卫托洛茨基而反对本国政府。当然，英国共产党受托洛茨基的影响比任何其他党都小，但仍应该指出，在托洛茨基流亡王子群岛的那段时期的通信中可以找到一个厚厚的文件夹，其中装着他与一位英国共产党作家的十分友好坦诚的往来信件，后来，此人因成为正统斯大林主义者而臭名远扬。在著名的或即将成名的欧美诗人、作家、画家当中，安德烈·勃勒东（Andre Bredon）以及其他超现实主义派的诗人，如荷兰女诗人亨利耶塔·罗兰·霍尔斯特（Henrietta Roland Holst）②、其昙花一现的可悲文学生涯当时正值巅峰的伯纳伊特·伊斯特拉蒂（Panait Istrati）、迭戈·里维拉（Diego Rivera）、埃德

---

① 萧伯纳曾多次异常热烈地表述他对托洛茨基的赞叹之情。在其一封致莫利·汤普金斯的信中，他这样写道："昨天……我收到一堆我们伟大的党的领袖们的工作报告和一本托洛茨基的廉价小册子。在粗暴、野蛮和迟钝方面，很难超越伯肯黑德、劳合·乔治和丘吉尔，但是，如果我需要健全的思想、直率和有教养的精神时，就请给我托洛茨基的作品，看完贵国的总统选举和我们这里的大选，再读他的分析，简直像是飞到了另一个星球。"（《萧伯纳致一位年轻女演员的书简》，第28页）。萧伯纳是第一个把托洛茨基与莱辛加以比较的人（术语是从海涅的著作《论德国宗教和哲学的历史》中借来的）。

② 罗兰·霍尔斯特（1869—1952），荷兰女作家、政治活动家。1918年加入荷兰共产党，1927年退党加入托派。代表作有《英雄的故事》。——译者注

蒙·威尔逊（Edmund Wilson）和年轻的安德烈·马尔罗（Andre Malraux）以及许多人都为托洛茨基所倾倒。一位美国共产党史学家写道："托洛茨基继续引导着共产党员知识分子"，为了证实这一论断，他援引了一位知名共产党员作家兼出版家米歇尔·戈尔德（Michael Gold）的话，后者甚至在托洛茨基已遭到头几次攻击诅咒之后仍"不能不赞美托洛茨基（该文发表在《新群众》上），'他几乎是一位达·芬奇那样的全才！'"甚至在1930年，戈尔德在说了几句一般性的指责之后，指出"'托洛茨基在伟大的俄国革命史中万古流芳……他像萨伏那洛拉（Savonarola）①或丹东一样，是永恒的人类神话之一。'"②"对托洛茨基赞叹不已的不仅是米歇尔·戈尔德"，另一个共产党员作家也指出，"这是美国关注俄国事件的极端激进派的共同特点……"

在大多数欧洲国家中，许多被开除的托派成员和季诺维也夫派成员的小组都在积极活动，领导他们的是几个共产国际创始人。法国共产党中央委员会曾独自抗议莫斯科反托洛茨基的斗争，其后的五年中，即1924—1929年间，阿尔弗雷德·罗斯默、鲍里斯·苏瓦林和其他人仍继续进行反斯大林主义的斗争。③ 比尔·莫纳特（Pierre Monatte）的革命工团主义小组对托洛茨基也依然同情，该小组本来是法共中央建立起来的组织，但它后来脱离了法共。季诺维也夫派也有其支持者。在德国有"列宁主义者同盟"，还有维金格反对派（该组织以柏林最大工人区的名字命名），但那里占主导地位的不是托洛茨基主义，而是以阿尔卡季·马斯洛和路特·费舍为代表的季诺维也夫主义者。两位被墨索里尼囚禁在监狱中的意大利共产党主要领导人安东尼奥·葛兰西（Antonio Cramsci）和阿马杰奥·博尔迪加（Amadeo Bordiga）④ 也反对斯大林。葛

---

① 萨伏那洛拉（1452—1519），佛罗伦萨多明我会隐修院院长，反对美第奇的暴政，揭露教廷，号召教会实行苦行主义，为建立共和制作出了贡献，1497年被革除教籍，后被隐修院方判处死刑。——译者注

② 西·德雷珀：《美国共产主义和苏维埃俄国》，第358页；《美国共产主义的道路》，第129页；另见J.弗里曼：《美国圣约书》，第383—384页。

③ 《被解除武装的先知》，第二章。1926年，皮达可夫在苏联驻法使馆工作，他试图把被法国共产党开除的形形色色的反斯大林分子联合起来。在莫斯科，托洛茨基和季诺维也夫结成联合反对派。皮达可夫的任务是在法国建立它的分支，他与罗斯默、A.丢努瓦、洛里奥、苏瓦林、莫纳特、帕兹和其他人协商后，开始出版杂志《反潮流》，但是罗斯默和莫纳特对任何有关托洛茨基派与季诺维也夫派"结盟"的想法一概敌视，所以拒绝合作，因此杂志作为法国联合反对派的机关刊物，由帕兹夫妇、洛里奥拉担任主编，罗斯默与莫纳特继续独立进行反斯大林的斗争。

④ 博尔迪加（1889—1970），意大利社会党人，1921年参加意大利共产党创建工作并成为领袖，1930年被开除。——译者注

兰西从牢房中把一份反斯大林的声明寄往莫斯科，意大利共产党驻共产国际执委会代表陶里亚蒂（Togliatti）把它扣下了。① 安德列斯·尼恩（Andres Nin）是西班牙马克思主义者中最有才干的人，他把自己的命运与俄国反对派联系在一起，多年来他一直与托洛茨基保持联系。② 荷兰的马林·斯内夫利特（Maring Sneevliet）是印度尼西亚共产主义的头号鼓舞者，他领导着一个相当强大的反斯大林主义的左倾工会工作者集团。比利时的范·奥维尔斯特拉腾（Van Overstraeten）和列索瓦（Lesoil）是比利时共产党的前领导人，他们的支持者在沙尔列鲁瓦大型采矿区有牢固的阵地，他们也宣传托洛茨基主义。

党内争论甚至在亚洲也有反响。托洛茨基主义的只鳞片爪由莫斯科中山大学毕业生传到上海、北京、广东和武汉，他们亲眼看到了托洛茨基在1927年为中国革命所进行的斗争。1928年，他们召开了中国反对派的第一次全国代表大会，其中某些人主张与毛泽东结盟；那时共产国际对毛泽东不满，因为在1925—1927年间他的观点往往与托洛茨基不谋而合，还因为在革命处于低潮时他以游击战的形式与国民党斗争。1927年前，陈独秀一直是中国共产党的领袖，1929年他发表了一封《公开信》，信中揭露了莫斯科、国民党和中国共产党之间的内幕，声称托洛茨基对斯大林和布哈林的批评是完全合理的。③ 托洛茨基主义者对印度支那、印度尼西亚、锡兰也有影响。大约在这期间，托洛

---

① 罗斯默致托洛茨基，1930年4月10日，托洛茨基档案保密部分。大致在这段时间内，三位意大利共产党政治局委员拉瓦佐利、列奥涅蒂和特利索加入了托洛茨基反对派。他们都是葛兰西的朋友和支持者，其中一个将陶里亚蒂扣压葛兰西信件的事告诉了罗斯默。我曾在意大利报刊上要求陶里亚蒂对我解释此事。他通过他的朋友答复我，1926年葛兰西确实曾要求他别把意大利共产党牵进俄国的党内斗争之中（陶里亚蒂支持布哈林、斯大林反对托洛茨基）。陶里亚蒂断言，当葛兰西的信寄到莫斯科时，正值党内斗争停战之时，在与布哈林协商之后，他觉得此信无的放矢而将其扣压。在斯大林与托洛茨基之间的斗争重新爆发之后，共产国际与意大利共产党没有得到有关葛兰西立场的消息。这说明了为什么葛兰西在斯大林时代的大部分时间内被人遗忘，只是到了50年代初他的功绩才被重新发现。陶里亚蒂在葛兰西去世后开始在意大利共产党内搞对后者的个人崇拜。

② 尼恩与托洛茨基之间通信早在后者流放阿拉木图时就已开始，存于托洛茨基档案。

③ 托洛茨基对中国的兴趣持久不衰，在当时条件所允许的情况下他与其中国支持者的联系是紧密的。1929年夏季或秋季，中国反对派分子林泽（即刘仁静——译者注）在从莫斯科返回中国的途中前往王子群岛拜会托洛茨基，此后直到1940年，托洛茨基一直与几个具有不同色彩的中国反对派小组保持定期联系。1929—1931年间，托洛茨基的中国支持者向他汇报了当时中共正式领袖李立三、朱德与毛泽东的分歧，他们认为前二者是"机会主义者"不予考虑，但对毛泽东寄予巨大希望。托洛茨基的某些支持者并没有因为陈独秀"支持托洛茨基主义"而欢欣鼓舞。他们认为他是"取消派"，断言他起不了任何作用。托洛茨基对毛泽东一无所知，对陈独秀寄予厚望，称他为中国马克思主义的"伟大先驱"，力图使中国托洛茨基主义者与他和解。1930年12月1日，陈独秀致函托洛茨基说，他于1929年首次看到托洛茨基对中国的观点，便对它们的正确性坚信不疑。

茨基在美洲赢得了支持者：美国共产党中央委员詹姆斯·P. 坎农（James P. Cannon）和马克斯·沙特曼（Max Shachtman），加拿大共产党主席莫里斯·斯佩克托尔（Mauric Spector）。甚至在遥远的墨西哥，也有一批共产党员在迭戈·里维拉的鼓舞下投入到在莫斯科已被粉碎的异教徒的事业之中。

托洛茨基与上述所有组织建立起联系，并力图使它们成为一个统一的组织。在托洛茨基被驱逐出莫斯科之后，它们靠他的只鳞片爪的思想为生，在小报和通讯上发表秘密从苏联带出来的托洛茨基著作的片段。托洛茨基来到君士坦丁堡为他们注射了一针兴奋剂。托洛茨基的道义权威是他们的巨大财富，他们期待他能为国际范围的反斯大林主义的共产党反对派注入活力。但托洛茨基的权威对他们来说也是一个沉重的负担，因为他们已经习惯于学生和追随者的有限角色。海因里希·布兰德勒把托洛茨基主义形容为扯着一张巨大风帆的小船。托洛茨基甚至在俄国反对派中也是主宰，但在俄国，他周围至少有一批志同道合者，他们以独立思考、刚毅的精神和丰富的经验在革命中脱颖而出。在俄国境外的托洛茨基的志同道合者之中，这种类型的人寥若晨星。他希望反对派的这一弱点很快就能克服，在普通成员中会成长起新的领袖。他没有想到，他永远是唯一一个被驱逐的俄国反对派领袖。他期望斯大林在他之后还会把其他人，特别是拉柯夫斯基和拉狄克赶出俄国，只要他们一离开俄国，国际反对派就会有一个"强有力的领导核心"①。这一期望落空了。斯大林根本不想以新的驱逐来巩固托洛茨基的阵地。

* * *

除了托洛茨基的个人魅力之外，这一阶段的托洛茨基主义到底是什么呢？

托洛茨基主义的实质是革命的国际主义和无产阶级民主的原则。革命的国际主义属于经典马克思主义的遗产。当年，第三国际曾把它从第二国际无力的手中夺过来，拯救了它，现在托洛茨基为捍卫它而反对第三国际，同时还要反对第二国际。对托洛茨基来说，这一原则不是一般的抽象原则，而是渗入到他的思维和政治本能之中的原则。无论处理什么政治问题，他都从国际远景出发，超越民族之上的共产主义利益对托洛茨基来说是最高准则。因此，他认为

---

① 《反对派通报》1929 年 7 月第 1—2 期。

"一国社会主义"的学说是用"国家社会主义"歪曲马克思主义,是民族自大狂和苏联官僚集团的傲慢的集中体现。现在,这一学说不仅在苏联占统治地位,在完全不需要它的国际共产主义运动中也成了官方典范。共产国际在已被神圣化的斯大林俄国的私利前顶礼膜拜,它丧失了其自身存在的基础:共产国际依附在一个国家的社会主义之上,这与它的名称是矛盾的。托洛茨基强调,孤立的、自给自足的社会主义国家的理论构想与马克思主义的思维方式格格不入,它起源于19世纪德国修正主义的国家改良理论,而它在实践上意味着放弃国际革命,让共产国际的政策服从斯大林的需要。① 虽然托洛茨基认为国际利益比国家利益重要,但他对苏联本国的需要并没有采取虚无主义的态度,也没有忽略它的外交或军事利益。他坚持认为捍卫第一个工人国家是每一个共产党员的职责。但他深信,斯大林的自给自足的概念削弱了苏联,因为苏联的主要任务是消除其被孤立的状态并扩展革命。他据此得出结论:在国际阶级斗争的决定性阶段,工人国家应做好准备,宁可为了长远目标牺牲自己的直接利益,也不能破坏这一斗争,像斯大林和布哈林在1925—1927年破坏中国革命那样。30年代,这一争论变为共产主义运动战略和反纳粹的策略及人民阵线的争论,但其实质仍是托洛茨基的国际主义和斯大林的孤立主义之间的冲突(如果与当代美国政治相类比的话),而后者是斯大林二三十年代政策的特征。

乍看起来,托洛茨基的立场比斯大林的立场更容易,或说应该更容易被苏联境外的共产党员接受。托洛茨基有理由期望它能得到热烈的反响,因为他强调在苏联境外工作的共产党员的重要作用,他们是国际阶级斗争中独立作战的人,而斯大林让他们扮演的角色仅仅是"工人国家"的被保护人。

托洛茨基捍卫"无产阶级民主"的目的是为了把各国共产党人从极其狭窄的官僚主义机构的框框中解放出来,在各国共产党中恢复"民主集中制"。

---

① 托洛茨基在其一封信中把"一国社会主义"的概念追溯到G.福尔马尔这位著名的德国改良主义者那里,他在伯恩斯坦"修正主义"运动的20年前就阐述了"孤立的社会主义国家"的思想(我们要补充一句,这是李斯特政治经济学的社会主义变种)。托洛茨基指出,福尔马尔的构想比斯大林和布哈林的更加精密,因为他的孤立社会主义国家应是一个类似于德国的技术发达的国家,而不是一个落后的农业国。福尔马尔认为,孤立的社会主义国家对资本主义邻国的技术优势是这个国家的安全和成功的保障,而布哈林和斯大林却深信,这样的国家即便工业落后,也能繁荣。福尔马尔还认为,社会主义国家依靠其技术优势和计划经济通过和平经济竞赛可以胜过资本主义邻国,这样一来,其他国家中革命的必要性就会在某种程度上消失。福尔马尔提出的思想不仅预示了20年代斯大林和布哈林的构想,而且还预示了1956年2月苏共二十大通过赫鲁晓夫有关"经济竞赛"与"和平过渡到社会主义"的纲领。

这一原则同样可以追溯到马克思主义的传统中，它白纸黑字地写在各国共产党党章上。民主集中制的使命是保证各社会主义政党以及后来的各国共产党在纪律中有自由，在自由中有纪律。它要求党在行动上保持高度的协调一致，但允许党容忍与其党纲相容的各种不同观点。这一原则责成少数人执行多数人的决定，也责成多数人尊重少数人的批评和反批评的权利。它赋予在任期内的每个共产党中央委员会（和共产国际的领导）有效地领导普通党员的全权，但又使中央委员会取决于普通党员的意志和投票。因此，这一原则对共产主义运动来说，具有重要的教育、实践和政治意义。背弃这条原则并用官僚集团的集中制来取代它，这种做法削弱了共产国际。如果说崇尚纪律和高度集中在苏联共产党内是布尔什维克垄断政权的有机演变的话，那么这一制度在共产国际的国外各支部中的推广则是彻头彻尾人为制造的，因为它与各外国共产党在本国的生存环境与条件格格不入。

大多数西方共产党习惯于在多党制的框架中工作，在这种体制中，他们照例享有宪法所赋予的批评自由和辩论自由。现在，党的领导处于荒诞不经的状况，他们在自己的组织中剥夺了其支持者在组织之外可以享有的这一权利。到1930年，德国、法国或其他国家的任何一个共产党员都不能发表与党的路线相左的意见。他们应把莫斯科发出的官方指示当成真理来接受。这样一来，每个共产党在其本国内变成了一个古怪的岛屿，与人民群众彻底隔绝，但隔裂它们的并不是革命目的，而是与此目的风马牛不相及的行为法典。这一法典带有准宗教性质，它迫使党员在心理上严格划一，从反基督教改革运动以来，任何一个修道团体都是这么做的。诚然，借助于划一手段，斯大林化的共产国际在加强纪律性上获得了极大的成功。但是，这样的纪律对于一个革命政党的政治影响来说却是破坏性的。一个革命政党应立足于它在其中工作的人民之中，与人民同甘苦，不能为仅仅是知情者所了解的偶像的利益割断它与人民的联系。斯大林主义及其信仰者的忠诚、狂热的献身精神和对敌人的仇恨无疑会吸引某些探索信仰的知识分子，后来这些人又诅咒它，说它是"堕落的上帝"。但是，他们顶礼膜拜的偶像很难赢得工人群众——这些被假定为它最适宜的"天生的无产者"。此外，异常严格的纪律捆住了党的宣传鼓动人员的手脚，而他们本应该不受任何束缚，自由地向那些他们准备召唤到自己旗帜下的人进行宣传。当欧洲共产党员在向工人听众论证自己的事业时，他总能遇到自己的对手——社会民主党人，他应驳倒后者的论据，他应以自己的口号与后者抗衡。但他现在做不到这点，因为他没有进行政治辩论的技巧，其原因是政治辩论在党内不受崇尚,因此,他的素养使他无法对尚未信仰共产主义的人进行宣传。他不能恰如其分地把握对手的论据,因为他不得不时时考虑自己的正统性,不断地检查自己的话是否有在无意中违背党的路线的地方。他只能盲目、机械地重复规定好的那些论据和口号。而意外的反抗、始料不及的批评意见会使他不知所措,因此,这样的宣传员在回答对苏联的批评时,极难说出令人信服的话来,他对工人阶级感恩般的祈祷和对斯大林的颂扬使他在所有清醒的听众眼中成为笑柄。斯大林式宣传的低效是多年来反对社会民主党的改良主义的宣传收效甚微,甚至在最有利的条件下也难以成功的主要原因。

托洛茨基的目的是使各国共产党振作起来,赶走麻痹状态,建立起自信心,鼓起战斗的激情,自信心与激情本来他们都曾有过,但在没有党内民主的情况下他们恢复不了原来的状况。他反复陈述民主集中制对共产党员利益的意义,他们从未理解它的意义,或已把它忘到了九霄云外。他为他们本人的利益,以他们本人的尊严和未来的名义向他们呼吁,并希望他的呼吁不会无人理睬。当然,如果理智的、马克思主义的原则和共产主义本身的利益还有意义的话,那么托洛茨基的论据和号召是应该能打动人心的。

托洛茨基主义除了其基本原则之外,也含有许多随机应变的策略概念。托洛茨基在流亡中撰写的大部分著作都是解释这些问题的,但它们很难对外行有所裨益,特别是在时过境迁之后。然而,托洛茨基的策略思想的内涵极广,直至今天,他的某些观点对工人阶级的政策仍很重要,其原因在于它们不仅仅具有史料价值。

值得一提的是,1923—1928 年间共产国际推行"温和方针",托洛茨基及其支持者从左的角度对它加以批判。① 1928 年后,这一路线在某种程度上发生了变化,自从斯大林在苏联开始推行"左倾路线",共产国际自然而然地改变了它的方向,因为它的政策反映着俄国共产党的一举一动,并从后者那里得到推动力。在1928 年夏召开的共产国际第六次代表大会上,它开始改变其口号和策略指令,一下子从右倾转变为极左。② 在其后的几个月中,新路线进一步发展,直至与旧路线完全对立。③ 共产国际在几年前喋喋不休地说什么"资本主义相对稳定",现在,则断言稳定期已经结束,预言资本主义不可避免的彻底崩溃。这就是所谓的"第三时期"的核心,取代布哈林成为共产国际领导

---

① 参见《被解除武装的先知》,第二、五章。
② 参见库恩·贝拉编:《共产国际文件汇编,1919—1932》,第 769—784 页。
③ 同上,第 876—888、915—925、957—966 页。

人的莫洛托夫是这一理论的主要鼓吹者。根据这一"理论",战后史明确地分为三个时期:第一时期是革命高潮,它持续到1923年;第二时期是资本主义稳定时期,它于1928年结束;而现在开始的第三时期对资本主义和帝国主义宣判了死刑。如果说以前国际共产主义一直在进行防御,现在转入进攻的时机到了,即把"局部斗争"和改良斗争变为夺取政权的斗争。

共产国际断言,资本主义所有的矛盾即将总爆发,因为资产阶级无力对付下一次经济危机,世界革命形势一派大好,尤其是甩掉了改良幻想的工人阶级变得更加激进,它一心盼望共产党率领它投入战斗。今天,阶级斗争中的任何事件都具有不可估量的革命潜能,它会引起"街垒战"或武装起义。1929年6月,半月刊《布尔什维克》指出:"在整个资本主义世界中,罢工浪潮汹涌澎湃……持续不断的革命战争和内战因素与罢工交织在一起。没有组织的工人群众也卷入了斗争之中。……数百万农业工人和被压迫的农民的不满急剧增长,他们也在向左转。"莫洛托夫在共产国际执委会上声明:"只有迟钝的机会主义者或可悲的自由主义者才看不到,我们已经双脚跨入了具有世界意义的、最宏伟的革命事件的区域之中。"这几句话并不是对遥远的未来的预见,而是具体的预报和行动命令。几个欧洲共产党确实曾试图把1929年的五一游

1929年5月1日,在莫斯科红场举行的五一游行

行和8月4日的反战示威直接变成"街垒战",但在巴黎、柏林和其他城市中,它们均以示威者与警察之间的毫无意义的流血搏斗而告终。根据这条"总战线",共产国际也改变了它对各国社会民主党的态度。在这种所谓真正的革命形势之下,这些党只能与反革命狼狈为奸,所以共产党员没有任何理由寻求与它们合作或与它们达成局部协议。由于资产阶级试图借助法西斯主义来挽救自己的统治,所以议会制和自由民主时代行将就木,议会民主将变为彻头彻尾的法西斯主义,而社会民主党将变成"社会法西斯党","即口头上的社会主义,事实上的法西斯主义"。由于他们用民主、社会主义的词句来掩盖自己的"真实面貌",所以社会民主党员比公开的法西斯党徒更加危险。因此,共产党员应该集中全力打击"社会法西斯主义",把它当做"最主要的敌人"。以此类推,那些有时口头上像共产党员的左翼社会民主党徒比右翼"社会法西斯党徒"更危险,因此,应加倍努力地与他们进行斗争。如果说在此之前曾要求共产党员与社会民主党人"自上而下地"(即与它的领袖直到一般党员)建立统一战线,那么,现在共产国际宣布严厉禁止所有这类策略。现在,只能与下层建立统一战线,即只允许党员与"准备与其领袖决裂"的普通社会民主党党员建立统一战线。赞成与"上层"接触,则意味着帮助或鼓励"社会法西斯主义"。①

在其后的五六年内,各国共产党始终奉行上述指示,直到建立人民阵线为止。这是非常关键的几年,因为在那段时间内发生了世界经济危机、纳粹主义抬头、西班牙君主体制垮台及其他许多事件,在这些事件的进程中,共产党的行动具有决定性意义。

托洛茨基断言,在过去的那个时期中,共产国际由于其怯懦的政策而坐失了许多革命良机,但他没有料到共产国际的路线会发生如此急剧的变化。因此,托洛茨基批评这一变化,指责它为"180度大转弯","从机会主义一跃成为超激进主义":新口号和策略指示无非是把旧的翻了个个儿,以便掩盖这些旧口号及指示的失败。在对莫洛托夫有关三个时期演讲的毁灭性批评中,托洛茨基指出,在第二时期中发生了中国革命和英国总罢工,如果错误地把这一时期看成是稳定时期,那么,期望在"第三时期"中资本主义很快就会土崩瓦解并由此得出只能采取进攻政策的结论就更不现实。托洛茨基说,共产国际这

---

① 《共产国际文件汇编》,第946、957—966页。

些重新调整方向是机械的,因为它不想弄清其旧策略的错误,也未曾认真地讨论并重新评价有争议的问题。由于各国共产党没有讨论其政策的正确和错误之处,它们注定要从一个极端走到另一个极端,并根据上面的命令用一系列错误来代替另一系列的错误。各国共产党的党内体制不是单纯的组织形式,它是事关共产国际全部政策的大事,因而把共产国际变成了一个既僵化又不稳定的组织。同样,"第三时期"孟浪的超激进主义绝不能证明革命的国际主义在莫斯科当局中的复活。这种超激进主义对共产主义在全世界的成长的妨碍并不亚于先前的机会主义,因为其基础同样是官僚集团对工人阶级国际利益的不负责任的冷漠。[1]

无论是过去还是现在,托洛茨基都不懈地宣传下述观点:第一次世界大战和俄国革命开辟的整个时代是资本主义不断衰落的时代,因为它的基础已受到了强烈的冲击。但是,这并不意味着这座大厦就要轰然倒塌。一个社会体制的没落不能在单一的经济崩溃过程中或在连续不断的革命事件中表现出来。因此,任何一个危机都不可能被先验地说成是"最后的和最终的"危机。甚至在资本主义没落时期也仍有其高潮和低谷(尽管有高潮越来越短、越来越不稳定,而低谷则越来越低、破坏性也越来越大的趋势)。而在马克思之后,工业周期不论发生了怎样的变化却仍在正常发展,不仅仅是从繁荣到衰落,也从衰落到繁荣。因此,如果声称资产阶级"客观上"已经陷入绝境;那就太自信了:目前的绝境还不是那种有产阶级无法摆脱的绝境,至于它具体能不能摆脱,这不仅仅取决于经济因素,更取决于各种政治力量之间的相互关系,而这一关系由于共产党的领导质量不同可以导致不同的结果。预言说"革命浪潮不断高涨,在任何一次声势浩大的罢工中都能发现'内战因素'",并声明从防御转入进攻或武装起义的时刻已经来临,这意味着放弃领导,必然会导致失败。阶级斗争如同战争一样,都不能把行动的防御形式和进攻形式割裂并对立起来。最有效的进攻往往是成功的防御的产物,即便在整个革命战争高潮的顶点——武装起义中,防御的因素也依然存在。在危机时刻,工人阶级应该自卫,反对降低他们的生活水平和法西斯主义的抬头。现在告诉他们说,防御时刻已经过去,应该准备对资本主义进行全面进攻,这样的宣传活动实际上与无所作为或投降唱的是一个调子,只不过用了些极端激进主义的词汇罢了。同

---

[1] 托洛茨基将1930年1月第8期《反对派通报》的全部版面用于批评"第三时期"的政策,在其后的好几期中也不断对此进行抨击。

样，禁止共产党与社会民主党进行任何合作，将给整个工人运动特别是共产主义运动带来灾难。托洛茨基总结说，"第三时期"的构想是在"莫洛托夫先生"庇护下的官僚冒险的产物，它只能是第三国际失算的"第三时期"。

这些早期批评蕴涵着托洛茨基与共产国际就后者在希特勒摄取政权那段时间的政策而进行的更广泛争论，在整个30年代初期，这一争论始终未停。当然，在这些策略问题上，托洛茨基主义似乎是从右的角度，而不像从前那样从左的方面反对共产国际。这种变化并不是托洛茨基立场的变化（他的立场始终与1921—1922年间的共产国际第三、四次代表大会上列宁和他本人的立场一致），它植根于斯大林的"官僚集中制"和"一贯的非左即右的摇摆之中"。即便如此，从"右"的角度批评斯大林的立场，对托洛茨基是不利的。共产党人习惯于把他看成是从左面批评斯大林的批评家，因而怀疑他前后矛盾、没有原则。在共产主义阵营中，托洛茨基主义与形形色色的准布哈林右倾反对派之间的区别，至少在策略问题上的区别是不那么清晰的。而在上述争论中，策略问题又占着极大的比重。在欧洲右倾反对派中，布兰德勒的支持者举足轻重。布兰德勒和塔尔海默（Thalheimer）刚被开除出党，他们也严厉批评了新的极左路线。① 托洛茨基主义与所有其他反对派小组的不同之处在于其批评的理性力量、攻击性及全面性。布兰德勒和塔尔海默仅仅局限于揭露共产国际的"急剧"向左转。托洛茨基则对列宁之后的共产国际的全部活动加以抨击。布兰德勒的支持者所关心的主要是本国共产党的政策，他们煞费苦心地避免冒犯苏联领导人：在苏联的内部冲突上，他们都不得不支持斯大林，赞成一国社会主义的构想，认为官僚主义符合俄国特殊国情而对它加以谅解，对莫斯科对托洛茨基的批判随声附和。② 他们深信任何一个向莫斯科提出原则性挑战的共产党反对派都不能在共产党队伍中引起反响，他们希望共产国际迟早会发现"第三时期"的政策不符合实际而把它抛弃并会与批评这一政策、但又未与共产国际形成不可弥合的破裂的人和解。托洛茨基派坚持，各国共产党的政策或它们的错误不能仅仅在各国共产党的框框之内修正，因为它们"再生"的主要源泉在莫斯科，因此，关注苏联国内事务并在这些问题上反对斯大林官僚集

---

① 与布兰德勒类似的有波兰的沃尔斯基和考斯特舍夫派（1929年时他们已被撤职，但尚未被开除出党）、瑞士的贡别特·德罗兹派及美国的洛夫斯通派。

② 布兰德勒的机关报《工人政治报》始终敌视托洛茨基主义，托洛茨基也针锋相对。他写道："在路过教堂时，我绝不会与任何一个信徒争论唯物主义的各种倾向，同样，我也不会与布兰德勒和塔尔海默辩论。"

团，是每个共产党员的职责。号召外国共产党员干涉苏联国内事务，是托洛茨基主义的突出特点。这是挑战，它使大多数共产党员望而生畏。

尽管托洛茨基对共产国际进行了全面批评，但他根本没想另立门户、组织新的共产主义运动。那时及其后的几年中，托洛茨基断然拒绝建立第四国际的想法，这种想法是苏联工人反对派及季诺维也夫反对派在欧洲的残余提出来的。托洛茨基宣布，他和他的支持者都忠于共产国际，虽然他们已被它开除。他们之所以结成一派，是为了重返国际共产主义运动的队伍之中。迫害使他们不得不组成一个派别，但他们仅仅是一派而已，并不是一个与共产党竞争的新党。他们唯一的目的是对共产党员施加影响，使他们意识到苏联和共产国际的大权落入篡位者手中，引导他们为恢复马克思列宁主义的本来面貌而斗争。因此，托洛茨基派支持对共产国际进行改良，但并不想与它彻底决裂。他相信，尽管各国共产党有其种种缺点和过失，但仍是工人阶级的先锋队。反对派的位置在这个先锋队之中。如果反对派和它的所有支持者都离开共产国际，则落入陷阱，而这正中斯大林的下怀。当然，斯大林不允许共产国际的队伍中产生任何反对派。但是，这种状况不会长久，苏联国内外的危机事件很快就会使共产主义从沉睡中醒来，振奋它的士气，激励共产党员行动起来，并为反对派提供机会。托洛茨基警告说，赞成建立第四国际的人应该考虑到，对一个内部不协调的集团来说，绝不会因打出一面旗帜就成为现实的政治因素。革命运动并不是旗帜和口号的产物，而是和它所代表的阶级一起有机地成长起来的。每个共产国际都代表着工人阶级争取社会主义而斗争的历史经验中的一个阶段，如果忽视第二、第三国际与群众的联系及其政治传统的分量，必然会受惩罚。更何况第三国际是俄国革命的产物，有政治觉悟的工人与它团结一致，把它视为革命的化身。托洛茨基指出，他们这么做是正确的，尽管他们不应让斯大林分子滥用他们的忠诚。因此，只要苏联还是工人国家，就不能期待或鼓动工人拒绝第三国际。

尽管苏联被"官僚集团搞得走了样"，但它仍是工人国家，托洛茨基在这点上坚定不移。他认为，苏维埃国家的社会主义性质是由生产资料国有制所决定的。只要"十月革命的这一最主要成果"未受侵害，苏联就有发展社会主义的基础。当然，工人阶级应该坚持自己的立场，反对官僚集团，直到它能着手实施社会主义，而它除了在公有制的基础上实现社会主义之外，别无他路，因此，只要公有制能保存下来，工人国家的存在即便不是现实的，起码也是潜在的。

这一观点遭到许多人的怀疑,其中甚至还有托洛茨基的学生。但在这一点上托洛茨基从未妥协过,即便当他修正并改变了某些其他思想时,对此仍寸步不让。托洛茨基在其流亡生涯的前半个时期中一直宣传应在苏联进行改革,而不是革命;而在流亡生涯的后半个时期中,他开始断言政治革命是对官僚专制独裁的唯一答复。此后,当他宣布必须建立新的共产党和新的共产国际时,他也重新考虑了他本人有关反对派角色的构想。即便在那时,他仍毫不动摇,坚持苏联是工人国家。他声称:"无条件捍卫苏联"和反对资产阶级敌人,是反对派每一个成员的基本职责,他不止一次地与他那些不愿履行这一职责的朋友和支持者绝交。①

* * *

托洛茨基把自己的西方支持者组织起来的头几次尝试结果令人失望。托洛茨基十分注重法国,因为在那里他的追随者的影响比在别处都大,他试图把形形色色的托洛茨基派和准托洛茨基派集团或组织团结起来,并使它们与季诺维也夫派及工团主义者小组"无产阶级革命派"联合起来,以期在那里建立起强大的反对派基地。一开始罗斯默就警告过他,这些集团大都士气低落、精神沮丧。从托洛茨基主义在法共中的影响达到巅峰之际算起,已过了五年,在这段时间内,共产国际恢复了它在那里的影响,把所有持不同政见者统统开除出党,并把他们与普通党员隔绝。孤立感和俄国反对派的失败摧垮了许多反斯大林者的精神,罗斯默发现在这些人中普遍存在着惊慌失措的情绪,这使他们放弃斗争,并力图"永远与反对派划清界限"。甚至连那些反对这种情绪的人也不知所措,彼此之间立场互相矛盾。罗斯默继续说:"所有这些团体的最大不幸在于它们处于实际工作之外,这一情况注定会使它们的宗派性质更加突出。"②

当托洛茨基不听罗斯默的劝告而力图重新把苏瓦林和其他人争取到反对派一边来时,后者的正确性更是显而易见了。苏瓦林一度在莫斯科单枪匹马地捍

---

① 参见《反对派通报》第3、4期,第4、5页及其他各处;《托洛茨基文集》第1卷,第213—274页;《战斗报》1929年12月。

② 罗斯默致托洛茨基,1929年4月16日。

卫托洛茨基，因此名噪一时。托洛茨基看重他的记者才干，期望他能成为反对派最有影响的法国喉舌。令托洛茨基惊讶不已的是，苏瓦林竟提出了让他无法接受的奢求。他要求托洛茨基在事先没有得到法国反对派同意，即苏瓦林本人同意的情况下不要发表任何公开声明。托洛茨基力求避免争执，他回答说，他不会就法国事务公开演讲，迄今为止，他公开讲的只有苏联和中国的事务，在这些事上他当然有权表达自己的意见，无须征得法国人的同意。苏瓦林以长达130页的长信作答，其中充满了奇谈怪论、犀利的言辞、零星的准确观察与分析，还有混乱不堪的论据，而且用的是激愤敌对的语调，这使决裂变得不可避免。苏瓦林断言，布尔什维主义"在俄国境外遭到彻底的失败，而且永无东山再起之日"，因为"它对时代性质的理解是错误的"，低估了资产阶级的力量，高估了工人阶级的战斗力，当它企图按自身的模式塑造外国共产党时便"犯了致命的错误"。尽管这一观点有其值得注意之处，但托洛茨基不希望任何一个自以为是托洛茨基主义者的人持这种观点或赞成这种观点。托洛茨基不同意布尔什维主义的过错在于苏瓦林归罪于它的"致命的错误"。他指责说，导致共产国际失败的是斯大林主义，而不是列宁主义。尽管苏瓦林喋喋不休地说什么苏联的"国家资本主义"，但他的指责带有斯大林主义的色彩，最令人吃惊的莫过于此了。例如他说，托洛茨基和反对派毫无必要地"崇尚革命的不可调和性"，这使他们不能以应有的方式关心"苏维埃国家显而易见的需要"。苏瓦林还说："对世界工人运动来说，最重要的是苏联的经济成就，国家资本主义无可争论地优于帝国主义资本主义"。他嘲弄"毫无必要的英雄主义"，正是它使托洛茨基及其支持者丧失了为苏维埃国家服务的机会，即便在党内没有他们的一席之地，"仍可使自己成为一个有益于革命的人，虽然不再是政治局委员、中央委员，甚至被开除出党"。如果这些意见不是如此荒谬绝伦的话，倒还可以把它们看成是要托洛茨基向斯大林投降的过迟的劝告，因为他已不是党员，除了投降之外，他没有任何可能继续为"革命服务"，甚至他即便投降，也为时已晚。苏瓦林对托洛茨基忠于布尔什维主义和列宁主义极尽揶揄之能事，并力劝他摆脱它们的束缚，"回到马克思那里"。[①]

托洛茨基答复说："我再也看不到几年前把我们联系在一起的共同之处。"在苏瓦林的信中，托洛茨基找不到"一个以马克思主义为依据的论据和……

[①] 托洛茨基与苏瓦林的通信，存于托洛茨基档案保密部分。

恰当的事实"。"支配您、给您提示那些奇谈怪论的是气急败坏、失意的记者之笔"。"您认为党和共产国际已是僵尸。您认为俄国反对派最大的错误在于它孜孜不倦地试图对党施加影响并回到党的行列之中。另一方面，您又把苏维埃的经济定性为国家资本主义……您还要求反对派应满足于国家资本主义仆从的角色……您已转到了敌人的一边。"① 他们之间的书信往来到此结束，此后，苏瓦林始终站在托洛茨基反对者的行列之中。虽然在1929年他本人试图开导托洛茨基，教后者"如何成为有益于革命的人"、为进步的国家资本主义服务，但在此后的年代里，苏瓦林又以截然相反的罪名诅咒托洛茨基，那时他指责托洛茨基，恰恰是因为后者看到苏联的进步，声称那里仍有足够的革命遗产因而应该捍卫它。

"无产阶级革命派"中最有名的是莫纳特和卢宗（Louzon）。但与该组织的工团主义者们达成协议的尝试也一无所获。在第一次世界大战期间，托洛茨基曾对他们施加了巨大的影响，克服了他们反对包括马克思主义革命活动在内的一切政治活动这一最有代表性的偏见。后来他们加入了共产党，又在反托洛茨基的斗争中被开除出党。他们从个人角度来说十分眷恋托洛茨基，但是，与共产国际关系的经验加强了他们昔日对政治的厌恶，使他们更加坚信，高潮为总罢工的工联活动是通往社会主义的唯一道路。托洛茨基无论怎么努力，都未能使他们重新接受革命政党极为重要这一列宁主义者的观点，未能使他们跟他一起为改革共产国际而斗争。

托洛茨基对其支持者和季诺维也夫主义者之间的调解工作也不大成功。后者仅仅是人数微不足道的宗派，但其领袖是阿尔贝·特莱恩（Albert Treint），1924—1925年间他是法国共产党的正式领导人。当季诺维也夫领导"布尔什维克化"运动并已将托洛茨基主义者开除出党时，正是这个特莱恩对他们大加谴责、大肆诽谤。因此，托洛茨基主义者仇恨特莱恩，甚至在此人被开除出党之后仍对他耿耿于怀，对与他和解的劝告连听都不想听。尽管如此，托洛茨基仍于1929年5月邀请他前往王子群岛，用了整整一个月的时间试图与他达成和解。但是，旧日的仇恨是如此强烈，特莱恩力图为自己在1924年的所作所为辩解，没有为平息对方的怨恨采取任何措施。托洛茨基在自己支持者的压力下不得不与特莱恩分手，但他们之间的分手比与苏瓦林的分手要友好得多，

---

① 托洛茨基与苏瓦林的通信，存于托洛茨基档案保密部分。

他们之间一直保持联系,尽管不那么热情。

托洛茨基与苏瓦林、工团主义派和特莱恩建立联系的企图失败了,没多久,他又不得不着手解决托洛茨基派内部的分歧。此事如果不是因为它在托洛茨基的生活中和在托洛茨基主义运动的失败中的作用,根本就不值一提。在巴黎有几个彼此竞争的派别和小组:莫里斯·帕兹和玛格德莱娜·帕兹夫妇小组,它有一份版面不大的机关报——《反潮流报》;罗斯默;还有年轻的托洛茨基主义者(他们也有自己的报纸《阶级斗争报》和《真理报》),在后者之中,彼尔·纳维尔(Pierre Naville)与雷蒙·莫利尼耶(Raymond Molinier)组成了两个敌对的宗派。在所有这些人当中,只有罗斯默是个有影响的人物,他属于经过第一次世界大战考验的革命国际主义者的精英。纳维尔是个作家,他参加了超现实主义者的文学骚动,后来他加入了共产党,成为一个小有名气的超现实主义的马克思主义评论家,他满怀好感地关注着1927年托洛茨基在莫斯科进行的斗争,本人也被开除出党。他具备马克思主义理论素养,但缺乏政治经验,与工人运动几乎没有联系。莫利尼耶则相反,他曾是个"积极分子";他精力充沛、精明强干,在实践工作中如鱼得水,但在选择道路和手段方面都不十分在行,在理论知识方面几乎等于零。知识分子和实干家这两类不同的人在宏大组织的日常实践活动惯性的推动下往往能取长补短、相辅相成,而他们之间的对抗性却破坏着这些与运动主流隔绝、处于"实践活动之外"的小团体。

1929年早春,帕兹夫妇来到王子群岛,托洛茨基说服他们把他们的小组和其他派别统一起来,把他们的机关报《反潮流报》变成一份"进攻型的大型"周刊,使之成为反对派发表意见的阵地,并着手大张旗鼓地招募成员的工作。他与他们一起制定了招募工作的计划,允诺与他们紧密合作。他们同意了托洛茨基的建议,尽管有所保留。但他们在回到巴黎后经过反复考虑又拒绝出版周刊,他们看不到以托洛茨基提议的那种规模进行招募反对派的工作有任何成功的机会。首先,他们反对托洛茨基决定把"罗斯默的领导强加给他们的企图",对那些一心向往战斗活动的年轻托洛茨基主义者嗤之以鼻,说他们头脑简单、愚昧无知。类似的议论使托洛茨基确信,帕兹夫妇即便有革命家的素质也少得可怜,他们不是他所需要的那种人。事实上,他们是"沙龙布尔什维克",他们在其资产阶级职业上十分成功。莫里斯是一个相当富有的法学家,他从事托洛茨基主义运动纯属嗜好。当托洛茨基在阿拉木图时,他们十分愿意以其巴黎代表的身份活动，沐浴在他昔日光荣的辉煌之中。但是，当托洛茨基离开俄国，作为一个活生生的、有血有肉的人来到他们面前，并提出种种高标准的要求时，他们便没有丝毫愿望真正地与他结合在一起。此后是令人痛苦的通信。托洛茨基让他们感到他把他们看成庸人。他在给他们的信中写道："革命者或是有教养的人，或是无知的人，或是知识分子，或是愚钝之人。但没有无坚不摧的意志、忠诚和自我牺牲精神的人绝不能成为一个革命者。"①

　　帕兹夫妇以牙还牙，像托洛茨基羞辱他们一样把他挖苦了一番。他们大谈正统共产主义的强大、向心力和反对派的弱小，利用这一确实存在的反差为借口为自己缺乏热情辩解。他们解释说，不能把机关报《反潮流报》变成周刊是因为，"这份作为反对派机关报的周刊除了有托洛茨基同志优雅的文章和战斗的声望之外"，它还需要物质和道义基础，并能够与"它的读者和支持者息息相关"。但周刊不具备这样的基础，因为虽然托洛茨基这一名字对老共产党员来说意味深长，但他们都已陷入麻木状态，而年轻人过于无知，他们无法理解这些论据。"不要沉溺于对您的名望分量的幻想之中。经过历时五年的共产党官方报刊对您的造谣诬陷之后，在广大群众中对您曾是红军领导人的印象已经十分淡漠了"。仅几个月之前，帕兹夫妇还对托洛茨基毕恭毕敬，称他为"最亲爱的伟大朋友"，如今这种敬意已所剩无几。实际上，他们在暗示托洛茨基极端自私、极端虚荣。托洛茨基的支持者都被与世隔绝，斯大林的喉舌已经败坏了他在普通党员心目中的声誉，他们还试图让人们彻底忘掉他。对这些情况托洛茨基都了解。但这种局面对他来说正是托洛茨基主义者着手大规模反攻的又一理由，因为只有在这一过程之中，他们才能打破普通党员的麻木状态。他得出结论，他与帕兹夫妇没有任何共同之处，于是继与苏瓦林决裂之后，紧接着又与他们决裂，虽然与后者分手更不愉快，因为在他被驱逐出国后，他们毕竟曾为他多方效力，对他十分关心。

　　其后的事情更加痛苦。罗斯默和纳维尔及莫利尼耶派现在仍支持托洛茨基，但他不得不与使这些人不和的彼此间的敌意作斗争。莫利尼耶十分乐观地来到王子群岛，他带来把托洛茨基主义变为伟大的政治力量的宏大计划。他深信，反对派在法国有种种良机，因为法国共产党内充满了不满情绪，它不可能对反对派的号召无动于衷，反对派只要信心十足地行动、表现出大无畏的首创

---

① 托洛茨基与帕兹夫妇的通信，存于托洛茨基档案保密部分。

精神就足够了。莫利尼耶提议托洛茨基主义者渗入到共产党之中,召集群众大会,出版发行量大的报刊,等等。完成这些计划所需经费远远超过反对派在其成员中所能募捐到的钱数。不过,莫利尼耶还有虽然模糊但并非难以置信的财政计划。他准备从事种种商业活动,并已开始安排如何使用期待中的利润了。①

罗斯默和纳维尔展望前景时要慎重得多。他们根本不考虑莫利尼耶策划的"大规模行动",而倾向于在开始阶段仅满足于坚持不懈的小规模宣传工作,即在成熟的左派成员中宣传解释反对派的思想。他们担心莫利尼耶的冒险可能会有损于反对派的声誉,因而不信任他。罗斯默说:"他不是一个战斗的共产党员,而是一个不学无术的事务主义者。"诋毁莫利尼耶的流言开始在巴黎传播,其中之一是他当年服役时当过逃兵,后来他在法庭上辩护时说他反对服役是出于宗教原因,这有损于共产党人声誉;还断言、暗示他的商业活动的性质不可告人,但是没有任何真凭实据。

托洛茨基尽管承认莫利尼耶的某些缺点,却由衷地信任他。莫利尼耶的精力、创造性和勇气给托洛茨基留下了深刻的印象,他对其支持者身上的这类品质总是分外看重。莫利尼耶是个冒险家,但他身上燃烧着真正的革命激情,还有破釜沉舟的决心。托洛茨基说,正是这些品质招致庸人对莫利尼耶的不满和造谣诽谤,可他托洛茨基却深知,任何革命运动都少不了这样的人,他们的蓬勃精力、不可遏制的行动愿望、铤而走险的精神弥补了他们思想上的某些粗陋之处。在革命和国内战争年代中,他往往必须依靠的正是这类人!莫利尼耶心甘情愿地完成种种不大但却重要的托付:帮助托洛茨基安排在王子群岛上的生活,建立书记处,保护托洛茨基在巴黎出版著作的利益,等等,这使托洛茨基对他产生好感。事实上,他已成为不可或缺的人了。莫利尼耶的家人:妻子让娜、弟弟亨利(一个谦虚的工程师,没有任何政治野心)都是有助于他的,因为他们都具有"莫利尼耶家族的精力"。他们穿梭往来于巴黎和王子群岛之间,在比尤克·阿达村度过了不少时光。他们与托洛茨基一家人的关系密切亲热。因此,托洛茨基力求委婉地打消罗斯默的怀疑。尽管他十分重视罗斯默正直的人品和健全的见解,但认为后者不适于从事组织工作,他在派别斗争中遇到小小的磨擦就不知所措,而莫利尼耶对付这些事却游刃有余。当纳维尔公然

---

① 莫利尼耶一家在巴黎共和国林荫道上有一家小银行。

反对莫利尼耶时，托洛茨基失去了对前者的耐心，指责他的"知识分子的傲慢"、"公式化的思想"、政治上的懒惰和"不愿意在群众中做工作"。托洛茨基总算暂时消除了他们之间的争斗，罗斯默、莫利尼耶和纳维尔接受了一个"解决方案"，答应超越个人情感携手共同工作，他们返回巴黎，试图建立不仅是全法国的，而且还有国际的反对派组织。①

托洛茨基满怀希望。诚然，在法国打下的"基础"比期望的要窄得多，但作为宏大组织的萌芽来说，也就够了。然而此时业已产生了非此即彼的选择需要：反对派是否应力求进行"群众工作"，即进行自己的宣传、提出自己的口号，或是局限于马克思主义宣传小组过去所进行的缓慢却有成效的工作？这些小组耐心地宣传自己的理论，它们从事的是思想工作而不是鼓动工作。但这一非此即彼的选择问题尚未明确尖锐地提出来，因此不必马上作出决定。反对派并不想建立新党，而仅仅作为一个力图对原有的党进行改革的派别这一事实表明，它应该集中力量宣传其理论思想。作为思想家的托洛茨基当然倾向于这种活动方式。但他毕竟还是一个活动家，是反对派的伟大领袖和政委，他对这种活动方式的局限性十分不满，一心向往着波澜壮阔的群众运动。

1929年夏季，罗斯默乘火车前往德国、比利时，去了解这两国的反对派集团并把它们联合起来。他与意大利、荷兰、美国及其他国家的托洛茨基主义者建立了联系。他把自己的发现随时向托洛茨基详细地汇报。总的来说，他的汇报并不乐观：无所事事、派别间的勾心斗角和个人间的争权夺利大大地削弱了法国反对派，也给其他地方的反对派造成损害。据托洛茨基的观点，德国是欧洲阶级斗争舞台上最重要的国家，德国共产党得到几百万选民的选票，是西方最强大的共产党。罗斯默汇报说，他在柏林找到了几个承认托洛茨基权威的派别，但它们把力量消耗在相互斗争之中。所谓的魏金格派由真正的托洛茨基主义者构成，但更有影响的是"列宁主义者同盟"，它出版一份《共产主义旗帜报》，其领导人是雨果·乌尔班斯（Hugo Urbahns）。那里还有其他"极左"小团体，例如所谓的科尔什派，该派由1923年在图林根社会民主党—共产党政府中任部长的卡尔·科尔什（Karl Korsch）而得名。由马斯洛和费舍领导的季诺维也夫派更有力量。在他们的精神领袖投降之后，他们却持极端的反斯大林的立场，这确实有些古怪，正如同俄国工人反对派残余的立场一样，他们对

---

① 这一结论基于托洛茨基、雷·莫利尼耶、纳维尔、维·塞尔日、列·谢多夫以及许多其他人在整个30年代中的通信，存于托洛茨基档案保密部分。

官方共产主义的攻击比托洛茨基走得远得多。他们证明，俄国革命过程已经完结，在苏联，反革命时代已经开始，无产阶级专政已荡然无存，执政的官僚作为新的剥削压迫阶级登台，他们依靠的是国有化经济形成的国家资本，总而言之，俄国的热月政变已经获胜。他们还补充说，斯大林主义的对外政策与沙皇的帝国主义政策毫无区别。因此，任何改革都不能使工人阶级重新掌权，唯一的出路是再发动一次无产阶级革命。他们认为改良第三国际的企图也是毫无希望的，因为它已沦为"俄国热月分子手中的武器"，它利用十月革命的英雄主义传奇遮住工人的眼睛，使他们无法看到事实真相，并利用他们的革命干劲为反革命利益服务。持这种观点的人不认为自己有义务与苏联团结一致，更谈不上捍卫它了，这是不言而喻的。他们把托洛茨基被驱逐出国一事作为自己观点的铁证。他们写道："驱逐托洛茨基一事是分水岭，它表明俄国革命到此已经完结。"

托洛茨基为反对其捍卫者的过分热情而进行自卫。在与"列宁主义者同盟"和《无产阶级革命报》争论时，他磨砺了他昔日的论据，用以反驳苏联热月政变是既成事实的断言。托洛茨基再次把热月政变界定为资产阶级反革命政变时指出，这一政变只有经过内战才能成为现实，苏联没有再次经历内战，1917年建立的体制尽管出现了蜕化，但仍保持了继承性，这点体现在以公有制为基础的社会结构和始终由布尔什维克掌权上。托洛茨基写道："20世纪俄国革命的深度和广度是18世纪法国革命所无法比拟的。十月革命所依靠的社会阶级远比当年法国城市贫民强大、纯洁、团结、果断。十月革命领导层的经验和水平远远超过法国革命的领导集团。最后，雅各宾派造成的政治、经济、社会和文化的变化根本不能与布尔什维克专政所造成的变化相提并论。如果当年不经过使无套裤汉遭到失败的内战，就不能把权力从城市贫民手中夺过来，现在怎么能设想并相信平静的、不知不觉的官僚蜕变会使政权能够从俄国无产阶级手中和平地转到资产阶级的手中呢？这样的热月概念恰恰是一种与改良主义截然对立的东西。"托洛茨基继续写道："从前属于资本家的生产资料迄今仍掌握在苏维埃国家的手中。土地已经国有化。靠剥削劳动为生的社会成员仍不允许进入苏维埃和军队之中。"热月政变的危险是相当现实的，但斗争尚未结束，斯大林的"左倾方针"和对新耐普曼的进攻并没有消除热月政变的危险，正如同把托洛茨基驱逐出国并未把革命化为乌有一样。在评价事实和推理时要有分寸感。苏联国家资本主义的概念是毫无意义的，因为那里根本没有资本主义。如果讲此话的人是在谴责国家所有制，那他们就放弃了社会主义的最重要的前提。同样，官僚集团并不是马克思主义意义上的新剥削阶级，而是"工人阶级躯体上的毒瘤"。新剥削阶级不可能在不掌握任何生产资料所有权的情况下产生于普通的管理职能中。①

1929年夏天，当苏联和中国因中东铁路爆发冲突时，这场争论的意义变得十分明显。中国政府向苏联政府索要租让给后者的铁路，于是马上就产生了一个问题：反对派应该站在哪一边？法国工团主义者、"列宁主义者同盟"和某些比利时托洛茨基主义者断言，苏联政府应该放弃这条铁路（它是在沙皇向满洲扩张时由俄国修建的），认为斯大林拒绝归还铁路是其政策的帝国主义性质的证明。使他们吃惊的是，托洛茨基竟声明斯大林不归还铁路是正确的，反对派的义务是站在斯大林一边反对中国。② 在流亡国外的第一年中，这是托洛茨基与其支持者发生的第一次重大争论。我们看到，在托洛茨基流亡生涯的最后一年中，即1939—1940年间的苏芬战争时期，在他与支持者之间又发生了另一场重大争论，它仍是围绕着反对派对苏联的态度展开的；总的来说，在这场争论中，他阐述的仍是1929年的观点。

托洛茨基声称，他看不到有任何理由可以让工人政府把重要的经济与战略阵地拱手交给蒋介石政府（它承认苏联在满洲的租赁）。托洛茨基尖锐地批评斯大林对待中国人的行为，批评他不关心他们的疾苦、不愿意向满洲人民呼吁，考虑更加周密的政策则完全可以防止冲突的发生。托洛茨基断言说，既然冲突已经发生了，共产党员除了支持苏联之外，没有其他选择。如果斯大林把铁路交给国民党，他不是对中国人民而是对他们的压迫者让步。蒋介石本人也不自由，即便他获得了对中东铁路的控制权，他也掌管不了这条铁路，迟早会失掉它而让日本人得到，或是让美国资本控制满洲的经济。只有苏联有足够的力量保住满洲的这些阵地，不让它落入日本人的手中。有些批评者以这是中国国家主权为理由，但托洛茨基认为，此事与中国国家主权无关，因为这仅仅是国际帝国主义与工人国家之间复杂的全面对抗中的一个事件。托洛茨基总结说，在北京建立起革命政府之日，就是苏联政府履行其历史公正并把满洲铁路归还给中国之时（中国革命胜利后，他的这一预言实现了）。而目前，苏联政

---

① 《托洛茨基文集》第1卷，第213—217页。
② 1926年，托洛茨基曾任政治局中国委员会主席一职，当时，他除了其他工作外，力求保证苏联对满洲的影响。《被解除武装的先知》一书中叙述了他当时所起的作用。

府还得充当中国革命的代理人,并为后者保存它在满洲的财富。①

不难想象托洛茨基在狂热的反对派中引起的混乱。他的"反复无常"使他们不知所措,他们认为他放过了打击斯大林的大好时机。当然,托洛茨基不想单纯进行报复。他的所作所为与他对苏联作为工人国家的整体看法是一致的。如今,他虽然成了流亡者,但他仍感到他对这个国家所负的责任,就像当初他是列宁的政治局和政府成员时一样。他认为,他的某些学生对苏联政策无可厚非的愤怒是错误的、廉价的,并开诚布公地告诉他们,这与"托洛茨基主义者"毫无共同之处,因为他们不愿意坚定不移地支持工人政府,即使不是没有批评。

托洛茨基严格地捍卫自己的原则,不允许任何片面性来冲淡它们,这伤害了他的许多老的和潜在的支持者。此外,托洛茨基发起的这一运动陷入困境,一是由于托洛茨基一丝不苟的原则性,二是由于斯大林主义者的肆无忌惮的迫害。在广大的欧洲共产党员中,托洛茨基思想能在其心中引起反响者屈指可数,迫害又使这些人对托洛茨基的追随者敬而远之。在选择论据上仔细斟酌,使托洛茨基有别于那虽然分散、但却不断壮大的反斯大林团体,它们由被开除的党员组成,都力图用斯大林主义者的方式与他们进行针锋相对的斗争:以眼还眼、以牙还牙,也像后者那样无所不用其极、那样歹毒。这些人根本不会接受托洛茨基的克制的论据。

因此,经过一两年的劝说和招募,跟托洛茨基走上他这条艰难道路的人并不太多。一些地方出现了新的团体。某位意大利政治局委员或比利时中央委员,再不就是捷克甚至还有英国积极分子的小团体,突然看到光明,满怀希望地加入了反对派。但是,这样的联合丝毫不能改变反对派的整个处境。即便加入者中的某些人在此前不久在其各自的党中具有很大的影响、与工人阶级有着长期密切的联系,但只要党一开除他们、对他们加以迫害、诋毁他们、像驱赶麻风病人一样驱赶他们,他们的影响和联系就丧失殆尽。一切都对他们不利:莫斯科的权威、各国共产党的声望、无产阶级先锋队的纪律、庄严的群众大会、无数宣传鼓动人员——其中某些人比暴徒好不了多少,但大多数是出于对

---

① 1935年,斯大林为日益迫近的战争而担心,为了延缓日本对苏联的进攻,他把铁路卖给了满洲的傀儡政府。1945年,苏联恢复了对中东铁路的控制,直到1952年9月,斯大林几经犹豫后,才把它交还给毛泽东政府。这是斯大林最后几个重大的政治决策之一。此前他奉行向中国渗透的政策。放弃中东铁路预示着他的继承人将彻底放弃渗透政策。在这一决定及其他一些决定中,斯大林及其继承人成了托洛茨基大约在25年前阐述的政策的不情愿的执行人。

事业的狂热、盲目的忠诚而变成了道德上的杀人犯,他们杀害的是不久前的同志。托洛茨基主义者中的新人充满了信心,他们决心震撼他们所热爱的党,让它也看到他们在研究托洛茨基著作时看到的光明。但很快他们就被封闭在几个与世隔绝的小组之中,不得不习惯于像高尚的麻风病人那样在政治沙漠中生活。那些不能与群众运动联系起来的小团体很快就丧失了信心。不论他们多么聪明、精力多么充沛,都无法在实践中施展他们的这些长处,而只能把力量消耗在不切实际的理论纠纷、个人间的深深的敌意上,这些又导致无休止的分裂和彼此攻击。在某种程度上,这类宗派主义的勾心斗角是任何一场革命运动都不可避免的。但是,朝气蓬勃的运动和日益衰败的宗派的区别在于,前者可以及时找到摆脱勾心斗角和分裂的救命之路,开始真正的群众政治运动,而后者却不能。

托洛茨基主义者各团体中都不乏聪明正直、充满热情的人。但他们无法打破斯大林主义强加给他们的流放命运,在那极其黯淡的处境中永远不能克服他们的内部分歧。因此,托洛茨基刚刚千方百计地使法国托洛茨基主义者们和解,他们马上又大动干戈。罗斯默和纳维尔又开始抱怨莫利尼耶,指责他不负责任、鲁莽,后者也指责他们缺乏信心、破坏所有的行动计划。一个小小的组织居然赋予自己以庞大组织的结构和外貌,它有全法执委会和巴黎委员会两个机构。在全法执委会中,罗斯默和纳维尔占多数,他们以莫利尼耶的经济事务有损于反对派声望为由建议将他开除。但是,巴黎委员会支持莫利尼耶,它得到托洛茨基的支持。罗斯默恳求托洛茨基帮助全法执委会摆脱这一困境并停止庇护莫利尼耶。① 但此时,托洛茨基与莫利尼耶的关系十分密切,他与罗斯默的关系变得紧张起来,写给后者的信也相当冷淡生硬。这一竞争波及反对派建立的两个准国际机构:国际局和国际书记处,它们也彼此仇恨。② 1930 年夏

---

① 参见 1930 年 6—7 月间托洛茨基与罗斯默的通信,以及 1930 年 8 月 18 日托洛茨基致 M. 沙特曼的信;1931 年 1—2 月间致莫利尼耶的信;1931 年 6 月 28 日致沙勒罗瓦的信,存于托洛茨基档案保密部分。

② 国际局是在 1930 年 4 月召开的几个国家的托洛茨基主义者大会上建立的,其成员是罗斯默(其副手是纳维尔)、美国的沙特曼、德国的兰道、西班牙的尼恩和俄国的马尔金。列夫·谢多夫(即廖瓦,他未能出席这次大会)化名为"马尔金",代表俄国反对派。但国际局未能行使职权,因为沙特曼回到美国,尼恩很快被投入西班牙的监狱,而马尔金又无法离开王子群岛。当在巴黎成立书记处时,它的主要人物是纳维尔,其成员有意大利人苏佐、美国人米尔。米尔很快就被揭穿,他原来是一个斯大林主义者。书记处与国际局一样,未能发挥作用。后来,托洛茨基试图借助谢宁-索博列维丘斯和韦尔来加强它(参见 1931 年 12 月托洛茨基致韦尔的信)。

天，托洛茨基再次邀请其法国支持者前往王子群岛，以便调解他们之间的争执。他们来到王子群岛，达成"和解"，托洛茨基将他们派回巴黎，并深信这次他们终于将同心同德地开始拖延已久的进攻，他对这次进攻寄予厚望。但还没过几个星期，冲突重新爆发，11月里，罗斯默因托洛茨基偏袒莫利尼耶而感到委屈，递交了辞呈。这是对整个组织及托洛茨基本人的打击，他深知在其欧洲支持者中罗斯默的威信最高。但托洛茨基坚信，莫利尼耶很快就会使组织摆脱困境，那时罗斯默一定会回来的。甚至罗斯默在递交辞呈时仍向托洛茨基证明了他罕见的忠诚——他没有进行任何争辩，没有与托洛茨基公开冲突，便退出了一切派别活动。但托洛茨基的举止使他如此委屈，以致几年内他一直拒绝与托洛茨基会晤，甚至不与后者通信。

类似的分歧即便不是所有托派组织的也是其大多数组织的慢性病，在这些分歧中，个人因素与政治因素交织在一起，无法区分。仅仅因为巴黎现在是国际托洛茨基主义的中心，法国的榜样就具有更大的传染性。争论的人和他们所争论的问题一样，都无足轻重，而勾心斗角又是如此可憎，即便托洛茨基加以干预也不能加大它们的分量，使它们载入他的传记。随着岁月的推移，托洛茨基对这类冲突干预的方式令人怜悯，有时甚至十分荒诞。由于每次争论都震撼着整个组织，这些琐碎小事吞噬了托洛茨基的大量时间和精力。他时而支持一方，时而支持另一方，充当着仲裁人的角色。托洛茨基与全球各处的托派团体保持联系，他不得不处理多得不可思议的争执，由于他又鼓励反对派的各个团体要互相关心，于是他无休止地撰写通报，对比利时人解释法国人为什么争吵，告诉希腊人德国同志之间为什么不能协调一致，让波兰人了解比利时和美国反对派成员中各派之间有争议的问题是什么，等等，不一而足。①

托洛茨基在从事所有这类工作时坚信他是在从事启蒙工作、训练新招募的共产党员和新的干部。反对派的人力资源的极端匮乏及其组织的软弱都不能令他却步。他认为，运动的强大与否取决于其最终会赢得胜利的思想力量；因此主要任务是保持马克思主义学派的"继承性"，而这种继承性又只有通过组织才能得到保障；而任何组织都应在现实环境及现有人力资源上进行其自身的建设。有时，托洛茨基支持者之间的勾心斗角也使他陷入绝望，使他考虑他是否在无谓地浪费自己的精力。但他一想到列宁在其侨居国外时的派别斗争岁月中

---

① 在托洛茨基档案保密部分中有300个卷宗，内装约两万封信，其中约9/10是托洛茨基与其支持者之间的通信。档案中相当一部分是他就各托派团体的政策、策略和组织问题所写的文章。

常常谈到的托尔斯泰的一个主人公,便感到安慰。作家描写了一个人,他坐在路当中做着令人不解的狂躁动作,来往行人不由得认为他是疯子。但走近后看到,令人费解的躯体动作是有其理性目的的:此人正用磨刀石磨刀。因此,托洛茨基本人为其支持者所做的工作尽管有时在他眼中毫无意义,但他迫使自己相信,他是在磨砺年青一代马克思主义者的智慧和意志。当他不得不把伟大的原则和猥琐的争吵混在一起时,他强压下自己的厌恶,为其支持者耗尽自己的耐心和全部信念的力量。但他不能不感到,他必须用之工作的人力资源与在革命前他或列宁的人力资源截然不同。那时,无论侨民政治多么可悲,但加入这一运动的人都是真正严肃的战士,他们全身心地忠于事业,为了事业不惜牺牲自己的一切,直至宝贵的生命——革命的熊熊烈火就是用他们的血肉之躯点燃的。现在,托洛茨基的西方支持者是用完全不同的材料制成的。在他们当中,激情和英雄主义少得可怜,而这些是改天换地的斗争所必需的。托洛茨基认为,他们当然不是或"还不是真正的布尔什维克"。他们与托洛茨基之间如此之大的心理距离的原因就在于此。就托洛茨基的本意,他更愿意与另一些朋友和学生交往,他们被关押在乌拉尔和西伯利亚的监狱和集中营中,饥寒交迫,仍坚持斗争,直到生命的最后一息。他们之中最普通的人如今在托洛茨基眼中都成了更可贵的战士,几乎比所有的西方支持者更可亲。有时,他无意识地宣泄这种情绪,如1931年他为科捷·钦察泽(Коте Цинцадзе)的逝世撰写悼词时那样。钦察泽从1903年成为布尔什维克,国内战争期间领导高加索的契卡工作,后来作为反对派领导人之一而遭流放、监禁、拷打。他身患严重的肺结核病,经常咯血,但他仍坚持斗争,在监狱中组织绝食,死于监狱之中。在刊登在《反对派通报》上的悼词中,托洛茨基摘录了钦察泽信中的一段预见性的话:"我们的许多朋友和与我们接近的人将……在监狱或某个流放地结束自己的生命。其结果是丰富革命史,年轻的一代将接受这一教训。"此信是他寄给当时尚在阿拉木图的托洛茨基的。

托洛茨基指出,"西方共产党尚未培育出钦察泽型的战士"[①],这是它们的致命弱点,同时也是反对派的弱点。他承认,在西方反对派成员中竟有如此严重的虚荣和自私自利,使他不胜惊讶。他并不否认,虚荣心和出人头地的愿望往往是奋发努力和成功的动力,但是,"当一个人的个人野心完全彻底地服从

---

① 参见《反对派通报》1931年3月第19期。

于为伟大的思想服务时,他才能成为革命者……"遗憾的是,在西方只有少数人学会严肃地对待思想,"与思想调情",浅薄地对待马克思列宁主义,这在西方是极其普遍的现象。①

托洛茨基难得允许自己如此抱怨。他认为,因历史形成的人力资源素质低下而激动痛苦没有丝毫裨益,只能用这种材料造就"新的钦察泽型"的战士。

* * *

此时,苏联境内的反对派已经分崩离析了,钦察泽型的战士不是被从肉体上消灭,就是士气低落。他们处于双重的绝境中:一是斯大林的恐怖措施,二是自身问题。早在1928年初,当时托洛茨基还在阿拉木图支撑着他们的反抗精神,苗头就已出现了:反对派承受不了这样的压力。据我们所知,当斯大林派和布哈林派的联盟破裂并开始推行斯大林的"左倾方针"时,在反对派之中就产生了分歧。这些事件使反对派的某些基本要求和战斗口号过时了。反对派要求迅速实现工业化,逐步使农村经济集体化。他们指责斯大林在这条道路上设置障碍,指责他保护富农的利益。1928年,当斯大林加快工业化的速度、反对农村私有经济时,反对派开始时为这些变化而庆幸,把它们看成是自己正确的证明。但后来他们感到,他们的思想和口号被剽窃,他们在很大程度上失去了政治存在的意义。

在任何一个只允许最低限度的政治辩论的制度下,一个政党或派别在不幸地看到它的对手剽窃了它的口号时,还能获准不失尊严地协助别人实现它自己的大纲。但被流放的托洛茨基派成员甚至不能暗示他们的思想被剽窃,也不能对全国指出:当初斯大林分子说他们是"超级工业化者",诬蔑他们是"农民的敌人",这些指责纯属诬陷、乱扣帽子。斯大林的"左倾方针"本身虽然明确地证明反对派是正确的,但却宣判了它的失败。现在,反对派已不清楚它是否应当、是否还有理由继续反对斯大林。在1929年年中之前,即在斯大林决定实现"全面集体化"和"消灭富农"之前,他的政策完全符合反对派的要求。如果对任何一个政党或派别来说,看到它的纲领被抄袭和利用都十分痛苦的话,对托洛茨基派来说,则是毁灭性的打击,他们因宣传自己的思想而成为

---

① 参见《反对派通报》1931年3月第19期。

迫害、诬陷的对象。其中某些人开始提出问题，他们为什么还要继续受苦和让自己的亲人遭受最惨重的损失。他们自问，是否该放弃斗争，甚至与自己捉摸不透的迫害者和解呢？

　　陷入这种情绪中的人很容易接受拉狄克和普列奥布拉任斯基的论据，他们认为，妥协没有任何可怕之处，反对派应该为它的思想胜利而欢欣鼓舞，虽然其思想的实现是由它的迫害者完成的。他们说，斯大林确实丝毫没有恢复反对派坚持的党内民主的打算。但是由于他实行了反对派纲领中的大部分，因此有理由期望他会最终实行剩余部分。如果反对派回到党的队伍中，至少它有更多的机会促进党内民主，如果他们继续留在集中营内，他们就无法对此施加任何实际影响。无论他们为什么而斗争，他们都应在党的行列中，托洛茨基曾指出，党是"历史赋予工人阶级"推动社会主义进步的"唯一工具"，反对派只有通过党或留在党内才能实现自己的目的。目前，无论是拉狄克还是普列奥布拉任斯基都并未提议投降，他们只是推荐更为妥协的立场，它能为恢复党籍的条件谈判提供机会。

　　由索斯诺夫斯基、丁格尔施泰德，有时还有拉柯夫斯基为代表的另一部分反对派成员否定了这种看法，他们不相信斯大林会认真地进行工业化和反富农的斗争。他们把"左倾方针"看成"暂时性策略"，此后将出现对农村资本主义、新耐普曼的重大让步和右派的胜利。他们否认事件超越了反对派的纲领，看不到有任何理由对自己的立场稍加改变。最乐观的人还像以往一样认为时间对他们有利。他们说，如果斯大林继续推行"左倾方针"，它的逻辑将迫使斯大林放弃反对"左派反对派"的斗争，如果他实施新耐普，"接踵而来的向右转"将破坏他本人的立场，为了恢复平衡，他不得不与托洛茨基派妥协。因此，反对派如果试图以放弃原则，特别是放弃发表意见和批评自由的要求来换取恢复党籍，那是不明智的。总之，这是"正统托洛茨基派"的观点。

　　说反对派的纲领已经过时这一断言不仅在妥协派中传播，坚决不妥协的一翼却更起劲地支持这种说法，但其理由与拉狄克和普列奥布拉任斯基的截然相反。这些小组认为，苏联不再是工人国家，党叛卖了革命，期望改革纯属徒劳，这已是不证自明的道理。反对派应筹建新党，宣传并准备一场新的革命。目前，这派中的某些人认为斯大林是农业资本主义的支持者，更有甚者说他是"富农民主"的领导人，但在另一些人看来，他的执政表明社会主义不可调和的敌人——国家资本主义的抬头。

直到1928年底，这些对立倾向尚未激烈到破坏反对派表面统一的地步。在各流放地进行着无休止的争论，托洛茨基凌驾于争论之上，保持各种对立观点之间的平衡。在托洛茨基被驱逐到君士坦丁堡之后，分歧加深了，对立的各派之间的距离也更远了。妥协派力求回到党内，逐渐"放宽"他们与斯大林谈判的条件，直到他们的妥协最后变得与投降别无二致。另一方面，不妥协派对斯大林的所作所为是如此敌视，以至于不再注意他的政策以及国家中发生的变化。他们像狂人般地固执重复昔日对斯大林的谴责，不管它们与新事实相关与否。这两个极端派别都认为对方是叛徒、变节者。不妥协派早就痛斥他们的"妥协派"同志为"斯大林的仆人"，而后者认为，不妥协派是丧失理性的人，他们早已不再是布尔什维克，已沦为无政府主义者和反革命。这两个极端派别的力量都在增长，只有中间的"正统托洛茨基主义者"的地盘越来越小。

托洛茨基被驱逐出境还不到三个月，反对派表面上的一致便荡然无存。斯大林觉得，一旦把托洛茨基与其支持者隔离（恢复联系需要几个月的时间），他就能恩威并用、轻而易举地使反对派分裂并摧垮它的士气。恐怖手段的使用对象是有选择的。格别乌对妥协派手下留情，但对流放地严加清理，把最坚定的不妥协者全部逮捕、投入监狱，在那里，他们受到最残酷的惩罚。看守他们的是军人，让他们挤在潮湿阴暗的牢房中，在西伯利亚的隆冬也不给他们生火供暖；只给他们少量变质的食物，不给书籍，不允许他们与家人联系。就这样，他们被剥夺了沙皇俄国的政治犯所能享受的以及在内战末期布尔什维克给予反布尔什维主义者的那种权利。大概是在那个时期，斯大林下令释放了一小批孟什维克和社会革命党人，似乎是为了更无情地嘲弄昔日的同志。1929年初，托洛茨基主义者描述自己在托博尔斯克制度森严的监狱中的生活时，把它与陀思妥耶夫斯基在其《死屋手记》一书中对苦役犯生活惊心动魄的描写相比较。[①] 如果说恐怖的目的是恫吓"妥协分子"并把他们引诱过来的话，显然，它还有另一个企图，即迫使"不妥协分子"公开表明他们对现存制度怀有深仇大恨，于是更容易把他们诬陷为反革命分子，进一步扩大他们与"妥协分子"之间的裂痕。

不过，斯大林单凭恐怖手段是不能搞垮反对派的，更有效的武器是他的"左倾方针"。拉柯夫斯基指出："如果没有残酷的镇压，'左倾方针'将把新

---

① 参见1929年8月20日的报导，载《反对派通报》第1—2期合刊。

的支持者带到反对派的队伍之中,因为它意味着中派主义的思想破产。但是,没有新方针,镇压也不会得到它所取得的效果。"① 在托洛茨基抵达君士坦丁堡之后的几个月中,斯大林在相关政策上的摇摆已经结束。在2月政治局会议上,他与布哈林彻底破裂,当时托洛茨基尚在赴土耳其的途中。4月,冲突从政治局扩展到中央委员会,尔后又搬到党的第十六次代表会议上。会议向人民大声疾呼,要求加快工业化和集体化,其中一部分一字不差地重复了托洛茨基过去的呼吁。② 托洛茨基和某些托洛茨基主义者曾认为斯大林改变政策是"临时性策略",现在,这一看法越来越站不住脚。普列奥布拉任斯基和拉狄克反复断言,斯大林的"左倾方针"并非儿戏(即便他想把它当儿戏,时局也不允许他这么做),事实说明,他们的看法更接近事实。

很快,反对派的两难选择就变得更加尖锐了。对于反对派来说,现在再喋喋不休地重复过去的口号,要求大规模的工业化、抗议安抚农村资本主义和讲什么新耐普的威胁,那就会成为笑柄。反对派或是应当承认斯大林替它完成了它未竟的事业,或是为今后的斗争重新从政治上武装自己。托洛茨基、拉柯夫斯基还有其他一些人确实力图使反对派的思想赶上现实,但事件超越了最敏捷的理论家。

国家局势给反对派造成的混乱并不亚于官方政策的改变。那是十分困难的时期,斯大林本人对此并不讳言。③ 所有的反对派领袖在这点上都有共识,尽管他们之间存在着深刻的分歧。并不热衷于夸张的普列奥布拉任斯基将1929年春天的紧张局势与导致喀琅施塔得叛乱的紧张局面相提并论,布尔什维克认为那次叛乱比内战过程中的任何危机时刻都更加危险。④ 拉狄克在提到斯大林派和布哈林派在中央委员会上的冲突时声称,"中央委员会好像热月九日前夜的雅各宾派的国民公会",雅各宾派的垮台就在那一天。拉柯夫斯基把这个时刻定性为"内战以来最关键的时刻"。在这点上,所有观察家都无异议。

在几年之内,城市和农村之间的鸿沟变得更宽、更深,2500—2600万户

---

① 《反对派通报》1929年11—12月第7期。
② 参见《联共(布)论工会》,第450页。在大会决议中把托洛茨基10年前进行社会主义劳动竞赛的号召一字不差地抄了下来,当然没有标明出处。《苏联共产党代表大会、代表会议和中央全会决议汇编》第2部分,第495页;另见《苏联工会》,第95—97页。
③ 《斯大林选集》第12卷,第118页。
④ E. 普列奥布拉任斯基:《致反对派全体成员的公开信》,托洛茨基档案。下面我还将摘引这个文件。还可以参见拉柯夫斯基发表在《反对派通报》上的报导。

落后的小农经济无法养活迅速增长的城市人口,城市几乎总是生活在饥饿的威胁下。结论是,只有通过大规模的现代化农场来取代生产力低下的小农经济才能解决这场危机。在这个习惯于粗放耕作、幅员辽阔的国家中,只有通过对农村资本主义的有力扶持或将其集体化才能做到这点,舍此别无出路,没有一个布尔什维克政府会充当农业资本主义的养父。一旦它走上这条路,它就放开了强大敌对力量的手脚,损害计划中的工业化的前景。① 这样,只剩下了唯一一条路——集体化,尽管诸如集体化的规模、方式和速度等至关重要的问题还有待解决。几年来政府在这一问题上举棋不定只能导致它不得不在更恶劣的条件下解决集体化问题,如果早几年着手的话,条件要好得多。斯大林试图把截然对立的政策结合起来:安抚富农,然后征收他们的产品,这激怒了农民。他迟迟不愿发展工业也具有同样灾难性的后果。事到如今,农村不能也不愿意养活城市,城市也不能给农村提供工业产品。农民买不到鞋、服装和农机具,因此他们对扩大生产毫无兴趣,更不愿意出卖自己的劳动果实。因此,饥饿的城市和没有工业产品的农村都处于骚动之中。

在人力、物力资源极度匮乏的情况下通过了工业化和集体化的速度及规模的决议,而这两种资源又是在这两条战线展开进攻时所不可或缺的。工人没有足够的面包,工业没有足够的熟练工人和设备。机床由于没有燃料和原材料而停止转动,而原材料的供应又取决于农业经济。运输处于瘫痪状态,它不能保障不断增长的工业货运的需要。所有的货物及服务都是供不应求。通货膨胀直线上升。限定价格和非限定价格之间完全脱节,二者都不能反映真正的经济价值和价格。

除了贫穷和绝望之外,政治机体的各个不同部分之间的联系和环节都被切断了。不仅城市和农村之间的经济交换再次中断,而且公民与国家之间所有的正常关系,甚至连党和国家之间的关系也开始破裂。欺骗、暴力横行无忌,无论是统治者还是被统治者在斗争中都无所不用其极。富农、许多中农甚至还有贫农都极端仇恨"政委"。焚烧房屋、杀害党代表和宣传鼓动工作者的事件在农村每天都有发生。农民的情绪对工人阶级产生了影响,他们之中很多人都来

---

① 大型资本主义农业经济是英国和美国工业化的农业基础;在德国工业高涨时,容克和大庄园在德国农业生产中占主导地位。在所有国家中,工业化过程的开始都以大规模的农业生产为基础。可是,20年代的俄国没有这一基础。在农业生产中,以资本主义竞争的正常方式扩大规模需要很长时间,而且需要采用市场自由的法则。

自农村。在革命的第 12 个年头，人民的贫穷、政府的失误和滥用权力引起了如此强烈而普遍的震动，这意味着将发生一场重大或可怕的事件，必须当机立断，或是压下或是释放这些积聚的感情。潜藏的力量在沸腾，它们会导致大爆炸。1956 年的匈牙利暴乱与之相比，可谓小巫见大巫了。斯大林及其支持者被逼到角落，越来越冷酷地搏斗着。

"革命在危险中！"被流放和被监禁的托洛茨基派成员高呼这个口号，无论是正统的托洛茨基派成员还是"妥协派"都同样感到担忧，但前者看不到他们在当前条件下的出路，认为他们应该全副武装地迎接日益迫近的危机，"妥协分子"则相反，他们听到了"立即行动"的召唤，于是高呼着"革命在危险中"的口号开始投降。投降者中的优秀分子是由于坚信，当事关布尔什维主义和革命的生死存亡问题时再抓住派别利益和个人野心不放就是犯罪。最差劲的就是那些心灰意懒的机会主义者，他们在"革命在危险中"看到放弃为已失败的事业而斗争的最好借口。处于优秀分子和恶劣分子之间的一般的"妥协派分子"也许根本就不明白自己的动机究竟是什么，也许是兼而有之。

1929 年 4 月，普列奥布拉任斯基发表了《致反对派全体同志的公开信》，用以号召妥协派分子团结起来。① 这是一份令人惊讶的文件，在这份文件中，这位妥协派分子在投降迫使他沉默之前最后一次开诚布公地发表意见，他回顾了反对派的迷误，展望了痛苦艰难的前程。普列奥布拉任斯基说，反对派已被其思想胜利赶入绝境。他指出，许多同志宁愿否定胜利，也不愿承认绝境，他们依然我行我素，似乎他们有关新耐普和"向右转"的预言都已兑现，似乎"左倾方针"根本就不存在似的。当然，斯大林推行的"左倾方针"与他们对它理解相距甚远。反对派期望的是，工业化和农业集体化能在无产阶级民主的灿烂阳光下进行，它们能得到群众的赞同，而且有来自"下面"的无拘束的首创精神，而斯大林却动用了法律的力量和自上而下的强制命令。尽管如此，反对派应该支持斯大林的工作，虽然他的行动方式令他们反感，如果反对派拒绝承认这点，那么它就成了为反对而反对，它为了自我辩解而背离自己的原则。普列奥布拉任斯基并没有否定反对派的过去，他说："在反对中央委员会的斗争中，我们履行了自己的职责。"但时至今日，反对派的职责是与党靠拢，然后回到党的队伍中。这位发明"社会主义原始积累"的理论家在此说

---

① 托洛茨基档案。

道,"在农民国家中推行社会主义积累和反对农业资本主义的斗争的政策,必然会引起不满,所以应该共同抵制这种不满的压力"。

普列奥布拉任斯基谈到斯大林在阶级敌人,即土耳其政府的协助下驱逐托洛茨基,这件事甚至在妥协派中也引起了不满。普列奥布拉任斯基说,反对派"对此绝不饶恕",但他建议说不能让暴行抹杀对共同性质的认识,他还补充说,托洛茨基利用资产阶级报刊进行反斯大林的斗争,这也使反对派陷入困境。普列奥布拉任斯基对妥协派未来的命运并不抱太大的幻想。他已预见到在未来几年的危机时刻中他们会遭到打击和侮辱,但即便是他也未必料到他们将面临的使其毁灭的全部恶毒攻击与血腥手段。不过,他也相当清醒地为他的同志们指出,他所号召他们走的路是一条充满不安和考验的路。在过去的一年中,他对真正体面的妥协还抱有希望,如今它越来越小,现在他认为,重返党内实际上就是投降。普列奥布拉任斯基总结说:"我们之中有些人在党的队伍中已经战斗了10—20年之久(普列奥布拉任斯基本人1904年就加入了布尔什维克),他们返回党内时的感情与当年初次入党时的感情截然不同。"他们重新入党时已经没有昔日的热忱,而是带着一颗破碎的心。他们甚至对中央委员会是否同意恢复他们的党籍都没有把握。"这次重返党内的形势就是这样。党内局势就是这样,在恢复党籍的情况下,我们将对我们曾警告过、反对过的事情负责,并服从我们不同意的(方法)。……如果能恢复我们的党籍,我们将拿回如同十字架一样沉重的党证。"但对于那些希望真正为社会主义事业服务的人来说,除了背起这个十字架之外,已经别无选择。

5月,普列奥布拉任斯基获准返回莫斯科,以便"与党言归于好"。开始时,他试图为整个反对派争取更好的条件,他请求废止恐怖手段、流放,为据刑法第58条被指控为从事反革命活动的党员平反,最后(按顺序而不是按重要性)是收回驱逐托洛茨基的成命。他与奥尔忠尼启则、雅罗斯拉夫斯基及中央委员会、中央监察委员会的其他成员谈判,这些人都在斯大林的监督下行动。

对斯大林来说,大部分反对派成员的投降是相当重要的,因为这会对党的士气和托洛茨基的命运产生重大的影响。他力求把妥协分子吸引过来,为了不让他们马上失望,他装出准备考虑他们的几条建议的样子,但实际上他一条也没有接受。首先他不允许反对派成员声明他们返回党内是因为党接受了他们的纲领。原因是,如果这样做就不仅是为托洛茨基和托洛茨基主义辩护,还揭穿了镇压是非法的这一事实，而斯大林正是凭借镇压才战胜了他们。他不允许任何人提到他剽窃了托洛茨基著作中的一页（是何等重要的一页），连暗示都不行。如果他不这么做的话，就会打破他对永远正确与政权的奢望。投降者应该声明正确的是他而不是他们本人和托洛茨基。他们应该谴责并否定他们的过去。不允许他们作为一度遭人误解的人回到党内，而应作为"左倾方针"和逐步导向这一方针的全部政策的忏悔的怠工者回到党内。甚至不允许他们在党内引起浪子回头所能引起的感情。他们所能指望的只是得到对已被摧垮的道德上的罪人或罪犯的宽恕，他们应跪着走完归程。为了迫使他们就范，斯大林只需以拖延和坚持自己的条件消耗对方。他就这样粉碎了他们的理性防线，迫使他们一个接一个地放弃了自己的要求，直到无条件投降。斯大林的举止并不奇怪。对于季诺维也夫、加米涅夫、安东诺夫－奥弗申柯、皮达可夫所接受的投降条件及迫使他们这样做的过程，人们至今还记忆犹新。但是，自我欺骗的力量是如此之大，许多"妥协分子"从远处不安地注视着普列奥布拉任斯基在莫斯科的谈判（他被允许与流放地的流放者们联系），还希望他们能避免前一批投降者所遭受的耻辱。

一个月之后，普列奥布拉任斯基的"谈判"结果已反映在他最亲密的同志的行为之中。6月中旬，拉狄克和斯米尔加在格别乌工作人员的押解下返回莫斯科，与普列奥布拉任斯基共同参加谈判。当火车停在西伯利亚的一个小火车站上时，他们在那里与一批反对派成员不期而遇，后者在信中记述了这次巧遇，该信保存在托洛茨基的档案中。他们只提到了拉狄克，斯米尔加因病躺在包厢中。拉狄克对他们讲了此行的目的，并引证了当时已广为人知的有利于投降的论据：全国性的饥荒（甚至在莫斯科也能感到食品匮乏）、工人阶级的不满、农民暴动的威胁、中央委员会的分歧（在中央委员会中，布哈林派和斯大林派都想把对方逮捕），等等，等等。拉狄克说，局势同1919年一样严重——那时邓尼金兵临莫斯科城下，尤登尼奇进军彼得格勒，并说他们应当在党内团结起来。他们问他：有没有条件？他在莫斯科是否会要求取消刑法第58条这一打在反对派身上的烙印？拉狄克回答说，不，对坚持反对派立场的人来说，这是罪有应得。他喊道："你们是自作自受，是你们自己把自己赶到流放地、赶进监狱的。"从普列奥布拉任斯基声明反对派"不能宽恕"驱逐托洛茨基的行为至今只过了几个星期，距《胜利的组织者——托洛茨基》这篇著名随笔的作者向中央委员会提出抗议也不过几个月。那时他在抗议信中反对它把"革命的战斗心脏"交付给"慢性死亡",抗议信的最后一句是:"这场拿托洛茨基的健康和生命所做的毫无人性的游戏应该收场了!"但在近几个星期之中,向斯大林投降的逻辑起了自己的作用。因此,当拉狄克被问及他是否会要求让托洛茨基回国时,他答复说:"我与列夫·达维多维奇分道扬镳了。现在,我们是政治敌人,我与为比弗布鲁克(Beaverbrook)① 勋爵的报刊写作的作家没有丝毫共同之处。"这段话令他的听众不胜惊讶。(拉狄克本人以前经常为资产阶级报刊供稿,以后也这么做,但已是为斯大林效力了。)② 拉狄克狂怒的答复暴露了他的内疚。他继续恶毒地议论那些新近参加反对派的心怀不满的年轻人,断言他们没有一点儿布尔什维主义,他们加入反对派纯粹是出于对苏维埃的仇恨。接着,他再次向交谈者呼吁:"最近一次党的代表会议接受了我们的立场,这证明我们的立场是正确的。你们反党能有什么结果?"格别乌的押解人员给了拉狄克一个最好的回答,他们打断了他的话,吼叫说不允许他进行反对驱逐托洛茨基的宣传,推推搡搡地把他带回车厢。拉狄克歇斯底里地狂笑起来:"我?我进行反对驱逐托洛茨基的宣传!"然后,他低三下四地辩解说:"我无非是想说服这些同志,让他们回到党内。"但押送人员连听都不听,把他拖进车厢。一年前,拉狄克还嘲笑季诺维也夫和皮达可夫,说"他们及他们的忏悔散发着陀思妥耶夫斯基主人公式的令人厌恶的臭味"。如今他本人,这位抨击性文章之王,在这个被上帝遗忘的西伯利亚小车站上向不久前还与他志同道合、甘苦与共的同志们讲话时,活像从陀思妥耶夫斯基作品中走下来的斯美尔佳科夫。

又经过一个月的讨价还价,拉狄克、普列奥布拉任斯基、斯米尔加及其他400名流放者终于在7月13日宣布投降。③ 斯大林从中获益甚大。自从季诺维也夫和加米涅夫于1927年12月在党的第十五次代表大会上投降以来,还没有一件事能如此抬高斯大林的声望。由于这时正值斯大林集中兵力进攻布哈林派,托洛茨基反对派的垮台使他避免了同时在两条战线上作战。托洛茨基曾反复说过,在面临"来自右倾的严重危险"时,托洛茨基派将和斯大林派联合

---

① 比弗布鲁克·威廉·马克斯韦尔(1879—1964)男爵,英国报业大王。——译者注
② 托洛茨基不得不经常为反对这种指责而自卫,最早这样指责他的是其法国支持者,1929年2月24日,罗斯默在其信中将此事通知托洛茨基。托洛茨基在复信中说,马克思也不得不为资产阶级报刊写稿谋生。托洛茨基在《反对派通报》第一辑的一则短讯中向苏联读者解释自己的处境,并强调,即使为资产阶级报刊写稿,他仍作为一名布尔什维克、列宁主义者在讲话,仍在捍卫革命。
③ 《真理报》1929年7月13日。

起来。当然,他们现在是这么做了,不过却是按照斯大林的条件。斯大林在托洛茨基不在的情况下,甚至是违背后者的意愿把他们争取到自己的一边。投降者中的许多人才能出众、经验丰富,他们可以担任工业和行政职务,有助于他将布哈林派成员排挤出去。他知道,为了工业高涨,投降者会全力以赴地投入工作之中,他们之中的许多人将在最早的投降者皮达可夫的领导下工作,后者领导着重工业人民委员部,是它的灵魂。对斯大林来说,作为宣传鼓动工作者的拉狄克一个人就比他所有的笔杆子加在一起更有价值。

托洛茨基马上攻击这"第三批投降者"(第一批是季诺维也夫、加米涅夫及其支持者,第二批是安东诺夫-奥弗申柯、皮达可夫和他们的朋友)。托洛茨基写道:"他们声称,斯大林与反对派之间的分歧几乎全部消失。那么,他们如何解释疯狂的镇压呢?如果说在没有不可调和的深刻分歧的情况下,斯大林分子发配布尔什维克去服苦役,他们这么做就纯粹是官僚集团的土匪行径,而不是为了达到任何政治目的。如果按照拉狄克的观点,斯大林的政策就是如此。那么,他与他的朋友们还敢公然拥护与政治土匪一致吗?"托洛茨基对斯大林政策的评价则完全不同。他断言,斯大林对反对派不可调和的仇恨虽然没有规律可循,但却有其深刻的政治动机。所有的主要矛盾都依然存在。拉狄克和普列奥布拉任斯基看不到或装作看不到它们的存在,是因为他们的精神已被摧垮。革命是一架巨大的吞噬性格的机器,每个反动时期都把疲惫的一代战士作为自己的牺牲品。但是,年轻人迟早会取代老人和疲惫者,他们将朝气蓬勃、英勇地投入战斗,还会从老一代的失败中吸取教训。"我们面临的任务是长期不懈的斗争和繁重的启蒙工作。"①

事实上,托洛茨基刚开始听到拉狄克投降的消息时对之将信将疑。他把拉狄克的行为归结于他好冲动的性格和与世隔绝、得不到同志们道义上的支持这种处境。托洛茨基亲切地回忆说:"拉狄克具有25年之久的马克思主义革命工作的经验",并怀疑拉狄克是否真会与斯大林主义和解:"因为他的马克思主义水平很高,更重要的是他有国际主义的世界观。"但当刊登拉狄克悔过书的那份《真理报》出版后,托洛茨基得出结论:"拉狄克的堕落比我预想的更严重。"即便到那时,这一堕落仍是那么不可思议,以至于托洛茨基认为,拉狄克与斯大林的勾结是暂时的,由于拉狄克经常在党内左右两派之间摇摆不定,

---

① 《托洛茨基文集》第1卷,第157—163页。

所以很快就会与布哈林分子联合。但是仍有许多令人百思不解的暧昧之处："拉狄克及某些其他人都认为最合适的投降时机已经来临。为什么呢？难道你们看不到斯大林正在迫害李可夫、托姆斯基和布哈林吗？原因就在于此。莫非我们的任务就是让当权派的一个集团迫害另一个集团？莫非处理重大政治问题的方式已经改变？……莫非共产国际的反马克思主义的体制不是依然如故？未来有什么保障？"拉狄克和普列奥布拉任斯基把第一个五年计划看成是激进的新开端。托洛茨基反驳说，"最关键的不是官僚主义五年计划本身的统计方面，而是党的问题"，是党的指导精神，因为正是这种精神决定了党的政策，难道五年计划的制定和完成可以从下面进行任何监督、批评和讨论吗？而五年计划的成果如何又恰恰取决于这点。"党内体制对马克思主义者来说是监督政治路线的不可或缺的成分……"——这正是反对派的一贯思想。"但变节者总是健忘或认为别人也健忘。有充足理由说，革命政党是工人阶级记忆的体现。它的首要任务就是为了能够预见未来而学会不要忘记过去。"托洛茨基认为斯大林的"左倾方针"是反对派斗争和压力的副产品。他当时还认为，斯大林可能会改变自己的政策，虽然斯大林与布哈林的冲突很激烈，可实际上仅仅是"表面的"。

苏联国内的反对派直到秋天才得知托洛茨基的观点，但这并不足以阻止投降。苏联的转折进一步深化，它对反对派的影响远比托洛茨基预料的要强。在俄国境内的所有反对派成员（连最坚定的人都包括在内）的书信和文章中都能看到局势的严重性和警报，但在托洛茨基的文章中对此连暗示都没有。当时，托洛茨基还是通过1928年的多棱镜看1929年的局势的，他未必明白国家已濒临于"内战的边缘"。他根本没有注意到"革命在危险中"这个口号的全部意义。托洛茨基同样没有看到"左倾方针"推进的速度和斯大林与布哈林分裂的深度。但反对派各个集团最关注的正是这些问题。

革命正受到最致命的威胁，反对派应该和斯大林一起防止这一危险，很快，这种感觉就推动那些属于"不妥协派"的人追随普列奥布拉任斯基和拉狄克的榜样。在托洛茨基最亲密的同志当中，打败高尔察克的伊万·斯米尔诺夫、传奇般英勇的战士姆拉奇科夫斯基、政委别洛博罗多夫（托洛茨基于1927年11月离开克里姆林宫后曾在他家避难）、捷尔-瓦加尼扬（Тер-Ваганян）、博古斯拉夫斯基（Богуславский）以及其他许多人也请求恢复党籍：他们开始与斯大林的司令部进行谈判，但情绪不像普列奥布拉任斯基那样阴沉，他们希望国家形势能使斯大林在恢复他们党籍的问题上放宽条件,少些凌辱性。① 这次,讨价还价持续了五个月之久,从 6 月一直谈到 10 月,在这期间,斯米尔诺夫等人准备了四个不同的政治宣言,在 8 月撰写的初稿中(该稿保存在托洛茨基的文件中)说明他们迈出这一步是因为赞同五年计划和出于反对"右倾危险"。但他们同样旗帜鲜明地批评斯大林的政策,并指出,五年计划没有充分看到提高工人低下的生活水平的必要性,"干部的选拔"方式堵塞了批评的言路,一国社会主义的学说是"机会主义烟幕弹",官方对中农的纵容姑息与此同出一辙。对反对派立场的上述几点全部加以肯定的同时,他们也承认了自己的错误:反对派曾认为中央委员会在寻找摆脱危险的道路中会向右转,并为热月政变开辟道路,这一看法是错误的,因为他们言中的只是布哈林少数派的行为。他们同意,在当前的严峻形势下,党的领导不应该允许有派别活动的自由,因为能从其中获益的只有右倾分子。因此,托洛茨基反对派应该解散自己的"已在种种名称下存在了数年之久"的组织及其领导核心,并停止一切地下活动。但他们要求停止镇压反对派,恳求允许托洛茨基回国,因为"他的命运与工人阶级的命运息息相关",苏联和国际共产主义都离不开他。②

斯米尔诺夫和他的同志们捍卫自己的每一个条件,慢慢地才予以放弃。随着时间的推移和困境的加剧,斯大林对这批人投降的兴趣确实比以往更浓。他没有像对拉狄克和普列奥布拉任斯基那样要求他们作如此屈辱的忏悔。斯米尔诺夫虽然缓和并取消了对斯大林的批评,放弃了自己的一系列要求,但仍坚持允许他们在投降时提出让托洛茨基回国的要求,就是这个问题使谈判拖延了五个月之久。当他们最后让步时,仍拒绝谴责托洛茨基或与他划清界限,他们屈服的声明刊登在 1929 年 11 月 3 日的《真理报》上,该声明有几百人签名,它确实比以往任何一个类似文件更持重、更体面。

现在,投降的情绪已波及反对派的中坚,波及最坚定的托洛茨基主义者。身患重病、深受心脏病发作之苦的拉柯夫斯基虽然又被从阿斯特拉罕转而流放到巴尔瑙尔,居然有办法把他们团结起来。受他影响的那部分反对派在人数上与站在投降门槛上的斯米尔加的追随者不相上下。拉柯夫斯基声明,"我们为不折不扣地实现自己的纲领而斗争。"那些人向斯大林妥协是因为后者完成了该纲领的经济部分,因而幻想他也会完成政治部分,他们的所作所为与老

---

① 参见拉柯夫斯基的报导,载《反对派通报》1929 年第 7 期。
② 托洛茨基档案。

牌改良主义者别无二致,只满足于其要求的部分实现。反对派的政治思想与它的经济要求不可分割地联系在一起:"……不实现纲领的政治部分,整个社会主义建设就有落空的危险。"对拉柯夫斯基来说,更重要的是信仰的真挚和对对手的光明磊落。党的领导逼迫反对派承认所谓的错误,充其量是摹仿迫使无神论者在弥留时忏悔的天主教教会。这样的领导"因而丧失了所有让他人尊重自己的权利;而那些一夜之间改变自己信念的反对派成员只配得到蔑视"。①

拉柯夫斯基派用了几个月的时间来确定它的立场。他们那封《致中央委员会的一封公开信》直到8月底才写好。在大约90个流放地征集到500个签名已经很不容易了,要在这份文件中反映签名者见解的细微差别就更加困难。在形式上,此信同样是要求恢复党籍,其基调表明妥协情绪占了上风。拉柯夫斯基和追随他的索斯诺夫斯基、穆拉洛夫、姆季瓦尼、卡斯帕罗娃(Каспарова)以及其他人也像普列奥布拉任斯基和斯米尔诺夫一样声明,是国家的危急形势及党决定实施五年计划促使他们与党中央妥协的。他们断言,计划的成功将会加强工人阶级、巩固社会主义,其失败则会重新打开热月政变和复辟之门。在"资本主义与社会主义力量的严重冲突"面前,他们愿与党求同存异。对他们来说"来自右倾的危险"也同样是迫在眉睫和严重的;他们仍在批评的是党的政策中迟迟不去的安抚"中农"的要求。他们积极赞成加速工业化,甚至在集中营内还要求加强企业纪律、采取果断措施反对企图利用工人的不满达到反革命目的的人。但是他们同时指出,为了工业化的成功,它必须得到广大人民群众的支持,但人民对不关心他们的生活水平、严重的通货膨胀、政府不兑现自己的许诺及官僚的傲慢感到不满。签署这份文件的人认为,今天党所采纳的行动方式,他们已为之进行了数年之久的宣传,因此恢复他们的党籍是理所当然的事,更何况他们也欢迎共产国际的"向左转",承认一切派别活动的危害。反对派与党中央之间的矛盾本来就不浅,驱逐托洛茨基对此更是火上浇油,他们对此表示遗憾。声明在结尾处写道:"我们请求中央委员会、中央监察委员会和全党促成恢复我们的党籍,释放在押的布尔什维克—列宁主义者,撤销据刑法第58条的指控,并将列夫·达维多维奇·托洛茨基请回来。"

---

① 《反对派通报》1929年第6期。

当这一声明于9月22日寄到王子群岛时，托洛茨基喜忧参半。他为最终能看到其支持者的声明而高兴，几个月来，这是不彻底投降的第一个证明。但他对它的基调不安。现在，托洛茨基通过柏林、巴黎、奥斯陆与苏联境内建立了联系，他着手向尚未收到这封信的流放地散发此信。但他还附上了他自己的声明，使这封信变得更加尖锐。他指出，他赞成这封信是因为，它尽管是"温和的"，但却写得"明明白白、毫不含糊"。只有坚持认为苏联的热月政变已是既成事实、党已灭亡、苏联需要的是一场新革命的人才会拒绝在这封信上签名。"尽管人们已经几十次把这些看法强加给我们，但我们与这些看法毫无共同之处。尽管受到镇压和迫害，我们仍声明，我们对列宁的党和对十月革命的赤胆忠心永不动摇。"托洛茨基也承认，由于"向左转"以及斯大林与布哈林决裂而出现了新局面："如果以前斯大林用从布哈林那里抄袭来的论据与左派反对派斗争的话，他现在则主要用从左派那里抄袭来的论据攻击右派。"从理论上来说，这应该导致中间派与左派反对派的接近，但实际上并非如此。斯大林采纳反对派的政策仅仅是个幌子、策略而已。从根本上来说，他们仍处于对立的两极之间。斯大林是在一国社会主义学说的框架中筹划五年计划的，而反对派却把整个社会主义建设过程放在国际革命的背景中来考察。其基本矛盾并没有改变，尽管拉柯夫斯基和他的朋友们声明与共产国际的新政策一致，但托洛茨基言简意赅地坚决反对。不过，他仍赞同拉柯夫斯基的观点，认为后者准备"让我们的思想斗争服从于党章和以无产阶级民主为基础的党内纪律"这点是正确的。当右派和中间派在党内联合执政时，他们准备在党内捍卫自己的观点，当右派不再控制的时候，他们更应该这样做。但为此放弃自己的观点是可耻的，是"有损于马克思列宁主义世界观的"。

托洛茨基对拉柯夫斯基的正直和英勇深信不疑，但他也明白，后者这样做是迫于压力。他暗中指责拉柯夫斯基的妥协腔调，因为后者把希望完全寄托在业已变化的政治局势下的"公开检验党内体制"，他说，"在最近的几次教训之后，这一体制能否至少是部分补偿它给党和革命造成的巨大损失呢？"斯大林的"机关"还有没有自我改革的可能性？拉柯夫斯基的"慎重，对斯大林在国际舞台上的错误只字不提，并强调不久前的向左转"都是为了促使它能进行这种自我改革。拉柯夫斯基再次表明，对反对派来说，有意义的是实质而不是形式，是革命利益而不是个别人和个别团体的虚荣心。"反对派准备在党内担任最低的职务，但只能是在它能永远忠于自己的前提下……"①

托洛茨基在写这几句话时甚至曾问过自己，在拉柯夫斯基声明上签字的人中到底有多少人实质上是背叛？他在密信中警告拉柯夫斯基，在寻求妥协的道路上已经走到尽头，"不能再越雷池一步！"就在刊登拉柯夫斯基声明的那期《反对派通报》上，托洛茨基还发表了一封一位通讯员从俄国寄来的未署名信件，该信批评拉柯夫斯基纵容投降者。这位通讯员是所剩无几的"乐观主义者"，他坚信，"斯大林很快就会跪倒在我们面前，就像1926年季诺维也夫曾跪倒在他面前一样"。

到年底，只有为数不多的一批反对派成员仍在坚持。据一则报导提供的数据，仍在流放和监狱中的托洛茨基主义者超不过一千人，而在投降前共有数千人之多。托洛茨基应不是第一次、也不是最后一次对自己说："天啊，来投奔我的朋友们都死在风暴中！"11月末，他给苏联境内自己的一批学生的信中写道："即便只有350个忠于自己旗帜的人留在流放中，或许只有35人，哪怕仅剩下三人，但旗帜仍在，战略路线仍在，因而未来也仍然存在。"② 他甚至准备在独自一人的情况下也不放弃斗争。也许，他此时回忆起阿道夫·越飞的遗书。越飞在自杀前夕给托洛茨基的信中写道："我觉得您缺少列宁不屈不挠、寸步不让的性格，只要他认定是正确的路线，即便只剩他一个人也要坚持下去……"

* * *

虽然斯大林想从投降活动中获益，但当他注视投降者来到莫斯科时，却感到不安，这确实令人费解：现在，数千名托洛茨基派成员和季诺维也夫派成员在党内，在党的周围形成特殊的背景。斯大林不允许其中任何一人担任重要的政治职务，但作为行政人员、经济工作者和教育工作者，他们获得了各个级别的岗位，并能由此产生独特的影响。尽管斯大林并不怀疑他们对推行"左倾方针"，特别是对工业化的热忱，但他也知道从他们那里逼出的忏悔的价值。

---

① 《致友人书》（不为发表）1929年9月25日，托洛茨基档案；《反对派通报》1929年第7期。
② 信上标明的日期是1929年11月26日，写信的原因是一位反对派成员的来信，他显然倾向于加入投降分子的行列，存于托洛茨基档案。

在他们的心灵深处，他们仍是反对派成员。他们觉得自己是受冤屈的"左倾方针"的倡导者。他们仇恨斯大林不仅因为他迫害他们，还因为他在思想上掠夺他们。诚然，他已在政治上把他们变成了自己的奴隶，但奴隶潜藏的仇恨比公开的敌意更加危险。他们可能悄悄地设下埋伏，数千双眼睛盯着他，一旦他站立不稳或有一步失足，他们马上就会扑上来。

现在，投降者有机会直接或间接地影响斯大林派和布哈林派中的一些人，因为这些人在看到斯大林借用托洛茨基和季诺维也夫的思想与口号时不知所措，因为他们当初曾真诚地相信后二者说出的这些思想和口号是毁灭性的。在战胜了所有的反对派之后，斯大林与自己的某些支持者发生了冲突，他在这些人之中发现了潜藏的托洛茨基分子和布哈林分子。这些人说："如果我们在1925—1927年是正确的话，那么我们今天无疑是错误的，因为那时我们否定了反对派加速工业化和向富农进攻的要求，并指责托洛茨基、季诺维也夫破坏工农联盟。如果我们今天是正确的话，只有'左倾方针'能拯救革命，那么我们是否应在反对派呼吁之时及早采取这一方针呢？"其中最敏感的还补充说："我们给反对派栽赃并把它粉碎了，我们这么做是否太卑鄙了？"答案形形色色、众说不一。① 需要指出的是，1929年夏秋之际，当投降者被恢复党籍之时，某些正派的老牌斯大林派成员却被开除出党，其中某些人还被流放到不久前反对派成员还在那里受罪的地方。其中最著名的是乌格拉诺夫（Угланов）案，他是莫斯科市委书记，此案还涉及其他几位被打成布哈林分子的中央委员以及沙茨金（Шацкин）、斯泰恩（Стен）和罗明纳兹这些著名的宣传鼓动工作者，"青年斯大林派的"领导人。这三个人都被打成半托派分子。

这类事件暴露了执政派内部的骚动因素，这表明，对斯大林来说，身边有这么多投降者这一优势本身是值得怀疑的。斯大林知道，他们仍认为托洛茨基是他们的领袖、鼓舞者，更有甚者，认为他才是真正的革命领袖。每一批投降者在谈判投降条件时都请求允许托洛茨基回国，尽管他们在政治和纪律问题上都已作了让步，但在这一点上却毫不动摇。最后，在强迫他们谴责托洛茨基时，其中大多数人在做此违心之事时心情悲痛，眼含热泪。只有极少数人像拉狄克那样以反常的方式压抑自己的感情，甚至还抨击托洛茨基。但拉狄克的长

---

① 当本书作者于1931年来到莫斯科时，还能听到这种议论。

篇大论甚至引起老牌斯大林派成员的反感。对大多数投降者来说，托洛茨基是他们在其最美好、最自豪的岁月中所捍卫的一切。如今，他们已被击垮，并且自作自践，这在政治上孤立了托洛茨基，但在道义上却抬高了他的声望。投降者、布哈林派成员和心存怀疑的斯大林派成员对传入苏联的托洛茨基的每句话都备感兴趣。在紧要关头，每当要作出重大决议时，总有人低语："列夫·达维多维奇是什么看法？"这句话甚至在斯大林的会客室中也常能听到。①《反对派通报》在莫斯科流传。从国外回来的党员，首先是使馆工作人员把它们偷偷带回国内，转交给自己的亲朋好友。虽然通过这种途径传进来的《反对派通报》数量有限，其印数从未超过1000册，但托洛茨基的评论和预言、他那杰出的雄辩之作都能在此迅速流传。斯大林不能躺在胜利的桂冠上高枕无忧，不能对此视而不见。

* * *

布柳姆金（Блюмкин）案使他得到对此进行打击的机会。雅可夫·布柳姆金是格别乌外事部门的高级军官，他的人生道路可谓异乎寻常，他起的作用更不寻常。革命前夕他还是个年轻人，便已加入了左派社会革命党的一个恐怖组织。在某种程度上他是个诗人，是个浪漫的理想主义者。他早熟、头脑单纯、无限忠于事业。在1917年十月革命期间，布柳姆金是与布尔什维克结盟的左派社会革命党的成员，作为其党的代表在捷尔任斯基领导下的契卡中工作。这样，这位20岁的年轻人成了革命为自己挑选的年轻的情人，契卡的创始人之一。当他的党因《布列斯特－里托夫斯克和约》而与布尔什维克决裂时，他和他的同志们一样深信，布尔什维克缔结和约是叛卖革命的行径。他的同志们决定发动武装起义反对列宁政府以迫使苏维埃政府与德国开战，他们委派两个人刺杀德国驻俄大使米尔巴赫（Mirbach）伯爵，布柳姆金就是这两人中的一个。他完成了这一使命，这一事件也是被托洛茨基镇压的起义的信号。布尔什维克逮捕了布柳姆金，把他押到托洛茨基面前。

---

① 在中央委员会的休息室中，本书作者不止一次听到这样的低语，感到不胜惊讶。

第一章 在王子群岛

布柳姆金

有必要提醒一下，布尔什维克党本身也因《布列斯特－里托夫斯克和约》发生了深刻的分歧。因此，尽管布尔什维克宣布左派社会革命党不受法律保护，但许多布尔什维克对刺杀米尔巴赫一事却抱有好感，虽然他们也对此加以谴责，托洛茨基诉诸叛乱者的革命感情，力图让他们认识到他们的行动是错误的，让他们转变信仰、接受布尔什维克的信仰。当布柳姆金被带到他面前时，他与这位年轻、敏感的恐怖分子进行了长久、严肃的辩论。在更强有力的信念的影响下，布柳姆金悔过了，他请求给他将功折罪的机会。但出于外交需要仍将他判处死刑，甚至还将处决他的情况通报德国政府。但事实上他得到了宽恕，并给他机会让他"证明他对革命的忠诚"。在国内战争期间，他屡次完成布尔什维克交给他的最危险的任务，并潜入白军后方为布尔什维克工作。左派社会革命党认为他是叛徒，曾数次谋杀他。在一次谋杀中，他们把一枚手榴弹扔进了他在其中进行治疗的野战医院的病房，他竟在手榴弹爆炸前的瞬间把它从窗口扔了出去。在得到布尔什维克的平反之后，布柳姆金来到托洛茨基的司令部工作，又被送到军事科学院学习，他作为一名军人作家还小有名气，并在共产国际中积极工作。内战结束后，他重返契卡或格别乌工作，是反间谍部门的高级军官。布柳姆金无限信仰托洛茨基,他全身心地眷恋着陆海军人民委员。他与拉狄克关系密切,并"崇拜"后者,因为拉狄克比托洛茨基更平易近人、更随和。当托洛茨基和拉狄克成了反对派之后,布柳姆金并不隐瞒他支持他们。尽管因为工作性质,布柳姆金不可能参加反对派的活动,但他认为有责任把自己的观点通知格别乌的领导明仁斯基。但由于他在反间谍工作上业务精湛、深受好评,而且未曾参与反对派的活动,所以允许他保留自己的观点,也没有革除他的职务。这样,甚至在反对派被开除出党之后,他仍留在党内并依旧在格别乌工作。

1929年夏天,布柳姆金去印度出差,在返回俄国的途中来到君士坦丁堡。如托洛茨基所说,他在街上碰巧遇上了廖瓦。当然,可以怀疑这次会面的偶然性。如果布柳姆金不打算与托洛茨基联系的话,他不可能前往土耳其。不管与廖瓦相遇是否偶然,他请求其父接见他。开始,托洛茨基考虑过于冒险而拒绝接见,但在布柳姆金再三恳求下,他答应了。

11年前,布柳姆金作为刺杀米尔巴赫的凶犯站在托洛茨基面前,如今他来找后者是为了向其倾诉衷肠。像大多数反对派成员一样,他不理解所发生的一切,他是忠诚引起的冲突的牺牲品。他认为他很难把自己在格别乌的工作与他对反对派的感情调和起来。他为投降的反对派成员和继续反抗的反对派成员之间的矛盾以及为他对托洛茨基的信仰和他与拉狄克之间的友谊而痛苦万分。他不相信他们之间已经彻底决裂,并天真地希望能使他们和好。他与托洛茨基闭门密谈了几个小时,他讲述了莫斯科的新闻,倾听托洛茨基阐述反对派的责任和义务以及投降毫无意义这一观点。

布柳姆金对托洛茨基讲了他的疑虑,并说他打算离开格别乌。托洛茨基坚决劝他放弃这一想法。托洛茨基说,不论情况多么困难,他都应该继续忠诚地在格别乌工作。反对派有责任保卫国家,因此,任何一个反对派成员都不应离开官方的工作岗位,因为他是为整个国家的利益,而不是为斯大林的利益工作的。在中东铁路冲突时,反对派不就站在苏联一边吗?布柳姆金的工作针对苏联的外部敌人,与反对派的观点毫无冲突,因此,他应该继续从事这一工作。

布柳姆金听从了托洛茨基的劝告,并请求后者把给国内反对派的指示信件交给他。他还表示愿意帮助托洛茨基建立联系,还想在土耳其渔民的帮助下把《反对派通报》偷运进苏联。

托洛茨基把信件交给他,该信的拷贝保存在档案中。无论有多大的想象力也不能说在这份文件中有任何保密的东西。在托洛茨基的这封信中，大部分都是泛泛之词，写的都是平常之事，因此他和布柳姆金未必能想到转交此信会有任何危险。托洛茨基预言说，秋天，斯大林的处境将会变得十分困难，那时投降者就会明白他们的投降是毫无意义的。他当然要号召他的支持者们坚持下去，并表达了他对软弱者的轻蔑。他告诉他们，他准备撰文反对拉狄克，并预先通报了这篇即将发表的文章的主要内容。人们指责托洛茨基力图筹建一个新党，现在，拉狄克也对此随声附和。托洛茨基不知多少次驳斥了这一指控，在这封信中，他再次重申反对派是党的不可分割的一部分。他叙述了他为建立国际反对派组织所作的努力，并详细地说明了德国、法国和奥地利的托洛茨基派与季诺维也夫派之间的争执，并请求他们不要为此而失望、而应保持信心。国际反对派最终会成为生机勃勃的政治力量。流放者对此和托洛茨基为他们作出的保证寄予如此之大的希望，这是令人欣慰的。总的说来，信中没有任何东西是他不能公开或不打算公开的东西，特别是刊登在《反对派通报》上。① 当然可以猜测，托洛茨基对布柳姆金口述了更确切的秘密指令。但奇怪的是，连格别乌也未曾断言确有此事，根据托洛茨基的一贯立场、活动及其书信往来的内在根据，他秘密通知其支持者的内容从未超出过他公开讲话的范围。布柳姆金带着这封信精神振奋地踏上归途，他深信，现在他能证明拉狄克及其他人对托洛茨基的指责是站不住脚的，托洛茨基仍是一位忠诚伟大的布尔什维克，反对派在他的领导下一定能恢复它的统一。

布柳姆金回到莫斯科后不久就被逮捕了，他被指控为叛徒并被判处极刑。很难弄清格别乌是如何得知他的行踪的。有人说，他把他的秘密告诉了他热恋的女人，那女人是秘密特务，是她出卖了他。另一些人则断言说，布柳姆金回到莫斯科后径直去见拉狄克，后者担心会引起对自己的怀疑并力图向斯大林证明自己忏悔的真诚，因而出卖了朋友。这种说法广为流传，引起了人们对拉狄克的轻蔑和仇恨。还有维克多·塞尔日散布的另一种说法，在这里，拉狄克的

---

① 该信文本（没有注明日期）保存在托洛茨基档案保密部分的俄国卷宗中。我不能确定布柳姆金来访的确切日期。根据某些材料可以假定布柳姆金是在1929年7月或8月来到这里。托洛茨基的信除了上述内容外，还有下述有关组织问题的"指令"：他要求他的支持者不要通过德国"列宁主义者同盟"的领导人乌尔班斯给他寄信，因为他正与后者论战。并告诫他们要警惕苏联驻法使馆工作人员哈林，说他是斯大林的奸细（显然，在托洛茨基刚刚被驱逐后，他与俄国人部分联系是通过哈林进行的）。这些"指令"并不保密，并且也没有任何保密性。在任何这类活动中，这类反奸细的警告都尽量宣扬，以便警告更多的人。

角色与其说是可恶的，不如说是可悲的。塞尔日说，布柳姆金一回到莫斯科就发觉，格别乌已经知道他去过什么地方并对他加以监视，以便搞清他与哪些反对派成员保持联系。拉狄克对布柳姆金的不幸深表同情，建议后者去向中央监委主席奥尔忠尼启则老老实实地交代。拉狄克似乎说过这是布柳姆金唯一可能获救之路：奥尔忠尼启则虽然主张严格的纪律，但是个好人，而且宽宏大量，在党的上层中他是唯一一个对事严厉却有同情心的人。但不知道布柳姆金是在找奥尔忠尼启则之前还是之后被捕的。① 布柳姆金之谜的谜底可能再简单不过了：君士坦丁堡苏联领事馆工作人员的警惕目光发现了乘轮船前往王子群岛的布柳姆金；或是潜伏在托洛茨基家中的奸细认出了这个与托洛茨基密谈了数小时之久的诡秘的来访者。

一个前格别乌军官说，布柳姆金在审讯中"表现不凡，保持了自己的尊严，他英勇无畏地走上刑场，高呼着'托洛茨基万岁！'慷慨就义"②。在其后的几年中，在刽子手行刑的射击声中，越来越频繁地听到这一口号声。

这是处决托洛茨基主义者的第一例，此前，已有某些托洛茨基主义者因绝食衰竭而去世，为自己的信念付出了生命，例如托洛茨基的秘书布托夫（Бутов）一年前在监狱中经过长期绝食而身亡。除此之外，此前布尔什维克一直没有重犯雅各宾派的致命错误，对不在内部斗争中使用极刑这条规则，起码在形式上恪守不渝。如今，这一规则被破坏了，布柳姆金是由于破坏党内规定而被处死的第一个党员，他的违反纪律无非就是与托洛茨基联系而已。

斯大林担心投降者会抹去党与反对派之间的界限，布柳姆金案加深了他的担忧。他不能容忍在格别乌要害部门中工作的高级官员竟能友好地拜会托洛茨基并充当托洛茨基与投降者之间的联系人。容忍这点就意味着把官方对托洛茨基的所有指责都变为笑柄并鼓励新的类似接触。很可能，斯大林本人根本不相信布柳姆金的任务和托洛茨基致反对派的信件是无害的。也可能在他多疑的头脑中闪现这样的想法，如果相信刺杀米尔巴赫的凶手，认为他那质朴但却强烈的政治激情永远不会在新的恐怖活动中表现出来，那将是危险的。无论如何，处死布柳姆金应是对其他人的警告，表明官方对反革命的指控绝非儿戏，刑法第58条就是刑法第58条，从此以后，与王子群岛上的流亡者进行同志式的联系将遭到被歪曲的法律的最严厉的惩罚。奇怪的是，到那时为止尚没有一个坚

---

① 塞尔日：《一个革命者的回忆》，第277—279页。
② 奥尔洛夫：《斯大林罪行秘史》，第202页。

定的托洛茨基主义者被处决,虽然他们在监狱和流放地与自己的领袖保持联系,每逢十月革命纪念日和"五一"劳动节时,他们都联名给他拍致敬电,而他们的签名也出现在刊登在《反对派通报》上的文章和提纲的下面。那时,警告对象仅仅是担任政府职务,特别是在格别乌任职的党员和被恢复党籍的党员。党与反对派之间的界限这次用鲜血重新划出。

托洛茨基是从一位不知名的反对派成员那里得知布柳姆金已被处决一事的,此人当时仍在政府任职,前往巴黎执行公务。①但莫斯科却十分平静,当某家德国刊物透露这一消息时,共产党的报刊一致否认。几个星期之内,托洛茨基一直期待着新消息,在他致其支持者的信中,对布柳姆金案只字未提。1930年1月底,莫斯科反对派成员寄来的信澄清了一切疑团。托洛茨基立即叙述了与布柳姆金会晤的全部细节。他宣布,是斯大林亲自下令处死布柳姆金的,亚戈达是执行者,甚至都未曾与有名无实的格别乌首脑明仁斯基商议过。《反对派通报》还刊登了几封莫斯科来信,写信人都断言是拉狄克出卖了布柳姆金。托洛茨基思考再三,他对这种说法是否属实感到怀疑,他认为,拉狄克的做法显然是不负责任的、愚蠢的,却没有什么不正派之处。托洛茨基写道:"布柳姆金的不幸在于他信任拉狄克,而拉狄克又轻信斯大林。"

托洛茨基鼓动其西方支持者掀起"抗议风暴"。1930年1月5日,他在致罗斯默的信中写道:"布柳姆金事件应成为左派反对派的萨柯(Sacco)和范齐蒂(Vanzetti)案。"不久前,在波士顿处死意裔美籍无政府主义者萨柯和范齐蒂,引起一场各国共产党员、社会主义者、激进主义者和自由主义者的声势浩大的抗议。但托洛茨基的号召却没有得到响应。布柳姆金的命运唤醒的愤怒抵不上萨柯和范齐蒂所唤起的愤怒的一个零头。资产阶级国家司法机构滥用职权远比工人国家通过法庭完成的谋杀更容易引起左派团体的愤怒。几个星期之后,托洛茨基为新近被处死的两位反对派成员和拉柯夫斯基及其朋友遭受的残酷迫害提出抗议,同时还请求其他人对此进行抗议。但是,他仍不能打破他所希望唤醒的那些人的顽石般的冷漠。②

---

① 雷·莫利尼耶在1929年12月10日的信中将此事通知托洛茨基,该信还以相当阴沉的笔调叙述了反对派的解体,存于托洛茨基档案保密部分。

② 参见《反对派通报》第10期。托洛茨基指出这两名被处决者是西洛夫和拉比诺维奇,声称指控他们的罪名是"在铁路运输中怠工"。据奥尔洛夫的说法,格别乌工作人员拉比诺维奇的真正"罪行"是他把处决布柳姆金的消息通知了莫斯科的地下托派组织。

* * *

1929年底,暴力出乎预料地在苏联盛行起来。年初,斯大林的政策还处于摇摆不定之中,工业虽加快了步伐,但政府仍小心翼翼。4月,召开了党的第十六次代表会议,会议号召加速实现集体化,但同时声明,在农村经济中很长时期内仍是私人经济占主导地位,五年计划规定,到1933年将只有20%的农户实现集体化,富农应缴更高的税,提供更多的粮食,但根本就没想要"消灭"它。到年底,似乎有一场风暴掠过了这些计划,把它们吹得七零八落,把主导这些计划的谨慎吹得荡然无存。工业一味向前,打破了所有界限:为了争取四年零三个月甚至两年半完成五年计划,不断地号召,不断提高任务指标。在十月革命12周年时,斯大林遇到了托洛茨基预言的"困难":农民拒绝上交粮食。于是他对私人农业经济判处死刑,下达了"全面迅速集体化"的战斗命令。仅仅过了四个月斯大林就宣布,50%,即约1300万农户已经实现了集体化。党和国家以其全部威力猛烈打击富农。富农被从他们的土地上赶走,而其他农民被迫交出自己的财产,接受了新的生产方式。

几乎每个村庄都变成了规模空前的阶级斗争的战场。这场战争是在斯大林的最高领导下由集体主义的国家发动的,目的是占领俄国农村,粉碎它顽固的个人主义。集体主义的力量并不大,但它有精良的武装,经过动员,并受一个意志的指挥。农村的个人主义具有极大的力量,但它极为涣散,而且是仓促应战,它的武装仅仅是深深的绝望。像在所有的战争中一样,这次也少不了迂回前进、非决定性的小规模交锋、进攻和退却。但最终,胜利者得到了战利品,抓获了不计其数的俘虏,把他们驱赶到广漠无垠的西伯利亚或冰天雪地的北极旷野之中,但和其他战争不同的是,胜利者既不能承认也不能描述战斗活动的全部规模:因为这些战争行动应被描述为在俄国农村进行的正常改造活动,而这种改造被说成是得到大多数农民赞成的。因此,甚至在几十年后,这场战争的牺牲者的确切数字仍不得而知,尽管它高达数百万之多。

这一转折的突然性、规模和力量是如此巨大,如今只有少数目击者才能理解并想象其宏伟。在这之前托洛茨基反对派还能断言斯大林推行"左倾方针"无非是在实施它的要求,如今,这一巨大的变化远远超过了这些要求,这使托洛茨基派和斯大林派都大惊失色,更不用说布哈林派了。托洛茨基派中的

"妥协派"更清楚地理解当前所发生的事件的规模和最终性质;反对者则仍抓住前几年的前提和论据不放,例如拉柯夫斯基就认为斯大林消灭富农的命令是"极左高调",他断言说,尽管官方喋喋不休地说什么与农业资本主义斗争,但富农经济在国民经济中的实际比重将进一步增加。十月革命12周年前夕,托洛茨基本人断言说,"农业经济发展缓慢……及农村所遇到的困难都有助于富农力量的增长,并加强它的影响"。① 他无法想象能在有数的几年中用暴力一举消灭2500万户小农经济。

1930年初,托洛茨基开始明白了所发生的事件,并写下了几篇批评五年计划的文章。新批评的特点是辩证的双重性:严格区分苏联的"社会进步"和"官僚集团的反动"倾向,说明了它们为什么总是彼此冲突。他动笔撰写《经济冒险主义和它的危险》,其中有这样几句话:

> 苏联工业发展的成就具有世界意义和历史意义。那些不能充分评价苏联经济所能达到的速度的社会民主党人只配得到轻蔑,但这种速度既不稳定,也没有保障……但它们为孕育在社会主义经济方法中的不可估量的潜能提供了实验证明。1918年,德国社会民主党如果能用革命赋予它的政权进行社会主义改造的话,并不困难,当时,它也具有充分的可能性,以苏维埃俄国的经验为根据,可以理解中欧、东欧及亚洲大部分地区的社会主义集团今天的经济力量将有多么强大,整个人类将会改观。德国社会民主党人的背叛将使人类经历更多的战争与革命。②

在反复强调对苏联发展中的社会主义倾向的评价之后,托洛茨基开始对斯大林的内政加以抨击,用的是他给共产国际新路线定性的那些术语:斯大林集团"用极左曲线代替右倾曲线",这与托洛茨基以往的观点一致,即斯大林是"中间派",在交替来自左右两方的压力下行动。这一观点是对20年代斯大林在党内位置的确切描写,但却不符合后来的情况。总之,托洛茨基依然认为加速实现工业化和集体化无非是斯大林政策中的过渡阶段而已。他不明白,也从来没有彻底弄明白,1929—1930年斯大林已改弦更张,从此再也不能遏止发

---

① 《托洛茨基文集》第1卷,第76页。
② 该随笔于1930年2月脱稿,刊登在《反对派通报》第9期上。

展中的工业,已消灭了富农,就再也不能试图与它和解了。托洛茨基评价中的这一根本错误(我们下面还要谈到)仍不能使他的具体批评失去价值,因为它预料到了1953年以后斯大林继承人推行的政策中的大部分变化。正如在20年代中,托洛茨基曾是社会主义原始积累的先锋一样,30年代初,他又成了几十年后进行的经济和社会改革的先驱。

他从一开始就猛烈抨击第一个五年计划审定稿中规定的增长速度。[①] 托洛茨基指出,斯大林从"乌龟爬行"一下子转到"纵马狂奔"。在五年计划头几稿中规定年增长率为8%—9%,反对派建议将速度提高一倍被斥为不负责任的危险幻想,加以否定。而现在速度却翻了三番。托洛茨基指出,计划制订者和工业领导人得到的命令不是力求获得最佳效果,而是必须调动一切资源以便达到最大规模,甚至不惜为此打破国民经济的平衡,降低工业高涨的效益。计划中规定的任务大大超过了现有资源的负荷,因此造成了加工工业与提供原材料工业、重工业与轻工业、投资与个人消费之间的失调。更严重的是工业发展与落后的农业之间的矛盾。这里无须再谈托洛茨基经常详加剖析的种种比例失调,这类失调确实使斯大林时代的整个工业化过程都黯然失色,现在它已是老生常谈了。但一代人的老生常谈往往对上一代人来说却是骇人听闻的异端邪说。在当时,共产党员和非党群众对托洛茨基的批评却义愤填膺,大加嘲讽。

然而,当你在事后分析托洛茨基的上述意见时,更让你吃惊的是他政治上的稳重,而不是论战的激情。在每条批评意见之前,他都格外强调苏联在其政敌的领导下所取得的成就,但他坚持认为进步的基础是国家所有制和计划经济。斯大林不仅利用而且滥用了这些苏联经济的优越性。他不相信行政的皮鞭真能加快或可能加快经济增长的速度,因为这条皮鞭往往是停滞和失败的主要原因。国家所有制导致并要求统一计划。但官僚政治的高度集权导致浓缩并加剧当权者所犯的错误,导致社会首创精神的麻木和人力、物力资源的巨大浪费。不负责任、"永远正确"的领袖必然要千方百计地掩饰自己的错误和失败,一味吹嘘杰出的成就、空前绝后的记录和震撼人心的统计资料。斯大林的规划只注重工业化的数字方面,其余的一切都被排除。越是要求不惜代价地生

---

① 另见托洛茨基刊登在《反对派通报》1930年4月第10期上的《致全体党员的一封公开信》,他对党的十六次代表会议的评论发表在《反对派通报》1930年6—7月第12—13期上;及《社会主义的成就及冒险主义的危险》,载《反对派通报》1930年11—12月第17—18期上。

产商品,商品的质量就越低下。合理的经济计划还需要一个有各种经济系数且包罗万象的检验体系,要检验衡量的不仅仅是生产的增长,还要考虑质量的变化、成本及货币的购买力、劳动生产力的相对增长,等等。但对所有这些经济要素却一律保密,这样,斯大林"关闭了所有车灯"指引着工业前进,重要的信息一概不予以公布。

  托洛茨基对集体化的批评更为彻底。早在伴随"消灭富农"而来的恐惧尚未为人所知之时,他就指责它是"骇人听闻的"。几年前,他鼓动政治局提高对富农的税收,建议把农业工人和贫农组织起来,鼓励他们在自愿的基础上建立集体农庄,由国家为集体农庄提供物资(农业机械、肥料、贷款和农艺方面的帮助),以便使它能与私人经济竞争,那时他被诬蔑为"农民的敌人"。这些建议详尽地表达了他的反富农政策,但他始终没有比这走得更远。他从未想过能够或应该下命令用暴力消灭为数众多的农业资产阶级——使几百万人丧失其财产并判定他们的社会性死亡,而且还有许多人的肉体的死亡。社会主义和农业资本主义是水火不相容的,农业资本家在国家走向社会主义的发展过程中必将消亡,这也是马克思列宁主义的一条基本原理。但托洛茨基认为这是一个循序渐进的过程,在此过程中,小农将自愿地接受具有更高生产力的集体经营方式,这与资本主义国家中手工业者和小农场主接受现代化工业及大规模农业的情况类似,但不像后者那样痛苦。不久前,所有布尔什维克的观点也是这样。

  因此,在托洛茨基对消灭富农政策的愤怒谴责中没有任何蛊惑人心的成分。在他看来,这一政策是对马克思列宁主义所捍卫的一切的居心险恶和血腥的破坏,不仅如此,他并不相信斯大林建立起来的集体农庄会有生命力。他指出,集体化的农业生产所需的技术基础高于个体农业经济的基础。苏联尚不具备这样的基础:拖拉机尚未取代马匹。① 借助于简单的比较(虽然对此可以说,比较并非就是证明),托洛茨基断言,没有现代技术同样不能把小农经济

---

① 1930年1月15日的《真理报》指出,为了使苏联农业全部集体化,需要150万台拖拉机。苏联直到1956年才达到这么高的机械化水平,那时按每台15马力计算,拖拉机总数超过了150万台。实际上有不少30马力的拖拉机,因此,拖拉机的实际数量超不过87万台。1929年全年出产的拖拉机按每台15马力计算,总共只有3090多台,1932年也只有50000台。其他农业机械的数量更加可怜。1928年,在五年计划开始时,农业拥有的卡车少于1000辆,到1932年,也只有14000辆。《1958年苏联国民经济统计年鉴》,第243、487页。

变成有生命力的集体农庄,就像不能把许多小木船改造成一艘远洋客轮一样。诚然,斯大林打算在12年之内为农业提供机械,并最终实现了这一目标。托洛茨基的结论是,集体化不能超越它所必须的技术手段。否则,集体农庄在经济关系上就不能形成一个有机的整体,它的生产力超不过个体农业经济,它也不能带来更好的物质条件以弥补农民失掉的财产。① 与此同时,只要集体农庄在技术上不能综合配套,农民的不满就将使农业生产衰退并造成混乱,这将形成集体农庄从内部瓦解的危险。托洛茨基对农民世界观的了解如此之深,因此能从王子群岛上向莫斯科发出警报,预言大规模屠宰牲口的灾难即将来临。而且,他的警报早于斯大林承认这一事实之前。② 甚至在很久之后,托洛茨基仍坚信,农业集体化结构总是处于濒临崩溃的状态之中。

从回顾的角度看,可能会觉得托洛茨基描绘的图景过于暗淡:集体经济毕竟没有崩溃。不过,在整个30年代中,斯大林的农村政策将大规模的恐怖与微小的让步怪诞地结合起来,这正是他担心崩溃的产物:只有极其严厉的手段才能维持集体农庄不垮。后来,农业生产的衰退和不景气却是绝对真实的,在25—30年后,它成为官方政策的主要课题。

农村状况对全国政治的各个方面都有影响,工业化是在受到剧烈震荡、萎缩到危险程度的农业的基础之上,在饥饿与长期缺粮的情况下进行的。因此,为争夺生活基本物资而进行的动物般野蛮疯狂的全面斗争、普遍的不满和劳动生产力的低下始终伴随着它。政府不得不经常压制不满,用恫吓和强迫来提高生产力。1929—1930年的剧烈震荡把俄国赶入物资匮乏和恐怖的险恶怪圈之中,并使它陷在其中久久不能自拔。

现在斯大林宣布,新经济政策业已结束,废除市场经济。回顾托洛茨基在更早一个阶段的观点,我们看到其中根本"没有突然取消新经济政策、用行

---

① 托洛茨基写道,"木犁的集体化……是一场骗局",某些托洛茨基主义者—经济学家,当然还有斯大林主义者纷纷驳斥托洛茨基的观点(参见 Я. 格列夫:《农业集体化和随之而来的迁徙》,载《反对派通报》第11期),他们断言,即便集体农庄在技术上落后,也比原来的小农经济的生产力高。托洛茨基批评者依据的是与英国手工作坊的类比(它是十足地道的手工作坊),它在工业革命前确实比个体工匠的生产力更高,因为马克思在《资本论》中指出,它的优势首先在于"简单的合作",其次是分工。从抽象的理论上来说,托洛茨基的批评者是正确的:集体化甚至在没有它所必须的技术前提的情况下,也会导致更高的生产力,正如50年代中期的中国那样。但在具体涉及1929—1930年的集体化时,托洛茨基是正确的:集体农庄能从合作和体力劳动分工中得到的所有好处都因为农民不愿干活和在开始时屠宰牲口、消灭储备、毁坏工具而化为乌有。

② 《反对派通报》1930年第9期。

政命令来禁止私人贸易的余地",不能大笔一挥就用社会主义计划经济"在一日之内取代新经济政策,而应该让社会主义成分在混合经济的框架内发展,直到它能用其不断增长的优势逐渐吃掉、改变或消灭私人成分,直到它超越了新经济政策的框架为止"。① 托洛茨基依然坚持这一观点,即"废除新经济政策"是官僚头脑的产物,只有长期忽视工业化并错误地对待农民的官僚集团才无法应付市场经济的力量,使它失控,才企图用行政命令来消灭市场。托洛茨基写道,但是"从大门扔出去的市场经济会通过窗口返回来"。只要农业经济没有有机地、牢固地社会化,在商品普遍匮乏的情况下根本就不可能消灭供求关系中的投机倒把并用计划分配商品来取代它。市场的自发压力首先在农村,然后再在工农业交合处,最后甚至在国营经济部门打开缺口,在这里,它将经常推翻或曲解规划。这类证据不可胜数,30年代初期尤甚。日用品的官价和非官方价格混乱不堪,黑市甚嚣尘上,卢布贬值,实际工资迅速下降。计划人员在工作中"失去了尺度",他们无力确定真实的价格和成本,无法统计生产率。托洛茨基的反复劝告是:"掌握分寸"。计划工作者不应自欺欺人地说什么市场压力已被克服,最好是承认它的存在,应该对它让步并力求把它置于监督之下。甚至在几年后,当30年代初迅速恶化的通货膨胀已被克服时,托洛茨基的批评仍没有失去意义,斯大林去世后的头十年中,苏联学者对正确评估价格与成本的有关论述中有许多不过是托洛茨基观点的回声而已。

由于斯大林封锁经济信息,因而也掩盖了许多其他至关重要的问题。为工业化付钱的是社会中的哪个阶级?付了多少?哪些阶级和集团从中获利?得了多少?20年代初,反对派的领袖们,特别是普列奥布拉任斯基断言说,工业化所需投资将不得不主要由农民承担。斯大林希望通过集体化来保证资金到位,使农民确实作出这一奉献,让他们扩大生产、更多地供应粮食和原料。但农民欺骗了他。小农在告别自己的财产时高呼:"我们跟政委玩命了!"尽管他们未能破坏集体主义国家的基础,但他们拒绝支付人们期待他们为工业化支付的大部分资源。在实践中,这就是大规模屠宰牲畜和农业产量下降。

因此,城市工人不得不挑起更沉重的担子。工业的巨额投资的主要部分实质上是从工资中扣下来的。从现实购买力的角度看,人数大大增加的工人阶级

---

① 《被解除武装的先知》,第四章。

所能获得的日用品却大大减少,而它还要建设新的电站、钢厂和机械制造厂。① 托洛茨基十年前曾说过,工人阶级"只有承受巨大的牺牲、鼓足干劲、付出全部心血,才能进入社会主义"。现在,斯大林要求心和血的牺牲。1923年,托洛茨基曾说过:"有可能会出现这样的情况,政府可能停付你们的全部工资,或仅发一半工资,那时,你们应该把另一半工资借给国家,使它有可能重建国有化工业。"② 现在,斯大林把工人的"另一半工资"也拿走了。但当初托洛茨基以第一次世界大战和内战后的经济崩溃为自己的建议辩解,力求工人同意这种积累方式。斯大林这么做了,他却对工人说,他们的工资已经翻了一番,他们已经进入社会主义乐土之中。开始时,通货膨胀使工人无法看到事实真相,五年计划的成功完全取决于工人的热情和耐力,最起码是他们的工作意愿。③

五年计划开始时即便不是在平均主义精神下,也是在尚未受到可耻的不平等玷污的共同劳动、共同牺牲的精神下实施的。这种精神激起了共青团员和突击队员的热忱,使他们忘我地投身于冶金企业、拖拉机制造厂的建设中。④ 但是,随着最初的高潮的衰落,工人感到筋疲力尽,于是政府用等级工资、奖金、斯达汉诺夫运动、生产纪录奖等等对工人进行刺激。官僚集团、管理者和

---

① 苏联城市人口在30年代从3000万几乎增长到6000万,前五年的增长速度最快。农业总产量从1928年的124%(1913年为100%)下降到1933年的101%,1936年也只达到109%;牲畜存栏数从1928年的137%到1933年下降为65%,到1936年慢慢地恢复到96%。整个30年代,收成都未超过1913年的水平,甚至还差不少(《1958年苏联国民经济统计年鉴》,第352—360页)。1928年,剩余农产品仅占革命前总量的一半,靠1928—1932年间的征收,才使总量大约增加了一倍,满足了城市的粮食需要。糖和油的供应在第一个五年计划的那几年中大大减少(同上,第302页)。1928—1935年间,布匹产量下降或维持原状(同上,第274页)。鞋类生产的状况也是如此,由于鞋匠的家庭作坊消失,鞋子供不应求的状况变得更加严重尖锐(同上,第293页)。在整整十年中,重工业最需要的人力与原料的不足都很突出,在这之前已经很严重的城市人口过密现在变成了灾难。新的城市建设为每个城市新居民所提供的住宅面积平均不超过4平方米。

② 《被解除武装的先知》,第四章。

③ 在1937年1月10日的中央委员会决议中(《苏联共产党代表大会、代表会议和中央全会决议汇编》第2部分,第723页),说在第一个五年计划期间,工人、农民的收入平均增长85%,在同一时期内,国营和集体商店中的零售总额从120亿增长到400多亿(《1958年苏联国民经济统计年鉴》,第698页)。这几年中,除了凭证按固定价格出售的面包外,可能还有土豆的价格未变,其他大量商品的价格不断上调。因此,卢布购买力与1928年相比,就是用国家控制价格来衡量也下降了1/4或1/3。用非国控价来衡量,下降的比例还要大。这样,即便1932年的平均工资的票面价值翻了一番,它的实际价值也只有1928年的一半。由此可得出结论,斯大林通过通货膨胀,不折不扣地拿走了工人的一半工资,为工业化提供资金。

④ 所谓的苏联在两三年之内将"赶上或超过"西方工业化国家并由此为"一国社会主义建起一道钢铁围墙"这一幻想滋养着热情。《反对派通报》1930年第17—18期。

工人贵族一起获得了明显的特权地位。从此以后，斯大林开始不断抨击"小资产阶级平均主义"，反平均主义的倾向越来越强。托洛茨基以"反对工人贵族和官僚特权的布尔什维克传统"为依据，反对这种倾向。他并不宣扬平均主义。托洛茨基指出："在生产力水平低下因而整体文化水平低下时，无法实现劳动报酬平等，这是无可争议的。"他甚至承认革命后头几年实施的工资平等政策走得太远而妨碍了经济进步。但他断言说，社会主义政府必须把不平等控制在一定范围之内，并且逐渐缩小它，保护广大无特权群众的利益。"在女工与官僚的冲突中，我们左派反对派站在女工一边反对卡女工脖子的官僚……"斯大林的所作所为完全是一个特权保护人，托洛茨基认为这一事实是"对所有革命成果的威胁"。①

现在，托洛茨基重新界定无产阶级民主的观点。只有当劳动者能够自由地提出自己的要求、批评当权者时，他们才能防止特权的增长。从社会主义角度衡量"一个国家经济水平的最高尺度就是工人的生活水平及他们在国家中的作用"。如果说在推行新经济政策的那几年中托洛茨基认为只有无产阶级民主力量能够与联合起来的耐普曼、富农及保守的官僚相抗衡的话，现在他则认为，民主是唯一一种政治体制，在其框架内计划经济可以取得最佳效益。因此，恢复无产阶级民主不仅符合苏联的政治利益，也符合它最重大的经济利益。与被庸俗化了的托洛茨基主义的神话相反，托洛茨基并不赞成任何种类的"工人直接监督企业"，即工厂委员会或工人委员会管理工厂。在革命胜利后不久，这种管理方式在俄国已经失败，此后，托洛茨基一直是一长制管理和集中管理的坚定支持者。只有在广大生产者都获得良好的教育、并且对社会责任有着深刻的理解时，通过厂委会管理生产才有可能。工人反对派把企业交给工会和生产者协会管理的"无政府主义—工团主义"也遭到他的断然反对。他在沦为反对派乃至被驱逐后，仍未改变这些观点。托洛茨基认为，无产阶级民主是工人批评和反对政府的自由，但不是他们对生产进行直接监督的"权利"。他认为集中计划和管理是任何社会主义经济与任何向社会主义演化的经济的最基本的条件。他同时还指出，要想使计划过程变得更有效，它就不能仅仅自上而下，还要自下而上。下达生产任务不应是来自行政金字塔顶端的命令，而要事先经过全国性的讨论，应认真地分析现有的物资和可能性，还要预

---

① 《反对派通报》1931年8月第23期和1932年2月第27期。

先估计工人的情绪,让他们充分理解计划并由衷地愿意完成它。在不允许工人检查、修正、改变计划机构提出的计划时,必然会产生严重的比例失调,而这正是斯大林时代的苏联经济的特征。

托洛茨基又将其批评的锋芒指向一国自给自足的假设,而这正是斯大林经济实践的基础。对托洛茨基来说,在一国建成社会主义,不论是以千里马速度还是乌龟爬速度实现,都是"反动的国家社会主义乌托邦"。他断言说,苏联仅凭本国的资源和自己的努力不仅不能超过发达的西方资本主义国家,甚至赶不上它们。而赶上超过西方资本主义国家又是实现社会主义的必要条件。托洛茨基格外强调这点,虽然有时不免有些夸张或无的放矢。在任何条件下,扩展革命都是苏联社会主义取得胜利的基本条件。斯大林的孤立主义不仅对重大革命战略和社会主义建设产生影响,对贸易的直接目的也有影响:斯大林不考虑"国际分工"的优越性,在实践中忽略外贸对苏联工业化的重要性,特别是在世界经济危机开始之后苏联外贸条件急剧恶化时。那时,托洛茨基仍坚持让莫斯科在贸易中以政治手段加强自己的地位,让它向西方数百万失业工人呼吁,争取他们赞成与俄国进行贸易(提供出口贷款),这些都有助于俄国,同时也有助于提高资本主义国家的就业率。托洛茨基以他本人及其规模有限的组织的名义发表了有关这些问题的令人信服的宣言。但他的想法没有引起莫斯科的任何反响。①

在托洛茨基对斯大林从道义上消灭共产主义的政策的强烈激愤的抗议中,他的批判也达到淋漓尽致的地步。1931年斯大林宣布,苏联已为"社会主义奠定了基础",甚至已经"进入了社会主义时代"。斯大林的宣传工作者必须支持这些奢望,他们刻意突出苏联社会与垂死的资本主义之间的反差:一边是不着边际的光明形象,一边是生硬夸张的贫困景象。② 托洛茨基揭穿了这种双重的歪曲。他声称,如果让广大苏联群众相信他们所遭受的饥饿、贫穷和压迫就是社会主义,就意味着扼杀他们对社会主义的信仰,并把他们变为它的敌人。他认为这是斯大林"最严重的罪行",因为它破坏了工人阶级最珍贵的期

---

① 卡冈诺维奇断言,左、右倾反对派"要我们加强对资本主义世界的依赖",托洛茨基回答说:"自给自足不是马克思、列宁的理想,而是希特勒的理想。"(《苏联经济在危险中》,载《反对派通报》1932年11月第31期)。从1930年到1935年,苏联的出口额降至原来的1/3,进口降至1/4。不利的贸易条件是贸易额下降的原因之一。

② 参见《苏联共产党代表大会、代表会议和中央全会决议汇编》第2部分,第717—724页,在30年代的《真理报》、《布尔什维克》和所有其他苏联报刊上都充斥着这类对比。

望，并有败坏革命和共产主义运动未来的声誉的危险。①

* * *

我们已经说过，托洛茨基的批评在所有方面都符合经典马克思主义的传统，它还预料到斯大林时代之后的改革。也许人们会问，在30年代进行这种改革是否适当？托洛茨基的建议在当时是否切实可行？马克思主义理论与俄国革命实践之间严重的脱节是否是那个时代的特征？是否是当时的客观环境使这种脱节变为不可避免的？像上述问题那样破坏一个人对自己判断的信心的重大问题，连历史学家也碰不上几个。托洛茨基本人当时并不那么热衷于论战，他反复强调苏联所面临的巨大困难植根于贫穷、落后和孤立。托洛茨基对斯大林统治的主要指责是：斯大林加剧了这些困难，而不是制造了困难；区分"主客观"因素，区分俄国革命继承下来的灾难和由斯大林专横残暴造成的灾难，无论对托洛茨基还是对历史学家来说都不是件容易的事。此外，还有"对立统一"与主客观之间的辩证统一：官僚集团的专横残暴是俄国落后、孤立的不可分割的一部分，它们是革命继承人对本国落后的滞后反映。

托洛茨基和斯大林两人当前都认为（尽管有一部分是心照不宣的），苏联只有在社会主义原始积累的道路上才能实现工业迅速高涨。历史以下述事实证明这种观点是正确的：在本世纪中，任何一个不发达国家在任何其他基础上获得的成绩都无法与俄国相比。但是，原始积累要求工人、农民担负起比"平时"更沉重的经济发展的担子。斯大林计划中的某些重大的比例失调恰恰是植根于这些条件中。无论如何，投资增长都应比需求的增长要快得多。重工业与轻工业相比，享有优先权。反对派理论家证明，随着工业化的进程，国民收入迅速增长，因此人民的消费将与投资一起增长，尽管速度并不一样。1930年之后的几年危机中，消费不仅没有增长，而且降低到灾难的程度。托洛茨基断言，如果工业化稍稍放慢一些，如果提前几年着手并能在其过程中采用更合理的方法，这是完全可以避免的。这些论据言之凿凿，但其正确性却无法证明。斯大林虽然并不总是公开反驳，但他的反驳也有同样的说服力。宏伟的变化必然会带来巨大的社会政治变动，即便提前着手、推行和缓些也不能避免。

---

① 《反对派通报》1932年11月第31期。

革命后的大部分时间内，饥饿一直威胁着俄国的城市（革命前，饥荒也周期性地发生）。只要农业生产仍是分散的、处于无政府状态之中，工业化和城市人口激增无论如何都会加剧粮荒。布尔什维克否定资本主义农业，又担负着急剧扩展的城市的粮食供应，因此，他们只能实施农业集体化。斯大林主义者指出，如果他们试图像托洛茨基坚持的那样，逐步实行集体化的话，他们将会处于极其困难的境地：无数小农无疑会进行反抗，这样一来，农业进步就像资本主义农业那样过于缓慢，它不能在工业化的迅猛过程中保障城市的粮食供应。托洛茨基则相反，他相信可以促使农民自觉地走上经济健康的集体化道路。不过，任何形式的集体化都会极大地伤害乡下人固执的"非理性"及其对私有财产的忠诚，他对这种伤害的深度是否估计不足，这一问题仍是悬案。斯大林是根据马基雅维里的原则行动的，后者认为，执政者的最大危险莫过于既想凌辱敌人又想安抚敌人，而对斯大林来说，他的臣民就是他的敌人。他全力以赴地反对小农经济，而整整一代人为这一经济灾难的后果吃尽了苦头。但是斯大林认为，以这一代价可以获得巨大的政治成就：威胁并破坏工业化的根深蒂固的农村个人主义的脊梁被打断了。既然已经做到这点，他就不可能放弃他的成果，而要竭尽全力地捍卫这一成果。

托洛茨基不相信马基雅维里式的成果的巩固性，他根本不承认斯大林彻底战胜了农民的个人主义。托洛茨基深信，个人主义将会消灭集体农庄或利用它们为自己的利益和需要服务。据此他预言说，在集体农庄中新的富农阶级将会崛起，它将执掌权柄。① 在这点上，托洛茨基仍看破了真实趋向，尽管过分地强调了它的力量。农民发财致富的特点确实在各方面重新表现出来，斯大林必须与集体农庄中富农的复活作斗争。无论如何，他将经济措施与恐怖结合在一起，在狭窄有限的范围内成功地遏止了私有财产的复活，农民个人主义始终未能从它所受到的致命打击中恢复元气，尽管它的死前痉挛震撼俄国达 25 年之久。

托洛茨基在流亡中不止一次地恳求斯大林的政治局：放弃这一残暴的举措，停止这场反对野蛮的农村的野蛮战争，回到更文明、更人道的行动方式上来，因为这样做是符合马克思列宁主义遗产的。他呼吁政治局在与农民进行事关重大的和解上采取主动并公开对全国人民宣布：政治局强迫农民集体化是错

---

① 参见托洛茨基：《被背叛了的革命》（俄文书名是《什么是苏联，它向何处去》——译者注），第128—135页，即《集体化农村中的社会矛盾》一章。

误的，因此想退出集体农庄恢复个体耕作的农民可以这样做。他毫不怀疑，这将导致许多甚至是大多数集体农庄的垮台。但托洛茨基认为，这样的集体农庄根本就没有生命力，因此即便垮了损失也不大，而坚持下来的集体农庄（如果能保证为它们提供农业机械、贷款和农业技师，以这种方式使其成员得到超过小农收入的物质利益）则能成为真正自愿的集体化运动的先锋，随着时间的推移，它将改造全国的农业，把它的生产力提高到不断发展的现代经济所需要的水平上。托洛茨基声称，如果反对派能重新执政的话，它一定会这么做的。①

  对斯大林的政治局来说，寻求与农民和解为时已晚。从 1929 年秋季起党和国家就全力投入了这场斗争，现在若放弃它并作出重大的让步的话，可能会导致全面崩溃。从战役一开始，牺牲就如此之大，激起了苦不堪言的激情，对待农民如此专横，以至于使得他们一心渴望报复，转折又是如此巨大、如此血腥，因此，只要承受打击的这一代人依然活着，想找一条合理的退路是根本不可能的。一旦政府宣布农民可以退出集体农庄，整个农业经济结构马上就会坍塌，集体农庄也未必能生存下去。那么，还需要一段时间才能使私人农业恢复其生产能力并按其原来的方式劳动。在这期间，粮食的生产供应将会进一步恶化，工业发展也会遭到更严重的破坏。何况，大批农民未必能和平地退出集体农庄。农民认为他们有权报复党和政府。和解则要求为被褫夺者和被流放者平反，给他们补偿损失。不难想象流放者从集中营乘火车返回故乡与亲人相聚时的情绪。集体农庄的解体将会释放出疯狂的激情，它与伴随集体化的疯狂毫无二致。也许，由反对派组成的清白政府可以努力安抚整个国家，不至于使它退到反革命的门槛上，对此托洛茨基深信不疑。对斯大林政府来说，这无异于自杀。他的任何软弱表现都会使充溢在数百万间茅舍中的仇恨变成燎原烈火。斯大林除了继续作战外，别无他路。许多年之后他曾对丘吉尔承认，这场战争比第二次世界大战的考验更可怕。②

  我们看到，俄国农村的实际条件也不允许在工业化政策上作任何合理的改变。畸形的新工业结构超过了战前俄国工业结构的好几倍，但它不得不建立在

---

  ① 《反对派通报》1932 年第 29—30 期。
  ② 丘吉尔写道："午夜已过，我问道：'请告诉我，对您个人来说，这场战争的压力是否与实行集体化时一样大？'·这个话题使元帅马上激动起来。他说：'不，集体化是一场更可怕的战争。'……他举起双手说道：'一千万（农民），太可怕了。集体化的斗争持续了四年之久，但对俄国来说，它是绝对必要的。'"（丘吉尔：《第二次世界大战》第 4 卷，第 447 页。）

比旧制度下更为狭窄的农业基础之上。许多年中，不断增长的城市人口的生活取决于不断减少或极端匮乏的粮食供应。据我们所知，仅在30年代，城市人口就由3000万激增到6000万。任何政府都无力解决这样的比例失调，即任何政府都不会命令停止工业化或急剧放慢工业化的速度和接受经济停滞的前景。如果托洛茨基及其支持者在1929—1930年的任何时间内重新执政的话，他们也得考虑到农业的灾难性破坏与恶化局面的后果，由于他们必须实现工业化，他们也应使其政策适应这些情况，而当时的局势已设下了硬性的框架。

普列奥布拉任斯基所预料的社会主义原始积累的条件要好得多，尽管如此，几年前他曾断言，它是"社会主义国家生活中最危机的阶段……这是事关生死存亡的大事，我们应以最快的速度越过这个过渡阶段……"①。对已经切断了所有退路的斯大林来说，这的确是事关生死存亡的大事。他以疯狂的速度越过这个过渡阶段，根本不理睬任何旨在让它温和些的警告和劝告。普列奥布拉任斯基号召布尔什维克"持生产者的观点而不是消费者的观点"，因为"我们尚未进入社会主义，不能享受它生产的消费品，我们是生活在社会主义原始积累规律的铁蹄之下"。如今，这一铁蹄变得如此沉重，令人难以承受。在所发生的一切以及它们所产生的一切后果之后，斯大林应接受的生产者的观点也更加严酷得多！普列奥布拉任斯基预见到了消费品相对短缺永远伴随着积累，它将导致行政人员和工人、技术工人、熟练工人和半熟练工人之间经济上的不平等，为了鼓励技术工人和模范工人，这种不平等是必要的，但是它不会产生阶级对抗。事实上，不平等与消费品匮乏同步增长，二者都远远超出了预料。

斯大林利用一切意识形态手段来扩大并掩饰少数人的特权与大多数人难堪的生活状况之间的悬殊差别，并为之辩解。但是，光凭意识形态的巧妙手段还不够。恐怖对这条鸿沟进行着令人生畏的监视。疯狂的恐怖与社会关系全面紧张一致，乍看起来，30年代的暴行是内战时期的恐怖的复活。事实上，前者在规模和盲目使用暴力上远远超过了后者。在国内战争期间，这是愤怒的革命真理的灼人的呼吸，其打击对象是维护旧制度的力量，因为后者组织、策划反对新生共和国的武装斗争和阴谋。契卡工作人员都是不久前的起义工人，他们依赖本阶级的经验，依靠它的支持，与它同甘苦共患难。他们的恐怖在内战的

---

① 有关普列奥布拉任斯基的《新经济学》的推论，本书作者在《被解除武装的先知》第二章里作了概述。

混乱局面中是有选择性的，其矛头所向是革命的最嚣张的敌人，即便不是"一小撮"，至少也是少数。在战时共产主义的严酷气氛中，恐怖保卫着那几年中的斯巴达乌托邦式的平等。

30年代的恐怖则是不平等的保卫者。就其性质来说是反人民的，它潜在地或实际上反对大多数，它是全方位、毁灭性的恐怖。但这也不能充分说明它那无孔不入和狂暴：屠杀、大清洗和大规模的流放，如果单纯是为了保障工资差别乃至官僚特权，则是小题大做了，因为用小得多的措施就足以保障更严重的不平等和更大的特权。大规模地滥用暴力与集体化同时开始。在农村进行的巨大变革需要暴力，而变革又使恐怖永久化，只有农村的惩罚队和政治处可以防止农民回到个体农业中。暴力保证了没有内在经济联系的集体农庄的活力。必须对绝大多数人民使用暴力（当时农民占总人口的60%—70%），一年中的每个季节：春耕、播种、秋收直至最后农民向国家交售自己的产品都要使用暴力，所有这一切导致为社会机体的绝大部分不断地注入剂量如此可怕的恐怖，整个躯体必然会受到毒害。规模空前的恐怖机器只要一开动，就会产生无法控制的惯性。城市俄国不能使自己与农村俄国的震荡相隔绝。农民的绝望和仇恨洒向了城市，触及了大批工人，作为答复，城市释放了旨在反对绝望和仇恨的暴力。

* * *

虽然1929—1930年间所进行的变革是非理性的，它们却像十月革命一样使社会革命发展到无法逆转的程度，尽管二者的内涵截然相反。在这个转折中，体现出托洛茨基预言的革命过程的"不断性"。但是，预言的实现和预言本身的差别是如此之大，以至于他不承认也不能承认它。不久前大多数布尔什维克都认为，只有在推翻封建资产阶级统治、剥夺大庄园主和大资本家时，革命才是必要的，在这一目的实现后，"从资本主义到社会主义的过渡"基本上应通过和平演变的方式，托洛茨基至今未改变这种看法。在处理苏联内部问题时，《不断革命论》的作者在某种意义上是个改良主义者。当然，他比别人更早地意识到苏维埃共和国不可能在国家改良的框架内彻底解决内部问题。托洛茨基以革命方式解决国际阶级斗争，以改良方式处理苏联内部政治事务，这是一个硬币的两面。斯大林则完全相反，1929年前，他深信国家改革本身就能解决苏联的冲突。当他发现事实并非如此后，他就跳出了国家改良的框架，发动了一场新的国家革命。他抛弃了其政策中的改良因素，而非国家因素。斯大林以实用主义的态度对待国际革命的前景，对它漠不关心，这和他的国内政策的伪革命性也同样是一个硬币的两面。

现在，历史发展以其自己的嘲弄方式证明了托洛茨基公式的基本思想是正确的，却与这一公式本身相矛盾，至少是部分地与它矛盾。托洛茨基在本世纪初写道："如果俄国无产阶级仅仅代表自己，在农民背离无产阶级的时刻，它必然会被反革命击溃。"这一时刻第一次出现在1921年，20年代末再次出现，那时农民背离了布尔什维克。托洛茨基继续写道："那时工人没有其他选择，只能把俄国革命……的命运和欧洲社会主义革命的命运结合起来。"自1917年以来托洛茨基反复强调，俄国本身不能实现社会主义，尽管如此，俄国革命还有潜能，1917年是世界革命的序曲。现在表明，俄国革命的动力的确没有耗尽，尽管它未能点燃欧洲革命的烈火。这一动力未能跨越国界，被挤压在本国的框框之内，因此它转向内部，再次以暴力来改造苏联的社会结构。现在，强制性的工业化和集体化取代了扩展革命，消灭富农成了推翻外国资产阶级统治的代用品。对托洛茨基来说，他的思想与下述公式是不可分割的：只有德国、法国或至少是中国的革命才是俄国十月革命的真正继续，俄国革命过程只有在其国际化时才能达到高潮。从历史角度来看这是正确的。但目前，斯大林在苏联境内的行动像是不断革命论的不情愿的执行者的行动。托洛茨基不愿意承认这点，他不愿把赝品当真品。

托洛茨基的观点保持着经典马克思主义的合理性，而在斯大林实现的巨变中却贯穿着非理性主义。马克思主义者认为，典型的革命在群众的社会意识和政治积极性的高潮中完成，它是群众生活意志和改变自己生活的愿望的最高体现。1929—1930年的转变是在社会自我意识和政治能量最低点上完成的。这是一场自上而下的革命，它以压抑群众自发的积极性为基础。其推动力不是社会的某个阶级，而是党的机关。托洛茨基的世界观汲取了欧洲经典革命的丰富传统，对他来说，这一转折根本不是一场革命，而是斯大林官僚集团强奸历史。但是，不管斯大林的自上而下的革命从经典角度来说是多么不"合法"，它在社会关系上，因而也在全民的生活方式中造成了长久的、规模空前的变化。①

---

① 参见多伊彻：《斯大林政治传记》，第八章。

第一章 在王子群岛

* * *

我们在全部叙述中不只一次地分析了俄国历史的特殊性,它蕴涵在凌驾于民族之上的国家的非常权力之中。旧的沙皇专制政体从俄国社会原始、无差别、不定型的各组成部分中汲取力量。米留可夫指出:"如果说在西方是各阶层创立了国家,在俄国则是国家形成了阶级。"托洛茨基补充说,就连俄国资本主义也是作为"国家之子"而产生的。俄国社会各阶级的不成熟使得知识分子领袖和一小批革命者用自己取代人民,并以其代理人的名义行动。[①] 本世纪头20年,俄国人民在相对时间不长但却巨大的高涨之后,他们的精力在国内战争和革命后的社会解体中消耗殆尽,也导致了类似结果的产生。1921—1922年间,当工人阶级不能捍卫自己的阶级利益时,列宁和老近卫军担当了它的代理人。"代理"的逻辑导致他们建立了布尔什维克党的政治垄断,此后,它又让位于更狭隘的斯大林派的垄断。为了解此后事件的进程和斯大林与托洛茨基之间的斗争,我们有必要分析一下内战结束后的十年中苏联社会各阶级的生存条件。

工人阶级人数锐减和衰落是20年代初的特点,现在已成了过去。在新经济政策时期,随着工业的复苏,新兴的工人阶级也不断壮大,在人数上几乎与过去一样。只过了几年,到1932年时,在工业战线上工作的人从1000万增至2200万。在30年代中有如此之多的工人进入工矿企业,以至于到1940年时,工人阶级的人数与俄国历史上人数最多时相比超过了3倍。[②] 尽管在人数上有了巨大的增长,但工人阶级的政治力量却没有体现出来。工人阶级对政治生活的直接影响极小,根本无法与沙俄存在的最后几年相比,就更不用说1917年了。工人阶级完全不能为维护自己的利益而反对官僚集团。问题并不在于在工人国家中没有这种必要性,不是别人,正是列宁在1920—1921年曾坚持工人阶级应该保护自己不受国家的侵害,如果说在1921年有这种必要,那么在1931年其必要性就更为突出。可是工人却十分消极、沉默不语。

用什么来解释这么长久的社会自觉的衰落和政治意志的麻痹呢?问题不在于恐怖,甚至不在于集权制的恐怖,因为恐怖的有效与否取决于反抗的力量,

---

[①] 《武装的先知》,第六、七章。
[②] 《1958年苏联国民经济统计年鉴》,第656—657页。其中有工人和职员的人数统计资料。

取决于它能否镇压后者。工人阶级自身应对这种消极负责。这到底是怎么回事呢？

工业战线的数百万新工人主要是来自落后的农村，开始是在农村人口过剩压力下的"自发"过程，后来则是有计划地把农村人力资源输向城市，此事由政府操作，它把集体农庄当做招募中心。工业中的新人把俄国农村的文盲、驯顺和宿命论的精神带到了城市和工厂居民区，脱离了熟悉的环境，来到陌生的环境之中，他们感到不知所措，很快就被卷进了可怕的机制中，后者急剧地改变了他们，使他们习惯于工业的节奏和纪律，教会他们操作技术、把党的金科玉律、禁忌和口号牢牢地刻在他们的头脑中。他们挤在庞大的营房或工棚中，衣衫褴褛、食不果腹，承受着工作压力，服从的往往是军队的纪律，他们无力反抗对他们的压榨。他们的生活基本上与被早期资本主义投入工业坩埚的过去几代农民没有区别。如果在资本主义条件下，自由放任的劳动力市场会自发地调节，对失业和饥饿的恐惧慢慢地改变着农民，迫使他们遵守纪律，把他们变成了产业工人。而在斯大林的俄国，这些都由国家来做，整个过程也要短得多。

新工人承受的压力如此之大，对他进行的技能训练是如此紧张，他感到自己已被上帝和人们抛弃，感到自己已被形成其生活的可怕力量所压垮，他没有意志和力量形成自己的见解、表达自己的抗议。他的不满时常从酒后斗殴、偷偷地毁坏机器或从一个企业逃到另一个企业的企图中发泄出来。他只想让自己与世隔绝、改善他本人的生活，对整个阶级的状况连想都不想。他那祖传的个人主义与禁止罢工的禁令一样，使他不能为自己而与工人同志们团结起来并与他们团结一致地行动。斯大林在工人的故乡消灭了个人主义，却鼓励并利用工业中的个人主义，斯达汉诺夫运动和"社会主义劳动竞赛"使工人的摄取欲达到了极端，推动他们在机床前互相竞赛。

这样，在农民集体化之后，工人阶级的水平大幅度下降，它那传统的集体主义世界观已所剩无几。一位被流放的反对派社会学家悲叹地指出："大批农民涌入无产阶级的行列，使它产生了质的变化。这根本不是使农民无产阶级化，而是使无产阶级农民化。"[①] 但这并不意味着阶级的团结一致和马克思主义的战斗性已被彻底消灭，它们仍存在于"十月革命那一代"的幸存者及20

[①] Я. 格列夫的一篇论述集体化和人口过剩的随笔，载《反对派通报》1930年第11期。该文对我们所研究的苏联社会转折时期作了最独到的分析，虽然有些教条。

年代培养出来的某些年轻工人身上。任何一个在1930年观察过首批突击队员的自我牺牲精神和热忱的人,都会对此深信不疑,他们简直是以自己的血肉之躯在乌拉尔光秃秃的山岩上或更遥远的东方建起了钢铁厂和电站。斯大林的宣传尽管自相矛盾,但仍继续盛赞马克思主义传统中的许多东西,虽然也有歪曲和篡改。受到这种传统熏陶的工人不满意农民个人主义对企业的侵袭,不屑于为工资及形形色色的物质奖励而进行斗争。但是,这样的工人只占少数,他们湮没在数百万无产阶级化的农民之中。此外,国家和党不断地消耗着工人阶级的智力和政治资源,把其中阶级觉悟最高、最有教养、精力最充沛的人抽调到新设的管理和行政岗位上或派到其任务旨在使农民集体化的工作队中。失去精华的工人阶级备受离心力的折磨,不断分裂。当然,在集体化问题上它也产生了裂痕。向农村进攻在开始时使城市出身的无产者产生了极大的希望,他们对农村资产阶级极不信任。但是,农村出身的工人却极为愤怒。他们在城市里传播发生在农村的骇人听闻的事,赢得人们的同情。我们刚刚引证过其论点的那位社会学家指出,在第一个五年计划期间,城市充满了那种被他界定为与无套裤汉相反的人。这位社会学家解释说,法国大革命中的无套裤汉指的是没有私有财产的人,他们是私有财产的敌人,但现在在苏联指的是私有财产的最有力的保卫者。他们的存在和情绪在布尔什维主义最坚定的支柱上都有所反映,这也不足为奇,因为在1930年,顿涅茨克煤矿区有40%的矿工是被褫夺了财产的富农和其他农民。老无产者阶层的情绪已发生了变化,它本来对政权反感、敌视,现在却认为党和国家终于表达了工人阶级的愿望,因此,反对派在这些人中也没有市场。但毫无疑义的是,大批与无套裤汉相反的人、无数流氓无产者及形形色色的农民不能适应工业区的生活,在郊区酗酒、犯罪,他们是所有"热月政变"、反革命甚至法西斯运动的潜在、庞大的炮灰预备队。

新工人阶级的涣散、混乱和缺乏政治人物,使人想起资本主义早期的无产阶级,马克思把它界定为"自在的阶级"而不是"自为的阶级"。"自在的阶级"在社会中完成其经济职能,但不知道自己的地位,不能形成其集团和体现其历史利益,不能使其成员的小团体或个人利益服从于它的阶级和历史利益。工人阶级一旦实现社会一体化并具有政治意识,它就能成为"自为的阶级",就能在相当长的时期内保持这种状态,而不会倒退到不成熟的状态中,这一假说对马克思主义者来说是不言而喻的。但俄国工人阶级却不同,它推翻了沙皇,赶走了地主和资本家,却倒退回本阶级原来的低劣状态之中,它意识不到自己的利益也不能表达自己的利益。

农民的状况还要差，这是不言而喻的。落在它头上的打击打垮了它，使它彻底崩溃，虽然在1929年前夕农民的内部团结曾经达到空前的程度。显然，全体农民在反对布尔什维克的集体化方面同仇敌忾。但它对党和国家的仇恨却被其内部矛盾——即富农与贫农之间的冲突抵消了。富农领导着村社，农业工人和贫农看到数年来布尔什维克不懈地努力与富农达成协议，因此克制自己不向富农的地位挑战，并不得不接受它的领导。因此，集体化工作人员刚刚走上舞台时觉得很难打破农民的团结一致。富农如此自信，贫农对此又是那么习惯，因而他们不相信威胁要消灭富农的政委们。大多数人认为站在富农一边保卫农村的古老准则更安全，因此他们根本不理睬政委的号召。但当大家都明白政府不打算让步，富农确实在劫难逃时，农村的一致崩溃了。长期压抑的穷人对富人的仇恨现在像火山一样爆发了。广大群众因彼此冲突的利益、打算和感情而分裂了，因为政府打击的不仅是农村的资本主义，还有农村的私人经济，甚至还要求贫农放弃他那块小小的土地。农民仍倾向于团结一致地保卫他们的财产。贫农的有产者本能与富农的一样强烈，这一本能再加上最普通凡俗的人性都被集体化中的专横和无人性而震撼，使他们都义愤填膺，但这种感情被贫农的冷静算计所破坏、减弱，他们认为他们最终将会从没收的富农的财产及合并的土地中获益。当谁将获胜的形势已经明朗时，很多人都投到了胜利者的阵营。

集体经营的思想对俄国农村来说并不陌生。土地是耕作它的人们的共同财富，而不是上帝赐予少数人让他们发财、让其余人贫困的。这种信念在当时仍相当强，在"米尔"或古老的俄国村社的范围内，土地定期在其成员之间重新分配，这种村社直到革命前才消亡。直到1907年，斯托雷平的政府才给了殷实的农户离开"米尔"的可能，让他们把自己的土地从那里划出来，以免重新平均分配。诚然，从1917年起农民对自己业已扩大的份地的热衷已大大增强，但党的宣传鼓动人员仍能把集体农庄说成是"米尔"的合法继承人，在村民们面前极力称赞它，不说它是破坏性的新措施，而说它是旧体制的变通形式。虽然旧体制已被资本家的贪婪所破坏，但人们尚未把它忘记。由此看来，决定农民行为的动机和影响是复杂、矛盾的。怯懦和信念、恐惧和希望、绝望和信心控制着农民的思想，使他们变得神经质、充满仇恨，但他们并不反抗，只想用无奈的顺从来减轻自己的灾难。

当农民被带进这种状态时，疯狂的破坏在他们之间爆发了。在集体化的头几个月中，他们屠宰的牝牛和牡牛有 1500 多万头、绵羊和山羊约 4000 万只、猪 700 万只、马 400 万匹。全国牲畜减少了一半多。大盘大盘的肉成了丧宴上的主要食物，小农在这个宴会上庆祝的是自己的葬礼。最早屠宰牲畜的是富农，他们还教唆其他人追随自己的榜样。富农看到自己已丧失了一切，它是人民的供养者，但其财产却被剥夺，因而决定让国家失去粮食；为了不让集体化工作人员把他们的牲口赶到公共的牲口圈中，他们宰杀了牲畜，把自己的仓房装满了肉，以便饿死自己的敌人。开始时，集体化工作队被这种形式的"阶级斗争"吓退了，他们束手无策，惊讶地看着中农乃至贫农也加入到屠宰牲畜的行列中，直到整个俄国农村都变成了屠宰场。

这场荒诞的狂欢节就这样开始了，主宰这场狂欢的是绝望，人人都满腔怒火。暴饮暴食像传染病一样从一村传到一村，从一乡传到一乡，从一州传到一州。农夫、农妇及他们的子女一起大吃大喝，吃得直吐，吐完后又回到餐桌上。在这个国家中从没有酿造过这么多的私酒，几乎每个农舍的房顶上都能看到酿私酒设备冒出的浓烟。遵照古老的斯拉夫传统，喝酒要喝上半天、开怀畅饮、一醉方休。撑坏了肚子的富农打着饱嗝，点燃了他们的羊圈和马厩，火光照亮了整个村庄。人们被肉臭味、伏特加酒味、房屋燃烧的浓烟连同自己的绝望呛得喘不过气来。集体化工作队用机枪扫射来结束这种阴沉的宴会，这样的场面屡见不鲜。它把顽固的敌人就地枪决或赶走，然后宣布，今后凡是剩下的村民都是集体农庄的模范庄员，一心一意地追求社会主义在农业上的胜利。在消灭了富农和富农的爪牙之后，屠宰牲口和饮宴依然如故，没有任何可能煞住它们。宰杀牲口是因为没有饲料或是由于它们因照料不周而生病。甚至加入了集体农庄的贫农仍十分关心自己的财产，继续浪费它，填塞着自己空了好久的肠胃。继之而来的是长期可怕的饥饿：集体农庄没有马匹，没有种子。乌克兰和俄国欧洲部分的集体农庄庄员跑到中亚去购买马匹，但空手而归，只好把所剩无几的牝牛、牡牛套上犁杖。1931—1932 年间，大片大片的土地都荒着，饿殍遍野。小农在惊心动魄的软弱和野蛮中灭亡，像它存在时一样。它的彻底失败既是道义上的，也是经济和政治上的。

不过，集体化同样遭到了道义上的失败，正如我们已经指出的那样，新的农业体系在后来的年代中始终是在这一失败的规律下运作的。一般来说，革命的建设性任务的成功不取决于它所推翻的那个社会阶级，不管是地主还是资本家，它所能依靠的只有站在它这一边的阶级。1929—1930年革命的怪诞之处在于它的实际纲领恰恰取决于战败者，如果由小农变成的集体农庄庄员不愿为集体农庄工作的话，那么它就无法繁荣，这点现在已昭然若揭。①

工人与农民之间没有道义和政治上的团结，这点造成了国家的无限权力。如果说在内战结束后，官僚统治是在经济崩溃和工人阶级解体的基础上形成的话②，如今，这一统治实际上则由于截然相反的过程，即由于经济的增长和工人阶级的壮大而获得了无限的权力，而这种过程原本应赋予社会以新的结构及面貌，但当时却使社会变得更加混乱，加剧了它的智力衰退。在未来的年代中，苏联的全部精力都被物质进步所需的努力所吞噬，因此用来确定道义与政治目的的资本就所剩无几了。由于国家的巨大力量是在一个政治上降为零的民族中实现的，所以当权者千方百计地使人民处于这种状态之中。

但是，甚至连官僚集团也不是由某种真正的共同利益或世界观联合起来的，使其他阶级分裂的内讧在它身上也有反映。长期以来国家工作人员之间的隔阂——共产党员与非共产党员之间的隔阂始终未能克服。它在接二连三的对"专家"的吓人的指控中鲜明地表现出来，他们都被指控为消极怠工者和"有害分子"。在实施新经济政策的那几年中，大多数"专家"及其朋友们都满怀希望地等待着革命动力耗尽的时刻来临，那时俄国将重新变为"正常的"国家。他们确实曾为新耐普和热月政变——这二者的幽灵一直缠住托洛茨基派成员和季诺维也夫派成员不放——祈祷过。开始，他们把宝押在斯大林和布哈林身上，反对托洛茨基，然后又幻想着布哈林或另一个"真正的热月分子"能战胜斯大林。现在，这些希望统统破灭。怀有这些希望的人往往不能或不愿意适应新局面，因而陷于慌乱之中。而在官僚集团中当政的那部分布尔什维克中，布哈林派成员与斯大林派成员已反目为仇。前者在新经济政策中站稳了脚跟，而现在则受到迫害，被纷纷撤职。工人阶级和知识分子出身的新人占据了他们的位置以及其他许多经常出现的空缺。因此，官僚集团的成分很不稳定，世界观则更加不同。唯一一个能把它结合起来的连锁——特权连锁也极其脆弱：当时不仅是个别人、还有一批批的官僚一日之间失去一切特权，被开除出党，投入集中营。斯大林派中那些党的机关工作人员或工业国有化的领导人是当权派的中坚，但就连这些人也没有丝毫安全感。在斯大林独裁的年代中，各

---

① Я.格列夫的随笔，载《反对派通报》1930年第11期。
② 参见《被解除武装的先知》，第一章。

级官员都战战兢兢。

　　与狂热的经济发展和全面混乱相伴的是群众社会意识的衰退和政治意志的熄灭，于是就造成了一种局面，它有利于从一派执政转变到一个领袖执政。大量无法解决的阶级冲突及阶级内部的冲突要求经常不断的仲裁，而仲裁只能来自权力的顶峰。底层越不稳定、越动荡、越混乱，权力顶峰就应该越稳定、越强硬。所有社会力量变得越软弱、越没有意志，仲裁者就越有力、越刚毅，而他变得越有力，下层就变得越软弱。他的使命是把他们没有的决断和行动力量集中到自己身上。他应把全国分散的激情聚集到自己的身上，只要人民中的大部分群众低于人类最崇高的抱负的水平，他就应作为超人。他那永远正确的头脑应支配整个不理智的俄国。他那永不懈怠的警惕性应该保护所有人免遭危险，而这些人却对危险一无所知，因而不能自卫。为了他这个唯一有视力的人能成为领袖，其他所有的人都应成为瞎子。应该把他奉为革命和社会主义的唯一捍卫者，而那些迄今为止一直与他同司此职的同事们则应放弃对这一地位的任何奢望，即便这样，也仍应被消灭。为了使他的优越地位超越一切挑战，人民群众应不断地为他唱赞歌，而他则应极其精心地保持自己的优越地位，关注人民对他的称颂，以便使赞歌的调子越唱越高。如同黑格尔著作中的历史宠儿一样，他应是本国乃至全人类生活中的伟大时代的体现。但是，对于他那由其地位发展起来的病态的伟人狂来说，这些还不够，于是超人用胳膊肘移动了时间框架：过去、现在和未来都应该存在于他的一身，在他身上融为一体，这样，过去及其头几位创立帝国的沙皇的影子不可思议地与马克思、列宁的影子结合起来；现在具有巨大的破坏力和创造力，而未来则允诺实现人类最崇高的梦想。把个人抬高到荒诞程度的秘密与其说隐藏在斯大林本人身上，不如说在他领导的社会之中，因为这个社会抛弃了自己的政治特点，拒绝理解其无比宏大的运动的意义，于是，它的政治特点和所有历史运动便集中到了领袖一人的身上。

　　从斯大林派执政到斯大林执政的过程不像导致它的演变过程，即从布尔什维克一党执政到斯大林集团执政的过程那样清晰、合乎逻辑。从一开始，集团的政治垄断在一定程度上就是斯大林个人的垄断，因为斯大林的支持者总是比其对手的支持者更守纪律，他永远是追随者的唯一统帅，但托洛茨基、季诺维也夫和布哈林从来不像他那样指挥自己人。尽管如此，在击败了所有对手之后，斯大林仍然要把使自己完全凌驾于其支持者之上这件事彻底完成。现已搞清,一派执政与一党执政一样,就其定义本身来说是矛盾的:在一党执政的情况下,只要该党成员可以自由地表达他们的意见,它的各个集团和派别就会形成影子多党制,而这与一党专政是水火不相容的。同样,在一派统治时也会产生这样的倾向,即在本派内再现刚刚被摧垮的各派和各思想流派的观点。斯大林已经在他自己的人中查出了隐蔽的托洛茨基派成员、季诺维也夫派成员和布哈林派成员。他应该剥夺这些支持者还能享有的有限自由。现在他们应该明白,在剥夺了所有对手的自由之后,他们就失去了自己的自由,沦为本集团领袖的附庸,斯大林曾一度宣称,党应该实行垄断,否则党就不成其为布尔什维克党了;如今,他坚持他的一派应实行垄断,否则它就不成其为斯大林派了。斯大林主义不再是思想流派或某一政治集团的体现,它成了斯大林的个人利益、意志及其任性要求的表现。

所有政治关系的人格化同样也影响着托洛茨基的地位。随着斯大林变成唯一官方正统的革命的体现,托洛茨基则成了革命的唯一一个非官方、非正统的代表。1929年之前情况还不是这样。托洛茨基反对派无论如何都不是托洛茨基个人的领地,虽然他是它的杰出领袖。反对派的领导核心是由有独立见解的人组成的,如拉柯夫斯基、拉狄克、普列奥布拉任斯基、斯米尔诺夫、皮达可夫及其他人,不能说其中任何一个人是托洛茨基的亲信,而为党内民主进行斗争的普通反对派成员在本派别的小范围内也享有这种自由。在联合反对派中,过于热衷于自己个人威信的季诺维也夫、加米涅夫尽管自知无法与托洛茨基相比,但仍与他平起平坐。托洛茨基不仅不把他的意志强加于人,而且正如我们所看到的那样,他为了对自己的信徒或临时同盟者让步,在反斯大林的活动中往往十分克制。直到1929年以前,布哈林派作为在斯大林派和托洛茨基派之间的一种选择,吸引了党内外的许多人。因此,尽管斯大林手中集中的权力越来越大,一统天下的趋势越来越强,但布尔什维克的希望和期待尚未集中在某一个人身上或某一政策上,而是把它们系于不同的人、各个领导集团、不同的立场乃至它们之间的不同色彩之上。

1929—1930年间的事件使这种局面发生了彻底的变化。布哈林派还没有来得及公开反对斯大林,就遭到了彻底失败,它不能继续进行争论反对巨变的某些既成事实,也不能反抗工业化或依赖大农业主。布哈林主义的合理内容是它对待农民的方式,而现在已变得毫无意义。随着小农的消失,右派反对派失去了根基。托洛茨基和季诺维也夫的失败与布哈林及李可夫的失败的根本区别就在于此。斯大林为了战胜前者,不得不偷窃他们的政治武器,而后者则自己抛弃了他们过时的武器。因此,当布哈林、李可夫和托姆斯基1929年11月被开除出政治局时,他们的抱怨声几乎没人听到,但季诺维也夫、加米涅夫当年离开政治局时,却发出了战斗的号召。

季诺维也夫派的投降和布哈林主义的悄然死亡使斯大林主义和托洛茨基主义成了在忠于布尔什维主义方面的仅有的两个竞争对手。但现在,在对立的古怪平行发展的道路上两派都解体了,不过各自的途径不同:托洛茨基派是由于内部无休止的叛变,而斯大林派则是由于自身队伍中的猜疑和混乱。正如斯大林主义在胜利中变成了斯大林的个人独裁,托洛茨基主义在其失败中只能与托洛茨基本人同一。诚然,在30年代初,在一系列失败之后被监禁、流放中的矢志不移的反对派队伍在拉柯夫斯基的领导下由于新的支持者和对投降失望的投降者的回流而不断壮大。尽管队伍有所扩大,但托洛茨基主义者已不能保持其1928年时还有的团结和信心。在最好的情况下它也只是各自为战的小团体间的不稳定的联合,他们深知自己与世隔绝,对未来已经绝望,但他们对托洛茨基忠心耿耿,忠于他所捍卫或他所要捍卫的一切。他们之间仍不停地争论,撰写彼此矛盾的提纲和报告。但甚至在恐怖达到其最高峰——大清洗——之前,他们都不能像沙俄时代的革命者那样,把监狱和流放地变成他们的政治活动基地。他们的思想不能传到工人阶级和知识分子之中。随着时间的推移,他们与托洛茨基之间的联系越来越少,到1932年时他们之间的通信被完全切断。他们再也不能知道他在捍卫什么,他再也不能确信他们的观点是否与他一致。托洛茨基别无选择,只能以自己取代整个反对派;他们也别无选择,只能公开或默默地承认他是他们唯一的代理人,因而也是唯一一个革命的保护神。现在,只有托洛茨基的声音是反对派的声音,俄国国内反斯大林的声音的沉寂使它变得更加洪亮。

这样,托洛茨基作为反对派的布尔什维主义的唯一代理人进行着反斯大林的斗争,后者是当权的布尔什维主义的唯一监护人。托洛茨基的名字与斯大林的名字一样,变成了某种神话似的东西。但是,斯大林的名字是权力塑造的权力神话,而托洛茨基的名字却是由殉难而酿成的反抗和殉难的传说。30年代的年轻人在刽子手面前高呼"托洛茨基万岁!"但却不大了解他的思想。他们把他当成象征,是他们本人反对他们周围的一切不幸、压迫的象征,是他们对十月革命的许诺成为现实的强烈渴望和对革命"复活"的模糊希望的象征,与他认同,而不是把他当做行动的纲领。

不仅是忠实的支持者和大部分投降者这样对待托洛茨基,他已成了斯大林主义之外的唯一选择,这种感觉不仅存在于那些默默地执行斯大林命令的党员之中,也存在于党外有政治觉悟的工人和知识分子之中。当人们担心或感到斯大林把他们领到了灾难的边缘,当他们的感情被他那又一次令人发指的暴行所震撼时,他们就会想到托洛茨基,尽管是瞬间的;他们知道,他在异国他乡仍没有放下武器,单枪匹马地为反对歪曲革命而继续奋战。

斯大林担心地注视着这一切,他对托洛茨基就像古时候在位的君主对待最危险的王位觊觎者及双重或三重分裂时教皇对待非法教皇一般。现在,历史的嘲弄使托洛茨基充当了非法教皇的角色,可这个角色对他这个经典马克思主义继承人来说很不合适,他不愿意扮演这个角色。整个30年代中充满了巨大、危险的爆炸性事件:苏联的社会改造,世界性的经济危机,纳粹的抬头和日益迫近的大战的惊雷,在这十年中,斯大林和托洛茨基的决斗始终是苏联政治的焦点,尽管它有时被其他问题所冲淡。在反托洛茨基战役中,斯大林未曾有片

美国《生活》杂志刊登的一幅托洛茨基和斯大林面对面的图片

刻松懈，也不允许他的喉舌和警察袖手旁观，他在所有意识形态领域和实践领域中进行着这场战斗，一月紧似一月，一年紧似一年。对觊觎者的害怕使他无法安眠。他不断地搜寻觊觎者的代理人：他们有可能非法越过国境、秘密地带来他的对手的信函、挑唆煽动、阴谋策划、网罗人马进行斗争。猜疑使他不得安宁，迫使他揣度其臣民中最忠于他的人内心对托洛茨基的想法。他在无可指摘的意见中，甚至在廷臣的阿谀中看到别有用心或拐弯抹角的证明——证明托洛茨基奢望的合法性。斯大林自视越高、自吹越甚，托洛茨基昔日的支持者对他越恭顺，甚至对他奴颜婢膝，他对托洛茨基的看法就越偏执，他就更加卖力地强迫全苏联都接受他的偏执狂。他继续疯狂地仇恨托洛茨基，使后者成为国际共产主义和苏联的最主要的斗争对象，使一切政治、策略、智力和其他利益都服从于这一斗争，而且到了无以复加的地步。调动如此巨大的政治与宣传力量来反对一个人，这种情况在整个人类历史上也绝无仅有。

尽管这种疯狂是病态的，它却有其现实基础。斯大林夺权并非一蹴而就、一劳永逸，他几经反复才夺得政权。他的成功不应掩盖一个事实，即至少在大清洗结束之前他的首脑地位并不稳固。他升得越高，他周围的真空层就越厚，就有更多的人有理由害怕并憎恨他，因为他本人也害怕并憎恨他们。斯大林看到在其昔日反对者之间的分歧，即右派和左派布尔什维克之间的争论正逐渐淡化和消失，担心这些"右倾分子和左倾分子的共谋"和"托洛茨基—布哈林联盟"，他的警察应当搜寻、揭露或根据形势的需要不断地制造它们，不过在当时的局势下，它们的产生确实是可能的。最后，斯大林凌驾于自己的派别之上，使真正的老牌斯大林分子变为托洛茨基分子、季诺维也夫分子和布哈林分子潜在的盟友。在凌驾于布尔什维克党之上后，他不无理由地把它看成是一个反对他的潜在同盟，为了防止潜在变为现实，他应该竭尽他的全部力量和狡诈。他深知，一旦形成这种联盟，托洛茨基将是它的无可争议的领袖。在迫使所有的反对派领袖向他俯首称臣之后，他无意中提高了托洛茨基独一无二的道义权威。现在他又得尽其所能使托洛茨基声望扫地，但这不是他力所能及之事。他只好求助于最有效的措施，求助于越来越荒谬的诽谤，但他的努力适得其反。斯大林越是抨击其对手，说他是所有异端邪说和反对派的唯一鼓舞者，就越是为渊驱鱼，把遍布在布尔什维克俄国中所有无声的反斯大林的感情驱向远在异国的流亡者的伟岸身躯。

第二章　理性与疯狂

　　整个30年代托洛茨基都在与国际政治舞台上出现的非理性狂潮作思想斗争。尽管托洛茨基对斯大林政策的批评已经证实而无可辩驳，但他的某些俄国追随者们仍然担心，他未能给苏联时局中的非理性因素留有余地。① 托洛茨基本人早在数年前与伯特兰·罗素的争论中就曾断言"革命道路"是不可能"用理性方法预先拟定出来的"，"革命是不可能用理性方法重建阶级社会的一种表现"。② 如今，有一点已经很清楚，即使是在革命以后，在一个既不要资本主义的优点、也不能利用社会主义的优势的制度下，用这些方法同样也不可能重建一个社会。那些造成阶级社会中非理性现象的因素，诸如根本的利益冲突、商品和货币的短缺、对生产力缺乏普遍的社会监控或监控薄弱——这些因素即便不是全部、起码也是大多数都曾在苏联十分活跃过。布尔什维克想要使俄国实现工业化、得到启蒙、建立计划经济、对社会混乱状态实施监督这些幻想本身，也受到它们身处其中的环境的非理性精神的影响。尽管可以从理论上解释甚至预料到这种情况，但它竟引发了如此荒谬绝伦的现象，以至于分析思维和辩证思维在力求将理性与疯狂区别开来，有时也难免陷入困境。

　　而在西方，那几年正是世界性经济危机的年代，在记录着疯狂和犯罪的编年史中忽然增添了纳粹主义兴起并获胜这一页。从此，纳粹主义的获胜便在某种程度上给托洛茨基的生活投下了阴影。在此，不妨让我们把下面将要说的话稍稍提前一点儿，可以说，托洛茨基力求向德国工人阶级指明这一威胁其生存的危险并动员它与之斗争，是他流亡中的最伟大的政治业绩。他比任何人都更深刻、更早地认识到国家社会主义将使世界淹没于其中的那一毁灭性的疯狂，

---

① 《反对派通报》1939年第11期。
② 参见《被解除武装的先知》，第八章。

而且他对这一点的认识远比任何人都早得多。托洛茨基写于1930—1933年间，即希特勒上台前这一时期的阐明德国局势的那些文章，乃是就社会病态心理这一荒谬绝伦的现象及其将给国际工人运动、苏联和全世界带来的后果所作的英明而又冷静的临床分析和预告。而那些对德国共产主义和社会主义的命运负有责任的人却以极端仇恨的态度对待托洛茨基在那个命运攸关的三年中在其避难所王子群岛上敲响的警钟，而他们对未来漠不关心的态度更加突出了那个时代的政治疯狂。有关托洛茨基遇到的所有诽谤和嘲笑，在历史叙述中很难给读者一一转述。实质上，他是力求反对竭力走向自我毁灭的工人运动本身以求自救的工人运动的代表。他无奈地注视着第三国际如何在希特勒面前俯首称臣，如同一个父亲恐惧、羞愧、愤恨而又无奈地看着自己心爱的孩子疯狂地走向自杀之途一样。因为他忘不掉自己还是共产国际的创始人和奠基者之一。

命运的极其残酷打击的雷鸣电闪与时代的疯狂交织在一起，甚至进入了托洛茨基的家庭中来。

* * *

从世界性经济危机，即1929年10月华尔街大恐慌开始后不到几个月，魏玛共和国的整座大厦便已摇摇欲坠了。危机沉重地打击了德国，它以毁灭性的力量将600万工人抛向街头，1930年3月，社会民主党总理赫尔曼·缪勒（Hermann Müller）被迫辞职：构成政府支柱的社会民主党—天主教中央党联盟垮台了。这一联盟的伙伴之间在政府是否应该以及应在何种限度内缩减失业者补助金这一问题上未能取得一致。霍亨索伦帝国的遗产和象征、如今的共和国总统兴登堡元帅，他解散了议会，任命亨利希·布吕宁（Heinrich Brüning）为总理。布吕宁在任期间颁布法令，开始实行"紧缩"政策，缩减社会保障经费，采取大量裁减国家职工、降低工资、用苛捐杂税压迫小商人的措施，因此加重了全体人民的不幸和绝望。在1930年9月14日的大选中，在1928年仅获得80万张选票的希特勒的党获得了650万张选票。在国会中它由一个小党一跃而成为第二大党。共产党的选票也从300万张增加到450万张。而多年执掌魏玛共和国的社会民主党则遭到失败。德国民族党及其他一些传统右翼党派的命运也同样如此。大选表明议会民主的不稳定性和深刻危机。

1928年，希特勒在德国纽伦堡纳粹党举行的一次集会上

魏玛共和国的领导人忽略了所发生事情的一切征兆。对于纳粹运动的出现，保守派的感情十分复杂。他们虽然为自身的败绩和纳粹分子的猖狂而忧心忡忡，但仍对一个公然宣布要与工人组织决一死战的大党的影响力的增长感到满意，希望纳粹能成为其反对左翼党派的同盟，或许还能成为它在政府中的小伙伴。希特勒"要让共产党人和犹太人人头落地"的狂妄叫嚣震惊全国，吓破了胆的社会民主党本着"两害相权取其轻"的原则准备姑且"容忍"布吕宁政府。共产党为自己在大选中获胜欣喜异常，而视希特勒所获选票数的大量增加为不足道。大选次日，当时在欧洲颇有影响的共产党报纸《红旗报》这样写道："昨天对希特勒先生来说是一个'伟大的日子'，但纳粹分子在大选中的所谓胜利仅仅是他们末日的开始。"几星期后，《红旗报》又说："9月14日是国家社会主义运动在德国的顶点。继之而来的只能是退潮。"

数月之后，当德国的各个城镇开始初次感受到希特勒冲锋队员所制造的恐怖的时候，共产党领导人恩斯特·台尔曼在莫斯科的共产国际执委会会议上发表声明："国家社会主义分子在9月14日大选中获得轰动一时的成功之后，他们在全德国的党徒们开始想入非非。然而，我们却不允许自己被工人阶级至少是社会民主党员中业已出现的惊慌情绪搞得迷失了方向。我们已经清醒而又严肃地指出过,在某种意义上,9 月 14 日是希特勒最好的日子,但继之而来的不会是好日子,只能是最坏的日子了。"台尔曼的这一观点得到了共产国际执委会的赞同,后者不但向台尔曼表示祝贺,并重申了共产国际"第三时期"的政策,即责成共产党否定任何社会民主党与共产党组成反纳粹联盟的想法,并责成它"集中火力攻击社会法西斯分子"。①

我们知道,早在 1929 年托洛茨基就已对这一政策进行了激烈的抨击。1930 年 3 月,距那次重要的大选还有半年的时候,他就在《致苏联共产党全体党员的一封公开信》中对法西斯主义势力在全欧洲,首先是在德国的增长表示不安,并坚持社会民主党人与共产党人协同行动的必要性。② 9 月大选的结果刚一公布,托洛茨基就专门针对这次选举写了一本小册子,并特意将其用欧洲数种语言出版。"一个真正革命的政党,其最重要的品质是能够正视现实。"托洛茨基写道。他强调指出,共产国际没什么值得为自己庆贺的,因为共产党所获得的 100 多万张新的选票与纳粹党所得到的 600 多万张选票相比就显得微不足道了。共产国际所炫耀的"群众的激进化"并非对革命有利,而是对反革命有利。纳粹主义"甚嚣尘上"的原因在于"深刻的社会危机",它打破了中产阶级中最贫穷的一部分人的心理平衡,也在于共产党无力解决这一危机所提出的课题。如果说共产主义所表达的是工人的革命希望的话,那么,纳粹主义所表达的却是小资产阶级的反革命绝望。当进行社会主义革命的党处于巅峰时,跟随其后的不仅是工人阶级,还有相当一部分属于底层的中产阶级。但在德国所发生的一切却恰恰相反:染有反革命绝望情绪的党派抓住了中产阶级底层和工人阶级中的许多阶层。共产国际的评论员们认为纳粹主义只不过是远在 1923 年的危机和继之而来的社会震荡的后果,并以此来自慰。托洛茨基不同意这种说法,他认为,纳粹主义非但不是过去某次危机的间接后果,而且相反,它正在为未来的危机积聚力量。"纳粹主义居然得以在革命时期的前夜而不是它的终点占据如此有利的进攻阵地,这一事实的根源乃是共产主义的软弱而并非法西斯主义的软弱"。托洛茨基的结论是:"尽管共产党在议会中得胜,

---

① 共产国际执委会的这次会议于 1931 年 4 月召开。曼努伊尔斯基在会上作了关于国际形势的报告。他不遗余力地为"第三时期"政策大唱赞歌,而这只能使该政策的荒谬绝伦更加突出。

② 《反对派通报》1930 年 4 月第 10 期。另见发表在《真理报》、《不断革命报》和《战斗报》及其他出版于 1930 年 1—2 月的托派机关刊物上的《共产国际错误的第三时期》这篇文章中的毁灭性的抨击。

但无产阶级革命……仍然遭到了惨重的失败……而这次失败或许是致命的。"①

在这本小册子中，托洛茨基已经勾画出了他分析国家社会主义的大致轮廓，在嗣后写的一系列书籍和文章中他仍继续进行这一分析。在30年之后，托洛茨基的某些思想会使人觉得像是老生常谈，但在作者最初发表这些思想的当时，它们却无一例外地全被当做异端邪说。总的说来，他关于纳粹主义的观点至今仍洋溢着新鲜感和独创性，在所有马克思主义文献中，它是针对国家社会主义（或整个法西斯主义）唯一完整和实际的分析。因此，我们在此对托洛茨基有关这一问题的思考加以总结是必要的，这些想法他主要是在关于党的策略问题的争论中以论战方式阐述的。②

托洛茨基观点的核心在于将国家社会主义定性为"带有反革命绝望情绪的党派"。他认为国家社会主义是一个躁狂的小市民运动和意识形态。这一点使纳粹主义有别于其他所有反动的和反革命的政党。一般来说，反动势力在捍卫现政权的时候通常是从上面、从社会金字塔的顶层开始活动的。法西斯主义和国家社会主义却是自下而上的反革命势力，是从社会底层崛起的一次平民运动。它们表达了中产阶级底层反对其他社会阶层以自固的需求。这一动机通常被压抑着，而在现政权和共产党无力对付民族劫难的时候，它则带有侵略性。在20年代的"繁荣"期间，希特勒的党在德国政治中只不过是那些极端小党派当中的一个。1929年的危机却将其推到了前台。迄今为止，大量商贩和办公室职员一直追随在传统的资产阶级政党身后，将其视为议会政治的堡垒。现在他们丢开这些党派而去追随希特勒，因为突如其来的经济灾难使得他们丧失信心、感到恐惧，并且刺激了他们想要自我确立的愿望。

一般来说，小市民对自己的社会地位并不满意，他们既羡慕又仇恨地仰望着那些他们在竞争中往往不得不无可奈何地对之屈从的大资本家，而在居高临下地鄙视工人的同时却又对后者从事政治、组织工会以及集体自卫的能力钦羡不已。马克思曾阐明是什么原因促使法国小资产阶级疯狂地反对巴黎的起义工人的。马克思说，那些小铺老板们看到工人的街垒把他们商店的门口都堵死了，于是他们走到街上，拆除了街垒。德国30年代初期的小铺老板却没有导

---

① 《托洛茨基文集》第3卷，第25—46页，存于托洛茨基档案。
② 托洛茨基有关这一问题的最重要论著有如下几种：《德国革命与斯大林官僚集团》（德文版和英文版书名是《何去何从》）；《唯一的道路》（德文版书名原文为 Der einzinge Weg），以及在《反对派通报》和其他托派出版物中所发表的论著。

致他们如此狂怒不已的这类理由。其商店的大门未曾被任何一个街垒堵死。但德国的小铺老板在经济上却处于破产的境地。他们认为过错全在于多年处于社会民主党领导下的魏玛共和国,他们害怕共产主义的威胁,这一威胁尽管是因为或正是因为尚未具体化而使得社会处于经常的纷扰和骚乱不安中。在小店主们的眼中,大资本家、犹太金融家、议会民主、社会民主党政府、共产主义和马克思主义共同凝结成为一个一心要扼死他们的多头怪物的形象,它们全都是一个旨在使他们破产的凶险阴谋的同谋者。一个小人物挥动着拳头对大资本家发出威胁,好像自己是个社会主义者似的。而当着工人的面,他又会炫耀其资产阶级的威风,夸大其对阶级斗争的恐惧、狂热的民族主义的自豪和对马克思主义以及国际主义的鄙视。沦为赤贫的数百万人的政治神经官能症赋予了国家社会主义以力量和活力。希特勒就是一个身患这种神经官能症、骤然膨胀起来的小人物,他完全处在偏见和狂怒的支配之下。"并不是每一个狂怒的小市民都能成为希特勒,"托洛茨基说,"但在每一个狂怒的小市民身上都有来自希特勒的某种东西。"

其实,中产阶级的底层通常只是"乌合之众"。他们不具备自我组织的能力,实质上,他们没有组织,是一盘散沙,虽然他们会虚张声势、威胁恫吓,一旦遇到现实的抵抗,他们却变得胆小如鼠。欧洲阶级斗争和俄国革命的全部历史都证明了这一点。小资产阶级再也不能扮演一个独立的角色了,它最终不是追随大资产阶级就是追随工人阶级。它反对大资产阶级而掀起的骚乱注定要失败。弱小的手工业者和小铺老板绝对无法战胜垄断资本主义的寡头政治。因此,纳粹党当权后,它的那些社会主义的许诺连一个也无法兑现。它将以保守势力的形象出现,将力求把资本主义永恒化,将从事反对工人阶级的斗争,并加速最贫穷的那一部分中产阶级的破产,而恰恰就是这一部分人将其推上了执政地位。目前,中产阶级中最贫穷的那一部分人及其来自流氓无产阶级中的同盟者们正处于狂热之中,而指望希特勒会带给他们社会与政治领导权的幻想更加刺激了他们的想象力。

托洛茨基论证说,政权的磁石吸引着这些"乌合之众"。在斗争中,他们总是追随表现出更大必胜信心、更勇敢、更有能力与类似世界性经济危机这样的劫难斗争的一方。所以在俄国1917年这个命运攸关的时刻,布尔什维主义除了领导起工人阶级之外,还带领了大量动摇不定、分散孤立的农民群众,甚至还包括部分城市小资产阶级。同样,德国中产阶级中最贫穷的那一部分人如若感觉得到工人阶级的力量和胜利的决心，也就是说，社会民主党和共产党的政策如果是合理的话，它仍可以把中产阶级中最贫穷的那部分人大量地吸引到自己的一边。小市民那被过分夸大了的虚荣心和纳粹主义的力量就来源于工人阶级的软弱。社会民主党的领袖们竭力想同中产阶级的上层和下层联合在一起，在魏玛共和国时期，他们是资产阶级国家的管家，嗣后却胆怯地拜倒在布吕宁的体制之下，顽固地捍卫着社会与政治的原状。然而，中产阶级中最贫穷的那一部分人起而反对的恰恰是魏玛共和国及其在布吕宁身上的延续和这种原状。因此，社会民主党的政策在危险地把有组织的工人阶级和小资产阶级疏离开来的过程中迈出了决定性的一步，纳粹主义就是利用这一契机发展起来的。社会民主党仍继续宣扬适度节制和小心翼翼，而此时这类品质已彻底破产；他们继续捍卫原状，但这种原状已令人无法容忍，民众宁愿落入任何其他境地，甚至包括希特勒正将他们推入的深渊。

　　社会民主党人的表现有如一只鸵鸟，在这点上他们忠实于自己的性格。托洛茨基指出，共产党的责任因此更加重大。然而，它的领袖却并不理解这一威胁的规模和性质。他们以一种伪装的超激进主义态度拒绝把法西斯主义与资产阶级民主区分开来。他们断言，由于垄断资本力求将资产阶级民主变为法西斯主义，所有植根于资本主义的政党也必定经历这一过程。如此一来，所有公猫都成为褐色的了：希特勒是法西斯分子，那么传统右翼和中派资产阶级政党的领袖，尤其是现在正在颁布法令和执政的布吕宁也成了法西斯分子，更不用说构成"法西斯主义左翼"的社会民主党人了。这绝不是论战过程中的肆意抨击，因为其基础是错误的政治目标和错误的战略。共产党的宣传鼓动者们一而再、再而三地声称："德国已生活在法西斯的统治之下"，"希特勒未见得会使饥饿总理布吕宁统治下的现状变得更坏"。[①] 但托洛茨基反驳说，如果声称法西斯主义已然获胜，这就等于承认这场战斗早在它开始之前就已经输掉了。告诉民众说希特勒不比布吕宁更坏，这种话至少是使得民众在道义上在希特勒面前解除了武装。但对于工人阶级政党来说，否定或是抹杀法西斯主义与资产阶

---

　　① 整个1931年和1932年上半年，这类所谓具有深刻思想的诊断和预言几乎天天出现在《红旗报》上，而《国际新闻通讯》、《共产国际》则给予这类言论以颇具权威的支持（另见《共产国际执委会第十一次全会》及《共产国际》1932年第27—30期）。不仅莫洛托夫、曼努伊尔斯基、皮亚特尼茨基及其他俄国领导人，而且像陶里亚蒂（艾尔科利）、多列士、加香、伦斯基、库西宁等欧洲共产主义代表人物也都不遗余力地让自己及其追随者相信，台尔曼领导德国共产党所走的道路乃是唯一的获救之途。

级民主之间的差别，那就是发疯。当然，无论是前者还是后者都"仅仅只是"资本主义统治的不同形式和方法，这在某种程度上是正确的。但在当时那种情况之下，形式和方法上的差别却具有极端重要的意义。在议会民主制度下，资产阶级靠与工人阶级达成广泛的社会妥协这一手段来维持其统治，妥协必然导致经常性的协商，而且必须以独立自主的无产阶级组织、政党和工会的存在为先决条件。从革命的马克思主义者的观点看，这类组织会在"资产阶级民主的范围内"形成"无产阶级民主的孤岛"、据点和堡垒，无产阶级可以由此出发去与整个资产阶级的统治进行斗争。法西斯主义则意味着这种社会妥协和阶级间协商的终止。法西斯主义并不需要使这类协商得以进行下去的那些渠道，也不可能容忍任何独立自主的工人阶级组织的存在。托洛茨基不但从意大利法西斯主义的演变过程的教训中，而且无疑还根据自己在布尔什维克一党制体制下的经验预先清晰地描绘出了希特勒集权主义政权的垄断体制，在这种体制下是不会有工人阶级政党和独立自主的工会存在的任何余地。仅仅出于这个理由，马克思列宁主义者也必须保卫资产阶级民主，或更确切地说，保卫资产阶级民主中已有的"无产阶级民主的孤岛"，反对法西斯主义的进攻。斯大林式的宣传舆论说什么：社会民主党是"法西斯主义的左翼"，它迟早会"同纳粹分子勾结起来"。他们没看到这样的勾结在客观上是根本不可能的。① 应当补充的一点是，社会民主党的领袖们也同样相信这一幻觉。1933年他们就已经自杀性地企图同希特勒达成协议。② 托洛茨基毫不怀疑，希特勒会把工人运动的最后一点儿残余也消灭干净，无论它是改良主义的抑或是共产主义的。他的预言基于这样一种观点，即国家社会主义的唯一目的是使德国社会彻底分化。

因此，认为布吕宁政权就是法西斯体制这一观点显然是错误的，尽管布吕宁政权标志着曾作为魏玛共和国基础的资方与劳方之间广泛的妥协实际上已结束，但布吕宁无法消灭工人运动（也无力抵抗国家社会主义）。如果不算天主教中央党的微弱支持和社会民主党的"容忍"，那么，布吕宁所能依靠的就只有官僚机构的寻常手段了。仅仅依靠官僚机构的帮助他是无法镇压有组织的工人阶级的，因此，魏玛共和国时期的政治结构得以保留了下来。能够摧毁这一

---

① 托洛茨基：《何去何从》，前言及第一、二章，见《托洛茨基文集》第3卷，第109—113页。
② 一次，德国国会中的社会民主党领袖奥托·维尔斯利用其所剩无几的在议会讲坛上演讲的机会说：他的政党已公开宣布在对外政策方面准备支持希特勒政府。他指望以此为代价来使党免于被纳粹分子所消灭。但希特勒并没有接受这项建议。

结构的便只有国家社会主义这支充满破坏性的力量了。阶级间妥协的破坏为内战准备好了舞台，纳粹主义和整个工人运动将是内战中真正的对手，布吕宁政权"犹如一只放在金字塔顶端的球"，它的基础是建立在两个敌对阵营之间并不稳固的平衡之上的。纳粹吸收了数百万新党徒，煽动歇斯底里情绪，并准备了一支庞大的突击力量，与此同时，社会民主党人和共产党人却只是在浪费时间，实际上是在破坏对自己的力量实施总动员。

几段引文当能表明托洛茨基在叙述其论据时是何等急迫、何等愤怒：

> 布吕宁政权是一场劫难到来之前的过渡性的短暂序曲。……那些一口咬定说他们看不到布吕宁与希特勒的区别何在的智者们实际上是在说：我们组织的存在与已被消灭之间没有任何区别。在这种貌似激进的言辞背后隐藏着无可救药的消极性。……每个有头脑的工人……都应当认识到这一点，并能透过空洞而又放肆的胡扯发现真理之光……他们说什么布吕宁和希特勒乃是一丘之貉。我们回答说，你们错了！你们错得可耻，因为你们害怕横亘在前进道路上的障碍，因为你们被摆在你们面前的巨大难题给吓住了。战斗尚未开始你们就投降了。你们说什么我们已经失败了。你们是在撒谎！工人阶级只是被分裂了……削弱了……但尚未被消灭。它的力量尚未消耗殆尽。布吕宁政权是过渡性的，它究竟过渡到何处呢？不是过渡到法西斯主义的胜利，就是过渡到工人阶级的胜利……两个阵营才刚刚开始为殊死的战斗作准备。你们如果把布吕宁和希特勒混为一谈，你们就是在把战斗前夜的局势同失败以后的条件混为一谈，就是事先自认失败。你们实质上是在号召人们不战而降。绝大多数工人，首先是共产党员，是不希望这样的。斯大林官僚集团也同样是不希望这样的。但不应只考虑他们的良好愿望，因为希特勒就是利用它们铺设通往地狱的道路的。……我们应当彻底揭露斯大林、曼努伊尔斯基、台尔曼和雷梅尔（Remmele）的消极、怯懦、动摇和失败主义的政策。我们应当向革命工人表明，共产党仍然掌握着解决当前局势问题的钥匙，而斯大林官僚集团却想要用这把钥匙关闭通向革命行动的大门。[①]

[①] 托洛茨基：《何去何从》，第38—39页，见《托洛茨基文集》第3卷，第129—130页。

社会民主党的领袖们许诺,一旦希特勒试图掌握政权,他们就开始"总攻",而此刻则要求工人克制、冷静。斯大林派夸口说,一旦希特勒企图夺取政权,工人就会把他消灭。共产党在德国国会的主要议员雷梅尔声称:"希特勒即使掌权,也很快就会垮台,到那时,胜利将属于我们。"对此,托洛茨基是这样答复的:

> 总攻应当在希特勒取代布吕宁之前开始,应当在工人组织被取缔以前开始。……说什么希特勒一旦掌权便会被工人消灭,这是无耻谰言。他们这样说是为希特勒掌权清理道路。……如果德国工人阶级……允许法西斯掌权,如果它竟至做出如此盲目消极的举动,那么就没有任何根据假定在法西斯掌权之后,同一个工人阶级会在一瞬间摆脱恹恹欲睡的状态而将法西斯一举推翻。在意大利就没有发生任何类似事件(在墨索里尼上台以后)。雷梅尔的理由与法国那些小资产阶级空谈家如出一辙。在1850—1851年间,那些空谈家们曾相信,如果路易·波拿巴将自己凌驾于共和国之上,人民就会起而反抗。……但允许这个冒险家掌权的人民嗣后却表明自己无力将其打倒……而在他被推翻以前,注定要发生诸多的历史性地震和战争。(反对希特勒的这类斗争正是这样结束的,与希特勒相比,墨索里尼和拿破仑三世不过是"一座小城镇里性格柔顺、几乎蛮有人情味的药剂师而已"。)"我们是明天的胜利者,"雷梅尔在国会夸口说,"我们并不害怕希特勒掌权。"这意味着明天的胜利将属于希特勒而非雷梅尔。这一点请你要好好地记住:共产主义的胜利并非很快就来到。"我们不害怕希特勒掌权",这不是彻头彻尾胆怯的表示又是什么呢?"我们"不认为自己有能力制止希特勒夺权。而且比这更糟的是:我们,官僚主义者们,业已退化到了如此地步,以致不敢认真严肃地思考一下与希特勒斗争的问题,因此,"我们不怕"。你们不怕什么呀?与希特勒斗争!噢,不……他们不怕希特勒取胜,不怕拒绝战斗,不怕承认自己的胆怯。可耻之至!①

托洛茨基抓住每个时机不断提出警告,期待着社会民主党与共产党实现联

---

① 《托洛茨基文集》第3卷,第60—62页。

合。他们的状况远非毫无指望，但情况正在迅速恶化。托洛茨基的号召正是要人们作好内战准备。对于社会民主党中鼓吹中庸的宣传家们和激励希特勒夺权的斯大林派来说，托洛茨基的号召听起来像是不负责任和别有用心的挑拨，至多也是堂吉诃德式的行为。事件却最无情地表明了究竟是谁不负责任，谁别有用心，谁的行为是堂吉诃德式的。事件表明，在德国左派所能采取的各类行动中，如果进行能够防止希特勒掌权的内战，实际上风险最小，而且，这还是能够拯救德国和世界使之免受第三帝国的恐怖和世界大战灾难的唯一手段。早在论战刚刚开始的时候托洛茨基就深信，统一的左翼阵线还能几乎不经战斗就可挫败纳粹，如同布尔什维克和孟什维克在1917年8月粉碎科尔尼洛夫那样。这个例子常被他引用。托洛茨基论证说，社会民主党人和共产党人对其自身力量的展示还可以在希特勒党徒的队伍里引起纷争，这个"乌合之众"之所以能积聚起狂涛巨浪般的力量，仅仅因为它是在政治真空中行进的，并且从未遇到过团结一致的抵抗。尽管德国工业界和银行界某些代表人物已经在支持希特勒，但传统右翼党派尚未同希特勒联合起来，在某种意义上这一事实有利于左翼。托洛茨基在其有关战略和策略问题缜密的全面概述中分析了资本主义寡头政治、容克、"铁甲军"和警察局充满虚荣的渴望，他们很深的内心矛盾：既想利用纳粹主义又怕它；既想借希特勒之手消灭工人，又担心希特勒会把德国抛入其结局无法预料的血腥内战中去。兴登堡、工业巨头和军官团尚在犹豫观望中。他们与纳粹之间的争吵不和即由此而来。社会民主党和共产党有必要采取有力行动，以便制造障碍：在保守派领袖们的心目中加大其支持希特勒的风险性，加强他们的动摇和分歧，至少要使其中某些人采取中立立场。左派迷失方向和为减小风险而无所作为只能将大资产阶级和兴登堡推入纳粹的怀抱中。

因此，社会民主党和共产党的统一战线能使政治舞台上的整个局面为之改观，这两个党都面临着同一个致命的威胁，尽管它们之中没有一个意识到这一点。对于两党联合来说，仅此一点就足够了。当然这一想法本身被社会民主党的领袖们愤怒地否定了。从1918年开始，反共产主义便是该党政策的基础。反共迫使他们与其同共产党联合以反对希特勒，倒不如追随兴登堡和布吕宁这一"小害"。托洛茨基一再指出，他们大肆宣扬的小害论为纳粹这一大害开辟了道路。对托洛茨基来说，这是共产党之所以必须把统一战线当做工人阶级全部政策中的中心任务的另外一个原因。他们之所以不能这样做，是因为受到共产国际的"第三时期"路线的羁绊。在社会民主党领袖们没有察觉这一危险时，共产党甚至不想擦亮数百万社会民主党工人党员的眼睛，让他们看清威胁着他们全体的这一危险。而莫斯科不允许与社会民主党达成协议的禁令也妨碍了共产党有效地与该党联系。斯大林派每日每时喋喋不休地反对"社会法西斯分子"的言论也进一步加深了工人阶级内部的分歧，使得社会民主党领袖们有可能为其反共产主义立场找到貌似公允的借口，以便于他们推行其灾难性的政策。共产党人只有不倦地向整个工人阶级宣讲，真诚地、令人信服地向社会民主党人的意识和利益呼吁，才有可能拆除两党之间的壁垒。

两党统一战线不应饰以外交或议会游戏色彩，不应是言不由衷的漂亮空话，如1924—1926年间的英俄委员会的风格（或者还可以追加上1936—1938年间的人民阵线），而应带有合作、联手准备并组织共同斗争的性质。"两党及其工会应当各走各的路，但却一同实施打击"，并且应就"如何打击，打击谁和什么时候打击"达成协议。为此两党不必为了寻求意识形态上的某种谅解而牺牲任何各自的原则。共产党人永远不应忘记，社会民主党即便是在最好的情况下，也只是他们"暂时而不可靠的同盟者"，这个同盟者总是害怕采取超越议会的行动，甚至会在斗争最危险的时候退出战场。尽管如此，共产党仍有义务向其施加压力，使其行动起来。如果社会民主党对此压力让步，则一切皆好，如其不然，至少也可以使社会民主党的数百万追随者们看到各个党所站的位置，因而更易于响应共产党独自发出的行动号召。早在1930—1931年间，工人与冲锋队员之间零散的流血冲突便已天天发生，但在此类冲突中工人的战斗力却被无谓地消耗掉了。只有零星的少数社会民主党员和共产党员偶尔同意协同反击纳粹的进攻。托洛茨基在评论其中一个这样的事例时指出："啊，最高领导者们！聪明之极的战略家们！学一学工人们吧……像他们那样做吧！把这种做法推广到全国范围去吧！"在1931年内，希特勒冲锋队员的人数从10万增加到40万。托洛茨基力主德国左派应创建自己的反纳粹民兵并同心协力地保卫自己的党部和设在每个工厂的工会委员会，等等。托洛茨基没有忘记俄国赤卫队，他这样写道："每家企业都应成为拥有自己的指挥员和队伍的反法西斯堡垒，必须学会使用地图，熟悉每座城市和每个区的法西斯兵营与工事的位置。法西斯竭力想包围无产阶级的堡垒。而包围者自己应该被包围。"[①]

德国工人运动的领导人却没有迫使自己按照内战的逻辑来思考和行动。部

[①] 托洛茨基：《国际局势的关键在德国》，第41页，载《反对派通报》第27期。

分原因是因为希特勒在其向政权迈进的过程中不时地否定他有搞政变和采用暴力的意图。他保证说，他一旦掌权一定按照宪法来行使权力，而这些许诺产生了作用。"他在迷惑自己的对手，"托洛茨基警告说，"为的是出其不意地一举抓获敌人，并在最有利的时刻给敌人以致命的打击。他之所以援引议会民主，是因为这有利于他在不远的将来创建一个联盟，而他的党将在其中获得最重要的职位，以便嗣后利用这些职位来搞政变。""这一狡猾的军事手腕无论看起来多么简单明确，却隐含着巨大的力量，因为它旨在满足那些想要和平合法地解决一切问题的中间派的心理需要，更危险的是，它能满足易于轻信的人民大众。"①

《真理报》和《红旗报》现在把托洛茨基说成是"惊慌失措的人"、"冒险家"和"布哈宁的代理人"，说他想要迫使共产党放弃无产阶级革命、捍卫资产阶级民主和迫使共产党忘记"如不先战胜社会法西斯主义就不能战胜法西斯主义"。② 为了向被花样翻新的论战搞得晕头转向的人阐明自己的观点，托洛茨基甚至对那些最古怪的论据也极为耐心地予以分析，虽然也有几分愤怒。他不倦地与下述迷误作斗争，即"不首先战胜社会法西斯主义就无法战胜法西斯主义"，他指出，情况恰恰相反，只有粉碎法西斯主义，共产党才能有效地从事反对社会民主党的斗争，德国的无产阶级革命只有在成功地反抗纳粹中才能成长起来。

一切都是徒劳。甚至直到1932年9月，在希特勒成为总理前的几个月时，台尔曼还在共产国际执委会会议上重弹明岑贝尔格（Münzenberg）的老调："托洛茨基在其论述应当如何粉碎国家社会主义的小册子中仅提供了一个答案：德国共产党应与社会民主党联合起来。……按照托洛茨基的观点，这是能使德国工人阶级摆脱法西斯主义的唯一途径。他说：或者是共产党与社会民主党共建统一战线，或者是德国工人阶级沉沦10—20年。这是一个彻底破产了的法西斯分子和反革命分子的理论，而且更糟的是，这还是托洛茨基在其最近

---

① 托洛茨基：《何去何从》，第147—148页。

② 德国斯大林分子反对托洛茨基的论战文集颇有教益，尽管读起来非常沉闷。就连明岑贝尔格这样的人也这样写道："托洛茨基建议……共产党和社会民主党联合。对于德国工人阶级和共产主义来说，没有什么东西像实施这样一个罪恶的建议那样有害，它会推动法西斯事业。提出如此联合……只会有利于社会法西斯主义的领袖。此外，它的作用……显然是法西斯主义的。"（《红旗报》1932年2月15日）。明岑贝尔格在流亡中以自杀结束了这场论战。

几年反革命宣传活动中所创造的最糟糕、最危险、最罪恶的理论。"①

"历史上一个最关键的时刻正在到来，"托洛茨基反驳道，"作为一个革命因素的共产国际将被从政治地图上抹去整整一个历史时代，只有瞎子和懦夫拒不认清这一点。让那些诽谤者和雇佣的下流文人们谴责我们同反革命结盟去吧。不是任何……会败坏共产党官僚胃口的东西都已被斥为反革命了吗？但任何东西都无法隐瞒、无法缩小。我们应当振聋发聩地对普通工人说：继冒失鲁莽、自吹自擂的'第三时期'之后，将是惊慌失措、举手投降的第四时期。"在为唤起共产党员所作的近乎绝望的努力中，托洛茨基往其话语里注入了自己信念的全部力量，并再次敲响了警钟："工人和共产党员们！你们有数十万、数百万之众。……一旦法西斯掌权，它会像一辆可怕的坦克一样碾碎你们头颅和脊梁。拯救你们的出路只有毫不留情的斗争。只有同社会民主党的工人党员结成战斗同盟，才能获得胜利。快动手吧，工人共产党员们，你们的时间不多了。"②

* * *

在这样的时刻却只能在宁静的王子群岛上作壁上观，这对托洛茨基来说是越来越痛苦难耐了。从欧洲来的信件和报纸要好长时间才能寄到，有时甚至长达两个星期。将他的小册子和宣言送到德国去，所需时间还要多。1923年当德国似乎已处于革命的门槛上时，他曾请求政治局解除自己的官方职务，允许他应德国共产党的请求到那里去领导革命运动。如今，在决定今后数十年共产主义的未来和世界的政治命运的时刻，他就愈加渴望能够身处更接近行动舞台的地方。到处传言说托洛茨基要到德国短期讲学，但这种说法并未实现，他当时没有任何机会离开土耳其。而且更糟的是，托洛茨基的某些追随者在德国并未取得任何进展。他们出版的一份主要登载托洛茨基文章的每月只有一期的小报《不断革命报》几乎没有产生任何影响（尽管他的小册子被人们广泛阅读和讨论）。托洛茨基想在柏林建立"国际书记处"，索博列维丘斯兄弟在那里积极活动，而且就连《反对派通报》的出版事宜也已转移到了那里。为了加

---

① 请把《红旗报》（1932年2月15日）的引文与共产国际执委会第十二次全会的材料第3部分（《共产国际》1932年第28—29期，第102—103、112页）作一下比较。台尔曼虔诚地相信德国"当然不会成为法西斯国家。我们在大选中的胜利就是反对这一前景的保障……共产主义不可阻挡的前进就是反对这一前景的保障"。

② 托洛茨基：《国际局势的关键在德国》，第44页。

强与书记处的联系,决定让廖瓦去柏林代表其父亲工作或者按照组织形式的要求担任"左派反对派俄国支部的代表"。

我们知道,廖瓦分担了他父母流放岁月中的全部厄运,并且一直是托洛茨基的得力助手。但在父子关系中也曾出现过磨擦。父子二人在政治观点上是完全一致的,廖瓦对父亲钦佩不已,以至于一心想做父亲那样的人。而恰恰是这一点造成两人关系的紧张。托洛茨基一直感到不安,担心他自己的存在和影响会对廖瓦造成过分压抑,担心自己会把廖瓦贬低到一位大人物的微不足道的小儿子这样一个角色的地步。但另一方面他又十分渴望自己的儿子能够对他忠诚。托洛茨基越孤独就越需要忠诚。廖瓦是托洛茨基能够与之自由讨论他的思想和计划、与其交流最隐秘思想的唯一一个人。他是他最信赖的批评者,同时也是——如他喜欢认为的那样——他的"联络员"(在近几年是唯一的联络员),即把他同俄国革命的年青一代联系在一起的"联络员"。但廖瓦的绝对忠诚有时也使他不安。他希望自己的儿子具有更多的独立自主性,甚至希望他带有几分固执己见、倔强执拗的特征。而当这种固执倔强的个性一旦表现出来或只不过刚刚露头,却又会使托洛茨基伤心,让他担心是否会与儿子疏远起来。他们那离群索居的生活和从不间断的交流加强了相互依赖,同时也加深了紧张感。这种紧张感在父子之间虽然十分自然,却也隐含着某种过敏、紧张的成分,犹如两个长久关在同一间囚室里的囚徒之间的关系一样。托洛茨基对其助手和秘书们一向要求十分严格,但对谁的要求也没有像对待自己和自己的儿子那么生硬严厉。对外人他倒能克制忍让、礼貌客气,而在神经极度紧张的状况下,一人独处或与亲人在一起时他便失去了自制力。每逢这样的场合,他会把十分严厉的指责向廖瓦劈头盖脸地倾泻出来,说"书记处"混乱不堪、"敷衍了事、疏忽草率",说儿子在"坑害"父亲。这些指责不能不使这个忠诚、勤快而认真的年轻人感到委屈。①

因此,当父母和儿子都同意分手时,悲伤的同时也掺有几分轻松。之所以作出这样的决定,也许还有另一个原因:雷蒙·莫利尼耶的妻子让娜决定抛弃丈夫而与廖瓦同居。而莫利尼耶依旧常常因事要来王子群岛。廖瓦和让娜的离去会使大家都摆脱那尴尬的会面。一开始大家对廖瓦能否得到德国入境签证还有些心存怀疑。(一年前他曾经申请法国签证,却是徒劳:法国警察局回答

---

① 此处及以后几页中对父子关系的描写均根据托洛茨基家庭成员之间的通信写成。它们在托洛茨基档案保密部分中共有40个卷宗,共计1244份文件。

第二章　理性与疯狂

说，他们对他从事革命活动的事知道得很清楚，因此不愿意在巴黎看到他。）不过一旦成为柏林高等技术学校的大学生，廖瓦终于在1931年2月获得了德国的入境签证。他居留德国学习并非纯属借口。在高等技术学校，他勤奋地研究物理和数学，但主要还是从事政治工作。[①] 1月中旬，即在廖瓦动身的两星期前，发生了一件触动全家人生活的事件：季娜带着她5岁的儿子谢瓦从莫斯科来了。在比尤克·阿达村，全家人已等了她好几个月，几乎已经放弃与她见面的希望了，因为苏联政府已经数次拒不允许她出境。季娜的丈夫普拉东·沃尔科夫已被流放，她本人也由于同反对派的联系曾两次被捕。只是在西欧的朋友们出面向苏联大使交涉以后，出于人道的考虑——季娜的身体状况在妹妹尼娜死后急剧恶化，她曾护理妹妹直到最后一刻——才允许她出境。但即使在这里也有陷阱。只允许她带一个孩子出境，而把六七岁的小女儿作为斯大林的人质留在莫斯科。托洛茨基的前妻亚历山德拉·利沃夫娜本人此时也是被怀疑对象，她抚养着尼娜留下的两个孩子，现在又开始照料这个孩子。她敦促季娜出国跟父亲团聚和到国外治病。

季娜初到王子群岛时已经神经失常了，只是在久别重逢的欢快热烈的气氛中没马上表现出来。父亲对她非常亲切。"我刚到的时候，"事后她给远在列宁格勒的母亲写道，"他对我是那么体贴那么关心，我无法用笔墨描写。"在托洛茨基的所有孩子中，季娜是老大，长得最像父亲。她脸上有着跟父亲一样鲜明的线条，一样洞察一切的眼睛，一样带有挖苦嘲弄意味的微笑，她拥有和父亲一样深沉的感情，而且有时也会有和父亲一样的所向披靡的智慧和雄辩。看来季娜继承了父亲的激情、战斗精神和对行动的渴望。母亲回忆说："她在生活中最关心的不是生活小事，而是社会大事。"托洛茨基对季娜总有些内疚。在1917年那些日子里，他在彼得格勒的"摩登"马戏场面对人山人海的群众演讲时，感觉得到两个女儿从观众席投到自己身上的深情的目光，他已察觉季娜对自己万分眷恋，尽管如此，女儿对他来说仍是个陌生人。从托洛茨基把他第一个妻子和两个女儿留在东西伯利亚小城韦尔霍连斯克——他的第一个流放地，从他在自己的被窝里放个假人以便瞒哄警察延缓追逐[②]至今，已经过

[①] 廖瓦的几个数学练习簿写得满满登登的，每天的作业都注有完成日期和老师打的分数，嗣后，这本日记在1937年墨西哥反审判期间成了他不在现场的证明。这些笔记本保存在托洛茨基档案中。在一封未具日期的致索博尔（威尔）医生的信中，廖瓦对促使他到柏林的组织上的原因作了解释（他用了七八个月的时间才取得德国入境签证）。

[②] 参见《武装的先知》，第二章。

了差不多30年了。但看来,这个假人似乎连他头婚生的女儿也给瞒哄过去了。在1917年之前的15年中,托洛茨基只是匆匆见过女儿两到三次,而在以后的革命岁月中他能给予女儿的时间和关怀也少得可怜。在他被流放到阿拉木图的时候,他一心渴望与女儿相会。但为时已晚:尼娜很快就病故了,而季娜也病体不支。甚至当托洛茨基被从俄国放逐之时,她都无法走出莫斯科参加全家人在火车上的凄凉的告别性团聚。季娜来到王子群岛时心已破碎,但她仍然充满喜悦、爱慕,并为父亲而感到自豪。她来到这儿不是作为病人、作为历尽艰辛的女儿,而是作为一个具有坚定信念的拥护者,满心希望能对他有用、为他效力,渴望得到他的信任。父女二人一块儿哀悼已故的尼娜,一块儿谈论朋友、同志和被流放的亲戚,一块儿争论政治问题。她喜悦地聆听或贪婪地阅读《俄国革命史》的手稿及其他论著,了解父亲进行的论战,专注于其中戏剧般的庄重,欣赏父亲的讽刺和机智。当她读完丘吉尔的文章《欧洲的食人恶魔》时,她止不住哈哈大笑起来。从此以后,便喜欢戏称父亲为"食人恶魔"①。

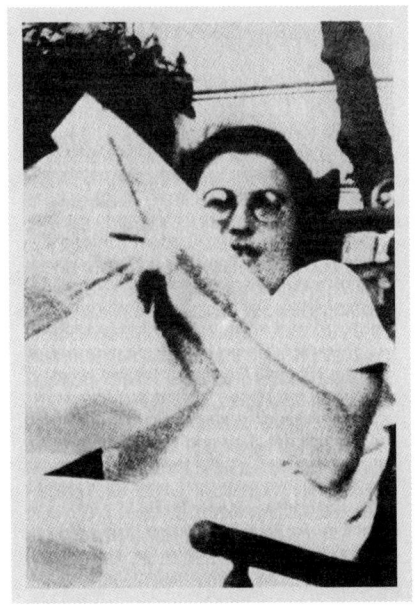

托洛茨基的女儿季娜在土耳其,摄于1931年

---

① 引文摘自季娜的信,存于托洛茨基档案保密部分。在档案中,我还找到了她的照片,是赠给父亲的,下面的题词是:"给食人恶魔"。

家里的其他成员也都很喜欢和同情季娜。他们尽一切努力让季娜感到舒适。娜塔利娅·伊万诺夫娜的处境格外微妙，但她对托洛茨基头婚生的孩子比他本人更亲近，她不仅力求用友谊来消除彼此间的隔阂，而且力求做她们的第二个母亲。她没有被季娜表面上健康状况的好转所迷惑，带着她遍访医生，十分关注她的身体状况。她是那样敏感，当然不会相信潜在的伤害已经永远消弭。因此，当她认为最好是把父女二人单独留下来时，她总是找借口离开。有趣的是，倒是廖瓦跟他姐姐的关系比这要紧张得多。姐弟两人性格不同，廖瓦像他的母亲而不像父亲。他沉着、谦逊、性情稳重。姐姐那热情激昂、火爆易怒的性格很容易使他失去自制，而与此同时，在姐姐的感情里也掺杂有对廖瓦一直在父亲身边而生的忌妒心。但在最初全家人亲密团聚时，在廖瓦准备动身到柏林时，所有这一切还没被察觉。对季娜儿子的到来，全家人都异乎寻常地高兴，他喋喋不休、顽皮淘气，给家里严峻紧张的工作和生活带来一种新的音调。显然，这是已有五个（外）孙子（外）孙女的托洛茨基初次能够自由地表达他作为姥爷的感情吧。

季娜到后不久，一天深夜住宅里着了一场大火。家里的大部分财产和托洛茨基的图书室都被烧掉了。托洛茨基好不容易才把档案和刚刚竣稿的《俄国革命史》第一卷手稿从火中抢救出来。大家都怀疑是有人放火。也许是国家政治保卫局想要毁掉档案？于是开始侦察。对证人进行了盘问，但什么也没发现。"我们所有人都很沮丧不安……"托洛茨基的一个秘书这样写道，"只有托洛茨基本人例外。"举家搬进最近的一家旅馆，"可还没等我们安顿好，他就把手稿摊在桌上，叫来了速记员，开始口述该书的另一章，就好像夜里什么也没发生过一样。"① 几天之后，他们又迁居到君士坦丁堡东面的郊区小镇科季科伊，那里住着许多英国人和美国人。全家这次迁入一栋四周围着带铁丝网的高栅栏墙的木头房子。他们一家和秘书们、警察及渔民在这里住了将近一年，直到他们在比尤克·阿达村的房子重新修好为止。

迁居科季科伊的几个月后，又发生了一次火灾。档案再一次被匆匆忙忙地拖了出来。全家不得不把旁边的几个板棚改为临时避难所，每个人都再次想到可能是有人纵火这个念头。但后来事情查清楚了，火灾的原因出在季娜儿子的身上，他曾在堆着木料、废料和锯末的阁楼里玩火柴。所有的恐惧过后，大家

---

① 约翰·弗兰格尔发表在 1932 年 1 月 2 日《战斗报》上的文章。另见《东方杂志》1931 年 4 月 8 日。

全都感到轻松，大家笑着逗这个"国家政治保卫局的小密探"。

几周过后，季娜旧病复发。她有肺病，已经动过好几次手术。她无法忍受东地中海炎热的气候，对留在国内的丈夫和女儿命运的担忧也折磨着她。疾病和忧虑使她失去了心理平衡。也许，早在她那艰难的童年即已深深植下了根的精神紧张和冲突被后来的经验进一步强化后浮出了表层。她的表现开始失常：沉湎于回忆，开口说出一些迄今为止别人从未从她口中听到过的愿望和抱怨。一种感觉死死纠缠着她，即总觉得自己是个多余的女儿，是父亲的累赘，而她却以全部热情崇拜他这个生机勃勃的革命天才。季娜写道，对父亲的信仰给了她生活及与困难斗争的勇气。没有父亲，生活就成了多余的东西，但她感到自己与父亲之间横着一条不可逾越的障碍。"我知道，我知道，孩子是多余的。他们的出世是对罪孽的惩罚。"① 这就是她掷给父亲的话，看来，在这句指责中回响着她在孩提时代经历的一次恐惧，当时她在被窝里找到的不是父亲，而是一具假人。

处于这种感情波动中的季娜竭力压抑着她从内心不接受父亲第二次婚姻的心理。表面上她对娜塔利娅·伊万诺夫娜亲热温顺，但这里面有一种不自然的取悦于继母的姿态。在她身边，季娜的确是小心翼翼，经常询问她的健康状况，为她牵肠挂肚，对她温柔体贴。然而隔阂还是显露了出来，对这一点父亲和继母也都感觉得到。这种隔阂感时不时地会公然地爆发出来。尽管他们都尽量做出什么都未察觉的样子，但关系还是变得紧张起来。为了不使情况更加恶化，托洛茨基变得缄默起来。但他越是缄默，渴望得到他的信任和亲近的季娜就越不安。她希望至少是充当父亲的助手之一。而他呢，一是考虑到她的身体状况，二是想到她也许还有可能回到留在俄国的孩子身边，因此不鼓励她工作。托洛茨基希望季娜能利用在国外逗留的时间好好治病，也希望她能避免在政治上败坏自己的名声，好像她是托洛茨基的女儿这一事实并未使她永远背上黑锅似的。随着季娜身体状况的逐渐恶化，他感到必须更加爱护她，因此，让她共同工作几乎是不可能的。他不能把反对派在俄国的事务委托给她，而季娜最向往的却恰恰是这个工作。那时，托洛茨基和他在俄国的拥护者们保持着十分广泛的通讯联系，一部分是公开的，而另一部分是通过秘密渠道，署名和地址均用密码。这些密码需要严格保密，而要将它们瞒过一个精神病人，一个将

---

① 季娜1932年2月26日的信。

来一旦回到俄国便可能遭到宗教裁判似的审问的人，密级便须成倍地加大。是地下工作的起码规则要求采取这种防范措施的，但这个不幸的女人却认为这是爸爸不信任她的证明。季娜经常叨咕这句话："对爸爸来说，我是百无一用。"她对自己越来越不满意，对自己的自责越来越严厉，她越来越悲伤，而这逐渐加重的精神失常开始成为大家的心病。夏天，她到离家最近的一家疗养院做了肺部手术。回来后的精神状态略有所好转，但依然忧思重重。

处于悲伤和深切同情中的托洛茨基感到十分内疚而又无能为力。解除患不治之症的女儿的痛苦，居然比同社会顽症作斗争还难。与深入了解季娜病态的个性相比，给德国小资产阶级集体理性中的恐慌症开药方反倒容易得多！马克思主义对社会心理的理解何等深刻，却无力洞察一个人的心理！他看出季娜的脸上和眼睛里已经透露出发疯的迹象，要知道这脸庞、这眼睛多么酷似他啊。对于像托洛茨基这样一个以头脑清晰和严于自律著称的人来说，最难以忍受的就是看着女儿处于没有条理和心神错乱这样的状态中。仿佛理性本身在疯狂中发现了它的最亲近的孩子和它的面貌酷似者。温情与恐惧、同情与反感、骄傲与屈辱——全都集中于托洛茨基一身。他备受刺激、无能为力、暴躁易怒。有时，当季娜充满妒意地想要欺负娜塔利娅·伊万诺夫娜时，托洛茨基提高嗓门，要她注意分寸和礼貌。父亲的大嗓门使她沮丧消沉。一年以后，在回忆起这样的场面时，她给父亲写道："别冲我喊，爸爸，别冲我喊，你的喊叫使我难以忍受。在这点上我像母亲。"随后，她又说："如果我有足够的力量来做此事，那么，世界上没有谁像我那样渴望减轻我带给娜塔利娅·伊万诺夫娜的痛苦了，尽管我是一个无辜的罪人。"①

由于关系紧张，季娜的病变得更凶险，天天夜里说胡话，眼看性命难保。托洛茨基一度考虑要她进行心理分析治疗，为此给柏林的普费姆费尔德一家写了信。季娜不愿去。她说她不愿陷入自己的潜意识这个"泥坑"里去，也无法忍受这样一个想法，即为了与父亲团聚她克服了如此之多的障碍，承受了如此巨大的牺牲，可是才与父亲团聚，又要跟他分手。她还得跟儿子分手，因为她无力照料培养他。尽管如此，季娜还是听从了大家的劝说，于1931年夏天留下了谢瓦只身前往柏林。分手对于父亲和女儿来说都是一件痛苦的事。在给廖瓦的信中，她转述了托洛茨基对她说的话："你是一个令人惊异的人。我从

---

① 俄语是"Без вины виновата"。此信没有标明日期。

未见过像你一样的人。""他说此话时的语调意味深长而严厉。"她补充道。

这是一个为疯狂所困惑并被其挫败的理性的声音。

* * *

当季娜来到德国首都柏林时,那里的生活越来越混乱,越来越恐慌。她是在由希特勒和戈培尔倡议的旨在推翻社会民主党的普鲁士议会的全民公决的几个星期后到达柏林的。纳粹掀起了疯狂的沙文主义运动,号召进行"人民革命",以反对那个"居然会同意奴役和屈辱的《凡尔赛和约》"的党。于是,共产党向普鲁士的社会民主党部长布劳恩(Braun)和泽维林格(Severing)提出最后通牒:如果他们同意某些要求,它就保卫他们的政府,而如果它的要求被否决,它就投票反对这个政府。乍看起来这是对"第三时期"策略的背离,至少这在某种程度上是共产党直接与社会民主党的领袖对话了。而实际上他们这是"集中火力打击社会法西斯",而且,一旦普鲁士政府否决他们的要求,共产党会号召工人反对它。这样一来,共产党不是与社会民主党建立有条件或无条件的统一战线,而是与纳粹建立起了虽未获承认、但更实际的无条件的统一战线,不过他们为了挽回面子,把这一举措称为"红色全民公决"。

于是,在共产党的政策中现在出现了不可救药的、使人沮丧的愚蠢,这一直持续到希特勒掌权时甚至掌权之后。在共产党和纳粹党的旗帜下往往会喊出同样一些口号。纳粹党为了争取那些对社会不满的激进分子而许诺说,在其"人民革命"过程中,他们要和金融资本家算账。共产党则不敢号召进行无产阶级社会主义革命,而侈谈什么"人民革命"能够保障德国"社会和民族解放"并将打碎《凡尔赛和约》的锁链。在共产党的宣传中民族主义精神日甚一日的时候,恰恰是在德国任何东西也没有比遏止种族主义和沙文主义狂热势头更必要、更迫切的关头。尽管社会民主党在全民公决中取胜,但它的后果加剧了工人阶级内部的分裂,加剧了混乱。

托洛茨基对台尔曼和共产国际的"国家共产主义"进行了批判,并以极大的力量揭露了"红色全民公决"的荒谬。托洛茨基指出,所有这些举措都由于共产党与纳粹彼此乃是、而且也不能不是死敌而显得更加令人厌恶。斯大林派为了自我辩解便说社会民主党是在为纳粹铺路。托洛茨基指出,这是完全正确的。但是,如果说社会民主党是在为纳粹的胜利铺路,那么共产党难道就该让这条道路缩短吗?有时候会有这种情况,即革命党和反革命党派会从各自完全相反的立场出发,来攻击同一个"中派"的敌人。然而,马克思主义的党只有在潮流朝着有利于自己的方向发展时才能这样做,而不是在如当今德国那样潮流的发展有利于反革命时。"举着'打倒布吕宁、布劳恩政府'的标语走上街头,这是不折不扣的冒险主义,因为根据力量的对比,取代旧政府的只能是希特勒—胡根伯格的政府。如果无产阶级本身参与了为夺取政权而进行的直接斗争的话,那么同一条标语便会具有完全不同的意义。"甚至直到现在他也未曾稍稍怀疑共产党的善良愿望。然而,"糟糕的是,斯大林的官僚集团试图用法西斯主义自身的武器来反对法西斯主义:它从法西斯主义的政治调色板上借用了某些颜料,并且竭力想在爱国主义的拍卖场上压倒对方。这不是基本阶级政策的方法,而是小资产阶级的竞争手段"。侈谈"人民革命"和将德国从《凡尔赛和约》的锁链下解放出来的人忘记了卡尔·李卜克内西的论断,即"对于工人阶级来说,他的主要敌人在本国之中"。民族主义在共产主义思想中的生根开始于斯大林的一国社会主义,而现在却已嫁接到了台尔曼的"国家共产主义"身上了。"……思想不仅具有自己的逻辑,而且具有自己的爆破力",共产国际恬不知耻地想要在民族主义的蛊惑宣传方面战胜希特勒,表明"斯大林主义的精神空虚"。[①]

　　托洛茨基认为,他们用来做赌注的不仅是来之不易的德国工人运动的成果,还有文明的未来;随着纳粹主义兴起,中世纪的阴影开始笼罩欧洲。希特勒如果获胜,他不仅会保留资本主义,而且还会把它拉回到野蛮时期。发狂的小市民"否定的不单是马克思主义,甚至还有达尔文主义",并且用10或11世纪的神话与18和19世纪的理性主义和唯物主义相对抗。这一假设的种族优越论刺激着德国最贫穷的一部分中产阶级的自豪感,为其提供了一条摆脱日常生活困境的虚假的出路。国家社会主义在其野蛮的反马克思主义和摒弃"经济史观"中更为堕落:"从经济唯物主义转向动物唯物主义"。纳粹主义"将国际政治思想中的垃圾全部收集到一起……以便拼凑一个新德国救世主义的政治理性宝库"。它唤醒并且集合了在"文明化了的"阶级社会这层薄薄表皮之下躁动着的全部野蛮力量,它动用了取之不竭的黑暗、蒙昧、兽性的储备。托洛茨基把纳粹主义界定为:"社会在其正常发展(也即向社会主义发展)的条

[①] 《反对国家共产主义——红色全民公决的教训》,载《反对派通报》第24期。此文在德国曾出过单行本。

件下，一定会将之作为文化粪便……而摒弃的一切全都通过它的嘴排泄了出来：未及消化的野蛮撕裂着资本主义的文明，这就是国家社会主义的生理学。"① 这句令人产生深刻印象的话使人感到他已经预见到了第三帝国的焚烧书籍和毒气室。

30年代初的共产主义（和非共产主义）舆论竟然会漠视这一针对纳粹主义的哲学历史观，这个事实也许不会使一位历史学家惊奇。然而对他来说，远比这点更难理解的是：为什么苏联以及全世界广大的共产党员群众也会对托洛茨基关于威胁着苏联的那一危险所作的预言置若罔闻。1931年，即在莫斯科保卫战的十年前，托洛茨基就写道："法西斯主义在德国的胜利意味着反苏战争不可避免。"② 而在当时，莫斯科把法国当做是苏联在西方的主要敌人，而且担心很快就会遭到来自刚刚占领满洲的日本的打击。如果说纳粹主义的成功当时曾引起过斯大林及其幕僚们的担心的话，那么这种担心也是微乎其微的。尽管希特勒早已扬言要消灭布尔什维主义、征服东方，但斯大林以为那只是"叛乱者"希特勒的主张，而身居总理之位的希特勒未必会拒绝接受德国从其与俄国的关系之中——即根据《拉帕洛条约》——获得的好处。斯大林期待的是，要把德国重新武装起来的希特勒会与法国冲突，而这会迫使他放弃敌视苏联的政策。共产国际之所以鼓励德国共产党员给希特勒反对《凡尔赛和约》的运动以模棱两可的支持，并不是偶然的：这一运动应能使希特勒放弃领导西方反对布尔什维主义的十字军远征的野心。

托洛茨基与不理解纳粹主义蕴含的国际后果这一现象进行了斗争。他不相信法国仍像在武装干涉时期那样是俄国的主要敌人。托洛茨基断言："在目前，没有一个正常的资产阶级议会政府敢冒以战争反对苏联的风险：这样的行动会在国内引发无穷的后果。但只要希特勒一掌权并摧毁德国的工人阶级，使其在以后许多年中不能恢复元气，他的政府将是唯一能进行一场反苏战争的政府。"③ 托洛茨基同样也不相信日本会对苏联构成真正的威胁。他预料到，占领满洲后的日本会陷入一场同中国的旷日持久的消耗战中，而这场战争将把日本的力量从苏联引开，并能加速中国革命的进程。"东方的基本条件是地域辽阔、人口众多、经济落后，这就表明整个过程（即日本占领的过程）将是缓

---

① 《什么是国家社会主义》，见《托洛茨基文集》第3卷，第391—399页。
② 《托洛茨基文集》第3卷，第100—101页。
③ 同上。

慢而又艰难的。无论如何,苏联的远东地区不会受到直接和严重的威胁。今后一段时期中的危机事件将发生在欧洲和德国",在那里,"政治和经济的对抗已达到空前尖锐的程度……而且结局即将揭晓"。他再次指出:"今后许多年中,不仅德国的命运……而且还有欧洲和全世界的命运,都将取决于德国。""苏联的社会主义建设、西班牙革命的发展、英国革命形势的高涨、法国帝国主义的未来、中国和印度革命运动的命运——所有这些问题……都归结于一点:在今后数月中,谁将在德国取胜?是共产主义还是法西斯主义?"①

托洛茨基认为,希特勒如若组织反苏的十字军远征,就会得到世界资本主义的支持。而这将导致"苏联陷入可怕的孤立之中,迫使它必须在最艰苦和最危险的条件下进行殊死的战争"。"如果法西斯把德国工人阶级粉碎了的话,那将意味着苏维埃共和国至少灭亡了一半。"只有当工人成功地阻止了希特勒掌权,德国、苏联和世界才能从灾难中获救。因此,斯大林在对德关系上的政策既违背了苏联的也违背了德国共产主义的根本利益。苏联的安全与无产阶级的国际利益是不可分割地联系在一起的。多年以来,斯大林和共产国际一直在叫嚷什么反苏的十字军远征即将开始;而现在,当危险已成为现实时,他们反倒沉默了。何况,纳粹夺权的企图"必定会导致红军的总动员",这应当成为一条"公理"。对于一个工人国家来说,这就是革命的自卫。……德国不仅仅是德国,它还是欧洲的心脏。希特勒也不仅仅是希特勒,他还是担任超级弗兰格尔角色的候选人。但红军也不仅仅只是红军,它是无产阶级世界革命的工具。②

几个月以后,在 1932 年 4 月,托洛茨基以更加有力的方式重新表述了这一思想。埋头于政治与外交成规中的人们看不到正在发生的事情。正如他们在第一次世界大战前夕那样。"我与莫斯科现政府关系的性质使我无法以它的名义或根据它的意图说话。……现在,我可以极为坦率地按我的观点说说一旦德国发生法西斯政变苏联政府应当如何行动。设若我处于他们的位置,一旦收到通报这一事件的电报,我会立即签署动员令来招募若干年龄段的人。当局势的逻辑表明战争将不可避免之时,面对死敌居然给他时间,使他得以强大、得以巩固自己的阵地、得以结盟……得以制订进攻方案,这是不负责任的和不可饶恕的。"他再次指出:"希特勒德国与苏联之间爆发战争将是不可避免的,而

---

① 《托洛茨基文集》第 3 卷,第 95 页。
② 同上,第 10 页。

且为期不远。"考虑到这一点,谁首先发起进攻就是次要问题了。托洛茨基没有忘记法英两国的某些人希望维持西方原状和凡尔赛体系而怂恿德意志帝国东侵,他写道:"无论巴黎人抱有什么幻想,我可以充满信心地预告,凡尔赛体系将首先被布尔什维主义与法西斯主义之间的这场战火吞没。"①

共产国际的出版物立刻痛斥托洛茨基是"叛徒",是企图挑动俄国与德国冲突的"战争贩子"。在共产国际以外也有许多人觉得他的大胆的声明过于鲁莽。然而如果人们考虑到,由于德、英、美缩减军备,甚至在30年代初苏联就已是世界上最大的军事强国了,那么托洛茨基的立场就不会显得如此鲁莽。实质上托洛茨基并未鼓动苏联进行反德战争,即便是反对纳粹德国的战争。1933年,在希特勒成为总理以后,托洛茨基声明说在当时的局势下动员红军是毫无意义的。而在此之前他的观点却截然相反,托洛茨基推断希特勒不得不采用武力来夺取政权,因为他不相信德国工人会一枪不放地允许希特勒成为国家的主人。在假设德国发生内战的条件下,他坚持认为红军有义务介入。② 当然,这可能是一种有风险的行动方式,但其风险要少于消极等待希特勒掌权和重新武装德国。托洛茨基的这一立场在政治上是革命的,在军事上与丘吉尔在四或五年以后所采取的立场是相近的。丘吉尔号召英法两国政府宣布总动员、进行军事准备,以便制止希特勒的军队进入莱茵河地区。这一立场奠定了丘吉尔成为第二次世界大战年代里英国领袖所需要的无可争议的威望。而托洛茨基得到的却只有诬蔑和诽谤而已。

此时,纳粹的狂潮铺天盖地。1932年春,德国将举行大选。希特勒推自己为候选人。社会民主党和共产党两党的候选人所得选票必定会多于希特勒或其他竞争者。同年,在分为两个阶段的议会大选中,共产党和社会民主党所得选票始终多于1300万张。但社会民主党决定投票支持老朽不堪、已经退休的前总统兴登堡竞选,而在此前的大选中他们曾竭力反对他,认为他是反动的德意志帝国的象征,现在他们却竭力想躲在这位老者的背后。共产党号召工人投票选举台尔曼。再次当选后的兴登堡一上台就迫不及待地给予议会制度和社会民主党以最后的打击。他解除了布吕宁的职务,后者优柔寡断地试图取缔希特勒的冲锋队并引起东普鲁士容克贵族的仇恨。兴登堡的新总理冯·巴本(Von

---

① 《托洛茨基文集》第3卷,第104—105页。
② 此文最初刊登在1933年4月15日的《美洲论坛》上。同上,第233—240页。另见《希特勒与红军》,载《反对派通报》1933年5月第34期。

Papen）取消了对冲锋队的禁令，1932年7月20日以法令形式取缔了社会民主党的普鲁士政府。而纳粹曾想以全民公决的方式推翻这个政府，但未能做到。这一事件的悲喜剧性质颇耐人寻味：一个指挥一个排士兵的中尉竟将普鲁士总理和名义上领导整个普鲁士警察局的内务部长赶出了办公大楼。当共产党草率敷衍地向社会民主党建议号召举行总罢工并答应提供支持时，为时已晚。社会民主党又一次拒绝同"左派敌人"协同行动，他们幻想冯·巴本和兴登堡的智囊［其主要动力是施莱希尔（Schleicher）将军］能以智取胜并遏止希特勒。这是魏玛共和国存在的最后几个月中广泛流行的一种幻想：在普鲁士，能如此轻而易举地一举攻破社会民主党"堡垒"的冯·巴本在工人眼中是一个强有力的人物，仿佛他已从希特勒手中偷走了雷霆，纳粹运动顷刻间就会失去其惯性了。①

　　正是为此，托洛茨基的分析和预言的精确性就更应使人惊奇。"工人从事斗争的准备越是不足，"托洛茨基指出，"巴本政府的出场就越能给人以力量的假象……"但这还不是法西斯政变。政变尚有待发生。巴本无法以巧妙智谋战胜希特勒，也无法阻止纳粹专政的建立，因为他甚至连布吕宁那点儿有限的力量也不具备：支持他的只有普鲁士官僚政体中最腐朽的那部分。他无法控制跟着希特勒走的数百万人的狂怒和愤懑，要做到这一点只有靠数百万工人的决心和战斗精神。但工人们又从哪儿得到这种精神呢，因为他们看到的是，普鲁士的社会民主党政府居然会只让人"在鼻子上轻轻一碰"就被推翻，而许多年以来一直告诉他们德国已经是法西斯德国的德国共产党，现在却号召他们举行全国总罢工以反对巴本的"法西斯"政变来捍卫"社会法西斯主义"的普鲁士政府。然而，无论工人处于什么样的慌乱状态，二者必居其一的抉择依然存在：不是纳粹获胜就是工人阶级获胜，第三种结局是不会有的。托洛茨基坚持认为，巴本执政的期限不会超过"百天"，而在他之后继任总理之位的施莱希尔的情形也与之相仿，尔后，国防军和容克贵族会与纳粹结盟并期望使之驯服。而所有这一切都是徒劳的："从政治上说，一切所能想到的与希特勒联合的形式都意味着将官僚政治、法庭、警察和军队融入法西斯主义之中。"托洛茨基断言，即使是现在建立工人"联合阵线"也不太晚；但"多少时间已被毫无目的、轻率和可耻地白白浪费掉了！"②

---

① 参见W. L. 夏伊勒：《第三帝国的兴亡》，第158—160、170—172页及同书各处。
② 《团结之路》，另见《反对派通报》第29—30期。

大约就是在这个时期,托洛茨基与共产国际在西班牙革命的问题上发生了争论。普里摩·德·里维拉(Primo de Rivera)的独裁于1930年垮台,随后在1931年4月,君主制也垮台了。在德国从资产阶级民主制度变为专制制度的时候,在西班牙却发生着完全相反的事。而共产国际在这两个国家中却遵循了同一个"第三时期"政策。德国共产党声明,法西斯主义和资产阶级民主的对立没有意义,而西班牙共产党也同样对君主制与共和制的冲突不予考虑。1930年2月普里摩·德·里维拉垮台后,曼努伊尔斯基在莫斯科共产国际执委

1923—1930年的西班牙独裁者普里摩·德·里维拉

会会议上说:"此类运动在历史屏幕上不过是小事一桩,它在工人阶级的头脑里是不会留下深刻痕迹的。……一次罢工的意义也要比一场类似西班牙这样的

'革命'的意义更大……"① 一场吸引世界关注几乎整整十年之久的革命，却只是被加上引号地一带而过。阿尔丰沙国王的退位使共产党措手不及。在此之后当民主选举整个国会的要求响彻整个西班牙时，共产党的官方代表如同无政府主义—工团主义者那样断言工人和农民从任何议会中都得不到任何好处，并起而抵制选举。与此同时，共产国际声明，由于国家落后，西班牙革命应当停留在"资产阶级民主主义"的范围以内，断言"无产阶级专政尚未提到日程上来"。在此不难看出发展为托洛茨基不断革命的反题的、曾被应用于1925—1927年的中国的斯大林教条。这一教条又要贯彻在斯大林对西班牙革命的所有阶段的政策之中。在下一个阶段，即1936—1938年间，这一教条还被用来为共产党与资产阶级政党在人民阵线中的联合，为共产党"温和"政策及其反对西班牙马克思主义统一工人党、托洛茨基派成员和激进的无政府主义—工团主义者的惩罚行动作辩解。但在30年代初，这一教条以一种不可思议的方式与极左策略结合起来，即同否定召开立宪会议、民主自由这些资产阶级革命的典型要求结合起来。

托洛茨基断言，为了不至失败，西班牙革命应当像俄国革命那样从资产阶级革命转入社会主义革命阶段。根据社会结构、阶级力量的配置，在所有欧洲国家中，西班牙的社会结构和各政治力量结盟的情况与1917年前夕的俄国最为相像。西班牙也和俄国一样，工人苏维埃或工人委员会负有成为革命机构的使命，托洛茨基在坚持革命发展的不间断性的同时，要求共产党采取更为实际的策略，提出或支持争取普选权、召开立宪会议和加泰罗尼亚及巴斯克地区的民族自决权，首先要支持农民争取土地的斗争要求。农民当然期待议会能解决土地问题，共产党就必须在议会的讲坛上宣布自己的土地纲领，哪怕只是为了鼓励农民从事超越议会的行动。而按照"第三时期"政策，当人们倾向于蔑视和抵制议会时，他们是无法做到这一点的。"议会克汀病是一种十分讨厌的病症，而反议会克汀病也好不到哪儿去。"托洛茨基指出。难道1917年布尔什维克没有号召过召开立宪会议吗？对西班牙来说，议会政治比在俄国更重要，因为革命的节奏将更缓慢，而且，西班牙共产党在采取行动时应更多汲取的不是俄国的经验，而是法国大革命的经验。雅各宾党人专政之前曾经有过三个国民会议，而在西班牙将会出现某种类似现象。

---

① 但同年晚些时候，共产国际执委会机构又指责西班牙共产党未能理解这些事件的革命意义。参见《共产国际》1930年第34—35期。

西班牙共产党不仅仅是迷失了方向而已，这是一个弱小的党。这也是一个被斯大林的正统思想必然引起的分歧而肢解的党。这个党已经将若干托洛茨基主义与半托洛茨基主义的团体和党的缔造者与领导人安德列斯·尼恩开除出党。分裂是后来几年西班牙共和国陷入混乱的原因，而反尼恩的运动则以他被杀而告终。早在1931年4月，君主制被推翻仅几天后，托洛茨基就在给莫斯科政治局的密信中强烈抗议在西班牙迫害异端者的行动。他提醒说，1917年在列宁领导下的布尔什维克没有计较过去的分歧，而是与所有与其相近的团体实行了联合。而他本人就是在那时加入布尔什维克党的。布尔什维克当时认为，他们的这种策略以及他们在党内自由辩论的基础上奠定的统一和纪律的能力肯定会在党夺取政权的斗争中使党变得更加强大。托洛茨基问道："西班牙无产阶级先锋队是否可以通过其他途径和方法形成自己的观点并使自己充满对其正确性不可动摇的信念，而仅凭这一信念就足以使自己带领人民群众走向决定性的进攻呢？"对异端者的围攻会使普通党员头脑混乱、士气低落，从而加速法西斯的胜利，这将"对整个欧洲和苏联产生严重的影响"。托洛茨基请求政治局向西班牙共产党组织建议——"只是建议而非命令"——要求他们召开一次联合代表会议，他建议他的追随者在这点上进行合作。"西班牙事件的进程每天都将证实统一共产党队伍的必要性。这一沉重的历史责任将由那些挑起分裂人来承担。"莫斯科没有给这封信以任何答复。而在这份文件中，的确指出了七八年后导致西班牙革命失败的种子。

* * *

在论战最激烈的时候，斯大林剥夺了托洛茨基的国籍和重返俄国的权利。1932年2月20日的《真理报》公布了有关的命令，其理由是托洛茨基的"反革命活动"，但却没有具体指出是哪些罪行。这是前所未有的迫害，那些在第二国际领导机构任职的孟什维克和社会革命党人侨民曾在它的物质和道义的支持下从事反布尔什维克宣传，此前也尚未被剥夺苏联国籍。为了弥补这一疏漏并多少掩饰一下其主要目的，2月20日命令同时还剥夺了大约30名孟什维克侨民的国籍。

在这个"混合物"中隐藏着歹毒的阴谋。与托洛茨基不同，孟什维克的领袖们并未曾被驱逐出境。其中多数人在1921—1922年间被"奉劝"出国——如果他们不愿受到迫害的话。于是他们离开了俄国。决定给孟什维克提出这个"建议"的是列宁,而托洛茨基无疑是赞同这一决定的。托洛茨基对孟什维克的仇恨直到流亡中也未曾改变,而这一仇恨使他在2月20日驱逐令以前的几个月时严重失策。1931年,在莫斯科对孟什维克分子进行可耻审讯过程期间,托洛茨基完全同意检察官对他们的指控。被告苏汉诺夫(Суханов)、格罗曼(Громан)等人被控犯有经济怠工和与侨民勾结的罪行。指控根据的是一些伪证和"供认"①。托洛茨基的立场部分出于以下原因,即检察官在对主犯、前国家计委顾问格罗曼的指控中说他企图给第一个五年计划制造混乱的说法含有真实的成分。格罗曼的确曾在相当长的一段时期中支持斯大林和布哈林的政策,抵制托洛茨基的工业化纲领。在法庭对其审判时,托洛茨基指出,由于有斯大林的纵容,格罗曼及其一伙对苏联经济实施怠工,直到"左倾方针"才结束了斯大林的纵容,使孟什维克坐到了被告席上。② 尽管这一情况能够解释托洛茨基何以会同意检察官的指控的原因,它却无法为托洛茨基辩解和开脱。嗣后,托洛茨基曾公开表示他对自己所犯错误的遗憾。③ 然而这一事件表明,托洛茨基依旧是那么狂怒地仇恨孟什维克,因此不难想象,斯大林将托洛茨基和孟什维克"怠工者"一起钉在耻辱柱上,以一道指令同时剥夺了他们的国籍,他会感到何等反常的喜悦。

继此次事件之后,很快就发生了相当神秘的"图尔库尔事件"。1931年10月31日《红旗报》发表的一篇文章声称,以前曾在国内战场上指挥过白军的侨民将军图尔库尔打算利用王子群岛警卫松懈的情形组织对托洛茨基的暗杀活动。文章还说,如果暗杀得手,暗杀者们将把罪过转嫁到苏联政府身上。这些话听起来相当可信。但使人惊奇的是,《红旗报》居然会披露此事。在托洛茨基坚持下,他的朋友们向柏林和巴黎的苏联大使馆递交了呈文,提醒说苏联政

---

① 检察官认定被告全都听命于孟什维克的侨民领袖P. 阿布拉莫维奇,说后者曾秘密潜回俄国检查地下组织的工作。阿布拉莫维奇则证明,在检察官所说的那段他在俄国活动的时间里,他正在布鲁塞尔参加第二国际执委会会议,并与莱昂·布吕姆、王德威尔得等社会民主党的领袖一起在群众集会上发表演说。

② 关于托洛茨基对审判孟什维克的最初评论参见《反对派通报》1931年第31—32期,第25—36页。30年后,即1961年7—9月,孟什维克的《社会主义信使报》发表了H. 亚斯内的回忆格罗曼的文章,文章证实了格罗曼在布尔什维克派别斗争中所起的作用,正如托洛茨基所描写的那样,尽管在法庭所强加给他的那些罪名上他当然是无辜的。

③ 参见《反对派通报》1936年7—8月第51期。促使托洛茨基承认错误的是廖瓦,他是在季诺维也夫和加米涅夫审判案前夕承认错误的。

府曾允诺保护托洛茨基在流亡中的生命安全，并要求履行这一职责。莫斯科没有理睬这一请求；于是托洛茨基断定《红旗报》的目的只有一个：那就是为谋杀提供斯大林不在现场的证明。于是，托洛茨基的拥护者们便向苏联政府提交了一份声明（可以清楚地看出它带有托洛茨基的风格）："斯大林关心的不是如何制止白军实施他们预谋中的行动，而仅仅是防止他们把从事恐怖活动的罪责加在斯大林及其代理人的头上。"① 斯大林以间接方式，即通过共产国际作了回答。他指责托洛茨基忘恩负义，如此报答他斯大林对他的关怀，该答复暗示托洛茨基的生命的确处于来自白军的威胁之中。② 斯大林现在惩罚了"忘恩负义者"，剥夺了托洛茨基的国籍，甚至连对他加以形式上的那一点儿保护也剥夺了。而这种保护是任何一个政府都应为它在国外的属民提供的。

　　这一行动旨在达到处死布柳姆金所未能达到的目的——切断托洛茨基与其在苏联的拥护者之间的所有联系。尽管官方对信件实施审查和没收，但托洛茨基还是能收到来自流放地和监狱的大量信件。在柏林，廖瓦竭力与到这里来执行任务的老同志建立联系，并把成败结果汇报到王子群岛。1931 年春，他和皮达可夫邂逅。此人曾是朋友，而现在正如廖瓦说的那样，"这个火红头发的犹大扭过头，装作没看见我的样子"。在这之后，7 月里，廖瓦走进一家大百货商店时意外地见到了伊万·斯米尔诺夫，此人在投降以后在苏联工业界身居高位。他们拥抱在一起。斯米尔诺夫热情询问了托洛茨基及家人的身体状况，倾诉了一个投诚者的一腔苦水，讲述了苏联的阴暗形势和人们的普遍不满。尽管他向斯大林投降时的希望已经变为失望，但他仍无意重新斗争而宁愿采取观望态度。但斯米尔诺夫说他和他的朋友们将十分欢迎与托洛茨基及其拥护者"联合"，其直接目的是交流信息。至少，他还想与托洛茨基保持联系。他在准备返回莫斯科时，答应以后将通过可靠朋友将综述苏联国内经济和政治情绪状况的文件传递过来。他俩约定了使者见面时使用的暗号。早秋时节，从前的老布尔什维克、现在的投诚者 E. C. 戈尔茨曼带来了斯米尔诺夫转交的备忘录，一年后发表在《反对派通报》上的这份文件中首次公布了集体化运动期间屠宰牲口的巨大规模、工业严重的比例失调、通货膨胀对整个国民经济造成

---

　　① 这封信被秘密地发往莫斯科。托洛茨基只是在自己被剥夺国籍以后才公布了这封信。参见《反对派通报》1932 年 3 月第 27 期。
　　② 答复以秘密通告的形式由共产国际执委会发给各国共产党中央委员会。落在托洛茨基手中的是一份通告副本，保存在托洛茨基档案保密部分中。

的损失，等等。备忘录结尾是下述意味深长的结论："鉴于现任领导无力摆脱经济和政治困境，必须更换党的领导的信念正在与日俱增。"廖瓦和戈尔茨曼经常碰头并讨论苏联的发展。

斯米尔诺夫和戈尔茨曼的话不仅代表他们自己，而且也代表了许多投降者，他们虽不无胆怯，但却明确地将目光转向托洛茨基。他们既为德国上空越来越浓的暴风雨而忧虑，也为本国的形势而忧心忡忡。他们为德国共产党的瘫痪状态而担忧，并满怀好感地关注着托洛茨基的活动。其中多数人头脑里已经形成一个看法，后来由拉狄克把它说了出来。1933年，他在与一位德国共产党员推心置腹地谈话时指了指斯大林在克里姆林宫的办公室，说："那里坐着的人应对希特勒的胜利负责。"① 看不到改变共产国际政策的出路何在、灰心失望而又士气低落的投降者们现在后退了几步，转而同托洛茨基反对派接近起来。这些都没有逃脱斯大林的注意，他为使党免受托洛茨基的影响作出了最大的努力。斯大林此刻开始后悔把托洛茨基赶出俄国使之有可能向全世界传播他的思想。斯大林决定弥补自己的过失：在被剥夺了苏联国籍的托洛茨基身上永远打上流亡的烙印。今后如有任何苏联公民想与托洛茨基联系的话，他的罪过不仅是与国内反对派可耻的首领联系，而且是在与外国阴谋家联系。

托洛茨基以一封致苏联中央执行委员会主席团的"公开信"作了答复，2月20日的命令就是以后者的名义颁布的。② 他揭露了这条命令的非法性质（把它称做"热月政变风格的大杂烩"，"软弱无力而又可怜兮兮的""斯大林的个人报复行动"），同时还对10年党内斗争作了总结。"你们以为以你们2月20日的一纸欺诈性指令就可以遏止布尔什维克批评的发展了吗？就可以阻止我们去履行自己的义务了吗？就可以吓跑和我们思想一致的人了吗？……反对派将跨越2月20日的决议，就如同一个工人前往他的劳动地点的路上跨越一片水洼一样。"他知道，这样的迫害并不是斯大林的"最后手段"。"他的武器库是我们所熟知的……你们对斯大林的了解不比我差。你们当中的许多人在与我本人的私下交谈或在与我接近的人的谈话中不止一次地评价了斯大林，而且这种评价不带任何幻想。"接着，他转向斯大林周围的那些人，那些"机关

---

① 《红旗报》的前出版家和"红色阵线"的领导人E. 沃伦贝格写道："1933年初，季诺维也夫对我说：'如果不算德国社会民主党，斯大林应对希特勒的胜利负主要历史责任。'"见E. 沃伦贝克：《红军》，第278页。

② 《反对派通报》1931年第27期。

工作者"，向他们的良心、同时也向他们的利益发出了呼吁。托洛茨基力图使他们相信，在斯大林的专制统治之下，他们非但什么也得不到，而且还会丧失许多。他清晰地讲述了斯大林使他们和全党蒙受的屈辱。

> 你们是站在老布尔什维克近卫军这面旗帜之下向"托洛茨基主义"开战的。你们用"列宁的中央委员会的集体领导"来对抗你们自己虚构的托洛茨基对个人领导权的觊觎。而由集体领导保留下来的是什么呢？从列宁的中央委员会保留下来的还有什么呢？凌驾于工人阶级和党之上的机关奠定了凌驾于机关之上的斯大林个人专政。如今，宣誓忠于"列宁的党中央"几乎等于公然打出谋反的旗帜。而唯一可以容许的忠诚公式就是以斯大林的名义起誓——演说家、宣传家、记者、理论家、教育家、运动员都必须在自己的发言、文章和演讲中加入赞扬"斯大林领导下的"中央政策的英明这样的语句，也就是说骑在中央头上的斯大林永远正确。这意味着，每个党和苏维埃工作人员，从苏维埃人民委员会主席到小小的州办事员都必须面向全国公开宣誓，一旦中央委员会和斯大林之间发生分歧，他，签字人，将支持斯大林反对中央委员会。

斯大林正在压制着自己那一派，而此派过去和现在一直都在帮助他镇压他的所有对手。他在自己那一派的内部又组建了一个人数更少的个人的派别，通过特工、暗号和密码等进行工作。他全力以赴力求彻底消灭反对派。2月20日指令即由此而来。它的作用是放开手脚，以便与自己周围的人和拥护者算账。"机关工作人员"为自己利益着想应当拒绝听命于斯大林。只有这样他们才能拯救自己。

> 斯大林的力量永远不在他自身，而在机关……斯大林一旦与机关分开，或与机关对立，他就是个微不足道的家伙，就什么也不是。……现在该戳穿斯大林神话了。现在你们应当信任工人阶级和真正属于它的党，而不是什么伪党……你们还想沿着这条（斯大林的）道路往前走吗？！但前面已经无路可走。斯大林已把你们领进入绝境。……现在应当重新审核苏联的整个体制，并无情地清除它身上积聚起来的垃圾。现在必须完成列宁的执著的建议：罢免斯大林！

托洛茨基的这一席话显然是说给斯大林官僚集团的领导人物听的，而并非向普通的布尔什维克呼吁。旨在改革而并非推翻执政党的托洛茨基是应当向他们发出呼吁的，因为只有几乎清一色的斯大林派成员组成的中央委员会，才能本着宪法原则进行改革。实质上，托洛茨基是在促使老斯大林派的领导人开始——而这是在1932年呀！——非斯大林化，而其中某些人在20年以后即斯大林逝世以后才着手进行这一非斯大林化的工作。尽管没有什么人跟托洛茨基走，但他所发出的号召无论如何不是无的放矢的，因为斯大林与普通拥护者之间的冲突导致后者大多数人死于非命。观察他们之间这场冲突的托洛茨基丝毫也不想缩小它的意义，尽管实际上他只是在更通俗的论战文章中触及这个问题。我们知道，这是苏联史上最危险、最阴暗的一个时期，整个民族都感觉到了农业中一场灾难和饥馑的全部力量，通货膨胀造成的混乱似乎眼看要把工业的艰难发展拦腰斩断。"失败与挫折接踵而来。斯大林的声望几乎跌到了零点。他紧张地关注着冲击克里姆林宫宫墙的日益高涨的不满和怨怼的浪潮。"——我在另一本书中这样描述了这个时期。① 应当补充的是，不满不光冲击着克里姆林宫宫墙，而且冲破了这堵墙。

斯大林与其幕僚的分歧早在1930年就已露头。在《胜利冲昏头脑》一文中，他刻意拒绝在集体化过程中使用暴力，而且越过中央委员会，以农民唯一的保护人形象出现在全国面前。中央委员会提出了抗议。斯大林不得不告诉人民，不仅是他一个人，整个中央都在号召结束专横武断现象。下一轮分歧是在同一年中因雅罗斯拉夫斯基的失宠而引起的。此人曾是斯大林派的台柱子之一，是其正统性的最狂热的捍卫者，也是党史教科书的作者。这部党史乃是一部伪造著作的典范，曾作为党内斗争的教条迷宫中的指南而受到欢迎，并被灌输进了党员的头脑中。现在也正是这本教科书给雅罗斯拉夫斯基带来了不幸。斯大林突然发现这本教科书充满异端邪说，便下令废止。在20年代中写成此书的雅罗斯拉夫斯基无法使其达到能使1931年的斯大林满意的程度。伪造历史的人也不是在真空中工作的。伪造的范围和放肆程度取决于由时间本身的推移、淡漠和此前的歪曲而造成的对人物和事件的遗忘已达到何种程度。在20年代，雅罗斯拉夫斯基不得不顾及到一个事实，即许多读者对革命和国内战争年代还记忆犹新。而在1931年，斯大林所要求的伪造术就更多了。随着他的

---

① 本书作者的《斯大林政治传记》，第332页。

流亡的先知：托洛茨基 1929—1940

雅罗斯拉夫斯基

权力的逐渐强化，他需要按照他的身材来重新剪裁历史这块布料。若干年以前，任何一本斯大林派成员的著作只需把托洛茨基说成是"背离布尔什维主义的人"和把斯大林捧为列宁主义的可靠阐释者就够了。而现在，任何一部教科书的作者都必须说托洛茨基一直就是一个狂热的反革命分子，说他是叛徒，甚至在他当彼得格勒苏维埃主席和陆海军人民委员时就已是叛徒了。而且，还要迫使人们忘掉这个坏蛋一度曾经担任过如此之高的职务，再把从托洛茨基身上剥下来的所有华美的外衣全都披在斯大林身上，并要确立马克思—恩格斯—列宁—斯大林之间毋庸置疑的正统传承关系。此类伪造之所以必须达到如此极端的地步，不是出于斯大林派整体利益的需要，而仅仅是出于斯大林个人专制的需要。当时的斯大林派成员是把斯大林当做彼此平等的一批人中的第一人对待的，雅罗斯拉夫斯基的教科书反映的就是这样一种观点。书中对斯大林主义当然多有赞扬，但并未刻意突出斯大林本人，并未称他为超人的天才而使他凌驾于自己一派之上。所以得把雅罗斯拉夫斯基打下去。但这在虔诚的斯大林派成员中引起了如此之大的恐慌，以致使得雅罗斯拉夫斯基的被贬黜很快解除了（作者当时正在莫斯科，听到了许多使最"正统"的党员感到恐慌的令人焦虑不安的故事)。

也在1931年,梁赞诺夫被免除了马克思恩格斯研究院院长职务,这件事更具有戏剧性。这位知名的马克思主义学者很久以前就不再从事政治活动,尽管他与托洛茨基的友谊深长,但对斯大林绝对忠诚,他把自己的精力全部用在研究院里丰富的档案和藏书上。研究院只要有梁赞诺夫在,就足以保证保存它的经典马克思主义的科学传统,但这在斯大林想把研究院变成个人崇拜的圣殿的时代便显得有些不合时宜了。因此,梁赞诺夫被赶出莫斯科,借口是他与孟什维克合谋企图隐藏某些未发表的马克思著作。①

与所有这一切相关的另一件事是斯大林对《无产阶级革命》杂志编辑的臭名昭著的攻击,他指责他们"夹带"托洛茨基的"私货"。该杂志发表了一篇关于布尔什维克在1914年以前对待罗莎·卢森堡的态度的历史论文,对这位革命家和马克思主义者的功绩给予了应有的评价。这件事本无任何反常之处,因为自从1919年卢森堡被杀害以来,每年在她的忌日,共产党都隆重地纪念她。从1924年列宁逝世周年纪念起,苏联开始每年都举行隆重的叫做"三Л"②的悼念活动。而现在斯大林认为,卢森堡的思想与托洛茨基主义相似,骨子里是仇视布尔什维主义的。与托洛茨基主义的相似是毫无疑问的;然而在此之前,斯大林派成员所反对的都是活着的反对派领袖,而从未反对过鬼魂。现在斯大林开始怀疑,给鬼魂以应有的评价就是变相地为托洛茨基翻案。

> (斯大林写道)我认为推动编辑部走上这条道路是目前在一部分布尔什维克中间相当流行的那种腐朽的自由主义。有些布尔什维克认为,托洛茨基主义是共产主义的一个派别,它固然犯了错误,干了不少蠢事,有时甚至具有反苏维埃的性质,但总还是共产主义的一个派别。由此产生了对待托洛茨基分子和具有托洛茨基思想的某种自由主义态度。几乎用不着证明,这种对托洛茨基主义的看法是极端错误和有害的。事实上托洛茨基主

---

① 托洛茨基为梁赞诺夫所作的辩护刊登在《反对派通报》1931年5—6月第21—22期上。身为马克思恩格斯研究院院长的梁赞诺夫,在收集马克思恩格斯手稿上所作的贡献比任何人都大。他所得到的马克思大量手稿中,有几封马克思致考茨基的信。考茨基在将手稿交给他时提出的条件是,其中几封含有批评考茨基内容的信件不要在考茨基生前发表。作了承诺的梁赞诺夫始终未将它们发表出来,直到斯大林需要找个借口将其逐出研究院并令其名誉扫地之前,谁都没有利用这个事实来整梁赞诺夫。

② 列宁这个姓的第一个字母是"Л",卢森堡、李卜克内西被译成俄文时第一个字母也都是"Л"。——译者注

义早已不再是共产主义的一个派别了。事实上托洛茨基是反对共产主义、反对苏维埃政权、反对苏联社会主义建设的反革命资产阶级的先锋队。……正因为如此,对托洛茨基主义,哪怕是对已被击溃的和暗藏托洛茨基主义采取自由主义态度就是糊涂到近乎犯罪,近乎背叛工人阶级。①

斯大林现在与之冲突的不仅是自己周围人们身上那种"腐朽的自由主义"。他还必须对付那些直接的挑战。在中央委员会里和在周围产生了一些新的不满者集团。柳亭(Рютин)、斯列普科夫(Слепков)、瑟尔佐夫(Сырцов)、罗明纳兹的案件此时已经拖了两年多。这四个人都先后被免职、判刑、半恢复名誉,然后又再次被打成阴谋家。但在确定这些人罪行的大小以及惩罚他们的措施问题上,斯大林和中央委员会未能达成一致。1932年,又揭露了几个新的"阴谋集团":前农业人民委员阿·斯米尔诺夫、供应人民委员艾斯蒙特(Эйсмонт)、交通人民委员托尔马乔夫(Толмачев)领导的集团,由科诺尔(Конор)、科瓦尔斯基(Коварский)和武尔夫(Вульф)组织的集团则在农业人民委员部被揭露。在工会和其他各个人民委员部里,一个"反对派网"也被揭露了出来。② 这些集团的领导人实际上并未参与任何真正的阴谋。其中那些中央委员只不过利用自己的地位和权力试图使同志们相信:斯大林的政策是毁灭性的,斯大林犯了滥用权力的过失,中央委员会应当撤销他的总书记职务。他们就此事散发过有关文件,并试图得到前反对派的道义支持。例如,柳亭曾找季诺维也夫和加米涅夫进行咨询,而艾斯蒙特和托尔马乔夫则曾向托姆斯基和李可夫请教。1931—1932年间,斯大林向政治局和中央委员会施加压力,要求在处置这些批评者的问题上给他以充分自由。但他在中央委员会遭到抵制,甚至就连国家政治保卫局也不热心这一战斗。③

只是在拖延了好长时间以后,斯大林才得以在1932年11月和1933年1月将某些不满者清除,并将季诺维也夫和加米涅夫重新革出教门,将他们再次

---

① 《斯大林全集》中文版第13卷,第87—89页。

② H.波波夫:《苏共简史》第2册,第394、399、418—419、434页。《苏联共产党代表大会、代表会议和中央全会决议汇编》下册,第742页。这些"倾向分子"的案件在莫斯科1937—1938年审判期间曾是许多"招供"都涉及的问题。参见该审判的速记录;另见V.塞尔日:《一个革命者的回忆》,第280—281页;《反对派通报》第31期。

③ 尼·赫鲁晓夫在二十大秘密报告中公布了斯大林和日丹诺夫1936年9月25日给政治局的电报,电文中谴责国家政治保卫局在"揭露托洛茨基—季诺维也夫阴谋集团"的问题上"落后了四年"。尼·赫鲁晓夫:《斯大林的垮台》,第12页。

逐出莫斯科，发配到西伯利亚。在第二次流放中，季诺维也夫似乎曾说过，他这一生中所犯的一个比在十月革命的日子里反对列宁还要严重的错误，就是在1927年抛弃了托洛茨基而向斯大林投降。在此之后，普列奥布拉任斯基、伊万·斯米尔诺夫、姆拉奇科夫斯基、穆拉洛夫、捷尔－瓦加尼扬等许多投诚者很快就被开除出党、投入监狱。对待他们比对从未投降的反对派分子更加残酷。而到了年底，反对派似乎业已夺回了在1927年被从他们脚底下抽掉的基地。当时的一份报告这样描述迫害投降者的效果："一些老革命者和经验丰富的政治家曾试图寻找与机关的共同语言。尝试持续了大约四年，结果以失败告终。当他们投降时，党的所有支部都被告知'所有老布尔什维克都已与反对派决裂'，这一理由无疑给广大党员留下了强烈的印象。目前，逮捕前左派反对派分子使人产生了更强烈的印象。但其效果却恰恰相反：'许多人都说，如果说以前抛弃左派反对派的人现在又回到它的立场上来了，那就说明左派反对派终究是正确的。'"① 实际上，他们的回归并非出于自己的意愿，而是斯大林把他们驱逐出党，因为在他与他本人的拥护者发生冲突而使他周围的人瓦解破裂的开始阶段，他对他们的存在感到忧虑。恰巧在季诺维也夫和加米涅夫第二次被流放期间，斯大林的第二位夫人娜佳·阿利卢耶娃自杀了。她丈夫管理党务、国务的方式使她产生自责，她不堪自责的重负而精神崩溃。

托洛茨基鼓动斯大林周围的同志最终执行列宁遗嘱、罢免斯大林时的形势就是这样的。对托洛茨基来说，这不只是对那个剥夺他公民权的命令的一种反应而已。他考虑到了这样一种可能性，即斯大林个人独裁的野心终究会激怒执政派成员，迫使他们为了自卫而起来反抗。如果考虑到这样一个事实，即在五或六年后，斯大林下令处死了总数为139名中央委员和候补中央委员中的98人（和出席党的第十七次代表大会的1966名代表中的1108名代表），算起来他实际上就消灭了大多数斯大林自己的"干部"，他们几乎占所有精英中的3/4，那就可以承认，托洛茨基对这些干部讲这番话不仅在为自己的、反对派的和党的利益上有充分的理由，而且也是出于斯大林派成员应注意自身安全的考虑。"拯救一下自己吧！这是你们的最后一次机会！"——实质上，他的这句话是针对所有那些很快就会成为斯大林恐怖的牺牲品的斯大林派成员而说的。他鼓动如赫鲁晓夫和米高扬一类的人"清除苏维埃国家身上的污垢"，而

---

① 参见《莫斯科来信》，载《反对派通报》1932年第33期。

在他们准备着手做这件事以前，污垢又滋生了 24 年之久，要知道，在当初必须清除的污垢远不如后来累积得那么多。他当然也知道，即使他们真的决定反斯大林，行动起来也会犹豫不决、瞻前顾后、顾虑重重。尽管如此，托洛茨基仍然预见到与他们结成统一战线，并向他们提供自己坚决的支持，他确信只要反斯大林的运动一旦开始，他和他的拥护者们就会立即被推上前台。①

托洛茨基尽一切可能来鼓舞不满于斯大林的人们的士气。在柏林的廖瓦由于距恐慌不安的莫斯科较近，就更希望托洛茨基能这么做。来自莫斯科的消息证实，在斯大林派当中不满正在增长，人们已在谈论必须"清除斯大林"。但在这同一些消息里也透露出，那些不满于斯大林的人只要一想到托洛茨基会回来就害怕了。"如果托洛茨基回来，"他们说，"他会把我们全都枪毙。"再就是说："他会为了我们对他和他的信徒们所做的一切而复仇，他会把我们的人成百上千地枪毙掉。"斯大林巧妙地利用了这种恐惧心理并竭力把它夸大。"这就指明了我们应当遵循的路线，"托洛茨基在给儿子的信中写道，"我们无论如何也不能用一些有可能被解释为带有……任何报复意图的口号或是说法把人们都吓跑，距一场厮杀越近，我们的说法便越应该温和宽容，尽管在原则问题上我们应当而且不会作出任何让步。"② 在《反对派通报》和专拟在俄国国内散发的传单中，托洛茨基这样安抚那些害怕他报复的人：

> 毋庸置疑，只有一个领袖并强迫人民崇拜这一领袖的波拿巴式的政权必须休矣。因为它是对革命政党的思想的最可耻的歪曲。但问题的症结不在于放逐什么人，而在于改变整个体制。此时斯大林的党羽们不知疲倦地散布谣言，说什么左派反对派回到党内来必将手执利剑，说他所要做的第一件事就是无情地镇压其他派别的对手。必须否定这一歹毒的谎言。……报复不是一种政治情感。列宁主义的布尔什维克过去从未听任它的摆布，今后就更不可能让它来支配自己。对于那些将数万党员逼入死胡同去的历史原因，我们是太熟悉太熟悉了。……我们愿意与每个想要通过使党的复兴来制止灾难的人携手一起工作。

然而，这毕竟是 1932 年，而不是 1953 年或 1956 年。尽管某些征兆似乎

---

① 参见《反对派通报》第 27 期。1932 年托洛茨基在和廖瓦的通信中常常谈起这个话题。
② 托洛茨基致廖瓦，1932 年 10 月 17、24、30 日。

表明将会有一个反斯大林运动，可这个运动却远未具体化。"机关工作人员"是不可能起而反抗他们的领袖的。对托洛茨基的回归和报复的恐惧还不是阻止他们行动的最重要的原因。他们只不过是由于斯大林派的解体而丧失了行动的能力。斯大林以下述方式统治他们、分化他们：在他们内部创立各个小组以互相牵制和建立自己的御林军，其成员已然不懂得应当忠于过去的同志，而只知道应当时刻准备支持斯大林个人的统治。这是一个"秘密的参谋部"，它通过自己的代理人借助于"暗号和密码"进行工作，对此，托洛茨基在他的文章中已经提到过了。这是一些"五人帮"、"六人帮"和"七人帮"，按赫鲁晓夫的话来说，它们是斯大林在政治局和中央委员会内组建的，他就是通过它们而使党的这些机构失去作用的。把他夺取权力的手段用到掌权上来也同样有效。在中央委员会内部，他善于在任何一种敌对活动尚未来得及扩散之前及时发现它。无论哪一个不满者集团，就连那些由最富于影响力的斯大林派成员组成的集团也不能进行任何批评或试图对等级制度中的其他人施加影响，因为只要他们刚一走上这条道路，就会立刻被"揭露"，并被扣上叛徒的罪名。

然而，如果不满者集团不是慑于束缚住此前所有反对派手脚的那种恐惧而无所作为的话，那么斯大林所有那些秘密小组、"五人帮"、"六人帮"及其他阴险狡诈的手段就都不会起多大作用。不满者害怕，任何反斯大林的行动都会成为人民不满得以爆发的一个信号，从而为会把斯大林连同他所有的布尔什维克反对者们一起吞没的反革命奠定基础。这一恐惧也折磨着托洛茨基。他看不到这一早在20年代中即已折磨着他的两难选择的出路何在。在他发表他那极富于戏剧性的、以"罢免斯大林！"一语结束的号召以后不久，很快就改变了主意。1932年10月，他在给儿子的信中写道：

> "罢免斯大林！"这一口号只在某一特定的具体意义上（即在列宁建议中央委员会选举另外一个人做总书记时所说的这句话的意义上）才是正确的。……如果我们现在足够强大……提出这一口号便绝不会有任何危险。然而目前，米留可夫、孟什维克及形形色色的热月政变的狂热分子们……时刻准备应声虫似的响应"罢免斯大林"这一口号。在今后的几个月中也许还会发生这种情况，即斯大林不得不实施自卫，以抵制热月政变狂热分子的压力，而我们也不得不暂时支持他。我们还没有度过这一阶段。……情况既然是这样的，那么，"罢免斯大林！"这一口号就有两重

含义,因此,我们当前还不宜将它作为战斗口号提出。①

与此同时,托洛茨基在《反对派通报》上发表声明说,如果苏联官僚集团的平衡(即指斯大林的统治)在当前被打破,那么,这几乎可以肯定只会有利于反革命势力。②

对于在莫斯科的心怀不满的斯大林派成员来说,且不说对于投降者了,这一婉转的话也就意味着不要斗争的建议了。如果说就连托洛茨基本人也认为"打倒斯大林!"的口号太冒险和轻率的话,那么对他们来说,它就会变得更加危险。那么,对于心怀不满的斯大林派成员来说,他们还能做什么呢?"你们想沿着这条道路继续前进吗?但前面已经无路可走了,"托洛茨基在3月份对他们说,"斯大林把你们领进了死胡同。"他们直到现在才看清,连退路也没有了,他们唯一能做的事就是努力在困境中活下来,指望时间和国家的发展会引导他们走出困境。他们得出的结论是,暂时还必须屈服,于是他们屈服了20多年,直到斯大林逝世。

* * *

不知是季诺维也夫还是加米涅夫曾对托洛茨基说过,斯大林要报复他、他的孩子和孙子,直到他的"第三代和第四代"。现在,这一圣经式的报复之剑果然向托洛茨基一家刺来。剥夺了托洛茨基苏联国籍的那一指令同时也剥夺了和他一起被流放的那几个亲人的国籍,禁止他们返回到苏联。这一点立刻就波及了季娜。她与丈夫和小女儿隔绝,永远也别指望能够再次见到他们了。

季娜在德国首都过了将近四个多月。陌生的柏林以及那里正在上演的政治戏剧最初竟使得她如此入迷,以致医生满意地以为她已经恢复了精神平衡。但精神状态的好转仅仅是表面的,当着医生的面,这位骄傲的女病人未曾表露其真正的精神状态,也许就是这一点迷惑了医生。她固执地拒绝进行心理分析治疗。她后来承认说:"医生只会把我搞得糊里糊涂,而我把这些可怜的医生搞得更糊涂。"季娜紧张的神经并未稍稍松弛下来。她对父亲的赞美和她所受到

---

① 托洛茨基档案保密部分。
② 《反对派通报》第33期。有趣的是,部分是出于廖瓦的敦促,托洛茨基才放弃"罢免斯大林"的口号。

的委屈依旧无论如何也无法调和。在心里和书信中，她总是一再回想和父亲的最后一次分手，并为父亲不同寻常的冷淡、疏远和奥林匹亚神式的优越感而生气。她总是在沉思父亲的那句话："你是一个令人惊异的人。我从未见过像你这样的人。"令她费解的冷淡深深地刺痛了她。她渴望与父亲更多地通信，而父亲却很少给她回信，至少是比她所期望的要少。尽管信中充满对她的关心，她仍能感觉得出父亲的冷淡和疏远。

此外还要加上与廖瓦的不和睦。她无法搞好与廖瓦的关系，尽管在柏林除弟弟外她连一个亲近的人也没有，而且父亲也要他们遇到难处要相互支持。季娜嫌廖瓦缺乏同情心，而且他的每一次出现都使她感到揪心的忌妒。她刚到柏林不久就写道："每次一见他，我就感到神经紧张。"① 季娜总是避免与弟弟见面，而他则在任何情况下都为政治工作和学业忙得焦头烂额，但这却使季娜嫉妒：她将他的忙碌与自己的"消极无为"作对比，并自嘲地称自己是"寄生虫季娜"。

剥夺她回俄国的可能性的那一指令加重了她的孤独感和不安全感。父亲建议要她平静温和地向苏联使馆提出抗议。一旦莫斯科明白季娜并未从事政治活动而不过是在治病，也许他们会将她排除在法令效力范围之外。② 我们不知道她是否听从了父亲的这个建议，而只是知道人家并没有恢复她的苏联国籍。与此同时，医生的诊断结论是，为了使她康复，她必须回到俄国的家，并尽快地在熟悉的环境恢复其正常生活。而这恰恰是她做不到的。作为流亡者孤独地生活在一个庞大而又陌生的城市，与家庭的一半疏远，同时又不断责备自己抛弃了家庭的另一半，这使得季娜的自我感觉越来越坏。精神病的发作和心神恍惚状态越来越频繁。她不得不极不情愿地回到心理分析医师的沙发床上去。命运将她抛弃到这里，而躺在这里的季娜所能做的唯一一件事就是充当这场席卷这个民族的政治狂热的见证人。

季娜在书信中描述了德国的不幸和苦难，她的观察中常常夹杂着一些尖锐的评语和辛辣的幽默。在她第一次给父亲的信中，除了说她由于远离俄国和在那里的亲人而痛苦之外，她还写道"红色全民公决"以及德国工人阶级的惶恐不安和士气低落同样也给她留下了极为痛苦的印象。③ 她贪婪地关注着托洛

---

① 例如，可参见季娜1932年2月26日、5月30日和6月7日给父亲的信和明信片。
② 参见托洛茨基1932年3月与孩子们的通信。
③ 参见季娜1932年2月26日的信。

茨基"德国战役"的进展情况,但她对此事的满意程度却由于她感到自己被排除在他的工作和政治利益之外而有所下降。"跟爸爸这个不信神的使徒多玛通信真没意思……"她在信中写道,"他在耸入云霄的政治最高峰上越登越高……而我却差不多陷足于心理分析的泥淖之中。"① 她所看到的政治风云景象由于她精神失常而特有的惊人的洞察力而得到强化。在她的书信中的内容极丰富的、富于讽刺意味的句子就像是出自父亲的笔端。柏林醉醺醺、饥肠辘辘,充满橐橐的沉重马靴声,而且已然落入绝望和嗜血之中,这一形象如副歌一般不断在她的书信中出现。"柏林总是在歌唱……它的嗓音常常是嘶哑的,或是由于酒醉,或是由于饥饿。……这是一座欢乐的城市,的确非常之欢乐。……真不可思议,克雷洛夫老爷爷居然会轻率地说什么任何人都不会饿着肚子唱歌。"②

　　这座难逃厄运的都市把她迷住了。她深深依恋着柏林,仿佛自己就属于这座城市。她和这座城市一起经历了所有的骚动。1932年6月初,当希特勒的冲锋队员无视布吕宁的禁令而再次得意洋洋地走上舞台时,廖瓦劝她离开柏林到维也纳去,说在那里比较安谧的氛围里可继续她的心理分析治疗。由于警察局已经在找廖瓦本人的麻烦,所以廖瓦担心他们也会对季娜动手。她不但不理睬廖瓦的劝告,反而嘲笑他胆小,并写信到王子群岛诉苦说廖瓦的庇护已使她厌烦。而父亲却重申了廖瓦的建议,季娜的回信恭敬得令人吃惊,说她甚至都不敢反对,可随后却又说她热爱柏林,拒绝出走。父亲和弟弟的关心甚至使她感到屈辱。难道不是父亲曾多次对她说,欧洲的命运,不,而是全人类未来数十年的命运将在柏林决定吗?难道不正是为了这个原因他才想让廖瓦呆在那儿的吗?难道不是他拒绝一位德国托洛茨基主义者到他身边做秘书,说什么在这种时候哪怕只有一个他的信徒离开政治斗争的旋涡都会是一种耻辱的吗?她感到自己已被抛弃了、受到了侮辱。③

　　孤独损害着她的健康。医生建议:至少得把留在王子群岛她的儿子带到她身边来,也好让她有点儿事做。然而,那项指令连小孩子也没放过。年仅6岁的谢瓦成了"没有国籍的政治侨民",官方登记就是这么写的。这给发放出入境许可签证的领事出了个难题。要求给谢瓦办理入境签证的申请遭到了否决,

---

① 5月30日的信。
② 1932年6月7日和8月17日的信。
③ 同上。

第二章　理性与疯狂

理由是他只能跟父母或是姥爷、姥姥之一一起成行。母亲不在身边和母亲的来信都使小男孩很伤心，季娜在信中央求孩子不要忘记妈妈，并答应很快就回来。大家好不容易才说服她不再写这样的信。现在期待与她团圆已经牵动着小男孩和全家的神经。

处境不幸的季娜自理生活的能力越来越差，甚至连合理支配每月寄来的钱都不会。① 她埋怨自己成了父亲的累赘，便换了一家便宜点儿的小旅馆，在那儿她生活在一群流浪汉和小偷中间，经常给他们劝架。弟弟或是父亲只要一提起要她搬出那家旅馆和替她管钱，就会引起她的愤懑，使她精神病发作。在一次这样的发作之后，她怒气冲冲地给父亲写了封信，为她的发病而责备父亲，请父亲不要再管她的事。②

季娜的痛苦及其给托洛茨基所造成的紧张在某种程度上也给他与廖瓦的关系蒙上了阴影。托洛茨基本指望廖瓦能对季娜表现出更多的耐心和爱。然而，他对廖瓦的信赖和依赖性越来越大，而且也越来越脆弱。托洛茨基大力夸奖廖瓦在领导《反对派通报》出版工作和从事革命活动上的成绩，依然向廖瓦倾诉最隐秘的思想，和他商量，并征求他的批评。廖瓦的自我牺牲精神和忠诚使托洛茨基十分感动，他拥有成百上千个证据来证实这一点。（他一次又一次责备廖瓦在花钱上过于节约并把给他的生活费用在《反对派通报》的出版上。）③然而他也一次又一次怀疑，儿子对其观点和思想的赞同只不过是出于做儿子的尊敬之情。这一点既使他欣慰也使他恼火。托洛茨基越紧张、疲劳，他对儿子的要求也就越严格，甚至严格得出奇。娜塔利娅证实，托洛茨基的孤独感和孤立感在他等待廖瓦来信时的急不可耐的心情中流露出来。如果一连几天时间柏林没有信来，托洛茨基就要发火，指责廖瓦对工作不负责任，甚至会辱骂他。过后又会生自己的气，可怜儿子，但接着又会变得更加易于动怒。④

廖瓦私生活中的困难也相当多。妻子从莫斯科寄来的信都是在诉苦，讲述被摧残的生活和孩子的不幸。她提醒廖瓦说，他是不顾她的反对和孩子的眼泪而出国的，而且当初为的是呆在父母身边和保护父亲。而现在他既没和父母在

---

① 廖瓦在 1932 年 11 月 26 日致父亲的信中就这样描写了她的情况。
② 季娜致托洛茨基，1932 年 10 月 5 日和 24 日。
③ 参见 1932 年 5 月 11 日托洛茨基的信。
④ 这段描写根据娜塔利娅的信，特别是 1932 年 7 月 27 日她给廖瓦的信，存于托洛茨基档案保密部分。

一起，也没在妻儿身边。对她解释在俄国什么样的命运等待着他是毫无用处的——她是个普通女工，贫病交加而又绝望，老是威胁说要自杀。① 廖瓦除了寄钱以外，无法给她以任何帮助。他与让娜·莫利尼耶的结合也比这幸福不了多少。能够帮助他摆脱个人生活中种种难题的就只有对父亲事业的忠诚了。廖瓦无条件地执行着来自王子群岛的无数指令，同所有零散的托派政治团体保持联系，催促俄国出版商按时出版《反对派通报》，关注父亲有关时局问题的小册子能否尽快译为德文出版，与出版代理人讨价还价；他常常一连数小时饿着肚子徘徊在柏林街头，希望能碰上一个因公出国的本国人或准备前往俄国的西方旅游者，以便获取信息或是托转邮件。此外，他还正规地继续学习数学和物理，而每天夜里还要给父母写信。没有什么比父亲情绪不好、或对儿子辜负了父亲的期望的任何暗示更使廖瓦伤心了。他很难冲淡父亲的不满、向他解释发生的事，请求解释或是请求原谅。他只能向母亲诉苦，倾吐他的悲伤。

身体羸弱、处于痛苦中的女人娜塔利娅因落入了季娜感情这一危险的纠纷中，又置身于父子之间而左右为难，她只能尽其所能。她很聪明，能清晰地想到家中每个成员的难处。她有足够的爱去爱每个人，有足够的坚强去支撑全家人。在给廖瓦的信中她解释了季娜所遇到的难处，她一再向廖瓦和季娜讲述他们的父亲，一个与敌对世界斗争的真正的英雄内心那常人难以承受的压力——那么，在家庭范围内他常常会克制不住自己，这又有什么可奇怪的呢？"你父亲的难处你们也知道，不在重大问题，而在生活小事"。他对大事有无穷的耐心，而对细枝末节却极易发火甚至动怒。她恳求孩子们任何时候都不要忘记这一点，也不要怀疑父母对他们深厚而又热烈的爱。"你的痛苦也就是我们三个人的痛苦。"——在给廖瓦的信中她请求他常给父亲来信，而且要他写那些"鼓舞人心"的信，让他对季娜也要更温和更关心一点儿。然而，尽管娜塔利娅的意志足够坚强，有时候也感到所承受的压力过于沉重。"怎么办——毫无办法。"在她写给廖瓦的信中常常可以读到这样一句悲伤的话。有一次，她对廖瓦承认说："我给你写信，一如你给我写时一样，都是闭着眼睛、隐匿着情感写的呀。"②

---

① 她谈及这点的那封信保存在托洛茨基档案保密部分中的家人通信中。
② 娜塔利娅的许多信都没有标明日期。

第二章 理性与疯狂

* * *

这是 1932 年夏末。从托洛茨基来到王子群岛以来已经过了三年半了。在此期间，他在最不相关的多个领域里进行了紧张的工作。他没有忽略过任何一个通信者，为每期《反对派通报》撰稿，除了几打篇幅不大的小书和小册子以外，他还写了回忆录《我的生平》、三大卷《俄国革命史》（托洛茨基于 6 月 29 日将《俄国革命史》第三卷卷末所附的最后一份附录寄给了亚历山德拉·拉姆）。这是规模空前浩大的工作的岁月，由于托洛茨基鄙薄那些轻率的文字作品，所以，他总是一遍又一遍地修改自己每一本书中的每一章，对每一页，甚至几乎是每一个句子都耐心推敲。

他被高度紧张的工作搞得疲惫不堪。他的大脑里总是装满了新的写作计划，曾想撰写一部国内战争史、列宁生平、马克思和恩格斯生平等好多好多著作。但局势对于开始着手一项巨大工程来说并非十分有利；他需要休息。为在王子群岛上的囚居生活而发火的次数越来越多。① 政治事件使他无法安宁。来自俄国的消息常常使他失去自制。在德国，社会民主党和共产党沿着老路走到了深渊的边缘，托洛茨基的斗争毫无结果。托洛茨基派的力量本来就弱小至极。而在反对派的国际组织中困难也在增加：柏林书记处的索博列维丘斯兄弟不久前在反对极左的"列宁主义者同盟"的论战中还支持过托洛茨基，现在却对斯大林主义采取了令人担忧的妥协立场。如果他能摆脱这座美丽而又可恶的小岛，到离政治生活和文明主流更近一点儿的地方去，那该有多好啊！

初秋时节，一些丹麦社会民主党员大学生邀请托洛茨基在十月革命 15 周年之际到哥本哈根演讲。以前托洛茨基也曾接到过许多这类邀请，却从不曾有过任何出访欧洲的机会。② 尽管托洛茨基怀疑丹麦社会民主党政府未必会发给他签证，但他还是接受了邀请。他刚一接到邀请函便立即着手动身前的准备。在他的内心深处有一个模糊的愿望，希望一去就不必回来了，尽管他极为审慎地预先搞到了土耳其当局在他回程时的入境许可证。托洛茨基和娜塔

---

① 在侨居王子群岛期间，托洛茨基只到过伊斯坦布尔一两次，去参观索非亚大教堂和看牙医。
② 当时，曾有一些爱丁堡大学的学生请求托洛茨基允许他们推举他作为该大学校长候选人。托洛茨基委婉地谢绝了这一荣誉，存于托洛茨基档案。

利娅还想把谢瓦也带到哥本哈根，然后再从那里把他送到季娜身边。然而他们却无法搞到允许小孩通行的许可证，于是只得把他留在王子群岛，交给一个秘书看管。

11月14日，在娜塔利娅和三个秘书的陪同下，托洛茨基乘船驶离君士坦丁堡港，他是以无国籍的旅客的身份，用谢多夫先生这一化名登记的，但匿名也无法使他摆脱公众的好奇心。这只能加重环绕着他的那个神秘的光环。《真理报》套用萧伯纳的话，对"逃跑的狮子"大加嘲弄，这一嘲弄有意无意间透露出许多国家的政府、警察局和报纸都在有些神经过敏地关注着托洛茨基的出行。即使他真是作为一个强有力的阴谋集团的首领，而且到处都有许多欢迎他的拥护者的话，他横穿欧洲的旅行恐怕也不会引起如此之多的恐慌。而他这次哥本哈根之行完全是在撞大运，得不到任何一个国家政府的保护，陪伴他的只有他那位上了年纪且患病的妻子和几个年轻信徒，何况他的唯一目的不过是作一次演讲。离奇古怪的谣言先他而行。报纸围绕着此次出行的真实目的问题而大炒特炒。它们毫不怀疑，演讲纯属借口。有些报纸指出，托洛茨基是要在欧洲的某个地方同斯大林的特使秘密会晤，而另一些则说托洛茨基是要为反斯大林的阴谋作最后准备。在希腊和意大利的一些港口，当地记者围住了托洛茨基，但他拒绝跟他们谈话。当地政府不让他游览雅典。他在那不勒斯下了船，在警察的监视下游览了庞贝城遗址。法国人不许他在马赛下船。警察局命令他在公海上换乘一艘小汽艇，由它把他送到马赛附近的一座小岛，让他在那儿上岸。他坐汽车和火车急速穿越了法国全境，而且只允许他在巴黎停留一小时。结果，从马赛一直跟踪他的记者直到敦刻尔克才找到他。在敦刻尔克，他登上了一艘开往丹麦的轮船。在经过法国时，他成了右派报纸诅咒的对象，这些报纸的社论作者们只要想到这个"布列斯特－里托夫斯克的叛徒"、这个将法国食利者中的"孤儿寡妇掠夺一空"的元凶居然也能获准登上法国领土时，便怒不可遏。托洛茨基力图平息人们的激动，并要那些记者相信，他这次旅行"纯粹是一次私人旅行，没有任何政治意图"。①

---

① 1932年11月21日和22日托洛茨基对法国报界的声明。

1932年11月,托洛茨基和妻子途经意大利时在警察的监视下游览庞贝古城遗址

托洛茨基在赴哥本哈根途中经过法国马赛

托洛茨基到达巴黎时,用帽子遮住自己的脸的瞬间

托洛茨基匆匆跨过巴黎的火车轨道

第二章 理性与疯狂

11月23日，托洛茨基抵达丹麦，他得到命令在埃斯堡上岸，诚如《政治报》所写那样，托洛茨基"是通过后门进入哥本哈根的"。一群共产党员来到这里，准备给他喝倒彩。然而，按照这家报纸的说法，"当托洛茨基出现时，周围立刻鸦雀无声——人们意识到这是一个历史性人物，意识到这也许还是一个历史性的时刻"。① 记者们发现托洛茨基"绝对平静"，而"他的那几个秘书和此行的组织者们却神经过敏"。托洛茨基刚一出现在哥本哈根，王室成员阿伽王子便重复某些报纸的言论，指责托洛茨基是"杀害沙皇母亲的凶手"；丹麦宫廷没有忘记末代沙皇的母亲是丹麦公主。与此同时，苏联大使就托洛茨基抵达一事表达了苏联政府的担心。社会民主党热烈欢迎托洛茨基的到来，但这热度也并未持续多久。由于王室和苏联大使馆仍表示不满，陷入困境的社会民主党大臣们开始催促托洛茨基离境。

托洛茨基尽一切努力不在公共场合露面。他住的地方相当奇特——一幢乡间别墅，是雷蒙·莫利尼耶从一个外出旅行的著名女舞蹈家手中租来的，屋里挂满了各种各样的小摆设，墙上挂着不在场的女主人颇有魅力的照片。其后，一家报纸发现了托洛茨基的住处，便在报端刊登出这幢别墅的照片。托洛茨基和他的旅伴们便不得不匆匆忙忙搬到郊区的一家旅馆。在此期间有过数不清的故事。莫利尼耶提供给托洛茨基使用的那辆车一度神秘地失踪了。几个小时以后，警察局把车还给了他们，未作任何解释，只是取走了车主的指纹。谣言风传，说托洛茨基的敌人打算破坏托洛茨基拟作演讲的那次集会。他一直处于警察局及他自己信徒的保护之下，只在城里短暂地兜了一两次风。

托洛茨基的演讲进行过程中没有发生起哄或是捣乱。在两个小时的演讲中，他用德语对大约两千名听众讲话。托洛茨基演讲的题目是俄国革命。由于当局允许演讲的条件是演讲者要避免争论，所以，托洛茨基便以教授的风度向听众传达了他刚刚竣稿的三卷本《俄国革命史》的精华。演讲人的冷静无法掩盖其信念的深度和力量。这次演讲是对十月革命的辩护，而且是一次成功的辩护。因为演讲摆脱了带有成见的赞扬，而且公开承认革命也有过局部性过失和错误。过了差不多25年以后，当年听过那次演讲的人仍能记得这次演讲，并说它是演说艺术的一部杰作。② 然而，这却是托洛茨基本人最后一次在大型集会上露面。

---

① 《政治报》1932年11月24日。
② 1956年我在哥本哈根讲学期间，有几个听过那次演讲的人对我讲述了1932年那场永志难忘的集会。

流亡的先知：托洛茨基 1929—1940

上三幅：11月23日，托洛茨基在哥本哈根集会上作关于十月革命的演讲
第四幅：托洛茨基在哥本哈根为哥伦比亚广播公司（CBS）用英语发表讲话

托洛茨基在哥本哈根逗留期间还发生过许多别的事情,这里不妨说一说他的答记者问和用英语对美国发表的广播讲话。他在这次广播讲话中说:"我的英语,我的可怜的英语,无论如何与我对盎格鲁—撒克逊文化的赞美极不相称。"对那些以苏联的倒退和托洛茨基自身的命运为由而否定十月革命的必要性的人,托洛茨基反驳说:"在批评中也和在创作中一样,需要高瞻远瞩。"十月革命才过了15年,这"在历史的时钟上只不过是一分钟而已"。美国国内战争同样也引起那时人们的激愤。然而,"今天的合众国那无拘无束的务实的首创精神与它那合理化的技术和经济的高涨就脱胎于那次内战。这些成就……构成了未来社会基础的一部分。"① 他对美国采访记者说,尽管1929年经济危机极其严重地震撼了他们的国家,但合众国国内的形势与资本主义世界其他国家相比更为稳定。他对法国记者发表声明,如果出于保卫苏联的需要的话,那么,他永远不会拒绝与斯大林合作:"在政治中没有个人好恶,也没有个人报复精神。政治只承认有效性。"②

四年以后,在大清洗时期,在对季诺维也夫、加米涅夫等人的公审中对托洛茨基和其他被告指控的主要事实是建立在下述断言上的:托洛茨基在1932年11月的最后一周中在哥本哈根推出了一个大阴谋,命令其拥护者们暗杀斯大林、伏罗希洛夫及其他政治局委员,在工业上搞怠工,毒害俄国工人群众,破坏国家的经济和军事力量,旨在复辟资本主义。根据总检察长维辛斯基(Вышинский)的声明,在哥本哈根,托洛茨基在儿子也在场的情况下接见了戈尔茨曼、弗里茨-达维德(Фриц-Давид)和贝尔曼-尤林(Берман Юрин)——这三人坐在季诺维也夫和加米涅夫后面的被告席上——并且通过他们传达了他的指令。在此,没有必要详细反驳这些指控和用以证实这些指控的所谓被告的"招供"。在此后20年当中始终支持这一指控的斯大林后继者们已改弦易辙。在苏共第二十、二十二次代表大会上,深受托洛茨基阴影折磨的赫鲁晓夫讲述了此类指控是如何炮制出来的以及"招供"是如何逼出来的。然而,早在很久以前,即在这一审判过程尚在进行时,托洛茨基就将检察长的指控驳得体无完肤,并揭示出它的荒谬绝伦和自相矛盾。例如,维辛斯基一时疏忽,说

---

① 托洛茨基的谈话是对"哥伦比亚广播网"发表的,丹麦广播台拒绝转播他的讲话,存于托洛茨基档案。

② 同上。

"布里斯托尔饭店"是托洛茨基在哥本哈根的总参谋部。可在1932年这家饭店已经没有了,好几年前它就被拆除了。维辛斯基指控廖瓦作为恐怖分子的头子在哥本哈根活动,可廖瓦当时根本就没有跟父亲一起到丹麦首都去。托洛茨基完全可以根据以学究方式系统地整理过的档案材料再现丹麦之行的每个细节。还可以举出为数众多、能够提供有利于他的证词的证人来。①

在哥本哈根,托洛茨基的随从比平常多。不算和他同来的三位秘书,还有德国、法国、意大利等国的25名托派成员也来到这里。他们当中有莫利尼耶、纳维尔、斯内夫利特(Sneevliet)、托洛茨基的法国律师杰拉德·罗森塔尔(Gerard Rosenthal)。有一伙大学生专程从汉堡赶来,一是为了和他见面,二是给他担任警卫。另外一个拜访者是德国著名律师奥斯卡尔·科恩(OscarCohn),他是卡尔·李卜克内西的战友,也是托洛茨基在德国的法律代表。如此众多的拥护者的在场,使得托洛茨基有可能举行一个非正式的"国际讨论会",以研讨德国的局势及各个托派集团的情况。这个小宗派的信徒虽然热情洋溢,却软弱无力,他们这个小型会议更像是地下工作者的会议。唯一一位来自英国的参加者这样回忆道:"托洛茨基几乎一直呆在自己的房间里紧张地工作,不是写就是口述什么东西,除他之外,每个人都说个不停。"② 五年以后,当年的参加者中,除了那些在法西斯监狱里或集中营里的人之外,每人都提供了证词,证实维辛斯基所说的那些在哥本哈根时曾从托洛茨基那儿得到过指令的人当时或是根本就不在那儿,或是即使在也不可能在众多警卫面前接受指令而不被察觉。托洛茨基接待过的唯一一位与俄国有联系的人就是谢宁-索博列维丘斯。他到那儿去是为了洗掉说他是斯大林的特务这一嫌疑。他总共与托洛茨基呆了一个或两个小时,托洛茨基对他不像对待一个奸细,而像对待一位政治上的对手:在两人之间的通信中,索博列维丘斯公开地而且不无正确地批评托洛茨基对斯大林在工业领域所取得的成就和集体化的长期效益估计不足。据两人嗣后的来往信件可以推断,哥本哈根会面结束时,双方的分歧已经得到了弥合,在任何情况下,索博列维丘斯都未曾以证人身份出现在任何一次莫斯科审判案中。同样,他对这些审判案大概也未作出任何其他形式的贡献,因为如果是这

---

① 《列夫·托洛茨基案》,第137—173页,存于托洛茨基档案保密部分。

② 为我提供这一印象的是不列颠的参加者哈利·维克斯先生。他曾想通过在不列颠港口停留的俄国海员将托洛茨基的某些文本传入苏联。托洛茨基给了他一封授权他做此事的信。

样的话，就肯定会使指控中对托洛茨基在哥本哈根逗留期间的生活情形远比维辛斯基的描述更加真实得多。

因此，托洛茨基在丹麦逗留期间总的说来没有发生什么事件。在当众演讲之后，他只对一小伙邀请他来的丹麦大学生又讲过一次话。住宅的主人记述了下面这件有趣的事情：

> 托洛茨基与五六个人呆在我家里，突然有位朋友打电话告诉我说，刚出的报纸上登载了一则来自莫斯科的电讯，说季诺维也夫逝世了。受到强烈震撼的托洛茨基站了起来……说："我一直与季诺维也夫斗争……在某些问题上我跟他是一致的。我知道他的错误何在，但此时此刻我想的不是这些。我想的只有这样一个事实，那就是他终生都在努力为工人阶级运动而奋斗……"托洛茨基继续以雄辩有力的语言赞扬和纪念这位刚刚去世的对手和战友。在这样一个小小的场合，听到这样庄严的悼词，使人非常感动。①

任何一个外人，甚至就连托洛茨基的朋友和秘书都无从得知他在哥本哈根所经历的失望和痛苦。对他来说，一个人不得不以一种应有的戒备心态在敌对的喧嚣声中横穿整个欧洲，而所有这一切不过是为了到丹麦作一次演讲，然后再回到王子群岛来，这一事实本身就足以使他感到悲哀了。既然不能干脆不回去，托洛茨基就为延缓归期作了几次可怜的尝试，他曾对美国记者说，他多么渴望哪怕只有一段时间"从纽约观察国际局势的全景"，那会使他分外高兴，就好像一个人从摩天大楼的顶端瞭望地平线一样。"请问，我在美国某家最大的图书馆工作二到三个月的幻想难道是乌托邦吗？我希望，丹麦政府做出的良好表率会对其他各国产生影响。"②"表率"根本就不具有表率的意义：丹麦政府拒绝为他提供避难所，甚至短期也不行。奥斯卡尔·科恩曾徒劳地向他的私交和朋友、社会民主党首相斯汤宁（Stauning）请求过，托洛茨基本人请求斯汤宁将其签证期延长两个星期，以使他和他的妻子能够在哥本哈根看病，但也是徒劳。他还曾想要获得瑞典签证，然而也落空了。他之所以遭到瑞典政府的

---

① 《列夫·托洛茨基案》，第147页。有关季诺维也夫去世的传闻第二天就被否定了。
② 摘自对美国记者的声明，存于托洛茨基档案。

拒绝,可能是由于苏联大使的反对,当时的大使是亚历山德拉·柯伦泰(前工人反对派领袖)。

与新近体验的重重敌意相比,对托洛茨基来说,更加沉重的是对季娜的担忧,她的身体状况不断恶化。大约就是在逗留丹麦期间,托洛茨基收到了一封可怕的信,信中的话听起来像是临别时的最后一次指责。季娜给父亲写道:"你总是在行动,过于急躁,所以,有时考虑不周。你是否理解那被称之为本能的东西的意义?它是复杂的,同时也是最起码的,绝不能拿它开玩笑。谁说本能是盲目的?根本不是。本能有一双令人惊奇的、洞悉一切的眼睛,它在黑暗中也能看见东西……它能征服时空。本能之所以能成为一代代人的记忆,而且始于生活本身所开始的地方,这绝非偶然。本能可以奔向任何目标。但最可怕的是——本能能准确无误地、无情地鞭挞那敢于阻挡它的道路的人。"她详细地讲述"预感"、"可疑的想象"和构成本能的"极其敏锐的感性",她写到:"假如我说,曾经有过那么一个时刻,我感到一种与此相似的东西触动了我的话,你别害怕。我却以一种令人害怕的狂怒之情投入了斗争。没人支持我。医生只会吓唬我……你知道是什么支撑了我吗?是对你的信仰,明知刀山火海也在所不辞。……而这,难道不就是本能吗?"①

廖瓦本来也该到哥本哈根来,除所有别的原因外,还要和父母商量季娜的事。然而,办护照和签证的困难无法克服,这使他滞留在柏林。但他在信中忧心忡忡地汇报了季娜的表现:她的精神状态坏到了极点。即使把谢瓦送到她那里去,她也不可能照顾他了。她自理生活的能力越来越差。而使廖瓦担心的是她那奇特的政治生活:想必她与德国共产党建立了联系。廖瓦担心她会因此遭到警察的迫害。在巴本辞职后的那些日子里,季娜反复对廖瓦说:"难道你没看见德国会直接进入(共产主义)革命吗?"② 他劝父母尽一切可能把她送到奥地利。托洛茨基或者娜塔利娅每天都忧心如焚地和廖瓦通电话,有时甚至一天两次,了解季娜的情况,打听医生是否认为将她的儿子交给她抚养不妥当,并让廖瓦到哥本哈根来。

八天就这样过去了。这八天中,全世界都得知托洛茨基正在筹划一个骇人听闻的反苏联政府的阴谋。这些天中他"密谋"筹划反对暴政,对一个既无

---

① 这信未署日期。但据间接特征判断,当写于 1932 年 11 月。
② 摘自 1932 年 11 月 26 日廖瓦致父亲的信。

国籍也无家宅的人来说,暴政就是普通护照和发放签证的规则。托洛茨基利用一切影响、偶然机遇、无恶意的巧妙手段甚至自己的知名度,以便取得允许他在丹麦或欧洲某个地方再多呆数周甚至只多呆数天的许可。与此同时,娜塔利娅向法国总理爱德华·埃里奥(Edouard Herriot)请求,在她和托洛茨基经过法国返回土耳其时允许她与廖瓦在法国会面。当托洛茨基签证规定的 8 天时间到期后,托洛茨基声明他误了船期,而且还没作好动身的准备。也许托洛茨基是这样想的,在他等待下一趟轮船时,廖瓦就该到了吧。也许他和廖瓦终会决定能否或如何把小男孩交给季娜?也许,某国政府冰冷的心会融化,他们终将得到一张前往这块不好客的大陆上某个地方的签证。然而,丹麦政府却坚持说托洛茨基的居留期已过,要求他离开。丹麦人用汽车把他送出境,以便在签证期限到期以前仍能让他赶上某艘别的轮船。于是,12 月 2 日,托洛茨基、娜塔利娅和秘书们离开了丹麦。这一次,没有人到码头上来朝他吹口哨,然而同样也没有人来与他告别。

1932 年 12 月,托洛茨基和妻子

流亡的先知：托洛茨基 1929—1940

* * *

轮船驶入安特卫普时，港口已被封锁。整个港口黑压压的，到处都是穿制服的警察。边防军人上船审讯托洛茨基。托洛茨基拒绝回答问题。他声明说，自己不打算在比利时上岸，而且审讯是非法的。接着便是一场争吵，其间夹杂着要逮捕的威胁；而且不允许托洛茨基的任何一个旅伴上岸。

此时此刻，托洛茨基想起了十多年前的一件往事。1922 年，当多拉·卡普兰因刺杀列宁而在莫斯科受审时，著名的比利时工人党人、第二国际主席艾米利·王德威尔得请求允许他作为辩护人出庭。得到允许后，王德威尔得利用这次机会在苏维埃法庭上猛烈抨击了苏维埃政体。在致托洛茨基的公开信中他也是如此。1922 年，托洛茨基没有答复此信，现在，他决定趁轮船停留在比利时水域的时候答复此信。王德威尔得过去曾数次出任王国首相，甚至在身为反对派一员时，他在比利时政治生活中仍举足轻重。

（托洛茨基在致王德威尔得的信中写道）我曾是其成员的那个政府不仅允许您到苏维埃俄国，而且还允许您作为那些企图杀害第一个工人国家领袖的人的律师在法庭上发言。在您那篇发表于我国出版物上的辩护词中，您总是呼吁民主原则。这是您的权利。1932 年 12 月 4 日，我和我的旅伴们途经这里，停在安特卫普港。我既不想宣传无产阶级专政，也不想作为被比利时政府逮捕的共产党员和罢工者的辩护人去发言，而他们，据我所知，绝对未曾刺杀过比利时政府成员……我们的轮船停泊的那部分港口已经被严密封锁。轮船的两侧——从左到右——停泊着待命出动的警察局的船，站在我们这艘轮船的甲板上，我们便有幸检阅民主制下的警察局暗探、军人和文职人员。真是一个威严的场面！狗子和雷子——请允许我为简洁起见而使用这样两个低俗的词——的数目大大超过了海员和搬运工人的人数。这艘轮船多么像一座临时监狱，而它所停靠的港口就是监狱的院子。①

---

① 《反对派通报》1932 年第 32 期。

第二章　理性与疯狂

第二国际主席艾米利·王德威尔得

托洛茨基当然知道，这种方法和所有这些不快"比起现在战斗的工人群众和共产党员所遭受的迫害来说，是微不足道的小事一桩"。他之所以提及这件事，仅仅是为了给王德威尔得在1922年反布尔什维主义、鼓吹民主的慷慨激昂的演说以一个迟到的回答：

> 如果我把比利时归入民主政体，我希望这没有错。须知你们进行的那场战争（1914—1918年间）是为了保卫民主制而进行的。战后，您作为大臣甚至首相而成为比利时的领袖，为使民主制繁荣昌盛还需要什么呢？……为什么这个民主政体依旧散发着旧普鲁士警察制的臭气呢？人们怎能相信，由于一位布尔什维克偶然靠近了其边界而体验到神经性震颤的这个民主政府，竟然能使阶级斗争中性化并保证能让资本主义和平过渡到社会主义呢？

哦，是的，托洛茨基，他当然对格别乌和苏联所进行的政治迫害了如指掌。但苏联政府至少并未炫耀它有何民主伟绩。它公开宣布自己实施的是无产阶级专政，对它的唯一考验就是看它是否能保障由资本主义到社会主义的过渡。

> 专政有其自身严格的方法和相当严格的逻辑。往往……有些亲手建立专政的革命者却沦为专政逻辑的牺牲品。……然而，当着阶级敌人的面，我还是不仅要为十月革命……甚至还要为今天的那个苏维埃共和国包括将我放逐、剥夺我苏联国籍的那个政府负起全部责任。而你们呢，你们却打着保卫民主的旗号捍卫资本主义。民主在哪儿？至少在安特卫普港是找不到的。

尽管如此，他在离开安特卫普港水域时没有丝毫悲观。他的眼睛看着"身上落满厚厚一层煤灰、身体健壮、表情冷峻的佛莱米码头工人"，他们与轮船之间隔着一条警察的警戒线，他们"默默地观看着这个场面，评价着每个人"，辨认着哪些是"自己人"，嘲弄地朝着暗探们站的方向挤着眼睛，与站在甲板上船舷旁的这位危险的旅客交换着友好的笑容，"用自己那粗糙的大手一触帽沿"，表示对他的欢迎。"当轮船在大雾中沿着斯海尔德河，从由于经济危机而停靠在岸边不动的大吊车旁边向下游驶去时，从海滨街上传来一些不知名的忠实的朋友告别的呼声。在从安特卫普到符利辛根之间结束这一节文字时，我向比利时工人致以兄弟般的问候。"

*　　*　　*

12月6日托洛茨基和娜塔利娅在巴黎北站下了火车。在站台上，一条密密的警戒线再次将他们包围起来，把他们与一群群的旅客隔开。廖瓦正在这里等候他们；埃里奥满足了娜塔利娅的请求。在边界上，托洛茨基被告知：他得在马赛停留九天，等待前往君士坦丁堡的班轮。能滞留九天使他很高兴。莫利尼耶在马赛附近租了一套房子，托洛茨基便要求朋友们都到那儿跟他一块儿过几天。可是，他刚一到达马赛，警察局就通知他说，他连一天也不能呆在城里，必须立即登上一艘凑巧当晚就要起锚的意大利货轮。抗议归抗议，托洛茨基还是上了那艘货轮。可上了船他才知道船上没有客舱，而且路上得走15天。他担心自己被人诱进了陷阱，于是又回到岸上。当时，正是半夜，警方想用武力强迫他回到船上，可是没有成功。跟宪兵厮打了一番以后，所有人都在码头上安顿下来，在冬季的寒风中过了一夜。托洛茨基从码头上给埃里奥、内务部长布吕姆和多列士发了抗议电。他还给罗马发电报请求提供过境签证。黎明前，警察把托洛茨基和娜塔利娅领进一家旅店，并告诉他们作好马上离境的准备。

1932年12月6日，托洛茨基与助手在巴黎北站下车

一天过去了，又几个小时也过去了，巴黎的埃里奥及其他人都没有答复。想必是命运的拨弄，倒是墨索里尼的外交部很快就通知说将给予过境签证。于是，警察便把托洛茨基和娜塔利娅送上了第一列驶往意大利的火车。两人隔着警察的警戒线和廖瓦拥抱接吻。他们和廖瓦在一块儿只呆了一天，而这一天又充满了如此之多的焦虑不安，以致像娜塔利娅所说的那样，都没来得及好好地相互看一眼，更不用说好好地谈一下挂在他们心头的那些烦恼了——无非是环境在他们之间引起的小小的疑虑和误会。

在列车上，托洛茨基和娜塔利娅思考着所有这些已经发生的荒谬绝伦的事情。两人感到屈辱，而且疲惫不堪。他们一生中的全部重担、各国政府和宪兵磐石般的仇恨、季娜的不幸和她儿子未卜的命运，似乎一下子全都向他们劈头压来。在从意大利写给廖瓦的信中，娜塔利娅写道："我和你爸爸坐在黑暗的包厢里哭了很久……"①

第二天早晨起来时，他们已经抵达他们从未到过的威尼斯，他们抬起溢满泪水的眼睛，望见了恢弘壮观的圣马克大教堂。

* * *

12月12日，他们回到了王子群岛。"逃走的狮子"重新回到了自己的"笼子"里。看来，他已能平心静气地对待回来之事了。也许，一看见这座美丽的岛屿、边界上彬彬有礼的土耳其官员和比尤克·阿达村渔民那开朗的、洋溢着亲切友好笑容的面孔，他的神经就安定平静下来。书架和堆满信件、书报的写字台似乎在召唤他重归熟悉的工作。不久之后，托洛茨基在日记中写道："在王子群岛上执笔写作是多么惬意呀，尤其是秋天和冬天，当小岛变得空旷、园林里出现啄木鸟的时候。"窗外就是大海，煞像一个波翻浪涌的湖，成群的鱼儿径直游近岸边。经历了近几个星期的焦躁不安、紧张喧闹之后，从未有过汽车鸣喇叭声和电话铃声的宁静安谧的小岛给人以安宁，激励人思考。

这一年最后的几个星期就是这样在安宁和休憩中度过的。此间唯一一件使人不快，但却没有太大意义的事是与谢宁-索博列维丘斯的最后决裂。此人在柏林提出了一项动议，要求反对派的国际秘书处与托洛茨基对斯大林的一次严厉的抨击划清界限。②这件事使托洛茨基很吃惊，尽管几个月前他就曾给索博

---

① 娜塔利娅致廖瓦，1932年12月6日，存于托洛茨基档案保密部分。另见12月8日托洛茨基在布林迪西对报界的声明，存于托洛茨基档案。

② 参见1932年12月15、16、18、19和22日托洛茨基与谢宁-索博尔-索博列维丘斯兄弟的通信。托洛茨基对斯大林的批评（《用两只手》，载当月的《反对派通报》第32期）遭到了他们的反对。托洛茨基批评斯大林在同美国资本主义进行无原则的调情。托洛茨基的批评所根据的是斯大林对一个叫做托马斯·坎贝尔的美国人发表的答记者问。此人是工程师和一本有关俄国的书的作者。坎贝尔引用了斯大林的原话，说斯大林与托洛茨基决裂的主要原因是托洛茨基企图向别国输送革命，而他，斯大林却力争"使一切努力只局限于本国之内"。斯大林事后否认他说过这样的话，但他的否认却很难使人相信。索博列维丘斯兄弟认为，托洛茨基的批评是不公正的，是极左的。

列维丘斯写信说过"党对您有很强的吸引力"。然而他以为在哥本哈根时两人已经求得了共识。12月18日,他在给谢宁的信中写道:"您曾告诉我说,苏联之行使您最终确信反对派是正确的。"甚至直到现在托洛茨基也不怀疑有人做了手脚,以为谢宁只不过是屈从于党的诱惑而已,而这会使他走向投降。他警告谢宁说:"投降就是政治上的灭亡。"劝他往后放一放,再好好考虑一下。显然,他是在为失去一个聪明有用的拥护者而遗憾。但决裂已然发生,很快,谢宁就从托洛茨基的视野里消失了。①

在这几周的休息过程中,托洛茨基发现捕鱼"是驱除忧愁、安定骚乱思绪"的百试不爽的良方。在他离开王子群岛前写下的日记中,以沃尔顿式的风格亲切地记述了他那些渔民朋友,尤其是那位经常与他出海的、几乎一字不识的哈拉拉姆斯。② 这位年轻的希腊人"浑身的骨头都挂满了鱼钩",凡是他能记得起来的所有祖先都是渔民。"他自己的世界就在王子群岛周围大约四公里方圆以内的范围内。但他熟知这一世界。"他在这里能找到足够多的迷人之处,以便让它来充实他的一生(如沃尔顿笔下所谓"永远无法穷尽的、有点儿像诗歌、有点儿像数学的东西")。"他像一位艺术家那样阅读马尔马拉海这部绝妙的书"。他竟能让与此相距甚远的老革命家的大脑对它产生兴趣。他们只能用手势、微笑和不多几个单音节的土耳其、希腊和俄语单词相互交流。对于哈拉拉姆斯来说,这些语汇就足以解释清楚大海深处正在发生的变化了。根据地平线、天气、季节和风向撒网——螺旋形还是半圆形;要引诱蟹虾入网,该怎样把重物抛下小船;该怎样保护捕获的鱼免于被在周围游来游去的海豚叼走。《不断革命论》的作者热情而又恭敬地学习着这门"复杂而又古老的、数千年以来一成不变的技艺"。只要他抛重物的方法稍不对头,便可发现哈拉拉姆斯朝他投来"令人无地自容的一瞥"。"出于善意的情感和社会规矩的意识,他承认总体上我抛重物抛得还可以。可是只要把我干的活儿跟他的一比,就足以使我的骄傲和自豪不翼而飞了"。毕竟,回到哈拉拉姆斯这儿和他一块儿阅读马尔马拉海这本书,又写自己的书,倒是蛮惬意的呢。

---

① 托洛茨基档案保密部分。
② 这些标明7月15日的几页日记存放在托洛茨基档案中。

托洛茨基的厨师展示托洛茨基捕获的鱼

这首田园诗的中断来得既突然又可怕。1933年1月5日，廖瓦发来电报，说季娜自杀了。在儿子终于回到她身边后才过了一个星期，她就自杀了。显然，孩子不仅未能安定她的神经，而是使她彻底崩溃。在一大堆文件中，她留下了一张用德语写的字条："我感到可怕的疾病正在向我逼近。在这种情况下，我自顾不暇，哪里还能照管我的孩子。无论如何他都不该来。他是一个感觉敏锐、神经质的孩子。他也怕 B 夫人（旅店女老板）。他现在在 K 夫人处（下写地址），他连一个德语单词也不懂。请打电话通知我弟弟。"① 季娜精神病的发作越来越厉害，越来越频繁。她觉得自己一无用处，哪怕是对自己的孩子也一样。她已经再没有力气继续奋斗了。而除去所有这些以外，警察局也刚刚通知她，说她必须离开德国。这是施莱希尔将军的政府存在的最后几天，月底希特勒就当上了总理。在柏林，上了铁掌的马靴的橐橐声和醉醺醺的嘶哑歌声都比从前更响亮。其中最下流的一首叫什么《褐色的团队清理着街道》，更

---

① 这张用德语写的字条未署日期。

是震耳欲聋,压倒了所有其他的歌曲。纳粹"令人恐怖的坦克"朝德国工人碾过来。《霍斯特·韦塞尔之歌》在她的耳边回响轰鸣。本国的大门对她是关闭着的。她自己也远离家庭,正要被赶出德国,病又是那么严重,以至于无法去寻找另一个避难所。季娜把自己关在屋里,在堆放了好多障碍物后打开了煤气。她设置了如此庞大的一道壁垒,以致任何想要抢救她生命的企图都属无望。医生为季娜在设置这道壁垒时表现出的"罕见的力气"而震惊。在其生命的最后一刻,一种解脱意识使她脸上浮现出轻松的笑容,最后在她脸上留下轻松、安详的表情。她死时只有30岁。①

季娜

廖瓦通报季娜自杀的电文非常简短,但用托洛茨基的话说,"在它的每一行里,都可以感觉到一种令人难以承受的道德压力",因为"就只有他一个人独自守着姐姐的遗体"。该怎样告诉谢瓦所发生的事呢?季娜的母亲,远在列宁格勒的亚历山德拉·索科洛夫斯卡娅又会如何对待这一噩耗呢?廖瓦试图通

---

① 在弗兰茨·普费姆费尔特1933年1月20日给托洛茨基的信中,对季娜的去世和葬礼作了动人的描述,存于托洛茨基档案保密部分。廖瓦的那封电报,同上。

季娜生于1901年,她去世时应是32岁。——译者注过电话与莫斯科的弟弟联系。"国家政治保卫局也不知道是面对季娜自杀的事实慌了手脚，还是指望听到什么秘密，反正电话出乎意料地打通了，于是廖瓦得以亲口向莫斯科通报这一悲惨的死讯。我们的两个儿子，这两个在劫难逃的兄弟之间，就是这样在尸骨未寒的姐姐身边进行了最后一次谈话。"①

季娜自杀六天后，托洛茨基写了致联共中央、中央监察委员会、联共（布）和中央执行委员会全体委员的公开信。他讲述了 2 月 20 日指令是如何摧垮了季娜的精神的：她的死"不是自愿的。斯大林把死神强加给了她"。"对我的女儿的迫害没有丝毫政治意义——只是毫无政治目的的赤裸裸的报复行为，仅此而已。"在信的末尾，托洛茨基的语调中愤怒已经压倒了悲伤："我只限于通报这件事，而不进一步推出结论。做结论的时代终将到来，新生的党是会做出结论的。"②

从列宁格勒传来了季娜母亲痛苦责备和绝望的呐喊。她的两个女儿都死了，两个在她们的父亲第一次流放时降生的女儿又都在其父最后一次流放时死去。1 月 31 日，她写信给托洛茨基，要求说明所有情况："如果不让我了解所有情况，我会发疯的。"她引用了季娜在临终前几周寄给她的信中的话："可悲的是，我再也不能回到爸爸身边了。您也知道，我从幼小的童年时代起就多么崇拜他、仰慕他，可现在我们却彻底吵崩了。这就是我的病根。"季娜抱怨父亲冷淡。季娜母亲的话是这样说的："我回答她说，所有这一切都源于你的性格，你即便愿意，也难于表达自己的感情。"（对那些只了解托洛茨基在公众场合的面貌及这位热情演说家的人来说，其前妻的这封信肯定会使他们吃惊的，因为它证实托洛茨基的内在性格是含蓄的。）接下来，则是痛苦万状的指责："你们只考虑她的身体状况，而她是个成年人，是个完全成熟了的人，是一个需要理性交往的人。"她渴望参与政治活动，渴望有所作为，因为她追随的是她的父亲，而"你，作为她的父亲，本是能够解救她的"。亚历山德拉问道，季娜在来信中曾提到过的她与廖瓦的冲突，其原因到底是什么。为什么托洛茨基非要坚持让季娜进行心理分析治疗不可，而"她是那么孤僻，和我们两人一样，本不该强迫她说她不愿说的话呀！"然而，尽管作为一位母亲的她对托洛茨基大加指责，但一想到假如季娜留在俄国也必死无疑——会死于肺结核，便把话说得缓和一些。"我们的孩子都命遭不幸，"她又补充说，还描写

---

① 引文摘自六年后写的悼念廖瓦的悼词。《反对派通报》1938 年 3 月第 64 期。
② 同上，1933 年 3 月第 33 期。

自己是如何怀着恐惧看着留在她身边的外孙子和外孙女的:"我不再相信生活了,我不相信他们会长大成人。我一直在等待新的灾难。"她最后写道:"写、寄这封信,对我来说并不轻松。请原谅我对你的冷酷。但你是应该知道这一切的。"①

我们不知道托洛茨基是怎样以及是否答复了这封信。也许,创伤太重以至于无言以述。过了一段时间以后,托洛茨基在为自己没有答复朋友的吊唁而致歉时写道,他正害疟疾,"半已失聪"。②

* * *

托洛茨基始终不愿相信,德国工人运动会完全丧失自卫能力,竟至对纳粹主义未加任何反抗,而且在纳粹的第一次进攻之下就可耻地崩溃了。在几乎长达三年的时间里,托洛茨基不断论证说,如不进行一场国内战争,希特勒未必能取胜。但未必可能的事发生了:1933年1月30日,赶在社会民主党和共产党开始积聚其巨大力量准备进行斗争之前,希特勒当上了总理。一周后,托洛茨基指出:"希特勒掌权对工人阶级无疑是一个可怕的打击。但这次失败还不是最终的和无可挽回的。当敌人刚刚开始上升之时本来可以将他粉碎,而今天他已占据了整整一系列重要岗位。这是他的一个极大的优势,但决战尚未开始。"即使现在也还有机会,因为希特勒目前尚未掌握全部政权,他还得与兴登堡和德国民族主义者分割权力。以他为首的联盟尚未巩固,内部充满矛盾。他还必须剥夺其伙伴的所有影响才能独控整个国家。只要这些尚未发生,希特勒的地位就还相当软弱,社会民主党和共产党还可以给予回击,尽管已经太迟了:"这是关系到德国工人阶级、共产国际和……苏联命运的大事!"③

如今,根据大量德国档案和日记我们得知,希特勒的第一个政府班子在刚刚组成之时实际上是多么软弱。④ 甚至在一个月以后,在纳粹党徒袭击卡

---

① 亚历山德拉·索科洛夫斯卡娅的这封信所署日期是1933年1月31日,存放在托洛基档案保密部分中。
② 托洛茨基致弗兰茨·普费姆费尔特,1933年2月5日,存于托洛茨基档案保密部分。据当时正在比尤克·阿达村的皮埃尔·弗兰克说,托洛茨基一连好几天把自己锁在屋里。只有娜塔利娅跟他在一起。当托洛茨基终于露面时,秘书们发现他的头发白了许多。
③ 《反对派通报》1933年第33期。
④ A. 布洛克:《希特勒传》,第229—233页。

尔·李卜克内西在柏林的住宅和国会纵火案后，在法西斯恐怖甚嚣尘上的3月5日进行的大选中，社会民主党和共产党还能获得1200万张选票，且不说投给反希特勒的天主教中央党的约600万张选票了。我们还知道，希特勒与其伙伴之间存在着争执、冲突和不信任，如果千百万共产党人和社会民主党人行动起来的话，将导致他们的联盟破裂。早在2月6日托洛茨基就指出："无产阶级不是在自卫，而是在退却，而明天就可能变成仓皇逃窜。"在文章结束时，他言简意赅地提出了严肃的警告：

在这样的日子里，为了更加鲜明地揭示党的决议和行动的历史意义，依我之见，就必须毫不含糊、万分明确和毫不妥协地向共产党员提出这样一个问题：党拒绝统一战线，拒绝建立地方自卫委员会即明天的苏维埃，就意味着党向法西斯主义投降，也就是犯了历史大罪，也就等于党和共产国际的灭亡。在发生类似灾难的情况下，无产阶级只有跨过尸山血海、经历数年不堪忍受的痛苦和不幸的岁月，才能达到第四国际。①

但早在这些话被刊出以前，无数的德国工人阶级的组织、政党、工会，它那为数众多的报纸、文化机构和体育组织就已然成了一片废墟。

惨痛的失败很快就影响到托洛茨基一家的命运。《反对派通报》在柏林被查封。廖瓦被迫转入地下并秘密穿越国界。3月24日，托洛茨基在给普费姆费尔特一家（其家已被纳粹捣毁）的信中写道："我们一直非常担心 Л.Л.（即廖瓦）。德国朋友认为，他如果落入法西斯手中，必死无疑。我也是这么看的。而昨天我们收到了他发来的电报：'我将去巴黎'。希望他旅途顺利吧。我们尚未得到他进一步的消息。"②

*　　*　　*

在这几个星期里，托洛茨基宣布他不再忠于第三国际。在一篇题为"德国无产阶级的悲剧"，副标题为"德国工人必将重新崛起，斯大林主义万劫不复"的文章中，托洛茨基这样总结了时势：德国工人运动所遭受的不是暂时

---

① 《反对派通报》1933年第33期。
② 托洛茨基档案保密部分。

挫折或战术性失败，而是决定性的战略崩溃，它会使工人阶级在整整一个时代中软弱无力、丧失活动能力，无论是第二国际还是第三国际都拒绝承认这一点，而侈谈什么希特勒的胜利是"过眼烟云"，而现在，当时机已经错过之后，却又叫嚷什么统一战线。然而，"首先，决战的到来仍有可能，德国无产阶级的先锋队应当重新辨别方向，也就是说要清醒地认识到所发生的事，要分担这一历史性重大惨败的责任，要确定新的道路，以此来恢复自信"。许多年来，"时局的关键"一直把握在共产党人手中，而现在他们已经失去了主动。德国的所有阵地都已丧失，并且这将持续多年，因此对于工人运动来说，目前最重要的是巩固尚在手中的前哨并在德国的周边国家——奥地利、捷克斯洛伐克、波兰、荷兰和法国从事斗争。"受法西斯政变直接威胁的奥地利成了最前沿。"而共产国际方面却极端不负责任地发表声明，说什么德国工人阶级正处在"大决战的前夜"，因为他们投了500万张选票给共产党。"是的，500万共产党员还来得及一个一个地走近投票箱。但在企业里和大街上却并非如此。他们被枪杀，被碾为齑粉，士气低落。……早在法西斯匪帮的恐怖到来之前，斯大林主义官僚集团的恐怖就已剥夺了他们的意志。"①

托洛茨基得出结论，斯大林主义也有其自己的"8月4日"，与第一次世界大战开始时的第二国际一样遭到可耻的失败。当时，列宁、托洛茨基、罗莎·卢森堡、卡尔·李卜克内西及其志同道合者声明，第二国际已经死亡，并提出了创建第三国际的思想，与8月4日类比，这暗示着托洛茨基已经提出了建立第四国际的思想。但他暂时尚未迈出这一步。他只是号召在德国筹建一个新的共产党。"德国先进工人今后在谈及斯大林官僚集团支配（德国共产主义的）的时期时只能带着强烈的羞耻感。……德国官方共产党注定灭亡，从今以后，等待它的只有分化、瓦解，直至彻底消亡。"托洛茨基还设想过一种可能性，即这一失败对于其他共产党来说也可能成为有益的震动，它将唤醒它们继续斗争、增强责任意识并最终与斯大林主义决裂。如果发生这样的事情，共产国际（或是它的一个部分）尚能挽救自己的革命声誉，不辜负自己的存在。"在德国，斯大林官僚集团这首预兆不祥的歌无论如何已唱完。……面对敌人的可怕打击，德国先进工人的任务是组建新党。"在这方面也许会有异议，即号召组建新党而非创建新的国际是不符合逻辑的。然而，历史的发展并非永远符合逻辑的法则，

---

① 《德国无产阶级的悲剧》一文，所署日期是3月14日，刊登在《反对派通报》5月号（第34期）上。

应该等一等、看一看，看各国共产党能否从德国经验中汲取教训。①

即使托洛茨基曾有过这种希望，这希望也很快就烟消云散了。在希特勒获胜后第一次召开的共产国际执委会全会上，人们宣称这次胜利没有任何意义。执委会断言说德共的战略和策略从始至终都是无可挑剔的，并严禁各国共产党讨论这个问题。②没有一个党敢于向这一禁令挑战。这一令人震惊的情况促使托洛茨基指出："连法西斯的雷霆也无法将其唤醒，这样的组织……已经死亡，而且万劫不复。"7月，托洛茨基发表声明，在德国，仅建立新的共产党已经不够了，为新的国际奠基的时刻来到了。③

但甚至到现在，托洛茨基也无法明确判定新国际是否应该将其活动扩大到苏联，也就是说，它的拥护者应否不再把自己当做旧党的一个派别而创建一个新党呢？在数月当中，他曾劝说拥护者们反对采取这样的行动方式，他坚持认为，第四国际的活动领域应在苏联以外。尽管斯大林滥用权力垄断，但托洛茨基仍旧认为布尔什维克的权力垄断是革命得以生存的必要条件。托洛茨基指出，反对派只有在一种情况下是正确的，即在反对派对改革体制的可能性丧失一切希望并转而以从事反对斯大林主义的革命斗争为宗旨时，它力求建立新党才是正确的。否则，反对派绝不应该这么做。新国际应当克制自己不在苏联以内开展工作，因为工人运动"当前局势的关键"已不在苏联；反对派在那里未必有展开活动的机遇，至少在最近的将来不会有这样的机遇，因此，有关新的共产党的问题纯属纸上谈兵。只有当新国际在其他国家中已成为一支重要的政治势力时，苏联的力量对比才可能发生变化。首要的是西方革命的进展，它不可能在斯大林的领导下取得，进展会削弱斯大林主义在苏联的控制力，从而能给共产党反对派注入新的力量。④

这是一个站不住脚的立场，而托洛茨基新举措的逻辑很快就迫使他改变观点。在德国宣传创建新党而非创建新国际的做法是不合时宜、不合情理的。同样，要求新国际不在苏联境内从事任何活动的做法也是不符合情理的。因此，

---

① 《反对派通报》第34期。
② 《共产国际》1933年第36期；《反对派通报》1933年第36—37期。
③ 同上，第34期。
④ 《反对派通报》第36—37期。皮埃尔·弗兰克谈到，托洛茨基在几周和几个月之内一直思考这个问题，他的秘书看到他每天一连数小时在屋里踱来踱去，全神贯注地紧张思索。"他满头大汗，使人可以感到，他因思考和犹豫而精疲力竭。"

1933年10月托洛茨基得出结论,认为反对派在苏联国内也应当组建新政党。①得出这样的结论,托洛茨基花费了大约六个月的时间。在这方面,他必须修正某些他坚定不移地坚持了十年的观点。他不再坚持执政党的政治垄断。新党一旦开始存在,就应当力求不是以改革和合法的方式取代斯大林的政府,而是以革命的方式将其推翻。那么,托洛茨基是否依然认为苏联是工人国家呢?现在,他是否把苏联的体制视做是热月政变式的或波拿巴式的反革命的翻版呢?现在,反对派是否还应该无条件地捍卫苏联呢?

托洛茨基论证,在经历了最近几年中所发生的事情以后,以为可以在党或苏维埃的代表大会上罢免斯大林这种想法是极其幼稚的。"能够迫使官僚集团将政权移交给无产阶级先锋队的只有暴力。"然而,在最近的将来是不可能指望这个已被击溃的涣散的先锋队去从事夺权斗争的。因此,是改革抑或是革命这个问题的解决基本上属于遥远的将来。如果没有工人阶级的大多数支持,反对派休想觊觎政权,而只有经过国内的社会变动和国际舞台上的急剧变化,首先是革命在苏联以外获得成功,否则反对派是无法取得工人阶级的支持的。在这样的变动和变化之后,"斯大林的机关将被吊起来",在人民的支持下,反对派甚至可以不经过革命或内战而获胜。如果斯大林及其同谋者不顾自己已被孤立的现实,仍然牢牢把持着政权不撒手的话,反对派就要考虑"采取警察式的措施"。在工人阶级政治热情高涨的形势下,斯大林主义会极其软弱,因为"除了在工人阶级中,它无处汲取自己的力量"。只是由于工人的消极顺从而非积极支持,斯大林才获得了力量。没有这些因素,斯大林可以被一掌打翻。②

托洛茨基再次重申,苏联是一个工人国家,其生产资料的社会所有制形式占主导地位,因此苏联处于由资本主义向社会主义转变的过渡阶段,尽管它每前进一步都要付出惊人的代价。官僚们不管享有多少特权,但仍是"长在工人阶级肌体上的恶性肿瘤,而非新的有产阶级"。特权和不断加强的社会不平等并非像极端激进派所断言的那样是一种新的剥削方式,而是普遍贫困和物质匮乏的结果。在某些方面,作为刺激劳动生产率因素的特权和不平等是"资产阶级推动社会进步的武器"。官僚集团的寄生和暴政统治可能会危及革命取

---

① 《反对派通报》第36—37期。托洛茨基在其论文《苏维埃国家的阶级性质》中阐述了这一修正,据托洛茨基档案来看,该文于1933年10月1日完稿,刊登在《反对派通报》第36—37期上时该日期被误印为1932年10月1日。

② 同上。

得的所有成果，并诱发反革命，但它也可以成为简陋而又"昂贵的社会发展的工具"。"苏联官僚集团浪费了……大部分国民收入，同时也关注促进国民经济的增长和文化的繁荣，国民收入越高，官僚特权的份额就越丰厚。不过，在苏维埃国家社会基础上实现的劳动群众经济文化的提高会逐渐削弱官僚统治的基础。"这样，在斯大林时代结束的20年前，托洛茨基就预见到了苏联的工业化和教育的普及。斯大林主义可以破坏它自身所赖以生存并从中得到滋养的土壤，即原始的贫困、文盲和野蛮的土壤。①

托洛茨基虽然不再捍卫苏联的一党制，但又重申了他先前的警告，即"今天，如果苏联官僚集团的平衡受到震荡，几乎可以肯定地说只会有利于反革命"。他再次强调了他的无条件捍卫苏联的宗旨："……新国际……在改革苏维埃国家之前，应当担负起保卫它的责任。所有以苏联已不是工人国家为借口而拒绝承担这一义务的政治派别都有沦为帝国主义手中消极工具的危险。"托洛茨基补充说，新国际的拥护者"在生死攸关的危险关头，应当坚守在保卫苏联的最后一道街垒上"。②

然而，尽管托洛茨基断然坚持根据其经济结构而言苏联仍属于工人国家，但他的结论是：目前作为一个国际革命因素的苏联，其所具有的意义不会比一座死火山更大。"从第一次世界大战开始，布尔什维克党在世界革命斗争中一直起着主导作用，这在十月革命后更为明显。而如今这一地位已经彻底丧失了。"不仅官方布尔什维主义——这是对党的讽刺——而且就连布尔什维克反对派，也由于其工作条件的艰难而无力"在国际范围内起领导作用"。"革命的重心最终转移到了西方，那里建党的可能性要大得多。"托洛茨基提出了第四国际的思想，他相信，革命的新的动力将来自西方而非苏联。③

我们已经看到，托洛茨基在决定与第三国际决裂时曾是多么动摇不定。导致其动摇的原因很清楚，因为他本人已曾多次声明反对他现在所采取的步骤。托洛茨基当时曾证实，各国革命的工人正在寻求第三国际的领导，他们把它看做是第二国际和第一国际的合法继承者以及俄国革命思想的体现者。当共产国际与苏联还保持紧密联系的时候，作为具有阶级意识的工人精英对共产国际的

---

① 《反对派通报》第36—37期。托洛茨基总结说："很清楚，在这一幸运的历史方案中，官僚集团只能是社会主义国家的工具——低劣却又昂贵的社会主义国家的工具。"然而，他当然不会认为这个"幸运的方案"会自动实现。

② 同上。

③ 同上。

忠诚是完全正当的。托洛茨基并非完全相信这一论据已失去其意义。同样，考虑到他本人在第三国际中所起的作用，对他来说公开宣布与第三国际决裂也不是那么轻松的。一个伟大而又富于生命力的运动的主要设计师之一竟会有力量公开宣称这一运动毫无意义，这种情形是极为罕见的。对于托洛茨基来说，与第三国际决裂要比1914年与第二国际决裂难得多。只是由于共产国际在德国的令人震惊的失败才使他迈出了这一步。托洛茨基承认，1914年第二国际领导人支持帝国主义战争是有意识的叛卖，而在1933年，共产国际却由于愚蠢的不负责任与盲目而加速了希特勒的胜利。不过，1933年的灾难在许多方面比1914年严重。第一次世界大战期间，革命的马克思主义很快就从它遭受的打击下复元：齐美尔瓦尔德会议、昆塔尔会议和俄国革命是对"社会帝国主义"歪曲马克思主义的强烈抗议。而对1933年骇人听闻的行为，无论是当时还是以后，共产主义运动并没有提出类似的抗议。共产国际的政策不仅使得潜在危险得以成为现实，使得新的世界大战不可避免——而且，所有这一切都是在整个运动令人不可思议的冷漠和无动于衷的氛围中发生的。托洛茨基问道，广大共产党员的政治意识和政治理解力究竟怎么了？

　　托洛茨基的结论是，改良主义和斯大林主义都在毒化工人的意识，从内部破坏工人的意志。他的那些警告那么明确、那么响亮，而且又都惊人地为事件的发展所证实，却如空谷足音，没有引起人们的注意，这一事实使托洛茨基更加坚信自己的结论准确无误。他的警告是如何被人们刻意忽略的，对此，没有人比托洛茨基本人更了解了：1932年年初，托洛茨基在写给索博列维丘斯的信中指出，在德国，托洛茨基反对派甚至"连十个德国产业工人"也未能招募到（它只招募到有数几名知识分子和侨民）。[1] 而在第一次世界大战的岁月里，至少还有数千名德国工人参加了地下组织"斯巴达克"，并且支持对"8月4日"的谴责，当时尚在狱中的罗莎·卢森堡和卡尔·李卜克内西也谴责"8月4日"。可现在，在希特勒的胜利之后，各国共产党对共产国际的自我辩解和自吹自擂只有顺从和沉默。也许，在所有各国共产党中，理性、国际团结和责任感已荡然无存？托洛茨基一而再、再而三地对自己提出这个问题。如若不然，那就是整个共产主义运动已被斯大林主义败坏到如此地步，致使改良它的意图不啻于西叙福斯的苦役。托洛茨基从事这项苦役已达十年之久。他不想

---

[1] 1932年3月6日给谢宁-索博列维丘斯的信。托洛茨基档案保密部分。

再继续努力把沉重的石头推到这座山顶上去了。

对托洛茨基来说,与列宁缔造的、在革命中获胜的苏联共产党彻底决裂更加困难,而他本人就是在这支革命队伍里才成为一个伟人的。一年前,在季诺维也夫、加米涅夫、斯米尔诺夫、普列奥布拉任斯基等人被第二次流放后,看起来似乎1925—1927年的联合反对派已然复活了似的。来自莫斯科的每一封信都指出,在国内普遍恐慌的气氛下,就连斯大林最亲近的拥护者也幻想有朝一日能够摆脱斯大林。然而,从1932年起,斯大林得以重新获胜。他在这一点上之所以成功的原因,部分是由于他采用了托洛茨基推荐的某些措施:在第一个五年计划末给了经济以"喘息"之机,为第二个五年计划确定了较低也更切实可行的目标,对已经集体化了的农民作出了某些让步。其结果是使得混乱、骚动和党内人心的浮动大大减少。德国的灾难不是削弱而是巩固了斯大林的地位。那些对这一灾难的后果有所了解的人们感到动摇莫斯科统治的稳定性是不合时宜之举。德国集权制的确立给了苏联的集权主义倾向以新的动力。当"一个元首、一个政党、一个民族!"的口号声震撼整个德国时,苏联领导集团和许多普通党员也认为,革命和苏联也只有在一个领袖的领导之下才能生存。1933年5月,季诺维也夫和加米涅夫再次投降,并从流放地回来。1926年当他们第一次投降时,他们投降的是斯大林主义,却未在斯大林个人面前下跪,而且也没有人要求他们这么做。1932年,当人们要求他们这么做时,他们无法强迫自己就范。然而在1933年时他们却正是这样做的:在他们新写的悔过书中颂扬斯大林永远正确,说他是空前绝后的天才。

所有这一切都发生在托洛茨基刚刚提出第四国际思想,但还没有准备好发出在苏联创建新党的号召之时。斯大林成功地摆脱了危机,他头上笼罩的新专制主义光环,还有最后一次投降的场面,这些都促使托洛茨基挣脱将他与旧党从理论上联系在一起的最后一重束缚。在评论季诺维也夫和加米涅夫的"悲剧命运"时,托洛茨基写道:"当未来的历史学家想要展示一个充满巨大震荡的时代是如何无情地蹂躏人的性格的时候,他会以季诺维也夫和加米涅夫为例……斯大林的机关已经成了一部敲碎(前革命家)脊梁骨的机器。"此外:"斯大林和果戈理笔下的主人公一样,由于买不到活的农奴,便开始收购死农奴。"① 托洛茨基以为苏联共产党可能会复兴的希望现在也破灭了。向脊梁骨

---

① 《反对派通报》1933年第35期。

被打断的人、向亡灵呼吁是徒劳无益的，无论如何，在一个可以向专制独裁者俯首下跪的党内，马克思列宁主义的传统已荡然无存了。布尔什维主义只有彻底摆脱这个党、在这个党之外才能复兴。

简言之，托洛茨基的这些理由对于创建新国际是有利的。然而，在这一思想被提出并经讨论获得所有托派集团赞成之后，托洛茨基也没有宣布这些集团就构成了第四国际。对它们的弱小颇有了解的托洛茨基仅限于提出这一思想，他希望这一思想能很快就会赢得大量的支持者。托洛茨基以某种方式重复了他在齐美瓦尔德时期的行动，他对这一时期的记忆在他的论著和行为中看得很清楚。从1915年列宁和托洛茨基开始宣传创建第三国际思想的那一刻起到他们召开国际成立大会，他们进行了长达四年的说服和准备工作。与此相仿，现在，问题不在于"立即宣布……建立新国际"，而在于如何做准备工作。"新的前景意味着……有关'改良'（斯大林的组织）和要求恢复反对派成员在官方党中的地位的言谈，应当休矣。……左派反对派也不再作为（党内）反对派而行动。"① 在托洛茨基准备召开成立大会之前同样也需要四年时间。

1933年时，托洛茨基对新国际的希望并不像后来那样显得似乎毫无根据。在德国问题上，共产国际的威信一落千丈，与此同时托洛茨基主义却取得了令人信服的道义上的胜利。托洛茨基认为，如果说迄今为止他向欧洲共产主义运动发出的所有号召几乎都没有引起反响的话，其部分原因在于他与斯大林争论的主要问题都是苏联内部问题，中国革命对欧洲共产党员来说不是相距太远就是难以理解。而最后阶段的争论则集中在德国——"欧洲的心脏"——问题上。希特勒的上台直接涉及每个共产党，它提出了生死攸关的问题，它导向战争，它威胁要铲除共产主义。托洛茨基跟共产国际进行了公开论战，并以极大力量将论战进行到最后关头，直至他们的分歧为事件的发展所验证。检验结果是毋庸置疑的。对"赞成"和"反对"的理由人们还应记忆犹新，每个共产党员都能重温这些理由，认真加以思考。从中可以得出肯定的结论是：那些把西方这一最强大的共产党领入如此可耻的毁灭地步的人，其罪过在于因无能而犯了近似背叛的罪行，他们丧失了当领导的一切权利。依据同一个标准，反对派有权要求或者应该要求把领导权夺回手中。

某些这类的看法无疑也渗入到斯大林派的队伍中。共产国际越是恶毒攻击

---

① 《反对派通报》1933年第36—37期。

和嘲笑托洛茨基在"吓唬小孩"、"夸大纳粹的威胁"、"坚持为与社会法西斯建立统一战线效劳",所有这些用飞去来器进行的抨击便越是有力地打到了它们的作者身上。许多党的组织都感到窘困和羞愧。就连顽固的斯大林派成员也都悄悄地赞扬托洛茨基明确无畏的立场。① 在从希特勒的恐怖之下逃出来的德国人中和波兰、捷克斯洛伐克、丹麦、美国等国的共产党员中产生了新的托洛茨基和准托洛茨基小组。它们当然不是很大,但其影响力却不容低估。它们吸引了一些聪明而又忠诚的党员,向共产党员的良心发出了呼吁。它们迫使斯大林主义采取守势。党的领导人只有靠狂热的呼唤党的精神、威胁开除或真的开除的办法才能铲除这种在自己的队伍中扩散的疾病。归根结底,共产国际只有放弃它的一切立场,只有将自己有关社会法西斯主义的口号抛到九霄云外并采取统一战线(继此之后是人民战线)的策略,才能彻底铲除这种疾病。此外,魏玛共和国灭亡同样也震撼了社会民主党。他们对议会民主制的信仰遭到了最残酷的打击。在德国事变的影响下,欧洲所有的社会民主党都把某种形式的"无产阶级专政"的说法庄重地写进自己的党纲。这些党内的激进派和左翼团体也把目光转向托洛茨基,认为他的思想比官方共产主义所能提供的一切都更合理,也更有吸引力。这是流亡中的托洛茨基政治影响力所达到的顶点。如果说托洛茨基曾经有过建立独立的共产党的机会的话,那么就是这时。

然而,托洛茨基经常恰如其分地引用的与他本人现在开始采用的行动方式相矛盾的那些论据并未失去效力。诸如只要生产资料的国家所有制形式在苏联未被触动,布尔什维克的旗帜仍然飘扬在莫斯科的上空,国际共产主义与苏联的联系是不可分割的等说法就依然是正确的。对于同情共产主义的广大群众来说,第一个工人国家在他们眼里依然是国际革命的前哨,官方共产党对他们仍具有不可抗拒的吸引力。除了斯大林的领导,这些人看不见有任何别的选择,而斯大林的领导在他们看来已经成为俄国革命和布尔什维克传统的代表。斯大林官僚集团竟成功地把自己与列宁主义和马克思主义等同起来。战斗中的法国码头工人、波兰矿工和中国游击队员全都把莫斯科的领导人当做判定有关自己苏维埃利益问题的最好的法官和国际共产主义的可靠顾问。这就是为什么他们盲从斯大林政策中左右摇摆的路线,甘心受它最荒谬的操纵的原因。在他们看

---

① 许多年以后,当形势已能允许人们说这些话时,他们亲口承认这类"暗中的赞美",有些人亲口对本书作者说过。

来，斯大林主义的敌人就是苏联和共产主义的敌人，一如在一个信仰天主教的人眼中，罗马教廷的敌人就是基督教的敌人一样。

所有这些，对托洛茨基所从事的事业来说都是不祥的预兆。能够对托洛茨基的思想和口号有所反应的只有那些同情共产主义的人，但正是这些人最不愿团结在新国际的周围。由于托洛茨基对在他们各自党内进行改良的呼吁长期以来没有给他们留下什么印象，所以他们更不可能响应托洛茨基要他们与这些党决裂的号召。

同样，无论旧国际的声望如何扫地，德共毁灭的后果不会也不可能会有利于新国际的创立。每一个旧国际都是在工人运动的浪潮达到高峰时出现的，每个国际在诞生时都没有与任何地位牢固的对手作战。① 而第四国际居然敢于在运动处于最低潮的时期向两个强劲的对手挑战。在德国，正如托洛茨基预言的那样，工人阶级在此后的许多年中的确无法在政治上获得新生。正是由于这个原因，托洛茨基主义无法从其在德国问题上所获得的道义优势中得到任何实际利益。在这十年的后半期中，欧洲其他国家的工人阶级继续退却，尽管1936年在法国和西班牙出现过力量的高涨，一连串不断的退却和失败引发了道义上的软弱和这样一种局面，就连加入新国际这一最富于说服力的号召也被人们所忽略。托洛茨基证明工人阶级需要有新的领导来中止退却、重新组织力量以自卫和反攻。但甚至广大共产党员（和社会民主党党员）中那些尚未丧失勇气的人都认为，不能在危急关头中途换马，因此，两个现有的国际竟然在各自的错误和失败中繁荣起来：它们的拥护者们尽管有自己的担忧，也不愿在纳粹和法西斯冰雹般的打击之下寻找新的领袖和新的斗争方式。他们宁愿在熟悉的旗帜下爬行，从一个失败走向另一个失败，也不愿团结在新的旗帜下，因为在这面旗帜下，他们看到的是一个神秘而又可疑的伟岸旗手。

托洛茨基深信，共产国际作为一个革命组织，其作用已经完结了。他没有全错。十年后，斯大林解散了这个组织并宣布它不能再起任何作用。在这十年当中，共产国际只不过是给它在德国的破产增添了新近在法国和西班牙失败的记录和1939—1941年间，即在《斯大林—希特勒条约》期间所推行的模棱两可的政策。然而，处于共产国际身后的那个运动，却绝非一具"僵尸"。无论斯大林使用什么方法想要从道义上破坏这一运动，也无法把它消灭。也就在斯

---

① 对这一论据后面的部分，特别是波兰托洛茨基派成员反对创立第四国际的理由，可参阅本书《地狱之夜》一章。

大林解散共产国际的时候，西方共产党在反抗纳粹占领的抵抗运动中积聚着新的力量；南斯拉夫和中国的革命尽管与斯大林存在着潜在的冲突，但仍在斯大林的旗帜下一步步走向胜利。无论斯大林如何想把各国共产党变为一个听命的小卒，南斯拉夫、中国以及某些其他国家的共产党都有足够的力量按自己的方式生存，进行各自的斗争，改变自己国家与全世界的命运。而且，由于苏军在第二次世界大战中获胜，他们获得了新的革命动力。

新的革命动力当来自西方而非苏联这一思想渗透在托洛茨基为第四国际所作的宣传工作中。托洛茨基一再重申，尽管斯大林主义在苏联继续起着双重的作用——既是进步的又是反动的作用，但在国际领域，它却只能施加反革命的影响。在这方面，托洛茨基未能把握实际情况。斯大林主义不仅在国内、而且在国际舞台上都继续发挥着双重作用：它对苏联国外的阶级斗争既有推动，又有妨碍。在其后的30—40年间，革命动力并非来自西方。因此，托洛茨基决定创建第四国际的主要前提是缺乏根据的。而由于他想要改良共产国际的全部努力都归于徒劳，因此，如我们所知，他无法继续这一西叙福斯式的劳役。他必须寻找到别的解决办法。然而他的新任务至少也和旧任务一样是无法完成的。西叙福斯怀抱着希望，只是将石头从那座可怕的山的这一面坡滚到了另一面坡下，然而在那里，他又得重新开始推着巨石往山上爬。

* * *

我们已经知道，与共产国际决裂后的托洛茨基再次要求他的拥戴者们誓死捍卫苏联。他本人则在文章中竭力要西方资产阶级舆论理解这样一个事实，即第三帝国意味着世界大战。早在1933年春，他就呼吁西方强国与苏联结盟。这是第三帝国存在的最初几个月，那时，未必会有一个西方国务活动家认真考虑过这一问题。希特勒当时采取了和平主义立场，在国际裁军会议上接受了由奥斯汀·张伯伦（Austen Chamberlain）和约翰·西蒙（John Simon）提出的裁军方案，这使得伦敦当局喜不自胜而大松了一口气。1933年6月2日，托洛茨基在《希特勒与裁军》一文中写道："最危险的莫过于低估敌人……德国工人组织的领导人不愿把希特勒当回事。……同样的危险也会出现在国际政坛上。"他指出英国政府是如何一厢情愿地对希特勒"温和的语调"作出反应的："当事件正按照熟悉的轨道进行时，外交惯例自有其优点。"然而，"在外

第二章 理性与疯狂

左图，奥斯汀·张伯伦，英国保守党人，外交部长，是首相内维尔·张伯伦的异母哥哥；右图，约翰·西蒙，英国国务活动家，是首相内维尔·张伯伦20世纪30年代绥靖政策的重要支持者之一

交剑术后面隐藏着……更深刻的动因和计划"。奥斯汀·张伯伦和约翰·西蒙"本以为他们见到的（希特勒）会是一个手舞大斧的疯子，可看到的却是一个其后裤袋里藏着左轮手枪的人——于是大大松了一口气！"这是希特勒在外交上所取得的第一个重大胜利，他的目标是重新武装德国，德国自《凡尔赛和约》以来已经恢复了它作为欧洲工业强国的地位，但仍没有武装。"潜在的实力和事实上的软弱两相结合，决定了所订目标极具爆炸性，也决定了它向这一目标迈进的头几步的极端谨慎小心。"希特勒之所以同意英国的裁军方案，是因为他很清楚地知道，这一方案不会被法国所接受。这使他有机会利用英国反对法国，并把以后军备竞赛的责任转嫁到他人身上。"希特勒的爱好和平的姿态不是偶然心血来潮的外交即兴之举，而是一个大谋略的组成部分，它能急剧改变力量对比关系，使之有利于德国，从而为德国帝国主义进攻欧洲和世界打下基础。"托洛茨基预言道：如果不阻止希特勒的行动，那么再过5—10年，它们必然会导致世界大战。"希特勒是很想进攻苏联的，然而，如果东方战线不是一条抵抗力最弱的战线的话，那么，突破口也可选择在别的方向……能用

来打东方的武器，也能用来打西方。"① 托洛茨基指出，他并不认为自己"有捍卫《凡尔赛条约》的义务。欧洲需要重新组织，但这事如若落到法西斯手中，那将是欧洲的不幸！"

托洛茨基在其为美国报界撰写的声明中呼吁美国政府（该政府于十月革命后的第十六个年头仍然不承认苏联政府）与苏联结盟以对付来自日本和德国的威胁。② 我们不知道托洛茨基的这一呼吁对此后不久罗斯福总统作出的与莫斯科恢复外交关系的决定是否有影响，但托洛茨基的观点无疑在斯大林的外交主张中留下了印记。斯大林马上提出了建立反法西斯同盟的问题。当问题涉及自己统治的安全时，斯大林是很愿意倾听其对手的建议的，尽管他的做法总是粗鲁而又有所曲解，而且还总要拖上好久。

然而，苏联政府却延长了与德国签订的《拉帕洛条约》，使得极端激进的反斯大林分子将斯大林的这一步骤称做是新的"叛卖"。托洛茨基认为这个问题过于重大，不能把它作为讨论题目。他不断强调斯大林和共产国际对希特勒的上台负有责任，但他不否认斯大林有权在外交领域里搞谋略。据我们所知，两年前托洛茨基曾敦促苏联政府在希特勒威胁要夺取政权时对红军进行总动员；他这样做是由于他认为，德国左派会手拿武器起来反对纳粹，那时红军有义务帮助他们。托洛茨基指出，但是现在希特勒不流血的胜利和德国左派运动的彻底失败使得力量对比不利于苏联，尤其在斯大林的集体化运动使苏联国内已空虚的情况下。因此，苏联外交必须要能赢得时间进行谈判，甚至要寻求与希特勒达成临时协议的途径。托洛茨基以一种未免使人感到有些奇怪的不偏不倚态度声称，在目前这种情况下，如果掌权的是反对派，其做法也不会与此不同。"如果今天领导苏维埃共和国的是布尔什维克—列宁主义者（左派反对派）的话，那他们的直接实际行动也只能从由于追随者们十多年来的政策而形成的力量对比关系出发。他们也不得不保持与希特勒德国现有的外交和经济联系。与此同时他们会为翻本和复仇作好准备。这是一个长期而又艰巨的任

---

① 《反对派通报》1933 年第 35 期。该文最早发表有 1933 年 6 月 21—22 日的《曼彻斯特卫报》上（在该文章完稿后的第三个星期）。斯大林的外交部长李维诺夫常常引用此文中的一句话，即"能用来打东方的武器，也能用来打西方"。

② 参见托洛茨基答《纽约国际电讯报》记者问。

务，它不能靠示威性的姿态来解决，但它会要求急剧改变所有领域里的政策。"① 托洛茨基的论断和以前一样，并未染上敌视斯大林的个人感情色彩，而是非常客观的。

* * *

这是托洛茨基在王子群岛生活的最后几个月。在一段时间里，托洛茨基的法国朋友们，尤其是他的翻译莫里斯·巴黎冉宁（Maurice Parijanine）请求法国政府撤消1916年将托洛茨基"永远"逐出法国的命令并为其提供避难权。托洛茨基对此持怀疑态度。他认为，刚刚组建的爱德华·达拉第（Edouard Daladier）激进政府必将力求改善对苏关系，根本不会让他在法国居留。但他仍然尽其所能地帮助他的法国朋友。此前不久，他刚刚谈妥了在纽约发表有关爱德华·埃里奥的一篇文章之事，这是一篇颇有些不敬的速写，是他在停留马赛深夜时与警察扭打后不久写的。现在，他又放弃发表这篇文章，为的是不给对手以不让他进入法国的口实。他还写信给教育部长亨利·盖努（Henri Guernut），此人作为政府的一员支持托洛茨基在法国避难。他郑重许诺在法国将奉公守法，不给政府找麻烦。②

几个星期过去了，仍没有结果。在这段时间里，托洛茨基粗略草拟了有关国际的设想，还写了几篇有关法国政治和文学问题的小文章。今后的情形仍在未定之天，这迫使他把较大的写作计划先搁在一边。未来的不确定性也引发了经济上的困难，这一点他从1929年以来还从未体验过。哥本哈根之行，季娜的病，廖瓦移居法国，《反对派通报》编辑部迁址到巴黎，这些事使得他的支出陡然增加，而它们偏偏又是在收入急剧减少的情况下发生的。在托洛茨基主要著作广泛流行的德国，纳粹发布了禁书令，他的著作与所有马克思和弗洛伊德的著作一样都被付之一炬。而这又恰巧是赶在《俄国革命史》第三卷刚刚问世时发生的。《俄国革命史》在美国的发行情况不大好。早在3月份托洛茨基就写信给他在英国的拥护者说："世界经济危机同时也成了我个人的危机，

---

① 《反对派通报》1933年第35期。
② 托洛茨基档案保密部分。

尤其是因为《俄国革命史》一书发行量微不足道。"托洛茨基虽也不时给《曼彻斯特卫报》及其他报纸写文章，但稿费收入亦极菲薄。为了加快法国入境签证的申办，7月7日他写信给亨利·莫利尼耶说，即使不让他在法国本土上而只让他居住在科西嘉，他也满足了，因为即使是在那儿也会使他能与欧洲政治保持更紧密的联系，而且还比在王子群岛更远离国家政治保卫局。① 托洛茨基的法国朋友们要求给他以避难权，他们百折不挠的精神很快就得到了回报。早在7月中旬之前托洛茨基就获得了签证，但签证所提供的居留权却绝非不受任何限制：只允许他在南部某省居住，即使是短期到巴黎去也不允许，他必须严格履行不公开身份的规定，并要接受警察局的严密监视。

托洛茨基接受了这些条件，还把这当做是一次令人难以置信的成功：他终于要到法国了，那里的生活和文化他是如此熟稔，那里现已成为西方工人运动的主要中心。满怀期望的托洛茨基在准备动身时回顾了他在王子群岛上的生活。他在日记中写道："四年半以前，当我们来到这儿的时候，繁荣的阳光还照耀在合众国的上空。如今，这样的日子似乎已经如此遥远，像史前史或是一则童话……这里，在这座静谧的岛上，连回声也如此温柔，大千世界的喧嚣声迟迟才能传到我们耳边，而且，声音是那么喑哑。"他不无激动地与宏伟壮阔的马尔马拉海、与出海捕鱼的生活和诚实的渔民告别，其中有些"连骨头里也渗透着海盐"的人前不久才在乡村墓地里找到自己的安息地，其他人在这危机的岁月里必须付出更多的劳动，以便把自己捕到的鱼卖出去。"房子里已空空荡荡，地板上刷了一层如此奇怪的油漆，以致直到现在，已经过了四个月之久，桌椅腿和我们的脚还直往地板上粘。我有一种奇特的感觉，好像我的双脚正如树根一般在王子群岛的土地上扎下去了。"②

命运并未保护他，并未使他在王子群岛上免遭失望和痛苦。在那些年月里，死神的阴影曾多次把他造访，甚至直到动身的时刻。他在王子群岛上写的最后一篇文章（除了给土耳其政府写告别感谢信之外）是为斯克雷普尼克（Скрыпник）撰写的悼文。后者是个老布尔什维克，十月革命的领导人之一，

---

① 托洛茨基档案保密部分。
② 《动身之前》1933年7月15日，存于托洛茨基档案。

后来成为一个狂热的斯大林分子,他在与斯大林发生冲突之后以自杀结束了生命。①

然而,尽管托洛茨基在王子群岛上度过的岁月有这种种磨难,但仍是他在流亡中所度过的最平静、最富于创造性的和最少不幸的日子。

1933年5月,托洛茨基和海耶诺特(前排左一)、克莱门特(前排左二)等人在比尤克·阿达村花园

① 悼词发表在《反对派通报》1933年10月第36—37期上。

第三章　革命家兼史学家

如修昔底德、但丁、马基雅维利、海涅、马克思、赫尔岑及其他思想家和诗人一样，托洛茨基作为一位作家，只是在流亡中、在他在王子群岛上度过的那几年中才达到其巅峰的。他不仅作为十月革命的领导人，而且还作为它的历史学家将为后代所永远铭记。关于1917年事件，其他任何一位布尔什维克都未能写出或无力创作出如此壮丽恢弘的叙事，而且在那些反布尔什维克的党派的许多作家中，也没有人写出一部能与之抗衡的相反叙事。托洛茨基很早就表现出了写作才华。他对1905年革命的描写至今仍是对1917年革命的"总彩排"的最生动的全景叙述。十月起义以后刚刚过了几个星期，托洛茨基就写了叙述和分析1917年事件的第一篇文章，而此后在布列斯特－里托夫斯克和平谈判的间隙以及随后的若干年中，他持续不断地撰文对他曾亲身参加的那些事件进行历史阐释。他具有一位历史学家的双重动力：一位创造历史的革命家的激情和一位力求描述革命并把握其意义的作家的冲动。

所有的流放者都在思考过去，但其中只有少数人，极少的几个人能够赢得未来。但就在这极少的几个人中也未必有谁会像托洛茨基那样被迫在道义和身心两方面为自己的生存而斗争。斯大林最初像古罗马人用流放代替死刑那样对他使用了流放这一手段，后来便对用放逐代替死刑不满了。早在从肉体上消灭托洛茨基以前，托洛茨基道义上的凶手们多年以来就一直在进行着这样一项工作，即起初是把他的名字从革命的编年史上抹去，随后又将它作为反革命的同义语予以恢复。因而使得作为一位历史学家的托洛茨基面对双重的难度：他既要捍卫革命、反对它的敌人，又要捍卫自己在革命中的地位。古往今来还从未有过任何一位作家如托洛茨基那样在撰写其主要论著时身处这种境地：周围的人们千方百计想要激起他的愤怒，剥夺其安静思考的可能性并歪曲其对于事件的观点。托洛茨基的全部激情都被调动起来，但与此同时，他保持着思维的冷静和观点的清晰。他常常回忆起斯宾诺莎的规则："不要哭，不要笑，而要理解。"但他自己却不但哭了，而且也笑了，同时也理解了。

如果说作为一位历史学家的托洛茨基集极端偏激和严格客观性于一身的话，这不全对。对他来说，没有必要将两者集于一身：它们本来就是他从事工作的光和热，而光和热是不可能被分开的。他曾嘲笑一位学者的"不偏不倚"和"折中公允"是妄想"站在一座被包围的城的城墙上，同时既属于被围者，也属于围城者"。① 托洛茨基的地位如其在1917—1922年间那样处于革命的围城之内。然而，参与斗争不仅没有使他的观点迟钝，反而使它变得更鲜明。托洛茨基与旧俄统治阶级及其自觉或不自觉的拥戴者们的对立，不仅使他能清晰地看出他们的缺陷和弱点，而且也使他能发现他们所具有的某些优点。在这方面，如在其有关军事问题的优秀论著中那样，托洛茨基的极端偏激与周密审慎、清醒深刻的洞察的确是并行不悖的。对于一个好的士兵来说，最重要的莫过于要对"山岗那边"所发生的事有一个真实的概念，不要把愿望当做现实，不要感情用事。作为十月起义的领导人，托洛茨基正是本着这一原则行动的。历史学家托洛茨基也是以类似方式行事的。他对革命的描写达到了主、客观的统一。

托洛茨基的历史论著充满了辩证法，这在马克思之后的马克思主义思想学派中是空前绝后的。托洛茨基的方法和风格正是从马克思那里借来的。他的《俄国革命史》与马克思那些篇幅较短的历史论著如《法兰西阶级斗争》、《路易·波拿巴的雾月十八日》、《法兰西内战》相比，恰如巨幅壁画与小型彩画相比。如果说在抽象思维和哥特式想象的力量方面马克思要高于他的学生的话，那么，作为艺术家，作为一位用线条描绘群众和个体的大师，学生却要优于老师。他的社会政治分析和艺术洞见是如此谐调，达到水乳交融难分彼此的地步。他的思维和想象并行不悖。他以一位故事讲述者的张力和热情阐述着革命理论，而他的叙述本身因其思想而获得了深度。托洛茨基笔下的场面、肖像和对话无疑是真实的，而且都被他的历史进程观从内部所照亮。其论著的这一显著特点给非马克思主义批评家留下了极为深刻的印象。例如英国历史学家

---

① 托洛茨基在此具体指的是L. 玛德兰，一个"因反动而时髦"的法国历史学家。《俄国革命史》第1卷，前言。

A. L. 罗斯（Rowse）是这样说的：

> 托洛茨基的《俄国革命史》的真正意义不在于他刻画性格或场面的语言的力量，尽管托洛茨基的卓越才华常常使人想起卡莱尔。他的笔下有某种同样的技巧、同样的个人惯用手法，像在舞台上迅速移动的灯光一样，它将最值得注意的事件罩于中心，使之变得异常鲜明、突出，烘托出其主要意义。也许有人会补充说，在力求考察事件的连续性时会遇到同样的困难：光太眩目了。然而，如果说在卡莱尔笔下具有的只是他依赖的那种令人吃惊的直觉力的话，那么托洛茨基就却具有一种历史理论，使他有可能理解历史并将事件联系起来。如果将他的著作与温斯顿·丘吉尔的著作《世界性危机》作一番比较，就可以更清晰地看到这一点。因为就性格和才华而言，他们二人在某种程度上既相似也有差异。在丘吉尔先生的笔下，历史带有个性色彩，事件叙述得生动、有力，与托洛茨基颇有几分相似之处，但丘吉尔的历史背后没有历史哲学。

说托洛茨基与丘吉尔有相似之处，这是对的。这两个处于相互对立的两极之上的人物同样都是现实主义和浪漫主义的融合，同样都具有生命力，同样都具有超越自己阶级和环境的预见力和超前性，同样都具有创造性和书写历史的动机。没有必要否认丘吉尔也有其"历史哲学"：他下意识地遵循着这种哲学。而托洛茨基则具有一种成熟完善的理论。但重要的是他的世界观理论渗透进了他的感受，使他的直觉力变得更强、目光更加敏锐，尽管他和卡莱尔一样具有强烈而又光彩夺目的想象力，但他还具有善于言简意赅地明确表述思想并保持平衡的能力，这已然是最伟大的经典历史学家所应具有的品质了。实际上，托洛茨基是马克思主义思想学派迄今所产生的唯一一位天才的历史学家，也是迄今一直遭到马克思主义思想学派否定的历史学家。[①]

[①] 但只是在同意把斯大林和赫鲁晓夫领导下的共产主义运动界定为马克思主义运动的情况下，这种说法才是正确的。

第三章 革命家兼史学家

* * *

在托洛茨基的两部主要历史著作《我的生平》和《俄国革命史》中,前一部当然最少虚荣。在某种意义上,他写这本书有点儿超前,尽管假如他不是在 1929 年或 1929 年之后很快就写出它的话,也许他根本就不会写了。该书主要讲述了他的前半生,讲述了革命的胜利,而对他的后半生,即当时仍处于发展中的另一半,却只勾勒了一个草图。此书是托洛茨基在流亡后的几个月中写完的,即在与斯大林开始公开论战的五年以后。冲突刚刚过去,还十分新鲜,出于战术上的考虑以及因其前途未卜,增加了它的难度。在其后的 11 年中,他被迫忍受的一切不仅本身很有意义,而且在他的前半生中也有所反映:黯淡的结局使他的整个一生都放射出悲剧的光芒。托洛茨基在《我的生平》的结尾中用普鲁东(Proudhon)的话向所有评论其悲剧的人提出了挑战:"我欣赏这种场面,我理解其中的每个画面……那些压倒别人的东西却能提高、鼓舞、加强我。你们怎么能指望我怨天尤人、诅咒他们呢?……"① 几年以后他还会说同样的话吗?在某种意义上,如果说悲剧必须含有主人公的赎罪苦行的话,那么托洛茨基就没有悲剧,因为他直至生命的最后一息从未进行过赎罪苦行。和雪莱一样,他无法设想他的普罗米修斯以在朱比特面前受辱作结。托洛茨基"对由软弱而导致的灾难极端厌恶"。他的悲剧是一个与其同时代人处于冲突中的先驱者的现代悲剧,他认为巴贝夫就是这种悲剧的典范。区别仅仅在于托洛茨基的悲剧要宏大得多,介入其中的灾难性力量也要强大得多。但在他的自传中甚至就连这样的悲剧也没有预见到,正是由于这个原因,作者在自传中看待其命运的观点给人以肤浅的印象,而这对一个即将面临来自四面八方的打击的悲剧主人公来说,是非常典型的。

《我的生平》中最缺乏说服力的部分是叙述托洛茨基如何与斯大林斗争的最后几章。在这几章中,他提供了许多细节、真知灼见和评价,却并未触及问题的实质。而且,对斯大林扶摇直上的原因也只解释了一半。他把斯大林描写成了一个极其狡猾的恶棍,认为这个人微不足道,而且仍然持他几年前所持的看法:斯大林根本不配当自己的对手,更不用说会统治苏联和国际共产主义整

---

① 托洛茨基:《我的生平》第 2 卷,第 338 页。

流亡的先知：托洛茨基 1929—1940

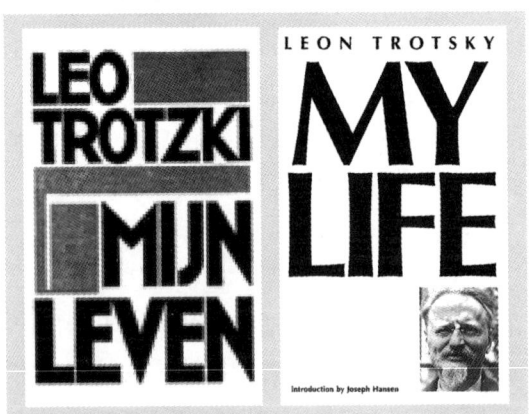

托洛茨基著作《我的生平》几个语种不同版本的书影

整30年了。"对党的最高领导层人士（较大范围内几乎没人知道他）来说，斯大林不过是一个二三流的角色。"托洛茨基在此提出了他的这样一个推断，即尽管斯大林攫取了主角，但他很快就会智穷力竭的。① 在这方面，不妨回忆一下列宁在《遗嘱》中的评价，他说斯大林是"现时中央两位杰出的领袖"之一，另一个是托洛茨基。列宁警告全党说，这两个人的相互敌视会成为对革命的最大威胁。托洛茨基无法说明斯大林上升的多方面的政治原因，只说他是党的机关和官僚集团贪婪地攫取权力和特权的体现。而且他也无法令人信服地说明布尔什维克领导层为什么会在一开始帮助斯大林篡权、尔后又对此加以纵容以及为什么这导致了形式如此惊人的党内斗争。作为一位自传作者，同时也作为反对派领袖，托洛茨基的确忽略了布尔什维主义压制其他各个党派和布尔什维克党内的自我压制之间的直接关系，而斯大林就是这种压制的最高体现。他不理解为什么党不得不用自己亲手锻造的武器来对付它自己，而且即便是对敌人也未曾如此凶狠。他觉得这是"一个阴谋"的结果。②

尽管如此，《我的生平》仍不失为自传体裁中的一部杰作。弗郎索瓦·莫里亚克（Francois Mauriac）公正地将此书的头八章与托尔斯泰和高尔基对童年的描写相比。③ 托洛茨基与上述两位作家一样，都具有一种清新的"儿童"的目光，都具有取之不竭的视觉记忆力，都具有再现气氛和情绪的力量，并且也都具有同样的看似轻松裕如地表现形象和场面的能力。他善于借描写人的表情、手势或眼神，通过寥寥数笔来传达一个人的本质和性格。他就是这样描绘出了整整一系列由亲戚、家里的仆人、邻居和中学老师组成的人物画廊的。让我们在这里举几个例子，尽管在他那上下文之间联系如此紧密的叙述中作任何摘取都会有损于其原有的生命力的。例如，他对敖德萨中学的校长是这样描写的："他从不正眼看和他谈话的人，穿着一双胶底鞋，悄然无声地在走廊里或教室里走动，他用低沉沙哑的假嗓子说话，能不提高嗓音就使人心惊胆战。从外表看……他是个宁静平和的人，但他的内心世界从没有摆脱过根深蒂固的忿恨恼火的状态。"托洛茨基有一位老师，他"身材瘦削，黑黄的脸上长着刺人的胡须，他的白眼球总是浑浊的，动作没精打采，好像没睡醒似的，他时不时地大声咳嗽，并把痰吐在教室里……他是一位不错的数学老师，但他的目光却

---

① 托洛茨基：《我的生平》第2卷，第247页。
② 同上，第227—234页。
③ F. 莫里亚克：《内心的回忆》，第128—132页。

总是超越于学生、工作甚至数学之上。过了几年之后，他用剃须刀割断了自己的气管"。另一位老师"……身材高大魁梧，小鼻子上架着一副金边眼镜，那张胖胖的脸上长着威风凛凛的大胡子。只有在他笑的时候才突然暴露出这个人的威严纯粹是假象，这是一个意志薄弱、胆小怕事的人。有什么东西在精神上折磨着他，他总是担心别人知道他的私事，这一点是那么明显，甚至我们这些小孩也能看出来……"。还有一个"……是身躯庞大的德国人，长着一颗大脑袋，长长的胡子垂到腰际。他那双孩子般的小脚负载着他那沉重的躯体，这机体似乎装满了善良。斯特鲁韦是一个最正派的人，他为学生的成绩不好而痛苦，他总是激动不安，苦口婆心地劝说……"①

我们看到，那些以"惊人的速度朝着同一个方向——衰败——发展"的地主邻居们身上，都打上了"注定灭亡的印记"。其中有一家前地主"一度曾是这个地区所有土地的主人；而现在他们的后代却靠替农民写诉讼状和书信为生。每当他来我家时，总是把烟和糖往袖子里藏。他老婆也这么干，还唾沫星子横飞地讲述她的青春，讲她那众多的女奴、钢琴、绸缎和香水。他们的两个儿子几乎是文盲。小儿子维克多在我们家的作坊里当学徒"。再如对另一位犹太地主的描写："他受过贵族式的教育，讲一口流利的法语，会弹钢琴……他的左手弹得不好，而右手，用他的话来说，可以举办演奏会……老头突然停止演奏，走到镜子跟前。如果旁边没人的话，他就用香烟把胡子整个烧一遍。用这种方式把胡子理整齐。"在这一组由破产地主、正在上升的农场主、疲惫不堪的工人和形形色色的亲戚们组成的人物画廊后面的，总是乌克兰草原上的气息："法尔茨-法因这个名字（一个被称为'绵羊大王'的地主）就像数万只羊蹄的橐橐声，像无数只绵羊的咩咩叫声，就像背上背着长长牧棒的草原牧人的喊叫声和口哨声……像无数牧羊犬的汪汪吠叫声，无论在炎热的夏季还是寒冷的冬天，草原呼唤的也是这个名字。"②

托洛茨基又把我们从其童年的生活环境带到尼古拉耶夫市的第一个革命组织，带到敖德萨和莫斯科的监狱、西伯利亚流放者居留地，尔后又向我们展现了《火星报》编辑画廊，党的第二次代表大会上的分裂和布尔什维主义的诞生。我们在托洛茨基的自传中看到的对这次分裂的描述，比所有涉及这一时期的回忆录、见证人的笔记及其他任何文献都更鲜明。托洛茨基在1903年还是

---

① 托洛茨基：《我的生平》第1卷，第67—71页。
② 同上，第50页。

第三章 革命家兼史学家

一个孟什维克,但撰写此书时却是一个布尔什维克,这一事实本身对他再现会议气氛、描写其中人物具有重要意义。他回顾了自己是如何转而站到列宁一边的过程,也给自己、马尔托夫、阿克雪里罗得、查苏利奇以应有的评价,说明当时为什么他们全都反对列宁。与几乎所有的布尔什维克和孟什维克的回忆录作者不同,他是从内部来表现彼此敌对的每个团体的,尽管如今他在政治上批评孟什维克分子,但对他们仍怀着理解和好感。甚至在将我们引导到政治论战的实质性问题上来之前,他就使我们感受到人物个性之间的内在冲突:

> 那时,马尔托夫是列宁最亲密的战友,他们一起工作已经多年。他们当时相互之间还是以"你"相称,但两人的关系已冷淡下来。马尔托夫更加关注今天:当前的热门话题、今天的文字工作。……而列宁则把今天压在身下,他的思想已经进入到明天之中。马尔托夫有无数往往是很机智的猜测、假说和建议,这些东西连他自己也会很快就忘得干干净净。而列宁却总是在他需要的时候抓住他所需要的东西。马尔托夫那种精雕细刻的脆弱的思想不止一次使列宁不安地摇头。……至于列宁和马尔托夫,早在分裂和代表大会以前,列宁就是"强硬派",马尔托夫则是"温和派",他们两人也都知道这一点。列宁常用略带怀疑的目光看着马尔托夫,尽管仍然十分器重他,马尔托夫察觉到这种目光,感到不大好受,并神经质地耸耸瘦削的肩膀。当他们见面交谈时,已经没有友好的语调和玩笑,最起码我没有听到过。列宁说话时不看马尔托夫,后者的眼睛在那副从来不擦的、下垂的夹鼻镜后面变得呆板无情。当列宁与我谈起马尔托夫时,在他的声音里有一种特殊的语调:"这大概是尤里说的?"为什么尤里这个名字用稍稍有些加重的特殊声调说出,似乎是在警告:"人是挺不错的,甚至非常出色,不过就是太温和了。"①

此时此刻,在这两个"亲密的战友"之间所产生的命运的气息和悬在瘦弱而又邋遢的马尔托夫头顶上的失败的预感让人立刻就能感觉出来。托洛茨基没有忘记,在他还是个年轻人时马尔托夫对他帮助很大,所以,在提出对马尔

---

① 托洛茨基:《我的生平》第 1 卷,第 175—176 页。

托夫的最终裁决时,他怀着感伤和温情说:"马尔托夫(是)……革命运动中最富于悲剧性的人物之一。他是一位头脑敏捷、才气横溢的作家,是机敏的政治家和深刻的思想家,远远地高出于他所领导的思想派别。但是,他的思想缺少勇气,他的敏锐缺乏意志,这二者是执著所不能取代的。他对事件的最初反应总是流露出革命的意向。但是他的思想因没有意志的弹簧支撑,很快就消沉下去。"积极的意志力的缺乏在此被描写成是使得大胆的理性和高尚的性格削弱的根本缺陷。而对普列汉诺夫的描写却截然不同,带有有节制的反感:

> ……看来,普列汉诺夫在代表大会上也感觉到了点儿什么。至少,他当时曾这样对阿克雪里罗得评价列宁:"有这种禀赋的人能成为罗伯斯庇尔。"普列汉诺夫本人在这次代表大会上扮演的角色很难叫人羡慕。我只看到一次处于其巅峰状态的普列汉诺夫并听了他的讲话,这是在代表大会的纲领起草委员会上。普列汉诺夫是会议主席,他胸中已有一个清晰严密的党纲草案,他对自己、自己的学识、自己的优越性充满信心,在他那张蓄着花白梆硬的胡子的脸上,一双眼睛里闪耀着愉快嘲讽的光芒,他做着稍稍有些做作的手势,他的渊博学识和机智喷涌而出,像生机勃勃的焰火一样,照亮了所有与会的小组。①

这张貌似赞美的肖像就这样入木三分、击中要害,它透过他那杰出品质暴露出他的自满和虚荣,并把他比做转瞬就会消失在黑暗中的焰火。

对1914年以前欧洲社会主义政党领导人的素描也同样鲜明、令人难忘,如:奥古斯特·倍倍尔、卡尔·考茨基、让·饶勒斯、维克多·阿德勒、鲁道夫·希法亭(Rdolf Hilferding)、卡尔·伦纳(Karl Renner)等许多人。在那些讲述表面看似乎毫不新奇的小事的简短而又富于幽默感的片断中,托洛茨基对那个时代和人物的描述的内容要比许多学术专著丰富得多。例如,他讲到,他在1902年第一次从西伯利亚逃出来后,身无分文、饥肠辘辘,但充分认识到自己的使命的重要性,于是就到维也纳社会民主党本部向著名的维克多·阿德勒求助,以便继续其前往伦敦的旅行。事情发生在礼拜日。机关关门。在楼

---

① 托洛茨基:《我的生平》第1卷,第189页。

梯上他碰到一位中年先生，脸上一副"爱答不理"的表情，他对那人说要见阿德勒。"你知道今天是什么日子吗？"那人严厉地问道。"今天是礼拜日。"那位高大的先生一字一顿地说，并想从他身边走开。"无论如何我也要见阿德勒。""'告诉您，阿德勒博士礼拜天不会客！'那先生吼道，声音就像在暴风雨中指挥一个营一般。'哪怕您的事再重要上十倍也不行，明白吗？即使您带来了你们的沙皇遇刺身亡或你们那里又发生了革命的消息也不行，听见没有？您无权在礼拜天打扰博士的休息！'"此人是弗里茨·奥斯特利茨（Fritz Austerlitz），他是《工人报》"编辑部中最令人恐惧的人物"，1914年他成了沙文主义战争的最有力的吹鼓手。①

这位刚刚从俄国地下工作状态中逃出来的年轻革命家就这样在那段楼梯上与秩序井然、等级森严、备受官僚体制陈规陋习压抑的欧洲社会主义的体现者发生了冲突。托洛茨基最终还是找到了阿德勒。他在自传中用寥寥数语描述了他同后者的会面："一个中等身材的人出来迎接我。他背有点儿驼，几乎可以说是驼背，两眼肿胀，脸色疲惫。"托洛茨基为在礼拜天来打扰他而表示歉意。"'说下去，说下去……'他外表严厉，但声调却不是要把人拒之门外，而是在鼓励。他脸上的每一条皱纹都流露出智慧。"当托洛茨基向他讲述了楼梯上的奇遇以后，阿德勒思考起来："这能是谁呢？高的？大喊大叫？这大概是奥斯特利茨。您说他大喊大叫，是吗？这准是奥斯特利茨。您别介意。如果您从俄国带来了革命的消息，可以深夜来按我的门铃。"寥寥数行，立刻使我们认识到1914年以前欧洲社会主义运动中的另一种素质，这位前辈先驱领袖的洞察力和智慧；后来他却逐渐转变成为党内军士长手中光荣的俘虏。全书中有着上百个如此简明扼要却富于表现力的小故事和对话。

当托洛茨基转而讲述他一生中的巅峰——十月革命和国内战争时，他的叙述准确而又极端节制，并且常常轻描淡写。这里举一个例子。在1917年7月那些饥馑的、充满暴风骤雨的日子里，反动势力暂时得胜，布尔什维主义走入低潮，被诬蔑为德国间谍的列宁也被迫隐藏起来，对在这些日子里的人民的情绪他是这样描绘的。托洛茨基将我们带到了彼得格勒苏维埃的食堂：

---

① 托洛茨基：《我的生平》第1卷，第165页。

我却发现格拉福夫经常眼望着别处，悄悄塞给我一杯最热的茶、最好的夹肉面包。显然，格拉福夫同情布尔什维克，但不想让上司发现。我开始仔细观察，发现像格拉福夫这样的人不止一个。斯莫尔尼宫的所有下层人员：看门的、送信的和警卫员，都倾向于布尔什维克。于是我对自己说，我们的事业已经赢得了一半的胜利。但目前也仅是一半而已。①

孩子的议论，十月革命第二天列宁那"脏兮兮的衬衫领"的细节，如蚁巢一般挤满了人的斯莫尔尼宫的长长的、昏暗的走廊，在殊死决战进行到白热化关头发生的一件可笑的事和紧张的对话——托洛茨基主要是通过这样一些细节来传达时代精神的。托洛茨基的艺术才华表现在他通过迂回的手法来接近那些在自传作品中难于从正面描绘的，用响亮、溢美之词也不可名状其宏大的事件。

关于《我的生平》还有一种说法，说其中表现了托洛茨基的自我中心主义和"自吹自擂"。然而，仅就其定义而言，任何自传都是"以自我为中心"的，所以，这一批评等于是建议托洛茨基不要写自传。托洛茨基有其自己的、"马克思主义式"的良心谴责，在他为书名而沉思的时候，它折磨过他。托洛茨基抱歉地说："如果我在其他情况下写这些回忆（不过，在其他情况下我是根本不会写的），将难以转达我目前在这几页中所叙述的许多东西。"然而他被迫采用相应措施以反对斯大林派伪造历史的狂潮。这股浊流已经淹没了他所经历的全部岁月。"我的朋友们有些入狱，有些被流放。我不得不讲述自己在其他情况下不愿讲述的东西。对于我来说，事情不仅关系到重要的历史真相问题，还关系到正在进行中的政治斗争问题。"他正处在被告席上，受到各种可能有的和莫须有的罪名的指控，他竭力为自己辩护，向法庭提供一份有关自己全部活动的完整报告。可人们却在对他大喊，说他关注的首先是他自己。

但所有这一切并不意味着托洛茨基丝毫没有公然表露出自我中心主义。这一植根于他的艺术家天性中的品质是在革命前的岁月里培养起来的，那时托洛茨基在走着自己的路，既非布尔什维克，也非孟什维克；是斯大林发动的攻击迫使托洛茨基在自卫中采取紧张的个人防卫，是斯大林的攻击突出了他的自我

---

① 托洛茨基：《我的生平》第 2 卷，第 36—37 页。

中心主义。但有关托洛茨基的自吹自擂的指责只有在一种情况下才能成立，即如果他的自传或有关他的任何传记对其一生的描绘比其实际情况更富于戏剧性。由于托洛茨基在写作《我的生平》时他还没有彻底认识到自己命运的悲剧性，因此，更确切的说法应当是，他自吹自擂的程度还不够。我们在下文中将要看到，说什么托洛茨基夸大了自己在革命中的作用就更是无稽之谈了。无论是在《我的生平》还是在《俄国革命史》中，主人公都不是他托洛茨基自己，而是列宁，作者自觉地把自己的位置放在列宁的身影之后。

还有人批评《我的生平》缺乏自我分析，说作者没有展现自己的潜意识世界。托洛茨基当然没有做"内心独白"，也没有讲述自己的理想或情结，而且在性的问题上，他也遵循了一种几乎是清教徒式的宗教观。这本书毕竟是一本政治自传，它是最广义的政治书籍。尽管如此，作者对心理分析的合理内核是尊重的，这表现在：他描述了童年生活，其中没有忘记为心理分析学家提供诸如童年生活的经验、"遇险"、玩具一类可能需要的材料。（叙述以这样一句话开始："有时我觉得，我记得我在妈妈怀里吃奶的情景。"）他捎带着解释了自己对弗洛伊德自我分析如此慎重的原因。他在前言中写道："记忆……的私心最重。它常常把从虚荣心角度看对监督它的意识不利的情节遗忘或推入阴暗角落，这是心理分析批评的工作了。这种批评有时机智敏锐，颇有教益，但更多的是任性和胡闹。"托洛茨基曾经系统深入地研究过心理分析问题，所以深知这种方法的缺陷。他没有时间、也没有耐心对自己的潜意识世界进行任性和胡闹的猜测。但他却为自己画出了一幅就完整性和人情味儿而言非常出色的自画像。

《我的生平》作为一本政治论著未能达到它的直接目标。它未能使共产主义阵营的读者产生印象。而他这本书首先是写给他们看的。对于普通党员来说，仅仅浏览一下这本书也会构成罪过。所以，他们根本不读这本书。读过自传的少数人或是感觉受了侮辱，或是义愤填膺。这些人中有的是赞成对斯大林的个人崇拜的，因而此书在他们眼里仅仅证实了斯大林诋毁托洛茨基有个人野心的话是正确的而已。有人看到一个革命领导人居然会往自己脸上贴金，心里十分不快。"瞧，托洛茨基干脆是个自我欣赏的自恋狂"——这是此书所遇到的非常典型的评论。因此，共产党员忽略了托洛茨基为他们提供的这份极其丰富的历史资料、他的革命思想、他对布尔什维主义的阐释，否则，他们会从中获益匪浅。从另一方面说，此书在资本主义世界中却广为流传，人们盛赞此书在文学上的优点，但在此情况下，此书的社会意义却完全消失了。"我的痛苦与他们格格不入，我的痛苦不会使他们的心灵震颤……"，托洛茨基也许会这样说。

* * *

就篇幅、叙述力度和革命思想表述的完整性而言，《俄国革命史》堪称托洛茨基的主要著作。这部叙述这场革命的著作出自其主要人物之一的笔下，就此而言，它在世界文库中是绝无仅有的。

在《俄国发展的特点》一章中，托洛茨基将我们带到了1917年那个大变革的舞台上。他在深邃的历史背景中展现了当时的各种事件。我们马上可以认出，这一章是其写于1906年的有关不断革命论的早期论文的更丰富、更成熟的版本。[①] 展现在我们面前的俄国刚刚进入20世纪，它虽然没有受过中世纪的震撼，没有经历过基督教改革和资产阶级革命，但却具有已在其古老生活中扎下了根的现代资产阶级文明的因素。被迫在西方经济和军事压力下发展的俄国无法走完西欧进步的"典型周期"的所有阶段。"野蛮人抛弃了弓箭，抓起了火枪，却并未走过过去将这两种武器分隔开来的那条道路。" 现代俄国是无法在资产阶级领导下从事自身改革或资产阶级革命的。国家的落后本身迫使它在政治上急剧地向西欧已达到的水平靠拢，并超越它而进行社会主义革命。软弱的俄国资产阶级没有能力摆脱束缚自身的半封建专制主义的枷锁；工人阶级虽然人数不多，却组织严密，最终得到了骚动的农民的支持，因而能够作为革命的主导力量走上前台。工人阶级不会仅仅满足于搞一次导致确立资产阶级民主制度的革命。他应当为实现社会主义纲领而奋斗。因此，在"组合发展法则"的作用下，极端落后具有与极端进步结合的倾向，这就导致了1917年的爆炸性事件。

"组合发展法则"还可以用以解释俄国社会结构的内部压力。但托洛茨基认为，社会结构是一个"相对固定"的局势因素，它本身不会是导致革命事

---

① 参见《武装的先知》，第六章。

变的原因。在与波克罗夫斯基（Покровский）论战时，托洛茨基指出，无论是在1917年还是在此前的十年中，俄国社会结构没有发生任何根本性的变动。战争削弱并暴露了这一结构，却并未根本改变它。① 总的说来，1917年的俄国国民经济与社会各阶级之间的关系，和1912—1914年间，甚至和1905—1907年间的俄国一样。那么，导致二月革命、十月革命以及在这两次革命之间的革命涨潮和退潮的直接原因究竟是什么呢？托洛茨基回答说：是群众的心理的变化。如果说社会结构是一个恒定因素的话，那么，群众的情绪就是一个决定着事件的涨与落、节奏和方向的可变因素。"革命有一个无可争议的特点，那就是群众对历史事件的直接干预。当群众走上街头以前，革命已经存在于他们的神经中了。"因此，《俄国革命史》在很大程度上是一部研究群众革命心理的书。托洛茨基在考察了"恒定"和"可变"因素的相互关系之后，表明革命不仅是由于社会和政治制度早已走向衰落、且的的确确已在呼呼上苍将其推翻的结果，而且也是由于数百万人第一次听到了这声"呼叫"时就意识到它的存在。在社会结构中，革命早在1917年以前就成熟了。而在群众的头脑中，革命只是在1917年才成熟的。因此，无论这有多么悖谬，革命最深刻的原因不在于人类思维的能动性，而在于人类所固有的保守性：只有当人们意识到自己在智力方面业已落后于时代而想立即纠正既成的事态之时，他们才会作为一个群体而奋起。《俄国革命史》得出如下结论：任何伟大的社会变革都不会由于旧制度的衰亡而自动产生。整整好几代人可以生活在业已走向衰落的制度下而不自觉。但是，一旦他们处于某种诸如战争或经济危机这样的灾难的压力之下，他们就会意识到这一点，就会产生绝望、希望和活力的巨大爆发。因此，历史学家应当"洞悉"数百万人的"神经"和头脑，以便感受和传达摧毁现存制度的强大推动力。

仅为重构一个历史事实就钻进浩如烟海的文件中的学院派学究也许会说，没有一个历史学家能够"洞悉"数百万人的"神经"。托洛茨基也理解这件事的难度。群众意识的展示是零星分散的，它能引导历史学家走向主观武断的理论和错误的直觉。但托洛茨基指出，只要采用一些严格客观的范畴，一个历史学家仍有能力在其对群众意识的观念中有效地区分正确与错误。历史学家应当

---

① 《俄国革命史》第1卷，前言；第2、3卷，导言。

坚定不移地以事件的内在含义为准绳。一个历史学家能够而且应当检验他所看到的群众意识的运动是否与它本身相符,每一个阶段是否一定由前一个阶段发展而来,其后的阶段是否确实是由它导致的。他还应该进一步考察群众意识的运动是否与事件的运动相符:人民的情绪是否在运动中得到了反映,还有,事件本身是否也反映了这些情绪?如果有人争辩说对这类问题的回答将是模糊和主观的话,那么托洛茨基则以马克思主义的方式回答了这一问题,即以实践活动为最终标准。他指出:他作为一个历史学家所做的一切就是他和其他布尔什维克领导人在革命实践中所做的。依据分析和观察,他们构想了有关群众情绪的一些假设。他们所有的最重要的政治决策都以这些"猜测"为依据;革命进程证明,尽管也有过一些麻烦和失误,它们总的说来是正确的。如果说在战斗进行到白热化的时候一个革命家尚能对百万人的政治热情和思想形成基本正确的认识的话,那么,在事件业已完成之后,一个历史学家没有任何理由达不到同样的结果。

托洛茨基对群众运动的描写,其风格与爱森斯坦(Эйзенштейн)执导经典影片《战舰"波将金"号》的方法有许多相似之处。他从人群中撷取个别几个人,把他们放在情绪激昂或冷漠消沉的关头予以表现,让他们有机会用话语或手势来表达自己的情绪,尔后再一次表现热血沸腾的广大人群,他们或为情感的浪潮所激励,或正在投入行动,于是我们马上就明白,个人的话语或手势是群众情绪或行动的先声。当群众大声说出他们的思考时,托洛茨基具有一种善于倾听他们心声的特殊的才能,并且能让我们也有机会聆听到群众的呼声。在观念和形象方面,托洛茨基常常从一般到具体,然后再从具体到一般,在他笔下两者间的过渡总是自然而然,没有任何生硬之处。在此又一次能使我们想起对托洛茨基与卡莱尔所作的比较。但这种比较与其说突出了相似性,倒不如说是突出了对比。在这二人的历史著作中,相当一部分形象取决于群众场面。两人都能使我们感受到起义人民的自发性力量,使我们好像看到一场山崩。但是,如果说在卡莱尔笔下推动人群的仅仅是情绪的话,那么托洛茨基笔下的人群却会思考和思想。他们是自然之子,但同时又是人。卡莱尔笔下的群众裹着一层华而不实的神秘主义的烟雾,它暗示法国的革命人民是上帝报复统治阶级罪恶的盲目的武器。卡莱尔笔下的群众既可爱又可憎。只有在作者自己也慷慨激昂起来、确实像人发烧说胡话时,卡莱尔才能"洞悉神经"。托洛茨基以同样的想象力描写了群众场面，但他的描写具有一种水晶般的透明。他使我们感到人们当时就是这样创造着历史：既遵循"历史的规律"，又有自觉的坚定行动。他为这样的人而自豪，尽管他们可能目不识丁、粗直憨愚。他想让我们也为这些人而自豪。对他来说，革命是短暂的，但又是意味深长的事件，即被侮辱与被损害的人们终于赢得了发言权。在他看来，这样的瞬间足以补偿世世代代所受的压迫。他带着怀旧之情追述革命，这就使其再现变得栩栩如生。

然而，托洛茨基却并未过高估计群众的作用。他并未像法国革命的历史学家、伟大的无政府主义者克鲁泡特金那样把群众与党和领袖对立起来，后者总是力求证明，革命的每一次进步都是人民群众行动的结果，而革命的每一次失败都是政客的阴谋和"政治手腕"的结果。托洛茨基虽也认为群众是推动变革的动力，但必须把群众集合起来加以指导，而只有党才能做到这一点。"没有起指导作用的组织，群众的力量会像未能进入活塞的蒸汽一样烟消云散。但活塞不是靠事件推动的，而是靠蒸汽。"托洛茨基从1917年两次革命中得出的强烈对比就是建立在这一思想之上的。二月革命基本上是群众自己搞的，而群众的力量非常强大，它迫使沙皇逊位，并促成苏维埃政权的诞生，但此后却被消耗殆尽，以致未解决任何最根本的问题，结果使得李沃夫公爵当上了政府首脑。而十月革命则主要是把群众力量集中起来并加以指导的布尔什维克的杰作。

在托洛茨基的阐述中，阶级与党的关系远较我们所能提供的任何机械性比较更复杂。托洛茨基描述了多种主客观因素的微妙组合和交织。指导党行动的首先是特定的阶级利益。然而，阶级与党之间的关系往往错综复杂，有时甚至模棱两可，而在革命时代则更是极不稳定。尽管党的行为归根结底取决于它与特定阶级的关系，它却可以从其他潜在的敌对阶级中招募自己的拥护者。或者，它只能代表社会环境发展中的某一阶段，这是因为其领袖的思想只适应于这一个阶段。而此时的社会环境早已把该阶段抛在了身后。或者，党还可以超越自己的阶级而提出该阶级还不准备接受的纲领，而且事件也在迫使他们接受它，等等，等等。在革命进程中，传统的政治平衡往往被打破，而新的联盟便会迅即涌现。托洛茨基的《俄国革命史》可以说是一部研究这些过程的原动力的重要著作。

* * *

我们已经指出过,托洛茨基并不隐瞒他对十月革命的敌人心怀仇恨。确切地说,他像一个检察官将敌人押上了历史的审判台。并继在彼得格勒大街上那次以后第二次让敌人遭受失败。按照惯例,这一角色通常不是由历史学家来扮演的。但在历史中亦如在法学中一样常会出现下述情况,检察官在许多场合之下都可以对案件的实质作出最完整的陈述:一、他所指控被告的罪行确实是被告所犯下的;二、检察官并未夸大被告的罪行;三、检察官了解被告的动机,说明其所处的环境,并恰当地考虑可以从轻处理的情况;四、检察官以大量令人信服的证据支持他的每一项指控,而拥有充分自由反驳指控的被告不但不能提出反诉,而且被告席上被告相互之间的大声争吵只能证实检察官的正确。托洛茨基正是这样履行了自己的职责。当他的《俄国革命史》问世之时以及问世以后的许多年中,多数反布尔什维克政党的领导人——米留可夫、克伦斯基、策列铁里、切尔诺夫、唐恩、阿布拉莫维奇等人还健在,并在国外作为侨民继续活动。但他们当中没有一个人能够指出在托洛茨基编织出的这一张由事实构成的网络中有什么实质性的弱点。除米留可夫外,任何人都不曾认真地作过某种相反的陈述。① 由于在苏联至今没有一部值得冠以此名的革命史出版,因此托洛茨基的著作在十月革命50年后的今天也仍然是唯一一部翔实可靠的革命史;这绝非偶然。除米留可夫外,其他所有的主要人物都陷于自己本身的重重矛盾和错误之中不能自拔,所以没有能力对这些事件进行一番多少有些条理的叙述。他们拒绝以历史学家的身份重返昔日那个决定命运的战场,因为那里的一切,甚至每一寸土地都能令他们想起他们的耻辱。而托洛茨基却怀着纯洁的良心、高昂着头颅重访昔日的战场。

---

① 但米留可夫本人曾多次否认他本人的著作从历史观点看有什么不足。参见米留可夫的《俄国第二次革命史》的前言。克伦斯基用以反驳托洛茨基的主要的、或不如说唯一的事实就是重弹以往指控的老调,他说列宁和布尔什维克党都是从德国领取津贴的间谍。克伦斯基:《自由的苦难》,第285页。

第三章 革命家兼史学家

托洛茨基著作《俄国革命史》几个语种不同版本的书影

尽管如此,在托洛茨基的史书中并没有百分之百的恶棍。他一般不把布尔什维主义的敌人定性为行贿受贿、卑鄙龌龊的人。他并不否认他们个人的优点和人格。但他认为,他们仍注定要灭亡,那是因为他们捍卫了不可能捍卫的东西;是因为他们蹒跚在事件之后,仿佛是变幻不定的局势将他们抬上了权力的顶峰,而在智力和道义方面他们并未达到那一高度;是因为他们经常言行不一。被托洛茨基所揭露的卑鄙和凶残植根于古老的社会制度而非某个个人。但他那历史决定论观点使他能公正地对待对手,所以他不仅不居高临下,有时甚至还宽宏大量。当他描绘当权的敌人时,他展现他们的自命不凡、自吹自擂,给他们以致命的嘲讽,用雷霆万钧的愤怒将其击溃。然而,托洛茨基也常常会驻足留步,给对手以往的成就、其天性的完整,甚至英雄主义精神以应有的评价,并为本应享有更好命运的人的毁灭而痛心。当他描写已被打倒的敌人时,他总要强调指出所发生的一切是必然的,并为历史的公正审判而欣喜。但有时候他抑制住胜利的喜悦,向那已被打倒的牺牲品投去同情的、往往也是最后的一瞥。

在描绘革命的敌人时,他从未使用比敌人相互描绘时所使用的更黑的油彩。托洛茨基往往不把敌人描绘得那么阴险,因为他剖析了他们相互之间的仇恨、竞争,给蕴含在他们彼此之间粗暴攻讦中的夸张打了折扣。他对待沙皇和皇后的态度并不比对维特、米留可夫、邓尼金及正统的保皇党们更无情。当自由派批评家断言只有沙皇适时作出让步才能防止灾难时,他甚至"保卫"沙皇而反对自由派的攻击。托洛茨基证实,尼古拉二世已经作了许多让步,他不能再退了,因为这将与他的自我保护的利益相抵牾。如托尔斯泰在《战争与和平》中那样,托洛茨基笔下的沙皇也是"历史的囚徒"。"尼古拉二世从其祖先那里不仅继承了一个巨大的帝国,而且也继承了革命。他的祖先未曾给他遗留下来任何一种足以使他有可能统治一个帝国、一个省,甚至一个县的品质。当历史洪流的浪头一个比一个更近地朝他宫廷的大门涌来之时,最后一位罗曼诺夫却只会以无言的冷漠与之抗衡。"[1] 托洛茨基比较了注定要灭亡的三个君主——尼古拉二世、路易十六与查理一世之间和那几位王后之间惊人的相似性。尼古拉的主要特点不是残酷,尽管他能做出残酷的事;也不是愚蠢,而是"缺乏内在力量、神经系统软弱和精神资源贫乏"。"无论是尼古拉二世还

---

[1] 托洛茨基:《俄国革命史》第1卷,第71页。

是路易十六都给人这样的印象,即他们无力担负肩上的重担,同时却又不愿放弃哪怕是部分自己无力使用的权力"。他们当中的每个人都"带着他们戴在头上的王冠"走向深渊。但托洛茨基指出,"难道眼睁睁地看着自己走向劫数难逃的深渊是一件很轻松的事吗?"托洛茨基表明,在命运攸关的时刻,当宿命主宰着这三位君主的时候,他们之间是那么相似,所以其间本有的差异似乎也化为乌有。因为"人们对胳肢的反应各不相同,但对烧红的烙铁的灼烫的反应却是完全一样的"。至于皇后和玛丽·安托瓦内特(Marie Antoinette),这两位妇人都"精明强干,但头脑空虚",而且两人"即使在已陷入灭顶之灾时仍看到彩虹般的希望"。①

托洛茨基还描绘了诸多立宪民主党人、孟什维克和社会革命党人的肖像。如米留可夫这位"历史学家、几部重要的学院派论著的作者、立宪民主党的创始人……他丝毫未曾沾染那种令人无法容忍的半贵族半知识分子式的半吊子政治家的习气。而这是大多数俄国自由派政治活动家所固有的毛病。米留可夫对待自己的职业非常严肃,这一点使他卓尔不群"。俄国资产阶级并不喜欢他,因为"他不加任何粉饰地、平淡清醒地表述了俄国资产阶级政治的本质。在米留可夫这面镜子里,俄国资产阶级照见了自己的尊容,于是它明白了它是多么乏味、自私和胆怯,就如生活中经常发生的情形一样,它开始抱怨起这面镜子来"。罗将柯(Родзянко)曾是沙皇的管家,后来成了二月政权的领导人之一,这是一个怪诞的人物:"在从阴谋家、暴乱分子和专制暴君手中窃取到权力以后的这些日子里,他一脸恐慌万状的表情……蹑手蹑脚地围绕着革命的大火打转,被烟火呛得直咳嗽,他说:'就让一切都烧成木炭好了,到那时候我们再来煮点儿什么。'"②

孟什维克和社会革命党人在斯大林时期,甚至在后斯大林时期文学中往往被描写成毫无个性的反革命幽灵,而托洛茨基笔下的孟什维克和社会革命党人却与此绝少有共同之处。他们当中的每个人都既属于某一类型,又具有个性特征。如关于彼得格勒苏维埃主席孟什维克齐赫泽的出色速写:"他竭力想要履行自己的职责而奉献自己的一切,经常借愉快的假面具来掩盖自己缺乏自信。他身上带有无法去掉的土头土脑的外省习气的烙印……而且是多山的格鲁吉亚——俄国革命的纪龙德三角湾的习气。"来自纪龙德三角湾的最杰出的活动

---

① 托洛茨基:《俄国革命史》第1卷,第108—118页。
② 同上,第197—198页。

家策列铁里,在西伯利亚服了多年苦役,

> 但仍然是南部法国类型的激进分子。在通常的议会陈规条件下,他如鱼得水,但他却不幸生在一个革命的年代里,并在年轻时饮下了一口马克思主义而毒害了自己。在所有孟什维克分子当中,策列铁里至少……具有最开阔的视野和想要推行一种始终一贯的政策的最强烈的愿望。由于这个原因,在破坏二月体制这个问题上,他提供的帮助要多于其他任何人。齐赫泽对策列铁里俯首帖耳,但有时,后者那种使昨日的苦役犯革命者同保守的资产阶级代表握手言欢的死教条和固执常常使得他惊恐万状。①

一度曾是托洛茨基学生的斯柯别列夫看起来像是一个肄业的学生"在业余演出中扮演着国务活动家的角色"。

至于李伯尔:

> 如果说乐队中演奏第一小提琴的人……是策列铁里,那么,睁着充血的眼睛、使出全部肺部的力量尖声刺耳地吹奏黑管的人必是李伯尔无疑。这位孟什维克属于崩得,有相当长的革命经历,非常忠诚、热情洋溢、能言善辩,但鼠目寸光,他狂热地想要表现自己是一个坚定不移的护国主义者和意志坚定的国务活动家……而且他极端仇恨布尔什维克。

再比如切尔诺夫,他以前曾参加过齐美尔瓦尔德运动,而现在担任克伦斯基政府的部长:

> 这是一个博览群书但却没有教养的人,知识渊博但不成体系。切尔诺夫身边常备有一大套合适的引文,它们在相当长的一段时间内俘虏了俄国青年的想象力,却并未教会他们什么东西。只有一个问题是这个口若悬河的领袖无法解答的:他在指导谁,并把他们引导到哪儿去?切尔诺夫那些粉饰了道德说教和美丽诗句的折中主义格言只能暂时网罗一批乌合之众,但一到危急关头,这些人就会各奔东西。所以,切尔诺夫居然会心满意足

---

① 托洛茨基:《俄国革命史》第1卷,第243页。

地把自己的建党方法与列宁的"宗派主义"对立起来,这点不足为奇。……他决定避免一切有争议的问题,并且也不参与投票,这成了他政治生活的方式。彼此仇视的切尔诺夫和克伦斯基尽管完全不同,但此二人都与革命前委靡不振的旧俄国社会和无血性而又自命不凡的知识分子有着不可分割的联系,他们渴望教育人民群众,充当人民的保护者和施惠者,却根本不善于倾听人民的呼声,不善于理解人民和向人民学习。①

托洛茨基心目中的布尔什维克有别于其他所有党派的主要特点就在于,它既善于教育群众,也善于"向群众学习"。但他们在向人民学习、挺身担当自己的任务时并非没有勉强和抵触。当托洛茨基以对革命和党的赞美来结束此书时,他向我们提出了这样一个思考题:即布尔什维克还将"向群众学习"多久?他为我们所展示的党绝非是一支"钢铁队伍",按照官方传说,这支队伍没有人的弱点,它坚定不移地朝着预定目标迈进。问题并不是说托洛茨基心目中的布尔什维克不具有钢铁般的决心和勇敢,而是说他们拥有的这类品质的多寡与人的性格相应以及它们在领袖与普通党员之间分布极不平衡。我们看到的布尔什维克全都正处于他们最艰苦的日子中,他们处境孤立,横遭诽谤,怀抱着希望继续进行斗争。就其对事业忘我的忠诚而言,在布尔什维克的敌人当中没有一个可以与之相比。尽管托洛茨基记述了他们的伟大目标和性格,但我们也能看到他们处于混乱无序的状态,那些领袖近视而又胆怯,而普通党员则磕磕绊绊地在黑暗中摸索。人们正是为此指责托洛茨基,说他讽刺了布尔什维主义。没有什么比这一结论离事实更远的了。他的描述完全符合事实,因为他展示了布尔什维主义的所有弱点:犹疑和动摇。但在关键时刻,犹豫不决和纷争歧见会减弱或被完全克服,怀疑让位于信心。党为了发挥自己的作用,不仅必须与敌人斗争,而且还必须与自己斗争,这种情况非但不会抹杀它的成就,而且恰恰相反,会使得成就更大。甚至就连对那些曾对十月革命的大步飞跃感到惊恐万状的人,如季诺维也夫、加米涅夫、李可夫和加里宁及其他人,托洛茨基也不否认他们在政治上的诚实。如果说托洛茨基的叙述给他们带来了羞辱,那也只是因为这些人在革命以后竭力想以一支钢铁队伍的从不犯错的领袖形象而出场的缘故。

---

① 托洛茨基:《俄国革命史》第1卷,第244—246页。

在《俄国革命史》中详细讲述了布尔什维主义在革命的那一年中所发生的两次重大的"内部危机"。在第一次危机期间,刚从瑞士回国的列宁发表了他的《四月提纲》,从政治上"武装了党",以便发动反对二月政权的战争。第二次危机期恰好在革命前夜,在布尔什维克党的中央委员会上,起义的拥护者和反对者们相互对垒。在对这两次危机的描写中,叙述的中心限于领袖圈,但这些场面给我们留下的印象与下述事件同样深刻:波澜壮阔、雄伟壮丽的二月起义、十月革命的画面,以及最阴暗的过渡期——七月事件,当时运动处于最低潮。在这两次危机发生时,我们都能感觉到革命的命运取决于中央委员会为数不多的几位委员:他们的投票将决定群众的力量将付诸东流还是走向胜利。群众与领袖的关系问题被十分尖锐的提了出来,而关注的重心立刻就集中在了唯一的领袖——列宁身上。

无论是在4月还是10月,列宁几乎都是孤立的。就连他的学生也不理解他,中央委员会的委员们差点儿没把列宁坚决要求他们准备起义的那封信给烧了。列宁曾下定决心与中央委员们"开战",而且如果必要,他将无视党的纪律,直接向普通党员呼吁。托洛茨基解释说:"列宁不信任一个没有列宁的中央委员会……列宁的不信任是完全正确的。"[①] 尽管如此,每次危机,列宁最终还是说服全党相信其战略的英明,并使它投入战斗。托洛茨基表明,列宁的洞察力、现实精神和坚定意志是历史进程中的决定性因素,至少就其重要性而言,与数百万工人士兵的自发斗争同样重要。如果把群众的力量比做"蒸汽",把布尔什维克党比做"蒸汽机",那么列宁就是司机。

托洛茨基因此着手研究历史中的个人这一古老的课题,但他在这个问题上所取得的成果显然微不足道。他对列宁的活动记述,其真实性是无可指摘的。可以说,在各个阶段上,在每一件事上,列宁或其他布尔什维克的表现都与托洛茨基的叙述一致。托洛茨基同样也不把列宁说成是事变的唯一创造者。托洛茨基告诉我们:"列宁不是从外部来反对党,他本人就是党的最完整的体现。"他不止一次证实,列宁只不过是把激动着普通党员的思想和情绪活动转变成为明确的公式并因此而最终获胜。领袖与群众可谓行动一致、配合默契。在列宁与他的党之间有着深刻的一致性,即使在列宁与中央委员会有矛盾时也是这样。正如布尔什维主义走上历史舞台不是偶然的那样,列宁的作用也不是偶然

---

① 托洛茨基:《俄国革命史》第3卷,第131页。

的：列宁是"全部过去时代的产物……并深深地植根于过去之中"。列宁不是"革命进程的缔造者"，而是一个环节，一个客观历史规律链中的"重大的环节"。①

但在把列宁的作用定义为链条中的一个环节以后，托洛茨基接着又提醒说，如没有这个"环节"，整个"链条"便会中断。他问道，如果1917年4月列宁没有回到俄国，那会怎样呢？"是否仍能满怀信心地断言即使没有他党也会找到自己的道路呢？我们没有勇气来断定这一点……"托洛茨基又补充说，完全有可能的是，"迷失方向和四分五裂的党可能错过革命的机会，把它延误数年之久"。如果说在《俄国革命史》中托洛茨基还只是小心翼翼地表达了这一观点的话，那么，他在其他一些文章中则是畅所欲言。在从阿拉木图写给普列奥布拉任斯基的信中，托洛茨基断言："您比我知道得更清楚，如果列宁没有在1917年4月回到彼得格勒的话，那么十月革命就不会发生。"在写于法国的日记中，他的说法更加绝对："1917年如果我没在彼得格勒，十月革命照样会发生，不过要有一个先决条件，即那里有列宁在领导。如果我和列宁当时都不在彼得格勒，就不会有十月革命：布尔什维克党的领导层不会允许举行起义。我对这一点没有任何怀疑！"② 如果说列宁仍然不能算是"历史的创造者"的话，那只是因为他不是在虚无中完成了革命。革命需要有社会结构的衰落，群众的力量——即"蒸汽"，布尔什维克党——即蒸汽机（由列宁设计并缔造的），所有这一切都是为了使他能发挥其作用。托洛茨基告诉我们，但是即便所有这些因素都已具备而没有列宁，布尔什维克"也会错过革命的机会，使它延误多年"。延误多少年？五六年还是三四十年？我们不得而知。无论如何，假如没有列宁，俄国也许会继续生存在资本主义制度下，甚至可能会生活在复辟的沙皇制度之中。而且时间可能还会很长，长得无法确定。至少本世纪的世界历史将会重写。

对于马克思主义者来说，这是一个令人吃惊的结论。这一结论无疑带有经院哲学的色彩，而一个以经验证据为依据的历史学家是无法解决这个问题的：他无法把列宁排除在行动场以外，再搞一次革命，看一看会发生什么。如果说尽管如此这个问题仍然被进一步地考察了的话，那也不是为了证明什么，而是

---

① 托洛茨基：《俄国革命史》第3卷，第341—342页。
② 托洛茨基：《流亡日记》，第53—54页。致普列奥布拉任斯基的信写于1928年，存于托洛茨基档案。

为了从这个角度看一看该书中的主要人物。在此，历史学家托洛茨基的观点与作为已遭到失败的反对派领袖的托洛茨基的经验和情绪有着十分紧密的联系。大可怀疑的是，托洛茨基在此之前未必会表达与马克思主义理性传统如此背道而驰的观点。

普列汉诺夫著名的文章《论个人在历史中的作用问题》就完美地体现了这一传统。如同普列汉诺夫的其他理论文章一样，这篇文章同样也对俄国几代马克思主义者产生了巨大的影响。普列汉诺夫是通过一对经典对立范畴——必然性与自由来考察这一问题的。他并不否认个人的作用，他同意卡莱尔的观点，即"伟人是开创者"。这是一个非常贴切的名称。伟人就是开创者。因为他看得比别人远，而且他的期望也比别人强。伟大领袖在历史中的"巨大意义"和"极大的力量"即来源于此。但普列汉诺夫坚持说，领袖不过是历史必然性手中的武器。当必然性感到需要伟人时，它会创造出自己的武器。因此，不要以为任何伟人都是"不可取代的"。任何一种相当深远广阔的历史倾向都不仅仅通过某一个人，而且还通过一定数量的人来体现。在考察法国革命时，普列汉诺夫提出了一个与托洛茨基所提问题十分相似的问题：如果没有罗伯斯庇尔或拿破仑，事件进程会怎样呢？

> 我们假定他（罗伯斯庇尔）在党内是一种完全不可取代的力量。但无论如何，他并不是党的唯一的力量。假如他在1793年1月间偶然被砖头给砸死了，那么他的位置当然会被其他什么人占据，尽管占据他位置的这个人在所有方面都远远不如他。事件仍然还是会沿着罗伯斯庇尔在世时的那一方向继续发展下去。……即使在这种情况下，那些吉伦特党徒们也仍然难逃失败的命运；但罗伯斯庇尔的党丧失政权的时间也许会略早一些……罗伯斯庇尔的党也仍会垮台……在时间上，也许会略早，也许会略晚，但垮台乃是不可避免的……"①

托洛茨基也假设说，假如1917年3月列宁被砖头砸死了，那么布尔什维克的革命在那年以及"此后的许多年中"都不会发生。由此可见，一块砖头的坠落也许会将巨大的历史洪流引入不同的渠道。对个人作用的考察由此转变

---

① 《普列汉诺夫哲学著作选集》第2卷，第325页。

成为一场关于历史中的偶然性问题的争论，而这场争论与马克思主义哲学有着紧密的联系。普列汉诺夫在结束自己的论证时指出："事件进程中的偶然性变化会在一定程度上影响欧洲嗣后的政治生活……"，但"革命运动的最后结局终究是不会与实际所发生的事情相反。具有影响力的个人由于其思维和性格独有的特征可以改变**事件的个性特征及其若干具体结果**，但却无法彻底改变事件的总倾向，因为它取决于其他力量"。托洛茨基则认为，列宁个人不仅改变了"事件的个性特征"，而且也改变了事件的总倾向，因为，如果没有列宁，构成这一总倾向以及有助于这一总倾向的各种社会力量就不起作用了。这一结论与托洛茨基本人的世界观和许多其他理论不尽相符。如果说一切时代的伟大革命没有某一个具体的领袖便不可能发生这种说法是对的，那么，对这位领袖的个人崇拜无论如何也不是荒谬的。而这样一来，从马克思到托洛茨基的所有历史唯物主义者对个人崇拜的谴责以及进步思想界对它的义愤都会是毫无意义的了。

显然，托洛茨基在此堕入了普列汉诺夫在与一些历史学家的论战中所说的"视错觉"的掌握之中。这些历史学家坚决认为拿破仑的作用具有决定性意义，因为，其他任何人即便占据了他的位置也不会带来这样的或与此相似的结果。"错觉"在于这一事实，即领袖似乎是不可取代的，因为领袖只要一占据领袖地位，便会防止他人问鼎。

> 拿破仑一旦以拯救社会秩序的"利剑"的角色出场，便以此排除了所有其他将军扮演这一角色的可能，尽管在这些将军当中有些人扮演这一角色也许会和他一样或相差无几。既然对一个精力旺盛的军人统治者的社会需求业已满足，那么社会组织便会切断所有其他军事天才们想要夺取军人统治者位置的道路。……拿破仑个人的力量以极其夸大的形式展现在我们面前，因为我们将把他推至显著地位和支持他的所有社会力量都归到了他的名下。这种力量看起来似乎是唯一的，因为其他与之相似的力量都未能从可能性转化为现实性。当人们问如果没有拿破仑会怎样时，我们的想象力会发生混乱，我们会觉得，如果没有拿破仑，以拿破仑的力量和影响为基础的整个社会运动便不会发生。①

---

① 《普列汉诺夫哲学著作选》第2卷，第327页。

我们同样也可以说，在我们看来，列宁对事件的影响也被极度夸大了，因为列宁只要一占据领袖地位，便会防止他人问鼎。我们当然不能说，如果列宁不曾在其位的话，谁又能占据他的位置。托洛茨基自己就可能出现在这个位置上。有意思的是，卢那察尔斯基、乌里茨基和曼努伊尔斯基这样一些著名革命家在1917年夏季讨论和比较列宁和托洛茨基的优点时，都同意托洛茨基在当时已经胜过了列宁这种说法。说这话的当时，列宁还在位。尽管列宁在布尔什维克党内的影响力具有决定性意义，但十月起义事实上是根据托洛茨基而非列宁的计划完成的。如果当时既没有列宁又没有托洛茨基，那么也会推出某个别的什么人来的。显然，在布尔什维克中间并不曾有过一个与他们并驾齐驱的人，但这一事实并不意味着在此二人不在场的情况下就不会出现这样一个人。历史上，伟大领袖和军事首脑职位的空缺数额的确有限得很，如果空位被占，潜在的候选人则没有任何机会达到其"自我实现"的目的。难道由此就可以得出结论说在任何情况之下他们都无法做到这一点吗？较次一些的领导人是否也能发挥列宁和托洛茨基那样的作用呢？其中唯一的区别恐怕仅仅在于，较次一些的人不是"让命运来指导"他们，而是被命运"拖着自己的衣领走"。

毫无疑问，差不多每位伟大领袖或独裁者在其生前都是无法取代的，在他们死后都会有什么人来占据其位置。而这个人在他的同事看来，往往是一个最不可能被选中的、命定只配扮演二流角色乃至三流角色的候选人。这就是为什么当许多人先看到斯大林成了列宁的继承者、继而看到赫鲁晓夫成为斯大林的继承者时都会惊讶不已的原因。这种惊奇感乃是有关不可替代的巨人的视错觉的副产品。托洛茨基断言，只有列宁的天才能胜任俄国革命的任务，他常说，在其他国家中，要使革命胜利，就必须有一个像布尔什维克这样的党和像列宁这样的领袖。没有任何必要否认列宁的卓越才华和坚定性格，否认布尔什维克由列宁来领导乃是它的运气。然而，在我们这个时代，难道说中国和南斯拉夫革命在一个与1917年的布尔什维克党有很大区别的党的领导下，在一些水平低一些，甚至低好多的领袖的领导之下没有取胜吗？在每一种情况下，革命倾向总是能从手头现有的人才资源中遴选或是创建自己的机构。如果断言十月革命即使没有列宁也会发生不无根据的话，那么，相反论断的根据就要小得多：1917年年初苏黎世屋顶上落下的那块砖头可能会改变本世纪人类的命运。

在此，我们要补充说明一点，即这后一种观点，与托洛茨基有关革命的基本哲学和观念并不十分吻合。因此托洛茨基无法始终一贯地坚持这一观点。例如，在几年以后所写的《被背叛了的革命》一书中，托洛茨基断言：

> 领袖的品质绝非是无关紧要的……但这却不是唯一一个因素，而且归根结底它不是决定性因素。……布尔什维克的获胜……不是由于其领袖个人的优越性所致，而是由于社会力量的重新组合……（法国大革命中）米拉波、布里索、罗伯斯庇尔、巴拉斯、波拿巴相继当政的过程是有客观规律可循的，其力量远比历史主角本人身上的特殊特征更大。①

正如上文中已经指出过的那样，托洛茨基在列宁问题上的"视错觉"所阐明的不是列宁，而是他本人及其在这些年中的心境。他撰写《俄国革命史》这本书时，对斯大林个人崇拜的狂热已经开始了。因而托洛茨基的观点是对这种崇拜的否定性反应。他以列宁的"不可取代性"为依据反对斯大林的"不可替代性"。如果注意到苏联社会的普遍冷漠和无序性，那么这位领袖在那些年中肯定显得是一个比在人民群众政治热情沸腾的1917年重要得多的人物。一方面，斯大林是作为一个独裁者而出现的，另一方面，托洛茨基亦有发挥其某种类似于思想和道义上的独裁者、反对派唯一一位代言人的作用的必要性。托洛茨基即便失败了，也会令人觉得他是一个非凡的人，而且就其重要性而言，甚至是独一无二的。作为一个历史学家，托洛茨基把领袖的巨大身影投射在1917年的荧屏上，并由此得出带有自我保护性的教训："由列宁的抵达所具有的重大意义中所能得出的结论只有一个，即领袖的产生不是偶然的，而是逐渐被遴选出来并由数十年的斗争锻炼出来的，因此，领袖不能被任意更换，把他们机械地排除在斗争之外会给党造成巨大创伤，而且，在许多情况下还会使党在相当长的一段时间中丧失行动能力。"② 托洛茨基在日记中更清晰地表述了这一教训：

> ……我认为我目前从事的工作（领导反斯大林的反对派和创立第四

---

① 托洛茨基：《被背叛了的革命》，第87、88页。有趣的是，西德尼·胡克在反对马克思主义（和托洛茨基主义）时，根据托洛茨基在列宁评价中的主观主义倾向这一特点得出结论，说十月革命"与其说是全部俄国以往历史的产物，不如说是有史以来所有划时代性格之一的产物"。参见西德尼·胡克：《历史上的英雄》，第150—151页。

② 托洛茨基：《俄国革命史》第1卷，第342页。这一教训有前后不一致的地方，因为，如果说领袖的"产生不是偶然的"，那么他们在后来被排斥同样也不是偶然的（或"任意的"）。

国际）尽管极不充实并带有局部性，却是我一生中最重要的工作，它比我在1917年的工作更重要，也比我在国内战争时期的工作以及其他任何工作都更加重要。……我不能说我在1917—1921年间的工作是"不可取代的"。但我现在的工作的确是"不可取代的"。这种说法没有一点儿夸张之处。两个国际的垮台提出了一个这两个国际的任何一位领袖都无法解决的问题，我个人命运的反复无常迫使我正视这一问题，并赋予我解决这一问题的重要经验。今天，除我以外，任何人都无法完成……用革命方法来武装新一代的重大使命。……为了保证它的成功，我必须至少不间断地工作五年。①

托洛茨基必须使自己确信，领袖，无论是1917年的列宁，还是30年代中的他本人，都是无法取代的，他就是从这一信念中汲取着支持他独自进行英勇斗争的力量。现在，当整整一代布尔什维克中唯有他一个人出面反对斯大林时，的确任何人都无法取代他的位置。……但也正是由于托洛茨基是孤立的和无法取代的，才使得他的工作的很大一部分被徒劳无益地消耗掉了。

我们先不管这段论据中的"对"与"错"，继续考察一下托洛茨基对列宁的态度。不妨让我们摘录两个同时代人的话。1923年，在反托洛茨基战役即将打响时，卢纳察尔斯基这样写道："托洛茨基是个浑身带刺、不能容人和专横的人。只是在他对列宁的态度中（在他们结盟之后）才表现出动人的发自内心的敬意。他以真正伟人的谦虚承认列宁的优越……"② 在30年代初，克鲁普斯卡娅曾与一位著名的外国非党人士交谈，当时她知道自己的话被偷听并肯定会被汇报给斯大林的。她同样提到托洛茨基的"专横和难以相处的性格"，但补充说："他由衷地爱戴弗拉基米尔·伊里奇。当他得知列宁去世的消息后，他休克了，两小时后才苏醒过来。"③ 对列宁的热爱和承认列宁的优越，这在托洛茨基于革命后发表的关于列宁的言论中处处可见。早在1918年9月，在范妮·卡普兰刺杀列宁事件以后，托洛茨基曾这样谈及这位受了伤的领袖：

---

① 托洛茨基：《流亡日记》，第54页。
② 卢纳察尔斯基：《革命家剪影》。
③ 《卡罗伊回忆录》，第265页。

自我牺牲、敢作敢为、仇恨压迫——这些老一代革命知识分子身上一切最优秀的品质都集中在这一个人的身上……他依靠俄国年轻的、革命的无产阶级，运用世界工人运动的丰富经验，在政治的天穹上顶天立地地站了起来。这就是列宁——我们这个革命时代中最伟大的人物。……当我们这个时代最伟大的人物的生命受到死神威胁的时刻，我们当中每个人第一次感到自己的生命是如此微不足道。①

　　这段话里丝毫也没有恭维讨好的味道。当时的列宁还没有被崇拜所包围，而且托洛茨基此后还不止一次激烈地表达过与他的意见分歧。1920年，在列宁诞辰50周年时，托洛茨基发表了一篇传记随笔，口气比较节制，文章谈及列宁身上的民族性，说它们体现了俄罗斯性格中最优秀的方面。② 在流亡中，在离开王子群岛以后，托洛茨基开始写作列宁大传，但只写出了前几章。尽管这部著作没有完成，但他还是部分地完成了自己的任务，在20年代初，发表了许多传记随笔。托洛茨基在其中讲述了列宁一生中具有决定性意义的几个时期：1901—1902年和1917—1918年，提供了一幅非常生动的肖像，它充满了卢那察尔斯基所说的温情。③

　　托洛茨基盛赞列宁目标明确、善于使自己完全服从于伟大的目标，而且还赞扬了列宁的人格，他说，在列宁身上，崇高的感情和对生活的热爱、严肃认真和富于幽默感、对原则的狂热忠诚和思维的开阔、行动中的毫不留情、狡黠和细腻的感受力、高度的智力和纯朴结合在一起。他表明"我们这个时代最伟大的人"同样也会犯错误，从而打碎了斯大林创造的列宁偶像。但托洛茨基自己却走向列宁，向他脱帽致敬，对他无比景仰，并且不觉得有什么难为情。但他没有跪倒在列宁面前。托洛茨基不是在给偶像而是给他所了解的人以应有的评价。托洛茨基即使是在描写列宁的英雄主义性格时也没有把他变为半神似的人物。他给我们展现的是一个与本人一样的平凡形象，而不是在描写一尊庄严肃穆的半身雕像。他虽未用传世之作的风格而仅采用了记者随笔的形式，却创造了历久弥新的画面。他描述列宁的那些随笔比同时代另外两位伟大作家——高尔基和威尔斯的随笔的艺术感染力更强。他从各个角度关注着列

---

① 托洛茨基：《列宁传》，第211—218页。
② 同上，第205—210页。
③ 同上。

宁：列宁怎样思考问题，怎样立论，怎样走上讲台以及在讲台上的风度，列宁的手势和动作，列宁的笑声和戏弄人的玩笑。我们能看到列宁雷霆般的震怒；看到列宁在作重大决策的紧要关头是怎样亲切地逗小狗。我们看到列宁如何像一名中学生似的匆匆忙忙地跑过克里姆林宫前的广场到政府会议厅去，急于跟他那些人民委员朋友们风趣地开个玩笑。我们总能在这位艺术家的目光中捕捉到热爱"平凡的革命天才"的闪光。

然而，在这位艺术家的眼里还可以看到一种遗憾的表情。托洛茨基和列宁并肩紧密合作了大约只有六年时光。虽然这是他一生中最美好的、划时代的六年。而此前的13或14年，他却是在反对列宁的派别斗争中度过的，他对列宁进行了猛烈的人身攻击，称列宁是"一个马虎的律师"、"是罗伯斯庇尔的一张令人反感的漫画"，"居心叵测、道德上令人厌恶的"、"俄国落后的利用者"、"败坏俄国工人阶级士气的人"，等等。和他的这些诬蔑相比，列宁的答复不但显得颇有分寸，甚至很温和。尽管从1917年以来列宁从未重提此事，哪怕是暗示也没有，但托洛茨基的恶毒攻击是如此凶猛，不可能不留下创伤。甚至在1917—1923年间，当两人都在同一个最紧密的政治同盟中共事的时候，在列宁与托洛茨基之间也没有个人间的亲密关系，列宁对他有所保留。① 托洛茨基竭力想要以自己的"令人感动的尊敬和爱戴"默默地、有分寸地平息此事。在列宁去世后，托洛茨基也许只是半无意识地在自己的论著中继续纠正他侮辱列宁的行为。他承认，在他与列宁决裂的1903年时革命对他来说基本上只是一个"理论上的抽象物"，而在那时，列宁却完全理解革命的现实性。他一次又一次地说，在"走向列宁"的过程中，他不得不克服内心的抵触情绪。但当他一旦克服了这种情绪并和列宁联合，他便处于列宁的身影之下，他始终把作为历史学家的自己留在了那里。他一再故意讲述曾经有过的许多分歧，但他的记忆却不愿回想。他本能地有意缩短他们分手的时间，缓和对立的严重性，满怀喜悦地追溯他们友好的岁月，并竭力把这段时间往后、往前扩展。有时，满怀崇敬的他努力重新体验自己的生平，似乎任何东西都未曾打断他和列宁的一致性。他还想写一本有关马克思和恩格斯亲密而又富于创造性的终生友

---

① 《武装的先知》，第三章。当我和娜塔利娅·谢多娃谈及在列宁和托洛茨基之间缺乏私人感情时，我推断说，托洛茨基在革命前的那场论战中所表现出的侮辱性质使得这种关系不可能建立，她说她从未这样想过。但她沉吟了一会儿又补充说："也许这就是列宁之所以有点儿矜持审慎的原因。过去的派别斗争就是这样进行的，那是一场野蛮的斗争。"

谊的书，而这种理想的友谊他在自己的一生中始终未能获得。在列宁逝世11年后，托洛茨基在日记中写道：

> 昨晚……我梦见我在跟列宁谈话。看情形谈话是在客轮的三等舱里进行的。列宁躺在铺位上，而我在他身边，不是站着就是坐着。……他担心地询问我的病情："您显然是得了神经性疲劳，您必须休息……"我回答说，我以前总能很快克服疲劳，不过……这一次，情形看来不那么简单。……"既然这样，您可得认真（他着重地强调了这个词）去瞧一瞧医生了（接着说了几位医生的姓名）。"我说我已找许多医生看过了……但我瞥了一眼列宁之后想起来他已经死了。我即刻就想把这个念头从我头脑里赶走……当我讲完我在1926年前往柏林治病的事之后想追加一句："这事发生在您去世以后"，但克制住了自己，只说一句："这是在您生病以后的事……"[①]

梦境和幻想保护着易受伤害的托洛茨基，他在幻想中看到自己处于列宁的友爱和关心的保护之下。

* * *

在列宁问题上的"视错觉"是《俄国革命史》中主观思维的唯一一个例证。在所有其他场合下，托洛茨基是作为一个客观的观察者描述所有事件的。当然，只有亲历者和目击者才会有他那么深刻的感受，才能感觉每一件历史事实的实质、色彩和味道。但是，作为一位历史学家的托洛茨基，却比作为亲历者和旁观者的自己站得更高。人们关于凯撒所说的一切是不能用于托洛茨基身上的，因为作为作家的凯撒与作为统帅与政治家的凯撒相比则会黯然失色。托洛茨基让自己的论著经受最苛刻的检验，而且他以极其严格的事实来加强自己的叙述。这些事实往往不是从朋友那里，而是从敌人那里拿来的。他从不依赖自己个人的威望，而且把自己当做书中人物的情形也极为罕见。例如，对他成为彼得格勒苏维埃主席一事，他只说了干巴巴一句话，而实际上这事是当时发

---

① 托洛茨基：《流亡日记》，第130—131页。

生的许多极其重大的事件之一。① 此书的缺陷可能在于，如果仅就此书来评价托洛茨基在革命中的重要性，必然会导致得出一个错误的结论。在1917年的《真理报》上，在每种反布尔什维克报纸上，在苏维埃和党的工作报告的每一页上，托洛茨基的形象远比在他自己亲手所写的书中显得重要得多。在这样一幅巨大而又生动的历史长卷中，托洛茨基的剪影差不多是全书唯一的一个空白点。

* * *

黑兹利特（Hazlitt）断言，演说天赋和文学才华不可兼得。但托洛茨基却既充分具有演说家的敏锐感受、天生的雄辩和善于理解听众的能力，同时又在同等程度上具有持续深入思考的能力。他不但对转瞬即逝的成功十分淡漠，而且具有一个真正的作家所必不可少的"心灵的耐力"。本身也是一位杰出演说家的卢那察尔斯基认为，托洛茨基"是我们这个时代首屈一指的演说家"，而他的文章和著作则仿佛是"冷却下来的言辞"。"……他的演说是文学性的，他在文字工作中也是演说家。"② 这种评价非常适合托洛茨基的早期著作。卢纳察尔斯基的这些话是在1923年说的，那时，作为一位作家的托洛茨基尚未登上新的高度。在《我的生平》和《俄国革命史》中，演说成分严格遵守记述和阐释的需要，其叙述具有一种史诗般的节奏。"言语凝重"虽仍然保留，但仅仅是因为这是任何叙述都在所难免的。

数十年中，托洛茨基的主要著作只能以译作的形式为人所阅读。随着他本人的被放逐，连他的文学天才也被放逐到外国语中去了。他找到了几位很有才华而又忠实的译者，如马克斯·伊斯特曼、亚历山德拉·拉姆和莫里斯·巴黎冉宁，他们把托洛茨基的主要著作介绍给了欧洲和美国的读者；但在译本中却缺乏某种来自于托洛茨基精神和风格的神韵，尽管托洛茨基从欧洲文学传统中汲取了许多东西而成为最具有世界主义的俄国作家。然而，他从母语中汲取的养分又最多，并在自己的著作中广泛使用了俄语的力量、含蓄、色彩和幽默。在自己的那一代人中他是一位最伟大的俄国散文大师。对于英国人的耳朵来说，托洛茨基的风格听起来似乎有些滞重、"冗长累赘"，柯勒律治认为这一

---

① 托洛茨基：《俄国革命史》第2卷，第347页。
② 卢那察尔斯基：《革命家剪影》。

缺点就连最优秀的德国或大陆风格也难于幸免。但这只是一个趣味与公认的风格标准的问题。况且，仅在公认的风格标准这点上，不仅不同民族间有所不同，而且就连在同一个民族的不同时代也有发展和变化。慷慨激昂、铿锵有力、反复强调，这是革命时代特有的一种风格，那时演说家和作家对成千上万人民群众所宣传的思想是人们为之进行殊死战斗的思想。当然，在战场上或在革命时期，人们说话的声音是高亢洪亮的。这对于英国城堡中守着宁静壁炉的人来说确实难以忍受。但《我的生平》和《俄国革命史》并无"冗长累赘"的毛病。在这两本书中，托洛茨基在选择表现手段上体现了古典主义式的精练。在这里的托洛茨基像一个"客观的语言创造者"，一个在文学这块庄稼地里辛勤耕耘的劳动者，他力求在词义色彩和情绪色彩方面达到高度精确。写作此书的过程中他始终高度警觉地关注着全书的结构及其各部分间的比例，艺术统一感从未离他而去。他是如此巧妙地把自己的理论论据编织进叙述之中，以致一旦想把它们从中抽出来，整幢大厦的比例便会被破坏。他深知何处可以压缩、何处可以扩展故事的底蕴，在这方面能与他媲美的屈指可数。但他在这方面的做法的确并非出于任性：速度和节奏是事件脉搏的反映。所有这一切都如一股巨流滚滚向前，而这正是有关革命的故事所需要的。在篇幅较长的段落中，他又保持了一种平稳节奏，直至叙事达到高潮点时为止。一旦达到高潮，节奏立刻加快，语调升高，叙述变得波澜壮阔、热情洋溢：赤卫队攻打冬宫，涅瓦河上军舰的汽笛，苏维埃内各党派之间最后一次搏斗，社会秩序的混乱，革命的胜利，都像交响乐一样气势磅礴。①尽管如此，叙事的完整性却并未因而消失。托洛茨基的独特性在于他把古典主义的庄严和现代健全的理智融为一体。

在托洛茨基这部著作的每一页上，令人惊奇的各种明喻和暗喻俯拾皆是。它们是他想象力的自发产物，但他从未放弃对它们的监督。他的想象力十分生动，也同样精确、富于理性。他使用暗喻都带有一定的目的——加快节奏，说明情境，或是把两三个思想联结得更紧密一些。一个形象既可以被包容在一个短句中，也可以在整个段落进行中慢慢地生成或是在整整一章中如植物一般长成：先是种子破土而出萌发新芽，过几页后植物开花，而到一章的末尾它就开始结果了。这里，不妨让我们以作者在描写二月革命开端的那一节中如何应用

---

① 托洛茨基：《俄国革命史》第3卷，第301、305、313、315—316、377—378页。

暗喻的情形为例来作说明。这里讲的是彼得格勒的 2500 名工人在狭窄的街道上举行示威游行时与一队哥萨克——人民起义"永恒的讨伐者"相遇的情形。

军官们纵马开路，首先冲进了人群。紧随其后是一队哥萨克打马奔驰而来，马队宽度与街相等。这是决定性的时刻！可那些骑手们却排成一溜儿，像一根长长的带子，小心翼翼地通过军官们给他们开出的那条长廊。"其中有几个人脸上还挂着笑容，"卡尤罗夫回忆说，"有一个哥萨克还好意地冲工人们眨了眨眼。"这眨眼并非没有意思。由于这种友好的、非敌意的保证，工人们敢于跟在哥萨克后面了，那眨眼人很快就有了模仿者。不顾军官们再次努力约束，那些哥萨克在并不公然违反纪律的情况下不是去驱散人群，而是从人群中穿过去。这种情形重复三到四次以后，两边的人开始接近了。个别哥萨克开始回答工人们的提问，甚至还有人和工人开始了简短的交谈，纪律仅剩下了一层薄薄的透明外壳，似乎随时都会訇然倒塌。军官们放弃了想要将人群驱散的念头，急忙去把哥萨克和工人分开，他们让哥萨克站成一排、隔断街道、组成一道屏障，不让示威者走进市中心。可就连这也无济于事：完全遵守纪律的哥萨克们坐在马上一动不动，听任工人们从他们的马肚子底下"钻过去"。革命不择其路。革命是在哥萨克的马肚子底下迈出它最初的脚步的。①

从哥萨克的马肚子底下钻过来的革命这一概括性形象自然来自这个片断。它揭示了新的形象、乐观主义和局势的不确定性。我们从中可以感觉到，至少工人们这次不再会被哥萨克的马蹄所践踏了，尽管他们的地位还有待巩固。但当我们翻过讲述起义声势如何逐渐壮大的 20 页后，看到这一暗喻又以一种变化了的形式再次出现，这一次它的作用是提示革命所走过的路程：

于是，令人欢欣鼓舞的胜利消息一个接一个地传来。我们自己的第一批装甲车出现了！在迎风招展的旗帜下，它们向尚未投降的地区传播着恐怖。革命再不需要在哥萨克的马肚子底下爬行了，它挺直了腰杆，顶天立地地站起来了。②

---

① 托洛茨基：《俄国革命史》第 1 卷，第 122—123 页。
② 同上，第 143 页。

第三章 革命家兼史学家

在同样典型的另外一段描写中，作者热情地展现了一个具体的场面，使它变成一个极其重要的象征。他讲的是业已分崩离析的沙皇军队中的官兵对立情景：

> 盲目的搏斗也有其潮涨潮落。军官们努力去适应它。士兵们再一次赢得了时间，但在这个短暂时期中，在这些和解的日子里，使旧制度下的军队解体的社会仇恨变得越来越强烈了，它越来越频繁地、尖锐地爆发出来。在莫斯科的一家剧院里召开的一次残废军人会议上，参加者中有军官也有士兵。一个残废士兵在发言中开始侮辱军官，台下响起了抗议声。皮靴声、手杖声和拐杖声。而你们，军官先生，又是如何拳打脚踢地侮辱士兵们的呢？这些因伤而残废的人像两堵墙一样面对面地站在那里，残废士兵对残废军官，多数对少数，拐杖对拐杖。这一发生在剧院中的可怕的场面是嗣后狂暴凶残的国内战争的一个先兆。

这一严格现实主义的报导洋溢着高度浓缩的激情。传达这一场面只用了六个简短、如刀砍斧凿般的句子。寥寥数语就将我们带进了剧院，我们的耳边好似回响着"皮靴、手杖和拐杖的笃笃敲击声"。用普通的比喻来说明不寻常的场景：挂拐杖的人"像两堵墙一样"面对面地站在那里。在这言简意赅，初看上去十分简单的短句里包含有多大的悲剧性呀！

托洛茨基的作品充满嘲弄讽刺和幽默。他起而反抗现行制度，不仅出于愤怒和理论信念，而且也出于深知它的荒谬性。即使在斗争最激烈、最残酷的白热化关头，托洛茨基也能发现可使人发笑的喜剧性的事件。人们的愚蠢、无理性的虚伪一次又一次使他惊讶。在《我的生平》中，他回忆1917年年初在纽约，当他预言俄国革命将以资产阶级政权和专制主义的被推翻而结束时，一些俄、美社会主义者的反应：

> 几乎每一个和我交谈的人都把我的话当做玩笑。我在一次可敬的俄国社会民主工党人的小型会议上作了一次报告，证明在俄国革命的第二个阶段上无产阶级政党夺取政权的必要性。其效果有如往满是自负迟钝的青蛙的池塘里投了块石头一般。英格曼博士不失时机地在会议上解释，说我不

懂政治算术的四则运算,连花费5分钟驳斥我的痴人呓语也不值得。①

多数情况下托洛茨基就是这样以一种富有幽默感的蔑视嘲笑他的对手的。他的笑不是善意的,只有他回忆童年和青年时代时,他才会发出发自内心的笑声,这只是罕见的例外。后来,他太深地投入那些极其严酷的斗争,而他嘲笑人与制度的目的是为了唤醒人民来反对他们。他问道:"什么?什么?我们居然能让这些自负迟钝的青蛙们走自己的路并替我们进行我们人类的事业?"他的讽刺旨在促使被压迫与被侮辱的人蔑视这个强权的世界,迫使那些强者们在它的鞭挞下发抖。托洛茨基正如莱辛在那幅有名的海涅肖像上题词所说的那样,他不仅砍下了敌人的脑袋,而且还"恶毒地把头颅从地上拿起来,让人们看一看它是多么空虚"。托洛茨基从未像他和克利俄一起重新造访伟大的十月战场时那样砍掉过如此之多的头颅并展示这些头颅的空虚。

---

① 托洛茨基:《我的生平》第1卷,第315页。

第四章 "人民公敌"

托洛茨基在日记中写道:"我命中注定要参与一些伟大的事变,正是由于有这个原因,现在,我的过去割断了我行动的可能性,我被迫只能安于解释和说明这些事件,并力求预见到它们今后的发展。"① 有关自己的这种看法,他一生中大约只说过这一次。因此,他在此所表达的比他本想说的要多一些。根据上下文判断,托洛茨基在此指的是他所遭受到的流放,它使他失去了参与任何大规模的政治活动的可能。确实,他的过去还在另一个更深刻的意义上"割断了"他行动的机会。他的思想、方法和政治性格所属的那个时代与现在——即流放时期——是彼此敌对的,因此它们没有产生影响。他的思想和方法是经典马克思主义的思想和方法,而且与"先进的资本主义西方"的革命前景联系在一起。托洛茨基的政治面貌是在自下而上的革命和哺育了俄国与国际马克思主义的无产阶级民主的气氛中形成的。然而,在两次世界大战的间隔期中,尽管阶级斗争十分激烈,国际革命还是走向衰落。西方资本主义的生命力比经典马克思主义所预期的要强大得多,而当社会民主党的改良主义和斯大林主义从政治和道义上解除了工人运动的武装之后,西方资本主义进一步得到了巩固。只是在第二次世界大战以后,国际革命才恢复了进攻的态势,但那时它的主战场已经转移到了落后的东方,其形式和部分内容已与经典马克思主义的预言有了很大差异。在东欧,革命基本上是"自上而下和从外部"引进的,是征服和占领的结果;与此同时,在中国,革命不像无产阶级民主革命那样从城市扩展到乡村,而是像一场声势浩大的扎克雷农民起义那样,由农村包围城市,也只是在此之后才从"资产阶级民主革命"转入社会主义阶段。按照马

---

① 托洛茨基:《我的生平》第1卷,第315页。

克思主义的观点看，无论如何，托洛茨基被流放的年代是一个历史的喘息时期，经典社会主义革命的拥护者脚下的基础訇然倒塌了。在 30 年代发生的，尤其是在苏联境外发生的那些暴风骤雨般的事变中，托洛茨基基本上只是一个伟大的局外人。

然而，那个"割断他行动的机会"的过去不允许他无所作为：这位十月革命的领导人、红军的缔造者和共产国际一度的鼓舞者不安于只当局外人的角色。问题不在于这一角色与他的马克思主义世界观两不相容。马克思和恩格斯本人长期以来就曾与"实际"政治隔离，仅从事基础理论工作，满足于"解释和说明"事件——在某种意义上说他们也是局外人。不是他们，而是拉萨尔领导了德国第一次群众性的社会主义运动；不是他们，而是普鲁东和布朗基鼓舞了法国社会主义。他们对英国工人运动也没有产生深远的影响。马克思和恩格斯对他们自己"关于理论和实践统一"的哲学公设的理解不那么狭隘，因而不强迫自己必须始终参与正式的政治活动。① 他们在不具备创建自己的党和为夺取政权而斗争的可能性时就退入思想领域中。而他们写成的论著从历史的而非直接目标的角度看，具有极其重大的实践意义，因为在借鉴了社会斗争的丰富经验以后，他们指明了未来行动的方向。至于说托洛茨基，无论是他的性格还是他所面对的形势都不允许他脱离正式的政治活动。他不愿意也无法脱身于日常斗争。托洛茨基被放逐的那一时期不是平平淡淡的政治间歇期，不像 1848 年以后马克思撰写《资本论》的数十年间那样。那是一个全世界社会决战和灾难的时代，一个像托洛茨基那种类型的人是无法作壁上观的。他无法把

---

① 1851 年 2 月，当欧洲革命显然已经失败之后，恩格斯在给马克思的信中写道："我们现在终于再次……有机会表明，我们不需要任何名誉，不需要任何国家的任何政党的任何支持，我们的立场不取决于这类小事情。……然而，实际上我们不能过于埋怨这些渺小的大人物惧怕我们；难道我们多年来不是假装样子，似乎任何一群坏蛋都是我们的党吗？其实，我们不曾有过任何的党，那些我们认为——至少在正式场合——是属于我们党而同时又保有权利在私下称他们为不可救药的蠢材的人，连我们的理论的基本原理都不懂。""难道像我们这种逃避官职像逃避鼠疫一样的人，适合于有一个'党'吗？……即一群把我们看做同他们一样因而对我们发誓的蠢驴，有什么意义呢？……在最近的事件中，我们能够而且必须采取这种立场。不仅不担任国家职务，也尽可能不担任正式的党的职务、各委员会的职务等等，不替蠢驴们担负责任，对一切人进行毫不留情的批判，同时使这批蠢材的全部密谋都不能夺去我们的欢快。……目前，主要的问题是使我们的东西能够出版；或者我们在一家季刊上发起直接的攻击，针对具体的人物来捍卫我们的立场，或者我们在几本厚书中做同样的事情。……如果你用政治经济学加以答复，全体流亡者败类对你散布的一切流言蜚语还能起什么作用呢？"《马克思恩格斯全集》第 27 卷，人民出版社 1972 年版，第 209—211 页。

第四章 "人民公敌"

他与斯大林之间从未稍稍间断的残酷的决斗中断哪怕是一秒钟。托洛茨基的过去无情地推动着他行动，如同它无情地割断任何行动的前景一样。

托洛茨基在流放中的全部行为都带有这种行动的必要性与不可能性之间冲突的性质。他感觉到了这种冲突，但从未清醒地理解和认识它。甚至当他同不可能性发生冲突时，他也认为这是偶然的、暂时的，只不过是由于迫害和人身隔离引起的。这种对更深刻的困境一无所知的情况使他有力量去挑战也许是任何一位历史人物都未曾遇到的障碍。必要性激励着他去从事正式的政治活动。而他又一次次地后退，这绝非出于他的本意，而是由于不自觉的情绪和本能的反应所决定的，因为他的自觉情绪总是乐观的。他的意志总是在与这些情绪搏斗，从不屈服于它们。然而，这是一场可怕的、绝望的、使他心力交瘁的冲突。

在他生活在王子群岛上的那些年中，人身隔绝状态本身使得这一问题显得还不是那么紧迫。他万分渴望离政治活动的战场更近一点儿，深信这会使他的行动更加奏效。但他只能埋头于撰写历史著作的工作，别无选择。于是他走进——尽管不是全身心地——理论思想的王国，在那里他特别强大。正由于此，托洛茨基在王子群岛上生活的四年是他在流亡中创造力最强的时期。离开王子群岛加深和加剧了摆在他面前的两难选择。问题不仅在于他立刻会体验到那无法抑制的仇恨的冲击，而遁世和隐居部分地使他免受这一仇恨的侵扰。靠近政治活动战场在他身上唤起了行动的激情，而如今即使在这里也隐藏着他的弱点。他可能已发现，或确切地说是重新发现事件已经与他无关，而他却在努力扭转事件的进程。在他一生中的最后八年中他未能写成一本具有如《俄国革命史》或《我的生平》那样意义深远的巨著，尽管他一刻也未辍笔。在离开王子群岛时，他曾想撰写国内战争史，由于他在这场战争中所处的独一无二的地位，这本史书将会与革命史同样重要，也许会比后者更加重要。他开始着手写作大部头的列宁传，如他在给马克斯·伊斯特曼和维克多·戈兰茨的信中所说，这本传记应当成为"我一生中最重要的著作"，而且借此还可以全面地、"建设性地、批判地"阐述辩证唯物主义哲学。① 他的这个计划以及其他

---

① 托洛茨基致伊斯特曼，1933年11月6日；托洛茨基致戈兰茨，1933年9月23日，存于托洛茨基档案保密部分。在给戈兰茨的信中托洛茨基写道，他和阿尔图尔·朗索姆一样，将努力出版此书的英文版。

一些计划都未能完成。其中部分原因是漂泊和遭迫害使他没有机会集中思考，而主要原因是为正式的政治活动、为创立第四国际的不倦的工作而牺牲了这些著作的写作计划。

因此，托洛茨基的全部生活都挣扎在行动的必要性和不可能性的冲突之中。现在，在他行将离开王子群岛的时候，他预感到了这一冲突的严峻性质。他情绪高昂地离开那里时充满希望和重大的期待，但在内心深处他感到悲凉的担忧。

* * *

1933年7月17日，托洛茨基和娜塔利娅、马克斯·沙特曼以及3位秘书：范·海耶诺特（Van Heijenoort）、克莱门特（Klement）、萨拉·韦伯（Sara Weber）一起站在低速意大利客轮"保加利亚号"的甲板上驶离王子群岛。在开往马赛的航程中，客轮走了一个星期。对行期予以保密的一切防范措施再次失效。和访问丹麦时一样，托洛茨基上船之后用的是妻子的姓，并尽量不引人注目。但当客轮驶入比雷埃夫斯市时，许多急于打探新闻的当地记者已在那里等着他了。托洛茨基对记者说，他此行完全是私人性质，未来的几个月中，他和妻子将全力治病。他拒绝发表任何政治声明，说："我们这次旅行没有任何理由吸引公众的注意，尤其是现在当全世界都在忙于解决无穷无尽的更加重大的问题的时候。"但报界仍然抱着怀疑的态度关注着他，并就他此行的目的大肆投机。一个广为流传的谣言说他应斯大林之邀来到法国，以便与外交人民委员李维诺夫（Литвинов）讨论他回俄国的条件。这一谣言持续、广泛地流传，以致一家严肃的德国报纸《福斯报》询问是否属实，塔斯社发表官方声明予以辟谣。①

---

① 托洛茨基怀疑这家受纳粹分子控制的《福斯报》是奉希特勒的命令提出这个问题的；斯大林连忙安抚希特勒，说他并不打算与一个建议苏联政府以动员红军来回答希特勒掌权的人和解。参见1933年19日评论《斯大林安抚希特勒》，存于托洛茨基档案。

第四章 "人民公敌"

海耶诺特（左，从1932年开始担任托洛茨基的秘书）拿着托洛茨基夫妇的护照，离开伊斯坦布尔的法国领事馆，右为沙特曼。摄于1933年7月12日

旅途中，托洛茨基多数时间呆在客舱里思考着有关第四国际的问题。他写了《再不能和斯大林……之流在同一个"国际"中了》一文［他还就他的一位年轻的意大利信徒伊尼亚齐奥·西洛内（Ignazio Silone）新近出版的长篇小说《丰塔玛拉》写了一篇简短而又热烈的书评。①］经过几天在船上的紧张工作，当客轮驶近法国时，剧烈的腰痛迫使他卧床静养。② 娜塔利娅回忆说："天气炎热，剧痛折磨着他……使他无法站起来。我们请来了船上的医生。客轮已接近目的地，而我们却担心上不了岸。"使他连呼吸都感到困难的疼痛减轻了一些，此时离马赛还很远，客轮在海上停了下来，法国警察局命令托洛茨基和娜塔利娅换乘一艘汽艇，与此同时，他的秘书们却继续其前往马赛的旅程。和秘书分手使托洛茨基感到不快，他本想抗议，却见小汽艇上站着廖瓦和

---

① 托洛茨基档案；《反对派通报》1933年第36—37期。
② 根据布莱克《医学辞典》的定义（第731页），"腰痛不是背部肌肉病变的结果，而是情绪失调造成的，它的确能使患者无法站立应付生活中的精神负担和紧张"。

雷蒙·莫利尼耶。由于疼痛而呼吸急促的托洛茨基慢腾腾地登上了汽艇。这事是廖瓦安排的，为的是使托洛茨基抵达时不被人们发现，同时也是为了避开聚集在港口的大群本地记者，毫无疑问，人群中肯定会有国家政治保卫局的间谍。托洛茨基神不知鬼不觉地在马赛附近的凯撒城上岸。在那里，法国安全部门的军官交给托洛茨基一份官方文件，该文件宣布取消1916年将托洛茨基"永远"驱逐出法国的命令。就此，托洛茨基说："我已很久没像今天这样满意地接过一份官方文件了。"①

这种满意之情很快就被右翼报纸所掀起的反对允许托洛茨基进入法国的喧嚣声浪所破坏。② 由于命运的嘲弄，在托洛茨基抵达的当天，7月24日，《人道报》也抗议取消1916年的驱逐令，该命令是应沙皇最后一任大使伊兹沃利斯基伯爵的请求作为对托洛茨基反战活动的惩罚措施而下达的。此外，《人道报》还发表了法共政治局决议，号召全党密切关注托洛茨基的动向。廖瓦的担心和防范完全应验了。托洛茨基一行在几位年轻的法国托洛茨基主义者的陪伴下，从凯撒城动身向波尔多方向前行，随后往北向圣巴莱。莫利尼耶在鲁昂附近的大西洋岸边租了一幢别墅。与此同时，秘书们在马赛上岸，他们卸下了所有图书、档案和托洛茨基的其他行李，办理了托运到巴黎的手续，随即也动身前往巴黎。国家政治保卫局的暗探们由此断定托洛茨基也去了巴黎，而四年以后在莫斯科审判中，维辛斯基就是以这一推断作为其判定托洛茨基曾在法国从事恐怖活动的指控的核心部分的。

托洛茨基和他的陪同者们慢慢腾腾地向鲁昂方向行进。由于托洛茨基的腰痛一直持续不断，所以一行人在吉伦特省一家乡村旅馆住了下来。当夜，廖瓦和一位年轻的法国人守护在托洛茨基房间的门口。次日中午才抵达圣巴莱。托洛茨基发着高烧，一到圣巴莱就躺下了，可一小时后又不得不穿上衣服匆匆忙忙地离开。此时发生了火灾，所有房间里都浓烟滚滚。凉台、花园和篱笆墙都着了火。这第一件意外的事件有某种象征意味：托洛茨基在法国居留期间，他脚底下的土地燃烧起来，迫使他匆匆忙忙地移往另外的地方。但圣巴莱所发生的不幸并非是有人故意干的。当时正是炎热的夏天，许多森林和房屋都燃起了

---

① 托洛茨基档案。
② 参见《晨报》和《日报》1933年7月24、25、26日。

第四章 "人民公敌"

大火。如果托洛茨基被人认出来的话,就可能会惹来麻烦,因为他作过保证要隐姓埋名。别墅周围围满了人,为了避免被认出来,托洛茨基匆匆忙忙穿过公路,躲在莫利尼耶停在路边的小汽车里,一直等到妻子、儿子和朋友们把火扑灭。还好,风的变向帮了他们一个大忙。当他蛰伏在车里等待时,有几个人朝他走来,他装作一个不大懂法语的美国游客,支吾了几句,当他发现他的口音没有出卖他时,松了口气。次日,当地报纸在报导此事时提到"一对中年美国夫妇"恰好在火灾发生前开车驶入别墅。

从7月25日到10月1日,托洛茨基住在圣巴莱,所有的时间都待在家里,而且主要是躺在床上度过的。按照娜塔利娅的说法,每次无论有什么事使托洛茨基激动,他的身体状况就会恶化。他患有失眠症,头疼和寒热病也折磨着他。"他不能自己起床到院子里走走或是到海滩散步,把这一'许诺'拖了一天又一天。"一旦觉得自己稍微好一点儿,他便开始接待来访者,但很快便会感觉疲劳,于是就坐在屋里的沙发或果园里的安乐椅上呆好几个钟头。来访者们回忆说,托洛茨基与人谈话超过15—20分钟,便会出虚汗,甚至几乎丧失知觉。因此,其中几位来访者不得不在圣巴莱住上几天,以便能和他进行几次简短的交谈。①

然而,托洛茨基在圣巴莱居留的两个月当中接待的来访者不下50位。他们当中除法国和其他国家的托洛茨基主义者外,还有安奈林·比万(Aneurin Bevan)的夫人珍尼·李(Jenny Lee)和 A. C. 史密斯(A. C. Smith)(两个都属于不列颠独立工人党);德共前领导人、现领导社会主义工人党的雅各布·瓦尔切尔(Jacob Walcher)和保罗·弗洛利希(Paul Frölich);曾任共产国际驻印度尼西亚和中国的代表、现为荷兰议会议员和独立社会党领导人的马林·斯内夫利特;未来的北大西洋公约组织秘书长而当时任比利时社会党青年领袖的保罗-亨利·斯巴克(Paul-Henri Spaak),此人当时非常崇拜托洛茨基;路特·费舍;意大利著名的反法西斯主义者卡尔罗·罗塞利(Carlo Rosselli);安德列·马尔罗,等等。

---

① 参见娜塔丽娅·谢多娃1937年3月1日向杜威委员会呈交的声明和克莱蒙特及"埃尔杰"的证词(1937年3月31日),存于托洛茨基档案保密部分。

上图，1933年8月，从左至右：鲁道夫·克莱门特、托洛茨基、伊万·克莱波（法国托洛茨基主义者）、让娜·帕莱尔、萨拉·雅各布和海耶诺特（前排坐者）在圣帕莱；下图，托洛茨基在训练警犬

拜访托洛茨基的多数来访者都是为了拟于8月末在巴黎召开代表会议一事，参加这次国际会议的政党和团体都对建立新国际的想法有兴趣。托洛茨基虽未能到会，但积极参加了大会的筹备工作，还为会议草拟了《提纲》和决议，并且十分关心会议组织方面的详情细节。他希望把许多处于现存国际之外

的人争取到自己这一边来。但是，在参加会议的 14 个小党和团体中，只有三个团体——德国社会主义工人党和两个荷兰小组与托洛茨基主义者联合参加了创建第四国际的活动。而其他所有的党派和组织却被托洛茨基对改良主义和对斯大林主义采取的极端反对派立场吓破了胆，因而裹足不前。甚至就连上述三个团体的赞同也是有条件的。他们实际上并未建立一个国际，而不过是创建了一个初级组织。从表面上看，托洛茨基对这个开端是满意的，认为这是与当年的齐美尔瓦尔德国际会议同等重要的一件大事。

但他不会不明白，这样一个开端是多么微不足道。这一点当然使他气馁。有关托洛茨基在这几周中的情绪可以从他与娜塔利娅的通信中看出来，后者在 9 月初到巴黎去看病。他们之间那些悲伤而又充满温情的信件表明，当时的托洛茨基是何等孤立无援，他在精神上对她何等依赖。此前，在托洛茨基一生比较活跃的时期中，这样的事未必会发生。娜塔利娅在巴黎的逗留令托洛茨基回想起他俩在那里共同生活的那个遥远的年代。娜塔利娅离开了一两天以后，他写道："我是多么想再看一眼我俩一块儿拍的那张旧照片，那时我们是多么年轻。……你现在在巴黎……在你动身的那天……我觉得很难受。……我走进了你的房间，抚摸着你的物品……"他一再努力回想他们年轻时的模样，诉说失眠、厌倦和"由于近几年所遭受的痛苦"而导致的记忆力的丧失，但他要娜塔利娅相信，他的理性力量还未失尽，要她放心，并说有一个从巴黎来的同志是个很不错的医生，现跟他生活在一起，无微不至地照顾着他的起居。9 月 11 日，他这样写道："我最最亲爱的人，我们在王子群岛上要安宁得多。现在我已觉得不久以前的过去比实际更好了。但我们已把多少希望同法国的生活联系在一起。莫非我们已经老了？抑或这不过是我正在努力克服的精力暂时的急剧衰退？昨天，有两位老工人和一位教师来看望我。纳维尔也在这里。……我觉得很不舒服。谈话内容十分空洞，但我好奇地打量着这两位来自外省的老工人。"①

一周后，托洛茨基稍稍康复了一些，便写信给娜塔利娅说，他还卧病在床，曾经接待过一个拥戴者小组，跟他们发生了激烈的争论；廖瓦在送走那些人回来后隔着被子拥抱和亲吻他，并附在他耳边轻声说："我爱你，爸爸。"在多年的分别后，儿子的爱和赞扬使托洛茨基很感动。几天之后他又写信说，处在来看望他的年轻人中，他感到自己已经很年迈了，每天夜里他都会醒来，

---

① 托洛茨基档案保密部分。

"像一个被遗弃的孩子"呼唤着娜塔利娅,"歌德不是说过,老年突然降临到我们头上时才发现我们不过是群孩子吗?"娜塔利娅在信中回答说:"瞧,你是多么悲伤呀,你从来没这样过,我看见你面容苍白、疲惫而又悲哀。这太可怕了,这可绝不像你。你作着超人的努力,而你却在谈论什么衰老,这真叫人惊奇,你如何能够担负起如此巨大的重担。"但在内心深处他已承认自己无力完成使命了。多数情况下在封闭的圈子里循环的来访和谈话以及小集团的阴谋已很难使他精神振作起来。①

1933年8月,廖瓦和父亲托洛茨基在圣帕莱

10月初,托洛茨基的身体状况有所好转,为了彻底休息一下,他和娜塔利娅前往坐落在比利牛斯山脉脚下的巴涅尔—德比戈尔城,在那儿过了三个礼拜,游览了卢尔德城②。这座人类易于轻信的纪念碑既使托洛茨基开心,又使他愤慨。托洛茨基完全复元,急于工作。他从巴涅尔写信给鼓动他继续撰写《列宁

---

① 托洛茨基档案保密部分。
② 卢尔德城系法国南部城市,天主教徒的圣地。传说圣母于1858年向卢尔德的一位女居民显圣。——译者注

传》的戈兰茨（Gollancz）说，他现在可以集中精力着手此书的准备工作了。①

就这样，从托洛茨基抵达法国时算起，已经过了三个月。抗议他入境的声浪已经平息下去。他继续过着隐姓埋名的生活。报界对他的逗留一无所知，只有来过圣巴莱的极少数朋友和好心人知道他的确切住址。廖瓦极其小心谨慎地安排了他们的访问。斯大林派成员未能跟踪侦察到他居住的地方，因此无法举行计划中的抗议托洛茨基居留法国的示威游行。一位同情托洛茨基派的法国共产党员专程来到鲁昂观察地方党组织的动态，一旦必要便向圣巴莱报警。但本地的斯大林派成员一点儿都不知道托洛茨基就住在附近。政府确信托洛茨基能谨慎小心，因而取消了对其迁移自由权的某些限制，允许他在除巴黎和塞纳省以外的法国各地居住。11月1日，托洛茨基到了巴黎附近的巴比松，一个著名画派就是以该地的名字命名的。在那儿他住在城郊的一幢房子里。房子坐落在枫丹白露森林边缘的一个小公园里，对于那些贪婪的眼睛来说，这里十分隐蔽，而且还有哨兵和看门狗警卫着。托洛茨基与其在巴黎的拥护者保持着密切联系，信使定期从城里往返传送信件。冬天，他还在警卫员的护送下到首都去了两到三次。在巴比松，托洛茨基希望至少能有一年的时间不受任何干扰地撰写《列宁传》。

托洛茨基在巴比松住过的房子

---

① 1933年10月25日给戈兰茨的信。戈兰茨对这一保证的答复是为《列宁传》预付1500英镑，存于托洛茨基档案保密部分。

看样子，不久前的消沉连一点儿影子也没留下。他恢复了自己日常的作息制度：早晨6点，屋里所有的人都还在睡觉，他就已经开始工作了，只在吃早饭时中断一小会儿，然后继续工作到中午。午饭后休息一小时，再接着工作。午后4点，托洛茨基、娜塔利娅和秘书们一块儿喝茶，然后大家各干各的工作直到晚上。晚上，房内住户和来访者组成了讨论俱乐部，托洛茨基是当然的主持人。他恢复了为写此书而做的研究工作：收集材料，研究乌里扬诺夫一家的过去、列宁的童年和少年时代、19世纪70年代的俄国和列宁精神成长的各个阶段，亦即与传记的第一部分，同时也是唯一竣稿的那一部分有关的那些问题。他想分析列宁的哲学著作，但知道自己在这方面知识欠缺，于是转而研究逻辑学和辩证法的经典作家——亚里士多德、笛卡尔，特别是研究黑格尔。托洛茨基不允许其他计划分他的心。大约就是在这个时候，哈罗德·拉斯基（Harold Laski）请托洛茨基写一本类似于《大英帝国向何处去？》的《美国向何处去？》。这位不列颠工党的老师，研究美国立宪史和政治问题的著名权威这样写道："我不知道有什么人能就这一题目写出更对美国人口味的书来。"①但托洛茨基不愿分心。

他比以往任何时候都更热情地关注着法国的政治和文化生活。作为休息，他撰写或是改写了有关白里安（Briand）、米勒兰（Millerand）、彭加勒（Poincare）、埃里奥（Herriot）的随笔和有关几部法国小说的书评。在托洛茨基的这些著述中，值得简要论述的是有关谢林（Céline）的《走到夜尽头》和彭加勒回忆录的文章。②写头一篇短文缘于谢林的处女作《走到夜尽头》。托洛茨基对作者敢于向权威挑战的勇气、生活经验的丰富、观察的细致入微和语言的大胆泼辣赞不绝口，他写道，"谢林进入伟大的文学，即如他人回自己家那样"，"他震撼了法国的文学词汇"并赋予早已被学院派清教徒排斥的语汇以新的生命，植根于直溯拉伯雷的丰富传统，"如同第一个运用法语词汇的人那样"写了他的《走到夜尽头》一书。托洛茨基还对以彭加勒为其完美代表的法国资产阶级的因袭性提出了挑战。将谢林与彭加勒对比的想法是受了《走到夜尽头》书中的一个场面——彭加勒为狗展剪彩——的启发。"法国资产阶级廉洁的公证人"和第三共和国神性的庇护者"没有一点儿个性特征"——他身上的一切都是程式化的，都是模仿；他在演说和回忆录中表现出来的人格

---

① 拉斯基致托洛茨基，1933年11月，存于托洛茨基档案保密部分。
② 此文标出的写作日期是1933年5月10日，但是托洛茨基来到法国之后仍继续加工此文。

"犹如一个用带刺的铁丝做成的、缀满纸花和金银线的骷髅"。彭加勒满可以说"我是一个资产者,资产阶级所具有的一切我都具有"。在他对战败国德国提出的索赔要求中表现出来的贪婪和他那"已经成为某种真诚的绝对的"虚伪披上了传统法国理性主义的外衣。然而,法国资产阶级表述中的逻辑和清晰性与崇高的哲学传统间的关系,恰如"中世纪的繁琐哲学和亚里士多德的关系一样"。"它们不是在现实生活中的三维空间中而是在文件的两维空间中观察这个世界的。"法国人素来以之著称的比例感,到了彭加勒那里业已变成了"小比例感"。法国资产阶级从其祖辈那里"继承了一个丰富的历史服装存衣室",他们用它来遮掩其顽固的保守主义,继理性主义之后,"护国主义宗教"对它来说就如宗教对盎格鲁—撒克逊国家的中产阶级一样。彭加勒以其名义讲话的思想自由的法国资产阶级"将自己的本质属性投射到了本民族之中,而其他民族则将它归于圣父、圣子、圣灵"。法兰西对他来说乃是圣母。"护国主义弥撒是政治仪式必不可少的一部分"。

谢林,法国作家和医生

谢林的功绩在于他揭露和否定了这一神圣性。在他描写的生活方式中，仅为了蝇头小利就杀人，在通行的道德框架中这不是绝无仅有的例外或极端之举，而几乎是理所当然的现象。然而，与其说谢林是思想上的革新者，不如说是风格上的，他本人就是一个疲惫而又绝望的资产者，"他对自己映在镜中的尊容是如此厌恶，以致动手打碎了这面镜子，直打得双手血淋淋的"。只属意欲用对谎言的极端仇恨和对某一真理的不信任来武装人的谢林，是不可能写出另外一本类似于《走到夜尽头》这样的书的，托洛茨基的结论是，如果谢林不彻底改变自己，他势必会被人们所遗忘（时隔不久之后谢林果真被纳粹的狂潮所迷惑并被它卷走）。

托洛茨基对马尔罗作品的意见也值得注意。他盛赞小说《人类的状态》展示了伟大而又独特的天才，如果说他不是首先提出这种看法的评论家的话，至少也是最先提出这种看法的评论家之一。托洛茨基请纽约的出版商在美国出版此书，他的推荐是这样写的："只有那一个人准备为之献出自己一生的极其伟大的超人的目标，才能赋予个人的生存以意义。小说得出的这一结论当然与哲学式的训诫无缘，而是从头到尾都是艺术杰作的作品的结论。"① 然而，在较早写的一篇书评中，托洛茨基曾说过，在马尔罗身上有一种"廉价的马基雅维利主义"精神，吸引马尔罗的与其说是革命及其真正的斗士，不如说是竭力想要统治和支配工人阶级的革命的冒险家和"官僚主义的超人"。正如我们现在已经知道的那样，马尔罗这种对"超人"的迷恋使他很容易先与斯大林主义、尔后又与戴高乐主义联系起来。但当时他还想把自己的斯大林主义倾向与对托洛茨基的好感和赞美调和起来。②

* * *

在巴比松，托洛茨基可以更加仔细地观察西欧的，特别是法国的那些拥护者们，他力求超越自己这一派别的狭隘范围来物色未来的第四国际成员。他对

---

① 托洛茨基致纽约的西蒙与舒斯特公司，1933年11月9日。托洛茨基档案保密部分。
② 托洛茨基有关马尔罗的第一篇文章写于1931年，载《反对派通讯》第21—22期。托洛茨基抵法后过了一段时间，马尔罗成为列夫·托洛茨基安全协调委员会的成员。委员会组织募捐活动筹集用来为托洛茨基提供警卫的费用，在有马尔罗签名的那份公告中，向"一切不愿让这位将自己一生献给为了美好社会而斗争的事业的流亡者倒在反动派的枪弹下的人"发出呼吁。（在支持这份公告的人中有罗曼·罗兰，但后来他却为斯大林的清洗辩护。）引文摘自法国《卑贱者》杂志1934年5—6期合刊。

侨居法国的路特·费舍与马斯洛联合寄予了很大希望。托洛茨基在巴比松经常接待费舍，使德国的托洛茨基派成员大为恼火的是，他让她当上了国际书记处的成员。他还为前德国国会的共产党议员玛丽娅·里斯（Maria Reesse）的小册子写了一篇热情洋溢的序言，后者曾经揭露德共在1933年的恐慌和混乱状态，并宣布信仰托洛茨基主义。然而，时隔不久，里斯就脱离了托洛茨基主义的阵营，回到德国并发表言论支持纳粹。① 物色新成员的工作难于开展。同意为新国际工作的少数几个团体被自己内部的尖锐矛盾搞得四分五裂。一些如尼恩及其拥护者那样的老托派成员分裂出去以后在加泰罗尼亚省另组织了一个独立党派。在法国，在最好的情况下，所有托派团体也不过只有约百名成员，而《真理报》的发行数也不超过3000份。罗斯默在作壁上观。他写道："在托洛茨基逗留法国的整整两年时间中，我和他一次面也没见过。他大约在期待着由我来迈出第一步，而我却盼望他先迈第一步。"② 大约就在此时托洛茨基发现，罗斯默之所以不能与雷蒙·莫利尼耶共同工作不是没有原因的。托洛茨基对莫利尼耶"政治上的无责任心"十分厌恶，尽管莫利尼耶一家在他在法国生活时所发生的一切变故中给他提供了很大帮助。纳维尔"傲慢"、"缺乏革命精神和首创精神"也使托洛茨基伤心。③ 托洛茨基还曾和西蒙娜·韦伊（Simone Weil）谈过数小时话，此人当时还是一个"托洛茨基主义者"，但托洛茨基发现她"思维混乱"，对工人阶级和马克思主义政治一窍不通。在随后的几年中，她作为一个带有天主教和神秘主义倾向的哲学家而名声大噪。有关大多数法国知识分子中的拥护者们给他留下的印象，托洛茨基在两年以后写给维克多·塞尔日的信中曾经谈到过，他说他们都是些"凡夫俗子"："我到过他们的家，嗅到过他们小资产阶级的生活气息——我的鼻子没有欺骗我。"他所能指望的只有少得可怜的一些热情的青年工人和大学生，但就连他们也缺乏政治知识和经验，而且活动在工人运动之外。托洛茨基的结论是："我们应当寻找走向工人的道路。与此同时要回避那些极端革命的分子，甚至要毫不客气地把他

---

① 《反对派通报》1934年第38—39期。
② 这与托洛茨基后来（1936年4月29日）写给塞尔日的信完全吻合："在一个次要问题上不同意我的罗斯默有点儿过于感情用事了。……因此当我在法国逗留期间，我们没有见过面。然而，我们对罗斯默夫妇始终十分尊敬和喜爱。罗斯默是一个在困难处境下永远可以信赖的人。"托洛茨基档案保密部分。
③ 托洛茨基致廖瓦，1935年12月27日；同上。他评价其在法国的另外一位拥护者大卫·鲁谢是"机会主义和无政府主义的混血儿"；同上。

们推开……"①

这正是发生斯塔维斯基（Stavisky）案件的时期，这件丑闻暴露了第三共和国和它的那些部长、议员、警察局官员和报界耸人听闻的营私舞弊内幕。激进党是共和国在议会中的支柱，它也深深地卷入了这一案件中，政府在斯塔维斯基案件的乌烟瘴气中几乎窒息而死。一些法西斯或半法西斯的同盟，尤其是"火十字架"和蒙面党徒在德·拉·罗克（de la Rogue）上校的领导下利用人

1934年1月，斯塔维斯基案件时期巴黎发生的一次骚乱

民怨怼之机威胁要推翻议会制。1934年2月6日，他们组织了一个类似一次小规模的起义的行动，呼喊着"打倒达拉第！"的口号，攻击议会大厅。然而政变并未成功，过了还不到一个星期，这次暴动就引起了巴黎工人总罢工，在这次罢工中，社会党和共产党在经历了多年的睽隔之后，首次自下而上地组织了统一战线。发生这件事时恰值共产国际开始放弃其"极左"战略之际，遂使得2月12日产生的统一战线成了一个先例。7月份，共产党和社会党就"共同捍卫共和国以反对法西斯的任何进攻"达成了正式协议。激进党没有和他们联合，但它参加了次年产生的人民阵线。尽管如此，历史还是掀开了新的

---

① 托洛茨基致塞尔日，1936年7月30日，存于托洛茨基档案保密部分。

一章：达拉第的政府被统一战线所挽救，并且日益依赖统一战线的支持。法国政治力量的对比发生了变化，工人热情高涨，阶级斗争重新开始。

托洛茨基指出，在这种情况下，极其重要的一点是，要让他的拥护者们站在群众运动的行列中去。既然他们已不可能回到曾经诬蔑他们和无情地迫害他们的共产党内，托洛茨基建议他们加入工人国际法国支部，即在赖昂·布吕姆（Leon Blum）领导下的、得到多数工人拥护的社会党（当时的工人国际法国支部还不是一个由办公室职员和小资产阶级组成的政党，像它在第二次世界大战以后那样）。托洛茨基建议自己的拥护者们参加这个党，不是为了要他们接受这个党的思想，而是恰恰相反，是为了打入改良主义的城堡向改良主义提出挑战，"并把自己的革命纲领带给群众"。工人国际法国支部不是一个统一的组织，而是一个由一些公开竞争、争相扩大各自影响的各个团体和派别组成的联盟。在一个这样的组织中，托派成员完全可以为自己招募有利于第四国际思想的拥护者。这就是所有反对派集团在1934—1935年间所讨论的"法国式的转变"。到后来托洛茨基甚至向几乎所有的托派成员建议，在其各自的国家中也都采取类似的行动方式，亦即作为独特的团体加入社会民主党。①

托洛茨基以此默认他创立新国际的最初计划是不现实的，"法国式的转变"只不过是想要挽救这一计划的一次绝望的尝试。这个计划注定无法成功。个别情况除外，托洛茨基主义无法对社会民主党的普通党员产生影响。它与他们的思维习惯和改良主义传统有着很深的矛盾。托洛茨基无法挫败布吕姆在其本土的影响，而这恰恰就是他想要间接达到的一个目的。托洛茨基的拥护者们以小组形式加入工人国际法国支部，这些小组既无威信也无声望，而且他们已经声明自己对该党公认的领袖和纲领采取敌对态度。他们只是使一些年轻人转而接受自己的信仰，但很快就在仇恨的墙上碰了壁。"法国式的转变"使托洛茨基派成员更加远离共产党群众，并助长了斯大林派的宣传声势。对于普通党员来说，说什么托派分子加入工人国际法国支部仅仅是为了向改良主义宣战，这听起来只是个虚伪的托辞。党员们看到的只是社会党通过托洛茨基派成员加入该党而暂时捞到了政治资本，听到的只是后者在社会党的讲坛上大肆攻击斯大林主义。对托洛茨基主义原有的不信任由此转变为对"变节者和叛徒"的

---

① 甚至30年以后，托派成员在评价和讨论这些事件时，还使用"加入"这个术语，与此同时，他们仍然在持续不断地加入，退出或再加入一些其他党派，在这一过程中分化着自己的队伍，并且继续进行"创立第四国际"的事业。

盲目仇恨。当然，与此同时，党员们还看到托洛茨基派成员大肆攻击社会党的领袖及其政策，并且正是为此才被开除出工人国际法国支部。而这是在人民阵线依旧存在的条件下发生的，因此共产党为此鼓掌助威，甚至还赞同将他们开除。因此，"法国式转变"反而有利于使普通法共党员从对托洛茨基主义的冷淡转变成为疯狂的仇恨。尽管这种差异十分细微，但它具有十分重大的意义：西欧共产党人的情绪不知不觉地逐渐发生了转变，以致发展到对托洛茨基主义极端厌恶的地步，而他们就是怀着这种情绪对待大清洗的。

* * *

托洛茨基抵达巴比松后过了还不到六个月，这段相对比较平静的日子突然被打破了。他一直隐姓埋名，并且成功地隐瞒了自己的住处，甚至连朋友们也不知道他在哪儿，和他通信都是按约定地址进行。没有一封托洛茨基的信是从巴比松发出去的。他的一位秘书充当信使，负责在巴比松和巴黎之间传送邮件。但一件平平常常的小事破坏了所有这些复杂的防范措施，使之全都归于无效。4月的一天晚上，托洛茨基的使者由于稍稍触犯了交通规则而被警察局扣留了。警察局注意到此人回答问题时闪烁其词，且带有外国口音（信使是德裔政治侨民克莱门特），于是顺藤摸瓜，探知了托洛茨基就住在巴比松的秘密。由于法国安全部门的领导人小心翼翼地向警察局隐瞒了这一点，所以，地方宪兵很为自己的洞察力而欣喜，于是就大张旗鼓地公布了他们的这一发现。地方检察官在一个排的宪兵的保护下，协同从巴黎来的地方记者对托洛茨基进行审问。右翼报纸立即恢复了他们的抨击，《人道报》也再次与它并肩战斗。政府给吓慌了手脚。法西斯组织开始因政府为托洛茨基提供避难所而对它进行攻击。他们叫嚷说，这是这个"腐朽堕落"的制度所犯的罪行之一，斯塔维斯基案已暴露了该制度的真实面目。宣传部长戈培尔从柏林散布谣言，说托洛茨基正在筹划共产党起义。仇恨第三共和国的小资产阶级被这场危机弄得惊恐万状，贪婪地捕捉报纸上有关托洛茨基这一神秘案件的耸人听闻的新闻标题，也乐于相信他们自己这一回就正是这位"欧洲的食人恶魔"想要捕获的猎物。《人道报》声称托洛茨基已经制订了一个反对法国民族利益的阴谋。为了平息这一场带有敌意的抨击浪潮，政府宣布它正准备驱逐托洛茨基，并已向他递交了驱逐令。但由于尚无任何一国政府准备接纳托洛茨基，所以政府并不要求立即执行驱逐令。

4月16日或17日，警察局命令托洛茨基离开巴比松。他家被人群团团围住。人们担心僧帽党党徒或斯大林分子会暗害他。托洛茨基刮了胡子，并采取了一切必要措施以使自己不被别人认出来。然后不引人注意地溜出了家门。他到了巴黎，并在大学生住的简陋的顶楼里和儿子住了几天。但是由于禁止他在巴黎居住，因此呆在那儿很危险。于是，他丢下娜塔利娅上了路。他和亨利·莫利尼耶和范·海耶诺特去了南方，没有确定的目的地。此后托洛茨基在

1934年4月，好奇的人们围着托洛茨基在巴比松的家

法国又呆了14个月，而在此期间，他不得不过流浪汉生活，或是隐藏在阿尔卑斯山间偏僻的小村庄里，这期间他时刻得把自己那颗高傲而又引人注目的头隐藏起来。

在警察局暗探的跟随下，托洛茨基从一地到另一地，从一家旅馆到另一家旅馆不断地迁移。直到来到沙莫尼克为止。地方报纸几乎立刻就公布了这一耸人听闻的消息。托洛茨基写道："显然，警察局怀疑我对瑞士或意大利有什么图谋，于是就出卖了我。"他不得不重新上路。警察局严禁托洛茨基在边境地区居住。命令他在距巴黎至少300公里的小镇或村庄寻找自己的避难所。娜塔利娅在沙莫尼克和他相聚。在莫利尼耶和范·海耶诺特寻找新的避难所时，托洛茨基只能住进小旅馆里。可要住小旅馆就得进行"非常复杂的操作"，因为

他不能用自己的真名，而警察局又不允许采用化名。最后，托洛茨基只好以国外出生的法国公民谢多夫先生的名义登了记。为了私人生活不受打扰，他和娜塔利娅又装成正在服丧期间，连吃饭都不出自己的屋。范·海耶诺特假装他们的侄儿，密切注意着周围的情况。在此期间发生了一件带有悲喜剧色彩的事：原来这家小旅店是保皇党分子和法西斯分子的活动中心，继续护送托洛茨基的安全部门的暗探和"忠实的共和分子"在餐桌前与他们进行激烈的争吵。"每顿饭后，我们的侄儿就会向我们讲述这些只有在莫里哀笔下才会出现的场面，半小时压抑的笑（因为我们正在服丧期间）至少能部分补偿我们在生活上的诸多不便。每逢礼拜天，娜塔利娅和我就要'上教堂'，而实际上是去散步。这提高了我们在这家旅店中的威望。"从旅店出来后，他们又搬到村里的一幢小别墅里。当县长得知这个地址后，他高举着双手嚷道："你们选择了一个最不适宜的地点！这是教权主义者的老巢，而且市长还是我个人的死对头。"托洛茨基已将这幢别墅租了好几个月，而且现在又要"破产"，因此拒绝搬出，直到报纸上又一则报导迫使他匆匆离开为止。①

过了将近三个月漂泊不定的生活以后，7月初，托洛茨基一家终于来到格勒诺布尔附近的多门，住在一位乡村教师波（Beau）先生的家中。在这里他们住了将近11个月，完全与世隔绝。身边既没有秘书，也没有卫兵。在多门，只有两三个专门为此从境外而来的访问者造访了托洛茨基。秘书隔几周才从巴黎到这里来一趟。此外就是本地的几位教师不时来看望波先生。那时他的两个客人就和他们一起讨论当地中学里的事务。托洛茨基写道："我们在这儿的生活与坐牢没有多大差别，我们被关在屋里和院子里，见到的人还没有监狱里允许探视时见到的人多，我们有一台收音机，可在有些监狱里大概也有这玩意儿。"就连他们每日的散步也和监狱里的放风并无二致。为了避开人，散步时他们也只能在村里稍稍走一走，还不能走得太远，因为那样就得穿过邻村。巴黎来的邮件每月只到两次。在民主制下的法国，他们拥有的自由远比在王子群岛时少，甚至比在阿拉木图时都少。②

---

① 托洛茨基：《流亡日记》，第104页。
② 同上，第37、92页及同书各处；另见比埃尔·纳维尔：《不朽的托洛茨基》。

第四章 "人民公敌"

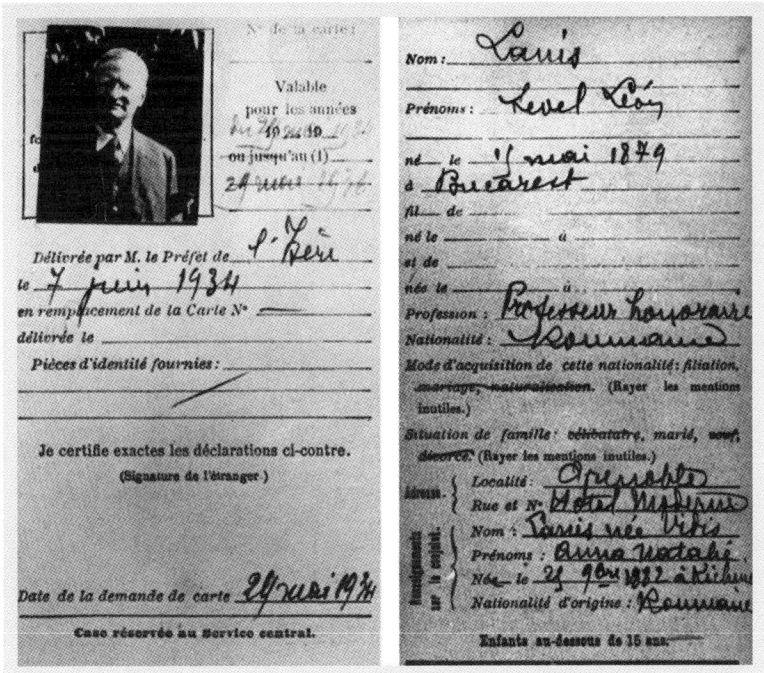

1934年6月，托洛茨基逗留在格勒诺布尔附近的多门期间，法国警察局为他提供的假身份证

托洛茨基的工作比平常少，效率也大不如前，《列宁传》的写作毫无进展。10月，他以《法国向何处去？》为题，写了一本论述人民阵线前夜的法国政治的小册子。书里尽管有许多精彩之处，却并未对标题中所提问题作出回答，或者说给出了错误的答案。托洛茨基是带着他观察德国局势时的那副眼镜来观察法国局势的。但那副使他得以清晰地预见到希特勒将要上台的眼镜却使他在如何看待法国前途的观点上产生了错误。他再次给资产阶级民主的危机开出了正确的诊断。但他再一次——而这次是错误地——以为"正处于疯狂状态的"中产阶级下层是在暴力活动中与工人阶级对立的最活跃的法西斯群众运动。"火十字架"的二月叛乱似乎为他的观点提供了某种证明。然而，德·拉·罗克上校却并未成为法国的希特勒，法国小资产阶级也并未开创一个类似于国家社会主义那样的运动，这或是由于人民阵线的防范阻止了它，或是因为法国小资产阶级的世界观和传统与德国小市民的有所不同。法国30、40—50年代的政治史的特点之一在于，它曾多次试图掀起群众性法西斯运动，而每次都失败了。1940年，第三共和国在德国入侵的战火中垮台。即便那时，在共

和国的废墟之上诞生的也不是本国法西斯,而是贝当(Pétain)政府的铁血专政。18年后的第四共和国也同样经历了军事政变。反对资产阶级民主的法国反动势力和在19世纪时一样,采取了一种导向"刺刀统治"的准波拿巴或伪波拿巴形式,其统治方法和作用与集权法西斯的方法和作用截然不同。①

　　托洛茨基根据以上前提提出了他有关法国工人运动的战略和策略思想。他批评多列士和布吕姆搞的统一战线是完全局限于议会手段和选举中的结盟,而不是发动工人从事反法西斯的非议会斗争,而这种斗争同样也可以为社会主义革命创造条件。托洛茨基坚决主张德国社会民主党和共产党要协力防止希特勒掌权,但他的这一主张却遭到了共产国际的谴责。现在,共产国际又毫不犹豫地承认了统一战线,其目的仅仅是要使其蜕化,使其成为一种逃跑的战术、"议会迷"和机会主义,托洛茨基对共产国际的这些做法报以嘲讽。由于命运的拨弄,现在请求布吕姆扩大他们的联盟、吸引激进分子"以便把小资产阶级同工人阶级的反法西斯斗争结合起来"的恰恰就是这个多列士。托洛茨基证实,人民阵线的这种做法不仅无法把下层中产阶级与工人联合起来,而且还会在他们中间挖开一道深渊,因为中产阶级下层现在反对激进分子和反对其传统的政党。他号召社会党党员和共产党员们:一旦必要,就成立工人民兵,拿起武器和法西斯斗争。在写于1935年3月的另一本小册子中,他再次重申:"再问一句:法国向何处去?"

　　人民阵线的失败当然证实托洛茨基的批评多数是正确的,与此同时,社会党和共产党的联合行动也给了法西斯组织以致命打击,使之自此之后再没有恢复元气。人民阵线无疑一度鼓舞了工人阶级并极大地推动了工人运动。但后来,人民阵线的政策削弱了工人阶级的力量,导致小资产阶级的疏远,从而把国家抛入了其在第二次世界大战初期所处的那种反动的和令人沮丧的状况。而在1934—1935年间,法西斯的威胁有所减弱,托洛茨基呼吁采取非议会行动和成立工人民兵的号召显得不合时宜,因此没有得到任何响应。托洛茨基躲在

---

　　① 在他那个时代,托洛茨基是给法西斯主义以精确定义的唯一一位政治理论家。但在某些场合下他对这一定义的使用却极不精确。他认为在法国法西斯主义的危险已经迫近,认为应把毕苏斯基在波兰的伪波拿巴专政视为法西斯的,尽管毕苏斯基的统治方法并非集权主义的,而且还必须与现存的多党制达成妥协。另一方面,他还把施莱希尔和巴本的昙花一现的政府,以及1934年杜梅格的软弱政府也说成是波拿巴式的,这些说法都相当缺乏说服力。(只是在1940年他才最终把贝当体制说成是伪波拿巴式的而非法西斯的)。30年代中,我曾就这些问题与托洛茨基争论过,但这个问题的历史意义并不是很大,而且也相当复杂,因而不适于在这里涉及和谈论。

第四章 "人民公敌"

其阿尔卑斯山区的避难所，观察着人民阵线最初的一些举措，在日记中写道："这个僧团无可救药地毁了自己。它必将臭气熏天地垮台。"① 从人民阵线的胜利到它在1940年臭气熏天的垮台已经没有几年了。

* * *

直到1932年年末，托洛茨基还跟他在苏联的拥护者们保持着联系，不断收到来自许多流放地和监狱的信件和通报。这些信函分别用俄语、法语和德语写成，多数写在粗糙的包装纸上，有时甚至是在烟盒纸上写的，内容涉及政治和理论问题，或是私人问候，信件几经辗转，其传递方式非常巧妙，叫人难以置信：例如有一次，一个火柴盒掉在了托洛茨基的桌上，结果他从火柴盒里找出一篇用极其细小的字体写的政治论文。通信都保存在托洛茨基档案里，它把西伯利亚和北极风的气息、牢房里的臭气、血腥搏斗的回声、注定灭亡并已绝望的人们的哀叹——但也有清晰的思想和不灭的希望带到了王子群岛上。在通信持续期间，托洛茨基尚能感受到苏联的现实。但通信渐渐缩减到几近于无，而且早在托洛茨基离开王子群岛以前就已完全中断了。

在法国，他和苏联国内的反对派没有任何联系。当托洛茨基声明运动在俄国已经丧失了革命的首创精神，只有新国际才能使之复苏时，他心里想的是由于变节者的无休止的忏悔而显得更加喑哑的反对派的沉默。1934年2月，当托洛茨基还在巴比松时，他得知了拉柯夫斯基变节的消息。不难想象这一消息对他会产生什么影响。对托洛茨基来说，其他任何一位志同道合者都不如"朋友、战士和思想家"拉柯夫斯基那么亲密。拉柯夫斯基尽管年纪已大，但始终没有被迫害所摧垮。当几乎所有反对派领袖都已投降时，他还仍然坚持其反斯大林立场，在监狱和流放地中，他在道义上的威望仅次于托洛茨基。托洛茨基几乎在每一期《反对派通报》上都要刊登拉柯夫斯基所写或有关他的某些东西：拉柯夫斯基的文章、书信、以前的发言片断或反对迫害的抗议信。反对派每次遭受挫折或出现大批变节者之后，托洛茨基总要把拉柯夫斯基树为光辉的榜样，并以之证明反对派依然存在。拉柯夫斯基的临阵脱逃使他伤心至极，对他来说，这标志着整整一个时代过去了。托洛茨基写道："拉柯夫斯基

---

① 托洛茨基：《流亡日记》，第48页。

的的确确是与革命老一代的最后一点儿联系。在他变节之后已经一个人也没有了……"① 托洛茨基在想，这位老战士究竟是怎么啦？是疲惫终于战胜了他吗？还是像拉柯夫斯基自己声称的那样支配他的是这样一个信念：当苏联遭受第三帝国的威胁时他应该"与斯大林团结起来"？无论如何斯大林的胜利是十分圆满的。而且，在其后的几个月中，斯大林对业已忏悔了的对手的态度似乎比以前任何时候都真诚，尽管党依旧在不断将"不忠实分子"开除出自己的队伍。

可是还没到年终，和解的表象突然被打破了。12月1日，九年前取代季诺维也夫担任列宁格勒党组织负责人和政治局委员的谢尔盖·基洛夫遇刺身亡了。按照官方公布的第一种说法，凶手尼古拉耶夫（Николаев）身后是一帮白卫军阴谋家，其活动受拉脱维亚领事的指使。关于党内反对派是否参与了谋杀的问题，根本就没人提。可要按照第二种说法，凶手是季诺维也夫和加米涅夫的拥护者，而关于白卫军却只字未提。尼古拉耶夫和其他14个年轻人（他们都是共青团员）都被处死。季诺维也夫和加米涅夫被第三次开除出党。他们被关进监狱等待军事法庭审判。报纸和广播把托洛茨基与季诺维也夫和加米涅夫联系起来，说他才是真正的罪魁祸首。以"杀害基洛夫的凶手"托洛茨基分子、季诺维也夫分子和对斯大林心怀不满的人为目标的大规模恐怖行动开始泛滥。数千人被投进集中营。最后，列宁格勒国家政治保卫局几位主要领导人也被以"渎职"罪指控，被判处两到三年的监禁，判刑之轻令人惊讶。

托洛茨基呆在他在阿尔卑斯山的小屋里，守着无线电收音机收听莫斯科的广播。广播说一个阴谋已被揭露，托洛茨基一边听一边随手记下他的评论。②他当即断定来自莫斯科的喧嚣仅仅是那些比基洛夫案件更重大、更加居心险恶的事件的前奏曲。他坚信季诺维也夫和加米涅夫与基洛夫被刺一案无关——对于他们这些老一代马克思主义者来说，没有什么比秘密采取旨在除掉某个人而不改变整个体制的行动更格格不入的了。他丝毫也不怀疑斯大林是在以刺杀为借口向反对派发动新的进攻。12月30日，在审判列宁格勒国家政治保卫局领导人的消息公布的前两周，托洛茨基根据官方声明断定，国家政治保卫局事先知道有人在筹划谋杀，却别有用心地对之睁一只眼闭一只眼。既然如此，他们

---

① 《流亡日记》，第41、53页；另见《反对派通报》1934年第40期。
② 1935年1月出版的《反对派通报》第41期全刊登载托洛茨基对基洛夫事件所作的评论。

的动机是什么？尼古拉耶夫是一名在所有的反对派都已被镇压之后成长起来的共青团员，由于没有机会合法表达自己的观点，又未受过马克思主义的传统教育，在绝望中便想用炸弹和手枪来抗议。托洛茨基断言，应当对这起事件负责的不是反对派，而是当权派。对尼古拉耶夫的企图，国家政治保卫局是知道的，他们只是把他当做一个小卒在利用。国家政治保卫局这样做达到了什么目的？据说尼古拉耶夫供认拉脱维亚领事促使他与托洛茨基联系并让他给后者写信。托洛茨基指出，国家政治保卫局计划只有在拿到尼古拉耶夫与托洛茨基通信的证据以后才"揭露"他的阴谋，由此可见，"领事"是在为国家政治保卫局工作。在国家政治保卫局尚未得到这些"证据"时，他们不会惊动尼古拉耶夫，因为他们确信自己有能力密切监视和指挥他的行动。国家政治保卫局失算了。尼古拉耶夫在国家政治保卫局尚未达到目的时就向基洛夫开了枪。官方种种说法之间的矛盾和尼古拉耶夫案审判上的严格保密正是由此而来。最后，仅以"渎职罪"审判国家政治保卫局的领导人以及对他们的判决如此之轻，原因也在这里。

托洛茨基的结论是，国家政治保卫局既然无法从尼古拉耶夫那里得到有关他的伪证，便想从季诺维也夫和加米涅夫身上得到它。季诺维也夫和加米涅夫被分别判处十年和五年徒刑，却允许他们公开声明与尼古拉耶夫没有任何联系，但由于在以往的岁月里他们对斯大林的批评可能已对这个恐怖分子产生了影响，因此可以认为他们是凶手的间接同谋。法庭同意了他们的意见，于是托洛茨基断定斯大林与季诺维也夫和加米涅夫之间肯定有一笔幕后交易：斯大林肯定许过诺，一旦他们同意将托洛茨基作为恐怖主义阴谋的领导人加以谴责，就为他们恢复名誉。托洛茨基写道："据我所知……斯大林围绕着基洛夫的死尸所拟订的战略设想并未给他带来桂冠"；事情的荒谬悖理使人有理由相信那些认为责任在斯大林及其幕僚的评论和传言。"正因为这样，斯大林只能破釜沉舟。他必须再搅起一团混水以掩盖这次挫折，而这团混水必须具有更大的规模，必须是在国际舞台上，而且还必须获得更大的成功……"① 托洛茨基在分析基洛夫案件之后预言了一个后来的确"是在国际范围内"设计的几次大审判的阴谋，但在这几次大审判中取代毫不起眼的拉脱维亚领事出场的，是被斯

---

① 参见《致美国友人的一封信》（1935 年 1 月 26 日），存于托洛茨基档案；以及《反对派通报》1935 年 2 月第 42 期。

大林说成是托洛茨基的同谋的希特勒。

*　　*　　*

基洛夫案件很快就波及了托洛茨基一家的命运。从1928年就被流放的他的两个女婿涅维尔松和沃尔科夫被逮捕,并不加审判地延长了他们的流放和监禁时间。他的前妻现已年逾60岁,被驱逐出列宁格勒,开始时被流放到托博尔斯克,后来又发配到鄂木斯克州的一个偏远的村庄。由前妻抚养的三个外孙只得跟他们年迈的姨姥姥在一起,听天由命。亚历山德拉在给廖瓦的信中写道:"我能收到外孙们的来信。但却根本无法想象他们的生活。可以肯定,我姐姐的日子不好过……尽管她总是在安慰我。我的身体马马虎虎,这里没有医生,因此我必须挺住。"① 这一次,恐怖落到了托洛茨基的小儿子谢尔盖的头上,我们还记得,他是个学者,既不问政治,又避免与其父联系。从1929年以来他一直只与母亲通信,向她讲述自己的健康状况和科研工作上的成绩,询问全家人的生活情况——在他所写的全部书信和明信片里,对政治只字不提。恰好在基洛夫被刺杀的前几天,他又写信给母亲,谈了他的科研工作,谈了他在莫斯科高等技术学校讲授的课程,谈了为讲授这些课程而需要他付出的努力,只是在信的最后几行里他暗示说,"有人正在酝酿某种使人不快的事;目前还只是一些谣言,但我不知道这一切会如何收场"。一周以后,即12月12日,他再次写信谈了他自己的科研工作,结尾却不无忧虑地说:"总之我的情况很不妙,比所能设想的要糟糕得多。"② 处于极度焦虑中的父母惊讶得很,国家政治保卫局该不会把谢尔盖抓起来做人质吧?一连几星期他们盼望谢尔盖的来信。可是没有等来。全家的老朋友们,侨居维也纳的 Л.С. 克利亚奇科(Клячико)的遗孀游览莫斯科时打听了一下谢尔盖的情况,唯一的结果是人们不加任何解释地建议她立刻离开这个国家。

一连数周、数月和许多个不眠的夜晚父母都在思念着谢尔盖。最使他们心焦如焚的是一点儿消息也不知道。也许他的灾难是个人性的而非政治性的?也许,国家政治保卫局只不过是把他驱逐出了莫斯科而并没有关进监狱?他根本

---

① 托洛茨基:《流亡日记》,第79页。
② 托洛茨基档案保密部分。

就不搞政治，这一点国家政治保卫局无疑是知道的。他们是否会在根本不通知斯大林的情况下就把他投进监狱？娜塔利娅似乎还存有一线希望，她问，求求斯大林是否管用？托洛茨基说，没用，如果谢尔盖被关进了监狱，那也只能是

托洛茨基次子谢尔盖与廖瓦的儿子，1934年摄于莫斯科

根据斯大林的命令。只有斯大林才会有这么重的报复心。他们是否在逼迫谢尔盖承认对他父亲的那些指控？可斯大林为什么要这么做呢？难道伪造证据不是终究会大白于天下的吗？既然如此，他们为什么还要抓谢尔盖呢？他们会拷打他吗？谢尔盖会屈服吗？[①]

儿子此刻正站在宗教裁判官面前受审的这种想法日夜萦绕在父母的心头。他们担心政治上尚不够成熟的谢尔盖难以经受这次打击。他们看到谢尔盖无端遭受迫害，就责骂自己当初为什么不坚持要他跟他们一起流亡。然而，难道说他们能在自己前途未卜的情况下要求谢尔盖抛弃他的科研工作吗？他与完全投身于政治斗争的廖瓦完全不同。他们回忆着他们未能拯救的尼娜。他们回忆着谢尔盖无忧无虑的童年生活、他对父兄那种生活方式的拒绝、对政治的厌恶和

---

① 托洛茨基：《流亡日记》，第61—72页。

他那虽不平静但却不乏欢乐的少年时代，最后，还回忆起他对科学的绝对忠诚。不，他们不能要求他介入其父亲的事业。但这会不会让他以为自己被他们抛弃了、遗忘了呢？他们阅读俄国的报刊，在愈演愈烈的侮辱和谩骂"季诺维也夫分子、托洛茨基分子、前公爵、前伯爵和前宪兵的残渣余孽"的鼓噪声中寻找有关谢尔盖的蛛丝马迹，他们见到了一些亲朋好友的姓名，但没找到任何关于谢尔盖的消息。托洛茨基指出：斯大林"是足够聪明的，所以他不会不明白，即使是今天我也不愿与他交换位置……然而，如果最高（政治和道义）层次的报复也未成功，而且，它也绝不会成功的话，那么（对于斯大林来说），他仍有可能以打击我的亲人来犒赏自己"。①

一想到斯大林由于抓不到父亲而向儿子伸出毒手，就使托洛茨基感到愧疚。在日记中和有关谢尔盖的札记中，他叙述了处死沙皇和沙皇一家的事，看起来这似乎与上下文无任何关系。他担心谢尔盖会成为他与斯大林之间的冲突的牺牲品，这显然使他想起了另外一些无辜的孩子——即由于父亲的罪愆而被杀的沙皇的孩子。他在日记中写道：他并未参与通过处死沙皇的决议一事。最初作出这一决定的是列宁，托洛茨基刚一听到沙皇一家的命运时深感震惊。但他之所以回忆这件事却不是为了摆脱同列宁的干系或是为自己辩白。经过17年以后他证实，为了革命的利益，列宁的决定是必要的。托洛茨基写道，在国内战争进行到白热化的关头，布尔什维克当然不会给白军留下"一面他们可以在其下集合起来的活的旗帜"；而在沙皇死后，他的某个儿子也会有可能成为此类象征物。沙皇的孩子成了"构成君主制本质的一个原则——王朝的继承性的牺牲品"。日记中这段插笔所隐含的结论相当明确：即便承认斯大林有权消灭其对手——而托洛茨基当然不承认他有这种权力，他也没有任何理由迫害其对手的孩子。谢尔盖与他的父亲并不是靠一种王朝的继承性联系在一起的。在这段插叙之后，托洛茨基紧接着写道："没有有关谢辽沙的任何消息，也许，在一个相当长时期内不会有他的消息了。长期的等待会缓和最初的焦虑。"②

---

① 托洛茨基：《流亡日记》，第66—67页。
② 同上，第82页。

第四章 "人民公敌"

俄国末代沙皇尼古拉二世一家，摄于1913年

但这种焦虑仍对托洛茨基产生了影响。他的心绪恶劣已极。他重新反复思考老年和死亡的问题。他还不满55岁，但已不止一次回忆不知是列宁还是屠格涅夫说过的这样一句话："你们知道最可怕的罪孽是什么？是活到55岁以上。"他不无几分嫉妒地写道："可列宁并未活到犯这种罪孽的年龄。""我的身体状况不容我乐观。犯病的次数越来越频繁，症状越来越厉害，机体的抵抗力越来越弱。""当然，我的生命的曲线仍会暂时上升，但总的说来，我已感到最后清账的日子已经不远了。"他清醒地预见到将发生的事，写道："只要能取消当初流放我的决定，斯大林此刻什么都愿意做。在下述两种情况之下……一是战争的威胁迫在眉睫，二是他自己的地位岌岌可危，他必然会采取恐怖行动。当然，不排除还会有第三种乃至第四种情况……总之我们会看到的。即使我们看不到，别人也终将会看到。"他开始想到自杀，他在想，当自己体力耗费殆尽、无法继续斗争时，是否应该走这条绝路。也许他在想，他这么做是否能救得了谢尔盖？但所有这一切都不过是一闪即逝的念头。尽管托洛茨基的精力大大衰竭，但在未来的岁月里面对远比这更加严峻的挑战，他表现出的生命力和果敢顽强仍使人惊奇。然而有时他也体验到一般中年人常有的危

机，他常常陷入忧郁多疑。长期与世隔绝和消极无为造成的疲惫对他产生了强烈的影响。①

这是托洛茨基平生最消沉的时期。离开土耳其时还抱着的雄心勃勃的计划和乐观的希望全部訇然破灭了。他大举抨击斯大林投降希特勒的举动在政治上并未得到任何报偿。斯大林主义甚至利用这次投降来为自己捞取政治资本：他利用人们害怕纳粹的心理将欧洲的左派拉到了自己的一边。托洛茨基感觉到第四国际刚一生下来就是个死胎，尽管他对自己也不肯承认这点。他既无法摆脱他周围的环境，也无法与之妥协。只有当他对其创立第四国际的"历史使命"进行崇高的思索时，才能得到几分安慰。在这样的背景下，他想，如果没有列宁和他本人，俄国革命会是什么样子呢。他据此断言，他在创立新国际方面所做的工作是"不可取代的"，在某种意义上，甚至就连他在十月起义和国内战争中所做的工作也无法与之相比。托洛茨基写道："这种说法没有一点儿夸张之处。两个国际的垮台提出了一个这两个国际的任何一位领袖都无法解决的问题。……现在除我以外，任何人都无法完成越过第二和第三国际领导人用革命方式武装新一代的使命。而……最大的罪孽在于活过了55岁而不死！为了保证它的成功"，也就是说，要使能够将工人阶级引向革命的国际得以创立，"我必须至少不间断地工作五年"。②

在其一生事业的最低点上，他向命运发出了挑战，命运恰巧"又给了他5年时光"，却没有让他的工作"获得成功"。

* * *

在托洛茨基和娜塔利娅已长达33年的共同生活的全部岁月里，他们从未像居住在多门的这11个月里那么孤独。孤独和痛苦使他俩更加亲密。托洛茨基一再说，在最悲惨的时刻他"总是为她的性格力量而惊奇"。他们的爱情经历了事业的胜利和失败，过去幸福的余辉冲淡了这些日子里的悲伤。她的脸上早已满是皱纹，不安和焦虑使她的面部表情显得紧张。托洛茨基心疼地回想着她那生机勃勃、欢乐愉快、富于挑战意味的青春。"今天散步时我们登上了一

---

① 托洛茨基：《流亡日记》，第51、109页及同书各处。
② 同上，第54页。

个小山岗。娜塔利娅走累了，出乎意料地坐在了枯叶上，脸色苍白。……即使现在她的步态还很优美、从不疲倦、走路仍像年轻时那样，可最近两个月以来她的心脏有些不适。工作干得太多……她突然坐了下来，看样子是再也走不动了。她冲我笑了笑，好像请求原谅。我万分痛苦地为她的青春而惋惜。"她平静地肩负起了自己的十字架，将自己的一生与丈夫的一生联系在一起。他所经历的每一场暴风雨都强烈地震撼了她。他的每一种情绪都渗透进了她的机体，他的思维的每种细微之处也在她身上反映出来。她并非是托洛茨基政治上的同志，不像克鲁普斯卡娅与列宁之间的关系那样。因为没有孩子的克鲁普斯卡娅是一个独立的政治工作者，是中央委员。娜塔利娅不仅没有她那么积极，而且也不像她那么关心政治。"她尽管对政治上的日常小事不乏兴趣（托洛茨基原话如此），却往往无法将它们联结成为一个匀称的画面。"一个充满爱心的丈夫是无法更加明确地表示他对自己妻子的政治判断力的怀疑的。但重要的不是这些："当政治逼到面前，并要求给以全面的回答时，娜塔利娅总是能从其内心的音乐中找到正确的音调。"①

托洛茨基对其妻子这种"内心的音乐"常常十分理解，其实，当托洛茨基在日记中描写自己的妻子时，多数情况下都写的是她正在聆听音乐。她个人的兴趣往往只和艺术有关。她具有非凡的理解、观察与表达的能力，这从她的日记就能看出。托洛茨基的学生们有时对她的政治见解感到惊讶，对此，托洛茨基说："敏感的人往往能本能地感觉到她天性的深度。……谁要是在从她身边走过时对她淡漠或俯就而不能察觉她体内蕴含的力量，那么，你就可以信心十足地断定，他们是肤浅平庸之辈。……一切市侩行为、庸人作风和胆小怕事都休想瞒过她的眼睛，尽管她对人们的小缺点极度宽容。"对她的"内在力量"是不容许有一丝一毫怀疑的。在他几乎支持不下去的最艰难的时刻，正是她支持他挺住，并在他身上重新激励起肩负十字架的力量。在多门，他不无感激地发现，她从未因为谢尔盖所遭受的不幸而责备他，她对他隐藏了自己的痛苦。有时候，她的悲伤仅只在类似这样一些话里流露出来："他们不会驱逐谢尔盖的……为了从他嘴里掏出点儿什么，他们会拷打他，然后就把他干掉。"她隐藏起自己的感情，投身于工作，操持家务，帮助丈夫写作，和丈夫讨论读过的法文或俄文小说。托洛茨基写道："她的嗓音使我感到强烈的痛

---

① 托洛茨基：《流亡日记》，第51、56页。

苦……这嗓音略有些嘶哑，是从她胸腔的深处发出来的。在她痛苦的时候，她的嗓音反而会压低，仿佛是她的心灵在直接倾诉。我是多么了解这温柔而痛苦的嗓音啊。"有一次他写道，许多日子以来，娜塔利娅想得更多的不是谢尔盖而是他的前妻，她说谢尔盖终究会没事的，而年过六旬的亚历山德拉未必能挺过流放。①

向全世界的良知发出呼吁也许能解救谢尔盖，娜塔利娅怀着这一线希望写了一封为谢尔盖辩护的公开信，登在《反对派通报》上。② 她说明谢尔盖是完全无辜的，并不惜有损其自尊地讲述了谢尔盖如何由于反感政治以致对父亲怀有敌意的情况。难道近几年的事件改变了谢尔盖的情绪而使他转变到反对派立场上来了吗？"如果可以这样认为的话，我倒会为他感到高兴，因为在这种情况之下，谢辽沙承受落在他身上的打击要容易得多。"可遗憾的是，这种推测是不现实的：她从许多人那里了解到"最近几年中，谢辽沙依然远离政治。而对我本人来说，甚至根本不需要这类旁证……"。国家政治保卫局和学校当局应该知道这一点，因为毫无疑问，他们肯定一直都在监视着谢尔盖，而"其子曾是我们孩子房中常客的"斯大林同样也清楚这一点。她向著名的人道主义者，诸如罗曼·罗兰、安德列·纪德、萧伯纳等这些"苏联的朋友"发出呼吁，请他们出面说话，并建议国际委员会对基洛夫案件之后出现的大规模镇压活动进行调查。"苏联官僚集团不能凌驾于全世界工人阶级舆论之上。至于工人国家的利益，对它的行为进行一番严肃的调查，其结果只会对国家有利。我将提供……有关我儿子的一切必要的信息和文件。如果说经过长久犹豫之后我仍决心公开提出有关谢尔盖的问题，那么我这样做的原因却不是因为他是我儿子。这一理由对一个母亲来说可说是绰绰有余，而对政治行为来说却远不够充分。但是，谢尔盖一案十分简单明了，是蓄意和罪恶地滥用权力的一个无可争辩的事实，调查起来将轻而易举。"但呼吁并未得到任何结果。

由于偶然的机缘，大致也就在娜塔利娅发出这一呼吁的同时，托洛茨基重读了大司祭阿瓦库姆（Аввакум）的自传。这是俄国的一位色彩鲜明、遐迩闻

---

① 托洛茨基：《流亡日记》，第 51、71、121—122 页。
② 《反对派通报》1935 年 7 月第 44 期。

第四章 "人民公敌"

格里高里·米亚索耶多夫1897年创作的作品《火烧阿瓦库姆》

名的旧教神父，他生活在18世纪混乱时期以后。阿瓦库姆捍卫"真正的"希腊正教，反对其严厉的对手尼孔（Никон）大主教。尼孔大主教按照上流社会的意愿改变了教堂仪式并对祈祷仪式书作了修改。阿瓦库姆揭露了教会等级制度的贪污受贿，起而捍卫受压迫农民的利益。他被免除教职、投进监狱、发配，先到西伯利亚，然后又到蒙古边境，遭受毒打，过着半饥不饱的生活。但他拒绝忏悔。他的家人也跟着他受苦。他这个体贴的丈夫和慈爱的父亲一度也想过，为了拯救他的亲人，屈服也许是值得的。他的孩子们由于疾病和饥饿在流放地相继死去。在西伯利亚，阿瓦库姆写成了他那部在俄国文学中构成了整整一个时代的自传。他继续努力宣传他的思想，而他那"一个为真理而受难的英雄"的声誉也很快就传遍全国。对于敌人来说，作为流放犯的阿瓦库姆比在王位旁边更加危险。于是，敌人把他押回莫斯科烧死了。① 尽管隔着岁月和意识形态的深渊，托洛茨基仍不能不颤栗地感受到他与这位传奇性的叛逆的相似性。俄国的变化有多大而又有多小呀！就连阿瓦库姆妻子的灵魂也仿佛化身为娜塔利娅站立在他的身旁：

> 昨天，当想到落到我们头上的打击时，我向娜塔利娅讲述了大司祭阿

---

① 新版《大司祭阿瓦库姆传》于1960年在莫斯科出版，该书有一篇有趣的影射时局的序言。

瓦库姆的生平。他们——一个造反的大司祭和他忠实的妻子——磕磕绊绊、步履蹒跚地前往西伯利亚。这位疲倦已极的可怜女人常常一头栽倒在雪堆里。阿瓦库姆讲述道:"当我走近她跟前时,她,这个可怜的人责备我说,这种磨难还得持续多久。我回答说:'马尔科芙娜,直到死。'她叹了口气,说:'随它去吧,彼得罗维奇,我们还是上路吧。'"①

托洛茨基和娜塔利娅也面临着同样的命运——受苦受难,"直到死"。

* * *

他们已无法再在多门逗留下去了。任何一次将法西斯组织推至前台的政治上的向右转和为共产党补充力量的向左转都有可能剥夺托洛茨基这个不可靠的避难所。这时发生的是向左转。基洛夫案件之后,斯大林派对"世界反革命领袖"的诋毁已经达到如此野蛮和歹毒的地步,以致随时都会导致暴力。② 即使是在阿尔卑斯山间的这座被人遗忘的小村庄里,托洛茨基也没有安全感。托洛茨基讲述道,就在这些日子里,一次当他和娜塔利娅孤零零地坐在自己的小屋里,紧张沉默地听见有两个男人高唱着《国际歌》走近他们住的小屋。以前唱着这首歌来的只能是朋友,而现在连敌人和凶手也可以这么做。他们感觉自己就像两代人以前的老一代民粹主义者,他们来到乡村教育和解放农民,而鞭笞他们和对他们用私刑的恰恰就是那些农夫。

政府再也不能无视斯大林派的抨击了。1935年5月,赖伐尔(Laval)去了莫斯科,就苏—法同盟一事与斯大林进行谈判,并带回了一份令人惊讶的联合声明。按此声明,斯大林保证说将支持达拉第和赖伐尔的防务政策。在此之前,原则上是反对这一政策的法国共产党领袖立即采取了"爱国主义的"立场,人民阵线立刻形成。托洛茨基有充足理由认为,现政府会毫不迟延地执行在此前一年已经交给他的驱逐令。由于任何国家都不愿接受他,所以他担心自己会被驱逐到遥远的法属殖民地,很可能是马达加斯加。

---

① 托洛茨基:《流亡日记》,第121页。
② 雅克·杜克洛在其发表于1934年12月《人道报》上的文章中说什么"托洛茨基的双手沾满了基洛夫的鲜血"。红色救援国际(保护政治犯和政治流亡者的国际组织)法国支部要求将托洛茨基驱逐出法国。

第四章　"人民公敌"

1935年春,托洛茨基提出了到挪威避难的请求。挪威刚刚举行过大选,工党当政。这个社会民主党十分特别:它曾是共产国际的成员,尽管在1923年与其脱离了关系,但并未加入第二国际。自然可以指望这个党会为托洛茨基提供避难所。当时侨居奥斯陆的德国托洛茨基派成员瓦尔特·赫尔德(Walter Held)向领导该党激进派的、非常同情托洛茨基的著名领袖之一奥拉夫·舍夫勒(Olav Schöffle)提出了请求。官方的答复过了一些时候才到。托洛茨基曾在一篇文章中批评挪威人在掌权之后摒弃了共和国的传统而与国王妥协,他料想这件事会刺痛挪威人。但在6月初,他得到通知,挪威允许他前去避难。6月10日,托洛茨基离开多门前往巴黎去办签证。但就在此时碰到了障碍。挪威政要对政府的这一决定十分不满,竭力破坏此事。托洛茨基没有领到签证,不得不推迟动身的准备。法国警察局怀疑所有这一切只不过是为在巴黎定居而寻找借口,便命令他在24小时、最长不得超过48小时之内离开法国。他作了让步,同意先回多门,但警察局却不允许,托洛茨基提议允许他呆在一家私人诊所以便等候来自奥斯陆的最后答复,但怀疑他又在跟警察局耍花招的警方连这也不同意。托洛茨基在巴黎著名的外科医生罗森塔尔家住了一两天。6月12日,托洛茨基向挪威首相发报责备说,他在离开自己的居住地以后一心指望首相的许诺兑现,可现在"法国政府以为我在骗它,要求我在24小时之内离开法国。我已生病,我妻子也是个病人。处境绝望。请求立即采取有利的决断。"① 处境的确糟糕至极。因为托洛茨基一文不名,不得不借上路的盘缠。挪威人仍然要他争取得到第二次进入法国国境的许可,可这在他得到挪威的入境许可之前是无法办到的。最后,由于舍夫勒的努力,托洛茨基才终于得到只允许他逗留六个月的签证。他急急忙忙与巴黎的朋友们辞行:"我在巴黎见到了许多同志。这位声望卓著的医生的住宅出乎意料地成了列宁派布尔什维克的司令部。所有的房间里都在举行讨论会,电话铃声响个不停,一批又一批的新朋友络绎不绝。"② 他描写这一场面的笔法令人想起1928年他被驱逐出莫斯科时的情形。但这种描写只不过是文学手法上的模仿而已:莫斯科的分别是一个伟大斗争时代的结束,也是另一个时代的开端,而这次在巴黎的告别,既不是结束,也不是开端。

---

① 摘自1935年6月12日托洛茨基给挪威首相尼加德斯沃尔德的电报,存于托洛茨基档案保密部分。

② 托洛茨基:《流亡日记》,第125—126页。

像1916年他被驱逐出法国以前那样，托洛茨基又给法国工人写了一封"公开信"。他告诉工人，他在流亡法国期间被迫保持沉默。"最'民主'的部长和最反动的部长一样，都把保护资本主义奴役方式当做自己的使命。我属于这样一个革命的政党，其宗旨恰恰是要推翻资本主义。"他抨击那些斯大林分子说："两年以前，《人道报》每日都在喋喋不休地说什么：'法西斯分子达拉第把社会法西斯分子托洛茨基请到法国来，就是为了在他的帮助下组织对苏联的武装干涉。……'众所周知，如今这些先生们又断定与'法西斯分子'达拉第在一起的是反法西斯的'人民阵线'了。他们如今已只字不提法国帝国主义对苏联的武装干涉，相反，他们认为法国资本家与苏联官僚集团的军事同盟是和平的保障……他们又说什么托洛茨基的政策是为希特勒而非为埃里奥和达拉第服务的……"他义愤填膺地指出，斯大林主义是世界工人运动的"最大的溃疡"，要医治它只能"用烧红的烙铁来把它烫掉"，工人应当重新集合在马克思和列宁的旗帜下。"我们是带着对法国人民炽热的爱和对法国工人阶级光辉未来的不可动摇的信心离开的。我相信，或迟或早，劳动人民会把资产阶级拒绝给我提供的待客之道还给我的。"① 经过黯淡、虚掷的两年以后，他终于离开了法国，并且再没有回来过。

* * *

有关托洛茨基逗留挪威期间的故事，听起来就像易卜生的戏剧《人民公敌》题材的宏大的翻版。易卜生讲述的是斯托克曼大夫的悲惨遭遇。他一直被所有同胞看做是高尚的典范，直到他揭示出人们财富的来源已被污染的真相并因此有破坏该市繁荣的危险时。于是他的身为市长的哥哥和"激进派"朋友们便开始无情地疯狂地反对他，一心把他置于死地。现在我们也到了易卜生的国度。但这次的人民公敌是个从国外来的流亡者，而且所说的不是挪威一所疗养院的自来水管已被污染，而是革命已被歪曲，这些并不重要。戏剧、场面也与之一模一样，连易卜生笔下的剧中人，尤其是儿孙两代伪激进派分子的遗传特征在此都是一清二楚的，甚至就连他们的"人民使者"也出场了。跟以前一样，他们瞬间就会转变自己的立场，就能形成舆论。在人群中我们同样可

---

① 《反对派通报》1935年7月第44期。

第四章 "人民公敌"

以分辨出一到两个孤身捍卫人民公敌的谦恭而又勇敢的霍尔斯特大尉的后继者。变化了的只是时代，而作用力更强大，冲突更严酷。

易卜生与其挪威文版《人民公敌》的封面和手稿

一开始就预兆不祥。挪威人不但在为托洛茨基提供避难所一事上十分勉强，而且还给他规定了许多与法国相差无几的限制。并且保留了在距首都一定距离之外确定他的居住地的权力。6月18日，托洛茨基刚刚踏上挪威国土，农场主全国联盟就抗议允许他进入本国,6月22日,抗议信就已提交国会讨论了,但这并没有马上产生结果。显然反对派是在利用托洛茨基的到来给政府制造些麻烦。保守的资产阶级对"食人恶魔"怕得要死。根本就不可能给他找到一个立足之处。没有一家房主敢接受托洛茨基做他的房客,政府要求托洛茨基保证不从事任何政治活动。托洛茨基作了保证,条件是:所谓不从事政治活动意指不干涉挪威的内政。政府后来证实它所指的是放弃任何政治活动,也就是说,他们提出了任何一个政治侨民都无法接受、同时也不能强迫其服从的要求。与托洛茨基对话的那些人居然还自命为正统共产主义的异端,这一事实只能更加暴露他们的行为是多么卑鄙了。

1935年6月18日,娜塔利娅、一位不知名字的乘客、托洛茨基和海耶诺特抵达奥斯陆

尽管如此,在托洛茨基抵达时,政府和工党的领袖还是举行了一次热闹的集会,以显示他们的慷慨大度。他们的《工人报》是这样欢迎托洛茨基的到来的:"政府的决定会使挪威工人阶级和一切客观公正的人们感到欣喜。避难权不是僵死的字母,而是活生生的现实。挪威人民认为……托洛茨基来到他们的国家乃是他们的荣幸。"他们不细谈他们对托洛茨基与斯大林的争论是"赞成"还是"反对",有关这个问题他们从来没有明确的观点。但他们否认斯大林有权"迫害和驱逐一个如列夫·托洛茨基这样的人,因为他的名字在俄国

革命史上将永远与列宁并列在一起。这个人虽然立下不可磨灭的伟大功勋,却被放逐出自己的国家。在这种情况之下,任何一个民主制度理应把为其提供避难所当做愉快的职责……"。① 党的缔造者和领导人马丁·特兰梅尔(Martin Tranmmael)以个人名义发来了欢迎信。许多大臣都肯定地说,允许托洛茨基入境的条件、签证上的六个月期限及对其迁徙自由的限制都不过是一纸空文。政府要求工党党员,出版家康拉德·克努德森(Konrad Knudsen)帮助托洛茨基定居。克努德森发现已无法租到房子,便提议托洛茨基和娜塔利娅住在他家里。②

党的三位领导人——特兰梅尔、司法大臣特里格威·赖伊(Trygve Lie)和《工人报》的主编很快就正式拜会了托洛茨基。会面十分尴尬。挪威人旧事重提,说1921年他们在莫斯科就加入共产国际的条件问题与托洛茨基、列宁和季诺维也夫进行过谈判,特里格威·赖伊插话打断了这段回忆,他向托洛

特里格威·赖伊,1935年起从政,是挪威工党的领导人之一,先后任司法大臣、贸易和供应大臣、外交大臣等,后当选为联合国首任秘书长

---

① H·克罗格:《见解》,第220页。我十分感谢克罗格先生和 H. K. 达里先生将下文中将要引用的此书和其他挪威文件译成英文。托洛茨基:《流亡日记》,第128—129页。

② 这些事实是康拉德·克努德森告诉对我的。

茨基指出，托洛茨基必须恪守不从事政治活动的诺言。托洛茨基回答说他根本就不想干涉挪威的内政。特里格威·赖伊嗣后肯定地说，他当时要求托洛茨基不从事"任何与任何友好政府敌对"的活动。有个见证人回忆说，"托洛茨基拒绝卷入与我们进行的有关政治问题的讨论之中，只谈天气。"但来访者在履行此次拜会的官方职责部分以后，突然换了一种同志式的口气，竟然讨论起政治问题来，并尽情地沐浴在一个他们为其提供避难地的伟人的光环中。他们请托洛茨基向《工人报》就重大的国际问题发表详尽无遗的长篇答记者问。根据同一位见证人的说法，托洛茨基很冷淡地回答说司法大臣刚才还禁止他从事任何政治活动。来访者们耸了耸肩，笑了笑说，这项禁令纯属一纸空文，不过是走走形式，无非是为了平息议会内的反对派。而司法大臣则向托洛茨基保证，他发表自己的看法根本不会违反允许其入境的条件。此时的大臣本人早已成了一个贪婪的记者。于是托洛茨基详尽地回答了他的提问，借此机会对斯大林的政策和基洛夫被刺案后的肆无忌惮的恐怖活动进行抨击。7月26日的《工人报》发表了答记者问。编辑部在按语中大事赞扬，以致读者丝毫也不会怀疑，为了让他们了解托洛茨基的观点，司法大臣本人也费了不少辛苦。这样一来，"最初的误解"烟消云散了。执政党对待托洛茨基不再像对待一位流亡者，而像对待一位贵宾。国会议员和记者们争相向他献媚，一段时间里，在奥斯陆左翼圈子中，谁吹嘘自己已蒙这位伟大的流亡者亲自接见，谁顿时就身价百倍。

6月末，托洛茨基和娜塔利娅住进了克努德森的家。他的宅邸坐落在奥斯陆以北大约50公里霍涅弗斯附近的一个名叫维克斯哈尔的村庄。在这个宁静而又和平的国家里享受着朴实、善良的一大家人的热情好客和礼遇，使他们得以从前不久的那一番磨难中康复过来。克努德森是一个稳重的、百分之百的工党党员，与托洛茨基主义相距甚远——他之所以肯给十月革命的领导者提供庇护，是出于博爱的考虑，同时也是为了让庸人难堪。主客双方十分默契地从不涉及存在歧见的政治问题。有关这一点，克努德森是这样说的："在托洛茨基逗留我家的整个过程中，我们之间连最微小的误解都没有产生过。托洛茨基工作太忙，不愿耗费时间去进行无谓的争论。他在这儿做了好多工作。我从未见过一个在生活习惯上像他那样精确、井井有条、一板一眼的人。在没病的情况下，每天早晨他都是5:20或5:30起床，到厨房稍微吃点儿东西后就开始工作。他做什么都小心翼翼、蹑手蹑脚的，生怕打扰什么人。他对我家的所有人

第四章 "人民公敌"

都十分尊重，做事很有分寸，对他的这一特点，我感到我没有足够的词汇加以描述。娜塔利娅的举止也同样如此。我们都亲切地称她是'大家中的小主人'。""他们的生活需求简单得令人难以置信。"①

从1917年以来，托洛茨基还是第一次不必隐姓埋名，也无须生活在"警卫同志"的保护下或警察局的监视之下。院门白天黑夜都是敞开着的，村民们随时可进来进行友好的谈话。国外也时常有人来访：他们是住在斯堪的纳维亚的德国侨民、法国人、比利时人和美国人。美国人中还有刚从中国回来的哈罗德·艾萨克（Harold Isaacs），他在那儿呆了好几年。他是有关这个国家及其共产主义运动的珍贵信息的来源（他正好在撰写《中国革命的悲剧》一书，托洛茨基为该书作了序）。到维克斯哈尔来的还有沙特曼和加入托派的著名的美国社会主义者穆斯特（Muste）。争吵不休的法国人也来过几次，他们请托洛茨基做他们的仲裁人。他们在应否退出工人国际法国支部而组建一个独立政党的问题上无法取得一致意见。雷蒙·莫利尼耶创办了自己的鼓吹退出支部的报纸《公社报》。这一做法引发了一场公开论战，并最终导致托洛茨基和莫利尼耶的决裂。如果不是这场争论竟持续了许多年，并且十分可笑地与托洛茨基一家的命运交织在一起的话，它根本就不值一提。托洛茨基在法国时不能自由地与朋友通信，在目前这种情况下他抓紧通信，因而通信的数量大大地增加了。托洛茨基开始撰写一本新书，书名定为《被背叛了的革命》。②

9月19日，托洛茨基因寒热病和浑身乏力而住进了奥斯陆市立医院。在病房的一片寂静中他沉湎于悲伤的思考。他写道："从我躺在马德里监狱的床铺上不无惊讶地思考究竟是什么原因使我到那里时起，已经过了几乎有20年了。我记得我当时大笑起来……笑呀笑呀，直到睡着为止。而现在我再次不无惊讶地想，究竟是什么原因使我到了这儿，到了奥斯陆医院？"③ 放在床头柜上的《圣经》使他想起了过去，想起了敖德萨监狱里的囚室。37年以前，他曾在那里用好几种语言出版的《圣经》文本学习外语。"遗憾的是我无法保证，再次见到这本熟悉的旧书时会有助于拯救我的灵魂。但读一本挪威语《圣经》会有助于我研究一个慷慨待我的国家的语言和它……我从小就十分

---

① 我在此又一次引用了克努德森的叙述和他为托洛茨基的《我的生平》挪威版撰写的前言。
② 托洛茨基与其在法国、德国、比利时、荷兰、奥地利、美国、希腊及其他国家中拥护者的通信急剧增加，这在托洛茨基档案保密部分的卷宗里有所反映。那里还保存着哈罗德·艾萨克关于中国的报告。
③ 引自托洛茨基为挪威版的《我的生平》撰写的序言以及托洛茨基档案。

喜爱的文学。"经过多次检查后，托洛茨基出院了：灵魂未得到拯救，健康却一去不返。12月的多数日子他是卧在床上度过的，如他后来所说，"这是我一生中最糟糕的一个月"。

妨碍托洛茨基身体康复的是一些新愁旧虑。他所进行的"组织工作"徒劳无功，这使他感到压抑。法国的托洛茨基派成员无休止的争吵烦扰着他。他在给廖瓦的信中写道："至少得给我四周的'假期'，并要求各支部不要再给我任何信件，这是绝对必要的。……否则，我的工作能力将不可能得到恢复。这些讨厌而又烦琐的意气之争不仅使我无法从事更加重要的工作，而且会让我失眠、得寒热病和其他病。……请你在这一点上绝不要通融。如能做到这一点，那么也许在2月1日吧，我将能够重新听命于你。"① 但在此后的数周数月中，他却不止一次因为廖瓦用那些"琐碎的纠纷"打扰他而责备后者，并对"法国集团愚蠢的阴谋"表示"绝望"。② 托洛茨基的通信十分清楚地显示出，在大多数未来的第四国际的其他支部中，情形也好不到哪儿去。除此之外，俄国所发生的事件和谢尔盖下落不明也使人揪心。向莫斯科间接查询所得到的官方解释是，谢尔盖并未被捕，而只不过是被"软禁"了，旨在不让他与父亲联系。可娜塔利娅给住在莫斯科的谢尔盖的妻子寄了一笔数目不大的钱，却被退回到奥斯陆银行，附言是收款人不详。这还不算，手头拮据也使托洛茨基担心。出版商的预付款刚够他支付迁居挪威的费用和偿还欠亨利·莫利尼耶的钱，这笔账他想在与莫利尼耶派决裂之前还清。从9月29日托洛茨基在奥斯陆医院写给哈罗德·艾萨克的信中可以判断，他在金钱方面的处境何等困难，托洛茨基在信中请求帮助他度过"财政危机"：他的住院费每天须交10克朗，而他拢共只有100克朗。③

恰恰是在圣诞节前夕托洛茨基和克努德森以及几位年轻的挪威人动身前往霍涅弗斯以北蛮荒的山区，指望在新鲜的空气里进行几天体育锻炼会改善他的身体状况。他们动身的日期应该记住——一年以后，在对拉狄克和皮达可夫的审讯过程中，维辛斯基断言，皮达可夫与托洛茨基的秘密会晤恰好就在这个时间；皮达可夫本人供认他从柏林乘飞机抵达奥斯陆，然后从机场坐汽车直接去

---

① 此信所署日期为1935年12月27日，是写给廖瓦的，但看样子也同时写给国际书记处的另一个成员，存于托洛茨基档案保密部分。
② 1936年1月14日和3月22日的信；同上。
③ 与哈罗德·艾萨克的通信；同上。

见托洛茨基。这些证词遭到了挪威当局的否定,他们证实1935年12月末以及在此之前和之后的数月中没有一架德国飞机曾在奥斯陆降落。托洛茨基的旅伴们也证实没有人能坐汽车抵达他们和托洛茨基所在的那个地方。"那年的冬季格外寒冷。那地方根本就没有道路,到处覆盖着北极的冰雪。这一点我们记得很清楚,因为在旅途中托洛茨基掉进了一个冰雪的陷阱之中。我们都穿着滑雪板,而托洛茨基的滑雪技术不高明,因此我们不得不组织一次完整的救援行动,而且当时还十分担心。"①

托洛茨基和娜塔利娅及朋友们在挪威。摄于1936年

此后不久,由于又一次连医生也感到吃惊的托洛茨基身体状况的急剧变化——他复元了,于是他重新开始写作《被背叛了的革命》一书。此后的六个月中他一直忙于写作此书,直到把它写完。

---

① 这是曾陪伴托洛茨基出行的 H. K. 达尔先生和夫人讲述的。另见《列夫·托洛茨基案》,第204—223页。

＊　＊　＊

《被背叛了的革命》一书在托洛茨基的文字工作中占有十分特殊的位置。这是由他亲手写完的最后一本书，在某种意义上是他的政治遗嘱。在此书中他对苏联社会作了最后一次分析，并对其直到斯大林时代中期的全部历史作了概述。在他的所有著作中，这本书是最复杂的一部。此书既显示了托洛茨基的力量，也表明了他的弱点。书中充满大量有关社会主义、无产阶级革命所遇到的困难和工人国家中官僚集团的作用问题的新颖独特的思考。作者同时还分析了第二次世界大战前苏联的国际地位，并力求前瞻未来，而且还大胆地提出了尽管有部分错误的预言。该书是对其时代的一次深刻的理论研讨，是对经典马克思主义观点的创造性的发展，也是号召在苏联进行革命的"新托洛茨基主义"的宣言。托洛茨基在此书中充分展示了他的才华：他既是一位高度客观的思想家，又是业已被打垮的反对派的领袖，而且还是一个热情洋溢的小册子作者和论战者。该书中论战部分形成该书的最通俗的部分，并使它的客观性与分析性论证黯然失色。由于其丰富的思想和创造性的方法，《被背叛了的革命》是本世纪中最出色的论著之一。它既能给人以教益，也能把人搞糊涂。对它的理解是如此众说纷纭，这是任何其他政治著作所不能企及的。就连此书的书名本身也成了我们这个时代的套语之一。

《被背叛了的革命》是托洛茨基对斯大林时代关键时刻的一个批评性反应。莫斯科官方刚刚宣称苏联已经实现了社会主义了。可在此前不久，莫斯科还满足于谦虚的说法，即"社会主义的基础"才刚刚奠定。工业化的成效，刚刚显示出集体农业巩固的一些表面的征兆，人民生活前不久才有所改善，30年代初的饥馑和血腥屠杀刚刚过去，斯大林就迫不及待地宣布已经进入社会主义了。"世界上最民主的"新宪法的确应当是新时代的集中体现：宪法正式取消了对过去的有产阶级的歧视，规定了平等的普选权。这就是假定，无产阶级专政已经不再需要有某种特殊的宪法来加以保障，因为实际上一个无阶级的社会已然诞生了。然而，宪法在赋予公民以平等投票权的同时却剥夺了所有人的选择权和投谁的票的权利，与以前的苏联宪法不同的是，它使一党制神圣化。那些宣传家们断言，这一体制和一个坚如磐石的政党与一个没有阶级冲突的社会主义社会的基础本身是相适应的，而多党制却只是反映了资本主义社会的内在对抗性。

第四章 "人民公敌"

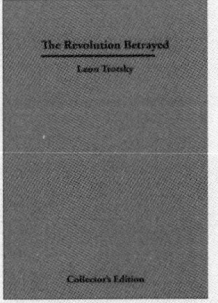

托洛茨基亲手完成的最后一部著作《被背叛了的革命》不同版本的书影汇集

但这同时又是一个不平等持续扩大的时代,高、低工资之间的差距很大,"社会主义竞赛"演变成了一场为了争夺特权与生活必需品而进行的野蛮的殴斗,斯达汉诺夫运动将这种殴斗扩展到了全国各工厂的每一台车床和煤矿的每一个掌子面,少数人的富足与多数人的贫穷对比以最令人厌恶的形态出现。曾猛烈抨击"平均主义"的斯大林成了一些暴发户的首领。他刺激他们的胃口,嘲笑约束他们的怯懦和顾虑,将新的不平等当做社会主义的成就而大肆赞扬。新的等级制度也已经形成。它的等级划分十分严密,级别、称号和特权分明,漫长的权力阶梯上的每一个台阶都以惊人的精确性标了出来。在武装力量中,放弃原先的"无产阶级民主",走向新的集权制现象表现得最明显,军队又恢复了沙皇时代的军衔制。在庆祝进入社会主义的礼炮声中,空气中弥漫着一种类似于复辟时期的气息。国家的教育体制和精神生活深受影响。20年代曾经使得许多外国教育工作者赞不绝口的进步改革被当做极左迷误而受到批判。民族主义的墨守成规和旧式的家长制式的纪律越来越深地渗透进学校的每个年级和每间教室,毒害着年青一代的思想和心灵。官僚们对科学、文学和文艺的监督已经成为令人无法容忍的折磨。在生活的一切领域中,国家都不明智地强行实施着一种绝对权力,将自己美化为社会利益的最高保护者。独裁者被吹捧为各族人民之父、一切智慧的源泉、人类的恩人和社会主义的创造者。

托洛茨基通过把斯大林体制的现实与经典马克思主义的社会主义观对比的方式否定了斯大林的这一野心。他指出,社会所有制形式占主导地位还不是社会主义,尽管它是社会主义的重要条件。社会主义必须以经济繁荣为前提。社会主义是不能建立在当时苏联所充斥的匮乏和贫困的基础上的。它们只能导致极端不平等。斯大林滥用了马克思共产主义两阶段的原理:在低级阶段社会实施"按劳取酬",在高级阶段实施"各取所需"。斯大林宣称苏联已经处于低级阶段。托洛茨基指出,斯大林是在滥用马克思的权威来为自己所实施的不平等辩护。尽管马克思确实早已预见到在社会主义初级阶段不平等仍将保留,但他从未想过,它会像在斯大林统治之下所发生的那样扩大到骇人听闻的地步。苏联社会只不过是处在从资本主义到社会主义过渡的半路上。它既可能向前进,也可能向后退。它的前进仅仅取决于它的不平等将在何等程度上被克服。不平等的扩大证明了社会在倒退。

斯大林的专断和肆无忌惮是倒退运动不可分割的一部分。列宁在其著作

《国家与革命》中引用了已经被人们忘记了的马克思关于"国家消亡"的原理，使其成为布尔什维主义的习惯思想。现在，托洛茨基捍卫这一思想以反对斯大林的篡改。他坚持认为国家不消亡就不会有社会主义。国家是阶级冲突的产物，它作为阶级统治的工具而存在。即便是在初级阶段上，社会主义也意味着阶级对抗和政治强制手段的消失。而到了社会主义阶段，国家只应保留其纯粹的行政管理的功能——而且它"管理的是物，而不是人"。列宁所想象的无产阶级专政只是一种"半国家形态"，它是按照巴黎公社的模式建立起来的，它的官员应由投票选举产生和替换，而且支付给他们和工人一样的工资，为的是不让他们有可能形成一种与人民格格不入的官僚集团。但在落后而又孤立的俄国，这一计划却是无法实现的。向社会主义的迈进应以国家强制性力量消失的程度来衡量。大规模的政治迫害和国家地位的强化本身就否定了斯大林所谓已经进入社会主义的论断。斯大林证明国家是不会在一个国家中消亡的。对于托洛茨基来说，这只不过等于间接承认社会主义同样也不可能在一个国家中建成。然而，强化国家力量的主要原因不在于"资本主义的包围"，因为斯大林恐怖的锋芒所指首先是"国内的敌人"，即共产党反对派。

对于非马克思主义者来说，这一批评大部分是"教条主义"的。而对于马克思主义者来说，这一批评十分重要。因为它粉碎了斯大林主义在意识形态上的野心，把马克思主义与斯大林的实践区分开来。托洛茨基力求给马克思主义学派提供这样一种立场，以便使它能否认斯大林主义想让它承担的道义责任，并且使其得以宣告，马克思主义的思想无须对斯大林的恐怖统治承担责任，正如十戒和山顶布道无须对神圣宗教裁判所的行为承担责任一样。这一论证不仅具有道德或历史的意义，而且还对共产党员的思想产生了深刻影响。赫鲁晓夫在50年代末60年代初宣称苏联已从社会主义过渡到共产主义，其依据是，斯大林在30年代就断言社会主义已经建成。这和斯大林的断言一样不现实。按照托洛茨基的观点，苏联社会尽管已有了巨大进步，但离社会主义仍很遥远。由于苏联的思想家、经济学家、社会学家、哲学家和历史学家的全部思维都与社会主义业已建成的教条相关，而且迄今总是在围绕着这一教条而形成的观念的怪圈中运行，因此，将托洛茨基的标准用于分析当前苏联的现实生活势必会导致对斯大林主义遗产的更加彻底的修正，其程度将远远高于苏联在斯大林死后第一个十年中所进行的修正。

《被背叛了的革命》是托洛茨基对官僚集团的一份经典起诉书。托洛茨基又一次在"普通女工和扼紧了她们咽喉的官僚主义者的冲突"中站在了女工一边。托洛茨基认为捍卫特权是斯大林主义的主要支柱，因为特权赋予斯大林的政策以某种统一性，该政策将热月政变精神、外交手腕和破坏共产国际结合在一起。统治集团捍卫享有特权的少数人的利益，压制国内人民的不满，对抗国外革命的阶级斗争的冲击。托洛茨基分析了党的机关、国家行政管理部门和所有军官队伍的管理者集团的社会构成，他们总计已达居民总数的12%—15%，也就是说，他们已经构成了一个重要的阶层。他们深知自己的分量，由于享有特权，他们已趋于保守，全力以赴地维持国家和国际的现状。

　　托洛茨基不满足于只对官僚集团提出起诉，他再次考察了官僚集团是如何和为什么能在苏联取得政权的问题，官僚集团占上风的可能性是否隐藏在一般社会主义革命的本质之中。他走得比他以前的回答更远，并且更加清晰地强调苏联在"匮乏和贫穷"环境下恢复不平等的客观原因。但他同时又强调，某些这类因素在任何一次社会主义革命中仍将反复出现，因为任何一场社会主义革命都无法彻底根除不平等现象。甚至美国这样一个"最富有的工业化国家……也还无法实施按需分配劳动报酬"。这个国家也同样在为相对匮乏所苦，这迫使它即使是在共产主义制度下也必须保留劳动报酬上的差别。所以，紧张状态和社会冲突并不会消失，尽管它们的表现形式要比任何一个不发达国家缓和得多。因此，"官僚主义倾向……即使是在无产阶级革命以后也将到处显现"。① 马克思和列宁都清楚这一点。马克思曾经谈到保留物质财富不平等分配的"资产阶级权利""在共产主义社会初级阶段是不可避免的"。列宁认为苏维埃共和国在某些方面仍是一个"没有资产阶级的资产阶级国家"，尽管它的管理是按照无产阶级民主精神实施的。但只有斯大林时代的经验才表明了问题的真实范围究竟有多大，并使人密切关注资本主义后产生的这个社会中的矛盾。革命政府既应保留不平等，同时又要同不平等现象作斗争；它的这两种做法都是为了拯救社会主义。政府应当鼓励技术人员、熟练工人和行政管理人员，以保证其发挥应有的作用，并迅速发展经济。但与此同时，政府还应力求减少并最终取消特权。

---

① 托洛茨基：《被背叛了的革命》，第57—59页。

第四章 "人民公敌"

总之，只有当社会财富增长超过人类的幻想、教育水平的提高和普及能够消除脑力劳动和体力劳动之间的差别时，这一矛盾才能解决。而在这些条件没有充分满足以前，革命的国家"从一开始就带有双重性：一是社会主义性，因为它保留了对生产资料的社会所有制形式；二是资本主义性，因为生活资料的分配是按照资本主义的价值尺度进行的，所以带有由此而来的一切后果"。指出这一矛盾和这种双重性在向社会主义过渡过程中是不可避免的并对之加以清晰的表述，是托洛茨基对他那个时代的马克思主义思想最重要的贡献之一。①

在回过头来分析苏联社会时，托洛茨基承认，他和列宁都没有预见到"没有资产阶级的资产阶级国家"会与真正的苏维埃民主水火不相容，而且，由于促进和扶持享有特权的少数人的"铁的必要性"，国家竟不会"消亡"。这样一来，对苏维埃民主制的破坏，其原因就不仅仅是斯大林的阴谋，因为它无非是更加广泛的客观进程中的一个主观方面。托洛茨基写道，斯大林政府带有任何革命政府都具有的"双重性"，但在这个政府中，资本主义成分"依赖社会主义成分而获得了十分重要的地位和影响。就其实质来说，官僚集团是不平等现象的传播者和保卫者"，由于商品严重不足，所以它像警察那样行动"以维持秩序"。它"知道"该给谁而谁却得等一等。然而，"分配财富的人是从来都不会漏掉自己的。于是从社会需求中便会产生一个机构，它远远超出了其社会所必要的功能，成为一种独立的因素，与此同时，也成为整个社会机制的最大危险的源头。……群众的贫困和文化上的落后再次在一个手持大棒的统治者的狰狞形象中体现出来。"②

托洛茨基问道，苏联社会中的资本主义因素是否已经达到足以消除社会主义因素的地步了呢？他再次坚决否定了这种观点，即认为官僚是一个"新的阶级"，苏联人民正遭受着"国家资本主义"的剥削。从一个马克思主义者的观点看，没有资本家阶级的国家资本主义这个术语本身就是矛盾的。至于官僚，它并不具有作为一个阶级所应具有的社会单一性，而一个阶级在社会中所处的地位有赖于它所掌握和管理的生产资料。充其量仅只实施管理功能这一点

---

① 《被背叛了的革命》，主要参见第2章"社会主义与国家"。
② 同上，第111页。

并不会使苏联工业界与国家的领导人成为一个阶级,尽管他们全都像对待自己个人的产业那样对待国家和工业。斯大林主义所鼓励的不平等,其存在只限于个人消费领域。特权集团不可能占有生产资料。与任何剥削阶级不同,他们不可能有权对别人的劳动实施监督并能获得日益增多的财富这种形式来发财。就连他们的特权和权力也与生产资料的全民所有制形式交织在一起。因此他们必须保卫这一所有制形式,这样,他们也就履行其从社会主义观点来看是必要的和进步的功能,尽管在他们履行这一功能时社会需要付出十分重大的代价。

托洛茨基指出,斯大林统治的国家中的社会平衡并不稳固。最终取胜的不是社会主义因素就是资本主义因素。不平等现象的逐渐增多是一个危险的信号。管理者集团不会永远只满足于消费上的特权。他们迟早会力争形成一个新的有产阶级,靠剥夺国家成为托拉斯和康采恩的股东和所有者。"有人可能会提出这样的异议,即对于大官僚来说,只要能保证使他有必要的收入,采用怎样一种占主导地位的所有制形式都无所谓。这种论断不仅忽视了官僚主义者权力的不稳定性问题,而且也忽略了其后代命运的问题。……他们的特权如果不能作为遗产留给儿孙,那么这特权也就只有一半的价值。但遗嘱权和所有权是不可分割的。只做一个托拉斯的经理还不够,必须还得是股东。官僚集团在这一具有决定性意义的领域里的胜利意味着它已成为一个新的有产阶级。"托洛茨基写道,斯大林是不会领导这种"转变"的。他的制度是建立在国家所有制和计划经济基础之上的。正在转变成为新的资产阶级的那些官僚们因而必然会同斯大林主义发生冲突,而鼓励官僚集团这种积聚财富倾向的斯大林无意中不仅破坏了他自己的统治,而且会破坏所有革命成果。托洛茨基觉得这种危险已经迫在眉睫。他毫不犹豫地指出,1936年的宪法"为一个新的有产阶级的复活创造了前提条件"。早在20和30年代中,托洛茨基就认为,官僚集团或它的一部分是资本主义复辟的潜在的代理人,但如果说过去他曾把官僚集团视为富农和耐普曼的辅助势力的话,那么现在,在这些阶级都已被"消灭"以后,他认为官僚集团是一支独立的力量。①

---

① 《被背叛了的革命》,第240、251页及同书各处。

第四章 "人民公敌"

1936年,斯大林在克里姆林宫就苏联新宪法发表讲话

从回溯的角度看,这种观点是完全错误的。苏联的官僚集团不仅没有攫取生产资料,而且在未来的十年中也仍是社会所有制形式的保护者。但应当指出的一点是,托洛茨基所说的官僚集团蜕变为新的资产阶级,这只是数种可能性中的一种。他相当谨慎地指出,不要把可能性当成现实性。他特别强调指出的一点是,他是在斯大林反平均主义倾向和反早期布尔什维主义达到顶点的时候探讨这一史无前例的复杂而又神秘的现象的。理论家从不认为任何东西是理所当然的。他无法排除这样一种可能,即这些倾向会释放出一种深深敌视社会主义的强大而又独立的力量。作为"正统列宁派"和反抗革命原则的双重复合体的斯大林,有时显然已把俄国带到了复辟的边缘。托洛茨基毫不怀疑斯大林不会跨越这道界线,但他担心别的人会踩着斯大林的尸体最终跨越这道界线。①

恐惧也同样压迫着斯大林,因此他对他的官僚也十分狂暴,并在与托洛茨基主义和布哈林主义斗争的借口下在连续的大清洗中大量地消灭官僚们。大清洗的成果之一是防止了管理者集团联合成为一个牢固的社会阶层。斯大林唤醒了他们身上发财致富的本能,并用这种本能套住了他们的脖子。这是经常的恐

---

① 《被背叛了的革命》,第236—237页。

怖造成最不为人所知、最少被人讨论、然而又非常重要的后果之一。尽管一方面大恐怖消灭了老布尔什维克的干部，迫使工人阶级和农民俯首帖耳；另一方面大恐怖又不断地改变着整个官僚集团的成分，使它处于不断的变化之中，不允许从原生质中或阿米巴变形虫阶段中滋生出有其社会政治身份的、有生命力的顽强的机体来。在这种情况下，即便管理者集团有这种愿望，他们也无法成为一个新的有产阶级。站在自己的企业和集中营的交叉路口的管理者集团是无法着手积聚资本的。斯大林"消灭"了富农，还不断"铲除"新资产阶级的萌芽，在这方面，他采取了自己特有的野蛮的独裁方式，但他这样做的前提则是托洛茨基也默许的。无论如何，潜在的官僚资产阶级并非托洛茨基的杜撰，但他显然夸大了它的生命力和它自我实现的能力，就如同他当初夸大了富农的力量一样；却对斯大林的狡猾、顽强和残酷无情估计不足。斯大林采用的在国家中刺激和压制资本主义因素的方法对托洛茨基来说不仅格格不入，而且也是他无法理解的。托洛茨基始终认为，只有自觉而又积极的工人阶级才能制止国家的反社会主义倾向。

但与此同时托洛茨基也知道，苏联工人不愿起而反抗官僚集团的原因是，尽管他们中的"绝大多数"都仇恨官僚，但担心"推翻官僚集团将为资本主义复辟开辟道路……"。当官僚集团仍在继续履行其必要功能时，工人"便会认为它是他们自己的部分成果的卫士。一旦他们看到有其他的可能性时，他们必然会把这些不诚实的、无耻而又不可靠的卫士赶跑的"。这是多么矛盾的说法呀！同一个社会集团，可以成为新的有产阶级而消灭革命，又在某种程度上仍不失为革命的保卫者。托洛茨基也知道，"那些教条主义者是不会满意于"他对局势的评价的，"他们想要的是绝对的公式：是就是是，不是就是不是。"当然，如果社会现象永远都具有完整性质的话，那么社会问题无疑会简单得多。但是他不肯把现实强行塞入简洁的公式并"为了逻辑的完整性"给"尚未完成的过程盖棺论定"。面对全新的和"动态的社会构成"，理论家只能提出一个工作假设，让事件来验证它们。[①]

早在30年代，尤其是在第二次世界大战时期和战后时期，所发生的事件便已推翻了官僚集团会变成新的有产阶级的假说。当时，国防的需要和资本主义制度在东欧和中国的灭亡极大地巩固了苏联经济的国有化结构。斯大林主义

---

① 《被背叛了的革命》，第241—242、269—270页。

第四章 "人民公敌"

的国家出于自身的考虑而促进或帮助了东欧和亚洲的革命,从而有力地遏制了自身的资产阶级倾向。在国内实行的工业化,苏联工人阶级数量的激增,全民教育水平的提高和工人阶级自信心的提高都具有抑制资本主义成分的倾向。在斯大林死后,官僚集团也被迫对群众的财产平均主义一再作出让步。当然,国内的资本主义与社会主义因素之间的紧张状态仍然存在。由于这是任何一个资本主义之后的社会结构所固有的特征,这种紧张状态在未来相当长的一段时期中仍将存在。管理者、行政人员、技术人员和技工们仍是享有特权的集团,但他们与劳动大众之间的鸿沟已经缩小。50 年代中期、末期以及 60 年代初期,国内这些矛盾因素之间的平衡已与托洛茨基写作其《被背叛了的革命》时有明显不同。托洛茨基本人也已经预见到了事件会如此发展的可能性:

> 在苏联体制内部出现了两种对立的倾向。由于它与腐朽的资本主义相反,发展了生产力,为社会主义奠定了基础。为了满足上层,它又把资本主义的分配规则引向更加极端的地步,因而为资本主义复辟作好了准备。所有制形式与分配方式之间的矛盾不会无限制地扩大。或是资产阶级规范将以某种形式扩大到生产资料领域;或是相反,分配标准与社会主义所有制相适应。①

过了 20—25 年以后,当斯大林的后继者们开始虽不情愿,却坚定不移地贯彻使分配方式更密切地适应社会主义所有制体系的政策时,事件的发展就是如此。托洛茨基关于新的有产阶级抬头的假说是悲观的、无根据的,尽管它反映了平衡状态的发展对社会主义因素极其不利而且危险的形势。托洛茨基对革命后国家所作的动态矛盾的分析尽管有些"悲观主义"的味道,但它迄今仍不失为理解嗣后社会演变过程的一把最好的钥匙。

为了反对这一"贪婪、虚伪而又无耻的统治者集团",为了铲除新的有产阶级的萌芽,托洛茨基提出了在苏联进行"政治革命"的纲领。他写道:"摆脱危机的和平出路是没有的……还没有一个魔鬼会自愿削掉自己的利爪……苏联官僚集团是不会不经战斗就放弃自己的阵地的。""落后国家中的无产者命定会完成第一个社会主义革命。而根据现有全部资料看,无产者还须以反对官

---

① 《被背叛了的革命》,第 231—232 页。

僚集团的第二次附加革命来补偿它所拥有的这一历史特权。"① 托洛茨基所宣扬的是"政治革命"而非社会革命：它将推翻斯大林的统治制度，但并不改变现存的所有制关系。

这展现了一个全新的前景：马克思主义者从未想到在进行社会主义革命以后还得重新号召工人起来斗争，因为他们以为工人国家只能是无产阶级民主国家，这是不言而喻的。如今，历史已然表明实际情况并非如此，如同资产阶级制度有多种统治方式——君主制、共和制、立宪制和独裁制——一样，工人国家的政治存在形式也是多种多样的，从官僚专制制度到通过民主的苏维埃实施统治。托洛茨基证明，如同法国资产阶级不得不用1830年和1848年的政治革命——在其进行过程中发生变化的是统治集团和统治方法而非社会的经济结构——来"补充"1789—1793年的社会革命一样，工人阶级亦应对十月革命予以"补充"。反对专制统治的资产阶级是本着自己的阶级利益而行动的。工人阶级亦应合理行动，将其国家从专制的桎梏下解放出来。这样的一种政治革命与恐怖主义活动无任何共同之处："个人的恐怖行为是失去耐心或已经绝望的个人的武器，他们往往是属于年青一代官僚的。" 对于马克思主义者来说，只有在得到绝大多数工人的公开拥护时，他们才能成功地完成社会革命，这一点已经成为公理。因此，当工人还把官僚集团当做是"他们自己的成就的卫士"时，托洛茨基不会号召立即采取行动，因为在这样的条件下，他们是不会起来反对它的。托洛茨基提出的是革命思想而非革命口号。他提出的是与斯大林主义长期斗争的方向而非对直接行动的指导。

托洛茨基如此表述他的革命纲领：

> 问题不在于以一个领导集团取代另一个，而在于改变管理经济和领导文化的方法本身。官僚独裁专制制度应当让位于苏维埃民主制。国家今后发展的一个必要条件是恢复批评权和确立真正自由的选举。这必须以恢复苏联各政党的自由（首先是布尔什维克党的自由）和以行业工会的新生为前提条件。将民主带入工业领域意味着为了劳动者的利益对计划进行彻底的重新审核。对经济问题的自由讨论会降低官僚主义的错误和挫折所造成的附加开支。造价昂贵、华而不实的设施——各种会议宫、新剧院、装

---

① 《被背叛了的革命》，第271—272页。

门面的地下铁道——的建设都要压缩，工人住宅的建设要扩大。"资本主义分配方式"要严格地限制在必要的范围内，以便随着社会财富的增加，使其让位给社会主义的平等。要立即废除头衔，把勋章等一类叮当响的小玩意儿投入坩埚。年轻人有可能自由地呼吸、批评、犯错误、成长。科学和艺术要摆脱束缚。最后，对外政策要回到革命的国际主义传统上来。①

托洛茨基在此列举了早在他赞成改革的那一时期中就已为人所熟知的一些要求。他只在一点上向前跨进了一步，这也就是要求"真正的选举自由"。但在这个问题上他面临着两难选择：他既抛弃了一党制原则，但也不赞成无限制的政党自由。他退回到了1921年以前的公式，当时他曾说苏维埃政党自由的复兴亦即拥护十月革命的政党自由的复兴。可由谁来判定哪些是"苏维埃政党"而哪些又不是呢？例如，孟什维克是否亦应有可能充分利用"复兴"的自由呢？托洛茨基没有回答这些问题。无疑，他会认为这些问题是不能脱离具体情况事先解决的。与此相仿，在对待平等的问题上他也十分小心。他从未说过什么要"取消资产阶级分配标准"——这些标准应予保留，而只是说要将它严格限制在"必要"的范围内。应当"随着社会财富的增加而逐渐排除这些标准"。这样一来，政治革命就理应给管理人员、行政人员、技术人员和技工保留某些特权。而如果说连他本人有时出于论战的狂热而毫无顾忌地说出"推翻"或是"废除"官僚集团的话，那么，以上的解释则将这一课题置于更加真实的背景之上。托洛茨基心中所想的是坚决缩减而非消灭官僚特权和管理者的特权。

这一纲领在提出了1/4世纪以上之后仍然具有现实意义，而且其中所包含的多数思想在斯大林身后推行的改革运动中再次出现。但一个问题也跟着产生了：托洛茨基主张在苏联进行政治革命的必要性的同时是否对前途持有一种过分教条的观点？他是否违背自己的警告而给"未完成的过程盖棺论定"了呢？根据《被背叛了的革命》的全部精神实质可以明显看出，他没有看到任何自上而下的改革的可能性，而且，这种可能性无论是在托洛茨基生前还是在斯大林时代所剩的那一段时期中的确都没有出现过。在这一时期中，苏联也未曾有

---

① 《被背叛了的革命》，第273页。

过进行政治革命的机会。这是陷于绝境的时期：斯大林主义这个结，无论用快刀斩乱麻的方法还是其他方法都解决不了。任何革新纲领，无论是革命的还是改革的，都是幻想。但这并不能妨碍托洛茨基那样的斗士寻找道路。然而，他在其中探索道路的恶性循环的怪圈在许多年以后才被一系列震撼世界的重大事件打破。当这一切发生之时，苏联开始首先通过自上而下的改革来背离斯大林主义。而这些改革都正是由托洛茨基已经说过的那些因素引起的：即经济的进步，群众文化水平的提高和苏联孤立的结束。与斯大林主义的决裂只能逐渐进行，因为在斯大林时代的末期没有、也不可能有能够并愿意以革命方式行动的政治力量。除此之外，在斯大林身后的第一个十年期间，"从下面"也未曾出现过任何一种哪怕是有利于改革的、自主而有能力表达自我的群众运动。由于斯大林主义无论是在国内还是国际上都早已成为一种时代错误，所以对苏联来说，与斯大林主义决裂乃是历史的必然，所以领导集团本身应当主动与之决裂。例如，由于命运的捉弄，斯大林的追随者们开始消灭斯大林主义并违反自身意愿部分地执行了托洛茨基的政治遗嘱。①

他们是否能继续并且完成这一工作呢？政治革命是否仍是必要的呢？乍看起来，进行革命的机会如托洛茨基生前一样渺茫，与此同时，进行改革的可能性则更加现实。正如列宁曾一度指出过的那样，任何革命都必须具备如下条件：a) 统治者无法像以前那样继续统治；b) 处于不幸、绝望和狂怒中的被统治者拒绝像以前那样生活；c) 有一个充满决心并有能力充分利用所能出现在它面前的一切可能性的革命政党。然而这些条件在这个国家中未必会实现。因为这个国家的经济不断发展，富有生命力，生活水平日益改善，人民大众受教育的机会前所未有，在他们面前展现的是社会不断进步的前景。在一个这样的国家中，人民的希望与领导集团的自私之间的任何冲突（苏联社会始终深

---

① 我在我于1953年出版的《斯大林以后的俄国》一书以及斯大林时代刚刚结束后发表的许多文章中都着重指出了这一点。当时，美国的托洛茨基主义者在其理论机关刊物《第四国际》上用整整一期的篇幅（1954年冬季号）讨论了"是托洛茨基，还是多伊彻"的问题，他们的领袖詹姆斯·坎农愤怒地指责我是"修正主义者"和"托洛茨基主义的伯恩斯坦"。我的罪过在于说出了这样一句预言：在以后的几年中在苏联将不会有任何从事"政治革命"的机会，一个"自上而下"的改革时期开始了（而这却是斯大林身后第一个十年中的现实和主要政治特征）。然而，我所依据的论据是，消灭所有的反对派，尤其是托洛茨基反对派，其结果是使得苏联社会在政治方面走向无序，因而不能自我表现，不能自下而上地发挥其首创精神。奇怪的是，西方托洛茨基主义者却根本不理解在苏联消灭托洛茨基主义者（及其他反斯大林的布尔什维克）而产生的这一后果。

第四章 "人民公敌"

受这种冲突之苦）与其说会导致革命的爆发，不如说会增强有利于不断改革的压力。因此历史证明，正确的是那个在12或13年中为改革而斗争的托洛茨基而不是那个在其生命的最后五年中宣扬革命的托洛茨基。

但这只是一个初步的结论。工人国家中的官僚集团问题的确是如此新颖和复杂，以至于不可能得出最终的结论。而我们也无法事先判断：官僚集团在放弃特权方面能走多远；在一党制条件之下，有利于改革的人民的压力会具有怎样的力度和效应；以及"垄断"制度是否会逐渐解体而成为一种建立在社会主义基础之上的允许有言论、结社自由的制度。随着"社会主义原始积累"的强制性和对抗性的消失，隐含在其中的社会紧张会在何种程度上缓和或是消失？人民生活水平和教育水平的提高在何种程度上能够消除官僚集团和人民之间的对抗性？只有比任何哲学想象的意外情况更多的生活经验才能提供答案。无论如何，本书作者宁愿把如何最终评价托洛茨基有关政治革命的思想的任务留给下一代历史学家来解决。

* * *

在此应当提及的是托洛茨基在《被背叛了的革命》一书中对自己的苏联热月政变这一概念所作的修正。我们已经说过，20年代中，这一抽象的历史相似性曾在布尔什维克党内引起过激情和不安。我们还曾指出，那是个活人被死人抓住的例子。① 大约十年之后我们看到在挪威一个小乡村里的托洛茨基仍然在同1794年的法国幽灵搏斗。我们记得，只要托洛茨基赞成在苏联进行改革时，他就否定那种最早由工人反对派提出的观点，即俄国革命衰退到了热月政变或后热月政变阶段。托洛茨基论证说，热月政变是斯大林政策中所包含的一种危险性，但尚未成为事实。在最初的流亡岁月中，托洛茨基仍旧捍卫这一立场，这使他既与敌人对立也与朋友对立。但当他判定反对派应当成为一个独立政党和苏联的政治革命不可避免以后，他经过思考得出结论：苏联早已生活在后热月政变的时代里了。

---

① 参见《武装的先知》，第九章。

托洛茨基承认，历史相似性与其说能启发人的智慧，倒不如说能使人的头脑更加混乱，尽管如此，他仍详尽地阐述这种相似性。托洛茨基指出：当他和他的朋友们认为热月政变是反革命和复辟时，他们错了；在他们对热月政变作了这样的界定后坚持认为俄国不曾有过热月政变时，他们是正确的。但这个判断却是错误的和反历史的：最初的热月政变不是一次反革命，而不过是"革命范围内的反动阶段"。热月政变分子并未破坏法国革命的社会基础和1789—1793年间所形成的新的资产阶级财产权关系。但在这一基础之上他们确立了反人民的统治，并为拿破仑的执政和帝国时代准备了舞台。在苏联，可以与之相比的事件早在1923年就发生了，当时斯大林镇压了左派反对派，并在十月革命的社会基础之上建立了反无产阶级的制度。托洛茨基始终把法国革命的日历摆在面前，进一步指出，斯大林的统治带有波拿巴的特征，因此苏联生活在如同拿破仑执政时期的条件下。从这种前景看，复辟的危险是完全现实的。在法国，在热月政变和波旁王朝的复辟之间隔了20年。托洛茨基关于进行新的革命并回到苏维埃民主的号召则是"平等会"密谋集团所提的回到第一共和国的口号的回声。

这样一来，托洛茨基开始越来越多地"召唤过去的幽灵"，马克思认为这是资产阶级革命独有的特征。英国清教徒乞灵于《旧约》中的预言家，雅各宾党人则乞灵于罗马共和时代的英雄和美德。马克思指出，他们之所以这样做并不单单是为了"滑稽地模仿过去，而是真诚地想要重新找回革命的精神"①。马克思相信，社会主义革命无需借用过去的服装，因为它对自己的性质和目的有清晰的认识。的确，1917年的布尔什维克并未给自己穿上一套这样的服装，而且他们也不需要以前革命的象征物。但在最近的几年中，他们却从雅各宾党徒那里承袭了他们的所有噩梦和恐惧。即"清洗"噩梦和对热月政变的恐惧，并以自己的行动在自己的想象中将它们大大地夸大了。他们之所以这样做不是为了简单地模仿，而是因为他们是在与相似的困难作斗争，并力争以另一种方式来解决这些难题。他们转向黯淡的过去，为的是不重蹈覆辙。况且，尽管布尔什维克确实未能避免在内部斗争中兄弟相残的恐惧，但他们终究得以避免那种导致雅各宾派走向毁灭、法国革命走向终结的完整的宿命怪圈。纠缠着布尔

---

① 马克思：《路易·波拿巴的雾月十八日》，见《马克思恩格斯选集》第1卷，人民出版社1972年版，第605页。

什维克的对热月政变的恐惧则是自卫和自我保护心理的一种反应。这种反应常常是以非理性的方式表现出来的。如今托洛茨基也承认，十多年以来反对派一直敲着警钟要人们警惕热月政变，却并未清晰地认识到热月政变的先例的意义。难道说现在他本人对热月政变的意义认识得更清晰了吗？

法国革命中的热月政变是近代历史中最复杂、最神秘的现象之一，这一点部分地说明了人们之所以不理解它的原因。在雅各宾派内部发生过一系列斗争，在这一过程中，领导着党的中间派的罗伯斯庇尔消灭了党内的右翼和左翼——丹东的信徒和埃贝尔分子。但在此后，热月政变分子推翻了罗伯斯庇尔。罗伯斯庇尔统治的终结标志着他那一派以及整个雅各宾党的衰落。热月政变之后不久雅各宾党派的俱乐部就被解散了，不复存在了。热月政变用"法律和秩序"的统治取代了罗伯斯庇尔的"恐怖专政"，使已遭受多次失败的巴黎平民彻底失败。他们取消了罗伯斯庇尔的准财产平均主义的粮食分配制度，废除了罗伯斯庇尔保持的粮食最高限价。因而使得资产阶级可以放手从事有利可图的买卖、积聚财富并取得他们即使是在帝国时期对他们也是禁区的社会统治地位。这样一来，在革命力量衰落、人民大众失望和冷漠的背景下，一个革命的制度从人民阶段转入反人民阶段。

只需简要地描绘一下热月政变的不同方面就足以看出断言俄国在1923年即已经历了自己的热月政变的托洛茨基错在什么地方。反对派在当时的失败无论如何也不是一件可与雅各宾党的垮台和解体相比的事件。它与早在热月政变前发生的左派雅各宾党人的失败更为相似。在托洛茨基撰写《被背叛了的革命》时，苏联已经站在了大清洗的门槛上；而在法国，"清洗"是雅各宾时期不可分割的一个部分，只是在罗伯斯庇尔倒台以后断头台才停止运转。热月政变实际上是对无休止的清洗的绝望情绪的一次爆发，多数热月党人都是在大屠杀时期侥幸活下来的前丹东信徒和前埃贝尔分子，他们侥幸逃过了对这两派的屠杀。在俄国，如果1936—1938年审判过程结束后，残余的布哈林反对派和托洛茨基反对派成功地举行反斯大林政变的话，那才与热月政变相似。

另一个差别也许更重要。热月政变导致法国社会革命的终结和财产关系的改变。而在苏联，这一过程在斯大林上台后并没有终止，相反倒是最急剧的变革——农业集体化是在他的统治下进行的。当然，无论是1923年还是在斯大林时代的任何其他时期，盛行的都不是"法律和秩序"，哪怕是极端反人民形式下的"法律和秩序"。20年代初和热月政变时期只有一点是相似的，即人民革命力量的衰落和群众的绝望和冷淡。在这种条件下，罗伯斯庇尔力求使雅各宾党的残余留在政权里却未成功，而斯大林竭力保留布尔什维克的专政，亦即他那一派的专政，却成功了。

当然，在斯大林反对财产平均主义的政策中掺有许多热月政变的调料。有趣的是，1921年，当孟什维克把列宁的新经济政策说成是"苏联的热月政变"时，无论列宁还是托洛茨基都未进行过抗议。相反，他们还庆贺自己和平地搞了一个类似于热月政变的事件，既未破坏自己的党，也未丧失政权。托洛茨基在1921年曾经这样写道："不是他们（指孟什维克）而是我们自己作出的诊断，而且更重要的是，为保留无产阶级政权而必须对小资产阶级的热月政变情绪和倾向所作的让步是共产党作出的，它既不会破坏体制，也不会使党丧失统治地位。"① 斯大林也对其官僚集团和经理集团的"热月政变"情绪和倾向作了很大让步，"既未破坏体制，也未丧失统治地位"。无论如何，正是这一历史相似性使得托洛茨基在1921年几乎是夸耀地说他和列宁搞了半个热月政变，因而他在1935年断言，苏联已在热月政变的条件下生活了12年。但就连托洛茨基本人也未察觉：这样一种相似性的确是与其说能够启发人的智慧，倒不如说只能把人搞糊涂。

托洛茨基本来可以向斯大林提出更有历史根据的指控，即斯大林确立了与罗伯斯庇尔相似的恐怖统治，并在这方面远远超过了后者，但托洛茨基自己过去的经历和布尔什维克传统不允许他提出这样的指控。应当提醒的一点是，1903—1904年间，当托洛茨基与布尔什维主义第一次决裂时，他曾指责列宁为雅各宾主义者，而列宁则以骄傲地宣称自己是20世纪"无产阶级的雅各宾党人"来作答。列宁和托洛茨基心中所想的不是同一个罗伯斯庇尔：列宁指的是在反对吉伦特党人的斗争中保证了革命胜利的罗伯斯庇尔；而托洛茨基所指的却是那个将自己的同志送上断头台的罗伯斯庇尔。不仅在列宁的心目中，而且在多数西方马克思主义者的心目中，一个世纪后业已进入革命"先贤祠"的罗伯斯庇尔遮掩了指挥"清洗"的罗伯斯庇尔。身为布尔什维克的托洛茨基后悔曾用罗伯斯庇尔主义指控列宁，因此不愿再以此指控斯大林。在以往的岁月里，布尔什维克对雅各宾主义的推崇和赞扬使得托洛茨基最终把自己与罗伯斯庇尔等同起来，这使他把自己的敌人视做热月党人，尽管他们实际上不

---

① 托洛茨基：《红军与白军之间》，第77页（此书托洛茨基于1922年2月竣稿）。

第四章 "人民公敌"

是。当然，他所敲响的警钟大大有助于唤醒全体布尔什维克、包括斯大林派成员提高警惕性。除此之外，在苏联仍然还存在着某种热月政变式的情绪，在任何一个工人国家里都可以发现它的存在（与"资产阶级因素"和"资产阶级分配方式"一起）。40年代和50年代中，拥有变幻莫测的充沛力量的俄国革命在规模和冲力上远远超过了法国革命。无论如何，亲眼目睹了这一切的我们只会对这一奇特现象感到惊奇，即热月政变的幽灵居然能如此长久地徘徊在俄国舞台上，而且存在了整整一个历史时代。

* * *

渗透在《被背叛了的革命》一书中的真正的和表面上的悲观主义，在托洛茨基力求预料第二次世界大战对苏联的影响的章节中也有所表现。他指出，新社会制度建立的"国防所具有的优越之处是在旧俄国无法想象的"；在计划经济条件下，将民用生产转变为军工生产相对容易得多，"甚至新企业的建设和装备也以国防利益为中心"。他着重指出苏联武装力量在掌握各类现代武器方面取得了重大成就，指出"红军中有生力量和机械力量的比例总体说来已达到西方先进军队的水平"。[①] 1936年，这一观点还不是西方军事专家普遍赞同的观点，而托洛茨基之所以突出强调这一点，无疑是想要给西方列强的政府和总参谋部留下强烈印象。但他认为苏联国防的大患在于军官阶层中的热月精神和军队中取代革命民主组织的严格的等级制度，首先在于斯大林的外交政策。托洛茨基写道，斯大林起初不重视来自第三帝国的危险，而现在又主要想依靠与西方资产阶级政府的结盟、国际联盟和"集体防卫条约"与第三帝国对抗，为此，在战争之时他将放弃向交战各国武装起来的工人和农民发出任何真正的革命号召。

托洛茨基问道："能否期待苏联在即将来临的战争中成为胜利者呢？对一个直截了当提出的问题，我们的回答也应是直截了当的：如果战争仅只是战争的话，那么苏联必败无疑。在技术、经济和军事方面，帝国主义强大得无可比拟，如果西方的革命不能使其瘫痪的话，那它就会铲除十月革命所孕育的制

---

① 《被背叛了的革命》，第196—197页。

度。"① 尽管西方业已四分五裂，但它终究会联合起来，"以便不让苏联在军事上取胜"。早在慕尼黑危机发生之前托洛茨基就指出，法国早就把与苏联的同盟视为"一纸空文"，并且仍将继续这样对待它。无论斯大林如何竭力通过人民阵线去保持这一条约，只有斯大林对英国、法国和美国的经济和政治压力再次让步，联盟才能实现，即便那时，各同盟国也会利用苏联在战时的困难而力图破坏其社会主义的经济基础，要求它对资本主义全面让步。与此同时，农民的个人主义会使得集体农业受到威胁。但形势并不是毫无希望的，因为战争也同样使革命迫近欧洲。因此，总的说来，"尽管苏联的制度矛盾重重，但与敌人的制度相比，它在稳定性上仍然有巨大的优势"。"……波兰资产阶级使出浑身解数却只能加速肯定会使他们灭亡的战争的到来"，而"希特勒打赢这场战争的机会远比威廉二世要少得多"。托洛茨基对欧洲革命的信心一如他对在没有这样一场革命的情况下对苏联前途的悲观主义一样强烈：

> 战争的威胁以及苏联在这场战争中的失败都是现实的，但革命也是现实的，如果革命不能防止战争的话，战争将有助于革命。第二次生育往往比第一次容易得多。从新的大战到第一次起义恐怕用不着等待整整两年半时间（如1914年以后那样）。而革命一旦发生，就不会半途而废。归根结底，苏联的命运最终不是在各国总参谋部的地图上而将在阶级斗争的地图上被决定。只有那毫不妥协地与其本国资产阶级作斗争的欧洲无产阶级……才能保护苏联免遭溃败的命运，不受来自"盟国"的背后打击。如果无产阶级在其他国家中取得胜利，那么，甚至苏联在军事上的失败也只是一个短暂的插曲。与此相反的是，如果帝国主义在世界上其他地方仍得以维持，那么，任何军事上的胜利也无法拯救十月革命的遗产。……苏联如果没有红军，就会像中国那样被打败，被打得四分五裂。只有红军对未来资本主义敌人的顽强英勇抵抗，才能创造在帝国主义阵营内开展阶级斗争的有利条件。因此，红军是一个具有重要意义的因素。但这并不等于说它是唯一的历史因素。
>
> 欧洲工人和殖民地人民并不是站在现状的旗帜下（斯大林的外交在30年代捍卫的是这面旗帜），欧洲无产阶级的任务不是使国界永久化，而

---

① 《被背叛了的革命》，第216页。

第四章 "人民公敌"

是恰恰相反，是以革命的方式取消国界。我们要的不是现状而是欧洲社会主义联邦！①

第二次世界大战的结局与这种两难抉择相比，远不是那么清晰明确。如若根据《被背叛了的革命》一书来罗列托洛茨基预言中的错误，那真是再容易不过了。但他的每个错误都含有真理的成分，其错误所依据的那些前提都含有合理性。因此，我们从他的错误中所能汲取的教益远比大多数政论家正确的陈词滥调要多得多。在这方面，托洛茨基与马克思十分相像：即使当托洛茨基的"算术"结论不准确时，他的思想在"代数学上"也仍是正确的。即使他的预言错了，那也是因为他常常是根据第一次世界大战来观察第二次世界大战的结果。他关于战争与革命的整体评价却仍然是深刻的，而且对于理解第二次世界大战的革命后果仍然十分重要。②

《被背叛了的革命》一书产生影响的方式十分特别，而且往往是相互矛盾的。此书于1937年5月问世时，恰好是在对老布尔什维克的屠杀达到白热化的时候，在对拉狄克、皮达可夫、索柯里尼柯夫的公开审判刚刚结束，图哈切夫斯基元帅和其他将军被处死的前夜。该书书名有如刺耳、绝望的抗议和呐喊，它与斯大林的刽子手们震耳欲聋的排枪射击声产生了古怪的共鸣。此书是托洛茨基悲愤怒斥的高度浓缩，它断言十月革命已遭到彻底的、无可挽回的失败，说托洛茨基和他的拥护者们已与苏联彻底决裂。因此，《被背叛了的革命》成为使人震惊、永志不忘，同时又是空泛的口号。长期以来，该书的扉页给人留下的印象比它的内容更强烈。此书的扉页往往阻碍读者去了解托洛茨基那复杂而又细致的论证，托洛茨基有关一个新的有产阶级可能崛起的论断吸引了读者的注意力，使他们看不到他那些与这一论断正相反的思想。就连托洛茨基的许多学生也都把托洛茨基仅仅视为可能性的东西当做现实性。他那辉煌而又考究的论战风格本身也促使了这种不确切理解的产生，加上由于批判地研究他的思想远不如模仿这位语言大师的辛辣语调容易，所以这种风格吸引了大量二流作家群起效尤。《被背叛了的革命》成了托洛茨基教派的圣经，它的成员们在托洛茨基死后的许多年中仍然虔诚地诵读着这本书的每一行文字。此书

---

① 《被背叛了的革命》，第219—220页。
② 本卷的跋将进一步阐述这一论据。

的影响范围极广,甚至连西方前共产党员于40年代和50年代所出版的作品中也长期留有此书影响的痕迹。其中,有些人不是靠托洛茨基丰盛的餐桌上的美味佳肴,而是靠它的残羹剩饭为生,他们只给这些残羹剩饭洒上些自己的调料,居然也赢得了见解独到的美誉。30年代的托洛茨基主义者詹姆斯·伯纳姆(James Burnham)就是以断章取义地从托洛茨基的理论中摘取的若干片断为基础而写下了《管理者的革命》一书。在伊格纳齐奥·西龙(Ignazio Silone)和阿尔图尔·凯斯特勒(Artur Koestler)的早期论著中也响彻着《被背叛了的革命》的回声。此书给乔治·奥威尔(George Orwell)留下了极为深刻的印象,在其小说《一九八四年》中,占有许多篇幅的《书籍》的一些片断即系有意套用《被背叛了的革命》中的话写成,正如书中人物大哥的神秘对手伊曼纽尔·戈尔茨坦即以托洛茨基为原型一样。最后,还有按顺序而非按意义来说的最后一个例子:40年代和50年代冷战时期的许多有雄心的苏联学学者和宣传家也都直接或间接地从这本书中汲取论据和惯用语。①

尽管《被背叛了的革命》被人们以不同方式加以利用,但它仍不失为马克思主义文献中的一部经典之作,但它也是托洛茨基的最难读懂的一部论著。只有那些既不完全接受、也不完全否定这本书的有辨别力的读者才能从中获得教益。歌德在某次论及莱辛时曾经指出,尽管莱辛是他那一代人中最伟大的一位思想家,但他对其同时代人的影响十分有限,而且某些方面甚至有害,因为只有智力与莱辛一样的人才能真正弄懂其思想的全部复杂性。因此,只是当莱辛死后,他的思想才间接地震撼了德国思想界。这一点对于《被背叛了的革命》一书的作者来说也是公正和适用的,而且也说明了这本书在西方的影响何以会遭到曲解以及这一影响本身被曲解的原因,此书的思想在苏联也已经能觉察到,尽管托洛茨基的著作在那里仍是禁书。如今在苏联,在无意中重复着托洛茨基的言论的各类报纸杂志数不胜数,而且在大学、企业、文学俱乐部、共青团支部甚至在领导者的圈子中都可以找到这类刊物。这里只需随便举出几个例子就够了:例如,托洛茨基曾说,斯大林时代将主要以平庸无能、受勋者和溜须拍马者的时代载入艺术创作史册,如今这一论断已经得到普遍承认。如

---

① 1961年,美利坚合众国的某个政府部门出版了一本名为《被背叛了的革命》的小册子,旨在为美国反对古巴的军事行动辩解。国务院、五角大楼、古巴前甘蔗园园主和某些"激进分子"将其当做革命叛徒而抨击的那个人就是菲德尔·卡斯特罗。在美国人的庇护下对古巴的入侵被说成是一次旨在恢复古巴革命的纯洁性的行动。

今没有人不同意托洛茨基的下述说法，即在斯大林主义统治之下，"文学流派一个一个地被扼杀了"，而且

> 意识形态的所有领域里都进行着毁灭性的破坏，由于这种破坏绝大多数是无意识的，所以更加坚决。当今的统治阶层不仅认为自己赋有从政治上监督精神创作的使命，而且还要为其规定发展道路。武断的命令以同等的程度扩展到集中营、农艺学和音乐中。党的核心机构发表指令性的不署名的文章，其性质与军令无异，以指导建筑、文学、戏剧艺术、芭蕾舞，更不用说指导哲学、自然科学和历史了。官僚集团迷信地害怕不直接为它服务的东西，也害怕它所不理解的东西。[①]

如果有幸说并非所有这些论断都始终正确的话，那么，其中许多仍然是正确的，作为斯大林主义遗产的批评家，已辞世的托洛茨基所说的话仍然比如今在世的所有非斯大林化者们更有力量：

> 形式主义和虚伪渗透了学校和学生的社会生活。孩子们学会了开数也数不清的、使人窒息的、空洞无聊的各种会议，会上还有必不可少的名誉主席团、吹捧敬爱的领袖，他们的简单化的讨论完全跟成年人的一样，说的是一套，想的是另一套。……思想更深刻的教育家和儿童作家不顾强加的乐观主义，有时也无法掩饰自己面对那种窒息学校环境的压制、虚伪和无聊精神所产生的恐惧。……独立的性格和独立的思想一样，只要一露头必将遭到批判。与此同时，苏联青年根本没有任何机会交流思想、犯错误、检查和纠正自己的和他人的错误。所有问题……都由别人代他们解决。他们所能做的只是服从和唱赞歌……数百万共青团员居然连一个大人物都未能推举出来，其原因正在于此。
>
> 青年人投身技术、科学、文学、体育或象棋，是在为将来搞一番大事业打基础。在所有这些领域中，他们都与未经过很好训练的老一代竞争，并在某些方面赶上或是超过后者。但只要一涉及政治，就被搞得焦头烂额。

[①] 《被背叛了的革命》，第173页。

流亡的先知·托洛茨基 1929—1940

这位先知的愤怒、信念和远见是多么富于生命力呀，从他的笔端倾泻出这样的话来：

……今后要确立的社会主义社会，不能采用苏联政府所采用的、侮辱人的落后的资本主义方法，而应采用更配得上已得到解放了的人的方法——首先不能用官僚集团的棍子。因为这根棍子本身就是旧世界遗留下来的一份最令人厌恶的遗产。在可以理直气壮地谈论社会主义之前先应当把它当众销毁。

* * *

托洛茨基撰写《被背叛了的革命》的那几个月，尽管工作紧张，但仍不失为一次休息。维克斯哈尔的生活过得平静而又安宁。每天的工作日程难得被来访者打断。托洛茨基一家和克努德森一家每周一次到霍涅福斯的电影院去看一部美国老影片。托洛茨基的写作很顺利，写完《被背叛了的革命》以后，他打算立即着手写《列宁传》。看来他终于有了真正安全的避难所了。然而地平线上却时不时地出现一小团乌云。秋天将举行大选。从夏天起，一个亲纳粹的小党就抨击政府由于为托洛茨基提供避难所而对国家的和平和幸福造成了威胁。领导这个党的是吉斯林（Quisling）少校。几年后，在德国占领期间，他当了傀儡政府的首脑，他的名字成了与占领者"合作"的同义语。但在当时，追随他的人屈指可数，而且都是些政治狂人。他们没有引起人们的注意。最使人担心的倒是一家叫做《工人报》的共产党报纸。尽管读这份报的人不多，但它反映的是苏联大使馆的观点，它指责托洛茨基把挪威作为恐怖活动的基地，并说其矛头针对的是苏联、苏联领袖，而且首先针对的是当代世界无产阶级最伟大的领袖斯大林。该报问道："挪威工人还将容忍多久？挪威工党中央执行局何去何从？挪威政府何去何从？"有关托洛茨基"把挪威作为从事恐怖活动的基地"的谣言就是这样首次出笼的，数月之后，维辛斯基也附和了这一说法。

工党坚决否认了这些说法。舍费尔写道："他们居心何在？想迫使挪威工人相信谎言……迫使工人政府逮捕托洛茨基？可是，要愚弄挪威工人和挪威工党政府可不那么容易。"执政党的其他代表也都以相同方式作了回答。①

但挪威警察局还是对托洛茨基实行了监视,他们不仅定期向司法大臣汇报自己的发现,还转发比利时及法国警察局的通报。有一个在布鲁塞尔名叫夏洛克·霍尔姆斯(Sherlock Holmes)的人发现,托洛茨基是第四国际真正的发起人和领导者;而在奥斯陆,警察局总部一些深谋远虑的人开始认真研究这一使人担心的信息是否准确的问题。法国警察局证实了这条消息,并对托洛茨基秘书的来来往往表示担忧,因为他们全都是第四国际的代理人。这一侦探工作的杰作只是使挪威的大臣们感到十分好笑:要知道还在不久以前,他们,或是其中的某些人还竭力想要加入这个从事颠覆活动的组织呢。尽管如此,为了使警察局满意,司法大臣下令将托洛茨基的秘书扬·弗朗克尔(Jan Fraenkel)驱逐出境。弗朗克尔的位置很快就由欧文·沃尔夫(Erwin Wolf)接替。他在维克斯哈尔生活了将近一年,没有遇到任何麻烦,并且还娶了克努德森的女儿为妻。为了避免不必要的磨擦,托洛茨基请求他的拥护者们把他的名字从第四国际的国际执委会委员名单中去掉,并在发表有关托派组织的内部事务的文章时不署他的名或只署笔名。② 托洛茨基拒绝接见外国报刊的记者,并极其小心谨慎地避免涉及挪威国内生活,甚至当克努德森邀请他以旁观者身份参加议员竞选集会时,他都拒绝参加。平常他都是陪克努德森一起去,然后他在汽车里等候,直到散会。③ 警察局如实地向大臣汇报说,托洛茨基在这方面的行为是无可指摘的。外交大臣库特说:"我们当然知道托洛茨基仍在继续撰写有关国际问题的评论,但我们认为,尊重他在避难权民主原则下做这些事的权利是我们的义务。"④ 政府十分满意,并两次自动延长了托洛茨基逗留挪威的期限,而且没有就此提出任何问题。

---

① 《被背叛了的革命》,第125页。
② 这段时期托洛茨基最常用的笔名是克鲁克斯。与其在巴黎和阿姆斯特丹的拥护者的部分通信托洛茨基是用密码写的。解码本保存在托洛茨基档案中的保密部分。另见克罗格:《见解》,第245—246页。
③ 这是克努德森亲口对我讲的。
④ 库特教授的这份声明是在1937年年初发表的,1956年当我访问奥斯陆时,他又重申了这番话。

库特,时任挪威外交大臣

尽管如此,当库特在1936年夏天前往莫斯科访问并在那里受到格外隆重的欢迎时,托洛茨基还是不无担忧地等待着他的归来。他对克努德森说:"他们正在克里姆林宫就我的脑袋讨价还价呢。"克努德森震惊地问道:"难道您真这么想?我们挪威工党会出卖您的头颅?"十分尊重主人感情的托洛茨基说:"不会,但我相信斯大林想要买我的头。"① 而库特则说,他对莫斯科的访问只不过是礼节性拜会:在此之前,他作为波兰政府的客人刚刚到过华沙,他不愿让莫斯科形成这样一种印象,似乎他和波兰人"搞什么交易似的"。库特说,在他访问莫斯科期间根本就没有提起过有关为托洛茨基提供避难所的问题。只是在日内瓦国联的一次会议期间,李维诺夫在私下交谈中顺便提过这件事。② 对库特的声明是可以完全相信的,因为斯大林未必会同库特这样一个温文尔雅且有点儿超凡脱俗的学者兼外交家就托洛茨基的人头问题搞交易。要做此事,斯大林需要找一个恶人。

---

① 托洛茨基:《斯大林罪行录》;《列夫·托洛茨基案》,第33页;克努德森对本书作者所作的声明。

② 库特是这样对我解释他的动机的,他补充说,长期以来他一直与莫斯科学术界就俄国—挪威早期关系史研究领域的问题保持着联系。

第四章 "人民公敌"

托洛茨基的疑心是由苏联镇压托洛茨基派成员的恐怖活动甚嚣尘上而引起的。有关此事，他从三个直接从苏联监狱和集中营出来的拥护者手中得到了第一手证明材料。这三个人是：俄国工人和老布尔什维克 A. 塔罗夫（А. Таров）、前南斯拉夫共产党政治局委员安东·西利加（Антон Силига）和维克多·塞尔日，有关后者在俄国革命中所起的作用我们已经说了很多了。① 塞尔日能获得自由是罗曼·罗兰亲自向斯大林说情的结果。西利加被释放是西欧那些朋友努力坚持的结果。而塔罗夫则是秘密逃出国境的。塔罗夫讲述道，在纳粹主义甚嚣尘上的压力下，他曾准备与斯大林主义和解并就投降的条件问题与国家政治保卫局谈判。人们问他："你是否同意托洛茨基是资产阶级反革命先锋队的头目？"如今，这正是投降者们必须赞同的一种说法。塔罗夫回答说，他认为托洛茨基是"最忠实于世界无产阶级事业的始终不渝的革命家"，"是他个人思想上的朋友和同志"。② 人们对他审讯了好几个夜晚，要他谴责托洛茨基，可他就是不肯。

这三个人都描述了令人毛骨悚然的疯狂的大恐怖：苏联各地建立了无数的集中营，自基洛夫被暗杀之后，被关押者受到了非人的待遇，他们还讲述了国家政治保卫局毒刑拷打"逼供"、"诱供"的情形。尽管托洛茨基十分严厉地批评了斯大林，但他远未充分认识到事情已经发展到了何等地步。跟任何一位政治侨民一样，他仍然保留着他所了解的形象，那时的恐怖活动远比现在缓和，其规模也比现在小得多。这些新发表的见闻（安德列·纪德刚刚出版了他的《访苏归来》一书）使他感到耻辱、愤怒难当，加强了他摒弃一切"改革幻想"和与共产国际断然、彻底决裂的决心。

应当补充的一点是，这些消息未必会给反对派留下什么希望，因为尽管他们描述了领导集团如何为所欲为以及人们对他们充满何等仇恨和轻蔑，但这些消息也以极为黯淡的色彩描绘出反对派的彻底衰败和软弱无力。③ 对于托洛茨

---

① 托洛茨基档案保密部分。塔罗夫：《一位斯大林流放地的逃亡者的信》，载《反对派通报》1935 年第 45 期。西利加论斯大林恐怖的文章载《反对派通报》第 47、48、49 期。维克多·塞尔日在其给安德列·纪德的一封公开信中，向当时对斯大林还十分友好的纪德揭露了斯大林制度的内幕。此信发表于《反对派通报》1936 年第 51 期。在上述各期《反对派通报》中还有许多来自苏联的新信息。另见托洛茨基档案保密部分中的廖瓦和塞尔日 1936 年 4 月的通信。

② 塔罗夫：《一位斯大林流放地的逃亡者的信》，载《反对派通报》1935 年第 45 期。

③ 西利加在其《巨谎之国》一书中详细描述了当时的形势。塞尔日在与廖瓦的通信中也描述了反对派衰落的情形。他引用了著名托洛茨基派成员老埃尔津的话，说："连两个观点相同的同志也找不出来。把我们联系起来的只有国家政治保卫局。"

基来说,得知如塔罗夫那样的人即使身在刑讯室、集中营和监狱之中仍然捍卫着他的荣誉,只是一种可悲的慰藉而已,这些人是反对派中的最后的莫希干人。然而,早在1935年年底就已宣布要再次大规模清党了。12月30日,当时的莫斯科州委书记赫鲁晓夫宣布,仅首都一地就开除了1万人;列宁格勒的日丹诺夫宣布开除了7000人。全国至少有4万人被开除出党。而从共青团队伍里开除的人数肯定会大大多于此数,而且其中绝大多数人被扣上了托派分子和季诺维也夫分子的帽子。在这些人中真正的反对派即便只有一半或1/3的话,其人数也大大多于1927年在联合反对派纲领上签名的4000—6000人。托洛茨基在想:这是怎么回事?来了一次新的浪潮?尽管塞尔日和西利加的讲述很悲观,但托洛茨基仍然很乐观:

> ……在斯大林的报刊及其代理人(如路易·费舍一类的先生)的影响下,不仅我们的敌人,就连我们的许多西方朋友们也都不知不觉地习惯于这样一种想法,即使布尔什维克—列宁主义者在苏联依旧存在的话也几乎都在服苦役。不,情况不是这样!马克思主义纲领和伟大的革命传统是无法用警察手段根除的。……我们这一流派如果不是作为学说,而是作为一种情绪、一种传统、一面旗帜的话,它在苏联是群众性的,而且现在显然还在不断地吸收新鲜力量。在1935年最后几个月中被开除的1万—2万名"托派分子"中,参加过1923—1924年运动的老一代的代表仅有数十人,也许是数百人,不会再多了。骨干力量全是新人……我们可以满怀信心地说,尽管无耻之极、冷酷之极的诬陷诽谤、大屠杀已长达13年之久,尽管有那么多人走上了比受迫害更危险的投降和变节之路,但第四国际目前在苏联已经拥有了一个最强大的、人数最多的和久经考验的一个分部。①

显然,这同托洛茨基先前的悲观主义论调是矛盾的。以前他说,在苏联,即便存在他的拥护者,也别指望他们能有任何革命的首创性。如若把托洛茨基主义视为"一种情绪,一种传统、一面旗帜",而非一个有组织的政党的话,那么,它比以往任何时候都更活跃。斯大林和托洛茨基都懂得,一旦遇到有利

---

① 《反对派通报》1936年第48期。

的形势,"情绪和传统"是很容易凝结为一个政党的。因此,斯大林才着手准备对托洛茨基主义发动最后一次进攻。1936年春夏,是暴风雨来临前的寂静。

在西欧,这一时期却正是人民阵线的蜜月。人民阵线中的诸党在法国的大选中获得了巨大的胜利。这促使工人提高自己的要求,上百万人加入了工会,干劲十足地举行总罢工和示威游行。托洛茨基在为美国杂志《民族》所写文章的标题中宣告:《法国革命开始了》。(保守期刊《时代》称之为伟大的革命运动。)托洛茨基指出,法国经济已经崩溃,各阶级的对抗性矛盾尖锐激烈,有产阶级及其政党陷入绝境,群众运动在积聚力量。"整个工人阶级都已行动起来了。这一广大的民众是无法用语言加以阻挡的。斗争的结果不是辉煌的胜利就是最可怕的失败。"人民阵线的领导人正在将他们的事业引向失败。他们尽了最大努力以压制工人的力量和自信心,并给资产阶级打气。"社会党和共产党竭尽全力,以便使埃里奥或至少是达拉第来领导政府。而群众做了什么呢?他们给他们强加了一个布吕姆的政府。难道这还不是直接投票反对人民阵线的政策吗?"一段时期中,反革命偃旗息鼓了,他们在等待暴风雨过去后好东山再起。"如果以为他们的打算毫无根据,那就太轻率了。有了布吕姆、儒奥(Jouhaux)和加香的帮助,反革命还是有可能达到自己的目的的。"这几年中,法国共产党始终高喊"让苏维埃遍布全国"的口号;但现在当把语言变成行动的时刻来临时,当需要团结武装工人、建立工人苏维埃的时刻来临时,他们却又宣告这个口号"不合时宜"了。托洛茨基同时还对自己的拥护者们发出了如下警告:"一个政党或是集团,它如果无法在当前的罢工运动中找到支柱并与战斗的工人建立牢固的联系,就配不上革命组织的称号。"但他的追随者们却始终未能找到一个这样的"支柱",而这已经不是第一次,也不是最后一次。

* * *

8月4日,给出版商寄出了《被背叛了的革命》一书的序言以后,托洛茨基和克努德森一起动身去休养,他们想在南部峡湾里的一座无人居住的岛上过一段时间。他们乘车前往那里。路上,克努德森发现了一伙人,其中有几个跟踪而来的吉斯林党的党徒。直到摆渡时他们才摆脱了这伙人,他和托洛茨基对此十分满意。他们渡过海湾,登上小岛,在一座渔民的茅屋里安顿下来过夜。

第二天一大早,他被来自维克斯哈尔的紧急信件惊醒。原来,当天夜里有一伙装扮成警察的吉斯林党徒闯入克努德森家,声称他们有逮捕证,还想闯进托洛茨基的房间。克努德森的女儿怀疑其中有诈,起来反抗,他的弟弟叫醒了邻居。歹徒们仓皇逃窜。只来得及从桌上抓了几张打印的文稿。这些歹徒被警察抓住后供认,他们偷听了克努德森的电话,得知克努德森和托洛茨基要出门。因此想趁托洛茨基不在之时潜入宅中。他们并不想刺杀托洛茨基。他们的目的是获取托洛茨基从事政治活动和违反允许其居留挪威的规定的证据。吉斯林党徒想要在大选期间利用这些证据大作文章。歹徒们声称他们已经达到了自己的目的。

维德孔·吉斯林,挪威法西斯政党国家统一党党魁

这件事纯属笑谈。托洛茨基相信吉斯林党徒无论如何也搞不到他违规的证明。同样,他们也无法从他的档案中取走任何重要文件,因为早在动身前克努德森就已把档案小心地存放在银行的保险柜里了。因此,经过一阵短暂的激动以后,克努德森和托洛茨基就开始在岩石上散步和钓鱼了。一星期后,即8月13日或14日,一架小飞机降落在小岛上。走下飞机的人是挪威刑警局局长。他奉特里格威·赖伊的命令前来就与即将对吉斯林的特务进行的审判有关的问题询问托洛茨基。提问涉及那些人从克努德森家里拿走的文件——托洛茨基写给他的一位法国拥护者的私人信件的副本和他的文章《法国革命已经开始

了》，关于这篇文章我们刚刚已经谈过了。托洛茨基答复了所有问题，警官就乘飞机离开了。随后他向报界代表发表声明说，纳粹党徒对托洛茨基的全部指控都是毫无根据的。①

次日凌晨，克努德森如往常一样收听新闻广播。接收清晰度极差，因为岛上没有电，他带的是一台袖珍便携式收音机。但仅仅听到的那些内容就足以使他气喘吁吁地跑到托洛茨基身边说：莫斯科刚刚公布，即将对季诺维也夫、加米涅夫及其他14名被告进行审判，罪名是叛国罪、阴谋罪和刺杀斯大林罪。随后播送了冗长的起诉书，起诉书称托洛茨基是他们的主谋。克努德森尽管对细节没有把握，但对听到季诺维也夫和加米涅夫被指控搞恐怖活动并与盖世太保勾结这两项罪名确信无疑。托洛茨基深感震惊。他嘀咕道："恐怖活动，恐怖活动，就算这条指控我还能理解，可盖世太保是怎么回事？他们说盖世太保了吗？您对这一点能确信吗？"他惊奇地问道。克努德森证实道："是的，他们就是这么说的。"这一天稍晚一些时候，他们得知起诉书断言：托洛茨基将恐怖分子和杀手从挪威派到苏联。他们感到似乎这座荒凉小岛的每块岩石都突然燃起了大火，喷发着岩浆。于是，他们匆匆忙忙地返回维克斯哈尔。

同一天，即8月15日，托洛茨基在报纸上否认这一指控，说它是"世界政治史上最大的假案"。"斯大林一手导演这次公审旨在压制人们的不满和镇压反对派。执政的官僚把任何批评和任何形式的反对派都看做阴谋。"托洛茨基指出，说他利用挪威作为从事恐怖活动的基地这一指控的目的在于剥夺他的避难所和自我保护的可能。"我郑重担保，自从跨进挪威领土的那一时刻起，我就与苏联没有任何关系了。我甚至连一封来自那边的信也没有收到过。我也没有给那边的任何人直接或通过他人寄过信。我妻子和我连一行字也无法跟我们的儿子交流，而他是个学者，和我们没有任何政治上的联系。"托洛茨基建议挪威政府对这一指控进行调查，并愿意为其提供一切必要的文件和材料。托洛茨基还向各国工人组织发出呼吁，要求成立一个不带任何偏见的国际调查委员会。②

---

① 托洛茨基：《斯大林罪行录》；克罗格：《见解》；托洛茨基档案。参见克努德森及各类挪威官方人士的声明。

② 引文摘自托洛茨基档案中的原件。

托洛茨基已多次预言的恐怖活动的高潮就这样降临了。但这一次的恐怖行动比他预见的更令人厌恶，更有威胁。从8月19日到24日，他一直把耳朵贴在无线电收音机上收听公审报告。他不时地体验到审讯的恐怖。法庭上那些检察官、法官和被告煞像一出剧中的演员，法庭上虐待狂和受虐淫的表演是如此惊心动魄，似乎已经超出了人的想象力。从审讯一开始就已很清楚，16名被告已性命难保，而跟他们一起被控告的托洛茨基和廖瓦的性命也岌岌可危（在起诉书中，廖瓦是作为其父的主要助手出现的）。随着审讯的进行，有一点越来越清楚了，即它只不过是消灭整整一代革命家的前奏曲。但最可恶的是，被告们受到百般凌辱，在无法用语言描述的令人厌恶已极的谴责谩骂和自责自谴中被迫屈辱地爬着走向死神。与此相比，法国革命的所有噩梦，那些囚车、断头台和雅各宾党人的兄弟相残都似乎是一场平静而又庄严的正剧了。罗伯斯庇尔将自己的对手送上了被告席，让他们与小偷和刑事犯坐在一起，向他们提出了匪夷所思的指控，但并未剥夺他们捍卫自己的荣誉和英勇就义的权利，至少那位丹东还可以喊一句："在我之后就该轮到你了，罗伯斯庇尔！"而斯大林却把已被打倒的对手抛进无法描述的自作自贱的深渊，他迫使布尔什维克领导人和思想家们显出一副可怜巴巴的中世纪女人的样子，要他们向宗教裁判所讲述其巫术的每个动作和与魔鬼同居的每个细节。下面试举维辛斯基和加米涅夫在世人睽睽众目之下的一段对话：

　　维辛斯基：该如何评价您表达对党忠诚的那些文章和声明呢？欺骗？
　　加米涅夫：不，比欺骗更坏。
　　维辛斯基：背信弃义？
　　加米涅夫：更坏！
　　维辛斯基：比欺骗更坏；比背信弃义更坏；——请您找出这个词。背叛？
　　加米涅夫：您已经找到它了！
　　维辛斯基：被告季诺维也夫，您承认这点吗？
　　季诺维也夫：承认。
　　维辛斯基：背叛？背信弃义？两面派？
　　季诺维也夫：是的。

第四章 "人民公敌"

让我们看一看加米涅夫是如何描述自己的罪过的吧：

> 我已经得到两次宽恕，没有杀我，但一切都有个限度。无产阶级的宽大也有其限度。我们已经走到这个限度的边缘了。……在这里，我们与外国秘密警察的间谍并排地坐在一起。我们都持有同样的武器。早在我们的命运在这被告席上交织在一起以前，我们的双手早已经握在一起了。我们为法西斯效劳，组织了反社会主义的反革命活动。这就是我们选择的道路，这就是我们掉入其中的可耻的叛徒的深渊。①

季诺维也夫紧跟其后：

> 我的罪责是追随托洛茨基，充当了托洛茨基—季诺维也夫集团的组织者，该集团的目的是杀害斯大林、伏罗希洛夫及其他领袖。……我是刺杀基洛夫的主要组织者，我承认我的这一罪行。我与托洛茨基结盟。我曲解了布尔什维主义，把它变成了反布尔什维主义，我通过托洛茨基主义走向了法西斯主义。托洛茨基主义是法西斯主义的变种，而季诺维也夫主义是托洛茨基主义的变种。②

伊万·斯米尔诺夫是国内战争中打败高尔察克的英雄，是托洛茨基领导下的革命军事委员会委员，他声明说：

> 除了我们国家现在所走的那条路外，没有别的路可走。除了历史所赋予我们的那位领导之外，没有也不可能有其他领导。托洛茨基发号施令，指挥恐怖行动，把我国当做是一个法西斯国家，他是敌人。他站在街垒的另一边。③

托洛茨基的另一位老战友姆拉奇科夫斯基，也是国内战争的英雄，他说：

---

① 《托洛茨基—季诺维也夫恐怖总部案审判报告》，第68、169—170页，引文是从法庭审判报告的官方英文文本摘录的。
② 同上，第170页。
③ 同上，第171—172页。

我是怎么走上反革命道路的呢？是与托洛茨基的关系把我引上了这条道路的。我从和他建立联系的那一刻起就开始欺骗党，欺骗党的领袖。①

巴卡耶夫——列宁格勒契卡领导人，1927年反对派示威游行的领袖，承认说：

> 在这个法庭上所揭露的事实向全世界表明，托洛茨基是反革命恐怖集团的组织者和发起人。……我曾不止一次地把自己的性命押在季诺维也夫和加米涅夫的利益上。一想到我成了他们手中驯服的工具和反革命间谍、竟然想要杀害斯大林，我就痛苦万分。②

维辛斯基过去是孟什维克、国内战争后才加入布尔什维克的行列，而现在已是总检察长，他蓄意制造歇斯底里的效果，义愤填膺地一连咆哮了数小时之久：

> 这些资本主义的疯狗居然妄想把我们苏维埃土地上最最优秀的人撕成碎片。他们杀害了对我们来说最可贵的革命者之一，他是杰出的、不可思议的人，他开朗、愉快，他嘴上的微笑永远是那么明快欢乐，就像我们的新生活一样。他们杀害了我们的基洛夫，他们几乎刺伤了我们的心脏。……敌人是阴险狡猾的。对阴险狡猾的敌人不能宽容。……我们的全体人民都在颤抖、义愤填膺。让我这个国家公诉人义愤仇恨的声音也加入到这几亿人民的怒吼声中来吧！……我要求将这群疯狗们统统枪毙，一个不留！③

这是充满了可怕的谩骂和肮脏的谴责的五天，在这五天中，检察院连一份证据也未出示，法庭就判处所有被告死刑，判决词结尾说：

> 托洛茨基，列夫·达维多维奇和他的儿子谢多夫，列夫·利沃维

---

① 《托洛茨基—季诺维也夫恐怖总部案审判报告》，第165页。
② 同上，第168页。
③ 同上，第120、164页。

奇……犯有直接策划和领导苏联恐怖活动组织的罪行……一旦他们在苏联境内被发现，应立即逮捕，送交苏联最高法院军事法庭。①

斯大林把这次审讯恰好安排在希特勒完成了他向莱茵河流域进军和人民阵线在法国组成了自己的政府之后进行。他这样做的目的是试图恐吓把他当做反希特勒同盟者的西方工人运动及左派知识分子。他实际上在威胁说，如果他们起而反对大清洗，他就要给予回击，摧毁人民阵线，让西欧单独与第三帝国对峙。在这一点上，法庭上那晦暗不明的非理性帮了他的忙，它把一些人给搞糊涂了，这些人本来会公开抗议他们明白的丑行，但他们不愿出面反对一个暧昧而又血腥的秘密并因此卷入其中。

尽管法庭和死刑判决书留下了痛苦而又沉重的印象，但它们还是在托洛茨基身上激发了一个战士的全部激情。他满怀决心要集中力量和信心迎接挑战，当年他就是以这种精神领导了国内战争最初的一些战役的。在季诺维也夫和加米涅夫审判案中，他倒成了主要被告，因此他知道，新的审判会接踵而来，到那时，比这更可怕的指控会朝他压过来。为了自己的生命和荣誉，为了活下来的孩子们，为了全体命中注定遭受迫害却无力保护自己的老布尔什维克的尊严，他开始战斗。整个审判过程的自相矛盾和荒谬绝伦他都一目了然。为了揭露它的虚假谎言、揭开它那神秘的面纱，他积聚了全部力量。他知道自己是在单枪匹马与强大的斯大林政权和为其效力的宣传军团搏斗。但至少他还可以自由地发表言论和组织自己的反击，他决心充分利用这些条件。公审的第二天，他就对《工人报》记者发表了长篇答记者问，次日，即8月21日，该报便在头版刊登了这篇答记者问，其标题是《托洛茨基断言，莫斯科的指控纯属谎言》。读者丝毫也不怀疑这家报纸是同情托洛茨基的论据的。托洛茨基还为美国、英国和法国通讯社以及许多急忙赶赴奥斯陆的记者准备了声明。他正处于激战的白热化时期。时间决定着一切。他得赶在惊讶不已、深受震撼的世间的良心尚未变得迟钝之前驳倒斯大林的指控。他所需要的仅仅是自卫的自由权。

但这个自由却出乎意料地被人狡猾地剥夺了。做出此事的正是那些不久前还向他信誓旦旦地表示友谊，表示崇敬，以为他提供了避难所而骄傲的人。8月26日，即莫斯科审判结束后的第二天，警察局的两个高级官员来找托洛茨

---

① 《托洛茨基—季诺维也夫恐怖总部案审判报告》，第180页。

基,他们奉司法大臣之命声称托洛茨基违反了在挪威居留的条款。他们要求托洛茨基在一份保证书上签名,保证他今后不再"直接或间接、口头或书面地干涉别国政治",保证作为一位政论家"严格地将自己的活动限制在历史著作和一般性的理论见解范围内,而不应发表针对某一具体国家的见解"。① 这要求听起来近似嘲弄。时至今日,当斯大林指责他是希特勒的同谋、破坏分子和凶手匪帮大头目时,他能克制自己"不对别国事务"发表自己的观点吗?他又如何能只限于"不发表针对某一具体国家的见解"呢?他如果沉默,无异于证实斯大林在全世界散播的对他的诽谤是真实的。托洛茨基断然拒绝在这份保证书上签名。于是警察局对他实行了软禁,在门口设了岗,禁止他发表公开声明。

一幅指责托洛茨基与法西斯结盟从事恐怖活动的漫画

挪威政府突然改变立场的原因何在呢?原来,8月29日苏联大使雅库博维奇(Якубович)在奥斯陆递交了一份官方照会,要求将托洛茨基驱逐出境。

---

① 特里格威·赖伊1937年2月18日向议会提交的报告同司法部和警察署的《议会报告》第19号;克罗格:《见解》;托洛茨基:《我要求对我进行审判》,存于托洛茨基档案;以及《斯大林罪行录》。

照会以莫斯科最高法院的判决书为证,指出托洛茨基把挪威作为"其阴谋活动的基地",照会的最后一句话是略加掩饰的威胁:"苏联政府指出,继续为托洛茨基提供避难所……会损害苏联与挪威之间的友好关系,并破坏……国际关系准则。"① 这份照会是在对托洛茨基实行软禁后过了三天才递交的,这就使得特里格威·赖伊有可能证实,他对托洛茨基采取行动并非由于苏联的干涉。但实际上早在几天以前,苏联大使已经正式口头要求将托洛茨基驱逐出境。库特说:"无法确定苏联大使首次要求我们剥夺托洛茨基的避难权的确切日期,这一困难可以用下述事实来解释,即他是在口头声明中表示的,却未在书面文件中反映出来。我当时不在奥斯陆,我正在北方周游自己的选区,而我在外交部的副手当时是特里格威·赖伊。"② 实际上,在《工人报》发表了托洛茨基就莫斯科审判所作的答记者问以后不久,大使就会见了特里格威·赖伊。因此,说他居然没有对执政党报纸发表托洛茨基答记者问表示抗议和没有提出剥夺托洛茨基避难权的要求,这简直令人难以置信。奥斯陆谣言蜂起,说苏联大使还威胁要中断与挪威的贸易关系,于是船舶公司和捕鱼业要求政府在此经济萧条、失业众多的形势下不要让他们的利益受到威胁。库特说:"尽管俄国人没有说要采取经济制裁,但我在政府中的同僚们都很担心这一点。我不相信他们会采取商业抵制的做法,而且我认为,无论如何,我们同俄国的贸易额不是很大,而我们的主要出口商品是鲱鱼,因此我们大可不必担心。因此我反对拘押托洛茨基。但在内阁中我成了少数派。"③

大臣们害怕与俄国的关系破裂,担心由于这个问题会在大选中落败。因此,尽管他们知道托洛茨基把挪威作为搞恐怖活动的基地这种说法纯属捏造,尽管他们在答复苏联照会时也否认了这一点,终于还是对压力屈服了。但他们也无法驱逐托洛茨基,因为还没有一个国家愿意接纳托洛茨基。他们也无法把托洛茨基引渡给并未要求引渡他的苏联政府,尽管托洛茨基向斯大林发出了挑战,似乎在刺激他提出这一要求(该要求有可能迫使挪威法庭调查此案,从而可以给托洛茨基一个驳斥这些指控的机会)。由于担心允许托洛茨基当众辩护的决定会惹恼莫斯科,所以大臣们决定把托洛茨基扣押起来。民主主义的良

---

① 照会是提交给议会的 19 号报告的附录。1936 年 8 月 30 日的《消息报》只报道了苏联大使的声明。
② 这是库特本人对本书作者讲述的。
③ 同上。

心和自身的尊严感使得这些大臣们不敢承认，他们这是在向威胁低头，甚至在自己的国家里也不能给一个他们深信无罪的、而其伟大为他们所称颂的人提供避难所。因此他们不得不给托洛茨基的无罪投下一个怀疑的阴影。尽管他们缺乏捍卫真理的勇气，却也并未支持维辛斯基的指控和附和这样一个弥天大谎。

1936年8月28日，托洛茨基在奥斯陆法庭等待为法西斯分子闯进康拉德·克努德森住宅抢劫案作证，陪同他的是其捷克斯洛伐克秘书欧文·沃尔夫

这是一些只能在小事上撒谎的小人物。他们决定指控托洛茨基滥用了他们的信任、抨击外国政府、涉足第四国际，尽管连他们自己也承认所有这些活动都是合法的。现在他们才开始寻找托洛茨基犯有过失的证据。可这样的证据到哪儿才能找到呢？在奥斯陆的法庭上，吉斯林党徒坐在被告席上，手里晃动着他们从克努德森家里抢来的那几张稿纸——托洛茨基的文章《法国革命已经开始了》的副本。难道说托洛茨基在此文中没有抨击法国的人民阵线和布吕姆政府中那些部长们吗？难道这还不构成"旨在反对友好邻邦政府"的活动吗？然而此文中却没有任何秘密的和非法的内容。文章刊载在美国的《民族》杂志和托派的两份小报——《真理报》和《我们的言论报》上。工党政府的大臣们居然利用吉斯林党徒从托洛茨基的书桌上偷来的文件大做文章，这有失体面。司法大臣的卷宗里还藏有一份警察局提交的情报，说托洛茨基和第四国际有联系。但政府却认为这种联系是不言而喻的，就在6月份时他们不理睬警察局的这一情报并主动地延长了托洛茨基在国内逗留的期限。大臣们无论在什么地方都无法找到足够的理由来剥夺托洛茨基的避难权。

尽管如此，他们不得不这么做，即便为此而将合法的理由抛到一边也在所不惜。随着日子一天天过去和莫斯科的怒气越来越大，他们越来越怕，担心他们那小矮人的利益和小矮人的名声会成为巨人之间的战争关注的焦点。他们开始诅咒他们允许"山岳般的巨人"进入他们国家的那个时辰。但他毕竟尚在他们手中，他们满可以使他成为他们的阶下囚。他们犹豫不决地这么做了，同时为自己成为斯大林的帮凶而羞愧。还是让我们引用一位挪威作家的一段话吧："良心的谴责和羞耻感很少能使一个罪犯忏悔……他必须得到对其劣迹想象出来的辩护词。这往往导致罪犯憎恨他的牺牲。"① 如果说这些大臣们在作为主人而接待"列宁最亲密的战友"时对自己重要性的意识曾一度异乎寻常地膨胀起来了的话，那么现在当他们成为看守此人的狱卒以后，却变得烦躁不安、怒气冲冲了。

8月28日，托洛茨基在警察的押解下走上奥斯陆法庭，第二次为吉斯林党徒案作证。但他立刻处于一种与其说是证人不如说是被告的地位。吉斯林党徒证实说他们发现了托洛茨基在挪威有"非法"行为；于是首席法官对他提

---

① 克罗格：《见解》，第220页。

出了一连串的问题。托洛茨基在挪威居留期间是否与其在国外的同志有过通讯往来？他是否在自己的文章里抨击过某个外国政府？托洛茨基对所有这些提问都作了肯定的回答，尽管它们与法庭上所调查的案件没有任何法定的联系，须知这里所要查明的是那些假扮警察潜入克努德森家里的人是否系骗子和盗贼。法官随后声称，托洛茨基的证词本身就违反了允许他进入本国的那些条件。托洛茨基回答说，他从未承担克制自己不发表其见解和不与同志联系的义务，并且他随时准备证明从未从事任何非法和秘密活动。此时法官打断了他的话，命令他走下证人席。

从法庭出来后，警察将托洛茨基直接带到了司法部，在许多官员的簇拥下，大臣威严地要他当场在下述声明上签字：

> 我，列夫·托洛茨基声明，我、我妻子和我的秘书在居留挪威期间，不从事任何旨在反对挪威友好国家的政治活动。我声明我将在政府为我选定或许可的地方生活……我、我妻子和我的秘书在任何情况下都不插手无论是挪威还是外国当前的政治问题……我作为一位作家，将只限于撰写历史著作、传记和回忆录……我的理论性著作将不以反对任何政府、任何外国为宗旨。此外，我同意我、我妻子和我的秘书的所有信件、电报、电话都要经过审查……①

过了20年后，当年这一场面的见证人还能记得，当托洛茨基拒绝在这份声明上签字时他脸上那既愤怒又轻蔑的表情和他那如同雷霆般的声音。托洛茨基问道，大臣怎么居然敢向他出示这么一份可耻的文件？他竟然以为一个有托洛茨基那样生活经历的人居然会在这么一份文件上签字？大臣这是在要他绝对服从并放弃任何表达政治信念的权利。如果托洛茨基以前愿意同意这样的条件，那么现在他也不会被流放，也不会仰仗挪威政府令人生疑的好客精神了。难道说特里格威·赖伊竟以为自己如此强大，能指望从他身上得到斯大林无论如何也得不到的东西？当挪威政府允许他进入本国时，他们应该知道他是什么人。它怎么敢要求就连他的理论著作也不能带有反对某一外国政府的倾向？难

---

① 《议会报告》第19号。

道说他曾经放任自己哪怕稍稍插手挪威的内政了吗？他们能否指出哪怕是一个这样的事例吗？大臣承认他们指不出。难道他们居然真的相信他把挪威作为恐怖活动的基地了吗？不，特里格威·赖伊回答说，政府明确表示不相信这一点。他们能否指控他从事过某种反对某一外国政府的阴谋或非法活动呢？不，大臣再次回答，这里说的不是什么阴谋或非法活动问题。政府仅仅指控托洛茨基未能履行其不从事任何政治活动的义务，而他那篇《法国革命已经开始了》的文章和与第四国际的联系却恰好证明他没有履行义务。托洛茨基否认自己曾经作过类似的保证。任何时候，任何社会民主党党员和共产党员都不会承担不从事任何政治活动的义务。那么大臣先生对社会主义和社会主义道德的见解又是如何呢？与那篇发表在《工人报》上的托洛茨基接受特里格威·赖伊本人采访时所作的答记者问相比，他关于法国的那篇文章有哪些方面应受指责，难道不是大臣亲自向他保证他发表个人政治见解不会违反他居留挪威的条件吗？政府怎么可以以纳粹撬锁盗窃犯提供的文件为根据对他提出指控呢？难道它居然允许希特勒雇佣的匪徒来决定自己的行为吗？

说到此处，托洛茨基提高了嗓音，以至于司法部大厅和走廊里都回荡着他的声音："这是你们在自己本国向纳粹投降迈出的第一步。你们会为此付出代价的。你们以为自己处于安全之中并且可以自由处置一个政治流亡者，但请你们记住这一点，纳粹将把你们连同你们的草包首相一起赶出自己国家的那一天，已经不远了。"听到这些奇谈怪论，特里格威·赖伊耸了耸肩。然而，过了还不到四年，由于纳粹的入侵，这个政府慌慌张张地逃出了挪威，当大臣们和他们那位年迈的国王哈康（Haakon）站在岸边等候去往英国的轮船时，他们战战兢兢地想起了托洛茨基的这句话。预言家的诅咒应验了。①

---

① 库特在他的战争回忆录里是这样描写这一场面的："会面（与国王和德国大使）以后，我召集了议会议员并向他们宣布了德国人的新要求。……我不怀疑政府会拒绝这些要求……我们得再次逃亡……而且得跑出本国。我想起了托洛茨基对特里格威·赖伊说的一番话：'过若干年，你们的政府也会和我今天一样成为无家无国的政治流亡者。'那时我们都没把他的话当回事。这在我们当时看来是根本不可能的……为了不让泪水横流，我不得不数度中断我的发言。"库特：《壁垒森严》（挪威文版），第47页。当时在场的挪威议会议员们也是这样对我描述这一场面的，其中一人还证实，国王哈康还要特里格威·赖伊想一想"托洛茨基的咒语"。

1940年4月10日，挪威国王哈康七世（图中心者）在王储奥拉夫（左）的陪同下，逃离德国轰炸下的尼伯桑德

在这次交锋后，特里格威·赖伊将托洛茨基置于更加严厉的拘押境况之下，驱逐了他的两个秘书，还在克努德森家里安排了哨兵，以便禁止托洛茨基和克努德森交往。他扩大了自己的权限，因为挪威宪法不允许他剥夺一个未经法庭审判的人的自由。许多人，其中包括保守派，都为此事感到震惊并表示抗议。于是，赖伊在下令逮捕托洛茨基的三天后要求国王签署了一份命令以赋予他处置这一特殊事例的特殊权力。9月2日，赖伊下令把托洛茨基和娜塔利娅从克努德森家转移到奥斯陆以南20英里的峡湾附近胡鲁姆的桑比，司法大臣专门为此在那儿租了一幢关押他们的房子。处于昼夜24小时监视下的托洛茨基一家和20名警察住在一起，他们的皮靴橐橐作响，他们高声喧哗，抽烟，打牌。除了托洛茨基的挪威律师外，任何人都不许访问他，就连他的法国律师也不例外。甚至连一个囚徒的最普通的权利——体育锻炼和放风也被剥夺了。只有经过特殊许可之后他才能拿到报纸，所有来往信函都要经过检查。负责审查的是吉斯林党徒，在指挥警戒班的两个人中，有一个叫约纳斯·赖伊（Jonas Lie），他后来当了吉斯林政府的警察局长。克努德森回忆道："托洛茨基太孤独了，甚至在我已经当上了议会议员以后，特里格威·赖伊还多次拒绝了我前往胡鲁姆的要求。经过长久奔波和拖延以后，他们才准许我给托洛茨基寄一台收音机。起初甚至都不让他听广播。"①

---

① 这里我引用的是克努德森对我说的原话。

所有这一切都是为了不让托洛茨基有可能答复斯大林的指控。但他并未屈服。他撰文详细揭露了季诺维也夫和加米涅夫审判案。在写给其拥护者和廖瓦的信中，他指导他们如何与清洗斗争，怎样收集反驳维辛斯基每项指控的事实材料。他一边抗议，一边向审查官呈交他的书信和文章，然后一连几星期急不可耐地等候答复。但答复却迟迟不到：审查官常常是在根本就不通知托洛茨基本人的情况下就将他所写的所有东西统统没收。与此同时，托洛茨基和娜塔利娅天天收听谴责声浪喧嚣不已的莫斯科广播，它那震耳欲聋的指控如同可怕的噪音在全世界回荡。托洛茨基想知道，究竟有多少人从最初的震惊状态中恢复过来并开始相信这些不可思议的指控了呢？莫斯科腾起的毒雾浓云是否已留在人们的大脑里发干、变硬、结为一层厚厚的硬壳了呢？就连挪威政府也以为可以扣押他这一事实，必然会使许多人重新起而反对托洛茨基：人们会如此推断，假如他是完全无辜的，那么他那些挪威工党的朋友们绝不会剥夺他的自由。托洛茨基沉默的本身看来对他也不利，敌人会充分利用这一点。托洛茨基被扣押后过了还不到两个星期，维辛斯基就在《布尔什维克》杂志上撰文声称，看来，托洛茨基并不急于反驳，否则他早就出来说话了。

在囚笼里备受煎熬的托洛茨基竭力想把两个挪威出版商、纳粹党徒和斯大林分子以诽谤罪送上法庭，他们在自己的报纸上公开支持维辛斯基的指控。10月6日，托洛茨基的挪威律师蓬特福德（Puntervold）起诉。法庭已将传票分别送达，预计此案将在一个月内听证完毕，可政府却下令终止此案调查。既然政府为了不让托洛茨基有可能答复斯大林而将他扣押，那么现在就不会允许他把法庭当做他的讲坛。但根据法律，政府无权干涉他这样做，因为就连在押犯也有权在法庭上针对诽谤而为自己辩护。但司法细节却不是特里格威·赖伊关心的要点。正如他搞到用以关押制裁托洛茨基的法令是倒填日期那样，10月29日，他以同样方式又搞到了一份"国王临时法令"，说什么"根据1936年8月31日法令被拘留的外国人（托洛茨基是据这一法令被拘捕的唯一一位外国人），未经司法部同意，不得在挪威法庭充当原告"。而司法部当然拒绝"同意"，并严禁法庭受理托洛茨基对两个出版商的起诉。

于是，托洛茨基便请他的法国律师以诽谤罪起诉斯大林在法国、捷克斯洛伐克、瑞典、比利时、西班牙的出版商，指望即便他不能作为证人被传唤到庭至少也能通过法律代表阐述自己的理由。看来，挪威人无法对此提出任何异议。他们没有任何合法理由不允许他在外国法庭上为自己的名誉申辩。但在此时政府取悦于斯大林的意愿没有止境。特里格威·赖伊声称:"司法部与政府商议后决定,在托洛茨基居住挪威期间,司法部将反对列夫·托洛茨基想要在外国法庭上有所动作的意图。"① 除此之外,司法大臣还严禁托洛茨基和任何外国律师接洽,最后,他终于彻底把托洛茨基赶进囚笼,并封住了他的嘴。

11月19日,托洛茨基通知他的法国律师热拉尔·罗森塔尔说:"昨天我接到一份官方指令,甚至禁止我在国外对任何人提出起诉。为了保证您能收到这封信,我克制自己没要求他们作任何解释。"在给廖瓦的信中他写道:"你要注意,司法大臣没收了与我的自我辩护有关的一切重要信件。如今我面对一帮诽谤者、盗贼和恶棍……却没有任何自卫能力。你应当根据自己的意愿采取行动,并把此事告诉我们的所有朋友。"在下一封信中,他更强烈地发泄了他的愤怒。他指出,《工人报》正在为解救关押在纳粹集中营里的著名激进派作家奥谢茨基(Ossietzky)而斗争,而关于挪威扣押托洛茨基一事它却只字不提。"至少奥谢茨基还没有遭到其看守的诽谤"。"毫无疑问,这封信得经过(审查官之手的)检查,但我顾不得那么多了。这是我写给儿子的私信,是我与他推心置腹的交谈,他在巴黎也遭到匪徒跟踪,随时都有生命危险,而此时我却身陷囹圄,手脚被缚。这是生死攸关的大事……(我们)在肉体和道义上的生存全都取决于它。我必须把话都说出来。"②

也许这些书信是一种军事谋略。特里格威·赖伊断言,托洛茨基通过非法途径与他儿子沟通。托洛茨基的某些信件是用隐显墨水写的,这样与他的拥护者们秘密保持联系,当允许他进城看牙医时,他偷偷地与他的拥护者联系,他们把给他的信件塞进蛋糕里寄往胡鲁姆,等等,等等,这些断言显然是有事实依据的,尽管事隔十年之后当有人向娜塔利娅问起赖伊的话是不是真的时,娜塔利娅不知如何答复是好。一般说政治犯都会使用某种方式与自己的同志秘密联络的,因此,当托洛茨基本人已经成为暴力、圈套和欺诈的对象时,如若他不采用此类方法倒会令人奇怪了。

---

① 提交给议会的报告第19号;克罗格:《见解》;托洛茨基致热拉尔·罗森塔尔,11月19日和22日。

② 托洛茨基档案保密部分。

第四章 "人民公敌"

* * *

当托洛茨基被迫沉默时，公开抨击莫斯科审判的首战的重担就落在廖瓦肩头了。腼腆害羞、口才不佳、而且习惯于做父亲的助手的廖瓦突然被推到了这一重大而又严酷事件的前台。维辛斯基说，廖瓦是"恐怖主义阴谋"的台柱子，是他父亲的副手和参谋长，指导那些著名的老布尔什维克在苏联应如何行动。在法庭的判决书中，加之于他的罪名与加之于他父亲的罪名是一样的。而现在他却真要代替他父亲了。在季诺维也夫和加米涅夫审判案几个星期以后，廖瓦出版了《关于莫斯科审判案的红皮书》——这是首次以事实驳斥斯大林的指控、首次详尽无遗地揭露这些指控难以成立的一本书。他引用证据证明，

廖瓦1936年出版的《关于莫斯科审判案的红皮书》封面

他从未跟父亲一起去过哥本哈根，而且他们说的那家他与阴谋集团接头的旅馆"布里斯托尔"纯属子虚乌有。他分析了被告的坦白之谜，指出，"他们那些无一件事实或证明的假坦白都是逐字逐句地重复检察官的话，都是在不遗余力地自我诽谤，实际上等于是在告诉全世界：'不要信我们，难道你们还没有看

出这一切全都是谎言，彻头彻尾的谎言！'"①

但那些老布尔什维克们的不幸和自作自践仍然使廖瓦灵魂深处受到了强烈震撼。他从童年时代起就认识他们每个人，还和他们的孩子们一块儿在克里姆林宫广场和走廊里玩耍。少年时代，他把他们看做是伟大的革命家和父亲的朋友。他对所有这一切都难以忘怀，因此，他这样捍卫他们的荣誉："季诺维也夫和加米涅夫内在的道德力量远远高于中等水平，虽然在这种极其特殊的情况下它们看来尚不足以抵制压力。季诺维也夫，加米涅夫及其他被告所承受的连续不断的、万分沉重的压力，数十万人……连它的1/100也无法承受。"但"斯大林要的是托洛茨基的脑袋，这才是他的主要目标。为了达到这一目标，他不得不求助于最卑鄙的杜撰。……他之所以如此仇恨托洛茨基，是因为托洛茨基是十月革命思想和传统的活生生的体现"。果然，国家政治保卫局并不满足于他们在国内取得的"胜利"，而竭力想把国外的托洛茨基主义一并铲除。他们指控西班牙托洛茨基派成员破坏人民阵线，企图谋杀它的领袖，并诬蔑波兰托派成员是盖世太保的间谍，斯大林竭力想把工人运动中的所有分歧纳入这一公式："是格别乌还是盖世太保？谁不跟格别乌走，谁就是盖世太保"。"今天他主要在反对托洛茨基主义的斗争中使用这种方法，明天他会用它来对付工人阶级中的其他派别。……如果国际工人运动无力抵制这一剂致命毒药的话，那该是多么可悲呀。"②

身在胡鲁姆的托洛茨基收到第一本《红皮书》时，大大松了口气："有一种瘫痪症患者能看，能听，也能理解一切，就是连一根指头也动不了，以致无法躲避致命的威胁。挪威的'社会主义'政府便使我们陷入这样的政治瘫痪状态，在这种情况下，廖瓦的这本书是何等珍贵的一份礼物啊……我记得我觉得此书的最初几页似乎显得有些苍白：那几页上重复转述了一些（人们已经熟知的）政治评论……但从作者开始独立分析这次审判案的那一刻起，我就完全被吸引住了。而且一章写得比一章好。'我们无畏的、亲爱的廖瓦，'我和我的妻子相互说着，'我们有了辩护人了！'"③ 在充满痛苦、忧伤和温情的

---

① 《反对派通报》1936年10月第52—53期。列·谢多夫：《关于莫斯科审判案的红皮书》，巴黎1936年法文版。
② 《关于莫斯科审判案的红皮书》。
③ 《反对派通报》1936年3月号第64期。

第四章 "人民公敌"

通信中,廖瓦讲述了他为了发动对清洗的反击而做过的一切,并把为数寥寥无几的好心人的支持和同情的每一句话都转达给父母。

廖瓦被卷入这场可怕的戏剧,但他显然力不从心。继父亲之后,他成了格别乌的下一个目标。他总觉得有人在跟踪他,有一个神秘人物的手在拆阅他的信件。他很担心自己会被绑架。他孤单单一个人,没有保护,完全依靠他周围一小伙托洛茨基派成员的同志感情的支持。他在和罗斯默夫妇的友谊中找到了几分慰藉,这两个人如今毅然为父亲辩护,忘掉并且宽恕了过去的所有龃龉。在狭小的朋友圈中,他最信任马克·兹博罗夫斯基(Mark Zborowski),这是个很有教养的年轻人,他研究医学和哲学,化名为埃蒂安(Etienne)在组织内工作。他协助《反对派通报》的出版工作,并参加了一个负责与苏联反对派保持联系的小小的俄国委员会。埃蒂安有波兰和乌克兰血统,懂俄语,并对苏联的现状十分敏感。这使他得以在许多小事上为托洛茨基提供帮助并取得廖瓦的信任。

马克·兹博罗夫斯基,廖瓦最信任的"朋友"

但这个有着良好教养、心地善良的"朋友"却是斯大林的间谍。他转换角色的能力是如此之强,以致廖瓦和托洛茨基都从未对他有过丝毫怀疑。廖瓦对他是如此信任，甚至给了他一把自己信箱的钥匙，还常常让他代替自己取邮件。那"拆阅"廖瓦信件的神秘的手就是埃蒂安的手。他还负责保管托洛茨基档案中最机密的卷宗，他把它们藏在了自己屋里。①

托洛茨基在他被扣押的几个月前曾要廖瓦把他的一部分档案存在荷兰的社会史研究所。他之所以这样做的部分原因是手头拮据。该研究所准备为这批档案付很小一笔钱，即1.5万（贬值以后的）法郎。但主要原因是托洛茨基担心格别乌会想方设法得到这批档案。因此他想把它存在可靠人的手中。11月初，廖瓦和埃蒂安将几个卷宗转移到了该研究所在米舍尔大街7号的巴黎分所。当时分所的领导是著名的孟什维克鲍里斯·尼古拉耶夫斯基（Борис Николаевский），他曾一度在莫斯科的马克思恩格斯研究院任职。这次转移是尝试性的，但档案中最重要的一部分，其中包括一些最机密的材料却仍在埃蒂安手中。②

可是，那些卷宗刚刚被转移到米舍尔大街，11月6—7日夜，就有人破门而入，若干卷宗被盗。立刻便有人怀疑这是格别乌干的。破门而入的窃贼没有动他们已经找到的贵重物品和钱财，却单单偷走了托洛茨基的文件。除了格别乌的特务外，谁还会这么干呢？法国警方惊讶于溜门撬锁者的技术和技巧，断定这并非法国罪犯所为，而是国际大盗干的。警方讯问了指控格别乌的廖瓦。警察问他，格别乌是怎样以及从哪里那么快就得知卷宗被转移到了米舍尔大街的呢？知道转移卷宗的都有谁？廖瓦声称，除他以外，知道此事的只有三个人：尼古拉耶夫斯基、荷兰研究所的某位工作人员埃斯特琳（Estrine）夫人和埃蒂安。廖瓦保证这三个人都十分忠诚，但他怀疑尼古拉耶夫斯基也许会不经意说漏了嘴而给格别乌提供了线索。那么埃蒂安呢？——警方问道。廖瓦回答说，埃蒂安绝对可靠；证据是在溜门撬锁事件发生时他在自己的家里存放着最重要的一部分档案。于是，格别乌是如何得知卷宗转移一事始终未能搞清。

后来发现，盗窃者偷走的只是一些剪报和不太重要的文件。无人怀疑因所获甚微而失望的格别乌会更加严密地组织第二次尝试的。托洛茨基终生关心自

---

① 埃蒂安（马克·兹博罗夫斯基）后来曾招供；1955年12月被美国法庭以伪证罪判处五年监禁。我对埃蒂安和廖瓦的关系的叙述依据的是他们与托洛茨基的通信以及他们向法国警察局和法官提供的证词。埃蒂安的故事由H.卡松（1955年11月21日）和大卫·达林（1956年3月26日）在《新领袖》杂志上叙述过。另见《美国参议院国际安全问题小组听证会》1957年2月14—15日第51部分，第3423—3429页。还可参见伊萨克-堂-列文：《一个刺客的内心》。

② 托洛茨基档案保密部分。

己档案的安全，其程度不亚于他对自身安全的关心。但格别乌再也没有如人们所担心的那样进行新的攫取文件的尝试。于是又产生了新的猜测。由此处列举的事实可以看出，格别乌没有必要窃取档案。因为他们可以直接通过兹博罗夫斯基来了解档案或文件副本的内容。这一在巴黎显系暗中策划的盗窃事件只是为了掩护埃蒂安，加强托洛茨基和廖瓦对他的信任。的确，当格别乌看来使出了浑身解数想要窃取档案时，埃蒂安却在自己家里"可靠地"保存着档案，没有任何事情比这一事实更有力地把一切疑点从他身上引开而指向他人的了。

* * *

在胡鲁姆，数月时光沉重而又单调地过去了，没有任何迹象表明对托洛茨基的监禁将中止或放松。托洛茨基在美国的信徒竭力想要为他取得墨西哥的避难权。但他们成功的希望十分渺茫。托洛茨基尽管很想离开挪威，但又不急于在此危难关头到一个名声不好而且又十分遥远的国家去避难。那里的政治所采用的方法是斗篷和短剑（廖瓦曾提醒过他，在那里只花几个美元就可以雇到一个杀手）。① 托洛茨基还有一线希望，即在挪威人们还可以听到他的声音。12月11日，他应再次以证人身份出席久拖未决的对溜进他在霍涅芬斯住所的吉斯林党徒的审判。他以为这回政府该再不敢休庭了。但司法大臣还是出面干涉了，虽然没有休庭，却下令关起门来进行审判。因此，当托洛茨基出现在法庭上时，听众席上连一个听众和记者也没有。与上次公开进行的审判不同，这次为了不让托洛茨基有可能当众宣读自己的证词已经作了一切必要的安排。法官对托洛茨基的态度也极其恭敬礼貌，因而托洛茨基在一连几小时里有根有据地说明了自己的案子，并且如此有力而又严肃地驳斥了斯大林的所有指控，好像他面对的是整个世界。主持人一次也没有打断他的发言，甚至在他严厉抨击挪威司法大臣是斯大林的帮凶时也没有打断他。对于托洛茨基来说，在一个封闭的、空荡无人的法庭上进行的几乎可以说是平淡无奇的审判过程中发表一篇堪称法学艺术杰作的讲话，显得有些可笑。但这时他对自己的未来是如此缺乏信心，以至于他都怀疑以后他未必有机会阐述自己的理由，因此便充分利用了这次机会畅所欲言，哪怕只是为了作调查记录也罢。

---

① 廖瓦致父母的信，1936年12月7日。托洛茨基档案保密部分。

* * *

只有不多几位见证人对托洛茨基在被监禁期间的表现作过生动的描述。指挥警卫班的军官之一阿斯克维克（Askvik）在他那本未发表的回忆录中讲述了托洛茨基的平静、尊严、自尊及自律。如阿斯克维克所说，对其自由的每一次限制，托洛茨基都要表示抗议，坚定地捍卫自己的权利，但从不侮辱警卫人员，而且他还能用正确的挪威语自如地和警卫交谈。① 挪威律师彭特福德回忆了托洛茨基是如何关注大选进程的。使托洛茨基不安的是，克努德森在一个保守派占多数的区里被提名为议会候选人，他因为是托洛茨基的房东而遭到抨击，很可能落选。当克努德森意外地以明显优势当选的消息传来时，彭特福德正在胡鲁姆。他讲述道，当时托洛茨基高兴得忘乎所以、手舞足蹈，把娜塔利娅搂在怀里，欢庆自己朋友的胜利（这在某种意义上也是给政府的一记耳光）。在这痛苦难熬的几个月里，克努德森的一贯忠诚，是所能留给托洛茨基的为数不多的安慰之一，如同激进派政论家赫尔格·克罗格在奥斯陆自由派报纸上机智而又出色地领导的那场为托洛茨基辩护的笔战一样。

特里格威·赖伊曾两或三次到胡鲁姆拜访托洛茨基。第一次是在12月11日或13日，他通知托洛茨基，后者的拘留地将从胡鲁姆转移到更偏远、更隐蔽的北方地区，因为司法部"不能继续支付"它在胡鲁姆所承担的"大笔警卫费用"。托洛茨基告诉赖伊，他的朋友们（他提到迭戈·里维拉）打算请他到墨西哥去，与其让人把他送到挪威北部的荒凉地区，他还不如去墨西哥呢。在谈话过程中赖伊注意到托洛茨基的书桌上摆着一套《易卜生全集》。赖伊便问道："您正在读易卜生？""是的，我正重读他的全集。易卜生是我青年时代最喜爱的一位作家，现在又回过头来重读他的作品。"以下的话说它出自易卜生本人笔下也不为过。托洛茨基说，《人民公敌》的思想非常契合他和这位大臣目前的处境。赖伊则闪烁其词地说"对易卜生可以作出各种各样的解释"。托洛茨基说："无论您对他作何种解释，他的证明永远对您不利。您还记得市长斯托克曼吗？"大臣问托洛茨基，将他与易卜生剧中那个为了权力和金钱不

---

① 我对某些这类细节能有所了解，得感谢阿斯克维克夫人——那位警官的遗孀，1956年4月当她听说我在奥斯陆时，便把她丈夫回忆录的手稿交给克努德森，并托他把手稿转交给我。克努德森只是在他译到有关的段落时才惊奇地得知托洛茨基懂挪威语，在霍涅芬斯期间，他俩通常用德语交谈。

惜迫害其弟弟的恶棍相提并论该不会是认真的吧？"与斯托克曼市长相比吗？那还是好的，大臣先生，那还是好的呢，"托洛茨基回答说，"您的政府具备资产阶级政府的所有缺陷，而其优点却连一个也没有。"这一意见使得这位大臣很委屈，于是就托洛茨基的"忘恩负义"大肆数落一番，说他允许托洛茨基到挪威来是个"愚蠢的错误"。"那么您现在不正在竭力用犯罪来弥补这个愚蠢的错误吗？"托洛茨基反驳道。于是，他打开了《易卜生全集》中的一本，朗读了斯托克曼先生对他那位坏蛋兄长说的一番话："我看到人的卑鄙和怯懦如何封住一位自由、正直的人的嘴……"谈话到此结束。大臣站起身来，但在出门之前，又转身向他的俘虏伸出了手。可托洛茨基拒绝和他握手。①

一周后，赖伊再次拜访托洛茨基，并通知说墨西哥方面已答应为其提供避难，他已经租好一艘油轮，次日托洛茨基和他的妻子就可以在约纳斯·赖伊——胡鲁姆警卫队长的护送下动身去墨西哥了。时间的仓促以及驱逐的细节引起托洛茨基的不祥预感。他问大臣，为什么只给他24小时作动身前的准备？为什么不释放他？他要求允许他以自由人的身份离开，允许他和朋友们商量一下，允许他收拾收拾文件并了解所有事项，允许他先和墨西哥政府联系一下，允许自己选路线，允许他自己考虑自己的安全。他说："如果您这艘油轮被斯大林知道了，那会怎么样？也许我们连英吉利海峡都到不了就在公海上被鱼雷击中。"（他甚至问这艘油轮是否带有武装）。大臣回绝了他的所有要求，但极力要他相信旅途会平安无事的，他说除了他本人和油轮主人外，没有人知道这个计划。于是托洛茨基请求准许他经过法国。现在，他已经得到了去墨西哥避难的许可，难道法国人还会不给他出境签证吗？这个要求也被赖伊否决了，他急于在议会开会讨论托洛茨基问题之前将他送出挪威。在托洛茨基看来，这位大臣的急切之情远比实际情形更加凶险。他说："当然，你们可以在肉体上消灭我们，但在道义上，你们都会自己扭断自己的脖子，犹如德国社会民主党在卡尔·李卜克内西和罗莎·卢森堡一事上扭断了自己的脖子一样。"接着，他又重复了他的预言："再过三五年……你们将全都成为难民……"；说完，他再一次转身背对大臣，拒绝和他握手。②

托洛茨基感到，人们这是在把他从一个囚笼转移到另一个囚笼去，而且他

---

① 托洛茨基：《斯大林罪行录》，第77—78页；托洛茨基日记片断，托洛茨基档案保密部分；克罗格：《见解》。

② 同上。

也不大相信自己和娜塔利娅在途中不会出任何意外。在娜塔利娅收拾行装时，他用隐显墨水写了一篇题名为《可耻！》的文章。这篇文章是对那些诽谤者，首先是对那些为季诺维也夫和加米涅夫审判案的合法性"担保"的英法两国著名律师们的答复。其中一个是皇家律师，另一个是人权保障同盟的委员，此二人都为臭名昭著的莫斯科审判案没有缺席判处托洛茨基死刑大唱赞歌。托洛茨基评论道："凡对革命史、人类心理和……此案所涉及的那些人的经历略知一二的人都会同意，我们有多一千倍的理由推断，这些律师是在为斯大林效力，而连一分钟也不会承认托洛茨基是盖世太保的同谋……整个太阳系所有的人权保障同盟也无法证实这一点，如果我能抵达墨西哥，我会在那里给这些指控者及其仆从以最终答复。"他想在动身之前"像一个沉船的水手把瓶子放入大海那样"留下这篇文章。① 他给廖瓦写信说："看样子，明天他们将把我们发配到墨西哥去。如果我们在途中或在别的地方遇到不测，你和谢尔盖就是我的继承人。这封信具有遗嘱的效用。……如你所知，我指的是我的著作将来的稿酬。除此之外我一无所有。如果你将来能见到谢尔盖，就告诉他，我们从来就没有忘记他，而且时刻挂牵着他。"在他写这封信时，医生、律师和税务员给他送来了他们的账单，而且为了保障付款冻结了他在银行的存款。②

12月19日，"鲁特号"油轮驶出挪威，船上的乘客只有托洛茨基、娜塔利娅和押送他们的警察。驱逐托洛茨基一事搞得十分机密，在他起程后数天之内，胡鲁姆拘留所周围仍然站满了警察，为的是造成一种他还在那里的假象。航程开始时，海上波浪滔天，托洛茨基和娜塔利娅在船舱里读着有关墨西哥的书，猜测着未来给他们准备了些什么。后来海面平静下来，托洛茨基开始以日记形式写分析季诺维也夫和加米涅夫审判案的文章，后来他把它收在《斯大林罪行录》这本书中。在油船避开正常航道不断变换航向航行的三个星期里，他做了许多工作。然而，全世界已经得知托洛茨基离境的消息，各国通讯社争相通过无线电采访托洛茨基。但"鲁特号"船长奉奥斯陆的命令不许托洛茨基使用船上的发报机。在这条空空荡荡的油轮上，人们对托洛茨基和娜塔利娅仍像对待拘留犯那样，甚至在他们吃饭时旁边也站着警察。

托洛茨基在1936年12月31日的日记中写道："这是该隐年。"第二天一早，"鲁特号"鸣笛迎接新年的到来。船上却没人响应，也没人祝贺新年。只

---

① 此文发表在《反对派通报》1937年3月第54—55期上，是在托洛茨基离开挪威后发表的。
② 托洛茨基档案保密部分。

有那位法西斯警官扬着手里的新年贺电走近餐桌,他收到了他那位工党大臣发给他本人的贺电。这个世界似乎到处充满了荒诞。

这是个托洛茨基一生中的那些十分奇特的巧合之一,恰好在 20 年以前,托洛茨基最后一次离开欧洲,那时他也是侨民,从为他提供临时避难所的那个国家被驱逐出来。而在 1917 年,世界处于战乱之中,海洋被潜艇搅得如一锅沸水。如今世界正处于和平之中,海洋里也没有潜艇,但在油轮上却笼罩着一种几乎和战争时期一样的紧张气氛。托洛茨基在日记里写道,船长和船员们在提到格别乌时都回避直呼其名,"好像它是水底暗礁似的"。[①] 20 年前,托洛茨基在途中写道:"我向欧洲这个老坏蛋投去最后的一瞥",为的是能尽快在三个月之后再重渡大洋回到那里。现在,他的确是在向这个"老坏蛋"投去最后的一瞥了。离开欧洲时,他的心情非常激动。他的思绪仍在留在身后的坟墓——两个女儿、许多友人和追随者及诸多希冀的坟墓上——萦绕徘徊。

---

① 这本日记的一部分收入《斯大林罪行录》一书中,另一部分未曾发表,保存在托洛茨基档案中。

第五章　地狱之夜

1937年1月9日,"鲁特号"驶进石油大港坦皮科,托洛茨基和娜塔利娅仍忐忑不安,担心朋友不来接。如果真是那样他们就难以获准在墨西哥登岸。正当挪威警察威胁要用暴力驱赶他们时,一艘小艇驶近前来,一位墨西哥将军在一群官员簇拥下登上油轮,表达了墨西哥总统拉萨罗·卡德纳斯(Lazaro Cardenas)①对他们的正式欢迎(总统特地派自己的专列到坦皮科迎接托洛茨基和娜塔利娅)。在码头上,两位美国托洛茨基主义者乔治·诺瓦克(George Novack)与马克斯·沙特曼致词欢迎托洛茨基,迭戈·里维拉(Diego Rivera)的妻子弗里达·卡洛(Frida Kahlo)则表达了东道主的拳拳盛意。刚遭受到挪威冷酷的驱逐,此刻又置身于墨西哥的热情欢迎中,对比是如此鲜明,简直使人不敢相信这是真的。托洛茨基和娜塔利娅一登上总统专列,迎面碰到警察卫队,不禁急忙向后躲闪。她后来说:"我们真害怕把我们又送到什么地方关起来。"在墨西哥城外的一个小站上,迭戈·里维拉已热情地等候在那里,并将他们送到自己在首都郊区科约阿坎的"蓝屋"家里。随后的两年里他们就住在这儿。再也找不到比这更好的地方来抚慰疲惫不堪的神经了。房子很大,充满了阳光,到处是图画、鲜花以及各种各样的墨西哥和印第安艺术品。客人在这里时时处处都能感到亲切周到的关怀。墨西哥和美国的朋友们为他们准备这个新的避难所时处处为他们的个人安全和工作方便着想。在墨西哥最初的这些日子,他们感到了梦想不到的轻松。这儿甚至能体味到一番田园诗般的情调。②

---

① 拉萨罗·卡德纳斯(1895—1970)1934—1940年任墨西哥总统,参加过1910—1917年墨西哥革命,1969年任世界和平协会名誉主席,1955年获列宁国际奖金。——译者注

② 这在托洛茨基从墨西哥给廖瓦写的第一封信里相当明显,他在信里表达了他对新避难国的欣赏,包括它的气候,甚至水果与蔬菜。

第五章 地狱之夜

1937年1月9日，托洛茨基和娜塔利娅乘"鲁特号"油轮到达坦皮科，紧随身后的是弗里达·卡洛和墨西哥官员

刚一踏上墨西哥的土地，托洛茨基和娜塔利娅就受到了热情欢迎

弗里达·卡洛与托洛茨基和娜塔利娅在一起交谈的场景

1937年11月7日,迭戈·里维拉在"蓝屋"中装饰的桌子来庆祝托洛茨基58岁生日,同时这一天也是十月革命周年纪念日

甚至这个国家的政治气候也十分宜人，墨西哥的革命正日益高涨。卡德纳斯总统不久前刚签署法令，宣布将部分大庄园分配给贫苦农民和着手将美国与英国的石油公司和铁路公司收归国有。外国资本家、本国地主和天主教会被打败了，墨西哥与美国的关系因此变得十分紧张。但是卡德纳斯却获得了农民和墨西哥劳动者联盟的支持，后者当时已迅速成为一股强大的政治力量。

由于里维拉的请求和自己周围人的坚持，卡德纳斯本着革命团结的精神接纳了托洛茨基。他声明说，不但为托洛茨基提供避难地，而且邀请他作为政府客人居留下来。从一开始他就尽一切努力保护客人，使其免遭迎头而来的仇恨的疾风暴雨的袭击。他始终不渝地实践了自己的诺言。但是他本身的处境又十分微妙。一方面，他的政敌迅速开始散布诽谤，说托洛茨基是他的革命政策的鼓动者，这种无稽之谈随即出现在美国的报刊上。① 另一方面，他所依赖的墨西哥劳动者联盟却是一座斯大林派的堡垒。它的领袖隆巴多·托莱达诺（Lombardo Toledano）和共产党对于准许托洛茨基来到这个国家而提出愤怒抗议，警告总统说，只要"反革命先锋队的领袖"没有被撵走，他们就不会安静下来。卡德纳斯极力驳斥说他剥夺英国人和美国人的财产是受托洛茨基指使这种指控；同时尽量去抚慰墨西哥劳动者联盟。其实，卡德纳斯在政治上与各种形式的托洛茨基主义相距甚远，更遑论共产主义了。作为贫苦农民的儿子，支配其一生实践的是农业激进思想以及在反对外国资本统治的爱国斗争中的实际经验。因此他担心被卷入共产主义运动内部的任何冲突之中。他在这种困难的处境下不失尊严地拒绝了斯大林派对接纳托洛茨基的抗议，但也审慎地与自己的"客人"保持着一定距离——两人从未会过面。他请求托洛茨基承诺不介入墨西哥内政。托洛茨基立即接受了，但汲取在挪威的痛苦教训，他要保留和捍卫自己"公开答复各种攻讦和诽谤"的道义权利。② 卡德纳斯对此感到满意。他根本就没有要求托洛茨基放弃政治活动的念头。他本人支持托洛茨基反击斯大林派的攻击以进行自卫的权利。他坚持这种有距离的但警惕的善意态度。托洛茨基经常表达自己的感激之情，并严守承诺，从不对墨西哥的政治生活发表意见，甚至在私下里也不说，尽管他对卡德纳斯的政策的看法在一定程度上是批判性的，认为它甚至还没有超过革命的"资产阶级阶段"。

---

① 卡德纳斯后来感到有必要公开驳斥这种诽谤（《出版报》1938 年 11 月 12 日）；而托洛茨基则想起诉一家美国报纸《纽约每日新闻》，这家报纸大肆攻击他是卡德纳斯的邪恶精灵。只是当艾伯特·戈德曼告诉他这样做缺少法律依据时他才作罢。见托洛茨基与戈德曼1938年12月的通信，存于托洛茨基档案保密部分。

② 《致墨西哥报界代表》1937 年 1 月 12 日。托洛茨基档案。

总统拉萨罗·卡德纳斯，墨西哥现代史上最杰出的政治活动家之一

在墨西哥生活的头几年里，迭戈·里维拉是托洛茨基最忠诚的朋友和保护者。他是伟大的艺术家，是政治和艺术中的叛逆者。他是墨西哥共产党创建者之一，自1922年起任中央委员。1927年11月，他在莫斯科目睹了托洛茨基主义者走上街头游行示威和反对派被驱逐的场面，受到强烈的震撼。随后，里维拉与党决裂，也与站在斯大林一边的另一位伟大的墨西哥艺术家、他最亲密的朋友和政治同志戴维·阿尔法罗·西凯罗斯（David Alfaro Siqueiros）决裂了。托洛茨基戏剧性的命运激发了里维拉的想象力：多么了不起的人物，这是可以在他的史诗般的壁画里占据中心位置的英雄形象，他还确实曾把托洛茨基和列宁摆在了他的一幅著名壁画的中央。这幅装饰了纽约洛克菲勒中心大墙的壁画由于其赞美阶级斗争和共产主义而令所有高雅体面的美国人惊骇万分。对于里维拉来说，这真是一个最幸福的时刻，变幻莫测的命运将他的领袖和先知送到他在科约阿坎的住宅里。

第五章 地狱之夜

迭戈·里维拉为纽约新工人学校画的巨型壁画《世界工人大团结》，画中有列宁、马克思、恩格斯、托洛茨基、斯大林等

托洛茨基对里维拉的创作早就十分赞赏。大约是在第一次世界大战时他在巴黎初次见到里维拉的画，1928年托洛茨基在阿拉木图写的信里提到了他的那些作品。① 里维拉对新的艺术表现手段孜孜不倦的探索是对托洛茨基下述观点的最佳注脚：当代绘画的病根在于与建筑和社会生活的脱节，而这种脱节是资本主义社会不可避免的，只有社会主义才能克服。将绘画、建筑和社会生活统一起来的追求推动着里维拉的艺术创作，它把文艺复兴、戈雅（Goya）和埃尔·格列柯（El Greco）的传统与印第安、墨西哥的民间创作和立体主义融合在一起。传统与创新之间的和谐关系是符合托洛茨基的趣味的。在里维拉的宏伟的巨幅绘画中，用以反映俄国与墨西哥革命主题的那种永远带有挑衅性的勇气、热情高涨的想象力深深打动了他。甚至里维拉粗犷质朴的气质、仿佛梦游症似的举止、"卡冈都亚似的块头和胃口"都不能不令他惊异和神往。这些

---

① 安德列斯·尼恩给在阿拉木图的托洛茨基寄去了一本里维拉绘画与雕塑的画册，托洛茨基回信感谢他送的书，并表示对艺术家的赞赏，存于托洛茨基档案。

气质将里维拉变成了一个叛逆的、喧嚷的怪物,就好像是他的画里的那些幻想的形象。与他相反,他的妻子弗里达却是一个偏于忧郁的象征派艺术家,一位娴雅的美人。她身上洋溢着异域风情,穿着装饰华美的绣花墨西哥式长连衣裙,遮盖住她那畸形的腿。经过可怕的数月羁押,托洛茨基和娜塔利娅很庆幸能有这样的朋友做他们的避风港。

迭戈·里维拉和弗里达·卡洛的结婚照,摄于 1929 年 8 月 21 日

一个只要稍微长于蠡测人的性格的旁观者可能都会想知道,托洛茨基与里维拉怎么能融洽相处,他们之间是否会发生龃龉。里维拉并不满足于自己在艺术领域的声望,还自认为是一位政治领袖。在这一点上他并不是例外:艺术家与雕塑家在墨西哥的政治生活中起着不同寻常的巨大作用,共产党政治局成员大多数都是艺术家。(对于没有文化但对艺术敏感的广大农民群众来说,借助画笔和雕刻刀所进行的政治宣传,其作用比其他任何形式的宣传都更直接。)但是,里维拉作为政治家甚至都够不上业余爱好者的水平。他那桀骜不驯的脾

气常常使他成为自己的受害者,但只要托洛茨基在场,最起码刚开始的时候他在监督之下就会收敛起他的政治自负,谦逊地只满足于学生的角色。至于托洛茨基,他对艺术家们政治上的自命不凡总是抱着宽容、谅解的态度,即使对于那种与他毫无关系、不入流的艺术家的自命不凡也是如此。何况是里维拉,对他这样的人,他总会说:"天才做的事总是对的。"

1937年1月,托洛茨基和他的妻子坐在树下翻阅《生活》周刊

因此,托洛茨基应该庆幸自己能有一个新的安乐窝,倘若他没有立即投入到残酷的政治斗争漩涡中去的话。他每天都处于威胁之中,他是莫斯科和当地斯大林派的猎取目标。卡德纳斯总统命令在"蓝屋"附近建立一个警察岗。在蓝屋里面,来给他当秘书兼保镖的美国托洛茨基主义者们承担着警戒职务。在组织保卫工作以及反对莫斯科审判的斗争中,托洛茨基的美国追随者们立下

了汗马功劳，他们虽人少又穷，但他们竭尽全力帮助他恢复与全世界的朋友和拥护者的联络、重新开始工作。托洛茨基在1937年2月写给廖瓦的信中说："我们真是幸运，赶在莫斯科开始新的审判之前来到了墨西哥。"①

托洛茨基和娜塔利娅在参观一家墨西哥农场

* * *

托洛茨基来到坦皮科不到两星期，新审判就开始了。拉狄克、皮达可夫、穆拉洛夫、索柯里尼柯夫、谢列布里亚科夫及其他12人站到了被告席上，而缺席的托洛茨基重新成为主要被告。现在罗织的罪名愈加荒谬绝伦。维辛斯基说，托洛茨基与希特勒和日本天皇签订了正式协议。维辛斯基言之凿凿地说，作为他们帮助他反斯大林的交换，托洛茨基进行旨在使苏联遭到军事失败并肢解它的活动，此外，他还竟将苏维埃乌克兰出卖给第三帝国；目前他正组织领导在苏联工业中的破坏活动；矿井、企业和铁路上的各种惨祸，大规模毒杀苏联劳动者以及多次对斯大林及其他政治局委员的未遂谋杀——这一切都是他所

---

① 托洛茨基档案保密部分。

干下的勾当。检察长的话得到了被告们的响应,他们对他的指控作了详细说明。曾任《消息报》派驻法国的记者罗姆(Ромм)承认说,他于1933年7月在巴黎与托洛茨基会过面,后者给他下达了恐怖活动的指示。皮达可夫在法庭上供认,1935年12月在奥斯陆附近,他曾与托洛茨基接头,并在那儿接受了他的指示。①

1937年,托洛茨基正在阅读马克斯·沙特曼去年出版的《莫斯科审判的背后》一书

娜塔利娅写道:"从收听到的广播,收看到的邮件和莫斯科的报纸中,我们感到疯狂、荒谬、卑鄙、交易和鲜血从四面八方涌来,淹没了我们。在墨西哥一如在挪威……列夫·达维多维奇手里握着铅笔,尽管紧张过度、极度疲劳、经常发着热病,但仍然不知疲倦地标注出那些大量滋生的无法一一批驳的谎言。"② 审判持续了一周后结束,除了拉狄克和索柯里尼柯夫两人被判了十年徒刑以外,其他被告均被判处死刑。

---

① 《托洛茨基反苏总部案审判报告》。
② 引自V. 塞尔日:《列夫·托洛茨基的生与死》,第258页。

1937年2月9日，托洛茨基在拍专题片。他正在读的也是沙特曼专为揭露莫斯科审判丑闻而写的《莫斯科审判的背后》

对于托洛茨基来说，批驳指控真如在梦魇中与妖怪搏斗。审判过程因其在梦魇中而愈显得荒诞，而因其荒诞也愈显得像一场梦魇。看来这些审判只是为了麻痹各种批评意见，它们竟然把每一种论点都变得荒诞贫乏。因此，甚至在托洛茨基还没有收集到并整理出他的事实和论据之前，不少罪名就不攻自破了。挪威外交部调查了所谓皮达可夫于1935年12月从柏林乘飞机到奥斯陆与托洛茨基会面的说法。奥斯陆机场当局就此发表声明，断言这一个月及前后数周内没有任何来自柏林的飞机曾在奥斯陆机场降落。托洛茨基发电报质问莫斯科法庭：到底是什么时候——哪一天、几点钟——皮达可夫飞抵奥斯陆的？何时、何地并在何种情形下托洛茨基会见了他？关于他与罗姆莫须有的会面，他也提出了类似问题。① 检察长与法官对这些问题不予理睬，因为他们十分清楚，不管被告们怎么答复都将漏洞百出，这场戏就演砸了。1月29日，即审判结束前夜，托洛茨基向斯大林提出了引渡要求。在诉诸国联的呼吁书中，托洛茨基声明，倘若国联根据苏联倡议成立一个有关政治恐怖活动的调查委员会，他愿意将自己的密件提交给这个委员会。他在挪威时已经发出过同样的呼

---

① 《反对派通报》1937年第54—55期。

第五章 地狱之夜

吁了。但是国联保持沉默;斯大林依然漠视他的引渡要求。托洛茨基给纽约一次群众集会的信件是又一次与审判者搏斗的尝试,他声明说:

> 我愿意站在一个以文件、事实、证据为依据的公开、公正的委员会面前坦陈事实真相,没有丝毫隐瞒。我声明:我此刻保证,如果这个委员会判定我在斯大林给我捏造的那些罪行中有哪怕丝毫的罪责,我将自动听凭格别乌刽子手的处置。……我对全世界作此声明。新闻界,请把我的话传遍这个星球最遥远的角落吧。但即使委员会判明了莫斯科审判是一场蓄意的、预谋的骗局,我也不会请求我的诬陷者自动接受处决。——你们听到我的话了吗?——不,几代人记忆中的诅咒就足够了!克里姆林宫的诬陷者听到了吗?我直截了当地向他们提出这个挑战。我等待着他们的答复!①

大约就在这个时候,托洛茨基两个儿子的命运也最终与他紧紧绑在了一起,他们受尽了磨难。这使我们的叙述变成了拉奥孔传说的现代版。廖瓦感到格别乌正追逐着他,就在法国报纸上发表一份声明指出,如果他突然死去,那么全世界都应该知道他是被斯大林分子害死的。其他说法都不要相信,因为他健康状况良好,也没有自杀的念头。而谢尔盖,按苏联报刊上的报道,在西伯利亚的克拉斯诺亚尔斯克被捕,并被指控按其父指示企图大规模毒杀企业工人。托洛茨基写道:"斯大林企图逼迫我的亲儿子招供,让他反对我。格别乌会毫不手软地把谢尔盖逼得精神失常,再把他枪决。"娜塔利娅重又枉然地诉诸"世界的良知"。② 娜塔利娅后来回忆道:"列夫·达维多维奇不止一次感到自己快要崩溃了,并悲叹自己为什么还活着。""有一次他对我说:'也许,我死了谢尔盖就能得救吧?'"③ 这样的时刻唯有她知道。而世人眼里看到的只是一个坚强刚毅、天生精力旺盛的托洛茨基。他总是号召自己的拥护者去行动,总是去鼓舞疲倦的朋友们的斗志。比如,他在齐美尔瓦尔德时期的老朋友安热利卡·巴拉巴诺娃因莫斯科审判而陷入了深深的悲观主义,他得知后写信去说:"激愤、憎恨、厌恶?噢,还有短暂的衰竭。这一切都是人之常情,非常

---

① 《我以生命做赌注》,《被背叛了的革命》附录。
② 《反对派通报》第54—55期。
③ 塞尔日:《列夫·托洛茨基的生与死》,第266页。

合乎人之常情。只是我不相信你会陷入悲观主义……而这本身正是对历史的一种消极的和屈辱的愤懑。这怎么行？历史就是历史，应该这样去接受它。当它放肆地变得反常和过分丑恶时，那就用拳头揍它，使它恢复正常。"① 他本人也正是这样坚持斗争的。

他埋头搜集自己不在现场的充分证据，用它们证明斯大林分子的指控没有一项曾是或可能是真实的，揭露这场巨大骗局的政治意义。不少人认为这是一项不可能完成的任务。他必须重现自己流亡以来生活与活动的全部细节，从浩如烟海、枝蔓芜杂的档案和各种语言的报纸中寻找证据，从旧日的秘书和卫士那里搜集证词，而其中有些人早已变成了他的对头；同样，他还要从不同国家的政府各部、领事馆、警察局、旅游局、地主、房东、旅店老板以及无数偶然相识的人那里搜集证明材料。但在一定意义上，这项投入极其巨大的工程注定是徒劳无益的。希望探究真相的人用不着如此繁琐的证据也能理解，而冷漠狭隘的人则受成见支配。后代人要形成自己的观点也未必需要这一大堆证明材料。托洛茨基这个好争辩的人可以像廖瓦、几位朋友、还有萧伯纳所劝诫的那样，满足于仅根据审判本身的材料来揭露它。② 然而学究气极浓的托洛茨基仍然不能摆脱他的典型做法，他一旦开始工作，就绝不肯放过任何偶然情况，绝不允许哪怕一件事、一个事实没有书面证明或者一个证据未被备案。他这种做法仿佛是暗示，斯大林的诬陷会永世长存，而他为此则要准备多少代也不会磨灭的不在现场的充分证明。

这项伤脑筋的工作耗费了托洛茨基好几个月的时间。他把全部精力投入其中，不管是秘书还是拥护者都被他无情地督催着，而首当其冲的是在巴黎为他完成基础工作的廖瓦。他不能容忍丝毫的拖延、反对或者道歉。稍有速度延缓的苗头，他就威胁"断绝一切关系"，先是对沙特曼，后是对纳维尔，"骂他们是在怠工，以及更严重的罪名"，尽管两人都全力以赴地帮助他。还在他从墨西哥写给廖瓦的第一封信里，他就表示了自己的不满，因为没有收到他在海上旅途中期待的那一批证明材料。过了两个星期，他愈加焦躁不安，给廖瓦的每一封信都充满了斥责。为什么没有搞到有关他去哥本哈根的文件？难道这不

---

① 巴拉巴诺娃后来流亡到纽约。托洛茨基致巴拉巴诺娃，1937年2月3日，存于托洛茨基档案保密部分。

② 萧伯纳的观点见本书第329页。廖瓦在给母亲的一封信里表示了他不赞成的态度（1937年3月8日）。

第五章 地狱之夜

是"明显的罪过"吗?为什么某些证明没有按规定在公证处公证?为什么另一些证明上的签名辨认不清?为什么日期不准确?为什么某某地方不加标题以避免引起误解?每过去一周,托洛茨基的语气就增加一分尖刻和粗暴。2月15日,他给廖瓦写道:"今天我收到你的信……老一套的道歉……老一套的许诺……但我早已听腻了道歉,早就不再相信道歉了!"他还指责廖瓦近似"出卖"的"懒惰"。"经过近几个月来的这一切,可以说,我从来没有碰到过如此黑暗的日子——当我拆开你的信时,我以为会在里面找到证据,然而我却只能找到道歉和许诺。""很难说哪种打击更沉重——是来自莫斯科的还是来自巴黎的。"① 他已规划好春天开始反审判,可担心卷宗不能及时准备好。在这些日子里,"蓝屋"看起来就像是一个催命的工场。秘书们、托洛茨基本人及娜塔利娅全都埋在无穷无尽的文件堆里,翻译、复制和打印。与此同时,他把自己的评论塞满了美国报刊的版面,力图使自己的观点更易于墨西哥报界理解,商议在各国建立"调查委员会"。出于对自己正在做的事具有重要性的意识,对任何耽搁的多疑,对格别乌破坏阻挠的恐惧,还可能出于对事情能否完成的绝望,因此,他没有丝毫内疚地督促、责骂着廖瓦,用后者及自己的生命与名誉孤注一掷。拉奥孔也正如此,他责骂自己的两个儿子,命令他们竭尽全力同巨蟒搏斗,而在巨蟒窒息的缠绕中,他们全都毁灭了——父亲和儿子们。

廖瓦感到他作为儿子的忠诚受了伤害。当托洛茨基被羁押在挪威时,他勇敢地站到了战场上父亲遗留下的位置上。然而这场斗争对于他是太沉重了,超过了他所能承受的重量;他盼望着父亲获得自由并把斗争的重负接到自己宽阔的双肩的那一天。但现在他看到父亲精疲力竭、暴躁易怒,只感到绝望。他一直对此事的整个价值抱有怀疑,并写信给娜塔利娅说,托洛茨基在去墨西哥路上写的小册子《斯大林罪行录》将比"反审判"或其他任何调查委员会的行动更有驳斥力。但是,既然父亲决定搞出自己不在现场的证明,廖瓦就兢兢业业地承担起自己的那份工作。工作进展缓慢、产生误解并不是他的错。例如,托洛茨基从胡鲁姆责成他在瑞士组织反审判,但很快又决定在美国组织反审判。廖瓦不知道这事,仍继续瑞士的准备工作,结果招致了父亲的严厉指责,威胁要停止必需的汇款,并将下一步的工作转交给纳维尔(他对此人素来不

---

① 托洛茨基档案保密部分。1937年2月1—15日的信。

大信任）。① 资料的搜集因托派集团的内讧而困难重重：廖瓦必须从莫利尼耶派那里得到许多资料，而托洛茨基已与之绝交，这使廖瓦不得不施展外交手腕。他被搞得焦头烂额、心情沮丧。他也参加了反审判的出版行动，其文章不时出现在《曼彻斯特卫报》上。廖瓦继续照料父亲的出版事务，收取稿费并定期汇往墨西哥，偿还父亲在挪威和法国的债务，出版《反对派通报》。被父亲责骂的委屈，被格别乌包围的惊恐，个人生活的极度不幸，使他在30岁就已患上失眠的顽症。他心力交瘁、厌倦不堪。

他通常只对母亲敞开心扉。（"亲爱的妈妈，我毫不怀疑，唯有你才不会为我的沉默或别的什么事骂我。"）而对父亲的申斥他则反唇相讥："……我应该在十分困难的条件下完成会成为你的累赘的那部分工作，而且是在缺乏你才有的威望和帮助的情况下去完成它。我常常连买邮票的钱都没有。我以为能指望你的支持，但是你只把我当成一个箭靶，大谈我的'犯罪的马虎'……即使我对哥本哈根文件的耽搁负有责任，这也不能成为……你对我的态度的理由。"② 委屈和灰心的廖瓦愈加信赖埃蒂安，在诚实、工作勤奋和对事业的忠诚等方面，可以说没人比得上他。

托洛茨基起初指望反审判能以与挑衅相应的规模进行，指望它能触动国际工人运动的良知。他打算与第二国际和所谓的阿姆斯特丹工会国际建立联系。于是廖瓦根据他的主意找到了第二国际的秘书长弗里德里希·阿德勒，后者主动谴责莫斯科的清洗是"中世纪的异端迫害"。阿德勒做了力所能及的事。然而他所做到的只是使国际执行委员会在拖延很久之后发表声明谴责清洗，但拒绝参与任何调查或反审判。工会国际的态度也一样：在它们的德国支部和奥地利支部被希特勒和陶尔斐斯（Dolfuss）镇压后，这两个组织已落入莱昂·布吕姆的掌握。他需要依赖斯大林的支持才当得成人民阵线政府的首脑。甚至第二国际反对清洗的空洞声明都使布吕姆感到为难；于是他利用自己的影响防止党本身和"兄弟支部"进一步行动。这样一来，西欧社会民主党一反通常热衷于反对共产主义以捍卫"个性的自由和权利"，这一次却宁肯保持外交沉默，甚至为斯大林辩护。正如托洛茨基所说："国际抵制了自己的秘书长。"这一点

---

① 托洛茨基致廖瓦，1937年2月24日，3月5、16日，存于托洛茨基档案保密部分。
② 廖瓦致托洛茨基，1937年3月8日。托洛茨基档案保密部分。

第五章 地狱之夜

事先就削弱了各种反审判的效果;没有社会民主党和工会,任何运动都不可能吸引工人阶级的注意力。①

于是托洛茨基的追随者试图获得著名的左翼知识分子的支持。这种做法不太对托洛茨基的口味,他经常嘲笑斯大林分子荟萃文学界和科学界的"明星"搞什么"和平委员会"、"和平大会"、"反法西斯游行",等等。托洛茨基瞧不起此类大杂烩似的表面文章,尤其是当共产国际用它们来取代工人运动的大规模联合行动时。托洛茨基批评他的美国追随者未能将工人吸收进"保卫托洛茨基委员会",然而他也没有别的选择。

1937年4月,保卫托洛茨基委员会在纽约散发的《真理报》号外

但知识界的反应也令人扫兴,因为在法国、西班牙、英国和美国,斯大林派具有强大的影响,他们对知识界施加了各种各样的精神压力,防止它对清洗提出哪怕最微弱的抗议。在莫斯科,俄国文学艺术之花备受摧残,只听得见高尔基、肖洛霍夫和爱伦堡的声音,他们也加入了合唱,"杀死疯狗!"的嚎叫声

---

① 《反对派通讯》1937年第56—57期;廖瓦与弗·阿德勒的通信,1936年。同上。

震耳欲聋。在西方，声名显赫的文学家，如特奥多尔·德莱塞、莱昂·福伊希特万格、巴比塞和阿拉贡，也都齐声应和。而像罗曼·罗兰这位甘地的崇拜者、暴力的反对者、当代"人文科学的良心"，则以自己《福音书》式委婉的语气为俄国的血腥屠杀辩护，颂扬主要的刽子手。罗曼·罗兰干得如此卖力，以致托洛茨基想以败坏名誉罪对他起诉。如果说高尔基和罗兰定下了调子，那么无数的小文人和道学家则心安理得地紧随其后。他们支持斯大林的声明和呼吁听起来很奇怪。例如在美国，他们宣布抵制在约翰·杜威主持下建立的调查委员会。他们警告"所有善良的人"不要支持委员会，说莫斯科审判的批评者是在干涉苏联内政，帮助法西斯"打击进步力量"。在宣言上签名的有特奥多尔·德莱塞、格兰维尔·希克斯（Granville Hicks）、科利斯·拉蒙特（Corliss Lamont）、马克斯·勒纳（Max Lerner）、雷蒙德·罗宾斯（Raymond Robins）、安娜·路易丝·斯特朗、保罗·斯威齐（Paul Sweezy）、纳撒内尔·韦斯特（Nathaniel West）以及许多教授和艺术活动家，其中不少人在40—50年代时又站到了反共产主义运动的最前线。① 路易·费舍（Louis Fischer）和沃尔特·杜兰蒂（Walter Duranty）是知名的苏联问题专家，他们担保，斯大林是正直的，维辛斯基是可靠的，格别乌是用人道方法得到季诺维也夫、加米涅夫、皮达可夫和拉狄克的口供的。甚至伯特伦·D.沃尔夫（Bertram D. Wolfe）这位早被开除出共产党的洛夫斯通反对派成员还一直颂扬说斯大林从托洛茨基—季诺维也夫的阴谋中挽救了革命。② 迄今为止一直自称是"托洛茨基的敬慕者"的美国犹太人报界同仁现在也开始反对托洛茨基了，因为他的声明指出在莫斯科审判中潜藏着反犹主义。一份报纸的编辑写道："我们犹太出版界还是首次听到这种指控。在反犹的问题上，我们一贯将苏联看做是我们唯一的

---

① 参见发表在《今日苏联》1937年3月号上的声明。
② "今天，不管他的（即托洛茨基的）主观动机是什么，对此我不想加以评论，他的客观作用却是在工人阶级中煽动反苏情绪。他指示他在法国的追随者加入社会党国际，他愈益背叛了共产主义事业。……他甚至赞成苏联内战，这样他就成了他曾忠诚为之服务的那个阶级和国家的公开敌人。"这就是伯特伦·D. 沃尔夫在1936年写到托洛茨基的话！（《我们要知道的事》，载《工人时代》。）只是到了大清洗就要结束、布哈林即将站上被告席时，沃尔夫这位"共产主义的原教旨主义者"才为自己在道义上支持清洗感到后悔。（《新共和国》1937年11月24日。）因此托洛茨基评论他说，沃尔夫还有许多东西需要学习或忘掉，以免将来再犯严重的错误，在以后的年代里，沃尔夫又攻击其他作家（那些人一贯谴责斯大林分子的大清洗）是"斯大林的辩护士"。

第五章　地狱之夜

慰藉。……托洛茨基将这类毫无根据的罪名加诸斯大林,这是不可原谅的。"①

这一切行为的动机并不仅仅是伪善、盲信以及那些唯恐批评斯大林会帮希特勒忙的好好先生的顾虑。知识界的某些代表人物认为托洛茨基所进行的反击是毫无意义的。著名的美国历史学家查尔斯·A. 比尔德（Charles A. Beard）断言："托洛茨基用不着去做那些做不到的事,即正面证明自己的无辜。倒是他的审判者应该提出比供认更多的东西,提出更有说服力的证据。"②萧伯纳也否定了反审判的想法,并写道："但愿托洛茨基不要让自己站在更为狭小的各式法庭上,而是站在他的听众讲坛上,在那里,他的审判者将会处于他的掌握之中。……他的笔就是最厉害的武器。"一个月之后,他更不以为然地写道："托洛茨基案的力量在于对他提出的指控的难以置信,但他恰恰是因为对斯大林进行了同样的攻击而把这一切都毁掉了。此刻,当我与斯大林在一起度过差不多3个钟头并以强烈的好奇心观察他之后,我很难相信他会是个粗野的强盗,正如我不相信托洛茨基是杀人凶手一样。"③萧伯纳显然偏离了根本问题,因为托洛茨基并没有"对斯大林进行同样的攻击"。但毕竟与罗曼·罗兰不同,萧伯纳还不至于因与斯大林的友情而为大清洗辩护。他在这整个事件中看到的不是真理与谎言之间的冲突,而是真理与真理之间的冲突,看到是如同他在《圣女贞德》中所描写的那种历史悲剧（此剧大约写于托洛茨基第一次被革出教门之时）,是为了未来而斗争的革命同保卫合理的现实利益的现存政权之间的矛盾。安德列·马尔罗也表达了类似的看法："托洛茨基是世界上伟大的道德力量,但斯大林赋予人类以尊严;正如宗教裁判所无损于基督教的基

---

① B. Z. 戈尔德贝格的文章载纽约《泰格报》1937年1月26—27日。这段时间托洛茨基重新审视了他关于犹太人问题的观点。在另一家美国犹太人日报对他的一次采访中他承认,最近第三帝国甚至苏联的反犹事件使他放弃了让犹太人与他们居住国民族"同化"的希望。他产生了一个新的看法,认为即使在社会主义制度下,犹太人问题仍然需要"从领土上解决",也就是说,犹太人应该定居在他们自己的土地上。但是他不相信这块土地就是巴勒斯坦,不相信犹太复国主义能够解决这个问题。他争辩说,腐朽的资本主义存在得越久,全世界范围的反犹主义就越凶恶、越野蛮。存于托洛茨基档案,1937年1月28日。
② 引自《列夫·托洛茨基案》,第464页。
③ 萧伯纳致英国保卫托洛茨基委员会秘书,1937年6月20日与7月21日。引自委员会档案与托洛茨基档案保密部分。

本尊严一样，莫斯科审判也无损于（共产主义的）基本尊严。"①

贝托尔特·布莱希特（Berthold Brecht）的反应也与此类似。他多少有些同情托洛茨基主义并被清洗所震惊。但是他还未能与斯大林主义决裂。他像俄国的变节者一样怀着疑虑向它屈膝，并在《伽利略传》中用艺术形式表达了自己及那些人的困惑。他是通过布尔什维主义的经验去看伽利略的：伽利略跪在宗教法庭上，其行为是出于被人民精神与政治上的幼稚所制约的历史必然性。他剧中的伽利略不过是穿着历史外衣的季诺维也夫，或是布哈林或是拉柯夫斯基而已。焦尔达诺·布鲁诺的"无益的"受难令他苦恼。这个可怕的榜样迫使他屈服于宗教法庭，正像托洛茨基的命运迫使许多共产主义者屈服于斯大林一样。"没有英雄的国家是不幸的国家。"——"不！需要英雄的国家才是不幸的国家。"——布莱希特剧中这句名言与其说体现了意大利文艺复兴时期伽利略苦恼的思索，还不如说体现了斯大林时期的俄国与托洛茨基的问题。②

在回答斯大林的辩护士及那些推卸责任的人时，托洛茨基所发泄出来的强烈怒火尽管是合理的，却使他看起来像是民间故事里的歹人，这就给予了不很情愿的"真理捍卫者"保持沉默的口实。因此，西德尼和比阿特丽斯·韦伯拒绝与抗议运动发生关系就不足为奇了。不但如此，他们还变成了斯大林的颂扬者。但甚至如安德列·纪德、赫·乔·威尔斯那样的人，他们最初的冲动是支持反审判的，最终也决定袖手旁观。因此，这次行动局限在一个十分狭窄的范围内，而且五花八门的保卫托洛茨基委员会主要是由誓死反斯大林主义者和一些长期持反共产主义立场者组成，这就在更大程度上抵消了这些委员会活动的影响。

1937年3月，美国、英国、法国和捷克等国的各委员会建立了一个旨在进行反审判的联合调查委员会。加入者有：阿尔弗雷德·罗斯默、在1914—1915年唯一同卡尔·李卜克内西共同投票反对战争的德国国会议员奥托·吕尔（Otto Rülhle）、前国会议员共产党人文德林·托马斯（Wendelin Thomas）、以无政府工团主义而著名的卡洛·特雷斯卡（Carlo Tresca）、具有浓厚反马克

---

① 引自马尔罗在《民族》杂志编辑部成员为他举办的宴会上的讲演摘要（托洛茨基的一位追随者寄给他一份摘要，收入档案保密部分）。马尔罗曾带着一批斯大林主义者来到美国，试图支援在西班牙作战的国际旅。早些时候，托洛茨基曾由于他对大清洗的态度而攻击过他。

② 布莱希特在大清洗达到高潮的1937—1938年写出了《伽利略传》的最初版本。

思主义倾向的美国激进女政论家苏珊·拉福利特（Suzanne La Follette）、新闻记者本杰明·斯托贝尔格（Benjamin Stolberg）与约翰·R. 张伯伦（John R. Chamberlain）、威斯康星州立大学教授爱德华·A. 罗斯（Edward A. Ross）、大学讲师卡尔顿·比尔斯（Carleton Beals）、右翼拉丁美洲作家弗兰西斯科·扎莫拉（Francisco Zamorra）。这些成员里除了罗斯默以外，没有任何人曾与托洛茨基有过关系——而且大多数都是托洛茨基政治上的反对派。委员会自身的权威主要应归功于其主席——约翰·杜威（John Dewey），这位美国著名的哲学家和教育家，众所周知他是苏联的朋友。委员会的法律顾问是约翰·F. 芬纳蒂（John F. Finerty），他在美国政治大审判中作为被告律师而闻名全国，特别是在汤姆·穆尼（Tom Mooney）、萨科（Sacco）和万齐蒂案的审判中。

托洛茨基起初不相信这个委员会能胜任自身的任务。其大多数成员的姓名对他来说几乎说明不了什么，他甚至对它的主席都抱有怀疑。他想到许多问题：这位年近 80 高龄的杜威未免太老了点儿了吧？委员会面临的种种问题离他未免太远了点儿吧？在听证会上他不会睡着吗？他怎么能对付得了那么一大堆证据、文件呢？而他作为"苏联的朋友"难道不会为斯大林粉饰吗？委员会积极的组织者詹姆斯·伯纳姆（James Burnham）消释了托洛茨基的疑虑，他写道："杜威是老了，但他头脑仍然敏锐，他的正直的人格是毋庸置疑的。正是他对萨科和万齐蒂案件写出了最透彻的分析文章。此外，他不是作为政治家，而是作为学者和逻辑学家去处理问题，这只有好处没有坏处。他不会在听证会上打盹。……低估他将是一个极大的错误。……杜威当然不是马克思主义者；他的正直的人格和智力不能防止他在政治上骑墙，在这点上，我们当然不能完全相信他……"①

杜威同意参加委员会的工作差不多是一桩英雄主义的举动。在哲学思想上他是托洛茨基的对头。他们不久前还就辩证唯物主义问题公开发生了冲突。尽管总的来说杜威是个激进主义者，但他赞成"美国生活方式"和议会民主制。作为一个实用主义者，他倾向于"非理论家"和"实践家"的斯大林，而反对"教条马克思主义者"托洛茨基。在耄耋之年背上了调查主席的重负，这使他不得不与自己的许多朋友断绝了来往。斯大林主义者竭尽全力劝阻他，当他们没有得逞时，便一刻也没有停止过诽谤——最轻的诽谤是，他之所以

---

① 伯纳姆致托洛茨基，1937 年 4 月 1 日，存于托洛茨基档案保密部分。

"成为托洛茨基的拥护者"是由于老年痴呆症。连他创立并任其编委会成员达25年之久的杂志《新共和》也起来反对他了。他不得不退出编委会。亲属们恳求他,不要使自己姓名上的光环因为令人置疑的脆弱的事情而遭到污损。然而阴谋与阻挠更坚定了他的决心。在杜威看来,为了阻止他,压力从四面八方纷至沓来,或明或暗,仅这件事本身就强调了调查行动的必要性。为了投入到对此特殊事件的实际调查,他甚至丢下了论文《逻辑:探究的理论》的写作,而这是他自认为最主要的工作。数周乃至数月之久,他埋头研究散发出血腥气的关于莫斯科审判的官方报告、托洛茨基大量的著作、通信及其堆积如山的文件。他做笔记,比较事实、数据和观点,直到完全掌握了此案各方面的情况。他不得不一次又一次地反抗着恐吓和威胁。什么也无法动摇他的冷静或削弱他的意志。委员会需要对作为主要证人的托洛茨基进行询问,由于美国政府不允许托洛茨基来纽约,于是杜威决定在墨西哥展开调查。人们警告他,墨西哥劳动者联盟不准进行反审判,他及其伙伴将在边界遇到敌意的示威,甚至遭到暴力。但老哲学家不为所动,仍然继续他的事业。他对问题采取的是不偏不倚的态度。虽然他确信托洛茨基的罪行并没有被莫斯科证明,但也不肯轻信托洛茨基的清白。他决心不但要做到完全的不偏不倚,而且还要将这公正昭示世人,因此他从未在委员会会议之外与托洛茨基会面,尽管"很想私下同他非正式地谈谈"。①

4月10日,委员会开始了一系列的听证会。起初想在墨西哥城中心的一间宽敞的会堂里举行,后来为了避免干扰和省钱又放弃了这个主意。会议始终在"蓝屋"中的托洛茨基的书房里举行。"气氛是紧张的。外面站着警察……一个带武器的托洛茨基的秘书对客人们进行搜身以免他们携带进武器,并对他们加以辨认。"临街的双扇大窗户"都关上了,在每一扇后面垒起了两米高的用砖砌就并用水泥加固的工事,还有沙袋……这些工事都是前一天晚上完成的"。出席者大约有50人左右,包括记者和摄影师。听证会是按照美国通行的司法程序进行的。杜威曾邀请苏联大使、美国共产党和墨西哥共产党派代表列席会议并参与讯问,但邀请如石沉大海。②

---

① 上述情况是杜威本人和他的秘书拉特纳在1950年告诉我的。
② 《列夫·托洛茨基案》附录三;另见詹姆斯·法雷尔:《约翰·杜威》(西德尼·胡克主编的专题论文集),第361页。

第五章 地狱之夜

1937年，杜威委员会听证会：托洛茨基（箭头所示），右边是他的秘书海耶诺特，约翰·杜威，中间正对镜头的是苏珊·拉福利特

在简短的开幕词中，杜威声明说，委员会既不是法庭，也不是裁判官，仅仅是一个调查组织。"我们的任务是听取托洛茨基先生向我们提供的一切证词，对他进行讯问，并提出我们所从属的整个委员会的调查结果。""美国保卫列夫·托洛茨基委员会"这个名称并不意味着委员会赞成托洛茨基。它遵循的是"美国传统"："任何人在没有为自己辩护之前都不能被定罪。"委员会的目的是，当被指控者是否得到公正审判引起怀疑时，它提供一次公正的审判。托洛茨基案件可以与穆尼案件、萨科和万齐蒂案件相比较。但是后者起码在最后定案之前还可以申诉，而托洛茨基和其儿子却被苏联最高法庭两次缺席判定有罪，他多次向苏联政府提出自动有效的引渡要求，使他能出席挪威或墨西哥的法庭，但都遭到漠视。"他在不被听取申诉的情况下被定罪，这个事实令委员会以及整个世界良知十分不安。"在坦陈自己参加委员会工作的动机时，杜威说，既然献身于社会教育事业，他就将今天的工作看做是一项伟大的社会任务和教育任务——"否则就意味着背叛我一生的事业"。

听证会持续了整整一周并举行了13次长会。杜威、芬纳蒂、托洛茨基的律师艾·戈德曼及其他人就罪名及证据的所有细节对他进行了讯问。有时讯问几乎变成了政治辩论，某些讯问者坚持说托洛茨基和列宁应对斯大林主义负有道义责任，而托洛茨基否定这种断言。他对任何问题都没有拒绝回答或者回避。争论尽管激烈，会议却进行得很平静缓和，在这当中只受到了所谓的比尔斯（Beals）插曲的干扰。

1937年4月，托洛茨基与他的美国律师戈德曼在一起。左一为海耶诺特，右一为捷克人弗兰克

委员会成员卡尔顿·比尔斯多次向托洛茨基提问，其中一些与主题没有太大关系，另一些问题可看成是展示其亲斯大林的偏见，而且在形式上咄咄逼人。托洛茨基克制地、扼要地回答了他的问题。4月16日的长会快结束时，比尔斯提出了几个问题并断言说，托洛茨基与苏联的那些主张"建设（苏联）经济"的人相反，他在极力鼓动世界革命。（托洛茨基指出，在莫斯科审判中他并没有被描绘成世界革命的鼓动者，而是被描绘成反革命的鼓动者、希特勒的同盟。）比尔斯又问他，他是否认识鲍罗廷（此人是苏联派驻中国的特使、斯大林主义者、蒋介石的顾问）。托洛茨基回答，他当然知道这个人，但从未与他谋面。比尔斯问，难道1919年或1920年不是托洛茨基派他到墨西哥建立共产党的吗？这个问题是暗示托洛茨基在欺骗委员会，尤其是暗示他曾企图在这个现在为他提供避难所的国家里煽动革命。争论尖锐起来。挪威的经历还记忆犹新，托洛茨基不禁怀疑提出这样的问题是旨在唆使墨西哥人反对他和剥夺

他的避难地并破坏反审判。他指出,他是将自己的希望与世界革命联系在一起,但努力用政治上合法的手段去促进它,而不是在异国组织政变;关于他在1919—1920年派鲍罗廷去墨西哥这种断言纯属捏造。当时正值国内战争最紧张的关头,他几乎没有离开过自己的装甲专列,他的目光只盯在军事地图上,"整个世界地理"差不多都忘光了。

然而比尔斯仍抓住这个问题不放,补充说,是鲍罗廷自己宣称托洛茨基派他去墨西哥的,而且早在1919年,苏俄共产党就分裂为国务活动家与革命鼓动者。托洛茨基问:"我能得知这种耸人听闻的消息的来源吗?它是公开发表的吗?"比尔斯说:"不是。"托洛茨基反击道:"我只能向这位委员建议,去告诉他的那位报信者,他是个骗子。""谢谢您,托洛茨基先生。鲍罗廷先生原来是个骗子。"托洛茨基简洁地回答:"很可能。"听证会快结束时,他对比尔斯的"亲斯大林腔调"提出抗议。这件事更使他有了一种不祥的感觉。鲍罗廷事件与莫斯科审判毫无关系,看来仅仅是要使他以及墨西哥政府为难。因此,在下一次会议开始时,他再次否定比尔斯的断言,并请委员会查明这些说法的来源。若是比尔斯是从鲍罗廷那里直接获知这些情况的,那么让他说明发生于何时何地。若是他是间接获知的,那么是以什么方式、在什么地方、通过什么人?搞清楚这些问题将揭示出旨在破坏反审判的意图。"如果比尔斯先生与这些阴谋没有蓄意的、直接的关系,那么我希望他能尽快作出一切必要的解释,以便委员会揭穿阴谋的真正源头。"因为比尔斯拒绝说出自己消息的来源,委员会在内部会议中对他进行了谴责,他则退出了委员会。这件事没有任何后果。①

托洛茨基在他本人4月17日的最后声明中对讯问的结果作了概述。② 他已经精疲力竭,劳累不堪,请求准许他坐下宣读自己的声明。他首先指出,或者是他以及几乎所有列宁政治局的成员如莫斯科起诉人所宣称的那样是苏联和共产主义的叛徒,或者斯大林与他的政治局是一群骗子,二者必居其一。如果说,研究这个问题就是干涉全世界工人阶级的祖国——苏联的内政,那么这是一个不允许工人讨论其事务的"奇怪的祖国"。他本人及他的家庭被剥夺了苏联国籍,他们没有别的选择,只能栖身于"国际社会舆论的庇护下"。至于查尔斯·A. 比尔德那些人断言说的:论证的责任在斯大林一边而不在他身上,

---

① 《列夫·托洛茨基案》,第411—417页。

② 同上,第459—585页。

"以正面论据驳斥反证"是根本不可能的,托洛茨基对此回答说,不在现场这一司法概念提供了反驳的可能性,而他可以提出自己不在现场的证据,以展示"正面的事实"——斯大林作了"历史上最大的伪证"。

然而,这场司法审理只"涉及伪证的形式而非它的本质"——与清洗、"被告、证人、法官、辩护人甚至检察官所遭受的极权压迫……"的政治背景不可分割的本质。在这种压力下,任何审判在司法上都不再是公正的,它已成为演戏。被告只是经过排练之后才登场,导演十分放心,早就知道他们不会超出自己角色的范围。在起诉与辩护之间没有任何辩论的余地。主要演员在枪口下演完自己的角色。"剧可能演好,也可能演砸,但这是一个宗教裁判的技术问题而非公正问题。"

对指控进行估价,应该考虑被告的政治历史。罪行一般是罪犯性格的产物,最起码与之相符。因此讯问时必须考察他,托洛茨基以及其他被告在布尔什维克党中的工作以及在革命中的作用;而根据这些事实来看,强加于他们的罪行是与他们的性格根本不符的。正因为如此,斯大林需要伪造他们的履历。这里应该提一个基本问题:对谁有利?杀死基洛夫给反对派带来了或可能带来什么好处?要不然就是有利于斯大林,给他提供镇压反对派的口实?在煤矿、工厂和铁路进行破坏,反对派从中能捞到什么好处?要不然这就有利于政府?它坚持过快的工业化,但因其官僚的玩忽职守又在工业生产中造成了大量灾难,而现在它极力用这些灾难来指控反对派以推卸自己的责任?反对派同希特勒或者日本天皇联盟能赢得什么?要不然就是斯大林用被告供认他们是希特勒的同盟来积累政治资本?

对于反对派来说,犯下这些罪行中的任何一桩都无异于愚蠢的自杀行为。指控的荒谬是起诉方无法提供确凿证据所致。维辛斯基所指的阴谋仿佛源远流长,遍布苏联国内外。其被臆想出来的多数领导人及参加者这些年来一直处于格别乌的掌握之中。然而格别乌不能提出有关这些巨大阴谋的任何实际材料,甚至连一个证据也拿不出来,只有供认、供认、没完没了的供认。"阴谋既没有肉体,也没有血液。"被告没有引证阴谋过程中任何具体的事件或行动,而只有本人关于它的谈论——法庭审理就是关于谈论的谈论。缺乏任何心理学的说服力和事实内容,说明这些戏是按照专门准备的"脚本"演的。但是,"如此巨大规模的伪证,连警察局都承受不了……太多的人物与情节、性格与事实资料、利益与文献……都与准备好的脚本不相符!""如果从艺术家的立场来看问题,那么,哪怕莎士比亚的肩膀也担不起使上百个人物及无数情节协调一致……的任务。然而并没有对格别乌唯命是从的莎士比亚。"当它炮制那些仿佛发生在苏联的事件时,它还能保持表面的说服力。宗教法庭似的暴虐可以强迫被告与证人和他们自己的某些荒诞故事保持一致。当阴谋的线索延伸至其他国家时,环境改变了,而格别乌仍是如法炮制地指控他这个"头号人民公敌"。但是在国外,对事实、数据和情节是可以检验的,而每一次都使关于阴谋的故事露了馅。编造出来的通向托洛茨基的那些"线索"没有一条是真的。已经查明,似乎接受了他的指示进行恐怖活动(在他儿子在场或不在场的情况下)的某些被告如达维德(Давид)、贝尔曼－尤林(Берман-Юрин)、罗姆(Ромм)和皮达可夫没有也不可能在莫斯科所指出的地点和时间与他(和他的儿子)会面,因为无论是他还是他的儿子,或是他们一起,当时都没有也不可能在那里。假若能证明不存在这类接触,那么一切罪名都将落空,因为捏造出来的他与拉狄克(通过罗姆)和皮达可夫的关系对"阴谋"具有决定性的意义。皮达可夫和拉狄克供认,他们是托洛茨基的主要代理人,是阴谋的两大支柱。而其他所有罪状与证词都是基于或者出自这一点。拉狄克在审判中曾这样说:"其他被指控者的证词都是基于我们的证词",然而他们自己关于在巴黎和奥斯陆同托洛茨基会面的证词却完全是空穴来风。托洛茨基指出:"假如支撑大厦的两根主要的柱子坍塌了的话,就无须一块砖一块砖地去拆它了。"不过他本人倒是在"一块砖一块砖地去拆它"。

他提请委员会注意:他本人的叙述充满了心理学的和历史的真实性,而这显然是莫斯科的一面之词所缺乏的;提交给委员会的那些文件极其完整地反映了他多年来的生活和工作,倘若他犯下了这些罪行的任何一桩,他的书面材料肯定会在不定哪个问题上出卖他。那些小事拘谨大事糊涂的人肯定会说,他可以为了掩盖真实意图而炮制自己的档案和书信卷宗。但若是出于伪装,可以编造出5个、10个甚至上百个文件,却不可能编造出上百个人写的上千封书信、上百篇文章和数十打书籍,不,他"不会为了藏一只死老鼠而去盖一座摩天大楼"。比方说,如果有人声称迭戈·里维拉是天主教会的奸细,难道调查指控的陪审团就不去看里维拉的壁画了吗?谁敢说在那些壁画里显而易见的火热的反教权主义仅只是一种伪装?从事艺术、历史和革命政治的人,谁也不会仅仅为了蒙骗世界而去"呕心沥血,殚精竭虑"。相比之下,维辛斯基的证明材料是何等贫乏——仅仅是几封托洛茨基的书信:给姆拉奇科夫斯基的两封,给拉狄克的三封,给皮达可夫的一封,给穆拉洛夫的一封。而且全是伪造的!

那为什么被告们要供认呢？不能指望从他这里得到关于格别乌残忍手段的准确报告。"我们在这里不能审问亚戈达[此刻叶若夫（Ежов）正在审问他]、或叶若夫、或维辛斯基、或斯大林、或……他们的牺牲者——其中大部分已遭枪决。"但是在委员会面前摆着俄国和欧洲许多共产党人的见证，他们是格别乌以残忍手段折磨的对象。人们常常忘记，供认者们现今已不再是积极的反对派领导人，他们多年来一直匍匐在斯大林的脚下。他们的最后供认不过是长期投降过程的顶点，是不折不扣"按几何级数增长的诬告"的完成。13年来，斯大林在他们的帮助下建立了一座诽谤的"巴比伦塔"。一个毫不手软地使用恐怖手段，"收购灵魂好似用麻袋装土豆"的独裁者是能够完成这样的业绩的。但是斯大林害怕自己的巴比伦塔，因为他清楚，只要在它身上打开第一个缺口，它就会坍塌，而缺口肯定会被打开的！

两组有关叶若夫和斯大林在一起的照片，第一组图片上面右起第五人为叶若夫，第二组图片左图右一为叶若夫。1940年，叶若夫被执行死刑后，很多他的照片也被相应删除，这种做法在斯大林时期屡见不鲜

第五章 地狱之夜

托洛茨基的发言以颂扬十月革命和共产主义作为结束语。他说,尽管有斯大林,尽管有大清洗的恐怖,苏联社会仍然是人类社会组织所取得的最伟大的进步。布尔什维主义可悲的堕落,其罪过不在于革命,而在于革命未能传播到俄国之外。今天,苏联工人面临着在希特勒与斯大林之间的选择。他们宁肯认为斯大林是对的:"斯大林比希特勒好"。当他们还不知道另一种两难选择时,他们甚至在可怕的斯大林统治下也会是麻木的。只有在国外出现了有利于社会主义的新胜利的前景时,他们才会抖落身上的冷漠。"因此,我并不绝望……我有耐心,3次革命把我变成一个耐心的人。"

> 我的生活经历中既不乏成功,也不乏失败,这不仅没有毁掉我对光辉灿烂的人类未来的信念,反而使它更强烈了。这是对理性、真理、人类和谐的信念,我在18岁时就抱着这一信念进入了俄国外省的尼古拉耶夫市的工人区。此后我一直完全、彻底地坚持这种信念。现在它更加成熟了,而热情却并没有消退。

托洛茨基在结束为自己辩护的发言时讲了上述这番话,并对委员会及其秘书表示感谢。

受到强烈震撼的委员们坐在那里,久久沉默。杜威原打算作个正式总结结束会议,结果他只说了一句话:"我说什么都只能破坏气氛。"①

因为托洛茨基的克制,使讯问的结果更为引人注目。他经常有意识地不发挥自己的雄辩才能,以免使墨西哥政府为难。他在解释自己与斯大林的复杂关系时尽量不用习惯的马克思主义术语,怕听众难以理解,他用的是具有实用主义倾向的自由主义者的语言——这种术语转换之困难只有作过这种尝试的人才深谙其中滋味。为了便于与自己的听众交流,他在为自己辩护时不用母语,甚至也不用德语或法语,而是用英语。托洛茨基的词汇有限,语法知识和成语表达都不准确。他失去了原先的雄辩才华和即使蹩脚演说家依靠其母语都能得到的优势,还要即兴回答那些五花八门的最复杂、最意外的问题。每一天、每一次会议,他都在苦苦寻找着合适的语句,克服着语言上的"抵牾",常常陷入停顿,不由自主地讲出一些相当可笑的句子,有时甚至答非所问,或者听不懂向他提出的问题。他就像还没治好口吃的德摩斯梯尼,嘴里塞满石头,来到法

---

① 杜威仅用寥寥数语对委员会未来工作作了正式通知。

庭上为自己的生命斗争。他讲述自己漫长经历中的各种事件,展示自己的信念,描绘苏联制度的大量嬗变,分析那些使他与斯大林和布哈林,还有与季诺维也夫和加米涅夫分裂的争议问题,描写当事人的性格并深入地探究了这场可怕斗争的每一阶段。

1937年4月,杜威和托洛茨基在科约阿坎

最后,没有一个问题未被回答,没有一个重要的争议焦点未被澄清,没有一个重大的历史事实未被阐明。大部分生涯都在科学辩论中度过的杜威始终是托洛茨基世界观的反对者,但13年后,当他回首往事时却热情赞美说"托洛茨基以其卓越的智力组织了大量的证据和论据,揭示了摆在我们面前的与案件有关的每一事实的意义"。托洛茨基严谨的逻辑足以补偿他那笨拙的语句,他思想的清晰穿透了他所有的语言错误。为了驱散其话题的沉闷,他甚至还常开开玩笑。但首先是他正义的事业使他能够克服一切外在的局限和压制。他矗立在那儿,就像真理本身,不加任何渲染,不加任何遮掩,手无寸铁,毫不设防,但依然高大宏伟、不可战胜。

*　　*　　*

杜威的委员会为准备最后的裁决需要好几个月时间。这期间,托洛茨基应按它的要求补充证明材料,于是他督促全家都去工作。讯问以及与此相应的工作使托洛茨基疲劳不堪。短期移居乡间也未能恢复他的体力。晚春及整个夏天,托洛茨基重又苦于头痛症、恶心和高血压的折磨,并抱怨衰老"出其不意地攫住了他"。对反审判的最初反响极为可怜。① 笼罩全家的紧张几乎没什么减弱。廖瓦在 4 月末写信说:"亲爱的爸爸,您仍然对我实行贝壳放逐法……我已经一个多月没有收到您的任何信件了。"托洛茨基照旧对廖瓦管理《反对派通报》的方式不满,重新建议将出版移至纽约。在回信中,廖瓦平静地指出,通报应该在欧洲出版,因为它的大多数读者在那里,并又苦恼地向妈妈抱怨父亲粗暴的责骂。托洛茨基于 1937 年 5 月写了一封似乎是辩解的长信,试图平息事端。② 他向廖瓦解释,他在准备反审判之前在挪威已损失了几个月的时间,现在新的拖延使他十分焦虑,而且他还急于将完整的卷宗交给杜威的委员会。他确信耽搁是由廖瓦不愿与同志们合作而引起的。他劝廖瓦休息一下、松弛一下神经:"前面还有巨大的考验在等待着我们。"

劝告的确很及时。廖瓦也患上了头痛症和寒热病,但却不具有父亲那般抵抗力。"我从前的精力都到哪儿去了?"他在给妈妈的信中说,并暗示他现在需要"动一个小小的手术"。他生活在贫困之中,却还惦记着去打工或获取奖学金从经济上帮助父母。娜塔利娅劝他为报纸撰稿,他苦涩地回答:"写作……对我很困难,我需要读书、研究和思考,而这需要时间……但是自从流亡以来,我就苦于没完没了的技术上以及其他方面的沉重责任。我是一头驮着重负的牲口。我不能求学,不能指望做任何文字工作。我又没有可以作为知识的部分补偿的轻灵的文笔和才能。"③ 在这绝望中又融会着热忱与忠诚。当父母将他从法国出版商那儿收到的支票又寄还给他后,那些钱他自己只拿了很少一点儿,剩下的全部分给需要的同志或者转为组织基金。他担心父亲操劳过度而伤害身体。他问娜塔利娅,他们在墨西哥为什么不买一辆汽车,为什么不去打猎或钓鱼?为什么列夫·达维多维奇不玩他很爱玩的槌球?收到她一封充满忧愁的信后,他回信写道:"最最亲爱的妈妈,请想一想,要是斯大林不犯

---

① 英国与法国的保卫托洛茨基委员会通知科约阿坎,上述国家的报纸几乎完全漠视反审判。
② 廖瓦致托洛茨基,1937 年 4 月 28 日;托洛茨基致廖瓦,5 月 29 日,托洛茨基档案保密部分。20 多年以后,娜塔利娅对我说,托洛茨基"给廖瓦写了一封严肃的长信,消除了一切误解"。尽管担心那封信已丢失,她还是答应尽力去找出它。娜塔利娅所说的那封信,其要点大致如文中所述。但是,这封信并没有完全"消除误解"。
③ 廖瓦致母亲,1937 年 6 月 29—30 日。

'错误'、不驱逐爸爸的话,那现在会怎么样?爸爸可能早就死了。……或者1929年允许我返回苏联,或者谢尔盖从事积极的政治活动,或者爸爸此刻正在挪威,或者更糟,正在土耳其?基马尔也许已经把他出卖了……说不定事情还会坏得多。"① 除了这样聊以自慰,也没有别的更好的办法了。

大约这时,在家庭私生活中发生了一件戏剧性的事,在充满阴暗的事件和个人不幸的当儿,娜塔利娅却吃起醋来了。原因是什么不太清楚。在她给丈夫的那些信里对此讳莫如深,从中只能找到一个疑点:她一生中第一次感到有了

1937年,娜塔利娅和托洛茨基在住宅院内的花园中

嫉妒的理由。大概自信心较弱的女人更易嫉妒,因为托洛茨基偶尔与女人相处时表现得格外殷勤,不能摆脱男人的虚荣心和对女人注意自己的敏感。起码,有时女人在场会让他表现出更富有诱惑性的活力和机智。这类"调情"中包含着一种旧式的骑士风度与艺术家的雅致。但这与他极度的严肃和几乎禁欲主义的生活不大协调。因此娜塔利娅相信丈夫的爱情,对这类事情从不见怪。但是在科约阿坎,她开始强烈猜忌起丈夫与一位女人来,对这位女人,她在自己

---

① 1937年7月的信,存于托洛茨基档案保密部分。

的信里仅以字母 F 相称。从各方面来看，这位女人可能是弗里达·卡洛。住在这个家里的人很快就注意到两位女人之间的疏远，以及两位丈夫之间微妙的冷淡。我们不清楚，到底是弗里达那异乎寻常的纤雅的美和她那艺术气质招来了托洛茨基过分的殷勤呢，还是年届 55 岁的娜塔利娅成为人到中年易见的嫉妒的牺牲品。总之，"危机"降临了，无论是托洛茨基还是娜塔利娅都感到不幸，情绪恶劣。①

1937 年，弗里达为托洛茨基而创作的自画像

7 月中旬，托洛茨基离开科约阿坎，偕同卫士到山上进行体力锻炼，在大庄园里工作、骑马和打猎。他每天都给娜塔利娅写信，有时一天两次。他答应她不在信中提及她的伤心事，但又"不能不违背诺言"：他劝她"不要再嫉妒"与他"没有太大关系的女人"，说她，娜塔利娅——才是一切。他充满了"对自己的羞耻与悔恨"，信末签名是"你忠实的老狗"。"我多么爱你，娜塔，我唯一的、我永恒的、我忠实的、我的爱、我的牺牲品……""噢，我真愿意仍能给你的生活带来欢乐，哪怕是一点点儿。当我写下这些话时，每过两三

---

① 1937 年 7 月 7 日的通信，存于托洛茨基档案保密部分。

行,我就要站起来在房间里走动,流下自责和感激你的泪水,我为突然降临到我们身上的衰老而哭泣。"自怜的调子一次又一次地出现在这些信里,这是无论局外人还是家里人都从未在他身上发现过的。"我仍然还生活在我们的昨天里,生活在我们的悲哀、回忆和痛苦里。"突然,他全部的生命活力乃至生命欢乐又重新回来了:"一切都会好起来的,娜塔,一切都会好起来。只是你应该恢复健康,变得更强壮些。"有一次,仿佛是在刺激她似的,他写信告诉她,他"倾倒了无数男人、女人和儿童","特别是到山上来拜访他的女人"。他的生命力达到了高潮,并且感到对娜塔利娅的性欲要求。他告诉她,他刚刚在重读托尔斯泰回忆录的一个地方:托尔斯泰描写他在70岁还能纵马,还有占有自己妻子的充分欲望。他,托洛茨基,才58岁,在精疲力尽的骑马狂奔之后,也正处于这种状态中。对她的渴望,使他忍不住说出性的黑话,然后又感到"可耻,平生第一次在纸上写下这样的话","行为像个贵族士官生"。好像是要证明人的一切对他都不陌生,他又重温他们夫妻生活的旧日芥蒂。他提到娜塔利娅那段大约是发生在1918年的隐情,并说,正如他从未责备过她并从未提起这个"事件"一样,她也不应当对他过于严厉,他并未给她任何嫉妒的理由。她在回信中解释1918年"事件"。此事发生在她刚被任命为教育人民委员部所属的博物馆管理处主任之后,她不知道如何去开展工作,而她的一位助手、同志帮助了她,此人无疑"爱上了"她。她很感激他,对他很同情。但是并没有体验到任何温情,也并不想与他建立过分亲密的关系。经过35年的共同生活之后,丈夫和妻子找不到另一件"不忠"之事;又纠缠于这种喜剧式的温柔的互相责备,它以出乎意料的方式证明了他们爱情的力量。①

在自己的信里,娜塔利娅显得很克制,托洛茨基的亢奋令她为难,她希望使他回到正常状态。对他关于衰老的抱怨,她一如既往地回答:"只有没有前途的人才会衰老",还有当你什么事都不想做的时候——而这当然与他不相干!"振奋起来,回到工作中去,这样就能使你开始痊愈。"她早已学会控制自己的情感,即使在自己身体不好、十分劳累的情况下,也为他的病情、热症、失败而操透了心,帮助家庭里每一个成员,她总是比任何人都更安详、更有力。他了解她的坚毅,这是他的依靠。在托洛茨基给她的一封信里,人们看

---

① 娜塔利娅的"解释"信没有标明日期。根据现有资料判断,它写于7月15日。7月19日托洛茨基回了两封信。在这些日子里,他还在日记里作了专门为娜塔利娅看的解释(他对此强调过好几次)。

到这样生动的话："你仍然在用自己的双肩驮着我，娜塔，正如你这一生都驮载着我一样。"①

* * *

此时在苏联，几乎没有一天不在进行大屠杀。5月末，格别乌宣布揭露了一桩阴谋，其首脑是致力于红军现代化并任其总司令的副国防人民委员图哈切夫斯基。一些著名的将军如亚基尔（Якир）、乌博列维奇（Уборевич）、科尔克（Корк）、普特纳（Путна）、普里马科夫（Примаков），以及包括工农红军政治部主任加马尔尼克（Гамарник）在内的其他人都被指控叛变。除了加马尔尼克自杀之外，所有其他人都被处决了。在签署死刑令的四位元帅：伏罗希洛夫、布琼尼、布柳赫尔（Блюхер）与叶戈罗夫（Егоров）中，后两位很快也被处决了。这些人都是托洛茨基任陆海军人民委员时被提升到指挥员岗位上的。然而他们大部分人从来都不属于反对派，而且自从托洛茨基被驱逐以来，也无一人曾与他有过接触。但是他们全都被指控为托洛茨基与希特勒的同伙，力图让苏联遭受军事失败和国家分裂。他们的死刑是在第二次世界大战前夜使红军丧失其指挥官的波及25000名军官的大清洗的前奏。图哈切夫斯基及其他大多数将军在25年之后被正式平反，但这次大清洗到底是由什么引起的仍从未得到说明。根据各种反斯大林的消息来源说，图哈切夫斯基为破坏国家道德基础及其国防的恐怖手段而不安，策划政变以推翻斯大林和剥夺格别乌的权力。但是他的活动与托洛茨基毫无关系，更遑论希特勒以及任何外国列强。托洛茨基不相信有阴谋，但他认为，图哈切夫斯基的陨落标志着斯大林与军官团之间的冲突，这种冲突有可能使军事政变"列上日程"②。

在这期间，格别乌已排练好了"二十一人审判"，准备由李可夫、布哈林、托姆斯基、拉柯夫斯基、克列斯廷斯基和亚戈达出演主角（其中仅托姆斯基一人由于自杀而逃避了公开审判与供认的耻辱）。还在舞台大幕升起之前，恐怖就已袭击了斯大林派。鲁祖塔克（Рузутак）、梅日劳克、柯秀尔（Косиор）、丘巴尔（Чубар）、波斯特舍夫（Постышев）、叶努基泽（Енудидзе）、奥库贾瓦（Окуджава）、埃利阿瓦（Элиава）、切尔维亚科夫

---

① 托洛茨基致娜塔利娅，1937年7月18日，存于托洛茨基档案保密部分。
② 《反对派通报》1937年第56—57期。

（Червяков）及其他政治局成员，莫斯科、乌克兰、白俄罗斯和格鲁吉亚等地党的书记，工会领袖和最高国民经济委员会与国家计划委员会的领导——差不多全是不久前的斯大林派成员——都被打上叛徒、外国间谍的烙印而处决了。奥尔忠尼启则忠于斯大林长达30多年，出于良心谴责而开始反对他，因而死得不明不白，或者如某些人所认为的那样是被迫自杀的。如果说托派分子、季诺维也夫分子、布哈林分子是公开蒙辱，那么斯大林分子却是未经公开审判就被秘密清算了。斯大林为何对他们发怒、使他们陷入灭顶之灾的原因一直不太为人所知。恐怖溢出了布尔什维克党的范围，波及了许多德国、波兰、匈牙利、意大利及巴尔干的共产党人，他们当初都是逃出本国的监狱和集中营后作为避难者居留在苏联的。尔后，"向托洛茨基主义的进攻"转向了其他国家。在西班牙，格别乌早在该国内战期间就已扎下了根，并攻击波乌姆。① 尽管波乌姆的领导安德列斯·尼恩与托洛茨基不和，由于参加加泰罗尼西亚的共和政府以及在革命中所持的"畏葸不前的小孟什维克"立场而遭到托洛茨基批判，但对于人民阵线时期的斯大林主义者来说，尼恩的政治路线仍然太过激、太独立了。因此他与他的党被扣上了佛朗哥"第五纵队"的恶名，他最终遭到绑架并被杀害。任何胆敢抗议的人均遭到格别乌的报复。斯大林用来利用西班牙革命的政治迫害、谋杀和犬儒主义破坏了共和国阵营，并促成了它的失败。仿佛是一种嘲弄，斯大林没有派别人，却单单派安东诺夫-奥弗申柯，这位当年的托洛茨基主义者、1917年的英雄去领导对波乌姆的堡垒加泰罗尼西亚的清洗。然后，当安东诺夫完成了自己的使命，斯大林却给他加上了敌对分子和间谍的罪名，下令把他处死了。

在莫斯科，此刻人人自危，甚至连酷吏和刽子手也不例外。亚戈达被捕后，格别乌与整个秘密机构也都遭到清洗。它们在欧洲的间谍被召回苏联，而倾倒在他们头上的是人们习以为常的指控。通常这些间谍都知道或能猜到等待他们的将是什么，但还是仿佛接受了催眠术般地回来了，也有许多人宁愿选择自我清洗，到某个资本主义国家请求避难。因此，欧洲的苏联间谍网的领导人伊格纳茨·赖斯（Игнаций Райсс）抛弃自己的工作以示对清洗的抗议就成了惊人事件。甚至还未接到回莫斯科的召回令，他就已下了决心。他被大清洗所震惊，于是去找荷兰国会议员，托洛茨基主义者斯内夫利特（并通过他找到

---

① 西班牙托派组织"马克思主义统一工人党"简称的音译。——译者注

第五章 地狱之夜

廖瓦),他警告托洛茨基,斯大林决定在苏联境外"清除托洛茨基主义",将采用在国内对付它的同样手段。赖斯谈到了令人发指的暴虐、讹诈、长时间的可怕拷问——格别乌以此获得莫斯科审判所需要的供认,并从精神上折磨老一代布尔什维克,使他们在慌乱中走向死亡。但他也同样谈到了拒绝投降的年青一代的共产党人,他们塞满了监狱大墙内与死刑场上,高喊着"托洛茨基万岁!"从容就义。①

7月18日,赖斯从巴黎给莫斯科中央委员会发了一封信,声明他与斯大林主义决裂并"参加第四国际"。他写道:"国际社会主义对最近十年里的所有罪行进行大审判的那一天就要到了。什么也不会遗漏,什么也不会宽恕。……'天才的领袖,人民之父,社会主义的太阳'必将对自己所做的每一件事负责。""1928年,我被授予'红星'勋章。如今我把这个勋章还给你。佩戴它……有损我的尊严。"②

六个星期以后,9月4日,在瑞士洛桑附近的一条公路上发现了赖斯的尸体,一具弹痕累累的尸体。其实早在他将自己的辞职声明转交给苏联驻巴黎大使馆的一位助手之前,格别乌就已得悉他的决定了。他深知大清洗甚至在他的间谍部门的旧同事中间也都引起了憎恶,因此他指望说服一些人跟他走。为此,他打算在洛桑与一位派驻意大利的苏联间谍格尔特鲁达·希尔德巴赫(Гертруда Шильдбах)会面,她是他长达20年之久的密友。她假装同情他,在第一次谈话后又在洛桑郊区设下另一次会面的诱饵。在那儿,格别乌已为他准备好了陷阱。

瑞士警察局与法国警察局很快查明了真相。在对被抛弃并溅满鲜血的汽车以及留在旅馆里的行李进行取证后,警察局确定了谋杀者的身份。他们是在巴黎的受苏联大使馆保护的"俄国移民遣返团"成员。

警察局宣称,杀害赖斯的匪帮早就在追踪着廖瓦了。驾驶那辆溅满鲜血的汽车的女人负有追踪他的使命。(他记得,此事发生的前一年,他到法国南方休养,她也跟随而至,并住进他所在的公寓,有时莫名其妙地硬要拉他去洗海水浴。)进一步调查表明,1937年1月,正是这个匪帮在瑞士边境不远处的牟卢兹为廖瓦设下了圈套,当时他正打算到那里去与瑞士一位律师商议进行反瑞士斯大林分子的调查事宜。廖瓦逃过了厄运:疾病阻止了行程。然而在整个上

---

① 《伊格纳茨·赖斯札记》,载《反对派通报》1937年12月第56—57期,第12页。
② 赖斯:《致苏联共产党中央委员会的信》,载《反对派通报》1937年9—10月第58—59期。

半年，匪帮始终在追踪着他，而他也感到了这一点。7—8月，他确信对他的追踪几乎停止了，不由得十分惊奇。显然，匪帮此时正忙着赖斯的事儿。现在可以预料他们将卷土重来。①

当廖瓦从警察局获悉格别乌的间谍非常迅速和准确地完全掌握了他的所有计划与转移时，他极为惊诧。到底是谁？谁向格别乌通报了赖斯的动向？一些托洛茨基主义者在琢磨：是不是廖瓦最亲密的朋友中出了奸细？而埃蒂安最有嫌疑（他曾短期在"俄国移民遣返团"工作过）。斯内夫利特对埃蒂安极不信任，因此赖斯第一次来找他时，他不肯为赖斯与巴黎的托洛茨基中心取得联系，认为那太危险。但是，廖瓦却不愿怀疑"优秀的和最可靠的同志"②。

怀着神秘的绳圈在脖子上勒紧感觉，廖瓦为《反对派通报》撰写了赖斯的悼词。③"'人民之父'和他的叶若夫们很清楚，还有很多潜在的赖斯。……斯大林的计划正在破产。……没有人能用手枪阻止历史前进。斯大林主义注定要灭亡。它就在我们眼前腐朽着，瓦解着。把它那腐烂的尸体扔进历史阴沟里的那一天就要来临了。"④ 但是，赖斯的命运却吓住了那些可能有意仿效他的人。在随后几周里，仅有两人走上了他的道路——机要处另一位重要间谍瓦尔特·克里维茨基（Вальтер Кривицкий）和苏联驻雅典临时代办亚历山大·巴尔明（Александр Бармин）。他们从来不是托洛茨基的拥护者，但与自己的政府决裂后，他们也在寻求与他的接触，因为按克里维茨基的说法，即使在负有反托洛茨基主义任务的格别乌合作者眼中，托洛茨基身上也"围绕着光环"。⑤他们是奇怪的新入教者：克里维茨基担心托洛茨基及其拥护者不信任他并因他为斯大林效忠多年而会歧视他。因此，他从与斯大林决裂的那一刻起就极力为自己的过去辩护。赖斯的未亡人指控他参与了旨在谋杀她丈夫的阴谋。他垂下头，承认自己并非无罪。⑥ 为尽量替自己赎罪，他讲述了大清洗的真实情况。但涉及苏联的军事安全时，他也尽量不暴露他所知晓的许多秘密。廖瓦怀着某种厌恶听着他那折磨人的坦白。不过，他认为自己的责任是向父亲转达信息，

---

① 参见廖瓦1937年9月16日给科约阿坎的电报及10月4日和12日给托洛茨基的信。亦见马尔金（廖瓦的笔名）关于谋杀的叙述，发表于《反对派通报》第58—59期。
② 对上述所引廖瓦的信的补充，可见他1937年8月的信。
③ 《反对派通报》第58—59期，第21—22页。
④ 廖瓦致托洛茨基，1937年11月19日；托洛茨基致廖瓦，1938年1月22日，存于托洛茨基档案保密部分。
⑤ 《反对派通报》1937年12月第60—61期。
⑥ 廖瓦致托洛茨基，1937年11月19日；托洛茨基致廖瓦，1938年1月22日，存于托洛茨基档案保密部分。

第五章 地狱之夜

而对于任何与斯大林决裂的苏联公民都应同样给予帮助、安慰和尽可能的保护。托洛茨基从自己那一方面请求克里维茨基和巴尔明为了自身的安全与政治上的明朗而应毫不含糊地和公开地发表声明反对斯大林。他为他们的看风使舵而感到不安，廖瓦对他们的姑息态度也让他生气。这导致了父与子之间的又一轮争吵。①

同时，在廖瓦周围奸细的存在也引起了更大的猜忌与惊慌。克里维茨基进一步证实了赖斯关于对托洛茨基主义者的谋杀已迫在眉睫的警告，说格别乌在巴黎的托派总部有"耳目"。但他拿不准谁是奸细，只是怀疑维克多·塞尔日。克里维茨基说，格别乌绝不会释放塞尔日，也绝不会允许他离开苏联，倘若不是确信他可以充当反托洛茨基派的间谍的话。当然啦，谁来当这个角色都比塞尔日强。塞尔日曾是托洛茨基旧日的拥护者，一个才华横溢、宽宏大量、政治上笨拙的文学家。可以指责他的最大的毛病就是喜欢说不着边际的废话——对于一个必须对格别乌保守自己的秘密组织的成员来说，这是最严重的缺陷。不管怎样，当真正的间谍还继续得到和阅读托洛茨基的通信、得悉廖瓦的全部秘密并极尽狡诈之能事来保持自己的清白名声和诽谤他人时，嫌疑不能不落到每一个人身上，甚至是廖瓦本人身上。②

法国警察局在继续调查赖斯事件中发现，这个谋杀匪帮的一个成员已申请到了墨西哥签证，并准备了一套墨西哥城的详细地图。廖瓦立即向科约阿坎发出警告。警察局也认为廖瓦的生命处于严重的威胁之中，并给他指派了一个专门警卫。③廖瓦的一位同志，几乎可以肯定是克莱门特（阿道夫），对廖瓦的不幸忧心如焚，他写信给托洛茨基和娜塔利娅，恳求他们让廖瓦立即离开法国到墨西哥去。他警告说：廖瓦病了，憔悴不堪，经常处于危险之中，但他仍固执地认为他在法国是"不可代替的"，应该留在"自己的岗位上"；其实并非如此，同志们是可以代替他的，而若是他留在巴黎，则"完全无力"对抗格别乌。起码父母应该请他来墨西哥住一段时间，休息一下，治治病："他有才能、勇敢、精力充沛，我们应该救他。"④

---

① 参见托洛茨基《惨痛的教训》，载《反对派通报》第58—59期；1937年11月16、19日与12月17日廖瓦的信。
② 作为对上述提到的廖瓦信件的补充，埃蒂安与托洛茨基的通信（托洛茨基档案保密部分）证明了这一切详情。
③ 廖瓦致托洛茨基，1937年11月1日和5日。
④ 此信是用德文写的，日期标的是1937年11月5日，仅署了笔名A.，显然表示阿道夫，存于托洛茨基档案保密部分。

这种催人泪下的关怀并没有产生预期的效果。托洛茨基当然清楚廖瓦的生命处于危险中。他时常请求廖瓦要格外谨慎,避免与一些"可能受格别乌支配"的人接触,特别是思乡心切的俄国侨民。就在赖斯事件的前夜托洛茨基还写信说:"如果你我的生命被谋害了,人们当然会谴责斯大林,但对他来说什么也不会失去,起码在名誉上。"然而他却否定了让廖瓦到墨西哥来的想法。当廖瓦坚持他在巴黎是"不可代替的",并保证出于安全考虑将隐姓埋名居住在那里时(正像托洛茨基本人住在巴比松时那样),托洛茨基回答说,廖瓦离开法国将一无所获:美国未必允许他入境,而他在墨西哥将会比在法国更不安全。他不愿让儿子关进科约阿坎的"准监狱"里。大概父与子之间的不睦使双方都不情愿面对共同生活的前景。托洛茨基关于此事的最后一封信是以干巴巴的寥寥数语结束的:"嗯,小伙子,这就是我想对你说的。不多,但……是全部……你从出版商那儿得到的钱,现在你应该全部留给自己。你需要它们。拥抱你。你的老父。"① 这封信看起来有点儿像是公函,寄给派遣出去站在注定要牺牲的最前线的战士,而他却不能给予支援(而数月以后托洛茨基却怀着深切的悲哀回忆起它)。不过,托洛茨基认为廖瓦在墨西哥并不比在法国更安全,这种看法确有一定道理。格别乌的许多特务装成来自西班牙的难民,刚刚在墨西哥安顿下来。于是要求驱逐托洛茨基的呼声也愈来愈高、愈来愈刺耳。就在年底,墨西哥城的墙上出现了许多招贴画,指责托洛茨基与反动将军们串通一气阴谋推翻卡德纳斯总统、在墨西哥建立法西斯独裁政权。这种诬蔑运动很难说会导致什么结果。

这几个月来的阴霾到9月就很快烟消云散了,因为杜威的委员会结束了反审判调查,并公布了自己的裁决。委员会明确指出:"根据一切材料……我们认为,1936年8月和1937年1月的(莫斯科)审判纯属诬陷,我们确认列夫·托洛茨基与列夫·谢多夫无罪。"② 托洛茨基高兴地迎接这个裁决。然而裁决的影响却很小,如果说不是无足重轻的话。杜威的声音在美国还能引起一定注意,但在欧洲却毫无反响,因为那里的舆论贯注于在《慕尼黑协定》前一年的各种危机事件、法国人民阵线与西班牙内战的成败之中了。托洛茨基又一次失望了,当刊有裁决报道的那期《通报》出版延期时,他极为光火,又为"这个罪过"与"政治上的盲目"训斥廖瓦。托洛茨基在1938年1月给廖

---

① 1937年11月18日的信,存于托洛茨基档案保密部分。
② 《无罪!》(调查委员会关于莫斯科审判中对列夫·托洛茨基指控的调查报告)。另见1938年1月21日托洛茨基致廖瓦的信。

瓦的信中说："《通报》的状况完全不能让我满意,我要重新提出将它转移到纽约去的问题。"

1938年1月31日,托洛茨基在口述一篇文章,打字和记录者分别是丽塔·亚洛凯夫娜和让·范·海耶诺特

而此时廖瓦的精力终于衰竭了。按塞尔日的说法,廖瓦过的是"地狱般的生活"。与对他的信念和自尊心的打击相比,他忍受贫困和个人失败要更容易些。我们再引用一次塞尔日的回忆:"我们不止一次在黎明前沿着蒙帕尔纳斯大街游荡,试图在莫斯科审判的错综复杂的迷宫里理清道路,我们时而停在这盏路灯下,时而停在另一盏下,感叹着:'我们是在完全疯狂的迷宫里'。"① 工作上劳累过度,没有钱,为父亲担忧,这就是廖瓦所生活于其中的迷宫。他像回声一样重复着父亲的论据、他的揭发以及他的期望。而每一次审判都在他心中引起某种震动。他对童年和青年时代最好的回忆是与坐在被告席上的那些人联系在一起的:加米涅夫是他的姑夫,布哈林可以说是一个很合得来的玩伴儿,拉柯夫斯基、斯米尔诺夫、穆拉洛夫及其他人则是年长的朋友和同志。他们的革命功勋与英勇业绩曾使他激动。他深思着他们的败落,难以接受它。怎么可能把他们全都摧垮,强迫他们从泥泞与血泊中爬过呢?为什么他们没有一

---

① V. 塞尔日:《一个革命者的回忆》,第375页。

个人能从法庭上站起来拒绝供认并对那些捏造的可怕的指控迎头痛击呢?廖瓦徒然地期待着这种事的发生。当消息传来,列宁的遗孀也支持这些审判时,他震惊了,惊慌了。他再三说,希望成为新统治阶级的斯大林官僚集团最终将背叛革命。但即使这种诠释也无法说明所有的血腥与残暴。是的,这是一个完全疯狂的迷宫。即使像父亲那样高瞻远瞩的天才是否能从中找到出路呢?

心痛、绝望、热病、失眠。由于不愿抛下自己的"岗位",他不管那一阵阵剧烈的发作,硬把阑尾炎手术搁到了一边。他吃得很少,心情烦躁,走路驼着背。但在2月初,他终于出版了那期刊有杜威委员会裁决报道的《反对派通报》,并高兴地通知了科约阿坎,同时附上了校样。他还讲了进一步的工作计划,但丝毫未提及自己的健康。这是父母收到的他的最后一封信。

2月8日他还在工作,但整天粒米未进,同埃蒂安在一块儿呆了很久。晚上,阑尾炎又一次发作,这是最凶猛的一次。他再也无法拖延手术了,就写了一封信,封好交给妻子,对她说,倘若他发生了什么"不幸的事",就把信拆开来看。他又同埃蒂安谈话,不想见另外的人。两人一致同意,廖瓦不能去法国的医院,也不能用本名登记,否则格别乌很容易就能找到他。他必须住进有俄国移民医生工作的私人小诊所,自我介绍是马尔金先生,法国工程师,另外他只应讲法语。而且,不能让任何法国同志知道他在什么地方,也不能去拜访他。商议好后,埃蒂安就叫了救护车。①

一眼就能看出,这办法真是蠢透了。廖瓦根本不能指望俄国移民把他当成法国人。他极有可能在热病中或麻醉中说出母语。最最荒谬的是,在整个巴黎为他找到的竟然只是这样一家诊所,在其中工作的那些人正是赖斯被杀以后他应该把他们当做瘟疫一样躲避的人。然而他却立即同意去那里治病,尽管他的妻子和埃蒂安把他领到诊所时他还没有说呓语,神智也清醒。显然,他对事物判断理解的能力与自我保护的本能已经变得迟钝了。

当晚就对他施行了手术。随后的几天里,他看来恢复得又快又好。除了妻子,只有埃蒂安来探望他。这探望使廖瓦多少振作起来。他们谈论政治、组织工作,而他不断地恳求埃蒂安尽可能常来。有一些法国的托洛茨基主义者想见他,埃蒂安故弄玄虚地告诉他们,这事不行,地址对他们保密,以防将廖瓦的行踪泄露给格别乌。当一位法国同志对这种过度警惕表示惊讶时,埃蒂安答应

---

① 参见埃斯特林夫人、埃尔莎·赖斯夫人、让娜·马尔金夫人以及埃蒂安本人的证明。另见警察厅报告。托洛茨基档案保密部分。

再同廖瓦谈谈,但任何人都不许接近病床。四天过去了,接着,病人健康突然间急剧恶化。他疼痛难忍,神志不清。2月13日夜,人们看见他身体半裸、满口呓语、摇摇晃晃地穿过走廊与病房。那里不知为什么没有值班人员,也没有保护者。他的呓语是用俄语说的。第二天早晨,他的外科医师对病人的健康状况十分惊讶,以致问让娜,她的丈夫是否企图自杀,过去他是否有过自杀的意图?让娜对此加以否认,痛哭着说,肯定是格别乌给他下毒了。很快又给他做了一次手术,但却没有什么改善。病人在濒危中痛苦挣扎,为了挽救他,医生又试图给他输血,全都是白费事。1938年2月16日,他死了,年仅32岁。

托洛茨基的长子廖瓦(1906—1938)

他是否如他的遗孀所说死于格别乌之手呢?许多间接证据表明,事情正是如此。在莫斯科审判中,他被认为是父亲最积极的助手,不仅如此,他还被认为是托洛茨基—季诺维也夫阴谋集团的头子。按赖斯与克里维茨基的说法,在莫斯科格别乌的总部里,人们常这样说:"小伙子干得不坏,要是没了他,老头子就难办了。"格别乌很想从托洛茨基身边夺去他的帮助,这特别符合斯大林的复仇心理。格别乌在他身边安插了最可靠的通风报信者和奸细,可以把廖瓦带到死亡等待他的地方。格别乌有一切理由相信,一旦廖瓦被消灭,它的奸细就可以在托洛茨基组织的俄国"分部"里占据一个位置,与托洛茨基本人直接接触。在这家诊所里,不仅医生和护士,甚至厨师和看门人都是俄国移民，有一些还是"遣返团"的人。格别乌要在他们中间物色一个给病人下毒的奸细那是再容易不过的事了。格别乌已经杀了那么多的人，难道还在乎多杀一个吗？但也不能确凿无疑地说就是如此。按让娜要求进行的侦查未能证明任何罪行。警察局与医生们都特别否定了下毒或以其他方式对廖瓦生命的谋杀。他们将廖瓦的死因解释为术后并发症（肠梗阻）、心力衰竭和身体抵抗力的低下。一位著名的医生（托洛茨基的朋友）同意他们的诊断。但在另一方面，托洛茨基与他的儿媳也提出了一些很有道理的问题，它们始终没有得到解答。廖瓦真是偶然地落到这家诊所的吗？（托洛茨基不知道，埃蒂安在叫了救护车后就马上把一切通知了格别乌——这是他本人后来供认的。）诊所的头头断言，他们不知道病人的真实姓名和他的国籍。然而证人们肯定说他们曾听到廖瓦用俄语说胡话甚至谈论政治。廖瓦的外科医师为什么要把他的身体状况恶化说成是自杀企图，而不是出于自然原因？据廖瓦的遗孀说，事件发生后，这位医师惊慌失措，沉默不语，并以保护职业秘密的权利来搪塞。让娜要求侦查者注意这类暧昧情况，但白费力气。托洛茨基指出，例行调查没有涉及格别乌"精心策划及秘密的"谋杀手段。法国警察局是否真像托洛茨基所猜测的那样为掩盖自己的无能而敷衍了事呢？还是法国人民阵线对警察局施加了政治压力，阻止深入的调查？家属除了要求新一轮的调查之外，别无良策。①

*　　*　　*

当廖瓦的死讯传到墨西哥时，托洛茨基不在科约阿坎。在此之前的几天，里维拉发现一些陌生人围着"蓝屋"游荡，在附近的一处观察点窥探里面的居民。他警觉起来，建议托洛茨基避开几天——在里维拉的朋友、老革命家安东尼奥·希达尔戈（Antonio Hidalgo）的沙皮尔塔贝克花园里住上一段时间。2月16日，托洛茨基正在那儿写一篇文章《他们的道德和我们的道德》，晚上，报纸就报道了廖瓦的死讯。里维拉一得知此事就给巴黎打电话，希望证实这只是谣言，尔后又赶往沙皮尔塔贝克花园去见托洛茨基。托洛茨基不肯相信发生的事，勃然大怒地指着门口叫里维拉出去，但随后就跟他回到了科约阿坎，将实情告诉娜塔利娅。她写道："我正在整理孩子们旧时的画册和相片，

---

① 证词、目击者的叙述、医生的证明和托洛茨基的信件部分来自托洛茨基档案的保密部分，部分来自列夫·谢多夫的文件，它们是让娜·马尔金通过皮埃尔·弗兰克的热情协助转交给我的。

第五章 地狱之夜

门铃响了。当我看见列夫·达维多维奇时,我很惊讶。我上前迎接他,他进来时低垂着头,那样子我从来没见过,脸色灰暗,显得一下子老了许多。'出什么事儿了?'我担心地问,'你病了?'他低声回答:'廖瓦出事了,我们亲爱的廖瓦……'。"①

一连几天,他和娜塔利娅关在他的房间里,沉浸在深深的悲痛中,他们不能接见秘书,不能会见朋友,不能答谢吊唁。"没有人跟他们说一句话,大家都明白他们的悲痛实在太深重了。"过了八天,托洛茨基才从房间里出来,他的两眼肿胀,胡子长长的,连声音都不像是他自己的。过了几个星期,他给让娜写信说:"娜塔利娅……还不能给你回信。她一遍遍读你的来信,痛哭不止。我放下工作的时候也同她一起哭。"② 在分担她的悲哀时,他为这最后的一年里他泼向廖瓦的尖刻责骂并让他留在巴黎而感到悔恨。他已是第三次哀悼自己的孩子了,而悔恨每一次都在增长。1928 年尼娜死后,他责备自己不曾好好地安慰过她,甚至最后几周都没给她写信。季娜同父亲疏远并自杀了。而现在,廖瓦又因为父亲要求他坚守在岗位上而迎来了自己的厄运。没有一个孩子能像廖瓦那样分担他的生活与斗争。再没有别的损失能唤起他如此的痛惜了。

1938 年 5 月,托洛茨基站在墨西哥温泉市的一处阳台上俯瞰游泳的人们

---

① 娜塔利娅·谢多娃:《父与子》,载《第四国际》(1941 年 8 月);《列夫·托洛茨基的生与死》。
② 托洛茨基致让娜·马尔金,1938 年 3 月 10 日,存于托洛茨基档案保密部分。

在哀悼的这些日子里，托洛茨基为廖瓦写下了悼文，这是世界文学中独一无二的挽歌。"此刻，就在我写下这几行字，而列夫·谢多夫的母亲坐在我身旁时，表示同情的电报从各个国家飞来……我们仍不能相信这是事实。这不仅因为他是我们的儿子，可靠的、忠诚的、可爱的儿子。而首先是因为，这世上再没有别人能像他那样融进我们的生活里了，根连着根紧密结合在一起，他是我们的同志、同伴、卫士、顾问、朋友。"

那老一代人，上一世纪末我们就是在他们的队列中走上革命道路的，而今他们都被从舞台上铲除净尽了。沙皇的苦役、监狱、严酷的流放、流亡岁月的贫困、国内战争与疾病这一切所做不到的，斯大林在这些年里都做到了，他是对付革命的最凶恶的一条鞭子。……第二代人，即被1917年所唤醒、由革命阵线的24个军哺育成长的一代人，其精华也被消灭了。年青一代，即廖瓦的同龄人……其精华也被无声无息地踏碎了。……在我们流亡的最近几年，我们结识了无数新朋友，有一些与我们的家庭生活如此亲近，仿佛已成为它的成员。但他们全都是在最近几年才与我们相遇的，而我们已接近老年了。唯有廖瓦是我们还年轻时就了解我们的，并且从他懂事的时候就参与了我们的生活。他还年轻，却已像我们的同龄人……①

托洛茨基扼要而温情地回忆了廖瓦短暂的一生，如他童年时怎样同父亲的狱卒打架，怎样到狱中送信件、食物和书籍，怎样与革命水兵交朋友，怎样藏在苏维埃政府会议大厅的板凳下，想看看"列宁是怎样领导革命"的。他描绘了一位青年的肖像，在国内战争的"伟大的和饥饿的年代"里，这位青年有时把新鲜面包放在破外衣的袖子里带回家，这是面包作坊里的工人给他的，他当时作为政治宣传员跟他们一块儿干活。他藐视官僚特权，拒绝坐父亲的汽车，并离开父母在克里姆林宫的家，住进无产阶级学生的普通宿舍，他还同志愿者一道在莫斯科大街上扫雪，到铁路上卸粮食与木材，修理机车和"扫除"文盲。托洛茨基回忆起这位年轻的反对派成员"毫不犹豫"地抛妻离子，跟随父母一道流放到阿拉木图。在那儿，他们生活在格别乌的包围之中。他担负

---

① 《列夫·谢多夫——儿子、朋友、战士》，载《反对派通报》1938年3月第64期。

起父亲同外界联络的任务，经常夜里冒着雨或暴风雪出去与革命同志接头，有时在城外树林里，有时在集市上，有时在图书馆里，有时甚至在公共澡堂里。"每一次他都是激动而喜悦地回来，眼睛里燃烧着英勇的火焰，外套下藏着无比珍贵的战利品。""他很善于交际——他认识的反对派人士比我多得多。……他的革命本能使他能丝毫不爽地辨别出冒牌货。他的母亲眼里闪烁着骄傲，她比我更了解他。"

父亲的悔恨之情此刻得到了宣泄。他回忆起自己对廖瓦的苛求，歉疚地将它们解释为自己"书呆子式的工作嗜好"、对愈亲近者愈严格要求的习惯。对他来说，有谁能比廖瓦更为亲近呢？可以说，"我们的关系是显得有一些严肃与疏远。但在外部的硬壳下面……活跃的却是深深的、热烈的相互依赖，它源自某种远远超出血缘关系的东西，源自共同的观点、共同的爱憎、共同的喜悦与痛苦、共同怀着的伟大期望。"某些人将廖瓦仅仅看做是"伟大父亲的小儿子"。但他们错了，正像那些长期这样看待卡尔·李卜克内西的人一样。只是环境使廖瓦没能充分成才。接下来，对廖瓦在父亲的文字工作中所占的地位，托洛茨基的评价也许是过于慷慨了："为公平起见，几乎所有我在1929年以后写的书，在我的名字后面都应该出现他的名字。"在挪威被羁押的日子里，父母是怀着怎样的欣慰和喜悦收到廖瓦的一本《红皮书》啊，它"首次对克里姆林宫的诽谤给予了致命的回击"。格别乌的人真是说对了，"要是没了小伙子，老头子就难办了"——现在的确难办了！

他又历数了这个"多情善感的"人不得不承受的那些考验：汹涌如潮的谎言与诽谤，旧日朋友及同志一批批地脱逃与变节，季娜的自杀，最后，还有"深深震撼了他的精神机体的大审判"。不管廖瓦死因的真相到底是什么，是死于这些考验的摧残，还是格别乌对他下了毒，反正"他们（及他们的主子）要为他的死承担罪责"。

这首悲切的挽歌在结束时又回到了开头的音调：

> 这个世界上与他最亲近的母亲，还有我，当我们忍受着痛苦时刻的煎熬的时候，我们面前又栩栩如生地浮现出他的音容笑貌。我们不肯相信他已永远地走了，但又因不能不相信而哭泣……他是我们的一部分，是我们年轻的那部分……我们身上所剩的年轻部分，也随着我们的骨肉一起逝去了。……你的母亲和我从来也没有想到，也没有料到，命运竟会把这样

的任务交给我们……我们必须为你写悼词。……而我们没能保护你。

几乎已经可以肯定此时谢尔盖也毁灭了,尽管关于这事始终没有任何正式的报导,甚至在25年以后的今天仍是如此。不过有一位政治犯在1937年初与谢尔盖在莫斯科的布特尔斯基监狱同囚一室,从他那儿我们知道了下面的故事。① 1936年好几个月的时间里,格别乌向谢尔盖施加压力,要他公开宣布与父亲及父亲所主张的一切脱离关系。谢尔盖拒绝了,于是被判关入集中营劳改五年,发配到沃尔库塔。到年底,许多集中营里的托洛茨基主义者集中到了这里。在铁蒺藜后面,谢尔盖首次与他们有了密切接触,尽管直到此时他仍然不肯承认自己是托洛茨基主义者,但他却怀着深深的敬意与感谢谈到父亲的追随者们,特别是那些拒绝投降、差不多已被关了十年之久的人。他参加了他们发起并坚持了三个多月的绝食,几乎饿死。

1937年初,他又被送回莫斯科接受新的审问(正是在这时,给我们讲述这个故事的那位政治犯遇到了他)。他不指望获释或者任何援助,他确信他与父亲所有的拥护者一样,都难逃灭顶之灾。但是他从自己精神与道德的源泉汲取力量,保持着坚忍不拔的冷静。"当我们议论格别乌的各种审问手段时,他认为任何受过教育的人……理应能抗得住它们;他指出,自从巴尔扎克精确描述了这一切阴谋与手段后,在一百年的时间里,它们几乎没什么改变。……他平静地面对未来,无论在什么情况下,他都不作任何对他本人或者对其他人会招致最微小指控的声明。"他显然是至死不渝,因为,只要格别乌能从他那儿挖出任何供认,他们一定会向全世界散布的。他猜测他的父母会担心他们的"不问政治"的儿子可能缺乏必要的坚定信念与勇气来承受自己的命运,而"他最遗憾的是,永远没有人去告诉他们(特别是母亲)在他身上发生的变化,因为他不相信他被捕后遇到的人能活下来并讲述他的故事"。这个故事的作者很快就与谢尔盖分手,不过却从别的囚犯那儿听到他被处决的消息。过了很久,1939年,通过一位美国记者转送给托洛茨基的一封信里肯定地说谢尔盖直到1938年底还活着,但这封信的可靠性值得怀疑。这以后,就再也没有

---

① 约瑟夫·伯杰先生曾帮助创立巴勒斯坦共产党,并在共产国际的中东分部服务,后在斯大林的监狱和集中营里度过了25年。他于1956年获释并得到平反。他讲述了谢尔盖在狱中的表现。

第五章 地狱之夜

听到有关他的消息了。①

* * *

托洛茨基的后代中,那时唯有季娜的儿子谢瓦仍然活着,住在苏联境外,已经12岁了。而对托洛茨基其他孙(外孙)子孙(外孙)女的情况则一无所知。谢瓦是由廖瓦和让娜抚养大的,让娜自己没有孩子,当了他的母亲后,对他爱得刻骨铭心。廖瓦死后,托洛茨基在他第一封信里请她带着孩子到墨西哥来。他写道:"我很爱你,让娜,而对于娜塔利娅来说,你不仅仅是……也是她亲爱的女儿,她是如此强烈地爱着你,也只有娜塔利娅才能这样去爱。你还是廖瓦的一部分,也就是说,他生命中最宝贵最亲近的那部分。"他们最渴望的就是让她和谢瓦到墨西哥来跟他们住在一块儿。要是让娜不愿意,那么至少要带他来看望他们。"如果你觉得现在已很难与谢瓦分开,我们也理解你的感情。"②

然而,一个凄凉的故事在这里却变成了一场闹剧,与巴黎的托洛茨基宗派的勾心斗角纠缠在一起。廖瓦与让娜分属两个不同的派别。他属于"正统托洛茨基派",而她则属于莫利尼耶派。廖瓦作为遗嘱留下的那封信很能说明他的分寸与尊严。廖瓦写道:尽管观点不同,还可以说,尽管家庭生活不幸福,他仍然十分尊重让娜,并无限信赖她。然而宗派之间的激烈斗争甚至都不肯放过死者;它围绕着幼小的孤儿展开。托洛茨基本人也被卷进了尴尬的漩涡里。③ 让娜正在为争取重新调查廖瓦案件作绝望的努力,因此委托一位属于莫利尼耶派的律师在法国法庭与警察局面前全权代表家属利益。"正统托洛茨基派"(以及托洛茨基的律师热拉尔·罗森塔尔)否定让娜有这样做的权利,声称只有廖瓦的父母才有权以家属的名义发言。主权之争只让警察局和法庭更乐得撒手不管重新调查的事。④

另外的纷争起于托洛茨基档案。廖瓦死后,它们在让娜手上,也间接落入莫利尼耶派之手。托洛茨基要求通过他的一位"正统派"法国拥护者把档案

---

① 托洛茨基档案保密部分。
② 托洛茨基致让娜,1938年3月10日;同上。
③ 托洛茨基致罗斯默、让娜、劳斯和卡米尔(克莱门特),3月12日。
④ 托洛茨基与热·罗森塔尔的通信,托洛茨基档案保密部分。

归还给他。让娜拒绝交出档案。她与廖瓦父母之间的关系急剧恶化了，甚至达到了敌对的地步。托洛茨基最终还是取得了档案，然而为此他不得不专程派自己的一位美国拥护者到法国去。尽管第二次请求让娜，她仍拒绝来墨西哥，也不肯把孩子送过来。她本是一个神经质的女人，赶上此刻心绪不佳，连跟孩子分离一刻也不干。敌对双方为此而大闹了一场。托洛茨基倒是想与儿媳和解，然而这些小宗派使各种和解的意图都化为泡影。托洛茨基决定诉诸法律，可能是出于下述原因：在失去所有的孩子以后，托洛茨基千方百计想留住外孙，唯一能在自己身边的外孙；也许是因为他不愿把孤儿留给——正像他自己所说——"神志不清的和喜怒无常的头脑"照管；或者是两种原因兼而有之。随之而来的是拖了一年的诉讼，使报纸和宗派小报有了耸人听闻的谈资。[①] 在对失去孩子的恐惧中，让娜试图否定托洛茨基的法律效力，断言他的无论是第一次还是第二次婚姻都是不合法的。托洛茨基不得不去证明并非如此。在写给法庭的信中，即使是回敬这类攻讦，托洛茨基也仍然对让娜的激动情绪表示理解，承认她对孩子道义上而非法律上的权利，再次邀请她来墨西哥并表示愿意提供旅费。他甚至声明，他愿意考虑把谢瓦送回给让娜，然而得先见到孩子。[②] 法庭两次作出有利于托洛茨基的判决，并指定了几位监护人，以担保孤儿回到姥爷身边。然而让娜拒绝履行法庭判决，带着孩子离开巴黎，把他藏了起来。经过长时间的寻找与在孚日省的"冬季探险"，玛格丽特·罗斯默才算找到了孩子的藏匿地点，把他从托洛茨基的儿媳手中夺了过来。但事情还没算完，让娜的朋友又千方百计地想把孩子偷回去。直到1939年10月，罗斯默夫妇才终于把谢瓦带到了科约阿坎。

托洛茨基在一封哀婉的信中向谢瓦解释为什么坚持要他来墨西哥。为了避免字里行间有意无意地伤及让娜，他不能向孩子透露真实原因。结果使解释显得牵强附会：

[①] 托洛茨基致罗斯默，1938年9月19日；托洛茨基致热·罗森塔尔，1938年10月27日；罗森塔尔致托洛茨基，1938年10月7日。除了其他报纸，1939年3月26日的《巴黎晚报》报道了此事，1939年4月的第4期莫利尼耶派机关报《真理报》还就此事增加了一个附刊，标题是"不择手段"，介绍让娜的诉讼案，攻击托洛茨基对孩子监护权的要求。

[②] 参见托洛茨基给法定监护人M.阿梅尔的声明，1939年2月7日；法庭审理案件的总结，法律文件，托洛茨基与他的秘书、律师的通信，特别是1939年3月22、27、29与4月17、29日的信。托洛茨基档案保密部分。另见1939年5月26日托洛茨基给罗斯默的信。

我的孩子谢瓦……廖瓦舅舅不在了，所以我们时时刻刻应该在一起，我亲爱的孩子，我不知你爸爸在哪里、他是否还活着。大约在 4 年前他写给我的最后一封信里，他很关心地问你是不是已经忘了俄语。你爸爸是个很聪明、很有教养的人，但他不会说外国话。倘若有一天他又见到了你，却不能跟你说话，那对他将是一个很沉重的打击。说到你姐姐也一样。你想，要是见面时你不能同自己的小姐姐说本国话，那该多糟糕。……你现在已经是大孩子了，因此我还要告诉你另外一件很重要的事，告诉你对于你妈妈和爸爸、对于你舅舅廖瓦、对于我和娜塔利娅曾经并一直是共同的那些思想。我很想跟你解释这些思想与目标的巨大价值，为了它们，我们全家……曾受了那么多的苦难，现在还在受苦。我要对你，我的外孙，负全部责任，为自己，为你的父亲，如果他还活着的话，也为你。

在这封给孩子的信里，最后作为结论的那些话听起来是那样不适宜和生硬："因此，我的关于让你到这里来的决定是不可改变的。"①

＊　　＊　　＊

同时，格别乌仍在继续编织着阴谋。埃蒂安毫不费力就占据了廖瓦在巴黎托派组织中的地位。现在他负责出版《反对派通报》，成了托洛茨基在欧洲最重要的代表并放手与那些从斯大林恐怖下逃出来、试图同托洛茨基建立联系的新人接触。该组织的"俄国支部"在巴黎统共只有 3—4 个成员，他们谁都不太了解俄国事务，也不像埃蒂安那样受过教育、勤奋工作。托洛茨基从廖瓦的信中知道，廖瓦认为他是最亲密、最可靠的朋友，而奸细也竭力促成这种印象。利用托洛茨基的悲哀和多疑，他千方百计煽动托洛茨基怀疑那些挡在他——埃蒂安——道路面前的人。廖瓦死后第一星期，他以适宜的愤懑写信给托洛茨基，说斯内夫利特在散布"诽谤性流言"——廖瓦对赖斯之死有责任，又仿佛偶然地提醒托洛茨基记起廖瓦对他的充分信任，因为他始终拿着廖瓦信

---

① 此信注的日期是 1938 年 9 月 19 日。托洛茨基档案保密部分。

箱的钥匙，并领取廖瓦的全部信件。① 托洛茨基本来就与斯内夫利特有政治歧见，于是在回信中向"诽谤者"发泄了勃然怒火。② 当然啦，奸细是正统托洛茨基派中的榜样，从来不拂逆"老头子"的意见，但也从来不让人觉得像是下三滥的马屁精。他处处有分寸地证明自己的忠诚，他无微不至地探询"老头子"的健康起居，但又不向托洛茨基本人，而是向他的一个秘书提出这些问题。与托洛茨基会面时，他就讨论政治问题与《反对派通报》的内容，与过去很长一段时期相比，现在《通报》的出版愈加正常了。他请托洛茨基写一篇纪念赖斯的文章，说等着在赖斯的去世纪念日时发表。他密切关注着这一期纪念廖瓦逝世周年的《通报》，要求充分说明廖瓦的功绩。他通知托洛茨基，在《通报》上将刊登一篇文章——《托洛茨基的生命在危险中》，其中将揭露格别乌间谍在墨西哥的活动。他从旧俄报纸合订本上及其他出版物上搞来各种资料提供给托洛茨基，它们都是很难搞到，而又是托洛茨基写《斯大林》这本书需要的。总之一句话，他使自己几乎成为不可代替的人，正像廖瓦那样。同时，对各宗派之间的内讧以及托洛茨基与让娜的龃龉，他又经常火上浇油，以致托洛茨基拒绝支持让娜对廖瓦之死重新进行正式调查的要求。埃蒂安自己也尽一切可能去阻挠调查：他向警察局自我标榜是"列夫·谢多夫最亲密的朋友"，同时却否定一切关于阴谋诡计的想法，宣称廖瓦的死因就是机体抵抗力的衰竭。③

在托洛茨基主义者的第四国际"成立大会"的筹备活动中，奸细也同样处于中心地位。在筹备活动最紧张忙碌的关头，1938年7月13日，曾是托洛茨基在巴比松的秘书，拟议中的未来国际的书记，德国移民鲁道夫·克莱门特在自己的巴黎寓所里神秘地失踪了。大约两个星期以后，托洛茨基收到一封信，好像是克莱门特写的，署的他的名字，但发信地点却是纽约。信中揭露托洛茨基与希特勒的联盟、与盖世太保的合作，等等。信的作者重弹斯大林派惯

---

① 埃蒂安与托洛茨基通信时，有时署的是本名，有时署的是国际书记处，而有时又代表《反对派通报》编辑部。例如可参见国际书记处致托洛茨基的信（署名是埃蒂安与保尔森），1938年2月22日。

② 托洛茨基致国际书记处，1938年3月12日，存于托洛茨基档案保密部分。

③ 引自埃蒂安在警察局侦查期间的证词；1938年7月6日他给托洛茨基的信，及托洛茨基致"洛拉与埃蒂安同志"，1939年2月17日；托洛茨基的秘书范·海耶努尔特在1938年4月29日给纳维尔的信里说："我收到不少法国朋友的来信（部分来自埃蒂安——作者注），探询'老头子'的健康情况。"托洛茨基档案保密部分。另见《反对派通报》1938年第66—67、68—69、70期；1939年第74期。

常指控的滥调后，宣布与托洛茨基决裂（一些法国托洛茨基主义者也收到了从佩皮尼昂寄来的此信复印件）。信中有如此大量的克莱门特绝不至于犯的谬误和错误，所以托洛茨基立即断定，此信显然是伪造的，或者克莱门特是在格别乌枪口下根据口授写下的。"倘若克莱门特还活着，但愿他能挺身出来，向法庭、警察局或任何公正的委员会公布他所知道的一切。不过可以预言，格别乌永远也不会让他脱出自己的掌心。"① 没多久，克莱门特的尸体就被塞纳河的浪头冲上岸来，但已被摧残得面目全非了。显然，杀害赖斯的匪帮又杀死了他，然后一个凶手冒用克莱门特的名字，作为"幻灭的追随者"与托洛茨基决裂。两年以后，杀害托洛茨基的凶手又扮演了同样的角色。

格别乌为什么要选中克莱门特？他的能力在托洛茨基主义者中间并不突出，但他是一个谦逊忘我的工作者，总是眼睛睁得大大地关注着组织中发生的任何一件事情。我们猜想，正是他促使托洛茨基与娜塔利娅叫廖瓦离开法国的。是不是他发现了格别乌的什么重要秘密？或者他嗅到了奸细的味道并打算揭露他？托洛茨基认为唯有如此才能解释格别乌为什么要杀死他，而且手段又如此残忍。

此时，斯内夫利特对埃蒂安就是奸细已经确信不疑；而且他与塞尔日公开表示了这一点。厚颜无耻的奸细居然向托洛茨基请教，他该怎样对待这些指控。托洛茨基回答，他应该要求自己的指控者在权威的委员会面前陈述罪证："埃蒂安同志应该走这一步，愈早、愈坚决、愈果断愈好。"托洛茨基不可能提出其他建议。在这类场合，作为惯例与义务，遭受怀疑的人应该要求进行调查，保全自己名誉的清白。但托洛茨基本人并不相信这个指控。②

还有一件更怪的事：就在当月，托洛茨基接到了另一个警告。它来自一位叛逃到美国去的原格别乌高层军官。警告人对格别乌恐惧至极，不肯说出他是谁。他装成一位俄国出生的美国犹太老头儿把自己的一个亲戚、逃到日本的前格别乌军官的一封信转交给托洛茨基。他告诫托洛茨基警惕在巴黎一个叫做"马克"的奸细。虽然不知道"马克"的姓，报信人却对埃蒂安作出了详细和准确的描绘，以及他的历史和他与廖瓦的关系，因此托洛茨基能清楚地知道他说的是谁。对巴黎的托洛茨基主义者的轻信与麻痹，报信人深感吃惊，因为甚

---

① 《反对派通报》1938 年第 68—69 期。
② 托洛茨基致埃蒂安，1938 年 12 月 2 日。信在形式上是寄给《反对派通报》编辑部的，存于托洛茨基档案保密部分。在提到斯内夫利特的指控时，托洛茨基在"指控"一词上加了引号。

至那样的事情都没有引起他们的警觉,即"马克"曾在臭名昭著的"俄国移民遣返团"里工作过(他说此事无人不晓);报信人向托洛茨基担保,倘若对奸细进行跟踪,肯定能发现此人仍在与苏联大使馆的官方人士秘密接头。至于"马克"在廖瓦之死上是否有罪,报信人不知道,不过他担心,对托洛茨基的谋杀"现已提到议事日程上",或者由"马克"执行,或者由某个具有托洛茨基主义者身份的西班牙人执行。这个警告十分惊人。报信人告诫说:"列夫·达维多维奇,主要的是您一定要警惕,不要相信奸细派来的或介绍的任何人,不管是男的还是女的。"①

托洛茨基对警告并非全不在意。他在托派的报纸上刊登启事,请报信人与他在纽约的拥护者联系。报信人害怕暴露身份,想在纽约与托洛茨基通过电话交谈,但未能与他联系上。不见报信人的反应,加上奇怪的警告方式,托洛茨基不禁对其真实性产生了怀疑。不过在科约阿坎还是成立了一个小型的审理问题委员会,但是该委员会发现对埃蒂安的指控没有根据。托洛茨基产生疑虑,这个指控是不是格别乌旨在清君侧的一个花招,目标针对他所有助手中最有效率、最忠诚的人,他能用俄语交谈、写作,精通苏联事务,为他出版《反对派通报》。不管怎样,在巴黎的托派的小圈子里本来就已经散布着太多的指控,若对它们都认真对待,那对奸细的追查将会没完没了。托洛茨基很清楚在任何组织中出现囤鸽都是灾难;然而他也很清楚频仍的猜疑追踪会更糟。他决定,任何指控,只要不是明确提出来并证据确凿,均不予注意。他宁愿冒极大的风险,置自己于险恶的地位,也不肯让猜忌与恐惧涣散自己队伍的军心。因此,奸细在巴黎继续作为他信赖的人,一直活动到战争爆发。②

---

① 50年代初,我的妻子和我在托洛茨基的文件里发现了这封信,并把它整个重抄下来(档案公开部分)。后来,原格别乌的工作人员亚历山大·奥尔洛夫承认他就是该信的作者。(参见他在美国参议院委员会法律小组委员会关于苏联在美活动范围的听证会上的证词第51部分,第3423—3429页。)关于奥尔洛夫在格别乌特别是在西班牙大清洗期间的作用,参见杰塞·埃尔南迪斯:《大叛变》;奥尔洛夫:《斯大林罪行录》。

② 莉莉娅·达林小姐(30年代末在巴黎的国际书记处俄国分部的"洛拉同志")在美国作证说,1939年夏她去科约阿坎时,托洛茨基向她出示了反对埃蒂安的警告信。"我觉得多少有点儿不自在,因为内容很让人不舒服。……我说:'这当然是内务人民委员部的肮脏勾当,它就是想撵走您身边本来就不多的追随者……'(托洛茨基)有一封来自另一位匿名报信人的信,信上说有一个女人,就是我,要到他那儿去毒杀他。因此我们两人认定……信是内务人民委员部伪造的。……(回到巴黎后)我做的第一件事就是把此事告诉了埃蒂安。……我信任他。"埃蒂安听后"爆发出一阵大笑"。伊萨克·堂·列文:《一个刺客的内心》,第60页。

第五章 地狱之夜

* * *

廖瓦死后两个星期，布哈林、李可夫、拉柯夫斯基、克列斯廷斯基和亚戈达也坐上了莫斯科的被告席。可以认为，在前两次审判中导演已将其惊人的想象力发挥到了极点，但与此次的新幻术相比，以前的审判至多只是适度的现实主义作品而已。检察官与被告又一次将托洛茨基作为阴谋领导者加以猛烈攻击，但这次阴谋却包括了他不共戴天的仇敌布哈林分子。与以前的起诉相比，廖瓦作为父亲同案犯所起的作用被强调得更突出了。克列斯廷斯基起初企图否定对他的指控，但经过软弱的尝试之后，他到底供认说，他曾在柏林及其他欧洲疗养地不止一次与托洛茨基秘密谈话，与廖瓦私下会面；他为廖瓦与帝国首脑冯·塞克特（Von Seeckt）将军牵线搭桥，建立联系，支付了200万金马克（约100万美元）及其他几笔不同数额的货币作为阴谋的财政支持。托洛茨基与被告们现在不仅被描绘成希特勒和天皇的间谍，而且也被描绘成英国军事侦探，以及波兰"二局"的奸细。在人们早已熟悉的故事之上，如谋害斯大林、伏罗希洛夫和卡冈诺维奇，制造铁路灾难，矿井爆炸，大规模毒杀工人，等等，又加上了杀害高尔基、明仁斯基、古比雪夫，甚至斯维尔德洛夫（死于1919年）的故事——这一切都归罪于托洛茨基。随着每一次的供认，阴谋不仅超出了合理的界限，而且在时间方面也回溯得愈远——达到了苏维埃政权存在的初期，甚至更早的年代。一度曾是左派社会革命党人领袖的卡姆科夫（Камков）与卡列林（Карелин）也仿佛鬼魅一般出现在审判大厅里。他们作证说，在1918年，他们举行反布尔什维克起义时，曾与布哈林达成秘密协议，意图杀害列宁。亚戈达曾领导对托派成员的调查达十年之久，把他们大批流放，在监狱和集中营里刑讯逼供，以及着手准备对季诺维也夫与加米涅夫的审判，而现在他供认说，在整个这段期间，他仅仅是托洛茨基手中的工具而已。除了旧日政治局委员、中央委员、部长与大使之外，在被告席上还出现了一批著名的医生。其中一位是年过七旬的列文（Левин）大夫，革命后列宁与斯大林的私人医生。他的罪状是根据亚戈达的指示投毒谋害高尔基与古比雪夫。在数次开庭的漫长时间里，医生们叙述着他们在克里姆林宫大墙内如何下毒，详细描绘着自己那令人发指的勾当。①

---

① 《托洛茨基反苏右倾集团案审判报告》。

这幅名为"祖国"的漫画是配合1938年3月5日莫斯科第三次审判的丑化托洛茨基、李可夫、布哈林等人的宣传品

托洛茨基将此次审判比做拉斯普京（Распутин）① 事件，因为在这次审判中散发出"专制独裁特有的腐败与恶臭"。大概没有比这句话更能清楚地表明这出闹剧是怎样激动他的思维的了。当然，与这些审判相比，拉斯普京事件可以说是小巫见大巫，几乎不值一提。只是审判未必会加速斯大林的毁灭，尽管关于他的回忆将充满耻辱。但是托洛茨基无法找到更合适的先例与之对照了，因为它们不存在。斯大林在一定意义上超越了历史经验与各种想象力。他将恐怖提升到一个新的规模，并赋予它新的尺度。看看这些审判过程，对它们的任何理性反应都愈来愈无能为力了。托洛茨基进一步分析这些事件的荒谬性，精确地证明自己不在现场：无论是他，还是廖瓦，都不可能在审判中提到的地点与时间与被告中的任何一位搞阴谋活动，更遑论冯·塞克特将军了。

---

① 拉斯普京，格里戈里·叶菲莫维奇（1872—1848）沙皇尼古拉二世与皇后亚历山大·费多洛芙娜的宠臣，出身于托博尔斯克省的农民，被保皇派杀死。——译者注

第五章 地狱之夜

（他评论道：）在这种罪恶活动中，首相、部长、元帅与大使都毫无例外地服从一个人。不是服从他们的正式领袖，而是服从一个流放犯，托洛茨基只要使使眼色，革命老战士就变成了希特勒和天皇的间谍。根据托洛茨基的"指示"，并经过塔斯社的资深记者传达，工业、运输与农业经济的领导就去破坏国家生产力及其文化。根据"人民公敌"从挪威或墨西哥下达的命令，远东铁路工人就去使军用列车出轨，德高望重的医生们就去毒杀自己的克里姆林宫里的患者。这是维辛斯基画出的……一幅多么可怕的图画。……但这样一来就很难自圆其说了。集权制度是机关的专政（即党与国家机关）。若是机关的每一个枢纽都由我的下属所占据着，那么为什么此刻斯大林坐在克里姆林宫里，而我却被驱逐了呢？

托洛茨基同样将审判后果与国际形势联系了起来：希特勒军队刚刚胜利地开进奥地利，并且准备进一步的征服。

难道斯大林还能躲在幕后窃笑吗？难道这个出乎意料的事变没有震动他吗？不错，他被一堵不学无术和奴颜婢骨的厚墙与世界隔绝开了。不错，他习惯于不把国际舆论放在眼里，而格别乌对于他才是一切。就是他也应该看到各种威胁的迫近与日益增长的征兆。全世界工人群众都忧心忡忡。……法西斯取得了一个又一个胜利，并在斯大林主义这儿……找到了主要帮助。致命的战争威胁已在敲着苏联的大门了，而斯大林却选了这个时刻糟蹋军队、蹂躏国家。……但甚至这个第比利斯的僭主……也很难笑得出来了。巨大的仇恨正滋生在他周围，可怕的怒火已凝聚在他头顶。

完全可能，这种灭绝……国家优秀人才的制度，最终会激起真正的恐怖反对派。倘若（这种情况没有发生），那就违背了一切历史规律……然而，基于绝望的恐怖主义与复仇是与第四国际的拥护者不相容的。……个人报复……对于我们来说是太渺小了。杀死一个该隐——朱加施维里，国际工人阶级能从中得到什么好处呢？任何一个新官僚主义"天才"就能轻而易举地取代他。如果说我们对于斯大林的个人命运多少有点儿兴趣，那也只是希望他能活着看见自己的独裁完蛋的那一天，而那一天已经不远了。

托洛茨基预言"另一次真正的审判",届时工人阶级将审判斯大林及其同伙。"在人类语言中找不到任何词汇在末日审判的时刻能帮助历史上最邪恶的该隐。他为自己树立的纪念碑必将倾塌,或者被陈列在恐怖集权主义者博物馆里。而胜利的工人阶级将重新审理这些公开的或秘密的审判,并将在解放了的苏联的广场上为卑劣无耻的斯大林制度所造成的不幸牺牲者们树立丰碑。"①

应该说:这个预言也应验了,只是拖了许多年。不过,按其幅度及张力来说,大清洗类似于人类无力对抗的巨大的自然灾变。恐怖摧毁了理智,压垮了意志,粉碎了各种反抗。而托洛茨基所说的仇恨与愤怒虽然存在,却被驱向内部,蓄积以待未来。在当时及斯大林时代的余年它们还无法找到出路。在所有那些人——首先是托洛茨基派成员——身上,类似的情感是与政治上的自我意识联系在一起的,他们有思想并能够提出行动的纲领,但都被有步骤地、无情地消灭了。

1935年,斯大林和他的女儿斯维特兰娜·阿利卢耶娃在一起

斯大林将托洛茨基派成员在监狱的铁栅栏和铁丝网后面已关了十多年了,使他们遭受着非人的刑讯逼供,摧垮了其中不少人的士气,分裂他们并几乎成

---

① 《反对派通报》1938年第65期。

功地把他们与社会隔绝开来。看起来,从 1934 年起,托洛茨基主义差不多完全被肃清了。然而,过了两至三年后,斯大林却从未这样强烈地害怕它。随着基洛夫被害而来的反常的大清洗与大规模流放赋予了托洛茨基主义以新的生命。当在他们周围出现了成千上万的新流放犯时,托洛茨基主义者就再也不是孤立的了。大批变节者重又与他们结合在一起,这些人悲伤地想,要是他们一直与托洛茨基主义者站在一起,也许就不至于有今天了。年青一代反对派——在托洛茨基主义被摧毁很久后才起而反对斯大林的共青团员、各种色彩与倾向的"异端分子"、由于破坏劳动纪律的琐事而遭流放的普通工人、心怀不满与发牢骚者,他们仅仅是在铁丝网后面才开始其政治思考的,所有这些人为托派老战士组成了一个巨大的新讲坛。① 集中营里的管理愈来愈严酷了。囚犯们像奴隶一样必须每天劳动 10—12 小时。他们死于饥饿、疾病以及难以形容的肮脏。但是集中营仍然成为反对派的学校,而托洛茨基主义者则是其中的教师。几乎在所有罢工和绝食行动中,都是他们在领导流放犯向当局提出各种改善集中营条件的要求,并常常以自己英勇的挑战行为鼓舞其他人的反抗。他们组织严密、训练有素、政治成熟,是一批被投入铁丝网中的真正的民族精英。

斯大林明白,进一步镇压再也捞不到什么了。拷打与迫害早已到了无可复加的地步,而它们只能为托洛茨基主义者加上一道殉难者的光环。只要他们活着,对他就是威胁。随着战争的危险愈益迫近,这种潜在的威胁也愈益现实了。我们已经看到,自从斯大林攫取政权的那一刻起,他就要一次又一次地重新获得它。现在,他决定摆脱这种必要性。他开始一劳永逸地巩固他的权力。唯一的手段就是彻底消灭反对派,首先是托洛茨基分子。进行莫斯科审判不过是为这个计划铺路,而计划的主要部分从此以后不会是在审判大厅里而是将在东方与北极的刑讯室和集中营里完成。

---

① M. 芬索德:《苏联统治下的斯摩棱斯克》,该作者引证格别乌文件,其中提到,在 1936—1937 年大清洗高潮中,当工人被问到他们认为谁是布尔什维克的榜样时,他们回答:托洛茨基或者季诺维也夫。在为纪念基洛夫而举行的会议上,学生们提议把托洛茨基包括进名誉主席团(第 302 页及同书各处)。托洛茨基主义在斯摩棱斯克地区不特别流行,在其他地方,类似情形更为频繁。所有罪犯,甚至常常是孩子,都是作为"托派分子"被流放的。参见该书中对斯摩棱斯克地区宣判托派成员闹剧的描写(第 232—237 页)。

*　　*　　*

一位曾是沃尔库塔大集中营的囚犯的目击者本人并不是托洛茨基派成员，但他在描述托洛茨基主义者的最后活动与毁灭[①]时这样说，仅他所在的这个集中营里就关押着近千名托洛茨基派成员，他们自称是"布尔什维克—列宁主义者"。其中大约500名在沃尔库塔的矿井里干活儿。在伯朝拉的所有集中营里有好几千"正统托洛茨基主义者"，他们是"1927年被流放至此的"，"始终忠于自己的政治理想与领袖"。作者也许把旧日的变节者也算进"正统托洛茨基派成员"中了，否则对他们人数的估计就太夸张了。他继续写道："在沃尔库塔各集中营里，除了这些真正的托洛茨基主义者外，同时还有10多万囚犯，他们在党内或在团内的时候曾加入过托洛茨基反对派，后来在不同的时间，因为不同的原因，被迫'悔悟并承认自己的错误'，离开了反对派队伍。"不少从未入过党的流放犯也认为自己是托洛茨基主义者。正如目击者本人所指出的，在上述人数里，还得算进各种倾向的反对派，甚至包括李可夫和布哈林的拥护者以及年轻的及最年轻的一群新手。

他指出："因此，托洛茨基主义者、列·达·托洛茨基的拥护者是人数最多的一派。"在他们的领导者中，他记得有斯·维·柯秀尔、波兹南斯基、弗拉基米尔·伊万诺夫及其他久经考验的真正的托洛茨基派成员。"他们在1936年来到煤矿，并被安置在……两个大棚子里。他们断然拒绝下矿井干活，只在地面干，而且一天不超过八小时，而不像制度规定和同一集中营的其他囚犯那样须每天劳动10或12小时。他们挑战性地、有组织地蔑视内部规章制度。他们大多数被隔离了差不多十年之久，先是在监狱里，然后是在索洛维茨基群岛集中营，最后是在沃尔库塔。在政治犯中，托洛茨基主义者是唯一敢公开批评斯大林的'总路线'并公开而有组织地反抗狱方的群体。"正如托洛茨基在国外所做的那样，他们一如既往地声明：一旦发生战争，他们将无条件地捍卫苏联，同时努力推翻斯大林的统治。甚至"极左派"，比如萨普龙诺夫的拥护者，也采取了这种立场，尽管有所保留。

1936年秋，在季诺维也夫与加米涅夫被审判之后，托洛茨基主义者在集中

[①] 这份报告《沃尔库塔的托洛茨基主义者》，署名为M. B.，发表于孟什维克派侨民的《社会主义通报》1961年第10—11期。

第五章 地狱之夜

营里举行了集会和示威，以纪念被处决的同志和领袖。很快，10月27日他们开始了绝食。据我们上面所讲的故事，这正是托洛茨基的小儿子谢尔盖所参加的那次绝食。伯朝拉所有集中营里的托洛茨基主义者都参加了这次持续了132天的绝食。他们抗议把他们迁出以前的囚禁地以及未经公开审判的处罚。他们要求：每天工作8小时，所有的囚犯领取同等食品（不管他们是否完成生产定额），政治犯与刑事犯分离，将残疾人、妇女、老人从极地转移至气候较温暖的地区。绝食的决定在公开集会上被采纳了。有病的及年老的囚犯可以不参加，但是"后者坚决不肯被排除在外"。几乎每个工棚里的非托洛茨基主义者都起来响应号召，但"只有在清一色的托洛茨基主义者的工棚里，罢工才是全体一致的"。

当局害怕这次行动扩散，就将托洛茨基派成员转移到离营地40公里之外的半倾塌的废弃工棚里。1000名囚犯中死了几个人，然而只有两个人投降。这两个人不是托洛茨基主义者。1937年，根据莫斯科的命令，当局在所有条件上让了步，绝食停止了。在随后的几个月里，直到叶若夫的恐怖达到其顶点之前，托洛茨基派成员们享受着他们争取到的权利，这极大地振奋了其他囚犯的精神，以至于他们的许多人满怀希望地期待着十月革命20周年大庆的部分大赦。然而恐怖统治很快就以新的力量发作了。食物每天只限400克面包。格别乌用粗棒子武装起刑事犯，唆使他们去对付反对派。不分青红皂白地射杀开始了。所有政治犯又在集中营内被隔离起来，把他们围在带刺的铁丝网里，由100个全副武装的士兵昼夜不停地看守着。

1938年3月末一天的清晨，25个人被叫了出来，他们都是最主要的托洛茨基派成员；发给他们每人一公斤面包，并吩咐他们收拾东西，准备转移。"他们与难友们依依告别后，跨出了工棚。重新点了一遍数，他们走了。过了15—20分钟，大约离工棚才半公里的地方，在一条名叫上沃尔库塔的小河陡峭的岸边，突然响起了一阵齐射声。然后听见一些零散的射击声，接着一片沉寂。不久，押送兵回来了，从工棚旁边经过。每个人都明白那25个人被打发到什么地方去了。"

第二天，又有不少于40个人被叫了出来，发给他们面包并吩咐准备上路。"有些人已衰弱得走不动路了，允许他们乘马车。工棚里的人屏着呼吸，倾听着被带走者脚下积雪的咯吱声。此时，人们都紧张地谛听着。大约过了一个钟头，冻土带响起了射击声。"工棚里的人们终于明白了等待他们的将是什么。但是，经过去年长期的绝食与数月的饥寒交迫，他们已经没有力量反抗了。

"整个4月与5月的部分时间里,冻土带都在执行处决。每天或每隔一天,就会有30—40个人被叫走。扬声器里不断响起通报:'由于反革命宣传、怠工、抢劫、拒绝出工、企图逃跑,下列人员已被处决……'有一次被叫出来一大帮人,约有100来个,大部分是托洛茨基派成员……当他们被带走时,他们唱起了国际歌,而几百个嗓音在工棚里应和着他们。"目击者讲述了许多反对派成员全家被处决时的情景。一位托洛茨基派成员的妻子是拄着拐杖走向刑场的。只有不满12周岁的孩子才能活下来。血腥的大屠杀在伯朝拉地区所有的集中营里一直持续到5月。在沃尔库塔,"工棚里活下来的人已不足100人了。两个星期平安无事地过去了,然后他们又被派回矿井,在那儿人家告诉他们,叶若夫被免职了,现在领导格别乌的是贝利亚(Берия)。"

苏联格别乌首脑贝利亚

此时真正的托派成员和季诺维也夫派成员几乎一个也不剩了。两年之后,又有几十万流放者出现在集中营里,他们是:波兰人、拉脱维亚人、立陶宛人、爱沙尼亚人。他们在老囚犯中发现了许多失宠的斯大林派成员,甚至少数布哈林派成员,却没有一个托派成员和季诺维也夫派成员。老囚犯们在讲述他们的死刑故事时,都压低了嗓音,或只是隐晦地暗示,因为对于不幸的囚犯来说，再没有比招致同情或怜悯托派成员的嫌疑更危险的了。①

叶若夫时期的大恐怖可以比做政治上的种族灭绝。整整一代布尔什维克反斯大林主义者被消灭了。在以后斯大林统治的15年中，苏联社会里已没有任何一个可以向他提出挑战的派别了，甚至在监狱与集中营里。没有一个独立的政治思想中心被允许存留下来。民族意识被撕开了一个巨大的空洞。它的集体记忆是一片空白，革命传统中断了，形成各种创新思想并使之具体化的能力被摧毁了。总之，在苏联，不仅在实际政治生活中，甚至在潜在的思维进程中都没剩下任何能与斯大林主义抗衡的东西。（人民的意识是如此混乱，以致在斯大林死后，任何反斯大林运动也不能从下层和苏联社会深处产生出来；而对斯大林制度的最落后于时代的方面的改革也只能由旧日斯大林的爪牙与同伙自上而下地进行。）

如果说莫斯科审判引起全世界的瞩目并震惊了全世界，那么集中营里的大屠杀则几乎被忽略了。它潜行得如此之深，以致唯有时间才能让真相暴露出来。托洛茨基比谁都清楚，在审判中暴露出来的只是恐怖统治微不足道的一角。他只能去猜测幕后所发生的情况。但甚至连他也不能把握整体真实。就算能，那他在所剩无几的余年里也未必能明了它的发生过程，认清它的影响。他依旧认为，有能力表达自己的目标、在政治上生机勃勃的反斯大林力量将登上前台，特别是他们能在战争时期推翻斯大林，将战争进行到胜利和革命完成。他仍旧寄希望于老布尔什维主义的复兴，斯大林对它无穷无尽的十字军远征从反面推动了它的力量与影响。但他不知道，所有这些反斯大林力量已被消灭，托洛茨基主义、季诺维也夫主义和布哈林主义全都倒在了血泊里，就像那个阿特兰提斯洲一样从政治地平线上消失了。他是阿特兰提斯洲的唯一幸存者。

* * *

1938年整个夏天，托洛茨基都忙着准备第四国际"成立代表会议"所需的纲领草案和决议草案。1938年9月3日，大会在别列尼亚——巴黎的一个小地方——阿尔弗雷德·罗斯默的家中举行。实际上这只是一个小型的托洛茨

---

① 我要感激贝尔纳德·辛格尔对沃尔库塔集中营里这一阶段生活的详细透彻的描写，他是著名的波兰记者，在二战初期被流放到那儿。

基派成员会议。有21位代表出席，宣称代表11个国家。① 不久前谋杀与劫持的阴影笼罩着大会。三位年轻的殉难者被选入大会的名誉主席团：廖瓦、克莱门特与欧文·沃尔夫（Erwin Wolf）②。由于大会组织书记克莱门特失踪，关于各国托洛茨基派成员工作情况的文件和第四国际章程草案以及其文件也都一同丢失了。为了防备来自格别乌的打击，代表大会只举行了一次全会，持续一整天没有休息，并且拒绝加泰罗尼亚的波乌姆和法国社会主义工农党的观察员参加。③ 为了保守"绝对机密"，在大会发表的宣言中只说是"代表大会在洛桑举行"。在大会上，国际的"俄国支部"是由埃蒂安代表的。出席大会的还有两位"客人"：某位来自纽约的托洛茨基派成员西尔维娅·阿奇洛芙（Sylvia Agelof），作为翻译旁听；她在大会开幕前不久从美国来，在巴黎碰到一个自称雅克·莫纳德（Jacques Mornard）的人，遂成了他的情人。此人在会议厅外徘徊，对这个极其秘密的聚会装出一副丝毫不感兴趣的样子，只专心等待西尔维娅出来。

马克斯·沙特曼主持大会。在会期仅仅一天的代表会议上，对委员会报告和主要是由托洛茨基所写的几个决议进行了表决。这一天的正式日程十分紧凑，要按通常的大会则要一个星期才能完成。纳维尔作了"进展形势的报告"，证明组织者们决定建立第四国际是正确的。然而，他无意中却证明了国际差不多形同虚设。它的所谓的各执行委员会与国际局在最近几年没有一个曾工作过。国际每一个"支部"只由几十个成员组成，最多几百个成员。即使人数最多、号称拥有2500名成员的美国支部也是如此。④ 但是根据托洛茨基的建议，代表大会仍然决定称其为"成立代表大会"。只有两位波兰代表提出异议，指出"波兰支部基本上反对建立第四国际"。他们说，企图建立新国际是不可取的，当前整个工人运动正处于"特别反动与政治萧条"的低潮阶段，以往每一国际的成功在一定程度上要归之于如下事实：即它们产生于革命高涨

---

① 本文叙述根据的是1938年9月3日会议举行时的《第四国际全球代表大会记录》，存于托洛茨基档案保密部分。（我手头有一个得之于当年的英国托洛茨基派成员的记录副本。）据我记忆，我于1938年读到过对"代表大会"更为详尽的批判报告，为波兰参加者们所写。

② 欧文·沃尔夫是托洛茨基在挪威时的秘书，康拉德·克努德森的女婿，1938年来到西班牙，在那儿惨遭格别乌毒手。

③ 无论波乌姆或社会主义工农党（法国一个活跃的小党，由马尔索·皮韦尔领导），都"同情"托洛茨基主义，但与它有分歧。

④ 美国托洛茨基主义者的《国际公报》估计支部成员有1000人。德怀特·麦克唐纳指出："我们大约有800人。"（《一个革命者的回忆》，第17页。）

第五章 地狱之夜

第四国际"成立代表会议"的政纲和决议

时期。"以往每一国际的建立都是对资产阶级统治的某种威胁。……而第四国际的情况不同。没有一支重要的工人阶级队伍会响应我们的宣言。需要等待……"波兰人同意托洛茨基关于第二、第三国际已"在道义上死亡"的说法,但他们警告代表会议说,低估这些国际对许多国家工人阶级的影响则是轻率的。尽管波兰人赞成托洛茨基的纲领草案,但他们反复呼吁自己的同志避免"空做姿态与愚蠢"①。

这一重要的反对意见是苏联境外唯一具有多年地下工作经验及源于罗莎·卢森堡的牢固马克思主义思想传统的托洛茨基主义团体提出的。反驳波兰人占去了大会的大部分工作,但他们的论点并没有真正被驳倒。纳维尔宣称,现在是建立新国际"最合适的时机"。"结束当前不明确的状态,提出明确的纲领,明确建立国际领导,以及明确建立各国际支部是极其重要的。"沙特曼

---

① 这两位波兰代表中,一位是在法国留过学的年轻学者斯蒂芬,青年时代由于参加政治活动被判刑,在波兰未成年监狱中关押了几年;另一位是年长的犹太工人卡尔,在沙皇与毕苏斯基统治下坐了12年监狱,在莫斯科参加了十月革命,参加过俄国国内战争的头几场战斗。回到波兰后因革命活动被判死刑,在押赴刑场途中逃跑。我是反对建立第四国际的论点提出者,而这两位波兰代表在大会上对此论点加以发挥。

反驳波兰人,说他们的历史论点为"不符合当前形势的、不正确的",并将波兰人说成是"我们中间的孟什维克",因为只有孟什维克才会这样不理解建立组织的重要性,不相信国际的前途。大会以 19 票对 3 票决定立即宣布建立第四国际。

在匆忙地、几乎全体一致地通过所有决议后,代表们开始选举执行委员会。这时,"俄国问题"的主要报告人埃蒂安提出抗议,说"俄国支部"没有席位。大会纠正了疏漏,指定托洛茨基作为执委会"秘密的"和名誉的成员。因为托洛茨基不能参加执委会的工作,于是奸细就继续代表着"俄国支部"。

* * *

托洛茨基欲"建立"新的国际时,波兰人就警告他此事难以产生预期的影响。他在苏联的追随者("最强大的俄国支部")被摧毁了。在欧洲与亚洲,他的拥护者人数也在锐减。莱茵河以东,阿尔卑斯山以南,几乎所有国家的工人运动都遭到了灭顶之灾。在德国、奥地利以及近来在捷克,没有一个马克思主义组织能在希特勒统治下进行有组织的地下斗争。在法国,人民阵线陷入绝望与冷漠。在西班牙,国内战争即将结束,左派力量在它的军事失败之前就遭到了精神失败。整个欧洲大陆在政治上沮丧消沉,只等着希特勒的武装力量从它身上碾过了。还要好几年,纳粹的占领、无法忍受的压迫与屈辱才能使某些国家的工人阶级恢复政治上的活跃或展开抵抗运动。但到那时,起码在法国与意大利,工人转而依靠的是各斯大林主义政党,因为它们背后站着的是苏联——最强大的、1941 年后最有效的抵抗力量。看来,无论环境怎样改变,托洛茨基主义的影响都注定是微不足道的。

亚洲的形势也不容乐观,尽管整个亚洲都被革命风云所激荡着。托洛茨基花了很多时间密切注意着中国、日本、印度、印度支那与印度尼西亚的政治事态。在所有这些国家,他都对一小批共产主义知识分子与工人产生了影响。但除了锡兰,他的拥护者在哪儿也未能建立起像样的政党。在中国,即使他反对斯大林 1925—1927 年间的政策曾产生过最强烈的印象,但第四国际在那里也没有能当得起"支部"这个称号的组织。一些活动于地下、困于极度的贫穷并受到国民党政府与斯大林主义者围剿的托洛茨基派成员成立了一些小组,在

第五章 地狱之夜

上海有二十几人,在香港有几十人,还有分散在中部和东部各省的少数人。①甚至在陈独秀赞同托洛茨基主义的观点之后,他们也未能摆脱孤立。陈独秀在监狱里被关押了六年。出狱后,他被放逐到重庆附近一个偏僻的乡村,被禁止参加政治生活,也不能出版自己的著作。他过着半饥半饱的日子,生活于恐惧之中,为1927年的失败承担的罪责压弯了他的腰。甚至托洛茨基派成员也不信任他了。毛主义者对他大加指责。他被奸细包围着,蒋介石的警察又以谋杀威胁着他,于1943年把他重又投入监狱,并暗杀了他。② 1938—1939年,托洛茨基进行了一次徒劳的尝试,想把他从中国救出来,指望"他能在第四国际起到与片山潜在第三国际同样的作用……能给革命事业带来更大利益"。但陈独秀认输了,陷入了极端的悲观主义。然而他仍不时地分析中国形势,十分透彻地指出托洛茨基主义在什么地方和为什么受挫。在第四国际宣布成立两个月后所写的一份声明里,他直截了当地解释说,中国革命运动为什么要依靠农民,而不是(像早先托洛茨基与他本人所认为的那样)依靠城市工人。日本人破坏了中国一些最先进地区的工业;因而,"中国工人阶级在数量上、物质上与精神上都被削弱了,倒退到30—40年前的条件下"。因此,将革命的重心放在城市的观点是错误的。"如果我们今天不理解将来的政治形势会向何处发展,不承认中国无产阶级十分弱小以及其政党所处的地位,那么我们就等于是坐井观天,由于自满自大而痛失良机。"他继续写道,托洛茨基派成员常因其宗派傲慢、对毛主义采取完全消极的态度以及无视抗日战争的需要,使自己脱离了现实政治生活。他担心,第四国际的建立只会加强他们的"傲慢与孤立",而这场冒险将以破产告终。他本人倾向于时而同国民党、时而同毛主义妥协,但既不能也不愿同前者或后者结盟。在余下的悲剧性的岁月里,他一直是个垮掉了的人。他的警告以及他的沉重的命运仿佛聚焦般地把托洛茨基主义在世界这一角落的困境集中在他的身上。③

美国是托洛茨基主义能唤起某种兴趣的唯一国家。1938年1月,经过多次分裂与联合,社会主义工人党形成了,并很快获得了第四国际"最强有力

---

① 这些数字不准确,中国托派统一大会召开时,计有成员400多人。——译者注
② 此处有误,陈独秀于1942年5月27日在江津病逝。——译者注
③ 参见1938年2月5—25日托洛茨基给"格拉斯同志"的信;H. 弗利特曼所述中国之行及与中国托洛茨基派成员会见印象记(1940年2月19日)。托洛茨基与其中国拥护者有过大量通信,表明他对中国革命的前途一直有着浓厚的兴趣。我引证的陈独秀的观点是根据他在合川写的长文,日期为1938年11月,存于托洛茨基档案保密部分。

的支部"的美誉。它的长处是在工会与工业部门有一定的战斗力。它定期出版两份期刊:《新国际》(理论月刊)与《战斗》周刊。党的领导集团中有相当多的一批人,以美国人眼光看来都是经验丰富、精明强干的,其中最著名的是詹姆斯·P. 坎农(James P. Cannon),马克斯·沙特曼与詹姆斯·伯纳姆(James Burnham)。①托洛茨基常乐于应该党的请求提出建议、进行批评、给予褒奖、协调解决争论与冲突。在纽约与墨西哥之间有密使来往,而"蓝屋"的秘书与卫士差不多全由美国人担任,这更使联络变得轻而易举。纽约很快就取代巴黎成为托洛茨基主义的中心。但即使如此,美国党还是一株长得过于孱弱的庄稼,因为它从自己扎根的土地上只能汲取很可怜的一点儿养料。

托洛茨基和妻子在"蓝屋",摄于1938年

那么,尽管有这种种不祥的预兆,托洛茨基为什么还要建立第四国际呢?

自从他决定再不能"与斯大林、曼努伊尔斯基之流同处于一个国际中"之后已过了五年多。在这几年里,第三国际已经衰落与瓦解到这般地步,以致托洛茨基不得不大张旗鼓地毅然斩断自己及其拥护者与它的关系。列宁在反对第二国际时,有一次要求布尔什维克党人抛弃社会民主党这件破旧"肮脏的

---

① 詹姆斯·P. 坎农:《美国托洛茨基主义史》;M. 巴勃罗:《第四国际的二十年》,载《第四国际》1958—1959年;马克斯·沙特曼:《美国托洛茨基主义的二十五年》,载《新国际》1954年。

衬衣",称自己为共产党人。托洛茨基则谈到"斯大林主义的梅毒"或者"应该用烧红的烙铁从工人运动中烫掉的毒瘤",并相信他正赋予一个组织以生命,使它在即将来临的革命的阶级斗争中起到关键作用。①

  不太清楚的是,他这样做是对不久的将来有成功的把握呢,还只是"为了历史"而不计成败。他个人的一些声明是相互矛盾的。他就自己的追随者稀少这一事实而写道:"一切伟大的运动都是以从老运动中'分离出来的小派别'开始的,基督教起初是从犹太教中'分离出来'的一部分,新教是从天主教即堕落的基督教中'分离出来'的一部分。马克思与恩格斯一派是从黑格尔左派中'分离出来'的。共产国际是由那些从社会党国际中'分离出来'的人在最近那次战争中建立起来的。这些运动的创始人之所以能够获得群众拥护,仅仅是因为他们从不怕孤立。"类似这样的说法尽管充满了历史乐观主义,但也表明托洛茨基并没有指望能很快取得决定性的成功。从另一方面来说,他为国际写的纲领草案与其说是一种原则声明,不如说是一种策略说明书,以供忙于工会斗争与日常政治、力图取得实际的领袖地位的党使用。他在给"成立代表会议"的信中写道:"群众运动的任务今天已摆在了第四国际的面前。……现在它是唯一这样的组织,不仅清楚认识到这个……时代的动力,也同样有一整套能将群众组织起来进行夺取政权的革命斗争的日常规章。"往下是:"我们今天的力量与我们将来的任务是不成比例的,这一点我们比我们的批评者更清楚。但是当前时代的严峻的悲剧性的辩证法站在我们一边。对于被战争驱向极端绝望与愤怒的群众来说,除了第四国际给他们提供的领导外,再也找不到别的领导了。"在给美国拥护者的信中,他用几近神秘主义的、但更为坚决的语句颂扬了第四国际的使命:"在最近十年里,第四国际的纲领就能获得千百万人的拥护,而这千百万革命者就能改天换地。"在慕尼黑危机期间,他再次声明,尽管第四国际在未来战争的初期可能是弱小的,但"新的每一天都有利于我们。甚至在战争的第一个月,劳动群众就将疾风暴雨般地横扫沙文主义的狂热。第二、第三国际的政党连同法西斯主义都将一起被它所埋葬。它们的崩溃将是……由第四国际……领导的公开的革命运动的必要条件。"1937年,金斯利·马丁(Kingsley Martin)来拜访他,谈话中托洛茨基大声说:"我告诉你,从现在算起,三五年内,第四国际就将成为世界上的一

---

① 在"成立代表会议"的英语演讲,载《反对派通报》1938年11月第71期。

种强大的力量。"①

托洛茨基的希望是建立在双重前提下的：当前战争将导致与第一次世界大战之后相类似的革命结果，但具有更大的规模与力量；斯大林主义的党将像社会民主党一样竭尽全力压制革命潮流。他比以往更坚信西方发达的工业国家将是社会主义的主要战场，拯救革命的首创精神将来自它们的工人阶级，唯有这种首创精神才能砸碎那个怪圈：一国单独建成社会主义与官僚独裁——俄国革命正是被禁锢在这种独裁之下。若说被30年代的大危机与大萧条震撼的西方资本主义能躲过即将来临的这场浩劫，这在托洛茨基看来是不可思议的。他毫不怀疑希特勒意欲将欧洲纳入日耳曼帝国的统治之下并必将遭到失败。欧洲的确需要联合，但唯有无产阶级革命才能使它联合，这场革命将为社会主义的欧洲联邦奠定基础。不仅具有马克思主义遗产的德国，还有具有其革命传统的法国与意大利，甚至北美洲，都将被卷进这场社会巨变之中。在写于1939年的《马克思的不朽思想》一书的前言中，托洛茨基驳斥了罗斯福的"新政"及一切复活和改良资本主义的企图，称之为"反动的和不可救药的公谊会教派"。他欢呼美国马克思主义新时代的曙光，指出《资本论》仍适用于分析美国的经济问题。在马克思主义方面也一样，"美国几次跃进就能赶上欧洲并超过它。先进技术与先进社会结构将以此学说为指南开辟自己的道路。优秀的马克思主义理论家将出现在美国大地上。马克思是先进的美国工人阶级的导师。"②

托洛茨基并不轻视不发达国家中巨大的革命潜能，特别是中国。关于这个问题，他比30年代任何一位政论家写的都要多。但是他认为中国的发展前途要取决于欧洲革命："只有当社会主义革命以现在法西斯的传播无法比拟的巨大力量从一个国家传播到另一个国家时，这种革命前途才会出现。以先进国家为榜样，在先进国家的帮助下，落后国家也将被带进社会主义的主流中。"经典马克思主义认为"先进技术与先进社会结构"是社会主义革命的基础，托洛茨基将这种逻辑推向了极端，却没有料到他的理论与实践之间出现了矛盾。

---

① 《反对派通报》1938年第66—67、71期。他在写于1937年4月10日的《新政治家与民族》里描述了他与金斯利·马丁的这次谈话，谈话气氛相当不友好，因为马丁一心想"捍卫"他的朋友D. N. 普里特的"名誉"。普里特是皇家律师与议员，正忙于从法律观点在英国舆论面前为莫斯科审判辩护。也许，英国报界对普里特名誉的关心和它对莫斯科审判中被告及托洛茨基本人名誉的冷漠激怒了托洛茨基，促使他写下了这份冒失的声明。在与巴黎的国际书记处的通信中，托洛茨基对马丁在科约阿坎的拜访作了尖刻的描述。

② 《马克思的不朽思想》，第38页。

倘若先进的工业国家会起到经典马克思主义从理论上赋予它的那种作用，那么就会没有一个国家能比美国更快地走向马克思主义与社会主义。托洛茨基没有也不可能预见到，在最近几十年，一些落后国家正成为"社会主义主流"，"先进的西方"将极力遏止这种潮流或将它拉向倒退，而美国不但没有发展出最现代化的马克思主义，反而成为它最强大的障碍。①

他期待着西方工人阶级起义，正如它在 1848、1871、1905 和 1917—1918 年的起义一样。他将传统的马克思主义观念运用于中国，因而不相信毛泽东的"农民军队"，担心它会像中国历史上的农民军队一样变成反动的工具而去反对工人阶级，倘若后者未能将革命主动权掌握在自己手里的话。尽管有陈独秀的警告，托洛茨基仍然相信，中国工人阶级能在政治上重新崛起并成为革命的领导力量。对于托洛茨基来说，这是一条公理：现代一切阶级斗争，主导权都属于城市。革命运动可以在农村发生并领导城市的概念在他看来是不现实的和落后的。托洛茨基坚持说，无论在西方还是在东方，革命或者是真正无产阶级的，或者什么都不是。他丝毫没有预见到另一种情况，即在第二次世界大战期间及其后，在东方和西方，阶级斗争的进程先是被斯大林主义的俄国与西方之间的联盟、尔后是被它们之间在全球范围内的对抗所支配，因而它在某种意义上是被歪曲了。

根据这些前提，托洛茨基不能不提出这样的问题：谁，什么样的党将领导即将来临的革命斗争？他回答说：第二国际是旧制度的正在腐朽的支柱；第三国际则是斯大林手中的工具，斯大林在用不着的时候就把它扔到一边，而在与资本主义列强做交易时就用它做筹码。斯大林及其政治局生活在对国外革命的恐惧中，因为这种革命能唤起苏联工人阶级并威胁着独裁统治与特权。所以，当工人阶级步入新的社会震荡时期时，将没有革命的马克思主义政党来领导自己。缺乏领导正是他们在 20—30 年代遭受到一连串挫折的根本原因；而缺乏革命领导甚至还会使他们遭到更为悲惨的新失败。如果马克思主义不是虚假的教条，如果工人阶级的确是社会主义的历史承担者，并且列宁主义关于工人没有先锋队的领导就不可能胜利的理论是正确的，那么，严重的"领导危机"就只能靠建立新的共产党和新的国际来解决。在成为布尔什维主义者之前的那些年，托洛茨基跟罗莎·卢森堡及其他许多马克思主义者一样相信工人阶级的

---

① 当然，到 20 世纪末，托洛茨基对"先进的西方"特别是美国的预测是否还如 20 世纪中期看来那样不现实，这是一个悬而未决的问题。

自发作用，却忽视党的领导功能与组织功能，而这点正是列宁注意的中心。自此，托洛茨基就将此视为自己漫长政治生涯中所犯的最大错误，他再也不想把希望寄托在"自发的"革命高潮上了。当他的整个思想要求他给自己提出相应的任务时，他不会在任何困难面前退缩，哪怕看不到什么希望。"第二和第三国际死了！第四国际万岁！"在他的想象中，他的责任就是宣布这个口号；至于其余的事，那就让将来去关心吧。

* * *

起码在美国激进知识分子中，特别是在文学界，托洛茨基主义在当时获得了进展。受世界经济危机、纳粹抬头、西班牙内战的影响，许多美国知识分子站到了共产党一边。而最有批判思想的人对人民阵线的机会主义望而却步，它使党追随罗斯福并赞扬"新政"。莫斯科审判、斯大林主义那种暧昧手腕与怪异仪式强烈震撼了他们，引起他们的憎恶。托洛茨基主义对他们就像一股清新的风，吹散了左派阵营中沉闷的空气，展示了新的地平线。托洛茨基斗争中的那种悲怆色彩、他的雄辩及文学才能打动了作家们。托洛茨基成为一种时髦，在美国文学里留下了许多痕迹。在受其影响的作家中，特别在批评家中，有埃德蒙·威尔逊（Edmund Wilson）、西德尼·胡克（Sidney Hook）、詹姆斯·T.法雷尔（James T. Farrell）、德怀特·麦克唐纳（Dwight Macdonald）、查尔斯·马拉穆德（Charles Malamutd）、菲利普·拉夫（Phinlip Rahv）、詹姆斯·罗蒂（James Rorty）、哈罗德·罗森伯格（Harold Rosenberg）、克莱门特·格林伯格（Clement Greenberg）、玛丽·麦卡锡（Mary McCarthy），等等。①

《党派评论》成了这个"文学托洛茨基派"的中心。这家杂志原由菲利普·拉夫与威廉·菲利普斯（William Phillips）主编，由约翰·里德俱乐部，也间接由共产党赞助出版。然而，编辑部被党对文学事务的干涉所激怒，党在政治上的见风使舵又令他们难堪，加之震惊于莫斯科审判，于是杂志停刊了。1937年末杂志复刊，但改变了方针：《党派评论》支持革命的社会主义，反对斯大林主义。编辑部邀请托洛茨基为他们撰稿。起初他拒绝了，对此事态度冷淡。他在给德怀特·麦克唐纳的信中说："我的印象是，《党派评论》的主编

---

① 德怀特·麦克唐纳：《一个革命者的回忆》，第12—15页。

们有能力、有教养、有学识,然而我对他们却无话可说。"① 社会主义工人党的领袖们不喜欢看到托洛茨基的威望与这家杂志联系在一起,而他本人则搞不清楚《党派评论》宣称热衷于革命的社会主义认真到什么程度。它的多数撰稿人对马克思主义和布尔什维主义的了解仅仅来自斯大林主义的歪曲。难道他们不会由于对斯大林主义的失望而反对马克思主义与布尔什维主义吗?另一方面,他又指责编辑部对莫斯科审判过于消极的反应以及试图保持与《新大众》、《民族》、《新共和》的友好关系,这三家杂志或者支持审判,或者对审判态度暧昧。托洛茨基在给拉夫的信中说:"有一些手段对于反对错误理论的斗争是必要的,而另一类则对同霍乱流行斗争是必要的。斯大林无疑属于霍乱一类,而非错误理论一类。斗争应该是紧张的、凶猛的与无情的。'狂热'的成分……有益于健康。"② 那年晚些时候,当《党派评论》变得更加率直地反对斯大林时,坚冰开始打破了。与托洛茨基最紧密联盟的时刻已经来临,勃勒东(Breton)和里维拉受托洛茨基鼓舞,在杂志上公开发表自己的自由"宣言",号召建立革命作家与艺术家的国际联盟,同集权制度对文学与艺术的控制作斗争。③

1938年2月,法国超现实主义诗人安德烈·勃勒东(Breton)来到了科约阿坎。他早就是托洛茨基的热烈的仰慕者。在返回法国的轮船上,他倚着船舷给托洛茨基写了一封信,再没有比这封信更能表达他对托洛茨基的感情了:"最亲爱的列夫·达维多维奇!我现在给您写信时,我缺乏自信的痛苦远远比不上在您身边的痛苦。我感到有一种以这种方式接近您的不断的渴望。我跟您说这番话是为了让您明白,在您面前,我迈步走近您时是多么困难。"这个困难,其原因就在于"无限的赞美"。这是每一次与托洛茨基相会时都要控制住他的"考狄莉娅综合征"。每当他不得不接近最伟大的人时,才会屈从这种压

---

① 托洛茨基致麦克唐纳,1938年1月20日。《党派评论》编辑部想邀请托洛茨基出席一个马克思主义问题座谈会,拟有下列人员参加:哈罗德·拉斯基、西德尼·胡克、伊尼亚齐奥·西洛内、埃德蒙·威尔逊、奥古斯特·塔尔海默、约翰·斯特雷齐、芬纳·布罗克韦,等等。主题定为:"马克思主义中哪部分还有生命,哪部分已经死亡?"《党派评论》想在马克思主义生命力问题上揭开"新的一章",但此事并没有使它得到托洛茨基赏识。参见托洛茨基与《党派评论》编辑部的通信,存于托洛茨基档案保密部分。编辑部放弃了召开座谈会的想法。
② 托洛茨基致拉夫,1938年3月21日,存于托洛茨基档案保密部分。
③ 《党派评论》1938年秋季号;托洛茨基致拉夫,1938年5月12日至7月30日托洛茨基档案保密部分存有詹姆斯·伯纳姆对那些在《党派评论》工作的人的尖刻批评,以及关于他们糜烂生活的故事。(伯纳姆致托洛茨基,1938年4月12日。)

抑:"您是他们中间……唯一健在的人。……我要费好大力气才能使自己相信,您不是不可接近的。"托洛茨基的回信也并不更少客气:"阁下,您对我如此谬奖,使我不由得担心我们未来的关系。"①

1938年,托洛茨基和安德烈·勃勒东夫妇在一起

逗留科约阿坎期间,勃勒东、托洛茨基与里维拉作了一次长途散步和郊游,他们畅谈政治与艺术问题,有时甚至发生激烈的争论。在法国,超现实主义者与托洛茨基主义者(特别是前超现实主义者纳维尔)是对立的。不过,托洛茨基对超现实主义,正如他对待艺术领域里一切新事物一样,是抱着友好态度的,尽管也不乏批评。他接受了超现实主义者专注于梦境与潜意识经验这种准弗洛伊德主义观念,却对勃勒东及其朋友们的创作中那种"神秘主义的调子"责备地摇头。尽管这些问题离当时托洛茨基心中所关注的事情过于遥远(勃勒东的访问正值廖瓦之死和对布哈林的审判之时),但他仍然不厌其烦地跟勃勒东与里维拉辩论着共产主义与艺术、马克思主义与美学。这场争论孕育出了一个想法,即发表告作家与艺术家的宣言书并建立国际联盟。托洛茨基是

---

① 勃勒东致托洛茨基,1938年8月9日;以及托洛茨基8月31日的回信,存于托洛茨基档案保密部分。另见勃勒东:《田野的钥匙》,第142—154页;《访谈录》,第118—119、187—190页。M.纳多:《超现实主义史》,第242—244页。

第五章 地狱之夜

一组托洛茨基、里维拉和勃勒东在一起探讨问题的照片

《宣言》的合作者,但《宣言》是以勃勒东与里维拉的名义在《党派评论》上公开发表的。① 托洛茨基在给勃勒东的信中及在《党派评论》上这样评价这件事:

> 对您跟里维拉倡导真正的革命家与真正的艺术家的国际联盟,我衷心欢迎,为什么不能加上真正的艺术家呢?我们的星球正变成一个肮脏的、邪恶的帝国主义病房。民主英雄们……在拼命效法法西斯英雄……而独裁者愈是不学无术,愈是愚笨透顶,就愈是觉得自己注定是科学、哲学与艺术发展的领袖。知识界的盲从本性及其卑躬屈膝是另一种并非不突出的象征,标志着当代社会的堕落。

《宣言》的思想基本上还是托洛茨基15年前在《文学与革命》一书中所

---

① 《党派评论》1938年秋季号。勃勒东肯定地说,里维拉的贡献只限于他的签名,宣言的主要作者是托洛茨基,但他认为没有必要署上自己的名字。

表达的思想,当时他正企图防止形成斯大林主义对文学艺术的监控。现在他攻击斯大林主义的献媚者——"阿拉贡分子、爱伦堡分子和其他小滑头","这些(巴比塞式的)先生,他们以同样的热情撰写着耶稣·基督的传记和约瑟夫·斯大林的传记",还有马尔罗,他最近对德国和西班牙事件的描写中的"谎言""尤其令人作呕,因为他竟想给它穿上艺术的外衣"。他评价马尔罗的行为"在整个悲剧中,在几乎一代作家中都是典型的:他们中许多人出于对十月革命的'友情'而撒谎,仿佛革命需要谎言"。因此,为艺术真实与艺术家自身的真正信念而斗争,就成了为革命理想而斗争的一个不可或缺的部分。

人们用艺术表达……自己对和谐与健康生存的渴望……这是阶级社会无法满足他们的。(引文据托洛茨基发表在《党派评论》上的信。)因此,在真正的艺术中……总是存在着对现实生活自觉的或不自觉的、积极的或消极的、乐观的或悲观的抗议。……对于不同程度上适应当前时代需要的那些艺术趋势的发展,垂死的资本主义不能保证哪怕最起码的必要条件。它迷信地恐惧任何新世界。被压迫群众过着自己的生活。豪放不羁的艺术家则锁闭于自身的狭隘之中。……近几十年的艺术流派:立体主义、未来主义、达达主义、超现实主义彼此更替,却没有一个成熟起来。……仅靠艺术手段是不可能走出这个死胡同的。这是整个文明的危机……倘若现代社会不能改造自己,那么艺术就将不可避免地走向毁灭,正如希腊艺术在奴隶制文明崩溃下毁灭一样。……在这里,艺术对我们社会的作用是由它与革命的关系所决定的。

然而正是在这里,历史为艺术挖下了一个陷阱。整整一代"左翼"知识分子……将自己的视野投向东方……并将自己的命运与其说是同革命的工人阶级、不如说是同胜利的革命联系在一起,这并不是一码事。而在那个胜利的革命中,不仅是革命,还有新的特权阶层……它用专制独裁的手扼杀着艺术。……即使在君主专制政体时代,宫廷艺术也是建立在理想化的基础上的,而不是像苏联的官方艺术——那里没有别的艺术——与官方司法制度共命运那样,以造假为基础,其目的就在于颂扬"领袖",一本正经地制造英雄神话。……

苏联官方绘画的风格被称为"社会主义现实主义"。这类标签唯有作为艺术部门头头的官僚才琢磨得出来。现实主义就是模仿19世纪第三个

25 年间粗陋的照相底版，而"社会主义"风格就是利用摄像聚焦再现那些从未发生过的事件。人们不能不怀着厌恶与悚惧去读那些诗歌和小说、去看那些绘画和雕塑，那都是由手里拿着笔、毛刷和雕刻刀的官员在手里拿着左轮手枪的官员监督下颂扬着"天才的伟大领袖"，而那些领袖身上既没有丝毫的天才，也没有丝毫的伟大。斯大林时代的艺术是无产阶级革命极度衰落的最鲜明的表现。

托洛茨基指出，这一问题并不只限于苏联：

> 西方"左翼"知识分子借口承认十月革命太晚而跪倒在苏联官僚集团的脚下……五花八门的中心与团体……及其必不可少的罗曼·罗兰那些信函，接受资助的出版物、酒宴和代表大会（其中很难将艺术同格别乌区分开来）开辟了一个新时代，然而，这些具有军国主义色彩的运动尽管声势煊赫，却从未产生过一部能够比作者及其克里姆林宫主子活得更长久的艺术作品。
>
> 艺术、文化和政治必须有一个新前途。否则人类就无法前进……但是，真正的革命政党却无意于"领导"艺术，更不用说"指挥"它了。……只有沉醉于无限权力、不学无术和厚颜无耻的官僚集团才会有这样的野心。……艺术唯有忠实于自己，才能成为革命的最伟大的同盟军。①

尽管这号召是如此鼓舞人心，但作家与艺术家国际联盟却从未成为现实。在欧洲，它号召捍卫艺术创作自由的呼声很快就湮没在隆隆逼近的战争喧嚣中了，在美国，"文学托洛茨基派"的蜜月也十分短暂。托洛茨基的担忧成了事实，知识界对斯大林主义的厌恶转变为对整个马克思主义及布尔什维主义的反动。

我们又一次看到了一个怪圈，即托洛茨基在他的精神拥护者身上唤起的那种情感所经历的怪圈。他们大都对他抱着一种过分的敬畏，他在他们大多数人身上引起了勃勒东所说的那种"考狄莉娅综合征"。然而他们逐渐发现，他的生活方式与思想方式充满了难以承受的精神紧张。他们突然看清楚了，他的确

---

① 《反对派通报》1939 年第 74 期。

是"不可企及的"。他们得出结论说,他们的李尔王依然是一个最虔诚的革命者。他并不想把那类对他抒情赞美的人吸引到自己周围,而是想纠集一群战士去为革命利益完成最不可思议的任务。正像他对待自己那样,他打算把自己的拥护者派去反对大地上的一切权力:反对法西斯主义、资产阶级民主制与斯大林主义,反对各种类型的帝国主义、社会护国主义、改良主义与和平主义,反对宗教、神秘主义甚至还有世俗理性主义与实用主义。他要求他的拥护者,尽管存在斯大林的暴政,他们也要"无条件地捍卫苏联",而同时要以不亚于他的那种愤怒去攻击斯大林主义。托洛茨基是从来不会从自己的原则上后退一寸的,他也不能容忍别人后退。他要求自己的拥护者具有毫不动摇的信念,对社会舆论最大限度的漠视,时刻准备自我牺牲,对与他同呼吸共命运的无产阶级革命抱着热忱的信仰。一句话,他指望他们也是用和他同样的材料铸成的。

他们手足无措了,他们对他极度的敬仰让位于动摇、困惑和疲倦,但仍然还夹杂着尊敬,慢慢地,他们先是转向反对派,尔后则产生了隐蔽的或公开的敌意。知识界的"托洛茨基主义者"开始一个接一个地,先是羞怯地,然后是恶狠狠地放弃自己早先的热情,大谈特谈托洛茨基的错误和缺点。既然没有比失败本身更大的失败,于是他们就开始指责托洛茨基的各种错误与挫折,既有真的也有假的,直至痛骂他是一个狂热的教条主义者、一个轻浮的空想家,直至认为托洛茨基与斯大林之间没有太大的区别。

在不断的失望与友谊的破裂这类常例的背后,是激进的西方知识分子对整个俄国革命经验和对马克思主义的日益增长的愤怒。这是一种不断重复的政治变换过程,其结果是某个时代的激进派和革命派变成下一时代的中间派、保守派或反动派。到了40年代或50年代时,30年代文学界的"托洛茨基主义者"很少有人没率领过反共产主义宣传的十字军东征。他们注进这个十字军东征中的是他们对共产主义的亵渎,是对它薄弱环节的偏激而片面的理解以及对它的强烈厌恶,而这种厌恶却是托洛茨基教给他们的,原指望他们发泄到斯大林主义头上而非马克思主义头上。(当然,从未受过托洛茨基任何影响的旧日的斯大林主义者在反共产主义进军中也起到了不小的作用,但主要是作为庸俗的知情人而不是作为理论家。)

在一些次要争论的纷乱中,这个变换过程半公开地开始了。1937—1938年冬季,伊斯特曼、塞尔日、苏瓦林、西利加等人提出了托洛茨基在1921年镇压喀琅施塔得暴动中的责任问题。他们提出这些问题为的是搞清何时何地布

第五章 地狱之夜

尔什维主义中出现了致命罪孽并导致了斯大林主义的产生。他们的答案是,它就出现在1921年对喀琅施塔得暴动的镇压中。那是决定性的转折点,镇压是导致布尔什维主义衰落的头等罪孽!难道托洛茨基不应对镇压喀琅施塔得暴动负责吗?难道在这次行动中他不正是斯大林恐怖的先行者吗?批评者们如此轻率地谴责他,以至于他们在很大程度上将喀琅施塔得暴动理想化了,颂扬它是对"叛变革命"的第一次真正的无产阶级的抗议。托洛茨基回答说,他们关于喀琅施塔得暴动的看法是错误的,如果布尔什维克不镇压暴动,就会打开反革命的闸门。他将他所赞同的政治局决定的全部责任全都揽在自己身上,仅仅否认他亲自领导了镇压喀琅施塔得的行动。①

在这场争论中夹进了莫名其妙的不必要的激动。用不着站在托洛茨基的观点上也能看出,他的批评者将喀琅施塔得暴动从历史环境及错综复杂的事件中割裂出来,过分夸大了它的重要性。他们认为镇压喀琅施塔得暴动是斯大林主义的前奏曲,该事件在他们的眼中远比那些有助于斯大林主义的基本因素更重要,如共产主义在西方的失败,苏联的贫困与孤立,劳动群众的弱小,城乡对立,一党制的"逻辑",等等。关于这件已很久远并且意义模糊的事件的争论有时竟如此凶猛激烈,因此托洛茨基评论说:"你可以认为,喀琅施塔得暴动不是发生在17年前,而是昨天刚刚发生的。"托洛茨基很恼火,他的所谓同情者偏偏在他的反莫斯科审判行动正值最紧张的关头用喀琅施塔得事件来难为他。尤其是当他正在谴责对反斯大林主义者的妻子儿女进行屠杀时,塞尔日和苏瓦林却指控他在国内战争期间杀害人质。难道这些"哭喊和哀号"不是在帮斯大林的忙吗?难道他们看不到国内战争时期他使用暴力与今日斯大林恐怖之间在道德上与政治上的区别吗?或者他们想否定1918—1921年布尔什维克政府自卫和要求纪律的权利吗?

---

① 《反对派通报》1938年第70期。在1937年11月给廖瓦的信中,托洛茨基讲述了当时政治局所面临的问题,他支持镇压喀琅施塔得的行动;而斯大林却表示反对并指出,如果听其自然,叛乱者两三个星期就会投降。有趣的是,无论在关于斯大林的公开辩论中,还是在关于斯大林的传记里,托洛茨基都闭口不提此事,而他一般是不会放过任何一个机会去利用斯大林政治上的"温和"或他对列宁路线的偏离的。这是否是因为托洛茨基在某种程度上感到在当时那种场合下的"温和"会有利于斯大林呢?《新国际》继续展开关于喀琅施塔得的争论(列·托洛茨基:《关于喀琅施塔得的批评与喧嚣》,1938年4月;塞尔日致编辑部的信,1938年2月),这种争论也出现在一些著作中:A. 西利加:《巨谎之国》;V. 塞尔日:《一个革命者的回忆》。托洛茨基的一位美国秘书伯纳德·沃尔夫1937年去过科约阿坎,后来写了一部长篇小说《大公爵之死》,其主旨是托洛茨基在喀琅施塔得事件上的罪行腐蚀了他的良心与生活。但很遗憾,小说既没有历史真实性,艺术性也十分低劣。

我不知道……（在喀琅施塔得事件中）是否有无辜的牺牲者……事情已经过去这么久了，此刻我无法断定，到底谁应该受到惩罚，以什么方式……特别是手头没有资料。我愿意承认，国内战争不是人道行为的范例。理想主义者与和平主义者永远都在为"过火行为"而指责革命。事情的本质在于"过火行为"来自革命的根本特点，而革命本身就是历史的"过火行为"。谁愿意，谁就（用他们那些蹩脚的政论文章）以这个理由去否定革命吧。我绝不否定它。

批评者指责他的"伪善"或者"列宁式的不讲道德"，即指他坚持"为达到目的不择手段"的原则。他撰写《他们的道德和我们的道德》一文作答，这是关于共产主义伦理学的一份咄咄逼人的雄辩的声明。[①] 文章以打击"从左边"来的那些民主派与无政府主义者开始，说他们在反动派胜利时期"分泌的道德排泄物要比平时多一倍，就像别人恐惧时加倍出汗一样"，但他们不是对强大的迫害者进行道德说教，而是对被迫害的革命者进行道德说教。当然，托洛茨基不承认任何抽象的道德原则。在宗教之外这类抽象无任何意义。起码教皇们是从神的启示中抽象出这些道德原则的；而他的批评者们，这些"世俗的小神甫"，能从哪儿获得他们那些永恒的道德真理呢？从"人类良心"、"道德本性"及类似的概念中找不到别的东西，只能找到神启的形而上学替代物。

道德植根于历史与阶级斗争中，并不具有永恒不变的性质。它反映了社会生活与需要，因此永远应该将手段与目的联系起来。他以雄辩犀利的一大段话为耶稣会士"辩护"[②]，反对批评他们的道学先生。"耶稣会僧团从未教导人说……任何手段，甚至犯罪……只要能达到目的都是允许的。……这一类的……说法是反对派新教徒、有时是天主教徒恶意强加于耶稣会的。他们才是为了达到自己的目的而不择手段呢，而且从未感到丝毫的良心谴责。"耶稣会理论家宣传的不过是老生常谈：对于各种本身在道德上可能是中性的手段的运用，应根据所要达到的目的的性质来辩护或谴责。枪杀，一般来说在道德上是

[①] 当里维拉通知他廖瓦死讯时，他已完成此文的初稿，于是他以此文纪念廖瓦。《反对派通报》1938年第68—69期；《新国际》1938年。此文还以小册子的形式用多种语言出版。

[②] 上文批评者指责托洛茨基"伪善"，"伪善"与"伪善者"在西文中皆为"耶稣会士"之转义。因此托洛茨基要为"耶稣会士"辩护。同此，下文的"耶稣会士的"也可作为"伪善的"来理解。——译者注

中性的。但是，枪杀一只威胁孩子的疯狗却是一桩善行，而以谋杀为目的的枪杀则是犯罪。"在其道德实践上，耶稣会士并不比其他各类祭司和僧侣更坏……相反，他们超过了后者，起码他们更言行一致、更勇敢、更彻底。他们是一种战斗的、隐蔽的、旧集权制的和侵略性的组织，不但对敌人是危险的，而且对自己的朋友也是危险的。"与布尔什维克类似，他们也曾有过自己的英雄时代与衰落时期，那时，教会的军人变成了官僚，"像一切好官僚一样地变成了好骗子"。不过，耶稣会士在其英雄时代是不同于通常的祭司的，正像教会中的战士不同于教会中的商人一样。"我们没有任何理由将前者或后者理想化，但若是用愚笨懒惰的小店主的眼光去看狂热的军人，那也是不礼貌的。"

托洛茨基指出，为达到目的不择手段的思想其实潜藏在各种道德观念中，在盎格鲁—撒克逊的功利主义中并不更少，对耶稣会士与布尔什维主义"不道德"的攻击大部分都是出于这种观点。既然"为了最大多数人类的最大幸福"这一理想在自身中包含了为了达到这个目的做什么都可以，那么在道德上，这个理想是符合"耶稣会士"对目的与手段之间相互关系的理解的。一切政府，甚至最"人道的"政府都会认为自己的责任是在战争期间用军队消灭最大量的敌人，难道它们不正是在运用为达到目的不择手段的原则吗？但是目的也应该是合理的，目的与手段可以相互交换位置，因为现在被当做目的的东西在以后则可能成为新目的的手段。马克思主义者要提高人类驾驭自然的能力，并要消灭人对人的统治。对于他来说，这个目的是合理的，因此能够实现这个目的的手段也是合理的，这个目的就是社会主义，而达到社会主义的手段就是革命的阶级斗争。马克思列宁主义的道德观服从革命的需要。但这是否意味着：只要符合革命利益，一切手段，甚至撒谎、叛变和谋杀都可以使用呢？托洛茨基回答："凡真正能实现人类解放的一切手段都是允许的。"然而，目的与手段的辩证法就是这样，某些手段不可能达到目的。"唯有这一类的手段才是允许的和必要的，即它能保证革命工人的团结统一，使他们充满对压迫制度不可调和的仇恨……巩固他们对自身历史使命的意识，加强他们的勇气与自我牺牲的精神。……因而，并不是所有的手段都是允许的。"他宣称目的可以为手段辩护，其实等于在宣称，目的"否定"与它不一致的那些手段。"要长出小麦就要播种小麦。"社会主义是不能通过谎言、欺骗或对把群众踩在脚下的领袖的崇拜来推进。同样，也不能违反工人阶级的意志将社会主义强加给它。正如拉萨尔所说的：

> 要说道路，别只说目的。
> 目的和道路交织在一起，
> 一个总把另一个来替换；
> 另一条道路通向另一个目的。

真诚对待劳动群众，对于革命道德具有非同寻常的重要性，因为任何另一条道路只能通向另一个目的，但不是社会主义。在自己的英雄时代，布尔什维克党是"整个历史上最诚实的政党"。当然，他们欺骗了自己的敌人，特别是在国内战争时期，但是他们正确地对待工人阶级，获得了它的空前信赖，这是任何别的政党从来也没有获得过的。列宁否定一切绝对的伦理，将自己的一生都献给了被压迫者。他在思想上是极其慎重的，在行动上是大无畏的，而他从来都没有对普通工人、无依无靠的妇女和儿童流露出一点儿傲慢。至于说到托洛茨基本人怎样不道德，那么，他的确曾发布过命令将白卫军军官的家属拘押作为人质，他是应该为这个基于内战需要的措施承担全部责任的，尽管就他所知，从来没有一个人质被处决。"倘若革命从一开始就少一点儿多余的宽宏大量，就会有上万条生命获得拯救。"他相信后人评判他的政治业绩会像评判美国内战时期林肯的无情一样："历史以不同的尺度衡量北方人的残酷和南方人的残酷。奴隶主用尽一切心机和暴力去束缚奴隶，奴隶用尽一切心机和暴力去打碎锁链——只有卑鄙的宦官才会说，两者在道德审判面前是平等的！"

由于斯大林的暴行而指控十月革命和布尔什维克"不道德"，这意味着歪曲历史。斯大林主义既不是革命的产物也不是布尔什维主义的产物，而是旧社会的余毒，这就是斯大林进行反对老布尔什维克的无情斗争的原因，俄罗斯古老野蛮的制度通过这一斗争向1917年获胜的进步力量与愿望进行报复。不仅如此，斯大林主义还是一切"谎言、兽行与卑鄙"的同义词，它们构成了各类阶级统治与国家机器的根基。因此，阶级社会与国家的辩护士，包括资产阶级民主制的捍卫者，未必有理由感到自己在道德上高人一等：斯大林主义就是他们自身的一面镜子，尽管是一面有点儿失真的镜子。

在《他们的道德和我们的道德》这本著作引起的许多反驳中，应该提到杜威的评论。[①] 杜威赞同托洛茨基关于手段与目的之间的相互关系及道德评价

---

① 杜威：《手段与目的》，载《新国际》1938年秋。

具有历史相对性的观点。他也赞同"手段的合理性只能由其目的决定……那样的目的是合理的，如果它旨在提高人类驾驭自然的能力并消灭人对人的统治"。但与托洛茨基不同，他不懂这个目的为什么主要或只能由阶级斗争的手段来实现。在他看来，如同一切马克思主义者一样，托洛茨基把阶级斗争当做了目的本身。他在托洛茨基身上看到了"哲学上的矛盾"：一方面，目的的性质（即社会主义）决定了手段的性质，而另一方面，却又从"阶级斗争的历史规律"中引申出这些手段，或者，借用这样的"规律"说明它们的合理性。在杜威看来，臆想出一种所谓支配社会发展的"固定规律"，这是站不住脚的。"如果坚信历史规律决定了一条具体道路，比如应该进行斗争，那无疑会在生活中导致盲目的甚至神秘主义的倾向，热衷于使用阶级斗争的具体手段，并排除一切其他的手段。……如同正统的宗教和……传统的理想主义一样，正统的马克思主义相信人们的目的被编织进存在本身的经纬结构中——这显然是起源于黑格尔派的观念。"

杜威的结论成为几乎所有新近对托洛茨基攻击的基础，这些攻击来自他昔日的学生与朋友，矛头所向是"马克思主义中的黑格尔遗产"、辩证唯物主义与布尔什维主义的"宗教狂热"。例如，马克斯·伊斯特曼就谈到了"社会主义梦想的"最终破产："我认为，我们应当同这些乌托邦式的纯粹的理想决裂。"在他看来，马克思主义不仅是一种"古代的宗教"或"德国式的浪漫理想"，而且还是法西斯主义的始祖，正如它是斯大林主义的始祖一样。"请不要忘记，斯大林是社会主义者，墨索里尼是社会主义者，希特勒成千上万的追随者也都是社会主义者或共产主义者。"西德尼·胡克也谴责无产阶级专政的思想，并最终与马克思主义决裂，倒向有实用主义倾向的自由主义。紧随其后的还有埃德蒙·威尔逊、本杰明·施托尔贝格、詹姆斯·罗蒂，等等。①

托洛茨基经历了40年"意识形态"论战，他在这些论据中看不到多少独创见解。也许这让他想起了季霍米罗夫（Тихомиров）的《我为什么不再是革命者》一文，这几乎是一个典型的老民粹派放弃信仰的声明，他抛弃了革命运动而与现存秩序妥协。从那以后，每一代、每十年都有一些逃离火线或跑进另一阵营的疲倦失望的人试图找到这个问题的答案。而这一次，新鲜的只是

---

① 马克斯·伊斯特曼：《马克思主义是科学吗？》，第275—297页；西德尼·胡克：《政治权力与个人自由》。

绝望的深度，它与斯大林主义对信仰与幻想打击的力量之凶猛成正比。还从来没有人脱离革命斗争时怀着如此痛切的感觉、如此坦率的愤怒，在抛弃他的那些教授、作家、文学批评家眼里，也从来没有任何事情能像托洛茨基的事业这样看起来毫无希望。他们愈益感到，一旦选择了托洛茨基主义，就被无谓地卷进了俄国革命中一场大规模的、遥远的、模糊的和危险的事件里了，而这种关系则使他们不得不与自己的大学、编辑部与文学团体里流行的生活方式、精神氛围发生冲突。将自己的名字列入保卫托洛茨基委员会、抗议大清洗是一码事，而在第四国际的宣言上签名、响应托洛茨基的号召把即将到来的世界大战变成全世界各国的国内战争则完全是另一码事了。连伊斯特曼和塞尔日这样的老朋友和拥护者也背弃了他，这使他十分生气。他极为轻蔑地对待他们以及"他们的同类"，并且跟其他不挑剔牺牲者的大雄辩家一样，在自己的文章里让一小撮蹩脚的文人得以扬名，就跟让昆虫在琥珀里不朽一样，要不然这些人老早就被人忘记了。下面是他以苏瓦林为靶子的雄辩例子：

> 前和平主义者、前共产主义者、前托洛茨基主义者、前民主—共产主义者、前马克思主义者……总之，前苏瓦林愈是厚颜无耻地攻击无产阶级革命与革命者，他愈是不知道他想要什么。此人爱好……搜集并装订……引文、文献、逗号与引号；此外，他还有一支锐利的笔。起初他以为这点儿行头就够一辈子用的了。但后来才晓得还得会思考。……他那本谈斯大林的书里尽管有趣的引文和丰富的事实，然而却是他智力贫乏的自我证明。苏瓦林既不懂什么是革命，也不懂什么是反革命，他用喋喋不休的二流说教者的标准衡量历史过程。……他的批判态度与其创作无能之间的比例失调好似硫酸在腐蚀着他。因此他在评价思想、人物和事件时，干巴巴的道德说教掩盖下的是他那一贯的冷酷无情与缺乏起码的善意。苏瓦林正像一切厌世者和犬儒派一样，本性上就倾向于反动。但是他公开与马克思主义决裂了吗？我们从未听说过。他更喜欢模棱两可，这是他天生的素质。他在对我的小册子《他们的道德和我们的道德》的评论中写道："托洛茨基……重又骑上他那匹阶级斗争的木马了。"对于这位昨日的马克思主义者来说，阶级斗争已经成了……"托洛茨基的木马"，看来苏瓦林本

第五章　地狱之夜

人更喜欢骑在永恒道德的死狗身上。①

他的两位学生詹姆斯·伯纳姆和马克斯·沙特曼自愿伴随托洛茨基踏上这些论战征程。他们凶猛地攻击那些"逃跑的知识分子",为后者的"恐斯大林症"和"背叛工人阶级与马克思主义"而要将其撕成碎块。然而这两位学生很快也从自己的主人那儿开了小差,加入到"逃跑的知识分子"中去了。②

*　　*　　*

托洛茨基跟里维拉的友谊持续了两年,终于破裂了。争吵发生得很突然,刚好是在《党派评论》发表了艺术自由的宣言之后。夏天,托洛茨基希望里维拉能参加第四国际"成立代表会议",写信告诉巴黎的组织者:"你们应该邀请他一个人……并要强调他将使第四国际非常自豪自己的队伍里能有这样一位当代最伟大的艺术家、不屈的革命斗士。我们起码要像马克思器重弗莱里格拉特(Freiligrath)、列宁器重高尔基那样器重迭戈·里维拉。作为艺术家,他要远远超过弗莱里格拉特和高尔基,他……还是一位真正的革命家,而弗莱里格拉特却只是一位小资产阶级同情者,高尔基则更是一个模棱两可的同路人。"③ 因此,当年底里维拉就像"斯大林分子的帮凶"那样猛烈攻击卡德纳斯总统,并在总统选举中支持卡德纳斯的竞争对手——那个许诺要抑制工会和镇压左派的右翼将军阿尔马扎恩(Almazan)时,对他是致命的一击。里维拉也感染了"恐斯大林症病毒"。(不过,他的政治行为是如此怪异,几年后他竟又悔悟地回到了斯大林信徒的行列中。) 托洛茨基担心卷入墨西哥的政治,无论如何他与眼下里维拉所支持的反斯大林运动与反卡德纳斯总统的行为没有任何瓜葛。他试图说服里维拉,但失败了。在社会舆论中,他与这位艺术家的关系非同寻常地亲密,除非公开决裂,否则托洛茨基是绝没有办法与艺术家那种政治怪癖摆脱干系的,托洛茨基为此专门发表了一份声明,对里维拉在总统选举中的立场表示遗憾。他声明,今后他不再与后者保持"道义上的一致",

---

① 《反对派通报》1939 年第 77—78 期;《新国际》1939 年 8 月。
② 同上,1939 年 1 月。
③ 托洛茨基致巴黎的国际书记处,1938 年 6 月 12 日。

也不再接受他的殷勤款待。① 然而，当斯大林主义者攻击里维拉"卖身投靠反动派"时，托洛茨基却为他洗刷见利忘义的罪名，一如既往地表达了对这位"天才"的赞赏："无论他的艺术，还是他的人格，都不会由于他的政治失误而染上丝毫污点。"②

与里维拉的决裂以及离开"蓝屋"使托洛茨基一下子陷入了经济困境。他的生活来源急剧减少，只要他不必为头上的屋顶付费，这本来是无所谓的。而现在他不得不绞尽脑汁自谋生路了。眼下他就得跟朋友借钱。③ 他着手写斯大林传。但是工作常常中断，进展很慢。他的出版商们由于没有得到他的《列宁传》的书稿而感到失望，不肯轻易预支稿费。④ 托洛茨基曾想写点儿通俗性的小书，若能畅销，他就能从报纸杂志的苦役中解脱出来，然而他却做不到这一点。他与纽约公共图书馆、哈佛大学和斯坦福大学商议出售他的档案。他十分希望将自己的文件放在一个安全的地方，因此要价几乎低得可笑。然而未来的买主却一点儿也不着急，商谈拖了一年多。⑤ 甚至在报纸杂志上，他的行情也大幅度看跌；著作代理人常常发现很难安插他的文章，尽管他写到了许多最迫切的现实问题，如慕尼黑、苏联军事力量现状、美国外交、日本在即将到来的战争中的作用，等等。⑥

---

① 参见1939年1月11日托洛茨基发表于墨西哥报刊上的声明，存于托洛茨基档案保密部分。另见范·海耶诺特在托洛茨基指示下给勒勃东的信，信中将决裂之事通知了他（1939年1月11日）。勒勃东在6月2日给托洛茨基的信里不肯表明他在托洛茨基与里维拉的争执中站在哪一方。

② 1939年1月30日托洛茨基为《拉丁美洲社会主义者》写的文章《不学无术不是革命的武器》，存于托洛茨基档案。

③ 告诉我此事的是一位墨西哥的俄裔出版商和书商，一位俄国革命者的后代，托洛茨基在不同时候的债主。我还听到一些有关托洛茨基流亡生活中"经济方面"的离奇故事。比如，一家大出版社的编辑言之凿凿地对我说，托洛茨基从美国的银行里提取了大笔款项，是国内战争时期列宁以自己和托洛茨基的名义开的户头，当时考虑到布尔什维克万一失败，就必须在国外重新开展革命斗争。假如真是这样，这故事就太有趣了。可惜不是真的。

④ 托洛茨基档案保密部分。其中包括了托洛茨基与出版商们的通信、经费使用情况的报告、账单等等，清楚展示了1939年他的经济困窘。例如，道布尔迪出版社在1939年曾为《列宁传》一书预支给他5000美元，此刻追要书稿。它在1936年为《被背叛了的革命》一书同样预支给他1800美元，稍后又预支给他一笔较少款额。但到了1939年，书的销售却未能抵偿预付款。1938年上半年，托洛茨基为《斯大林》一书与伦敦的尼克尔森—沃森出版社和纽约的哈珀斯出版社签订了合同。但在年底，哈珀斯出版社以他延付部分书稿为由拒绝预付稿费。

⑤ 托洛茨基致艾伯特·戈德曼，1940年1月11日。1940年3月，哈佛大学愿出价不多于6000美元买下档案。最后，大学用15000美元买下了档案——比起它本身的"价值"来说，这是一个很小的数目。

⑥ 在托洛茨基写的许多被英美出版商认为没有"新价值"的文章中，就有一篇1939年夏初写的文章，谈的是斯大林打算与希特勒签署条约。

第五章　地狱之夜

经济困境使他与《生活》杂志发生了一场稀里糊涂的争吵。① 1939 年 1 月末，杂志的一位编辑根据伯纳姆的建议来到科约阿坎，请托洛茨基写一篇有关斯大林的特写以及列宁之死的文章。（托洛茨基刚好完成了《斯大林》一书的一章，他在其中推测斯大林毒害了列宁，并打算把这种看法交由《生活》杂志发表。）他的第一篇文章 10 月 2 日在杂志上登了出来。尽管这只是一篇未加褒贬的回忆录，但是文章还是招致了彻头彻尾斯大林主义化的"自由派"的愤怒，他们激烈的抗议淹没了编辑部。《生活》杂志登出了其中一部分抗议，这令托洛茨基很恼火。他肯定说，是纽约的"格别乌策划了"这些抗议来诽谤他。虽然如此，托洛茨基还是送去了自己的第二篇文章，但《生活》杂志却拒绝发表。具有讽刺性的是，编辑部的反驳却是十分合理的。他们感到托洛茨基关于斯大林毒害列宁的推测缺乏说服力，于是请他"少点儿推测，多点儿事实"。托洛茨基威胁要以违约起诉《生活》杂志，在愤怒驱使下，他将文章转交给了《星期六晚报》和《矿工报》，但在那里也吃了闭门羹。这篇文章最后是《解放》杂志登出来的。令人惋惜的是，就这个问题进行的折磨人的和无益的通信耗去了托洛茨基生命最后一年中的大量时间。《生活》杂志最终还是为这篇拒载文章支付了稿酬。托洛茨基在给朋友的信中说，这些钱及其他一些不多的收入，在经济上能"保障"他"好几个月"，使他能够把出售档案的交易拖下去。

*　*　*

1939 年 2 月或 3 月，在科约阿坎远郊区的阿文尼达－维纳的一条偏僻、尘土飞扬的石铺长街旁，托洛茨基租了一幢房子，两边只有很少几间农舍。房子很旧，盖得很粗糙，但很坚固也很宽绰；而且房宅本身带有庭院，有厚墙隔开马路与近邻。托洛茨基刚搬入不久，就有了"格别乌想把这块地产买到手"的传言。为了防止这一点，托洛茨基自己买下了房子，尽管为了"生平第一次置办不动产"他不得不去筹钱。考虑到斯大林分子欲采取人身暴力的不断威胁，加固房子是十分必要的，或者说看起来是必要的。过了不久，大门旁边就建起了一座瞭望塔，同时各个屋门也都立刻加固，墙边堆起了沙袋并装上了报

---

① 参见托洛茨基致詹·伯纳姆，1939 年 9 月 30 日；他与《生活》杂志的通信，存于托洛茨基档案保密部分。

警器。五名警察在街上昼夜值勤，八到十个托洛茨基派成员守卫在房子里面。这些托洛茨基派成员生活在院内，他们在大门边站岗后再做秘书工作，还参加家庭活动，特别是晚间定期的辩论——除非拜访者的到来把白天都变成辩论的时间。

托洛茨基在科约阿坎镇维纳街的住所，他从1939年5月起直到被害一直住在这儿，房子前面一个用于墨西哥警察防卫的砖砌房屋正在建设中

托落茨基住所内景

拜访者经常是一些来自欧洲的政治避难者,但更多的是美国人,他们大都是些激进的教育活动家、自由主义的教授、新闻记者、历史学家,偶尔会有几个众院或参院的议员,当然,还有托洛茨基派成员。讨论涉及极其广泛的问题,从辩证法和超现实主义到美国的黑人状况,从军事战略到印度的农业或者巴西、秘鲁的社会问题。每一位拜访者对托洛茨基都是新知识的一个来源。他听着、问着、做着笔记、争论着、又重新提问。他的好奇心与吞噬事实的能力似乎是无限的。他的卫士们为他随随便便会见陌生人而捏着一把汗,但又无法可想。只有当他将好奇心转向近在咫尺的周围环境和望着马路对面的简陋农舍想搞清楚那儿的人们日子,"他们对土地改革是怎么想的"时,卫士们才制止他。他们觉得,托洛茨基在他们护卫下去乡间远足都比跨出大门在房子附近游逛要更安全些。

托洛茨基在阿文尼达－维纳的住宅庭院中

每次去乡间远足都是突然进行的,并且极其秘密。他通常都是乘坐汽车,由娜塔利娅、朋友与卫士陪伴着。当他们穿过墨西哥城时,他必须坐在汽车最里面，蒙着脸，否则会让街上的群众认出来，不是受到欢迎就是遭到嘘声。如同在阿拉木图、王子群岛时一样，这类旅行都是"军事远征"，长途跋涉、攀登和劳作。既然在墨西哥不太可能去钓鱼和打猎，他就培养了一种新的嗜好——

托洛茨基在采集仙人掌

在岩石重叠的锥形山上收集罕见的巨大的仙人掌。虽然托洛茨基的头发已经灰白，脸上刻满了深深的皱纹，显得早衰，但只要不生病，他就依然具有强健的体力。他还保持着军人的风度。在攀登峭岩时，尽管托洛茨基背着"像剑一般锐利的"仙人掌的重负，最强壮的卫士仍然不容易跟得上他。一位秘书说："有一次我们陪几位朋友到距科约阿坎大约380公里的塔马曾查尔去，指望能找到一些形状特别的仙人掌。但我们失败了。然而在回来的路上，在靠近墨西哥城的一处地方，列夫·达维多维奇发现了几株'维兹纳加斯'。尽管我们到达那儿时夜幕已经降临了，但他仍决定停下来收集仙人掌。夜色十分迷人。列夫·达维多维奇情绪高涨……他飞快地走在这一小群人中间，借着汽车的前灯刨挖仙人掌。"① 朋友们经常不得不冒着似火的骄阳跟着托洛茨基到处跑。当

---

① 卡尔·迈耶：《列夫·达维多维奇》，载《第四国际》1941年8月；查尔斯·康奈尔：《同托洛茨基在墨西哥》，载《第四国际》1944年8月；阿尔弗雷德·罗斯默：《〈我的生平〉法文版附录》，见托洛茨基：《我的生平》。

第五章 地狱之夜

从左到右：里维拉、弗里达·卡洛、娜塔利娅、汉森、勃勒东、托洛茨基、一位不知名的墨西哥人、卡萨斯（托洛茨基警卫队队长）、一位墨西哥司机和海耶诺特在郊游，1938 年摄

1939 年，托洛茨基和美国警卫（汉克）在野餐

他在岩石间攀登时，他穿着法国农民蓝色上衣的身影在岩石背景上被衬得十分鲜明，一头浓密的白发则随风飘荡。娜塔利娅开玩笑地称这些远足是"做苦役的日子"。她回忆道："他真是疯了，总是第一个跑出去，最后一个离开……就像被催眠了似的，开了头的事情不干完绝不肯放手。"①

渐渐地，由于日益增长的斯大林的严重威胁，甚至这类远足也是十分冒险的了，托洛茨基的生活愈益局限于这堵半庭院半牢狱的围墙之内。他的体力活动方式和爱好也受到这种影响。他开始在自己的花园里栽种最奇形怪状的仙人掌，养鸡和兔子。连这类最悠闲的事情，他做起来也是井井有条、一丝不苟：每天早上他在院子里能呆老半天，按"严格科学的"公式去喂兔子和鸡，照料它们，清扫鸡窝和兔笼。娜塔利娅说："有时他感到身体不适，喂兔子对他都成了重活，然而对小动物的怜爱使他不肯罢手。"

托洛茨基在喂兔子，摄于1939年秋

---

① 娜塔利娅·谢多娃：《父与子》，载《第四国际》1941年8月；娜塔利娅·谢多娃、塞尔日：《托洛茨基的生与死》。

第五章 地狱之夜

* * *

他那震撼世界的疾风暴雨般的往事如今已是那么遥远了,无限地遥远了;他跟娜塔利娅的孤寂又是多么难耐。只是偶尔出现一个来自过去的人物,响起一个来自过去声音。而这只能又一次让人意识到,往事如烟、不堪回首。1939年10月,阿尔弗雷德·罗斯默与玛格丽特·罗斯默夫妇终于来到科约阿坎。他们是托洛茨基第一次世界大战年间的朋友中的唯一健在者。他们在阿文尼达-维纳他的家住了将近八个月,直到1940年5月末。他们在温馨的谈话与回忆中共同度过了许多时光。托洛茨基跟罗斯默一起披阅档案,给它分类,对旧文件反复掂量。有时老战士奥托·吕尔(Otto Rühl)也加入进来,他也是

德国著名社会主义者奥托·吕尔

住在墨西哥的流亡者。在第一次世界大战爆发时,吕尔是德国帝国国会中投票反对战争的两位著名的社会主义者之一(另一位是卡尔·李卜克内西)。他是德国共产党的创始人之一,也是最早脱党的异教徒之一。在流亡生涯中,他致力于研究马克思,不参与政治活动,尽管也曾同意参加杜威的调查委员会。反审判过后,他开始经常拜访"蓝屋",尔后又到阿文尼达-维纳来。托洛茨基很尊重他的科研成就,一直保持着与他的友谊,尽量帮助他。他们共同发表了

《马克思的不朽思想》。①

在战争的最初几天里,他们三人的思绪自然又飞回到他们站在革命反对派立场上反对战争的那些日子,飞回到齐美尔瓦尔德运动的那些日子。托洛茨基(《齐美尔瓦尔德宣言》的作者)建议他们发表一个新的宣言,以此象征两次世界大战中一以贯之的革命立场。虽然罗斯默同意,但因为吕尔既不同意也不想参与政治,因此"新齐美尔瓦尔德宣言"的想法就放弃了。过去已经太遥远了,不仅没有回应,连回声也听不到了。

* * *

谢瓦跟随罗斯默一家来到了科约阿坎。托洛茨基与娜塔利娅对找回来的外孙百般疼爱。自从他们在王子群岛失散以来,已经过去了七年。这些年来,小男孩在德国、奥地利和法国生活,监护人、学校和语言多次变换,以致都快把

1939年10月,谢瓦、玛格丽特·罗斯默、娜塔莉娅、阿尔弗雷德·罗斯默和托洛茨基

---

① 托洛茨基建议美国朗曼—洛林出版公司请写过马克思传的吕尔作为本书的唯一作者,并肯定说,吕尔是梁赞诺夫之后"最伟大的马克思主义学者"。出版公司同意让吕尔编选马克思一书的正文,但坚持要托洛茨基撰写前言。

俄语忘光了。外祖父的巨大悲剧仿佛也在他那狭窄的童年范围内反映出来。失去父亲时,他差不多还在襁褓中,他刚到柏林和妈妈团聚,她又自杀了。后来,当了他父亲的廖瓦又突然神秘地死去,孩子成了家庭纷争的对象。他被偷走,藏起来,又被找到,最后被送到他只是依稀记得并被教诲应该热爱的外祖父身边。此刻,给搞糊涂的孤儿不安地望着他被领进来的这个奇怪的挤满人的家,这个家仿佛像个城堡,但已经散发出死亡的气味了。

跟随最尊贵的客人罗斯默一家,拉蒙·梅尔卡德尔——"雅克松"的邪恶阴影也爬进来了。这就是那位出席过在罗斯默家里举行的第四国际"成立代表会议"的美国托洛茨基主义者西尔维娅·阿奇洛芙的"朋友"。有人说这位"雅克松"就是在那时或稍晚介绍给罗斯默夫妇的,从那以后他就想方设法悄悄地跻身于他们的团体,装出一副不在意的样子帮了他们许多小忙。罗斯默断然否定这一点,肯定地说只是在墨西哥才遇到他的,而罗斯默的说法得到了"雅克松"本人的证实。[①]"雅克松"的表现十足是一个不问政治的生意人、运动员、花花公子。他自称是石油公司的代理人,说他来墨西哥时恰值罗斯默夫妇也在这里。他躲在暗中,在好几个月里并没有去打探进入阿文尼达-维纳这座坚如城堡的房子的途径,然而早已准备好去完成自己的邪恶使命了。

* * *

《斯大林》是托洛茨基在这些年里最后撰写的唯一大部头著作。这本他辞世后才问世的书由已完成的七章及大量不同的片断组成。这些片断是由编辑收集、补充并拼凑在一起的,并不总是符合托洛茨基的构思。因此,这本书缺乏托洛茨基其他著作所有的成熟与均衡,那是不足为奇的。然而,就算托洛茨基能活着完成这部著作,并消除掉初稿中的许多含糊的陈述与明显的夸张之处,《斯大林》仍然是他最差的一部著作。

托洛茨基丝毫未意识到,他为自己的对头与敌人充当肖像画家这一角色是在贬低自己。他从来不认为自觉去完成的各种文字或杂志的工作会贬低自己的尊严。有人说,出版商跟他催要斯大林传记,而经济困难使他不得不让步。这不完全符合事实。对于他允诺完成的有关列宁生平的著作,出版商们即使不是

[①] 阿·罗斯默:《解开托洛茨基谋杀案》,载《革命无产阶级》1948年第20期;艾·戈德曼:《暗杀托洛茨基》第11、15、25页上"雅克松"的供词。

十分感兴趣，起码也是相当感兴趣的。① 假如对金钱的需要在促使他优先完成《斯大林》一事上起了一些作用，推动他的主要还是学术与艺术方面的动机。他想趁着对邪恶的大清洗还记忆犹新时重新认识斯大林的性格；虽然他的自尊心和自负本来可以防止他成为斯大林的传记作者，但他对这一任务的迷恋超过了这二者。这个超级该隐的主要特点如今已被揭露，但在某种程度上，托洛茨基自己对它也不甚了解。托洛茨基重新研究斯大林的特点，挖掘档案，在自己的回忆里搜寻着此刻看来又展示了新的意义和角度的那些场面、事件、印象。他极其多疑地审视着斯大林生平中鲜为人知的故事，处处揭露或重新揭露同一个恶棍。托洛茨基总结说，是的，搞大清洗的该隐还是那同一个该隐，他隐藏在那个政治局委员身上，隐藏在1917年前那个布尔什维克身上，隐藏在1905年前那个宣传鼓动员身上，甚至隐藏在那个梯弗里斯教会学校的学生和小男孩索索身上。他描绘了一个偷偷摸摸爬向权力顶峰的阴险的、凶恶的、几乎坏到猴子地步的形象。这个形象是粗糙的、片面的，甚至是不现实的，但由于鼓舞作者的热情力量使然，它还是具有某种艺术性。它呈现出来的是一个可怕怪物的残缺塑像。

即便在这本书中托洛茨基仍然能以自己通常对待历史的严谨态度对待事实、资料和数据，这是毫无疑问的。他能将已判明的事实、结论、推测、传闻等等明确区分开来，因此读者能够从大量的事实材料中过滤出自己的看法。托洛茨基的书呆子气使他的调查与分析方法过于繁琐，以致令人厌倦。他用无数文件把自己武装起来，竭尽全力批驳着斯大林的谄媚者与廷臣这一庞大军团，却不懂得这给了他们本来不配的声誉。但是在刻画肖像时，他却大量地，甚至过于经常地利用猜测、假定与传闻了。他抓住每一件传闻或流言，只要它们能够证明或者推论出青年朱加施维里的残忍或背叛。他轻信斯大林昔日同窗、后来的敌人说的话。事隔30年或更长，他们在流放中所写的童年回忆录里说，"对于同志们的喜悦或悲伤，索索只知道讥笑嘲讽"，"对人或动物的同情心都跟他无缘"，或诸如他从年轻时起努力去做的一切事情都是以密谋复仇为目的。他引证斯大林对头们的证词，这些证词刻画的差不多是一个少年和成年的奸细。尽管托洛茨基不尽同意这类指控，但他赋予它"意义"，表明斯大林昔日的同志们认为这种事他是能做得出来的。②

---

① 托洛茨基与他的著作代理人柯蒂斯·布朗的通信，存于托洛茨基档案保密部分。
② 托洛茨基：《斯大林》，第11—12、53、100、116、120页。

第五章 地狱之夜

不必在这方面举太多的例子了。当然,最惊人的是托洛茨基早先已提到过的关于斯大林毒害列宁的推测。托洛茨基说,在1923年,瘫痪在床丧失语言能力的列宁想自杀,请斯大林给他毒药。斯大林将此事通知了托洛茨基、季诺维也夫和加米涅夫。托洛茨基回忆起当时斯大林脸上那种奇怪的表情,并在下列基础上推导出自己的指控:一年后列宁死得十分"突然",斯大林恰恰就在这段时间与列宁发生了尖锐的冲突,"可能他已决心加速列宁的死亡"。"斯大林是否给了列宁毒药并暗示医生对他的康复不再抱有希望,或者斯大林是否采取了更直接的手段,这些我都不知道,但我坚信,斯大林是不会消极等待的,因为当时他的命运千钧一发,而结果只取决于他的手稍微一动。"因此,现在托洛茨基将他以前多次讲过的一段故事又以惊人的新方式讲述了一遍。斯大林在列宁葬礼期间将他支到远离莫斯科的地方:"他也许是担心,我会把列宁的死同前一年关于毒药的谈话联系起来,会去问医生有没有下毒的事并要求进行特别检测。"他回忆道,等葬礼后他回到莫斯科才知道,医生们"无法解释"列宁的死,甚至两三年以后,季诺维也夫和加米涅夫仍回避任何关于此事的谈话,在回答托洛茨基的问题时"目光游离不定,躲避着我的眼睛"。但他本人并没有指出,他是在1924年就已怀疑或确信斯大林的罪行了,还是在大清洗期间、在亚戈达与克林姆宫的医生们被指控在其杀人阴谋中使用毒药之后他才得出这个结论的。倘若他早在1924年就已产生了这种想法或怀疑的话,那为什么在1939年以前他一直没有讲出来呢?为什么他甚至在列宁死后还形容斯大林是"勇敢的和真诚的革命者",而且不是对别人,而是对马克斯·伊斯特曼说的呢?甚至在这部指控性的传记里托洛茨基仍持那种意见:倘若斯大林预料到党内斗争会以这样血腥的痉挛而结束,他也许永远不会挑起这场斗争。①这样一来,他仍然是把1924年的斯大林当做一个虽然目光短浅但基本正直的人来看待的,这个人未必会毒害列宁。诸如此类的矛盾都说明,以这种具体罪行指控斯大林时,托洛茨基是将大清洗的经验反射到了1923—1924年。他总结说,即使是对列宁,斯大林这个列宁所有学生的刽子手当然也敢杀,并真的杀害了他。但是不难想到,列宁死亡之"谜"、投毒嫌疑、斯大林竭力逃避检验的伎俩——故事里所有这些地方都可能是廖瓦之死的移位。②

斯大林的个性是任何传记作者都面临着的一个难题。斯大林的性格无疑是

---

① 《斯大林》,第372—382页。
② 同上,第393页;马·伊斯特曼:《列宁逝世之后》,第55页。

大清洗最重要的因素，而传记作者的任务就是追踪这种性格是怎样形成的并揭示这种性格的各种特点在什么时候、什么阶段及什么范围内表现出来。一般来说，这类任务跟研究罪犯生活的学生所要解决的任务并无区别。犯罪倾向可能早就潜伏在该性格中了。然而在罪行实现之前却不能将之视为现实。当然，早在斯大林升上顶峰之前很久，猜忌多疑、爱搞密谋、对权力的肮脏欲望就已在他身上表现出来了，但是多年里它们只是他的次要特征。在对待这些特点时，传记作者理应有一种敏锐的分寸感，注意他的个性的发展和环境与性格之间重要的相互作用。托洛茨基描写的斯大林在这方面还缺少说服力：他的性格在1936—1938年与在1924年甚至1904年时似乎都没什么两样。这个怪物没有经过形成、成长、表现的过程——它几乎从一开始就是羽翼丰满的。各种优秀品质与激情几乎让人完全看不到，比如理性的抱负和对被压迫者的某种同情，一个年轻人缺乏这些东西是不可能加入先进的革命政党的。斯大林在党内地位的上升既不是由于品德也不是由于成就，因此他的一生就很难解释了。斯大林被选入列宁的政治局，进入布尔什维克的核心，担任党的总书记职务，这些都好像是偶然的。托洛茨基用一句话总结了自己的观点："（斯大林）升迁的过程是在难以窥测的政治幕后完成的。在一定的时刻，他那灰色身影突然从克里姆林宫的宫墙后显露出来——于是世界首次认识了一个大权已经在握的独裁者斯大林。"① 不过，即使是托洛茨基的分析也清楚表明，斯大林并不是这样登上前台的，起码从1918年起，在党的内部委员会里，他就是仅次于列宁与托洛茨基的最有影响的人物。列宁在自己的遗嘱里评价斯大林是"中央两位杰出领袖"之一，这并非偶然。

无论是作为反对派领袖还是作为一个传记作者，托洛茨基都同样低估了斯大林以及有利于他的环境。他严正地指出："当今官方拿斯大林跟列宁相提并论，这简直是下流无耻。"然后又补充道："若就个性能力来说，斯大林甚至都不能跟墨索里尼或希特勒相比，不管法西斯'思想'如何贫乏，这两人都是意大利和德国反动派的常胜将军，他们重整乾坤，表现出首创精神，鼓舞群众行动起来，在政治莽林中开辟出一条新路。而斯大林却根本谈不到这一点。"他写下这些话的时候正值苏联进入计划经济的第二个十年，这些话即使在当时听起来也不实际。而数年之后，斯大林的作用在第二次世界大战及其后

---

① 《斯大林》，第336页。

果的背景上可以看得更清楚了，这些话就更是不着边际了。"倘若我们想找出一些能跟斯大林相媲美的历史人物，那么我们要找的不是克伦威尔，不是罗伯斯庇尔，不是拿破仑，也不是列宁，甚至也不是墨索里尼或希特勒，而只能拉出墨西哥暴君波尔菲里奥·迪亚斯（Porfirio Diaz）或土耳其暴君穆斯塔法·基马尔·帕沙。"① 这里历史尺度和透视的缺乏令人感到惊诧与不安。

在这一类篇章中，到底是什么在牵动着托洛茨基的笔呢？很清楚，当然就是他对荒谬的斯大林个人崇拜的极端愤怒与厌恶。他将斯大林贬低到实际情况以下的水平——这是一个独裁者，自吹为超人的僭越的暴君。托洛茨基这种做法为后人铺好了道路。多年以后，人们毁掉了斯大林纪念碑，把他的尸体扔出了红场的陵墓，从广场和街道上擦去他的名字，甚至把斯大林格勒更名为伏尔加格勒。托洛茨基深知这一切都会发生，因此他想起了尼禄。尼禄也同样被吹捧为神，但是，"他死亡之后，人们毁掉了他的塑像，他那镌刻在各处的名字也被抹掉了。历史的报复将比最强大的总书记的报复更有力。我认为，这是令人欣慰的。"由于斯大林最后的叛卖行为，托洛茨基正站在毁灭的边缘上，然而他却为即将来临的历史报复、自己死后的胜利而欣慰。他用沉甸甸的语言准备下这种报复，当做后人审判的文本。他将斯大林看做是巨大真空的象征，时代的产物——在这个时代里，旧的道德已经崩溃了，而新的还没有诞生。

> "朕即国家"，与斯大林集权制度的现实相比，这句名言几乎可以算得上一条自由主义的公式了。路易十四将自己俨然视为世俗政权时代的国家本身与教会本身。集权制度却比君主专制和教皇权力走得更远……斯大林有理由说，他与"太阳王"不同，"朕即社会"。

托洛茨基仅用了一条警句就概括了斯大林同布尔什维克之间悲剧性的紧张关系：

> 基督的12个使徒中只有犹大是叛徒，然而他一旦攫取了权力，就会把其他11个使徒以及路加福音书作者所列举的70个小使徒统统都打成叛徒。

---

① 《斯大林》，第413页。

*　　*　　*

托洛茨基关于引发战争的各种事件、战争与革命的前途的评论可以成为学术研究的一个专题。在他这些著作里，他对国际形势中的各种战略因素及外交因素作了清晰而又几乎无可挑剔的分析，这跟他对革命前途的含混概念形成了比以往更让人惊诧的矛盾。他将第二次世界大战看做是第一次世界大战的继续，是帝国主义大国之间对世界的继续瓜分。在慕尼黑危机期间，他看到"希特勒的力量（与弱点）在于……善于利用讹诈与恫吓，不惮拿战争来冒险"，而老牌殖民帝国却害怕武装冲突，因为它们除了大大赔本外，可能什么也赢不到。"张伯伦为了1/10个印度就将世界上本来就所剩无几的全部民主出卖了。"在他看来，《慕尼黑协定》加速了战争的到来，佛朗哥在西班牙的成功也是如此，因为它消除了各资产阶级政府对欧洲革命的恐惧。斯大林的政策也具有同样效果：工人运动"就像石油或锰矿一样"被出卖了。斯大林也帮助资本主义获得了自信。[①] 但是，美国的立场具有决定性的意义，因为当张伯伦和斯大林害怕与希特勒对抗时，美国的双手却没有被捆住。然而，现在美国已继承了大英帝国的地位，正上升为世界上头号帝国主义强国，它不可能保持其孤立主义状态。扼制德意志帝国与日本帝国的扩张对它来说性命攸关，因此它将被迫参加第二次世界大战，"比它参加第一次世界大战还要早得多"。美国注定要在调停中起到大得多的决定性作用，因为"倘若和平不是建立在社会主义基础上的话，那么获胜的美国就将全面操纵和平"。

不难想象，托洛茨基为什么向1939年8月的德苏协定倾泻了自己雷鸣般的抨击：大清洗的头子现在自我暴露是希特勒的同伙了。早在1933年托洛茨基就一再指出，再没有比与希特勒签订条约更令斯大林心满意足的了。现在，在红军群龙无首之后，对自身虚弱的恐惧将斯大林投入到希特勒的怀抱。托洛茨基在战争初期就指出："当希特勒进行军事行动时，斯大林就给他当军需

[①] 在标明日期为1938年9月22日的一篇文章里，托洛茨基写道："现在可以有把握地说，苏联在外交上正试图跟德国接近……在捷克斯洛伐克尸体上的妥协……为希特勒发动战争创造了一个更有利的基础。张伯伦（来往于慕尼黑）的穿梭，将作为外交恐慌的象征载入史册，由于这种外交恐慌，分裂的、贪婪的、软弱无能的欧洲进入了一个将席卷全球的血腥屠杀的前夜。"另见《反对派通报》第71、74、75—76期。

官。"① 托洛茨基补充说：然而，斯大林的目的并不在于帮助第三帝国去取得胜利，而在于使苏联尽可能地置身于战争之外，争取时间在波罗的海国家与巴尔干半岛方面腾出手来。当斯大林跟希特勒在共产国际的掌声中瓜分了波兰的时候，托洛茨基评论说："波兰将会复兴，而共产国际则万劫不复。"但即使在最猛烈地攻击斯大林的无原则性与厚颜无耻时，托洛茨基也没有把整个罪过归咎于斯大林。他再次说："克里姆林宫政策的关键在华盛顿"，为使斯大林改变自己的行动方式，美国应该竭尽全力反对希特勒。在1939—1940年冬天"奇怪的战争"期间他又重复了那种看法：法国和英国为了避免跟德国发生真正的军事对抗而正在对美国搞"军事怠工"。无论是东方还是西方都纵容希特勒去占领欧洲。波兰政府和捷克斯洛伐克政府已经流亡到法国。1939年12月4日，在法国陷落的数月之前托洛茨基就写到："谁知道法国政府会不会落到跟比利时、荷兰、波兰和捷克等国政府一道去英国避难的地步呢？"他"哪怕一分钟"也不能容忍纳粹分子取得胜利的可能性；"然而，在希特勒的丧钟敲响之前，欧洲许多人将死于非命，斯大林不想列身其中，因此他害怕与希特勒过早地翻脸。"②

法国投降和几乎整个欧洲都屈服于希特勒的武装力量时，托洛茨基痛斥斯大林和共产国际在制造这场灾难上应负的罪责。"第二国际和第三国际……欺骗了工人阶级并败坏了它的士气。在五年之久的鼓吹与民主国家结盟和集体安全之后，斯大林突然转向希特勒阵营，这使法国工人阶级被打了个措手不及。战争导致了方向的极度迷乱，引起了消极失败的情绪。"现在苏联正站在一个深渊的边缘上，斯大林政权在东欧攫取的领土与希特勒拥有并用来反对苏联的那些资源和能量相比，真是太微不足道了。③

表达这番意见后，托洛茨基又毫不退让地坚持这一点：苏联仍是一个工人国家，应该无条件地保卫它和反对它的那些资本主义、法西斯主义和民主主义的敌人。他甚至不否定斯大林有权跟希特勒做交易，尽管认为德苏协定并未给苏联带来任何实质性的好处。他宁愿苏联跟西方结盟。但是托洛茨基断言，苏联同谁结盟的问题只能在有利性的基础上解决，任何政治的和道德的原则都不应该左右它的选择，因为西方毫不逊色于第三帝国，它也是紧紧抓住自己的帝

---

① 论文《希特勒的军需官——斯大林》于1939年9月2日凌晨3时竣稿，存于托洛茨基档案。
② 《双子星——希特勒与斯大林》，引自托洛茨基档案。
③ 1940年6月17日为报刊撰写的声明（《克里姆林宫在欧洲悲剧中的作用》），同上。

国主义利益不放的。对于斯大林的政策,托洛茨基否定的不仅是对同盟者或伙伴所作的选择,而且还在于:斯大林错把这种选择当成一桩善行并宣称与该时的伙伴在意识形态上一致,却不管对方是什么人。斯大林和莫洛托夫吹捧苏——德"用鲜血浇灌的"友谊。他们的走狗对希特勒的兽行睁一只眼闭一只眼,宣称波兰再也站不起来了,而他们的乌布利希(Ulbricht)之流的宣传家将自己全部"反帝"炮火指向西方列强。托洛茨基总结说,"斯大林主义"正是这样"对国际舞台施加了自己的反革命影响",这就是苏联工人阶级要全力打倒它的另一个原因。但是他又强调说,即使在斯大林的统治下,工人国家仍然是事实,因此要保卫这个国家和反对各种外国敌人,对此要始终不渝。①

1940年,在柏林举行的一次鸡尾酒会上,苏联外交人民委员莫洛托夫做着手势阐明自己的观点;坐在希特勒旁边的是冯·里宾特洛甫(手托下巴者),其右边是凯特尔将军

托洛茨基十分清楚他的思想又会让人觉得荒谬——然而现实生活本身难道不也同样很荒谬吗?斯大林根据与希特勒的协议吞并了波兰东部以后,就开始剥夺大地主的财产分配给农民,将工业与银行收归国有。为了保证对被占领土的军事监督,他把这个新的"防护甲板"装修得在各方面都适合于苏联的社会制度与政治制度。在斯大林跟世界上最反革命的一个强国的合作与竞争中,革命就这样派生出来了。斯大林一下子就实现了波兰与乌克兰的社会主义者和共产主义者在所有纲领中提出来的主要要求,那是他们自己所不能实现的。当然,占领地区的社会改革是苏联占领军一手炮制的,而不是出自波兰与乌克兰

---

① 托洛茨基:《战争中的苏联》,载《新国际》1939年11月;《捍卫马克思主义》。

的劳动者——这是斯大林强加于东欧的一系列自上而下的革命中的第一站。他从经济上剥夺有产阶级的同时，又从政治上剥夺工人和农民，剥夺了他们言论与结社的自由。①

托洛茨基蔑视斯大林的"官僚主义方法"和他"与希特勒讨价还价的交易"，但承认了在波兰东部地区社会变化"基本进步的"性质。他争辩说，斯大林之所以要在那里推翻旧制度，仅仅是因为在苏联存在着一个工人政府。正是这一事实阻止他与波兰的地主和资本家做交易。换句话说，斯大林主义国家的革命动力现在已越过了苏联国境线。然而，托洛茨基作出这一论断就陷入了矛盾之中。难道他没有说过，斯大林主义所起到的进步与反动的"双重的"作用仅仅限于苏联国内，而它在"国际舞台"上的作用却是"特别反动"的，也就是说试图保存资本主义制度吗？难道这不是托洛茨基建立第四国际的主要根据吗？他依旧认为，斯大林主义的国际影响在广义上是反革命的，而波兰东部领土上的社会变革仅仅是一种局部现象。托洛茨基指出，与斯大林主义对法国工人阶级的败坏、对西班牙革命的叛卖以及他为希特勒的效劳相比，在西乌克兰（以及后来在波罗的海沿岸国家）对地主和资本家的剥夺真是太微不足道了。托洛茨基不断谈到斯大林主义的内外两方面的差别。他试图用下述事实来解释这一点，即在苏联内部，工人国家的因素（国家公有制、计划经济与革命传统）甚至可以穿透斯大林的官僚专制，限制斯大林的行动自由，而在"国际舞台"上，斯大林主义的行为却缺乏这类刹车装置，仅仅受自身狭隘利益所驱使，无所顾忌地遵从着自己的机会主义意愿。②

这个论断尽管有一定道理，却未能解决，或者说甚至掩盖了当时托洛茨基主义在理论上与政治上碰到的困难，而由于最近十年里的各种事件，这些困难更是层出不穷。在实际生活中，托洛茨基对斯大林主义的内部作用（局部还是进步的）与外部作用（整体上是反动的）所作的区别能有多少现实性呢？任何政府或统治集团能在同一时期内在国内具有一种特点，而在国外又具有完全不同的另一种特点吗？假如苏联的政治体制具有工人国家的性质，那为什么不能影响到它与外部世界的关系呢？工人国家的政府为什么会始终是反革命因素呢？

托洛茨基及其学生解决这类问题的办法只能是两者择其一：或者声称苏联不再是工人国家，而这就是斯大林的政策无论在国内国外都具有反革命倾向的

---

① 《捍卫马克思主义》。
② 《战争中的苏联》，载《新国际》1939年11月。

原因，因而马克思主义者也就没有任何理由继续"捍卫苏联"；或者假定，斯大林主义无论在国内还是在国外都继续起着双重（进步的与反动的）作用，而这与苏联体制的矛盾性相一致，与官僚专制下工人国家的存在相一致，因而马克思主义者在解决这类矛盾时只能反对斯大林主义，但应该捍卫苏联。

托洛茨基的许多学生试图从这种困境中找到一条出路，他们认为，苏联不再是工人国家，因为它的官僚集团形成了一个剥削和压迫工人农民的新阶级。我们知道，这种思想在1921年曾流行一时，当时"工人反对派"首次在莫斯科表达过这种思想，尽管托洛茨基始终否定它，但它还是照旧吸引着他的一些追随者，1929年，拉柯夫斯基大大震动了他们，他指出，苏联已由一个被官僚畸形化的工人国家蜕化为一个官僚国家，仅剩下一点儿无产阶级因素的残余。① 托洛茨基详细引证了这个论点（作为《被背叛了的革命》部分论点的根据），但没有从中引出任何结论。托洛茨基的某些学生在深思，经过十年——这是怎样的十年——"无产阶级因素的残余"还剩下什么呢？他们问，现在再谈什么工人国家难道不愚蠢吗？为了证明这个结论，他们就从托洛茨基的某些推测与暗示中寻找根据。在《被背叛了的革命》一书中托洛茨基证实说，苏联经济部门的许多领导集团准备对工业实行非国有化并成为它的股票持有人，也就是说，斯大林的官僚们已蜕变为新的资本家阶级。几年过去了，仍没有这类演变的迹象。那么，托洛茨基关于苏联社会的观念会不会是错的呢？他将斯大林官僚集团看做是形成新资产阶级和新资本主义的一股力量，这个官僚集团会不会是十月革命所产生而现在得到充分发展的新阶级呢？

就在战争即将爆发的前夕，意大利的前托洛茨基派成员布鲁诺·里齐（Bruno Rizzi）在巴黎出版了一本书《世界官僚制度》，这本书几乎没有引起什么注意，但很有分量。他在书中对这个问题作了正面回答。里齐是"管理者革命"思想的始作俑者，这个思想后来被伯纳姆、沙特曼、吉拉斯（Djilas）以及许多人以更为粗糙的形式发展了。他以托洛茨基《被背叛了的革命》一书中的论据作为自己部分观点的基础，但仅仅是为了彻底否定后者的论据。里齐断言，苏联革命正像法国革命一样，其最初的目的是要消灭不平等，但实际上只是以一种形式的经济剥削和政治压迫代替了另一种。托洛茨基惑于苏联资本主义复辟的幽灵，未能认识到"官僚集体主义"已经作为新的阶级统治

---

① 《反对派通报》1930年第15—16期。

第五章　地狱之夜

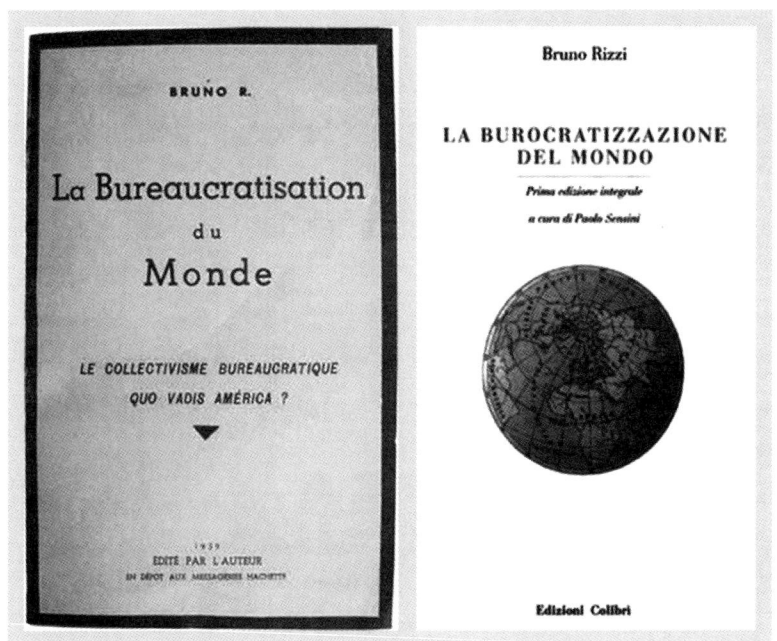

意大利前托洛茨基派成员布鲁诺·里齐的代表作——《世界官僚制度》法文版和意大利文版的封面

形式确立起来了。他拒绝将官僚集团看做是"新的阶级",因为它不拥有生产资料也没有积累利润。里齐的反驳是,但官僚集团确实拥有生产资料和积累利润,不过它是作为集体,而不是像昔日的有产阶级那样作为个人实现这一点的。"在苏联社会里,剥削者并非像资本家占有自己企业股息那样直接获得剩余价值。他们是通过国家间接地做到这一点的。国家先是汇聚了整个国民生产的剩余产品,然后再在自己的官员群中分配。"① 对生产资料的事实上的拥有取代了资本主义的法律拥有,这种拥有是通过国家拥有并拥有国家本身实现的。这种新情况并非如托洛茨基所认为的那样只是一个官僚主义过渡时期或者暂时的反动时期,而是社会发展的新阶段,也可以说是历史发展的必要阶段。正如随封建主义而来的并不是平等、自由与博爱而是资本主义一样,随资本主义而来的也并不是社会主义,而是官僚集体主义。在这个意义上,布尔什维克不可能实现自己的理想,正如雅各宾党人不可能实现自己的理想一样。社会主义是一种乌托邦!受其鼓舞的工人阶级将失去自己的革命果实。

---

① 布鲁诺·里齐:《世界官僚制度》。

里齐继续说，既然官僚集体主义能比资本主义更有效地组织社会及其经济，那么它的专制就意味着进步。因此它必将取代资本主义。不仅在斯大林体制中，而且在希特勒、墨索里尼甚至罗斯福的手中，国家控制和国家计划都同样会起到首要的作用。斯大林主义者、纳粹分子和"新政"的追随者在不同程度上都将自觉或不自觉地成为注定蔓延全世界的新剥削制度的承载者。里齐的结论是，只要官僚集体主义还能够推动社会生产力的发展，它就是无可非议的。工人阶级所能做的仅仅是他们在资本主义早期阶段所能做的事——为改善自己的生活而奋斗，从新剥削者那里争取让步和改革。只有当新制度开始衰退、社会增长将要放慢并窒息时，他们才能重新开展争取社会主义胜利的斗争。这是比较遥远的前途，但并非是不现实的：官僚集体主义是人统治人的最后形式，而它距离无阶级社会又是这样近，因此，官僚集团作为最后的剥削阶级，是不肯承认自己是有产阶级的。①

当托洛茨基得知里齐表达的观点在托洛茨基派成员中间相当流行时，遂于1939年9月中旬写了《战争中的苏联》一文分析他的论点。② 托洛茨基首先说："当我们在政治任务上还是一致的时候，若与那些在关于苏联社会性质的认识上与我们有分歧的同志决裂，那是一种荒谬愚蠢的举动。"至于对苏联是不是工人国家的论证，常常只是一种语言游戏——里齐起码有一个长处，即"将论证提升到历史普遍性的高度"。他认为，官僚集体主义是一种新的社会制度，斯大林主义、纳粹主义、法西斯主义与"新政"虽然面目不同，在实质上却是一回事，他在斯大林主义与纳粹主义之间划了等号（托洛茨基回答），在希特勒与斯大林签订条约的日子里，这种说法听起来似乎很有说服力。不少人认为这个协定只不过表明了两种制度在统治方式上的极其明显的血缘关系；而且在里齐看来，以后纳粹与法西斯的政府（以及罗斯福政府）将合乎逻辑地完成自己对经济的监督，并将工业收归国有，这只不过是时间问题。与此相反，托洛茨基却断言，不管希特勒与斯大林之间在统治方式上怎样相似，两国在经济与社会上的区别都是本质上的而不是数量上的，这是横亘在两种制度之间的鸿沟。无论是希特勒还是罗斯福，都不会也不可能比"部分国有化"走得更远，他们只不过是对资本主义的基本制度附加一定的国家干涉而已。唯有斯大林对真正的后资本主义经济实行了控制。当然，不同的国家与制度

---

① 布鲁诺·里齐：《世界官僚制度》。
② 《新国际》1939年11月；托洛茨基：《捍卫马克思主义》，第8—11页。

都会有官僚集团产生。然而官僚集体主义作为一种独特的社会制度，如果说它存在的话，也只局限于个别国家，是在社会主义革命建立起来的基础上产生的。

托洛茨基指出，因此，说有什么"普遍趋势"——官僚集体主义将成为资本主义的真正继承者，这是很荒唐的。如果是这样，那么甚至在最先进的工业国家（或者某些这类国家）的任何社会主义革命都会不可避免地导致类似于斯大林体制的后果。里齐就是这样认为的。对此，托洛茨基举出许多实际例子证明，主要是俄罗斯的落后、贫困与闭塞助长了斯大林主义的抬头。俄国革命在环境的压力下走向了低谷，但没有任何理由推测，不论环境如何，任何社会主义革命都必然走向低谷。斯大林主义并非像里齐所说的那样是一种新的社会形式，而只是历史中的畸形现象，不是革命的必然产物，而是对革命进程的偏离。苏联的官僚集团眼下是寄生在工人阶级身上的赘疣，赘疣有多么危险，这个官僚集团就有多么危险，但赘疣毕竟不是独立的器官。与里齐的观点相反，官僚集体主义根本不是什么历史的进步。苏联的进步要用集体主义来解释，但不是官僚集团。当苏联还仅仅是借用、模仿和吸收优越的西方技术时，斯大林主义就可能存在。但只要越过这一阶段，社会生活需求就会愈益复杂，社会的首创精神就会复兴。官僚集团与社会首创精神之间的冲突将会日趋深化，因为与大革命之后的法国资本主义不同，官僚集团"不会成为"没有它就不能运行的"新经济制度的承载者"。相反，新经济制度为了充分发挥其功能，就必须摆脱官僚集团的束缚。

作为官僚集体主义全部理论基础的是这样一种思想：工人阶级没有如马克思主义期待的那样表现出完成社会主义革命的能力。然而，资本主义也没有表现出履行职责并长久生存的能力。因此某种形式的集体经济形式必将替代它。但是，既然工人阶级不能胜任这个任务，官僚集团能完成它，那么就不是社会主义的集体主义，而是官僚集体主义将取代旧制度。托洛茨基同意这就是矛盾的焦点。[①] 苏联是不是一个工人国家，或者它的体制是否是官僚集体主义的体制，这只是次要问题。当他谈到"工人国家"的时候，他只不过是想表明，它的潜力及各种因素就包含在苏联的社会结构中。他从来就没有想到，就工人国家这个术语的通常的政治意义上，斯大林体制是工人国家。另一方面，也可以谈到"苏维埃的"官僚集体主义，并断定工人国家就潜在于其中。但更重

---

① 托洛茨基：《捍卫马克思主义》。

要的是搞清楚,既然工人阶级根本不能实现社会主义,那么官僚集体主义是不是就真能站住脚。

工人运动的道路充满挫折与失望,这是不争的事实。工人阶级未能切断墨索里尼、希特勒和佛朗哥通向权力的道路。他们让人民阵线把他们领向失败,他们未能防止两次世界大战。然而应该怎样评价这些挫折?领导上的失误能够纠正吗?能否说工人阶级已经遭到历史性的破产、已被证明没有能力去管理社会和改造社会?若是领导的错,那么只有一条途径——建立新的马克思主义政党和新的国际领导。若是工人阶级本身的错,那么只好承认,马克思主义关于资本主义社会和社会主义的观点是错误的。因为马克思主义宣称,社会主义要么是无产阶级实践的结果,要么什么也不是。那么马克思主义会不会只是另一种"意识形态"或另一种形式的错误观念:它使被压迫阶级和政党确信,他们在为自己的目标奋斗时实际上捍卫的却是新的甚至老的统治阶级的利益?从这个观点来看,真正的布尔什维主义的失败当然与雅各宾党人的失败是同一类型的,是乌托邦与新社会秩序交锋的结果,而斯大林的胜利就是现实主义对幻想的胜利,历史进步的必然行动。

在自己的暮年,托洛茨基就是这样苦苦反省着自己的一生与奋斗的目标和意义,当然也是几代战士、共产主义者与社会主义者奋斗的意义。整整100年的革命努力都付诸东流了吗?他一次又一次回到那个事实:无论在俄罗斯境外任何地方,工人阶级都未能推翻资本主义。他一次又一次地分析着两次世界大战之间革命失败的那苦涩长链的每一环节。他被迫得出这样的结论:如果在这份清单上又增添新的重大失败,那么,马克思主义所描绘的整个历史前途就的确有问题了。为此,他作了一次极其夸张的声明,这种情形经常出现在大雄辩家与实干家身上,而他们的这类声明总是立即引起不尽的轰动。他声明,工人阶级、社会主义和马克思主义正面临着最后的考验。这个考验将来自第二次世界大战。如果战争没有在西方引起无产阶级革命,那么取代腐朽的资本主义的就的确不是社会主义,而是新的官僚式与独裁式的剥削制度。如果西方工人阶级能够夺取政权但又不能保持它,而是像俄国工人那样把它拱手让给特权官僚集团,那么就应该老老实实地承认马克思主义寄予无产阶级的希望是错误的。那时就应以新的眼光看待斯大林主义在俄国的崛起:"我们将不得不承认……(斯大林主义)根源不在于国家的落后,也不在于帝国主义的包围,而在于无产阶级在本质上不能成为统治阶级。那时就必须抛弃怀旧的观念,承认今日的苏联是普遍的新剥削制度的先驱。……如果国际无产阶级真不能完成自己的使命，那么这种前景……不管怎样令人沉重……也应毫无保留地公开承认，以资本主义社会内部矛盾为基础的社会主义纲领已成为一种乌托邦。"①

恐怕唯有马克思主义者才能充分理解托洛茨基这些话里的悲壮。当然，他是在激烈的辩论中说这番话的，但即使在激烈的辩论中，他也从未如此认真地考虑过社会主义全面崩溃的可能性。他以痛苦的精确性指出这种考验的条件，坚持认为最后的"考验"在近几年里到来。他继续说："毫无疑问，（如果马克思主义的纲领被证明是不可实现的）那就需要新的最低纲领——捍卫处于独裁官僚制度下奴隶的利益。"这种声明对于托洛茨基是十分典型的：倘若未来为人类准备的依旧是官僚奴隶制度，那么他和他的学生们将站在奴隶一边，而不站在新的剥削者一边，不管新的剥削制度怎样是"历史的必然"。托洛茨基终其一生都坚信社会主义的到来已被科学判定是不可避免的，坚信历史将站在为被剥削者与被压迫者的解放而战的战斗者的一边，如今他又号召自己的学生们继续站在被剥削者与被压迫者一边，哪怕历史和所有的科学结论都反对他们。不管怎样，他要站在斯巴达克们一边，而不是站在庞培们和凯撒们一边。

但是，在探讨这种阴暗的前景时，托洛茨基并没有与它妥协。他问道，关于工人阶级不能推翻资本主义并改造社会的观点，有充分的证据吗？坚持这种观点的人，包括他的某些学生，从未见过革命中的工人阶级。他们只见过纳粹主义、法西斯主义和斯大林主义的胜利，或者只认识处于衰退中的资产阶级民主。更不用说他们全部的政治经验只局限于失败与沮丧了。他们怀疑无产阶级的政治能力，这丝毫也不足为奇。但他已经见识过1917年的俄国工人，而且还领导过他们，他怎能怀疑他们的政治能力呢？"在世界普遍反动的这些年里，我们应该把俄国无产阶级在1917年所显示出来的可能性作为出发点。"当时俄国无产阶级所表现出来的革命智慧与革命能力无疑也隐藏在德国、法国、英国和美国的工人身上。因此，十月革命对于未来仍然是"巨大的财富"和不可估量的保障。"最近一连串的失败不应归咎于工人阶级，而应归咎于他们的保守而又相当资产阶级化的领导人。""历史进程的辩证法"就是如此，"在俄国这个最落后的国家，无产阶级……推出了最有远见的、最英勇的领袖，同时，在大不列颠这个最古老的资本主义文明国度，无产阶级甚至今日也只有思想

---

① 《新国际》1939年11月；托洛茨基：《捍卫马克思主义》。

贫乏的、奴颜婢膝的领袖。"但是，领袖们是往来的过客，而社会阶级却是长存的。马克思主义者依然应该努力去重新获得领导权，并依靠"劳动群众要从血腥的资本主义混沌中摆脱出来的有机的、深刻的、不可遏止的意愿……"。

他重申自己的马克思主义信仰，并不是出于早年朝气蓬勃的乐观主义，而是出于久经考验后更加坚定的忠诚：

> ……我们时代的基本任务并不因为还未实现而改变。……马克思主义者没有丝毫权利（倘若不把绝望与颓唐也认为是权利的话）下结论说，无产阶级已经丧失了革命潜能，应该放弃一切希望。……当谈到经济与文化制度中最深刻的变革时，历史长河中的25年并不比人一生中的一小时更长。一个人怎么能因为在一个钟头或一天里碰到了一点儿挫折就放弃他为之奋斗终生的目标呢？
>
> 如果这场战争唤起无产阶级革命——我们对此坚信不疑，那么就将不可避免地导致苏联官僚集团的垮台、苏维埃民主在远远高于1918年的经济文化基础上的复兴。到那时，关于斯大林官僚集团是"新阶级"还是工人国家身上的毒瘤的问题就会解决了……每个人都会明白，在国际革命的广阔进程上，苏联官僚集团的出现仅仅是偶然的倒退。

由于"偶然的倒退"就给苏联"打叉"并因此迷失整个历史前途，这是不可饶恕的。苏联，暂时只有它在自身中包含了复兴社会主义民主的社会—经济基础，因此就要保卫它。"我们保卫苏联什么呢？不是那些令人想起资本主义国家的东西，而是使它与之区别开来的那些东西"，不是特权与压迫，而是社会主义因素。这个立场"绝不意味着与克里姆林宫的官僚集团有什么接近、赞同它的政策，或者与斯大林的政治同盟者的政策和解。……我们不是执政党，我们是不屈的反对党。……我们要实现我们的目标……只能通过教育工人……向他们解释清楚，他们到底要捍卫什么和推翻什么"。

托洛茨基又回头谈到斯大林在波兰东部的行动。他指出，假如斯大林在那里维持了私有制的不可侵犯性，那么，就必须全面反思苏联国家的性质了。但是斯大林正像拿破仑一样行事，当他在国内驯服了革命以后，却又用刺刀把它输送到国外。（托洛茨基在这里默默地修正了关于斯大林国际政策的"彻头彻尾的反革命"性质的论点。）当然，这不是马克思主义的革命方法。"我们曾经并仍然反对克里姆林宫进行新的领土扩张。我们主张苏维埃乌克兰与……苏维埃白俄罗斯的……独立。同时，在被苏联红军占领的波兰国土上，第四国际的追随者们应该积极剥夺地主与资本家，分配土地给农民，建立苏维埃和工人议会，等等。这样做的时候，他们应该保持自己政治上的独立性。他们应该为通过选举保证苏维埃及工厂委员会对官僚集团的完全独立性而斗争，应该本着不信任克里姆林宫及其当地代理人的精神去进行自己的革命宣传。"

托洛茨基无法给自己在波兰与乌克兰的追随者们提出任何其他建议并同时保持忠于自己。不过，他们也毫无实现他的建议的任何机会。他们太弱了，丧失了阵地，同时格别乌在一刻不停地镇压着他们。他们也跟托洛茨基一样，被困在行动的必要性与不可能性这种怪圈里了。

* * *

这场争论一直持续到1940年5月底，也就是对托洛茨基住宅进行武装偷袭之前。詹姆斯·伯纳姆、马克斯·沙特曼等美国托洛茨基派成员和社会主义工人党成员也持与里齐相似的观点，但表述得不如他透彻。随着战争的爆发以及斯大林—希特勒协议的签订，这些观点很快成熟了。1939年9月初，伯纳姆向社会主义工人党全国委员会提交了一份声明，指出："无论在何种意义上都不能再认为苏联是一个工人国家了。"① 月末，沙特曼提出一项议案，谴责苏联对西乌克兰和白俄罗斯的"帝国主义式"占领，否认占领具有任何托洛茨基所谓的进步后果，并要求党拒绝承担自己那一份保卫苏联的义务。伯纳姆是纽约大学的哲学教授，沙特曼则是党内很受大众欢迎的发言人，他们对托派知识分子具有极大的影响力。在此之前，他们是从革命的失败主义立场去反对战争的，因为战争是资产阶级政府——就算它们是民主的政府——发起的；而且他们保证捍卫苏联，不管它与哪个帝国主义阵营结盟。对于伯纳姆和沙特曼这样的人，战前从理论上宣传这类观点是不费吹灰之力的，因为当时人们普遍相信苏联将会成为西方民主派的同盟。但在斯大林—希特勒协议签订和战事开始之后，许多事情就变了。即使在美国中立的那几年，美国的情绪也是倾向于对英国与法国审慎的同情和对德—苏协定的强烈厌恶。甚至托洛茨基主义者也

---

① 参见社会主义工人党的《国际公报》与《新国际》1939年10—12月。德·麦克唐纳：《一个革命者的回忆》，第17—19页。

很难同这种情绪对抗。伯纳姆和沙特曼不能不察觉到,倘若他们继续"捍卫苏联",就会引火烧身。然而,要放弃"捍卫苏联",他们就必须沿用马克思主义的习惯方式宣称:苏联不再是工人国家,而不过是另一个拼命进行帝国主义侵略的反革命列强。倘若说里齐还论证了官僚集体主义是"历史的必然"并在一定程度上是进步的话,那么伯纳姆和沙特曼则否定了任何此类优越性。论证的逻辑将他们推得更远,苏联经济中任何进步的东西都被否定了。他们公开地或半公开地反对工业全民所有制,反对国家计划经济,宣称这一切都是官僚集体主义和独裁奴隶制的基础。马克思列宁主义的各个基本纲领一个接一个地受到了指责,包括辩证法与伦理学。伯纳姆和沙特曼,以及追随他们的那些人开始一点一点地抛弃了纲领。这是不折不扣的"知识界逃跑"的继续,而他们不久前还以此为理由在《新国际》上撰文攻击过伊斯特曼、胡克等人。区别仅在于攻击者现在加入到逃跑者的行列里去了。

1939年8月23日,莫洛托夫在《苏德互不侵犯条约》上签字,其身后是里宾特洛甫和斯大林

第五章 地狱之夜

在批判里齐时,托洛茨基已说完了在这场争论中所能说的一切。与伯纳姆和沙特曼的争论是在相当低的政治思维与风格的水平上展开的。这场争论之所以引人注目,主要是由于在托洛茨基的追随者身上压抑已久的沮丧与悲观终于爆发出来,而托洛茨基对他们的反击则是他一生中的最后一次论战。①

到1939年年末,当斯大林命令自己的军队进攻芬兰时,所有争论的问题一下子尖锐起来。在自己的评论中,托洛茨基抨击斯大林对芬兰进行的"愚蠢的外行"战争,说它不但使红军遭到了屈辱的失败,还招致了全世界的愤怒。② 然而托洛茨基却坚持一点,即斯大林在芬兰加强苏联薄弱的侧翼以抵御希特勒可能的进攻这种意图是合情合理的;任何苏联政府,只要处于斯大林当时的境况下都不得不靠芬兰来保卫自己的边境(但是这种境况在一定程度上是斯大林自己造成的)。工人国家的战略利益理应超过芬兰的自决权。③ 既然

苏芬冬季战争期间在战壕里的红军士兵

---

① 在这场论战中,托洛茨基最重要的那些声明都收集在他的《捍卫马克思主义》一书中。
② 托洛茨基关于芬兰战争的评论刊登在美英两国的许多报刊上,他在1940年3月写的《芬兰经历之后的斯大林》一文中对这些观点作了总结,存于托洛茨基档案。
③ 托洛茨基:《捍卫马克思主义》,第56—59页。

斯大林对芬兰的入侵导致了同盟国进行的"战争转换"和援助芬兰的武装干涉，因而托洛茨基更坚决地号召"捍卫苏联"。这在他昔日的学生中间引起了轩然大波："难道托洛茨基成了斯大林的辩护士？难道他想让我们也成为斯大林的代理人？"伯纳姆回答："不，托洛茨基同志，我们不想同格别乌共同战斗去拯救克里姆林宫的反革命。"①

这一类的言论好似回声在重复着托洛茨基以前的声明，那时他谴责大清洗，号召"每一个诚实的人"揭露格别乌的歹毒阴谋并"用烧红的烙铁烫掉斯大林主义的毒瘤"，他痛斥苏联的那些"朋友"借口工人国家的神圣利益而对斯大林的罪行睁一只眼闭一只眼。当然，即使在最激烈的辩论高潮中托洛茨基也一贯强调，在任何情况下他本人及其拥护者们都无条件地捍卫苏联，反对它的外部敌人。然而他的不少拥护者起初只把这类声明看做是虚张声势，而当他们发现他是当真的时候，不禁大为气馁。他们谴责托洛茨基自相矛盾、耍两面派，甚至指责他是在叛卖。他们搜遍他的所有论据，寻找最薄弱的环节，从中引申出自己的理论。斯大林主义在"国际关系"上仅仅是反动和反革命的因素，这难道不是托洛茨基说的吗？怎么他现在又大谈什么斯大林主义在东欧的扩张具有"进步的、革命的后果"？他曾谈到过苏联的"新阶级"和官僚集体主义，指责他们放弃了马克思主义，同时又声称，若认为在任何一个实现生产资料公有化的国家里会有任何新形式的剥削，那是荒谬的。然而难道不正是他自己声明说，倘若即将到来的几年里社会主义在西方遭到失败的话，官僚集体主义就将作为一种普遍的新剥削制度取代资本主义吗？如果官僚集体主义可以作为普遍的新剥削制度，那么为什么它就不能作为苏联的公有制度呢？当他声明说，如果在第二次世界大战结束时工人阶级还未能推翻资本主义的话，那么马克思主义和社会主义就将破产，难道他这不是对自己的所有拥护者最沉重的打击吗？②他们曾亲自目睹托洛茨基的许多预言得到了证实，因此他们对他这个预言也不会等闲视之。在随后的那些年里，托洛茨基一些忠实的、天真的学生一直梦想着革命，搜寻着西方发生革命的迹象。而怀疑论者与犬儒主义者（当时或稍晚）却得出结论说：托洛茨基的话应验了，马克思主义和社会主义

---

① 这场争论发生在社会主义工人党内部，在它的机关报《国际通讯》上（它在1939年12月发表了多数派的决议与少数派的决议），最后是在《新国际》上。

② 托洛茨基评论道："显然，当我在自己的文章里谈到'官僚集体主义'在理论上的可能性时，有一部分同志感到惊讶。他们甚至在这个问题上发现了对马克思主义的全面修正。"参见《捍卫马克思主义》，第30页。

已经破产，官僚集体主义的新时代已经来临。伯纳姆最先说出了这个结论。当他觉得自己驾驭着历史潮流的时候，他曾是"优秀的布尔什维克—列宁主义者"，甚至是"美帝国主义最凶猛的敌人"。然而，托洛茨基无意中使他确信，管理者阶层将升上这个浪尖，于是他匆匆忙忙地抛掉马克思主义这个意识形态压舱物，预言"管理者革命的到来"。① 沙特曼同意伯纳姆的这个预言，但由于更依恋马克思主义，他看待这种前途时与其说带着喜悦，毋宁说是悲哀，并试图将旧日信念的一点儿残余与之调和起来。②

伯纳姆和沙特曼用借自《被背叛了的革命》中的新托洛茨基主义的术语提出了相当坚决的论点；两人都宣称要捍卫托洛茨基主义而反对托洛茨基本人。老师套用马克思的话回答说："那么，我本人就不是一个托洛茨基主义者。"③ 但是，为了反驳他们的论据，他必须至少含蓄地拒绝为他论战中的夸张和过火负责。托洛茨基在一封信里写道："同志们对斯大林—希特勒协定感到愤怒，这完全可以理解。他们想报复斯大林，这很好。但是今天我们很弱小，我们还不能马上推翻克里姆林宫。于是有些同志就想在语言上得到发泄：他们要剥夺苏联的工人国家的称号，就像斯大林剥夺失宠官员的列宁勋章一样。亲爱的朋友，我认为这多少有点儿像儿戏。马克思主义与歇斯底里是水火不相容的。"④ 尽管他本人深受斯大林的迫害，但没有什么比他看到自己的学生的评价也感染了憎斯大林症更让他痛心的了，直到生命最后一息，他都在说服他们不要"陷入歇斯底里"，要坚持"客观的马克思主义思想"。

美国托洛茨基派成员分裂成了两派：由詹姆斯·P. 坎农领导的接受托洛茨基观点的"多数派"和追随伯纳姆与沙特曼的"少数派"。托洛茨基劝他们大家都要克制、要宽宏大量。他一方面鼓励坎农派积极与伯纳姆与沙特曼论战，但一方面他又警告说，斯大林的奸细将会在他们当中拼命煽风点火。他建议，可允许少数派自由地发表他们的观点，甚至可作为社会主义工人党内部一个组织派别进行活动。他警告说："倘若有谁建议开除伯纳姆同志……我坚决

---

① 参见伯纳姆的文章《科学与风格——答托洛茨基同志》（作为附录收入托洛茨基的《捍卫马克思主义》一书中）；《绝望的政治》一文，载《新国际》1940 年 3—4 月；以及他的《管理者革命》一书。
② 沙特曼的文章《美国党的危机——致托洛茨基的公开信》与《苏联与战争》，起初登在《国际通讯》上，然后在《新国际》1940 年 3—4 月上转载。
③ 《捍卫马克思主义》，第 168 页。
④ 同上，第 23 页。

反对。"① 即使少数派举行了自己的全国代表大会之后，托洛茨基仍然劝多数派不要把此事当做把他们开除出党的理由。

但是少数派仍然自行决定成立了新党，并掌握了社会主义工人党的理论月刊《新国际》。然而新党也几乎刚一成立就陷于分裂，因为伯纳姆与党决裂并发表声明说："凡与马克思主义运动相关联的一切重要思想流派——如改良主义、列宁主义、斯大林主义或托洛茨基主义等等的变种，没有一个是我能在其传统形式上同意的。我认为这些流派或者是虚假的，或者是过时的，或者是无意义的。"这真是近几年里出自托洛茨基派一位重要人物之口的惊人坦白。才不过几星期之前，伯纳姆及其朋友还为托洛茨基对他作出的"非马克思主义"思想方式的评价而感到委屈。而此刻伯纳姆却声称："如果考虑到我的信念与利益，那么在马克思主义的党内已经好几年没有我的合适位置了。"② 不管这是真是假，也不管未来的《管理者的革命》的作者这种做法是为了使自己思想上180度的转变不要显得太突然，或是这些年来他事实上仅仅是一个伪装的积极的马克思列宁主义者，总之，在托洛茨基驳斥伯纳姆的话里找不出任何有损他声誉之处，倒是他画的自画像糟蹋了他自己。在此事之后，托洛茨基并没有为失去这样一位不光彩的"学生"而伤心。托洛茨基在私人通信里用了一些绰号来形容他，最温和的一个是——"智力上的势利眼"。③ 托洛茨基等待着别人也步伯纳姆的后尘："德怀特·麦克唐纳——不是势利眼，只是有点儿傻……他像伯纳姆一样抛弃了党，只是因为他有点儿懒，才落到了后面。"但是与沙特曼的决裂却深深刺伤了他的心，托洛茨基对他很有好感，尽管常常为他的"矫揉造作"、"肤浅"等等生气。他们的关系早在1929年初沙特曼访问王子群岛时就开始了。经过多次接触、信件往来以及沙特曼表现出来的热忱，他们的关系日益密切起来。在当时的派别斗争中，托洛茨基当然是支持坎农的，但在私交上他感到自己与沙特曼更密切。在争论达到白热化的时候，他给后者写信说："倘若可以，我会即刻坐上飞机到纽约去，跟您谈上48小时或72小时。我很遗憾，您没有感到这种必要……到这儿来跟我讨论这些问题。您会这样做吗？那我将十分荣幸。"④

---

① 《捍卫马克思主义》，第97、101、148页。
② 同上，第207—211页。
③ 同上，第181页。
④ 同上，第64页。

第五章 地狱之夜

可以说,这场分裂葬送了第四国际,如果说这样一个虚幻的组织还能够被葬送掉的话。托洛茨基相信,"小资产阶级和名利之徒"离去后,社会主义工人党在美国工人阶级中可以把根扎得更深。事实上并非如此;社会主义工人党只剩下一个小工会,其成员虔信托洛茨基学说的每一个字,而后来则是对他的回忆,然而他们在政治上却从未能产生什么影响;而它的对头沙特曼派甚至连这些能使最弱小的派别维持几十年的优点都没有,遂愈益远离自己的"托洛茨基主义",直至其瓦解与消失。① 其他各国的托洛茨基派也受到影响,因为不管在哪儿,特别是在法国,都有大批成员同意伯纳姆与沙特曼的观点。

这样,托洛茨基在晚年最后一次目睹了他滚上险峻高山的巨石重新滚回了山下。

* * *

1940年2月27日,托洛茨基开始写自己的遗嘱。他原先已经拟过几个提纲,但只是为了从法律上确认娜塔利娅和廖瓦继承他的著作版权。现在起草的文件则是托洛茨基最后的真正意愿和遗嘱;文件的字里行间透露出一种末日感。他写遗嘱的时候设想自己或者自然死亡,或者死于自杀——却没有想到会死于刺客之手。"我的血压高(而且还在上升)蒙蔽了周围的人对我实际状况的了解。我现在精力充沛,还能工作。但末日显然已经临近了。"在他注定还能活的六个月里,他的健康虽然像往常一样时好时坏,但还不至于坏到让他说出这种不祥的预言来。在注明日期为3月3日的信里,托洛茨基再次说:"此刻我感到由于血压高而精力旺盛。但这维持不了多久。"他怀疑他的动脉粥样硬化已发展到很严重的程度了,怀疑医生对他隐瞒了真相。列宁临终前的病状及其长期瘫痪的情景显然不时地浮现在他眼前,因此他声明,为了免除濒死之前的痛苦,他将要自杀,或者说得更准确一点儿,"缩短……过于缓慢的死亡过程"。但他又希望,死亡会借助脑溢血突然降临到他身上,"这是我能期待的最好结局"。②

---

① 沙特曼和他的派别从那时起就断然正式地放弃了托洛茨基主义、列宁主义,加入了诺尔曼·托马斯领导的社会党,该党对美国政治的影响同样是微不足道的。

② 托洛茨基档案;托洛茨基:《流亡日记》,第139—141页。

托洛茨基晚年画像

托洛茨基无意中使自己的遗嘱与列宁的遗嘱有些相像。二者都是由正文和几天后增补的附录组成。但是在内容上，两份遗嘱却反映出环境与性格的鲜明对比。列宁的意愿绝对是非私人性质的。他将自己的意愿以信件的形式提交给即将召开的党的代表大会；而且，他只字未提甚至也没有暗示他是由于想到行将来临的死亡才动笔的。尽管他为严重的困难而焦虑，却无意将自己的遗嘱写成一份教义，因为他知道，他的原则与信仰将会不言而喻地被接受。列宁最忧虑的是布尔什维主义的危机（他知道这将由他的死而引起）以及对之采取什么预防手段和方式。他把自己对党的每位高层领导人的优缺点的看法都告诉了党。他向党提出了改组中央委员会的计划，建议将斯大林调离总书记的岗位。直到生命的最后一息，列宁都是伟大运动的领袖。而托洛茨基的遗嘱却完全是私人性质的。他扼要指出，他不需要反驳斯大林"愚蠢的恶意"诽谤，因为他的革命声誉"没有丝毫的污点"，新的"革命一代"将为他和千百个其他牺牲者"恢复政治名誉"。他用一句话来感谢那些在他最困难的时刻仍然信任他的朋友们和拥护者们，但没有给他们任何建议——遗嘱里丝毫没有提到第四国际。文本几乎有一半是写给娜塔利娅的：

第五章 地狱之夜

> 在作为社会主义斗士的幸福之上,命运又额外给予我作为她丈夫的幸福。在我们差不多40年的共同生活中,她是爱、宽宏与温柔的永不枯竭的源泉。她承受了巨大的痛苦……但我多少感到欣慰的是,她毕竟看到了幸福的日子。

他中断了对她的颂辞,开始表白信念:

> 在我43年的自觉生命中,我始终是一个革命者;我在马克思主义的旗帜下战斗了整整42年。倘若我能够从头开始,我……会尽量避免重犯这样或那样的错误,但我的基本生活目标却不会改变。我将作为无产阶级革命家、马克思主义者、辩证唯物主义者,因而也是不妥协的无神论者而死去。与我的青年时代相比,我对人类共产主义前途的信念同样炽烈,而且更加坚定。

写完这几行后,他向窗外望去。娜塔利娅正朝房间走来,她的身影触动了他的灵感,于是他用充满诗意的段落作为结束:

> 娜塔莎刚刚从院子里走到窗户跟前,她把窗户开得更大,以便空气能更自由地流入我的房间。我能看到墙边青草的那一抹翠绿,墙上方湛蓝的天空,洒向各处的阳光。生活是美好的。让后来的人们把其中的邪恶、压迫和暴力清除干净,尽情地享受它吧。

他在附录里把自己的著作版权遗赠给娜塔利娅,并用这样的话开始了另外一段:"如果我们两个都死了……";然而这一句没有写完,留下了一处空白。在3月3日的补充里,他又重新谈起自己的病情,叙述了他跟娜塔利娅不止一次同意的事:他们宁肯自杀,也不愿让衰老把他们变成一具活尸。"我保留自己决定死亡时间的权利……但无论在什么情况下,我对共产主义前途的信念至死也不会动摇。对人类及其前途的这种信念,即使是现在也给了我坚强的抵抗力,这是任何宗教都无法给予我的。"[1]

---

[1] 托洛茨基档案;托洛茨基:《流亡日记》,第139—141页。

* * *

现在，斯大林决定再也不能让托洛茨基活下去了。这可真是怪事。人们要问，他到底还怕什么？他不是已经消灭了托洛茨基所有的后代甚至他们的家庭，以致再不会有复仇者了吗？茕茕孑立的托洛茨基从地球的另一端能把他怎么样呢？早几年斯大林还可能担心托洛茨基在国外领导一场新的共产主义运动；而现在，难道他还不知道第四国际已经消亡了吗？

问题就在于斯大林还不能放心。他无法使自己相信他用暴力与恐怖已经实现了自己的所有欲望，老布尔什维克的阿特兰提斯洲的确消失了。他审视着那些向他欢呼的群众的面孔，猜测他们的谄媚中是否隐藏着刻骨的仇恨。毁灭了或摧残了这样多的生命，处于这样多的不满与绝望的包围之中，谁能说出会有什么样的不可预见的战争火山在等待着他？阿特兰提斯洲会不会又带着新的居民，然而又带着旧日的挑战重新冒出来呢？即使第四国际现在已经无足轻重了，但谁又能说战争的大洪水不会改变政治的地平线呢？什么样的山峰它不能削为平地，什么样的小丘它不能造成巍峨的峻岭？所有那些前景，在托洛茨基的愿望中是多么现实，在斯大林的恐惧中就多么现实；而活着的托洛茨基就是它们从不安分的最高代表。他还是阿特兰提斯洲的喉舌，仍然在喷发着它不息的全部激情与全部战斗的呐喊。当芬兰战事结束时，正值希特勒占领了挪威和丹麦，法国投降，他的声音越过大洋，谴责着这些灾难的后果，谴责着斯大林造成这些灾难的罪愆，谴责着威胁苏联的道德堕落。不错，他的控诉、谴责与警告，苏联人民是听不到的；然而它们却在美国、英国和其他国家的报刊上传播着；当战争向东方蔓延时，它们也必然能趁着军事上的失败和撤退的骚动与混乱而渗透到那儿去。

1940年4月底，托洛茨基发表了致"苏联工人、农民、士兵和水手"的一封信，标题为"你们受骗了"。据说印有这封信的一份传单被一位同情者水手夹带进了苏联；但此信到没到达目的地却很难说。① 信中句句都是炸弹。他

---

① 我引述的文本标明日期为1940年4月23日；托洛茨基档案。大约在德国入侵挪威之前不久，一位德国托洛茨基派成员瓦尔特·黑尔德离开该国，试图取道苏联与日本前往美国。但还在途中他就销声匿迹了。差不多可以肯定他在苏联被逮捕并处决了。可能——但不很确定——他想将托洛茨基的这封信转交给苏联人民。

第五章 地狱之夜

晚年托洛茨基的一组生活照

1940年，托洛茨基和四位美国访问者在墨西哥

告诉苏联的工人和水手："出于该隐—斯大林和他的委员、书记及格别乌伙计们的利益，你们的报刊一直在向你们撒谎。""你们的官僚在家里是嗜血的、残忍的，而在帝国主义列强面前却是怯懦的。"斯大林的丑行使苏联在国外正日益失去同情，使它陷于孤立，加强了它的敌人；这些丑行就是"苏联最主要的危险根源"。他号召工人和士兵们"永远不要向资产阶级投降，永远不要把国有工业和集体农业经济交给它，因为只有在这样的基础上，你们才能建设起一个更幸福的新社会"。"革命者的责任就是誓死捍卫工人阶级争得的每一个阵地……民主权利、工资以及生产资料国有化和计划经济这样巨大的成果。"但若要使十月革命的这些成果有利于人民，他们唯有证明自己能像当年对付沙皇官僚一样去对付斯大林的官僚才行。不，斯大林绝不允许托洛茨基号召叛乱的声音继续这样响下去了。

几位前格别乌官员和外国共产党人后来讲述了对托洛茨基的最后一次偷袭的准备情况。[①] 在西班牙内战末期，格别乌的一些专门负责"消灭托洛茨基主义"的机构转移到了墨西哥。墨西哥的斯大林派不遗余力地煽动群众对"龟缩在科约阿坎的卖国贼"的歇斯底里情绪。他们一天到晚除了攻击他阴谋反对斯大林，还攻击他为了美国石油大王的利益阴谋反对卡德纳斯，在墨西哥策划总罢工和法西斯武装政变。尽管如此，莫斯科还是指斥墨西哥共产党的领导

---

① 参见布登兹：《这是我的故事》，第257—263页；以及前引奥尔洛夫的证词。

第五章 地狱之夜

们"对托洛茨基主义的姑息态度",并把他们都降了级。于是反托洛茨基主义的行动进一步升温;而托洛茨基本人所犯的一件小过失也帮了敌人的忙。就在1939年末,他同意去美国到众议院一个所谓戴斯委员会作证。这是一个开展"非美活动调查"的组织(它的行事方式正是后来麦卡锡参议员在50年代大肆"迫害异端"的先声)。该委员会主席,参议员戴斯要求取缔美国共产党,理由是它是外国势力的代表。托洛茨基本想利用委员会作为一个讲坛,揭露格别乌针对他本人及其追随者的谋杀行动。但他在此之前明确表示,他将大声疾呼反对取缔美国共产党,并号召全世界的工人们起来把世界大战转变为世界革命。但此事未能实现,部分原因是托洛茨基的追随者们表示坚决反对,特别是伯纳姆;部分原因是戴斯委员会预见到托洛茨基会这样做,因此不想听他讲话;美国政府也拒绝给他入境签证。但不管他在委员会面前想干什么,仅仅他愿意站在委员会面前这件事情本身就足以让斯大林派指控他"勾结戴斯与美国石油大王反对墨西哥人民"。1940年5月1日,两万名穿制服的共产党人在墨西哥城举行游行示威,他们的旗帜上写着"把托洛茨基赶出去"的口号。托洛茨基否认指控,发表了与戴斯委员会有关的信件,并请求墨西哥总统对事件进行调查。① 卡德纳斯总统驳回了斯大林派的指控;但是它们毕竟已经造成了效果;托洛茨基的同情者开始嘀咕,他会不会失去庇护,尤其是在即将来临的总统选举中卡德纳斯的党一旦失败的话。

* * *

这时,杀手已经站到了阿文尼达-维纳房子的大门口了。这就是1938年夏天对出席第四国际成立代表会议的美国托洛茨基派成员西尔维娅·阿奇洛芙(Syliva Agelof)自称是雅克斯·莫尔纳德、比利时外交家之子的那个人。他的真实姓名从未公开过,尽管可以相当肯定他叫做拉蒙·梅尔卡德尔(Ramon Mercader)。他的母亲是西班牙共产党人卡里达·梅尔卡德尔(Caridad Mercader),在西班牙内战期间,她在本国相当出名,尤其是因为她与格别乌的密切关系。莫尔纳德在巴黎与西尔维娅·阿奇洛芙的相遇并不是巧合,而是经过精心策划的。格别乌的间谍已经盯了西尔维娅和她的妹妹好长时间的梢了。她们

---

① 托洛茨基:《我为什么同意出席戴斯委员会作证?》,此文为托洛茨基在1939年12月11—12日对报界的声明。

西尔维娅·阿奇洛芙和她的妹妹希尔达一次回美国,刚到新泽西州纽瓦克的情景

两个都是托洛茨基派成员;西尔维娅的妹妹作为信使不定期地前往科约阿坎,并为托洛茨基做过秘书工作。至于西尔维娅,她曾师从西德尼·胡克研究哲学,并在哥伦比亚大学学过心理学;她懂俄语、法语和西班牙语,这对"老头子"特别有用,因为他老是抱怨由于没有俄语秘书而使"工作瘫痪"。她是一个毫无姿色的独身老姑娘,突然发现相貌英俊、衣冠楚楚的莫尔纳德殷勤追求着自己,便陷入了情网,和他在法国一同度过了神魂颠倒、如痴如醉的数月时光。他的行为不时使她感到惊诧;他表现得对政治没有丝毫兴趣,就仿佛是一种精神的懒惰,这在一个受过教育的"外交家之子"身上是很奇怪的。他跟商界和报界有让人猜不透的神秘关系;甚至他的家庭背景也是一个谜。他跟她讲的有关自己的故事令人费解,甚至支离破碎;而且在饮宴与娱乐上他挥金如土,就像拿了一只丰饶角似的。①

1939年2月,西尔维娅回到美国。9月,他来纽约与她相聚。他的行为又一次让她感到难堪。他告诉她,他将作为比利时一家报纸驻美国记者到纽约来,

---

① M. 克雷波:《我所认识的刺杀托洛茨基的凶手》,载《法国观察家》1960年5月19日。

第五章 地狱之夜

杀害托洛茨基凶手在假护照上的照片

然而他却拿着伪造的加拿大护照来到这里，姓名填的是弗兰克·雅克松，并说这样做是为了逃避比利时兵役。他宣称他从未来过纽约，然而他在市里行动起来却不啻是很熟悉它的人。对所有疑问的回答他都像是强词夺理；同时他一刻也没有放弃一个花花公子与大少爷的派头，在政治上没有引起丝毫怀疑。使她能够责备他的最糟糕的事情是他举止轻浮、喜欢吹牛。她企图去改造他，引导他对托洛茨基主义产生兴趣。但他对这一类努力一概报之以漠然与苦脸。因此，当他到纽约后不久告诉她，他要作为一家进出口公司的推销商或经理去墨西哥时，她对此没有感到什么反常。当他恳求她与他在墨西哥相会时，她求之不得地答应了。

他在10月中旬之前到了墨西哥；她是1月到的。刚一抵达，她马上就去阿文尼达－维纳朝圣——无疑，她是去转交美国托洛茨基派成员的信件。她很快又重新担负起秘书工作。"雅克松"总是驾着他那辆豪华汽车送她去阿文尼达－维纳，然后在门外一直等到她工作结束。卫士们逐渐认识了他，还常常跟他聊天。但长达数月之久，他从未冒险进入过院子。（他一直假装对西尔维娅的政治活动只报以矜持的微笑，而且假装只是为了讨她的欢心才对它们多少流露出一点儿好奇。）他在大门口碰到了阿尔弗雷德和玛格丽特·罗斯默夫妇，他们是最近刚与这位"热心的年轻人"、"西尔维娅的丈夫"熟悉起来的。他邀请他们到墨西哥城里吃饭，并带着他们去郊外兜风。

　　人们以为他在做推销商工作的时间，他却在与格别乌间谍联络，从他们那儿接受指示，大概也会见他的母亲，从各方面来看，她当时也来到了墨西哥。西尔维娅对他的这些关系一无所知；他从不让他的"妻子"跟他的母亲见面。他偶尔也有疏忽，只有这时才会引起西尔维娅短暂的警觉。他给西尔维娅他的办事处地址是假的。他为这个"错误"辩解，又给了她另外一个地址。西尔维娅记得在巴黎时他也曾犯过类似"错误"，不禁担心起来，她请聪明机警的玛格丽特·罗斯默帮她去调查这件事。但新地址看来是真的。罗斯默夫妇甚至十分肯定，即使在莫尔纳德－"雅克松"的事务中有点儿什么疵漏，那也无关政治，因此谁也没想到要去探究一下他的"商务"的性质。（只是很晚以后才发现，当地斯大林派的各个大人物都使用过那个办公地点。）西尔维娅十分小心，从不带"雅克松"到托洛茨基家里去——她甚至告诉托洛茨基，她丈夫到墨西哥来用的是假护照，没有必要让他的拜访打扰托洛茨基。3月她去纽约时还让"雅克松"郑重答应不在她不在的时候进入阿文尼达－维纳的房子。

　　然而距此没多久他还是进去了。罗斯默病了，于是"雅克松"受托送他去墨西哥城的一家法国医院，再带他回来，给他买药，等等。尽管这对于他的勾当是一次天赐良机，但他仍然十分谨慎，他写信给西尔维娅，歉意地解释他为什么"违背了他的诺言"。虽然那时他已与住在托洛茨基家里人越来越熟，但是又过了三个月他才见到托洛茨基本人。

　　看来，到那时为止还没有给"雅克松"指派暗杀的任务。他的任务更像是对住宅进行侦察，摸清内部结构与防卫，查清楚托洛茨基每天的日程以及刺探对于一次将由别人去完成的大规模武装偷袭有用处的所有其他情况。

　　领导这次偷袭的是戴维·阿尔法罗·西凯罗斯，他是里维拉以前的朋友、一位著名的画家、共产党员、墨西哥矿工的领导。他从西班牙回来刚一年。西班牙内战期间，他曾指挥过几个旅，离开战场时只带出来几十个幸存者。一位如此优秀，甚至英雄一般的艺术家同意或自愿充当谋杀托洛茨基的凶手，这件事很能说明斯大林主义这些年来的道义状况；但是手里拿着枪去清算政治账也是墨西哥的民族习惯。在西凯罗斯的艺术里，革命跟强盗行径是密不可分的——他自身就具有很多拉丁美洲海盗的习气。他在西班牙时跟格别乌关系密切，有些人说他跟梅尔卡德尔一家的关系也同样密切。但是，尽管他立下了汗马功劳，不久前共产党还是因为他滥用党的基金的劣迹谴责了他。他感到很屈辱并一心想通过轰动的冒险行动表明忠诚以重新得宠。他制定了武装偷袭托洛茨基住宅的计划，然后召唤他在西班牙时麾下的伙伴以及墨西哥矿工来执行它。①

阿文尼达-维纳的每一个人都早已作好了思想准备迎接这类偷袭。读着当地斯大林分子的报纸对他的咒骂，托洛茨基评论说："只有当人们打算把笔换成机关枪时才能写得出这种东西。"的确，在他的美国追随者的坚持下，已对整幢房子进行了加固：重重上闩的门，电网和自动报警装置，还在每一条可能的偷袭路线上架设起了机关枪。警卫人数也增加了。十个墨西哥警察在外面及房子周围值勤。在里面，哨兵不分昼夜在大门口站岗，又有4—5个人在警卫室里待命。毫无疑问，有一些担任警卫的美国青年难以胜任他们的任务，他们出身于中产阶级家庭，刚从学校毕业。但对此无法可想。托洛茨基派组织里的工人成员很少能做到放弃职业、抛家离子到科约阿坎来。人员经常变动——过不了几个月就有一次，这种单调的例行公事很容易使警卫人员厌倦懈怠，那时就必须换人。因此，入口处的哨兵难免常是一些没有经验的新手。在西凯罗斯偷袭之夜，值班的罗伯特·谢尔顿就是4月7日才从纽约来的。他在阿文尼达-维纳的六个月里，他的同志们和托洛茨基发现，他很热心，也很听话，但却是个缺心眼儿、不中用的家伙。②很久以后他的同志回忆起，他与莫尔纳德-"雅克松"很快就打得火热，他们经常看见他俩一块出去。很显然，托洛茨基现在的安全真是千钧一发。但这并非完全是偶然的，它们反映了他总的处境：悬殊的强弱对比，少得可怜的追随者。

5月23日，托洛茨基辛苦工作了一整天，上床很晚。他久久无法入睡，直到服下安眠药。大约凌晨4点钟，一种好像机枪的嗒嗒声把他惊醒了。他又乏又困，起初他还以为是墨西哥人庆祝自己某个喧闹的宗教节日或民族节日而正在外面放焰火。但是，"那爆炸声近在咫尺，好像就在屋里，就在我身边和头顶上。火药味愈来愈呛人，四处弥漫……我们遭到了偷袭。"③ 娜塔利娅已

---

① L. A. S. 萨拉扎尔将军：《墨西哥谋杀案》。（我很感谢一位在30年代与西凯罗斯很熟识的美国作家，他向我提供了关于西凯罗斯性格的一些细节及其背景。）

② 托洛茨基曾讲述过这样一件事：谢尔顿来后不久，他看见他正在把房子正门的钥匙交给一个在里面干活的建筑工人。托洛茨基警告他不能这样，并告诉他："如果你这样做，那么发生偷袭时你将是第一个牺牲者。"托洛茨基关于谢尔顿的陈述，1940年7月15日。托洛茨基档案。

③ 托洛茨基关于此事件的叙述写于1940年6月8日；在他逝世后，它冠以《斯大林要谋杀我》的标题发表在1941年8月的《第四国际》上。

经跳下床,用自己的身体遮住他。片刻之后,在雨点般的子弹中,她把他拖到地板上,推进床与墙之间的角落里,她也被他拖着弯下身子,她又一次用自己身体挡住他。他们屏息静气,一动不动地趴在黑暗里,这时整个房间已处于看不见的偷袭者从窗户和门口打进来密集的交叉火力下。大约发射了200发子弹,100发落在了床上及周围——后来在墙上和门上数到了70多个弹孔。娜塔利娅稍稍欠起身,他又把她拉下来;他们又重新一动不动地趴着,呼吸着火药味,一边在想外边那些警卫和警察怎么样了。

突然,从墙或门的后边传来一声尖锐的叫喊:"姥爷!"偷袭者冲进了谢瓦的房间。托洛茨基后来说:"孩子的声音是那天晚上最揪心的记忆。"娜塔利娅回忆说:"那声叫喊让我们毛骨悚然。"然后是一片沉寂。"他们绑架了他。"托洛茨基喃喃说。仿佛在梦中一样,娜塔利娅看见孩子房间里炸弹爆炸的火光映衬着一个男人侧影,"钢盔的曲线,反光的纽扣,长长的脸"。那个男人在托洛茨基的卧室与孩子的卧室之间的门槛前站住了,好像在查看是否还有生命的迹象。尽管一无所见,他还是向两边的床上又倾泻了一阵子弹,然后消失了。射击声又一次响彻院子,而孩子的房间被火焰吞没了。谢瓦不在里面——在火光中能看见一条细细的血痕通向天井。娜塔利娅回忆道:"然后一切都沉寂下来……难以忍受的沉寂。'我把你藏到哪儿才保险呢?'(她在想——作者注)由于紧张和绝望,我一点儿力气也没有了。他们随时都会回来结果他。"全家成员都在哪儿,罗斯默夫妇、秘书们、卫士们、警察们都在哪儿?他们都被杀死了吗?"在坟墓一般的夜的寂静中,我们感到了死亡本身的气息。……突然,又响起了同一个声音,我们外孙的声音;而这次它是从天井传来的,声调完全不同,就像是断断续续的音乐段落勇敢地、快乐地回旋着:'阿尔—弗雷德!玛—格—丽特!'它把我们唤醒了!谢瓦藏在自己的床下,自己救了自己。射击停止之前他还以为外祖父母都死了,拖着受伤的脚出来找罗斯默夫妇。"①

几分钟内,院里的人都聚集在天井里。没有一个人被杀或受重伤。警卫们仍处在茫然中,甚至都没有去看看外边的警察们怎么样了。托洛茨基冲到街上,发现哨兵们都被解除了武装并被捆了起来。他们简短、急促而又激动地叙述道:约凌晨4点之前,有20多个穿着警察制服和士兵军服的人偷袭了他们,

---

① 娜塔利娅·谢多娃:《列夫·托洛茨基的生与死》,第309—310页。

未发一弹就制服了他们。然后偷袭者们在一个"少校"带领下逼近了大门；其中一个跟当时正值勤的罗伯特·谢尔顿·哈特说话，后者立刻打开了大门。偷袭者们冲进院子，其他的警卫措手不及，只能乖乖就范。偷袭者们在正对托洛茨基卧室的各个方向的树后架起了机关枪，占据了其他有利位置，然后开火。他们显然只想杀死托洛茨基和他的家人——对其他任何人未开一枪。袭击持续了20分钟。确信无论是托洛茨基还是他的妻子和外孙都难逃命后，偷袭者们向屋子里扔了几个燃烧弹，向天井里扔了一个重磅炸弹（没有爆炸），然后撤走了。有几个人是乘着两辆汽车走的，车都是托洛茨基的，通常停放在院子里以备随时启动，点火钥匙就插在锁上，谢尔顿随同袭击者一道走了。看见他的警察们说，他未作任何反抗，但是有两个袭击者一边一个紧紧抓住他的两条胳膊。

最初的心情是"死里逃生"的庆幸与快乐；托洛茨基的幽默感又上来了。他目睹这一切，感到十分有趣：袭击如此猛烈，策划如此周密，却这样滑稽地失败了——仅仅是因为他、娜塔利娅和孩子在万般无奈之下做了他们唯一能做的事：滚到自己的床下！现在斯大林和他的间谍将暴露在光天化日之下受尽揶揄！执行偷袭对谁有利、由谁挑唆、接受谁的命令，这些问题是一目了然的。但是在兴奋与尽情嘲弄之中却又夹杂着几丝困惑。偷袭者对这个小城堡的结构和防卫怎么会这么熟悉——他们甚至都知道他们可以乘受害者的汽车逃跑！谢尔顿怎么会毫不犹豫地放他们进来？他的确是个缺心眼儿、不中用的家伙，但他在开门之前肯定碰到了一个他信任的并熟悉其声音的人。这个人是谁呢？难道偷袭者能翻过高墙和电网爬进院子吗？他们后来为什么要劫走谢尔顿（他们肯定会杀了他）？

不到半小时，墨西哥秘密警察的首脑萨拉扎尔上校赶到了现场。他后来这样描述当时的场面①："我求见托洛茨基，他很快在妻子的陪伴下来了……（他）穿着睡衣，外面又随便披了一件晨衣。他们和善地向我致意……但是保持着惊人的沉着，使人误以为什么也没有发生过……托洛茨基微笑着，他那在玳瑁色镜片后的眼睛明朗清澈，目光犀利、敏锐，他那一瞥更是锐利、洞察秋毫，带着诙谐与讽刺，颇有几分梅菲斯特的风度。他的头发……几乎已灰白……多少有点儿凌乱，从前额向后梳去，一缕缕分向两边……"托洛茨基

---

① 萨拉扎尔：《墨西哥谋杀案》，第6—10页。

与娜塔利娅的"对比十分鲜明":"他精力旺盛、神态威严,面部特征仍然显得年轻、坚毅,而她却是温柔、恬静、几近顺从。"不过两人的行为所表现出的镇定和"充分的自制力"却让这位警察首脑觉得很反常。当时他的心头掠过一丝疑问:"是当真存在谋害他们生命的企图,抑或仅仅是一场骗局?"当萨拉扎尔在书房里倾听着托洛茨基"不带任何情绪"、原原本本地向他讲述着刚刚经历的一切时,他再次暗忖:"这么多的袭击者,这么强的火力,还有炸弹,而他们却一点儿事儿也没有!真是咄咄怪事!"他们来到花园,花园里长着精心侍弄的仙人掌,看起来跟以前一样安静。长官问托洛茨基是否怀疑到谁是"策划者"。

"当然啦!"他以十分肯定的语气回答,"过来……"

他将右手搭在我的肩膀上,领着我慢慢地向兔笼走去。……他站住,环顾四周,(仿佛)要确定只有我们两个人单独在一起,然后他把右手放到嘴边,好像要吐露什么最深的秘密一样。他深信不疑地低声说:

"偷袭的策划者是约瑟夫·斯大林,是格别乌执行的。"

此刻,长官断定托洛茨基是在愚弄他。"我茫然地望着他。……我起初的怀疑变成了确信。我再次对自己说:'这是一场骗局!毫无疑问。'"托洛茨基建议他去调查当地某些"最可疑的"斯大林分子,他一定可以从他们身上获知不少这次偷袭的有关情况。萨拉扎尔断定"这位老革命家试图把我引入歧途"。他首先命令逮捕了三个佣人:一个厨师,一个起居室女佣,一个杂役;第二次又命令逮捕了托洛茨基的两位秘书:奥托·舒斯勒(Otto Schussler)与查尔斯·康奈尔(Charles Cornell)。现在侦察的转向导致了许多最惊人的流言。一些流言说,迭戈·里维拉组织了这场偷袭,偷袭者高喊着"阿尔马扎尔万岁"冲进房子。(阿尔马扎尔是一位反动将军的名字,里维拉反对卡德纳斯而支持这个将军做总统竞选候选人。)另一些流言则说,是托洛茨基或是他的追随者导演了这场偷袭,目的在于将怀疑引向斯大林派成员,败坏他们的名誉。①

---

① 萨拉扎尔:《墨西哥谋杀案》,第18—25页。不仅墨西哥的亲斯大林报纸,甚至纽约的《国家》杂志也登出过一篇报道,猜测是托洛茨基或者他的家人导演了偷袭。托洛茨基评论道:"《国家》的'激进派'是一帮多么卑劣无耻的爬虫。"1940年6月18日,存于托洛茨基档案。

第五章 地狱之夜

有意思的是,秘密警察首脑对托洛茨基既无敌意也别无用心。然而,对这位职业士兵与警察来说,由于他不熟悉全部问题、人物个性以及这场企图以偷袭结束的可怕斗争的环境,因此对整个事件就感到格外困惑。他只要数数托洛茨基床头墙上的 73 个弹孔,就会觉得"死里逃生"简直是不可思议的。他望着镇定自若的托洛茨基和娜塔利娅,本能地想道:他这个墨西哥多次内战的老兵还从未见过一个人刚刚经历了这种危险之后还能如此镇定。① 托洛茨基谈话时的严谨与幽默因其不合时宜而愈显得可疑。(只是在以后的数月中,他的职责使他与托洛茨基经常接触时,他才意识到,这位男人的"反常的"沉着、勇敢和幽默正是他的本性。)而在另一方面,偷袭规模之巨大,即使在墨西哥也是罕见的,以致萨拉扎尔很难相信是斯大林派成员——卡德纳斯的支持者(他本人并不是他们的朋友)所操纵的。托洛茨基卫士们的行为也令他生疑:为什么他们这样消极?为什么他们没有人挨过一颗子弹?萨拉扎尔断定,谢尔顿是偷袭者的同谋,他是自愿随他们离去的。托洛茨基激烈地声明,谢尔顿是他们的受害者而非他们的同伙。然而他却提不出什么证据。萨拉扎尔的推理也有一些道理:若没有托洛茨基某位近侍或起码是与他的家人有密切接触的什么人的合作,偷袭是不可能发生的。这个人是谁?这个问题现在成为他们注意的焦点,引起了他们大家的警觉。

偷袭过去一星期后,托洛茨基因被指向他本人和里维拉的怀疑所激怒而就他的两位秘书被逮捕一事向卡德纳斯总统提出抗议。② 他引用自己所知道的格别乌在其他许多国家的活动情况(尤其是赖斯和克里维茨基事件),要求治安长官或警察局传讯墨西哥共产党的现任及前任总书记,加上戴维·阿尔法罗·西凯罗斯与隆巴多·托莱达诺。总统命令立即释放托洛茨基的两位秘书。但是侦察走了一段弯路;而同时,托洛茨基忙于驳斥对他的诬蔑,为他的同事辩护,证实罗伯特·谢尔顿·哈特的清白。他说:"如果哈特真是格别乌的间谍,他可以悄悄地干掉我",用不着兴师动众、满城风雨地来偷袭。同时,警察也抓到了几个偷袭者,他们供认西凯罗斯是他们的头儿;而西凯罗斯本人则在逃。③ 6月25日,萨拉扎尔的手下终于在墨西哥郊外的一家小农场的地里挖

---

① 萨拉扎尔:《墨西哥谋杀案》,第 10—11、100 页。
② 托洛茨基致卡德纳斯总统,1940 年 5 月 31 日,存于托洛茨基档案。
③ 萨拉扎尔:《墨西哥谋杀案》,第 184 页。1940 年 10 月 4 日(托洛茨基被刺后),西凯罗斯被捕,他不否认参与了 5 月偷袭,但强调共产党与此事毫无关系;而且他的目的并非是杀死托洛茨基,而是制造"心理震撼",抗议托洛茨基的存在。交保释放后,西凯罗斯有好几年没在墨西哥露面。

出了谢尔顿·哈特的尸体——农场的房子曾被两位著名画家租用,他们都是斯大林派成员。

在偷袭发生一个月之后的同一天同一时刻,凌晨4时,萨拉扎尔带着这个消息来到托洛茨基家。警卫不肯叫醒托洛茨基,因此他只好领着一个警卫去到那个农场认尸。

> 我们在黎明时分到达斜坡脚下。泥泞的地面使攀登格外吃力。那具尸体还躺在我留在原地的担架上,在房子外边……奥托……一眼就认出了自己的同志。
>
> 我们到达桑—昂热已经是白天。尸体停放在院子里。努涅斯将军随后也到了,下令把尸体洗干净。然后他加强了警卫,因为消息已传遍了全镇,新闻记者蜂拥而至。例行公事结束后,治安长官就离开了。
>
> 突然,人群起了一阵骚动。
>
> "托洛茨基!托洛茨基!"
>
> 的确是他。时钟正敲10点。这位俄国老流亡者走近尸体。他显得很悲哀萧索。他久久伫立,凝视着自己的前秘书:他的眼睛充满了泪水。这个男人曾领导过伟大的革命,在残酷的战争中出生入死,目睹自己的朋友和家人一个个地离开了人世,那场几乎不仅要夺去他的生命,甚至还要夺去他的妻子和外孙生命的偷袭也没能撼动他,此刻他却潸然泪下了。①

但是哈特的身份之谜依然没有解开。萨拉扎尔仍然认为,哈特是格别乌特务,格别乌杀死他是因为害怕他落入警察之手会说出太多。这个猜测部分地被目击者所证实。他们说,他们曾看见哈特在农舍周围随意走动,外出散步,没有任何卫兵或押送者。但托洛茨基不同意这种看法,他坚持说,这是他的第八个遇害的秘书,而他和他的美国同志对哈特所了解的一切都与萨拉扎尔的说法不同。② 托洛茨基给受害者的父母写去一封动人的吊唁信,并做了一块匾纪念"鲍勃"——然而这块匾很快就要放在托洛茨基本人的墓碑上了。

5月24日之后,命运的阴云仍然笼罩窒息着阿文尼达-维纳的"小城

---

① 萨拉扎尔:《墨西哥谋杀案》,第76—77页。
② 托洛茨基举出下列他的秘书和助手,他们都是斯大林报复的牺牲者:格拉兹曼、布托夫、布柳姆金、谢尔穆克斯、波兹南斯基、克莱门特与沃尔夫。1940年6月25日声明,托洛茨基档案。

第五章 地狱之夜

堡"。每一周以至每一天,人们都为下一次偷袭提心吊胆。对于托洛茨基来说,他还能活着真是命运的乖戾。早上起来他会对娜塔利娅说:"你瞧,昨天晚上他们又没有杀死我们;你还有什么可抱怨的。"有一两次他又忧郁地补充说:"是的,娜塔利娅,我们是缓期执行的死囚。"① 但他仍像以往一样充满活力、精力旺盛,参与警察局各阶段的调查工作,出庭作证,回击无穷无尽的诽谤,对诸如法国投降与莫洛托夫宣布支持第三帝国等事件进行评论,并继续辩论美国黑人的地位问题、革命失败主义的策略问题,等等。有一群美国朋友于6月中旬拜访他,恳求他"进入地下"、采取化装,并允诺帮他潜入美国,保证给他找到一处安全秘密的避难所。他对他们的恳求连听都不要听。他说,他不能为保命而躲藏起来偷偷摸摸地进行工作。他必须公开面对他的仇敌与朋友,要用他赤裸的头顶承接"地狱之夜",直到生命的最后一息。② 只是在一件事上他对朋友们及墨西哥当局的催促作了勉强的让步:用更高的水泥墙、新的瞭望塔、装甲门与钢栅窗来加强住宅的防卫。一开始,他还很负责地检查"城防工事",提出这样那样的改进建议,但他很快就厌烦了,"它让我想起我进的第一所监狱,"他对自己的秘书约瑟夫·汉森评论说,"这些门都发出一样的噪音。……这哪是家,这是中世纪的监狱。"(汉森说:)"有一天,他碰到我正盯着那些新瞭望塔看。他眨着眼睛,脸上浮出他那温暖亲切的微笑……'高度发达的文明,就意味着我们必须不停地建造这些玩意儿。'"③ 他就像一个人在死刑囚室里等待着那命定一天的到来——只是他决心合理地利用每一小时,而且他固有的讽刺与幽默感从未离弃过他。

他最后一次乘车奔驰在乡间那泥泞颠簸的道路上,而他的思绪则又飞回到俄国内战年代的道路上。在这最后一次的远足中,"他睡得比平常多得多,仿佛精力已经耗尽,而这是他最后一次好好休息的机会了。他松弛地坐在我后面的座位上,从库埃纳瓦卡差不多一直睡到阿梅卡梅卡,那儿坐落着睡美人般的波波卡特佩特火山和伊克塔西豪特火山,在它们白色的峰顶上聚集着如絮的云朵。……我们停在一座古代大庄园旁边,它有塔楼与坚固支撑的墙。老人饶有

---

① 娜塔利娅·谢多娃:《谋杀案真相》,载《第四国际》1941年5月。
② 此事是提建议者之一告诉我的。
③ 约瑟夫·汉森:《陪伴托洛茨基到最后》,载《第四国际》1940年10月。

最后一次旅行中的托洛茨基

兴趣地望着墙：'多好的墙，可惜是中世纪的。就跟我们的监狱一样。'"① 这个常常挂在他嘴边的词"中世纪"，表达的不仅是他对自己被封闭的厌恶，还有他对这个世界的看法：它本应是人类进步与胜利的时代，现在却倒退回野蛮残酷的"黑暗时代"；甚至他自己，被塔楼与加固墙所包围着，也身不由己地被裹挟进普遍的倒退中了。那次偷袭过后，朋友们送给他一件防弹衣。但即使在感谢他们时，他也不掩饰自己的反感，把它扔到一边，建议最好是让瞭望塔上的哨兵穿上。秘书们多次主张对来访者进行搜查以防带进暗藏武器，并且反对他单独在自己的书房里接见陌生人。"他不能容忍他的朋友遭受搜查，"汉森说，"他无疑觉得根本没用，反而会让我们产生虚假的安全感……随便哪个格别乌的间谍……都能想出办法躲过我们的搜查。"当他跟访问者谈话时，若是哪个警卫在场，他就会皱起眉头，因为有些访问者可能有"个人问题，警卫在场就不能畅所欲言"。②

*　　*　　*

5月28日，发生偷袭的几天之后，杀手第一次与托洛茨基会面了。这次

---

① 约瑟夫·汉森：《陪伴托洛茨基到最后》，载《第四国际》1940年10月。
② 同上。

会面再偶然不过了。罗斯默夫妇要离开墨西哥,打算去韦拉克鲁斯乘船,而"雅克松"主动提议用自己的汽车送他们去那儿,假装着他反正要去韦拉克鲁斯作一次例行的商务旅行。他一大早就来接他们,他们在作准备的功夫请他在院子里等候。他一进来就碰上了正在兔笼边喂兔子的托洛茨基。托洛茨基没有停下手里的活,只向来访者招手示意。"雅克松"表现出典型的规矩与可爱:他并没有盯着这位大人物看或试图跟他说话,也没有逡巡徘徊;他径直来到谢瓦的房间,送给他一架玩具滑翔机,并教给他怎样玩。尔后,在托洛茨基示意下,娜塔利娅邀请他与全家及罗斯默夫妇共进早餐。①

从韦拉克鲁斯回来后,"雅克松"有两个星期没在阿文尼达-维纳露面。6月12日他重新出现在那儿,用了几分钟时间说他要去纽约,当他不在的时候,汽车就留给卫士们用。一个月后,他回到墨西哥,足有三个星期没给阿文尼达-维纳打电话,直到托洛茨基邀请他和西尔维娅来跟他们一起喝茶。这是他最长的一次访问——有一个多小时之久。根据卫士们的详细记录,从5月28日到8月20日,他跨过大门只有十次,他见到托洛茨基只有两次或三次。但这已足够让他去摸清环境,估量受害人,给自己的计划添上最后一笔。他表现得再不能更谦逊、更热心、更清白了。他来时总是带给娜塔利娅不大不小的一束花或一盒糖果——"西尔维娅的礼物"。作为一个经验丰富的登山运动员,他愿意陪托洛茨基爬山;但他从不固执自己的建议。在跟卫士们聊天时,他会张口吐出一串串人们很熟悉的各国著名托洛茨基派成员的名字,给人的印象是他与这场运动关系很密切;其中不忘提到他对党的基金的捐赠。当着托洛茨基和娜塔利娅的面,他则表现出一副羞涩模样,与一个刚转变为"同情者"的局外人十分适宜。当时正值美国托洛茨基主义者分裂时期。西尔维娅站在伯纳姆和沙特曼一边,但她在阿文尼达-维纳仍像以前一样受到欢迎——只是当她跟"雅克松"被邀来喝茶时,茶桌就会发生热烈的争论。"雅克松"没有参与,但他让人明显感到他是支持托洛茨基的,他同意苏联是一个工人国家,必须"无条件地"保卫它。跟秘书们在一起的时候,他则更少保留,把他跟西尔维娅之间发生的激烈争论讲给他们听。但他很小心地不表现得过分热心——托洛茨基不是警告过自己的追随者,他们中间的奸细会表现得过分热心并千方百计挑拨离间吗?好吧,"雅克松"不干这种事;他只是谨慎地试着使西尔维娅回到正确的观点上来。

但甚至这个高级伪君子(他在坐牢的20年里仍然尽力去迷惑所有试图搞

---

① 《陪伴托洛茨基到最后》。

清他的真正动机与其背景的侦探、法官、医生与心理学家)在接近死亡线时也开始失去勇气了。他从纽约回来时意气十分消沉,大概他在那里接受了最后的行刺指令。素来强健快活的他此刻却变得神经质、阴郁;他脸色灰白,面孔抽搐,双手痉挛,一天大半都是躺在床上沉默不语,闭门不出,也不跟西尔维娅说话。有时他又突然变得亢奋与饶舌起来,让托洛茨基的秘书们大吃一惊。他夸耀自己的登山伟绩与巨大的力气,他"用一把冰镐只一下子就劈碎了一个大冰块"。吃饭时他表演自己那双手的"外科手术般的技巧",以非同寻常的熟练割开了一只鸡。(数月以后那些见识过这个"表演"的人想起来,他还曾说过他与克莱门特很熟,而克莱门特被发现的尸体就是以这种"外科手术般的技巧"给肢解过的。)他谈到他商业上"老板"的"经商天才",提议利用"老板"对证券交易所的某些影响从财政上帮助第四国际。有一天他跟随托洛茨基和汉森视察阿文尼达-维纳的"城防工事"时指出,这些东西都毫无用处,因为"下一次格别乌的偷袭将会采取完全不同的方法",问他可能会是什么方法,他却只耸耸肩。

只是在三四个月后家庭成员回忆起这一切及与之类似的细节时,他们才意识到它们是多么不祥。而当时他们从中看到的只是"雅克松"的乖张脾气而已。唯有托洛茨基一人对他有所警觉,尽管对他知之甚少。的确,当有人愤愤指出"雅克松"去纽约期间甚至都不给当地托洛茨基派成员的总部打个电话时,他甚至有些违心地为"雅克松"辩护过,回答说:是的,是的,西尔维娅的丈夫的确是个轻浮的小伙子,若作为一个同志,他可能没有什么用,但他还可以进步——建立一个党需要各种人才。然而"雅克松"一谈到他的"老板"——那位"经商天才"以及他愿意为了"运动"去搞证券投机,却使托洛茨基怒不可遏。娜塔利娅说:"这些零零星星的谈话使我很不高兴;列夫·达维多维奇也很震惊。他对我说:'这个很有钱的"老板"是谁?应该搞清楚。归根结底,他可能只是一个法西斯暴发户——我们最好别再接待西尔维娅的丈夫了……'"托洛茨基曾与也有其"财政计划"的莫利尼耶断绝了关系,但对莫利尼耶的政治忠诚却没有丝毫怀疑,而现在很愿意原谅他的过失。但在"雅克松"身上,托洛茨基却感到了一种凶险——说不定此人跟法西斯有联系?但尽管有这种朦胧的直觉,但在怀疑没有得到证实之前,托洛茨基不愿去冒犯他。①

---

① 娜塔利娅·谢多娃:《列夫·托洛茨基的生与死》,第319页。

第五章 地狱之夜

托洛茨基在其生命中的最后一周

8月17日,"雅克松"回来了,说他写了一篇反驳伯纳姆与沙特曼的文章(也涉及被德军占领的法国的一些情况),他问托洛茨基能否浏览一遍手稿并提出修改建议。他狡猾地触动了自己的受害者身上那根敏感的弦——渴望去指导和提高同志们与追随者们。托洛茨基尽管有些勉强,还是客气地请"雅克松"随他来到书房。他们单独呆在里面讨论文章。刚过了10分钟,托洛茨基就出来了,心神不宁、忧虑重重。他的疑心突然加重了。他告诉娜塔利娅,他再也不想见"雅克松"了。惊骇他的倒不是那个男人所写的东西——有些笨拙和混乱的陈词滥调,而是他的行为。当他们在写字台边、托洛茨基读文稿时,"雅克松"坐到了写字台上,俯身在主人的头顶上方,并且将这种姿势一直保持到会见终了!而且在这段时间里他始终戴着他的帽子,紧紧抓着他的外套!托洛茨基不仅被客人的无礼所激怒,而且又一次觉察到了某种欺诈。他有一种感觉,这个人是个骗子。他谈到"雅克松"的举止时对娜塔利娅说,"雅克松"自称是在法国长大的比利时人——但他"根本不像一个法国人"。他到底是谁?他们必须搞清楚。娜塔利娅大吃一惊。她觉得托洛茨基"已经觉察到关于'雅克松'的什么新情况,但还没有或还不急于得出任何结论"。然而他所说的那番话的含义却敲起了警钟：如果"雅克松"在自己的国籍上欺骗他们，那么他为什么要这样做？他在别的事上是否也欺骗了他们？在什么事上？这些问题大概一直萦绕在托洛茨基的心头，因为两天以后他又向汉森谈了他的印象，或许想弄清他身边其他人是否也有类似疑惑。但是刺客的行动比受害者的直觉和自卫本能更快：就在托洛茨基刚向汉森吐露自己的朦胧怀疑的第二天，对他的谋杀就发生了。①

8月17日的会见是"雅克松"的一次彩排。他将托洛茨基诱入了书房——一个对一个，他使后者读了自己的手稿，并俯身在后者的头顶上。他是带着冰镐、匕首和手枪来彩排的，这些东西就藏在他紧紧抓在手里的衣服下面。他的口袋里预先放着一封解释其动机的信——那是早就打印好了的，只要在谋杀那一天签上日期并署上名字就可以了。他在信中谎称自己是托洛茨基的一位"幻灭的追随者"，曾准备为其献出"最后一滴血"，根据第四国际的指示来到墨西哥，托洛茨基的接见对于他将是"梦想的实现"。但是在墨西哥，"巨大的幻灭在等待着他"，他想象为国际工人阶级领袖的人暴露出了狰狞的反革命真面目，命令他"到俄国去组织对许多人的一系列的谋害，首当其冲的是斯大林"。他发现托洛茨基"与一些资本主义国家的某些首脑"有勾结——"某个大国的领事经常拜访他"，而且他既阴谋反对苏联，也阴谋反对墨西哥。② 这封信的目的就在于，甚至连托洛茨基的死都会证明斯大林派对他的指控，只除了一点：从斯大林—希特勒协定的角度，他是希特勒的帮凶这种罪名被替换成了他为美帝国主义效劳的暗示。这位托洛茨基"幻灭的追随者"为能证明斯大林派的指控所运用的骗术甚至都不是新货色：正是这只手，不仅杀害了克莱门特，而且以克莱门特的名义写下了一模一样的"幻灭的托洛茨基派成员"的"揭发"。更为卑鄙的是，"雅克松"又捏造说，托洛茨基逼他"离弃他的妻子"，因为她参加了沙特曼派；但是他，"雅克松"，无论在生活中，还是去俄国都不能没有西尔维娅。谎言编得很低劣，但还没有低劣到轻信者不会上当的地步；再说，在无数人的生存与这么多国家的根基都被剧烈摇撼着的当时，在法国投降与英国大空战的空隙，谁还有时间与耐心去细细琢磨它呢？

---

① 娜塔利娅·谢多娃：《列夫·托洛茨基的生与死》，以及《反对派通报》1941年第85期；《第四国际》1941年5月。

② "雅克松"的"供述"全文，见艾伯特·戈德曼：《暗杀托洛茨基》，第5—8页。

第五章 地狱之夜

* * *

最后那一天，星期二，8月20日，就这样来临了。不管什么人，当他回忆起这一天时，都会记得在命定时刻到来之时笼罩全家的那一片格外的宁静与安详。老人浑身充满了平静、自信与活力。早上7点起床后，迎接妻子的不是那个已成为习惯的残酷玩笑——"你瞧，昨天晚上他们没有杀死我们"，而是对自己身体健康的表示。"我已很久没有感到这样振奋了。"他对她说；又说他服下的安眠药对他很有效。她回答说："并不是药让你觉得振奋，而是踏实的睡眠和充分的休息。""不错，"他满意地赞同说。他盼望"真正好好地工作一天"，于是赶紧起床，"步履轻快地走向天井去喂他的兔子"。他已有点儿怠慢它们了，因为星期天他是遵照医嘱躺在床上度过的，所以现在他花了整整两个钟头去细心照料它们。早餐时他再次向娜塔利娅显示他良好的健康与心情。他急着回书房去写"我那可怜的书"——《斯大林》，自从5月偷袭事件后，为了拿出时间应付警察局的调查与当时的论战，他就把它撂在一边了。现在他已经说完了关于偷袭的一切，调查也已经正在走上正路，他希望这件事再也不要来打扰他了。但在重新开始写《斯大林》之前，他还想写一篇"重要的文章"，不是给庞大的资产阶级报界，而是给托洛茨基派的小小的期刊。他颇为兴奋地谈着他这篇最后的文章走进了书房。

这天早上的邮件也令他惊喜。他终于给自己的档案找到了一个保险的地方。哈佛大学图书馆馆长通知收到的电报刚刚到达。但由于格别乌或联邦调查局的原因，这些档案在路上碰到了一些麻烦；就在两天以前，托洛茨基还指示他在美国的律师与同志艾伯特·戈德曼说，倘若联邦调查局试图染指他的文件，那就采取相应的行动。他写道："我本人没有丝毫可隐瞒的，但在我的信里提到了许多第三者。"他将档案委托给哈佛大学时附带的条件是，其中一部分在1980年以前不得公开。① 不过途中麻烦显然不大，这个问题现在已经妥善解决了。他用他特有的英语给美国的托洛茨基派成员写了几封简短、温暖又幽

---

① 托洛茨基致戈德曼，1940年8月17日，托洛茨基档案保密部分。这部分档案包括了他与追随者们的通信。当时几乎整个欧洲不是被盖世太保控制着，就是被格别乌控制着，他觉得自己有责任以这种方式保护他的通信者。

默的信。① 他先问候一位在科约阿坎呆过但因病回家休假的秘书，感谢这位同志及其妻子送给他一本美国俚语辞典，并答应要刻苦学习以便在饭桌上能与他的卫士们聊天。他又向两位因罢工行动而坐牢、现在就要获释的同志表示祝贺。然后，他安心地用录音机开始录他的最后一篇文章。②

这篇文章的尝试探索反映出托洛茨基内心正经历着一种骚动。他想试着改变某种旧思想，或者说产生一种新思想。直到不久前，他还像列宁在第一次世界大战中那样主张"革命失败主义"，告诉工人阶级，他们的目标不是保卫他们的帝国主义祖国——不管它是民主的还是法西斯的，而是将战争转变为革命。但是现在，纳粹实际上已经占领了整个欧洲，而英国与美国的工人阶级以战斗的反法西斯主义作出反应，因此他感到简单地重复旧公式是没有用的。"当前的战争，正如我们在不同场合多次强调的那样，是上一次战争的继续。但继续并非是重复，（而）是发展，是深化。"同样，继续实行列宁在1914—1917年的政策，也不是简单的重复，而"是发展，是深化"。列宁的革命失败主义使布尔什维克具有了抵抗资产阶级护国主义狂热的免疫力；然而，与普遍相信的相反，"它并没有赢得不要外国占领者的群众"。布尔什维克"拒绝保卫资产阶级祖国"，远不如他们进行正面的革命鼓动与革命行动更能获得普遍拥护。他总结说，马克思主义者和列宁主义者在这次战争中必须意识到这一点。他反对沙特曼派与托派中的和平主义者抗议美国的战时征兵制。在几天前写的一封信里他就民意测验显示70%的美国工人赞同征兵制一事指出："我们要和70%的工人站在一边。（我们要说）你们，工人们，希望保卫……民主，而我们……则要走得更远。但是，我们仍然准备跟你们一道保卫民主，只有一个条件，它必须是真正的民主，而不是贝当式的叛卖。"在这篇文章里，他的思绪在由于"奸诈而衰朽的波拿巴主义"而蒙羞受辱的法国与跟它截然不同的美国之间徘徊。但是，他来不及去发展这些不成熟的思想了；他留在录音机里的声音注定只是他在新方向上最后一次无结果的摸索的足迹而已。

---

① 参见《托洛茨基最后的信》，载《第四国际》1940年10月。
② 《托洛茨基最后一篇文章》，载《第四国际》1940年10月。

第五章 地狱之夜

* * *

1点钟的时候,他的墨西哥律师里戈来见他,劝他立即对托莱达诺的《人民报》的攻击作出回答,该报纸指控他诽谤墨西哥商会。托洛茨基担心这又会将他拉回到与当地斯大林分子的无聊争吵中,但他还是同意马上回击《人民报》,把论革命失败主义的文章先放"几天"。他对娜塔利娅说:"我将自卫,并控告他们厚颜无耻的诽谤。"他无所畏惧而且心情振奋。他又一次告诉她自己的情况非常良好。娜塔利娅说:"他看上去很好,而且情绪总是很稳定。"刚才她看见他没戴帽子站在天井的烈日下,就催促他去拿他的白帽子戴上以保护自己的头部。她偶尔轻轻打开他书房的门,"害怕打扰他",看见他"一切正常,正俯身在桌上,手里拿着笔"。这位现代的尼俄柏,踮着脚尖,从门背后将她最后痴爱的目光投向留给她的唯一所爱的人。

下午刚过5点,他来到兔笼边喂兔子。娜塔利娅站在阳台上,注意到他身后不远站着一个"陌生的身影"。身影走近了,脱下帽子,她认出是"雅克松"。"'他又来了,'这个念头从我心头一掠而过。'他为什么来得这么勤?'我问自己。"他的出现加深了她的恐惧。他脸色青灰,动作慌乱急促,神经质地将外套紧紧裹在身上。她突然想起,他曾经向她夸耀他即使在冬天也从不戴帽子、不穿外套;于是她问他,怎么这么热的天还戴着帽子、穿着外套?他的回答是"怕要下雨";又说他"渴极了",想喝一杯水。她给他倒了茶。"不,不。我吃饭太晚,觉得食物都顶到这儿了,"他指着自己的喉咙说,"噎死我了。"他心神恍惚,答非所问。她又问他,文章修改完了吗?他用一只手抓住外套,腾出另一只手给她看几页打印稿。他想请她的丈夫对这篇涂鸦之作费神过一下目,于是她同"雅克松"一起向兔笼走去。当他们走近时,托洛茨基转向娜塔利娅,用俄语说:"雅克松"在等西尔维娅来,因为他俩明天要到纽约去,娜塔利娅应该为他们饯行。娜塔利娅回答说:"雅克松"刚刚还拒绝喝茶,感到不舒服。"列夫·达维多维奇注意地望着他,用稍带责备的口吻说:'您的健康又糟糕了,您看起来病了。那可不妙。'"[①] 然后是刹那间一阵难堪的静默。刺客手里拿着打印稿站在那儿等着,而托洛茨基呢,尽管建议他重写

---

① 娜塔利亚·谢多娃:《列夫·托洛茨基的生与死》,第319页。

一遍，但仍感到有责任看看他最新努力的结果。

"列夫·达维多维奇很不情愿地丢下兔子，他对文章根本不感兴趣，"娜塔利娅叙述说，"但是他还是说：'噢，您说什么，我们去看看您的文章？'他慢腾腾地锁好笼门，脱下套袖。……掸掸他的蓝色夹克，慢慢地、默默地跟我和'雅克松'向屋里走去。我陪着他们一直走到列夫·达维多维奇的书房门口；门关了，我进了隔壁的屋子。"当他们走进书房后，"这个男人会杀了我"的念头从托洛茨基脑海里一闪而过——至少，几分钟后他躺在地板的血泊里对娜塔利娅就是这样说的。不过，当单个或数个陌生人拜访他的时候，类似念头肯定不止一次在他心里闪过——只是没有引起重视。他决心不让自己的生存被封闭在恐惧与厌世中，因此现在他抑制住了这种自卫本能的最后微弱的反射。他走向他的书桌，坐下，低下头来看打印稿。

他就要浏览完第一页的时候，头上挨了可怕的一击。"雅克松"在供述里说："我把雨衣……放在一件家具上，掏出冰镐，闭上眼睛，用尽全身力气打在他的头上。"他本指望这一下沉重的打击能让受害者连哼都不哼一声就死去，而他本人则可以在凶杀被发现之前从从容容地溜掉。然而，受害者发出了一声"可怕的、尖锐的叫喊"——"我一生都能听见这声叫喊，"刺客回忆说。① 托洛茨基的头盖骨被打破了，他满脸是血，但他跳起来用能抓到手的一切东西——书、墨水瓶，甚至录音机掷向凶手，然后向他扑去。这一切都发生在三四分钟之内。那声尖锐的、悲惨的叫喊惊得娜塔利娅和卫士们跳了起来，但他们过了片刻才意识到它来自什么地方，并向那个方向跑去。而这时，书房里继续着激烈的搏斗，托洛茨基的最后搏斗。他像一只老虎一样在拼命。他抓住凶手，咬他的手，抢夺他的冰镐。凶手惊呆了，以至于忘了打第二下，也没有使用手枪或匕首。后来，托洛茨基再也站不住了，他仍调动自己的全部意志力使自己不致扑倒在敌人脚下，他慢慢摇晃着向后退去。娜塔利娅冲进来时看见，他站在卧室与阳台之间的过道里，倚着门框，脸上全是血；透过鲜血，那双没戴眼镜的蓝色眼睛比任何时候都更严峻地看着她；他的胳膊无力地垂着。"'出什么事儿了？'我问道。'出什么事儿了？'我用胳膊搂着他……他没有马上回答。瞬间我还以为是什么东西从天花板上掉下来砸着了他——当时书房里正在装修——但他为什么站在这儿？没有愤怒，也没有沮丧或悲哀，他静静地

---

① 娜塔利亚·谢多娃：《列夫·托洛茨基的生与死》，第160页。

第五章　地狱之夜

说：'雅克松。'他这样说的样子仿佛是在说：'现在终于发生了。'我们向前走了几步，在我的帮助下，他慢慢滑到地板的垫子上。"①

"'娜塔莎，我爱你。'他吐出这几个字时是那样突然、那样悲哀、那样吃力，内心的重创使我浑身无力，我倾倒在他身上。"她嗫嚅地对他说："任何人，任何人，任何人未经搜查都绝对不许见你。"然后，她拿来一个枕头小心放在他被打破的头下，又用一个冰块敷在他的伤口上，并擦掉他前额与面颊上的血迹。他说："一定不要让谢瓦看到这一切。"他说话十分困难，含糊不清，自己却好像意识不到。"你知道，在那儿"——他将眼睛转向书房的门——"我感到了……我明白他想要干什么……他想……再一次……我……但是我没有让他得逞。"他"用断断续续的声音平静温和地"说了这番话，又以一种仿佛满意的口气重复说："但是我没有让他得逞。"娜塔利娅和汉森一边一个跪在他身边；他转向汉森，说起英语，而她则"绷紧全部注意力去捕捉他话里的意思，但是白费劲"。

"这就是终点，"他用英语对秘书说；他想弄清楚到底是怎么回事儿。他深信"雅克松"向他开了枪，当汉森告诉他是用冰镐打的、伤并不重时，他不相信。"不，不，不，"他指着心口回答，"我能觉出这次他们得手了。"当再次向他肯定伤势并不危险后，他的眼睛里浮现出微弱的笑意，仿佛是看到别人这样极力安慰并对他隐瞒真相而感到有趣。多数时间里他都是把娜塔利娅的手压在自己的唇上。他继续用英语说："照顾好娜塔利娅，她跟了我很多、很多年。""您放心吧，"汉森答应说，"老人痉挛地抓住我们的手，泪水突然涌上他的眼睛。娜塔利娅俯在他身上，吻着他的伤口号啕大哭。"②

同一时间，在书房里，卫士们扑向凶手，用左轮枪柄痛打他；他的嚎叫与呻吟响彻了房间内外。"告诉孩子们不要杀了他，"托洛茨基挣扎着说，尽力把字吐得清楚，"不，不，绝不能杀死他——必须让他招供。"卫士们叙述了"雅克松"挨打时所说的话："他们威胁我，他们把我母亲抓了起来……西尔维娅跟此事没有关系……"；当要他说出是谁抓了他的母亲时，他否定是格别乌，说他"跟格别乌没有关系"。

---

① 娜塔利亚·谢多娃：《列夫·托洛茨基的生与死》，第160页。
② 约·汉森：《陪伴托洛茨基到最后》，载《第四国际》1940年10月。

流亡的先知：托洛茨基 1929—1940

一幅描绘拉蒙·梅卡德尔用冰镐谋杀托洛茨基的漫画

托洛茨基遇害的书房现场

第五章 地狱之夜

医生赶到时,托洛茨基左边的胳膊和腿已经麻痹了。当担架手进来后——警察也和他们一块儿进来,娜塔利娅很害怕:她想起廖瓦就是死在医院里,因此不让人动她的丈夫。他也不想被送走。当汉森向他保证卫士们也将陪同他一道前去时,他才说"那么由你决定吧",仿佛意识到"由他决定一切的日子已一去不复返了"。他被抬上担架时又喃喃地说:"我所有的一切都给娜塔利娅……你们要照顾好她。"①

在大门口,卫士们以迟到的警惕阻止住了担架。因为担心另一次袭击,他们不许把托洛茨基抬走,除非警察首脑努涅斯将军亲自负责护送。(一位救护人员叙述说)"我看到伤者的妻子用一块白色披肩盖住她的丈夫。这位夫人啜泣着,用双手捧着他血迹模糊的头。托洛茨基先生既没有说话,也没有呻吟。我们以为他已经死了,但是……他还有呼吸。"② 他们将他抬上了由两排警察团团围着的救护车上,当这辆车发动时,另一辆救护车又赶来运载凶手。

"紧急救护车穿过拥挤的车流,风驰电掣般行驶于灯红酒绿、喧闹的城市中,穿行在它那无谓的忙碌与噪音里;警笛声声哀鸣,警察的摩托护送队也发出凄厉的警笛声。护送这位伤者,我们心中充满了难以忍受的痛苦,惊恐一分钟一分钟地增长。他的神智是清醒的。"他的右手在空中画着圆圈,仿佛找不到停放的地方;然后它在毛毯上方游移着,碰到了放在头旁边的水盆,最后找到娜塔利娅。她向他俯下身子,问他感觉怎么样。"现在好些了。"然后他示意汉森过来,用喃喃的低语指示他如何进行调查。"他是个政治杀手……格别乌间谍……或一个法西斯分子。更可能是格别乌。……但是也可能受盖世太保指使。"(几乎同时,在另一辆救护车上,凶手交给押送者一封信,信中解释了他的"动机"并澄清盖世太保与此罪行无关。)

托洛茨基被抬出救护车时,医院外面已聚集起了一大群人。娜塔利娅十分担心:"说不定里面有敌人。我们的朋友在哪儿?他们应该围住担架。"几分钟后,他已躺在医院里一张狭窄的病床上,由医生给他检查伤势。一名护士开始剪他的头发;而他则向立在床头的娜塔利娅微微一笑,想起就在一天前他们还曾想找理发师来给他理发:"你看,"他眨眨眼,"连理发师也来了。"然后,他的眼睛差不多全合上了,他向汉森提出了那个他曾提过许多次的问题:

---

① 约·汉森:《陪伴托洛茨基到最后》,载《第四国际》1940年10月。
② 萨拉扎尔:《墨西哥谋杀案》,第102—103页。

"乔,你……带……笔记本了吗?"他记起汉森不懂俄语,于是以最大的努力用英语口授内容。他的声音勉强听得见,他的话含糊不清。以下就是汉森声称记下的内容:"由于一个政治杀手的重击,我就要死了……他在我的书房里袭击了我。我同他搏斗……我们……走进……谈论有关法国统计资料……他袭击了我……请告诉我们的朋友……我坚信……第四国际……必胜……前进。"他刚开始口授时显然是想尽可能详细地叙述对他的谋杀,还要口述一封政治文件。但他突然意识到生命正在逝去,于是缩短了叙述,急忙给予他的追随者最后的鼓励。

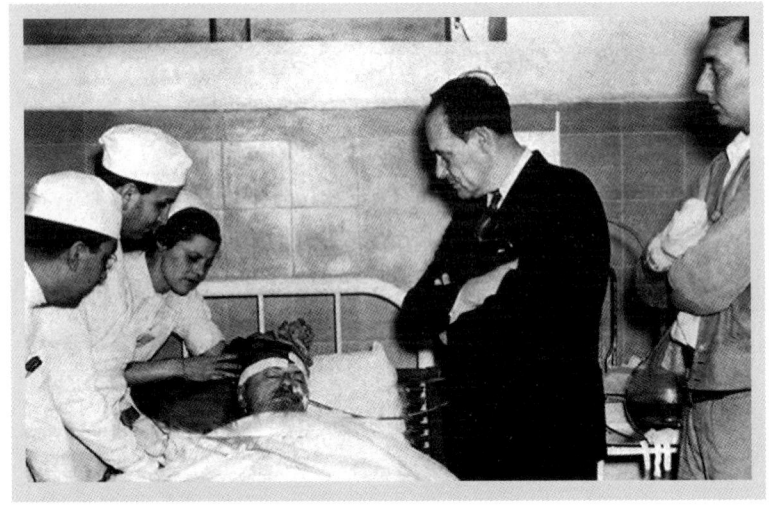

托洛茨基躺在医院的病床上

为了施行手术,护士们开始给他脱衣服,用手术剪剪开他的夹克、衬衫和内衣,并从他的手腕上褪下手表。就在她们要脱掉他最后一件内衣时,他"清晰但又悲伤、庄重地"对娜塔利娅说:"我不要她们给我脱衣服……我要你给我脱。"这是她听到的他最后的话。她给他脱完衣服,弯下腰把嘴唇贴在他的嘴唇上。"他回了吻。我再次吻他,他又一次回吻。然后又重复一次。这是我们最后的告别。"①

---

① 娜塔利娅·谢多娃:《列夫·托洛茨基的生与死》。

第五章 地狱之夜

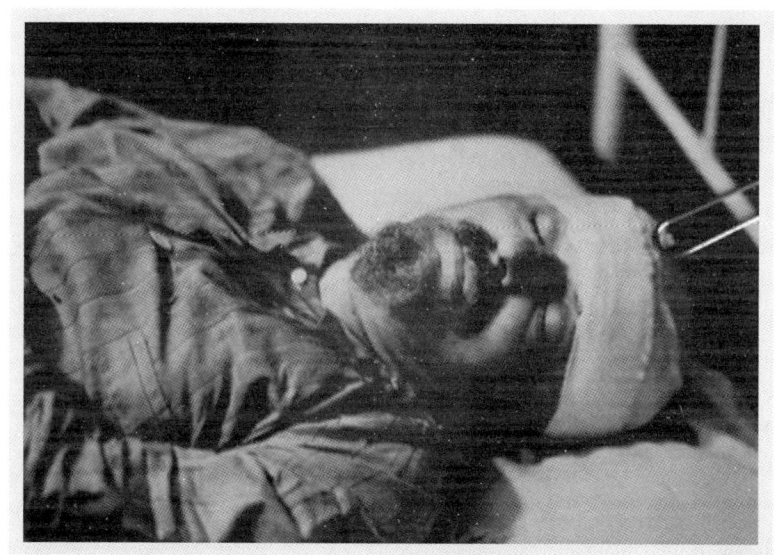

1940年8月21日晚7时25分,托洛茨基去世

当晚7点半左右,他陷入了昏迷。五位外科医生对他施行了开颅手术。伤口有2/4或3/4英寸那么深。右颅骨打碎了,碎片嵌入了大脑;脑膜已经受损,部分脑体破裂并毁坏了。他"以惊人的顽强承受了手术",但再没有恢复清醒;而他同死亡的搏斗持续了22个多小时。娜塔利娅"哭干了眼睛,绞着双手",日夜守着他,指望他还能清醒过来。下面是她对他最后的回忆:

> 他们将他抬起来。他的头垂在肩膀上。双臂下落的样子恰像提香的《卸下圣体》里的双臂一样。只是这垂死的人不是戴着荆冠,而是缠着绷带。他的面部特征仍保留着原有的纯洁与骄傲。仿佛他随时都能站起来重新成为自己的主人。①

死神于1940年8月21日晚7时25分降临。遗体解剖显示出大脑"巨大的体积"——有两磅零十三盎司重;而且"心脏也非常大"。②

---

① 娜塔利娅·谢多娃:《列夫·托洛茨基的生与死》。
② 萨拉扎尔:《墨西哥谋杀案》,第110页。

8月20日，审问凶手拉蒙·梅卡德尔。梅卡德尔被判刑20年，于1960年出狱，1978年因癌症死于古巴

警察展示杀害托洛茨基的凶器

第五章 地狱之夜

*　　*　　*

8月22日，按照墨西哥的习惯，一个巨大的送葬行列缓慢地跟在装着托洛茨基遗体的灵柩后面，穿过城市的主要大街，也穿过工人阶层居住的郊区——在那里，衣衫褴褛、赤脚、沉默的人群塞满了道路。美国托洛茨基派成员想将托洛茨基的遗体送往美国；但是就连死人国务院也不肯发签证。遗体停放了5天供人们瞻仰；前来的人约有30万，同时大街上不断响起无名诗人创作的民谣《列夫·托洛茨基大斗牛》。①

托洛茨基葬礼现场

---

① 萨拉扎尔：《墨西哥谋杀案》，第110页，民谣中有几句充满着真正平民的对"奸诈怯懦的"凶手的轻蔑：
　　托洛茨基在夜里被杀死了，
　　有人要向他报仇。
　　不管黑夜白天，
　　悲剧注定要结束，
　　整个国家和首都都在发抖。
《真理报》只用了寥寥数行报道这个事件，说托洛茨基被一个"幻灭的追随者"杀死了。

护送托洛茨基遗体的车队缓缓穿过墨西哥城区

8月27日,遗体火化了;骨灰就埋在科约阿坎那座"小城堡"的地下。一块白色长方形石碑竖立在墓前,一面红旗在上面飘扬。

托洛茨基

娜塔利娅在这座房子里又住了 20 年；每天早晨一起床，她的目光就投向院子里的那方石碑。

娜塔利娅，伊夫林·里德绘于 1941 年

跋：失败中的胜利

在俄国革命的整个历史中以及在工人运动与马克思主义的历史中，再没有哪个时期能比托洛茨基流亡生涯的最后几年更困难、更黯淡的了。借用马克思的话来说，这个时期是"思想要抓住现实"，然而现实却不符合思想的时期——它们之间横亘着一道深渊，比以往更狭窄但又更深的深渊。世界充满了惊人的矛盾。资本主义从未像在20世纪30年代的衰落与萧条中那样更接近于崩溃而又出现如此急剧的复苏。阶级斗争从未这样迅猛地驱向革命顶峰，而它达到这个顶峰的希望也从未如此渺茫。从未有过那样大批的群众受到社会主义的鼓舞，而他们也从未如此无助和无活力。在现代人类的全部经验中，没有任何事物像第一个工人国家"建设社会主义"的第一次试验那样，既崇高又令人生厌。而且，恐怕也没有任何人像托洛茨基那样，其生活跟被压迫人民的痛苦和斗争如此息息相关而又如此孤独。

他工作的意义与他失败的教训是什么呢？

任何回答都是不确切的，因为我们还缺乏历史远景；而我们对托洛茨基的评价主要来自我们对苏联革命的判断。如果接受下述观点，即布尔什维克的目标——社会主义——不过是海市蜃楼，革命仅仅是以一种剥削与压迫的形式代替另一种，而且不可能有别的选择，那么，托洛茨基就像注定会失败的某位神的祭司长，又像一位沉溺于自己的梦想与幻觉中的乌托邦信徒。但即使这样，他也应获得伟大的乌托邦主义者与梦想家理应获得的那份尊敬和同情，因为他是其中最伟大的一个。就算真是一个人命定要蹒跚于从失败到失败的痛苦与血泊中，而且挣脱一个轭绊只是将其脖颈伸向另一个轭绊——即使当他在那茫茫荒漠上跋涉而前面却没有应许给他的土地时①，他对另一种命运的渴望仍然像火炬一样在那黑暗与阴森中带来一线光明。在我们的时代，没有人能像托洛茨基那样如此鲜明和无畏地表达出这些渴望。

然而，俄国革命真的只是用一种轭绊代替另一种轭绊加于人民吗？这真是最后的结局吗？在托洛茨基生命的最后几年里，对于那些探究斯大林主义的人来说，这种观点似乎是有道理的，跟他们相反，托洛茨基却坚信，将来当苏联社会进入社会主义时，斯大林主义就会仅仅被看做是"偶然的倒退"。他的乐观主义甚至在他的追随者看来都是没道理的。但是，差不多25年过去了，预言听起来虽然仍是大胆的，但并不荒谬。很清楚，即使在斯大林的统治下，苏联社会仍在许多方面取得了巨大的进步，而那些与国有化和计划经济分不开的进步又从内部瓦解着和侵蚀着斯大林主义，对这种发展作出对比，在托洛茨基时代实在是太早了——他想这样做，却不无失误；甚至1/4世纪之后，这种对比仍不十分清楚。但苏联社会显然一直在努力摆脱沉重的债务，并且不乏成功，它还努力发展了从斯大林时期继承下来的财富。60年代初期与30年代中或50年代初期相比，苏联社会中更少贫困，更少不平等，更少压迫。这个反差如此惊人，因此谈什么"官僚集体主义建立的新的集权奴隶制度"是错误的，是不符合这个时代的。托洛茨基在他最后的论战中与其弟子们争辩的那些问题至今仍在争论之中，但不是在小圈子里，而且是在全世界的听众面前。争论的焦点仍然是：苏联官僚集团是否是一个"新的阶级"，为了结束它的专制统治是需要改革还是革命。但有几点是没有疑问的：斯大林死后头十年的改革尽管是不充分的和自相矛盾的，但仍极大地缓和并限制了官僚暴政；人民意愿的新潮流愈益推动着苏联社会更深刻、更彻底的改造。

尽管如此，托洛茨基关于斯大林主义的整个恐怖统治总有一天会显得只是"一种偶然的倒退"的看法还是激起了当代思想敏锐者的反感。而他则将巨大的历史尺度运用于具体事件与个人命运："当问题涉及经济与文化领域里最深刻的变化时，历史中的25年还比不上人一生中的一个钟头。"（他对自己时代的非正义与残暴的敏感并未因为这种长远历史观的倾向而变得迟钝起来——相反，它被磨砺得更加锐利了。正因为他从未忘记真正人道的社会主义前途，他

---

① 此处化用《圣经》原义：被压迫的以色列人逃离埃及，穿越西奈沙漠，向迦南（即巴勒斯坦）进发，他们抱着这样一种坚定信念：那是上帝应许给他们的流着奶和蜜的土地。——译者注

才如此猛烈地抨击斯大林分子对社会主义的败坏。）用他的历史尺度来衡量，苏联社会自他的时代以来所取得的进步仅仅是微不足道的、太微乎其微的开头。但哪怕是这样的开头也足以为革命辩护，也可为他对革命所持的基本的乐观主义辩护，也能驱散幻灭与绝望的浓雾。

托洛茨基宏伟的一生与工作是俄国革命经验中的精华部分，实际上也是当代文化结构中的精华部分。他的独特命运和他的努力所具有的巨大的道德价值与美学价值是不言而喻的，并证明了他的重要性。如此卓越的智力、如此杰出的能力和如此高贵的殉道精神最终必将释放出其充溢的冲击力，否则就违背了一切历史观念。最崇高、最激动人心的传奇都是由这样的材料造成，但唯有托洛茨基的传奇是完全由记录在案的事实与确定无误的真实构成的。其中并没有翱翔于现实之上的神话，而是现实本身上升到了神话的高度。

托洛茨基的生涯是如此丰富和辉煌，以至于随便拿出它的一个片断都足以构成一个杰出历史人物的生平。倘若他在 30 岁或 35 岁时，即 1917 年前的某个时候死去，那么他就会跻身于别林斯基、赫尔岑及巴枯宁这样一些俄国思想家与革命家之列，作为堪与他们匹敌的马克思主义者晚辈。倘若他的生命在 1921 年左右结束，或稍晚一些，大约与列宁同时，那么留在人们记忆里的他就是十月革命的领导人，红军的缔造者及其国内战争时期的统帅，并且作为共产国际的导师，他以马克思才有的力量与才华、用以《共产党宣言》之后人们再也未曾听到过的语调向全世界的工人说话。（斯大林分子花了几十年的时间极尽歪曲与诬蔑之能事给他抹黑，才从两代人的记忆里抹去他的这一形象。）他所主张的思想以及他作为 1923—1929 年反对派领导人所完成的工作形成了布尔什维主义与共产主义编年史中最重要、最悲壮一章的总结和实质。他是本世纪最大的一场意识形态论战中的主角，是工业化与计划经济的思想上的倡导者，最后，他是布尔什维克党内抵制斯大林主义抬头的那些人的喉舌。哪怕他未能活过 1927 年，他在身后也留下了一份思想遗产。这份遗产是既不会被消灭也不会注定永久湮没的；由于这份遗产，他的许多追随者高呼着他的名字慷慨就义；这份遗产，时间将赋予它愈来愈重要的意义，而新一代苏联人将根据它去探索自己的道路。

跋：失败中的胜利

图为在托洛茨基逝世后举行的一次纪念活动。托洛茨基画像下面的巨大横幅上，写着其临终前口述的话："托洛茨基的遗训：请告诉我们的朋友……我坚信……第四国际……必胜……前进！"

在本书所叙述的这一时期里。他的思想、著作、斗争与彷徨则是他一生的顶点。我们已经从批判的角度回顾了他的溃败、谬误和失算：他与第四国际的失败，他对西方革命前途的错误估计，他关于苏联改革与革命的盲目看法，以及他晚年的"新托洛茨基主义"的矛盾。我们也综述了他的那些现在已充分和无可争议地被证明是正确的行动：他洞悉到希特勒上台的致命危险，努力唤醒德国工人阶级、国际左派阵营和苏联对这一危险的警觉，尽管这努力只是一番徒劳；他执著地批判斯大林不仅在指挥经济事务方面，而且特别是在集体化方面肆无忌惮地滥用权力；此外他还为反对大清洗进行了最后的伟大斗争。甚至斯大林的后继者们在处心积虑地清除托洛茨基的幽灵时也含蓄地承认，他在这些重要问题上是正确的——多年以后，斯大林之死又唤起了他们的勇气，但他们所能做的一切不过是像可怜的回声一样，重复着托洛茨基对斯大林的抗议、控诉与批判。

必须再次强调的是，归根结底，托洛茨基的力量与弱点都同样植根于经典马克思主义。他的失败是经典马克思主义作为一种学说、作为一种运动陷入主要困境的缩影——马克思主义关于革命发展的看法与阶级斗争及革命的实际进程之间的矛盾与脱节。

社会主义的第一次巨大胜利不是在先进的西方而是在落后的东方实现的，是在那些以农民而不是以产业工人为主的国家实现的。革命的首要目标不是建立社会主义，而是着手"社会主义原始积累"。在经典马克思主义的进程表上，只有当旧社会的生产力已经大大超过了它的所有制关系，以至于冲破了旧的社会结构时，革命才会发生；革命为充分发展的、先进的以及高效率的生产力创造出新的所有制关系和新的社会结构。而实际情况却是，革命为经济上最落后的国家创造了最先进的社会组织形式；它围绕着不发达的、原始的生产力，在某种程度上是在真空里建立了公有制与计划经济。马克思主义关于革命的理论构想因而被上下颠倒了。超越现存生产力的新"生产关系"也同样超越了大多数人的理解力；因此，革命政权不得不违反大多数人的意志去保卫和发展自身。官僚独裁取代了苏维埃民主制度。国家不但没有趋向消亡，反而执掌了空前之大的权力。马克思主义的规范与革命现实之间的冲突渗透了执政党的整个思想与行为。斯大林主义通过歪曲或抛弃这一规范来寻求冲突的解决。托洛茨基主义则要维护这一规范或者在规范与现实之间保持暂时的平衡，直至西方的革命来解决这一冲突和恢复理论与实践之间的和谐。西方革命的失败就集中体现在托洛茨基的失败之中。

这失败在多大程度上是必然的、不可挽回的呢？我们看到，只要托洛茨基还活着，斯大林就不认为他已经被彻底征服了。斯大林的恐惧并非是偏执狂的执迷。政治舞台上其他一些首脑人物也有同感。法国驻第三帝国的大使罗贝尔·库隆德（Robert Coulondre）对他与希特勒在第二次世界大战即将爆发前夕的会见所作的一番描述就是惊人的证明。希特勒夸耀他从刚刚跟斯大林签订的协定中捞到的好处，并沾沾自喜地瞻望着未来的军事胜利。大使在回答中试图让他"清醒"一下，就谈到在漫长可怕的战争之后社会动乱与革命可能会接踵而至并可能将交战国政府卷入其中。大使说："您认为您是胜利者……但是您是否想到过另一种可能——胜利者可能是托洛茨基？"希特勒一听就跳了起来（仿佛"心窝上挨了一拳"），尖叫着说，这种可能（即托洛茨基胜利的威胁）是法国和英国最好不要跟第三帝国打仗的又一个原因。这样，第三帝国的元首与第三共和国的使节在和平的最后时刻，在他们最后一次的勾心斗角

跋：失败中的胜利

中为了互相恫吓而乞灵于被幽闭于地球另一头的一个孤独流亡者的名字。托洛茨基在读到这段对话时评论道："他们被革命的幽灵缠住了，并且给了它一个人的名字。"

希特勒与大使给了幽灵一个人的名字——托洛茨基，是否给错了呢？完全可以说，尽管他们的恐惧不无道理，但他们可以给幽灵冠以斯大林的名字，而不是托洛茨基的名字——不管怎么说，毕竟是斯大林战胜了希特勒。然而历史上常有这类情形，潜在的现实远比表面现象更让人难以捉摸。斯大林对托洛茨基的胜利掩盖了某种深刻的失败因素，而托洛茨基的失败则孕育着胜利。

他们之间根本的"意识形态"论争是在一国社会主义的问题上，即苏联应不应该或者能不能够在本国自给自足基础上单独建成社会主义；或社会主义是否只有作为国际社会秩序才能够成功。事态发展所给予的答案远不如理论论争那样分明，却更接近于托洛茨基的观点，而不是斯大林的观点。早在苏联多少接近社会主义之前，革命就已传播到其他国家了。可以说，历史并没有单单给予苏联足够长的时间将一国社会主义的试验推进到成熟阶段，更不用说完成它了。既然在托洛茨基主义与斯大林主义的斗争中，革命的国际主义是与布尔什维克的孤立主义相冲突的，因此高举胜利旗帜的肯定不是斯大林主义：布尔什维克的孤立主义早已死亡了。另一方面，即使在孤立中，苏联的持久力也远比托洛茨基曾设想的要大得多；而且与他希望的相反，并不是西方无产阶级使俄国革命免除了孤立。这真是历史的讽刺：不管斯大林主义愿意不愿意，正是它自己冲破了它的国家甲壳。

在其最后的辩论中，托洛茨基将马克思主义和社会主义的整个前途都押在了第二次世界大战的结果上。他肯定战争必将导致革命——经典马克思主义的革命，同时断言，如果不是这样，那么马克思主义就将被否定，社会主义就将遭到永远的失败，而官僚集体主义的时代就将到来。这无论如何都是一种轻率的、教条的和悲观的看法。历史现实又一次证明，它比理论家的进程表要复杂得多。战争确实引发了一系列新的革命；但其进程并不符合经典模式。西方无产阶级又未能向旧制度的堡垒发起猛攻并征服它；而在东欧，旧制度的崩溃主要是由于向易北河胜利挺进的俄国军队的冲击。理论与实践之间的脱节——或者说规范与事实之间的脱节——甚至更严重了。

这并不是一种偶然现象。它是一种趋势的延续，这种趋势的首次表现是在

1920—1921年，当时红军进军华沙并占领了格鲁吉亚。① 通过这些军事行动，由第一次世界大战启动的革命循环最终合拢了。在这循环的起点，布尔什维主义在真正的革命中登上了峰顶；而在其终点，布尔什维克却用军事占领来传播革命。然后，随之而来的是20年的漫长间隔，在此期间布尔什维克再也没有发展。当革命的下一次循环被第二次世界大战触发时，它的开始处于第一次循环终结的地方——以军事占领完成的革命。在军事史上，通常在上一次战争的终点与下一次战争的起点之间存在着一种连续性：上一次武装冲突结束时所发明的武器和形成的军事思想将支配下一次武装冲突的初期阶段。在革命的多次循环中也存在着类似的连续性。1920—1921年，布尔什维主义为了挣脱自身的孤立想尽一切办法在刺刀尖上将革命输往国外。20—30年后，斯大林主义被战争拖出了它的国家甲壳，它把革命输出到了整个东欧。

托洛茨基希望第二次革命循环以第一次的方式进行，即通过阶级斗争和无产阶级的崛起来进行，它的结果将主要依赖于各重要国家内社会力量的对比以及国家革命的领导的质量。然而，新的循环并没有从上一次的起点开始，而是从它的终点开始的，不是自下而上的革命，而是自上而下的革命，依靠军事占领的革命。因为这是首先将其压力运用到自己边缘地带的列强才能做到的事情，所以循环是从苏联的边缘地带开始的。革命的主要推动者不是那些国家的工人和他们的党，而是红军。成功与失败并不依赖于该国家内部社会力量的对比，而主要依赖于国际力量的对比，依赖于外交协定、联盟和军事行动。各列强之间的斗争与合作将自身叠加于阶级斗争之上，因而改变并扭曲了它。马克思主义用以判断一个国家的革命"成熟"或"不成熟"的一切标准都完全失效了。斯大林与希特勒的协定以及他们之间势力范围的划分形成了东部波兰和波罗的海国家社会动荡的起点。在整个波兰，在巴尔干各国以及在东德，革命是在斯大林、罗斯福、丘吉尔于德黑兰和雅尔塔完成的势力范围划分的基础上实现的。凭借这种划分，并在斯大林的默许下，西方列强运用其影响与势力镇压西欧（及希腊）的革命。若没有德黑兰与雅尔塔协定，很可能是西欧而不是东欧将成为革命的大舞台——特别是在法国和意大利，旧统治阶级的权威已经崩溃了，工人阶级已经起来造反，而且共产党领导着主要的武装抵抗力量。斯大林根据自己的外交义务去强压法国和意大利的共产党作出让步，使其同意

---

① 参见《武装的先知》，第十三章。

在自己的国家里恢复实际已经崩溃了的资本主义，甚至在它的重建中与之携手合作。同时，丘吉尔和罗斯福也劝说东欧的资产阶级统治集团屈从于俄国的优势并向革命投降。在这场大分配中，双方国际力量的平衡吞没了阶级斗争。正如在拿破仑时代一样，革命与反革命同样都是军事与外交的副产品。

至于这个巨大的事件链环，托洛茨基只看到了它的开头。他并未意识到它预兆着什么。他的思维习惯使他即使并非不可能，那么也很难想象：在整整一个时代里，三大列强居然能够通过其军事与外交将它们的意志施加于旧欧洲所有的社会阶级；因而，阶级斗争被降低到传统方式的水平之后会在另外一种水平上并以不同的方式进行，即列强集团之间的对抗和冷战。

出于理论上的确信和政治上的直觉，托洛茨基对军事占领式的革命只感到厌恶。他曾反对1920—1921年对波兰和格鲁吉亚的入侵，而列宁却赞成这些冒险。作为陆海军人民委员，他坚决反对图哈切夫斯基这个将革命输出国外这种新拿破仑方式的早期拥护者。第二次世界大战之前20年他就曾严厉批评过布尔什维主义的武装传教士，说"最好给他脖子上挂上一块磨盘，把他扔到海里去"。他在1940年时的立场与在1920年时的一样始终将军事占领式的革命看做是革命道路上最危险的迷误，始终坚信，西方工人阶级会在他们自己的环境推动下去夺取政权和实现社会主义，而苏联政府试图替他们包办革命将是犯罪行为，因为这可能直接损害他们的革命利益。他看到的始终是一个孕育着革命的世界；始终相信革命的妊娠期不会太长，而又担心任何对它的干扰都会导致流产。他说得相当正确：斯大林对革命的武装介入产生了不少死胎——还有许多怪胎。

然而，面对军事占领式的革命，托洛茨基却再次陷入了严重的矛盾。他支持革命，反对军事占领；但是当革命导致军事占领或军事占领助长了革命时，他却不能坚持反对军事占领并与之公开彻底地决裂。1920—1921年在格鲁吉亚与波兰事件上他没有坚持反对，1939—1940年在波兰与芬兰事件上他同样没有坚持反对。倘若他能活到看见第二次世界大战的余波，他会发现他的两难处境恶化了，扩大了，更无出路了。我们不怀疑他会谴责斯大林廉价出卖西方革命，也不怀疑他的立场将合乎逻辑地推动他接受东欧革命的现状并克服对斯大林手段的厌恶而承认"人民民主政体"是工人国家。这种立场，不管它如何善良正直，都丝毫无助于实际政治活动，因此，托洛茨基作为一个政治实践家在整个战后舞台上将很难为自己找到一个合适的角色。这一次的革命循环没有经典马克思主义的位置。

但是,这一次循环正如上一次一样,也是以跟它的起点不同的方式结束的。它在中国革命中达到了顶点,中国革命既不是从上面而来,也不是以外国的刺刀尖输入的。毛泽东和他的党不理睬斯大林(正像1925—1926年一样,后者在1945—1948年还寻求跟国民党和蒋介石搞交易),坚持为夺取政权而斗争;而在夺取政权以后,他们并没有停留在"资产阶级民主"的过渡阶段,而是遵循"不断革命"的逻辑又完成了反资产阶级的革命。在某种意义上,这个"中国的十月"是托洛茨基身后的另一个胜利。

然而又是——"理论是灰色的,而生活之树常青"。产业无产阶级并不是这场激变的推动力。毛泽东的农民军队代替城市工人,将革命从乡村推向了城市。托洛茨基断言,如果这些军队长久地被限制在乡村地区,他们就会与农民同化,以至于为了维护他们的特殊利益而反对城市工人,反对社会主义,并成为新反动派的基本力量。(中国过去的农民起义军推翻封建王朝不就是以一个新王朝取而代之吗?)这种分析在经典马克思主义看来是正确的。经典马克思主义认为,一个社会主义革命的政党不仅要"代表"城市工人,而且要扎根于其中,并通过他们发挥作用——否则它的社会性质必将蜕化并表达异己阶级的利益。很有可能,如果这场革命仅仅依靠中国内部的社会结盟,那么在延安时期毛的游击队就将与农民高度同化,以至于尽管以共产主义为宗旨也仍无法跨越农民起义与无产阶级革命之间的鸿沟。但即使在中国,斗争的进程也同样是取决于国际因素与国内因素的。毛的党由于处于冷战之中并面临美国敌意的干涉,于是依附于苏联并将中国的社会结构改造得与它一致,以此稳固了它的统治。这样,苏联的革命霸权就做到了(尽管斯大林起初进行了阻挠)只有中国工人阶级才能做到的事情——它将中国革命推到了反资产阶级阶段以及社会主义道路上。由于中国的无产阶级几乎是分散的,在政治舞台上是无足轻重的,苏联的重力牵引就将毛的农民军队转变成了集体主义的推动者。

革命潮流自此以后就更远地向东方涌去,愈益远离"先进的"西方;它又一次在不发达的、贫穷的前工业社会里扎下了根。经典马克思主义在实践上对东方与西方的问题都愈益显得无力。但是,形势的辩证法就是如此,同时起作用的多种过程以出人意料的方式赋予马克思主义新的活力。由于迅猛的工业化,落后的东方慢慢地不再落后了。苏联已成为世界第二大工业强国,它的社会结构发生了急剧的变化,它的庞大的产业工人阶级正在为现代生活方式而奋斗，它的生活标准与群众教育水平正在迅速提高，尽管还不平衡。经典马克思主义认为只存在于高度发达的西方工业国家中的那些社会主义前提条件如今已在苏联社会中被创造出来并积累起来。在这样的社会新的要求面前，斯大林主义由于将马克思主义与野蛮混杂在一起而成为一种时代错误。它的原始积累方式过于原始；它的反平均主义过于卑劣；它的专制是不合理的。一直蛰伏在冬眠状态中的马克思主义与十月革命的传统仿佛在千百万人的心中开始复活了，人们起而反对官僚特权，反对斯大林主义的迟钝，反对僵死沉重的教条。在强行使社会结构现代化的同时，斯大林主义也为自己掘下了坟墓，并为经典马克思主义的复兴打下了基础。

这种复兴是缓慢的，而且伴随着混乱与迷茫。斯大林主义或其残余与复兴的社会主义意识之间的冲突贯穿了斯大林死后的头一个十年。倘若托洛茨基主义者、季诺维也夫主义者、布哈林主义者等反对派能幸存到50年代，那么非斯大林化的任务就会落到他们身上，而他们也会光荣地、全心全意地、坚定不移地完成它。然而他们早已随着老布尔什维克的阿特兰提斯洲一块儿沉没了，而且非斯大林化又是无可逃避的必然，于是不得不由斯大林的助手和帮凶来应付这件工作；但他们在应付过程中不可能不十分勉强，他们的心和手都在颤抖，因为他们从未忘记斯大林的罪恶里也有他们的份儿；而时刻焦急盼望着他们亲手发动的惊人揭露与甄别能够停顿下来。在追逐着他们的那些昔日亡灵中，再没有比他们的死敌托洛茨基的亡灵更让他们难堪和惊恐的了，他们的每一项揭露与甄别都是对他的颂辞。最让赫鲁晓夫提心吊胆的是，对斯大林恐怖时代不承担丝毫罪责的年轻的一代可能会对他的各种遁词与狡辩越来越不耐烦，会要求公开为托洛茨基平反。

平反无论如何是要到来的，尽管不大会在斯大林的那班老朽接班人下台之前，但它一旦来临，就绝不仅仅是迟来的纪念一位伟大人物的正义行动。工人国家将以此宣布它的成熟，它身上的官僚主义桎梏已被打碎，它又重新拥抱随托洛茨基一同消失的经典马克思主义。

至于这一切对世界其他地区会产生什么影响这样一个重大的问题，一部传记的跋是无法容纳得下的。但完全可以说，历史的发展必将以消除"落后的"俄国与"先进的"西方之间的旧日差别来抹掉托洛茨基的失败，他的失败正是植根于这种差别之中；而俄国革命的新生必将有助于最终消除这种差别。在西方，被俄罗斯母亲贬值成斯大林主义的那种马克思主义所引起的是厌恶与恐惧；而对清除了自己身上的野蛮赘疣的马克思主义，西方必将以截然不同的方式来响应；对于那样的马克思主义，西方将不得不最终承认它自己的创造及其关于人类命运的远见。只有到那时，历史才完成了圆满的循环：

  直到希望用它自己的碎片
  创造出它希望的东西。

  托洛茨基曾将人类的进步比做朝觐者的赤足远征，他们一步一步地向着自己的圣地前进，间或后退或绕道，但都是为了前进，然后又绕道或后退；他们始终这样曲折地但坚韧不拔地接近他们的目的地。托洛茨基把激励朝觐者前进看做是自己的使命。但是，在取得一定进步之后，人类就放纵和涣散起来，听任鞭策它的人受到诬蔑、诽谤，直到被践踏至死。只有当它重新向前走时，才悔恨地给予牺牲者补偿，珍重对他们的回忆，虔诚地搜集他们的遗物；那时，它会为他们所流的每一滴血而感谢他们——它知道，他们的鲜血滋育了未来的种子。

参考书目

(同见《武装的先知》和《被解除武装的先知》参考书目)

Avakum, Petrov (Авакум, Петров), **Жизнь протопопа Аввакума**. Москва, 1960.

Brecht, B., **Galileo Galilei**.

Breton, A., **La clé des champs**. Paris, 1953.

    Entretiens. Paris, 1960.

    Correspondence with Trotsky in **The Trotsky Archives**, Closed Section.

Budenz, L. F., **This is My Story**. New York, 1947.

Bullock, A., **Hitler—A Study in Tyranny**. London, 1953.

Burnham, J., articles and essays in **New International** and **Internal Bulletin of the S. W. P.** (the American Trotskyist organization).

    Correspondence with Trotsky in **The Trotsky Archives**, Closed Section.

    Managerial Revolution. New York, 1941.

    The Coming Defeat of Communism. New York, 1950.

Cannon, J. P., **History of American Trotskyism**. New York, 1944.

    Articles in **Fourth International**, and **Internal Bulletin** of the S. W. P.

    Correspondence in **The Trotsky Archives**, Closed Section.

Céline, L.-F., **Voyage au bout de la nuit**.

Chen Tu-hsiu, unpublished memoranda, essays, and correspondence in **The Trotsky Archives**, Closed Section.

Churchill, W. S., **Great Contemporaries**. London, 1939.

The Second World War (Vol. iv). London, 1951.

Ciliga, A., *Au pays du grand mensonge*. Paris, 1937.

Articles in **Бюллетень Оппозиции** and **Социалистичесий Вестник**

Coulondre, R., *De Staline à Hitler, Souvenir de deux Ambassades*. Paris, 1950.

(Trotsky commented on Coulondre's report of his last meeting with Hitler on the basis of Coulondre's article in *Paris-Soir*.)

M. Craipeau, 'J'ai connu l'assassin de Trotsky', *France-Observateur*, 19 May 1960.

Dewey, John, 'Means and Ends', in *New International*, 1938. (See also The Case of Leon Trotsky, and *John Dewey, Philosopher of Science and Freedom, A symposium*, ed. S. Hook.

Draper, Th., *American Communism and Soviet Russia*. New York, 1960.

Roots of American Communism. New York, 1957.

Eastman, Max, *Since Lenin Died*. London, 1925.

The End of Socialism in Russia. London, 1937.

Marxism, is it Science? London, 1941.

Stalin's Russia and the Crisis in Socialism. London, 1940.

Great Companions. London, 1959.

Correspondence with Trotsky in *The Trotsky Archives*, Closed Section.

Engels, F. and Marx, K., *Briefwechsel*. Berlin, 1949—1950.

Fainsod, M., *Smolensk under Soviet Rule*. London, 1959.

Farrell, J. T., 'Dewey in Mexico', in *John Dewey, A Symposium*, ed. Hook, S.

Freeman, J., *An American Testament*. London, 1938.

Gide, André, *Retour de l'U. R. S. S.* Paris, 1936.

Goldman, A., *The Assassination of Leon Trotsky*. New York, n. d.

Gref, Ya., Contributions in **Бюллетень Оппозиции**.

Guérin, D., *Jeunesse du Socialisme Libertaire*. Paris, 1959.

Fascisme et Grand Capital. Paris, 1936.

Hansen, J., Reminiscences about Trotsky, in *Fourth International*.

Hegel, G. W. F., *Philosophie der Weltgeschichte*.

Hernandez, J., *La Grande Trahison*. Paris, 1953.

Hook, S., *The Hero in History*. London, 1945.

Political Power and Personal Freedom. New York, 1955.

ed. *John Dewey, Philosopher of Science and Freedom, A Symposium*. New York, 1950.

Humbles, Les, Cahiers 5—6, *À Leon Trotsky*. Paris, 1934.

H. Isaacs, *The Tragedy of the Chinese Revolution* (Preface by Trotsky). London, 1938.

Reports on China and correspondence with Trotsky in *The Archives*, Closed Section.

Kaganovich, L., speeches in Reports of party congresses.

Karolyi, M., *Memoirs*. London, 1956.

Kerensky, A., *The Crucifixion of Liberty*. London, 1934.

Khrushchev, N., *The Dethronement of Stalin*. (*Manchester Guardian* publication June 1956).

Speeches in 22 *Съезд КПСС*, Москва, 1962.

Knudsen, K., Preface to Norwegian edition of Trotsky's *My life*, Oslo.

Koht, H., *Barricade to Barricade*. (Norwegian edition) Oslo.

Krog, H., *Meninger*. Oslo, 1947.

Kun, Bela, (ed.) *Коммунистический интернационал в документах*, 1919—1932. Москва, 1933.

Lenin, V. I. (Ленин. В. И.), *Сочинения*. Москва, 1941—1950.

Levine, I. Don, *The Mind of an Assassin*. New York, 1959.

Lie, Trygve (On behalf of the Norwegian Ministry of Justice and Police), *Storting Report*, nr. 19 (concerning Trotsky's internment and deportation from Norway), submitted on 18 February 1937.

Lunacharsky, A. (Луначарский, А.), *Революционные силуэты*. Москва, 1923.

Macdonald, Dwight, *Memoirs of a Revolutionist*. New York, 1958.

Malraux, A., *La Condition Humaine*.

Manuilsky, D., *The Communist Parties and the Crisis of Capitalism*. Report at 11 Plenum of Comintern Executive, March-April 1931, London, n. d.
Other articles and speeches quoted from Reports of Party Congresses and *Коммунистический интернационал*.

Marx, K., *Das Kapital*.
and Engels, F., *Das Kommunistische Manifest*.
Der 18 Brumaire des Louis Bonaparte.
and Engels, F., *Briefwechsel*. Berlin, 1949—1950.
Living Thoughts of Karl Marx (ed. by L. Trotsky and O. Rühle), London, 1946.

Mauriac, F., *Mémoires Intérieures*. Paris, 1959.

M. B. 'Троцкисты на Воркуте', *Социалистический вестник*, 1961. (An eyewitness's report on the extermination of the Trotskyists at the Vorkuta concentration camp in 1938.)

Merleau-Ponty, M., *Les Aventures de la Dialectique*. Paris, 1955.
Humanisme et terreur. Paris, 1947.

Miliukov, P. N. (Милюков, П. Н.), *История второй русской революции*. Sofia, 1921.

Molinier, Raymond and Henri, Correspondence with Trotsky and Leon Sedov quoted from *The Trotsky Archives*, Closed Section, and Leon Sedov's Papers.

Molotov, V., speeches and reports in Reports of Party Congresses.

Nadeau, M., *Histoire du Surréalisme*. Paris, 1945.

Naville, P., *Trotsky Vivant*. Paris, 1962.
Correspondence in *The Trotsky Archives*, Closed Section.

Nin, A., Correspondence in *The Trotsky Archives*, Closed Section.

Orlov, A., *The Secret History of Stalin's Crimes*. London, 1953.

Orwell, G., *Homage to Catalonia*. 1984.

Pablo, M., 'Vingt Ans de la Quartriéme Internationale' in *Quatriéme Internation-*

ale, 1958—1959.

Parijanine, M., 'Léon Trotsky ou la Revolution Bannie' in ***Les Humbles***. Paris, 1934.

Correspondence in ***The Trotsky Archives***, Closed Section.

Paz, Maurice and Magdeleine, Correspondence with Trotsky in ***The Trotsky Archives***, Closed Section.

Pfemfert, Franz, Correspondence with Trotsky, in ***The Trotsky Archives***, Closed Section.

Plekhanov, G. (Плеханов, Г.) *Избранные философские произведения* т. ii. Москва, 1956.

The Role of the Individual in History. London, 1940.

Popov, N., ***Outline History of the C. P. S. U.*** (***b***) (Vol. i-ii) English translation from the 16th Russian edition. London, n. d.

Preobrazhensky, E. (Преображенский, Е.) ***Новая экономика***, т. 1, часть 1-ая. Москва, 1926.

Essays and memoranda (including Manifesto 'ко всем товарищам по оппозиции') are quoted from ***The Trotsky Archives***.

Pritt, D. N., ***The Zinoviev Trial***. London, 1936.

Radek, K., 'От Оппозиции в Клоаку Контрреволюции' в ***Партия в борьбе с оппозициями***. Москва, 1936.

Articles in ***Известия*** and other Soviet newspapers. His 'Conffession' at his trial is in ***Судебный очерк по депу антисоветского троцкистского центра***. Москва, 1937.

Rahv, Ph., Correspondence with Trotsky. ***The Trotsky Archives***, Closed Section.

Rakovsky, Ch., Essays, articles, and Correspondence in ***Бюллетень оппозиции*** and ***The Trotsky Archives***.

Ramm, A., Correspondence in ***The Trotsky Archives***, Closed Section.

Reiss, I., 'Letter to Central Committee' and 'Записки' в ***Бюллетень оппозиции***. 1937.

R(izzi), Bruno, ***La Bureaucratisation du Monde***. Paris, 1939.

Rosmer, A., ***Moscou sous Lénine***. Paris, 1953.

Introduction and Appendixes in Trotsky's *Ma Vie*, Paris, 1953.

Articles in Trotskyist periodicals and *La Révolution Proletarienne*.

Correspondence with Trotsky in *The Trotsky Archives*, Closed Section.

Correspondence with the author.

Rowse, A. L., *End of an Epoch*. London.

Rühle, O. (and L. Trotsky), *Living Thoughts of Karl Marx*. London, 1946.

Salazar, L. A. S., *Murder in Mexico*. London, 1950.

Sayers, M., and Kahn, A. E., *The Great Conspiracy*. New York, 1947.

Sedov, Leon, *Livre Rouge sur le procés de Moscou*. Paris, 1936. The Russian text of this appeared simultaneously as a special issue of the Бюллетень оппозиции. Articles and essays in Бюллетень оппозиции (sometimes signed N. Markin), *Manchester Guardian* and other papers.

Correspondence with Trotsky, Natalya, and other members of the family. *The Trotsky Archives*, Closed Section.

L. Sedov papers transmitted to the author by Jeanne Martin des Paillières.

Sedova, Natalya, (with V. Serge), *Vie et Mort de Trotsky*.

Reminiscences about Trotsky and Lev Sedov in Бюллетень оппозиции and *Fourth International*, 1941.

Family correspondence in *The Trotsky Archives*, Closed Section.

Correspondence with the author.

Hommage à Natalya Sedova-Trotsky. (Funeral orations and reminiscences) Paris, 1962.

Serge, V., (and Natalya Sedova), *Vie et Mort de Trotsky*. Paris, 1951.

Mémoires d'un Révolutionnaire. Paris, 1951.

Articles and letters in *The New International*, and other Trotskyist or near Trotskyist papers. Correspondence in *The Trotsky Archives*, Closed Section.

Shachtman, M., Articles and essays in *New International*, *Militant*, *Internal Bulletin* of S. W. P. etc.

Correspondence in *The Trotsky Archives*, Closed Section.

Shaw, G. B., *Saint Joan*.

To a Young Actress. London, 1960.

Correspondence quoted from the the Archives of the British Committee for the Defence of Leon Trotsky and from *The Trotsky Archives*, Closed Section.

Shirer, W. L., *The Rise and Fall of the Third Reich*. London, 1960.

Smirnov, Ivan, Memoranda and correspondence quoted from **Бюллетень оппозиции** and *The Trotsky Archives*.

Sobolevicius-Senin, alias Jack Soble, and his brother, Dr. Soblen (alias Robert Well), correspondence with Trotsky and Leon Sedov in *The Trotsky Archives*, Closed Section.

Sokolovskaya, (Bronstein) Alexandra, correspondence with Trotsky and Leon Sedov, *The Trotsky Archives*, Closed Section.

Souvarine, B., *Stalin*, London, n. d.

Correspondence in *The Trotsky Archives*, Closed Section.

Stalin, J., **Сочинения**, Т. 12—13. Москва, 1949—1951.

Tarov, A., Contributions in **Бюллетень оппозиции**

Togliatti (Ercoli), P., Speeches and articles in **Коммунистический Интернационал**. and Reports of Comintern Congresses and Conferences.

Thaelmann, E., Speeches, reports, and articles quoted from 11—**ый Пленум ИККИ**, 12—**ый пленум ИККИ**, *Rote Fahne*, and *Kommunistische Internationale* (or the Russian edition of the latter).

Trotsky, L. (Троцкий, Л.), *Что и как произошло?* Paris, 1929.

Моя жизнь, т. 1—2. Berlin, 1930. (The English edition, *My life*, London, 1930; the French, *Ma Vie*, with Introduction and Appendix by Alfred Rosmer, Paris, 1953; the German *Mein Leben*, Berlin, 1929.)

The History of the Russian Revolution, Vols. i-iii. Translated by Max Eastman. London, 1932—1933.

Écrits, **1928—1940**. Vols. i-iii, with Introduction by Pierre Frank. Paris, 1955—1959.

О Ленине. Москва, 1924. (French edition *Lénine*. Paris, 1925), a collection of character sketches about Lenin, not be to confused with the biography of Lenin, of which Trotsky concluded only the first part and which has so far been published only in French as *Vie de Lénine*, *Jeunesse*. Paris, 1936.

The Third International after Lenin. New York, 1936.

Немецкая революция и сталинская бюрократия. Berlin, 1932. (In German: *Was Nun*? Berlin, 1932; in English **What Next**? New York, 1932; French version *Écrits*, Vol. iii.)

Единственный путь. (in German: ***Der einzige Weg***) Berlin, 1932.

Germany, the Key to the International Situation. London, 1931.

Où va la France ? **and Encore une Fois, Où va la France**? Paris, 1936. (Reproduced in *Écrits*, Vol. ii.)

The Revolution Betrayed. London, 1937.

Permanent Revolution. Calcutta, 1947.

Problems of the Chinese Revolution. New York, 1932.

Trotsky's Diary in Exile. London, 1958.

Stalin's Verbrechen. Zürich, 1937.

The Real Situation in Russia. London, n. d.

Сталинская школа фальсификации. Berlin, 1932. (The American edition: **The Stalin School of Falsification**. NewYork, 1937.)

Between Red and White. London, 1922.

Stalin. New York, 1946.

Their Morals and Ours. New York, 1939.

Leon Sedov, Son, Friend, Fighter. New York, 1938.

Articles, essays, treatises, and theses in *Бюллетень оппозиции*, 1929—1940. **The New International**, and other Trotskyist periodicals.

The Trotsky Archives, Houghton Library, Harvard University. A description of these was given in the Bibliography in **The Prophet Armed**. Since then **The Archives** have been reorganized. The documents are no longer divided into Sections A, B, and C, but have been rearranged in chronological order. An Index, in two volumes, is available to students of this (the 'Open') part of **The Archives**. All references in **The Prophet Armed** and **The Prophet Unarmed** were to this part of **The Archives**.

What was described in the Bibliography in **The Prophet Armed** as 'Section D' is now described as 'The Closed Section of **The Archives**'. It covers only the years

1929—1940 and contains Trotsky's correspondence with groups and members of the Fourth International and with other well-wishers and friends, his family correspondence, household papers, correspondence with publishers, documentation prepared for The Dewey Commission, papers of the Fourth International, &c. According to Trotsky's wish, this Section of **The Archives** was not to be opened before the year 1980; but Harvard University gave the author access to it on the basis of a special authorization from Natalya Sedova, Trotsky's widow. (In references to **The Trotsky Archives** at large, the open section of **The Archives** is meant.)

The Closed Section of **The Archives** consists of forty-five boxes, containing 309 folders with documents and correspondence. Thus folders 1—16 contain Trotsky's family correspondence; folders 17—25, his household papers; folders 26—33, correspondence with publishers and literary agents; 34—35, documentation for the Mexican Counter-trial; while Fourth International papers are in folders 36—40. The rest of the material is arranged according to countries, for instance, folders 65—70 contain Trotsky's correspondence concerning China; folders 90—121 refer to France; the German correspondence is in folders 122—126; the British 165—175; folders 214—286 contain correspondence with U. S. A.; folders 287—292 correspondence with the U. S. S. R., and 293—309 letters to and from Soviet citizens exiled from the U. S. S. R. To this Section of **The Archives** some papers were added by Trotsky's widow in 1953.

See also: **The Case of Leon Trotsky**, London, 1937 (Trotsky's depositions and cross-examination before the Dewey Commission in Mexico).

Not Guilty. Report of the Dewey Commission. London, 1938.

Volkov, Zinaida (Zina, Trotsky's daughter), correspondence in **The Trotsky Archives**, Closed Section.

Webb, Sidney and Beatrice, **Soviet Communism, a New Civilization**. London, 1944.

Correspondence with Trotsky. **The Trotsky Archives**, Closed Section.

Well, Simone, **Oppression et Liberté**. Paris, 1955.

Wilson, E., *To the Finland Station*. London, 1941.

Wolfe, B., *The Great Prince Died*. New York, 1959.

Wolfe, Bertram, D., Articles in *Things we Want to Know*. Workers' Age Publications, New York, 1936, and *The New Republic*, 1937.

Wollenberg, E., *The Red Army*. London, 1940.

Yaroslavsky, E. (Ярославский, Е.) *Партия в борьбе с оппозициями*, with contributions by K. Radek, A. Pankratova, and others. Москва, 1936.

О новейшей эволюции троцкизма. Москва, 1930.

Вчерашний и завтрашний день Троцкизма. Москва, 1929.

Zborowski, Mark, (Étienne) Correspondence with Trotsky and other documents, concerning his relationship with Leon Sedov are in *The Trotsky Archives*, Closed Section.

The following are the official reports of the Moscow Trials:

Судебный отчет по делу троцкистского-зиновьевского террористического центра. Москва, 1936.

Судебный отчет по делу Антисоветского троцкистского центра. Москва, 1937.

Судебный отчет по делу антисоветского и право-троцкистского блока. Москва, 1938.

(Official English versions or *Reports of Court Proceedings* were published simultaneously by the People's Commissariat of Justice in Moscow)

The following official Protocols, Verbattim Reports, and Collections of documents have been referred to:

16—ый съезд ВКП (б). Москва, 1931.

17—ый съезд ВКП (б). Москва, 1934.

20—ый съезд КПСС Москва, 1956.

22—ой съезд КПСС Москва, 1962.

11—ый пленум ИККИ. Москва, 1932.

12—ый пленум ИККИ. Москва, 1933.

Коммунистический интернационал в документах. Москва, 1933.

КПСС в резолюциях, Т. 1—2. Москва, 1953.

ВКП（б）о профсоюзах. Москва, 1940.

Народное хозяйство СССР Москва, 1959.

Hearing before the Subcommittee to Investigate the Administration of the Internal Security Act, *U. S. Senate* (14—15 February 1957), part 51. Washington. 1957.

Hearing before the Subcommittee to Investigate the Administration of the internal Security Act, *U. S. Senate* (21 November 1957), part 87. Washington, 1958.

Newspapers and periodicals:

Internationale, Internationale Press Korrespondenz, Kommunistische Internationale, Rote Fahne, Roter Aufbau, Rundschau Unser Wort, Permanente Revolution, Arbeiterpolitik, Aktion, Berliner Börsenzeitung, Hamburger Nachrichten, Vossische Zeitung.

Militant, New International, Fourth International, Partisan Review, Internal Bulletin Fourth International (International Secretariat), *The Times, Manchester Guardian, Daily Express, The Observer, Morning Post, The New Statesman and Nation, The New York Times, The New York American, The New York Daily News, The New York World Telegram, Life, The Nation, The New Republic, The New Leader, Soviet Russia Today.*

New York Tag, and Vorwärts (Yiddish-U. S. A.)

Vérité Quatriéme Internationale France-Observateur, Intransigeant, Paris-Soir, Le Matin, Le Journal, Le Temps, Humanité, Journal d'Orient.

Politiken, Berlingske Tidende, Information, Arbeiderbladet, Dagbladet, Arbeideren, Soerlandet.

La Prensa, Trinchera Aprista.

Большевик, Бюллетень оппозиции, Правда, Пролетарская революция, Социалистический вестник, Коммунистический интернационал. (Stencilled or handcopied periodicals circulated by Trotskyist deportees and prisoners in the U. S. S. R. are in **The Trotsky Archives**.)

人名索引

A

阿布拉莫维奇，P.，127，196

阿德勒，F.，326，327

阿德勒，V.，188，189

阿尔丰沙国王，125

阿尔马扎尔将军，440

阿克雪里罗得，187，188

阿拉贡，L.，328，386

阿利卢耶娃，H.，135，368

阿奇洛芙，西尔维娅，374，405，433，434

阿斯克维克，308

阿瓦库姆，彼得罗夫大主教和他的妻子，248，249，250

安东诺夫－奥弗申柯，57，59，346

奥尔伯格，V.，23

奥尔洛夫，A.，70，71，364，432

奥尔忠尼启则，С.，56，70，346

奥库贾瓦，M.，345

奥斯特利茨，F.，189

奥维尔斯特拉腾，范，27

埃利阿瓦，345

埃里奥，E.，153，156，157，177，228，252，287

艾斯蒙特，134

爱伦堡，И.，327，386

爱森斯坦，194

B

巴贝夫，G.，183

巴本，冯·弗朗茨，122，123，152，238

巴卡耶夫，И.，292

巴枯宁，M.，464

巴拉巴诺娃，A.，323，324

巴黎冉宁，M.，21，177，212

巴比塞，H.，328

巴拉斯，P. F.，207

巴尔明，A.，348，349

白里安，A.，228

鲍罗廷，M.，334，335

贝当，Ph.，元帅，238，450

贝利亚，Л.，372

贝奈斯，E.，15

倍倍尔，A.，188

本奈特，A.，15

比尔斯，C.，331，334，335

比尔德，C. A.，329，335

别林斯基，B.，464

484

别洛博罗多夫，60

波兹南斯基，2，370，442

波克罗夫斯基，М.，193

波斯特舍夫，П.，345

勃勒东，A.，25，383，384，385，387，396，401

布吕宁，H.，99，100，104，105，106，107，108，110，119，122，123，140

伯杰，J.，358

伯恩斯坦，E.，29，272

伯纳姆，J.，280，331，378，383，395，397，414，421，422，423，424，425，426，427，433，445，447

博尔迪加，A.，26

博古斯拉夫斯基，M.，60

布哈林，H.，1，4，8，27，29，31，35，50，53，57，58，59，60，61，63，65，66，72，92，93，94，95，97，127，267，275，328，330，340，345，346，351，365，366，370，372，373，384，471

布莱希特，B.，330

布兰德勒，H.，28，35

布朗基，A.，218

布劳恩，O.，118，119

布里索，J. P.，207

布柳赫尔，B.，元帅，345

布柳姆金，Я.，66，67，68，69，70，71，128，442

布吕姆，L.，127，157，233，238，287，297，326

布罗克韦，F.，383

布琼尼，C. 元帅，345

布托夫，Г.，70，442

C

策列铁里，И.，196，200

查尔斯，A.，329，335

陈独秀，27，377，381

兹博罗夫斯基，马克（埃蒂安），305，306，307

D

达尔，N. K. 夫妇，259

达拉第，E.，177，232，233，250，252，287

达林，Л.，306

达维德，F.，149，337

丹东，26，275，290

但丁，180

德莱塞，T.，328

德罗兹，H.，35

邓尼金将军，А. И.，57，198

笛卡尔，228

迪亚斯，波尔菲里奥，409

杜兰蒂，328

杜威，J.，328，331，332，333，339，340，350，352，392，393，403

多列士，M.，104，157，238

E

恩格斯，F.，17，132，133，143，210，218，274，306，317，379

F

法雷尔，J. T.，332，382

菲利普，威廉，382

费舍，L.，26，43，223，231

费舍，R.，286，328

芬纳蒂，J. F.，331，333

弗莱里格拉特，395

弗朗克，22

弗朗克尔，J.，283

弗洛利希，（罗）P.，223

伏罗希洛夫，K. 元帅，149，291，345，365

福伊希特万格，L.，328

G

盖努，H.，177

高尔基，M.，185，209，327，328，365，395

戈德曼，A.，315，333，334，396，405，448，449

戈尔茨曼，E. C.，128，129，149

戈尔德，M.，26

戈兰茨，V.，219，227

戈培尔，J.，118，234

歌德，226，280

格林伯格，C.，382

格列夫，Я.，76，88，92

格罗曼，127

葛兰西，V.，126，127

古比雪夫，B.，365

H

哈拉姆斯，159

哈林，69

哈康七世，挪威国王，300

哈特，罗伯特·谢尔顿，439，441，442

海涅，H.，25，180，216

海耶诺特，范，179，220，221，224，235，236，254，333，334，351，396，401

汉森，J.，401，443，444，446，448，453，455，456

赫伯特，14

赫尔岑，A.，180，464

赫尔德，W.，251

赫鲁晓夫，H. C.，29，134，135，137，149，182，206，263，286，471

黑格尔，G. W. F.，3，93，228，379，393

黑兹利特，W.，212

霍尔斯特，罗兰·H.，25，253

胡根伯格，A.，119

胡克，S.，207，332，382，383，393，422，434

J

基洛夫，C.，240，241，242，248，250，256，285，291，292，336，369

基马尔·帕沙，2，3，4，5，15，21，342，409

吉斯林，282，287，288，297，300，307

季娜，见沃尔科娃，季娜伊达

季诺维也夫，Г.，23，24，26，36，37，39，43，57，58，59，64，65，69，92，93，94，95，97，127，129，134，135，138，149，151，170，201，240，241，244，255，286，289，290，291，292，293，301，303，304，310，328，330，340，346，353，365，369，370，372，373，407，471

纪德，A.，248，285，330

加文，J. L.，15

加里宁，M.，201

加马尔尼克，И.，345

加米涅夫，Л. Б.，23，57，58，59，94，95，127，134，135，138，149，170，201，240，241，289，290，291，292，293，301，303，304，310，328，340，351，

365，370，407

加香，M.，104，287

蒋介石，45，334，377，470

捷尔任斯基，F.，66

捷尔－瓦加尼扬，60，135

捷赫，15

K

卡德纳斯，拉扎罗，312，315，316，319，350，395，432，433，440，441

卡冈诺维奇，Л.，80，365

卡莱尔，T.，182，194，204

卡列林，365

卡洛，弗里达，里维拉的妻子，312，313，314，318，343，401

卡姆科夫，Б.，365

卡普兰，Д.，154

卡斯帕罗娃，62

卡斯特罗，F.，280

凯斯特勒，A.，280

凯恩斯，J. M.，15

坎农，J. P.，28，272，378，425，426

康奈尔，Ch.，400，440

考茨基，K.，133，188

考斯特舍夫，35

科尔克 A. I.，345

科尔什，43

科恩，O.，150，151

科诺尔，134

科瓦尔斯基，134

柯勒律治，S. T.，212

柯伦泰，A.，152

柯秀尔，С. В.，345

柯秀尔，В. В.，370

克莱门特，鲁道夫，179，224，234，362，363，374，442，446，448

克莱因，J. R.，15

克利亚奇科，Л. С.，19，242

克列斯廷斯基，345，365

克里维茨基，В.，348，349，353，441

克鲁泡特金，П. А.，195

克鲁普斯卡娅，Н.，208，247

克伦斯基，A.，196，200，201

克罗格，H.，255，283，289，294，297，302，308，309

克努德森，K.，255，256，257，258，282，283，284，287，288，289，296，297，298，300，308，374

库隆德，R.，466

库特，H.，283，284，295，299

库西宁，O.，104

L

拉比诺维奇，71

拉狄克，K.，19，28，51，53，57，58，59，60，61，65，68，69，70，71，94，129，258，279，320，321，328，337

拉夫，Ph.，382，383

拉福利特，S.，331，333

拉柯夫斯基，赫里斯蒂安，20，28，51，52，53，61，62，63，64，71，73，94，95，239，240，330，345，351，365，414

拉蒙特，科利斯，328

拉姆，A.，19，20，23，143，212

拉萨尔，F.，218，391

拉斯基，哈罗德，15，228，383

莱辛，G. E.，25，216，280

赖柏，P.，13，14

赖伐尔，P.，250

赖斯，И.，326，346，347，348，349，350，352，353，361，362，363，441

赖伊，特里格威，255，256，288，294，295，298，299，300，301，302，308，309

赖伊，约纳斯，300，309

兰伯里，G.，14，17

劳合·乔治，14，25

勒纳，M.，328

雷梅尔，106，107

李，珍妮，223

李卜克内西，K.，3，119，133，150，164，165，169，309，330，357，403

李可夫，A.，1，60，94，95，134，201，345，365，366

李立三，27

李维诺夫，M.，176，220，284

里齐，布鲁诺，414，415，416，417，421，422

里斯，M.，231

里维拉，迭戈，25，28，308，312，314，315，316，317，318，319，337，354，383，384，385，395，396，401，436，440，441

梁赞诺夫，Д.，133，404

列宁，B.，8，10，16，19，24，25，26，35，36，38，39，43，44，45，46，48，49，50，58，63，64，66，69，75，80，82，87，93，105，113，126，127，130，132，133，135，136，137，143，154，161，162，165，170，171，172，176，185，187，188，189，190，191，196，201，202，203，204，205，206，207，208，209，210，211，219，226，227，228，237，240，242，244，245，246，247，251，252，255，262，263，264，265，267，272，276，282，286，292，297，312，316，317，334，335，352，356，365，370，378，381，382，389，390，391，392，395，396，397，405，407，408，409，422，425，426，427，428，450，464，469

列索瓦，27

列文，医生，365

林肯，A.，392

林泽，27

廖瓦，见谢多夫（列夫·列沃维奇）

柳亭，134

卢那察尔斯基，A.，206，209，212

卢森堡，R.，133，165，169，309，375，381

卢宗，39

鲁谢，D.，231

鲁祖塔克，И.，345

路易十四，409

路易十六，198，199

伦纳，K.，188

伦斯基，104

罗宾斯，R.，328

罗伯斯庇尔，188，204，207，210，275，276，290，409

罗蒂，J.，382，393

罗将柯，M.，199

罗兰，罗曼，230，248，285，328，329，387

罗明纳兹，E.，65，134

罗姆，V.，321，322，337

罗塞利，C.，223

罗森伯格，H.，382

罗森塔尔，大夫，251

罗森塔尔，G.，150，302，359，360

罗斯，A. L.，182

罗斯，E. A.，331

罗斯福，F. D.，176，380，382，416，468，469

罗斯默，阿尔弗雷德，5，12，14，26，27，37，40，41，42，43，47，48，58，71，231，330，331，359，360，373，400，403，404，405，436

罗斯默，玛格丽特，5，360，403，404，435，436

罗素，B.，98

洛夫斯通，J.，35，328

吕尔，O.，330，403

M

马丁，金斯利，379，380

马尔金，H.，廖瓦的笔名，另见谢多夫，47，348，352

马尔金，让娜，廖瓦的妻子，352，354，355

马尔罗，A.，26，223，230，329，330，386

马尔托夫，Ю.，187，188

马基雅维里，N.，82

马克思，K.，9，10，17，22，24，27，28，29，30，31，34，36，38，39，40，43，45，48，49，50，58，59，60，63，75，76，80，81，82，86，88，89，93，96，102，103，105，117，119，125，132，133，143，169，171，172，177，180，181，182，190，194，200，203，204，205，207，210，217，218，231，240，241，252，260，262，263，264，265，270，274，276，279，280，286，306，317，331，339，346，375，376，379，380，381，382，383，384，387，388，391，393，394，395，403，404，412，413，414，416，417，418，419，420，422，423，424，425，426，429，450，462，464，466，467，468，470，471，472

马拉穆德，C.，382

马斯洛，A.，26，43，231

迈耶，K.，400

麦卡锡，玛丽，382，433

麦克唐纳，德怀特，374，382，426

麦克唐纳，拉姆齐，14

曼努伊尔斯基，Д.，101，104，106，124，206，378

毛泽东，27，46，381，470

梅尔卡德尔，见雅克松，405

梅日劳克，345

米高扬，A.，135

米拉波，H. G.，207

米勒，H.，13

米勒兰，E. A.，228

米留可夫，П.，87，137，196，198，199

明仁斯基，68，71，365

莫里亚克，F.，185

莫利尼耶，亨利，178，258

莫利尼耶，雷蒙，40，41，42，43，47，48，71，112，147，222，223，231，257

莫洛托夫，В.，32，33，35，104，412，422，443

莫纳特，P.，26，39

墨索里尼，B.，26，107，157，393，408，409，416，418

姆季瓦尼，П.，62

姆拉奇科夫斯基，C．，60，135，291，337

穆拉洛夫，H．，62，135，320，337，351

穆尼，T．，331，333

穆斯特，A. J．，257

N

拿破仑一世，7，16

拿破仑三世，107

纳维尔，P．，40，41，42，43，47，150，225，231，236，324，325，362，374，375，384

娜塔利娅，见谢多娃，娜塔利娅·伊万诺夫娜，115，116，117，210，355，443，446，447，448，451，452，453，455，456，457，461

尼恩，安德列斯，27，126，317，346

尼古拉二世，末代沙皇，198，245，366

尼古拉耶夫，刺杀基洛夫的刺客，240，241

尼古拉耶夫斯基，Б．，306

尼加德斯沃尔德，挪威总理，251

涅维尔松，托洛茨基的女婿，20，242

涅维尔松，尼娜，托洛茨基的女儿，20，113，114，243，355

诺瓦克，312

P

帕兹，莫里斯和玛德莱恩，夫妇，5，15，18，20，23，26，40，41

彭加勒，R．，228，229

彭特福德，M．，308

皮达可夫，24，26，57，58，59，94，128，258，279，320，321，322，328，337

皮亚特尼茨基，O．，104

片山潜，377

普列奥布拉任斯基，E．，19，51，53，55，56，57，58，59，60，61，62，77，84，94，135，170，203

普列汉诺夫，Г. B．，188，204，205

普里马科夫将军，B．，345

普里特，D. N．，380

普鲁东，P. J．，183，218

普特纳，345

Q

齐赫泽，K．，199，200

切尔诺夫，B．，196，200，201

钦察泽，K．，49，50

丘巴尔，345

丘吉尔，温斯顿，16，25，83，114，122，182，468，469

R

让娜，见马尔金，列·谢多夫的妻子

饶勒斯，J．，188

儒奥，287

S

萨拉扎尔，L. A. S．，437，439，440，441，442，455，457，459

萨普龙诺夫，T．，370

沙茨金，65

沙特曼，M．，28，47，220，221，257，312，321，322，324，374，375，378，395，414，421，422，423，425，426，427，445，447

塞尔日，V．，22，43，69，70，134，231，232，285，286，321，323，349，351，363，388，389，394，402

塞克特将军，冯，365，366

塞缪尔，赫伯特，14

舍夫勒，O.，251

施莱希尔将军，123，160，238

施略普尼柯夫，А.Г.，24

史密斯，A.C.，223

舒斯勒，O.，440

瑟尔佐夫，C.，134

斯巴克，P.H.，223

斯宾诺莎，B.，181

斯大林，1，2，3，4，5，6，8，9，10，13，16，17，19，22，23，24，25，26，27，28，29，30，31，35，36，37，38，41，43，44，45，46，47，50，51，52，53，54，55，56，57，58，59，60，61，63，64，65，66，68，69，70，71，72，73，74，75，76，77，78，79，80，81，82，83，84，85，86，87，88，89，92，93，94，95，96，97，98，102，105，106，107，108，109，110，113，119，120，121，125，126，127，128，129，130，131，132，133，134，135，136，137，138，144，149，150，158，162，164，165，166，167，168，169，170，171，172，173，174，176，177，179，180，182，183，185，190，191，199，206，207，208，209，219，220，221，227，230，233，239，240，241，243，244，245，246，248，250，252，254，254，256，258，260，262，263，265，266，267，268，269，270，271，272，273，274，275，276，277，278，279，280，281，282，284，285，286，287，289，290，291，292，293，294，295，296，297，298，301，302，303，304，305，307，309，310，311

斯科特，C.P.，15

斯柯别列夫，M.，200

斯列普科夫，134

斯米尔加，И.，57，58，61

斯米尔诺夫，A.，134

斯米尔诺夫，伊万，60，61，62，94，128，129，135，170，291，351

斯内夫利特（马林），H.，27，223，346，348，361，362，363

斯诺登，Ph.，14

斯佩克托尔，M.，28

斯泰恩，65

斯汤宁，丹麦首相，151

斯特朗，A.L.，328

斯特雷齐，J.，382

斯托贝尔格，B.，331

斯威齐，P.，328

斯维尔德洛夫，Я.，365

苏汉诺夫，H.，127

苏瓦林，B.，5，26，37，38，39，40，41，388，389，394

索博列维丘斯-谢宁（化名，索博尔），150，158

索科洛夫斯卡娅（勃朗施坦），亚历山德拉，20，161，163

索柯里尼柯夫，Г.，279，320，321

T

塔罗夫，A.，285，286

塔尔海默，35

台尔曼，E.，100，101，104，106，110，111，118，119，122

唐恩，Ф.，196

陶里亚蒂（艾尔科利），P.，104

特兰梅尔，M.，255

特雷斯卡，C.，330

特莱恩，A.，39，40

图尔库尔将军，127

图哈切夫斯基，M.，279，345，469

托尔马乔夫，B.，134

托尔斯泰，Л.，49，185，198，344

托莱达诺，315，441，451

托洛茨基，Л. Д.，1，2，3，4，5，6，7，8，9，10，11，12，13，14，15，16，17，18，19，20，21，22，24，25，26，27，28，29，31，33，34，35，36，37，38，39，40，41，42，43，44，45，46，47，48，49，50，51，52，53，55，56，57，58，59，60，61，62，63，64，65，66，67，68，69，70，71，72，73，74，75，76，77，78，79，80，81，82，83，85，86，87，92，93，94，96，97，98，99，101，102，103，104，105，106，107，108，109，110，111，112，113，114，115，116，117，118，119，120，121，122，123，124，125，126，127，128，129，130，131，132，133，134，135，136，137，138，139，140，141，142，143，144，145，146，146，147，148，149，150，151，152，153，154，155，156，157，158，159，160，161，162，163，164，165，166，167，168，169，170，171，172，173，174，175，176，177，178，179，180，181，182，183，184，185，186，187，188，189，190，191，192，193，194，195，196，197，198，199，200，201，202，203，204，205，206，207，208，209，210，211，212，213，214，215，216，217，218，219，220，221，222，223，224，225，226，227，228，230，231，232，233，234，235，236，237，238，239，240，241，242，243，244，245，246，247，248，249，250，251，252，253，254，255，256，257，258，259，260，261，262，263，264，265，266，267，268，269，270，271，272，273，274，275，276，277，278，279，280，281，282，283，284，285，286，287，288，289，290，291，292，293，294，295，296，297，298，299，300，301，302，303，304，305，306，307，308，309，310，311，312，313，314，315，316，317，318，319，320，321，322，323，324，325，326，327，328，329，330，331，332，333，334，335，336，337，339，340，341，342，343，344，345，346，347，348，349，350，351，352，353，354，355，356，357，358，359，360，361，362，363，364，365，366，367，368，369，370，371，372，373，374，375，376，377，378，379，380，381，382，383，384，385，386，387，388，389，390，391，392，393，394，395，396，397，398，399，400，401，402，403，404，406，407，408，409，410，411，412，413，414，415，416，417，418，419，420，421，423，424，425，426，427，428，429，430，431，432，433，434，435，436，437，438，439，439，440，441，442，443，444，445，446，447，448，449，450，451，452，453，454，455，456，457，458，459，460，462，463，464，465，466，467，468，469，470，471，472

托洛茨基的笔名（在1929—1940年间使用的）：克鲁克斯，283；W. 罗克，兰德，

Г. 古罗夫

托马斯，文德林，330

托姆斯基，M.，1，60，95，134，345

陀思妥耶夫斯基，Φ.，52，58

乌布利希，W.，412

乌尔班斯，H.，43

乌格拉诺夫，H.，65

乌里茨基，M.，206

武尔夫，134

W

瓦尔切尔，J.，223

瓦尔斯基，A.（沃尔斯基），35

王德威尔得，E.，127，154，155

威尔，罗曼，见索博尔医生，22

威尔斯，H. G.，330

威尔金森，E.，15

维斯，O.，105

维克斯，H.，150

维特，谢尔盖，伯爵，198

维辛斯基，A.，149，150，151，222，258，282，290，292，296，301，303，320，328，336，337，338，367

韦伯，比阿特丽斯和西德尼，14，17，330

韦伯，萨拉，220

韦尔（韦伊），西蒙娜，231

韦斯特，N.，328

沃尔夫，B. D.，328

沃尔夫，E.，283，296，374

沃尔科夫，弗谢沃洛德（谢瓦），托洛茨基的外孙，113，117，140，144，152，161，359，360，361，404，438，445，453

沃尔科夫，普拉东（托洛茨基的女婿），20，113，242

沃尔科娃，季娜伊达（季娜，托洛茨基的女儿），20，113，114，115，116，117，118，138，139，140，141，142，144，152，153，158，160，161，162，177，355，357，359

福尔马尔，G.，29

X

西凯罗斯，D. A.，316，436，437，441

西利加，A.，285，286，388，389

西洛夫，71

西洛内，I.，221，283

西蒙，约翰爵士，174，175，230

希达尔戈，A.，354

希法亭，R.，188

希尔德巴赫，G.，347

希克斯，格兰维尔，328

希特勒，A.，17，35，80，98，99，100，101，102，103，104，105，106，107，108，109，110，118，119，120，121，122，123，129，140，160，163，164，165，166，169，171，172，173，174，175，176，220，237，238，242，246，252，278，293，294，299，320，326，329，334，336，339，345，362，365，367，376，380，393，396，408，409，410，411，412，413，416，418，421，423，425，430，448，465，466，467，468

肖洛霍夫，M.，327

萧伯纳，14，15，25，144，248，324，329

谢多夫，列夫（廖瓦，托洛茨基的长子），4，6，12，20，23，27，47，68，112，113，115，117，127，128，129，136，138，139，140，141，142，150，152，153，156，157，158，160，161，162，164，177，221，222，225，226，227，231，242，243，258，285，290，292，

301，302，303，304，305，306，307，
310，312，320，323，324，325，326，
327，341，346，347，348，349，350，
351，352，353，354，355，356，357，
359，360，361，362，363，364，365，
366，374，384，389，390，405，407，
427，455

谢多夫，谢尔盖，（托洛茨基的次子），2，
242，243，244，245，247，248，358

谢多娃，娜塔利娅（托洛茨基的夫人），4，
6，12，13，22，115，116，117，141，
142，143，144，152，153，156，157，
158，163，210，220，221，223，225，
226，228，235，236，243，246，247，
248，249，250，254，255，256，257，
258，259，300，301，302，308，310，
312，313，314，318，320，321，323，
325，341，342，343，344，345，349，
354，355，359，361，363，399，401，
402，403，404，427，428，429，437，
438，439，440，441，443，445，446，
447，448，449，451，452，453，455，
456，457，461

谢尔穆克斯，2，442

谢列布里亚科夫，Л.，320

谢林，L.-F.，228，229，230

谢宁，见索博列维丘斯，索博尔，22，23，
24，47，111，143，150，158，159，169

谢瓦，托洛茨基的外孙，见沃尔科夫，弗谢沃洛德

辛格，B.，373

兴登堡，陆军元帅，99，108，122，123，163

雪莱，P. B.，183

Y

亚戈达，Г.，71，338，345，346，365，346，407

亚基尔，И.，345

亚里士多德，228，229

雅克松，405，435，436，437，445，446，447，448，451，452，453

雅库博维奇，苏联驻挪威大使，294

雅罗斯拉夫斯基，E.，56，131，132

叶戈罗夫，A. 元帅，345

叶努基泽，A.，345

叶若夫，H.，338，348，371，372，373

伊萨克，H.，306，364

伊斯特拉蒂，P.，25

伊斯特曼，M.，11，12，13，20，23，212，219，388，393，394，407，422

伊万诺夫，B.

易卜生，H.，252，253，308，309

尤林，贝尔曼，K.，149，337

越飞，64

Z

扎莫拉，F.，331

查苏利奇，B.，187

张伯伦，奥斯汀爵士，16，174

张伯伦，N.，175，410

张伯伦，J. R.，331

朱德，27

泽维林格，118